中国烟草年鉴
2014

OBACCO
BOOK

中国烟草年鉴

·2014·

CHINA TOBACCO YEARBOOK

国家烟草专卖局 编

中国经济出版社
CHINA ECONOMIC PUBLISHING HOUSE

·北 京·

国家局 总公司党组成员、局长、总经理、副局长、纪检组长

2013年1—5月

姜成康

工业和信息化部党组成员
国家烟草专卖局局长、党组书记
中国烟草总公司总经理

何泽华

国家烟草专卖局副局长、党组成员

李克明

国家烟草专卖局副局长、党组成员

杨培森

国家烟草专卖局副局长、党组成员

赵洪顺

国家烟草专卖局副局长、党组成员

高　林

中央纪委驻国家烟草专卖局纪检组组长
国家烟草专卖局党组成员

国家局 总公司党组成员、局长、总经理、副局长、纪检组长

2013年5—12月

凌成兴

工业和信息化部党组成员
国家烟草专卖局局长、党组书记
中国烟草总公司总经理
（2013.5— ）

何泽华

国家烟草专卖局副局长、党组成员

李克明

国家烟草专卖局副局长、党组成员

杨培森

国家烟草专卖局副局长、党组成员

赵洪顺

国家烟草专卖局副局长、党组成员

高　林

中央纪委驻国家烟草专卖局纪检组组长
国家烟草专卖局党组成员

国家局 总公司领导考察

2013年2月24日，姜成康局长（左一）在福建龙岩上杭县与烟农专业合作社管理人员交谈

福建省局 供稿

5月29日，新履职的凌成兴局长（前排左二）到红塔集团调研

红塔集团 曹晓军 摄

5月31日，何泽华副局长（前排左一）在云南德宏州芒市遮放镇坝托村调研烟叶生产情况

云南德宏州局 翟伟 摄

11月21日，李克明副局长（前排左二）在广东中烟广州卷烟厂调研企业管理工作

广东中烟 李国华 摄

6月17日，杨培森副局长（右二）在宁夏银川市局（公司）参观企业发展简史展览

宁夏银川市局 马存虎 摄

12月4日，赵洪顺副局长（前排左二）到云南烟叶复烤有限责任公司麒麟复烤厂进行安全生产大检查

云南省局 郑富成 摄

7月10日，高林组长（前排左二）在河南省烟草公司郑州市公司卷烟物流配送中心考察物流配送工作

河南郑州市局 张军生 摄

5月9日，张玉霞总会计师（左二）到广东中烟调研

广东中烟 邱雷 摄

1月17—18日，2013年全国烟草工作会议在北京召开

陈兴杰 摄

3月28日，国家烟草专卖局、中国财贸轻纺烟草工会第九次联席会议在北京举行

陈兴杰 摄

2月26—27日，2013年全国烟草行业纪检监察工作会议在北京召开

陈兴杰 摄

4月16日，2013年全国烟草行业经济运行工作会议在北京召开

王歆 摄

6月26—28日，第九期行业直属单位和机关部门单位主要负责同志学习贯彻党的十八大精神专题培训班在北京举办

陈兴杰 摄

7月4日，全国烟叶收购暨现代烟草农业建设现场会在山东潍坊召开

江一舟 摄

11月4日，2013年全国卷烟打假工作会议在北京召开

张晨艳 摄

12月19日，2013年烟草行业拓展国际市场工作会议在北京召开

杨悦 摄

7月1日，贵州中烟兴义烟叶储运站党支部到兴义市烈士陵园举行入党宣誓仪式

贵州中烟 张孟忠 摄

8月28日，第一批三年援藏期满的行业处级干部获赠哈达并与西藏区局（公司）全体干部职工集体合影留念

西藏区局 供稿

6月12日，新疆喀什地区局（公司）邀请喀什地委宣传部报告团举办“新疆巴楚反恐英烈事迹报告会”

新疆喀什地区局 张静 摄

12月13日，国家局党校2013年秋季学习班第一支部学员就行业“三大课题”进行循环论证

张燕 摄

9月28日，上海烟草集团有限责任公司上海卷烟厂举办廉政格言书法展

上海烟草集团　供稿

4月4日，海南海口市局（公司）组织员工到海口监狱接受廉政警示教育

海南海口市局 陈少阳 摄

党的群众路线教育实践活动

7月8日，全国烟草行业党的群众路线教育实践活动动员大会在北京召开

陈兴杰　摄

8月10日，凌成兴局长（右一）在云南中烟指导开展党的群众路线教育实践活动工作

云南中烟 供稿

7月31日，国家局党组中心组成员在西柏坡纪念馆参观学习

高龙 摄

8月26日，中国烟草总公司职工进修学院举办专题党课

职工进修学院 供稿

9月23日，江西中烟第五支部党员干部赴新建县小平小道接受革命传统教育

江西中烟 曾钰铭 摄

8月29日，山东省局（公司）组织党员干部赴沂南县接受革命传统教育

山东省局 杜星霖 摄

9月27日，湖南中烟举行"群众观　作风行"主题演讲报告会

湖南中烟 周腾浪 摄

7月31日，广西中烟部分党员干部在东兰县广西农民运动讲习所旧址列宁岩听取革命传统专题报告

广西中烟　供稿

8月15日，陕西中烟党组领导到延安卷烟厂征集意见
陕西中烟延安卷烟厂 杨继成 摄

8月9日，甘肃省局（公司）组织机关党员参观八路军驻兰州办事处纪念馆
甘肃省局 供稿

大连市局（公司）领导在物流中心食堂调研节日伙食供应情况
大连市局 张晓琳 摄

文化建设

4月19日，在《中国烟草》工作过的领导、员工相聚500期座谈会

陈兴杰 摄

《中国烟草》创刊500期

6月20日，北京市局（公司）举办北京烟草青年风采大赛

北京市局 王智誉 摄

5月23日，吉林延边州局（公司）开展延边烟草企业文化大讲堂活动

吉林延边州局 供稿

9月21日，辽宁省局（公司）举办辽宁省烟草行业首届职工运动会，庆祝辽宁烟草组建30周年

辽宁省局 供稿

6月9日，“钻石杯”张家口第二届烟标文化节在河北张家口举办

张家口卷烟厂有限责任公司 供稿

12月18日，安徽宣城市局（公司）行业行为规范演练暨首届“成长·源”文化周闭幕

安徽宣城市局 张金洋 摄

10月9日，山东中烟青岛卷烟厂邀请专家开展“道德讲堂”讲座

山东中烟青岛卷烟厂 曲小川 摄

7月16日，朱尊权院士纪念塑像在郑州烟草研究院落成

郑州烟草研究院 高龙 摄

3月6日，河南卷烟工业烟草薄片有限公司举办庆祝"三八"国际劳动妇女节文体系列活动

河南卷烟工业烟草薄片有限公司 段琦摄

6月14日，广东中烟广州卷烟厂举办"中国梦·劳动美"演讲比赛

广东中烟广州卷烟厂 阮威舒 摄

4月26日，广西崇左市局（公司）举办企业文化知识竞赛

广西崇左市局　谢永堂 摄

10月25日，甘肃兰州市局（公司）在西固区局（营销部）举办行为规范推进现场会

甘肃兰州市局　供稿

11月9日，贵州中烟市场营销中心在湿地公园举办职工摄影作品展

贵州中烟　供稿

8月，第五届大理国际影会举行，云南中烟组织职工作品参展

云南中烟 供稿

8月28日，红云红河集团在曲靖卷烟厂举行“老有所学示范基地”授牌仪式

红云红河集团曲靖卷烟厂
徐维义 摄

7月1日，西藏区局（公司）在拉萨举行中国共产党成立92周年文艺汇演暨表彰大会

西藏区局 刘春玲 摄

2月1日，新疆区局（公司）召开新疆烟草“十大感动团队”表彰大会

新疆区局 齐嫣雯 摄

3月28日，杨培森副局长（左一）在2013年全国烟草科技工作会议上为获奖单位颁奖

邢忠敏 摄

6月3日，郑州烟草研究院邀请中国科学院生态环境研究中心专家进行交流

郑州烟草研究院 张敬一 摄

11月29日，烟草行业烟草香料基础研究重点实验室第一届学术委员会成立暨第一次学术委员会会议在郑州烟草研究院召开

郑州烟草研究院 张敬一 摄

11月28日，辽宁锦州市局（公司）卷烟物流中心QC小组展示自行设计制作的卷烟笼车

辽宁锦州市局 高东 摄

黑龙江桦川县横头山镇烟农使用自制剪叶机工作

黑龙江桦川县局 张婷 摄

获“全国优秀质量管理小组”称号的上海卷烟厂卷包车间“爱我中华”QC小组成员正在进行课题攻关

上海烟草集团 供稿

5月14—16日，由总公司主办的第20届卷烟烟气分析亚洲合作研究（ACS）会议在江苏南京举行

江苏省局 凌绍清 摄

12月12日，浙江省局（公司）举办“机关青年创新论坛”成果发布会

浙江省局 供稿

浙江中烟宁波卷烟厂开展“绿色生产·循环经济”节能降耗活动

浙江中烟宁波卷烟厂 供稿

5月21日，湖南省烟草系统向湖南常德临澧县烟农赠送科技图书

湖南常德市局 黄慧君 摄

7月26日，中美联合实验室年会代表参观世界烟草品种园

云南省局 供稿

云南保山市局（公司）烤烟技术员讲解小苗管理技术

云南保山市局 宋云红 摄

发行电话：高建国 010—63605464　张　洁 010—63605646

姚　媛 010—63606745　王美荣 010—63605478

广告电话：丁广达 010—68535568

2011 年，《中国烟草年鉴》获第五届全国年鉴编校质量检查评比特等奖

2012 年，《中国烟草年鉴》获第六届全国年鉴编校质量检查评比一等奖

编写说明

一、《中国烟草年鉴》是由国家烟草专卖局组织编纂，全面反映中国烟草行业改革和发展情况以及所属各企业发展概貌的专业性、权威性行业综合年鉴。《中国烟草年鉴》自1996年创刊以来，已先后编纂出版了1991—1995年、1981—1990年、1996—1997年、1998—1999年、2000年、2001年、2002年、2003年、2004年、2005年、2006年、2007年、2008年、2009年、2010年、2011—2012年、2013年卷等17期。从《中国烟草年鉴》2004年卷起，由国家烟草专卖局中国烟草杂志社《中国烟草年鉴》编辑部具体负责年鉴的编辑工作。

二、《中国烟草年鉴2014》设有特载，领导讲话，行业概览，群众路线教育，国家烟草专卖局、中国烟草总公司机构，省级局（公司），工业企业，科研和教育机构，文化建设，经济统计，公益活动，控烟履约，大事记，文件选编，附录，索引共计16个栏目。本年鉴“栏目”下设“分目”和“条目”。

三、本年鉴主要收录了2013年全国烟草行业发展的主要工作情况。各栏目内容充实，信息量大，特别突出了资料的权威性、延续性，反映行业改革发展的历程。以彩图配合相关栏目，生动、直观、全面地反映了行业各方面发展情况，彩图涉及面宽，内容丰富。

四、新增《群众路线教育》栏目，介绍2013年国家局机关及全国烟草行业第一批开展党的群众路线教育实践活动情况。新增《控烟履约》栏目，介绍2013年我国制订的关于控烟履约相关法律、法规，并对2013年行业控烟履约工作开展情况进行全面介绍。同时对历年来行业控烟履约工作进行回顾。

五、本年鉴的各种资料、数据主要由国家烟草专卖局机关各部门、各单位和行业各直属单位提供，条目内容、数据均由各撰稿单位审阅，并由国家烟草专卖局办公室最后审定确认，资料可靠。

六、本年鉴中的各种资料、数据，除先进人物和先进集体名单外，一般截止时间为2013年12月31日。

七、本年鉴终审人员为：张修连、刘杰、王献生、赵百东、任静、姜泓海、郑素平。三审人员为：刘杰、王献生、赵百东、任静。二审人员：余莉。一审编辑为：谢争艳、吴中奇、周佳、王东旭、李昂。校订人员：余莉、丁勇。校对人员：谢争艳、吴中奇、周佳、王东旭、李昂。

编　者

2014年12月

目　录

特　载

领导讲话

行业概览

群众路线教育

国家烟草专卖局
中国烟草总公司机构

省级局（公司）

工业企业

省级工业公司

境外卷烟生产企业

烟草机械生产企业

卷烟辅助材料生产企业

打叶复烤和薄片生产企业

科研和教育机构

科研机构

教育机构

文化建设

经济统计

总表部分

工业部分

其 他

公益活动

控烟履约

大事记

文件选编

综　合

发展计划

专卖管理

经济运行

烟草科技

人事政工

整顿规范

烟叶生产

附 录

香港烟草

澳门烟草

台湾烟草

国际烟草

先进人物名单

先进集体名单

2013 年行业获评高级专业技术资格人员名单

2013 年行业获得的授权专利名单

2013 年在产卷烟、雪茄烟品牌（规格）名录

索　引

特　载

苗圩在2014年全国烟草工作会议上的讲话

（2014年1月16日）

过去的一年里，面对错综复杂的国内外形势，工业和信息化系统认真贯彻落实党中央、国务院决策部署，坚持稳中求进的工作总基调，统筹稳增长、调结构、促改革，狠抓各项重大政策措施的落实，重点工作取得系列可喜的成果。预计全年，规模以上工业增加值增长9.8%左右，利润增长13%；信息消费规模超过2万亿元，增长25%左右，电信业务收入、软件和信息技术服务业收入分别增长8.4%和25%；单位工业增加值能耗和用水量分别降低4.8%和8%。这些成绩的取得，是在党中央、国务院坚强领导下，包括烟草行业在内的全系统干部职工团结奋进、努力拼搏的结果。从我们烟草行业来说，这一年里，全行业在国家烟草专卖局①新老领导班子带领下，紧紧围绕“卷烟上水平”基本方针和战略任务，聚焦重点品牌，优化烟叶结构，夯实管理基础，提高队伍素质，年初确定的各项目标任务全面完成，各方面工作取得新的成效。比如，在烟叶生产方面，实现了“一个调控有效、三个持续增加”，特别是烟农种烟收入在压产20.9万吨（416万担）情况下，仍然增长了6%。在上缴税利方面，全年全行业上缴财政总额超过8100亿元，比上年增长近1000亿元，其中还包括上缴专项税后利润400亿元，为国家财政增收作出了特殊贡献。在作风建设方面，全行业扎实推进党的群众路线教育实践活动，着力整改公务用车管理、会议经费管理、缴存公积金和企业年金等6个突出问题，作风建设和反腐倡廉建设取得明显成效，内部规范管理深入推进。这些成绩来之不易。在此，我代表工业和信息化部党组，向大家并通过大家向全行业干部职工表示亲切问候和衷心感谢！

大家都知道，2013年年底，中央先后召开了两次非常重要的会议。一是11月9日至12日召开的十八届三中全会。这次会议提出了全面深化改革的指导思想、目标任务、重大原则，合理布局了全面深化改革的战略重点、主攻方向、工作机制，强调经济体制改革是全面深化改革的重点，核心问题是处理好政府和市场的关系，使市场在资源配置中起决定性作用和更好发挥政府作用。二是12月10日至13日召开的中央经济工作会议。这次会议明确了今年经济工作的总体要求、发展目标、重点任务和政策取向，强调要坚持稳中求进工作总基调，把改革创新贯穿于经济社会发展各个领域各个环节，保持宏观经济政策连续性和稳定性，着力激发市场活力，加快转方式调结构，加强基本公共服务体系建设，着力改善民生，切实提高经济发展质量和效益，促进经济持续健康发展、社会和谐稳定。这两次会议对我们做好今年工作具有重大指导意义，必须认真抓好学习领会和贯彻落实。2013年12月27日至28日，部里召开了全国工业和信息化工作会议，研究部署了贯彻落实党的十八大和十八届二中、三中全会及中央经济工作会议精神的思路和重点工作任务。部党组强调，2014年全系统工作要坚持稳中求进，把改革创新贯穿于工作各方面，激发市场主体活力，强化创新驱动，推进两化深度融合，在转型升级、提质增效上迈出新步伐，保持工业通信业持续健康发展。关于烟草行业工作，待会凌成兴同志还将作工作报告。这个报告之前我已经看过，内容全面，重点突出，任务和措施也很具体，我都赞成。下一步，全行业要结合三中全会、中央经济工作会议精神以及全国工业和信息化工作会议的部署要求，认真学习领会，抓好贯彻落实。这里，我强调四点意见。

第一，着力深化行业改革。改革开放30多年来，全行业坚持和完善烟草专卖制度，积极引入竞争机制，深入实施工商分离和战略重组，推进科技创新和结构调整，创造了国家增税、企业增效、职工增收、烟农增利的辉煌业绩。这是行业不断深化改革、加快发展的重要成果。当前，行业发展面临着烟草控制、完善体制、国际竞争等多方面新的挑战，我们必须深刻认识进一步深化改革的重要性、紧迫性，认真贯彻落实三中全会精神和中央部署要求，坚持市场化改革方向，推动行业改革不断深化。要更大力度简政放权，突出抓好企业法人治理、国有资产管理、收入分配等领域的改革，积极探索市场配置资源的新途径、新举措，加快建设统一开放、竞争有序的市场体系，进一步释放改革红利，不断增强行业发展的动力和活力。

第二，着力促进行业可持续发展。全行业要围绕“卷烟上水平”总体目标任务，坚持以改革创新的理念、思路和办法，抓好重点工作落实，不断提升行业整体效益和科学发展水平。一是加快形成品牌竞争发展的市场格局，建立健全淘汰机制，精简产品规格，慎出新的规格，全面增强中式卷烟核心竞争力。二是扎实推进烟叶生产可持续发展，不断提高现代烟草农业发展水平、烟叶基地基础设施建设水平和烟叶提质增效科技水平。三是继续强化卷烟市场监管，建立和完善打私打假体系、市场监管体系、法律防控体系，维护正常的卷烟市场秩序。四是加快实施“走出去”战略。目前，我国卷烟市场基本由中国烟草主导，但国际市场完全由少数几个国外品牌占据，我国卷烟外销率只有2%。这既是我们的短板，也是最大的潜力。要加大国际市场投入，尤其是加大对消费习惯、消费文化相近的周边国家市场开发，打造出口基地，推进境外实体运作，稳妥探索海外并购。同时也要努力提升烟机研发制造水平，加快烟机工业“走出去”步伐。

第三，着力推进控烟履约工作。我国是世界上最大的烟草生产国和消费国，又是《烟草控制框架公约》的缔约国之一，控烟履约工作倍受社会各界和国际社会关注。世界卫生

① 本年鉴中国家烟草专卖局简称“国家局”，中国烟草总公司简称“总公司”。

组织和《烟草控制框架公约》秘书处，都对我国控烟履约工作有着很高的期待。近期，中办、国办专门出台了规定，要求各级领导干部带头在公共场所禁烟。做好控烟履约工作意义重大。作为一个负责任的行业，我们要自觉从党和国家的工作大局出发，积极履行社会责任，认真落实《中国烟草控制规划（2012—2015年）》，扎实抓好国际控烟履约各项工作。重点是贯彻落实好规划部署的各项重点任务，确保公共场所禁烟全面推行、吸烟率持续降低、公众对烟草危害的认识显著提高，以及烟草制品非法贸易得到有效遏制等目标的实现。就行业自身来说，重点要坚持控制卷烟增长幅度，通过科技创新着力降低焦油和其他有害成分的含量。同时，也要积极妥善应对控烟工作中出现的片面化、绝对化、扩大化倾向。另外，今年的全国两会又将临近，控烟工作可能再次成为社会关注的热点问题，要主动做好舆论宣传工作，努力取得社会各方面的理解和支持。

第四，着力加强干部队伍建设和作风建设。这是推动烟草行业持续健康发展的关键。2013年，国家局提出了“十二五”后三年发展目标，经过全行业共同努力，2013年的目标已经顺利完成。2014年，我们的目标是实现税利总额超过1万亿元，2015年是上缴财政总额接近1万亿元。但随着“需求拐点”逐步逼近，要连续跨过两个“一万亿”门槛很不容易，关键要抓好领导班子和干部队伍建设。要深入贯彻落实全国组织工作会议精神，进一步加强干部队伍特别是直属单位领导班子建设，着力构建有效管用、简便易行的选人用人机制，选好领导、配好班子，培养造就一支适应行业改革发展需要的高素质领导干部队伍。要进一步改进工作作风，突出抓好享乐主义和奢靡之风这两个突出问题，深入开展“四风”问题专项整治，把行之有效的做法固定下来，形成按规矩办事、靠制度管人的长效机制，不断巩固教育实践活动的成果。要以建立健全惩治和预防腐败体系为重点，坚持不懈地抓好反腐倡廉建设，坚决落实中央相关各项规定，加强对领导干部的管理监督，严格规范权力运行。同时，也要加强对行业内部生产经营行为的规范管理，坚决把各项要求落到实处，全面提升规范管理的行业形象。

（选自工业和信息化部部长苗圩在2014年全国烟草工作会议上的讲话。据《国烟办通报》2014年第2期摘编）

谋划三大课题　提升五个形象
努力实现烟草行业税利总额超万亿元年度目标

——在2014年全国烟草工作会议上的报告

凌成兴

（2014年1月16日）

同志们：

这次全国烟草工作会议的主要任务是，全面贯彻落实党的十八大和十八届二中、三中全会精神，贯彻落实中央经济工作会议以及全国工业和信息化工作会议精神。传达国务院领导同志重要批示，听取苗圩部长的重要讲话。紧密联系烟草行业实际，总结工作，分析形势，部署任务。下面，我讲三个问题。

一、关于2013年行业工作的基本评价

2013年，我们在党中央、国务院的坚强领导和工信部的直接领导下，坚持以邓小平理论、“三个代表”重要思想和科学发展观为指导，认真学习贯彻党的十八大精神，认真学习贯彻习近平总书记系列重要讲话精神，坚持“稳中求进”的工作总基调，以提高经济增长的质量和效益为中心，继续围绕“卷烟上水平”基本方针和战略任务，全面抓好各项工作，保持了生产经营良好发展态势，实现了“三个稳中有为”、做到了“五个扎实推进”。

（一）“三个稳中有为”

第一，烟叶生产稳中有为。烟叶生产实现了连续16年稳定发展。去年的主要特点是“一个调控有效、三个持续增加”：烤烟收购计划调控有效，全国种植烤烟2092万亩，减少26万亩；收购烤烟253.15万吨（5063万担），减少20.8万吨（416万担）。烟农收入持续增加，全国烤烟收购均价24.6元/千克，提高3.1元/千克；烟农种烟收入623亿元，在收购总量减少20.8万吨（416万担）的情况下，仍增长6%。上、中等级烟叶比重持续增加，达到97%，提高近3个百分点，优化结构工作取得明显成效。基地单元持续增加，全年新建基地单元122个，累计建设基地单元461个，其中特色优质烟叶开发基地单元146个。同时，烟叶生产基础设施投入和建设力度持续加大，全程机械化作业稳步推进，烟农专业合作社有序发展，现代烟草农业建设成为老少边穷地区富民强县、惠及子孙的德政工程。

第二，卷烟产销稳中有为。全行业主动适应市场环境变化，及时采取一系列有效措施，保持了卷烟产销协调发展、重点品牌良好发展的势头，“532”“461”品牌培育成效卓著。主要特点是“两个基本稳定、三个不断提高”：卷烟产量基本稳定，全年生产25337.5亿支（5067.5万箱），增长1.7%。卷烟销量基本稳定，全年销售24998亿支（4999.6万箱），增长1.2%；其中28个重点品牌销售20578.5亿支（4115.7万箱），增长6.0%。卷烟销售收入不断提高，全年批发销售收入12480.4亿元，增长8.5%。卷烟单箱收入不断提高，全国平均达到2.5万元，增长7.3%。单箱税利不断提高，全国平均达到1.8万元（其中：工业1.3万元、商业0.5万元），增长7.72%。同时，拓展国际市场取得新进展，全年行业境外卷烟销售700万件，增长12.9%，其中

境外卷烟企业和合作销售444万件，增长20.3%。

第三，税利总额稳中有为。年初确定的"税利保持10%左右增长"的目标顺利实现。全年行业实现税利9559.86亿元，新增910.47亿元，增长10.53%；其中税金（不含企业所得税）6810.61亿元，增加598.71亿元，增长9.64%。全年上缴财政总额8161.22亿元，新增近1000亿元，增长13.9%；其中上缴国有资本收益295.68亿元，上缴专项税后利润400亿元，为国家财政增收作出了特殊贡献。

（二）"五个扎实推进"

第一，执行中央"八项规定"和反腐倡廉建设扎实推进。行业各级党组织和领导干部认真贯彻执行中央"八项规定"，认真落实国家烟草专卖局党组"九条要求"，坚持深入实际、深入基层开展调查研究；精简会议活动，压缩会议数量，严格控制会议规模；简化公务接待，抓住中秋、国庆等重要时间节点坚决刹住公款送节礼、公款吃喝和奢侈浪费等不正之风，严格控制工商企业跨省交流活动；规范行业车辆配备使用和办公用房管理，对超标准配备车辆、占用办公用房进行全面清理。全行业业务招待费、会议费、涉外费分别降低37.89%、43.6%、28.57%，封存超标车1344辆，清理多占办公用房47685平方米，停建经营业务用房项目86项，取消、停止出国团组77个，比年初计划压缩35.5%。

切实发挥纪检监察职能，加强对执行中央"八项规定"和"三重一大"决策制度的监督检查，全面开展廉政风险防控工作，强化对权力运行的监督制约。以干部清正、行业清廉为目标，大力加强党的纪律建设，努力改进领导干部作风，突出工作重点，狠抓工作落实，行业反腐倡廉建设取得明显成效。全年给予党纪政纪处分159人，移送司法机关处理2人，收缴违纪违法所得355.6万元，挽回国有资产损失1.41亿元。

第二，党的群众路线教育实践活动扎实推进。根据中央统一部署，深入开展以"为民务实清廉"为主要内容的第一批党的群众路线教育实践活动。国家局、总公司机关和行业各直属单位按照中央"照镜子、正衣冠、洗洗澡、治治病"的总体要求，认真抓好学习教育、听取意见，查摆问题、开展批评，整改落实、建章立制三个环节。围绕反对"四风"，国家局党组从征求的475条意见中，查摆、分析、聚焦了16个突出问题，坚持边学边改、边查边改，先后完善和出台了12项管理制度、1个班子建设的文件规定，着力抓住缴存公积金和企业年金的突出问题、公务用车管理的突出问题、财务管理的突出问题、出国管理的突出问题、会议经费管理的突出问题进行整改和规范，着力抓住加强领导班子建设的关键问题，善始善终、善做善成。

第三，经济运行调控工作扎实推进。全行业把保持良好的市场状态作为经济运行调控的首要任务，认真落实去年4月、10月两次座谈会精神，保持了行业经济运行的总体平稳。

在生产运行调控方面，增加适销对路品牌和规格的生产，适度增加四、五类卷烟生产，保障农村市场供应；从严控制工业调出，适当减少年底备货数量，对存销比偏高、价格波动较大的品牌和规格采取限产限调措施，合理控制库存，保持价格坚挺。同时，切实加强安全生产，深入开展安全生产大检查。切实加强企业基础管理，在开展"管理创一流"活动基础上，全面推进精益管理，注重管理手段和方法创新，推动企业向管理要效益。

在市场营销调控方面，明确"六个坚决禁止"要求，规范卷烟货源供应，提高货源投放的针对性和有效性；按照市场状态把握投放节奏，保持供求平衡；坚持市场导向，提高需求预测的准确率，尊重消费者选择，加大按客户订单组织货源供应。

在资金管理调控方面，强化全面预算管理，严格重点费用控制，努力降低生产经营成本。全年卷烟工业企业销售收入成本率为24.06%，略有下降；工商企业三项费用率分别为7.21%和7.33%，均略有下降；行业重点费用支出93.44亿元，降低21.4%。开展流动资产专项清查和行业内部往来款对账工作，做好重大事项资金计划安排和拨付工作。

第四，专卖打假和规范管理扎实推进。持续深入开展卷烟打假，发挥与公安部门联合打假长效机制作用，在源头治理、打击非法拼装倒卖烟机、打击原辅材料供应链方面取得重大突破。全国查处案值5万元以上假烟案件2998起，收缴制假烟机433台，查获假烟15.5万件；依法拘留7476人、追究刑事责任4960人。烟草打私成果再创新高，查获走私案值和涉嫌偷逃税额分别增长1.4倍、3.4倍。切实加强内部规范管理，加大对真烟非法流通的监管力度，严格落实规范"两烟"生产经营行为各项纪律要求，对个别存在不规范经营行为地市局（公司）的主要领导给予了严肃处理。认真贯彻落实《烟草企业采购管理规定》，扎实推进办事公开、民主管理，强化制度程序硬约束，有效发挥董事会把关作用，公开招标工作取得新进展。全行业工程投资、物资采购和服务采购实施公开招标项目占比60.24%、金额占比82.82%。

高度重视审计监督，配合审计署圆满完成行业经济责任审计工作，国家局召开专题会议通报情况、举一反三、全面整改。同时，组织行业经济责任审计项目31项、工程审计项目40项。

第五，科技创新和技改工作扎实推进。大力实施创新驱动发展战略，加强行业科技创新体系建设，推进重大战略性课题和科技重大专项研究。绘制完成全球第一套也是唯一的一套烟草全基因组图谱，在国际上率先掌控烟草核心基因信息资源。高度重视烟草产品质量安全，持续降低卷烟有害成分含量，国产卷烟焦油量加权平均值为10.6毫克/支，同比下降0.3毫克/支；卷烟危害性指数加权平均值为8.7，同比持平。不断强化知识产权管理，全行业获得授权烟草技术类专利2962件，增长46.0%，其中发明专利515件，增长2.6%。持续提高行业工艺技术装备水平和综合配套能力，国家局、总公司全年批复各类技术改造项目98个、投资总额386亿元；"超高速卷接包机组研制"重大专项引进技术样机顺利通过鉴定，国产卷接包机组成功实现由高速向超高速的跨越。加快信息化重点项目建设，正式启动行业数据中心项目，实施统计数据下行服务，数据资源的开发应用和信息共享得到加强。

同时，行业物流建设、卷烟包装箱循环利用、烟用物资配套产业、多元化投资管理、烟草经济研究和学术交流、干部教育培训和专业技术人才培养、离退休人员管理和服务工作、行业新闻宣传和舆论引导等各项工作都同舟共济，成绩显著。借此机会，我代表国家局、总公司向同志们，向全行业干部职工表示衷心的感谢！

同志们，我们在总结、回顾、宣传烟草经历三个阶段、创造三大辉煌时，必须清醒地认识行业面临的新情况、新问题、新矛盾。我认为，增长速度回落、工商库存增加、结构空间变窄、需求拐点逼近是摆在行业面前的四大难题，务必增强忧患意识、谋划应对之策、牢记“实干兴邦”。

二、关于学习贯彻三中全会精神的总体考虑

党的十八届三中全会是在我国改革开放新的重要关头召开的一次重要会议。全会审议通过的《中共中央关于全面深化改革若干重大问题的决定》，是我们党在新的历史起点上全面深化改革的科学指南和行动纲领。我们必须把全会精神转化为行业改革的指南、发展的动力、工作的业绩，在谋划“三大课题”、提升“五个形象”上下工夫，见实效。

（一）谋划“三大课题”

围绕“三大课题”，行业各直属单位深入调查研究，广泛集中民智，向国家局上报了思考深入、谋划深远的打算和建议。国家局党组成员分别领题，对“卷烟上水平”、烟叶生产、市场营销、货币资金保值增值和营销费用控制、“走出去”发展战略等五个专题开展调查研究，提出了许多思路、规划、对策和举措，使“三大课题”更加具体化、更具操作性。归纳大家意见，我谈点基本认识。

第一，改革的红利在哪里？烟草行业改革始终紧跟我国改革开放步伐。三中全会《决定》指出，“实践发展永无止境，解放思想永无止境，改革开放永无止境”，“经济体制改革是全面深化改革的重点，核心是处理好政府与市场的关系，使市场在资源配置中起决定性作用和更好发挥政府作用。”烟草产品具有双重属性，它既是商品，必须遵循市场经济的一般规律；又是专卖专营特殊商品，必须严格按国家计划组织生产并由国家垄断经营。因此，谋划行业改革的红利在哪里？必须坚持社会主义市场经济改革方向，坚持烟草专卖制度。烟草专卖制度，最核心的是统一领导、垂直管理、专卖专营，专卖专营又包括三大法定许可制度：烟草专卖品生产和进出口的法定许可证制度，是指卷烟、雪茄烟、烟丝、复烤烟叶、烟叶、卷烟纸、滤嘴棒、烟用丝束、烟草专用机械；烟草专卖品销售和经营主体的法定许可证制度；烟草专卖品运输的法定准运证制度。根据这三大部分，目前，共设置保留15项行政许可事项。

习近平总书记指出：“改革是由问题倒逼而产生，又在不断解决问题中得以深化。”根据烟草产品双重属性的特点，我们要有强烈的问题意识，以重大问题为导向，抓住关键问题研究思考，不断推动行业自我改革、自我完善、自我创新，努力释放改革的红利：在计划安排上，努力向市场配置资源要红利；在卷烟营销上，努力向建设统一开放、竞争有序的市场体系要红利；在品牌规格上，努力向健全优胜劣汰、市场化退出机制要红利；在法人治理结构上，努力向协调运转、有效制衡要红利；在人事制度上，努力向建立“管理人员能上能下、员工能进能出、收入能增能减”机制要红利；在审批制度上，努力向简政放权、高效运转要红利。

第二，发展的潜力在哪里？在“需求拐点逼近”的严峻形势下，烟草行业发展难以继续依靠外延扩张。李克强总理指出，“提质增效升级是我国经济行稳致远的必然要求”，更是我们烟草行业行稳致远的必然要求。目前，行业最大的潜力有：

一是结构调整的潜力。坚持以品牌培育促进转型升级，推动卷烟结构不断优化，保持卷烟销售总额增长与社会消费品零售总额增长基本同步，保持卷烟单箱均价增长与城乡居民收入水平增长基本同步，持续提高一、二、三类烟产销比重，持续提高卷烟单箱销售均价，持续提高卷烟单箱税利水平。这“两个基本同步、三个持续提高”，仍然是今后一个时期的着力点和增长点。据分析，到2020年大体上每年还具有单箱收入增加1000多元、单箱税利增加近1000元的发展潜力。

二是国际市场的潜力。紧紧抓住中央支持鼓励国内企业“走出去”发展的有利时机，学习借鉴中粮、双汇、华为、高铁等国内企业“走出去”发展的成功做法和宝贵经验，创新思维，超常扩张。在实现结束“洋烟”泛滥、占领国内市场的历史跨越后，再实现中国烟草进军国际市场的新跨越。据不完全统计，除我国卷烟内销外，全球还有卷烟7000多万箱，其中：有5000多万箱由五家烟草跨国公司营销，有2000多万箱分散在许多中小烟草公司手上。这对我们拓展国际市场仍有巨大潜力。

三是货币资金保值增值的潜力。有效发挥行业资金存量优势，加强与金融企业的战略性合作，创新行业内部资金融通渠道和运作机制，高度重视“以钱生钱”，确保行业资金“不缩水”、提高货币资金回报率、降低工商营销费用率。这个潜力每年少则增加100多亿元、多则增加200多亿元利润。真正把不当“守财奴”、更不当“败家子”、要当创业者的理念落实到当家理财的全过程。

第三，追赶的目标在哪里？面对日趋激烈的市场竞争，面对经济全球化的发展趋势，我们必须瞄准全球领先水平，确立新的追赶目标。

一是追赶烟草跨国公司前三名。据统计，2012年，第一名菲莫国际销量1854万箱，第二名英美烟草销量1388万箱，第三名日本烟草销量1107万箱（其中：外销800多万箱）。我国烟草目前境外销量140万箱，卷烟外销率2%。我们要学习借鉴日本烟草、帝国烟草并购重组的成功经验，树立追赶烟草跨国公司前三名的雄心壮志，力争到2020年实现境外销量超过800万箱的战略目标，为行业发展开辟更为广阔的市场空间和竞争舞台。

同时，要把握国际烟草市场发展趋势，高度重视加热不燃烧卷烟、电子烟、口含烟等新型烟草制品研发，并将其作为关系行业可持续发展的战略性、全局性、长远性重大课题，国家局已成立由主要领导为组长、各位局领导为副组长的新型烟草制品领导小组，统筹新型卷烟的超前谋划、系统设计、重大专项和有序推进工作。

二是追赶烟机制造公司的排头兵。烟草专用机械是烟草专卖品，我国是世界最大的烟机进口国，专卖体制优势和国

内市场需求应该支撑起装备领先、技术领先、能力领先的中国烟机企业。我们要以德国虹霓公司、福克公司、意大利GD公司为学习榜样，拜师学艺、加强合作、缩小差距，在进一步发挥“打造中式卷烟制丝生产线”“超高速卷接包机组研制”重大专项带动作用的同时，坚定以烟机装备自主化为导向，突出抓好M5卷烟机引进消化吸收再创新，着力推进现有烟机的改造提升，着力推进制丝关键设备的引进消化吸收再创新，着力推进软硬包装和异型卷烟设备的柔性化，全面提升国内烟机企业研发创新、精益制造和维修服务水平。

三是追赶原辅材料生产的大集团。我们要继续深化同塞拉尼斯公司、瑞安公司、施伟策—摩迪国际集团、伊士曼化工公司等知名企业的友好合作，着眼于提升原辅材料的自主研发、自我创新、自我保障能力，持续提高国产醋纤丝束竞争力，加快推进香精香料自主研发、批量生产，着力提升高档卷烟纸国产化水平，按照烟草产业链一体化运作思路，全面推进原辅材料配套保障体系建设，全面增强中国烟草整体竞争实力。

四是追赶现代企业管理的新趋势。要以精益管理为抓手，发挥对标的引领和导向作用，进一步提升企业基础管理水平，向一流管理迈进；要坚持把物流作为行业核心业务，全面实施物流非法人实体化运作，积极推进烟草物联网和电子商务建设，着力打造高水平的行业供应链物流；要高度重视信息化工作，以“一个平台、五大应用、五大保障”为框架，以“一号工程”为基础，以“三流合一”为目标，整合兼容、互联互通，先进实用、改造升级，推进信息化与烟草产业深度融合；要加快推进打叶复烤企业整合、改造、提升工作，全面提高打叶复烤加工能力、管理水平和经济效益。

（二）提升“五个形象”

第一，全面提升行业深化改革的形象。在贯彻三中全会精神，释放行业改革红利中，我们要加大市场化取向改革力度，加大企业法人治理结构改革力度，加大国有资产管理体制改革力度，加大收入分配制度改革力度，加大简政放权改革力度，加大领导干部选拔任用和交流任职改革力度，加大服务广大烟农土地流转改革力度，加大实施“走出去”发展战略改革开放力度。上述八项改革举措，要在中央全面深化改革领导小组的统一部署下，整体谋划、深入研究，分项出台、分步实施，做到“既不要拖宕，又不要抢跑”。

第二，全面提升行业科学发展的形象。全行业必须继续围绕“卷烟上水平”基本方针和战略任务，努力走出一条质量提高、价值提升、技术进步、成本节约的内生发展道路，继续保持协调发展、共同发展、和谐发展良好局面，全面提升行业科学发展的形象。行业“十二五”后三年的发展目标是：力争2013年上缴财政超过8000亿元（已实现），力争2014年实现税利总额超过1万亿元，力争2015年上缴财政总额接近1万亿元。实现这个目标，既是实施“卷烟上水平”基本方针和战略任务的重要标志，也是提升行业科学发展形象的具体体现。

第三，全面提升行业控烟履约的形象。国家局作为国务院“履约工作部际协调领导小组”成员单位之一，承担着依法推进控烟履约的重要职责。全行业必须自觉从党和国家的工作大局出发，坚决执行中办、国办《关于领导干部带头在公共场所禁烟有关事项的通知》，严格执行烟草专卖法律法规，认真履行《烟草控制框架公约》《中国烟草控制规划（2012—2015年）》明确规定的责任和义务，积极做好《消除烟草制品非法贸易议定书》研究落实工作。严格按照国家计划控制卷烟增长幅度，严厉打击烟草制品非法贸易，坚持通过科技创新降低焦油和其他有害成分的含量，坚决支持公共场所禁烟，坚决支持中小学生禁烟，坚决劝阻青少年吸烟。

第四，全面提升行业规范管理的形象。烟草行业产品特殊、体制特殊，是社会关注的焦点。即使个别单位、个别企业、个别职工出现不规范行为，都会对整个行业形象造成不利的影响。面对庞大的职工队伍，面对庞大的业务交易，面对庞大的资金流量，全行业必须始终坚持把严格规范作为保持行业持续健康发展的“生命线”，坚决铲除各种不规范行为滋生的土壤，努力从法律层面促进行业规范管理，努力从制度层面促进行业规范管理，努力从道德层面促进行业规范管理，全面提升行业规范管理的形象。

第五，全面提升行业干部队伍的形象。加强干部队伍建设，提升干部队伍形象，是推动烟草行业持续健康发展的关键。要认真贯彻落实全国组织工作会议精神，学习好、领会好、落实好习近平总书记在组工会上的重要讲话，全面抓好国家局党组《关于进一步加强行业直属单位领导班子建设的意见》的贯彻落实，不断加强领导班子的思想建设、组织建设、作风建设、反腐倡廉建设和制度建设，努力打造为民务实清廉的高素质领导班子。同时，要大力加强行业基层建设，统筹推进各类人才队伍建设，努力培养一支高层次、高技能、高素质的人才队伍。

三、关于2014年行业工作的主要任务

今年是贯彻落实党的十八届三中全会精神的开局之年，也是推进落实《烟草行业“卷烟上水平”总体规划》的关键一年。

今年工作总体要求是：全面贯彻落实党的十八大和十八届二中、三中全会精神，坚持稳中求进工作总基调，坚持改革创新，坚持烟草专卖制度，谋划“三大课题”，提升“五个形象”，扎实推进“卷烟上水平”基本方针和战略任务，努力实现税利总额超万亿元年度目标。

今年工作重点任务是：围绕“五个千方百计”、做到“三个坚定不移”。

（一）“五个千方百计”

第一，千方百计落实“卷烟上水平”总体规划目标任务。要继续围绕“卷烟上水平”总体规划和五个实施意见，全力打好攻坚战。

一是加快形成品牌竞争发展的市场格局。加强卷烟品类构建，完善品牌发展规划，分类指导品牌发展，加快形成以“全国性知名品牌为主导、区域性优势品牌为依托、创新型特色品牌为引领”的品牌竞争发展格局。这个格局包括三个层面：以“双15”品牌为主体的全国性知名品牌，产销总量不少于70%、销售收入和税利总额不少于85%；以其他重点品牌为主体的区域性优势品牌，重点聚集三类烟以上规格，

地产卷烟在本省区域市场占有率要争创“三分天下有其一”的营销业绩；以降低焦油和其他有害成分含量为主体的创新型特色品牌，以小见大、以新替旧、以特取胜。

要全面推进卷烟品牌质量建设和形象塑造，切实增强高端卷烟、高价位卷烟、低焦油卷烟品牌带动力，着力促进卷烟产品优化升级。要深入推进卷烟品牌合作生产，坚持以市场为导向，以自愿选择、互利双赢为基点，努力实现从主要依靠行政、经济手段促进合作生产向尊重市场主体意愿、激发企业内生动力转变；从主要追求增加合作生产数量、扩大合作生产规模向追求提升整体发展质量、增强整体竞争实力转变；从一般意义的来料生产、来牌加工方式向实现品牌做大做精、推进企业深层合作转变。要全面推行精益管理，真正把精益思想、精益方法、精益组织、精益流程、精益目标融入企业管理的全过程，更多地依靠技术进步、管理创新和人员素质提高，推动卷烟品牌发展建立在节约资源、减少浪费、提高效率基础上。

二是建立完善品牌规格创新淘汰机制。按照“品牌要做大、规格要做精、价格要上扬”的要求，制定实施导向更为明确、管理更为精细的行业卷烟品牌规格管理办法，健全优胜劣汰市场化退出机制，着力打造一批定位清晰、风格突出、技术领先、效益良好的重点规格，每个品牌销量和销售收入前三位主导规格所占比重力争保持在70％以上；鼓励卷烟工业企业研发新产品、淘汰小规格，原则上品牌规格20个以内的要进一退一、30个以内的要进一退二、40个左右的要进一退三；防止因片面追求品牌数量、片面追求市场扩张、片面追求生产规模，而拉低品牌价格、摊薄品牌价值、损害品牌形象。

三是大力支持云南中烟“两统一、两整合”工作。云南中烟“两统一、两整合”工作座谈会以后，云南中烟“一公司、两集团”同舟共济、精心组织，平稳操作、开局良好。希望各省局（公司）、各合作生产企业、机关各职能部门，特别是云南烟草工商两家，要以这个大动作为机遇，按照座谈会精神，继续把培育云产卷烟品牌、发挥云南烟草优势作为共同目标、共同利益、共同责任，培育增长极、再创新辉煌。

第二，千方百计落实烟叶生产总体思路。认真贯彻落实中央农村工作会议精神，坚持把烟叶生产作为行业“三件大事”的首要任务来抓，“坚守一条红线、提高三个水平、夯实两大基础”，要保护三个积极性、防止三个大起大落，要努力降低烟农用工成本、努力降低烟叶配方成本、努力降低烟叶库存成本。

一是控制总量。力争用3年左右时间，将全国烟叶库存总量调整到合理水平，计划今年收购烤烟4700万担，规划2015年收购烤烟4500万担、2016年收购烤烟4300万担。

二是稳定政策。今年烟叶价格总水平提高5％，红花大金元、翠碧一号继续实行特色优质品种加价政策，收购价上浮20％；K326特色品种按收购价上浮10％，通过补贴方式兑现；优化烟叶结构“下打两片”每亩补贴50元，“上打两片”每斤鲜烟叶补贴0.45元；烟田基础设施建设资金稳定在150亿元，其中水源工程建设资金50亿元。

三是优化结构。继续坚持在田间处理不适用烟叶的优化结构措施，引导扩种红花大金元、翠碧一号和K326等特色优质品种，大力推广“订单农业”；稳妥调剂烟叶进出口计划，力争通过增加出口、减少进口，使烟叶净出口数量再增加100万担。

四是提升水平。管好用好项目资金，抓好烟水配套工程、机耕道路、育苗设施、调制设施等项目建设，推进水源工程、土地整理和田间机械化工作，着力提高基础设施建设水平；推动工商密切协作，完成新建基地单元130个、新建特色优质烟叶开发基地单元19个、建设“升级版”基地单元14个，完成专业化分级散叶收购3500万担，着力提高特色优质烟叶开发水平；稳步推进规模种植，培养具备现代经营管理能力的职业化烟农队伍，完善“种植大户（家庭农场）＋合作社”的发展模式，抓好示范合作社建设，着力提高两个主体培育水平。

五是严格考核。严守4700万担收购计划红线，对烟农不得拒绝收购，对省局（公司）必须严格考核，坚持严格执行“超产抵扣下年度计划”的考核措施不能变。

第三，千方百计推进市场化取向改革。我们必须冲破思想观念障碍、突破利益固化的藩篱，积极探索在专卖体制内市场配置烟草要素资源的新途径、新举措。

一是改革卷烟交易管理方式。积极推行“按订单组织货源、按需求衔接计划、按价格调整策略”，在坚持“总量控制、稍紧平衡”前提下，今年先拿出2％的计划资源来“打擂台”，作为行业市场化取向改革的突破口。即：工业调出计划按商业调入计划100％下达，商业调入计划按98％下达，剩余2％在季度补货阶段执行。工业调出计划与商业调入计划发生的差额部分，依据工业计划基数不变、各地利益格局不变的原则，通过合作生产方式自愿协商。

二是改革卷烟订单采集方式。健全完善卷烟营销网络，加快零售终端建设，全面推行网上订货，逐步将现行订单采集模式由地市级公司统一采集调整为省级公司统一采集，切实尊重零售客户自主订货权利，有效避免人为做单、删单、改单等不规范行为。积极推动全国统一订货平台建设，加快形成全国统一开放、竞争有序的市场体系。

三是完善卷烟货源供应规则。坚持所有货源供应政策及货源信息向零售客户公开，按照“市场需求基本满足、零售客户有所选择”的要求，加强客户订单总量管理，严控大户订货总量，允许中小客户订货总量上下浮动，实现品牌规格全部由客户自主选择，坚决杜绝强制销售、搭配销售。

为积极稳妥地推进市场化取向改革，今年先在北京、天津、河北三省（市）进行试点，积累经验后再全面推开。

第四，千方百计实现货币资金保值增值和降低营销费用。行业现有的货币资金“家底”，是全行业干部职工艰苦创业、长期积累的丰硕成果，我们要倍加珍惜、如履薄冰。今年行业货币资金利息净收益率的目标任务是：全行业保三争四、总公司保四争五，增收节支总额确保80亿元、力争100亿元。这要作为年度重要考核指标，分解任务、明确责任、落实措施。

一是切实加强存量资金管理。科学优化存款组合，鼓励企业充分利用银行利率优惠政策，通过各战略合作银行进行定期和协议存款的优化组合，最大限度地提高利息收益；倡导和鼓励行业内部资金融通，推动本省烟草工商企业之间通过银行开展委托贷款，并逐步扩大到跨省企业之间，实现资金闲置企业与资金紧张企业的有效对接和双赢发展；加强与财政部门沟通协调，通过有资质的金融机构承销商或采取定向发行等方式，适度增加重点债券购买量；切实加强往来款结算和管理，彻底清理行业工商企业间的历史遗留往来款问题，有效盘活占用资金，督促企业减少长期挂账现象。

二是稳步提升行业资金运营水平。适时通过增资扩股、定向募集等方式，有选择地增加对战略合作银行的资本性投入；探索建立行业统一的金融管理平台，稳步开展专业化资本运作，降低资金风险，提高资金收益。

三是着力强化费用节流工作。要加强营销费用控制，确保营销费用支出范围、标准、程序合法合规，确保支出总额、单箱费用和销售收入占比继续降低。坚持厉行节约、反对铺张浪费，防止大手大脚用钱、防止不计成本用钱、防止违反规定用钱。全面完成卷烟包装箱循环利用“两个50%”目标任务，积极开展同城卷烟托盘联运，坚决治理卷烟过度包装。

第五，千方百计拓展国际市场。要树立追赶烟草跨国公司前三名的雄心壮志，树立掌控进口优质烟叶话语权的雄心壮志，树立缩小与国际烟机研发制造水平差距的雄心壮志，聚焦重点、整合资源，拓展市场、提升水平。

一是加快打造境外卷烟产销基地。以培育外向型烟草企业为导向，扎实开展“境外卷烟产销基地建设年”工作，全面推进上海烟草（包括北京卷烟厂）、广东中烟、云南中烟、湖南中烟和浙江中烟、吉林烟草工业等五个卷烟境外产销基地建设，力争在东南亚、东北亚、中东、中南美、欧洲、非洲等重点卷烟市场拓展上取得明显进展。

二是加快推进境外烟叶实体运作。以雄厚统一的烟叶市场为依托，以国家局政策支持为保障，以海外实体公司为载体，不断增强进口优质烟叶基地的话语权、优质烟叶资源的话语权、优质烟叶定价的话语权。

三是加快烟机工业“请进来”“走出去”步伐。努力追赶国际先进烟机企业研发制造水平，在为行业境外卷烟企业提供技术装备的同时，积极拓展国外客户和资源，持续提高中国烟机在国际市场的占有率和影响力。

四是大胆探索跨国并购重组工作。搞好跨国并购重组是我们拓展国际市场的关键举措。要组织专门力量，摸清市场行情，研究周密方案，力求多做少说、扎实稳妥推进。

（二）“三个坚定不移”

第一，坚定不移抓好烟草专卖。烟草专卖制度是行业的尚方宝剑、看家本领，做好专卖管理工作是我们的根本职责。一要理直气壮地宣传烟草专卖制度，宣传烟草专卖法律法规，加深社会对烟草专卖制度的认知和理解，营造良好的专卖管理外部环境。二要自觉维护烟草专卖法律法规，始终坚持依法行政、依法管理、依法组织生产经营，有效防控法律风险，切实加强法治思维，全面建设法治烟草。三要始终保持打假高压态势，继续发挥联合打假长效机制作用，健全完善“政府领导、部门联合、多方参与、密切协作”的打假体系，巩固重点地区源头治理成果；强化案件经营，打击制售假烟网络，加强对互联网涉烟问题和物流运输环节的监管，加强对烟草专卖品生产企业的监管；防止废弃烟草专卖品流入制假窝点，切断制假窝点原辅材料供应；加强行政执法与刑事司法的有效衔接，加大刑事追刑力度。四要模范遵守专卖法规，狠抓专卖内管，下决心遏制真烟非法流通蔓延势头，下决心查处“两打三扫”中的弄虚作假行为。

第二，坚定不移抓好规范管理。一要坚决执行中央八项规定，把反对“四风”的规章制度落到实处。国家局已经完善出台了12项规章制度，还将研究出台新的规章制度。现在的关键是，“严”字当头，执行好中央和行业的规章制度，做到有令必行、有禁必止、违规必查。二要规范工程招标、物资（服务）采购工作，把《烟草企业采购管理规定》落到实处。努力做到“应招尽招”“真招实招”，使工程招标、物资（服务）采购公开公正公平，防止暗箱操作、防止串标围标、防止转包分包，接受监督、保护干部。三要严格规范投资项目管理，把前置性审查、技术审查和立项审核把关落到实处。加强项目跟踪管理，维护项目审批的权威性、严肃性，坚决查处严重超标准、超面积、超概算的违规违纪行为。四要切实加强审计监督，把审计决定的整改工作落到实处。要继续加强现代企业制度建设，进一步发挥董事会的管理和监督作用。五要继续强化安全生产，把“三个关键、四个重点”落到实处。要抓好信访维稳工作，倾听群众呼声、维护职工权益。

第三，坚定不移抓好领导班子和干部队伍建设。一要以全面落实国家局党组《关于进一步加强行业直属单位领导班子建设的意见》为重点，着力构建有效管用、简便易行的选人用人机制，按照“好干部”的五条标准，选好领导、配好班子。增强行业各级领导班子的凝聚力、战斗力、执行力，强化行业各级领导干部党的纪律观念、“四个服从”观念、依法办事观念、执行政策观念、实干奉献观念，形成团结奋进、干事创业的良好氛围。同时，要关心人才队伍建设、关心老干部工作、关心年轻干部教育培养。二要大力加强行业党风廉政建设和反腐败工作，认真贯彻执行中共中央印发《建立健全惩治和预防腐败体系2013—2017年工作规划》，结合行业实际制定具体实施办法，强化行业反腐败体制机制创新和制度保障，强化对领导干部的监督、管理和教育，加大巡视工作力度，加大审计监督力度，加大廉政风险防控力度，加大违纪违法案件查办力度，筑牢反腐倡廉的思想防线、法纪红线、行为底线。三要不断巩固党的群众路线教育实践活动成果，按照“两方案一计划”持之以恒抓好第一批教育实践活动整改落实、建章立制工作。以抓铁有痕、踏石留印的决心和毅力，解决享乐主义和奢靡之风这个烟草行业的致命问题，努力实现作风建设的常态化、规范化、长效化。行业第二批教育实践活动的组织工作，以省局（公司）、工业公司为主体，在地市级局、县级局和烟厂全面展开。国家局党组将根据中央要求再作具体部署，并派出巡回督导组。

同志们，党的十八届三中全会发出了全面深化改革的动员令，中央经济工作会议吹响了“稳中求进”的新号角。“一分部署，九分落实”。我们要认真学习贯彻习近平总书记系列重要讲话精神，坚定道路自信、理论自信、制度自信，用努力实现今年行业税利总额超万亿元的优异成绩，为全面建成小康社会、实现中华民族伟大复兴的中国梦作出新的贡献！

（据《国烟办通报》2014年第2期摘编）

领导讲话

苗圩在2013年全国烟草工作会议上的讲话

（2013年1月17日）

2012年，在外部环境复杂多变、宏观经济下行压力加大的情况下，包括烟草行业在内的工业和信息化系统，认真落实党中央、国务院的决策部署，紧紧围绕主题主线主攻方向，坚持稳中求进的工作总基调，切实抓好“十二五”规划实施，结构调整、自主创新、中小企业发展、两化融合、通信业转型发展、网络与信息安全等重点工作取得新成效，工业通信业保持平稳增长。烟草行业紧紧围绕“卷烟上水平”战略任务，以培育品牌为重点，重基础、调结构、严管理、促规范、强素质，年初确定的各项目标任务全面完成，各方面工作取得新的成效，有很多亮点。这些成绩，是在党中央、国务院坚强领导下，全行业干部职工团结奋斗、共同努力的结果。

当前和今后一个时期，是我国全面建成小康社会的关键时期。党的十八大强调，要加快完善社会主义市场经济体制和加快转变经济发展方式。工业和信息化系统要深入学习和贯彻落实十八大精神，坚定不移走中国特色新型工业化、信息化道路，按照“四化同步发展”要求，创新发展理念、发展思路和发展举措，统筹兼顾，突出重点，在高起点上推动工业化和信息化发展。要按照“四个着力”“五个更多”的要求，即着力激发各类市场主体发展新活力，着力增强创新驱动发展新动力，着力构建现代产业发展新体系，着力培育开放型经济发展新优势，使经济发展更多依靠内需特别是消费需求拉动，更多依靠现代服务业和战略性新兴产业带动，更多依靠科技进步、劳动者素质提高、管理创新驱动，更多依靠节约资源和循环经济推动，更多依靠城乡区域发展协调互动，立足提高发展的质量和效益，大力推进结构调整、自主创新、循环发展、两化融合和改革开放，努力在加快形成新的经济发展方式上取得重大进展。

2012年底，部里召开了全国工业和信息化工作会议，总结了2012年及过去五年工作，研究部署了2013年重点工作任务。会议要求，2013年，工业和信息化系统要以稳增长、抓创新、调结构、促融合、提效益为主线，更加注重拓展内需市场，更加注重构建现代产业发展新体系，更加注重发挥科技的战略支撑作用，更加注重以小微企业为重点优化企业发展环境，更加注重推动两化深度融合、军民融合，更加注重转变职能、创新管理、改进作风，实现工业通信业持续健康发展。会议确定，要在全系统组织实施转型升级行动计划“6+1”专项行动，具体包括宽带中国2013、工业质量品牌能力提升、扶助小微企业、两化深度融合创新推进、工业强基、节能与绿色发展6个专项行动及改进作风年活动。要以“6+1”专项行动为抓手，组织全行业开展重点攻关，推动各项工作扎实有序开展。

2013年是全面贯彻落实党的十八大精神的开局之年，做好烟草行业各项工作，努力提高发展质量，确保行业效益增长，对于促进经济持续健康发展和社会和谐稳定意义重大。全行业要把思想行动统一到十八大精神上来，把力量凝聚到全面贯彻落实十八大确定的各项任务部署上来，切实增强使命感和责任感，努力推动烟草行业改革发展迈上新台阶，为保证国家财政收入、促进经济发展作出新的贡献。强调几点意见。

第一，坚持以十八大精神引领烟草行业科学发展。十八大强调，以科学发展为主题，以加快转变经济发展方式为主线，是关系我国发展全局的战略抉择。全行业紧密结合实际，把推动发展的立足点转到提高质量和效益上来，继续围绕“卷烟上水平”总体目标任务，加快调整优化产业结构、形成新的经济发展方式，不断提高行业整体效益。重点要深入推进现代烟草农业建设，深入推进品牌整合，深化烟草企业内部改革。要高度重视大力加强技术创新，着力推进以企业为主体、市场为导向、产学研相结合的技术创新体系，加快推进行业科技重大专项实施，提升产品研发水平和烟叶质量水平。当前，要密切关注市场变化情况，加强经济运行调控，认真分析和解决生产经营中面临的新情况新问题，确保实现2013年工作的良好开局。

第二，着力抓好行业管理和市场监管。烟草行业实行的是统一领导、垂直管理、专卖专营的管理体制，既管生产，也管销售，还管执法，队伍很大，市场情况也很复杂，行业管理任务很重。要加强组织协调，细化和完善措施，切实抓好卷烟生产计划的制订和组织实施，进一步加强烟草专卖管理，加大行业内部管理监督力度。需要强调的是，要坚持“控制总量、稍紧平衡”的原则，合理确定烟叶和卷烟生产计划指标，严格按照计划组织烟叶收购和卷烟生产，严肃查处违反计划管理的生产经营行为。这几年，生产计划增量基本都没有超过3%，2012年只有2.6%，以后生产计划还要逐步降低，甚至总量上也要下降。同时，烟草行业要切实履行好社会责任，采取多种有效方式和措施，维护好烟农和零售客户利益，维护好消费者利益。

第三，积极做好控烟履约有关工作。自2006年1月世界卫生组织《烟草控制框架公约》对我国生效以来，我国烟草控制工作扎实稳步推进，取得了显著成效。最近，在韩国召开的烟控公约缔约方会议上，世界卫生组织也对我国的履约工作给予了高度评价。2012年底，工业和信息化部、国家烟草专卖局、卫生部等八部门联合制定发布了《中国烟草控制规划（2012—2015年）》，这是新时期我国控烟履约的重要举措。我们要按照履约的承诺，认真抓好规划落实，进一步做好各项工作。烟草控制必须坚持标本兼治、重在源头治理，根本解决办法在于加大宣传力度，推动减少烟民和吸烟数量。当前，要重点加大行政执法力度，抓好公共场所禁烟工作。这其中，我们行业要正确对待广告、警示标识问题，尽早按规划执行。需要引起高度重视的是，控烟工作都是近年来社会关注的热点问题，每到全国两会、世界无烟日等重要时间节点，社会上总会有所炒作。2013 年的全国两会已经临近，要主动做好舆论宣传工作，努力取得社会各方面的理解和支持。

第四，全面加强作风建设和队伍建设。前段时间，中央政治局制定了关于改进工作作风、密切联系群众的八项规定，体现了党中央落实党要管党、从严治党的坚定决心，体现了坚持求真务实、狠抓作风转变的坚定决心。八项规定内容非常具体，回应了社会关切和人民期盼，引起了强烈反响。中央率先垂范，为我们带了好头。我们要坚决落实中央八项规定及实施细则，细化和完善各项措施，从领导做起、从一点一滴做起，不折不扣地抓好落实，务求取得实实在在的效果。习近平总书记强调，“打铁还需自身硬”。要加大各级领导班子和干部队伍、人才队伍建设力度，进一步加强政治理论学习和业务教育培训，特别是要把学习贯彻落实十八大精神作为当前和今后一个时期的首要政治任务，组织干部职工深入学习十八大报告和《党章》，坚持用十八大精神武装头脑、凝聚力量、指导实践、推动工作。深入推进反腐倡廉建设，切实加强权力运行监督，坚决制止奢侈浪费行为，高度重视做好维护稳定工作，为行业改革发展提供有力保障。

（选自工业和信息化部部长苗圩在 2013 年全国烟草工作会议上的讲话。据《国烟办通报》2013 年第 2 期摘编）

全面贯彻落实党的十八大精神 努力建设更加规范、更富效率的中国烟草

——在 2013 年全国烟草工作会议上的报告

姜成康

（2013 年 1 月 17 日）

这次全国烟草工作会议的主要任务是，认真学习贯彻党的十八大和中央经济工作会议精神，贯彻全国工业和信息化工作会议精神，紧密联系行业实际，总结 2012 年工作，安排部署 2013 年任务，进一步推动行业持续健康发展。下面，讲三个问题。

一、2012 年烟草行业主要工作情况

2012 年，在党中央、国务院和工信部坚强领导下，全国烟草行业坚持以邓小平理论、“三个代表”重要思想、科学发展观为指导，把握“稳中求进”工作总基调，紧紧围绕“卷烟上水平”基本方针和战略任务，面对宏观经济下行压力加大和外部环境复杂多变形势，以培育品牌为重点，重基础、调结构、严管理、促规范、强素质，经济运行质量和效益明显提高，保持了行业持续健康发展。全行业实现工商税利 8649.39 亿元，同比增加 1179.63 亿元，增长 15.79%。上缴国家财政 7166.62 亿元，同比增加 1165.44 亿元，增长 19.42%。

（一）烟叶工作取得明显成效

及时调整收购价格，烟农种烟效益明显提高。为切实维护烟农利益，烟叶收购价格比上年调增 20%，相应提高优化结构和散叶收购补贴标准，保持产前投入补贴标准；积极组织抗灾救灾，及时下拨抗灾救灾资金，保护了烟农种烟积极性，烟叶生产连续 15 年保持稳定发展。全国种植烤烟 2118 万亩，收购烤烟 273.7 万吨（5474 万担），同比增加 34.75 万吨（695 万担）；收购均价 21.5 元/千克，同比增长 22.7%；烟农总收入 586.9 亿元，同比增长 40.5%；烟农户均种植 16 亩，同比增加 2.6 亩；户均收入 4.45 万元，同比增长 48.4%。优化结构工作全面推进，烟叶质量水平有新的提高。认真总结优化结构工作经验，在 13 个烟区开展优化结构工作，共处理不适用烟叶折合干烟 27.6 万吨（552 万担）。全国烟叶收购上中等级比例达到 94.5%，有效提高了烟叶使用效率。精心组织烟叶订单生产试点，8 家工业公司在 21 个基地单元开展订单生产，处理不适用烟叶比重占 20.8%。高度重视先进适用技术推广，切实加强特色优质烟叶开发，着力打造特色生态烟区，促进烟叶质量水平有新的提升。全国特色烟叶基地单元收购 30.25 万吨（605 万担）。散叶收购工作取得积极进展，全年散叶收购量超过 50 万吨（1000 万担）。现代烟草农业建设扎实推进，减工降本增效取得明显成效。切实加强烟叶生产基础设施建设，全年共投入补贴资金 147 亿元，建设常规项目 36 万件、审查同意水源工程项目 39 个、安排土地整理 46.3 万亩。坚持以基地单元建设为载体，围绕“减工降本增效”，大力推进全程机械化作业试点，健全专业化服务体系，推动烟农专业合作社健康发展。基地单元亩均种植收益达 3200 元；机械化试点单元亩均用工降到 20 个以内。

（二）生产经营水平明显提升

卷烟产销总体平衡，重点品牌保持良好发展。坚持“控总量、调结构、降库存、稳价格”的卷烟生产经营调控方针，把保持良好市场状态作为调控主要目标，努力保持卷烟产销协调发展。全年卷烟产销增长控制在 2.4%以内。产品结构不断优化。全国在产卷烟牌号 98 个，同比减少 7 个；单箱销售均价 2.33 万元，同比增长 11.47%；一、二、三类卷烟销量所占比重分别为 15.5%、7.7%、45.7%，同比上升 2.6、1.5 和 7.1 个百分点。重点品牌发展态势良好。27 个重点品牌销售 18318.15 亿支（3663.63 万箱），同比增长 13.34%；实现商业销售收入 10274.59 亿元，同比增长 19.57%。产销量 100 万箱以上品牌 16 个，其中“红塔山”“白沙”“云烟”达到 300 万箱，“双喜·红双喜”超过 400 万箱，“532”品牌发展目标取得重大进展。焦油量 8 毫克/支以下产品销量 3234.6 亿支（646.92 万箱），同比增长

83.76%，其中6毫克/支以下达143.6亿支（28.72万箱），低焦油产品在加快发展。销售收入400亿元以上品牌有9个，其中“双喜·红双喜”“云烟”“芙蓉王”“利群”“黄鹤楼”“玉溪”6个品牌超过600亿元，“中华”达到1180亿元，“461”品牌发展格局基本形成，品牌发展上水平取得显著成效。现代营销网络建设加快推进，市场营销水平有效提升。高度重视零售终端建设，全面推广“135”工作法，切实加强现代物流建设和运营管理，有效发挥了市场营销对培育重点品牌的基础和引领作用。全国省际间交易比重55.3%，同比提高0.6个百分点；卷烟网上订货率83%，同比提高9.3个百分点；一次分拣到户率98.3%，同比提高0.6个百分点；平均零售毛利率10.45%，同比提高0.3个百分点；零售客户满意度83.3分，同比提高0.2分；零售客户平均收入2.59万元，同比增长16.7%。加强境外企业生产经营管理，拓展国际市场取得新的进展。全年行业境外卷烟销售612.9亿支，同比增长20.9%，其中境外卷烟企业和合作销售367.2亿支，同比增长36%。境外烟叶实体化运作取得新的进展，自营片烟3.8万吨，同比增长40%。综合配套能力不断加强，多元化投资管理水平明显提高。国产烟机对行业的服务与支撑保障能力有效提升，设备管理绩效评价工作全面展开，全年国产烟机出口合同金额达3645万美元。高度重视丝束生产经营和进口工作，在货源供应偏紧情况下，保证了卷烟正常生产。积极推进多元化投资管理体制改革，启动行业宾馆酒店业整合试点工作，切实加强多元化企业经营管理，多元化投资质量和效益明显提高。

（三）科技创新取得新的进步

技术创新体系不断完善，内部激励机制初步建立。以“四个一流”为目标，工业企业技术中心建设水平不断提升。加强烟叶主产区技术中心建设，首批认定4家行业级烟叶生产技术中心。国家烟草基因研究中心建设稳步推进，行业重点实验室建设不断加强。高度重视人才培养使用，注重激发科技人员创新热情，人员素质和研发水平不断提升。科技重大专项有效推进，取得一批重要成果。完成中式卷烟风格特征剖析研究；卷烟减害降焦技术深入推进，全国卷烟焦油量加权平均值降至10.9毫克/支，同比降低0.6毫克/支；烟草基因组计划实现从结构基因组向功能基因组研究过渡；造纸法再造烟叶技术升级重大专项全面启动；每分钟16000支、800包超高速卷接包机组引进技术国产样机研制成功下线并交付试用。质检工作不断加强，确保产品质量安全可靠。加强质检机构建设，加大质量监督工作力度。定期组织卷烟产品市场监督检测，全面开展添加剂安全评估，严格添加剂、烟用材料管理，确保产品质量安全。注重做好知识产权和标准化工作。全年获得授权烟草技术类专利2018件，同比增长41%；发布行业和企业标准65项，组建5家重点标准研究室。密切关注国内外相关领域研究动态，认真做好履行《烟草控制框架公约》工作。信息化建设深入推进，系统集成和应用水平不断提升。以统筹规划为引领，以系统设计为重点，以重点项目为抓手，狠抓信息系统规范、安全管理和评价考核，行业生产经营决策管理系统全面投入使用，整体运维工作全面展开，信息化建设取得积极进展，信息资源利用水平进一步提高。

（四）基础管理进一步加强

财务管理工作不断加强。以加强预算管理和资产资金监管为重点，严格对业务招待、宣传促销等五项重点费用的预算编制和过程控制，预算管控水平不断提高。认真贯彻财建〔2012〕635号文件（即《烟草行业国有资产监督管理办法》），切实加强行业资产管理。深入开展行业内部全面审计，认真抓好审计发现问题的整改落实，促进生产经营和财务管理行为进一步规范。全年卷烟工业企业销售收入成本率25.47%，同比降低2个百分点；工业企业三项费用率7.64%，同比降低0.26个百分点；商业企业三项费用率7.79%，同比降低0.43个百分点。宣传促销、业务招待、会议费用、福利费开支得到有效控制。基础管理水平不断提高。按照“一流的基础管理、一流的体系建设、一流的目标管理、一流的创新机制、一流的管理团队”任务要求，在全行业全面开展企业管理创一流活动。深入开展对标工作，推进重点城市和卷烟工厂对标活动，充分发挥目标引领作用。扎实推进贯标工作，切实加强标准在基层和现场的落实检查，促进体系建设与各项业务管理工作融合。创建优秀基层单位活动深入开展，评选99家基层单位为创优标兵单位，创建活动范围扩大到地市级公司和企业技术中心、营销中心，基层建设全面加强。持续推进节能工作，资源利用效率不断提高。行业万元工业增加值综合能耗为25.3千克标煤，同比降低14.8%；万支卷烟综合能耗为3.42千克标煤，同比降低2%。深入开展“安全生产年”活动，扎实推进安全生产标准化达标创建工作，安全生产管理进一步加强。

（五）严格规范工作深入推进

专卖内管监督不断加强。全面推行专卖内管委派制，充分发挥内管机构作用。积极推进治理卷烟非法流通工作，建立查扣非法流通卷烟和重大案件上报制度，严肃查办违规违法经营案件。深入开展“两项工作”。以推进公开招标为重点，突出抓好规范“工程投资、物资采购、宣传促销”项目管理与办事公开民主管理的有机结合，强化制度程序约束，加强关键环节控制，公开招标取得重大突破。全行业工程投资、物资采购、宣传促销实施公开招标项目金额占到83.78%，同比提高15.78个百分点。全面开展“天价烟”和卷烟过度包装专项治理工作，在工商企业全面开展自查整改基础上，国家局组织专门检查，专项治理取得明显成效。按照“六个严禁、一个严控”纪律要求，对不规范卷烟生产经营行为开展专项整治，卷烟生产经营秩序明显好转。卷烟打假取得新的成果。着力构建“政府领导、部门联合、多方参与、密切协作”的打假体系，充分发挥与公安等执法部门联合打假长效机制作用，严厉打击源头制假活动，加大售假网络打击力度，切实加强市场监管，有效遏制制售假烟违法犯罪活动。全年共查处案值5万元以上制售假烟案件4886起，破获重大制售假烟网络928个，查获假烟25.6亿支、烟丝烟叶1.49万吨，查缴制假烟机530台、查处关闭涉烟非法经营网站374个，依法拘留犯罪嫌疑人8486人、追究刑事责任5660人。行业法治建设积极推进。深入开展“六五”法制宣传教育，组织开展了6万多名专卖执法和法规人员新一轮统一考试，加强重大事项合法合规性审核，继续抓好规范性文件清理工作，促进行业依法行政、依法生产经营、依法管理水平不断提高。

（六）队伍建设取得新的成绩

重视抓好理论武装，进一步加强和改进党组（党委）中心组学习，认真落实集中学习制度，学习型组织建设有效推进。“235”教育实践活动取得初步成效。在全行业全面开展“235”教育实践活动，把活动重点放在领导班子和领导干部上，要求各级领导班子和领导干部发挥表率作用。认真总结和宣传江苏盐城市局（公司）原客户经理马兰爱岗敬业、勇于奉献的典型事迹，推动教育实践活动深入开展。高度重视干部队伍教育培训工作。加大教育培训力度，全年共举办各类培训班15867个，其中直属培训机构办班219个，培训2.3万人。充分发挥国家局党校教育培训主阵地作用，圆满完成省级局、公司后备干部培训任务，对240名处级以上干部进行为期三个月的集中培训；举办7期地市级局（公司）领导班子成员党性修养理想信念作风建设专题培训。切实加强专业技术人才队伍建设。完成行业第二批学科带头人选拔工作，新确定21名学科带头人；378人获得高级专业技术资格。继续抓好职业技能鉴定工作，全年鉴定获证各类技能人员35936人，其中技师以上2117人。广泛开展职业技能竞赛活动，多人被授予“全国技术能手”。党风廉政建设和反腐败工作扎实推进。严格落实党风廉政建设责任制，把廉洁从政、廉洁从业教育作为干部培训重要内容，严格规范领导干部从政、从业行为。坚持和完善民主集中制，围绕贯彻落实“三重一大”决策制度制定印发一系列规范性文件，切实规范权力运行。认真落实党内监督条例，严格执行民主生活会、述职述廉等监督制度。加大违纪违法案件查处力度，全年给予党纪政纪处分132人、组织处理26人，移送司法机关9人。加强和改进巡视工作，强化对领导干部的监督。各项工作取得新的进步。切实加强离退休干部党支部建设，认真落实老干部政治、生活待遇，大力推进老年文化建设，离退休干部职工管理和服务水平不断提高。各级烟草学会围绕行业中心工作，广泛开展学术交流和科普活动，在推动创新型行业建设上发挥了积极作用。加强烟草经济研究工作，研究成果和质量不断提高。行业媒体紧贴实际、面向基层，坚持正确导向，提高报道质量，为行业改革发展顺利推进营造了良好氛围。高度重视做好维护稳定工作，不断健全完善突发事件应急处理预案和机制，积极妥善做好信访稳定各项工作，确保行业和职工队伍稳定。

在肯定成绩的同时，也要清醒认识行业发展面临的新的挑战。主要是：烟叶结构不尽合理，控制总量压力增大，实现“三化”目标任务仍需付出艰苦努力。部分品牌后劲不足、增速趋缓，结构提升难度加大，技术创新亟待新的突破。管理基础不够扎实，大手大脚、铺张浪费现象仍然存在，重点费用控制任务艰巨，工程投资、物资采购、宣传促销规范管理仍不到位，基础管理有待进一步加强。品牌培育中不公平、不规范问题依然存在，如何认真分析、正确把握卷烟市场发展变化，提高适应市场水平，建立更加规范市场秩序，仍是面临的重大课题。卷烟产销增速下降，增量调节余地收窄，存量优化难度增大，如何集中有限资源做大品牌面临新的挑战。此外，国家局一再强调的“烟草控制、完善体制、构建和谐、国际竞争”四大挑战更加现实和严峻地摆在我们面前。

二、以党的十八大精神为指导，进一步推动烟草行业改革和发展

认真学习领会、全面贯彻落实党的十八大精神，是当前和今后一个时期行业的首要政治任务。全行业要紧密联系行业改革发展和工作实际，坚持用十八大精神统一思想、凝聚力量、坚定信心、攻坚克难，紧紧抓住发展这一第一要务，坚持和完善烟草专卖体制，全面推进“卷烟上水平”，努力建设更加规范、更富效率的中国烟草，为全面建成小康社会作出新的努力和贡献。

（一）行业改革要有新突破

近年来，行业保持持续健康发展，关键在于改革。要继续保持行业持续健康发展，关键还在于改革。前一阶段行业改革以工商分开为突破口，通过打破地区封锁，推动企业重组和品牌整合，促进要素流动，比较好地实现了在更大范围配置资源，提高资源配置效率。下一步推进行业改革，重点要在坚持和完善烟草专卖体制前提下，更加尊重市场规律，着力优化存量结构，进一步优化资源配置，健全完善法人治理结构，提高行业整体效益。深化行业改革，涉及利益调整的难度将进一步增大。因此，要按照中央提出的以更大的政治勇气和智慧，坚定不移加以推进，着力解决制约行业发展的体制机制障碍，促进行业持续健康发展。

（二）技术创新要有新进步

近年来，紧紧围绕培育品牌，行业技术创新取得明显进步，品牌发展水平和竞争能力明显提高，有力支撑了行业持续健康发展。继续保持行业持续健康发展，要把技术创新作为重要战略支撑，努力取得新的进步。在产品维护上，要立足于改造提升，建立完善的原辅材料保障、工艺技术保证和市场分析反馈机制，确保产品质量稳定提高，更好地适应市场发展变化。在产品开发上，要立足于求新求变求异，积极推进品类构建，突出品牌风格特色，坚决克服一般性重复开发，切实提高新产品的冲击力、影响力。在关键技术上，要立足于创新突破，力求在减少物质添加，提高工艺技术水平；推进核心香原料自主开发，提高调香水平；加强减害降焦机理研究，培育新一代低焦技术产品；突出“特色、优质、生态、安全”，提高烟叶内在品质；明确烟机设备研发方向，提高系统集成创新能力等方面取得新的突破。在创新体系建设上，要立足于转变机制，坚持“开放、合作、交流、攻关”，完善学科带头人和首席专家制度，积极开展群众性创新活动，建立内部竞争激励机制和科研项目评价体系，着力提高研发水平。

（三）管理监督要有新目标

近年来，国家局高度重视基础管理，持续推进整顿规

范，管理水平明显提升，生产经营秩序明显好转，为保持行业持续健康发展奠定了良好基础。按照建设更加规范、更富效率中国烟草的要求，企业基础管理和内部监管要进一步加强，把发展建立在更加扎实工作基础之上。在管理方面，要紧紧围绕服务和效率，以提高发展质量和效益为中心，以提高信息化水平为手段，以充分调动职工积极性、主动性、创造性为出发点，着力推进管理创新。在内部监管方面，要不断增强严格规范是保持行业持续健康发展生命线的意识，进一步完善内部监管基本格局，健全制度，严格程序，突出重点，加强监督，建立更加良好的生产经营秩序。深入推进办事公开、民主管理，在完善上下功夫，推进权力运行公开化、规范化，让干部职工监督权力，确保权力在阳光下运行。

（四）队伍建设要有新要求

近年来，国家局党组始终高度重视队伍建设尤其领导班子建设，重视抓好理论武装，切实加强教育培训，全面开展“两个至上”“三个始终”“五种意识”教育实践活动，大力弘扬“勤俭节约、艰苦创业，改革创新、开拓进取，奉献国家、回报社会，注重效率、严格自律”的行业精神，干部职工精神面貌总体良好，为行业持续健康发展提供了有力保证。保持行业持续健康发展，关键在于各级领导班子坚强有力，在于队伍素质整体提升。当前要认真按照党的十八大精神，切实加强干部队伍建设，努力提高干部队伍素质。要高度重视作风建设，树立良好行业风气。中央政治局就改进工作作风、密切联系群众作出八项规定，为全党带了好头，树立了榜样。烟草行业要紧密联系实际，切实抓好贯彻落实。要牢固树立艰苦奋斗、勤俭节约思想，下决心改进文风会风，坚决反对大手大脚、铺张浪费，坚决克服形式主义、官僚主义，切实做到风清气正、求真务实，树立良好行业风气。要正确把握行业发展新的定位，为全面建成小康社会作贡献。党的十八大提出全面建成小康社会宏伟目标，烟草行业贯彻落实党的十八大精神，要把为保证国家财政收入、支持老少边穷地区经济社会发展、促进烟农和零售客户收入增长、切实维护消费者利益作为重要责任，努力为全面建成小康社会多作贡献。要深入开展“235”教育实践活动，切实做到为民务实清廉。通过开展教育实践活动，使“两个至上”“三个始终”“五种意识”真正成为各级领导干部的共同价值追求、行为准则和自觉行动，把为民务实清廉要求落到实处，取得实实在在成效。

三、2013 年烟草行业主要工作安排

2013 年是全面贯彻落实党的十八大精神的开局之年，也是全面实现“卷烟上水平”目标任务的关键一年。要坚持以邓小平理论、“三个代表”重要思想、科学发展观为指导，把握“稳中求进”工作总基调，以提高经济增长的质量和效益为中心，继续围绕“卷烟上水平”基本方针和战略任务，聚焦重点品牌，优化烟叶结构，夯实管理基础，提高队伍素质，努力保持行业持续健康发展。行业生产经营主要指标是：烤烟种植面积 1682 万亩，收购控制在 250 万吨（5000 万担）以内；卷烟产销安排 25150 亿支（5030 万箱）；实现税利保持 10%左右增长。重点做好以下几方面工作：

（一）更加重视烟叶生产

把控制总量摆在烟叶工作首要位置，努力保持烟叶生产稳定发展。2013 年全国烟叶收购计划必须控制在 250 万吨（5000 万担）以内，这要作为一条红线，任何单位都不得突破。把优化结构作为烟叶工作中心环节，努力提高优质原料保障能力。充分发挥工业企业需求导向作用，确保购进的烟叶能适应卷烟生产需要。推动优化结构工作全面开展。在前两年打掉 3 片叶基础上，再打掉 1 片不适用烟叶。精心组织烟叶订单生产试点，充分考虑资源有效利用，切实满足卷烟生产需要，努力提高优化结构水平。把扎实推进现代烟草农业建设作为主要任务，促进烟叶工作水平全面提升，努力实现原料供应基地化、烟叶品质特色化、生产方式现代化目标。继续加大投入，全年投入 140 亿元左右资金用于烟叶生产基础设施建设，进一步改善烟区生产条件，提高烟区物质技术装备水平。总结经验，加强指导，突出抓好综合服务型烟农专业合作社建设，在创新烟叶经营体制方面取得新的突破。认真总结新型烘烤方式和散叶收购试点做法和经验，在确保质量前提下，扩大试点范围。2013 年安排散烟收购 1800～2000 万担，新型烘烤方式推广 3 万座。紧紧抓住基地单元建设这一载体，统筹安排优化结构、散烟收购、全程机械化、特色烟叶开发、先进适用技术推广等方面工作，确保各项要求落实到位。按照一个单元原则上建设一个基层站的要求，加快推进站点整合，提高服务烟农水平。

（二）精心培育重点品牌

认真分析品牌发展现状，确定 300 万箱以上品牌发展具体目标，采取综合措施，加大扶持力度，破解发展瓶颈，探索品牌整合新的途径，集中力量攻坚克难，确保“532”品牌发展目标如期实现。积极推进品牌整合。目前非重点品牌比重仍占 25%左右。2013 年要把积极推动品牌整合作为重要任务，凡是重点品牌以外的产品都要作为整合对象，产销规模 20 万箱以下的牌号要逐步有序退出市场。稳定发展合作生产。稳定合作生产基数。以 2012 年品牌合作生产计划为基数，对未完成基数的企业，相应调减卷烟生产计划，收回已给付的补贴资金。合理安排产品结构。妥善处理合作双方利益关系，合作生产品牌单箱销售收入增幅掌握在 5%左右，具体标准由合作双方提出意见后报国家局批准。加大扶持力度。国家局在卷烟增量计划中安排一定比例用于合作生产，并要求企业按照 1∶1 配比存量计划。深入推动营销创新。坚持以“四个一流”为目标、以“四同”为核心，加快建设国际一流的现代卷烟流通。深入推进按订单组织货源和工商协同营销、精准营销工作，高度重视零售终端建设，更加注重需求导向，密切关注市场变化，完善工商信息共享，促进知名品牌加快成长。要处理好共同发展和重点发展的关系，只有加快重点品牌发展才能支撑和带动共同发展。加大对“532”品牌和低焦油产品考核力度，把更多市场资源聚集到“532”品牌加快发展。加强现代物流建设。认真把握“现代、经济、适用、效率”物流建设方针，贯彻落实“科技物流、精益物流、人本物流”的建设任务，始终把烟草物流作为行业的核心业务，不断提高物流信息化和物联网建设水平，全力

打造具有国际一流水平的中国烟草现代物流。努力拓展国际市场。坚持“三步走”战略方针，切实发挥工业企业开拓国际市场的主体作用，推进境外卷烟生产销售基地建设，积极开展国际合作，促进重点品牌在国际市场取得突破。加快推进境外烟叶采购实体化运作，更好地服务重点品牌加快发展。

（三）切实强化管理工作

严格财务管理和审计监督。坚持以财务管理为中心，认真贯彻执行财政部印发的《烟草行业国有资产监督管理办法》，确保行业资产安全可靠和质量提高。切实加强流动资产管理，全面掌握资产运营状况，及时处理存在的各种问题；严格资产处置程序，加强资产处置检查监督，切实防止国有资产流失。切实加强多元化投资和企业管理，规范运作，稳健经营，努力提高发展质量和效益。高度重视财务基础管理，严格规范会计核算，坚决克服费用开支列支的随意性，确保会计信息真实可靠。切实加强预算管理，提高预算编制的科学性，在充分考虑现有水平基础上，着力抓好水平性指标的提高。继续加大重点成本费用控制，确保宣传促销、业务招待、会议及出国考察费用同比下降；职工福利费开支总水平不得提高。更加重视审计监督。完善审计委派制，充分发挥内审机构作用，积极开展实时审计、在线审计，全面加强经济责任审计和工程项目等专项审计，加大审计发现问题的整改力度，建立更加规范的财经秩序。全面加强基础管理工作。切实加强工业企业“四大中心”、地市级局（公司）物流中心、营销中心和烟叶基层建设，通过明确职责、规范核算、加强监管、有效激励，进一步夯实管理基础。按照“有效的规章制度、清晰的岗位职责、健全的标准体系、顺畅的信息传递、严格的绩效管理”要求，全面提高基础管理水平。坚持以贯标、对标为重点，全面推行精益管理，积极推进管理创新，深入开展基层创优活动，提升企业管理制度化、标准化、规范化水平。高度重视节能减排工作，严格执行工程投资建设标准，禁止奢侈豪华装修，努力实现节约发展。加强安全生产管理，严格落实安全生产责任制，加大隐患排查治理力度，深入推进安全生产标准化达标创建工作，努力提升安全生产管理水平。切实加强产品质量安全监督。加强行业质检机构建设，充实人员，提高素质，确保各项任务顺利完成。高度重视标准化工作，加强绿色生产，全面开展烟用原辅材料等检测工作，确保产品质量安全可靠。加强行业经济政策和履约工作研究，认真做好控烟履约各项工作，落实《中国烟草控制规划（2012—2015 年）》及《消除烟草制品非法贸易议定书》有关规定。充分发挥各级烟草学会作用，积极开展烟草学术交流和科普宣传工作，提高学术水平。高度重视董事会建设。更好地发挥董事会职能作用，严格按照有关法律法规和国家局、总公司工作要求，确保董事会决策程序和内容合法合规；在审定年度工程投资、物资采购、宣传促销计划及采购方式方面严格把关、科学决策；加强企业基本制度建设和执行情况的监督检查，确保企业规范运作。进一步完善董事会工作机制，健全董事会办事机构，选配具有较强组织协调能力的人员担任董事会专职秘书；充分发挥董事会各专门委员会的作用，不断提高董事会工作质量水平。深入推进信息化与烟草产业深度融合。按照“统筹规划、系统设计、整体推进”要求，加大信息系统集成整合力度，积极探索新技术的有效应用，加强行业数据中心建设和数据资源利用，健全完善信息安全和运维保障体系，提升信息化综合集成和服务保障能力，支撑行业生产经营管理水平持续提高。

（四）持续抓好严格规范

深入开展整顿规范工作。以“应招尽招”“真招实招”为重点，进一步完善决策机制，严格工作程序，突出工作重点，加强公开透明，深入推进工程投资、物资采购、宣传促销规范管理。以规范卷烟生产经营秩序为主要任务，切实抓好“六个严禁、一个严控”各项要求的落实，坚决刹住委托第三方开展宣传促销活动，坚决禁止违反规定送钱送物，坚决防止“天价烟”和卷烟过度包装问题出现反弹。以健全机构、完善制度为重要保证，进一步加强整顿办队伍建设，落实专门机构，配备充实人员力量；以贯彻落实《烟草企业采购管理规定》为抓手，提高制度的针对性和可操作性，推进严格规范工作深入开展。不断强化专卖内管。加大对卷烟非法流通治理力度，端正企业经营思想，坚决克服脱离实际的高指标，避免盲目追求高结构，把发展建立在可靠市场基础之上。严格货源分配管理，规范大户经营行为，坚决禁止搭配、捆绑销售。完善专卖内管委派制，专卖内管部门要参与企业经营管理，强化事前、事中监督，充分运用信息化手段，确保监督到位。建立内管工作责任制，层层明确和落实责任，坚持“一案双查”，严格责任追究。继续加大卷烟打假工作力度。坚持综合治理与重点打击相结合，认真总结打假重点地区综合治理好的做法，坚持不懈开展专项行动；对转移的制假活动，坚持露头就打，把问题解决在萌芽状态，从源头治理上巩固打假成果。坚持加强市场监管与加大打击售假网络相结合，认真总结加强市场监管好的方法，提高市场日常监管水平；继续抓住侦破大案要案这一关键环节，加大打击利用互联网非法经营烟草专卖品力度，认真完成每个地市级局都要打掉1～2个较大规模制售假烟网络的目标任务，从断绝售假渠道上巩固打假成果。坚持打击原辅材料非法经营与加强原辅材料管理相结合，加强对烟草专卖品生产企业的日常监管，严格废弃专卖品处置管理，从切断原辅材料供应上巩固打假成果。坚持发挥专卖稽查人员作用与加强同公安等执法部门合作相结合，突出政府主导地位，强化司法协作，推进刑事打击，形成打假合力，从完善工作机制上巩固打假成果。切实加强法治建设。深入开展法制宣传教育，增强行业干部职工特别是领导干部学法尊法守法用法意识。开展规范性文件备案审查工作，加强专卖执法案卷评查，提高规范化管理水平。增强风险防控意识，最大限度降低企业经营的法律风险，提高行业法治化水平。

（五）全面加强行业党的建设和干部职工队伍建设

紧紧抓住思想理论建设这个根本，努力推进学习型党组织建设。把思想理论建设摆在党的建设更加重要位置，坚持用邓小平理论、“三个代表”重要思想、科学发展观武装头脑、指导实践、推动工作。按照“贵在自觉、贵在坚持、贵在运用”要求，健全各级党组中心组学习制度，发挥国家局党校理论武装主阵地作用，抓好经常性学习教育和培训，努力提高党员干部理论素养，坚定理想信念，坚守共产党人精神追求。深入推进干部人事制度改革，建设高素质干部队伍。全面贯彻党的干部路线，树立正确的用人导向，坚决反对跑官要官，坚决纠正买官卖官、拉票行为，真正把那些品质好、作风正、工作实、成绩明显、群众认可的干部选拔上来，建设政治坚定、能力过硬、作风优良、奋发有为的干部队伍。要全面准确贯彻民主、公开、竞争、择优方针，完善竞争性选拔干部方式，提高选人用人公信度。注重从基层一线选拔培养干部，努力改善机关干部结构；加大培养选拔优秀年轻干部力度，鼓励中青年干部到基层任职挂职，熟悉基层情况，增进与基层感情，提高处理实际问题和驾驭复杂局面能力，使中青年干部更好地健康成长。深化用工分配制度改革，进一步规范分配行为。加强经营管理者薪酬管理，加强对工资发放水平和福利费支出的控制；规范劳务派遣和职工内退行为，建立良好的用工分配秩序。深入推进专业技术职务评聘和技能鉴定工作，加强岗位管理和绩效考核，建立有效的激励约束机制，提高工作水平和办事效率。认真落实离退休干部政治、生活待遇规定，全面做好离退休人员管理和服务工作。以社会主义核心价值体系为指导，切实加强和改进思想政治工作。更加注重人文关怀和心理疏导，培育自尊自信、积极向上、理性平和心态，努力形成勤勉敬业、团结和谐良好风气。发挥行业媒体重要作用，坚持正确导向，提高引导能力，唱响主旋律，努力营造更加良好舆论氛围。严明党的纪律，深入推进行业党风廉政建设和反腐倡廉工作。坚持标本兼治、综合治理、惩防并举、注重预防方针，科学制定未来五年行业惩治和预防腐败体系建设工作规划，全面推进惩防体系建设，切实做到干部清正、行业清廉。要讲纪律，特别是政治纪律，坚决维护中央权威，坚决贯彻中央决策部署，在思想上政治上行动上同党中央保持高度一致。自觉遵守《党章》和廉政准则，自觉按照党的组织原则和党内政治生活准则办事，加强对亲属和身边工作人员教育和约束，决不允许搞特权。要讲大局，珍惜行业发展来之不易局面，珍惜宝贵的工作机会，立足岗位、兢兢业业，正确履行职责，努力做好工作，为行业持续健康发展作贡献。切实加强纪检监察队伍思想作风建设和能力建设，关心纪检监察干部成长，为纪检监察机构开展工作营造良好环境，确保监督职能有效发挥。充实巡视机构和人员，完善工作机制，突出巡视重点，充分发挥巡视工作的监督作用。切实加强监督，重点加强对领导班子和领导干部的监督。加强对领导干部报告个人重大事项监督，认真落实个人重大事项报告制度。加强对企业“三重一大”决策情况监督，开展专项检查，完善监督制约机制，坚决克服个人或少数人说了算，切实防止选任干部“带病”上岗。加强对重点领域和关键环节监督，加强对党组决策决定和改进作风执行情况的监督检查，全面推行廉政风险防控，实现廉政建设与各项工作相互促进。加大案件查处力度，坚决做到有案必查、违纪必究，坚决惩治消极腐败行为。高度重视做好维护稳定工作。逐级落实责任，完善应急工作机制，加强不稳定因素排查，及时妥善处理好突发事件，维护稳定大局。

（据《国烟办通报》2013 年第 2 期摘编）

凌成兴在国家烟草专卖局领导干部大会上的讲话①

（2013 年 5 月 13 日）

尊敬的王尔乘副部长、尊敬的苗圩部长、尊敬的姜成康局长，各位领导、同志们：

刚才，中组部王尔乘副部长宣布了中央的决定并作了重要讲话，工信部苗圩部长也作了重要讲话，两位领导的讲话，对贯彻落实党的十八大精神、做好烟草工作提出了明确要求，我们一定要认真学习、认真贯彻、认真落实。姜成康局长主持会议并将发表饱含真情、语重心长的讲话，令我们深受感动。中央决定由我任工业和信息化部党组成员，国家烟草专卖局局长、党组书记，我坚决拥护和服从中央的决定。我深知，这是中央对我的信任和重托，也是对我曾经在烟草系统工作过的信赖和肯定。我一定忠于职守、勤奋务实，心无旁骛、夙夜在公地干好工作，向党中央、国务院和烟草系统全体干部职工交一份合格的答卷。

姜成康局长，是我的老领导，在国家局担任领导 19 年，主政全国烟草 12 年。刚才，尔乘副部长对他作了高度评价和充分肯定，这是中央的评价，这是全国烟草干部职工的评价。他为官为人为烟草的风范是我学习的榜样。他团结带领国家局党组“一班人”，创造了全国烟草的三大辉煌，一是工商分设、专卖管理的辉煌；二是科技创新、结构调整的辉煌；三是国家增税、企业增利、职工增收的辉煌。我提议，让我们以热烈的掌声向姜成康局长表示衷心的感谢和崇高的敬意！

同志们，习近平总书记反复强调，“空谈误国，实干兴邦”，“面向未来，全面建成小康社会要靠实干，基本实现现代化要靠实干，实现中华民族伟大复兴要靠实干”。我们一定要牢记习总书记的教导，发扬“钉钉子”精神，不动摇、不懈怠、不折腾，一锤接着一锤敲、一任接着一任干，持之以恒，久久为功，保持烟草好势头，再创烟草新局面。

大家知道，我对烟草事业有着特殊的感情，对国家烟草专卖局历任领导有着特殊的感情，对全国烟草同仁有着特殊的感情。正如中共中央政治局委员、书记处书记、中组部部

① 2013 年 5 月 13 日，国家烟草专卖局召开行业各直属单位主要负责同志和国家局、总公司机关副司级（含待遇）以上领导干部大会。中央组织部副部长王尔乘同志在会上宣布中央关于国家烟草专卖局主要负责同志调整的决定：凌成兴同志任工业和信息化部党组成员、国家烟草专卖局局长、党组书记，姜成康同志不再担任工业和信息化部党组成员、国家烟草专卖局局长、党组书记职务。现将凌成兴同志在大会上的讲话全文刊登。标题为编者所加。

长赵乐际同志所嘱咐的那样，到国家烟草专卖局工作，平台很大、责任很重。在这里，我向大家表个态，以作共勉。

第一，坚定政治信念。党员领导干部，最重要的就是保持政治上的清醒和坚定。我一定认真学习贯彻党的十八大精神和习近平总书记一系列重要讲话精神，坚守共产党人的精神追求，坚定对马克思主义的信仰，坚定对社会主义和共产主义的信念，坚定对中国特色社会主义的道路自信、理论自信、制度自信。我一定严格遵守党的纪律特别是政治纪律，学习党章、遵守党章、贯彻党章、维护党章，坚持党的领导，坚持党的基本理论、基本路线、基本纲领、基本经验，在思想上政治上行动上坚决同以习近平同志为总书记的党中央保持高度一致，永远忠于党，永远听党的话，永远跟党走。

第二，认真履行职责。老实地讲，我是烟草的门外汉，一不会做烟，二不会抽烟。所以，我一定深入基层、深入企业、深入员工，尽快熟悉情况、熟悉干部、熟悉业务，虚心拜班子成员为师、拜干部职工为师、拜广大烟农为师，践行“两个至上”、做到“三个始终”、树立“五种意识”，围绕“卷烟上水平”的基本方针和战略任务，聚焦重点品牌，优化烟叶结构，夯实管理基础，提高队伍素质，努力保持行业持续健康发展，为国家利益服务、为人民健康服务、为社会需求服务。

第三，带头清正廉洁。领导手中的权利是人民赋予的，必须用来为人民谋利益。我一定认真贯彻执行民主集中制，坚持“三重一大”由集体讨论决策，牢记团结出生产力、团结出战斗力、团结出凝聚力的道理，带好班子、带好队伍、带好行风。我一定严格遵守党风廉政建设的各项规定，清清白白做人、老老实实做官、干干净净做事，管好自己、管好配偶子女、管好身边工作人员，为烟草系统干部职工作出表率。我一定带头执行中央改进工作作风、密切联系群众的八项规定，始终保持奋发有为的精神状态和脚踏实地的工作作风，反对铺张浪费、反对官僚主义、反对形式主义，带头讲实话、讲短话、讲管用的话，结合下半年即将开展的党的群众路线教育实践活动，进一步转变职能、改进作风。我将自觉接受和由衷欢迎党组织的监督，全系统干部职工的监督，社会各界的监督。

同志们，当前烟草行业改革发展任务依然繁重，希望大家在国家局主要领导同志新老交接的关键时刻，讲政治、顾大局、守纪律、干实事。要认真学习贯彻习近平总书记、李克强总理一系列重要讲话，特别是关于当前经济形势和经济工作的重要讲话。要认真传达学习尔乘副部长和苗圩部长本次会议的重要讲话。要坚持国家局党组年初确定的指导思想不变、目标任务不变、工作举措不变，稳定领导班子、稳定干部队伍、稳定职工人心。同时，要落实好国家局近期召开的经济运行工作会议精神，把“保牌、稳价、促销、增效”的调控方针落到实处。

同志们，让我们紧密团结在以习近平同志为总书记的党中央周围，全面贯彻落实党的十八大和习近平总书记一系列重要讲话精神，“学习、学习、再学习，实践、实践、再实践”，振奋精神、坚定信心，科学应对、扎实工作，为实现中华民族伟大复兴的“中国梦”作出烟草行业的新贡献！

（据《国烟办通报》2013 年第 19 期摘编）

凌成兴在国家烟草专卖局第九期行业直属单位和机关部门单位主要负责同志学习贯彻党的十八大精神专题培训班座谈时的讲话

（2013 年 6 月 28 日）

这期培训班的主题是：深入学习贯彻党的十八大精神，深入学习贯彻习近平总书记一系列重要讲话。几天来，传达学习了习近平总书记在新进中央委员会的委员、候补委员学习党的十八大精神研讨班上的重要讲话，传达学习了李克强总理在国务院第一次廉政工作会议上的重要讲话。国家局党组研究，这次专题培训班和半年工作座谈会结合起来，就是要力求做到学以致用、学以修身、学以立德，就是要贯彻中央八项规定，精简会议、精简文件、节约开支。下面，讲三个问题。

一、关于学习党的十八大精神和习近平总书记一系列重要讲话

举世瞩目的党的十八大，是一次高举旗帜的大会，是一次继往开来的大会，是一次团结奋进的大会。胡锦涛同志代表十七届中央委员会所作的报告，是一个高瞻远瞩、总揽全局的好报告，是一个振奋人心、凝聚力量的好报告，是一个高举旗帜、继往开来的好报告。报告深刻阐述了一系列新思想、新观点、新论断、新要求，是一篇马克思主义的光辉文献，是我们党建设中国特色社会主义的政治宣言和行动纲领。

党的十八届一中全会，选举产生了以习近平同志为总书记的新一届中央领导集体。习近平同志担任总书记以来发表了一系列重要讲话，高屋建瓴，求真务实。我们一定要把学习宣传、贯彻落实党的十八大精神作为当前和今后一个时期的首要政治任务，认真学习贯彻胡锦涛同志的十八大报告，认真学习贯彻党的十八大修正的新《党章》，认真学习贯彻习近平总书记一系列重要讲话。要把坚持和发展中国特色社会主义这条主线，作为学习贯彻党的十八大精神的聚焦点、着力点、落脚点。坚持承前启后、继往开来，牢记空谈误国、实干兴邦。在学习中做到“一个牢牢把握、八个深刻领会”。

（一）一个牢牢把握

就是牢牢把握党的十八大的主题：高举中国特色社会主义伟大旗帜，以邓小平理论、“三个代表”重要思想、科学发展观为指导，解放思想，改革开放，凝聚力量，攻坚克

难，坚定不移沿着中国特色社会主义道路前进，为全面建成小康社会而奋斗。这个主题精辟概括了党和国家工作大局的四个核心问题：旗帜问题、奋斗目标问题、道路问题和精神状态问题。

（二）八个深刻领会

一要深刻领会科学发展观是全党必须长期坚持的指导思想。科学发展观是中国特色社会主义理论体系最新成果，是中国共产党集体智慧的结晶，是指导党和国家全部工作的强大思想武器。科学发展观同马克思列宁主义、毛泽东思想、邓小平理论、“三个代表”重要思想一道，是党必须长期坚持的指导思想。深入贯彻落实科学发展观，要做到“四个必须更加自觉”：必须更加自觉地把推动经济社会发展作为深入贯彻落实科学发展观的第一要义；必须更加自觉地把以人为本作为深入贯彻落实科学发展观的核心立场；必须更加自觉地把全面协调可持续作为深入贯彻落实科学发展观的基本要求；必须更加自觉地把统筹兼顾作为深入贯彻落实科学发展观的根本方法。

二要深刻领会过去十年取得的辉煌成就。我国经济总量从世界第六位跃升到第二位，社会生产力、经济实力、科技实力迈上一个大台阶，人民生活水平、居民收入水平、社会保障水平迈上一个大台阶，综合国力、国际竞争力、国际影响力迈上一个大台阶，国家面貌发生新的历史性变化。

三要深刻领会中国特色社会主义的科学内涵。中国特色社会主义道路、中国特色社会主义理论体系和中国特色社会主义制度，是党和人民九十多年奋斗、创造、积累的根本成就，必须倍加珍惜、始终坚持、不断发展。中国特色社会主义道路是实现途径，中国特色社会主义理论体系是行动指南，中国特色社会主义制度是根本保障，三者统一于中国特色社会主义伟大实践，这是中国特色社会主义最鲜明的特色。

四要深刻领会建设中国特色社会主义的总依据、总布局、总任务和基本要求。建设中国特色社会主义，总依据是社会主义初级阶段，总布局是五位一体，总任务是实现社会主义现代化和中华民族伟大复兴。基本要求是“八个必须坚持”：必须坚持人民主体地位；必须坚持解放和发展社会生产力；必须坚持推进改革开放；必须坚持维护社会公平正义；必须坚持走共同富裕道路；必须坚持促进社会和谐；必须坚持和平发展；必须坚持党的领导。

五要深刻领会全面建成小康社会的宏伟目标。要紧紧抓住我国发展的重要战略机遇期，在发展平衡性、协调性、可持续性明显增强的基础上，实现国内生产总值和城乡居民人均收入比2010年翻一番。为建党一百年时全面建成小康社会，为新中国成立一百年时建成富强民主文明和谐的社会主义现代化国家奠定坚实基础。全党要坚定这样的道路自信、理论自信、制度自信。

六要深刻领会全面提高党的建设科学化水平的重大任务。我们党担负着团结带领人民全面建成小康社会、推进社会主义现代化、实现中华民族伟大复兴的重任，必须以改革创新精神全面推进党的建设新的伟大工程，全面提高党的建设科学化水平。全党必须牢记，只有植根人民、造福人民，党才能始终立于不败之地；只有居安思危、勇于进取，党才能始终走在时代前列。要经受执政考验、改革开放考验、市场经济考验、外部环境考验，防止精神懈怠危险、能力不足危险、脱离群众危险、消极腐败危险。新一届中央领导集体关于从严治党的第一个号令，就是关于改进工作作风、密切联系群众的八项规定。

七要深刻领会习近平总书记关于“中国梦”的重要思想。习近平总书记在参观“复兴之路”展览时，提出了实现中华民族伟大复兴的中国梦；在十二届全国人大一次会议上的讲话系统阐述了这个思想；在出访俄罗斯、非洲国家和出席博鳌论坛等讲话中又进一步作了论述；这次出访美国又强调中国梦和美国梦是相通的。习总书记指出，“实现中华民族伟大复兴的中国梦，就是要实现国家富强、民族振兴、人民幸福”；“实现中国梦必须走中国道路，实现中国梦必须弘扬中国精神，实现中国梦必须凝聚中国力量”；“中国梦归根到底是人民的梦，必须紧紧依靠人民来实现，必须不断为人民造福”；“我们的人民热爱生活，期盼有更好的教育、更稳定的工作、更满意的收入、更可靠的社会保障、更高水平的医疗卫生服务、更舒适的居住条件、更优美的环境，期盼孩子们能成长得更好、工作得更好、生活得更好。人民对美好生活的向往，就是我们的奋斗目标。”

八要深刻领会习近平总书记关于社会主义发展历程的精辟概括。习总书记把社会主义从提出到现在，差不多500年的时间，划分为6个时间段。第一个时间段，空想社会主义产生和发展（以1516年，英国人莫尔发表《乌托邦》一书为标志）；第二个时间段，马克思、恩格斯创立科学社会主义理论体系（以19世纪中叶，马、恩创立唯物史观和剩余价值学说为标志）；第三个时间段，列宁领导十月革命胜利并实践社会主义（《列宁在1918》的电影，我们这一代人都印象深刻）；第四个时间段，苏联模式逐步形成（有一本小说《克林姆林宫70年》，记录了这段历史）；第五个时间段，新中国成立后我们党对社会主义的探索和实践（即改革开放前的历史时期）；第六个时间段，我们党作出进行改革开放的历史性决策，开创和发展中国特色社会主义（即改革开放后的历史时期）。习总书记的这篇重要讲话立意高、视野宽、内涵深，政治性、理论性、针对性都很强，是一篇马克思主义的重要文献，对于我们增强坚持和发展中国特色社会主义的自觉性、坚定性，具有重要指导意义。

二、关于上半年行业经济运行情况

2013年1—5月份，行业经济运行保持了良好发展态势。全行业实现工商税利4632.21亿元，同比增长11.07%，其中实现税金3131.47亿元，同比增长10.26%；实现利润1500.75亿元，同比增长12.79%。

（一）烟叶工作取得新进展

全行业坚持以现代烟草农业建设为统领，以维护烟农利益为出发点，把控制总量摆在烟叶工作首要位置，把优化结构作为中心环节，扎实做好烟叶生产工作。

一是控制种烟规模落实较好。各烟叶产区从保持烟叶生产稳定发展的大局出发，切实落实国家局关于严格控制烟叶生产规模紧急通知要求，把烟叶收购总量控制在250万吨（5000万担）以内作为一条红线，烟叶种植面积得到有效控制。2013年全国种植烤烟2092万亩，较2012年减少26万亩；计划收购烟叶250.11万吨（5002.25万担），占国家计划248.34万吨（4966.86万担）的100.7%。

二是优化结构工作全面开展。在2012年打掉3片叶的基础上，2013年打掉叶片数量增加到4片，烟农补贴标准提高到170元/亩，全国田间处理不适用烟叶预计超过45万吨（900万担）。

三是现代烟草农业建设扎实推进。进一步改善烟区生产条件，2013年国家局计划投入108.7亿元资金用于烟叶生产基础设施建设，安排新建现代化育苗设施13097个，改造推广新型烤房3万余座，推广机械化种植139.4万亩。国家局专门成立了水源工程建设办公室，目前已审查通过水源工程援建项目113个。全国新建基地单元122个，原料供应基地化比率达到46.5%。

（二）卷烟营销取得新成效

各单位认真落实行业经济运行工作会议要求，坚持“保牌、稳价、促销、增效”的调控方针，将二季度作为经济运行调整期，实现行业卷烟生产经营平稳运行。

一是卷烟产销保持平衡。1—5月份，累计生产卷烟10976.25亿支（2195.25万箱），同比减少32.7亿支（6.54万箱）；累计销售卷烟11357.75亿支（2271.55万箱），同比增加141.75亿支（28.35万箱），销量高于产量381.5亿支（76.3万箱）。卷烟库存逐步回落，5月末工商库存1549.8亿支（309.96万箱），环比减少161亿支（32.2万箱）。卷烟价格呈回升态势，5月末卷烟整条零售价格指数为99.48。四、五类卷烟适销对路货源明显增加，产销结构性矛盾有所缓解。

二是产品结构进一步优化。1—5月份，全国在产卷烟牌号87个，同比减少8个；卷烟单箱销售均价2.57万元，同比增长7.6%；一、二、三类卷烟销量同比分别增长15.29%、14.21%、4.75%，销量比重分别为18.5%、8.93%、47.05%，同比均有所上升。

三是重点品牌发展态势良好。1—5月份，26个重点品牌销售卷烟8600.25亿支（1720.05万箱），同比增长8.03%；实现商业销售收入5230.89亿元，同比增长12.21%。其中“中华”“芙蓉王”“玉溪”“云烟”“黄鹤楼”“黄金叶”等品牌保持较快增长势头，销量增幅超过15%。含税调拨价171元/条以上的高端卷烟销售632.15亿支（126.43万箱），同比增长15%；批发价600元/条以上的高价位卷烟销售42.65亿支（8.53万箱），同比增长51%。

四是低焦油卷烟快速发展。焦油量8毫克/支以下低焦油卷烟销售1572亿支（314.4万箱），同比增长21.8%，其中“黄鹤楼”突破200亿支（40万箱），“兰州”“长白山”突破150亿支（30万箱）。6毫克/支以下低焦油卷烟销售161.5亿支（32.3万箱），同比增长2.43倍。

此外，1—5月份行业共完成合作生产产量1510亿支（302万箱），同比增加68亿支（13.6万箱）。境外卷烟销售226.7亿支，同比增长11.7%。

五是市场营销水平持续提升。以“四个一流”为目标，以“四同”为核心，深入推进现代卷烟零售终端建设，积极推广网上订货等营销业务模式，提升服务零售客户的水平。截至3月底，卷烟网上订货率达到86.24%，同比提高12.56个百分点。工商企业围绕品牌培育紧密协同，完善市场信息共享，深入推进精准营销，促进了重点品牌持续发展。

（三）规范管理工作得到新加强

一是企业基础管理水平持续提升。深入开展“管理创一流”活动，充分发挥贯标、对标的引领和导向作用，全面推行精益管理。加强成本费用控制，提高预算管控水平，大幅降低宣传促销费、业务接待费、会议和出国考察费。高度重视安全生产管理工作，组织开展行业安全生产大检查，行业安全生产标准化达标创建工作积极推进。持续推进节能降耗工作，1—5月份行业万元工业增加值能耗同比下降1.8%；万支卷烟能耗同比下降3.0%。

二是严格规范工作深入推进。按照2013年初国家局印发的《关于进一步深入推进严格规范工作的意见》要求，全行业认真执行《烟草企业采购管理规定》，重点开展了宣传培训、制度对标、工作机构建设和信息化配套建设等方面工作。坚持“应招尽招、真招实招”，完善招标决策机制、严格招标工作程序、强化招标约束管理。1—5月份全行业工程投资、物资采购、服务采购（含宣传促销）实施公开招标项目金额占到80.75%。坚持“六个严禁、一个严控”，深入推进“天价烟”专项治理。

三是专卖内管工作不断加强。围绕“制度完善、职责明确、监管到位、奖惩分明”的要求，不断完善专卖内管委派制，加大生产经营突出问题治理力度。把治理卷烟非法流通作为当前专卖内管工作的突出重点，国家局定期对卷烟非法流通情况进行通报、督导和考核，先后9次督办卷烟非法流通大要案件线索，进一步强化了“两烟”生产经营行为的纪律约束。

四是市场监管力度持续加大。充分发挥与公安等部门联合打假长效机制作用，开展专项行动，进一步有效打击了制售假烟活动。1—5月份，全行业查处案值5万元以上假烟案件1342起，破获重大制售假烟网络276个，捣毁大型制假窝点60个，查获假烟6.8亿支、制假烟机210台、烟丝烟叶4937吨，依法追究刑事责任1883人；全国26个省（区、市）查获假烟数量同比下降。

（四）技术创新取得新突破

一是科技重大专项实施加快推进。烟草基因组计划重大专项以“发现基因、研究基因、利用基因”为着力点，全面推进烟草功能基因组学和产业应用研究；卷烟减害技术重大专项选择性降低NNK、一氧化碳、苯酚技术取得新突破，并在“都宝”“芙蓉王”“黄山”等品牌应用；超高速卷接包机组研制重大专项完成引进技术样机鉴定，标志着国产卷接包技术装备进入每分钟16000支、800包超高速阶段；其他重大专项也取得新进展。同时，研究制定了新型烟草制品重大专项实施方案，明确了卷烟调香技术发展目标。

二是产品质量安全工作不断强化。上半年发布29项行业标准和4项总公司企业标准，报批2项国家标准，现行有效的烟草类国家、行业标准达615项，总公司企业标准34项。全面部署开展卷烟和烟丝、烟用材料、烟用香精香料和添加剂等有关成分的市场监督抽查和专项检测工作，共抽查177个规格卷烟产品，抽检1077个烟用材料产品。抽查结果表明，产品质量持续稳定、产品安全性指标得到有效监控。

三是行业创新体系建设不断完善。继续加强行业重点实验室建设，推进优秀省级工业公司技术中心创建活动，加强烟叶主产区烟叶生产技术中心建设，不断完善创新激励机制，推动行业知识产权服务体系建设，开展新型烟草制品专利统计分析。1—5月份，全行业共获得授权烟草技术类专利1204件，同比增长95.5%；其中发明专利262件，同比增长65.8%。

四是行业信息化建设积极推进。开展行业信息化咨询，梳理信息化建设现状，理清发展思路，促进行业信息化发展规划水平进一步提升。积极推进信息化重点项目建设，正式启动行业数据中心项目，实施统计数据下行服务，加强了数据资源的开发应用和信息共享。

三、关于下半年行业几项重点工作

中央决定，调我到国家局、总公司工作，已经一个半月了。这段时间，先后到云南、贵州、北京、上海、浙江、江苏等省市调研烟草工作。同时，拜访了国家局、总公司的老领导、老同志；同国家局领导同志，部分司长、总经理交谈；到机关各部门单位"认认门、认认人"。通过调研拜访，我深深感到，国家对烟草实行专卖制度30多年来，烟草行业大体经历了组建上划、艰苦创业，专卖立法、稳定发展，深化改革、创造辉煌三个阶段，走过了极不平凡的历程。尤其是新世纪以来，在姜成康局长带领下，烟草行业通过深化改革、推动发展、促进和谐，创造了工商分设、专卖管理的辉煌；科技创新、结构调整的辉煌；国家增税、企业增效、职工增收、烟农增利的辉煌。这"三大辉煌"，为进一步推进行业改革发展奠定了坚实基础。现在烟草的"接力棒"传到我们手上，对此，我们要倍加珍惜专卖制度、倍加珍惜辉煌成就、倍加珍惜宝贵经验，保持好势头，开创新局面。

总的考虑是：做好当前烟草改革发展工作，要坚持国家局党组年初确定的指导思想不变、目标任务不变、工作举措不变，稳定领导班子、稳定干部队伍、稳定职工人心。在坚持"三不变、三稳定"前提下，我们要思考、谋划、实践三大课题，即：改革的红利在哪里？发展的潜力在哪里？追赶的目标在哪里？希望大家坚定信心、振奋精神，开动脑筋、出谋划策。力争明年适当时候形成较为成熟、可以操作的具体意见。

今天，我就坚持一个制度、狠抓三件大事，结合当前几项具体工作讲点意见。

（一）坚持一个制度

就是要坚持烟草专卖制度不动摇。1983年9月，国务院发布《烟草专卖条例》，对全国范围的烟草行业实行高度集中的统一管理，建立国家烟草专卖制度。1991年6月，全国人大常委会通过《中华人民共和国烟草专卖法》，自1992年1月1日起施行。1993年1月，国务院下发《关于进一步加强烟草专卖管理的通知》。2005年11月，经国务院同意，国务院办公厅下发《关于进一步理顺烟草行业资产管理体制深化烟草企业改革的意见》，再次强调"统一领导、垂直管理、专卖专营"的管理体制。2009年8月，全国人大常委会对《中华人民共和国烟草专卖法》5项条款作出修改，使之更趋完善。这些法律法规和文件，是我们工作的尚方宝剑和看家本领，动摇不得、变通不得、宽容不得。就当前来讲，要进一步建立和完善打私打假体系、市场监管体系、法律防控体系，严防假烟反弹、严防真烟非法流通。落实"五个严禁"，强化行政问责。

（二）狠抓三件大事

1. 狠抓烟叶生产这件大事。烟叶是行业科学发展的重要基础，是老少边穷地区广大烟农增收致富的重要门路。但烟叶作为原料性农产品，生产少了不能满足卷烟工业生产需求，生产多了必然造成资源浪费和市场混乱。为此，我们要守住一条红线、提高三个水平。即：守住250万吨（5000万担）烟叶收购计划这条红线，不断提高发展现代烟草农业的水平、不断提高烟叶基地基础设施建设水平、不断提高烟叶质量技术水平，努力夯实卷烟工业"第一车间"的建设基础，努力夯实广大烟农增收致富和烟区经济社会的发展基础。当务之急，就是希望烟区同舟共济，下决心落实好国家局关于"下打两片、上打两片"的决策，力争用2～3年的努力，把烟叶库存调整到合理水平。同时，要严格按照合同计划组织收购、严格落实烟叶收购价格和补贴政策、严格执行烟叶收购纪律。

2. 狠抓卷烟营销这件大事。卷烟营销是行业生产经营的主要工作任务，直接关系国家利益和消费者利益。抓好卷烟营销工作，是全行业的共同责任。卷烟工业企业要认真研究消费者需求，努力研发生产高质量卷烟产品，有效降低产品危害，不断提高品牌价值。烟草商业企业要把品牌培育作为第一要务，努力构建公平公正的市场环境，不断完善卷烟销售网络和物流配送体系，切实提升零售终端建设维护水平，持续加大市场监管和打假打私力度，有效促进"532""461"中式卷烟知名品牌加快发展。同时，要抓好包装箱回收利用两个50%、香精香料2013年招标20%、合作生产卷烟减少重复运输试点等工作。

这里，我把行业关心的产销计划问题同大家交换一下意见。2013年初，国家下达卷烟生产计划24790亿支（4958万箱），加上国家局2012年底增加25亿支（5万箱），合计24815亿支（4963万箱），其中，低档烟1845亿支（369万箱）；下达卷烟销售预安排计划25150亿支（5030万箱），其中，低档烟1857.5亿支（371.5万箱）。上半年集中交易时下达生产计划13000亿支（2600万箱），调出计划13100亿支（2620万箱）（含2012年云南救灾烟100亿支〈20万箱〉）。因此，下半年先按剩余的生产计划11815亿支（2363

万箱）、销售计划11825亿支（2365万箱）安排卷烟生产计划、工业调出计划、商业调入计划，以及相对应的低档烟产销计划和合作生产计划。至于增量计划，国家局考虑，待八、九月产销形势更为明朗后，再商有关方面研究确定，适时下达增量、组织“补货”。拜托大家围绕“卷烟上水平”的基本方针和战略任务，再下真功夫、再上新台阶。

从最近调研的六个省、市情况看，“卷烟上水平”仍具发展潜力、仍是工作重点。给我印象最深的是，云贵烟草分量重、上海江浙水平高、北京营销举措好。特别“中华”品牌是全国烟草行业改革发展的旗帜，引领行业卷烟制造的先进水平、工艺配方的先进水平、烟叶生产的先进水平、营销调控的先进水平、单箱税利的先进水平；还有北京市局（公司）“市场化改革取向、科学化管理监督、人性化队伍建设”的工作思路，“按订单组织货源、按需求衔接计划、按价格调整策略”的营销举措，实际上国家局只给了10亿支（2万箱）增量的特殊政策，就实现了专卖计划和市场需求的有机结合。我认为，保持烟草行业持续健康发展，烟叶是基础，工业是主导，商业是关键，专卖是根本。

3. 狠抓内部规范管理这件大事。烟草行业“平台很大、责任很重”，面对庞大的职工队伍、庞大的业务交易、庞大的资金流量，同时又倍受社会关注。我们要坚持把严格规范作为保持行业持续健康发展的生命线，狠抓内部规范管理这件大事。内部规范管理要做的工作很多，但我认为最根本的、最重要的是要强调六个必须：必须重视班子建设，必须执行政策规定，必须完善规章制度，必须维护职工权益，必须坚守廉洁自律，必须经受各种监督。侧重讲三项工作。

第一，认真做好局长经济责任审计工作，增强行业国有资产保值增值的创造力。局长经济责任审计是省长部长经济责任审计的重要组成部分。我认为，这次对国家局局长的经济责任审计，不仅是对局长本人的经济责任审计，也是对国家局、总公司领导班子的经济责任审计，也是对烟草全行业的经济责任审计。审计的人员之多、跨度之大、范围之广、时间之长，前所未有。国家局党组专题研究了这项工作，我和几位分管领导同志，专门到审计署向审计长、分管副审计长作了汇报，明确表态：积极配合（包括配合查账、配合谈话、配合核实情况），不做假账，属地负责，严格整改，举一反三，规范管理。希望全行业特别是已经延伸审计和即将延伸审计的省级公司主要负责人，高度重视，及时汇报。

我们要以这次审计为动力，进一步完善制度、管好资金，支持发展、实现增值。截至2012年底，烟草行业资产总额超过1.5万亿元，其中货币资金超过6000亿元，所有者权益超过1.2万亿元。如何管好这笔庞大的国有资金，是一份沉甸甸的责任，容不得半点闪失。我们既不能当“守财奴”，更不能当“败家子”，而是要当创业者。这篇大文章要靠同志们来做。

第二，认真汲取郑建民受贿案的深刻教训，增强行业领导干部反腐倡廉的免疫力。河南省局（公司）原局长（总经理）郑建民因犯受贿罪，2013年2月6日被判处无期徒刑，剥夺政治权利终身，并处没收个人全部财产。郑建民案告诫我们，行业越发展，领导干部越要廉洁自律、越要守住底线、越要强化监督。它警示我们领导同志，要牢固树立正确的世界观、权力观、利益观、事业观，讲党性、重品行、做表率，要自重、自省、自警、自律，要管好自己、管好家属子女、管好身边工作人员。它警示我们各级组织，要切实加强对“一把手”的有效监督。习总书记指出，“对‘一把手’的监督仍然是一个薄弱环节。由于监督缺位、监督乏力，少数‘一把手’习惯凌驾于组织之上、凌驾于班子集体之上”，“权力导致腐败，绝对权力导致绝对腐败”。一个领导干部既管人财物、又管产供销、还管“招拍挂”，能不出问题？能不出大事?!

我们必须认真学习领会、全面贯彻落实习近平总书记在中纪委二次全会上的重要讲话和李克强总理在国务院第一次廉政工作电视电话会上的重要讲话，严格执行中央八项规定，把“权力关进制度的笼子里，形成不敢腐的惩戒机制、不能腐的防范机制、不易腐的保障机制”。围绕建设廉洁政府这个主题，李克强总理强调，“一是简政放权，二是管住权力，三是管好钱财，四是政务公开，五是勤俭从政（重点是约法三章），六是依法促廉”。贯彻落实这六条，对烟草行业来讲，务必在楼堂馆所上不出问题、不犯错误，务必在“三公经费”上不出问题、不犯错误，务必在滥发钱物上不出问题、不犯错误。

第三，认真整改吉林烟草工业有限责任公司公积金缴存的违规行为，增强行业对国家政策规定的执行力。5月24日、27日，《华夏时报》对吉林烟草工业公司超缴公积金问题作了连续报道，经过网络传播后，给整个烟草行业带来极坏的影响；审计组也高度重视这个问题，要求我们全面清理。国家局党组多次开会研究，并派出由监察局牵头，财务司、人事司和中烟实业参加的联合工作组，赴延吉进行调查，提出处理意见，报国家局党组研究决定后，对吉林烟草工业公司作出了严肃处理。

从各省局、公司自查上报的住房公积金缴存情况看，52家直属单位主要负责人中，多数单位和同志能严格执行国家规定，但也有不少单位五花八门、标准不一，甚至比吉林烟草工业公司有过之而无不及。造成这种情况的原因，虽然有属地执行缴存政策不一致的问题，但坦率地讲还是行业内少数单位政策观念不强、纪律观念淡薄。对此，经国家局党组研究决定，采取三条整改措施：一是如实向审计组提供行业省级公司主要负责人公积金自查自纠情况，接受国家审计监督。二是严格执行建设部、财政部、中国人民银行《关于公积金管理若干具体问题的指导意见》（建金管〔2005〕5号）的规定。即单位和职工缴存比例不低于5%，不高于12%，且最高缴存额不得超过所在设区城市统计部门公布的上一年职工月平均工资的3倍。三是分步实施，限期整改。全行业从2013年6月起，一律按三部委文件规定的标准缴存公积金。同时，要主动向当地政府汇报，对三部委文件之后超额缴存的公积金进行有序清理。此外，对企业年金问题也要按2012年财务审计要求抓紧整改，扣回超交的年金、补缴税费、补缴国有资本收益。

希望全行业都要以此为鉴，举一反三，严明政治纪律，严明财经纪律，做到严格执行国家政策规定，不作选择、不打折扣、不搞变通，有令必行、有禁必止，决不准我行我素，更不能胆大妄为。中央电视台《焦点访谈》曝光的河南省周口市烟草公司违规购买小车的行为，就是胆大妄为、弄虚作假的典型，目无法纪、顶风作案的典型，败坏党风政风、损害行业形象的典型。对此，国家局局长办公会作出了果断处理，提出了严格要求，务请各单位汲取教训，照章办事。

希望各级党员领导干部，都要学习领会习近平总书记6月18日重要讲话精神，按照中央的统一部署，以党的群众路线教育实践活动为动力，"照镜子、正衣冠、洗洗澡、治治病"，保持党的先进性和纯洁性，争做"为民务实清廉"的表率。

此外，我再强调三个问题。第一，高度重视领导班子建设，认真落实"着力培养选拔党和人民需要的好干部"的要求。这是习总书记在今天全国组织工作会议上讲话的主题，总书记说，怎样是好干部？怎样成为好干部？怎样把好干部用起来？我们要以贯彻落实总书记的讲话为重点，抓好行业各级领导班子建设。最近有几位到龄和即将到龄的同志找我，要求主动退出领导岗位，这种高风亮节的风范值得赞扬。由于国家局主要领导同志的交接，希望这几位同志，善始善终完成今年工作任务、善始善终配合局长经济责任审计、善始善终组织第一批党的群众路线教育实践活动，带好班子、带好队伍。

第二，高度重视安全生产工作，认真落实"发展决不能以牺牲人的生命为代价"的要求。重点抓好醋纤化工安全、"两烟"仓库安全、交通运输安全。

第三，高度重视信访维稳工作，认真落实"为党分忧、为民解难"的要求。

（据《国烟办通报》2013年第26期摘编）

凌成兴在2013年烟草行业拓展国际市场工作会议上的讲话

（2013年12月19日）

召开烟草行业拓展国际市场工作会议，是行业学习贯彻党的十八届三中全会和中央经济工作会议精神的重要组成部分，会议将全面总结2013年行业拓展国际市场的工作情况，表彰交流企业拓展国际市场的先进经验，研究部署2014年和今后一个时期拓展国际市场的目标任务和工作重点。

2013年以来，行业各有关单位按照国家局对国际化工作的总体部署和任务要求，认真贯彻落实2012年行业拓展国际市场工作会议和2013年全国烟草工作会议精神，紧紧围绕"卷烟上水平"基本方针和战略任务，把"积累经验、锻炼队伍、打好基础、有所突破"作为近期目标，把在"重点市场、重点企业、重点品牌"三个方面有所突破作为首要关键，把"统筹规划、整合资源、有效激励、持续发展"作为基本原则，切实加大拓展力度，认真组织拓展工作，拓展国际市场成效显著。

一是"两烟"进出口工作成效显著。卷烟方面，2013年1—11月份行业境外销量597.6亿支，增长13.2%，其中境外企业销量240.2亿支，增长8.8%。烟叶方面，截至11月底共进口烟叶17.8万吨，其中津巴布韦、赞比亚优质烟叶7.6万吨，同比增加29%；共签订烟叶类产品（含烟梗）出口合同19.36万吨，其中烟叶13.96万吨，均价4770美元/吨。

二是烟用设备和辅料进出口工作成效显著。1—11月份进口丝束到货10.56万吨，进口烟机到货金额5.98亿美元；签订各类出口合同金额7009万美元，其中签订烟机合同金额为3934万美元。

三是境外实体化运作成效显著。卷烟一般贸易出口模式逐步发展为境外许可生产、境外直接投资卷烟生产实体、与跨国烟草公司战略联盟等多种方式，境外生产销售逐渐超越一般贸易，成为当前主要拓展方式；海外烟叶公司全球布局初步完成，合资合作项目进展顺利，公司的基础设施建设、内部管理水平、经济运行质量和公司盈利水平均有显著提高。

四是烟草行业外事工作成效显著。2013年以来，国家局、总公司接待国外境外政要和跨国公司主要领导人团组共18批（次），其中，6月份以来，我和几位局领导共同会见的客人，就有14批。

总之，行业拓展国际市场战线的同志们以实际行动践行党的群众路线教育实践活动，国际化工作展现出新活力、新动力，为"卷烟上水平"作出了重要贡献。

通过几年的不懈努力，行业拓展国际市场工作已经打下了一定的基础，积累了一定的经验，取得了一定的成绩，国际市场竞争力逐步提高。但冷静客观地分析，依然面临着巨大的困难、面临着严峻的挑战、面临着重要的机遇。这是行业发展的大势所趋、必然选择、必由之路，必须开拓视野、把握机遇，统一认识、迎难而上。讲三点意见。

一、明确一个总体遵循

2014年和今后一个时期行业拓展国际市场工作，总的来说，就是要学习好、贯彻好、落实好三中全会精神，谋划"三大课题"，提升"五个形象"，继续推进"卷烟上水平"基本方针和战略任务，充分利用"两个市场、两种资源"，聚焦重点，整合资源，提升水平，努力实现在国际市场上的新突破、新跨越，持续提升中国烟草整体竞争实力。这两天，局长办公会结合传达学习中央经济工作会议精神、中央城镇化工作会议精神，对局领导同志领题调研的五个专题听取了汇报、展开了讨论，对各直属单位上报的"三大课题"思考建议和工作打算进行了梳理汇总、消化采纳。其中，由克明副局长领题的"走出去"发展战略专题报告，总结了发展现状，分析了存在的问题和面临的形势，提出了指导思想、基本原则和发展目标，研究了重大发展方向和主要任务，制定了保障措施。国家局、总公司将根据局长办公会讨论的意见修改完善，再听取有关方面意见后正式下发。我认为这个专题报告，就是我们今后一个时期“走出去”发展战略的总体遵循和重点谋划。

二、树立三个雄心壮志

中国烟草通过30多年的艰苦创业，特别是新世纪以来创造了“三大辉煌”。从烟草外经贸角度讲，结束了“洋烟泛滥”的历史，结束了醋纤丝束依赖进口的历史，结束了烟机受制于人的历史，这是我国改革开放取得的巨大成就，令行业上下扬眉吐气、欢欣鼓舞。我们贯彻落实中央“走出去”发展战略，开拓烟草国际市场，既是国家利益的需要，又是行业发展的需要。我认为，大家要树立三个雄心壮志。

一是树立追赶烟草跨国公司前三名的雄心壮志。2012年，行业境外卷烟销量已突破600亿支（120万箱），预计2013年可以达到650亿支（130万箱），排名全球第五。以2012年为例，据不完全统计，第一名菲莫国际公司9270亿支（1854万箱），第二名英美烟草公司6940亿支（1388万箱），第三名日本烟草公司5535亿支（1107万箱）（其中国内占21%），第四名帝国烟草公司3410亿支（682万箱）。如果按国外境外卷烟总量37000亿支（7400万箱）计算，扣除上述四大集团和韩国烟草人参公社共26160亿支（5232万箱）外，还有11000亿支（2200万箱）的市场分散在许多中、小烟草公司手中。中国烟草要进入烟草跨国公司前三名，至少要超过4000亿支（800万箱），这就需要我们用三年翻一番和五年翻两番的超常速度去追赶。从帝国烟草公司、日本烟草公司10多年国际化的成功经验看，就是并购重组、超常扩张。所以，并购重组是我们务必突破的一项关键举措，这样才能梦想成真、有所建树。当然，在实际工作中，我们要多干少说、只干不说。

二是树立掌控进口优质烟叶话语权的雄心壮志。目前，中国烟草烟叶产品进出口贸易总量，已占世界烟叶总产量的9%左右，重点烟叶进口市场如津巴布韦，我国采购量占到该国烟叶总产量的58%，天泽公司按照市场原则以质论价，烟叶价格均价达到4.57美元，打破了跨国公司的垄断，公司市场话语权得到很大提升。我们要继续加快推进境外烟叶实体运作，以雄厚统一的烟叶市场为依托，以国家局政策支持为保障，以海外实体公司为载体，不断增强进口优质烟叶基地的话语权、优质烟叶资源的话语权、优质烟叶定价的话语权。同时，要进一步开拓烟叶出口市场，使更多的国产烟叶进入“洋烟”的主流配方；2014年要认真落实、出色完成“少进多出”5万吨（100万担）的烟叶任务，积极稳妥地处置一批烟厂库存的不适用烟叶。

三是树立缩小与国际烟机研发制造水平差距的雄心壮志。近年来，中国烟机通过坚持引进消化吸收与自主创新相结合的技术发展道路，着力技术创新，成果显著。目前国产烟机制丝类设备技术水平与国际上基本一致，卷接包类中、低速设备技术水平与国际上基本一致，打叶复烤类和膨胀烟丝类产品的技术水平已经处于世界领先。我们要在进一步发挥“打造中式卷烟制丝生产线”“超高速卷接包机组研制”两个国家局科技重大专项带动作用的同时，着力解决一个主体机型，即：M5卷烟机的引进消化吸收再创新；三个重点装备，即：现有烟机的改造提升、制丝关键设备引进消化吸收再创新、软硬包装和异型包装设备的柔性化。

三、打造五个卷烟境外产销基地

（一）上海北京卷烟境外产销基地

上海烟草集团要借助多年积淀下来的深厚基础和雄厚实力，借助“中华”品牌在国际市场的影响力，借助“中南海”“金鹿”品牌在日本和俄罗斯市场运营多年的经验，逐步转向境外实体化运作；上海烟草集团及湖北中烟要充分利用自身的品牌优势及市场基础，加快走出去步伐，在东南亚共建销售实体，积极拓展马来西亚、菲律宾有税市场。

（二）广东中烟卷烟境外产销基地

广东中烟要将威尼顿公司打造成中国烟草在东南亚的生产销售基地，进一步提升实力，挖掘潜力，为其他工业公司的品牌生产做好准备；要借助中烟英美合资公司的平台，加快“双喜”新品系列上市的准备，按照既定目标完成拓展国际市场的任务。

（三）云南中烟卷烟境外产销基地

云南中烟作为中国烟草最大规模企业，要充分利用自身优势，整合企业资源，以“两统一、两整合”为契机，做好拓展国际市场工作。要把老挝寮中红塔好运烟草有限公司打造成为行业覆盖东南亚市场的烟丝和产品供应基地，努力将埃及东方烟草公司打造成行业在非洲的烟叶种植、烟丝和卷烟生产基地；要做好境外品牌的整合，明确目标，突出重点，做出亮点，做好亚太市场、中东市场、非洲市场，借力帝国烟草公司拓展西欧市场。

（四）湖南中烟、浙江中烟卷烟境外产销基地

湖南中烟作为牵头企业，要与浙江中烟一起做好巴拿马项目，打造中国烟草拓展中南美洲市场的基地；浙江中烟要将阿联酋投资的环球烟草公司打造成中国烟草在中东地区的生产销售基地。浙江中烟要把印度尼西亚作为一般贸易的重点市场，做好“MODERN”品牌的发展工作。

（五）吉林烟草工业卷烟境外产销基地

吉林烟草工业卷烟境外产销基地利用边贸优势，近几年得到了长足的发展。下一步，要根据朝鲜国内烟草产业政策及现有三家卷烟厂的发展定位，进一步整合三家烟厂资源，加快技术改造，提升营销水平，逐步加大可控销售网络的建设，为“长白山”卷烟在当地市场发展提供更为有利的资源保障，成为朝鲜国内主力畅销品牌，同时要积极利用有关优惠政策，拓展韩国市场。

（据《国烟办通报》2013年第41期摘编）

凌成兴在2013年全国卷烟打假工作会议上的讲话

（2013年11月4日）

这次会议的主要任务是，全面贯彻落实国务院关于进一步做好打击侵犯知识产权和制售假冒伪劣商品工作的部署要求，认真总结2012年以来卷烟打假工作，表彰卷烟打假工作成绩突出集体和个人，安排部署下阶段全国卷烟打假工作任务。

2012年以来，各级公安机关、烟草专卖部门按照公安部、国家烟草专卖局统一部署，充分发挥联合打假长效机制作用，有效开展卷烟打假工作，在源头治理，打击非法拼装倒卖烟机、打击原辅材料供应链方面取得了重大突破，进一步巩固了卷烟打假成果，有力维护了卷烟市场秩序。烟草行业经济效益保持稳定增长，卷烟打假发挥了十分重要的作用。公安机关在卷烟打假斗争中功不可没，为维护国家利益、维护消费者利益作出了重大贡献。

近年来，全国卷烟打假工作成效卓著，市场秩序明显好转。2013年7月中旬，我在参观河南省许昌市卷烟打假成果展览时，非常感慨地说过："造假触目惊心，打假卓有成效。"但是，当前卷烟打假形势依然严峻，"巩固成果，严防反弹"的任务十分艰巨。各级烟草专卖管理部门要充分认识卷烟打假工作的长期性、艰巨性和复杂性，要以深入学习、贯彻落实党的十八大精神和习近平总书记一系列重要讲话精神为动力，切实增强责任意识、大局意识、忧患意识，坚持"一个制度"，狠抓"三件大事"，认真总结经验，努力把握规律，始终保持打假高压态势，不断巩固和完善烟草、公安联合打假长效机制，努力提高打假工作科学化、法制化、常态化水平，为维护国家利益、维护消费者利益，为实现中华民族伟大复兴的"中国梦"作出新的贡献！

（据《国烟办通报》2013年第34期摘编）

凌成兴在全国烟叶工作座谈会上的讲话

（2013年11月14日）

我们在这里召开全国烟叶工作座谈会，主要内容是学习贯彻十八届三中全会精神，总结2013年烟叶生产工作情况，交流烟叶生产先进经验，部署2014年烟叶生产工作任务。

2013年以来，各级烟草部门按照"三不变、三稳定"的工作要求，认真贯彻落实全国烟草工作会议和全国烟叶收购暨现代烟草农业建设现场会精神，紧紧围绕"原料保障上水平"各项任务，把控制总量摆在烟叶工作的首要位置，把优化结构作为烟叶工作的中心环节，把着眼烟农增收致富作为烟叶工作的重要职责。切实转变工作作风，认真落实各项举措，烟叶生产成效显著。概括地讲，就是"一个调控有效，三个持续增加"：烤烟收购计划调控有效，2013年全国种植烤烟2092万亩，比2012年减少26万亩，预计收购烟叶260万吨（5200万担），比2012年减少收购14万吨(280万担)。烟农收入持续增加，预计2013年烟叶收入620亿元，比2012年增加33亿元，增长5%，烟叶平均价格每千克增加3.1元，增长14.5%；基地单元持续增加，2013年新建基地单元122个，全国基地单元总数达到461个，特色基地单元达到146个；上、中等烟叶比重持续增加，预计2013年上、中等烟叶比重达97%，比2012年提高近3个百分点，其中：上等烟叶比重提高2个百分点，这是"下打两片、上打两片"的重要成果，大体上折合干烟1100万担。同时，烟田基础设施建设补贴资金连续多年稳定在150亿元以上，预计2013年国家局补贴烟田基础设施建设资金158.7亿元，这是各级领导同志和广大烟农高度赞扬烟草行业的一项德政工程。

总之，烟叶战线全体干部职工以实际行动践行党的群众路线教育实践活动，烟叶工作实现连续16年稳定发展，为烟区经济社会发展、烟农增收作出了重要贡献。

关于2014年的烟叶工作，国家局召开局长办公会进行了专题研究，总的来说，就是要以党的十八届三中全会精神为指导，紧紧围绕"卷烟上水平"基本方针和战略任务，"守住一条红线，提高三个水平，夯实两大基础"，即：守住年度烟叶收购红线；不断提高发展现代烟草农业水平，不断提高烟叶基地基础设施建设水平，不断提高烟叶质量技术水平；努力夯实卷烟工业"第一车间"的建设基础，努力夯实广大烟农增收致富和烟区经济社会的发展基础。强调五条意见。

（一）控制总量

国家局提出用3年左右时间，将全国烟叶库存总量调整到合理水平。什么是合理水平？大家比较公认的"自然醇化"期是两年半的时间，即30个月。当然，仓储条件、南北气候还有差异。因此，国家局经反复研究，2014年烤烟收购计划定为235万吨（4700万担），种植面积控制在1880万亩以内。要切实保护广大烟农的积极性，确保种植计划不能大起大落；要切实保护烟区党政领导的积极性，确保烟叶税收不能大起大落；要切实保护行业干部职工的积极性，确保烟技人员队伍和基地单元建设不能大起大落。从而真正实现"调减计划、优化结构、提高品质"的烟叶生产工作目标。

（二）稳定政策

一是基本稳定收购价格政策。国家局决定2014年上中等烟叶提价5%，烟叶生产投入补贴比例保持稳定。继续实行特色优质品种加价政策，“红花大金元”“翠碧一号”收购价格上浮20%；为体现工业需求导向，将“K326”作为特色品种，收购价上浮10%。二是稳定烟叶补贴政策。烟叶补贴确定为每亩374元。其中，“上打两片”的补贴政策由亩平补贴调整为计量补贴，即鲜烟叶每斤补贴0.45元；“下打两片”按每亩补贴50元。三是稳定烟田基础设施投资政策。2014年国家局财务预算仍安排烟田基础设施建设资金150亿元，其中水源工程建设资金50亿元。

（三）优化结构

一是继续坚持“上打两片，下打两片”的优化烟叶结构措施。二是引导扩种“红花大金元” “翠碧一号”和“K326”等品种，2014年力争扩种200万亩，这是一项“增收、控量、优质”三赢的重要举措，希望大家下点功夫，宣传政策、组织引导。三是稳妥调剂烟叶进出口计划，力争通过增加出口、减少进口，使烟叶净出口数量再增加5万吨（100万担）。同时，要研究财务鼓励政策，将工业库存中“配方不适用、出口有市场”的片烟调剂出来，扩大出口、减少积压、避免报废。

（四）提高水平

一是提高基础设施建设水平。要管好用好烟田基础设施和水源工程建设资金。着力抓好烟水配套工程、机耕路、育苗设施、调制设施等项目建设，着力推进水源工程、土地整理和田间机械化工作。二是提高基地单元建设水平。新建基地单元120个，累计单元数量接近600个。新建特色优质烟叶单元15个，达到160个，不断提高特色优质烟叶开发水平。以探索推进烟叶精益生产为主要内容，从管理和技术层面，开展11个“升级版”现代烟草农业基地单元建设，推进烟叶生产全面升级。三是提高两个主体培育水平。完善“种植大户（家庭农场）＋合作社”的发展模式。继续推进规模种植，转变生产方式，培养具备现代经营管理能力的职业化烟农队伍。继续按照一基一社的要求，建设完成600—800个高水平合作社，其中行业示范社150个。

发展烟叶生产，我们面临着许多新问题、新矛盾，比如：粮烟比价的调整幅度和烟叶同其他经济作物的比较优势越来越小，国产烟叶同进口烟叶的比较优势越来越小，农村劳务用工的比较优势越来越小。解决这些矛盾、协调这些利益，关键要靠大家继续推进生产方式现代化，包括两头工场化、田间机械化、服务专业化，继续推进原料保障基地化，继续推进烟叶品质特色化，从而提高规模效益，降低劳务成本。

（五）严格考核

我们反复强调，在“严守一条红线”的过程中，对烟农不能拒绝收购，《烟草专卖法》第十条规定：“烟草公司及其委托单位对烟叶种植者按照烟叶收购合同约定的种植面积生产的烟叶，应当按照国家规定的标准分等定价，全部收购”，我们必须履行好这个法律责任；对省局（公司）务必严格考核，就是要严格执行“超产抵扣下年度计划”的考核措施不能变。这既是充分考虑农业“丰歉调整”的自然规律，又是检验评价烟区省局（公司）领导同志实际工作执行力、维护政策严肃性的重要标准。

（据《国烟办通报》2013年第36期摘编）

何泽华在全国烟叶工作座谈会上的讲话

（2013年11月14日）

这次会议的主要任务是，按照十八届三中全会精神，深入贯彻落实“坚守一条红线，提高三个水平，夯实两个基础”的指导思想，总结2013年烟叶工作，研究烟叶生产可持续发展问题，部署2014年烟叶工作任务，全力推进原料保障上水平。讲三个问题。

一、2013年烟叶工作总结

2013年以来，各单位认真贯彻国家局决策部署，以现代烟草农业为统领，把控制规模摆在首要位置，把优化结构作为关键环节，积极采取有效措施，切实维护计划严肃性，烟叶工作水平持续提升，烟叶生产继续保持稳定。

（一）政策明确、措施有力，严控规模工作取得较好效果

近几年，国家局连续提高了烟叶收购价格，各项投入补贴力度不断加大，烟叶风险保障机制日渐完善，种烟收益和烟农积极性稳步提高，对2013年烟叶生产形成了较大稳控压力。面对复杂形势，国家局坚持把严控规模摆在首位，多次会议强调5000万担是一条红线，及时印发《关于严格控制烟叶种植面积的紧急通知》，建立了重点产区联系责任制度。各产区把控制总量作为“一把手”工程，实行问责制，积极向当地党委政府汇报取得理解支持，层层签订责任状，严把面积核实、合同签订关。面对自然灾害，积极采取有效措施，及时组织灾害救助，努力将损失降至最低，有效保障烟农利益，国家局专项拨付云南、贵州、广西等地灾害补助资金7.5亿元。通过产区的努力，烟叶种植规模得到有效控制，收购总量保持平稳。据统计，全国烟叶移栽面积2092万亩，同比减少26万亩；签订合同109万份，同比减少1.5万份；截至11月10日，全国收购烤烟243.95万吨（4879万担），占计划的96.2%；均价24.64元/千克，同比增加3.09元/千克。因大部分产区气候有利，预计全年收购量260万吨（5200万担）左右。

（二）需求引导、强化监督，优化结构工作全面深化

为进一步缓解烟叶结构性矛盾，国家局提出全面优化结构的工作要求，由3片调整为4片，补贴标准提高至170元/亩。各产区按照“五个坚持”的要求，加强组织领导，明确责任目标，细化工作措施，严格验收程序，完善补贴机制，强化过程监督，确保优化结构工作到位。继续探索订单生产试点，并统一执行“下2上3”220元/亩、“下3上3”390元/亩的补贴标准。全国累计清除不适用鲜烟叶420万吨，折合干烟55万吨（1100万担）左右；订单生产收购烟叶15万吨（300万担）左右。截至目前，全国收购上等烟叶占比59.62%，同比提高1.81个百分点，中部烟占比62.2%，同比提高4.15个百分点，优化结构工作效果明显，并对缓解总量压力发挥了重要作用。

（三）综合配套、完善提升，基础设施建设扎实推进

继续加大常规项目建设投入力度，调整密集烤房补贴政策，2013年共安排资金108.7亿元，建设项目44.1万件，其中烟水配套工程7.6万件，机耕路7802公里，密集烤房10.5万座，农机具13.5万台（套）。安排50亿元水源援建项目，有48件水源工程开工建设，完成土地整理项目58.4万亩。15省84个单元开展田间机械化试点工作，实施面积139.4万亩。产区积极开展农机测试，贵州、湖南、福建、重庆等省、市先后建立了采购目录。统一散叶分风板、烟夹标准，组织4期500多人理论与现场实操培训，完成40个单元3万座散叶和烟夹烘烤方式改造推广，其中散叶烘烤方式近1万座。

（四）工商协同、稳步推进，现代烟草农业单元建设水平持续提升

2013年安排了122个新建单元，5月份组织了两期300多人的工作规范培训，并对2012年72个基地单元进行逐级验收。截至目前，累计批准建设单元461个，其中339个通过验收。总体看，单元建设的系统性增强，规划建设水平进一步提升，设施装备条件明显改善；各项工作的协调性增加，工商研联系紧密、全方位互动、软硬件同步，生产方式现代化稳步推进；生产技术的集成性提高，形成了一整套特色优质烟叶生产技术体系；工商合作的内涵更丰富，联合开展生态、品种、技术、品质特色、模块打叶以及配方工艺的深化研究，工业主导专业化分级散叶收购量达到120万吨（2400万担）。单元整体工作水平显著提升，全国百亩以上连片7.1万片、产量212.25万吨（4245万担），占计划总量88.8%；积极培育发展种烟大户和家庭农场，皖南户均规模达到70亩，山东烟叶家庭农场数量达到3126个，种烟面积占全省62%；注册综合服务型合作社1698家，入社烟农77.4万户，占烟农总数42.1%，并积极开展91个行业示范社创建工作，云南、湖南等省以此为契机，推动全省合作社整合、优化和提升，提高了合作社服务水平和发展能力；专业化育苗100%，机耕整地84.7%、机械起垄68.3%，分别增加8.8个、3.5个百分点，机械中耕19.7%；标准化烟叶工作站数量达480个，单元管理软件有效运行，基层管理水平持续提升。

（五）持续创新、加速转化，适用技术推广与烟叶生产水平进步明显

2013年，各产区做到早计划、早安排、早部署，持续加大特色优质烟叶开发与适用技术集成推广力度。特色烟单元达到146个，收购烟叶36.5万吨（730万担），并全面推广实施GAP管理。特色品种推广力度加大，贵州自育品种推广比例占全省55%。生物物理防治技术普遍运用，有机肥施用技术积极推广。在适度延长烟叶有效生长期理论的指导下，小苗膜下移栽技术有了重大进展，全国推广723万亩，占总面积三分之一以上，实现了深栽早栽和分离式集中移栽，缩短了育苗期，缓解了移栽茬口的用工压力，是继漂浮育苗、密集烘烤之后，烟叶生产上又一次重大技术革新。2013年全国移栽时间平均提早10天以上，部分达到15天，有效延长了大田生长时间，提高了烟叶成熟度，优质丰产效果十分明显。山东诸城现场的测土施肥、集约化育苗、专业化烘烤以及专业化分级散叶收购展示了较高精益化水平，体现了行业现代烟草农业的最新成果。

在肯定成效的同时，也要看到工作中存在的问题：一是一些产区红线意识不强，在测算单产、落实面积上没有严格按照国家局要求抓落实；二是部分单位工作作风不实，在措施落实上打折扣，工作内容放低标准，上部烟叶优化工作不到位，烤房建设缺乏规划，基地单元建设存在重速度轻质量的情况；三是有的单位没有看到形势的变化，工作思路仍停留在要计划、扩面积，靠数量求效益、争市场的想法，重数量轻质量。以上问题希望产区高度重视，认真对待。

二、烟叶生产可持续发展问题

烟叶是烟草行业赖以生存和发展的物质基础，烟叶生产的可持续事关行业发展全局。2003年国家局组织专题调研，并多次办公会研究；2004年的凉山现场会，从生产力、生产关系和生产方式三个角度，分析提出了可持续发展的具体思路。10年来，我们始终围绕可持续发展的思路来部署开展工作，稳扎稳打，有序推进。一是2004年，制定印发《中国烟叶生产可持续发展规划纲要》，确定了基本烟田制度，2005年全面实施基本烟田基础设施建设，可持续发展的物质基础不断夯实；二是2007年，正式启动现代烟草农业建设，明确了“一基四化”的总体要求，以基地单元为平台的现代烟草农业建设持续推进，有力促进了烟叶生产方式加快转变；三是2010年，提出“原料保障上水平”的发展战略，确立了以现代烟草农业建设为统领，原料供应基地化、烟叶品质特色化和生产方式现代化深度融合的烟叶生产可持续发展道路。三个节点、三个阶段，完成了可持续发展的战略部署与有序推进，思路明确、重点突出、脉络清晰。

经过10年的发展和努力，烟叶生产可持续发展取得了显著成效，与10年前相比已不可同日而语。一是烟叶生产水平取得很大进步。烟叶生产长期保持稳定，总量问题总体上得到较好解决，基本做到稳控有度；烟叶技术和质量水平大幅度提升，基层管理水平不断进步，外观质量与物理特性持续优化，内在品质显著改善，风格特色不断彰显。二是烟叶供应和卷烟生产保持了协调发展。2004—2012年，全国收购上等烟比例由38.5%增至56.5%，增长了18个百分点，中部烟叶提高到了55.6%，烟叶结构性矛盾趋于缓解，有效支撑了重点骨干卷烟品牌的快速发展。三是烟叶生产具备了较强的发展后劲。现代烟草农业建设极大改善了烟叶生产条件，规模化、集约化、专业化、信息化水平全面提升，转变生产方式取得明显突破，“种烟大户（家庭农场）+合作社”的发展模式初步构建，科技创新和管理水平不断提升，烟叶安全性和烟区生态持续改善，烟叶生产可持续发展的趋势越来越好。四是烟农种烟积极性有了根本性转变。10年前提出的农民“自觉自愿种烟、简简单单种烟、轻轻松松种烟、平平安安种烟”，在现代烟草农业基地单元已成为现实，这是烟叶生产可持续发展的根本性变化。

尽管取得了可喜成绩，但随着我国工业化、信息化、城镇化、农业现代化的同步推进，烟叶工作面临着新的变化、新的形势和新的挑战，烟叶生产依然存在较大的不确定性。一是我国农业生产已经进入“双高”“双紧”新的发展阶段，即高成本、高风险，资源环境约束趋紧、青壮年劳动力紧缺。“三农”现状发生了深刻变化，农村分工分业深化，农户分层分化加快，其中最根本是“人”的变化，农户兼业化、村庄空心化、人口老龄化日趋明显，土地大规模流转成为趋势，农村青壮年劳动力大量流失不可逆转。二是生态环境持续恶化，自然灾害频繁发生，尽管通过现代烟草农业建设，我国烟叶生产的基本现状发生了根本转变，可持续发展的物质基础和综合能力显著增强，但小农生产方式、土地、劳动力、技术、环境、队伍等诸多制约因素依然存在，一些深层次问题尚未根本解决。三是烟叶生产投入大、风险高，用工多、强度大，周期长、产业链长、技术密集，过去一亩烟要用40个工左右，现在大面上仍不少于28个，基地单元多数也在20个左右，用工单价从40元涨到了80至100元，亩用工成本占到了2000元左右，烟叶比较优势受到用工影响明显，减工降本增效成为长期而迫切需要解决的重大课题。四是新农村建设带动农业产业结构深度调整，烟叶生产需要处理好数量与质量的关系、总量压力与地方发展热度的平衡、品牌发展与烟叶结构性矛盾等，宏观调控的空间越变越小，难度越来越大。因此，烟叶生产的可持续发展10年前很重要，现在依然十分重要，是一个长期的课题。

针对国家局提出的“改革的红利在哪里、发展的潜力在哪里、追赶的目标在哪里”三大课题，就烟叶生产而言，就是要始终坚持可持续发展，系统解决“坚守一条红线、提高三个水平、夯实两个基础”的重要课题。下面我从在哪种烟、靠谁种烟、怎么种烟、为何种烟四个方面谈几点看法，前三个问题，相关会议曾分别讲过，这次主要从可持续发展角度进行分析。

（一）在哪种烟——可持续发展的基础

土地资源是农业生产最重要的物质基础，也是不可再生的有限资源，人多，地少，耕地更少，是我国的基本国情。由于烟叶产业的特殊性与资金密集、劳动密集、技术密集的特征，在一定程度上存在向欠发达地区、山区（半山区）、高海拔地区、基础条件相对较差的烟区逐步转移的趋势，种烟土地的不可持续已逐步上升为制约现代烟草农业发展的主要矛盾。种烟既要解决用地问题，还要保证用好田好地种烟，而且要发展规模生产，如何破解该难题，积极探索土地资源的科学管理和合理利用的重要性就日益凸显出来。

1. 要切实落实好基本烟田制度。一是要与当地农业产业布局结合起来。把基本烟田纳入当地农业发展中长期规划中，以制度、法规的形式确定下来，不能简单地划一片，插个牌，要切实把基本烟田制度与保护措施落到实处。二是要与烟田基础设施建设结合起来。基础设施必须围绕基本烟田来建，克服盲目性，增加科学性，要与当地政府、村委会、农民签订长期种植协议，明确各方职责与权益，真正储备一批生态环境好、设施配套、条件完善、长期稳定的植烟土地资源，避免设施建一处、烟田就少一片的现象发生。三是要与茬口设计、科学轮作结合起来。建立起以烟为主的耕作制度，完善基本烟田详细信息档案，根据年度种植计划、轮作要求，合理规划土地，科学使用土地，真正解决轮作问题。

2. 要重视生态选择与挖掘。在总量平衡的前提下，如何在有限的土地资源上生产出更多优质烟叶、高档烟叶，决定着卷烟品牌的发展。我国地域辽阔，具备生态多样性，特别是南方地区，形成了独特的自然环境和众多的小生态、微生态区域，切合烟叶品质化、特色化、风格化的生态需求。所谓“生态好、烟才好”，要选择那些生态条件得天独厚，尤其是森林覆盖率高、光热同步、质地疏松、特色鲜明的区域，特别是小生态区域来种烟。同时，要十分注重生态挖掘。农业自然环境子系统由光、热、水、土、风、生物等因子构成，它为农业生产提供了最基本的生产条件，改变或改造它是一个长期复杂的过程，关键是做好挖掘、开发和利用。要充分发挥特色优质烟叶重大专项与开发平台，开展植烟生态适宜性和烟叶风格特色定位评价，从海拔高度、地形地貌和土壤类型等方面，研究影响烟叶风格特色形成的主要生态因子，注重生态与品种的有效结合，在稳定优势老烟区的基础上，挖掘和开发自然条件最适宜的新区，稳步推进烟叶生态布局。

3. 要突出合理配置与使用。在选择最适宜的生态区种烟的基础上，要研究土地资源的合理配置与使用，不仅要用好田好地种烟，而且要土地连片、规模化种烟。好田好地种烟，可以保证用最小的土地资源，达到量与质的最大化，可以获得较高的投入产出比，烟农收益好，积极性高。土地连片、规模化种烟，是专业化、集约化、信息化的前提，是农业机械化的基础，种植分散、耕地细碎，机械化上不去，专业化搞不了，减工降本增效就难以突破。要结合田块优化，积极探索推动土地流转，把土地平整好，把田块连起来，把规模搞上去，要以500亩连片为最低标准，发展千亩方、万亩片，这也是实现优质烟叶批量化、均质化生产的基本要素。

4. 要注重生态维护与治理。我国农业自然环境状况喜忧参半，一方面农业自然环境保护和建设不断加强，另一方面农业生态环境趋于恶化。目前，我国植烟区自然环境总体好于大农业，但也存在土壤板结、地力贫瘠化等问题，解决不好，烟叶生产不可能持续发展。要大力推行烟田冬季深耕晒垡，采取等高种植和定向起垄，推行精准灌溉、精准施肥、精准施药以及减量施肥、节水灌溉等技术措施；要全面推广应用绿肥种植和秸秆还田技术，科学施用有机肥，合理调节土壤酸碱度，改善土壤结构与理化性状；不断探索利用土壤改良技术，积极开展土壤修复，加强预测预报，完善综防体系，全面实施GAP管理，努力维护和保持植烟区生态特色，保障土地资源的永续生产。

5. 要做好科学布局与规划。根据市场需求，充分发挥计划资源的配置作用，主动调减非适宜区或次适宜烟区、市场需求低、产业优势不明显的地区烟叶种植面积，逐步向适宜区、优质烟区、优势地区转移，适度加大特色优质新烟区开发力度，稳步增加主料烟区、优质烟区的产出量，从根源上解决优质高档原料供给不足问题。

（二）靠谁种烟——可持续发展的关键

随着农村经济快速发展和现代烟草农业持续推进，烟农的结构已经发生了很大变化，传统的单家独户、分散种植的烟叶生产已经开始向现代大生产方式加快转变。因此，烟叶生产的组织形式必须适应新的形势变化，在“种植大户（家庭农场）+合作社”发展模式下，如何解决好种烟“人”的问题，形成种植在户、服务在社、专业合作的烟叶社会化大生产体系，是烟叶生产可持续发展的关键。

1. 大力培育烟叶经营主体。即烟叶生产的经营者——职业烟农（种烟大户、家庭农场）。随着现代烟草农业发展，烟叶经营者分化为两类，一类是传统种烟户，以自有土地为主，种烟规模在10亩左右，家庭经济收入主要依靠烟叶，维持正常生产生活；另一类是种烟大户、家庭农场，以承租土地为主，发展适度规模种植，以种烟为产业，获得规模效益。稳住烟农队伍，必须要让烟农走向职业化的道路，发展种烟大户、家庭农场也是未来农业发展的必然趋势。烟农形成一定规模以后，只需要负责烟叶生产的组织管理与经营，复杂的技术环节和繁琐的生产作业交由合作社来承担。把握住用工、控制好成本，规模效益就能体现出来，对家庭农场而言，200亩左右是一个比较好的规模，完全可以经营管理得很好，按照目前的价格水平，亩收益可以实现1000元以上，单季收益20万元左右，在当地是一个很高的水平，农场主就会把种烟当作一种职业来做。在指导传统种烟户采用先进科技和生产手段提高生产力水平的同时，要采取适当政策措施，重点扶持种烟大户、家庭农场，力争到2015年培养30万户种植规模20亩以上的现代职业烟农队伍，种植面积达到1000万亩，产能150万吨（3000万担）。在坚持统分结合、双层经营的前提下，通过政策引导和减工降本增效措施的综合运用，既要使土地拥有者愿意出租或入股土地，成为土地的经营者，也要让烟叶经营者获得略高于一般大农业的比较收益，愿意承租更多的土地，发展多种形式的规模经营。

2. 加快发展烟叶服务主体。即烟叶生产的服务者——综合服务型烟农专业合作社。通过合作社把整个基地单元的物资、技术、信息、劳动力甚至土地等资源要素有效整合起来，实现育苗、机耕、植保、烘烤、分级等五个重点环节的专业化服务全覆盖，拓展集中移栽、烟叶运输、物资统购、信息服务等内容，制定完善作业制度，把对烟叶经营者的服务做到全地块、全过程、全方位，不但能够轻轻松松种烟、简简单单种烟，而且实现减工降本增效。建立健全定价和分配机制，在服务价格上给予社员、社外烟农不同程度的优惠，保证烟农共享行业补贴和合作社发展的成果。合作社自身也要通过拓展服务内容、开展多元化经营增加收入，增强经营活力。要通过有效措施解决合作社经理人问题。

3. 积极培养生产作业主体。即烟叶的生产者——农业产业工人。农民将土地承包给烟叶经营者，受雇于烟叶经营者或合作社，成为具体从事烟叶生产操作的农业产业工人。要把提高生产者的技能水平，作为今后培训工作的重点，通过提高生产者的操作水平、作业质量、劳动效率来保障生产者的合理劳动收入。根据年龄结构、文化程度、技能水平等情况，制定详细的技术技能培训计划，既要培训一批操作熟练的各环节操作工，还要培养一支一专多能的技术能手，结合技能鉴定、等级评定建立专业技能人员库，为烟叶经营者或合作社提供一支适应现代化大生产的农业产业工人。

4. 加强烟技员队伍建设。即烟叶生产的组织者和服务者——工商两支队伍。烟草公司需要面对烟农、工业企业和地方政府，既要起到组织、协调、沟通的作用，还要负责烟叶生产的经营、管理、服务和指导，要按照不同的角色定位和岗位设置，进行人才梯队结构长远布局，建立完善引进、培养与激励机制，稳定队伍，提升素质。工业企业更要认识到原料队伍的重要性，卷烟品牌已经发展到了追求品质、彰显风格、体现文化的新阶段，原料的支撑作用越发凸显，配方师、调香师、工艺师只有真正了解烟叶，才能做出好的卷烟。工业企业要站在大局观和长远布局之上，为今后几年甚至十几年的格局，打好人才基础。先从驻点员抓起，全程参与烟叶生产、加工、使用的各个环节，不断提高技术水平和业务水平，配方人员要多深入烟区，了解烟叶规律、掌握烟叶品质。

（三）怎么种烟——可持续发展的途径

近年来，现代烟草农业得到快速发展。怎么种烟，就是要紧紧围绕“减工降本增效”的中心课题，找准烟叶生产可持续发展的途径。

1. 以现代烟草农业建设为统领，实现现代化大生产。农业生产的根本出路在于农业现代化，随着现代烟草农业的深入推进，烟叶生产必须克服小生产的传统思维和行为方式，全面树立起大生产的观念，用大生产的方式来种烟。扩大种植规模减少用工，规模化是现代化的前提，要积极引导土地向种烟大户集中、向规模连片集中，适度发展家庭农场。集约化是现代化的本质，要按照“统分结合、双层经营”，提高“两场”运作水平，完善分级场地与设施，稳步推进专业化分级散叶收购。提高机械化水平减少用工，机械化是现代化的标志，加快通用机械与适用成熟机型推广步伐，努力实现平原、坝区基地单元的全面全程机械化，加大山区、半山区“小型、适用、轻便”农业机械的研发与配置力度，积极推进烟夹烘烤、散叶烤烘方式改造。坚持市场化的取向种烟，根据卷烟品牌需求，优化种烟区域布局、特色优质烟开发布局以及品种布局等，同时根据市场需求开展优化结构、散叶收购和订单生产。融入社会化体系种烟，要有大农业的视野，把烟叶生产和当地农业生产发展结合起来，充分运用大农业政策环境和社会化服务体系为烟叶生产服务。

2. 以合作社为主要生产组织方式，推行流程化、标准化、工场化和专业化。合作社是带动农户进入市场的基本主体，是发展农村集体经济的新型实体，是创新农村社会管理的有效载体。从长远来看，依靠合作社为种烟主体服务，必将成为烟叶生产主要的组织方式。要充分发挥行业优势，加大力度、加快步伐发展烟农专业合作社，以基地单元为载体，坚持种植在户、服务在社的发展方向，实现服务专业化、运行市场化，不断提高烟叶生产的组织化、社会化程度。按照"两头工场化、田间机械化、全程专业化"的要求，完善"种烟大户（家庭农场）+合作社"发展模式，实现重点环节业务流程化、操作工序化、技术标准化，提高专业化服务水平和服务能力。进一步理顺站社、社队等各种关系，健全组织机构和运作机制，切实加强内部管理，提高服务效率，降低服务成本，推动合作社健康发展。到2015年建设完成600～800个高水平合作社，其中行业示范社150个左右，推动管理减工、设施减工、服务减工、技术减工，基地单元亩均用工达到15个，再向更高的水平提升。

3. 积极探索、实施精益生产作业方式，大力推进烟叶生产的转型升级。烟叶生产要成为农业领域的先行者、探路者、示范者。精益生产是集技术、经营、管理等全要素、全流程、全过程的一个完善体系，是解决烟叶生产由粗放管理向集约经营转变，推动烟叶生产转型升级的重大举措。这些年通过现代烟草农业建设，烟叶生产初步具备了精益生产的特征。尤其山东诸城现场两个单元，连片规模达到3.6万亩，围绕大田生长期，在苗、土、肥、水、药以及后期采烤、分级环节，按照精益生产的要求，科学设计，精心规划，精准作业，亩均用工降到了12个左右，施氮量减少30%左右，化学农药使用量减少45%以上，田间烟叶营养均衡、群体一致、发育充分，体现出了较高的精益化水平。2013年这两个单元共收购烟叶0.61万吨（12.25万担），其中上等烟比例63.23%、桔黄烟比例85.93%、中部烟比例72.27%，分别比全市平均水平提高了5.1个、6.26个、7.82个百分点，烟叶质量与香气提升明显。各地要认真借鉴山东经验，以全面推行GAP为抓手，找准切入点，工商协同，按照工业化的思路和方法抓烟叶生产、抓单元建设，抓特色开发，逐步把精益生产的理念、方式方法引入烟叶生产，达到技术精良化、作业精准化、管理精细化。

4. 始终坚持创新发展，不断提升烟叶科技水平和管理水平。烟叶生产进步取决于背后的驱动因素，探索、实践、创新始终是烟叶工作的主旋律，贯穿于现代烟草农业建设全过程，成为烟叶可持续发展的基本经验。这些年，我们在创新发展方面取得突出成效，构建了"品种多样，品质独特"的烟草品种新格局，漂浮育苗、密集烘烤、小苗移栽三大革新技术全面推广，"一生管理""生长期理论""优质、特色、生态、安全"等先进理念深入实践，基地单元、三化融合、工场化管理、合作化组织、烤分收一体化等先进管理模式普遍应用，促进了烟叶整体工作水平较大提升。但现代烟草农业建设任重而道远，技术创新永无止境，要重点围绕提升品质，以小苗膜下移栽为技术关键，集成科学延长生长期的技术支撑体系，解决提高烟叶成熟度、上部烟叶可用性的问题；以合作社为依托，建立专业化的技术推广与服务体系；以基地单元为平台，构建需求导向的技术研发创新体系；坚持现代设施、精准高效、低碳循环、生态有机的农业发展方向，不断深化烟叶基础理论和关键技术研究。管理创新要着眼基层，优化流程，抓住关键节点，促进工作效率和水平持续提升。

5. 建立健全现代烟叶生产的保障机制。种烟投入多、风险高，不管谁来种烟，必要的扶持和保护至关重要。要持续开展烟田基础设施建设，不断提高烟区综合生产能力和抵御自然灾害的能力；要稳定生产投入补贴政策，引领和促进先进适用技术推广落实；要研究建立烟叶价格连动与优质优价机制，降低市场竞争风险，保证烟农合理收益和长远利益；要以省级公司为单位，完善烟叶灾害保险救助与风险保障机制，减少烟农灾害损失，解决烟农后顾之忧；使烟农真正做到自觉自愿种烟、平平安安种烟。

（四）为何种烟——可持续发展的前提

我国70%的烟叶分布于老少边穷地区，种烟是当地一项重要的农业支柱产业，在某种程度上承载着农民增收、地方发展、政府增税的希望。长期以来，在烟叶发展过程中，我们紧紧依靠地方政府领导，不断加大烟田基础设施投入，全面推进现代烟草农业建设，大力支持社会主义新农村建设，促进了烟农增收、地方发展、政府增税，成为小康社会建设的亮点，赢得了广大烟农、地方党政和社会各界的高度关注与充分肯定，树立了良好行业形象；突出烟农在烟叶生产中的主体地位，始终把烟农利益放在心上，落实普惠共享，着力减工降本，完善保障机制，使广大烟农得到了实实在在的利益，充分调动了烟农主动性与积极性。实现烟叶生产可持续发展，政府领导是保障，烟农利益是基础，所以依靠政府种烟、依靠烟农种烟是烟叶生产可持续发展的根本性条件，但就最终目的而言，为卷烟品牌发展才是种烟的最终目的，是题中应有之意。这是我们不能回避的问题，不是为种烟而种烟，也不是简单地为发展地方经济种烟，更不是为产区公司税利增长而种烟，必须站在行业全局的高度，明确提出为卷烟品牌发展而种烟。不以卷烟品牌发展需求为目标、为前提，烟叶产非所需、购非所用，可持续就是一句空话。种多少烟、种什么样的烟都要围绕卷烟品牌发展的需要而定。而且，为卷烟品牌发展而种烟，与支持地方发展和烟农富裕并不冲突、也不矛盾。正确处理与烟农、地方政府关系，保障既得利益和长远利益，促进地方社会经济快速发展，是实现烟叶生产可持续发展的重要基础，也是我们推进现代烟草农业各项工作的出发点。不断加大烟叶基础设施投入力度，不断理顺烟叶价格市场机制，不断增加烟叶生产扶持补贴，用高投入、高价格、高补贴等政策工具，努力保持烟叶生产可持续发展，既是为了提高原料保障能力，满足卷烟品牌发展的原料需求，促进卷烟上水平的基本方针和战略任务，也是对烟农、地方利益的最大维护。现在有的单位为了指标增长而增加生产规模的热情很高，而不顾总量很大的压力，这是难以为继的，不是科学发展的态度。

为卷烟品牌发展而种烟，就要充分发挥工业主导作用，按品牌需求来种烟，基地建设是抓手，订单生产是方向。一是基地建设。基地既能解决工商之间计划与市场、需求与供给的关系，又能很好解决烟农、地方政府与烟草的关系。坚持以工业为主导，把品牌导向型基地建设作为各方互动的支点，优化整合各种资源要素，充分利用各方优势，才能做到可持续。二是订单生产。订单农业是烟叶基地化的更高模式、全新模式，是烟叶发展的必然方向，也是可持续发展的根本途径。目前，国内烟叶价格已经没有比较优势，随着劳动力价格和土地租金继续上涨，优势可能转化为劣势。同时，烟叶价格高位运行，提价空间进一步缩小，而种烟成本上升、土地减少、烟农积极性降低成为趋势，种烟比较效益将越来越不明显，今后靠谁种烟、在哪种烟、怎么种烟，需要认真思考，未雨绸缪。坚持以需求为导向，坚定订单农业发展方向，烟叶才能可持续，需求才能有效满足，烟农利益才能从根本上得到维护和保证。

三、2014 年工作任务

2014 年烟叶工作的总体要求是：深入贯彻落实“坚守一条红线，提高三个水平，夯实两个基础”的指导思想，控制总量、稳定政策、调整结构、严格考核，不断提高发展现代烟草农业水平、烟叶基地基础设施建设水平和烟叶质量技术水平，努力夯实卷烟工业“第一车间”的建设基础，努力夯实广大烟农增收致富、烟区经济社会的发展基础，促进原料保障上水平。

（一）守住一条红线，保持烟叶生产可持续发展

截至 2013 年 6 月底，全国烟叶库存总量 487.5 万吨（9750 万担，把、片混算），同比增加 42.3 万吨（846 万担），库存水平 34.5 个月，预计到 2014 年 6 月底库存水平将达到 35.7 个月。烟叶库存面临巨大压力，国家局党组提出要用 3 年左右时间，将工业库存调整至合理水平，初步安排烟叶收购计划 2014 年为 235 万吨（4700 万担）、2015 年 225 万吨（4500 万担）、2016 年 215 万吨（4300 万担），力争通过 3 年的渐进式调整，使全国烟叶库存总水平控制在 36 个月以内。各单位一定要正确认识形势，把思想统一到理性发展、稳定发展上来，统一到国家局决策部署上来，把控制规模作为今后 3 年烟叶工作的首要任务。2014 年以 235 万吨（4700 万担）收购计划为红线，按照全国普减、市场导向、分类指导的原则调整各产区收购计划，全国种烟总面积要严格控制在 1880 万亩以下，严禁层层加码，扩大种植面积。2013 年超产的烟叶继续执行抵扣政策，抵扣年限最多不超过 3 年。2014 年将通过适度减少进口、增加出口或库存转出口来消化库存 5 万吨（100 万担）左右。按照“五个坚持”的工作要求，继续开展烟叶优化结构工作，下部两片烟叶在田间清除，上部两片烟叶就地称重销毁，订单生产试点适当扩大范围。坚决杜绝把优化结构作为增加种植面积的借口、调节收购量的“蓄水池”以及为烟农增收的途径。国家局党组对 3 年压库的决心很大，态度坚决，235 万吨（4700 万担）收购红线任何产区、任何单位不得突破，不得抱有任何的侥幸心理，各单位一定要站在可持续发展的高度对待红线问题。

（二）打造基地单元升级版，提升发展现代烟草农业的水平，把工业生产“第一车间”基础打牢

现代烟草农业经过 6 年的建设，基地单元数量达到 461 个，其中特色优质烟叶开发单元 146 个，各项工作取得了长足进步。现代烟草农业建设已进入新的发展阶段，新建单元面临新的探索、实践与创新，已建单元需要不断完善和持续提升。

2014 年的现代烟草农业建设，一要继续推进新建基地单元建设，初步按 120 个左右安排，累计单元数量接近 600 个，收购量 150 万吨（3000 万担），占计划总量 64%左右，其中特色烟单元新增 15 个左右，达到 160 个，产能 40 万吨（800 万担）。要按照“一基四化”的总要求，高标准、严要求，提高建设质量，提升运行水平，增加单元普及面。同时，以基地单元为实施单位，继续开展专业化分级散叶收购和行业示范合作社创建工作。专业化分级散叶收购安排 175 万吨（3500 万担）左右，严格实行“五个不列入”“三个不变”的工作要求，确保实施效果，防止一哄而起。行业示范合作社创建再安排 60 个左右，以示范社创建推动合作社建设上水平，评定合格仍由国家局给予 10 万元发展扶持资金。近期，国家局印发了《烟农专业合作社行业示范社评定办法》，各地要认真做好 2013 年 91 个创建行业示范社的评定工作。

二要着力开展“升级版”现代烟草农业基地单元建设。在已建单元中安排九省 11 个单元，以诸城现场会两个单元为样板，以全面提升建设水平为主线，以推进精益生产为重点，促进基地单元转型升级。在探索精益生产方式上，要做到“三个结合”：一是与标准化生产和 GAP 规范结合起来，重点在技术、标准、流程等方面融入，结合到位；二是与基地单元、特色烟开发和基层站创新结合起来，借鉴工业流水线作业思路，搞好精益生产的规划设计、运行和验收，统筹考虑，重抓落实；三是与科研单位、工业使用结合起来，在推进精益生产过程中，充分发挥工业企业和科研单位的作用，把各方面的专家请进来，发挥集成优势，既要保证深度还要保证广度。在常规建设指标上，要认真开展“回头看”和“再完善”工作，100%完成各项指标，为精益生产方式推广应用打牢实施基础。

（三）继续高标准推进烟田基础设施建设，提升烟叶基地基础设施建设水平

常规项目建设已进入“完善、提升”阶段，重点开展水源工程、土地整理和机械化工作。水源工程在 2014 年继续安排补贴资金 50 亿元左右，坚持“四条原则”，严格规划、设计、评审与审批制度，着重做好开工项目的监督、检查与指导工作。继续安排 100 亿元左右的常规项目建设，其中土地整理 66 万亩，田间机械化 204 个单元，装烟方式改造 5 万座。严格控制新建密集烤房数量，对确实需要超计划建设的烤房，一律由各省自行补贴；老旧烤房改造要稳步实施，制定科学的改造计划，严格审批。农业机械化工作要深入推进，成熟机型要加快推广，加大移栽机械研发力度，起垄、施肥、覆膜等机械要进一步深化研究，特别是探索解决小苗移栽等烟叶生产关键环节的机械化作业问题。田间机械化工作单元要严格控制配置投入标准，在科学调度、运行机制、延长有效作业时间、提高作业面积、提升作业效率、健全服务体系上下功夫，坚持高标准、高起点与因地制宜相结合，在机型选择上，坚持先进、实用、经济、安全的统一，吸取烤房建设的经验教

训，重点把握好性价比，使机械化能够扎实有效推进。

（四）以精益生产为指导，提升烟叶质量技术水平

烟叶生产要全面树立精益生产的理念，以精益生产为指导，全面统筹各种生产要素，把质量、环保、节约、效率等要求贯穿于烟叶生产全过程。实现烟叶生产的全面、全程精益化，不能一蹴而就，需要一个相当长的过程，当前要重点抓好两个层面的精益生产，分环节、分阶段实施。一是精良技术与精准作业的结合，按照技术的精益化、集成化、体系化要求，围绕提升品质，从技术细节入手，重点突破土、水、肥、药的技术精益化。土就是要做到深耕深翻，落实白云石粉施用、稻草还田、种植绿肥等措施改良土壤；水就是要根据烟叶生长期需水规律，解决精准灌溉或及时排水的问题；肥就是要坚持科学测土，加大有机肥利用，实施配方施肥、减量施肥、精准施肥，提高肥料利用率，解决大肥、大水问题；药就是要充分发挥预测预报网络作用，开展专业化植保，推广应用先进成熟的生物物理防治技术，推行精准施药方式。同时，要促进育苗与移栽、烘烤与分级“两端”技术的进一步精益化，小苗移栽技术要加大推广应用力度，力争达到1000万亩以上；重点示范推广散叶烘烤方式，推行鲜烟分类；专业化分级要突出工场化分级，流水线作业，与烤和收结合起来，优化流程，简化工序，提高效率，提升水平。二是精细管理与精确信息的结合，按照流程化、制度化、精细化要求，围绕减工降本，以合作社为抓手，重点解决育苗工场、烘烤工场、分级工场和机械作业的管理精益化。要把操作规范制定好、作业流程设计好、实施工作组织好，强化工商协同，深化工作内容，不断提升工商合作水平。

（五）切实落实各项烟叶政策，确保烟叶生产稳定发展

近年来，通过调整价格和全面开展优化结构工作，烟农种烟效益与粮烟比价处于相对合理水平，烟农积极性保持良好。从当前形势分析，2014年主要烟用物资价格与2013年基本持平或略有下降，人工和土地成本会略有上涨。考虑到2014年烟叶重点是控的压力，以及国家对粮食收购价格上调的实际，为了更好地控制规模，兼顾烟农利益，国家局决定将2014年中上等烟叶价格提高5%，适度调整等级价格，调高工业需求量大的烟叶等级。烟叶生产投入、专业化分级散叶收购、订单生产和烘烤方式改造仍按2013年补贴标准执行。优化结构下部两片烟叶按每亩50元进行补贴，上部两片烟叶（不含病残叶和长度小于40厘米的叶片）按鲜烟叶重量每斤补贴0.45元。特色优质烟叶开发继续执行调拨价格上浮政策，上浮比例不超过30%；“红花大金元”和“翠碧一号”两个特色品种烟叶收购价格继续上浮20%。“K326”相对于“云烟87”等品种产量稍低、抗性稍差，近两年种植面积呈现下滑趋势，每年减少的面积在50万亩以上，为引导烟农种植，国家局决定2014年对“K326”品种烟叶收购价格上浮10%。对于因重大自然灾害造成的烟农损失，国家局正在调研制定相关补助办法，将进一步明确补助标准和补助方式，以切实维护烟农利益。同时，各产区要积极研究区域内烟叶生产保险和灾害补给机制的建立，从制度上解决烟农灾害利益保障问题。

（据《国烟办通报》2013年第36期摘编）

全面推进现代卷烟零售终端建设
加快建设国际一流现代卷烟营销网络（节选）

——在2013年全国卷烟营销网络建设现场会上的讲话

何泽华

（2013年9月23日）

这次会议是在全行业认真思考、谋划、实践“改革的红利、发展的潜力、追赶的目标”三大课题的新形势下，在以现代终端建设为重点，全面建设国际一流现代卷烟营销网络的关键阶段召开的。会议的主要任务是，总结近年来现代终端建设情况，学习观摩陕西省局（公司）和西安市局（公司）现代终端建设经验，安排部署下一阶段网建工作任务。下面，讲三个问题。

一、近年来现代终端建设工作回顾

卷烟营销网络建设是中国烟草营销战略的集中体现。行业十多年网建历经了从整体推进、全面提升到创新发展的不同阶段，网建工作逐步由商业建网用网、工商协同用网发展到工商零共同面向消费者营销，工作重心也随之逐步由行业内延伸到行业外，聚焦到零售终端。

（一）现代终端建设由认识到实践

2005年我们开始关注业态发展问题，当年在上海召开的“新型零售业态对卷烟销售的影响”座谈会，为行业制定终端政策提供了重要参考。2009年着手研究终端建设，徐州网建会提出要从整体上将零售终端纳入网络建设的范围。2010年开始启动终端建设，兰州网建会提出要充分发挥零售终端在品牌培育方面的作用。2011年5月在武夷山召开终端建设研讨会，明确了终端建设的方向，10月柳州网建会在全行业正式部署现代终端建设工作。2012年8月国家局下发《关于全面加强现代卷烟零售终端建设的通知》，这是国家局党组结合零售终端发展趋势、规律和行业终端发展状况作出的战略性决策；9月上海网建会提出了以现代终端建设为重点，全面建设国际一流卷烟营销网络的网建工作目标。今年6月在上海举办了地市级公司主要负责人现代终端建设专题培训班，进一步统一思想、深化认识。近期又印发了《现代卷烟零售终端建设指引》和《现代卷烟零售终端运行管理规范》，指导现代终端的建设及运行。总的来看，行业现代终端建设经历了从着手研究、开始启动、正式部署、试点推广到重大突破这样一个循序渐进、逐步深入的实践过程，形成了有典型、有文件、有标准、有规范的良好格局。

（二）现代终端建设由试点到推广

自行业启动现代终端建设特别是上海网建会以来，各单位紧紧围绕“四个一流”的网建发展目标和“四同”的终端建设总体要求，结合本地实际，从不同层面、不同角度积极探索、扎实推进。截至目前，全行业共建成现代终端18.1万户，占零售客户总数的3.7%，其中江苏、上海、新疆现代终端占比超过10%，陕西、宁夏、河北、山东现代终端占比超过5%，可以说现代终端的理念已从东到西、由南到北、从城市到农村得到普及，现代终端的示范效应已呈“星星之火，可以燎原”的扩张之势。在终端建设过程中，各单位发扬锐意进取、勇于创新的精神，创造了很多鲜活的经验，涌现出一批先进典型。湖南省局（公司）着力构建终端“金字塔”体系，做精塔尖直营终端，做强塔身现代终端，做稳塔基普通终端。北京市局（公司）积极推进市场化取向的营销方式创新，调整优化营销流程，更快更好地响应零售客户订单需求。四川省局（公司）不断提升现代终端服务水平，将移动互联网、银联支付与卷烟营销系统紧密结合，大力推进“烟草信使”“烟草易付”平台的应用，实现了客我互动的自动化、个性化和网上支付的标准化。宁夏区局（公司）引导现代终端对固定消费者开展营销活动，较好发挥了消费跟踪、品牌培育等功能。广西区局（公司）持续推进终端亮化工程，着力开发终端资源，在终端累计投放广告面积达4.6万平方米，终端形象展示、宣传促销功能不断拓展。各工业企业紧密协同商业企业，积极利用终端资源开展品牌营销，在树立形象、打通渠道、服务消费等方面进行了有益探索。陕西中烟依托现代终端，突出“好猫（天赋）”高端引领，积极运用网络营销、体验营销、口碑营销等手段，增强了品牌与消费者的互动沟通。湖北中烟协同商业企业发挥现代终端的消费跟踪功能，建立“黄鹤楼”品牌的消费跟踪档案，对意见领袖开展个性化沟通活动，体现了精准营销向消费者的延伸。安徽中烟开展“鲜活的黄山”文化万里行活动，走近零售客户和消费者，把文化营销辐射到零售终端。总之，工商企业发挥各自优势，深入探索终端建设与工商协同、品牌营销的结合，实现了现代终端建设由点到面、由少到多、由分散到统一的全面推广。

（三）现代终端建设由破题到解题

通过这几年的实践，行业营销战线对终端重要性的认识逐步深化，在现代终端建设上达成了方向共识和目标共识。共识产生共鸣，零售终端在卷烟营销体系中的作用进一步凸显，工商零平等合作的主体地位得以确立。

第一，基本确立了现代终端经营模式。以网上订货、网上配货、网上结算、网上营销为主要内容的现代终端经营模式得到进一步推广，电脑、手机、电视等多种订货终端不但顺应了多屏时代和移动互联发展趋势，也进一步方便了零售客户。目前，全国网上订货率达到86.7%，批零网上配货达到3.6万户，网上结算达到12.9万户。“四网合一”的现代终端经营模式，一方面促使零售终端从传统销售转变为现代经营，催生了现代经营意识，提升了经营能力，较好实现了简单卖烟、明白算账、轻松挣钱；另一方面，为再造客我之间的商流、物流、资金流、信息流，实现基于大数据的“四流汇通”提供了创新升级的空间。

第二，有效探索了终端资源开发利用。行业各单位深入分析区域市场特点、终端生态环境及发展趋势，普遍开展了终端资源调查与评价，采用多种方法积极拓展终端陈列和广告资源，优化整合终端信息和体验资源，有效激发终端人力资源，探索出“一店一品”“一店两品”等行之有效的终端资源配置方式，优质终端资源的管理与维护得到加强，工商企业面向消费者开展终端品牌营销的水平逐步提高。

第三，创新拓展了现代终端营销功能。商业企业通过引导和帮助零售客户开展现代终端建设工作，拓展形象展示功能，营造了整洁有序的终端环境，改善了消费者的购物体验；拓展品牌培育功能，增进了零售客户对重点品牌的了解，提高了零售客户推介品牌的能力和动力；拓展宣传促销功能，打造了传播品牌文化、传递品牌价值的前沿阵地；拓展信息采集功能，建立了更加灵敏的市场“雷达”，增强了工商企业的市场把握能力；拓展消费跟踪功能，建立了延伸到消费者的“触角”，增强了工商企业的消费引导能力。通过现代终端建设，行业进一步增强了卷烟营销网络的整体功能，夯实了品牌发展的市场基础。

第四，进一步锤炼了行业一线营销队伍。现代终端建设的过程，是行业一线营销队伍提升市场营销、品牌营销、服务营销能力的过程，也是建设一支更具职业化、专业化、技能化营销团队的过程。随着现代终端建设、推广“四项服务”、推进“四网合一”等工作的深入，客户经理队伍既为终端服务，也向终端取经，客户服务水平、品牌营销技能、信息技术应用能力不断提高。零售终端已经成为客户经理增长技能的生动课堂和施展才华的重要舞台，现代终端建设为行业培养锻炼了一批终端营销的专业人才。

实践充分证明，现代终端建设既是卷烟营销网络的功能延伸，又是全面建设国际一流营销网络的有效载体，对于提升卷烟营销网络的生命力、创造力、竞争力有着重大意义。

在肯定终端建设取得明显成效的同时，我们也要清醒认识到，现代终端建设还有很多课题有待攻克，还有一些倾向性问题有待解决。一是存在认识不到位的现象。有的单位没有站在行业发展全局、战略、长远的高度抓终端建设，被动应付，简单落实，就终端抓终端，只图数量不求质量，形似而神不似，现代终端的硬件搞上去了，但软件还停留在原来的水平上；有的单位热情很高，但急功近利，缺乏长远规划，简单追求指标效应，想用两三年就完成终端建设。二是存在执行偏差的现象。有的单位只注重抓城市、大户和直营店建设，忽视终端建设的全面性；有的单位认为不花大钱就搞不了终端建设，工作重点没有放在发动客户、提升客户方面，而是放在装门面、送柜台、秀形象这些表面文章上，没有从本质上准确把握如何建设现代终端。三是存在建设水平偏低的现象。有的单位终端功能扩展还不完整，开发利用终端资源的水平还不高，对如何利用终端更好地培育品牌、如何在法律法规允许范围内增加与目标消费者的接触等问题，研究还不够深入。这些都反映出运用现代营销理念和现代技术手段的能力还亟待提高。各单位要高度重视这些问题，结合自身实际，认真加以解决。

二、积极学习借鉴陕西和西安现代终端建设的经验

近年来，陕西省局（公司）、西安市局（公司）按照国家局部署，扎实推进各项工作，营销工作基础进一步增强。客观地看，陕西经济社会发展的现代化水平还在提高过程中，在这块底蕴深厚的土地上，全面建设具有国际一流水平的现代卷烟营销网络，是一个很大的挑战。但是陕西省局（公司）、西安市局（公司）通过有力的组织、积极的实践、辛勤的工作，为我们呈现了一幅形象现代、特色鲜明的现代终端建设画卷。

（一）学习陕西、西安推进现代终端建设的做法

陕西省局（公司）领导高度重视现代终端建设，主要领导亲自谋划，班子成员集体参与，分管领导具体负责，形成了全省联动、西安先行、相互学习、各取所长的工作格局，在短时间内实现了现代终端建设的重大突破，带动了全省营销网建水平的全面提升。同时，陕西中烟积极参与，深度协同，抓住机遇发展品牌，“好猫”的终端营销水平和品牌影响力明显提高。我认为，陕西和西安的做法概括起来就是：决心大、干劲足，虚心学习、勇于实践，体现出了时间短、规模大、效果好的特点。

一是实现了现代终端建设的重大突破。如果说柳州网建会是现代终端建设的起步阶段，上海网建会是推进阶段，那么西安网建会就是突破阶段。首先，是量的突破。短短的一年时间，陕西全省建成了 1.2 万户现代终端，其中西安 5700 多户，咸阳 800 多户，渭南 700 多户，可以说陕西做到了现代终端的大面积、大规模、成气势。其次，是质的突破。主要体现在两个方面：一是终端建设体现了高质量、高水平。无论是推进“四网合一”还是提升终端功能，西安市局（公司）都做到了高起点定位、高质量推进，扣住了终端建设的主题，把准了终端建设的核心。二是量变带来质变。西安市局（公司）现代终端建设的规模效应产生了平台效应，分散的、单体的终端逐步聚合为一个营销大平台，卷烟营销网络的功能得到增强，在品牌培育、状态调控、引导消费等方面取得较好的效果。量的突破，反映出他们决心大、干劲足，花了大力气；质的突破，反映出他们高标准、严要求，下了真功夫。

二是奠定了面向消费者的现代卷烟营销体系的基础。这是现代终端建设取得重大突破的意义所在。行业自 2007 年提出建立工商零一体面向消费者的卷烟营销体系，但是由于零售终端环节相对薄弱，这个体系至今尚未完整建立起来。我认为，本次会议陕西和西安的现代终端建设初步体现了面向消费者的营销。西安的零售终端营销管理系统具备了“微商圈”功能，支持零售客户面向社区微商圈开展消费者服务，很多零售客户已经学会应用多种手段吸引并锁定消费者，建立消费者档案，分析消费者偏好，主动推介品牌，有些还开通微博、微信与消费者互动，利用二维码进行店面营销和个性化推送服务。有了这样的现代终端，我们行业的卷烟营销网络将会有效延伸到消费者，零售终端将会真正成为营销网络的重要组成部分。另外，西安零售终端“四网合一”的大规模应用，为工、商、零、消深度互动提供了畅通的营销平台。在面向消费者的营销体系中，零售终端是前台，商业是中台，工业是后台，共同构成完整的运行体系。可以说，陕西和西安的做法较好地体现了前、中、后台一体化运作，为全面建设面向消费者的、工商零一体的现代卷烟营销体系打下了良好基础。

三是体现了很强的执行能力、学习能力和创新能力。陕西、西安能够在较短的时间内实现现代终端建设的重大突破，靠的是什么？我认为，靠的是虚心学习、勇于实践、善于创新，是学习能力强、执行能力强、创新能力强的体现。西安现代终端建设的做法，粗看没有新东西，细看却是店店有特色、处处有新意。可以说，这次网建会充分体现了对徐州、兰州、柳州、上海等网建会成果的集成和提升。“四网合一”是对徐州、柳州会的延伸与完善，而且在网上配货、数据应用等方面实现了进一步创新；“乐访”系统实现了“135”工作法与手机移动商务平台的融合，应用了新型互动技术，服务的感知性、交互性更强；“一店一特色、一品一方法”学习借鉴了新疆的“一店一品”，合理配置终端资源，有效实现了品牌与终端的对接；市场调控既借鉴了上海烟草的市场状态评价经验，又运用了网上配货的实时数据，形成了基于大数据营销的市场调控策略。我们学习陕西和西安的做法，就是要学习他们的执行能力、学习能力和创新能力。他们在执行中虚心学习，广泛吸收行业优秀网建成果；在学习中积极探索，结合实际进行集成创新。他们不摆花架子，不为创新而创新，各项工作做的细致、深入、扎实、到位。陕西和西安的做法充分说明，只要真抓实干、勇于实践，现代终端建设完全可以搞好，在一个省的整体推进完全可以高水平实现。我相信，陕西和西安能做到的，全国其他省市也一定能够做到。

四是践行了党的群众路线教育实践活动要求。把党的群众路线教育实践活动落实在行业，就是要以良好的作风，为零售客户和烟农提供优质服务，这是行业工作的努力方向。西安市局在推进现代终端建设、实施亲情式服务过程中，对困难零售客户进行济困帮扶，对大学生进行创业帮扶，从公司领导班子成员到一线主要岗位，都开展了结对帮扶，深入基层、深入市场、深入客户，切实帮助客户解决实际问题，这是为国分忧、为民解难的具体体现，很好地践行了党的群众路线。陕西烟草的同志们勤奋工作，真正把心思用在干事业上，体现了扎实的工作作风和良好的精神状态。

（二）把握陕西、西安现代终端建设经验的内涵

陕西和西安的经验，就是如何在一个省、一个市大面积、高水平推进现代终端建设的经验，就是工商零如何着力终端面向消费者营销的经验。

一是整体谋划，系统推进，点上探索与面上推广有序展开。陕西省局（公司）、西安市局（公司）在深入调研的基

础上，对终端建设进行了全面规划，较好地处理了近期建设和长期发展、重点引领和整体提升的关系，并且统筹不同区域、不同类型的终端协调发展，体现了系统性、集成性。西安市局（公司）围绕“便利性”规划终端布局，优化终端生态；围绕“体验性”丰富终端内涵，引领终端发展，体现了从消费者角度思考和谋划终端建设。同时，陕西省局（公司）把西安市局（公司）作为“点”，把其他地区作为“面”，点面结合，全省联动，大力推进，在不到一年的时间内建成了1万余户现代终端。可以说，科学规划与有效执行相结合，点上探索与面上推广相结合，是终端建设实现规模突破的一条重要经验。

二是四网合一，突破瓶颈，终端建设与营销信息化深度融合。信息化是终端现代化的基本特征，终端信息化的主要内容是“四网合一”，其最佳切入点是网上配货。网上配货可以带动网上订货、网上结算、网上营销，既可以方便零售客户，又可以提高市场预测水平，增强市场调控能力。陕西省局（公司）、西安市局（公司）通过课题攻关、试点摸索和修改完善，成功攻克了网上配货的节点，总结形成了一套推广网上配货行之有效的方法。目前批零网上配货大范围推广，陕西全省实现网上配货1万多户，其中西安5700多户，咸阳700多户，渭南600多户，做到了全业态覆盖，体现了终端建设的硬功夫。西安市局还在养成客户的扫码销售习惯上下功夫，通过“三优宣传、三层校验”等手段引导客户自觉扫码，并逐步把扫码销售拓展到其他非烟商品。他们在网配数据应用上花心思，利用网配数据进行月度需求预测，提高了短期预测的准确性，较好地实现了需求预测向零售客户的延伸。总之，推广网上配货，落实扫码销售，实现终端信息化与营销信息化的深度融合，是全面推进现代终端建设的切入点和突破口。

三是四项服务，增强感知，终端建设与提升服务相辅相成。西安市局（公司）积极落实上海网建会精神，全面推广标准化、个性化、亲情式、增值性“四项服务”，对客户服务体系进行梳理整合，建立了需求导向的服务体系，明确了服务项目的操作流程和标准。他们对所有客户实行无差别的12项标准化服务，对现代终端实行11项个性化服务，对1500多户帮扶对象实行亲情式服务，对有需求的客户提供第三方商流、银行卡等增值性服务，取得了比较明显的效果。在服务手段上，咸阳市局（公司）自主研发了“乐访”系统，经省局评估完善后在全省推广应用。“乐访”系统对“135”工作法进行了固化和优化，一方面感知客户需求变化，另一方面感知公司后台的数据分析结果和任务推送要求，为客户经理提供了更便捷的移动办公平台，把工作法揣在包里、拿在手上，提高了客户经理的服务质量和效率。陕西省局（公司）、西安市局（公司）把推进终端建设与提升整体服务水平有机结合，为我们提供了有益的借鉴。

四是创新方法，用活资源，终端建设与品牌培育有机对接。“一店一特色、一品一方法”是西安市局（公司）借鉴新疆经验，对终端品牌培育模式的创新探索。这种做法是根据终端特色选择合适的目标品牌，根据品牌特性寻找合适的培育方法，不仅解决了终端资源的有效配置问题，而且兼顾了品牌与终端的匹配性，实现了终端有限资源的充分利用。西安市局（公司）按照“机会公平、突出效率、客户自愿、保障效果”的原则，以市场份额为基本依据，把5700多户现代终端的资源全部配置给20家工业企业，最多的工业企业配置了725户，最少的工业企业也配置了57户，目前已经建成具有鲜明品牌特色的现代终端1322户。在西安市场，各家工业企业不仅有了品牌展示的窗口、宣传促销的阵地，而且建立了获取信息、引导消费的前哨。“一店一特色”调动了零售客户参与品牌培育的积极性，增进了客我互动；“一品一方法”调动了工业企业参与终端营销的积极性，深化了工商协同。两者相结合，有效体现了商业企业搭建平台的作用，体现了工商零一体化面向消费者营销的过程，这是现代终端建设的细功夫、软实力。培育品牌是终端建设的最终目的，“一店一特色、一品一方法”为工商企业高效配置终端资源、利用终端有效培育品牌找到了一个可感知、可操作的方法。

五是状态评价，科学调控，终端建设与营销管理相互促进。1—8月份，西安市场卷烟零售价格指数保持在0.99，社会存销比保持在0.3，总体实现了“稍紧平衡”，保持了良好市场状态，保障了零售客户的合理利益。这很大程度上归功于他们把终端建设与市场调控、营销管理结合起来，应用网上配货形成的大量真实市场数据，进行需求预测和市场状态评价，实现了较高水平的市场调控。西安市局（公司）以网上配货为基础，以大数据应用为手段，建立依据实时数据预测、依据预测指导采购、依据需求投放货源、依据状态调控市场的业务闭环，为我们实现终端建设与营销管理相互促进提供了很有价值的参考。

六是两支队伍，互动提升，终端建设与客户经理转型相得益彰。陕西和西安的终端建设工作能取得这样的成绩，关键在人，关键在持续提升客户经理和零售客户两支队伍的素质水平。随着现代终端建设有序推进，客户经理的工作发生了深刻变化。西安市局（公司）明确客户经理要当好“终端形象设计员、商品经营指导员、品牌推广策划员、素能提升咨询员”，较好地解答了客户经理的业务转型问题。同时，他们高度重视两支队伍的素质培养，积极开发素质测评模型与工具，两支队伍同步测评、同步培训，有效促进了素质共同提升。他们还通过客户座谈会、网上创意竞赛等多种形式，集中客户智慧，激发客户能量，让优秀的零售客户为现代终端建设出谋划策，既丰富了客我互动的新内涵，又完善了现代终端建设的方式方法，这一做法值得借鉴。

总的来说，陕西、西安经验体现了现代终端建设的内涵，体现了面向消费者营销的宗旨，具有较强的实操性，代表了行业现代终端建设的最新水平和最新成果。希望各单位认真学习借鉴，在今后的工作中创造出更多的好经验！

三、围绕建设国际一流现代卷烟营销网络目标，全面推进现代终端建设

现代终端建设是当前行业卷烟营销战线面临的一项重大战略任务。下一阶段，要以省为单位整体推进现代终端建设，加快构建工商零一体面向消费者的现代卷烟营销体系，

努力实现从传统终端向现代终端转变，为全面建设国际一流的现代卷烟营销网络注入新的力量。

（一）进一步加深对现代终端的认识

关于终端的重要性和终端建设的重大意义，前几年已经多次强调。柳州会以前，我曾提出零售终端是网络的毛细血管、末稍神经，是调节器、稳定器、蓄水池。在柳州会上，我提出要使零售终端成为卷烟营销网络的重要组成部分，将零售客户当作行业的基本力量。近两年来，我多次强调，要让零售终端真正成为卷烟营销网络的一部分，成为我们平等合作的好伙伴，成为烟草的自己人。我认为，当前重点要进一步加深对“一部分”“好伙伴”“自己人”的认识。

一要深化对“一部分”的认识。让零售终端成为卷烟营销网络的一部分，这主要是讲发挥终端在卷烟营销网络中的功能。现代终端建设要把网络功能前移到零售终端，使销售网络转变为营销网络。并不是所有终端都会自然地成为网络的一部分，只有有效发挥功能的现代终端才能真正成为网络的核心组成部分。起步阶段，可能只有少部分终端能够纳入进来。随着时代发展和现代终端建设的深入，如果能够把大部分终端真正纳入营销网络，那么网络功能将大大增强，中国烟草将前进一大步。前不久我到欧洲考察市场，对当地卷烟市场激烈的国际竞争感触很深。在罗马尼亚，日烟、英美烟草、菲莫三大跨国烟草公司已经占据了99%的卷烟市场份额。但是，在克罗地亚，克罗地亚烟草公司占据了68%的国内市场份额。同时，该公司还占据了前南斯拉夫30%～40%的市场份额，是前南斯拉夫的第一大烟草公司。为什么克罗地亚烟草公司能在激烈的市场竞争中立于不败之地？其中一条重要经验就是他们掌控了一部分终端。克罗地亚全国有大约3000户零售终端，其中12%是克罗地亚烟草公司的直营店，40%由它参股，所以它牢牢掌握了当地市场的话语权和主动权。我讲这个案例，并不是要求大家像克罗地亚烟草公司那样大量投资建设零售店，而是强调未来竞争中谁抓住了终端，谁就占据了主动。

二要深化对“好伙伴”的认识。这主要是讲客我关系。我认为，客我关系分为三个层次：第一层次是交易关系；第二层次是伙伴关系；第三层次是同盟关系，可以理解为家人关系。这些年零售客户和我们的关系发生了深刻变化，以前是交易关系，现在有的成了伙伴关系。什么是伙伴关系？就是长期合作、互利共赢、共荣共损的关系，集中体现在利益上。成为好伙伴，前提是平等，关键是互利。只有卷烟经营在其销售收入中占据足够份量的零售客户，才更容易成为我们的好伙伴。当前，我们要研究如何让更多的零售客户成为烟草的好伙伴，这对行业网络建设价值重大。

三要深化对“自己人”的认识。客我关系的最高境界就是使零售客户成为烟草的自己人。成为自己人，核心是提升终端对行业的依存度。这些年零售终端对行业的依存度发生了明显变化，从“无烟不成店”到“有烟才有店”，卷烟销售成为零售客户的重要利润来源，客户对烟草行业的感情发生了很大转变，但是离自己人的境界还有差距。自己人集中体现在情感上，其内在要求是零售客户与行业在卷烟经营方面具有共同的价值观和一致的发展目标，能够想行业之所想，急行业之所急。只有对行业依存度高、价值认同、利益同体的零售客户，才能真正成为烟草的自己人。

总体上讲，让更多零售终端发挥功能，成为网络的“一部分”，是第一步；平等互利，长期合作，让更多零售客户成为烟草的“好伙伴”，是第二步；让零售客户成为我们的“自己人”，关系到依存度、价值观，是我们长期追求的目标。对这三个层次的认识和把握，是衡量现代终端建设水平的重要标准。

（二）进一步把握现代终端建设的四个要点

现代终端建设是在尊重客户意愿的基础上，推进零售终端现代化的过程。在终端建设中，要牢牢把握以下四个要点。

第一，现代终端建设的关键是客户的现代化。西安市局（公司）提出，终端建设要见物更要见人，这个观点我很赞同。现代终端建设的关键在人，关键在现代的客户。在西安5700多户现代终端中，57.7%的店主具备高中以上学历，学历层次明显高于全市客户整体水平；店主平均年龄37岁，比全市客户平均年龄小5岁。这些有文化的年轻客户具有较强的现代意识，比较容易接受新事物，与行业的互动性更强，更容易发展成为现代终端。终端和客户是不同的概念，从环节讲是终端，从主体讲是客户。现代终端建设要重视终端，更要重视客户。选择现代终端的建设对象，首先要选择具有较高现代素养和较强建设意愿的客户。建设现代终端，要注重提升客户的综合素养，从软实力方面下工夫。没有客户的现代化，终端的现代化是不可能实现的。发挥现代终端功能，重点是发挥人的作用。只有把客户的积极性调动起来，现代经营设施和手段才能发挥出更大的作用。下一阶段，我们要把客户的现代化作为现代终端建设的核心要素来抓。全国500多万零售客户中，有很多优秀的人才，如何发现、影响和带动他们，对建好、用好终端非常重要。而且，当前城市卷烟零售店的经营人群发生了新的变化，我们要对当地市场“什么人开店，开的什么店”进行跟踪研究。与此对应的是，有文化的现代客户大规模涌现后，客户经理的工作将面临新挑战。我们的客户经理有没有能力与现代客户交流，能不能为现代终端提供满意的服务，成为客户经理队伍建设亟需解决的问题。因此，商业企业一定要把客户经理队伍建设摆到更加重要位置，适应现代客户发展需求，努力建设一支职业化、高素质、高技能的客户经理队伍。

第二，现代终端建设的基础是手段的现代化。“四网合一”作为行业推广的现代终端经营模式，并不只是订货、结算、营销方式的升级，而是基于营销平台再造客我之间的商流、物流、资金流和信息流。推广“四网合一”，在前台，电脑加扫码枪，或者终端POS，是最基础的手段；在后台，零售终端营销管理软件是最基本的手段，没有这些就谈不上信息化和现代化。现代手段可以为客户创造便捷，给行业带来的则是大数据，除了终端的进销存及价格数据，还包括客户营销行为数据、消费者数据等。下一步，工商企业都要破解大数据采集、分析和应用这篇新课题。从淘宝、京东商城等现代电商来看，它们的交易过程已经实现了集海量商品的网上展示、网上选购、网上订货、网上跟踪、网上结算、网上评价于一体的大数据应用，具有强大的需求预测和消费引导能力。我们要主动顺应时代发展，积极借鉴电商经验，通过小终端采集大数据，建立大平台，实现大流通。当前，行业卷烟营销信息化建设水平已经上升到一定高度，但对大数据的应用还处于摸索阶段。工商企业要基于营销管理平台，有效运用大数据营销，掌握零售客户的经营特征和行为特征，有针对性的提供服务，实现更高水平的精准营销。

第三，现代终端建设的重点是发挥功能。建设终端不是主要目的，发挥终端功能才是根本。我们提出，现代终端除产品销售之外，还要具备形象展示、品牌培育、宣传促销、信息采集、消费跟踪等功能。从目前来看，现代终端重点要发挥信息采集、品牌培育、消费跟踪这三个功能，特别是消费跟踪功能需要大大强化。要推广网上配货，重点突破实时扫码销售，提高终端信息采集的及时性和准确性；要充分调动零售客户培育品牌的积极性，有效开展终端口碑营销，增强品牌对消费者的吸引力；要从人员、技术、物料等方面支持现代终端进行消费者跟踪和维系工作，提升固定消费群体的稳定性和忠诚度。在销售前端，现代终端利用现代手段吸引消费者，其效率是乘积关系而不是相加的关系。如果能够充分发挥现代终端功能，就可以有效连接品牌和消费者，使终端成为建立和保持品牌知晓度的阵地，真正形成工商零一体面向消费者的营销。

第四，现代终端建设的核心是提升依存度。终端建设的核心或者说深层次问题，是提升零售终端对行业的依存度，让零售客户和行业密不可分。依存度是衡量网络质量的重要指标。提高依存度，首先是提高经营依存度，就是提高行业带给零售客户的销售收入占比；其次是提高利益依存度，就是提高行业带给零售客户的经营毛利占比；第三是提高信息依存度，就是要及时提供零售客户最关心、最需要的信息，让行业成为零售客户离不开的信息提供者；第四是提高网络黏度，就是让零售客户的经营方式离不开卷烟营销网络，甚至登录卷烟营销平台成为客户生活方式的一部分；第五是提高价值认同，就是引导零售客户认同“两个至上”行业价值观，与客户共享行业的品牌培育成果和改革发展红利。

（三）进一步加大现代终端建设的推进力度

各单位要以这次会议为契机，从实际出发，全省联动，整体推进，把现代终端建设提升到全新水平。

一要大力推进“四网合一”。电子商务正在催生以小前端、大平台、富生态为特征的新型商业格局。网上订货，要探索PC、手机、电视等多种订货形式，并进一步开发手机等移动终端在配货、支付、营销方面的功能。网上配货，其目的是简化订货流程，让客户简单卖烟、轻松赚钱。推广网上配货的关键，一是真正做到扫码销售，引导零售客户养成扫码习惯；二是指导客户逐步提高运用数据经营的能力；三是优化后台工作，保障零售客户不缺货、不断货。同时，要鼓励客户开展全商品扫码销售。这里我要强调的是，开展非烟商品扫码涉及到购买商品条形码库的问题，到底是以省为单位还是以地市为单位采购更为经济，要认真研究。网上结算，要从降低客户经营成本出发，与理财增值服务相结合，积极关注互联网金融、“数字钱包”等发展趋势，创新结算方式，规避经营风险。网上营销，要以品牌培育为目的，不断丰富内容和形式，吸引客户积极参与。我们要以网上配货为切入点，带动“四网合一”的全面推广，为零售客户搭建终端营销管理平台，实现工商零更高水平的“四流汇通”。

二要全面开展“四项服务”。在终端建设过程中，要牢牢把握服务这个根本宗旨，把服务提升和现代终端建设相结合，大力实施标准化服务、个性化服务、亲情式服务和增值性服务，不断提高服务的效率、质量和水平。要继续加强面向所有零售客户的标准化服务，着重解决货源公平供应和客户自主订、配货问题，切实提升标准化服务质量，维护好零售客户的基本利益。要加强对现代终端的个性化服务，从实际出发，引导和帮助终端增强品牌培育、信息采集、消费跟踪的能力。要大力推广亲情式服务，紧密结合党的群众路线教育实践活动要求，深入开展多种形式的亲情式服务，分类帮扶，改善民生，进一步提升行业形象。要积极创新增值性服务，有条件的单位，可以从非烟商品经营的角度积极探索，为客户创造更多价值。需要强调的是，必须防止只讲终端建设不讲服务，只讲服务现代终端不讲服务其他终端的现象。

三要保障推进质量。现阶段，现代终端建设已经具备从点上探索转向面上推进的条件。下一步，各单位要加大力度，加快进度，整体推进，到明年底全国现代终端占比要达到10%左右。需要特别强调的是，在现代终端建设实现数量突破的同时，更要注重质量的提高。各单位一定要按照试点、探索、推广、评价、改进等步骤有序推进，保证质量，提升水平。我看现代终端建设中也存在形式主义、官僚主义的问题，形式主义是不讲实际效果，官僚主义是不了解实际情况，盲目地推，简单地推。在今后工作中，要坚决纠正和避免这些现象。各单位分管卷烟销售工作的领导同志要加大调研力度，在机关看报表、听汇报代替不了实地调研。近期国家局下发了《现代卷烟零售终端建设指引》和《现代卷烟零售终端运行管理规范》。《指引》解决的是现代终端怎么建设的问题，《规范》解决的是现代终端如何运行、如何管理的问题。各单位要认真组织学习，严格按照《指引》和《规范》要求，扎实有序地推进现代终端建设。

四要注重完善提升。持续创新是提升网建工作水平的不竭动力。全国各地网建基础不一样，终端生态也不完全一样，总会出现新的问题，也会涌现值得总结推广的新经验。因此，各单位不仅要全面推广现代终端建设，更要注重集成创新。各地市级公司要善于分析“两个变化”，即建成现代终端以后，零售客户发生哪些变化，卷烟营销工作发生哪些变化；要善于调动“两个积极性”，既要调动基层的积极性，发挥基层的创造性，又要调动客户的积极性，集中客户的智慧。各省级商业企业要结合辖区实际，统一制定全省现代终端评价标准和现代终端运行效果评价方法，量化评价指标，组织开展评价，指导和促进地市级公司提高现代终端建设与运行管理水平。希望各单位充分发挥能动作用，争当创新者、开拓者、引领者，在现代终端建设上实现新的突破。明年，中国卷烟销售公司要组织开展卷烟营销网络建设专题调研，进一步总结经验、推广典型，推动网建各项工作全面提升。

（四）加强营销管理，保障终端建设的良好环境

营造终端建设的良好环境，是现代终端建设工作顺利推进的前提。

一要始终恪守营销规范。当前卷烟经营中一些不规范情况依然存在，突出表现在不能充分尊重零售客户自主订货的权利，存在捆绑组合销售、强制订货、给零售客户下指标的现象。直到现在，有些同志仍然认为零售客户可以任我摆布，货源紧缺时不给人家，货源多的时候硬压给人家，不好卖的品种搭配给人家卖，这些都是错误的行为。网络建设与营销管理相辅相成，过去网络建设支撑了营销工作的发展，但是目前卷烟营销中的违规经营问题却冲击和削弱了网建的作用。今年国家局印发了《关于进一步规范卷烟货源供应的意见》，提出了“六个坚决禁止”的要求。工商企业一定要严格规范经营行为，严格规范货源供应，严格规范终端资源管理和宣传促销活动。明年，中国卷烟销售公司将适时组织开展货源供应情况检查，希望各单位高度重视。

二要保持良好市场状态。终端是卷烟流向消费者的必经之路，没有零售客户的支持，卷烟市场稍紧平衡的良好状态难以真正实现。上半年有些地区出现了比较严重的卷烟价格倒挂，其根本原因就在于扭曲了市场供求关系。各单位必须牢固树立需求导向，确立“以消费者为中心”的营销理念，科学调节货源投放，努力保持价格坚挺，不断提高市场把控能力。目前网上配货的推广和网配数据的应用，为我们更加精准地掌握和调控市场状态提供了支持。各单位要把推广网上配货、分析运用数据、完善营销管理有机结合起来，努力保持良好的市场状态。

三要探索面向消费者的营销。各单位要积极学习先进经验，以终端为阵地，着力探索面向消费者的营销。工业企业要围绕品牌文化传播和价值传导，认真研究如何利用终端资源，确保资源利用效果最大化；要深入研究终端的经营特色和营销手段，培养零售客户对品牌的情感，增强消费者对品牌的认同；要注重终端信息资源的开发利用，深入挖掘消费者数据，为产品研发提供支撑，为品牌发展提供保障；要规范使用终端资源，既不“抢”终端资源，也不浪费终端资源，降低内耗成本，努力提高效率。商业企业要进一步发挥好平台作用，按照“注重公平，兼顾效率”原则，科学合理进行终端资源配置，确保终端营销活动有序、有度、有效；要引导终端发挥营销功能，以微商圈、圈层营销等手段开展消费跟踪，进一步提升面向消费者营销的能力和水平。

四要发挥直营终端的标杆作用。直营店是行业终端建设的试验田。商业企业要按照国家局有关政策，加强直营店建设，使其在功能发挥、营销创新、经营管理等方面成为标杆。要推进直营店经营模式转型，真正实现市场化运作，使直营终端具备专业化的品牌培育能力，实时、高效、快捷的数据分析能力，以及为消费者提供高品质购物体验和增值服务的能力。有条件的商业企业，可以创新直营店盈利模式，探索从单一卷烟经营向烟、酒、茶、饮料等多种商品经营转型，为行业营销平台拓展功能积累商业资源和宝贵经验；可以探索完善直营店连锁经营模式，统一标识、装修和陈列，统一管理核算，实现数据共享，提升直营店连锁管理水平。中国卷烟销售公司组织编写了《直营终端营销人员培训教材》，10月份还将组织一次专题培训。希望通过培训，促进直营终端营销人员的素质不断提升，直营终端的经营管理水平不断提高。总之，行业希望社会终端做到的，直营终端必须要率先做到，要做得更好。

（据《国烟办通报》2013年第31期摘编）

李克明在全国烟草行业2013年政治工作会议上的讲话

（2013年5月10日）

围绕2013年政工人事“三项建设”工作，强调三点意见。

一、要以深入贯彻党的十八大精神为核心，切实加强行业思想政治建设

党的十八大对新形势下加强和改进党的思想政治工作提出了新的任务和要求。围绕全面贯彻落实党的十八大精神，国家局党组明确提出了行业改革发展的新目标、新定位、新任务。在新形势下做好党的思想政治工作是各级党组织的一项重要使命，也是行业实现“三新”任务目标的思想基础和保障。

（一）要把增强“三个自信”作为加强思想政治工作的首要任务，坚定政治方向，推进理论武装

一是要深刻理解体系内涵，真正做到真学真懂。要紧密结合社会主义发展历程、中国近代史、中国共产党史、国际国内形势和本单位实际，从历史与现实、理论与实践联系等方面，在学习理解上深化，在宣传阐释上深化，在实践推动上深化。行业各级领导干部要切实增强政治责任感，带头增强“三个自信”，既要身体力行，又要精心组织。各单位党组（党委）书记要围绕“三个自信”专题讲一次党课，引导党员干部深化对中国特色社会主义道路、理论体系、制度的认识和自信，把这种政治自信转化为党员干部坚定的信仰、信念，努力建设社会主义精神家园。

二是要加大教育引导力度。各单位要继续把学习贯彻党的十八大精神作为当前和今后一个时期的首要政治任务。要把增强“三个自信”作为党员干部理想信念教育的重要内容，作为干部教育培训的必修课程。要积极探索增强“三个自信”的措施办法，不仅要作为教育培训的重要内容，而且要作为考察考核、选拔任用干部的基本要求，坚持多措并举，抓出成效。

（二）要把践行新的定位作为加强思想政治工作的重要内容，统一思想认识，发挥凝心聚力作用

一是要加强形势教育。今年全国烟草工作会议上，国家局党组明确提出要把为保证国家财政收入、支持老少边穷地区经济社会发展、促进烟农和零售客户收入增长、切实维护消费者利益作为重要责任，努力为全面建成小康社会多作贡献。这既是烟草行业贯彻落实党的十八大精神的具体要求，也是行业改革发展新的定位。在这四个方面做出新的努力、取得新的成就，有利于坚持和完善烟草专卖制度，树立讲责任的社会形象。实现新的定位，需要全行业干部职工的拼搏奋斗。

二是要继续深化“235”教育实践活动。要把践行新的定位作为深化“235”教育实践活动的重要内容和根本要求，进一步培育行业共同价值观，进一步加强职业道德教育，进一步提升服务能力。

（三）要把深入推进学习型党组织建设作为加强思想政治工作的基础工程，解决现实问题，提升精神境界

党的十八大提出了建设学习型、服务型、创新型马克思主义执政党的重大任务。在“三型”目标中把学习型放在第一位。习近平总书记指出，要把建设马克思主义学习型政党作为重大而紧迫的战略任务抓紧抓好，这是我们党在深刻认识党的建设历史经验和新鲜经验基础上作出的战略决策，体现了对时代脉搏和新形势下党的建设新要求的高度自觉和清醒把握。随着行业改革发展的不断推进，会不断出现新的情况和问题、面临新的挑战和矛盾，必须通过学习去应对、通过学习去创新、通过学习去破解，让学习成为解放思想、科学发展、干事创业的不竭动力。在学习型党组织建设中：

一是要彰显鲜明特征，营造崇尚学习、联系实际、解决问题的浓厚氛围。学习型党组织的建设要有学习型的领导去带动。

二是要突出理论武装，坚持把用中国特色社会主义理论体系武装党员干部作为学习型党组织建设的首要任务，着眼于中国特色社会主义理论的应用、着眼于对实际问题的理论思考，紧密结合党员干部的思想实际和工作实际，善于用中国特色社会主义理论体系提升党员干部的政治品质，并使其转化为推动改革与发展的内生动力。

三是要坚持学以致用，紧密联系实际学习理论，切实增强问题意识，努力提高解决问题的能力。

二、以深入开展党的群众路线教育实践活动为重点，切实加强行业作风建设

中央决定从2013年下半年开始，用一年左右时间，在全党自上而下分批开展党的群众路线教育实践活动。2012年底，中央政治局就改进工作作风、密切联系群众作出了“八项规定”。国家局党组及时研究制定并向全行业印发了贯彻中央“八项规定”的实施办法，并决定2013年在全行业开展“改进作风年”活动。行业各单位要按照中央统一部署和国家局安排，以为民务实清廉为重要内容，以处级以上领导机关、领导班子和领导干部为重点，贯穿“照镜子、正衣冠、洗洗澡、治治病”的总要求，抓好学习教育，深入调查研究，狠抓活动载体，把贯彻落实中央“八项规定”和国家局党组“九条要求”作为切入点，在解决作风不实、不正、不廉上取得实效，努力树立良好的行业风气和社会形象。加强行业作风建设，必须领导带头，要抓得具体，体现从严，务求实效。

（一）要抓具体

这次中央抓改进作风，对改进调研、精简会议、规范出访、转变文风等八个方面作了具体规定，一具体就要深入，一具体就要较真，有具体要求就要抓得具体。行业各直属单位要按照中央“八项规定”和国家局党组“九条要求”，结合单位实际情况，认真制订贯彻落实的制度规定，将中央和国家局党组的各项要求落实到每一项工作、每一个环节中。

一要切实改进调查研究。行业各级领导干部要坚持深入基层、深入一线、深入实际，切实落实领导联系点制度。既要到工作开展好的基层去总结经验，更要到困难较多、问题较多的地方去调研解决问题，加强调研的针对性，防止走形式、走过场，切实帮助基层解决实际问题。行业各直属单位领导班子成员要围绕加强作风建设，深入开展调查研究工作，形成有调研主题、调研方式、问题分析、对策措施、实施过程、实际效果等内容的调研工作报告，使调查研究真正成为了解情况、探索规律、创新思路、解决问题的有效途径。

二要切实简化公务接待。要严格落实中央厉行勤俭节约、反对铺张浪费的要求，始终坚持勤俭办一切事业，坚决反对讲排场比阔气，坚决抵制享乐主义和奢靡之风，要按照国家局继续加强重点费用控制和管理的要求，严格制度和标准，切实把费用降下来。

三要切实改进会风文风。行业各单位要以务实高效的原则，严格清理、切实减少各类会议活动。要控制会议规模和时间，提高会议效率和质量。通过信息化手段提高办文、办会效率。

四要切实端正学风。只有不断端正学风，转变作风才有坚实基础。要严格落实中组部今年下发的《关于在干部教育培训中进一步加强学员管理的规定》要求，进一步完善学习培训和廉洁自律的规章制度，从紧安排教学，从严要求学员，切实改进干部教育培训学风。

（二）要体现严

行业各级领导干部要以高度的政治责任感抓好“八项规定”和“九条要求”的贯彻落实，思想认识上一定要到位，执行规定上一定要到位，决不能“上有政策、下有对策”，决不能有令不行、有禁不止。

要把领导干部作为作风建设的突出重点。习近平总书记指出，改进作风，最终要落实到各级干部特别是领导干部身上。领导干部的言行，关乎党的形象，群众都看在眼里、记在心里，决定党在群众心中的分量。行业各级领导干部要以坚强党性和实际行动认真学习、有效落实，带头改进工作作风，带头深入基层调查研究，带头密切联系群众，带头解决

实际问题。时时处处用规定检查、约束自己，使行业精神在领导干部身上得到充分体现。

要把监督检查作为作风建设的重要手段。各单位每年要对改进作风执行情况进行专项检查，定期督促检查，通报执行情况，并向国家局作专题汇报。人事部门要加强与纪检监察部门、财务审计部门的沟通协调，把监督执行情况作为一项常态化的工作来抓，对违反规定的必须严肃处理，以严明的纪律督促行业各级领导机关和领导干部切实改进作风。

（三）要求实效

按照中央提出的“讲实话、干实事，敢作为、勇担当，言必信、行必果”的作风要求，扎扎实实改进作风，绝不能虚应敷衍，做表面文章；也不能时紧时松，搞“一阵风”。要以解决群众反映强烈的问题为突破口，以求实效为目的，以长效机制为保障，少一些花架子，多一些真办法，务求改进作风取得实实在在的进展。

要把为民务实清廉作为作风建设的根本要求。要将作风建设的新成效转化成凝聚和推动行业改革与发展的精神力量，在树立群众观点、弘扬优良作风、解决突出问题、保持清廉本色四个方面取得实实在在的进步。

要把烟农、零售客户和基层员工满意作为作风建设的检验标准。改进作风不能自说自话、自我评价，要让群众来监督、来评判。要把改进作风与维护烟农的利益结合起来，与提高零售客户的赢利水平结合起来，与为广大干部职工办实事结合起来。在烟叶生产基础设施建设、减工降本、专业化服务、增加烟农收入上取得实实在在的进步；在卷烟货源品种的有效组织、访销配送、客户服务和提升客户赢利水平上取得实实在在的进步。

三、要以体现从严要求为关键，切实加强行业干部队伍建设

按照中央要求，从严治党关键是要从严加强干部队伍建设。切实把从严治党的要求贯彻并落实到干部培养、选拔、教育、管理和监督等各项工作中，真正使选拔出来的干部让组织放心、群众满意、干部认可。

（一）严格干部选拔任用工作。要坚持德才兼备、以德为先的用人思想，坚持五湖四海、任人唯贤的优良传统，坚持注重实绩、群众公认的用人原则

一是要严格选拔任用程序。实践证明，只有严格规范选人用人程序，才能有利于保证选人用人结果的公正性，必须坚持把严格规范程序作为干部选拔任用工作的重要环节来抓，在民主推荐、干部考察、廉政审核、酝酿研究、讨论决定、任前公示等环节认真把关，做到坚持程序一步不让、一步不缺。积极探索干部选拔任用工作过程的“痕迹管理”，切实提高干部选拔任用公信力。

二是要健全科学的选拔任用方式。全面准确贯彻民主、公开、竞争、择优方针，完善竞争性选拔干部方式，注重从基层一线培养选拔干部，不断优化干部的年龄、专业、经历结构。要健全完善选拔办法，增强考试测评的科学性，让“考绩”与“实绩”相协调。

三是要努力保证干部选拔任用工作民主的真实性。既注重扩大干部工作的民主，又要保证民主的真实性。认真落实群众对干部选用的知情权、参与权、选择权、监督权，防止和纠正少数人说了算。要采取有效措施解决一些单位干部推荐中的拉票问题，做到尊重民意与正确集中相统一，使干部选拔任用过程既体现科学的民主程序又体现组织的遴选把关作用。要认真受理核查群众信访反映的问题，对拉票等问题要坚决查处，用纪律匡正选人用人风气。

（二）严格干部管理工作。要防止重选拔、轻管理和失之于宽、失之于软的现象，建立干部经常性管理机制

要切实加强干部能力培养，推动干部特别是优秀年轻干部到基层一线、到艰苦岗位经受艰苦复杂环境的考验和锻炼。必要的环节不能丢，必要的锻炼不能减，必要的考验不能少，真正使培养锻炼干部的过程成为提高干部能力、素质的过程。要切实加强干部考核工作。制定指标科学、程序严密、配套完善、简便易行的考核评价办法，按照中组部要求制定领导班子、领导干部综合分析研判制度，明确研判具体内容、程序方法、结果运用，规范定向测评、抽样调查、深度访谈、自我评价方法，深入分析班子运行状况，准确掌握干部德才表现，避免用管脱节。

（三）严格干部监督工作。整治用人上的不正之风和从严管理监督干部是加强干部队伍建设的突出重点

一是坚持开展提醒谈话。通过谈心活动，加强思想教育。不仅提拔任职时谈，发现情况时也要谈；不仅民主生活会时集中要谈，平时也要谈。从关心爱护的角度出发，增强干部秉公用权、廉洁从政的自觉性。

二是加大诫勉工作力度。对反映干部的苗头性、倾向性问题，及时进行调查函询或诫勉督促干部，做到有则改之、无则加勉。对存在问题而不改正的要及时进行批评教育和采取处理措施。

三是认真落实两项规定。要健全和完善领导干部报告个人有关事项制度。认真贯彻落实《关于领导干部报告个人有关事项的规定》和《关于对配偶子女均已移居国（境）外的国家工作人员加强管理的暂行规定》，按照中央要求，针对“该报不报”“不如实填报”等问题，开展对行业领导干部报告个人有关事项的抽查工作，对隐瞒不报、虚报漏报等要严格问责，确保报告事项真实可靠。国家局今年还要就加强领导干部因私出国管理作进一步研究，出台具体管理办法。

（据《国烟办通报》2013 年第 20 期摘编）

实施创新驱动发展战略　支撑行业持续健康发展

——在 2013 年全国烟草科技工作会议上的讲话

杨培森

（2013 年 3 月 28 日）

2012 年，在国家局党组的正确领导下，行业科技工作取得新的成效。国产卷烟焦油量和危害性指数持续降低，低焦卷烟产销量增幅较大。重大专项研究取得新进展。烟草结构基因组学的主体研究任务基本完成，使我国率先成为系统掌握烟草基因序列信息资源的国家。引进消化技术的 16000 支/分钟超高速卷接机组和 800 包/分钟超高速包装机组国产化样机成功下线。建立了科学表征烟叶风格特色的感官评价方法并推广应用，初步揭示了烟叶香型风格形成的物质基础。制定发布《烟用材料许可使用物质名单》，完成 134 种烟草添加剂的安全性风险评估。开展卷烟、烟叶、烟用材料等专项监督抽查，质量监督工作更加规范，有力保障了产品质量安全。9 家重点实验室、4 家烟叶生产技术中心、5 家重点标准研究室通过国家局认定。下面，就行业当前科技工作讲三点意见。

一、深刻理解创新驱动发展的重大战略意义

党的十八大强调要实施创新驱动发展战略，指出科技创新是提高社会生产力和综合国力的战略支撑，必须摆在国家发展全局的核心位置。这是我们党放眼世界、立足全局、面向未来作出的重大战略决策，是适应全球新一轮科技革命和产业变革，加快转变经济发展方式的必然要求。我们要全面贯彻落实十八大精神，切实把科技创新摆在优先发展的战略地位，把科技创新作为促进行业发展的内生动力，不断提升烟草行业核心竞争能力。

中国烟草的发展要更多地依靠自主创新。我们必须看到，《烟草控制框架公约》的实施对烟草行业发展影响深远，社会舆论对吸烟与健康问题将更加关切，行业发展对拥有自主知识产权的核心技术的需求更加凸显，对新产品尤其是新型烟草制品的研发要求更加迫切。我们必须看到，行业科技创新体制机制、高端创新型人才等方面与行业发展的要求还有较大距离。我们要把增强自主创新能力作为战略基点，完善科技创新体制机制，加快科技创新体系建设，以全球视野谋划行业科技创新工作，充分整合国内外、行业内外的优质科技资源，强化前沿先导技术研究，下大力气攻克核心技术和关键技术，抢占世界烟草科技发展战略制高点，推动行业经济发展方式由要素驱动向创新驱动转变。各单位要按照姜成康局长提出的“技术创新要有新进步”以及“在产品维护上立足于改造提升，在产品开发上立足于求新求变求异，在关键技术上立足于创新突破，在创新体系建设上立足于转变机制”的要求，从行业持续健康发展的战略高度，充分认识科技创新工作的重大意义，在事关行业发展的关键技术、创新体系、高端人才等方面实现跨越式发展。

二、把握当前科技创新工作的几个关键问题

1. 重视烟草基因组研究，力求在成果应用上有所突破。近年来，全球范围内生物技术和产业呈现加快发展态势，主要发达国家和新兴经济体纷纷对生物产业作出部署。2012 年底，国务院颁布《生物产业发展规划》，明确到 2020 年将生物产业发展成为国民经济的支柱产业。作为生物技术中最活跃、最重要的前沿领域，基因组研究技术和成果层出不穷，极大地推进了生命科学的发展和相关产业的进步。开展烟草基因组研究，突破分子育种技术，可克服传统育种无法对目标性状进行精确改良的局限，从品种上解决烟叶生产中的难点问题。目前，行业在烟草全基因组序列图谱、遗传图谱和物理图谱“三大图谱”研究上已经取得重大突破，国家烟草基因研究中心、云南省烟草农业科学研究院、青州烟草研究所、贵州省烟草科学研究院分别在烟草基因芯片研制、抗黑胫病基因精细定位、突变体创制与鉴定、种质资源基因差异分析等领域走在了世界前沿，成效远超预期，某些领域已经呈现产业应用的前景。

当前和今后一个时期，烟草基因组研究应以功能基因组和产业应用为主，烟叶主产区是工作的主体。坚持以需求为导向，以“发现基因、研究基因、利用基因”为目标，全面开展功能基因组学研究，重点发掘和利用抗黑胫病、抗赤星病、腋芽控制、烟碱合成等基因，对现有烟草主栽品种和特色品种的主要缺陷进行定向改良，使我国部分主栽品种和特色品种的抗性性状、农艺性状或品质性状等方面有明显提升。国家局拟依托有条件的省公司，建立国家烟草基因工程中心，推进基因研究成果与产业应用的快速对接。

2. 持续推进减害降焦，重点抓好 7 种有害成分降低。2008 年以来，行业在大力推进降焦的同时，将降低 7 种成分作为中式卷烟减害主攻方向，特别是 2009 年行业启动实施卷烟减害技术重大专项，降低 7 种成分工作力度进一步加大。在全行业共同努力下，2012 年，国产卷烟危害性指数和低有害成分释放量卷烟产量已提前实现“卷烟上水平”总体规划确定的 2015 年目标。行业重点品牌和卷烟减害技术重大专项 13 个试点品牌的危害性指数整体低于全国卷烟水平。配方、辅材、工艺等对 7 种成分的影响研究取得积极进展，部分品牌在降低 7 种成分方面处于领先水平，“芙蓉王”品牌的氰化氢、“南京”品牌的一氧化碳、“长白山”和“七匹狼”品牌的氨等有害成分持续大幅降低，降幅达到 20% 左右。

继续高度重视减害降焦工作，进一步加强降低7种有害成分工作力度。按照“低焦高端”的要求，继续抓好低焦高端卷烟研制和品牌培育工作。针对当前卷烟危害性指数降幅收窄，技术攻关难度进一步加大这一突出问题，卷烟工业企业要切实发挥主体作用，研究针对性的技术措施，攻克制约品牌危害性指数降低的瓶颈。利用原料配方、辅材设计、加工工艺等对7种成分的影响规律，开发综合实用技术，走综合减害降焦的路子。强化技术和产品的有效衔接，卷烟减害技术重大专项7位技术首席专家和13位品牌首席专家要加强合作，进一步加大选择性降低技术的研发和应用力度。

3. 切实提高卷烟自主调香水平。卷烟调香技术是中式卷烟的核心技术，对于提高卷烟品质、彰显风格特色具有关键性作用。2004年，国家局将卷烟调香列为行业战略性课题，将卷烟调香技术问题上升到行业战略高度。通过8年多的努力，2012年，行业卷烟规格的82%、卷烟产量的86%已经实现了自主调香。根据对香精香料组分和功能的可知可控程度的不同，目前自主调香可以归结为香精复配自主调香、香精掌控自主调香和核心香原料自主调香三个层次，其中：香精复配自主调香比例为卷烟规格的53%、卷烟产量的56%，香精掌控自主调香比例为卷烟规格的20%、卷烟产量的21%，核心香原料自主调香比例为卷烟规格的9%、卷烟产量的9%。从卷烟品牌情况来看，“黄鹤楼”“云烟”等品牌已实现核心香原料自主调香，居行业领先水平。从企业情况来看，行业尚无企业达到核心香原料自主调香层次；上海烟草集团、湖北中烟、江苏中烟、红云红河烟草集团、湖南中烟5家达到香精掌控自主调香层次；广东中烟等13家工业企业达到香精复配自主调香层次；4家企业未实现自主调香。总体来说，8年来，行业实现了从香精香料被动使用向自主调香的转变，实现了从香精复配自主调香向香精掌控自主调香的过渡，基本确立了以我为主、由我掌控的卷烟调香主体地位。但是，要清醒地看到，目前，各卷烟工业企业调香水平参差不齐、差距较大，且同一企业内部、同一品牌内部往往三种自主调香层次并存，需要解决的问题仍然不少。

当前及今后一个时期，各卷烟工业企业要以进一步提高香精香料可知可控水平为主线，进一步完善卷烟调香技术体系、人才体系和品控体系，加大品牌核心香原料的开发力度，持续提升自主调香水平。到2015年，行业力争全面实现自主调香，其中，香精掌控自主调香和核心香原料自主调香应占主导地位，确保行业在香精香料方面的技术安全。需要注意的是，随着对卷烟产品质量安全规范化管理的加强，香精香料各种成分要可知可测、公开透明，符合国家局对添加剂安全标准的要求，各地在香精香料采购中要坚持这一原则。

4. 加强行业产品质量安全工作。国家局一直高度重视产品质量安全工作。近几年来，相继制定并发布了《烟草添加剂许可名录》和《烟用材料许可使用物质名单》等一系列产品质量安全标准，进一步规范了烟叶和卷烟的生产过程管理，通过完善质检制度、拓展安全性指标检测项目、提升质检人员素质，各级质检机构建设得到全面加强，产品质量检测能力和监管能力持续提升，有效保障了产品质量安全。

产品质量安全关系行业的生存和发展，全行业要牢固树立产品质量安全意识，切实抓好产品质量安全工作。一是加强产品质量安全风险管理。各单位要切实增强风险意识，加强风险防范，要对卷烟生产全过程中存在的技术、法律、舆论等各类风险进行全面、系统的分析、识别和研究，超前制定并严格执行相关标准、规范。构建风险管理体系，包括标准制定体系、供应商质量认证体系、执行控制体系、监督检查体系，实现从末端监督到源头管控、从被动执行到主动防范、从传统安全管理到现代风险管理的转变。建立产品质量安全风险的预警、应对以及应急处置等机制。标准的制定要与国际接轨，并在实践中不断完善。二是突出产品质量安全重点。加强源头控制和生产过程管理，在烟叶生产环节重点要抓好农残和重金属监管，在卷烟生产环节重点要抓好原辅材料、添加剂的相关标准执行和监督检测。加强产品质量监督，行业质检系统要更好地履行质量监管职责，做到严把三“关”：严把产品抽样关，保证代表性和真实性；严把样品检测关，确保准确性和公正性；严把数据安全关，严格执行结果发布相关制度。三是落实产品质量安全工作责任制。各单位的“一把手”是产品质量安全的第一责任人。要建立健全质量安全管理目标责任制和检查监督制度、责任追究制度，确保责任层层落实到位。凡是质量安全不符合标准的卷烟，无论涉及哪个品牌、规格，一律退出市场。

5. 高度重视新型烟草制品研发。新型烟草制品是烟草产业的新兴战略性产品。二十世纪七八十年代，国际烟草公司就已开展新型烟草制品研究，特别是近些年斥巨资并购相关生产企业，不断加大研发力度，进行专利布局，取得了明显进展。当前，国际上对以低温卷烟、口含烟为代表的新型烟草制品的关注和重视程度更高。

发展新型烟草制品是事关行业未来发展的重大战略性问题。全行业要高度重视新型烟草制品研发工作，充分认识发展新型烟草制品的重要性和紧迫性，切实增强危机意识，加快新型烟草制品研发工作。当前最重要的，是要切实加大新型烟草制品的自主创新力度。加强对国内外专利的分析研究，确立我们的主攻方向，避免重复研究，突出把低温卷烟作为研发重点。要坚持中式卷烟方向定位，提高研发起点和水平，在新型烟草制品的技术内涵、消费体验、产品特点等方面形成中式特色。要有效发挥行业整体优势，集中行业内外优势资源和力量，发挥各家所长，形成研发合力，建立“在合作中竞争、在竞争中合作”的研发机制，在短时间内，用超常规的方式，实现跨越式的发展。要高度重视专利申报和保护，按照“宽领域、多形式、全方位”的要求，尽可能多地申报专利，加快形成行业自己的专利布局，支撑和保护行业新型烟草制品发展。国家局将尽快启动新型烟草制品研发重大专项，依托郑州烟草研究院和有条件的卷烟工业企业建立新型烟草制品工程中心，以工程中心为主体推动新型烟草制品的研发工作。

三、切实加强创新机制建设和人才队伍建设

机制创新是做好科技创新工作的重要前提和基础。2012年以来，党中央、国务院先后印发了《关于深化科技体制改革加快国家创新体系建设的意见》和《关于强化企业技术创新主体地位　全面提升企业创新能力的意见》，明确了我国科技体制改革的目标、重点和任务。我们要结合行业实际，切实把思想和行动统一到中央的决策部署上来，按照“在创新体系建设上立足于转变机制”的要求，着力强化企业技术创新主体地位，更加注重协同创新，充分激发科技人员积极性和创造性，提升创新效能。

一是进一步确立企业创新主体地位，进一步加大协同创新力度。支持企业与科研院所、高等学校签订战略合作协议，组建产业技术创新战略联盟，引导各类技术创新要素向企业集聚，促进创新资源高效配置和综合集成，完善面向市场的技术创新格局，推动企业真正成为创新决策、研发投入、科研组织和成果应用的主体。

二是继续加大对郑州烟草研究院的支持力度，推动郑州烟草研究院大幅提高科研水平和行业公共平台的服务能力，切实发挥好龙头作用。按照“合理布局、扶优扶强”原则，加大对重点科研院所、行业重点实验室的支持力度，加强产业共性技术研发基地和具有学科优势的创新团队建设，强化应用基础研究、前沿先导技术研究、共性技术研究。

三是建立健全知识产权创造与管理机制。要加强烟草重大关键技术领域专利态势分析，强化对国内外烟草技术类专利布局的研究，有针对性地提出知识产权创造规划计划，力求在烟草生物技术、新型烟草制品等重点技术领域形成核心专利群，实现知识产权从分散无序到系统布局的转变。要加强科技创新中的知识产权目标管理，更加注重知识产权质量和转化应用，实现从重数量到重质量、重创造到重应用的转变。

四是建立健全人才发展机制。按照绩效管理的原则要求，在创新团队建设中，坚持突出重大成果产出、突出创新质量、突出实际贡献的目标任务导向，根据不同类型科技活动特点，制定导向明确、激励约束并重、周期评估与年度核心指标监测相结合的评价标准和方法。切实改变仅以论文、项目、经费、专利、获奖成果论人才的做法，建立以科研能力、工作业绩和实际贡献为导向的科技人才绩效评价机制。推动企业建立技术人才成长通道和相关制度，实行专业技术职务聘任制，落实相关待遇，鼓励和引导优秀科技人才终身从事科研工作。营造良好氛围，鼓励各类群众性创新活动，积极推动全员创新。

（据《国烟办通报》2013年第14期摘编）

坚定信心　密切协作
不断深入开展卷烟打假工作（节选）

——在2013年全国卷烟打假工作会议上的讲话

赵洪顺

（2013年11月4日）

2012年以来，各级烟草专卖管理部门认真贯彻落实公安部、国家烟草专卖局对卷烟打假工作的部署和要求，充分发挥联合打假长效机制作用，着力构建“政府领导、部门联合、多方参与、密切协作”的打假体系，坚持“端窝点、断源头、破网络、抓主犯”的工作重点，始终保持卷烟打假高压态势，深入开展卷烟打假工作，取得了明显成效。2012年共查处案值5万元以上制售假烟案件4886起，同比增长4%；捣毁大型制假窝点231个，同比下降20%；破获国标网络928个，同比增长15%；查获假烟25.6万件，同比下降33%；收缴制假烟机530台，同比下降34%；查获制假烟丝烟叶14896吨，同比增长20%；依法追究刑事责任5660人，同比增长10.6%。2013年1—9月，全国共查处案值5万元以上假烟案件2160起；收缴制假烟机329台；查获假烟12.03万件；依法拘留5193人，追究刑事责任3243人；29个省（区、市）查获假烟数量同比下降，卷烟市场秩序进一步改善。烟草、公安联合打假工作为促进烟草行业持续健康发展提供了有力保障，为维护国家利益和消费者利益作出了新贡献。

一、2012年以来卷烟打假工作回顾

（略）

二、当前的形势和主要任务

在持续不断的严厉打击下，制假活动有效遏制，假烟生存空间缩小，市场秩序明显好转。但是，当前卷烟打假形势依然严峻，防止制假反弹的压力很大。福建、河南等重点地区制假转移和扩散明显；打击非法拼装倒卖烟机活动以及打击非法经营制假原辅材料行为任务艰巨；以互联网为交易平台、以物流货运为运输渠道的运输分销假烟案件频发。如何进一步建立和完善长效机制，有效打击转移和扩散的制假活动，取得卷烟打假新突破，实现“巩固成果，严防反弹”，这是当前和今后一段时期卷烟打假工作的主要目标。讲几点意见。

1. 坚持综合治理与重点打击相结合，从源头上巩固成果。继续加大对重点地区卷烟打假工作的督导力度。总结福建和广东打假经验，对重点地区要实施深度打击和综合治理，两手都要硬，突出重大案件办理，严格落实责任，进一步巩

固和扩大生产源头治理成果，从源头上遏制制假反弹。尤其是福建，下一步要通过采取跨区协作、全省联动、强化案件经营、从严打击、抓捕主犯等有力措施，有效遏制云霄周边地区烟机查获量不断增多、制假活动转移扩散明显的趋势。广东要保持“三打两建”以来卷烟打假工作的良好态势，在粤东等重点地区探索实施综合治理，进一步推动政府完善卷烟打假长效机制，明确打假职责，有效打击制假转移扩散、手工包装和假烟运输仓储等违法活动。针对河南制假情况，国家局将联合公安部督导河南部分重点地区卷烟打假工作，积极推动地方党委政府把卷烟打假纳入社会治安综合治理考核中，进一步改善执法环境，建立涉豫案件人员黑名单，开展一次对涉豫案件的集中侦破行动，打击“保护伞”，抓捕主要犯罪嫌疑人，实现河南卷烟打假工作的新突破。

2. 突出市场监管与打击制售假烟网络相结合，从渠道上巩固打假成果。要建立市场监管分析机制，加强对市场日常监管后续的数据分析，提升市场监管发现重大案件线索的能力。要进一步强化案件深度经营，深化调查取证，加大工作力度，彻底摸清网络案件脉络及活动规律，追逃网络案件主犯，努力做到每处理一起网络案件，就彻底摧毁一个制售假烟团伙。要进一步加强与各级通信管理部门和有关电子商务企业的协调，完善与淘宝网等重点网站的合作平台，及时清理涉嫌非法售烟的网络店铺，遏制互联网涉烟非法经营活动反弹。

会同公安部加强对重大跨省网络案件的督导协调，突破大要案件。继续督导各地完成“每个地市级局都要打掉1～2个较大规模制售假烟网络”的目标任务。针对运输环节假烟查获量占比大的情况，湖南、湖北、江西、四川、重庆、河南、广东、广西、江苏、浙江等省（区、市）要进一步加大运输环节打击力度，及时掌握运销动态，追踪假烟流向，通过案件查办，总结经验，把握规律，积极破解物流运输假烟犯罪活动查处难题。

3. 加强原辅材料管理和打击非法经营原辅材料结合，从物质支撑上巩固成果。一方面要严格规范各类相关企业的生产经营行为，加强管理对废弃烟草专卖品的监管，在下半年烟叶收购季节，云南、贵州、四川、湖南等烟叶主产区要加强烟叶收购监管工作，形成有效监管机制，严防流入地下制假窝点。另一方面要严厉打击非法经营原辅材料违法犯罪活动，通过持续开展专项行动和查办大要案，着力完善省际打假协作机制，打击跨省区域非法经营原辅材料活动，有效打击为制假窝点提供支撑的原辅材料供应链。适时开展打击非法经营烟叶专项行动，查办一批情节严重、性质恶劣的重大案件。广东、浙江要继续打击非法印刷假烟商标行为，坚决取缔地下印刷窝点。

4. 完善烟草行政执法与公检法刑事司法结合，从机制上巩固成果。要重点研究烟草、公安联合打假工作机制的巩固和创新，进一步完善联席会议、信息交流、联合办案、联合执法、区域协作、表彰奖励等制度措施，充分调动各方面的积极性。要认真贯彻落实国办《关于做好打击侵犯知识产权和制售假冒伪劣商品工作中行政执法与刑事司法衔接的意见》，解决难点问题，做好案件移送工作。对重大涉烟案件，争取公安机关和检察院提前介入，依法加大刑事打击力度。

（据《国烟办通报》2013 年第 34 期摘编）

赵洪顺在 2013 年全国烟草行业整顿规范工作会议的讲话（节选）

（2013 年 2 月 20 日）

一、进一步深化对严格规范重要性的认识

（略）

二、紧紧围绕行业工作“新目标、新定位、新任务”，奋力开创整顿规范工作新局面

2013 年是全面贯彻落实党的十八大精神的开局之年，也是全面实现“卷烟上水平”目标任务的关键一年。行业整顿规范工作要紧紧围绕国家局提出的“新目标、新定位、新任务”，进一步明确方向，突出重点，完善机制，提升能力，狠抓落实，奋力开创各项工作新局面。重点做好以下几方面工作：

（一）认真抓好整改落实

2012 年，国家局对行业推进“两项工作”、规范工商企业卷烟经营行为、治理“天价烟”和卷烟过度包装等进行了专项综合检查。2012 年检查的结果，大家之所以信服，因为这些问题正是从各地各单位检查中汇总总结出来的，点出的问题都很有针对性。对于整改问题，我认为可以分为四点：一是对应招未招项目逐一做出说明。这些问题，虽然已经无法整改，但必须逐一做出说明、认识到位，其目的是为了今后不再发生。二是未经管委会批准擅自执行、变更实施方式，或者用其他会议代替管委会行使职权的，也要逐一做出说明，责任在谁，原因何在，怎么认识，如何整改。三是“六个严禁、一个严控”中查出的具体问题，要一项项整改落实到位，对于容易出现新问题的地方要通过抓整改变成抓预防。四是各单位政策规定与国家局制度规定不一致的地方要加快修订，使制度首先规范到国家局的文件要求上来，要统一制度、统一标准。如果这几点做不到，大家还讲认识到位、高度重视，就无从谈起。因此，各单位对国家局检查提出的问题，必须逐项清理、坚决整改。这里特别强调，整改务必及时，凡是已经查实的问题，必须在限定时间内完成整改，不得无故拖延、推诿塞责；整改务必到位，凡是需要整改的项目，必须明确目标、明确责任、明确人员，不得敷衍了事、得过且过；整改务必彻底，凡是整改完成的项目，必须举一反三，注重查缺补漏，不得前整后犯、边整边犯。同时，各单位要进一步建立健全监督检查制度，切实做好自查自纠和整改复查工作。国家局对各单位

整改落实情况也将进行检查监督，凡是整改不力的，将严肃进行问责。

（二）真正做到“应招尽招”“真招实招”

“应招尽招”这几年进步很大，国家局党组给予了充分肯定，特别是河北现场会以来，公开招标工作取得长足进步，行业对招标工作的认识程度、重视程度大大提高。但也要看到“应招尽招”远没有到位，“真招实招”差距更大。如果说“应招尽招”是规范领导层面的自由裁量权，堵塞内外勾结、暗箱操作的漏洞，那么“真招实招”就是解决操作层面人员的权力问题、规范问题，这个比领导层面更直接更现实，所以制度规范、程序流程就显得极为重要。2013年在解决“应招尽招”的同时，要把“真招实招”作为突出重点，着力解决招标过程中的真实有效性问题。如果“真招实招”没跟上，那招标就有可能成为某些人违规违纪的遮羞布、保护伞，反而更具有欺骗性。一是从完善决策机制入手，确保实现“应招尽招”。各单位要坚持以贯彻落实《烟草企业采购管理规定》为抓手，进一步明确职责定位，完善议事规则，细化决策流程，切实发挥好董事会、“三项工作”管委会作用和评标专家库作用，坚决杜绝个人或者少数人说了算和随意变通公开招标等现象发生，确保应该通过公开招标的项目100%采用公开招标。凡是没有采用公开招标的项目，必须要有充分的理由和充足的依据，不能简单地以特殊技术、区域供应商不足、涉及行业机密等理由故意回避公开招标。采用邀请招标、竞争性谈判、单一来源采购和询价方式的项目，必须严格依法依规进行。二是从强化采购规程硬约束入手，确保实现“真招实招”。各单位必须严格执行行业统一的项目采购实施程序规定，不允许违反规定随意取舍、自由裁量。特别是要严格落实招标程序，从发布招标公告直至发送中标通知书，都必须严格按照招标法及其实施条例的要求规范进行，同时要加强全过程监督和痕迹化管理，不给“暗箱操作”“里外串通”“以权谋私”留下余地；要严格执行网上实施采购程序规定，完善信息监管系统功能，落实“上一环节没有通过不得进入下一环节”的要求，加快实现“三项工作”全部通过网上运作。从2013年起，凡是未经董事会、“三项工作”管理委员会审核（或审议变更采购方式）的项目，凡是未按照规范规定程序运行的项目，凡是未上线运行的项目一律不得实施。三是从严格责任追究入手，不断加大对“应招未招”或虚假招标的查处力度。今年国家局将重点加强对“三项工作”招标情况的检查，凡是未按规定实行公开招标或串通招标、弄虚作假的，一经查实将严肃追究相关责任人的责任。下周要召开纪检监察会，今年纪检监察工作将围绕“五个方面”进行监督检查，主要包括：执行纪律特别是遵守党的政治纪律情况、改进工作作风情况、“三重一大”决策制度执行情况、领导干部报告个人有关事项情况、行业严格规范各项要求落实情况。其中“应招未招”“真招实招”、未经管委会批准擅自实施都是重点监督的内容。现在出现“权力制约”变成“责任分担”问题，根本原因就是内部的约束处罚机制力度不够。下一步工作中，一定要动点真格，只有自己让自己吃点苦头，才能在接受外部检查时尝点甜头，如果严格问责偏少，就会造成责任一分解便化解了。

（三）深入推进办事公开民主管理

紧紧围绕打造阳光烟草的要求，切实加强公开透明，真正做到让权力在阳光下运行。一是加强制度建设。按照权力运行公开化、规范化的要求，进一步统一公开目录，扩大公开范围，丰富公开内容，明确公开时限，完善公开程序，加快实现公开事项由事后公开向事前、事中延伸，由结果公开向计划、过程公开延伸。二是保障职工“四权”落实到位。有效利用内部网站、公示栏、职代会、座谈会等载体和形式，规范畅通职工意见反映渠道和反馈途径，建立健全质询、问责机制，有效保障广大职工的知情权、参与权、表达权、监督权，切实提升烟草企业民主管理水平。三是加强职代会和工会建设。充分发挥职代会作用，切实做好职代会提案办理工作，坚持职代会提案工作报告制度。工会作为职代会的日常工作机构，要积极创造条件，支持其更好地履行职能、发挥作用。这里要强调一点，就是公开问题。河北现场会上已经有了一套完整的目录，但还需要细化：一是必须公开的内容要清晰；二是每一项内容，什么时候公开、什么范围内公开，公开多长时限，以什么形式公开，在什么载体上公开，都要有不同的要求和约束。目的就是让这些敏感、重大、需要监督的事项，在该需要阳光照耀的时候一定要放在阳光下。所以时间、时限、节点、方式、范围很重要，每一步都要公开，公开的机制要完善起来，必要的时候，国家局还要把各单位的办事公开网连起来，及时看到公开的内容。只有系统的研究公开问题，做到自觉、主动公开，让敏感的事情置于阳光之下，接受群众监督，才能真正有效落实职工的“四权”。

（四）严格执行“六个严禁、一个严控”纪律要求

认真对照中央提出的“八项规定”和“六条禁令”，结合行业实际，进一步切实抓好“六个严禁、一个严控”各项要求的落实，力争在规范卷烟生产经营秩序上取得新的突破。一是坚决刹住委托第三方开展宣传促销活动。国家局党组反复强调，我们要办好烟草自己的事，宣传促销就是烟草自己的事，必须靠自己来办，也只有自己才能办好。如果委托第三方开展，这就是失职。对这种既违反纪律、又违背职责的行为，2013年必须坚决刹住。二是坚决禁止违反规定送钱送物。要从严格预算审核、严格费用列支、严格审计监督等各个环节，确保每一分钱物都花得合法合规，决不允许乱列名目、随意开支。所有工商企业和工作人员，都要严格管好自己、管住自己，既不违规送钱送物，也不违规收钱收物，要始终保持行业风清气正。三是坚决防止“天价烟”和卷烟过度包装出现反弹。2012年抓“天价烟”抓得早、抓得对，否则就不是现在这么平静。对于“天价烟”问题，姜局长在工作会上讲得很清楚，谁不执行1000元的禁令，就停掉他的规格，甚至停掉这个牌子，一律退出市场。你做不到就不要卖，供应不了就退出。我们这个行业经不起折腾，不能搞擦边球，一定要下决心管住。从2012年3月国家局召开专门会议部署治理“天价烟”和卷烟过度包装问题后，经过一年来持续努力，这一问题目前得到基本遏制，但也存在一定的反弹压力，对此决不可掉以轻心、麻痹松懈。2013年必须从严格执行最高限价、有效增加货源供应、加强市场监督检查、彻底杜绝人为炒作、加大违规处罚力度等方面，坚决遏制“天价烟”反弹。同时，要按照中央近期提出的“厉行节约、反对浪费”的要求，坚决遏制卷烟过度包装。此外，在严禁卷烟工业企业出资参与零售终端建设和利用零售门店开展排他性促销活动，严禁烟草商业企业向卷烟工业企业介绍关系、指定或推荐项目，严格控制工商企业召开各种推介会、恳谈会、联谊会、座谈会等方面，都必须严格执行国烟办〔2012〕171号文件要求，坚决做到有令必行、有禁必止。

（五）全面加强整顿规范队伍建设

抓好整顿规范工作是一项长期的任务，事关行业形象，事关行业持续健康发展。为进一步开创整顿规范工作新局面，必须从行业实际出发，全面加强整顿规范队伍建设，努力为各项工作开展提供更加有力的组织支撑和人才保障。一是健全整顿办机构。目前行业直属单位还没有单独设立整顿办机构的要抓紧设立，已经单独设立整顿办机构的要进一步明确职责，充分发挥好整顿办在管理监督方面的牵头、协调、综合、指导作用。二是充实整顿办人员。坚持高标准、严要求，切实把勤奋敬业、作风正派、综合素质好、工作能力强的干部选配到整顿办来，努力打造一支政治强、作风好、能干事的整顿规范队伍。三是完善整顿办工作制度和考评体系。要结合各单位实际，认真制订完善各级整顿办工作制度，建立健全整顿规范工作考核体系，加强整顿办机构与其他部门之间的协调配合，努力形成“权责明晰、衔接配套、运转高效、监督有力”的工作机制，全面提高整顿规范工作科学化水平。四是加强整顿规范信息化建设。前面提到的很多内容，包括管理、公开、过程控制，都需要建立在信息化支撑的基础上。整顿规范信息化建设，要着力思考在整合现有资源的基础上，在统一的平台上，加快推进的步伐，切实保证整顿规范各项工作执行到位。

（据《国烟办通报》2013年第5期摘编）

以党的十八大精神统一思想凝聚力量 深入推进行业党风廉政建设和反腐败工作（节选）

——在全国烟草行业纪检监察工作会议上的工作报告

高　林

（2013年2月26日）

这次全国烟草行业纪检监察工作会议的主要任务是，认真学习领会和全面贯彻落实党的十八大精神，深入贯彻十八届中央纪委二次全会和全国烟草工作会议精神，总结2012年行业党风廉政建设和反腐败工作情况，安排部署2013年纪检监察工作任务。

一、2012年行业党风廉政建设和反腐败工作回顾（略）

二、以党的十八大精神为指导，切实履行纪检监察职责

党的十八大是在我国进入全面建成小康社会决定性阶段召开的一次十分重要的大会，对凝聚党心、军心、民心，推动党和国家事业发展具有十分重大的意义。行业各级纪检监察机构和全体纪检监察干部要把学习贯彻十八大精神作为当前和今后一个时期的首要政治任务，与贯彻落实中央纪委全会精神结合起来，切实把思想和行动统一到中央部署上来，进一步增强做好工作的政治责任感和历史使命感。

（一）深刻认识、准确把握加强反腐倡廉建设的新要求新部署

党的十八大对当前和今后一个时期党风廉政建设和反腐败工作作出了新的部署，习近平同志在中央纪委二次全会上的重要讲话，对加强党的纪律建设、作风建设和反腐倡廉建设，全面提高党的建设科学化水平，提出了新的更高的要求。行业全体党员领导干部特别是纪检监察干部一定要认真学习领会，坚决贯彻落实。

要结合行业实际，深刻认识我们党一以贯之反对腐败的坚定决心，看到反腐倡廉建设对推动行业改革发展的重要作用；深刻认识党面临的“四大考验”和“四种危险”以及行业面临的“四大挑战”，切实增强忧患意识、风险意识、责任意识，自觉把反腐倡廉建设放在更加突出位置抓紧抓好；深刻认识干部清正、政府清廉、政治清明的目标要求和丰富内涵，坚定不移地反对腐败，建设廉洁政治。行业各级党组织和纪检监察机构要按照党的十八大和中央纪委二次全会部署，坚持党要管党、从严治党，坚持标本兼治、综合治理、惩防并举、注重预防，着力严明党的纪律特别是政治纪律，切实转变行业领导机关和领导干部工作作风，认真解决行业在重点领域和关键环节存在的突出问题，着力在教育、制度、监督上下功夫，推动行业反腐倡廉工作向纵深发展。

（二）认真学习和执行《党章》，坚决维护党的纪律

认真学习《党章》、严格遵守《党章》、大力加强党的纪律建设，是学习贯彻党的十八大精神的重要内容，是加强反腐倡廉建设的一项基础性、经常性工作，也是行业全体党员特别是党员领导干部的应尽义务和庄严使命。要原原本本、认认真真地学习《党章》，全面掌握《党章》基本内容，深刻领会《党章》精神实质，牢固树立《党章》意识，认真查找和纠正自己在党性党风党纪方面存在的问题，真正把《党章》作为加强党性修养的根本标准，把《党章》各项规定落实到具体行动中，自觉用《党章》规范自己的一言一行。要严格执行党的政治纪律和民主集中制，坚持党的群众路线，始终做到政治信仰不变、政治立场不移、政治方向不偏。

行业各级纪检监察机构要按照《党章》的要求，切实履行职责，把加强对党的纪律执行情况的监督检查作为一项经常性工作，把严明党的政治纪律作为重要职责，教育引导全体党员同党中央保持高度一致，自觉维护中央权威。严肃查处违反政治纪律的行为，决不允许公开发表同中央决定相违背的言论，决不允许"上有政策、下有对策"，决不允许有令不行、有禁不止。对在贯彻执行中央大政方针和国家局党组决策部署上打折扣、做选择、搞变通等行为，要严肃查处，切实做到纪律面前人人平等、遵守纪律没有特权、执行纪律没有例外。各级领导干部特别是主要领导干部要自觉做好表率，既要以身作则、率先垂范，主动维护党的纪律，又要坚持原则、敢抓敢管，担负起本单位严格执行纪律的领导责任，切实增强纪律的执行力。

（三）切实加强纪检监察队伍建设，努力提高行业反腐倡廉建设工作水平

打铁还需自身硬，职务就是职责，权力意味着责任。行业各级纪检监察机构承担着维护党纪政纪、加强反腐倡廉建设的重要职责，必须以更高的标准、更严的纪律要求自己，用实干创造实绩。切实加强思想政治建设，教育引导行业全体纪检监察干部始终把纪检监察工作作为一项政治工作来看待，认真学习领会党的十八大精神，熟悉掌握国家方针政策，关心党和国家大事，关注行业改革发展动态，自觉用中国特色社会主义理论体系武装头脑、指导实践、推动工作。要加强组织建设，进一步健全组织机构，配齐配强人员，加强干部交流，关心干部成长进步。要加强能力建设，熟悉行业中心工作，掌握纪检监察业务知识和有关法律法规，自觉用改革的思路、发展的眼光、历史的观点看待事物、分析问题，提高应对新情况、解决新问题的能力。要加强作风建设，牢固树立监督者更要接受监督的意识，坚持原则、勇于担当、敢于负责，严格工作程序和业务流程，健全岗位责任体系，强化政治纪律、办案纪律和保密纪律，树立纪检监察干部忠诚可靠、服务人民、刚正不阿、秉公执纪的良好形象。

三、2013年行业党风廉政建设和反腐败工作任务

2013年是全面贯彻落实党的十八大精神的开局之年，也是行业全面实现"卷烟上水平"目标任务的关键一年，抓好新年度党风廉政建设和反腐败工作意义重大。今年工作的总体要求是：全面贯彻落实党的十八大精神，学习贯彻十八届中央纪委二次全会精神，紧紧围绕党的先进性和纯洁性建设，以干部清正、行业清廉为目标，坚持标本兼治、综合治理、惩防并举、注重预防方针，扎实推进行业惩治和预防腐败体系建设，大力加强党的纪律建设，努力改进领导干部作风，认真解决群众反映强烈的突出问题，进一步提高行业反腐倡廉建设科学化水平，为建设更加规范、更富效率的中国烟草提供纪律保证。

（一）以抓好"八项规定"落实为重点，严明纪律，大力加强作风建设

党的作风体现着党的宗旨，关系党的形象，关系人心向背，关系党和国家的生死存亡。中央出台关于改进工作作风、密切联系群众的"八项规定"，充分体现了党要管党、从严治党的坚强意志，充分体现了求真务实、转变作风的坚定决心。国家局党组制定印发《关于贯彻落实中央八项规定的实施办法》（以下简称"《实施办法》"），对加强和改进行业作风提出了明确、具体、严格的要求。行业各级党员领导干部要深刻认识贯彻落实中央"八项规定"的重要性和紧迫性，把加强作风建设作为一项严肃的政治任务，从领导做起，从细节抓起，切实增强转变作风的自觉性和坚定性。

要密切联系群众，力戒形式主义、官僚主义。要按照中央的要求，深入开展以"为民务实清廉"为主要内容的党的群众路线教育实践活动，加强密切联系群众的各项制度建设，加大对作风方面突出问题的整顿力度。各级领导干部要大力弘扬行业"潜心做事、低调做人"的行为准则，讲实话、办实事、求实效。要改进调查研究工作，注重实际效果，下基层要轻车简从，多到有困难和矛盾集中的单位，多层次、多渠道调查了解真实情况。提倡不打招呼、不作安排的随机调研，实地走访和指导工作。基层要简化接待，减少陪同，不搞任何形式的欢迎标语和横幅，不到地域分界迎送，不安排宴请。切实改进会风，减少各类会议活动，控制规模和时间，提高效率和质量，严格控制经费，减少各类文件简报。集中精力打基础、谋发展，不搞沽名钓誉的政绩工程、形象工程。

要厉行勤俭节约，反对铺张浪费。改进作风的根本是发扬艰苦奋斗精神，坚持勤俭办一切事业。要认真执行中央以及国家局有关规定，加强费用预算管理，严格制定标准，切实控制经费支出。严格规范工商企业之间工作往来，严格规范工商企业业务宣传活动，严肃整治公款大吃大喝行为，严禁安排高消费娱乐活动，严禁借开会、调研、考察、检查等名义变相旅游。从严控制楼堂馆所建设，禁止违反规定购建、装修办公用房和配置高档办公用品。要严格规范企业负责人职务消费行为，严格执行公务用车、职务消费制度规定。巩固专项治理成果，防止公款出国（境）旅游、"小金库"、论坛庆典研讨会过多过滥等问题反弹，建立规范管理的长效机制。

要坚守底线，严格自律。底线就是红线、高压线，触碰不得。行业党员领导干部要本着对党和人民负责、对事业负责的态度，坚守法律底线、纪律底线和道德底线，常修为政之德，常思贪欲之害，常怀律己之心。当前，要认真落实《中国共产党党员领导干部廉洁从政若干准则》《国有企业领导人员廉洁从业若干规定》，严禁领导干部违反规定干预和插手工程投资、物资采购和宣传促销活动，严禁违反规定收送现金、有价证券和支付凭证，严禁利用职权和职务影响为配偶、子女及其特定关系人经商办企业提供便利条件；严格规范领导干部离职或退休后的从业

行为。

行业各级纪检监察机构要带头改进工作作风，把监督执行“八项规定”和国家局《实施办法》作为一项经常性工作来抓，出实招、动真格、见实效，以严明的纪律督促各级领导机关和领导干部切实改进作风。今年要在行业组织开展专项检查，着力整治形式主义、官僚主义、以权谋私等问题，坚决纠正走形式、搞变通的行为，严厉查处讲排场、比阔气、挥霍公款、铺张浪费的行为，对违反规定的要责令整改，对顶风违纪、情节严重、造成恶劣影响的，必须严肃查处，促进行业作风建设取得实实在在的成效。

（二）以落实“三重一大”决策制度为重点，切实加强对领导干部行使权力的监督

“权力导致腐败，绝对权力导致绝对腐败。”对权力的制约和监督是防治腐败的核心，必须严格规范权力运行，加强对领导干部特别是主要领导干部行使权力的监督制约，确保决策权、执行权、监督权既相互制约又相互协调，推进权力运行公开化、规范化。信任不能代替监督，每个领导干部都要摆正位置，养成在监督下行使权力、开展工作的习惯。要严格执行“三重一大”决策制度。国家局已就行业“三重一大”决策制定印发一整套制度规定，明确了决策范围、决策程序、监督检查、责任追究等内容，建立了“三重一大”决策情况报告制度，要求各单位对全年“三重一大”决策情况进行自查，每年12月底前向国家局、总公司专题报告。今年，要在行业组织开展“三重一大”决策制度贯彻落实情况专项检查。各级纪检监察机构要加强组织协调，认真制定监督检查工作方案，重点检查决策制度是否建立、决策方式是否明确、权限是否清楚、程序是否规范、执行是否严格、监督是否有力，进一步完善议事规则和决策程序，规范决策行为，提高决策水平，防范决策风险。要严肃组织人事纪律，严格执行干部选拔任用工作程序，加强对干部选拔任用全过程的监督，坚决制止拉票贿选、跑官要官等问题，匡正选人用人风气。要认真落实党内监督条例，严格执行民主生活会、述职述廉、诫勉谈话、函询等监督制度，加强对配偶子女均已移居国（境）外的行业工作人员的管理监督，认真执行领导干部报告个人有关事项制度。进一步加强和改进巡视工作，健全机构，充实力量，改进方法，提高发现问题的能力，强化巡视结果的运用，切实发挥巡视工作对领导班子特别是主要领导干部的监督作用。加强领导干部经济责任审计，及时调查处理审计中发现的问题，严格督促整改落实。

（三）以全面推行廉政风险防控为重点，加强行业惩治和预防腐败体系建设

惩治和预防是反腐倡廉工作相辅相成、相互促进的两个方面，必须把构建惩治和预防腐败体系放在更加突出的位置。在全面总结上一个五年规划落实情况的基础上，及早研究谋划新的规划和措施，抓好任务分解和检查考核，保证各项工作全面落实。

要把教育与管理结合起来。联系领导干部思想实际，精心安排教育内容，改进教育方式，重点抓好政治品质和道德品行教育、岗位廉政教育和警示教育。以明示与承诺制度为载体，扎实开展廉洁文化创建活动。要认真总结行业近年来在源头治理工作中取得的经验，把行之有效的做法上升为更具指导性和约束力的长效机制，继续抓好工程建设项目监管工作，严把“五个关口”，加大监督力度；不断完善行业资金监管系统，确保资金安全。进一步完善人财物等各方面的制度规定，提高制度执行力，让制度刚性运行，把权力关进制度的笼子里，形成不敢腐的惩戒机制、不能腐的防范机制、不易腐的保障机制。

全面推行廉政风险防控。要按照中央关于开展廉政风险防控工作的部署和要求，紧密结合行业实际，把加强廉政风险防控融入业务工作和管理流程之中，紧紧围绕权力集中的重要部门、资金密集的重点领域、人财物管理使用的关键岗位，认真编制“权力运行流程图”，科学评估和认真排查部门、岗位、人员在权力行使、制度机制、思想道德等方面存在的廉政风险，有针对性地制定防控措施，健全内控机制，推进权力公开透明运行，最大限度地减少腐败现象滋生蔓延的土壤和条件。

（四）以监督“两项工作”制度落实为重点，进一步规范生产经营行为

各级纪检监察机构要认真履行职责，加强监督检查，按照“规范权力运行、公开透明操作、确保监管到位、打造阳光烟草”的总体要求，督促落实国家局《关于进一步深入推进严格规范工作的意见》，促进“两项工作”深入推进。在办事公开民主管理方面，要监督本单位严格执行《烟草行业办事公开民主管理工作规范》，切实保障广大职工群众的知情权、参与权、表达权、监督权，以公开促规范，让干部职工监督权力，让权力在阳光下运行。要加强对工程投资、物资采购、宣传促销工作程序执行情况的监督检查，以是否贯彻执行“应招尽招”“真招实招”要求为重点，在落实制度、规范程序上下功夫，在推进公开、增加透明度上下功夫，在改进监督方式、拓展监督途径上下功夫，严格招投标工作纪律，坚决杜绝个人或者少数人说了算、擅自变更招标采购方式等现象，对于违反规定搞虚假招标、明招暗定、围标串标等违纪违法问题，必须严肃查处，绝不搞下不为例。要加强对“六个严禁、一个严控”“三个坚决”各项要求落实情况的监督检查，进一步规范卷烟生产经营秩序。在此，重申以下纪律要求：严禁上级领导机关干部和工作人员向下属单位打招呼、介绍关系，插手具体业务活动；严禁各级领导干部和工作人员以各种理由、形式规避公开招标，擅自决定项目实施；严禁具体工作人员疏于管理，把关不严，给违规行为开方便之门；严禁内外勾结，权钱交易，谋取非法利益。行业纪检监察机构要及时纠正和严肃查处违反纪律要求的行为，确保令行禁止、严格规范。

（五）以严肃查处顶风违纪案件为重点，保持惩治腐败高压态势

坚持有案必查、有腐必惩，做到有群众举报的要及时处理，有具体线索的要认真核实，违反党纪国法的要严肃查处。进一步突出办案重点，严肃查办违反政治纪律和组织人事纪律的案件；严肃查处违反“八项规定”的行为；严肃查办滥用职权、贪污贿赂、腐化堕落、失职渎职的案件；严肃查办插手工程投资、物资采购、宣传促销谋取私利的案件；严肃查办“两烟”生产经营中违纪违法案件，专卖执法中徇私舞弊案件，资产处置和产权交易中造成国有资产流失或损失的案件。

健全工作机制，提升办案水平。直属单位纪检监察机构要高度重视查办案件工作，深入研究新形势下违纪违法案件发生的特点和规律，加大自办案件力度，提高查办案件的能力和水平。要进一步畅通信访举报渠道，拓宽案源线索，充分利用审计、巡视、专项治理和监督检查成果，不断健全腐败案件揭露和查处机制。要防微杜渐，对反映党员干部的苗头性、倾向性问题及时提醒，防止小错铸成大错。

加强党风廉政建设，是行业各级党组织和全体党员的共同任务，各级主要负责人要认真履行第一责任人的职责，领导班子其他成员要按照“一岗双责”“谁主管、谁负责”的要求，切实抓好分管范围内的反腐倡廉工作。今年，国家局将把党风廉政建设责任制纳入行业领导干部绩效考核、机关工作目标责任制考核，加大监督检查力度，强化考核结果运用。

（据《国烟办通报》2013 年第 4 期摘编）

财务抓落实　审计重整改
进一步提高行业生产经营和财务管理规范化水平（节选）

——在 2013 年烟草行业财务审计工作会上的报告

张玉霞

（2013 年 2 月 27 日）

这次会议的主要任务是，认真贯彻落实 2013 年全国烟草工作会议精神，总结 2012 年行业财务审计工作，围绕“卷烟上水平”行业基本方针和战略任务，研究部署 2013 年财务审计工作。下面，我向大会作工作报告，主要讲三个问题。

一、2012 年财务审计主要工作

（略）

二、贯彻落实全国烟草工作会议精神，推动烟草行业持续健康发展

在 2013 年全国烟草工作会议上，姜成康局长对如何做好当前财务审计工作作了重要阐述，提出了具体要求，全行业财务审计人员要认真学习，全面贯彻落实。我们要紧紧围绕“卷烟上水平”战略任务，准确把握新的目标、新的工作定位和“四个新”的重点任务，抓落实、重整改、促规范，为建设“更加规范、更富效率”的中国烟草作出新的贡献。

（一）抓落实是财务管理工作的突出重点

抓落实，就是要按照全国烟草工作会议的要求，把国家局、总公司对行业财务管理的各项工作部署落在实处。一要不折不扣地落实党中央和国家局有关要求，厉行节约、严控开支。2012 年，中央制定了关于改进工作作风、密切联系群众的“八项规定”，对厉行勤俭节约、反对铺张浪费提出了更高要求，国家局党组制定印发了落实“八项规定”的实施办法，提出九项具体要求。全行业要站在保持行业持续健康发展的高度，深刻认识中央倡导厉行节约精神的重要意义，认真贯彻落实中央“八项规定”和国家局、总公司的九项要求，树立节约发展理念，坚持勤俭办事业方针。在财务管理工作中，要加强预算管理，严格资金监管，认真贯彻落实《烟草企业负责人职务消费管理实施办法》，进一步加大对重点费用的控制，严格规范企业负责人的职务消费行为，实现重点费用控制目标，坚决刹住奢侈浪费之风。二要认真贯彻落实财建〔2012〕635 号文件（即《烟草行业国有资产监督管理办法》），加强国有资产管理。要根据 635 号文件要求，健全完善相关制度办法，切实加强流动资产管理，严格执行资产处置程序，规范多元化投资行为，防止国有资产流失，维护行业来之不易的发展成果。三要抓好国家局、总公司下发财务审计制度办法的落实。要认真对照国家局、总公司已下发的财务、预算、会计、资产、审计方面的相关制度，结合本单位实际，制定实施细则，并切实抓好办法制度的执行。

（二）重整改是审计监督工作的主要任务

近两年，行业开展了以规范生产经营和财务管理行为为目的全面审计工作，积极推动存在问题的整改落实，取得初步成效。但我们仍要清醒地认识到，一些单位“新官不理旧账”“怕家法不怕国法”现象依然存在；一些单位执行政策只顾及本单位利益，不从全局角度考虑；一些单位整改工作就事论事、表面应付，整改不彻底；个别单位甚至边整边犯，前查后犯，性质恶劣。发现问题不是审计的目的，如果问题不整改，审计就没有意义。小问题不整改，长期积累就会转变为大问题。个别单位问题不解决，一旦在社会上曝光就会严重影响行业形象和专卖制度的巩固。为进一步加强审计整改工作，提高行业规范水平，国家局党组明确要求，

2013 年是行业的“审计整改年”。为此，各级各单位要把审计中发现问题的整改作为 2013 年内部审计工作的首要任务。除认真做好行业全面审计的整改工作外，还要依据审计报告和审计底稿，认真梳理近两至三年来政府审计、年报审计（包括年报审计报告附注中披露的重点事项和管理建议书）、经济责任审计、工程审计和各类专项审计中发现的问题，摸清情况、分门别类、归口落实。各级领导都必须高度重视整改工作，各相关部门都要针对审计发现的问题，制定整改措施，在做好问题整改的同时，举一反三，健全完善管理制度，堵塞管理漏洞，防止问题再度发生。

（三）促规范是实现行业持续健康发展的基本保证

行业连续多年开展了各项整顿规范工作，取得了明显成效。我们既要充分肯定取得的成绩，又不可盲目乐观。从总公司国有资本经营预算执行审计以及行业全面审计结果看，尽管“小金库”、账外账问题基本没有反映，但生产经营和财务管理不规范问题仍时而发生。一些原来在账内体现的问题以其他形式在第三方暴露出来，个别单位的问题还比较严重。当前，政府有关部门对烟草行业高度关注，不断加强对行业的监管。审计署在国有资本收益预算审计中高度关注烟草行业的收入分配问题，将补充养老保险和年金作为重点审计领域对待。中央四部委正在对烟草行业开展工资检查。国家税务总局拟在今年对烟草全行业进行税收风险评估，加强烟草企业的税务稽查工作。在政府不断加强对垄断行业监管和社会控烟形势日趋严峻的外部环境下，烟草行业内部出现任何违法违纪和违规问题，都将对行业形象造成损害，甚至对烟草专卖体制产生严重危害，这是靠税利增长也难以弥补的。姜成康局长多次指出，严格规范是行业持续健康发展的“生命线”。我们要努力消除在行业发展问题上的各种片面认识和短视行为，切实把烟草行业的发展建立在严格规范基础之上。要进一步加强制度建设，完善信息化管理手段，强化监督检查，发挥财务审计在内部监管格局中的关键性作用。要严格规范标准，以国家财经法律法规作为处理问题的基本依据，以能否经得起外部审计的检验作为基本评判标准。同时，要切实做到财务管理和审计监督自身规范，尤其是会计核算规范、资金运作的规范以及资产处置的规范，避免“灯下黑”现象。

三、2013 年主要工作任务

2013 年，行业财务审计部门要全面贯彻落实全国烟草工作会议精神，围绕“卷烟上水平”基本方针和战略任务，按照“更加规范、更富效率”的总体要求，完善制度体系，强化政策执行，规范财务管理和会计核算行为，坚持厉行节约，继续加大重点成本费用控制，加强审计监督，认真落实审计整改责任，不断提高服务水平。

（一）认真落实财政部 635 号文件，完善相关配套政策

要贯彻执行《烟草行业国有资产监督管理办法》，加强国有资产经营管理，落实国有资产保值增值责任。一要完善行业投资收益分配政策。根据 635 号文件精神，修订行业投资收益分配政策，配套制定《行业投资收益管理办法》，调整总公司、省级公司和工商企业之间的分配关系，增强行业发展后劲。二要制定国有资产处置有关程序性规定。认真落实财政部 635 号文件有关要求和《中国烟草总公司国有资产管理办法》，制定《中国烟草总公司国有资产处置工作指引》和《中国烟草总公司国有资产基础工作指引》，进一步规范国有资产处置程序和基础管理工作。三要开展重点配套政策研究。针对行业全面审计中发现的问题，制定完善相关制度，规范研发费用核算和管理；修订品牌合作生产财务政策，稳定品牌合作生产，促进重点品牌发展；修订《打假经费管理办法》，保障专卖管理工作顺利开展；制定《物流预算专项规程》，完善《烟叶生产投入补贴预算管理专项规程》，促进预算管理体系建设。

（二）高度重视审计监督，全面落实整改责任

全面落实 2013 年审计整改年的要求，认真抓好各项工作的贯彻落实。一要切实做好审计整改工作。要对全面审计发现的问题，并结合其他内外部各类审计中发现的问题再次进行梳理归类，提出专项整改意见，全面开展整改落实工作。要建立审计整改工作责任制，省级公司要对工商企业整改落实情况开展后续审计和跟踪审计，检查整改落实情况。为督促落实全行业整改工作，总公司将进行专项部署，并在省级公司开展整改工作的基础上，开展整改情况的全面检查。审计整改面上工作由审计部门牵头，具体整改由业务部门和财务部门负责。二要进一步完善审计委派制。审计委派制对于调动审计人员积极性、加强行业内部审计工作发挥了重要作用。要进一步明确审计派驻办的管理权限，妥善处理审计统与分的关系；建立健全考核奖励机制，加大对派驻办和派驻人员的考核力度，进一步调动审计人员主观能动性；建立派驻人员培养和管理机制，畅通审计人员的职业成长通道。三要认真做好常规审计工作。探索经济责任审计由注重财务收支审计到财务收支与管理审计并重的转变，把行业政策执行情况、“三重一大”事项要求的落实情况、民主管理情况等纳入审计范围，科学评判经营者业绩。继续深化工程项目审计，坚持全过程跟踪审计机制，突出抓好概算确定、工程造价审核和资金安全控制，提升项目规范管理水平。四要拓宽专项审计监督领域。重点对烟田基础设施补贴资金、五项重点费用预算执行情况、科研经费的使用管理等方面内容开展专项审计，提出切实可行的合理化建议，为领导决策当好参谋助手。五要积极推进“在线审计”，提升审计软件应用水平。各单位要按照国家局推广实施审计信息系统统一版本的要求，完善审计管理模块和经济责任审计模块。同时，要研究审计系统与财务管理其他子系统、卷烟、烟叶系统业务数据和其他现有系统的有效融合，提升审计系统的应用性。

（三）加强重点费用控制，提高预算管控能力

不断加强预算管理，进一步提高预算管控能力，发挥预算硬约束作用。一要继续加强对重点费用的控制。2012 年，全行业加强重点费用控制取得初步成效，今年要巩固成果，继续加大重点费用控制力度。2013 年行业预算控制的总体目标是，职工福利费开支总水平维持不变，宣传促销、会议及出国考察费用同比下降，业务招待费大幅度下降。围绕这一目标，要进一步加强预算考核工作。总公司将研究制定《行业预算管理工作考核评价办法（试行）》，将行业直属单位预算执行情况作为考评的主要内容。对行业直属单位实行福利费超支扣减工资总额和其他四项重点费用超支扣减预算额度的约束性措施。在省级公司领导班子考核中，要继续将重点费用的预算执行率作为重点考核指标对待。为认真落实中央“八项规定”，今年行业直属单位的业务招待费预算暂不下达，各单位要制订业务招待费开支标准，并在此基础上重新编制业务招待费预算，国家局、总公司将逐一审核后再行确定。二要推进成本费用标准定额体系建设。制定成本费用标准定额的目的，就要打破原来成本费用预算主要依据历史水平进行分配的做法，逐步实现以定额标准控制预算支出。2013年，国家局将选择部分重点费用下达指导意见，制定行业性的标准定额，推动行业预算定额标准体系建设。省级公司要在全省范围内指导企业建立健全定额标准体系，提高预算编制的科学性。三要完善预算管控机制。要发挥投资委员会、薪酬委员会和董事会在预算管理中的作用，明确归口管理部门与业务执行部门的责任，充分发挥业务部门在预算控制中的主体作用。要依托预算管理子系统，通过技术手段实现对费用预算、资本性支出预算的严格控制和电子预警机制，维护预算的严肃性。

（四）严格资产资金管理，规范资产运营行为

认真贯彻执行财政部635号文件，完善制度、强化执行、规范运作，切实防止国有资产流失。一要开展行业流动资产专项清查。重点对银行存款、往来账款和以烟叶、主要材料、烟机备品备件等为主的存货等流动资产进行专项清查，摸清流动资产的家底和管理现状，揭示并及时处理流动资产管理中存在的问题，防范资金和资产流失风险。在对流动资产全面清查的基础上，建立健全管理制度，加强企业流动资产管理，切实做到账实相符。二要严格监管资产处置行为。要继续实行资产处置预案管理制度和落实重大资产处置现场核查机制，完善资产处置结果报告反馈机制，实现资产处置闭环管理。要加强对多元化企业资产和股权资产的处置监管，严格规范各省级投资公司的再投资行为。在资产处置过程中，要严把审批、评估、备案、进场交易等关键节点，确保处置过程规范。三要积极推进跨行结算和银行卡应用工作。今年，总公司将下发《行业开展跨行结算及银行卡应用指导意见》，推进相关实施工作，并在此基础上推进行业“两烟”资金网上结算工作，逐步实现零售客户在线、主动、实时的货款结算，使“网上订货、网上营销、网上配货、网上结算”四网合一得以实现。四要切实加强资金监管。要高度重视资金的日常监管，进一步发挥资金管理中心的作用，完善资金监管系统，严格财务收支审批流程，加强资金安全内部风险控制。

（五）强化会计基础工作，不断提高信息质量

要积极适应业务流程的新变化，针对当前出现的新问题，切实规范会计核算，提高会计信息质量，夯实财务管理工作基础。一要进一步加强会计基础工作。总公司要编制下发《全行业会计基础规范》及《全行业工、商企业会计实务手册》，对工商企业的基本会计处理作出具体规定。要制订《全行业合并报表实务统一规范》及《全行业对账系统应用手册》，加强企业对账工作，进一步提高行业年度决算报表质量。省级公司要继续开展对基层企业会计工作达标验收和会计基础工作检查，进一步规范多元化企业会计核算工作，提升基础管理工作水平。二要进一步规范会计核算。工商企业要认真落实工商物流费用核算管理办法和复烤企业会计核算办法，切实规范物流费用核算和复烤加工环节的核算，总公司将就有关核算办法的执行情况进行检查，督促制度办法的落实。在日常工作中，工商企业要进一步规范烟叶生产投入、宣传促销费、基地建设、网络建设、终端建设等方面的核算，克服费用列支的随意性。三要进一步推进财务信息化工作。要总结行业财会管理信息系统“相互融合，整体推进”的试点经验，召开全行业推广实施现场会，推进财会管理信息系统的融合，实现各子系统之间“相互贯通、数出一门、信息共享”目标，提高财会管理信息系统的整体功能和效率。同时，各单位都要高度重视信息化条件下的财务数据安全问题，建立健全制度办法，防范财务数据泄密风险。

（六）加强思想作风建设，提升综合素质和业务能力

要按照国家局党组的有关要求，高度重视财务审计队伍思想作风建设，全面提高综合素质，努力打造一支思想可靠、作风优良、业务过硬、发展全面的财务审计队伍。一要进一步加强思想作风建设。深入开展“235”教育实践活动，树立财务审计人员大局意识、服务意识和责任意识，培养诚实守信、爱岗敬业、坚持准则、清正廉洁的良好职业道德。二要继续加大教育培训力度。各单位要采取多种形式组织专业培训，优化培训课程，提高培训针对性，促进业务人员专业技能提升。鼓励财务审计人员参加各种职业技能和执业资格考试认证，提高专业化水平。加强财务审计课题研究，提升财审人员分析、解决问题的能力。要鼓励开展多种形式的专业竞赛活动，营造比学赶帮的良好氛围。三要进一步加强财务审计队伍建设。要加大财务领军拔尖人才、审计委派人员和工程审计专业人才的培养力度，进一步扩大中高级会计审计师队伍，通过专业化建设带动财务审计队伍素质全面提升。

（据《国烟办通报》2013年第13期摘编）

（编辑：谢争艳）

行业概览

2013年行业改革发展关键词

【三个稳中有为、五个扎实推进】 2013年，行业坚持“稳中求进”的工作总基调，以提高经济增长的质量和效益为中心，实现烟叶生产稳中有为，卷烟产销稳中有为，税利总额稳中有为；做到执行中央“八项规定”和反腐倡廉建设扎实推进，党的群众路线教育实践活动扎实推进，经济运行调控工作扎实推进，专卖打假和规范管理扎实推进，科技创新和技改工作扎实推进。

【9559.86亿元】 2013年行业实现税利9559.86亿元，新增910.47亿元，增长10.53%。2013年上缴财政总额8161.22亿元，新增近1000亿元，增长13.9%；其中上缴国有资本收益295.68亿元，上缴专项税后利润400亿元，为国家财政增收作出特殊贡献。根据2014年国务院《政府工作报告》，2013年政府公共财政收入为12.9万亿元，行业上缴国家财政占政府公共财政收入6%以上。

【三大课题】 2013年，行业积极思考、谋划、实践三大课题，即改革的红利在哪里？发展的潜力在哪里？追赶的目标在哪里？行业各直属单位围绕“三大课题”，深入调查研究，广泛集中民智，向国家局上报有关建议。国家局党组成员分别领题，对“卷烟上水平”、烟叶生产、市场营销、货币资金保值增值和营销费用控制、“走出去”发展战略等五个专题开展调查研究，提出许多思路、规划、对策和举措，使“三大课题”更加具体化、更具操作性。

【五个形象】 2013年，行业着力全面提升“五个形象”，即全面提升行业深化改革的形象，全面提升行业科学发展的形象，全面提升行业控烟履约的形象，全面提升行业规范管理的形象，全面提升行业干部队伍的形象。

【重点品牌】 2013年，全行业主动适应市场环境变化，及时采取一系列有效措施，保持卷烟产销协调发展、重点品牌良好发展的势头，“532”“461”品牌培育成效卓著。28个重点品牌销量20578.5亿支（4115.7万箱），增长6.0%。卷烟单箱收入不断提高，全国平均达到2.5万元，增长7.3%。单箱税利不断提高，全国平均达到1.8万元，增长7.72%。

【打假打私】 2013年，行业专卖部门持续深入开展卷烟打假，发挥与公安机关联合打假长效机制作用，在源头治理、打击非法拼装倒卖烟机、打击原辅材料供应链方面取得重大突破。全国查处案值5万元以上假烟案件2998起，收缴制假烟机433台，查获假烟15.5万件；依法拘留7476人、追究刑事责任4960人。烟草打私成果创新高，查获走私案值和涉嫌偷逃税额分别增长1.4倍、3.4倍。

【一个调控有效、三个持续增加】 烤烟收购计划调控有效，全国种植烤烟2092万亩，减少26万亩；收购烤烟253.15万吨（5063万担），减少20.8万吨（416万担）。烟农收入持续增加，全国烤烟收购均价24.6元/千克，提高3.1元/千克；烟农种烟收入623亿元，在收购总量减少416万担的情况下，仍增长6%。上、中等级烟叶比重持续增加，达到97%，提高近3个百分点，优化结构工作取得明显成效。基地单元持续增加，全年新建基地单元122个，累计建设基地单元461个，其中特色优质烟叶开发基地单元146个。同时，烟叶生产基础设施投入和建设力度持续加大，全程机械化作业稳步推进，烟农专业合作社有序发展，现代烟草农业建设成为老少边穷地区富民强县、惠及子孙的德政工程。

【国际拓展】 根据《拓展国际市场指导意见》和《拓展卷烟国际市场实施方案（2011—2015年）》的部署安排意见，工业企业发挥主体作用，中烟国际发挥主导作用，拓展国际市场取得新进展。全年行业境外卷烟销售700亿支，增长13.8%，其中境外卷烟企业和合作销售444亿支，增长20.3%。努力拓展国际市场。坚持“三步走”战略方针，切实发挥工业企业开拓国际市场的主体作用，推进境外卷烟生产销售基地建设，积极开展国际合作，促进重点品牌在国际市场取得突破。

【党的群众路线教育实践活动】 根据中央统一部署，深入开展以“为民务实清廉”为主要内容的第一批党的群众路线教育实践活动。围绕反对“四风”，国家局党组从征求的475条意见中，查摆、分析、聚焦16个突出问题，坚持边学边改、边查边改，先后完善和出台12项管理制度、1个班子建设的文件规定。行业认真贯彻执行中央“八项规定”，认真落实国家局党组“九条要求”，全行业业务招待费、会议费、涉外费分别降低37.89%、43.6%、28.57%。发挥纪检监察职能，加强对执行中央“八项规定”和“三重一大”决策制度的监督检查，全面开展廉政风险防控工作，强化对权力运行的监督制约。

【控烟履约】 2013年，行业认真履行《烟草控制框架公约》《中国烟草控制规划（2012—2015年）》明确规定的责任和义务。严格按照国家计划控制卷烟增长幅度，坚持通过科技创新降低焦油和其他有害成分的含量，坚决支持公共场所禁烟，坚决支持中小学生禁烟，坚决劝阻青少年吸烟。

（编辑：李　昂）

2013年全国烟草行业发展概况

2013年，全国烟草行业在党中央、国务院的坚强领导和工信部的直接领导下，坚持以邓小平理论、“三个代表”重要思想和科学发展观为指导，学习贯彻党的十八大精神，学习贯彻习近平总书记系列重要讲话精神，坚持“稳中求进”的工作总基调，提出思考、谋划、实践“三大课题”，以转变经济增长方式为主线，以提高经济增长的质量和效益为中心，继续围绕“卷烟上水平”基本方针和战略任务，全面抓好各项工作，保持生产经营良好发展态势，实现“三个稳中有为”、做到“五个扎实推进”。2013年全行业实现税利9559.86亿元，比上年增加910.47亿元，同比增长10.53%，其中实现税金（不含企业所得税）6810.61亿元，比上年增加598.71亿元，同比增长9.64%。2013年上缴财政总额8161.22亿元，比上年增加近1000亿元，同比增长13.9%，其中上缴国有资本收益295.68亿元，上缴专项税后利润400亿元。

【烟叶工作取得明显成效】 烟叶生产实现连续16年稳定发展。烤烟收购计划调控有效，全国种植烤烟2092万亩，同比减少26万亩；收购烟叶253.15万吨（5063万担），同比减少20.8万吨（416万担）。烟农收入持续增加，全国烤烟收购均价24.6元/千克，同比增加3.1元/千克；实现烟农种烟收入623亿元，同比增长6%；2013年烟叶收购上、中等级烟叶比重持续增加，达到97%，提高近3个百分点。烟叶基地单元数量持续增加，2013年新建烟叶基地单元122个，截至2013年底，累计建设烟叶基地单元461个，其中特色优质烟叶基地单元146个。

烟叶基础设施建设扎实推进。2013年安排资金108.7亿元，建设烟叶生产基础设施项目44.1万件，其中烟水配套工程7.6万件，机耕路7802千米，密集烤房10.5万座，农机具13.5万台（套）。安排50亿元水源援建项目，有48件水源工程开工建设，完成土地整理项目58.4万亩。15省84个单元开展田间机械化试点工作，实施面积139.4万亩。

现代烟草农业单元建设水平持续提升。全国百亩以上连片7.1万片、产量212.25万吨（4245万担），占计划总量88.8%。积极培育发展种烟大户和家庭农场，安徽皖南户均规模达到70亩，山东烟叶家庭农场数量达到3126个，种烟面积占全省62%。注册综合服务型合作社1698家，入社烟农77.4万户，占烟农总数42.1%，积极开展91个行业示范社创建工作。专业化育苗100%，机耕整地84.7%、机械起垄68.3%，分别增加8.8个、3.5个百分点。标准化烟叶工作站数量达到480个。

适用技术推广与烟叶生产水平进步明显。生物物理防治技术普遍运用，有机肥施用技术积极推广。小苗膜下移栽技术有了重大进展，全国推广723万亩，占总面积三分之一以上，实现深栽早栽和分离式集中移栽，缩短育苗期，缓解移栽茬口的用工压力，是继漂浮育苗、密集烘烤之后，烟叶生产上又一次重大技术革新。2013年全国移栽时间平均提早10天以上，部分达到15天，有效延长大田生长时间，提高烟叶成熟度。

【卷烟产销保持协调发展】 2013年，全行业主动适应市场环境变化，及时采取一系列有效措施，保持卷烟产销协调发展、重点品牌良好发展的势头，“532”“461”品牌培育成效卓著。2013年全行业生产卷烟25337.5亿支（5067.5万箱），同比增长1.7%；销售卷烟24998亿支（4999.6万箱），同比增长1.2%。2013年实现卷烟批发销售收入12480.4亿元，同比增长8.5%。

卷烟产品结构有所提升。卷烟平均单箱批发销售收入为24963元，比上年同期增加1688元，增长7.25%。行业一至三类卷烟合计销量比重达到73.16%，同比增加4.28个百分点，其中一、二、三类卷烟累计销量比重分别为17.61%、8.9%和46.64%，同比提高2.14、1.17和0.98个百分点，四、五类卷烟销量比重则持续减少，同比分别下降1.9%和2.39%。

行业重点品牌发展态势良好。2013年行业28个重点品牌卷烟销售20578.5亿支（4115.7万箱），同比增长6.0%，占行业总销量比重的82.3%，同比增加3.7个百分点；实现销售额11627.1亿元，同比增长10.5%，占卷烟销售总额比重的93.2%，同比增加1.7个百分点。2013年共有9个品牌产量超过200万箱，其中“双喜·红双喜”产量最大，全年产量为2137亿支（427.4万箱），“云烟”“白沙”产量分别为1713亿支（342.6万箱）、1509.5亿支（301.9万箱），其他产量超过200万箱的品牌是“红塔山”“黄山”“红金龙”“利群”“七匹狼”“黄金叶”。全年共有13个品牌销售额超过400亿元，其中“中华”销售额最高，达到1322.6亿元，“云烟”“双喜·红双喜”“芙蓉王”“利群”“黄鹤楼”“玉溪”6个品牌超过700亿元，其他销售额超过400亿元的品牌是“白沙”“红塔山”“黄金叶”“黄山”“南京”“七匹狼”。

低焦油卷烟品牌保持增长。2013年行业8毫克/支及以下低焦油卷烟累计实现产量3530.9亿支（706.18万箱），同比增加262.75亿支（52.55万箱），增长8.04%；完成销量3468.7亿支（693.74万箱），同比增加234.45亿支（46.89万箱），增长7.25%，其中，重点品牌累计完成销量2989.8亿支（597.96万箱），同比增长5.09%，占8毫克/支及以下低焦油卷烟总销量的86.19%，同比减少1.77个百分点。行业6毫克/支及以下低焦油卷烟累计实现产量378.65亿支（75.73万箱），同比增加243.1亿支（48.62万箱），增长179.39%。完成销量378亿支（75.6万箱），同比增加234.45亿支（46.89万箱），增长163.28%。其中，重点品牌累计完成销量366.4亿支（73.28万箱），同比增长174.43%，占6毫克/支及以下低焦油卷烟总销量的96.93%，同比增加3.94个百分点。

拓展国际市场取得新进展。2013年行业境外销售卷烟700亿支，同比增长12.9%，其中境外卷烟企业和合作销售卷烟444亿支，同比增长20.3%。

【经济运行调控工作扎实有效】 2013年5月，新任国家局局长凌成兴到任履职后，确定行业总体工作思路是坚持“三个不变”，即年初确定的指导思想不变、目标任务不变、工作举措不变，面对复杂多变的市场环境，国家局着重抓好经济运行调控工作，把保持良好的市场状态作为经济运行调控的首要任务，采取“促销量、控调出、调库存、抓备货、挺价格、稳增长”等调控措施，着力调整市场状态，保持行业经济运行的总体平稳。

生产运行调控方面。增加适销对路品牌和规格的生产，保障农村市场供应；从严控制工业调出，适当减少年底备货数量，对存销比偏高、价格波动较大的品牌和规格采取限产限调措施，合理控制库存，保持价格坚挺。同时，切实加强安全生产，深入开展安全生产大检查。加强企业基础管理，在开展“管理创一流”活动基础上，全面推进精益管理，注重管理手段和方法创新，推动企业向管理要效益。

市场营销调控方面。明确“六个坚决禁止”要求，规范卷烟货源供应，提高货源投放的针对性和有效性；按照市场状态把握投放节奏，保持供求平衡；坚持市场导向，提高需求预测的准确率，尊重消费者选择，加大按客户订单组织货源供应。

资金管理调控方面。强化全面预算管理，严格重点费用控制，努力降低生产经营成本。全年卷烟工业企业销售收入成本率为24.06%，略有下降；工商企业三项费用率分别为7.21%和7.33%，均略有下降；行业重点费用支出93.44亿元，同比下降21.4%。开展流动资产专项清查和行业内部往来款对账工作，开展重大事项资金计划安排和拨付工作。

【专卖打假和规范管理扎实推进】 持续深入开展卷烟打假，发挥与公安部门联合打假长效机制作用，在源头治理、打击非法拼装倒卖烟机、打击原辅材料供应链方面取得重大突破。全年全国共查处案值5万元以上的制售假烟案件2998起，收缴制假烟机433台，查获假烟15.5亿支；依法拘留制假犯罪嫌疑人7476人、追究刑事责任4960人。烟草打私成果再创新高，查获走私案值和涉嫌偷逃税额分别增长1.4倍、3.4倍。

加强内部规范管理。加大对非法流通卷烟的监管力度，严格落实规范“两烟”生产经营行为各项纪律要求，对个别存在不规范经营行为地市局的主要领导给予严肃处理。贯彻落实《烟草企业采购管理规定》，扎实推进办事公开民主管理，强化制度程序硬约束，有效发挥董事会把关作用，公开招标工作取得新进展。全行业工程投资、物资采购和服务采购实施公开招标项目占比60.24%、金额占比82.82%。

重视审计监督。配合审计署完成行业经济责任审计工作，国家局召开专题会议通报情况、举一反三、全面整改。同时，组织行业经济责任审计项目31项、工程审计项目40项。

【科技创新和技改工作取得新进步】 实施创新驱动发展战略，加强行业科技创新体系建设，推进重大战略性课题和科技重大专项研究。绘制完成全球第一套也是唯一的一套烟草全基因组图谱，在国际上率先掌控烟草核心基因信息资源。重视烟草产品质量安全，持续降低卷烟有害成分含量，国产卷烟焦油量加权平均值为10.6毫克/支，同比下降0.3毫克/支；卷烟危害性指数加权平均值为8.7，同比持平。不断强化知识产权管理，全年全行业获得授权烟草技术类专利2962件，同比增长46%，其中发明专利515件，同比增长2.6%。持续提高行业工艺技术装备水平和综合配套能力，“超高速卷接包机组研制”重大专项引进技术样机通过鉴定，国产卷接包机组成功实现由高速向超高速的跨越。加快信息化重点项目建设，正式启动行业数据中心项目，实施统计数据下行服务，数据资源的开发应用和信息共享得到加强。

【党的群众路线教育实践活动扎实开展】 根据党中央统一部署，深入开展以“为民务实清廉”为主要内容的第一批党的群众路线教育实践活动。围绕反对“四风”，国家局党组从查摆的475个问题中，梳理、分析、聚焦16个突出问题。坚持边学边改、边查边改，先后完善和出台12项管理制度、1个班子建设的文件规定，着力抓住缴存公积金和企业年金的突出问题、公务用车管理的突出问题、财务管理的突出问题、出国管理的突出问题、会议经费管理的突出问题和加强领导班子建设的关键问题进行整改和规范。行业各级党组织和领导干部贯彻执行中央“八项规定”，全行业业务招待费、会议费、涉外费分别下降37.89%、43.6%、28.57%，封存超标车1344辆，清理多占办公用房47685平方米，停建经营业务用房项目86项，取消、停止出国团组77个，比年初计划压缩35.5%。

（编辑：周　佳）

发展计划与经济运行

【计划管理】 保持产销稍紧平衡。2013年，面对复杂多变的外部环境，国家局在综合考虑控烟履约规划、卷烟市场需求、计划资源利用等主要因素后，确定2013年全国内销卷烟生产计划基数总量为25387.5亿支（5077.5万箱），比年初确定的计划量增加572.5亿支（114.5万箱），增长2.3%。全年行业累计销售卷烟24998亿支（4999.6万箱），比上年增加288亿支（57.6万箱），增长1.2%。卷烟产量增量与卷烟销量增量大体相当，保持了稍紧平衡的态势。

保持烟叶生产稳定。坚持把控制总量摆在烟叶工作的首要位置，把优化结构作为烟叶工作的中心环节。全年全国种植烤烟2092万亩，同比减少26万亩；收购烤烟253.15万吨（5063万担），同比减少20.8万吨（416万担）。通过“下打两片、上打两片”的优化烟叶结构措施，共处理不适用烟叶折合干烟55万吨（1100万担），烟叶优化结构工作取得成效。上、中等级烟叶比重持续增加，达到97%，提高近3个百分点。

行业效益稳步增长。2013年，行业工商税利继续保持较快增长速度，累计实现税利9559.86亿元，比上年8649.39亿元增加910.47亿元，增长10.53%。重点品牌保持良好发展态势，全年销售重点品牌卷烟20578.5亿支（4115.7万箱），同比增长6%。卷烟产品结构持续提升，全国单箱平均销售额为2.5万元，同比增加0.17万元，增长7.3%。

*发挥计划管理的导向性作用。*根据全年卷烟市场需求情况，按照“总量控制、稍紧平衡”的原则，严格控制卷烟调出，新增生产计划中有350亿支（70万箱）只安排生产，不调出到商业企业。同时，新增生产计划主要用来支持“老少边穷”地区经济发展、支持重点品牌发展和支持境外实体化运作，体现行业的社会责任感。

【价格管理】 *深化“天价烟”专项治理，做好卷烟价格管理工作。*继续推进“天价烟”专项治理，通过采取约谈有关工商企业的方式，防止“天价烟”苗头性问题扩散。组织开展以“天价烟”和“明码标价”为重点的专项检查，不断加强对高价位卷烟的市场价格监测。高价位卷烟市场零售价格严格控制在1000元/条以内，有效预防社会媒体对“天价烟”的负面炒作。高价位卷烟全年销售88.7亿支（17.74万箱），同比增长44.8%，零售客户铺货率为14.37%，同比增加5个百分点。

*加强市场监测研究，确保市场价格稳定。*2013年，国家局对一万家市场监测样本进行更换，重新搭建调查网络，提高数据质量。精简指标体系、突出核心内容，以零售价格和社会库存为核心指标，提升卷烟市场监测水平。建立卷烟市场价格信息周报制度，重点采集各省级市场每周整体价格情况、销量前五名的重点品牌规格的零售价格信息和部分重点规格市场批发价格情况。加大数据分析力度，全年完成《卷烟价格数据分析月报》12份、《卷烟价格综合分析简报》12份、《卷烟市场监测分析报告》12份。

2013年卷烟价格总体保持平稳，零售价格指数月均为99.02，同比上升1.75。单包价格指数为102.11，同比上升1.5。零售客户毛利率为11.64%，同比提高1.85个百分点。

*完善卷烟价格管理体系，营造有序竞争环境。*搭建起32个主流价位的价格梯次结构，形成竞争有序、定位清晰的卷烟价格体系。进一步加强对新卷烟产品价格的审批，严格执行同一牌号同一价位不得超过3个规格的规定，引导工业企业进一步树立市场意识，明晰市场定位。2013年完成111个新规格的价格审批，调整8个规格价格，清退100个规格。截至2013年底，国产卷烟调拨价格目录共有792个卷烟规格。重新测算进口卷烟、雪茄烟各环节价格，维持进口卷烟和雪茄烟市场价格稳定。

*研究烟叶价格政策，优化烟叶结构。*准确把握烟叶价格政策，确保烟叶生产“稳得住、控得住”，为优化结构、支持“老少边穷”地区经济发展提供政策保障。2013年烤烟实际平均收购价提高14.5%，烟农烟叶收入620亿元左右。进一步加大优化结构补贴力度，全年优化结构补贴35.6亿元，既增加烟农收入，又减少不适用烟叶的库存，在压产20.8万吨（416万担）情况下，烟农种烟总体收入仍然增长6%。对烟叶收购和成本价格情况进行调研，会同国家发展改革委价格司制订2014年烟叶收购价格，并及时下达。

*强化烟机价格管理。*发布2013年国产烟机价格目录，完成一批重点烟机设备的价格审核批复工作。研究制定9项烟机设备计价公式。下达国产、进口二醋酸纤维丝束2013年销售价格。

【投资管理】 *强化投资引导，严格项目审查。*2013年，行业年度投资项目计划为562亿元，实际完成投资388亿元。国家局、总公司批复投资项目113个，批复总投资额393亿元，下达烟草专用机械购置计划共计1453台（套），涉及投资金额68亿元。

*继续增强投资管理的导向作用。*启动一批工业企业和打叶复烤厂整体技术改造项目和卷烟物流配送中心建设，包括云南红河、贵州遵义、江西井冈山、陕西澄城等卷烟生产厂整体技术改造项目，以及云南保山、湖北襄阳等打叶复烤厂整体技术改造项目。逐步完善烟叶工作站、仓储设施等基础设施建设。支持梗丝再造、烟草薄片等新技术、新工艺的开发应用，促进行业相关产业技术升级。

*注重建章立制，规范技改行为。*2013年，国家局修订完善《烟草行业固定资产投资项目竣工验收管理办法》，拟定《烟草行业信息化投资项目管理规定（初稿）》。启动《卷烟厂设计规范》《打叶复烤厂设计规范》编制工作，为行业卷烟厂、打叶复烤厂技改总体规划设计提供依据。按照行业装备政策，梳理烟草专用机械名录，进一步规范烟草专用机械管理。组织召开“十二五”卷烟工业企业技术改造成果交流会，推广《烟草行业绿色工房评价标准》等科学评价指标。

*规范投资管理，治理超投资行为。*规范投资项目管理程序，注重过程跟踪管理，组织有针对性的业务培训，促进投资管理程序规范、过程有效控制。增强直属单位责任意识，对发生超投资行为前，未及时按照相关规定申报的单位，提出严肃批评和整改意见。强化项目监督检查，配合行业工程建设项目审计及“三重一大”重点检查，对个别单位存在的招投标不规范行为以及严重超投资行为进行行业披露和严肃处理。

【产销引导与调控】 *加强行业经济运行分析研究。*2013年，行业面对一季度宏观经济下行压力加大，高端高档酒和礼品销量大幅下滑等不利因素影响，一季度卷烟销量尤其是行业高端卷烟销售增长乏力、产品供应结构性矛盾突出、库存偏高、价格波动，针对这些问题，国家局及时召开局机关经济运行分析会，对存在的问题进行深入分析，并于4月16日召开全行业经济运行工作会。会议提出将二季度作为调整期，把保持良好的市场状态作为经济运行调控的主要任务，制定“控总量、调结构、降库存、稳价格”调控措施。为贯彻落实经济运行工作会议精神，全面了解市场状态，5月中下旬相关人员先后实地走访江苏、浙江、广东等8个省级地区卷烟市场，突出围绕重点品牌市场表现、社会库存走势及卷烟价格波动等情况进行调研，进一步了解零售市场状态及发展态势，并采取严控生产进度、调整运行态势等具体调控措施。三季度卷烟市场状态较一季度有所好转，但仍存在销量增长压力大、结构提升趋缓、库存偏高等问题。针对存在问题，国家局于10月24日召开行业运行工作座谈会，提出“促销量、控调出、调库存、抓备货、挺价格、稳增长”调控措施，即通过增加适销对路卷烟货源供给、严格规范卷烟生产经营秩序、从严控制工业调出、合理安排年底备货、理性控制卷烟库存等一系列措施。

坚持“控总量，调结构，降库存，稳价格”的调控方针。国家局分别在3月、5月、7月和11月四次对行业存销比偏高的一、二类卷烟品牌（规格）下达限产限调令，先后对31个品牌（113个规格）下达限产调度令，涉及16家工业公司，其中，一类卷烟品牌50个规格、二类卷烟品牌26个规格、三类卷烟品牌37个规格。对26个一类、二类、三类卷烟品牌（62个规格）下达限调调度令，涉及25个省级商业公司，确保工业企业产品结构与市场需求相适应。

【品牌管理】 概况。2013年，行业重点品牌产销规模同比保持较快增长，品牌结构持续提升。全年重点品牌累计产量为20891.5亿支（4178.3万箱），同比增加1118.5亿支（223.7万箱），增长5.7%；销量20578.5亿支（4115.7万箱），同比增加1159.5亿支（231.9万箱），增长6.0%，占总销售比重82.3%，同比提高3.7个百分点。焦油含量8毫克/支及以下低焦油卷烟累计实现产量3530.9亿支（706.18万箱），同比增加262.75亿支（52.55万箱），增长8.04%。

开展专项工作治理。进一步落实关于开展“天价烟”和卷烟过度包装专项治理工作，先后下发《国家烟草专卖局办公室关于进一步加强卷烟不规范生产经营行为及过度包装专项治理的通知》（国烟办综〔2013〕185号）和《国家烟草专卖局办公室关于整顿卷烟包装盒内放置宣传卡片行为的通知》（国烟办综〔2013〕18号）等文件，并督促具有违规行为的相关单位进行全面自查和整改，确保工业企业生产经营行为规范运行。

持续推进品类构建。为推进品牌创新与发展，9月，国家局在武汉召开卷烟品类创新与发展交流会议。会议全面总结5年来行业卷烟品类构建取得的成效和经验，明确行业今后一段时期进一步深入推进卷烟品类构建的总体要求：即品类构建的战略化、品类营销的市场化、品类创新的系统化，并在“三化”基础上求突破，不断提升技术创新力、市场营销力和品牌文化力。通过品类构建和创新，促进品牌持续健康发展。

开展卷烟产品质量评价工作。2013年，国家局启动《中式卷烟消费体验感官评价方法》标准项目预研工作，对卷烟产品“轻松感、舒适感、满足感”进行评价，全面科学地度量卷烟产品核心价值和消费体验。有效指导工业企业维护、改进产品质量，提升产品研发的技术水平和产品的市场适应能力，为商业企业开展品牌培育和市场推广工作提供参考。同时，国家局充分发挥评委会作为行业智囊团和专家型组织的作用，对行业部分低焦油卷烟新产品进行评吸、检测，及时了解和掌握低焦油卷烟新产品的质量以及技术创新成果在产品中的转化和应用，并将检测结果在行业内进行通报，促进企业改进、提升产品质量。

【重大专项实施】 中式卷烟制丝生产线重大专项稳步推进。截至2013年底，国家局完成8条中式卷烟制丝生产专线的综合评审。通过打造品牌专线，完成分组加工技术深化、烟叶特殊处理、加料方式方法等新工艺新技术的研究与应用，进一步强化产品的风格特色，提升原料使用价值，拓宽原料使用范围，品牌专线代表性规格产品上等烟叶使用比例平均降低15%以上。形成一批突出品牌风格特色的个性化加工技术，在叶丝加料技术、单等级烟片个性化处理工艺技术、烟梗膨胀制粒工艺技术、再造烟叶制丝工艺技术、特殊烟叶（丝）处理工艺技术、薄层物料双面加料工艺技术、统计过程控制与诊断技术（SPCD）等方面取得一批创新成果，有力地支撑行业品牌持续稳定健康发展。

卷烟增香保润重大专项成效显著。在充分发挥首席专家技术引领作用和工作团队技术传导作用的基础上。初步建立4个烟草保润性能评价方法，筛选一批亲水型和封阻型保润剂，研发一批新型自主掌控的香精香料，通过加香加料技术研究，显著提高烟叶的使用价值，卷烟增香保润重大专项取得较为明显的成效，初步筛选出若干个亲水型和封阻型保润剂，自主开发或掌控数十种新型香精香料。

【企业管理】 精益管理全面推进。7月，国家局下发《国家烟草专卖局关于全面推进企业精益管理的意见》（国烟运〔2013〕316号），提出要在全行业推行精益管理，并对行业推进精益管理提出方向性要求。11月，全国烟草行业企业管理现场会在广州召开，总结交流行业推进精益管理的做法和经验，提出下一步推行“五个精益”的目标任务，即导入精益思想、推行精益方法、建立精益组织、形成精益流程、实现精益目标。

质量管理体系建设评价工作全面开展。5月，组织实施覆盖全行业18家中烟工业有限责任公司和36家重点城市烟草专卖局（公司）的一流质量管理体系交叉评价工作，对照一流质量管理体系建设评价标准，重点对企业质量目标管理和文件执行力进行评价，发现不合格项185项，提出具体改进建议473项。通过交叉评价及整改工作，各单位对自身存在的问题有了清醒的认识并及时进行纠正，体系持续改进工作取得积极成效。

对标工作持续有效推进。进一步完善对标指标体系，1月，国家局下发《国家烟草专卖局办公室关于调整2012年行业对标指标的通知》（国烟办综〔2013〕20号），将工业企业对标指标从44个调整到34个，商业企业对标指标从23个调整到20个，进一步突出对标指标体系的导向性。

2013年，从前三季度的对标情况来看，工业企业32个指标中有20个指标同比提升，19项标杆值同比提高；商业企业14个指标中有8个指标同比提升，7项标杆值同比提高。工业企业卷烟三项费用率为6.01%，同比下降0.34个百分点，商业企业卷烟三项费用率为4.92%，同比下降0.3个百分点；业务招待费大幅下降，工业企业业务招待费同比下降37.36%，商业企业业务招待费同比下降43.96%；节能减排成效明显，万支卷烟综合能耗3.14千克标准煤，同比下降4.56%，万元工业增加值综合能耗为10.68千克标准煤，同比下降12.24%。

优秀卷烟工厂创建活动取得实效。为贯彻落实创建“优秀卷烟工厂”活动实施方案，3月，国家局办公室印发《关于2012年创建优秀卷烟工厂活动情况的通报》（国烟办综〔2013〕160号），对全年创优工作提出明确要求。8月，卷烟工厂5个创优专题实现全部结题，汇编形成《烟草行业基础管理指南（二）》在行业发放。为推广应用专题成果和推进精益生产，9月，国家局组织召开第六期全国烟草行业卷烟工厂厂长培训班，进一步推进卷烟工厂精益管理，提升创建优秀卷烟工厂活动水平。

【物资管理】 物资采购中心建设。为推进物资采购中心建设，制定物资采购中心创优活动方案，国家局通过开展调研、收集18家工业公司物资采购部门目标责任制考核方案、与多家工业公司物资管理人员商讨，拟定出物资采购中心创优方案和创优的主要指标，并两次下发调查表，对创优方案和创优指标进行征求意见，进一步完善活动方案和指标体系，到2013年底，形成创优方案初稿。

烟用物资公开招标工作。2013年，国家局以香精香料为烟用材料公开招标工作的突破口，将香精香料招标比例作为行业对标管理的重要指标，先后印发《关于推进香精香料公开招标采购的意见》（国烟运〔2013〕294号）、《国家烟草专卖局办公室关于2013年上半年行业香精香料公开招标情况的通报》（国烟办综〔2013〕439号）和《烟草行业香精香料公开招标目录》（国烟办综〔2013〕618号）等文件，下半年香精香料公开招标比例超过20%。全年行业工业企业烟用物资公开招标比例为89.07%，同比增长6.2%。

烟用物资交易网升级改造。为全面推进中国烟草物资电子商务网升级改造工作，国家局相关人员先后到河北、山东、云南、河南等省份对物资网升级改造进行调研，该系统于10月初开发完成，并进行内部测试，于10月组织各中烟公司物资部门相关人员进行培训和试运行，并印发《关于物资网正式上线运行的通知》。11月，中国烟草物资电子商务网升级改造完成并正式上线运行，所有卷烟材料采购全部在物资网上进行交易，对采购流程关键节点实施管控。截至2013年底，物资网总成交合同份数1414份，总成交额为33.3亿元，其中，专卖品合同成交份数356份，成交额为13.1亿元，占总成交额的39.33%；非专卖品合同成交份数1058份，成交额为20.2亿元，占总成交额的60.67%，实现非专卖品卷烟材料网上交易。

【节能减排】 2013年，烟草行业各单位认真贯彻落实国务院和国家局关于节能减排的工作部署，加大工作力度，狠抓各项工作的落实，提高能源使用效率，减少污染物排放。1月，印发《2012年节能减排工作通报》，制订2013年的工作目标和任务，并提出主要工作措施。7月，印发《2013年上半年节能减排工作通报》，针对下半年的工作提出新的要求和任务。全年万元工业增加值能耗下降5.7%，二氧化硫减排23.4%，化学需氧量减排8.5%，氨氮减排15.2%，氮氧化物增加5.8%。29家重点用能单位的单位产品能耗降低2.4%。

【QC小组活动】 为提高QC小组活动水平，普及专业知识，3月，国家局组织工商企业150余人参加行业质量管理小组活动知识培训班，提高业务素质和技能。7月，召开全国烟草行业第24届QC小组成果发布会，从行业5300余个小组中选拔出的58个小组参加课题发布，筛选出10项有较高水平的精益管理及管理创新成果，并在行业内推广。2013年，行业QC小组活动共创造直接经济效益3.52亿元，参加QC小组活动人数占职工总数的18.5%。

【安全管理】 提升安全生产标准化达标水平。国家局督促、指导各省级公司组织各地市级公司、烟叶复烤企业开展安全生产标准化达标创建。截至2013年底，除异地搬迁的单位，行业完成安全生产标准化二级企业水平的单位占总数96%以上。

开展行业安全生产大检查。2013年5月和10月，国家局各组织开展一次行业安全检查，检查突出防火、防爆、防重大交通责任事故等重点，采取对标定量的检查方式，检查工商企业155家、查出各类隐患或管理问题810余项，促进企业隐患排查治理工作。

6月至9月底，集中开展行业安全生产大检查和隐患排查治理，对“两烟”产区或安全管理基础相对薄弱的41家工商企业进行交叉检查，国家局督导组重点对4家醋纤公司和上海庙煤矿以及6家工商企业进行检查。多数省级公司所属企业在各阶段检查中查出的隐患整改率超过95%，少数没达到的把事故风险降低到可控范围。

11月末至12月初，国家局组成专项安全检查组，由全体国家局领导分别带队，对4家醋纤生产企业、1家煤矿生产企业、3家烟叶复烤企业、4家卷烟厂、6家卷烟物流配送中心进行全面深入检查。

加强安全生产培训工作。4月，国家局分两期组织行业安全生产专业技术委员会成员和工商企业业务骨干进行安全生产标准化岗位达标、专业达标培训，参加培训人员有350余名。

开展系统安全评价工作。国家局督促、指导各省级公司组织工商企业针对不同重点，对本单位电气设施、锅炉压力容器、仓储、交通安全管理等分别开展系统安全评价，落实隐患排查和专项治理工作。96%以上的卷烟工业企业、地市级公司、烟叶复烤企业至少完成一个专项的全面评价并落实相应的整改措施。

【董事会工作】 完善公司制度体系。规范管理工作程序，指导行业17家工业公司根据公司基本制度进一步细化和完善公司制度体系。5月，在江西召开董事会现场调研暨经验交流座谈会，结合会议讨论情况，制订印发《董事会工作学习文件》《董事会工作基本制度》和《董事会工作文本格式》，进一步提高董事会工作人员业务水平，规范董事会工作流程和工作标准。

简化物资采购流程。对物资采购工作实行简政放权，针对卷烟生产企业每天都可能发生物资采购及保证生产应急采购的实际情况，探索在年度董事会审议批准的采购计划及采购方式的基础上，简化董事会审定变更采购方式和采购内容的流程，有效地处理规范经营与提高效率的关系。

加强管理监督。进一步提高投资管理水平，做到事前科学决策，事中过程跟踪，事后总结反馈，要求进一步提高投资执行率，要求公司投资立项要理性、项目管理要科学、费用支出要节约。各工业公司认真贯彻落实中央关于转变作风、厉行节约的“八项规定”，坚决贯彻执行到位。严格执行国家局、总公司贯彻落实中央规定的工作要求和关于重点控制费用预算削减的要求，对五项重点控制费用预算进行严格控制，坚决遏制铺张浪费。高度重视调研工作，专门组织进行多项专题调研，形成6份调研报告，对重点费用控制、投资管理、采购管理、薪酬管理、董事会建设等方面提出9条建议。

董事会职责。审议批准各公司投资项目、薪酬方案、预算方案、资产处置方案、采购计划和采购方式，并按照公司工作进展情况对上述事项进行及时调整。重点对投资执行进展情况、重点费用使用情况、薪酬方案执行情况和采购计划执行情况跟踪监督和评估。全年召开董事会综合类年度会议34次，专题会议106次，专门委员会会议180次，调整采购方式446项。

（编辑：周　佳）

烟叶生产经营

2013年，全行业烟叶生产工作围绕“原料保障上水平”的各项任务目标，以现代烟草农业建设为统领，把控制总量摆在首要位置，把优化结构作为中心环节，把着眼烟农增收致富和烟区发展作为烟叶工作的重要职责，全面推进原料保障各项工作上水平，烟叶生产实现连续16年稳定发展。全年烟叶工作主要特点体现为“一个调控有效、三个持续增加”，即烤烟收购计划调控有效，烟农收入持续增加、上、中等级烟叶比重持续增加、基地单元持续增加。

【烟叶种植】 严控种植规模。由于近几年国家局连续提高了烟叶收购价格，各项投入补贴力度不断加大，烟叶风险保障机制日渐完善，种烟收益和烟农积极性稳步提高，对2013年烟叶生产形成较大稳控压力。面对复杂形势，国家局坚持把严控规模摆在首位，明确规定250万吨（5000万担）是一条红线，4月，印发《关于严格控制烟叶种植面积的紧急通知》，建立重点产区联系责任制度，确保烟叶生产规模得到有效控制。各产区把控制总量作为“一把手”工程，实行问责制，严把面积核实、合同签订关，其中，云南、贵州、四川、重庆等省、市层层签订责任状，深入基层，严格督查；湖南、湖北等省严把面积核实、插牌定界，杜绝层层加码；河南、陕西等省积极开展农户和田块优化，明确“四不种五不签”制度。面对自然灾害，积极采取有效措施，及时组织灾害救助，努力将损失降至最低，有效保障烟农利益，国家局专项拨付云南、贵州、广西等地灾害补助资金7.5亿元。通过产区的努力，烟叶种植规模得到有效控制，收购总量保持平稳。

推进烟叶订单生产试点工作。6月，国家局下发《关于切实加强2013年烟叶订单生产试点工作的通知》，要求把订单生产作为提升烟叶有效供给能力的关键举措，指出要以工业企业品牌需求为导向，以满足卷烟品牌发展原料需要为目标，以田间消化处理不适用烟叶为抓手，深入推进烟叶资源配置方式改革。2013年，烟叶订单生产试点单位维持在2012年参与试点工作的工商企业范围内，由工商企业协商确定参试基地单元，实现工业企业品牌需求满足率达到95%以上、烟叶等级合格率达到80%以上的目标任务。

2013年，全国烟叶移栽面积2092万亩，同比减少26万亩；签订合同109万份，同比减少1.5万份；由于取消种植合作社，烟农数量增加，全国共有种烟农户184万户，同比增加52万户。

【烟叶收购】 优化结构，提高等级质量。为进一步缓解烟叶结构性矛盾，国家局提出全面优化结构的工作要求，下发具体实施意见，由3片调整为4片，即由“下打两片，上打一片”调整为“下打两片，上打两片”，补贴标准提高至170元/亩。国家局于7月4—5日在山东诸城召开全国烟叶收购暨现代烟草农业建设现场会，总结上半年全国烟叶生产情况，交流现代烟草农业建设经验，安排部署烟叶生产收购及现代烟草农业建设工作。各产区加强组织领导，明确责任目标，细化工作措施，严格验收程序，完善补贴机制，强化过程监督，确保优化结构工作到位。继续探索订单生产试点，统一执行“下2上3”220元/亩、“下3上3”390元/亩的补贴标准。通过“下打两片、上打两片”，全国累计清除不适用鲜烟叶420万吨，折合干烟55万吨（1100万担）左右，优化结构工作取得明显成效；订单生产收购烟叶15万吨（300万担）左右。

加强烟叶专业化分级散叶收购工作。3—4月，国家局在贵州举办全国烟叶专业化分级散叶收购工作规范培训班，这是国家局第一次把业务培训放到产区举办。通过专家讲授、现场演示与研讨交流相结合方式，培训来自全国各商业、工业公司烟叶专业化分级散叶收购试点单位的有关人员。通过深化工商合作，联合开展生态、品种、技术、品质特色、模块打叶以及配方工艺的深化研究，全年工业主导专业化分级散叶收购量达到120万吨（2400万担）。

2013年，全国收购烤烟253.15万吨（5063万担），同比减少20.8万吨（416万担）；烤烟收购均价为24.6元/千克，同比增加3.1元/千克；实现烟农种烟收入623亿元，同比增长6%。上等烟叶占比59.62%，同比提高1.81个百分点；上、中等级烟叶比重达到97%，同比提高近3个百分点。中部烟占比62.2%，同比提高4.15个百分点，优化结构工作效果明显，较好地满足了重点品牌优质原料需求，并对缓解总量压力发挥了重要作用。

【烟叶流通】 全国签订2013年度烤烟购销协议247.16万吨（4943.15万担）（含出口备货），同比减少17.48万吨(349.51万担)，其中，国内227.74万吨（4554.85万担）、出口备货19.42万吨（388.3万担）。签订2013年度晾晒烟购销协议7.97万吨（159.31万担），同比减少1.53万吨(30.68万担)，其中，国内4.95万吨（98.91万担）（白肋烟45.1万担、香料烟3.8万担、其他晾晒烟50.01万担）；出口备货3.02万吨（60.4万担）（白肋烟11.5万担、香料烟30.9万担、其他晾晒烟18万担）。

【基础设施建设】 落实“一基四化”总体要求，深入开展土地整理和田间机械化工作，推进烟叶生产基础设施建设。全年安排资金108.7亿元，建设项目44.02万件，其中烟水配套工程7.6万件（水池4627口、82.3万立方米，水窖62521口、145.4万立方米，沟渠4856条、长4733千米，管网2353条、长10492千米，塘坝966座、1399万立方米，机井969口，提灌站139座），受益基本烟田面积314万亩；修建机耕路7802千米，受益基本烟田面积80万亩；烟叶调制设施20.94万座（新建烤房10.48万座，烤房加热设备维修更换3.84万座，烟夹与散叶烘烤3.17万座，烟夹、散叶烘烤老旧烤房改造1.7万座，晾房1.73万座，烘烤工场附属设施199个）；购置田间机械化设置13.49万台(套)，受益基本烟田面积110.1万亩；建设育苗设施1.31万个，受益基本烟田面积132.8万亩；土地整理435件、整理面积58.42万亩。

推进水源援建项目建设，全年安排资金50亿元，有48件水源工程建设项目开工。推进土地整理项目，截至年底，完成土地整理项目58.4万亩。提高烟草农业机械技术装备水平和烟叶生产机械化作业水平，在15省84个基地单元开展田间机械化试点工作，实施面积139.4万亩。产区积极开展农机测试，贵州、湖南、福建、重庆等省、市先后建立采购目录。统一散叶分风板、烟夹标准，组织4期500多人理论与现场实操培训，完成12个省份40个烟叶基地单元3.17万座烤房改造，全面推广应用散叶堆积、烟夹烘烤方式，其中散叶烘烤方式近1万座。

各地探索创新提高烟叶生产基础设施建设工作水平。山东省局（公司）与五征集团合作，探索产区与农机生产企业合作研发的新思路；四川凉山州局（公司）使用太阳能提灌站、山东诸城市局（公司）探索沼气发电，用于密集烤房烘烤；吉林白城市局（公司）探索密集烤房热油集中供热；山东临沂市局（公司）、福建龙岩市局（公司）、安徽皖南各市局（公司）积极研发可拆卸烤房；湖北省局（公司）提出“突出效率效益、优化投入管理”观念，提高项目建设水平和管理水平。

保障基础设施建设项目的真实性和资金安全，国家局以项目质量管理和资金规范使用为重点，加强项目审批、检查、验收。同时，加强对已建设施的管护与利用，确保项目持续利用，国家局开展2012年度基础设施项目建设验收工作，严格验收程序，扩大抽查地市级与县级单位验收范围，增加项目抽查验收比例。截至年底，国家局共组织148人次对16个省（市、自治区）的2012年度基础设施建设项目进行验收，随机抽查43个市（州）85个县（区），抽查项目4840件，涵盖所有项目类型。

为全面掌握2005年以来烟叶生产基础设施建设项目的基本情况，国家局于2013年组织对全国22个省份2005—2012年度烟叶生产基础设施建设项目数量、建设类别、使用率和存废比、补贴资金数以及待建数量等数据进行摸底清查，开展“回头看”调研，梳理8年来烟叶生产基础设施建设工作的主要做法和基本经验。

【现代烟草农业建设】 *基地单元概况*。2013年1月，国家局办公室下发《关于2013年烟叶基地单元和特色优质烟叶开发单元安排的通知》（国烟办综〔2013〕52号），确定全年在全国新增建设122个基地单元和25个特色优质烟叶开发单元。5月，国家局组织两期300多人的工作规范培训，并对2012年72个烟叶基地单元逐级验收；11月，国家局通报验收情况，72个烟叶基地单元全部通过验收。截至年底，国家局累计批准建设烟叶基地单元461个，其中339个通过验收，特色优质烟叶开发基地单元达到146个。

基地单元建设特点。在基地单元的评价验收过程中，单元建设呈现出4个特点。一是单元建设的系统性增强，在建设过程中，各地把基本烟田规划与烟水烟路建设、土地整理以及两场合理布局紧密结合起来，把合作社建设与种植主体培育、农机具配置、业务流程设计紧密结合起来，把烟站整合与岗位优化、队伍建设、管理创新、信息化应用紧密结合起来，提升单元建设质量。二是各项工作的协调性增加，工商研三方联系紧密、交流互动，完善合作协调机制；理顺各种关系，软硬件协调发展，适应现代烟草农业发展新变化，通过生产关系调整促进生产力发展。三是生产技术的集成性提高，从单元种植制度设计到先进适用技术，再到先进理念应用，实施全过程、全方位的技术集成，形成一整套特色优质烟叶生产技术体系，保障烟叶品质特色化。8月7日，“百年浓香”河南浓香型烟叶品牌研讨会在河南许昌召开，会议提出要着力提升河南浓香型烟叶生产水平，打响“百年浓香”品牌。四是工商合作的内涵更丰富，工商合作从烟叶质量研究向全面开展生态、品种、技术与品质特色关系研究深入，从建立采购体系向构建全面质量管理的品控体系深化；注重烟叶风格特色培育、模块打叶技术研究、卷烟配方工艺优化，单元烟叶工业可用性和配方贡献率持续提升。

提升单元建设工作水平。种植制度在一个单元内基本实现统一，单元轮作率达到70%以上。全国百亩以上连片7.1万片、产量212.25万吨（4245万担），占计划总量的88.8%。培育发展种烟大户和家庭农场，安徽皖南户均种植规模达到70亩，黑龙江达到39.5亩、重庆达到29亩；山东烟叶家庭农场数量达到3126个，种烟面积占全省62%，户均种植规模达到33亩。注册综合服务型合作社1698家，入社烟农77.4万户，占烟农总户数的42.1%。开展91个行

业示范社创建工作，云南、湖南等省推动全省合作社整合、优化和提升，提高合作社服务水平和发展能力。国家局办公室于11月印发《烟农专业合作社行业示范社评定办法》，明确烟农专业合作社行业示范社评定的对象、时间、内容、流程，进一步推进产区烟农专业合作社健康发展。专业化育苗达到100%，机耕整地84.7%、机械起垄68.3%，同比分别增加8.8个、3.5个百分点，机械中耕19.7%。标准化烟叶工作站数量达到480个，推广运用单元管理软件，提升基层管理水平。

山东诸城烟叶生产成果。山东通过现代烟草农业建设，不仅稳住烟叶生产规模，而且形成与当地优势经济作物并驾齐驱的烟叶产业带，其中，山东诸城现场的测土施肥、集约化育苗、专业化烘烤以及专业化分级散叶收购展示较高精益化水平，体现行业现代烟草农业的最新成果。9月，全国烟叶精益生产现场观摩会在山东诸城召开。

主要成果有五点。一是完成传统小农生产向社会化大生产的转型跨越，提供一个比较全面、较高水平的现代烟草农业现场。山东诸城基地单元展现出现代化的设施农业水平，有较高的规模化种植、集约化经营水平，实现专业化的操作，体现现代化的业务流程，初步实现现代物流、现代流通与现代管理。二是回答“家庭农场+合作社”两个主体如何培育及两者关系如何处理的问题。一方面，山东诸城从2003年开始探索烟叶家庭农场，经过十年探索发展，烟叶家庭农场数量达到511个，种烟面积占全市82%，基本实现烟叶家庭农场式经营；另一方面，组建综合服务型烟农专业合作社，截至年底，建设6个烟农专业合作社，专业队239个，有作业人员7900人。“家庭农场+合作社”的发展模式，初步构建新型农业经营体系。三是回答农业机械化工作如何开展的问题。通过专用机械的研发、机具配置研究、制定12项农机作业标准等多种方式，诸城烟草农业总机械化作业率达到90%以上，其中，耕整地、起垄施肥、覆膜、中耕、植保、拔杆等环节机械化作业率均达到100%，移栽机械化率达到62%，基本实现全面、全程机械化目标。四是回答在现代烟草农业发展过程中如何推进科技创新的问题。结合生态优势，深入技术研究，完善开发体系，不断推进科技创新，通过大力发展科技农业，探索精准农业，推进高效农业，倡导低碳农业，发展生态农业等方式，山东烟叶受到专家高度评价，颜色纯正，外观质量、化学成分协调性整体优秀，香气量“尚足”、烟气浓度“较浓”，感官质量较好，生态浓香风格特色不断彰显，较好地满足“中华”“利群”“泰山”“黄鹤楼”等知名品牌优质原料需求。五是回答烟叶生产可持续发展问题。“家庭农场+合作社”的现代烟草农业发展模式、工商合作的持续深入、优质特色开发与技术创新的驱动、市场化的取向、机械化的推进，成为山东烟叶生产持续健康发展的关键。

探索实施烟叶精益生产。通过近年来的建设，现代烟草农业水平有较大提升，烟叶生产发生根本性变化，但烟叶发展中不平衡、不协调、不可持续的矛盾和问题依然较为突出，需要用精益生产的思路和做法，推进现代烟草农业建设。精益生产具有集约化的本质、精细化的特点，可以有效解决粗放问题、解决环保问题、解决节约问题，可以实现作业方式与生产方式相适应、相匹配，可以实现生产力发展与生产关系调整相互促进、同步发展，是现代烟草农业题中应有之义。在现代烟草农业新阶段，需要通过实施精益生产方式，按照工业化的思路和方法抓烟叶生产、抓单元建设，创新工作方法，创新运行模式，创新管理方式，形成现代烟草农业建设一套完善的工作体系，促进现代烟草农业再上新水平。精益生产是实现烟叶生产转型升级的重大举措，只有通过精益生产，把烟叶生产全过程、各环节串联起来，从而走上环境友好、资源节约的高效农业道路，真正由粗放管理向集约经营转变，实现降低成本、提高效率、彰显品质。

烟叶精益生产的主要目标是“提升品质、满足需求；改变粗放经营、减少浪费；控制用工和成本、提高效率；控制污染、保护生态”。基本内容包括：“精良技术”是核心；“精准作业”是关键；“精细管理”是基础；“精确信息”是手段；“精密组织”是保障；“精干队伍”是支撑。

2013年，国家局从多个切入点，探索推进烟叶精益生产。在特色烟单元全面推行GAP规范，产区各单位通过推行GAP，把精益生产方式逐步引入烟叶生产。抓好“苗”（包括育苗和移栽）、“烤”（包括烘烤和分级）两端的精益生产，各烟叶产区积极推广漂浮育苗技术、小苗深栽技术、密集烘烤技术、散叶烘烤技术，在烘烤工场推行“采烤分收一体化”业务模式。通过推广白云石粉施用、稻草还田、种植绿肥等措施改良土壤，注重解决烟水工程的配套性，探索推广喷灌、滴灌等先进节水灌溉方式，坚持科学测土，实施配方施肥、减量施肥、精准施肥，推行精准施药方式，推广黄板诱蚜、两蜂一虫等生物物理防治技术，探索突破土、肥、水、药的精益问题。同时，各烟叶产区围绕减工降本增效，解决好合作社、机械化的精益问题，提高烟叶生产水平。

【烟叶科技】 *适用技术推广*。2013年，各产区加大特色优质烟叶开发与适用技术集成推广力度，特色烟单元达到146个并收购烟叶36.5万吨（730万担）。加大特色品种推广力度，贵州自育品种推广比例占全省55%。产区普遍运用了生物物理防治技术，云南进一步深化烟蚜茧蜂使用技术。推广有机肥施用技术，河南全面推广芝麻饼施用，着力提升香气质、香气量。各烟叶产区进一步优化增温补光育苗技术方案，采取提前播种措施，促进早成苗，烟苗素质普遍好于往年，保证壮苗移栽。小苗膜下移栽技术取得重大进展，全国推广723万亩，占总面积三分之一以上，其中井窖式移栽贵州推广301万亩、重庆48万亩、湖北29万亩，分别占全省88%、77%、44%；膜下小苗移栽云南推广270万亩、占全省35%，河南32万亩、山东25万亩。小苗深栽技术的推广，实现深栽早栽和分离式集中移栽，缩短育苗期，缓解移栽茬口的用工压力，是继漂浮育苗、密集烘烤之后，烟叶生产上又一次重大技术革新。全年全国移栽时间平均提早10天以上，部分达到15天，有效延长大田生长时间，提高烟叶成熟度，优质丰产效果明显。

“富硒低危害烟叶研究与开发”课题研究。12月3日，“富硒低危害烟叶研究与开发”课题2013年度总结交流会在湖北省烟草科学研究院召开。该课题由湖北省烟草科学研究院牵头组织实施，是国家局重大专项“特色优质烟叶开发”三纵三横之“低危害烟叶开发”项目中的五大研究课题之一，旨在明确硒元素对烟叶生长发育的作用及对卷烟烟气主要有害成分释放量的影响，探索富硒烟叶减害降焦的作用机理，以满足中式卷烟高端品牌的原料需求和富硒低危害卷烟产品的开发需求。

【特色优质烟叶开发】 2013年，各烟叶产区围绕“提高质量水平，突出风格特色”的主攻方向组织特色优质烟叶开发，开展特色优质烟叶重大专项研究。全年新增特色优质烟叶单元25个。截至年底，全国特色优质烟叶单元达146个，种植面积248万亩，收购烟叶36.5万吨（730万担）。

工商合作提高特色优质烟叶开发水平。工业企业深入参与基地单元规划与建设，重组部门机构和工作流程，在基地烟站建立联合实验室，联合成立烟叶研究中心，深化原料研究工作。派遣专家组进驻基地建立综合试验区，派出技术骨干交流挂职，全过程参与烟叶生产和质量管理。工商双方按照定品牌、定目标、定区域、定品种、定技术、定规模“六定”的目标，制订工作方案，明确建设目标，分解建设任务，落实工作责任，形成“基地共建、生产共抓、资源共享、品牌共创、发展共赢”的特色烟叶开发合作机制。2013年，云南工商企业联合成立大理红大特色烟叶研究中心，安徽工商企业共建皖南焦甜香联合实验室。

加强特色优质烟叶理论研究。将重大专项试验、重点技术、创新措施安排到特色烟基地单元，理论研究与技术转化相结合，专项研究和规模开发同步，农业生产与工业应用同步。重大专项研究取得阶段性成果，为特色烟叶开发提供理论指导。

发展特色烟供应基地化。各烟叶产区围绕生态区域加快发展，“浓香型、中香型、清香型”三种香型协调发展。云南在高黎贡山优质烟叶开发区建设基础上，发展绿色生态优质烟叶生产示范区；贵州乌江河谷、湖北清江源、安徽皖南“两江一河”等一批特色生态烟区初具规模。

完善特色烟生产技术集成。挖掘特色品种潜力，因地制宜优化品种种植布局，调整主栽品种结构，加大区域特色品种推广，加快外引品种示范，加速地方新品种繁育试种，2013年，全国特色品种种植面积达到775万亩。综合运用先进栽培技术，推广壮苗培育，全国基本实现100%集约化育苗；推广井窖式移栽（膜下小苗）722.6万亩。改造推广密集式烤房3万座，推广烟夹、烟筐装烟方式，推广散叶烘烤。全面推广烟叶生产GAP管理。推进有机烟叶开发，探索循环经济模式，其中，广东探索用蝇蛆对不适用鲜烟叶进行生物处理，5~6天鲜烟叶就能被完全分解，解决鲜叶处理难题。

【烟叶进出口】 2013年，行业准确把握美洲烟叶资源供应充足、南部非洲烟叶资源稳步回升和国际烟叶市场价格总体上升的供求形势，主动优化货源组织，从巴西、津巴布韦、美国、阿根廷、赞比亚、加拿大等产烟国购进烟叶类原料18.24万吨，同比增长12.25%，其中，进口烤烟17.58万吨、白肋烟1296吨、香料烟47吨、雪茄烟叶1300吨、薄片1356.17吨、菲莫混配片烟2630.42吨。烟叶类原料进口金额为16.3亿美元，同比增长16.35%。进口纱布茄衣12.05万千切，金额为609万美元。

烟叶出口工作克服国内出口原料结构性短缺、成本大幅上升和国际市场对填充料型烟叶需求疲软等综合因素影响，出口签约数量有所增长，成交均价基本保持稳定。全年各省级进出口企业共出口烟叶类产品22.22万吨，同比下降0.9%；创汇金额8.83亿美元，同比下降0.56%。在出口烟叶类产品中，出口不含副产品烟叶14.33万吨，同比增长13.01%，出口均价为4703.5美元/吨，同比增长3.98%，其中，出口烤烟11.2万吨，同比增长8.74%，出口均价为4520美元/吨，同比增长2.49%；出口香料烟1.83万吨，同比增长5.89%，出口均价为5538.77美元/吨，同比增长7.23%；出口白肋烟5498.7吨，同比增长29.55%，出口均价为4987.7美元/吨，同比增长4.49%。

【烟叶基层建设】 6月，国家局印发《关于进一步加强烟叶工作站建设的意见》，强调要努力适应现代烟草农业发展新形势变化，要求加强烟站规划、完善烟站的基础设施建设、建立健全烟站的工作机制、提升队伍素质，提高烟叶工作站建设水平。

【烟叶复烤加工】 2013年，全国共有打叶复烤企业34家（含8家工业企业复烤车间），生产点63个，打叶复烤生产线83条。按自然年度统计（2013年1月1日—12月31日），全国打叶复烤企业加工烟叶273.49万吨（5469.84万担），同比增长5.69%，其中26家独立法人打叶复烤企业加工烟叶244.61万吨（4892.14万担），资产总额为293.34亿元。全年实现加工费收入57.32亿元，平均吨烟加工费收入为4619.91元（含价外费用），综合能耗平均值为177.75千克标准煤/吨成品片烟。

提升打叶复烤企业管理水平。7月，国家局印发《2013年打叶复烤企业对标指标》，明确2013年打叶复烤企业对标指标。加大打叶复烤企业技术改造力度，2013年，先后就贵州烟叶复烤有限责任公司、湖南烟叶复烤有限公司、福建三明金叶复烤有限公司等多家打叶复烤企业易地技改项目进行规划、论证。加强原烟质量管理工作，7月，在湖南吉首召开“打叶复烤企业原烟收储管理规范”项目专家评审会；12月，全国烟叶标准标样分技术委员会年会在中国烟草总公司职工进修学院召开，会议总结2013年度全国烟叶标准标样分技术委员会工作，审议烟叶标准项目“打叶复烤企业原烟收储管理规范”。

【烟叶生产可持续发展】 烟叶生产可持续发展战略部署。自2003年国家局组织烟叶生产可持续发展专题调研、2004年在四川凉山召开的全国烟叶收购工作现场会提出可持续发展的具体思路以来，行业始终围绕可持续发展的思路来部署开展工作。战略部署共分三个阶段：一是2004年，制定印发《中国烟叶生产可持续发展规划纲要》，确定基本烟田制度，2005年全面实施基本烟田基础设施建设，可持续发展的物质基础不断夯实；二是2007年，正式启动现代烟草农业建设，明确“一基四化”总体要求，以基地单元为平台的现代烟草农业建设持续推进，促进烟叶生产方式加快转变；三是2010年，提出“原料保障上水平”的发展战略，确立以现代烟草农业建设为统领，原料供应基地化、烟叶品质特色化和生产方式现代化深度融合的烟叶生产可持续发展道路。

烟叶生产可持续发展成绩。经过10年的发展和努力，烟叶生产可持续发展取得显著成效。一是烟叶生产水平取得进步，烟叶生产长期保持稳定，总量问题得到较好解决，基本做到稳控有度；烟叶技术和质量水平大幅度提升，基层管理水平不断进步，外观质量与物理特性持续优化，内在品质显著改善，风格特色不断彰显。二是烟叶供应和卷烟生产保持协调发展，2004—2012年，全国收购上等烟比例由38.5%增至56.5%，增加18个百分点，中部烟叶提高到55.6%，烟叶结构性矛盾趋于缓解，有效支撑重点品牌的快速发展；全国一类烟增至3826.65亿支（765.33万箱），比2012年增长151.6%；高端卷烟发展到1109亿支（221.8万箱）。三是烟叶生产具备较强的发展后劲，通过实施现代烟草农业建设，极大改善了烟叶生产条件，规模化、集约化、专业化、信息化水平全面提升，转变生产方式取得突破，初步构建“种烟大户（家庭农场）+合作社”的发展模式，科技创新和管理水平不断提升，烟叶安全性和烟区生态持续改善。四是烟农种烟积极性提高，10年前行业提出使烟农“自觉自愿种烟、简简单单种烟、轻轻松松种烟、平平安安种烟”，2013年在现代烟草农业基地单元成为现实。

（编辑：谢争艳）

卷烟生产经营

【概　况】 2013年，卷烟生产经营工作围绕“卷烟上水平”基本方针和战略任务，针对经济形势变化和国家相关政策出台给卷烟市场带来的新情况、新变化，采取针对性调控措施，聚焦重点品牌，推动营销创新，关注市场动向，把握市场预期，把保持良好市场状态作为首要任务，着力调整市场状态，卷烟产销保持协调发展。

【卷烟产销情况】① 2013年，全国烟草行业累计生产卷烟25603.8亿支（5120.76万箱），同比增长1.76%，其中，生产一类烟4533.87亿支（906.77万箱），同比增长14.74%；二类烟2276.54亿支（455.31万箱），同比增长16.81%；三类烟11814.83亿支（2362.97万箱），同比增长2.08%；四类烟5005.45亿支（1001.09万箱），同比减少4.74%；五类烟1972.6亿支（394.52万箱），同比减少18.89%。

全国烟草行业商业系统累计销售卷烟24969.85亿支（4993.97万箱），同比增长0.99%，其中，销售一类烟4387.95亿支（877.59万箱），同比增长14.67%；二类烟2221.61亿支（444.32万箱），同比增长16.15%；三类烟11654.39亿支（2330.88万箱），同比增长3.2%；四类烟4869.54亿支（973.91万箱），同比下降7.84%；五类烟1836.36亿支（367.27万箱），同比下降23.76%。销售国外卷烟39.3亿支。

全行业实现卷烟批发销售收入1.25万亿元，同比增加978.7亿元，增长8.5%；卷烟单箱批发销售收入2.5万元，同比增加0.17万元，增长7.3%。

【卷烟销售情况分析】② 增幅减缓但仍实现正增长。随着近几年行业持续高位运行，卷烟销量增长空间逐年收窄。2013年，卷烟增量、增幅较2012年、2011年均呈逐年减缓趋势。通过及时调控，2013年全国卷烟销量实现正增长。从各省级市场情况分析，除浙江、山西外，其余31个省级市场的销量同比增长，有20个省级市场增幅超过全国平均水平，有10个省级市场连续三年增幅高于全国平均水平，其中西藏、海南、江西3个省、自治区连续三年增幅高于全国平均水平1个百分点以上。

图1　2009—2003年卷烟销量及增长率走势

销量增长重心首次从城市转向农村。2013年，全国城市卷烟销量为15055亿支（3011万箱），同比增长1.02%；农村卷烟销量为9925亿支（1985万箱），同比增长1.92%。从近几年城乡市场卷烟增量走势来看，2011年卷烟增量的85%由城市市场产生，2012年这一比例降为58%，2013年仅为40%，首次低于农村市场。2013年农村市场增量为187亿支（37.4万箱），增量高于城市市场，占卷烟总增量的比例达到60%以上。全国23个省份的农村销量同比增长，有15个省、市的农村市场增量高于城市。卷烟销量的增长从城市市场逐步向农村市场转移。

增加中低档烟投放，缓解供需矛盾。从各价类烟近几年销量走势来看，自2011年起，一至三类烟增幅开始下行，2013年增幅为近几年最低，三类烟全年增幅较上年同期下降20个百分点以上。四类烟投放量在2009—2012年间逐年下降，但2013年四类烟下降速度较前几年趋缓，供需结构不平衡状况有所改善。

① 本条目采用的数据为国家局信息中心公布的决算数据。

② “卷烟销售情况分析”与“卷烟结构分析”2个条目采用的数据及图表内容资料来源为中国卷烟销售公司《2013卷烟市场综述》。

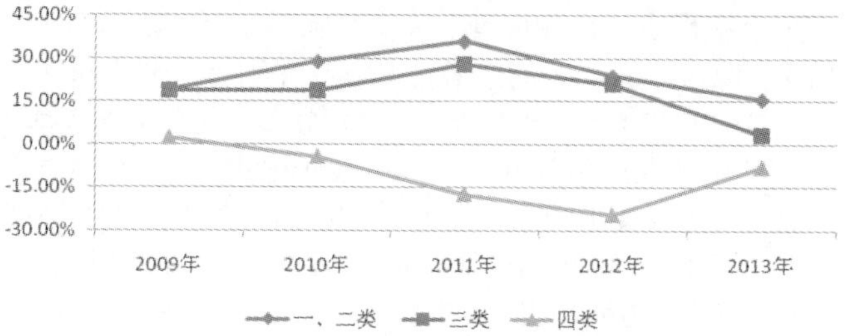

图 2　2009—2003 年分价类卷烟增幅走势

图 3　2009—2003 年单箱结构及增长率走势

【卷烟结构分析】　单箱批发销售收入增幅放缓。2013 年，行业各单位在“稳销量”的前提下，适当增加四类卷烟的有效供给，同时加大一、二类卷烟的市场供应，全年结构提升虽有所减缓，但仍实现了持续增长。全年全国卷烟单箱批发销售收入（含税）2.50 万元，同比增长 7.25%。从近几年单箱结构走势来看，增幅自 2011 年起逐年下降，2013 年增幅为 7.25%，较 2012 年、2011 年分别下降 4.2 和 8.1 个百分点。

突出一、二类烟结构提升贡献度。2013 年，行业销售一类烟 4403 亿支（880.6 万箱），同比增长 15.1%，对全国卷烟结构提升的贡献度为 80%，比上年提升 12.2 个百分点；销售二类烟 2227.5 亿支（445.5 万箱），同比增长 16.5%，对全国卷烟结构提升的贡献度为 21.1%，比上年提升 2.7 个百分点。往年起支撑作用的三类烟在 2013 年贡献度大幅降低。

2011—2013 年各价类卷烟对全国卷烟结构提升的贡献度

分类	2013 年销量（万箱）	同比增长（%）	销量占比（%）	2013 年贡献度（%）	2012 年贡献度（%）	2011 年贡献度（%）
一类烟	880.60	15.10	17.60	80.00	67.80	69.30
二类烟	445.50	16.50	8.90	21.10	18.40	17.30
三类烟	2332.00	3.30	46.60	16.70	53.40	47.60
四类烟	974.10	-7.80	19.50	-10.70	-32.00	-24.80
五类烟	369.30	-23.50	7.40	-7.20	-7.60	-9.40

各地卷烟结构全面提升。全年 33 个省级单位单箱批发销售收入同比全部增长，17 个省级单位增幅高于全国平均水平，其中贵州、广西和重庆 3 个省级市场增幅超过 10%。从各地区各价类销售走势来看，全国有 9 个省级市场四类烟销量同比增加。从各省级单位对全国结构提升的贡献度看，河南、湖南、广东、江苏、贵州、四川和山东省局（公司）等 7 个省级单位的贡献度超过 5%。

【品牌培育】　推进品牌精准营销。2013 年，行业把培育 1500 亿支（300 万箱）以上大品牌和 6 毫克/支及以下低焦油卷烟作为卷烟营销工作的突出重点，加大培育力度，创新营销模式。推行“按订单组织货源、按需求衔接计划、按价格调整策略”的业务模式，研究北京市公司市场化取向的营销业务流程调整工作，探索市场化取向营销方式改革。完善精准营销信息平台功能，动态调整精准营销品牌规格范围，监测推广品牌规格市场状态。

加强品牌市场分析研究。建立重点品牌“月度分析、季度公布、半年通报、年度考核”工作机制，加大重点品牌分析力度。坚持和完善品牌发展研究报告工作制度，完成《2012 年卷烟品牌发展研究报告》《6 毫克/支及以下低焦油卷烟发展分析报告》《关于中式混合型卷烟发展情况的报告》等，分析品牌发展整体格局和市场状况，为开展品牌营销活动提供支撑。开展第六次全国烟草消费状况调查。

推进工商协同营销。完善工商协同营销机制，创新工商协同实现方式，拓展完善工商协同营销互评工作，推进工商零全面协同，提高协同效率和效果。

开展知名品牌建功立业活动。3 月，国家局印发《关于 2013 年度深入开展为培育“532”和“461”知名品牌建功立业活动的通知》，聚焦重点品牌，创新和丰富活动方式，调动营销人员参与建功立业活动的积极性、主动性和创造性。

【重点品牌发展】　重点品牌销售情况。2013 年，重点品牌呈现出总量平稳增长、品牌价值持续提升、高端低焦较快增长的态势。全年行业 28 个重点品牌卷烟销量为 20578.5 亿支（4115.7 万箱），同比增长 6%，增幅高于全国平均增幅 4.8 个百分点，占全国总销量比重 82.32%，同比提高 3.73 个百分点，其中，“双喜·红双喜”销量为 2121.7 亿支（424.34 万箱），位居首位；“云烟”销量超过 1500 亿支（300 万箱）；“利群”“七匹狼”首次突破 1000 亿支（200 万箱），与“红塔山”“白沙”“黄山”共同列入 1000 亿支（200 万箱）品牌。

重点品牌合计实现销售收入为 11626.5 亿元，同比增加 1103.7 亿元，增长 10.5%，增幅高于全国平均增幅 2 个百分点，占行业总销售收入的 93.2%，同比提高 1.7 个百分点，其中，“中华”突破 1300 亿元；“云烟”“双喜·红双喜”“芙蓉王”“利群”“黄鹤楼”和“玉溪”等 6 个品牌均超过 600 亿元；“白沙”“红塔山”“黄金叶”“黄山”

“南京”和“七匹狼”等6个品牌均超过400亿元。

全国低焦油卷烟（8毫克/支及以下）累计销售3468.7亿支（693.74万箱），同比增长7.25%，其中，6毫克/支及以下低焦油卷烟累计销售378亿支（75.6万箱），同比增长163.3%。

*“双十五”品牌价值提升。*2013年，行业销售收入前15名品牌实现销售收入9824亿元，同比增长11.8%，增幅高于全国平均增幅3.3个百分点；占行业总销售收入的78.7%，同比提高2.3个百分点。有9个品牌销售收入突破500亿元，其中，“中华”1323亿元，“云烟”964亿元，“双喜·红双喜”“芙蓉王”和“利群”3个品牌销售收入超过800亿元，“黄鹤楼”和“玉溪”2个品牌销售收入在700亿元以上。

全年三类以上卷烟销量排名前15位品牌共销售卷烟14735.95亿支（2947.19万箱），同比增长9.49%，增幅高于全国一至三类烟平均增幅2个百分点；占行业一至三类烟总销量比重的80.6%，同比提高1.5个百分点。销量前15名品牌的单品销量均过百万箱，其中，有9个品牌突破750亿支（150万箱），“双喜·红双喜”销量为2121.7亿支（424.34万箱）、“云烟”为1703.5亿支（340.7万箱）、“红塔山”为1490亿支（298万箱）、“利群”为1018.5亿支（203.7万箱）。

全国销售收入（含税）排名前15位品牌共实现销售收入9831.27亿元，同比增长11.7%。

*市场基础更加扎实。*行业主要重点品牌保持相对较快发展，覆盖率及铺货率不断提高，市场基础更为扎实。全年有15个重点品牌覆盖率达到90%以上，其中“云烟”“玉溪”“中华”“利群”“红塔山”等8个重点品牌覆盖率超过95%。有10个品牌上柜率在40%以上，其中“红塔山”“云烟”“双喜·红双喜”“白沙”“利群”“黄山”和“玉溪”等7个品牌上柜率超过50%。有14个品牌覆盖率连续两年提高，其中“利群”“南京”“黄金叶”和“泰山”等4个品牌连续两年提升幅度高于2个百分点。有10个品牌上柜率连续两年得到提升，其中“利群”“玉溪”“黄鹤楼”“芙蓉王”“中华”和“苏烟”等6个品牌上柜率连续两年提升幅度在2个百分点以上。行业重点品牌核心竞争力得到有效提升，主导地位进一步稳固。

*高端品牌持续增长。*全年调拨价在171元/条以上的高端卷烟市场保持平稳发展，实现销量为1263亿支（250.6万箱），同比增长13%。销量前五名的品牌中，“中华”以近一半的市场份额居第一位，排名二至五位的“利群”“黄鹤楼”“芙蓉王”和“苏烟”销量差距不大，其中“利群”由2012年的第五位升至2013年的第二位。

全年统一批发价格在600元/条（含）以上高价位卷烟增长势头相对较为强劲，实现销量为91.2亿支（18.24万箱），同比增长39.3%，高于高端卷烟平均增幅26.3个百分点。高价位卷烟中，排名前六位的品牌销量均过万箱，其中“黄鹤楼”实现销量17.5亿支（3.5万箱），“白沙”和“云烟”销量均超过10亿支（2万箱）。

【合作生产】①　2013年，全国品牌合作生产量为3088.8亿支（617.7万箱），同比增长6.8%；合作生产量占全国交易总量的12.3%，同比提高0.6个百分点。共有8个品牌输出方和10个品牌输入方参与。品牌输出回购量最大的省级工业公司为云南中烟793亿支（158.6万箱），其次为浙江中烟、湖北中烟、湖南中烟。品牌输入量最大的为中国烟草实业发展中心678亿支（135.6万箱），占加工总量的22%；加工量超过250亿支（50万箱）的省级工业公司还有川渝中烟、广西中烟、陕西中烟和贵州中烟。

【雪茄烟销售管理】　4月，行业雪茄烟营销座谈会在四川成都召开，总结分析行业雪茄烟营销工作现状和面临的形势。6月，国家局办公室印发《关于加强雪茄烟营销工作的意见》，阐述加强雪茄烟营销工作的重要性，明确坚持培育中式雪茄的工作方向，从专业运作、工商协同、终端突破、加强考核等方面提出具体工作措施，部署在36个重点城市设立雪茄烟工作部门，加强雪茄烟零售终端建设。在《2013年底省级卷烟销售部门工作考核办法》中，增加雪茄烟考核指标。组织开展雪茄烟营销知识和营销技能培训，编发行业雪茄烟刊物，加强雪茄文化传播。继续推进对在国内合作生产的“万宝路”“555”等进口雪茄烟品牌的营销管理工作。

【卷烟市场情况】　*卷烟市场保持稳定。*2013年一季度，各地对市场的预期偏高，对宏观经济和政策环境多重因素对行业产生的影响存在准备不足的情况，卷烟市场出现一定波动，部分地区社会库存偏大，部分品牌出现价格倒挂。工商企业通过调整投放，价格指数逐步提升，卷烟市场逐步趋稳，年末基本与2012年同期水平相当。

*社会库存总体合理。*2013年社会库存始终处于较高水平。从走势来看，春节后卷烟社会库存自然回落，4月达到最低值为780亿支（156万箱），5月开始逐月增加，10月达到最高值为865亿支（173万箱），之后逐步回落到年末的600亿支（120万箱）。与2012年同期相比，2013年社会库存始终高于2012年同期50亿支（10万箱）以上，总体仍保持合理水平。

*省际间交易量扩大。*2013年省际合同执行量13971亿支（2794.2万箱），同比增长2.3%，省际比重55.8%，同比提高0.5个百分点。实现省际卷烟交易额4704.1亿元，同比增长8.6%，省际比重58.8%，同比基本持平。省级商业公司中，省际比重同比提高的有13家；省级工业公司中，省际比重同比提高的有9家。

【现代营销网络建设】　*部署网建工作。*2013年，行业把全面建设国际一流的现代卷烟营销网络作为网建工作的首要目标，围绕“四个一流”的网建发展目标和“四同”终端建设总体要求，完善经营模式，开发终端资源，提升服务水平。9月，2013年全国卷烟营销网络建设现场会在陕西西安召开，总结近年来终端建设情况，推广陕西省公司、西

---

① 本条目采用的数据为国家局信息中心公布的决算数据。

安市公司现代终端建设经验，并对行业下一阶段全面推进现代终端建设，促进营销业务模式优化升级，持续提升营销网建水平作出部署。

*建设现代卷烟零售终端。*制定《现代卷烟零售终端建设指引》和《现代卷烟零售终端运行管理规范》，提升现代卷烟零售终端建设质量和运行管理水平。探索开展终端营销管理和监督，建立全行业零售客户分析指标体系。制定《烟草商业企业零售终端订货业务规范》行业标准。推广“四网合一”的现代终端经营模式，截至年底，全国网上订货率达到89.94%，网上配货率达到1.11%，网上结算率达到3.34%。自行业启动现代终端建设以来，截至2013年底，共建成现代终端18.1万户，占零售客户总数的3.7%，其中江苏、上海、新疆等省（自治区、直辖市）现代终端占比超过10%，陕西、宁夏、河北、山东等省（自治区）现代终端占比超过5%。

*终端建设典型案例。*行业工商企业在探索终端建设中，与工商协同、品牌营销相结合，实现现代终端建设由点到面、由少到多、由分散到统一的全面推广。陕西省公司、西安市公司推进现代终端建设，形成全省联动、西安先行、相互学习、各取所长的工作格局，奠定面向消费者的现代卷烟营销体系的基础，在短时间内实现现代终端建设的重大突破。截至年底，陕西全省建成1.2万户现代终端，其中西安5700余户、咸阳800余户，渭南700余户。

行业各商业企业加强终端建设探索。湖南省公司构建终端“金字塔”体系，做精塔尖直营终端，做强塔身现代终端，做稳塔基普通终端。北京市公司推进市场化取向的营销方式创新，调整优化营销流程，响应零售客户订单需求。四川省公司提升现代终端服务水平，将移动互联网、银联支付与卷烟营销系统紧密结合，推进“烟草信使”“烟草易付”平台的应用，实现客我互动的自动化、个性化和网上支付的标准化。宁夏回族自治区公司引导现代终端对固定消费者开展营销活动，发挥消费跟踪、品牌培育等功能。广西壮族自治区公司推进终端亮化工程，开发终端资源，拓展终端形象展示、宣传促销功能。

*提高零售客户服务水平。*行业把为零售客户提供优质服务作为流通企业根本任务，推广标准化、个性化、亲情式、增值性“四项服务”，建立需求导向的服务体系。完善“135”营销工作法，通过信息系统实现“135”工作法的固化和优化。完成《2012年全国卷烟零售客户满意度调查报告》。委托国家统计局开展2013年零售客户满意度调查，抽样选取2%的零售客户进行调查，总结分析满意度弱项，提高零售客户服务水平。2013年，零售客户满意度达到84.4分，同比提高1.1分，连续三年保持上升态势；零售客户平均毛利率维持在10%以上。全国33个省级市场卷烟零售客户总体满意度排在前五位的地区依次是宁夏、新疆、内蒙古、辽宁和大连。

【卷烟价格管理】 *推进“天价烟”专项治理。*2013年，卷烟价格管理工作坚持“完善体系，加强监督，提高服务，确保稳定”的总体思路，营造公平竞争的市场环境。组织开展以“天价烟”和“明码标价”为重点的专项检查，加强对高价位卷烟的市场价格监测。1月，国家局办公室印发《关于严防“天价烟”问题反弹的紧急通知》，国家局发展计划司完成《关于开展“天价烟”专项治理工作情况的报告》。高价位卷烟市场零售价格控制在1000元/条以内，全年销售88.7亿支（17.74万箱），同比增长44.8%，零售客户铺货率为14.37%，同比提高5个百分点。

*加大市场监测力度。*通过调整抽样方案、精简指标体系、突出核心内容和加强项目过程管理等措施，提高市场监测项目数据质量，提升卷烟市场监测水平。建立卷烟市场价格信息周报制度，重点采集各省级市场每周整体价格情况、销量前五名的重点品牌规格的零售价格信息和部分重点规格市场批发价格情况。2013年，卷烟价格总体保持平稳，卷烟整条价格指数为99.02，同比上升1.75；单包价格指数为102.11，同比上升1.5；零售客户毛利率为11.64%，同比提高1.85个百分点。

*完善卷烟价格管理体系。*3月，国家局办公室印发《关于开展卷烟价格管理专项检查工作的通知》，并开展“行业卷烟品牌价格体系建设”课题研究，探讨行业重点品牌价格体系的发展方向并形成研究报告。搭建32个主流价位的价格梯次结构，形成竞争有序、定位清晰的卷烟价格体系。加强对新卷烟产品价格的审批，执行同一牌号同一价位不得超过3个规格的规定。2013年完成111个新规格的价格审批，调整8个规格价格，清退100个规格。截至年底，国产卷烟调拨价格目录共有792个卷烟规格。重新测算进口卷烟、雪茄烟各环节价格，保持进口卷烟和雪茄烟市场价格稳定。

【营销信息化建设】 2013年，行业以营销信息化建设为卷烟营销工作的重要支撑，构建全国统一的卷烟市场信息采集网络和分析应用机制。落实市场信息采集分析应用规范，组织开展《卷烟零售市场信息采集和分析应用基本规范》行业性标准宣贯培训班。各级商业企业营销部门开展市场信息监测工作，基本实现采集要求一致、数据口径统一、分析框架相同、应用范围相当。完善市场信息监测分析机制，加强全国卷烟市场价格和社会库存监控，完善系统监测功能，搭建工商市场信息共享通道。全年发布月度分析报告7篇、季度分析报告1篇、上半年及全年市场综述各1篇、元旦春节市场监测快报3篇。推进零售终端信息自动监测工作，总结零售市场信息自动采集试点单位经验，对接各地自动采集数据，设立自动采集数据分析指标体系，完成零售终端营销信息管理系统建设。加大营销信息交流力度，每月编发《卷烟销售工作》。

【营销队伍建设】 开展卷烟营销领域优秀基层单位创建工作。加强行业营销队伍培训，举办卷烟知名品牌培育培训班、现代卷烟零售终端建设培训班、卷烟直营终端管理专题培训班、卷烟市场信息直接监测网络信息员培训班、卷烟零售市场信息采集和分析应用规范培训班、雪茄烟知识和营销技能培训班等。7月，举办第十一届全国烟草行业职业技能竞赛暨第二届卷烟商品营销职业技能竞赛。

【行业物流体系】 行业物流组织体系不断健全，初步确立“归口管理、分级负责”的行业物流工作格局。截至2013年11月底，行业工业系统拥有16个省级物流中心、94个厂级物流分中心；商业系统拥有33个省级物流管理部门、350个地市级配送中心、61个配送分中心、1343个县级中转站，形成辐射全国的烟草物流网络。行业物流业务体系基本形成，涵盖原辅料和成品，涉及仓储、养护、运输、分拣、配送等环节。截至年底，行业工业系统拥有各类仓库1695个、运输车辆2.21万辆；商业系统拥有各类仓库440个、配送车辆1.42万辆、分拣线867条。工商系统物流从业人员近7万人。加强行业物流基础管理，印发《配送中心建设指导意见》等管理制度，统一工商物流费用核算办法及预算规程、物流统计报表制度及对标体系，加强行业物流规范建设与统一管理。行业物流标准化体系基本建立，研制行业标准45项，发布实施26项。

【物流专业化水平提升】 *物流规划*。推进物流项目建设，集中组织行业卷烟物流配送中心建设专题培训班。行业各单位研究制定物流项目前置性审查论证办法，积极推广应用储分一体和密集式仓储技术，云南省局（公司）在大理市局（公司）等9家配送中心技改或新建过程中引入“储分一体”技术，取消备货区面积3853平方米，增加储量5444箱；河南省局（公司）研究制订《密集式仓储系统技术规范》及推广工作方案。全年审查论证物流建设项目26个，所有通过审查论证的新建项目和30个改扩建项目均应用密集式仓储或“储分一体”技术。

精益物流。全面开展精益物流，国家局于2012年底印发《精益物流指导意见》，行业各单位加强学习培训，推动物流管理从精细走向精益，其中，安徽中烟构建精益六西格玛物流管理模式，实施“精益八化”改善方法；四川省局（公司）对旧物流设备实行全省统管统配。加快推进非法人实体化运作，10月，国家局办公室印发《关于在工商企业开展物流非法人实体化运作的意见》，推进物流业务整合和非法人实体建设。工业企业加强横向一体化业务体系整合和纵向一体化管控体系构建；商业企业加快中转站资源优化配置，创新配送中心管理模式。完善物流考评体系，国家局建立健全工商企业物流费用核算管理办法、预算管理专项规程和物流统计报表制度，行业各单位细化物流费用二级核算办法，加强预算控制和定额管理。加大物流指标在行业对标体系中的比重，坚持物流对标数据定期通报制度。

科技物流。6月，国家局印发《关于开展科技物流建设的指导意见》。推进行业物流大平台建设，近年来，生产经营决策管理系统、工商在途信息系统、商业数字仓储系统、全国统一电子地图、行业物流综合监管调度平台等陆续投入使用。

行业各单位重视物流信息化工作，一是建设行业、省级物流管控平台，截至2013年底，行业物流综合监管调度平台一期建设完成，15家省级物流综管平台投入使用，16家省级单位系统开发基本完成。行业统一电子地图在28个省、区推广应用。工商卷烟在途信息系统稳定运行，工业企业系统使用率、车载设备使用率分别为99.9%、99.5%；商业企业到货确认率、开锁率分别为99.9%、99%。二是33家省级局（公司）、345家地市级局（公司）完成决策管理系统二期运维交接任务，由原来分散维护改为集中维护，决策管理系统一期、二期运维服务并轨，实现统一运维。三是着力物流科研创新与技术应用，特别是RFID技术在物流各环节得到积极应用，物流供应链运行质量和效率进一步提高，降低运营成本和劳动强度，其中，北京烟草在行业首次实现分拣线RFID标签在线高速动态读写；安徽中烟基于物联网技术在行业首创“无线红外烟包温湿度管理系统”，实现对原料烟包温湿度实时感知和智能控制；天津物流中心自主研发手持设备，实现对32位条烟码真伪判别和卷烟流通信息追溯。

人本物流。推进物流师岗位技能鉴定，国家局组建行业职业技能鉴定物流专业专家分委会，5月，国家局印发《关于开展烟草物流师岗位技能鉴定工作意见》，明确“十二五”期间物流岗位技能培训与鉴定的目标任务。截至年底，完成3—5级烟草物流师试鉴定工作，行业物流7万从业人员岗位技能鉴定体系基本建立。探索建立精进机制，通过合理化建议、提案活动、QC小组、六西格玛项目等方式，调动员工的参与热情。结合重点工作和岗位特点，加强业务培训和学历教育，提升物流队伍整体素质。行业7万物流从业人员中，专科及以上学历超过1.9万人，研究生以上学历有386人；具有专业技术职称的有4909人，其中高级职称142人；具有物流师职业资格的有4928人，其中高级物流师621人。

拓展物流工作内容。推进工商、供销、“两烟”物流一体化，探索绿色物流、非烟物流，促进企业物流向行业物流、行业物流向供应链物流转变。推广卷烟包装箱循环利用，国家局提出“两个50%”卷烟包装箱循环利用目标任务，明确考核办法；行业各级工商企业制订方案，开展试点。加强仓储共享、托盘联运、信息互通、两烟物流等工作，推进物流一体化进程。拓展多元化物流服务，商业企业探索非烟物流、多元配送和增值服务等，拓展卷烟配送体系的商业价值。

（编辑：谢争艳）

专卖监督管理

【专卖内管工作】 *完善专卖内管模式*。推进“制度完善、职责明确、监管到位、奖惩分明”的内部监管体系建设，以参与企业经营管理为切入点，发挥专卖内管机构监督作用，严肃查处不规范问题。5月，国家局制订出台《关于进一步加强商业企业卷烟经营专卖内管工作的意见》（国烟专〔2013〕221号），明确专卖内管参与规则制定、监督规则执行、督导问题整改三项职责，规范商业企业卷烟经营活动。行业各单位制订落实细则，明确专卖内管参与企业经营管理的主要内容、工作流程和监管标准。截至2013年底，国家局专卖内管信息系统部署和培训工作基本完成，行业所属的35家单位开始使用专卖内管信息系统上报生产经营动态和非渠道烟案件信息。

专卖内管机构建设。各省级局强化对派驻机构的组织领导，加强与地市级局沟通协调，保障和推动派驻机构职能作用的发挥。各派驻机构加强对工作方式的创新，其中，广西自治区局派驻机构参与货源分配策略计划的制定调整，降低了非渠道烟外流风险；贵州省局内管机构敢抓敢管，严肃查处违规问题。

规范"两烟"生产经营秩序。加强遏制"两烟"生产经营不规范行为，2013年，国家局下发《关于进一步规范"两烟"生产经营行为纪律要求的通知》。行业所属各单位落实文件要求，制定相应规章制度。甘肃省局配套制定"十一个严禁、一个严控"的经营纪律；黑龙江省局提出"七不准"的工作要求。加强卷烟打扫码管理，组织自查整改，完善卷烟打扫码监管制度措施，国家局于6月下发《关于进一步加强卷烟打扫码管理监督的通知》，防止卷烟工商企业无码生产和无码销售现象的发生。国家局组织开展重点抽查，先后对河南、河北、吉林等省商业企业规范经营情况进行抽查，责成有关省级局对不规范经营单位的主要领导进行严肃处理。

突出卷烟非法流通治理。国家局每季度通报有关情况，先后20次跟进督办大要案线索，并实行将卷烟非法外流排名与省级公司工作业绩挂钩的政策。6月，国家局印发《关于进一步加强卷烟扫码管理监督的通知》（国烟专〔2013〕281号），督促行业各单位建立完善卷烟打扫码监管制度，防止工商企业无码生产和无码销售现象的发生。行业所属各单位抓好线索调查核实，加大对非渠道烟案件查办力度，其中，北京市局注重考核引导，提高执法单位查处非渠道卷烟案件和录入码段的积极性；四川省局主要领导推动治理工作，从严处理相关责任人，非渠道卷烟外流情况明显减少。2013年，行业共查实不规范问题639起，处理相关责任人235人。

【卷烟打假】 *打击卷烟制假活动*。构建"政府领导、部门联合、多方参与、密切协作"的打假打私体系，发挥各级专卖管理部门与公安等部门的联合打假长效机制作用，保持严厉打击高压态势，开展打假打私斗争。

2013年，行业共查处案值5万元以上假烟案件2998起，破获国标网络案件890起，捣毁大型制假窝点154个，查获假烟15.5万件、走私烟3.7万件，收缴制假烟机433台，查获非法烟丝、烟叶1.6万吨。公安、司法机关依法拘留7476人，追刑4960人。

源头治理成效显著。重视开展假烟生产源头的治理工作，在重点地区深入推动卷烟打假，推动改善执法环境，推动解决突出问题，打击黑恶势力参与的卷烟制假活动，源头治理取得显著成效。福建省局推动地方政府落实打假工作责任制，坚持"打疏结合，综合治理"，把经济扶持与打假成果挂钩，突出"持续巩固"目标要求，同时继续开展长驻打假，加强案件侦办，有效防止云霄地区制假活动反弹，遏制制假转移扩散，全年查获制假烟机数量同比减少67%，判处无期徒刑4人。广东省局争取省委省政府的支持，把烟草打假列为全省"三打两建"的重要组成部分，通过加强区域协调配合，突出"打击、拦截、封堵"，案件侦办质量提升，抓获涉案人员数量和批捕率提高。河南省局争取地方党委、政府的支持，将卷烟打假纳入平安综合治理考核，建立由省政法委牵头的卷烟打假联席会议制度，组建省公安、烟草部门联合打假机动队，联合打假机制初步形成，并在全省范围内开展代号"雷霆行动"的专项行动，捣毁各类制假窝点338个，同比增长132%；收缴大型制假烟机98台，同比增长277%；查获假烟2万余件，同比增长10%。在河南舞阳县，制假分子主动上缴84台制假设备。

在重点地区有效打击卷烟制假活动的同时，深圳、浙江、湖南、河北、四川、吉林、广西、云南、重庆等地省级局加强对制假线索的排查，在制假频发或可疑地区开展清扫行动，打掉一批立足未稳的制假窝点。

打击制售假烟网络。公安部、国家局联合举办培训班，交流办案经验和技巧，提升重大案件侦破水平。2013年，国家局督办重大网络案件76起。各地烟草专卖管理部门注重线索追查，加强与公安机关配合，以摧毁假烟网络为目标，追踪假烟流向，查找分销商，向上游延伸办案，抓捕主犯，完成"每个地市局打掉1—2个较大规模制售假烟网络"工作任务，成功破获河北省石家庄市"10·25"特大制售假烟网络案件等一批有重大影响的制售假烟网络案件，其中，陕西蒲城"1·21"特大销售假烟案共抓获涉烟犯罪嫌疑人141人，捣毁假烟仓储窝点23个，缴获非法卷烟800余万支，案值630余万元，取得重大战果。国家局先后印发《关于2012年下半年烟草打假重大案件和专项行动的表彰通报》（国烟专〔2013〕86号）、《关于2013年上半年烟草打假重大案件和专项行动的表彰通报》（国烟专〔2013〕384号）、《对破获"鹭岛一号"等三起特大涉烟网络案件的表彰通报》（国烟专〔2013〕454号）等文件，对在打击制售假烟网络案件和开展专项行动中的有功单位、个人予以表彰。

打击原辅材料供应链。针对已经形成的制假原料地下运输通道，国家局、公安部要求完善协作机制，打击制假原料供应链。云南、贵州、四川、广西、湖南等省、自治区加强省际间信息沟通，打掉一批非法收购、中转运输、加工销售、走私出境的非法经营烟叶犯罪团伙。其中，四川烟草联合公安部门侦破宜宾市"7·9"生产销售伪劣产品案件，涉及原辅料、产供销多环节，查扣各类制假烟机设备46台（套），非法烟丝、烟梗168吨，涉案金额5.3亿元，主犯被判处无期徒刑；浙江、福建等省联合侦破"浙闽2013非法拼装倒卖烟机案"；湖南侦破"9·20"非法生产销售卷烟纸案；广东、重庆、江西等地破获多起非法印刷卷烟注册商标案件。

2013年，行业在打击非法拼装倒卖制假烟机、打击丝束、卷烟纸及卷烟商标标识供应方面取得突破。浙江、福建、湖北等省公安、烟草跨省联合办案，侦破浙江温岭

"4·9"特大非法拼装倒卖烟机案、浙江"9·29"生产销售假冒卷烟商标标识案、湖南邵阳"9·20"特大非法生产销售卷烟纸案等。

卷烟打私。国家局高度重视打击烟草专卖品走私活动，9月，海关总署、工业和信息化部、公安部、全国打击走私综合治理办公室等12个部门联合印发《打击走私专项斗争和联合行动方案》（署缉发字〔2013〕213号），将烟草专卖品走私活动列为打击重点，对开展打私专项斗争和联合行动进行专题部署。国家局联合财政部、海关总署下发《关于进一步加强海关罚没走私卷烟管理的通知》，制定《烟草打私经费开支管理办法》，从政策上明确罚没走私卷烟一律销毁处理，理顺卷烟打私经费开支渠道等。国家局联合海关总署、公安部建立打击走私烟草专卖品违法犯罪活动工作制度，为长效机制的建立奠定基础。各级烟草专卖管理部门配合地方政府和有关执法部门，开展打击走私专项斗争和联合行动，全面加大打击力度，推动落实重点整治，查处一批重大案件。

【市场监管】 转变市场监管方式。2013年，国家局、国家工商总局联合下发《关于建立烟草市场监管协作机制的意见》。各级烟草专卖管理部门推进转变市场监管方式，着力构建"打击严厉、管理到位、疏导及时、服务周到"的市场监管体系。国家局要求推进烟草零售市场检查方法创新，开展试点工作。各省级局结合实际制定实施方案，主动增加试点数量，以多种形式组织开展APCD工作法的培训交流，浙江、贵州、四川省局开发信息化支撑平台，推进市场监管方式的转变。在试点地区，通过推行新的市场监管方式，检查次数、人数和时间下降，查获案件及卷烟数量、问题查实率、单起案件案值上升，市场监管效率和市场监管人员的能力水平提升。各级局加强与工商管理部门的协作，促进烟草、工商市场监管协作机制的建立。

整顿零售市场秩序。开展雪茄烟专项治理行动，国家局于8月下发《关于开展雪茄烟市场治理专项行动的通知》（国烟专〔2013〕333号），确定于2013年8月至12月在全国范围内开展雪茄烟市场治理专项行动。各级烟草专卖管理部门会同工商等部门，组织专项行动，开展联合检查，实施专项治理。国家局先后督办上海杨浦"3·13"利用互联网销售走私雪茄烟案、陕西咸阳"9·12"生产销售假冒雪茄烟案。各地累计出动执法人员75.72万人次，查办案件805起，查获走私、假冒雪茄烟926万支，刑拘22人，逮捕20人，进一步净化雪茄烟市场。

8月，国家局印发《免税卷烟和雪茄烟专门标志管理办法（试行）》，加强对免税卷烟、雪茄烟的属地监管。各级烟草专卖管理部门完善与通信管理、公安、工商部门的协作机制，加大对非法售烟网站、店铺的清理力度，全年关闭非法经营烟草专卖品网站100余家，淘宝店3000余家。海南、重庆、深圳等地相继破获一批互联网涉烟重大案件。

创新零售市场检查方法。4月，国家局印发《关于推进烟草零售市场检查方法创新试点工作的通知》，完善市场检查新方法，将试点工作扩大到各省级局。

【烟草专卖证件管理】 证件办理概况。各级烟草专卖管理部门严格执行专卖许可制度，规范审批流程，依法履行烟草专卖许可证和准运证审批办理职责。全年共办理各类生产经营类许可证1768份，审批签发各类烟草专卖品准运证91万余份。截至2013年底，全国持有效许可证的卷烟零售客户达到544万户，同比增加2万户。

证件管理体系化建设。国家局探索证件管理体系化建设，适应政府行政审批制度改革要求，全面清理证件管理文件。制定《烟草专卖许可证管理工作检查方案》，建立烟草专卖许可证管理检查制度，定期检查烟草专卖许可证办理和后续监管工作。出台《关于加强烟草专卖许可后续监管工作的意见》，强化烟草专卖许可后续监管。升级改造证件管理系统，提升证件管理系统数据分析应用功能。

各地零售许可证管理情况。各级烟草专卖管理部门加强零售许可证管理，其中，北京、上海等省级局修订零售点合理布局规定，科学设定办证条件，减少办证矛盾，提高办证效率；山东、贵州、陕西等省级局实施零售许可证集中换发，确保换证工作顺利进行；重庆、海南、广东等省级局制定后续监管制度，加强后续监管，解决许可证使用等环节存在的突出问题；河南、湖北、河北等省级局合理规划办证大厅；四川、云南、福建等省级局加强零售许可证基础信息维护，确保数据上传的质量和时效。加强创新服务，基层专卖管理部门主动协调卷烟营销、物流配送部门，理顺零售许可证发放与营销入网供货的衔接，缩短发证与供货的时间间隔。开展许可证管理自查整改，提升证件管理水平。

【专卖管理信息化】 建设行业专卖内部监督管理信息系统，完善全国证件管理系统，对行业专卖管理信息化建设进行调研，初步形成搭建行业专卖管理一体化电子政务系统和构建专卖数字监管体系的规划设想，为行业全面推进专卖管理信息化建设奠定基础。各级烟草专卖管理部门推进专卖管理和信息化深度融合，山西、云南等省局（公司）探索信息化在专卖管理上的应用，提升专卖管理工作水平。

【专卖队伍建设】 创建优秀县级局活动。3月，国家局办公室下发《关于进一步深入推进创建优秀县级烟草专卖局活动有关要求的通知》（国烟办综〔2013〕145号），明确创优活动的指导思想，提升创优标准，对各省级局推进县级局创优活动提出要求。截至2013年底，18个省级局评选出省级标兵单位142个，98.6%的县级局通过首轮达标验收。安徽、广西、重庆等省级局推进基层队所、基层执法示范点建设；江苏省局加强课题研究，把建设学习型、创新型行业的要求落实到基层；北京、福建等省级局引入竞争性考核方式，调动基层员工的积极性。重视发挥标兵单位示范引领作用，各省级局定期报告基层创优动态，推进县级局创优活动常态化、长效化。

专卖管理岗位技能鉴定。2013年，行业共开展2批专卖管理员和2批专卖管理师全国统一鉴定，累计参加鉴定2.24万人次，获证1.06万人，获证率47.37%。完成高级专卖管理师鉴定标准、教材、题库项目开发工作，专卖管理岗位技能鉴定体系初步形成。国家局组织首批地市级局专卖科长集中培训，举办打击制售假烟网络、专卖内管、证件管理培训班，开展专卖内管专题学术交流。各省级局通过多种形式提升队伍素质，其中，江西省局执行考核淘汰制，确保内管队伍专业化水平；云南、河南省局等开展省级二类竞赛、真假烟鉴别竞赛等活动，加强专卖队伍作风建设。

（编辑：谢争艳）

政策法规和体制改革

【法制宣传】 2013年是国家“六五”普法的第三年，也是践行党的十八大提出的“全面推进依法治国”方略重要的一年。烟草行业结合实际，切实增强法制教育的针对性，根据烟草行业的特点，将法律“六进”内容调整为“进班子、进机关、进企业、进院所、进烟站、进网点”，并提出具体量化任务和达标要求。

5月，国家局印发《关于开展“深化‘法律六进’推进烟草行业法治建设”法制宣传教育主题活动的通知》（国烟法〔2013〕184号），要求突出抓好宪法的学习宣传；深入开展中国特色社会主义法律体系和国家基本法律的学习宣传；深入开展烟草专卖法律法规的学习宣传；深入开展与行业生产经营管理密切相关的法律法规的学习宣传；大力推进行业法治文化建设。行业各级党组（党委）在开展“法律进班子”活动中，邀请专家为党组中心组进行法制讲座。云南中烟等单位组织了全系统的法律知识竞赛；福建中烟每周选择一个法律知识点，以短信形式发给每一个干部职工；杭州市局强化普法教育基地建设，获得市政府“普法项目”一等奖。

8月，国家局转发《司法部　全国普法办关于开展“深化法制宣传教育　为实现伟大中国梦营造良好法治环境”主题活动通知的通知》（国烟法〔2013〕312号），要求开展中国梦宣传教育等。

11月，国家局印发《关于开展烟草行业2013年“12·4”全国法制宣传日系列宣传活动的通知》，《通知》要求深入学习宣传党的十八大和习近平总书记关于全面推进依法治国的重要论述精神，集中开展宪法和中国特色社会主义法律体系学习宣传，重点开展烟草专卖法律法规以及与专卖行政管理相关的其他法律法规的学习宣传，大力开展与行业生产经营管理相关的法律法规的宣传贯彻等。

2013年全行业组织法制讲座1500余场，法律培训班160余期，组织面向社会的普法宣传活动1000余场次，印发普法材料350余万份。组织行业生产经营管理人员法律知识统一培训考试，国家局统一出题，全行业有51390名生产经营管理人员参加考试，平均分为92.06分，及格率为99%。

【法律风险防控体系建设】 推进法律风险防控体系试点。2013年，国家局选择湖北中烟、重庆市局、山东省局、湖北省局、浙江省局等5家试点单位，开展构建法律风险防控体系的试点。试点工作紧扣“为什么要构建法律风险防控体系？怎样构建法律风险防控体系？建立法律风险防控体系后给企业带来了哪些变化?”这三个问题，采取“走出去、请进来”的办法，通过借鉴行业内外好的经验和做法，结合烟草行业实际，全面排查法律风险，建立风险识别框架，科学评估风险等级，明确界定防控重点，健全风险防控机制。

重庆市局（公司）建立问题倒逼机制，总结防控重点。浙江省局（公司）运用科学的归纳模式，梳理近年来发生的涉法纠纷案例，集中汇编，总结胜诉经验和败诉教训，杜绝涉诉风险点在行业内二次出现；研究解决难点问题，要将重大决策、管理规范制定、专卖执法、合同管理、物资采购、烟草控制等作为防控重点领域。分类总结，列出清单。湖北省局（公司）制定并印发《全省系统法律风险防控体系建设工作方案》，全面启动全省系统法律风险防控体系建设工作；遵循法律风险梳理、排查、识别、评估程序，从业务流程和岗位入手，按照“全员、全面、全程”的要求排查法律风险源和风险点，并根据关联性、发生概率和危害程度进行评估和科学分类，明确危害等级和缓急程度，列出企业法律风险清单。山东省烟台市局（公司）建立法律风险防控委员会和专门委员会，统筹领导法律风险防控工作；建立专门防控部门和责任部门，具体推进风险防控工作，发挥法规部门的专业性和牵头作用，从上到下多级防控，确保职责体系明确细化。湖北中烟按照流程管理规定，通过制定法律风险控制计划，督促各部门结合具体业务流程和岗位分解落实，将体系建设与日常工作紧密结合。

【加强法制监督】 专卖执法监督。2013年，全行业以案卷评查为突破口，全面加强专卖执法监督工作。

抓好培训工作。国家局举办行业法规、专卖人员培训班，邀请国务院法制办、最高人民法院、国资委专家授课辅导，展示12份优秀案卷，组织观摩学习，制定印发《烟草行业2013年度行政处罚案卷评查实施方案》。各省级局、地市局分别开展专题培训。

抓好自查工作。各级局把自查作为加强基础建设和基层建设的突出重点，将问题解决在基层。初步形成“随机抽取—分组初评—集中复核—异议反馈—终裁确定”的评查工作流程，让案卷制作单位充分表达意见，确保评查结果公开公平公正。

抓好评查工作。在各单位自查和省、市级局复查的基础上，国家局成立四个检查组，抽查10个省级局、22个地市局和28个县级局六大类共132份专卖执法案卷，这是国家局近10年来首次组织的全国性案卷评查活动。被检查单位和案卷现场抽签确定，评查情况如实向被检查单位反馈，评查结果如实向全行业通报。

合法合规性监督。2013年，全行业以管理规范备案审查为抓手，全面加强合法合规性监督工作。根据《烟草行业管理规范备案审查办法（试行)》，各级法规部门对所属单位报送的管理规范开展备案审查工作，明确审查程序，严格审查标准，确保审查质量。

广东省局在实践中探索形成管理规范备案审查的规范流程，按照“初审—登记—征求意见—审核—审批—出具审查意见—归档整理”的步骤，依法依规、有效保质地审查下级单位报送的各类管理规范。国家局建立约谈制度，对个别备案审查工作不落实的单位进行约谈批评，令其限期改正。2013 年，全行业审核各类管理规范 9428 份，审查合同 82755 份，招投标文件 28815 份，重大决策合法性审查 8588 份。

【涉诉案件处理】 2013 年，全行业各类涉烟诉讼案件共有 344 起，其中行政诉讼案件 14 起，其他涉烟诉讼案件 330 起。其中，北京各级法院受理的涉及行业数家单位的案件达到 9 起。全行业地市级以上烟草局收到行政复议申请 38 起，受理 21 起，审结 19 起。

【企业组织结构调整】 推动工业企业内部体制机制改革。9 月，国家局、总公司下发《关于兰州卷烟厂改设为甘肃烟草工业有限责任公司分支机构的批复》（国烟法〔2013〕374 号），批复同意将兰州卷烟厂改设为甘肃烟草工业有限责任公司下属非法人资格的分支机构，实行内部核算和预算管理。10 月，国家局、总公司下发《国家烟草专卖局 中国烟草总公司关于合并设立赣州卷烟厂的批复》（国烟法〔2013〕381 号），批复同意撤销赣南卷烟厂、兴国卷烟厂，在此基础上合并设立赣州卷烟厂，作为非企业法人资格的卷烟生产点，实行内部核算和目标管理。截至年底，全行业卷烟生产点已减少为 94 个。

10 月，国家局、总公司下发《关于云南中烟工业有限责任公司“两统一、两整合”工作的批复》（国烟法〔2013〕386 号），批复同意云南中烟工业有限责任公司开展“两统一、两整合”工作。统一管理所属红塔烟草（集团）有限责任公司、红云红河烟草（集团）有限责任公司的市场营销、产品研发业务，整合卷烟品牌和公司本部及所属“两红”集团现有多元化经营企业及股权，进一步优化资源配置，实现企业持续健康平稳发展。

完善商业企业经营模式。2013 年，宁夏自治区局（公司）恢复卷烟经营职能，实行“统购分销”的经营模式。7 月，国家局、总公司下发《关于理顺广东省 5 家县级烟草有限公司管理体制的批复》（国烟法〔2013〕310 号），批复同意广东烟草汕头澄海有限公司、广东烟草普宁市有限责任公司、广东烟草开平市有限公司、广东烟草新兴县有限公司和广东烟草南雄市有限公司 5 家县级烟草有限公司与所在地市级烟草有限公司合并重组，依法撤销县级烟草有限公司，相应设立 5 家县级烟草分公司，为所在地市级烟草有限公司非独立法人分支机构，分别为：广东烟草云浮市有限责任公司新兴县分公司、广东烟草韶关市有限公司南雄市分公司、广东烟草汕头市有限责任公司澄海分公司、广东烟草江门市有限公司开平市分公司、广东烟草揭阳市有限公司普宁市分公司。保留 5 家县级烟草专卖局，与相应的县级烟草分公司合署办公，负责辖区内的烟草专卖管理和卷烟营销工作。11 月，国家局、总公司下发《关于云南省烟草公司红河州公司下属五个营销部更名的批复》（国烟法〔2013〕428 号），同意将云南省烟草公司红河州公司下设的河口、绿春、金平、红河、元阳 5 个营销部分别更名为红河州烟草公司河口、绿春、金平、红河、元阳分公司。5 家分公司作为云南省烟草公司红河州公司不具有企业法人资格的分支机构，职能不变。

推进专业公司管理。4 月，国家局、总公司下发《关于设立〈中国烟草〉杂志社有限公司的通知》（国烟法〔2013〕155 号），中国烟草总公司决定投资设立《中国烟草》杂志社有限公司，并批复同意《中国烟草》杂志社有限公司章程。12 月，总公司下发《关于黑龙江新烟草杂志社股权无偿划转事项的批复》（中烟办〔2013〕275 号），同意中国烟草总公司黑龙江省公司将持有的黑龙江新烟草杂志社 100% 的股权无偿划转至《中国烟草》杂志社有限公司。

【打叶复烤企业重组整合】 推进广东打叶复烤企业重组整合。国家局、总公司印发《关于广东省打叶复烤企业重组整合的批复》（国烟法〔2013〕55 号），同意广东韶关烟叶复烤有限公司、广东南雄烟叶复烤有限公司进行重组整合，依法对广东南雄烟叶复烤有限公司进行清算，继续保留广东韶关烟叶复烤有限公司、广东梅州烟叶复烤有限公司独立法人资格。同意对广东韶关烟叶复烤有限公司、广东梅州烟叶复烤有限公司的股权结构进行调整，同意行业内股东依法严格按照国家规定接受地方股东转让股权，股权转让价格依照资产评估结果计算确定。同意广东韶关烟叶复烤有限公司和广东梅州烟叶复烤有限公司的公司章程。

推进重庆打叶复烤企业重组整合。国家局、总公司印发《关于重庆打叶复烤企业重组整合的批复》（国烟法〔2013〕185 号），批复同意将重庆万兴烟叶有限责任公司、重庆金益烟草有限责任公司两家复烤企业重组整合为重庆烟叶复烤有限公司。取消重庆万兴烟叶有限责任公司、重庆金益烟草有限责任公司法人资格，变更为重庆烟叶复烤有限公司所属非独立法人分支机构，名称分别为：重庆烟叶复烤有限公司万州复烤厂；重庆烟叶复烤有限公司彭水复烤厂。重庆烟叶复烤有限公司经营范围调整为烟叶复烤加工。中国烟草总公司重庆市公司、湖南中烟工业有限责任公司、江苏中烟工业有限责任公司、重庆烟草工业有限责任公司持有的重庆万兴烟叶有限责任公司、重庆金益烟草有限责任公司股权对应净资产全额转为对重庆烟叶复烤有限公司的投资。原则同意《重庆烟叶复烤有限公司章程》。

11 月，国家局、总公司印发《关于依法注销陕西旬阳烟叶复烤厂工商登记的批复》（国烟法〔2013〕420 号），批复同意依法注销陕西旬阳烟叶复烤厂工商登记。

2013 年，全行业打叶复烤企业重组整合工作基本完成。截至年底，打叶复烤企业已由 2009 年的 64 家重组整合为 35 家，普遍建立法人治理结构，资源配置效率和企业管理水平明显提高。

【多元化投资管理体制改革】 加强多元化投资管理体制建设。2013 年，行业围绕体制、机制和支撑项目三大要素，贵州中烟，河南、云南、黑龙江省公司上报多元化投资管理体制改革方案，并获国家局批复成立投资管理公司，截至年底，全行业共设立21家省级投资管理公司。福建省公司、上海烟草集团、陕西中烟等单位继续理顺多元化资产和管理关系，将多元化股权进一步整合集中到所属投资管理公司。

为推动多元化投资管理体制改革，总公司印发《关于加快推进行业多元化企业法人治理结构建设的通知》，要求控股多元化企业进一步理顺产权关系、健全组织结构、完善治理机制、加强制度管理。按照通知要求，各单位对多元化企业法人治理情况进行督促指导。

*进一步推进多元化管理。*1月，国家局、总公司下发《关于设立中维鑫晟房地产开发（福建）有限公司的批复》（国烟法〔2013〕46号），批复同意中国烟草总公司福建省公司、福建中烟工业有限责任公司和中维地产股份有限公司共同投资设立中维鑫晟房地产开发（福建）有限公司。其中，中维地产股份有限公司占注册资本的40%，中国烟草总公司福建省公司占注册资本的30%，福建中烟工业有限责任公司占注册资本的30%。3月，国家局、总公司下发《关于设立中维地产河北有限公司的批复》（国烟法〔2013〕78号），批复同意中维地产股份有限公司和中国烟草总公司河北省公司共同投资设立中维地产河北有限公司。其中，中维地产股份有限公司占注册资本的51%，中国烟草总公司河北省公司占注册资本的49%。7月，国家局、总公司下发《关于增加江西省锦峰投资管理有限责任公司注册资本金的批复》（国烟法〔2013〕290号）。

【现代企业制度建设】 修订公司章程，加强对行业有关公司的章程管理工作，国家局、总公司先后下发《关于印发河北省公司章程的通知》《关于印发中国烟草总公司北京市公司章程的通知》《关于印发中国烟草总公司大连市公司章程的通知》《关于印发河南中烟工业有限责任公司章程的通知》《关于印发江西中烟工业有限责任公司章程的通知》《关于印发陕西中烟工业有限责任公司章程的通知》《关于印发云南中烟工业有限责任公司章程的通知》《关于印发安徽中烟工业有限责任公司章程的通知》。

（编辑：王东旭）

财务与审计

2013年，烟草行业财务会计工作认真贯彻落实全国烟草工作会议精神和行业财务审计工作会议精神，继续围绕"卷烟上水平"基本方针和战略任务，认真思考谋划实践"三大课题"，财务抓落实、审计重整改，积极完善制度体系，不断强化政策执行，严格坚持厉行节约，认真落实审计整改，各项工作都取得新的进展。

【落实财政增收与安排扶持资金】 2013年，财务审计部门紧紧围绕行业改革发展中心任务，发挥行业资金优势，切实保证国家财政收入，促进行业持续健康发展。

一是落实财政增收，努力作出特殊贡献。2013年，中央财政面临较大困难，国务院领导特别指示烟草行业要发挥专卖制度优势，努力做出特殊贡献。国家局党组认真落实指示精神，将保障财政增收作为一项严肃的政治任务认真对待，全行业上下统一认识，顾全大局，从税后利润中向中央财政上交400亿元专项资金，为国家财政增收作出特殊贡献。同时及时足额上缴国有资本收益295.68亿元，连续多年不要求财政返还，有力地促进国家经济社会各项事业的发展。

二是安排扶持资金，保障行业改革发展。根据年度生产经营实际需要，投入50亿元支持烟叶生产基础设施建设，改善烟农生产条件；注资29.84亿元推动卷烟品牌合作生产；投入14.01亿元鼓励企业拓展国际市场；投入4亿元扶持国产雪茄烟发展；注资10亿元扶持国产烟机发展；投入50亿元支持打叶复烤企业技改。省级公司积极落实相关配套资金，为行业改革发展各项事业提供坚实保障。

三是关注民生发展，树立行业良好形象。2013年，财务审计部门在保障行业改革发展的前提下，积极筹措资金，投入到水源工程项目援建、保障房建设、抗灾救灾以及扶贫捐赠等重点民生项目，积极落实中央惠民利民政策，为行业树立良好的社会形象。

【预算管理】 2013年，全行业认真贯彻落实中央"八项规定"和国家局"九条要求"，以预算管理为抓手，大力压缩一般性支出，严控重点费用支出，取得明显成效。

*严格预算过程管控。*2013年，行业各单位严格执行"两上三下"（两次上报和三次反馈）预算编报审批程序，围绕重点费用控制标准，细化分解预算指标，加强预算执行过程分析，发挥董事会和业务部门的作用，落实重点费用归口管理责任，强化预算刚性控制要求。

*推进成本费用定额标准建设。*进一步加强行业物流费用预算管理，规范预算管理流程，2013年，总公司下发《烟草商业企业卷烟物流费用预算管理专项规程（试行）》和《烟草工业企业物流费用预算管理专项规程（试行）》。

行业各单位将定额标准建设作为提升预算管理水平的基础工作和关键环节认真加以落实，结合自身实际，探索建立实物消耗、能源消耗、人力成本以及费用开支、资产占用等方面的预算定额标准体系，并在预算编制和执行中严格贯彻实施，取得明显效果。

*加大重点费用管理制度执行力度。*国家局下发《关于进一步规范烟草行业工作人员因公临时出国的意见》（国烟外〔2013〕359号），对行业因公出国做出严格规范。总公司下发《关于加强烟草行业企业年金管理的通知》（中烟办〔2013〕14号），对企业年金的缴费标准、账户管理、企业缴费分配办法等做出详细规定。11月，国家局下发《机关会议费管理实施细则》，《细则》明确会议费的开支范围、标准和报销支付标准，以及会议费公示和年度报告制度。

2013年，行业各级财务审计部门加大制度执行力度，大力压缩精简业务接待、会议、宣传促销、车辆购置、临时出国境项目，2013 年行业工商企业重点费用同比下降 21.29%，其中会议费同比下降超过 40%，业务招待费和涉外费同比下降超过 30%，宣传促销费同比下降超过 5%，福利费同比下降 1.03 个百分点。

【国有资产管理和资金监管】 2013 年，行业各级单位进一步加强资产管理和资金监管，不断提升国有资产运营和管理水平。

开展流动资产专项清理和往来款对账工作。2013 年，烟草行业重点对往来账款和以烟叶、原辅材料、烟机配件为主的存货等流动资产进行专项清查，进一步做实资产。10 月，国家局下发《关于开展行业内部往来款项对账工作的通知》，通过现场对账、处理争议和督促落实三个步骤解决往来款项问题，对账工作期间，有关往来款项双方共签订《烟草行业内部往来款项对账还款确认书》152 份、《烟草行业内部往来款项对账争议处理协议书》186 份，并通过清查对账，减少企业间流动资金占用，加速资金周转。

推进跨行支付结算和银行卡应用工作。1 月，为提高行业对卷烟零售客户的服务质量，国家局财务司和中国卷烟销售公司召开推进行业卷烟销售货款跨行支付结算及银行贷记卡应用工作电视电话会议。3 月，国家局下发《关于积极推进行业卷烟销售货款跨行支付结算及配套银行卡应用工作的指导意见》（中烟办〔2013〕56 号），《意见》要求开展跨行支付结算及配套银行卡应用工作，要以省为单位推广实施，省级公司负责省（区、市）内的组织协调工作，以地市级公司为主体负责具体实施；共同研发结算平台，在技术上要实现烟草订货系统与银行结算系统的相互融合，在功能上要满足订货、结算、退款、查询等业务需求，跨行结算支付平台的系统版权归烟草行业所有。

湖南烟草商业系统启动卷烟销售货款跨行支付结算试点工作，试点坚持统一规划、创新突破、高效安全、服务客户的原则，不断完善结算功能，使结算渠道和结算平台多样化，结算应用范围更广。河北烟草商业系统实施“跨行 + 直通”的卷烟销售货款网上结算模式，全部市公司完成网上跨行支付结算合作银行选择。

提升资金管理水平。加强资金日常监管，严格执行资金管理相关内控制度，加强银行账户管理，保证资金安全。7 月，国家局资金管理课题组到贵州中烟了解卷烟货款结算、税金入库结算、烟叶支付结算、烟用物资结算、费用结算、工程项目投资结算、融资管理、存量资金管理等方面的情况。不断加强金融政策研究和银企合作，盘活存量资金，对资金实行保值增值运作和降低融资成本，提高存量资金的盈利能力。

加强国有资产基础管理。按照“四个严格、一个严禁”的要求，国家局加强对行业投资、企业体制改革、多元化企业成立撤销、专用设备处置等事项关键节点控制，严控审批风险，防止国有资产流失。在日常工作中，继续坚持国有资产处置预案管理制度和重大资产处置项目现场调查核实制度，并加大资产处置后续环节跟踪管理。

【会计基础工作】 加强会计核算工作。2013 年，行业各单位落实工商物流费用核算管理办法和复烤企业会计核算办法，规范物流费用核算和复烤加工环节的核算。进一步规范烟叶生产投入、宣传促销费、基地建设、网络建设、终端建设等方面的核算，不断减少随意列支费用现象，会计核算工作取得明显进步。

提升财务信息质量。财务快报和量本利报表质量不断提高，2012 年度决算工作重点关注审计机构出具的管理建议及会计报表附注暴露的问题和合并会计报表编制不完整问题，在决算企业户数比上年增加 57 家的前提下，通过优化对账规则和时间，高效优质地完成年度决算，全行业的决算成果连续第五年获得财政部的通报表扬。

推进财务管理信息系统的融合。国家局总结四川省公司和湖北中烟公司财会管理信息系统试点经验，各地结合业务需求，以完善系统功能为重点，加快信息系统融合。从效率和安全两方面进一步完善行业资金监管系统，探索实施“在线审计”，并推进物资采购、合同、工程审计等专项审计的信息化开发工作。

【内部审计监督】 内部审计。2013 年，行业全面落实审计整改年要求，转变审计职能，开展内部审计工作。全年共开展经济责任、工程等各类审计项目 100748 项，审计发现问题共计 23427 个，涉及金额超过 12 亿元，提出审计建议并被采纳 31773 条。

经济责任审计。2013 年，审计署组织开展对国家局原主要负责人经济责任审计。为配合好这次审计，烟草行业精心组织，紧密协作，加强沟通，扎实推进。接受延伸审计的各单位由主要负责人带头，财务审计部门牵头配合，业务部门协同参与，真实完整地提供审计资料，搭建顺畅沟通平台，做好后勤保障，确保审计工作有序开展。各延伸审计单位由主要领导负责，先后多次到审计署机关、特派办及延伸审计现场与审计组进行沟通，如实反映行业实际情况和整改情况，对问题实事求是的态度赢得审计组的理解。

审计整改工作。国家局高度重视审计整改工作，各延伸审计单位主动予以整改，业务招待费、公积金、年金、车辆购置、职工薪酬和福利保险等一批敏感问题得到较好解决。同时各级审计部门贯彻审计整改年要求，集中力量对 2010 年至 2012 年以来行业各企业接受国家局组织开展的各项审计，以及外部审计机构、财政部门、税务部门检查中发现的问题进行整改落实，督促有关部门健全完善相关机制和制度，推动内部生产经营和财务管理工作的规范。

【税收风险自查】 2013 年，国家税务总局决定对行业开展税收风险管理检查，检查涵盖 2008—2013 年期间行业所有涉税项目。总公司下发《关于积极配合国家税务总局开展税收风险管理工作有关事项的通知》（中烟办〔2013〕163 号），并于 10 月在安徽省培训中心举办行业税收风险检查工作培训。各单位成立专项工作领导小组，详细制定自查工作方案，针对自身存在的税收风险点，逐一对照排查。国家局、总公司定期发布税收风险管理工作简报，分析问题，总结经验，有效保证自查工作的顺利开展。同时行业各级单位积极与税务部门沟通协调，最大程度争取税务部门的理解和支持。通过自查，对企业建立健全税务风险内部控制机制和推动规范经营、依法经营起到积极的促进作用。

【财务审计队伍建设】 加强作风建设，提高职业道德水平。行业财务审计人员积极参加党的群众路线教育实践活动，深刻查摆“四风”方面存在的突出问题，制定整改方案并加以落实，提升财务审计队伍的政治素质和职业道德。

开展学习培训活动，提高财务审计人员业务能力。行业各级财务审计部门结合工作实际，广泛开展各项学习活动，举办财会技能竞赛，创造条件组织财务审计人员参与多种形式的业务知识和专业技能培训，努力打造学习型组织。截至年底，行业财审人员中拥有会计、审计等高级技术职称450人，注册会计师260多人，国际注册内部审计师超过100人，注册工程造价师20人。

（编辑：王东旭）

烟草科技

【行业科技工作概况】 2013年，在国家局党组的正确领导下，行业科技工作紧紧围绕“卷烟上水平”目标任务，推进实施创新驱动发展战略，加强行业科技创新体系建设，推进科技重大专项实施，抓好产品质量监督工作，完善行业技术标准体系，切实加大高层次创新型人才培养力度，行业科技工作取得新的进展和成效。重大专项研究取得新突破，烟草基因组研究整体处于国际领先水平，绘制完成全球第一套、也是唯一一套烟草全基因组序列图谱和物理图谱，抗病性状功能基因研究有了新进展。国产卷烟焦油量进一步降低，低焦油低有害成分释放量卷烟的产销量持续增加。蚜茧蜂防治蚜虫技术在云南烟区大面积推广，在国内生物防治领域走在大农业前列，在全球生物防治领域是一个成功案例，为国家生态文明建设作出有益探索。质量监督工作进一步深化，各级质检机构建设全面加强，监管能力和水平不断提高。产品质量安全保障能力持续提升，烟草添加剂、烟叶农残、重金属等管控工作有序推进落实，基本构建起涵盖烟叶、卷烟、材料等的质量安全标准体系。行业技术创新体系建设不断加强，成立国家烟草基因工程研究中心，八家国家级企业技术中心全部通过国家发改委评价。

【行业创新体系建设】 *烟草农业技术创新体系建设。*烟叶主产区高度重视烟草农业科研机构建设，湖北省局（公司）进一步整合全省科技资源，以“改所建院”为契机，明确各级创新体系职能划分和目标定位；湖南省局（公司）进一步完善烟草农业技术创新体系，组建省烟草科学研究所。云南、贵州、山东等烟叶主产区持续强化烟叶生产技术中心建设，在高层次人才引进、科研支撑条件建设、科研投入等方面取得明显成效。加强烟叶主产区地市级公司烟叶生产技术中心建设，国家局开展行业第二批烟叶生产技术中心认定工作，认定山东潍坊、贵州毕节烟叶生产技术中心。截至2013年底，行业认定烟叶生产技术中心数量达到6家。

*烟草工业技术创新体系建设。*技术中心非法人实体化运作取得突破，河南中烟按照事业部的建设方向，完善以自主运行、单独核算、内部考核、目标管理为特征的非法人实体化运作模式。贵州中烟以组织结构扁平化、职能划分专业化、研究开发集成化、绩效考核多元化、管理运行实体化为原则，提出全面推进技术中心体制机制创新的思路。上海烟草集团创新“工商研农”合作研发模式，大力推进皖南现代烟草农业科技园区建设，构建“中华”品牌皖南浓香型烟叶原料区域研发中心、现代烟草农业科技创新样板区。云南中烟从根本上改变分散研发的科研格局，推进技术创新资源合理流动、交叉融合、互补集成，对“一院两中心”科技资源进行整合。非卷烟工业企业技术中心建设步伐加快，上海烟草包装印刷有限公司技术中心通过行业认定，中国烟草机械集团有限责任公司创新技术中心组织模式，构建分布式技术中心，创新效率进一步提升。截至2013年底，行业认定卷烟工业企业技术中心14家，非卷烟工业企业技术中心4家。

*高层次创新平台建设。*2013年，国家局继续加大对郑州烟草研究院的支持力度，凝聚高端创新人才，加强应用基础和共性技术研究，加快建设人才高地、研发高地和质检高地。加强云南省烟草农业科学研究院、云南烟草科学研究院、贵州省烟草科学研究院在运行机制、人才培养、研发经费投入等方面的工作力度。依托云南省烟草农业科学研究院建立国家烟草基因工程研究中心，中心科研条件得到显著改善，团队素质不断提升，为烟草基因组计划重大专项的实施提供支撑和保障。云南省局（公司）获准设立行业商业系统首家博士后科研工作站，川渝中烟、江西中烟、福建中烟、安徽中烟获准设立博士后科研工作站。

2013年8月，国家局出台《烟草行业重点实验室管理办法》，完善行业重点实验室评价体系，推动“开放、流动、联合、竞争”的运行机制建设，引导其形成、巩固学科领域优势，持续引领学科发展。国家局认定湖南中烟“卷烟功能材料实验室”、青州烟草研究所“烟草病虫害监测与综合治理实验室”等9家实验室为烟草行业重点实验室。进一步整合国内外创新资源，贵州省局（公司）、贵州中烟和贵州大学共建“贵州省烟草品质研究重点实验室”，郑州烟草研究院、中国农科院农业资源与农业区划研究所共建“生态环境与烟叶质量联合实验室”，青州烟草研究所、加拿大圭尔夫大学共建“中加烟草病虫害监测与综合治理联合实验室”，浙江中烟、浙江大学共建“吸附分离材料联合实验室”，为行业开展协同创新和引进培养优秀科技人才创造条件。

*成果推广应用机制建设。*行业各单位持续完善科技成果评估体系和管理制度，强化推广体系建设，探索成果转移转化模式。云南省局（公司）建立“项目运作、培训保障、目标考核”三维并重的成果推广运作模式。贵州、山东、湖南、湖北等省局（公司）采取加大推广类项目的立项数

量、资金投入、绩效考核等有效措施，一批先进适用技术得到大面积推广应用并辐射到全国烟区。重庆市局（公司）提出以研究开发平台、试验平台、示范推广平台、交流合作平台和科技信息共享平台为主要内容的技术创新推广体系总体架构。

人才发展机制建设。部分工商企业打通专业技术人才成长通道，有效调动科技人员的积极性、主动性、创造性。上海烟草集团启动实施专业技术技能岗位聘任制度，完善人才评价手段，评审出108名享受技术技能津贴的人员。湖南省局（公司）在全省系统全面实施高、中级专业技术职务聘任工作并落实相关待遇，针对21名学科带头人培养对象及后备对象制定专项培养计划。广东中烟完成主任级专业技术职务选拔任用工作，正式启动“能力与业绩导向型”的科研人员考核评价模式。浙江中烟在卷烟配方、卷烟工艺等多个领域竞争性选拔出6位首席专家，每年给予6～8万元津贴。江西省局（公司）设立全省系统科技奖励专项资金，每年从全省系统工资总额中预留出一定额度，用于奖励在科技创新工作中有突出贡献的单位、集体或个人。

科技创新激励机制建设。国家局科技司开展烟草行业科技创新激励竞争机制专题调研，现场调研上海烟草集团、云南省局（公司）、华为技术有限公司、华大基因研究院等15家行业内外单位，组织撰写15份分单位专题调研报告，撰写《关于行业科技创新激励竞争机制专题调研情况的报告》，从科技投入、科技人才、科技运行与管理、科技成果、科技奖励等方面系统分析行业科技创新激励竞争机制现状与问题，并就健全科技投入机制、科技人才发展机制、科技运行机制、成果管理机制、科技奖励制度体系等方面提出建议意见。充分发挥科技奖励制度在激发科技创新中的重要激励作用，开展2013年度中国烟草总公司科学技术奖励的推荐、评审工作，评选2013年度中国烟草总公司科学技术奖26项。

【知识产权】 2013年，烟草行业继续加强知识产权公共服务平台和科技信息资源体系建设，中国烟草科技信息中心知识产权研究室初步建立内容丰富、功能完备、服务高效的行业知识产权公共服务平台。开展国内外加热型无烟气烟草制品专利统计分析工作，完成《新型烟草制品中国专利分析研究报告》。

知识产权和科技成果达到新水平。2013年，全行业获得授权烟草技术类专利2962件，同比增长46.0%，其中发明专利515件，同比增长2.6%。湖北中烟全年申报专利437件，授权专利349件，专利申请量和拥有量继续位居行业第一。全行业获得各类成果1700余项，53项成果获得省部级科技奖励，其中，省级人民政府奖励21项，中国烟草总公司科学技术奖26项、标准创新贡献奖6项，广大科技人员的创新热情得到进一步激发。

【科技重大专项和关键技术攻关】 烟草基因组计划重大专项。烟草基因组研究整体居国际领先地位，在多个领域和方面实现突破，创造多个“首次”和“第一”。以“发现基因、研究基因、利用基因”为总体原则和要求，全面启动并实施功能基因组学研究工作。烟草品质性状、抗性性状、农艺性状等重要性状相关功能基因组学研究取得新突破，突破烟草品种改良关键技术，在部分领域看到产业应用的曙光。首次锁定烟草黑胫病抗病基因，获得烟草马铃薯Y病毒抗性基因，开展“K326”“云烟87”等优质品种PVY抗性改良研究。突破烟草开花期调控关键技术，可使烟草育种时间缩短三分之一。突破基因定向敲除关键技术（TALEN等技术），可以在基因水平上快速改变烟草重要性状基因功能。成功研制全球第一套四倍体烟草基因组全转录本（Whole－Transcript，WT）基因芯片，是烟草中涵盖基因数量最多，用途最广的全基因组转录本基因芯片。创制一套单核苷酸多态性（SNP）芯片，可进一步改进和提高烟草物理图谱的数据精度，有助于挖掘与重要农艺性状及经济性状相关的功能基因。绘制完成全球第一套烟草全基因组图谱，是已知植物基因组序列图谱中基因组最大、组装质量最好的图谱，该成果使中国成为在国际上率先掌控烟草核心基因信息资源的国家。首次系统整合烟草基因组（绒毛状烟草、林烟草和栽培烟草基因组）、烟草基因芯片、代谢组、重测序、突变体、遗传图谱、转录组和基因网络等数据，构建中国烟草基因组数据库2.0版。

造纸法再造烟叶技术升级重大专项。以科技项目为载体，推进国产造纸法再造烟叶生产线技术升级、工艺研究技术进步、技术装备保障升级。以云南昆明、广东汕头、浙江杭州生产线为依托，高速、高效、清洁、低耗具有国际水准的标志性生产线研制取得明显成效。再造烟叶生产线技术升级工作形成创新型、集成型、改造型3种模式，主要关键生产工艺指标达到或超过国际先进水平。国产再造烟叶工艺技术水平明显提升，通过科研攻关，在提取、浓缩、制浆、抄造、涂布、烘干等主要工序，研发出一批先进的技术成果和技术装备，推进国产再造烟叶技术进步。制定造纸法再造烟叶主要工艺技术指标和在制品技术指标检测方法。完成再造烟叶单独成丝工艺研究和装备研制，在造纸法再造烟叶单独成丝生产线的切丝工艺流程、关键技术、配套装备等方面实现重大突破，填补国内造纸法再造烟叶单独成丝生产线的空白。功能性再造烟叶产品开发取得新成效，研发掌握一批再造烟叶产品理化指标调控技术，为功能性再造烟叶产品研发提供技术手段。开发出一批具有降焦减害、增香保润、突出卷烟产品风格的功能性、定制化再造烟叶产品，其中，开发的降焦减害功能性再造烟叶产品焦油量小于6毫克/支，一氧化碳量小于12毫克/支。国产功能性再造烟叶产品在一、二类卷烟中添加比例可达10%以上。

卷烟减害技术重大专项。卷烟工业企业更加注重利用配方、辅材、工艺等手段实施综合降焦减害，技术实现途径有了新拓展。行业开发出一系列选择性降低CO、NNK等成分的新技术并在“白沙”“都宝”等品牌广泛应用。13个试点品牌危害性指数加权平均值降至8.5，同比降低0.1。“云烟”品牌危害性指数连续6年持续降低，“兰州”品牌连续4年卷烟危害性指数最低。全行业盒标焦油量不超过8毫克/支的卷烟销量3530.9亿支（706.18万箱），同比增长

8.04%，其中不超过6毫克/支的卷烟销量378亿支（75.60万箱），同比增长163.28%；卷烟危害性指数小于8.0的卷烟销量接近5000亿支（1000万箱）。

2013年，国家局科技司组织开展卷烟减害技术重大专项成果交流会，全面部署卷烟工业企业利用常规技术手段开展综合降焦减害，进一步推进新技术、新方法和新成果在行业内的推广应用。关键技术研究取得新进展，完成“自然透气接装纸通风的纸质复合滤嘴研究”“云南主要烟叶原料七项烟气成分释放量研究”等项目鉴定工作，推进项目研究成果在产品中的转化应用。印发《2013年1—9月份国产卷烟七种成分释放量分析报告》，及时掌握国产卷烟主流烟气七种成分释放量水平，卷烟焦油和七种成分释放量不断降低。在2012年焦油量和危害性指数降幅收窄、技术攻关难度进步加大的形势下，2013年全国卷烟焦油量加权平均值降至10.6毫克/支，同比降低0.3毫克/支；国产卷烟危害性指数加权平均值为8.7。低焦油、低有害成分释放量卷烟产品增长迅速。

*新型卷烟研制重大专项。*国家局高度重视新型卷烟、口含烟、电子烟等新型烟草制品发展工作，2013年确定将技术攻关难度最大的新型卷烟作为行业科技重大专项进行重点突破。国家局科技司系统制定行业新型卷烟研究总体规划，结合国内外新一代卷烟发展情况，编制新型卷烟研制重大专项方案。新型卷烟研制重大专项的各项工作有序进行，关键技术研究和产品研发取得积极进展。上海烟草集团、湖北中烟、湖南中烟、山东中烟等企业加快建设专业性的新型烟草研发机构，为技术研究和产业化发展奠定条件。湖北中烟在第一代产品基础上开发第二代电加热型、炭加热型产品，原创性开发非电加热产品。红云红河集团、郑州烟草研究院等单位开发电加热型产品。广东中烟、上海烟草集团、浙江中烟等设计研发新一代卷烟模型装置。

新型卷烟的基础研究、关键技术研究、产品开发等工作持续深化，专利申报量大幅增长、布局明显加强，实现对电加热型、炭加热型、理化反应加热型等制品类型的覆盖。国家知识产权局授权/公开/受理行业新型卷烟专利由2013年初的6件迅速增长到年底的93件，其中公开/受理发明专利55件，授权实用新型专利13件，公开/受理实用新型专利25件，覆盖电加热型、炭加热型、理化反应加热型和其他热源形式等制品形式。

*卷烟自主调香取得新进步。*国家局系统布局行业调香技术领域重要关键技术攻关，针对行业自主调香技术瓶颈，将“烟草重要香料的作用阈值研究”“全国烟叶风格特色评价研究”“卷烟味觉特征感官评价方法研究”3项关键技术作为未来几年行业卷烟调香关键技术研究的重点，安排部署相关企业编制相关研究方案。推进行业卷烟品类关键技术研究，支撑中式卷烟品类创新发展。完成“黄山”焦甜香品类构建研究、“金圣”本草香品类香气特征分析及特征香原料的开发等项目鉴定，引导企业按照“有支撑、成体系、能感知”的品类构建要求开展相关研究与探索。云南中烟、湖北中烟等工业企业进一步深化核心香原料的规模化种植、开发和使用，推进自主调香向更高层次迈进，行业香精掌控自主调香和核心香原料自主调香卷烟比例持续提高。自主调香进一步支撑品类发展，“黄山”焦甜香、“黄鹤楼”雪雅香等新的香型品类风格丰富并拓展中式卷烟品类系列，“金圣”本草香、“云烟”清甜香、“芙蓉王”自然烟香、“黄金叶”浓香等品类风格特色更加彰显。

*工艺装备取得新突破。*2013年，行业梗丝加工新工艺、新装备研发取得显著成效，有效突破梗丝在中高档卷烟中的使用瓶颈。引进技术的16000支/分钟、800包/分钟超高速卷接包机组通过鉴定，实现国产卷接包设备从高速向超高速的新跨越。造纸法再造烟叶工艺技术实现新提升，打造形成了云南昆明、广东汕头、浙江杭州3条再造烟叶生产线工艺新模式，提取、涂布、抄造、白水综合利用等关键工艺及主机设备研发取得新突破。浙江中烟研发行业首条造纸法再造烟叶成丝生产线，有效提升再造烟叶的配方适用性。

*烟叶生产关键技术研究和推广取得新成效。*烟叶病虫害的生物防治取得标志性成果，云南省局（公司）在烟叶产区采用烟蚜茧蜂防治蚜虫技术推广面积比例达85%以上，实现减工降本、绿色生态、降低农残等综合收益最大化，树立“资源节约、环境友好”的烟叶生产新典范，具备向全国烟叶产区、向大农业领域推广辐射的条件。小苗膜下移栽技术、井窖式移栽技术研究和推广取得重大进展，有效缩短育苗期，缓解移栽用工压力，实现烟叶生产技术的重大革新。

【科技项目过程管理】 *项目执行过程的检查评估。*2013年，国家局科技司完成中国烟草总公司科技在研重大专项项目、重点项目、面上项目执行情况的检查评估。印发2013年度重点项目、卷烟减害技术重大专项项目、造纸法再造烟叶技术升级重大专项项目检查评估结果通报，对项目实施过程中存在的问题提出修改、整改建议。

*开展重大问题调研总结。*国家局组织人员有效跟踪、检查重大专项各项目执行情况，督促各项目进展。对近年来行业基因组、降焦减害、自主调香领域的技术创新情况进行全面总结，进一步梳理取得的成绩，分析存在的问题，明确下一阶段的攻关方向和目标，相关领域技术创新的针对性和实效性得到提升。

*开展重要项目实施情况的现场检查和专家诊断。*组织行业内外专家组成检查组，对烟草基因组计划重大专项2013年项目实施进展情况进行中期检查。按照“最高的质量，最低的成本，确保结果，严控过程”的原则，对栽培烟草测序项目进行分阶段测试和评估评价，组织阶段验收，确保项目完成质量。组织造纸法再造烟叶技术升级重大专项工艺研究、装备研究首席专家对国内主要再造烟叶生产企业进行检查，指导解决相关项目存在的问题，加强科技项目过程管控。

【产品质量监督】 *产品质量监督监测工作。*国家局全年共对62个品牌330个规格的卷烟、五大类1270个烟用材料产品进行市场监督抽查，对55个品牌210个规格卷烟产品的7种有害成分、九大类5492个产品的质量安全相关指标进行专项监测，对1072批次4.9万把烟叶样品的工商交接等级质量进行监督检查。各省级质检站加大产品质量监督工作力度，河南、云南工商交接工作抽检烟叶达到1000批次左右。2013年，行业卷烟产品质量保持良好和稳定，卷烟、滤棒、接装纸抽检合格率达到100%，卷烟纸、丝束、香精香料的合格率均在95%以上，工商交接等级合格率为62.0%。烟草及烟草制品农药残留量、卷烟包装纸中挥发性有机化合物残留、烟用添加剂和烟丝中有关禁用成分、烟叶和卷烟中转基因成分等质量安全和重点关注指标得到有效监控。

卷烟、烟机鉴别检验工作。各省级烟草质量监督检测站创新管理流程，创新技术手段，克服各种困难，圆满完成鉴别检验工作，全年行业接受委托鉴别检验卷烟样品86万余条，烟机152台，鉴别检验结果无一差错，其中，山东质检站鉴别检验样品达到16万余条，浙江、广东、江苏、四川、北京等质检站鉴别检验均达5万条以上，为行业专卖打假工作提供有力技术保障。部分质检站开展卷烟真伪鉴别技术培训，北京质检站全年培训专卖人员达到3000余人次。部分质检站深入开展鉴别检验方法研究，浙江质检站建立机器辅助特征识别系统和行业卷烟鉴别检验业务管理系统，该成果通过国家局组织的鉴定，达到国际领先水平；北京质检站利用痕迹学理论，研发出卷烟不拆封鉴别检验技术。

质检管理水平和检测能力得到进一步加强。结合行业实际，国家局修订完善《烟草行业产品质量监督抽查管理办法》，对质检工作的规范性和科学性提出新的要求。加强质检实验室建设，国家烟草质检中心实验楼建设全面启动，投入进一步加大。山东、河南、江苏等质检站完成实验室改造和新建搬迁。截至2013年底，行业已有27个质检机构建立实验室管理信息系统，国家局质检管理信息系统正式立项启动。贵州、湖北质检站具备100余种农药残留指标的检测能力；云南、上海、北京、吉林等质检站基本具备除农残以外的所有安全性指标的检测能力。国家烟草质检中心培训行业质检人员1100余人次，质检能力得到进一步加强。

控烟履约相关工作。按照《中国烟草控制规划（2012—2015年）实施方案》要求，完成卷烟包装标识履约现状的专题调研，对中国卷烟包装标识规定的实施效果进行评估，举办卷烟包装标识和广告宣传促销用语培训，促进中国烟草控制规划的有效落实。国家烟草质检中心密切跟踪烟草成分和释放物检测、管制、披露等方面的发展趋势，研究建立烟草、烟气释放物中主要有害成分的检测方法。积极参与各项履约活动，参加世界卫生组织《烟草控制框架公约》第9、10条指南起草工作组第八次会议，提出的建设性意见对工作组理性和客观地起草指南发挥重要作用。

【标准化工作】 加强产品质量安全标准体系建设。按照国家局强化产品质量安全风险管控的有关要求，在郑州烟草研究院、云南烟草科学研究院和行业内各有关单位的积极参与、密切配合下，基本完成烟草添加剂安全性集中评估测试工作，发布《烟叶中最大农药残留限量》《卷烟 滤棒添加剂安全卫生要求》《再造烟叶许可使用物质名单》《烟用材料新物质安全性评估技术规程》等重要标准，并组织开展《烟用材料许可使用物质名单》执行情况的实测。截至2013年底，全行业已基本构建起涵盖烟叶原料、卷烟产品和烟用材料的质量安全标准体系，为支撑行业持续健康发展发挥重要的保障作用。多数工业公司贯彻落实国家局的有关要求，产品质量安全标准体系进一步健全。

强化贯标工作。国家局印发《进一步推进烟叶标准化生产工作的意见》，开展部分产区推进烟叶标准化生产工作实效考评，多数产区烟叶标准化生产工作扎实，水平稳步提高。继续开展《卷烟品牌合作生产质量保障规范》《卷烟企业清洁生产评价准则》等重要标准宣贯考评工作，支撑重点品牌卷烟的稳定健康发展，促进了行业的节能减排和资源节约。出台《全面推进烟草行业商业企业标准化工作的意见》，组织开展《烟草商业企业标准化建设指南》配套标准项目研究，武汉、绍兴、福州、常州、长沙等地市级局（公司）标准化建设工作积极推进。国家局印发《烟草行业计量工作管理办法》，进一步强化计量工作的基础性作用。

健全标准化工作体系。新组建烟草测试方法、烟叶标样2家行业重点标准研究室，行业重点标准研究室达到13家，覆盖烟草农业、烟用材料、卷烟工艺、测试方法和国际标准化等专业技术领域，对相关工作形成有力支撑。完成全国烟草标准化技术委员会烟机分技术委员会换届工作，及时调整农业、烟用材料和烟叶标样分技术委员会委员。

2013年发布42项行业标准和22项中国烟草总公司企业标准，废止11项行业标准，截至2013年底，现行烟草类国家、行业标准达到617项，中国烟草总公司企业标准达到52项。

【科技人才队伍建设】 国家局以重大专项为载体，以高素质创新人才培养为突破口，加快打造一批具有一定社会知名度、行业影响力和专业技术权威的人才队伍，提高科技人员整体素质，支撑行业持续健康发展。继续推进重大专项首席专家负责制，突出首席专家作用和职责，充分发挥首席专家在技术方向、资源配置、项目调整等方面的主导权，推动其尽快成长为相关领域的学术权威，发挥高层次创新人才效能。

高水平专业技术人员培养工作。采用引进交流、项目带动、集中培训、跟踪学习相结合的策略，推进生物技术人才队伍的建设，引进、培养一批带头人才，行业生物技术研究形成由260余名人员组成的技术团队，高层次人才的引进和培养整体上提升行业生物技术研究水平。建立健全行业卷烟调香专家咨询机构，推动高层次卷烟调香人才培养。组建新一届全国卷烟调香技术委员会，侧重选拔行业培养的卷烟高级调香师和卷烟调香师作为新委员。继续推动以“系统化调香”为主线的行业第二批卷烟高级调香师培养工作，完成为期3年的国内教学任务。依托郑州轻工业学院，选拔行业中青年技术骨干36人，开展行业第三期卷烟调香方向工程硕士研究生培养工作，进一步夯实行业卷烟调香人才基础。

加强行业质检、标准化队伍建设。举办质检站长研讨培训班，邀请国家质量监督检验检疫总局、国家认证认可监督管理委员会等有关方面专家进行相关法律法规、实验室认可程序、产品质量抽检原则等方面知识培训。完成行业检验师职业标准的开发和教材的编写工作。举办10类质检人员培训班，全年培训1168人次，1162人获得检验资格证书。举办标准化技术骨干培训班和《卷烟企业清洁生产评价准则》《卷烟品牌合作生产质量保障规范》等重要标准宣贯培训班，全年培训501人次。

【学术交流】 中国烟草学会概况。中国烟草学会成立于1985年5月，1991年在民政部登记注册，接受中国科协的业务指导和监督管理，挂靠国家局、总公司。下设4个工作委员会（组织、刊物编辑、科普、教育培训）、9个专业委员会（工业、农业、经济、卷烟流通、专卖管理、卷烟材料、信息化、新产业、电子商务专业委员会）和16个专业学组，拥有210家团体会员，9423名个人会员。31个省（自治区、直辖市）设有省级烟草学会，其办事机构设在省级烟草专卖局，省级烟草学会受中国烟草学会业务指导，负责组织本省（自治区、直辖市）范围内的学会活动。

中国烟草学会2013年学术年会。9月25—26日，中国烟草学会2013年学术年会在湖北武汉召开。由行业学科带头人和不同专业领域学者围绕“加强学术建设，促进科技创新”年会主题作了学术报告，将行业重大科技专项、技术创新及经济管理等方面有代表性的研究成果在年会上进行学术交流。开展中国烟草学会年度优秀论文评选，表彰和奖励46篇获奖论文。学术年会对各省级烟草学会推荐的75篇学术论文以学术年会论文集形式进行书面交流，对中国烟草学会2012年各专业委员会46篇优秀论文进行表彰。行业科技工作者代表、中国烟草学会常务理事等共120人参加会议。

国际学术交流。2013年，下发《国家烟草专卖局办公室关于进行国际学术交流情况调研的通知》，向相关省学会及郑州烟草研究院发放问卷调查表，在汇总整理调查问卷的基础上，完成调研报告。参加CORESTA 2013年烟气科学与产品技术学组联席会议。

9月29日—10月3日，中国烟草学会组织科技工作者参加在西班牙塞维利亚召开的主题为“开辟烟草科学新领域（Setting sail for new horizons in tobacco science）”的2013年CORESTA烟气科学和产品技术学组联席会议。来自不同国家和地区的学者就电子烟、无烟气烟草制品、烟气科学、烟草工艺化学、毒理学等专业领域宣读交流了59篇研究报告，展出17篇墙报文章。中国代表团共有11篇宣讲论文，5篇墙报文章，研究内容广泛，涵盖毒理学、减害降焦、烟草及烟气化学等多个领域。

参加CORESTA 2013年农学与植病学组联席会议。10月13—17日，中国烟草学会组织科技工作者参加在意大利布鲁法召开的CORESTA农学与植病学组联席会议。共有来自中国、法国等14个国家的烟草公司、科研机构及大学代表150余人参加。本届会议主题为“负责任的烟叶生产”，交流71篇科技论文，其中大会特邀专题报告2篇，宣讲论文45篇，墙报论文24篇。农学组宣讲论文40篇，墙报论文19篇，内容涉及品种及分子遗传、烟草栽培管理（良好农业规范、植物生理、采收烘烤等）。植病学组宣讲论文7篇，墙报论文5篇，内容涉及孢囊线虫研究及控制、青枯病分子生物研究及施肥控制、仓储害虫控制、白粉病遗传多样性分析、烟草腐蚀病毒全测序、赤星病等。

科普宣传工作。中国烟草学会制作并完成现代烟草物流科普宣传片，片长9分钟，对现代烟草物流各环节及物联网环境下的现代烟草物流建设进行介绍，形成具有烟草行业特点的系列原创科普作品。

（编辑：吴中奇　李　昂）

信息化建设

2013年，行业各级信息化部门紧紧围绕国家局党组提出的“三大课题”进行战略思考，以抓好“深度融合、系统整合、有机结合”为重点扎实推进信息化建设，不断强化信息安全保障，各项工作取得新的进步。

【行业信息化规划深入推进】 国家局首次开展行业信息化发展战略咨询，从思考、谋划“三大课题”出发，分析行业改革发展、行业管控模式、行业业务运营模式对信息化建设的总要求，全面评估行业信息化现状，提出下一步行业信息化总体发展战略、建设蓝图和实施路径的有关建议，为进一步推动信息化与烟草产业深度融合奠定了基础。2013年，国家局以行业信息化咨询项目为抓手，梳理建设思路，规划发展蓝图，开展顶层设计。从思考、谋划“三大课题”出发，分析行业改革发展、行业管控模式、行业业务运营模式对信息化建设的总要求，全面评估行业信息化现状，提出下一步行业信息化总体发展战略、建设蓝图和实施路径的有关建议，为进一步推动信息化与烟草产业深度融合奠定基础。各单位积极落实企业规划，大力推进应用创新，取得明显成效。

组织开展行业信息化咨询项目。国家局与行业外公司合作，从信息化对行业“三大课题”的支撑入手，采用“卓越绩效企业架构”的咨询方法论，结合行业实际开展工作。经过8个多月广泛调研和充分论证，提出行业信息化发展战略、实施策略等建议，明确了CT－155蓝图框架，形成现状评估报告、蓝图规划报告和实施路径报告等主要咨询成果。CT－155框架既是行业信息化发展蓝图，也是现阶段解决集成整合难题的有效途径。框架包括一个行业信息化统一平台，政务管理、运营管控、资源管理、监督管理“四纵”和供应链管理“一横”五大应用，以及信息化决策、架构与标准、建设与实施、运维与服务、网络与信息安全五大保障体系。咨询成果进一步明确信息化发展方向，提出框架设计方案，理清建设思路，是制定实施行业信息化发展规划的主要依据和重要内容。

*持续推进企业信息化规划工作。*加强行业信息化总体规划，推动信息化规划蓝图的实施落地。自2005年发布《数字烟草发展纲要》，行业一直以省级公司为主搞好企业信息化规划。2013年，国家局通过公开招标选择开展行业信息化咨询项目，加强整个行业的信息化发展规划，从战略层面进行顶层设计、制定规划蓝图，从建设层面明确建设模式、确定重点项目，从管理层面推动建立业务管理技术一体化的运作机制。截至2013年，完成46家单位规划批复。各单位坚持规划引领，积极开展规划优化完善，持续推进规划落实落地。海南省局将规划方法论贯穿于编制全过程，系统思考信息化在企业发展中的定位，有效提升信息化发展水平。浙江省局重新审视规划，提出“过去三年怎么看、未来两年怎么干”的课题，滚动调整规划落地的路线图和时间表。甘肃省局、江西中烟等单位积极进行规划宣贯，编制规划实施具体方案，以重点项目建设推动规划落实落地。

*积极探索信息技术应用创新。*各单位不断挖掘信息技术应用潜力，信息化与业务和管理的融合程度更加紧密，支撑企业持续发展的作用日益显现。北京市局积极探索“烟草电商订货”新模式，建设终端业务集成平台，为营销市场化取向改革提供有力技术支持。陕西省局自主研发E商盟零售终端系统，将商流、物流、资金流和信息流从商业企业延伸到零售渠道，推动零售终端建设和营销信息化融合。山西省局、大连市局等单位采用虚拟化技术统一规划硬件资源，在节约建设成本的同时提高系统安全性能。上海烟草集团开发微门户应用，积极探索移动办公新模式。

【行业信息化集成整合工作】 2013年，行业各单位扎实开展重点项目建设，不断完善信息标准体系，集成整合工作取得新进展。

*积极推进综合集成工作。*各单位深入理解综合集成的意义和内涵，突出技术业务管理三位一体，积极探索实践由传统集成向综合集成的转变。湖南省局整合商业价值链信息，以完善一体化综合管理和一体化服务为抓手，实现以标准为主线的技术集成逐步向以服务为导向的综合集成转变。四川省局以打造电子政务平台为突破口，整合提升业务协同管理能力，建立以用户为中心、主动服务的综合集成模式。云南省局打造以大应用大集成大管理为特征的运行平台，加强流程监控，把集成整合向更深层次推进。重庆市局从顶层入手，将目标、流程、标准等公共要素统一定义集成，丰富完善应用平台，为“双核集整”体系落地提供技术支撑。湖北省局统一架构，集中部署管理和业务系统，为每个岗位提供统一信息化工作平台，实现业务可查询可评价可改进，有效提升企业精益化管理水平。

*大力开展重点项目建设。*国家局正式启动数据中心项目建设，开展数据传输通道公共化改造，编制云技术和虚拟化技术方案，形成信息资源规划总纲和主数据专题研究报告，为开展行业统一平台建设和数据层面集成整合奠定基础。截至2013年底，完成通道及平台部分的需求设计，为开展行业统一平台建设和数据层面“三流关联”奠定基础。在行业重点推广应用专卖内管、物资电子商务、工业企业设备管理等系统。各单位通过项目建设推进系统和业务集成整合。云南中烟以主数据管理为突破口，重点开展同构系统纵向集成和异构系统横向集成，为“两统一、两整合”提供信息化支撑。川渝中烟基于品牌全要素、全生命周期产品研发管理思想，通过标准服务接口实现市场营销、物资供应、集团与分厂MES等五大系统的综合集成。广东中烟积极开展生产指挥系统和四家卷烟厂MES系统建设，进一步提升生产过程管理的规范化和精细化水平。

*不断完善信息标准体系。*2013年，信息分标委报请国家局批准发布信息化行业标准7项；组织召开分标委二届五次会议，集中研讨并审查通过标准7项；全面梳理现行42项行业标准，对其中5项提出废止或修订意见，建立标准定期清理机制。同时，各单位在行业标准制定中发挥重要作用。云南省局牵头制定的“行业企业应用集成标准”为企业提供一套完整、可实施的企业门户和SOA建设规范，重庆市局牵头制定的“商业企业卷烟零售终端订货管理信息系统规范”整合现有多种订货渠道并明确技术要求，广东中烟牵头制定的“信息系统安全等级保护实施规范”明确行业等级保护工作流程、定级方法和安全防护技术要求，浙江中烟牵头制定的“工业企业生产网与管理网网络互联安全规范”明确生产网与管理网连接架构以及互联接口安全功能要求。中国烟叶公司、红塔辽宁烟草有限责任公司分别牵头制定的“烟叶包装标签标识标准（标识编码部分）”和“行业信息化工程监理规范”通过分标委审查。

【行业数据信息共享和资源利用】 2013年，在行业部分单位开展时间同步锁定项目试点工作，实现“两打三扫”数据与统计数据完全并轨。全面开展“卷烟生产经营决策管理系统”数据库级数据下行服务，试点开展订单数据下行服务，行业数据资源开发利用的广度和深度、应用效率、共享服务质量得到全面提升。

*稳步提高数据质量。*国家局进一步坚持和完善统计数据质量通报制度，开展统计数据质量巡检，数据质量持续提高，全年数据重报次数下降70%，省级单位零重报率提升40%，其中安徽省局、陕西中烟等11家单位连续两年保持数据零重报，确保统计数据及时、完整和准确。重点开展卷烟零售户订单数据清理，建立订单数据采集、传输、核对机制，明确数据加工和下行方案，订单数据质量达到较高水平，具备应用条件。山东省局建立“现场检查、地市校验、省局复核”三级数据监控体系。辽宁省局建立上下贯通的数据质量保障沟通机制，制定问题排查处理手册。

*有效开展数据服务。*全面推进统计数据下行，先后制定《决策管理系统统计数据下行方案》《决策管理系统统计数据下行管理要求》等制度文件，对数据库级下行的网络、安全、运维等方面提出明确要求，进一步推进行业生产经营数据共享。数据下行工作完成17家工业企业和2家商业企业，数据得到有效利用。湖南中烟充分挖掘数据关联性，把

立体化关联的业务数据以平面方式展现，有效解决“报表森林”难题，为行业数据应用提供经验。四川省局整合行业下行数据，拓展数据源广度，每天为领导和业务部门提供经济运行分析，并作为省局目标考核依据。江苏中烟开展以深化营销分析、扩展企管应用为主题的数据中心建设。福建中烟构建企业级知识中心，将非结构化信息纳入数据中心，通过门户集成及移动终端应用平台拓展信息传播渠道。

不断加强数据分析。为加强统计数据应用，进一步挖掘信息资源价值，国家局信息中心针对当前宏观经济下行压力增大对行业和品牌发展的影响进行研究分析，先后撰写《宏观经济与八项规定对行业的影响》《卷烟新品开发与市场表现》《2013 年卷烟品牌发展之最》等专题报告，得到国家局领导高度评价。各单位统计分析能力不断加强。河南中烟将常规分析与专题分析相结合，编印《行业信息参考》25 期，撰写统计分析 20 余篇，为企业品牌发展和市场营销提供精准的数据分析与趋势性研判。

【行业信息化安全运维工作】 2013 年，行业以“三全”工作法为抓手，进一步强化应急演练、安全检查、等级保护和运维管理，为及时查缺补漏、更有针对性地开展信息安全工作打下基础。国家局信息中心不断创新安全检查方式，各单位在开展应急演练工作中切实做到真演真练。行业安全运维保障体系进一步健全。

开展“三全”工作，夯实安全基础。“三全”工作法即全面梳理、全面诊断、全面加固，它由问题倒逼而出，被实践证明确有成效。“三全”工作法解决安全运维工作中“做什么”“怎么做”的问题，公安部专门印发简报向中央国家机关进行推广。“三全”工作法在行业得到积极贯彻，取得初步成效。2013 年 3 月，印发《关于开展行业信息系统全面梳理全面诊断全面加固工作的通知》（国烟办综〔2013〕159 号），全行业按照通知要求针对信息系统开展“三全”工作。截至 2013 年底，全面梳理、诊断问题 26000 余个，立即整改 7000 余个，其余都列入整改计划，行业网络安全工作水平得到有效提升。吉林、福建省局和安徽中烟等单位由主管领导牵头成立“三全”工作组，建立例会和定期协调检查机制，推动网络安全工作全员化。湖北省局制定标识标准，组织所属地市局逐台设备、逐个系统进行梳理，建立信息化资料库。黑龙江省局对排查出的安全隐患制定详细整改方案，明确管理责任部门，保障整改有效落实。

转变检查方式，提升整改效果。坚持“以查促改、以查促建、以查促防”原则，先后组织开展 3 次行业信息安全检查，编制 22 个应急演练案例，组织完成 4 个规定科目的应急演练。在创新检查方式上进行积极探索。2013 年，委托专业机构对行业 38 家单位外部网站和 29 家单位网上订货系统进行非破坏性远程渗透测试，发现漏洞 1492 个，其中高危漏洞 322 个。测试完成后，及时向相关单位反馈情况，要求立即整改。

加强运维管理，保障平稳运行。国家局完善运维管理流程，建立信息系统运维月报、季报、年报制度和运维服务商例会制度，对机房内信息化资产进行全面核查、梳理、汇总，形成完整的资产清单，实现日常运维规范化管理。2013 年 11 月 13 日，总公司信息系统上海容灾中心建设项目竣工验收，项目建设达到国家容灾系统五级建设标准要求，有力保障了行业信息安全形势总体稳定。上海容灾中心运行后先后举办两次行业培训和四次行业演练，参与演练单位覆盖面不断扩大，难度逐步提高，容灾演练工作得到强化，同时承担行业订单数据采集处理、测试环境搭建、云技术应用验证等工作，发挥新技术孵化基地的作用。上海烟草集团建立统一运维平台，通过 ISO20000 标准体系认证，荣获上海市 2013 年运维技能竞赛团体二等奖。江苏省局开展全省两级运维管控体系建设。湖南省局建立 7×24 小时信息化服务平台，为业务大集中提供一体化安全运维保障服务。

【信息化制度建设】 2013 年，行业进一步加强制度建设，不断强化信息化规范管理。国家局印发《行业信息系统建设相关管理和费用计算办法（暂行）》（国烟办综〔2013〕596 号），对信息系统的开发、实施、运维、升级等建设工作作出规范，明确要求信息系统的建设遵循“应招尽招”原则，项目开发公开招标。2013 年，为配合审计署对行业的审计，国家局信息中心和部分工商企业作了大量工作，较好完成各项任务，根据审计意见制定“一号工程”整改方案。贵州、湖北中烟等单位构建“两项工作平台”，实现信息化与“两项工作”有机结合、同步推进。广东省局等单位进一步修订完善信息化管理办法和工作流程。宁夏回族自治区局等单位积极开展信息化水平评价和考核，充分调动各级信息化工作者的积极性与主动性。

【网站建设和管理】 2013 年国家局完成内网改版升级，进一步加强网站备案管理和安全检查工作，为行业电子政务和网站宣传提供更好的平台。全年国家局内网访问量达到 315 万人次，外网访问量达到 189 万人次；发布烟草新闻、专题专栏等各类信息 3 万余条，其中 77 条政务信息被中央政府门户网站采用；编制网络信息摘要 12 期，每日网络舆情监测报告 216 期。各单位认真抓好网站建设和管理，为行业的政务管理、办事公开、形象宣传和舆情监测等工作作出积极贡献。

【信息化人才队伍建设】 2013 年 12 月初，国家局组织召开信息中心主任培训班，就行业信息化咨询成果听取意见。组织网络信息安全、统计分析、网站管理等 5 个行业培训，培训 1000 余人次，取得良好效果。各单位积极开展各类培训，为行业信息化人才培养奠定基础。安徽省局坚持开展“读书与研究”活动，组织举办信息技术竞赛。贵州省局为分管领导和信息中心人员开展专项培训，共培训 1500 人次。信息化专业委员会配合中国烟草学会开展论文征集活动，征集信息化论文 74 篇，其中 12 篇入选中国烟草学会优秀论文集。

（编辑：李　昂）

纪检监察

2013年，驻国家局纪检组、监察局深入贯彻落实党的十八大和十八届二中、三中全会精神，按照中央纪委二次全会工作部署，紧紧围绕党的先进性和纯洁性建设，以干部清正、行业清廉为目标，大力加强党的纪律建设，努力改进领导干部作风，突出工作重点，狠抓工作落实，行业反腐倡廉建设取得明显成效。

【执纪监督】 *查办“四风”典型案件。*针对行业一些单位有令不行、有禁不止，甚至我行我素、顶风违纪问题，驻局纪检组、监察局查处并向全行业通报吉林烟草工业有限责任公司超标违规缴存住房公积金问题，对公司5名高管超缴的216.42万元予以全部清退；并要求全行业进行认真清理和整改，严格执行政策，切实加强监管，杜绝类似问题再次发生。查处周口、珠海市局（公司）违规购置车辆、广东省局（公司）超标购置车辆三起典型案件，对相关责任人进行处分，并向行业通报案件处理情况。查处山西昆明烟草有限责任公司有关领导违规操办子女婚礼问题，对相关责任人就地免职。对行业各单位2011年5月后购置的超编制超标准违规车辆全面登记并就地封存、暂停使用。11—12月，中央电视台、新华社、中央人民广播电台、光明日报、人民网、中国经济网、中国广播网等中央主流媒体纷纷在重要版面和时段，报道国家局边查边改、立行立改的工作成效。

*开展专项检查。*2013年，全行业开展贯彻执行“八项规定”情况专项检查。6月初至8月底，国家局对行业52家直属单位进行全面检查，通过听取汇报、个别谈话、查阅资料等形式，重点检查“八项规定”配套制度是否健全，执行是否到位，有无违反制度规定等情况。对于作风建设方面存在的突出问题，通过落实整改，有力地促进纠正“四风”。

国家局督促行业各单位精简办会、务实调研、严格管车、限额接待、高效履职。2013年，行业工商企业业务招待费、会议费、涉外费，同比分别下降37.89%、43.6%、28.57%；封存超标车辆1344辆，清理多占办公用房47685平方米，停建经营业务用房项目86项，取消、停止出国团组77个。行业各级纪检监察机构查处违反“八项规定”的案件14起，处理42人，其中给予党纪政纪处分24人，涉及厅级干部2人，处级干部12人，科级（含科级以下）干部10人，通报典型问题8起。

*强化重要时点监督。*根据中央纪委工作部署，驻局纪检组、监察局抓住中秋、国庆等重要时间节点，分阶段步步推进，及时制定印发驻局纪检组《关于加强中秋国庆期间廉洁自律的通知》（驻国烟纪〔2013〕17号）、《关于严禁公款购买印制寄送贺年卡等物品和严禁公款购买赠送烟花爆竹等年货节礼的通知》（驻国烟纪监〔2013〕20号），要求各单位坚决刹住公款送节礼、公款吃喝和奢侈浪费等不正之风。建立行业贯彻落实中央“八项规定”精神情况月报制度。

【领导干部监督、管理和教育】 *加强对“三重一大”决策制度贯彻落实情况的监督检查。*2013年，国家局以国有企业管理和反腐倡廉建设为契机，开展对行业52家直属单位贯彻执行“三重一大”制度情况专项检查。重点检查决策制度是否建立、决策方式是否明确、权限是否清楚、程序是否规范、执行是否严格、监督是否有力，发现一些在“三重一大”决策中存在的制度不全、程序不清、纪律不严、记录不完整等问题，及时向全行业通报检查情况，并向52家单位提出有针对性的反馈意见，责令整改。

严格执行干部选拔任用工作程序，加强对干部选拔任用全过程的监督，驻局纪检组、监察局对国家局党组管理的30名领导干部选拔任用工作进行廉政监督，并对反映考察对象的信访问题核实处理，对国家局人事司发函征求47名拟提拔干部党风廉政情况给予回复。2013年，全行业纪检监察机构参与干部考察6044人次，提出不宜提拔和暂缓提拔意见42人次，澄清问题44人次。

进一步加强和改进巡视工作，研究制定《2013年巡视工作方案》，全年对2家直属单位领导班子进行巡视，检查所属地市级局（公司）、卷烟工厂12家，约谈副处级以上干部300余人，向被巡视单位提出问题和整改建议14条。

*加强对领导班子和领导干部的管理监督。*落实党风廉政建设责任制，驻局纪检组、监察局制定印发《行业直属单位党风廉政建设责任制检查考核办法》，对考核内容、方式、程序、评价标准和结果运用等方面作出明确规定，将检查考核结果作为领导班子总体评价和领导干部业绩评定、奖励惩处、选拔任用的重要依据。落实党内监督条例，严格执行民主生活会、述职述廉、诫勉谈话、函询等监督制度。制定印发《烟草行业新任职党员领导干部廉政谈话暂行办法》，加强对新任职领导干部的教育管理，组织开展新任职领导干部廉政谈话3010人次。党的群众路线教育实践活动启动后，抽调2名司级干部参加督导工作，抽调5名司、处级干部参加35家行业直属单位党组民主生活会。加强对配偶子女均已移居国（境）外的行业工作人员的管理监督，认真执行领导干部报告个人有关事项制度。

*加强廉洁从政、廉洁从业教育。*以学习贯彻党的十八大和十八届二中、三中全会以及习近平总书记系列重要讲话精神为重点，深入开展理想信念教育和宗旨教育，坚定“三个自信”，加强党风党纪、廉政法规、廉洁自律和警示教育。

2013年驻国家局纪检组、监察局编发5期《国烟纪通报》，及时向全行业通报违纪违法案件查处情况。行业各级纪检监察机构通过对履新干部、新录用员工开展“入门式”教育，对党员干部开展“约束式”教育，对重点岗位员工开展“提醒式”教育，全年行业开展廉政教育4325场、警示教育3038次、廉政文化活动3649次，受教育33.8万人次。

【惩治和预防腐败体系建设】 国家局将建立健全惩治和预防腐败体系作为推进行业党风廉政建设和反腐败工作的基础性、全局性、战略性工作。2013 年，全面总结上一个五年规划（2008—2012 年）落实情况，对行业惩防体系建设情况进行梳理汇总，研究提出完善意见。按照中央纪委关于制订惩防体系建设下一个五年（2013—2017 年）规划的安排部署，结合行业实际，开展新的五年规划调研工作，探索建立权力运行约束机制、廉政风险预防机制、反腐倡廉教育机制、源头治理监控机制，从严惩治警戒机制和工作推进保障机制等六大体系，进一步提高惩防体系建设水平。

【廉政风险防控】 全面推行廉政风险防控工作。按照中央纪委工作部署，制定印发《中共国家烟草专卖局党组关于在行业开展廉政风险防控工作的实施意见（试行）》（国烟党〔2013〕78 号），把加强廉政风险防控融入业务工作和管理流程之中，通过清权确权、风险排查、风险定级、风险防控、公开公示、预警处置、动态管理七个环节，突出抓好资金监管、工程建设、物资采购、专卖执法、选人用人等重点领域、重要岗位、重要事项和关键环节的廉政风险防控，强化对权力运行的监督，构建权责清晰、流程规范、风险明确、措施有力、制度管用、预警及时的长效机制。组织开展行业廉政风险防控管理课题调研，分析评估重点领域、重要部门、关键岗位权力行使中存在的廉政风险，提出烟草行业风险防控的重点、难点和关键点，探索廉政风险防控的有效措施。

强化重点领域和关键环节的监督检查。2013 年，国家局开展对烟叶收购计划落实和烟叶基础设施建设资金管理使用情况的监督检查；围绕严格规范卷烟生产经营秩序，落实“六个严禁、一个严控”纪律要求，加强对工商企业卷烟经营行为的监督检查，坚决纠正委托第三方进行宣传促销等突出问题；加强对工程投资、物资采购、宣传促销工作程序执行情况的监督检查，重点抓好规范工作流程和程序约束，公开招标金额和比例大幅提高；落实行业清理职工投资入股关联企业工作，制定清理清收方案和计划，完成年初确定的将军集团清欠 1.35 亿元的目标，避免和挽回国有资产损失 1.41 亿元。通过开展多种形式的监督检查，及时发现并纠正问题，确保中央各项决策部署在行业得到贯彻落实。

【查办案件】 加大查办案件工作力度。2013 年，驻局纪检组、监察局对有关案件线索初核 14 件，其中立案 1 件，转立案 4 件，了结 3 件，收缴违纪金额 355.6 万元。查处超缴公积金、超标购车等违规问题，并向全行业进行通报；对信访反映的行业有关单位违反国家局规定建设零售示范店问题、个别领导干部利用职权为亲友谋利和巨额资产来源不明的问题、有关人员利用职务之便收受房产、回扣、礼品、礼金问题进行初核；协调河南省纪委对涉及向郑建民行贿的有关领导干部进行党政纪处分。全年行业纪检监察机构共受理信访举报 1720 件，初核 330 件，立案 115 件，结案 141 件，处分 159 人，移送司法机关处理 2 人，收缴违纪违法所得 366.27 万元。

加强信访和案件线索管理。按照中央纪委关于案件线索大起底、大排查有关要求，对近年来的信访件进行全面清理，对举报线索逐一研究，分别提出办理建议，进一步明确查办案件的重点和方向。做好来信来访处理工作，对反映线索具体、反映问题严重的信访件及时组织核实或转相关单位进行核查并报结果。对核查不力，态度敷衍的，加大督查督办的力度，做到件件有着落、事事有结果。全年办理信访件 334 件，其中接待来访 11 件；转办报结果 34 件，办结 3 件，查实 8 件，处理 10 人。

【纪检监察队伍建设】 加强组织领导和工作指导。贯彻党的十八届三中全会精神，驻局纪检组及时向国家局党组提出意见建议，明确落实驻局纪检组会同人事部门对直属单位纪检组长（纪委书记）的提名和考察权，建立直属单位纪检组长（纪委书记）异地任职制度。执行国家局党组、驻局纪检组《关于对行业直属单位纪检监察工作和机构加强业务指导和管理的意见》，对直属单位上报的 14 名监察处正副处长任职意见审核批复，做好行业直属单位纪检监察干部调整备案，加强对行业纪检监察干部的管理。按照中央纪委统一部署，组织开展行业纪检监察系统会员卡清退活动，5669 名行业纪检监察干部全部按时作出零持有报告。开展行业党风廉政建设和反腐败工作理论研究和课题调研，据统计，全年行业纪检监察机构开展廉政专题调研 998 次，形成调研报告和理论研究文章 1375 篇，有效提升纪检监察干部分析问题、研究问题的能力。

加大教育培训力度。与中国纪检监察学院配合，举办“第一期全国烟草系统纪检监察干部培训班”，组织行业 300 名业务骨干参加培训。培训围绕学习贯彻党的十八大和中央纪委第二次全会精神，加强对反腐倡廉工作新任务、新要求的领会把握，重点培训信访举报受理、案件检查、案件审理、法规制度等业务，取得良好效果。全年行业纪检监察机构自办培训 15568 人次，参加当地纪委培训 875 人次。

【内部规范管理】 公开招标比例显著提升。2013 年，行业公开招标工作的关键性指标较 2012 年普遍提高，全行业烟草企业全年采购总金额共 1188 亿元（不含国家局计划分配和从全资三产公司采购的 432 亿元），公开招标金额 984 亿元，占比 82.82%。其中，工程类项目，公开招标金额 194 亿元，占比 90.39%；物资类项目，公开招标金额 680 亿元，占比 85.78%；包括宣传促销在内的服务类项目，公开招标金额 110 亿元，占比 60.82%。

推进采购制度建设。推动将“采购权力关进制度笼子”工作，针对疑难问题全面组织培训。全年国家局和行业各级单位通过举办专题讲座、答疑解惑等多种形式，组织规模性培训 209 期，培训人员 1.45 万人次。针对决策、执行的新要求健全机构规则，截至年底，行业 54 家直属单位全部成立管委会，52 家单位设立采购办，42 家单位组建评标成员库，采购管理机构和人员基本到位。

推进办事公开民主管理同采购业务有机融合。2013 年，行业各直属单位基本建立起以“八个必须”为基本要素的办事公开运行体系框架。通过完善公开目录、规范公开程序、合理利用载体、落实公开责任，努力推进项目运行主要环节及关键节点同办事公开民主管理的有机融合、同步公开，主动接受监督，保障干部职工“四权”落实。

推进“应招尽招”“真招实招”实质性运作。坚决执行规范决策机制，保障“应招尽招”。充分发挥董事会、管委会集体决策作用，从完善和执行规则入手，实名票决、严格审查，落实源头把关；充分发挥采购办和集中采购部门职能作用，完善采购目录，规范实施流程，精确制定采购计划，从严选择采购方式，有序推动公开招标，防止违规裁量、随意变通。

坚决落实采购执行要求，保障“真招实招”。在构建公开操作、接受监督保障机制方面进行积极探索，形成一批有推广价值的有益经验，年底选择七家单位进行交流，推动全局工作；强化同步监督，对采购的主要环节、节点进行公开；强化过程监督，及时发现、制止违规操作，推动采购工作实现公开公正公平。

整顿办队伍建设。截至年底，行业 54 家直属单位中，独立设置整顿办机构的有 41 家，占比 75%，整顿办队伍总人数为 213 人，平均每个单位 3 人；地市级局（公司）和生产企业单独设置整顿办机构的有 159 家，专职人员 431 人。专职整顿办机构和人员比例较 2012 年有较大提升。

（编辑：王东旭）

人事与劳资

【干部人事工作】 *国家局机关人事工作*。组织完成机关 27 个部门、单位 2012 年目标责任制考核工作，总结考核工作中存在的问题，并提出改进目标责任制考核工作的意见和建议，印发《国家烟草专卖局关于印发机关各部门各单位 2013 年工作目标责任制的通知》（国烟人〔2013〕166 号）。

配合中央机构编制委员会办公室开展行政审批制度改革工作，国家局行政审批事项由年初的 19 项减少至 16 项。印发《关于调整行业内部管理项目的通知》（国烟人〔2013〕378 号），行业内部管理项目从 44 项减少到 37 项。印发《国家烟草专卖局关于印发因私出国（境）管理规定的通知》（国烟人〔2013〕372 号），集中收存机关处级以上干部因私出国（境）证照 291 本，进一步规范机关干部证照管理使用和因私出国（境）审批工作。社会保险缴纳方面，完成机关本部及各专业公司 283 名离退休人员养老金核准、支付及返还工作，为 114 名职工办理养老保险跨省转移、补填、参保、定点医疗机构变更等手续。按照中组部有关要求，组织开展国家局干部人事档案的改版和整理工作。

按照国家局党组议定的干部调整计划，组织实施机关各部门、单位干部调整工作。2013 年，累计提拔任用干部 51 人，其中提任司级干部 12 人，交流提任省局公司副职 5 人，提任处级干部 34 人，办理科级干部职级晋升 22 人。按照工作安排，招录应届高校毕业生 8 人，并安排到安徽基层工商企业实习锻炼。根据国务院军转办计划，确定接收安置人选 4 人，其中师职干部 1 人，完成军转接收安置任务。

行业各直属单位领导班子建设。按照国家局党组议定的干部调整计划，组织实施行业各直属单位领导班子补充调整工作。完成 2 家直属单位领导班子调整补充和非领导职务干部的推荐考察工作，考察干部 2 人。办理 18 家单位、31 名领导干部的任职手续，45 名领导干部的退休手续。组织对行业 52 家直属单位开展 2012 年年度考核和“一报告两评议”工作，组织完成行业直属单位领导干部个人有关事项报告表的填报和上交工作；对行业破格提拔干部情况进行清理并上报有关情况，对行业直属单位超职数配备干部情况进行统计和汇总；针对部分单位群众来信及提任领导干部公示中反映的问题，对个别领导干部进行专项函询和诫勉谈话，加强对干部提拔任用的监督检查。印发《关于进一步规范省级局（公司）、工业公司领导干部在行业内或与行业有业务关联的企业兼职（任职）问题的办法》（国烟党〔2013〕99 号）、《中共国家烟草专卖局党组关于进一步加强行业直属单位领导班子建设的意见》（国烟党〔2013〕100 号）等规章制度，并组织召开烟草行业贯彻落实全国组织工作会议精神电视电话会议，在行业领导班子思想理论武装、深化干部人事制度改革、严肃干部工作政策和纪律、加强干部监督工作等方面作了明确要求，为行业领导班子建设提供制度保障。

干部交流工作。加大干部交流、挂职力度，从行业选调 8 名干部到机关任职，安排 3 名西部和少数民族地区干部和行业基层 48 名普通干部到国家局机关挂职锻炼。从国家局机关选派 8 名处级干部到卷烟工业企业挂职锻炼，选派 1 名处级干部到国家信访局挂职，选派 2 名干部分别到湖北省竹溪县、竹山县扶贫挂职。按照中组部统一安排，从机关选派 2 名干部到西部地区、老工业基地和革命老区挂职锻炼。机关内部 11 名干部轮岗交流。

【收入分配管理】 *规范工资总额管理*。严格控制行业工资总额和职工工资水平，制定下发《2013 年烟草行业工资总额发放管理办法》（国烟人〔2013〕416 号），继续实行工资总额发放控制线管理。成立国家局工资内外收入监督检查工作小组，对行业部分单位工资内外收入情况进行抽查，进一步加强对行业各单位工资挂钩政策执行、工资内外收入的列支和发放、企业负责人薪酬等方面的管理规范工作。及时开展住房公积金和企业年金管理整改工作，组织召开专题会议，部署行业“两金”整改工作。截至 6 月底，行业各直属单位住房公积金全部按照规定比例和基数缴存。结合审计署国有资本收益和负责人经济责任审计中发现的收入分配方面的问题，国家局研究整改措施，提出明确要求，布置整改规范工作。

工效挂钩。召开行业2013年“工效挂钩”工作会议，安排部署2013年“工效挂钩”工作。改变以往主要依靠普涨工资调动职工积极性的激励模式，实现由工资增长靠政策到靠绩效的转变，突出发挥绩效考核、岗位晋升等非物质性激励机制的作用，提升职工工作满意度，有效保护和调动行业广大干部职工的工作积极性、主动性和创造性。

国家局机关工资管理。对在职人员工资科目和离退休职工的统筹外补贴进行全面规范，并对国家局机关在职人员工资进行调整。

领导薪酬管理。严格执行《关于加强烟草行业收入分配管理的意见》规定，完成对省级公司领导2012年度工作业绩考核和薪酬核定工作。印发《国家烟草专卖局关于印发2013年度烟草系统省级公司领导工作业绩考核细则的通知》（国烟人〔2013〕236号），继续突出加强低焦低害卷烟产品开发和营销工作考核、重点费用控制考核，体现严格规范的工作要求，发挥考核的激励导向作用。

劳动用工管理。及时研究新修订的《劳动合同法》，组织开展行业劳务派遣用工专题调研，分析各单位劳务派遣用工情况，要求各单位加快工作进度，通过科学定员、择优直签等方式积极稳妥的规范劳务派遣用工管理，确保在三性之外的岗位上不再使用劳务派遣用工。

【人才队伍建设】 专业技术人才队伍建设。2013年，国家局组织完成行业6个系列高级专业技术资格评审工作，加上委托评审通过人员，2013年行业新增高级专业技术资格425人，行业具备高级专业技术资格人员累计达到3736人。40家直属单位组织开展中级专业技术资格评审工作，新增中级专业技术资格1882人，行业具备中级专业技术资格人员累计达到3.3万人。印发《关于进一步推进行业安全工程师聘任工作的通知》（国烟人〔2013〕277号），加强对专业技术岗位聘任工作的调研，重点推进安全工程师、工程技术和农业技术岗位聘任工作。组织修订《烟草行业科技领军人才管理办法》和《烟草行业学科带头人管理办法》，并制订《烟草行业科技领军人才和学科带头人评审委员会及专家库管理办法》。

职业技能鉴定工作。全年行业特有职业鉴定总量6.05万人次，获证3.09万人次，合格率51%。稳步推进高技能人才鉴定工作，高级工以上鉴定2.71万人次，占总鉴定人数44.8%，其中技师鉴定2984人，获证1994人，高级技师鉴定102人，获证92人。组织开展鉴定站评优活动，评选出10家优秀鉴定站。加强鉴定机构质量管理体系建设，强化鉴定队伍素质提升，积极探索高技能人才鉴定模式，完成烟叶分级高级技师试点鉴定工作；积极拓宽鉴定职业领域，组织实施烟草物流师（3—5级）试点鉴定。中国烟草总公司职工进修学院完成企业信息师等7个通用工种和营销师等3个特有工种职业技能鉴定，鉴定4763人次，通过2278人。

职业技能竞赛。2013年，行业25家省级局、工业公司组织省级二类职业技能竞赛28届次，卷烟商品营销竞赛24届次、专卖管理竞赛4届次，共有2663人参加竞赛，较上年增加845人。国家级二类竞赛方面，举办第十一届全国烟草行业职业技能竞赛暨第二届卷烟商品营销职业技能竞赛，行业150名选手参赛，竞赛决出优秀选手30人，被国家局授予“全国烟草技术能手”荣誉称号，其中3人被人力资源和社会保障部授予“全国技术能手”荣誉称号，1人由中华全国总工会授予“全国五一劳动奖章”。

人力资源管理信息系统建设。组织举办行业人力资源管理信息系统培训班，对人员数据维护和数据交互工作提出具体要求，不断推进系统建设，初步完成行业54家直属单位共计58万人的基础信息数据采集和交互工作。

【教育培训】 教育培训机构建设。按照《行业教育培训工作考核评价办法》，抽查行业14家直属单位及其所属培训中心，对其教育培训工作进行年度考评，有效提高教育培训工作的质量和效益。探索建立行业内部培训机构交流合作机制及培训项目适度竞争机制，提出“搭建一个平台，建立一套机制，抓住五个重点，做好六项工作”的建议，通过科学合理的机制，实现培训机构优势互补、资源共享，避免资源浪费、重复建设。

全员培训。行业全年共举办各级各类培训班1.78万个，培训学员80万人次，参加培训员工22万人。国家局、总公司组织培训班137期，培训员工1.62万人，1.87万人次。组织完成行业处级以上领导干部学习贯彻党的十八大精神集中轮训，组织9期，培训学员1393人。完成地市级局（公司）领导班子成员党性修养、理想信念、作风建设专题轮训，累计举办22期，培训学员2509人，其中各地市级局（公司）班子成员2185人，国家局、总公司机关处级干部324人。国家局职工培训中心（党校）全年举办行业司局级基本理论进修班1期，处级基本理论进修班2期，机关科级干部培训班1期，培训学员377人，累计教学37周，总计1480学时；承办第一、二期行业司局级党员领导干部学习贯彻党的十八大精神专题培训班，培训学员317人。中国烟草总公司职工进修学院举办脱产培训班218期，培训2.37万人次；合作开展专业学位硕士研究生教育，在读799人，获证156人。

远程培训。职工进修学院全年共开设远程班级18个，课程432门，举办远程培训4.79万人，远程培训课件资源总量超过1242学时。

教育培训基础建设。完成《监督之惑》教学片拍摄工作，开创行业音像教材开发工作的先例。规范教材出版或印刷试用发行工作，加快远程课程资源建设进度，探索企业合作开发课件机制。开发“烟草大讲堂”直播栏目，完成直播18次，共计96学时，在行业的受众度不断扩大。加大传统教材开发力度，职工进修学院组织32个教材项目审定，其中12个完成终审、4个完成初审、16个完成编写大纲审定，为行业提供27种共计15.32万册培训教材，其中14种新出版或印刷试用、13种再版加印，实现培训教材与行业16个职业（岗位）技能鉴定工作的完善配套。

学风建设。转发中组部《关于在干部教育培训中进一步加强学员管理的规定》，要求行业严格按照要求执行，从紧安排教学，从严要求学员，切实改进干部教育培训学风。

教研成果。职工进修学院围绕培训工作重点、难点和存在的突出问题，扎实开展课题研究，认真组织交流评审，在“胜任素质模型的继续教育课程体系构建、岗位胜任能力的试验优化设计与数据挖掘专门人才培训课程体系构建、烟草物流师能力素质模型、3D数字烟厂制丝线项目及卷接包装项目建设、能力素质模型的卷烟设备人才培训体系研究”等方面，形成并发布10项课题研究成果。职工进修学院获中国职协2013年度优秀科研单位奖、科研工作组织奖。

【工会组织建设】 2013年，行业各级工会组织认真学习中央领导同志重要讲话精神，贯彻落实中国工会第十六次全国代表大会精神，紧密联系实际，以加强工会组织建设为重点，推进民主管理，维护职工权益，弘扬劳模精神，提高职工素质，加强作风建设。

组织召开国家局与中国财贸轻纺烟草工会第九次联席会议，协助中国财贸轻纺烟草工会完成2013年烟草行业五一劳动奖状、五一劳动奖章、全国工人先锋号的审查工作；成立烟草行业工会联络处，协助辽宁省局（公司）等3个省级局（公司）完成工会的组建工作，行业工会组织由上年的32家增加到35家。

10月19日，国家局在江苏徐州召开全国烟草行业工会组织建设座谈会。内蒙古区局、吉林省局、福建省局、江西中烟等22家省级单位工会部门负责人汇报行业系统工会建设方案和打算，并提出建议。江苏省局、上海市局、重庆市局、浙江中烟等11家单位作了书面交流。此次工会组织建设座谈会精神提出五点要求：一是要认真传达座谈会精神，推进工会组织建设。二是要拓宽职工成长通道，提高职工队伍素质。三是要构建和谐劳动关系，维护职工合法权益。四是要创新工会工作方法，提高群众工作能力。五是要推进工会自身建设，打造“三型”工会组织。

【离退休干部管理】 2013年，全行业共有离退休人员（包括内退）21.28万人，其中离退休干部5.19万人。

离退休干部政策宣传和教育工作。不断加强离退休干部办公室子网站建设，使之真正成为离退休干部工作交流的平台。积极协办《东方烟草报·爱晚亭》专刊，从创刊以来已经出版21期。组织国家局机关离退休干部党支部书记和委员参加全国烟草行业离退休干部工作人员政策业务培训班，提高支部书记、委员的政策水平。

走访慰问工作。2013年春节前，按照惯例慰问行业447名党组管理离退休干部和2名红军时期老干部。同时，协调有关部门拨付2013年度行业红军时期老干部的生活补助（800元/人/月）。行业全年走访慰问离退休人员21.95万人次；组织活动2.89万次，参加活动的离退休人员54.23万人次。

管理人员培训工作。9月24—25日，在北京举办烟草行业离退休干部工作人员政策业务培训班，对各直属单位离退休干部工作部门负责人和工作人员，以及机关离退休干部党支部书记、委员进行培训。国家局副局长李克明就深入学习贯彻中央要求、以扎实的作风和过硬的本领做好新时期行业离退休干部工作做重要讲话；邀请中组部老干部局、人力资源和社会保障部社会保险事业管理中心的领导针对离退休干部工作及相关政策作了系统讲解。

召开行业离退休干部工作会。在2013年全国烟草行业离退休干部工作会上，国家局副局长李克明向大会作工作报告，云南省局（公司）、江苏省局（公司）、川渝中烟、广西中烟四家单位和北京市局（公司）、河南中烟的离退休干部工作者代表作了经验交流发言。

离退休干部工作课题调研。按照中组部《关于做好2013年度老干部工作部门课题调研》的要求，对行业部分单位离退休干部工作进行调研，通过深入实际，深入基层，认真新情况和新问题，不断总结工作规律，借鉴好的经验和做法，同时注重调研成果的转化运用，大胆进行工作思路和工作方法的创新，对行业和机关离退休干部工作起到一定指导和参考作用。

离退休干部信访工作。突出以人为本，不断推动信访工作重心下移，注意加强对信访情况的综合分析，通过电话等形式对重点单位主动进行下访，及时了解老同志的思想动态，主动化解矛盾。主动加强与老同志的联系与沟通，耐心细致为老同志答疑解惑，疏导情绪。

年报、月报统计。认真做好行业离退休干部基本情况月报工作，对行业离退休干部人数、党员人数、党支部数，走访慰问、组织活动情况，老年活动中心、老年大学建设情况等每月做汇总分析，为科学决策提供依据。截至2013年底，全行业共有离退休专兼职工作人员4242人；离退休党支部1064个，离退休中共党员5.2万人；老年活动中心（站、室）1863个，总建筑面积42.5万平方米，日均活动人数2.3万人；参加老年大学学习月均1.6万人次。

国家局机关离退休干部工作。截至2013年底，机关共有离退休干部290人（含二级公司和1名代管干部），遗属19户；离退休干部中共党员239人，民主党派2人，离退休干部党支部7个，活动站（中心）9个。

政治待遇落实。开展离退休干部党支部换届改选工作，把党性强、身体好、作风实，刚从岗位上退下来、有奉献精神的老同志选配到支部班子。定期召开支部书记和委员会议，充分发挥基层党组织上传下达、凝聚人心、推动发展、促进和谐的积极作用。注重发挥老党员骨干带头作用，逐步探讨和引导离退休干部进行自我管理、自我教育、自我服务。坚持以支部为单位组织政治学习和活动，参加人数占离退休干部的80%以上；按照国家局统一部署，重点组织学习党的十八大、十八届三中全会精神，全国烟草工作会议、全国烟草行业离退休干部工作会议精神。坚持支部联系制度，派处级党员干部分别参加各支部政治学习，向老同志通报中央及行业改革与发展的有关情况。坚持国家局老领导阅文制度，对年高体弱的老领导“送文上门，阅后取回”。按照国家局党组要求，组织国家局机关离退休干部座谈会。坚持为离退休干部每人订阅一份《中国烟草》杂志和《东方烟草报》。

生活待遇保障。坚持走访慰问制度，做到重大节日必访、逢五逢十生日必访、生病住院必访、有困难必访。组织举办局机关离退休干部春节团拜会，国家局党组成员和各部门主要负责人参加。做好医疗保健的保障工作，组织离退休干部进行年度体检，协助报销门诊医药费，配合医务室每月一次送药上门。对离休干部、国家局老领导和行动不便的老同志看病就医提供人员和车辆保障。截至2013年底，为老同志发放物品6批次，办理和补发退休证22个，协助办理1名老同志去世后的相关事宜，妥善处理和答复90名老同志关于医保、工资、福利等问题。

精神文化生活进一步丰富。广泛开展丰富多彩的文体活动，做到月月有安排，周周有活动，组织全体老同志参观游览2次。利用活动中心聘请专业老师定期组织文体活动。老同志自发成立摄影小组和乐队，其中摄影小组参加中央国家机关老干部摄影展，参赛作品共88幅，10幅获奖，其中一幅获金奖。积极引导和鼓励离退休干部参加社会老年大学学习。

（编辑：李　昂）

党建工作

2013年，烟草行业坚持以邓小平理论、“三个代表”重要思想、科学发展观为指导，认真学习贯彻党的十八大和十八届二中、三中全会精神，认真学习贯彻习近平总书记系列重要讲话精神，坚持稳中求进工作总基调，以提高经济增长的质量和效益为中心，紧紧围绕“卷烟上水平”基本方针和战略任务，坚持“一个制度”，狠抓“三件大事”，高度重视行业思想政治工作和干部职工队伍建设，有力地促进行业持续健康发展。

【学习宣传贯彻党的十八大和十八届三中全会精神】 *抓好党的十八大精神的学习宣传贯彻，重点组织开展机关处以上领导干部学集中轮训。*在国家局机关，组织党员干部研读党的十八大文件，全面准确领会十八大精神，掌握十八大确立的重大理论观点、重大战略思想和重大工作部署，把党员干部的思想和行动统一到党的十八大精神上来，机关各部门、各单位主要负责人学习贯彻党的十八大精神专题培训班1期。印发《国家烟草专卖局转发中组部关于做好县处级以上领导干部学习贯彻党的十八大精神集中轮训工作通知的通知》（国烟人〔2013〕29号），明确要求2013年上半年，全行业处级以上领导干部必须参加一次5—7天的学习贯彻党的十八大精神集中轮训，轮训工作要充分发挥行业教育培训主阵地作用，迅速兴起学习培训热潮。在全行业举办处级以上领导干部学习贯彻党的十八大精神专题培训班8期，教育引导处以上党员干部深刻领会十八大精神实质，用十八大精神武装头脑、指导实践、推动工作，确保轮训工作取得扎扎实实的成效。

*深入学习贯彻十八届三中全会精神。*党的十八届三中全会闭幕后，在国家局机关及时召开党组扩大会和机关副处级以上干部大会，传达学习习近平总书记在十八届三中全会上的重要讲话和《中共中央关于全面深化改革若干重大问题的决定》，及时向全体党员干部配发《中共中央关于全面深化改革若干重大问题的决定》单行本，组织机关党员干部职工认真学习和深刻领会三中全会精神，紧密联系烟草行业实际，认真思考、谋划和实践“三大课题”，为全面深化行业改革、推动行业持续健康发展充分做好思想准备。面向全行业印发《中共国家烟草专卖局党组关于学习贯彻党的十八届三中全会精神的通知》（国烟党〔2013〕87号），要求结合行业实际，统一思想，充分认识十八届三中全会的重大意义；深刻领会，准确把握十八届三中全会的精神实质；联系实际，切实抓好十八届三中全会精神贯彻落实；加强领导，迅速掀起学习贯彻十八届三中全会精神的热潮。

*开展“改进作风年”活动。*印发《国家烟草专卖局关于在全行业开展“改进作风年”活动的通知》，按照《工业和信息化部关于开展工业和信息化系统“改进作风年”活动的通知》（工信部直党〔2013〕66号）精神，在全行业开展“改进作风年”活动。活动中，各直属单位加强组织领导，按照《国家烟草专卖局“改进作风年”活动实施方案》的安排，迅速行动，加强活动情况和信息报送工作，并将活动方案、工作举措、工作经验、取得成效、典型经验以及存在的问题等情况及时报国家局“改进作风年”活动领导小组办公室。领导小组办公室通过简报、行业报刊、网络专栏等渠道进行宣传交流。

*加强行业思想政治建设。*印发《中共国家烟草专卖局党组关于学习贯彻党的十八届三中全会精神的通知》（国烟党〔2013〕51号），要求全行业认真贯彻落实党的十八大精神，扎实推进社会主义核心价值体系建设，牢固树立和践行“两个至上”行业共同价值观，大力弘扬求真务实、真抓实干的工作作风，不断提升干部职工队伍思想政治素质。通知要求，全面推进党的建设，不断增强“三个自信”；深入推进社会主义核心价值体系学习教育，牢固树立和践行“两个至上”行业共同价值观；严格遵守各项纪律；加强企业文化建设，激发干部职工爱岗敬业、奉献社会的热情；维护职工合法权益，增强广大职工的主人翁意识和工作积极性；注重人文关怀和心理疏导，培育自尊自信、理性平和、积极向上的社会心态；建立健全行业思想政治建设的责任体系和保障机制。

【社会主义核心价值体系学习教育】 在全行业深入推进社会主义核心价值体系学习教育，牢固树立和践行“两个至上”行业共同价值观。把社会主义核心价值体系贯穿于行业思想政治建设的各个方面，牢固树立正确的世界观、权力观、事业观。把握行业改革发展的新定位，更加注重提高服务能力和水平，更加注重激发企业活力，更加注重提升企业形象，持续深化“235”教育实践活动，以“为民务实清廉”为主要内容切实加强行业作风建设，使行业新的定位成为广大干部职工特别是各级领导干部的价值追求、行为准则和自觉行为。

在国家局机关重点组织学习《中国特色社会主义理论体系学习纲要》，组织开展阅读《中国梦》、组织观看《周恩来的四个昼夜》教育片、参加中央机关工委举办的“中国特色社会主义和中国梦宣传教育系列报告会”和学雷锋、“走进同仁堂”学习研讨等主题读书及社会调研实践活动，引导广大青年干部系统学习马克思主义理论、中国特色社会主义理论，教育广大党员干部坚定理想信念，坚守精神追求，坚持对中国特色社会主义的道路自信、理论自信、制度自信，弘扬爱国主义精神，坚持改革创新精神，把个人理想融入建设富强民主文明和谐的社会主义国家的共同理想之中。

【学习型党组织建设】 坚持以领导班子和领导干部为重点，深入推进学习型党组织建设。印发《中共国家烟草专卖局党组关于印发进一步加强和改进党组（党委）中心组学习实施细则的通知》（国烟党〔2013〕48号），推进党组中心组学习制度化、规范化、常态化，总结推广上海烟草集团、四川省局（公司）、浙江中烟和江苏泰州市局（公司）、江西赣州市局（公司）、安徽宣城市局（公司）党组（党委）中心组学习经验。印发《关于烟草企业各级党组（党委）在现代企业制度下充分发挥政治核心作用的意见》（国烟党〔2013〕53号），进一步提高行业党建工作科学化水平；以加强卷烟工厂党委书记党性修养、理想信念、作风建设为重点，组织第二期卷烟工厂党委书记专题培训班。

坚持定期组织专题讲座。在国家局机关，组织由《求是》杂志社研究员、原红旗出版社副总编辑黄苇町作的《加强作风建设 坚持为民务实清廉》，中央党校教授、中央党校报刊社社长兼总编辑谢春涛作的《党的性质、宗旨和群众路线》，中国社会科学院财经战略研究院副院长史丹作的《中国烟草控制规划》，中国法学会民主与法制总主编刘桂明作的《深入学习贯彻十八届三中全会精神，全面推进依法治国》等4次专题讲座。坚持定期组织干部职工参加中央国家机关工委举办的专题讲座和形势政策报告会。组织机关干部参加中央国家机关工委举办的全国“两会”精神学习辅导报告会、习近平总书记系列讲话精神辅导报告会、学习宣传贯彻十八届三中全会精神报告会5场，中共中央党校举办的“实事求是”大讲堂4期，“强素质、做表率”读书活动讲座12期。

坚持开展主题读书活动。在国家局机关，组织学习《党的群众路线教育实践活动学习文件选编》《深入学习习近平总书记重要讲话读本》《深入学习习近平同志重要论述》《大胆使用批评和自我批评有力武器》《中共中央关于全面深化改革若干重大问题的决定》《理性看 齐心办—理论热点面对面2013》《科学发展观学习纲要》《党政机关厉行节约反对浪费条例》等理论书籍和学习材料。

【扎实开展党的群众路线教育实践活动】① 在全行业深入开展以“为民务实清廉”为主要内容的第一批党的群众路线教育实践活动，按照“照镜子、正衣冠、洗洗澡、治治病”的总要求，以贯彻落实中央八项规定和国家局党组九条要求为切入点，围绕反对“四风”、建立贯彻落实中央八项规定长效机制，切实抓好行业作风建设，以作风建设的新成效凝聚起推动行业持续健康发展的强大力量。

第一批教育实践活动开展以来，成立8个督导组，建立12个局领导教育实践活动联系点，先后召开1次动员大会、3次督导组组长座谈会、2次行业教育实践活动电视电话会议。针对行业“四风”方面存在的突出问题，国家局先后出台13个规范性的制度规定，行业各直属单位发文数同比下降6.4%，会议数同比下降21.8%，检查评比数同比下降30.7%，三公经费支出同比下降41.6%，各直属单位封存超标配备公车492辆，清理多占办公用房72032平方米，停建缓建工程92项。

【反腐倡廉建设】 行业党风廉政建设。印发《中共国家烟草专卖局党组关于印发行业直属单位党风廉政建设责任制检查考核办法的通知》（国烟党〔2013〕51号），加强对行业各直属单位领导班子及其成员党风廉政建设责任制执行情况的检查考核，明确每年10—12月底开展自查和专项检查考核，直属单位党风廉政建设责任制的检查考核结果，作为国家局党组对直属单位领导班子总体评价和领导干部业绩评定、奖励惩处、选拔任用的重要依据。

印发《中共国家烟草专卖局党组关于印发烟草行业新任职党员领导干部廉政谈话暂行办法的通知》（国烟党〔2013〕84号），增强新任职党员领导干部廉洁自律意识。通知要求，听取谈话对象的廉洁自律情况汇报及对党风廉政建设的意见和建议，对谈话对象有针对性地提出新任职岗位廉洁从政、廉洁从业要求，对群众来信来访涉及谈话对象廉洁自律方面的一般性问题予以谈话提醒。

印发《中共国家烟草专卖局党组关于在行业开展廉政风险防控工作的实施意见（试行）》（国烟党〔2013〕78号），明确指出，属于权力行使方面的，要对存在廉政风险的权力、权重进行调整、分解或增设监督制约环节，探索完善分权、控权的有效办法，优化“权力运行流程图”；属于制度机制方面的，按照建立健全惩治和预防腐败体系的要求，建立健全集体决策、资金管理、物资采购、工程建设、选人用人、资产管理、裁量权标准等相关制度并抓好落实；属于思想道德方面的，通过开展专题党课、示范教育、警示教育、岗位廉政教育等形式，增强党员干部风险防范意识，提高廉洁从政、廉洁从业的自觉性。

深入推进行业严格规范工作。向全行业印发《国家烟草专卖局关于进一步深入推进严格规范工作的意见》（国烟办〔2013〕51号），要求全面贯彻落实党的十八大精神，紧密联系行业改革发展和工作实际，坚持和完善烟草专卖体制，牢固树立严格规范是保持行业持续健康发展“生命线”

① 群众路线教育实践活动开展情况详见《群众路线教育》栏目。

的思想，紧紧围绕全面实现“卷烟上水平”战略任务这一中心，按照国家局“新目标、新定位和新任务”决策部署，深入推进办事公开民主管理，在完善上下功夫，推进权力运行公开化、规范化，让干部职工监督权力，确保权力在阳光下运行；按照“踏石留印、抓铁有痕”的工作要求，以更加奋发有为的精神状态，紧紧抓住严格规范工作重点，狠抓各项制度规定落实，坚持不懈开展专项整顿，持续提升行业整体规范水平，建立更加良好的生产经营秩序，为建设更加规范、更富效率的中国烟草增加驱动力。

*加强政治纪律教育。*组织国家局机关党员干部认真学习贯彻十八届中央纪委二次全会和国务院第一次廉政工作会议精神，贯彻落实全国烟草行业纪检监察工作会议精神，制定具体措施并结合教育实践活动抓好贯彻落实。组织国家局机关党员干部认真学习党章，遵守党章和维护党章，教育党员干部严格遵守政治纪律，在思想上政治上与党中央保持高度一致。

*加强从政品德和个人道德品质教育。*组织国家局党组中心组成员和机关各部门各单位主要负责同志到西柏坡参观学习，开展“两个务必”革命传统教育，教育党员干部树立正确的世界观、人生观、价值观和权力观，真正做到权为民所用、情为民所系，利为民所谋。

*加强岗位廉政教育和警示教育。*国家局党组成员、纪检组长、机关党委书记高林同志为国家局机关全体党员干部讲了题为《加强领导干部廉洁自律扎实推进惩防体系建设》的党课，组织党员干部认真学习《违纪违法行为处理相关法律法规汇编》。组织观看教育片《失德之害——从政道德启示录》《苏联亡党亡国20年祭——俄罗斯人在诉说》，进一步增强党员干部拒腐防变的能力。

*认真抓好国家局机关党员干部廉洁自律工作。*继续抓好《中国共产党党员领导干部廉洁从政若干准则》及其《实施办法》的贯彻落实，认真贯彻党内监督条例，严格执行党员领导干部报告个人有关事项、述职述廉、诫勉谈话等制度，提高制度的执行力和约束力。严格执行党风廉政建设责任制和党政干部问责制，同时认真对待群众来信来访，对收到的两封群众来信进行及时处理。

【基层党组织建设】 *创建优秀县级烟草专卖局。*印发《国家烟草专卖局办公室关于进一步深入推进创建优秀县级烟草专卖局活动有关要求的通知》，指出要加强基层队伍的思想道德教育，紧密结合学习贯彻党的十八大精神和全行业开展的“235”教育实践活动的要求，大力加强学习型领导班子和学习型团队建设，把理论学习和教育实践活动同完成各项工作目标任务结合起来，切实提高基层队伍的政治素质、业务素质、作风素质。要积极转变工作作风，切实增强纪律观念，认真倾听消费者和零售客户的合理诉求，妥善处理各类矛盾纠纷，不断提高严格执法、文明执法的水平，切实维护好行业形象。

【国家局机关党组织和党员队伍建设】 切实加强国家局机关党建基础工作。认真贯彻落实《中国共产党党和国家机关基层组织工作条例》，进一步推广运用支部工作法，开展以支部书记为主的党务干部培训，提高党支部的整体工作水平。认真落实“三会一课”制度等各项组织生活制度，加强对党员干部的教育管理和监督，指导和检查各党支部开好以为民务实清廉为主题，以“反对‘四风’、服务基层、服务群众”为重点的专题民主生活会和专题组织生活会。

坚持抓好《国家局总公司机关2009—2013年党员教育培训工作实施方案》的落实。坚持司处级党员领导干部进党校学习培训制度，全年组织机关18名司处级干部参加国家局党校专题班和进修班的学习。指导机关各部门各单位组织处以上干部参照党组中心组集中学习的方式，进行定期理论学习，确保每名党员每年教育培训不少于24学时，党员领导干部不少于40学时。在机关形成理论学习和研究的浓厚氛围，机关党员干部的学习能力和理论水平不断提高。

做好党员管理、服务和发展工作。及时健全组织，对缺额的党总支、党支部委员会及时补选，积极慎重做好党员发展工作，全年共有1个党总支和9个党支部进行改选，增补8名支部委员，其中2人任支部书记，从组织上保证基层党的工作正常开展。按照坚持标准、保证质量、改善结构、慎重发展的方针，发展新党员9名，有11名预备党员按期转为正式党员。认真负责地做好党员转正、函调、组织关系接转、党费的收缴和管理、党内统计等工作。积极做好离退休干部党的工作，并根据离退休干部的特点指导党支部开展活动和服务工作。按照建立健全党内激励、关怀、帮助机制的要求，在元旦、春节、“七一”和国庆期间，开展走访慰问生活困难党员和老党员活动。

【工会组织建设】 2013年，行业各级工会组织认真学习中央领导同志重要讲话精神，贯彻落实中国工会第十六次全国代表大会精神，紧密联系实际，以加强工会组织建设为重点，推进民主管理，维护职工权益，弘扬劳模精神，提高职工素质，加强作风建设。

组织召开国家局与中国财贸轻纺烟草工会第九次联席会议，协助中国财贸轻纺烟草工会完成2013年烟草行业五一劳动奖状、五一劳动奖章、全国工人先锋号的审查工作；成立烟草行业工会联络处，协助辽宁省局（公司）等3个省级局（公司）完成工会的组建工作，行业工会组织由上年的32家增加到35家。

10月19日，国家局在江苏徐州召开全国烟草行业工会组织建设座谈会。内蒙古自治区局、吉林省局、福建省局、江西中烟等22家省级单位工会部门负责人汇报了行业系统工会建设方案和打算，并提出建议。江苏省局、上海市局、重庆市局、浙江中烟等11家单位作了书面交流。此次工会组织建设座谈会精神提出五点要求：一是要认真传达座谈会精神，推进工会组织建设。二是要拓宽职工成长通道，提高职工队伍素质。三是要构建和谐劳动关系，维护职工合法权益。四是要创新工会工作方法，提高群众工作能力。五是要推进工会自身建设，打造“三型”工会组织。

【加强群团组织建设】 在国家局机关，充分发挥工青妇群团组织的优势，积极抓好精神文明创建活动。加强思想政治工作，积极开展“送温暖、献爱心”活动，做好节日走访慰问老党员和困难党员工作。全年看望慰问职工208人次，慰问金额40.57万元；慰问送温暖81人次，捐款金额8.43万元。开展丰富多样的文体活动，做到经常性活动与比赛型活动相结合。机关足球队、羽毛球队、乒乓球和瑜伽队积极开展活动，推动机关全民健身活动的开展。国家局机关乒乓球队参加中央国家机关工会联合会举办第十届乒乓球比赛，展现行业干部职工昂扬向上的精神风貌。

在国家局机关开展纪念“三八”国际劳动妇女节系列活动，组织电影欣赏、举办中医健康知识讲座，邀请北京中医药大学基础医学院副院长、教授贺娟主讲《黄帝内经》养生智慧并配发有关健康知识方面的书籍。为推动国家局、总公司机关女干部职工深入学习贯彻党的十八大精神，展示女干部职工立足本职、巾帼建功的业绩和风采，组织参加中央国家机关妇工委与人民网、红旗出版社、中国妇女报联合开展的以学习贯彻十八大精神为主题的“幸福中国·幸福女性”征文活动，参加中央国家机关妇工委的转变职能改进作风深化改革献计献策活动及健身培训。组织大龄青年参加由中央国家机关工会联合会主办的中央国家机关专场公益相亲嘉年华活动。孙晓莹同志作为中央国家机关代表出席中国妇女第十一次全国代表大会。

国家局机关团委组织开展纪念中国共青团成立91周年、“五四”运动94周年系列活动。协助党组召开机关第三十二次青年干部座谈会。配合机关党委学习党的十八大精神，开展“中国梦”主题读书活动、组织38名机关青年参加中央国家机关青年干部“根在基层·中国梦”调研实践活动，分别参加赴延安烟草专卖局、广西都安县工商局等单位的调研实践活动，引导广大青年自觉把“个人梦”融入“中国梦”，激发机关青年为实现中国梦努力奋斗的责任感和使命感。

（编辑：李　昂）

外事管理和对外贸易

【外事管理】　加强因公出国（境）管理，国家局印发《关于进一步规范烟草行业工作人员因公临时出国的意见》（国烟外〔2013〕359号），《意见》要求严格根据工作需要安排因公临时出国，通过科学制订年度计划，正确执行限量管理规定；要求规范安排因公临时出国团组，严格执行应邀出访规定、严格控制出访团组人数、国家数和在外停留天数、严格控制双跨团组；要求建立完善因公临时出国信息公开与成果共享机制、严格审核把关与问责等。为贯彻落实厉行勤俭节约、反对铺张浪费的有关要求，9月，国家局下发《关于印发机关外事接待费用开支标准（试行）的通知》（国烟办综〔2013〕510号）。

2013年，国家局编制机关和行业出国（境）计划，对出国（境）团组执行任务、人数、国家、路线、行程等内容进行审核，明确不安排照顾性和无实质内容的一般性出访，不安排考察性出访，大幅压缩出国培训规模。全年国家局、总公司机关出国（境）团组实际执行78个。行业党组管理干部出国（境）团组实际执行62个，同比减少57个，压缩48%。经国家局审批的出国（境）团组人员总数1366人次，同比减少528人次，压缩28%。办理出国（境）公文669件、证照120本、团组签证975人次。接待来访的高级代表团32个，其他团组8个。中日、中韩技术交流互访团组77人次。签发40份邀请函，邀请48人次外国人来华工作。

【履行《烟草控制框架公约》】　按照履约工作部际协调领导小组的统一安排，结合职责分工和烟草行业实际，国家局于2012年制定烟草行业贯彻落实《中国烟草控制规划（2012—2015年）》实施方案，并在2013年7月向全行业发布。同时在行业杂志、报纸、网站等设立专刊、专栏宣传解读《规划》，全年在各种会议及培训班上宣讲《规划》内容10余次。此外，国家局还举办培训对《烟草控制框架公约》《消除烟草制品非法贸易议定书》进行解读。

国家局参加于2013年6月举行的《公约》第6条（减少烟草需求的价格和税收措施）实施指南工作组会议以及10月举行的《公约》第17、18条（对经济上切实可行的替代活动提供支持、保护环境和人员健康）工作组会议。会后完成《〈公约〉第6条实施指南草案》中文译本的核校工作。

会同外交部，完成对世界卫生组织公约秘书处起草的公约指标摘要草案的评估以及履约报告使用指南文件任择统计表草案的评估工作。组织履约工作部际协调领导小组成员单位现场调研，参观广州市局打假成果展，并赴广东中烟广州卷烟厂、湖南中烟长沙卷烟厂实地调研等。

【进出口贸易】　2013年，全年进出口商品总值为40.8亿美元，同比增长12.2%，其中进口总值为27.5亿美元，同比增长16.3%；出口商品总值13.3亿美元，同比增长4.5%。

表1　　2013年主要进口商品情况

进口商品	数　量	同比（%）	金额（万美元）	同比（%）
烟　叶	15.01万吨	0.6	133546	12.1
丝　束	11.58万吨	-9.2	64837	-2.5
卷　烟	42.30亿支	18.5	9263	24.9
烟　机	208台	—	49047	—
卷烟纸	1.5万吨	-8.5	5178	-6.6
滤　棒	54.9亿支	41.7	4892	44.7

表 2　　2013 年主要出口商品情况

出口商品	数　量	同比（%）	金额（万美元）	同比（%）
烟　叶	12.56 万吨	1.3	58801	0.1
烟叶副产品	4.38 万吨	-29.2	2376	-27.4
卷　烟	255.9 亿支	4.1	49546	7.4
烟　丝	1.94 万吨	-13.9	13225	5.2
烟　机	—	—	4655	91.3

（资料来源：中国烟草国际有限公司）

【拓展卷烟国际市场】　根据《拓展国际市场指导意见》和《拓展卷烟国际市场实施方案（2011—2015 年）》的部署安排意见，工业企业发挥主体作用，中烟国际发挥主导作用，拓展国际市场取得新进展。浙江中烟等单位切实将实施“走出去”提升为企业战略，不断加大拓展力度。云南中烟优化和完善经销商分级管理模式，改进评价指标设置；加大与全球知名免税运营商 DFS 公司的合作力度，与其建立全球战略合作伙伴关系。广东中烟的柬埔寨威尼顿公司进行易地技改，产能将达到 75 亿支，不仅能满足当地的生产销售需求，也为其成为中国烟草在东南亚的生产销售基地夯实基础；湖南中烟、浙江中烟通过巴拿马生产销售基地平台合作，根据各自品牌定位，有效提升“白沙”“摩登”在当地市场的销售规模和份额。

行业境外卷烟产销总量保持增长。2013 年，行业境外卷烟实现销量 700 亿支，同比增长 13.8%。其中，境外企业销售 267.1 亿支，同比增长 10.51%；实现销售收入 4.2 亿美元，同比增长 38.5%。境外合作项目销量 177 亿支，同比增长 38.9%；实现销售收入 3 亿美元，同比增长 29.8%。一般贸易出口 255.9 亿支，同比增长 4.1%。境外企业卷烟产量 286.1 亿支，同比增长 13.9%。

重点品牌总体发展态势平稳。2013 年，境外销量前五位品牌依次为“长白山”“摩登”“R. G. D”“红河”“云烟”，销量合计 258 亿支，比 2012 年前五位品牌合计销量增加 32.9 亿支，增长 14.6%；前五位品牌合计占境外销量的 36.9%，较 2012 年同期增加 0.3 个百分点。

“摩登”“R. G. D”“红塔山”“金鹿”“中华”“双喜”等 6 个国际品牌全年销量为 196.6 亿支，同比增加 6.9 亿支，增长 3.6%；合计占境外销量的 28.1%，较 2012 年同期下降 2.8 个百分点。

由于“双喜”卷烟国际业务处于转让给中烟英美合资公司的过渡期，业务衔接方面的原因导致卷烟销量同比下降 40.9%。“金鹿”受俄罗斯市场烟税上涨、禁烟措施条例实施的持续影响，销量同比下降 17.4%，降幅有所缓和，在俄罗斯市场的占有率同比基本持平。

重点市场拓展持续推进。2013 年，重点卷烟市场份额逐步扩大，东南亚市场销量同比增长 7%。中东市场销量同比增长 34%，“摩登”项目开发新产品力度较大，销量持续上升。东北亚市场销量同比增长 9%。朝鲜卷烟市场销量均同比增长。中南美市场销量同比增长 18%。

重点企业推进境外实体化运作。2013 年，湖南中烟加强与巴拿马工厂的协同，理顺工作流程，保障商业生产的平稳推进。6 月，工厂正式运行两班生产，主要生产销售“白沙（Marshal）”“白沙（Silver Elephant）”“白沙（NISE）”以及浙江中烟工业有限责任公司“摩登”卷烟。启动巴拿马工厂项目第二阶段建设，推进工厂扩容和中南美洲平台搭建。

6 月，浙江中烟与瓦达尼亚公司在阿联酋富查伊拉合资设立环球烟草有限责任公司签约仪式在浙江中烟举行。12 月，由浙江中烟与阿联酋瓦达尼亚公司合作，共同对环球烟草企业进行增资并改组的环球烟草有限责任公司举行正式开业典礼。环球烟草有限责任公司总投资 500 万美元，浙江中烟占股 40%。年设计生产能力 60 亿支。环球烟草有限责任公司的成立与发展，目标在于以瓦达尼亚为基础，由浙江中烟牵头，行业单位参与，共同投资做好环球烟草二期易地技改工作，使其具备较全面的生产能力、一定的装备水平和生产规模、较现代的生产组织和管理水平，打造成行业在中东地区的生产平台。

国际合作项目稳步运行。中国烟草总公司与英美烟草公司合资成立的中烟英美烟草国际有限公司于 8 月进入业务运营阶段，公司运转良好，业务运营稳步推进。中菲瑞士合资公司在品牌业务调整的情况下，探索品牌培育新模式，不断促进中国烟草品牌的成长和发展。探索与其他跨国烟草企业的合作，建立互惠互利的共赢战略合作伙伴关系，利用跨国烟草公司的平台优势推动中烟品牌在国际市场的拓展。

表 3　2013 年品牌卷烟境外销量排名（前 25 名）

单位：万支/件

排名	品牌	2013 年销量	2012 年销量	同比增长（%）
1	长白山	908489	808978	12.3
2	摩登	618230	493498	25.3
3	R. G. D	405108	344675	17.5
4	红河	352158	273216	28.9
5	云烟	296180	180154	64.4
6	都宝	287359	137020	109.7
7	红塔山	282432	248879	13.5
8	金宝	277384	234595	18.2
9	金鹿	273008	330395	-17.4
10	白沙	248006	129656	91.3
11	红梅	244926	87196	180.9
12	中华	235550	221600	6.3
13	TS	218850	96202	127.5
14	玉溪	215829	213260	1.2
15	红双喜	215491	203362	6.0
16	利是	172855	160054	8.0
17	双喜	152155	257654	-40.9

续表

排名	品牌	2013年销量	2012年销量	同比增长（%）
18	中南海	130093	139297	-6.6
19	阿诗玛	101430	147584	-31.3
20	芙蓉王	100200	79350	26.3
21	黄鹤楼	99806	89227	11.9
22	GEM	90421	65493	38.1
23	红鹰	85769	108228	-20.8
24	特美思	84675	53830	57.3
25	Marble	76974	74663	3.1
合计		6173379	5178065	19.2

（资料来源：中国烟草国际有限公司）

【境外烟叶实体化运作】 围绕行业“532”“461”品牌发展规划，持续推进在国外重点烟叶产区的烟叶实体化运作，并积极扩大共同等级、定向等级，满足国内工业企业对优质进口原料的共性和个性需求，保持经济运行平稳健康发展和各项工作有序推进。

*进口总量稳步上升。*2013年，境外烟叶业务实现对主要烟叶来源国从制样采购到加工验货全过程的监督控制。围绕满足国内知名品牌需求，创新原烟制样和订单采购方式，在巴西、津巴布韦、阿根廷等公司推进扩大共同等级、定向等级试点，提高资源利用率，降低采购成本，提高对优质烟叶资源的掌控能力。协调有关部门签署扩大输华国别烟叶植检议定书或许可协议，拓展贸易空间。

2013年，烟叶进口签约烟叶类原料18.17万吨，同比增长12.77%；金额16.3亿美元，同比增长16.35%，其中烤烟17.58万吨，白肋烟1296吨，香料烟47吨，雪茄烟叶1300吨，薄片1356吨，菲莫混配片烟2630吨。

*海外烟叶实体化运作业务有突破。*随着对外投资逐步落实到位，海外烟叶公司全球布局初步完成，合资合作项目进展顺利，海外烟叶公司的基础设施建设、内部管理水平、经济运行质量均有明显提高。天泽公司通过深化与国际烟叶供应商合作，拓展提升自身的合同种植规模和加工、仓储、出口等环节营运水平。巴西公司在下调巴西烟叶采购总量的背景下，优质烟叶采购比重同比上升。阿根廷公司在当地投资经营环境变化较大的情况下，探索自营之路，保持可供资源的稳定。北美公司完成注册手续，5月人员配齐后，开始了解市场、探讨合作、依法运作、挖掘潜力，开展自营业务，各项工作有效有序推进。

【基础管理】 *完善制度建设。*2013年，根据新形势下的拓展国际市场工作现状，国家局将《卷烟出口经营管理办法》《中国烟草境外企业经营管理办法》和《中国烟草自有品牌境外合作加工管理办法》合并，制定下发新的涵盖卷烟一般贸易出口、境外企业管理、境外合作加工项目监管的《中国烟草拓展卷烟国际市场管理办法》。对其他相关制度进行梳理整合，完善基本制度建设。

*提高为境外实体服务的水平。*不断加强融资服务，探索行业境外企业资金支持的新办法和新途径。一方面，加大对境外烟叶实体的资金支持，协调中资银行和天利公司，通过“内保外贷”“预付款”等方式解决天泽公司、巴西公司和阿根廷公司等单位的资金困难，进一步控制融资成本，提升境外企业的竞争实力。另一方面，在中国烟草总公司的银企战略合作框架下，就行业境外企业资金需求问题与中资银行进行座谈，寻求解决方案，保证境外企业正常的生产经营活动，支持境外企业拓展市场。改进审批制度，完善MIS系统建设，优化业务流程，加强境外企业与国内的联系，初步实现境外企业之间的互联互通，加强信息监管能力。

【国际化人才队伍建设】 2013年，通过开展国际合作和推进境外实体化运作锻炼国际化人才队伍，学习国外企业的先进模式，积累国际化运作经验，增强对国际市场的认识和对运行规律的把握能力。为加强外派工作人员的培养力度，坚持在外语和专业知识方面有针对性地进行培训。加强对驻外干部的任期考核管理工作和任期届满的调整轮换工作，保证境外企业各项工作顺利有序地交接。

附一：

中国烟草国际有限公司成员企业及驻外机构

中国烟草国际有限公司于2008年8月7日正式挂牌，是由原中国烟草进出口（集团）公司改制而成的经济实体，注册资本1.13亿元。中国烟草国际有限公司按照“改制、转型、整合”的要求，稳步推进中烟国际转型，推进烟叶境外采购实体化运作和境外卷烟生产企业建设。

主要经营业务是：卷烟（含雪茄烟）的进出口业务；烟叶的进出口业务；烟草专用设备和烟用辅料的进出口业务；境外投资及经贸合作；国家允许或中国烟草总公司委托的其他业务。

中国烟草国际有限公司以控股方式管理深圳烟草进出口有限公司，直接管理10个驻外机构。

深圳烟草进出口有限公司

深圳烟草进出口有限公司成立于1997年12月，是经原对外贸易经济合作部和国家烟草专卖局批准成立的深圳特区唯一经营烟草进出口业务的经贸公司。公司工商注册资本为1000万元。深圳烟草进出口有限公司是中国烟草国际有限公司的控股子公司，实行董事会领导下的总经理负责制。股东方为中国烟草国际有限公司、中国烟草总公司深圳市公司。主要经营烟草、烟草制品及卷烟行业机械设备、卷烟原辅材料的进口业务（具体按外经贸部〔96〕外经贸政审函第3081号文执行）；国内商业、物资供销业（不含专营、专控、专卖商品）。

2013年，公司实现进出口商品总值0.45亿美元，其中实现出口总值2953万美元。实现商品销售收入3.68亿元，同比增长30.46%。实现税利2.23亿元，其中净利润7592万元，同比增长36.48%。

天利国际经贸有限公司

天利国际经贸有限公司是中国烟草国际有限公司的全资子公司，经原对外贸易经济合作部批准，于1989年在香港注册成立。公司的主要职责是经营烟草及其制品、烟草机械设备及零部件、烟用辅料等进出口业务；开展烟草经济技术合作及交流活动；负责烟草行业海外机构的管理工作；负责国际烟草商情信息的收集、汇编工作；承担有关出国团组的接待安排工作。

中国烟草国际有限公司驻津巴布韦代表处 天泽烟草有限责任公司

代表处设立于1990年，注册地点为津巴布韦哈拉雷，前身为中国烟草进出口（集团）公司驻津巴布韦代表处，2008年8月，更名为中国烟草国际有限公司驻津巴布韦代表处。代表处主要任务是收集、了解津巴布韦及周边国家烟叶种植、收购、加工、销售情况，协助中国烟叶采购、监督加工验货团组开展工作，协调、解决中国进口烟叶过程中的有关问题，接待国内团组。2005年4月1日，津巴布韦公司注册局颁发天泽烟草有限责任公司注册证书。英文名称TIAN ZE TOBACCO COMPANY（PRIVATE）LIMITED，中文名称为天泽烟草有限责任公司。公司主要经营烟叶采购，烟草合同种植、烟草合同收购，烟叶加工、包装、出口等业务。

2013年，天泽公司合同种植面积为8.88万亩，原烟收购量1.41万吨；公司烟叶自营总量达到1.59万吨，占中国烟草在津巴布韦烟叶采购总量的25.33%，占整个南部非洲烟叶采购总量的20%。

迪拜瑞士达贸易有限责任公司

公司成立于1997年，注册地点为阿联酋迪拜，注册资本30万美元。主要职责是开拓中东市场，经营中国卷烟、烟叶、烟梗在中东地区的销售业务。

CTPM国际有限公司

公司成立于2006年，注册地点为瑞士洛桑，前身是中国烟草进出口（集团）公司和菲莫国际公司的合资公司，2008年变更为中国烟草国际有限公司和菲莫国际公司的合资公司。公司利用菲莫国际公司的渠道在国际市场经营中国卷烟品牌，在符合《烟草专卖法》有关规定的前提下，菲莫国际公司的“万宝路”在中国实现许可生产并销售。

中国烟草国际有限公司驻莫斯科代表处

代表处设立于1992年，注册地点为俄罗斯莫斯科，前身为中国烟草进出口（集团）公司驻莫斯科代表处，2008年8月，更名为中国烟草国际有限公司驻莫斯科代表处。代表处主要任务是收集、了解俄罗斯及独联体国家的烟草商情信息，宣传、推销中国烟草制品及烟草机械，协助开展中外烟草合作项目。

中国烟草日本株式会社

公司成立于2001年4月21日，注册地点为日本东京，注册资本20万美元，其中，天利国际经贸有限公司占60%的股份，日本泰丰通商株式会社占40%的股份。公司主要任务是经营中国卷烟在日本市场的销售业务。

中烟国际巴西有限公司

公司成立于2002年6月6日，注册地点为巴西圣克鲁斯，注册资本40万美元。公司主要工作是收集、了解巴西烟叶种植、收购、加工、销售信息，协助中国烟叶采购、监督加工验货团组开展工作，协调、解决中国进口烟叶过程中的有关问题，研究探索公司改革、开展境外烟叶实体化运作。

2013年9月，国家局批准中烟国际巴西有限公司收购中巴烟草出口股份有限公司51%的股份。中巴烟草出口股份有限公司前身是联一巴西烟草出口有限公司于2011年9月成立的子公司——巴西烟草出口有限公司，2012年1月完成更名。

中烟国际阿根廷有限责任公司

公司成立于2008年，注册地点为阿根廷萨尔塔省。公司主要工作是收集、了解阿根廷烟叶种植、收购信息，协助开展中外烟草合作项目。

中烟国际（北美）股份有限公司

公司成立于2012年7月16日，注册地在北卡罗莱纳州罗利市。公司主要代表中国烟草开展北美及加勒比海地区的烟草业务。包括烟叶采购、烟草合同种植和收购、烟叶加工、对外贸易、技术交流、培训等。全面搜集北美地区烟叶种植体系和市场信息，推进公司实体化经营。

2013年，公司出台《中烟国际（北美）股份有限公司财务管理办法》《中烟国际（北美）股份有限公司财务支出审批规定》等管理文件。利用外部资源，降低公司管理风险。公司聘请外部会计师和专业的律师事务所，审核公司经营情况，确保决策的正确性和科学性。

自公司2013年5月在美国开展运营以来，实现代理销售烟叶7500吨，自营加工片烟2460吨。实现业务收入206.19万美元，实现利润110.1万美元。

中烟英美烟草国际有限公司

公司成立于2012年10月31日，注册地在中国香港特别行政区，由中国烟草总公司和英美烟草公司共同成立，双方各持股50%。公司在全球范围内拥有和管理“State Express 555（SE555）”品牌卷烟，并将在中国以外市场拥有和管理“双喜”品牌卷烟。2013年8月，公司进入业务运营阶段。

附二：

国家局领导重要外事活动

1月7日，国家局副局长李克明在北京会见英美烟草公司首席运营官乔德力一行。

1月8日，国家局局长姜成康在北京会见塞拉尼斯公司董事会主席兼首席执行官罗慕科一行。

1月9日，国家局局长姜成康在北京会见菲莫国际公司董事会主席兼首席执行官金瑞礼、首席运营官谭崇博一行。

1月16日，国家局局长姜成康在北京会见伊士曼化工公司常务副总裁钟汉杰一行。

2月5日，国家局局长姜成康、副局长李克明在北京会见英美烟草公司大中华区董事总经理白民邦一行。

3月6日，国家局副局长杨培森在北京会见奥地利德奥福特集团首席执行官马丁萨布克一行。

4月1日，国家局局长姜成康，副局长李克明、杨培森在北京会见韩国烟草人参公社社长闵泳珍一行。

4月8日，国家局副局长杨培森在北京会见雷诺烟草公司总裁兼首席商务官克里斯特一行。

4月8日，国家局副局长杨培森在北京会见日本烟草产业株式会社执行董事、中国事业部部长川股笃博一行。

4月15日，国家局局长姜成康、副局长李克明在北京会见美国弗吉尼亚州州长麦克多内尔一行。

5月23日，国家局副局长李克明在北京会见菲莫国际公司首席执行官谭崇博一行。

6月5日，新履职的国家局局长凌成兴，副局长杨培森在北京会见古巴农业部部长古斯塔沃·罗德里格斯一行。

6月9日，国家局局长凌成兴在北京会见意大利G.D公司总经理保罗·克雷莫尼尼一行。

6月9日，国家局局长凌成兴、副局长杨培森在北京会见韩国烟草人参公社社长闵泳珍一行。

6月12日，国家局局长凌成兴、副局长李克明在北京会见英美烟草公司首席执行官杜兰特一行。

6月22日，国家局局长凌成兴、副局长李克明在北京会见日本烟草产业株式会社会长木村宏、社长小泉光臣一行。

9月3日，国家局副局长李克明在北京会见意大利G.D公司总经理保罗·克雷莫尼尼一行。

10月18日，国家局副局长杨培森在北京会见坦桑尼亚总理平达。

10月28日，国家局局长凌成兴、副局长李克明在北京会见美国施伟策－摩迪国际集团董事长兼首席执行官维卢泰一行。同日，凌成兴、李克明在北京会见美国雷诺烟草公司总裁兼首席执行官迪伦一行。同日，凌成兴、李克明在北京会见帝国烟草公司首席执行官库珀一行。同日，凌成兴在北京会见安姆科集团执行总裁兼首席执行官麦克文一行。

11月4日，国家局局长凌成兴、副局长杨培森在北京会见伊士曼化工公司首席营运执行官连胜一行。

11月25日，国家局局长凌成兴、副局长杨培森在北京会见美国瑞安公司董事长、总裁兼首席执行官博恩腾一行。同日，凌成兴、李克明在北京会见荷兰联一国际公司总裁兼首席执行官薛钧一行。同日，杨培森在北京会见日本烟草产业株式会社副社长佐伯明一行。

12月19日，国家局副局长李克明在北京会见帝国烟草公司副总裁亚瑟·范·本斯姆一行。

（编辑：王东旭）

多元化经营

2013年，行业各级多元化机构围绕“卷烟上水平”战略任务，坚持把严格规范作为多元化工作的根本要求，以体制改革作为重要方向，以整合优化作为主要任务，按照“规范运作、稳健经营”方针扎实推进各项工作，多元化工作取得明显成效。

【行业多元化企业发展概况】 2013年，行业多元化投资管理工作坚持“规范运作、稳健经营”指导方针，多元化企业经济效益实现较大提升。4月23日，召开2013年全国烟草行业多元化投资管理工作会议。10月，行业召开多元化企业经济运行分析会，分析多元化企业遇到问题的原因，研究提出对策。

截至2013年底，行业共有45家省级公司投资多元化经营企业527家，投资额共计529.7亿元，其中，全资控股企业359家，投资额306.9亿元；参股企业168家，投资额222.8亿元。形成资产978.3亿元，其中全资控股企业资产766亿元。行业全资控股多元化企业全年累计实现营业收入288.2亿元，同比增长6.7%；实现利润44.6亿元，同比增长40.7%。

【多元化投资监管】 坚持重大事项审核监管制度。加大对行业多元化企业重大事项报告制度的执行力度，通过实行重大事项报告制度，行业各级单位加大对多元化企业生产经营的指导监督力度，有效维护国有出资人权益，做到事前监管。推进重大事项管理在线运转，基本实现由纸质文件报送向网上办理转变。国家局制订《关于进一步明确多元化投资项目审查方式和内容的请示》，优化多元化项目审批流程。全年各单位累计向总公司上报重大事项103份，其中报备事项64项、报批事项39项。行业各单位均建立重大事项报告制度，并制订实施细则。

建设多元化投资管理信息系统强化动态监管。制订《信息系统运行管理办法》，推进系统标准化建设。研究建设配套材料企业经营动态管理数据采集应用系统。行业各单位通过多元化投资管理信息系统完善多元化企业基本信息，坚持每月上报多元化资产、负债、所有者权益等企业财务状况指标以及营业收入、利润总额、税金等企业经营效益指标，初步形成行业多元化经济运行月报制度。规模较大的多元化企业建立内部定期分析制度，强化日常动态监管。

【体制改革】 2013年，围绕“归口管理、分级负责、实体运作、加强监管”总体要求，行业以实体化运作为主要方向，加强多元化投资管理体制改革。贵州中烟、河南省公司、云南省公司、黑龙江省公司制订多元化投资管理体制改革方案，并成立多元化投资管理公司。截至2013年底，全行业共设立21家省级投资管理公司。福建省公司、上海烟草集团、陕西中烟等单位继续理顺多元化资产和管理关系，将多元化股权进一步整合集中到所属多元化投资管理公司。

突出重点，推进多元化企业法人治理结构建设。2—3月，开展问卷调查、档案检查，摸清多元化企业管理状况；6月，召开烟草学会新产业发展专业委员会年会，围绕法人治理结构建设进行研讨交流；11月，总公司印发《关于加快推进烟草行业多元化企业法人治理结构建设的通知》，要求控股多元化企业进一步理顺产权关系、健全组织结构、完善治理机制、加强制度管理。

【提升基础管理】 开展多元化经营管理评价工作，夯实管理基础。2013年，国家局下发《关于印发烟草行业多元化经营管理评价体系的通知》。评价从省级公司多元化归口管理机构及多元化企业两个层面，在组织建设、制度建设、机制运行、经营绩效四个维度基础上新增竞争能力维度，把多元化企业分为配套材料、宾馆旅业、房地产及其他四种类型，按照财务、客户、营运和发展四个方面进行评定，并加大经济运行质量和效益的考评力度，对41家省级公司及316家全资、控股多元化企业的经营管理情况进行综合评定。综合评分前五位的单位为上海烟草集团、福建省公司、山东中烟、云南中烟、福建中烟。

加强制度建设，规范多元化经营管理。全行业把加强制度建设作为规范多元化管理的重要手段，制度建设体现多层次、覆盖广、常态化三个主要特点。截至2013年底，行业初步形成从国家局、省级公司到多元化企业的制度体系，制度涵盖生产经营、资产监督、绩效考核、投资管理、企业管理等各环节，各单位定期对制度进行编、审、改、废，确保实现常态化管理。

【整合优化】 探索发展思路。围绕行业“三大课题”，行业各级单位加强对多元化投资整合优化阶段发展思路的探索，逐步理清多元化发展的目的、方向和途径。中国烟草投资管理公司提出以完善烟草产业链为重点、适度横向发展的多元化投资思路，完成行业多元化发展战略思考研究报告。省级公司加强研究探索，安徽省公司提出从全行业层面加大力度，统一多元化发展；云南省公司提出稳步构建多元化发展框架，创造行业新的经济增长点；重庆市公司提出以多元化产业为载体延伸和壮大烟草产业链，提高存量资金运营效率，拓展行业优势资金在实体经济中的运作渠道。10月，召开行业多元化发展战略课题研究专家评审会，评审通过《烟草行业多元化发展战略》。

酒店整合。加强中维酒店品牌建设，2013年1月，总公司印发《中维酒店品牌标准推广工作计划》，明确推广的总体思路、方法步骤和保障措施。以云南中烟为试点，成立专门领导小组，研究启动多元化投资企业重组整合工作，拟定《中维酒店品牌建设指南》。推进行业其他单位酒店整合工作，山东省公司探索运行酒店集团化运营的管理模式；浙江省公司将所属9家酒店由杭州香溢酒店管理公司统一管理；湖南省公司在4家酒店统一管理的基础上，实行统一营销和统一培训。12月26日，国家局在北京召开烟草行业酒店管理标准化座谈会，正式发布《中维酒店品牌建设指南》，《指南》涵盖品牌理念、视觉识别、品牌标准、运营管理等多个方面500多项内容，呈现出体系完备、内容准确、创意独特、注重包容等特点。

卷烟纸企业整合。开展统计调查，摸清卷烟纸市场情况，制订《促进卷烟纸产业健康发展的方案》，探索卷烟纸企业整合优化的途径。

清理清退。5月，总公司下发《关于进一步抓好多元化企业清理整顿工作的通知》，要求行业有关单位明确清退安排和具体措施、制定清退方案，推进多元化企业清理整顿工作。2013年，行业清退多元化企业11家。对未列入清退计划但连续三年以上亏损的多元化企业进行重点清理，督促相关单位研究分析亏损原因，制定整改方案。

【中国烟草投资管理公司投资企业管理】 2013年，中国烟草投资管理公司新投资参股湖北香青化肥公司，中国烟草投资管理公司本级投资企业达到17家。完成贵州黄果树薄片项目的增资注资和黑龙江金博世纪肥料项目的增资工作。总公司委托投资公司代行中烟摩迪出资人职责，全年中烟摩迪实现利润5600万元，同比增长10%，当年投资回报率为16.09%。规范公司委派人员管理制度，制定《投资公司派出董事、监事及股东代表管理办法》。加强国有资产基础管理和财务监督，跟踪四川锦丰纸业公司重整方案，编制资产处置预案。理顺投资股权关系，解决佛山东林包装材料公司历史遗留的隐含股东问题，按照实际投资进行明晰并确权。

【中国双维投资公司投资情况】 年度投资情况和利润情况。国家局批复的双维公司2013年投资计划中，计划投资项目5个，其中续建项目3个、拟建项目2个，预计总投资额43.99亿元。截至12月中旬，实际投资续建项目1个，实际总投资额1亿元。全年双维公司实现利润总额2.37亿元，其中投资收益0.7亿元，净利润1.96亿元。

上海庙能源化工基地项目。加强上海庙矿业公司建设，完成上海庙矿业公司董事会确定的年度生产经营目标。2013年，上海庙矿业公司销售商品煤290.13万吨，实现销售收入5.13亿元，亏损3.58亿元。加快新上海一号煤矿项目建设，3月，新上海一号煤矿项目获国家发改委立项批复；11月，项目初步设计获得内蒙古自治区煤炭局的审查批复。截至年底，矿井具备转产条件。继续推进向国电电力转让上海庙矿公司部分股权的工作，聘请中介机构完成上海庙矿业公司资产预评估工作。

加强内蒙古维华矿业有限责任公司地质勘探和项目前期工作。3月，《上海庙矿区总体规划（修编）》获国家发展改革委员会批复，取得五对矿井开发主体资格。7月，《上海庙矿区矿权设置方案（修编）》获国土资源部的批复并备案，向国土资源部提交鹰骏一号井田地质勘探报告。马兰井田二维地质勘探工程完工，二维地震勘探报告通过专家评审，井田地质勘查工作总结通过内蒙古自治区储量评审中心组织的专家审查。向国家能源局提交鹰骏一矿“路条”申请。

房地产建设项目。2013年，中维地产公司土地储备面积995亩，其中新增38.5亩。累计开工面积32.4万平方米。竣工面积9.42万平方米，销售面积6.78万平方米，实现销售收入4.3亿元，销售回款4亿元。实现利润总额3.35亿元，主要来源于各公司银行存款利息收入和中维重庆公司都市美邻项目销售利润，抵减所得税后，2013年中维地产公司净利润为1.98亿元，其中归属于母公司的净利润为1.75亿元。

计划参与保障房建设，加强对中央和地方保障房建设政策和参与模式的分析研究，重点对涉及的财税和法律问题进行梳理，并对拟签署的框架协议、合作协议等文件逐条论证并提出修改意见，为降低投资风险提供参考依据。

截至年底，中维地产公司在建项目共有10个。

行业配套项目。6月，双维伊士曼公司一期项目工程施工基本完成。8月30日，公司年产3万吨醋酸纤维丝束项目工程建设完成并生产出第一包合格丝束。10月，6台纺丝机、24条生产线全面运行。截至2013年底，双维伊士曼公司累计生产合格丝束5296.79吨，实现销售收入14473.4万元。

受国内市场价格波动等影响，调整中烟施伟策再造烟叶项目原批复总投资，由原批复总投资9.48亿元调整至12.46亿元。

推进宁夏弘德包装材料公司工程建设。截至12月，完成所有设备安装调试工作，开展机构设置、岗位职责设置、人员招聘以及各项标准制度建设等。

拓展资本运作项目。加强对农业银行、交通银行股票项目的动态追踪。完成农业银行和交通银行2012年度分红派息情况的转账工作。

加强对投资企业的监管。履行出资人职责，在投资企业管理过程中，尊重企业市场主体地位的管理方针，强化协助服务和监督指导的职能。一是依托“三会一层”治理结构和董事会日常工作小组平台，协助并督促企业依法规范经营。2013年，双维公司参加11家参股、控股企业的股东会、董事会共17次，审议各项议案逾百件。二是树立安全发展理念和安全红线意识，抓好三个落实：加大与合作方股东间的协调力度，确保安全生产资金的足额落实；明确安全生产监管责任，确保各级安全生产责任制的落实；加大煤矿、在建工程和危险化学品生产企业的安全质量标准化评估和现场检查力度，确保安全生产检查制度的落实。三是加强对投资企业的财务管理和审计监督，促进投资企业规范运作，防范经营风险。

（编辑：谢争艳）

企业文化

【中烟政研会第七届理事会工作回顾】 中烟政研会第七届理事会是2009年12月在第六届年会上产生的。四年来，在国家局党组的领导下，理事会坚持以邓小平理论、“三个代表”重要思想、科学发展观为指导，围绕国家局党组确定的中心任务，树立并自觉践行“两个至上”共同价值观，推进行业思想政治建设和企业文化建设，发挥中烟政研会的作用与优势，对全面推进“卷烟上水平”各项工作，努力建设更加规范、更富效率的中国烟草起到积极的促进作用。

“两个至上”共同价值观教育。2010年7月，国家局党组要求在全行业开展以“进班子、进岗位、进制度、进流程”为重点的“两个至上”长效机制建设，使“两个至上”共同价值观更好地融入生产经营管理的各项工作，逐渐成为评判是非曲直、好坏优劣、利弊得失的标尺。2012年，全行业深入开展践行“两个至上”、做到“三个始终”、树立“五种意识”教育实践活动，这是“两个至上”在岗位主题实践活动的延续，体现烟草行业对“以人为本、执政为民”理念的真正落实，为推动行业改革发展奠定更加坚实的基础。

思想作风建设。2010年，全行业开展创先争优活动，发挥基层党组织的战斗堡垒作用和党员的先锋模范作用，为全面推进“卷烟上水平”各项工作提供强大精神动力。同时，国家局党组及时提出要以“满腔热情、富有激情、充满智慧、奋力创新”的精神状态，努力开创“卷烟上水平”新局面的新要求，使行业思想作风建设成为行业持续健康发展的有力保障。2011年初，全行业又掀起“讲责任、讲奉献、讲纪律”教育活动热潮，促进全体干部职工以高度的责任意识、强烈的奉献精神和严格的纪律要求，全面推动“卷烟上水平”各项工作落实。2012年，围绕党中央在新形势下保持党的纯洁性的要求，开展“党性修养、理想信念、作风建设”为主题的专题培训，使行业各级领导班子和领导干部做到始终坚定理想信念，坚持正确价值追求，保持务实工作作风，确保严格廉洁自律。2013 年，以开展党的群众路线教育实践活动为契机，深入开展“改进作风年”活动，引导教育党员干部牢固树立群众观点，弘扬优良作风，解决突出问题，保持清廉本色，使干部队伍作风进一步转变。

企业文化建设。2010 年，国家局明确提出围绕“卷烟上水平”基本方针和战略任务，持续推进以“两个至上”共同价值观为核心的行业思想文化建设，努力推动行业文化建设向文化管理进步，加强服务品牌建设、行为规范建设，全面提升中国烟草总体竞争实力的目标任务。2011 年，持续深化“两个至上”共同价值观教育，推进行业文化管理、服务品牌建设、行为规范建设各项工作，丰富职工文化生活，推动行业文化繁荣发展。2012 年，行业上下认真学习党的十八大精神，深入开展“235”教育实践活动，不断加强新形势下行业思想政治建设和行业文化建设。在国家局举办的“文化故事大讲堂”中，行业上下参加讲故事的干部员工达到2500 余人，听众达到10 万余人次，充分展示行业广大干部职工奋发进取、昂扬向上的精神风貌。2009—2012 年，行业编纂文化案例 25 本。

政研会为建设中国烟草提供理论支撑。政研会是新形势下加强和改进思想政治工作的一种新的组织形式，在深入推进行业思想政治建设、企业文化建设方面发挥着参谋助手作用。国家局在充分发挥政研会“两大作用”上进行探索。一是开展课题研究。针对行业改革发展中思想政治建设和文化建设方面的重大课题和广大干部职工关心的热点难点问题进行深入研究，使理论研究与工作实际紧密结合，不断增强思想政治工作的针对性和渗透力。以 2012 年为例，中烟政研会共收集思想政治建设、企业文化方面的课题研究成果 180 余篇，这些课题研究成果紧紧围绕行业中心工作，关注热点难点问题，具有较强的理论深度和应用价值。二是深入基层调研。行业各团体会员单位围绕中烟政研会研究课题，组织广大思想政治工作者深入基层、深入一线进行调研，通过专题研讨座谈、走访员工家庭等多种形式，真实掌握来自基层的第一手资料，撰写有数据、有分析、有对策的调研报告数百份，为深入了解职工思想动态、做好企业生产经营决策提供参考。三是抓好活动载体。广泛动员行业各团体会员单位积极参加“回顾辉煌历程、喜迎党的十八大”“悦达杯”读书竞赛等多种活动，不断提高政研工作者的理论水平和思想政治素质。四是加强宣传推广。通过《中国烟草》《烟草企业文化》《东方烟草报》等行业媒体，加强对行业政研成果的宣传推广，不断提高政研成果的应用价值。

【国家局机关精神文明建设】 国家局机关开展社会主义核心价值体系学习教育活动，重点组织学习《中国特色社会主义理论体系学习纲要》《中国梦》，组织观看《周恩来的四个昼夜》教育片、参加中央机关工委举办的“中国特色社会主义和中国梦宣传教育系列报告会”和学雷锋、“走进同仁堂”学习研讨等主题读书及社会调研实践活动。

发挥工青妇组织的桥梁和纽带作用，国家局开展“送温暖、献爱心”活动，为患病住院、爱人下岗、亲人病故的职工及时进行慰问 208 人次，困难补助 81 人次。开展丰富多彩的文体活动，机关足球队、羽毛球队、乒乓球队和瑜伽队都在积极开展活动。组织参加中央国家机关第十届乒乓球比赛。团委组织开展纪念中国共青团成立 91 周年、纪念“五四”运动 94 周年系列活动；召开机关第 32 次青年干部座谈会，关心机关单身青年生活；组织参加中央国家机关相亲嘉年华活动；开展“中国梦”青年主题读书活动；组织38 名机关青年参加中央国家机关青年干部“根在基层·中国梦”调研实践活动。妇工委组织参加中央国家机关妇工委组织的“转变职能改进作风深化改革献计献策”活动、“幸福中国·幸福女性”征文活动和健身培训。开展纪念“三八”国际劳动妇女节系列活动，组织电影欣赏，举办中医健康知识讲座，配发健康知识书籍。

【新闻宣传工作】 2013 年，是行业全面贯彻落实党的十八大精神的开局之年，也是全面推进“卷烟上水平”战略任务的关键之年。在新闻宣传方面，国家局根据重点工作，确定每季度的宣传报道重点。第一季度宣传重点是继续深入宣传行业全面贯彻落实党的十八大精神和中央经济工作会议精神；开展 2013 年全国烟草工作会议的报道；总结回顾“卷烟上水平”三年来取得的成绩；加强对元旦、春节等节日期间市场营销和专卖管理工作的宣传报道；开展对现代烟草农业建设五年经验回顾及烟区春季烟叶生产的宣传报道。

第二季度主要是深入宣传贯彻党的十八大精神和全国“两会”精神，加强宣传“235”教育实践活动和“改进作风年”活动；围绕行业改革发展的新目标、新定位、新任务，继续开展全国烟草工作会议精神的宣传报道；密切关注烟叶生产形势，做好对重点烟叶产区严格控规模以及抗旱保生产等相关工作的宣传报道；加强对行业基层创优工作的宣传报道，重点宣传优秀地市级烟草专卖局（公司）创建工作；立足服务零售客户，做好对行业开展跨行支付结算及配套银行卡应用工作的宣传报道；密切关注专卖管理工作，尤其要加大对行业治理卷烟非法流通、加强内部监管工作的宣传报道。

第三季度主要是继续做好党的十八大精神的宣传报道，为下半年及今后工作扎实开展营造良好舆论氛围；做好行业扎实深入开展党的群众路线教育活动的宣传报道；加大对推进现代烟草农业建设、增强优质原料保障能力工作的宣传报道；进一步加大对网建工作的关注，做好提升卷烟市场营销水平的宣传报道；密切关注内部管理规范建设，加大对行业内部监管工作的宣传报道；做好物流建设有关宣传报道，为中国烟草现代物流建设营造良好舆论氛围；加强对行业自主创新工作的宣传报道，进一步促进科技创新上水平。

第四季度主要是切实抓好党的群众路线教育实践活

动的宣传报道；聚焦专卖管理工作，始终保持卷烟打假高压态势；关注行业重点卷烟品牌的培育和发展；做好行业基础管理工作相关报道；宣传报道优秀地市级局（公司）创建活动；进一步加大对“走出去”发展战略的宣传报道。

在对外新闻宣传报道方面，国家局面向社会媒体和中国政府网站做好行业的重点对外报道工作，完成中央电视台、中央人民广播电台、新华社等6家媒体对国家局局长凌成兴的采访活动，积极树立行业正面形象。

在加强新闻宣传和舆情培训方面，举办行业新闻宣传和舆情管理培训班，对全行业各直属单位的办公室有关负责同志及工作人员开展为期3天的培训。截至年底，在行业各直属单位初步建立起网评员队伍，有效应对和处置网络舆情。

在行业媒体建设方面，以国家局主管的《中国烟草》杂志、国家局行业网站，以及《东方烟草报》为主体的行业媒体，围绕中心、服务大局、面向行业、面向基层，坚持正确舆论导向，在行业文化建设上发挥重要作用。2013年，《中国烟草》杂志坚持正确舆论导向，传递行业改革发展正能量，围绕国家局党组的中心工作开展重点宣传报道。2013年，杂志社完成《中国烟草》《新烟草》等70余本刊物的编辑、出版、发行工作，总发行量500万册。同时，中国烟草资讯网全年发布各类信息近1.3万条，页面总浏览量为1.2亿次，点击总量突破2亿次，日均访问人数1.1万人。

国家局完成内网改版升级工作，进一步加强网站备案管理和安全检查工作，为行业电子政务和网站宣传提供更好的平台。全年国家局内网访问量为315万人次，外网访问量为189万人次；发布烟草新闻、专题专栏等各类信息3万余条，其中77条政务信息被中央政府门户网站采用；编制网络信息摘要12期，每日网络舆情监测报告216期。

《东方烟草报》紧跟国家局党组思路，积极落实凌成兴局长提出的两个“认真执行”、三个“理直气壮”要求，不断提高新闻报道的深度。贯彻执行中央八项规定，进一步规范国家局领导新闻报道，积极改进文风。开设思考谋划实践“三大课题”等专栏，推出“工商分开十年间”等十余个重点专题策划报道，并设立“要闻简报”“时政要览”等栏目，及时刊发党和国家重要时政新闻。2013年，《东方烟草报》发行量21万份，《金周刊》发行量17.5万份。

在志书编纂方面，2013年完成《中国烟草年鉴2013》的编辑、出版工作。《中国烟草年鉴2013》收录2012年全国烟草行业发展的工作情况，下设领导讲话，大事记，行业概览等14个栏目，共计完成200余万字和200余幅图片的编校审工作。

（编辑：周　佳）

2013年省级局（公司）亮点工作①

北京市烟草专卖局（公司）

【市场监管成效明显】 推广实施“三化合一”（即网格化、差异化、信息化管理）市场监管模式，应用APCD工作法，加大“异地、隐身、交叉、错时”市场检查力度。截至年底，北京市市场净化率75.17%，“天价烟”治理率99.7%，假私烟公开摆卖率14.14%，无证经营率10.99%，朝阳弘善、大兴六合等19个重点涉烟集贸市场得到有效治理，卷烟市场核心指标呈现向好发展态势。

【推进市场化取向的营销模式改革】 深入推进市场化取向的营销模式改革，从需求预测、客户分类评价、货源组织、货源供应、品牌培育、监督检查六个方面对营销流程进行调整，让品牌真正受到市场的检验，为各工业企业营造公平的市场环境，初步形成“按订单组织货源、按需求衔接计划、按价格调整策略”的运行体系。11月19日，国家局副局长赵洪顺带领国家局“市场化取向改革”课题组到北京市局（公司）调研座谈。

天津市烟草专卖局（公司）

【市场状态明显回升】 加大调整市场状态力度，解决规范经营和市场监管方面的突出问题，按市场需求组织投放货源，有效降低社会库存，市场状态明显回升。发挥网上订货平台作用，升级订单采集模式，丰富网上订货系统功能，天津市网上订货率达到95.62%，网订销量占比97.84%。完成电访业务的集中整合，“以网上订货为主体、电话订货为补充”的业务模式日益成熟。完成电子结算系统改造升级，实现所有在津银行均可为零售客户提供货款结算服务。

【加强内部监管体系建设】 2013年，市局（公司）不断加强内部监管体系建设，加大对非法流通卷烟的治理力度，强化对治理卷烟非法流通的考核。推进内管委派制建设，选取东丽区局、蓟县局为试点单位。全年查处案值5万元以上卷烟非法流通案件40起，查获非法流通卷烟7322万支，同比增长66.78%。

【财务管理取得积极进展】 加强全面预算管理，制定差异化预算定额标准，全程管控重点费用开支。全年三项费用率为5.07%，同比下降0.17个百分点；开展资金运筹，优化存量资金配置，全年利息收入7437万元，同比增长52.41%，为天津市行业贡献0.8个百分点的税利增幅。

① 亮点工作由编辑根据各单位来稿选取，并经各单位审核确认。

河北省烟草专卖局（公司）

【探索客户服务体系建设】 制定印发《河北烟草商业系统关于完善客户服务体系实施方案》，以廊坊市局（公司）为试点，探索客户服务体系建设工作。6月，召开试点工作汇报会，印发《河北烟草商业系统关于客户服务体系建设推广工作实施方案》，以客户为中心，以需求为导向，应用现代经营管理理念和信息技术，在河北省系统推进涵盖标准、个性、亲情、增值四种服务的立体化客户服务体系建设。

【完善联合打假机制】 协调河北省政府和卷烟打假领导小组各成员单位，制定下发《河北省联合打击制售假烟违法犯罪活动联席会议制度》《关于对涉烟重大事项实行督办制度的若干规定》和《关于物流运输环节涉烟违法行为专项整治行动实施方案》，并修订《烟草打假打私打非经费管理办法》，构建"政府领导、部门联合、多方参与、密切协作"卷烟打假打私体系。省局2013年召开由14个部门参与的执行层会议2次、重大案件协调会4次、物流专项行动协调会2次。

【实施网上结算及贷记卡应用推广】 以客户、行业和银行"三赢"为原则，在河北省系统实施网上结算及贷记卡应用推广。制定推广实施方案，确定结算模式，搭建"跨行+直通"网上结算平台。截至年底，为零售客户申请办理贷记卡13.64万张，提供授信额度28.03亿元，户均节约利息支出1500元；河北省使用此模式结算的零售客户3292户，结算金额7.14亿元。

【开展廉政风险防控监督与再监督工作】 以邢台市局（公司）为试点，建立廉政风险防控监督与再监督体系，突出监督与再监督、责任追究两个重点，筑牢事前预防、事中监控和事后惩处三道防线，保障决策权、执行权、监督权和问责权四项权力，实施"找风险、编笼子、盯权力、抓问责、堵漏洞"五个步骤，构建教育、制度、监督、再监督、问责追究五位一体的风险防控监督体系。

山西省烟草专卖局（公司）

【重点品牌会诊】 实施品牌联合会诊，加强对重点品牌的培育。2013年，山西省公司先后组织对"七匹狼""苏烟""双喜""贵烟""娇子"品牌的会诊。全年行业28个重点品牌在山西省共销售598亿支（119.6万箱），同比增长1.27%，占总销量比重的81%，同比提高2.34个百分点。

【试行卷烟配送中心非法人实体化运作】 实施配送中心非法人实体化运作，完成国家局"卷烟配送中心非法人实体化运作管理规范"课题研究任务。在行业物流现场会上，省公司进行专题经验交流。

【山西烟草云计算平台上线运行】 山西烟草云计算平台建设历经两年，于2013年9月正式上线运行，实现软硬件平台、应用系统的集成整合和资源共享，形成符合行业发展方向的信息技术架构。

【探索开发清洁型烟叶】 在平陆县确定4个试验项目、4个示范项目和5个科技示范园。以清洁型烟草农业开发为统领，建立平陆县清洁烟叶生产技术体系，实现"长白山"品牌全面减害降焦对清洁烟叶原料需求的目标。

内蒙古自治区烟草专卖局（公司）

【探索现代卷烟零售终端建设】 以呼和浩特市公司为试点单位，试行"四层供货"（即低档烟货层、常规品牌货层、重点培育品牌货层、新品货层）货源分配模式。以零售客户为中心，初步实现"135"工作法与V3系统、新商盟网、现代零售终端建设的集成整合。通过建立直营店、终端形象示范店，推进现代卷烟零售终端建设，为卷烟品牌提供公平发展环境。

【物流中心建设加快发展】 截至年底，乌兰察布、赤峰2个烟草物流中心项目建设进展顺利；巴彦淖尔物流中心异地迁建项目通过前置性审查；在呼伦贝尔岭西物流中心推广密集式仓储和储分一体项目；研发异型烟塑膜包装设备并在鄂尔多斯物流中心投入使用。

【优化整合烟叶收购站】 2013年，内蒙古自治区系统以创建优秀烟叶收购站活动为抓手，对全自治区烟站进行优化整合。截至年底，内蒙古自治区共有中心站7个、收购点12个，中心站达标率85%以上。

辽宁省烟草专卖局（公司）

【强化内部监管】 省局（公司）在三个方面推进内部监管重点工作试点：一是确定沈阳、锦州市局（公司）为"小零散"项目公开招标试点单位，深入探索破解"小零散"项目定点供应商招标的难题；二是确定营口市局（公司）为"六禁一控"制度建设的试点单位，初步完成"六禁一控"管理和监督制度的研究制定工作；三是确定阜新市局（公司）为办事公开民主管理的试点单位，分类制定"三项工作"公开目录和"三项工作"信息公开管理与监督办法。

【完成辽宁省行业工会组织筹建工作】 继辽宁省烟草商业系统完成16家地市局（公司）基层工会机构搭建和人员配备工作后，6月，省局（公司）在沈阳市召开辽宁省烟草公司工会第一届会员代表大会，选举产生第一届工会委员会，标志着全省烟草商业系统工会组织筹建工作基本完成。

【开展辽宁省系统行为规范情景演练比赛】 7月，

省局（公司）举办全省烟草商业系统行为规范情景演练比赛。各参赛单位以发生在工作一线的真人真事为题材，以情景短剧的形式，演绎品牌管理员、投诉处理员、客户经理、电访员、送货员、行政许可员、专卖稽查员、烟叶技术员等8个窗口岗位中行业行为规范的内涵要求，教育引导各窗口岗位工作人员提高行为规范水平。

吉林省烟草专卖局（公司）

【探索构建市场监管模式】 2013年，吉林省系统所属各单位加强市场监管模式的探索，松原市局提炼出"包保到人、分类管理、管服并举、重点打击、动态调整、净土履责"监管模式；辽源市局总结出"巩固基点，突出重点，破解难点"的三点监管模式；延边州局提炼出"信息监管、联合管控、疏导服务、考评推动"市场监管模式等。

【组建委派制内管机构】 2013年，完成委派制内管机构组建工作。省局成立内部专卖管理监督处，各市、州局设立内部专卖管理监督处派驻办公室，开展层级监管，垂直管理。截至6月底，所属市、州局全部完成派驻机构组建工作，46个县级局明确专职内管人员，吉林省共配备专卖内管人员100人。

【加强物流基础建设】 截至年底，吉林市、延边州公司完成物流配送中心新建、改建工作任务；辽源市公司设备验收工作准备就绪；四平市、白城市公司物流配送中心进入设备调试阶段；长春市公司物流中心推进分拣线设备安装工作。

黑龙江省烟草专卖局（公司）

【品牌结构快速提升】 2013年，省局（公司）将营销重点放在结构拉升上，一、二类卷烟销量快速增长。单箱销售收入突破两万元大关，达到2.04万元，同比增长2.62%。重点品牌单箱销售收入为2.34万元，同比增长2.51%。8毫克/支及以下低焦油卷烟销量达到185.95亿支（37.19万箱），居全国第五位；销售比重达到29.71%，居全国第四位。

上海烟草集团有限责任公司

【谋划实践"升级版""百年梦"】 面对"百万千亿"目标实现后集团和"中华"品牌的发展，形成"打造百万千亿升级版，实现'中华'品牌百年梦"的基本思路，为集团当前和今后一个时期的品牌发展指明方向。围绕"三大课题"，深化集团"创新驱动、转型发展"五大领域12项重要课题研究，编制集团《思考、谋划、实施"三大课题"行动方案》。

【推进产品研发储备】 不断加快新品研发步伐，"红双喜（荷派）""红双喜（硬津门恒大）"实现上市销售；"红双喜（幽蓝牡丹）""红双喜（天香牡丹）""红双喜（铂派）"完成市场测试；"中华（5000）""熊猫"新品启动产品验证；有机卷烟、超低焦油卷烟、低危害卷烟、异形卷烟等领域产品加快形成技术储备，"销售培育一代，开发维护一代，研究储备一代"的良性运作格局初步形成。

江苏省烟草专卖局（公司）

【蝉联"江苏省文明行业"称号】 2013年，江苏省局（公司）系统被授予"江苏省文明行业"称号，这是全系统连续两届6年保持这一荣誉称号。江苏烟草商业系统深入贯彻落实省委、省政府"两个率先"和国家局"卷烟上水平"的战略任务，按照国家局对江苏烟草提出的"走在行业前面"和"全面建设现代烟草"的要求，深入践行"与客户共创成功"的服务宗旨，高度重视精神文明建设。2010年以来，先后承办全国烟草行业企业文化和服务品牌、现代物流、优秀县级局创建等现场会，连续6年获得全国卷烟销售先进单位一等奖，连续7年获得全国卷烟打假特殊贡献奖，文明行业创建活动取得明显成效。

浙江省烟草专卖局（公司）

【单箱销售额居全国第一】 坚持高端引领，突出重点品牌培育，稳步提升销售结构，2013年，单箱销售额3.47万元，同比增长6.74%，排名全国第一；批发价600元/条以上的高价位卷烟销量1.45万箱，同比增长85.35%，列全国第二位。

【APCD创新工作法】 创新工作方法，探索形成一套以精准化监管为目标、以数据分析为手段、以信息化支撑为依托、以分析（Analysis）、计划（Plan）、检查（Check）、处理（Deal With）为主线流程的烟草市场检查APCD工作法，促进精准监管落地。3月18日，在全国烟草专卖管理工作会议上，浙江省局（公司）作了题为《创新工作方法 破解监管难题 实现精准监管》的交流发言。

【形成"两项工作"系列制度成果】 以贯彻行业采购管理规定为核心，注重制度建设，强化信息化支撑，形成"两项工作"系列制度成果，产生13项试点创新成果，完成浙江省"两项工作"信息管理系统试运行，基本实现全省制度体系、流程控制、共享模板和风险控制的标准化。

安徽省烟草专卖局（公司）

【资金运营科学高效】 挖掘存量资金潜能，2013年，安徽省烟草商业系统平均资金收益率为3.41%，高出全国烟草商业企业平均水平1.21个百分点，名列行业前茅。国家局局长凌成兴在安徽烟草调研时给予充分肯定。

【烟叶生产提质增量】 种植收购烟叶突破 60 万担，焦甜香特色优质烟叶 35 万担，收购量、上等烟比例创 1997 年以来新高。总投资 7 亿元的华环国际烟草有限公司易地技术改造项目顺利投产，体现国内烟叶复烤领域最好水平。

【公开招标成为主要采购方式】 安徽省系统全年实施采购项目 1654 项，总金额 11.07 亿元，其中公开招标金额为 10.53 亿元，占比 95.17%。

福建省烟草专卖局（公司）

【继续实施长驻打假】 与云霄县政府签订“2013 年云霄卷烟打假综合治理协议书”，拨付云霄综合治理经费 5500 万元，开展“无假乡镇”“打假先进乡镇”创建活动。2013 年在云霄（不含常山）查获制假烟机 2 台，同比减少 80%；假烟 1371 件，同比减少 56%；烟叶烟丝 51.7 吨，同比减少 63%。

【办结“鹭岛一号”案】 “鹭岛一号”特大跨国生产销售假烟案货值金额近 3 亿元。在 8 个国家 11 个港口，查获 11 个货柜近万件假烟，开创中国依靠国际刑事司法协作打击假烟违法犯罪的先河。

【现代烟草农业建设】 2013 年投入烟叶生产基础设施建设资金 7.4 亿元，建设烟基项目 2.23 万个，实施烟田土地整理 2 万亩。4 个水源工程项目通过国家局评审，援建资金 2.9 亿元。加强烟农专业合作社建设，福建省组建综合服务型烟农专业合作社 89 家，创建行业示范社 7 家。

江西省烟草专卖局（公司）

【物资采购重要信息“必须公开”试点】 开展物资采购重要信息“必须公开”试点工作，物资采购重要信息公开体系涵盖工程、货物、服务三大业务流程，初步构建“必须公开”的运行体系和保障机制。

【支持原中央苏区振兴和对口支援工作】 认真落实《国务院关于支持赣南等原中央苏区振兴发展的若干意见》，积极落实支持赣南等原中央苏区振兴发展和对口支援兴国县工作。成立支持赣南原中央苏区烟叶基础设施建设工作领导小组，主要负责工作指导和统筹协调。

【廉政风险防控试点】 省局（公司）9 个部门开展首批廉政风险防控工作，并在 4 个直属单位开展试点。查找部门廉政风险点和岗位廉政风险点，分别制定防控制度和措施，汇总形成《省局机关廉政风险防控工作手册》。9 月中旬，召开江西省烟草商业系统廉政风险防控工作现场会，总结推广 4 个直属试点单位经验和成果。

山东省烟草专卖局（公司）

【现代烟草农业建设水平持续提高】 完善“家庭农场（种植专业户）+合作社”生产经营组织模式，全面推进烟叶生产规模化、机械化、专业化、特色化。7 月和 9 月，国家局在诸城召开全国烟叶收购暨现代烟草农业建设现场会和全国烟叶精益生产现场观摩会，推广山东经验。

【深入实施富民工程】 深入实施烟叶生产生态村富民工程、卷烟零售客户致富工程和非烟生态村富民工程。积极开展扶贫救灾、扶危济困、助残助学等社会公益活动。

【非烟物流建设迈出新步伐】 依托省、市、县三级壹伍叁贰公司，积极探索推进大物流建设，体制、机制、框架、政策基本完备，终端网络初具规模，非烟商品日益丰富，山东省建成直营店 255 家，发展网络店 4.27 万家。参与山东省政府“好品山东”建设，网络营销服务管理平台运营顺利。

河南省烟草专卖局（公司）

【入库税金突破 100 亿元】 截至 12 月 10 日，入库税金突破百亿元，达到 101.5 亿元。2013 年入库税金 108.82 亿元，同比增长 14.4%；上缴财政总额 128.49 亿元，同比增长 25.15%。

【烟叶质量实现新突破】 制定《河南烟叶质量建设发展纲要》，实现烟叶等级纯度和工业企业满意度“两个明显好转”，河南省烟叶收购等级合格率为 82.63%，同比提高 1.64 个百分点，工商交接等级合格率 62.1%，同比提高 2 个百分点。

湖北省烟草专卖局（公司）

【基础管理全面进入“深水区”】 省局（公司）印发湖北省系统基础管理全面进入“深水区”工作指导意见，湖北省分 6 个片区推进基础管理进入“深水区”工作，落实领导干部联系基层制度，全面建立领导包片挂点和“第一责任人”制度。湖北省系统 80 名市级局领导挂点 279 个基层单位，322 名县级局（公司）领导挂任 322 个烟站、市场部（管理所）第一责任人，基本实现全覆盖。

【卷烟货款代办结算试点工作】 协调工、农、中、建、邮政储蓄等合作银行，为零售客户设立“绿色通道”，在宜昌、鄂州开展卷烟货款代办结算试点，在湖北省布设“三农”服务点 1444 个，解决 12696 户经营户存款不便的问题，湖北省卷烟货款电子结算率由实施前的 84.49% 提升至 89.25%。

【完成五年人才引进规划】 2013 年，湖北省系统面向社会招聘应届、往届大学毕业生315人，至此完成省局2009—2013年五年人才引进规划。五年累计招聘大学生1064人，其中博士毕业生5人，硕士毕业生352人，湖北省系统全日制大学生比例由五年前占干部职工总数不足5%上升到12.73%。

湖南省烟草专卖局（公司）

【卷烟打假质量整体提高】 突出“源头打击”，怀化、常德、长沙等地区查获有大型烟机的制假窝点5个，查获大型烟机8台。突出对制假原料环节的打击，郴州桂阳县查获1起特大非法经营烟叶网络案，永州蓝山县捣毁一大型非法制丝窝点。突出对非法制售烟用辅料的打击，邵阳市破获“9·20”特大非法制售卷烟纸案件，衡阳耒阳市捣毁一特大非法制造注册烟草商标标识窝点。

【自愿服务组织体系建设】 湖北省系统建立省局“636”志愿服务总队、市局支队、县局大队的志愿服务组织体系，志愿者注册率超过在岗员工的90%。各单位分别成立党员、青年、巾帼、金秋、网络文明传播等志愿服务队，广泛开展“636”助学、助残、帮扶、捐款、捐赠等公益活动。

【“金字塔”终端体系建设】 全面推进“金字塔”终端体系建设。进一步完善客户的基本信息，以课题研究的形式推进终端建设，包括“合理布局、选择标准、形象建设规范、陈列规范、动态评价、终端信息系统、终端资源管理、培训体系和服务体系”九大课题。探索现代卷烟零售终端星级管理模式，明确星级店加入条件、审核流程、评价指标等，通过协议供货、指导培训等提供增值服务。

【完善和提升客户服务】 制定《全省特殊困难零售客户帮扶工作方案》，明确对特殊困难零售客户实施“经营帮扶、志愿帮扶、助学帮扶、创业帮扶、重病帮扶、受灾帮扶”六大帮扶举措；打造客户培训体系，统一流程、统一标准、统一课件，培养一批具有现代经营意识，懂经营、能管理、会营销的零售客户；减少占用客户资金，推行网上跨行支付，在岳阳市进行试点，已发展客户1130家。

广东省烟草专卖局（公司）

【制度建设水平不断提高】 省局（公司）机关按照“科学、管用、可行”的原则，2013年先后新建、修订52项制度并印发执行；梳理整编了包含20大类245项制度的“一本制度”，印发全省系统对照执行。修订完善处罚案件合法性审查、案件移送、错案追究、行政处罚自由裁量等行政执法制度，有效提升全省专卖执法案件办理水平，在2013年行业案卷评查工作中受到国家局案卷评查组的充分肯定。

广西壮族自治区烟草专卖局（公司）

【卷烟销售取得突破】 在宏观经济下行、控烟政策等各种因素的影响下，广西烟草商业坚持稳中求进总基调，通过开展抓基层打基础、抓市场促规范、抓终端育品牌、抓培训提素质等工作，保持较快发展势头。卷烟销量同比增长2.54%，增幅全国排名第五位；单箱销售额同比增长10.79%，增幅全国排名第二位；实现税利同比增长14.92%，增幅全国排名第五位。

海南省烟草专卖局（公司）

【卷烟打假实现突破】 2013年7月，海南省文昌市烟草专卖局联合文昌市公安边防支队，破获“4·2”黄某等销售假烟网络案件，现场查获假冒卷烟205.16万支，逮捕犯罪嫌疑人5名，摧毁贩藏假烟窝点3个，是海南省首起由县级局破获，由国家局、公安部督办的重大案件。

【卷烟销售稳中有增】 海南省系统坚持“总量控制、稍紧平衡”的方针，保持市场供求平衡，实现销量、结构、效益的协调增长。在国家局发布的全年经济指标统计中，卷烟销量增幅居全国第二位，单箱卷烟销售额2.73万元，居全国第六位。

重庆市烟草专卖局（公司）

【法律风险防控试点】 2013年，重庆市局被国家局确定为行业法律风险防控体系建设5家试点单位之一。市局全面分析评估所有岗位和重要业务流程的法律风险点，结合实际出台法律风险防控体系运行相关制度。推行管理规范合法性审查及备案审查，全年评查39家单位案卷1161份。渝中区局代表市局参加重庆市政府法制办行政处罚案卷评查，优秀率100%。市局组织对13家单位开展执法监督评议，评议合格率99%。在国家局“六五”普法中期验收中，市局被评为“全国普法先进工作单位”。

【卷烟打假取得突破】 5月28日，2012年“6·8”重特大假烟网络案件成功收网。该案件共抓获涉案人员60人，此案是重庆市跨省抓捕人数最多、查获窝点最多、规模最大的一起涉烟网络案件。

四川省烟草专卖局（公司）

【物流实体化建设】 2013年，四川省烟草商业系统建立起“资源垂直管理、成本单独核算、管理适度授权、绩效目标考核”的物流非法人实体化运行模式。省局（公司）

承担国家局两项专项课题，面向物流中心非法人实体化运作，科学设计组织体系，合理优化业务体系，整合提炼建设经验，初步形成适用于烟草商业系统的管理规范。以公司制改革为突破口，确定成都、绵阳和南充市公司3个试点单位，加快探索物流企业公司制治理、市场化运营、多元化拓展的新模式、新机制和新路径。

【精益物流实现突破】 按照“转化一批、推广一批、储备一批”原则，出台全省行业精益物流建设方案，组织15家单位研究13项精益课题，并在成都、绵阳、南充市公司试点精益管理。强化卷烟物流费用核算办法和预算规程，深化定额管理，物流成本得到有效控制，2013年物流费用率为0.74%，排在全国第三位。

贵州省烟草专卖局（公司）

【整体经济运行保持较快增长】 2013年，实现主营业务收入434.88亿元，同比增长12.4%；实现税利115.92亿元，同比增长15.80%；入库税金76.4亿元，同比增长19.3%。

【烟农收入增长】 2013年，上等烟比例达到63.16%，同比提高14个百分点，排名全国第二位。实现烟农收入101.31亿元，首次突破百亿元大关，同比增加22.04亿元，增长27.85%。烟农人均种烟收入1.1万元，是贵州省农民人均纯收入的两倍多。

【现代烟草农业建设取得进展】 2013年新建基地单元49个，建成综合服务型烟农专业合作社148个，社员16.1万户、服务队员8.8万名，种烟亩均用工降至22个以内。20个水源工程项目通过国家局审查，审定烟草行业援建资金19.74亿元，占全国审定援建资金18%。在全国率先建立烟草农机评价体系，散叶烘烤改造和水源工程建设监管模式得到国家局肯定。国家局全国特色烟叶基地单元中期评估评价威宁县秀水特色烟叶基地单元处于全国优秀水平。

【创新监管模式】 在全国率先建立卷烟市场监管新模式，创造APCD新工作法。查获假冒卷烟、非法烟叶和非法流通卷烟数量下降，破获涉烟网络案件、非法经营烟叶网络案件和案值5万元以上大要案数量连续三年递增。

【科技创新成果显著】 贵州省42个5万担以上县级分公司建立技术推广站，37个县建立科技示范园，创新体系基本形成。主持制定的散叶烘烤技术、出口烟叶分级2项行业标准经国家局审定正式发布。自主创新的井窖式移栽、散叶烘烤、专分散收等作为行业主推技术在全国推广。基因组重大专项完成全球烟属物种第一张单倍体型图绘制，品质安全重大专项完成贵州省重金属含量分布图绘制。公开发表科技论文285篇，同比增加103篇，论文数量为历年最多。

云南省烟草专卖局（公司）

【税利达到历史最好水平】 2013年，实现税利344亿元，比2012年增加58.7亿元，增长20.6%，再次达到历史最好水平。

【烟叶生产实现“调结构、转方式”】 2013年，在云南连续4年遭受严重干旱和烤烟收购计划下调的形势下，全系统围绕“守住一条红线，提高三个水平，夯实两大基础”工作要求，实现烟叶生产新的提升。

【卷烟销售保持西部领先地位】 云南省烟草商业系统积极顺应“卷烟上水平”形势发展要求，抢抓品牌发展机遇，深入整合市场资源，有效调整营销策略，切实转变增长方式，在全国卷烟市场出现销量、结构增幅明显放缓的形势下，实现卷烟营销逆势增长，继续保持西部地区领先地位。

【物流体系建设和物流管理模式取得突破】 2013年，创新开展平台建设、软塑箱应用、工艺革新、数据共享、信息管控等工作，打造先进科技物流体系；统筹推进体系建设、精益管理、持续改善、纸箱周转、集中监控等工作，创新精益贝壳管理模式、1656准时制服务等新方法，打造精益物流管理模式；探索全员参与、班组管理、队伍培训、文化建设等工作，全面推动人本物流实践。

【实施百万口“彩虹水窖”工程】 2013年，省公司决定在2005—2012年已建成77.4万口“彩虹水窖”的基础上，2013—2015年再投资12亿元以上，以缺水的山区、半山区为重点，再建设30万口600万立方米的抗旱“彩虹水窖”，在云南省形成百万口“彩虹水窖”滋润云岭的格局。

西藏自治区烟草专卖局（公司）

【有效控制成本费用】 截至2013年底，全系统费用率为10.82%，同比下降10.14个百分点，其中5项重点费用同比下降29.43%，位居行业第三位。

【开展竞争性选拔干部工作】 2013年，选拔年轻副处级干部9名，选拔使用正处级干部4名，配齐配强各地市局（公司）领导班子。与此同时，局党委加大干部管理、教育、监督力度，防止重选拔、轻管理和失之于宽、失之于软的现象，并积极发挥援藏干部的突出作用，为行业发展提供有力人才支撑。

陕西省烟草专卖局（公司）

【卷烟营销网络建设成效明显】 陕西省公司以现代卷烟零售终端建设为重点，以现代信息化手段为支撑，以流程优化和机制创新为核心，西安先行、全省联动，强基固本、集成创新，在现代零售终端建设、电子商务、市场营销、客户服务四个方面实现创新突破。一是现代零售终端建设实现“两个突破”；二是电子商务模式推行搭好“一个平台”，实现“两个突破”；三是市场营销模式发生全新变革；四是客户服务模式进一步完善，“四个服务”全面深入落实。9月，2013年全国卷烟营销网络建设现场会在陕西西安召开，会议推广陕西省公司和西安市公司的网建经验。

【物流指标对标目标任务全面完成】 2013年，陕西省烟草商业系统卷烟物流分拣差错率、送货差错率、重大安全责任事故数等3项指标达到行业先进水平，单箱仓储与分拣费用、单箱配送费用、单箱物流费用、人工费用比例、人均配送效率、卷烟破损率、库存周转次数、送货时间间隔、平均送货响应时间、客户投诉率、电子结算率等11项指标超过行业平均水平，单箱管理费用、物流费用率、分拣设备有效作业率3项指标接近行业平均水平，全面完成公司对物流工作提出的“力争年底全省物流对标指标达到或接近行业平均水平”目标任务。

甘肃省烟草专卖局（公司）

【上缴税金居甘肃省各行业之首】 面对经济运行出现的新情况和新问题，甘肃烟草商业系统坚持“稳中求进、好中求快”的总基调，经济运行保持良好的发展态势。2013年销售卷烟436.22亿支（87.24万箱），同比增长1.02%；销售重点品牌和低焦油卷烟比重分别达到92.07%和58.84%；单箱销售额2.08万元，同比增长8.37%，结构提升对毛利增长的贡献度达到89.22%。甘肃烟草上缴税金占到甘肃省国地税收入的10%以上，居全省各行业之首，特别是在国税中，烟草是石化、冶金等主要支柱产业中唯一上缴税收增长的行业。

【立项开展特色优质烟叶研究开发工作】 着眼烟叶质量和生产水平持续提升以及卷烟工业企业对烟叶原料的需求，2013年，省局（公司）联合对口卷烟工业企业，依托中国烟草总公司青州烟草研究所，立项开展特色优质烟叶研究开发工作。成立特色优质烟叶研究开发领导小组，组织开展课题攻关，计划用三年时间，挖掘产区自然生态优势，摸清烟叶质量现状和影响烟叶质量的关键因素，评价与定位烟叶质量风格特征指标体系，探索彰显特色的途径和方法，提高烟叶质量整体水平和工业可用性。2013年主要开展烟叶新品种引进、烟田保水剂应用效果评价、烟草病虫害生物防治等试验项目，以200亩为一个单位，完成对烟区190个土壤样品、对应烟叶样品的采集送样和化学分析，为特色优质烟叶开发奠定基础。

青海省烟草专卖局（公司）

【五项措施提升卷烟零售客户满意度】 省公司制订《2013年改进和提升卷烟零售客户满意度工作实施方案》，确定工作目标，提出五项措施力推零售客户满意度持续提升。一是提高客户服务意识，开展客户经理服务客户经验交流，定期召开零售客户座谈会，不断改进服务内容和方法；二是提升客户盈利水平，为客户制定个性化、亲情化经营指导和帮助；三是努力保障客户货源供应；四是推进终端服务标准落实；五是完善客户服务体系，通过电话、手机、网络等多种手段开展服务工作，体现多方位、立体式的服务支持。

【举办青海省首届卷烟商品营销职业技能竞赛】 2013年5月，省公司举办青海省烟草商业系统第一届卷烟商品营销职业技能竞赛，竞赛历时3天。此次竞赛参照行业卷烟商品营销职业技能竞赛标准，制定竞赛方法和评分规则，内容包括理论知识竞赛、营销策划方案编制、营销策划方案展示答疑和团体竞赛四个部分，旨在检验选手的专业理论知识和技能水平。来自青海省系统各州（地市）公司的67名营销人员参加比赛，产生6名个人奖项、3名团体奖项。

宁夏回族自治区烟草专卖局（公司）

【启动应用集成与数据中心建设项目】 2013年12月，宁夏回族自治区公司正式启动应用集成与数据中心建设项目。前期，项目建设实施小组正式进驻开展工作，并与自治区局（公司）经济信息中心就前期工作方案、系统实施计划、技术架构等进行研究讨论，进一步明确项目的实施计划和近期的工作内容。下一步，将着力推进“一平台（集成平台）、一中心（数据中心）”建设，系统搭建宁夏烟草信息系统数据共享集成应用平台，有效解决现有信息化建设中信息资源孤立、利用率低的问题。

新疆维吾尔自治区烟草专卖局（公司）

【有力保障卷烟配送安全】 新疆和田“6·28”持械非法聚集闹事事件发生后，为确保城乡卷烟配送安全，和田地区局（公司）一是教育和引导干部职工增强安全意识，在送烟过程中，杜绝麻痹大意和侥幸心理，始终保持高度警惕；二是配备防身器械，增加送货人员，每辆车都配备防暴棍和电警棍；三是调整送货时间，遇到巴扎日、大礼拜，提前送货，避开闹市区和人流高峰期以及农村逢集和赶会期；四是保持信息畅通，要求送货驾驶员每两小时向安保科汇报一次车辆运行情况；五是分拣车间增配防恐设施，为分拣车间配备必要的防暴（恐）器材，提高对突发事件的处置能力。

【创新“开门式”内审】 创新体系建设内审方式，在自治区局（公司）机关采取“开门式”审核，邀请各地州内审员担任审核组长，自治区局（公司）机关内审员担任组员，组成内审小组，对自治区局（公司）机关各处室（各岗位）工作流程、工作职责、目标引领、文件执行情况进行审核，提出建议和意见，2013年两次内审共发现问题61项，完成整改并通过验证57项。

【拓宽网络商学院受训面】 拓宽新疆烟草网络商学院受

训面，受训人员由处级拓宽到科级，采取必修选修相结合、自选自习相适应的教学方式，精选必修课程，丰富选修课程，便捷操作界面，增设互动平台，全自治区 454 名科级以上管理层人员参加网校学习，网校成为干部提升理论修养的重要知识平台。

大连市烟草专卖局（公司）

【构建“1357”客户服务新模式】 开展营销智慧化课题研究，制定具有大连烟草特色的客户满意度提升方案，针对不同类型客户逐步推进管家式服务、个性化服务和亲情式服务，推行“1357”客户服务新模式。依托“1357”客户服务新模式，市公司建立系统服务体系，将零售客户划分为现代终端、示范终端、普通终端三个类型并分别提供管家式服务、个性化服务和标准化服务；加强客户经理和送货员之间的衔接互动，将送货员打造成“第二客户经理”，注重发挥岗位终端信息沟通和系统维护职能，构建全方位、合力服务零售客户的氛围，提升客户服务水平。

【推进客户服务物联化】 开发建设手机订货、移动营销、移动内网、移动监管、移动送货、移动审批、移动看板等七项子系统，成功搭建移动办公平台，进一步提高客户经理、送货员、市场监管员服务客户时信息采集、传递、共享效率，提升服务质量。利用物联网技术研发并推广客户服务卡，加强客户经理拜访签到、送货员交货确认、市场监管员检查登记等环节痕迹化管理，实现服务规范化、送货准时化、考核标准化、管理精益化，加快推进客户服务物联化。

深圳市烟草专卖局（公司）

【完成“人本物流”课题研究阶段性工作】 开展《烟草企业“人本物流”建设研究》工作，并于 10 月取得该课题研究的阶段性成果。该课题以烟草企业如何开展“人本物流”建设为主要内容，旨在建立和谐的人际关系，促进人的全面发展，实现人的价值和组织目标。

【雪茄烟市场专项治理工作】 为进一步打击经营走私、假冒雪茄烟行为，净化深圳市雪茄烟市场环境，市局采取五项措施推进雪茄烟市场专项治理工作。一是摸查、掌握雪茄烟市场情况；二是抓好宣传、教育、服务工作；三是抓重点，制定有效措施；四是发挥联合机制作用，开展联合整治；五是推进长效机制建设。

2013 年中烟工业公司亮点工作

河北中烟工业有限责任公司

【河北中烟成立十周年】 6 月，河北中烟召开纪念公司成立十周年会议，回顾河北中烟工业公司成立十年来改革发展的历程，总结公司成立十年来发展的主要经验，一是始终坚持发展不动摇；二是始终坚持打造“钻石”品牌；三是始终坚持科技创新；四是始终坚持向管理要效益；五是始终坚持抓班子、带队伍。

【启动 2013 年助学特别行动】 10 月，公司与《河北日报》、河北新闻网共同发起的“送寒门学子上大学——2013 年助学特别行动暨青春成长课”在石家庄启动。此次助学特别行动共资助河北省 550 名贫困大学新生上学报到的路费及生活补贴。2008—2013 年，助学特别行动已成功举办 6 年，累计资助近 4000 名贫困大学新生入学。

江苏中烟工业有限责任公司

【细支卷烟实现销量同比翻番】 公司着力打造具有较强感知力的中式细支卷烟新品类。2013 年，商业销售细支烟 40.93 亿支（8.18 万箱），同比增长 108.4%，占全国细支烟市场份额的 29.2%，成为品牌发展新的增长点。

【开展“奋发十年”主题活动】 围绕公司成立十周年组织“奋发十年”主题活动，包括特刊组稿、征文比赛、新闻评选、纪念大会等形式，回顾历史、鼓舞士气、凝聚力量，弘扬“志存高远、和谐奋进”的企业精神，推动企业健康持续稳定发展。

浙江中烟工业有限责任公司

【“十二五”核心目标提前两年实现】 2013 年，“利群”品牌实现商业批发销量 1018.05 亿支（203.61 万箱），批发市值达到 809.39 亿元。提前两年实现“十二五”核心目标，即“利群”品牌销量达到 200 万箱，销售收入达到 800 亿元。双低（低害低焦）“利群”实现商业批发销售 60.9 亿支（12.18 万箱）。

【环球烟草公司投产】 12 月 1 日，由公司与阿联酋瓦达尼亚公司合作，共同对环球烟草企业进行增资并改组的环球烟草有限责任公司举行开业典礼，标志着公司“两个跨越”迈出新步伐，“走出去”战略又迈出坚实的一步。

【举办成立十周年回望系列活动】 公司以成立十周年为契机，进一步弘扬改革创新精神，不断激发全体员工干事创业的热情。创新思想政治工作体系，努力构建“大政工”工作格局，为企业再攀新高凝聚正能量。

安徽中烟工业有限责任公司

【获准设立安徽省博士后科研工作站】 2 月，公司申请的安徽省博士后工作站经安徽省人力资源和社会保障厅批准设立。博士后科研工作站的设立，将加大安徽中烟引进、培养和使用高层次专业技术人才的工作力度，进一步推动企业自主创新和技术进步。

【启动“黄山梦”愿景教育活动】 为使“黄山梦”深入人心，共同构建企业发展愿景，4月，公司启动“黄山梦”愿景教育活动，并下发《安徽中烟工业有限责任公司关于组织开展“黄山梦”愿景教育活动的通知》。公司组织编写《安徽中烟2013年度“黄山梦”愿景教育宣传手册》，以对“黄山梦”进行深入解读和宣传，开展“黄山梦 我的梦”主题征文活动、“向上勇攀登 托起‘黄山梦’”主题巡讲活动等。

福建中烟工业有限责任公司

【全面推进“七匹狼”上水平取得阶段性成果】 2013年，“七匹狼”品牌形成“通系列”“经典系列”和“纯系列”三大品类。2013年“七匹狼”销量达到1010亿支（202万箱），商业批发销售收入达到407.2亿元，提前两年实现“532”“461”知名品牌培育目标。

【技术创新能力持续提升】 8月，技术中心博士后科研工作站建站获批准设立。12月，公司发布《2013—2015年中长期技术发展规划》，确立8个技术领域，设立11项技术主题，推进技术资源优化配置。启动“七匹狼”品牌三大品类技术体系构建，全面总结“金桥”生产线核心技术研究成果，围绕产品研发的主价值链开展项目研究，推进集成创新模式发展。

江西中烟工业有限责任公司

【四项措施提升精准营销水平】 公司把精准营销当成一项重要工作来抓，采取四项措施，在实践中探索，在探索中总结，不断提升精准营销工作水平。一是构建完善的报表分析系统；二是将精准营销作为提升市场调控水平的有力手段；三是完善货源调控机制和投放决策机制；四是将精准营销作为工商协同营销的重要载体。9月，公司成立专门的精准营销办公室，负责省内外精准营销工作的具体开展和跟进。

【加强信息系统运维管理工作】 公司围绕构建标准化、规范化、主动式的治理型运维管理体系，通过借助OA平台实现运维标准化管理、推进系统运维外包整合、加强驻场运维人员管理，有效增强信息系统运维管理的针对性与时效性。对同一供应商建设或维护的信息系统再次进行整合，降低维保成本，提高信息系统资源利用率和运维工作效率。

山东中烟工业有限责任公司

【实施“11369”工程】 2013年，公司全力实施“11369”工程。围绕零售价100元/条以上“泰山”卷烟年销量100万箱以上这一个目标，始终坚持市场这一个中心，在一到两年时间内，实现三个转型，破解六大难题，加强九大体系建设，推动各项工作再上新水平。

【“泰山”品牌取得新突破】 工商协同研发的传统品牌“泰山（大鸡）”上市1个月后销量达到231箱，形成良好市场效应。拓展国际市场，境外销售“泰山（TS）”21.97亿支（4.39万箱），同比增长128%，增幅居全国第二位。“泰山”平安文化基地建设初具规模，传播“品‘泰山’、保平安”的文化理念。

河南中烟工业有限责任公司

【明确“12345”战略推进体系】 明确“12345”战略推进体系。一个战略，即中原突破。两个愿景，即“用成长进位打造更大荣耀和尊严的公司”的企业愿景和“让人一想到烟草行业就想到黄金叶，一想到高档烟就想到黄金叶”的品牌愿景。三把标尺，即自我发展的纵尺、比较发展的横尺、行业发展的标尺。四种作风，即务实发展之风、学习成长之风、廉政守纪之风、感恩和谐之风。五项工作，即激情创业、千日营销、技术创新、原料保障、金叶制造。

【政府出台意见促进河南省烟草产业发展】 2月7日，河南省人民政府办公厅下发《关于进一步促进烟草产业加快转变发展方式的意见》，指出省政府将加大支持和服务力度，优化烟草产业发展环境。这是继“黄金叶”品牌培育被纳入《河南省建设中原经济区纲要》后，河南省政府对“黄金叶”品牌和整个河南烟草产业的又一重大政策支持。

【成立市场营销分中心】 4月23日，河南中烟深化体制改革，成立市场营销中心南阳分中心、驻马店分中心，深入推进省内市场体制改革，加大一线决策权和资源倾斜力度，进一步提升响应市场能力。

【“黄金叶”品牌销售额突破400亿元】 10月29日，“黄金叶”卷烟商业销售额首次突破400亿元，成为行业第十个销售额突破400亿元的卷烟品牌，成功跻身“461”之列。“黄金叶”卷烟全年商业销售量和商业销售额增幅均居“双十五”品牌首位。

湖北中烟工业有限责任公司

【雪雅香雪茄品类诞生】 2013年，公司创新卷烟原料、香料及工艺技术，融合雪茄烟和烤烟的优势特征，形成兼具雪茄烟浓郁丰盈和烤烟纯净舒适的风味特色，研制出不同于雪茄型和烤烟型的现代经典中式雪茄品类——雪雅香。

【连续七年入围中国企业500强】 公司以599亿元营业收入，位列“2013中国企业500强”榜单第190位，较上年上升13位，位居湖北省上榜企业第六位。在“2013中国制造业500强”榜单中排名第89位，较上年上升11位。

【专利申请量和拥有量继续排名行业第一】 2013年开展各类科研项目298项，申报专利437项，获得专利授权349项，截至年底累计申报专利1884项，授权专利1282项。根据2013年国家局科技司公布的行业工业企业技术中心评价结果，公司得分位居优秀技术中心首位。专利申报量和拥有量继续排名行业第一，企业技术研发中心在行业组织的工业企业技术中心评价中，“技术与人才”部分评价得分位列第一。

【行业市场质量抽检排名第一】 在行业组织的市场质量抽检中，“黄鹤楼”品牌三个规格产品再次进入质量综合得分前十名，其中“黄鹤楼（软漫天游）”综合质量评价全行业排名第一位，“黄鹤楼（软珍）”连续五年排名得分位居前列。

【深化与武汉大学战略合作】 4月7日，武汉大学校长李晓红考察黄鹤楼科技园，并与公司第三次签订战略合作协议。双方将在人才培养、项目合作、科研合作等方面紧密合作。

湖南中烟工业有限责任公司

【提出“13233”发展思路】 以深入开展党的群众路线教育实践活动为契机，集中全员心智，明确提出企业“13233”发展思路。一个精神，即“和”的创业精神。三大战略，即打造世界级品牌、培育职业化团队、构建生态型系统。两个转型，即由资源驱动向能力驱动转型、由研产销向市场—研产销—市场转型。三个原则，即讲真话、做实事、守规则。“三共”愿望，即共识、共创、共享。

【经济运行呈现三大特点】 公司经济运行呈现优势增强、结构提升、状态从优三大特点。“芙蓉王”商业销量793.72亿支（158.74万箱），同比增加108.54亿支（21.71万箱），继续保持全国一类卷烟市场份额第一的地位。“白沙（和天下）”商业销售13.55亿支（2.71万箱），继续保持高价位单规格销量第一名。

【技术创新取得突破】 研发上市3个内销卷烟新规格和17个出口卷烟新规格。“芙蓉王”“白沙”品牌焦油加权平均值同比下降0.35毫克/支，卷烟危害性指数同比下降0.28。完成10个品种的特色香原料单体的评价与筛选。完成生产技术专利成果推广应用104项，项目投资23.32亿元。

广东中烟工业有限责任公司

【“双喜·红双喜”销量继续领先】 2013年，“双喜·红双喜”产销规模达到2120亿支（424万箱），继续保持行业第一大品牌的地位，实现销售收入892亿元，居行业第三位。

加快“双喜”国际化进程，中烟英美国际有限公司成立，2013年境外销售“双喜”15.2亿支。威尼顿集团有限公司和金叶卷烟厂（澳门）有限公司卷烟销售收入和利润实现增长。

【建立“128”精益生产模式】 全面导入精益理念，推动生产、营销、研发、物流四大模块建设，形成“128”精益生产模式，搭建符合各卷烟厂特色的精益管理机制。公司被评为“国家级两化深度融合示范企业”。

【卷烟生产能耗降低】 湛江卷烟厂、梅州卷烟厂、韶关卷烟厂的单箱卷烟综合能耗和卷烟设备运行效率在行业处于领先水平，湛江卷烟厂万支卷烟全部综合能耗为1.4千克标煤，同比下降6%，保持行业领先水平，单箱耗盘纸量达到行业最优值。

【安全工作取得突破】 公司获得国家安监总局授予的“全国安全文化建设示范企业”称号，通过国家安监总局的安全生产标准化一级企业现场评审，是行业第一家整体通过评审的工业公司。

广西中烟工业有限责任公司

【“真龙”调拨量四年内翻番】 广西中烟坚持“做精做强真龙”“高端引领、中端突破、低端抬高”的品牌发展战略，推进“区内加快发展、区外平稳发展”的市场营销战略，坚持“特色化、差异化”的发展路径，打造“真龙升级版”，推进文化营销、体验营销、数字营销，“真龙”品牌实现从量变到质变的飞跃。11月28日，“真龙”年度调拨量突破250亿支（50万箱），同比增长22%，比2010年翻了一番。

川渝中烟工业有限责任公司

【卷烟产销量实现增长】 2013年，公司实现税利同比增长10.5%。年产卷烟同比增加近40亿支（8万箱），其中自有品牌增加65亿支（13万箱）；合作产品减少25亿支（5万箱）。销售卷烟同比增加8亿支（1.6万箱）。

【“娇子”品牌稳步发展】 2013年，“娇子”调拨量同比增长11.2%。在行业三类以上“双十五”品牌中，“娇子”商业销量排第十位，同比上升一位；6毫克/支及以下“娇子”销量上升到全国第三位。

【“娇子”市场发展态势良好】 2013年，“娇子”在四川实现销量突破300亿支（60万箱），同比增长14.4%。重庆市场继续保持较好态势，实现销量232.5亿支（46.5万箱），同比增长9.2%。

【雪茄发展破题】 立足高端引领、中端突破、打造特色，推出中细支等标准雪茄创新型特色产品。标准雪茄销量同比增长36%，实现销售收入同比增长31%。

贵州中烟工业有限责任公司

【创新成果突出】 2013年，“贵烟（国酒香）”新品研发取得突破，开创援酒入烟的先河，围绕“贵烟（国酒香）”产品研发共申请专利24件，其中发明专利23件。

【烟叶“六定”工作见成效】 2013年，贵州中烟围绕生产经营目标和“贵烟”品牌发展需求，以“六定”（定烟叶质量目标、定种植区域和规划、定主栽品种、定技术依托单位、定生产技术方案、定运行模式）工作为重点，主导基地单元面积落实、主栽品种选定、生产技术措施制定等工作。2013年采购烟叶国家局质量抽检合格率为66.6%，高于全国平均合格率2.1个百分点；打叶加工指标检验批次合格率达到94.51%。

【“贵烟”品牌高端引领作用明显】 2013年，贵州中烟坚持高端引领的品牌发展战略，销量保持稳定增长。全年“贵烟”品牌工业销量301.35亿支（60.27万箱），商业销量295.5亿支（59.10万箱）。单箱批发收入为3.72万元，位列全国重点品牌第七位；批发均价同比增加2800元，增加额位列全国重点品牌第一位。

云南中烟工业有限责任公司

【“两统一、两整合”】 2013年，云南中烟提出在现行“一公司、两集团”管理体制不变的前提下，实施统一营销、研发业务，整合卷烟品牌、多元化经营业务的“两统一、两整合”改革思路并制定实施方案。截至年底，实现“三启动、两完善、一调整”，即先行启动国内市场营销统一工作、研发统一工作，初步启动品牌整合工作；修改完善国际市场营销统一、多元化业务整合方案；云南中烟的管控模式由战略管控型调整为经营管控型。

【省内系统实现税利过千亿元】 2013年，云南中烟累计实现税利1156.38亿元，同比增长12.48%，其中，省内系统为1107.58亿元，历史性地跃上千亿元台阶，同比增加123.86亿元，同比增长12.59%。净增税利连续三年突破百亿元，企业保持平稳发展。

【品牌呈现“一个扩大、三个增长”特点】 2013年，云南中烟品牌主要特点呈现为“一个扩大、三个增长”：即云产品牌卷烟市场份额扩大到21.65%；高端卷烟快速增长，重点品牌持续增长，“玉溪（庄园）”“云烟（大重九）”高速增长。

【建设有机信息系统集群】 为给“两统一、两整合”改革提供信息化支撑，通过综合集成管控平台，对主数据管理系统、协同办公系统、ERP、资金监管、在线审计系统进行集成，实现“两红”集团主干信息系统的纵向整合和云南中烟本部主要应用系统的横向集成，实现跨业务、跨系统的工作协同和集中管控，形成有机的信息系统集群。

【构建“合和”企业文化】 启动云南中烟企业文化建设，推进云南中烟母文化宣贯，形成以“合力图强、和谐致远”企业精神为核心的“合和”文化体系，初步形成“一个规划、一个体系、两个重点、一支队伍”的企业文化建设机制。

陕西中烟工业有限责任公司

【“321”目标实现】 “321”目标即“好猫”品牌销售达到30万箱以上，实现销售收入200亿元以上，自有品牌产销达到100万箱左右。2013年，“好猫”品牌销量为157.6亿支（31.52万箱），同比增长29.54%。公司提前一个月实现150亿支（30万箱）年度销售目标，销量增幅连续12个月居重点品牌首位。

【技术创新扎实推进】 完成6毫克/支及以下低焦油、低危害卷烟的开发储备，生物技术三项成果获得国家专利授权，分别在四个“好猫”规格和两个储备产品上进行菌种功能性试验。开展减害降焦技术研究，不间断开展功能性材料组合实验，完成两个规格丙纤滤棒替代工作。

【基础管理全面加强】 推进体系评价改进和运行，体系文件执行率达到96.7%，在行业质量体系交叉评价中居第二位。2013年所属5家卷烟厂全部达到“优秀卷烟工厂”评价标准，其中宝鸡卷烟厂达到一流卷烟工厂评价标准。卷接设备运行效率92.45%。公开招标金额比例达到90%。

【与英美烟草公司开展国际合作】 与英美烟草公司开展二氧化碳膨化烟丝原料供应合作，成为其中国境内唯一原料供应商。2013年累计向英美烟草公司发运膨化烟丝487.25吨。

中国烟草实业发展中心

【加强品牌合作生产】 2013年所属企业合作生产卷烟1159亿支（231.8万箱），同比增长9.78%；加工重点品牌844.65亿支（168.93万箱），同比增长18.87%，占合作生产卷烟产量的72.88%，同比提高5.57个百分点，促进行业重点品牌发展。

【低焦油卷烟发展势头良好】 2013年所属企业生产焦油量6毫克/支及以下卷烟119.65亿支（23.93万箱），同比增长5.2倍，占行业焦油量6毫克/支及以下卷烟总产量的31.6%，居行业第一位；焦油量8毫克/支及以下卷烟产量为957.15亿支（191.43万箱），同比增长2.39%，占行业焦油量8毫克/支及以下卷烟总产量的27.11%。“兰州”品牌6毫克/支及以下卷烟产量为92.5亿支（18.5万箱），在全行业6毫克/支及以下卷烟品牌中，产量居第一位。

【“长白山”境外产销保持领先地位】 2013年，中烟实业所属企业吉林烟草工业有限责任公司在朝鲜投资设立的卷烟生产厂生产“长白山”卷烟101.29亿支（20.26万箱），同比增长23.47%；销售“长白山”卷烟90.55亿支（18.12万箱），同比增长12.86%。境外产销规模继续保持行业领先地位。

群众路线教育

行业第一批党的群众路线教育实践活动概况

第一批教育实践活动的基本情况和主要做法

根据中央统一部署，2013年7月至2013年底，国家局、总公司机关和行业各直属单位，围绕保持党的先进性和纯洁性，以“为民务实清廉”为主要内容，深入开展第一批党的群众路线教育实践活动。在中央第28督导组的指导帮助下，国家局党组认真贯彻落实《中共中央关于在全党深入开展党的群众路线教育实践活动的意见》，认真学习领会习近平总书记等中央领导同志重要讲话精神，贯彻“照镜子、正衣冠、洗洗澡、治治病”的总要求，以领导班子和党员领导干部为重点，围绕反对形式主义、官僚主义、享乐主义和奢靡之风，认真抓好学习教育、听取意见，查摆问题、开展批评，整改落实、建章立制三个环节，较好地完成了教育实践活动的目标任务。

【履行领导职责，精心组织谋划，推动教育实践活动深入开展】 *加强组织领导，扎实有序推进。*国家局党组成立烟草行业教育实践活动领导小组，抽调20名工作人员组成教育实践活动办公室，各地都建立相应的领导体制、工作机制。国家局认真研究制定活动实施方案、工作方案，并先后召开26次党组会和教育实践活动领导小组及办公室会议、召开4次全行业电视电话会议，传达中央精神、交流进展情况、部署工作安排。

*严格督促指导，强化检查落实。*国家局党组成员选择12个直属单位作为联系点，进行调查研究，搞好具体指导，推动面上工作。国家局成立8个督导组，选派16名正副司局级干部担任组长、副组长，对55个省级局（公司）进行指导检查。各督导组切实把握总体要求和任务重点，加大督导力度，注重沟通协调，全程从严把关。

*抓好宣传引导，营造良好环境。*国家局机关局域网、《中国烟草》杂志、《东方烟草报》都开设“深入开展党的群众路线教育实践活动”专栏，行业各直属单位和机关各部门各单位都开设教育实践活动宣传专栏，为开展教育实践活动营造浓厚氛围。国家局教育实践活动办公室共编发简报29期，及时交流机关和行业教育实践活动动态、做法和经验。新华社、《人民日报》、中央电视台、中央人民广播电台、《光明日报》《经济日报》等中央主流媒体对国家局强化正风肃纪进行采访报道；同时，中央教育实践活动领导小组办公室简报印发专刊。

【深入学习教育，广泛听取意见，奠定教育实践活动思想基础】 *加强学习教育，提高思想认识。*国家局党组坚持带头学习，精心组织学习。党组先后组织14次党组中心组（扩大）集中学习，及时传达习近平总书记重要讲话精神，及时传达中央教育实践活动领导小组文件精神，集体通读中央指定的三本书目，认真研读习近平总书记系列重要讲话，深入学习《党章》，集中观看《苏联亡党亡国20年祭——俄罗斯人在诉说》《失德之害——领导干部从政道德警示录》《周恩来的四个昼夜》等影片，党组成员讲党课，组织党员领导干部赴西柏坡现场参观学习，多次举办增强党性修养、严守党的纪律等专题讲座，广泛开展向兰辉同志学习活动，不断提高党员干部的思想认识。

*深入基层调研，广泛征求意见。*国家局党组坚持开门搞活动，采取群众提、自己找、上级点、互相帮，通过召开座谈会、个别访谈、民主评议、发放征求意见表等多种形式，广泛征求意见。分别向22个中央和国家有关部委、18个两烟所在省（市、区）、55个行业直属单位、27个机关部门和单位发放征求意见表。党组成员分别到教育实践活动联系点开展调研，深入烟厂、烟站和市场，同烟农、零售客户和一线职工交流，召开离退休干部、“两代表一委员”和干部职工座谈会，广泛听取意见和建议，特别是听取中央督导组反馈的群众意见。国家局党组从征求的475条意见中，梳理、分析、聚焦16个突出问题，为国家局党组班子和个人查摆问题、开展批评和自我批评提供大量素材。

【深入查摆问题，发扬整风精神，从严开好党组专题民主生活会】 *普遍开展谈心，把思想谈开谈通。*国家局党组把开展谈心作为专题民主生活会前的一个重要步骤，党组成员之间，党组成员与分管部门负责同志之间都开展了谈心活动，相互沟通思想，交换意见，增进团结。谈心活动态度端正，时间充分，反复“彩排”，为“红红脸、出出汗”做好思想准备。

*深刻剖析根源，把对照检查材料写深写真。*国家局党组和党组成员严格按照衡量尺子严、查摆问题准、根源分析深、整改措施实的要求，自己撰写对照检查材料，反复修改，几易其稿。国家局党组班子的对照检查材料，经多次召开党组会集体研究，并适时召开机关处级以上干部大会通报讨论文稿，听取意见，反复修改，勇于担当。党组成员的个人对照检查材料勇于剖析自我，针对查摆的突出问题，对照党的纪律、对照群众期盼、对照先进典型，从理想信念、宗旨意识、党性修养、政治纪律方面深挖思想根源，制定整改措施。

*发扬整风精神，高标准开好专题民主生活会。*2013年10月20日，国家局党组召开专题民主生活会，党组成员自我批评态度诚恳，不遮不掩，紧扣“四风”突出问题，查摆剖析各有特点。大家敢于揭短亮丑，真提意见、提真意

见，能够正确对待，听取意见、接受批评，既有“红红脸、出出汗”的严肃和紧张，又有“加加油、鼓鼓劲”的宽松与和谐。党组成员反映，思想受到触动，灵魂得到洗礼，体现整风精神，增强领导班子解决自身矛盾和问题的能力。同时，召开行业领导干部会议，向各直属单位主要负责同志和机关正处级以上党员干部通报党组专题民主生活会情况，起到以上带下的作用。

*领导干部带头，过好双重组织生活。*国家局党组成员分别深入到各自教育实践活动联系点，听取督导组的情况汇报，审阅联系点的领导班子对照检查材料，同联系点的主要负责同志谈心谈话，全程参加联系点党组专题民主生活会，确保联系点党组专题民主生活会不走过场，取得实效。同时，党组成员都参加所在党支部的专题组织生活会，虚心听取党员意见，主动接受组织监督。

【狠抓整改落实，注重建章立制，构建作风建设长效机制】 *逐项对照检查，认真组织“回头看”。*认真组织开展教育实践活动第一、二环节“回头看”，国家局党组及时召开扩大会议，研究部署“回头看”工作。党组成员带头严格按照中央“六看”要求逐项检查。采取发放调查问卷、民主评议等多种形式听意见、“回头看”。对于局机关和行业各直属单位“回头看”中发现的突出问题和薄弱环节，本着重在解决突出问题和取得实际成效的原则，及时“补课”，逐项改进。

*回应群众关切，整改落实下真功。*国家局党组针对征求的意见建议和专题民主生活会查摆的突出问题，研究制定“两方案一计划”，即：国家局党组整改方案、专项整治方案和制度建设计划。党组整改方案目标明确，措施具体，责任清晰，从强化理论武装、加强干部队伍建设、解决作风方面突出问题和加强党风廉政建设四个方面，研究制定26条具体措施。对群众反映强烈的文山会海、不求实效等形式主义问题，脱离实际、脱离群众、推诿扯皮等官僚主义问题，不思进取、讲究排场等享乐主义问题，铺张浪费、违规配车、超面积办公用房等奢靡之风问题都明确整改落实的路线图、任务书、时间表和责任人，并按照中央督导组要求，予以公示，听取意见，接受监督。截至年底，又将党组整改情况进行全面通报，组织开展民主评议，进一步推动整改落实、建章立制工作。

*解决突出问题，专项整治见实效。*国家局党组认真贯彻执行中央八项规定和《党政机关厉行节约反对浪费条例》，坚持把专项整治作为整改落实的重中之重，牢牢把握“准、狠、韧”原则，紧盯重点领域和薄弱环节，抓住群众反映强烈的5项“四风”突出问题，确定专项整治重点，加大整治力度，一项一项整治、一个一个突破，以抓铁有痕、踏石留印的精神和毅力，正风肃纪，扶正祛邪。国家局纪检组、监察局通报曝光五起顶风违纪的典型问题。

第一批教育实践活动的初步成效和主要体会

【深化学习教育，在坚定理想信念、增强党的宗旨意识和群众观念上取得新的提高】 *进一步坚定中国特色社会主义理想信念。*牢固树立中国特色社会主义理想信念，是新时期中国共产党人的立身立业之本，是精神上“钙”的源泉。通过开展教育实践活动，党员干部更加坚定中国特色社会主义道路自信、理论自信和制度自信，更加坚定坚持社会主义市场经济体制改革方向的信心，更加坚定实现中华民族伟大复兴“中国梦”的信心。

*进一步增强党的宗旨意识和群众观念。*通过教育实践活动，党员干部普遍接受党的性质、宗旨和马克思主义群众观点教育，深刻认识到全心全意为人民服务是党的根本宗旨，群众路线是党的生命线和根本工作路线，烟草行业作为为民服务的窗口行业，必须牢固树立党的宗旨意识，牢固树立“国家利益至上，消费者利益至上”的行业共同价值观，努力为人民健康服务、为财政增收服务、为社会需求服务。

*进一步锤炼党性修养和道德品行。*通过教育实践活动，行业党员干部自觉对照先进典型，以党的先进性和纯洁性检查和要求自我，锤炼党性修养，端正道德品行，严守党的纪律，维护中央权威。

【坚持立行立改，在解决群众反映的突出问题上取得新的成效】 *严格正风肃纪，敢于动真碰硬。*从严整治住房公积金违规问题，以严肃查处吉林烟草工业有限责任公司超标缴存住房公积金为突破口，对公司5名高管超缴的173万元全部清退，并举一反三，切实抓好行业“两金”规范整改工作。截至2013年7月，全行业未按缴存基数执行的499家单位、未按缴费比例执行的356家单位已全部整改到位，一律执行国家统一标准。

从严整治公务车违规问题，以严肃查处河南周口、广东珠海等违规购置公务用车为突破口，对有关责任人员予以严格问责和纪律处分，处分16人，其中撤职2人。并举一反三，切实抓好行业公务用车的清理工作，经自查自纠封存超标车1344辆，国家局责成所在单位，按依法依规、积极稳妥、有序分散的原则，予以公开处置。

从严执行中纪委和中央教育实践活动领导小组关于严禁公款送月饼节礼、烟花爆竹等年货节礼、公款购买贺卡、公款吃喝、公款旅游，严禁党员干部出入私人会所等规定。

*厉行勤俭节约，反对铺张浪费。*全面清理行业和机关办公用房，坚持局党组成员带头、局机关带头、机关正副

司长带头，采取6项具体措施，共清理多占办公用房47685平方米。严格控制楼堂馆所建设，停建86个经营业务用房项目。

*转变工作作风，提升办事效率和服务水平。*在改进调查研究方面，2013年11月上旬国家局七位领导同志带队，采取不发通知、不打招呼、不听汇报、不用陪同和接待，对全国78家烟草企业的安全重点部位和环节进行检查，查出各类问题390余项，提出整改建议近500项。

在改进文风会风方面，2013年10月24日国家局一天召开4个会议，行业各直属单位和机关各部门各单位主要负责同志参加，会议地点就安排在国家局机关会议室，中午在机关食堂统一用餐。2013年行业各直属单位发文减少11%，会议减少30.4%，检查评比减少45.2%，取消、停止出国团组77个，比年初计划压缩35.5%，业务招待费、会议费、涉外费分别降低37.9%、43.6%、28.6%。

在转变职能简政放权方面，贯彻落实国务院关于“转变政府职能推进行政审批制度改革”的要求，进一步简化行政审批，在过去取消59项行政审批事项的基础上，2013年又取消4项行政审批事项和1项行政事业性收费项目。同时取消5项行业内部管理项目，下放4项行业内部管理项目权限。

在服务基层企业方面，2013年，及时专项拨付云南、贵州、广西、陕西延安等地灾害补助资金7.5亿元，弥补烟农受灾损失。加大向老少边穷地区政策倾斜力度，在烟叶种植计划、基础设施投入、现代烟草农业建设、基地单元建设等方面，烟区和烟农得到1000余亿元的经济实惠。进一步改进“零点行动”和计划码段管理，得到工业企业的好评。

【突出建章立制，在加强作风建设长效机制上取得新的成果】 根治“四风”顽疾，解决享乐主义、奢靡之风这个烟草行业的致命问题，关键在于举一反三、建章立制，构建作风建设的长效机制。根据中央规定，按照国家局党组制度建设计划，完善出台12个规章制度，即《加强烟草行业企业年金管理的规定》《加强行业住房公积金管理的规定》《严格规范烟草行业车辆配备使用管理的规定》《机关会议费管理规定》《规范烟草行业工作人员因公临时出国的规定》《因私出国（境）管理的规定》《机关外事接待费用开支标准的规定》《进一步加强行业直属单位领导班子建设的意见》《贯彻执行中央公务接待的管理规定》《贯彻执行中央关于楼堂馆所建设管理的规定》《国家局、总公司四项费用管理规定》《规范完善企业负责人职务消费行为的规定》。照章执行《监察部等四部委违规发放津贴补贴行为处分规定的通知》。关键是做到有令必行、有禁必止、违规必查。

【紧密联系实际，在谋划“三大课题”和推进行业改革发展上取得新的进步】 认真学习贯彻党的十八大和十八届二中、三中全会精神，把谋划三大课题、提升五个形象作为行业改革发展的总体思路和工作重点。同时，由党组成员领题，对“卷烟上水平”、烟叶生产、市场营销、货币资金保值增值和营销费用控制、“走出去”发展战略五个专题进行调研，使三大课题更加具体化、更具操作性。明确提出“十二五”后三年发展目标，力争2013年上缴财政总额超过8000亿元（已实现），力争2014年实现税利总额超过1万亿元，力争2015年上缴财政总额接近1万亿元。努力提升烟草行业深化改革的形象、科学发展的形象、控烟履约的形象、规范管理的形象、干部队伍的形象。

2013年全行业实现工商税利9559.86亿元，新增910.47亿元，增长10.53%；上缴财政总额8161.22亿元，新增近1000亿元，增长13.9%，为财政增收作出特殊贡献。做到两手抓、两不误、两促进。

总结回顾工作，有四条深刻体会：一是开展教育实践活动，必须坚持领导干部带头、做到以上促下。二是开展教育实践活动，必须坚持问题导向、敢于动真碰硬。三是开展教育实践活动，必须坚持开门纳谏、发扬整风精神。四是开展教育实践活动，必须坚持正面教育为主、增强思想自觉和行动自觉。

——摘编自国家烟草专卖局局长凌成兴在全国烟草行业党的群众路线教育实践活动第一批总结暨第二批部署电视电话会议上的讲话

各省级公司党的群众路线教育实践活动概况①

自2013年7月8日，全国烟草行业党的群众路线教育实践活动动员大会召开，历时半年时间，国家局与各直属单位的领导干部特别是领导班子成员，按照“照镜子、正衣冠、治治病”的总体要求，深入开展学习，广泛听取意见，发扬整风精神深入查摆问题，清除行为之垢，正风肃纪建章立制。

开展教育实践活动，领导班子成员是关键，处级以上领导干部是主体。在第一批教育实践活动开展过程中，国家局党组带头认真学习、带头讲课、带头交流研讨、带头听取意见、带头查找问题、带头解决问题，为行业各直属单位树立榜样。在学习教育、听取意见环节，国家局党组成员专门抽出时间，原原本本学习材料。2013年7月31日，国家局党组中心组（扩大）成员赴西柏坡参观学习，接受革命传统教育。8月初，国家局党组中心组分两次专门召开学习交流

① “各省级公司党的群众路线教育实践活动概况”分目中，各省（市、自治区）烟草专卖局（公司）简称“省（市、自治区）局（公司）”，各中烟工业有限责任公司简称“公司”。

会，国家局党组书记、局长，总公司总经理带头交流学习体会。同时，国家局教育实践活动领导小组向相关机关和部门发放征求意见表，并召开各种层面的座谈会。10 月 20 日，国家局党组用一整天的时间召开专题民主生活会，中央第 28 督导组组长和副组长到会指导。此外，为了加强对行业直属单位教育实践活动的引导，国家局成立 8 个督导组，开展督导工作。

教育实践活动启动后，行业直属单位将学习交流作为开展好活动的重要前提，将广泛听取意见作为自警自省的重要途径，切实打牢“为民务实清廉”的思想基础。

北京市烟草专卖局（公司）

2013 年 7 月至 2013 年底，北京市烟草专卖局（公司）机关参加行业第一批党的群众路线教育实践活动。

市局（公司）贯彻“照镜子、正衣冠、洗洗澡、治治病”的总要求，以领导班子和党员领导干部为重点，围绕反对形式主义、官僚主义、享乐主义和奢靡之风，立足学习教育，广泛听取意见，为教育实践活动奠定坚实思想基础；认真查摆问题，积极开展批评，切实找准“四风”方面存在的突出问题；狠抓整改落实，注重建章立制，确保教育实践活动取得实效。

研究制定“两方案一计划”，即市局（公司）党组整改方案、专项整治方案和制度建设计划。围绕整治文山会海、检查评比泛滥等 5 个方面开展专项整治，逐项分解细化为 13 条内容。同时，提出需要建立健全的重点制度 21 项。着力抓好专项整治。制定专门方案，明确推进措施，牵头部门和具体责任人，有检查评估，有监督问责，以重点突破推动作风整体好转。切实加强建章立制。研究出台市局（公司）机关《会议管理办法》《公文处理办法》等系列规章制度，用机制规范权力的运行。

2013 年全系统共召开各类会议 68 次，同比减少 22%，费用同比下降 66%；梳理评比表彰活动 19 项，取消其中 14 项；全面完成车辆普查清理工作，封存超标车 83 辆，其中市局（公司）本级 45 辆，直属单位 38 辆；机关清理腾退办公用房 53 间，总面积 2840 平方米；“三公”经费同比下降 51%，机关同比下降 64%，其中全系统业务招待费同比下降 57%，机关同比下降 65%。

天津市烟草专卖局（公司）

2013 年 7 月至 2013 年底，天津市烟草专卖局（公司）机关参加行业第一批党的群众路线教育实践活动。

成立党的群众路线教育实践活动领导小组。教育实践活动期间，组织党员干部认真学习理论，原原本本学习 3 本理论教材，组织观看教育片；邀请市委党校教授进行 3 次专题辅导，市局党组成员进行专题党课讲授；分别组织召开干部职工座谈会、离退休老同志座谈会、驻津卷烟工业企业代表座谈会、零售客户代表座谈会；广泛听取意见建议；召开专题民主生活会。

通过寄送征求意见函和发放征求意见表，征求到意见建议 389 条，初步归纳为“四风”和行业发展两个方面 81 条，最后聚焦形成“四风”方面 10 个突出问题。

2013 年，市局机关发布文件简报同比减少 94 件，召开会议同比减少 10 次，检查评比同比减少 12 项；对超标超编车辆进行全面清理，全市行业业务接待费、会议费同比分别降低 33.29%、67.57%。

河北省烟草专卖局（公司）

2013 年 7 月至 2013 年底，河北省烟草专卖局（公司）机关参加行业第一批党的群众路线教育实践活动。

围绕“照镜子、正衣冠、洗洗澡、治治病”的总要求，以反对形式主义、官僚主义、享乐主义、奢靡之风，树立以“为民务实清廉”形象为主要内容，以贯彻落实中央“八项规定”和国家局党组“九条要求”为切入点，突出领导班子和领导干部，深刻查找和整改在“四风”方面存在的问题，全力抓好学习教育、听取意见，查摆问题、开展批评，整改落实、建章立制三个环节的工作。活动期间，组织集中学习 13 次、专题辅导报告 7 场，培训党员干部 1220 人次。省局领导班子成员与机关、基层同志座谈 41 次，涉及人员 349 人次；累计谈心 248 人次。

聚焦文山会海尚未彻底根治等 12 个问题及国家局党组查摆出的四个问题，制定下发《省局（公司）党组班子整改方案》，提出五个方面 45 项具体措施；制定《省局（公司）专项整治方案》，确定重点整治内容、责任部门和 19 条整改措施；形成《专项工作问题整改方案》和《制度建设计划》，于 12 月印发。

2013 年省局机关简报同比减少 18%；会议同比减少 36%，会议费下降 70%。省局机关“三公”经费同比减少 55%，业务招待费同比减少 59%。对“两金”超标缴存进行整改，坚决迅速清理办公用房，做好超编超标车辆的封存停驶和处置工作。完成 5 项“四风”方面问题的整改，6 项专项整治方面问题的整改，27 项具体专项工作的整改，36 项制度的废、改、立。

河北中烟工业有限责任公司

2013 年 7 月至 2013 年底，河北中烟工业有限责任公司本部参加行业第一批党的群众路线教育实践活动。

教育实践活动中，公司贯彻“六个必须”要求，学习3本必读书目，撰写心得体会，组织4次专题讲座，观看4场专题片；贯彻“六个听取”要求，开展6次不同层面座谈，公司领导12人次深入联系点，征集意见建议315条。组织第三季度党组中心组（扩大）集中学习，围绕党的群众路线主题和“六个专题”集中交流研讨。公司党组书记、总经理段铁力为全体党员上了一堂以“坚定‘三个自信’”为主题的党课，对全体党员提出“三个必须”的要求。

开展听取意见“回头看”活动。开展普遍谈心，公司领导班子和处级以上党员干部撰写对照检查材料，认真查摆“四风”突出问题。召开领导班子专题民主生活会，互相批评做到坦诚相待、畅所欲言，起到“红红脸、出出汗、排排毒”的效果。

制定“两方案一计划”。制定整改落实方案，针对公司党组对照检查的15个突出问题，以及对照国家局查摆的16个突出问题、主动认领的5个问题，提出9项31条整改措施，确定牵头领导、牵头部门、配合部门和完成时限。按照“七个整治”要求，全面推进对办公用房、公务用车等的专项整治。围绕解决“四风”突出问题，对已有制度进行全面梳理，建立健全新制度共计24项。

山西省烟草专卖局（公司）

2013年7月至2013年底，山西省烟草专卖局（公司）机关参加行业第一批党的群众路线教育实践活动。

认真落实国家局“三个六”的总体部署和三个环节的具体要求，围绕反对“四风”、落实中央“八项规定”，结合专项治理，“学”字当头、广开言路、认真查摆、立行立改，着力解决领导班子中存在的突出问题。省局（公司）党组分赴11个市局和22个基层县局开展“基层千人访谈”“千人问卷调研”等活动，把征求的399条意见建议梳理归纳为20个方面的问题，全部分解到班子成员和职能部门，做到边学边改、边整边改。

内蒙古自治区烟草专卖局（公司）

2013年7月至2013年底，内蒙古自治区烟草专卖局（公司）机关参加行业第一批党的群众路线教育实践活动。

教育实践活动期间，共发放各类学习书籍1200余本，印发学习资料汇编425份。组织观看《居安思危》《失德之害——领导干部从政道德警示录》录像片和《周恩来的四个昼夜》，开展党组书记讲党课、专题讲座和参观乌兰夫纪念馆等活动。

自治区局（公司）机关向自治区党委、政府、国资委、公安厅，49个自治区外省级兄弟单位、14个盟市局（公司）、2个驻地工业企业、310户烟农和卷烟零售客户，机关24个部门、7个党支部，机关离退休老同志、处级干部、青年员工征求意见建议，共征求意见151条。10月29日，自治区局（公司）党组召开专题民主生活会，认真开展批评和自我批评，并针对“四风”问题13个方面35种表现，提出12个方面33条解决措施。自治区局（公司）制定《整改落实方案》《“四风”问题专项整治方案》和《建章立制工作计划》。

全自治区行业封存超标车101辆。机关召开全自治区性会议17次，同比下降15%。取消1批次6人出国团组。清理全自治区行业多占办公用房1.08万平方米，其中机关488平方米。全自治区业务招待费2018万元，同比下降48.90%；会议费822万元，同比下降60.65%。

辽宁省烟草专卖局（公司）

2013年7月至2013年底，辽宁省烟草专卖局（公司）机关参加行业第一批党的群众路线教育实践活动。

省局（公司）党组成立教育实践活动领导小组及办公室，研究制定活动实施方案、工作方案，先后召开30余次党组会和教育实践活动领导小组会。坚持开门搞活动，召开机关干部职工、离退休老同志、烟农、卷烟零售客户、基层干部职工、驻地工业企业营销人员代表等15场座谈会，向机关干部职工、所属单位、兄弟单位和地方省直对口部门发放征求意见表。召开专题民主生活会，开展批评与自我批评。

通过征求意见，收集意见41条、建议193条，归纳出问题48个，最后进一步聚焦成12个突出问题。省局（公司）党组成员查摆个人问题36条，相互之间提出批评意见24条。在整改落实环节，研究制定“两方案一计划”。

省局（公司）机关住房公积金企业缴存比例统一调整为12%，企业年金缴费调整为不超过职工工资总额的5%；开展公务车辆专项清理工作，清理并封存违规车辆7辆；开展楼堂馆所建设清理整顿工作，停建已审批项目1项，主动停报计划报批项目1项；开展机关办公用房专项治理工作，腾退2515平方米；开展精文简会活动，召开会议次数同比下降13.3%，参加会议人数同比下降18.5%，会议时间同比压缩15%，会议费同比下降52.4%，发文数量同比下降7.8%；开展“三公”经费管控工作，2013年辽宁省行业因公出国（境）费用同比下降84.2%，公务用车购置费同比下降10.9%，公务接待费同比下降16.2%。同时，结合教育实践活动查摆出来的问题，立足辽宁省行业工作实际，建立完善各项规章制度，2013 年新建制度 25 项，修改完善制度 9 项。

吉林省烟草专卖局（公司）

2013 年 7 月至 2013 年底，吉林省烟草专卖局（公司）机关参加行业第一批党的群众路线教育实践活动。

党组高度重视，精心筹划组织，推动教育实践活动深入开展。深入学习教育，广泛听取意见，打牢活动思想基础。深刻查摆问题，认真开展批评，高标准开好专题民主生活会。狠抓整改落实，注重建章立制，构建作风建设长效机制。

活动期间，省局（公司）征求到意见、建议 444 条，经梳理，共计 145 条；班子聚焦“四风”，查摆存在的突出问题 18 条。截至 2013 年底，制定整改措施 4 个方面 19 条，专项整治措施 7 个方面 21 条，制度建设规划 21 条，整改落实、建章立制工作稳步推进。

理论修养、理想信念得到提升；“四风”突出问题得到解决；工作作风和效率得到改进；群众利益得到更多维护；作风建设长效机制取得新成果；谋划“三大课题”、推动企业改革发展取得新进步。

黑龙江省烟草专卖局（公司）

2013 年 7 月至 2013 年底，黑龙江省烟草专卖局（公司）机关参加行业第一批党的群众路线教育实践活动。

省局（公司）党组先后召开 6 次专题会议研究部署教育实践活动，领导班子进行两次集体交流学习研讨，邀请省委党校教授作 3 场专题辅导，学习必读书目，集中观看教育片，开展马克思主义群众观点和党的群众路线专题讨论，处级以上干部撰写学习体会材料 48 篇。

通过印发征求意见表、召开座谈会、参加《行风热线》、个别谈话和深入基层、深入联系点实地查看等方式，征集各方面意见和建议 104 条，经过梳理归纳，合并整理出 48 条。省局（公司）党组成员针对“四风”方面存在的问题，积极开展批评和自我批评，认真撰写对照检查材料，进行深刻的对照检查剖析，普遍开展谈心活动，召开专题民主生活会。

黑龙江省行业党风、政风明显好转，2013 年招待费同比下降 34.34%，会议费同比下降 58.7%，差旅费同比下降 39.6%。

上海市烟草专卖局、上海烟草集团有限责任公司

2013 年 7 月至 2013 年底，上海市烟草专卖局、上海烟草集团有限责任公司机关参加行业第一批党的群众路线教育实践活动。

以开展党的群众路线教育实践活动为抓手，力戒“四风”，促进“为民务实清廉”要求有效落实。扎实组织开展机关层面第一批党的群众路线教育实践活动。党组坚持开门搞活动、让群众参与贯穿始终，通过带头查、群众提、相互找、领导点和回头看，聚焦“四风”方面存在的 20 个主要问题，从理想信念、宗旨意识、党性修养、政治纪律等方面深刻剖析产生的原因，数易其稿形成党组和班子成员对照检查材料。在此基础上，召开高质量的专题民主生活会，以整风精神开展批评与自我批评；制定任务书、时间表，建立解决“五多”问题、密切联系群众、主动服务基层等一系列制度，提出分步解决涉及集团管理体制机制等深层次问题的对策措施，取得实实在在的成效。

江苏省烟草专卖局（公司）

2013 年 7 月至 2013 年底，江苏省烟草专卖局（公司）机关参加行业第一批党的群众路线教育实践活动。

党组高度重视，确保组织领导到位；深化学习教育，确保思想认识到位；广泛征求意见，确保广开言路到位；深入自我剖析，确保对照检查到位；召开专题民主生活会，确保自评互评到位；明确努力方向，确保整改落实到位。

做到立行立改，整改落实条条有针对。省局组织 5 个征求意见组分赴全省各市、县局召开座谈会；省局机关组织党员干部召开征求意见会，征求对省局党组“四风”问题、实际工作等方面的意见和建议，同时省局党组制定《边学边改工作计划》，制定《江苏省烟草专卖局（公司）党的群众路线教育实践活动整改落实方案》《活动整改项目一览表》，针对“四风”方面梳理出的 21 个存在问题认真整改落实，发文 10 项，并保证有效实施。

2013 年召开会议同比减少 5%，发文数量同比减少 12 项，检查评比数量同比减少 21%。向江苏省开通两部作风投诉专线电话，建立受理、处理、回复机制。截至年底，受理各类案件 10 起。对车辆配备、办公用房等情况作出严格规定，清理超标配备公车 21 辆，全部封存。全系统清理多占办公用房 1821 平方米，其中机关清理 257.4 平方米。2013 年全系统“三公”经费支出同比下

降18.75%，其中，省局（公司）机关“三公”经费同比下降20.79%。

江苏中烟工业有限责任公司

2013年7月至2013年底，江苏中烟工业有限责任公司本部参加行业第一批党的群众路线教育实践活动。

联系改革发展实际和党员干部队伍现状，把贯彻落实中央“八项规定”和国家局党组“九条要求”、坚决纠正“四风”作为切入点，把应对经济形势和消费环境变化对企业发展带来的冲击影响，谋划“三大课题”、争当“三个楷模”，作为检验教育实践活动成效的根本标准，严格对照教育实践活动三个环节的要求开展活动。

活动征集到各类意见建议11项97条，公司领导班子查摆出“四风”方面的问题14项，制定6个方面43项整改任务，对29项制度进行立、改、废。

开展教育实践活动，提高公司机关各级党员干部学习科学理论、增强党性锻炼的自觉性，提高同党中央和国家局党组保持高度一致的自觉性，提高践行党的根本宗旨、促进作风转变的自觉性，提高贯彻民主集中制、依靠职工群众推动发展的自觉性。2013年，公司公务接待、会议、因公出国和车辆购置及运行费用，同比分别下降38.04%、52.87%、17.2%和16.15%。

浙江省烟草专卖局（公司）

2013年7月至2013年底，浙江省烟草专卖局（公司）机关参加行业第一批党的群众路线教育实践活动。

聚焦解决“四风”问题，以筑牢思想基础为第一要务，以制度建设为第一保障，从严教育管理党员干部，深入开展以“为民务实清廉”为主要内容的党的群众路线教育实践活动。

在落实整改方面，开展六项专项整治行动：一是严格规范公积金管理，住房公积金缴存严格按照财政部和行业相关文件执行。二是清理整治公务用车和办公用房。浙江省共清理违规车辆20辆，清理超标办公用房484.5平方米；停报楼堂馆所项目10个、停建6个。三是整治“三公”经费开支过大，全年机关会议费同比下降56.66%、涉外费下降26.04%、业务招待费下降41.64%。四是整治“文山会海”、检查评比泛滥，全年全省性会议减少21个，文件量减少365个，检查评比减少8个。五是整治审批时限长、办事效率低，修订财务审批、采购管理等制度，提高基层请示事项审批办理效率。六是整治公款送礼、公款吃喝、奢侈浪费，认真落实“八项规定”及“年节禁令”，严格规范公务接待管理。

在取得活动成效方面，一是形成“两点共识”，“四风不仅是面子问题，更是里子问题”，“作风是生产力、基层是大课题”。二是做到“两个结合”，与“235”紧密结合，做到说烟草“行话”；与破解“三大课题”紧密结合，做到说浙江“土话”。三是增强“两个动力”，增强领导干部深化改革、服务基层的“拉动力”以及基层凝心聚力、集思广益的“推动力”，顶层设计和基层实践互动，夯实转型提升的根基。

浙江中烟工业有限责任公司

2013年7月至2013年底，浙江中烟工业有限责任公司本部参加行业第一批党的群众路线教育实践活动。

贯穿“照镜子、正衣冠、洗洗澡、治治病”的总要求，以公司处级以上领导班子和领导干部为重点，以贯彻落实中央“八项规定”、国家局党组“九条要求”及公司党组“九项规定”精神作为切入点，坚决反对形式主义、官僚主义、享乐主义和奢靡之风，着力解决人民群众反映强烈的突出问题，提高做好新形势下群众工作的能力，保持党同人民群众的血肉联系，发挥党密切联系群众的优势，为推动企业“十二五”规划发展、加快企业升级换代提供坚强保证。

活动期间，党组中心组集中理论学习4次，公司“一把手”上专题党课1次、专家做辅导报告4次，参加专题讨论交流两次以上、上交学习心得533篇。先后召开职工群众座谈会25场次，参加座谈的职工群众达300余人次，发放征求意见建议函31份。结合“改进作风年”活动安排，开展职工代表专题巡视活动。以公司成立10周年为契机，自下而上选树38位员工楷模先进典型。聚焦“四风”查摆问题，严肃诚恳开展批评，召开1次质量较高的专题民主生活会。落实《公司领导班子整改方案》《“四风”问题专项治理工作实施方案》《教育实践活动建章立制工作计划》。

把解决问题贯穿于全过程，对群众反映的问题予以积极回应，认真抓好整改落实。着重对影响行业和企业持续健康发展的“四风”方面突出问题开展专项整治。围绕直接联系群众、办事公开、厉行勤俭节约、整治文山会海、干部监督管理等方面建立和完善一批贯彻党的群众路线的相关制度。

安徽省烟草专卖局（公司）

2013年7月至2013年底，安徽省烟草专卖局（公司）机关参加行业第一批党的群众路线教育实践活动。

学习教育贯穿始终，组织18次中心组（扩大）集中学习会，原原本本研读中央指定的3本书，集中观看《周恩来的四个昼夜》等教育片，开展专家讲座3场、集中学习12场、学习交流84场次。累计召开各类座谈会79场次，征求人员达870余人次，走访基层县局、营销部、烟站、队所等69个，走访烟农、卷烟零售客户70余户，征集各类意见219条。深刻查摆问题，查摆出领导班子“四风”方面存在的四个方面九个突出问题并提出67条具体意见。撰写领导班子和领导个人对照检查材料，省局（公司）党组召开专题民主生活会和专题民主生活会情况通报会。机关各党支部相继召开组织生活会。

制定“两方案一计划”，从加强思想政治建设、推动组织成长、解决作风突出问题和构建长效机制等四个方面细化22项具体措施。截至2013年底，在前期听取的219条意见中，整改201条；主动停建项目6个，涉及征地20亩，建筑面积1.7万平方米，涉及总投资1.15亿元；清理超过规定标准面积办公用房4.25万平方米，领导干部清理腾退办公用房1.15万平方米；清理超标公务用车28辆。2013年发文同比减少15.59%，综合检查评比数量下降17%，各类单项检查减少50%以上，取消2种简报，10种简报改由内网电子版发布；会议同比减少10.7%，会议费同比下降47.35%，业务招待费下降64.29%，涉外费同比下降75.19%，公车费同比下降13.92%。构建长效机制，废止7项制度，修订完善13项制度，新制定出台12项制度。

安徽中烟工业有限责任公司

2013年7月至2013年底，安徽中烟工业有限责任公司本部参加行业第一批党的群众路线教育实践活动。

在国家局第四督导组的指导下，以学习教育为基础，深化思想认识，先后举办10余次专题学习，学习累计超过132个学时，撰写学习体会共计218篇。以聚焦“四风”为主线，先后组织16场座谈会，收集意见400条，发放“四风”问题问卷613份。发文发函征求75家政府部门、商业公司和服务对象各类意见24条，班子成员之间相互谈心累计36次。公司领导分别与分管部门负责人深入谈心，形成89个问题，分别进入9位领导的对照检查材料。

以开好生活会为关键，认真开展批评。领导班子对照“四风”方面13个问题分析原因，明确五个方面的整改方向。班子成员在查摆分析个人问题的基础上共提出43项改进措施，相互批评共提出128条意见。机关各党支部组织学习研讨，召开专题组织生活会。以解决问题为目的，真查真抓真改。党组以“让职工看得见、感受得到、大多数人满意”为标准，积极回应职工群众关切，坚持边查边改、立行立改。针对“四风”方面的19个主要问题，实施60条整改措施，形成23项企业规章制度，针对其他方面的22个问题一一整改到位。

通过教育实践活动，公司党员干部宗旨意识进一步增强，作风建设长效机制得到完善，干群关系进一步密切，领导班子实践科学发展的意识进一步增强，干部管理更加严格，求真务实更为具体，严格规范更为有力，勤俭治企更加深入，有力促进了企业持续健康和谐发展。满意度民主测评结果显示，企业干部职工认为公司领导班子参与活动“好”为98.6%，“较好”为1.4%。

福建省烟草专卖局（公司）

2013年7月至2013年底，福建省烟草专卖局（公司）机关参加行业第一批党的群众路线教育实践活动。

省局（公司）党组集中安排3天，每个党支部每周至少安排半天，原原本本学习中央指定书目以及有关领导讲话和文件精神，并先后举办三场专家专题辅导讲座。组织各支部开展主题党日活动，组织党员领导干部前往上杭瞻仰古田会议会址、毛泽东才溪乡调查旧址，接受革命传统教育。由省局（公司）党组成员带队深入基层开展“四下基层”征求意见工作，召开14场基层党员群众座谈会，11场烟农、零售客户等服务对象座谈会，与53名直属单位领导班子成员、64名基层一线工作人员座谈，发放526份调查问卷。组织召开专题民主生活会，结合行业与个人实际，自我解剖存在“四风”的表现，开展批评与自我批评。

通过“背靠背”征求意见，征求到214条意见建议，梳理出“四风”方面14类、26个突出问题。围绕贯彻执行中央“八项规定”，推进厉行节约反对浪费，新建制度26项、修订9项、废止3项，在改进文风会风和严控重点费用开支方面取得明显成效，福建省行业业务接待费、会议费、涉外费分别同比下降45.6%、43.8%、25.7%，并顺利办理省烟科所土地使用证，成功竞拍省局茶会仓库改造用地，依法加快明诏酒店清算拍卖，协助职工办好“晓康苑”项目“两证”。

福建中烟工业有限责任公司

2013年7月至2013年底，福建中烟工业有限责任公司本部参加行业第一批党的群众路线教育实践活动。

以支部为单位开展学习，使学习教育全面覆盖、全员参与，做到学习人员、学习时间、学习内容、学习效果“四落实”。举办主要领导讲党课2次，辅导讲座3次，观看影片、专题片2次，党组专题学习6次，革命传统教育2次，党组成员交流研讨7次，撰写心得体会80篇。党员、干部参加集中学习交流2次，累计集中学习时间超过12天。

活动开展以来，征集意见建议285条，整理归纳有关“四风”突出问题和意见50条。通过普遍开展谈心、认真撰写对照检查材料，以整风精神认真开展批评和自我批评。针对群众反映的问题和专题组织生活会上找出的问题，研究制定整改措施。在整改落实、建章立制环节，对照中央提出的七个方面27项专项整治任务，公司专项整治任务充实调整为68项，逐项制定整改方案。从严制定新的业务接待标准，严格规范车辆配备使用管理，对超标的车辆立即停用，就地封存。按国家局的要求，规范公积金发放管理和办公用房管理。

2013年，会议数量同比减少40%，下发文件同比减少35%，业务接待费、会议费、涉外费同比分别下降48%、79%、49%，封存超标车69辆，腾退办公用房385平方米。按照于法周延、于事简便的原则，围绕解决“四风”突出问题，对已有制度进行一次全面、认真梳理，构建促进党员干部坚持“为民务实清廉”的长效机制，截至2013年底，修订11项制度。

江西省烟草专卖局（公司）

2013年7月至2013年底，江西省烟草专卖局（公司）机关参加行业第一批党的群众路线教育实践活动。

活动以“为民务实清廉”为主题，牢牢把握“照镜子、正衣冠、洗洗澡、治治病”的总要求，以机关处级以上干部为重点对象，把重心放在解决“四风”突出问题上，把功夫下在整改落实和建章立制上，增强党员干部群众观点，转变机关工作作风，解决部分群众反映强烈的焦点问题，以真整真改确保活动取得实效。

活动期间，采取书面、座谈约谈和开展专题调研的方式，收集意见和建议863条，归纳整理后238条，其中立查立改类49条及时整改到位并予公示；限时整改类30条基本完成整改落实；情况说明类29条已作解释反馈；针对30条建章立制类意见建议和七个方面专项整改工作，制定20项制度建设计划。截至2013年底，有10项制度实施、7项制度完成起草、3项制度正在调研。开展专项整治，明确整治文山会海、检查评比泛滥、“门难进、脸难看、事难办”、超标配备公车、多占办公用房、滥建楼堂馆所、“三公”经费开支过大、形象工程和政绩工程、侵害群众利益等九个方面的重点任务。

2013年会议费用同比下降80.79%，文件简报减少190项；考核检查项目大幅精简，合并考核检查工作11个；调查研究工作明显改进，接待费用同比下降69.48%；清理违规配备使用车辆20辆，封存超标车辆9辆；清理腾退超标准办公用房7487平方米。针对收受“红包”不正之风开展为期三个月的领导干部违反规定接受和赠送现金、有价证券、支付凭证问题专项治理活动，江西省烟草商业系统累计清退礼金10万余元。

江西中烟工业有限责任公司

2013年7月至2013年底，江西中烟工业有限责任公司本部参加行业第一批党的群众路线教育实践活动。

教育实践活动紧紧围绕“为民务实清廉”主题，以公司领导班子及班子成员、公司机关副处级以上党员领导干部为重点，按照“照镜子、正衣冠、洗洗澡、治治病”的总要求，重点整治党员领导干部存在的形式主义、官僚主义、享乐主义和奢靡之风问题。

在学习教育、听取意见环节，公司通过二、三、四季度中心组学习和党员自学的方式，深入学习教育实践活动中央、国家局重要文件精神和讲话精神，集中学习《论群众路线》等规定读本，听取党史专题辅导讲座，观看4部专题片和1部电影。公司根据“六个听取”的工作要求，收集意见和建议950余条，其中涉及“四风”的意见和建议380条，对搞好党的群众路线的意见和建议265条，对实现“江西中烟梦”及工作方面的意见和建议306条。在查摆问题、开展批评工作环节，按照像、深、准、实的要求，撰写对照检查材料，召开高质量的民主生活会和组织生活会。公司领导以不同形式进行谈话102人次，征求意见和建议77条；公司副处级以上干部进行谈话546人次，征求意见和建议247条。在整改落实、建章立制环节，公司围绕“四风”方面突出问题开展专项整治工作，分别研究制定专项整治工作方案，涉及39个整改项目。

2013年，发文数量同比减少6.3%，车辆运行费同比减少22%，公务接待费用同比减少46.8%，会议费同比减少54%，清退办公用房530平方米。2013年废止制度38项，制定、修订制度和规范性管理文件39项，出台21项制度和规范性管理文件。

山东省烟草专卖局（公司）

2013年7月至2013年底，山东省烟草专卖局（公司）机关参加行业第一批党的群众路线教育实践活动。

以“为民务实清廉”为主要内容，以贯彻落实中央“八项规定”、国家局党组“九条要求”和省局（公司）党组《实施细则》为切入点，以处级以上领导干部为重点，贯穿“照镜子、正衣冠、洗洗澡、治治病”的总要求，聚焦反对“四风”，坚持理论教育、革命传统教育、实践教育“三位一体”，坚持多层面、多渠道、多角度听取各方面意见建议，坚持以整风精神开好高质量专题民主生活会，坚持选准用好七大实践载体。

省局（公司）机关梳理、汇总整改事项162项。全面完成2013年需整改的123项，需2014年整改的24项和需长期整改的15项，也都制定整改计划或作出答复说明。涉及“四风”方面的48条已落实整改措施41条，其他7条都制定整改计划或作出答复说明。确立24项专项整治内容，全年完成22项。着眼长远，积极建制度、立规矩，新建制度37项，修订15项，废止16项。

山东中烟工业有限责任公司

2013年7月至2013年底，山东中烟工业有限责任公司本部参加行业第一批党的群众路线教育实践活动。

按照中央“照镜子、正衣冠、洗洗澡、治治病”的总体要求，公司深入开展以“为民务实清廉”为主要内容的党的群众路线教育实践活动。在国家局第六督导组指导下，查找“四风”问题111个，抓好“三公”经费、住房公积金、企业年金等问题的整改规范。

深入开展“改进作风年”活动，通过省直文明单位复查验收。健全工会组织机构，建立工会工作制度，维护职工合法权益。坚持党组中心组“学廉”和党组主要领导“讲廉”制度，推动会员卡和“庸懒散拖瞒”等专项治理活动。认真执行中央“八项规定”和国家局党组“九条要求”，加强监督检查，坚持深入实际、深入基层开展调查研究，精简会议活动和文件简报。简化公务接待，狠刹公款吃喝等不正之风。

2013年，公务接待费用同比下降31.46%，超标准配备车辆停驶封存，清理清退办公用房1312平方米。

河南省烟草专卖局（公司）

2013年7月至2013年底，河南省烟草专卖局（公司）机关参加行业第一批党的群众路线教育实践活动。

组织党组中心组学习3次共9天，举办专题讲座5次，开展党组和部门处级干部两个层面的交流研讨会16次，观看教育影片3部，学习先进事迹3个，上专题党课1次，开展专题讨论1次。

发放征求意见函和调查问卷73份，召开各类座谈会38个，收集梳理意见建议222条，其中“四风”方面80条；围绕遵守政治纪律情况、执行中央“八项规定”情况和“四风”方面情况，省局（公司）党组查摆出5个方面18个突出问题；省局（公司）党组召开专题民主生活会。制定整改方案、专项整治方案和制度建设计划，明确5个方面50项整改任务、8个方面专项治理任务、6个方面34项制度建设任务。2013年完成8个专项治理任务、出台制度24项。

开展违规车辆和办公用房专项清理工作，从严制定业务招待标准，大力精简会议文件，2013年业务招待费、会议费分别下降36.92%、45.99%，清理违规车辆34台，停建停报业务用房项目6个，取得党性意识、宗旨意识、清廉意识、担当意识“四个进一步提高”的阶段性成效。

河南中烟工业有限责任公司

2013年7月至2013年底，河南中烟工业有限责任公司本部参加行业第一批党的群众路线教育实践活动。

教育实践活动中，编印学习资料近50万字，组织召开4次党组中心组集中学习，举办4次教育实践活动专题讲座。征求意见建议223条，梳理、分析、聚焦18个突出问题，研究制定38条具体整改措施。在公司网站、《黄金叶时空》等内部媒体上开辟教育实践活动专栏，编发活动简报25期，在行业和公司媒体刊发宣传报道97篇。

活动立行立改取得成效，初步解决一些作风方面存在的突出问题。公司本部及所属单位年金缴费比例、住房公积金缴存比例和缴存基数全部按照规定要求整改到位。公务用车全部按规定标准进行整改，办公用房全部按照国家局要求及《党政机关办公用房建设标准的通知》规定的面积标准整改落实，清理多占办公用房2100平方米，停建项目1项。

2013年，“三公”经费同比下降49.03%，各类检查、评比活动较上年减少16次。合计精简文件10个，精简会议15次，2013年会议费同比下降46.75%。活动建章立制成果初显，累计废止体系文件31个，修订完善25个，新出台3个，完善出台红头文件10个。

湖北省烟草专卖局（公司）

2013年7月至2013年底，湖北省烟草专卖局（公司）参加行业第一批党的群众路线教育实践活动。

先后召开20余次专题学习会，召开13次党组会议，组织2次副处级以上领导干部学习交流会，撰写心得体会176篇。面向省局机关、基层单位和社会征求意见建议596条，梳理“四风”问题17个方面。省局党组召开专题民主生活会，各支部召开专题组织生活会，对“四风”突出问题进行对照检查。制定整改落实方案，编制整改落实情况一览表，抓好管理制度的立、改、废。在省局内网和《湖北烟草》杂志开辟专栏，编发活动信息80条，印发工作简报7期，制作宣传展板3个。

开展违规车辆、超标“两金”、楼堂馆所和超标办公用房集中清理整顿。封存违规车辆34辆，调减车辆更新预算768.6万元；规范公积金缴存行为，暂停缴纳企业年金；取消9个办公楼建设项目，湖北省系统清理腾退办公用房1.4万余平方米。对检查评比活动进行集中清理，取消各类领导小组31个。围绕特色烟叶品牌、资本运作能力、关键业绩考核、多元化企业发展以及人才队伍建设等五个重大课题，由党组成员领题调研。新制定管理制度26项，修订制度办法33项，清理废止各类制度办法84个。

2013年召开全省系统会议同比减少16个，办文同比减少841件。湖北省系统会议费同比下降29.77%，招待费同比下降33.92%，涉外费用同比下降46.38%，其中省局机关分别下降48.55%、57.05%和76.79%。湖北省系统节省重点费用开支3186万元，三项费用率同比下降0.27个百分点。

湖北中烟工业有限责任公司

2013年7月至2013年底，湖北中烟工业有限责任公司本部参加行业第一批党的群众路线教育实践活动。

教育实践活动中，员工加强学习，切实增强党员干部的思想自觉；聚焦“四风”，深入查摆突出问题；深刻剖析，认真撰写对照检查材料；有效沟通，充分开展交心谈心；敢于交锋，开好专题民主生活会；真转真改，切实抓好问题的整改落实；建章立制，实现作风建设制度化、规范化、常态化。

2013年，公司本部及所属单位年金缴存比例、住房公积金缴存比例和缴存基数全部按照规定要求整改到位。公司所有人员一律不固定配车，全面推行公务用车派车单制度。除国际部人员拓展海外市场业务需要外，公司没有自行组织出国活动。完成内部刊物的审核清理工作，整合3份内刊。制定完善相关制度13项，照章执行12项。

2013年，累计清理多占办公用房1976平方米，发布文件由260份下降至250份，同比减少4%。会议数量由51次降至30次，同比减少41%。检查评比活动由13次减至6次，同比下降54%。

湖南省烟草专卖局（公司）

2013年7月至2013年底，湖南省烟草专卖局（公司）机关参加行业第一批党的群众路线教育实践活动。

领导班子先后召开10余次教育实践活动专题会议，举办专题讲座6次、视频教育3次，编制简报13期，编辑发送群众路线教育知识短信64条。

认真查找“四风”方面存在的问题，向基层和群众发放意见建议征求表（函）125张，征求意见建议53条，制定具体的整改措施20条。

湖南省系统清理超标准配备的违规车辆43辆、停建基建项目14个、省局机关腾退办公用房2250平方米、取消和停止出国团组2个、压缩检查考核评比项目31个，会议、文件数量同比分别下降19.35%、11.2%，差旅费、宣传促销费、业务招待费、会议费、涉外费，同比分别下降6.76%、7.83%、22.86%、31.62%、46.78%。

湖南中烟工业有限责任公司

2013年7月至2013年底，湖南中烟工业有限责任公司本部参加行业第一批党的群众路线教育实践活动。

以贯彻落实中央“八项规定”、行业“九条要求”为切入点推进作风建设，以公司领导班子和处级以上领导干部为重点对象，聚焦反对“四风”，深入扎实地开展教育实践活动。先后采取个人自学与集中学习、上党课与专家辅导、理论学习与调研体验“三结合”的方式，广泛听取各单位和部门对公司“四风”方面的意见，分三次收集意见建议277条，归纳整理为21个突出问题。

利用专题民主生活会、问卷调查和未来设计创意大赛活动，发动广大员工参与公司发展的顶层设计，收回调查问卷3460份，创意作品6262件，以此为基础归纳提炼公司“13233”（以“和”的创业精神，打造世界级品牌、培育职业化团队、构建生态型系统，使企业由资源驱动向能力驱动转型、由“研产销”向“市场—研产销—市场”转型，坚持讲真话、做实事、守规则，实现共识、共创、共享）发展思路，制定《公司2013—2020年发展规划》。印发《湖南中烟工业有限责任公司党的群众路线教育实践活动整改方案》《湖南中烟工业有限责任公司党的群众路线教育实践活动制度建设计划》《湖南中烟工业有限责任公司“四风”突出问题专项整治方案》，进行整改落实。

通过教育实践活动，党员干部受到深刻的群众观点、群众路线教育，对敬畏和感恩有新的认识；“四风”问题得到有效解决，企业的风气整体有所好转；党群关系、干群关系得到改善，建设学习型、服务型、创新型党组织的积极性明显增强；创业精神得到激发，企业的正能量明显增强。

广东省烟草专卖局（公司）

2013年7月至2013年底，广东省烟草专卖局（公司）机关参加行业第一批党的群众路线教育实践活动。

领导班子先后分批下基层40余次，召开基层员工、卷烟零售客户、烟农座谈会30余场。同时，党组召开专题民主生活会。

省局（公司）从征求到的185条意见建议中，查摆问题，出台制度，围绕规范机关人员下基层、停建楼堂馆所、清理办公用房、加强车辆管理、清缴公积金和企业年金等方面存在的突出问题狠抓整改。广东省烟草商业系统停建已审批项目14个、停报计划报批项目40个，清理超标准办公用房1.43万平方米，封存车辆170辆。对查摆剖析出来的问题，制定专项整改方案、党组整改落实方案、群众意见建议整改方案和制度建设计划（简称三方案一计划），并在OA系统和行业网对机关全体员工和各直属单位进行公示。

广东中烟工业有限责任公司

2013年7月至2013年底，广东中烟工业有限责任公司本部参加行业第一批党的群众路线教育实践活动。

教育实践活动中，公司贯彻落实中央“八项规定”和国家局党组“九条要求”，严格控制接待标准，严格控制会议数量，精简文件简报的数量，严格规范公务用车，认真整改办公用房，切实解决“四风”问题。

按照中央有关规定和国家局要求，对公司接待标准进行调整，严格控制接待费用。大力加强会议管理，严格控制各类会议，大力精简会议，提高会议质量，压缩规模、压缩时间，提高会议效率。严格执行文件简报管理制度，严格控制文件数量和篇幅，加快公文流转速度，在上年各项工作任务大幅增加的情况下，公司发文数量下降。认真执行《烟草行业车辆配备使用管理办法》规定，制定《广东中烟工业有限责任公司车辆配备使用管理办法》，严格规范车辆配备使用。公司本部和各卷烟厂在兼顾建筑布局现状的基础上，最大限度压缩办公区面积，提高办公用房使用的有效性。在解决制约公司科学发展的问题上开展群众路线制度建设，立足当前，着眼长远，形成新的机制保障。

2013年，公司公务接待费用同比下降54%，会议数量同比下降20%，会议费同比下降67%，公务车购置及运行费同比下降22%。由党组成员牵头从七个方面对12类问题进行专项整治，建立涉及六个方面的28项制度。通过开展教育实践活动，充分听取群众愿望，满足群众需求，用群众路线的观点指导具体实践，为企业持续健康发展提供坚强的思想、政治保障。

广西壮族自治区烟草专卖局（公司）

2013年7月至2013年底，广西壮族自治区烟草专卖局（公司）机关参加行业第一批党的群众路线教育实践活动。

自治区局（公司）通过党组会、中心组学习会、专题学习会等多种形式，原原本本学习中央有关文件、习近平等中央领导重要讲话、行业相关文件及指定书籍。在抓学习的基础上，通过发放征求意见函、召开座谈会、登门拜访、个别谈心、实地调研、设置意见箱、开通专线电话及设立电子信箱等方式征求意见建议，共有870名党员、群众提出意见建议409条，最终整理出“四风”方面问题27条和突出表现17种。

围绕中央确定的七个专项整治任务，自治区局（公司）制定专项整治方案，细化出27项整治任务，逐一明确整改时限、责任人、责任部门，逐项整治。共修订规章制度12个，新建规章制度22个。

截至年底，自治区局（公司）发布各类文件同比减少310份，下降28.5%；召开会议同比减少7次，下降15.2%；完成超标办公用房清理整改，腾退办公用房32间，面积1612平方米；停报项目计划12个，停建楼堂馆所项目6个，面积2.24万平方米，涉及资金6221万元；“三公”经费同比下降57.31%，其中业务接待费同比下降72.3%，公款购买节礼、公款送礼、公款高消费行为得到根本遏制。

广西中烟工业有限责任公司

2013年7月至2013年底，广西中烟工业有限责任公司本部参加行业第一批党的群众路线教育实践活动。

教育实践活动中，公司领导小组履行好领导职责，开展形式多样的学习教育，聚焦“四风”广泛征求意见，高质量召开民主生活会，坚持边学边整边改，持续提升作风建设水平。第一环节，及时解决根据群众反映集中的“住房难”“上学难”“停车难”等问题。第二环节，集中解决文件多、会议多、办公室面积超标等问题。第三环节，公司党组认真制定党组整改方案、专项整治方案和制度建设计划。

公司建立领导小组成员联系点制度，公司党组7名成员分别对各自确定的联系点开展的教育实践活动进行全程指导。拓展和深化学习内容，重点学习习近平总书记指导河北省教育实践活动各阶段工作所作的重要讲话精神、十八届三中全会精神，邀请4位专家作专题讲课。分别召开公司领导班子和处级干部教育实践活动学习交流会，组织公司机关副处级以上党员干部赴广西革命传统教育基地开展革命传统教育。党组书记带头讲党课。切实做好宣传引导，编发简报23期，制作宣传板报36版，相关活动新闻报道45篇。坚持开门搞活动，累计发出调查问卷1060余份，发出征求意见函27份，召开座谈会11场。不遮掩问题、不回避矛盾，正面回应群众反映问题，深刻剖析存在“四风”问题的思想根源，并提出务实管用的整改措施。

2013年，发文数量同比下降30.2%，会议次数减少23.4%，检查评比下降25%，清理多占办公用房1385.95平方米，停建缓建工程4项，就地封存超标车辆12辆，“三公”经费支出同比下降46.16%。

海南省烟草专卖局（公司）

2013年7月至2013年底，海南省烟草专卖局（公司）参加行业第一批党的群众路线教育实践活动。

以“为民务实清廉”为主要内容，以处级以上领导干部为重点，坚决反对形式主义、官僚主义、享乐主义和奢靡之风，着力解决群众反映强烈的突出问题。

活动共征集群众意见89条，涉及省局（公司）领导班子“四风”问题12个，涉及领导班子成员“四风”问题47个。坚持边学边改、边查边改、立行立改，制定《领导班子“四风”问题整改方案》，出台整改措施27条，印发执行《整改落实任务时间安排表》，计划废止不适应作风建设要求的制度27项，修订制度28项，提出涉及作风建设的制度新建计划21项。

住房公积金、企业年金、公务用车、办公用房等方面存在的问题全部整改。停建经营业务用房项目2个，停报经营业务用房项目1个。检查评比表彰同比减少31.58%。召开各类会议同比减少35%，参加人数同比减少21%，会议费同比下降63.01%。海南省系统公务接待费、出国费用、公车使用及购置等重点费用同比下降72.81%，其中，业务招待费同比下降64.79%，出国费用同比下降88.98%，车辆使用费用同比下降82.76%。

重庆市烟草专卖局（公司）

2013年7月至2013年底，重庆市烟草专卖局（公司）机关参加行业第一批党的群众路线教育实践活动。

认真学习习近平总书记系列重要讲话和中央文件精神以及规定必读的3本书。邀请北京大学、中央党校等单位的专家学者举办专题讲座3场；组织党员干部观看《周恩来的四个昼夜》等专题片4场。组织开设全市行业现职处级干部党的十八大精神专题培训班，评选17篇优秀学习心得。与市委党校合作，对45名处级干部进行为期1个月的培训。

召开专题民主生活会，查摆领导班子“四风”突出问题10条，党组成员个人主动查摆问题均在10条以上。机关各总支、支部召开专题民主生活会或专题组织生活会，市局领导班子成员指导所联系总支或支部的会议。清理直辖以来全市行业性规章制度600余个，新建制度61个。针对改进文风会风、改进调查研究和检查评比等，研究制定《会议管理办法》等三个制度。针对完善科学决策、规范管理，修订完善《党组议事规则》《市局（公司）工作规则》等5个制度。针对加强领导班子建设和干部队伍管理，修订完善《加强行业干部队伍建设的意见》等四个制度。针对专项治理，印发《超标办公用房腾退方案》《超标车辆整治方案》等六个文件。

统一规范全市商业系统企业年金和住房公积金缴存比例；清理超标配备使用车辆62辆；清理领导办公用房超标面积260平方米，基层单位超标面积1.07万平方米，副处级以上领导超标面积4375平方米。对2010年以来各级各类审计进行全面梳理，整改问题791项，涉及金额2.33亿元。严肃治理公款购买月饼、贺年卡，请客送礼和节假日奢靡之风。2013年全市各类简报同比减少35.5%，重庆市性会议减少35.2%，市局（公司）机关和专业分公司业务招待费下降56.6%，会议费下降58%，差旅费下降25.1%；春节期间，市局（公司）机关和专业分公司业务招待费下降70.1%。

四川省烟草专卖局（公司）

2013年7月至2013年底，四川省烟草专卖局（公司）机关参加行业第一批党的群众路线教育实践活动。

省局（公司）坚持聚焦“四风”、问题导向，实施“望闻问切”四步法。一是边学边查“照镜子”；二是沉下身子“听民意”，领导干部走出机关、走进群众，开展调研座谈31场次；三是拓宽渠道“收意见”，利用热线电话、网络邮箱、意见箱、民主评议、来信来访“五个渠道”，针对行业外部、基层单位、一线员工开展问卷调查3轮，累计发放问卷2000余份，收集各类意见建议825条；四是集体把脉“找病灶”，总结形成“四风”在行业的30种具体表现。

截至年底，省局（公司）党组确定的58项整改任务已完成44项，145项“废、改、立”已完成130项，“两方案一计划”完成率达到86%。四川省行业业务招待费、会议费、办公费分别下降66.48%、55.89%和8.47%；会议、发文、检查考核分别下降27.4%、11.3%和25.2%；车辆购置及运行费用同比下降10.5%，腾退超标办公用房40812平方米，停建楼堂馆所18个，停建面积34200平方米。

川渝中烟工业有限责任公司

2013 年 7 月至 2013 年底，川渝中烟工业有限责任公司本部参加行业第一批党的群众路线教育实践活动。

公司开展学习教育、专项调研和专题讨论，组织召开专题民主生活会、专题组织生活会，认真查摆“四风”方面的问题，进行党性分析和自我剖析，开展批评和自我批评。针对活动中发现的问题，提出解决对策，强化正风肃纪，组织民主测评，加强制度建设，从体制机制上解决问题，使贯彻党的群众路线成为党员、干部长期自觉的行动。

活动中，公司突出“四个认真”，即：认真抓好学习教育和思想提高、认真抓好行动自觉和公司实际相结合、认真抓好组织领导和督促指导、认真抓好领导带头和督促表率。扎实抓好党的群众路线教育实践活动的学习教育、听取意见环节各项工作落实，确保“规定动作”质量，突出“自选动作”特色，并坚持边学边查边改，着力“重点问题”解决，取得明显成效。

公司各党总支、党支部组织生活会和民主生活会借鉴贯彻河北经验，立足体现整风精神，围绕“为民务实清廉”主题，按照“照镜子、正衣冠、洗洗澡、治治病”总要求，以反对“四风”、服务群众为重点，对照职工群众和部门之间所提出的意见建议，认真查找党员干部“四风”方面存在的突出问题，深刻剖析产生问题的根本原因，深入开展批评与自我批评，初步制定整改措施和整改时限，取得重要认识成果、实践成果和制度成果。

贵州省烟草专卖局（公司）

2013 年 7 月至 2013 年底，贵州省烟草专卖局（公司）机关参加行业第一批党的群众路线教育实践活动。

通过“一把手”上党课、专题讲座、“四个一”（听取一次讲座、观看一部影片、阅读一本好书、接受一次实地教育）学习、研讨交流等形式，系统学习党的十八大、十八届三中全会、习近平总书记系列重要讲话精神。开展 4 次党组中心组集体学习、33 次党支部集体学习，开展群众路线和“三大课题”专题讨论，撰写交流材料 79 份。召开 3 次党组专题会议，实行对照检查材料“班子成员、党组书记、督导组”三级把关。党组成员之间提出批评意见 94 条，处级干部之间提出批评意见 310 条。

以卷烟“新商盟”网上订货平台等为载体，通过书面反馈、基层调研、座谈交流、“回头看”等方式，征求意见建议 520 条，梳理出 17 个“四风”突出问题。确定 24 项专项整治任务、88 项整改任务、62 项制度建设计划。完成专项整治任务 15 项，整改任务 35 项，制定完善 23 个制度。

2013 年贵州省烟草商业系统会议、检查数量同比分别下降 14.4%、35.9%，加大评比达标表彰活动、违规配备车辆、办公用房、楼堂馆所整治力度，达标表彰活动减少至 52 项，封存 56 辆违规配备车辆，腾退机关超标办公室、封存领导干部休息间 400 余平方米，停建 3 个县级局（分公司）办公用房项目。会议费、因公出国（境）费、接待费同比分别下降 39.7%、70.7%、40.2%。

贵州中烟工业有限责任公司

2013 年 7 月至 2013 年底，贵州中烟工业有限责任公司本部参加行业第一批党的群众路线教育实践活动。

为确保活动效果，公司设计活动“路线图”，细化编制活动三个环节的具体计划表，并为每一位党员配备“学习手册”。活动中，抓好中心组、党支部和网络三个学习平台，党组开展集中学习 5 次，支部组织集中学习 20 余次。设计并上线贵州中烟网络学习复合平台，开设教育实践活动专属学习板块，开展知识问答。广泛开展调查研究、立查立改见行动，征求 98 家单位（部门）意见建议 210 条，通过归纳整理，深挖“四风”根源，查找出“四风”15 个方面的突出问题认真整改。积极开展批评和自我批评，开好高质量民主生活会，党组成员聚焦“四风”，以整风精神开展批评和自我批评，真正达到“团结—批评—团结”的目的。

通过认真落实“两金”专项自查、楼堂馆所建设专项治理、“三公”经费支出专项治理，自查、清理、处置超标车辆等工作，促进工作作风整体好转，在回应群众关切问题、增强基层服务意识方面得到明显提高。启动订单式培养技能人才计划，梳理各项工作流程，压缩办理时限，提高办事效率。突出建章立制，用制度机制巩固作风建设成果，实现改进作风的制度化、规范化和常态化。

云南省烟草专卖局（公司）

2013 年 7 月至 2013 年底，云南省烟草专卖局（公司）机关参加行业第一批党的群众路线教育实践活动。

省局开展“以杨善洲为镜子”学习活动，“三破除、三提升”大讨论活动，“三贴近、三围绕”党员干部联系群众活动，以及真诚为群众办好“五件大实事”、坚决杜绝十种不良行为、聚焦整改“六大问题”、重点实施“四项工程”建设务实高效清廉机关等工作。

开展全系统违规配备车辆专项清理工作，清理出违规配备使用车辆205辆。清理腾退办公用房，全系统及时清理办公场所198个，清理腾退办公用房面积2.8万平方米。突出整治文山会海，切实简化接待工作，费用得到有效控制。针对保山香料烟公司侵害烟苗补贴问题，从全系统抽调专业人员开展违规违纪问题查处，制定综合整治方案，立行立改。指导并派出调查组和督查组对部分州（市）公司庄园和园区涉及基建项目中存在的问题进行专项检查，有关单位按要求暂停建设并及时整改。

教育实践活动开展以来，省局（公司）机关职工工作作风明显转变，精神面貌焕然一新，为民务实、清正廉洁蔚然成风，有力地推动各项工作的顺利开展。

云南中烟工业有限责任公司

2013年7月至2013年底，云南中烟工业有限责任公司本部参加行业第一批党的群众路线教育实践活动。

公司党组坚持理论武装，坚持领导带头，坚持整风精神，坚持创新方式，坚持制度建设，坚持讲求实效，完成教育实践活动各环节目标任务，做到规定动作扎实到位，自选动作体现特色。

在学习教育、听取意见环节，按照“四个六”的工作要求，领导带头原文研读指定书目和学习材料，带头作交流发言，带头讲党课，带头组织专题学习，带头参加培训。公司党组认真抓好集中学习，深入基层调研，组织集中学习97次，公司领导带队调研71次，发放征求意见函548份，召开座谈会48次，组织个别访谈162次，征集到“四风”方面的意见建议550余条。在查摆问题、开展批评环节，公司党组认真开展回头看，先后两次召开专题会对征集到的意见建议进行研究，查找出“四风”方面存在的19种具体表现，形成对照检查材料。公司主要领导、班子成员、部室负责人之间，认真开展谈心交心活动共计220余次。召开高质量的专题民主生活会，朱绍明同志代表党组作班子对照检查，公司领导分别作个人对照检查，提出相互批评意见260余条，班子成员以普通党员身份参加所在支部专题组织生活会。在整改落实、建章立制环节，围绕解决“四风”突出问题，制定出台“两方案一计划”，提出28项整改举措、12项专项整治举措和44个制度建设计划，明确每项整改内容的牵头领导、责任部门、责任人、完成时限和标准要求。

截至2013年底，基本完成规范住房公积金和企业年金缴存，清理公务用车和办公用房，全面停建楼堂馆所，严格整治文山会海和检查评比泛滥，严格规范出国（境）管理，严格规范“三公”经费支出等工作。

西藏自治区烟草专卖局（公司）

2013年7月至2013年底，西藏自治区烟草专卖局（公司）机关参加行业第一批党的群众路线教育实践活动。

组织开展班子成员讲党课活动3次，听取“中国梦”“中印边境形势斗争”等专题辅导3次，集中观看《苏联亡党亡国20年祭——俄罗斯人在诉说》《焦裕禄》《建党伟业》等主题教育影片6场。全体党员共撰写心得体会62篇，各支部交流研讨2次，中心组交流研讨1次。

采取有效措施规范公积金缴存、企业年金和治理文山会海、超标车、超标办公用房等专项整治。做好“废、改、立”工作，修订完善制度9项，制定制度5项。征求到领导班子和领导干部“四风”方面的意见建议45条，搞好活动的意见建议6条，制定10个方面整改措施。完善《干部考核实施办法》，修订《员工考勤制度》，对处级在岗情况进行考勤，对“软、懒、散”的领导班子进行整顿；完善《会议管理制度》《公文审批制度》，制定《机关会议费管理实施细则》。

2013年自治区局（公司）减少文件数量，压缩文件篇幅，提高文件质量；完善领导班子联系点制度和基层调研制度；规范住房公积金、企业年金，整治超标配备公车、多占办公用房等，封存停用10辆超标配备车辆，清理退出领导岗位办公用房近130平方米，清理腾退多占办公用房面积近240平方米。会议同比减少25%，会议费下降49.08%，业务接待费下降56.06%，取消3个出国考察团。

陕西省烟草专卖局（公司）

2013年7月至2013年底，陕西省烟草专卖局（公司）机关参加行业第一批党的群众路线教育实践活动。

坚持“六个必须、六个听取”，开展丰富多彩的学习教育活动，广泛收集意见建议229条，涉及“四风”15个问题。领导班子成员通过自身摆、相互查、群众提，认真开展批评与自我批评，按时召开专题民主生活会，并及时向机关全体党员进行通报。

通过边查边改、立行立改，针对15个方面的问题制定45条具体整改措施，形成《整改工作方案》；针对突出重点，制定《专项整治方案》，明确10项专项整治任务；立足当前、面向长远，制定《制度建设计划》，修订制度9项，新建制度6项。

业务招待费、会议费分别同比下降44%、36.88%。各类会议同比减少3个，文件同比减少81件，检查评比同比减少26次；陕西省行业18家法人单位整改到位；违规配备车辆得到专项清理，7辆超标车辆就地封存；暂停楼堂馆所建设和清理办公用房。先后制定《关于厉行勤俭节约反对铺张浪费的六项规定》等一系列制度。

陕西中烟工业有限责任公司

2013年7月至2013年底，陕西中烟工业有限责任公司本部参加行业第一批党的群众路线教育实践活动。

以贯彻落实中央“八项规定”、国家局党组“九条要求”为切入点，在半年时间里学习教育、听取意见，查摆问题、开展批评，整改落实、建章立制，在灵魂对话中净化思想，在查找整改问题中取得成效。

组织机关全体党员、干部集中观看教育专题片和专题视频讲座。9月，公司党组中心组在延安举办公司领导班子成员及机关各部门主要负责人、党支部书记参加的集中学习班。邀请延安革命纪念馆研究员作“延安时期党的群众路线”的报告，中国延安干部学院教授作了“关于践行党的群众路线的几点思考”的报告。公司党组成员、纪检组长、教育实践活动领导小组副组长为机关全体党员、干部作了党课专题辅导。广泛征求党员干部、职工群众、零售客户及有关单位（部门）对公司党组、党组成员及公司机关在“四风”方面存在的突出问题和搞好教育实践活动的意见和建议，征集意见建议67条。专题民主生活会中，党组查摆梳理出“四风”方面存在的15个突出问题，党组班子成员逐一作个人对照检查。党组书记带头发言，开展深刻的对照检查剖析。

2013年，对陕西省烟草工业系统19辆超标公务用车进行封存。规范公积金缴费基数和比例。2013年召开会议次数同比减少23.68%，发文量同比下降17.54%，涉外费用同比下降26.72%，业务招待费同比下降31.15%。全面清理机关办公用房，制定《公司机关办公用房清理工作方案》，清理多占办公用房453平方米。

甘肃省烟草专卖局（公司）

2013年7月至2013年底，甘肃省烟草专卖局（公司）机关参加行业第一批党的群众路线教育实践活动。

通过学习教育、听取意见，查摆问题、开展批评，整改落实、建章立制三个环节，广泛收集问题意见258条，整理归并为113条，查摆党组“四风”问题12条，党组成员个人查找“四风”问题共计72条。组织开展党组专题民主生活会和支部专题组织生活会，党员干部认真开展批评与自我批评。

制定12个方面44条整改措施的整改方案、6个方面20条整治措施的专项整治方案和新建46项、修订44项、废止47项的制度建设计划，明确整改责任领导、牵头部门和时间表，建立整改问题跟踪督办机制、效能监察机制、限期销号机制及责任追究机制，形成全面整改的工作格局。截至2013年底，整改完成率达到80%。

党员干部思想认识显著提升、工作作风显著改进、群众工作能力显著提升、创新发展水平显著提升、长效机制建设显著改进的目的。民主评议结果显示，认为省局党组教育实践活动总体情况及学习教育、民主生活会、整改落实情况“好”和“较好”的比例均超过97%；认为班子成员教育实践活动“好”和“较好”的比例均超过98%。

青海省烟草专卖局（公司）

2013年7月至2013年底，青海省烟草专卖局（公司）机关参加行业第一批党的群众路线教育实践活动。

按照“六个必须”的要求，先后组织党组理论学习中心组集中学习、专题讲座、领导讲党课、观看专题教育片以及中心组学习交流会等，集体通读中央指定的3本书目，学习党章，认真研读习近平总书记系列重要讲话。开展“回头看”工作，做到查漏补缺，及时改进。对照“四风”问题的22种表现、中央“八项规定”和国家局党组“九条要求”，找不足、找差距、找问题。党组召开专题分析会，最后逐步聚焦成16个“四风”方面的突出问题。

省局（公司）开展群众路线教育实践活动以来，党组成员分赴9家州市局（公司）实地调研，听取意见建议。谈心谈话75人次，其间发放问卷调查323份，召开座谈会15次，与170名党员、干部、群众、离退休人员和驻青工业企业代表等进行座谈，走访83户卷烟零售客户，收集到各类意见建议84条。采取问卷调查、座谈会等形式，听取群众的意见建议，对查找出来的问题及时改进。修改完善“两方案、一计划”，并就整改重点、整改内容、整改措施、责任分工和完成时限提出具体要求。具体从七个方面重点整治文山会海、检查评比、作风建设、公务接待、公务用车等12个“四风”突出问题。截至年底，“三公”经费同比下降47.96%，其中公务接待费同比减少171.67万元，下降61.33%。车辆维修费同比下降14.91%，车辆燃油量同比下降18.04%。清理、腾退办公用房1620平方米。水费同比下降34.78%，电费同比下降7.56%。

宁夏回族自治区烟草专卖局（公司）

2013年7月至2013年底，宁夏回族自治区烟草专卖局（公司）机关参加行业第一批党的群众路线教育实践活动。

以贯彻落实中央“八项规定”为切入点，以“改进作风年”等活动为载体，聚焦“四风”问题真抓、真学、真听、真查、真改，活动各环节工作扎实开展、效果明显。坚持敞开大门听取意见，征求到领导班子和领导干部“四风”方面意见建议147条，梳理、分析、聚焦出11个突出问题。

党组成员进行自我剖析，开展批评与自我批评。坚持一手抓整改落实、一手抓建章立制，先后制定37条整改措施，开展七个方面22项具体专项整治任务，完善出台19项管理制度。2013年全系统会议同比减少32%，文件同比减少20%，考核检查同比减少29%，业务接待费同比下降35%，封存停用违规配备车辆21辆，清理办公用房1159平方米。

通过深化学习教育，党员干部在坚定理想信念，增强政治自觉、宗旨观念上有新提高，在解决突出问题，密切党群、干群关系上取得新成效，在巩固活动成效，落实作风建设长效机制上取得新进展，在谋划“三大课题”，推进改革发展上形成新思路。

新疆维吾尔自治区烟草专卖局（公司）

2013年7月至2013年底，新疆维吾尔自治区烟草专卖局（公司）机关参加行业第一批党的群众路线教育实践活动。

组织领导干部、党员学习中央指定的3本书，观看道德警示教育片，组织领导干部讲党课，开展马克思主义群众观点和党的群众路线专题学习讨论，撰写学习体会。两次下发“听取意见”通知，向全体干部职工听取意见；向自治区有关厅局和行业内兄弟单位以及直属单位、机关党员发放征求意见表。在新疆烟草内网、《新疆烟草》内刊开辟党的群众路线教育实践活动专栏，刊发信息22篇、交流稿件45篇。

制定专项整治方案，提出15项专项整治措施，分学习教育、自查自纠、检查评估、整改提高四个步骤开展专项整治工作。完善制度建设，修订8个制度，新建13个制度。

聚焦“四风”，整治文山会海、奢侈浪费、政绩工程、形象工程。住房公积金、企业年金、超标办公用房整改到位，超标车辆全部封存，取消原订3个现场会和国家局已经批准的2个出国考察团组，“三公”经费大幅度下降，2013年业务招待费、会议费、涉外费同比分别下降46.48%、50.9%、70.29%。

大连市烟草专卖局（公司）

2013年7月至2013年底，大连市烟草专卖局（公司）机关参加行业第一批党的群众路线教育实践活动。

组织开展多场不同形式的主题教育和专题研讨，在内部网站开设宣传专栏并刊发活动专题简报18期，在行业主流媒体刊发活动稿件220篇。

通过召开座谈会、深入联系点、走访卷烟零售客户、设立意见箱、发放征求意见函、收集征求意见表、公布意见征集电话和邮箱等八条渠道征求到地方部门、卷烟零售客户、基层职工等各方意见和建议150项。

突出七项重点整治任务，将查摆出的问题、征求到的意见和建议以整改任务通知书的形式下发至责任部门，明确整改时限和责任人，并组织各部门职工代表成立整改成效评议组，实时跟进整改，集体监督评议。2013年完成整改107项，推进整改43项，建立完善活动制度23项，问题整改取得实效。

深圳市烟草专卖局（公司）

2013年7月至2013年底，深圳市烟草专卖局（公司）机关参加行业第一批党的群众路线教育实践活动。

紧紧围绕“照镜子、正衣冠、洗洗澡、治治病”的总体要求，聚焦祛除“四风”，认真抓好学习教育、听取意见，查摆问题、开展批评，整改落实、建章立制三个环节，确保规定动作认真到位，自选动作特色鲜明。

严格执行中央“八项规定”、国家局“九条要求”、市局（公司）八项具体措施和实施细则。2013年会议数量减少26.5%，会议费下降56.4%；发布各类文件数量减少21.8%；业务接待费下降60.2%；业务宣传费下降24.5%。根据收集到“四风”及贯彻落实“八项规定”两个方面的意见建议51条，整理归并为36个整改项目，31项完成整改。深入推进办公用房规范清理工作，严格规范车辆管理使用。重申抓好落实的制度101项，废止的6项，修订的4项，提出重新拟定的9项，完成5项。

既抓好广大党员领导干部教育，以宣传力增强影响力，引导员工从思想上、观念上、感情上认同群众路线，解决好思想认识问题，又强调以“知”促“行”，实现“知”“行”合一，使党的群众路线在全体党员、干部中深深扎根，形成党员干部作风建设的新认识、新经验、新启示。

中国烟草实业发展中心

2013年7月至2013年底，中国烟草实业发展中心（以下简称“中烟实业”）机关参加行业第一批党的群众路线教育实践活动。

召开专题民主生活会和专题组织生活会，通过开展批评与自我批评，查摆“四风”方面存在的问题。整个活动坚持边学边改、立行立改，贯穿“实”字，突出“严”字，着力“改”字，取得实实在在效果。

中央“八项规定”和国家局“九条要求”得到有效落实，制定贯彻落实“八项规定”实施细则，通过改进简化会议文件等措施，形成勤俭、务实、高效的作风。服务企业的意识和水平不断提高，机关干部职工“带着爱心为企业服务”的理念进一步增强。通过重心下移，着眼基层，突出服务，帮助企业解决合作生产、市场营销、原料保障等一系列困难，推动企业持续健康发展。所属企业超缴公积金问题得到整改落实，所属吉林烟草工业有限责任公司就超缴公积金问题进行深刻反省，做出检查，迅速进行整改；其他企业引以为戒，按照国家局要求进行自查和规范。规范车辆配备使用，开展违规购置和配备使用车辆专项清查工作，做好封存和处置工作。

2013年，中烟实业本级会议费同比下降73.47%，所属企业业务招待费下降24.05%，会议费下降47.46%，涉外费下降58%。采取封存、合并办公等方式对机关办公用房进行清理，封存房间15间，合计488.86平方米。

中国烟草总公司郑州烟草研究院

2013年7月至2013年底，中国烟草总公司郑州烟草研究院（以下简称“研究院”）参加行业第一批党的群众路线教育实践活动。

以密切联系群众、扎实改进作风为核心，精心筹划、稳步推进、扎实开展教育实践活动，组织开展党组专题民主生活会1次、党组中心组学习4次、党组书记讲党课1次、教育基地参观学习1次、专题报告会3场、集中观影2场、专题座谈会6场、各类研究院大会3次，征集群众意见建议110条。一批群众反映突出的问题得到整改解决，住房公积金和企业年金缴存比例得到规范，公开拍卖超标车辆2辆，清理超标办公用房870平方米，文风会风得到切实改进，“三公”经费大幅下降，专项整治和制度建设工作取得明显成效，新立各类制度20余项，修订完善制度20余项。通过教育实践活动，群众路线进一步深入人心，党员干部的群众意识显著增强；各级干部职工创新激情与主动性得到进一步激发，各项工作得到有力促进和推动，有效形成了进一步密切联系群众、改进作风的长效机制。

中国烟草总公司合肥设计院

2013年7月至2013年底，中国烟草总公司合肥设计院参加行业第一批党的群众路线教育实践活动。

通过学习教育、听取意见，查摆问题、开展批评，整改落实、建章立制三个环节活动的开展，使全体党员干部深受教育和启发，对党的群众路线教育实践活动的重要意义有了深刻的理解，对“四风”之害有了清醒的认识。院领导班子成员按照国家局党组的要求，联系思想实际和分管工作实际，开展批评和自我批评，坚持边学边查边改，针对查找出的形式主义方面存在的学风不够端正、抓工作“钉钉子”的精神不强；官僚主义方面存在的深入群众调查研究不够、发扬民主有待加强、不敢负责不敢担当的“四风”方面存在的问题研究提出整改措施，抓好专项整治工作，积极推进、完善制度建设。院党委紧紧结合活动的开展，围绕广大干部职工普遍关心的企业长远发展目标定位问题和人才队伍培养问题，为贯彻落实好国家局局长凌成兴来院调研检查工作时所强调的“三好一把关”要求，更好地发挥自身小而专、小而特的科技服务专长，研究提出“科技服务上水平”“人才队伍有保障”的发展目标。

中国烟草总公司职工进修学院

2013年7月至2013年底，中国烟草总公司职工进修学院（以下简称“学院”）参加行业第一批党的群众路线教育实践活动。

加强领导，精心组织。学院成立教育实践活动领导小组，负责实施教育实践活动。教育实践活动期间，更换宣传专栏10块，编发简报23期，在行业网站发表信息25篇，《东方烟草报》头版刊登信息2篇，及时报道学院教育实践活动情况。通过学院网上办公平台为教职工和学员发送教育实践活动相关信息1万余条，开展1次知识竞赛，开展1次征文活动。原原本本学习《论群众路线——重要论述摘编》《党的群众路线教育实践活动学习文件选编》《厉行节约 反对浪费——重要论述摘编》等3本书，学习中央领导讲话、上级相关文件等30余份材料。组织党员干部观看《居安思危》《失德之害—领导干部从政道德警示录》等教育片，观看《周恩来的四个昼夜》等影片，重读焦裕禄、谷文昌、杨善洲先进事迹。组织全体教职工参观焦裕禄纪念馆。领导班子成员开展“当一天学员”活动。先后召开不同层面座谈会13个，面向国家局有关部门、行业工商企业及培训机构、培训学员发放征求意见函100余份。征求意见建议134条，聚焦成12个方面的突出问题，并逐条细化分解，提出整改措施。

突出重点，力求实效。一是整治文山会海。2013年，内部会议数减少22个，同比下降27.5%；发文数量下降31个，同比下降14.3%；检查评比减少1个，同比下降20%。二是规范办公行为。优化归并流程6项，制定措施8项。出台《学院、鉴定中心联席会议制度》，促进培训工作与鉴定工作的深度融合。三是规范“两金”缴存。自2013年7月1日起，住房公积金缴存月工资基数最高不超过郑州市上一年度职工月平均工资的3倍，缴存比例不高于12%。四是专项整治超标配备公车，全面清理办公用房。处理1辆超标用车，学院所有车辆参与接送学员、专家。清理多占办公用房607平方米。五是专项整治“三公”经费开支。进一步健全和完善《公务接待管理规定》。外来客人一律在院内安排就餐，接待费同比下降41%；取消与业务联系不大的出国安排，出国经费同比下降30.6%；取消学员外出考察活动；取消节日走访、寄送贺年卡等活动。

南通醋酸纤维有限公司

2013年7月至2013年底，南通醋酸纤维有限公司参加行业第一批党的群众路线教育实践活动。

公司教育实践活动组织领导抓牢四个环节：抓牢统筹谋划，坚持目标要求是前提；抓牢组织实施，坚持领导带头是关键；抓牢开门搞活动，坚持群众满意是标准；抓牢氛围营造，坚持宣传引导是保证。学习教育凸显三个到位：集中学习到位，专题教育到位，交流研讨到位。听取意见注重三个结合：面对面与背靠背相结合，意见征求与管理审计相结合，意见梳理与敬业度调研相结合。

活动中，公司征集意见范围涵盖党员干部、外方高管、离退休老同志、行业用户及兄弟单位、地方对口部门及社区、员工代表、供应商代表等七个方面。制作公司党员示范岗等81个先进集体和人物事迹视频进行典型教育。意见梳理范围延伸到年初开展的第三方员工敬业度调研。

通过开展教育实践活动，公司干部群众思想认识持续提升。坚定理想信念，坚定群众观念。认识到开展批评与自我批评是一种有效形式，确立问题导向共识。建章立制形成长效，与作风建设有关的9个新建制度、21个修订制度全部出台。公务招待费同比下降35.1%，因公出国费同比下降35.4%，公车运行费同比下降2.7%。

珠海醋酸纤维有限公司

2013年7月至2013年底，珠海醋酸纤维有限公司参加行业第一批党的群众路线教育实践活动。

教育实践活动中，公司加强组织领导，坚持周密部署，坚持结合实际，坚持开门搞活动，坚持宣传引导。结合公司实际，在教育实践活动的各个环节注重与外方进行沟通，赢得外方理解与支持；通过建立党支部联系点，党委班子成员分别对所联系的党支部进行全过程指导。

公司党员干部联系实际学习，利用晚上和周末，开展集中学习、交流研讨和观看教育片等活动。通过个别访谈、代表座谈、发放调查问卷和征求意见函、设立网上信箱等多种形式，征集多方面意见和建议。将公司开展党的群众路线教育实践活动中的有效做法“固化于制”，融入公司文件标准化体系进行管控。

通过开展教育实践活动，公司干部群众统一思想认识。围绕公司稳定生产和搬迁扩建项目两大任务，号召公司党员干部要树立“高标准、严要求的作风，树立敢于负责、勇于担当的作风，树立艰苦奋斗、勤俭节约”的“三大作风”。由公司总经理室成员领题，开展“完善人力资源管理及绩效考核机制”“建设搬迁扩建标杆工程”“生产与服务系统融合”“卓越绩效对标和流程改进”四大专题研讨，推动“三大课题”实践。修订与作风建设有关的九个制度并新建一个制度。公务接待费、出国费、公车使用等三项费用同比下降40%。

昆明醋酸纤维有限公司

2013年7月至2013年底，昆明醋酸纤维有限公司参加行业第一批党的群众路线教育实践活动。

2013年8月10日，国家局局长凌成兴在云南省副省长丁绍祥等陪同下，到昆纤公司考察调研生产经营及党的群众路线教育实践活动开展情况。凌成兴肯定昆纤公司的党建工作体现中美合资企业的特色，充分说明昆纤公司党委的领导作用好、党员的带头作用好、群众路线教育实践活动扎实到位，体现特色，真正实现“两促进、两不误”。

教育实践活动开展以来，公司呈现风清气正、蓬勃向上、干事创业的良好氛围，活动取得预期效果。

（编辑：周　佳　李　昂）

国家烟草专卖局
中国烟草总公司机构

办公室（外事司）

【主要职责】

1. 拟订并组织实施机关政务管理的制度和工作规范，协调机关政务工作；负责国家局召开会议的计划管理和组织筹备工作；负责督办工作；负责全国人大代表建议和全国政协委员提案办理工作；负责国家局、总公司机关总值班工作。

2. 负责起草国家局、总公司的重要文件、会议报告及领导讲话；组织、协调行业重大问题调研工作；组织、协调行业电子政务建设；负责编发行业重要信息；负责国家局、总公司新闻、信息发布工作；组织、协调行业履行《烟草控制框架公约》有关工作。

3. 负责国家局、总公司机关公文核稿、收发传递和文件印制工作；指导行业公文处理工作；管理国家局党组、国家局、总公司印章；负责国家局、总公司机关各部门、各单位和行业各直属单位印章管理工作；指导、协调行业档案管理工作；承担国家局保密委员会的日常工作。

4. 负责烟草系统外事管理工作。

5. 负责行业信访、稳定和应急管理工作；负责国家局、总公司机关安全、保卫工作；指导行业社会治安综合治理工作。

6. 承办国家局、总公司交办的其他事项。

【负责人】 主任、司长：张修连；副主任、副司长：郭联君、赵百东、徐维华（2013.5—）（国烟人〔2013〕227号）、徐　丹（2013.3—）（国烟人〔2013〕106号）；巡视员：孙宝义（2013.3—6，之前任副巡视员）（国烟人〔2013〕106号、国烟人〔2013〕251号）；副巡视员：林海（—2013.12）（国烟人〔2013〕443号）、王　红

【内设机构】 设综合调研处、秘书处（值班室）、文秘档案处、新闻联络处、信访保卫处、外事处等6个内设机构。

发展计划司

【主要职责】

1. 拟订并组织实施行业发展战略、发展规划；拟订行业生产布局规划；编制行业投资规划，拟订并组织实施投资年度计划；拟订行业技术装备政策。

2. 拟订并组织实施烟草专卖品产供销、进出口的年度计划。

3. 拟订烟草专卖品管理名录；核定全国烟草专卖品生产、经营企业的生产规模。

4. 审核烟草系统投资项目和外资投资项目；负责行业投资项目管理和招投标工作；编制烟草专用机械设备分配计划；负责国家局定点扶贫工作。

5. 拟订烟草专卖品价格政策，管理烟草专卖品价格；收集、整理、分析、发布烟草专卖品价格信息。

6. 承办国家局、总公司交办的其他事项。

【负责人】 司长：秦前浩；巡视员兼副司长：郭齐贵；副司长：王志江；副巡视员：刘　融

【内设机构】 设综合处、计划处、投资处、价格处等4个内设机构。

专卖监督管理司

【主要职责】

1. 监督检查《中华人民共和国烟草专卖法》及《中华人民共和国烟草专卖法实施条例》的执行情况。

2. 拟订烟草专卖管理监督制度，监督检查烟草专卖品的生产经营活动。

3. 组织、指导并承办违反烟草专卖法律法规案件的查处，查禁、关停计划外烟厂，保护合法经营；会同国家有关部门取缔非法烟厂和烟草专卖品自由交易市场，打击假冒和走私烟草专卖品等违法活动。

4. 拟订烟草专卖许可证、烟草专卖品准运证管理制度，监督检查各类专卖许可证件的核发、使用工作；参与拟订名晾晒烟名录和烟草专卖机械名录。

5. 指导专卖行政执法和专卖队伍建设工作。

6. 承办国家局、总公司交办的其他事项。

【负责人】 司长：程佳华；副司长：关宏梅、张全在；巡视员：蔡建文；副巡视员：白　明

【内设机构】 设综合处、内部监督管理处、市场监督管理处、打假打私处、证件管理处等6个内设机构。

经济运行司

【主要职责】

1. 承担行业生产、经营的统一调度工作，协调产供销的衔接；负责行业生产、经营的综合分析和预测监控；拟订并组织实施行业经济运行调控政策和方案。

2. 参与拟订烟草专卖品产供销年度计划，拟订并组织实施卷烟季度、月度生产进度计划；负责行业经济运行考核工作。

3. 负责行业产品结构调整工作；拟订并组织实施卷烟品牌发展规划，指导行业品牌维护与培育工作，组织开展品牌定向整合；依法实施烟草制品商标管理工作；组织开展中外烟草企业间生产技术合作工作。

4. 承担烟草专卖品卷烟材料供应管理工作；承担烟草专用机械设备转让、租借与报废的管理事项。

5. 指导行业企业管理工作；承担行业质量管理工作，负责推行ISO 9000系列标准；组织开展行业节能减排工作；指导行业安全生产工作，依法处理重大安全事故；协调行业抗灾救灾工作。

6. 承办国家局、总公司交办的其他事项。

【负责人】 司长：王　平；副司长：李德义、刘　艳；

副巡视员：谢云海；司长助理：徐小波（挂职）

【内设机构】　设综合处、生产经营管理处、企业管理处、安全处等4个内设机构。

政策法规与体制改革司

【主要职责】

1. 组织起草行业相关法律法规、规章草案和重大政策；审查行业生产经营管理的重要制度、重大经济合同和国家局、总公司机关各部门、各单位拟订的规范性文件；建立和完善专卖管理法规体系和行业管理法规体系。

2. 拟订并组织实施行业体制改革和企业组织结构调整规划和工作方案；指导企业和专业性公司改革工作；承办行业企业设立、分立、合并与撤销工作；指导建立现代企业制度。

3. 调查研究《中华人民共和国烟草专卖法》及《中华人民共和国烟草专卖法实施条例》、国家有关法律法规在行业的执行情况和改革中存在的问题；监督检查行业依法行政，组织实施行政执法责任制工作；负责行业普法依法治理工作。

4. 承担行业法律咨询工作，指导行业行政机关和企业法律顾问工作；组织推动行业法制建设工作；参与研究和审议行业对外经济技术合作的有关政策和制度；组织开展烟草专卖法规、政策方面的国际交流。

5. 指导、协调行业行政复议工作，承办相关行政复议、行政应诉工作。

6. 承办国家局、总公司交办的其他事项。

【负责人】　司长：李　鸣；副司长：王玉麟；司长助理：牛　千（挂职）

【内设机构】　设综合处、政策法规处（行政复议处）、体制改革处等3个内设机构。

财务管理与监督司（审计司）

【主要职责】

1. 研究提出行业有关经济政策建议；拟订并组织实施行业财务管理、资产经营管理、会计核算、审计监督的制度、办法。

2. 拟订并组织实施行业国有资产管理规定和国有资产保值增值考核办法、标准。

3. 管理监督行业财务资金；拟订行业税后利润分配政策及方案；编制并组织实施行业年度预算；组织行业所属企业上缴国有资本收益，编报行业国有资本经营预算。

4. 负责行业各类财务会计报告的汇总、审核和编报工作；监督检查行业会计信息质量；参与拟订行业财务会计、审计信息化建设发展规划。

5. 负责行业内部审计工作；拟订并组织实施行业内部审计工作规定、办法，拟订行业内部审计发展规划和年度审计项目计划。

6. 承办国家局、总公司交办的其他事项。

【负责人】　司长：万里明；巡视员兼副司长：张书东；副司长：罗明德（2013.11—，之前任副巡视员）（国烟人〔2013〕433号）；副巡视员：韩敬文

【内设机构】　设综合处、财务处、预算处、会计处、国有资产管理处、审计一处、审计二处、审计三处、机关财务处等9个内设机构。

科技司

【主要职责】

1. 承担烟草制品减害降焦工作；拟订行业科技发展政策及战略规划、年度计划；参与拟订行业技术装备政策，参与技术引进和技术改造论证工作；组织国内外科技交流与合作。

2. 承担国家局、总公司科技领导小组、科学技术委员会、全国烟草标准化技术委员会的日常工作；负责行业创新体系建设及创新能力考核工作；负责行业科技成果评价、推广、奖励；负责科技信息、科技统计及有关知识产权管理工作；研究提出科技经费预算建议。

3. 拟订并组织实施行业科技项目年度计划；组织管理行业重大科技项目；审核烟草新品种和烟草基因工程事项。

4. 负责行业产品质量评价和监督工作；负责行业质量技术监督检验机构建设、审查和认定工作；负责烟草专卖品、烟用材料和相关产品的质量技术监督及质量市场准入工作。

5. 负责行业标准化管理工作；编制并组织实施行业标准制订项目年度计划，管理行业用标准物质和标准样品的制作与发布；组织开展烟草专用仪器计量检定工作。

6. 承办国家局、总公司交办的其他事项。

【负责人】　司长：金忠理；副司长：张　虹；司长助理：周武庆（挂职）、赖晓军（挂职）（2013.3—12）（国烟人〔2013〕94号）

【内设机构】　设综合处、科技开发处、技术监督处、标准化处等4个内设机构。

人事司

【主要职责】

1. 拟订烟草系统干部人事、劳动工资、思想政治、教育培训、人才队伍等工作相关政策和制度；指导烟草系统干部人事制度改革、用工分配制度改革等工作。

2. 负责国家局党组管理干部的考核、任免、档案管理等工作；组织、指导、监督检查烟草系统各级领导班子建设工作；指导烟草系统人事档案管理工作。

3. 负责烟草系统机构编制工作，审核各级烟草专卖局的设立、分立、合并与撤销。

4. 负责烟草系统工资总额宏观调控，指导烟草系统劳动用工管理工作，负责国家局党组管理干部薪酬核定工作。

5. 负责烟草系统人才队伍建设工作，编制烟草系统教育培训规划，指导烟草系统教育培训工作。

6. 指导烟草系统思想政治、企业文化建设工作；负责中国烟草职工思想政治工作研究会的日常工作。

7. 负责国家局机关干部管理、劳动工资、教育培训等工作。

8. 承办国家局、总公司交办的其他事项。

【负责人】 司长：孙晓莹；副司长：王劲栋；副司长：张　文（2013. 3—，之前任副巡视员）（国烟人〔2013〕107 号）；副巡视员：史惠民

【内设机构】 设综合处、系统干部处、机关人事处、劳动工资处、教育培训处、思想政治工作处等 6 个内设机构。

机关党委①

【主要职责】

1. 负责组织国家局、总公司机关政治理论、科学知识学习，宣传和贯彻党的路线、方针、政策。

2. 负责国家局、总公司机关党风廉政建设和纪律检查的相关工作；负责国家局、总公司机关思想政治工作，组织协调精神文明建设工作。

3. 领导机关各部门、各单位党组织开展各项组织活动。

4. 负责各部门、各单位党组织和党员的管理，开展党员表彰奖励工作；负责各部门、各单位党组织换届选举的指导工作，任免各部门、各单位党组织的负责人。

5. 指导国家局、总公司机关工会、共青团、妇女工作委员会工作。

6. 承办国家局、总公司交办的其他事项。

【负责人】 直属机关党委书记：高　林（兼）；机关党委常务副书记、纪委书记：申秋生；直属机关党委副书记：李　安

【内设机构】 设办公室。

离退休干部办公室

【主要职责】

1. 拟订烟草系统离退休干部工作有关制度、规定，指导系统离退休干部工作。

2. 组织开展离退休干部工作人员业务培训；负责离退休干部统计工作。

3. 研究提出国家局、总公司机关离退休干部工作经费预算建议；负责机关离退休干部的服务管理工作；组织机关离退休干部的政治学习、文件传阅以及参加重大政治活动。

4. 承办国家局、总公司交办的其他事项。

【负责人】 主任：张永军；副主任：杨章锁、高崇峰；副巡视员：宋永华

【内设机构】 设综合处、机关离退休干部处等 2 个内设机构。

中央纪委、监察部驻国家烟草专卖局纪检组、监察局（中国烟草总公司监察局）

【主要职责】 中央纪委、监察部驻国家烟草专卖局纪检组、监察局是中央纪委、监察部派驻国家局的纪检监察机构，直接受中央纪委、监察部领导，与中国烟草总公司监察局合署办公。根据《驻国家烟草专卖局纪检组、监察局关于实行统一管理的实施方案》的规定，确定其主要职责。

1. 监督检查国家局及所属系统贯彻党的路线、方针、政策和决议，遵守国家法律、法规，执行国务院决定、命令的情况。

2. 监督检查国家局党组和行政领导班子及其成员维护党的政治纪律，贯彻执行民主集中制，选拔任用领导干部，贯彻落实党风廉政建设责任制和廉政勤政的情况。

3. 经中央纪委、监察部批准，初步核实国家局党组和行政领导班子及其成员违反党纪政纪的问题；参与调查国家局党组和行政领导班子及其成员违反党纪政纪的案件；调查国家局及所属系统司局级领导干部违反党纪政纪的案件及其他重要案件。

4. 受国家局党组和行政领导班子委托，继续履行组织协调国家局及所属系统党风廉政建设和反腐败工作的职责，管理和指导国家局所属系统各单位纪检监察机构及国家局直属机关纪委的业务工作，协助国家局人事司管理所属系统纪检监察机构和纪检监察干部。

5. 受理对国家局机关及所属系统党组织、党员和行政监察对象的检举、控告，受理国家局机关及所属系统党员和行政监察对象不服处分的申诉。

6. 承办中央纪委、监察部，国家局、总公司交办的其他事项。

【负责人】 驻局纪检组组长：高　林；驻局纪检组副组长、监察局局长：姜　凯；驻局监察局副局长：刘　忠；中国烟草总公司监察局副局长：程春节；中共国家烟草专卖局党组巡视工作办公室主任：冯京安（部门副职级）；副巡视员：王超英

【内设机构】 设一室（综合室）、二室（监督检查室）、三室（信访审理室）、四室（纠风办）、巡视办等 5 个内设机构。

中国烟叶公司

【主要职责】 中国烟叶公司是国家局、总公司直属的专业性公司，承担一定的行业宏观管理职能。

1. 组织、指导、协调、管理全国烟叶工作。

---

① 国家烟草专卖局直属机关党委与国家局人事司合署办公，内设机构为办公室。

2. 研究提出并组织实施现代烟草农业的政策和发展规划；参与拟订烟叶种植、收购、储备、调拨和进口计划；参与拟订烟叶收购、调拨价格及打叶复烤加工费用标准。

3. 指导全国烟叶生产、收购和加工工作；参与拟订烟叶国家标准、生产技术标准和打叶复烤技术标准；核准烟叶收购基准样品，参与审定烟草新品种；组织全国烟叶购销交易。

4. 拟订并组织实施烟叶生产基础设施建设总体规划、计划；指导烟叶基层建设和打叶复烤企业管理；参与拟订打叶复烤企业技术改造规划；参与组织烟叶信息化工作。

5. 组织经营进口烟草专用肥料；参与进口烟叶工作，负责进口烟叶国内流通管理；负责烟叶中外技术交流与合作工作。

6. 承办国家局、总公司交办的其他事项。

【负责人】 总经理：赵振山；副总经理：陈江华、聂和平、张玉征（—2013. 8）（国烟人〔2013〕317 号）、包　勤、吴洪田；副巡视员：卞　卡、刘　昉、刘志强（2013. 4—）（国烟人〔2013〕228 号）；总会计师：赵永红

【内设机构】 设办公室、综合计划部、生产管理部（技术推广部）、收购管理部、基层建设管理部、复烤企业管理部、财务部、经营部等 8 个内设机构。

中国卷烟销售公司

【主要职责】 中国卷烟销售公司是国家局、总公司直属的专业性公司，承担一定的行业宏观管理职能。

1. 组织、指导、协调、管理全国卷烟销售工作，研究提出全国卷烟销售工作的政策和相关制度。

2. 指导全国卷烟销售网络建设和商业企业卷烟现代流通建设工作；拟订卷烟销售网络运行规范，参与拟订卷烟销售网络管理标准。

3. 组织实施全国卷烟市场需求预测工作，参与拟订卷烟销售计划；参与组织卷烟产销衔接和品牌定向整合工作，参与拟订卷烟品牌发展规划。

4. 组织、指导全国卷烟市场调查工作，采集、分析、发布卷烟市场信息；参与组织卷烟销售信息化工作，负责卷烟销售信息网络的管理与维护。

5. 组织、指导全国卷烟交易工作，拟订卷烟营销规则，监督、检查卷烟促销工作；参与拟订进口卷烟销售计划，拟订进口卷烟的国内销售管理办法；组织、协调中外合作国内生产卷烟品牌的市场销售工作；依法对公司的全资企业、参股企业行使出资人权利，经营和管理国有资产，承担保值增值的责任。

6. 承办国家局、总公司交办的其他事项。

【负责人】 总经理：曹华青；副总经理：李春滨、王　宏；总经理助理：杨荣生（挂职）

【内设机构】 设办公室、财务部、网建部、信息部、市场管理部、交易管理部等 6 个内设机构。

中国烟草投资管理公司

【主要职责】 中国烟草投资管理公司是国家局、总公司直属的专业性公司，承担一定的行业宏观管理职能。

1. 负责行业多元化投资经营工作的归口管理；参与编制行业多元化投资规划，参与审核多元化投资项目；参与审核多元化经营企业国有产权转让、国有资产无偿划转等事项。

2. 拟订行业多元化经营管理规定和企业退出机制，指导建立现代企业制度，完善公司治理结构；建立和完善行业多元化经营企业国有资产保值增值指标体系和目标考核制度。

3. 根据总公司的授权，对总公司直接投资及本公司投资的多元化企业行使出资人权利，履行出资人职责。

4. 负责行业战略性投资项目的规划、论证及组织实施工作。

5. 负责国产醋纤丝束经营，依法经营其他烟用材料；参与拟订醋纤丝束分配计划与价格。

6. 承办国家局、总公司交办的其他事项。

【负责人】 总经理：孙桂芳；副总经理：吴　益、张建华；总会计师：刘秋明；总经理助理：唐　强（挂职）（—2013. 3）（国烟人〔2013〕120 号）；副巡视员：刘中华（2013. 10—）（国烟人〔2013〕389 号）

【内设机构】 设办公室、企业管理部、行业指导管理部、事业发展部、财务管理部、审计部、经营部等 7 个内设机构。

中国烟草机械集团有限责任公司

【主要职责】 中国烟草机械集团有限责任公司是国家局、总公司直属的专业性公司，承担一定的行业宏观管理职能。

1. 参与拟订并组织实施烟草机械工业的发展规划、年度计划；参与拟订行业技术装备政策及烟草机械生产企业的生产布局、企业定点方案；拟订并组织实施行业设备管理制度，组织、协调行业生产设备的日常管理工作；负责推广新设备、新技术，发布淘汰设备目录。

2. 参与拟订国产烟草机械设备分配计划和价格政策；组织、协调全国烟草机械的购销管理工作；拟订并组织实施烟草机械产品生产经营业务的管理制度。

3. 负责行业设备大修理（翻修）的定点及布局工作，指导定点企业的生产经营和技术管理，拟订并组织实施设备大修理的年度计划；负责行业烟草机械零配件管理工作。

4. 负责烟草机械产品的技术管理工作；负责国内外烟草机械的技术交流、技术合作、对外技术谈判、技术培训和技术咨询服务工作；负责烟草机械引进技术的消化吸收和国产化工作；参与组织烟草机械新产品技术鉴定工作；拟订烟草机械产品的质量标准；参与拟订烟草机械设备进出口年度计划；参与组织烟草机械出口工作，负责组织货源和售后服务，参与组织国际市场开发工作。

5. 依法对控股企业行使出资人权利，经营和管理国有资产，承担保值增值的责任；按照国家局的授权，管理本公司及控股企业的人事、劳动工资及纪检监察工作。

6. 承办国家局、总公司交办的其他事项。

【负责人】 董事长、总经理、党组书记：王建法；副总经理、总会计师、党组成员：宋春华（部门正职级）（—2013.2）（国烟人〔2013〕67号）；副总经理、党组成员：于明芳、沈云龙、曲　伟；副巡视员：凌卫民、赵美燕、廖默然

【内设机构】 设办公室、综合计划部、人力资源部（纪检监察部）、生产管理部、市场部、财务资产部、技术合作部、设备管理部等8个内设机构。

中国烟草国际有限公司

【主要职责】 中国烟草国际有限公司是国家局、总公司直属的专业性公司，承担一定的行业宏观管理职能。

1. 按照集中统一对外原则，组织、指导、协调、管理中国烟草的国际业务；研究提出行业国际业务工作总体规划，拟订并组织实施开拓国际市场战略规划。

2. 统一经营和管理烟草类国营贸易业务，拟订相关规章制度，规范经营秩序；参与拟订烟草进出口产品的年度计划并负责组织实施；参与拟订烟草进出口产品价格；组织进口烟叶工作，组织实施进口烟叶采购的境外投资实体化运作。

3. 拟订行业境外企业的发展规划、生产布局；指导、协调、管理行业境外企业及境外卷烟销售网络的生产经营工作；参与拟订开拓国际市场的奖励政策，研究提出相关奖励方案。

4. 统一管理烟草行业境外投资及经贸合作；审查、评估行业境外投资项目和境外企业的设立、分立、合并与撤销，报国家局审批；协调解决对外贸易中的法律纠纷。

5. 依法对公司的全资企业、控股企业、参股企业行使出资人权利，经营和管理国有资产，承担保值增值的责任；根据国家局的授权，管理公司及境外投资控股企业和驻外机构的人事、劳动工资工作。

6. 承办国家局、总公司交办的其他事项。

【负责人】 总经理、党组书记：张本甫；副总经理、党组成员：郭胜锁（部门正职级）、高学林（部门正职级）；巡视员兼副总经理、党组成员：梁占华、潘肖勇；副总经理、党组成员：谭小燕；总会计师、党组成员：张宏实；副巡视员：吴　伟、熊　斌

【内设机构】 设公共事务部、企划投资部、国营贸易部、烟叶运营部、市场拓展部、财务管理部、法律事务部、人力资源部等8个内设机构。

【驻外机构】 公司以控股方式管理深圳烟草进出口有限公司。公司还直接管理10个驻外机构：天利国际经贸有限公司（所在地：中国香港）、中国烟草国际有限公司驻津巴布韦代表处（所在地：津巴布韦哈拉雷）/天泽烟草有限责任公司、中烟国际巴西有限公司（所在地：巴西圣克鲁斯）、中国烟草国际有限公司驻莫斯科代表处（所在地：俄罗斯莫斯科）、中国烟草日本株式会社（所在地：日本东京）、迪拜瑞士达贸易有限责任公司（所在地：阿联酋迪拜）、中烟国际阿根廷有限责任公司（所在地：阿根廷萨尔塔省）、CTPM国际有限公司（所在地：瑞士洛桑）、中烟国际（北美）股份有限公司（所在地：美国北卡罗莱纳州）、中烟英美烟草国际有限公司（所在地：中国香港）。

中烟商务物流有限责任公司

【主要职责】 中烟商务物流有限责任公司是国家局、总公司直属的专业性公司，承担一定的行业宏观管理职能。

1. 拟订行业电子商务发展规划，负责烟草电子商务平台建设工作。

2. 组织、指导、协调、管理行业物流建设工作，拟订行业物流标准；承担行业现代物流工作领导小组的日常工作。

3. 负责烟草电子商务平台、行业卷烟生产经营决策管理系统和物流信息系统的运行维护、安全管理和技术支持工作；负责有关数据汇总、分析，提供信息服务。

4. 承办国家局、总公司交办的其他事项。

【负责人】 总经理：吕忠信；副总经理：董传国、范建治；总工程师：王金亮；副巡视员：李卫国（2013.4—，之前任副巡视员兼物流规划建设部主任）（国烟人〔2013〕179号）；总经理助理：李文辉（挂职）

【内设机构】 设办公室、综合管理部、交易部、物流规划建设部、物流管理运行部、技术部（物流信息化部）、财务部等7个内设机构。

中国烟草实业发展中心

【主要职责】 中国烟草实业发展中心是国家局、总公司直属的专业性公司。

1. 指导、协调、管理所属企业的生产经营活动；指导所属企业安全生产工作。

2. 组织实施所属企业组织结构调整，指导企业改革。

3. 依法对所属企业的国有资产行使出资人权利，承担国有资产保值增值责任，管理监督所属企业财务资金，组织实施内部审计工作。

4. 管理所属企业人事、劳动工资工作，指导所属企业精神文明建设，负责所属企业纪检监察工作。

5. 承办国家局、总公司交办的其他事项。

【负责人】 总经理、党组书记：张建军；副总经理、党组成员：李增林、赵　琦、刘　龙；纪检组长、党组成员：马保军；总会计师：汪利华；副巡视员：李立林、秦　燕、郁　毅

【内设机构】 设办公室（外事办公室）、人力资源部、

生产部、安全监督管理部、企业管理部、财务部、审计部（监事室）、法律与改革部、市场营销部、物资供应部、纪检监察部等 11 个内设机构。

中国双维投资公司

【主要职责】 中国双维投资公司是国家局、总公司直属的专业性公司。

1. 负责烟草行业重大战略性投资项目的规划、论证和可行性研究工作。

2. 组织实施经中国烟草总公司批准的投资项目。

3. 承担本公司直接投资企业和投资项目的经营管理工作。

4. 参与整合中国烟草总公司确定的行业多元化投资项目的优质资产。

5. 根据国家烟草专卖局授权，管理公司的人事、劳动工资工作。

6. 承办国家局、总公司交办的其他事项。

【负责人】 总经理、党组书记：吴建明；巡视员兼副总经理、党组成员：王建雪；副总经理、党组成员：戴伟坤（—2013. 2）、栗新华、王卫平（挂职）；部门副职：孔庆峰、徐晓新、易武军；总经理助理：李　民（挂职）

【内设机构】 设办公室、法律部、投资管理部、企业管理部、财务部等 5 个内设机构。

【分支机构】 设中国双维投资公司银川分公司① 1 个分支机构。

《中国烟草》杂志社有限公司②

【主要职责】 《中国烟草》杂志社有限公司是中国烟草总公司的全资子公司，具有独立的企业法人资格。

1. 编辑、出版、发行国家局的机关刊物《中国烟草》杂志（半月刊）。

2. 建设、维护、管理中国烟草资讯网。

3. 在国家局办公室指导下负责《中国烟草年鉴》编纂发行工作。

4. 编辑出版发行《新烟草》杂志（旬刊）。

5. 承办《烟草企业文化》杂志（月刊）编辑工作。

6. 管理和经营中烟广告公司。

7. 开展图书音像出版业务。

【负责人】

董事会③

董事长：刘　杰；董事：王献生、任　静、赵百东、王劲栋；监事：张书东；

经理层

总经理、法人代表：刘　杰；总编辑：王献生；副总经理：任　静

【内设机构】 设主编室、编辑一部、编辑二部、记者部、美术摄影编辑部、网络部、《中国烟草年鉴》编辑部、《新烟草》编辑部、《烟草企业文化》编辑部、综合办公室、中烟广告公司（广告部）、财务部、发行部、市场部、考评部等 15 个内设机构。

国家烟草专卖局职工培训中心（中共国家烟草专卖局党校）

【主要职责】 国家烟草专卖局职工培训中心（党校）是国家局直属的事业单位。

1. 负责行业司、处级党员领导干部党校教育，承担有关素质能力培训工作；组织开展相关教学课题研究。

2. 承办国家局、总公司组织的会议及业务培训。

3. 负责教育、培训、会议等服务保障工作。

4. 承办国家局、总公司交办的其他事项。

【负责人】 党校校长：高　林；党校常务副校长、培训中心主任：何秀群；巡视员兼党校副校长（培训中心副主任）：王继锋（—2013. 2）（国烟人〔2013〕69 号）；党校副校长、培训中心副主任：曾晓三

【内设机构】 设办公室、教务处、总务处等 3 个内设机构。

烟草经济研究所

【主要职责】 烟草经济研究所是国家局直属的事业单位。

1. 研究行业改革发展的经济理论和行业经济政策、重大产业政策、发展战略。

2. 参与行业有关重大问题的调研工作。

3. 分析研究国际烟草经济与科技信息、国际烟草市场动态及有关国家烟草政策。

4. 分析研究国家经济体制改革和国民经济运行信息；承担行业软科学研究工作。

---

① 2013 年 8 月，根据《国家烟草专卖局 中国烟草总公司关于成立中国双维投资公司银川分公司的通知》（国烟人〔2013〕329 号），撤销双维上海庙基地建设管理委员会，成立中国双维投资公司银川分公司。该公司承担原双维上海庙基地建设管理委员会的职责，代表双维公司对上海庙基地建设进行管理。

② 2013 年 4 月，国家局、总公司下发《关于设立〈中国烟草〉杂志社有限公司的通知》（国烟法〔2013〕155 号），推进《中国烟草》杂志社转企改制工作，由总公司投资设立《中国烟草》杂志社有限公司，是中国烟草总公司的全资子公司，注册资本为 4000 万元人民币，由中国烟草总公司以货币方式出资。

③ 2013 年 4 月，国家局、总公司下发《关于设立〈中国烟草〉杂志社有限公司董事会的通知》（国烟人〔2013〕188 号），决定设立《中国烟草》杂志社有限公司董事会，并委派董事长、董事；同月，下发《关于委派〈中国烟草〉杂志社有限公司监事的通知》（国烟人〔2013〕189 号），委派监事；同月，下发《关于刘杰等同志任职的通知》（国烟人〔2013〕190 号），任命《中国烟草》杂志社有限公司领导人员。

5. 承办国家局、总公司交办的其他事项。

【负责人】 所长：郭联君（兼）；副所长：李印美；副巡视员：左 红

【内设机构】 设办公室、政策研究室、产业研究室等3个内设机构。

机关服务中心（机关服务局）

【主要职责】 机关服务中心（机关服务局）是国家局直属的事业单位。

1. 负责机关及广安门办公楼行政后勤管理工作，拟订并组织实施内部管理制度；负责内部聘用人员的人事、劳动工资管理工作；管理北京金叶园会议中心。

2. 负责机关及广安门办公楼固定资产的管理；负责机关办公用品的采购、保管和供应工作；负责机关及广安门职工食堂的管理及食品的采购供应工作。

3. 负责机关及广安门办公楼交通运输、机动车辆管理、使用及安全工作；负责机关及广安门职工的医疗、保健、计划生育工作；负责机关及广安门办公楼门前三包、绿化、美化工作。

4. 负责机关及广安门办公楼的基本建设、房地产、房改及相关物业管理工作。

5. 负责广安门办公楼的消防、安全保卫工作。

6. 承办国家局、总公司交办的其他事项。

【负责人】 主任（局长）：张永军；副主任（副局长）：何绍青、付久海、綦振平；副巡视员：李卫东

【内设机构】 设办公室、综合服务处、财务处、生活福利处、基建房产处、广安门管理处等6个内设机构。

烟草经济信息中心

【主要职责】 烟草经济信息中心是国家局直属的事业单位，承担一定的行业宏观管理职能。

1. 拟订并组织实施行业信息化发展规划和管理制度、办法；拟订行业电子政务和电子商务建设的技术方案。

2. 拟订并组织实施行业信息化规范和标准；审核行业直属单位信息化规划和实施方案。

3. 负责行业统计工作；负责行业数据中心建设和管理工作。

4. 负责建设和管理行业网络通信系统；监督检查行业网络信息安全工作。

5. 承担行业信息系统运行维护管理工作；负责总公司上海容灾中心业务管理工作。

6. 负责国家局内、外网站的建设和管理；承担国家局机关信息化项目建设工作，办理设备购置等有关事项；指导行业直属单位网站的建设和管理；承担国家局信息化工作领导小组的日常工作。

7. 承办国家局、总公司交办的其他事项。

【负责人】 主任：胡新华；副主任：陈 彤（—2013.5）（国烟人〔2013〕193号）、高一军、潘 红（2013.3—）（国烟人〔2013〕108号）；总工程师：江 涛；副巡视员：秦 剑

【内设机构】 设综合处、信息统计分析处、系统运行处、网络通信安全处、运行维护管理处等5个内设机构。

中国烟草学会办事机构

【主要职责】 中国烟草学会是依法登记的全国性非营利性具有法人地位的学术性社会团体。

中国烟草学会办事机构在国家局、总公司领导下开展工作，接受民政部、中国科协的监督管理和业务指导，执行中国烟草学会理事会决议，处理日常事务。

1. 根据行业发展需要，组织行业科技工作者开展学术交流、科学普及和科技咨询活动，编印学术刊物。

2. 承担中国烟草学会的日常工作；负责协调上海中国烟草博物馆的业务工作。

3. 承办国家局、总公司交办的其他事项。

【负责人】 理事长：张 辉；副理事长：潘家华、金忠理、董国智、杨 俊、刘建福、王元英、刘国顺；秘书长：董国智（兼）；副秘书长（部门副职）：韩希昌（2013.4—）（国烟人〔2013〕132号）；副巡视员：哈君利（2013.6—）（国烟人〔2013〕131号）

【内设机构】 设办公室、学术部、编辑部等3个专业部门。

省级工业公司董事会工作办公室

【主要职责】

1. 直接从事部分公司董事会工作。

2. 协调公司董事会之间的工作。

3. 指导实行三级母子公司体制的卷烟工业企业的董事会工作。

4. 指导非烟企业董事会工作。

5. 研究探索直接从事经营的省级烟草公司的董事会建设。

【负责人】 主任、董事长：王彦亭；董事长（部门正职）：卢瑞刚、汪世贵；董事（部门副职）：李晓兵、舒 明、穆重林、黄翠萍、马伶燕、朱湘海

【内设机构】 设综合处、秘书处2个内设机构。

整顿和规范市场经济秩序领导小组办公室

【主要职责】 整顿办为临时性机构，在国家局整顿和规范市场经济秩序领导小组（简称“领导小组”）的直接领导下，承担领导小组的日常工作。

1. 负责向领导小组报告全行业整顿和规范市场经济秩序工作的重大事项，做好牵头、组织、协调、综合指导全行业整顿和规范市场经济秩序工作。

2. 根据烟草行业整顿和规范市场经济秩序的总体要求，做好整顿和规范市场经济秩序的调研工作，向领导小组提出整顿和规范市场经济秩序的工作建议。

3. 组织全国烟草行业整顿和规范市场经济秩序的有关会议。

4. 负责组织起草整顿和规范市场经济秩序工作的领导讲话和文件；组织协调烟草行业专项整治行动的实施，督办重大案件的查处工作。

5. 负责与全国整顿和规范市场经济秩序领导小组办公室的工作联系。

【负责人】 主任：赵国臣；巡视员兼副主任：马　宁（2013.6—，之前任副主任）（国烟人〔2013〕256号）；副主任：叶建华、张国宾；副巡视员：庄怀成（2013.6—）（国烟人〔2013〕256号）、郭秀云（2013.6—）（国烟人〔2013〕256号）

【内设机构】 设综合组、业务组2个内设机构。

水源工程建设办公室

【主要职责】

1. 研究提出行业水源工程项目援建总体规划、年度计划和实施方案。

2. 负责拟订援建项目管理办法。

3. 参与审核援建项目，参与检查工程建设和资金使用情况，参与项目竣工验收工作。

4. 负责建立工程项目报告制度并组织实施，承担项目档案整理归档工作。

5. 承办领导交办的其他事项。

【负责人】 主任：陈江华（兼）（2013.3—）（国烟人〔2013〕88号）；副主任：吴践志（2013.3—）（国烟人〔2013〕109号）、张玉征（2013.3—2013.8）（国烟人〔2013〕91号、国烟人〔2013〕317号）

【内设机构】 设综合组、基础设施组和水源工程组等3个内设机构。

中国烟草总公司郑州烟草研究院

【主要职责】 综合性从事烟草科学研究与开发，是国际标准化组织（ISO）第126技术委员会国内技术归口单位。主要从事烟草栽培调制及贮保、卷烟加工工艺和卷烟配方、烟草化学、烟用香精香料、卷烟减害降焦、再造烟叶等方面的应用基础研究和共性技术研究，卷烟厂和烟叶复烤厂的工程设计，行业相关检测仪器的研制、开发等。其学科范围覆盖烟草栽培及卷烟生产的全过程。

【负责人】 院长、党组书记：闫亚明；副院长、党组成员：谢剑平；副院长、纪检组长、党组成员：赵继先；副院长、党组成员：张建勋、罗登山；党组成员：胡清源

【内设机构】 设院长办公室、机关党委（人事处）、科研开发处、财务管理处等4个职能部门，烟草农业研究室、烟草工艺研究开发中心（烟草工艺重点实验室）、烟草化学重点实验室、烟草香料基础研究重点实验室①等4个科研部门，国家烟草基因研究中心、中国烟草科技信息中心、中国烟草标准化研究中心等3个行业中心，河南新桥烟草科技服务有限公司、郑州嘉德机电科技有限公司2家多元化经营企业。

中国烟草总公司合肥设计院

【主要职责】 受国家局、总公司委托，承担烟草行业固定资产投资工程项目的技术审查职责，负责组织行业固定资产重大投资工程项目总体规划、项目申请报告、初步设计文件、工程超支分析报告等技术审查以及对重大项目和课题的专家论证、评估。在完成国家局委托的工程项目技术审查任务的基础上，保留部分经营职能，利用其技术优势，承接行业打叶复烤厂、烟用原料仓库和部分项目施工图审查及设计咨询工作。

【负责人】 院长、党委书记：朱小平（正厅级）；副院长、党委委员：陆　敏、葛　波（2013.4—）（国烟人〔2013〕127号、国烟党〔2013〕36号）

【内设机构】 设技术审查处、生产设计处、经营处、人力资源处、财务处、办公室等6个内设机构。

中国烟草总公司职工进修学院

【主要职责】 承担烟草行业高技术、高技能人才培训，承担行业远程培训任务，具体承办行业培训师资库和培训教材库的建设与管理；培训师资的培训，开展远程教育培训和职业技能竞赛，并为企业提供职业技能鉴定、培训开发设计、培训评估、培训师资、培训教材和培训案例建设、培训信息资源、培训业务和生产技术咨询及成人学历教育服务。

【负责人】 院长、党组书记：路鹏翔；副院长、党组成员：杨保吉；副院长（兼）、党组成员：连　飞；副院长、党组成员：刘学义、李广才；纪检组长、党组成员：陈卫华

【内设机构】 设办公室、人事处、财务管理处、审计处（监察处）、安全保卫处（政策法规处）等5个行政管理部门，教务处、教研处、远程培训处、对外合作处、学员处、信息中心等6个教学服务部门，后勤处、物业部2个后勤服务部门，以及综合管理处、鉴定考核处、标准命题处等3个职业技能鉴定部门。

---

① 2013年1月，国家局下发《关于认定烟草行业重点实验室的通知》（国烟科〔2013〕35号），烟草香料基础研究重点实验室认定为烟草行业重点实验室。

烟草行业组织结构图

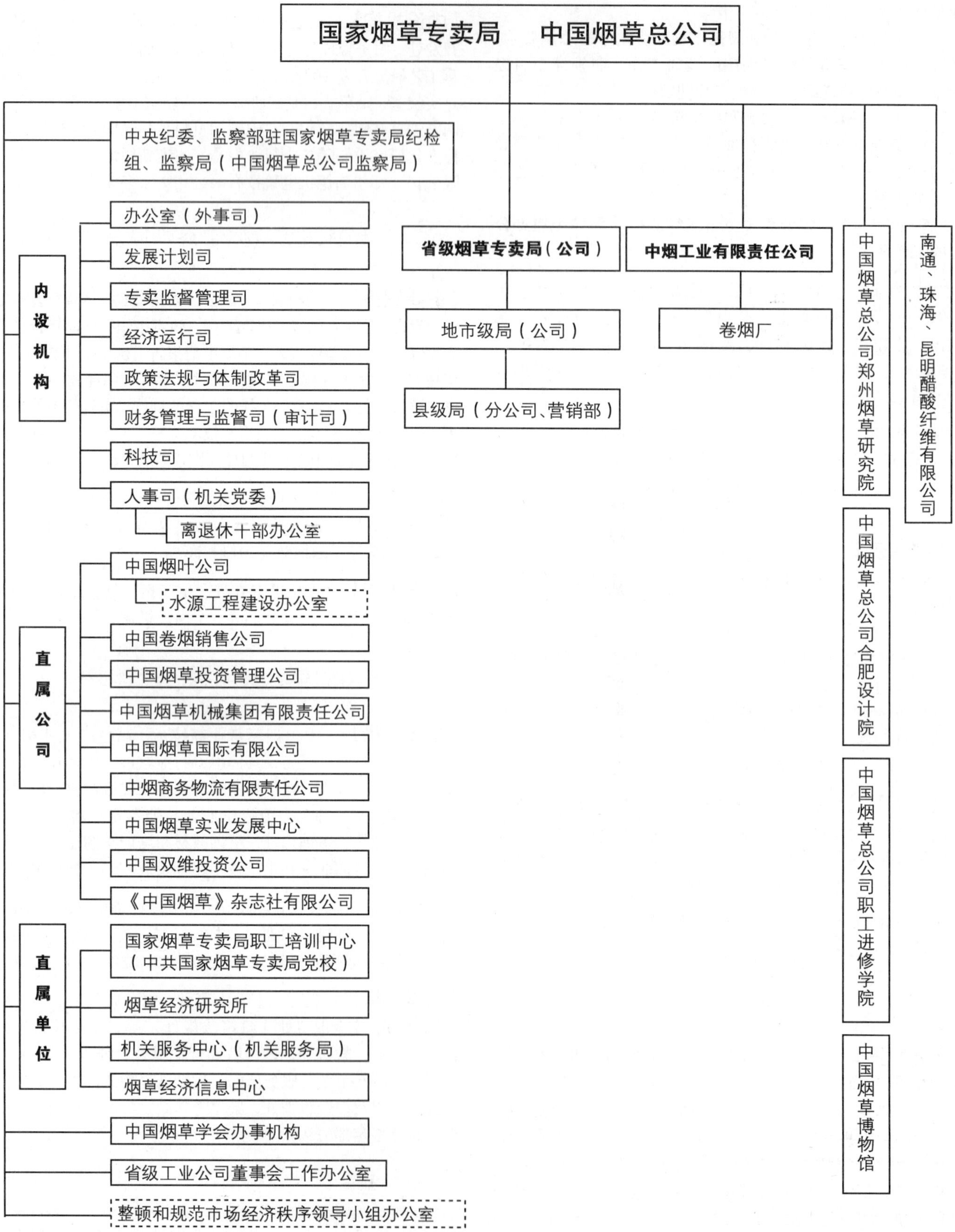
国家烟草专卖局　中国烟草总公司
中央纪委、监察部驻国家烟草专卖局纪检组、监察局（中国烟草总公司监察局）
内设机构
办公室（外事司）
发展计划司
专卖监督管理司
经济运行司
政策法规与体制改革司
财务管理与监督司（审计司）
科技司
人事司（机关党委）
离退休干部办公室
直属公司
中国烟叶公司
水源工程建设办公室
中国卷烟销售公司
中国烟草投资管理公司
中国烟草机械集团有限责任公司
中国烟草国际有限公司
中烟商务物流有限责任公司
中国烟草实业发展中心
中国双维投资公司
《中国烟草》杂志社有限公司
直属单位
国家烟草专卖局职工培训中心（中共国家烟草专卖局党校）
烟草经济研究所
机关服务中心（机关服务局）
烟草经济信息中心
中国烟草学会办事机构
省级工业公司董事会工作办公室
整顿和规范市场经济秩序领导小组办公室
省级烟草专卖局（公司）
地市级局（公司）
县级局（分公司、营销部）
中烟工业有限责任公司
卷烟厂
中国烟草总公司郑州烟草研究院
中国烟草总公司合肥设计院
中国烟草总公司职工进修学院
中国烟草博物馆
南通、珠海、昆明醋酸纤维有限公司

10月17日，内蒙古区局举办第二届法律知识竞赛(决赛)

内蒙古区局 供稿

1月28日，黑龙江双鸭山市局清点查获的非法卷烟

黑龙江双鸭山市局 李松阳 摄

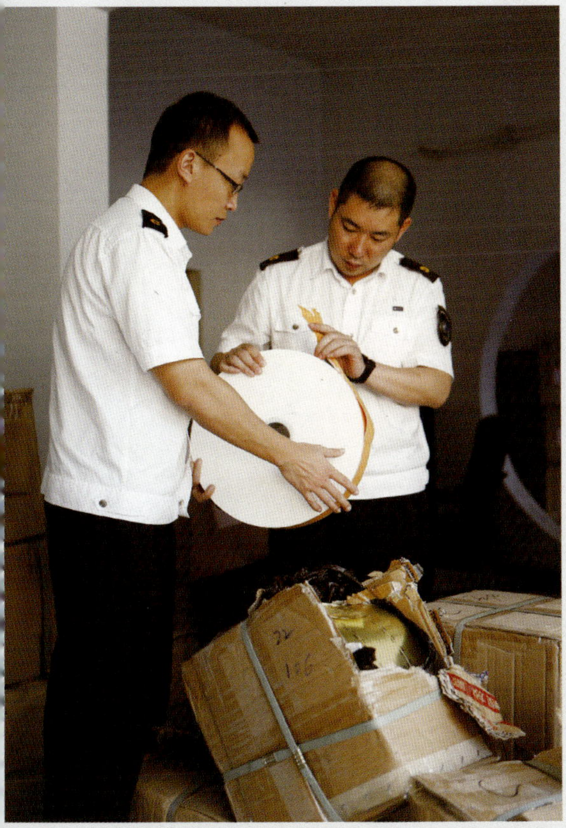

10月8日，浙江义乌市局打假工作人员查处“5·22制售假烟案”制假原料仓库

浙江义乌市局　刘晓栋　摄

3月15日，浙江杭州市局在富阳市环保热电厂采取“绿色”方式销毁假冒卷烟

浙江杭州富阳市局 方洪潇 摄

9月10日，山东临沂市局举办领导干部学法用法暨第四届全面提升“三个依法”水平知识竞赛

山东临沂市局　侯丕峰　摄

河南平顶山市局举办“家文化杯”卷烟真伪鉴别技能竞赛

河南平顶山市局 陈朝阳 摄

5月23日，河南省局举办专卖业务骨干轮训第一期培训班
河南省局 司磊 摄

3月15日，广西桂林灵川县局组织开展“3·15”法制宣传活动
广西桂林市局 倖福杰 摄

6月28日，广西桂林市局案件审理员、“全国五一巾帼标兵”费静(左二)在走访市场时宣传《烟草专卖法》
广西桂林市局 倖福杰 摄

1月8日，云南德宏州人民检察院与德宏州烟草专卖局首次召开惩治和预防职务犯罪工作联席会议

云南省德宏州局　翟伟　摄

8月29日，云南大理州局专卖人员深入田间地头宣传烤烟专卖政策

云南大理州局 赵泽恒 摄

5月17日，云南瑞丽市公安局经济犯罪侦查大队烟草案件侦查中队挂牌

云南瑞丽市局 供稿

烟叶生产

现代烟草农业

4月4日，湖北襄阳市烟农合作社专业化服务队员在进行机耕作业

湖北襄阳市局 供稿

广西靖西县局（营销部）

推广烟叶种植全程机械化

广西靖西县局　赵丹　摄

四川凉山盐源县局（分公司）

开展“太阳能加热育苗”研究

四川省局　供稿

2月9日，云南楚雄牟定县散花综合服务合作社烟农在育苗工场进行播种育苗

颉虎平 摄

10月28日，全国烟草行业“烟蚜茧蜂防治烟蚜技术”第四期培训班学员在云南玉溪接受现场教学

云南玉溪市局 供稿

陕西南泥湾示范园现代化育苗工场

陕西延安市局 李磊 摄

3月27日，重庆丰都县太平乡水源工程项目举行开工仪式

重庆市局 供稿

10月22日，贵州省局（公司）在黔东南州召开贵州省基本烟田土地整理现场推进会

贵州黔东南州局　供稿

8月9日，广东省局（公司）2012年度烟基建设工作通过国家局检查验收

广东省局　供稿

2月4日，云南昆明石林县5万亩烟田土地整理项目举行开工仪式

云南昆明市局 王希文 摄

6月7日，中国烟草·蒙自市润蒙水源引水工程在云南红河蒙自市草坝镇实现试通水

邢忠敏 摄

7月18日，云南普洱市思茅区云仙乡芦山村烟农在建设小水窖

云南普洱市局 史春雨 摄

福建三明沙县烟农移栽烟苗

张帅 摄

11月21日，黑龙江集贤烟叶分公司员工为园区育苗大棚清雪

黑龙江集贤烟叶分公司 供稿

3月4日，江西抚州资溪县局（分公司）组织青年员工帮助烟农移栽烟苗

江西资溪县局　吴志贵 摄

8月14日，江西赣南烟叶复烤有限责任公司工人在生产线解把铺叶

赣南烟叶复烤有限责任公司

郭为民 摄

5月15日，山东莱芜市局（公司）烟叶技术员走进田间地头召开烟叶移栽技术标准现场会

山东莱芜市局　供稿

5月7日，河南中烟许昌卷烟厂市场营销人员学习烟叶大棚育苗知识

河南中烟许昌卷烟厂 供稿

7月1日，湖北襄阳枣阳市局（营销部）烟叶技术员指导烟农处理不适用烟叶

湖北襄阳市局 供稿

8月，河南信阳市平桥区肖王乡许岗村烟农喜获丰收

河南信阳市局 陈国胜 摄

8月20—23日，四川烟草商业系统首届烟叶烘烤技能竞赛在攀枝花举办

四川省局　供稿

4月11日，贵州遵义正安县烟农在育苗大棚剪叶

贵州遵义正安县局 万能 摄

7月22日，贵州遵义市局（公司）“抗旱救灾志愿服务队”用洒水车抗旱保烟

贵州遵义市局　供稿

4月16日，云南曲靖市烟农应用膜下小苗移栽技术进行移栽

云南省局 朱党强 摄

4月24日，云南红河泸西县局（分公司）为烟农免费送水促烤烟移栽

云南红河州局 姚建民 摄

5月9日，英国普瑞敏烟草公司代表在云南楚雄苍岭镇考察优质烟合作项目

云南楚雄州局 谢敏 摄

生产经营

【卷烟配送】

11月20日，黑龙江鸡西市局（公司）送货员雪中为零售客户送货

黑龙江鸡西市局 供稿

6月26日，浙江绍兴市局（公司）卷烟物流中心卷烟分拣配送现场

浙江省局 丁以一 摄

10月8日，超强台风“菲特”突袭浙江，杭州市局（公司）送货员克服困难配送卷烟

浙江杭州市局 谢宇乐 摄

6月25日，山东济宁微山县局（营销部）送货员为湖上零售客户送烟

山东济宁微山县局 王君章 摄

7月17日，四川成都市局（公司）物流中心送货车辆出发为零售客户送货

四川省局 供稿

贵州贵阳市局（公司）卷烟配送中心自动分拣线现场

贵州贵阳市局 供稿

2月28日，云南迪庆州局（公司）送货员穿越雪山峡谷为零售客户送货

云南迪庆州局 泽仁平措 摄

1月4日，新疆阿勒泰地区吉木乃县局送货员在送货途中为车轮装上防滑链

新疆区局（公司） 安晓波 摄

春节期间，江苏徐州贾汪区局（分公司）客户经理为零售客户送上节日祝福

江苏徐州贾汪区局 孙忠义 摄

2月22日，安徽安庆潜山县局（营销部）客户经理帮助零售客户整理柜台

安徽安庆潜山县局 供稿

9月13日，陕西卷烟零售客户学习扫码枪的使用

陕西省局 供稿

9月23日，新疆喀什地区局（公司）组织卷烟零售协会开展手工艺品制作大赛

新疆喀什地区局 张静 摄

11月29日，安徽滁州市局（公司）“感知徽映”营销中心建成开放

安徽省局　供稿

6月25—26日，福建省局（公司）进行内训师选拔

福建省局 林麦梓 摄

9月9日，陕西咸阳市局（公司）客户经理通过移动平台现场办公

陕西咸阳市局 魏锋 摄

4月17日，甘肃省局（公司）营销技能大赛闭幕

甘肃省局 供稿

4月15日，宁夏中卫市局（公司）协同安徽中烟在中卫市举办“鲜活的黄山”品牌文化交流周活动

宁夏中卫市局 徐强 摄

安全工作

6月21日，辽宁辽阳市局（公司）开展消防知识培训及灭火疏散演练

辽宁辽阳市局 董娜 摄

7月29日，福建省局（公司）安全生产工作会议代表在事故隐患排查技能模拟现场进行演示

福建省局 林麦梓 摄

4月13日，新疆吐鲁番地区局（公司）开展驾驶人员技能大比武活动

新疆吐鲁番地区局 供稿

省级局（公司）

北京市烟草专卖局（公司）

【概　况】　北京市烟草专卖局、北京市烟草公司成立于1986年1月。1985年12月31日，北京市经委与中国烟草总公司共同签署《关于北京市烟草公司上划交接协议书》；同日，北京市政府办公厅下发京政办发〔1985〕148号文件，决定北京市烟草专卖局、北京市烟草公司自1986年1月1日正式成立，上划并开展工作。北京市烟草公司更名为中国烟草总公司北京市公司。市局（公司）下辖16个区（县）烟草专卖局（公司），北京烟草营销中心，北京烟草物流中心，以及北京京烟卷烟零售连锁有限公司、北京金健恒通商贸有限公司和北京通大家园物业管理有限公司等3个全资子公司，北京黎马敦太平洋包装有限公司1家合资公司。市局（公司）机关下设11个职能处室（2013年7月，撤销招投标委员会办公室，并入采购管理办公室，与综合计划处合署办公），以及15个专业部门（2013年4月，职业技能鉴定站、离退休人员管理办公室分别与人事劳资处分离；5月，整顿办与办公室分离；5月，成立网络信息办公室，挂靠办公室）。截至2013年底，拥有总资产113.65亿元，其中，固定资产19.94亿元、流动资产96.58亿元，资产负债率为4.55%。共有从业人员3423人。

【领导成员】

局长、总经理、党组书记：徐　瑾

巡视员、副总经理、党组成员：甄晓勇（2013.4—，之前任副总经理、党组成员）（国烟人〔2013〕126号）

副局长、党组成员：刘根甫

纪检组长、党组成员：周　宾

副总经理、党组成员：殷　刚（2013.4—）（国烟人〔2013〕126号、国烟党〔2013〕35号）

副总经理、党组成员：江　涛（2013.4—）（国烟人〔2013〕126号、国烟党〔2013〕35号）

副巡视员：罗　莉

副巡视员：李东梅

副巡视员：刘进民

副巡视员：陶老海（—2013.12）（国烟党〔2013〕106号）

副巡视员：臧卫东

【专卖管理】　卷烟打假。继续坚持以打击制售假烟网络为重点，组织打私专项斗争，加强运输环节监管，强化信息技术支持和案件深度经营，加大联合执法、行政执法与刑事司法衔接工作力度，着力构建“政府领导、部门联合、多方参与、密切协作”的打假打私体系，破获一批有影响的贩售假烟网络案件。

2013年，查处各类涉烟违法案件4717起，查获非法卷烟1.90亿支，其中假烟4102.3万支、走私烟1619.2万支；案值5万元以上的大要案432起；破获涉烟违法网络案件15起，其中7起被公安部、国家局列为部督案件。公安、司法机关依法刑拘110人，判刑100人。

市场监管。全面推广“三化合一”市场监管模式，应用APCD工作法［即将零售市场检查工作细分为“分析（Analysis）”“计划（Plan）”“检查（Check）”和“处理（Deal with）”四个环节，通过获取、分析、应用监管对象的各类信息，发现异常卷烟零售客户，确定检查对象，有针对性地进行市场监管］，引导市场监管员带着问题走市场，加强市场检查的针对性和目标性。创新市场检查方式，加大“异地、隐身、交叉、错时”检查，对重点时段、重点区域、重点零售客户进行重点监管。推进集中整治，组织开展涉烟集贸市场、无证经营、“天价烟”、雪茄烟专项治理。创新市场评价考核方式，抽调各区县业务骨干组织3次全市范围的异地、隐身、暗访检查。截至2013年底，北京市市场净化率为75.17%，“天价烟”治理率为99.7%，假私烟公开摆卖率为14.14%，无证经营率为10.99%，并有效治理朝阳弘善、大兴六合等19个重点涉烟集贸市场。

【经济效益】　2013年，北京市烟草商业系统实现税利49.28亿元，同比增长11.13%，其中利润29.36亿元，同比增长11.01%。三项费用率为4.64%。

【卷烟经营】　卷烟销售。2013年，北京市烟草商业系统销售卷烟439.26亿支（87.85万箱），同比增长5.02%，其中，销售一类烟75.94亿支（15.19万箱），同比增长10.51%；二类烟42.35亿支（8.47万箱），同比增长34.71%；三类烟202.14亿支（40.43万箱），同比增长13.43%；四类烟84.82亿支（16.96万箱），同比下降5.22%；五类烟34亿支（6.80万箱），同比下降32.53%。本地区销量居前三位的品牌为“红塔山”“中南海”“白沙”，销量分别为67.06亿支（13.41万箱）、57.66亿支（11.53万箱）、28.14亿支（5.63万箱）。2013年实现卷烟销售收入193.48亿元，同比增长12.75%。

雪茄烟销售。2013年，销售雪茄烟1411.36万支，同比增长31.61%，其中，销售国产雪茄烟1395.09万支，同比增长31.96%；销售进口雪茄烟16.27万支，同比增长7.28%。

品牌培育。以培育“532”“461”知名品牌为重点，加强工商协同，拓宽网络培育途径，实行品牌分类管理，严格品牌进退规则，构建“工商零”一体共育品牌的现代营销体系。重新修订《品牌管理程序》《卷烟促销管理程序》，出台《北京烟草品牌引入退出管理规则》，营造公平的市场

注：《省级局（公司）》栏目“××烟草专卖局（公司）”可简称“××局（公司）”。

环境。2013 年，北京市辖区销售行业重点品牌卷烟 394.7 亿支（78.94 万箱），同比增长 12.94%；在销规格（不含清库烟和定点销售烟）由 241 个精简到 198 个。改革营销模式，从需求预测、客户分类评价、货源组织、货源供应、品牌培育、监督检查等六个方面对营销流程进行调整。开展市场化导向下的精准营销，2013 年 13 个精准营销规格中，12 个规格达到累计上柜率目标。8 毫克/支及以下低焦油卷烟销量同比下降 12.05%，占北京市总销量的 19.6%。协助 18 家工业企业开展 106 项宣传促销活动。

现代卷烟零售终端建设。出台《北京烟草卷烟零售终端网上配货管理办法》，推进网上配货工作。5 月，召开全市网建工作会，对现代卷烟零售终端建设进行部署。建立第三方、千点户、专卖内管通报等多维度的卷烟市场价格监测体系，完善市场评价调控体系。推进零售客户“两卡”结算，满足客户经营结算和资金周转需求。推广“街区小组”客户区域合作方式，避免恶性竞争，保证客户盈利水平。开发集网上订货、网上配货、网上营销、网上服务、客户营销管理等功能于一体的“零售终端业务集成平台”。北京市网上订货客户占持证零售客户总数的 91.2%，网订累计销量占比 94%。客户综合满意度为 92.66 分，同比提高 3.58 分。

营销队伍建设。结合市场化取向营销方式改革和现代终端建设的要求，举办营销管理人员培训会、西安网建经验解读培训会等多期专项培训。开展营销内训员专项培训，初步建立营销内训员队伍。在 2013 年的全国卷烟营销技能竞赛上，有两名选手进入全国前 30 名。

【企业管理】 财务管理。优化和规范预算组织机构和预算流程，明确预算管理归口部门责任和分管的预算项目。修订预算定额项目和标准，升级预算管理信息系统。对资产实施处置全过程动态监管，完成 2012 年系统资产处置执行情况以及 2013 年系统资产处置预案的上报工作。2013 年，北京市烟草商业系统总资产贡献率为 194.97%，同比提高 6.02 个百分点；国有资产保值增值率为 121.88%，同比降低 0.57 个百分点。

质量管理。市局（公司）印发《关于进一步加强质量管理体系建设工作的意见》。举办北京烟草第二届 QC 成果发表会。2013 年有 2 个 QC 成果分别获第六届“海洋王”杯全国 QC 小组活动成果发表赛一、二等奖，1 个 QC 小组被评为“2013 年全国优秀质量管理小组”。

精益管理。印发《北京烟草推进企业精益管理实施方案》，提出推进精益管理的重大意义、总体要求、主要目标、工作内容和推进方案，并举办精益管理知识培训班。

【信息化建设】 适应卷烟营销业务流程调整，开发统一订货平台、跨行网上结算系统、手机支付应用及卷烟营销经营管理决策系统，从业务流程调整、营销模式创新、经营管理决策等三个方面为市场化取向改革提供信息化支撑。开展“网格化专卖市场监管项目”“战略性人力资源管理信息系统”建设，实现卷烟打假情报信息指挥系统项目移动终端应用，完成协同办公平台的全面推广和采购系统升级。探索云计算技术应用，提升系统运维水平。

【技术创新】 参与制订的“烟草商业企业标准化建设指南”和“卷烟主流烟气中氰化氢的捕集 剑桥滤片法”列入 2013 年度烟草行业标准制修订项目计划。由北京烟草质量监督检测站主要承担的“卷烟侧流烟气中挥发性有机化合物（1，3－丁二烯、异戊二烯、丙烯腈、苯、甲苯）的测定气相色谱－质谱联用法”（YQ/T 30—2013）获总公司批准发布实施。“件箱输送夹具”“件烟停放器”“改进链式打击机构”等三个项目获专利授权，“一种基于主流烟气指标的卷烟真伪鉴别方法”获专利受理。首次举办北京烟草系统软科学知识培训班。

【人力资源管理】 重视加强教育培训，市局（公司）下发《教育培训管理办法》《在职学历教育管理办法》《兼职培训教师管理暂行办法》等制度，2013 年组织开展各类培训项目 80 个，培训员工 6051 人次。开展 3 个职业（岗位）、5 个批次的鉴定，鉴定总人数 658 人次，其中，开展 2 个批次营销师（卷烟商品营销员）职业技能鉴定，获证总数 138 人，鉴定合格率 57.5%；开展 2 个批次专卖管理岗位鉴定，获证总数 117 人，鉴定合格率 48%；举办 1 个批次（第四期）物流岗位鉴定试点，通过 39 人，合格率 22.4%。

【特事要辑】 1 月 14 日，国家局局长姜成康到海淀区局（公司）调研。

1 月 29—30 日，2013 年北京烟草工作会议在北京平谷召开。国家局副局长赵洪顺出席会议并讲话。

4 月 11 日，国家局副局长杨培森到北京烟草调研。

4 月 25 日，国家局副局长何泽华到北京烟草物流中心调研。

5 月 29 日，国家局副局长李克明到海淀区局（公司）、朝阳区局（公司）调研。

6 月 7 日，新履职的国家局局长凌成兴到北京烟草调研。凌成兴肯定北京市局（公司）的工作成效，对下一步工作提出明确要求：一是要以专卖管理的标杆、市场营销的标杆、队伍建设的标杆“三个标杆”为目标扎实推进各项工作；二是要以按订单组织货源、按需求衔接计划、按价格调整策略“三项原则”为指导深化营销方式改革；三是要以改革的红利在哪里、发展的潜力在哪里、追赶的目标在哪里“三大课题”为焦点创造新的经验。国家局副局长赵洪顺一同调研。

6 月 17 日，驻国家局纪检组组长高林到北京烟草调研。

11 月 4 日，国家局副局长何泽华到北京烟草调研物联网建设项目。

11 月 19 日，国家局副局长赵洪顺带领国家局“市场化取向改革”课题组到北京烟草调研。

所属区、县局（公司）

【东城区烟草专卖局（公司）】 东城区烟草专卖局、北京市东城烟草公司成立于 1998 年 3 月。

改进工作作风，倾听群众诉求，2013年，区局（公司）开展领导干部“深入一线抓网格”活动、组织团员青年开展“我为终端站柜台”活动及“心手相连”帮扶零售客户志愿服务活动、开展“我为企业献一策”意见建议征集活动。

【西城区烟草专卖局（公司）】 西城区烟草专卖局、北京市西城烟草公司成立于1998年3月。2013年10月，区局（公司）搬入西城区太平街甲6号A座办公。

坚持市场化取向改革，以品牌培育为重点，深化零售终端建设，针对不同档位零售客户实施差异化管理，针对弱势群体开展“服务标兵”活动，开展街区小组活动推行“同街同价”，提高客户满意度及获利水平。

创新市场监管模式，实行网格化管理，结合APCD工作法，初步建立法律风险防控体系。

【朝阳区烟草专卖局（公司）】 朝阳区烟草专卖局成立于1991年7月，北京市朝阳烟草公司成立于1998年3月。

按照细分市场、细分客户、细分品牌“三个细分”营销工作思路，结合市场化取向改革后的市场表现，响应卷烟营销业务流程的调整，推进新模式下的卷烟营销、品牌培育和客户服务。组织针对重点品牌社会库存情况、阶段性的市场状况为核心内容的市场调研，了解掌握市场波动和零售客户真实需求。

以市场净化率为核心，以卷烟异常流动为抓手，以“网格化”管理为手段，对市场监管进行调整，实现零售客户监管“由面到点”、市场监管“由粗放到精细”、内部工作流程由“管查一体”到“管查分离”、促进两大主要业务部门由“专销结合”到“专销联动”的转变。通过调整集贸市场整治方式、加大无证经营治理力度、推进联合执法等措施，提升辖区卷烟市场净化水平。

【海淀区烟草专卖局（公司）】 海淀区烟草专卖局成立于1994年，北京市海淀烟草公司成立于1998年。

围绕新营销模式，推进专销互动，使市场监管员和客户经理、专卖管理和营销网建部门之间做到工作信息实时互通、实时共享，并加强对零售客户依法经营监管。9—12月，在专销互动工作中，营销科提供281条单品购进异常信息，内管派驻办提供18条异常信息，客户经理向市场监管员传递201条信息，市场监管员向客户经理传递72条信息。根据各部门提供的信息，专卖科共查获非法卷烟15.32万支，案值10.6万元。

【丰台区烟草专卖局（公司）】 丰台区烟草专卖局、北京市丰台烟草公司成立于1997年11月。

创新监管方法，提出“波浪式”监管模式，即实行网格内日常监管、市场稽查队集中整治、督导组定期抽查、专销内管信息共享反馈、监管组针对问题实地复查并完善监管计划的监管模式，突出差异化管理、个性化服务，重点解决市场中的突出问题，提升监管实效。区局（公司）作为全市行业信息导侦及打假指挥系统试点单位，开展系统的学习及运用，拓宽案件线索来源渠道，探索利用现代化信息手段侦破涉烟违法案件的模式。

【石景山区烟草专卖局（公司）】 石景山区烟草专卖局、北京市石景山烟草公司成立于1997年1月。

破获“10·22”网络案件，查获非法卷烟138.86万支，涉及78个品牌规格，案值187.21万元，刑拘5人。查办石景山区首起大型超市无证批发案件。6月12日，区局联合公安部门在辖区西五环衙门口桥西北侧查获无证运输的卷烟25.7万支，涉及23个品牌规格，案值23.85万元。

“提高卷烟需求预测准确率的方法研究”项目通过市局（公司）验收。

【通州区烟草专卖局（公司）】 通州区烟草专卖局成立于1992年8月，北京市通州烟草公司成立于1998年1月。

开展“按价类找主销”卷烟品牌培育创新活动，打造“培育主销品牌、关注辅助品牌、发展替换品牌”的品牌培育模式，提升重点品牌知晓率和覆盖率。截至年底，新品培育计划全部实现。

推进“三化合一”市场监管模式，合理划分网格，制定并运用“三步工作法”，采取异地、隐身、错时、交叉等方法，有效治理公开摆卖等问题。加强许可证管理，以“宽进严出”和“服务便民”为原则，制定实施辖区《烟草制品零售点合理布局规定》《烟草专卖零售许可证新办事项流程》，放宽许可证新办条件、缩短时限。

开展质量管理体系建设活动，分解并形成通州烟草三级质量目标管理体系。推进科技创新工作，组建10个QC小组并发布10项成果。

【顺义区烟草专卖局（公司）】 顺义区烟草专卖局、北京市顺义烟草公司成立于1997年8月。

以专销联动、考核连带为主线，创新卷烟营销管理模式，实行管界分区域、零售客户分等级、客户经理分职级、中层以上管理人员对应一名客户经理的连带考核措施。加强信息共享分析，推进APCD工作法在市场日常监管中的运用，采取交叉、错时检查等方式，突出集中整治和专项整治实效。建立“四级督察”体系，形成立体监控，杜绝考核“大锅饭”的现象。2013年，辖区假私烟市场净化率为97.4%，居全市第一位。

【延庆县烟草专卖局（公司）】 延庆县烟草专卖局、北京市延庆烟草公司成立于1995年3月。

2013年，辖区网上订货客户达到1076户，占辖区零售客户总数的76%，零售客户网订成功率达到99.5%以上。辖区内无证户数量从年初的82户降至25户，无证户比率降至1.75%。

成立流动资产专项清查领导小组，负责流动资产专项清查的落实。

【怀柔区烟草专卖局（公司）】 怀柔区烟草专卖局成

立于1996年6月，北京市怀柔烟草公司成立于2001年12月。

加强零售终端建设，2013年，针对业务流程调整“两卡”结算、卷烟非法流通、法律法规培训等重点工作，培训零售客户30余次。优化零售点的布局，邀请区人大、区政协、区政府法制办、区工商局代表和零售客户、消费者代表，召开零售点合理布局规定听证会。

【大兴区烟草专卖局（公司）】 大兴区烟草专卖局、北京市大兴烟草公司成立于1997年1月28日。

组织开展“街区小组”活动，成立16个街区小组，确保零售客户之间销售价格统一、明码标价。发展39户品牌培育示范店，并帮助其进行店面布置、维护与指导经营。修订完善《北京市大兴区烟草制品零售店合理布局规定》，经公示后正式施行。

【昌平区烟草专卖局（公司）】 昌平区烟草专卖局成立于1998年3月，北京市昌平烟草公司成立于1998年4月。

探索“三化合一”网格化监管体系，专卖部门强化日常监管，坚持异地、隐身、交叉、错时检查，特殊时期、特殊区域实行集中整治和专项治理相结合，联合相关执法部门组织联合行动。

区局（公司）作为街区小组活动的发起单位，注重小组活动实效和对小组功能的深度挖掘，扩大街区小组的队伍数量和业态范围，重点组织小组成员开展同街同价活动，稳定零售客户获利水平，并通过小组成员相互监督机制，事前预防不规范经营行为。

【密云县烟草专卖局（公司）】 密云县烟草专卖局、北京市密云烟草公司成立于1997年8月。

以“建立美丽密云烟草”为目标，开展各类生产经营活动。加强制度建设和职责流程梳理，整合形成18个规范性文件；查获京冀闽“1·30”部级督办网络案件；结合远郊区集市特点，开展3次卷烟品牌宣传，涉及消费者2500余人次；辖区网订客户比例在北京市排名第三位，网上订货成功率在全市排名第二位。

【门头沟区烟草专卖局（公司）】 门头沟区烟草专卖局、北京市门头沟烟草公司成立于1998年2月。

创新证件管理工作方式，针对拆迁地区卷烟经营户办证难、辖区无证户比例高的问题，采取办理短期许可证的方法，缩短办证时间，优化办证流程。

服务辖区发展，加入门头沟区义工联合会，团员青年参与到辖区义工志愿服务活动中。

【房山区烟草专卖局（公司）】 房山区烟草专卖局、北京市房山烟草公司成立于1998年4月。

保持卷烟打假破网高压态势，先后联合其他区局，破获“1·1销售假烟网络案件”“1·7重大跨省制售假烟网络案件”“1·23跨区销售假烟网络案件”等三起网络案件。对不同对象进行有针对性的普法宣传，对消费者开展“3·15”消费维权普法宣传、每月定期送法下乡流动法律宣传、“12·4”法制宣传等；对新办证户及2013年非渠道烟外流2次以上和单次外流数量较多的零售客户开展规范经营培训。

【平谷区烟草专卖局（公司）】 平谷区烟草专卖局、北京市平谷烟草公司成立于1998年1月。

全面实施“三化合一”市场监管模式，推广应用APCD工作法，开展“错时、交叉”检查方式，市场净化水平显著提升。完善市场调研新机制，建立全局集中调研与相关职能部门专题调研相结合的调研机制。强化单车配送成本考核，修理费用由5.25万元降低到3.26万元（剔除非正常费用），降幅达到37.8%。

所属其他二级单位及派驻机构

【铁路运输专卖分局】 北京市烟草专卖局铁路运输专卖分局成立于1990年7月。主要职责是检查铁路运输环节违法运输卷烟行为。截至2013年底，共有从业人员18人，其中聘用员工4人。

2013年，查处违法运输卷烟案件62起，查获非法卷烟1628.98万支，其中，铁路环节由分局立案41起，查获非法卷烟989.36万支。分局与北京铁路公安部门、哈尔滨铁路烟草局及沈阳铁路烟草局联合破获“1·9”“3·12”“7·31”等3起网络案件。向公安机关、检察院抄备案件28起，公安、司法机关依法刑拘9人，判刑7人。网上办案率、案件结案率、案卷评查优秀率均为100%。

【公路运输专卖分局】 北京市烟草专卖局公路运输专卖分局成立于1992年11月11日，是北京市烟草专卖局的专业部门，受北京市烟草专卖局和北京市交通委员会双重领导，主要负责北京市行政辖区内公路运输方面的烟草专卖行政管理。

2013年，查处各类涉烟违法案件220起，查处案值5万元以上重大案件114起，查获非法卷烟3646.37万支，案值1981.68万元，上缴罚没款333.54万元。破获“1·7”制售假烟网络案件，该案为公安部、国家局督办案件。网上办案率、案件结案率、案卷评查优秀率均为100%。

【北京京烟卷烟零售连锁有限公司】 北京京烟卷烟零售连锁有限公司前身为成立于2001年7月的北京丽天工贸有限公司。2005年11月，更名为北京京烟工贸有限公司，下设北京京烟卷烟零售连锁有限公司与京烟中海广告公司。2006年11月，撤销北京京烟工贸有限公司和京烟中海广告公司，股权转让保留给北京京烟卷烟零售连锁有限公司，为中国烟草总公司北京市公司的全资子公司，并代管新伟业科技发展公司。截至2013年底，拥有总资产1.97亿元，其中，固定资产358.59万元、流动资产1.93亿元，资产负债率为66.49%。共有从业人员347人。

加大品牌培育力度，出台《部分超高档卷烟奖励考核办法》《卷烟购进指导意见》等。推进替代型卷烟的培育，引导自营店挖掘适销的品牌进行培育。开展终端建设，组织4次调研活动。启动信息采集系统的研发项目。规范内部管理，全年共出动内部稽查人员89人次，现场检查自营店20店次；视频检查1722店次。选派22名青年店长参加职工进修学院组织的第一期直营终端管理培训。

【北京金健恒通商贸有限公司】 北京金健恒通商贸有限公司成立于2005年1月，是北京市烟草公司的全资子公司。公司推行现代化企业经营管理模式，为北京烟草系统所属办公楼、宿舍小区的业主提供保洁、会议、餐饮、设备运行维修服务，物业服务面积共计14.2万平方米。截至2013年底，公司拥有总资产1108.58万元，其中，固定资产87.3万元、流动资产1021.28万元，资产负债率为6.25%。共有从业人员294人。

2013年，实现经营收入3931.78万元，同比增长87.21%。实现利润487.44万元，同比增长82.36%。

创新服务管理模式，成立餐饮部，对各食堂采取“属地管理，统一核算”的管理方式。在物业服务方面，探索外包服务模式，有3个项目部采取保洁服务外包。完成锅炉改造工程，以电力蒸汽发生器替代蒸汽锅炉，改造后总体运行费用每年可节约42万元。

【北京通大家园物业管理有限公司】 北京通大家园物业管理有限公司成立于2011年5月。截至2013年底，公司拥有总资产1076万元，其中，固定资产57万元、流动资产1018万元，资产负债率为85%。共有从业人员61人。

2013年，实现各项收入1332万元，同比增长15.62%。亏损26万元。

坚持“全员服务、全员安全”的服务理念，以市场化为导向，加强队伍建设，搭建服务业主的平台。10月24日，成立通大家园业主互助委员会。制定《公司安全管理规定》，推进安全生产标准化建设工作。

2013年北京市烟草商业系统主要情况统计

区、县局（公司）名称		东城区局（公司）	西城区局（公司）	朝阳区局（公司）	海淀区局（公司）	丰台区局（公司）
主要负责人/法人代表		李　梅	江　涛（—2013.4） 王映刚（2013.4—）	张子义	王文相（—2013.3） 李学治（2013.3—）	武　斌（—2013.3） 杨　捷（2013.3—）
总资产（万元）		29699	33781	127430	102782	72210
资产负债率（%）		4.83	4.52	3.10	2.61	3.84
所属县级局（个）		—	—	—	—	—
所属县级公司/分公司（个）		—	—	—	—	—
所属县级营销部（个）		—	—	—	—	—
从业人员（人）		100	132	175	137	126
所属业务机构	营销机构	1个访销中心	1个访销中心	1个访销中心	1个访销中心	1个访销中心
	物流配送机构	—	—	—	—	—
	专卖稽查机构	1个稽查支队	1个稽查支队	1个稽查支队	1个稽查支队	1个稽查支队
	烟叶机构	—	—	—	—	—
销售卷烟	亿支	22.55	27.68	79.14	59.62	46.86
	2013年比2012年（%）	-6.30	-7.40	9.30	-2.33	6.71
卷烟销售收入（万元）		104931	127967	382085	287689	218269
实现税利	万元	20094	23416	82495	61899	46919
	2013年比2012年（%）	5.37	1.10	11.46	0.14	10.10
实现利润	万元	10429	11650	47256	35396	26795
	2013年比2012年（%）	7.89	-1.80	10.90	-0.54	10.05
查处涉烟违法案件（起）		210	164	398	703	654
查处涉烟违法案件案值（万元）		257	671	877	689	1152
2013年度烟草行业投入烟叶生产基础设施建设资金（万元）		—	—	—	—	—
全年烟叶生产基础设施新增受益面积（万亩）		—	—	—	—	—

续表

区、县局（公司）名称	东城区局（公司）	西城区局（公司）	朝阳区局（公司）	海淀区局（公司）	丰台区局（公司）
烟叶种植（万亩）	—	—	—	—	—
烟叶收购（万担）	—	—	—	—	—
烟农户数（户）	—	—	—	—	—
实现烟农总收入（万元）	—	—	—	—	—
零售客户数（户）	2124	2564	6049	4637	3616
零售客户销售毛利率（%）	13.41	12.09	13.12	12.86	13.20

区、县局（公司）名称		石景山区局（公司）	通州区局（公司）	顺义区局（公司）	延庆县局（公司）	怀柔区局（公司）	大兴区局（公司）
主要负责人/法人代表		陈　平	李学治(—2013.4) 夏建瓴(2013.4—)	孙立勇(—2013.3) 张秀武(2013.3—)	张凤军	齐福安(—2013.3) 孟庆伟(2013.3—)	李学梅(—2013.5) 郑思贤(2013.5—)
总资产（万元）		16496	41031	33812	7918	14051	29931
资产负债率（%）		4.25	2.97	3.24	6.10	4.22	3.93
所属县级局（个）		—	—	—	—	—	
所属县级公司/分公司（个）		—	—	—	—	—	
所属县级营销部（个）		—	—	—	—	—	
从业人员（人）		72	94	103	64	85	112
所属业务机构	营销机构	1个访销中心	1个访销中心	1个访销中心	1个访销中心	1个访销中心	1个访销中心
	物流配送机构	—	—	—	—	—	
	专卖稽查机构	1个稽查支队	1个稽查支队	1个稽查支队	1个稽查支队	1个稽查支队	1个稽查支队
	烟叶机构	—	—	—	—	—	
销售卷烟	亿支	11.63	33.46	26.88	8.21	10.79	27.70
	2013年比2012年（%）	-8.79	23.87	12.43	-2.70	-2.50	27.02
卷烟销售收入（万元）		50347	139955	105672	30085	40725	113676
实现税利	万元	9185	29284	21464	4721	7177	22437
	2013年比2012年（%）	-3.84	35.40	22.70	5.96	3.88	48.20
实现利润	万元	4557	16600	11892	2013	3497	12172
	2013年比2012年（%）	-6.58	36.09	23.11	5.17	2.28	51.37
查处涉烟违法案件（起）		178	309	211	78	144	334
查处涉烟违法案件案值（万元）		333	429	867	31	65	1119
2013年度烟草行业投入烟叶生产基础设施建设资金（万元）		—	—	—	—	—	
全年烟叶生产基础设施新增受益面积（万亩）		—	—	—	—	—	—
烟叶种植（万亩）		—	—	—	—	—	—
烟叶收购（万担）		—	—	—	—	—	—
烟农户数（户）		—	—	—	—	—	—
实现烟农总收入（万元）		—	—	—	—	—	—
零售客户数（户）		855	3028	3053	1423	1661	2895
零售客户销售毛利率（%）		13.46	12.14	13.06	12.91	13.04	13.35

区、县局（公司）名称		昌平区局（公司）	密云县局（公司）	门头沟区局（公司）	房山区局（公司）	平谷区局（公司）
主要负责人/法人代表		张　伟（—2013.4） 李路春（2013.4—）	李宝清（—2013.8） 苏英明（2013.8—）	訾学东	杨　军（—2013.9） 姚琴声（2013.9—）	陈江华
总资产（万元）		34172	14692	5295	29597	10015
资产负债率（%）		3.85	5.33	6.64	3.29	5.75
所属县级局（个）		—	—	—	—	—
所属县级公司/分公司（个）		—	—	—	—	—
所属县级营销部（个）		—	—	—	—	—
从业人员（人）		96	77	52	100	69
所属业务机构	营销机构	1个访销中心	1个访销中心	1个访销中心	1个访销中心	1个访销中心
	物流配送机构	—	—	—	—	—
	专卖稽查机构	1个稽查支队	1个稽查支队	1个稽查支队	1个稽查支队	1个稽查支队
	烟叶机构	—	—	—	—	—
销售卷烟	亿支	30.79	12.03	6.30	24.64	10.85
	2013年比2012年（%）	14.14	−7.11	−4.88	4.02	−6.15
卷烟销售收入（万元）		127582	44070	25316	95894	37840
实现税利	万元	26278	7802	3667	19316	6516
	2013年比2012年（%）	28.99	−1.32	6.61	18.67	−3.09
实现利润	万元	14753	3822	1351	10697	3096
	2013年比2012年（%）	30.09	−3.85	7.12	18.61	−4.67
查处涉烟违法案件（起）		382	138	112	244	188
查处涉烟违法案件案值（万元）		764	151	19	274	79
2013年度烟草行业投入烟叶生产基础设施建设资金（万元）		—	—	—	—	—
全年烟叶生产基础设施新增受益面积（万亩）		—	—	—	—	—
烟叶种植（万亩）		—	—	—	—	—
烟叶收购（万担）		—	—	—	—	—
烟农户数（户）		—	—	—	—	—
实现烟农总收入（万元）		—	—	—	—	—
零售客户数（户）		3015	2184	757	2474	1910
零售客户销售毛利率（%）		13.63	13.86	13.18	12.44	14.57

（撰稿：王智誉；编辑：谢争艳）

天津市烟草专卖局（公司）

【概　况】　天津市烟草专卖局、天津市烟草公司组建于1985年10月。1985年10月29日，天津市政府与中国烟草总公司共同签署《关于天津市烟草行业上划交接协议书》，决定天津市烟草公司自协议书签订之日起上划中国烟草总公司，更名为中国烟草总公司天津市公司。市局（公司）下辖7家区烟草专卖局（分公司）、3家区烟草专卖分局（分公司）、5家区（县）烟草专卖局（有限公司）、天津市滨海新区烟草专卖局、天津烟草卷烟营销中心、天津烟草物流中心、天津市恒大实业公司、天津市津烟卷烟自营总店。市局（公司）机关下设11个处室、6个专业部门。截至年底，公司拥有总资产68.55亿元，其中，固定资产6.38

亿元、流动资产61.93亿元，资产负债率为9.76%。共有从业人员2377人，其中聘用员工1019人。

【领导成员】

局长、总经理、党组书记：王健男

巡视员、副总经理、党组成员：王建民（—2013.11）（国烟党〔2013〕88号）

巡视员、副局长、党组成员：陈　余

副总经理、党组成员：李加春

党组成员：张立海

纪检组长、党组成员：宁书成

副巡视员：周金超

副巡视员：王志涛

【专卖管理】 卷烟打假打私。2013年共破获涉烟违法案件1527起，捣毁制假售假窝点63个，查获非法卷烟9657万支，总案值3472万元。公安、司法机关依法追刑13人。2013年破获符合国家局标准的制售假烟网络案件3起。

市场监管。市局与市工商局建立烟草市场监管协作制度，各区、县局以协作机制为依托，与辖区工商部门定期开展市场检查，清理整顿无证商户，提升市场净化率。开展取缔卷烟非法批发市场专项行动，取缔兴耀非法卷烟批发市场，并清理其他多处卷烟非法流通集散地。

专卖内管。完善内管体系建设，修订《专卖内管考核细则》和《内管工作规范实施细则》，建立内部监管信息系统。以东丽区局、蓟县县局为试点，推进内管委派制建设。加强对卷烟非法流通的监管，查处案值5万元以上卷烟非法流通案件40起，查获非法流通卷烟7322万支，同比增长66.78%。

【经济效益】 2013年，天津市烟草商业系统实现税利34.06亿元，同比增长6.38%，其中利润19.71亿元，同比增长5.22%。三项费用率为4.98%。

【卷烟经营】 卷烟销售。2013年，天津市烟草商业系统销售卷烟301.58亿支（60.32万箱），同比增长1.94%，其中，销售一类烟64.82亿支（12.97万箱），同比增长10.7%；二类烟18.03亿支（3.61万箱），同比增长20.53%；三类烟134.82亿支（26.96万箱），同比增长2.47%；四类烟52.3亿支（10.46万箱），同比下降1.63%；五类烟31.61亿支（6.32万箱），同比下降15.74%。本地区销量居前三位的品牌为“大前门”“云烟”“红河”，销量分别为28.98亿支（5.8万箱）、28.39亿支（5.68万箱）、26.49亿支（5.3万箱）。

天津市烟草商业系统实现卷烟销售收入136.84亿元，同比增长8.29%。实现卷烟税利33.32亿元，同比增长4.48%，其中利润19.68亿元，同比增长5.1%。

品牌培育。拓展品牌宣传形式和传播渠道，开展品牌培育示范店选建活动和网络营销品牌策划活动，推广婚庆市场培育模式，开通品牌培育交流新浪微博。实施精准营销，改善品牌平均铺货率，平均动销率趋于平稳，2013年精准营销覆盖面扩大至40个品牌规格。制定《区县局（公司）工作业绩补充考核办法》，突出按市场需求组织投放货源，有效降低社会库存，市场价格趋稳，提升零售客户盈利水平。

现代卷烟零售终端建设。推进现代卷烟零售终端选建与服务体系标准化建设，制定现代终端建设规划和实施方案，终端营销信息平台试运行。加强直营店建设，制定直营终端发展规划和管理规定。完成电访业务的集中整合，形成“以网上订货为主体、电话订货为补充”的业务模式。天津市网上订货率达95.62%，通过网上订货的销量占总销量的97.84%。完成电子结算系统改造升级，所有在津银行均可为零售客户提供货款结算。

【管理创新】 财务管理。加强全面预算管理，制定差异化预算定额标准，全程管控重点费用开支，五项重点费用降低。开展资金运筹，优化存量资金配置，2013年利息收入7437万元，同比增长52.41%。

“两项工作”。加强制度建设，完善采购工作配套机制；推进集中采购，逐步扩大项目种类，优化流程、提高效率。严格执行采购管理办法，对基层单位的落实情况组织专项检查。推进信息公开平台建设，固化审批流程，开发互动交流功能，为办事公开民主管理工作创造条件。

精益管理。推进“管理创一流”活动，加强质量管理体系建设，建立健全内审机制，完善对标管理体系，开展对标活动。以物流和营销业务为重点，推行精益管理，导入精益理念，推广精益方法，形成精益流程。

【技术创新】 2013年，市局（公司）立项项目23个，在研项目30个，结题通过26个。加强自主创新工作，制定《2013年度区县局（公司）自主创新工作考核细则》。

【人事政工】 完善基层单位收入分配制度，打破垂直管理模式，核定基层单位工资总额基数和新增效益工资分配，扩大基层单位分配自主权。举办第一届卷烟商品营销职业技能竞赛。开展职业技能鉴定，222人取得卷烟商品营销师、专卖管理师资格。

【特事要辑】 1月28日，市局（公司）在天津召开2013年工作会议。

2月20日，国家局局长姜成康在天津烟草调研，指出要高度重视卷烟市场发展变化、重点品牌发展趋势、市场监管新的动态、队伍建设新的要求四个方面工作。

6月6日，国家局副局长何泽华到市局（公司）调研，要求要调整市场状态、努力优化结构、抓好网建基础等工作。

6月19日，驻国家局纪检组组长高林到市局（公司）调研，对组织开展党的群众路线教育实践活动，落实党风廉政建设责任制，加强廉政风险防控，继续完善教育、制度、监督并重的惩防体系等工作提出相关要求。

7月1日，国家局副局长杨培森在天津烟草调研，要求更好地把握新机遇、探索新改革、强化新素质、促进新发展，加大对行业“三大课题”研究。

7月26日，新履职的国家局局长凌成兴在天津烟草调研，强调要做到“三个千方百计”，即千方百计提高卷烟营销水平、千方百计强化专卖管理、千方百计振兴“恒大”

品牌，为行业和地方经济发展作出新的贡献。国家局副局长赵洪顺一同调研。

所属区、县局（公司）

【天津市区第一烟草专卖局（分公司）】 天津市区第一烟草专卖局、天津市烟草公司第一分公司成立于1999年8月，负责和平区、河西区的烟草专卖管理和卷烟销售工作。

创新卷烟销售，制定《卷烟零售特殊业态客户货源供应办法》，实现对特殊业态类客户的差异化服务和管理，实行“点菜吃饭”，满足其对高档卷烟的需求。

【天津市区第二烟草专卖局（分公司）】 天津市区第二烟草专卖局、天津市烟草公司第二分公司成立于1999年9月，负责河东区、河北区的烟草专卖管理和卷烟销售工作。

加强内管外打，开展取缔兴耀非法卷烟批发市场专项行动，对市场内外及周边的76家卷烟商户进行治理，该市场被彻底取缔。

【天津市区第三烟草专卖局（分公司）】 天津市区第三烟草专卖局、天津市烟草公司第三分公司成立于1999年8月，负责红桥区、南开区的烟草专卖管理和卷烟销售工作。

探索卷烟零售市场监管手段和监管模式，制定“311”工作法（即将基础管理周期一周划分为“3+1+1”五个工作日，在理清工作岗位职责基础上，纵向排列稽查中队、一线专卖管理人员工作步骤，横向划分工作单元及标准要求），构建“归我管理，由我调控，为我所用”的市场监管体系。

【东丽区烟草专卖局（分公司）】 东丽区烟草专卖局、天津市烟草公司东丽分公司成立于1998年5月，负责东丽区的烟草专卖管理和卷烟销售工作。

调整辖区市场状态，制定“五调五控”措施（即调控总量和结构、调控客户类型和业态、调控滞销品规、调整供货方式、调整信息采集应用工作，严打严控跨区跨市倒买倒卖三种烟行为、坚决取缔无证经营行为、大力查处公开摆卖假私非烟行为、强化内管工作、强化与客户的沟通服务工作）。运用“三层六维”调查模型，对辖区在销品牌进行市场调研，依据调研结果对15个卷烟品牌规格进行置换，16个品牌规格退出市场。

开展自主创新，“建立员工行为规范礼仪培训视频演练系统”项目获全国烟草行业第二十四届优秀质量管理小组成果发布会三等奖。该项目采用微电影的形式制作12套行为规范视频教材，丰富培训形式和内容。

【津南区烟草专卖局（分公司）】 津南区烟草专卖局、天津市烟草公司津南分公司成立于1998年7月，负责津南区的烟草专卖管理和卷烟销售工作。

继续推广应用“135”工作法，利用网上订货平台发布货源公示、订货信息，做到货源分配公开透明。推动“网上订货”向“网上营销”延伸，辖区网上订货零售客户达到1385户，网上订货率达94.15%。

开展廉政风险防控管理，查找风险点617个，编制“廉政风险防控一览表”，形成以岗位为点、以流程为线、以制度为面的廉政风险防控体系。

【西青区烟草专卖局（分公司）】 西青区烟草专卖局、天津市烟草公司西青分公司成立于1998年5月，负责西青区的烟草专卖管理和卷烟销售工作。

建立涵盖整体业务流程的内部监管体系。把内管工作、规范经营纳入工作业绩考核范围。加强市场监管，严格治理王兰庄市场违法批发、无证经营等行为。

建立“工商零”三位一体的营销管理模式，健全完善品牌退出和需求预测机制，推进按客户订单供货。优化客户结构，提升中小客户销售结构和盈利水平。

加强“两项工作”，制定《物资采购管理规定》和《办事公开民主管理工作实施办法》，建立采购评标专家库和信息联络员制度。

【北辰区烟草专卖局（分公司）】 北辰区烟草专卖局、天津市烟草公司北辰分公司成立于1998年5月，负责北辰区的烟草专卖管理和卷烟销售工作。

自主创建“工商零”服务平台，提供优质营销服务，发挥服务平台的政策法规宣传、品牌展示、烟草知识介绍、客户培训、投票调查等基础功能，与零售客户进行网上互动。

推进企业文化建设，提出打造“五力工程”（即加压力、添动力、促活力、增强凝聚力、提高执行力）的工作目标。

【滨海新区烟草专卖局】 滨海新区烟草专卖局成立于2010年8月，下辖滨海新区烟草专卖局塘沽、汉沽、大港分局。滨海新区烟草专卖局与滨海新区烟草专卖局塘沽分局合署办公，负责滨海新区辖区内烟草专卖管理工作。

【滨海新区烟草专卖局塘沽分局、天津市烟草公司塘沽分公司】 滨海新区烟草专卖局塘沽分局成立于2010年8月，天津市烟草公司塘沽分公司成立于2006年12月，负责塘沽区、天津经济技术开发区、天津港保税区的烟草专卖管理和卷烟销售工作。

运用“135”工作法精准营销模块，提高精准营销水平。加强品牌培育，制定营销策划方案，开展“百日竞赛”、卷烟示范店建设、零售客户经营技巧提升培训、特业客户调研普查等活动。

创新市场监管体系，对辖区零售客户实行分类评价，实行差异化管理。开展两次市场集中清理整顿行动，清理异常零售客户330余户，“假、私、非”三种烟公开摆卖现象基本得到遏制。

【滨海新区烟草专卖局汉沽分局、天津市烟草公司汉沽分公司】 滨海新区烟草专卖局汉沽分局成立于2010年8月，天津市烟草公司汉沽分公司成立于1997年，负责汉沽辖区的烟草专卖管理和卷烟销售工作。

加强QC小组活动，“便携式送货小推车”项目获国家实用新型专利授权。

【滨海新区烟草专卖局大港分局、天津市烟草公司大港分公司】 滨海新区烟草专卖局大港分局成立于2010年8月，天津市烟草公司大港分公司成立于2006年12月，负责大港区的烟草专卖管理和卷烟销售工作。

加强卷烟营销工作，完善市场信息采集体系，预测市场走势；以建功立业活动为载体，加强与工业企业的衔接，安排购进节奏；以普D型客户能自主选择货源为切入点，做好精准营销，健全终端标准化服务体系，制定现代卷烟零售终端建设规划，健全督查考核制度。

【武清区烟草专卖局、天津武清烟草有限公司】 武清区烟草专卖局成立于1992年，天津武清烟草有限公司成立于1996年6月，并于成立之日起与武清区烟草专卖局合署办公，负责武清区的烟草专卖管理和卷烟销售工作。

加强市场监管协作机制建设，与工商部门共同研讨联合执法、信息互通、办案奖励等事项。

作为天津市行业廉政风险防控试点单位，坚持把廉政风险防控工作延伸到专卖打假、卷烟经营、规范管理、队伍建设等各个环节，拓展到每个工作岗位，强化风险防控意识和廉洁从业意识。7月31日，市局（公司）在武清召开廉政风险防控工作现场会。

【宝坻区烟草专卖局、天津宝坻烟草有限公司】 宝坻区烟草专卖局成立于1991年10月，天津宝坻烟草有限公司成立于1996年9月，并于成立之日起与宝坻区烟草专卖局合署办公，负责宝坻区的烟草专卖管理和卷烟销售工作。

开展零售终端价值提升活动，选取21户零售客户作为零售示范户，开展品牌培育、客户服务、宣传推介等活动，提高终端自我创建、自我完善能力。

调整和转变市场监管方式，由公开例行性检查向有针对性重点检查转变，每月不定时对无证经营户进行检查，对长途客车、托运站进行不定期检查，加强对非法卷烟通道和销售渠道的控制。加强对客户定级、订单、访销、配送等经营环节的监管，保证卷烟100%入网销售、落地销售、落户销售。

【宁河县烟草专卖局、天津芦台烟草有限公司】 宁河县烟草专卖局成立于1992年，天津芦台烟草有限公司成立于1996年8月，并自成立之日起与宁河县烟草专卖局合署办公，负责宁河县的烟草专卖管理和卷烟销售工作。

构建“打、管、疏、服”四位一体的市场监管体系，转变零售客户管控方式，加强与地方工商、质监、公安等部门的协调与合作，定期开展市场联合检查，对不法烟贩进行严密监控，加大对跨省交界地区可疑车辆的排查。2013年，破获部督案件1起，案值173.63万元，查处卷烟1.65万条。

加强安全生产标准化工作，通过企业安全生产标准化二级达标评审。

【静海县烟草专卖局、天津静海烟草有限公司】 静海县烟草专卖局成立于1992年7月，天津静海烟草有限公司成立于1996年11月，并自成立之日起与静海县烟草专卖局合署办公，负责静海县的烟草专卖管理和卷烟销售工作。

加强内部监管机制建设，畅通内管沟通渠道，设立内管联络员，制定专管员、稽查员日常检查工作标准流程和考核办法，建立大户跟踪监控制度。

重视职业技能鉴定和营销竞赛组织工作，县局（公司）获天津市局第一届卷烟商品营销职业技能竞赛优秀组织奖。加强“精诚·聚”服务品牌建设，签订《规范卷烟经营明示承诺书》。建成职工文化活动区，县局（公司）被天津市总工会授予“天津市五一劳动奖状”。

【蓟县烟草专卖局、天津渔阳烟草有限公司】 蓟县烟草专卖局成立于1991年12月，天津渔阳烟草有限公司成立于1996年8月，并于成立之日起与蓟县烟草专卖局合署办公，负责蓟县的烟草专卖管理和卷烟销售工作。

推进企业文化建设，以“创建学习型企业”为载体，打造“精诚·蓟韵”服务品牌。2013年，县局（公司）被天津市国资委授予“平安企业示范单位”称号。

所属其他二级单位及派驻机构

【天津市恒大实业公司】 天津市恒大实业公司成立于2005年，是天津市烟草公司的全资子公司。公司下设九个科室部门，以及印刷厂、运输公司、销售部等三个经济实体。截至2013年底，拥有总资产1.78亿元，其中，固定资产943.5万元、流动资产1.69亿元，资产负债率为63%。共有从业人员197人。

印刷厂。承接13.6万箱的印刷任务，成立推动小组帮助解决生产中遇到的困难。2013年实现营业收入1.29亿元，实现利润1018万元。

运输公司。开拓新的业务增长点，承接塘沽、汉沽、大港和宁河的二次配送任务。2013年实现营业收入530万元，实现利润176万元。

销售部。改变工作思路，将四个店面对外出租为烟草直营店，将其店员进行分流安置，提高人员利用率。对保留的三家江山店的销售人员加强培训。2013年实现销售收入60万元、房租收入28万元。

【天津市津烟卷烟自营总店】 天津市津烟卷烟自营总店成立于2010年8月，是天津市烟草公司的全资子公司，负责天津市行业零售自营店的管理工作。截至2013年底，拥有总资产8657万元，其中，固定资产16.62万元、流动资产8616万元，资产负债率为59.31%。共有从业人员49人。

2013年，自营总店分店由10家增加到11家。2013年销售卷烟6988.85万支（1397.77箱）。实现税利1435万元，同比增长123.06%，其中利润1211万元，同比增长117.66%。

2013年天津市烟草商业系统主要情况统计

区、县局（公司）名称		天津市区第一烟草专卖局（分公司）	天津市区第二烟草专卖局（分公司）	天津市区第三烟草专卖局（分公司）	东丽区局（分公司）	津南区局（分公司）
主要负责人/法人代表		王健男	王健男	王健男	王健男	王健男
总资产（万元）		782	572	520	434	418
资产负债率（%）		—	—	—	—	—
所属县级局（个）		—	—	—	—	—
所属县级公司/分公司（个）		—	—	—	—	—
所属县级营销部（个）		—	—	—	—	—
从业人员（人）		81	90	85	65	62
所属业务机构	营销机构	1个客服中心	1个客服中心	1个客服中心	1个客服中心	1个客服中心
	物流配送机构	—	—	—	—	—
	专卖稽查机构	2个稽查大队	2个稽查大队	2个稽查大队	1个稽查大队	1个稽查大队
	烟叶机构	—	—	—	—	—
销售卷烟	亿支	31.83	36.51	37.81	14.23	13.34
	2013年比2012年（%）	0.74	1.28	1.13	1.21	1.41
卷烟销售收入（万元）		149577	175178	179392	66075	62701
实现税利	万元	37070	44304	45916	16453	15747
	2013年比2012年（%）	4.60	4.91	4.96	4.57	4.20
实现利润	万元	24784	29672	31003	10891	10515
	2013年比2012年（%）	3.84	4.03	4.23	3.15	3.69
查处涉烟违法案件（起）		116	57	126	100	84
查处涉烟违法案件案值（万元）		78	304	203	280	92
2013年度烟草行业投入烟叶生产基础设施建设资金（万元）		—	—	—	—	—
全年烟叶生产基础设施新增受益面积（万亩）		—	—	—	—	—
烟叶种植（万亩）		—	—	—	—	—
烟叶收购（万担）		—	—	—	—	—
烟农户数（户）		—	—	—	—	—
实现烟农总收入（万元）		—	—	—	—	—
零售客户数（户）		2939	3723	3675	1721	1515
零售客户销售毛利率（%）		10.00	10.00	10.00	10.00	10.00

续表

区、县局（公司）名称	西青区局（分公司）	北辰区局（分公司）	滨海新区烟草专卖局塘沽分局、塘沽分公司	滨海新区烟草专卖局汉沽分局、汉沽分公司	滨海新区烟草专卖局大港分局、大港分公司
主要负责人/法人代表	王健男	王健男	王健男	王健男	王健男
总资产（万元）	398	429	831	286	462
资产负债率（%）	—	—	—	—	—
所属县级局（个）	—	—	—	—	—
所属县级公司/分公司（个）	—	—	—	—	—
所属县级营销部（个）	—	—	—	—	—
从业人员（人）	67	62	130	44	71
所属业务机构 营销机构	1个客服中心	1个客服中心	1个客服中心	1个客服中心	1个客服中心
所属业务机构 物流配送机构	—	—	1个送货中心	1个送货中心	1个送货中心
所属业务机构 专卖稽查机构	1个稽查大队	1个稽查大队	2个稽查大队	1个稽查大队	1个稽查大队
所属业务机构 烟叶机构	—	—	—	—	—
销售卷烟 亿支	13.92	13.59	26.09	5.69	13.53
销售卷烟 2013年比2012年（%）	1.47	1.47	5.49	6.76	5.31
卷烟销售收入（万元）	63724	62699	125192	25956	64860
实现税利 万元	15630	15397	32047	6114	16396
实现税利 2013年比2012年（%）	3.18	2.79	3.93	4.07	0.92
实现利润 万元	10291	10127	21517	3965	10951
实现利润 2013年比2012年（%）	1.99	1.66	2.87	3.52	-0.20
查处涉烟违法案件（起）	199	68	190	19	115
查处涉烟违法案件案值（万元）	411	153	281	21	49
2013年度烟草行业投入烟叶生产基础设施建设资金（万元）	—	—	—	—	—
全年烟叶生产基础设施新增受益面积（万亩）	—	—	—	—	—
烟叶种植（万亩）	—	—	—	—	—
烟叶收购（万担）	—	—	—	—	—
烟农户数（户）	—	—	—	—	—
实现烟农总收入（万元）	—	—	—	—	—
零售客户数（户）	1701	1666	2429	719	1329
零售客户销售毛利率（%）	10.00	10.00	10.00	10.00	10.00

区、县局（公司）名称	武清区局（有限公司）	宝坻区局（有限公司）	宁河县烟草专卖局、芦台烟草有限公司	静海县局（有限公司）	蓟县烟草专卖局、渔阳烟草有限公司
主要负责人/法人代表	王富忠	尹庆来	王　智	李家维	刘爱华
总资产（万元）	6031	5189	2456	4293	7817
资产负债率（%）	11.51	12.85	14.35	26.84	16.39
所属县级局（个）	—	—	—	—	—
所属县级公司/分公司（个）	—	—	—	—	—
所属县级营销部（个）	—	—	—	—	—

续表

区、县局（公司）名称		武清区局（有限公司）	宝坻区局（有限公司）	宁河县烟草专卖局、芦台烟草有限公司	静海县局（有限公司）	蓟县烟草专卖局、渔阳烟草有限公司
从业人员（人）		132	107	73	76	110
所属业务机构	营销机构	1 个客服中心	1 个客服中心	1 个客服中心	1 个客服中心	1 个客服中心
	物流配送机构	1 个送货中心	1 个送货中心	1 个送货中心	1 个送货中心	1 个送货中心
	专卖稽查机构	1 个稽查大队	1 个稽查大队	1 个稽查大队	1 个稽查大队	1 个稽查大队
	烟叶机构	—	—	—	—	—
销售卷烟	亿支	23.47	20.38	12.48	15.98	22.80
	2013 年比 2012 年（%）	1.56	1.70	0.98	2.49	1.36
卷烟销售收入（万元）		92243	79266	47527	63214	88161
实现税利	万元	10784	9416	5014	7672	11416
	2013 年比 2012 年（%）	7.69	6.75	6.58	6.30	8.08
实现利润	万元	3093	2820	1126	2480	4085
	2013 年比 2012 年（%）	9.28	9.08	10.49	4.88	8.42
查处涉烟违法案件（起）		99	86	44	98	55
查处涉烟违法案件案值（万元）		123	82	227	98	73
2013 年度烟草行业投入烟叶生产基础设施建设资金（万元）		—	—	—	—	—
全年烟叶生产基础设施新增受益面积（万亩）		—	—	—	—	—
烟叶种植（万亩）		—	—	—	—	—
烟叶收购（万担）		—	—	—	—	—
烟农户数（户）		—	—	—	—	—
实现烟农总收入（万元）		—	—	—	—	—
零售客户数（户）		2322	1904	1337	1645	2343
零售客户销售毛利率（%）		10.00	10.00	10.00	10.00	10.00

（撰稿：高栓龙；编辑：谢争艳）

河北省烟草专卖局（公司）

【概　况】　河北省烟草专卖局成立于1984 年3 月，河北省烟草公司成立于1982 年11 月。1985 年1 月，河北省政府与中国烟草总公司签署协议，决定河北省烟草公司自签字之日起上划中国烟草总公司，更名为中国烟草总公司河北省公司。省局（公司）下辖11 个地市级烟草专卖局（公司）、1 个多元化经营企业（1998 年6 月成立的河北平山温泉烟草培训中心）、22 个派驻机构［2010 年成立的派驻11 个市局（公司）审计办公室和2013 年成立的派驻11 个市局（公司）内部专卖管理监督办公室］、134 个县级烟草专卖局、140 个营销部。省局（公司）机关下设14 个职能处室（2013 年1 月新设内部专卖管理监督处）、6 个专业部门，以及整顿和规范市场经济秩序领导小组办公室与烟草学会。截至年底，公司拥有总资产170.53 亿元，其中，固定资产15.28 亿元、流动资产148.32 亿元，资产负债率为7.25%。共有从业人员9988 人，其中劳务派遣人员704 人。

【领导成员】

局长、总经理、党组书记：钱　江

巡视员、副总经理、党组成员：杨子辛（2013.9—，之前任副总经理、党组成员）（国烟人〔2013〕360 号）

纪检组长、党组成员：马学雷

副总经理、党组成员：俞关勇（2013.9—）（国烟党

〔2013〕70号、国烟人〔2013〕360号）

副巡视员：王　辉（2013.9—）（国烟人〔2013〕360号）

【专卖管理】　卷烟打假。2013年共查处涉烟违法案件2.46万起，查获非法卷烟2.01亿支，同比分别增长88.56%和17.65%。查处假烟案件3933起，侦破符合国家局标准的网络案件87起，其中部督案件13起，捣毁制假窝点4个，缴获制假烟机45台。公安、司法机关依法刑拘411人，逮捕300人，判刑197人。

市场监管。以廊坊市局为试点，研究探索APCD市场监管新模式。先后开展“雷电一号”“利剑”“雪茄烟”等市场整治专项行动。与公安、工商、交通、邮政、通信、民航、铁路等部门联合开展物流运输环节专项整治行动。发挥省局稽查总队作用，定期对各地市场进行检查考核。

内部专卖管理监督。结合委派制新模式，建立完善相关配套制度，下发《内部专卖管理监督派驻机构管理暂行办法》《全面推行专卖内管委派制实施方案》《内部专卖管理监督责任追究办法（试行）》等。

【经济效益】　2013年，河北省烟草商业系统实现税利90.02亿元，同比增长7.82%；实现利润49.09亿元，同比增长8.57%。三项费用率为6.14%。

【卷烟经营】　卷烟销售。2013年，河北省烟草商业系统销售卷烟1234.52亿支（246.9万箱），同比增长0.4%，其中销售一类烟124.97亿支（24.99万箱），同比增长14.78%；二类烟64.47亿支（12.89万箱），同比增长35.85%；三类烟600.73亿支（120.15万箱），同比增长1.44%；四类烟291.8亿支（58.36万箱），同比增长14.5%；五类烟152.56亿支（30.51万箱），同比下降32.57%。本地区销量居前三位的品牌为“钻石”“云烟”和“白沙”，销量分别为350.52亿支（70.1万箱）、118.87亿支（23.77万箱）、94.82亿支（18.96万箱）。

2013年实现卷烟销售收入406.69亿元，同比增长8.43%。实现卷烟税利89.97亿元，同比增长7.76%，其中利润49.06亿元，同比增长8.44%。

品牌培育。印发《婚庆营销管理办法》，挖掘婚庆用烟市场潜力。利用现有电子商务平台，以高端、低焦油品牌为重点，组织网上营销策划活动。开展知名品牌建功立业活动，组织“三征集两评比”，调动基层营销人员工作积极性。

零售终端建设。完成以“一个平台、两个工具”为主要内容的终端管理信息系统研发工作，并进行试点推广。丰富终端建设内涵，建设全省烟草商业系统客户经理移动工作平台，推广“一品一方法、一店一特色”终端培育品牌模式以及电视订货等工作。开展直营体验店布局规划情况调研和业务培训活动，截至年底，河北省建成直营体验店40家。

现代物流建设。以科技物流、精益物流和人本物流为重点，加强综合管控平台应用，实现“三员”（送货员、稽查员、客户经理）感知功能。强化精益管理、物流对标和二级核算，推进物流非法人实体化建设。推进省内工商间卷烟包装箱循环利用，提升物流管理和服务水平，2013年单箱物流费用为127.6元，同比下降15.6%。

【烟叶产销】　烟叶种植与收购。2013年河北省种植烟叶2.36万亩，签订烤烟种植收购合同738份，同比减少41份。户均种植面积32亩，同比减少0.6亩。收购烟叶0.35万吨（7万担），收购均价为20.5元/千克，同比提高10%。河北省实现烟农收入7175万元。行业投入年度烟叶生产基础设施建设补贴资金462.48万元，其中总公司185.64万元，省公司276.84万元。

适用技术推广。以工业企业需求为导向，对烟农、技术人员实施先进适用技术培训。组织100余名技术员驻站、进村、入户开展技术指导，印发技术资料1500余份，举办培训班42期，参训人员2000余人次。探索减工降本新途径，在烟叶主烟区投资91万元购进12台绞盘式喷灌机及配套设备，辐射面积5000余亩。开展烤烟科研工作，推广示范“辽烟17”“辽烟19”“秦烟96”“豫烟7号”等品种。

【企业管理】　财务审计。强化会计核算管理和全面预算管理，整合财会信息系统。修订工作规则，规范工作流程，强化重点费用管控，完善预算定额标准体系。修订资金监督管理办法，规范资金运作，完善国有资产管理和处置规定，规范公积金及年金缴纳。落实审计整改工作，开展经济责任审计，推进在线实时审计。开展项目前置性审计，全年审核项目315个，涉及金额3.45亿元，其中，审减项目102个，审减金额810.68万元，平均审减率12.68%。

整顿规范。修订完善“三项工作”规章制度，初步形成涉及管委会运行、投资、采购、招标、合同、供应商管理、招标代理机构管理、评标专家管理等制度体系。将烟用热缩膜、视频会议系统、汽车保险服务采购等由省局（公司）统一组织实施，加大指导督促检查力度。

【技术创新】　开展QC小组以及小发明、小革新、小改造、小设计、小建议等创新活动。推进课题攻关，加强创新成果推广，提高科技项目研发水平。2013年各地市级局（公司）上报科技与创新项目57个，省局（公司）分两批下达30个项目计划。获得国家授权发明专利2项、实用新型专利20余项。

【人事政工】　劳资管理。严格规范工资内外收入秩序，印发《关于加强全省烟草商业系统收入分配管理的意见》，对河北省烟草商业系统2009—2011年工资内外收入情况进行检查。加强年薪制薪酬管理，制定年度工资分配原则和奖励方案。建立企业年金月报表预警机制和年金基金投资竞争机制，对企业年金2011—2012年单位超缴部分进行整改。部署安全工程师聘任工作，对市局（公司）机构设置、职能配置、人员编制情况进行检查和规范。

教育培训。2013年，举办培训班399期，培训2.02万人次。2963人参加中国烟草总公司职工进修学院的远程培训。河北省烟草商业系统共有187人分别取得初级、中级、高级专业技术资格。

“改进作风年”活动。在省局（公司）机关开展“四比一创”（比提高效率、比真学真用、比服务质量、比转变作风、创一流业绩）活动，提升服务大局、服务基层、服务行业发展的能力和水平。结合“解放思想、改革开放、创新驱动、科学发展”大讨论活动，组织先进个人和“四员”队伍中的先进典型，组成优秀基层员工先进事迹报告团，在河北省烟草商业系统进行巡讲。

企业文化建设。完善“阳光”母子文化体系，以“阳光、感恩、服务、执行、创新、效率”为核心内涵，以“做人忠实、做事扎实、交友诚实、学习勤实、身体结实、心里踏实”为行为准则，并将其作为河北省烟草商业系统母子文化对接和服务品牌建设的根本内容。编写印刷《“阳光”文化宣贯手册》（理念篇），制作《“阳光”文化宣贯手册PPT》，设计“阳光”文化展板。河北省烟草商业系统共组织“阳光”文化宣讲58场，宣贯率达到98%。

【特事要辑】 1月24—25日，河北省烟草商业系统工作会议在石家庄市召开。

7月15—17日，国家局副局长杨培森到河北烟草调研。

7月29—30日，国家局局长凌成兴到河北烟草调研，先后考察河北省烟草公司石家庄市公司物流配送中心、河北白沙烟草有限责任公司石家庄卷烟厂、河北中烟工业有限责任公司技术中心，副局长赵洪顺一同调研。凌成兴指出，河北烟草要“谋划一个目标，争创三大优势”，即力争用3到5年的时间，使工业企业生产卷烟200万箱、工商税利达到300亿元，形成产销更加竞争、协调的新格局；争创“钻石”后起之秀的品牌优势、争创建立“三大体系”（打私打假体系、内部监管体系、市场监管体系）的专卖优势、争创牢记“两个务必”的政治优势。其间，河北省委副书记、省长张庆伟等与凌成兴就河北烟草改革发展交换了意见。

8月20—21日，国家局副局长赵洪顺到秦皇岛市局（公司）调研。

11月29日，河北省局、河北省公安厅联合召开河北省卷烟打假工作表彰会。

所属地市级局（公司）

【石家庄市烟草专卖局（公司）】 石家庄市烟草专卖局、河北省烟草公司石家庄市公司成立于1985年7月。下辖17个县级烟草专卖局（营销部）。

强化终端服务，制定《客户经理拜访服务规范》等，健全客户分类、货源分配等8项制度。建设集订单服务、货款结算、网络互动、信息发布、品牌培育、咨询投诉受理六大功能为一体的客户服务中心。建设现代化功能终端，推广网上订货，开展直营店运营体系建设，为零售客户及消费者提供增值服务6.04万户次。

【邯郸市烟草专卖局（公司）】 邯郸市烟草专卖局、河北省烟草公司邯郸市公司成立于1986年。下辖15个县级烟草专卖局（营销部），以及未上划的肥乡县烟草专卖局（经理部）。

以严格规范为目标，突出节点控制和全程监督，进一步梳理项目运作流程。完善“三项工作”委员会工作规则，制定《招标采购管理办法暨实施细则》，全面落实“应招尽招、真招实招”。2013年召开三项工作委员会会议12次，审议议题46个，完成招标采购项目37项，涉及资金1532.39万元，节省费用238.21万元。

加强队伍建设，开设运动健身、读书学习活动场所，开展“创先争优、夺旗摘星”评选表彰、“我为邯烟发展谋一策”等主题活动。确立“阳光·善行”企业文化体系和“阳光雁行”服务品牌体系，形成《阳光善行之旅》等文化成果。

【保定市烟草专卖局（公司）】 保定市烟草专卖局、河北省烟草公司保定市公司成立于1984年12月。下辖19个县级烟草专卖局（营销部），以及涿州、雄县2个营销部和未上划的定州经理部。

加强营销服务，印发《卷烟零售终端服务制度文本汇编》。开展标准服务，完善客户经理“1+多”工作模式；开展个性服务，完善现代零售终端管理规范，推动传统零售终端向现代零售终端转变；开展增值服务，印发《零售客户服务手册》3.5万余本，深化“客户有困难、首先找烟草”理念；开展亲情服务，建立弱势群体零售客户档案，实施有针对性的帮扶活动。

【张家口市烟草专卖局（公司）】 张家口市烟草专卖局、河北省烟草公司张家口市公司成立于1984年6月。下辖11个县级烟草专卖局（营销部），以及由地方政府管理的宣化县、崇礼县烟草专卖局（公司）。

建立“阳光·上进”文化体系，确定“学习、上进、实干、突破”企业精神和“热情、责任、幸福”服务理念。举办“阳光·上进”征文、“上进在岗位”演讲比赛、文化才艺作品大展览、文化语录征集、“讲责任、树正气、传播正能量”优秀职工先进事迹巡回演讲等系列活动。

【承德市烟草专卖局（公司）】 承德市烟草专卖局、河北省烟草公司承德市公司成立于1985年7月。下辖8个县级烟草专卖局（营销部）。

努力破解旅游景区卷烟市场管理难题，探索景区服务点建设，以“三个延伸”（市场管理向景点延伸、终端建设向旅游区延伸、品牌培育向外地消费者延伸）为重点。做好旅游景区卷烟市场监管、协同、宣传、推广四篇文章，即突出持证户监管，全面取缔无证经营行为；突出专销协同合力，完善景区服务水平；突出度假村品牌宣传，集成重点品牌影响力；突出旅行社推广优势，强化导游引导力度。

【唐山市烟草专卖局（公司）】 唐山市烟草专卖局、河北省烟草公司唐山市公司成立于1986年3月。下辖10个县级烟草专卖局（营销部）和古冶区、开平区2个营销部，其中，根据国务院2012年7月撤销唐海县，设立曹妃甸区的决定，唐海县烟草专卖局（营销部）于2013年1月更名为曹妃甸区烟草专卖局（营销部）。

突出精益物流、科技物流、人本物流建设，推进“公司+工厂”现场管理模式，完善物流综合管控调度服务平台功能。开展“我为物流献一计”活动，实施物流技改，入库效率提升4%，出库效率提升3%，单箱物流费用128.51元，同比下降12.77%，物流工作在河北省保持领先水平。

【廊坊市烟草专卖局（公司）】 廊坊市烟草专卖局、河北省烟草公司廊坊市公司成立于1986年7月。下辖9个县级烟草专卖局（营销部）。

以河北省客户服务体系建设试点工作为契机，将行业基层党建工作向零售客户延伸，建立完善党员零售客户组织管理体系，组织“党旗飘扬、共享阳光”百名党员零售客户联谊活动，创建100家“红色基站”，使其成为零售终端的一面旗帜。

【沧州市烟草专卖局（公司）】 沧州市烟草专卖局成立于1986年4月，河北省烟草公司沧州市公司成立于1983年12月。下辖14个县级烟草专卖局（营销部）。

着力打造具有“现代性、时代性、特色性”的现代零售终端，截至年底，沧州市共有7家直营体验店投入运营。开展零售客户培训，建设零售客户互助合作小组。全市行业网上订货率达74.65%，为392户困难零售客户安装简易陈列货架，办理零售客户贷记卡1.08万张。

【衡水市烟草专卖局（公司）】 衡水市烟草专卖局、河北省烟草公司衡水市公司成立于1985年。下辖10个县级烟草专卖局（营销部）。2013年，市局（公司）工会被中华全国总工会授予全国“模范职工之家”称号。

2013年，市局（公司）承担并完成国家局指定的“物流增值服务”课题研究。加强物流科技项目研究，“分拣规范化、对标见成效”项目在全省烟草商业系统科技创新评比中获二等奖，“伸缩皮带机重力式卸货架”获国家发明专利授权。物流配送中心获“河北省烟草商业系统安全管理先进集体”称号。

【邢台市烟草专卖局（公司）】 邢台市烟草专卖局、河北省烟草公司邢台市公司成立于1984年7月。下辖17个县级烟草专卖局（营销部）。

推进精益物流建设，以“提升服务、提高效率、降低成本”为核心，强化“一费七率”关键指标考核，采取现状评估、机制保障、全员培训、项目执行、评审验收的“五步工作法”，重点攻关“组织保障体系、财务核算体系、物流评价体系、现场管理、服务管理、物流供应链库存管理”等六个改进项目，逐步构建快速响应、高效运作、柔性生产、智能作业、精准服务的精益供应链物流体系。

【秦皇岛市烟草专卖局（公司）】 秦皇岛市烟草专卖局、河北省烟草公司秦皇岛市公司成立于1986年3月。下辖4个县级烟草专卖局（营销部）和北戴河区、山海关区2个营销部。

加强网络建设，研究探索并稳步实施营销机制及货源投放模式改革，对秦皇岛市入网零售客户信息进行系统核定及分类测评，将测评结果作为主要依据，实现有效货源一次性分配到户。建立客户服务中心，成立8个专项客服小组。

2013年河北省烟草商业系统主要情况统计

地市级局（公司）名称		石家庄市局（公司）	邯郸市局（公司）	保定市局（公司）	张家口市局（公司）	承德市局（公司）
主要负责人/法人代表		刘庆岩(—2013.12)/罗明海	王　辉(—2013.12) 刘庆岩(2013.12—) /毛建民	张玉华(—2013.12) 王　辉(2013.12—)/ 谈家俊(—2013.12) 刘书廷(2013.12—)	付英乐/陆　军	成志忠/ 范造来(—2013.5) 郭建永(2013.5—)
总资产（万元）		244394	127692	173602	85838	63334
资产负债率（%）		8.92	4.93	5.81	6.70	15.22
所属县级局（个）		17	15	19	11	8
所属县级公司/分公司（个）		—	—	—	—	—
所属县级营销部（个）		17	15	21	11	8
从业人员（人）		957	1251	1403	587	580
所属业务机构	营销机构	1个营销中心	1个营销中心	1个营销中心	1个营销中心	1个营销中心
	物流配送机构	1个物流配送中心	1个物流配送中心	1个物流配送中心	1个物流配送中心	1个物流配送中心
	专卖稽查机构	1个稽查支队、18个稽查大队	1个稽查支队、16个稽查大队	1个稽查支队、22个稽查大队	1个稽查支队、11个稽查大队	1个稽查支队、8个稽查大队
	烟叶机构	—	—	3个烟叶收购站	1个烟叶管理科	—

续表

地市级局（公司）名称		石家庄市局（公司）	邯郸市局（公司）	保定市局（公司）	张家口市局（公司）	承德市局（公司）
销售卷烟	亿支	188.40	146.16	189.53	78.10	66.95
	2013 年比 2012 年（%）	0.02	1.49	0.15	-2.93	0.05
卷烟销售收入（万元）		640938	451674	602645	256476	223812
实现税利	万元	155745	96228	131045	54699	47567
	2013 年比 2012 年（%）	7.06	10.82	7.14	3.94	9.10
实现利润	万元	89474	52146	73487	29968	24445
	2013 年比 2012 年（%）	5.19	13.62	12.84	1.96	6.84
查处涉烟违法案件（起）		2494	4819	5061	1607	415
查处涉烟违法案件案值（万元）		3984	637	1110	389	175
2013 年度烟草行业投入烟叶生产基础设施建设资金（万元）		51	—	—	412	—
全年烟叶生产基础设施新增受益面积（万亩）		0.06	—	—	0.18	—
烟叶种植（万亩）		0.46	—	0.20	1.70	—
烟叶收购（万担）		1.80	—	0.65	4.65	—
烟农户数（户）		156	—	48	568	—
实现烟农总收入（万元）		1877	—	648	4823	—
零售客户数（户）		38009	32649	33295	15720	14808
零售客户销售毛利率（%）		10.00	10.60	11.94	10.29	12.57

地市级局（公司）名称		唐山市局（公司）	廊坊市局（公司）	沧州市局（公司）	衡水市局（公司）	邢台市局（公司）	秦皇岛市局（公司）
主要负责人/法人代表		闫福宽/ 杨炳柱(—2012.12) 范造来(2013.5—)	王春怀/ 马宝平	张宝月/ 王志强(—2013.12) 谈家俊(2013.12—)	张根发/ 王友安(—2013.3) 秦发亮(2013.3—)	骆　钢(—2013.12) 王　文(2013.12—)/ 李淑芬(—2013.9) 丁作江(2013.9—)	张生华(2013.5—)/ 魏　磊(—2013.9) 李淑芬(2013.9—)
总资产（万元）		193790	119299	126932	50748	100965	78497
资产负债率（%）		4.78	7.34	9.89	8.30	11.09	10.73
所属县级局（个）		10	9	14	10	17	4
所属县级公司/分公司（个）		—	—	—	—	—	—
所属县级营销部（个）		12	9	14	10	17	6
从业人员（人）		988	670	1102	752	1099	412
所属业务机构	营销机构	1 个营销中心	1 个营销中心	1 个营销中心	1 个营销中心	1 个营销中心	1 个营销中心
	物流配送机构	1 个物流配送中心、3 个中转站	1 个物流配送中心	1 个物流配送中心	1 个物流配送中心	1 个物流配送中心、3 个中转站	1 个物流配送中心
	专卖稽查机构	1 个稽查支队、14 个稽查大队	1 个稽查支队、9 个稽查大队	1 个稽查支队、14 个稽查大队	1 个稽查支队、11 个稽查大队	1 个稽查支队、18 个稽查大队	1 个稽查支队、5 个稽查大队
	烟叶机构	—	—	—	—	—	—
销售卷烟	亿支	132.81	78.15	124.98	68.99	105.98	54.53
	2013 年比 2012 年(%)	1.14	0.65	2.48	0.48	-0.52	-2.16
卷烟销售收入（万元）		499528	287370	394899	195125	313882	202883
实现税利	万元	124094	66295	84361	36995	62435	46517
	2013 年比 2012 年(%)	5.18	10.50	12.82	7.58	7.79	3.81

续表

地市级局（公司）名称		唐山市局（公司）	廊坊市局（公司）	沧州市局（公司）	衡水市局（公司）	邢台市局（公司）	秦皇岛市局（公司）
实现利润	万元	71716	37488	44818	17489	31856	24220
	2013 年比 2012 年（%）	5.24	11.65	17.03	8.90	9.55	-2.79
查处涉烟违法案件（起）		2964	2435	1627	1354	5278	988
查处涉烟违法案件案值（万元）		2964	104	622	2969	543	419
2013 年度烟草行业投入烟叶生产基础设施建设资金（万元）		—	—	—	—	—	—
全年烟叶生产基础设施新增受益面积（万亩）		—	—	—	—	—	—
烟叶种植（万亩）		—	—	—	—	—	—
烟叶收购（万担）		—	—	—	—	—	—
烟农户数（户）		—	—	—	—	—	—
实现烟农总收入（万元）		—	—	—	—	—	—
零售客户数（户）		27759	12148	28801	12484	22167	10938
零售客户销售毛利率（%）		11.42	10.05	11.17	9.80	10.03	10.00

注：河北省的烟叶工作未上划，仍由各地方政府负责管理。因此，烟区地市级局（公司）的“实现税利”“实现利润”不包含烟叶税利和烟叶利润。

（撰稿：苏维民；编辑：谢争艳）

山西省烟草专卖局（公司）

【概　况】 山西省烟草专卖局成立于 1983 年 7 月，山西省烟草公司成立于 1982 年 4 月。1984 年 6 月，山西省烟草公司上划中国烟草总公司，改制更名为中国烟草总公司山西省公司。省局（公司）下辖 11 个地市级烟草专卖局（公司）。省局（公司）机关下设 16 个职能处室、11 个专业部门和机构。截至 2013 年底，拥有总资产 149.5 亿元，其中，固定资产 25.44 亿元、流动资产 116.11 亿元，资产负债率为 6.37%。共有从业人员 7682 人。

【领导成员】

局长、总经理、党组书记：李泽华

副总经理、党组成员：王志毅（正厅级）

副局长、党组成员：杜毓志

副总经理、党组成员：张亚林

副总经理、党组成员：冯小云

副巡视员，太原市局（公司）局长、经理、党组书记：董文彦

副巡视员：段远方（—2013.11）（国烟党〔2013〕91 号）

副巡视员：闫　杰（2013.8—）（国烟人〔2013〕315 号）

【专卖管理】 卷烟打假打私。2013 年，山西省共查处假烟案件 2960 起，其中案值 5 万元以上的 80 起。查获假冒卷烟 3379 万支，案值 2003 万元。查处符合国家局标准的网络案件 22 起，其中，长治市局查处的“9·12”销售假烟网络案件被公安部、国家局列为督办案件，晋城市局查处的“1·9”制售假烟网络案件被公安部列为集群战役的发起案件。向公安机关移送涉烟违法案件 119 起。公安、司法机关依法拘留 65 人，逮捕 37 人，判刑 56 人。

市场监管。以 APCD 工作法为指引，通过使用市场监管移动终端机，执行指令、系统和自订三类任务，按照接收任务、对比分析、制定计划、市场签到、执行监管、数据录入六个步骤，重点突出市场监管员对卷烟市场的分析，带着异常线索和问题上市场。用信息化手段推进市场监管方式的转变，升级完善移动平台功能。各级专卖管理部门与工商行政管理部门加强协作，共同建立烟草市场监管协作机制并联合开展日常监管，加大对无证经营的取缔力度。在全省开展雪茄烟市场治理专项行动，保持对非法售烟网站、店铺的监管。

内部专卖管理监督。全面落实专卖内管委派制，探索运用非现场监管模式提高监管效能。出台《治理卷烟非法流通奖惩制度》《卷烟非法流通案件一案双查工作制度》，加大治理卷烟非法流通力度。2013 年共实行责任追究 12 起，撤职处分 1 人。

零售许可证管理。推进行政许可政务大厅建设和管理，统一政务大厅应当公示的内容。加强行政许可后续事项监

管，重点解决许可证到期后零售客户不主动申请延续，停业、歇业不及时办理相关手续的问题。通过移动平台实时实地传输零售许可证办理中的相关资料，确保实地核查的真实性。统一上传附件的标准，严格执行“5+7”办证承诺。

【经济效益】 2013年，山西省烟草商业系统实现卷烟销售收入300.89亿元，同比增长3.73%。实现税利70亿元，同比增长3.34%，其中利润37.95亿元，同比增长2.29%。三项费用率为6.67%。

【卷烟经营】 *卷烟销售*。2013年，山西省烟草商业系统销售卷烟737.82亿支（147.56万箱），同比下降1.65%，其中，销售一类烟107.21亿支（21.44万箱）、二类烟27.2亿支（5.44万箱）、三类烟358.37亿支（71.67万箱）、四类烟156.67亿支（31.33万箱）、五类烟88.39亿支（17.68万箱）。本地区销量居前三位的品牌为“云烟”“红河”“红塔山”，销量分别为132.59亿支（26.52万箱）、65.07亿支（13.01万箱）、61.14亿支（12.23万箱）。

重点品牌培育。实施品牌联合会诊，采取省、市、县“两级会诊、三级联动”、工商零消“四位一体”的方式实行“五步诊断”，省公司先后组织对“七匹狼”“苏烟”“双喜”“贵烟”“娇子”品牌的会诊。2013年行业28个重点品牌在山西省共销售598亿支（119.6万箱），同比增长1.27%，占总销量比重的81%，同比提高2.34个百分点。

现代零售终端建设。2013年，山西省发展现代零售终端客户7688户，占山西省客户总数的5.9%。以稳定客户盈利、实现客户满意为宗旨，开展标准化、个性化、亲情式和增值性服务，落实事件营销、网上营销、跨行结算、资金借贷、弱势帮扶、应急用烟绿色通道等服务措施。山西省网上订货比例达93.1%，平均电子结算率为99.1%，零售客户综合满意度保持在95%以上。

现代物流建设。加强物流配送中心建设，其中，吕梁新物流配送中心投入运营；完成大同物流中心改造；长治选址、运城改造项目通过技术论证；推进晋中改造项目、忻州五寨中转站新建项目建设。推进“科技物流、精益物流、人本物流”建设和“两标一评”工作。实施配送中心非法人实体化运作，完成国家局“卷烟配送中心非法人实体化运作管理规范”课题研究任务，在行业物流现场会上省公司进行专题经验交流。启动卷烟包装箱循环利用工作，山西省包装箱回收完成率达到82.64%。

【烟叶生产】 *烟叶生产与收购*。2013年山西省签订烟叶种植收购合同1483份，同比下降11%。烟叶移栽面积为4.6万亩，与2012年持平。实际收购烤烟0.73万吨（14.6万担），其中上等烟叶0.26万吨（5.26万担），占36%；中等烟叶0.46万吨（9.20万担），占63%。山西省烟叶收购均价为21.17元/千克，同比提高2.28元/千克。

清洁型烟叶开发。根据《合作共建山西清洁型烟叶基地战略框架协议》要求，建立清洁烟叶生产技术体系，实现山西烟叶外观质量良好，主要化学成分协调，年际间相对稳定，风格突出，吸味良好；砷、汞、铅、铬等重金属指标和有机磷、有机氯类、菊酯类、抑芽剂类及除草剂类等农残指标低于国家标准的目标，辐射、带动清洁烟叶进行规范化、标准化生产。2013年，在平陆县确定4个试验项目、4个示范项目和5个科技示范园。在长子县将500亩示范园分为A、B区，投入50余万元，修建机耕5条，建育苗大棚24座，配套农业机械服务实验示范工作。以清洁型烟草农业开发为统领，以清洁原料带动卷烟减害降焦为契机，以河南农业大学烟草学院为技术支撑，建立平陆县清洁烟叶生产技术体系，辐射、带动全县清洁型烟叶生产标准化、管理科学化、产品特色化、质量安全化，实现满足“长白山”品牌全面减害降焦对清洁烟叶原料需求的目标。

现代烟草农业建设。山西省2013年投入补贴资金2813万元，建设密集型烤房851座，修建育苗设施33个。山西省专业化育苗面积3.87万亩，其中采用湿润育苗1.97万亩，占移栽总面积的43.4%。机械化作业面积增幅较大，机耕4.3万亩、起垄3.7万亩、移栽0.46万亩、覆膜3.1万亩、中耕培土2.9万亩、施肥3.6万亩。

【财务审计】 落实中央“八项规定”，压缩各项重点费用。2013年山西省烟草商业系统重点费用支出同比下降26%，其中，业务招待费、办公费、会议费同比分别下降60%、26%、69%。加强财务制度建设，省公司制定《国有资产管理办法》《资金管理办法》《部分费用性项目预算定额标准》《物流费用核算管理实施细则》等。

完成审计项目1260项，取得直接经济效益5397.91万元，发现问题1391个，采纳建议1367条。2013年山西省烟草商业系统共整改问题710个，整改比例为84.73%。

【基层创优】 以体系建设为主线，完善九项工作机制，构建和运行“六统一”（即统一文件管理模式、目标管理模式、运行维护模式、持续改进模式、人员培养模式、信息化管理模式）管理模式。建立山西省烟草商业系统统一的75项专业对标指标体系，并延伸至县级烟草专卖局（营销部）层面。开展技术创新活动，临汾市公司QC成果获得“全国烟草行业第24届优秀质量管理小组成果”三等奖。以太原市局（公司）为试点导入精益管理，在行业企业管理现场会上，省局（公司）作经验介绍。

【信息化建设】 出台《山西省烟草商业系统信息化工作管理办法》，全面覆盖信息化管理体系和治理机制。云计算平台于9月上线运行，实现软硬件平台、应用系统的集成整合和资源共享。

【“两项工作”】 建立山西省统一的办事公开民主管理工作模块，形成具有山西烟草特色的办事公开民主管理机制。山西省烟草商业系统工程投资、物资采购和服务采购（含宣传促销）实施公开招标项目占比50.6%，金额占比87.7%。规范工程投资管理，开展项目前置性论证和初步设计审查，加强项目责任制管理和全过程跟踪监管，对部分项目超规模、超投资、超标准建设问题进行整改。2013年27个在建项目完成投资2亿元，计划执行率达到80%以上。

【人事政工】 教育培训。2013年省局（公司）共组织各类培训班40期，培训学员4336人次；组织1760名职工参加职业技能鉴定，新获证1016人次。在全国烟草行业第二届卷烟商品营销职业技能竞赛中，省局（公司）获团体第二名。

党风廉政。制定《省局党组深入贯彻落实〈十八届中央政治局关于改进工作作风、密切联系群众的八项规定〉的实施意见》，将"八项规定"执行情况列入党风廉政建设责任制内容。结合行业"235"教育实践活动、"改进作风年"活动，整顿政风行风。开展"三重一大"决策制度情况专项检查，落实和完善民主集中制。以"三项工作""两烟"生产经营、干部选拔任用为重点，加强监督检查，规范权力运行。

企业文化。对山西烟草母文化进行重新梳理修订，确定以"晋烟晋美"为核心理念的"晋美境界"文化。出台《山西烟草服务品牌一体化建设规划》，完善服务品牌一体化建设。制定《山西烟草行为规范执行标准（初稿）》，深化行为规范建设。

【特事要辑】 1月20日，2013年山西省烟草工作会议在太原召开。

7月3日，国家局副局长杨培森到山西烟草开展"三大课题"专题调研，提出"把握新机遇、探索新改革、强化新素质、促进新发展"。

10月12—13日，国家局局长凌成兴、副局长杨培森到山西省局（公司）、太原市局（公司）、晋中市局（公司）和山西昆明烟草有限责任公司调研。凌成兴强调，一要巩固三大成果，即巩固卷烟销售网络建设、内部专卖管理监督和用工分配制度改革示范的成果，推动行业持续健康发展；二要发挥三大优势，即发挥山西卷烟市场、"云烟"品牌和太原卷烟厂历史悠久的优势，提升结构，有序发展；三要支持山西昆明烟草有限责任公司实施"退城进区"、加快易地技改，研发自主品牌，增强竞争实力。其间，山西省委副书记、省长李小鹏会见凌成兴，双方就山西烟草改革发展交换了意见。

10月31日—11月1日，国家局副局长何泽华到朔州、忻州、阳泉市局（公司）调研，要求山西烟草进一步思考和研究推进发展的深层次问题，提高企业发展质量和效益，科学调整市场状态、合理优化卷烟结构等。

11月5—6日，驻国家局纪检组组长高林到山西烟草开展"行业廉政风险防控"专题调研，要求严格执行中央"八项规定"，建立健全教育、制度、监督并重的惩治和预防腐败体系。

所属地市级局（公司）

【太原市烟草专卖局（公司）】 太原市烟草专卖局、山西省烟草公司太原市公司成立于1983年8月，下辖4个县级烟草专卖局（营销部）。

物流建设。推进标准定额管理，形成四级74个指标中心定额的管理体系。开展六西格玛管理，从业务流程、分拣数据、配送线路等方面改进完善，缩短订单响应时间。加强分拣数据系统优化升级，增加智能计算、智能处理提示引导操作、智能生成订单等功能，减少人工匹配品牌、调仓、清仓等操作，实现对订单数据的自动处理，订单处理用时平均缩短30分钟。探索推进即访即送模式，配送客户达886户。开展卷烟包装箱循环利用工作，包装箱回收率达95%。

贯标对标。完善文件体系，新增企业级指标11项，组织开展年度内审和管理评审工作，体系文件执行率达到97%。开展"抓典型、树标杆"活动，发挥对标工作的管理效应，人均劳动效率、人均卷烟销售收入、成本费用利润率等5项指标及综合排名居全省第一。

队伍建设。开展"改进作风年""道德讲堂""学习刘建清和宋建光先进事迹"等活动。组织全体科级干部、机关人员参加"万名零售客户和工业企业大调研"活动。各所属单位依据自身工作开展特色活动，营销中心推出"农情服务班车"活动；配送中心开展打造绿色物流行动；稽查中心实施"尽职履责、帮助拆迁零售客户"活动等。

【大同市烟草专卖局（公司）】 大同市烟草专卖局、山西省烟草公司大同市公司成立于1983年8月。2013年，新设矿区烟草专卖局（营销部）。截至年底，下辖11个县级烟草专卖局（营销部）及大同市同烟实业公司。

专卖管理。破获"9·12""11·5"和"12·26"等三个符合国家局标准的制售假烟网络案件。完善与公安、检察院、法院、工商等部门协作机制，与邻省的乌兰察布市局、张家口市局、保定市局建立市级局层面协作机制，开展"云城"系列、无证户清理、走私烟、雪茄烟等4个清理整顿卷烟市场专项行动。实行内管派驻机制，创新完成非现场监管攻关课题，建立完善专卖内管部门牵头的联席会议制度。

【阳泉市烟草专卖局（公司）】 阳泉市烟草专卖局、山西省烟草公司阳泉市公司成立于1983年9月，下辖2个县级烟草专卖局（营销部）。

卷烟销售。坚持"双公开、双透明"工商协同营销机制，举办不同层次市场分析会，阳泉市销售重点品牌卷烟22.95亿支（4.59万箱），占总销量比重的91.16%，同比提高1.8个百分点；重点品牌实现销售收入11.58亿元，同比增长2.02%，占总销售收入比重的96.9%，同比提高1.14个百分点。持续开展终端建设，2013年终端客户增加到326户，占零售客户总数的5.6%。构建精益物流，推进物流非法人实体化运作，建立内部核算、预算、定额管理体系，创新分拣系统双支线独立运行和自动开箱装置，推进物流整体流程优化，实现城市核心客户即访即送。

内部监管。加大移动平台应用，探索网格化、信息化监管模式，从注重市场检查频率向注重检查实效转变。与工商联合制定《烟草市场监管协作机制》，加强市场监管和许可证管理。重视卷烟购进、仓储、销售环节，强化内管监控，确保卷烟销售全部入网、入户、落地。

【长治市烟草专卖局（公司）】 长治市烟草专卖局、山西省烟草公司长治市公司成立于1983年8月，下辖13个县级烟草专卖局（营销部）。

品牌培育。积极应对市场变化，有效化解下行压力，全年卷烟销售均价为95.58元/条，同比提高5.53元/条，首次超越山西省平均水平。探索事件服务营销，搭建喜庆用烟便民服务、农村意见领袖营销服务等五大通道，2013年开展婚庆营销活动300余场，与52名农村意见代表达成营销意向。

打假破网。2013年，市局率先在山西省完成3起符合国家局标准的制售假烟网络案件。“9·12”销售假烟网络案件被国家局、公安部列为具有典型意义和特殊影响的督办案件。

【晋城市烟草专卖局（公司）】 晋城市烟草专卖局、山西省烟草公司晋城市公司成立于1983年8月，下辖6个县级烟草专卖局（营销部）。

打假破网。2013年，查处由公安部直接部署并发起的“1·9”制售假烟网络案件，该案被定性为集群战役案件。从日常市场监管细节入手，在假烟资金链条上深挖，经过长达8个多月对“4条被调包卷烟案件”的经营，捣毁非法生产、销售、仓储假烟窝点12处，查获假冒“中华”等品牌卷烟1200余万支，缴获制假卷烟机5台（套）及大量散装烟支和制假原辅材料，涉案金额3400余万元。公安机关依法抓获涉烟犯罪嫌疑人20余人。

【朔州市烟草专卖局（公司）】 朔州市烟草专卖局、山西省烟草公司朔州市公司成立于1989年7月，下辖6个县级烟草专卖局（营销部）。

品牌培育。开展“情系四川，向灾区献爱心”活动，启动“爱心接力工程”，2013年辖区“娇子”销量达到4289.9万支（857.98箱），位居山西省第一位。建设“稳定健康”零售终端，用稳定的市场价格、货源支撑、零售盈利保障来稳定零售客户经营状态，建立起稳定的客我关系。

【忻州市烟草专卖局（公司）】 忻州市烟草专卖局、山西省烟草公司忻州市公司成立于1983年4月，下辖14个县级烟草专卖局（营销部）。

品牌培育。提出“做‘大品牌’”“‘做大’品牌”“低端保销量、高端保效益”和“销售前移、抢抓半拍”等工作思路，建立常态化的市场调研机制，关注市场动态，控制投放节奏，推进品牌整合，重点品牌在辖区市场得到健康成长，品牌效应日益彰显。

资产管理。创新资产管理模式，依托资产管理系统，推行纸质+电子“双签”管理，实施资产“生命周期”跟踪管理机制，实现资产管理的信息化、网络化、智能化。

【吕梁市烟草专卖局（公司）】 吕梁市烟草专卖局、山西省烟草公司吕梁市公司成立于1984年，下辖13个县级烟草专卖局（营销部）。

卷烟销售。创新实践“四零”服务新模式，客户服务做到“零成本”，经营指导坚持“零距离”，客户培训实现“零保留”，客我交流达到“零障碍”。推进现代物流建设，严格控制投资总额，采用新技术、新成果，新卷烟物流配送中心于2013年10月建成。

【晋中市烟草专卖局（公司）】 晋中市烟草专卖局、山西省烟草公司晋中市公司成立于1984年10月，下辖11个县级烟草专卖局（营销部）。

网格建设。确定81个营销网格，确立“3365”（即客户、品牌、市场“三大要素”，营销资源、服务资源、人力资源“三大资源”，网格市场、客户类型、品牌货源价类、营销资源细分、服务资源标准、人力资源网格匹配“六项细分匹配”，网格需求预测、订货指导、品牌培育、市场分析和客户服务“五项工作标准”）运行构架，推进网格营销由理念模式向操作标准的转变，实现营销部、客户经理、零售客户三个层面的转变。

市场监管。抓好移动平台的应用，运用市场监管“136”工作法，试行《烟草零售市场检查方法》，全面推行网格化管理模式，加强行政许可后续监管，发挥稽查中队前沿阵地作用，构建“打击严厉、管理到位、疏导及时、服务周到”的市场监管体系。

【临汾市烟草专卖局（公司）】 临汾市烟草专卖局、山西省烟草公司临汾市公司成立于1985年7月，下辖17个县级烟草专卖局（营销部）。

卷烟销售。开展事件营销、弱势帮扶、应急用烟绿色通道等服务，组织“我为客户献良策”“我为客户办实事”等活动，提升零售客户经营能力、盈利水平和满意度，2013年临汾市客户满意度达到98.63%。加强物流建设，扩大城区核心客户“即订即送”范围，实行部分农村客户“两周一订（送）”办法，临汾市“即订即送”客户达到4499户，占直接配送客户总数的29.4%。实施包装箱循环利用工作，2013年回收包装箱2.71万个，回收率达到85.18%。

【运城市烟草专卖局（公司）】 运城市烟草专卖局、山西省烟草公司运城市公司成立于1984年9月，下辖15个县级烟草专卖局（营销部）。

现代流通。推进发展农村服务大厅、现代零售终端和现代物流建设等三项重点工作，在运城市13个县（市、区）分别启动“升级版农村服务大厅”建设工作；在盐湖区召开现代零售终端建设现场观摩会，建成46家现代终端示范店；对盐湖区城网核心客户和运城市1.45万个客户分别实现“即访即送”和“24小时送货到户”服务。卷烟配送中心升级改造项目通过立项审批。

基础管理。在山西省第二届卷烟商品营销技能竞赛中，市局（公司）获“团体第一名”。加强技术创新，2013年申报合理化建议35项、QC课题48个，产生经济效益30余万元。

2013 年山西省烟草商业系统主要情况统计

地市级局（公司）名称		太原市局（公司）	大同市局（公司）	阳泉市局（公司）	长治市局（公司）	晋城市局（公司）	朔州市局（公司）
主要负责人/法人代表		董文彦	支树华	程　智	李振芳	陈秀云	蔡金平
总资产（万元）		171026	107170	37039	90535	76958	41353
资产负债率（%）		5.47	4.52	8.98	9.51	27.24	16.10
所属县级局（个）		4	11	2	13	6	6
所属县级公司/分公司（个）		—	—	—	—	—	—
所属县级营销部（个）		4	11	2	13	6	6
从业人员（人）		786	724	255	711	397	343
所属业务机构	营销机构	1 个营销中心	1 个营销中心	1 个营销中心	1 个营销中心	1 个营销中心	1 个营销中心
	物流配送机构	1 个物流配送中心	1 个物流配送中心、1 个配送中转站	1 个物流配送中心	1 个物流配送中心、5 个配送中转站	1 个物流配送中心、4 个配送中转站	1 个物流配送中心
	专卖稽查机构	1 个稽查支队、10 个稽查大队	1 个稽查支队、11 个稽查大队	1 个稽查支队、3 个稽查大队	1 个稽查支队、13 个稽查大队	1 个稽查支队、6 个稽查大队	1 个稽查支队、6 个稽查大队
	烟叶机构	—	—	—	1 个烟叶总站、5 个烟叶站	—	—
销售卷烟	亿支	100.53	70.63	25.19	67.14	44.06	31.46
	2013 年比 2012 年（%）	-0.50	-0.47	-2.55	-4.07	-1.72	-3.20
卷烟销售收入（万元）		580696	347031	119419	320605	212825	148331
实现税利	万元	125515	72803	23272	64942	43649	29371
	2013 年比 2012 年（%）	2.07	4.14	-0.55	0.10	1.36	1.60
实现利润	万元	71666	41051	12092	35662	25905	15486
	2013 年比 2012 年（%）	1.98	2.22	-4.62	-1.54	4.97	-2.19
查处涉烟违法案件（起）		391	265	92	820	317	77
查处涉烟违法案件案值（万元）		821	436	82	186	98	14
2013 年度烟草行业投入烟叶生产基础设施建设资金（万元）		—	—	—	291	—	—
全年烟叶生产基础设施新增受益面积（万亩）		—	—	—	0.13	—	—
烟叶种植（万亩）		—	—	—	0.60	—	—
烟叶收购（万担）		—	—	—	1.84	—	—
烟农户数（户）		—	—	—	355	—	—
实现烟农总收入（万元）		—	—	—	1756	—	—
零售客户数（户）		13788	10258	5944	12849	7930	6581
零售客户销售毛利率（%）		10.68	13.40	10.10	9.77	10.00	9.00

地市级局（公司）名称	忻州市局（公司）	吕梁市局（公司）	晋中市局（公司）	临汾市局（公司）	运城市局（公司）
主要负责人/法人代表	任川水	周润生	闫　杰（—2013.8） 义晋瑞（2013.8—）	赵新秋	张家驰（—2013.3） 姚　宏（2013.3—）
总资产（万元）	75142	87686	89519	112099	109758
资产负债率（%）	9.06	7.90	8.70	11.18	11.14
所属县级局（个）	14	13	11	17	15
所属县级公司/分公司（个）	—	—	—	—	—
所属县级营销部（个）	14	13	11	17	15

续表

地市级局（公司）名称		忻州市局（公司）	吕梁市局（公司）	晋中市局（公司）	临汾市局（公司）	运城市局（公司）
从业人员（人）		769	845	797	794	1028
所属业务机构	营销机构	1 个营销中心	1 个营销中心	1 个营销中心	1 个营销中心	1 个营销中心
	物流配送机构	1 个物流配送中心	1 个物流中心、2 个配送中心、3 个配送中转站	1 个物流配送中心	1 个物流配送中心、1 个配送中转站	1 个物流配送中心
	专卖稽查机构	1 个稽查支队、14 个稽查大队	1 个稽查支队、13 个稽查大队	1 个稽查支队、11 个稽查大队	2 个稽查支队、17 个稽查大队	1 个稽查支队、15 个稽查大队
	烟叶机构	—	—	—	—	—
销售卷烟	亿支	68.36	73.02	72.58	85.82	99.05
	2013 年比 2012 年（%）	0.26	-2.30	-0.62	-2.26	-2.20
卷烟销售收入（万元）		305024	333366	343228	413403	394402
实现税利	万元	58990	64663	67729	82352	76544
	2013 年比 2012 年（%）	6.99	1.59	0.00	4.21	8.44
实现利润	万元	31326	34784	36851	43843	41245
	2013 年比 2012 年（%）	3.87	-1.02	-0.74	0.57	9.00
查处涉烟违法案件（起）		505	162	82	163	86
查处涉烟违法案件案值（万元）		77	37	40	142	70
2013 年度烟草行业投入烟叶生产基础设施建设资金（万元）		—	—	—	1001	1521
全年烟叶生产基础设施新增受益面积（万亩）		—	—	—	1.50	1.00
烟叶种植（万亩）		—	—	—	1.00	2.95
烟叶收购（万担）		—	—	—	3.33	9.43
烟农户数（户）		—	—	—	522	606
实现烟农总收入（万元）		—	—	—	3793	9907
零售客户数（户）		11479	14524	13478	19073	17520
零售客户销售毛利率（%）		10.10	9.87	11.00	10.08	10.12

（撰稿：赵　钰；编辑：谢争艳）

内蒙古自治区烟草专卖局（公司）

【概　况】 内蒙古自治区烟草专卖局、内蒙古自治区烟草公司组建于 1984 年 1 月 1 日。1984 年 9 月，内蒙古自治区烟草公司上划中国烟草总公司，更名为中国烟草总公司内蒙古自治区公司。自治区局（公司）下辖 14 家地市级烟草专卖局（公司），机关内设 15 个职能处室，7 个专业部门，2 个临时机构。截至 2013 年底，公司拥有总资产 102.30 亿元，其中，固定资产 12.04 亿元、流动资产 86.83 亿元，资产负债率为 13.39%。共有从业人员 5748 人。

【领导成员】

局长、总经理、党组书记：董晓民
副总经理、党组成员：乌力吉
副总经理、党组成员：王文忠
副 局 长、党组成员：赵德国
纪检组长、党组成员：董建华
副巡视员：张福义（—2013.5）（国烟党〔2013〕43 号）
副巡视员：郑子林
副巡视员：于小芹

【专卖管理】 卷烟打假。2013 年，全自治区共查处涉烟违法案件 6447 起，其中案值 5 万元以上的案件 47 起，查获假烟 1493.43 万支，上缴罚没款 377.96 万元。打假破网实现新突破，破获制售假烟网络案件 25 起，其中，达到公安部、国家局标准的有 22 起。查获走私外烟 44.18 万支、非渠道出口烟2.46万支。公安、司法机关依法刑拘85人，逮捕80人，判刑31人。

建设联合打假机制。推进与自治区各级工商、公安、检察院、法院、铁路等部门的协作，开展烟草市场监管。与自治区工商管理局建立健全烟草市场监管协作长效机制。加强与周边省、市烟草专卖局的合作，5月，宁夏石嘴山市局与乌海市局探索构建毗邻地区打假协作机制；8月，黑龙江、吉林、辽宁、大连、内蒙古等五省（市、自治区）在呼伦贝尔市召开东北五省（市）第一届卷烟打假打私联席会议暨毗邻省份专卖管理交流会。

市场监管。2013年相继开展“2013年元旦春节期间”“飓风五号”“雪茄烟市场”“打击走私烟”等清理整顿卷烟市场专项行动。开展APCD工作法试点，确定以呼和浩特市局为试点单位。开展优秀县级局创建工作，12家县级局被评为“2013年度标兵单位”。

内部专卖管理监督。完善专卖内管委派制，加强治理卷烟非法流通，定期对卷烟非法流通情况进行通报和督导。加强对废弃烟草专卖品处置的管理、卷烟打扫码管理监督，开展严防“天价烟”问题反弹工作。累计查获各类非法流通卷烟3462.13万支，同比下降18.65%。2013年未发生一起国家局督办的非渠道卷烟案件。

【经济效益】 2013年，全自治区烟草商业系统实现税利50.94亿元，同比增长1.72%，其中利润26.79亿元，同比增长0.39%。三项费用率为7.28%。

【卷烟经营】 *卷烟销售*。2013年，全自治区烟草商业系统销售卷烟560.20亿支（112.04万箱），同比增长0.17%，其中，销售一类烟69亿支（13.80万箱）、二类烟69.90亿支（13.98万箱）、三类烟222.40亿支（44.48万箱）、四类烟133.95亿支（26.79万箱）、五类烟64.75亿支（12.95万箱）。本地区重点品牌销量居前三位的品牌为“云烟”“黄山”“红塔山”，销量分别为128.25亿支（25.65万箱）、56.25亿支（11.25万箱）、47亿支（9.4万箱）。

实现卷烟销售收入255.71亿元，同比增长4.05%。实现卷烟税利50.48亿元，同比增长0.94%，其中利润27.16亿元，同比下降0.53%。

品牌培育。2013年，全自治区共有在销品牌58个（含进口烟6个）、在销规格369个（含进口烟16个）。销售重点品牌卷烟468.50亿支（93.7万箱），同比增长3.11%。重点品牌实现销售收入238.29亿元，同比增长7.71%，占总销售收入的93.19%。全自治区销售8毫克/支及以下低焦油卷烟91.55亿支（18.31万箱），其中，销售6毫克/支及以下低焦油卷烟17.70亿支（3.54万箱），同比增长432.41%。

网络建设。以培育知名品牌为目标，创新信息采集模式，推广精准营销。全面开展工商协同，开发并推广应用工商协同营销信息平台，完成协同市场需求预测，实现工商之间的网上配货和订单跟踪。以呼和浩特市公司为试点单位，试行“四层供货”（即低档烟货层、常规品牌货层、重点培育品牌货层、新品货层）货源分配模式。以零售客户为中心，初步实现“135”工作法与V3系统、新商盟网、现代零售终端建设的集成整合。通过建立直营店、终端形象示范店，推进现代卷烟零售终端建设，截至年底，全自治区共建成不同类别的现代卷烟零售终端3686户，占零售客户总数的3.87%。

物流管理。推进物流中心建设，截至年底，乌兰察布、赤峰两个烟草物流中心项目建设进展顺利；巴彦淖尔物流中心异地迁建项目通过前置性审查；在呼伦贝尔岭西物流中心推广密集式仓储和储分一体项目；研发异型烟塑膜包装设备并在鄂尔多斯物流中心投入使用。开展精益物流，全自治区单箱物流费用251.29元，同比下降0.31%；物流费用率1.29%，同比降低0.05个百分点。推进工商间卷烟包装箱循环利用工作，全年累计回收纸箱29.30万只，回收率93.8%，利用11.6万只，利用率39.60%。

【烟叶产销】 *烟叶种植与收购*。围绕总量控制任务，以合同制管理为主线，细化生产管控措施，提高生产调控能力，做到“三优四严”，即“优化种植布局、优化收购站点、优化烟农队伍”，“严格分解计划、严格合同管理、严格技术标准、严格内部监管”。2013年，全自治区种植烤烟3.6万亩，签订烟叶种植收购合同1658份。实际收购烟叶0.81万吨（16.11万担），占合同约定量的89.55%。烟叶收购等级合格率81.50%，上等烟比例10.63%。实现烟叶税利0.79亿元，同比增长37.89%，其中，实现利润0.36亿元，同比增长113.64%。共有烟农1658户，全自治区实现烟农总收入1.46亿元。

现代烟草农业建设。围绕基层建设，抓好“三项建设”，即“抓牢基础设施建设、抓实基层站建设、抓好合作社建设”。推进烟叶生产基础设施建设，全年国家局投入资金305.76万元，自治区烟草商业系统投入补贴资金548.3万元，建设密集型烤房140座、机电井7眼、维修更换烤房加热设备27套，截至年底，全部投入使用。以创建优秀烟叶收购站活动为抓手，按照“跨区整合、分类建设、一站多点、统一管理”工作要求，对全自治区烟站进行优化整合。全自治区共有中心站7个、收购点12个，中心站达标率85%以上。加强烟农专业合作社建设，2013年，重点对赤峰市“金叶”合作社建设进行完善和提升，指导烟农专业合作社完善章程，健全机制，为烟农专业合作社规范运行和健康发展打牢组织基础。学习借鉴山东诸城“家庭农场+合作社”模式，引导种烟大户入社，推进机械化作业，“金叶”合作社机耕、起垄机械化作业可覆盖面积达到4500亩。

【多元化经营】 2013年，自治区局（公司）严控投资规模，严格监督管理，着力整合优化，推进对多元化企业的经营管理。截至年底，下辖内蒙古金叶投资有限责任公司、内蒙古派力建筑工程有限责任公司、内蒙古烟草培训中心、二连金叶时代广场有限责任公司、内蒙古五原华阳商贸有限责任公司、五原派力房地产开发有限责任公司、内蒙古金叶物业服务公司等七家多元化企业。

2013年多元化经营企业实现营业收入1.97亿元，实现税利5118万元，其中利润2230万元。

【企业管理】 财务审计。推进预算管理与资金监管相结合，加强重点费用控制，三项费用累计为15.96亿元，其中，业务招待费2018万元，同比下降48.90%；会议费822万元，同比下降60.65%。组织流动资产专项清查工作，完成流动资产专项清查内部往来账款清理核对、企业年金企业缴费比例调整、细化物流费用核算管理等。

推进审计委派制，全面开展预算管理审计、内部控制制度审计，完善经济责任审计，以合同审核为基础，强化对大额资金支出项目的监管力度。全自治区行业审计项目共408项，其中工程项目审计136项，审定金额4798.54万元，审减金额1380.07万元，审减率22.34%。

贯标对标。将对标工作作为"管理创一流"和推行精益管理的抓手，突出成本费用控制，发挥对标工作的目标引领作用。2013年13项指标同比提升，14项标杆值同比提高。开展优秀盟市局（公司）创建活动，实现全自治区达标率50%的目标。

技术创新。2013年自治区系统共发表论文68篇，同比增长41.67%。取得授权专利38项，同比增长8.57%，其中发明专利授权1项。获省部级立项项目2项，其中"基于GIS的大规模零售终端服务与管理智能决策系统关键技术的研究与应用"项目获省部级科学技术成果奖。

安全生产。全自治区14个盟市局（公司）全部核准为二级安全生产标准化企业。2011—2013年，全自治区行业安防设备设施投入3495.5万元，完善火灾自动报警、自动灭火、视频监控、特种设备安全装置等安全设施建设。

【信息化建设】 自治区局（公司）作为国家局首批行业质检信息化建设试点单位，完成卷烟鉴别检验全自治区联网监控系统和LIMS系统升级改造项目的可行性论证。加快系统整合步伐，全自治区烟草行业应用系统集成平台部分功能投入使用。完成新OA系统和内部网站的上线运行。开展现代零售终端信息化建设项目和网络营销一体化营销平台建设项目。推进内蒙古烟草行业数据中心（一期）项目建设，截至年底，完成项目立项。完成卷烟生产经营决策管理系统双机热备硬件运行平台建设、内蒙古自治区烟草专卖局信息系统梳理诊断加固工作等。

【整顿规范】 2013年，全自治区系统"工程投资、物资采购、宣传促销"项目共887项，涉及总金额2.88亿元，其中招标项目411项，占比46.34%；招标金额2.39亿元，占比83.20%。通过载体公开信息1385项。建立健全"天价烟"专项治理长效机制，所属各单位把"天价烟"专项治理工作纳入到日常工作范围之内。

【人事政工】 队伍建设。推进各级领导班子建设，2013年共提任处级干部20人，做好盟市局（公司）干部选拔任用"一报告两评议"工作、处级干部报告个人有关事项工作、处级干部因私出入境管理等。完善教育培训体系建设，修订《内部培训教师管理办法》《内蒙古自治区烟草行业商业企业教育培训管理信息系统使用规范》，向行业师资库推荐10名内部培训教师。2013年共组织36个培训班，培训员工2583人次。推荐6人参加高级职称评审。举办第五届自治区局职业技能竞赛暨第四届卷烟商品营销竞赛、第六届自治区局职业技能竞赛暨第二届（区内）烟草专卖管理岗位技能竞赛。全年共组织技能鉴定四批次，鉴定1079人，取证率为52%，新增技师35人。

党风廉政建设。贯彻落实中央"八项规定"和国家局"九条要求"，严格控制会议规模、工商企业跨省交流活动等，业务招待费、会议费分别下降48.90%、60.65%，封存超标准公务用车101辆，腾退超面积办公用房1.08万平方米，取消、停止出国团组1个。开展"改进作风年"活动及严肃工作纪律、整顿工作作风专项活动。开展第八次党风廉政建设和反腐败大检查工作。制定行业《工作人员违法违纪行为处理规定》，开展会员卡和商业预付卡清退工作。全年办理来信来访38件次，诫勉谈话12人，廉政谈话109人。

思想政治工作。推进学习型党组织建设，组织开展党的十八大专题学习、"红色经典"读书活动、深入践行"235"演讲报告会等。10月，举办第七届职工文艺汇演。加强工会组织建设，选举产生自治区局（公司）机关第二届工会委员。

企业文化。修订《诚信·求实企业文化手册》。确定"一体化建设、坚持二个原则、体现三方面内容"的"123"建设思路和区局（公司）规划、管理、指导，以及盟市局（公司）打造、推进、提升的建设原则，重点开展服务品牌八大体系建设，组织服务品牌名称、核心理念、LOGO标识的征集工作。

【特事要辑】 1月23日，2013年全自治区烟草工作会议在呼和浩特召开。

6月19—20日，国家局副局长杨培森到内蒙古烟草调研，提出三点意见：一是要加大对"三大课题"的研究；二是要研究新时期如何抓好整个卷烟营销工作；三是要进一步加强队伍建设。

7月4日，全自治区烟草行业工作座谈会在呼和浩特召开。

10月10—11日，国家局局长凌成兴到内蒙古烟草调研，副局长杨培森一同调研。凌成兴指出，内蒙古烟草近年来工作成绩显著，形势很好，体现为"一个崭新局面""三个重要标志""四个样板"。"一个崭新局面"是乌兰浩特卷烟厂、内蒙古昆明卷烟有限责任公司异地技改的崭新局面；"三个重要标志"是指蒙昆公司产品单箱税利突破1万元、全自治区销售卷烟突破100万箱、工商税利总量突破100亿元的重要标志；"四个样板"是为内蒙古烟草的工商企业体现民族地区卷烟工业的样板、民族地区财政支柱的样板、民族地区跨省重组的样板、民族地区物流配送的样板。其间，内蒙古自治区党委书记王君，党委副书记、主席巴特尔会见凌成兴，双方就内蒙古烟草改革发展交换意见。

所属地市级局（公司）

【呼和浩特市烟草专卖局（公司）】 呼和浩特市烟草专卖局、内蒙古自治区烟草公司呼和浩特市公司成立于1984年。下辖5个县级烟草专卖局（营销部）和4个城区烟草专卖局。

2013年，市局（公司）作为上海烟草集团工商网上配货三家试点单位之一，开展以“依托状态，策略协同，动态调整，精准投放”为主题的工商网上配货，根据产品价格、社会存销比、定量利用率等指标波动情况，衔接产品货源，提高工商响应市场速度。建立“四层货源供货”模型，实施“四层供货”模式，细化供货，实施货源分层投放，将各工业企业的品牌放置在同一竞争平台，实现各工业品牌之间的公平竞争。开展精益物流建设，自主研发运行异型烟分拣系统，启动物流中心非法人实体化运作试点工作，开展卷烟包装箱循环利用。

市局（公司）作为自治区行业APCD工作法的试点单位，对零售客户按照A类户（重点户）、B类户（一般户）、C类户（守法户）进行划分，取消专卖员岗位，成立稽查小组，分片管理。

【满洲里市烟草专卖局（公司）】 满洲里市烟草专卖局、内蒙古自治区烟草公司满洲里市公司成立于1993年1月。下设扎赉诺尔区烟草专卖局。

着重从三个方面推进卷烟营销市场化改革，一是调配各种资源，保证卷烟市场供应得到充分满足；二是为卷烟零售客户提供适销对路、适当数量、结构与规格的卷烟品牌，确保卷烟市场供求平衡、节奏均衡；三是完全遵从零售客户意愿订货，实现社会库存持续低位、零售客户满意度持续升高的态势。

【呼伦贝尔市烟草专卖局（公司）】 呼伦贝尔市烟草专卖局、内蒙古自治区烟草公司呼伦贝尔市公司成立于1984年。下辖13个县级烟草专卖局（营销部）和呼伦贝尔烟草宾馆。2013年，市局（公司）继续保持“全区文明单位标兵”称号。

推进物流中心建设，2013年6月，岭西物流配送中心密集式仓储与储分一体设备投入运行，中心占地面积1647平方米，可存储卷烟3亿支（0.6万箱），日均卷烟分拣量约0.2亿支（0.04万箱）。

【兴安盟烟草专卖局（公司）】 兴安盟烟草专卖局、内蒙古自治区烟草公司兴安盟公司成立于1984年。下辖5个县级烟草专卖局（营销部）和1个城区烟草专卖局。

2013年，盟局破获制售假冒卷烟网络案件4起，其中符合国家局标准的2起，符合自治区局标准的1起，4起案件共查获非法卷烟153.83万支，涉案金额319.11万元，公安、司法机关依法拘留12人，逮捕6人，判刑6人。

【通辽市烟草专卖局（公司）】 通辽市烟草专卖局、内蒙古自治区烟草公司通辽市公司成立于1984年。下辖8个县级烟草专卖局（营销部）。2013年，市局（公司）继续保持“全国精神文明建设工作先进单位”称号。

2013年，市局（公司）被自治区局（公司）确定为精益物流、物流非法人实体化运作和卷烟包装箱循环利用试点单位。推进精益物流，通过调整访配流程，优化配送路线，通辽市直送零售客户达到5029户，占零售客户总数的43.49%，物流费用各项指标均达到或优于全自治区平均水平，制定《送货服务规范》，全年卷烟配送实现“零投诉”。实施非法人实体化运作，全年完成工作方案的制定，并开展前期调研。加强卷烟包装箱循环利用，8月开始对乌兰浩特卷烟厂生产的“云烟”“红河”“红山茶”等三个品牌烟箱全面进行回收，截至年底，累计返还乌兰浩特卷烟厂烟箱4.90万只，回收率95.16%。

【赤峰市烟草专卖局（公司）】 赤峰市烟草专卖局、内蒙古自治区烟草公司赤峰市公司成立于1984年4月。下辖5个县级烟草专卖局（分公司）、5个县级烟草专卖局（营销部）和2个城区烟草专卖局、松山区烟叶分公司。

加大打假破网的力度，破获“10·25”非法经营烟叶网络案件、“6·6”销售假冒卷烟网络案件。在“10·25”非法经营烟叶网络案件中，涉案烟叶87吨（1740担），涉案金额182.87万元，查明涉案人员16人，公安、司法机关依法逮捕5人，判刑5人。在“6·6”销售假冒卷烟网络案件中，查获非法卷烟63.97万支，打掉仓储地点1处，涉案金额207.91万元，涉案人员5人。

【锡林郭勒盟烟草专卖局（公司）】 锡林郭勒盟烟草专卖局成立于1985年10月。内蒙古自治区烟草公司锡林郭勒盟公司前身是组建于1984年4月的锡林郭勒烟草驻张分公司，办公地点设在河北省张家口市。2005年4月，取消旗县级公司法人资格，锡林郭勒驻张分公司回迁锡林浩特市，变更为内蒙古自治区烟草公司锡林郭勒分公司，与锡林郭勒盟烟草专卖局合署办公。2006年，更名为内蒙古自治区烟草公司锡林郭勒盟公司。下辖1个城区烟草专卖局和10个县级烟草专卖局（营销部）。此外，还有1个未上划的正镶白旗烟草专卖局（公司）。

盟局（公司）以“精益管理”为抓手，着力提升现代物流建设水平，不断提高物流服务水平和效率，降低运行成本。物流成本361.80元/箱，物流费用率2.15%。人工费用比例57.13%，人均配送效率661.18箱/人。

【二连浩特市烟草专卖局（公司）】 二连浩特市烟草专卖局、内蒙古自治区烟草公司二连浩特市公司成立于1996年6月。

提升队伍管理水平，修订绩效考核管理办法，搭建由基本工资、绩效工资和长效激励约束工资（各类单项奖）组成的薪酬体系，按照全方位考核评分结果及贡献确定档次，拉开收入差距，激发员工热情。

【乌兰察布市烟草专卖局（公司）】 乌兰察布市烟草专卖局、内蒙古自治区烟草公司乌兰察布市公司成立于

1984 年。2013 年，撤销凉城县烟叶公司。下辖 10 个县级烟草专卖局（营销部）和集宁区烟草专卖局。

市局（公司）作为开展廉政风险防控体系建设试点单位，建立“全员共同参与、风险排查准确、防控措施到位、制度保障健全、监督考核跟进”的廉政风险防控体系，编印《廉政风险防控手册》。

【包头市烟草专卖局（公司）】 包头市烟草专卖局、内蒙古自治区烟草公司包头市公司成立于 1984 年。下辖 5 个县级烟草专卖局（营销部）和 4 个城区烟草专卖局。

深入推进现代卷烟物流建设，开展精益物流和物流中心非法人实体运作工作，以实现“六个零”（即产品“零损耗”、作业“零差错”、送货“零延误”、安全“零事故”、客我“零距离”、工商“零边界”）为目标，与工业企业探索“异址同库”的实现途径。开展包装箱循环利用工作，回收率达到100%。运用 TPM 理念完善设备管理，将现场管理由6S 提升为10S。

【鄂尔多斯市烟草专卖局（公司）】 鄂尔多斯市烟草专卖局、内蒙古自治区烟草公司鄂尔多斯市公司成立于 1984 年 4 月。下辖 8 个县级烟草专卖局（营销部）、2 个城区烟草专卖局及 3 个直属分局。

提高物流配送效率和质量，在主城区实行接力送货，减少配送资源的浪费。2013 年，城网配送里程和车辆油耗同比下降 32.44%，累计送货时间同比下降 36.10%，配送满载率同比增加 10.97 个百分点，送货响应时间同比下降 10%。组织研发异形卷烟包装机，提升工作效率。

【巴彦淖尔市烟草专卖局（公司）】 巴彦淖尔市烟草专卖局、内蒙古自治区烟草公司巴彦淖尔市公司成立于 1984 年 4 月。下辖 6 个县级烟草专卖局（营销部）和临河区烟草专卖局。

加强现代零售终端建设，2013 年完成 312 户零售店终端改造和验收工作，占零售客户总数的 5.2%，基本形成全市现代卷烟零售终端建设格局。提升网上交流服务水平，作为实地拜访服务的有效补充。全面推行零售客户供货类别动态管理办法。

【乌海市烟草专卖局（公司）】 乌海市烟草专卖局、内蒙古自治区烟草公司乌海市公司成立于 1984 年 4 月。下辖 3 个城区烟草专卖局。2013 年，市局（公司）被内蒙古自治区党委、自治区政府、内蒙古军区授予自治区级文明单位称号。

推进企业文化建设，在过去“山水文化”的基础上进一步提炼出乌海烟草“三实”（即求实、务实、朴实）文化，并由“三实”文化引申出“三实”服务品牌。

【阿拉善盟烟草专卖局（公司）】 阿拉善盟烟草专卖局、内蒙古自治区烟草公司阿拉善盟公司成立于 1984 年。下辖 2 个县级烟草专卖局（营销部）、阿拉善左旗烟草专卖局和乌斯太烟草专卖分局。

2013 年，盟局（公司）以“控制物流成本”为导向推进降耗增效，探索提升访配模式，通过优化送货线路，实行“旗县联送”方案；推行“满负荷”运转，挖掘减排增效潜能等方式，降耗增效成效显著。

2013 年内蒙古自治区烟草商业系统主要情况统计

地市级局（公司）名称		呼和浩特市局（公司）	满洲里市局（公司）	呼伦贝尔市局（公司）	兴安盟局（公司）	通辽市局（公司）
主要负责人/法人代表		郑子林（—2013.12） 董德富（2013.12—）	张若宇	董德富（—2013.12） 王文兵（2013.12—）	王化敏	郭东信
总资产（万元）		136973	9197	54530	30292	53024
资产负债率（%）		5.81	9.18	34.50	12.00	3.90
所属县级局（个）		9	1	13	6	8
所属县级公司/分公司（个）		—	—	—	—	—
所属县级营销部（个）		5	—	13	5	8
从业人员（人）		727	73	647	281	486
所属业务机构	营销机构	1 个营销中心	1 个营销中心	1 个营销中心	1 个营销中心	1 个营销中心
	物流配送机构	1 个物流中心	1 个物流中心	2 个物流中心、2 个配送中心	1 个物流中心	1 个物流中心
	专卖稽查机构	1 个稽查支队、2 个稽查大队	1 个稽查支队	1 个稽查支队	1 个稽查支队	1 个稽查支队
	烟叶机构	—	—	—	—	—
销售卷烟	亿支	74.49	6.50	49.75	32.94	60.25
	2013 年比 2012 年（%）	1.56	−2.19	2.37	3.79	3.49
卷烟销售收入（万元）		380911	29758	181447	110407	215038

续表

地市级局（公司）名称		呼和浩特市局（公司）	满洲里市局（公司）	呼伦贝尔市局（公司）	兴安盟局（公司）	通辽市局（公司）
实现税利	万元	77370	5147	29466	17886	36767
	2013 年比 2012 年（%）	-0.13	7.49	11.28	4.52	6.71
实现利润	万元	41690	2526	13334	8151	19170
	2013 年比 2012 年（%）	-5.50	9.58	14.38	-0.24	18.21
查处涉烟违法案件（起）		1144	93	290	516	168
查处涉烟违法案件案值（万元）		1159	9	372	256	72
2013 年度烟草行业投入烟叶生产基础设施建设资金（万元）		—	—	—	—	—
全年烟叶生产基础设施新增受益面积（万亩）		—	—	—	—	—
烟叶种植（万亩）		—	—	—	—	—
烟叶收购（万担）		—	—	—	—	—
烟农户数（户）		—	—	—	—	—
实现烟农总收入（万元）		—	—	—	—	—
零售客户数（户）		11276	1265	10500	6374	12267
零售客户销售毛利率（%）		9.85	10.80	10.00	12.00	11.29

地市级局（公司）名称		赤峰市局（公司）	锡林郭勒盟局（公司）	二连浩特市局（公司）	乌兰察布市局（公司）	包头市局（公司）
主要负责人/法人代表		董祥生(—2013.8) 康秉浩(2013.8—12) 王明新(2013.12—)	王建胜	杜秀亭	李志军	刘　永
总资产（万元）		76858	18400	5082	65629	142703
资产负债率（%）		15.80	24.27	14.54	9.25	8.52
所属县级局（个）		12	11	—	11	9
所属县级公司/分公司（个）		6 个分公司	—	—	—	—
所属县级营销部（个）		5	10	—	10	5
从业人员（人）		1006	324	30	561	410
所属业务机构	营销机构	1 个营销中心	1 个营销中心	1 个营销中心	1 个营销中心	1 个营销中心
	物流配送机构	1 个物流中心	1 个物流中心	1 个物流中心	1 个物流中心	1 个物流中心
	专卖稽查机构	1 个稽查支队、 12 个稽查大队	1 个稽查支队、 1 个稽查机动大队	—	1 个稽查支队	2 个稽查支队
	烟叶机构	8 个烟叶站、 9 个烟叶收购点	—	—	—	—
销售卷烟	亿支	67.14	22.48	2.95	50.25	69.78
	2013 年比 2012 年（%）	2.69	0.13	0.60	0.28	-2.17
卷烟销售收入（万元）		250119	88598	15448	236585	356893
实现税利	万元	51489	11967	2726	46990	80400
	2013 年比 2012 年（%）	6.87	7.43	-5.44	6.20	0.63
实现利润	万元	28038	4056	1431	24685	46309
	2013 年比 2012 年（%）	14.04	3.59	8.50	1.60	-0.79

续表

地市级局（公司）名称	赤峰市局（公司）	锡林郭勒盟局（公司）	二连浩特市局（公司）	乌兰察布市局（公司）	包头市局（公司）
查处涉烟违法案件（起）	654	581	28	562	1041
查处涉烟违法案件案值（万元）	290	175	20	318	1198
2013年度烟草行业投入烟叶生产基础设施建设资金（万元）	810	—	—	—	—
全年烟叶生产基础设施新增受益面积（万亩）	0.75	—	—	—	—
烟叶种植（万亩）	3.63	—	—	—	—
烟叶收购（万担）	16.11	—	—	—	—
烟农户数（户）	1658	—	—	—	—
实现烟农总收入（万元）	14621	—	—	—	—
零售客户数（户）	15936	4164	422	7107	9847
零售客户销售毛利率（%）	11.50	12.54	10.00	10.57	10.00

地市级局（公司）名称		鄂尔多斯市局（公司）	巴彦淖尔市局（公司）	乌海市局（公司）	阿拉善盟局（公司）
主要负责人/法人代表		邢宇波	刘先勇	齐翠敏	孟凡超
总资产（万元）		138699	46684	34435	13854
资产负债率（%）		12.96	5.54	14.73	28.06
所属县级局（个）		13	7	3	4
所属县级公司/分公司（个）		—	—	—	—
所属县级营销部（个）		8	6	—	2
从业人员（人）		515	361	113	98
所属业务机构	营销机构	1个营销中心	1个营销中心	1个营销中心	1个营销中心
	物流配送机构	1个物流中心	1个物流中心	1个物流中心	1个物流中心
	专卖稽查机构	1个稽查支队	1个稽查支队	—	1个稽查支队
	烟叶机构	—	—	—	—
销售卷烟	亿支	61.01	39.53	13.65	9.50
	2013年比2012年（%）	-6.73	0.09	-1.40	-2.90
卷烟销售收入（万元）		392408	178392	78611	42431
实现税利	万元	95148	33703	17012	6703
	2013年比2012年（%）	-5.85	-0.45	-3.61	-0.03
实现利润	万元	54670	17978	9851	3349
	2013年比2012年（%）	-10.59	5.83	-2.66	3.21
查处涉烟违法案件（起）		1081	507	163	76
查处涉烟违法案件案值（万元）		1256	312	317	32
2013年度烟草行业投入烟叶生产基础设施建设资金（万元）		—	—	—	—
全年烟叶生产基础设施新增受益面积（万亩）		—	—	—	—
烟叶种植（万亩）		—	—	—	—
烟叶收购（万担）		—	—	—	—

续表

地市级局（公司）名称	鄂尔多斯市局（公司）	巴彦淖尔市局（公司）	乌海市局（公司）	阿拉善盟局（公司）
烟农户数（户）	—	—	—	—
实现烟农总收入（万元）	—	—	—	—
零售客户数（户）	8951	5974	1737	1423
零售客户销售毛利率（%）	12.97	8.25	8.67	11.80

（撰稿：关晓勇；编辑：谢争艳）

辽宁省烟草专卖局（公司）

【概　况】　辽宁省烟草专卖局成立于1983年7月，辽宁省烟草公司成立于1983年5月。1984年9月2日，辽宁省政府与中国烟草总公司签署协议，决定辽宁省公司自签字之日起上划中国烟草总公司，更名为中国烟草总公司辽宁省公司。2006年，完成母子公司体制改革。省局（公司）下辖13个地市级烟草专卖局（公司）和中国烟草辽宁进出口公司、丹东辽东烟草发展有限责任公司①。省局（公司）机关下设14个职能处室、7个专业部门以及整顿和规范市场经济秩序领导小组办公室，其中，行业工会为2013年3月新设（辽烟人〔2013〕45号）。截至2013年底，公司拥有总资产121.26亿元，其中固定资产12.34亿元、流动资产106.77亿元，资产负债率为4.73%。共有从业人员9080人。

【领导成员】

局长、总经理、党组书记：孙世夫（2013.1—，之前任副局长、党组成员）（国烟人〔2013〕4号、国烟党〔2013〕3号）

局长、总经理、党组书记：赵振林（—2013.1）（国烟人〔2013〕4号、国烟党〔2013〕3号）

副总经理、党组成员：杜胜利

纪检组长、党组成员：韩永斌

副总经理、党组成员：刘　宁

副总经理、党组成员：陈　彤（2013.5—）（国烟人〔2013〕193号、国烟党〔2013〕41号）

副巡视员：朱炳文（2013.12—）（国烟人〔2013〕467号）

党组成员：李德贤

【专卖管理】　卷烟打假。2013年辽宁省共查处涉烟违法案件1.12万余起，查获非法卷烟2.4亿支，其中假烟0.71亿支。打掉制售假烟窝点143个。公安、司法机关依法逮捕62人，判刑55人。破获制售假烟网络案件23起，符合公安部、国家局标准的网络案件21起，其中，沈阳“2·3”销售假烟案件、鞍山“2·25”销售假烟案件、阜新“10·9”销售假烟案件、葫芦岛“6·12”销售假烟案件等四起案件被列为部督案件。开展“两节”期间卷烟打假、“全运会2013”打假打私、雪茄烟市场治理等三次较大规模专项行动。破获的朝阳“7·6”销售假烟网络案件等七起重大涉烟违法案件及“两节”期间卷烟打假专项行动获国家局表彰。

推进联合执法。参加东北五省（区、市）第一届卷烟打假打私联席会议，与吉林省局、黑龙江省局、内蒙古自治区局、大连市局共同签署《东北五省（区、市）卷烟打假打私及市场监管长效协作机制》。完善联合执法机制，与沈阳海关签发《关于进一步加强海关罚没卷烟管理的合作备忘录》，与省工商局联合印发《关于联合建立烟草市场监管协作机制的指导意见》。

市场监管。推进APCD工作法试点工作，以鞍山市局和新民、新宾、宽甸等13个县级局为试点单位。全省卷烟市场平均市场净化率达到97%。加强证件管理，全省持有效许可证的卷烟零售客户达到13.9万余户。

内部专卖管理监督。构建辽宁烟草行业内部专卖管理监督的制度体系，印发《辽宁省烟草行业内部专卖管理监督工作规定（试行）》，以及《内部专卖管理监督工作考核办法》《内部专卖管理监督派驻办工作考核办法》《内部专卖管理监督派驻办负责人考核办法》等三个专项考核办法，设计制定监管流程，其中，涉及卷烟商业企业11项、卷烟工业企业8项、烟叶种植收购监管流程6项、烟叶复烤加工1项。

以卷烟销售、烟叶收购等问题多发环节为重点，筛选排查内管信息系统异常预警，对有效异常线索逐笔调查核实，共排查筛选有效预警近13万条，调查核实2.77万余条，下发质询函525份，查实违规经营问题18项，处理违规人员60人次。针对卷烟打码出库、高价位卷烟货源分配等重点环节开展实地监管检查，解决不落户销售、倾斜投放货源、自营店违价销售等不规范问题。加强对废弃烟草专卖品处置的监管，全程监督沈阳卷烟厂异地技改淘汰烟机设备销毁，

① 丹东辽东烟草发展有限责任公司详见《工业企业》栏目“打叶复烤和薄片生产企业”分目。

监督销毁烟机设备95台（套）。

创建优秀县级局。5月，修订发布《2013年全省县级烟草专卖局标兵单位评价细则》，细化和明确标兵单位评选标准。12月，开展对全省县级局标兵单位验收及“回头看”活动，建昌、新民、宽甸、黑山等四个县级局被评为“2013年度全省县级局标兵单位”。

【经济效益】 2013年，辽宁省烟草商业系统实现税利66.38亿元，同比增长7.95%，其中利润35.94亿元，同比增长7.7%。三项费用率为6.93%。

【卷烟经营】 卷烟销售。2013年，辽宁省烟草商业系统销售卷烟724.41亿支（144.88万箱），同比增长2.18%，其中，销售一类烟83.76亿支（16.75万箱），同比增长14.58%；二类烟88.80亿支（17.76万箱），同比增长25.35%；三类烟355.29亿支（71.06万箱），同比下降7.47%；四类烟139.12亿支（27.82万箱），同比增长21.60%；五类烟57.43亿支（11.49万箱），同比下降13.84%。本地区销量居前三位的品牌为“七匹狼”“红塔山”“红梅”，销量分别为77.24亿支（15.45万箱）、72.98亿支（14.60万箱）、50.71亿支（10.14万箱）。

2013年辽宁省烟草商业系统实现卷烟销售收入271.8亿元，同比增长8%。实现卷烟税利63.03亿元，同比增长6.81%，其中利润34.6亿元，同比增长5.84%。

品牌培育。开展工商协同培育品牌工作，先后与山东中烟、上海烟草集团、云南中烟等工业企业举办工商协同座谈会，共同制定品牌发展规划。修订《辽宁省卷烟品牌引进和退出管理办法》，为品牌成长提供公平有序的市场环境。全年累计销售重点品牌卷烟570.41亿支（114.08万箱），同比增长1.72%。加强低焦油卷烟品牌培育，销售8毫克/支及以下低焦油卷烟109亿支（21.8万箱）；销售6毫克/支及以下低焦油卷烟16亿支（3.2万箱）。开展国产雪茄烟培育工作，全年销售国产雪茄烟2360万支，同比增长255.39%。

终端建设。2013年，网建工作全面转向卷烟零售终端建设阶段。4月，印发《关于加强现代卷烟零售终端建设的指导意见》《现代卷烟零售终端形象标准》和《现代卷烟零售终端卷烟陈列指南》等三个规范性文件，推进传统卷烟零售终端向现代终端转变。6月，在鞍山市局（公司）举办现代卷烟零售终端建设现场会，向全省烟草商业系统推广鞍山市局（公司）终端建设模式。9月，印发《辽宁省烟草行业亲情服务推广工作方案》，推广实施标准化服务、个性化服务、亲情式服务和增值性服务，推动终端建设工作由管理型向服务型转变，打造新型客我关系。截至2013年底，全省共建设现代卷烟零售终端1842户。

规范货源供应。8月，印发《规范卷烟货源供应工作实施方案》，推动全省卷烟货源供应工作走向规范化。同月，省局（公司）组成三个检查组，通过听取访销电话录音、查看新商盟销售平台、抽查零售客户订单、走访卷烟销售市场等方式，对全省13家市局（公司）卷烟货源供应工作进行专项检查。

【烟叶产销】 烟叶种植与收购。2013年，辽宁省签订烤烟种植合同5659份，种植面积16.44万亩。收购烤烟2.61万吨（52.2万担），完成计划收购量的98.94%，累计收购金额5.32亿元，收购均价20.4元/千克，上等烟比例41.62%。全省收购散烟0.52万吨（10.3万担）、晒烟0.3万吨（6.04万担）。全省烤烟收购质量等级合格率为81.66%、工商交接烤烟质量等级合格率为62.32%。在15.2万亩烟田开展优化烟叶结构工作，累计清除不适用干烟0.25万吨（5万担）。

烟叶科技研究。继续开展“辽宁省优质低危害特色烟叶开发研究”“辽宁省优质、多抗烤烟新品种选育”“辽宁省烤烟品种区域试验”等六项在研科技项目的研发工作，在特色烟叶开发、新品种选育等多个方面进行技术创新。

烟叶基地单元建设。加强烟叶基地单元建设，以工业需求为主导，根据卷烟工业企业的品牌需求组织订单生产，建设品牌导向型基地单元。签订销售基地烟叶计划0.65万吨（13万担）。

烟叶生产基础设施建设。2013年，以密集烤房建设、田间机械化配套和育苗设施建造作为烟叶生产基础设施建设的重点，投入资金5359万元，其中国家局补贴资金1349万元，省内烟草行业补贴资金4010万元，建设项目1220项，其中烟叶调制设施844个、田间机械295台、育苗设施81座。

【管理创新】 财务管理。自主设计研发费用报销模块并植入到国家局组织实施的预算管理软件中，形成辽宁烟草个性化费用报销模版25个。9月，印发《关于开展税收风险自查工作的实施方案》，对2008—2012年度生产经营的各个涉税环节进行全面自查。10月，预算管理信息系统费用报销模块在全省烟草商业系统试运行。

物流管理。以鞍山、抚顺、营口、锦州、阜新、盘锦市局（公司）等六家单位为新物流中心建设单位，其中，鞍山、抚顺和营口市局（公司）新物流中心建设项目方案通过国家局前置性审批。5月，印发《全省行业精益物流工作实施方案》，确定“精化流程”“精确核算”“精准运营”“精到服务”“精细管理”等五个课题，由各市局（公司）分课题开展精益物流研究工作。12月，印发《全省行业卷烟物流配送中心非法人实体化运作实施方案》，开展全省烟草商业系统物流配送中心非法人实体化运作。2013年辽宁省烟草商业系统单箱物流费用48.81元/箱（剔除人工费用），在全国烟草行业排名第三。

法治工作。3月，印发《辽宁省烟草行业2013年法制宣传教育工作计划》。4—7月，组织全省烟草商业系统440名物流和营销人员参加生产经营管理人员统一培训考试。加强执法案卷评查工作，编制全省烟草专卖行政执法案卷参考范本。开展全省烟草商业系统案卷评查工作，评查执法案卷375册。加强法律服务，编制采购类和服务类的招标文件摸板、竞争性谈判模板4份，编制房屋租赁、物资采购、信息技术三大类8个合同示范文本。

安全工作。全面开展国家安全标准化二级企业达标创建工作，截至10月底，9家单位通过省安全生产协会达标评审验收工作，至此，省局（公司）所属单位全部达到国家安全标准化二级企业标准。

【质量监督】 3月，完成质量管理体系文件换版工作。全年完成79个牌号抽检卷烟样品的物理性能、烟气化学成分的检测工作，工业企业送检的13个牌号的烟气化学成分检测工作，110个烟叶样品的总糖、总氮、总植物碱、氯元素、钾元素含量的化学成分分析工作。全年完成真伪鉴别卷烟检验样品牌号6401个，出具鉴别检验报告1206份。

【内部监管】 “两项工作”。3月，对全省烟草商业系统“两项工作”和“六禁一控”的“回头看”自查整改工作进行复查。完善“两项工作”管理制度，修订《投资项目管理办法》《采购管理办法》等五项制度，新建《办事公开民主管理工作评议办法（试行）》《办事公开民主管理责任追究办法（试行）》等四项规定。加强整顿规范机构与队伍建设，5月，印发《关于加强整顿规范机构及队伍建设的通知》，规定全省4个产烟市局（公司）和沈阳市局（公司）单独设置整顿办公室，并配备2~3名专职人员，其他10家单位配备1~2名整顿规范专职人员。截至年底，全省烟草商业系统共配备整顿规范专职人员29人。

纪检监察。3月，印发《深入贯彻落实〈十八届中央政治局关于改进工作作风、密切联系群众的八项规定〉实施办法》，从改进调查研究、精简会议文件、规范工商往来等9个方面作出19条具体规定。5月，印发《贯彻落实“三重一大”决策制度的监督管理办法（试行）》，对“三重一大”决策内容、方式、程序等八项内容进行细化明确。发挥纪检监察再监督职能，在省局（公司）自主研发设计的权力运行监管信息系统中运行项目884项，纪检监察部门参与采购监督468次，出具《纪检监察痕迹化监督报告单》416份、《公示内容审核意见表》692份，提出监察建议279条，开展物资采购项目后评估工作145次。

审计监督。4月，印发《辽宁省烟草行业2013年审计整改实施方案》，重点对2010—2012年全省烟草商业系统审计检查发现的问题开展整改工作，通过各单位自查、省局（公司）复查和国家局重点抽查三个阶段工作，全省烟草商业系统审计整改工作顺利完成。对省局（公司）所属6个单位原法人代表开展离任审计。截至年底，完成审计项目1335项；发现问题150个，涉及金额1106.9万元；全年项目审减金额230.1万元，提出审计意见建议188条。

【信息化建设】 2013年，辽宁省烟草商业系统信息化重点项目数据中心（一期）项目建成。8月，印发《辽宁省烟草行业数据管理规定》，对全省烟草商业系统数据的生产、传输、加工、存储、交换、使用等进行规范。10月，印发《辽宁省烟草行业信息化项目评审办法》，明确全省烟草商业系统信息化项目分类、申报、评审等标准要求，初步形成信息化项目评审机制。加强信息安全保障体系建设，组织开展3次全省烟草商业系统信息化系统安全大检查活动。

【人事政工】 培训鉴定。2013年，辽宁省烟草商业系统共举办各类培训班508期，培训近2万人次；落实国家局培训任务140期，送培1090人次。开展卷烟商品营销师、烟草专卖管理员、烟叶分级工、卷烟工业特有工种等四个类型七个批次的鉴定考试，共有1450人参加，477人合格；选送人员参加国家局组织的技师、高级技师鉴定，新增卷烟商品营销师27名、烟草专卖管理师19名、烟叶分级技师6名、卷烟工业技师1名、烟叶分级高级技师1名。开展全省烟草商业系统第二届卷烟商业营销职业技能竞赛，11名选手获得“省级烟草技术能手”称号，其中4名选手获得“全国烟草技术能手”称号。

专业技术资格评审。5月，印发《专业技术职务任职资格评定工作规定》及工程、农业、政工系列三个中级及以下专业技术职务任职资格评审办法，明确全省烟草商业系统职称评定的资格条件、评定范围、评定流程和评定方式。12月，开展全省烟草商业系统工程、农业、政工专业中级及以下专业技术资格申报评审工作，25人取得专业技术资格。

【特事要辑】 1月9—10日，国家局副局长李克明一行到辽宁烟草调研，重点考察沈阳、营口市局（公司）“235”教育实践活动开展情况。

3月1日，省局（公司）在沈阳召开2013年辽宁省烟草工作会议。

7月19日，省局（公司）在沈阳召开2013年辽宁省烟草专卖局长、公司经理座谈会。

8月5—6日，国家局副局长杨培森到省局（公司）调研党的群众路线教育实践活动，主持召开由烟农、零售客户代表和省局（公司）机关干部职工代表参加的座谈会，听取基层群众和干部职工的意见与建议。

11月6日，国家局副局长杨培森参加并指导省局（公司）党组召开的党的群众路线教育实践活动专题民主生活会。

11月2—3日，国家局局长凌成兴、副局长赵洪顺到辽宁烟草调研，考察红塔辽宁烟草有限责任公司沈阳卷烟厂、沈阳市局（公司）卷烟物流配送中心。凌成兴指出，辽宁烟草近年工作体现“三个深刻变化”：一是辽宁烟草商业系统面貌发生深刻变化；二是沈阳、营口两个百年卷烟厂面貌发生深刻变化；三是辽宁烟草工商企业实力发生深刻变化。凌成兴强调，要“发挥两大优势、挖掘三大潜力”，即要发挥跨省重组、品牌合作的强大优势，发挥辽宁经济发达、烟草市场资源丰富的强大优势；挖掘生产规模的潜力、挖掘自主品牌的潜力、挖掘单箱税利的潜力。其间，凌成兴与辽宁省委书记、省人大常委会主任王珉，省委副书记、省长陈政高进行座谈。

所属地市级局（公司）

【沈阳市烟草专卖局（公司）】 沈阳市烟草专卖局、辽宁省烟草公司沈阳市公司成立于1983年10月。下辖13个县级烟草专卖局（区域市场部）和沈阳市金叶卷烟零售有限公司。

推进卷烟零售终端建设，2013年建立完善16项终端建设配套制度。对全市行业营销人员分批开展轮训，对2.56万户零售客户进行终端资源价值评价，并对2000个目标零售客户进行终端建设知识培训。截至年底，沈阳市建成现代卷烟零售终端60户。

开展专卖内管派驻制落实工作，完成市局（公司）本级内管派驻办、县局（营销部）内管派驻组两级专职内管工作人员选拔任用工作。

【鞍山市烟草专卖局（公司）】 鞍山市烟草专卖局、辽宁省烟草公司鞍山市公司成立于1984年4月。下辖3个县级烟草专卖局（营销部）和市本级区域市场部。

探索推进卷烟零售终端建设，突出抓好制度建设，建立《现代终端建设标准》《现代终端服务标准》《现代终端信息化标准》。截至年底，建设现代卷烟零售终端600户，现代终端扫码率为73.9%，现代终端户均盈利率为13.18%。

【抚顺市烟草专卖局（公司）】 抚顺市烟草专卖局、辽宁省烟草公司抚顺市公司成立于1984年1月。下辖3个县级烟草专卖局（区域市场部），经济开发区稽查支队（区域市场部）和市区区域市场部。

以卷烟零售终端建设为抚顺市行业网建工作的主要内容，初步形成“1351”终端建设体系：以全面构建“平等互利、长期合作、共同发展”战略关系为一条工作主线；以发挥终端功能、保障终端利益、加强终端服务为三大主要任务；以卷烟各类信息顺畅互通、传递企业文化、深化终端体系建设、实施零售终端评价、持续提升终端后期服务为五大措施；以提高品牌培育水平为一大主要工作目标。截至年底，建设现代卷烟零售终端332户，初步形成抚顺地区卷烟零售终端网络体系。

【本溪市烟草专卖局（公司）】 本溪市烟草专卖局、辽宁省烟草公司本溪市公司成立于1984年5月。下辖3个县级烟草专卖局（区域市场部）和明山、平山、溪湖等3个区域市场部。

成立零售终端建设工作领导小组，扩大宣传范围，激发零售客户参与零售终端建设的主动性。对本溪市卷烟零售客户进行摸底普查，按照现代卷烟零售终端筛选标准，确定14个卷烟零售店为首批零售终端示范店，于8月正式上线运行。截至年底，本溪市确定零售终端示范店57户。

【丹东市烟草专卖局（公司）】 丹东市烟草专卖局、辽宁省烟草公司丹东市公司成立于1984年4月。下辖3个县级烟草专卖局（区域市场部），1个市区区域市场部，2个县级烟叶分公司和凤城科技示范农场。

加强卷烟打假工作，2013年市局出动卷烟打假打私人员4000余人次，收缴非法卷烟2453万支，涉案总金额773.3万元。市局稽查支队被辽宁省政府评为“全省反走私先进集体”。

推进现代烟草农业建设，2013年共投入1077.72万元，建设密集式烤房204座。推广机械化作业，亩均用工由25个降至20个。成立友联、富民、益民、鸿伟等4家烟农专业合作社，入社成员1662户，入社会员占全地区烟农总户数的63.75%；合作社服务种烟面积3万亩。

【锦州市烟草专卖局（公司）】 锦州市烟草专卖局、辽宁省烟草公司锦州市公司成立于1984年。下辖4个县级烟草专卖局（营销部）。

2013年，市局（公司）作为辽宁省烟草商业系统小额采购项目招标的试点单位，选择车辆维修和小额工程项目进行试点探索。10月，市局（公司）就小额采购项目招标工作在辽宁省烟草商业系统整顿规范现场会上进行经验介绍。

【营口市烟草专卖局（公司）】 营口市烟草专卖局、辽宁省烟草公司营口市公司成立于1984年4月。下辖2个县级烟草专卖局（营销部）、2个县级烟草专卖局（配送中心）、西市区烟草专卖局、直属熊岳稽查支队。

2013年公开招标27项，累计金额1158万元，公开招标项目金额占全部采购项目金额的86.40%。市局（公司）为辽宁省烟草商业系统“六禁一控”制度建设的试点单位，10月，制定《“六禁一控”管理监督办法》。推进“改进作风年”活动，2013年六项可控费用为518万元，同比下降18.81%。

【阜新市烟草专卖局（公司）】 阜新市烟草专卖局、辽宁省烟草公司阜新市公司成立于1984年4月。下辖阜蒙县烟草专卖局和彰武县烟草专卖局（区域市场部）。

扩大漂浮育苗成果的应用，累计推广漂浮育苗种植面积829亩。投入50万元为烟农无偿提供多种农药进行病虫害防治，邀请沈阳农业大学教授为烟农讲授烟草病虫害识别与防治技术。开展烟田防雹工作，投入雹灾保险保费91万元，协调地方气象部门开展防雹作业5次。7月遭遇连续强降雨天气，阜新市2505亩烟田不同程度受灾，通过自救，1141亩烟田恢复生产。2013年新建密集烤房66座、育苗工场2处，购买通用农机1台、专用农机3台。

【辽阳市烟草专卖局（公司）】 辽阳市烟草专卖局、辽宁省烟草公司辽阳市公司成立于1983年11月。2013年，新设灯塔市、辽阳县区域市场部。下辖2个县级烟草专卖局（区域市场部）。

推进质量管理信息系统建设，市局（公司）作为全省烟草商业系统质量管理信息化试点单位，完成质量管理体系“1355”架构，即紧密围绕建设ISO 9000标准体系一个核心，坚持先易后难、逐级推进、预留端口等三个设计原则，自主研发文件管理、制度管理、流程管控、目标管理、评审管理等五大功能模块，突出解决体系管理难、文件更新难、文件执行难、目标管理难、持续改进难等五大难点问题。在辽宁省行业科学技术进步奖评选中，该系统获得一等奖。

【铁岭市烟草专卖局（公司）】 铁岭市烟草专卖局、辽宁省烟草公司铁岭市公司成立于1984年1月。下辖5个县级烟草专卖局（营销部），3个县级烟叶分公司。

2013年，完成“零售终端信息管理”“客户经理手机办公应用”和“商户系统应用”三个平台的研发搭建。铁岭市建成现代卷烟零售终端客户100户，所有现代终端客户安装统一的牌匾或灯箱，配备智能POS终端机。35%的终端客户应用“扫码枪”采集进、销、存信息。

2013年投入2825.36万元用于烟叶生产基础设施建设，年内完成烟基项目630件，其中，新建卧式密集型烤房253座。开展现代烟草农业试点面积1000亩，与同地区大面积生产相比，试点区域亩均用工16.64个，减少1.18个。

【朝阳市烟草专卖局（公司）】 朝阳市烟草专卖局、辽宁省烟草公司朝阳市公司成立于1984年1月。下辖4个县级烟草专卖局（营销部），朝阳县烟草专卖局，2个烟叶生产收购总站。

加强专卖管理，编写《APCD市场监管法学习指导手册》。2013年先后开展“元旦春节”“五一期间”“全运2013”“年末百日打假”等四次大规模卷烟市场清理专项整治行动，累计查办案件1493起，案值242.4万元。

【盘锦市烟草专卖局（公司）】 盘锦市烟草专卖局、辽宁省烟草公司盘锦市公司成立于1984年12月。下辖2个县级烟草专卖局（区域市场部），兴隆台区区域市场部和广达公司。

印发《盘锦烟草现代卷烟零售终端建设方案》，开展现代卷烟零售终端建设。1月，对盘锦市卷烟零售客户进行摸底调查，准确把握经营信息，制定差异化建设目标。以零售客户自愿为原则，推行零售终端形象做到“四统一”，即统一亮证、统一标识、统一标价、统一陈列。截至年底，建设现代卷烟零售终端262户，占全地区零售客户总数的5.39%。

【葫芦岛市烟草专卖局（公司）】 葫芦岛市烟草专卖局、辽宁省烟草公司葫芦岛市公司成立于1990年1月。下辖3个县级烟草专卖局（营销部）和1个直属营销部。

加大打假破网工作力度，2013年查处5起符合国家局标准的网络案件，查获涉案卷烟4388万支，涉案卷烟价值2729万元，其中，葫芦岛市“6·12”销售假烟网络案件被公安部列为部督案件。市局被国家局、公安部授予“全国卷烟打假先进集体”称号。

通过调整访销配送周期、优化物流配送线路等手段，推进精益物流建设。2013年全地区减少送货里程1.56万千米，配送车辆满载率提高5%，节省物流费用约50万元，物流费用同比下降0.7个百分点。

所属其他二级单位及派驻机构

【中国烟草辽宁进出口公司】 中国烟草辽宁进出口公司成立于1985年4月，2006年改制为辽宁省烟草公司的全资专业子公司，主要经营烟叶、烟草制品、烟草专用机械设备、原辅材料、烟草技术的进出口和代理进出口业务，承办来料加工、来样加工、补偿贸易及对外技术交流等业务。截至2013年底，公司拥有总资产2.69亿元，其中，固定资产89万元、流动资产2.62亿元，资产负债率3.42%。共有从业人员35人。

2013年，公司实现进出口总值2963万美元，同比增长24.81%；实现税利1.06亿元，同比增长3.67%；其中利润3415万元，同比增长15.17%。2013年签订烟叶类产品出口合同1.15万吨（23万担），上中等烟备货占60%以上，烟叶出口备货0.6万吨（12万担）。2013年进出口卷烟10.64亿支（2.13万箱），其中进口卷烟6.03亿支（1.21万箱），同比增长18%；卷烟进口总额为1092万美元，同比增长16%。三项费用率为10.42%。

2013年辽宁省烟草商业系统主要情况统计

地市级局（公司）名称	沈阳市局（公司）	鞍山市局（公司）	抚顺市局（公司）	本溪市局（公司）	丹东市局（公司）
主要负责人/法人代表	韩佳君(—2013.11) 刘　涛(2013.11—)/ 邱崇宝(—2013.11) 王韶波(2013.11—)	蒋全波	李力	姜振光	孙　奇(—2013.4) 邱海波(2013.4—)
总资产（万元）	315308	82568	51060	37203	63019
资产负债率（%）	5.50	2.05	3.42	6.83	5.72
所属县级局（个）	13	3	3	3	3
所属县级公司/分公司（个）	—	—	—	—	2个烟叶分公司
所属县级营销部（个）	13	4	5	6	4
从业人员（人）	1647	464	346	301	659

续表

地市级局（公司）名称		沈阳市局（公司）	鞍山市局（公司）	抚顺市局（公司）	本溪市局（公司）	丹东市局（公司）
所属业务机构	营销机构	1个营销中心、1个电访中心	1个营销中心、1个电访中心	1个营销中心、1个电访中心	1个营销中心、1个电访中心	1个营销中心、1个电访中心
	物流配送机构	1个物流配送中心、5个中转站	1个物流配送中心、3个中转站、1个工作站	1个物流配送中心、2个中转站	1个物流配送中心、1个中转站	1个物流配送中心、3个中转站、1个工作站
	专卖稽查机构	1个稽查支队、13个稽查大队	1个稽查支队、6个稽查大队、1个机动大队	2个稽查支队、3个直属大队、7个稽查大队	1个稽查支队、6个稽查大队	1个稽查支队、8个稽查大队
	烟叶机构	—	—	—	—	12个烟叶站
销售卷烟	亿支	185.46	65.26	43.72	31.60	44.02
	2013年比2012年（%）	1.85	0.57	2.86	4.77	0.75
卷烟销售收入（万元）		785808	251071	157673	114994	157120
实现税利	万元	190869	59337	35382	24675	45459
	2013年比2012年（%）	4.65	6.34	8.02	8.82	12.30
实现利润	万元	110472	34261	19375	12890	23343
	2013年比2012年（%）	2.77	9.42	11.56	6.69	15.73
查处涉烟违法案件（起）		1338	1433	992	219	781
查处涉烟违法案件案值（万元）		1628	1337	183	197	467
2013年度烟草行业投入烟叶生产基础设施建设资金（万元）		—	—	—	—	1130
全年烟叶生产基础设施新增受益面积（万亩）		—	—	—	—	0.41
烟叶种植（万亩）		—	—	—	—	6.50
烟叶收购（万担）		—	—	—	—	16.00
烟农户数（户）		—	—	—	—	2607
实现烟农总收入（万元）		—	—	—	—	18140
零售客户数（户）		28632	11516	7226	5514	8988
零售客户销售毛利率（%）		12.93	12.48	12.74	12.59	12.57

地市级局（公司）名称	锦州市局（公司）	营口市局（公司）	阜新市局（公司）	辽阳市局（公司）
主要负责人/法人代表	卜剑飞	张国梁	齐世英（—2013.5） 姜　新（2013.5—）/ 王龙宪（2013.2—）	吴世江（—2013.5） 付群利（2013.5—）
总资产（万元）	71336	72393	30875	46250
资产负债率（%）	5.89	5.37	-0.69	7.30
所属县级局（个）	4	5	2	2
所属县级公司/分公司（个）	—	—	2个烟叶分公司	—
所属县级营销部（个）	4	2	1	2
从业人员（人）	449	368	832	290

续表

地市级局（公司）名称		锦州市局（公司）	营口市局（公司）	阜新市局（公司）	辽阳市局（公司）
所属业务机构	营销机构	1 个营销中心、1 个电访部	1 个营销中心、1 个电访中心	1 个营销中心、1 个电访中心	1 个营销中心、1 个电访中心
	物流配送机构	1 个物流配送中心、4 个配送站	1 个物流配送中心、4 个中转站	1 个物流配送中心、1 个中转站	1 个物流配送中心、2 个中转站
	专卖稽查机构	1 个稽查支队、8 个稽查大队	2 个稽查支队、7 个稽查大队	1 个稽查支队、6 个稽查大队、1 个综管大队	1 个稽查支队、1 个机动大队、7 个稽查大队
	烟叶机构	—	—	8 个烟叶站	—
销售卷烟	亿支	57.02	50.75	34.91	37.23
	2013 年比 2012 年（%）	1.42	2.99	0.96	4.18
卷烟销售收入（万元）		202118	198436	115773	141146
实现税利	万元	46896	47198	28727	32014
	2013 年比 2012 年（%）	3.91	9.52	13.73	8.14
实现利润	万元	26436	26646	13275	17309
	2013 年比 2012 年（%）	1.35	9.08	13.80	8.21
查处涉烟违法案件（起）		837	736	599	435
查处涉烟违法案件案值（万元）		130	1168	206	172
2013 年度烟草行业投入烟叶生产基础设施建设资金（万元）		—	—	897	—
全年烟叶生产基础设施新增受益面积（万亩）		—	—	0.13	—
烟叶种植（万亩）		—	—	2.60	—
烟叶收购（万担）		—	—	8.85	—
烟农户数（户）		—	—	698	—
实现烟农总收入（万元）		—	—	8701	—
零售客户数（户）		11682	10006	6204	6693
零售客户销售毛利率（%）		12.60	12.22	12.36	12.76

地市级局（公司）名称	铁岭市局（公司）	朝阳市局（公司）	盘锦市局（公司）	葫芦岛市局（公司）
主要负责人/法人代表	赵静波	吕其华（—2013.2） 刘　林（2013.2—）/ 刘铁成（2013.2—）	仲崇库（—2013.5） 张进伟（2013.5—）	张宁一（—2013.2） 曹志良（2013.2—）
总资产（万元）	46076	42167	37925	55437
资产负债率（%）	25.79	6.95	7.61	4.88
所属县级局（个）	5	5	2	3
所属县级公司/分公司（个）	3 个烟叶分公司	—	—	—
所属县级营销部（个）	5	4	3	4
从业人员（人）	1296	934	226	395

续表

地市级局（公司）名称		铁岭市局（公司）	朝阳市局（公司）	盘锦市局（公司）	葫芦岛市局（公司）
所属业务机构	营销机构	1个营销中心、 1个电访部	1个营销中心、 1个电访部	1个营销中心、 1个电访中心	1个营销中心、 1个电访中心
	物流配送机构	1个物流配送中心、 3个中转站、 1个工作站	1个物流配送中心、 5个中转站、 1个工作站	1个物流中转站 （沈盘区域物流）	1个物流配送中心、 3个中转站
	专卖稽查机构	1个稽查支队、 9个稽查大队	1个稽查支队、 8个稽查大队	1个稽查支队、 5个稽查大队	1个稽查支队、 9个稽查大队
	烟叶机构	23个烟叶站	2个烟叶总站、6个烟叶站	—	—
销售卷烟	亿支	52.30	50.01	24.81	47.32
	2013年比2012年（%）	2.02	3.78	4.33	1.33
卷烟销售收入（万元）		164984	148692	106057	165441
实现税利	万元	40287	36905	25149	36944
	2013年比2012年（%）	11.14	16.95	13.64	7.04
实现利润	万元	18663	18305	14129	19660
	2013年比2012年（%）	12.82	23.54	16.52	4.31
查处涉烟违法案件（起）		801	1596	383	921
查处涉烟违法案件案值（万元）		250	116	262	451
2013年度烟草行业投入烟叶生产基础设施建设资金（万元）		2484	849	—	—
全年烟叶生产基础设施新增受益面积（万亩）		0.51	0.22	—	—
烟叶种植（万亩）		4.37	2.97	—	—
烟叶收购（万担）		15.85	11.50	—	—
烟农户数（户）		1027	1327	—	—
实现烟农总收入（万元）		15609	10789	—	—
零售客户数（户）		13046	13956	5208	9719
零售客户销售毛利率（%）		12.55	12.33	12.62	12.52

注：2013年，沈阳、阜新、朝阳市局（公司）主要负责人、法人代表实行分设。

（撰稿：周明飞；编辑：谢争艳）

吉林省烟草专卖局（公司）

【概　况】　吉林省烟草专卖局、吉林省烟草公司成立于1983年7月。1984年9月，吉林省政府与中国烟草总公司签署协议，决定吉林省烟草公司自签字之日起上划中国烟草总公司，更名为中国烟草总公司吉林省公司。省局（公司）下辖9家地市级烟草专卖局（公司）。省局（公司）机关下设14个职能处室、9个专业部门，以及金叶烟草有限责任公司、顺达房地产开发有限公司、金叶嘉园物业服务有限责任公司等3个直属公司，2013年，内部专卖管理监督处从专卖监督管理处分离单设。截至2013年底，拥有总资产82.01亿元，其中，流动资产57.22亿元、非流动资产24.79亿元，资产负债率为12.02%。共有从业人员6443人。

【领导成员】

局长、总经理、党组书记：曹东伟
副总经理、党组成员：徐　智
副局长、党组成员：宋政峰
副总经理、党组成员：何　成
纪检组长、党组成员：聂树忠
副总经理、党组成员：曹松林
副巡视员：杨永贤
副巡视员：高晓青（—2013.10）（国烟党〔2013〕83号）

【专卖管理】 卷烟打假。重点整治物流企业非法运输假烟、走私烟等非法行为，继续巩固打假打私沟通协作机制。2013 年，吉林省共查获假烟 2574 万支、走私烟 921 万支；查处涉烟违法案件 1827 起，其中，案值 5 万元以上的 53 起，案值 100 万元以上的 12 起。公安、司法机关依法刑拘 94 人，逮捕 72 人，判刑 30 人。破获"9·4"重大制售假烟网络案件，该案被国家局、公安部列为部级督办案件，涉案金额 1350 余万元，捣毁制假窝点 1 处、制丝窝点 1 处、包装窝点 1 处、藏储窝点 2 处，查获卷接包装设备 4 台（套），制丝设备 7 台，抓捕涉烟犯罪嫌疑人 30 余人，刑拘 13 人。

市场监管。探索构建市场监管模式，松原市局提出"包保到人、分类管理、管服并举、重点打击、动态调整、净土履责"监管模式；辽源市局提出"巩固基点，突出重点，破解难点"的三点监管模式；延边州局提出"信息监管、联合管控、疏导服务、考评推动"市场监管模式等。把加强专卖证件管理作为清理整顿市场的一项重要内容，要求必须亮证经营，做到证照相符、证人相符、证址相符、专销相符等四个相符，并按照零售客户名册逐家走、逐家查、逐家核对。

内部专卖管理监督。2013 年，印发《全面推行专卖内管委派制实施方案》和《调整市州局内部专卖管理监督机构的通知》，组建委派制内管机构。省局成立内部专卖管理监督处，各市、州局设立内部专卖管理监督处派驻办公室，开展层级监管，垂直管理。截至 6 月底，所属市、州局全部完成派驻机构组建工作，46 个县级局明确专职内管人员，吉林省共配备专卖内管人员 100 人。重新梳理卷烟生产经营中的监管节点，明确省、市、县三级监管职责权限和工作流程，印发《专卖内管委派制监管卷烟经营工作办法》《专卖内管协同配合工作办法》。2013 年开展烟叶种植收购阶段专项检查，省内烟草工商企业的专卖内管、内控工作全面检查，卷烟打扫码规定落实情况专项检查等三次大型专项检查活动，组织异常线索异地隐身排查四次。严格治理非法流通问题，对相关单位主要负责人进行诫勉谈话；8 月，配合国家局专项调查组，对吉林市公司卷烟外流情况进行全面调查。

【经济效益】 2013 年，吉林省烟草商业系统实现税利 41.95 亿元，同比增长 8.60%，其中利润 21.42 亿元，同比增长 10.26%。三项费用率为 8.24%。

【卷烟经营】 卷烟销售。2013 年，吉林省烟草商业系统销售卷烟 515.11 亿支（103.02 万箱），同比增长 0.94%，其中，销售一类烟 48.19 亿支（9.64 万箱），同比增长 13.46%；二类烟 45.68 亿支（9.14 万箱），同比增长 23.08%；三类烟 290.03 亿支（58.01 万箱），同比下降 3.01%；四类烟 80.58 亿支（16.17 万箱），同比增长 25.63%；五类烟 50.63 亿支（10.13 万箱），同比下降 25.05%。本地区销量居前三位的品牌为"长白山""云烟""红塔山"，销量分别为 116.44 亿支（23.29 万箱）、41.10 亿支（8.22 万箱）、40.30 亿支（8.06 万箱）。

吉林省烟草商业系统实现卷烟销售收入 182.67 亿元，同比增长 7.08%；实现税利 38.57 亿元，同比增长 5.2%，其中利润 20.27 亿元，同比增长 6.27%。

品牌培育。坚持把提升结构作为转变发展方式的主攻方向，完善品牌培育机制，推动重点品牌加快发展。2013 年一、二类卷烟销量同比增长 17.95%，占总销售比重的 18.22%。销售行业"双十五"品牌①卷烟 268.35 亿支（53.67 万箱），同比增长 18.66%，增幅比全国平均水平高 10.24%。销售 12 个重点品牌卷烟 88.2 亿支（17.64 万箱），占一、二类卷烟总量的 93.94%。销售低焦油卷烟 157.7 亿支（31.54 万箱），占总销售比重的 30.62%。

网络建设。以发展同向、工作同心、服务同步、利益同体"四同"为核心，开展现代卷烟零售终端试点工作，各市、州局各自编制《现代终端建设实施方案》，推进网上营销和"135"工作法，升级营销业务模式。截至年底，吉林省网上订货率达 88% 以上，电子结算率达 98% 以上；累计发布"新商盟"期刊 319 期，开展网上营销活动 185 次，货源公示 368 条；客户投诉处理满意度 95.2%。

现代物流建设。推进科技物流、精益物流和人本物流"三个物流"建设。省局（公司）启动物流综合管控系统项目建设。强化对标管理和成本控制，制定《卷烟物流配送中心申建改造项目前置性审查论证工作规定》。加强物流基础建设，截至年底，吉林市、延边州公司完成物流配送中心新建、改建工作任务；辽源市公司设备验收工作准备就绪；四平市、白城市公司物流配送中心进入设备调试阶段；长春市公司物流中心推进分拣线设备安装。以吉林市公司为试点单位，先行运作物流配送中心非法人实体化模式。开展卷烟包装箱循环利用工作，8 月，在长春市、延边州公司开展同城试点工作，截至年底，累计向吉林烟草工业有限责任公司提供纸制包装箱 1500 个。

【烟叶产销】 种植和收购。2013 年，吉林省共签订烤烟种植合同 4148 份，落实移栽面积 15.45 万亩。收购烤烟 2.16 万吨（43.1 万担），其中上中等烟收购比例为 94.99%。烟叶收购均价为 20.94 元/千克。吉林省共有 3970 户烟农，实现烟农总收入为 4.51 亿元。

实现烟叶税利 3.86 亿元，同比增长 35.91%，其中利润 2.36 亿元，同比增长 62.75%。

烟叶生产基础设施建设。2013 年，行业投入补贴资金 3542 万元，开展烟叶生产基础设施建设项目 1525 项，其中，建设烟水配套工程 348 项；新建密集烤房 410 座，烘烤工场配套附属设施 4 处；补贴农用机械 763 台（套）。截至年底，除烤房外，所有项目全部建设完成。

现代烟草农业建设。推进集约化生产，吉林省烤烟户均种植面积 37.25 亩，家庭农场 183 个，100 亩以上连片烟田 354 片，产能占生产总量的 65.58%。集约化育苗、商品化供苗达 100%。提高机械化生产水平，烟田机械化整地、起垄、施肥、刨坑达 100%，烟田机械化用药达 70% 以上。推

① 全国卷烟累计交易量前 15 名品牌（三类以上）和全国卷烟累计交易金额前 15 名品牌。

进烟农专业合作社建设，吉林省共建综合服务型烟农专业合作社9个，各合作社分别组建育苗、机耕、植保、烘烤、分级专业服务队，制定服务实施方案和考核制度，明确服务质量标准，在基地单元开展烟叶生产全方位服务。

优化烟叶结构。落实烟叶生产技术规范，吉林省实施优化结构措施烟田13.2万亩，清除不适用鲜烟叶1.98万吨（39.6万担），折合干烟0.23万吨（4.65万担）。

【企业管理】 基础管理。规范资产管理和资金监管，提升基础管理水平。开展“管理创一流”活动，发挥创新的驱动作用、贯标的规范作用、对标的引领作用、信息化的支撑作用、内部审计的监督作用，推广应用地理信息综合管理平台，提高企业管理的精细化水平。落实安全生产标准化工作，所属市、州局（公司）全部通过安全生产标准化二级企业达标验收。

内部监管。“两项工作”信息化管理系统投入使用，规范和固化采购流程。加强关键环节控制，推进公开招标工作。吉林省烟草系统工程投资、物资采购和宣传促销共实施采购项目565个，涉及金额5.40亿元，公开招标项目379个，招标金额4.33亿元，公开招标实施金额比例为81.48%，同比提高14.5个百分点。

【人事政工】 队伍建设。重视和加强理论武装，组织四期党的十八大精神专题培训班。把“235”教育实践活动与“改进作风年”活动有机结合，巩固作风建设长效机制。

企业文化。开展“创先争优”和基层创建活动。坚持以“两个至上”行业共同价值观统领吉林省烟草商业系统企业文化建设，强化母子文化架构体系，突出吉林烟草“德文化”特色。各市、州局（公司）坚持客户导向，发展基本服务、成长服务、前瞻服务、济困服务“四个服务”，推动文化落地，提高吉林烟草服务品牌建设。

【特事要辑】 1月31日，2013年吉林省烟草工作会议在长春市召开。

10月31日，国家局局长凌成兴、副局长赵洪顺到吉林烟草调研，并考察延边州局（公司）卷烟物流配送中心。凌成兴指出，吉林烟草的发展体现为“四个先进典型”，即少数民族地区卷烟工业的先进典型、低焦油卷烟生产工艺的先进典型、境外卷烟加工贸易的先进典型、企业技术改造的先进典型。对下一步工作，凌成兴强调，吉林工商双方要同舟共济，保持发展的良好势头，培育好省产卷烟市场，加大“走出去”发展战略步伐。

所属地市级局（公司）

【长春市烟草专卖局（公司）】 长春市烟草专卖局、吉林省烟草公司长春市公司成立于1984年9月。2013年，原特业分局（营销部）更名为经开分局（营销部），新设汽开分局（营销部）及柳河、榆树2个县级烟叶经营管理站。下辖4个县级烟草专卖局（分公司）、10个县级烟草专卖局（营销部）。

加强卷烟经营，以“扩大一个规模、打造三个梯次”为品牌培育目标。1—8月，在长春市局（公司）试点施行零售终端建设，在高新区、二道区建成七条现代终端示范街，完成100个现代零售终端建设任务。启动农村基层服务站建设，2013年6月，在榆树市试点启动；截至年底，在全市范围进行推广，其中，榆树市局（分公司）设立6个固定服务站，其他县级局（分公司、营销部）本部共设立20个流动服务站，建站任务基本完成。

烟叶种植布局进一步优化，户均种烟面积达37.5亩，同比增加1.3亩。共有家庭农场231户，其种植面积占总种植面积的44.7%，职业化烟农为种植主体的局面初步形成。

【吉林市烟草专卖局（公司）】 吉林市烟草专卖局、吉林省烟草公司吉林市公司成立于1984年6月，下辖5个县级烟草专卖局（分公司），船营区、昌邑区、丰满区、龙潭区等4个分局，以及吉林市金叶烟草有限公司1个控股企业。

总结提炼出“1+5”市场监管模式体系，以市局市场检查评价机制为纲，以各单位监管模式为目，形成全地区统筹调度的市场监管格局。“1”是吉林市局市场监管模式，也是核心体系；“5”是提炼县级局市场监管模式，其中包括永吉县局的“5435”监管模式，蛟河市局的“八有工作法”监管模式，舒兰市局的“差异管理、三员联动；协作联合、断链截流；包保到人、严细考评”监管模式，桦甸市局的“宣、管、打、评”监管模式，磐石市局的“1+1”（专卖管理+队伍建设）监管模式。

【四平市烟草专卖局（公司）】 四平市烟草专卖局、吉林省烟草公司四平市公司成立于1984年7月，下辖4个县级烟草专卖局（分公司）以及金叶烟草有限责任公司1个全资子公司。

突出“一域一品”品牌培育特色，品牌培育制度体系和目标体系更加完善。在四平市本级选择“南京（佳品）”进行重点培育，所属县级局（分公司）中，公主岭市局（分公司）选择“白沙（硬黄金版）”、梨树县局（分公司）选择“长白山（金人参）”、伊通县局（分公司）选择“黄鹤楼（天下名楼）”、双辽市局（分公司）选择“云烟（绿呼伦贝尔）”进行培育。以培育“双十五”品牌为核心，加大品牌培育力度，拉升市场内的品牌结构，2013年“双十五”品牌销售收入占总销售收入的87.39%。

【辽源市烟草专卖局（公司）】 辽源市烟草专卖局、吉林省烟草公司辽源市公司成立于1984年，下辖2个县级烟草专卖局（分公司）。

提高员工队伍素质，开展“管理创一流”及“岗位大练兵”等活动。加强企业文化建设，弘扬“饮水思源，感恩图报”的“思源”文化理念体系和“灵动快速、至诚奉献”的“金鹿”服务品牌建设，促进企业规范管理。

【通化市烟草专卖局（公司）】 通化市烟草专卖局、吉林省烟草公司通化市公司成立于1984年，下辖5个县级烟草专卖局（分公司）和1个城区分局（营销部）。

推进工商协同营销，加强消费者数据库的构建工作。自2008年以来，消费者数据库一直稳步运行，始终保持着与消费者的信息对接。2013年，市局（公司）编制《消费者数据库营销实施方案》，精准营销消费者信息点由最初的276个调增至520个，并对消费者样本信息进行电话回访，确保消费信息真实有效，为通化市行业精准营销、零售终端建设提供重要依托。

【白城市烟草专卖局（公司）】 白城市烟草专卖局、吉林省烟草公司白城市公司成立于1984年7月12日，下辖4个县级烟草专卖局（分公司）和白城市本级营业部。2013年，市局（公司）被中央精神文明建设指导委员会评为"全国文明单位"；市局（公司）机关工会被中华全国总工会评为"模范职工之家"。

推进烟叶集约化种植，统筹规划调整，白城市实现万亩乡1个，千亩村17个，百亩以上种烟大户52户，户均种植面积达到52.9亩，同比增加3.2亩。加强镇赉县大型水源工程建设，截至年底，完成项目前期报批准备工作。

【白山市烟草专卖局（公司）】 白山市烟草专卖局、吉林省烟草公司白山市公司成立于1985年4月，下辖4个县级烟草专卖局（分公司）、2个直属分局。2013年，市局（公司）工会被吉林省总工会评为"全省模范职工之家"。

市局构建"一打二联三查"监管新模式，使零售客户守法经营率保持在96%以上、无证经营比例控制在1%以内。开展"百日攻坚行动""白烟一号"等专项行动，加大对卷烟走私贩私行为的打击力度；开展"打非行动"，查处违规商户142户。2013年，市局查处的案值5万元以上涉烟违法案件4起，破获网络案件3起。

【松原市烟草专卖局（公司）】 松原市烟草专卖局、吉林省烟草公司松原市公司成立于1992年8月，下辖3个县级烟草专卖局（分公司）和前郭尔罗斯蒙古族自治县烟草专卖局，以及金叶烟草有限责任公司1个全资子公司。

加强队伍建设，聘请专家进行理论辅导，组织中层干部围绕"潜心做事、低调做人"和"严格规范、廉洁自律、务实高效"开展学习讨论。开展党员"三亮三比三评"、党员自我评议等工作，组建党员和团员两支志愿服务队，举办三期道德大讲堂。

巩固企业文化建设成果，开展"情"文化理念体系和"五彩"服务品牌宣贯活动，收集整理各岗位典型事迹，出版《"235"教育实践活动讲稿》。

【延边朝鲜族自治州烟草专卖局（公司）】 延边朝鲜族自治州烟草专卖局、吉林省烟草公司延边朝鲜族自治州公司成立于1983年12月，下辖7个县级烟草专卖局（分公司）和延边金叶有限责任公司（全州零售连锁店）1个具有独立法人资格的公司。

加强技术创新，开展吉林省"地理信息综合管理平台"试点建设，该项目被省局（公司）申报为行业科技管理创新项目。为州局（公司）116台车辆安装地理信息系统，对全州烟草商业系统所有车辆实行实时监控。利用地理信息系统对零售终端监管进行探索，"卷烟零售终端电子监管系统"整合V3营销系统和内部监管系统两大资源，能准确反映辖区客户分布和每一家客户的基础信息，便于对零售终端进行分类管理，地理信息系统为进一步提升物流配送管理提供确凿依据。在烟叶生产领域信息采集上，利用地理信息系统完成全州四个烟叶生产管理部所负责辖区的村落、烟站、育苗工厂、烟田、烤房、机井、农机具、烟农、出险、机耕路、防雹点等信息的采集工作，在完成烟区生态环境方面的土壤信息和气象资料部分后，全面推进地理信息系统在烟叶生产领域的应用。

2013年吉林省烟草商业系统主要情况统计

地市级局（公司）名称		长春市局（公司）	吉林市局（公司）	四平市局（公司）	辽源市局（公司）	通化市局（公司）
主要负责人/法人代表		陈建新（—2013.3） 于显峰（2013.3—）	范忠顺	包和平	穆　峰	毛元国（—2013.11） 王德友（2013.11—）
总资产（万元）		224624	97733	67389	28084	48306
资产负债率（%）		6.94	6.28	20.60	8.90	136.15
所属县级局（个）		14	9	4	2	6
所属县级公司/分公司（个）		4个分公司	5个分公司	4个分公司	2个分公司	5个分公司
所属县级营销部（个）		10	—	—	—	1
从业人员（人）		1559	900	522	217	453
所属业务机构	营销机构	1个营销中心	1个营销中心	1个营销中心	1个营销中心	1个营销中心
	物流配送机构	1个物流配送中心	1个配送中心	1个物流配送中心	1个配送中心	1个配送中心
	专卖稽查机构	3个直属稽查队、1个专卖协管队	1个稽查支队、3个稽查大队	5个稽查大队	1个稽查支队、2个稽查大队	1个稽查支队
	烟叶机构	7个县级烟叶公司、16个烟叶站、2个收购点	—	—	—	—

续表

地市级局（公司）名称		长春市局（公司）	吉林市局（公司）	四平市局（公司）	辽源市局（公司）	通化市局（公司）
销售卷烟	亿支	148.00	83.23	61.51	24.22	43.70
	2013 年比 2012 年（%）	1.39	1.43	1.15	1.40	0.96
卷烟销售收入（万元）		549516	295604	223358	78060	146046
实现税利	万元	148864	63096	40863	15081	30369
	2013 年比 2012 年（%）	13.59	2.46	5.83	2.83	0.96
实现利润	万元	84511	33258	21405	7358	15590
	2013 年比 2012 年（%）	9.68	3.63	5.08	2.76	2.40
查处涉烟违法案件（起）		89	299	185	209	81
查处涉烟违法案件案值（万元）		453	207	118	65	27
2013 年度烟草行业投入烟叶生产基础设施建设资金（万元）		—	—	—	—	—
全年烟叶生产基础设施新增受益面积（万亩）		—	—	—	—	—
烟叶种植（万亩）		5.50	—	—	—	—
烟叶收购（万担）		15.30	—	—	—	—
烟农户数（户）		1287	—	—	—	—
实现烟农总收入（万元）		16672	—	—	—	—
零售客户数（户）		26717	22335	15758	5005	12257
零售客户销售毛利率（%）		10.50	14.97	9.60	10.70	11.37

地市级局（公司）名称		白城市局（公司）	白山市局（公司）	松原市局（公司）	延边州局（公司）
主要负责人/法人代表		车大光	郭　辉	谭继民	吴家伟
总资产（万元）		57089	28596	49054	72007
资产负债率（%）		29.30	14.71	11.14	15.10
所属县级局（个）		4	6	4	7
所属县级公司/分公司（个）		4 个分公司	4 个分公司	3 个分公司	7 个分公司
所属县级营销部（个）		1	—	—	—
从业人员（人）		426	339	478	657
所属业务机构	营销机构	1 个营销中心	1 个营销中心	1 个营销中心、1 个综合服务部	1 个营销中心
	物流配送机构	1 个配送中心	1 个物流配送中心	1 个配送中心、4 个送货部	1 个配送中心、5 个配送部
	专卖稽查机构	1 个稽查支队、3 个稽查大队	1 个稽查大队、2 个专卖管理所	1 个稽查支队、1 个特案大队、8 个稽查大队	1 个稽查支队、7 个稽查大队、4 个稽查中队
	烟叶机构	1 个烟叶生产经营管理部、11 个烟叶站	—	—	4 个烟叶管理部、16 个收购站
销售卷烟	亿支	39.03	24.80	49.25	42.31
	2013 年比 2012 年（%）	1.58	-1.98	0.47	1.18
卷烟销售收入（万元）		122794	86390	156476	149998
实现税利	万元	32714	16454	31914	45003
	2013 年比 2012 年（%）	7.29	4.11	4.09	20.30
实现利润	万元	16574	7341	16495	23772
	2013 年比 2012 年（%）	11.83	2.41	10.92	32.60

续表

地市级局（公司）名称	白城市局（公司）	白山市局（公司）	松原市局（公司）	延边州局（公司）
查处涉烟违法案件（起）	183	65	43	264
查处涉烟违法案件案值（万元）	207	84	79	156
2013 年度烟草行业投入烟叶生产基础设施建设资金（万元）	1312	—	—	72
全年烟叶生产基础设施新增受益面积（万亩）	0.50	—	—	0.33
烟叶种植（万亩）	4.56	—	—	5.39
烟叶收购（万担）	12.80	—	—	15.00
烟农户数（户）	862	—	—	1821
实现烟农总收入（万元）	12142	—	—	16300
零售客户数（户）	10300	6089	15296	9482
零售客户销售毛利率（%）	10.00	10.02	10.00	11.70

（撰稿：王兴谦；编辑：谢争艳）

黑龙江省烟草专卖局（公司）

【概　况】 黑龙江省烟草专卖局成立于 1983 年 4 月。黑龙江省烟草公司组建于 1982 年 7 月，1984 年 4 月正式上划中国烟草总公司，更名为中国烟草总公司黑龙江省公司。黑龙江省局（公司）下辖 14 家地市级烟草专卖局（公司），以及哈尔滨烟叶公司、牡丹江烟叶公司、中国烟草黑龙江进出口有限责任公司、黑龙江烟叶复烤有限公司①和黑龙江烟草投资管理有限公司（2013 年 10 月揭牌成立）。省局（公司）机关设立 15 个处室和 11 个专业部门。截至 2013 年底，公司拥有总资产 134.83 亿元，其中，固定资产 13.29 亿元、流动资产 118.38 亿元，资产负债率为 14.35%。共有从业人员 10848 人。

【领导成员】

局长、总经理、党组书记：迟焕发

巡视员、副总经理、党组成员：孙杰邦（—2013.11）（国烟党〔2013〕90 号）

巡视员、副局长、党组成员：牛中全

党组成员：王殿贵

副总经理、党组成员：杨鹤声（—2013.4）（国烟党〔2013〕37 号）

副巡视员：王乃信

【专卖管理】 卷烟打假。推进社会化打假打私体系建设，完善卷烟打假协作机制，开展“龙啸三号”“龙啸四号”市场整治和卷烟打假专项行动，加大打假破网和抓捕追刑工作力度，加大烟叶收购期间非法贩运烟叶的案件查处力度，强化专卖管理局长责任制的落实。全年共查处各类涉烟违法案件 8085 起，捣毁贩藏窝点 408 个，查获非法卷烟 4969 万支，案值 3646 万元，收缴非法烟叶 212 吨。公安、司法机关依法逮捕 90 人，判刑 47 人。破获涉烟网络案件 23 起，符合国家局标准的 11 起，其中，哈尔滨市局“9·23”案件被列为公安部集群案件，大庆市局“1·25”案件和哈尔滨市局“7·18”案件被公安部、国家局列为部督案件。

市场监管。拓展专卖稽查网络向农垦、森工、铁路、民航等系统延伸。完善零售客户监管档案，实施分类管理，打破常规作息时间错时检查，与公安、工商等部门联合，对特业市场和客运物流场所加强监控，实施精准打击。全年取缔无证经营户 2700 户，查获无证经营卷烟 400 万支。创新市场监管方式，试点推广 APCD 工作法。加强对原辅材料生产企业的管理监督。2013 年是零售许可证集中延续换证年，优化工作流程，提高换证效率，确保零售客户换证与经营两不误，全年共完成各类准运证审批制证 1.52 万份，新办和延续专卖执法检查证 850 个。

内部专卖管理监督。健全内部专卖管理监督制度体系，印发《黑龙江省烟草行业内部专卖管理监督工作实施办法》《责任追究暂行办法》和《派驻机构管理暂行办法》，出台内部专卖管理监督检查、日常监管、工作考核等 14 项工作制度。规范卷烟经营活动，印发《关于进一步规范卷烟经营的意见》，提出“七不准”的工作要求。明确五种专卖内管派驻办参与卷烟经营形式，固化专卖内管参与卷烟经营的实体程序。

【经济效益】 2013 年，黑龙江省烟草商业系统实现税利 58.90 亿元，同比下降 1.14%，其中利润 30.48 亿元，同比

① 黑龙江烟叶复烤有限公司详见《工业企业》栏目“打叶复烤和薄片生产企业”分目。

下降8.21%。三项费用率为8.83%。

【卷烟经营】 卷烟销售。2013年，黑龙江省烟草商业系统销售卷烟625.88亿支（125.18万箱），同比增长0.45%，其中，销售一类烟60.36亿支（12.07万箱）、二类烟51.57亿支（10.31万箱）、三类烟328.27亿支（65.65万箱）、四类烟132.89亿支（26.58万箱）、五类烟52.80亿支（10.56万箱）。本地区销量居前三位的品牌为"红塔山""云烟""长白山"，销量分别为74.13亿支（14.83万箱）、71.37亿支（14.27万箱）、63.71亿支（12.74万箱）。

2013年实现卷烟销售收入218.68亿元，同比增长2.95%。实现卷烟税利49.06亿元，同比下降0.11%，其中利润25.91亿元，同比下降5.78%。

品牌培育。黑龙江省烟草商业系统品牌培育呈现"一高、一低、突出骨干"的特点。"一高"，即高端品牌比重保持增长，高端品牌的一类烟销量同比增长5亿支（1万箱），销售比重同比增加0.75个百分点；二类烟销量同比增长3.7亿支（0.74万箱），销售比重同比增加0.68个百分点。"一低"，即销售6毫克/支及以下低焦油卷烟近10亿支（1.96万箱），占销售总量的1.57%，同比增加近5亿支（1万箱）。"突出骨干"，即销售重点品牌卷烟487.98亿支（97.68万箱），占总销量比重77.97%。

卷烟销售网络建设。梳理优化卷烟销售网络主要业务操作程序，制定完善投诉、物流、品牌管理、货源分配、市场预测等工作流程，保证营销渠道畅通，初步实现全省网建工作管理制度和流程的统一。制定《卷烟宣传促销管理办法》，规范申报审核制度流程，建立二级审核制度，加强宣传促销活动监管。建立促销品台账管理和活动备案制度。发挥宣传促销对品牌培育的促进作用，以"低焦高值"规格为主线，继续向行业知名品牌聚集。加强终端建设，制定《2013年现代卷烟零售功能终端建设实施方案》，截至年底，全省大部分地市公司完成首批零售功能终端的建设。

物流建设。推进物流项目建设，2013年，黑龙江省烟草商业系统共有2个地市级公司物流中心在建，其中，牡丹江市公司新物流中心设备安装调试完成，进入卷烟配送的试运行阶段。开展精益物流，明确全省卷烟物流开展精益物流工作的目标任务和实施重点，制定《精益物流实施方案》，确定试点单位。实施卷烟包装箱循环利用，制定《黑龙江省烟草商业企业卷烟包装箱循环利用工作实施方案》并确定前期试点单位，明确目标任务和实施步骤。

【烟叶产销】 烟叶种植与收购。2013年黑龙江省种植烤烟43.61万亩，签订种植收购合同1.11万份，户均种植面积39.45亩。收购烤烟6.71万吨（134.1万担），均价20.2元/千克，其中，上等烟比重24.9%，中等烟比重68.24%，下等烟比重6.86%。收购晒烟0.27万吨（5.3万担），均价22.46元/千克。

2013年实现烟叶销售收入28.31亿元，同比增长3.02%。实现烟叶税利10.45亿元，同比下降6.25%，其中利润5.75亿元，同比下降17.43%。

烟叶生产基础设施建设。2013年共投入建设资金8543.6万元，其中本省烟草商业系统投入资金3417.44万元，建设密集烤房888座、烘烤工场附属设施2个，配置烟夹与散叶烘烤设施692个，育苗设施32栋，购置烟草专用机械480台（套）。

烟叶基地单元建设。推进黑龙江省3个烟叶基地单元的建设工作，规划面积15.3万亩，分别是宁安市沙兰基地单元、绥化市绥北基地单元，对应广东中烟"双喜"品牌；肇州县和平基地单元，对应湖北中烟"黄鹤楼"品牌。

【技术创新】 2013年，黑龙江省烟草行业投入研发经费2673.72万元，用于全省65个技术开发项目，其中国家局项目10项，黑龙江省政府项目2项，获得授权专利5项。开展省局级科学技术进步奖评选，评选出18项科技开发项目。开展"烟草主要病毒病多联弱毒疫苗的研究与示范应用""平原烟区烤烟规模化种植关键技术环节配套机械的研制与开发"等项目研究，建立烟叶生产安全标准体系，开展新品种选育工作，完善低危害烟叶开发关键技术体系，应用自主研发的移栽机、采收机、喷药机等农机设备。

【人事政工】 干部队伍建设。优化各级领导班子配备，对4个基层单位的主要负责人进行了调整。通过"个人述职、群众推荐、组织考察"等程序，选拔10名省局（公司）机关部门负责人。开展专业技术技能人才鉴定工作，9人通过高级专业技术职称的评审，截至年底，全省烟草商业系统具有中级专业技术职务资格人数650人、具有高级专业技术职务资格人数122人。全年举办各类培训班30期，培训1856人次，5人入选国家局培训教师资源库。

党风廉政建设。制定《贯彻落实中央八项规定实施意见》，细化中央"八项规定"和国家局党组"九条要求"。加强干部选拔任用的监督力度，制定《全省烟草行业新任职党员领导干部廉政谈话暂行办法》，开展干部选拔任用廉政监督审核169人次。推进行风政风建设，参加省电台、电视台"行风热线"节目，处理听众咨询的35个问题。开展廉政风险防控工作的排查风险、制定措施和巩固提高工作，省局（公司）机关确定权力数量119个、风险点258个，涉及21个部门、47个岗位。

企业文化建设。推进服务品牌展示厅建设，所属各公司加强"视觉识别系统"的规范使用，其中，哈尔滨、齐齐哈尔、大庆、绥化市局（公司）率先建立服务品牌展示厅。

【特事要辑】 1月23日，省局（公司）召开2013年黑龙江省烟草工作会议。

10月22日，黑龙江烟草投资管理有限公司挂牌成立。

10月28—29日，国家局局长凌成兴到黑龙江烟草调研，副局长杨培森一同调研。凌成兴指出，黑龙江烟草近年来工作成绩体现为"一个杰作、三大特色"。"一个杰作"，即哈尔滨卷烟厂异地技改项目规模大、水平高、进度快、外观美，是全行业的杰作。"三大特色"，即烟叶生产持续稳健的特色、卷烟生产错位发展的特色、工商税利大幅增长的特色。并强调要学习"铁人精神"，提升烟草发展、控烟履约、规范管理的形象。

12月3—5日，国家局副局长李克明到黑龙江烟草调研，先后参观了哈尔滨市局（公司）、大庆市局（公司）、黑龙江烟叶复烤有限公司、黑龙江烟草工业有限责任公司，对安全生产工作提出要求。

所属地市级局（公司）

【哈尔滨市烟草专卖局（公司）】 哈尔滨市烟草专卖局、黑龙江省烟草公司哈尔滨市公司成立于1983年。下辖3个卷烟营销部，5个分局，1个直属分局（2013年7月成立），以及11个县级烟草专卖局（营销部）。

加强重点品牌培育，提升卷烟结构，2013年一类烟销量同比增长10.81%，二类烟销量同比增长31.62%；卷烟单箱销售收入为2.26万元，同比增长3.61%。整合升级“网上订货”“135工作法”与“订单供货”信息操作平台。哈尔滨市网上订货零售客户为5.2万户，占零售客户总数的98.87%。

加大卷烟打假力度，2013年破获4起符合国家局标准的网络案件。市场净化率保持在98%以上。

【大庆市烟草专卖局（公司）】 大庆市烟草专卖局、黑龙江省烟草公司大庆市公司成立于1983年5月。2013年10月15日，撤销红岗区烟草专卖局（营销部），原管辖区域分别划归龙凤区、萨尔图区、大同区3个区烟草专卖局（营销部）。下辖10个县级烟草专卖局（营销部）。

完善打假打私协作机制，构建以政府为主导的卷烟打假打私工作机制。以打假破网和清理无证经营为重点，开展“元旦、春节市场秩序专项治理”“春季治理卷烟非法流通和打假破网”“龙啸三号”“龙啸四号”等打假专项活动和市场专项整治活动，净化大庆市卷烟市场。全年查处涉烟案件988起，其中1起被公安部、国家局列为部督案件。

树立“消除浪费、持续改进”的精益理念，开展“优秀地市级局（公司）”创建活动和贯标对标活动，逐层分解细化指标，自上而下落实增收节支、降本增效措施。2013年，大庆市行业人均劳动效率、人均卷烟销售收入、卷烟三项费用率、单箱物流费用、物流费用占销售收入比重、人均卷烟配送效率等五项指标高于行业平均水平。

【齐齐哈尔市烟草专卖局（公司）】 齐齐哈尔市烟草专卖局、黑龙江省烟草公司齐齐哈尔市公司成立于1983年。下辖15个县级烟草专卖局（营销部）及齐齐哈尔铁路烟草专卖局。

坚持日常监管与专题治理并重的方针，在齐齐哈尔市范围内开展垦区市场专项整理，加强与农垦公安机关联合，最大化地实现专卖市场管理无“盲区”，形成“立体、互动、严密”的专卖管理网络。2013年破获3起符合国家局标准的网络案件，公安、司法机关依法判刑10人。

【绥化市烟草专卖局（公司）】 绥化市烟草专卖局、黑龙江省烟草公司绥化市公司成立于1983年。下辖10个县级烟草专卖局（营销部）。

争取地方政府对卷烟打假的支持，联合打假协作实现新突破，成立由主管副市长任组长的督办组，与农垦公安部门签署查办涉烟违法案件协议书。开展“迎双节、净市场、促销量”“龙啸三号”“龙啸四号”等打假专项行动，实行打假成果10日通报制度。2013年查处各类涉烟违法案件822起，其中1起被列为部督案件。公安、司法机关依法刑拘17人，逮捕11人，判刑2人。

创新服务客户方式，加强零售客户培训。市区内零售客户每周五培训一次，每次培训30~40人，县以下零售客户以乡镇为单位，按区域集中培训。通过观看自制宣传片，开展专卖法规宣传，邀请零售客户代表参观电话订货中心、物流分拣车间等培训形式，提升零售客户卷烟品牌推介能力和盈利水平。2013年培训零售客户514场次，培训人员覆盖零售客户的95%。

【牡丹江市烟草专卖局（公司）】 牡丹江市烟草专卖局、黑龙江省烟草公司牡丹江市公司成立于1983年。下辖4个区烟草专卖局，5个县、市烟草专卖局（营销部）。

加强卷烟市场日常监管，推进打假协作机制建设，开展“龙啸三号”“龙啸四号”打假专项行动。2013年查处各类涉烟违法案件588起，其中3起被列为部督案件。公安、司法机关依法刑拘18人，判刑17人。

加强物流建设，11月市公司新物流中心竣工。截至年底，设备安装完毕并投入使用。

改进市局（公司）工作作风，每月组织一次“接地气、连民心”市民开放日活动，就市民关心的烟草行政许可、网上订货等事项进行回应。

【佳木斯市烟草专卖局（公司）】 佳木斯市烟草专卖局成立于1983年，黑龙江省烟草公司佳木斯市公司组建于1985年。下辖5个县级烟草专卖局，6个营销部和建三江农垦烟草专卖分局（营销部）。

加强卷烟营销，推进零售终端建设，推广“135”工作法。加强市场调研，完善客户走访回访制度，把握社会库存和市场形势变化，挖掘个性需求的潜力，优化卷烟销售结构，提升网建工作水平。全年重点品牌销量占总销量比重的80.01%，同比增长3.31%，电子结算率、网上订货率达100%，网上订货成功率98%以上。

推进企业文化建设，把弘扬“暖心服务”的“诚”文化体系建设与行业“235”教育实践活动、“三大课题”大讨论活动相结合，提高干部职工的文化素质和工作效率。

【鸡西市烟草专卖局（公司）】 鸡西市烟草专卖局、黑龙江省烟草公司鸡西市公司成立于1983年3月。下辖3个县级烟草专卖局（营销部）和鸡冠区烟草专卖局。

全面推广APCD工作法，拓展市场监管新模式，加大法律法规宣传、专卖市场监管、卷烟专项治理和烟叶监管力度，提升依法行政工作水平。全年破获各类涉烟违法案件588起，其中1起被列为部督案件。公安机关依法刑拘12人。

【双鸭山市烟草专卖局（公司）】 双鸭山市烟草专卖局成立于1986年5月，黑龙江省烟草公司双鸭山市公司组建于1983年1月。下辖4个县级烟草专卖局（营销部）。

推进终端建设，引导零售客户备齐终端陈列设备，加大对店容店貌、卷烟陈列等方面的维护力度，提升卷烟品牌的重点陈列和个性化展示效果。提升客户服务水平，规范“135”工作法和营销智能移动平台的应用，加强对客户的宣传指导。

【伊春市烟草专卖局（公司）】 伊春市烟草专卖局、黑龙江省烟草公司伊春市公司成立于1983年10月。下辖5个县级烟草专卖局（营销部）。

注重卷烟营销工作，加强调查研究，分析伊春市消费群体的层次构成，关注市场波动，依托旅游人口，做到有的放矢，适销对路，突出培育三类以上卷烟销量排名前15位品牌，做大一、二类卷烟市场规模。2013年实现卷烟单箱销售收入2.08万元，同比增长8.94%。树立“你用烟，我用心”新型客我关系服务理念，定期开展以“暖阳活动赢客心”为主题的教育实践活动，创新服务方式、方法，拉近与零售客户的距离。

【七台河市烟草专卖局（公司）】 七台河市烟草专卖局、黑龙江省烟草公司七台河市公司成立于1983年。下辖4个县级烟草专卖局（营销部）。

提升卷烟营销水平，对照“知名品牌”“双低卷烟”“精准营销”等重点指标，提升高效品牌容量。推进电子商务进程，网上订货率保持100%。建立全员营销绩效考核机制，并向一线岗位实行绩效工资倾斜政策，每月按照指标完成情况兑现工资，倾斜幅度达到10%。市局（公司）党组成员包区驻点，深入基层破解营销难题，保证全年卷烟销售任务的按时完成。

【鹤岗市烟草专卖局（公司）】 鹤岗市烟草专卖局、黑龙江省烟草公司鹤岗市公司成立于1983年。下辖2个县级烟草专卖局（营销部）和1个农林专卖分局。

加强预算管理，落实中央“八项规定”及行业关于厉行节约的相关规定，压缩重点费用支出。2013年招待费同比下降35.6%，会议费同比下降76.6%，差旅费同比下降54.6%，车辆维修费同比下降7.7%。

【黑河市烟草专卖局（公司）】 黑河市烟草专卖局、黑龙江省烟草公司黑河市公司成立于1990年2月。下辖5个县级烟草专卖局（营销部）和爱辉区营销部。

保持卷烟打假打私高压态势，抓好日常监管、电子巡查系统应用、行业法制培训、案卷管理等基础工作，注重案件线索经营，加强与各执法单位的配合，全年查处各类涉烟违法案件327起，其中1起被列为部督案件，实现打击网络案件的历史性突破。

【大兴安岭地区烟草专卖局（公司）】 大兴安岭地区烟草专卖局、黑龙江省烟草公司大兴安岭地区公司成立于1985年。2013年12月9日，撤销加格达奇区、松岭区2个县级烟草专卖局（营销部），原管辖区域分别划归公司配送中心和新林区局（营销部）。下辖5个县级烟草专卖局（营销部）。

加强宣传引导，提高消费认知，实现品牌引领，带动和促进销售结构提升，全年销售一、二类卷烟1.5亿支（0.3万箱），同比增长10.21%，占总销量比重的16.73%，同比提高8.56个百分点。推广“新商盟”网上订货系统，大兴安岭地区网上订货零售客户近100%。

加大内部监管力度，制定《进一步严肃卷烟经营纪律的规定》，坚决杜绝企业内部人员的违规经营行为，维护零售客户的合法利益和企业正常的经营秩序。

【绥芬河市烟草专卖局（公司）】 绥芬河市烟草专卖局、黑龙江省烟草公司绥芬河市公司成立于1998年1月。

重视开展卷烟打假，联系绥芬河镇13个社区，开展无假烟镇创建工作，重点加强对国门口岸入境通道、国际客运站、免税店等地的监管，遏制免税卷烟倒流，打击走私卷烟行为。

加强组织建设，经绥芬河市委批准，成立中共绥芬河市烟草专卖局（公司）党组，并配备纪检组长。

所属其他二级单位及派驻机构

【哈尔滨烟叶公司】 黑龙江省烟草公司哈尔滨烟叶公司成立于2001年12月，2006年12月由黑龙江烟叶公司改制而成。下辖11家烟叶分公司和双城直属烟叶经营站。经营范围包括烟叶收购、加工、销售、烟籽及包装材料。截至2013年底，公司拥有总资产14.85亿元，其中，固定资产1.29亿元、流动资产12.92亿元，资产负债率为54.72%。共有从业人员1013人。

2013年收购烟叶3.35万吨（67.05万担），其中上等烟比例18.7%，中等烟比例75.04%，下等烟比例6.26%。烟叶收购均价为19.74元/千克。2013年销售烟叶3.37万吨（67.54万担）。实现销售收入12.79亿元，实现税利4.80亿元，其中利润2.66亿元。

2013年，公司新建肇州县和平基地单元、绥化市绥北基地单元。截至年底，建成6个国家局基地单元。创新烟叶生产组织模式，按照一基一社管理模式，引导基地单元组建综合服务性专业合作社3个。推进散叶收购试点工作，7个烟站共收购散叶0.52万吨（10.32万担）。

【牡丹江烟叶公司】 黑龙江省烟草公司牡丹江烟叶公司成立于2001年12月，2006年12月改制为省公司的全资子公司。下辖8个烟叶分公司，2个烟叶生产经营站。经营范围包括烟叶生产的技术指导，烟叶收购、加工与销售。截至2013年底，公司拥有总资产13.51亿元，其中，固定资产0.86亿元、流动资产12.49亿元，资产负债率为37.25%。共有从业人员779人。

2013年收购烤烟3.35万吨（67.05万担），中上等烟比例为92.53%，桔色烟比例为32%；收购晒烟0.27万吨（5.3万担）。实现销售收入15.52亿元，实现税利6.75亿元，同比增长8%，其中利润3.13亿元，同比增长8%。

2013年，公司千亩以上连片烟田有10处，500亩以上连片烟田有54处。烤烟机械化作业基础扎实，拥有密集式半自动化烤房8500座，密集式半自动化烤房群30处，机电井、大口井、小口井共计300余眼，防雹炮100余门，烟用大型拖拉机及深松浅翻犁、深松旋耕机、起垄夹肥机等大型机械68台（套），烤烟移栽机508台。推进基地单元建设，宁安市范家基地单元、东宁县老黑山基地单元、林口县莲花基地单元通过国家局验收；宁安市沙兰基地单元、东宁县道河基地单元建设通过立项。

【中国烟草黑龙江进出口有限责任公司】 中国烟草黑龙江进出口有限责任公司成立于1992年5月。截至2013年底，公司拥有总资产6.68亿元，其中，固定资产0.23亿元、流动资产6.34亿元，资产负债率为83.37%。共有从业人员54人。

2013年，公司出口烤烟9022吨，出口转内销烤烟2302吨；进口卷烟1.52万支。实现进出口总值2779万美元，其中出口实现2214万美元，进口总值565万美元。实现销售收入3.26亿元，实现税利2673万元。

公司积极拓展国际烟草市场，不断密切与境外客户贸易往来。加强与省内2家烟叶公司沟通协作，提高烟叶收购、加工质量，确保等级合格率。继续巩固内蒙古赤峰地区“联营型”出口烟叶基地建设，为烟叶出口创造有利条件。开展市场调研，加大韩国“爱喜”和中国香港“红双喜”等牌号卷烟促销力度，推动“两烟经营”共同协调发展。

【黑龙江烟草投资管理有限公司】 黑龙江烟草投资管理有限公司于2013年8月由国家局、总公司批复成立，下辖黑龙江烟草中维连锁营销发展有限公司。10月22日，公司揭牌成立。主要经营范围包括全省卷烟连锁经营、房地产开发、行业多元化经营企业资产经营管理等。截至2013年底，公司拥有总资产1亿元，其中流动资产9527万元，资产负债率为0.06%。共有从业人员18人。

截至2013年底，公司确定机构设置和人员配置，申领营业执照，出资注册成立黑龙江烟草中维连锁营销发展有限公司，组建中维连锁分公司，并指导各门店办理工商、税务、账户设立等证照手续。

2013年黑龙江省烟草商业系统主要情况统计

地市级局（公司）名称		哈尔滨市局（公司）	大庆市局（公司）	齐齐哈尔市局（公司）	绥化市局（公司）	牡丹江市局（公司）
主要负责人/法人代表		李　健	杨春荣（—2013.7） 贺志勤（2013.7—）	王永权	高元杰	孙胜良
总资产（万元）		310947	83290	85699	46464	49416
资产负债率（%）		9.43	8.16	11.76	4.12	21.69
所属县级局（个）		17	10	16	10	9
所属县级公司/分公司（个）		—	—	—	—	—
所属县级营销部（个）		14	10	15	10	5
从业人员（人）		1667	384	573	767	422
所属业务机构	营销机构	1个营销中心	1个营销中心	1个营销中心	1个营销中心	1个营销中心
	物流配送机构	1个物流配送中心	1个配送中心	1个物流配送中心	1个物流配送中心	1个物流中心
	专卖稽查机构	1个稽查支队、20个稽查大队	1个稽查支队、7个稽查大队	1个稽查支队、17个稽查大队	1个稽查支队、3个稽查大队	1个稽查支队、10个稽查大队
	烟叶机构	—	—	—	—	—
销售卷烟	亿支	183.37	51.75	77.21	73.76	41.40
	2013年比2012年（%）	0.08	1.09	0.59	0.74	0.55
卷烟销售收入（万元）		710442	204457	245782	218809	139707
实现税利	万元	169922	50568	57766	43027	28571
	2013年比2012年（%）	1.61	0.01	0.92	0.78	-1.06
实现利润	万元	94225	29154	31641	20855	13753
	2013年比2012年（%）	-2.88	-1.82	-4.45	-4.19	-8.50
查处涉烟违法案件（起）		1941	988	1471	822	596
查处涉烟违法案件案值（万元）		1232	284	410	287	363
2013年度烟草行业投入烟叶生产基础设施建设资金（万元）		—	—	—	—	—

续表

地市级局（公司）名称		哈尔滨市局（公司）	大庆市局（公司）	齐齐哈尔市局（公司）	绥化市局（公司）	牡丹江市局（公司）
全年烟叶生产基础设施新增受益面积（万亩）		—	—	—	—	—
烟叶种植（万亩）		—	—	—	—	—
烟叶收购（万担）		—	—	—	—	—
烟农户数（户）		—	—	—	—	—
实现烟农总收入（万元）		—	—	—	—	—
零售客户数（户）		54789	12307	20680	27698	13125
零售客户销售毛利率（%）		11.00	10.52	10.40	10.00	10.50

地市级局（公司）名称		佳木斯市局（公司）	鸡西市局（公司）	双鸭山市局（公司）	伊春市局（公司）	七台河市局（公司）
主要负责人/法人代表		耿金波	贺志勤（—2013.7） 于晓晨（2013.7—）	孙旭东	宁　辉	冯立群
总资产（万元）		47792	34154	33174	20875	19778
资产负债率（%）		19.15	4.87	19.70	4.25	10.13
所属县级局（个）		6	4	4	5	4
所属县级公司/分公司（个）		—	—	—	—	—
所属县级营销部（个）		7	3	4	5	4
从业人员（人）		462	334	333	142	157
所属业务机构	营销机构	1个营销中心	1个营销中心	1个营销中心	1个营销中心、一个电话中心	1个营销中心
	物流配送机构	1个物流中心	1个配送中心	1个物流中心	1个物流中心、1个配送中心	1个物流中心、1个配送中心
	专卖稽查机构	1个稽查支队、9个稽查大队	1个稽查支队、6个稽查大队	1个稽查支队、7个稽查大队	1个稽查支队、6个稽查大队	1个稽查支队、5个稽查大队
	烟叶机构	—	—	—	—	—
销售卷烟	亿支	42.98	32.93	26.97	18.65	16.85
	2013年比2012年（%）	0.77	0.75	-1.21	1.98	0.84
卷烟销售收入（万元）		146128	111691	92390	66364	56910
实现税利	万元	30977	24450	19213	15606	12552
	2013年比2012年（%）	-2.56	-5.19	-3.09	11.64	-8.26
实现利润	万元	15559	12110	9156	8709	6676
	2013年比2012年（%）	-9.47	-15.46	-12.29	8.64	-13.81
查处涉烟违法案件（起）		554	588	53	72	112
查处涉烟违法案件案值（万元）		255	248	145	195	48
2013年度烟草行业投入烟叶生产基础设施建设资金（万元）		—	—	—	—	—
全年烟叶生产基础设施新增受益面积（万亩）		—	—	—	—	—
烟叶种植（万亩）		—	—	—	—	—
烟叶收购（万担）		—	—	—	—	—
烟农户数（户）		—	—	—	—	—
实现烟农总收入（万元）		—	—	—	—	—
零售客户数（户）		14719	10203	9120	5942	5119
零售客户销售毛利率（%）		11.19	10.38	10.68	12.69	10.11

地市级局（公司）名称		鹤岗市局（公司）	黑河市局（公司）	大兴安岭地区局（公司）	绥芬河市局（公司）
主要负责人/法人代表		孙育新	于荣庭	于晓晨（—2013.7） 王俊超（2013.7—）	和发皓
总资产（万元）		22658	23682	6390	3230
资产负债率（%）		11.14	8.25	28.97	17.64
所属县级局（个）		3	5	5	—
所属县级公司/分公司（个）		—	—	—	—
所属县级营销部（个）		2	6	5	—
从业人员（人）		213	359	117	47
所属业务机构	营销机构	1个访销中心	1个营销中心	1个营销中心	1个营销中心
	物流配送机构	1个配送中心	1个物流中心、 1个配送中心	1个物流配送中心	1个配送中心
	专卖稽查机构	1个稽查支队、 5个稽查大队	1个稽查支队、 9个稽查大队	1个稽查支队、 9个稽查大队	1个稽查支队
	烟叶机构	—	—	—	—
销售卷烟	亿支	20.58	27.19	9.00	3.24
	2013年比2012年（%）	0.40	0.17	1.49	-4.67
卷烟销售收入（万元）		70874	81395	29174	12639
实现税利	万元	15566	16499	4567	2242
	2013年比2012年（%）	0.97	-0.58	-7.01	-12.85
实现利润	万元	7758	7951	1606	916
	2013年比2012年（%）	-7.84	-12.20	-20.69	-24.93
查处涉烟违法案件（起）		387	327	156	18
查处涉烟违法案件案值（万元）		81	67	21	11
2013年度烟草行业投入烟叶生产基础设施建设资金（万元）		—	—	—	—
全年烟叶生产基础设施新增受益面积（万亩）		—	—	—	—
烟叶种植（万亩）		—	—	—	—
烟叶收购（万担）		—	—	—	—
烟农户数（户）		—	—	—	—
实现烟农总收入（万元）		—	—	—	—
零售客户数（户）		6736	10812	2066	770
零售客户销售毛利率（%）		12.10	10.16	11.94	10.00

（撰稿：吴　昃；编辑：谢争艳）

上海市烟草专卖局、上海烟草集团有限责任公司

【概　况】　上海市烟草专卖局成立于1984年2月。上海烟草集团有限责任公司的前身是上海烟草（集团）公司，于1993年11月由原上海市烟草公司及所属企业改制而成；2011年1月，根据《国家烟草专卖局 中国烟草总公司关于上海烟草（集团）公司更名改制和完善公司法人治理结构的批复》（国烟法〔2010〕405号），正式更名为上海烟草集团有限责任公司（简称集团公司）。局、集团公司共设董事会办公室等30个处室（部门）。2013年，原招投标管理办公室更名为采购管理办公室，房地产开发经营公司与基建设备处合署办公。集团公司下辖黄浦分局和黄浦烟草糖酒有限公司一公司、二公司，虹口、静安、徐汇、杨浦、闸北、普陀、长宁、闵行、宝山、浦东新区、松江、青浦、嘉定、奉贤、金山、崇明等区（县）烟草专卖分局（有限公司），驻上海铁路专卖局（有限公司），上海烟草贸易中心有限公司、中国烟草上海进出口有限责任公司、上海卷烟厂、北京卷烟厂、天津卷烟厂、上海烟草储运公司、上海高扬国际烟草有限公司、上海海烟物流发展有限公司、上海烟草集团太仓海烟烟草薄片有限公司、上海烟草集团苏州中华园大饭店有限公司、上海王宝和大酒店有限公司，并控股上海烟草包装印刷有限公司，上海白玉兰烟草材料有限公司、上海牡丹香精香料有限公司等多家企业。截至2013年底，集团公司拥有总资产1106.74亿元，其中，固定资产61.46亿元、流动资产835.09亿元，资产负债率为12.13%。共有从业人员4112人，其中在岗员工3879人。

2013年，集团公司位居“2012年地方级税收收入百强企业”“2012年上海企业集团汇总纳税百强企业”榜首。“中华”牌卷烟专用生产线技术改造项目获“2012—2013年度中国建设工程鲁班奖（国家优质工程）”。

【领导机构】

董事会

董事长：施　超

副董事长：王彦亭

董　事：吴菊民　董秀明　穆重林　黄翠萍　刘晓晴（职工董事）

监　事：解建伟

班子成员

局　长、总经理、党组书记：施　超

巡视员、副局长、党组成员：吴菊民

副总经理、党组成员：董秀明

副总经理、党组成员：周永森

副总经理、党组成员：郜　强

纪检组长、党组成员、工会主席：解建伟

党组成员：曲志刚

党组成员：李钢成

副总经理、党组成员：姜立功

中国烟草博物馆常务副馆长、副总经理、党组成员：唐　煦

党组成员：陆　捷（2013.8—）（国烟党〔2013〕68号）

副巡视员：孙　平（2013.8—）（国烟人〔2013〕328号）

副巡视员：杨伟康（2013.8—）（国烟人〔2013〕328号）

【专卖管理】　坚持卷烟打假与市场监管并重、综合治理和重点打击相结合，积极构建市场综合监管体系、卷烟打私打假体系、专卖内管责任与运行体系，深入探索许可证件管理模式和跨区域异地监管方式，不断深化“网络终端无假烟”工作。2013年共查获非法卷烟52.14万条，总案值8616万元，其中假冒卷烟17.51万条；破获部级督办案件7起、符合国家局标准网络案件27起；上海市卷烟市场净化率为98%。协助公安机关抓获涉烟犯罪嫌疑人337人，刑拘192人，追刑242人。市局再次获得“全国卷烟打假工作特殊贡献奖”。

【经济效益】　2013年实现主营业务收入1205.61亿元。实现工商税利983.81亿元，同比增长10.74%，其中工业税利921.79亿元，同比增长11.31%。实现工商利润243.38亿元，同比增长8.84%，其中工业利润206.80亿元，同比增长10.11%；商业利润36.58亿元，同比增长2.18%。三项费用率为3.93%。

2013年万元产值综合能耗为4.77千克标煤，万支卷烟综合能耗为3.34千克标煤。烟叶、滤棒、盘纸平均消耗为6.73千克/万支、2098支/万支、598米/万支。

【卷烟生产经营】　2013年，集团公司共生产卷烟（不含出口）1306.00亿支（261.20万箱），其中，生产一类烟647.78亿支（129.56万箱）、二类烟28.40亿支（5.68万箱）、三类烟474.80亿支（94.96万箱）、四类烟69.98亿支（14.00万箱）、五类烟85.05亿支（17.01万箱）。

工业实现销量（不含出口和回购卷烟）1293.19亿支（258.64万箱），其中，一类烟641.00亿支（128.20万箱）、二类烟27.69亿支（5.54万箱）、三类烟469.03亿支（93.81万箱）、四类烟70.32亿支（14.06万箱）、五类烟85.16亿支（17.03万箱）。

商业销售卷烟408.37亿支（81.67万箱），同比增长0.21%，其中，销售一类烟77.18亿支（15.44万箱）、二类烟19.86亿支（3.97万箱）、三类烟259.91亿支（51.98万箱）、四类烟38.81亿支（7.76万箱）、五类烟12.61亿支（2.52万箱）。本地区销量居前三位的品牌分别为“红双喜”“中华”“利群”，销量分别为227.15亿支（45.43万箱）、48亿支（9.60万箱）、11.55亿支（2.31万箱）。

2013年，集团公司出口卷烟87.58亿支（17.52万箱），其中中国烟草辽宁进出口公司代理北京卷烟厂出口“中南海”卷烟3.60亿支（0.72万箱）。

2013年生产“中华”656.83亿支（131.37万箱），同比增长15.92%；工业实现销量649.67亿支（129.93万箱），同比增长12.77%，实现商业销售收入1322.61亿元。生产“中南海”195.98亿支（39.2万箱），同比下降1.3%；工业实现销量197.12亿支（39.42万箱），同比下降0.46%，实现商业销售收入67.45亿元。生产“红双喜”（不含安徽阜阳、山东青岛、河南南阳卷烟厂合作生产量）380.2亿支（76.04万箱），同比下降8.74%；工业实现销量469.66亿支（93.93万箱），同比下降8.64%，实现商业销售收入169.49亿元。生产“熊猫”3.79亿支（0.76万箱），同比增长0.67%；工业实现销量3.76亿支（0.75万箱），同比下降0.5%，实现商业销售收入5.65亿元。在“上海市出口名牌”和“上海市出口品牌”评选中，集团公司“熊猫”“中华”“红双喜”“中南海”和“金鹿”卷烟品牌获得2010—2011年“上海市出口名牌”称号。

【品牌建设】 坚决落实“保牌、稳价、促销、增效”调控方针，实现产销平衡、价格稳定、结构提升、效益增长，保持“1+3”品牌良好市场表现。“中华”品牌继续保持“产销增长、份额稳定、价格坚挺、库存合理”的良好状态。“中南海”品牌着力“稳规模、稳结构、稳效益”，单箱批发销售收入稳步提高。“红双喜”品牌深化新品培育、结构提升，市场布局持续拓展。“熊猫”品牌加快新品研发和储备，不断拓展海外免税市场。

坚持市场导向，“中华（软）”“中华（硬）”基本实现县级市场全覆盖；不断提升新品培育能力和引导消费能力，探索形成“中华”“红双喜”品牌产品线规划构想。加快建设现代营销网络，促进网建成果落地；加强零售终端建设，提升现代卷烟零售终端功能；实施差异化新品营销，提高新品知晓度。实施“走出去”战略，深化对外合作，初步形成海外实体化运作实施方案；持续强化海外市场客户关系管理，不断提升海外落地产销规模。

【技术创新】 集团公司技术中心本部设有产品研究室、原料研究室、工艺材料研究室、烟草化学研究室、理化实验室、标准化研究室、新型烟草制品研究部、综合管理部等8个科室；另设北京、天津2个工作站及烟草薄片研究室、滤棒技术研究室、包装设计印刷研究室和烟叶储存养护研究室等4个专业研究室，形成“八科两站四室”的技术中心机构设置。共有员工198人，其中硕士研究生以上学历92人，中级以上职称83人，拥有约8000平方米科研场所及一批先进的实验分析检测仪器设备。

2013年，技术中心承接历年接转项目74项，新立项目49项，年度科技项目数达123项，其中，主持或参与3个国家局科技项目以及8个重大专项子项目的研究工作。本部发表文章30篇，其中国际期刊15篇（影响因子3.0以上5篇），国内核心期刊9篇。

围绕行业“卷烟上水平”基本方针，在减害降焦、数字化配方技术等领域取得技术突破。在2013年总公司科学技术奖评审中，集团公司技术中心主持的“品牌导向的原料体系研究”项目获中国烟草总公司科学技术进步奖二等奖；在总公司第三届标准创新贡献奖评审中，集团公司参与的“卷烟主流烟气七种有害成分分析方法”项目获得一等奖，“烟草行业产品安全标准体系研究”“烟用水基胶挥发性与半挥发性成分限量”项目获得三等奖。

【多元化经营】 截至2013年底，集团公司对外投资的多元化企业共计35家，投资总额超百亿元，涉及宾馆餐饮、房产、金融、包装印刷及零售百货等行业。按持股比例划分：全额投资的有11家，控股7家，参股17家。海烟投资公司多元化投资金额为110多亿元，占上海烟草多元化投资总金额90%以上。

制定、梳理全资控股多元化企业董事会层面下的八项基本管理制度，明确企业经理层、董事会、股东会职责职权，规范业务流程，增强制度建设的时效性、针对性、适用性，内控机制得到进一步完善。

【技术改造】 有序实施技术改造项目。优化完善浦东科技创新园区建设项目总体规划和功能定位，完成北区主体工程施工图设计和桩基工程现场施工。“中华专线”项目HDT（在线高速膨胀干燥）工艺实现稳态运行；二期建设稳步推进。北京卷烟厂、天津卷烟厂、海烟薄片技改项目等分阶段继续推进。

【规范管理】 理顺董事会、管理委员会、经理层的管理职能、职责，规范执行“三重一大”决策制度，不断完善董事会运作机制。梳理核心业务流程，完成集团管控和组织架构设计，形成集团ERP（企业资源计划）规划并启动实施。接受国家审计署对国家局的经济责任延伸审计。

构建“两项工作”规范管理体系，编制发布《“两项工作”管理纲要》，加大办事公开民主管理信息公开力度。成立采购管理办公室，制定集团《采购管理规定（试行）》，切实做到“应招尽招”。集团工程投资、物资采购和服务采购（含宣传促销）实施公开招标金额占总金额的82.33%。综合运用廉政监督、法律监督、审计监督、民主监督等方法，加强廉政风险管控。

【人事政工】 深化干部人事制度改革，完善竞争性选拔机制。实施竞争性选拔，完成专业技术技能职务竞争性评审和中高级专业技术资格评审，组织跨地区、跨专业、跨部门交流，完善择优机制。全面完成全员轮训，扎实推进高技能人才培育和职业技能鉴定工作。2013年实施各类培训项目89个，共计培训1.89万人次，其中安全培训1023人次。集团公司4名员工在行业第二届卷烟商品营销职业技能竞赛中获得优胜奖。集团公司成为上海市高技能人才培养基地。

【特事要辑】 1月28日，国家局局长姜成康到北京卷烟厂看望基层职工，向大家祝贺新春。

2月22日，国家局局长姜成康到上海市局、集团公司考察，实地查看浦东科技创新园区建设项目。

4 月 25 日，国家局副局长何泽华到北京卷烟厂调研，听取领导班子近阶段工作情况汇报。

6 月 19 日，新履职的国家局局长凌成兴到上海烟草调研。其间，中央政治局委员、上海市委书记韩正会见凌成兴，双方就上海烟草改革发展交换意见。凌成兴指出，上海烟草近年来的发展变化令人鼓舞、振奋和自豪。“中华”品牌是全国烟草行业改革发展的旗帜，引领行业“五个先进水平”，即卷烟制造、工艺配方、烟叶生产、营销调控、单箱税利的先进水平。国产烟机研发和制造为烟草行业创造“三大辉煌”，在原始创新、集成创新、引进消化吸收再创新上作出重大贡献。凌成兴强调，上海烟草要继续研究落实国家局的要求，重在持续，重在提升，重在引领，确立新的目标，实现新的突破，促进新的发展。国家局副局长何泽华一同调研。

7 月 26 日，国家局局长凌成兴、副局长赵洪顺到天津卷烟厂调研。

10 月 17—19 日，在第十四届中国美食节上，上海王宝和大酒店有限公司获得“国际餐饮服务质量金奖”，“王宝和蟹宴”获得“中国十大名宴”称号。

11 月 26 日，上海市局、集团公司举行“回眸二十年，畅想百年梦”主题座谈会。

12 月 7 日，“爱我中华”慈善教育专项基金捐助仪式暨“知识改变命运”大型慈善报告会在上海烟草集团中华会场举行。集团公司再次向上海市慈善基金会捐款 1000 万元。

所属区、县局（公司）

【上海市烟草专卖局黄浦分局、上海烟草集团黄浦烟草糖酒有限公司一公司】 上海市烟草专卖局黄浦分局成立于 1990 年 12 月，2002 年 6 月、2011 年 10 月分别与原上海市烟草专卖局南市分局、卢湾分局合并成立新的上海市烟草专卖局黄浦分局。上海烟草集团黄浦烟草糖酒有限公司一公司前身是成立于 1993 年 11 月的上海烟草集团黄浦烟草糖酒有限公司。2011 年 10 月，更名为上海烟草集团黄浦烟草糖酒有限公司一公司。公司由上海烟草集团有限责任公司、上海烟草贸易中心有限公司、上海得强实业有限公司、上海豫园（集团）有限公司共同出资组建。2013 年，分局（公司）被评为“上海市商务诚信建设试点工作先进单位”。

卷烟营销。探索实施单店单品卷烟供求模型，持续深化市场预测和分析能力，同时围绕“四同”终端发展理念提升服务客户水平，增强面向市场的卷烟营销能力。

专卖管理。打私打假工作结合专卖社区化管理，形成一套较为完善的市场综合监管方法，采取多项措施严格控制卷烟非法流通，提升卷烟市场的净化程度。

【上海市烟草专卖局黄浦分局、上海烟草集团黄浦烟草糖酒有限公司二公司】 上海烟草集团黄浦烟草糖酒有限公司二公司成立于 1996 年 8 月。公司由上海烟草集团有限责任公司、上海烟草贸易中心有限公司、上海淮海商业（集团）有限公司共同出资组建。

企业管理。以全面预算为核心，实现预算执行的实时监测和预警监督，通过对目标执行情况的检查和评价工作，进一步增强 PDCA 过程管理的意识，推动企业整体目标管理水平的提高。控制人员规模，优化队伍结构，促进人力资源有效配置。树立“大安全”框架理念，坚持“全员、全过程、全方位、全天候”的安全管理原则，实现安全生产无事故的年度目标。

【上海市烟草专卖局虹口分局、上海烟草集团虹口烟草糖酒有限公司】 上海市烟草专卖局虹口分局成立于 1990 年 12 月。上海烟草集团虹口烟草糖酒有限公司成立于 1993 年 10 月。公司由上海烟草集团有限责任公司、上海虹口商业集团有限公司、上海烟草贸易中心有限公司共同出资组建。

品牌培育。围绕集团“1＋3”品牌发展战略，发挥终端品牌培育功能，做好“红双喜（晶喜）”“红双喜（荷派）”等集团新品的培育工作，进行品牌间的合理布局，提升卷烟的销售结构，促进零售业绩的提升。

营销能力提升。立足三项工作（终端建设、品牌培育、结构优化）提升营销策划执行力，加强两化管理（标准化管理、信息化管理），抓好两支队伍（客户经理队伍、零售一线管理队伍），以市场需求为导向，开展营销服务工作。

【上海市烟草专卖局静安分局、上海烟草集团静安烟草糖酒有限公司】 上海市烟草专卖局静安分局成立于 1990 年 12 月。上海烟草集团静安烟草糖酒有限公司成立于 1996 年 10 月。公司由上海烟草集团有限责任公司、上海九百（集团）有限公司和上海烟草贸易中心有限公司共同出资组建。

卷烟营销。把握“市场与状态”关系，实现单品和总量的提升，实现动态稍紧平衡；把握“品牌与策略”的关系，促进目标品牌在区域市场的持续发展；把握“客户与服务”的关系，开展客户经理驻店营销，增强零售客户盈利能力；把握“终端与资源”的关系，设立消费者服务中心，将烟草经济逐步渗透到“楼宇经济”中，建立全新的卷烟现代流通渠道模式。

企业管理。有序推进部门定额定员职能划转与岗位标准化工作，制修订涉及八个部门共计 84 个岗位说明书；建立定额定员管理机制，开展人员调整的成本测算分析。全年关闭 3 家亏损门店，并合理调配一线店长与员工，提升门店的盈利能力。

【上海市烟草专卖局徐汇分局、上海烟草集团徐汇烟草糖酒有限公司】 上海市烟草专卖局徐汇分局成立于 1990 年 12 月。上海烟草集团徐汇烟草糖酒有限公司成立于 1997 年 1 月。公司由上海烟草集团有限责任公司、上海烟草贸易中心有限公司、上海徐汇国有资产投资经营有限公司共同出资组建。

专卖管理呈现“四化”特色。打假合作化，与公安部门密切协作，破获一起从制造到物流运输直至仓储销售非法卷烟的特大制售假烟网络案件，实现部督案件“零”的突破；监管体系化，深化“创优夺标”，促进“查、管、疏、服”并举，辖区市场净化率达到98.5%；许可效率化，提升网点合理布局水平，提高持证户质量；内管标准化，完善标准化文件实操流程，提升工作质量。

【上海市烟草专卖局杨浦分局、上海烟草集团杨浦烟草糖酒有限公司】 上海市烟草专卖局杨浦分局成立于1990年12月。上海烟草集团杨浦烟草糖酒有限公司成立于1996年12月。公司由上海烟草集团有限责任公司、上海烟草贸易中心有限公司、上海杨浦商业发展投资有限公司共同出资组建。

专卖管理。联合公安部门破获横跨沪、粤、桂、浙、苏四省一市的上海杨浦“3·13”部级督办案。历时3个月先后捣毁销售窝点26个，累计查获走私雪茄烟2.9万支、走私卷烟4800余条，关闭销售走私雪茄烟的网站25个，抓获犯罪嫌疑人16人，累计涉案金额3200万余元。

【上海市烟草专卖局闸北分局、上海烟草集团闸北烟草糖酒有限公司】 上海市烟草专卖局闸北分局成立于1990年12月。上海烟草集团闸北烟草糖酒有限公司成立于1996年11月。公司由上海烟草集团有限责任公司、上海市闸北区国有资产投资公司、上海烟草贸易中心有限公司共同出资组建。

品牌培育。借助终端建设观摩会契机，促进网建会成果落实，营销工作体现“三为”：市场为本、数据研判，卷烟批零销售收入实现“双增长”，卷烟批发收入同比增长3.18%，卷烟零售收入同比增长15.30%；品牌为核、深耕市场，集团“1+3”重点品牌培育成效明显，“中华”系列销量同比增长9.61%，“红双喜”系列同比增长1.86%，“中南海”系列同比增长7.2%；终端为基、立足发展，现代终端占区域零售终端的比重超过20%。

【上海市烟草专卖局普陀分局、上海烟草集团普陀烟草糖酒有限公司】 上海市烟草专卖局普陀分局成立于1990年11月。上海烟草集团普陀烟草糖酒有限公司成立于1996年10月，由上海烟草集团有限责任公司、上海烟草贸易中心有限公司、上海市快乐（集团）有限公司共同出资组建。2013年，公司被上海市“企业诚信创建”活动组委会、上海市糖烟酒茶商业行业协会评选并升格为上海市“三星级诚信创建企业”。

专卖管理。破获“12·26”运销假烟部级督办案。查获各类非法卷烟1.57万条、烟丝9.25吨、散支烟82件、盘纸97盘、滤棒70件、卷接机1台、发电机组1组，涉案总金额2402.54万元，抓获犯罪嫌疑人14人。

终端建设。公司PC－POS客户从2户发展到57户，网上支付客户数从12户发展到140户。现代终端的建设使零售终端从传统销售转变为现代经营，进一步增强卷烟营销网络整体功能，开拓创新升级的空间。

【上海市烟草专卖局长宁分局、上海烟草集团长宁烟草糖酒有限公司】 上海市烟草专卖局长宁分局成立于1991年2月。上海烟草集团长宁烟草糖酒有限公司成立于1996年10月。公司由上海烟草集团有限责任公司、上海烟草贸易中心有限公司、上海九华商业（集团）有限公司共同出资组建。

专卖管理。破获符合国家局标准的“12·3”案件，查获各类非法卷烟4128条，涉案金额112.32万元。提升三户一数报表的统计与分析能力，通过电话询问、挂号函督促、实地核实等方式，延伸许可管理。开展“注重预警处置实效性 控制真品卷烟非法流通”课题研究，设立“内部监管营销工作点”。

【上海市烟草专卖局闵行分局、上海烟草集团闵行烟草糖酒有限公司】 上海市烟草专卖局闵行分局成立于1990年11月，1995年1月1日与原上海市烟草专卖局上海县分局合并成立新的上海市烟草专卖局闵行分局。上海烟草集团闵行烟草糖酒有限公司成立于1995年2月，由上海烟草集团有限责任公司、上海市闵行区烟酒食品有限公司、上海烟草贸易中心有限公司共同出资组建。2012年，公司股东变更为上海烟草集团有限责任公司、上海闵行区资产管理有限公司、上海烟草贸易中心有限公司。

人事政工。全面开展“灯塔工程”活动，用社会亮点、行业先进、企业标杆的优秀事迹传播正能量。开展“寻找身边的灯塔”主题征文活动，在《闵烟信息》刊登“灯塔”人物、“灯塔”事件，宣扬正面典型，在企业内形成人人争做“灯塔”的良好氛围。

【上海市烟草专卖局宝山分局、上海烟草集团宝山烟草糖酒有限公司】 上海市烟草专卖局宝山分局成立于1990年12月。上海烟草集团宝山烟草糖酒有限公司成立于1995年12月。公司由上海烟草集团有限责任公司、上海烟草贸易中心有限公司、上海宝山区糖业烟酒有限责任公司共同出资组建。

专卖管理。全年破获部级督办案、国标案、市标案各1起，查获各类非法卷烟8.33万条，涉案金额1126.39万元，推进零售终端客户规范经营明示承诺制度建设，“承诺、亮证、监督”三体合一落地率达100%。

人事政工。探索开展“全员争星”活动，强化培训工作，探索以竞聘、轮岗、交流、培训、后备培养等形式开拓员工“提素质”的途径，先后组织80人参加各种岗位竞聘；组织“全员争星”和“我爱我家”两次大规模的全员培训，组织各类调训和各类培训，共计培训1388人次，培训满意率超过90%。

【上海市烟草专卖局浦东新区分局、上海烟草集团浦东烟草糖酒有限公司】 上海市烟草专卖局浦东新区分局成立于1993年11月，2009年10月与原上海市烟草专卖局南汇分局合并成立新的上海市烟草专卖局浦东新区分局。2012 年，撤销原上海烟草集团浦东烟草糖酒有限公司一公司、上海烟草集团浦东烟草糖酒有限公司二公司，设立上海烟草集团浦东烟草糖酒有限公司。公司由上海烟草集团有限责任公司、上海浦东发展（集团）有限公司、上海南供投资发展有限公司、上海烟草贸易中心有限公司共同出资组建。

终端建设。通过编制现代终端经营能力分析表，提供货源优惠政策，加强信息化建设等举措，加强零售客户的卷烟盈利和经营管理能力。建立专项工作跟踪、“网上支付周跟踪”和“PC－POS 安装周进度跟踪”等机制。

企业管理。实施非烟批发“一减二加”，即减少库存成本，加强费用管理，加强对市场信息的获取能力。存货周转率较上年同期增长 190.9%，三项费用支出同比下降 15.24%。

【上海市烟草专卖局松江分局、上海烟草集团松江烟草糖酒有限公司】 上海市烟草专卖局松江分局成立于 1991 年 1 月。上海烟草集团松江烟草糖酒有限公司成立于 1995 年 1 月。由上海烟草集团有限责任公司、上海烟草贸易中心有限公司、松江商业总公司共同出资组建。自 1997 年起连续八届获得“上海市文明单位”称号。

市场营销。对不同类别零售终端采取差异化服务策略，提升零售终端经营能力和盈利水平；用信息化工具动态采集、快速响应零售终端服务需求，提升客户满意度。截至 2013 年底，所有零售终端经营毛利同比增长比例达到 54.49%，现代终端经营毛利同比增长比例达到 83.84%。

专卖管理。以责任区工作为基础，查获各类涉烟违法案件 97 起，破获国标网络案 2 起、案值 5 万元以上案件 18 起，市场净化率达 97%；查获非渠道卷烟案件 89 起，非渠道卷烟外流控制工作在上海市名列前茅。

【上海市烟草专卖局青浦分局、上海烟草集团青浦烟草糖酒有限公司】 上海市烟草专卖局青浦分局成立于 1991 年 1 月。上海烟草集团青浦烟草糖酒有限公司成立于 1995 年 3 月，由上海烟草集团有限责任公司、青浦供销社合作联合社共同出资组建。股东为上海烟草集团有限责任公司、上海青浦资产经营有限公司、上海烟草贸易中心有限公司，经营范围为销售烟酒、百货商业等。

品牌培育。通过网上有奖问答、特殊陈列、品鉴推介、限购即赠、驻店营销等各类活动，开展“红双喜（硬晶喜）”营销和“中华（大中华）”扩点经销。重点培育“1＋3”品牌，重点品牌的市场份额达到 88.20%。

【上海市烟草专卖局嘉定分局、上海烟草集团嘉定烟草糖酒有限公司】 上海市烟草专卖局嘉定分局成立于 1991 年 1 月。上海烟草集团嘉定烟草糖酒有限公司成立于 1995 年 1 月，由上海烟草集团有限责任公司、原上海市嘉定区供销合作社总社、上海烟草贸易中心有限公司共同出资组建。2009 年，上海市嘉定区供销合作社把持有的上海烟草集团嘉定烟草糖酒有限公司 49% 股权（1225 万元），划转至上海新嘉商业投资有限公司。公司股东变更为上海烟草集团有限责任公司、上海新嘉商业投资有限公司、上海烟草贸易中心有限公司。

资产管理。把房产分为“自有房产”和“承租房产”两大类，建立“一产一档”，定期检查、及时更新房产的变动情况；夯实房产管理基础，优化操作流程；建立房产综合管理机制，加大安全检查力度，确保房产安全经营和使用；法规、审计、纪检部门加大监督力度，确保房产管理规范透明。

【上海市烟草专卖局奉贤分局、上海烟草集团奉贤烟草糖酒有限公司】 上海市烟草专卖局奉贤分局成立于 1991 年 2 月。上海烟草集团奉贤烟草糖酒有限公司成立于 1995 年 1 月。由上海烟草集团有限责任公司、上海奉贤商业投资有限公司、上海烟草贸易中心有限公司共同出资组建。

企业管理。确保“制度落实、规范操作”。建立“管理精细、措施得当”的目标管理模式，制定《采购管理实施细则》，建立“三项业务”专家库、制定招标制度；通过安全生产标准化二级企业达标评审和职业健康安全体系第三方外审，开展全面安全检查，隐患整改率 100%。

【上海市烟草专卖局金山分局、上海烟草集团金山烟草糖酒有限公司】 上海市烟草专卖局金山分局成立于 1990 年 11 月。上海烟草集团金山烟草糖酒有限公司成立于 1995 年 1 月。由上海烟草集团有限责任公司、上海烟草贸易中心有限公司、上海金山金石商社共同出资组建。

卷烟营销。通过抽样、实地拜访的调查方式，选取区域 800 户不同业态、不同规模的零售客户开展市场调研。根据数据重点从品牌系列、品牌价类、零售客户卷烟需求和关心程度等内容研究，为卷烟供应实现稍紧平衡目标提供支撑。

打假破网。加大涉烟案件线索的收集力度，全力开展打假破网工作，联手公安部门破获部级督办案件 1 起，涉及“闽、粤、浙、苏、沪、津”四省二市，涉案实物案值 527 万元。分局获得上海市烟草专卖局、上海市公安局共同授予的卷烟打假工作“特殊贡献奖”。

【上海市烟草专卖局崇明分局、上海烟草集团崇明烟草糖酒有限公司】 上海市烟草专卖局崇明分局成立于 1991 年 1 月。上海烟草集团崇明烟草糖酒有限公司成立于 1995 年 4 月。由上海烟草集团有限责任公司、上海烟草贸易中心有限公司、上海崇明国是投资有限公司共同出资组建。

企业文化。在原有企业文化园的基础上开辟一条文化长廊，作为集中展示职工文化生活和先进模范的前沿征地。试点部门子文化建设，其中专卖部门以“崇德明道、守岛有责”的理念，引导全体专卖人员规范执法，维护辖区卷烟市场持续净化。

【上海市烟草专卖局驻上海铁路专卖局、上海烟草集团铁路烟草有限公司】 上海市烟草专卖局驻上海铁路专卖局成立于1991年9月。上海烟草集团铁路烟草有限公司前身是1992年成立的上海铁路烟草批发市场，由上海烟草集团有限责任公司、上海烟草贸易中心有限公司、上海铁路经济开发有限公司共同投资组建，是上海铁路系统首家路地合资，专营烟草制品的经济实体。公司于2003年底改制为有限公司，并完成增资扩股。

营销网建。立足铁路“三站一区”（上海火车站、上海南站、上海虹桥站、老北站地区）特点，把“满足需求，引导消费”作为深化铁路卷烟营销的出发点。注重加强客户服务手段，全面推广网上订货，电子结算高效畅通，客户盈利水平逐年提高，客户满意率连年上升，客户终端规范、稳定，公司效益稳步增长。

所属其他二级单位及派驻机构

【上海海烟投资管理有限公司】 上海海烟投资管理有限公司创建于2009年，是一家从事投资管理的企业单位，其经营范围主要是：实业投资（除股权投资和股权投资管理），投资管理（除股权投资和股权投资管理），工程项目管理，资产管理（除股权投资和股权投资管理），企业管理咨询（不得从事经纪），国内贸易（除专控）。截至2013年底，公司拥有总资产88.79亿元，其中，流动资产12.78亿元，长期股权投资76.01亿元。

截至2013年底，公司对外投资控（参）股企业共有15家，其中绝对控股企业5家，分别是：上海王宝和大酒店有限公司，上海烟草集团苏州中华园大饭店有限责任公司，上海烟草集团房地产开发经营公司，上海海烟烟行连锁企业管理有限公司，上海白玉兰烟草材料有限公司；参股企业10家，分别是：中国太平洋保险（集团）股份有限公司，中国太平洋人寿保险股份有限公司，中国太平洋财产保险股份有限公司，交通银行股份有限公司，东方证券股份有限公司，海通证券股份有限公司，上海金枫酒业股份有限公司，上海锦江国际实业投资有限公司，上海友谊集团股份有限公司，佛山东林包装材料有限公司。2013年，投资公司及5家子公司实现营业收入6.64亿元，实现税利5.11亿元，其中净利润4.36亿元。

【中国烟草上海进出口有限责任公司】 中国烟草上海进出口有限责任公司前身为1985年1月1日成立的中国烟草进出口公司上海分公司，是原对外贸易经济合作部批准的工贸一体化的外贸公司，主要从事烟草及其制品、烟草行业物资、专用机械及配套物资的进出口业务。1992年1月，进出口公司更名为中国烟草上海进出口公司。1999年12月，中国烟草国际有限公司［原中国烟草进出口（集团）公司］和上海烟草集团有限责任公司联合对进出口公司进行改制，并于2000年7月1日正式更名为中国烟草上海进出口有限责任公司，实行董事会领导下的总经理负责制。2006年1月1日，中国烟草国际有限公司将其持有的51%股权无偿划拨给上海烟草集团有限责任公司，进出口公司成为上海烟草集团有限责任公司的全资子公司，注册资本为4028万元。截至2013年底，进出口公司的实收资本为5846万元。

2013年，进出口公司聚焦品牌培育，按照“差异定位、协调发展”的原则，完善集团各卷烟品牌今后五年的国际市场发展整体规划，进一步发挥品牌规划的引领作用；扎实推进市场建设，以“扩大销售网络，提升销售规模”为目标，在重点有税市场的销售网点数量达到4.29万家，同比增长7.70%；坚持“有税、免税市场同步发展”的要求，开拓13个有税和免税市场，进一步扩大海外市场覆盖面；深化对外合作，“红双喜”品牌在香港地区委托产销10.82亿支，同比增长49.40%，“金鹿”品牌在俄罗斯和美国的商标许可合作产销达到15.87亿支；规范客户管理，凸显“发展”对于品牌培育的重要性，完善经销商评价办法，为提升与经销商合作的层次和水平奠定基础；着力创新驱动，以“转变拓展卷烟国际市场发展方式”为目标，探索研究并论证形成上海烟草集团海外实体化经营实施方案，为打造境外卷烟销售基地建设提供保障。截至2013年底，“中华”“中南海”“红双喜”“熊猫”和“金鹿”五个品牌已覆盖全球81个国家和地区的38个有税市场和64个免税市场。

2013年，进出口公司进出口贸易总额为2.51亿美元，出口实现2.09亿美元。实现利润1.44亿元人民币。卷烟境外实现销售83.98亿支，其中一般贸易出口57.29亿支，出口实现1.73亿美元。境外落地生产销售26.69亿支。卷烟、设备、辅料等进口到货总额为0.42亿美元。烟草机械、烟用物资国营贸易总额为1.77亿美元。烟草机械、烟用物资、烟草废料等出口实现0.36亿美元。

所属企业①

上海烟草集团有限责任公司上海卷烟厂
上海烟草集团北京卷烟厂
上海烟草集团有限责任公司天津卷烟厂
上海高扬国际烟草有限公司
上海烟草集团有限责任公司上海烟草储运公司
上海烟草包装印刷有限公司
上海白玉兰烟草材料有限公司
上海海烟物流发展有限公司
上海烟草集团太仓海烟烟草薄片有限公司

① 所属企业详见《工业企业》栏目，此处仅列出所属企业名称。

2013 年上海市烟草商业系统主要情况统计

区、县局（公司）名称		上海市局黄浦分局、上海烟草集团黄浦烟草糖酒有限公司一公司	上海市局黄浦分局、上海烟草集团黄浦烟草糖酒有限公司二公司	上海市局虹口分局（有限公司）	上海市局静安分局（有限公司）	上海市局徐汇分局（有限公司）
主要负责人/法人代表		陈宣民	陆志明	杨伟康	赵松高	管振毅
总资产（万元）		112233	43528	38225	14195	15587
资产负债率（%）		1.70	6.44	20.60	11.41	4.12
所属县级局（个）		—	—	—	—	—
所属县级公司/分公司（个）		—	—	—	—	—
所属县级营销部（个）		—	—	—	—	—
从业人员（人）		296	601	683	186	172
所属业务机构	营销机构	1 个营销部	1 个营销中心	1 个营销部	1 个营销部	1 个营销部、1 个电访中心
	物流配送机构	—	—	—	—	—
	专卖稽查机构	1 个稽查支队	1 个稽查支队	1 个稽查支队	1 个稽查支队	1 个稽查支队
	烟叶机构	—	—	—	—	—
销售卷烟	亿支	20.90	7.35	18.75	5.80	10.61
	2013 年比 2012 年（%）	0.24	0.11	0.32	0.00	1.53
卷烟销售收入（万元）		143711	36529	110361	42846	59705
实现税利	万元	29102	13295	12549	6484	9708
	2013 年比 2012 年（%）	0.09	-5.92	-2.65	-0.03	5.16
实现利润	万元	14338	6265	1351	2449	4018
	2013 年比 2012 年（%）	-4.38	-13.83	-45.41	-0.11	4.74
查处涉烟违法案件（起）		56	7	110	41	66
查处涉烟违法案件案值（万元）		487	123	548	231	416
2013 年度烟草行业投入烟叶生产基础设施建设资金（万元）		—	—	—	—	—
全年烟叶生产基础设施新增受益面积（万亩）		—	—	—	—	—
烟叶种植（万亩）		—	—	—	—	—
烟叶收购（万担）		—	—	—	—	—
烟农户数（户）		—	—	—	—	—
实现烟农总收入（万元）		—	—	—	—	—
零售客户数（户）		1060	522	1523	528	870
零售客户销售毛利率（%）		15.60	14.42	14.30	14.71	16.50

区、县局（公司）名称	上海市局杨浦分局（有限公司）	上海市局闸北分局（有限公司）	上海市局普陀分局（有限公司）	上海市局长宁分局（有限公司）	上海市局闵行分局（有限公司）
主要负责人/法人代表	傅军海	许为平	陈维新	陆忠平	胡伟坚
总资产（万元）	15628	15326	15411	12678	35899
资产负债率（%）	7.18	5.71	3.92	2.14	3.62
所属县级局（个）	—	—	—	—	—
所属县级公司/分公司（个）	—	—	—	—	—
所属县级营销部（个）	—	—	—	—	—

续表

区、县局（公司）名称		上海市局杨浦分局（有限公司）	上海市局闸北分局（有限公司）	上海市局普陀分局（有限公司）	上海市局长宁分局（有限公司）	上海市局闵行分局（有限公司）
从业人员（人）		209	196	322	139	406
所属业务机构	营销机构	1个营销部	1个营销部	1个营销部	1个营销部	1个营销部
	物流配送机构	—	—	—	—	—
	专卖稽查机构	1个稽查支队	1个稽查支队	1个稽查支队	1个稽查支队	1个稽查支队
	烟叶机构	—	—	—	—	—
销售卷烟	亿支	15.12	11.97	13.04	9.82	19.26
	2013年比2012年（%）	0.00	1.69	0.55	0.14	0.02
卷烟销售收入（万元）		79655	65470	85503	59746	104359
实现税利	万元	11489	10480	11035	9346	19702
	2013年比2012年（%）	-0.01	4.57	7.68	1.92	0.08
实现利润	万元	4109	4412	3737	3864	9324
	2013年比2012年（%）	-0.07	3.30	4.91	1.42	0.08
查处涉烟违法案件（起）		171	131	182	110	422
查处涉烟违法案件案值（万元）		210	358	570	354	954
2013年度烟草行业投入烟叶生产基础设施建设资金（万元）		—	—	—	—	—
全年烟叶生产基础设施新增受益面积（万亩）		—	—	—	—	—
烟叶种植（万亩）		—	—	—	—	—
烟叶收购（万担）		—	—	—	—	—
烟农户数（户）		—	—	—	—	—
实现烟农总收入（万元）		—	—	—	—	—
零售客户数（户）		1106	962	1005	698	2209
零售客户销售毛利率（%）		14.40	14.00	14.17	14.52	16.90

区、县局（公司）名称		上海市局宝山分局（有限公司）	上海市局浦东分局（有限公司）	上海市局松江分局（有限公司）	上海市局青浦分局（有限公司）	上海市局嘉定分局（有限公司）
主要负责人/法人代表		吴俊春	李　俊	吴国权	张文江	林镇南
总资产（万元）		29348	67923	31816	20085	27475
资产负债率（%）		5.85	3.97	2.24	15.39	4.93
所属县级局（个）		—	—	—	—	—
所属县级公司/分公司（个）		—	—	—	—	—
所属县级营销部（个）		—	—	—	—	—
从业人员（人）		347	660	285	459	449
所属业务机构	营销机构	1个营销部	1个营销部	1个营销部	1个营销部	1个营销部
	物流配送机构	—	—	—	—	—
	专卖稽查机构	1个稽查支队	1个稽查支队	1个稽查支队	1个稽查支队	1个稽查支队
	烟叶机构	—	—	—	—	—
销售卷烟	亿支	15.55	50.33	16.41	15.49	20.43
	2013年比2012年（%）	1.40	0.72	0.74	3.06	0.33
卷烟销售收入（万元）		81858	257322	82172	75557	108906

续表

区、县局（公司）名称		上海市局宝山分局（有限公司）	上海市局浦东分局（有限公司）	上海市局松江分局（有限公司）	上海市局青浦分局（有限公司）	上海市局嘉定分局（有限公司）
实现税利	万元	14163	34420	13955	11970	16125
	2013 年比 2012 年（%）	1.67	4.99	1.58	1.03	-0.19
实现利润	万元	5951	12590	6252	4538	6302
	2013 年比 2012 年（%）	-0.89	6.71	-1.08	3.91	-4.65
查处涉烟违法案件（起）		139	252	97	129	87
查处涉烟违法案件案值（万元）		1126	1070	417	553	317
2013 年度烟草行业投入烟叶生产基础设施建设资金（万元）		—	—	—	—	—
全年烟叶生产基础设施新增受益面积（万亩）		—	—	—	—	—
烟叶种植（万亩）		—	—	—	—	—
烟叶收购（万担）		—	—	—	—	—
烟农户数（户）		—	—	—	—	—
实现烟农总收入（万元）		—	—	—	—	—
零售客户数（户）		1883	6463	2317	2689	2871
零售客户销售毛利率（%）		14.14	14.21	14.43	14.50	14.03

区、县局（公司）名称		上海市局奉贤分局（有限公司）	上海市局金山分局（有限公司）	上海市局崇明分局（有限公司）	上海市局驻上海铁路专卖局（有限公司）
主要负责人/法人代表		朱永征	王德国（—2013.11） 苗　慰（2013.11—）	张品新	蒋仲麟/倪鸿宾
总资产（万元）		33807	31687	17689	4107
资产负债率（%）		3.34	9.10	2.14	2.48
所属县级局（个）		—	—	—	—
所属县级公司/分公司（个）		—	—	—	—
所属县级营销部（个）		—	—	—	—
从业人员（人）		488	347	226	49
所属业务机构	营销机构	1 个营销中心、1 个电访中心	1 个营销部	1 个营销中心	1 个营销部
	物流配送机构	—	—	—	—
	专卖稽查机构	1 个稽查支队	1 个稽查支队	1 个稽查支队	1 个稽查队
	烟叶机构	—	—	—	—
销售卷烟	亿支	16.34	14.92	16.95	1.38
	2013 年比 2012 年（%）	0.61	0.34	0.05	-0.11
卷烟销售收入（万元）		79609	74670	78183	9397
实现税利	万元	10812	11972	12299	1710
	2013 年比 2012 年（%）	-0.84	4.65	-3.85	-0.07
实现利润	万元	2460	4450	5246	791
	2013 年比 2012 年（%）	-16.38	12.92	-10.25	-11.12
查处涉烟违法案件（起）		94	115	114	3
查处涉烟违法案件案值（万元）		452	912	121	70

续表

区、县局（公司）名称	上海市局奉贤分局（有限公司）	上海市局金山分局（有限公司）	上海市局崇明分局（有限公司）	上海市局驻上海铁路专卖局（有限公司）
2013 年度烟草行业投入烟叶生产基础设施建设资金（万元）	—	—	—	—
全年烟叶生产基础设施新增受益面积（万亩）	—	—	—	—
烟叶种植（万亩）	—	—	—	—
烟叶收购（万担）	—	—	—	—
烟农户数（户）	—	—	—	—
实现烟农总收入（万元）	—	—	—	—
零售客户数（户）	2636	2760	3196	89
零售客户销售毛利率（%）	14.30	14.33	14.11	14.10

（撰稿：李　燕；编辑：李　昂）

江苏省烟草专卖局（公司）

【概　况】　江苏省烟草专卖局成立于 1983 年 7 月，江苏省烟草公司组建于 1982 年 11 月。1984 年 11 月 26 日，江苏省政府与中国烟草总公司签订协议，决定自协议签署之日起，江苏省烟草公司上划中国烟草总公司，更名为中国烟草总公司江苏省公司。省局（公司）下辖 13 家地市级烟草专卖局（公司）、68 个县级烟草专卖局（分公司）及江苏金丝利集团公司 1 个多元化经营企业。省局（公司）机关下设 18 个处室（部门）。截至 2013 年底，公司拥有总资产 601 亿元，其中，固定资产 37 亿元、流动资产 551 亿元，资产负债率为 3.33%。共有从业人员 11593 人。

【领导成员】

局长、总经理、党组书记：尉彭城

巡视员、副总经理、党组成员：杨兴泉

副局长、党组成员：樊剑峰

副总经理、党组成员：刘加荣

纪检组长、党组成员：朱亚涛

副巡视员：范　宁

副巡视员：潘立慧

副巡视员：秦立华

总会计师：余慧强

【专卖管理】　*加大卷烟打假力度。*2013 年，省局印发《完善实践卷烟打假打私体系工作指导意见》，江苏省各级烟草部门强化与公安机关联合打假机制；深化与工商部门打假协作机制；深化与司法机关打击涉烟违法犯罪会商机制。2013 年江苏省共出动专卖打假人员 5.9 万人次，查处涉烟违法案件 2.1 万起，其中假烟案件 0.27 万起，标值 5 万元以上假烟案件 69 起；查获各类非法卷烟 4.01 万件，其中假冒卷烟 0.24 万件；上缴罚没款 5606 万元；破获符合国家局标准的网络案件 83 起。公安、司法机关依法拘留 398 人，逮捕 147 人，判刑 251 人。

2013 年省局下发市场访查通报 6 期、大要案件嘉奖令 132 个，其中，南京浦口区局“6·17”销售假冒卷烟网络案件、宿迁宿豫区局“4·16”销售假冒卷烟网络案件、连云港市局“7·17”销售假冒卷烟网络案件为公安部、国家局挂牌督办的重大案件。

*加强专卖内管工作。*江苏省烟草商业系统贯彻国家局《关于烟草行业全面推行专卖内管委派制的实施意见》精神，截至 2013 年底，设立 13 个专卖内管派驻办、68 个专卖内管派驻组，配备专职内管人员 188 名。印发《完善实践内部专卖监管体系工作指导意见》《全省烟草商业系统内部专卖管理监督工作制度体系执行细则》，指导各地开展专卖内管体系完善实践工作。全年省局对 17 家工商企业生产经营活动进行全面检查，对 13 家市局专卖内管工作进行考核。举办两期专卖内管人员专题培训班。

*转变市场监管方式。*围绕提升监管效率，探索更加有效的市场监管模式，实践 APCD 工作法。在重点事项上，加强对公开摆卖假私非卷烟行为的查处打击力度，开展针对雪茄烟、走私烟的专项治理活动；严厉打击无证运输卷烟行为，加强对互联网销售非法烟草专卖品的监管；在重点区域上，加强车站、机场、娱乐场所等重点地区的检查，防止出现市场监管盲点；在重点时段等节日上，组织开展“冬季会战”“闪电 13 号”和“闪电 14 号”等专项整治行动。全省卷烟市场净化率保持在 96% 以上。

*强化证件后续监管。*各地加强对许可证管理、辖区内持证企业和零售客户许可证使用情况的监督检查，加大对持证零售客户的日常监管力度，重点清理人证不符、证照不符、非法转让许可证等行为。各地协调工商部门，建立卷烟零售市场联合执法机制，对不符合办证条件而擅自经营卷烟的，

会同工商部门坚决予以取缔。2013 年江苏省共取缔无证经营户 2100 户。

【经济效益】 2013 年，江苏省烟草商业系统实现卷烟销售收入 667 亿元，同比增长 8.18%。实现卷烟税利 187 亿元，同比增长 8.56%，其中利润 116 亿元，同比增长 9.18%。三项费用率为 3.27%。

【卷烟经营】 *卷烟销售*。2013 年共销售卷烟 1410.3 亿支（282.06 万箱），同比增长 1.94%，其中，销售一类烟 332.26 亿支（66.45 万箱）、二类烟 120.39 亿支（24.08 万箱）、三类烟 540.27 亿支（108.05 万箱）、四类烟 334.01 亿支（66.8 万箱）、五类烟 83.25 亿支（16.65 万箱）。销售省产卷烟 646.28 亿支（129.26 万箱），同比增长 2.59%。本地区销量居前三位的品牌为“南京”“苏烟”“红杉树”，销量分别为 457.76 亿支（91.55 万箱）、121.22 亿支（24.24 万箱）、27.24 亿支（5.45 万箱）。

品牌培育。省公司不断完善卷烟销售快报、旬报、月报制度，对出现异动的公司、企业和品牌，及时调控，有效强化市场调控的针对性和有效性。2013 年组织开展四次卷烟集中交易和补货工作，努力实现市场供求平衡。下发《江苏省卷烟品牌培育管理资料》，引导市场资源不断向重点品牌集聚。充分利用各种媒介、手段加强品牌的宣传促销，协同工业企业通过报纸期刊、网上订货平台、品牌手册、广告招贴等形式介绍产品特点、宣传品牌文化，发挥工商一体化面向终端市场的品牌推介优势。

网络建设。江苏省推进现代卷烟零售终端建设，完善卷烟零售终端梯次化建设体系，截至年底，江苏省累计建成现代零售终端客户 8.4 万户。在原有网上订货平台基础上，进一步完善零售终端信息管理平台建设，逐步向“四网合一”靠拢。截至年底，江苏省网络订货客户为 33.66 万户，其中互联网订货客户 32.6 万户，手机订货客户 5118 户，电视机顶盒订货 4852 户，网上配货 702 户。开展基层服务站点筹备以及制度、运行管理等建设工作，截至年底，江苏省建成基层服务站 141 个，投入使用 127 个。

营销人员培养。2013 年开办两期全省营销人员培训班，邀请英、美、韩等烟草高级业务管理人员授课，430 余人接受培训。组织召开江苏烟草学会卷烟流通专业委员会学术论文交流会议，将收到的 50 余篇优秀论文编印成册。组织开展全省卷烟营销职业技能竞赛（国家级省二类竞赛），为全国性竞赛选拔一批优秀选手并建立人才储备库。

【技术创新】 组织开展全省烟草系统技术创新工作，确立“烟草企业物流现场管理及评价研究”“南京烟草异型烟打码技术改造研究”等 34 个省级科技项目。由江苏省部分地市烟草公司承担或参与的《烟草商业企业标准体系构成与要求》《烟草商业企业卷烟商零在途跟踪信息系统功能规范》《烟草商业企业卷烟物流配送中心安全管理规范》等三个行业标准在 2013 年由国家局正式批准发布。常州市公司在 2013 年继续被国家局遴选为试点单位，参加《烟草商业企业标准化建设指南》行业标准的制修订工作。2013 年江苏省烟草系统共有八个单位的四项计算机软件著作权、27 项专利获国家知识产权局正式授权。

【人事政工】 省局（公司）以中心组学习建设带动学习型组织创建工作，制定实施《江苏省烟草专卖局党组关于进一步加强省局党组中心组学习的实施办法》，推广学习型组织建设的经验和做法。国家局对南京烟草学习型组织建设、泰州烟草“六个一、六个多”党组中心组学习方式，对江苏省局学习型组织建设的做法给予肯定。全面推进全省烟草系统工会建设，江苏省 13 家单位全部通过召开职代会，选举工会主席、工会代表，建立系统工会组织。严格落实“八项规定”要求，全年共有干部职工 116 人上交礼品礼金。

【特事要辑】 6 月 21—22 日，国家局局长凌成兴到江苏烟草调研，副局长何泽华一同调研。凌成兴指出，江苏烟草的工作可以概括为“一强三领先”，值得借鉴和推广。“一强”，即江苏是烟草强省，在产量规模、销售收入、上缴税利、企业总资产贡献率等方面取得的成就，是十分令人鼓舞、令人骄傲的，为行业发展创造“三大辉煌”作出重要贡献。“三领先”，即科技创新能力全行业领先、现代卷烟物流管理全行业领先、烟草企业文化全行业领先。就江苏烟草下一步工作，凌成兴强调，要争当“三个行业楷模”：一是争当坚持烟草专卖制度的楷模，对《烟草专卖法》及其《实施条例》动摇不得、变通不得、宽容不得；二是争当培育高端品牌的楷模，继续发扬上下同心同德、工商同心同德、班子同心同德的优良作风，调整卷烟结构，培育高端品牌，努力开创新局面；三是争当破解发展瓶颈的楷模，深入思考、努力实践，明确突破“三大课题”的着力点，探索解决“合作生产的政策制定、国有资产保值增值、工商企业合作和竞争”等问题，为全行业发展作出新的更大贡献。

10 月 19 日，全国烟草行业首次工会组织建设座谈会在江苏徐州举行，会议交流探讨行业工会组织建设情况及问题，并听取江苏省局（公司）、徐州市局（公司）发挥工会组织作用的经验介绍。

所属地市级局（公司）

【南京市烟草专卖局（公司）】 南京市烟草专卖局、江苏省烟草公司南京市公司组建于 1983 年 12 月。下辖 9 个县级烟草专卖局（分公司）。

建立党组成员基层联系点制度，组织全体管理干部开展“一日送货”活动。注重提升工作效能，上线运行“综合管理运行平台”。修订并施行《南京市烟草制品零售点布局管理规定》。严格干部选拔任用，实行干部任期制，加大干部异地交流任职。推进学习型组织建设开展，建立学习评估和反馈体系，对南京市烟草系统 48 个学习型组织课题进行研讨。组建内部培训师队伍，提高培训的实用性，全面提升团队综合素养。

【苏州市烟草专卖局（公司）】 苏州市烟草专卖局、

江苏省烟草公司苏州市公司成立于1983年7月。2013年，因行政区划调整，吴江撤市建区，吴江市烟草专卖局更名为苏州市吴江区烟草专卖局，苏州市吴江区烟草专卖局和苏州市烟草公司吴江分公司两个机构合署办公（国烟人〔2013〕237号）。截至2013年底，下辖6个县级烟草专卖局（分公司）。

加强基层服务站建设，市公司连续四年开展基层组织“创先争优”竞赛活动。市局（公司）的“卷烟辅助陈列标尺”获实用新型专利授权，截至年底，此项专利在全市“标准店”客户中得到推广使用。

【无锡市烟草专卖局（公司）】 无锡市烟草专卖局、江苏省烟草公司无锡市公司成立于1984年1月。下辖3个县级烟草专卖局（分公司）。

市公司在“闭环精准配送”项目取得成功基础上，2013年在宜兴县局（分公司）试点“五改四”项目（将原来一周5天送货优化为一周4天）。该项目利用TMS运输管理系统作为线路划分工具，以宜兴中转站为轴心，将宜兴市卷烟零售点精确定位后分为4天配送区域。同时，利用新型大厢车提升装载量（1万条），提高车辆满载率，减少空跑时间，在不绕路的情况下减少一天配送日程。项目运行后，平均每辆车日均配送户数在150户以上，日均配送量达到150件以上，送货时间增加1.5小时，配送里程数较实施前减少10%以上。

【常州市烟草专卖局（公司）】 常州市烟草专卖局、江苏省烟草公司常州市公司组建于1984年。下辖3个县级烟草专卖局（分公司）。

大力推进现代零售终端建设，常州市标准店、功能店、升级店达零售客户总数的56.7%，基本构建起梯次化的现代零售终端体系。深化营销服务创新，召开营销服务创新现场会，提高服务水平。加强物流管理，加大设备技术改造力度，完成“卷烟物流定额管理”等课题研究工作。

积极鼓励创新，“一种方便零售客户取烟，同时为客户经理日常零售终端维护提供便利的可旋转式烟柜”获得国家实用新型专利授权；“一种便于烟盒保存及售卖的新型烟膜”获得国家外观设计专利授权。

【镇江市烟草专卖局（公司）】 镇江市烟草专卖局、江苏省烟草公司镇江市公司组建于1983年。下辖4个县级烟草专卖局（分公司）。

2013年，镇江市全面推进第二批零售终端功能店建设工作，共建成功能零售终端客户2907户，完成省公司建设任务并初步建立功能店长效考核机制。结合客户经理“135”工作法，发挥客户经理移动工作平台的优势，合理划分零售客户等级，进一步提高货源供应科学化水平。通过印制《卷烟零售客户服务手册》，定制发放透明烟盒套夹等方式，指导零售客户规范经营，落实明码标价，提升零售终端整体形象。

【南通市烟草专卖局（公司）】 南通市烟草专卖局、江苏省烟草公司南通市公司成立于1983年5月1日。下辖6个县级烟草专卖局（分公司）。

市公司共建设18家基层服务站，其中10家基层服务站在创优评比中达到优秀标准。建成功能零售终端客户7300余户，终端着力、终端发力的营销模式初具规模。2013年客户满意率保持在99.9%以上，实现客户满意度“零”投诉的目标。

【扬州市烟草专卖局（公司）】 扬州市烟草专卖局、江苏省烟草公司扬州市公司成立于1983年7月。下辖5个县级烟草专卖局（分公司）。

探索“跨行支付+贷记卡”结算模式，扬州市共有签约零售客户2000户，银行每月为客户提供流动资金支持3000余万元，降低客户经营成本。试点运行“政府搭台、企业唱戏”的弱势群体零售客户亲情服务模式，为弱势群体提供上门解困、经营指导等服务。

加强物流现代化建设，通过设备更新、技术改造和流程优化，卷烟分拣流程节约作业时间1小时，每条分拣线减少操作工1名，异型烟作业时间从6小时缩短到1.5小时，减少2条配送线路和5辆配送车辆，并实现装卸作业“零”差错。

【泰州市烟草专卖局（公司）】 泰州市烟草专卖局、江苏省烟草公司泰州市公司成立于1996年10月。2013年4月，江苏省姜堰市烟草专卖局更名为泰州市姜堰区烟草专卖局，泰州市姜堰区烟草专卖局、泰州市烟草公司姜堰分公司两个机构合署办公（国烟人〔2013〕118号）。截至2013年底，下辖4个县级烟草专卖局（分公司）。

推进办事公开民主管理，2013年共计公开各类党务、政务、企务信息311项（次）。严格落实“应招尽招、真招实招”，2013年共实施公开招标项目39项，涉及金额约2400万元，占总项目及总金额的80%以上。

继续推行“六个一、六个多”党组中心组学习模式，被市委评为“党组中心组理论学习先进集体”，被国家局确定为“党组中心组学习试点单位”。推进“阳光同心”文化建设，开展文明行业创建活动，市局（公司）工会先后获得省、市总工会颁发的“模范职工小家”称号以及“先进职工之家”称号。

【盐城市烟草专卖局（公司）】 盐城市烟草专卖局、江苏省烟草公司盐城市公司组建于1983年4月。下辖7个县级烟草专卖局（分公司）。

开展多个层级的竞岗、选岗、轮岗、双向选择工作，并对全员1000余个岗位进行梳理，有针对性地制定20余个竞聘方案，组织竞聘笔试和面试24次，完成21轮人事制度改革。成功竞聘到综合事务岗的员工有60人，降岗人员有29人，待岗人员有9人，异地任职的员工有30余人。改革打破传统行政区域限制，加大竞争性选拔人才力度，提高人岗匹配程度。

自马兰同志被国家局追授“自觉践行行业共同价值观优秀员工”称号以来，市公司共组织28场系统外马兰先进事迹巡回报告会，17场系统内“道德讲堂”宣贯活动，并开展清明祭扫马兰墓等活动。马兰同志爱岗敬业、勇于奉献的事迹形成激励示范效应，促进员工队伍思想境界、责任意识、业务技能、纪律作风、管理基础、工作绩效“六个明显提升”。

【淮安市烟草专卖局（公司）】 淮安市烟草专卖局、江苏省烟草公司淮安市公司成立于1983年。下辖6个县级烟草专卖局（分公司）。

推进现代流通体系建设，市公司对配送资源进行整合、优化，实行满载装货、首尾相接、区域放射的送货模式，实现跨区域配送，形成一个中心、两个中转站的“1+2”配送格局，提高配送效率，物流配送费用同比下降26%。

【宿迁市烟草专卖局（公司）】 宿迁市烟草专卖局（公司）成立于1996年。下辖4个县级烟草专卖局（分公司）。

树立“经营市场”理念，坚持信息监测和专项市场调研相结合，完成现代零售终端主体建设2613户、标准店217户。完善终端管理，为宿迁市500余名零售客户开办贷记卡。推进精益物流建设，实现卷烟仓储、分拣等环节的成本控制，加强TMS运输管理系统、精准分拣系统等技术的应用。开展备品备件信息化管理课题研究，实现备品备件的高效管理。

【徐州市烟草专卖局（公司）】 徐州市烟草专卖局、江苏省烟草公司徐州市公司成立于1983年。下辖7个县级烟草专卖局（分公司）。

加强与公、检、法等部门协作，强力推进部门打假、行业打假向政府打假、社会打假转变，在涉烟案件查办上做到组织领导、协作配合、拓展经营、抓捕追刑“四个更加有力”。2013年查获案值5万元以上大案数、符合国家局标准网络案件数、有重大影响案件数和抓捕追刑人数实现“四个历史新高”。

徐州市建成现代零售终端客户8480户，全面完成第二阶段现代终端建设任务，基本形成梯次化零售终端体系。自主研发备品备件管理系统、物流信息管理系统，推行精细化物流管理，提升物流整体运行效率。承办全国烟草行业工会组织建设座谈会，“徐州工会建设模式”（徐州是全系统最早开展和完成系统工会建设的单位，坚持以“职工入会上不设门槛、代表选举上差额直选、代表结构上统筹兼顾、代表素质上提升能力”的举措，实现工会组织“全覆盖”、职工入会“零障碍”、服务群众“零距离”）得到国家局的肯定和好评。

【连云港市烟草专卖局（公司）】 连云港市烟草专卖局、江苏省烟草公司连云港市公司成立于1983年，下辖4个县级烟草专卖局（分公司）。

持续深化项目化管理，2013年立项20个全局性重大项目，通过“项目性落实”，重点工作有力突破，市局（公司）“商业企业财务委派工作对标指标体系研究”项目、“现代烟草指标体系研究”项目先后在省局评比中获得一等奖、二等奖。

在连云港市烟草系统干部中开展“以身作则做表率”专项测评，围绕政治品格、表率意识等十个方面内容，对副股级以上干部的以身作则情况进行专项考评，促进干部以身作则做表率。组织“第三届干部论坛”活动，在干部中分享思想和智慧，论坛的“鲶鱼效应”更加凸显。

大力开展班组文化建设，开展企业文化宣贯活动。组织“远航同心”宣传队，员工自编自导自演宣传节目，历时3个月，开展7场巡回专题宣传，让基层员工近距离感受行业、连烟改革发展的成果及身边典型事迹。

所属其他二级单位及派驻机构

【江苏金丝利集团公司】 江苏金丝利集团公司成立于1994年3月，注册资本为1.71亿元，是省局（公司）下辖的多元化经营企业，主要从事实业投资、国内贸易、技术咨询、技术服务等业务。公司下辖南京金丝利酒店管理有限公司、江苏烟草金丝利租赁有限公司、江苏金丝利药业有限公司等3家子公司。截至2013年底，公司拥有总资产8.15亿元，其中，固定资产3.29亿元、流动资产3.94亿元，资产负债率为16.4%。

2013年，公司实现营业收入1.35亿元，亏损1337万元。

2013年江苏省烟草商业系统主要情况统计

地市级局（公司）名称	南京市局（公司）	苏州市局（公司）	无锡市局（公司）	常州市局（公司）	镇江市局（公司）
主要负责人/法人代表	李潮江	许亚楠	王玉平	袁　纯（—2013.9） 杨增科（2013.9—）	李成军
总资产（万元）	844893	776526	573477	342030	248608
资产负债率（%）	9.57	11.49	10.99	10.98	10.04
所属县级局（个）	9	6	3	3	4
所属县级公司/分公司（个）	9个分公司	6个分公司	3个分公司	3个分公司	4个分公司
所属县级营销部（个）	—	—	—	—	—
从业人员（人）	1196	1321	806	668	558

续表

地市级局（公司）名称		南京市局（公司）	苏州市局（公司）	无锡市局（公司）	常州市局（公司）	镇江市局（公司）
所属业务机构	营销机构	1个营销中心	1个营销中心	1个营销中心	1个营销中心	1个营销中心
	物流配送机构	1个物流配送中心、4个卷烟中转站	1个物流中心、1个配送中心	2个物流配送中心	1个物流中心	1个物流中心
	专卖稽查机构	1个稽查支队、9个稽查大队	1个稽查支队、10个稽查大队	1个稽查支队、4个稽查大队	1个稽查支队、7个稽查大队	1个稽查支队、3个稽查大队
	烟叶机构	—	—	—	—	—
销售卷烟	亿支	172.20	187.60	120.16	87.52	64.39
	2013年比2012年（%）	2.20	2.63	1.30	1.73	1.09
卷烟销售收入（万元）		1141908	1161844	812647	555427	394331
实现税利	万元	278985	281648	197961	135088	94222
	2013年比2012年（%）	9.80	7.95	4.18	3.02	3.82
实现利润	万元	170519	175994	125474	85072	58139
	2013年比2012年（%）	8.70	6.85	4.42	3.62	2.47
查处涉烟违法案件（起）		1834	2040	3224	1553	1983
查处涉烟违法案件案值（万元）		1725	5287	4886	2600	2441
2013年度烟草行业投入烟叶生产基础设施建设资金（万元）		—	—	—	—	—
全年烟叶生产基础设施新增受益面积（万亩）		—	—	—	—	—
烟叶种植（万亩）		—	—	—	—	—
烟叶收购（万担）		—	—	—	—	—
烟农户数（户）		—	—	—	—	—
实现烟农总收入（万元）		—	—	—	—	—
零售客户数（户）		23642	33444	23769	18083	16749
零售客户销售毛利率（%）		12.94	13.11	6.48	10.02	12.00

地市级局（公司）名称		南通市局（公司）	扬州市局（公司）	泰州市局（公司）	盐城市局（公司）
主要负责人/法人代表		秦立华	周强华	刘培峰	张加成
总资产（万元）		421110	293272	285432	302650
资产负债率（%）		10.51	9.82	10.81	10.51
所属县级局（个）		6	5	4	7
所属县级公司/分公司（个）		6个分公司	5个分公司	4个分公司	7个分公司
所属县级营销部（个）		—	—	—	—
从业人员（人）		907	853	913	1052
所属业务机构	营销机构	1个营销中心	1个营销中心、1个电访中心	1个营销中心	1个营销中心
	物流配送机构	1个物流配送中心	1个物流中心、2个中转站	1个物流中心、4个中转站	1个物流中心、2个中转站
	专卖稽查机构	1个稽查支队、9个稽查大队	1个稽查支队、7个稽查大队	1个稽查支队、7个稽查大队	1个稽查支队、9个稽查大队
	烟叶机构	—	—	—	—
销售卷烟	亿支	128.00	87.39	88.37	124.73
	2013年比2012年（%）	2.61	1.08	1.64	1.13

续表

地市级局（公司）名称		南通市局（公司）	扬州市局（公司）	泰州市局（公司）	盐城市局（公司）
卷烟销售收入（万元）		755912	508540	509942	563484
实现税利	万元	183291	115369	115783	122168
	2013 年比 2012 年（%）	9.44	6.48	7.47	4.38
实现利润	万元	115441	69705	71156	72574
	2013 年比 2012 年（%）	10.02	6.90	6.62	3.44
查处涉烟违法案件（起）		982	2121	865	1010
查处涉烟违法案件案值（万元）		1400	2076	2891	1429
2013 年度烟草行业投入烟叶生产基础设施建设资金（万元）		—	—	—	—
全年烟叶生产基础设施新增受益面积（万亩）		—	—	—	—
烟叶种植（万亩）		—	—	—	—
烟叶收购（万担）		—	—	—	—
烟农户数（户）		—	—	—	—
实现烟农总收入（万元）		—	—	—	—
零售客户数（户）		36095	26963	29447	39749
零售客户销售毛利率（%）		11.10	8.00	9.10	12.42

地市级局（公司）名称		淮安市局（公司）	宿迁市局（公司）	徐州市局（公司）	连云港市局（公司）
主要负责人/法人代表		李前效	李江苏	廉　文	杨思藻
总资产（万元）		154896	121048	267182	136597
资产负债率（%）		7.01	16.91	11.96	14.90
所属县级局（个）		6	4	7	4
所属县级公司/分公司（个）		6 个分公司	4 个分公司	7 个分公司	4 个分公司
所属县级营销部（个）		—	—	—	—
从业人员（人）		656	684	1197	681
所属业务机构	营销机构	1 个营销中心	1 个营销中心、1 个电访中心	1 个营销中心	1 个营销中心、1 个电访中心
	物流配送机构	1 个物流中心、1 个配送中心	1 个物流中心	1 个物流配送中心	1 个物流中心、1 个配送中心
	专卖稽查机构	1 个稽查支队、10 个稽查大队	1 个稽查支队、7 个稽查大队	1 个稽查支队、13 个稽查大队	1 个稽查支队、7 个稽查大队
	烟叶机构	—	—	—	—
销售卷烟	亿支	73.43	64.15	141.12	69.04
	2013 年比 2012 年（%）	2.48	1.83	2.00	1.06
卷烟销售收入（万元）		335394	246565	565031	281007
实现税利	万元	69404	49461	112634	57273
	2013 年比 2012 年（%）	10.18	10.04	7.72	8.51
实现利润	万元	39618	27633	63811	32280
	2013 年比 2012 年（%）	10.52	10.49	8.47	9.89
查处涉烟违法案件（起）		1312	1142	1782	1152

续表

地市级局（公司）名称	淮安市局（公司）	宿迁市局（公司）	徐州市局（公司）	连云港市局（公司）
查处涉烟违法案件案值（万元）	2108	1830	4560	3042
2013 年度烟草行业投入烟叶生产基础设施建设资金（万元）	—	—	—	—
全年烟叶生产基础设施新增受益面积（万亩）	—	—	—	—
烟叶种植（万亩）	—	—	—	—
烟叶收购（万担）	—	—	—	—
烟农户数（户）	—	—	—	—
实现烟农总收入（万元）	—	—	—	—
零售客户数（户）	23282	24603	43215	23819
零售客户销售毛利率（%）	10.00	10.00	12.59	12.20

（撰稿：张　华；编辑：周　佳）

浙江省烟草专卖局（公司）

【概　况】　浙江省烟草专卖局、浙江省烟草公司组建于1984年3月。1985年1月，浙江省烟草公司正式上划中国烟草总公司，更名为中国烟草总公司浙江省公司。2003年7月，浙江烟草完成工商分设。2008年底，完成母子公司体制改革。下辖11个地市级烟草专卖局（公司），64个县级烟草专卖局（分公司），以及浙江烟草投资管理有限责任公司、浙江烟草进出口有限公司（烟叶生产经营管理办公室）。省局（公司）机关内设13个职能处室和6个专业部门。截至2013年底，公司拥有总资产559.21亿元，其中，固定资产35.97亿元、流动资产470.21亿元，资产负债率为7.68%。截至2013年底，共有从业人员10785人。

【领导成员】

局长、总经理、党组书记：邱　萍

副局长、党组成员：于政雄

副总经理、党组成员：戴伟坤（—2013.2）

纪检组长、党组成员：王德源

副总经理、党组成员：李定晓

副巡视员：黄晓峰（—2013.9）（国烟党〔2013〕74号）

副巡视员：孙佳华

【专卖管理】　*卷烟打假打私*。2013年共查处涉烟违法案件1.58万起，同比增长9.37%，其中假烟案件2110起，同比下降15.84%；查获非法卷烟案件1.90万件，同比增长15.96%，其中假烟4496件，同比下降5%。破获符合国家局标准的网络案件78起，其中部督案件11起，同比增加5起，判刑619人。破获“浙闽2013非法拼装倒卖烟机案”，现场查处烟机窝点3处，查获16台烟机及大批零配件，涉案金额超千万元，是全省首次破获的规模性烟机整机生产型案件，沉重打击制假活动的上游产业链条，源头打假取得重大突破。完善与淘宝网、通信管理、公安、工商等部门协作机制，积极探索全省“一核十星”互联网巡查协调统一指挥体系，有效提升互联网涉烟监管合力。浙江省局第七次获得“全国卷烟打假特殊贡献奖”。

内部专卖管理监督。明确非渠道卷烟监管“一事双责”，监管部门与经营部门共同负责，并纳入考核；开展重大案件“一案双查”，专卖部门外查涉烟违法犯罪活动，内管部门内查卷烟违规经营隐患；推行监管“双向考核”，既追究外流单位责任，又落实查处奖励机制；实行防控“内外双治”，严密监控，既防流出，又堵流入，非渠道卷烟治理不断深化。9月，省局制定出台《内部专卖管理监督工作细则》及11项配套工作流程，突出源头监管与流程控制，有效推动内管机制落地运行。

【经济效益】　2013年，浙江省烟草商业系统实现税利216.1亿元，同比增长5.4%，其中利润133.12亿元，同比增长6.22%。三项费用率为4%。

【卷烟经营】　*卷烟销售*。2013年销售卷烟1287.05亿支（257.41万箱），同比下降1.25%，其中，销售一类烟470.55亿支（94.11万箱），同比增长8.55%；二类烟112.8亿支（22.56万箱），同比下降2.48%；三类烟422.85亿支（84.57万箱），同比下降3.68%；四类烟239.05亿支（47.81万箱），同比下降8.97%；五类烟41.65亿支（8.33万箱），同比下降20.52%。本地区销量前三位的品牌分别是“利群”“雄狮”“红双喜”，销量分别为372.45亿支（74.49万箱）、152.2亿支（30.44万箱）、88.75亿支（17.75万箱）。销售全国重点品牌卷烟1020.3亿支（204.06万箱），同比增长1.71%，占总销量的79.27%。

2013年实现卷烟销售收入764.16亿元，同比增长5.4%。实现卷烟税利212.86亿元，同比增长7.54%，其中利润131亿元，同比增长6.17%。

完善营销策略。坚持“总量控制、稍紧平衡”调控方针和均衡销售策略，控总量、稳价格、降库存、调状态，实现经济运行总体平稳。分析当地社会经济各类数据，提升对经济运行的整体把握能力和预判能力；把控卷烟货源投放进度，促进市场状态基本好转；建立对零售客户分类、终端动销、库存、价格等指标的分析，实施货源的精准投放；工商协同、专项营销、新品导入，实现重点品牌、低焦油产品、老少边穷地区工业产品的良好发展。

零售终端建设。按照“稳步扎实、典型引领、分层推进、整体提升、功能发挥”的总体思路推进零售终端建设，建立全省月度零售终端随机走访评价机制。狠抓精准数据，全省数据采集样本户达到15693户，样本户数据上传率达到97.65%。在零售终端信息化上，继续推进“四网合一”，全省电子结算户率达到97.99%。

物流建设。加快推进物流项目建设，落实项目建设责任制，组织行业专家进行论证指导20余次，节省投资约3000万元。绍兴新物流配送中心通过国家局竣工验收；杭州、宁波、丽水项目基本实现工程建设进度；温州、金华完成项目初步设计方案，进入设备招投标；湖州、衢州、台州项目获得国家局批复，进入初步设计阶段。注重降本增效和服务提升，物流运行效率进一步提高。

【烟叶产销】 2013年种植烟叶1.12万亩，收购烟叶0.123万吨（2.46万担）。各烟叶产区全面落实烟叶种植合同制，实现合同签订率100%的目标。2013年国家局批准绍兴香料烟产区开展第一期“香料烟标准化调制设施建设”项目，省公司、绍兴市公司、绍兴市公司所属的新昌和嵊州分公司三级烟叶管理部门严格按照国家局烟叶生产基础设施建设项目的有关要求，保质保量推进项目落实。

推进技术创新，深化科技成果应用。“桐乡优质雪茄包皮烟栽培技术开发研究”项目获得浙江省烟草商业系统创新奖一等奖；“雪茄晾烟房”实用新型专利获得专利证书。绍兴市公司完成“减少香料烟早花发生率”“减少青枯病在香料烟生产中的危害”和“香料烟赤星病综合防治体系研究”等项目的研究；嘉兴市公司“桐乡优质雪茄包皮烟栽培技术开发”项目顺利通过结题验收；丽水市公司的“晒红烟大棚调制技术”应用于生产。

【技术创新】 调整创新导向，坚持条线驱动，促进创新项目与实际工作的有效结合。坚持创新围绕中心转，课题随着问题走，鼓励以QC、合理化建议等群众性创新活动解决基层具体工作中存在的矛盾和困难。全系统共有226个QC小组开展活动，取得成果197个，取得专利51项。温州“精实”QC小组成果、杭州淳安财务QC小组成果分别获得全国烟草行业第二十四届优秀质量管理小组成果发布会一等奖、三等奖，“精实”QC小组获得“全国优秀质量管理小组”称号。

【管理创新】 财务管理。探索建立物料消耗、人力成本以及费用开支、资产占用等方面的预算定额标准体系，预算管控水平不断提高。三项费用率4%，同比下降0.38个百分点；五项重点费用同比下降13.24%。继续加强货币资金的集中规范运作，全年实现利息收入12.28亿元，同比增长22.43%。

信息化建设。加快省级数据中心和物流管控信息系统建设，深化技术、业务、管理一体化综合集成。围绕“意识、管理、技术”三个要素，开展信息安全应急演练，加强互联网舆情监控，信息安全运维体系建设不断强化。开展信息化现状评估，推进信息标准化建设，为全面深化集成整合打好基础。

“两项工作”。开展行业采购管理规定试点工作，注重制度建设，出台投资项目管理、采购管理等七个新制度，完成全省信息管理系统试运行，实现全省制度体系标准化、流程控制标准化、共享模板标准化和风险控制标准化。大力推进“应招尽招、真招实招”，2013年浙江省工程、物资和服务项目公开招标率分别为94.34%、82.86%、81.15%。

【人事政工】 党风廉政建设。全面落实中央“八项规定”，出台《作风建设监督检查暂行办法》，对全系统落实“三重一大”决策制度和“八项规定”情况开展监督检查，开展“一把手”和纪检组长约谈。完善负责人问责、党员干部任前廉政谈话、工作人员违法违纪处理等一系列制度，建立起涵盖事先预防、过程监督、检查考核、责任追究等重点环节的监管规定。积极开展廉洁从业教育，全系统共开展教育360场次，受教育14395人次，主要领导讲课66次，进一步筑牢拒腐防变思想防线。

强化“三型”组织建设。印发全系统“学习型、创新型、服务型”组织建设工作进度计划安排，层层分解落实“三型”组织建设目标任务。召开全系统“三型”组织建设成果交流会，展示各地“三型”组织建设工作经验和实践成果。制定下发《全系统“精实”服务品牌建设三年规划》，明确今后一个时期服务品牌建设的主要工作，完成编写“精实”服务品牌理念体系。持续推进“一园两室”建设，基本实现市、县局机关全覆盖。开展省局机关青年创新论坛活动，通过自由选题、实证研究和集中展示，使青年员工跨部门、跨条线、跨领域交流学习。

深化“235”教育实践活动。持续开展“走基层、转作风、促发展”活动，继续做好基层联系点走访工作，全年各级领导和机关干部蹲点调研677人次，走访群众1025人。在全系统开展倪建钢事迹巡回宣讲活动，在OA网开设“我心目中的浙烟人”栏目，挖掘全系统“最美浙烟人”事迹。认真部署开展“改进作风年”活动，积极推进“四对照、四检查”为主要内容的“作风建设大家谈”活动。持续开展“八必访、四必谈”活动，加强员工思想动态管理，确保行业干部员工队伍思想稳定。

【特事要辑】 1月23—24日，浙江省烟草商业系统工作会议在杭州召开。局长、总经理、党组书记邱萍作题为《认真贯彻落实十八届三中全会精神 着力深化改革创新 加快浙烟转型提升》的工作报告。

6月20—21日，国家局局长凌成兴到浙江省局（公司）

考察，指出要积极弘扬浙江精神，做好“三个带头”，即带头实现年度目标，全行业要坚持税利增长10%的目标不动摇；带头培育高端市场，做好结构调整这篇文章；带头突破“三大课题”，发动行业广大干部职工进一步思考如何“激发改革红利，挖掘发展潜力，找准追赶目标”，形成共识，为国家局的决策提供良策。国家局副局长何泽华一同调研。

11月12日，国家局副局长赵洪顺率“三大课题”市场营销专题调研组到浙江烟草开展调研座谈。

所属地市级局（公司）

【杭州市烟草专卖局（公司）】 杭州市烟草专卖局、浙江省烟草公司杭州市公司成立于1991年，下辖7个县级烟草专卖局（分公司）。

互联网打假。破获符合国家局标准的网络案件16起，其中互联网案件9起，判刑121人，同比增长28.7%；为省内外兄弟单位提供互联网情报信息确认及案件协查100余次，协作打假能力进一步提升。杭州市共查处涉烟违法案件1405起，查获卷烟0.28亿支，案值2610万元，比2012年有较大幅度增长，市场净化率保持在97%以上。

内部管理。提出“六力”综合目标管理模式，增强目标设定的科学性、协调性和统一性，形成层次清晰、重点突出的三级目标体系。科技创新工作成果丰硕，获得国家实用新型专利授权1项，软件著作权1项；QC小组活动成果获得全国奖项5项、国家局奖1项、省局一等奖4项。预算管理效果进一步提升。以统一标准和规范流程为目标，建立办公、专卖、营销、人力资源、信息等预算专业分会；以分公司为试点，制定完善预算定额标准，落实预算执行监管，为创优和对标提供依据。

【宁波市烟草专卖局（公司）】 宁波市烟草专局、浙江省烟草公司宁波市公司成立于1988年，下辖8个县级烟草专卖局（分公司）。

网络营销。打造网上订货、配货、结算、营销“四网合一”现代营销模式。网上订货比重为90.82%。网上配货2130家，比重为4.43%。网上结算3515家，比重为7.31%，结算金额5.61亿元。浙江省第一个网上营销平台投入使用，访问人次达到88万。

企业管理。推进管理体系信息化，实施智能化列表式管理，将经验管理固化为流程管理；推进信息化建设，稳步推进全省物流管控平台试点工作；提升法律服务保障水平，完善授权委托管理体系，探索企业公职律师与外聘律师相结合的法律保障机制；落实安全生产责任制，顺利实现国家二级达标；完善创新管理机制，象山县局（分公司）浪潮QC小组获得“全国优秀质量管理小组”称号，奉化溪口专卖所市场部获得“全国质量信得过班组”“全省质量信得过班组特等奖”称号。

【温州市烟草专卖局（公司）】 温州市烟草专卖局、浙江省烟草公司温州市公司成立于1985年，下辖8个县（市）烟草专卖局（分公司）。

专卖打假。破获温州历史上源头最深、战线最长、案值最大的“5·22”公安部督办案件，案件涉及全国十省16个市，产业链覆盖水松纸、包装印刷等辅料产销及假烟制售全领域，涉案金额超过20亿元，被公安部评为“全国打假行动经典战役”。

企业管理。坚持文化引领，以“333工程”为载体，实施“三地绑定”“三项坚持”和“三型组织”的工作主线，加快企业转型升级。加强存量资金增值运作，建立“银行服务评价体系”实施资金的优化配比，全年货币资金利息收入1.17亿元，增幅达到14.87%。构建以实体培训中心和两个网络学校为载体的“一中两翼”培训新形式，举办“温州烟草第一届全员岗位技能大比武”。获得全国和行业QC成果一等奖，“全国优秀质量管理小组”等荣誉。

【嘉兴市烟草专卖局（公司）】 嘉兴市烟草专卖局、浙江省烟草公司嘉兴市公司成立于1985年5月，下辖5个县级烟草专卖局（分公司）。

构建“333”督察考核机制。通过制度化管理、过程化监控、绩效化奖惩，实现督察考核常态化。一是出台责任分解、对账问责和督察通报三项制度，构建督察体系。二是紧扣事前分析、事中检查、事后跟踪三个环节，严格考核过程。三是发挥“尺子”“鞭子”“镜子”三种作用，强化结果运用。发挥“尺子”作用，量出基层创优的绩效高低；发挥“鞭子”作用，鞭策提升各项工作水平；发挥“镜子”作用，树立一批叫得响、亮得出的先进典型。

坚决贯彻行业调控方针和营销策略，2013年批发销售卷烟98.7亿支（19.74万箱），是浙江省唯一一家销量增长的单位。

技术创新。获得首个省质协优秀QC成果一等奖，以及首个计算机软件著作权、首个实用新型专利授权。

【湖州市烟草专卖局（公司）】 湖州市烟草专卖局、浙江省烟草公司湖州市公司成立于1985年8月，下辖3个县级烟草专卖局（分公司）。2013年获得“浙江省依法行政示范单位”称号。

零售终端建设。顺利完成2013年800家零售终端建设目标任务，湖州市现代零售终端比重达到6.6%。扎实做好新建配送中心土地框架协议、可行性研究等前期性基础工作，配送中心易地技改项目顺利通过国家局立项审批、项目用地成功竞拍。

“三型”组织建设。积极推进法治湖烟建设，深入推进学习型、服务型、创新型组织建设，4个基层单位（部门）和4名员工分别获得全省“十佳”基层组织和岗位能手称号，取得全省物流从业人员知识测试第二名。

【绍兴市烟草专卖局（公司）】 绍兴市烟草专卖局、浙江省烟草公司绍兴市公司组建于1986年3月。2013年，根据国家局批复（国烟人〔2013〕474号），上虞市烟草专卖局更名为绍兴市上虞区烟草专卖局。截至年底，下辖4个县级烟草专卖局（分公司）。

专卖监管。研发运用系统平台，总结提炼并推广实施卷烟市场监管 APCD 工作法，市场净化率始终保持在97%以上。绍兴市共破获国标网络案件5起，其中绍兴“9·2”案件、上虞“3·23”案件被列为部督案件，新昌“11·15”案件实现绍兴市互联网打假破网“零”的突破。

营销工作。落实新的终端建设规划和建设标准，探索实施“终端建设成效研究”“终端陈列展示标准”等五个研究课题，开展三个“终端主题月”活动，终端形象明显提升、营销服务持续优化。绍兴市建成现代终端1637家，占零售客户总数的5.9%。

【金华市烟草专卖局（公司）】 金华市烟草专卖局、浙江省烟草公司金华市公司组建于1986年4月，下辖7个县（市）烟草专卖局（分公司）。2013年获得“浙江省依法行政示范单位”“浙江省企业文化建设示范单位”等称号。

经济运行。2013年销售卷烟127.8亿支（25.56万箱）；实现税利19.7亿元，同比增长4.41%。国有资产保值增值率达到140.46%。截至年底，金华市建成现代终端2844户，比重达到9%。

专卖执法。破获全国首起非法烟标部督案件永康“9·29”案。金华市共查处涉烟违法案件1371起，查获非法卷烟0.37亿支，破获国标案件12起，省标案件1起。市局首次获得“浙江省卷烟打假特殊贡献单位”称号。查获非渠道卷烟案件1272起，并保持重大非渠道卷烟外流案件“零”的记录。在浙江省率先制定许可证延续管理规定。

企业管理。建立完善业务接待、基建工程、人事管理、财务管理、劳动纪律管理等基础性制度23个。落实“两项工作”，金华市公开招标率为83.39%，同比提高23个百分点。构建合同法律风险防控机制，获浙江省创新项目一等奖。

【衢州市烟草专卖局（公司）】 衢州市烟草专卖局成立于1986年6月，浙江省烟草公司衢州市公司成立于1986年1月，下辖4个县级烟草专卖局（分公司）。

管理创新。建成并有效运行衢烟网上制度库，日常更新维护制度54项，进库制度达到400余项；实施制度程序化和体系改造，进一步梳理归并制度96项，制作流程图28张，整理记录表单29项，初步构建制度程序化体系架构。按照制度、程序、素质、文化路径，继续提升管理软实力。

【丽水市烟草专卖局（公司）】 丽水市烟草专卖局成立于1987年3月，浙江省烟草公司丽水市公司成立于1986年7月。市局（公司）下辖8个县级烟草专卖局（分公司）。

职业技能鉴定。2013年，市局（公司）提出“四个持续加强”，力争职业技能鉴定工作再上新水平。持续加强鉴定工作的组织领导，把职业技能鉴定作为加强一线营销、专卖人员工作水平和基层创优工作的重要抓手，积极做好宣传教育工作。持续加强鉴定学习培训，以职业活动为导向，以能力建设为中心，以职业技能竞赛为契机，把培训、鉴定和使用有机结合起来。持续加强鉴定队伍建设，完善教师资源库。持续加强鉴定考务管理，严把资格审查关，建立健全考务组织，规范布置考点，严整考风考纪，提升考点服务水平。

新物流中心正式投入使用，平稳运行。松阳晒红烟种植面积221.9亩，收购烟叶60吨（1200担），产量、产值和品质均明显提升。

【台州市烟草专卖局（公司）】 台州市烟草专卖局、浙江省烟草公司台州市公司成立于1986年12月，下辖7个县级烟草专卖局（分公司）。

专卖管理。2013年共破获国标网络案件11起，查处各类涉烟违法案件1642起，查获非法卷烟0.21亿支，涉烟犯罪被追刑案件47起，判刑105人。破获温岭“4·9”特大拼装倒卖烟机案，捣毁非法拼装烟机窝点3处，现场查获卷接烟机14台、滤棒成形机4台、电动机40台、后身部件9个、刀头部件4个、风室部件3个、印刷箱部件1个及一批零部配件，涉案金额超千万元，现场抓获涉案人员21人，另在异地查获大型烟机2台，实现浙江省在烟机整机案件查处上的重大突破，获得公安部和国家局联合发文通报表彰。

【舟山市烟草专卖局（公司）】 舟山市烟草专卖局成立于1987年4月、浙江省烟草公司舟山市公司成立于1987年2月，下辖3个县级烟草专卖局（分公司）。2013年，获得“浙江省廉政文化‘进机关’示范点”“浙江省品牌文化建设优秀企业”等称号。

专卖管理。打假破网成效显著，卷烟市场净化率始终保持在99%以上，被评为“全省卷烟打假工作先进集体”。2013年，舟山市查处涉烟违法案件459起，查处8起涉烟追刑案件（其中2起假烟国标网络案件、1起省标网络案件），查获各类非法卷烟0.03亿支，案值285.18万元，上缴罚没款81.31万元。

多元化经营实现营业收入6270万元，利润总额759万元。深入开展“法律五进”活动，获得省局优秀行政处罚案卷一等奖，被市政府评为依法行政工作优秀单位。

所属其他二级单位及派驻机构

【浙江烟草投资管理有限责任公司】 浙江烟草投资管理有限责任公司成立于2007年5月25日，是中国烟草总公司浙江省公司的全资子公司，经营范围为实业投资、项目管理、房地产开发、商业贸易、进出口贸易、酒店管理、典当服务、保险经纪等。截至2013年底，公司拥有浙江香溢房地产开发有限公司、杭州香溢浣纱宾馆、舟山香溢普陀宾馆3家全资企业，杭州香溢大酒店股份有限公司1家控股企业，香溢融通控股集团股份有限公司1家相对控股企业，湖州、台州、舟山3家市公司所属的投资公司，涉及房地产、酒店、金融三大业务。截至2013年底，资产总额为35.53亿元，负债2.28亿元，净资产33.25亿元。共有本级员工31人、所属企业员工2456人。2013年实现营业总收入2.83亿元，实现利润总额2.04亿元。

【浙江烟草进出口有限公司】 浙江烟草进出口有限公司是经原对外贸易经济合作部和国家烟草专卖局批准设立的从事烟草专卖品进出口业务的专业外贸公司，于1997年3月在浙江杭州注册成立，注册资金1000万元。2006年8月，调整为中国烟草总公司浙江省公司的全资子公司。公司对外贸易经营范围主要为卷烟（雪茄烟）进口、烟叶出口业务、除国家组织统一联合经营的出口商品和国家实行核定公司经营的进口商品以外的其他商品及技术的进出口业务、非烟草制品的一般贸易业务。截至2013年底，公司拥有总资产9701万元，员工13人。

2013年，公司实现销售收入9705万元，实现利润1996万元。出口烟叶116.3吨，进口卷烟（雪茄烟）2.55万件。

卷烟进口方面，根据经营方式的调整及市场需求及时对进口业务操作流程进行修改，对整个操作流程的各环节都建立顺畅高效的工作流程，提高经营水平和服务质量，实现平稳销售。

烟叶出口方面，与客户保持着经常性的联系和沟通，及时了解客户需求，及时掌握出口烟叶市场动态，高质量地完成出口烟叶合同的履行。面对自然灾害影响而带来的烟叶减产及内外销货源的矛盾，主动与烟叶产区沟通协调，保证一定量的出口货源，避免出口烟叶数量的大起大落。

2013年浙江省烟草商业系统主要情况统计

地市级局（公司）名称		杭州市局（公司）	宁波市局（公司）	温州市局（公司）	嘉兴市局（公司）
主要负责人/法人代表		林少华	包诚善	丁春生	陈月华
总资产（万元）		747338	621988	532057	324798
资产负债率（%）		5.63	7.60	8.77	13.09
所属县级局（个）		7	8	8	5
所属县级公司/分公司（个）		7个分公司	8个分公司	8个分公司	5个分公司
所属县级营销部（个）		—	—	—	—
从业人员（人）		1334	1447	1494	851
所属业务机构	营销机构	1个营销中心	1个营销中心	1个营销中心	1个营销中心
	物流配送机构	1个配送中心	1个配送中心	1个配送中心	1个配送中心
	专卖稽查机构	1个稽查支队、35个专卖所、9个稽查大队	1个稽查支队、30个专卖所、9个稽查大队	1个稽查支队、33个专卖所、10个稽查大队	1个稽查支队、15个专卖所、10个稽查大队
	烟叶机构	—	—	—	1个烟叶科
销售卷烟	亿支	208.80	197.96	191.90	98.68
	2013年比2012年（%）	-1.44	-2.14	-0.26	0.05
卷烟销售收入（万元）		1339174	1177143	1079199	653013
实现税利	万元	384881	334230	293174	179534
	2013年比2012年（%）	4.59	3.72	3.55	4.50
实现利润	万元	240085	209945	178511	108507
	2013年比2012年（%）	5.36	6.70	3.65	4.50
查处涉烟违法案件（起）		1405	2078	3392	1629
查处涉烟违法案件案值（万元）		2610	2555	2267	1403
2013年度烟草行业投入烟叶生产基础设施建设资金（万元）		—	—	—	—
全年烟叶生产基础设施新增受益面积（万亩）		—	—	—	—
烟叶种植（万亩）		—	—	—	0.16
烟叶收购（万担）		—	—	—	0.55
烟农户数（户）		—	—	—	1223
实现烟农总收入（万元）		—	—	—	477
零售客户数（户）		39035	49050	50022	23432
零售客户销售毛利率（%）		12.25	12.72	12.24	10.00

地市级局（公司）名称		湖州市局（公司）	绍兴市局（公司）	金华市局（公司）	衢州市局（公司）
主要负责人/法人代表		陈和祥（—2013. 11） 龚一正（2013. 11—）	潘昵琥	邱樟海（—2013. 3） 郑敏强（2013. 3—）	邵作民
总资产（万元）		216932	325529	339137	129031
资产负债率（%）		12. 16	11. 10	14. 47	9. 24
所属县级局（个）		3	4	7	4
所属县级公司/分公司（个）		3 个分公司	4 个分公司	7 个分公司	4 个分公司
所属县级营销部（个）		—	—	—	—
从业人员（人）		725	869	1156	560
所属业务机构	营销机构	1 个营销中心	1 个营销中心	1 个营销中心	1 个营销中心
	物流配送机构	1 个配送中心	1 个配送中心	1 个配送中心、 1 个配送分中心	1 个配送中心
	专卖稽查机构	1 个稽查支队、 19 个专卖所、 5 个稽查大队	1 个稽查支队、 25 个专卖所、 6 个稽查大队	1 个稽查支队、 25 个专卖所、 9 个稽查大队	1 个稽查支队、 18 个专卖所、 6 个稽查大队
	烟叶机构	—	2 个烟叶科	—	—
销售卷烟	亿支	70. 93	108. 09	127. 80	50. 60
	2013 年比 2012 年（%）	－1. 39	－1. 28	－0. 29	－2. 24
卷烟销售收入（万元）		450856	648441	716852	292795
实现税利	万元	121259	184215	196558	77372
	2013 年比 2012 年（%）	5. 45	5. 28	4. 41	2. 05
实现利润	万元	72206	113901	118846	45746
	2013 年比 2012 年（%）	6. 08	6. 90	3. 77	1. 53
查处涉烟违法案件（起）		2583	569	1371	307
查处涉烟违法案件案值（万元）		1239	872	2685	832
2013 年度烟草行业投入烟叶生产基础设施建设资金（万元）		—	958	—	—
全年烟叶生产基础设施新增受益面积（万亩）		—	—	—	—
烟叶种植（万亩）		—	0. 94	—	—
烟叶收购（万担）		—	1. 89	—	—
烟农户数（户）		—	4722	—	—
实现烟农总收入（万元）		—	3676	—	—
零售客户数（户）		22627	27950	32755	15389
零售客户销售毛利率（%）		10. 50	10. 00	9. 86	10. 18

地市级局（公司）名称	丽水市局（公司）	台州市局（公司）	舟山市局（公司）
主要负责人/法人代表	张　和	陈修年	宋建国（2013. 3—） 黄安康（—2013. 3）
总资产（万元）	102999	404028	88997
资产负债率（%）	16. 69	11. 62	14. 41
所属县级局（个）	8	7	3
所属县级公司/分公司（个）	8 个分公司	7 个分公司	3 个分公司
所属县级营销部（个）	—	—	—
从业人员（人）	804	1005	356

续表

地市级局（公司）名称		丽水市局（公司）	台州市局（公司）	舟山市局（公司）
所属业务机构	营销机构	1 个营销中心	1 个营销中心	1 个营销中心
	物流配送机构	1 个配送中心	1 个配送中心	1 个配送中心、1 个配送分中心
	专卖稽查机构	1 个稽查支队、14 个专卖所、8 个稽查大队	1 个稽查支队、26 个专卖所、9 个稽查大队	1 个稽查支队、8 个专卖所、4 个稽查大队
	烟叶机构	1 个烟叶站	—	—
销售卷烟	亿支	53.85	147.88	30.56
	2013 年比 2012 年（%）	-0.49	-1.51	-6.05
卷烟销售收入（万元）		289928	811129	190511
实现税利	万元	65647	225909	50577
	2013 年比 2012 年（%）	7.20	5.78	2.07
实现利润	万元	34654	138839	29689
	2013 年比 2012 年（%）	7.52	3.87	2.31
查处涉烟违法案件（起）		386	1642	459
查处涉烟违法案件案值（万元）		291	2455	285
2013 年度烟草行业投入烟叶生产基础设施建设资金（万元）		—	—	—
全年烟叶生产基础设施新增受益面积（万亩）		—	—	—
烟叶种植（万亩）		0.02	—	—
烟叶收购（万担）		0.12	—	—
烟农户数（户）		152	—	—
实现烟农总收入（万元）		150	—	—
零售客户数（户）		16788	41748	8160
零售客户销售毛利率（%）		13.86	13.99	12.40

（撰稿：黄　凯；编辑：李　昂）

安徽省烟草专卖局（公司）

【概　况】　安徽省烟草专卖局成立于 1984 年 5 月，安徽省烟草公司组建于 1980 年 10 月。1983 年 10 月，安徽省政府与中国烟草总公司签署协议，明确自协议签署之日起，安徽省烟草公司上划中国烟草总公司，更名为中国烟草总公司安徽省公司。2006 年，省公司完成母子公司体制改革。2013 年，淮北市局（公司）新成立直属分局，芜湖市局（公司）新成立江北分局（营销部）。省局（公司）下辖 16 家地市级烟草专卖局（公司）、89 家县级烟草专卖局、85 个卷烟营销部，华环国际烟草有限公司①以及安徽皖南烟叶有限责任公司。省局（公司）机关设 15 个职能部门，4 个专业部门和 1 个非常设机构。截至 2013 年底，公司拥有总资产 248.76 亿元，其中，固定资产 27.06 亿元、流动资产 172.88 亿元，资产负债率为 6.07%。共有从业人员 11472 人。

【领导成员】
局长、总经理、党组书记：问　武
巡视员、副总经理、党组成员：卓俭华
纪检组长、党组成员：鹿　军
副总经理、党组成员：董建江
副局长、党组成员：张靖江
总会计师：贾零霓
副巡视员：叶正坤（—2013.1）（国烟党〔2013〕6 号）
副巡视员：陈爱群
副巡视员：时玉玲

【专卖管理】　卷烟打假。发挥政法、烟草行政执法联席会议机制作用，与省工商局、省公安厅构建打击涉烟违法犯

① 华环国际烟草有限公司详见《工业企业》栏目“打叶复烤和薄片生产企业”分目。

罪活动协作和督办机制。2013 年有 5 起涉烟网络案件被公安部、国家局共同挂牌督办，是安徽省部督网络案件最多的一年。开展市场整治专项行动，推进2013 年“数字专卖提升年”各项工作。全面完成优秀县级局创建达标。试点推行 APCD 工作法，总结柔性执法试点工作，制定卷烟零售点合理布局指导意见。全年查处各类涉烟违法案件2.04 万起，案值合计 8012 万元，同比增长 3%；查获各类非法卷烟 8960 万支，同比增长 29%。移送公安、司法机关拘留 224 人，判刑165 人。

加强内部专卖管理监督。研究提出“大内管”构想，设立内部专卖管理监督委员会，制定内部专卖管理监督委员会工作制度，建立省市两级局（公司）内管委员会工作例会制度和办公协调会议制度，构建“大内管”工作机制。

【经济效益】 2013 年，安徽省烟草商业系统实现税利 109.38 亿元，同比增长 8.39%，其中利润 61.53 亿元，同比增长 7.72%。三项费用率为 5.96%。

【卷烟经营】 *卷烟销售*。2013 年，安徽省烟草商业系统共销售卷烟 989.81 亿支（197.96 万箱），同比增长 1.20%，其中，销售一类烟 179.18 亿支（35.84 万箱）、二类烟 210.24 亿支（42.05 万箱）、三类烟 297.45 亿支（59.49 万箱）、四类烟 220.10 亿支（44.02 万箱）、五类烟 82.82 亿支（16.56 万箱）。本地区销量居前三位的品牌是“黄山”“红三环”“利群”，销量分别为 572.11 亿支（114.42 万箱）、60.26 亿支（12.05 万箱）、34.83 亿支（6.97 万箱）。

2013 年实现不含税卷烟销售收入 438.41 亿元，同比增长 9.14%。实现卷烟税利 106.57 亿元，同比增长 7.82%，其中利润 61.14 亿元，同比增长 7.12%。

品牌培育。通过文化营销、体验营销、婚庆营销、体验营销等方式，大力培育“黄山”品牌，特别是“黄山（天都）”“黄山（红方印）”系列新品。积极探索雪茄烟营销，培育新增长点。扶持特色品牌优先发展，促进低焦油品牌快速发展。扩大知名品牌市场占有率，“532”“461”知名品牌累计销售 829.45 亿支（165.89 万箱），同比增长 6.5%。

现代物流。推行储分一体与密集仓储技术，加强电子标签及二维码应用，探索采用条码识别技术和包装影像技术，开发物流综合管控平台。开展“精益物流评价体系”课题研究，物流可控费用同比下降 10.05%。加强烟草工商企业物流协同，开展卷烟包装箱循环利用。探索提升工商物流一体化，开展同城物流建设，工商物流同设计、同施工、同对接。试点物流非法人实体化运作取得明显成效。

终端建设。推广“徽映 e 家”零售终端信息管理系统，截至 12 月底，安徽省有“徽映 e 家”用户 1.5 万户，占客户比重 5.7%。稳步推进卷烟零售终端“优质化”“功能化”建设。推广网上订货，城镇网上订货率为 93.68%。探索科学营销工作，试点构建“五体系、三平台”科学营销体系，向全省烟草商业系统推广。

【烟叶产销】 *烟叶产销*。2013 年，落实烟叶种植面积 22.7 万亩，同比增长 34.32%；落实焦甜香特色优质烟叶种植面积 12 万亩。签订收购合同 5106 份，种植主体户均规模 44.50 亩，同比增长 19.6%，户均规模位于全国前列。安徽省收购烟叶 3.01 万吨（60.1 万担），其中，收购焦甜香特色优质烟叶 1.75 万吨（35 万担），同比增长 34.62%，占皖南烟叶收购总量 65%。烟叶收购均价 22.32 元/千克，同比增长 9.60%。投入烟叶生产基础设施建设资金 2.20 亿元，其中本省系统投入 1.56 亿元。

2013 年销售烟叶 2.82 万吨（56.40 万担），其中省内销售 1.62 万吨（32.40 万担），省外销售 1.20 万吨（24 万担）。实现烟叶销售收入 12.52 亿元，实现烟叶税利 3.51 亿元，其中利润 7163 万元。

特色优质烟叶开发。继续发挥省政府牵头建立的皖南特色优质烟叶发展联席会议制度作用，加快特色优质烟叶研究开发。加强与工业企业、科研单位深度合作，编制皖南焦甜香烟叶系列标准，使焦甜香烟叶品质在一定生态范围内可复制，可持续。

现代烟草农业建设。加快建设沪皖现代烟草农业高科技示范园和“黄山”品牌现代烟草农业科技示范园。沪皖现代烟草农业高科技示范园流转土地 3800 亩，种植烟叶 1700 亩。“黄山”品牌现代烟草农业科技示范园流转土地 5000 亩，种植烟叶 2800 亩。全面启动综合服务型烟农专业合作社建设，安徽省组建烟农综合服务合作社 21 个，入社农户 2523 户，服务面积 13.20 万亩。烟农亩均综合收入 3608 元。

【管理创新】 *资本运营效益提升*。推进卷烟货款网上结算工作，组织开展账户年检，核对完备账户信息，监控账户日常使用，资金运营效益稳步提升。2013 年，安徽省烟草商业系统平均资金收益率 3.41%，高出全国烟草商业平均水平 1.21 个百分点。

管理规范。推进管理规范免检工作，开展规范化管理研究与实践课题研究。推广自行招标采购和定点供应商采购管理办法。痕迹化管理办法有效实施。安徽省烟草商业系统全年实施采购项目 1654 项，总金额 11.07 亿元，其中公开招标金额为 10.53 亿元，占比 95.17%。开展烟草企业安全生产标准化二级水平达标创建，安徽省烟草商业系统有 17 家直属单位被安徽省安监局授予“安全生产标准化二级达标企业”称号。

信息化建设。初步形成由安全策略、管理制度和操作规程构成的三级信息安全制度体系。加强信息化项目管理，推进电子政务升级与集成整合。统筹规划新数据中心建设。网上订货系统获“安徽省信息化十件大事优秀项目奖”。

技术创新。实施项目带动战略，开展群众性创新活动，取得科技成果 70 项，获授权专利 16 件，同比增长 84% 和 100%；承担和参与制定行业标准 7 项，通过国家局审定发布 3 项；获得中国烟草总公司技术发明奖三等奖 1 项；通过全国审定烤烟新品种 1 项；实现 QC 小组活动在全省烟草商业系统全覆盖，科技成果取得较大突破。

【人事政工】 *教育培训*。为期两年八期科级干部培训班结束，每期一个月，内容涵盖政治理论、个人修养、综合管理和行业知识，有效提升科级干部综合素养。与中国科技大学、江西财经大学、安徽大学等开展合作，联合培养物流工程硕士、会计硕士、法律硕士等高层次人才。

基层党建向客户延伸。确定蚌埠、六安、池州、黄山市局（公司）为建立党组织建设向党员客户延伸机制和模式试点单位，把党组织建设向党员客户有效延伸，作为加强基层党员管理和党组织建设有益补充。

【企业文化】 搭建“成长”文化建设与管理平台，初步形成“成长”文化建设和管理体系文件。构建系统规划、重点突出、载体有效、机制规范、常态推进的文化建设和管理模式，初步形成“徽映”服务品牌宣贯传播、行为规范、评价管理体系文件初稿，推进服务品牌一体化建设。

【特事要辑】 1月24日，安徽省局（公司）2013年工作会议在合肥召开。

8月4—6日，国家局副局长何泽华到安徽烟草商业调研。

9月9—10日，国家局局长凌成兴在安徽烟草调研。安徽省委常委、常务副省长詹夏来，副省长杨振超，国家局副局长赵洪顺一同调研。凌成兴指出，安徽烟草工作扎实，成绩显著，集中体现为“一个前所未有，三个大幅增长”。“黄山”精品线技术改造前所未有；实现了自主品牌的大幅增长、卷烟销售的大幅增长、工商税利的大幅增长。对安徽烟草下一步工作，凌成兴强调，要保持好势头，再上大台阶。保持好势头，就是要保持专卖管理、品牌培育和规范管理的好势头。再上大台阶，一是结构调整再上大台阶，二是单箱税利再上大台阶，三是资产保值增值再上大台阶。

12月3日，驻国家局纪检组组长高林在安徽烟草检查指导安全生产工作。

12月6日，国家局副局长何泽华率“货币资金保值增值和营销费用控制”专题调研组在安徽烟草调研。

所属地市级局（公司）

【合肥市烟草专卖局（公司）】 合肥市烟草专卖局成立于1983年，安徽省烟草公司合肥市公司成立于2006年1月。下辖9个县级烟草专卖局（营销部）。

定点供应商采购管理模式。确立“以公开招标为主要形式，自行招标为辅助手段，定点供应商为补充方法”的采购体系。集中组织招标，确定3家及以上中标单位为入选定点供应商，并建立定点供应商评审、取费、询价和监督四个机制，避免垄断、“围价”和进退问题。

品牌培育。建立“E家一特，一品一策”终端经营特色和品牌培育模式，实施婚庆营销、文化营销、网络营销，筹建“徽映·雪茄”专营店，构建“工商协同、客我互动、一品一策、精准营销”品牌营销体系，实现客户服务、终端经营、客户经理与零售客户队伍“三个转型”。

【淮北市烟草专卖局（公司）】 淮北市烟草专卖局、安徽省烟草公司淮北市公司成立于1981年。2013年1月，原城区营销部变更为濉溪县营销部，原孙疃营销部变更为直属营销部。截至2013年底，下辖濉溪县烟草专卖局（营销部）和直属营销部。

物流建设。推进物流中心非法人实体运作，明确职能定位、统一资源配置、明晰核算标准、扁平组织结构、减少流程环节，逐步建立责、权、利相匹配的实体运作机制。协调宿州制定区域物流建设方案，优化整合淮北、宿州区域交叉重合线路，落实宿州驻点人员送货线路，区域物流建设取得新进展。

【亳州市烟草专卖局（公司）】 亳州市烟草专卖局、安徽省烟草公司亳州市公司成立于1981年。下辖3个县烟草专卖局（营销部）和谯城分局（营销部）。

制定涉烟网络舆情监测管理办法，依托自主开发的亳州烟草网络舆情检测网，时刻关注涉烟舆情动向。日常监测时段为一周“7×8工作制”，重大节假日或特殊时期，可根据情况适当提高监测级别。

推进标准化建设和制度建设。本着“求实用、抓实效”原则，新增制度114项、修订制度21项，完善各项经营管理制度，并自主开发“烟草制度库”系统。在质量管理体系改版修订基础上，发布487个标准化文件。

【宿州市烟草专卖局（公司）】 宿州市烟草专卖局、安徽省烟草公司宿州市公司成立于1981年。下辖5个县级烟草专卖局（营销部）。

技术创新。加强科技项目研究和自主创新，全面推进QC群众性创新活动，两个科技项目通过省局（公司）组织的项目验收，自主研发的“宿州烟草专卖管理基础平台系统”获国家版权局颁发的计算机软件著作权登记证书。

创新教育培训模式。以电子学习机为载体，开发员工在线学习平台系统，开展“读书与研究”活动，组织《全省系统学习型组织建设模式》课题研究。形成宿州烟草学习型组织建设策划指导、理念文化、学习制度、特色活动等4本成果手册。健全和完善员工教育培训激励约束机制，增强培训针对性和有效性。

【蚌埠市烟草专卖局（公司）】 蚌埠市烟草专卖局、安徽省烟草公司蚌埠市公司成立于2000年3月。下辖3个县烟草专卖局（营销部）和1个直属分局（营销部）。

物流建设。实施分拣线整合和“6+1”柔性送货工作模式，推进7S管理和精益物流。开展科技创新、节能降耗、岗位演练等竞赛活动，率先在安徽省同城间实现包装箱循环利用，同城卷烟包装箱交付率98%以上，循环利用率达到59%。积极推进同城即时物流，探索工商一体库及运行新模式。

办事公开民主管理。围绕公开重点节点，细分形成二、三级目录和面向安徽省的13类36项可公开内容及8个公开“监督点”，延伸推动基层民主公开。规范合理化意见建议管理和职工代表大会程序，职工职权行使和参与监督渠道得到保障。2013年，市局（公司）获得“全国厂务公开民主管理先进单位”称号。

【阜阳市烟草专卖局（公司）】 阜阳市烟草专卖局、安徽省烟草公司阜阳市公司成立于1981年。下辖5个县级烟草专卖局（营销部）和1个直属分局（营销部）。2013年，市局（公司）被国家绿化委评为“全国绿化模范单位”。

现代零售终端建设。建立实施“一套标准、六星识别、三维服务、五步提升”的“1635”现代卷烟零售终端建设体系。“一套标准”，即构建一套定量与定性相结合的终端状态评价标准，全面把握零售终端发展现状。“六星识别”，即建立守法规范、稳定销售、明码实价、销售能力、营销模式等21项评价指标，识别终端功能发挥状况。“三维服务”，即从市场营销、品牌营销、服务营销三个维度，建立服务营销策略库。“五步提升”，即卷烟零售终端提升过程确立“对标分析、制定方案、短板提升、综合评价、动态维护”等五个步骤。终端评价与服务通过系统分析、循环改进，实现零售终端从普通型逐步到潜力型、在建型、达标型的有序提升，最终实现终端现代化。

【淮南市烟草专卖局（公司）】 淮南市烟草专卖局、安徽省烟草公司淮南市公司成立于1982年。下辖凤台县烟草专卖局（营销部），3个分局（区域营销部）及毛集分局、山南分局。

精益物流建设。严格物流费用成本管理，2013年单箱物流费用、单箱可控费用、万箱物流用车、库存周转次数等8项指标位列全省烟草商业系统第一位。完成半瀑布式分拣线等项目建设，取消卷烟备货暂存区和零烟配货环节，开发件烟出库系统，实现整托盘卷烟仓储分拣一体化。

专卖管理创新试点。坚持专卖管理向精益化、智能化转型思路，全力推进专卖零售市场检查APCD工作法试点，精简形成“四有四步”，即“分析有信息、计划有依据、检查有重点、处理有结果”等四个环节。试行市管线路网格化管理模式，深化公正文明柔性执法试点建设，积极构建“大内管”工作格局。

【滁州市烟草专卖局（公司）】 滁州市烟草专卖局、安徽省烟草公司滁州市公司成立于1982年。下辖6个县级烟草专卖局（营销部）和1个直属分局（营销部）。

推进法治建设。围绕实现“依法行政、依法经营、依法管理”目标，梳理烟草商业企业面临主要法律风险。开发案件管理信息化系统，对行政处罚全过程实行适时控制，监督关口全覆盖。落实行业采购规定，加强合同管理，做好招标文件的审查，推行经济合同网上审核模式，保证经营活动合法有效便民。做好制度审查，坚持重大决策法规部门事前审查，确保决策合法、合规。强化行政执法监督，狠抓专卖队伍作风建设，落实行政执法责任制，形成“依法行政、文明执法、善于管理”执法理念。

【六安市烟草专卖局（公司）】 六安市烟草专卖局、安徽省烟草公司六安市公司成立于1985年。下辖5个县级烟草专卖局（营销部），皋城、叶集2个直属分局和1个市局（公司）本级营销部。

现代物流建设。以新配送中心启用为契机，科学合理运用新技术、新设备，整合优化资源，通过模式调整和流程再造，实现整个物流资源整合优化，承办全省烟草商业系统物流工作现场会，展示六安烟草物流建设最新成果。

加强企业管理。探索构建“12466”管理创优模式，即以创“三先”争“三优”为主线，以开展“管理创一流”活动和“创建优秀地市级局（公司）”活动为主要抓手，以“政治做强、作风做正、业务做精、队伍做硬”为基本要求，努力在基础管理、体系建设、目标管理、创新机制、管理团队、服务体系等六个方面争创一流，打造“六型”组织，企业管理水平得到新提升。

【马鞍山市烟草专卖局（公司）】 马鞍山市烟草专卖局、安徽省烟草公司马鞍山市公司成立于1981年10月。下辖3个县烟草专卖局（营销部）和钢城分局（营销部）。2013年，市局（公司）被评为“安徽省质量管理小组活动优秀企业”。

探索“大内管”体系。围绕“四早、四全、四相互”的建设思路（“四早”即早发现、早预防、早处理、早整改；“四全”即全员参与、全程控制、全面覆盖、全部关联；“四相互”即相互监督、相互提醒、相互提高、相互保障），探索“大内管”联责联控管理机制建设。成立“大内管”管委会及办公室，明确工作规则，落实奖惩机制。完善内部监管风险点，运行数字内管系统，有效发挥预警作用。

技术创新。参与国家局标准化项目3项、省局（公司）重点项目2项、省局（公司）面上项目3项，自主立项创新课题6项。市局（公司）参与的《烟草商业企业标准体系构成与要求》行业标准于2013年10月发布。1个课题成果获省局（公司）科技进步优秀奖，3个课题成果通过省局（公司）验收，6个课题成果通过市局（公司）验收，获得国家计算机软件著作权授权3项，发表科技论文8篇。

【芜湖市烟草专卖局（公司）】 芜湖市烟草专卖局、安徽省烟草公司芜湖市公司成立于1981年。2013年8月撤销营销管理中心市区营销部，成立直属分局（营销部）；9月，应对芜湖市拥江发展需要，成立江北分局（营销部）。下辖4个县烟草专卖局（营销部），1个直属分局（营销部）和江北分局（营销部）。

网建工作。推广1400户“徽映e家”，推广比重达10%，位居全省第一；以“徽映e家”升级版为载体，探索开发网上营销业务，形成集网上营销、订货、配货、支付等四项功能为一体的“四网合一”现代营销业务模式。

创新市场监管模式。以统计（Statistics）、分类（Classification）、抽样（Sampling）、调查（Survey）、结论（Conclusion）等五个循环步骤为主线，以APCD工作法为工作基础，对重点户、异常户实行重点监管，对诚信户、无证户动态管理，实现“精准高效到市场找问题”和“带着问题到市场”双管齐下监管市场。

【宣城市烟草专卖局（公司）】 宣城市烟草专卖局、安徽省烟草公司宣城市公司成立于1984年。下辖6个县级烟草专卖局（营销部）和宣州区分局（营销部）。2013年，卷烟配送中心被中华全国总工会授予“全国工人先锋号”称号，市局（公司）被国家质检总局、工信部、中华全国总工会、中国科学技术协会和中国质量协会联合授予“全国优秀质量管理小组”称号。

物流非法人实体化运作试点。形成配送中心《制度单行本》，基本做到业务运行独立，财务收支相对独立，实行单列考核，机构人事按权限明确划立，党团工会二级建制单立。精益物流试点，7S管理、定置管理、GPS、GRS有效运行，配送服务效率不断提升。开展创先争优活动，2013年物流费用率为0.81%，同比下降7.96%；可控物流费用为263.34万元，同比下降20.44%；万箱物流用工12.2人，同比下降5%。

技术创新。初步构建科技创新与管理战略合作框架。“便携式烟草价格标签存放册”获得实用新型专利授权，“新皮匠”QC小组获得全国优秀质量管理小组称号，“地市烟草商业主体管理体系信息系统研究”项目获得安徽省2012年度科学技术进步奖三等奖。

【铜陵市烟草专卖局（公司）】 铜陵市烟草专卖局成立于1984年，安徽省烟草公司铜陵市公司成立于1981年。下辖铜陵县烟草专卖局（营销部）和铜都分局。

目标管理与督察考核体系。实施开展“管理创一流之目标管理与督察考核体系”建设工作，制定工作素养表、月底绩效考核表共同作为市局（公司）员工工作态度考评、年底综合考核、岗位晋升的重要依据，实现对干部员工“德、政、勤、绩、廉”的全方位考核。

涉烟情报网络建设。立足“小市场破获大案件”思路，加强情报网络建设，提高成案率。制定情报登记、情报信息分级管理、情报审查、情报费用管理、情报保密、情报信息管理责任追究、涉案情报信息定期报告、涉案情报信息检查工作、涉案情报信息处理及反馈、涉案情报信息收集突发公共事件应急预案等十项涉烟情报管理制度。破获“3·12”网络案件，该案案值3000余万元，涉案假烟3万件以上，被公安部列为挂牌督办案件。

【池州市烟草专卖局（公司）】 池州市烟草专卖局、安徽省烟草公司池州市公司成立于1981年。下辖4个县级烟草专卖局（营销部）和九子山宾馆。

技术创新。开展QC活动，再次获得安徽省烟草商业系统优秀QC成果一等奖及全国烟草行业第二十四届优秀质量管理小组成果发布会二等奖，自主设计、完全拥有独立知识产权专利累计达到6项。度量衡QC小组攻克的“降低不可识别码比例”课题，实现池州、铜陵两条分拣线同时运作、同时打码的目标，大大降低仓储用工数量和劳动强度，实现出、入库不可识别码为“零”的目标。自主设计开发的“积分制考核系统”获得计算机软件著作权证书。

精益物流建设。动态优化整合送货线路，提高车辆装载率，实现对城区重点线路“次日送货”，统筹规划仓储一体化改造。利用物流数字仓储及物流在途系统，实时监控并查询工业车辆行驶状态，预判到货时间，确保工业卷烟及时入库。全年实现配送卷烟5.4万余箱，配送户数42万余户次，差错率为零。

【安庆市烟草专卖局（公司）】 安庆市烟草专卖局成立于1984年，安徽省烟草公司安庆市公司成立于1981年。下辖9个县级烟草专卖局（营销部）。潜山县局（营销部）客服中心被国家质检总局、工信部、中华全国总工会、中国科学技术协会和中国质量协会联合授予“2013年度全国质量信得过班组”称号。

专卖管理。实施“挂牌警告”管理，安庆桐城市局破获公安部、国家局挂牌督办的“6·5”特大假烟网络案件。

开展感知徽映五项增值服务。依托感知徽映中心平台，开展“感知徽映、亲情服务”五项增值服务，让广大零售客户与安庆烟草共享发展成果。积极发动全员自愿定期捐款，成立“徽映”救助基金，帮扶困难零售客户。

现代卷烟零售终端建设。在宣城营销部进行现代卷烟零售终端建设试点的基础上，召开现代卷烟零售终端现场会。通过对比终端建设改善前、后的店面形象和卷烟经营环境，提升终端整体形象、展示终端卷烟品牌、实现卷烟生动化陈列、提升终端信息化水平、传播“徽映”服务品牌、赢得终端客户满意。“徽映e家”运行质量稳步提高，网上配货破题试点，“掌上烟草”项目稳妥运行。

【黄山市烟草专卖局（公司）】 黄山市烟草专卖局、安徽省烟草公司黄山市公司成立于1981年。下辖7个县级烟草专卖局（营销部）。

精益目标管理。建立“132”精益目标管理模式，开发运行“徽映e管通”和“徽映文件宝”2个信息平台，形成“战略引导、过程管控、绩效可考”的企业管理经验，承办全省烟草商业系统2013年度企业管理现场会。

试点基层党组织建设向党员客户延伸。加强基层党建工作标准化，搭建丰富载体，将黄山烟草队伍建设、工作机制、文化理念向党员客户延伸，实现基层党组织建设与零售终端建设协同共进。黄山区局（营销部）特色做法被省委组织部主办的安徽先锋网专稿报道。

所属其他二级单位及派驻机构

【安徽皖南烟叶有限责任公司】 安徽皖南烟叶有限责任公司位于安徽省宣城市，成立于2004年12月。公司统一管理皖南地区宣城、芜湖、黄山市的烟叶生产、技术研发、人力资源、烟叶购销、品牌塑造与市场拓展等工作。公司本部设有综合管理部、生产收购部、烟叶经营部、财务信息部、安全保卫部、技术中心、烟农服务中心、绩效评估中心、基建办等9个部门，下辖宣州、郎溪、芜湖、南陵、黄山等5个烟叶经理部及8个烟叶收购站（点）。截至2013年底，公司拥有总资产9.45亿元，其中，固定资产5257.92万元，流动资产8.66亿元，资产负债率49.66%。共有在岗员工434人，实行全员聘用制，其中大专以上学历164人。

2013年，落实种烟面积16.78万亩，收购烟叶2.15万吨（42.99万担），占全省总收购量的71.53%；收购均价25.02元/千克，同比增长1.57%；烟叶种植户2369户，户均种植面积70.85亩。与省内外工业企业签订购销合同2.185万吨（43.7万担，含池州烟区），实际调拨2.19万吨（43.7万担），其中省内0.90万吨（17.9万担）、省外1.29万吨（25.8万担），初步形成省内和省外市场并重的合理布局。

公司2013年实现烟叶销售收入11.06亿元。实现税利2.9亿元，同比增长45.7%，其中利润1.29亿元，同比增长48.05%。三项费用率为11.07%。

2013年实施2012年烟叶生产基础设施项目3598个，行业投入资金9633.31万元。其中修建烟水配套项目405个，包括小塘坝196个。沟渠188条，长55.51千米，提灌站21个，烟路739条，长度333.48千米，烤房1200座，购置农机1248台（套），育苗工场6处；全年烟水配套工程受益面积16.78万亩，同比新增受益面积4.58万亩。

优化特色烟开发布局，着力开展特色烟叶研究与开发。2013年种植特色烟10.8万亩，收购1.6万吨（32万担）。特色烟生产技术体系构建取得阶段性成果。围绕轮作模式、客土改良、合理密植、“四水”管理、打叶抹杈、烘烤等六个项目，在8个烟站安排38项试验。稳步推进沪皖科技示范园建设，制定完善《示范园总章程》等基本制度，开展“提高皖南烟叶工业可用性综合技术研究”等科技项目研究，积极探索构建种植模式、服务模式、管理模式等三种创新模式。

完善现代烟农队伍培养机制。2013年，培育现代烟农（含职业烟农）1319人，户均种烟规模99亩。构建合作社自主经营专业化服务模式，2013年共计培养“三师一手”队伍2960人。探索构建成件收购模式，设立19个散叶成件点，并在金坝、黄渡、团山、泾县、郎溪、黄山试点散叶成件收购4.1万担，成件收购模式和质量追踪机制探索取得成功。

2013年安徽省烟草商业系统主要情况统计

地市级局（公司）名称		合肥市局（公司）	淮北市局（公司）	亳州市局（公司）	宿州市局（公司）
主要负责人/法人代表		张丙利	张雪松	李成贵	丁惠萍
总资产（万元）		320812	58967	50719	96786
资产负债率（%）		3.26	5.82	8.75	8.63
所属县级局（个）		9	2	4	5
所属县级公司/分公司（个）		—	—	—	—
所属县级营销部（个）		9	2	4	5
从业人员（人）		1350	315	1011	847
所属业务机构	营销机构	1个营销中心	1个营销中心	1个营销中心	1个营销中心
	物流配送机构	1个物流中心、2个配送站	1个物流中心、1个中转站	1个卷烟配送中心、3个中转站	1个物流中心、5个配送站
	专卖稽查机构	9个稽查队、32个专卖管理所	2个稽查队、6个专卖管理所	1个稽查支队、4个稽查大队、5个稽查机动队、14个专卖管理所	5个稽查队、17个专卖管理所
	烟叶机构	—	—	1个烟叶经理部、5个烟叶工作站、1个烟叶物资库	—
销售卷烟	亿支	138.75	31.64	66.06	79.87
	2013年比2012年（%）	1.99	1.50	1.58	0.70
卷烟销售收入（万元）		760248	119814	237841	274004
实现税利	万元	199642	27350	45574	60784
	2013年比2012年（%）	3.20	8.51	28.67	10.42
实现利润	万元	120372	15142	19299	32557
	2013年比2012年（%）	2.89	7.36	41.90	7.07
查处涉烟违法案件（起）		3233	649	1817	2361
查处涉烟违法案件案值（万元）		1087	144	383	487

续表

地市级局（公司）名称	合肥市局（公司）	淮北市局（公司）	亳州市局（公司）	宿州市局（公司）
2013 年度烟草行业投入烟叶生产基础设施建设资金（万元）	—	—	1048	—
全年烟叶生产基础设施新增受益面积（万亩）	—	—	1.43	—
烟叶种植（万亩）	—	—	2.49	—
烟叶收购（万担）	—	—	7.64	—
烟农户数（户）	—	—	2096	—
实现烟农总收入（万元）	—	—	8144	—
零售客户数（户）	32490	9136	19891	26509
零售客户销售毛利率（%）	11.08	11.51	11.86	11.46

地市级局（公司）名称		蚌埠市局（公司）	阜阳市局（公司）	淮南市局（公司）	滁州市局（公司）
主要负责人/法人代表		童学根	胡志刚	孙太勇	程旭东
总资产（万元）		76144	122257	90123	121032
资产负债率（%）		7.41	7.93	3.88	9.71
所属县级局（个）		4	6	6	7
所属县级公司/分公司（个）		—	—	—	—
所属县级营销部（个）		4	6	4	7
从业人员（人）		515	1218	409	700
所属业务机构	营销机构	1 个营销中心	1 个营销中心	1 个营销中心	1 个营销中心
	物流配送机构	1 个配送中心	1 个物流中心、3 个配送站	1 个物流中心	1 个物流中心、4 个配送站
	专卖稽查机构	4 个稽查队、10 个专卖管理所	6 个稽查队、24 个专卖管理所	4 个稽查队、6 个管理所	1 个稽查支队、7 个稽查队、16 个专卖管理所
	烟叶机构	—	1 个烟叶生产经营中心、1 个烟叶站	—	—
销售卷烟	亿支	57.98	115.34	43.31	69.82
	2013 年比 2012 年（%）	1.45	1.37	1.04	1.15
卷烟销售收入（万元）		229344	400688	203686	310837
实现税利	万元	51334	91857	52622	73340
	2013 年比 2012 年（%）	15.65	14.40	10.32	9.64
实现利润	万元	28043	50192	31509	40743
	2013 年比 2012 年（%）	19.02	16.04	10.30	6.80
查处涉烟违法案件（起）		1016	1440	508	848
查处涉烟违法案件案值（万元）		611	808	274	454
2013 年度烟草行业投入烟叶生产基础设施建设资金（万元）		—	414	—	—
全年烟叶生产基础设施新增受益面积（万亩）		—	0.06	—	—
烟叶种植（万亩）		—	0.58	—	—
烟叶收购（万担）		—	2.08	—	—
烟农户数（户）		—	65	—	—
实现烟农总收入（万元）		—	1839	—	—
零售客户数（户）		13913	26449	9916	15702
零售客户销售毛利率（%）		10.00	12.95	11.50	9.95

地市级局（公司）名称		六安市局（公司）	马鞍山市局（公司）	芜湖市局（公司）	宣城市局（公司）
主要负责人/法人代表		王世华	施书林	胡家木	齐美生
总资产（万元）		158525	105608	150945	116216
资产负债率（%）		3.02	2.80	1.65	5.60
所属县级局（个）		7	4	6	7
所属县级公司/分公司（个）		—	—	—	—
所属县级营销部（个）		6	4	6	7
从业人员（人）		798	437	539	554
所属业务机构	营销机构	1个营销中心	1个营销中心	1个营销中心	1个营销中心
	物流配送机构	1个物流中心、5个中转站	1个物流中心	1个物流中心、1个配送站	1个物流配送中心、1个中转站
	专卖稽查机构	1个稽查支队、8个稽查中队、20个专卖管理所	1个稽查支队、4个稽查大队、10个专卖管理所	6个稽查队、13个专卖管理所	8个稽查队、19个专卖管理所
	烟叶机构	—	—	—	—
销售卷烟	亿支	82.90	38.77	62.34	49.51
	2013年比2012年（%）	1.08	1.16	1.51	0.57
卷烟销售收入（万元）		364694	214053	301651	226948
实现税利	万元	93855	54927	80412	54632
	2013年比2012年（%）	6.62	2.87	5.37	6.11
实现利润	万元	56423	33494	48563	30321
	2013年比2012年（%）	7.20	6.12	4.05	3.95
查处涉烟违法案件（起）		1875	644	769	740
查处涉烟违法案件案值（万元）		1154	358	502	323
2013年度烟草行业投入烟叶生产基础设施建设资金（万元）		—	—	—	—
全年烟叶生产基础设施新增受益面积（万亩）		—	—	—	—
烟叶种植（万亩）		—	—	—	—
烟叶收购（万担）		—	—	—	—
烟农户数（户）		—	—	—	—
实现烟农总收入（万元）		—	—	—	—
零售客户数（户）		28174	10701	13781	14785
零售客户销售毛利率（%）		10.49	11.50	11.60	12.00

地市级局（公司）名称	铜陵市局（公司）	池州市局（公司）	安庆市局（公司）	黄山市局（公司）
主要负责人/法人代表	陈长生（—2013.3） 王　凯（2013.3—）	吴兰田	范家福	刘新华
总资产（万元）	49670	55515	174400	81020
资产负债率（%）	2.54	5.12	3.25	2.00
所属县级局（个）	2	4	9	7
所属县级公司/分公司（个）	—	—	—	—
所属县级营销部（个）	1	4	9	7
从业人员（人）	175	572	1071	388

续表

地市级局（公司）名称		铜陵市局（公司）	池州市局（公司）	安庆市局（公司）	黄山市局（公司）
所属业务机构	营销机构	1 个营销中心	1 个营销中心	1 个营销中心	1 个营销中心
	物流配送机构	1 个物流中心、1 个配送中心	1 个物流中心、1 个配送站	1 个配送中心	1 个物流配送中心
	专卖稽查机构	2 个稽查队、4 个专卖管理所	4 个稽查队、11 个专卖管理所	9 个稽查队、29 个专卖管理所	7 个稽查大队、13 个稽查中队、1 个稽查支队
	烟叶机构	—	1 个烟叶工作站	—	—
销售卷烟	亿支	15. 27	27. 00	84. 74	26. 50
	2013 年比 2012 年（%）	-1. 18	0. 37	0. 85	0. 76
卷烟销售收入（万元）		90054	134289	383780	132186
实现税利	万元	24242	29586	93152	31199
	2013 年比 2012 年（%）	-4. 23	3. 15	7. 26	8. 76
实现利润	万元	14687	13082	53929	17244
	2013 年比 2012 年（%）	-7. 11	-8. 34	5. 16	8. 74
查处涉烟违法案件（起）		259	1823	3242	225
查处涉烟违法案件案值（万元）		803	375	723	96
2013 年度烟草行业投入烟叶生产基础设施建设资金（万元）		—	4459	—	—
全年烟叶生产基础设施新增受益面积（万亩）		—	0. 79	—	—
烟叶种植（万亩）		—	2. 89	—	—
烟叶收购（万担）		—	7. 41	—	—
烟农户数（户）		—	585	—	—
实现烟农总收入（万元）		—	9737	—	—
零售客户数（户）		4416	8716	26172	9453
零售客户销售毛利率（%）		13. 62	10. 87	11. 80	12. 77

（撰稿：李　胜；编辑：李　昂）

福建省烟草专卖局（公司）

【概　况】　福建省烟草专卖局、福建省烟草公司组建于 1984 年 1 月 1 日。1984 年 12 月 31 日，福建省政府与中国烟草总公司签订协议，决定自协议签署之日起，福建省烟草公司上划中国烟草总公司，更名为中国烟草总公司福建省公司。省局（公司）下辖 9 家地市级烟草专卖局（公司）、72 家县级烟草专卖局（分公司），三明金叶复烤有限公司①、福建武夷烟叶有限公司②，以及福建烟草海晟投资管理有限公司和中国烟草福建进出口有限责任公司。省局（公司）设 15 个职能处室和 8 个专业部门。截至 2013 年底，公司拥有总资产 319. 35 亿元，其中，固定资产 36. 43 亿元、流动资产 244. 76 亿元，资产负债率为 9. 46%。共有从业人员 16321 人，实行全员聘用制。

【领导成员】

局长、总经理、党组书记：卢金来

副局长、党组成员：张　卉

副总经理、党组成员：揭柏林

副总经理、党组成员：李晓陆

纪检组长、党组成员：黄星光

副总经理、党组成员：林则森

【专卖管理】　卷烟打假打私。2013 年，省局推动福建漳州和广东梅州、潮州三市以政府名义签订《打击制售假冒卷烟违法犯罪活动边界合作协议》，将区域协作机制由部门

① 三明金叶复烤有限公司详见《工业企业》栏目“打叶复烤和薄片生产企业”分目。

② 福建武夷烟叶有限公司详见《工业企业》栏目“打叶复烤和薄片生产企业”分目。

层面提升到政府层面。坚持全省打假一盘棋，积极推动地方党委政府将卷烟打假工作纳入平安综治考核，实行“适度经营、露头就打”，有效遏制制假活动的转移扩散。全年共投入打假经费1.3亿元，查处假烟案件2000起，查获制假窝点304个、大型制假烟机143台、假烟1.56万件、非法烟叶烟丝834吨，公安、司法机关依法拘留407人，逮捕299人，判刑678人。

办结公安部挂牌督办的特大跨国生产销售假烟案件——“鹭岛一号”案，货值金额近3亿元。在八个国家11个港口查获11个货柜近万件假烟，开创我国依靠国际刑事司法协作打击假烟违法犯罪的先河。该案是全国首例赴境外调查取证打击制售假烟的案件。办案期间，公安部、福建省公安厅、厦门市公安局、厦门市局的9名工作人员在法国巴黎克服语言、法律体系等方面的障碍，在法国海关等相关执法部门的配合下，围绕犯罪团伙运输假烟的检查、扣押、质量鉴定、案值认定、假烟处理等五个方面，收集大量证据。案件主犯被判处无期徒刑。

内部专卖管理监督。进一步完善“一案双查”制度，实行卷烟非法流通专销双重考核。福建省共查获非渠道卷烟6858件，同比增长25%。在查获的非渠道卷烟中，省内流通占47%，个别地区流出卷烟比较严重。

市场监督检查。严格落实“12313”举报电话管理规定，加强暗访检查和重点区域整治，在福州、南平开展卷烟零售市场检查方法创新工作。福建省专卖管理部门共查处各类涉烟违法案件1.02万起，同比增长6.5%，其中无证运输案件776起，同比增长59.7%，非渠道进货案件7200起，同比增长17.6%；送检测站鉴别检验的卷烟产品3763批次，涉及查扣卷烟数量63.57万条，同比增长8%。

专卖队伍建设。强化专卖执法监督，编写《行政处罚案件合法性审查指引》，完善各类管理规范的法律审查程序和定期清理制度，提高依法行政水平。开展专卖岗位技能竞赛，组织专卖管理员进行技能鉴定，全省共有70名专卖人员参加初级考试，通过率为80%；178人参加中级考试，通过率为41.6%；385人参加高级考试，通过率为49.1%。

【经济效益】 2013年，福建省烟草商业系统实现税利117.5亿元，同比增长9.1%，其中利润64.8亿元，同比增长12.1%。三项费用率为7.72%，同比下降0.43个百分点。

【卷烟经营】 *卷烟销售*。2013年，福建省烟草商业系统销售卷烟854亿支（170.8万箱），同比增长1.86%，其中，销售一类烟130.5亿支（26.1万箱），同比增长6.64%；二类烟174.5亿支（34.9万箱），同比增长14.14%；三类烟376.5亿支（75.3万箱），同比增长6.31%；四类烟146.5亿支（29.3万箱），同比下降7.23%；五类烟25.5亿支（5.1万箱），同比下降49.45%。本地区销量居前三位的品牌为“七匹狼”“双喜”“中华”，销量分别为510亿支（102万箱）、38亿支（7.6万箱）、26.8亿支（5.36万箱）。

2013年实现卷烟销售收入439.9亿元，实现卷烟税利93.77亿元，同比增长2.92%，其中利润53.62亿元，同比增长0.98%。

品牌培育。加强宣传造势，开展靶向营销、消费者数据库营销、意见领袖口碑营销、体验营销、网络营销等，重点品牌呈现加快发展态势。2013年重点品牌卷烟销售727.55亿支（145.51万箱），同比增长6.17%，占总销量的85.19%；实现销售额414亿元，同比增长8.47%；销售三类（含）以上的重点品牌卷烟674.35亿支（134.87万箱），同比增长8.4%，占总销量的78.95%。高价位卷烟快速扩量，全年销售1.7亿支（0.34万箱），同比增长69.2%。低焦油卷烟销量平稳增长，6毫克/支及以下低焦油卷烟销售14.85亿支（2.97万箱），同比增长15.26%；8毫克/支及以下低焦油卷烟销售147.5亿支（29.5万箱），同比增长8.77%。

终端建设。完善客户分类管理办法，制定《全省现代卷烟零售终端验收标准》，继续投入3000万元专项经费，建设1万户现代零售终端。推进“四网合一”电子商务，网上订货率稳定在82%，POS机扫码、网上配货、网上营销、网上结算比例稳步增加。福建省应用贷记卡订货客户达到7.9万户，使用金融信用额度近15亿元，为客户节约利息支出超过4000万元。

物流建设。构建福建省烟草商业系统物流管理信息平台，加强现代物流建设项目前置性审核，探索纸滑托整托盘联运，开展卷烟包装箱循环利用，扎实推进卓越绩效管理、5S现场管理、“四小”活动和标准化中转站建设。开展A级物流企业创建评估，龙岩、宁德烟草物流有限公司获得3A级物流企业认证。

【烟叶产销】 *烟叶种植与收购*。福建省落实烟叶种植面积109.7万亩，收购烟叶13.22万吨（264.3万担），其中收购“翠碧一号”5.3万吨（106万担）、“红花大金元”0.175万吨（3.5万担）。福建省烟农户数为5.96万户，烟农实现种烟收入34.5亿元，增加9.7亿元；烟农户均收入5.8万元，同比增加1.2万元。烟叶质量不断提高，全省优化结构处理不适用鲜烟叶20.5万吨，折合干烟2.2万吨。专业化分级散叶收购6.24万吨（124.8万担）。烟叶收购等级合格率为82.1%，工商交接检查等级合格率继续保持较好水平，连续第八年获国家局通报表彰。

2013年，福建省实现烟叶销售收入82.5亿元，实现烟叶税利21.3亿元，同比增长60.21%，其中，实现利润10.29亿元，同比增长108%。

现代烟草农业建设。2013年投入烟叶生产基础设施建设资金7.4亿元，建设烟基项目2.23万个，实施烟田土地整理2万亩。三明沙县松乾水库、尤溪县文坑水库、将乐县桃源水库和明溪县黄沙坑水库等四个水源工程项目通过国家局评审，援建资金2.9亿元。截至2013年底，水源工程项目总数25个，援建资金15.9亿元，累计有21个项目开工建设。加强烟农专业合作社建设，全省组建综合服务型烟农专业合作社89家，创建行业示范社7家。推广“惠农金叶卡”项目，协调银行向烟农发放贷记卡，累计提供优惠贷款5.1亿元，为烟农节省利息支出236万元。推广田间机械化作业，机械溶田28.3万亩、机械起垄109万亩、机械剪叶76万亩、机械培土52万亩、机械植保57万亩。

烟区抗灾救灾。3月下旬到6月中旬，省内部分烟叶产区遭受冰雹大风、暴雨洪水等自然灾害，19.8万亩烟田不同程度受灾。灾情发生后，全省共发射人工消雹作业炮弹5111发；发放烟叶救灾补助款1953万元；申请保险理赔1935万元。

【管理创新】 基础管理。省局（公司）制定全省烟草商业系统采购管理规定和集中采购目录，建立五类采购评审专家库、192个供应商名录库，进一步落实“应招尽招”。全年累计组织采购1563项，实际采购资金15.2亿元，公开招标项目比例为65%，公开招标金额比例为79%。推广运用企业管理综合信息平台，开展质量管理体系建设交叉评价。加强对工程建设、物资采购项目和烟田基础设施补贴资金的跟踪审计，做好全面审计整改工作，整改问题3097个，整改金额18.15亿元，整改率达到81%。

安全生产。在莆田召开安全文化建设现场会，探索形成“124”（即贯穿一条主线安全标准化，立足两个层面即目标和方法，构建四大体系即理念体系、行为体系、制度体系、4S体系）和行政、文化、技术“三方驱动”安全管理新模式。完善基层单位安全管理机构，在龙岩、三明、南平三个烟叶产区的县级局（分公司）设立安全管理办公室。对全省烟草商业系统可能存在的12种突发事件进行应急演练课题研究，全年组织开展应急处置和逃生自救应急演练195场，参加演练人员8000多人次。

【思想政治工作】 队伍建设。加强领导班子建设，举办两期处级以上领导干部学习贯彻党的十八大精神专题培训班。调整充实南平、三明市局（公司）和三明金叶复烤有限公司基层班子，配备省局（公司）五个部门主要负责人，选派两名省局年轻干部到基层任职。开展省级内训师选拔，培训学员2.13万人次，使用内训师297人次。

党风廉政建设。制定烟草工作人员违法违纪行为处理规定，全省处理违规违纪行为10人。加强对“八项规定”“三重一大”决策制度、烟叶合同管理的监督检查，对三明金叶复烤有限公司和武夷烟叶有限公司2家复烤企业进行巡视，对宁德、泉州、漳州、南平市局（公司）及海晟投资管理有限公司和进出口有限责任公司进行巡视回访。

【特事要辑】 1月20日，福建省烟草商业系统工作会议在福州召开。

2月23—25日，国家局局长姜成康一行到福建烟草调研，对烟叶生产提出三点意见：一是继续大力推进土地整理工作，做好选点规划、设计、土地流转，晚稻收割后集中时间、精力组织好施工；二是继续大力推进全程机械化工作，大力推广小型、轻便、适用农机械，特别要在烟叶采摘环节机械化上寻求新的突破，将烤烟种植每亩用工控制在15个以内，实现减工降本，提高种烟效益；三是继续大力推进合作社建设，要做好合作社理事长、监事长、经理等管理人员的推选工作，做好植保、培土、物资配送等工作，要实现合作社育苗、机耕、植保、烘烤、分级五个环节全覆盖。

2月28日—3月1日，国家局副局长赵洪顺一行到福建烟草调研，指出下一步要在巩固成果上下功夫，力争早日实现基本根治制假的目标。

4月28日，福建省省长苏树林到沙县考察现代烟草农业建设等农业农村工作，鼓励烟草部门要继续为农村社会经济发展和现代农业建设再立新功。

5月9日，福建省委书记尤权在三明调研工作期间，深入宁化县石壁镇杨边小吴村考察烟叶生产工作，对宁化烟叶工作给予高度肯定，并鼓励当地党委、政府和烟草部门加强服务烟农意识，为促进农民增收、财政增税多作贡献。

9月11—12日，新履职的国家局局长凌成兴到福建烟草调研。凌成兴指出，要立足当前实际，做到“三个坚持不懈”：一是坚持不懈提高烟叶生产水平；二是坚持不懈落实“卷烟上水平”基本方针和战略任务；三是坚持不懈巩固云霄卷烟打假丰硕成果。他表示，国家局对福建烟草未来发展将做到“三不减一增加”，即支持“七匹狼”品牌发展的力度不减，支持现代烟草农业政策的力度不减，支持云霄巩固卷烟打假成果的力度不减，增加扶持闽西等原中央苏区振兴发展的相关政策措施。国家局副局长赵洪顺一同调研。

所属地市级局（公司）

【福州市烟草专卖局（公司）】 福州市烟草专卖局、福建省烟草公司福州市公司成立于1984年3月。下辖10个县级烟草专卖局（分公司）以及福州烟草物流有限公司。

着力推进“亲情式服务”“专销协同服务”“增值性服务”，加快“1+X”品牌培育模式和“336”消费引导法推广。福州市零售终端月户均盈利同比增长3%。全面加强供应链物流、人本物流、科技物流建设，全年物流费用率0.77%。市局（公司）及所属11家单位获得“安全生产标准化‘国标’二级达标企业”称号。

【厦门市烟草专卖局（公司）】 厦门市烟草专卖局、福建省烟草公司厦门市公司成立于1984年，下辖2个县级烟草专卖局（分公司），以及厦门烟草物流有限公司、厦门五福贸易有限公司2家全资子公司和福建厦门海晟连锁商贸有限公司1家控股企业。

创新现代卷烟营销，开发“鹭岛烟圈”手机客户端、“厦门烟草”微信公众平台，推广“海晟尚礼”“三角梅”网上商城等电子商务平台。推动现代专卖管理，加大“防转移、防扩散”工作力度，进一步落实政府打假责任制。转变市场走访模式，发挥专卖指挥中心的信息分析和指挥调度功能，提高走访效率。卷烟人均劳动生产率、单箱人工费用等6个对标指标居全省烟草商业系统第一。

【宁德市烟草专卖局（公司）】 宁德市烟草专卖局、福建省烟草公司宁德市公司成立于1984年7月。下辖9个县级烟草专卖局（分公司），以及宁德烟草物流有限公司1个全资子公司、福建宁德海晟连锁商贸有限公司1个控股企业。

深入推进文化建设，开展第三届“家园文化节”活动，编制服务品牌传播手册，举办“宁烟梦 青年梦”青年论坛，增设“魅力宁烟”文化周环节，“家园文化节”活动平台得到集成优化。

【莆田市烟草专卖局（公司）】 莆田市烟草专卖局、福建省烟草公司莆田市公司成立于1984年7月。下辖4个县级烟草专卖局（分公司），以及莆田烟草物流有限公司（2013年6月成立）1个全资子公司、福建莆田海晟连锁商贸有限公司1个控股企业。

开展客户关系管理“四个一”活动（每个客户经理每天维护一个柜台、每月提升一个客情关系、每季度增强一个客户经营能力、每年帮扶一个弱势客户）。创新物流工艺设备，建成双通道分拣模式和卧式通道机同步作业护烟装置，分拣效率处于全省烟草商业系统领先水平。市局（公司）政风行风民主评议得分居莆田市公共服务单位第一名。优质服务指数测评连续两年满分，居莆田市27个公共服务行业第一名。

【泉州市烟草专卖局（公司）】 泉州市烟草专卖局、福建省烟草公司泉州市公司成立于1984年4月。下辖9个县级烟草专卖局（分公司），以及泉州烟草物流有限公司1个全资子公司、福建泉州海晟连锁商贸有限公司1个控股企业。

构建“政府主导，多方联合，社会参与”的打假防控体系，泉州市8个县级政府与当地乡镇签订打假工作责任状或将打假工作责任落实情况纳入乡镇综治考评和年底考核。实行重点区域挂点、“三长结对子”（市局专卖科科长、县局副局长、专管所所长与基层市管员挂钩）工作制，开展重点市场专项整治等行动，提升市场净化水平。

【漳州市烟草专卖局（公司）】 漳州市烟草专卖局、福建省烟草公司漳州市公司组建于1984年3月。下辖10个县级烟草专卖局（分公司），以及漳州烟草物流有限公司1个全资子公司、福建漳州海晟连锁商贸有限公司1个控股企业。

加强破网追刑，深化与公、检、法等部门协作、两省三市边界区域打假协作，先后破获11起网络案件。深入开展“十个一”法制宣传工程，配合地方政府实施民资、民力、民心回归工程。漳州市卷烟打假形势持续向好，原重点区域云霄的治理工作成效显著，全年仅查获一套制假机械，打假成果进一步巩固。

2013年人均卷烟消费量、条均价增幅、一类烟增幅、省产一类烟增幅等多项主要经济指标居福建省烟草商业系统第一。

【龙岩市烟草专卖局（公司）】 龙岩市烟草专卖局、福建省烟草公司龙岩市公司成立于1984年3月。下辖7个县级烟草专卖局（分公司），龙岩鑫叶物流有限公司、龙岩鑫叶农资有限责任公司2个全资子公司和福建龙岩海晟连锁商贸有限公司1个控股企业。

在福建省烟草商业系统率先推进专业化分级散叶收购。推动营销信息化，推广龙岩数字烟草系统，完善“四网合一”电子商务应用体系。全面推行“品牌推广培育、现代终端建设、综合信息服务，客户拜访服务”四个团队运作模式。鑫叶物流有限公司推进烟箱回收利用、“两烟”物流、卓越绩效管理等工作，被评为“全国3A级物流企业”。

【三明市烟草专卖局（公司）】 三明市烟草专卖局成立于1984年8月，福建省烟草公司三明市公司成立于1984年5月。下辖11个县级烟草专卖局（分公司），以及三明烟草物流有限责任公司、三明市宏叶物流发展有限公司、福建三明金明农资有限公司3个全资子公司和福建省三明金叶复烤有限公司、福建三明海晟连锁商贸有限公司2个控股企业。

深化特色品种培育工作，三明市种植“翠碧一号”35.7万亩，收购4.15万吨（83万担），占全市烟叶总量的77%。突出科技兴烟作用，“卷烟品牌导型烟叶生产体系研究”课题通过鉴定，并获中国烟草总公司科学技术进步奖三等奖。

【南平市烟草专卖局（公司）】 南平市烟草专卖局、福建省烟草公司南平市公司成立于1984年7月。下辖10个县级烟草专卖局（分公司），以及金叶贸易服务有限公司、南平烟草物流有限公司2个全资子公司和福建南平海晟连锁商贸有限公司1个控股企业，并参股福建武夷烟叶有限公司。

2013年，松溪县局（分公司）被中华全国总工会授予“全国模范职工之家”；建瓯市局（分公司）被中华全国总工会授予“全国模范职工书屋”。

所属其他二级单位及派驻机构

【中国烟草福建进出口有限责任公司】 中国烟草福建进出口有限责任公司前身是成立于1985年1月1日的中国烟草进出口公司福建分公司。1991年更名为中国烟草福建进出口公司，同年公司由福州迁址厦门。2001年11月，改制更名为中国烟草福建进出口有限责任公司，股东方分别是中国烟草进出口（集团）公司、福建省烟草公司、福建中烟工业公司、龙岩卷烟厂、厦门卷烟厂。2006年12月，成为中国烟草总公司福建省公司的全资子公司。公司经营范围涵盖烟叶出口和卷烟进口两项，其中烟叶、烟梗境外销售至印度尼西亚、埃及、印度、德国、俄罗斯、荷兰、葡萄牙等国家和中国香港地区，并负责为福建、天津、内蒙古三省（市、自治区）提供包括英美烟草集团“555”、南洋兄弟烟草公司“红双喜”、日本烟草公司“七星”、怡通烟草（香港）有限公司“大卫杜夫”、韩国烟草公司“爱喜”、中国台湾国际脉络股份有限公司“长寿”等品牌在内的进口卷烟和德国“LIVARDE”、古巴“CHICOS”等品牌的进口雪茄烟。截至2013年底，公司拥有总资产2.77亿元，其中，固定资产865万元、流动资产2.17亿元，资产负债率为14.36%。有从业人员49人。

公司2013年实现进出口贸易总额2156万美元，实现销售收入2.77亿元，实现税利1.43亿元，其中利润5532万元。出口烟叶（含烟梗）3454.6吨，出口实现5348.63万元。2013年进口卷烟（含雪茄烟）7.16亿支，进口额1291万美元，销售进口卷烟6.98亿支，销售额2.24亿元。

【福建烟草海晟投资管理有限公司】 福建烟草海晟投资管理有限公司前身是成立于1993年的厦门海晟实业公司，位于福建省厦门市。2007年改制更名为福建烟草海晟投资管理有限公司，成为中国烟草总公司福建省公司的全资子公司，专门负责福建省烟草商业系统多元化投资管理工作。公司以资本经营、投资管理为主线，投资范围涵盖金融投资、房地产开发、信息技术开发、连锁经营、文化传媒、旅游酒店、物业管理等领域。截至2013年底，公司拥有总资产46.80亿元，其中，固定资产2.77亿元、流动资产30.61亿元。公司本部有员工（不含借用）78人，其他控（参）股企业员工1600人。

公司对外投资控（参）股企业有15家，其中控股企业10家，分别是：厦门海晟房地产开发有限公司、福州海晟房地产开发有限公司、泉州海晟房地产开发有限公司、武夷山海晟国际大酒店管理有限公司、福建海晟连锁营销发展有限公司、福建海晟信息技术有限公司、福建省海晟文化传媒有限公司、福建省海晟物业管理有限公司、武夷山市通仙茶业有限责任公司、厦门烟草海晟物业服务有限公司；参股企业5家，分别是：兴业银行股份有限公司、厦门中软海晟信息技术有限公司、福建华橡自控技术股份有限公司、三明海晟房地产开发有限公司、福州芸香阁酒店策划管理有限公司。2013年5月，公司控股企业武夷山海晟国际大酒店管理有限公司全额出资设立武夷山海晟旅行社有限公司。

2013年，公司实现经营收入5.66亿元，实现利润2.20亿元。

2013年福建省烟草商业系统主要情况统计

地市级局（公司）名称		福州市局（公司）	厦门市局（公司）	宁德市局（公司）	莆田市局（公司）	泉州市局（公司）
主要负责人/法人代表		孔祥统	黄端启	石建闽	尤清河	詹小强
总资产（万元）		304064	217633	125159	128090	416541
资产负债率（%）		7.79	7.04	6.63	4.24	2.74
所属县级局（个）		10	2	9	4	9
所属县级公司/分公司（个）		10个分公司	2个分公司	9个分公司	4个分公司	9个分公司
所属县级营销部（个）		—	—	—	—	—
从业人员（人）		1296	463	731	581	1396
所属业务机构	营销机构	1个营销中心	6个客户服务部、1个集团客户服务部	1个营销中心、9个客户服务中心	1个营销中心、1个服务响应部、14个客户服务部	1个营销中心
	物流配送机构	1个物流中心、1个配送中心	1个配送中心	1个物流公司、7个中转站	1个物流公司	1个物流中心、1个配送中心、5个中转站
	专卖稽查机构	1个稽查支队、12个稽查大队	1个稽查支队、7个稽查大队、2个行动大队	1个稽查支队、9个稽查大队	1个稽查支队、5个稽查大队	1个稽查支队、11个稽查大队
	烟叶机构	—	—	—	—	—
销售卷烟	亿支	150.50	91.56	65.10	67.58	188.09
	2013年比2012年（%）	3.60	3.19	0.84	0.53	1.25
卷烟销售收入（万元）		686887	426854	294701	294346	830691
实现税利	万元	171549	108174	68386	75785	212203
	2013年比2012年（%）	7.17	2.65	2.35	1.13	3.83
实现利润	万元	98481	62768	37910	43717	124175
	2013年比2012年（%）	5.22	0.86	4.83	0.70	2.83
查处涉烟违法案件（起）		2568	718	851	879	2237

续表

地市级局（公司）名称	福州市局（公司）	厦门市局（公司）	宁德市局（公司）	莆田市局（公司）	泉州市局（公司）
查处涉烟违法案件案值（万元）	1759	2776	1076	805	1048
2013 年度烟草行业投入烟叶生产基础设施建设资金（万元）	—	—	—	—	—
全年烟叶生产基础设施新增受益面积（万亩）	—	—	—	—	
烟叶种植（万亩）	—	—	—	—	
烟叶收购（万担）	—	—	—	—	
烟农户数（户）	—	—	—	—	
实现烟农总收入（万元）	—	—	—	—	
零售客户数（户）	30246	14310	14786	13343	39030
零售客户销售毛利率（%）	9.80	12.57	11.69	14.06	13.54

地市级局（公司）名称		漳州市局（公司）	龙岩市局（公司）	三明市局（公司）	南平市局（公司）
主要负责人/法人代表		游文忠	姜林灿	张清明	白万明
总资产（万元）		228073	216854	356038	249939
资产负债率（%）		4.35	11.09	19.16	33.31
所属县级局（个）		10	7	11	10
所属县级公司/分公司（个）		10 个分公司	7 个分公司	11 个分公司	10 个分公司
所属县级营销部（个）		—	—	—	—
从业人员（人）		1036	2073	2281	2351
所属业务机构	营销机构	1 个营销中心（含 1 个订单部）	1 个订单部、7 个客户服务中心	1 个营销中心、11 个客户服务中心、1 个订单部	1 个营销中心、1 个电访中心
	物流配送机构	1 个物流公司	1 个卷烟配送中心、6 个中转站	1 个物流公司、3 个配送中心、8 个中转站	1 个物流中心、1 个配送中心、9 个中转站
	专卖稽查机构	1 个稽查支队、10 个稽查大队	1 个稽查支队、7 个稽查大队	1 个稽查支队、12 个稽查大队	1 个稽查支队、10 个稽查大队
	烟叶机构	—	1 个烟科分所、1 个烟叶生产技术中心（合署办公）、1 个烟叶生产部、1 个烟叶购销部、1 个基础办、46 个烟草站、19 个收购点、5 个试验站	1 个烟叶生产部、1 个烟叶购销部、1 个烟科分所（烟叶烟叶生产技术中心）、11 个烟叶管理办公室、88 个烟草站（点）	1 个烟叶生产部、1 个烟叶购销部、1 个烟基办、1 个烟科分所（烟叶生产技术中心）、72 个烟叶站、4 个收购点
销售卷烟	亿支	121.40	55.60	53.99	59.99
	2013 年比 2012 年（%）	2.02	1.02	-1.38	0.29
卷烟销售收入（万元）		541898	247086	210383	236049
实现税利	万元	129563	102850	164660	109737
	2013 年比 2012 年（%）	5.54	22.99	29.69	18.48
实现利润	万元	72546	48433	92595	52556
	2013 年比 2012 年（%）	5.01	34.22	37.88	20.64
查处涉烟违法案件（起）		1368	473	217	642
查处涉烟违法案件案值（万元）		400	1095	1737	3410
2013 年度烟草行业投入烟叶生产基础设施建设资金（万元）		—	49700	18879	10057

续表

地市级局（公司）名称	漳州市局（公司）	龙岩市局（公司）	三明市局（公司）	南平市局（公司）
全年烟叶生产基础设施新增受益面积（万亩）	—	14.35	8.00	8.96
烟叶种植（万亩）	—	28.12	48.16	33.42
烟叶收购（万担）	—	66.40	112.56	85.34
烟农户数（户）	—	15022	29000	15491
实现烟农总收入（万元）	—	81008	167600	109297
零售客户数（户）	28689	13700	12484	13264
零售客户销售毛利率（%）	13.27	11.60	10.23	8.40

（撰稿：傅积恩；编辑：吴中奇　李　昂）

江西省烟草专卖局（公司）

【概　况】　江西省烟草专卖局、江西省烟草公司成立于1984年1月。1984年12月，江西省政府与中国烟草总公司签署协议，决定江西省烟草公司自签字之日起上划中国烟草总公司。上划后全称为：江西省烟草专卖局、中国烟草总公司江西省公司。省局（公司）下辖11家地市级烟草专卖局（公司），以及驻南昌铁路烟草专卖局、中国烟草井冈山传统教育基地、江西省锦峰投资管理有限责任公司、江西赣南烟叶复烤有限责任公司①。省局（公司）机关下设26个处室、部门。截至2013年底，公司拥有总资产170亿元，其中，固定资产36亿元、流动资产134亿元，资产负债率为12%。共有从业人员8778人，其中在岗员工4232人，实行全员聘用制。

2013年，省局（公司）被江西省委、省政府授予“江西省第十三届文明单位”称号。

【领导成员】

局长、总经理、党组书记：魏　平［2013.11—，之前任副局长、党组成员（主持工作）］（国烟人〔2013〕430号、国烟党〔2013〕94号）

副总经理、党组成员：顾厚武

副总经理、党组成员：徐素珍

副局长、党组成员：胡义强（2013.11—，之前任副总经理、党组成员）（国烟人〔2013〕430号）

纪检组长、党组成员：章建华

总会计师：陈建辉

巡视员：郑　京（—2013.12）（国烟党〔2013〕105号）

副巡视员：罗建武

副巡视员：辛焕荣

副巡视员：熊也农

【专卖管理】　专卖内管监督。省局进一步细化省、市、县三级专卖内管机构工作职责，明确所属各市局（公司）规范经营的工作措施和内管派驻办的监管要求，提升内管部门垂直管理力度。集中调配全省专卖内管力量，对重点单位、重要线索、重大案件监管调查，加强卷烟品牌分级监管和重点品牌监管。对烟叶产区的烟叶面积落实、烘烤、收购、不适用烟叶处理等方面进行专项检查。对江西中烟及所属卷烟厂卷烟运输和打码扫码情况进行定期检查。加强对复烤企业副产品、废弃烟草专卖品处理渠道监管，非法渠道卷烟和不规范经营行为得到进一步遏制。

许可证管理。加强许可证后续监管工作，明确后续监管的内容、方式、检查办法及评价标准。省局证件审理进一步实行政务公开，准运证、省内专卖批发许可证、省内特种烟草经营许可证的审批情况实时录入网上审批系统。加强对全省零售许可证的监督管理，加大市场监管和普法宣传力度，对符合办证条件的及时给予办理，对人证不符的进行变更或注销。

市场日常精准监管。制定市场日常精准监管实施方案，6月全面启动试点工作，选择九江瑞昌和吉安新干两个县级局作为试点单位。进一步明确APCD工作法各环节监管步骤，根据零售客户性质和守法经营情况，将零售客户细分为守法户、重点关注户、一般监管户和重点监管户，对不同类别零售客户确定不同的监管频率，采取常规检查、错时错位检查、交叉检查、异地检查。

打假破网。2013年查处案值5万元以上的涉烟违法案件578起，同比增长57.92%；破获符合国家局标准的制售假烟网络案件32起，其中赣州石城县“8·9”制售假冒伪劣卷烟网络案和鹰潭余江县“1·5”销售假冒注册商标卷烟网络案被公安部、国家局列为部督案件。省局与省公安厅联合制定《江西省联合打击制售假烟网络违法犯罪活动工作制度》。11月1日，省局举报投诉中心正式试运行。

① 江西赣南烟叶复烤有限责任公司详见《工业企业》栏目“打叶复烤和薄片生产企业”分目。

【经济效益】 2013 年，江西省烟草商业系统实现销售收入 329 亿元，同比增长 10.77%。实现税利 80.44 亿元，同比增长 10.95%，其中利润 44.78 亿元，同比增长 10.21%。三项费用率为 6.07%。

【卷烟经营】 卷烟销售。2013 年江西省烟草商业系统销售卷烟 722.32 亿支（144.46 万箱），同比增长 2.27%，其中，销售一类烟 128.65 亿支（25.73 万箱），同比增长 16.04%；二类烟 74 亿支（14.8 万箱），同比增长 7.68%；三类烟 250.80 亿支（50.16 万箱），同比增长 6.92%；四类烟 191.60 亿支（38.32 万箱），同比下降 6.08%；五类烟 77.25 亿支（15.45 万箱），同比下降 12.31%。本地区销量居前三位的品牌为“庐山”“金圣”“利群”，销量分别为 159.41 亿支（31.88 万箱）、148.45 亿支（29.69 万箱）、71 亿支（14.20 万箱）。全年实现卷烟销售收入 304.78 亿元，同比增长 9.97%。

品牌培育。制定培育“532”“461”知名品牌建功立业活动实施方案，重点夯实流程规范、制度保障等基础性工作，加大品牌培育工作中先进典型的挖掘和宣传。对市场零售价 600 元/条以上的高价位卷烟或焦油量在 6 毫克/支及以下的低焦油卷烟，通过电子网络平台等现代化营销手段策划网上营销方案。促进“金圣”品牌在省内市场发展，建立市场状态评价和运行调控机制，优先保证“金圣”的购进计划，大力培育“金圣”新品，“金圣”销售困难局面得到扭转。

现代零售终端建设。继续加强现代零售终端建设，整理完成《一户一策系统功能需求说明书》。在突破零售客户原有分档分类分级的基础上，依据市场状态和客户真实销售能力，实现个性化总量控制、自动生成每次建议订单，并由系统自动推送通知客户。截至年底，江西省共有现代零售终端客户 1.06 万户。

物流管理。按照国家局统一部署，开展物流非法人实体化运作，要求各市局（公司）物流资源统一管理、业务运作相对独立。拟定《卷烟配送中心非法人实体化运作实施方案》，并在抚州市公司开展试点。5 月，通过函询的方式对各单位物流管理现状进行摸底调查。6 月，根据抚州市公司试点情况修改方案。12 月，印发方案，向江西省烟草商业系统推广“物流资源统一管理、业务运作相对独立、物流费用自主管控、人事管理适度授权”的非法人实体化物流工作模式。

【烟叶产销】 种植与收购。2013 年种植烤烟 31.70 万亩，同比减少 1.66 万亩。收购烟叶 4.41 万吨（88.23 万担），同比增加 0.26 万吨（5.28 万担）。收购均价 23.56 元/千克，烟农种烟总收入 10.39 亿元。江西省调拨烟叶 4.40 万吨（88.07 万担）。2013 年实现不含税烟叶销售收入 21.60 亿元，同比增长 20.50%。实现烟叶税利 11.21 亿元，其中利润 6.61 亿元。

基地单元建设。2013 年新增国家局基地单元 1 个，省级基地单元 3 个，累计规划建设基地单元总数 12 个，占全省烟叶总产量的 65% 以上。对福建中烟安福寮塘国家局基地单元进行规划评审，红塔集团安福严田基地单元和宜黄黄陂基地单元通过国家局验收。

特色烟叶开发。有序推进浓香型烟叶重大专项基础研究和推广工作，把工作重心转移到“主攻质量、突出特色”上。开展品种、栽培、烘烤等方面专题科技实验 10 余项，江西省建设浓香型烟叶开发综合示范区四个，示范面积达到 1900 亩，为全省浓香型烟叶技术集成和规模开发提供样板。邀请评吸专家对江西烟叶进行评吸，对江西烟叶风格特色进行初步定位。持续加大紫色土浓香型特色烟叶开发力度，紫色土特色烟叶种植面积 6.9 万亩，与红塔集团、江西中烟联合实施的特色优质烟叶基地单元建设持续深入推进。

烟叶生产基础设施建设。2013 年江西省投入资金 3.89 亿元，用于烟叶产区的烟水、机耕路、烤房等常规项目建设。启动安福洋溪、黎川德胜、瑞金拔英等 3 个水库水源工程项目建设。投入资金 400 万元，整理土地面积 2000 亩。加快烟站建设，制定《2014—2020 年基层烟站建设规划》。

【技术创新】 推进烟叶产区的市公司技术中心、重点烟叶实验站建设，省烟科所进一步充实实验仪器设备，启动室外实验基地建设，烟叶三级技术研发服务体系进一步健全。江西省烟草商业系统新增国家局面上科技项目 1 项，取得科技成果 32 项，获得专利授权 19 项，正式登记计算机软件著作权 3 项，发表科技论文 164 篇。2013 年开展 QC 活动 423 项。

【管理创新】 质量管理。制定质量管理体系文件动态管理办法，定期对体系文件进行动态评审，确保体系文件的适用性和时效性。2013 年，江西省烟草商业系统共建标准 3786 个，新增标准 144 个、废止 24 个，修订 183 个。各市局（公司）在目标体系建设过程中，注重目标分解落实，在公司级目标基础上，纵向上按层级进行分解，横向上按时间进行落实，基本形成层级支撑的“三级目标树”构架。

“两项工作”。开展物资采购工作重要信息“必须公开”试点工作，物资采购重要信息公开体系涵盖工程、货物、服务三大业务流程，每个业务流程贯穿立项申请环节、项目审批等八个运行环节，每个环节包含项目申报、项目确定等 85 个公开节点，初步构建“必须公开”的运行体系和保障机制。

【人事政工】 教育培训。举办江西省烟草商业系统处级以上领导干部学习贯彻党的十八大精神集中脱产轮训班。与湖南省烟草职工培训中心联合开展为期一个月的江西省烟草商业系统新进员工岗前培训班。开展培训评估，对 40 课时以上培训项目的教学方式、效果进行评估。2013 年，江西省烟草商业系统共举办培训班 952 期，培训学员 3.47 万人次。

党风廉政建设。把廉政风险防控作为深化源头治理的重点工作，在全省烟草商业系统和省局机关同步推进。省局机关九个部门开展首批廉政风险防控工作，并在南昌、九江、景德镇市局（公司）和赣南烟叶复烤公司等直属单位开展试点。省局机关通过“自己找、群众提、相互查、领导点、组织评”等方法，查找部门廉政风险点59个，岗位廉政风险点130个，分别制定有针对性的防控制度和措施。

【特事要辑】 9月24日，省局（公司）与兴国县政府就落实对口支援兴国工作进行专题研究，明确将抓住国家局大力支持赣南等原中央苏区的良好机遇，全力加快兴国县的全面振兴发展。

11月18—20日，国家局局长凌成兴在江西烟草调研。江西省委常委、赣州市委书记史文清，江西省副省长李贻煌，国家局副局长李克明一同调研。其间，江西省委书记强卫，省长鹿心社会见凌成兴。凌成兴对江西烟草近年来取得的工作成绩给予充分肯定，认为江西烟草发生“三个根本变化”：一是以“金圣”品牌有特色为重要标志，江西烟草工业发生根本变化；二是以县市级烟草分公司全盈利为重要标志，江西烟草商业发生根本变化；三是以税利总额超百亿元为重要标志，江西烟草形象发生根本变化。对江西烟草下一步工作，凌成兴强调，要抢抓机遇，推动发展再上新水平，一要坚定发展目标，二要分析发展潜力，三要落实发展举措。

所属地市级局（公司）

【南昌市烟草专卖局（公司）】 南昌市烟草专卖局、江西省烟草公司南昌市公司成立于1985年5月，下辖8个县级烟草专卖局（分公司）。

品牌培育。为零售客户提供个性化服务，一位客户经理对应一个现代卷烟零售终端客户，提供一对一个性化服务；加强经营指导，根据零售客户店面形象、卷烟陈列、销售技巧等方面为客户“量身定制”品牌培育方案；建立相关激励约束机制，帮助客户提升盈利水平，探索按客户需求自下而上组织货源。制定卷烟品牌发展规划，实现在销卷烟品牌规格数缩减至100个以内的目标。

【九江市烟草专卖局（公司）】 九江市烟草专卖局、江西省烟草公司九江市公司成立于1985年5月，下辖13个县级烟草专卖局（分公司）。

物流管理。新物流建设项目顺利通过国家局审批和九江市人民政府的项目核准，年底完成物流建设地勘工作和分拣仓储设备招标工作。加强卷烟物流费用管理，立足“精细化、制度化”加强物流费用核算，努力达到高效率、低成本的物流运行目标。

队伍建设。实行员工学习计分制管理和提案制管理，每年开展两次全员计分制考试，要求每个员工每年必须提交1个提案，副科级以上干部每年必须完成1篇调研文章。九江市系统共成立35个QC小组，分别对专卖、营销等10个工作领域开展QC攻关，在全国烟草行业第24届优秀质量管理小组成果发布会上获得1个一等奖、1个三等奖。

【上饶市烟草专卖局（公司）】 上饶市烟草专卖局、江西省烟草公司上饶市公司成立于1984年4月，下辖12个县级烟草专卖局（分公司）。

文化建设。以“星火服务无止境，行为规范到终端”为中心，深入开展行为规范试点建设。把行为规范建设与日常工作、实际岗位相结合，为员工搭建网络在线学习平台，配置67门学习课程，同时面向营销人员举办从企业文化、服务品牌到营销理论基础、行为规范等方面的系统培训。

【抚州市烟草专卖局（公司）】 抚州市烟草专卖局、江西省烟草公司抚州市公司成立于1984年7月，下辖11个县级烟草专卖局（分公司）。

技术创新。实行技术中心非法人实体化运作管理，2013年共投入专项科研经费530万元；承担省局立项项目8个，科技协作项目11个，涉及70余个田间试验；发表各类论文30余篇，发布QC项目成果18个。自主研发的三项成果被国家知识产权局授予实用新型专利。

【宜春市烟草专卖局（公司）】 宜春市烟草专卖局、江西省烟草公司宜春市公司成立于1985年1月，下辖10个县级烟草专卖局（分公司）。

卷烟销售。推行智能化卷烟货源分配方案，依据客户实际销售能力，实现货源自动分配，较好解决订购过程中“订什么烟”“订多少”“怎样订货才能多赢利”的问题。

物流管理。在生产经营工作流程实行工作“准时制”管理，规定限时办结时间。实现“准时制”管理后，整合宜丰、上高中转站，优化配送线路1条，减少送货车1辆、配送人员3人。2013年单箱物流管理费用22.53元，同比减少40.4%；车辆修理费同比减少32.7%。

【吉安市烟草专卖局（公司）】 吉安市烟草专卖局、江西省烟草公司吉安市公司成立于1985年5月，下辖13个县级烟草专卖局（分公司）（根据《国家烟草专卖局 中国烟草总公司关于调整吉安市辖区内烟草专卖机构的批复》，2013年4月27日，撤销吉安市城区烟草专卖局、吉安市烟草公司城区分公司，设立吉安市吉州区烟草专卖局、吉安市烟草公司吉州分公司，以及吉安市青原区烟草专卖局、吉安市烟草公司青原分公司）。

加强基层网点建设。大力开展基层营销和专卖网点建设工作，根据各县级市场的行政区划、人口、经济、交通等情况，设置13个县城网点和20个农村网点，消除乡镇、农村以及边远山区的服务监管盲区。同时，选拔网点人员，改善网点人员的办公和生活条件，对吉安市系统各网点的每月卷烟销售情况进行统计和通报，进一步建立灵活高效的基础管理模式。

【赣州市烟草专卖局（公司）】 赣州市烟草专卖局、江西省烟草公司赣州市公司成立于1984年8月，下辖18个县级烟草专卖局（分公司）。

物流建设。持续优化配送线路，建成四个一小时卷烟配送圈，中转站从17个精简为8个，通过减少卷烟中转环节，节省人工费用、干道运输费用380万元。全面推广网上结

算，电子结算客户达到1.96万户，占赣州市零售客户总数51.18%。推行“零库存、微库存、一般库存”的分类管理模式，提高库存周转效率；强化物流成本控制，积极开展燃油费、百公里油耗、车辆修理费为主要内容的劳动竞赛活动，促进降本增效。2013年赣州市单箱物流费用为104.51元/箱，单箱管理费用为7.26元/箱，人均配送效率1283.59箱/人，库存周转次数为28.6次，单箱物流费用、单箱管理费用、人均配送效率、库存周转次数四项指标在江西省烟草商业系统排名第一。

【景德镇市烟草专卖局（公司）】 景德镇市烟草专卖局、江西省烟草公司景德镇市公司成立于1985年1月，下辖3个县级烟草专卖局（分公司）。

市场监管。探索“打击严厉、管理到位、疏导及时、服务周到”的零售市场监管新模式，推行AB岗、错时错位等工作法，建立违规户、无证户、重点监管户、销售大户等信息动态档案，加强日常监管的针对性和有效性。

【萍乡市烟草专卖局（公司）】 萍乡市烟草专卖局、江西省烟草公司萍乡市公司成立于1985年2月，下辖5个县级烟草专卖局（分公司）。

卷烟营销。推进以营销策略转型、客户服务转型、品牌培育模式转型、定时送货转型、营销专业化分工转型“五个转型”，网上配货覆盖率85.5%，网上结算率95%，完成200户“一店一品”零售终端形象店建设。

【新余市烟草专卖局（公司）】 新余市烟草专卖局、江西省烟草公司新余市公司成立于1984年12月，下辖2个县级烟草专卖局（分公司）。2013年，市局（公司）被江西省总工会授予江西省“五一劳动奖状”。

技术创新。实施员工过程化控制系统和一卡通管理平台信息化科研项目，在员工智能手机上安装过程化控制系统和一卡通系统，加强对营销、专卖、物流、督考等环节的有效控制，实现在户外进行零售客户信息采集、价格收集、市场拜访、市场检查、无证户登记、户外协同、送货确认、影音上传等数据录入工作。各级管理人员可在电脑端查看员工的即时地理位置、工作是否按流程开展、时间与地点是否符合要求等考核数据。加强科技项目研发，“带纠错板的卷烟传送机”获实用新型专利授权，“员工过程化控制系统”获得计算机软件著作权。

【鹰潭市烟草专卖局（公司）】 鹰潭市烟草专卖局、江西省烟草公司鹰潭市公司成立于1985年3月，下辖3个县级烟草专卖局（分公司）。

卷烟营销。发挥现代终端品牌培育功能，工商协同开展“一店一品”（选取一间店铺作为一个品牌的重点形象展示）品牌培育活动，分别与江西中烟、浙江中烟协同，在与客户协商自愿的基础上，选择部分现代终端作为品牌培育示范店。为现代终端客户安装零售终端信息系统和扫码枪，引导现代终端自觉即时扫码销售，上传销售信息，进一步发挥现代终端信息采集功能。

所属其他二级单位及派驻机构

【江西省烟草专卖局驻南昌铁路烟草专卖局】 江西省烟草专卖局驻南昌铁路烟草专卖局成立于1992年10月，1993年10月撤销。为加强对南昌铁路局管辖范围内各车站、客货列车及南昌地区铁路二、三村家属区的烟草专卖管理，更好开展铁路沿线卷烟打假打私工作，净化铁路沿线卷烟市场，江西省烟草专卖局驻南昌铁路烟草专卖局于2001年11月恢复成立，是江西省烟草专卖局的派驻机构。共有从业人员39人，其中聘用员工20人。主要职能是依法加强铁路烟草专卖管理，保护烟草专卖品在铁路辖区内的合法经营和运输，打击和查处涉烟违法行为。下设南昌铁路卷烟经营部，卷烟销售范围为南昌铁路局所辖江西省境内的车站、客车和南昌地区铁路二、三村家属区。

2013年，驻南昌铁路烟草专卖局依靠和联合铁路公安等部门严厉打击利用铁路违法违规运输携带卷烟行为，成立新余、上饶、鹰潭铁路稽查大队，推进宜春、吉安、九江3个铁路烟草稽查大队组建，形成快速反应、行动迅速、精准打击的工作格局。2013年共查处各类涉烟违法案件189起，案值376万元。

【中国烟草井冈山传统教育基地】 中国烟草井冈山传统教育基地始建于1996年10月，隶属于江西省烟草专卖局（公司），原是烟草系统进行革命传统教育的基地，也是独立核算的旅游饭店——井冈山金叶大厦。2010年，中国烟草总公司江西省公司注销井冈山金叶大厦的企业法人，注册成立新的事业法人——中国烟草井冈山传统教育基地。2011年7月，中国烟草总公司江西省公司出资2.4亿元进行中国烟草井冈山传统教育基地易地重建。2012年12月完成土建主体工程，2013年底基本完成二次精装修工程。截至2013年底，基地拥有总资产2.15亿元。共有从业人员22人，其中聘用员工6人。

全面推进公开招标。坚持高标准、严要求，严格规范程序，狠抓工程项目招投标工作，坚定不移推进公开招标，做到“应招尽招、真招实招”。2013年，基地共实施“三项工作”项目10个，金额2398万元，其中公开招标项目7个，占实施项目的70%，公开招标金额2350万元，占实施金额的98%。

加强工程项目监管。建立项目建设同步监管体系，严格执行环节报告制度。对工程总体规划设计及造价概算进行审计稽核，设立招标拦标价，建立履约保证金制度，并运用信息化手段，加强对建筑材料收、管、用等环节的监管。聘请第三方全过程跟踪审计，对工程项目各个环节实施程序的监督，有效规范异地重建项目的运作，保障项目建设的质量。

【江西省锦峰投资管理有限责任公司】 江西省锦峰实业有限公司成立于1997年7月8日。由中国烟草总公司江西省公司和江西省烟草公司南昌市公司、抚州市公司、宜春市公司、赣州市公司、上饶市公司、鹰潭市公司、景德镇市公司、萍乡市公司等九家单位共同出资，中国烟草总公司江西省公司控股，按照现代企业制度组建的有限责任公司。主要经营范围为住宿、饮食、副食品的销售、食品加工、卷烟、书刊、工艺美术品的零售，打字、复印、停车服务、物业管理等。公司及所属酒店共有从业人员401人，其中聘用员工378人。

截至2013年底，公司拥有总资产5.67亿元，其中，固定资产1.91亿元、流动资产3.08亿元，资产负债率为8.67%。全年实现营业收入5977万元，同比增长4.61%。公司本级实现利润355.48万元。

2013年，公司相继组建江西省锦峰物业管理有限公司、江西省锦峰软件科技有限公司2家全资子公司，开展卷烟包装箱回收、烟叶包装麻片贸易业务，公司本级首次实现盈利。按照烟草行业多元化经营管理评价体系要求，加强制度建设，完善法人治理结构，强化监督职能，基础管理工作迈上新台阶，在中国烟草投资管理公司组织的行业多元化评价体系评比中列第21位，位置前移12位，其中制度建设维度排名第二位。

2013年江西省烟草商业系统主要情况统计

地市级局（公司）名称		南昌市局（公司）	九江市局（公司）	上饶市局（公司）	抚州市局（公司）
主要负责人/法人代表		李　文	揭东轲	岑　俭	袁　球
总资产（万元）		199068	144982	165754	152979
资产负债率（%）		6.04	10.93	9.66	31.4
所属县级局（个）		8	13	12	11
所属县级公司/分公司（个）		8个分公司	13个分公司	12个分公司	11个分公司
所属县级营销部（个）		—	—	—	—
从业人员（人）		864	788	960	1150
所属业务机构	营销机构	1个营销中心、1个电访中心	1个营销中心、1个电访中心	1个营销中心、1个电访中心	1个营销中心（含电访部）
	物流配送机构	1个物流配送中心	1个配送中心	1个配送中心	1个配送中心
	专卖稽查机构	1个稽查支队、9个稽查大队	1个稽查支队、13个稽查大队	1个稽查支队、12个稽查大队	1个稽查支队、11个稽查大队
	烟叶机构	—	—	—	45个烟叶站
销售卷烟	亿支	93.06	80.00	98.41	52.04
	2013年比2012年（%）	0.48	3.39	1.03	2.06
卷烟销售收入（万元）		436235	361103	434025	226723
实现税利	万元	111843	90931	110934	80595
	2013年比2012年（%）	9.82	12.80	12.61	10.85
实现利润	万元	66039	52132	64592	45282
	2013年比2012年（%）	7.69	11.64	11.34	15.95
查处涉烟违法案件（起）		8813	2910	2164	1509
查处涉烟违法案件案值（万元）		1255	567	1592	2190
2013年度烟草行业投入烟叶生产基础设施建设资金（万元）		—	—	—	14307
全年烟叶生产基础设施新增受益面积（万亩）		—	—	—	7.15
烟叶种植（万亩）		—	—	—	10.76
烟叶收购（万担）		—	—	—	29.60
烟农户数（户）		—	—	—	5223
实现烟农总收入（万元）		—	—	—	35105
零售客户数（户）		19071	23056	27004	16215
零售客户销售毛利率（%）		10.00	15.41	11.84	10.00

地市级局（公司）名称		宜春市局（公司）	吉安市局（公司）	赣州市局（公司）	景德镇市局（公司）
主要负责人/法人代表		詹国华	刘光辉	卢卫铭	吴玉祯
总资产（万元）		137086	133957	214223	58107
资产负债率（%）		7.72	23.77	20.00	5.53
所属县级局（个）		10	13	18	3
所属县级公司/分公司（个）		10 个分公司	13 个分公司	18 个分公司	3 个分公司
所属县级营销部（个）		—	—	—	—
从业人员（人）		827	979	1419	317
所属业务机构	营销机构	1 个营销中心、1 个订单部	1 个营销中心、1 个电访中心	1 个营销中心、1 个电访中心	1 个营销中心（含电访部）
	物流配送机构	1 个物流中心	1 个物流配送中心	1 个物流配送中心	1 个物流配送中心
	专卖稽查机构	1 个稽查支队、10 个稽查大队	1 个稽查支队、13 个稽查大队	1 个稽查支队、18 个稽查大队	1 个稽查支队、3 个稽查大队
	烟叶机构	—	13 个烟叶站	69 个烟叶站	—
销售卷烟	亿支	91.85	69.40	129.00	30.30
	2013 年比 2012 年（%）	3.20	0.59	4.76	0.73
卷烟销售收入（万元）		360788	272236	451716	138389
实现税利	万元	87997	83006	139020	33592
	2013 年比 2012 年（%）	9.47	23.13	13.03	4.88
实现利润	万元	50506	44454	78263	19119
	2013 年比 2012 年（%）	8.85	23.40	12.53	5.78
查处涉烟违法案件（起）		1268	5596	8202	554
查处涉烟违法案件案值（万元）		1028	122	1926	290
2013 年度烟草行业投入烟叶生产基础设施建设资金（万元）		—	12179	12399	—
全年烟叶生产基础设施新增受益面积（万亩）		—	6.09	6.20	—
烟叶种植（万亩）		—	7.67	13.28	—
烟叶收购（万担）		—	21.21	37.41	—
烟农户数（户）		—	4456	8946	—
实现烟农总收入（万元）		—	25120	43722	—
零售客户数（户）		24488	19701	38079	7443
零售客户销售毛利率（%）		10.00	10.80	10.20	10.50

地市级局（公司）名称	萍乡市局（公司）	新余市局（公司）	鹰潭市局（公司）
主要负责人/法人代表	熊尚彬	殷亚军	凌路平（主持工作）
总资产（万元）	55927	36210	41624
资产负债率（%）	6.39	10.21	5.73
所属县级局（个）	5	2	3
所属县级公司/分公司（个）	5 个分公司	2 个分公司	3 个分公司
所属县级营销部（个）	—	—	—
从业人员（人）	356	241	236

续表

地市级局（公司）名称		萍乡市局（公司）	新余市局（公司）	鹰潭市局（公司）
所属业务机构	营销机构	1个营销中心、1个电访中心	1个营销中心、1个电访中心	1个营销中心、1个电访中心
	物流配送机构	1个物流配送中心	1个物流配送中心	1个配送中心
	专卖稽查机构	1个稽查支队、6个稽查大队	1个稽查支队、4个稽查大队	1个稽查支队、4个稽查大队
	烟叶机构	—	—	—
销售卷烟	亿支	36.00	22.91	19.38
	2013年比2012年（%）	2.86	1.19	1.63
卷烟销售收入（万元）		160172	104719	93661
实现税利	万元	39027	25058	22560
	2013年比2012年（%）	9.78	11.64	1.81
实现利润	万元	21980	13895	12910
	2013年比2012年（%）	7.32	11.07	3.28
查处涉烟违法案件（起）		1525	1004	739
查处涉烟违法案件案值（万元）		154	305	130
2013年度烟草行业投入烟叶生产基础设施建设资金（万元）		—	—	—
全年烟叶生产基础设施新增受益面积（万亩）		—	—	—
烟叶种植（万亩）		—	—	—
烟叶收购（万担）		—	—	—
烟农户数（户）		—	—	—
实现烟农总收入（万元）		—	—	—
零售客户数（户）		9331	4860	4306
零售客户销售毛利率（%）		12.12	10.72	10.62

（撰稿：王　萱；编辑：吴中奇　李　昂）

山东省烟草专卖局（公司）

【概　况】　山东省烟草专卖局成立于1983年10月，山东省烟草公司组建于1982年4月。1985年12月，山东省烟草公司正式上划中国烟草总公司，更名为中国烟草总公司山东省公司。省局（公司）下辖17家地市级烟草专卖局（有限公司）、140家县级烟草专卖局（分公司、营销部）以及《东方烟草报》社有限公司①、中国烟草山东进出口有限责任公司、中国烟草总公司青州中等专业学校、山东烟草投资管理有限公司、山东烟叶复烤有限公司②、山东烟草研究院和山东泰山壹伍叁贰物联供应链有限公司。省局（公司）机关内设15个职能处室、13个专业部门、2个临时机构。截至2013年底，公司拥有总资产395.16亿元，其中，固定资产58.88亿元、流动资产287.82亿元，资产负债率为24.34%。共有从业人员23091人，实行全员聘用制。

【领导成员】

局长、总经理、党组书记：孙公淮

副局长、党组成员：陈毅力（正厅级）

巡视员、副总经理、党组成员：武梅华

副总经理、党组成员：刘云生

纪检组长、党组成员：张克强

副总经理、党组成员：王永平

副总经理、党组成员：王卫平

副总经理、党组成员：宋新忠

副巡视员：邓志坚

副巡视员：祝国业（—2013.7）（国烟党〔2013〕60号）

副巡视员：韩春曦

【专卖管理】　完善联合执法协作机制。充分发挥党委和

① 《东方烟草报》社有限公司详见《文化建设》栏目。

② 山东烟叶复烤有限公司详见《工业企业》栏目“打叶复烤和薄片生产企业”分目。

政府的主导作用，不断完善省综治委规范烟草市场秩序联席会议制度，省综治委继续将规范烟草市场秩序工作列入社会管理综合治理暨“平安山东”建设考核体系。省政府将省局列为省打击侵犯知识产权和制售假冒伪劣商品工作领导小组、省查处取缔无证无照经营行为联席会议、省防范和打击经济违法犯罪协调会商机制、省打击走私领导小组的成员单位。深化部门协作，认真落实公、检、法、烟四部门联席会议制度；与省公安厅进一步巩固和完善治安牵头、多警种参与的涉烟案件侦办机制；与交通、商务、工商、通信、邮政、打私、海关、铁路、民航等部门加强协作配合，工作合力不断增强。密切区域协作，与十省（市、自治区）制定联合打击涉烟违法活动工作机制，提高跨区域协作水平。

加大市场监管力度。推进专卖管理信息化建设，开展专卖管理与控制体系信息系统升级改造。推进环鲁公安检查站稽查涉烟违法犯罪工作，在山东省42个环鲁公安检查站中建成22个烟草稽查卡点，实现市场监管的关口前移。联合有关执法部门组织开展打击卷烟走私专项行动，打击卷烟非法流通专项行动，名烟名酒店、礼品回收店涉烟违法经营集中整治活动，雪茄烟市场专项治理行动，规范市场经营秩序。

打假破网。2013年，挂牌督办重大网络案件18起，查处各类涉烟案件3.1万起，查获非法卷烟2.23亿支，烟草机械19台，烟丝（烟叶）420.72吨，总案值1.24亿元。公安、司法部门拘留涉烟违法犯罪分子1505人，逮捕425人，判刑558人。破获符合公安部、国家局标准的制售假烟网络案件70起，其中5起被公安部、国家局列为部级督办案件。省局连续六年被公安部、国家局评为“全国卷烟打假工作特殊贡献单位”。

加强基层基础管理。烟草专卖柔性执法工作被省政府评为“山东省省直机关先进工作法”。制定下发《关于进一步加强烟草专卖许可后续监管、做好零售许可证延续换发工作的通知》，完成零售许可证延续换发工作。以专卖管理岗位技能鉴定为抓手，进一步加大培训力度。山东省累计开展专卖管理岗位技能鉴定15个批次，参加鉴定9995人次；通过烟草专卖管理师岗位鉴定53人次，高级烟草专卖管理员1536人次，中级4833人次，初级648人次；专卖人员岗位技能鉴定考试一次性通过率超过71%。

【经济效益】 2013年，山东省烟草商业系统实现税利179.70亿元，同比增长7.16%，其中利润88.27亿元，同比增长3.42%。三项费用率为9.04%。

【卷烟经营】 *卷烟销售*。2013年山东省烟草商业系统共销售卷烟1844.74亿支（368.95万箱），年人均销量9.63条，同比增加0.1条。总销量居全国首位，占全国总销量的比重为7.38%，其中，一类烟300.68亿支（60.14万箱），同比增长12.82%；二类烟147.32亿支（29.46万箱），同比增长14.89%；三类烟994.16亿支（198.83万箱），同比增长2.23%；四类烟252.43亿支（50.49万箱），同比下降13.37%；五类烟150.15亿支（30.03万箱），同比下降11.83%。本地区三类以上卷烟销量居前三位的品牌为“泰山”“红塔山”“利群”，其中“泰山”销售671.53亿支（134.31万箱），同比增长9.35%；“红塔山”125.52亿支（25.1万箱），同比下降8.88%；“利群”108.28亿支（21.66万箱），同比增长19.64%。全年共实现卷烟销售收入898.01亿元，同比增长6.49%。实现卷烟税利174.47亿元，同比增长5.80%，其中利润91.92亿元，同比增长3.37%。

实施品牌培育工程。优化品牌布局，不断优化类别和价位段布局。针对统一批发价在600元/条（含）以上的高价位卷烟以及170~290元/条、95~170元/条价位卷烟发展缓慢的现状，加大工商协同力度，有针对性地做好市场推广和消费引导，促进城镇中等收入人群主流消费价位转移到95~170元/条和170~290元/条价位上来。深挖农村市场潜力，促使主流价位逐步从52~78元/条价位逐步向78~95元/条价位转移。保持四、五类烟的稳定供应，合理满足低收入群体需求。坚持对品牌培育实行分类指导，做好老少边穷地区卷烟品牌的培育工作。在重点品牌的培育上，统筹兼顾，注重质与量的同步提升，提升整体经营效益。开展重点品牌上柜提升活动，明确月度上柜率目标，利用5个月的时间，逐月提高市场覆盖率，成效显著；12个重点提升规格单规格上柜户数从5月的8万户提高到14万户，增幅达到70%以上。

强化协同营销机制。在战略层面、执行层面不断强化协作机制，促进理念、机制、职能要素协同，构建衔接紧密、信息共享、资源优化的营销价值链。战略层面，工商双方在不断巩固战略联盟关系的基础上，建立高层沟通交流机制，制定品牌发展规划，明确努力方向。执行层面，不断拓展信息共享的深度和广度，实现信息的实时共享。

加强农村市场开发。开展农村市场摸底调查，寻找“发展的潜力在哪里”，对市场进行全面分析，有针对性地开展婚庆、民俗等特类市场营销，挖掘市场潜力。首先在济宁市局（公司）开展试点，总结提炼出“五化”工作法，即营销策略精准化、结构提升梯次化、营销服务网格化、市场开发流程化、双优双创长效化。8月，在济宁召开全省烟草系统农村市场开发暨品牌培育工程现场会，通过强化消费引导，9月农村市场消费结构不断提升，山东省农村市场对销售收入增长的贡献度达到60%以上。

【烟叶产销】 *烟叶生产和收购*。2013年，山东省种植烤烟56.11万亩，签订产购合同17183份；收购烟叶8.07万吨（161.4万担），同比增加0.50万吨（9.95万担）；上等烟比例50.10%，中等烟比例49.90%，上中等烟比例100%；烟叶收购等级合格率84.3%，工商交接等级合格率63%。收购均价23.33元/千克，同比提高1.78元/千克。烟农种烟总收入21.10亿元，同比增加1.30亿元；户均种植面积32.70亩；户均收入12.30万元，同比增加1万元。山东省调拨烟叶6.98万吨（139.53万担），同比增长32.90%，实现烟叶销售收入32.42亿元，实现烟叶税利5.08亿元。

山东省投资6亿元（其中本省系统投入4.77亿元），建设烟叶生产基础设施项目1.04万个；投入1236.92万元，建设新农村公益事业项目70个，生态村综合配套水平进一步提升。山东省1000个生态村种植烤烟面积30.2万亩，占全省总种烟面积的54%；种植农户1.03万户，占全省种植农户的60%；交售烟叶4.29万吨（85.8万担），占总收购量的53%；烟农收入11.6亿元，占烟农总收入的55%。日照市五莲县龙潭沟水库二期大坝主体工程处于全面施工建设阶段；临沂市费县三和水源工程十个分部工程完成验收，被评为优良等级。

现代烟草农业建设。以承办全国烟叶现场会为契机，抓好现代烟草农业综合配套。全省烟叶家庭农场3126个，种植专业户1.06万户，农场和专业户种烟面积54.40万亩，占总面积的96.95%。优化整合形成综合服务型烟农专业合作社51个，创建行业示范社4个、省级示范社10个，烟农入社率95.40%，配备各类服务专业队1388个，专业化服务人员2.06万人，培育职业烟农8012户。“家庭农场（专业户）+合作社”的烟叶生产组织模式总体形成。全省补贴配套农机2245台（套）；在四个基地单元开展田间机械化试点，面积6.70万亩，配备农机1915台（套），开展全程机械化试点1.40万亩；烟田机耕、起垄、施肥、覆膜机械化作业率分别达到89%、92%、69%、75%。开发合作社管理系统、专分散收智能系统，推广育苗工场、密集烤房远程监控系统。

烟叶品质特色化。品种结构进一步优化，推广“NC55”“NC102”“鲁烟1号”33.50万亩，优质特色品种占87%以上。集成推广先进适用技术，推广机械化直播育苗、漂浮育苗技术21.50万亩；推广小苗膜下移栽24.80万亩，示范井窖式移栽3760亩；推广“冬牧70”绿肥种植6.93万亩；在五个基地单元开展“烟草GAP管理模式研究与应用”项目；在1600座烤房推广烟夹与散叶烘烤，“山东浓香低害烟叶研究与开发”项目进展顺利。全面开展优化结构工作，全省处理不适用烟叶折合干烟1.87万吨（37.40万担），在4个基地单元8.88万亩开展烟叶订单生产试点，订单需求0.875万吨（17.50万担）。

【管理创新】 坚持“保牌、稳价、促销、增效”调控方针，科学实施计划，完善落实运行分析例会制度，突出问题导向，准确把握经济运行动态，促进全省烟草商业系统经济运行质量的进一步提高。深入推进全面预算管理，规范水平得到显著提升。加强资金日常监管，规范资产处置行为，实现国有资产保值增值。健全投资管理制度，突出项目前期论证和第三方审核，投资规范化水平明显提高。全面落实“应招尽招”“真招实招”的工作要求，采购效率和公开招标率得到进一步提高。全系统在建项目250个，完成投资5.79亿元；实施采购项目1531个，采购金额10.6亿元，公开招标率为88.9%，同比提高10.9个百分点。突出目标管理的引领作用，扎实推进“管理创一流”和“精益管理”活动，企业管理基础进一步巩固。加强标准研究，在行业首创企业标准《烟草商业企业目标体系建设实施指南》，顺利通过行业企标委评审。开展交叉评价，以评促改、改进企业管理短板。不断完善对标专题分析、月度通报制度，对标工作“三个体系”进一步完善。举办全系统第二届优秀QC小组成果发布会，“提高烟叶成包效率”“提高卷烟入库自动扫码识别率”分别获得全国烟草行业第24届优秀质量管理小组成果发布会二等奖、三等奖。

【人事政工】 人事劳资。选聘企业经营管理类拔尖人才以及高级专业技术职务人才。实施“强县”战略，对连续三年担任强县（市）主要负责人的10名同志进行组织考察，并享受相关薪酬待遇。全系统共选拔处级干部56人，交流处级干部27人，选派6人赴潍坊诸城市镇两级党委政府挂职锻炼。采取公开遴选方式，从基层择优选拔26人到省局（公司）机关工作。集中举办全系统处级以上干部学习贯彻党的十八大精神专题培训班，并把培训范围扩大到省局（公司）机关正科级干部和县级局主要负责人，培训6期、427人。22人参加全国地市局（公司）领导班子成员轮训班，9人参加国家局党校进修班，7人参加省委党校干部进修班，67名处级干部参加省直机关党校的学习党的十八大精神轮训班。举办全系统第二轮干部培训班8期，培训1000人。全年举办各类培训班2096个，培训员工8.90万人次。

加强思想政治建设。制定印发《关于进一步加强机关学习的意见》，把每周四下午确定为“机关学习日”，着力打造学习型机关，努力实现干部职工思想境界、干部职工能力素质、经营管理水平、市场控制水平和发展质量效益“五个明显提升”。围绕强化大局观念、增强能力素质、改进工作作风、密切联系群众、高效廉洁履职主题，分动员学习、查摆整改、总结提升三个阶段，在全系统组织开展“改进作风年”活动。全系统先后召开各类动员会160余次，制作宣传栏240余块，设立网站专栏30余个；干部职工先后撰写心得体会、学习笔记7640余篇，主题征文390余篇，举办作风建设大家谈座谈会170余次，演讲比赛25场。

党风廉政建设工作。坚持把廉政工作作为“四条高压线”之一，实行“一票否决”，不断加强对党风廉政建设和反腐败工作的组织领导。制定《贯彻落实〈十八届中央政治局关于改进工作作风、密切联系群众的八项规定〉实施细则》，扎实开展自查自纠，发文同比减少6.8%，业务招待费同比下降44.3%，出国费用同比下降16.97%，会议数量同比下降31.6%，会议费同比下降39.44%。组织干部职工从优良传统、不良风气、时代新风三个维度，积极创作漫画作品，收到漫画作品600余幅。开展会员卡清退活动，2203名党员干部作出“零持有”报告。组织参加“阳光政务热线”节目，及时解答网民在“齐鲁民声”网上的咨询和投诉，全年解答和反馈群众反映的问题166个，树立良好的行业形象。

企业文化不断完善。突出“情义”规范的内涵，增加“规范、廉政、安全、稳定”的企业红线，形成《“情义”文化手册（2013版）》。正式发布《“真情”服务品牌手册》，明确“真情”服务品牌的愿景、定位、视觉识别。提炼形成《“情义”之行——“情义”行为规范手册》，正式发布“情义”之行行为规范，员工行为规范年度培训率基本达到100%。

【特事要辑】 1月20日，2013年山东省烟草工作会议在济南召开。山东省副省长张建国出席会议并讲话。

3月4日，国家局副局长何泽华到山东潍坊诸城市考察调研现代烟草农业建设工作，并指导全国烟叶收购暨现代烟草农业建设现场会筹备工作。

6月5—6日，国家局副局长赵洪顺在山东烟草调研。

6月6日，山东省委副书记王军民到潍坊诸城市考察调研烟农专业合作社和烟叶家庭农场建设与发展工作。

7月1—3日，国家局局长凌成兴在山东烟草调研，副局长何泽华一同调研。其间，山东省委书记、省人大常委会主任姜异康，省委副书记、省长郭树清会见凌成兴，双方就山东烟草改革发展交换意见。凌成兴要求山东烟草紧紧围绕"卷烟上水平"，努力实现"两保持三提高"目标。对于山东烟草下一步的工作，凌成兴强调要以学习贯彻党的十八大精神为统领，以正在全党开展的群众路线教育实践活动为动力，在坚持"三不变、三稳定"前提下，思考、谋划、实践"三大课题"，坚持一个制度、狠抓三件大事，认真做好改革发展各项工作。山东烟草要紧紧围绕"卷烟上水平"，坚持做到"两个保持、三个提高"，即：保持卷烟销量全国第一的基本地位；保持卷烟生产总量全国靠前的基本地位。通过工商共同努力，把"泰山"品牌宣传好、管理好、营销好，提高一、二类卷烟的比重，努力达到全国平均水平；提高卷烟单箱销售收入和利税水平，用三到五年时间达到全国平均水平；提高服务经济社会发展的贡献能力，力争三年使山东中烟成为山东第一税利大户。

7月4—5日，2013年全国烟叶收购暨现代烟草农业建设现场会在山东诸城召开。国家局局长凌成兴出席会议并讲话，山东省副省长赵润田致辞，国家局副局长何泽华出席会议并讲话。

7月24—25日，山东省委副书记、省长郭树清带领省政府党组成员到潍坊诸城市调研烟农专业合作社建设和发展情况。

11月5—6日，国家局副局长李克明在山东烟草调研。其间，山东省委常委、青岛市委书记李群与李克明就烟草工作交换了意见。

所属地市级局（公司）

【济南市烟草专卖局（有限公司）】 济南市烟草专卖局组建于1984年2月，济南烟草分公司组建于1983年1月，2000年改制更名为山东济南烟草有限公司。下辖10个县级烟草专卖局（营销部），济南泰山壹伍叁贰物联商贸有限公司1个多元化企业。

品牌培育。细化"一县一策、一区一策、一品牌一策"投放政策，建立营销基础工作专项考核奖励制度。深挖农村市场、铁路市场和特色市场消费潜力，促进重点培育品牌健康成长。2013年，"泰山（大鸡）"上市，恢复"大鸡烟"，赢得各界好评。2013年共销售重点品牌卷烟144.35亿支（28.87万箱），同比增长3.52%，占总销量比重达到92.44%，其中，"泰山"品牌销量达到52.4亿支（10.48万箱），同比增长4.55%，比重达到33.5%。

零售客户致富工程。探索实施"159"服务模式，推广RFID客户服务卡，全面提升零售客户服务水平。建立帮扶档案和慈善工作站，再次向"真情·涌泉"慈善基金注资500万元。创办《济南专刊》，组建通信虚拟网，协助零售客户办理贷记卡。2013年零售客户户均毛利1.94万元，同比增长2.52%，毛利率达到11.83%。

【青岛市烟草专卖局（有限公司）】 青岛市烟草专卖局成立于1984年2月，青岛烟草分公司组建于1982年9月，2000年改制更名为山东青岛烟草有限公司。2013年，根据市政区划调整，四方区和胶南市烟草专卖局分别与市北区和黄岛区烟草专卖局合并。截至年底，下辖10个县级烟草专卖局（营销部、分公司），青岛慧众泰山壹伍叁贰商贸有限公司1个多元化企业。

专卖管理。与公、检、法、工商等部门密切协作，在地市层面建立21项协作机制，在区县层面建立54项协作机制。探索实施"社区+终端"烟草专卖管理工作模式，合力对社区零售客户和消费者实施网格化、信息化采集，实行"一户一档"户籍化管理，实现"专卖进社区、社区得效益，客我获双赢、消费更满意"。

零售客户致富工程。全年开展132场专题培训，积极开展卷烟零售客户融资帮扶，有效解决客户资金周转难题。引导卷烟零售客户改善店面形象，帮助1.49万名中小户进行店面形象改造，推动2210户进行现代零售终端建设硬件升级。大力推进卷烟品牌培育工程，销售全国重点品牌161.5亿支（32.3万箱），同比增长6%。

【淄博市烟草专卖局（有限公司）】 淄博市烟草专卖局成立于1983年12月，淄博烟草分公司组建于1982年12月，2000年改制更名为山东淄博烟草有限公司。下辖8个县级烟草专卖局（营销部、分公司），山东金建物流有限公司、淄博泰山壹伍叁贰物联商贸有限公司2个多元化企业。

卷烟销售。坚持"稳定四、五类，提升三类，扩展二类，突破一类"的营销思路，一、二类卷烟销量占比达到24.4%。协调有关部门，为1947家零售客户融资6767万元，新发展邮政便民服务站719家，彩票代售点35家，通讯费代收点104家。培训零售客户5322人次，户均盈利3.18万元，同比增长8.04%，其中困难零售客户盈利同比增长9.71%。投资82万元，改善2426家零售客户经营环境。

【枣庄市烟草专卖局（有限公司）】 枣庄市烟草专卖局成立于1984年2月，枣庄烟草分公司组建于1982年9月，2000年改制更名为山东枣庄烟草有限公司。下辖6个县级烟草专卖局（营销部）、枣庄泰山壹伍叁贰物联商贸有限公司1个多元化企业。

品牌培育。坚持"均衡投放、稍紧平衡"的货源投放原则，通过"月度商定总量"和新指标分解方式相结合，优化

货源供给，满足实际需求。发挥集团及民俗市场的消费引领作用，开展温泉文化旅游节、国际石榴节、湿地红荷节等活动的事件营销工作，强化重点品牌卷烟在本地市场的发展。

专卖管理。构建“治安牵头，刑侦、技侦、交警、网安、经侦等多警种参与”的涉烟案件侦办机制。与鲁南七个地级市建立完善区域烟草打假协作机制、进一步落实线索移交、案件串并、跨省行动、区域协作等工作制度。2013年共查处各类涉烟违法案件1857起，破获符合公安部、国家局标准的网络案件2起。

【东营市烟草专卖局（有限公司）】 东营市烟草专卖局成立于1983年12月，东营烟草分公司组建于1983年5月，2000年改制更名为山东东营烟草有限公司。下辖5个县级烟草专卖局（营销部），东营泰山壹伍叁贰物联商贸有限公司1个多元化企业。

开展卷烟进油田、企业家座谈会、品牌专题营销活动，2013年销售全国重点品牌42.35亿支（8.47万箱），同比增长12.28%。深化零售客户致富工程，设立100万元困难零售客户帮扶基金。加强现代卷烟零售终端建设，网上订货率、订货成功率分别达到84.89%、90%。开展10S现场管理，新物流配送中心项目顺利通过国家局前置性审查论证。

【烟台市烟草专卖局（有限公司）】 烟台市烟草专卖局成立于1984年1月，烟台烟草分公司成立于1982年12月，2000年改制更名为山东烟台烟草有限公司。下辖12个县级烟草专卖局（营销部）和烟台泰山壹伍叁贰物联商贸有限公司1个多元化企业。

零售客户致富工程。规范零售终端陈列和出样标准，打造各类精品示范线路105条、精品示范店326个，为2847名零售客户发放卷烟柜台3262组。建立两级班子成员“一对一”帮扶、12个志愿者服务队定期开展活动长效机制。打造生态村富民工程，坚持“输血”与“造血”并重、公益性帮扶和经营性帮扶有效对接的工作思路。

【潍坊市烟草专卖局（有限公司）】 潍坊市烟草专卖局成立于1984年3月，山东省烟草公司潍坊市公司成立于1982年10月，2000年8月更名为山东潍坊烟草有限公司。下辖12个县级烟草专卖局（营销部、分公司），潍坊泰山壹伍叁贰实业有限公司1家多元化企业。

现代烟草农业建设。承办全国烟叶收购暨现代烟草农业建设现场会和全国烟叶精益生产推进会，形成并完善“产业化龙头企业+家庭农场（种植专业户）+合作社”的生产经营组织模式。深入实施烟叶生产生态村富民工程，投入3.2亿元，建设基础设施4609项。潍坊烟叶生产技术中心被国家局认定为行业级烟叶生产技术中心。推进非烟生态村富民工程，帮扶成立非烟农民合作社3个。

【济宁市烟草专卖局（有限公司）】 济宁市烟草专卖局、山东省烟草公司济宁市公司分别成立于1984年2月、1982年8月。下辖12个县级烟草专卖局（营销部），济宁泰山壹伍叁贰物联商贸有限公司1个多元化企业。

构建“大专卖”工作格局。开展严格规范集中整治和打击非渠道卷烟、打击制售假冒伪劣卷烟、打击利用邮政快递物流渠道违法寄递烟草专卖品专项行动，从非渠道卷烟非法流通供销链条上进行监管，侦破6起符合公安部、国家局标准的网络案件，保持了严打严防的高压态势。

生态村富民工程。投入505万元建设生态村13个，促进农民致富。积极推进实施生态村增员和新型农村社区建设试点，做好规划选址和项目选择工作。

【泰安市烟草专卖局（有限公司）】 泰安市烟草专卖局、山东省烟草公司泰安市公司分别成立于1984年2月、1983年9月。下辖6个县级烟草专卖局（营销部），泰安泰山壹伍叁贰物联商贸有限公司1个多元化企业。

零售客户培训。2013年开展111场次零售客户培训和客户能力提升活动，提供帮扶资金20.76万元，组织志愿帮扶活动462次，开展农行小额贷款和京安利德融资服务工作，2013年帮助1040户零售客户累计融资3.88亿元。

生态村富民工程。与市委、市政府“强村固基”工作要求相结合，全年累计捐款195万元，帮助中和村105户农民成立波尔山羊养殖专业合作社，使农民户均年收入增加2000余元。

【威海市烟草专卖局（有限公司）】 威海市烟草专卖局、山东威海烟草有限公司成立于1988年7月。下辖4个县级烟草专卖局（营销部），威海泰山壹伍叁贰物联商贸有限公司1个多元化企业。

卷烟营销。开展“创建优秀片区，打造金牌团队”和“每季一考”活动，促进营销队伍业务技能和综合素质持续提升。突出高端、低焦、细支三个重点，深度开发社团、旅游、婚庆、酒店、商超五大特类市场，有效带动销售结构整体提升。深入推进“卷烟零售客户致富工程”。

深化执法协作机制建设。健全由13个成员单位参加的规范烟草市场秩序联席会议制度，加强与江苏、福建、河南等省份及省内有关地市的跨区域执法协作。2013年，破获符合公安部、国家局标准的网络案件5起，其中，“1·5”案件被省局、省公安厅挂牌督办，“5·9”案件为威海市破获的第一起经公安部批准发起“集群战役”的跨国走私网络案件。

【日照市烟草专卖局（有限公司）】 日照市烟草专卖局成立于1991年7月，日照烟草分公司组建于1991年7月，2000年改制更名为山东日照烟草有限公司。下辖4个县级烟草专卖局（分公司）和1个物流经营管理中心（2013年新设，正科级单位）。

卷烟营销。细分121个客户群，实现精准营销；实行客户经理基础工作考核，规范标准与流程；创新建设卷烟营销移动管理平台，通过全程痕迹化管理，实现对客户经理服务全过程的实时监管。优化品类布局，日照市三类以上重点品牌卷烟销量同比增长12.10%。建设7个“日照旅游景区泰山品牌形象店”，创新实行推烟器、简易货架等终端建设。

企业管理。创新推进“三个中心，一个平台”建设。整合成立烟叶生产经营中心、卷烟营销中心、物流经营管理中心，建设全市烟草管理调度指挥中心平台，实现规范化、扁平化管理，扎实推进烟站整合。将24个烟站整合为8个中心烟站，形成“中心烟站+收购点”的格局。大力开展片区管理，科学调整专卖、销售线路，使片区内的市场经理、客户经理、市管员、送货员发挥协作优势。

【莱芜市烟草专卖局（有限公司）】 莱芜市烟草专卖局成立于1984年1月，莱芜烟草分公司组建于1984年1月，2000年改制更名为山东莱芜烟草有限公司。下辖2个县级烟草专卖局（营销部）和莱芜泰山壹伍叁贰物联商贸有限公司1个多元化企业。

生态村富民工程。投入资金450万元，帮助试点生态村成立莱芜泰山壹伍叁贰真情种植专业合作社，通过建设蔬菜种植和养殖基地、生态村公益帮扶、合作社效益分红和劳务输出等合作形式，着力发展生态特色农业，实施标准化管理、品牌化经营，农民年增收达到3000元左右。

【临沂市烟草专卖局（有限公司）】 临沂市烟草专卖局成立于1984年3月，临沂烟草分公司组建于1982年11月，2000年改制更名为山东临沂烟草有限公司。下辖12个县级烟草专卖局（营销部、分公司），临沂泰山壹伍叁贰物联商贸有限公司1个多元化企业。

创新型企业建设。2013年实施科技项目105项，合作项目3项；承担国家局重大专项3个、省局（公司）重点项目8个。被国家知识产权局授权与生产经营管理有关的专利41项，获得省部级科技奖1项。“密集烤房高效节能环保设备研发与应用”项目获得“第四届山东省企业重大创新成果”。

营销网建。按照红色终端、商圈终端、社区终端、亲情终端、乡情终端、直营终端六种类型，探索建立特色终端建设模式。加强信息化建设，推广“e通”终端营销管理系统、“e访”客户经理移动办公系统，实现终端营销智能化、服务营销信息化。山东省卷烟营销暨网络建设现场会于12月在临沂召开，相关经验在全省范围推广。

【德州市烟草专卖局（有限公司）】 德州市烟草专卖局成立于1984年4月，德州烟草分公司组建于1982年11月，2000年改制更名为山东德州烟草有限公司。下辖11个县级烟草专卖局（营销部），德州泰山壹伍叁贰物联商贸有限公司1个多元化企业。

生态村富民工程。2013年共投入529万元，建设生态村16个，包括13个普通村和3个特色村，建成39个民生项目和17个生产项目。在零售客户致富工程方面，2013年投入帮扶资金近30万元，发动团员青年106人次，帮扶困难零售客户780户，建设便民服务站707个。

【聊城市烟草专卖局（有限公司）】 聊城市烟草专卖局成立于1983年9月，聊城烟草分公司组建于1982年10月，2000年改制更名为山东聊城烟草有限公司。下辖8个县级烟草专卖局（营销部），聊城泰山壹伍叁贰物联商贸有限公司1个多元化企业。

品牌培育。2013年，累计销售重点品牌卷烟79.7亿支（15.94万箱），品牌集中度达到79%，同比增长11.02%；开展“走基层、转作风、送爱心、树形象”活动，培训零售客户135场次，培训面达到39.77%，提供小额融资贷款1.29亿元，2013年零售客户经营卷烟户均盈利2.54万元，同比增长13.34%。

【滨州市烟草专卖局（有限公司）】 滨州市烟草专卖局成立于1984年2月，滨州烟草分公司组建于1983年1月，2000年改制更名为山东滨州烟草有限公司。下辖7个县级烟草专卖局（营销部），滨州泰山壹伍叁贰物联商贸有限公司1个多元化企业。市局（公司）形成“益之缘”企业文化，被中国企业文化研究会授予“全国企业文化特色性示范单位”称号。

生态富民工程。投入200余万元，帮扶生态村9个，探索形成“文化渗透，聚力发展、品牌共建、结缘致富”的工作模式。改善农村村容村貌和农田基础设施，提升群众生产、生活和生态环境质量。向帮扶村派驻“第一书记”，成立农村种植合作社，促进农村产业升级、农民增收。

【菏泽市烟草专卖局（有限公司）】 菏泽市烟草专卖局成立于1984年1月，菏泽烟草分公司组建于1983年11月，2000年改制更名为山东菏泽烟草有限公司。下辖9个县级烟草专卖局（营销部），菏泽泰山壹伍叁贰物联商贸有限公司1个多元化企业。

零售客户致富工程。向市慈善总会捐款154万元，设立“情义公益基金”，用于救助全市贫困弱势卷烟零售客户，资助困难零售客户284个，帮扶资金24.7万元。开展融资帮扶工作，联合农业银行利用贷记卡免息期为零售客户经营卷烟提供资金支持。2013年，菏泽市共有1565名零售客户使用了贷记卡结算烟款，占零售客户总量的4.27%。

所属其他二级单位及派驻机构

【中国烟草山东进出口有限责任公司】 中国烟草山东进出口有限责任公司成立于1985年2月，前身为中国烟草进出口公司山东分公司，2006年7月划归山东省烟草专卖局（公司）管理。经营范围包括烟草专卖品及其制品和烟草专用机械的进出口，接受委托办理进口烟草专卖品；预包装食品销售；自有资金对外投资业务；对外经济技术交流与合作。截至2013年底，公司共有从业人员99人。公司拥有总资产9.76亿元，其中，固定资产3259.96万元、流动资产9.37亿元，资产负债率为76.18%。2013年实现销售收入5.53亿元，实现税利4910万元，其中利润1125万元。

2013年，出口烟叶2182吨，在上年度翻番的基础上又增长一倍。充分发挥中东公司的海外平台作用，卷烟出口21.97万件，在上年度倍增的基础上又实现翻番，进入全国一般贸易出口卷烟企业的前四位。借助烟机出口，不断加深与客户的合作，实现烟机出口、烟用辅料和全叶组配方烟叶出口的全方位业务联动。

【山东烟草投资管理有限公司】 山东烟草投资管理有限公司成立于2010年3月，下辖4家宾馆酒店，9家房地产项目公司，6家专业化公司。截至2013年底，共有员工

1813 人，其中在册在岗员工 80 人，聘用在岗员工 1733 人。公司拥有总资产 56.02 亿元，其中，固定资产 3.29 亿元，流动资产 27.87 亿元，资产负债率为 71.60%。

酒店管理。通过整合资源，开展菜品创新、采购联盟、营销联盟等主题活动，探索发挥“中维”酒店品牌价值，提高集团化酒店影响力。坚持向管理要效益，大力推广“五步螺旋管理法”试点工作，进一步控制成本、降低费用、增加效益，取得较好效果。

化肥产销。黑龙江金博世纪肥业有限公司产销发酵饼肥 2.65 万吨，代销硝酸钾肥料 1.48 吨，代销硫酸钾肥料 630 吨，代销烟草专用肥 1.66 万吨，实现销售收入 2.19 亿元，实现利润 577 万元。山东隆福肥业有限公司全年产销烟草专用肥 3.21 万吨，实现销售收入 1.13 亿元，实现利润 219.71 万元，超额完成年度计划目标，实现当年投资、当年投产、首期盈利。

地产项目。截至 2013 年底，莱芜山东烟草文化养老项目酒店部分和老干部活动中心按期完成土建工程；烟台养马岛项目按期完成地下工程施工；青岛红岛羊毛滩地块竞拍成功，初步完成策划、规划设计；莱阳蓝海香湾二期项目完成施工、监理单位的招标工作。其他项目按计划稳步推进。

【山东泰山壹伍叁贰物联供应链有限公司】 山东泰山壹伍叁贰物联供应链有限公司前身为成立于 2011 年 4 月的山东泰山壹伍叁贰物联商贸有限公司，2012 年 1 月更名。共有员工 114 人。公司拥有总资产 3.64 亿元，固定资产 1973.58 万元、流动资产 3.38 亿元，资产负债率 88.14%。

2013 年，公司实现销售收入 1.02 亿元，同比增长 22.81%。实现毛利 2112.37 万元，同比下降 2.80%，亏损总额 750.16 万元。

调整经营思路，适应市场变化。将渠道和终端建设作为当前大物流建设的重心，关注零售终端和消费者利益，有针对性地面向消费者和目标客户制定营销策略，避免出现商品只是库存转移。本着让利终端、让利消费者的原则，建立面向市场、更加灵活的价格采集、管理及调整机制，不断提高市场化运作水平，有效促进商品上柜和动销，助推零售客户致富工程落地。

完善业务流程，抓好经营管理。建立省市壹伍叁贰公司通路商品需求预测、订单提报与响应机制，实施按需采购。建立供应商评价机制，确保供货商经营资质、服务能力、商品供应等信息真实可靠。建立加盟店档案，并精心制定《加盟店移交流程》。优化作业流程，不断强化仓储物流现场管理，降低物流损耗。

“好品山东”建设。“好品山东”是山东省经信系统开展网络营销的综合服务平台。壹伍叁贰公司作为直接出资方，自 2013 年 1 月参与“好品山东”项目建设，积极承担大股东责任，积极参与定位策划、公司筹建、平台搭建、运营准备等方面的工作，推动“好品山东”平台在短时间内顺利运营。

【中国烟草总公司青州中等专业学校】 中国烟草总公司青州中等专业学校（山东烟草职工培训中心）组建于 1983 年 12 月。1987 年 12 月，开始招收普通中专学生。2001 年 10 月，设立“山东烟草职工培训中心”。主要职责是围绕烟草行业重点工作开展职工培训，面向社会开展中等职业教育，与高等院校联合开展 MBA 学位教育和函授教育。

2013 年，学校共有教职工 84 人，其中专任教师 57 人，高级讲师 27 人，讲师 11 人。教师中现有企业培训师 33 人，烟叶分级工调制工考评员 11 人，卷烟商品营销员考评员 5 人，烟机设备操作工、维修工考评员 2 人。全国烟草行业“十一五”教育培训工作优秀教师 2 人。

2013 年共承办干部培训、岗前培训、职业技能鉴定培训等各类培训班 108 个班次，组织培训、考试、竞赛、老年活动、体育比赛等共计 1.25 万人次，同比增长 57.70%。为黑龙江、贵州、四川、重庆、辽宁、甘肃、山西、安徽、河北、上海、浙江、江苏、江西等十几个省（市、自治区）局（公司）及工业公司开展员工业务培训。

2013 年招收中专学生 426 人，人数创历史新高。主要专业有酒店管理与服务、数控技术、市场营销、卷烟技术等。“一种计算机键盘支撑装置”获国家实用新型专利授权。

【山东烟草研究院】 山东烟草研究院创立于 2011 年 2 月 25 日，隶属于山东省烟草专卖局（公司），主要从事烟草农业、卷烟营销、电子商务与现代物流、经济运行、现代企业管理、信息技术、造纸法再造烟叶技术（薄片技术）等方面的研究开发。2013 年，研究院共有员工 37 人，其中烟草行业有突出贡献专家 1 人，高级职称 7 人，中级职称 4 人；博士研究生学历 4 人，硕士研究生学历 13 人。研究院设有学部委员会，聘请 39 位国内外、行业内外的著名专家、学者和高级管理人员组成。

技术创新。烟草全程机械化与标准体系研究成果显著，设计开发烟叶生产各个生产环节的烟草农机，2013 年项目获得授权专利 28 项。完成“家庭农场 + 合作社”新型烟叶生产组织模式建设，破解农业现代化从家庭承包经营转型到专业化经营、集团化经营和公司化经营的瓶颈障碍。首创“以财务管理为核心”的合作社信息管理系统，实现财务业务一体化，有效促进合作社管理规范化、作业标准化和服务流程化。依托近红外光谱分析技术，构建行业首个烟叶品质快速检测分析平台，提升烟叶大规模快速检测能力与烟叶质量分析能力。研发行业首套“高智能、全自动、可追溯”专分散收智能系统，填补行业在此业务领域的信息化空白。开展优质烟叶研究，基本明确山东烟叶的香型及其分布区域，确定五个特色突出、可以大面积推广的浓香型烤烟品种。山东卷烟零售客户标准化服务模式取得新成果，具备全省推广应用的条件。

科研成果。2013 年研究院共承担 56 项科研开发项目，其中国家局科研项目 3 项，省局（公司）科研开发项目 33 项。获得山东省烟草专卖局（公司）科学技术进步奖一等奖 1 项、二等奖 1 项、标准创新贡献奖 4 项、专利奖 2 项，获得专利授权 35 项，发表论文 4 篇。

交流合作。坚持“开门办院”方针，与山东大学、郑州烟草研究院、中国农科院烟草研究所等六个科研协作单位合作，从河南农业大学、山东大学聘请 3 名客座研究员，建立河南农业大学作物学博士后流动站山东烟草创新工作站和山东大学应用经济学博士后流动站山东烟草创新工作站。与美国布菲金种子公司开展种子技术合作，邀请该公司马丁博士到山东考察，引进“K326PVY”等2个示范品种和6个试验烤烟品种。与山东中烟合作成立“泰山品牌再造烟叶联合实验室”，积极开展造纸法再造烟叶技术的系统研发实验。

2013年山东省烟草商业系统主要情况统计

地市级局（公司）名称		济南市局（有限公司）	青岛市局（有限公司）	淄博市局（有限公司）	枣庄市局（有限公司）	东营市局（有限公司）
主要负责人/法人代表		宋洪润	韩志忠（—2013.11） 徐立国（2013.11—）	谢　云	马宏伟	杨献营
总资产（万元）		274938	360897	128911	125310	85389
资产负债率（%）		13.29	13.32	19.52	22.08	24.77
所属县级局（个）		10	10	8	6	5
所属县级公司/分公司（个）		—	3个分公司	3个分公司	—	—
所属县级营销部（个）		10	7	5	6	5
从业人员（人）		1030	1208	1040	966	462
所属业务机构	营销机构	1个营销中心	1个营销中心	1个营销中心	1个营销中心	1个营销中心
	物流配送机构	1个物流中心	1个物流中心	1个物流中心	1个配送中心	1个物流中心
	专卖稽查机构	1个稽查支队	1个稽查支队、10个稽查大队	1个稽查支队、8个稽查大队	1个稽查支队、6个稽查大队	1个稽查支队
	烟叶机构	—	1个烟叶生产经营中心、6个烟叶站	1个烟叶生产经营中心、4个烟站	—	—
销售卷烟	亿支	156.16	178.56	85.91	75.00	47.49
	2013年比2012年（%）	1.07	-0.46	0.55	2.74	3.75
卷烟销售收入（万元）		769215	800167	363795	392004	231345
实现税利	万元	192720	204557	78376	75686	52941
	2013年比2012年（%）	5.57	4.25	5.89	4.80	7.84
实现利润	万元	108055	110043	39845	39827	28230
	2013年比2012年（%）	3.23	-1.25	6.26	1.40	7.98
查处涉烟违法案件（起）		1462	3357	1324	1857	846
查处涉烟违法案件案值（万元）		1125	3532	936	434	288
2013年度烟草行业投入烟叶生产基础设施建设资金（万元）		—	1393	554	—	—
全年烟叶生产基础设施新增受益面积（万亩）		—	0.04	1.10	—	—
烟叶种植（万亩）		—	1.71	1.30	—	—
烟叶收购（万担）		—	5.42	2.70	—	—
烟农户数（户）		—	411	485	—	—
实现烟农总收入（万元）		—	6036	3529	—	—
零售客户数（户）		33082	34890	18864	14035	8423
零售客户销售毛利率（%）		11.84	11.50	12.36	11.02	12.40

地市级局（公司）名称	烟台市局（有限公司）	潍坊市局（有限公司）	济宁市局（有限公司）	泰安市局（有限公司）
主要负责人/法人代表	王春山	曹红祥	齐义良（—2013.11） 崔志民（2013.11—）	孙德育
总资产（万元）	267720	305111	243803	153989
资产负债率（%）	19.33	45.40	26.22	39.09
所属县级局（个）	12	12	12	6
所属县级公司/分公司（个）	—	6个分公司	—	—
所属县级营销部（个）	12	6	12	6

续表

地市级局（公司）名称		烟台市局（有限公司）	潍坊市局（有限公司）	济宁市局（有限公司）	泰安市局（有限公司）
从业人员（人）		1410	2833	1260	850
所属业务机构	营销机构	1 个营销中心	1 个营销中心	1 个营销中心	1 个营销中心
	物流配送机构	1 个物流中心	1 个物流中心	1 个配送部	1 个物流中心
	专卖稽查机构	1 个稽查支队、11 个稽查大队	1 个稽查支队、12 个稽查大队	1 个稽查支队	1 个稽查支队、6 个稽查大队
	烟叶机构	—	12 个烟叶工作中心站、28 个烟叶收购站	—	—
销售卷烟	亿支	144.00	170.00	152.02	97.06
	2013 年比 2012 年（%）	-2.72	1.48	1.65	0.60
卷烟销售收入（万元）		605289	812625	716906	386417
实现税利	万元	147592	153967	146185	85236
	2013 年比 2012 年（%）	0.01	9.06	8.48	8.30
实现利润	万元	74321	55660	80452	44549
	2013 年比 2012 年（%）	-9.85	-1.39	17.41	8.90
查处涉烟违法案件（起）		2339	1070	2917	1964
查处涉烟违法案件案值（万元）		773	1354	742	443
2013 年度烟草行业投入烟叶生产基础设施建设资金（万元）		—	30223	—	—
全年烟叶生产基础设施新增受益面积（万亩）		—	4.99	—	—
烟叶种植（万亩）		—	20.01	—	—
烟叶收购（万担）		—	54.75	—	—
烟农户数（户）		—	4906	—	—
实现烟农总收入（万元）		—	78690	—	—
零售客户数（户）		28625	35059	34996	21667
零售客户销售毛利率（%）		11.50	11.70	11.25	11.50

地市级局（公司）名称		威海市局（有限公司）	日照市局（有限公司）	莱芜市局（有限公司）	临沂市局（有限公司）
主要负责人/法人代表		邓基刚	李　峰	崔志民（—2013.11） 渠庆忠（2013.11—）	董　梅
总资产（万元）		122030	99879	40455	288866
资产负债率（%）		26.50	27.40	40.99	28.64
所属县级局（个）		4	4	2	12
所属县级公司/分公司（个）		—	4 个分公司	—	9 个分公司
所属县级营销部（个）		4	—	2	3
从业人员（人）		628	906	394	2727
所属业务机构	营销机构	1 个营销中心	1 个卷烟营销中心	1 个卷烟营销中心	1 个营销中心
	物流配送机构	1 个配送部	1 个物流中心	1 个物流中心	1 个物流中心
	专卖稽查机构	1 个稽查支队、4 个稽查大队	1 个稽查支队	1 个稽查支队	1 个稽查支队、12 个稽查大队
	烟叶机构	—	1 个烟叶生产经营中心、8 个烟叶中心站	1 个烟叶生产经营中心	50 个烟叶站、2 个收购点

续表

地市级局（公司）名称		威海市局（有限公司）	日照市局（有限公司）	莱芜市局（有限公司）	临沂市局（有限公司）
销售卷烟	亿支	59.21	56.01	24.35	184.50
	2013年比2012年（%）	1.63	1.63	1.26	1.10
卷烟销售收入（万元）		265197	238253	108712	714094
实现税利	万元	60966	57333	25145	180133
	2013年比2012年（%）	4.95	15.72	13.99	16.35
实现利润	万元	32561	23276	11246	87079
	2013年比2012年（%）	2.80	16.97	15.76	20.02
查处涉烟违法案件（起）		575	469	756	6389
查处涉烟违法案件案值（万元）		478	832	43	2483
2013年度烟草行业投入烟叶生产基础设施建设资金（万元）		—	7191	2002	18697
全年烟叶生产基础设施新增受益面积（万亩）		—	2.00	1.23	19.57
烟叶种植（万亩）		—	8.85	2.70	21.70
烟叶收购（万担）		—	24.75	7.95	64.96
烟农户数（户）		—	3186	807	6388
实现烟农总收入（万元）		—	31603	9869	84291
零售客户数（户）		12171	12386	6560	39285
零售客户销售毛利率（%）		11.54	12.33	12.27	11.00

地市级局（公司）名称		德州市局（有限公司）	聊城市局（有限公司）	滨州市局（有限公司）	菏泽市局（有限公司）
主要负责人/法人代表		孙力君	巩红卫（—2013.11） 王淑敏（2013.11—）	王淑敏（—2013.11） 巩红卫（2013.11—）	丁锡汉
总资产（万元）		109179	108874	89218	147483
资产负债率（%）		12.70	24.53	21.87	27.45
所属县级局（个）		11	8	7	9
所属县级公司/分公司（个）		—	—	—	—
所属县级营销部（个）		11	8	7	9
从业人员（人）		793	831	793	1510
所属业务机构	营销机构	1个电访中心	1个营销中心	1个营销中心	1个营销中心
	物流配送机构	1个物流配送部	1个物流中心	1个物流中心	1个物流中心
	专卖稽查机构	1个稽查支队、 11个稽查大队	1个稽查支队	1个稽查支队、 7个稽查大队	1个稽查支队、 9个稽查大队
	烟叶机构	—	—	—	—
销售卷烟	亿支	99.00	101.00	73.36	141.50
	2013年比2012年（%）	1.01	1.10	1.60	1.01
卷烟销售收入（万元）		372843	397508	291308	590117
实现税利	万元	82208	85143	64070	108675
	2013年比2012年（%）	8.38	8.19	8.00	9.17
实现利润	万元	43795	43109	32618	56428
	2013年比2012年（%）	7.92	4.92	4.00	7.22
查处涉烟违法案件（起）		1100	2657	1973	1553

续表

地市级局（公司）名称	德州市局（有限公司）	聊城市局（有限公司）	滨州市局（有限公司）	菏泽市局（有限公司）
查处涉烟违法案件案值（万元）	176	359	747	316
2013年度烟草行业投入烟叶生产基础设施建设资金（万元）	—	—	—	—
全年烟叶生产基础设施新增受益面积（万亩）	—	—	—	—
烟叶种植（万亩）	—	—	—	—
烟叶收购（万担）	—	—	—	—
烟农户数（户）	—	—	—	—
实现烟农总收入（万元）	—	—	—	—
零售客户数（户）	21887	24388	16641	40660
零售客户销售毛利率（%）	11.34	11.53	12.34	12.50

（撰稿：徐文峰　蔡世龙；编辑：李　昂）

河南省烟草专卖局（公司）

【概　况】　河南省烟草专卖局成立于1983年7月，河南省烟草公司组建于1982年11月。1984年8月，河南省政府和中国烟草总公司签订协议，决定河南省烟草公司及所辖工商企业全部上划中国烟草总公司，更名为中国烟草总公司河南省公司。2006年，取消县级烟草公司法人资格，完成母子公司体制改革。省局（公司）下辖18家市级烟草专卖局（公司）、133家县级烟草专卖局（分公司），天昌国际烟草有限公司①、中国烟草河南进出口有限责任公司和河南省烟草职工培训中心。省局（公司）机关内设16个职能处室、8个专业部门、1个临时性机构，2013年成立内部专卖管理监督处、烟草经济研究室。截至2013年底，公司拥有总资产312.81亿元，其中，固定资产33.82亿元、流动资产264.59亿元，资产负债率为27.12%。共有从业人员25829人，其中聘用员工6344人。

【领导成员】

局长、总经理、党组书记：李孟顺（2013.4—，之前任党组书记、法定代表人）（国烟人〔2013〕149号）

副总经理、党组成员：王志富

副总经理、党组成员：李俊成

副总经理、党组成员：徐德全

纪检组长、党组成员：张振华（—2013.6）

副局长、党组成员：张亚宾

副巡视员：龚正伟（—2013.9）（国烟党〔2013〕73号）

【专卖管理】　卷烟打假破网。河南省政法委、省高级人民法院、省人民检察院、省公安厅、省烟草专卖局联合印发《关于建立河南省涉烟案件联席会议制度的意见》，建立全省涉烟案件联席会议制度，完善“政府主导、部门联合、多方参与、密切协作”的工作机制；开展“雷霆”一号、二号专项行动，成立打假机动队并对重点地区实施不间断打击，在全省构建“打、堵、围”三道防线；对重大案件实行挂牌督战，对问题迟迟得不到解决的地区由省政法委领导约谈。全年捣毁大型制假烟机窝点57个，同比增长72.73%；查处案值5万元以上假烟案件368起，同比增长21.45%；收缴制假烟机设备169台，同比增长172.58%；公安、司法机关依法拘留912人，追究刑事责任421人。查处假烟案件总数、大型烟机设备和假烟数量等11项指标居全国第一，省外查处河南省外流假烟数量同比下降56.28%。侦破符合公安部、国家局标准制售假烟网络案件70起，其中南阳市城区“8·15”、许昌市“5·15”、安阳市“3·3”和“8·12”、鹤壁市“12·21”、驻马店市“5·7”等6起重大制售假烟网络案件被公安部、国家局列为部级督办案件。

市场监督检查。省烟草专卖局、省工商行政管理局联合下发《关于进一步完善协作机制 加强烟草市场联合监管工

① 天昌国际烟草有限公司详见《工业企业》栏目“打叶复烤和薄片生产企业”分目。

作的实施意见》，成立全省烟草市场联合监管工作领导小组，明确烟草、工商部门市场监管职责，建立完善联席会议、政策研究、信息交流、监管巡查、考核奖励等协作制度。制定《今冬明春卷烟市场专项整顿活动实施方案》，在全省范围内开展为期3个月的卷烟市场专项整顿活动，取缔无证经营商户858户，查处违法案件8549起，查获违法卷烟5482万支，刑拘90人，判刑74人。制定《推进烟草零售市场检查方法创新试点工作实施方案》，确定郑州、洛阳和南阳市局为试点单位，开展烟草零售市场检查APCD工作法试点。全面升级改造全省"12313"市场监管举报电话服务平台，配齐专职人员及设备，明确工作职责及流程，提高举报电话受理服务质量和效率。

内部专卖管理监督。制定《关于调整内部专卖管理监督机构的通知》《推行专卖内管委派制实施方案》《内部专卖管理监督派驻人员选用及管理办法》，在河南省推行内管委派制，至8月底，河南省各单位内管派驻办全部成立。下发《内部专卖管理监督工作规范》和内管信息报送制度等11项工作制度，以及案件查处移交工作管理规范等32项工作流程，形成内管委派制下的监管机制。制定《卷烟经营业务内部监管办法》，有效遏制卷烟非法流通。加强卷烟非法外流案件查办工作，组织开展烟叶种植、卷烟打码到条专项检查，查处不规范案件38起，处理相关责任人90人。

【经济效益】 2013年，河南省烟草商业系统实现税利159.89亿元，同比增长9.07%，其中利润78.41亿元，同比增长9.73%。三项费用率为9.72%。

【卷烟经营】 卷烟销售。2013年销售卷烟1585.55亿支(317.11万箱)，同比增长1.17%，其中销售一类烟232.40亿支（46.48万箱)，同比增长13.74%；二类烟92.85亿支（18.57万箱)，同比增长7.04%；三类烟920.75亿支(184.15万箱)，同比增长16.91%；四类烟229.95亿支(45.99万箱)，同比下降25.71%；五类烟109.60亿支(21.92万箱)，同比下降38.82%。本地区销量居前三位的品牌是"黄金叶""红旗渠""散花"，销量分别为668.70亿支（133.74万箱)、216.45亿支（43.29万箱)、84.05亿支（16.81万箱)。2013年，河南省烟草商业系统实现卷烟销售收入768.64亿元，同比增长11.29%。

重点品牌培育。推进"532""461"知名品牌建功立业活动，开展婚庆、节日等市场营销活动，重点品牌呈现规模扩大、价值提升、持续增长的发展态势。全年销售全国卷烟累计交易量前15名品牌（三类以上）1081.85亿支(216.37万箱)，同比增长23.1%，占总销量的68.23%；销售全国卷烟累计交易金额前15名品牌1126.95亿支(225.39万箱)，同比增长21.11%，占总销量的71.08%。

卷烟销售网络建设。制定《现代终端建设三年规划和实施方案》，按照"七统一"标准，完成5%的现代终端建设任务。安装应用"新商盟"网上订货、手机订货、"135"工作法等系统软件，提升现代营销水平，河南省网上订货率为86.09%，电子结算率为95.85%。实施亲情和增值服务，推行卷烟经营贷记卡和跨行支付工作，降低客户经营成本，客户满意度进一步提高，2013年河南省零售客户满意度90.96分，提高0.16分。加快全省物流中心建设，在建卷烟物流中心6个，技改项目1个，申报建设项目2个；完成省市两级物流综合管理信息平台招标工作，启动卷烟物流密集式仓储技术标准研发。在安阳市公司举办河南省精益物流建设现场会，推广精益物流试点建设经验。选取安阳、许昌、南阳市公司作为试点单位，开展卷烟包装箱循环利用工作。

【烟叶产销】 烟叶种植与收购。2013年，河南省种植烟叶140万亩，收购烟叶18.69万吨（373.8万担)。全省种烟农户6.4万户，户均种植面积21.86亩。实现烟农总收入42.65亿元，上缴烟叶税金9.11亿元，烟农亩均收入3010元，种烟户均收入6.59万元。签订烟叶购销协议16.69万吨（333.8万担)，其中与省外工业企业签订协议11.565万吨（231.3万担)，与省内工业企业签订协议4.075万吨(81.5万担)。烟叶出口备货1.05万吨（21万担)。上等烟比重达到42.73%，中部烟占比50.74%。烟叶收购等级合格率82.63%，同比提高1.64个百分点，工商交接等级合格率62.1%，同比提高2个百分点。制定优化烟叶结构工作意见和技术规范，提高补贴标准，全省共清除不适用鲜烟叶34.5万吨（690万担)，折合干烟4.69万吨（93.8万担)，每亩清除200千克以上。

烟叶生产。加大技术推广力度，河南省推广豫烟系列特色品种种植面积12万亩，安排配方施肥试验面积0.3万亩、病虫害综合防治技术推广试验面积0.4万亩、移动式热泵密集烤房试验70座；安排订单生产面积8.96万亩，收购烟叶0.95万吨（19万担)；散叶收购达到5.085万吨（101.7万担)。加快浓香型重大专项步伐，新建60万亩、9万吨(180万担）突出浓香特色项目核心示范区，全省浓香型烟叶生产示范区总规模达到70万亩、10.5万吨（210万担)；在9个特色烟叶基地单元开展8个专题、22项试验，提高浓香型特色优质烟叶开发与适用技术集成推广水平。完善烟叶风险救助机制，省财政、农业、烟草等部门联合下发《河南省2013年农业保险工作方案》，把烟叶生产纳入农业保险之内，全省参保烟田88.9万亩，落实保费3293.8万元，兑付受灾保险金额3617.95万元。

现代烟草农业建设。2013年，河南省累计建设现代烟草农业基地单元38个、较2012年增加3个，其中列入国家局计划28个，较2012年增加7个，百亩以上连片面积95.65万亩，占全省烟叶种植面积的68.32%。制定2013—2015年现代烟草农业产业集群发展规划，全省14个产业集群通过专家论证。加快实施农业机械化，全省在7个烟叶产区、10个基地单元开展全程机械化试点，实施面积16.9万亩。全省新建综合服务型烟农专业合作社10个，其中行业级7个、省级3个，累计建设66个，入社农户达到1.09万户，专业化服务率和综合机械作业率均达到60%以上。

烟叶生产基础设施建设。2013年，完成烟叶生产基础设施建设项目37715个，行业投入资金10.10亿元，其中国家局补贴资金1.17亿元、省内烟草行业配套资金8.93亿元。许昌襄城县“八七”龙兴水源工程项目建设进展顺利，国家局新批准河南水源工程项目4个，补贴资金4.36亿元。

【多元化经营】 多元化投资管理体制改革取得新进展，5月，河南烟草投资管理有限公司挂牌成立，由省局（公司）全额出资，注册资本2亿元，以加强对全省烟草商业系统多元化资产的归口经营管理。

2013年，河南省烟草商业系统多元化经营企业实现营业收入3.52亿元，同比增长12.84%。实现税利1731万元，同比下降3.53%，其中税金1190万元，同比增长18.45%。截至年底，总资产为2.08亿元，资产负债率为57.78%。

【技术创新】 2013年，河南省烟草商业系统投入科研经费1.13亿元，开展在研省部级科研项目13项，省局（公司）项目182项，各直属单位自立项目79项。全年共申请专利14件，获得专利授权27件，截至年底，企业累计有效专利为113件。全年发表科技论文64篇，其中国内核心期刊24篇。通过省科技厅组织鉴定的科研成果25项，获河南省科学技术进步奖1项。

【人事政工】 *集中教育活动*。提炼以“三感三珍、三追三提”为核心理念、形成具有河南烟草专卖系统特色的“感恩”文化体系，并开展集中教育活动，编印教育读本发放到每个干部职工，河南省烟草商业系统开展专题学习讲座110期，举办“感恩于心、奉献于行”诗歌散文演讲大赛，评选“感动行业”十大人物和践行“四个三”模范人物并在河南电视台举办颁奖晚会。

职工教育培训。河南省烟草商业系统举办各类培训班134期、培训1.1万人次。组织职业技能鉴定7批次，鉴定1555人。举办河南省烟草商业系统第二届卷烟商品营销、第三届烟叶分级工、第二届烟草专卖管理岗位、第一届物流从业人员技能竞赛。开展专业技术评审和推荐工作，通过中级职称评审8人，推荐高级职称9人。

党风廉政建设。对河南省烟草商业系统党员、干部提出上班时、下班时、决策时、选人用人时、别人请求办事时“五个想一想”廉政要求，举办廉政文化成果展，编印《廉政文化作品集》，促使党员、干部强化廉政意识和自省意识。制定《关于加强廉政风险防控工作的意见》，全面开展风险点排查工作，把烟叶收购、专卖打假、市场营销、资金管理、干部选拔任用等岗位人员作为防控重点，组织进行廉政教育集中轮训，对发现的苗头性问题及时进行警示。加大领导干部廉政监督力度，全年进行任前廉政谈话190人次、诫勉谈话12人次。与省纪委建立协作办案制度，把河南省划分为四个协作区，统一调配办案力量，全年立案19件，给予党纪政纪处分23人。

【特事要辑】 4月10—12日，国家局副局长何泽华在河南烟草考察调研，对河南烟草商业企业烟叶生产、物流建设、创新管理、严格规范、品牌培育等工作给予充分肯定。

6月14日，河南省委书记郭庚茂到洛阳市洛宁县小界乡卫洼村考察烟叶生产工作，强调烟草部门要认真贯彻“以工促农”重大方针，进一步加大投入力度，进一步加大创新力度，进一步加大扶贫力度，努力实现农民增收致富，为促进现代农业建设和地方经济发展作出新的更大的贡献。

7月10日，驻国家局纪检组组长高林在河南烟草调研，对下一步河南烟草扎实推进党风廉政建设等工作提出要求。

7月15日，国家局副局长赵洪顺在河南烟草调研，对切实抓好党的群众路线教育实践活动及进一步加强卷烟打假、市场建设、宏观调控、内部管理、风险防控等工作提出具体要求。

7月18—20日，国家局局长凌成兴在河南烟草调研，副局长李克明一同调研。凌成兴强调要“发挥两大优势，重振三个雄风”，即发挥人口大省的优势、发挥科研人才优势，重振河南烟草的雄风、重振专卖打假的雄风、重振班子建设的雄风，提升浓香型烟叶品质，下决心培育“黄金叶”品牌，继续保持专卖打假高压态势，切实抓好班子建设、制度建设、品德建设，努力保持兴旺发达局面。

7月31日，河南省委副书记、省长谢伏瞻到三门峡市陕县张茅乡考察烟叶生产工作，指出要认真落实惠农政策，不断扩大种植规模，进一步完善配套设施，着力培育富民产业，推进新农村建设和地方经济社会发展。

8月7日，“百年浓香”河南浓香型烟叶品牌研讨会在河南许昌召开。国家局局长凌成兴、副局长何泽华出席会议并讲话，河南省副省长张维宁出席会议并致辞。其间，河南省委副书记、省长谢伏瞻会见凌成兴。凌成兴要求，河南烟草系统要坚持以特色取胜、质量取胜、诚信取胜，巩固“百年浓香”基础、打响“百年浓香”品牌、开创“百年浓香”新业。要继续发挥“两大优势”，重振“三个雄风”，努力为推动烟草行业持续健康发展、为实现“两个一百年”的奋斗目标、为实现中华民族伟大复兴的“中国梦”作出新的贡献。何泽华指出，要着力提升河南浓香型烟叶生产水平，加强工商协作深度，着力提升优质原料基地建设水平。

8月7—9日，驻国家局纪检组组长高林深入河南烟草联系点调研指导党的群众路线教育实践活动，强调要按照中央和国家局党组的要求，认认真真、扎扎实实地做好工作，确保教育实践活动每个环节、每项任务、每项具体工作符合要求、落到实处。

8月13日，河南省委副书记邓凯考察三门峡市卢氏县烟叶生产工作，强调要把支农惠农政策执行好，把服务措施落实好，把烟叶收购组织好，把烟叶产业发展好，为农民脱贫致富和地方经济社会发展作出积极贡献。

9月23日，河南省副省长王铁到三门峡市卢氏县官道口镇考察烟叶生产工作。

所属地市级局（公司）

【郑州市烟草专卖局（公司）】 郑州市烟草专卖局、河南省烟草公司郑州市公司成立于1983年8月。下辖3个直属分局（分公司）和7个县级烟草专卖局（分公司）。

组织开展推进服务型行政执法建设宣传月活动，以召开一次专题会议、开展一次学习教育、组织一次集中宣传、悬挂一条宣传标语、制作一个游动图标、进行一次深入回访、征求一次意见建议的“七个一”为抓手，进一步提升执法人员的工作意识和能力。

推进现代卷烟零售终端建设，开展“示范街、示范户”创建活动，发展网上订货、网上结算，郑州市网上订货率89.8%，零售客户满意度得分为89.9分。

【开封市烟草专卖局（公司）】 开封市烟草专卖局、河南省烟草公司开封市公司成立于1983年8月。下辖6个县级烟草专卖局（分公司）。

管理创新。自主研发的“一种电线标识管”获得实用新型发明专利授权，“烟草商业商品交接管理系统与应用”被认定为河南省科学技术成果，开发应用“开封烟草全员岗位考核信息系统”。

【洛阳市烟草专卖局（公司）】 洛阳市烟草专卖局、河南省烟草公司洛阳市公司成立于1983年。下辖11个县级烟草专卖局（分公司）和孟津烟叶储备库。

对标管理。围绕重点对标指标，优化工作流程，加强过程管理，改进管理短板，实现对标指标水平和企业管理水平“双提升”，洛阳市系统多项对标指标水平高于全省平均水平或增幅居全省前列，单箱卷烟管理费用控制成为全省标杆。

【平顶山市烟草专卖局（公司）】 平顶山市烟草专卖局、河南省烟草公司平顶山市公司成立于1984年5月。下辖8个县级烟草专卖局（分公司）。

规范建设。开展“管理创一流”活动，完善内部监管工作流程，完善预算管理规程，加强对标重点课题攻关，促进企业管理水平不断提高。严格落实中央“八项规定”，精简会议，压缩开支，业务招待费、会议费分别下降45.2%、57.6%。

【安阳市烟草专卖局（公司）】 安阳市烟草专卖局、河南省烟草公司安阳市公司成立于1983年6月。下辖6个县级烟草专卖局（分公司）。

“两标”建设。在引入对标管理、目标管理、标准化管理和精益管理的基础上，推进管理优化和管理整合，坚持以客户为关注焦点、以目标为主线、以B－PDCA循环为基本方法，建立“四层四级25模块”的流程管理框架。融合多种管理理念和方法，提出企业管理“155”发展思路，全面建设一体化综合管理体系。12月，省局（公司）在安阳市召开全省烟草商业系统企业管理现场会。

精益物流建设。全年共优化车辆754台次，减少送货线路5条、送货车5辆，单车送货量达到3832箱，实现出入库扫码率、打码到条率、送货率三个100%。9月，省局（公司）在安阳市召开全省烟草商业系统精益物流现场会。

【鹤壁市烟草专卖局（公司）】 鹤壁市烟草专卖局、河南省烟草公司鹤壁市公司成立于1983年12月。下辖3个县级烟草专卖局（分公司）。

打假破网。以开展“雷霆”系列专项行动为契机，充分发挥烟草、公安联合打假机制作用，破获符合公安部、国家局标准网络案件4起，其中部级督办案件1起。

技术创新。自主研发的“车载保险箱”“香烟托盘”获得实用新型专利授权。

【新乡市烟草专卖局（公司）】 新乡市烟草专卖局、河南省烟草公司新乡市公司成立于1983年8月。下辖9个县级烟草专卖局（分公司）。

加大互联网非法销售卷烟打击力度。借助网络智能搜索平台等工具，不定期地开展“网络巡查”，收集和固定各种涉烟违法犯罪活动证据。及时联合、协调有关部门，加大对互联网涉烟违法犯罪案件的侦查、查处力度，联络“新乡信息港”等信息网站，进一步规范商品信息内容，严把发布审核关，杜绝售假信息流向社会。加强对物流、快递公司的监管。联合公安、工商、交通等执法机关，对货运物流集散地进行不定期检查，切断流通渠道。

【焦作市烟草专卖局（公司）】 焦作市烟草专卖局、河南省烟草公司焦作市公司成立于1984年3月。下辖7个县级烟草专卖局（分公司）。

科技创新。自主研发“焦作烟草3415物联网管理平台开发与应用”项目，“焦作烟草‘怀文化’价值理念体系建设”项目通过河南省科学技术厅成果鉴定，“以企业文化为基础设计的卷烟条盒”获得外观设计专利授权。

【濮阳市烟草专卖局（公司）】 濮阳市烟草专卖局、河南省烟草公司濮阳市公司成立于1985年1月。下辖6个县级烟草专卖局（分公司）。

客户服务。制定实施方案，完善服务体系，对濮阳市老、弱、病、残、灾、贫等生活经营困难的卷烟零售客户，开展教育培训、加强经营指导，为其争取代理体育彩票销售、话费代缴、水电费代缴、车票代购、保险代销等项目，提高其经营能力和赢利水平，进一步构建和谐的客我关系。

【许昌市烟草专卖局（公司）】 许昌市烟草专卖局、河南省烟草公司许昌市公司成立于1983年8月。下辖6个县级烟草专卖局（分公司）。

现代烟草农业产业集群建设。借鉴工业化、城镇化建设理念，规划建设襄城烟草产业集群里川示范区，推进“八个一”项目建设（一个特色烟叶基地单元、一个新型农村社区、一个循环经济链条、一个科技创新平台、一个烟农专业合作社、一个烟草文化展示中心、一个“双强”型基层组织、一个里川烟叶特色品牌）。全年投入资金2.44亿元，建设土地平整、烟田道路、节水灌溉、烘烤工场、育苗工场等项目500多个，组建里川烟农专业合作社，下设6个专业化服务队。

【漯河市烟草专卖局（公司）】 漯河市烟草专卖局、河南省烟草公司漯河市公司成立于1986年5月。下辖3个县级烟草专卖局（分公司）和1个城区烟叶分公司。

现代烟草农业建设。漯河市户均种烟 40.22 亩，烟叶漂浮育苗率、商品化供苗率、烟田专业化植保率、机耕率达到100%。累计建设烟叶样板示范田 8561 亩，建设国家局基地单元 3 个、面积 5.4 万亩，建设综合服务型合作社 3 个。

【三门峡市烟草专卖局（公司）】 三门峡市烟草专卖局、河南省烟草公司三门峡市公司成立于 1986 年 4 月。下辖 6 个县级烟草专卖局（分公司）。

现代烟草农业建设。累计建设国家局基地单元 5 个，成立综合服务型烟农专业合作社 7 个，组建专业服务队 135 个。全年建设烟田基础设施项目 2910 个，灵宝市白虎潭水库水源工程项目获得国家局批准。加强烟叶防灾减灾体系建设，烟田保险实现全覆盖。

【南阳市烟草专卖局（公司）】 南阳市烟草专卖局、河南省烟草公司南阳市公司成立于 1983 年 9 月。下辖 13 个县级烟草专卖局（分公司）。

技术创新。组织研发全自动流水线烤烟房，实现循环利用热能、改革装烟方式、科学调节烘烤工艺三个技术创新，烟叶烘烤成本降低 60%、节能降耗 70%、节约用工 86%，获得第二十届中国杨凌农业高科技成果博览会“后稷奖”。

【商丘市烟草专卖局（公司）】 商丘市烟草专卖局、河南省烟草公司商丘市公司成立于 1983 年 9 月。下辖 9 个县级烟草专卖局（分公司）。

卷烟打假。建立全市涉烟案件联席会议制度，构建政府主导、部门联合、周边协作的打假格局，卷烟打假工作列入政府工作目标和基层公安派出所治安考核，创建市局、县级局、专卖、内管、营销、物流“六面体”联动机制，开展“雷霆”系列打假专项行动，全年侦办网络案件 10 起。

【信阳市烟草专卖局（公司）】 信阳市烟草专卖局、河南省烟草公司信阳市公司成立于 1983 年 7 月。下辖 10 个县级烟草专卖局（分公司）。

市场监管。强化专卖管理基础工作，完善市场考核机制，实行月度市场动态分析、季度案件排序，构建“月促进、季评查、年考核”的市场督查考核机制。

【周口市烟草专卖局（公司）】 周口市烟草专卖局、河南省烟草公司周口市公司成立于 1983 年。下辖 10 个县级烟草专卖局（分公司）。

三项主题活动。7—10 月，在周口市系统开展以“五想五讲”大讨论、遵章守纪大排查、“三访一跟班”为主要内容的三项主题活动，达到“重教育、提素质、转作风、树形象”的目的，促进全市系统和谐稳定发展。

【驻马店市烟草专卖局（公司）】 驻马店市烟草专卖局、河南省烟草公司驻马店市公司成立于 1983 年。下辖 10 个县级烟草专卖局（分公司）。

卷烟营销。摸索总结出卷烟营销管理“定点供应、动态管理、公平分配、均衡销售”的工作思路。定点供应即细分区域定点供货、细分客户定点供给、细分品牌定点供应；动态管理即对客户的动态管理、品牌的动态管理和人员的动态管理；公平分配即在货源分配上坚持公平、公开、公正的原则，对分配标准、分配过程、分配结果进行公开，实现标准公正、过程公开和结果公平；均衡销售即在销量控制和节奏把握上坚持均衡推进，在品牌培育上坚持均衡推进，在基层单位之间实现均衡发展。11 月，省局（公司）在驻马店市召开全省烟草商业系统卷烟营销管理工作现场会，学习推广驻马店卷烟营销管理做法。

【济源市烟草专卖局（公司）】 济源市烟草专卖局、河南省烟草公司济源市公司成立于 1983 年 10 月。

队伍建设。结合“三感三珍、三追三提”教育，组织开展“感恩制度、珍惜岗位，机关人员体验基层岗位”活动，“感动济烟模范人物”评选活动，“把责任落实到位”活动，“做感恩践行人、当奉献排头兵”活动，服务卷烟销售攻坚战，传递正能量，弘扬主旋律。

所属其他二级单位及派驻机构

【中国烟草河南进出口有限责任公司】 中国烟草河南进出口有限责任公司始建于 1985 年 7 月，2006 年 12 月完成股权划转，调整为中国烟草总公司河南省公司的全资子公司，2007 年 5 月完成业务和人员划分。公司投资参股的企业有天昌国际烟草有限公司、许昌京昌包装有限公司和郑州市商业银行。截至 2013 年底，公司拥有总资产 2.85 亿元，其中固定资产 0.2 亿元、流动资产 1.24 亿元，资产负债率为 3.48%，共有从业人员 48 人。

2013 年共出口烟叶及烟叶副产品 6032 吨，同比增长 2.7%。出口实现 1021 万美元。进口卷烟 1.88 亿支（0.376 万箱），同比增长 44%。实现税利 3030 万元，同比增长 74%，其中利润 960 万元、增长 427%。

【河南省烟草职工培训中心】 河南省烟草职工培训中心前身为 1988 年 1 月经中国烟草总公司批准成立的河南省烟草技工学校。2009 年，经国家烟草专卖局批准更名为河南省烟草职工培训中心，隶属于河南省烟草专卖局（公司），主要承担河南省烟草行业职工培训任务。共有在岗员工 69 人，其中专业教师 43 人，高级职称 6 人，中级职称 36 人，国家职业技能鉴定督导员 2 人、高级考评员 5 人、考评员 7 人，河南省职业教育学科带头人 1 人、骨干教师 1 人。2013 年，在国家局组织的行业教育培训机构评价工作中达到 A 级，被河南省总工会评为“模范职工之家”。

全年举办行业处科级干部、全国烟站站长、行业新进复退军人、行业新进大学生及全省烟草商业系统烟叶生产、卷烟营销、专卖管理、物流管理等各级各类培训班 131 期，培训行业员工 11078 人次。协助河南省局（公司）、河南中烟、河北中烟、青海省局（公司）职业技能鉴定站完成 12 个批次、2000 多人次鉴定工作任务。

2013年河南省烟草商业系统主要情况统计

地市级局（公司）名称		郑州市局（公司）	开封市局（公司）	洛阳市局（公司）	平顶山市局（公司）	安阳市局（公司）
主要负责人/法人代表		赵建州	刘 兵	张 宏	胡宏超	蒋中民（—2013.11） 殷建立（2013.11—）
总资产（万元）		284038	85275	191658	183118	126205
资产负债率（%）		9.18	10.27	27.26	53.13	12.81
所属县级局（个）		10	6	11	8	6
所属县级公司/分公司（个）		10个分公司	6个分公司	11个分公司	8个分公司	6个分公司
所属县级营销部（个）		—	—	—	—	—
从业人员（人）		1841	839	1675	2545	778
所属业务机构	营销机构	1个营销中心、 1个电访中心	1个营销中心	1个营销中心	1个营销中心	1个营销中心、 1个电访中心
	物流配送机构	1个配送中心	1个配送中心	1个配送中心	1个配送中心	1个配送中心
	专卖稽查机构	1个稽查支队、 10个稽查大队	1个稽查支队、 6个稽查大队	1个稽查支队、 11个稽查大队	1个稽查支队、 8个稽查大队	1个稽查支队、 6个稽查大队
	烟叶机构	4个烟叶收购（工作）站	—	77个烟叶收购（工作）站	47个烟叶收购（工作）站	—
销售卷烟	亿支	192.42	81.20	112.50	80.50	90.00
	2013年比2012年（%）	3.79	1.05	0.90	1.51	0.00
卷烟销售收入（万元）		1063626	364048	562314	411656	440459
实现税利	万元	207543	65121	123739	98882	89447
	2013年比2012年（%）	7.85	9.50	11.25	0.96	2.90
实现利润	万元	115976	33124	53707	45128	49719
	2013年比2012年（%）	10.91	6.37	12.95	-4.76	3.77
查处涉烟违法案件（起）		2794	876	3060	1113	2136
查处涉烟违法案件案值（万元）		1809	751	967	6000	3040
2013年度烟草行业投入烟叶生产基础设施建设资金（万元）		560	—	17733	13729	—
全年烟叶生产基础设施新增受益面积（万亩）		0.30	—	6.11	6.00	—
烟叶种植（万亩）		1.40	—	25.60	20.30	—
烟叶收购（万担）		3.10	—	57.70	53.92	—
烟农户数（户）		1000	—	15450	7350	—
实现烟农总收入（万元）		3170	—	58367	61964	—
零售客户数（户）		30549	20632	24700	18115	19200
零售客户销售毛利率（%）		15.60	12.17	13.21	12.90	11.50

地市级局（公司）名称	鹤壁市局（公司）	新乡市局（公司）	焦作市局（公司）	濮阳市局（公司）
主要负责人/法人代表	王孝亭（—2013.11） 刘学忠（2013.11—）	李晓海	刘学忠（—2013.11） 王孝亭（2013.11—）	尹宏伟
总资产（万元）	30737	128208	64508	63748
资产负债率（%）	10.76	18.23	22.25	11.75
所属县级局（个）	3	9	7	6
所属县级公司/分公司（个）	3个分公司	9个分公司	7个分公司	6个分公司
所属县级营销部（个）	—	—	—	—

续表

地市级局（公司）名称		鹤壁市局（公司）	新乡市局（公司）	焦作市局（公司）	濮阳市局（公司）
从业人员（人）		325	832	592	641
所属业务机构	营销机构	1 个营销中心	1 个营销中心、1 个电访中心	1 个营销中心	1 个营销中心、1 个电访中心
	物流配送机构	1 个配送中心	1 个配送中心	1 个配送中心	1 个配送中心
	专卖稽查机构	1 个稽查支队、3 个稽查大队、9 个稽查中队	1 个稽查支队、9 个稽查大队	1 个稽查支队、7 个稽查大队	1 个稽查支队、6 个稽查大队
	烟叶机构	—	—	—	—
销售卷烟	亿支	24.45	89.00	57.00	56.80
	2013 年比 2012 年（%）	1.87	1.08	1.40	1.23
卷烟销售收入（万元）		122867	438487	267481	258861
实现税利	万元	23400	89110	46720	49321
	2013 年比 2012 年（%）	10.31	8.28	9.44	13.36
实现利润	万元	12873	51805	23879	26301
	2013 年比 2012 年（%）	7.00	10.90	13.13	13.77
查处涉烟违法案件（起）		668	1381	1388	1299
查处涉烟违法案件案值（万元）		287	487	142	431
2013 年度烟草行业投入烟叶生产基础设施建设资金（万元）		—	—	—	—
全年烟叶生产基础设施新增受益面积（万亩）		—	—	—	—
烟叶种植（万亩）		—	—	—	—
烟叶收购（万担）		—	—	—	—
烟农户数（户）		—	—	—	—
实现烟农总收入（万元）		—	—	—	—
零售客户数（户）		6479	19366	10132	12235
零售客户销售毛利率（%）		13.54	11.20	10.00	13.00

地市级局（公司）名称	许昌市局（公司）	漯河市局（公司）	三门峡市局（公司）	南阳市局（公司）	商丘市局（公司）
主要负责人/法人代表	蒋笃彪	李广良	李　琦	王振海	左东升
总资产（万元）	143779	79355	181412	260875	164053
资产负债率（%）	36.66	49.44	41.03	36.46	31.46
所属县级局（个）	6	3	6	13	9
所属县级公司/分公司（个）	6 个分公司	3 个分公司	6 个分公司	13 个分公司	9 个分公司
所属县级营销部（个）	—	—	—	—	—
从业人员（人）	1712	1198	1316	3015	1492

续表

地市级局（公司）名称		许昌市局（公司）	漯河市局（公司）	三门峡市局（公司）	南阳市局（公司）	商丘市局（公司）
所属业务机构	营销机构	1 个营销中心	1 个营销中心	1 个营销中心	1 个营销中心、1 个电访中心	1 个营销中心、1 个电访中心
	物流配送机构	1 个配送中心	1 个配送中心	1 个配送中心	1 个配送中心	1 个物流中心、3 个配送站
	专卖稽查机构	1 个稽查支队、5 个稽查大队、45 个稽查中队	1 个稽查支队、21 个稽查中队	1 个稽查支队、6 个稽查大队	1 个稽查支队、13 个稽查大队	1 个稽查支队、9 个稽查大队
	烟叶机构	13 个烟叶收购（工作）站、22 个烟叶收购点	12 个烟叶收购（工作）站、17 个烟叶收购点	30 个烟叶收购（工作）站	69 个烟叶收购（工作）站	8 个烟叶收购（工作）站
销售卷烟	亿支	75. 50	41. 65	50. 50	164. 50	120. 50
	2013 年比 2012 年（%）	0. 67	0. 94	1. 00	0. 92	1. 18
卷烟销售收入（万元）		367524	213595	255672	761286	564919
实现税利	万元	95216	51375	94969	174578	109168
	2013 年比 2012 年（%）	10. 70	7. 64	9. 79	9. 51	14. 12
实现利润	万元	44304	21404	45876	81047	55188
	2013 年比 2012 年（%）	9. 97	-2. 56	5. 96	6. 28	13. 89
查处涉烟违法案件（起）		403	360	308	6340	5117
查处涉烟违法案件案值（万元）		1781	4704	20	656	599
2013 年度烟草行业投入烟叶生产基础设施建设资金（万元）		14063	9406	10149	21306	850
全年烟叶生产基础设施新增受益面积（万亩）		4. 72	4. 00	3. 68	5. 16	0. 40
烟叶种植（万亩）		16. 00	9. 60	26. 70	23. 50	2. 60
烟叶收购（万担）		49. 60	27. 38	74. 09	66. 30	6. 30
烟农户数（户）		6450	2620	18710	7570	390
实现烟农总收入（万元）		60688	38811	78158	78705	7459
零售客户数（户）		18302	8131	9800	40816	26481
零售客户销售毛利率（%）		11. 37	11. 00	11. 23	13. 26	14. 55

地市级局（公司）名称	信阳市局（公司）	周口市局（公司）	驻马店市局（公司）	济源市局（公司）
主要负责人/法人代表	余自强（—2013. 6）	刘曙光（—2013. 6）	马　聪	苏志军（—2013. 1） 张芦敏（2013. 1—）
总资产（万元）	177650	128150	125777	18087
资产负债率（%）	37. 96	43. 91	27. 70	26. 00
所属县级局（个）	10	10	10	—

续表

地市级局（公司）名称		信阳市局（公司）	周口市局（公司）	驻马店市局（公司）	济源市局（公司）
所属县级公司/分公司（个）		10 个分公司	10 个分公司	10 个分公司	—
所属县级营销部（个）		—	—	—	—
从业人员（人）		1112	1982	2236	217
所属业务机构	营销机构	1 个营销中心、1 个电访中心	1 个营销中心、1 个电访中心	1 个营销中心、1 个电访中心	—
	物流配送机构	1 个物流中心、3 个配送站	1 个物流配送中心、3 个配送站	1 个物流配送中心	1 个卷烟营销配送中心
	专卖稽查机构	1 个稽查支队、9 个稽查大队	1 个稽查支队、10 个稽查大队	1 个稽查支队、10 个稽查大队	1 个稽查支队
	烟叶机构	2 个烟叶收购（工作）站、2 个烟叶收购点	14 个烟叶收购（工作）站	23 个烟叶收购（工作）站	4 个烟叶收购（工作）站
销售卷烟	亿支	99.00	130.00	110.00	10.90
	2013 年比 2012 年（%）	0.71	0.78	0.64	1.86
卷烟销售收入（万元）		498142	554518	484438	56511
实现税利	万元	93720	91277	83656	12195
	2013 年比 2012 年（%）	9.36	9.16	2.59	20.46
实现利润	万元	47543	41484	41302	5936
	2013 年比 2012 年（%）	7.57	10.91	12.01	37.82
查处涉烟违法案件（起）		2244	2455	2282	197
查处涉烟违法案件案值（万元）		1350	1257	752	131
2013 年度烟草行业投入烟叶生产基础设施建设资金（万元）		2365	1240	8895	700
全年烟叶生产基础设施新增受益面积（万亩）		0.96	0.49	3.24	0.10
烟叶种植（万亩）		1.40	2.70	8.50	1.70
烟叶收购（万担）		3.64	6.65	20.82	4.30
烟农户数（户）		560	950	2050	940
实现烟农总收入（万元）		3256	8007	24256	3625
零售客户数（户）		25832	30018	25566	3701
零售客户销售毛利率（%）		14.82	12.82	11.92	13.86

（撰稿：常树达；编辑：王东旭）

湖北省烟草专卖局（公司）

【概　况】　湖北省烟草专卖局成立于 1984 年 3 月，湖北省烟草公司组建于 1983 年 8 月。1984 年 11 月 12 日，湖北省政府与中国烟草总公司签署协议，决定湖北省烟草公司自协议书签订之日起上划中国烟草总公司，上划后更名为中国烟草总公司湖北省公司。2006 年，完成母子公司体制改革。省局（公司）下辖武汉、黄冈、襄阳、荆州、十堰、孝感、恩施、宜昌、咸宁、随州、黄石、荆门、鄂州等 13 家地市级烟草专卖局（公司），仙桃、天门、潜江等 3 家直管市烟草专卖局（公司）和神农架林区烟草专卖局（公司），以及湖北烟草金叶复烤有限责任公司①、中国烟草湖北进出口有限责任公司和湖北烟草投资管理有限责任公司。省局（公司）下设 15 个职能处室，5 个专业部门（2013 年，湖北省烟草科研所更名为湖北省烟草科学研究院）② 以及湖北省烟草学会、整顿办和基建办公室。截至 2013 年底，

① 湖北烟草金叶复烤有限责任公司详见《工业企业》栏目“打叶复烤和薄片生产企业”分目。

② 湖北省烟草科学研究院详见《科研和教育机构》栏目“科研机构”分目。

公司拥有总资产237.54亿元，其中固定资产38.46亿元、流动资产169.76亿元，资产负债率为21.93%。共有从业人员15087人，其中聘用员工5218人。

【领导成员】

局长、总经理、党组书记：赵全意

巡视员、副局长、副总经理、党组成员：彭义政

副总经理、党组成员：杨　树

副局长、党组成员：徐述舟

纪检组长、党组成员：夏汉林

副总经理、党组成员：刘裕堂

副总经理、党组成员：黄树立

副巡视员：钟存高

副巡视员：杜建平

副巡视员：陈武林

【专卖管理】　卷烟打假破网。2013年共查处各类涉烟违法案件2.72万起，查获非法卷烟3.19亿支，其中假冒卷烟0.53亿支、非渠道卷烟2.64亿支，总案（标）值1.73亿元。捣毁制假售假窝点66个，打击涉烟犯罪分子891人，其中判刑346人、拘留545人。全年办理网络案件167起，其中国标案件40起，省标案件127起。宜昌"1·30"贩售假烟案、随州"10·20"贩售假烟案、荆门"7·19"特大非法制售烟用梗丝案、荆门"11·3"贩售假烟案、荆州"5·9"贩售假烟案等5起案件被公安部、国家局列为督办案件。

卷烟打假协作机制。与省公安厅召开三次卷烟打假协作座谈会，对重大疑难案件进行深入研究。会同省工商局就进一步密切执法协作强化烟草市场监管下发联合通知，将卷烟市场监管情况纳入工商部门业绩考核。与省检察院沟通协作，推进专卖行政执法与刑事司法有效衔接。协调武汉铁路局增设三个联合执法室，与北京、天津、安徽、河南等十省（市、自治区）建立联合打假工作机制，优化专卖执法环境。

【经济效益】　2013年，湖北省烟草商业系统实现税利106.93亿元，同比增长10.82%，其中利润54.51亿元，同比增长14.14%。三项费用率8.86%。

【卷烟经营】　卷烟销售。2013年，湖北省烟草商业系统销售卷烟960.72亿支（192.14万箱），同比增长1.48%，其中，销售一类烟268.99亿支（53.8万箱），同比增长18.75%；二类烟21.76亿支（4.35万箱），同比增长39.41%；三类烟380.09亿支（76.02万箱），同比下降1.68%；四类烟194.06亿支（38.81万箱），同比下降6.60%；五类烟95.69亿支（19.14万箱），同比下降13.09%。本地区销量居前三位的品牌依次为"红金龙""黄鹤楼""红河"，其中，"红金龙"销量496.85亿支（99.37万箱），同比下降8.41%；"黄鹤楼"销量262.15亿支（52.43万箱），同比增长19.51%；"红河"销量21.3亿支（4.26万箱），同比下降10.13%。

2013年实现卷烟销售收入419.38亿元，同比增长10.30%。实现卷烟税利96.51亿元，同比增长6.49%，其中利润52.58亿元，同比增长5.22%。

品牌培育。完善品牌引入退出机制，优化品牌格局。全年引入31个品牌（规格），退出54个品牌（规格）。制定限量品牌管理办法，加强限量品牌管理，提高紧俏货源满足度和品牌集中度。按照国家局要求，组织14家市公司探索开展重点品牌网上营销策划活动。召开雪茄烟营销专题工作会，启动雪茄烟营销工作。全省烟草商业系统销售重点品牌卷烟899.25亿支（179.85万箱），同比增加6.35亿支（1.27万箱），增长0.71%。重点品牌卷烟销量占全省销量的93.61%。销售低焦油卷烟8.3亿支（1.66万箱），同比增加1.23亿支（0.25万箱），增长17.38%。

现代营销体系建设。推进现代零售终端建设规划实施，全省现代零售终端达7708户。协调金融机构，优化网点布局，改进服务流程，开通"绿色通道"，为零售客户货款结算提供便利。2013年零售客户月均盈利3446元，同比增加313元。加强区域物流运行管理，探索武汉区域物流中心法人实体化运作，推进物流标准化工作，物流管理水平有所提升。

【烟叶产销】　种植与收购。2013年，湖北省签订烟叶种植收购合同7.78万份，落实烟叶种植面积81.61万亩。实际收购烟叶10.04万吨（200.89万担），其中烤烟7.7万吨（154万担）、晾晒烟2.34万吨（46.89万担）。全省实现烟农总收入26.75亿元。烟农户均收入3.44万元，同比增长0.12%。烟农亩均收入3278元，同比增加408元。

全年实现烟叶税利9.94亿元，同比增长36.35%，其中利润2.73亿元，同比增长405.56%。

坚决落实国家局严控规模、优化结构的工作要求，把控制总量摆在烟叶工作的首要位置，全面建立"一把手"责任制，加强对合同签订、优化结构等重要环节的过程管控。加强壮苗培育、"井窖式"移栽、测土配方施肥、GAP管理等先进适用技术推广和集成应用。"井窖式"移栽技术首次在全省推广并取得较好成效，移栽面积达29.25万亩，居全国第一。推广商品有机肥59.28万亩，饼肥32.61万亩，种植绿肥9.26万亩。全省烤烟上中等烟比例98.53%，同比提高4.06个百分点；烟叶收购质量检查合格率86.4%，居全国第一；工商交接等级合格率63%，高于全国平均水平。

现代烟草农业建设。推进基地单元建设，全年新建基地单元5个，累计建设26个，其中国家局基地单元18个、省级基地单元8个。恩施利川整县推进基地单元建设工作全面启动，单元整体工作水平明显提升。按照"一基一社"要求，完善合作社治理结构和服务体系，建成26个综合服务型烟农专业合作社，成立各类专业化服务队778支，基地单元内烟农入社率达到88%，烤烟基地单元内20亩以上烟农种植面积占73.5%。对基地单元内的烟农专业合作社，每个给予一次性扶持资金50万元。加大政策支持力度，投入100万元用于专业化服务补贴，主要环节专业化服务覆盖率有所提升。

烟叶生产基础设施建设。2013年投入烟叶生产基础设施建设资金6.55亿元，建设项目2.5万个，其中国家局投

入资金3.76亿元，全省烟草商业系统投入资金2.79亿元。在抓好常规项目和基地单元配套建设的基础上，重点抓好水源工程、土地整理和农机推广项目。申报水源工程项目4个，完成土地整理10.6万亩，投入3306万元购置农机具4605台（套）。突出效率效益，组织开展2005—2012年基础设施项目“回头看”，对已建项目分类清理，提高设施利用水平。

【管理创新】 财务管理。修订完善湖北省烟草商业系统财务会计制度27项，按月开展重点费用预算执行情况分析，按季进行预算执行情况通报。完善预算标准定额，坚决压缩重点费用。2013年，湖北省烟草商业系统招待费、会议费、业务宣传费同比分别下降33.92%、29.77%、18.86%。

法制建设。推进文明执法依法行政基础性工作，开展专卖执法大检查，出台文明执法行为规范，推行烟草专卖行政处罚裁量基准，完善专卖执法格式文书，强化烟草专卖行政执法评议考核工作机制。推进省局和武汉、襄阳市局法律风险防控试点工作，初步形成覆盖专卖行政执法、生产经营管理全过程、全岗位的法律风险防控体系。

【技术创新】 2013年，湖北省烟草商业系统开展科研项目77个，湖北省烟草科研所经国家局批复正式更名为湖北省烟草科学研究院。质检站完成各类检测工作8531次。省局“十二五”信息化规划通过国家局验收，信息集成整合工作正式启动，“一体化”平台建设有序推进。

【人事政工】 队伍建设。2013年，举办两期处级以上领导干部学习贯彻党的十八大精神培训班，组织各单位、各部门主要负责人到福建古田学习培训。面向全省烟草商业系统选拔正处职领导干部1人，从市级局班子副职中选调3人到省局机关任副处长，选调3人到直属多元化企业工作。选拔5人到省局挂职、15人到乡镇挂职。全年新招聘大学毕业生315人，完成五年人才引进计划，累计招聘1064人；举办各类培训班1581个，培训37345人次；开展技能鉴定7批次，鉴定4166人次。

用工分配制度改革。推进“择优直签”工作，15家单位完成首批直签工作，湖北省2013年直签696人，累计达到863人。推进员工分类分级管理，加强劳动用工管理。执行工效挂钩政策，严格实行工资发放控制线管理，严格执行领导薪酬管理规定。

作风建设。围绕贯彻落实中央“八项规定”和国家局“九条要求”，省局党组研究制定“四个一律”决定、20条实施细则及16条监督检查实施办法。2013年省局举办的全省烟草商业系统会议和培训同比分别减少16个、22个。

【特事要辑】 4月19—21日，国家局局长姜成康到湖北省局（公司）调研，强调要严控规模、优化结构，尊重市场、主动调节，抓住重点、加强监管，明确任务、狠抓落实，努力保持烟叶生产稳定发展、生产经营平稳运行、市场秩序良好、队伍整体素质提升。

7月17—18日，新履职的国家局局长凌成兴到湖北烟草调研。他强调，要做到“三保持一力争”，再创发展奇迹，即保持品牌培育的强劲势头，保持烟叶生产的独特优势，保持卷烟打假的高压态势，力争“两烟”税利增幅高于同期财政收入增幅，为行业发展和湖北经济社会发展作出新的更大贡献。国家局副局长李克明一同调研。

10月9日，湖北省政府在荆门召开湖北省卷烟打假市场整顿工作会议。国家局副局长赵洪顺出席会议并强调，要继续巩固完善卷烟打假长效机制，加大公路查堵、市场检查、案件侦破和司法追刑力度，创建卷烟打假示范。

10月9—11日，国家局副局长赵洪顺到湖北省局（公司）调研，强调要争创“四个样板”，即狠抓市场监管，争创专卖管理样板；精心组织营销，争创科学营销样板；严格规范自律，争创严格规范样板；夯实工作基础，争创精细管理样板。

11月19日，驻国家局纪检组组长高林到湖北省局（公司）调研，强调要严格管理领导干部，在公务用车、业务接待、选人用人上提出更严要求，把廉政教育和廉政风险防控纳入生产经营管理，加大中层监督力度，加强同级监管、招投标管理，体现公平公正公开。

12月2—5日，国家局副局长何泽华到湖北省局（公司）调研，强调要大力提升企业安全管理水平，扎实推进现代烟草农业建设，坚持“稍紧平衡”的营销策略，加强货源组织和调控，重点解决好货源满足问题。

12月23—26日，国家局局长凌成兴到湖北恩施、十堰、襄阳调研，强调要落实恩施州综合扶贫改革试点规划，切实用好和管好行业投入的综合扶贫专项资金，把恩施州综合扶贫改革试点项目建设好、管理好，同时继续支持十堰竹山、竹溪两县扶贫开发工作，推动老少边穷地区产业发展。

所属地市级局（公司）

【武汉市烟草专卖局（公司）】 武汉市烟草专卖局、湖北省烟草公司武汉市公司成立于1986年2月。下辖13个县级烟草专卖局（营销部）和1个专业公司。

以按需供货为目标，完善“棋盘式”货源投放系统，优化品牌文化价值传播途径和效率，开展现代零售终端建设，初步形成市场导向的品牌引入退出机制。

深化“政府主导、烟草主抓、部门联管”的卷烟打假市场监管机制，强化烟草专卖“网格化”管理，推行烟草专卖零售行政许可“双十”承诺和网上内部监管“六步法”。

导入精益管理思想，推进质量管理体系和标准体系建设，开展“三层四级五星”标杆管理，严格规范采购管理，严控成本，开展资源节约型企业构建，三项费用率实现九年连续下降。

【黄冈市烟草专卖局（公司）】 黄冈市烟草专卖局、湖北省烟草公司黄冈市公司成立于1984年7月。下辖10个县级烟草专卖局（营销部）和龙感湖分局（公司）。

坚持把基层市场部、专卖管理所、配送中转站、稽查大队作为基础管理进入“深水区”的支点，推进工作规范的编修、应用和基层考核。创新扁平营销构架模式，开展英山县“按需供货”试点，供过于求、供非所求、供不应求的现象有所减少。推进物流非法人实体化运作管理，直接送货到户率为97.25%，准确送货到户率为100%。

【襄阳市烟草专卖局（公司）】 襄阳市烟草专卖局、湖北省烟草公司襄阳市公司成立于1984年4月，原名襄樊市烟草专卖局、湖北省烟草公司襄樊市公司。2011年1月，更名为襄阳市烟草专卖局、湖北省烟草公司襄阳市公司。下辖9个县级烟草专卖局（营销部）和2个烟叶分公司。

2013年，襄阳市烟草系统开展“假如我是服务对象”大讨论活动，营销战线推进站柜示范导购活动；烟叶战线开展以“细心到位、诚心到位、真心到位、爱心到位、责任心到位”为主要内容的“五到位”走访活动；专卖战线公布烟草专卖法律法规和许可证办理流程，向零售客户和社会公众免费发放3万份“12313”烟草打假宣传单、1万册打击交通运输环节非法运输卷烟宣传手册。

【荆州市烟草专卖局（公司）】 荆州市烟草专卖局、湖北省烟草公司荆州市公司始建于1984年6月。沙市市烟草专卖局、湖北省烟草公司沙市市公司成立于1986年10月。1994年12月，荆州市烟草专卖局、湖北省烟草公司荆州分公司和沙市市烟草专卖局、湖北省烟草公司沙市市公司合并组成荆沙市烟草专卖局、湖北省烟草公司荆沙分公司。1996年12月，荆沙市烟草专卖局更名为荆州市烟草专卖局，荆沙分公司更名为荆州分公司。2003年12月，荆州分公司更名为荆州市公司。下辖8个县级烟草专卖局（营销部）。

推进营销网络和服务体系建设，坚持销售增量、均衡投放、完善终端，全年一、二类卷烟销量分别同比增长18.8%、39.3%、三类卷烟同比持平。以提升市场净化率和占有率为切入点，加大专卖管理执法力度，“5·9”制售假冒卷烟案获得湖北省烟草商业系统典型案件评比第一名。强化规范管理和对标管理，全年三项费用率为7.83%，同比下降0.3个百分点，15项对标指标中有10项指标好于上年。

【十堰市烟草专卖局（公司）】 十堰市烟草专卖局、湖北省烟草公司十堰市公司成立于1984年12月。下辖7个县级烟草专卖局（营销部）和4个烟叶分公司，以及2个多元化公司。

*开展“基层管理年”活动。*市局领导、市局机关科室、县局（县烟叶分公司）领导三层挂点联系基层单位，成立烟叶站、市场部、管理所、稽查队和绩效考核、薪酬分配“4+2”课题研究组，进行基层基础管理课题研究攻关，激发基层活力，调动基层积极性。

*加强烟叶技术创新。*2013年，“金神农”烟叶技术中心在十堰房县野人谷正式挂牌成立，依托湖北省烟草科学研究院和湖北中烟技术中心，初步形成育种、栽培、烘烤、植保和化学分析等五个研究室，科研覆盖烟叶生产各个重要环节，主要职能为技术研发、成果转化、队伍建设、科技管理、指导县级技术推广站等，为环神农架周边植烟区提供服务。

【孝感市烟草专卖局（公司）】 孝感市烟草专卖局、湖北省烟草公司孝感市公司成立于1984年4月。下辖7个县级烟草专卖局（营销部）。

规范企业管理，健全集体决策机制、薪酬管理机制、费用审批机制，制定领导班子和领导干部考核办法、后备干部选拔管理办法，推行周例会制度、督办考评制度。

【恩施土家族苗族自治州烟草专卖局（公司）】 恩施土家族苗族自治州烟草专卖局、湖北省烟草公司恩施土家族苗族自治州公司成立于1984年3月。下辖8个县级烟草专卖局（营销部），8个县级烟叶分公司，以及3家二级单位和“清江源”现代烟草农业科技园区。

*推进现代烟草农业建设。*2013年，自治州已建基地单元达16个，其中国家局基地单元12个，省级基地单元4个，基地单元烟叶种植面积占全州烟叶种植总面积的50%以上。全州专业化育苗、机耕、植保、烘烤、分级服务覆盖率分别为87.45%、70.46%、76.63%、63.07%、70.88%。首次推广“井窖式”移栽技术28万余亩。研发出“井窖式”移栽配套育苗浮盘，年均可减少生产投入800万元以上。

【宜昌市烟草专卖局（公司）】 宜昌市烟草专卖局、湖北省烟草公司宜昌市公司成立于1984年4月。下辖10个县级烟草专卖局（营销部），以及1个烟用物资公司。

加强现代营销网络建设，完善“棋盘式”货源投放系统，推行移动营销，成立“知音·金叶之家”零售客户互助合作协会，为6000余户零售客户提供银行绿色通道服务，设立“三农代办点”158个，电子结算率达到73.31%。

【咸宁市烟草专卖局（公司）】 咸宁市烟草专卖局、湖北省烟草公司咸宁市公司成立于1984年4月。下辖6个县级烟草专卖局（营销部）。

以湖北省烟草商业系统物流工作现场会为契机，进一步推行7S现场管理，加大物流非法人实体化运作力度，开展准时制送货服务，自主研发准时制送货服务管理平台，确保送货员按照规定的线路、在规定的时间内将卷烟送到规定的地点。2013年咸宁市送货准确率、到户率、及时率均为100%，物流配送服务满意度为98%。

【随州市烟草专卖局（公司）】 随州市烟草专卖局、湖北省烟草公司随州市公司成立于2000年10月。下辖3个县级烟草专卖局（营销部）。

强化专卖执法联合协作机制，密切与工商、交警、治安检查站等单位协作。坚持三级暗访、交叉检查考核制度，加大对重点区域、重点部位的整治力度。落实首问责任制、“双十”承诺，严格控制办证时间。依托“网格化”管理，探索开展“三无社区、街道”创建工作，提高市场净化水平。

【黄石市烟草专卖局（公司）】 黄石市烟草专卖局、湖北省烟草公司黄石市公司成立于1984年6月。下辖2个县级烟草专卖局（营销部）和1个直属分局（营销部）。

围绕卷烟销售增量目标，坚持做到需求早预测、衔接早安排、货源早落实、供应早启动，实行精准定点投放，推广实施“定时间、定客户、定标准”服务规范应用，重点解决偏远农村客户存款难问题，卷烟营销保持良好发展态势。

加大打假破网力度，全年破获的6起案件中有4起被列为省级督办案件，查办的本地案件数量和本地涉烟犯罪分子达到历史之最。

【荆门市烟草专卖局（公司）】 荆门市烟草专卖局、湖北省烟草公司荆门市公司成立于1984年8月。下辖4个县级烟草专卖局（营销部）。

强化专卖管理，坚持突出本地市场、突出打假破网、突出市场监管、突出协同作战，先后组织开展双节期间、“3·15”消费者权益保护日、“一所三店”、天价烟整治、国庆节期间等八次专项行动，破获6起网络案件，其中“7·19”特大非法制售烟用梗丝案被公安部、国家局列为督办案件。

【鄂州市烟草专卖局（公司）】 鄂州市烟草专卖局、湖北省烟草公司鄂州市公司成立于1984年9月。下辖5个专卖管理所（市场部）。

夯实基层管理基础，抓住专卖管理所、市场部、稽查支队、卷烟物流中心4个单元，市局领导直接兼任5个基层专卖管理所（市场部）第一负责人，机关35名员工下挂基层各片区，建立工作联系点，划分责任区，实行工作同布置、同考核、同奖惩。

【仙桃市烟草专卖局（公司）】 仙桃市烟草专卖局、湖北省烟草公司仙桃市公司成立于1984年4月，1995年1月隶属湖北省烟草专卖局（公司）直管。下辖7个市场部，7个专卖管理所及1个市场稽查中队。

推动基础管理，20项核心对标指标位次前移，2项核心指标湖北省排名第一，3项指标湖北省排名第二。业务宣传费同比下降16.2%，业务招待费同比下降44%，会议费同比下降18.4%。

【天门市烟草专卖局（公司）】 天门市烟草专卖局、湖北省烟草公司天门市公司组建于1984年4月，1995年1月由湖北省烟草专卖局（公司）直管。下辖5个市场部，5个专卖管理所、1个物流管理所及1个市场稽查大队。

建立机关服务基层“三个3”机制，即服务诉求3日办结、服务基层1对3、每月1/3时间下基层，切实转变机关作风，确保服务基层工作不推诿、不拖拉、不应付。

【潜江市烟草专卖局（公司）】 潜江市烟草专卖局、湖北省烟草公司潜江市公司成立于1984年5月。下辖4个市场部①、4个专卖管理所及2个稽查中队。

强化终端建设，以“温暖·帮扶”为主题，开展“亲情式”服务，网上订货率95%，电子结算率90%，零售客户毛利率15%，客户平均获利同比增加5个百分点、超过4000元，零售客户卷烟存销比始终稳定在0.3以内。

【神农架林区烟草专卖局（公司）】 神农架林区烟草专卖局、湖北省烟草公司神农架林区公司成立于1984年12月，1986年8月由湖北省烟草专卖局（公司）直管。下辖2个二级卷烟配送部（站）、1个二级烟叶收购站及木鱼烟草香溢宾馆。

推进烟叶产业发展，立足“小而精、特而优”的战略定位，联合湖北省烟草科学研究院推进“金神农”烤烟核心科技示范园建设，开展有机烟叶试种工作。

所属其他二级单位及派驻机构

【中国烟草湖北进出口有限责任公司】 中国烟草湖北进出口有限责任公司的前身是成立于1985年1月的中国烟草进出口公司湖北分公司，与湖北省烟叶产销公司合署办公；1992年3月，更名为中国烟草湖北进出口公司；1999年9月，中国烟草湖北进出口公司与湖北省烟叶产销公司分立办公；2001年1月更名为中国烟草湖北进出口有限责任公司，公司注册资本7868万元，其中，原中国烟草进出口（集团）公司占55%的股份，中国烟草总公司湖北省公司占35%的股份，原武汉烟草（集团）有限公司占10%的股份。为贯彻落实国务院有关文件精神，根据《国家烟草专卖局关于调整中国烟草进出口（集团）公司成员企业管理体制的决定》（国烟法〔2006〕589号），2006年12月将原中国烟草进出口（集团）公司、原武汉烟草（集团）有限公司的股权无偿划转给中国烟草总公司湖北省公司，中国烟草湖北进出口有限责任公司成为中国烟草总公司湖北省公司的全资子公司，公司名称不变。截至2013年底，公司拥有总资产4.47亿元，其中固定资产0.32亿元、流动资产4.08亿元，资产负债率为77.95%。共有从业人员67人，其中聘用员工20人。

公司经营范围为烟叶出口、卷烟进口、除国家统一联合经营的出口商品和国家实行核定公司经营的进口商品以外的其他商品及技术的进出口业务、卷烟雪茄烟草制品的零售业务及副食、酒类经营，以烟叶出口和卷烟进口为主要利润来源。2013年，出口烟叶类产品1.81万吨，出口实现5992万美元，进口寄售卷烟1.56亿支，拓展业务销售金额1716万元。全年实现经营利润723万元。

在烟叶出口方面，开发日本烟草、印尼针标，以及日千里、汉晨、皇冠等中小型客户，严格控制等级结构和成本费用，严格按照客户需求进行加工，加快催证履约、发运及货款回收。在卷烟进口方面，协助各销区研判市场、培养品牌，认真做好各销区的营销工作，建立领导及部门联系服务点机制，主动服务销区。在拓展业务方面，做好适销货源的组织工作，强化门店考核管理，做好新店经营工作，开拓进口设备仪器和进口红酒代理业务。

---

① 2013年，潜江市局（公司）将8个市场部整合为4个市场部，即：园林市场部、泽口市场部整合为园林市场部；广华市场部、王场市场部整合为广华市场部；张金市场部、浩口市场部整合为张金市场部；老新市场部、渔洋市场部整合为老新市场部。

【湖北烟草投资管理有限责任公司】 湖北烟草投资管理有限责任公司成立于2007年。截至2013年底，公司拥有总资产23.42亿元，其中，固定资产163.28万元、流动资产1.6亿元，长期股权投资21.77亿元，资产负债率为6.81%。公司经营范围主要是投资管理、资产经营及投资咨询（不含证券投资）。有从业人员18人。2013年，成立湖北金叶科技有限公司和武汉楚烟信息技术有限公司。

湖北烟草投资管理有限责任公司主要对省烟草公司投资的多元化资产进行经营和管理，对各市（州）烟草公司和直属单位投资的多元化资产进行监管和指导。公司下辖武汉宝丰宾馆有限公司、武汉香溢大酒店有限公司、湖北省烟草武汉贸易有限责任公司、上海香益经贸公司、湖北鑫叶置业有限公司5家全资子公司，以及武汉楚烟信息技术有限公司、湖北新业物业管理有限公司、湖北香青化肥有限公司、湖北新业建筑装饰工程有限公司、湖北金叶科技有限公司5家控股子公司。2013年，投资公司及10家子公司实现营业收入8.12亿元。实现税利6617.76万元，其中利润3528.34万元。

2013年湖北省烟草商业系统主要情况统计

地市级局（公司）名称		武汉市局（公司）	黄冈市局（公司）	襄阳市局（公司）	荆州市局（公司）	十堰市局（公司）
主要负责人/法人代表		梁　斌	张俊初	吴天植	马　力	马超纯（—2013.2） 赵建成（2013.2—）
总资产（万元）		469449	143216	115297	142634	111499
资产负债率（%）		11.16	27.62	29.08	33.02	46.74
所属县级局（个）		13	11	9	8	7
所属县级公司/分公司（个）		—	—	2个烟叶分公司	—	4个烟叶分公司
所属县级营销部（个）		13	10	9	8	7
从业人员（人）		1493	1004	1221	930	1045
所属业务机构	营销机构	1个营销中心	1个营销中心、 1个电访中心	1个营销中心	1个营销中心、 1个电访中心	1个营销中心、 1个电访中心
	物流配送机构	1个物流配送中心	1个配送中心	1个物流配送中心	1个配送中心	1个物流中心、 6个区域中转站
	专卖稽查机构	1个稽查支队、 16个稽查大队	1个稽查支队、 13个稽查大队	1个稽查支队、 14个稽查中队	1个稽查支队、 8个稽查大队	1个稽查支队、 7个稽查大队
	烟叶机构	—	—	24个烟叶工作站	—	8个烟叶中心站、 31个烟叶收购组
销售卷烟	亿支	205.06	95.78	90.31	89.07	51.80
	2013年比2012年（%）	2.44	-1.02	1.75	1.78	1.57
卷烟销售收入（万元）		1058564	374134	333349	370256	207443
实现税利	万元	258687	86487	81128	76816	59427
	2013年比2012年（%）	5.76	6.37	16.85	7.57	20.21
实现利润	万元	152134	46790	37825	36823	29038
	2013年比2012年（%）	5.22	11.26	22.32	1.89	31.24
查处涉烟违法案件（起）		7086	2047	1832	4670	817
查处涉烟违法案件案值（万元）		8043	760	928	1294	319
2013年度烟草行业投入烟叶生产基础设施建设资金（万元）		—	—	11038	—	6580
全年烟叶生产基础设施新增受益面积（万亩）		—	—	6.82	—	3.96
烟叶种植（万亩）		—	—	9.30	—	11.00
烟叶收购（万担）		—	—	21.78	—	25.04
烟农户数（户）		—	—	6707	—	8884
实现烟农总收入（万元）		—	—	30281	—	35845
零售客户数（户）		35407	24960	15564	18801	13343
零售客户销售毛利率（%）		13.85	13.16	13.16	13.27	13.45

续表

地市级局（公司）名称		孝感市局（公司）	恩施州局（公司）	宜昌市局（公司）	咸宁市局（公司）
主要负责人/法人代表		严继松（—2013.8） 张禾炎（2013.8—）	谭志平	赵传良	游爱民
总资产（万元）		113668	303485	122605	67182
资产负债率（%）		25.72	67.52	27.71	29.35
所属县级局（个）		7	8	10	6
所属县级公司/分公司（个）		—	—	—	—
所属县级营销部（个）		7	8	10	6
从业人员（人）		812	2476	1262	537
所属业务机构	营销机构	1个营销中心	1个营销中心	1个营销中心	1个营销中心、 1个电访中心
	物流配送机构	1个物流中心、 4个配送中转站	1个配送中心	1个配送中心、 9个卷烟中转站	1个配送中心
	专卖稽查机构	1个稽查支队、 8个稽查大队	1个稽查支队、 8个稽查大队	1个稽查支队、 10个稽查大队	1个稽查支队、 7个稽查大队
	烟叶机构	—	58个烟草站	14个烟叶工作站、 44个烟叶收购组	—
销售卷烟	亿支	70.01	52.76	74.76	40.33
	2013年比2012年（%）	1.23	0.57	1.49	1.61
卷烟销售收入（万元）		326659	199987	301006	179047
实现税利	万元	76348	112062	79716	37319
	2013年比2012年（%）	7.65	0.83	14.29	6.43
实现利润	万元	41516	42980	38149	18717
	2013年比2012年（%）	8.29	-2.89	15.25	8.44
查处涉烟违法案件（起）		2505	997	1242	935
查处涉烟违法案件案值（万元）		844	658	765	923
2013年度烟草行业投入烟叶生产基础设施建设资金（万元）		—	41015	6742	—
全年烟叶生产基础设施新增受益面积（万亩）		—	26.45	8.70	—
烟叶种植（万亩）		—	52.22	8.90	—
烟叶收购（万担）		—	128.37	25.24	—
烟农户数（户）		—	54126	8031	—
实现烟农总收入（万元）		—	170646	29965	—
零售客户数（户）		15173	11583	16780	8709
零售客户销售毛利率（%）		13.15	12.62	12.72	12.74

地市级局（公司）名称	随州市局（公司）	黄石市局（公司）	荆门市局（公司）	鄂州市局（公司）
主要负责人/法人代表	刘洪明	邓良启	雷培榜	郑祖雄
总资产（万元）	54224	77744	76859	37696
资产负债率（%）	37.88	23.79	33.52	35.14
所属县级局（个）	3	3	4	—
所属县级公司/分公司（个）	—	—	—	—

续表

地市级局（公司）名称		随州市局（公司）	黄石市局（公司）	荆门市局（公司）	鄂州市局（公司）
所属县级营销部（个）		3	3	4	—
从业人员（人）		360	357	434	175
所属业务机构	营销机构	1 个营销中心	1 个营销中心	1 个营销中心	1 个营销中心、1 个电访中心
	物流配送机构	1 个物流配送中心	1 个配送中心	1 个配送中心	1 个物流中转站
	专卖稽查机构	1 个稽查支队、4 个稽查大队	1 个稽查支队、6 个稽查中队	1 个稽查支队、4 个稽查大队	1 个稽查支队
	烟叶机构	—	—	—	—
销售卷烟	亿支	35.00	38.27	42.66	17.36
	2013 年比 2012 年（%）	0.57	2.82	1.81	2.84
卷烟销售收入（万元）		136926	183294	181188	85821
实现税利	万元	29271	46146	40590	21187
	2013 年比 2012 年（%）	-0.65	9.62	11.83	10.46
实现利润	万元	15276	25730	21841	12275
	2013 年比 2012 年（%）	-4.56	5.06	14.31	6.47
查处涉烟违法案件（起）		590	1756	814	595
查处涉烟违法案件案值（万元）		651	1021	304	244
2013 年度烟草行业投入烟叶生产基础设施建设资金（万元）		—	—	—	—
全年烟叶生产基础设施新增受益面积（万亩）		—	—	—	—
烟叶种植（万亩）		—	—	—	—
烟叶收购（万担）		—	—	—	—
烟农户数（户）		—	—	—	—
实现烟农总收入（万元）		—	—	—	—
零售客户数（户）		7504	9307	9775	4018
零售客户销售毛利率（%）		13.52	13.84	12.96	14.21

地市级局（公司）名称		仙桃市局（公司）	天门市局（公司）	潜江市局（公司）	神农架林区局（公司）
主要负责人/法人代表		罗建勋	胡泽文	魏晓敏	韩 敏
总资产（万元）		42640	34168	29911	5173
资产负债率（%）		30.48	30.22	34.13	50.77
所属县级局（个）		—	—	—	—
所属县级公司/分公司（个）		—	—	—	—
所属县级营销部（个）		—	—	—	—
从业人员（人）		180	189	153	53
所属业务机构	营销机构	1 个营销中心、1 个电访中心	1 个电访中心	1 个营销中心	1 个营销中心
	物流配送机构	1 个配送中心	1 个配送中心	1 个配送中心	1 个配送部、1 个配送站
	专卖稽查机构	1 个稽查大队、1 个稽查中队	1 个稽查大队	1 个稽查大队、2 个稽查中队	1 个稽查大队
	烟叶机构	—	—	—	1 个烟叶产销经营部
销售卷烟	亿支	20.41	20.10	15.55	1.49
	2013 年比 2012 年（%）	1.80	0.50	1.63	0.68

续表

地市级局（公司）名称		仙桃市局（公司）	天门市局（公司）	潜江市局（公司）	神农架林区局（公司）
卷烟销售收入（万元）		95388	82370	72658	7820
实现税利	万元	24098	19923	16617	2381
	2013 年比 2012 年（%）	8.08	6.01	10.74	23.37
实现利润	万元	13549	11049	8711	1136
	2013 年比 2012 年（%）	7.04	5.40	10.12	15.94
查处涉烟违法案件（起）		532	459	183	11
查处涉烟违法案件案值（万元）		194	39	207	2
2013 年度烟草行业投入烟叶生产基础设施建设资金（万元）		—	—	—	153
全年烟叶生产基础设施新增受益面积（万亩）		—	—	—	0.06
烟叶种植（万亩）		—	—	—	0.19
烟叶收购（万担）		—	—	—	0.45
烟农户数（户）		—	—	—	95
实现烟农总收入（万元）		—	—	—	773
零售客户数（户）		4112	3834	2820	576
零售客户销售毛利率（%）		12.29	13.14	13.32	13.95

（撰稿人：李菲菲；编辑：王东旭）

湖南省烟草专卖局（公司）

【概　况】　湖南省烟草专卖局成立于 1983 年 10 月，湖南省烟草公司成立于 1983 年 7 月。1985 年 1 月，湖南省烟草公司正式上划中国烟草总公司，更名为中国烟草总公司湖南省公司。省局（公司）下辖 14 家市（州）烟草专卖局（公司）、湖南烟叶复烤有限公司①和湖南省烟草职工培训中心（湘潭烟草中专学校），省局（公司）机关下设 17 个职能处室（2013 年 2 月增设整顿办）、4 个专业部门（2013 年，信息中心更名为经济信息中心）、1 个临时性机构和 1 个专业公司。截至年底，公司拥有总资产 318.48 亿元，其中，固定资产 36.88 亿元、流动资产 255.47 亿元，资产负债率为 11.03%。从业人员 16874 人。

【领导成员】

局长、总经理、党组书记：杨先杰
副局长、党组成员：张志刚
副总经理、党组成员：程晓邵
纪检组长、党组成员：罗高社
副总经理、党组成员：李民灯
副总经理、党组成员：徐文军（2013.1—）（国烟人〔2013〕3 号）
总农艺师：赵松义
副巡视员：姜孝清
副巡视员：柏承知
副巡视员：周三省

【专卖管理】　卷烟打假打私。2013 年查处涉烟案件 1.54 万件，其中假冒商标卷烟案件 3837 件。查获假冒卷烟 8779 万支、烟丝烟叶 887.98 吨、卷烟纸 800.2 吨、滤棒 119.69 万支。捣毁制假窝点 20 个，查获制假烟机 73 台。查处符合省局标准以上的网络案件 98 起，其中符合国家局标准的网络案件 96 起。移送追刑案件 1356 起。公安、司法机关依法拘留 398 人、逮捕 375 人、判刑 216 人。

重大案件查处。2013 年，湖南省共有 4 起重大案件被公安部、国家局列为挂牌督办案件。郴州非法经营烟叶网络案件、湖南省 2012 年“11·22”生产销售伪劣产品案、邵阳市 2013 年“9·20”特大非法生产销售卷烟纸案、衡阳市 2013 年“8·28”特大销售假私卷烟网络案。邵阳市“9·20”特大非法生产销售卷烟纸案在长沙、邵阳、常德等地 14 个行动点抓获非法生产、销售卷烟纸犯罪嫌疑人 26

① 湖南烟叶复烤有限公司详见《工业企业》栏目“打叶复烤和薄片生产企业”分目。

人，查封非法卷烟筒纸生产线1条、卷烟纸加工车间3处，涉案金额2000余万元，涉烟案件网络涉及福建、广东、河南、辽宁、云南等省和朝鲜、老挝等国，是近年来全国破获的最大卷烟纸案件。公安部、国家局将该案列为挂牌督办案件，对案件侦破给予充分肯定和高度评价，并作为全国三起特大涉烟典型网络案件之一进行表彰通报。

专卖基础工作。各市（州）局基本建立涉烟刑事案件查处协调领导机制，省、市、县三级初步建立烟草市场综合治理体系，烟草与工商部门协作深入到基层工商所和烟草稽查大队。高度关注市场监管方式创新，继续推行分类管理、错时检查、重点监管、“六无示范”等监管方法，组织长沙、株洲、衡阳、岳阳市局试点落实国家局推行的APCD工作法，探索“网格化”管理、“三员共管”监管模式。出台烟草制品零售点合理布局工作指导意见，明确从“总量控制为主”的粗放型布局模式，向“区域化控制”“结构性提升”的精细化、结构化布局模式转型。进一步完善专卖信息化建设，在株洲市局启动网格化“三员”联动管理信息系统项目。

【经济效益】 2013年，湖南省烟草商业系统实现销售收入668.76亿元。实现税利151.82亿元，同比增长10.69%，其中利润77.32亿元，同比增长9.19%。三项费用率为8.36%。

【卷烟经营】 卷烟销售。2013年，湖南省烟草商业系统销售卷烟1364.93亿支（272.99万箱），同比增长2.17%，其中，销售一类烟251.01亿支（50.20万箱），同比增长21.1%；二类烟52.63亿支（10.53万箱），同比增长10.95%；三类烟669.15亿支（133.83万箱），同比增长47.16%；四类烟279.06亿支（55.81万箱），同比下降4.93%；五类烟113.08亿支（22.62万箱），同比下降28.29%。本地区销量居前三位的品牌为“白沙”“芙蓉王”“双喜”，销量分别为662.78亿支（132.56万箱）、197.55亿支（39.51万箱）、155.70亿支（31.14万箱）。

品牌培育。制定《2013—2015年湖南省烟草商业企业品牌培育指导意见》，修改完善《湖南省卷烟品牌进入退出管理办法》，以制度规范为依托，创新营销方法、手段，积极培育知名品牌。全年共销售行业重点品牌卷烟1214.9亿支（242.98万箱），占总销量比重的89.01%，其中，高端规模品牌快速发展，“苏烟”“黄金叶”“玉溪”销量同比增幅超过30%，“中华”“利群”“云烟”“贵烟”同比增幅超过10%。6毫克/支及以下低焦油卷烟销量同比增长超过200%。依托社区和农村乡镇零售客户，精心策划开展主题营销、事件营销、体验营销、网上营销等活动，2013年湖南省共开展事件营销3355场。

营销管理。对原有的湖南省烟草商业信息系统业务流程、业务内容、业务工具等改造升级，完成开发并上线一体化营销平台，完成湖南省的切换上线工作。推广上线“96368”统一订单平台，实现与一体化营销平台等业务系统的无缝对接。按照新的零售客户信息采集标准，对湖南省在网零售客户进行地理信息采集。

终端建设。推进零售终端“金字塔”体系建设，制定下发《湖南省烟草商业系统2013—2015年现代卷烟零售终端建设规划》《关于认真开展现代卷烟零售终端（星级店）建设试点工作的意见》，完成全省终端资源和服务需求调查，并组织长沙、湘潭、岳阳、永州、邵阳市公司等单位开展终端资源规范管理等9项课题试点。2013年，全省共有“636”卷烟零售连锁店265家，其中自营店216家；现代卷烟零售终端14076家，占零售客户总数的5.9%，其中“六统一”星级店499家。

客户服务。制定《全省特殊困难零售客户帮扶工作方案》，对特困零售客户实施“经营帮扶、志愿帮扶、助学帮扶、创业帮扶、重病帮扶、受灾帮扶”六大帮扶举措。打造客户培训体系，统一流程、统一标准、统一课件，全年全省客户培训面达到50%。探索创新电子结算方式，推行网上跨行支付，8月，网上跨行支付工作在岳阳正式启动。

【烟叶产销】 烟叶生产经营。湖南省种植烤烟156.81万亩，收购烤烟19.13万吨（382.68万担）。烤烟收购均价为24元/千克，同比增长14.28%。种植晾晒烟2.86万亩，收购晾晒烟0.499万吨（9.98万担），同比增长0.3%。收购上等烟57%，同比提高6个百分点。中部烟比例48.25%，同比提高3.21个百分点。湖南省共投入生产补贴资金10.66亿元，抗灾捐款1.8亿元。

2013年销售烟叶14.15万吨（283.07万担），片烟出口（含烟梗）0.77万吨（15万担）。全省烟农户数84667户，实现烟农收入62.9亿元，同比增长22.35%；烟农户均收入7.43万元，同比增长27%。全年清除不适用鲜烟150万亩，处理不适用鲜烟703.3万担，折合干烟76.22万担。

适用技术推广。2013年，湖南省共投入技术推广经费0.98亿元，推广壮苗培育、饼肥增香、高端品牌原料开发等先进适用技术13项，建立品种科技示范园5个、GAP管理核心示范区23个，开展提高上部烟叶可用性示范40.96万亩。全省落实订单生产68万担，占全国总量的22.8%，排名全国第二位；争取散叶收购计划342.1万担，占全国总量的11.55%，排名全国第三位；落实特色优质烟叶开发100万担，占全国总量的13.69%，排名全国第二位。

现代烟草农业建设。2013年完成2012年基础设施行业补贴资金投入19.25亿元，建成项目3.71万个，完成土地整理5.49万亩，7个水源性工程项目获得国家局批复。基地单元建设取得新进展，全省新增8个国家局基地单元、12个省级基地单元，累计实施国家局基地单元39个，占规划建设总量的44.32%，慈利江垭单元被评为“全国优秀烟叶基地单元”。

坚持按“种植在户、服务在社”的发展方向发展综合服务型烟农专业合作社，全省烟农专业合作社由247家整合为123家，烟叶育苗、机耕、植保、烘烤、分级专业化服务覆盖率分别达到92%、65%、45%、47%、100%，同比分别提高36、29、20、24、74个百分点。累计创建行业示范社12个、省级示范社28个，其中嘉禾逸香烟农专业合作社被评为“全省十佳农民专业合作社”，受到省政府表彰。

专业化分级散叶收购。2013年，在全国率先全面推行专业化分级散叶收购，成为全国第一个全面实施散叶收购的省份。形成“一套流程、两种方式”的专分散收模式，烟叶收购等级合格率达到83.76%，比全国平均水平高出1.14个百分点，工商交接合格率为68.6%。复烤烟叶出片率达到68%以上。

【多元化经营】 拓宽连锁经营平台，在益阳、岳阳、邵阳、湘西烟草设立连锁企业获备案。深入整合资源，推广长沙“636”管理经验，湖南六三六管理公司门店拓展至108家。2013年，多元化企业实现营业收入5.93亿元，实现利润1953万元，上缴税金2108万元。

【技术创新】 2013年，投入11270万元用于科技项目。湖南省烟草商业系统有30项成果通过鉴定，其中5项通过省部级鉴定、1项通过国家局鉴定。69项获科技奖励，其中省部级科学技术进步奖2项。全年获得27项发明专利授权、72项实用新型专利授权、16项外观设计专利授权、2项计算机软件版权。

加强科研成果推广应用，重点推广烤烟品种“湘烟3号”20万亩、非金属材料密集烤房4500座、XQ生防菌剂3万亩、植物源（12α－羟基鱼藤酮乳油）防治蚜虫剂1.9万亩。

优化提升标准化体系建设，《安全技术和现场管理》《考核评价准则和方法》《无机非金属复合材料密集烤房》《现代烟草农业和烟叶生产基础设施建设项目管理规程》四项地方标准通过省质监局发布，制定出台《湖南烟叶生产综合标准体系建设指南》《烟草科普工作站建设与管理规范》。

推动创新型人才队伍建设，成立中南农业试验站学术委员会，分育种与基因、栽培与营养、植保与安全、调制与品质四个专业组聘请委员58人；面向全国招聘博士后，迈出高端科研人才引进的探索性步伐。健全“管理”与“研究”两个体系，组建省烟科所，推进市级烟叶生产技术中心建设，永州市公司创建行业级技术中心，国家局专家初评达到优秀等级。

【管理创新】 *质量管理体系建设*。开展对标课题（项目）小组活动，改进薄弱环节和管理短板，全年共发布成果196个，有效解决服务质量、能源消耗、管理水平、设备性能、工艺参数等多个方面问题。打通管理节点，统一业务流程，统一工作表单，统一考核标准，实行一体化管理，全年全省烟草商业系统优化流程38个，各市州共有各类标准9097个，新增1415个，废止1198个，修订1417个。

物流建设。推进物流非法人实体化运作，组织对除长沙外其他13个市州公司非法人实体化（分线管理）方案进行审查，基本完成六大规定动作。制定下发《湖南省烟草专卖局办公室关于开展精益物流工作的实施方案》，确定长沙、常德、株洲、永州为全省试点单位。完成GIS/GPS项目需求梳理和立项，全面推广国家局工商在途信息系统。起草《纸箱周转业务流程规范》，在全省开展周转箱回收工作。

【人事政工】 建立从初级、中级、高级到首席及学科带头人、领军人才的专业技术人员晋升成长通道，开展首席工程师、首席研究员和全省烟草商业系统学科带头人培养对象的选拔，聘任首席2人，确定学科带头人培养对象8人。制定下发《职业技能竞赛管理办法》，举办全省烟草商业系统首届会计岗位技能竞赛，郴州、衡阳、益阳、湘西、岳阳、常德、永州等单位分别举办烟叶分级、客户经理、专卖管理、人事劳资、物流等职业（岗位）技能竞赛。

组织十八大精神学习专题轮训和第二期处级干部政治理论培训，全年送训186人。开展日常岗位培训试点工作，制定下发《日常岗位培训体系建设工作方案》，建立涵盖岗位工作标准、培训课程、培训方式、效果评估、结果运用和师带徒制度相结合的日常化、常态化的员工岗位学习培训机制，初步开发营销、烟叶、专卖岗位日常培训主打课程。开展技能鉴定7批次1743人次，1178人获证，合格率67.58%；高级技师达到2人，技师新增77人，总数达到214人。

【企业文化】 推进“636”服务品牌建设，按“湖南636零售连锁”VI设计要求，更换、补充直营店门店招牌、VI元素，并在高铁站、广播、报纸等媒体宣传推广“636”品牌。开展文明创建，4月2日，省局“636”志愿服务总队成立，建立包括志愿服务总队、市局支队、县局大队的志愿服务组织体系，全省烟草商业系统志愿者注册率超过在岗员工的90%。各单位分别组织成立党员、青年、巾帼、金秋、网络文明传播等志愿服务队，广泛开展“636”助学、助残、帮扶、捐款、捐赠等公益活动。

【特事要辑】 4月11—12日，国家局副局长李克明到湖南省局（公司）调研，强调经济运行工作关键要稳销量、调结构、抓创新、降成本。

7月15—16日，国家局局长凌成兴到湖南烟草调研，副局长李克明一同调研。其间，凌成兴与湖南省委书记徐守盛、省长杜家毫就湖南经济社会发展，尤其是“两烟”工作交换意见。他强调，湖南烟草下一步要着力思考、谋划、实践三大课题，坚持一个制度，狠抓三件大事，即坚持烟草专卖制度不动摇，狠抓烟叶生产、卷烟营销、内部规范管理。

8月5—6日，国家局副局长赵洪顺到湖南烟草调研指导党的群众路线教育实践活动，先后考察长沙宁乡金醇烟农专业合作社，长沙和湘潭两地的卷烟零售市场、长沙卷烟厂，广泛听取群众路线教育实践活动的意见和建议。

10月29日，国家局副局长赵洪顺到湖南省局（公司）指导党组党的群众路线教育实践活动专题民主生活会。

12月5—6日，国家局副局长杨培森到湖南烟草调研，先后到湘西调研烟叶产业扶贫工作、考察常德卷烟物流中心和企业文化建设。

12月27日，湖南省政府组织召开湖南省烟叶工作会议，省委副书记、省长杜家毫出席会议并讲话。其间，杜家毫主持召开湖南省“两烟”协调领导小组会议，部署安排全省“两烟”工作。

所属地市级局（公司）

【长沙市烟草专卖局（公司）】 长沙市烟草专卖局、湖南省烟草公司长沙市公司组建于1984年。下辖4个县级烟草专卖局（分公司）和2个多元化企业。

突出科技立项及成果转化，申请专利10项，获得授权专利3项、软件著作4项。开展创建优秀市级局和基层创优工作，长沙县局获“全国烟草行业县级烟草专卖局标兵单位”称号。

制定完善零售终端建设发展规划，建设现代终端星级店9家、零售现代终端1099家，客户平均毛利率11.5%。推广多渠道订货系统，提供全天候、无延时7×24小时服务，受理客户需求44689起。

烟叶收购质量和等级纯度明显提高，烤烟上等烟比例58.86%，同比提高6.27个百分点，创历年最高。实现烟农收入约6.9亿元，实现烟叶税约1.3亿元，同比增长15%。完成1.6亿元烟基项目建设和验收，建设项目4832个。

【株洲市烟草专卖局（公司）】 株洲市烟草专卖局、湖南省烟草公司株洲市公司组建于1984年10月。下辖5个县级烟草专卖局（分公司）。市局（公司）通过“全国文明单位”复检，烟草学会获“全国社科联工作先进单位”称号。

终端建设。推进现代卷烟零售终端建设，在所属5县（市），株洲高铁站、神农城、烟草大楼等开设、改造“636”直营店8家，株洲市现代零售终端达268户，终端经营智能化管理初步实现。为客户提供个性化服务、亲情服务、增值服务，湖南省卷烟零售客户满意度由上半年的湖南省第六跃居湖南省第一。

2013年获得9项实用新型专利授权、15项外观设计专利授权、1项软件著作权。探索市场监管网络化管理、物流最后一公里监控、三员联动移动办公管理服务新模式，初步实现“三员”的工作可视、流程可控、市场可测、绩效可考功能。

【湘潭市烟草专卖局（公司）】 湘潭市烟草专卖局、湖南省烟草公司湘潭市公司组建于1984年。下辖3个县级烟草专卖局（分公司）。

企业文化。全面推进“莲品”文化建设，将“莲品”文化展示与宣贯贯穿到内训师培训、青年论坛“莲心向学”主题活动及朗诵比赛、辩论比赛、征文比赛、工间操比赛、趣味体育运动会、“636”志愿者服务等活动中，充分展现“莲品”风采、传递“莲品”理念。

【衡阳市烟草专卖局（公司）】 衡阳市烟草专卖局、湖南省烟草公司衡阳市公司组建于1984年。下辖8个县级烟草专卖局（分公司）。

现代烟草农业建设。开展常宁兰江、衡南宝盖两个基地单元田间机械化试点，配置各类烟草农机720台（套）。成功申报常宁广济水库建设项目，国家局批复援建资金1.3亿元。

【岳阳市烟草专卖局（公司）】 岳阳市烟草专卖局、湖南省烟草公司岳阳市公司组建于1984年。下辖6个县级烟草专卖局（分公司）。2013年，市局（公司）被中华全国总工会授予“工人先锋号”、被中华全国妇女联合会授予“全国三八红旗集体”称号。

卷烟营销。探索现代零售终端与“三无放心店”建设相结合，点面结合建设终端，建成现代零售终端2015家。利用全省卷烟销售货款跨行支付试点契机，创新“直联+银联”模式，打造更便利、更优质的卷烟销售货款跨行支付平台，累计开通网上支付客户5494户，结算15697笔，归集资金1.19亿元。

技术创新。全年获得5项实用新型专利授权，其中专利“用于烟草分拣的用户标示牌”减少分检车间噪音污染，将作业时产生的噪音由72分贝降低至55分贝；专利“一种烟草运输车”加载语音终端，使送货车能及时向零售客户进行语音提醒并宣传相关卷烟政策，提高送货质量；专利“抽拉式卸货平台”“双调节卸货平台”“缓冲式卸货平台”解决从高处向低处搬运卷烟费时费力、易损坏卷烟问题，提升装卸工作效率。

【郴州市烟草专卖局（公司）】 郴州市烟草专卖局、湖南省烟草公司郴州市公司组建于1984年。下辖9个县级烟草专卖局（分公司）和1个直属商贸公司。

烟农专业合作社持续健康发展，由57家优化整合为28家，专业化育苗、机耕、植保、烘烤、分级、烟用物资配送覆盖率分别达到100%、76.4%、56.12%、59.53%、100%、63.68%。

技术创新。全年实施QC和对标课题23个、创新项目71项，通过省部级成果鉴定2个、市厅级7个，获市厅级科技成果奖励3项、发明专利3项、实用新型专利3项、计算机软件登记版权5套。

【常德市烟草专卖局（公司）】 常德市烟草专卖局、湖南省烟草公司常德市公司组建于1984年。下辖7个县级烟草专卖局（分公司）。2013年，石门县南北合作社、临澧县保丰合作社被省政府评为“湖南省烟农专业合作社优秀示范社”，桃源朱家港合作社被评为“烟农专业合作社行业示范社”。

现代物流建设。进一步完善智能线路优化系统，深入推进10S现场管理，分拣成功率、货款结算及资金准确率均达100%。建立公司对中心、中心对部门、部门对岗位的三层考核体系，实现物流成本单独核算。7月16日，国家局局长凌成兴、副局长李克明考察物流配送中心。

终端建设。制定出台《终端建设三年规划（2013—2015年）》，初步规划新增4家“636”直营店，对原有9家直营店进行改造。开展培训260场，参训客户1.1万余人。为客户免费提供60万个明码标价签盒、24万个手挽袋，累计发放贷记卡8000多张，建立“老弱病残特”客户档案。2013年，常德市客户综合满意度位居湖南省第二。

【益阳市烟草专卖局（公司）】 益阳市烟草专卖局、湖南省烟草公司益阳市公司组建于1984年。下辖4个县级烟草专卖局（分公司）。市局（公司）继续保持“全国文明单位”称号，工会被中华全国总工会授予“全国模范职工之家”称号、被省总工会授予“全省工会系统创先争优先进基层工会组织”称号。

零售终端建设。启动“倾诚”服务品牌建设，创新终端服务管理方式，实施零售终端亮化工程，新建1家“636”直营体验店，建设星级店16家、示范街1条，截至年底，益阳市有直营店10家、现代零售终端862户。

【娄底市烟草专卖局（公司）】 娄底市烟草专卖局、湖南省烟草公司娄底市公司组建于1984年。下辖4个县级烟草专卖局（分公司）。

现代物流建设。全面推行湖南省物流非法人实体运作试点工作，制定管理办法，实现对全市物流配送管理的“六个统一”，形成1个配送中心、2个配送中转站的“1+2”物流框架；建立层次清晰的三级考核分配体系，实现物流人、财、物、事垂直集中管理。推广应用GIS和线路优化系统，有效提高配送效率、降低配送成本。

【邵阳市烟草专卖局（公司）】 邵阳市烟草专卖局、湖南省烟草公司邵阳市公司组建于1984年。下辖9个县级烟草专卖局（分公司）。

烟叶生产。编制完成《邵阳市烟叶产业发展“十二五”总体规划》及地理信息数据库等配套方案，全年安排11个烟叶科研项目、9项烟叶生产技术推广项目及2万亩标准化生产核心示范区。邵阳市范围推广落实壮苗培育、饼肥增香、“中温保湿增香”烘烤工艺等关键生产技术及GAP管理模式。安排800万元资金对全市散烟分级收购场所和设备进行改造更新，创建电子标签（RFID）质量追踪体系。合并重组保留综合性合作社6家，邵阳县金润合作社、新宁县振农合作社被省政府评为“湖南省烟农专业合作社优秀示范社”。

【湘西土家族苗族自治州烟草专卖局（公司）】 湘西土家族苗族自治州烟草专卖局、湖南省烟草公司湘西土家族苗族自治州公司组建于1984年。下辖7个县级烟草专卖局（分公司）。

技术创新。实施科技创新项目21个，通过省、州科技成果鉴定2个，获9项实用新型专利授权。省内率先应用散叶收购远程高清视频监控系统，率先发布实施烤烟集中专业化分级散叶收购设备设施配置规范、烤烟集中专业化分级、烤烟散叶收购3个企业标准。永顺县鑫发、泸溪县兴旺专业合作社被省政府评为“湖南省烟农专业合作社优秀示范社”。

【张家界市烟草专卖局（公司）】 张家界市烟草专卖局、湖南省烟草公司张家界市公司组建于1988年。下辖3个县级烟草专卖局（分公司）。

标准化生产。立足高山林间的旱地生态特色，全面推行标准化生产，保持“浓香回甜、香韵丰富”的烟叶风格，提升“山地特色烟叶”核心竞争力。

基地单元建设。高质量推进基地单元建设，江垭基地单元被评为“全国优秀烟叶基地单元”。全面推进合作社建设，由16家整合为7家，桑植县金土地合作社创建“烟农专业合作社行业示范社”、慈利县富民和永定澧水合作社创建“湖南省烟农专业合作社优秀示范社”均通过省局验收。

【怀化市烟草专卖局（公司）】 怀化市烟草专卖局、湖南省烟草公司怀化市公司组建于1984年。下辖11个县级烟草专卖局（分公司）。

专卖管理。全年破获符合国家局标准的网络案件13起，数量居全省烟草商业系统第一。

卷烟营销。创新开展“1234”营销基层工作法，即市公司营销中心副主任、物流中心副主任、县级分公司业务经理、客户服务分部主任、物流中转站站长、协会秘书长每月送货1次、拜访乡镇2个、走访客户不少于3天、组织学习不少于4次，提高投放货源针对性。推广10S现场管理，实现产品零损耗、作业零差错、送货零延误、安全零事故、客我零距离、工商零边界的“六个零”目标。

【永州市烟草专卖局（公司）】 永州市烟草专卖局、湖南省烟草公司永州市公司组建于1985年。下辖10个县级烟草专卖局（分公司）。

烟叶生产。全面推行专业化分级散叶收购，在全省烟叶工作会上作典型经验交流，烟叶工商交接质量连续八年得到国家局通报表扬。2013年，烟农专业合作社由35家整合为29家，创建“烟农专业合作社行业示范社”2个、“湖南省烟农专业合作社优秀示范社”5个，江华冯发、宁远左坝合作社在全国率先实现盈余分红。

所属其他二级单位及派驻机构

【中国烟草湖南进出口有限责任公司】 中国烟草湖南进出口有限责任公司成立于1991年10月，2007年12月成为中国烟草总公司湖南省公司的全资子公司。截至2013年底，公司拥有总资产1.81亿元，其中，固定资产54万元、流动资产1.8亿元，资产负债率为-3.1%。共有从业人员14人。

公司主要经营卷烟及雪茄烟进口，烟叶、烟丝、卷烟纸、滤棒、烟用丝束及烟草专用机械出口业务；预包装食品批发兼零售业务。开展与烟叶有关的对外经济合作、技术交流业务，除国家组织统一联合经营的出口商品和国家实行核定公司经营的进口商品以外的其他商品及技术的进出口业务，非烟草制品的一般贸易业务。

2013年，出口烟叶（含烟梗）7746吨，进口卷烟5495件、雪茄烟7625支，进口和销售澳大利亚葡萄酒1万瓶。非烟业务出口创汇288万美元，全年实现利润总额2577.11万元。

2013 年湖南省烟草商业系统主要情况统计

地市级局（公司）名称		长沙市局（公司）	株洲市局（公司）	湘潭市局（公司）	衡阳市局（公司）	岳阳市局（公司）
主要负责人/法人代表		徐文军（—2013.1） 谢建宏（2013.1—）	高志强	邓少文	万　伟	黄国联（—2013.4） 吴奇林（2013.4—）
总资产（万元）		375365	178557	120237	228058	181330
资产负债率（%）		13.50	4.46	4.25	13.39	3.55
所属县级局（个）		4	5	3	8	6
所属县级公司/分公司（个）		4 个分公司	5 个分公司	3 个分公司	8 个分公司	6 个分公司
所属县级营销部（个）		—	—		—	—
从业人员（人）		1498	383	304	1893	530
所属业务机构	营销机构	1 个营销中心、1 个电访中心	1 个营销中心	1 个营销中心	1 个营销中心、1 个电访中心	1 个营销中心、1 个电访中心
	物流配送机构	1 个物流中心、1 个配送中心	1 个物流配送中心	1 个物流配送中心	1 个物流配送中心	2 个物流中心、1 个配送中心
	专卖稽查机构	1 个稽查支队	1 个稽查支队	1 个稽查支队	1 个稽查支队	1 个稽查支队
	烟叶机构	13 个烟叶站	2 个烟叶站	—	7 个烟叶总站、22 个烟叶站	—
销售卷烟	亿支	171.20	93.30	70.95	132.50	116.25
	2013 年比 2012 年（%）	2.21	2.19	2.68	1.92	2.20
卷烟销售收入（万元）		803882	435296	299582	535005	482365
实现税利	万元	218724	114341	76840	136116	111478
	2013 年比 2012 年（%）	13.87	10.93	11.58	9.67	11.14
实现利润	万元	116969	66067	45226	70270	61397
	2013 年比 2012 年（%）	16.40	10.59	11.54	9.24	7.69
查处涉烟违法案件（起）		1802	1170	469	1072	2179
查处涉烟违法案件案值（万元）		5919	907	272	1742	1200
2013 年度烟草行业投入烟叶生产基础设施建设资金（万元）		20369	4078	—	18455	—
全年烟叶生产基础设施新增受益面积（万亩）		2.50	2.00	—	3.20	—
烟叶种植（万亩）		18.47	2.60	—	12.42	—
烟叶收购（万担）		47.50	7.92	—	30.00	—
烟农户数（户）		5770	1462	—	5352	—
实现烟农总收入（万元）		69000	11751	—	47900	—
零售客户数（户）		26281	15931	10421	22748	22193
零售客户销售毛利率（%）		11.50	12.00	10.70	10.16	10.00

地市级局（公司）名称	郴州市局（公司）	常德市局（公司）	益阳市局（公司）	娄底市局（公司）	邵阳市局（公司）
主要负责人/法人代表	郑志雄（—2013.4） 黄国联（2013.4—）	肖纲超	付依良	吴奇林（—2013.4） 周志成（2013.4—）	宾　波
总资产（万元）	199132	185649	139753	112694	169766
资产负债率（%）	29.36	5.85	4.93	5.36	17.50
所属县级局（个）	9	7	4	4	9
所属县级公司/分公司（个）	9 个分公司	7 个分公司	4 个分公司	4 个分公司	9 个分公司
所属县级营销部（个）	—	—	—	—	—
从业人员（人）	1632	672	483	572	767

续表

地市级局（公司）名称		郴州市局（公司）	常德市局（公司）	益阳市局（公司）	娄底市局（公司）	邵阳市局（公司）
所属业务机构	营销机构	1个营销中心、1个电访中心	1个营销中心、1个电访中心	1个营销中心	1个营销中心	1个营销中心
	物流配送机构	1个物流配送中心	1个物流中心、3个中转站	1个物流中心、2个中转站	1个物流中心、3个配送分部	1个物流配送中心
	专卖稽查机构	1个稽查支队	1个稽查支队	1个稽查支队	1个稽查支队	1个稽查支队
	烟叶机构	20个烟叶站	4个烟叶总站、15个烟叶站	—	—	1个烟叶生产经营部、6个烟叶站
销售卷烟	亿支	91.10	126.75	95.30	79.45	117.85
	2013年比2012年（%）	2.13	1.73	2.03	1.99	2.43
卷烟销售收入（万元）		353113	507225	398172	336173	473337
实现税利	万元	114431	120795	96017	80017	110391
	2013年比2012年（%）	7.33	7.61	10.09	7.75	6.09
实现利润	万元	38154	62493	55402	43674	54213
	2013年比2012年（%）	-8.34	3.93	11.96	5.99	3.34
查处涉烟违法案件（起）		1670	1308	895	577	1135
查处涉烟违法案件案值（万元）		3835	1728	749	686	1340
2013年度烟草行业投入烟叶生产基础设施建设资金（万元）		53992	7494	—	—	11383
全年烟叶生产基础设施新增受益面积（万亩）		27.19	4.35	—	—	1.38
烟叶种植（万亩）		41.07	6.62	—	—	8.38
烟叶收购（万担）		103.29	16.50	—	—	23.20
烟农户数（户）		21422	3632	—	—	3807
实现烟农总收入（万元）		137000	23761	—	—	29768
零售客户数（户）		15979	20357	17722	12683	24719
零售客户销售毛利率（%）		10.44	10.91	7.86	10.00	9.30

地市级局（公司）名称		湘西州局（公司）	张家界市局（公司）	怀化市局（公司）	永州市局（公司）
主要负责人/法人代表		陆中山	谭　志	吴胜波	李刚华
总资产（万元）		158942	84978	103927	177895
资产负债率（%）		45.80	33.50	6.69	24.66
所属县级局（个）		7	3	11	10
所属县级公司/分公司（个）		7个分公司	3个分公司	11个分公司	10个分公司
所属县级营销部（个）		—	—	—	—
从业人员（人）		726	1268	927	1553
所属业务机构	营销机构	1个营销中心、1个电访中心	1个营销中心、1个电访中心	1个营销中心、1个电访中心	1个卷烟营销中心
	物流配送机构	1个物流中心、1个配送中心	1个物流中心、1个配送中心	1个物流中心、1个配送中心	1个物流中心
	专卖稽查机构	1个稽查支队	1个稽查支队	1个稽查支队	1个稽查支队
	烟叶机构	1个烟叶生产经营部、1个生产技术中心	6个烟叶总站、28个烟叶站	3个烟叶站	16个烟叶中心站、43个烟叶站
销售卷烟	亿支	50.55	37.75	85.30	97.30
	2013年比2012年（%）	2.43	2.17	2.16	2.37
卷烟销售收入（万元）		198551	155885	329292	380476

续表

地市级局（公司）名称		湘西州局（公司）	张家界市局（公司）	怀化市局（公司）	永州市局（公司）
实现税利	万元	71021	43683	75284	123992
	2013 年比 2012 年（%）	-1.88	9.45	6.60	13.84
实现利润	万元	25749	18481	38719	60823
	2013 年比 2012 年（%）	-10.15	22.43	8.01	10.86
查处涉烟违法案件（起）		542	463	1207	947
查处涉烟违法案件案值（万元）		244	958	2615	1512
2013 年度烟草行业投入烟叶生产基础设施建设资金（万元）		29475	10068	7631	30501
全年烟叶生产基础设施新增受益面积（万亩）		6.90	4.19	1.28	2.10
烟叶种植（万亩）		25.44	9.60	5.03	27.18
烟叶收购（万担）		57.10	20.50	10.57	66.10
烟农户数（户）		20880	6459	2221	13674
实现烟农总收入（万元）		90400	41300	11225	103884
零售客户数（户）		9130	5944	15801	19526
零售客户销售毛利率（%）		10.00	10.00	8.44	9.28

（撰稿：张　仕；编辑：王东旭）

广东省烟草专卖局（公司）

【概　况】　广东省烟草专卖局、广东省烟草公司成立于1983年。1985年11月20日，广东省政府和中国烟草总公司签署协议，决定广东省烟草公司自协议签订之日起上划中国烟草总公司，更名为中国烟草总公司广东省公司。省局（公司）下辖20家地市级烟草专卖局（公司），广东梅州烟叶复烤有限公司①、广东韶关烟叶复烤有限公司②。2013年，撤销广东省金叶发展公司。省局（公司）机关下设15个职能处室，9个专业部门，2家公司，2个临时机构。

截至2013年底，广东省烟草商业系统拥有总资产395.04亿元，其中固定资产21.97亿元、流动资产333.85亿元，资产负债率为6.82%。共有从业人员15664人，其中聘用员工8142人。

【领导成员】

局长、总经理、党组书记：户春河

副总经理、党组成员：陈焕平

副局长、党组成员：刘依平

纪检组长、党组成员：周伟兵

副总经理、党组成员：何传国

副总经理、党组成员：张　力

副巡视员：陈业芝（—2013.9）（国烟党〔2013〕75号）

副巡视员：林建华（—2013.7）（国烟党〔2013〕61号）

副巡视员：黄　方

副巡视员：傅　斌

副巡视员：董志刚（2013.1—）（国烟人〔2013〕1号）

【专卖管理】　2013年，广东省共出动执法人员11.53万人次，查处制售假烟案件5444起，查获大型制假烟机59台，查获假烟2.37亿支、烟丝烟叶637.82吨，查获制假商标标识印刷设备51台，假烟商标标识1118万张，截获非法运输车辆68台。公安、司法机关依法刑拘433人，判刑403人。破获符合国家局标准的网络案件33起。

保持卷烟打假打私高压态势，进一步巩固、完善“三打两建”形成的打假工作机制，坚持综合治理与重点打击相结合，多管齐下、打防并举，创新环境复杂地区封闭管理、涉烟违法车辆黑名单制度等管理措施，开展打击非法运输烟草专卖品、打击非法印刷卷烟商标标识和卷烟市场清理整顿三个专项行动，以假烟销售、运输、仓储环节为切入点，严厉打击制售假烟行为。在重点地区，广州地区组织开展了为期一年的卷烟打假市场监管综合治理行动，广州和粤东地区联合开展了货运站（场）整治行动；在重点时段，全省各地于中秋国庆和元旦春节期间，联合工商部门对辖区内重点市场、重点街道和重点经营户进行重点清理整顿。同时，各级局利用公安部开展集群战役的契机，加大对网络案

①　广东梅州烟叶复烤有限公司详见《工业企业》栏目“打叶复烤和薄片生产企业”分目。

②　广东韶关烟叶复烤有限公司详见《工业企业》栏目“打叶复烤和薄片生产企业”分目。

件侦办力度。肇庆、江门、揭阳、珠海、汕尾等地陆续侦破具有较大影响力的网络案件，全省侦破网络案件数量和质量都大幅上升。在2013年全国卷烟打假工作会议上，国家局认为"广东省局最大限度争取地方政府及有关部门的支持，实现历年来烟草打假最好局面"。

推进零售点合理布局工作，广东省持证零售客户达到30万户。开展烟草、工商联合监管体系试点建设，构建以分类管理为基础、APCD工作法为指引的市场监管模式。进一步规范执法行为，严格查处无证经营，全年共清理无证户5620户次，市场净化率达到96%以上。

【经济效益】 2013年，广东省烟草商业系统实现税利187.24亿元，同比增长8.33%，其中利润104.08亿元，同比增长7.31%。三项费用率为6.02%。

【卷烟经营】 卷烟销售。2013年，广东省烟草商业系统销售卷烟1698.90亿支（339.78万箱），同比增长0.91%，其中，一类烟280.54亿支（56.11万箱）、二类烟211.55亿支（42.31万箱）、三类烟920.96亿支（184.19万箱）、四类烟173.48亿支（34.70万箱）、五类烟112.09亿支（22.42万箱）。本地区销量居前三位的品牌依次为"双喜·红双喜""芙蓉王""白沙"，销量分别为923.28亿支（186.66万箱）、118.39亿支（23.68万箱）、55.62亿支（11.12万箱）。

品牌培育。推进以"双喜·红双喜"为代表的大品牌、知名品牌培育工作，制定并下发《广东烟草商业系统"双喜·红双喜"品牌培育实施意见》，建立省局（公司）领导分工挂点各地市级局（公司）的工作机制。与广东中烟多次召开专题会议研究分析品牌工作情况，围绕双方共同制定的"双喜·红双喜"培育目标，总结、分析市场情况，并提出针对性措施。

2013年，广东省累计销售重点品牌卷烟1508.5亿支（301.70万箱），同比增长2.85%，占总销量比重为88.79%，同比提升1.68个百分点。重点品牌卷烟实现销售收入853.01亿元，同比增长8.28%，占总销售收入比重为96.52%，同比提升0.69个百分点。全国卷烟累计交易金额前15名品牌实现销售额828.84亿元，同比增长8.72%，占总销售收入比重为93.79%，同比提升1.05个百分点。

卷烟销售网络建设。开展卷烟营销、客户服务和市场管理"三个体系"建设，完善管理服务平台，提升精益营销水平，广东省网上订货率达到93%。全面启动现代卷烟零售终端体系建设，落实统一扫码销售、统一终端系统、统一视觉形象的要求，实现全省各县区现代零售终端全覆盖。全面完成省级和20个所属单位的现代物流规划，初步建成全省物流配送管理系统，基本实现物流配送的统一调度、全程监控、精准控制和精细管理。

【烟叶产销】 种植与收购。2013年，广东省烟叶种植规模有效控制、烤烟收购总量保持稳定、烟叶质量持续提升、烟农收入稳中有增。广东省落实合同种植面积23.52万亩，收购烟叶3.16吨（63.24万担），完成计划的96.41%，上中等烟比例为97.53%，收购均价为23.67元/千克，同比增长10.81%。落实"下2上2"（下部烟打2片叶和上部烟打2片叶）的烟叶优化结构政策，全年共清除不适用鲜烟叶61.36万担。

在遭受严重自然灾害、收购计划调减的情况下，仍实现烟农增收600多万元。投入1100多万元用于抗灾救灾，全力帮助灾区烟农生产自救、渡过难关，树立行业良好的社会形象。

现代烟草农业建设。以基地单元为抓手，全面统筹基础设施建设、合作社建设、减工降本、专业化分级散叶收购、GAP管理、信息化管理等各项工作，提升现代烟草农业建设和烟叶工作水平。全年投入资金预算1.63亿元，其中国家局补贴资金8518.23万元、省内行业配套资金7802.77万元。建设烟基项目3146个。推进烟叶工作站（点）建设和两个主体培育，在土地流转、土地整理、田间机械化、综合服务社等方面进行有益的探索，提升规模化种植和专业化服务水平。

烟叶生产技术。围绕"提高质量水平，突出风格特色"的主攻方向，强化先进适用技术的到位率，推行标准化生产，常规适用技术落实基本到位。2013年，测土配方施肥面积19.63万亩，占总面积的83.46%；覆膜面积20.83万亩，占总面积的88.56%；病虫害综合防治面积19.21万亩，占总面积的81.68%。开展改进烘烤方式和散叶烘烤试验工作，实施壮苗培育、全省烤烟品种区试、基地单元测土配方施肥等技术改进示范工作。开展"粤烟98"示范、烟田主要害虫无公害防治等多项新技术试验示范。组织特色优质烟叶开发，加快研究成果的转化与应用，6月中旬，南雄特色烟叶开发工作通过国家局的年度中期检查评估。

【精益管理】 制定《广东烟草商业系统精益管理工作方案》，确立"打牢实施基础、构建长效机制、强化思想支撑"的"三步走"工作思路，明确"总体规划、重点实施、全面推进、长效运行"四个实施阶段；重点选取6家单位开展精益管理试点。

广州市局（公司）通过实施分拣和配送环节的电子化交接，在提高交接效率的同时预计每年节约费用3万余元；梅州市局（公司）通过优化烟叶生产收购流程，烟农签名次数从191次减少到55次；中山市局（公司）通过建立协同机制，将零售客户办证时间由24个工作日缩短为7个工作日；佛山、江门市局（公司）和梅州烟叶复烤有限公司等单位通过实施精益管理实现降本增效。

【体制改革】 2月，国家局、总公司印发《关于广东省打叶复烤企业重组整合的批复》，同意广东韶关烟叶复烤有限公司、广东南雄烟叶复烤有限公司进行重组整合，依法对广东南雄烟叶复烤有限公司进行清算，继续保留广东韶关烟叶复烤有限公司、广东梅州烟叶复烤有限公司独立法人资格。同意对广东韶关烟叶复烤有限公司、广东梅州烟叶复烤有限公司的股权结构进行调整。

7月，国家局、总公司下发《关于理顺广东省5家县级烟草有限公司管理体制的批复》，批复同意广东烟草汕头澄海有限公司、广东烟草普宁市有限责任公司、广东烟草开平市有限公司、广东烟草新兴县有限公司和广东烟草南雄市有限公司5家县级烟草有限公司与所在地市级烟草有限公司合并重组，依法撤销县级烟草有限公司，相应设立5家县级烟草分公司，为所在地市级烟草有限公司非独立法人分支机构，分别为：广东烟草云浮市有限责任公司新兴县分公司、广东烟草韶关市有限公司南雄市分公司、广东烟草汕头市有限责任公司澄海分公司、广东烟草江门市有限公司开平市分公司、广东烟草揭阳市有限公司普宁市分公司。保留5家县级烟草专卖局，与相应的县级烟草分公司合署办公，负责辖区内的烟草专卖管理和卷烟营销工作。

【规范管理】 加强内部规范管理，推进风险防控工作。2013年，省局（公司）机关共查找出283个岗位廉政风险点1920个，制定防控措施7659条。开展全省烟草商业系统“两项工作”“六个严禁一个严控”、巩固“天价烟”治理成效自查整改专项工作，对违反企业采购、“三重一大”决策、公务用车管理等相关规定的行为严格问责，全年共查办案件12件，党纪处分5人，政纪处分18人。

【技术创新】 大力实施创新驱动发展战略，立项并启动实施科技项目18项，省局（公司）和地市级局（公司）全年鉴定验收19项科技成果。全省烟草商业系统获专利授权7件，其中发明专利3件、实用新型专利3件、外观设计专利1件。省局（公司）作为主要完成人制定烟草行业标准2项。

【人事政工】 有序开展干部选拔任用工作，配合国家局完成省局（公司）副巡视员配备。2013年，全省烟草商业系统调整配备83名处级干部和机关科级干部。针对全省干部交流任职和挂职锻炼、省局（公司）机关年度考核、专业技术岗位聘任等方面出台一系列制度，进一步完善干部队伍的配备管理机制。

推进地市级局检验小组建设，全省卷烟真伪鉴别检验网络基本实现全覆盖。完成检验人员计划内培训34项，培训2585人次；组织培训检验管理人员8期，培训干部341人；开展职业技能鉴定培训439人次。

【特事要辑】 1月22—23日，2013年广东省烟草商业系统工作会议在广州召开。

4月15—18日，第四届广东省烟草专卖局（公司）卷烟商品营销职业技能竞赛在广州举行。

5月9日，国家局总会计师张玉霞到省局（公司）调研。

9月12—13日，国家局局长凌成兴到广东烟草调研，副局长赵洪顺一同调研。凌成兴强调要做到“三个全力打造、两个关心支持、三个持之以恒”。“三个全力打造”，即全力打造行业最大的卷烟品牌，坚定不移贯彻落实“卷烟上水平”战略任务和“532”“461”知名品牌发展战略；全力打造行业最大的卷烟市场，做到销量最大、结构最高、秩序最好；全力打造行业最大的卷烟出口基地，积极实施“走出去”战略，为拓展卷烟国际市场作出新的贡献。“两个关心支持”，即关心支持粤北原中央苏区经济社会发展；关心支持广东中烟“老厂”地块的开发运作，科学决策项目。“三个持之以恒”，即持之以恒抓好卷烟打假打私工作，保持崭新局面；持之以恒理顺市县烟草专卖专营体制，力争今明两年有大的突破；持之以恒规范行业内部管理，带头塑造烟草行业良好形象。

11月21—22日，2013年全国烟草行业企业管理现场会在广州召开。国家局副局长李克明出席会议并讲话。

12月24日，国家局副局长赵洪顺到广东烟草调研，并与省局（公司）班子成员及相关部门负责人座谈。

所属地市级局（公司）

【广州市烟草专卖局（有限公司）】 广州市烟草专卖局成立于1984年。2001年，中国烟草总公司广东省公司与广州市烟草贸易公司共同组建广东烟草广州市有限公司。2012年股权转移后成为中国烟草总公司广东省公司的全资子公司。下辖12个县级烟草专卖分局（营销部）。

专卖管理。一是积极协调和完善制度，继续强化政府主导打假模式。二是顺势而为，突出重点，突出“打击、拦截、封堵”3个重点，开展“战斧”等专项行动，侦破“6·24”特大涉烟案件，实现卷烟打假可管、可控。三是巧借外力，形成合力，创新卷烟打假手段，发挥七大省会城市卷烟打假协作机制作用，发挥烟草、公安联合执法制度优势，先后破获白云“7·16” “8·1”，天河“11·14”“11·28”“12·28”及萝岗“12·13”等6起涉烟网络案件。四是注重预防，加强防控，继续开展常态化巡查和法律宣传教育活动。在市场监管方面，一是转变监管模式，提升监管效能，以荔湾分局试点经验为基础，逐步完善市场分类管理；二是开展专项整治，净化市场环境；三是优化办证工作流程和操作规范，推进烟草行政许可事项登记制度改革。

物流建设。完成《广州烟草现代物流建设规划（2013—2020）》制定。完成卷烟交接系统自主研发，全面实现内部卷烟交接电子化。完成非标准包装卷烟分拣线升级改造。全面推行生产设备全员维护管理模式；开展“贴心收货”与“贴心送货”服务。

【中山市烟草专卖局（有限责任公司）】 中山市烟草专卖局成立于1990年。中山市烟草公司成立于1991年，1999年改制组建广东烟草中山市有限责任公司。

全面推进现代零售终端建设，开展终端资源专项调研，筛选优质客户，建成全省首家终端视觉识别系统示范店，并最终建成10家高标准的终端形象示范店。探索卷烟市场信息采集机制，定期开展卷烟社会库存调查，分析各品牌市场表现，制定有针对性的培育策略。

【珠海市烟草专卖局（有限公司）】 珠海市烟草专卖局成立于1985年4月。广东省烟草公司珠海市公司成立于1984年，2001年改制组建广东烟草珠海市有限公司。下辖1个县级烟草专卖局（分公司）。

2013年，破获“6·14”珠海、澳门地区跨境非法经营卷烟案件、“7·1”国标卷烟售假网络案件和“7·4”互联网非法经营卷烟案件，其中“6·14”案件是珠海、澳门两地打击涉烟违法犯罪活动的首次合作，查获违法卷烟89.4万支，案值776万元，抓获涉案人员7名。

【东莞市烟草专卖局（有限公司）】 东莞市烟草专卖局、广东省烟草公司东莞市公司成立于1988年，2001年改制组建广东烟草东莞市有限公司。

2013年，市局持续推进卷烟打假、市场监管和内部规范，查处符合国家局标准的网络案件3起、符合省局标准的案件5起；查获制假烟机18台，查获各类非法卷烟2884.47万支，抓获制售假人员55人。

【佛山市烟草专卖局（有限责任公司）】 佛山市烟草专卖局成立于1987年。广东省烟草公司佛山市公司成立于1991年，1999年改制组建广东烟草佛山市有限责任公司。下辖4个县级烟草专卖局（分公司）和1个直属分局。

开展“改进作风年”活动，以市区协调发展为突破口，有步骤、有计划、有策略地针对工作中的问题，提出解决办法。对63项规章制度进行修订优化，下放33个费用审批项目。

全面推进精益管理，以行业企业管理现场会为契机，提炼出以“精益建设、精准运营、精到服务、精细管理”为主要特点的精益物流管理模式，并以此为课题参展。

【肇庆市烟草专卖局（有限责任公司）】 肇庆市烟草专卖局、肇庆市烟草公司成立于1988年。1997年改制组建广东烟草肇庆市有限责任公司。下辖6个县级烟草专卖局（分公司）。

开展“三个体系”建设，推进物流配送管理系统实施，初步完成第一批现代零售终端建设。2013年，全国重点品牌卷烟销量比重占总销量的比重为87.27%，一、二类卷烟销量同比增长31.75%。

【江门市烟草专卖局（有限公司）】 江门市烟草专卖局成立于1986年。江门市烟草公司成立于1987年，2001年改制组建广东烟草江门市有限公司。2013年，广东烟草开平市有限公司撤销，成立广东烟草江门市有限公司开平市分公司，与开平市烟草专卖局合署办公。下辖新会市、台山市、鹤山市、恩平市、开平市烟草专卖局（分公司）。

推行精益管理，作为全省商业系统推行精益专卖管理的重点单位，全面推动精益管理，开展精益改善活动，其中部分成果参与行业企业管理现场会展示。

【惠州市烟草专卖局（有限责任公司）】 惠州市烟草专卖局成立于1986年。广东省惠州烟草贸易中心成立于1986年，1998年改制组建广东烟草惠州市有限责任公司。下辖5个县级烟草专卖局（分公司）。

现代物流建设。制定《烟草商业企业智能化物流园区规划设计》，为全市烟草系统物流发展和现代物流配送中心的建设提供决策依据、工作指导和可运用的科研成果。同时，以提升效率为重点，打破区域限制，不断优化配送线路，提升物流效率。线路优化后，单车日均送货户数同比提高8.67%，单车日均送货量同比提高4.02%；单箱物流费用同比下降1.68%，物流费用率同比下降7.04%。

【茂名市烟草专卖局（有限责任公司）】 茂名市烟草专卖局、广东省烟草公司茂名市公司成立于1991年，1999年改制组建广东烟草茂名市有限责任公司。下辖4个县级烟草专卖局（分公司）。

2013年，茂名市各级局共出动执法人员1.76万人次，检查零售客户17.04万户次，查获假烟25.8万支、走私烟6.4万支、非渠道烟379.8万支，烟丝4.5吨、烟叶170.2吨，卷烟机1台（套），抓获犯罪嫌疑人17人。

【阳江市烟草专卖局（有限责任公司）】 阳江市烟草专卖局、广东省烟草公司阳江市公司成立于1988年，1997年改制组建广东烟草阳江市有限责任公司。下辖3个县级烟草专卖局（分公司）。

打造智慧型企业，全面构建精益物流评价体系，引入RFID智慧感知型仓储管理系统，实现出入库卷烟整托盘自动扫描。综合打造360度扁平化、全方位的考核体系。灵活运用KPI办法量化各一线岗位工作内容，建立客户经理、稽查员、物流分拣、送货一线岗位关键业绩考核办法。

【云浮市烟草专卖局（有限责任公司）】 云浮市烟草专卖局成立于1994年。云浮市烟草公司成立于1998年，1998年改制组建广东烟草云浮市有限责任公司。2013年，撤销广东烟草新兴县有限公司，成立广东烟草云浮市有限责任公司新兴县分公司，与新兴县烟草专卖局合署办公。下辖罗定市、郁南县、云安县、新兴县烟草专卖局（分公司）。

把治理非渠道烟作为全年专卖管理工作的首要任务，出台《内管部门参与“两烟”生产经营规则制定及监督执行实施细则（试行）》，加强监督检查，云浮市各派驻机构共向营销部门提出改进工作意见35条，云浮卷烟流出数量159.02万支，同比下降30%。

推进科技创新，公司“电子标签货柜及采用该电子标签货柜的异型烟分拣方法”获得发明专利授权，此方法通过电子标签的亮、灭显示其对应的异型烟分拣是否完成，从而提高异型烟分拣效率和准确率。截至2013年底，市局（公司）累计获得10项专利授权。

【湛江市烟草专卖局（有限公司）】 湛江市烟草专卖局成立于1983年12月。湛江市烟草分公司成立于1984年1月，2001年改制组建广东烟草湛江市有限公司。下辖5个县级烟草专卖局（分公司）。

2013年破获符合国家局标准的网络案件1起，捣毁水烟筒烟丝制假窝点1个，查获制假烟机2台。协助公安、司法机关刑拘3人，逮捕5人，判刑9人。

推进现代物流建设。以工程质量、安全、进度、投资控制及廉洁管理为中心，加强卷烟配送中心项目、廉江市分公司烟叶仓库和卷烟配送中转站等项目建设。

【汕头市烟草专卖局（有限责任公司）】 汕头市烟草专卖局、广东省烟草公司汕头市公司成立于1985年，1999年改制组建广东烟草汕头市有限责任公司。2013年，撤销广东烟草澄海市有限公司，成立广东烟草汕头市有限责任公司澄海分公司，与澄海区烟草专卖局合署办公。下辖龙湖区、潮阳区、澄海区烟草专卖局（分公司），以及南澳县烟草专卖局（公司）。

制定零售终端建设方案并成立领导机构，截至年底共选择12家零售客户作为首批示范终端，覆盖汕头全市各区县。

协调联合公安、工商等有关执法部门，统筹结合多个专项行动，主动出击、高压严打、重点整治、全面防控，严厉遏制制假猖獗势头。尤其是在潮南区查获藏身深山果林的制假窝点，采取爆破摧毁的方式予以彻底铲除，产生强烈震慑作用。打假破网工作继续取得新成效，市局破获“4·17”假烟货运中转分销仓储网络案件（国标案件），潮阳区局侦破“9·25”非法印制假冒卷烟商标标识网络案件（国标案件），龙湖区局侦破“1·7”非法印制假冒卷烟商标标识网络案件（省标案件）。

【潮州市烟草专卖局（有限责任公司）】 潮州市烟草专卖局、广东省烟草公司潮州市公司成立于1988年，1998年改制组建广东烟草潮州市有限责任公司。2013年12月，根据《国家烟草专卖局 中国烟草总公司关于调整广东省烟草专卖局（公司）所属部分机构的批复》（国烟人〔2013〕446号），撤销广东省潮安县烟草专卖局，设立潮州市潮安区烟草专卖局；将广东烟草潮州市有限责任公司潮安县分公司更名为广东烟草潮州市有限责任公司潮安区分公司，潮州市潮安区烟草专卖局与广东烟草潮州市有限责任公司潮安区分公司合署办公。截至年底，下辖潮安区、饶平县2个县级烟草专卖局（分公司）。

开展卷烟打假、市场管理等工作，拓宽机制，巩固“三打两建”工作成果，实现“防反弹、反转移”工作目标。先后查处“6·21饶平联饶非法运输烟草专卖品案件”“7·22潮安金石非法运输烟草专卖品案件”2个符合省局标准的网络案件。在2013年6月饶平县制假出现反弹迹象时，及时协调地方党委政府，召开专题会议出台“八项措施”，迅速掌控局面，使该县下半年连续近5个月实现卷烟制假“零发案”，受到国家局、省局和省公安厅肯定。

【汕尾市烟草专卖局（有限公司）】 汕尾市烟草专卖局、广东省烟草公司汕尾市公司成立于1988年，2001年改制组建广东烟草汕尾市有限公司。下辖3个县级烟草专卖局（分公司）和1个直属分局。

2013年共捣毁各类制售假烟窝点11个，查获各类烟草机械20台，查获假烟1256万支，查获烟丝、烟叶、烟梗等51.68吨，滤棒124万支，卷烟纸0.62吨，水松纸0.38吨，案值1208.63万元。破获2起符合国家局标准和1起符合省局标准的案件，其中首次破获符合国家局标准的互联网销售假烟网络案件，协助公安机关抓获涉案人员12人，刑拘12人，逮捕12人，判刑7人。

【揭阳市烟草专卖局（有限公司）】 揭阳市烟草专卖局、广东省烟草公司揭阳市公司成立于1992年。2001年改制组建广东烟草揭阳市有限公司。2013年，撤销广东烟草普宁市有限责任公司，成立广东烟草揭阳市有限公司普宁市分公司，与普宁市烟草专卖局合署办公。下辖3个县级烟草专卖局（分公司），以及普宁市烟草专卖局（分公司）。4月，根据《国家烟草专卖局 中国烟草总公司关于调整揭阳市辖区内部分烟草专卖管理机构的批复》（国烟人〔2013〕164号），撤销广东省揭东县烟草专卖局、广东烟草揭阳市有限公司揭东县分公司，设立揭阳市揭东区烟草专卖局、广东烟草揭阳市有限公司揭东区分公司，两个机构合署办公，负责辖区内的烟草专卖管理和卷烟营销工作。截至年底，下辖揭东区、揭西县、惠来县、普宁市等4个县级烟草专卖局（分公司）。

2013年，公司的“343”烟草零售市场零售客户专卖分类监管体系开发完成试点应用，进入验收和推广应用阶段。推动并同16个重点镇建立烟草打假联合机制，破获“4·23”互联网销售卷烟案件，实现互联网涉烟案件“零”的突破；破获揭阳市历年来现场货值最大的“10·29”非法仓储烟丝案，缴获烟丝205吨，案值1123万元。

【韶关市烟草专卖局（有限公司）】 韶关市烟草专卖局成立于1984年。韶关市烟草公司成立于1983年，1987年更名为广东省烟草公司韶关分公司，2001年改制组建广东烟草韶关市有限公司。2013年，撤销广东烟草南雄市有限公司，广东烟草韶关市有限公司南雄市分公司，与南雄市烟草专卖局合署办公。下辖曲江区、始兴县、仁化县、翁源县、乳源瑶自治县、新丰县、东昌市、南雄市烟草专卖局（分公司）。

推进现代烟草农业建设，2013年广东省烟草商业系统现代烟草农业建设推进会在始兴县召开，韶关市现代烟草农业建设成果获国家局肯定。马市镇烟农专业合作社建设与管理逐步完善，工商共建基地单元建设水平不断提升，基层烟站建设稳步推进。

【梅州市烟草专卖局（有限公司）】 梅州市烟草专卖局成立于1983年，广东烟草梅州市有限公司成立于2001年。下辖7个县级烟草专卖局（分公司）。

2013年，市局（公司）完善营销服务体系，推行电子结算，推广“网上订货”、银行贷记卡业务，继续加强农村营销服务站建设，实现卷烟营销模式的优化升级。

【河源市烟草专卖局（有限责任公司）】 河源市烟草专卖局、广东省烟草公司河源市公司成立于1988年。1998年改制组建广东烟草河源市有限责任公司。下辖5个县级烟草专卖局（分公司）。

2013年，破获符合公安部、国家局标准的“4·15”非法印刷卷烟商标标识案，现场查获印刷假烟商标设备10台，商标印刷模具101个，商标纸27.5万套，案值334万元，抓获犯罪嫌疑人13人；破获符合省局标准的“6·5”非法运输卷烟案件，案值57.7万元。

【清远市烟草专卖局（有限公司）】 清远市烟草专卖局成立于1988年。清远市烟草公司成立于1991年，1995年更名为广东省烟草公司清远市公司，2001年改制组建广东烟草清远市有限公司。2013年12月，根据《国家烟草专卖局 中国烟草总公司关于调整广东省烟草专卖局（公司）所属部分机构的批复》（国烟人〔2013〕446号），撤销广东省清新县烟草专卖局，设立清远市清新区烟草专卖局；将广东烟草清远市有限公司清新县分公司更名为广东烟草清远市有限公司清新区分公司，与清远市清新区烟草专卖局合署办公。下辖英德市、佛冈县、清新区、阳山县、连州市、连山县、连南县等7个县级烟草专卖局（分公司）。

2013年，捣毁2个制假窝点，其中连州“8·1”网络案件案值约230万元，查获制假烟机3台，此案由清远与广西等地公安部门共同发起主办，跨越广东、广西、江西、内蒙古和上海五省（市、自治区）。

2013年重组整合的企业

2013年7月，根据国家局、总公司《关于理顺广东省5家县级烟草有限公司管理体制的批复》（国烟法〔2013〕310号），广东烟草汕头澄海有限公司、广东烟草普宁市有限责任公司、广东烟草开平市有限公司、广东烟草新兴县有限公司和广东烟草南雄市有限公司5家县级烟草有限公司与所在地市级烟草有限公司合并重组，依法撤销县级烟草有限公司，相应设立5家县级烟草分公司，为所在地市级烟草有限公司非独立法人分支机构，与5家县级烟草专卖局合署办公，负责辖区内的烟草专卖管理和卷烟营销工作。2013年，5家县级烟草有限公司虽已撤销，但仍然实行财务独立核算，相关数据未纳入所在地市级烟草有限公司，故在此单列。

【广东烟草开平市有限公司】 广东省烟草公司开平市公司成立于1994年。2001年，改制组建广东烟草开平市有限公司，是中国烟草总公司广东省公司的直接控股企业。中国烟草总公司广东省公司股权占67%，广东烟草江门市有限公司股权占3%，开平市金新叶经贸发展公司股权占30%。2013年，按法定程序解散广东烟草开平市有限公司，设立广东烟草江门市有限公司开平市分公司，与开平市烟草专卖局合署办公，归江门市烟草专卖局（有限公司）管理。

市局（公司）从增强服务意识、完善工作机制、改进工作作风、提升服务效能等方面着手，推进机关作风建设。

【广东烟草新兴县有限公司】 广东省烟草公司新兴县公司成立于1992年。2001年，中国烟草总公司广东省公司、广东烟草云浮市有限责任公司、广东省烟草公司新兴县公司共同出资，成立广东烟草新兴县有限公司，其中中国烟草总公司广东省公司控股67%，广东烟草云浮市有限责任公司控股3%，广东省烟草公司新兴县公司变更为新兴县金叶发展公司并控股30%。2013年，按法定程序解散广东烟草新兴县有限公司，设立广东烟草云浮市有限责任公司新兴县分公司，与新兴县烟草专卖局合署办公，归云浮市烟草专卖局（有限责任公司）管理。

不断加大市场监管力度，与新兴县公安局配合，破获1起集仓储、运输、分销环节，符合国家局标准的“1·6非法经营”网络案件，涉案金额135.51万元，追刑3人。

按照行业品牌发展方向，严格执行治理“天价烟”要求、品类管理“进一退一”的原则，使得重点品牌保持良好发展势头，销量适度控制、结构按照需求、增长理性回归。

【广东烟草汕头澄海有限公司】 澄海县烟草公司成立于1987年，后更名为澄海市金叶发展总公司。1999年8月，中国烟草总公司广东省公司和澄海市金叶发展总公司共同出资，成立广东烟草澄海市有限公司，澄海市烟草专卖局与有限公司合署办公。2001年9月，广东烟草澄海市有限公司股权比例调整为中国烟草总公司广东省公司占51%，澄海市金叶发展总公司占49%。2013年，按法定程序解散广东烟草澄海市有限公司，设立广东烟草汕头市有限责任公司澄海分公司，与澄海区烟草专卖局合署办公，归汕头市烟草专卖局（有限责任公司）管理。

2013年，公司强化知名品牌市场培育，推动知名品牌发展壮大，销售全国重点品牌22.85亿支（4.57万箱），同比增长5.77%，占总销量比重达到83.78%，同比提高2.5%。继续实施“双喜”品牌培育，“双喜”品牌知名度和影响力进一步提高。全年销售“双喜”17.6亿支（3.52万箱），市场份额达到64.52%。

【广东烟草普宁市有限责任公司】 广东省烟草公司普宁县公司成立于1984年，1998年7月更名为普宁市金叶集团公司，1998年8月普宁市金叶集团公司与广东省烟草公司各出资50%组建广东烟草普宁市有限责任公司。2013年，按法定程序解散广东烟草普宁市有限责任公司，设立广东烟草揭阳市有限公司普宁市分公司，与普宁市烟草专卖局合署办公，归揭阳市烟草专卖局（有限公司）管理。理顺普宁市金叶实业有限公司管理关系，调整地方股东持股比例。

2013年，查处各类涉烟违法案件404起，查处无证运输假冒烟草专卖品案件4起，捣毁非法卷烟商标标识印刷点3个、手工包装点1个；查获假烟224.88万支、烟丝12.56吨、卷烟标识34.57万张；配合公安、司法机关抓获涉案人员3人、判刑3人。破获“4·25”卷烟制售假国标网络案件。

【南雄市烟草专卖局（有限公司）】 南雄市烟草专卖局成立于1983年12月，南雄市烟草公司成立于1983年10月，1987年更名为广东省烟草公司南雄市公司，2000年12月改制组建广东烟草南雄市有限公司。下辖广东南雄烟叶复烤有限公司，并代管省公司直属的广东省烟草南雄科学研究所①。2013年，注销南雄市烟草专卖局（有限公司）

---

① 广东省烟草南雄科学研究所详见《科研和教育机构》栏目“科研机构”分目。

的广东烟草南雄市有限公司法人资格，保留南雄市烟草专卖局，设立广东烟草韶关市有限公司南雄市分公司，与南雄市烟草专卖局合署办公，更名为南雄市烟草专卖局（分公司），归韶关市烟草专卖局（有限公司）管理。

2013年广东省烟草商业系统主要情况统计

地市级局（公司）名称		广州市局（有限公司）	中山市局（有限责任公司）	珠海市局（有限公司）	东莞市局（有限公司）
主要负责人/法人代表		陈秉恒	赖少洪（—2013.5） 刁百尧（2013.5—）	李东华（—2013.7） 黄　方（2013.8—）	管伟华
总资产（万元）		546644	60290	36252	133863
资产负债率（%）		45.56	21.12	11.07	14.05
所属县级局（个）		12	—	1	-
所属县级公司/分公司（个）		—	—	1个分公司	-
所属县级营销部（个）		12	—	—	-
从业人员（人）		1300	246	235	821
所属业务机构	营销机构	1个营销管理中心	1个营销中心、 4个营销区域	1个营销中心、 1个电访中心	1个营销中心
	物流配送机构	1个物流配送中心	1个物流配送中心	1个物流中心、 1个配送站	1个物流中心、 1个配送中心
	专卖稽查机构	1个稽查支队、 12个稽查大队	1个稽查支队、 4个稽查大队	1个稽查支队、 7个稽查大队	1个稽查支队、 7个稽查大队
	烟叶机构	—	—	—	—
销售卷烟	亿支	229.72	58.08	41.32	157.56
	2013年比2012年（%）	0.76	1.05	1.08	1.48
卷烟销售收入（万元）		1042088	263709	242020	667900
实现税利	万元	266593	69890	54419	167474
	2013年比2012年（%）	6.13	8.86	5.76	9.15
实现利润	万元	156331	41788	32811	100672
	2013年比2012年（%）	6.53	7.10	5.48	9.03
查处涉烟违法案件（起）		3994	575	693	1534
查处涉烟违法案件案值（万元）		13290	1429	276	1615
2013年度烟草行业投入烟叶生产基础设施建设资金（万元）		—	—	—	—
全年烟叶生产基础设施新增受益面积（万亩）		—	—	—	—
烟叶种植（万亩）		—	—	—	—
烟叶收购（万担）		—	—	—	—
烟农户数（户）		—	—	—	—
实现烟农总收入（万元）		—	—	—	—
零售客户数（户）		32247	9069	7352	29244
零售客户销售毛利率（%）		13.90	11.18	11.33	12.08

地市级局（公司）名称	佛山市局（有限责任公司）	肇庆市局（有限责任公司）	江门市局（有限公司）	惠州市局（有限责任公司）
主要负责人/法人代表	陈业芝（—2013.7） 范　波（2013.7—）	罗春华	范　波（—2013.6） 林　显（2013.6—）	刘志斌
总资产（万元）	109058	42589	55851	74456
资产负债率（%）	16.33	11.60	11.39	8.19
所属县级局（个）	5	6	5	5

续表

地市级局（公司）名称		佛山市局（有限责任公司）	肇庆市局（有限责任公司）	江门市局（有限公司）	惠州市局（有限责任公司）
所属县级公司/分公司（个）		4 个分公司	6 个分公司	5 个分公司	5 个分公司
所属县级营销部（个）		–	—	—	—
从业人员（人）		747	636	609	631
所属业务机构	营销机构	1 个营销中心	1 个营销管理中心	1 个营销中心、 1 个电访中心	1 个营销管理中心
	物流配送机构	1 个物流配送中心	1 个物流配送中心	1 个物流配送中心、 1 个中转站	1 个物流配送中心
	专卖稽查机构	1 个稽查支队、 5 个稽查大队	1 个稽查支队、 9 个稽查大队	1 个稽查支队、 7 个稽查大队	1 个稽查支队、 5 个稽查大队
	烟叶机构	—	—	—	—
销售卷烟	亿支	136.81	65.77	76.71	79.71
	2013 年比 2012 年（%）	1.25	3.22	2.23	2.34
卷烟销售收入（万元）		620462	333472	331081	358400
实现税利	万元	158481	64066	78537	85751
	2013 年比 2012 年（%）	7.29	10.78	9.90	9.94
实现利润	万元	93178	34962	44463	48340
	2013 年比 2012 年（%）	5.65	9.78	9.17	9.37
查处涉烟违法案件（起）		1445	1514	1556	1520
查处涉烟违法案件案值（万元）		849	3381	356	2201
2013 年度烟草行业投入烟叶生产基础设施建设资金（万元）		—	—	—	–
全年烟叶生产基础设施新增受益面积（万亩）		—	—	—	–
烟叶种植（万亩）		—	—	—	–
烟叶收购（万担）		—	—	—	–
烟农户数（户）		—	—	—	–
实现烟农总收入（万元）		—	—	—	–
零售客户数（户）		21500	13632	12465	14567
零售客户销售毛利率（%）		12.36	11.62	11.03	14.70

地市级局（公司）名称	茂名市局（有限责任公司）	阳江市局（有限责任公司）	云浮市局（有限责任公司）	湛江市局（有限公司）
主要负责人/法人代表	翁　飞（—2013.6） 李仕文（2013.7—）	林　显（—2013.6） 翁　飞（2013.6—）	刘志强（—2013.6） 黄小健（2013.6—）	李仕文（—2013.7） 周联际（2013.7—）
总资产（万元）	50765	23849	22270	73777
资产负债率（%）	31.47	2.88	10.94	41.43
所属县级局（个）	4	3	4	5
所属县级公司/分公司（个）	4 个分公司	3 个分公司	4 个分公司	5 个分公司
所属县级营销部（个）	—	—	—	—
从业人员（人）	687	436	302	860

续表

地市级局（公司）名称		茂名市局（有限责任公司）	阳江市局（有限责任公司）	云浮市局（有限责任公司）	湛江市局（有限公司）
所属业务机构	营销机构	1个营销管理中心	1个电访中心	1个营销中心	1个营销管理中心，下设综合部、采购部、市场部、销售部
	物流配送机构	1个物流中心	1个配送中心	1个物流中心	1个物流中心、1个配送中心、5个配送中转站
	专卖稽查机构	1个稽查支队、3个稽查大队	1个稽查支队、8个稽查大队	1个稽查支队	1个稽查支队、10个稽查大队
	烟叶机构	—	—	—	—
销售卷烟	亿支	68.16	38.34	31.80	91.59
	2013年比2012年（%）	-1.25	0.03	0.86	-1.24
卷烟销售收入（万元）		283707	166428	135158	468541
实现税利	万元	62390	35403	29468	94056
	2013年比2012年（%）	9.14	7.11	8.03	11.10
实现利润	万元	31541	18214	15544	49914
	2013年比2012年（%）	2.65	9.97	5.99	9.43
查处涉烟违法案件（起）		823	656	759	1218
查处涉烟违法案件案值（万元）		818	12	1229	2687
2013年度烟草行业投入烟叶生产基础设施建设资金（万元）		—	—	—	—
全年烟叶生产基础设施新增受益面积（万亩）		—	—	—	—
烟叶种植（万亩）		—	—	—	—
烟叶收购（万担）		—	0.17	—	—
烟农户数（户）		—	—	—	—
实现烟农总收入（万元）		-	—	—	—
零售客户数（户）		14391	8807	8051	16509
零售客户销售毛利率（%）		20.67	13.92	10.68	10.15

地市级局（公司）名称	汕头市局（有限责任公司）	潮州市局（有限责任公司）	汕尾市局（有限公司）	揭阳市局（有限公司）
主要负责人/法人代表	林香存	许暖镇	曾忠良（—2013.8） 黄壮强（2013.8—）	许永钦（—2013.8） 曾忠良（2013.8—）
总资产（万元）	67825	33792	45898	54780
资产负债率（%）	31.60	19.06	4.81	19.44
所属县级局（个）	4	2	4	4
所属县级公司/分公司（个）	3个分公司、1个公司	2个分公司	3个分公司	4个分公司
所属县级营销部（个）	—	—	—	—

续表

地市级局（公司）名称		汕头市局（有限责任公司）	潮州市局（有限责任公司）	汕尾市局（有限公司）	揭阳市局（有限公司）
从业人员（人）		706	517	568	612
所属业务机构	营销机构	1 个营销中心	1 个营销管理中心	1 个营销中心	1 个营销中心
	物流配送机构	1 个物流配送中心、2 个配送分中心	1 个物流配送中心	1 个物流配送中心	1 个配送中心
	专卖稽查机构	1 个稽查支队、6 个稽查大队	1 个稽查支队、4 个稽查大队	1 个稽查支队、5 个稽查大队	1 个稽查支队、8 个稽查大队
	烟叶机构	—	—	—	—
销售卷烟	亿支	74.22	51.31	57.60	71.54
	2013 年比 2012 年（%）	0.34	0.92	0.13	-0.74
卷烟销售收入（万元）		337968	238175	299732	325476
实现税利	万元	75851	52876	56720	75749
	2013 年比 2012 年（%）	3.59	6.92	7.72	5.92
实现利润	万元	42193	28506	30328	42101
	2013 年比 2012 年（%）	3.53	7.31	6.17	3.62
查处涉烟违法案件（起）		777	537	759	1000
查处涉烟违法案件案值（万元）		1590	1796	1229	1922
2013 年度烟草行业投入烟叶生产基础设施建设资金（万元）		—	—	——	—
全年烟叶生产基础设施新增受益面积（万亩）		—	—	——	—
烟叶种植（万亩）		—	—	——	—
烟叶收购（万担）		—	—	——	—
烟农户数（户）		—	—	—	—
实现烟农总收入（万元）		—	—	—	—
零售客户数（户）		12027	7120	9970	11865
零售客户销售毛利率（%）		10.00	10.02	11.27	12.40

地市级局（公司）名称		韶关市局（有限公司）	梅州市局（有限公司）	河源市局（有限责任公司）	清远市局（有限公司）
主要负责人/法人代表		何传国（—2013.7） 杨伟平（2013.7—）	谢平华	赖科东	杨伟平
总资产（万元）		102422	56329	48425	64476
资产负债率（%）		64.94	13.34	7.60	21.52
所属县级局（个）		8	7	5	7
所属县级公司/分公司（个）		8 个分公司	7 个分公司	5 个分公司	7 个分公司
所属县级营销部（个）		—	—	—	—
从业人员（人）		927	1244	593	761
所属业务机构	营销机构	1 个营销中心	1 个营销管理中心	1 个营销中心	1 个访销中心
	物流配送机构	1 个物流配送中心	1 个物流配送中心、6 个配送中转站	1 个物流中心、5 个配送中转站	1 个物流中心、2 个中转站
	专卖稽查机构	9 个稽查大队、1 个稽查支队	1 个稽查支队、8 个稽查大队	1 个稽查支队、8 个稽查大队	1 个稽查支队、11 个稽查大队
	烟叶机构	3 个烟叶工作站、9 个烟叶工作点	5 个烟叶工作站、21 个烟叶工作点	—	1 个烟叶工作站、1 个烟叶收购点
销售卷烟	亿支	50.88	79.69	60.65	66.80
	2013 年比 2012 年（%）	0.13	0.19	-0.14	3.16

续表

地市级局（公司）名称		韶关市局（有限公司）	梅州市局（有限公司）	河源市局（有限责任公司）	清远市局（有限公司）
卷烟销售收入（万元）		221038	393491	264322	301252
实现税利	万元	57258	83878	59426	65745
	2013 年比 2012 年（%）	0.73	6.55	6.36	1.27
实现利润	万元	28268	42623	32399	33879
	2013 年比 2012 年（%）	-3.37	6.47	5.57	-1.51
查处涉烟违法案件（起）		951	748	999	1292
查处涉烟违法案件案值（万元）		777	592	870	1477
2013 年度烟草行业投入烟叶生产基础设施建设资金（万元）		7435	4381	—	298
全年烟叶生产基础设施新增受益面积（万亩）		4.86	2.90	—	8.02
烟叶种植（万亩）		5.90	6.52	—	1.00
烟叶收购（万担）		15.71	16.22	—	2.49
烟农户数（户）		1190	3510	—	417
实现烟农总收入（万元）		18399	22551	—	3387
零售客户数（户）		9012	13368	12490	12997
零售客户销售毛利率（%）		15.91	10.83	10.50	11.39

地市级局（公司）名称		广东烟草开平市有限公司	广东烟草新兴县有限公司	广东烟草汕头澄海有限公司	广东烟草普宁市有限责任公司	南雄市局（有限公司）
主要负责人/法人代表		雷民照	钟耀东	徐远秋	方贵中	尹本良（—2013.3） 肖少明（2013.3—）
总资产（万元）		16433	10099	26005	41410	69211
资产负债率（%）		12.84	9.27	11.17	8.60	49.53
所属县级局（个）		—	—	—	—	—
所属县级公司/分公司（个）		—	—	—	—	—
所属县级营销部（个）		—	1	—	—	—
从业人员（人）		144	85	140	330	537
所属业务机构	营销机构	1 个营销部	—	1 个营销部	1 个营销中心	1 个营销中心
	物流配送机构	1 个物流配送部	1 个物流配送中心	1 个物流配送部	1 个配送中心	1 个配送站
	专卖稽查机构	1 个稽查大队	1 个稽查大队	1 个稽查大队	1 个稽查大队、4 个稽查中队	1 个稽查大队
	烟叶机构	—	—	—	—	11 个烟叶站
销售卷烟	亿支	23.65	10.07	28.21	45.20	7.13
	2013 年比 2012 年（%）	5.63	4.56	6.13	6.13	-1.13
卷烟销售收入（万元）		102109	46665	139481	204187	31283
实现税利	万元	25544	11330	36510	53223	54590
	2013 年比 2012 年（%）	5.74	10.85	5.71	9.46	137.71
实现利润	万元	14588	6465	21319	30889	33228
	2013 年比 2012 年（%）	1.88	8.03	2.44	4.52	226.31
查处涉烟违法案件（起）		292	135	205	379	182
查处涉烟违法案件案值（万元）		21	58	19	140	32

续表

地市级局（公司）名称	广东烟草开平市有限公司	广东烟草新兴县有限公司	广东烟草汕头澄海有限公司	广东烟草普宁市有限责任公司	南雄市局（有限公司）
2013年度烟草行业投入烟叶生产基础设施建设资金（万元）	—	—	—	—	6946
全年烟叶生产基础设施新增受益面积（万亩）	—	—	—	—	8.09
烟叶种植（万亩）	—	—	—	—	10.10
烟叶收购（万担）	—	—	—	—	29.00
烟农户数（户）	—	—	—	—	4302
实现烟农总收入（万元）	—	—	—	—	34783
零售客户数（户）	3120	1678	3245	6331	1558
零售客户销售毛利率（%）	13.57	10.72	13.58	10.02	24.09

（撰稿人：张　慧；编辑：王东旭）

广西壮族自治区烟草专卖局（公司）

【概　况】　广西壮族自治区烟草专卖局成立于1984年1月，广西壮族自治区烟草公司成立于1983年5月。1985年，广西壮族自治区烟草公司上划中国烟草总公司，更名为中国烟草总公司广西壮族自治区公司。自治区局（公司）机关设23个部门，下辖14个地市级局（公司）以及伊灵烟叶复烤有限责任公司①。截至2013年底，公司拥有总资产114.87亿元，其中，固定资产19.12亿元、流动资产87.95亿元，资产负债率为13.83%。共有从业人员7883人。

【领导成员】

局长、总经理、党组书记：赵同军

巡视员、副总经理、党组成员：张克勤

副总经理、党组成员：席亮文

纪检组长、党组成员：叶青峰

副巡视员：邹发远（—2013.11）（国烟党〔2013〕93号）

副巡视员：何文丹

副巡视员：覃敏良

【专卖管理】　案件查处。2013年共查处各类涉烟违法案件7223起，其中，案值5万元以上案件374起，符合公安部、国家局标准的制售假烟网络案件24起。查获“假非私”卷烟9019.82万支，捣毁制假窝点22个，查获制假烟机17台（套），查获非法烟叶、烟丝1489.8吨。向公安机关移送犯罪嫌疑人418人，公安、司法机关依法刑拘272人，逮捕187人，判刑138人。

卷烟打假。充分发挥联合打假长效机制作用，与治安、经侦、技侦等公安部门密切配合，破获防城港“5·20”、玉林容县“12·16”两起国家局、公安部督办案件，贺州“1·16”、河池“1·17”两起公安部经侦局督办案件。加强与广东、湖南毗邻地区排查力度，对制假窝点露头就打，严防制假活动转移和扩散，查处梧州“4·25”、玉林“9·26”等制售假烟网络案件，其中，在梧州“4·25”生产销售假烟网络案件中，查获非法烟机8台（套）、假烟35.33万支、原辅材料2.22吨、滤棒20.1万支、涉案车辆2台，捣毁制假窝点4个，涉案金额180余万元，抓获犯罪嫌疑人8人，逮捕3人；玉林“9·26”制假烟丝网络案件中，查获烟丝烟梗86吨、制假烟机5台（套），涉案金额300余万元，捣毁制假烟丝工厂1个。先后与云南、贵州等省烟草部门签订《西南五省烟草专卖联合打击涉烟违法犯罪工作协作机制》，对非法贩运烟丝、烟叶等原辅材料进行路查、路堵，切断非法烟叶流通渠道，加大烟叶非法流通打击力度。

打击卷烟走私。以自治区政府出台《反走私综合治理办法》为契机，推动各级地方政府把卷烟打假工作纳入政府绩效考核体系和社会治安综合治理考评范围。制定《烟草打私经费管理细则》，设置打私经费科目，解决打私经费难的问题。加强与海关、公安、工商等部门协作，把沿海、沿边的钦州、北海、防城港、百色、崇左等市纳入重点监控区域，对南宁、来宾、贵港、玉林等市进行重点防控，形成“路上查、市场管、边境卡”的卷烟打私监管体系。查处北海“8·18”、梧州“6·23”、钦州“7·16”等卷烟走私案件，其中，北海“8·18”卷烟走私案查获走私卷烟251万支，涉案金额4000余万元，刑拘6人；梧州“6·23”走私烟销售网络案查获走私卷烟214.8万支，涉案金额149万元，逮捕6人。

内部监督管理。落实内管委派制，成立内管派驻办14个，内管派驻组90个，选聘专职内管员225人。理顺内管工作关系，规范制度流程，共建立完善各项管理办法、制度、流程50项，初步构建起完善的内部监管制度体系。制定和调整货源分配政策，查找内部不规范经营行为，从源头

① 伊灵烟叶复烤有限责任公司详情见《工业企业》栏目“打叶复烤和薄片生产企业”分目。

严控非法卷烟流通，提出限量投放品牌、对象、数量意见800条。依托内管信息系统，每天对各辖区敏感品牌卷烟走势进行分析，下发调查通知书439份。出台销售大户管理备案审批制度，严格控制大户数量，千条户需报自治区局（公司）备案，800条户需报市局（公司）备案，定期通报各区域销售大户数量和业态，大户治理取得初步成效。

【经济效益】 2013年，广西壮族自治区烟草商业系统实现税利65.15亿元，同比增长14.92%，其中利润33.02亿元，同比增长14.23%。三项费用率为8.11%。

【卷烟经营】 卷烟销售。2013年，广西壮族自治区烟草商业系统销售卷烟782.99亿支（156.6万箱），同比增长2.53%，其中，销售一类烟100.47亿支（20.09万箱）、二类烟54.65亿支（10.93万箱）、三类烟398.16亿支（79.63万箱）、四类烟158.18亿支（31.64万箱）、五类烟71.53亿支（14.31万箱）。本地区销量居前三位的品牌为"真龙""双喜·红双喜""红塔山"，销量分别为205.35亿支（41.07万箱）、112.35亿支（22.47万箱）、83.7亿支（16.74万箱）。

2013年实现卷烟税利63.83亿元，同比增长15.13%，其中利润33.82亿元，同比增长15.31%。

品牌培育。聚焦"532""461"品牌发展，突出行业重点品牌、"真龙"品牌、低焦油品牌培育。2013年，全国重点品牌实现销量643.5亿支（128.7万箱），同比增长14.13%；8元/包以上"真龙"实现销量86亿支（17.2万箱），同比增长51.86%；8毫克/支及以下低焦油卷烟实现销量88.5亿支（17.7万箱），同比增长23.85%。

现代零售终端建设。举办现代卷烟零售终端建设推进现场会，推广"贵港经验"，进一步明确终端建设目标、标准和要求，加快零售终端建设步伐。全自治区现代零售终端比例为5.04%。推动网建工作向"网上订货、网上配货、网上支付、网上营销"转型升级，网上订货率为84.2%，网上交易量占总销量比重为89.83%，交易金额占总销售额比重为91.55%。举办网上营销活动57场，涉及品牌（规格）36个。网上结算客户8129户，网上配货客户1500户。实施零售终端改造工程，改造烟柜3.71万个，其中零售客户自主投入改造烟柜2.61万个；新增广告宣传面积4.24万平方米；推广应用终端信息系统1.25万户，客户扫码销售比例为62%。

客户服务。与各大商业银行合作，为零售客户办理贷记卡2.07万张，提供信用资金支持13.97亿元。开展个性化帮扶，建立困难零售客户档案2436户。开展"三个大培训""一个大比武"活动，培训客户1.15万场次，45.45万人次；培训客户经理1470场次，2.02万人次；培训物流从业人员1052人次。

现代物流建设。推广应用送货线路优化、RFID应用、卷烟生产经营决策管理系统打码到条实时分拣补货技术改造等项目，减少配送车辆35辆，减少配送线路158条及劳动用工60人，物流费用率为1.19%，同比降低0.12个百分点。推进精益物流建设，通过费用定额管理、开展QC创新等手段，强化对可控物流费用的管理，低值易耗品摊销、燃油费、装卸费等费用得到有效控制，物流现场工作增值①比由6.51%提高至44.92%，配送车辆行驶里程同比减少87.1万千米，车辆维修及折旧费用同比节省112万元。

【烟叶生产】 全年种植烤烟26.92万亩，收购烤烟2.86万吨（57.12万担），其中上等烟比例为48.1%，中等烟比例为47%。种植晒黄烟1.65万亩，收购晒黄烟0.073万吨（1.45万担）。烟农户均种烟15.2亩，同比增加2.13亩。实现烟叶税利2.69亿元，同比增长10.25%，其中利润0.76亿元，同比增长15.56%。全自治区烤烟种植农户1.77万户，实现烟农总收入6.28亿元，户均收入3.54万元。

2013年，投入项目建设资金1.48亿元，建设完成烟叶生产基础设施项目4773个。采购中耕培土多用机715套，实现中耕、培土、抽水、运输、发电、喷灌机械化作业。建立综合服务社10个，专业服务队498支。

4月24日，靖西、德保县遭受50年不遇的强风暴雨夹冰雹袭击，瞬间降雨量（20分钟内）77.6毫米，冰雹密集，风力达到8~10级。受此影响，两县烟叶受灾面积3.61万亩，绝收面积2.96万亩，其中，仅靖西县受灾面积2.85万亩，绝收2.52万亩，烟农损失严重。两县政府和烟草部门在帮助烟农生产自救、降低灾害损失的同时，启动烟叶受灾求助基金，出台受灾评估及救助办法。国家局拨付救灾专项资金5000万元，用于救助受灾烟农。

【科技创新】 2013年，自治区局（公司）修订《技术创新项目结题验收及成果鉴定管理办法》等四个科技管理制度。申请立项60个，批准项目38个，其中农业类项目10个，管理类项目27个，标准类项目1个，投入科研经费3205万元。百色市烟草公司、广西大学农学院共同承担的"诱导烟草提高抗性及产量品质的研究与示范"被列为国家局年度科技项目。

【管理创新】 进一步完善相关规章制度和决策机制，规范、优化流程，切实做到"应招尽招""真招实招"，全年公开招标比例86.38%，同比提高6.6个百分点。坚持"预防为主、检查在前"，变事后检查为事前介入，对15个直属单位"三项项目"采购计划进行前置性检查，逐项分析，归类整合。把"三重一大"事项作为办事公开民主管理的主要内容，公布公开事项1908项，"两项工作"系统公开栏访问量4438次，提高干部职工的知情权、参与权、表达权和监督权。出台《广西烟草商业卷烟价格管理办法》，建立"天价烟"价格监管长效机制，维护卷烟市场价格稳定。

【人事政工】 职工培训与技能鉴定。2013年，自治区局（公司）举办主体培训项目6个，培训人员308人次；专业培训项目29个，培训人员2444人次；组织参加国家局各层次、各岗位、各类型培训班111个，培训人员791人次。开展职业技能鉴定7批次，受理申报人数2672人次，实际鉴

① 物流现场工作增值=（所有工序单个工件的循环时间之和）/（总的在制品数量/平均每日发运数量）

定2590人次，鉴定合格取证729人，合格率28.1%。

纪检监察。根据中央“八项规定”和其他有关要求，自治区局（公司）制定十个方面25条措施，明确改进工作作风具体要求。以制度建设为重点，加强惩防体系建设，相继出台《企业负责人职务消费监督管理实施细则》《新任职党员领导干部廉政谈话暂行办法》《工作人员违法违纪行为处理规定》等规章制度。在纪检监察队伍中开展清退会员卡活动，全部实现零持有、零报告。进行廉政审核119人次，对4人提拔使用提出不同意见，为3人澄清有关问题。对违反中央“八项规定”、违反纪律的有关人员进行行政处分、诫勉谈话和通报批评，组织处理15人，其中处级干部4人。开展党风党纪、廉政法规、廉洁自律教育，举办反腐倡廉专题党课、培训，受教育人数1.2万人次。

【企业文化】 确定广西烟草商业“山水情”服务品牌定位，完成“山水情”服务品牌理念体系、品牌标识、品牌宣传片脚本、品牌案例故事集等初步方案及文本。

【特事要辑】 2月19日，自治区副主席陈刚到自治区局（公司）调研指导工作，指出要准确把握行业发展的新定位、新目标，加强工商协同，落实惠农政策，主动作为，努力保持烟草产业持续健康发展。

3月1日，自治区党委书记、人大常委会主任彭清华等在北京会见国家局局长姜成康、副局长李克明，提出2015年广西烟草产业实现税利300亿元的构想。

4月27日，国家局副局长杨培森到自治区局（公司）调研，提出要加强对宏观经济形势的分析，切实抓好卷烟市场调控、优质特色烟叶开发和信息化建设工作。

5月24日，自治区党委副书记危朝安，副主席陈刚在北京会见新履职的国家局局长凌成兴，交流广西烟草产业发展情况。

7月22日，自治区常务副主席黄道伟，副主席陈刚出席广西烟草产业发展工作会议，陈刚代表自治区政府与自治区局（公司）、广西中烟、各市政府签订目标责任书。

9月16—17日，国家局局长凌成兴、副局长赵洪顺一行到自治区局（公司）、南宁市局（公司）考察调研，指出广西烟草要瞄准2015年实现税利300亿元“一个目标”，落实工商同舟共济培育“真龙”品牌、条块同舟共济发展广西特色烟叶、上下同舟共济解决发展难题“三大举措”。其间，自治区党委书记、人大常委会主任彭清华，自治区主席陈武等会见凌成兴一行。

所属地市级局（公司）

【南宁市烟草专卖局（公司）】 南宁市烟草专卖局成立于1984年4月，广西壮族自治区烟草公司南宁市公司成立于1983年11月。下辖12个县级烟草专卖局（营销部）。

聚焦“市场价格”和“社会库存”两个指标，建立分层分级市场信息监控体系，为市场调控提供科学依据。合理搭建分类培育架构，构建线上、线下立体协调的互动营销体系。全年销售一、二类卷烟31.9亿支（6.38万箱），同比增长29%。注重信息化与营销工作的深度融合，全面推进四网合一，网上订货率98.6%，网上营销参与率为81%，网上结算率为38%。

探索“3+1”分拣线（三条标准分拣线和一条异型烟分拣线）整合，推行AB岗工作制和弹性用工制，提高物流分拣工作效率。围绕效率和效益推进城网大弹性配送、农网块状配送，加快线路优化整合，全年整合线路53条，减少物流用工人员38人，减少送货车8辆，单箱物流费用同比下降0.78%，人均配送效率同比增长23.53%，单车日均配送量同比增长16.62%。

【柳州市烟草专卖局（公司）】 柳州市烟草专卖局、广西壮族自治区烟草公司柳州市公司成立于1984年4月。下辖6个县级烟草专卖局（营销部）和1个城区烟草专卖局。

创新市场监管模式，将零售客户合作小组成员纳入编制外、体系内的监管队伍，初步建立起公安、工商、互助合作小组联合监管“三位一体”的市场监管体系。编制《市管工作模式实践应用手册》，运用市场监管APCD工作法，以专卖、内管、营销信息系统资源为综合信息数据采集渠道，有重点地分析市场变化动态，有针对性开展市场监管巡访和检查。在零售客户中开展做到“五勤”（脑勤、眼勤、口勤、手勤、腿勤）、算好“五本账”（政治账、经济账、家庭账、友情账、身体账）活动，引导诚信、守法经营，营造良好市场环境。

通过以点带面、典型示范引领的方式，以目标客户为辐射点，逐步扩大营业主推推广范围。全年开展营业主推培训1587场次，培训7.61万人次；举行事件营销活动318场，网上营销活动61项。协同广西中烟开展2013年柳州水上狂欢节新品“真龙（龙天下）”营销活动，直接参与活动的消费者2000余人，辐射影响超过1万人次。

【桂林市烟草专卖局（公司）】 桂林市烟草专卖局、广西壮族自治区烟草公司桂林市公司成立于1984年12月。下辖13个县级烟草专卖局（营销部）。

聚焦行业重点品牌培育，从价类、品类、工业企业等多个维度开展品牌年度规划，将营销资源、市场资源向行业重点品牌倾斜，全年销售重点品牌卷烟84.91亿支（16.98万箱），占总销量85.1%。完善卷烟销售预警机制，在全市设立信息采集点410个，每周采集销量、价格、社会库存等信息，灵活调整卷烟营销策略。将网上营销和传统营销相结合，营业主推和消费拉动相结合，线上互动和线下拜访相结合，用好用活市场营销“组合拳”，提高品牌培育效果。8元/包以上“真龙”销量同比增长36.6%，“黄鹤楼”销量同比增长9.3%，8毫克/支及以下低焦油卷烟销量同比增长51.6%。

把“摆得清、看得清、讲得清”作为普通终端建设的基本要求，解决普通终端向现代终端发展的工作标准问题。按照“客户设置地柜，公司设置背柜和收银台”的方式，引导零售客户自主开展终端形象改造，改造烟柜685户，推广应用现代零售终端系统1712户。开发终端广告资源，完成桂林市城区和灵川、阳朔、兴安3个县现代零售终端广告布展工作，向876个客户植入终端广告框1735个。桂林市网上订货率90.43%。全面推进精益物流，准时送货率100%、送货准确率100%，实现送货零破损和零投诉。

【河池市烟草专卖局（公司）】 河池市烟草专卖局、广西壮族自治区烟草公司河池市公司成立于1988年10月。下辖11个县级烟草专卖局（营销部）。

2013年，市局（公司）争取地方政策扶持，把发展烟叶产业列入河池市农民收入倍增计划、开发扶贫攻坚工程重点产业项目。各级政府相继成立烤烟生产领导小组，烟叶生产被纳入各烟区县（市）、乡（镇）政府绩效考核内容。河池市烟叶收购首次突破10万担，达到10.74万担，同比增长62.05%。大力推进专业化种植，河池市20亩以上职业烟农有1384户，占烟农总数57%，种烟面积3.35万亩，占总面积77.3%。

在国家局推行烟草市场检查APCD工作法的基础上，创新流程管理，引入过程监督考核（即E模块），形成“APCD+E”五位一体的市场监管新模式。并在此基础上，开发单元制信息管理平台，推行“1+4”工作模式（1个工作日分析预警信息和制定工作计划，4个工作日走访市场和集中稽查）。该工作模式从9月推行至年底，查获涉烟案件15起，其中国标案件1起。

推进终端建设，全员联动参与终端建设工作。全年共打造现代零售终端户831户，网上订货率达到88.2%。打造“一店一机”户1978户，自主整改烟柜数量1173个，发展党员示范户84户，帮扶弱势群体客户100户，为零售客户办理贷记卡3400张。建立河池市零售客户“现代终端客户交流群”，分享客户卷烟经营、品牌推介、系统应用等先进经验，及时解决客户卷烟销售及终端建设相关问题，提高客户满意度。

【百色市烟草专卖局（公司）】 百色市烟草专卖局、广西壮族自治区烟草公司百色市公司成立于1988年8月。下辖12个县级烟草专卖局（营销部）。

2013年，百色市公司在靖西县推广散烟插扦烘烤新技术，共有103座烤房进行散叶烘烤。扩大散叶收购试点范围，招收专业分级队320组960人，全部持证上岗，完成散叶收购0.8万吨（16.08万担）。开展抗灾自救，向国家局申请抗灾资金5000万元，用于修复基础设施和烟农受灾救援。

制定终端建设工作总体方案，明确百色市终端建设工作的目标、措施、方法、步骤等。按照“进店能看、客户能说、系统能用、数据有增”的要求，开展零售客户升级改造工作，建设现代零售终端客户720户。开发现代终端客户广告资源，植入KT版广告宣传画5000幅，广告面积4000平方米。

【钦州市烟草专卖局（公司）】 钦州市烟草专卖局、广西壮族自治区烟草公司钦州市公司成立于1988年4月。下辖3个县级烟草专卖局（营销部）。

在钦州市推行公安派出所、工商管理所、烟草专卖所“三所联动”工作模式，细化工作流程，明确考核模式，不断强化烟草、公安、工商部门在烟草市场日常管理中的工作协调与联系，保持打击涉烟违法犯罪行为高压态势。突出县级局与公、检、法部门的“横线联合”，凡是涉及追刑的制售假烟网络案件，相关执法部门提前介入，给予专业性指导，提高办案效率。开展“睡眠证”调查清理工作，劝退或清理零售客户631户，取缔无证户168户。

建立动态的品牌管理体系，完善品牌引入与退出机制，重视新品引入初期、成长期、成熟期、衰退期的评估分析，以各阶段评估报告来检验目标计划的落实情况及营销策划能力。重点品牌全年实现销量40.03亿支（8.01万箱），品牌集中度达到58.12%。

推行零售客户“小课堂”培训模式，每课10～15人，通过看经营环境、听现身说法、交流经营经验等手段让零售客户自我感知，提高经营能力和营销水平。2013年，开展客户培训902课，培训5.46万人次。

【北海市烟草专卖局（公司）】 北海市烟草专卖局、广西壮族自治区烟草公司北海市公司成立于1985年5月。下辖2个县级烟草专卖局（营销部）。

2013年，市局（公司）制定《加快推进现代卷烟零售终端建设实施方案》，重点推进现代终端亮化、终端信息化运用、终端硬件设施改造升级和终端卷烟品牌元素植入等工作。全年签订零售终端客户协议445份，发放宣传手册1000余份，开展终端培训150场，培训客户2.3万人次，建成现代零售终端客户400户。

结合APCD工作法，将市场监管对象分为重点监管、一般监管、守法经营户、新办证户及无证户五大类别实施监管。制定《卷烟市场分类监管指导意见》，明确检查频次、监管内容及方法，提高检查的针对性、有效性。

【防城港市烟草专卖局（公司）】 防城港市烟草专卖局、广西壮族自治区烟草公司防城港市公司成立于1988年8月。下辖3个县级烟草专卖局（营销部）。

市局充分发挥市、县、所三级案件信息联动共享机制，加大案件特情培养工作力度，对重点区域、重点人群实施重点监管，认真收集分析市场信息，适时提请公安机关介入，提高案件侦办能力。“5·20”非法经营烟草制品案被列为公安部、国家局督办案件，成为防城港市首例部督案件。

推行卷烟月供总量控制，通过“坐摊写实”、互助小组监督举报、建立市场信息采集点、市场价格波动分析等方式严格控制千条户，对低价竞销的零售客户实行平衡供货，全年发送平衡供货信息26万余条，千条户数量从196户减少到9户。

【玉林市烟草专卖局（公司）】 玉林市烟草专卖局、广西壮族自治区烟草公司玉林市公司成立于1984年8月。下辖6个县级烟草专卖局（营销部）。

坚持市场调控和引导消费相结合，以体验营销、喜宴营销、网络营销、情感营销、营业主推为重点，创新营销方式，深化工商协同。全年重点品牌卷烟实现销量41.31亿支（8.26万箱），同比增长18.4%。

加强终端建设过程管理，突出示范引领提升，实现店面形象、柜体形象和陈列形象三个“亮化”。依靠顶层设计，实施顶层推动，自上而下推动全员转变观念、达成共识，全年打造现代零售终端840户。

2013年，市局利用“坐摊调查”和“异常户监管”两大监管方式加强事前监管，内管部门参与紧俏货源投放、大户管理等营销策略的制定，从源头上保障卷烟市场经营秩序规范。注重零售客户分类管理和个性化动态监管，实施分频次的走访检查，基层工作初步实现规范化、制度化、痕迹化。

【贵港市烟草专卖局（公司）】 贵港市烟草专卖局、广西壮族自治区烟草公司贵港市公司成立于1997年1月。下辖3个县级烟草专卖局（营销部）。

加强品牌调控和消费引导，着力提升零售客户品牌意识、结构提升意识和经营能力，实现总量稳步增长。全年销售重点品牌卷烟42.9亿支（8.58万箱），同比增长20.9%；销售低焦油卷烟7.56亿支（1.51万箱），同比增长26.75%；销售“真龙”10.25亿支（2.05万箱），同比增长91.24%。

推进现代零售终端建设。全年共建成现代终端882户（其中标杆示范户140户），安装终端信息平台899户，推广贷记卡1944户。零售客户自主出资改造升级陈列设施2229户，新增卷烟陈列面积3350平方米。实施客户大培训，聘请零售客户培训师5名，举办零售客户培训班1072场次，培训3.62万人次，培训覆盖面达到100%。

以卷烟经营和行政许可监督为重点，运用内管信息系统，强化预警分析和实地核查，进一步完善专卖内管长效机制。以完善“打击严厉、监管到位、疏导及时、服务周到”的卷烟市场监管体系为目标，推行卷烟市场检查APCD工作法，探索和改进市场监管模式。

【梧州市烟草专卖局（公司）】 梧州市烟草专卖局、广西壮族自治区烟草公司梧州市公司成立于1985年1月。下辖5个县级烟草专卖局（营销部）。

坚持“保牌、稳价、促销、增效”工作方针，健全货源投放制度，有效管理高价位卷烟销售。与零售客户合理商定总量，货源全部由信息系统自动分配，梧州市零售客户月限量均在800条以下，大户控制市场价格和低价竞销行为得到有效遏制。全年销售重点品牌40.48亿支（8.1万箱），同比增长10.1%。

加强与公安部门联合执法工作机制，成立联合执勤室，配备固定办公地点和执法人员。开展全市酒类和卷烟市场专项整治行动、“鹰眼”卷烟市场专项整治行动等各类专项治理行动6次，查处符合公安部、国家局标准的制售假烟网络案件3起。

【贺州市烟草专卖局（公司）】 贺州市烟草专卖局、广西壮族自治区烟草公司贺州市公司成立于2001年12月。下辖4个县级烟草专卖局（营销部）。

把品牌培育作为结构转型的核心任务，重点抓好“真龙”“黄鹤楼”等品牌培育和市场维护，加强品牌上柜考核。深化工商协同营销，通过开展喜宴营销、会议营销、网上营销、驻点示范等，加大品牌宣传力度。全年销售重点品牌卷烟26.02亿支（5.2万箱），其中“真龙”卷烟6.25亿支（1.25万箱），同比增长37%。

抓住“线索梳理”“案件经营”和“抓捕追刑”三个重点环节，加强烟草与公、检、法、工商等相关执法部门的协调合作。全年查获“1·16”“1·30”“10·23”等3起符合公安部、国家局标准的网络案件。“1·16”制售假烟网络案件，在广东、上海、江苏、福建、湖南等地组织警力联合对涉案人员和窝点进行清查，抓获犯罪嫌疑人9人、打掉团伙3个、捣毁窝点8处，查获各类假冒卷烟1.14亿支、烟丝210余包，涉案金额2100余万元。

巩固富川、钟山两个老烟区，开展“晒转烤”工作，发展昭平烤烟新区。开展专业化服务，成立专业化育苗服务队2个，育苗专业户295户，育苗面积5.47万亩。全面推进机械化作业，机械化作业率为96.07%。开展专业化烘烤和散叶收购工作，烘烤烟叶5890担，散叶收购1.6万担。

【来宾市烟草专卖局（公司）】 来宾市烟草专卖局、广西壮族自治区烟草公司来宾市公司成立于2003年2月。下辖6个县级烟草专卖局（营销部）。

市局把影响本辖区市场销量的案件作为提升市场净化率的首要任务，强化责任考核，通过突出重点打击、突出协作配合、突出机制建设和突出宣传造势，将卷烟打假和市场监管有机结合起来，提高卷烟打假的针对性和有效性。全年查处案值在5万元以上案件14起，符合公安部、国家局标准的制售假烟网络案件2起。

2013年，市公司按“整体规划、全局联动、部门分工、责任到人、考核到户”的工作方法，全面推进现代零售终端建设。建成现代零售终端868户，普通终端形象亮化2756户，客户自主投资改造烟柜1567个。安装终端信息系统886户，系统使用率从47.54%提高到76.30%。

【崇左市烟草专卖局（公司）】 崇左市烟草专卖局、广西壮族自治区烟草公司崇左市公司成立于2003年8月。下辖7个县级烟草专卖局（营销部）。

依靠市委市政府，把烟草市场清理整顿工作纳入2013年度各县（市、区）政府绩效考评指标体系。与市公安局建立卷烟联合打假工作机制，把卷烟打假纳入崇左市公安系统“打四黑除四害”专项行动重要内容。全年查获非法卷烟257万支，烟叶237吨，烟丝11.8吨。

开展专项督导，全面推进现代零售终端建设，推广使用现代终端信息系统478户，更新替换地柜和背柜各5143户和275户，网上订货率为90.2%，电子结算率为96.6%。探索跨区域优化配送线路，调整访送频次，简化工作环节，单箱物流费用同比下降11.3%，人均配送效率同比提高2.1%，库存周转次数同比提高3.2%。

2013 年广西壮族自治区烟草商业系统主要情况统计

地市级局（公司）名称	南宁市局（公司）	柳州市局（公司）	桂林市局（公司）	河池市局（公司）	百色市局（公司）
主要负责人/法人代表	覃敏良(—2013.10) 凌为民(2013.10—)	韦毓云	李　斌	范东升	张太玉（—2013.10） 王五权（2013.10—）
总资产（万元）	164356	85921	133572	67722	110417
资产负债率（%）	15.71	3.86	8.29	15.19	27.93
所属县级局（个）	12	7	13	11	12
所属县级公司/分公司（个）	—	—	—	—	—
所属县级营销部（个）	12	6	13	11	12
从业人员（人）	959	535	733	665	1187
所属业务机构：营销机构	1 个营销中心	1 个营销中心	1 个营销中心	1 个营销中心	1 个营销中心
所属业务机构：物流配送机构	1 个物流中心、 6 个中转站	1 个物流中心、 5 个中转站	1 个物流中心、 9 个中转站	1 个物流中心、 11 个中转站	1 个物流中心、 12 个客服办公室
所属业务机构：专卖稽查机构	1 个稽查支队、 16 个稽查大队	1 个稽查支队、 9 个稽查大队	1 个稽查支队、 10 个稽查大队	1 个稽查支队、 11 个稽查大队	1 个稽查支队、 12 个稽查大队
所属业务机构：烟叶机构	—	—	—	1 个烟叶生产营销科、 5 个收购站	1 个烟叶生产收购科、 1 个烟叶营销科、 1 个烟叶科研所、 1 个现代烟草农业办公室、17 个收购站
销售卷烟：亿支	129.20	73.69	99.62	55.25	54.02
销售卷烟：2013 年比 2012 年（%）	2.79	1.95	2.16	2.24	-0.44
卷烟销售收入（万元）	519507	283883	394614	188203	183826
实现税利：万元	123580	66227	90156	41942	56614
实现税利：2013 年比 2012 年（%）	16.24	16.08	11.27	18.73	10.78
实现利润：万元	66384	36411	49448	20389	24265
实现利润：2013 年比 2012 年（%）	14.50	16.00	9.24	22.50	-1.13
查处涉烟违法案件（起）	1404	419	696	385	171
查处涉烟违法案件案值（万元）	1081	780	638	532	3305
2013 年度烟草行业投入烟叶生产基础设施建设资金（万元）	—	—	—	3803	7411
全年烟叶生产基础设施新增受益面积（万亩）	—	—	—	2.58	6.86
烟叶种植（万亩）	—	—	—	4.34	17.56
烟叶收购（万担）	—	—	—	10.74	35.75
烟农户数（户）	—	—	—	2401	11266
实现烟农总收入（万元）	—	—	—	11624	38796
零售客户数（户）	27476	18779	27174	17485	18686
零售客户销售毛利率（%）	14.70	14.07	13.95	14.15	14.75

地市级局（公司）名称	钦州市局（公司）	北海市局（公司）	防城港市局（公司）	玉林市局（公司）	贵港市局（公司）
主要负责人/法人代表	郑　刚（—2013.10） 张太玉（2013.10—）	许　宁	张新荣（—2013.1） 吕郁全（2013.1—）	尹中越（—2013.1） 孙中标（2013.1—）	凌为民（—2013.10） 郑　刚（2013.10—）
总资产（万元）	41358	46472	26014	61162	53883

续表

地市级局（公司）名称		钦州市局（公司）	北海市局（公司）	防城港市局（公司）	玉林市局（公司）	贵港市局（公司）
资产负债率（%）		8.99	13.02	11.28	22.39	24.02
所属县级局（个）		3	2	3	6	3
所属县级公司/分公司（个）		—	—	—	—	—
所属县级营销部（个）		3	2	3	6	3
从业人员（人）		390	247	179	618	482
所属业务机构	营销机构	1个营销中心	1个营销中心	1个营销中心	1个营销中心	1个营销中心
	物流配送机构	1个物流中心、3个中转站	1个物流中心	1个物流中心、1个中转站	1个物流中心、7个中转站	1个物流中心、1个送货部、2个中转站
	专卖稽查机构	1个稽查支队、3个稽查大队	1个稽查支队、4个稽查大队	1个稽查支队、3个稽查大队	1个稽查支队、7个稽查大队	1个稽查支队、3个稽查大队
	烟叶机构	—	—	—	—	—
销售卷烟	亿支	47.03	33.19	21.45	56.55	54.51
	2013年比2012年（%）	3.76	4.37	0.91	5.34	4.80
卷烟销售收入（万元）		161372	146416	91526	206828	179505
实现税利	万元	35849	34834	21215	42898	37443
	2013年比2012年（%）	18.95	9.33	8.10	17.20	21.74
实现利润	万元	19161	19666	11441	21759	20284
	2013年比2012年（%）	20.45	11.02	6.31	18.85	27.68
查处涉烟违法案件（起）		480	216	266	460	242
查处涉烟违法案件案值（万元）		350	2529	720	814	391
2013年度烟草行业投入烟叶生产基础设施建设资金（万元）		—	—	—	—	—
全年烟叶生产基础设施新增受益面积（万亩）		—	—	—	—	—
烟叶种植（万亩）		—	—	—	—	—
烟叶收购（万担）		—	—	—	—	—
烟农户数（户）		—	—	—	—	—
实现烟农总收入（万元）		—	—	—	—	—
零售客户数（户）		13803	8919	4334	21112	17205
零售客户销售毛利率（%）		13.49	14.00	13.08	14.45	14.15

地市级局（公司）名称	梧州市局（公司）	贺州市局（公司）	来宾市局（公司）	崇左市局（公司）
主要负责人/法人代表	彭　峰（—2013.1） 何奇枢（2013.1—）	覃忠达	龚志华	卢达坚
总资产（万元）	44324	46727	37774	29914
资产负债率（%）	11.69	22.65	26.64	13.67
所属县级局（个）	5	4	6	7
所属县级公司/分公司（个）	—	—	—	—
所属县级营销部（个）	5	4	6	7
从业人员（人）	447	551	355	368

续表

地市级局（公司）名称		梧州市局（公司）	贺州市局（公司）	来宾市局（公司）	崇左市局（公司）
所属业务机构	营销机构	1个营销中心	1个营销中心	1个营销中心	1个营销中心
	物流配送机构	1个物流中心、3个送货部	1个物流中心、3个中转部	1个物流中心、5个中转站	1个物流中心、7个中转站
	专卖稽查机构	1个稽查支队、5个稽查大队	1个稽查支队、5个稽查大队	1个稽查支队、8个稽查大队	1个稽查支队、7个稽查大队
	烟叶机构	—	1个烟叶科、1个现代烟草农业办公室、17个收购站	—	—
销售卷烟	亿支	48.96	34.01	39.00	36.51
	2013年比2012年（%）	0.79	2.20	2.14	1.99
卷烟销售收入（万元）		162450	115003	127785	121196
实现税利	万元	34884	30688	25887	22972
	2013年比2012年（%）	17.89	13.72	19.38	11.20
实现利润	万元	17345	14875	13183	11196
	2013年比2012年（%）	16.93	15.11	24.92	16.63
查处涉烟违法案件（起）		532	497	1136	319
查处涉烟违法案件案值（万元）		787	429	822	917
2013年度烟草行业投入烟叶生产基础设施建设资金（万元）		—	4505	—	—
全年烟叶生产基础设施新增受益面积（万亩）		—	3.10	—	—
烟叶种植（万亩）		—	6.79	—	—
烟叶收购（万担）		—	12.08	—	—
烟农户数（户）		—	10003	—	—
实现烟农总收入（万元）		—	12372	—	—
零售客户数（户）		13867	10931	12361	11298
零售客户销售毛利率（%）		13.71	13.04	13.70	14.22

（撰稿：黄祥进；编辑：王东旭）

海南省烟草专卖局（公司）

【概　况】 海南省烟草专卖局、中国烟草总公司海南省公司成立于1988年6月，2003年投资设立海南省烟草公司海口、三亚、琼海、儋州公司等4家全资子公司。下辖4个市级烟草专卖局（公司），14个县级烟草专卖局（营销部），持有海南金沙岛卷烟销售有限责任公司30%的股份。省局（公司）机关设有13个职能处室和8个专业部门。截至2013年底，公司拥有总资产46.42亿元，其中，固定资产4.70亿元、流动资产39.76亿元，资产负债率为6.85%。共有从业人员1305人，实行全员聘用制。

【领导成员】

局长、总经理、党组书记：张晓川

副总经理、党组成员：林先德

副局长、党组成员：闫玉岗

纪检组长、党组成员：徐维华（—2013.5）（国烟党〔2013〕46号）

总会计师：徐丽芬

【专卖管理】 卷烟打私打假。海南省局利用与公安、工商、海关、边防等执法部门联合打假机制优势，加大涉烟大案要案查处力度，全年破获案值5万元以上案件58起，其中符合国家局、公安部标准的制售假烟网络案件6起，有2起案件被国家局、公安部挂牌督办；破获符合省局、省公安厅标准的制售假烟网络案件3起。规范卷烟打假打私奖励及保障机制，1月，省局出台《卷烟打假重大案件和专项行动奖励办法（试行）》；5月，出台《海南省烟草行业打私经费开支管理办法实施细则（试行）》。开展卷烟市场清理整顿专项行动，全年省局在全省范围组织开展无证户清理、卷烟运输环节治理、雪茄烟治理等专项行动各一次。

2013年，查处各类涉烟违法案件2043起，查获各类非法卷烟1819.7万支，其中，假冒卷烟575万支，同比增长

26%；走私及专供出口倒流卷烟 69.82 万支，同比增长 48.55%。公安、司法机关依法拘留 47 人，逮捕 21 人，判刑 34 人。上缴罚没款 264.85 万元。

专卖基础工作。转变专卖日常管理模式，在海南省推广应用专卖管理 APCD 工作法。加强烟草专卖行政许可管理，10 月，省局印发《海南省烟草专卖行政许可后续监督管理规定》，以规定形式明确烟草专卖行政许可后续管理内容、方式、服务措施、退出机制、监督检查、责任追究等内容。升级专卖管理信息系统，强化对信息数据的分析利用。

内部专卖管理监督。采取“一案双查”（即查案件涉及行业内外违规行为），加强卷烟非法流通治理，海南省 2013 年查处案值在 5 万元以上卷烟非法流通案件 36 起。完善海南省烟草商业系统内管工作制度，5 月，省局印发《海南省烟草行业内部专卖管理监督工作实施办法》，全面规范内管工作职责、内容及流程。全年依托内管信息系统，对商业企业卷烟经营的内控机制、订单采集、货源分配、卷烟配送、定点取货等环节严格把关。11 月，省局（公司）对各地市级局（公司）开展内管专项检查。

【经济效益】 2013 年，海南省烟草商业系统实现税利 22.95 亿元，同比增长 7.59%，其中利润 13.18 亿元，同比增长 6.20%。三项费用率为 5.17%。

【卷烟经营】 卷烟销售。海南省烟草商业系统销售卷烟 208.51 亿支（41.70 万箱），同比增长 5.45%，其中，销售一类烟 42.81 亿支（8.56 万箱），同比增长 21.99%；二类烟 22.92 亿支（4.58 万箱），同比增长 15.31%；三类烟 109.08 亿支（21.82 万箱），同比增长 7.03%；四类烟 24.24 亿支（4.85 万箱），同比下降 10.44 %；五类烟 9.46 亿支（1.89 万箱），同比下降 31.4%。本地区销量居前三位的品牌为“红塔山”“芙蓉王”“云烟”，销量分别为 43.08 亿支（8.62 万箱）、22.92 亿支（4.58 万箱）、22.80 亿支（4.56 万箱）。

实现卷烟销售收入 114.02 亿元，同比增长 12.78%。实现卷烟税利 22.93 亿元，同比增长 9.60%，其中利润 13.17 亿元，同比增长 6.12%。

品牌培育。围绕“卷烟上水平”战略目标，以市场需求为导向，加强品牌整合，批准引入新品 45 个，其中低焦油卷烟 14 个、雪茄烟 10 个，置换退出品种 19 个。规范品牌宣传促销管理，批准宣传促销活动 31 次。利用“新商盟”系统，与多家工业企业合作开展网上营销。全国重点品牌保持较快增长，品牌集中度进一步提高。全年销售全国重点品牌 176.37 亿支（35.27 万箱），同比增长 10.65%，占销售总量的 84.59%，其中“中华”“云烟”“芙蓉王”“白沙”“红塔山”“双喜·红双喜”“玉溪”“黄鹤楼”“黄山”“黄金叶”等十个重点品牌共销售 162.60 亿支（32.52 万箱），同比增长 12.27%，占销售总量的 77.98%。

现代物流建设。完成三亚市公司新物流中心建设项目审查论证，开展琼海、儋州市公司物流中心内部扩容技改方案论证。开展烟箱循环利用工作，确立并完成省内卷烟工业企业烟箱 100%、邻省卷烟工业企业烟箱 50% 以上的循环利用目标。推进卷烟物流非法人实体化运作工作，11 月，省局研究确定全省物流非法人实体建设以省局物流管理处为统领，下辖 4 个卷烟物流配送中心，推行独立运营的基本模式。

【雪茄烟叶生产】 按照“稳步推进、高端高档、市场导向”的原则开展海南雪茄烟叶种植。2013 年，实际种植面积 2250 亩，受自然灾害影响，实际收获面积 1350 亩，收获烟叶 1300 担，上、中等烟叶比例有所提高。启动海南雪茄茄衣烟叶生产关键技术研究与应用项目，联合河南农业大学、川渝中烟工业有限责任公司、海南建恒哈瓦那雪茄有限公司，研究解决雪茄烟叶氯离子含量偏高和提高中上等烟叶比例等问题。推行鲜叶收购及家庭承包生产发展模式，提高烟叶生产效率。投资 339 万元用于烟叶储存周转库建设。

【管理创新】 开展海南省烟草商业系统科技创新工作，评选出 2012 年科学技术进步奖 11 项。开展 2013 年科技项目立项评审，有 23 项科技项目列入 2013 年科技创新项目计划。加强卷烟产品检验以及科技项目研究工作，全年共完成各类检验 8663 批次，完成“低海拔区域的温湿度对卷烟主流烟气四类有害成分和常规成分释放量的影响及相关性研究”科研项目结题验收，申报立项“烟用水基型乳胶中乙酸乙烯酯、苯及苯系物同时测定方法的开发”项目。

全面建成统一存储、综合监管两大一体化平台。完成零售终端信息平台、专卖管理、资金管理等重点应用系统升级。“两项工作”信息系统，财务审计综合监管平台基本建成，硬件性能、运行效率和安全可靠性提高 50% 以上，总体投资和运行成本降低 30% 以上。

【党风廉政建设】 开展读书思廉、谈话促廉、述职述廉等活动，海南省烟草商业系统全年开展党风廉政教育活动 14 次，受教育 1501 人次，其中各级主要领导讲廉政专题课 7 次，听课 770 人次。以案件通报、编发教育材料、组织参观等形式开展廉政警示教育 17 次。开展会员卡专项清理和“慵懒散奢贪”专项治理回头看活动。加强廉政风险防控，印发廉政风险防控工作实施方案，成立组织机构，明确工作任务和实施步骤。出台《海南省烟草专卖局（公司）关于落实“三重一大”决策制度的暂行规定》，规范决策行为，防范决策风险。

【特事要辑】 1 月 28 日，2013 年海南省烟草工作会议在海口召开。

4 月 24 日，国家局副局长赵洪顺到海南省局（公司）、三亚市局（公司）考察调研，提出要认真贯彻落实全国烟草工作会议精神，理解新定位、把握新目标，落实新任务、作出新贡献。

8 月 29—30 日，国家局副局长杨培森到海南省局（公司）调研考察，对海南省局（公司）开展党的群众路线教育实践活动提出四点要求，即提高认识、突出重点、联系实际、注重实际，对海南烟草思考、谋划、实践行业“三大课题”提出两点要求：一要高度重视宏观经济形势对烟草行业的影响，既要重视行业发展面临的困难和问题，又要对行业的发展充满信心、坚定信心；二要充分利用好海南自然、气候条件，在烟叶科研上有所作为，为中国烟草作出积极贡献。

9月18日，国家局局长凌成兴到海南省局（公司）调研，对海南烟草提出“服务国际旅游岛，烟草再上新台阶”的目标要求。服务国际旅游岛，即要服务好中外游客、服务好行业职工、服务好地方经济，在推动旅游业发展上找到结合点，争取新突破。烟草再上新台阶，即卷烟结构再上新台阶，力争到2015年单箱税利突破1万元；专卖管理再上新台阶，争当无假烟、无走私烟、无非法流通卷烟的“三无”卷烟模范省；税利总额再上新台阶，争取提前两年实现“十二五”规划的税利目标。同时，还要大力发展海南雪茄烟叶产业。国家局副局长赵洪顺一同调研，强调要打造“小而精”的海南烟草和专卖管理的净土。

所属地市级局（公司）

【海口市烟草专卖局（公司）】 海口市烟草专卖局、海南省烟草公司海口公司成立于1997年，于2003年9月成立正处级独立法人单位。下辖4家县级烟草专卖局（营销部）。

开展科技创新，有四个项目在海口省烟草商业系统科学技术进步奖评选中获奖。九个项目被列入2013年度科技项目计划，其中七个项目完成并结题。

【三亚市烟草专卖局（公司）】 三亚市烟草专卖局、海南省烟草公司三亚公司成立于1985年，于2003年9月成立正处级独立法人单位。下辖4家县级烟草专卖局（营销部）。

加强作风建设，简化接待、精简会议和文件简报，住房公积金、企业年金、通讯费、交通费、水电费、车辆配置等存在的问题全部整改，按规定清理机关办公用房，公务招待费、出国费用、公车使用费、会议费等重点费用同比下降44.10%。

【琼海市烟草专卖局（公司）】 琼海市烟草专卖局、海南省烟草公司琼海公司成立于1989年，于2003年9月成立正处级独立法人单位。下辖3家县级烟草专卖局（营销部）。

加强企业文化建设，完善视觉识别系统，制定市局（公司）《员工着装、工作胸卡和桌牌使用管理规定（试行）》，加强员工日常工作形象的规范化管理。

【儋州市烟草专卖局（公司）】 儋州市烟草专卖局、海南省烟草公司儋州公司成立于1988年，于2003年9月成立正处级独立法人单位。下辖3家县级烟草专卖局（营销部）。

加强作风建设，简化接待，严格公车管理，清理办公用房，接待费同比下降65.59%，业务宣传费同比下降72%，差旅费同比下降38.46%，出国费同比下降64.29%。

制定《办事公开民主管理实施办法》《办事公开民主管理监督制度》《合理化建议制度》等制度，邀请职工代表参与企业管理和监督，全年共组织职工代表参与重大决策、物资采购、人员招聘等重要事项监督317人次，开展职工代表巡视活动，全年共组织开展巡视活动4次。

2013年海南省烟草商业系统主要情况统计

地市级局（公司）名称		海口市局（公司）	三亚市局（公司）	琼海市局（公司）	儋州市局（公司）
主要负责人/法人代表		赵江波	王斌斌	陈益峰	李宏伟
总资产（万元）		67185	25146	28406	17971
资产负债率（%）		13.26	12.58	10.19	35.06
所属县级局（个）		4	4	3	3
所属县级公司/分公司（个）		—	—	—	—
所属县级营销部（个）		4	4	3	3
从业人员（人）		452	281	233	188
所属业务机构	营销机构	1个营销中心	1个营销中心	1个营销中心	1个营销中心
	物流配送机构	1个物流中心、2个物流配送中转站	1个物流中心、4个物流配送中转站	1个物流中心、3个物流配送中转站	1个物流中心、2个物流配送中转站
	专卖稽查机构	1个稽查支队、10个稽查大队	1个稽查支队、9个稽查大队	1个稽查支队、6个稽查大队	1个稽查支队、7个稽查大队
	烟叶机构	—	—	—	1个烟叶科
销售卷烟	亿支	92.80	43.13	40.72	31.81
	2013年比2012年（%）	5.70	4.30	3.50	6.03
卷烟销售收入（万元）		452220	201420	183255	137280

续表

地市级局（公司）名称		海口市局（公司）	三亚市局（公司）	琼海市局（公司）	儋州市局（公司）
实现税利	万元	63201	25578	23412	13258
	2013 年比 2012 年（%）	16.89	15.59	8.54	-28.32
实现利润	万元	24190	8251	9229	2254
	2013 年比 2012 年（%）	13.20	16.64	14.55	-74.20
查处涉烟违法案件（起）		1247	405	237	154
查处涉烟违法案件案值（万元）		4013	562	98	2149
2013 年度烟草行业投入烟叶生产基础设施建设资金（万元）		—	—	—	—
全年烟叶生产基础设施新增受益面积（万亩）		—	—	—	0.50
烟叶种植（万亩）		—	—	—	0.30
烟叶收购（万担）		—	—	—	0.20
烟农户数（户）		—	—	—	—
实现烟农总收入（万元）		—	—	—	—
零售客户数（户）		16935	7365	7954	5906
零售客户销售毛利率（%）		11.58	12.15	11.82	15.17

（撰稿：孙　云；编辑：王东旭）

重庆市烟草专卖局（公司）

【概　况】　重庆市烟草专卖局、重庆市烟草公司成立于1983年。1984年7月，重庆市烟草公司上划中国烟草总公司，更名为中国烟草总公司重庆市公司。2013年1月，根据国家局《关于设立重庆市万盛经济技术开发区烟草专卖局的批复》（国烟人〔2013〕59号），设立重庆市万盛经济技术开发区烟草专卖局，负责辖区内烟草专卖管理工作；根据国家局、总公司《关于设立重庆市烟草公司万盛分公司的批复》（国烟法〔2012〕459号），设立中国烟草总公司重庆市公司万盛分公司，由此，綦江区烟草专卖局（分公司）分设为綦江区烟草专卖局（分公司）和万盛经济技术开发区烟草专卖局（分公司）。截至2013年底，市局（公司）下辖39家区（县）烟草专卖局（分公司），重庆市烟草投资管理有限公司1家多元化经营企业，中国烟草总公司重庆市公司销售分公司、物流分公司、烟叶分公司等3家专业分公司，重庆烟叶复烤有限公司①及重庆烟草科学研究所②。市局（公司）机关下设20个部门。截至2013年底，公司拥有总资产125.07亿元，其中固定资产11.32亿元，流动资产103.05亿元，资产负债率为14.71%。共有从业人员10108人，其中聘用员工3306人。

2013年，市局（公司）被全国厂务公开领导小组授予“全国厂务公开民主管理先进单位”称号。

【领导成员】

局长、总经理、党组书记：李恩华
副总经理、党组成员：高兴华（正厅级）
副总经理、党组成员：李　江
副局长、党组成员：刘光洋
副总经理、党组成员：冉幕寿
副总经理、党组成员：刘建利
纪检组长、党组成员：智　力
副巡视员：李纯林
副巡视员：刘　劲

【专卖管理】　打假破网。市局联合市公安局、市检察院召开司法协作会，深化打假合作；强化与闽、粤等沿海地区及西南五省跨省打假协作机制。2013年，重庆市共破获网络案件29起，其中符合国家局标准的网络案件23起，公安部督办案件4起，网络案件总案值1.98亿元。公安、司法机关依法刑拘147人，逮捕83人，直诉41人。涪陵区局“7·16”案件摧毁地下工厂7个，抓获68人，涉案金额上亿元；长寿区局“5·22”网络案件查处假烟万余条，实物案值350万元，被列为部督案件；丰都县局“2·28”网络案件是全市互联网案件“零”的突破。

市场监管。开展“雪茄烟”专项治理和“铁路沿线、

① 重庆烟叶复烤有限公司详见《工业企业》栏目“打叶复烤和薄片生产企业”分目。

② 重庆烟草科学研究所详见《科研和教育机构》栏目“科研机构”分目。

名烟名酒店、娱乐服务场所”专项整治行动，主城区7家所属单位开展“利剑—13”行动。分片区审定39家单位零售点布局，进一步放宽办证条件；以许可证集中换证为契机，有序地开展异常情况整治，及时清理注销一批闲置证，全市9000余户因历史原因积累的人证不符、证址不符问题得以妥善解决。与贵州省局合作，加强对边界毗邻地区烟叶流通秩序的维护，查处违规烟叶35.97吨，綦江区局、武隆县局、彭水县局等单位查处多起无证运输烟叶案件。

法制建设。2013年，重庆市局被国家局确定为行业法律风险防控体系建设五家试点单位之一。市局全面分析并评估所有岗位和19个重要业务流程的323项法律风险点，形成50万字的法律风险清单，结合实际出台法律风险防控体系运行相关制度。

推行管理规范合法性审查及备案审查，各单位备案文件145件，其中不予备案35件。全年评查39家单位案卷1161份，其中处罚案卷优秀率96.76%，许可案卷优秀率为99.61%。渝中区局代表市局参加重庆市政府法制办行政处罚案卷评查，优秀率为100%。市局组织对13家单位开展执法监督评议，评议合格率为99%。

【经济效益】 2013年，重庆市烟草商业系统实现税利64.19亿元，同比增长16.55%，其中利润33.43亿元，同比增长21.12%。三项费用率为8.17%。

【卷烟经营】 卷烟销售。2013年，重庆市烟草商业系统销售卷烟559.55亿支（111.91万箱），同比增长1.63%，其中，销售一类烟100.85亿支（20.17万箱），同比增长22.65%；二类烟53.55亿支（10.71万箱），同比增长16.1%；三类烟250.2亿支（50.04万箱），同比增长16.1%；四类烟135.65亿支（27.13万箱），同比下降13.14%；五类烟18.4亿支（3.68万箱），同比下降41.47%。本地区销量居前三位的品牌分别为“娇子”“云烟”“玉溪”，销量分别为233.55亿支（46.71万箱）、47.95亿支（9.59万箱）、37.75亿支（7.55万箱）。

2013年实现卷烟销售收入235.43亿元，同比增长12.22%。实现税利53.67亿元，同比增长11.81%，其中利润29.07亿元，同比增长10.73%。

品牌培育。严格品牌进退机制，实施针对性、个性化品牌投放策略，创新网络营销方式，推进“双十五”品牌和低焦油品牌培育。2013年，重庆市共销售一、二类“双十五”品牌卷烟154亿支（30.8万箱），同比增长20.6%；销售低焦油卷烟19.25亿支（3.85万箱），同比增长36%。

客户服务。开展“客户更满意”活动，在国家局组织的客户满意度调查中，零售客户满意度为85.6分。强化关键环节的不合格品控制，送货卷烟皱损率同比下降29%；调整卷烟卸货方式及时间，加强卷烟包装物回收利用，获得工业客户好评。突出“选好客户、配好设备、用好系统”的重点任务，强化建设过程指导，优化终端评价标准，重庆市累计建设卷烟现代终端客户3017户，“三到位”（扫码销售到位、价格录入到位、数据上传到位）客户1139户。

【烟叶产销】 烟叶种植和收购。2013年，重庆市烟叶种植面积为68.56万亩，其中烤烟67.63万亩、白肋烟0.93万亩。收购烟叶7.85万吨（156.99万担），其中烤烟7.74万吨（154.86万担）、白肋烟0.11万吨（2.13万担）。实现烟农总收入18.23亿元，烟农户均收入7.64万元，同比增加0.84万元。

2013年，实现烟叶税利9.25亿元，同比增长43.29%，其中利润3.23亿元，同比增长232.33%。

现代烟草农业建设。2013年，重庆市借助国家局拨付的10亿元专项资金，完成第一轮“惠民工程”项目建设，并通过验收；投入3.5亿元用于常规烟叶生产基础设施建设，工场化育苗大棚、烟田机耕路、烟水配套等基础设施惠及烟叶产业及地方大农业发展。推进规模化种植，重庆市发展40～120亩烤烟种植专业户、培育120亩以上烤烟家庭农场，合计种植面积占全市烤烟种植总面积的46.6%，同比提高4.4个百分点。

重庆市烤烟户均规模达28.68亩，同比增加5.8亩。推广以丰都模式为代表的散叶烘烤技术，减轻烟农劳动强度，降低烘烤成本，改善烟叶品质；推广小苗移栽，促进烟叶产季提前，烤烟产量和质量同比均提高。

基地单元建设。全年新增国家局基地单元5个，市局基地单元5个，基地化供应率达86.9%。重庆市共注册成立烟农专业合作社59家，累计开展专业化分级散叶收购100余万担，占收购总量的64.6%；开展专业化育苗65.3万亩、专业化机耕41.3万亩、专业化植保47.1万亩。

【重点项目建设】 2013年，实施生产经营类工程投资项目（含续建、新开工、新建）51个，项目批复总投资14.5亿元。全年完成投资4.13亿元，累计完成投资6.5亿元，年内竣工项目16个。

推进涪陵和江北物流项目建设，复烤企业易地技改项目获得国家局批复，涉及行业“十二五”发展规划的重点项目已全部获得国家局批复。制定《重庆烟叶工作站建设规范》，统一站点建设标准。重庆市烟叶站点由302个整合为110个，批复烟叶工作站点项目19个，投资总额为2.9亿元，10个烟叶工作站点续建项目已建成并投入使用。

【人事政工】 组织开展职称评定和技能鉴定，5人获评高级职称资格，34人获评中级职称资格，近100人获评初级职称资格。强化规范管理，提升鉴定质量，全年累计开展职业技能鉴定1150人次，新增高级技师、技师100人，高级工112人。

建设“三诚商学院”在线学习平台，开设课程150门，6000余人次参加在线学习。2013年，重庆烟草通过“全国企业文化建设示范基地”复审。发布“崇廉尚洁、风清气正”廉政文化体系，编印《廉政文化读本》。

【特事要辑】 4月17—19日，国家局局长姜成康在重庆烟草考察调研。重庆市副市长陈和平、国家局总会计师张玉霞一同调研。调研期间，重庆市委书记孙政才会见姜成康。姜成康要求重庆烟草把握“稳中求进”的总基调，努力保持持续健康发展。要深刻认识行业发展面临的新形势新变化，明确工作重点，把保持良好市场状态作为当前最重要的工作，努力实现生产经营平稳运行。

9月28日，新履职的国家局局长凌成兴到重庆烟草调研。其间，重庆市委书记孙政才、市长黄奇帆会见凌成兴。凌成兴指出，重庆烟草近年来工作成绩显著，体现为"三个很不简单、两个成功典范"。"三个很不简单"，即川渝中烟统筹协调很不简单，能够把四川省、重庆市两者利益兼顾好、协调好、运作好；重庆市局（公司）地产烟营销很不简单，为"天子"和"娇子"品牌的整合、培育、提升作出了重要贡献；重庆烟草工商税利大幅增长很不简单，特别是最近五年，工商税利年均增长25%以上。"两个成功典范"，即支持中维地产开发运作的成功典范和宣传行业帮助烟农脱贫致富的成功典范。对重庆烟草下一步工作，凌成兴强调，重庆烟草要保持"三个稳健势头"，落实"三个特殊任务"。"三个稳健势头"，即保持"娇子"品牌的稳健势头、保持重庆烟叶的稳健势头、保持专卖管理的稳健势头。"三个特殊任务"，一是落实扶持三峡库区发展的特殊任务。要继续抓好烟叶基地、卷烟工厂建设，重点扶持老少边穷地区发展。二是落实搞好惠民工程项目的特殊任务。要把项目实施好，把资金管理好、使用好，让烟区农民真正得到好处。三是落实完善保障性住房资金项目的特殊任务。要做到资金总量、贷款年限、优惠政策不变，由公司运作改为政府借贷，以确保资金安全。国家局副局长杨培森一同调研。

所属区、县局（公司）

【万州区烟草专卖局（分公司）】 万州区烟草专卖局、重庆市烟草公司万州分公司成立于1984年。

万州卷烟配送中心优化整合域内配送流程，全年物流费用占销售收入比重为0.73%，同比下降20%。实施定额管理，全年分拣故障停机率同比下降1.3%，件烟耗电量同比下降14.95%，油耗量同比下降6.25%。申请"一种条烟打码姿态控制装置的防跳动机构""一种条烟打码姿态控制装置的条烟拨正机构""一种卷烟包装机齿形皮带轮结构"三项实用新型专利并获得国家专利授权。

【黔江区烟草专卖局（分公司）】 黔江区烟草专卖局、重庆市烟草公司黔江分公司成立于2002年。

加强现代烟草农业建设，提出"换种、调酸、控氮、早栽、重烤"的技术路线，提高烟叶生产技术水平。全面推进专业化分级散叶收购，水市、石家、正阳三个基地单元实现100%专业化分级散叶收购。修建不适用烟叶处理池705口，全年累计优化和处理顶部和下部不适用烟叶3.72万担（折合干烟叶）。通过国家局"全国烟叶标准化生产示范区"建设年度实效评估验收。

【涪陵区烟草专卖局（分公司）】 涪陵区烟草专卖局、重庆市烟草公司涪陵分公司成立于1983年。

加强专卖执法，连续破获2012年"6·8"和2013年"7·16"两个特大制售假烟网络案件。2012年"6·8"案件是近年来全市跨省抓捕人数最多的网络案件，被公安部、国家局评为2013年十大精品案件之一；"7·16"案件为重庆市行业首次打击到印刷环节。专卖管理在重庆市绩效考核排名第一。

【渝中区烟草专卖局（分公司）】 渝中区烟草专卖局、重庆市烟草公司渝中分公司成立于1984年。

加强品牌销售预测、货源有效投放和工商协同营销。2013年，卷烟销售指标实现"三增长"：一是卷烟销售收入增长，实现不含税销售收入10.03亿元，同比增长7.41%；二是销售结构增长，实现单箱不含税销售收入2.89万元，同比增长8.63%；三是重点品牌销量增长，一、二类重点品牌卷烟实现销量7.5亿支（1.5万箱），同比增长15.01%；低焦油卷烟现实销量1.36亿支（0.27万箱），同比增长12.87%。

【大渡口区烟草专卖局（分公司）】 大渡口区烟草专卖局、重庆市烟草公司大渡口分公司成立于1985年。

2013年，市局稽查总队联合市公安局经侦总队查处符合国家局标准的"1·18"假烟网络案件，查获非法卷烟8272万支，案值10.36万元，涉案账册金额100万余元，刑拘2人。

【江北区烟草专卖局（分公司）】 江北区烟草专卖局、重庆市烟草公司江北分公司成立于1985年。

2013年打掉违法经营卷烟窝点8个，案值547.77万元（其中网络案件案值368.38万元），上缴罚没款27.6万元。公安、司法机关依法刑拘9人，逮捕7人，判刑8人，取保候审5人。2013年销售低焦油卷烟1.25亿支（0.25万箱），同比增长23%。

【沙坪坝区烟草专卖局（分公司）】 沙坪坝区烟草专卖局、重庆市烟草公司沙坪坝分公司成立于1984年。

2013年，完成150户年度现代卷烟零售终端建设目标任务。一、二类重点品牌卷烟实现销量8.93亿支（1.79万箱），同比增长18.8%，在9个主城区中排名第三位。

【九龙坡区烟草专卖局（分公司）】 九龙坡区烟草专卖局、重庆市烟草公司九龙坡分公司成立于1985年。

严格执行预算管理，加强成本控制，制定招待费等重点费用管理办法和"改进作风年"活动方案。业务招待费同比下降45.92%，会议费同比下降87.79%。三项费用率为2.52%，同比下降4个百分点。

【南岸区烟草专卖局（分公司）】 南岸区烟草专卖局、重庆市烟草公司南岸分公司成立于1985年。

2013年破获符合国家局标准的网络案件1起，案值103万元，逮捕3人；查处假冒卷烟案件67起，查获假冒伪劣卷烟49.4万支，案值131万元；查处走私烟案件36起，案值3万余元；查处非渠道烟案件656起，案值121万余元。上缴罚没款43万余元。卷烟市场净化率达到90%以上。

【北碚区烟草专卖局（分公司）】 北碚区烟草专卖局、重庆市烟草公司北碚分公司成立于1985年。

通过细分营销计划、精准挑选目标客户、召开客户宣讲会、打造品牌一条街及形象店等方式，强化品牌培育工作。2013年，销售一、二类“双十五”品牌卷烟4.4亿支（0.88万箱），同比增长19.16%。加强现代卷烟零售终端建设，着力打造功能客户，安装终端客户共计110户，“三到位”客户到位率达到82.7%。

【万盛经济技术开发区烟草专卖局（分公司）】 2012年，国家局撤销重庆市万盛区烟草专卖局、中国烟草总公司重庆市公司万盛分公司，原万盛区烟草专卖局（分公司）并入新设立的綦江区烟草专卖局（分公司）。

2012年12月，国家局、总公司下发《关于设立重庆市烟草公司万盛分公司的批复》（国烟法〔2012〕459号），同意设立中国烟草总公司重庆市公司万盛分公司。2013年2月，国家局下发《关于设立重庆市万盛经济技术开发区烟草专卖局的批复》（国烟人〔2013〕59号），同意设立重庆市万盛经济技术开发区烟草专卖局。

2013年，原万盛区烟草专卖局（分公司）正式从綦江区烟草专卖局（分公司）分离。另设万盛经济技术开发区烟草专卖局（分公司），2月正式挂牌成立。区局（公司）落实卷烟营销、财务核算、资产管理、专卖管理、人力资源等经营管理业务信息系统分离，按期实现2月底全面独立运行。5月，开展中层干部竞争上岗、员工优化组合，完成机构重建工作。

【渝北区烟草专卖局（分公司）】 渝北区烟草专卖局、重庆市烟草公司渝北分公司成立于1985年。

2013年销售一、二类“双十五”品牌卷烟14.4亿支（2.88万箱），销售零售价300元/条以上的高端品牌卷烟5909万支（1182箱），销售低焦油卷烟4046万支（809.2箱）。

【巴南区烟草专卖局（分公司）】 巴南区烟草专卖局、重庆市烟草公司巴南分公司成立于1985年。

公司适时调整品牌培育方案和建功立业评定措施，落实客户经理品牌培育责任，强化考核，促进重点品牌成长。2013年一、二类重点品牌卷烟实现销量5.75亿支（1.15万箱），同比增长17.91%；销售低焦油卷烟5285万支（1057箱），同比增长27.39%。

【长寿区烟草专卖局（分公司）】 长寿区烟草专卖局、重庆市烟草公司长寿分公司成立于1984年。

2013年，区局与涪陵区局、北碚区局联合侦办“6·8”制售假烟网络案件，抓获涉案人员17人，查获假冒卷烟71.82万支，案值1020万元。

【江津区烟草专卖局（分公司）】 江津区烟草专卖局、重庆市烟草公司江津分公司成立于1985年。

2013年，重点开展“娇子”“玉溪”“云烟”“双喜”“黄鹤楼”和“贵烟”等品牌培育，强化中式卷烟“大品牌”市场格局，形成以川渝中烟为基础、云南中烟为支撑、以湖北中烟为突破、其他品牌为补充的培育体系。加强低焦油品牌宣传培育，加大对“双十五”品牌维护力度，突出高端品规的管理。8毫克/支及以下低焦油卷烟实现销量5260万支（1052箱），增幅位居渝西第一。高端及一、二类重点品牌综合评比在重庆市行业B区排名第二。

【合川区烟草专卖局（分公司）】 合川区烟草专卖局、重庆市烟草公司合川分公司成立于1985年。

以“做大品牌、提升结构”为重点，加强品牌梳理，优化品牌布局，强化工商协同，突出抓好重点品牌培育。2013年，销售一、二类“双十五”品牌卷烟4.3亿支（0.86万箱），同比增长21%；销售8毫克/支及以下低焦油卷烟5665万支（1133箱），同比增长43.47%；销售高端品牌卷烟6430万支（1287箱），同比增长18.58%。

【永川区烟草专卖局（分公司）】 永川区烟草专卖局、重庆市烟草公司永川分公司成立于1984年。

创新卷烟终端建设方式，提出“三到位说明书”“终端客服套餐”“客户现身互动”等实用型操作模式。2013年，卷烟销量同比增长0.05%，销售收入同比增长12.8%，单箱卷烟销售收入同比增长12.8%，一、二类重点品牌销量增长29.3%，6毫克/支及以下低焦油卷烟销量同比增长38.9%，零售价300元/条价位以上品牌卷烟销量同比增长28.1%。

【南川区烟草专卖局（分公司）】 南川区烟草专卖局、重庆市烟草公司南川分公司成立于1983年。

2013年，南川烟草服务小分队QC小组在2013年全国第三十五次质量管理小组代表会议上，获得“全国优秀质量管理小组”称号。该QC小组以“提高烟草专卖零售许可证延续申请率”为研究课题，采取零售客户的许可证延续“上门服务”的形式，优化审批流程，提高办事效率。

【綦江区烟草专卖局（分公司）】 綦江县烟草专卖局成立于1984年。2012年，原万盛区烟草专卖局和綦江县局合并组建綦江区烟草专卖局。重庆市烟草公司綦江分公司成立于1984年。2012年，万盛分公司并入綦江分公司。根据国烟人〔2013〕59号和国烟法〔2012〕459号文件，国家局批准在万盛经济开发区设立烟草专卖经营机构，原万盛区烟草专卖局（分公司）从綦江区烟草专卖局（分公司）分离。

开展品牌培育创先争优专项活动，以目标考核和专项奖励的方式激发营销人员品牌培育工作积极性；召开低焦油品牌推介会，调动零售客户参与热情。2013年一、二类“双十五”品牌卷烟实现销量3.72亿支（0.74万箱），同比增长19.94%；一至三类卷烟销量占总销量比重达到69.71%；8毫克/支及以下低焦油品牌卷烟销量4827万支（965.43箱），同比增长77.74%。

【潼南县烟草专卖局（分公司）】 潼南县烟草专卖局、重庆市烟草公司潼南分公司成立于1984年。

以夯实网建基础为前提，提升营销队伍素能，提高客户服务水平，推进品牌培育，提高卷烟营销工作水平。2013年，卷烟销量同比增长0.71%，单箱销售收入同比增长10.21%。

【铜梁县烟草专卖局（分公司）】 铜梁县烟草专卖局、重庆市烟草公司铜梁分公司成立于1985年。

建立五个长效运行机制。一是建立工作运行机制。强化工作计划、过程跟踪、调查研究，做到工作有布置、有检查、抓落实。二是建立激励约束机制。鼓励员工摘“苹果”，防止员工踩“红线”，奖惩并举，规范行为。三是建立员工学习成长机制。以加强学习型组织建设为契机，加大员工教育培训力度，提高队伍整体素质。四是建立沟通交流机制。发挥办公自动化系统、文体活动、思想政治等工作作用，形成领导、中层干部、员工之间和部门之间多层面、多渠道、多形式的立体沟通交流格局。五是建立监督管理机制。构建制度约束、程序监管、群众监督相结合的立体监督管理体系，加强权力运行监督，确保规范运行。

【大足区烟草专卖局（分公司）】 大足区烟草专卖局、重庆市烟草公司大足分公司成立于1984年。2011年，经重庆市人大常委会表决通过，大足县行政级别升为大足区，大足县烟草专卖局（分公司）更名为大足区烟草专卖局（分公司）。

2013年，区公司以“天子”系列作为高端品牌的增长点，以“云烟”“玉溪”的增长为一、二类卷烟“双十五”品牌的切入点，以“中南海”“黄鹤楼”“七匹狼”等品牌为低焦油品牌的突破口，推进品牌培育工作。一、二类重点品牌卷烟销量同比增长31.4%，高端品牌卷烟销量同比增长28.4%。

【荣昌县烟草专卖局（分公司）】 荣昌县烟草专卖局、重庆市烟草公司荣昌分公司成立于1984年。

加强财务预算管理，完善规章制度，制定《公务接待管理办法》和《会议管理制度》，强化重点费用管控。全年支出重点费用同比下降20.84%，其中，业务招待费同比下降28.55%，会议费同比下降57.47%。制定《采购管理办法》，进一步完善“三项工作”管理委员会议事规则。

【璧山县烟草专卖局（分公司）】 璧山县烟草专卖局、重庆市烟草公司璧山分公司成立于1984年。

2013年，县局以重融合、强实践为着力点，加强企业文化建设。一是文化共享，全年文化培训两次并组织测试，组织三诚讲坛四期，编印《三诚之窗》8000余份并宣传文化成果。二是文化践行，打造客户舒心工程、员工开心工程，2013年客户满意度达到94.35%，同比提升0.05%。

【梁平县烟草专卖局（分公司）】 梁平县烟草专卖局、重庆市烟草公司梁平分公司成立于1984年。

建立员工提案制度，让职工充分参与企业管理，让职工代表利用提案的方式建言献策，并通过评选优秀提案鼓励职工提高参与积极性。2013年，收集提案11件，立案8件，转意见3件。

【城口县烟草专卖局（分公司）】 城口县烟草专卖局、重庆市烟草公司城口分公司成立于1984年。

推进现代零售终端建设，城口县网上订货客户比例为92%，电子结算成功率99.9%。城口县拥有现代零售终端客户12户，全年办理贷记卡客户158户，初步实现营销活动的网络化运作。

【丰都县烟草专卖局（分公司）】 丰都县烟草专卖局、重庆市烟草公司丰都分公司成立于1983年。

加强烟叶烘烤技术研究，创新提出FD-1无缝悬挂式散叶烘烤模式，已申报并通过市局（公司）重大科技项目审批立项。发表科技论文5篇，QC成果获市局二等奖、重庆市三等奖，申报各项专利20余项。

【垫江县烟草专卖局（分公司）】 垫江县烟草专卖局、重庆市烟草公司垫江分公司成立于1983年。

制定《垫江烟草零星物资采购和小额零星维修项目打包定点实施细则》，对零星物资采购和小额维修项目进行详细分类，并结合公司实际确定分类定点数量。严格规范程序，组织实施询价定点工作，按照“报名登记、资格审查、询价定点评审、合同谈判及签订”四个阶段稳步推进。

【武隆县烟草专卖局（分公司）】 武隆县烟草专卖局、重庆市烟草公司武隆分公司成立于1983年。

履行“情系大众，报效国家”的企业使命。全年投入资金2.17亿元，援建接龙烟草水源工程，修建烟区畅通惠民路293.5千米，烟叶调制设施90座，育苗大棚19座，土地整治3112.6亩，推广烟用农机216台，惠及武隆县18个乡镇，9700余户烟农。

【忠县烟草专卖局（分公司）】 忠县烟草专卖局、重庆市烟草公司忠县分公司成立于1984年。

围绕“守规范、控费用”工作主线和“十二五”节能减排工作目标，解决遗留问题，强化细节监管。截至2013年底，超额完成行业“十二五”节能减排目标，节能减排综合排名位居重庆市行业第一。

【开县烟草专卖局（分公司）】 开县烟草专卖局、重庆市烟草公司开县分公司成立于1984年。

截至2013年底，开县网上订货客户比例为96.87%，电子结算客户比例为100%，电子结算成功率为99.03%，贷记卡客户612户，电视订货客户137户，功能客户63户。2013年，销量排名前十位的品牌占总销量的86.42%，其中“娇子”排名第一，占总销量32.97%。分公司获得“重庆市烟草行业2013年度品牌培育优秀客户服务部”称号。

【云阳县烟草专卖局（分公司）】 云阳县烟草专卖

局、重庆市烟草公司云阳分公司成立于1982年。

县局主导的“4·17”网络案件被公安部列为督办案件，涉及全国八个省市，立案12起，破案12起，抓获犯罪嫌疑人13人，刑拘4人，打掉团伙11个，捣毁窝点19个，缴获YJ114卷烟机组1台，案值2605万元，3人获刑。

【奉节县烟草专卖局（分公司）】 奉节县烟草专卖局、重庆市烟草公司奉节分公司成立于1984年。

公司承担并完成国家局基地单元、国家局示范烟农专业合作社创建和国家局烟田机械化试点、国家局装烟方式调整试点四项任务，承担科技项目5项，发表论文3篇，获得授权专利2项，出台地方标准2项。全面建成140千米烟区惠民工程畅通路，并以97.5分、重庆市第一名的成绩通过市公司验收。

【巫山县烟草专卖局（分公司）】 巫山县烟草专卖局、重庆市烟草公司巫山分公司成立于1983年。

投入6600万元开展惠民工程项目建设，其中2350亩土地整理按期完工并投入使用，援建畅通路计划39条共223.5千米。开展现代烟草农业试点2.88万亩，与同地区大面积生产相比，试点区域亩产150.5千克，同比提高2千克；亩均用工18.6个，同比减少3.4个，节约成本400元；亩产值3730元，同比提高35元。

【巫溪县烟草专卖局（分公司）】 巫溪县烟草专卖局、重庆市烟草公司巫溪分公司成立于1984年。

推进烟叶规模化种植，巫溪县户均种烟面积28.7亩，同比提高10.67亩。提升烟叶生产水平，巫溪县上中等烟比例达到100%。加强烟农专业合作社建设，入社烟农比例达到42.6%。推进惠民工程项目建设，建成烟区道路150千米，土地整理991.5亩，配套农机具140台，新修烟田机耕路45千米，改善烟区生产生活条件。巫溪县实现烟叶税近3000万元。

【石柱土家族自治县烟草专卖局（分公司）】 石柱土家族自治县烟草专卖局、重庆市烟草公司石柱分公司成立于1983年。

加强现代烟草农业建设，石柱土家族自治县11个烟农专业合作社100%吸纳烟农入社，实现商品化育苗100%，专业化机耕服务覆盖率70.7%，专业化植保服务覆盖率为62.1%，专业化分级受益烟农713户。全年上中等烟比例100%，同比提高9.85个百分点。实现烟农售烟收入1.35亿元，同比增加600万元。烟农户均种烟收入12.2万元，同比增加5.8万元。

【秀山土家族苗族自治县烟草专卖局（分公司）】 秀山土家族苗族自治县烟草专卖局、重庆市烟草公司秀山分公司成立于1983年。

加强队伍作风建设，组织开展改进作风年活动，从加强劳动纪律管理、强化政务督查督办、严格重点费用管控、精简文件会议等方面入手，修订规章制度10余个，落实改进作风措施30余项。

【酉阳土家族苗族自治县烟草专卖局（分公司）】 酉阳土家族苗族自治县烟草专卖局、重庆市烟草公司酉阳分公司成立于1984年。

加强现代烟草农业建设，苍岭、龚滩基地单元通过国家局验收。烟叶户均规模达到28亩，创新组建烟农互助组，推进烟农专业合作社有效运行，金叶、双诚烤烟专业合作社被评为县级示范社，金叶烤烟专业合作社被评为市级示范社。加强烟叶生产基础设施建设，新建264.6千米烟区道路。

【彭水苗族土家族自治县烟草专卖局（分公司）】 彭水苗族土家族自治县烟草专卖局、重庆市烟草公司彭水分公司成立于1983年。

2013年，彭水苗族土家族自治县上中等烟比例达到100%，实现烟叶税收近8000万元。户均种烟收入8.42万元。彭水县润溪基地单元被评为国家局优秀烟叶基地单元，小厂基地单元升级为国家局特色优质烟叶基地单元。

所属其他二级单位及派驻机构

【重庆市烟草投资管理有限公司】 重庆市烟草投资管理公司前身为成立于2000年2月的重庆渝叶实业（集团）有限公司，系市局（公司）的全资子公司，负责重庆市烟草多元化企业投资和经营管理。2010年11月，更名为重庆市烟草投资管理有限公司，注册资金由3000万元增至5.12亿元。公司拥有1家分公司、7家全资子公司、1家控股子公司和1家参股企业，经营业务涉及“两烟”物流、卷烟连锁、房地产开发、烟用配套物资产销、酒店经营及物业管理等。截至2013年底，拥有总资产6.94亿元，其中固定资产2629万元，流动资产1.53亿元，资产负债率为10.15%。

2013年，实现营业收入4.35亿元，同比增长18.83%。实现税利3768万元，同比增长12.76%，其中利润2435万元，同比增长33.76%。

2013年，投资管理公司组建成立渝烟肥料公司，于9月24日正式投产运行。组建后，严把原材料入库检查关和产品质量关，抽调行业技术骨干，组建质检小组，对原材料及各个生产环节产品进行严格质量检测，确保达到或超越规定的基础技术指标。投产三个月，生产腐熟菜籽粕肥9600吨，基本满足重庆市烤烟生产所需。

2013 年重庆市烟草商业系统主要情况统计

区、县局（公司）名称		万州区局（分公司）	黔江区局（分公司）	涪陵区局（分公司）	渝中区局（分公司）	大渡口区局（分公司）
主要负责人/法人代表		李恩成（—2013.3） 李　明（2013.3—）	王登平（—2013.1） 袁力平（2013.1—）	蔡世全（—2013.2） 张光伟（2013.2—）	谢小波	程念民
总资产（万元）		19230	20266	3326	2422	1014
资产负债率（%）		—	—	—	—	—
所属县级局（个）		—	—	—	—	—
所属县级公司/分公司（个）		—	—	—	—	—
所属县级营销部（个）		—	—	—	—	—
从业人员（人）		464	418	252	89	57
所属业务机构	营销机构	—	—	—	—	—
所属业务机构	物流配送机构	1 个区域配送中心	1 个区域配送中心	1 个区域配送中心	—	—
所属业务机构	专卖稽查机构	1 个稽查支队、8 个稽查大队	1 个稽查支队、5 个稽查大队	1 个稽查支队、5 个稽查大队	1 个稽查支队、4 个稽查大队	1 个稽查支队、2 个稽查大队
所属业务机构	烟叶机构	2 个烟叶站	4 个烟叶站	1 个烟叶站	—	—
销售卷烟	亿支	24.65	8.68	19.59	17.36	8.65
销售卷烟	2013 年比 2012 年（%）	2.79	2.30	0.36	-1.08	2.00
卷烟销售收入（万元）		102110	43572	88479	100263	38546
实现税利	万元	10291	10728	11125	18281	6302
实现税利	2013 年比 2012 年（%）	-13.67	115.90	-0.06	8.30	8.80
实现利润	万元	147	2321	2402	9047	2757
实现利润	2013 年比 2012 年（%）	-93.00	169.98	-12.21	9.08	7.10
查处涉烟违法案件（起）		467	77	209	880	121
查处涉烟违法案件案值（万元）		584	80	37	307	26
2013 年度烟草行业投入烟叶生产基础设施建设资金（万元）		1756	2815	1392	—	—
全年烟叶生产基础设施新增受益面积（万亩）		1.50	2.87	1.00	—	—
烟叶种植（万亩）		1.98	7.15	1.49	—	—
烟叶收购（万担）		4.50	13.95	3.24	—	—
烟农户数（户）		2644	2387	268	—	—
实现烟农总收入（万元）		5700	15493	3370	—	—
零售客户数（户）		6640	2305	4368	2337	1039
零售客户销售毛利率（%）		10.40	7.80	8.10	7.60	6.00

区、县局（公司）名称	江北区局（分公司）	沙坪坝区局（分公司）	九龙坡区局（分公司）	南岸区局（分公司）	北碚区局（分公司）
主要负责人/法人代表	江　波	李兴奇	楚　鹰	窦梓铭	张　旭（—2013.11） 郭　敏（2013.11—）
总资产（万元）	2751	2778	4468	2625	1891
资产负债率（%）	—	—	—	—	—
所属县级局（个）	—	—	—	—	—
所属县级公司/分公司（个）	—	—	—	—	—
所属县级营销部（个）	—	—	—	—	—
从业人员（人）	96	95	112	104	98

续表

区、县局（公司）名称		江北区局（分公司）	沙坪坝区局（分公司）	九龙坡区局（分公司）	南岸区局（分公司）	北碚区局（分公司）
所属业务机构	营销机构	—	—	—	—	—
	物流配送机构	—	—	—	—	—
	专卖稽查机构	5 个稽查大队	1 个稽查支队、3 个稽查大队	1 个稽查支队、4 个稽查大队	1 个稽查支队、5 个稽查大队	4 个稽查大队
	烟叶机构	—	—	—	—	—
销售卷烟	亿支	21.58	26.18	32.39	22.28	15.99
	2013 年比 2012 年（%）	2.60	1.99	3.90	0.95	-3.85
卷烟销售收入（万元）		103904	120447	176360	129312	76686
实现税利	万元	19230	22680	28899	20529	11071
	2013 年比 2012 年（%）	11.52	10.03	11.45	12.10	6.47
实现利润	万元	9679	11633	15092	10374	5022
	2013 年比 2012 年（%）	12.69	12.83	11.94	13.97	5.53
查处涉烟违法案件（起）		283	574	676	759	264
查处涉烟违法案件案值（万元）		548	436	390	294	44
2013 年度烟草行业投入烟叶生产基础设施建设资金（万元）		—	—	—	—	—
全年烟叶生产基础设施新增受益面积（万亩）		—	—	—	—	—
烟叶种植（万亩）		—	—	—	—	—
烟叶收购（万担）		—	—	—	—	—
烟农户数（户）		—	—	—	—	—
实现烟农总收入（万元）		—	—	—	—	—
零售客户数（户）		1996	3353	3876	2384	3052
零售客户销售毛利率（%）		10.50	10.20	9.30	8.50	8.00

区、县局（公司）名称		万盛区局（分公司）	渝北区局（分公司）	巴南区局（分公司）	长寿区局（分公司）	江津区局（分公司）
主要负责人/法人代表		何明川	唐维生	张琼华	刘 晗	李长中
总资产（万元）		667	3449	9493	1921	1681
资产负债率（%）		—	—	—	—	—
所属县级局（个）		—	—	—	—	—
所属县级公司/分公司（个）		—	—	—	—	—
所属县级营销部（个）		—	—	—	—	—
从业人员（人）		53	149	87	104	128
所属业务机构	营销机构	—	—	—	—	—
	物流配送机构	—	—	—	1 个区域配送中心	—
	专卖稽查机构	1 个稽查大队	1 个稽查支队、4 个稽查大队	1 个稽查支队、3 个稽查大队	1 个稽查支队、4 个稽查大队	7 个稽查大队
	烟叶机构	—	—	—	—	—
销售卷烟	亿支	5.55	39.75	21.08	14.12	20.86
	2013 年比 2012 年（%）	—	7.37	-0.33	-4.14	2.80
卷烟销售收入（万元）		26200	227165	84342	64839	93787

续表

区、县局（公司）名称		万盛区局（分公司）	渝北区局（分公司）	巴南区局（分公司）	长寿区局（分公司）	江津区局（分公司）
实现税利	万元	3308	37563	15370	9002	13216
	2013 年比 2012 年（%）	—	17.83	11.30	8.42	23.33
实现利润	万元	1242	19730	7620	3924	5827
	2013 年比 2012 年（%）	—	18.93	12.79	8.85	34.20
查处涉烟违法案件（起）		75	1610	385	114	355
查处涉烟违法案件案值（万元）		7	338	262	38	447
2013 年度烟草行业投入烟叶生产基础设施建设资金（万元）		—	—	—	—	—
全年烟叶生产基础设施新增受益面积（万亩）		—	—	—	—	—
烟叶种植（万亩）		—	—	—	—	—
烟叶收购（万担）		—	—	—	—	—
烟农户数（户）		—	—	—	—	—
实现烟农总收入（万元）		—	—	—	—	—
零售客户数（户）		1209	5952	3234	3326	3725
零售客户销售毛利率（%）		13.00	8.50	9.00	8.00	18.53

区、县局（公司）名称		合川区局（分公司）	永川区局（分公司）	南川区局（分公司）	綦江区局（分公司）	潼南县局（分公司）
主要负责人/法人代表		谷　华	杨智中	周　建	徐　建	燕　静（—2013.10） 杨万长（2013.10—）
总资产（万元）		2125	2089	6610	1621	1113
资产负债率（%）		—	—	—	—	—
所属县级局（个）		—	—	—	—	—
所属县级公司/分公司（个）		—	—	—	—	—
所属县级营销部（个）		—	—	—	—	—
从业人员（人）		129	108	164	92	73
所属业务机构	营销机构	—	—	—	—	—
	物流配送机构	—	—	—	—	—
	专卖稽查机构	1 个稽查支队、5 个稽查大队	1 个稽查支队、6 个稽查大队	3 个稽查大队	1 个稽查支队、5 个稽查大队	1 个稽查大队、3 个市场稽查队
	烟叶机构	—	—	1 个烟叶站	—	—
销售卷烟	亿支	21.78	19.68	11.40	16.94	10.71
	2013 年比 2012 年（%）	19.66	0.05	-2.06	-20.47	0.75
卷烟销售收入（万元）		93400	87810	40921	63880	47015
实现税利	万元	12899	12589	6184	10323	6173
	2013 年比 2012 年（%）	12.68	15.98	-5.10	-5.80	11.91
实现利润	万元	5635	5711	1062	4418	2588
	2013 年比 2012 年（%）	14.51	6.23	-48.82	1.12	12.65
查处涉烟违法案件（起）		382	516	150	373	260
查处涉烟违法案件案值（万元）		57	55	15	165	4
2013 年度烟草行业投入烟叶生产基础设施建设资金（万元）		—	—	1687	—	—

续表

区、县局（公司）名称		合川区局（分公司）	永川区局（分公司）	南川区局（分公司）	綦江区局（分公司）	潼南县局（分公司）
全年烟叶生产基础设施新增受益面积（万亩）		—	—	1.65	—	—
烟叶种植（万亩）		—	—	1.70	—	—
烟叶收购（万担）		—	—	4.19	—	—
烟农户数（户）		—	—	477	—	—
实现烟农总收入（万元）		—	—	4182	—	—
零售客户数（户）		4669	3692	2850	3513	2170
零售客户销售毛利率（%）		10.80	8.00	18.57	9.00	9.00

区、县局（公司）名称		铜梁县局（分公司）	大足区局（分公司）	荣昌县局（分公司）	璧山县局（分公司）	梁平县局（分公司）
主要负责人/法人代表		王东生	李朝彬	王　平	罗晓庆	雷　放
总资产（万元）		1116	1526	1604	1391	1422
资产负债率（%）		—	—	—	—	—
所属县级局（个）		—	—	—	—	—
所属县级公司/分公司（个）		—	—	—	—	—
所属县级营销部（个）		—	—	—	—	—
从业人员（人）		76	114	76	82	97
所属业务机构	营销机构	—	—	—	—	—
	物流配送机构	—	1个配送中心	—	—	—
	专卖稽查机构	1个稽查大队、3个稽查中队	1个稽查支队、4个稽查大队	4个稽查大队	1个稽查大队、3个稽查中队	1个稽查大队、4个稽查中队
	烟叶机构	—	—	—	—	—
销售卷烟	亿支	11.81	15.68	12.83	12.99	10.70
	2013年比2012年（%）	4.42	0.93	3.97	1.64	1.42
卷烟销售收入（万元）		50394	60225	57156	59130	42845
实现税利	万元	6840	9748	7874	8338	4982
	2013年比2012年（%）	20.91	19.45	15.85	17.59	25.43
实现利润	万元	2957	4130	3510	3763	1683
	2013年比2012年（%）	26.93	20.91	18.13	20.22	46.73
查处涉烟违法案件（起）		66	235	182	343	170
查处涉烟违法案件案值（万元）		21	43	53	20	7
2013年度烟草行业投入烟叶生产基础设施建设资金（万元）		—	—	—	—	—
全年烟叶生产基础设施新增受益面积（万亩）		—	—	—	—	—
烟叶种植（万亩）		—	—	—	—	—
烟叶收购（万担）		—	—	—	—	—
烟农户数（户）		—	—	—	—	—
实现烟农总收入（万元）		—	—	—	—	—
零售客户数（户）		2590	3176	2025	1954	2679
零售客户销售毛利率（%）		10.00	8.80	8.00	9.50	6.00

区、县局（公司）名称		城口县局（分公司）	丰都县局（分公司）	垫江县局（分公司）	武隆县局（分公司）	忠县局（分公司）
主要负责人/法人代表		黎　明	杨通华	李　明（—2013.3） 邬　俊（2013.3—）	熊向东	夏刚东
总资产（万元）		401	21802	915	26006	1463
资产负债率（%）		—	—	—	—	1
所属县级局（个）		—	—	—	—	—
所属县级公司/分公司（个）		—	—	—	—	—
所属县级营销部（个）		—	—	—	—	—
从业人员（人）		33	229	87	328	86
所属业务机构	营销机构	—	—	—	—	—
	物流配送机构	—	—	—	—	—
	专卖稽查机构	1 个稽查大队	1 个稽查支队、3 个稽查大队	1 个稽查大队、4 个稽查中队	1 个稽查大队、2 个片区中队	1 个稽查大队、4 个稽查中队
	烟叶机构	—	2 个烟叶站	—	4 个烟叶工作站	—
销售卷烟	亿支	2.67	8.40	10.22	6.14	8.15
	2013 年比 2012 年（%）	2.30	2.94	0.79	4.24	1.49
卷烟销售收入（万元）		15547	31452	42800	25601	30830
实现税利	万元	1666	9343	5030	10881	3270
	2013 年比 2012 年（%）	25.55	6.47	20.51	12.29	36.27
实现利润	万元	458	2626	1592	2349	472
	2013 年比 2012 年（%）	151.65	－7.44	42.05	33.71	1812.56
查处涉烟违法案件（起）		4	71	27	80	92
查处涉烟违法案件案值（万元）		2	7	3230	41	26
2013 年度烟草行业投入烟叶生产基础设施建设资金（万元）		—	1832	—	2143	—
全年烟叶生产基础设施新增受益面积（万亩）		—	1.63	—	2.30	—
烟叶种植（万亩）		—	4.59	—	7.53	—
烟叶收购（万担）		—	10.81	—	17.64	—
烟农户数（户）		—	1573	—	2807	—
实现烟农总收入（万元）		—	13035	—	21200	—
零售客户数（户）		1239	3130	2411	2224	2545
零售客户销售毛利率（%）		19.00	7.00	9.00	9.47	9.00

区、县局（公司）名称	开县局（分公司）	云阳县局（分公司）	奉节县局（分公司）	巫山县局（分公司）	巫溪县局（分公司）
主要负责人/法人代表	邬　俊（—2013.3） 骆大元（2013.3—）	潘吉祥	张明礼	袁力平（—2013.1） 邱先勋（2013.1—）	解昌盛
总资产（万元）	2128	2630	24813	26093	21127
资产负债率（%）	—	—	—	—	—
所属县级局（个）	—	—	—	—	—
所属县级公司/分公司（个）	—	—	—	—	—
所属县级营销部（个）	—	—	—	—	—
从业人员（人）	107	95	237	342	204

续表

区、县局（公司）名称		开县局（分公司）	云阳县局（分公司）	奉节县局（分公司）	巫山县局（分公司）	巫溪县局（分公司）
所属业务机构	营销机构	—	—	—	—	—
	物流配送机构	—	—	—	—	—
	专卖稽查机构	1个稽查大队、7个稽查中队	1个稽查支队、4个稽查大队	4个稽查大队	1个稽查大队、3个稽查中队	1个稽查中队
	烟叶机构	—	—	2个烟叶站	4个烟叶站	3个烟叶站
销售卷烟	亿支	15.78	10.36	11.06	8.64	5.66
	2013年比2012年（%）	3.27	-1.52	-0.27	4.10	2.91
卷烟销售收入（万元）		78138	50800	50125	48827	28909
实现税利	万元	10887	6087	11263	19044	9138
	2013年比2012年（%）	21.67	15.39	13.91	94.63	44.03
实现利润	万元	4859	2149	3770	7272	2877
	2013年比2012年（%）	24.85	25.08	159.82	1610.82	179.53
查处涉烟违法案件（起）		183	102	190	110	87
查处涉烟违法案件案值（万元）		58	16	30	40	10
2013年度烟草行业投入烟叶生产基础设施建设资金（万元）		—	—	5079	1928	2404
全年烟叶生产基础设施新增受益面积（万亩）		—	—	3.10	1.38	2.41
烟叶种植（万亩）		—	—	4.26	7.70	4.68
烟叶收购（万担）		—	—	9.59	22.86	11.56
烟农户数（户）		—	—	1800	2190	1624
实现烟农总收入（万元）		—	—	11268	33600	14111
零售客户数（户）		4218	3089	2997	2483	1834
零售客户销售毛利率（%）		10.00	10.00	8.00	8.00	9.00

区、县局（公司）名称		石柱县局（分公司）	秀山县局（分公司）	酉阳县局（分公司）	彭水县局（分公司）
主要负责人/法人代表		李　伟	何明川（—2013.1） 吴　静（2013.1—）	张文平	谭　璋
总资产（万元）		16344	1331	34010	57010
资产负债率（%）		—	—	—	—
所属县级局（个）—		—	—	—	
所属县级公司/分公司（个）		—	—	—	—
所属县级营销部（个）		—	—	—	—
从业人员（人）		215	123	307	427
所属业务机构	营销机构	—	—	—	—
	物流配送机构	—	—	—	—
	专卖稽查机构	1个稽查大队、4个稽查中队	1个稽查大队、4个稽查中队	1个稽查大队、4个稽查中队	3个稽查中队
	烟叶机构	2个烟叶站	—	5个烟叶站	6个烟叶站
销售卷烟	亿支	6.65	8.46	8.57	6.63
	2013年比2012年（%）	5.22	0.70	-1.39	-1.78

续表

区、县局（公司）名称		石柱县局（分公司）	秀山县局（分公司）	酉阳县局（分公司）	彭水县局（分公司）
卷烟销售收入（万元）		27932	41638	36055	30006
实现税利	万元	10765	4364	16443	16118
	2013 年比 2012 年（%）	71.34	20.70	41.21	-45.91
实现利润	万元	4098	1108	6841	2409
	2013 年比 2012 年（%）	170.85	40.60	188.89	-85.11
查处涉烟违法案件（起）		132	47	228	68
查处涉烟违法案件案值（万元）		10	324	24	35
2013 年度烟草行业投入烟叶生产基础设施建设资金（万元）		2806	—	2153	8841
全年烟叶生产基础设施新增受益面积（万亩）		2.60	—	1.80	4.10
烟叶种植（万亩）		4.26	—	8.38	15.00
烟叶收购（万担）		10.86	—	17.68	30.11
烟农户数（户）		1049	—	2910	5141
实现烟农总收入（万元）		13492	—	21558	37400
零售客户数（户）		1813	1940	2350	2377
零售客户销售毛利率（%）		18.70	10.20	9.00	15.00

（撰稿：张永坤；编辑：王东旭）

四川省烟草专卖局（公司）

【概　况】　四川省烟草专卖局成立于 1983 年 3 月，四川省烟草公司成立于 1982 年 10 月。1984 年 7 月 9 日，中国烟草总公司与四川省政府签署《关于四川省烟草公司上划交接协议书》，规定自签订之日起，四川省烟草工商企业上划中国烟草总公司，更名为中国烟草总公司四川省公司。省局（公司）下辖 22 个市（州）烟草专卖局（公司），以及中国烟草四川进出口有限责任公司 1 家全资子公司、四川烟叶复烤有限责任公司① 1 家控股公司。截至 2013 年底，公司拥有总资产 361.42 亿元，其中，固定资产 52.58 亿元、流动资产 292.65 亿元，资产负债率为 11.51%。共有从业人员 18750 人。

【领导成员】

局长、总经理、党组书记：胡存忠（2013.5—，之前主持工作）（国烟党〔2013〕44 号、国烟人〔2013〕208 号）

副总经理、党组成员：杨永法（正厅级）

副总经理、党组成员：陈　霖

副总经理、党组成员：陈　章

副总经理、党组成员：肖　瑞（2013.5—，之前任纪检组长、党组成员）（国烟党〔2013〕44 号、国烟人〔2013〕208 号）

总会计师、党组成员：石　磊（2013.5—，之前任总会计师）（国烟党〔2013〕44 号）

纪检组长、党组成员：唐　强（2013.5—）（国烟党〔2013〕44 号）

副总经理、党组成员：麻世强（2013.5—）（国烟党〔2013〕44 号、国烟人〔2013〕208 号）

副巡视员：陈维平（—2013.4）（国烟党〔2013〕31 号）

副巡视员：商　波

副巡视员：陈东风

【专卖管理】　卷烟打假打私。2013 年，四川省烟草商业系统共查处假烟案件 9165 起，查获假烟 6731 万支，捣毁制假窝点 32 个，查获非法烟叶、烟丝 155.31 吨，公安、司法机关依法刑拘 374 人，逮捕 187 人，判刑 188 人。四川省 22 个市（州）均取得打假破网成果，破获网络案件 85 起。其中，案值百万元以上重大网络案件 59 起，千万元以上特大案件 7 起，亿元以上重特大案件 1 起。公安部、国家局督办的全国单宗最大假烟案件宜宾“7·9”案告破，涉案金额 5.32 亿元，涉案主犯全部归案，已判刑 13 人，其中 1 人被判无期徒刑。四川省共有 30 起重大案件受到国家局通报表

① 四川烟叶复烤有限责任公司详见《工业企业》栏目“打叶复烤和薄片生产企业”分目。

彰，受表彰案件数量位居全国第四。

市场监管。整治铁路沿线非法贩运卷烟活动。与云南省局联合制定铁路沿线专项治理方案，针对重点线路、重点车次、重点区域、重点集市、重点大户进行全面整治，有效遏制卷烟非法流通加剧的势头。坚持把专项整治与日常监管紧密结合，9月，各市局开展整治雪茄烟市场统一行动，取得初步成效。同时，会同工商等部门，清理整顿市场，注重治理无证经营、非渠道进货、贩假贩私等违法行为。四川省平均市场净化率达到98.37%。

证件管理。2013年，四川省共签发烟草专卖准运证5.27万份，携带证1550份。依托优秀县级局创建标兵单位评选工作，对四川省22家批发企业的烟草专卖品生产经营许可证使用情况进行检查，同时还抽检川渝中烟工业有限责任公司等3家生产企业的许可证。

【经济效益】 2013年，四川省烟草商业系统实现税利170.17亿元，同比增长8.96%，其中利润95.01亿元，同比增长11.26%。三项费用率为7.37%。

【卷烟经营】 卷烟销售。2013年，四川省烟草商业系统销售卷烟1266.5亿支（253.3万箱），同比增长0.46%，其中，销售一类烟279.05亿支（55.81万箱），同比增长18.01%；二类烟155.9亿支（31.18万箱），同比增长8.64%；三类烟444.9亿支（88.98万箱），同比增长4.44%；四类烟333.45亿支（66.69万箱），同比下降10.31%；五类烟52.95亿支（10.59万箱），同比下降36.25%。本地区销量居前三位的品牌是“娇子”“云烟”“天下秀”，销量分别为300亿支（60万箱）、191.3亿支（38.26万箱）、189.5亿支（37.9万箱）。

2013年实现卷烟销售收入664.5亿元，同比增长9.4%。实现卷烟税利139.43亿元，同比增长8.43%。销售全国重点品牌卷烟907.45亿支（181.49万箱），同比增长8.38%，占全省销量比重71.65%，同比提高5.24个百分点。

品牌培育。确保全国重点品牌均衡销售。按照“总量控制、稍紧平衡”的经营方针，从货源组织、市场销售、资金预算三个方面，对销量、品牌、结构的月进度进行追踪，实现高效、精确、动态的均衡销售管理。

探索实施“圈层管理”工作。根据各单位的地理位置、销售结构、发展基础、人均消费、经济水平、历史销量等因素，将全省划分圈层，在计划制定、货源组织、市场投放、品牌培育上，实施差异化的管理模式。

试点推进雪茄烟销售工作。制定出台雪茄烟的培育方案，明晰培育时限及流程，对宣传培训、终端建设、市场推广等内容提出明确的规定，构建、完善一套符合雪茄烟特性的营销模式。强化低焦油特色产品培育。以消费者动态研究为依托，定期采集低焦油消费者数据，建立低焦油卷烟消费者数据库，对低焦油卷烟消费行为、消费需求实现定期跟踪、定量分析。

现代物流建设。物流管控平台建设步伐加快。乐山试点完成并成功验收，在全省烟草商业系统率先集成统一电子地图、工商在途系统，并与在用的11个业务信息系统实现对接，物流信息化更加整合高效。物联网技术广泛应用。自动识别、传感设备、无线传输技术逐步应用到RFID货架管理、整托盘出入库、库内温湿度感应和在途作业监控等环节，送货线路弹性优化、零售客户电子签收更加智能高效。

2013年，全省烟草商业系统减少送货车辆23辆、从业人员39人，年人均配送效率从975箱提高到996箱，高出行业平均值73箱。强化卷烟物流费用核算办法和预算规程，深化定额管理，物流成本得到有效控制，全年物流费用率为0.74%，排全国第三位；单箱物流费用167元，排全国第七位。

【烟叶产销】 2013年，四川省共落实烤烟种植面积156.77万亩，白肋烟3.87万亩、晒烟1.48万亩。收购烤烟19.15万吨（383.05万担），收购均价为24.48元/千克，同比增长17%。上中等烟叶比例达到99.21%，其中上等烟比例为49.59%。

四川省签订种烟合同的农户户数为12.92万户，户均种植面积12.1亩，同比提高0.9亩。烟农总收入50.6亿元，户均收入3.9万元，同比提高25%，两项指标均创历史新高。

【多元化经营】 2013年，四川省烟草商业系统有多元化企业7家，其中2家化肥公司、3家酒店、1家运输公司、1家物业管理公司。2013年，四川都江堰国际大酒店停业建设，峨眉山金叶宾馆停业；截至年底，尚在运行的多元化企业有5家，分别是凉山州金叶运输有限责任公司、凉山金叶化肥有限责任公司、绵阳市五牛餐饮娱乐有限责任公司、四川金叶化肥有限公司、成都科美物业管理有限公司，总投资额1.08亿元。2013年，实现营业收入4.99亿元。实现税利3981万元，其中利润2744万元。

【管理创新】 强化目标考核导向。省局（公司）按照“整合考核板块、精简考核指标、聚焦考核重心、改进考核方式、提升考核质量”的总体思路，对目标考核体系进行优化整合，一是整合考核板块，突出针对性。将部门划分考核板块的模式整合为经营专卖、内涵发展、基础管理和否决指标四大方面，80%分值放在卷烟经营、烟叶生产、专卖管理等主营业务上。二是精简考核指标，突出导向性。将考核指标由原400余个精简为50个大项指标、76个细项指标。三是改进考核方式，突出实效性。将日常检查与目标考核相结合，精简现场考核内容，取消目标考核自评。

经济运行管理。针对2013年宏观经济增速放缓、行业运行压力增大的严峻复杂形势，延伸分析触角，拓展分析维度，搭建“经营快报+运行信息+分析报告”三位一体的经济运行分析架构，进一步加强对行业经济的分析、研究、监控。

技术创新。四川省烟草商业系统围绕“管理创一流”，以QC小组活动为载体，重点从降低成本、提高效率、提升质量等方面开展活动，课题全面覆盖卷烟营销、卷烟物流、烟叶生产、专卖管理、综合管理等板块，泸州市局、德阳市局课题分获全国烟草行业第24届优秀质量管理小组成果发布会一等奖、三等奖，实现连续三年获得全国烟草行业一等奖。

【人事政工】 加强教育培训工作，组织参加国家局、总公司举办的各类培训班，培训员工1228人次。省局（公司）机关各部门全年举办各类培训班26个，培训员工3884人次。四川省烟草商业系统共举办培训班684个，培训员工3.3万人次。

强化技能鉴定工作，开展营销、专卖、烟叶分级、烟叶保管等四个职业（工种）、八个批次的鉴定，申报鉴定3200人，实际鉴定2969人，鉴定合格950人。参加国家局组织的7个批次技师鉴定，新增技师95人，截至2013年底，技师总人数达到275人。

【企业文化】 按照“低调、简朴、庄重、务实”的原则，组织开展以“大德至诚·美丽川烟”为主题的“文化周”活动，通过各单位“精美管理”特色活动展示、职工座谈、行业讨论、演讲辩论赛，多层次、多角度追溯发展足迹，展望美好未来。制定下发《四川烟草视觉识别系统》，全面规范行业VI标识建设。深入推进服务品牌一体化建设、员工行为规范建设和企业文化师队伍建设，实现企业文化从理念到品牌、从思想到行为、从部分到整体的逐步转变。

【抗震救灾】 2013年4月20日上午8点30分，芦山地震发生后，省局（公司）向雅安市局（公司）发出通知，要求尽最大努力确保职工及家属的生命财产安全。9点，正式通知眉山、乐山、阿坝、甘孜、德阳、成都、自贡等相邻市州局（公司），作出“高度重视、做好工作、稳定人心、有序开展”的救灾防灾指示。各受灾地区市、州局（公司）均迅速成立救灾领导机构与工作机构形成抗震救灾的合力。4月22日上午，省局（公司）召开抗震救灾专题办公会，传达学习中央、省委省政府和国家局抗震救灾指示精神，通报雅安烟草受灾情况，审议通过《四川省烟草专卖局（公司）“4·20”地震抗震救灾工作方案》，对抗震救灾工作进一步研究部署。

“4·20”芦山强烈地震造成雅安市烟草行业直接经济损失近亿元。面对地震灾害，雅安市局（公司）在省局（公司）坚强领导下团结一心，众志成城，夺取抗震救灾重大胜利。一是最大限度降低灾害带来的影响。灾情面前，市局（公司）第一时间启动应急预案，第一时间成立抗震救灾指挥部，统筹指挥部署，保证抗震救灾有力有序有效推进，雅安市行业未发生重大人员伤亡，受灾职工得到妥善安置，严格规范救灾资金物资的管理、分配和使用，大力争取省局（公司）政策、资金支持，帮助受灾职工渡过难关。二是最大可能恢复生产经营秩序。地震导致全市838户零售客户处于暂停经营状态，占雅安市总客户的19.63%，其中地震核心区域芦山、宝兴、天全等地客户受灾严重，498户客户经营场所不同程度损毁。地震发生后，市局（公司）争分夺秒检修设备、排除故障，走访客户、掌握灾情，制定访销恢复方案，于震后第四日恢复电话访销、网上订货和卷烟配送，制定《地震灾区零售市场灾后重建过渡期管理办法》，分类抓管理，重拳治市场，确保大灾之际市场不乱。卷烟经营在5月底恢复到正常水平，灾区卷烟市场供应得到有力保障。三是最大能力支援地方抗震救灾。在抗灾自救任务繁重和自身人员紧张、精力有限的情况下，服从地方抗震救灾工作大局，动员组织30名职工组成志愿者队伍进驻灾区坚守近百天，在重灾区一线开展物资抢运、交通疏导、秩序维护、安抚慰问、隐患排查等工作，赢得当地党委政府和社会公众的赞誉；市局（公司）还第一时间向灾区捐赠救灾款20万元，发动干部职工向受灾群众捐款6万余元。四是最大努力抓住灾后重建机遇。本着对干部职工负责、对企业长远负责的态度，科学编制灾后重建规划，确立14项灾后重建项目，建设规模达到3.7万平方米，投资估算达到3.54亿元，力争用三年时间基本完成灾后重建任务。截至年底，有13个项目被纳入全省灾后重建总盘子和专项规划，这在雅安市中央企业中尚属首次。

【特事要辑】 4月15—17日，国家局副局长何泽华到四川烟草调研，对“两烟”生产、“娇子”品牌培育等工作提出要求，指出：烟叶生产要努力实现“三个突破”，即在机械化运用上有所突破，狠抓山区烟叶机械化生产，探索突破山区机械化运用的重点难点问题；在烟农专业合作社建设上有所突破，建立合作社职业经理人队伍，提高服务烟农的效率、质量和水平；在规模种植上有所突破，将规模种植与土地整理、水源工程建设结合起来，克服分散种植对合作社建设和机械化推广带来的制约。

7月3—4日，四川省副省长刘捷到泸州市叙永县水潦彝族乡高坪村检查调研扶贫帮扶工作，刘捷指出：烟草产业是泸州的优势产业和支柱产业，各级各部门要高度重视烤烟产业发展工作，抓住乌蒙山扶贫连片开发等重要机遇，梳理分析有关政策导向，整合有效资源，将新农村建设与烤烟等特色经济产业发展有机融合，建立健全促进烤烟产业良性发展的政策保障体系。

7月7日，国务院扶贫开发领导小组副组长、国务院扶贫办主任范小建一行到普格县螺髻山马厂坪调研“挂包帮”项目建设情况。调研组指出，四川省局（公司）“挂包帮”各项工作开展有力、成效明显。

8月29日，全国烟草商业企业物流工作推进会在四川成都召开，会议重点部署商业企业物流中心非法人实体化运作、“科技、精益、人本”物流建设、卷烟包装箱循环利用等任务。

9月25—26日，国家局局长凌成兴到四川烟草调研。国家局副局长杨培森、四川省委常委李昌平、副省长刘捷一同调研。四川省委书记、省人大常委会主任王东明，四川省委副书记、省长魏宏会见凌成兴。调研期间，凌成兴先后考察四川省局（公司）成都烟草物流中心、川渝中烟四川烟草工业有限责任公司成都分厂，并用“一个伟大奇迹”和“三个重大跨越”充分肯定四川烟草工商企业近年来取得的工作成绩。“一个伟大奇迹”，即创造了汶川“5·12”特大地震灾后重建的伟大奇迹。在这个伟大奇迹的创造过程中，四川烟草实现“三个重大跨越”：一是“娇子”品牌发展实现重大跨越，卷烟产量、销售收入大幅增长，做大品牌，提升质量；二是烟叶生产发展实现重大跨越，特别是凉山州烟叶生产发展稳健，成为农民增收离不得、财政增收少不得、卷烟工业缺不得的支柱产业；三是工商税利发展实现重大跨越，年净增长超过20%。他强调四川烟草下一步工作，要咬住“两大目标”，保持“三个势头”。咬住“两大目标”，即努力实现“十二五”规划目标，即四川省委省政府提出的工商税利500亿元的目标；努力追赶四川白酒税利目标，好好研究，通过三到五年的时间完成。保持“三个势头”，即一要保持“娇子”品牌的稳健势头，品牌要做大，规格要做精，价格要做稳；二要保持凉山烟叶的稳健势头，到2015年把凉山全面建成全国重要的战略性优质烟叶基地，着力抓好烟叶基地，着力推广“红花大金元”品种，着力提高烟叶质量；三要保持专卖市场的稳健势头，在省委省政府的领导下，积极寻求公、检、法等的支持，努力维护市场秩序。

所属地市级局（公司）

【成都市烟草专卖局（公司）】 成都市烟草专卖局、四川省烟草公司成都市公司组建于1983年11月。下辖一分公司（辖青羊区、金牛区）、二分公司（辖武侯区、高新区）、三分公司（辖成华区、锦江区）等6家区烟草专卖局和3家分公司，以及13家县级烟草专卖局（分公司）。

继续加大卷烟市场监管力度。开展“春节前后”“校园周边”“截源60”等专项整治行动，完善市场监管机制，试点运行APCD工作法，建成运行“12313”指挥中心，推进“三级联管”，积极开展“三无乡镇”创建，加强对“背包客”“格子铺”和互联网经营等新型涉烟违法行为的打击力度。

加快推进“四网合一”电子商务建设，依托“新商盟”平台积极开展网上订货、网上营销、网上配货，并探索运行网上结算功能，营销服务水平进一步提升。2013年，成都市网上订货率96.22%，订货成功率达到98%以上；网上配货客户2472户，排名全国省会城市第一；成都市835名客户参与网上跨行结算，跨行结算金额全年累计达到3602万元。

【自贡市烟草专卖局（公司）】 自贡市烟草专卖局、四川省烟草公司自贡市公司成立于1983年12月。下辖3家县级烟草专卖局（分公司）和3家县级烟草专卖局。

2013年，销售“娇子”卷烟8.15亿支（1.63万箱），同比增长27.24%，增幅居全省第一；销售一类“娇子”6350万支（1270箱），同比增长55.23%，增幅居全省第二，“娇子”品牌销量占总销量比重首次达到20.31%。

打假成果稳中有升。破获案值50万元以上假烟网络案件1起，100万元以上假烟网络案件3起，捣毁制假窝点2个。公安、司法机关拘留15人，逮捕16人，判刑13人。

【攀枝花市烟草专卖局（公司）】 攀枝花市烟草专卖局成立于1984年3月，四川省烟草公司攀枝花市公司成立于1983年12月。下辖3家县级烟草专卖局（分公司），2家区烟草专卖局和1家直属分公司。

2013年，市局（公司）投入资金2600余万元，开展烟叶生产技术研究与应用项目39项，项目成果获得攀枝花市科技进步奖一等奖，3项科研成果获实用新型专利授权。

现代烟草农业建设。攀枝花市局（公司）投入资金4350万元，完成烟叶生产基础设施建设2853项，2个水源工程援建项目如期开工，建成烟农专业合作社14个。在四川省率先开展烟叶收调选叶前置试点工作，烟叶收购“一卡通”信息系统在全市全面推广运用。

【泸州市烟草专卖局（公司）】 泸州市烟草专卖局、四川省烟草公司泸州市公司成立于1983年12月。下辖7家县级烟草专卖局（分公司）。

2013年，泸州市破获案值在百万元以上的网络案件6起（其中1起案值千万元案件），全部符合国家局网络案件的标准，超额完成省局下达的打假破网目标任务，4起案件受到国家局通报表彰。

【德阳市烟草专卖局（公司）】 德阳市烟草专卖局、四川省烟草公司德阳市公司组建于1983年1月。下辖6家县级烟草专卖局（分公司）。

2013年专卖管理成效显著，连续四个季度专卖对标名列四川省第一，零售大户管理办法得到省局肯定，在全省推广。

加强科技创新工作，设立科研项目13个，筛选出5个茄芯品种和5个茄衣品种，初步掌握雪茄烟叶生产配套技术，首次产出可供中档雪茄烟使用的茄衣。2项新立科技项目通过评审，中期评审科技项目13项。“信息终端异地运维自动化的探索”QC项目获得全国三等奖和省级一等奖。确立人本物流“1241”发展战略和《人文管理规范》六大模块（能力素质模型、培训管理体系、人员评价体系、人员激励体系、职业发展平台和人本文化体系）的方案设计。“精确核算”稳步推进，着手搭建BMS工具模型。

【绵阳市烟草专卖局（公司）】 绵阳市烟草专卖局、四川省烟草公司绵阳市公司成立于1984年1月。下辖8家县级烟草专卖局（分公司）和1家区烟草专卖局。

2013年10月，通过设备安装、调试和试运行，新物流中心完成整体搬迁并正式投入运营，实现新老物流的平稳过渡和顺利接轨。稳步推进精益物流建设，2013年底，在新物流折旧费大幅上升的影响下，绵阳物流两项主要指标，单箱物流费用为146.04元、物流费用率为0.65%，均排名全省前六位。

【广元市烟草专卖局（公司）】 广元市烟草专卖局、四川省烟草公司广元市公司成立于1985年12月5日。下辖7家县级烟草专卖局（分公司）。

2013年，市局（公司）共有6个科研项目获国家专利授权。与剑阁县政府联合开办职业烟农学校，招收首批学员35人，职业烟农队伍建设取得新进展。

【遂宁市烟草专卖局（公司）】 遂宁市烟草专卖局、四川省烟草公司遂宁市公司组建于1985年4月。下辖5家县级烟草专卖局（分公司）。

推进优秀市局（公司）创建活动，194项指标基本完成。QC小组活动成果获得四川省烟草商业系统二等奖。“色彩效能管理平台”完成搭建。接受国家级课题和试点任务3个，省级试点任务2个。

【内江市烟草专卖局（公司）】 内江市烟草专卖局、四川省烟草公司内江市公司成立于1983年11月。下辖5家县级烟草专卖局（分公司）。

2013年实现税利4.59亿元，同比增长20.65%，增幅位居四川省第一。单箱卷烟销售收入2.45万元，同比增长14.9%，增幅位居四川省第二。

加强企业管理，深入推进创建优秀地市级局（公司），开展全员标准化建设和9S管理。建成效能建设“153”模式。

【乐山市烟草专卖局（公司）】 乐山市烟草专卖局、四川省烟草公司乐山市公司成立于1984年2月，下辖11家县级烟草专卖局（分公司）和峨眉山金叶宾馆。

作为创建全国行业优秀地市级局（公司）的12家试点单位之一，围绕“666”工作思路，全面实施“磐石”工程，重点打造窗口市场，开发建立“卷烟旅游城市窗口市场”体系，不断提升发展水平，取得“基础更牢、内涵更实、管理更精、队伍更强、文化更优”的创建成效，主要指标均达到或超过国家局创优要求，通过验收，并举办四川烟草商业系统创优工作现场会。

加强信息支撑，建成“两级三层、管控一体”物流管控平台，从自动感知式的资讯传递、智能响应式的中控管理、多维多向式的监控手段、规范精准型的决策工具四个方面强化现代物流建设，提升物流管理水平。

【南充市烟草专卖局（公司）】 南充市烟草专卖局、四川省烟草公司南充市公司组建于1984年1月。下辖6家县级烟草专卖局（分公司），3家区烟草专卖局以及1家直属分公司。

2013年，南充烟草推进精益物流试点，完成物流非法人实体建设试点任务。探索建立“双核”动力模式，全面落实“40个一”的工作举措，实现308项创优指标全面达标。通过国家安监总局安全生产标准化一级企业评审，成为四川烟草商业系统第二家达到此项标准的单位。信息化与卷烟经营、企业管理深度融合，自主开发“辅助营销管理系统”，实现紧俏货源直接分配到零售客户的订单；安装调试“物流环境仓储管控平台”，实现仓储温湿度、仓库智能控制，有效降低能耗。

【宜宾市烟草专卖局（公司）】 宜宾市烟草专卖局、四川省烟草公司宜宾市公司成立于1983年11月。下辖10家县级烟草专卖局（分公司）。2013年，市局（公司）被四川省工商行政管理局授予“四川省2012年度省级‘守合同重信用’企业（2008—2012年）”称号。

2013年，收购烟叶的上等烟比例为36.95%，中等烟比例为59.26%。大力发展烟农专业合作社、家庭农场等生产组织模式，组建专业服务队，实施烟叶全程机械化作业，推进烟叶信息化管理。宜宾市共组建综合服务型烟农专业合作社7个，入社农户1420户。

【广安市烟草专卖局（公司）】 广安市烟草专卖局、四川省烟草公司广安市公司组建于1993年底。2013年7月，新设立前锋区烟草专卖局（分公司）。下辖6家县级烟草专卖局（分公司）。

2013年，广安市公司系统通过优化卷烟发展结构，抓好零售终端建设，不断夯实网建基础，电子结算率达到98.54%，电子结算成功率达到93.04%；网上订货成功率达到90%，客户毛利率月均在10%以上。单箱物流费用为173.45元，同比下降9.50%；人均配送效率1046.11箱，较四川省平均水平高50.41箱；全年单箱分拣费用14.85元，较四川省平均水平低11.34元。

【达州市烟草专卖局（公司）】 达州市烟草专卖局、四川省烟草公司达州市公司成立于1984年1月。下辖7家县级烟草专卖局（分公司）。2013年7月，根据《四川省人民政府关于同意调整达州市部分行政区划的批复》中撤销达县建立达川区相关要求，原所属达县局（分公司）更名为达川区局（分公司）。

2013年，市局（公司）获得中国烟草总公司科学技术进步奖三等奖1项，省局科技进步一等奖、二等奖各1项，获得1项实用新型专利授权。自主选育丰产、优质、抗病特色白肋烟新品系“106126”通过农业评审。

【巴中市烟草专卖局（公司）】 巴中市烟草专卖局、四川省烟草公司巴中市公司成立于1993年12月。2013年5月，新设立恩阳区烟草专卖局（分公司）。下辖5家县级烟草专卖局（分公司）。

稳步推进电子商务，巴中市网上订货率为91.29%。探索电子结算新模式，在全行业率先开发卷烟货款在线跨行支付项目，率先开发网上自主订货系统。

市场监管显著增强。深化“一平台两机制”建设，侦破2起制售假烟网络案件，其中“7·18”案件涉案金额1026万元，取得巴中历史上打假破网千万元案件“零”的突破。

精细管理不断深入。加强重点费用控制，全年同比下降33.13%；资产管理方式与成效得到省局（公司）高度肯定；科技创新能力不断增强，“卷烟消费维权辅助查询系统”被评为“四川省科学技术成果”；成为巴中第一家安全生产标准化二级达标单位。

【雅安市烟草专卖局（公司）】 雅安市烟草专卖局、四川省烟草公司雅安市公司成立于1983年。2012年，根据市局（公司）《关于变更全市烟草系统县级行政区单位名称的通知》，将芦宝分公司名称正式变更为雅安市烟草公司芦宝（芦山）分公司、雅安市烟草公司芦宝（宝兴）分公司。下辖8家县级烟草专卖局（分公司）。2013年，市局（公司）被中央文明委授予“全国文明单位”称号。

“4·20”芦山强烈地震抗震救灾。最大限度降低灾害带来的影响，雅安市行业未发生重大人员伤亡，受灾职工得到妥善安置。尽最大可能恢复生产经营秩序，于震后第四日恢复电话访销、网上订货和卷烟配送，灾区卷烟市场供应得到有力保障。尽最大努力抓住灾后重建机遇。确立14项灾后重建项目，建设规模达到3.7万平方米，投资估算达到3.54亿元，预计2015年基本完成灾后重建任务。

【眉山市烟草专卖局（公司）】 眉山市烟草专卖局、四川省烟草公司眉山市公司成立于1997年。下辖6家县级烟草专卖局（分公司）。

提升送货效率。市公司重点对各送货组的送货量、送货时间、送货户数、车载率等指标进行分析和改进。开展“岗位体验”活动，对24条送货线路进行跟查跟送，同时强化送货员协商沟通，强调交流互助、降本增效，制定《送货拼车打联》工作制度，稳步推进送货工作创优创效。完成改进后，开展拼车打联33次，节约送货时间94小时，单月车载率由原来的69.50%提高到77.06%，精简1条送货线路，节约成本费用6万元左右。

【资阳市烟草专卖局（公司）】 资阳市烟草专卖局、四川省烟草公司资阳市公司成立于1998年。2005年9月，四川省烟草公司资阳分公司改制更名为四川省烟草公司资阳市公司。下辖4家县级烟草专卖局（分公司）。

8月，市公司召开“卷烟零售终端建设模式探索”创新项目可行性分析及整体规划交流会，提出资阳烟草“1211”终端连锁方式，即“自主建设终端”一个中心，“特许加盟终端”和“自由连锁终端”二个纽带，“柜台合作联盟”一种补充，“普通终端”一类存在。

【凉山彝族自治州烟草专卖局（公司）】 凉山彝族自治州烟草专卖局、四川省烟草公司凉山彝族自治州公司组建于1984年5月。下辖17家县级烟草专卖局（分公司），授权管理凉山金叶化肥有限责任公司、凉山金叶运输有限责任公司，四川金叶化肥股份有限公司。

2013年，凉山州公司按照“整体规划、分步实施、跟踪评价、动态管理”的原则，在全州开展卷烟市场诚信体系建设，首批300户诚信卷烟零售客户示范店建立。州公司定期对诚信卷烟零售客户示范店开展走访检查和宣传教育，建立健全专卖管理人员、客户经理、送货员的沟通联系机制，在及时反馈信息的基础上，定期召开联席会议进行汇总分析，共同了解和全面掌握诚信卷烟零售客户示范店的守法经营情况，实现三员信息共享。

【阿坝藏族羌族自治州烟草专卖局（公司）】 阿坝藏族羌族自治州烟草专卖局、四川省烟草公司阿坝藏族羌族自治州公司成立于2003年9月。下辖13家县级烟草专卖局（分公司）。

州公司从零售终端、电子商务、物流配送打造民族地区现代卷烟服务营销体系，全年建成现代零售终端212户，网上订货率提升至70.86%。承担并完成全省烟草商业系统民族地区货款结算“银讯通”项目试点，解决因民族地区金融网点局限带来的货款回笼安全问题，电子结算成功率提升至98%。开展精益物流和6S管理，物流费用利润率同比提升14个百分点。推进按订单组织货源，卷烟结构持续优化，单箱销售收入达到3.2万元。整治民族地区烟草市场，查处“5·23”假烟网络案件，市场净化率为98.7%。

【甘孜藏族自治州烟草专卖局（公司）】 甘孜藏族自治州烟草专卖局、四川省烟草公司甘孜藏族自治州公司组建于2003年9月21日。下辖18家县级烟草专卖局（分公司）。

2013年，建成现代零售终端客户64户，烟草公司出资为建设对象配备扫码枪，组织零售客户就卷烟零售终端六大功能、POS扫描等内容进行培训指导，同时加强基础数据的统计分析和利用工作，注重发挥现代零售终端在形象展示、信息采集、宣传促销、品牌培育、消费跟踪等方面的作用。

【都江堰市烟草专卖局（公司）】 都江堰市烟草专卖局、四川省烟草公司都江堰市公司成立于1984年7月，原隶属于成都市烟草专卖局（公司），1996年10月划归四川省烟草专卖局（公司）直属管理。

市局（公司）将活动与市场监管相结合。通过组织专卖执法人员学习《关于进一步加强卷烟非法流通治理工作的通知》等文件精神，并要求专卖人员在日常检查过程中，向零售客户宣传相关知识，零售客户认识到订购非渠道卷烟的危害性，提高零售客户的规范经营认识。与内部管理相结合。市公司加强对营销中心、物流中心的日常检查，对卷烟购进、销售、准运证到货确认、打码配送等环节严格按照规定进行检查核实、存档备案，做到监督有效，检查到位，保证稳定健康的生产经营秩序。与工作规范相结合。市公司对每月确定的异常品牌、异常订单等预警信息，做好跟踪监控。对内管预警逐条进行调查核实，坚持做到及时发现，及时与营销部门沟通，及时解决问题，从源头上规范卷烟经营行为。

所属其他二级单位及派驻机构

【中国烟草四川进出口有限责任公司】 中国烟草四川进出口有限责任公司成立于1993年5月27日，主要业务为川渝两地烟叶出口和卷烟进口。2007年完成体制改革后，成为中国烟草总公司四川省公司的下属全资子公司，经营性质为国有独资外贸企业。截至2013年，公司拥有总资产3.04亿元，其中固定资产1786万元，流动资产2.63亿元，资产负债率为24.15%。公司共有员工30人，其中10人拥有硕士研究生以上学历、4人具有海外留学经历。

2013年，进出口公司以“强化货源保障、拓展国际市场、提升产品质量、优化卷烟结构”为抓手，努力克服国际市场供求失衡、价格下滑等不利因素，不断提升拓展国际市场的能力和服务国际客户的水平，在全国烟叶出口总量下降的情况下，实现烟叶出口稳中有升，量价双稳，在全国进出口系统的排名也由第三位上升到第二位。

2013 年出口烟叶（含烟梗、烟末等副产品）1.78 万吨，进口卷烟 2.75 亿支，出口实现 5602 万美元；实现税利 1 亿元，同比增长 25.95%。利润总额 4708 万元，同比增长 35.82%。

2013 年四川省烟草商业系统主要情况统计

地市级局（公司）名称		成都市局（公司）	自贡市局（公司）	攀枝花市局（公司）	泸州市局（公司）	德阳市局（公司）
主要负责人/法人代表		宋　俊	陈青川	郭明全	徐忠良	宋　平
总资产（万元）		725483	65741	105344	133080	113517
资产负债率（%）		8.08	6.14	29.65	17.00	9.28
所属县级局（个）		19	6	5	7	6
所属县级公司/分公司（个）		16 个分公司	3 个分公司	4 个分公司	7 个分公司	6 个分公司
所属县级营销部（个）		—	—	—	—	—
从业人员（人）		1640	275	698	1205	629
所属业务机构	营销机构	1 个营销中心	1 个营销中心	1 个营销中心、1 个电访中心	1 个营销中心	1 个营销中心
	物流配送机构	1 个物流中心	1 个物流中心	1 个物流中心	1 个物流中心	1 个物流中心
	专卖稽查机构	1 个稽查支队、19 个稽查大队	1 个稽查支队、6 个稽查大队	1 个稽查支队、6 个稽查大队	1 个稽查支队、7 个稽查大队	1 个稽查支队
	烟叶机构	—	—	12 个烟叶站、41 个烟叶点	7 个烟叶站、97 个烟叶点	1 个烟叶中心
销售卷烟	亿支	269.20	40.25	22.53	74.17	52.53
	2013 年比 2012 年（%）	持平	0.11	1.31	1.41	-0.89
卷烟销售收入（万元）		1446927	180968	105511	307426	319673
实现税利	万元	383706	43316	49490	70798	65180
	2013 年比 2012 年（%）	4.26	8.19	7.18	0.86	5.75
实现利润	万元	231502	25598	26658	29286	36898
	2013 年比 2012 年（%）	4.14	12.42	9.46	4.89	7.93
查处涉烟违法案件（起）		13385	3855	1070	3692	1676
查处涉烟违法案件案值（万元）		11756	395	550	786	201
2013 年度烟草行业投入烟叶生产基础设施建设资金（万元）		—	—	2513	19433	—
全年烟叶生产基础设施新增受益面积（万亩）		—	—	22.58	5.00	—
烟叶种植（万亩）		—	—	14.08	18.04	0.87
烟叶收购（万担）		—	—	36.44	38.48	2.57
烟农户数（户）		—	—	12346	10932	2962
实现烟农总收入（万元）		—	—	41627	51350	3717
零售客户数（户）		38025	7622	4329	14111	13563
零售客户销售毛利率（%）		14.04	10.25	14.62	10.44	11.14

地市级局（公司）名称	绵阳市局（公司）	广元市局（公司）	遂宁市局（公司）	内江市局（公司）	乐山市局（公司）
主要负责人/法人代表	张　健（—2013.1） 王广生（2013.1—）	肖　勇	袁　成	易　伟	尹　柯
总资产（万元）	148764	50942	53859	66038	97921

续表

地市级局（公司）名称		绵阳市局（公司）	广元市局（公司）	遂宁市局（公司）	内江市局（公司）	乐山市局（公司）
资产负债率（%）		13.42	8.25	8.29	11.33	10.39
所属县级局（个）		9	7	5	5	11
所属县级公司/分公司（个）		8个分公司	7个分公司	5个分公司	5个分公司	11个分公司
所属县级营销部（个）		—	—	—	—	—
从业人员（人）		610	354	312	496	386
所属业务机构	营销机构	1个营销中心	1个营销中心	1个营销中心	1个营销中心	1个营销中心
	物流配送机构	1个物流配送中心	1个物流中心、1个配送中心	1个物流中心	1个物流中心	1个物流中心
	专卖稽查机构	1个稽查支队、8个稽查大队	1个稽查支队	1个稽查支队、6个稽查大队	1个稽查支队、5个稽查大队	1个稽查支队、11个稽查大队
	烟叶机构	—	—	—	—	—
销售卷烟	亿支	73.55	46.55	41.75	47.50	55.16
	2013年比2012年（%）	-2.93	6.12	-0.51	-0.63	-0.73
卷烟销售收入（万元）		386870	165960	193062	233181	294801
实现税利	万元	82369	44161	38477	45983	61885
	2013年比2012年（%）	0.02	7.05	10.88	20.65	6.28
实现利润	万元	48095	19543	21756	24990	35904
	2013年比2012年（%）	-0.83	10.31	13.04	22.23	6.81
查处涉烟违法案件（起）		3109	2074	1807	3987	1506
查处涉烟违法案件案值（万元）		718	688	912	633	1625
2013年度烟草行业投入烟叶生产基础设施建设资金（万元）		—	—	—	—	—
全年烟叶生产基础设施新增受益面积（万亩）		—	—	—	—	—
烟叶种植（万亩）		—	—	—	—	—
烟叶收购（万担）		—	—	—	—	—
烟农户数（户）		—	—	—	—	—
实现烟农总收入（万元）		—	—	—	—	—
零售客户数（户）		18300	11690	8435	9360	11315
零售客户销售毛利率（%）		13.29	11.52	10.59	10.00	11.82

地市级局（公司）名称	南充市局（公司）	宜宾市局（公司）	广安市局（公司）	达州市局（公司）
主要负责人/法人代表	钟　智	赵屹峰	高德俊（—2013.9） 刘丹云（2013.9—）	蒋启尧（—2013.1） 蒲　适（2013.1—）
总资产（万元）	92190	125711	50942	86154
资产负债率（%）	14.57	14.97	8.25	9.47
所属县级局（个）	9	10	6	7
所属县级公司/分公司（个）	7个分公司	10个分公司	6个分公司	7个分公司
所属县级营销部（个）	—	—	—	—
从业人员（人）	651	652	354	900

续表

地市级局（公司）名称		南充市局（公司）	宜宾市局（公司）	广安市局（公司）	达州市局（公司）
所属业务机构	营销机构	1个营销中心	1个营销中心	1个营销中心	1个营销中心
	物流配送机构	1个物流中心	1个物流中心、3个配送站	1个物流中心、1个配送中心	1个物流中心、1个配送中心
	专卖稽查机构	1个稽查支队、9个稽查大队	1个稽查支队、10个稽查大队	1个稽查支队	1个稽查支队、7个稽查大队
	烟叶机构	—	16个烟叶站、74个烟叶点	—	1个烟叶中心、1个烟科所、8个烟叶站
销售卷烟	亿支	77.46	79.69	46.55	68.90
	2013年比2012年（%）	5.06	3.05	-1.00	0.20
卷烟销售收入（万元）		307524	342918	165960	252324
实现税利	万元	68636	82983	35396	54751
	2013年比2012年（%）	4.25	7.62	7.05	6.69
实现利润	万元	38556	40365	19543	26319
	2013年比2012年（%）	7.50	6.78	10.00	10.08
查处涉烟违法案件（起）		6809	4122	2074	3742
查处涉烟违法案件案值（万元）		1054	54577	688	2161
2013年度烟草行业投入烟叶生产基础设施建设资金（万元）		—	13663	—	2797
全年烟叶生产基础设施新增受益面积（万亩）		—	14.60	—	3.50
烟叶种植（万亩）		—	11.84	—	4.78
烟叶收购（万担）		—	24.33	—	13.78
烟农户数（户）		—	4101	—	22802
实现烟农总收入（万元）		—	31300	—	11062
零售客户数（户）		19378	10388	11690	16798
零售客户销售毛利率（%）		12.87	11.00	11.52	10.48

地市级局（公司）名称		巴中市局（公司）	雅安市局（公司）	眉山市局（公司）	资阳市局（公司）
主要负责人/法人代表		熊良政	何梦皓	四朗彭措	唐　强（—2013.7） 骆　敏（2013.7—）
总资产（万元）		45457	34409	77924	52165
资产负债率（%）		14.11	8.52	6.13	5.02
所属县级局（个）		5	8	6	4
所属县级公司/分公司（个）		5个分公司	8个分公司	6个分公司	4个分公司
所属县级营销部（个）		—	—	—	—
从业人员（人）		317	226	401	486
所属业务机构	营销机构	1个营销中心	1个营销中心	1个营销中心	1个营销中心
	物流配送机构	1个物流中心	1个物流中心	1个物流中心	1个物流中心
	专卖稽查机构	1个稽查支队、5个稽查大队	10个稽查中队、1个稽查支队	1个稽查支队、6个稽查大队	1个稽查支队、4个稽查大队
	烟叶机构	—	—	—	—
销售卷烟	亿支	37.79	22.75	47.93	50.90
	2013年比2012年（%）	1.27	-1.08	0.88	0.36
卷烟销售收入（万元）		160355	87031	226710	202145

续表

地市级局（公司）名称		巴中市局（公司）	雅安市局（公司）	眉山市局（公司）	资阳市局（公司）
实现税利	万元	36786	18193	56073	44019
	2013 年比 2012 年（%）	14.22	15.69	4.69	14.03
实现利润	万元	15212	9622	33085	23121
	2013 年比 2012 年（%）	15.00	19.76	5.60	14.44
查处涉烟违法案件（起）		2942	693	1902	2134
查处涉烟违法案件案值（万元）		1510	188	1422	642
2013 年度烟草行业投入烟叶生产基础设施建设资金（万元）		—	—	—	—
全年烟叶生产基础设施新增受益面积（万亩）		—	—	—	—
烟叶种植（万亩）		—	—	—	—
烟叶收购（万担）		—	—	—	—
烟农户数（户）		—	—	—	—
实现烟农总收入（万元）		—	—	—	—
零售客户数（户）		8418	4078	8083	11506
零售客户销售毛利率（%）		12.28	12.76	12.38	11.26

地市级局（公司）名称		凉山州局（公司）	阿坝州局（公司）	甘孜州局（公司）	都江堰市局（公司）
主要负责人/法人代表		杜如万	苏王福	谌泽俊（—2013.3） 陈志学（2013.3—）	刘兴红
总资产（万元）		663071	27651	24566	34164
资产负债率（%）		37.96	3.04	6.37	11.47
所属县级局（个）		17	13	18	—
所属县级公司/分公司（个）		17 个分公司	13 个分公司	18 个分公司	—
所属县级营销部（个）		—	—	—	—
从业人员（人）		2850	220	250	131
所属业务机构	营销机构	1 个营销中心、 1 个电访中心	1 个营销中心、 1 个电访中心	1 个营销中心	1 个营销中心、 1 个电访中心
	物流配送机构	1 个物流中心、 13 个配送中转站	1 个物流中心	1 个物流中心、 1 个配送中心	1 个物流中心、 1 个配送中心
	专卖稽查机构	1 个稽查支队、 17 个稽查大队	1 个稽查支队、 13 个稽查大队	1 个稽查支队、 18 个稽查大队	1 个稽查支队
	烟叶机构	38 个烟叶站、 253 个烟叶点	—	—	—
销售卷烟	亿支	75.01	15.50	14.80	14.36
	2013 年比 2012 年（%）	1.02	1.84	-1.69	2.43
卷烟销售收入（万元）		337654	86046	75457	80761
实现税利	万元	325769	18534	13947	20456
	2013 年比 2012 年（%）	17.33	12.11	4.62	11.72
实现利润	万元	185762	9777	6668	11709
	2013 年比 2012 年（%）	20.98	0.13	7.26	11.72
查处涉烟违法案件（起）		3509	405	65	541
查处涉烟违法案件案值（万元）		686	71	67	433

续表

地市级局（公司）名称	凉山州局（公司）	阿坝州局（公司）	甘孜州局（公司）	都江堰市局（公司）
2013年度烟草行业投入烟叶生产基础设施建设资金（万元）	61892	—	—	—
全年烟叶生产基础设施新增受益面积（万亩）	20.01	—	—	—
烟叶种植（万亩）	103.94	—	—	—
烟叶收购（万担）	263.58	—	—	—
烟农户数（户）	98481	—	—	—
实现烟农总收入（万元）	339507	—	—	—
零售客户数（户）	12603	3895	2753	1757
零售客户销售毛利率（%）	25.01	12.84	13.43	13.17

（作者：张羽翔；编辑：王东旭）

贵州省烟草专卖局（公司）

【概　况】　贵州省烟草专卖局组建于1983年10月，贵州省烟草公司组建于1981年11月。1986年6月，贵州省烟草公司上划中国烟草总公司，更名为中国烟草总公司贵州省公司。省局（公司）下设9个市（州）烟草专卖局（公司）及中国烟草贵州进出口有限责任公司、贵州省烟草科学研究院①、贵州烟草投资管理有限公司，控股管理贵州烟叶复烤有限责任公司②。省局（公司）机关下设15个职能处室，10个部门。截至2013年底，公司拥有总资产249亿元，其中，固定资产43.08亿元、流动资产188.76亿元，资产负债率19.9%。共有从业人员21878人。

【领导成员】

局长、总经理、党组书记：陈卫东

副局长、副总经理、党组成员：杨　俊（正厅级）

巡视员、副总经理、党组成员：李智勇（2013.1—，之前任党组成员、副总经理）（国烟人〔2013〕40号）

副局长、党组成员：任　林

纪检组长、党组成员：钟　勇

副总经理、党组成员：沈　宏（2013.1—）（国烟党〔2013〕9号、国烟人〔2013〕40号）

副巡视员：赵建忠

副巡视员：陈　军

【专卖管理】　完善与省高级人民法院、省检察院、省公安厅等部门卷烟打假联席会议制度、重大案件督办制度、重大案件协调制度和信息沟通、案件咨询、联合培训制度，衔接行政执法和刑事司法。推行公安、检察院提前介入，共同做好线索调查、证据固化、案件起诉等工作。举办“云、贵、川、闽、粤、深”五省一市涉烟刑事犯罪案件法律适用交流培训会，邀请最高人民法院、最高人民检察院和公安部专家授课。

2013年查处各类涉烟违法案件5277起，其中，假冒卷烟案件1051起，案值在5万元以上大案274起，涉烟网络案件29起。在破获网络案件中，符合国家局标准的案件19起，部级督办案件1起，涉案总金额8069万元。查获假冒卷烟1.09亿支、非渠道卷烟3235万支、非法烟叶和烟丝1308.09吨。公安、司法机关依法刑拘175人，逮捕107人，判刑51人。

安顺“1·9”部督烟叶网络案件中，涉案网络除广西、湖南、云南等省（区）外，还涉及烟叶跨境（越南）走私和境外地下烟厂，涉案非法烟叶312.5吨，涉案金额1148万元，涉案人员28人。在国家局和公安部督办下，于2013年10月侦破，逮捕追刑11人。贵阳“12·13”制售假烟案件，是一起集烟叶非法加工、卷烟制假、运输、销售为一体的重大涉烟网络案件，涉及贵阳、广州、中山三地和境外人员，查获假冒外国卷烟984万支，案值622.23万元。

【经济效益】　2013年，实现税利115.92亿元，同比增长15.80%，其中利润57.52亿元，同比增长15.27%。三项费用率12.52%。

---

①　贵州省烟草科学研究院详见《科研和教育机构》栏目“科研机构”分目。

②　贵州烟叶复烤有限责任公司详见《工业企业》栏目“打叶复烤和薄片生产企业”分目。

【卷烟经营】 卷烟销售。2013年，贵州省烟草商业系统销售卷烟694.11亿支（138.82万箱），同比增长2.42%，其中，销售一类烟101.49亿支（20.3万箱），同比增长35.17%；销售二类烟39.73亿支（7.9万箱），同比增长46.81%；销售三类烟447.67亿支（89.5万箱），同比增长27.82%；销售四类烟42.59亿支（8.52万箱），同比下降70.61%；销售五类烟62.53亿支（12.5万箱），同比下降22.15%。销售雪茄烟0.09亿支，同比增长22.98%。销量居前三位的品牌是"黄果树""贵烟"和"遵义"，销量分别为244.99亿支（49万箱）、241.2亿支（48.24万箱）、62.06亿支（12.41万箱）。

2013年实现卷烟销售收入351.36亿元，同比增长17.80%。实现卷烟税利68.32亿元，同比增长20.07%，其中利润38.22亿元，同比增长27.4%。

品牌培育。健全品牌营销管理体系，开展"知名品牌培育示范店建设""品牌培育微创新""知名品牌消费促进月"等活动，实施精准营销，加强雪茄烟市场培育。全年销售重点品牌卷烟358.75亿支（71.75万箱），同比增长19.31%；重点品牌实现销售收入269.77亿元，同比增长26.04%。销售全国卷烟累计交易金额前15名品牌100.85亿支（20.17万箱），同比增长19.54%。销售"贵烟"241.2亿支（48.24万箱），同比增长20.51%。

物流建设。建立精益物流框架体系，在贵阳、遵义、毕节市开展精益物流试点。贵阳、遵义市公司卷烟配送中心建成投入使用；贵阳市公司卷烟物流库与贵阳卷烟厂成品库实现对接；六盘水、安顺、毕节市公司物流中心项目主体工程和黔东南州公司物流中心改造工程建设完毕，进入设备安装阶段；动工建设铜仁市公司物流中心。2013年，物流费用率为1.11%，同比下降0.08个百分点。

【烟叶产销】 种植和收购。2013年落实种烟县64个、种烟乡776个，签订种植合同21.4万份，种植面积340.95万亩。收购烟叶36.83万吨（736.6万担）。销售烟叶（不含复烤加工）30.58万吨（611.67万担）。处理不适用鲜烟叶88.4万吨（1768万担），折合干烟12.1万吨（242万担）。上等烟比例为63.16%，同比提高14个百分点。烟农实现收入101.31亿元，同比增长27.85%。户均种烟收入4.73万元，同比增长28%。出口烟叶2.12万吨，完成计划118%。

现代烟草农业建设。2013年，新建国家局基地单元19个、省级基地单元30个，累计建设131个。基地单元种植面积276.9万亩，收购烟叶30.1万吨（602万担），占收购计划87%。余庆县、威宁县等18个10万担以上的县实施整县推进基地单元建设。

截至2013年底，累计建成综合服务型烟农专业合作社148个（行业示范社12个、省级示范社18个），社员16.1万户，专业化服务队员8.8万名，实施专业化育苗341万亩、机耕190万亩、植保152万亩，累计完成烘烤13.1万吨（262万担）、专业化分级散叶收购26.95万吨（539万担），同比分别增加78万亩、61万亩、49万亩、2.1万吨（42万担）、21.8万吨（436万担），烟农种烟亩均用工降至22个以内。

烟叶基础设施建设。2013年投入资金22.9亿元，其中全省烟草系统投入14.9亿元。实施烟水配套工程覆盖面积36.8万亩，整理土地1.9万亩，建设机耕路1600余千米、育苗设施70万平方米，新建密集烤房1.6万座，改造散叶烤房1.1万座，配置农机具1.4万台（套）。国家局批复水源工程项目14个，核定援建资金12.48亿元；施工4个，形象进度60%。

特色优质烟叶开发。截至2013年底，累计建设特色优质烟叶基地单元17个，种植36.5万亩、收购烟叶4.23万吨（84.6万担），对口10家卷烟工业企业、12个卷烟品牌。与红塔集团、上海烟草集团等在金沙县、仁怀市等地开发有机烟叶4.9万亩、10万担。

【技术创新】 创新体系建设。推动行业分子遗传实验室建设，加快市州公司技术中心和创新体系建设，贵州省42个5万担以上县级分公司建立技术推广站，37个县建立科技示范园，创新体系基本形成。毕节市公司技术中心通过行业第二批技术中心认定。

技术成果。2013年投入2.27亿元，开展科研项目300余项（次）。公开发表科技论文285篇，SCI、EI收录19篇，出版专著2部；在CORESTA国际烟草学术会议宣读论文1篇。获省部级科技成果奖二等奖2项、三等奖2项，厅局级成果20项，QC成果奖23项。获得国家授权专利81项、软件著作权3项。贵州烟草"卷烟上水平"全国科普日活动被中国科学技术协会评为2013年全国科普日优秀特色活动。

标准制定。主持制定的散叶烘烤技术、出口烟叶分级两项行业标准正式发布，"烤烟井窖式移栽技术规程"等四项标准被批准为行业标准制定和预研项目，"烟叶专业分级散叶收购规范""烤烟有机生产技术规范"等十项标准成为地方标准发布实施，"贵州省烤烟品种（系）综合评价办法""贵州省烤烟自育品种生产技术规程"等11项标准作为地方标准立项。

重大专项。特色优质烟叶重大专项提出基于生态、重视香韵、突破传统香型束缚、突出特有质量特征的区域特色定位新模式。基因组重大专项方面，贵州省烟草科学研究院主导完成全球烟属物种第一张单倍体型图绘制。品质安全重大专项方面，完成全省重金属含量分布图绘制。

技术推广。全面普及"井窖式"移栽、散叶烘烤、专业化分级散叶收购自主创新技术，并作为全国烟草行业主推技术推广。开展基质替代育苗、双行凹垄节水栽培、不适用鲜烟叶综合利用等技术示范。

【产品质量监测】 开展烟草产品质量监督和烟叶质量安全监测，完成行业80%农残检测任务。设立烟叶质量安全奖，加大农残和重金属超标工作约谈力度，加强质检机构建设。烟叶质量安全检测覆盖全省种烟乡镇，农残检测样品占全国总样品80%，监测123种农残、7种重金属。监测出口烟叶转基因，检测样品1800个；监测复烤烟叶质量，在线监测数据9.6万个。

【管理创新】 财务审计。建立完善预算定额标准体系、成本费用管控体系，严控重点费用，会议费同比下降36.45%，业务招待费同比下降38.74%，业务宣传费同比下降25.64%，涉外费同比下降22.69%。

信息化建设。推进信息系统集成整合、信息资源开发利用，率先采用同步建设方式建设数据中心与应用集成项目。加快贵阳同城物流信息化项目、贵州烟草卷烟营销终端信息服务子系统、烟叶质量监测信息系统、资金监管系统、绩效考评系统等重点工程建设。

【对外交流与合作】 组织科技人员到美国北卡罗来纳州立大学考察烟草病害管理、植物病理、肥料生产及烟草田间管理，开展烟草营养、种植技术及病害防控等学术交流与研讨；分赴美国、意大利参加TSRC、CORESTA大会学术交流；到美国戴维斯大学和加拿大圭尔夫大学考察与交流，与美国戴维斯大学签署合作备忘录。美国TSRC学术研讨会邀请省烟科院7名博士到会作学术交流，交流论文7篇、墙报论文8篇。

【人事政工】 教育培训。2013年，全省行业举办培训班2084个，培训8.17万人次；培训天数4224天，培训覆盖率81.6%。建立省级内训师资库，70名选候人备选入库。搭建“全员在线学习平台”，试用推广阶段学习参与率50%以上。

党风廉政建设。完善贯彻落实“三重一大”决策制度监督、收受礼品礼金登记上交、直属单位车辆配备使用管理办法等监督管理制度，强化项目监管和预防职务犯罪沟通协作机制，强化干部职工警示教育和廉洁自律，加强中央“八项规定”及“三重一大”决策制度执行情况监督检查，开展项目建设、物资采购、生产经营、干部选拔专项监督检查，开展会员卡清退、评比达标表彰、评估项目清理、违规配备车辆清理、整治“会所中的歪风”等专项工作。加大案件查处力度，立案、结案31件，行政处分49人。

思想政治工作。采取专题辅导、观看教育片等形式，分层次组织学习党的十八大及十八届三中全会等精神。以领导班子和领导干部为重点，结合党的群众路线教育实践活动、“改进作风年”活动，深化“2353”（践行“两个至上”、做到“三个始终”、树立“五种意识”、强化“三知”）教育实践活动。开展“‘2353’教育实践活动”“加强行业企业文化建设，推进行业管理上水平”等课题研究。落实“三问三访三送”（问政于民、问需于民、问计于民；访贫困烟农、客户和困难职工；送政策解惑、送技术解困、送温暖解忧）、“三帮四落实”（发挥职能尽力帮、协调各方借力帮、入户蹲点努力帮，落实帮扶计划、落实任务责任、落实经验总结、落实办理反馈）、“三定三解”（预定调查研究、制定帮扶计划、拟定主题宣讲，了解真实状况、解决实际困难、化解突出矛盾）工作法，丰富“三个一周”下基层活动。

【企业文化】 启动卷烟服务品牌一体化工作，开展廉政、安全、行为规范等专项文化建设，推进企业文化建设向文化管理转变。参加烟草商业企业服务品牌课题项目研究，举办省市县三级行为规范培训50余次，培训职工3100余人次。以“博思笃行、合智共创”为企业精神的“多彩贵州、至臻烟草”母文化体系初步形成。

【扶贫开发】 加快烟草扶贫新农村示范工程建设。4月，中国烟草总公司与贵州省政府签订协议，计划用三到五年时间支持贵州烟叶主产县开展烟草扶贫新农村示范工程建设。

采取竞争入围方式，组织专家对2012年申报的113个自然村进行评审，择优选择14个县100个村，拨付捐赠资金2亿元，并在22个县启动2013年建设工作。落实省委“同步小康”“一宣四帮”驻村工作部署，组建驻村工作队，在黔南州贵定县光明村、喇亚村帮扶点开展帮扶。

【特事要辑】 4月，中国烟草总公司与贵州省政府签订《援建烟草扶贫新农村示范工程框架协议》，明确烟草行业每年援助建设资金2亿元（中国烟草总公司1亿元、贵州烟草工商企业各0.5亿元），用三到五年时间支持57个烟叶主产县开展烟草扶贫新农村示范工程建设。

4月24—26日，国家局副局长杨培森在贵州烟草调研，指出要进一步加强宏观经济形势分析，做好卷烟市场调控、加强发展战略研究，持续推进科技创新。

5月14—16日，国家局副局长赵洪顺在贵州烟草调研，指出要进一步加强形势分析、抢抓机遇、持续创新、夯实基础、严格管理、防范风险、促进和谐。

5月30日—6月1日，国家局局长凌成兴在贵州烟草调研。国家局副局长杨培森，贵州省政府特邀咨询禄智明一同调研。凌成兴对贵州烟草给予三个“印象深刻”、一个“大开眼界”、两条“基本经验”的评价，并提出要继续推进产业扶贫，坚持一个制度、狠抓三件大事，做到“一个落实好，三个进一步”。三个“印象深刻”：一是对贵州中烟贵阳卷烟厂易地技改布局好、水平高、造价低、管理严、理念新印象深刻；二是对贵阳市烟草专卖局（公司）卷烟物流配送中心工商一体建设模式和知行合一服务理念印象深刻；三是对贵州省烟草科学研究院、贵州省烟草质量监督监测站科研机制活、课题深，队伍年纪轻、学历高印象深刻。一个“大开眼界”：对遵义市烟草专卖局（公司）乐山烤烟科技示范园“大开眼界”，烟田基本建设、种烟配套服务、烟农增收致富发生根本变化，较好地回答现代烟草农业、科技种烟等问题。两条“基本经验”：一是各级党政领导高度重视烟草工作的基本经验；二是贵州烟草工商企业同舟共济、砥砺前行、实现稳定健康发展的基本经验。凌成兴强调，要巩固成绩，总结经验，发挥优势，继续推进产业扶贫，为贵州经济社会发展多做贡献。要继续推进产业扶贫，坚持一个制度、狠抓三件大事：坚持烟草专卖制度不动摇，狠抓烟叶生产，进一步提高烟叶质量水平、种植水平，为农民增收致富、卷烟工业企业第一车间建设打牢坚实基础；狠抓卷烟营销，为卷烟零售客户和卷烟工业企业提供优质服务；狠抓内部规范管理，加强法制建设、执行政策规定、完善配套制度、强化内管监督、维护职工权益。做到“一个落实好，三个进一步”：落实好国家局对口支持贵州经济社会发展的各项政策；进一步支持贵州烟叶上水平、进一步支持贵州卷烟上水平、进一步支持贵州培养更多的烟草行业适用人才，真正铭记老区人民、感谢老区人民、支持老区人民。

8月6日，国务院副总理汪洋在《中共贵州省委贵州省人民政府关于请求帮助支持抗旱救灾有关事宜的请示》上批示："贵州灾情重，抗灾能力相对薄弱，请农业部、水利部、扶贫办商财政部予以支持为盼"，随后国务院办公厅分送国家局。

8月19日，国家局指出烟草行业极为关注贵州严重旱情，决定拨付3亿元抗旱救灾专项资金用于受灾烟农救助和防灾减灾基础设施建设，对2013年因灾减少的烟叶生产收购数量，不扣减2014年烟叶收购计划基数。

8月20—23日，国家局副局长何泽华在贵州调研烟叶抗旱救灾工作，指出要坚定信心、科学抗旱。

所属地市级局（公司）

【贵阳市烟草专卖局（公司）】 贵阳市烟草专卖局成立于1983年，贵州省烟草公司贵阳市公司成立于2001年。2013年，对贵阳市烟草专卖机构进行调整，撤销小河区、花溪区烟草专卖局，设立新的花溪区烟草专卖局，负责原小河区、花溪区辖区内烟草专卖管理工作，新设立观山湖区烟草专卖局。下辖修文县、息烽县、开阳县、清镇市等4个县级烟草专卖局（分公司），以及南明区、云岩区、观山湖区、花溪区、乌当区、白云区等6个县级烟草专卖局。

2013年，卷烟单箱销售收入和单箱均价增幅列全国36个重点城市第一。与农行、邮政银行等金融机构协作开展"零售客户致富工程"，探索开展同城物流建设。

发表科技论文7篇（核心期刊2篇），获得实用新型专利授权2项。"烤烟漂浮育苗技术成果转化与推广应用"获得贵州省政府成果转化二等奖，"烟叶专业分级散叶收购研究与应用"获得中国烟草总公司科学技术进步奖三等奖。

开展"知行合一"企业文化建设，打造企业文化长廊，构建"知你心，伴你行" "知行"五线谱贵阳烟草服务品牌。

【遵义市烟草专卖局（公司）】 遵义市烟草专卖局、贵州省烟草公司遵义市公司成立于1983年1月。下辖13个县级烟草专卖局（分公司）。

2013年建设现代烟草农业基地单元6个，累计建成31个。累计建成烟农专业合作社42个，组建专业服务队839支，初步构建"种植在户、服务在社、管理在站、网格作业"的新型烟叶生产组织方式。正式启动凤冈县现代烟草农业示范园区建设。

2013年，开展项目研发及试验课题72项，获得实用新型专利授权6项、国家局QC成果三等奖1项，获得省局（公司）科技成果转化一、二等奖各1项，科技进步二等奖1项，QC成果一等奖2项、二等奖1项、三等奖2项。

自主创新的卷烟市场检查APCD工作法核心内容写入国家局《卷烟零售市场检查工作指引》，自主研发运行APCD工作法智能手机软件系统，实现检查、处理便捷化和痕迹化。

【六盘水市烟草专卖局（公司）】 六盘水市烟草专卖局、贵州省烟草公司六盘水市公司成立于1984年。下辖3个县级烟草专卖局（分公司）和1个区烟草专卖局。

2013年建成贵州中烟盘县"贵烟"保田、安徽中烟"黄山"珠东2个国家局基地单元，建成贵州中烟盘县"贵烟"忠义和湖南中烟水城县"芙蓉王"金盆2个省级基地单元。组建烟农专业合作社6个，社员8728人。合作社实现收入3408万元，盈余115万元。

2013全年单箱物流费用为172.08元，物流费用率0.74%，单箱物流费用和物流费用率指标为贵州省最优。

开展科技项目30项、QC课题18个，发表科技论文17篇，1项QC成果获得省局（公司）QC成果三等奖。

【安顺市烟草专卖局（公司）】 安顺市烟草专卖局、贵州省烟草公司安顺市公司成立于1983年。下辖6个县级烟草专卖局（分公司）。

2013年破获网络案件2起。其中，"3·8"烟叶网络案件由公安部督办，"1·9"烟叶网络案件为2013省唯一由国家局、公安部挂牌督办案件，侦办工作得到公安部肯定。

2013年，建设100亩以上烟叶示范点262个，组建5个综合服务型烟农专业合作社，下设育苗、机耕、植保、烘烤、分级专业队伍84支，专业化机耕9.15万亩，占总面积的76.25%，高于全省平均水平。紫云三岔河水库建设项目被国家局列为水源工程援建项目，2012年基础设施建设通过验收。

【毕节市烟草专卖局（公司）】 毕节市烟草专卖局、贵州省烟草公司毕节市公司，最初是成立于1983年的毕节地区烟草专卖局、贵州省烟草公司毕节地区公司，2012年1月根据行政区划变更更名。下辖6个县级烟草专卖局（分公司），2个县级烟草专卖局以及高原烟海管理区。

烟叶生产技术中心通过国家局验收，成为6个行业级烟叶生产技术中心之一。自育品种"毕纳1号"通过全国农业评审，"生物质能替代煤炭烘烤烟叶系统集成研究与应用"获得贵州省政府科学技术进步三等奖，"烤烟新品种'毕纳1号'选育及应用"项目获得省局（公司）2013年度科学技术进步二等奖，"织金县烤烟散叶烘烤技术推广"获得省局（公司）科学技术成果转化三等奖。

搭建贵州首家职工自行发动、自我管理、自我救助的"杜鹃情"救助体系，机关42人加入市慈善总会，占会员人数的1/5。

【铜仁市烟草专卖局（公司）】 铜仁市烟草专卖局、贵州省烟草公司铜仁市公司，最初是成立于1983年12月的铜仁地区烟草专卖局、贵州省烟草公司铜仁地区公司，2012

年1月根据行政区划变更更名。下辖7个县级烟草专卖局（分公司），3个县级烟草专卖局以及2个烟叶管理库。

“烤烟地膜井窖式小苗移栽方法”被授予发明专利，“烤烟井窖式移栽打孔器”“背负式烤烟井窖制作器”“电动式烤烟井窖制作器”被授予实用新型专利权。“烤烟井窖式移栽高效促苗技术研究”和“影响卷烟物流成本分析及信息系统研究”分获得中国烟草总公司贵州省公司科技进步特等奖、三等奖。

【黔东南苗族侗族自治州烟草专卖局（公司）】 黔东南苗族侗族自治州烟草专卖局、贵州省烟草公司黔东南苗族侗族自治州公司成立于1983年11月。下辖16个县级烟草专卖局（分公司）。

承办贵州省基本烟田土地整理现场推进会，形成代表贵州省最高水平的“863”工作经验（“8”即8个优先：优先选择群众意愿高的区域、优先选择烤烟种植规模稳定的区域、优先选择户均烤烟种植面积高于全省平均水平的区域、优先选择具有良好示范效果的区域、优先选择施工条件较好的区域、优先选择政府统筹能力强和建设积极性高的区域、优先选择烟水和烤房设施较为配套的区域、优先选择整理难度较轻的区域。“63”即6个3：“三个有利于”，有利于推广田间机械化、有利于提高耕地质量、有利于开展规模化种植；“三个坚持”，坚持整村连片推进、坚持适度规模推进、坚持分类有序推进；“三种模式”，群众自建、合作社承建、招标选择施工队伍；“三个参与”，群众参与评审、参与建设、参与监督；“三个结合”，与排灌设施结合、与机耕道路结合、与农机配置结合；“三个确保”，确保整理后质量提高、确保整理后有效面积不减少、确保整理后权属明确）。

建立“‘总部—分部—小组’三级组织、‘卷烟经营、品牌培育、专卖服务、公益活动’四类活动”零售客户俱乐部运营模式及“‘总部—分部’两级组织、‘品牌传播、专卖传播、消费反馈、异常反馈’双向沟通”消费者俱乐部运营模式，客户综合满意度92.88分。

开展“苗侗情”综合服务品牌建设，挖掘提炼“五情”综合服务模式（与零售客户共建“同舟情”、与烟农共建“农浓情”、与工业企业共建“手足情”、与消费者共建“鱼水情”、与职工共建“成长情”），创作传唱黔东南烟草之歌《苗侗情深》，承办贵州省烟草商业“落实三个始终、推动文化落地”文化建设推进会。

【黔南布依族苗族自治州烟草专卖局（公司）】 黔南布依族苗族自治州烟草专卖局、贵州省烟草公司黔南布依族苗族自治州公司成立于1984年。下辖12个县级烟草专卖局（分公司），控股黔南金福有限责任公司。

实现卷烟物流非法人实体化运作，实施“五变四”“块状送货”和“淡旺季”弹性物流配送模式。

2013年破获的网络案件数以及刑拘人数和逮捕人数为全省最多。探索构建“BOMEE”卷烟市场监管体系，非渠道卷烟非法流出量为全省最少。

【黔西南布依族苗族自治州烟草专卖局（公司）】 黔西南布依族苗族自治州烟草专卖局、贵州省烟草公司黔西南布依族苗族自治州公司成立于1983年11月。下辖8个县级烟草专卖局（分公司），控股金州翠湖宾馆有限责任公司。

推广应用自主创新的抗春旱集雨技术，春旱严重、移栽困难、移栽期难以把握等问题得到有效解决。开展现代烟草农业试点面积30万亩，亩均用工23个，节约成本350元。

所属其他二级单位及派驻机构

【中国烟草贵州进出口有限责任公司】 中国烟草贵州进出口有限责任公司前身是始建于1991年10月的中国烟草进出口贵州公司，是外经贸部和国家局批准、贵州省唯一经营烟草进出口业务的国有企业。1992年，更名为中国烟草贵州进出口公司。2000年，经国家局批准，进行股份制改造，更名为中国烟草贵州进出口有限责任公司。2001年，与贵州南明烟叶有限责任公司合并办公，实行“两块牌子、两本账簿、一套人员”经营管理方式。2006年12月，与贵州南明烟叶有限责任公司合并，成为当时我国最大的出口烟叶加工基地之一。2009年12月，剥离打叶复烤加工业务及相关资产，成立新的中国烟草贵州进出口有限责任公司，成为中国烟草总公司贵州省烟草公司的全资子公司，从工贸一体向纯商贸实体转变，经营范围涉及烟叶、复烤烟叶出口，进口卷烟、雪茄烟配套服务等业务。截至2013年底，拥有总资产3.56亿元。其中，固定资产4613万元、流动资产3.26亿元，资产负债率为3%。

2013年，进口卷烟12335万支（2467箱），实现销售收入58.96万美元。出口烟叶2.12万吨，出口实现7771万美元。2013年出口备货入库烟叶31.76万担，投入加工烟叶44.88万担，成品片烟1.22万吨、烟梗158.6吨、烟末25.61吨。2013年实现税利2216万元，其中利润1680万元。

以烟叶站点为单位，全方位监控烟叶转基因。自主研发的《出口烟叶分级标准》体系作为行业标准发布，参与的“转基因检测监控体系”项目获得省局（公司）2013年科学技术进步奖三等奖。

【贵州烟草投资管理有限公司】 贵州烟草投资管理有限公司成立于2010年12月，是中国烟草总公司贵州省公司的全资子公司，经营范围涉及酒店投资管理、房地产开发、非金融性项目投资等多元化经营管理业务。下辖多元化企业12家，其中，全资企业4家，投资额5265万元；控股企业4家，投资额6.78亿元；参股企业4家，投资额4735万元。截至2013年底，拥有总资产1.05亿元。其中，固定资产1094万元、流动资产6020万元，资产负债率为7.49%。公司在岗员工10人。

2013年，公司本级实现销售收入1.84亿元，实现利润2922万元。

2013 年贵州省烟草商业系统主要情况统计

地市级局（公司）名称		贵阳市局（公司）	遵义市局（公司）	六盘水市局（公司）	安顺市局（公司）	毕节市局（公司）
主要负责人/法人代表		龙丽琴	丁　伟	张拥军	徐　铭（—2013.12） 周　华（2013.12—）	陈文相
总资产（万元）		258490	492868	109450	107161	394709
资产负债率（%）		15.10	38.5	15.29	21.84	41.77
所属县级局（个）		10	13	4	6	8
所属县级公司/分公司（个）		4 个分公司	13 个分公司	3 个分公司	6 个分公司	7 个分公司
所属县级营销部（个）		—	—	—	—	—
从业人员（人）		1324	4035	986	972	3728
所属业务机构	营销机构	1 个营销中心、1 个订单中心	1 个卷烟营销中心	1 个营销中心	1 个营销中心	1 个卷烟营销中心
	物流配送机构	1 个物流配送中心、4 个中转站	1 个物流配送中心、3 个物流中转站	1 个物流分库、1 个物流中转站	1 个物流配送中心	1 个配送中心、6 个配送中转站
	专卖稽查机构	1 个稽查支队、11 个稽查大队	1 个稽查支队、13 个稽查大队	1 个稽查支队、4 个稽查大队	1 个稽查支队、6 个稽查大队	1 个稽查支队、8 个稽查大队
	烟叶机构	14 个烟叶总站、55 个烟叶站	1 个烟叶营销中心、59 个站、288 个烟叶点	9 个烟叶站、26 个收购点	8 个烟叶总站、30 个烟叶站	1 个烟叶营销中心、46 个烟叶站、267 个烟叶点
销售卷烟	亿支	119.85	120.14	55.28	52.91	109.03
	2013 年比 2012 年（%）	2.18	1.97	2.82	1.67	3.57
卷烟销售收入（万元）		628294	604375	300708	264811	501883
实现税利	万元	166335	228630	79255	70531	201945
	2013 年比 2012 年（%）	3.92	14.58	9.77	34.61	4.03
实现利润	万元	94612	96489	40225	39557	101691
	2013 年比 2012 年（%）	15.85	8.22	-3.69	67.01	82.22
查处涉烟违法案件（起）		910	523	872	218	702
查处涉烟违法案件案值（万元）		2293	2375	539	113	879
2013 年度烟草行业投入烟叶生产基础设施建设资金（万元）		10087	62900	15131	9233	47132
全年烟叶生产基础设施新增受益面积（万亩）		2.65	10.00	1.52	—	11.23
烟叶种植（万亩）		13.00	95.05	13.00	12.00	84.00
烟叶收购（万担）		29.96	197.72	29.67	24.00	175.00
烟农户数（户）		9758	46896	8291	6086	75772
实现烟农总收入（万元）		41343	229874	41506	35700	245500
零售客户数（户）		20600	31935	13536	13041	28206
零售客户销售毛利率（%）		12.55	12.87	13.38	13.60	12.27

地市级局（公司）名称	铜仁市局（公司）	黔东南州局（公司）	黔南州局（公司）	黔西南州局（公司）
主要负责人/法人代表	马　健	李明海	朱贵川	伍崇峰
总资产（万元）	166539	132932	161350	219806
资产负债率（%）	45.46	40.70	39.72	40.20
所属县级局（个）	10	16	12	8
所属县级公司/分公司（个）	7 个分公司	16 个分公司	12 个分公司	8 个分公司

续表

地市级局（公司）名称		铜仁市局（公司）	黔东南州局（公司）	黔南州局（公司）	黔西南州局（公司）
所属县级营销部（个）		—	—	—	—
从业人员（人）		1882	1414	1782	1405
所属业务机构	营销机构	1个营销中心	1个卷烟营销中心	1个营销中心	1个卷烟营销中心
	物流配送机构	1个物流配送中心	1个物流中心、9个中转站	1个物流中心、10个中转站	1个卷烟物流中心、5个物流中转站
	专卖稽查机构	1个稽查支队、10个稽查大队	1个稽查支队、16个稽查大队	1个稽查支队、12个稽查大队	1个稽查支队、8个稽查大队
	烟叶机构	30个烟叶站 110个收购点	11个烟叶总站 50个烟叶站	13个烟叶站、107个烟叶点	37个烟叶站、81个收购点
销售卷烟	亿支	57.41	63.61	63.63	52.25
	2013年比2012年（%）	3.35	2.15	1.79	1.46
卷烟销售收入（万元）		288583	295494	298277	226139
实现税利	万元	119253	89221	86613	106527
	2013年比2012年（%）	38.35	36.60	15.26	24.70
实现利润	万元	67023	46788	40971	51003
	2013年比2012年（%）	91.48	55.40	3.71	12.20
查处涉烟违法案件（起）		282	178	310	136
查处涉烟违法案件案值（万元）		990	520	1985	2803
2013年度烟草行业投入烟叶生产基础设施建设资金（万元）		20610	15800	18522	29568
全年烟叶生产基础设施新增受益面积（万亩）		6.22	2.73	5.59	6.80
烟叶种植（万亩）		34.00	22.00	26.00	42.33
烟叶收购（万担）		69.39	46.68	60.93	94.00
烟农户数（户）		13187	10476	13283	27563
实现烟农总收入（万元）		99774	62493	86167	130500
零售客户数（户）		13699	20860	16920	15627
零售客户销售毛利率（%）		13.88	12.80	12.88	12.13

（撰稿：刘　平；编辑：王东旭）

云南省烟草专卖局（公司）

【概　况】　云南省烟草专卖局成立于1983年11月，云南省烟草公司成立于1982年4月。1985年1月，中国烟草总公司与云南省政府签署《关于云南省烟草公司上划交接协议书》，决定自1985年1月1日起云南省烟草公司上划中国烟草总公司，更名为中国烟草总公司云南省公司。根据《国家烟草专卖局 中国烟草总公司关于成立云南华叶投资有限责任公司的批复》（国烟法〔2013〕263号），2013年9月12日，中国烟草总公司云南省公司设立云南华叶投资有限责任公司。11月25日，省局（公司）撤销投资管理处。原投资管理处多元化投资管理工作由云南华叶投资有限责任公司负责。省局（公司）下辖16家地市级烟草专卖局（公司），云南省烟草烟叶公司①、云南省烟草实业公司、中国烟草云南进出口有限公司、云南烟叶复烤有限责任公司②、云南华叶投资有限责任公司等5个直属企业和云南省烟草农业科学研究院③、云南省烟草质量监督检测站、云南省烟草专卖局机关服务中心3个直属事业单位。省局（公司）机关下设15个职能处室，8个专业部门和2个特设部

① 云南省烟草烟叶公司详见《工业企业》栏目“打叶复烤和薄片生产企业”分目。

② 云南烟叶复烤有限责任公司详见《工业企业》栏目“打叶复烤和薄片生产企业”分目。

③ 云南省烟草农业科学研究院详见《科研和教育机构》栏目“科研机构”分目。

门。截至2013年底，公司拥有总资产868.11亿元，其中固定资产77.62亿元、流动资产739.42亿元，资产负债率为23.22%。共有从业人员17955人，其中聘用员工2630人。

【领导成员】

局长、总经理、党组书记：余云东
巡视员、纪检组长、党组成员：温宁军
巡视员、副总经理、党组成员：杨经建
副总经理、党组成员：高体仁
副局长、党组成员：赵　全
副总经理、党组成员：邵　岩
副总经理、党组成员：郝和国
副总经理、党组成员：邓小刚
巡视员：郑天一
副巡视员：段应泽
副巡视员：包　毅
副巡视员：付昆生
副巡视员：杨世田

【专卖管理】　2013年，云南省共查处各类涉烟违法案件1.06万起，查获假冒卷烟6302.27万支，非渠道卷烟1.79亿支。查获制假烟机33台、非法烟叶烟丝7773吨。查处案值5万元以上的大要案件943起。破获昆明“3·19”非法拼装生产烟草专用机械、德宏“1·15”跨国制售假烟等涉烟网络案件27起。公安、司法机关刑拘671人，逮捕255人，判刑158人。由公安部督办的德宏“1·15”跨国制售假烟网络案件中，德宏州局在缅甸警方配合下，历时9个月，捣毁制假窝点5处、原辅料供应链4个、销售下线6条，查获制假设备41台（套）、假冒云产品牌卷烟136.44万支、烟叶70.57吨，涉案金额达5300多万元，抓捕犯罪嫌疑人9名，开创云南烟草打击境外涉烟犯罪的先河。由云南省局牵头，建立西南五省联合打击涉烟违法犯罪工作机制。

*推动市场监管体系建立。*2013年，云南省划定16个一级网格，129个二级网格，448个三级网格，1640个四级网格，覆盖17.7万卷烟零售客户，对云南省卷烟市场实行网格化管理。95%以上的专卖人员都划入责任单元，全省网格监管任务完成率达99.16%，零售客户持证供货率达98.01%。大理州局承担国家局APCD市场监管创新的试点任务，全面推动市场监管体系建立。

*加强专卖证件管理。*2013年，全面完成零售许可证换发延续工作，解决拆迁、搬迁零售客户延续换证困难，按5年、3年、1年三个档次，建立市场准入和退出的时限机制。治理无证经营，强化许可后续监管，取消年内两次违规、违法经营户业务资格。加强准运证管理服务，规范审批流程，制定卷烟准运证管理工作流程规范，较好地发挥准运证管理职能。

【经济效益】　2013年，云南省烟草商业系统实现税利344.26亿元，同比增长19.9%，其中利润194.95亿元，同比增长26.5%。三项费用率9.84%。

【卷烟经营】　2013年，云南省烟草商业系统销售卷烟865.07亿支（173.01万箱），同比增长1.44%，其中，一类烟148.6亿支（29.72万箱），同比增长18.84%；二类烟31.82亿支（6.36万箱），同比增长24.51%；三类烟529.92亿支（105.98万箱），同比增长2.28%；四类烟106.58亿支（21.32万箱），同比下降23.86%；五类烟48.08亿支（9.62万箱），同比增长9.12%。本地区销量居前三位的品牌依次为“云烟”“红塔山”“红河”，销量分别为305.48亿支（61.1万箱）、193.09亿支（38.62万箱）、174.18亿支（34.84万箱）。

2013年实现卷烟销售收入448.26亿元，同比增长8.77%。实现税利90.03亿元，同比增长11.98%，其中利润52.8亿元。

*品牌培育。*2013年，红云红河集团品牌继续保持强劲势头，红塔集团品牌份额稳中有升。重点培育品牌“红塔山（欣经典）”成长迅速，全年实现销量20.66亿支（4.13万箱），省外三类以上卷烟份额增加，四类烟明显下降，品牌总体布局更趋合理，同价位多品牌竞争和多元化消费格局正在形成。“532”“461”知名品牌实现销量、销售收入同时增长，全国卷烟销量排名前15位品牌（三类以上）实现销量705.9亿支（141.18万箱），同比增长6.29%；全国销售收入排名前15位品牌实现销售收入427.33亿元，同比增长10.36%。

*现代物流建设。*2013年，云南省烟草商业系统围绕“服务、效率、效益”的主题，把握精益化供应链管理的主线，创新推进科技、精益、人本物流建设，全面提升现代物流建设、运行和管理水平。创新开展平台建设、软塑箱应用、工艺革新、数据共享、信息管控等工作，打造先进科技物流体系；统筹推进体系建设、精益管理、持续改善、纸箱周转、集中监控等工作，创新精益贝壳管理模式、1656准时制服务等新方法，打造精益物流管理模式；探索全员参与、班组管理、队伍培训、文化建设等工作，全面推动人本物流实践。

2013年全国烟草行业物流工作现场会在大理召开。国家局副局长何泽华表示，本次现场会全面展示云南烟草物流建设的最新成果，体现云南烟草的精气神，代表未来一个时期行业物流的发展方向，体现一流的谋划、一流的管理、一流的运行、一流的服务、一流的创新。

【烟叶产销】　*烟叶种植和收购。*2013年，云南省共种植烟叶787.18万亩，同比增加9.35万亩；签订合同39.57万份，同比增加4.62万份；种烟县100个，与上年持平；种烟乡镇876个，同比减少2个。

云南省烟叶收购总量达102.27万吨（2045.31万担），收购总值262.86亿元，同比增长5.65%。收购烤烟99.08万吨（1981.63万担）、晾晒烟3.18万吨（63.68万担），其中烤烟上等烟比例为70%，同比提高3.7个百分点；收购均价25.9元/千克，同比提高3.56元/千克；实现烟农总收入280.7亿元，同比增加21.3亿元，占全国33亿元烟农增收数的64%，超过38%的计划占比。完成4片不适用下部叶清除工作，清除鲜烟叶122万吨。实现烟叶税金57.83亿元，同比增长5.8%。

散叶收购。2013年，在云南省13个州（市）64个县145个基地开展专业化分级散叶收购，对口18家工业企业，种植面积321.65万亩，收购量达到41.65万吨（833.09万担），占全省计划的42%，散叶收购受到工业客户和烟农认可。国家局抽检云南省烟叶收购等级综合合格率达到82.9%，同比提高1.2个百分点。

种子管理和品种推广。2013年，云南省大田种子供应从上年的每亩2800粒调减到2000粒，同比下降28.6%。推行集约化商品化育苗，落实集中育苗点7262个，同比减少884个。2013年，烟草新品种共有23个，同比增加2个；示范面积70.96万亩，同比增加15万亩。"云烟115""云烟119""云烟205""PVH1452"和"NCT13"为2013年新增示范品种，"PVH1452"为巴西引进烤烟品种，"NC71""NC102""NC297"和"NCT13"为美国引进烤烟品种，"KRK26"为津巴布韦引进烤烟品种。

科技推广。在腾冲界头推进高黎贡山绿色生态优质烟叶生产示范区建设，构建绿色植保体系，取消病虫害统防统治补贴，有针对性地开展病虫害防治工作，推广烟蚜茧蜂防治烟蚜、杀虫灯、黄板、性诱剂等生物防治技术670余万亩，减少农药及专业化防治补贴9424万元。全省烤烟揭膜578万亩、占盖膜面积的79.6%，同比提高7个百分点，揭膜后深提沟、高培土，做到墒体饱满、沟渠通畅、墒无杂草、沟无积水、通风透光。昆明、楚雄、红河、保山、丽江、普洱、临沧、文山等地做到100%揭膜管理；玉溪、昭通揭膜比例分别达到86.25%和83.6%，同比提高16.25个百分点和18.6个百分点。

研究和推广"烟蚜茧蜂防治烟蚜技术"，先后突破烟蚜茧蜂冬季保种、人工规模化繁育、收集及释放等技术瓶颈，创造一大批科技成果，总结出一套以项目实施为载体、技术培训为重点、检查考核为抓手的"333"推广模式，加速科技创新"研发—应用—推广"一体化进程。云南烟区三年累计推广1308万亩，减少农药使用量60%以上，亩均减少防治成本25.28元，累计节约防治成本3.46亿元，挽回经济损失23.15亿元，新增利润1.44亿元，新增税收7724.16万元。该技术获得中国烟草总公司2013年度科学技术进步奖一等奖，是云南省烟草公司成立30余年来获得的首个中国烟草总公司科技进步一等奖。烟蚜茧蜂不仅对烤烟上的蚜虫有较好的防治效果，还能有效控制油菜、果树、蔬菜、花卉等作物上的蚜虫危害，2010—2012年，该技术共在非烟作物上辐射推广1100多万亩。

烟农专业合作社建设。2013年，省局（公司）在每个种烟州（市）统一按"一基一社、综合服务、社统队分"的建设模式推进1~2个试点，建设15个行业示范社，涉及15个基地单元，种植烤烟34.3万亩，入社烟农5.9万户，占基地单元烟农总数的98.3%，示范社基本实现盈利，达到国家局"服务烟农、普惠共享"的要求，示范社创建取得实质性进展。

截至年底，组建各类型烟农专业合作社1651个，其中综合服务型764个、单一服务型691个、互助种植型159个、经营种植型37个。全省合作社专业化育苗队服务面积403.2万亩，同比增加159.1万亩；专业化机耕队服务面积213.2万亩，同比增加50.1万亩；专业化植保队服务面积117.5万亩，同比减少36.5万亩；专业化烘烤队服务面积169.8万亩，同比增加51.8万亩；专业化分级队服务面积321.65万亩，同比增加279.85万亩。

特色优质烟叶开发。2013年，云南省特色品种种植面积为312.32万亩，其中，"红花大金元"种植119.7万亩，同比增加31.9万亩；"K326"种植171.99万亩，"NC297""NC71""NC102"等引进品种种植18.84万亩，津巴布韦引进品种"KRK26"种植1.79万亩，特色品种种植力度进一步加大。云南省有43个特色优质烟叶开发基地单元开展散叶收购，收购烟叶10.75万吨（215万担），占全省特色优质烟叶收购量的72.88%，占全省散叶收购总量的25.8%。

现代烟草农业建设。2013年，云南省规划建设烟叶生产基础设施项目11.4万件，行业投入总资金26亿元（国家局补贴15.5亿元，省内烟草配套10.5亿元），配套基本烟田224.76万亩。

基地单元建设。2013年，云南省新建45个烟叶基地单元，涉及12个州（市）、36个县（市）区，规划基本烟田256.2万亩，种植面积85.4万亩，收购烟叶11.10万吨（221.92万担），对口18家工业企业，20个卷烟品牌，调拨烟叶11.10万吨（221.92万担）；全省基地单元累计达到173个，收购计划43.02万吨（860.4万担），占全省烟叶总量的43.4%。搭架平台，深化合作，省局（公司）与上海烟草集团、湖南中烟、安徽中烟、浙江中烟、江苏中烟等工业企业签订战略框架协议，依托基地单元基层烟叶站（点）成立工商合作管理中心，工商合作进一步深化，共同推动基地单元建设。

【管理创新】 11月，省局（公司）下发《关于推进企业精益管理的实施意见》，提出全系统精益管理"一年大改进、二年大提升、三年创一流"工作规划，明确"以精益管理理念为引领，以十个专项业务管理工作为载体，以信息化为支撑，以提升效率和效益为目标，以精益烟叶生产、精益营销和精益物流为重点，将精益管理落实到生产、经营、管理、服务等各个领域，构建精益管理工作长效机制，推进企业管理创新，推动企业管理转型升级，打造企业管理升级版"的工作思路，制定到2015年"全系统主要生产经营管理工作达到行业领先水平"的工作目标、主要任务、保障措施、工作步骤。

【对外交流与合作】 2013年，中国烟草云南进出口有限公司继续承担"国际主要卷烟制造商GAP（良好农业规范）管理模式在云南有关烟区的应用"科技项目实施，项目的起止时间为2012年1月至2014年12月。项目的主要内容是按照菲莫国际公司、日本烟草公司、英美烟草公司等国际主要卷烟制造商GAP生产管理模式和我国大田作物的GAP标准，结合云南烟叶产区的特点，在云南玉溪新平、保山腾冲、临沧耿马、文山丘北及楚雄等优质烟叶种植区探索和建立优质烟叶生产的 GAP 管理模式，生产专供菲莫国际公司等国际主要卷烟制造商使用的国际型优质烟叶。

组织国内外相关专家对项目烟叶进行质量评估，通过对项目烟叶的配方加工，形成对菲莫国际公司、日本烟草公司、英美烟草公司等国际主要卷烟制造商的固定烟叶出口等级并逐步进入其主配方。GAP 项目实施过程中，将对 GB/T20014 中国良好农业规范标准、CORESTA GAP 指导性标准和菲莫国际公司 GAP 标准进行对比研究，结合云南省相关烟叶产区自然生态情况、种植和烤烟调制的技术条件，在国际主要卷烟制造商 GAP（良好农业规范）框架下，研究云南烟区 GAP 管理模式并加以推广应用。同时，邀请国际主要卷烟制造商或其委托机构对相关项目基地进行 GAP 认证。

【创优活动】 制定下发《云南省烟草专卖局关于开展创建优秀地市级局（公司）达标验收工作的通知》，明确验收程序和方法，有序推进地市级局（公司）创建活动。分两批对提交验收申请的地市级局（公司）组织开展检查验收。第一批完成对曲靖、大理、普洱 3 家的检查验收工作，3 家单位均达到创建标准。第二批完成对昆明、玉溪、保山、西双版纳和临沧的检查验收工作，其中昆明、玉溪、保山、西双版纳 4 家单位达到创建标准。

【特事要辑】 3 月 11—13 日，国家局副局长何泽华到云南省红河哈尼族彝族自治州调研烟叶生产抗旱救灾工作。

5 月 28—30 日，国家局局长凌成兴到云南烟草调研，副局长杨培森一同调研。凌成兴强调，要坚持一个制度，狠抓三件大事，即坚持烟草专卖制度不动摇，狠抓烟叶生产、卷烟营销、内部规范管理三件大事。要坚决守住 5000 万担烟叶收购计划这一红线，着重提升烟叶质量水平、烟叶种植水平和烟叶基地建设水平。要围绕“卷烟上水平”总体要求，继续保持结构调整、科技创新和市场培育“领头羊”地位，瞄准世界先进水平，再上新的发展台阶。

8 月 8—10 日，国家局局长凌成兴到云南烟草调研指导党的群众路线教育实践活动。凌成兴强调，要认真学习贯彻习近平总书记关于教育实践活动的重要讲话精神，围绕调动领导干部和广大群众两个积极性，围绕打牢学习教育和查摆问题两个基础，围绕整改落实和建章立制两个关键，深刻查摆教育实践活动中可能存在的思想认识不到位、督导组征求意见难以听到真实情况、学习教育难深入、突出重点对象不够、聚焦点跑偏等五个方面的问题，推动活动深入扎实开展。

10 月 25—26 日，国家局局长凌成兴到云南烟草调研，并参加云南省局（公司）党组召开的党的群众路线教育实践活动专题民主生活会。凌成兴强调云南省局（公司）要“肩负一个重任”，即肩负行业优质烟叶原料保障的重任。云南烟草要聚焦审计和查找出来的六个问题，下大决心、花大力气妥善解决。善始善终抓好整改落实和建章立制这两个关键，努力做到教育实践活动与业务工作两不误、两促进、两结合、双丰收。

11 月 18—19 日，2013 年全国烟草行业物流工作现场会在大理召开，国家局副局长何泽华出席会议并讲话。

12 月 3—4 日，国家局副局长赵洪顺到云南烟草检查指导安全生产工作，强调云南烟草要进一步提高认识，加强安全生产工作制度建设；抓好技术管理，诊断安全隐患，保持安全生产良好态势；重视安全培训，塑造安全生产文化。

所属地市级局（公司）

【昆明市烟草专卖局（公司）】 昆明市烟草专卖局成立于 1985 年，云南省烟草公司昆明市公司成立于 1984 年。下辖 14 个县级烟草专卖局（分公司）。

2013 年，昆明市局（公司）实施 32 项涵盖烟草商业企业“两烟一专、基础管理”等方面科技项目的研发与推广工作，计划投入企业技术研发经费 965 万元，其中新立项目 2 项，延续项目 21 项，上级单位安排项目 9 项。获得国家实用新型专利授权 2 项、软件著作权 2 项，公开发表科技论文 10 篇，其中在中文核心期刊或中国科技核心期刊上发表 3 篇。

【玉溪市烟草专卖局（公司）】 玉溪市烟草专卖局成立于 1983 年，云南省烟草公司玉溪市公司成立于 1982 年。下辖 9 个县级烟草专卖局（分公司）及 5 家多元化经营控（参）股公司。2013 年，市公司承担的国家局重点项目“烟蚜茧蜂防治烟蚜技术研究与推广应用”获得中国烟草总公司科学技术进步奖一等奖。

2013 年，市局（公司）建设现代烟草农业基地单元 8 个，其中 7 个对口红塔集团“红塔山”“玉溪”品牌，1 个对口浙江中烟。8 个烟叶基地单元收购烟叶 2.11 万吨（42.2 万担），上等烟比例 70.54%，上中等烟比例 96.40%，烟叶收购等级合格率及工商交接等级合格率在 80% 以上。

市局（公司）与云南中烟工业有限责任公司、云南省烟草农业科学研究院合作，启动江川前卫基地单元特色优质烟叶开发工作，在原料生产上形成“工业 + 商业 + 合作社 + 烟农”的新型基地单元建管模式，实施烟叶生产规模化种植、专业化服务和集约化经营，实现“种植专业户、家庭农场、种植专业合作社”三种生产组织方式全覆盖。江川县前卫特色优质烟叶基地单元种植烤烟 3.16 万亩，收购烟叶 0.37 万吨（7.37 万担），上等烟比例 75.29%，上中等烟比例 95.9%，平均亩产量 2.47 担，亩产值 3272.55 元，均价 26.86 元/千克。

【曲靖市烟草专卖局（公司）】 云南省烟草公司曲靖市公司成立于 1982 年 4 月，云南省曲靖市烟草专卖局成立于 1984 年 1 月。下辖 9 个县级烟草专卖局（分公司）。

2013 年，曲靖市公司推行专业化育苗、商品化供苗，培育壮苗 17.6 亿株，实现 95% 以上壮苗移栽。加强以揭膜培土为中心的大田中耕管理工作，坚持合理留叶，成熟采收。进一步完善烟叶风险防范体系，烟叶生产保险投保额度增加到60元/亩，最高赔付额度增加到1600元/亩。2013年，国家局抽检烟叶收购综合合格率为83.3%，较2012年提高2.9个百分点；工商交接抽检等级合格率为63.14%，位列全省前列。全国烟叶客户生产收购观摩会在师宗召开，曲靖烟叶因品种纯、等级纯和质量好，受到各卷烟工业企业的普遍好评。

开展企业标准化建设，扎实推进管理模式创新，形成十个专项业务为基础的企业标准体系和烟草商业企业9DSS管理模式。

【红河哈尼族彝族自治州烟草专卖局（公司）】 红河哈尼族彝族自治州烟草专卖局、云南省烟草公司红河哈尼族彝族自治州公司成立于1983年12月。下辖13个县级烟草专卖局（分公司）①，持有红河烟叶复烤有限公司②51%股份。

2013年，红河哈尼族彝族自治州实现100%商品化育苗、地膜覆盖、病虫害统防统治和揭膜培土，机耕深翻面积90%、农家肥使用面积92%。科学烘烤网络化管理占计划的68.28%，烘烤平均损失同比降低4.94%，达到历史最好水平。红河哈尼族彝族自治州膜下小苗节水移栽面积47.5万亩，占计划的70.4%，辐射带动全省推广270万亩，受到省委省政府和省局（公司）的高度评价。

2013年申报专利10项，获国家授权专利7项。公司立项研究完成的“烤烟功能有机肥料研究与应用”项目获得云南省局（公司）2013年科学技术进步奖三等奖。

【大理白族自治州烟草专卖局（公司）】 大理白族自治州烟草专卖局、云南省烟草公司大理白族自治州公司成立于1984年1月。下辖12个县级烟草专卖局（分公司），以及云南烟草宾川白肋烟有限责任公司。

2013年在科技期刊上公开发表论文6篇，获得专利授权4项，其中实用新型专利2项，发明专利2项。“烟蚜茧蜂防治烟蚜技术研究与推广应用”项目获得中国烟草总公司科学技术进步奖一等奖，“优质红大品种烟叶的品质特性研究”和“红塔集团大理原料基地特色优质烟叶质量保障体系研究”分获得云南中烟工业有限责任公司科技进步一等奖、二等奖。

【楚雄彝族自治州烟草专卖局（公司）】 楚雄彝族自治州烟草专卖局成立于1983年，云南省烟草公司楚雄彝族自治州公司成立于1982年。下辖10个县级烟草专卖局（分公司）。

加强山区、半山区烟叶生产抗旱基础设施建设，争取烟草水窖项目4.08万个，其中2013年得基础设施项目2.08万个、抗旱彩虹水窖7000个，提前实施2014年基础设施项目1.3万个。

以提升客户服务水平为目标，制定《现代卷烟零售终端建设规划及实施方案》，明确2013—2015年楚雄彝族自治州建设目标及实施步骤，完成对终端资源的摸底调查、系统录入及第一批目标客户的选取。

【昭通市烟草专卖局（公司）】 昭通市烟草专卖局成立于1984年、云南省烟草公司昭通市公司成立于1982年。下辖11个县级烟草专卖局（分公司）。2013年，昭通市局（公司）获得“云南省厂务公开民主管理先进单位”称号。

2013年，昭通市共办理涉烟行政案件1656起，上缴罚没款86.85万元，查获假冒卷烟1175.48万支，查获烟叶、烟丝307.63吨；办理涉烟刑事案件30起，刑拘44人，逮捕17人，判刑13人。市局破获的“4·29”分销假冒卷烟网络案件得到国家局、公安部的表彰奖励。

【保山市烟草专卖局（公司）】 保山市烟草专卖局、云南省烟草公司保山市公司成立于1988年3月。下辖5个县级烟草专卖局（分公司）和保山兰都酒店管理有限责任公司1家全资子公司。

2013年，保山市公司在腾冲永安基地单元开展综合服务型烟农专业合作社示范社建设，推进育苗、机耕、植保、烘烤、分级重点环节专业化服务，辐射带动保山389家烟农专业合作社规范运行，烤烟综合生产能力、生产水平整体提升。在高黎贡山绿色生态优质烟叶生产示范园区推进“优化布局、环境保护、科学施肥、绿色植保、清洁生产、GAP管理、标准化生产、优化结构、节能烘烤、控制质量安全”十大技术措施，构建绿色生态、节本高效、低碳环保的烟叶生产技术体系。

【丽江市烟草专卖局（公司）】 丽江市烟草专卖局、云南省烟草公司丽江市公司成立于1985年4月。下辖5个县级烟草专卖局（分公司）。

市局保持打击涉烟违法犯罪活动高压态势，古城区“10·25”案件打掉非法经营假冒卷烟网络1个和位于昆明市的制假窝点1个，抓获犯罪嫌疑人8名，查获假烟105.4万支，案值282万元，达到国家局网络案件标准；永胜县“10·23”案件查获无证运输烟叶1.72吨，达到省局网络案件标准。

2013年，丽江市公司建立精益物流管理体系，形成企业标准121份。制定事前预警、事中改进、事后完善的物流管控机制，做到“管理可控、过程可视、结果可评”。全员参与持续改善取得良好效果，提出合理化建议126项，完成精益改进6项，开展六西格玛课题2个；送货准时率、客户满意度不断提高。

【文山壮族苗族自治州烟草专卖局（公司）】 文山壮族苗族自治州烟草专卖局、云南省烟草公司文山壮族苗族自治州公司成立于1984年7月。下辖8个县级烟草专卖局（分公司）。

2013年破获1起符合公安部、国家局标准的“5·13”

---

① 根据《国家烟草专卖局 中国烟草总公司关于云南省烟草公司红河州公司下属五个营销部更名的批复》（国烟法〔2013〕428号），国家局、总公司批复同意将云南省烟草公司红河州公司下设的河口、绿春、金平、红河、元阳5个营销部分别更名为红河州烟草公司河口、绿春、金平、红河、元阳分公司。

② 红河烟叶复烤有限公司详见《工业企业》栏目“打叶复烤和薄片生产企业”分目。

非法经营烟叶网络案件，涉案金额166.98万元，查获非法烟叶705.4担，抓获5人，刑拘4人，批捕3人。

2013年共投入补贴资金1.98亿元（含综合配套费516.68万元），年内完成烟叶生产基础设施建设项目1.26万件。与上海烟草集团、广东中烟等卷烟工业企业联合建设24个基地单元，实现基地化生产面积45万亩。

【德宏傣族景颇族自治州烟草专卖局（公司）】 德宏傣族景颇族自治州烟草专卖局、云南省烟草公司德宏傣族景颇族自治州公司成立于1989年7月。下辖5个县级烟草专卖局（分公司）和1个直属分局，以及瑞丽新凯通酒店管理有限责任公司1个控股公司。

2013年，德宏傣族景颇族自治州销售卷烟4.56万箱，同比增长4.6%，增幅云南省排名第一；实现销售收入11.53亿元，同比增长14.48%，增幅全省排名第一；2013年云南省客户满意度调查，德宏公司综合得分位列云南省16个地州公司第一。

2013年，德宏烟草与德宏州公安局联手破获“1·15”跨国制假网络案件，开创烟草行业跨出国门打击涉烟犯罪捣毁制假窝点的先河，此案入选2013年云南烟草十大新闻第三大事件。此外，全州公安、烟草通力协作、相互配合，还破获一批涉烟大要案件，德宏“4·27”分销假烟网络案件和“利剑行动”获得国家局通报表彰。

【西双版纳傣族自治州烟草专卖局（公司）】 西双版纳傣族自治州烟草专卖局成立于1991年6月，云南省烟草公司西双版纳傣族自治州公司成立于1993年1月，与州烟草专卖局合署办公。下辖3个县级烟草专卖局，控股新傣园酒店管理有限公司。

2013年，西双版纳州局破获“6·23”非法经营卷烟网络案件受到省政府表彰。此案中，嫌疑人对卷烟进行伪装，并利用私家车、班车、货车多次、小批量快速运输，公安、司法机关刑拘3人，逮捕3人，查获涉案车辆2辆，涉案金额302万元，其中涉案卷烟532.6万支。

【怒江傈僳族自治州烟草专卖局（公司）】 怒江傈僳族自治州烟草专卖局成立于1991年，云南省烟草公司怒江傈僳族自治州公司成立于1994年8月，下辖3个县级烟草专卖局（分公司）。

3月，州公司和州邮电局召开“烟邮合作”联席会议，进一步深化“烟邮合作”，建立“优质、高效、快捷、安全”的卷烟物流配送体系，提高零售客户对卷烟配送的满意度。

【普洱市烟草专卖局（公司）】 普洱市烟草专卖局、云南省烟草公司普洱市公司分别成立于1991年7月和1992年7月。下辖10个县级烟草专卖局（分公司）

2013年，破获“12·6”“9·11”两起网络案件，抓获犯罪嫌疑人32人，查获非法流通卷烟94件，假冒卷烟163.34万支，案值612余万元，捣毁制假窝点2个，查获烟机2台（套）、打码设备6套及大量制假原辅材料。

2013年申请国家专利14项，获得专利授权11项。继获得中国地理标志证明商标后，2013年，“普洱烟叶”又被云南省商务厅认定为云南品牌，普洱市烟草公司被认定为品牌企业，普洱烟叶品牌打造取得战略性突破。

【临沧市烟草专卖局（公司）】 临沧市烟草专卖局、云南省烟草公司临沧市公司成立于1985年。下辖8个县级烟草专卖局（分公司）。

2013年，参与首届亚洲微电影艺术节，共同推进“世界佤乡·天下茶仓·大美临沧”的美丽城市品牌建设，传递园区建设和临沧烟草发展正能量。

【迪庆藏族自治州烟草专卖局（公司）】 迪庆藏族自治州烟草专卖局、云南省烟草公司迪庆藏族自治州公司成立于2002年3月。2013年2月，德钦、维西、香格里拉等3个县级局（公司）经省局（公司）批准成立。

2013年，全面开展“改进工作作风，密切联系群众，厉行勤俭节约”思想作风专题教育活动，以“大成”文化为引领，广大干部职工深入社区和弱势群体参加义务劳动、献爱心，在2013年迪庆“8·28”“8·31”地震发生后第一时间将烟草行业的温暖送达受灾户。2013年被评为“全州先进党组织”“全州社会管理综合治理工作先进单位”；2013年11月，迪庆州局（公司）作为云南省烟草系统“人本物流”案例单位，以“雪山缺氧，七彩融爱”为主题向全行业展现高原烟草企业“缺氧不缺精神”、践行“两个至上”行业共同价值观的良好形象。

所属其他二级单位及派驻机构

【中国烟草云南进出口有限公司】 中国烟草云南进出口有限公司成立于1985年，原名中国烟草进出口公司云南分公司，1992年更名为中国烟草云南进出口公司。1999年改制为中国烟草云南进出口有限公司。1996年，经调整，成为中国烟草总公司云南省公司的全资子公司，公司位于云南省昆明市。主要经营云南省的烟叶出口、卷烟进口、烟丝出口和云南省商业系统复烤设备及零配件进出口等业务。截至2013年底，拥有全资子公司2家，分别为云南云辉货运有限公司、深圳泰福物流有限公司。控股公司1家，为云南烟草保山香料烟有限责任公司，持股比例为75%。公司拥有总资产28亿元，其中固定资产0.24亿元、流动资产21亿元，资产负债率为6.4%。截至2013年底，公司共有员工159人。

2013年，公司坚持加快转变发展方式，突出抓好出口烟叶备货加工、德宏烟叶后备战略基地建设，夯实管理和生产基础，狠抓烟叶生产经营，着力加强自身建设，不断提高服务水平，持续推进文化建设。实现进出口总值3.59亿美元，其中，进口总值284万美元；出口总值3.57亿美元。全年进口价值136.69万美元卷烟、雪茄烟。进口146.6万美元仪表仪器等非烟商品。出口烟叶7.84万吨。合并保山香料烟公司后，公司实现税利7.05亿元，同比增长16%。

【云南省烟草实业公司】 云南省烟草实业公司成立于1988年，隶属于中国烟草总公司云南省公司，公司下辖1

家全资多元化经营企业（昆明海天酒店）及1家控股多元化经营企业（云岭四季酒店管理公司），参股7家企业，同时参与安宁“楸木园”项目管理。公司主要经营范围包括全省烟叶生产用化肥销售、酒店管理、卷烟零售、物业管理等。截至2013年底，公司拥有总资产13.68亿元，其中固定资产893万元，流动资产11.58亿元，资产负债率为60.09%。公司共有在岗员工71人。

2013年，公司实现税利8326万元，同比增长29.85%，其中利润6384万元，同比增加1504万元。实现销售收入24.97亿元，同比减少8.96亿元。2013年实现化肥销售收入22.16亿元，同比减少9.26亿元。对外投资收益1041万元，同比增加305万元。

【云南华叶投资有限责任公司】 2013年，省局（公司）经报国家局批准同意后组建云南华叶投资有限责任公司，并于2013年9月12日获得云南省工商行政管理局批准，正式成立“云南华叶投资有限责任公司”（简称华叶投资公司），初步完成对多元化企业从职能监管到实体运作的升级转型，进一步明确华叶投资公司的定位及职能职责。

2013年，云南烟草商业系统共有存续多元化企业35家，投资成本21.93亿元，其中全资和控股企业17家（有10家系宾馆酒店类企业、1家系商业贸易类企业、3家系物流服务类企业、3家系生产经营类企业），投资成本8.86亿元，占多元化总投资成本40%；参股企业18家（由云南省烟草工业公司控股的企业有6个、金融保险类投资有4个、其他类企业有8个），投资成本13.07亿元，占多元化总投资成本60%。截至2013年底，全资控股企业资产总额20.47亿元，负债总额9.5亿元，资产负债率47%。华叶投资公司注册资金3亿元，2013年实现税利196.97万元。

8月，公司组织召开一届一次董事会会议及一届一次监事会会议。会议选举产生公司董事长，并表决通过公司总经理、副总经理的聘任，选举产生公司监事会主席。

组织云南省开展2012年度多元化经营管理评价体系工作，从组织结构、制度建设、机制运行、经营绩效及竞争力五个方面开展自检自查，认真审核评价内容。完成云南省多元化投资管理的基础信息及统计分析工作。及时完成“多元化投资企业（项目）动态监管系统”的数据录入及与投资公司数据对接工作。开展野鸭湖旅游度假有限公司、香港南浩有限公司的有偿转让及无偿转让的相关工作。配合云南中烟工业有限责任公司进行云南省烟草系统酒店管理协会清算撤销工作。

2013年云南省烟草商业系统主要情况统计

地市级局（公司）名称		昆明市局（公司）	玉溪市局（公司）	曲靖市局（公司）	红河州局（公司）
主要负责人/法人代表		吴永明	田泽华	吴立著	梁　兵
总资产（万元）		894218	594911	1138138	575433
资产负债率（%）		28.04	19.90	39.91	28.67
所属县级局（个）		14	9	9	13
所属县级公司/分公司（个）		14个分公司	9个分公司	9个分公司	13个分公司
所属县级营销部（个）		—	—	—	—
从业人员（人）		1653	3690	2723	1244
所属业务机构	营销机构	1个营销中心	1个营销中心	1个营销中心	1个营销中心
	物流配送机构	1个物流配送中心	1个物流中心、8个配送中转站	1个物流中心、9个卷烟中转站	1个物流配送中心、4个物流中转站
	专卖稽查机构	14个稽查支队	1个稽查支队、9个稽查大队	1个稽查支队、9个稽查大队	1个稽查支队
	烟叶机构	62个烟叶站	51个烟叶收购站、52个烟叶收购点	94个烟叶站、380个收购点	44个烟叶站、104个烟叶收购点
销售卷烟	亿支	162.85	41.75	105.62	76.60
	2013年比2012年（%）	2.36	0.48	-0.52	0.26
卷烟销售收入（万元）		984600	215728	570300	405265
实现税利	万元	445028	260275	545537	314158
	2013年比2012年（%）	10.95	17.89	19.43	12.31
实现利润	万元	278329	160510	298887	197411
	2013年比2012年（%）	11.46	24.45	29.78	19.21
查处涉烟违法案件（起）		1911	901	1080	2051

续表

地市级局（公司）名称	昆明市局（公司）	玉溪市局（公司）	曲靖市局（公司）	红河州局（公司）
查处涉烟违法案件案值（万元）	10091	6622	1954	1487
2013 年度烟草行业投入烟叶生产基础设施建设资金（万元）	20087	13970	39523	15442
全年烟叶生产基础设施新增受益面积（万亩）	8.79	18.47	19.30	8.98
烟叶种植（万亩）	63.80	71.52	156.40	67.50
烟叶收购（万担）	157.20	175.70	404.70	167.25
烟农户数（户）	91097	44688	229300	85773
实现烟农总收入（万元）	207852	250000	522700	223732
零售客户数（户）	22654	9068	21843	12427
零售客户销售毛利率（%）	15.76	15.51	10.97	10.83

地市级局（公司）名称		大理州局（公司）	楚雄州局（公司）	昭通市局（公司）	保山市局（公司）
主要负责人/法人代表		樊在斗	晏　飞	于　明（—2013.11） 孔垂武（2013.11—）	周　锋
总资产（万元）		467023	542200	354224	361007
资产负债率（%）		43.10	43.99	46.41	53.93
所属县级局（个）		12	10	11	5
所属县级公司/分公司（个）		12 个分公司、 1 个白肋烟公司	10 个分公司	11 个分公司	5 个分公司
所属县级营销部（个）		—	—	—	—
从业人员（人）		1271	1176	1854	876
所属业务机构	营销机构	1 个营销中心	1 个营销中心	1 个营销中心	1 个营销中心
	物流配送机构	1 个物流配送中心、 12 个物流中转站	1 个物流配送中心	1 个物流中心	1 个物流中心
	专卖稽查机构	1 个稽查支队、 12 个稽查大队	1 个稽查支队	1 个稽查支队	1 个稽查支队、 5 个稽查大队
	烟叶机构	80 个烟叶站、 9 个白肋烟站	79 个烟叶站	63 个烟叶站	41 个烟叶站
销售卷烟	亿支	65.35	51.15	85.59	45.10
	2013 年比 2012 年（%）	0.54	2.30	0.54	2.04
卷烟销售收入（万元）		274314	215472	333497	223408
实现税利	万元	265053	319900	150040	223621
	2013 年比 2012 年（%）	17.47	20.32	15.32	44.07
实现利润	万元	149934	183355	74886	119406
	2013 年比 2012 年（%）	21.83	31.22	20.34	70.33
查处涉烟违法案件（起）		1179	172	1656	765
查处涉烟违法案件案值（万元）		2820	487	2566	1525
2013 年度烟草行业投入烟叶生产基础设施建设资金（万元）		15388	18200	18604	24801
全年烟叶生产基础设施新增受益面积（万亩）		6.95	12.84	7.19	14.67
烟叶种植（万亩）		67.58	80.72	36.50	58.30
烟叶收购（万担）		161.02	205.00	92.50	143.40
烟农户数（户）		126142	36000	39120	93294

续表

地市级局（公司）名称	大理州局（公司）	楚雄州局（公司）	昭通市局（公司）	保山市局（公司）
实现烟农总收入（万元）	219583	285700	119640	213900
零售客户数（户）	11963	9602	12354	8564
零售客户销售毛利率（%）	10.28	10.00	9.00	10.19

地市级局（公司）名称		丽江市局（公司）	文山州局（公司）	德宏市局（公司）	西双版纳州局（公司）
主要负责人/法人代表		徐元飞	张树锋	廖世勇	彭　川
总资产（万元）		213384	351808	37135	54225
资产负债率（%）		69.31	53.58	28.78	31.89
所属县级局（个）		5	8	6	3
所属县级公司/分公司（个）		5 个分公司	8 个分公司	5 个分公司	—
所属县级营销部（个）		—	—	—	—
从业人员（人）		438	1011	208	169
所属业务机构	营销机构	1 个营销中心	1 个营销中心	1 个营销中心	1 个营销中心
	物流配送机构	1 个物流中心	1 个物流中心	1 个物流中心、1 个配送中心、5 个中转站	1 个物流配送中心
	专卖稽查机构	1 个稽查支队	1 个稽查支队	1 个稽查支队、5 个稽查大队	1 个稽查支队
	烟叶机构	24 个烟叶站、4 个烟叶点	53 个烟叶站	—	—
销售卷烟	亿支	26.00	50.60	22.82	29.00
	2013 年比 2012 年（%）	0.59	3.26	4.60	4.51
卷烟销售收入（万元）		129620	178838	115360	143630
实现税利	万元	101746	175057	19734	35348
	2013 年比 2012 年（%）	43.93	12.93	8.66	11.18
实现利润	万元	51158	83844	9443	19936
	2013 年比 2012 年（%）	86.75	10.38	5.28	13.94
查处涉烟违法案件（起）		197	366	182	113
查处涉烟违法案件案值（万元）		503	4073	6130	351
2013 年度烟草行业投入烟叶生产基础设施建设资金（万元）		14761	19800	—	—
全年烟叶生产基础设施新增受益面积（万亩）		3.99	10.90	—	—
烟叶种植（万亩）		27.50	54.30	—	—
烟叶收购（万担）		69.49	141.00	—	—
烟农户数（户）		35357	43011	—	—
实现烟农总收入（万元）		93180	175700	—	—
零售客户数（户）		5866	13657	6256	8576
零售客户销售毛利率（%）		10.85	9.61	10.03	11.00

地市级局（公司）名称	怒江州局（公司）	普洱市局（公司）	临沧市局（公司）	迪庆州局（公司）
主要负责人/法人代表	王纪文	杨　跃	李春明	夏　巴
总资产（万元）	12671	305734	268734	14015
资产负债率（%）	20.86	61.98	73.29	46.80
所属县级局（个）	3	10	8	3

续表

地市级局（公司）名称		怒江州局（公司）	普洱市局（公司）	临沧市局（公司）	迪庆州局（公司）
所属县级公司/分公司（个）		3 个分公司	10 个分公司	8 个分公司	3 个分公司
所属县级营销部（个）		—	—	—	—
从业人员（人）		123	852	706	160
所属业务机构	营销机构	1 个营销中心、1 电访中心	1 个营销中心	1 个营销中心、1 个电访中心	1 个营销中心
	物流配送机构	1 个物流中心、1 配送中心	1 个物流中心、10 个配送站	1 个物流中心	1 个物流中心
	专卖稽查机构	1 个稽查支队	1 个稽查支队、10 个稽查大队	1 个稽查支队	1 个稽查支队
	烟叶机构	—	38 个烟叶站	74 个烟叶站	—
销售卷烟	亿支	9.80	43.76	40.60	8.50
	2013 年比 2012 年（%）	0.00	0.21	1.50	3.00
卷烟销售收入（万元）		46547	175481	154314	42263
实现税利	万元	6041	190072	140270	7129
	2013 年比 2012 年（%）	8.69	30.53	21.66	0.34
实现利润	万元	1944	106776	70521	2513
	2013 年比 2012 年（%）	9.27	47.51	23.00	-10.98
查处涉烟违法案件（起）		28	203	558	61
查处涉烟违法案件案值（万元）		152	184	44738	40
2013 年度烟草行业投入烟叶生产基础设施建设资金（万元）		—	21530	17148	—
全年烟叶生产基础设施新增受益面积（万亩）		—	7.68	4.32	—
烟叶种植（万亩）		—	51.02	43.20	—
烟叶收购（万担）		—	131.30	110.18	—
烟农户数（户）		—	67619	68093	—
实现烟农总收入（万元）		—	166400	135838	—
零售客户数（户）		1840	8570	8484	2392
零售客户销售毛利率（%）		8.20	8.00	9.75	11.26

（撰稿：曾永春；编辑：王东旭）

西藏自治区烟草专卖局（公司）

【概　况】　西藏自治区烟草专卖局、西藏自治区烟草公司成立于1998年1月，实行合署办公。2001年1月，西藏自治区烟草公司正式上划中国烟草总公司，更名为中国烟草总公司西藏自治区公司。下辖7家地市级烟草专卖局（公司），其中那曲地区烟草专卖局（公司）体制尚未上划。自治区局（公司）机关设12个职能处室，5个专业部门以及3个临时驻外机构。截至2013年底，公司拥有总资产14.32亿元，其中固定资产3.28亿元、流动资产9.47亿元，资产负债率为15.04%。共有从业人员（不包括那曲地区）980人。

【领导成员】

局长、总经理、党委书记：杨桂选
副局长、纪检书记、党委委员：旺　啦
副总经理、党委委员、工会主席：乔建民
副局长、党委委员：岳远征
副总经理、党委委员：洛　桑（2013.12—）（国烟人〔2013〕444号、国烟党〔2013〕102号）
副巡视员：多布拉（—2013.4）（国烟党〔2013〕32号）
副巡视员：张　英（—2013.12）（国烟党〔2013〕107号）
副巡视员：王永长（2013.12—）（国烟人〔2013〕444号）

【专卖管理】　从收集线索、追溯根源、销售终端上解决制假贩假等问题，通过频繁拉网式普查和无规律的突击检查，提高重点整治区域检查频率，点面结合，分步推进，查处违法经营卷烟行为。2013 年，查处各类涉烟违法案件 219 起，查获非法卷烟 286.8 万支，案值 163.5 万元。公安机关抓获涉案嫌疑人 9 人，批捕 1 人、刑拘 1 人。

【经济效益】 2013 年，自治区烟草行业实现销售收入 32.68 亿元，同比增长 19.61%。实现卷烟税利 5.95 亿元，同比增长 30.01%，其中利润 2.39 亿元，同比增长 39.77%。三项费用率为 10.99%。

【卷烟经营】 卷烟销售。2013 年，自治区烟草商业系统销售卷烟 49.4 亿支（9.88 万箱），同比增长 9.78%，其中，一类烟 14.3 亿支（2.87 万箱），同比增长 27.70%；二类烟 3 亿支（0.6 万箱），同比增长 7.28%；三类烟 17.45 亿支（3.5 万箱），同比增长 12.73%；四类烟 10.5 亿支（2.1 万箱），同比下降 4.56%；五类烟 3.9 亿支（0.78 万箱），同比下降 11.36%；国外烟（含雪茄烟）0.3 亿支，同比增长 7.14%。本地区销量居前三位的卷烟品牌是“云烟”“白沙”“芙蓉王”，销量分别为 15.2 亿支（3.04 万箱）、6.6 亿支（1.32 万箱）、3.3 亿支（0.55 万箱）。

品牌培育。加强品牌定位、宣传、维护工作的管理，进一步完善卷烟品牌营销管理规范，保留 88 个有市场、有潜力的卷烟规格并签订协议。继续沿用“进一退一”的机制，健全品牌引进、品牌退出、品牌维护等机制，实现品牌营销管理的流程化、标准化和规范化。全年在销的 26 个重点品牌销量占总销量的 77.99%，同比增加 3.4 个百分点；销售收入占总销售额的 93.46%，同比增长 2.83 个百分点。

网上订货。推广“新商盟”网上订货，按照“客户自愿、统一规范、稳步推进”的原则，加大对网上订货的宣传力度和技能培训指导，对有意向参加网上订货的客户，及时协调寻找解决的方法，做到“成熟一户发展一户、入网一户成功一户”。

网建工作。完善销售网络及物流配送体系，截至 2013 年底，完成 4 个地市卷烟物流配送中心建设改造工作，累计建设完成并投入使用的县级网点 15 个、在建网点 4 个、租赁经营网点 10 个；建设完成并投入使用品牌店 14 个。

【管理创新】 完善和提升电子政务、电子商务、管理决策三大应用体系，截至 2013 年底，基本完成人力资源、专卖内管、财务信息化建设。电子政务系统已全面启动。

【人事政工】 职工教育培训。2013 年，西藏自治区烟草商业系统共组织技能鉴定培训两期，对 208 名员工开展 2 个批次、3 个等级的鉴定工作。举办各类培训班 25 期。自主培训行业员工 903 人次，累计培训天数 84 天；参加国家局等外派培训 167 人次，参训人数 128 人。

收入分配管理。加强对地市局（公司）工资发放总额的调控，通过工资发放审批、劳资月报等报表情况进行实时控制，强化全年度的工资总额预算管理。规范住房公积金和企业年金的缴费标准，对 2011 年、2012 年西藏自治区企业年金缴费标准进行调整。

【特事要辑】 2 月 20 日，自治区副主席宫蒲光到西藏烟草调研。

9 月 6 日，自治区副主席姜杰到西藏烟草调研。

9 月 26—27 日，国家局局长凌成兴到西藏烟草考察，强调要践行特别能吃苦、特别能战斗、特别能忍耐、特别能团结、特别能奉献的西藏精神，履行维护民族团结、保障卷烟供应、关心干部安康三大职责。国家局副局长杨培森一同调研。

所属地市级局（公司）

【拉萨市烟草专卖局（公司）】 拉萨市烟草专卖局成立于 1998 年 1 月，成立之初，将拉萨市烟草专卖局并入自治区烟草专卖局，作为自治区局专卖处负责拉萨市七县一区专卖打假工作的一个部门。西藏自治区烟草公司拉萨市公司 2012 年 6 月经国家局批复成立，自此西藏自治区烟草公司拉萨市公司和拉萨市局实行合署办公，2013 年独立核算。主要负责拉萨市七县一区（当雄、堆龙德庆、曲水、墨竹工卡、达孜、尼木、林周、城关区）的卷烟营销和烟草专卖管理。

科学合理调整配送线路，制定《卷烟物流配送中心配送线路优化调整方案》，将拉萨市七县一区划分为五大配送区域，有效整合资源，提高客户服务水平。

【日喀则地区烟草专卖局（公司）】 日喀则地区烟草专卖局、西藏自治区烟草公司日喀则地区公司成立于 1998 年 1 月，2003 年 12 月国家局批复同意上划，2004 年 7 月 1 日完成上划。下设 5 个县级营销网点和 1 个城区配送中心。

【山南地区烟草专卖局（公司）】 山南地区烟草专卖局、西藏自治区烟草公司山南地区公司成立于 1998 年 1 月，2004 年 4 月国家局批复同意山南烟草体制上划，2004 年 7 月完成上划。下辖 5 个县级营销网点和泽当镇 1 个零售门市。

加强零售客户管理。采取与零售客户自愿签订协议的方式，通过对协议户的销售情况进行跟踪，从遵纪守法、经营水平、业务配合等方面进行考核，采取季度评定、集中授牌和上门授牌的方式，授予零售客户“卷烟零售示范店”。

【林芝地区烟草专卖局（公司）】 林芝地区烟草专卖局、西藏自治区烟草公司林芝地区公司成立于 1996 年 11 月，2004 年 7 月体制上划，下辖 4 个县级营销网点。

运用“新商盟”和“135”工作法，制定品牌长远控制机制，确保紧俏品牌合理限量。按照 3 + x 品牌布局模式（3 个主销品牌搭配其他辅销品牌），以“532”“461”品牌为重点品牌基础，其他辅销品牌为过渡辅助，制定品牌长远规划。

【昌都地区烟草专卖局（公司）】 昌都地区烟草专卖局、西藏自治区烟草公司昌都地区公司成立于1998年9月，2003年12月国家局批复同意体制上划，2004年7月完成上划。下辖7个县级营销网点和1个城区配送中心。

开展卷烟市场价格治理工作。与零售客户签订承诺书，严格执行“一物一码一价”和明码标价销售的规定，对高价位卷烟货源投放及客户布局情况进行检查，规范零售客户日常销售行为，严防“天价烟”价格反弹。

【阿里地区烟草专卖局（公司）】 阿里地区烟草专卖局、西藏自治区烟草公司阿里地区公司1999年从地区商贸公司分离组建，2007年7月国家局批复同意阿里烟草体制上划。下辖3个县级营销网点和狮泉河镇（行署所在地）1个直属营销网点。

2013年8月，与邮政储蓄银行合作，开通专用于卷烟送货结算的电子结算数据业务，全面开展电子结算卡应用试点，截至2013年底，电子结算成功率为100%，实现161家零售客户统一电子扣款。

2013年西藏自治区烟草商业系统主要情况统计

地市级局（公司）名称		拉萨市局（公司）	日喀则地区局（公司）	山南地区局（公司）
主要负责人/法人代表		普　布	巴　桑	张连海
总资产（万元）		27423	7263	8023
资产负债率（%）		15.00	13.25	18.97
所属县级局（个）		—	—	—
所属县级公司/分公司（个）		—	—	—
所属县级营销部（个）		—	—	—
从业人员（人）		177	123	110
所属业务机构	营销机构	1个营销中心	1个营销中心、5个县级营销网点	1个营销中心、5个县级营销网点
	物流配送机构	1个配送中心	1个配送中心	1个配送中心
	专卖稽查机构	3个专卖稽查分局、1个稽查支队	1个稽查支队、3个稽查大队	1个稽查大队、1个专卖监督管理所
	烟叶机构	—	—	—
销售卷烟	亿支	20.10	8.04	4.93
	2013年比2012年（%）	—	3.21	13.86
卷烟销售收入（万元）		119360	38687	31441
实现税利	万元	17247	3651	3021
	2013年比2012年（%）	—	7.07	2.17
实现利润	万元	8586	483	605
	2013年比2012年（%）	—	-7.47	19.57
查处涉烟违法案件（起）		49	78	31
查处涉烟违法案件案值（万元）		119	22	11
2013年度烟草行业投入烟叶生产基础设施建设资金（万元）		—	—	—
全年烟叶生产基础设施新增受益面积（万亩）		—	—	—
烟叶种植（万亩）		—	—	—
烟叶收购（万担）		—	—	—
烟农户数（户）		—	—	—
实现烟农总收入（万元）		—	—	—
零售客户数（户）		2788	2970	2667
零售客户销售毛利率（%）		14.50	10.00	8.00

地市级局（公司）名称		林芝地区局（公司）	昌都地区局（公司）	阿里地区局（公司）
主要负责人/法人代表		扎　西	尼　加	赵崇文
总资产（万元）		9317	12111	4531
资产负债率（%）		27.60	14.60	18.39
所属县级局（个）		—	—	—
所属县级公司/分公司（个）		—	—	—
所属县级营销部（个）		—	—	—
从业人员（人）		86	89	43
所属业务机构	营销机构	1个营销中心、4个县级营销网点	1个营销中心、7个县级营销网点	1个营销中心、3个县级营销网点
	物流配送机构	1个配送中心	1个配送中心	1个配送中心
	专卖稽查机构	1个稽查支队	1个稽查支队、3个稽查大队、3个专卖管理所	1个稽查科
	烟叶机构	—	—	—
销售卷烟	亿支	4.80	5.84	1.76
	2013年比2012年（%）	11.89	6.18	18.91
卷烟销售收入（万元）		27600	32128	11260
实现税利	万元	3872	3101	567
	2013年比2012年（%）	104.11	13.97	-18.06
实现利润	万元	1492	785	-304
	2013年比2012年（%）	901.34	3.98	-133.85
查处涉烟违法案件（起）		36	10	5
查处涉烟违法案件案值（万元）		8	4	1
2013年度烟草行业投入烟叶生产基础设施建设资金（万元）		—	—	—
全年烟叶生产基础设施新增受益面积（万亩）		—	—	—
烟叶种植（万亩）		—	—	—
烟叶收购（万担）		—	—	—
烟农户数（户）		—	—	—
实现烟农总收入（万元）		—	—	—
零售客户数（户）		1192	1103	437
零售客户销售毛利率（%）		13.00	10.00	11.60

注：林芝地区税利、利润含烟叶指标款。

（撰稿：王佳敏；编辑：王东旭）

陕西省烟草专卖局（公司）

【概　况】　陕西省烟草专卖局成立于1984年9月，陕西省烟草公司组建于1984年7月，实行合署办公。1985年，陕西省烟草公司正式上划中国烟草总公司，更名为中国烟草总公司陕西省公司。2007年实施母子公司体制改革。省局（公司）下辖11个地市级烟草专卖局（公司），以及陕西烟草进出口有限责任公司、西安尚德大厦、陕西烟草实业有限责任公司、陕西南湖物业管理有限责任公司等4家所属二级单位和西安铁路烟草专卖分局1家派驻单位。截至2013年底，公司拥有总资产121.11亿元，其中，固定资产22.04亿元、流动资产94.33亿元，资产负债率为11.25%。省局（公司）机关下设15个职能处室、7个专业部门、2个临时机构和1个北京办事处。共有从业人员8694人，实行全员聘用制。

【领导成员】

局长、总经理、党组书记：张天峰

副局长、党组成员：燕宏恩

纪检组长、党组成员：吉应城

副总经理、党组成员：梁培荣

副总经理、党组成员：姚宗东（2013.5—）（国烟人〔2013〕194 号，国烟党〔2013〕42 号）

总会计师：谭招生（—2013.3）（国烟党〔2013〕28 号）

副巡视员：胡金宝

副巡视员：柏安民（—2013.12）（国烟党〔2013〕109 号）

【专卖管理】 卷烟打假。2013 年，陕西省烟草商业系统共查处各类假烟案件 3976 起，同比增长 19.72%，其中案值 5 万元以上案件 115 起。破获符合国家局标准的网络案件 26 起，同比增长 85.71%；破获符合省局标准的网络案件 3 起。公安部开展打击制售假烟犯罪集群战役案件 4 起，其中渭南“1·21”案件，案值逾亿元。破获非渠道卷烟案件 1.16 万起，查获非渠道卷烟 1 亿支，同比增长 1.85%。公安、司法机关依法刑拘 280 人、逮捕 195 人、判刑 99 人。

渭南“1·21”案件为公安部督办的特大制售假烟网络案件，涉及陕西、广东、福建、河南、甘肃等五省九市，现场查获假烟 820 万支，涉案金额超过 1 亿元。该案共捣毁假烟窝点 23 个，抓获涉烟犯罪嫌疑人 149 人，正式批捕 57 人，在“出动警力、抓捕人数、缴获物品、逮捕人数”等方面均创陕西省之最。

市场监管。强化与工商部门的协作配合，省局与省工商局联合制定印发《关于建立健全烟草市场监管长效协作机制的实施意见》，深化无证经营治理、重点区域监管、行政执法衔接、商标印刷监管等工作。全年开展为期 3 个月的雪茄烟、走私烟市场治理专项整治行动，查获非法卷烟 4500.95 万支，案值 3098.93 万元。各级局始终保持高压态势，联合工商、公安部门对无证户、重点区域、重点对象开展多种形式的市场净化专项行动，严厉打击利用互联网和物流快递从事涉烟违法犯罪活动。积极实践 APCD 工作法，全省平均市场净化率达 96.21%。

专卖内管。制定包括市级局主要领导、分管领导、内管派驻办等各岗位工作职责，建立省市县三级内管工作协作机制，新制定日常监管、责任追究等 16 项工作制度。陕西省召开内管工作联席会议 55 次。开展两次商业卷烟打扫码、搭配销售、落地销售专项检查。全年下发调查督办函和整改通知书 135 份，对 279 人进行训诫谈话或经济处罚，对 1650 户卷烟零售客户进行调整等级、暂停供货等处理。开展两次烟叶合同签订及收购专项检查和三次工业企业宣传促销、打扫码、报废专卖品专项检查，促进“两烟”生产经营秩序不断规范。

证件管理。开展卷烟零售客户基础信息普查工作，通过信息系统核对和入户核查相结合的方式，普查零售客户基本信息，掌握许可证动态变化，共发现并处置各类问题持证卷烟零售客户 2844 户。规范零售、批发和生产许可项目明细，完善卷烟零售许可证信息管理功能，开展零售客户合理布局规划及方案修订工作。全省共有持证零售客户 14.2 万户。

专卖队伍建设。深入推进优秀县级局创建活动，围绕“六有”目标，修订《陕西省优秀县级局创建评分标准》，细化工作举措、量化 30 项评价指标。全省共有 85 个县级局验收达标，占总数的 80% 以上。开展业务培训和岗位练兵活动，全省专卖人员技能鉴定年度通过率、持证率均超 80%。在陕西省专卖管理人员岗位技能大赛中，渭南、延安、西安市局获得团体前三名，产生 11 位专卖管理技术能手。

【经济效益】 2013 年，陕西省烟草商业系统实现税利 70.37 亿元，同比增长 11.05%，其中利润 36.05 亿元，同比增长 17.66%。三项费用率为 8.65%。

【卷烟经营】 卷烟销售。2013 年，陕西省烟草商业系统销售卷烟 775.9 亿支（155.18 万箱），同比增长 1.21%，其中，销售一类烟 108.58 亿支（21.72 万箱），同比增长 14.12%；二类烟 50.16 亿支（10.03 万箱），同比增长 22.86%；三类烟 299.36 亿支（59.87 万箱），同比增长 10.95%；四类烟 265.32 亿支（53.06 万箱），同比下降 7.94%；五类烟 52.46 亿支（10.49 万箱），同比下降 27.75%。本地区销量居前三位的品牌为“猴王”“好猫”“延安”，销量分别为 170.55 亿支（34.11 万箱）、136.05 亿支（27.21 万箱）、59.95 亿支（11.99 万箱）。

2013 年累计销售行业重点品牌卷烟 510.15 亿支（102.03 万箱），同比增长 8.81%，占全省卷烟总销量的 65.75%。卷烟单箱销售均价 2.29 万元，同比增长 8.43%。高价位卷烟、低焦油卷烟和雪茄烟销量同比分别增长 67.48%、21.44%、60.63%。

2013 年实现卷烟销售收入 303.51 亿元，同比增长 9.80%。实现卷烟税利 64.93 亿元，同比增长 6.61%，其中利润 34.91 亿元，同比增长 7.53%。

市场营销。依据现代终端采集的信息，陕西省建立起新的市场状态调控模型，在细分 61 种市场状态的基础上，从卷烟总量、品类及单品三个层面，制定货源调控的量化标准，对市场变化灵敏反映、快速响应，将“总量控制、稍紧平衡”的方针落到实处。2013 年，陕西省零售客户平均毛利率保持在 10% 以上，其中一、四、五类卷烟毛利率在 11% ~13% 之间，二、三类卷烟毛利率在 10% ~11% 之间。陕西省卷烟市场综合价格指数为 99.01。

电子商务。推动电子商务实现“四网合一”。一是网上配货走向规模化，在规模较小的铜川市和杨凌区探索推行实时网上配货，对零售客户库存即时响应、滚动补货。在其他地市推行以固定周期网上配货为主、实时响应为辅的方式，一周配货一次。截至年底，实施网上配货零售客户 10689 户，占零售客户总数的 7.5%。二是网上结算走向便利化，推进网上跨行支付与贷记卡应用工作。按照“直通为主、跨行为辅”的模式，采取在线扣款和在线付款两种方式，由零售客户自主选择。三是网上营销走向常态化，利用零售终端系统开展网上宣传促销活动。2013 年陕西省共开展各类网上营销活动 884 次，较上年增加 562 次。四是移动电子商务开始应用。配套开发“E 商盟”零售终端营销管理系统的手机版，引导零售客户开展手机订货、手机配货、手机支付、手机营销，利用微信、微博与消费者互动。全省共有

328户零售客户应用“E商盟”手机版开展卷烟经营管理。

客户服务。建立新的客户服务管理体系，形成各类服务规范28项，分类实施标准化、个性化、亲情式、增值性服务。陕西省共有2400户零售客户开展非烟商品扫码销售。探索新的客户服务方式，咸阳市公司自主开发的“乐访”客户经理移动办公系统推广到全省。客户经理通过智能手机、平板电脑，随时随地查询零售客户的经营动态，有针对性地提供经营指导服务，并与零售客户互动，形成以客户经理为圆心、以零售客户为主体的“微商圈”，与以零售客户为圆心、以消费者为会员的“微商圈”一起，构成环环相扣的服务营销体系。2013年陕西省累计培训客户经理9510人次，培训零售客户5.52万人次。

【网络建设】 *现代终端建设*。省市两级公司联动，西安、咸阳、渭南等市公司先行，探索推进现代终端建设模式。指导零售客户按照现代终端店面形象标准和商品陈列指南改善店面形象；自主开发运用“E商盟”零售终端营销管理系统，为零售客户免费配备扫码枪和终端软件；在网上订货率达到92%的基础上，进一步开展网上配货、网上结算、网上营销业务，将“四网合一”电子商务模式普及到现代终端。

陕西省发挥现代终端功能，一是品牌培育致力于推广“1+1”模式，即“一品一方法、一店一特色”。二是宣传促销致力于用好一个平台，即网上宣传平台。三是消费跟踪致力用好三个手段：引导现代终端运用会员积分奖励制度，建立消费者数据库，陕西省所有现代终端共吸纳消费者会员8.99万名；引导现代终端应用零售终端营销管理系统，面向消费者开展互动活动，采集消费者意见和建议；引导现代终端利用手机微信，面向消费者开展二维码有奖扫描活动，跟踪采集消费者信息。截至年底，陕西省共建成符合“四个现代”特征的卷烟零售终端1.21万户，占零售客户总数的8.5%。

现代物流。朝着物流中心非法人实体化运作的方向，深入推进物流核算单独化、运营集约化、管理精益化。省公司在咸阳召开物流工作现场会。宝鸡市公司完成卷烟包装箱循环利用试点工作任务。榆林市公司推行物流人员计件工资制度。2013年陕西省物流费用率为0.89%，同比降低0.07个百分点。

【烟叶生产】 *烟叶种植与收购*。2013年，陕西省共种植烤烟41.42万亩，收购烟叶4.90万吨（97.92万担），完成计划的95%，其中环秦岭四市收购烟叶4.50万吨（89.92万担），占全省收购总量的91.8%。陕西省调拨烟叶4.90万吨（97.92万担），其中国内销售4.61万吨（92.26万担），出口备货0.28万吨（5.66万担）。陕西省共有烟农2.39万户，2013年实现烟农总收入10.75亿元，户均收入4.5万元。

烟叶质量和管理。坚持以技术进步和管理规范确保质量提升，着重优化品种布局，改进壮苗培育技术，推广井窖式移栽、膜下移栽技术和三段五步式烘烤工艺。2013年陕西省上中等烟比例达到95.98%，同比增加2.63个百分点；桔黄烟比例达到82.93%，同比增加1.37个百分点；烟叶亩产值2594元，同比增加153元。省局出台《陕西省烟叶种植收购电子合同管理办法（试行）》《烟叶收购站点“九个严禁”纪律规定》和《烟叶工商交接七条纪律规定》，建立上等烟收购预警机制，完善主评、主检、总检、总监四级烟叶等级质量负责制，实现自建烟站烟叶收购电子结算和视频监控全覆盖，开发并试点应用烟叶收购预警监控软件。陕西省收购时限较上年缩短16天以上，收购期间投诉率较上年下降71%，国家局烟叶收购检查陕西省烟叶等级合格率为82.4%，比上年提高1.2个百分点。烟叶工商交接等级合格率较上年提高5.3个百分点，其中，宝鸡市局（公司）合格率为63.8%，高于全国平均合格率1.8个百分点。

现代烟草农业建设。推进烟叶“三化”建设，新建4个国家局基地单元，累计达到10个，调拨量2.4万吨（48万担）。建成全程机械化基地单元2个，创建国家级烟农专业合作示范社6个、省级4个。2013年，行业投入烟叶生产基础设施建设资金1.77亿元，其中省内行业投入1.26亿元，建设各类基础设施项目9770个。

秦岭优质烟叶研究与开发。省局（公司）联合郑州烟草研究院、西北农林科技大学，完成制定《环秦岭生态烟区布局规划》和《秦岭生态优质烟叶GAP标准体系》，组织召开秦岭生态烟叶质量风格定位研讨会，秦岭烟叶典型中间香型正甜香香韵突出，重金属含量低、安全性好的典型特点得到与会专家一致认可。

【多元化经营】 省公司重视对存续多元化企业的科学管理，完善多元化企业信息化建设，实现数据等信息动态化管理，依据考核办法实施多元化企业经营绩效考核管理。重视参股投资管理，关注投资动态，及时调整对外投资战略，确保各项投资收益。完成宝鸡市陈仓区糖酒副食公司资产置换、企业注销事项；完成咸阳宏立商贸有限公司2项再投资股权的对外转让工作。2013年，全资多元化企业实现营业收入1.61亿元，实现利润487万元。实现参股投资收益1003万元。

【整顿规范】 落实国家局《关于进一步规范卷烟货源供应的意见》和《关于进一步规范“两烟”生产经营行为的纪律要求》，“两烟”生产经营秩序持续向好。省局修订《专卖行政处罚自由裁量权实施细则》，加强对专卖行政处罚案件的法律审查和案卷评查。省局举报投诉中心全年共受理投诉3796件，同比下降39.82%。落实《烟草企业采购管理规定》，重点推进“小零散”项目公开招标，省、市两级公司全面建立定点供应商库。陕西省烟草商业系统公开招标金额比例为90.9%，较上年提高14.57个百分点。

开展流动资产清查、税收风险评估自查和工资内外收入检查。开展“审计整改年”活动，省公司对7家市公司开展财务收支审计和烟叶基础设施建设项目资金专项审计。各审计派驻办开展工程项目全过程审计和经济责任审计366项。进一步规范住房公积金和企业年金缴存，坚决停建楼堂馆所、清理办公用房。2013年业务招待费、会议费分别同比下降44%、36.88%。

【人事政工】 2013年省局（公司）先后举办四期党组中心组政治理论学习班和四期专题培训班，学习党的十八大、十八届三中全会和习近平总书记系列重要讲话精神。制定实施《进一步规范陕西省系统干部职工提前离岗的意见》和《进一步规范省局（公司）机关干部职工提前离岗有关问题的规定》，陕西省烟草商业系统开始执行新的提前离岗政策。完成陕西省烟草商业系统人力资源管理信息系统的配置、开发、上线培训及应用工作，形成人事统计、薪酬发放、财务做账和报表上报的一体化、自动化的管理模式。举办全省烟草商业系统第一届卷烟商品营销、第二届专卖管理岗位技能竞赛和第二届会计知识大赛。举办各类培训班1489期，参训6476人。开展职业技能鉴定6批1622人次。

【特事要辑】 3月13—15日，国家局副局长何泽华在陕西省局（公司）考察调研，指出零售终端环节要体现信息的运用集成创新特色。

6月4—8日，中央国家机关团工委组织五部委青年干部代表赴延安烟区开展“根在基层·中国梦”青年干部基层调研实践活动，展示行业现代烟草农业建设的成效和烟草行业负责任的行业形象。

7月17—18日，国家局副局长杨培森在陕西省局（公司）调研，指出要“把握新机遇，探索新改革，促进新发展”。

8月20—21日，国家局局长凌成兴在陕西省局（公司）调研，驻国家局纪检组组长高林陪同调研。凌成兴指出，学习延安精神，特别是学习党的思想路线、党的三大作风、延安整风精神，对于当前烟草行业开展党的群众路线教育实践活动，具有重要的现实意义和指导作用。他强调，陕西烟草下一步要发扬延安精神，提高陕烟水平。一是提高“好猫”品牌的竞争水平；二是提高澄城、旬阳两个卷烟厂的技改水平；三是提高省产卷烟品牌的营销水平。

9月23—24日，2013年全国卷烟营销网络建设现场会在陕西西安召开，会议总结烟草行业现代卷烟零售终端建设，并学习交流陕西省公司、西安市公司网建经验。

所属地市级局（公司）

【西安市烟草专卖局（公司）】 西安市烟草专卖局、陕西省烟草公司西安市公司组建于1987年，下辖7个城区烟草专卖分局和7个区（县）烟草专卖局（分公司），以及1个全资子公司。

营销建设。全面加强零售终端建设，探索多媒体订货，大面积推广批零网上配货，实现网上自主支付和跨行结算，建成现代终端5827户。普及“E商盟”的“易经营”和“微商圈”功能，提升现代终端服务消费者能力。开展“一品一方法、一店一特色”，提升重点品牌的现代终端资源利用率。在陕西省率先颁布《客户经理服务规范》等三项企业标准，在细分客户需求的基础上提供“标准化、个性化、亲情式、增值化”四项服务。开展大数据营销，建立经营运行指标库和市场状态调控体系。

【咸阳市烟草专卖局（公司）】 咸阳市烟草专卖局成立于1986年6月，陕西省烟草公司咸阳市公司成立于1986年9月，下辖11个县级烟草专卖局（分公司）、2个分局和1个客户服务中心，以及1个复烤厂办事处，控股并监管1个复烤公司、1个商贸公司。

卷烟营销。推进现代卷烟零售终端建设，全面推行“网上订货、网上配货、网上结算、网上营销”的“四网合一”营销模式。截至年底，咸阳市建成现代终端843户，占零售客户总数的5.18%；推行网上配货527户，占零售客户总数的3.35%；自主研发的“乐访”系统在全国网建会上推广，客户服务水平进一步提升。

持续推进物流资源整合，完善非法人实体化运作，落实费用定额管理，开展虚拟利润核算，狠抓贯标对标、10S现场管理和物流标准化服务。实施卷烟25条起送、仓储分区管理、循环补货等降本增效措施，2013年单箱物流费用为159.08元，物流费用率为0.93%，17项物流对标指标中有11项优于上年同期水平，10项优于陕西省平均水平。

【宝鸡市烟草专卖局（公司）】 宝鸡市烟草专卖局、陕西省烟草公司宝鸡市公司成立于1986年12月，下辖10个县级烟草专卖局（分公司）和1个市区直属分局（营销部）。

物流建设。在陕西省率先推进物流分公司建设，卷烟包装箱循环利用试点经验在全省推广。优化配送线路，在直送区启动“即访即配即送”试点，实施以量配车的弹性送货模式。强化物流费用定额管理，单箱物流费用为全省最低。8月21日，国家局局长凌成兴在宝鸡调研时指出：“在勤俭办企方面，宝鸡卷烟物流中心造价低、管理好，充分体现了延安精神。”

【渭南市烟草专卖局（公司）】 渭南市烟草专卖局、陕西省烟草公司渭南市公司组建于1986年，下辖10个县级烟草专卖局（分公司）和1个市区直属分局（分公司）。

严格规范。2013年渭南市烟草系统共实施工程投资、物资采购和宣传促销项目29项，涉及金额1768万元，公开招标比例占采购项目总额的94.44%，“应招尽招、真招实招”的要求得到进一步落实。印发《定点供应商名录》，共确立定点供应商143家，并在全省率先对定点供应商采取“一户一档”档案管理。认真贯彻中央“八项规定”及行业各项纪律要求，扎实开展“改进作风年”活动，制定印发《机关作风纪律规定20条》，相继出台业务接待、公务用车、办公用房等一系列规章制度，行业风气持续好转。

【铜川市烟草专卖局（公司）】 铜川市烟草专卖局、陕西省烟草公司铜川市公司成立于1986年7月，下辖2个县级烟草专卖局（分公司）和1个直属分局（分公司）。

卷烟营销。搭建“四网合一”与商流、物流、资金流、信息流“四流贯通”的现代化营销、物流模式。探索卷烟营销“实时网配”新模式，实现访销周期、品牌宽度和送货时间“三个突破”，成为全省网建工作新亮点。截至2013

年底，铜川市共建成具有现代卷烟零售终端特征零售客户207户，网上订货率96%，电子结算率100%，在线扣款率95%。

【安康市烟草专卖局（公司）】 安康市烟草专卖局、陕西省烟草公司安康市公司成立于1986年6月，下辖9个县级烟草专卖局（分公司）、1个分局（分公司）和1个烟叶分公司。

烟叶生产。烤烟收购量占环秦岭烟区收购总量的38.87%，其中上中等烟叶收购量占96.32%，同比提高2.38个百分点。新建烟叶基础设施项目1347件。新建“中华”甘溪、“双喜”关口2个国家局基地单元和“泰山”赵湾1个省级基地单元。

卷烟营销。建成现代卷烟零售终端893户，网上订货率94%，电子结算率99%，推广网上配货131户。全面实施山区“1+2”卷烟配送模式，物流人员由138人减少为102人，送货车辆由40辆减少至28辆，物流费用率0.87%，同比降低0.07个百分点。

【商洛市烟草专卖局（公司）】 商洛市烟草专卖局、陕西省烟草公司商洛市公司成立于1986年，下辖7个县级烟草专卖局（分公司）。

现代烟草农业建设。坚持整体推进与重点突破相结合，投入800余万元购置烟用机械460台（套），完成洛南城关“白沙”基地单元全程机械化示范推广。截至2013年底，商洛市建成国家局基地单元3个，省级基地单元1个，在建2个，其中，“白沙”洛南城关、“双喜”庙柏2个基地单元被国家局评定为全国优秀基地单元。基地单元散烟收购量达到15万担，占全市收购总量的51.9%。

【汉中市烟草专卖局（公司）】 汉中市烟草专卖局、陕西省烟草公司汉中市公司组建于1986年7月，下辖10个县级烟草专卖局（分公司）和1个直属分局。

烟叶生产。突破烟叶生产瓶颈，形成“两烟”协调发展，“两轮”共同驱动发展思路。投入基础设施建设资金1164万元，建成项目429件。与陕西、湖南、湖北工业企业合作建立烟叶基地单元2个，其中国家局基地单元1个。建立现代烟草核心示范区6个，专业合作社6个，专业化服务覆盖率大幅提高。

卷烟营销。把卷烟营销网络建设作为行业最具价值的战略性工程，积极推广运用“135”工作法，深入推进零售终端建设，建成现代卷烟零售终端490户，实行网上配货316户，零售终端成为品牌培育的主阵地。围绕“科技物流、精益物流、人本物流”建设目标，在陕西省率先实现物流单独核算指标，成本费用进一步缩减，管理运行效率大幅提升。物流总体费用、物流配送费用、物流管理费用、物流费用率同比分别下降8.16%、4.32%、33.63%和0.06个百分点。

【延安市烟草专卖局（公司）】 延安市烟草专卖局成立于1986年，陕西省烟草公司延安市公司成立于1981年，下辖13个县级烟草专卖局（分公司）和卷烟直营总店2个直属机构。

现代烟草农业建设。6月初，中央国家机关团工委组织国家五部委青年干部代表在南泥湾现代烟草农业示范区开展“根在基层·中国梦”青年干部基层调研实践活动。南泥湾现代烟草农业示范园、直罗现代烟草农业科技园的管理关系全面理顺，管理主体由烟叶分公司向宝塔区和富县分公司转变，建成设施资产由市公司向合作社和当地村组全面移交。与红云红河集团、上海烟草集团等工业企业搭建起稳定的烟叶调拨销售渠道，延安市烟叶调拨数量损益率为零。

物流建设。在陕西省烟草商业系统率先开展第二轮物流人事用工制度改革，物流内设机构由原来的三部一站三点九队优化为五部二站三点，物流从业人员减至116人，送货车辆由37辆下降到29辆，送货线段由108条调整为100条。资源配置不断优化，运行成本有效降低。

【榆林市烟草专卖局（公司）】 榆林市烟草专卖局、陕西省烟草公司榆林市公司成立于1986年8月，下辖13个县级烟草专卖局（分公司）。

营销物流。推进“四网合一”，在1544户零售客户中开展网上配货和扫码销售。建立物流中心非法人单独核算机制，探索以量化绩效薪酬为模式的计件工资制，集中整合物流资源，营销物流垂直管理运行日趋顺畅。

【杨凌示范区烟草专卖局（公司）】 杨凌示范区烟草专卖局、陕西省烟草公司杨凌示范区公司成立于1999年6月。

卷烟营销。坚持“一月一品”培育品牌策略，重点品牌上柜率达到100%。以“四网合一”为载体，推进终端经营模式创新，初步建成具有“三个现代、六大功能”现代终端特征的卷烟零售客户80户，其中60户实现扫码销售，20户实现网上实时配货。对杨凌示范区卷烟零售客户组织开展经营能力提升培训，并实行12项无差异化服务，其中对已建成的现代终端实行个性化服务，21户帮扶对象实行亲情式服务，对有特殊需求的客户及时提供增值性服务。

所属其他二级单位及派驻机构

【陕西省烟草专卖局西安铁路烟草专卖分局】 陕西省烟草专卖局西安铁路烟草专卖分局成立于1992年8月26日，下辖陕西烟草经营公司和西铁卷烟配送服务部2个独立法人企业。截至2013年底，拥有总资产1091.40万元，其中，固定资产37.4万元、流动资产1054万元，资产负债率为35.5%。主要经营卷烟、雪茄烟的零售，酒类、饮料预包装食品的销售、日用百货等。共有从业人员30人，其中铁路委派干部11人、省局派驻干部2人、劳务派遣人员17人。

2013年实现营业收入6736万元，同比增长12.7%。实现利润65.5万元。

2013年共查处涉烟违法案件32起，出动检查人员2400人次，检查旅客列车800余趟，检查铁路特快行包专列30列，检查列车行李车600余辆。开箱检查铁路货运集装箱110余个，查获非法卷烟57.33万支。辖区持证率为100%，市场净化率为98%。

【陕西烟草进出口有限责任公司】 陕西烟草进出口有限责任公司成立于1999年9月，注册资本为1000万元。2006年，实行管理体制调整，成为中国烟草总公司陕西省公司的全资子公司。进出口公司实行董事会领导下的总经理负责制，主要经营和代理烟草及其制品、烟用原辅材料及配套物资，以及其他商品的进出口业务。截至2013年底，公司拥有总资产12057万元，其中，固定资产323万元、流动资产11734万元。共有从业人员19人。

2013年，实现进出口总值2100万美元。烟叶出口0.66万吨（13.2万担），烟叶出口备货0.38万吨（7.5万担）。代理业务稳定发展，与菲莫国际公司、中烟国际欧洲公司合作进一步稳定扩展，为公司“走出去”发展奠定良好的基础。2013年实现利润809万元。

【西安尚德大厦】 尚德大厦于1998年建设落成，1999年8月正式开业营业，是集住宿、餐饮、娱乐、商务为一体的三星级酒店。截至2013年底，公司拥有总资产1967.43万元，其中，固定资产137.38万元，流动资产1636.07万元，资产负债率为38.84%。有从业人员266人。

2013年，公司实现总收入2303万元，其中经营收入1736万元，其他业务收入567万元，实现税前利润15万元。

【陕西烟草实业有限责任公司】 陕西烟草实业有限责任公司成立于1998年4月。公司主营卷烟、茶类、酒类、烟叶配套产品的科研、销售与服务；具有开展通信设备、电子产品、装饰材料、汽车租赁、高新技术、房地产、有色金属、矿产品开发等19大类的生产、服务、销售能力。截至2013年底，公司拥有总资产3078.80万元，其中，固定资产243.64万元、流动资产2774.22万元，资产负债率为14.98%。共有员工85人。

2013年，公司实现销售收入（含茶类、酒类销售收入）1.07亿元，实现税利810万元。销售卷烟8175万支（1635箱），单箱平均销售额5.99万元。

【陕西南湖物业管理有限责任公司】 陕西南湖物业管理有限责任公司成立于2008年9月，服务项目有办公楼、住宅、物流配送中心等多种物业类型，管理面积约40万平方米。截至2013年底，公司拥有总资产1737.1万元，其中，固定资产99.2万元、流动资产1637.9万元，资产负债率为46%。共有员工280人。

公司始终坚持“真心付出，真诚服务”的服务理念，服务于广大业主。2013年，实现利润36万元。业主综合满意度为88.38%。

2013年陕西省烟草商业系统主要情况统计

地市级局（公司）名称		西安市局（公司）	咸阳市局（公司）	宝鸡市局（公司）	渭南市局（公司）
主要负责人/法人代表		王万勋	王云彪	张永军	杨　斐
总资产（万元）		336484	95121	86117	69821
资产负债率（%）		5.42	12.60	10.07	10.53
所属县级局（个）		14	13	11	11
所属县级公司/分公司（个）		7个分公司	11个分公司	10个分公司	11个分公司
所属县级营销部（个）		7	—	1	—
从业人员（人）		1398	824	807	891
所属业务机构	营销机构	1个营销中心	1个营销中心	1个营销中心	1个营销中心
	物流配送机构	1个物流配送中心	1个物流配送中心	1个物流配送中心	1个物流配送中心
	专卖稽查机构	1个稽查支队、17个稽查大队	1个稽查支队、13个稽查大队	1个稽查支队、11个稽查大队	1个稽查支队、11个稽查大队
	烟叶机构	—	1个烟叶总库、8个烟叶站点	1个烟叶总库、1个集中库、20个烟叶站点	—
销售卷烟	亿支	210.16	95.78	68.00	99.15
	2013年比2012年（%）	2.42	2.19	1.54	0.57
卷烟销售收入（万元）		935991	327020	256737	342230
实现税利	万元	231139	63660	58479	62764
	2013年比2012年（%）	9.44	17.19	4.82	8.47

续表

地市级局（公司）名称		西安市局（公司）	咸阳市局（公司）	宝鸡市局（公司）	渭南市局（公司）
实现利润	万元	136067	29700	29892	27088
	2013 年比 2012 年（%）	10. 93	3. 37	15. 51	3. 93
查处涉烟违法案件（起）		7002	1591	1024	1356
查处涉烟违法案件案值（万元）		944	1139	443	619
2013 年度烟草行业投入烟叶生产基础设施建设资金（万元）		—	150	2074	—
全年烟叶生产基础设施新增受益面积（万亩）		—	—	—	—
烟叶种植（万亩）		—	1. 00	4. 79	—
烟叶收购（万担）		—	2. 75	11. 85	—
烟农户数（户）		—	743	2695	—
实现烟农总收入（万元）		—	2938	12126	—
零售客户数（户）		32880	16176	11397	18331
零售客户销售毛利率（%）		9. 15	12. 87	12. 02	10. 74

地市级局（公司）名称		铜川市局（公司）	安康市局（公司）	商洛市局（公司）	汉中市局（公司）
主要负责人/法人代表		惠　宁	奚柏龙	崔传斌	黄　嵬
总资产（万元）		21063	102472	67585	67133
资产负债率（%）		10. 32	21. 33	15. 67	11. 47
所属县级局（个）		3	10	7	11
所属县级公司/分公司（个）		3 个分公司	10 个分公司、1 个烟叶分公司	7 个分公司	10 个分公司
所属县级营销部（个）		—	—	—	—
从业人员（人）		199	1025	731	769
所属业务机构	营销机构	1 个营销中心	1 个营销中心	1 个营销中心	1 个营销中心
	物流配送机构	1 个物流配送中心	1 个物流配送中心	1 个物流配送中心	1 个物流配送中心
	专卖稽查机构	1 个稽查支队、3 个稽查大队	1 个稽查支队、10 个稽查大队	1 个稽查支队、7 个稽查大队	1 个稽查支队、11 个稽查大队
	烟叶机构	—	1 个烟叶总库、1 个集中库、108 个烟叶站点	1 个烟叶总库、1 个集中库、18 个烟叶站点	1 个烟叶总库、28 个烟叶站点
销售卷烟	亿支	17. 55	43. 52	38. 25	60. 51
	2013 年比 2012 年（%）	-0. 01	-0. 53	0. 68	-0. 04
卷烟销售收入（万元）		73317	163920	136687	223902
实现税利	万元	13566	59026	46368	51017
	2013 年比 2012 年（%）	-4. 21	5. 73	12. 30	4. 91
实现利润	万元	5919	31475	24046	22879
	2013 年比 2012 年（%）	-8. 19	11. 60	27. 47	-2. 42
查处涉烟违法案件（起）		204	408	471	368
查处涉烟违法案件案值（万元）		109	6000	347	6819
2013 年度烟草行业投入烟叶生产基础设施建设资金（万元）		—	7000	6000	2100
全年烟叶生产基础设施新增受益面积（万亩）		—	0. 30	1. 10	0. 40
烟叶种植（万亩）		—	16. 27	12. 36	5. 00

续表

地市级局（公司）名称	铜川市局（公司）	安康市局（公司）	商洛市局（公司）	汉中市局（公司）
烟叶收购（万担）	—	34.96	28.90	14.21
烟农户数（户）	—	10183	6542	2707
实现烟农总收入（万元）	—	39434	31668	15661
零售客户数（户）	2486	12546	8456	14975
零售客户销售毛利率（%）	10.47	10.28	10.66	12.12

地市级局（公司）名称		延安市局（公司）	榆林市局（公司）	杨凌示范区局（公司）
主要负责人/法人代表		王进录	孙宏哲	王绥延
总资产（万元）		50084	118361	5232
资产负债率（%）		14.27	15.62	7.58
所属县级局（个）		13	13	—
所属县级公司/分公司（个）		13 个分公司	13 个分公司	—
所属县级营销部（个）		—	—	—
从业人员（人）		825	663	52
所属业务机构	营销机构	1 个营销中心	1 个营销中心	1 个营销中心
	物流配送机构	1 个物流配送中心	1 个物流配送中心	1 个物流配送中心
	专卖稽查机构	1 个稽查支队、13 个稽查大队	1 个稽查支队、13 个稽查大队	1 个稽查支队
	烟叶机构	1 个烟叶总库、10 个烟叶站	—	—
销售卷烟	亿支	57.50	80.68	4.77
	2013 年比 2012 年（%）	—	0.21	6.02
卷烟销售收入（万元）		218091	337788	20076
实现税利	万元	40515	76795	4322
	2013 年比 2012 年（%）	26.12	4.76	6.70
实现利润	万元	16498	42835	2255
	2013 年比 2012 年（%）	55.11	6.62	14.49
查处涉烟违法案件（起）		547	639	53
查处涉烟违法案件案值（万元）		1159	1350	28
2013 年度烟草行业投入烟叶生产基础设施建设资金（万元）		350	—	—
全年烟叶生产基础设施新增受益面积（万亩）		0.10	—	—
烟叶种植（万亩）		2.00	—	—
烟叶收购（万担）		5.27	—	—
烟农户数（户）		1035	—	—
实现烟农总收入（万元）		5632	—	—
零售客户数（户）		10029	13564	645
零售客户销售毛利率（%）		11.48	9.65	11.22

（撰稿：王　玉；编辑：周　佳）

甘肃省烟草专卖局（公司）

【概　况】 甘肃省烟草专卖局、中国烟草总公司甘肃省公司成立于1984年9月，实行合署办公。1985年5月，甘肃省烟草公司正式上划中国烟草总公司，更名为中国烟草总公司甘肃省公司。2006年，完成母子公司体制改革。省局（公司）下辖14家地市级烟草专卖局（公司）以及驻兰州铁路专卖局1家派驻机构。省局（公司）机关下设15个职能处室、5个专业部门、2个派驻机构、1个临时机构，以及甘肃省烟草学会秘书处和审计派驻办、内管派驻办。截至2013年底，公司拥有总资产73.62亿元，其中，固定资产6.35亿元、流动资产63.9亿元，资产负债率为5.94%。省局（公司）实行全员聘用制，共有从业人员4503人。

【领导成员】

局长、总经理、党组书记：武卫东
副总经理、党组成员：张　威
副总经理、党组成员：杨　洪
副局长、党组成员：蔺志宏
纪检组长、党组成员：甄　光
副总经理、党组成员：蔡振华
党组成员：刘　震
副巡视员：张建新（—2013.10）（国烟党〔2013〕80号）
副巡视员：杨　卫（2013.1—）（国烟人〔2013〕36号）

【专卖管理】 *卷烟打假。*坚持以“端窝点、打源头、破网络、抓主犯”为重点，加强综合治理，完善打假合作、重大案件协办、信息衔接传递等协作机制，强化行政执法与刑事司法衔接，保持打假破网高压态势，遏制假烟反弹。组织修订打假破网考核办法和经费支付使用办法，宣传打假奖励政策，曝光典型案例，引导消费者自觉抵制非法卷烟。全年共查处各类涉烟违法案件5882起，查获假烟262万支，破获涉烟网络案件8起。公安、司法机关刑拘51人，批捕28人，判刑32人。

*卷烟市场监管。*2013年，省局联合省工商局出台《关于建立烟草市场监管协作机制的意见》，成立烟草、工商联席会议办公室，明确协作内容，细化协作监管职责，形成烟草与工商协作监管卷烟市场的长效机制。探索实施“141”烟草零售市场检查工作法，即以“信息驱动、精准监管”为一个导向，通过“分析、计划、检查、处理”四个环节，实现“卷烟市场健康状态不断提升”一项目标，市场监管效率不断提高。建立完善烟草市场监管情报信息网络，案件信息来源不断拓宽。开展卷烟市场清理整顿活动，先后组织“陇剑1号”“陇剑2号”“两节（元旦、春节）”市场整顿等6次专项行动，卷烟市场秩序更加规范有序。印发《许可证管理工作检查办法》，开展生产经营类烟草专卖许可证使用管理自查，许可证管理进一步规范。严格准运证管理，全年共签发准运证8774份，完成卷烟到货确认1.1万份。

*内部专卖管理监督。*完善内管委派制工作模式，制定《关于进一步加强专卖内管工作的意见》《废弃烟草专卖品内部专卖管理监督办法》等，内管工作制度不断健全。持续加大卷烟非法流通治理力度，严格规范“两烟”生产经营秩序，开展“天价烟”专项检查，认真排查和核实预警信息，卷烟经营管理规范有序。加强烟叶合同签订、烟苗发放移栽和烟叶收购工作的实地监督核实，有效防范超计划、无合同种植和收购烟叶问题的发生。

【经济效益】 2013年，甘肃省烟草商业系统实现税利33.69亿元，同比增长8.63%，其中利润17.57亿元，同比增长11%。三项费用率为7.25%，同比下降0.49个百分点。

【卷烟经营】 *卷烟销售。*2013年，甘肃省烟草商业系统销售卷烟436.22亿支（87.24万箱），同比增长1.02%，其中，销售一类烟31.63亿支（6.33万箱），同比增长8.37%；二类烟69.38亿支（13.88万箱），同比增长28.3%；三类烟167.02亿支（33.4万箱），同比增长7.45%；四类烟137.44亿支（27.49万箱），同比下降8%；五类烟30.31亿支（6.06万箱），同比下降29.91%。本地区销量居前三位的品牌为“兰州”“红塔山”“白沙”，其中销售“兰州”234.17亿支（46.83万箱），同比增长4.22%；销售“红塔山”47.65亿支（9.53万箱），同比下降0.18%；销售“白沙”22.36亿支（4.47万箱），同比下降26.73%。

实现卷烟销售收入155.17亿元，同比增长9.38%。实现卷烟税利32.67亿元，同比增长8.1%，其中利润17.1亿元，同比增长10.82%。

*卷烟市场调控。*始终坚持“总量控制、稍紧平衡”方针，时刻关注宏观经济发展变化对消费走势的影响，综合分析市场容量、状态、行为、因素及其发展趋势，建立健全信息采集分析应用机制，科学把握卷烟投放节奏，积极组织适销货源。着力在稳销量、稳价格、稳市场上下工夫，全省卷烟盒价指数始终保持在100，条价指数保持在99.74～100.00之间。

*重点品牌培育。*完善精准营销手段和策略，推进精准营销向消费环节延伸。加强工商协同营销，积极开展事件营销、体验营销、网络营销和口碑营销，网上营销形式和内容不断丰富，线上、线下立体协调的互动营销体系逐步形成。2013年，甘肃省共有在销品牌（规格）230个，其中全国重点品牌（规格）173个，占比75.22%；销售重点品牌卷烟401.65亿支（80.33万箱），同比增长1.91%，重点品牌卷烟销售比重达92.07%；销售低焦油品牌卷烟261.05亿支（52.21万箱），同比增长14.70%。加强雪茄烟市场培育，全年在销雪茄烟达到3个品牌16个规格。

*营销网络建设。*把零售终端作为培育品牌的重要平台，把现代终端建设当作“一把手工程”和“营销上水平”的着力点和突破口，全省联动，全员参与，引导客户改善店面环境、布局陈列，明显提升终端形象；开展客户培训、交流座谈，帮助客户增强使用进销存台账意识和树立服务理念，

终端客户的经营理念、销售技巧、品牌推荐能力明显提升；组织甘肃省零售终端观摩，终端建设整体水平不断提高。2013年甘肃省建成现代零售终端1.46万户，同比增长69.9%，比重达到13.6%。完成新版“135”工作法教材的编制工作，举办第二届卷烟商品营销技能竞赛，5人被国家局授予“全国烟草技术能手”称号。

客户服务。持续优化客户服务，建立客户经理月度调查、市公司不定期专项调查、省公司定期综合调查的服务机制，全面掌握客户诉求，及时消除客户抱怨；推行服务承诺活动，公开向客户承诺服务内容、标准，及时兑现考核奖惩；优化货源分配策略，保持货源供应持续、稳定、公平和合理。开展亲情服务，印发《关于对困难零售客户开展亲情服务的指导意见》，投入109.4万元，对受到民政部门救助以及其他困难零售客户群体从“关爱生活、改善形象、扶持经营”三方面提供亲情化服务。开展增值服务，协调金融机构为客户提供信用借贷等服务，客户经营成本有效降低。2013年，零售客户户均毛利2.2万元，同比增长11.9%。

卷烟物流建设。建立甘肃省烟草商业系统统一的物流标准，涉及物流基础标准、管理标准、技术标准、信息标准及服务标准等五大类40项，于7月15日发布实施。探索建立卷烟精益物流工作法，编写《精益物流工作法原理与应用》《工作法案例集》《工作法标准作业手册》。推进区域物流建设，截至2013年7月底，完成武威、金昌两家市公司卷烟仓储和分拣业务的整合工作。协调甘肃烟草工业有限责任公司，推进卷烟包装箱循环利用工作。加快实施物流中心项目建设，截至年底，“兰白临”卷烟物流配送中心联合工房主体建设通过质检验收，部分工艺设备进场安装。

【烟叶产销】 烟叶种植和收购。2013年种植烟叶4.69万亩，同比增加0.11万亩；签订烟叶收购合同2780份，同比减少1146份；户均种烟面积16.9亩，同比增加5.2亩。烟农亩均收入2780元，同比增长25.9%。2013年收购烟叶0.63万吨（12.65万担），同比增加0.11万吨（2.21万担），完成收购计划的98%。上中等烟叶比例89.48%，收购均价20.62元/千克，同比增加1.24元/千克。收购等级合格率81%。销售烟叶0.56万吨（11.19万担）。烟叶实现税利0.73亿元，同比增长70.2%，其中利润0.36亿元，同比增长85.42%。

特色优质烟叶开发。启动特色优质烟叶研究开发工作，制定实施方案，成立领导小组，开展课题攻关。开展特色烟叶优质特色品种筛选及布局、以成熟度为中心的关键栽培技术、安全性控制技术、成熟采收及密集烘烤关键技术、土壤保育技术等相关专题研究，推进烟叶新品种引进、烟田保水剂应用效果评价、烟草病虫害生物防治等项目试验。完成对烟区190个土壤样品、对应烟叶样品的采集送样和育苗先进适用技术的推广。甘肃省集约漂浮育苗、湿润育苗达到1.01万亩。

现代烟草农业建设。加强烟叶生产基础设施建设，2012年度实施的117件、投资315万元的烟叶基础设施建设项目通过国家局验收。截至2013年底，总投资6118万元的庆阳市正宁县嘉峪川引水枢纽工程完成总工程量的50%。制定《2013—2015年甘肃省现代烟草农业发展规划》和《2013—2015年甘肃省烟叶生产基础设施建设项目规划》，优化烟叶种植主体，创新生产组织方式。截至年底，甘肃省工商注册的烟农专业合作社达到11个，入社烟农455户，同比增加111户；种植面积1.01万亩，同比增加0.61万亩，占全省种植总面积的22%；甘肃省烟农专业合作社专业化服务的覆盖率20%～30%。烟农专业合作社、家庭农场、种植专业户种植总面积3.15万亩，占全省种植总面积的67%；育苗工场4个，供苗面积1.01万亩，同比增加0.11万亩。

【多元化经营】 在甘肃省烟草商业系统中，兰州、陇南、平凉、定西、武威、张掖、酒泉、嘉峪关、白银市公司下设有多元化经营企业，有从业人员568人，总资产1.35亿元。

加强多元化投资管理监督，完善绩效监管、实时监管和体制监管机制，开展法人治理结构专项检查，拓展酒类商品经营渠道，多元化经营企业实现稳定发展。扎实推进卷烟零售终端直营店建设，着力提高品牌培育、数据分析和引导消费的能力，在现代终端建设中的标杆引领作用得到充分发挥。2013年，甘肃省烟草商业系统多元化经营企业实现税利3921.6万元，其中利润2226.8万元。国有资产保值增值率达143.48%。

【技术创新】 2013年，省局（公司）修订《创新规划与创新年度计划管理办法》《创新项目管理办法》，完善创新机制，规范创新流程，加大创新投入。2013年甘肃省烟草商业系统共计开展创新项目254项，其中省局立项19项。11个创新项目获得省局科学技术进步奖。西北烟草质检站建成国内首个跨省卷烟鉴别检验网络，参与完成“烟草及烟草制品总植物碱的测定连续流动（硫氰酸钾）法”以及国际标准项目“ISO 3550-3卷烟端部掉落烟丝振动法”的制定和检测工作。

【管理创新】 对标管理。完善对标指标体系，开展对标课题攻关。坚持“尊重实际、分类指导、区别对待、突出重点”的原则，将全省烟草商业系统划分为四个层次、八个维度，同时围绕行业、全省、同层次企业的先进水平和平均水平，确定并动态调整年度对标指标。2013年，人均烟叶劳动效率同比增长42.24%，人均烟叶销售收入同比增长100.91%，零售客户满意度同比提高0.2个百分点，23项对标指标中有16项指标同比提升，指标提升率达到69.57%。

财务管理。坚持以增收和节支为重点，持续推进预算定额标准体系建设，全面加强预算管理。厉行勤俭节约，严控费用开支，陕西省烟草商业系统宣传促销费、业务招待费、会议费、涉外费同比分别下降42.53%、52.7%、59.53%、36.61%。开展流动资产专项清理和税收风险自查，强化资产处置预案管理，总资产贡献率同比增加0.1个百分点，成本费用利润率同比增加0.2个百分点。

安全管理。坚持“抓教育、抓基础、抓排查、抓重点、抓责任”的工作思路，强化安全责任落实，推进安全标准化和企业安全文化建设，开展安全检查和隐患排查治理工作。2013年有20人取得国家注册安全工程师资质。

【整顿规范】 2013年，省局（公司）把内部监管摆在重要位置，更加重视思想教育，深化对外部环境复杂性和行业特殊性的认识，持之以恒抓规范的责任感进一步增强。更加重视专项治理，按照“全面彻底、不留死角”的原则，对2010年6月以来的“三重一大”决策制度执行情况、2012年以来的“两项工作”情况进行自查和专项检查，组织住房公积金、企业年金、公务用车、楼堂馆所、办公用房及会员卡等专项清理工作，及时纠正各类不规范问题。更加重视整改落实，对2010年以来各类审计、专项检查中发现的问题，进行全面梳理和整改，共计整改问题480个，问题整改率为92.5%、金额整改率为60.4%。更加重视制度建设，制定甘肃省烟草商业系统采购管理办法，规范议事决策和采购执行程序，强化多方参与、联合监管机制，工程、物资、服务采购管理进一步规范。

【信息化建设】 推进“十二五”信息化规划的落实，深入探索综合集成实践应用，全面部署安全运维体系建设，调整优化信息化治理机制，初步实现信息化从“大集中”向“一体化”再向“智能化”的逐级转变。完成“十二五”信息化项目立项工作，编制《“十二五”信息化一期项目计划书》，完成电子商务系统“新商盟”、省域骨干网扩容改造等七个项目建设。开发短信管理软件，办公效率不断提高。开展30个信息应用系统全面梳理、全面诊断、全面加固工作，梳理编制资料263份，查找各类问题1566个，自测信息系统安全等级保护适用指标总体达标率为61%。编制信息化工作流程与职责指引，进一步优化信息化治理机制。

【人事政工】 持续深化干部人事制度改革，制定《重要人事任免事项决策实施办法》，组织开展甘肃省烟草商业系统副处级空缺岗位竞争上岗，选拔10人到副处级岗位任职。调整充实8个市（州）局（公司）领导班子成员。全年共提拔处级干部27人，其中正处级5人、副处级22人。完善和落实任前提醒和诫勉谈话制度，开展市（州）局（公司）领导班子年度考核和“一报告两评议”工作，14个市（州）局（公司）领导班子考核总体评价为“好”和“较好”的平均比率达到99.27%，干部选拔任用工作民主评议总体“满意和基本满意”率为98.72%。

严格落实《关于领导干部报告个人有关事项的规定》等工作要求，甘肃省烟草商业系统处级以上干部及时报告个人有关事项。进一步深化用工分配制度改革，优化绩效管理体系，修订机关部分处室岗位设置、人员编制及部门职责、岗位职责。制定专业技术人员评聘管理制度，开展19名政工师和4名工程师专业技术资格的评聘工作。开展职工教育培训，完善教育培训体系，聘任14人为全省烟草商业系统师资库培训教师，2013年举办4学时以上培训班271期，1.45万余人次参加。

【思想政治工作】 学习党的十八大、十八届三中全会和习近平总书记系列重要讲话精神，组织集体学习五期，参加人员640人次。组织121名处级以上干部参加十八大精神专题轮训，171名科级干部参加甘肃省烟草商业系统科级干部轮训。开展“改进作风年”“四个负责、四个带头、四个一”等活动，各级领导班子和领导干部深入基层、联系群众、解决问题的能力显著提升。

开展公务用车、办公用房等专项清理整顿工作，703人作了会员卡“零持有”报告。开展“三重一大”决策制度专项检查，不断强化对权力运行的制约。在省域网开辟廉政警言专栏，全方位推进防控结合的反腐倡廉工作。2013年开展专题教育90余场次，受教育4305人次。

【特事要辑】 1月21日，甘肃省烟草商业系统工作会议在兰州召开，甘肃省委常委、常务副省长刘永富出席会议并讲话。

7月16—18日，国家局副局长赵洪顺到甘肃烟草调研指导工作。赵洪顺强调，要增强使命感，进一步加强工商协同，确保国家局和甘肃省委省政府确定目标的实现；增强紧迫感，进一步推进卷烟营销市场化取向的改革，提高市场效率；增强责任感，进一步强化专卖，维护卷烟市场秩序，牢牢占领卷烟市场空间；增强危机感，进一步严格规范和化解各种风险，保持持续健康发展。

8月28—29日，国家局局长凌成兴到甘肃烟草调研，驻国家局纪检组组长高林一同调研。凌成兴强调，要坚定一个目标，即坚定不移贯彻落实国家局和甘肃省委省政府共同确定的甘肃烟草三年发展目标；再上三个台阶，即结构调整再上新台阶、卷烟营销再上新台阶、技术改造再上新台阶。高林强调指出，要深入开展党的群众路线教育实践活动，积极开展廉政风险防控，努力做到更加严格规范。

所属地市级局（公司）

【兰州市烟草专卖局（公司）】 兰州市烟草专卖局成立于1985年8月，甘肃省烟草公司兰州市公司成立于1985年2月。下辖8个县级烟草专卖局（营销部）和1个多元化经营企业。

建立“333”卷烟打假体系，即国家局和省局、城区局、县区局为三级任务目标；警烟联合办案、内部打假联动、案件持续经营为三项工作机制；12313、卷烟市场信息员、专业线人为三个信息渠道，搭建兰州市“卷烟打假情报信息系统”平台，推动跨区案件串并，提高对案件当事人的追责追刑能力。建立“141”烟草零售市场检查工作法，该方法得到国家局的关注和指导。

探索建立“123”客我一家关系体系，即以利益、感情和价值观为三个着力点，从利益层、情感层和理念层由表及里构建“一家人”客我关系，完成零售终端从传统向现代、客我关系从简单交易向同盟关系的两个转变，努力实现使零售客户成为行业自己人的一个目标。

在2010年全国卷烟销售网络建设现场会暨“532”“461”知名品牌培育动员会上，兰州市公司首创的“135”工作法受到国家局的肯定，并在全国烟草行业进行推广。2013年，市公司完成国家局《“135”工作法应用教材》、《“135”工作法应用规范》等教材编写任务，并设计开发“135”工作法应用信息化平台。

【天水市烟草专卖局（公司）】 天水市烟草专卖局、甘肃省烟草公司天水市公司成立于1984年12月。下辖7个县级烟草专卖局（营销部）。

建立以“稽查单元分析、经营数据分析、管理信息分析”三维要素为主的市场分析方法，制定《市场异常问题及检查方法指标库》及《异常问题对应检查方法及检查内容指标库》，有效解决市场监管“查什么、何时查、怎么查”的问题。建立案件分析、评估和稽查三者结合的综合管理机制，健全打假破网工作信息档案资料库。

打造“金字塔”式终端建设模式，即以优化提升1.2万余户普通零售终端作为“塔身”；以服务为主线，构建和谐、融洽、牢固的“客我”关系作为“塔基”。积极推广四种模式，提高终端建设质量，即推广“我的店铺，我的经验”交流模式、“优秀终端建设现场会”引领模式、“终端互动小组”自助模式、“360度”服务模式，形成客户经理小组拜访、讲师小组培训、终端客户小组提高、领导小组验收、先进小组推广的“五小组”循环服务机制。

【定西市烟草专卖局（公司）】 定西市烟草专卖局、甘肃省烟草公司定西市公司成立于1992年7月。下辖7个县级烟草专卖局（营销部）和1个多元化经营企业。

创新建立“一乡三品”品牌培育模式，即依据“保牌、稳价、促销、增效”的要求，与客户共同协商确定出处于成长期的、有发展潜力的、适合本地消费的三个重点培育规格，定期帮助同一区域内的卷烟零售客户使用统一通俗易懂的卖点和实用有效的推销技巧。扎实开展终端建设，从“三我”入手（为我所建、为我所用、为我所控），做到会建终端，会用终端，会控终端；以“四建”为重点（巩固已建店、控建烟酒店、稳建现代店、重建普通店），全面实现“161”万店创优目标。

【酒泉市烟草专卖局（公司）】 酒泉市烟草专卖局、甘肃省烟草公司酒泉市公司成立于1985年1月。下辖敦煌市烟草专卖局（公司）和4个县级烟草专卖局（营销部），以及1个多元化经营企业。

创新监管模式，确定行政许可类、经营行为类、内部监管类以及经营情况类四大类具体监管内容，实现对辖区市场的精准定位和分类监管。引入市场评价，科学设置9项专卖管理评价指标和8项规范管理评价指标，推进市局评价、县局评价、队（所）评价的三级评价方式。

举办全市第二届现代卷烟零售终端客户风采展示竞赛，邀请15名现代终端客户参加酒泉市烟草商业系统第二届运动会和户外拓展训练。引导客户主动扫码销售，酒泉市517户零售客户实现扫码销售。引导客户建立纸质或者电子化管理台账。

【武威市烟草专卖局（公司）】 武威市烟草专卖局、甘肃省烟草公司武威市公司成立于1985年1月。下辖4个县级烟草专卖局（营销部）和1个多元化经营企业。

坚持每季度开展一次零售客户库存调查分析及周边省、区市场调研，坚持每月开展一次联动检查。探索建立许可证“4+1”管理模式，即将持证户管理程序细分为前置准入、办理规范、后期监管、退出监管等，分别制定不同的管理措施，许可证管理不断强化。

探索建立“市公司组织专题培训、营销部组织通用性交流、客户经理组织个性化培训”的三级培训模式，全年开展培训12场次，培训人数2200余人次。持续优化品牌规格布局，将综合评价靠后的15个品牌（规格）纳入退出市场目标。落实省局（公司）区域物流规划，与金昌市公司全面推进物流整合工作，截至2013年7月底，完成各项整合任务。

【张掖市烟草专卖局（公司）】 张掖市烟草专卖局、甘肃省烟草公司张掖市公司成立于1992年6月。下辖5个县级烟草专卖局（营销部）和1个多元化经营企业。

推进终端建设，采取“搭、转、调、教、引”五步推进法，即“搭”建终端建设平台，“转”变零售客户经营理念，“调”整优化零售客户经营资源，“教”零售客户开展卷烟营销，“引”导零售客户发挥“六项功能”，现代终端建设得到扎实推进。编制发放《终端建设一本通》，探索微商圈、微信、电子互动等现代终端营销手段，建立QQ群、微信群等实时交互通道。

【庆阳市烟草专卖局（公司）】 庆阳市烟草专卖局、甘肃省烟草公司庆阳市公司成立于1984年12月。下辖8个县级烟草专卖局（营销部）。

对知名品牌进行两次SWOT（机会、威胁、优势、劣势）分析，重点诊断品牌的劣势与威胁，提出适合品牌发展的培育策略。制定工商协同喜庆事件营销指导方案，指导各营销部在庆阳市推广卷烟事件营销，全年共实施事件营销63件。建立终端建设市公司领导和科室联系点工作机制。

加强与中国农业科学院烟草研究所及江苏中烟工业有限责任公司的合作，对烟叶的成熟度提高、安全性控制、特色品种和烘烤关键技术控制等方面开展研究。与中国农业科学院烟草研究所合作开展“甘肃庆阳烟草有害生物调查与研究”和“甘肃庆阳烤烟主要病虫害生物防治技术体系研究”，建立庆阳烟草有害生物名录，初步形成庆阳烟草有害生物综合防治技术体系、病虫害预测预报管理规范、病虫害综合防治技术规范及农药使用规范。引导烟农依法注册成立正宁县绿之野、金龙2个烟农专业合作社，截至年底，庆阳市共有烟农专业合作社8个。

【平凉市烟草专卖局（公司）】 平凉市烟草专卖局、甘肃省烟草公司平凉市公司成立于1984年8月。下辖7个县级烟草专卖局（营销部）和1个多元化经营企业。

完善市场监管机制，市县两级烟草部门与工商部门组建联席会议办公室，形成联合整治、督查奖励、政策研究、信息交流、宣传培训等长效监管协作机制。创新监管举措，每月对周边地区进行调研，每15天对非法流通案件查处途径、违法特点、主要品牌进行分析，做到周边情况清、辖区市场明、对应措施得力有效。主动与宁夏固原市局建立案件查处协作机制，与陕西宝鸡市局召开打假联席会议。

【陇南市烟草专卖局（公司）】 陇南市烟草专卖局、甘肃省烟草公司陇南市公司成立于1987年3月。下辖9个县级烟草专卖局（营销部）和1个多元化经营企业。

扶持集中连片种植，户均种烟面积21亩，同比提高50%。注重科技应用，加强双弓棚直播漂浮育苗技术成果的应用与推广。与中国农科院青州烟草研究所合作开发“嘉陵源”品牌特色优质烟叶，申报“陇南特色优质烟叶研究与开发”科技创新项目，协商制定《2013年陇南特色优质烟叶生产技术方案要点》，在徽县开展200亩绿色生态优质烟叶生产技术的开发示范。

【白银市烟草专卖局（公司）】 白银市烟草专卖局、甘肃省烟草公司白银市公司成立于1987年。下辖5个县级烟草专卖局（营销部）和1个多元化经营企业。

与公安、工商部门联合下发《关于建立整顿规范烟草市场秩序协作机制的意见》，建立健全联席会议、信息通报等六项工作制度。开展“陇剑1号”卷烟市场清理整顿专项行动，开展联合执法检查84次。每月各县（区）局用一定时间整合专卖人员实施集中检查，每季度市局专卖科统一组织，从各县（区）局抽调专卖骨干人员对白银市卷烟重点市场进行专项检查。推行“一站式服务”标准化作业规范。

转变宣传促销方式，从面向零售客户促销转变为面向消费者促销。落实“按需服务”，避免“过度服务”，通过“135”工作法平台，开展有针对性的客户服务。探索推进“一店两品”终端品牌培育模式，即根据客户的主销价位、周边环境、消费对象等特点，结合货源供应的稳定性，与客户协商确定两个品牌（规格）的卷烟，作为该客户重点推介和培育的目标品牌，在充分体现和发挥不同消费区域消费特色的同时，提高客户盈利水平，提升终端建设效率。

创办企业文化内部期刊《和·韵》。

【金昌市烟草专卖局（公司）】 金昌市烟草专卖局成立于1984年7月，甘肃省烟草公司金昌市公司成立于1984年9月。下辖1个县级烟草专卖局（营销部）。

构建“155”卷烟市场监管体系，即以“打击严厉、管理到位、疏导及时、服务周到”为目标，从监管任务、监管方式、监管步骤、监管行为和监管监督五个要素入手，落实“五个体现”，即在监管任务上体现全面性、在监管方式上体现多样性、在监管步骤上体现针对性、在监管行为上体现服务性、在监管监督上体现多维性。完善市场监管考核机制，从指标设定、指标完成、指标测量和结果运用四个环节入手，探索构建一套科学实用的专卖管理工作质量评价体系。推行零售许可证“五化”管理模式，即精细化办理、动态化管理、标准化案卷、立体化监督、个性化服务。

【嘉峪关市烟草专卖局（公司）】 嘉峪关市烟草专卖局、甘肃省烟草公司嘉峪关市公司成立于2008年10月。下辖1个多元化经营企业。

扎实开展终端建设，分别从硬件建设、软实力提升和客户自主配合三方面规范标准，形成《形象建设指导手册》《软实力提升手册》及《现代终端建设教程》。协助客户建立“智慧记”系统，因地制宜改进店面形象，扩大陈列面积，“量身”制作经营提升计划，组织开展同业交流等，提高客户经营软实力。与“135”工作法紧密对接，对终端建设的50项细化内容逐户逐项督促落实，强化过程管理。

【临夏回族自治州烟草专卖局（公司）】 临夏回族自治州烟草专卖局、甘肃省烟草公司临夏回族自治州公司成立于1994年8月，1999年3月划归甘肃省烟草专卖局（公司）管理。下辖8个县级烟草专卖局（营销部）。

完善品牌培育体系，将品牌培育细分为三维三层，即在培育维度上分为“高端引领、主流消费、区域突破”三个维度，在培育层次上分为“精准营销、核心培育、个性化培育”三个层次，对每个层次分别设置培育目标和市场推广计划，使品牌发展的中长期规划更具实操性。

【甘南藏族自治州烟草专卖局（公司）】 甘南藏族自治州烟草专卖局、甘肃省烟草公司甘南藏族自治州公司成立于1998年6月。下辖7个县级烟草专卖局（营销部）。

把一、二类烟作为培育重点，把三类烟作为销量平稳增长的基础，实现三类以上结构特别是一、二类卷烟销量较快增长。发挥考核导向作用，加强宣传引导，营造培育品牌的浓厚氛围。坚持“精确信息、精准策略、精细管理”的策略，细分目标客户，对八个品牌十个规格实行精准营销，品牌销量同比增长62%。加大与工业企业深度协同力度，有效传播品牌文化和卖点，提高品牌培育效果。

所属其他二级单位及派驻机构

【甘肃省烟草专卖局驻兰州铁路专卖局】 甘肃省烟草专卖局驻兰州铁路专卖局成立于1992年7月，由甘肃省烟草专卖局和兰州铁路局共同组建。驻兰州铁路专卖局有员工12人，其中烟草系统内员工8人，铁路正式员工4人，设一科（检查科）一室（办公室），属甘肃省烟草专卖局外驻非法人执法机构。担负着东起天水，西至敦煌，东西长1000余千米范围内的铁路客货运列车及近百个铁路专用线的专卖管理职责。

2013年，加强与铁路公安局、铁路路风办等部门的协作，创新检查方式方法，加大对铁路专运线和铁路货场的检查力度，特别是对重点旅客列车、行李车和邮政车加强检查，有效打击利用列车贩销非法卷烟的活动。与路风办组成检查组，对西宁发往成都列车及从广州、深圳开往兰州、银川等西行重点旅客列车违法违规携带、运输卷烟情况进行检查摸排，集中整治。全年出动检查车辆220台次，出动专卖检查人员1760人次，查处各类涉烟违法案件16起，案值50余万元。

2013年甘肃省烟草商业系统主要情况统计

地市级局（公司）名称		兰州市局（公司）	天水市局（公司）	定西市局（公司）	酒泉市局（公司）	武威市局（公司）
主要负责人/法人代表		刘　震	李　明	牛跟道（—2013.7） 张维杰（2013.7—）	王进立	向　阳
总资产（万元）		166004	57780	36523	38446	35587
资产负债率（%）		2.09	9.80	1.58	6.36	24.31
所属县级局（个）		8	7	7	5	4
所属县级公司/分公司（个）		—	—	—	1个公司	—
所属县级营销部（个）		8	7	7	4	4
从业人员（人）		610	456	359	241	308
所属业务机构	营销机构	1个营销中心	1个营销中心	1个营销中心	2个营销中心	1个营销中心
	物流配送机构	1个物流配送中心	1个物流中心、1个配送中心	1个物流配送中心、4个中转站	2个物流配送中心	1个物流配送中心
	专卖稽查机构	1个稽查支队、8个稽查大队	1个稽查支队、5个稽查大队	1个稽查支队、7个稽查大队	1个稽查支队、5个稽查大队	1个稽查支队、4个稽查大队
	烟叶机构	—	—	—	—	—
销售卷烟	亿支	78.62	49.12	42.69	23.23	28.57
	2013年比2012年（%）	0.58	1.63	0.47	0.83	1.85
卷烟销售收入（万元）		341728	158952	127205	93061	96810
实现税利	万元	87747	32116	26395	20206	19902
	2013年比2012年（%）	10.61	10.93	8.51	1.82	10.00
实现利润	万元	51390	17389	13372	10882	9788
	2013年比2012年（%）	12.66	19.02	8.75	1.91	9.90
查处涉烟违法案件（起）		1321	499	521	156	622
查处涉烟违法案件案值（万元）		401	146	238	20	130
2013年度烟草行业投入烟叶生产基础设施建设资金（万元）		—	—	—	—	—
全年烟叶生产基础设施新增受益面积（万亩）		—	—	—	—	—
烟叶种植（万亩）		—	—	—	—	—
烟叶收购（万担）		—	—	—	—	—
烟农户数（户）		—	—	—	—	—
实现烟农总收入（万元）		—	—	—	—	—
零售客户数（户）		13624	14817	11256	5592	7118
零售客户销售毛利率（%）		12.05	11.58	11.31	12.01	11.42

地市级局（公司）名称	张掖市局（公司）	庆阳市局（公司）	平凉市局（公司）	陇南市局（公司）	白银市局（公司）
主要负责人/法人代表	朵守红	魏小敏	王来云	牛　军	刘在云
总资产（万元）	25453	54517	32768	44889	35421
资产负债率（%）	0.28	6.12	1.62	6.37	2.59
所属县级局（个）	5	8	7	9	5

续表

地市级局（公司）名称		张掖市局（公司）	庆阳市局（公司）	平凉市局（公司）	陇南市局（公司）	白银市局（公司）
所属县级公司/分公司（个）		—	—	—	—	—
所属县级营销部（个）		5	8	7	9	5
从业人员（人）		241	452	309	415	319
所属业务机构	营销机构	1 个营销中心	1 个营销中心	1 个营销中心	1 个营销中心	1 个营销中心
	物流配送机构	1 个仓储配送中心	1 个物流配送中心	1 个物流配送中心	1 个物流配送中心	1 个物流配送中心、1 个直送部
	专卖稽查机构	1 个稽查支队、5 个稽查大队	1 个稽查支队、8 个稽查大队	1 个稽查支队、7 个稽查大队	1 个稽查支队、9 个稽查大队	1 个稽查支队、5 个稽查大队
	烟叶机构	—	3 个烟叶收购站	—	4 个烟叶收购站	—
销售卷烟	亿支	20.98	35.00	30.76	44.18	29.99
	2013 年比 2012 年（%）	0.01	1.37	0.53	1.39	0.37
卷烟销售收入（万元）		72563	132377	96661	138317	105197
实现税利	万元	15704	33561	19881	30056	22759
	2013 年比 2012 年（%）	5.71	5.52	3.47	6.17	8.40
实现利润	万元	8190	18073	9988	15611	12150
	2013 年比 2012 年（%）	0.67	9.35	2.98	10.31	5.95
查处涉烟违法案件（起）		185	283	698	318	212
查处涉烟违法案件案值（万元）		18	97	84	53	50
2013 年度烟草行业投入烟叶生产基础设施建设资金（万元）		—	1728	—	590	—
全年烟叶生产基础设施新增受益面积（万亩）		—	0.80	—	0.37	—
烟叶种植（万亩）		—	3.19	—	1.50	—
烟叶收购（万担）		—	8.65	—	4.00	—
烟农户数（户）		—	2078	—	702	—
实现烟农总收入（万元）		—	8835	—	4206	—
零售客户数（户）		6073	9714	7980	10500	7782
零售客户销售毛利率（%）		11.39	12.96	11.54	11.06	10.37

地市级局（公司）名称		金昌市局（公司）	嘉峪关市局（公司）	临夏州局（公司）	甘南州局（公司）
主要负责人/法人代表		赵普忠	肖成邦（—2013.7） 和　平（2013.7—）	金　明	苏斌成
总资产（万元）		16169	13792	25963	9168
资产负债率（%）		7.46	1.23	3.95	8.41
所属县级局（个）		1	—	8	7
所属县级公司/分公司（个）		—	—	—	—
所属县级营销部（个）		1	—	8	7
从业人员（人）		135	59	245	195
所属业务机构	营销机构	1 个营销中心	1 个营销中心	1 个营销中心	1 个营销中心
	物流配送机构	1 个物流中心、1 个配送中心	—	1 个仓储配送中心	1 个物流中心、1 个配送中心
	专卖稽查机构	1 个稽查支队、1 个稽查大队	1 个稽查支队	1 个稽查支队、8 个稽查大队	1 个稽查支队、7 个稽查大队
	烟叶机构	—	—	—	—

续表

地市级局（公司）名称		金昌市局（公司）	嘉峪关市局（公司）	临夏州局（公司）	甘南州局（公司）
销售卷烟	亿支	10.39	6.98	25.01	10.71
	2013 年比 2012 年（%）	0.13	-5.44	3.87	3.42
卷烟销售收入（万元）		39620	29327	82003	37949
实现税利	万元	8954	7097	16768	6768
	2013 年比 2012 年（%）	6.88	-15.03	14.26	16.37
实现利润	万元	4840	3940	8610	2880
	2013 年比 2012 年（%）	3.47	-19.50	16.44	21.91
查处涉烟违法案件（起）		255	18	584	194
查处涉烟违法案件案值（万元）		25	4	174	78
2013 年度烟草行业投入烟叶生产基础设施建设资金（万元）		—	—	—	—
全年烟叶生产基础设施新增受益面积（万亩）		—	—	—	—
烟叶种植（万亩）		—	—	—	—
烟叶收购（万担）		—	—	—	—
烟农户数（户）		—	—	—	—
实现烟农总收入（万元）		—	—	—	—
零售客户数（户）		2245	1303	6317	3618
零售客户销售毛利率（%）		11.70	12.12	11.09	12.50

（撰稿：毕耜栋；编辑：周　佳）

青海省烟草专卖局（公司）

【概　况】 青海省烟草专卖局、青海省烟草公司组建于1984年，1986年1月青海省烟草公司上划中国烟草总公司，更名为中国烟草总公司青海省公司。2007年，完成母子公司体制改革。省局（公司）下辖9家地市级烟草专卖局（公司）。省局（公司）机关下设13个职能部门、1个临时机构和3个专业部门。截至2013年底，公司拥有总资产27.35亿元，其中，固定资产1.95亿元、流动资产24.95亿元，资产负债率为8.15%。有从业人员1318人。

【领导成员】

局长、总经理、党组书记：宋亚强

副局长、党组成员：张超凡

纪检组长、党组成员：李成方（—2013.2）（国烟党〔2013〕14号）

副总经理、党组成员：秦　刚

巡视员、副局长、党组成员：侯国昆（—2013.3之前任副总经理、党组成员）（国烟人〔2013〕63号）

副巡视员：刘海宁（2013.2—）（国烟人〔2013〕63号）

【专卖管理】 卷烟打假。省局开展卷烟打假破网工作，发挥卷烟联合打假协作机制作用，搜集、分析和利用贩售假烟活动线索，追踪假烟流向，查找假烟源头，严厉打击违法行为。2013年青海省共查处各类涉烟违法案件304起，其中，假烟案件103起，非渠道卷烟案件191起。破获符合国家局标准的网络案件1起，省局标准的网络案件3起。查获各类非法卷烟270.12万支，其中，假冒卷烟105.29万支，同比下降47.86%；非法流通卷烟160.93万支，同比下降1.84%；走私烟3.9万支，同比下降13.14%。公安、司法机关依法刑拘10人，逮捕5人，判刑2人。

市场监管。因地制宜改进市场监管方式，推进符合实际的APCD工作法。针对节日市场特点，开展市场秩序整顿、治理雪茄烟和走私烟等专项行动。2013年9月22日至11月10日，青海省开展“国庆”节期间卷烟市场清理整顿专项行动，西宁、海东、格尔木市作为此次工作的重点地区，其他单位突出地域特点和市场特点开展市场清理整顿的综合治理。此次专项行动，共出动检查人员2204人次，查处各类涉烟违法案件52起，取缔无证经营户82户。

证件管理。截至2013年底，青海省共有持证零售客户2.21万户，同比增长5.74%。规范专卖行政许可工作，开展对“空挂证”“无效证”“低效证”的调查取证和监督管理，保证零售客户总体数量稳定和布局合理。加强对无证经营行为的清理整顿及日常监管，无证户数量同比下降37.15%。

专卖队伍建设。青海省烟草商业系统以专卖管理员岗位技能鉴定为抓手，开展多种形式的专卖人员知识技能培训。2013年共有专卖人员98人参加烟草专卖管理员技能鉴定，38人获得烟草专卖管理岗位资格证书。省局举办两期全省烟草专卖管理业务技能提升培训班，邀请人民检察院的专家就预防职务犯罪做专题讲座，提升专卖管理工作业务技能。

【经济效益】 2013年，青海省烟草商业系统实现卷烟销售收入48.71亿元，同比增长10.15%。实现税利11.29亿元，同比增长13.23%，其中利润6.15亿元，同比增长9.04%。三项费用率为6.80%。

【卷烟经营】 卷烟销售。2013年，青海省烟草商业系统销售卷烟112.70亿支（22.54万箱），同比增长1.32%，其中，销售一类烟19.59亿支（3.92万箱）、二类烟11.10亿支（2.22万箱）、三类烟38.98亿支（7.80万箱）、四类烟40.38亿支（8.08万箱）、五类烟2.65亿支（0.53万箱）。本地区销量居前三位的品牌为“兰州”“云烟”“延安”，销量分别为23.88亿支（4.78万箱）、11.90亿支（2.38万箱）、9.11亿支（1.82万箱）。

品牌培育。注重大品牌、高端品牌、低焦油品牌的培育，重点品牌规模继续扩大，价值持续提升。2013年重点品牌卷烟销售94.65亿支（18.93万箱），同比增长5.64%，占总销量的84%。低焦油卷烟销售29.15亿支（5.83万箱），同比增长8.23%，占总销量的25.85%。三类以上卷烟销售比重达到61.82%，实现年初确定的60%的目标任务。销售结构稳步提升，坚持把“四转三”作为调整优化品牌结构的重要举措，品牌结构不断优化。2013年平均单箱销售额为2.53万元，高出全国平均水平271元。

零售终端建设。以网上订货、网上结算、网上营销为主要内容，推广现代终端经营模式，青海省卷烟网上订货率达到92.24%。截至年底，青海省共建成现代零售终端客户942户，占总有效客户数的4.65%，建成直营终端5个，发挥终端在形象展示、品牌培育、信息采集等方面的作用。

现代物流体系建设。青海省烟草商业系统以西宁、海东市局（公司）为试点，各单位跟进开展精益物流工作，全面梳理优化管理制度、作业环节和业务流程，物流运行水平进一步提升。深入推进物流对标工作，突出物流费用管控，实现物流费用率同比下降和人均配送效率不断提升。与甘肃烟草工业有限责任公司共同研究“卷烟包装箱循环利用”试点工作，构建循环型烟草物流体系。深化青海烟草特色物流体系改革，研究制定青海省烟草物流非法人实体化运作工作方案。对物流配送成本实现计划控制，送货线路由91条减少至69条。

【管理创新】 财务审计。加强重点费用控制和大额资金使用管理，强化预算执行过程管控和考核评价，提高预算管控能力。规范企业经营行为、增强依法纳税意识，建立税企平等互信的和谐征纳关系。对青海省烟草商业系统2008—2013年涉及的各类税金开展税收风险管理自查，认缴各类税金1714万元。增强审计委派制作用，2013年共组织各类审计项目61项，其中，经济责任审计5项，工程建设项目投资审计10项，全面审计整改检查4项，日常监督审计42项，有效发挥审计监督作用。

贯标对标工作。加大贯标在经济运行业绩考核中的比重，通过交叉检查的方式促进质量体系运行持续改进，更加突出成本费用控制，着重解决对标数据背后的管理问题。建立青海省烟草商业系统统一评标成员库和招标代理机构库。截至年底，青海省烟草商业系统各单位基本形成15~25项质量总目标、80个左右部门级目标和200余个岗位目标。

安全工作。制定下发《全省烟草系统安全标识使用设置制度》，明确各类安全标识的制作、管理、维护要求。逐级签订部门安全目标责任书112份，岗位安全承包责任书1242份。2013年青海省烟草商业系统有7家单位达到国家安全生产二级标准。2013年无重大安全事故发生。

【技术创新】 营销创新方面，格尔木市公司通过“预测—目标管理”项目的开展，理顺卷烟需求预测、货源合同执行、卷烟销售目标等之间的关系，及时跟踪卷烟单牌号执行情况，进一步改观原有营销工作中存在的问题，提升营销中心目标管理水平，提高客户经理、市场经理、品牌经理工作的针对性及工作效率。管理创新方面，西宁市公司通过两年来“7S现场管理”项目的开展，实现“两高一低”，即提高工作效率、提高工作质量、降低财物浪费。专卖管理方面，海西州公司通过“以基础信息为依托实现差异化管理提高市场监管实效”项目的开展，创新卷烟市场检查工作方法，拓展涉烟信息来源渠道，提高市场检查工作效率，提升烟草专卖执法形象、优化监管资源配置，进一步强化基层烟草专卖行政主管部门执法主体能力建设，提高市场监管效率和水平。

2013年青海省商业烟草系统申报科技创新项目31项，其中，省级在研项目6项，自立项目9项，形成科技成果16项。征集QC活动课题13项，内容覆盖物流配送、对标管理等领域。

【信息化建设】 加快推进系统集成、资源整合、信息共享，完善信息安全防护体系建设。对办公自动化、综合档案管理系统、青海省视频会议系统进行重新开发和调配升级，完善省局（公司）内部门户网站的信息审核工作。推动零售客户在网上交易，拓展网上订货方式，逐步推广网上订货平台，建成工业、商业和零售客户共同面向消费者的卷烟网上营销体系。

【“两项工作”】 完善“两项工作”制度体系，制定下发《青海省烟草专卖局办公室关于开展整顿规范自查整改的通知》，从“两项工作”制度建设情况、项目运作情况、对公开招标落实情况、办事公开落实情况等八个方面对自查整改工作进行安排部署。坚持把公开招标作为项目实施的主要形式，2013年青海省工程投资、物资采购、宣传促销实施公开招标项目13个，涉及金额1916万元，分别占总项目数量及总金额的16.46%、65.02%。全年通过办事公开网站、公示栏公开信息2585条，召开各类民主管理座谈会及职代会18次。

【人事政工】 人事工作。制定印发《全省烟草商业系统2013年州市局（公司）领导工作业绩考核细则》。以竞争性选拔方式提任副处级干部4人、副调研员2人。公开招聘应届大学毕业生40人、接收复转军人19人，遴选机关工作人员5人。2013年发展党员4人，审批转正党员19人。

教育培训和技能鉴定。以提高员工业务素质和能力水平为重点开展教育培训工作，2013年组织各类培训班142期，培训人员5000余人次。推进职业技能培训和鉴定工作，完成卷烟商品营销、烟草专卖管理职业技能四批次191人次的技能鉴定工作。

【特事要辑】 1月31日，青海省烟草工作会议在西宁召开。

11月7日，国家局局长凌成兴到青海烟草调研，总会计师张玉霞一同调研。凌成兴用“三个没想到”“五个非常好”充分肯定青海烟草近年来取得的工作成绩。“三个没想到”，一是没想到理顺体制工作这样务实，二是没想到基础设施建设这样完善，三是没想到卷烟营销结构这样高位；“五个非常好”，一是精神状态非常好。在艰苦的自然环境下，青海烟草广大干部职工大力弘扬青藏高原精神和青海干劲，保持良好精神状态。二是统购分销非常好。青海烟草商业系统实行全省统购分销模式，提高效率、降低成本、稳定价格。三是规范管理非常好。严格规范企业内部管理，能够把自己的事情办好。四是队伍建设非常好。狠抓作风建设，抓好班子，带好队伍。五是民族团结非常好。青海地区少数民族比重较大，青海烟草在维护民族团结方面付出很多努力，作出很大贡献。对青海烟草下一步工作，凌成兴强调，要“弘扬青藏精神，履行三大职责”。弘扬青藏精神，就是要继续弘扬“特别能吃苦、特别能战斗、特别能忍耐、特别能团结、特别能奉献”的“五个特别”青藏高原精神，继续保持“缺氧不缺精神、艰苦不怕吃苦、困难大决心更大、海拔高追求更高”的青海干劲。

所属地市级局（公司）

【西宁市烟草专卖局（公司）】 西宁市烟草专卖局、青海省烟草公司西宁市公司组建于2000年9月。下辖3个县级烟草专卖局（营销部）。

现代卷烟流通。开展精准营销，推进现代卷烟零售终端建设，2013年共建成现代零售终端客户370户，首批3个直营店建成投入运营，并尝试各类网上互动营销。2013年，西宁市卷烟配送中心共完成卷烟入库112.35亿支（22.47万箱）、卷烟分拣配送111.25亿支（22.25万箱）。卷烟分拣差错率为0.004‰，仓储破损率为0.006‰。

内部监管。把握“严格规范”生命线，强化规范意识、责任意识，开展专卖内部管理监督，推进“两项工作”。2013年共处理系统预警859个，公开招标7项采购项目，涉及金额554.25万元。推进企业质量目标管理体系建设，截至年底，市公司共建立公司级质量目标31个，部门级质量目标478个，岗位级质量目标1127个，顺利通过国家局交叉评价检查。

【海东市烟草专卖局（公司）】 海东市烟草专卖局、青海省烟草公司海东市公司组建于2000年8月，由海东地区烟草专卖局、青海省烟草公司海东地区公司更名而来。2013年11月8日，国家局下发《关于青海省海东地区烟草专卖局〈公司〉及其所属部分机构更名的批复》（国烟人〔2013〕412号），同意青海省海东地区烟草专卖局〈公司〉更名为海东市烟草专卖局（公司）。下辖6个县级烟草专卖局（营销部）。

现代零售终端建设。围绕“622335”目标，坚持不与大城市比较、不追求奢华装修、不搞形式主义、立足农村市场做终端，以食杂店和便利店为突破口，以烟酒店、大型超市为重点示范业态的原则，推进现代零售终端建设，并在乐都区召开零售终端建设现场会，截至年底，海东市共发展现代零售终端客户267户。开展精益物流试点工作，乐都区分公司、平安县分公司、化隆县分公司根据各自区域特点优化现有配送线路，送货线路减少7条，送货里程缩短272千米，2013年海东市客户满意度达到95%。

内管工作。修订完善《高价位卷烟监督管理办法》，向海东市卷烟零售客户印发零售价格不超过1000元/条的提示标语。突出非渠道卷烟非法流通工作重点，强化对卷烟经营事前、事中、事后的监管，对存在问题进行整改。每日开展网上实时监控，加大调查核实力度，截至年底，海东市共发生预警6081条，预警处理率达到100%。

【海西蒙古族藏族自治州烟草专卖局（公司）】 海西蒙古族藏族自治州烟草专卖局、青海省烟草公司海西蒙古族藏族自治州公司组建于1986年8月。下辖5个县级烟草专卖局（营销部）和冷湖行委烟草专卖局。

基础管理。加强质量管理体系工作日常检查，突出重点环节费用控制，2013年实现卷烟人均劳动效率143.71箱/人，人均卷烟销售收入316.47万元/人，总资产贡献率达105.43%。保持职业健康安全管理体系有效运行，持续完善各类应急预案和现场处置方案，开展安全专项治理和安全生产月活动，通过安全标准化二级企业达标评审。加强信息化基础建设，完成局域网改造升级工作，做好新电子政务系统上线准备工作。

【格尔木市烟草专卖局（公司）】 格尔木市烟草专卖局、青海省烟草公司格尔木市公司组建于2000年12月。

网络建设。开展现代零售终端建设，初选96户目标客户，精心培育，达到市公司终端建设标准的零售客户有82户。推广网上订货系统，利用短信、“新商盟”等信息、网络平台指导零售客户开展网上订货、网上结算，2013年格尔木市网上订货率达到98.97%，网上结算率达到100%。

整顿规范。加强制度体系建设，先后修订印发《格尔木市烟草专卖局工程、物资和服务管理委员会议事规则》《格尔木市烟草专卖局采购管理实施细则》等六项制度，有效规范“两项工作”行为。加强项目计划管理，严格按照制度和程序操作，并从制度建设、项目运作、资料归档等方面进行全面自查整改。

【海北藏族自治州烟草专卖局（公司）】 海北藏族自治州烟草专卖局、青海省烟草公司海北藏族自治州公司组建于2004年。下辖3个县级烟草专卖局（营销部）和海晏县烟草专卖局。

物流配送。州公司优化配送线路，将原有的6条送货线路整合为5条，缩短送货里程180千米。局部送货响应时间缩短24小时，平均送货响应时间控制在97小时以内，保持卷烟送货零差错。

【海南藏族自治州烟草专卖局（公司）】 海南藏族自治州烟草专卖局、青海省烟草公司海南藏族自治州公司组建于2004年5月。下辖5个县级烟草专卖局（营销部）。

文化建设。2013年，州局被省局确定为安全文化建设试点单位，编写4本具有自身特色的关于安全文化、零售客户、服务和员工的手册，经省局审阅得到肯定。

【黄南藏族自治州烟草专卖局（公司）】 黄南藏族自治州烟草专卖局、青海省烟草公司黄南藏族自治州公司组建于2004年5月。下辖4个县级烟草专卖局（营销部）。

专卖管理。按照《烟草零售市场检查工作指引》，组织稽查人员打破常规工作作息时间，采取交叉执法、明察暗访等形式，开展市场检查活动。协调工商部门，在全州范围内开展无证户市场清理整顿工作，对辖区内“空挂证”“无效证”“低效证”进行清查，2013年市场净化率为97.75%。

【玉树藏族自治州烟草专卖局（公司）】 玉树藏族自治州烟草专卖局、青海省烟草公司玉树藏族自治州公司组建于2004年6月。下辖5个县级烟草专卖局（营销部）。

市场管理。分析市场需求，品牌投放各项指标，促进货源投放合理。以杂多县营销部为网上订货试点单位，开展全州网上订货调查摸底前期工作，选取条件成熟的网上订货卷烟零售客户，作为在建终端形象店。每季度定期召开零售客户座谈会、专销联合会，传达最新动态和法律知识。

【果洛藏族自治州烟草专卖局（公司）】 果洛藏族自治州烟草专卖局、青海省烟草公司果洛藏族自治州公司组建于2004年9月。下辖2个县级烟草专卖局（营销部）。

品牌培育。以目标化管理、精细化管理为手段，在整体销量稳步增长的基础上，通过货源投放、市场宣传、重点推荐、零售客户座谈等方式、方法，加强零售客户对重点品牌及“双十五”品牌的认识和重视度，零售客户主动购进和向消费者推荐重点品牌、“双十五”品牌的意识明显增强。

2013年青海省烟草商业系统主要情况统计

地市级局（公司）名称		西宁市局（公司）	海东市局（公司）	海西州局（公司）	格尔木市局（公司）	海北州局（公司）
主要负责人/法人代表		刘海宁	钟建平	戴岳鹏	李安益	董长吉
总资产（万元）		23127	11764	6079	3174	2525
资产负债率（%）		11.86	8.52	4.22	9.63	5.90
所属县级局（个）		3	6	6	—	4
所属县级公司/分公司（个）		—	—	—	—	—
所属县级营销部（个）		3	6	6	—	3
从业人员（人）		395	198	110	75	91
所属业务机构	营销机构	1个营销中心	1个营销中心	1个营销中心	1个营销中心	1个营销中心
	物流配送机构	1个配送中心	—	—	—	—
	专卖稽查机构	8个稽查大队	7个稽查大队	5个稽查大队	2个稽查大队	4个稽查大队
	烟叶机构	—	—	—	—	—
销售卷烟	亿支	51.19	20.93	7.90	7.42	5.72
	2013年比2012年（%）	2.72	1.50	0.39	1.81	0.78
卷烟销售收入（万元）		249488	70240	34867	37489	19846
实现税利	万元	29133	11833	5965	4129	2705
	2013年比2012年（%）	5.78	8.84	9.55	3.54	6.20
实现利润	万元	8858	5318	2612	1064	850
	2013年比2012年（%）	-1.05	4.95	8.08	-8.75	-4.39
查处涉烟违法案件（起）		84	120	6	29	11
查处涉烟违法案件案值（万元）		230	51	4	28	1

续表

地市级局（公司）名称	西宁市局（公司）	海东市局（公司）	海西州局（公司）	格尔木市局（公司）	海北州局（公司）
2013 年度烟草行业投入烟叶生产基础设施建设资金（万元）	—	—	—	—	—
全年烟叶生产基础设施新增受益面积（万亩）	—	—	—	—	—
烟叶种植（万亩）	—	—	—	—	—
烟叶收购（万担）	—	—	—	—	—
烟农户数（户）					
实现烟农总收入（万元）					
零售客户数（户）	9593	5327	1560	1172	1180
零售客户销售毛利率（%）	13. 02	12. 50	10. 49	12. 80	19. 79

地市级局（公司）名称		海南州局（公司）	黄南州局（公司）	玉树州局（公司）	果洛州局（公司）
主要负责人/法人代表		张国明	李映元	王洪胜	孙永珍
总资产（万元）		4430	2824	5430	2441
资产负债率（%）		15. 22	5. 76	3. 12	15. 83
所属县级局（个）		5	4	5	2
所属县级公司/分公司（个）		—	—	—	—
所属县级营销部（个）		5	4	5	2
从业人员（人）		94	78	95	51
所属业务机构	营销机构	1 个营销中心	1 个营销中心	1 个营销中心	1 个营销中心
	物流配送机构	—	—	—	—
	专卖稽查机构	6 个稽查大队	4 个稽查大队	1 个稽查大队	1 个稽查大队
	烟叶机构	—	—	—	—
销售卷烟	亿支	8. 03	3. 82	5. 52	2. 57
	2013 年比 2012 年（%）	2. 27	2. 41	-6. 44	3. 91
卷烟销售收入（万元）		27747	14293	22603	10398
实现税利	万元	4374	2560	5176	2023
	2013 年比 2012 年（%）	16. 18	3. 64	0. 02	8. 07
实现利润	万元	1803	1081	2845	940
	2013 年比 2012 年（%）	16. 93	-4. 25	0. 57	18. 24
查处涉烟违法案件（起）		23	12	7	12
查处涉烟违法案件案值（万元）		3	1	—	5
2013 年度烟草行业投入烟叶生产基础设施建设资金（万元）		—	—	—	—
全年烟叶生产基础设施新增受益面积（万亩）		—	—	—	—
烟叶种植（万亩）		—	—	—	—
烟叶收购（万担）		—	—	—	—
烟农户数（户）					
实现烟农总收入（万元）					
零售客户数（户）		1530	705	692	352
零售客户销售毛利率（%）		19. 67	13. 97	10. 02	14. 16

（撰稿：葛建宝；编辑：周　佳）

宁夏回族自治区烟草专卖局(公司)

【概　况】　宁夏回族自治区烟草专卖局、宁夏回族自治区烟草公司经宁夏回族自治区人民政府批准于1983年10月成立，1984年4月挂牌，1986年1月宁夏回族自治区烟草公司上划中国烟草总公司，更名为中国烟草总公司宁夏回族自治区公司。自治区局（公司）下辖5个市烟草专卖局（公司）。自治区局（公司）机关下设13个职能部门，3个专业部门。公司拥有总资产24.59亿元，其中，固定资产1.67亿元、流动资产20.81亿元，资产负债率为5.48%。自治区局（公司）实行全员聘用制，截至2013年底，共有从业人员1317人。

2013年4月，自治区局（公司）被自治区党委宣传思想工作领导小组授予“全区思想政治工作先进集体”称号；被自治区扶贫开发领导小组授予“全区定点帮扶先进单位”称号。

【领导成员】

局长、总经理、党组书记：师增建

副局长、党组成员：李光荣

副总经理、党组成员：杨保仓（—2013.6）（国烟党〔2013〕62号）

纪检组长、党组成员：罗增平

【专卖管理】　打假破网。强化司法协作，推进刑事打击，加强区域合作，全方位、多层次构建卷烟联合打假工作机制。2013年，自治区局共查处案值5万元以上假烟案件10起，查获假烟77.2万支；破获符合国家局标准的网络案件5起，抓获涉烟违法犯罪嫌疑人18人，其中逮捕11人、判刑9人。吴忠、固原市局查获重大网络案件受到国家局通报奖励。

市场监管。融合应用卷烟市场检查APCD工作法，深度应用市场监管员“1+3”工作法，管理和服务市场的水平进一步提高。组织编写《自律小组建设指导标准》，拓展协助监督、普法宣传等功能。相继开展“两打一查”、高价位卷烟专项治理、雪茄烟市场治理等行动，制定落实《“名烟名酒店”监督管理办法》，卷烟市场净化率达到98%以上。

内部专卖管理监督。贯彻《专卖内管委派制实施方案》，制定落实《市、县专卖内管工作标准》，实现专卖内管委派制工作模式顺畅运转。关注卷烟采购、仓储、销售等关键环节，突出事前防范、事中检查和事后监督，生产经营行为更加规范。坚持“一案双查”，加强监督检查，严肃查处非法流通等违纪违规问题，2013年查处非渠道卷烟案件17起，查获非渠道卷烟346.8万支。

专卖队伍建设。开展专卖队伍纪律作风整顿活动，组织述职述廉、执法作风评议和案卷烟评查工作。举办全自治区专卖队伍内训师、管理层人员业务技能竞赛，突出实操技能培训。宁夏回族自治区中、高级以上专卖管理员比重分别达到86%、41%，有二级专卖管理师10人。

【经济效益】　2013年，宁夏回族自治区烟草商业系统实现卷烟销售收入49.61亿元，同比增长9.98%。实现税利11.44亿元，同比增长11.04%，其中利润6.3亿元，同比增长12.56%。三项费用率为6.13%。

【卷烟经营】　卷烟销售。2013年，宁夏回族自治区烟草商业系统销售卷烟127.89亿支（25.58万箱），同比增长2.05%，其中，销售一类烟17.13亿支（3.43万箱），同比增长15%；二类烟10.61亿支（2.12万箱），同比增长28.25%；三类烟51.52亿支（10.3万箱），同比增长0.43%；四类烟39.88亿支（7.98万箱），同比增长6.73%；五类烟8.75亿支（1.75万箱），同比下降35.14%。本地区销量居前三位的品牌为“兰州”“白沙”“红塔山”，销量分别为22.38亿支（4.48万箱）、20.28亿支（4.06万箱）、12.67亿支（2.53万箱）。

品牌培育。在保持重点品牌基础稳固前提下，同步调整品牌布局，注重区市两级市场对接，完善品牌运行机制，清理滞销品牌库存，提升整体品牌培育能力。修订品牌引进退出规则，2013年退出38个规格。2013年，销售重点品牌卷烟106.9亿支（21.38万箱），同比增长3.36%，品牌集中度达到83.59%，同比提高1.06个百分点。销售全国卷烟累计交易量前15位品牌（三类以上）67.4亿支（13.48万箱），同比增长5.81%。销售低焦油卷烟30.35亿支（6.07万箱），同比增长10.3%。

零售终端建设。2013年，自治区局落实“四个一流”要求，电子商务系统架构基本形成；打牢终端硬件基础，实现现代终端经营模式转型升级；树立典型示范客户，实现终端功能稳步发挥；优化队伍建设模式，服务水平和营销队伍素质有效提升。宁夏回族自治区拥有现代零售终端1536户，占零售终端总数的5.6%。网上订货率为91%，网上结算率为20.61%。宁夏回族自治区零售客户综合满意度94.1分。

现代物流建设。制定落实《精益物流工作实施方案》，推进精益物流试点工作。修订完善《物流管理标准体系》，加强实时运行监控。宁夏回族自治区物流费用率0.85%；人均卷烟配送效率1201.9箱，同比增加76.9箱/人。集中研讨、科学设计银川区域物流中心工艺布局、信息集成、设备选型，深入调研、探索“统购分销”、区域物流运作模式。

【多元化经营】　宁夏润维商贸有限责任公司成立于2012年4月，注册资本450万元，是宁夏烟草系统创办的专业化管理、市场化运作、多元化发展、自主经营、自负盈亏的商贸连锁企业，宁夏回族自治区烟草商业系统唯一指定的卷烟销售直营店，由自治区公司和各市公司入股组建。公司主营烟、酒、茶叶、土特产品、办公用品、包装材料等，内设综合办公室、直营连锁销售部、财务管理与审计部、集团销售部，有员工51人。截至2013年底，在宁夏回族自治区开设12家“润夏”卷烟连锁销售直营店。2013年，实现销售收入3630.35万元，实现税利438.93万元，上缴税金119.72

万元。

【管理创新】 “管理创一流”活动。开展体系建设考核评价、管理评审、内部审核工作，推广质量管理体系信息系统，逐步搭建起综合管理体系主要架构，“一流质量体系”建设工作在全行业作经验交流。制定《企业精益管理实施方案》，明确工作思路、重点和量化指标，全面谋划企业精益管理工作。

对标工作。进一步拓展烟草商业企业一级对标指标，明确标杆值，分解宁夏烟草商业系统二级对标指标，完善指标体系，形成宁夏回族自治区统一的对标工作追标计划、对标分析和攻关课题模型。2013年，宁夏回族自治区19项烟草商业企业一级对标指标中，有13项指标实现有效提升。

创优活动。制定完善《2013年度优秀市局（公司）创建考核细则》和《县级局、分公司创优标准》，加强督导检查和考核验收，统筹推进创优活动。基层单位修改完善达标标准，提高创建工作有效性，基层管理和活力持续增强。新一轮县级局（分公司）创优取得新成效，市局（公司）创优完成阶段性目标。

技术创新。加强创新项目立项评审、过程管控，全面开展QC小组活动，推广优秀创新项目11项，2项QC活动成果分别获得全自治区优秀质量管理小组一等奖和全国烟草行业第二十四届优秀质量管理小组成果发布会三等奖。完善并落实“十二五”信息化规划、应用集成及数据中心建设方案，加强信息系统建设和安全运维管理，信息化与经营管理进一步融合。

财务管理。以物流费用预算管理为突破口，完善成本费用定额标准，加强预算过程控制，严控重点费用支出，跟踪评价预算执行情况，实现全面预算的闭环管理。严格资产处置审批程序，开展流动资产专项清查、行业税收风险管理自查，规范公积金、企业年金计缴行为，严把资金支付关口，落实国有资产管理责任，实现资金保值增值。

【严格规范】 规范管理。贯彻《烟草企业采购管理规定》，修订完善《采购管理办法》等系列制度，实现“两项工作”制度统一、程序统一、标准统一。梳理明确《集中采购目录》及采购方式，组建综合评标成员库和招标代理机构库，结合实际落实“应招尽招”要求。执行《办事公开民主管理工作规范》，推进“三重一大”决策公开，干部职工“四权”得到有效保障。

内部审计。扎实推进“审计整改年”工作落实，完成基层单位主要负责人经济责任审计和审计整改检查，审计整改工作受到国家局肯定。突出“两项工程”全程实时审计监督，加强同级审计监管，有序开展财务收支、预算执行等专项审计和“三重一大”“八项规定”等日常监督，审计标准化、信息化建设稳步推进。

法治建设。开展“六五”普法中期督导检查工作，强化专卖执法事中合法性审查和事后案卷评查，加强规范性文件备案审查和合同监管，依法行政、依法管理、依法组织生产经营水平得到提升。

【人事政工】 队伍建设。持续加强领导班子、处级干部年度考核、组织考察、选拔任用工作，开展岗位职级评聘、分级管理、薪酬兑现工作。开展教育培训和职业技能鉴定工作，2013年共举办各类培训班54期，累计培训职工2399人次；开展4批次共224人次的职业技能鉴定。宁夏回族自治区烟草商业系统有二级营销师18人，高级以上营销员比重达到75%。

党风廉政建设。落实党风廉政建设责任制，开展廉政警示教育及群众评议机关和干部作风活动，严格政治纪律和作风建设，推进廉政文化建设。突出领导干部监督和源头治理工作，2013年，自治区局（公司）通过国家局“三重一大”检查和巡视组巡视检查。

企业文化建设。全面总结“搏·为”文化建设实践，制定实施《2013—2015年企业文化建设提升规划》。强化服务品牌认知应用，落实服务标准和服务承诺。加强行业行为规范宣贯转化，开展全员培训、比武演练、技能竞赛等活动，推动企业文化由建设向管理、由理念向行为转变。

【特事要辑】 1月25—26日，自治区局（公司）在银川召开2013年宁夏回族自治区烟草工作会议。

6月17—18日，国家局副局长杨培森在宁夏烟草调研，对进一步加强发展战略研究、推进信息化建设、抓好班子和队伍建设等工作提出要求。

8月27—28日，国家局局长凌成兴在宁夏烟草调研，驻国家局纪检组组长高林一同调研。凌成兴指出要推进内部改革，实行统购分销的经营模式，整合物流资源，降低经营成本；要转变发展方式，提高卷烟结构，提升经营水平；要提高发展水平，通过持续、稳步支持宁夏烟草改革发展，提高宁夏自治区局（公司）和吴忠卷烟厂效益水平，为少数民族地区经济发展多作贡献。

12月2—3日，国家局副局长杨培森在宁夏烟草检查指导安全生产工作。

所属地市级局（公司）

【银川市烟草专卖局（公司）】 银川市烟草专卖局、宁夏回族自治区烟草公司银川市公司成立于1998年1月，下辖4个县级烟草专卖局（分公司）。12月，公司被国家标准化管理委员会评为“3A级标准化良好行为企业”。

专卖管理。开展“两打一查”、卷烟非法流通治理等卷烟市场专项治理行动，加强城建拆迁客户管控服务，有效封堵非法卷烟流通渠道，卷烟市场净化率保持在97%以上。改进专卖管理标准体系，建立分类监管模式，完善卷烟零售点合理布局规划，编制《“1+3”工作法操作指南》和《文书作业指导规范》，实行证件实时受理、实时勘验、实时办理工作制度，推行证件许可跟踪回访、案件查办承诺监督和执法满意度调查改进机制。

队伍建设。狠抓作风建设，加强教育培训，深化用工分配制度改革，推进企业文化建设和党风廉政建设，队伍作风明显转变、素质能力得到提升。2013 年，市局（公司）被授予“自治区级文明单位”称号。

【石嘴山市烟草专卖局（公司）】 石嘴山市烟草专卖局、宁夏回族自治区烟草公司石嘴山市公司成立于 1986 年 1 月，下辖 2 个县级烟草专卖局（分公司）。

QC 小组活动。将 QC 小组活动与目标管控、问题管理相融合，强化课题点对点培训、一对一辅导，注重活动过程管理和成果奖励激励。2013 年注册登记 QC 小组 17 个，产生 QC 成果 10 个。

人才队伍建设。推进中层干部能力与素质提升，重点围绕目标管理、选人用人、组织激励、情绪与压力管理等内容开展培训。建立各类人才资源库，开展岗位胜任力模型构建、人才素质能力测评和职业生涯发展规划工作，搭建起符合企业实际的人才培养模式。

【吴忠市烟草专卖局（公司）】 吴忠市烟草专卖局、宁夏回族自治区烟草公司吴忠市公司成立于 1986 年 1 月，下辖 3 个县级烟草专卖局（分公司）。12 月，市局（公司）被宁夏回族自治区精神文明建设指导委员会评为“宁夏回族自治区文明单位”。

专卖管理。始终保持卷烟打假高压态势，开展治理卷烟非法流通和“利剑”系列专项行动，有效发挥联合打假长效机制，上下协同、左右联动，多层次、多渠道强化国标网络案件侦破，严厉打击贩假售假违法犯罪活动。

自主创新。围绕改进质量、优化管理、降低成本、提高效率等方面开展实践创新和课题攻关，“12313”举报热线管理信息系统项目在全自治区烟草系统推广应用。“降低卷烟配送费用”成果获自治区质量管理小组活动一等奖。

【固原市烟草专卖局（公司）】 固原市烟草专卖局、宁夏回族自治区烟草公司固原市公司成立于 1986 年 1 月，下辖 4 个县级烟草专卖局（分公司）。

客户管理。梳理完善客户服务程序、标准、承诺等，强化客户投诉处理和满意度闭环管理，落实领导干部分片包干制，年度零售客户综合满意度为 95.5 分，其中市场管理满意度 95 分、客户服务满意度 98.2 分。

企业文化建设。搭建形成“九牛爬坡”团队文化、“清风六盘”廉政文化、“求索”创新文化、“书香固烟”学习文化理念体系，开展“礼仪、诚信、敬业、奉献”主题道德讲堂、“行为规范示范岗”评选等活动，企业文化由建设向管理有效转变。

【中卫市烟草专卖局（公司）】 中卫市烟草专卖局、宁夏回族自治区烟草公司中卫市公司成立于 2004 年 7 月，下辖 2 个县级烟草专卖局（分公司）。

品牌培育。应用“141”品牌培育模式，加大重点品牌培育力度，加速推广低焦低害卷烟。全面推进精准营销，加强宣传促销和“五率两水平”的监控，品牌培育能力进一步提升，初步构建起商零品牌培育共同体。

基层创优。统筹推进市局（公司）和县级局（分公司）创优工作，对照创优标准，丰富创建载体，加强督导检查，基层管理和企业活力持续增强。中宁县局（分公司）基层创优工作位列全自治区烟草考核第一。

2013 年宁夏回族自治区烟草商业系统主要情况统计

地市级局（公司）名称		银川市局（公司）	石嘴山市局（公司）	吴忠市局（公司）	固原市局（公司）	中卫市局（公司）
主要负责人/法人代表		虎治富	甄宗伟	金　伟	邹振军	李俊国
总资产（万元）		85689	33863	36286	18386	21807
资产负债率（%）		3.08	5.28	7.03	1.72	6.99
所属县级局（个）		4	2	3	4	2
所属县级公司/分公司（个）		4 个分公司	2 个分公司	3 个分公司	4 个分公司	2 个分公司
所属县级营销部（个）		—	—	—	—	—
从业人员（人）		383	192	246	234	184
所属业务机构	营销机构	1 个营销中心	1 个营销中心	1 个营销中心	1 个营销中心	1 个营销中心
	物流配送机构	1 个物流配送中心	1 个物流配送中心	1 个物流配送中心	1 个物流配送中心	1 个物流配送中心
	专卖稽查机构	1 个稽查支队、6 个稽查大队	1 个稽查支队、3 个稽查大队	1 个稽查支队、5 个稽查大队	1 个稽查支队、6 个稽查大队	1 个稽查支队、4 个稽查大队
	烟叶机构	—	—	—	—	—
销售卷烟	亿支	52.34	18.92	22.73	17.61	16.30
	2013 年比 2012 年（%）	4.31	−2.28	1.15	1.48	2.06
卷烟销售收入（万元）		221879	71843	87014	57946	56767
实现税利	万元	57128	17438	19884	11549	12613
	2013 年比 2012 年（%）	13.95	−1.36	9.83	16.34	10.14

续表

地市级局（公司）名称		银川市局（公司）	石嘴山市局（公司）	吴忠市局（公司）	固原市局（公司）	中卫市局（公司）
实现利润	万元	33607	9946	10989	5745	6979
	2013 年比 2012 年（%）	13.74	-1.52	11.33	23.99	13.88
查处涉烟违法案件（起）		444	11	126	166	88
查处涉烟违法案件案值（万元）		457	15	82	219	33
2013 年度烟草行业投入烟叶生产基础设施建设资金（万元）		—	—	—	—	—
全年烟叶生产基础设施新增受益面积（万亩）		—	—	—	—	—
烟叶种植（万亩）		—	—	—	—	—
烟叶收购（万担）		—	—	—	—	—
烟农户数（户）		—	—	—	—	—
实现烟农总收入（万元）		—	—	—	—	—
零售客户数（户）		8226	3750	5226	5227	4460
零售客户销售毛利率（%）		12.00	12.57	12.33	12.02	12.28

（撰稿：潘　亮；编辑：周　佳）

新疆维吾尔自治区烟草专卖局（公司）

【概　况】 新疆维吾尔自治区烟草专卖局、新疆维吾尔自治区烟草公司成立于 1986 年 1 月 1 日，同年，新疆维吾尔自治区烟草公司上划中国烟草总公司，更名为中国烟草总公司新疆维吾尔自治区公司。自治区局（公司）下辖 13 个地（州、市）烟草专卖局（公司）、2 个地（州、市）烟草专卖局①以及新疆烟草进出口有限责任公司 1 个专业子公司。2011 年，自治区局将各地、州、市烟草专卖局所属县级烟草专卖行政主管部门名称统一为“某某地、州、市某某县（市、区）烟草专卖局”，原县级卷烟经营机构主要任务是市场服务，不再具体从事卷烟的批发与零售及其他经营活动。2013 年，自治区局（公司）机关下设 10 个职能处室和 4 个专业部门。截至 2013 年底，公司拥有总资产 65.23 亿元，其中，固定资产 5.03 亿元、流动资产 56.74 亿元，资产负债率为 8.23%。有从业人员 2976 人。

【领导成员】

局长、总经理、党组书记：陈玉芳
副总经理、总会计师、党组成员：邱永春
副局长、纪检组长、党组成员：多里坤·阿西木
副局长、党组成员：张小勇
副总经理、党组成员：刘建昌
副局长、党组成员：曲卫东
副巡视员：姜　涛
副巡视员：荆　仲
副巡视员：张树山
副巡视员：郑学义
副巡视员：张　力
副巡视员：陈跃敏

【专卖管理】 打假打私。制定《大案要案分析制度》《烟草专卖行政许可五项工作制度》等文件。专项部署卷烟打假及元旦、春节期间卷烟市场监管工作，针对重大网络案件线索，与自治区公安厅成立专案组，确保打假打私工作实效。1 月 1 日至 2 月 30 日在新疆维吾尔自治区范围内开展代号为“亮剑－Ⅳ”的卷烟市场清理整顿专项行动，该行动共查处各类涉烟违法案件 26 起，其中符合自治区局标准网络案件 2 起，查获各类非法卷烟 85.84 万支，移送公安机关追究刑事责任案件 4 起，刑拘 7 人，判刑 2 人。“亮剑专项行动”连续四年受到国家局通报表彰。

2013 年，新疆维吾尔自治区共查处各类涉烟违法案件 2977 起，查获非法卷烟 1387.61 万支，查获莫合烟 21.43 吨，上缴罚没款 108.35 万元。查获符合自治区局标准的网络案件 14 起，移送司法机关追究刑事责任案件 26 起，公

① 喀什地区烟草专卖局与克孜勒苏柯尔克孜自治州烟草专卖局合署办公。新疆烟草兵团石河子有限公司是兵团国资公司下属企业，未列入自治区公司下辖单位中，人、财、物属兵团国资公司，自治区公司仅对其经营管理工作进行指导。

安、司法机关依法拘留40人，判刑20人。

内部专卖管理监督。修订《新疆烟草行业内部专卖管理监督工作规范》，并制定《实施细则》。加大治理卷烟非法流通工作力度，规范“两烟”生产经营行为。对新疆维吾尔自治区卷烟购进、销售、生产、出口和代理进口卷烟等各项经营活动依法依规检查，未发现违规问题。

市场监管。部署烟草零售市场检查方法创新试点工作，开展多种形式专题培训及课题研究，为创新试点打下工作基础。修订印发《“12313”新疆烟草专卖品市场监管举报服务热线管理办法》，发挥“12313”在打击涉烟犯罪、加强市场监管、行政执法行为监督、提高客服质量等方面的作用。新疆维吾尔自治区受理投诉、举报、咨询等事项363起，办结率达100%。

证件管理。下发《关于延续换发2013版烟草专卖许可证的通知》，按程序订购新版许可证，做好延续换发工作。新疆维吾尔自治区共有持证零售客户6.79万户，其中正常经营户6.55万户。

【经济效益】 2013年，新疆维吾尔自治区烟草商业系统实现销售收入165.45亿元，同比增长7.36%。实现税利32.88亿元，同比增长9.2%，其中利润18.67亿元，同比增长8.17%。三项费用率为5.18%。

【卷烟经营】 卷烟销售。2013年，新疆维吾尔自治区烟草商业系统共销售卷烟400.7亿支（80.14万箱），同比增长0.1%，其中，销售一类烟44.3亿支（8.86万箱），同比增长19.9%；二类烟17.6亿支（3.52万箱），同比增长26.1%；三类烟172.6亿支（34.52万箱），同比下降4.0%；四类烟145.3亿支（29.06万箱），同比增长1.3%；五类烟20.9亿支（4.18万箱），同比下降20.9%。新疆维吾尔自治区销量居前三位的品牌为“红河”“雪莲”“云烟”，销量分别为96.6亿支（19.32万箱）、66.6亿支（13.32万箱）、47.3亿支（9.46万箱）。

品牌培育。修订《新疆烟草品牌引入、退出管理办法》，明确“进一退一、进一退二”两种新品引入基本要求，优化品牌布局。探索创新“喜庆营销”“口碑营销”“事件营销”等品牌培育新模式，发挥零售终端在培育过程中的作用。规范管理各工业企业宣传促销活动，优化流程、缩短时限、提高效率，共审批、跟踪、指导19家工业企业的28个卷烟品牌的63批次宣传促销活动。加快推进“四网合一”，研究开发网上营销系统，为重点品牌价值提升搭建信息化支撑平台。2013年，新疆维吾尔自治区销售重点品牌卷烟370.5亿支（74.1万箱），占总销量的92.5%；销售低焦油卷烟44亿支（8.8万箱），同比增长0.3%。

终端建设。修订《新疆烟草现代终端创建及管理办法》，明确“一店一品”现代终端建设基本模式，确定“诚信型、服务型、价值型”三型终端建设格局，实现现代终端建设由“重进度”向“重质量”转变，促进工商双方由协同品牌向协同终端转变。搭建一站式登录、便捷化操作零售终端服务平台，整合“客户关系管理”“135工作法”“营销数据报表”等多套系统，实现信息流在“工商零”三方之间的无缝对接和高效互动。制定《2013年新疆烟草零售客户队伍建设指导意见》，以“传递感动、温暖终端”为主题，优化服务手段，持续提升零售客户自主管理、自我提升、服务消费者和培育品牌能力。2013年建成现代卷烟零售终端10334户，占零售客户总数15.66%，网上订货率达到95.68%，273户零售客户使用网上配货业务模式，终端信息管理系统推广面达到17.52%。

【管理创新】 财务管理。召开新疆维吾尔自治区税收风险检查工作专项布置会，收集、核对、整理2008—2012年税收资料，完成全自治区税收风险检查自查工作。完善新疆烟草国有资产管理办法，完成喀什、阿克苏地区局（公司）及进出口公司下属察布查尔香源烟叶公司资产处置及清算的资产评估管理工作，对拟转让兵团烟草公司的石河子烟草加工厂资产进行盘点清查、评估上报、移交。强化预算编制依据，加强对重点费用控制。

审计监督。2013年，完成离任经济审计项目2个、任期经济责任项目14个，审计资产总额15.08亿元；完成5项工程预算审计、5项基建工程竣工财务决算审计、4项工程造价审计，审减额288.34万元，审减率9.38%；审核采购文件42项，金额2012万元，提出建议42条；审核合同25份，金额4069万元，涉及车辆购置、咨询服务、物资采购、基建维修、资产置换等方面。

“三位一体”监督。推行季度综合评审工作，按季度督促各单位开展自查整改，定期编发季度综合评定通报，推广好经验，纠正存在问题。规范采购管理，对项目实施过程管理，保证项目实施在哪个环节，监督管控到哪个环节。2013年参与监督项目500项，其中采购项目459项，资产处置20项，干部选拔及人员招聘21项；提出整改意见531项，落实整改521项。

【体制改革】 2013年，根据经营情况，停止新疆烟草进出口有限责任公司烟叶生产任务，相继撤销石河子烟草加工厂、察布查尔香源烟叶有限公司和烟叶生产监督管理部。

【信息化建设】 完成网上配货、网上营销、零售终端系统维汉双语版界面、个人工作平台、客户经理“移动工作平台”等新功能模块研发工作，完成行业物流数据统计并轨项目的推广实施工作。组织实施全自治区主、备专线网络扩容升级项目，自治区至地市从“4M+2M”提升到“10M+4M”，全网整体提速2倍以上，链路租用费较上年同比下降31%。依托3G网络开展三项移动智能终端应用系统建设，完成新疆烟草移动业务查询系统研发上线工作，实现相关工作人员随时随地通过移动终端查询销售数据和考核指标等企业生产经营数据；搭建远程应用发布系统，实现智能终端远程OA办公，为企业节约约80万元软件研发资金；研发客户经理移动工作平台，开发贴身实用的“专属工具箱”“便携百宝箱”。

【人事政工】 劳资分配与绩效管理。开展工资性收入、劳务派遣用工、住房公积金和企业年金专项调查，规范新疆维吾尔自治区烟草收入分配行为。推进绩效管理工作，新疆维吾尔自治区层面，以地州领导工作业绩考核取代全自治区工作目标考核，以关键业绩指标考核为重点，突出作风建设，注重正面激励，促进创先争优；地州层面，以绩效管理目标体系优化为重点，改进考核方式，鼓励管理创新，以试点先行带动绩效管理质量整体提升。

教育培训。参加国家局、自治区局（公司）组织的党的十八大精神集中培训。拓宽新疆烟草网络商学院受训范围，新疆维吾尔自治区共有454名科级以上干部参加网校学习。2013年，新疆维吾尔自治区组织各类培训班85个，投入培训经费303万元，3832人次参加培训。开展技能鉴定4批次、997人次。专卖、营销人员综合持证率分别为90.98%、91.19%，其中高技能人才占比分别为21.3%、39.1%。

党风廉政建设。建立健全涵盖“三重一大”事项的议事规则、人事、财务、监督等系列保障支撑性制度。2013年新疆维吾尔自治区烟草商业系统业务招待费、会议费、涉外费同比分别下降46.48%、50.9%、70.29%。封存超标车辆41辆，停建业务用房，取消出国团组2个。开展党风廉政教育活动528次，受教育职工2.77万人次。开展廉政主题调研84次，征集廉政论文69篇，编发纪检监察工作信息569篇。

【特事要辑】 1月31日—2月1日，新疆维吾尔自治区烟草工作会议在乌鲁木齐市召开。

7月15—16日，新疆维吾尔自治区烟草专卖局长、公司经理座谈会在乌鲁木齐市召开。

11月5—6日，国家局局长凌成兴到新疆区局（公司）考察，指出要“落实两大战略部署，抓好三项具体工作”，即认真贯彻落实中央新疆工作座谈会精神，抓好新一轮援疆工作，着力推进新疆跨越式发展和长治久安两大战略部署，增进民族团结，维护社会稳定，反对三股势力，保障人身安全，力争到“十二五”末实现税利“瞄准一百亿、确保翻一番”的目标。国家局总会计师张玉霞一同调研。

所属地市级局（公司）

【乌鲁木齐市烟草专卖局（公司）】 乌鲁木齐市烟草专卖局、新疆维吾尔自治区烟草公司乌鲁木齐市公司成立于1986年5月，下辖5个基层烟草专卖局。

零售终端建设。制定《零售终端店面形象标准》，开展现代卷烟零售终端店面形象竞赛、“营销人员技能大比武”、营销团队“一帮一”互助活动，改观店面形象。实施三层体验式培训，分层讲解现代终端建设基本概念、重要意义及操作流程，推进现代终端建设。2013年零售协会组织各类培训1766次。开展“争当现代营销生力军”“争当建功立业排头兵”“争做服务品牌代言人”主题活动。成立连锁企业管理工作小组，制定《乌鲁木齐市连锁企业卷烟经营管理办法》《连锁企业管理联动制度》，按照“1+3”拜访模式指导连锁店终端陈列、品牌培育，解决连锁企业沟通难、管理难问题。2013年，建成价值型终端1725户，占零售客户总数的13.3%。

【昌吉回族自治州烟草专卖局（公司）】 昌吉回族自治州烟草专卖局、新疆维吾尔自治区烟草公司昌吉回族自治州公司成立于2000年6月，下辖8个县级烟草专卖局。2013年，根据经营情况，停止新疆烟草进出口有限责任公司烟叶生产，撤销石河子烟草加工厂，原加工厂22名员工划归昌吉州局（公司）管理。

教育培训。制定2013年培训计划和“金种子”选拔培养计划，举办质量管理体系、公文写作和摄影、监督业务培训班，开展以军训和实操为主题的专卖队伍素质提升训练。下发内训课程选题，分类建立和完善内训课程体系，将营销、专卖技能培训（竞赛）与鉴定工作结合起来，通过全员培训考试、自主参加竞赛、选拔择优提升，形成分类明细、递次渐进的培训模式。经培训选拔，2名营销人员入围新疆维吾尔自治区营销技能竞赛前6名，其中1人参加全国营销技能竞赛。

高效物流。探索推行托盘联运送货模式，为大型送货车辆安装液压尾板，解决接力配送单位一线人员因卸货而不能保证有效工作时间的难题。对分拣、仓储设备进行升级改造，增加6组零条补货柜和150个电子标签。

【新疆维吾尔自治区烟草专卖局石河子市局、新疆烟草兵团石河子有限公司】 新疆维吾尔自治区烟草专卖局石河子市局成立于1998年，石河子烟草公司于1996年在原石河子烟草购销站的基础上组建成立，2001年4月，石河子烟草公司整体移交给兵团烟草公司，更名为新疆烟草兵团石河子有限公司，是兵团国资公司的下属企业。

协会工作。按照社团组织程序对协会组织机构进行调整，充实协会基层管理力量。制定《协会内训师管理办法》，筛选3名协会内训师参加新疆维吾尔自治区卷烟零售客户内训师技能提升培训班，分赴下野地、莫索弯垦区等地进行巡训。举办协会趣味运动会以及“工艺品现场制作小讲堂”“卷烟陈列大赛”“手工艺品大赛”“我的品牌培育经评选”等活动，增强协会影响力及会员凝聚力。

【博尔塔拉蒙古自治州烟草专卖局（公司）】 博尔塔拉蒙古自治州烟草专卖局、新疆维吾尔自治区烟草公司博尔塔拉蒙古自治州公司成立于1997年8月，2013年新增设阿拉山口市烟草专卖局，下辖4个县级烟草专卖局及1个专卖管理所。

“三型”班子建设。修订完善党组中心组学习制度，推进“领学+解读+辅导+讨论”学习模式。建设“学习型”领导班子，班子成员面向全体员工开展理念辅导，形成辅导报告6篇。打造“服务型”领导班子，制定《博州局（公司）改进工作作风、解决突出问题、加强班子建设责任分解表》。班子成员先后深入基层调研17次，形成6篇调研报告。打造“创新型”领导班子，班子成员将调研收集的意见建议作为课题，在局务会、中心组学习会上进行分析，制定解决对策。

【伊犁哈萨克自治州烟草专卖局（公司）】 伊犁哈萨克自治州烟草专卖局、新疆维吾尔自治区烟草公司伊犁哈萨克自治州公司成立于1991年9月，下辖9个县级烟草专卖局。

专卖管理。与公安、工商等部门建立联合打假打私机制，与州公安局、检察院、工商局等13家行政执法单位建立打击经济犯罪协调会商机制。联合州公安、工商、质监、交通等9家单位发布通告，与伊犁哈萨克自治州153家物流邮递企业签订承诺书，杜绝卷烟非法流通。成立莫合烟种植治理领导小组，与莫合烟种植乡、镇、场签订《禁止种植莫合烟目标责任书》，防止莫合烟种植和销售反弹。

【克拉玛依市烟草专卖局（公司）】 克拉玛依市烟草专卖局成立于2000年9月，同时乌鲁木齐市公司与克拉玛依市糖业烟酒公司共同出资组建克拉玛依市烟草商贸有限责任公司。2006年4月，自治区烟草公司有偿回购该公司的全部股份，克拉玛依市烟草商贸有限责任公司更名为新疆维吾尔自治区烟草公司克拉玛依市公司。2013年新增设白碱滩乌尔禾区烟草专卖局，下辖3个县级烟草专卖局。

职业技能鉴定。制定岗位任职能力测评实施细则和工作进度表，组织21名专业技术人员和技能人员开展测评，反馈测评结果、查找工作短板。采取“3+3”方式开展职业技能鉴定培训，在市局职业技能鉴定机构、业务职能部门和区（县）局三个层面，分解内容、定期督导和评测三个层面的培训目标，强化职业技能鉴定。开展全员培训需求调查，编制《培训手册》，2013年开发内训课程10项，中层干部“金叶讲堂”课程11项，620人次参加培训。

【塔城地区烟草专卖局（公司）】 塔城地区烟草专卖局于2000年7月上划自治区烟草专卖局，新疆维吾尔自治区烟草公司塔城地区公司前身是塔城地区烟草商贸有限责任公司，于2002年6月由自治区烟草公司垂直管理。下辖8个县级烟草专卖局。

专卖管理。建立以“两员片区责任制”“专销结合指标库”和“简政放权”为核心的专销结合工作机制，实现“片区、人员、目标、考核”一一对应，形成专销结合的市场监管新模式。试点探索“1125”工作法与APCD工作法相融合的具体方法，编制《APCD市场综合治理工作指引》，形成“合理分类、精准管理、有效衔接”综合监管方法。

营销服务。制定《品牌培育操作规范》，开展十批次主题营销活动，依托“品牌好声音”和品牌工艺品征集活动，实现品牌与文化的有机融合，2013年共征集导购语500余条，工艺品250余件。编制《零售客户建设成长记录》，使客户对自身成长过程“看得见、摸得着、感得到”，2013年创建现代终端零售店1068户。

【阿勒泰地区烟草专卖局（公司）】 阿勒泰地区烟草专卖局、新疆维吾尔自治区烟草公司阿勒泰地区公司成立于2000年11月。2013年新增设北屯市烟草专卖局。下辖8个县级烟草专卖局。

完善《党组中心组学习制度》《首问负责制》《限时办结制》等11项基础管理制度。修订《阿勒泰烟草“四定”实施方案》《劳动合同管理办法》《招聘与录用管理办法》《考勤管理及休假规定》等六项劳动用工管理办法。健全培训体系，全年开展各类培训22期，累计227课时，679人次。阿勒泰地区综合持证率达到97%，同比提高9%。

【巴音郭楞蒙古自治州烟草专卖局（公司）】 巴音郭楞蒙古自治州烟草专卖局、新疆维吾尔自治区烟草公司巴音郭楞蒙古自治州公司成立于1994年8月，下辖10个县级烟草专卖局，其中，2013年新增设铁门关市烟草专卖局。

现代营销服务模式。开展网上营销系统、网上配货系统、客户经理移动办公平台试运行和推广，将网上营销活动与现有的“新商盟”平台、协会内刊联动，探索开展三期网上营销活动。开展客户经理终端信息系统操作竞赛、目标客户与已使用系统的客户结对子宣传，提升客户经理、零售客户使用终端信息系统能力。和硕县局利用QQ群实现对小组内零售客户终端信息系统的数据上报，并对在线时长进行排名，对前三名进行奖励。2013年，巴音郭楞蒙古自治州注册使用终端信息系统户共有1159户。

【吐鲁番地区烟草专卖局（公司）】 吐鲁番地区烟草专卖局、新疆维吾尔自治区烟草公司吐鲁番地区公司成立于1986年6月，下辖3个县级烟草专卖局。

营销服务。开展“我为培育知名品牌建功立业”活动，征集品牌导购语95条，组织各类营销培训40余次，建立品牌档案48个；开展“火洲葡萄节，雪莲岁月情”营销活动，参与客户“雪莲”品牌的销量增长率平均在13%以上、动销率平均在90%以上。制定《2013年度现代终端建设工作实施方案》，通过“四进终端”活动，推进“感动”服务。

【哈密地区烟草专卖局（公司）】 哈密地区烟草专卖局、新疆维吾尔自治区烟草公司哈密地区公司于1988年5月上划自治区局（公司），下辖3个县级烟草专卖局及哈密三道岭矿区烟草专卖管理所（内部管理机构）。

专卖管理。修订完善“12313”热线举报投诉工作标准，优化卷烟零售客户合理布局具体措施，规范举报投诉管理工作，解决无证经营和“办证难”问题。制定出台《无证经营管理办法》，将无证经营管理工作纳入市场管理人员工作职责，降低无证经营户比例。签订公安入驻协作协议，设立由公安、工商、专卖管理人员组成的联合打假办公室。以国家局《烟草零售市场检查工作指引》为基础，将APCD工作法以及“1125”工作法“四分四合”工作法有效融合，创新市场监管方式。

【阿克苏地区烟草专卖局（公司）】 阿克苏地区烟草专卖局、新疆维吾尔自治区烟草公司阿克苏地区公司成立于2000年1月，下辖10个县级烟草专卖局。自2013年起，乌什县烟草专卖局代管克孜勒苏柯尔克孜州阿合奇县烟草专卖局。

市场监管。建立打假任务目标责任制、案件快速反应机制、市场信息网络共享机制，制定《卷烟大要案件、窝点查处标准及奖励办法》等相关制度。加强与公安、工商等执法协作单位的业务对接及办案合作。形成地区、县市两级联动查处机制，解决专卖人员执法时碍于情面不好查、不敢查、查不得、罚不得的“瓶颈”问题。应用APCD工作法，在分析环节设置9种获取信息渠道，为市场检查提供条件。

物流建设。修订完善《物流配送中心三级考核制度》《卷烟配送服务规范》《卷烟打码到条管理制度》。实施库区技改工作，在原有储货位上架设29组小高架，增加储位近50个，仓储扩容近500箱。对新采购的6组卷烟拆零柜实施技改，拆零卷烟可视化管理品牌（规格）由78个增加到150个，可视化管理率由50%提升到96%，节约卷烟出库时间约20分钟。

【喀什地区烟草专卖局（公司）】 喀什地区烟草专卖局、新疆维吾尔自治区烟草公司喀什地区公司成立于1999年7月。2003年1月，喀什地区公司改制为自治区烟草公司的全资子公司。2005年1月，喀什地区公司与克孜勒苏柯尔克孜自治州烟草公司进行业务整合，成立新的喀什地区烟草公司，管辖区域覆盖三个地、州、市，即：喀什地区、克孜勒苏克尔克孜自治州和图木舒克市。下辖15个县级烟草专卖局。

终端建设。按照“一店一品”模式构建三型终端梯次化发展，在各营销部开展现代终端六大功能课题研究活动，推进现代终端建设。2013年喀什地区共有现代终端零售客户781户。在国家局组织的第三方“零售客户满意度”调查中，卷烟供应、客户服务、市场管理和投诉服务四个方面内容的测评总分为92.6分，比上年提高2.8分。

【和田地区烟草专卖局（公司）】 和田地区烟草专卖局、新疆维吾尔自治区烟草公司和田地区公司成立于2001年3月，下辖6个县级烟草专卖局。

终端建设。开展“以客户需求为导向的服务体系”专项课题攻关，编制完成《和田烟草零售客户营销服务手册》。和田地区网上订货率达到60.08%。安装并使用零售终端信息管理系统客户308户，创建现代零售终端300户。

企业文化。收集“感动”案例，向零售客户传播“感动”文化，实现感动由客我之间向各族消费者传递。通过“六个结合”争创新疆烟草“好习惯在岗位”十佳单位。开展自编好习惯口诀、好习惯口诀知识竞赛、晨操晨会好习惯口诀诵读、好习惯经验分享等活动，形成人人学习好习惯、人人分享好习惯、人人养成好习惯的良好氛围。

所属其他二级单位及派驻机构

【新疆烟草进出口有限责任公司】 新疆维吾尔自治区烟草公司新疆烟草进出口有限责任公司成立于1996年7月，由原中国烟草进出口（集团）公司和自治区公司共同投资组建。2006年5月，改制为自治区公司的全资子公司。2006年12月，新疆烟叶生产开发有限责任公司依法解散，其烟叶生产、加工、销售业务划归新疆烟草进出口有限责任公司负责。2009年4月，撤销在霍城县、伊宁县、昌吉州设立的烟叶生产监督管理部，并在进出口公司本部成立烟叶生产监督管理部。2013年，根据经营情况，停止烟叶生产，撤销原所属的石河子烟草加工厂、察布查尔香源烟叶有限公司，撤销烟叶生产监督管理部。截至2013年底，公司拥有总资产7424万元，其中固定资产101万元、流动资产7323万元，资产负债率为44.69%。共有从业人员30人，其中聘用员工12人。

2013年销售烟叶（梗）1758吨（35160担），其中，国内销售695吨（13900担），出口1063吨（21260担）。代理西北四省区进口卷烟11530万支（2306箱），同比增长65.66%。

进口卷烟业务。2013年，公司进口卷烟数量显著增加，是自开展进口卷烟代理业务以来，代理进口量最大的一年，进口量首次突破万件。代理进口卷烟省区新增2个品牌，进口卷烟5个品牌11个规格。

2013年，公司实现销售收入10680万元，出口实现403万美元。实现税利3707万元，其中利润1236万元。

2013年新疆维吾尔自治区烟草商业系统主要情况统计

地市级局（公司）名称	乌鲁木齐市局（公司）	昌吉州局（公司）	石河子市局（有限公司）	博尔塔拉州局（公司）	伊犁州局（公司）
主要负责人/法人代表	秘秀峰	商志刚	李　栋	李　方	白玉龙
总资产（万元）	41548	10936	12903	7182	14208
资产负债率（%）	24.82	41.70	11.16	69.50	73.38
所属县级局（个）	—	8	—	4	9
所属县级公司/分公司（个）	—	—	—	—	—
所属县级营销部（个）	—	—	—	—	—
从业人员（人）	494	294	123	108	278

续表

地市级局（公司）名称	乌鲁木齐市局（公司）	昌吉州局（公司）	石河子市局（有限公司）	博尔塔拉州局（公司）	伊犁州局（公司）
所属业务机构 营销机构	1 个营销管理中心	1 个营销中心	1 个营销管理中心	1 个营销中心	1 个营销中心
所属业务机构 物流配送机构	1 个物流配送中心	1 个物流配送中心	1 个物流配送中心	1 个物流配送中心	1 个物流配送中心
所属业务机构 专卖稽查机构	1 个稽查支队、5 个稽查大队	1 个稽查支队、8 个稽查大队	1 个稽查支队	1 个稽查支队、1 个专卖管理所	1 个稽查支队
所属业务机构 烟叶机构	—	—	—	—	—
销售卷烟 亿支	83.95	38.25	15.80	10.95	39.11
销售卷烟 2013 年比 2012 年（%）	-1.80	0.30	1.10	-0.90	2.51
卷烟销售收入（万元）	405168	155219	54629	42363	140049
实现税利 万元	40040	14904	8649	3443	13315
实现税利 2013 年比 2012 年（%）	0.87	-2.72	3.40	6.63	7.51
实现利润 万元	12188	4450	3782	313	3061
实现利润 2013 年比 2012 年（%）	2.64	-9.15	11.70	-21.36	26.49
查处涉烟违法案件（起）	514	385	35	39	12
查处涉烟违法案件案值（万元）	1050.68	79.92	15.12	0.80	0.80
2013 年度烟草行业投入烟叶生产基础设施建设资金（万元）	—	—	—	—	—
全年烟叶生产基础设施新增受益面积（万亩）	—	—	—	—	—
烟叶种植（万亩）	—	—	—	—	—
烟叶收购（万担）	—	—	—	—	—
烟农户数（户）	—	—	—	—	—
实现烟农总收入（万元）	—	—	—	—	—
零售客户数（户）	12757	7396	2575	2357	6964
零售客户销售毛利率（%）	12.68	12.18	11.70	14.00	10.85

地市级局（公司）名称	克拉玛依市局（公司）	塔城地区局（公司）	阿勒泰地区局（公司）	巴音郭楞州局（公司）	吐鲁番地区局（公司）
主要负责人/法人代表	杨文德	李卫东	张新兵	瞿小玲	岳　坤
总资产（万元）	6365	153615	5373	14660	6612
资产负债率（%）	73.95	24.31	57.22	30.58	56.97
所属县级局（个）	3	8	8	10	3
所属县级公司/分公司（个）	—	—	—	—	—
所属县级营销部（个）	—	—	—	—	—
从业人员（人）	85	212	130	253	107
所属业务机构 营销机构	1 个营销中心	1 个营销中心	1 个营销中心	1 个营销中心	1 个营销中心
所属业务机构 物流配送机构	1 个物流配送中心	1 个物流中心（2013 年成立）	1 个物流配送中心	1 个物流配送中心	1 个物流配送中心
所属业务机构 专卖稽查机构	1 个稽查支队	1 个稽查支队、8 个稽查大队	1 个稽查支队	1 个稽查支队	1 个稽查支队、3 个稽查大队
所属业务机构 烟叶机构	—	—	—	—	—
销售卷烟 亿支	10.65	30.65	14.75	35.85	14.15
销售卷烟 2013 年比 2012 年（%）	0.20	-0.40	1.30	-2.40	2.30
卷烟销售收入（万元）	49979	117388	53148	148507	52878

续表

地市级局（公司）名称		克拉玛依市局（公司）	塔城地区局（公司）	阿勒泰地区局（公司）	巴音郭楞州局（公司）	吐鲁番地区局（公司）
实现税利	万元	4290	11227	4127	13527	4195
	2013 年比 2012 年（%）	-3.60	6.58	-0.27	-2.47	-0.76
实现利润	万元	883	2920	510	3416	585
	2013 年比 2012 年（%）	-4.54	13.27	-2.67	-5.24	-15.46
查处涉烟违法案件（起）		60	674	149	586	69
查处涉烟违法案件案值（万元）		44.27	64.96	16.19	75.00	33.16
2013 年度烟草行业投入烟叶生产基础设施建设资金（万元）		—	—	—	—	—
全年烟叶生产基础设施新增受益面积（万亩）		—	—	—	—	—
烟叶种植（万亩）		—	—	—	—	—
烟叶收购（万担）		—	—	—	—	—
烟农户数（户）		—	—	—	—	—
实现烟农总收入（万元）		—	—	—	—	—
零售客户数（户）		1766	6182	2991	6064	2439
零售客户销售毛利率（%）		14.00	11.76	11.93	12.06	11.88

地市级局（公司）名称		哈密地区局（公司）	阿克苏地区局（公司）	喀什地区局（公司）	和田地区局（公司）
主要负责人/法人代表		王　勇	金新民	郑学义	包　利
总资产（万元）		6633	11614	14762	4451
资产负债率（%）		66.46	50.53	70.67	85.13
所属县级局（个）		3	10	15	6
所属县级公司/分公司（个）		—	—	—	—
所属县级营销部（个）		—	—	—	—
从业人员（人）		115	264	242	121
所属业务机构	营销机构	1 个营销中心	1 个营销中心	1 个营销中心、1 个电访中心	1 个营销中心
	物流配送机构	1 个物流配送中心	1 个物流配送中心	1 个物流配送中心、2 个配送站	1 个物流配送中心
	专卖稽查机构	1 个稽查支队、1 个专卖管理所	1 个稽查支队	1 个稽查支队、12 个稽查大队	1 个稽查支队
	烟叶机构	—	—	—	—
卷烟销售收入（万元）					
销售卷烟	亿支	16.50	39.20	39.00	11.90
	2013 年比 2012 年（%）	0.40	1.50	1.20	-0.20
卷烟销售收入（万元）		72634	155330	150614	43079
实现税利	万元	6955	16050	14985	3145
	2013 年比 2012 年（%）	4.78	-0.33	-1.43	-1.84
实现利润	万元	1860	4883	4914	63
	2013 年比 2012 年（%）	17.42	-1.85	5.52	-31.52
查处涉烟违法案件（起）		82	246	87	39
查处涉烟违法案件案值（万元）		21.48	37.17	85.33	4.71

续表

地市级局（公司）名称	哈密地区局（公司）	阿克苏地区局（公司）	喀什地区局（公司）	和田地区局（公司）
2013 年度烟草行业投入烟叶生产基础设施建设资金（万元）	—	—	—	—
全年烟叶生产基础设施新增受益面积（万亩）	—	—	—	—
烟叶种植（万亩）	—	—	—	—
烟叶收购（万担）	—	—	—	—
烟农户数（户）	—	—	—	—
实现烟农总收入（万元）	—	—	—	—
零售客户数（户）	2523	5802	4823	2008
零售客户销售毛利率（%）	12.20	11.64	11.42	11.33

（撰稿：韩　敏；编辑：周　佳）

大连市烟草专卖局（公司）

【概　况】　大连市烟草专卖局、大连市烟草公司组建于1984年，在烟草行业内计划单列，是国家局、总公司直接管理的省级烟草专卖局（公司）。1994 年，大连市烟草公司上划中国烟草总公司，更名为中国烟草总公司大连市公司。下辖旅顺口区、金州区、瓦房店市、普兰店市、庄河市等 5 个区（市）级烟草专卖局（分公司），1 个市区分公司和大连经济技术开发区东方大厦有限公司 1 家全资子公司。市局（公司）下设 13 个职能处（室）和 4 个专业部门。截至 2013 年底，公司拥有总资产 56.1 亿元，其中，固定资产 1.9 亿元、流动资产 51.5 亿元，资产负债率为 6.81%。共有从业人员 812 人，全部为在岗员工，其中劳务派遣人员 105 人。

【领导成员】

局长、总经理、党组书记：王卫东

副局长、副总经理、党组成员：戚　兵（—2013.12）（国烟党〔2013〕108 号）

纪检组长、党组成员：潘洪革

副总经理、党组成员：康　锵

副总经理、党组成员：杨际明

副巡视员：孙成国

【专卖管理】　打假破网。强化政府主导、多方参与的联合打假打私机制常态化建设，加大办案经费投入，拓宽举报渠道，完善奖励办法，立足现代化侦破手段。2013 年共查处各类涉烟违法案件 670 起，查获非法卷烟 1000 万余支，案值 3400 万余元。协助公安机关破获案值万元以上案件 120 起，追刑案件 11 起，先后破获“2·18”“2·20”“1·17”系列部级督办网络案件，协助公安机关抓捕涉烟犯罪嫌疑人 20 人。

市场监管。强化市场日常监管，加大对重点部位及重点区域市场的监管力度，推进 APCD 工作法，严密监控物流、邮政、航空、铁路、公路等运输环节。与大连市工商局联合下发《关于建立烟草市场监管协作机制的意见》，完善两级烟草、工商部门共同整治规范卷烟市场协作机制。2013 年先后开展“冬雷”等卷烟市场专项整治行动 5 次，停业整顿违法卷烟经营户 76 户，取消经营资格 8 户，市场净化率达 98%。截至年底，大连市共有持证卷烟零售客户 2.41 万户。

内部专卖管理监督。通过异地交叉互检，加强对客户信息维护不及时、委托代订等问题监管；通过开展卷烟货源供应规范专项检查，强化对自营店货源供应、定点品种投放、货源信息公开等情况监管。2013 年开展内管专项集中检查 2 次，检查准运证 76 份、购销合同 76 份，抽查合同执行数、准运证到货数、实物扫码数三方数据是否一致 12 次，抽查到货确认 102 个品种，检查自营终端规范经营户 12 户次，检查零售客户 252 户次，跟踪访送线路 24 条，监督检查客户经理 24 人次。

依法行政。推进“六五”普法，开展“3·15”消费者权益日和“12·4”全国法制宣传日系列宣传活动，印发客户宣传手册 2200 份。针对领导干部、专卖管理人员和经营管理人员开展专题性法律法规培训。规范合同文本审核，防范法律风险，制定《合同审查办法》《招标文件审查办法》等文件，印发 200 余册《合同法知识读本》。全年开展真假烟识别培训 20 余场次、法律宣传活动 40 余次，接待消费真假烟咨询 800 余件，识别卷烟 2000 余条。市局行政许可项目全部进驻政府服务中心，通过整合职能、并联审批、限时办结，促进行政许可服务管理升级。

【经济效益】　2013 年，大连市烟草商业系统实现税利 20.03 亿元，同比增长 7.03%，其中利润 12.6 亿元，同比增长 8.62%。三项费用率为 2.18%。

【卷烟经营】 卷烟销售。2013 年，大连市烟草商业系统销售卷烟 158.75 亿支（31.75 万箱），同比下降 0.25%，其中，销售一类烟 27.88 亿支（5.58 万箱）、二类烟 18.45 亿支（3.69 万箱）、三类烟 87.03 亿支（17.41 万箱）、四类烟 15.10 支（3.02 万箱）、五类烟 10.27 亿支（2.05 万箱）。本地区卷烟销量居前三位的品牌是“红塔山”“玉溪”“云烟”，销量分别为 25.67 亿支（5.13 万箱）、11.42 亿支（2.28 万箱）、10.41 亿支（2.08 万箱）。

品牌培育。2013 年，市公司加强市场需求分析研判，科学调控投放节奏，密切关注社会库存，提升卷烟销售结构，卷烟品牌培育发展良好。全年卷烟单箱销售均价为 2.63 万元，同比增长 7.35%；实现一、二类卷烟销量 46.33 亿支（9.27 万箱），同比增长 16.55%，占全部卷烟销量的 29.19%。重点品牌快速发展，全国重点品牌卷烟销量超过 140 亿支（28 万箱），同比增长 3.35%。高端品牌卷烟销量 8.95 亿支（1.79 万箱），8 毫克/支以下低焦油卷烟销量 44.3 亿支（8.86 万箱），同比分别增长 20.23% 和 6.7%。

【客户服务】 创新营销手段。2013 年，市公司不断创新营销服务手段，更加注重服务增值，提升为客户服务能力。深挖数据库营销潜能，探索“顾问式”营销，推广短信营销，实现市场动态信息全貌共享；结合客户个性特征，制定针对性强、方向性准的差异化营销策略；开通手机订货、推广贷记卡业务、完善管家式服务，制定《零售客户服务手册》，明确服务标准；强化客户在“新商盟”网站留言的分类与管理，多次开展客户增值服务培训，进一步巩固客我同盟关系。

终端建设。依照《大连烟草零售终端建设三年规划（2013—2015 年）》，启动现代卷烟零售终端试点工作。加大资金投入力度，选取部分零售客户推广运行卷烟零售终端信息管理系统。实施客户网格化管理，示范终端、示范街建设取得初步成果。规划农村网点标准化建设，实施完成农村网点改造，形象统一的农村网点初步形成。

【信息化建设】 以“管理流程信息化、工作模式移动化、客户服务物联化、基础设施虚拟化”为重点，建成集订货、送货、营销、办案、办公于一体的移动应用平台，提高卷烟营销、配送、监管过程中信息共享、采集、传递效率，推进营销智慧化。依托电子政务系统建设项目，丰富门户网站、公文管理、事务管理等系统应用，“三项工作”信息系统投入使用。先后实施两期虚拟化建设项目，实现电子商务、电子政务、网上订货、人力资源系统的应用与数据库全面虚拟化。完成决策管理、投资管理、电子商务、人力资源等四个三级系统的定级、备案和测评工作，通过部署数据库审计和网络审计系统，提高核心业务系统的安全水平。

【企业管理】 财务审计。探索价值管理，推行“双岗双责”制，排查涉税风险，开展财务综合考评。基本完成全面审计整改工作，严格工程造价跟踪管理，加大经济责任审计力度，促进经营管理活动依法依规和内控机制高效运行。全年开展常规审计事项 718 个，总审计额 2.4 亿元，提出审计建议 126 条，审减额 208 万元。

安全工作。落实安全生产主体责任和监管责任，层层签订安全生产目标责任书。完成安全生产标准化达标创建和职业健康安全管理体系认证，实施视频监控、火灾报警、防盗报警系统建设，有效提升本质安全水平。开展安全隐患排查治理工作，全年开展四次安全大检查，查出各类安全隐患及问题 200 余项，均下达隐患整改通知书，切实组织整改。

【技术创新】 深化创新体系研究，修订《质量管理小组活动管理办法》，成立质量管理小组成果评审委员会，明确成果评审原则、评审方式和奖励标准；召开大连市烟草系统首届优秀 QC 小组成果发布会，经济效益实现新突破。

【人力资源管理】 干部管理。加大年轻干部选拔力度，全年完成干部竞聘调动 57 人次。制定《重要人事任免事项决策实施办法》等制度，规范干部管理。扩大干部交流范围，完善《员工交流调配管理办法》等制度建设，首次开展科级干部交流，组织机关新进大学生赴基层锻炼。

教育培训与职业技能鉴定。广泛开展调研，明确管理、技术、技能三支人才队伍建设目标。加强专业技术资格晋级和职业技能提升，坚持“请进来”“走出去”和企校联合培训模式，全年累计组织各类教育培训 103 批次，累计培训 2000 余人次，覆盖率达到 90% 以上。组织开展专卖、营销自主鉴定两批次职业鉴定工作。

【思想政治工作】 学习教育。全面学习贯彻党的十八大和十八届三中全会精神，联系行业改革发展新目标、新定位、新任务，组织处级以上干部集中脱产培训，将领导干部授课和邀请专家讲座相结合，推动各党支部开展互动式课题研讨，发挥政治理论学习和读书交流制度作用，提升干部员工理论水平。

作风建设。严格执行中央“八项规定”和国家局党组“九条要求”，修订完善《大连烟草领导班子成员联系点制度》《大连烟草会议管理办法》《大连烟草外出业务考察管理办法》等十余项规章制度。领导干部带头深入基层，改进调查研究，精简文风会风，加强公务用车、公务接待、因公出国管理，清理腾退超标办公用房，全年三公经费同比下降 21%。

党风廉政建设。2013 年共组织党风廉政教育活动 82 场次，受教育党员干部 3900 余人次。与大连市人民检察院签署《关于共同开展预防职务犯罪工作的意见》，在行业内率先实现“检企联合”防范职务犯罪。开展“三重一大”决策制度和中央“八项规定”落实情况自查和迎检工作，联合 14 个部门共同梳理“三重一大”事项 157 项。

【企业文化】 2013 年，市局（公司）践行“让我们共同成长”的企业文化核心理念，倡导“快乐工作、健康生活”，完善企业文化架构，完成企业“成长文化”手册、“春天服务”品牌手册、大连烟草成立三十周年画册等编制工作。

【特事要辑】 8 月 6 日，国家局副局长杨培森到大连市局（公司）指导党的群众路线教育实践活动。

10月27日，大连市局（公司）党组召开党的群众路线教育实践活动专题民主生活会，国家局副局长杨培森到会并讲话。

11月3日，国家局局长凌成兴到大连市局（公司）调研指导工作。凌成兴认为，大连烟草工作在全行业发挥“三个引领作用”，一是信息化建设发挥引领作用，是行业网络建设的一面旗帜；二是企业文化建设发挥引领作用，企业文化与职工的实干精神紧密相连；三是专卖管理与市场营销发挥引领作用。凌成兴强调，大连市局（公司）要争做卷烟高端纯销区的“三个典范”，即做服务工业企业的典范，做坚持专卖规范的典范，做培育重点品牌的典范，努力做到在当地上交税收、行业单箱销售收入、行业货币资金保值增值和营销费用控制“三个名列前茅”，成为行业现代卷烟流通企业领先者。国家局副局长赵洪顺一同调研。

（撰稿：贾效伟；编辑：周　佳）

深圳市烟草专卖局（公司）

【概　况】　深圳市烟草专卖局、深圳市烟草公司成立于1986年。1995年4月，深圳市烟草公司正式上划中国烟草总公司，更名为中国烟草总公司深圳市公司，享有省级烟草专卖管理权、经营权。市局（公司）下辖10个区烟草专卖局（公司），中深烟草贸易中心1个直属公司，以及深圳烟草进出口有限公司①1个联营公司。市局（公司）机关下设13个职能处室和5个专业部门。截至2013年底，公司拥有总资产103.8亿元，其中，固定资产6.53亿元、流动资产92.3亿元，资产负债率为2.59%。共有员工（不含深圳烟草进出口有限公司）1168人，实行全员聘用制。

2013年，公司在深圳市企业联合会和《深圳商报》联合主办的“2013年度深圳企业100强”评选活动中位列第20位，同比提升3位。

【领导成员】

局长、总经理、党组书记：吴建荣

副局长、党组成员：顾永光（—2013.6）（国烟党〔2013〕59号）

副总经理、党组成员：王　军

副局长、党组成员：吴镇丰

副总经理、党组成员：李新忠

纪检组长、党组成员：洪美宣

副巡视员：陈雪慧

副巡视员：孙晓红

副巡视员：齐　岩

【专卖管理】　卷烟打假。2013年，深圳市打击互联网涉烟案件实现新突破，全年共办理互联网涉烟案件12起，涉案金额490余万元，抓获犯罪嫌疑人18人。加大打击制售假烟网络案件力度，严厉打击地下制假活动。全年共查处案值5万元以上制售假烟案件22起，其中符合国家局标准的网络案件9起；查获假烟4144.91万支，查获走私烟及出口倒流卷烟1328.02万支。公安、司法机关依法拘留69人，逮捕32人，判刑17人。

市场监管。继续构建“打击严厉、管理到位、疏导及时、服务周到”的市场监管体系。制定施行烟草零售市场分类监管实施办法，提高监管效率。推进商事登记制度改革，加强许可证管理，完善后续监管，做好商事登记制度改革配套工作。重视“雪茄烟”及“电子烟”专项治理工作。提高市场净化率，全年全市市场净化率达到96.38%。

内部专卖监督管理。加强制度建设，完善内管系统，明确考核要求，通过课题攻关、交叉监测、集中调配使用内管人员等方式，构建“制度完善、职责明确、监管到位、奖惩分明”的内部监管体系。2013年深圳市烟草系统共处理预警4305个，提出整改意见219份，处理违规责任人3人次。召开两次自查工作报告会，组成内管检查组每半年对全市各烟草工商企业进行检查。试点推广“12345”内管工作法，形成一套符合实际、可操作性较强的工作指引。

【经济效益】②　2013年，深圳市烟草商业系统实现税利36.8亿元，同比增长8.88%，其中利润22.4亿元，同比增长7.52%。进出口总值为4548万美元，同比增长23%，其中出口总值2953万美元，同比增长16%；进口总值1595万美元，同比下降41%。三项费用率为3.58%。

【卷烟经营】　卷烟销售。2013年，深圳市烟草商业系统共销售卷烟261.41亿支（52.28万箱），同比增长4.29%，其中，销售一类烟63.03亿支（12.61万箱），同比增长17.72%；二类烟31.80亿支（6.36万箱），同比增长20.66%；三类烟123.72亿支（24.74万箱），同比增长0.28%；四类烟34.47亿支（6.89万箱），同比下降9.58%；五类烟8.38亿支（1.68万箱），同比下降9.49%。本地区销量居前三位的品牌为“双喜”“芙蓉王”“白沙”，销量分别为106.78亿支（21.36万箱）、29.14亿支（5.83万箱）、24.31亿支（4.86万箱）。

2013年实现卷烟销售收入157.1亿元，同比增长8.7%。实现税利36.81亿元，同比增长8.9%，其中利润22.4亿元，同比增长7.69%。

品牌培育。建立“一高一低”品牌培育机制，精选符合辖区市场实际的高端、低焦油品牌作为重点培育对象，采取特色培育措施效果明显。建立工商联动机制，了解工业企业，与各工业公司开展各层级品牌交流研讨会，密切协同培育品牌。建立品牌队伍素质提升机制，转变品牌工作模式，培养品牌经理品牌诊断、分析能力，考核撰写品牌诊断报告、营

---

①　深圳烟草进出口有限公司由中国烟草国际有限公司、深圳市烟草专卖局（公司）共同持股，详见“行业概览”栏目中的“外事管理与对外贸易”。

②　经济效益含深圳烟草进出口有限公司的数据。

销建议等工作，实施例会制进行月度总结提升。2013年引进卷烟规格（含雪茄）40个，退出41个，整体结构得到优化。

现代零售终端建设。实施终端调研，开展“以营销信息化为抓手，更加密切客我关系，全面建设一流终端”的调研，形成调研报告，提出十大难点解决建议。全年面向基层管理人员、营销人员、零售客户开展终端建设分层交流会和培训会26场。实施现代终端甄选，按现代终端要求筛选出5%的终端纳入综合营销系统。开展终端形象评选，选出十佳优秀零售终端。

现代卷烟物流建设。人本物流方面，落实以人为本的理念，研制车厢降温系统，改善高温作业环境，到货车辆车厢内平均温度从43°C下降到32.5°C，完成“烟草企业‘人本物流’建设研究”项目。科技物流方面，全年技术攻关立项8项，结题5项，其中有2项装置申请专利并获得受理；推进电子标签（RFID）配送管理应用项目，完成网络环境、手持机、回收装置等全面测试；完成“物流综合业务管理信息平台建设”项目的需求评估与确认、项目方案讨论确定、项目功能演示、软件开发、上线试运行等工作。

【多元化经营】 市公司下辖的多元化企业为揭西特美思度假村有限公司。2013年，揭西特美思度假村进一步发挥董事会的决策和监管职能，监事的独立监督职能，经理层的生产经营管理职能，切实做到科学决策、有效制衡。2013年实现营业总收入799.16万元，营业总成本为153.14万元。

【企业管理】 财务审计。推进卷烟货款跨行结算工作，为零售客户提供更优质的服务。不断提高预算编制的准确性，关注资本性支出执行过程中的衔接问题，切实执行全面精益管理。2013年审计涉及单位包括市局（公司）机关、所属区局（公司）、中深烟草贸易中心及控股企业，提出并被采纳意见合计51条，完成审计整改项目87个，配合国家局开展新物流中心跟踪审计工作。

“两项工作”。召开深圳烟草整顿规范工作专题会议，制定印发《中国烟草总公司深圳市公司采购管理实施办法》，成立采购管理办公室（挂靠整顿办），2013年公开招标比例达85.30%。优化升级“两项工作”系统，在专题网页2013年公开“三项工作”有关信息152条。2013年，举办各类专题培训班8场，培训相关人员264人次。

【技术创新】 2013年市局（公司）共有在研省部级科技项目10个，取得科技创新成果6个，项目内容涵盖物流、卷烟商业企业技术比重较高的核心业务领域和基层单位的先进管理工作。获得实用新型专利授权2项，分别是“一种可移动的通风降温装置”和“打码机漏码检测装置”。

【人事政工】 干部交流。启动选拔优秀年轻干部上下交流挂职机制，在市局、基层单位之间开展员工岗位轮换交流，选拔10名青年干部参加挂职锻炼，为年轻干部提供更广阔的发展平台和锻炼机会。

职业教育培训。举办第一届省级卷烟商品营销职业技能竞赛。市局（公司）选派2人参加第十一届全国烟草行业职业技能竞赛暨第二届卷烟商品营销职业技能竞赛，其中1人被授予“全国烟草技术能手”称号，是市局（公司）参加行业职业技能竞赛以来的最佳成绩。2013年共举办各类培训班205个，培训8202人次。

【特事要辑】 9月13日，国家局局长凌成兴到深圳烟草调研，副局长赵洪顺一同调研。凌成兴指出，深圳是改革开放的领头羊，深圳烟草是烟草行业发展的样板地。深圳烟草的主要经济指标是行业的样板，工商两家人均创利水平高；深圳烟草的工商合作是行业的样板，两家单位的关系非常融洽；深圳工业是行业的样板，小而精，水平高，在行业中有引领作用；深圳烟草多元化投资是行业的样板，展示行业的形象，提高行业的效益，值得借鉴和学习。深圳烟草在深圳经济特区代表着行业的形象，是烟草专卖制度在经济特区的一种象征、一个窗口。深圳烟草要发挥样板作用，实现更好发展。

11月22日，国家局副局长李克明到深圳烟草调研指导工作。

12月3日，国家局总会计师张玉霞到深圳烟草进行安全现场检查并指导安全生产工作。

12月23日，国家局副局长赵洪顺到深圳烟草调研指导工作。

所属区局（公司）

【深圳市福田区烟草专卖局（公司）】 深圳市福田区烟草专卖局前身为成立于1997年12月的深圳市烟草专卖局福田分局，2003年4月更名为深圳市福田区烟草专卖局。深圳市烟草福田公司前身为注册成立于1994年6月的深圳市烟草公司福田名烟总汇，1995年8月更名为深圳市烟草福田公司。

2013年，福田区共破获制售假烟网络案件8起，其中区局主抓的“6·5”假烟网络案件行动历时24小时，涉及深圳市多区域，案值大、影响广。全年抓获犯罪嫌疑人12人，刑拘3人。

积极开展各类社会公益活动，出动义工50人次。坚持开展“三讲”实践行之星评比活动，以及各类团员活动，调动员工积极性。2013年，区局（公司）获得深圳烟草行业“先进基层党组织”称号。

【深圳市罗湖区烟草专卖局（公司）】 深圳市罗湖区烟草专卖局前身为成立于1997年12月的深圳市烟草专卖局罗湖分局，2003年4月更名为深圳市罗湖区烟草专卖局。深圳市烟草公司罗湖公司前身为注册成立于1994年6月的深圳市烟草公司罗湖名烟总汇，1995年8月更名为深圳市烟草罗湖公司。

公司在卷烟销售方面挖掘空间，划分辖区“5+1”商圈，品牌规格“四型”定位，品牌培育架构“三级”分化，初步建立功能终端建设标准化作业模式。市场监管方面狠抓打假，破获2起符合国家局标准的网络案件和2起符合市局标准的网络案件。以互联网涉烟案件为打假工作重点，全年侦破10起互联网涉烟案件，涉案金额421万元，抓获犯罪嫌疑人15人。

【深圳市南山区烟草专卖局（公司）】 深圳市南山区烟草专卖局前身为成立于1997年12月的深圳市烟草专卖局南山分局，2003年4月更名为深圳市南山区烟草专卖局。深圳市烟草南山公司注册成立于1994年4月。

做好辖区卷烟零售客户分类监管工作，结合辖区实际，成立专卖课题调研小组，将辖区的卷烟零售客户分为守法经营户、一般监管户与重点监管户，建立分类监管零售客户档案。针对如何加强重点监管户的监管和提高市场监管效能等问题进行全面深入的调查研究，并撰写《找准监管“七寸”提高监管效能》调研报告。

【深圳市盐田区烟草专卖局（公司）】 深圳市盐田区烟草专卖局前身为成立于1999年1月的深圳市烟草专卖局盐田分局，2003年4月更名为深圳市盐田区烟草专卖局；深圳市烟草盐田公司前身为成立于1998年9月的深圳市盐田烟草有限公司，2007年4月更名为深圳市烟草盐田公司。

针对中英街香港辖区商户销售假烟猖獗的现象，区局与区政法委沟通，发函请求协调解决问题，获得政法委的支持。不断巩固和完善与市场监管部门的联合机制，多次开展工作交流活动，联合举办卷烟鉴别培训，为市场监督管理局执法人员讲解真假烟辨别知识。突出情报分析、联合办案、案件督导的作用，推进大要案的侦办，联合兄弟区局破获制售假烟网络案件9起，进一步巩固“三打两建”成果。

【深圳市宝安区烟草专卖局（公司）】 深圳市宝安区烟草专卖局前身为成立于1997年12月的深圳市烟草专卖局宝安分局，2003年4月更名为深圳市宝安区烟草专卖局。深圳市烟草宝安公司前身为注册成立于1994年6月的深圳市烟草宝安经理部，1995年8月更名为深圳市烟草宝安公司。

积极创新营销手段，实践体验营销、微信营销和会员营销等工作，全年共开展体验营销活动5次。努力打造现代终端建设的示范平台，3月，区公司直营店正式营业，有力发挥了直营店的模范窗口作用。开展卷烟市场调研，调研户数达7623户；开展消费者信息跟踪服务，建立消费者档案960份，收集有效信息近2万条，为品牌培育策略提供有效参考。

【深圳市龙岗区烟草专卖局（公司）】 深圳市龙岗区烟草专卖局前身为成立于1997年12月的深圳市烟草专卖局龙岗分局，2003年4月更名为深圳市龙岗区烟草专卖局。深圳市烟草龙岗公司前身为注册成立于1993年2月的深圳市烟草公司龙岗经理部，1995年8月更名为深圳市烟草龙岗公司。

加强市场调研，先后开展“低焦油卷烟市场认知度”“零售客户评价体系认知”“现代终端现状”“零售客户满意度”等多个课题调研活动，并形成有数据、有结果、有分析的调研报告。

围绕“管理提升年”目标要求，推行精益管理思路。导入卓越绩效管理模式，先后新增业务流程22项，修改体系文件5项，优化多项关键流程，并于4月通过龙岗区质量奖专家评审组的现场评审。

【深圳市光明新区烟草专卖局（公司）】 深圳市光明新区烟草专卖局、深圳市烟草光明新区公司成立于2008年3月。

坚持精准营销和精益管理相结合，推进终端建设、订单供货及协同营销相结合，按照货源供应、客户等级、经营指导三步走，制定《深圳市烟草光明新区公司客户等级评定办法（试行）》，合理设定评价标准、服务标准和管理标准。在品牌培育方面，区局（公司）制定完整的《品牌培育计划执行表》，以每月开展一个品牌主题活动为中心，结合卷烟体验营销、品牌文化宣传、工商协同拜访、终端激励活动，促进“工商零”互动。在终端建设方面，认真研究制定《光明新区局（公司）现代卷烟零售终端建设办法实施细则》，同时结合自身实际，深入市场走访调研，完成《全面提升客户盈利水平市场调研报告》和《深圳市光明新区卷烟零售客户终端建设服务需求调研报告》。

【深圳市坪山新区烟草专卖局（公司）】 深圳市坪山新区烟草专卖局成立于2009年9月，深圳市烟草坪山新区公司于2009年11月18日获深圳市工商局正式核准成立，2010年1月1日起正式开始运营。

2013年区局出动执法人员1680人次，开展高价烟治理、电子烟调查、雪茄烟治理、非法运输烟草专卖品专项打击等专项行动16次。内管派驻办出动540人次，对585笔异常订单进行调查处理，处理零售客户升降级申请102份，处理零售客户电话变更339份。举办2013年卷烟打假成果展，邀请有关职能部门、零售客户和消费者到场参观；结合“3·15”消费者权益保护日及“12·4”法制宣传日等活动，举办打假宣传活动4次，有效净化辖区市场。

【深圳市龙华新区烟草专卖局（公司）】 2012年5月，经国家局、总公司批复同意，深圳市龙华新区烟草专卖局和深圳市烟草龙华新区公司正式成立，全面负责龙华新区烟草专卖管理和卷烟营销工作。2012年7月，龙华新区局（公司）投入运营。

2013年，区局（公司）抢抓龙华新区“两区一城”建设发展机遇，扎实推动营销转型、服务升级、管理创新、机制完善和队伍提升，完成经营业务用房入驻、直营店筹建等创业前期任务，取得阶段性建设成果。针对新单位刚刚组建的实际情况，积极加强与区公安、市监、房屋租赁所等职能部门的工作协同，联合开展多次专项整治行动，并与市监局龙华分局签订市场监管协作制度。

【深圳市大鹏新区烟草专卖局（公司）】 2012年5月，经国家局、总公司批复同意，深圳市大鹏新区烟草专卖局和深圳市烟草大鹏新区公司正式成立，全面负责大鹏新区烟草专卖管理和卷烟营销工作。7月，大鹏新区局（公司）投入运营。

区局（公司）以“135”工作法为抓手，以现代卷烟零售终端建设为载体，全年在售的卷烟规格共有206个，重点品牌销量8.9亿支（1.78万箱），占总销量的91.12%。

【深圳中深烟草贸易中心】 深圳中深烟草贸易中心前身为成立于1984年10月12日的中国（深圳）烟草贸易中心，1986年4月12日更名为深圳中深烟草贸易中心，2008年9月23日正式上划深圳市局（公司）管理。

根据《中国烟草总公司关于印发进一步加强烟草行业多元化投资管理规定的通知》（中烟办〔2011〕173号）文件中相关规定，2013年3月，经股东会决议成立清算小组，决定注销深圳中深烟草贸易中心与上海捷强烟草糖酒（集团）有限公司双方投资控股的多元化企业深圳市捷强烟草糖酒有限公司，力求国有资产保值增值，以最优方案规避经营风险。

2013年深圳市烟草商业系统主要情况统计

区局（公司）名称		福田区局（公司）	罗湖区局（公司）	南山区局（公司）	盐田区局（公司）
主要负责人/法人代表		林永金	纪振辉	李志威	张　玲
总资产（万元）		26066	25368	22263	19183
资产负债率（%）		4.67	4.94	5.02	4.66
所属县级局（个）		—	—	—	—
所属县级公司/分公司（个）		—	—	—	—
所属县级营销部（个）		—	—	—	—
从业人员（人）		69	100	80	60
所属业务机构	营销机构	—	—	—	—
	物流配送机构	—	—	—	—
	专卖稽查机构	—	1个稽查队、4个稽查组	2个稽查大队、6个专卖管理所	1个稽查队
	烟叶机构	—	—	—	—
销售卷烟	亿支	28.62	27.64	24.84	21.50
	2013年比2012年（%）	1.71	0.69	0.81	-8.50
卷烟销售收入（万元）		153999	147163	129252	108904
实现税利	万元	20446	18986	16427	13966
	2013年比2012年（%）	6.21	3.93	1.03	-6.84
实现利润	万元	8031	7095	6027	5196
	2013年比2012年（%）	5.91	1.23	-1.79	-10.49
查处涉烟违法案件（起）		95	81	111	19
查处涉烟违法案件案值（万元）		361	620	1034	2
2013年度烟草行业投入烟叶生产基础设施建设资金（万元）		—	—	—	—
全年烟叶生产基础设施新增受益面积（万亩）		—	—	—	—
烟叶种植（万亩）		—	—	—	—
烟叶收购（万担）		—	—	—	—
烟农户数（户）		—	—	—	—
实现烟农总收入（万元）		—	—	—	—
零售客户数（户）		3047	2645	2604	3028
零售客户销售毛利率（%）		12.79	13.07	13.85	10.00

区局（公司）名称		宝安区局（公司）	龙岗区局（公司）	光明新区局（公司）	坪山新区局（公司）
主要负责人/法人代表		罗求安	邹山鹰	尤树深	赖远彪
总资产（万元）		36530	34194	4902	4273
资产负债率（%）		5.12	5.21	11.29	12.21
所属县级局（个）		—	—	—	—
所属县级公司/分公司（个）		—	—	—	—
所属县级营销部（个）		—	—	—	—
从业人员（人）		128	121	55	49
所属业务机构	营销机构	—	—	—	—
	物流配送机构	—	—	—	—
	专卖稽查机构	1个稽查队	—	—	—
	烟叶机构	—	—	—	—
销售卷烟	亿支	47.02	45.20	15.14	14.48
	2013年比2012年（%）	0.55	0.39	3.40	1.68
卷烟销售收入（万元）		238247	224539	75861	73321
实现税利	万元	30959	29385	8578	8416
	2013年比2012年（%）	6.59	6.96	8.58	7.23
实现利润	万元	11790	11301	2493	2513
	2013年比2012年（%）	6.56	8.81	6.32	8.81
查处涉烟违法案件（起）		158	250	47	31
查处涉烟违法案件案值（万元）		1060	450	2031	284
2013年度烟草行业投入烟叶生产基础设施建设资金（万元）		—	—	—	—
全年烟叶生产基础设施新增受益面积（万亩）		—	—	—	—
烟叶种植（万亩）		—	—	—	—
烟叶收购（万担）		—	—	—	—
烟农户数（户）		—	—	—	—
实现烟农总收入（万元）		—	—	—	—
零售客户数（户）		8220	7573	2168	2501
零售客户销售毛利率（%）		12.81	10.78	13.06	13.30

区局（公司）名称		龙华新区局（公司）	大鹏新区局（公司）	深圳中深烟草贸易中心
主要负责人/法人代表		黄喜扬	童　彬	罗　珊（2013.1—4） 胡武雄（2013.5—12）
总资产（万元）		5738	1473	17063
资产负债率（%）		17.87	22.63	2.39
所属县级局（个）		—	—	—
所属县级公司/分公司（个）		—	—	—
所属县级营销部（个）		—	—	—
从业人员（人）		86	43	43
所属业务机构	营销机构	—	—	—
	物流配送机构	—	—	—
	专卖稽查机构	1个稽查队、5个稽查组	1个稽查队	—
	烟叶机构	—	—	—
销售卷烟	亿支	26.52	9.75	0.53
	2013年比2012年（%）	115.49	286.13	-95.21
卷烟销售收入（万元）		136401	48567	4394
实现税利	万元	16459	5093	739
	2013年比2012年（%）	125.70	343.99	-88.49
实现利润	万元	5520	1220	-53
	2013年比2012年（%）	122.00	535.83	-102.32
查处涉烟违法案件（起）		113	29	—
查处涉烟违法案件案值（万元）		159	740	—
2013年度烟草行业投入烟叶生产基础设施建设资金（万元）		—	—	—
全年烟叶生产基础设施新增受益面积（万亩）		—	—	—
烟叶种植（万亩）		—	—	—
烟叶收购（万担）		—	—	—
烟农户数（户）		—	—	—
实现烟农总收入（万元）		—	—	—
零售客户数（户）		4253	1886	—
零售客户销售毛利率（%）		12.81	12.77	—

（撰稿：陈洁莹；编辑：周　佳）

工业企业

省级工业公司

河北中烟工业有限责任公司

【概　况】　河北中烟工业有限责任公司最初为河北烟草工商分设后成立于2003年6月的河北中烟工业公司。2010年12月，国家局、总公司批复同意河北中烟工业公司更名改制为河北中烟工业有限责任公司，并于2011年7月正式挂牌成立。公司下设张家口卷烟厂有限责任公司、河北白沙烟草有限责任公司2家具有独立法人资格的卷烟工业企业。公司总部下辖20个部门和北方烟机配件有限公司1个专业公司，以及河北烟草工业教育培训中心1家教育机构。截至2013年底，河北中烟拥有总资产128.7亿元，其中，固定资产32.33亿元、流动资产91.7亿元，资产负债率为16.15%。共有从业人员8331人，其中在岗员工5490人。

2013年，公司围绕行业"三大课题"，以提升经济运行质量为中心，以培育"钻石"品牌为重点，积极应对各种困难和挑战，全面抓好各项工作，行业总体保持平稳发展的态势。

【领导机构】

董事会

董事长：汪世贵

董　事：段铁力　杨　军　严金虎　马伶燕

朱湘海　王海峰（职工董事）

监　事：李建新

班子成员

总经理、党组书记：段铁力

巡视员兼副总经理、党组成员：杨　军

巡视员兼副总经理、党组成员：严金虎

副总经理、党组成员：李金祥

副总经理、党组成员：师进辉

纪检组长、党组成员：王海峰

副总经理、党组成员：陈昌鸿（2013.9—）（国烟党〔2013〕71号、国烟人〔2013〕361号）

副巡视员：李建新

副巡视员：杜为红

副巡视员：史雨民

【卷烟生产经营】　2013年，公司生产卷烟（含合作生产）847.5亿支（169.5万箱），同比增长2.42%，其中，生产一类烟5.24亿支（1.05万箱），同比下降9.64%；二类烟14.52亿支（2.90万箱），同比下降15.64%；三类烟506.51亿支（101.3万箱），同比增长5.48%；四类烟271.73亿支（54.35万箱），同比增长13.07%；五类烟49.5亿支（9.9万箱），同比下降41.06%。实现销售840.18亿支（168.04万箱），同比增长2.04%，其中，一类烟4.79亿支（0.96万箱）、二类烟14.97亿支（2.99万箱）、三类烟503.84亿支（100.77万箱）、四类烟266.79亿支（53.36万箱）、五类烟49.5亿支（9.9万箱）。

2013年实现卷烟销售收入174.1亿元，同比增长5.88%。实现税利124.92亿元，同比增长6.74%，其中利润25.8亿元，同比增长10.98%。三项费用率为8.74%。

2013年万元产值综合能耗为16.16千克标煤，万支卷烟综合能耗为3.35千克标煤。烟叶、滤棒、盘纸平均消耗分别为6.88千克/万支、2099支/万支、595米/万支。水、电平均消耗为0.09吨/万支、7.22千瓦时/万支。

【主要产品】　2013年，公司生产的卷烟品牌有"钻石""新石家庄""北戴河"等3个品牌，合作生产湖南中烟、福建中烟、云南中烟的卷烟品牌"白沙""七匹狼""红塔山"。共有品牌规格45个，其中"钻石"品牌有32个规格。

2013年共生产"钻石"483.75亿支（96.75万箱），实现销售473.7亿支（94.74万箱）。生产"白沙"264.25亿支（52.85万箱）。

【品牌建设】　公司坚持"高端树形象、求突破，特色扩影响、稳增长，中端上规模、快发展"的品牌发展战略，加强市场分析，强化品牌策划，突出终端营销，努力适应市场的变化。在深化产地销售、细化包片包点基础上，对省内市场进行分类，有针对性地采取措施。在做大一批重点市场基础上，大力拓展新市场，形成新的增长点。2013年，"钻石"省外市场实现销售115.2亿支（23.04万箱），同比增长28.4%，产品销往行业33个省级公司、356个地市级公司，市场覆盖面进一步扩大。制定规格退出机制，全年共退出14个规格。

【原料保障】　2013年，河北中烟重点建设云南红河弥勒、云南楚雄姚安官屯和贵州安顺西秀双堡等3个国家局烟叶基地单元，完善提升云南保山腾冲桥头、云南曲靖宣威板桥和山东潍坊诸城相石等3个烟叶基地，稳步推进其他9个省建、自建基地向国家局基地转化。截至2013年底，河北中烟烟叶基地单元总数量达到15个，基地化率达到85%以上，基本实现原料供应基地化。

制定"钻石"品牌原料风格特色需求，完善各个基地单元的烟叶风格特色定位和烟叶质量目标。在不同基地单元内选择技术依托单位，与产区公司共同开展以提高烟叶质量、彰显本地特色为目标的科研课题，及时开展"工业需求型"及"问题针对型"的烟叶生产技术培训，使烟叶质

注：《省级工业公司》分目所有中烟工业有限责任公司均简称"公司"或"××中烟"。所属企业简称"公司"，所属生产厂简称"卷烟厂"。

量更加符合品牌需求。

【技术创新】 开发“钻石（避暑山庄）”“钻石（烟波致爽）”“钻石（荷花）”“钻石（扁蓝时尚）”等新规格，储备3毫克/支低焦油和焦油量在8毫克/支及以下不同量级产品。自主开展“高温水处理烟叶特色工艺研究”“造纸法薄片特色加工技术应用研究”“食品微生物发酵剂在烟叶中的应用效果研究”等12项课题研究；与河北科技大学、河北农业大学合作开展“多级孔碳材料选择性降低卷烟中苯酚的研究”等项目2项，参与“超细卷烟国际、国内合作研究”“重金属标准物质制定”等国家局、行业其他单位项目8项。在中文核心期刊发表科技论文22篇。全年新申请并获得受理专利8项，其中发明专利7项；正式获得授权专利2项，其中发明专利1项；商标续展24个。

【管理创新】 *生产管理*。“管理创一流”活动稳步推进，贯标、对标和创优工作深入开展，生产调度指挥系统建设工作进展顺利。开展能源管理体系建设和清洁生产评价工作，全年万元工业增加值耗能同比下降7.7%。安全管理突出重点危险源管控。积极推进精准计划、生产指挥与设备管理系统和产品研发与工艺质量系统的开发和实施。

物流建设。片烟条码管理和同城物流托盘联运系统在全省推广实施，物流成本预算核算制度初步建立，电子件烟周转箱投入使用，物流管控平台运行良好。

规范工作。严格执行董事会预算、投资、薪酬等重大事项审议决策程序。取消公开招标金额限制，扩大招标范围，公开招标项目占比88.5%，金额占比93.8%。启动合成香精香料公开招标采购，公开招标金额占比29.3%。“两项工作”经验得到国家局的充分肯定，在全行业会议上作典型发言。开展烟叶专项审计，切实加强工程项目和物资采购审计监督。

【人事政工】 学习宣传贯彻党的十八大和十八届二中、三中全会精神，组织开展四次党组中心组学习和“三个自信”党课教育，党员干部坚持中国特色社会主义道路自信、理论自信、制度自信的自觉性和坚定性不断增强。干部选任工作更加规范，严格履行程序，对公司本部处级干部进行充实调整。2013年共举办各类培训班28期，培训715人次；参加国家局培训班50期，参训368人次；参加国家局党校学习4人，地方党校学习1人。河北烟草工业教育培训中心建设进展顺利。截至2013年底，河北中烟本部共有各类高级技师16人、技师267人。党风廉政建设深入开展，修订完善《党风廉政建设责任制考核管理办法》，对企业进行检查考核。制定《重大事项决策实施细则》《三重一大监督管理办法》和《廉政风险防控方案》，进一步规范权力运行。

【特事要辑】 6月9日，河北中烟召开纪念公司成立十周年会议。会议回顾河北烟草工业十年来改革发展历程，明确下一阶段的工作任务。

7月15—16日，国家局副局长杨培森到河北中烟调研，指出要认真组织开展群众路线教育实践活动。

7月29—30日，国家局局长凌成兴到河北中烟调研，副局长赵洪顺一同调研，省委副书记、省长张庆伟等参加会见。凌成兴指出要“谋划一个目标，争创三大优势”。“谋划一个目标”，就是力争用3～5年的时间，攀登产烟200万箱，工商税利300亿元的大台阶，形成产销更加精准协调的新格局。“争创三大优势”，一要争创“钻石”后起之秀的品牌优势；二要争创建立“三大体系”的专卖优势；三要争创牢记“两个务必”的政治优势。

所属企业

张家口卷烟厂有限责任公司

【概　况】 张家口卷烟厂有限责任公司最初为成立于1939年的张家口卷烟厂。2006年12月，改制更名为张家口卷烟厂有限责任公司，下辖张家口钻石工贸有限公司。公司下设17个行政管理部门、4个生产车间和技术改造办公室（2013年新设）。公司占地面积35.6万平方米，拥有2条4800千克/小时制叶丝生产线、2条2000千克/小时制梗丝生产线，卷包机组37台（套），年卷烟生产能力为500亿支（100万箱）。截至2013年底，公司拥有总资产32.78亿元，其中固定资产11.79亿元、流动资产19.50亿元，资产负债率为32.38%。共有从业人员4218人，其中在岗员工2642人。

2013年，公司在河北中烟党组的领导下，落实“谋划一个目标，争创三大优势”工作部署，坚持“稳中求进”总基调，以提升运行质量为重点，继续突出“卷烟生产上水平”目标任务，努力适应市场变化，积极应对困难与挑战，全面抓好各项工作，保持平稳发展态势。

9月，公司被中国质量协会、中华全国总工会、中华全国妇女联合会、中国科学技术协会联合授予“全国质量管理小组活动优秀企业”称号。

【领导机构】

董事会
董事长：段铁力
董　事：杨　军　严金虎　李金祥　师进辉
　　　　栾永亮　贾保军　胡自强
张显辉（职工董事）
监事会
主　席：李建新
监　事：何　庄　高东朝　李劲松　王永利
班子成员
总经理、党委副书记：胡自强
党委书记：李奎英
正厂级调研员、党委委员：王大放
党委副书记、纪委书记、工会主席：范建华（正厂级待遇）
调研员、党委委员：黄　强（正厂级待遇）
副总经理、党委委员：王海涛
总会计师、党委委员：王金山
副总经理、党委委员：康晓春
副调研员：李伟军

【卷烟生产经营】 2013年，公司生产卷烟（含合作生产）455亿支（91万箱），同比增长2.25%，其中，生产一类烟1.95亿支（0.39万箱）、二类烟8.11亿支（1.62万箱）、三类烟212.32亿支（42.46万箱）、四类烟204.18亿支（40.84万箱）、五类烟28.44亿支（5.69万箱）。生产合作品牌卷烟49.99亿支（10万箱）。实现销售443.73亿支（88.75万箱），同比下降0.48%，其中，一类烟1.90亿支（0.38万箱）、二类烟8.23亿支（1.65万箱）、三类烟207.07亿支（41.41万箱）、四类烟198.09亿支（39.62万箱）、五类烟28.44亿支（5.69万箱）。

公司2013年实现卷烟销售收入76.11亿元，同比增长1.61%。实现税利50.4亿元，同比增长0.35%，其中利润5.65亿元，同比下降13.96%。

2013年万元产值综合能耗为17.96千克标煤，万支卷烟综合能耗为3.26千克标煤。烟叶、滤棒、盘纸平均消耗分别为6.99千克/万支、2101支/万支、597米/万支。水、电平均消耗分别为0.08吨/万支、6.83千瓦时/万支。

【主要产品】 2013年，公司在产的卷烟品牌有“钻石”“北戴河”“七匹狼”“红塔山”“新石家庄”等5个，其中，“钻石”“北戴河”“新石家庄”为自有品牌。全年生产“钻石”376.55亿支（75.31万箱）、“新石家庄”23.90亿支（4.78万箱）、“北戴河”4.55亿支（0.91万箱）、“七匹狼”25亿支（5万箱）、“红塔山”25亿支（5万箱）。实现销售“钻石”365.15亿支（73.03万箱）、“新石家庄”23.90亿支（4.78万箱）、“北戴河”4.55亿支（0.91万箱）、“七匹狼”25亿支（5万箱）、“红塔山”25亿支（5万箱）。

【品牌建设】 面对复杂多变、竞争加剧的市场形势，公司加强市场分析，调整营销策略，突出终端服务，努力巩固产地市场。加强工商互动合作，配合市场专卖联查，重点规格重点培育，做好“钻石（避暑山庄）”“钻石（烟波致爽）”“钻石（山海关）”等新产品市场推广工作。抽调员工驻店宣传、走访市场，开展“‘钻石’品牌上水平，我的责任”主题活动，组织县区客户经理、零售客户座谈会，冠名“钻石杯”张家口第二届烟标展、举办“钻石‘大好河山’文化月”等活动。

【技术创新】 开展“解放思想、改革开放、创新驱动、科学发展”大讨论活动，形成调研报告41份，梳理合理化建议376条，征集金点子506个。开发课题管理信息系统，开展六西格玛黑带项目7个，发布QC攻关课题42项。

【多元化经营】 张家口钻石工贸有限公司是以纸箱加工、水松纸加工、铝箔纸加工为主的辅料生产企业，建于2004年，截至年底，共有在职员工249人。2013年累计生产铝箔纸1844.55吨，水松纸42.78吨，烟用包装箱448.09万张，实现加工费收入3734.57万元。

【管理创新】 强化规范管理，加强内部专卖监管，规范废弃烟草专卖品处置。完善《采购管理实施细则》，扩大招标比例和范围，实施采购项目393项，金额3.65亿元，公开招标项目占比91.6%，金额占比87.82%。严格投资项目管理，开展流动资产专项清查，加强国有资产管理。强化审计监督职能，组织审计工作297项，取得直接经济效益685万元，审核经济合同530份。组织《烟草专卖法》《招标投标法》等有关法律的培训，提高全员法律意识。贯标、对标和创优工作深入开展，企业在13项工业企业创优指标中有11项达到创优标准。加强财务管理，改进现金结算方式，清理预付电费和房屋维修基金专户，规避财务风险。积极应对营业税改征增值税的税制改革，健全税务风险内部控制机制，开展税收风险检查工作。推进经济运行评价体系建设，加强重点费用预算和资本性支出预算执行力度。

【人事政工】 深化干部人事改革，制定《中层管理人员选拔任用暂行规定》，强化绩效考核与作风建设。注重年轻干部培养，完善竞聘类岗位考核聘任，公开选拔年轻员工充实到中层副职岗位挂职锻炼。搭建员工岗位能力提升及职业成长体系，完善员工职业生涯规划。深化内部竞聘管理，2013年调整岗位312人次，公开竞聘岗位149人次。突出培训特色，探索“定制培训”机制，2013年组织培训325期，参训1.05万人次，组织职业技能鉴定451人次。

河北白沙烟草有限责任公司

【概　况】 河北白沙烟草有限责任公司最初为成立于1948年的石家庄卷烟厂，2005年6月改制组建，下辖保定卷烟厂、石家庄钻石卷烟材料有限责任公司。公司下设21个部门。公司占地面积为34.32万平方米，拥有6000千克/小时制叶丝生产线1条，2000千克/小时制梗生产线1条；卷接机组19台（套），包装机组19台（套），年卷烟生产能力为300亿支（60万箱）。截至2013年底，公司拥有总资产68.81亿元，其中，固定资产15.58亿元、流动资产52.17亿元，资产负债率为18.76%。共有从业人员2723人。

2013年，公司坚持“115”总体工作思路，即“围绕一个中心，抓好一个支撑，实现五力提升”。在河北中烟的正确领导下，以生产为中心，以质量为支撑，着力提升生产制造力、品牌竞争力、科技驱动力、规范运行力、队伍凝聚力，全面推进“卷烟生产上水平”，努力谱写企业科学发展的新篇章。

2013年，公司被中华全国总工会和国家安全生产监督管理总局授予“2013年度全国‘安康杯’竞赛活动优胜企业”称号。

【领导机构】

董事会
董事长：段铁力
副董事长：卢　平
董　事：严金虎　杜为红　狄东昇　涂清明　陈国联
　　　　刘建福　朱方钦　石恒柱（职工董事）

监事会
主　席：华谢飞
监　事：李丽华　王　芬　丁付起　胡俊华
　　　　李永乐（职工监事）

班子成员
总经理、党委副书记：杜为红
党委书记、副总经理：丁付起
副总经理：马立志
副总经理、党委委员：周振威
副总经理：刘松杨
副总经理、党委委员：臧　靖（—2013.4）（冀烟工党〔2013〕1号、冀烟工党〔2013〕6号）
党委副书记、纪委书记：李永乐
副总经理、党委委员：雷建生
副总经理、党委委员：黄赵敏
党委委员、工会主席：李素英

【卷烟生产经营】 2013年，公司生产卷烟（含合作生产）392.5亿支（78.5万箱），同比增长2.61%，其中，生产一类烟3.29亿支（0.66万箱）、二类烟6.4亿支（1.28万箱）、三类烟294.19亿支（58.84万箱）、四类烟67.56亿支（13.52万箱）、五类烟21.06亿支（4.21万箱）。实现销售396.25亿支（79.25万箱），同比增长4.96%。

2013年实现卷烟销售收入87.91亿元，同比增长8.64%。实现税利63.89亿元，同比增长8.05%，其中利润12.07亿元，同比增长9.21%。

2013年万元产值综合能耗为14.56千克标煤，万支卷烟综合能耗为3.44千克标煤。烟叶、滤棒、盘纸平均消耗分别为6.75千克/万支、2097支/万支、593米/万支。水、电平均消耗分别为0.1吨/万支、7.68千瓦时/万支。

【主要产品】 2013年，公司主要生产“钻石”“白沙”系列产品，其中，合作生产湖南中烟的卷烟品牌“白沙”。2013年生产“钻石”107.19亿支（21.44万箱），“白沙”264.25亿支（52.85万箱）。“钻石”实现销售108.73亿支（21.75万箱），“白沙”266.65亿支（53.33万箱），其中省内实现销售96.1亿支（19.22万箱）。

【品牌建设】 积极响应河北中烟“钻石”品牌营销策略，加强工商协同，做好渠道维护，组织零售客户、高端消费者到厂参观座谈，增进其对生产工艺、卷烟质量、产品开发等的了解。加强市场调研，围绕商零消进行深入分析，强化视觉宣传，有针对性地开展促销活动。密切关注市场变化，组织有效货源投放市场，较好地满足市场需求。

【技术创新】 公司与湖南中烟长沙卷烟厂的品牌加工合作继续保持良好运行状态，全年开展卷制精度控制和减少缺陷烟支数量测试，在确保物理指标稳定的前提下，将“白沙（精品二代）”20支克重由18克调整为17.9克，单箱节约烟丝0.25千克。

2013年，公司共有科技创新立项35项，全面完成并实施34项，年创经济效益500余万元。全年共有5项专利获实用新型专利授权，1项获得软件注册权，另有5项申请实用新型专利，并被国家专利局受理。

【多元化经营】 2013年，石家庄钻石卷烟材料有限责任公司生产内衬纸1539.81吨，接装纸571.91吨，实现销售收入7548.99万元，同比增长10.53%；实现税利588.38万元，同比增长37.11%。

【管理创新】 *财务管理*。将预算指标层层分解，归口管理，实行预算执行情况实时监控，对重点费用项目做出专项分析评价，进行预警和过程干预，建立起“预算、评审、绩效、考核”四位一体、以全面预算目标为引领的预算管理体系。完善目标成本管理制度，完成生产成本六个相关模块的开发和原材料消耗数据采集核对，初步建立起成本管理的新模型，有效确保成本耗用支出保持稳定。

“两项工作”。按照国家局要求，围绕采购制度、监督体系的构建，对《采购管理办法》、三项工作管理委员会、采购办、监管办的职责和规程进行细化和修订。针对信息录入、立项审批、项目实施、合同审签、验收付款等采购活动的关键节点，升级完善“三项工作信息化平台”，有效避免项目实施的随意性和盲目性。2013年公开招标率达到90.4%。

“管理创一流”活动。坚持课题突破促进管理提升，重新审视管理状态，评估查找短板，发挥统计工具对异常数据的监控和分析优势，对重点指标实行研究，继续开展管理改进课题活动。2013年完成课题47个，皆取得预期效果，对于提高效率、降低消耗、稳定产品质量发挥至关重要的作用。

【特事要辑】 7月15日，国家局副局长杨培森到河北白沙烟草有限责任公司调研。他对公司近五年的发展给予高度评价：一是讲究投入产出抓管理；二是实施改革重组育品牌；三是发挥各自优势行合力；四是加强工商合作促发展。

8月26日，国家局局长凌成兴到河北白沙烟草有限责任公司调研。他对公司的发展给予充分肯定，并希望公司在河北中烟的正确领导下，再接再厉，获得更大、更辉煌的发展。

河北白沙烟草有限责任公司所属生产厂

河北白沙烟草有限责任公司保定卷烟厂

【概　况】 河北白沙烟草有限责任公司保定卷烟厂最初为始建于1902年的直隶农务局纸烟厂。2004年，与石家庄卷烟厂联合重组，更名为石家庄卷烟厂保定卷烟分厂。2005年，更名为河北白沙烟草有限责任公司保定卷烟分厂。2009年4月，更名为河北白沙烟草有限责任公司保定卷烟厂。卷烟厂占地总面积34万平方米，年卷烟生产能力为290亿支（58万箱）。共有从业人员1630人，其中在岗员工1020人。

【卷烟生产】 2013年，卷烟厂在产的卷烟品牌有“钻石”“白沙”“新石家庄”，其中，合作生产湖南中烟的卷烟品牌“白沙”。全年生产卷烟（不含合作生产）140亿支（28万箱），其中，生产一类烟0.56亿支（0.11万箱）、二类烟2.06亿支（0.41万箱）、三类烟61.93亿支（12.39万箱）、四类烟67.57亿支（13.51万箱）、五类卷烟7.9亿支（1.58万箱）。合作生产卷烟100.13亿支（20.03万箱）。

（撰稿：张　彬；编辑：周　佳）

上海烟草集团有限责任公司

所属企业

上海烟草集团有限责任公司上海卷烟厂

【概　况】　上海烟草集团有限责任公司上海卷烟厂最初是始建于1925年的英美烟草公司颐中三厂。1952年4月，更名为国营上海卷烟二厂。1960年12月，更名为上海卷烟厂。1993年11月，上海烟草（集团）公司正式成立，上海卷烟厂为其核心企业。2011年1月，更名为上海烟草集团有限责任公司上海卷烟厂。2012年11月，上海卷烟厂"中华"牌卷烟专用生产线正式投产。工厂占地面积11.5万平方米，包括"中华专线"长阳路733号和"中华专线"787号两个生产区，拥有HAUNI制丝线5条，PROTOS、GD、FOCKE、M5、FX2等卷接包设备55台（套），以及一条1140千克/小时二氧化碳膨胀烟丝生产线，年卷烟生产能力为900亿支（180万箱）。共有从业人员1917人，其中在岗员工1914人。2013年，上海卷烟厂荣获"上海市五一劳动奖状"。

【领导成员】

厂长、党委委员：陆　捷

副厂长、党委书记：张　燕

副厂长：刘国平

副厂长、党委委员：郭世洋

副厂长：唐建新（—2013.11）

副厂长：唐春宝

副厂长：邢伟标

纪委书记、工会主席：陆　焱

【卷烟生产】　2013年，主要生产的卷烟品牌有"熊猫""中华""红双喜""牡丹""大前门""孟菲斯"等。共生产卷烟817.26亿支（163.45万箱），同比增长3.06%，其中，一类烟661.32亿支（132.26万箱）、二类烟5.89亿支（1.18万箱）、三类烟40.84亿支（8.17万箱）、四类烟26.66亿支（5.33万箱）、五类烟82.55亿支（16.51万箱）。生产"熊猫"3.79亿支（0.76万箱）、"中华"656.83亿支（131.37万箱）、"红双喜"47.27亿支（9.45万箱）、"牡丹"26.66亿支（5.33万箱）、"大前门"82.55亿支（16.51万箱）、"孟菲斯"0.16亿支（0.03万箱）。

全年万元产值综合能耗为2.93千克标煤，万支卷烟综合能耗为2.99千克标煤。烟叶、滤棒、盘纸平均消耗分别为6.91千克/万支、2098支/万支、599米/万支。水、电平均消耗分别为0.11吨/万支、11.67千瓦时/万支。

【技术改造】　全面完成制丝、卷包、成形、原料高架库改造、1SS变电所改造、HDT烟丝733号生产区回送改造等多项技改工作。做好内部卷包设备布局调整，确保"中华"及"熊猫"品牌的顺利生产。

【技术创新】　对"项目知识库管理系统"进行整合优化，申报集团级科技项目2项，厂级质量改进项目63项。开展QC课题116个，参与课题968人次。同步开展长阳路733号、787号两地MES系统建设。

【质量管理】　形成14个定期质量分析模板，定期对数据进行系统分析。全年"中华"满分率为68%，同比提高6.14个百分点。全年共发起管理标准、技术标准制修订任务209项。优化质量管理体系内部审核方式，滚动优化生产区人员配置。

上海烟草集团北京卷烟厂

【概　况】　上海烟草集团北京卷烟厂最初是始建于1970年的北京卷烟厂。2003年11月3日，与上海烟草（集团）公司签订战略性联合重组协议，正式加入上海烟草集团，是具有法人资格的企业。2009年8月，更名为上海烟草集团北京卷烟厂。2009年10月，迁入北京市通州区；2010年1月18日举行正式投产仪式。企业占地面积24.71万平方米，拥有4800千克/小时烤烟叶片生产线、2000千克/小时白肋烟叶片生产线、2000千克/小时梗丝生产线、4500千克/小时切丝及薄板式烘丝生产线、4500千克/小时切丝及气流式烘丝生产线、8000千克/小时掺配加香生产线、1140千克/小时二氧化碳膨胀烟丝生产线等制丝设备各1条以及PROTOS、GD、FOCKE、M5、FX2等卷接包设备，年卷烟生产能力250亿支（50万箱）。截至2013年底，上海烟草集团北京卷烟厂拥有总资产35.82亿元，其中，固定资产15.79亿元，流动资产20.03亿元，资产负债率为28.90%。有在岗员工905人，其中高级技术职称10人、中级职称175人，技师及高级技师40人。

【领导成员】

厂长、党委副书记：曲志刚

党委书记：马庆林

党委委员：姚琴声（—2013.9）

副厂长、党委委员：蔡继东（2013.11—，之前任工会主席、党委委员）

副厂长、总会计师、党委委员：于国欣

党委委员：赵丽儒（2013.11—，之前任副厂长）

副厂长、党委委员：刘文忠

党委副书记、纪委书记：张　军（—2013.11）

党委副书记、纪委书记、工会负责人：马胜修（2013.11—）

副厂长：王志韬（2013.11—）

【卷烟生产】　2013年，主要生产的卷烟品牌有"中南海""红双喜"。生产卷烟201.05亿支（40.21万箱），同比增长1.25%。生产内销"中南海"182.95亿支（36.59万箱），其中一类烟12.36亿支（2.47万箱）、二类烟17.83亿支（3.57万箱）、三类烟116.32亿支（23.26万箱）、四类烟33.91亿支（6.78万箱）、五类烟2.50亿支（0.50万箱）。生产出口“中南海”13.05亿支（2.61万箱），生产“红双喜”5.05亿支（1.01万箱）。全年实现卷烟销售收入46.94亿元。实现税利32.08亿元，同比增长6.92%，其中利润3.16亿元，出口实现1845.7万美元。

2013年万元产值综合能耗为17.09千克标煤，万支卷烟综合能耗为3.94千克标煤。烟叶、滤棒、盘纸平均消耗分别为5.98千克/万支、2103支/万支、594米/万支。水、电平均消耗分别为0.105吨/万支、11.23千瓦时/万支。

【新产品开发】 “中南海（领翔5mg）”和“中南海（超然3mg）”完成大样验证。内销卷烟“中南海（祥和壹叁贰）”完成验证评审，对日出口的“中南海（PREMIUM高级）”1mg、5mg、8mg系列烟完成开发并上市。“中南海（国际版）”完成开发并在马来西亚、新加坡上市。主持的国家局“选择性降低卷烟主流烟气中NNK释放量研究”和集团公司“低危害混合型卷烟研究”重大项目等取得新进展。

【技术改造】 技改三期工程全面开工。国家局“整托盘出库”和“纸箱重复利用”项目积极推进。完成MES原料、在制品和财务核算系统的对接，实现专检、机台自检数据自动采集和管理平台共享。

【企业管理】 坚持按订单生产，实行卷包双班生产，完成商标纸换版，“红双喜”落地投产。推进质量课题研究，完善“问题自触发机制”，“三类烟以上”卷制与包装满分率≥58.99%。推进管理创新，完成各类立项347个。厂内发布QC成果90项，课题获得第六届“海洋王”杯全国QC小组成果发表赛一等奖。

上海烟草集团有限责任公司天津卷烟厂

【概　况】 上海烟草集团有限责任公司天津卷烟厂最初为始建于1919年的天津英美烟公司所属天津大英烟公司，1952年改组为国营天津卷烟厂。2004年12月，与上海烟草（集团）公司签订战略性联合重组协议，取消法人资格更名为上海烟草（集团）公司天津卷烟厂。2011年3月，更名为上海烟草集团有限责任公司天津卷烟厂。工厂占地面积21.84万平方米，拥有1条6000千克/小时制丝生产线、22台（套）GD－PROTOS中高速卷接机组，年卷烟生产能力350亿支（70万箱）。截至2013年底，有在岗员工909人。

【领导成员】

厂长、党委委员：李钢成
副厂长、党委书记：唐　涛
副厂长、党委委员：田振勇
副厂长：李　卫
副厂长：贯忠利
副厂长：阎　杰
党委副书记：张洪宇（—2013.9）
副厂长：张　军（2013.11—）
纪委副书记、工会主席：陈印良（2013.11—，之前任纪委副书记、工会负责人）
党委委员：王自明

【卷烟生产】 2013年，主要生产“江山”“恒大”“红双喜”等三个卷烟品牌共8个规格产品。生产卷烟234.00亿支（46.80万箱），同比下降2.09%，其中，生产一类烟0.45亿支（0.09万箱）、二类烟2.43亿支（0.49万箱）、三类烟231.12亿支（46.22万箱）。

2013年万元产值综合能耗为17.61千克标煤/万元，万支卷烟综合能耗为3.78千克标煤。烟叶、滤棒、盘纸年平均消耗分别为6.82千克/万支、2094支/万支、597米/万支。水、电年平均消耗分别为0.08吨/万支、11.60千瓦时/万支。

【品牌建设】 2013年一、二类卷烟在产规格达到4个，产量占总产量的1.23%；三类烟占总产量的98.77%；实现单箱税利7673元，同比增长14.88%。“恒大（烟魁1903）”占据天津高端卷烟市场领军品牌位置，销量突破500箱，市场份额在全市零售价800元/条以上卷烟中名列第一，并实现在上海、广州等一线城市的落地销售。形成高端产品趁势而上、中高端产品比重逐步提高、三类及以上卷烟形成规模效应的产品格局。

【班组建设】 着力推进群众性的“精益行动/建议”活动，2013年人均精益建议3.1条，群众性创新活动产生经济效益389.48万元。完成QC课题138项，其中4个获得“国优”。

【技术创新】 强化产品风格质量稳定和持续改进研究，提高产品加工质量，获得集团公司“2013年度技术发明奖”和“2013年度科技进步奖”。技术创新预立项项目和专利申请受理数目创历史新高。

【信息化建设】 稳定运行MES系统，实现原辅料统计功能顺利上线、稳定运行，提升统计工作水平，增强材料问题追溯的及时性和准确性。规划“数字化工厂”蓝图，加强B/S架构系统在门户网站的集成，实现对工厂所有信息化系统的管理，搭建工厂分数据中心软硬件系统平台。

上海高扬国际烟草有限公司

【概　况】 上海高扬国际烟草有限公司创建于1992年2月，1995年7月正式投产。由原上海烟草（集团）公司、香港南洋兄弟投资（中国）有限公司合资经营。2012年2月底公司20年合资期满，转制成为上海烟草集团有限责任公司全资子公司，注册资金为人民币2.90亿元。公司占地面积4.67万平方米，建筑面积5.79万平方米，拥有HAUNI制丝生产线1条、卷包设备9组，年卷烟生产能力125亿支（25万箱）。截至2013年底，公司拥有总资产5.79亿元，其中，固定资产1.56亿元、流动资产4.20亿元，资产负债率为14.83%。共有从业人员530人。2013年，公司被上海市总工会评为“2011—2012 年度上海市文明单位”，被上海市“企业诚信创建”活动组委会评为上海市“一星级诚信创建企业”，被上海市总工会、上海市安全生产监督管理局评为2012 年全国“安康杯”竞赛（上海赛区）优胜单位。

【领导机构】

董事会

董事长：周永森

董　事：陆益敏　李惠敏　卢　游　徐国强

监　事：李　跃　盛晓敏

班子成员

总经理、党总支书记：徐国强

副总经理、党总支委员：沈　涛

副调研员、党总支委员：盛晓敏（2013.9—，之前任党总支副书记，工会主席）

副总经理：王志韬（—2013.11）

党总支副书记、工会负责人：朱文倩（2013.9—，之前任总经理助理）

总经理助理：彭　炜（2013.9—）

【卷烟生产经营】　以委托加工生产低焦油卷烟产品为主，生产的卷烟品牌有“红双喜”“牡丹”“金鹿”等，并与日本烟草产业株式会社合作来料加工生产“七星”（4mg、8mg、10mg）卷烟。2013 年生产委托加工卷烟 115.08 亿支（23.02 万箱），同比下降 6.06%；生产“七星”1.83 亿支（0.37 万箱）。2013 年实现销售收入 2.76 亿元。实现税利 11.21 亿元（包括代加工业务缴纳的税费），其中利润 3829 万元。2013 年万元产值综合能耗为 79.97 千克标煤，万支卷烟综合能耗为 1.88 千克标煤。烟叶、滤棒、盘纸平均消耗分别为 6.60 千克/万支、2097 支/万支、598 米/万支。水、电平均消耗 0.06 吨/万支、7.81 千瓦时/万支。

【技术创新】　2013 年开展 2 项科技项目，2 项节能项目研究，实施完成21 项局级质量改进项目和 31 项 QC 项目，申报专利 3 项，荣获集团公司“质量改进一等奖”，以及第六届“海洋王”杯全国 QC 小组成果发表赛二等奖。全面启动 MES 项目建设，用于替代原“生产指挥系统”。

【企业文化】　在“和搏一流”文化体系建设上，开展“体验式”新进员工企业文化培训。以集团组建 20 周年为契机，策划开展“互动式”主题文化活动。结合“中华梦、岗位梦”大讨论，通过微体会征集、微剧本创作、微视频拍摄、“行为规范进班组”等形式，开展主题宣教活动，提升全员素质。

上海烟草集团有限责任公司上海烟草储运公司

【概　况】　上海烟草集团有限责任公司上海烟草储运公司最初是成立于 1986 年的上海市烟草储运公司。2011 年 1 月，更名为上海烟草集团有限责任公司上海烟草储运公司。公司主营业务包括烟叶原料、卷烟成品、烟用材料储存养护配送和烟草商品的运输等。公司拥有自有原料库房建筑面积 30 万平方米，卷烟成品库房建筑面积 4.8 万平方米，辅料仓库建筑面积 3.2 万平方米，主要生产运输车辆 81 辆。共有在岗员工 572 人。

【领导成员】

总经理、党委委员：汤福刚

党委书记、副总经理：胡勤伟（—2013.9）

党委书记、副总经理：刘晓晴（2013.9—）

副总经理、党委委员：高国进

纪委书记、党委委员、工会主席：陆仁平

副总经理：娄辛路

【生产经营】　2013 年，完成卷烟吞吐 1932.12 亿支（386.42 万箱），同比增长 0.23%；烟叶吞吐 32.17 万吨，同比增长 6.24%；辅料吞吐 4.8 万吨，同比增长 2.35%；汽车运输 655.27 万吨千米，同比增长 3.63%。全年柴油油耗 7.27 升/百吨千米，综合能耗 1509.77 吨标煤。市内外卷烟配送订单执行率达到 100%。

【工业物流】　着力“创新驱动、转型发展”，提出加快工业物流“五个转型”，即企业建设向现代物流建设转型，生产运营向信息化、规范化运营转型，企业管理向精益管理转型，人事管理向人力资源管理转型，意识形态管理向文化管理转型。

【物联网建设】　通过多个信息化项目推进，提高物联网技术应用能力。“成品车载智能管理系统”配备范围扩大，启动“烟叶仓储标签管理系统”项目，安装烟包感应称重装置，实现精细化管理。“储运公司运营决策分析系统”进入项目验收阶段。

【财务管理】　重点推进财务成本指标管理探索。完善成本指标定额、探索指标评价考核管理。以“可分析、可评价、可改进”为原则，初步选取 14 个评价考核指标，研究工业物流成本费用指标统计方法，开展工业物流费用统计，为深入进行工业物流核算做好准备。

【党建工作】　进一步延伸“家”的触角，围绕“要进一步体现党支部发展的个性需要和创新”的建设主线，真正把“党员之家”建在支部上。“有场所”“有示范”“有评比”“有服务”“有个性”，让“家”成为党员不断向前的有力依靠。

上海烟草包装印刷有限公司

【概　况】　上海烟草包装印刷有限公司最初是成立于 1929 年的英美烟草公司华盛路印刷厂，1955 年更名为上海烟草工业印刷厂，2008 年 4 月更名改制为上海烟草包装印刷有限公司。2009 年 6 月 30 日，公司购买上海海烟实业合作公司、上海烟印实业合作公司所持有的上海金鼎印务有限公司、上海金叶包装材料有限公司全部股份，并于 2010 年 5 月完成工商变更手续，成为上海金鼎印务有限公司、上海金叶包装材料有限公司控股股东。公司占地面积18.30万平方米。公司拥有总资产17.29亿元，其中，固定资产5.35亿元、流动资产7.93亿元，资产负债率为22.33%。共有在册员工1013人。

2013年，上海烟草包装印刷有限公司位列“中国印刷企业100强”第五位；被上海市包装技术协会评为“上海包装企业50强”企业；被上海市新闻出版局评为上海市新闻出版行业文明单位。

【领导机构】

董事会

董事长：郜　强

董　事：孙　平　朱小岗　陈忠民

曹水萍（—2013.4）　张　定（2013.4—）

王守仁　宫　强

监　事：翟　旭　甘向红

班子成员

总经理、党委委员：陈忠民

副总经理、党委书记：张　定

副总经理、党委委员：孙健法

纪委书记、党委委员、工会主席：甘向红

副总经理：郁　俊

副总经理：吴建萍

【生产经营】　2013年，上海烟草包装印刷有限公司、上海金鼎印务有限公司共实现税利2.65亿元，其中利润1.71亿元；实现收入12.62亿元，其中，业内烟标10.44亿元、受托烟标10.39亿元、外地烟标324万元、社会产品1.12亿元。

【技术创新】　企业技术中心着眼于技术创新成果的实效，提升企业的烟标创意设计能力、印刷工艺研发能力、原辅材料研发能力、技术标准制定能力、权威的检测判断能力和市场化的技术竞争能力。2013年，通过由国家局科技司组织的认定，成为烟草行业首家包装印刷领域的行业认定技术中心。同时，公司通过G7色彩管理一体化认证，获得2项发明专利、1项实用新型专利授权，完成7项专利申报，参与10项行业标准及7项国家标准的制修订工作，创历年之最。

【精益制造】　积极挖掘生产潜能，2013年生产烟标185.96万箱，同比增长8.96万箱；换牌次数同比减少118次，降低26.11%，有效节约生产资源；调整运转班次，推行“TnPM管理模式”，2013年业内产品监督检验合格率达到100%。

【市场营销】　紧贴集团需求，加强服务营销。捕捉市场信息，积极参与业外市场竞争。成功中标新疆卷烟厂“雪莲（礼盒）”，开拓福建中烟的“金桥（缘）”外销版烟标；社会产品方面，成功中标“火麒麟”“大不同”“金丝猴”“百雀羚”“英联川宁茶”等品牌的订单。

上海白玉兰烟草材料有限公司

【概　况】　上海白玉兰烟草材料有限公司最初是成立于1979年9月的上海烟草综合厂，1984年6月更名为上海烟草材料厂。1994年6月，以上海烟草材料厂为主体，上海烟草（集团）公司、上海申花（集团）公司、上海经纬实业公司、中国卷烟滤嘴材料公司、浦东新区张江镇伟丰村经济合作社等6家单位联合出资，成立上海烟草材料厂浦东联营公司。2002年7月，更名为上海白玉兰烟草材料有限公司。公司占地面积2.63万平方米，拥有KDF－2成型机组14台（套）、KDF－4成型机组1台（套），复合成型机组2台（套）、DF10双枪成型机2台（套），KDF4＋CPF波纹滤棒成型机组1台（套），纸板生产线1组，基尔印刷模切机2台（套），印刷开槽机1台（套），具有年产60亿支滤棒和1400万平方米纸箱生产制造能力。截至2013年底，公司拥有总资产1.74亿元，其中，固定资产1.00亿元、流动资产0.68亿元。有在册员工334人，其中在岗员工317人。

2013年，纸箱车间瓦楞纸板生产线班组获得由中国质量协会、中华全国总工会、全国妇联和全国科协评选的2013年“全国质量信得过班组”称号；成型车间被评为“上海市现场管理五星级现场”。

【领导机构】

董事会

董事长：郜　强（2013.6—）

董　事：杨晓东（2013.6—）　朱小岗（2013.6—）

陈超英（2013.6—）　成旭光

蒋国澄（—2013.6）　陆益敏（—2013.6）

孙　平（—2013.6）　陈征宇（—2013.6）

陈桂荣（—2013.6）　张荣彪（—2013.6）

秦建国（—2013.6）

班子成员

总经理、党总支书记：陈桂荣

党总支副书记、工会负责人：刁正和

副总经理：张荣彪

副总经理、党总支委员：秦建国

副总经理：田永昌

【生产经营】　2013年，公司生产滤棒48.10亿标准支，同比下降11.8%；生产纸箱累计819.93万标准平方米，同比下降3.56%；实现销售收入26341.70万元（含税），同比增长0.41%；实现税利2329万元，同比下降19.5%，其中利润72.10万元，同比下降91%。全年万元产值综合能耗为79.97千克标煤，丝束消耗为6.33千克/万支。

【技术创新】　2013年，公司自主创新研发加香二元复合滤棒新产品，根据集团公司要求完成金鹿系列滤棒（C41、C43、C46）产品研制。在纳米复合滤棒研制方面，围绕纳米施加方案进行多次研究论证，努力满足北京卷烟厂的技术要求。在技术创新项目上，完成5项科技项目，申报4项滤棒技术专利，其中发明专利3项。

【质量管理】　以追求质量“零”缺陷为目标，顺利通过上海质量体系审核中心第三方质量、环境、安全管理体系监督审核及2011版安全管理体系转版审核。以“质量月”活动为载体，开展专题培训。初步建立“质量、成本、交货期”供应链关键绩效目标13个指标。

上海海烟物流发展有限公司

【概　况】　上海海烟物流发展有限公司成立于2002年6月18日，由上海烟草集团有限责任公司控股，股东有中国双维投资公司、上海市烟业糖酒（集团）有限公司、上海捷强烟草糖酒（集团）有限公司。公司经营卷烟、酒类、食品、百货的分销与配送，形成以现代物流、糖酒品牌运作、卷烟销售为核心的三大主营业务，是集现代物流、商品营销、信息服务于一体的供应链服务提供商。截至2013年底，公司拥有总资产16.21亿元，其中，固定资产2.19亿元，流动资产12.91亿元，资产负债率为8.95%。有在岗员工688人。2013年，被上海市政府授予“上海市文明单位”称号，被上海市商务委授予“上海市商务诚信建设试点工作先进单位”称号，被中国安全生产协会评为“安全生产标准化一级企业（烟草）”。

【领导机构】

董事会
董事长：董秀明
董　事：葛俊杰　宫　强　倪鸿宾（—2013.12）
　　　　朱　华（2013.12—）　王伟君（—2013.12）
　　　　龚如杰（2013.12—）
监　事：龚如杰（—2013.12）　翟　旭
　　　　周闻琦（2013.12—）
班子成员
总经理、党委委员：刘正渝
党委书记、纪委书记兼副总经理：汤　健
副总经理、党委委员：柏树兴
副总经理：陈　君
副总经理、工会主席：倪婷芳
调研员：过明啸

【生产经营】　2013年，分拣配送卷烟413.84亿支（82.77万箱），与2012年基本持平。销售卷烟112.12亿支（22.42万箱），同比下降0.54%。实现主营业务收入70.71亿元，同比下降1.54%。实现税利7.03亿元，同比下降0.50%，其中利润2.86亿元，同比增长16.46%。三项费用率为2.09%。

【卷烟营销】　在制定终端提升方案上，通过客户获利同比、库存同比变化、条均价同比等方面的数据，挖掘零售终端潜在价值，积极探索向消费者延伸的网络建设。

【非烟经营】　加大对二线品牌的培育力度，逐渐降低对知名白酒品牌的依赖，以满足终端需求为先加强促销。在深化行业合作方面，市内与宝山有限公司合作启动非烟零库存项目，市外召集行业内五省二市召开非烟交流会。

【企业管理】　配合行业审计，查找管理的薄弱环节。以精益物流建设为目标，与质科院开展合作研究，落实行业管理项目，探索物流评价体系。定期对标分析，实行成本跟踪。建立分拣进货数据模型，提升异常处置响应速度。配送车行驶470万千米无一次主责以上的一般事故。

【企业文化】　开展“服务创造价值”大讨论系列活动，通过头脑风暴、专题组织生活、辩论赛等形式，赋予“服务创造价值”新的内涵。配合开展集团组建20周年系列活动，以“回眸集团二十载，畅想海烟发展梦”为主题，开展“同升一面旗，共唱一首歌”文化日活动，着力传承集团文化，践行好“服务创造价值”的理念。

上海烟草集团太仓海烟烟草薄片有限公司

【概　况】　上海烟草集团太仓海烟烟草薄片有限公司成立于2004年1月，2007年7月开始试生产。公司由上海烟草集团有限责任公司、广东省金叶烟草薄片技术开发有限公司共同出资组建，注册资金3.9亿元。公司占地面积14.85万平方米，年生产能力为1万吨造纸法烟草薄片。有员工189人。

【领导机构】

董事会
董事长：郜　强
董　事：夏正林（2013.4—）　李惠敏
　　　　巫德泉（2013.4—）　倪建东
　　　　王　平（—2013.4）　郑松明（—2013.4）
监　事：徐朱琴　廖建中（2013.4—）
　　　　黄奕鹏（—2013.4）
经理层
总经理：周　栋
副总经理：宗宝祥
副总经理：严新龙

【生产经营】　2013年，公司生产薄片成品5687.16吨，其中为集团公司生产薄片产品3176.46吨（“红双喜”薄片2210.04吨，“大前门”薄片966.42吨），为其他企业生产薄片产品2510.70吨。销售薄片5489.91吨。实现销售收入1.42亿元。实现税利1717.90万元，同比增长52.5%，其中利润394.09万元。

【技术创新】　2013年，基本完成“中华”薄片的技术研发工作，成功集成降低烟梗果胶、降低薄片烟气一氧化碳释放量、低浓打浆工艺、天然色素颜色调控、提取液净化等多项最新技术研究成果。完成“中华”薄片在卷烟配方中的替代应用试验工作，通过技术中心评吸认可。依据“中华”薄片在线大样生产的测试数据，与技术中心联合确定“中华”薄片的各项物理、化学和烟气指标，完成“中华”薄片系列技术标准的确认和编制。实施科技项目11项，确立6个质量改进项目和12个QC项目，培养4名QC诊断师，申请专利5项，其中发明专利3项，在核心期刊发表学术论文4篇。

【技术改造】 完成工厂技术中心实验室建设项目设计方案的确认，原料及成品仓库项目顺利竣工投产，仓储业务投入运营。数据采集与集成控制二期改造项目完成各子项设计和下位机程序编制。完成萃取段技术改造方案和设备选型工作。

【安全管理】 进一步制定完善公司各项安全管理规定、应急处置方案和各类安全操作规程，建立健全各类记录、台账。全年安全隐患整改完成率达到99.03%。坚持“三级安全教育”，强化入职的厂级教育，并积极督促部门、车间做好相关的二、三级安全教育工作。2103年，顺利通过江苏省安监局组织的安全标准化二级企业达标评审。

（撰稿：李　燕；编辑：李　昂）

江苏中烟工业有限责任公司

【概　况】 江苏中烟工业有限责任公司最初为江苏烟草工商分设后于2003年9月成立的江苏中烟工业公司。2008年5月，经国家局、总公司批复同意，改制更名为江苏中烟工业有限责任公司。2009年9月，江苏中烟工业有限责任公司成立董事会，并于12月举行挂牌仪式。公司下辖南京卷烟厂、徐州卷烟厂、淮阴卷烟厂等3家不具有法人资格的卷烟生产厂，南通烟滤嘴有限责任公司①、江苏鑫源烟草薄片有限公司②2个全资子公司。公司总部下设22个部门，其中，2013年2月，整顿规范办公室单设；3月，成立采购管理办公室，设在整顿规范办公室；4月，成立进出口部；5月，成立公司团委，与党群工作部合署办公；7月，再造烟叶研究所单设。截至年底，公司拥有总资产477.75亿元，资产负债率为11.42%。共有从业人员5613人。

2013年，公司坚持“稳中求进、创新驱动、管理增效、转型发展”的工作方针，更加注重效益增长质量，更加注重品牌内生竞争力，更加注重市场巩固与拓展，更加注重精准科学管理，更加注重技术创新引领，更加注重激发队伍主人翁意识，强化内生动力，加快转型升级，实现持续平稳健康发展。

【领导机构】

董事会

董事长：王彦亭

董　事：蒋洪喜　张岩磊（—2013.10）（国烟人〔2013〕394号）　俞惠梅　穆重林　黄翠萍
唐　健（2013.10—）（国烟人〔2013〕394号）
李　鸣

监　事：马　健

班子成员

总经理、党组书记：蒋洪喜

巡视员、副总经理、党组成员：张岩磊（—2013.7）（国烟党〔2013〕58号）

巡视员、副总经理、党组成员：俞惠梅

副总经理、党组成员：唐　健

纪检组长、党组成员、工会主席：马　健

副总经理、党组成员：宣晓泉

副总经理、党组成员：周　涛

总会计师：王轩庭

副巡视员：余宗迎

副巡视员：王海龙

【卷烟生产经营】 2013年，公司生产卷烟（不含合作生产和出口）1020亿支（204万箱），其中，生产一类烟377.6亿支（75.52万箱）、二类烟106.75亿支（21.35万箱）、三类烟399.2亿支（79.84万箱）、四类烟111.2亿支（22.24万箱）、五类烟25.25亿支（5.05万箱）。与国内卷烟生产企业合作生产卷烟101.5亿支（20.3万箱）。生产出口卷烟1.3亿支（0.26万箱）。

2013年实现销售（不含合作生产和出口）1011.4亿支（202.28万箱），其中，一类烟373.8亿支（74.46万箱）、二类烟106.45亿支（21.29万箱）、三类烟394.35亿支（78.87万箱）、四类烟111.15亿支（22.23万箱）、五类烟25.65亿支（5.13万箱）。合作生产卷烟实现销售（从生产者购进）101.5亿支（20.3万箱）、实现出口卷烟1.3亿支（0.26万箱）。

2013年实现卷烟销售收入（不含合作生产）462.32亿元，同比增长7.48%。实现卷烟税利423.57亿元，同比增长8.86%。实现卷烟利润89.34亿元，同比增长9.28%。三项费用率为3.6%。

2013年万元产值综合能耗为6.24千克标煤，万支卷烟综合能耗为2.71千克标煤。烟叶、滤棒、盘纸平均消耗6.80千克/万支、2096支/万支、596米/万支。水、电平均消耗分别为0.09吨/万支、8.81千瓦时/万支。

【主要产品】 2013年，公司在产卷烟有“苏烟”“南京”“红杉树”“一品梅”“华西村”“大丰收”六个品牌、45个规格。全年自产“苏烟”294.15亿支（58.83万箱），共有10个规格；自产“南京”657.8亿支（131.56万箱），共有25个规格。与山东、河南、广西中烟，吉林烟草工业有限责任公司累计合作生产“南京（红）”79.5亿支（15.9万箱），“南京（佳品）”22亿支（4.4万箱）。

2013年“苏烟”实现销售291.41亿支（58.28万箱），其中，省内实现销售122.21亿支（24.44万箱），省外实现销售168.48亿支（33.70万箱），出口0.72亿支（0.14万箱）；“南京”实现销售（含合作生产）752.59亿支（150.52万箱），其中，省内实现销售455.76亿支（91.15万箱），省外实现销售296.43亿支（59.29万箱），出口0.4亿支（0.08万箱）。

① 南通烟滤嘴有限责任公司详见《工业企业》栏目“卷烟辅料材料生产企业”分目。

② 江苏鑫源烟草薄片有限公司详见《工业企业》栏目“打叶复烤和薄片生产企业”分目。

【品牌建设】 品牌发展思路。公司坚持“保牌、稳价、促销、增效”的调控方针，坚持品牌形象重于市场份额、发展后劲重于当前表现的工作要求，突出保持品牌市场状态，突出增强品牌发展后劲，抓住一、二类重点产品和低焦油产品，着力主导规格稳健发展，抓住“莲清香”品类和细支卷烟品类构建，着力挖掘品牌发展新的增长点，持续推动“苏烟”“南京”品牌扩规模、提结构、强形象、增活力。

品牌市场培育。在“苏烟”“南京”品牌销量规模不断扩增的基础上，品牌结构持续提升。2013 年一、二类烟（含合作生产）销量为502.08 亿支（100.42 万箱），同比增长15.7%，占总销量比重的45.1%，同比提高4.3 个百分点。单箱销售额为2.61 万元，同比增长5.7%。低焦油产品持续增长，2013 年销售焦油量8 毫克/支及以下卷烟144.02 亿支（28.8 万箱），同比增长18.6%，其中焦油量6 毫克/支及以下卷烟17.75 亿支（3.55 万箱），同比增长135%。

主导规格平稳发展，2013 年销售“南京（九五）”7.82 亿支（1.56 万箱），同比增长23.5%；“苏烟（软金砂）”85.5 亿支（17.1 万箱），同比增长0.8%；“苏烟（五星）”184.9 亿支（36.98 万箱），同比增长24.5%；“南京（精品）”49.85 亿支（9.97 万箱），同比增长39.9%；“南京（红）”359.9 亿支（71.98 万箱），同比增长6.3%。细支品类卷烟快速成长，全年商业销售细支烟40.93 亿支（8.18 万箱），同比增长108.4%，占全国细支烟市场份额29.2%。新品市场态势良好，在加大“苏烟（沉香）”市场培育的基础上，新研发“苏烟（瑞星）”“南京（雨花石）”，3 个新品规格市场影响力稳步提升。

品牌营销管理。强化品牌宣传推广，不断挖掘品牌文化内涵，初步建立“苏烟”“南京”品牌文化框架，聚焦重点目标市场，利用苏商平台等加强传播。深化品牌精准营销。建立健全以市场价格、商业存销比等为主评指标，协议进度、订单满足率等为辅评指标，区域零售价格、社会库存等为参评指标的市场评价指标体系。探索试行品牌管理小组，提升市场科学精准调控水平。上线运行综合营销信息系统，实现卷烟调拨全过程、全节点电子化流转。推动协同营销逐步从商业企业向访销线路、零售终端、集团客户和广大消费者延伸，构建工商零消“四位一体”营销新体系。探索现代终端营销，截至年底，累计协助商业企业建立5800 余家现代零售终端。

【原辅材料保障】 2013 年公司各类烟叶采购计划为11.7 万吨（234.3 万担），其中国内烤烟10.4 万吨（208 万担），进口烤烟1.1 万吨（22.2 万担），截至年底，公司有库存烟叶18.1 万吨（362.3 万担）。新增国家局烟叶基地单元7 个，截至年底，国家局烟叶基地单元累计达到23 个，其中特色优质烟叶基地单元11 个。稳步扩增散烟收购和订单生产试点规模，分别达到5.96 万吨（119.18 万担）、1.49 万吨（29.8 万担）。

坚持“应招尽招、真招实招”，开展两年到期烟用材料和国产烟机零配件公开招标，2013 年节约烟用材料采购费用约361 万元，2112 种备品备件采购单价平均下降约1%，香精香料采购单价平均下降约1.69%。严格落实供应商资质审核和供货质量评价考核，加强供应商管理，强化辅材供应质量安全。

【技术创新】 加快推进创建优秀省级工业公司技术研发中心活动，创优32 项指标有28 项达到国家局创优标准，达标率为87.5%；与南通大学合作，构建“特种滤棒实验室”产学研创新平台。加大科研项目研究力度，围绕减害降焦、增香保润、均质加工、再造烟叶生产应用等关键技术，开展18 项国家局重大专项、重点项目和面上项目，承担和参与16 项行业标准项目，实施77 项公司科研项目，涌现出一批科研成果。公司全年获得发明专利授权17 项，实用新型专利授权84 项，外观设计专利授权5 项，截至年底，公司有效专利累计达240 项。2013 年，先后在第20 届卷烟烟气分析亚洲合作研究会议和CORESTA 会议宣读论文2 篇，中文核心期刊发表论文25 篇。截至年底，公司卷烟焦油加权平均值为10.57 毫克/支，同比降低0.4 毫克/支。加强产品质量安全管理，推进质检机构建设，持续完善质量安全标准体系，在严格监测烟用材料质量安全和卷烟烟气7 项指标的基础上，强化烟叶原料和卷烟产品农残监测。

【管理创新】 坚持向管理要效益。以效率、能耗和费用指标为重点，拉升指标标杆，健全公司和直属企业两级对标体系，完善对标数据中心功能，在更高层次推动对标工作。2013 年，在全国烟草行业公布的34 项对标指标中，公司有29 项优于行业平均水平，5 项位列行业第一名，16 项位列行业前三名。对照一流体系建设目标，持续改进，废改立各类文件505 个，梳理并落实管理提案46 个，全面启动精益管理，8 月，公司“三标一体”通过第三方认证审核。遵循“小、实、活、新”的原则，取得49 项QC 活动成果，其中2 项QC 成果在全国烟草行业第24 届优秀质量管理小组成果发布会上分别获得一等奖、二等奖，三家卷烟厂均获得2013 年江苏省QC 成果发布特等奖，2 个和5 个班组分别获得2013 年全国和江苏省“质量信得过班组”称号，4 个QC 小组获得“国优”称号。持续深化优秀卷烟工厂创建工作，三家卷烟厂均达到达标级优秀卷烟工厂标准。

深化严格规范管理。贯彻《烟草行业采购管理规定》，突出“应招尽招、真招实招”，健全组织机构，单设整顿规范管理办公室，成立采购管理办公室。调整优化“两项工作”信息平台，推动办事公开民主管理与采购事项深度融合。2013 年，公司公开招标比例中，工程类为98.5%，物资类为87.7%，服务类为75%。严格投资项目管理，印发《投资项目工程变更管理办法（试行）》，建立在建项目“周报告”“月例会”制度，定期调度分析，控制工程投资。探索定额预算管理，强化预算控制，重点费用明显下降。

【人事政工】 完善干部人事制度体系，印发《公司员工岗位调动管理办法》《公司员工继续教育学历管理规定》等一系列制度。加强员工教育培训和技能鉴定工作，全年共组织培训项目530 项，培训2.5 万人次；组织266 人参加技能鉴定，201 人通过鉴定，新增高级工 60 人、技师 16 人、高级技师 5 人。2013 年江苏省烟草工业系统有 49 人获得工程、经济、会计、政工等系列中级专业技术资格，5 人获得高级专业技术资格。

学习贯彻党的十八大精神，开展第一批党的群众路线教育实践活动和“改进作风年”活动，与“三标一体”体系建设、“三重一大”集体决策制度、惩防体系建设相结合，扎实推进廉政风险防控。成立公司团委，开展公司机关争创“青年标兵”“读书月”“我为管理创新献一计”“我们在你身边关爱农民工子弟”等活动，加强青年职工队伍建设。以“奋发十年”为主题开展系列活动，总结公司成立十年来的发展历程和经验，弘扬“志存高远、和谐奋进”的企业精神。

【特事要辑】 6 月 21—22 日，国家局局长凌成兴到江苏烟草调研指导工作①，副局长何泽华一同调研。

8 月 6 日，国家局副局长李克明到第一批党的群众路线教育实践活动联系点江苏中烟调研指导活动开展。

9 月 17 日，江苏中烟召开公司成立十周年纪念大会，回顾十年来的发展历程，总结十年来的发展经验，明确今后一个时期的发展方向。

所属生产厂

江苏中烟工业有限责任公司南京卷烟厂

【概　况】 江苏中烟工业有限责任公司南京卷烟厂最初为成立于 1948 年的振业卷烟厂。1964 年，更名为国营南京卷烟厂。2006 年，取消南京卷烟厂法人资格，更名为江苏中烟工业公司南京卷烟厂。2009 年，更名为江苏中烟工业有限责任公司南京卷烟厂。厂区占地面积 47.2 万平方米，拥有 1 条 6000 千克/小时制丝生产主线，1 条 3000 千克/小时制丝生产辅助线，1 条 1500 千克/小时梗丝生产线，1 条 200 千克/小时辊压法薄片生产线；有卷接包设备 23 台（套），其中 16000 支/分钟 GD 高速卷接包机组 3 台（套），6000 支/分钟 PROTOS 细支卷接包机组 2 台（套）；年卷烟生产能力 400 亿支（80 万箱）。有从业人员 1335 人。

【卷烟生产】 2013 年，主要生产的卷烟品牌为“南京”“苏烟”。全年生产卷烟（不含出口）343.55 亿支（68.71 万箱），其中，生产一类烟 81.25 亿支（16.25 万箱），二类烟 23.4 亿支（4.68 万箱），三类烟 238.9 亿支（47.78 万箱）。生产出口卷烟 0.4 亿支（0.08 万箱）。生产“南京”（含出口）343.7 亿支（68.74 万箱）、“苏烟”（含出口）0.27 亿支（0.054 万箱）。

【特色创新工作】 卷烟厂坚持以“以人为本、创新驱动、拉升标杆、管理增效”为发展主线，搭建一个平台，强化两大工程，完善三个体系（即搭建“改进与创新平台”，强化“人才培养工程、改进与创新管理”，完善创优“工作体系、成果体系、考核体系”）。深化精益六西格玛、TnPM 管理，开展以产品质量为导向的设备维保和卷烟工厂标准化建设专项工作，持续深化“优秀卷烟工厂”创建工作。创优水平提升，2013 年 13 项创优指标全部达标；19 项经济技术评价指标得分 90 分，同比提高 3 分。

江苏中烟工业有限责任公司徐州卷烟厂

【概　况】 江苏中烟工业有限责任公司徐州卷烟厂最初为成立于 1939 年 9 月的陇海烟厂。1956 年 2 月，更名为地方国营徐州卷烟厂。2006 年，取消徐州卷烟厂法人资格，更名为江苏中烟工业公司徐州卷烟厂。2009 年，更名为江苏中烟工业有限责任公司徐州卷烟厂。厂区占地面积 30.47 万平方米，拥有 2 条 4800 千克/小时叶丝生产线，1 条 1500 千克/小时梗丝生产线，1 条 1050 千克/小时 ESS 梗丝生产线，2 条 400 千克/小时辊压法薄片生产线；1 条 1140 千克/小时二氧化碳膨胀烟丝生产线；有卷接包设备 21 台（套），其中 12000 支/分钟的 M5 高速卷接包机组 7 台（套），12000 支/分钟的 FXS 高速软包包装机组 1 台（套），12000 支/分钟的 GDX6S 高速软包包装机组 4 台（套），14000 支/分钟的 FX 高速硬盒包装机组 2 台（套）；年卷烟生产能力 500 亿支（100 万箱）。共有从业人员 1560 人。

2013 年，江苏中烟工业有限责任公司徐州卷烟厂被中华全国总工会授予“全国五一劳动奖状”。

【卷烟生产】 2013 年，主要生产的卷烟品牌为“苏烟”“南京”“红杉树”“大丰收”。全年生产卷烟（不含出口）341.45 亿支（68.29 万箱），其中，生产一类烟 293.15 亿支（58.63 万箱）、二类烟 11.6 亿支（2.32 万箱）、三类烟 9.3 亿支（1.86 万箱）、四类烟 20.85 亿支（4.17 万箱）、五类烟 6.55 亿支（1.31 万箱）。生产出口卷烟 0.9 亿支（0.18 万箱）。生产“苏烟”（含出口）293.85 亿支（58.77 万箱）、“南京”20.85 亿支（4.17 万箱）、“红杉树”23.3 亿支（4.66 万箱）。

特色创新工作。以指标管理为立足点、科技创新为突破点、基层活力为着力点，进一步细化对标创优指标，建立“静态对标创优财务指标智能分析舱”，实施“跑冒滴漏”点硬性指标考核制，强化指标管理。出台《创新项目管理办法》，建立“课题摘牌制”等制度，深化创新驱动。设立厂长信箱，开辟“员工心声”信息平台，建立“厂长—员工零障碍直通车”，激发员工工作热情和活力。2013 年创优 13 项达标指标中有 11 项达标，19 项经济技术评价指标得分 84 分，同比提高 9 分。

江苏中烟工业有限责任公司淮阴卷烟厂

【概　况】 江苏中烟工业有限责任公司淮阴卷烟厂最初是成立于 1945 年的华新烟草公司。1949 年，更名为华新烟

---

① 凌成兴局长指示精神详见江苏省烟草专卖局（公司）特事要辑。

厂。1963年，更名为淮阴卷烟厂。2006年取消淮阴卷烟厂法人资格，更名为江苏中烟工业公司淮阴卷烟厂。2009年更名为江苏中烟工业有限责任公司淮阴卷烟厂。厂区占地面积54万平方米，拥有4800千克/小时叶片处理线2条，2000千克/小时梗丝处理线1条，570千克/小时二氧化碳膨胀烟丝生产线1条，150千克/小时辊压法薄片生产线2条；有卷接包设备19台（套），其中16000支/分钟的PROTOS高速卷接包机组1台（套），20000支/分钟的PROTOS高速卷接包机组3台（套）；年卷烟生产能力400亿支（80万箱）。有从业人员1494人。

2013年，江苏中烟工业有限责任公司淮阴卷烟厂被中央纪委、中组部、国资委、监察部、中华全国总工会、全国工商联等五部委联合授予"全国厂务公开民主管理示范单位"称号；被中华全国总工会、中国科技协会、全国妇联、质量协会等四部委联合授予"中国质量管理小组活动优秀企业"称号；被中国质量协会授予"2013年度全国质量管理小组活动优秀企业"称号。

【卷烟生产】 2013年，主要生产卷烟品牌为"南京""一品梅""华西村""大丰收"。全年生产卷烟335亿支（67万箱），其中，生产一类烟3.2亿支（0.64万箱）、二类烟71.75亿支（14.35万箱）、三类烟151亿支（30.2万箱）、四类烟90.35亿支（18.07万箱）、五类烟18.7亿支（3.74万箱）。生产"南京"293.25亿支（58.65万箱）、"一品梅"22.95亿支（4.59万箱）。

【特色创新工作】 开展生产一线岗位达标、专业达标工作，推行4M、4S设备保养方法，建立标准化现场管理平台。修改《创新管理办法》，优化成果评审程序，强化创新活力。建立卷烟生产过程质量缺陷风险防控体系，自主开发质量缺陷信息平台，实现卷烟生产过程质量缺陷实时动态管理。创建"员工信息平台"，设立"阳光网络室"，出台"关键岗位人员管理办法"，完善"处室职能人员考评办法"，拓宽员工诉求渠道，调动干部职工工作积极性。2013年创优13项达标指标中有11项达标，19项经济技术评价指标得分89分，同比提高4分。

（撰稿：王宏武；编辑：周　佳）

浙江中烟工业有限责任公司

【概　况】 浙江中烟工业有限责任公司最初为浙江烟草工商分开于2003年7月成立的浙江中烟工业公司。2007年11月，浙江中烟工业公司改制更名为浙江中烟工业有限责任公司。公司下辖杭州、宁波2个卷烟厂，参股甘肃烟草工业有限责任公司和环球烟草有限责任公司。2013年，公司本部下设16个部门。截至2013年底，公司拥有总资产344.96亿元，其中，固定资产47.86亿元、流动资产242.11亿元，资产负债率为17.62%。共有从业人员3663人，其中在岗员工3658人。

2013年，浙江中烟认真贯彻落实党的十八大精神，紧紧围绕"坚定信念，坚持方向，眼睛向内，争取主动"的总体工作方针，坚持以"十二五"两步发展规划目标为引领，在"立足三大市场，突出发展'利群'，提高运行质量，增强技术实力，加强物资采购，推进技改项目，提升基础管理，强化内管监督，加强队伍建设，发挥文化引领"等10个方面取得重要进展。

2013年9月，浙江中烟在中国企业联合会、中国企业家协会公布的"2013中国企业500强名单"中，名列第208位，同比上升14位；居"2013中国制造业企业500强"第96位，同比上升16位。

【领导机构】

董事会
董事长：卢瑞刚
董　事：刘建设　孟伟刚　许明忠　李晓兵　舒　明　韩春宁
监　事：潘志刚
班子成员
总经理、党组书记：刘建设
巡视员：孟伟刚（2013.2—，之前任副总经理、党组成员）（国烟人〔2013〕62号）
副总经理、党组成员：许明忠
副总经理、党组成员：杨柳军
纪检组长、党组成员：潘志刚
副总经理、党组成员：娄晓平
副总经理、党组成员：张思荣（2013.2—）（国烟人〔2013〕62号、国烟党〔2013〕12号）
副巡视员：徐芳权（—2013.6）（国烟党〔2013〕52号）
副巡视员：刘亚平
总经理助理：储国海

【卷烟生产经营】 2013年，生产卷烟（含合作生产回购、不含出口烟）1416.84亿支（283.37万箱），同比增长9.82%，其中，生产一类烟374.64亿支（74.93万箱），同比增长14.10%；二类烟644亿支（128.8万箱），同比增长12.54%；三类烟45.65亿支（9.13万箱），同比增长23.88%；四类烟253.6亿支（50.72万箱），同比下降3.40%；五类烟98.9亿支（19.78万箱），同比增长9.65%。

自产卷烟870亿支（174万箱），同比增长1.75%。合作生产卷烟546.85亿支（109.37万箱），同比增长25.65%。生产出口卷烟53.45亿支（10.69万箱），同比增长15.94%。实现工业销售1404.7亿支（280.94万箱），同比增长9.48%；实现境外销售卷烟69.33亿支（13.87万箱），同比增长25.29%。

2013年实现销售收入600.19亿元，同比增长17.06%。实现税利330.20亿元，同比增长8.46%，其中利润41.04亿元，同比增长17.51%。三项费用率为7.41%。

2013 年万支卷烟综合能耗为2.87 千克标煤，万元产值综合能耗为7.01 千克标煤。烟叶、滤棒、盘纸平均消耗分别为6.49 千克/万支、2103 支/万支、596 米/万支。水、电平均消耗分别为0.06 吨/万支、8.78 千瓦时/万支。

【主要产品】 2013 年生产的主要卷烟品牌为“利群”“大红鹰”“雄狮”三大系列，以及总公司共享品牌“大丰收”。在产规格共有27 个。在国际市场销售的在产品牌有“摩登”“利群”。

“利群”系列共有19 个规格，全部为烤烟型，其中一类烟13 个、二类烟6 个。全年生产“利群”1018.65 亿支(203.73 万箱)，同比增长13.12%，其中自产610.25 亿支(122.05 万箱)，同比增长1.67%；合作生产408.4 亿支(81.68 万箱)，同比增长36%。全年实现工业销售1026.65 亿支（205.33 万箱），同比增长16.09%，其中省内实现销售375.35 亿支（75.07 万箱），同比增长6.68%。境外实现销售7.51 亿支（1.50 万箱），同比增长25.08%。

2013 年，“利群”品牌继续保持稳健发展，规模与效益双双实现年初制订的突破“200 万箱、800 亿元”目标，分别达到1018.05 亿支（203.61 万箱）、809.39 亿元。结构短板进一步改善，一类、高端［即含税调拨价171 元/条，其统一批发价为247.8 元/条（含）价位的“利群”卷烟］、高价［即含税调拨价414 元/条，其统一批发价为600 元/条（含）以上价位的“利群”卷烟］、双低（低害低焦）“利群”分别实现商业批发销售372.3 亿支（74.46 万箱）、104.9 亿支（20.98 万箱）、4.9 亿支（0.98 万箱）和60.9 亿支（12.18 万箱），同比分别增长16.75%、31.37%、130.31%和19.43%，呈现出结构越高增速越快的特点。“利群”单箱销售收入同比增加528 元，达到3.98 万元。省际市场拓展持续发力，省际比重、市场覆盖率、终端上柜率持续提升，市场价格均高于统一批发价，库存保持在相对较低水平。“利群”销量超过50 亿支（10 万箱）的省有3 个(山东、江西、河南)，与2012 年持平；25 亿~50 亿支（5 万~10 万箱）的省有6 个（河北、安徽、湖南、江苏、辽宁、广东)，比2012 年增加2 个。“利群”销量超15 亿支（3 万箱）地市有2 个，比2012 年增加2 个；10 亿~15 亿支（2 万~3 万箱）地市有7 个，比2012 年增加2 个；5 亿~10 亿支（1 万~2 万箱）地市有24 个，比2012 年增加4 个。

“大红鹰”系列共有两个规格，均为烤烟型、三类烟。全年生产“大红鹰”45.6 亿支（9.12 万箱），同比增长23.58%，其中自产4.6 亿支（0.92 万箱），同比增长155.56%；合作生产41 亿支（8.2 万箱），同比增长16.98%。全年实现工业销售43.5 亿支（8.7 万箱），同比下降4.4%，其中省内销售43.5 亿支（8.7 万箱），同比下降4.91%。

“雄狮”系列共有五个规格，其中，烤烟型4 个，外香型1 个；四类烟3 个，五类烟2 个。全年生产“雄狮”系列352.55 亿支（70.51 万箱），同比增长0.26%，其中自产255.1 亿支（51.02 万箱），同比增长1.31%；合作生产97.45 亿支（19.49 万箱），同比下降2.4%。全年实现工业销售334.55 亿支（66.91 万箱），同比下降4.96%，其中省内销售153.45 亿支（30.69 万箱），同比下降13.25%。

【品牌营销】 坚持以“短板补短”（即围绕“利群”品牌目标追求，针对其在一类、高端、高价和双低“四个板块”市场上基础相对薄弱的问题，采取一系列措施，稳步提升一类、高端、高价、双低产品在省际市场的销售比重，促进“利群”品牌的进一步发展）为核心，以“陈列、上柜、覆盖、动销”为工作着力点，突出调整品牌的市场状态，围绕渠道、终端、消费者三大环节，切实开展各项营销工作。

渠道营销。着力全国大市场布局，2013 年，“利群”品牌在全国33 个省（自治区、直辖市）、324 个合同主体、2493 个区县市场实现全部覆盖，“利群”省际间交易比重提升至63.7%。省外市场，浙产烟销量超过50 亿支（10 万箱）的省份有5 个，与2012 年持平，25 亿~50 亿支(5 万~10 万箱）的省份达6 个，同比增加1 个；销量超15 亿支（3 万箱）的地市2 个，同比增加1 个；10 亿~15 亿支（2 万~3 万箱）地市9 个，同比增加3 个；5 亿~10 亿支（1 万~2 万箱）地市39 个，同比增加10 个。

着力“短板补短”，推进市场布局向更深一级延伸。全面开展业务走访活动，全年省外累计拜访1648 个县、6036 次，覆盖率为68.2%，实现县级拜访全覆盖的地市数达到83 个。省内实现188 个商业市场走访全覆盖，全面建立与商业客户经理每月1 次的例会沟通机制。围绕“短板补短”，推进上柜覆盖提升。省内以“利群”阳光系列和“利群”休闲系列为重点，由“线”向“户”延伸；省外突出一类、高端、高价的主销规格，全面向县级市场延伸，实现一类“利群”的全覆盖。

终端营销。利用店堂“五大阵地”，即KT 板展示、背柜条模陈列、前柜包模陈列、海报张贴和易拉宝宣传摆放，有效进行品牌宣传，开展终端营销。全年新增KT 板制作1.75 万户，累计保有6.28 万户；新增烟模陈列30.2 万户，累计保有44.5 万户，其中省内市场烟模陈列覆盖98.5%的零售客户。利用商业公司规划建设功能终端之机，有序跟进终端营销，浙江市场跟进率100%，省外市场跟进率12.2%。根据西安2013 年全国卷烟营销网络建设现场会“一店一特色”模式，浙江中烟系统形成“五个一”的终端营销，即：一套静态形象、一套出样展示、一套视频广告、一套体验素材、一堂客户讲座。

消费者营销。以西安网建现场会为契机，围绕“一店一品牌，一品一方法”的核心思想，结合“利群”品牌文化特征和企业品牌发展战略，以乡情营销为着力点，充分利用浙商的独特资源，在西安市场探索建立乡情营销模式。“一店一品牌”综合考虑空间、时间、零售客户意愿、工业企业意愿等，将单店资源“整体打包”配置给主推品牌所在工业企业，确保一定时期内单一重点品牌可使用的营销资源价值分数和使用时间的乘积相当；“一品一方法”主要围绕三个方面：一是乡情销售，即发挥浙江籍卷烟经营户的主动推荐能力；二是乡情消费，即通过处于浙江人聚集区域的卷烟零售客户展开消费引导；三是乡情推广，即发挥浙商的影响力，提升“利群”一类、高端规格在本地消费群体中的品牌知名度及认可度。

品牌文化传播。继续深入推进“一个灵魂、三篇文章”（“一个灵魂”指坚持平和的品牌核心价值；“三篇文章”指“利群”品牌打造的三个层次，由品系文章、品质文章和品格文章组成）“利群”品牌文化宣贯，重点突出两个变化：一是宣讲素材的更新策划设计，制作面向渠道、零售与消费者更为生动的PPT版本、企业介绍视频等升级更新的宣讲材料；二是宣讲“向更深一级市场延伸”，省外向区县市场延伸，省内向大乡镇延伸。截至年底，全国市场“利群”“一个灵魂、三篇文章”宣讲累计覆盖33个省、305个合同主体、1359个区县市场，区县市场覆盖率为54.5%；省内在实现区县市场全覆盖的基础上向大乡镇延伸，累计覆盖385个乡镇，受众累计达到24.82万人次，其中商业公司5.79万人次、零售客户12.98万人次、消费者6.05万人次。

工商协同营销。根据北京市公司展开以“按订单组织货源、按需求衔接计划、按价格调整策略”为根本原则的新营销模式，与北京市公司实施深度工商协同，以“滚动预测、滚动生产、滚动供应、滚动维护、滚动服务”的“五大滚动”运行机制、计划指标保障和衔接展开按计划组织货源的协同；以“存销比全过程维护”为核心的供货快速响应机制和基于扩大需求、创造需求为目标的营销推进展开按需求衔接计划的跟进；以三大营销指数的构建和“销售关注到天，营销政策工商协同到周”的工作机制运行展开按价格调整策略的落实，于5月20日实行实物整托盘扫描入库，8月中旬实现数据全面对接和配货方案的网上生成，9月1日起实现直接上物流分拣线的即时物流。着力工商协同营销，推进营销服务水平提升，共计与176个协议单位实现工商信息对接，覆盖全国19个省。工商协同信息每月向33个省级商业公司324个合同主体单位和2175个县级公司的7046名各级领导寄送，得到客户较好的认同和评价。

境外市场拓展。2013年出口卷烟49.51亿支（9.90万箱），同比增长4.22%，其中，出口“摩登”42亿支（8.40万箱），同比增长1.2%；出口“利群”7.51亿支（1.50万箱），同比增长25.08%。委托境外企业加工生产卷烟21.12亿支（4.22万箱），其中，阿联酋项目生产18.96亿支（3.79万箱），巴拿马项目生产2.16亿支（0.43万箱）。

【原辅材料保障】 原料采购。2013烟叶年度采购烟叶总量为19.39万吨（387.7万担）（按原烟口径，片烟按65%折合原烟），同比增长18.23%，其中，国内烤烟15.81万吨（316.22万担），晾晒烟0.31万吨（6.26万担）；工业调剂片烟0.89万吨（17.84万担）；进口片烟1.23万吨（24.52万担），同比增长51.85%。截至2013年6月底，公司库存烤烟片烟21.41万吨（428.15万担），同比增长20.28%，其中国内烤烟19.77万吨（395.29万担），进口烤烟1.64万吨（32.86万担）。

提高“利群”原料保障水平，制订明确的采购等级结构目标，并首次对C1C2量进行考核，六大“利群”原料重点产区采购集中度稳定并呈提升趋势。采购“利群”可用等级12.65万吨（253.06万担），可用等级比例80.0%，同比增长11.3%；总体“利群”使用意向适配率为66.65%，同比增长7.65%。截至2013年6月底，“利群”烟叶库存11.65万吨（232.96万担），同比增加2.8万吨（56万担），增幅31.65%；“利群”动态保障月份为20.01个月，同比增加1.35个月。

仓储管理。不断完善单元养护模式，将烟叶出入库业务、数量保管、质量养护、安全管理、批次项目、现场管理等各项工作融为一体，纵向开展烟叶仓储的单元化管理，进一步完善烟叶养护的相关设备使用制度，真正实现仓储管理模式由“数量保管型”向“质量养护型”转变。

烟叶基地单元建设。截至2013年6月，公司与烟草商业企业合作，建成基地单元49个，范围覆盖全国10个省级“利群”产区的30个市（州）、44个县，烟叶产量总体规模达到11.83万吨（236.52万担），其中，国家局基地单元33个，产能8.06万吨（161.12万担），自建基地单元16个，产能3.82万吨（76.40万担）。2013年，公司新增现代烟草农业基地单元6个，新增产能1.45万吨（29.02万担）；新增特色优质烟叶开发基地单元2个，产能增加0.5万吨（10万担）。

烟用物资供应商管理。推行采购物资的同质化管控，对招标后不同供应商提供的同一规格材料的主要原材料、核心工艺标准进行统一，定期开展外观和型式质量同质化对标比对，并对使用质量进行比较改进，提升使用品质。同时，延伸至合作生产自行采购材料的质量管控，制订、发布的《合作生产烟用材料及供应商管理》中关于输入企业推荐供方准入运行机制及管理要求开始执行。

【技术创新】 新品研发。实施“利群（环球阳光）”“利群（金色阳光）”“利群（软金色阳光）”三个新产品的开发设计和“利群（神州）”“利群（软5mg）”的包装改造工作，完成“利群（长嘴秘鲁）”“利群（长嘴智利）”等15个产品共60次的包装设计更改任务。

创新工作。全年申报各类科技项目75项，有45个项目获得立项，其中“托盘全生命周期管理系统关键技术的研究与应用”和“主流烟气中致气道损伤的有害物探索及其作用机制研究”两个项目获浙江省重大专项立项，“‘利群’品牌低焦油卷烟叶组配方保香调味关键技术研究与应用”项目获总公司面上立项。2013年，公司获得科技成果42个，其中省部级成果4个。

基础研究。通过增加或增大使用造纸法薄片、调整烟叶部位的使用、调整烟叶产区的使用等综合降焦手段，在稳定产品配方结构并适度提升产品品质前提下，开展8个规格的叶组降焦产品贡献度研究。开展对沟槽滤棒丝束、纤维素纸选型、滤棒结构设计和为改善吸味进行卷烟纸更改设计等降焦技术储备研究，完成“利群（休闲）”等五个主要降焦规格的烟支设计。加强减害降焦重大专项研究，初步探索出可选择性降低卷烟主流烟气中苯酚及氰化氢的减害材料，通过一系列减害降焦技术的研究储备，进一步为降焦改版切换及无添加双低产品研发打下基础。

推进实施原烟品质和配方结构标准化，扩充“利群”原料适用范围和等级。摸索建立“模块动态”配方维护技术体系，力求在1000亿支（200万箱）以上规模情况下，解决某产区原料库存的暂时性短板，提高配方维护的精细化水平。推进实施“标准化原烟配方”工作，优化现有“以高拉低、以低补量、以上冲中”的原烟配方设计模式，进一步提高“利群”可用片烟比重。在稳定叶组配方品质及风格的基础上，新扩充2个国内产区、2个进口国别“利群”原料的使用范围。推进进口烟叶定向等级制作，在加拿大、巴西和赞比亚制作定向等级8个，挖掘“利群”品牌定向可用片烟原料0.5万吨。开展提高掺配物料的配方适用性研究，完成造纸法薄片原料烟梗、碎片、卷烟烟末的分类、分组研究，初步开发出与“利群”产品配方品质更加适用的2个新规格薄片配方。

知识产权工作。2013年申请专利246件，同比增长108.47%，其中发明专利108件。获授权专利133件，其中发明专利23件。截至年底，公司累计申请专利561件，其中，发明专利218件；授权专利320件，其中发明专利52件。2013年获得著作权39项，累计获得著作权71项。

技术中心建设。3月，启动国家级技术中心建设和认定工作，完成认定的前期调研，形成初步方案。初步完成联合实验室建设整体方案，确定运行框架和管理机制。

【多元化经营】 5月，宁波大红鹰教育集团100%股权投资主体变更为宁波开发投资集团有限公司，并完成相关手续。宁波大红鹰包装材料公司100%股权以挂牌价1200万元转让给奉化腾头集团有限公司，于7月底完成相关转让手续。经过近3年对宁波大红鹰多元化投资的清理整合，宁波大红鹰投资有限公司整体资产的并账上报工作于8月底完成，10月底正式纳入浙江中烟国有资产财务管理范围。截至2013年底，由浙江中烟监管的20家多元化企业中有15家实现赢利，共实现投资收益1535万元。

【企业管理】 成本控制。公司发布、实施《进一步加强成本费用控制的实施方案》，新增职能部门评估控制环节，更好地规范、完善各项管理流程，明确新的工作机制和工作环节，从而提升成本费用的控制力度和实际效果。

预算定额标准体系建设。公司预算定额标准体系建设项目于2012年底启动，2013年完成框架搭建和指标制定工作。经过确定指标层级和颗粒度，针对不同业务环节、指标类型编制相应的工作模板；通过开展指标范围、定义的确认，历史数据的收集，指标数值的测算，定额指标的制定等大量基础性工作，基本建立预算定额标准体系，梳理出涉及销售、研发、采购、生产、物流、重点费用、人力成本七个环节的92类、1817个定额指标，提高全面预算的前瞻性、有效性和预算编制的合理性、准确性。

【境外实体化运作】 12月1日，环球烟草有限责任公司举行开业典礼。环球烟草有限责任公司总投资500万美元，由浙江中烟与阿联酋瓦达尼亚公司合作，其中，浙江中烟占股40%（两套设备200万美元），年设计生产能力60亿支。公司占地面积1万平方米，有员工140余人。

按照国家局项目批复要求，2013年6月，浙江中烟与瓦达尼亚公司在阿联酋富查伊拉合资设立环球烟草有限责任公司签约仪式在浙江中烟举行。环球烟草的成立与发展，目标在于以瓦达尼亚为基础，由浙江中烟牵头，行业兄弟单位参与，共同投资做好环球烟草二期易地技改工作，利用富查伊拉3号自由贸易区5万平方米土地进行新厂房建设，引进浙江中烟5000千克产能制丝线，使其具备较全面的生产能力、一定的装备水平和生产规模、较现代的生产组织和管理水平，打造成行业在中东地区的生产平台。

【信息化建设】 通过前期调研，在了解比较产品性能、特点的基础上，梳理、明晰项目建设目标、潜在业务需求及可能存在风险的应对措施，公司正式启动数据中心建设。该数据中心启动基于ESB实现与复烤企业监打过程数据共享研究与应用项目建设，进行系统设计、开发和上线试运行工作，实现批次管理和对复烤过程的远程监控。

【人事政工】 组织开展两轮人力资源优化配置专题调研，召开七个座谈会和两次专题研讨会，对各部门人力资源使用现状进行摸底，明确四个优势条件和存在的八个问题，并提出四个方面16条具体措施。调整制订《企业“十二五”人力资源二步规划》，制定《首席专家制岗位设置与考核聘任试行办法》，对首席专家实行考核聘任，待遇与成效挂钩，形成“能上能下”的首席专家机制，并在技术中心专业技术类岗位开展试点。

2013年，浙江中烟鉴定站先后开展四个批次的职业技能鉴定，组织举办“利群杯”第二届卷烟商品营销职业技能竞赛，有340名营销人员报名参加培训选拔，经过三轮考核和决赛，有6名选手获得“省级烟草技术能手”称号，通过竞赛选拔出的前两名选手获得“全国烟草技术能手”称号。

【企业文化】 围绕浙江中烟价值文化、人格文化、发展文化、管理文化和用人文化（简称“五个文化”）建设，按照“全员参与、持续推进、落地生根”的工作要求，坚持把企业文化建设融入企业发展中。制定“五个文化”三年工作规划和2013年企业文化建设计划，编制“五个文化”理念体系手册。

【特事要辑】 5月13日，2013年“利群”阳光助学行动启动。活动在原有16个省的基础上，增加重庆市，共计17个省（市），活动主题是“让爱传递，温暖同行”。这是浙江中烟开展利群阳光助学行动的第13年，累计资助1.39万名学生。

6月20—21日，国家局局长凌成兴、副局长何泽华一行到浙江中烟调研，考察杭州卷烟厂技改工作。凌成兴指出，浙江中烟突出表现为三个“异军突起”，即“利群”品牌异军突起、烟厂技改异军突起、税利增幅异军突起。国家局要大力支持浙江中烟实现“利群”单品牌市值1300亿元的目标。浙江中烟要在品牌的培育上当好领头羊，力争用两到三年的努力，跨入单品牌销售收入的前三名。

6月21日，浙江中烟和阿联酋瓦达尼亚公司签订合资协议；12月1日，双方共同投资的环球烟草有限责任公司举行开业典礼。

9月17日，2013年中国宁波三江情·雪窦缘“大红鹰”玫瑰婚典在宁波奉化启动。10月6日，2013年中国国际西湖情“大红鹰”玫瑰婚典在杭州启动。

所属生产厂

浙江中烟工业有限责任公司杭州卷烟厂

【概　况】 浙江中烟工业有限责任公司杭州卷烟厂最初为成立于1949年10月的利群烟厂。1964年更名为杭州卷烟厂。2006年9月，浙江烟草工业联合重组，杭州卷烟厂取消法人资格，更名为浙江中烟工业公司杭州制造部。2007年10月，更名为浙江中烟工业有限责任公司杭州制造部。2011年1月，改名为浙江中烟工业有限责任公司杭州卷烟厂，同年10月，工厂经过易地技术改造，搬迁至新厂区。卷烟厂占地70万平方米，拥有HAUNI12000千克/小时制丝生产线1条，GD－PROTOS连接机组29台（套），自动装封箱机12组，码垛机2台，KDF2滤棒成型机9组，KDF4滤棒成型机3组，ZL27滤棒成型机1组，滤棒发送机9套，年卷烟生产能力为500亿支（100万箱）。截至2013年底，有从业人员1364人。

【卷烟生产】 2013年，卷烟厂主要生产的卷烟品牌有“利群”“雄狮”。全年生产卷烟541.98亿支（108.40万箱），其中，生产一类烟235.25亿支（47.05万箱）、二类烟133.64亿支（26.73万箱）、四类烟114.72亿支（22.94万箱）、五类烟58.35亿支（11.67万箱）。全年生产“利群”系列369.78亿支（73.96万箱），“雄狮”系列173.08亿支（34.62万箱）。

【技术创新】 围绕卷烟厂中心工作开展技术创新，实施质量改进项目的专业评审制、科技项目的专家评审制。围绕工厂的重点难点工作，建立六西格玛项目库，明确改进方向。全年有八个项目获得省部级以上科技创新成果奖，其中“以打造一流卷烟制造基地为目标的卷烟生产数字化管理”项目获得全国企业管理现代化创新成果二等奖。启动1项行业标准起草工作。

【“十一五”易地技改】 卷烟厂“十一五”易地技改一期项目，在前期先后完成所有单体质检验收、设备验收和卫生防疫、环保、节能、交通、办公楼人防质检等单项验收及工程结算审计和财务竣工决算审计后，于12月向国家局报送项目总体验收所需的全部材料。一期项目中的“动力中心及厂区总体工程机电安装工程”获得中国安装工程优质奖，“信息智能化项目”获得浙江省创优智能化工程质量金奖，“联合工房项目”获得浙江省优秀安装质量奖。“十一五”易地技改二期辅助生产工房项目于9月底开工，截至年底，完成±00线以下工程。

浙江中烟工业有限责任公司宁波卷烟厂

【概　况】 浙江中烟工业有限责任公司宁波卷烟厂最初为成立于1925年的宁波卷烟厂。1955年，成立公私合营联工烟厂。1964年，全国组建烟草托拉斯后改名为国营宁波卷烟厂。2006年，取消宁波卷烟厂法人资格，更名为浙江中烟工业公司宁波制造部。2007年，更名为浙江中烟工业有限责任公司宁波制造部。2011年1月，更名为浙江中烟工业有限责任公司宁波卷烟厂。卷烟厂占地9.83万平方米，拥有2条6000千克/小时和5000千克/小时的片叶线，2条5000千克/小时和4800千克/小时的烘丝线，1条1500千克/小时的梗丝线，1条1140千克/小时的膨胀烟丝线，15台（套）PROTOS－GDX2连接机组，4台（套）PROTOS－GDX1连接机组，8套KDF1成型机和1套KDF2成型机，年卷烟生产能力为300亿支（60万箱）。截至2013年底，有在岗员工1104人。

8月，浙江中烟工业有限责任公司宁波卷烟厂工会被中华全国总工会授予“全国模范职工之家”称号。

【卷烟生产】 2013年，生产的主要卷烟品牌有“利群”“大红鹰”“摩登”等。全年生产卷烟328.02亿支（65.60万箱），其中，生产一类烟114.4亿支（22.88万箱）、二类烟126.96亿支（25.39万箱）、三类烟4.6亿支（0.92万箱）、四类烟41.47亿支（8.29万箱）、五类烟40.55亿支（8.11万箱）。

【“十二五”易地技改项目建设】 3月，国家局下发《关于浙江中烟工业有限责任公司宁波卷烟厂“十二五”易地技术改造项目初步设计的批复》（国烟计〔2013〕114号），批复同意宁波卷烟厂“十二五”易地技术改造项目初步设计方案。6月29日，项目开工仪式在奉化经济开发区技改现场举行，施工单位启动打桩机开始打桩，标志着宁波卷烟厂“十二五”易地技改正式进入实质性的施工阶段。12月，“十二五”易地技改项目联合工房土建总包开工。

（撰稿：孙　琦；编辑：周　佳）

安徽中烟工业有限责任公司

【概　况】 安徽中烟工业有限责任公司最初为安徽烟草工商分设后于2003年4月成立的安徽中烟工业公司。2010年，经国家局、总公司批复同意，更名改制为安徽中烟工业有限责任公司。2011年6月15日，安徽中烟工业有限责任公司成立董事会。同年6月27日，正式挂牌成立。下辖5家不具有法人资格的卷烟生产厂，以及安徽中烟再造烟叶科技有限责任公司1家全资子公司，中烟国际欧洲有限公司①1家控股公司和华环国际烟草有限公司②、双维伊士曼纤维有限公司等2家参股公司。公司本部下设18个职能部门（含技术中心）和1个营销中心、1个物流中心，其中采购管理办公室、离退休人员管理办公室（暂与人力资源部合署办公）为2013年新成立部门。截至2013年底，公司拥有总资产248.06亿元，其中，固定资产51.00亿元、流动资产178.76亿元，资产负债率为30.49%。有在岗员工6624人。

2013年，公司以深入开展党的群众路线教育实践活动为契机，正作风，聚能量，促创业，筑梦想，内强品质，外拓市场，举办“焦甜香”品类技术论证会、项目鉴定会和品类研讨会，进一步巩固“焦甜香”作为行业主流香型品类的地位。大力开展“品质建设年”活动，深入开展“优秀卷烟工厂”创建活动，五家卷烟厂全部达到创优要求。“黄山”品牌全面跻身行业“532”“461”知名品牌的目标初步实现，一、二类烟生产和销售都实现逆势增长。

【领导机构】

董事会

董事长：汪世贵

董　事：朱建华　卢安宁　赵　辉　马伶燕　朱湘海　朱化凤（职工董事）

监　事：张会廷

班子成员

总经理、党组书记：朱建华

副总经理、党组成员：卢安宁

副总经理、党组成员：赵　辉

纪检组长、党组成员、工会主席：张会廷

副总经理、党组成员：周恩海

副总经理、党组成员：张　力

总会计师：吴信芳

副巡视员：杜　进

副巡视员：姜亚维

【卷烟生产经营】 2013年，公司生产卷烟（不含合作生产和出口烟）1267.95亿支（253.59万箱），同比增长1.95%，其中，生产一类烟87.85亿支（17.57万箱），同比增长44.02%；二类烟170.15亿支（34.03万箱），同比增长15.87%；三类烟391.15亿支（78.23万箱），同比下降4.02%；四类烟511.3亿支（102.26万箱），同比增长3.8%；五类烟107.5亿支（21.5万箱），同比下降19.47%。合作生产上海烟草集团的品牌卷烟“红双喜”40亿支（8万箱）。生产出口卷烟5.35亿支（1.07万箱）。

2013年实现销售（不含合作生产及雪茄烟）1254.42亿支（250.88万箱），其中，一类烟85.81亿支（17.16万箱）、二类烟170.93亿支（34.19万箱）、三类烟384.76亿支（76.95万箱）、四类烟503.35亿支（100.67万箱）、五类烟109.57亿支（21.91万箱）。

2013年实现卷烟销售收入（含合作生产和出口烟）360.55亿元，同比增长9.82%。实现税利230.43亿元，同比增长9.49%，其中利润34.56亿元，同比增长2.89%。三项费用率为7.92%。

2013年万支卷烟综合能耗为3.04千克标煤，万元产值综合能耗为12.25千克标煤。烟叶、滤棒、盘纸平均消耗分别为6.74千克/万支、2518支/万支、594米/万支。水、电平均消耗分别为0.09吨/万支、8.75千瓦时/万支。

【主要产品】 2013年，公司生产的烤烟型卷烟品牌有“黄山”“红三环”“盛唐”，生产的混合型卷烟品牌有“都宝”，生产的雪茄品牌有“王冠”“黄山松”“味美思”。

2013年，生产“黄山”1145.15亿支（229.03万箱），同比增长5.63%；实现销售1111.65亿支（222.33万箱），同比增长4.93%，其中省内实现销售572.1亿支（114.42万箱），省外实现销售539.55亿支（107.91万箱）。生产“都宝”（不含出口）39.80亿支（7.96万箱），实现销售40.05亿支（8.01万箱）。生产雪茄烟1.43亿支，其中“王冠”雪茄生产1.36亿支；雪茄实现销售1.31亿支。

2013年，安徽中烟境外市场拓展延续较快增长势头，对外合作项目开展顺利，全年境外市场共实现销售30.05亿支（6.01万箱），同比增长88.62%，其中“都宝”系列产品销量为28.85亿支（5.77万箱），同比增长110.46%。

【品牌建设】 品牌发展思路及实施措施。始终遵循“黄山”品牌在扩大规模的同时着力提升结构，力促“黄山”品牌全面跻身行业“532”“461”知名品牌的基本发展思路。以奋力实现跨越发展的“黄山梦”为目标，以规范经营行为为前提，以营销创新为手段，推进品牌培育、结构提升、市场优化、管理提升和队伍建设工作，全力做到“四个加强，四个拓展”（即加强产品培育，拓展品牌维度；加强格局优化，拓展市场维度；加强基础工作，拓展管理维度；加强团队建设，拓展队伍维度）。

品牌培育。2013年，“黄山”品牌批发销售量与批发收入分别排名行业重点品牌第五位、第11位。“黄山（金皖）”“黄山（国宾松）”“黄山（新制皖烟）”等已有品牌持续增长，“黄山（天都）”“黄山（红方印）”等新品快速成长。“黄山（天都）”全年批发销售1111箱，“黄山（红方印）”系列产品批发销售3.1万箱。为推动“黄山”“都宝”品牌和雪茄烟共同发展，营销中心专门成立“都宝”雪茄营销部。

2013年，研制开发“都宝”新品“都宝（吉祥）”，“都宝（吉祥）”作为“都宝”吉祥系列第一包产品，也是“都宝”品牌三年来的第一款新品，是混合型卷烟中式化的代表，“都宝（吉祥）”前期选择黄山、芜湖、合肥、安庆，焦作、石家庄等6个市场上市，产品宣传主要通过DM单页、网络订货平台和宣讲方式进行。

市场建设与拓展。不断巩固和提升省内市场的根据地作

---

① 中烟国际欧洲有限公司详见《工业企业》栏目“境外卷烟生产企业”分目。

② 华环国际烟草有限公司、安徽中烟再造烟叶科技有限责任公司详见《工业企业》栏目“打叶复烤和薄片生产企业”分目。

用。省外市场坚持集聚目标、优化布局、攻坚结构，截至年底，销售达万箱地市级市场有22个，一类烟销量达到13亿支（2.6万箱），同比增长619.4%。完成“黄山”品牌样板市场实施方案制定，在北京、长春、成都等市场启动样板市场建设工作。市场基础方面，建立部分零售客户和意见领袖的客户档案，积极探索“微商圈”传播方式与效应，进一步强化终端建设工作。

品牌文化营销。坚持推进营销创新，实施“集客行动”“一桌式品鉴”等品牌推广的新模式，特别是在文化营销方面从理论到实践都进行积极探索。形成10万字的文化营销研究报告，开展百余次“文化周”活动、千余次“双走进”活动，在行业率先举起文化营销的旗帜。

【原料保障】 2013年，公司共签订国内烤烟交易计划合同11.08万吨（221.7万担）、晾晒烟交易计划合同0.37万吨（7.38万担）。

围绕“黄山”品牌“焦甜香”品类构建的原料需求，推进品牌导向型烟叶基地建设，一是优化调整烟叶基地单元布局，将基地单元逐步向具有“焦甜香”风格特色生态适宜区调整，提高优质特色基地单元烟叶采购供给比例，全年安徽中烟共开展24个烤烟国家局现代烟草农业建设及特色优质烟叶开发基地单元，国家局层面基地化率达到54.1%，超过全国平均水平8个百分点；二是做好品牌导向型基地建设，坚持闭环管理思路，不断优化流程、创新工作方法，夯实基地建设；三是继续与产区公司、科研单位开展“良区、良种、良法”配套试验与研究，推广特色优质烟叶开发GAP技术，不断提高基地建设水平。

【技术创新】 2013年，公司完成“黄山焦甜香品类构建”项目并通过国家局专家组鉴定，构建“焦甜香”专有技术体系。专家组认为，该项目设计思路新颖，研究内容系统全面，对中式卷烟品类构建具有重要参考价值。

围绕“黄山品牌第三次创业”和减害降焦的目标任务，推进“焦甜香”品类构建及“品质建设年”活动，完善健全产品质量监督管理体系。开展以“控制更精准、品质更完美、管理更有效、顾客更满意”为主题的品质建设年活动，设立原料品质保障、设计与维护品质保障、制造过程品质保障等9个专业组，从原辅料、设计等环节加强管理，以项目为抓手，开展各类管理项目181个，技术攻关项目228个；制修订管理标准和相关制度324个、技术标准287个。同时，制修订《技术类创新奖实施办法》等三个创新体系文件。

2013年，开发“黄山（喜庆红方印）”“黄山（小红方印6mg）”“黄山（中国画）”等新产品。开发麦芽、葫芦巴、款冬花、葡萄干、浆果、罗汉果等植物的精油、浸膏、酊剂等系列天然提取物香料，制备天然植物Maillard反应物和烟草Maillard反应物等系列反应型香料，并在卷烟中加以验证。国家局、省局（公司）卷烟产品质量监督市场抽查合格率均为100%，其中有6个产品在国家局抽检中获得包装与卷制满分。全年产品质量安全无事故；全年无A类质量缺陷投诉，质量投诉改进完成率100%。

参与制定CORESTA推荐方法“卷烟主流烟气中烟草特有亚硝胺的测定 液质联用法”；参与修订“卷烟主流烟气中挥发性有机物的测定 气质联用法”等多项CORESTA推荐标准方法；参与制定并发布“烟用水基胶 硼酸的测定”等9项行业标准。全年共制订发布30项公司级技术标准，废止54项公司技术标准，截至2013年底，公司有现行技术标准1239项。

【多元化经营】 5月，完成公司2012年多元化经营管理评价工作，进一步提升公司多元化投资管理工作管理水平。下发《多元化投资管理规定》，推动多元化经营企业法人治理结构进一步完善，设立滁州红三环大酒店有限责任公司董事会、监事会，及时委派人员，并召开第一届董事会第一次会议。

继续加强卷烟配套企业发展支持工作。7月，完成开展多元化及卷烟配套企业发展专题调研；组织开展卷烟配套企业对标工作，于11月完成对标工作开展方案和对标指标体系构建；推动各卷烟配套企业技术改造，截至年底，芜湖、滁州卷烟材料厂完成易地技改并搬迁，蚌埠、合肥、阜阳卷烟材料厂分别处于建设阶段、设计调研阶段和谋划阶段。

【管理创新】 重视目标过程管理，充分发挥目标导向作用。注重目标实现与各项工作的过程管理；运用信息化手段开展对标分析，实现对标工作与其他决策管理系统的一体化运行。搭建创新管理信息化平台，2013年公司在管理创新平台上注册立项的管理类创新项目共计223件，申报公司“管理类创新奖”的项目共计42件，申报公司“品质建设年优秀项目奖”的项目共计43件，其中“多点生产卷烟企业集中高效的物流服务管理”“持续提升焦甜香风格烟叶保障能力”两个项目分别获得管理类创新奖、品质建设年优秀项目奖一等奖。注重策划，推动管理活动有力开展，组织开展两次“优化机制流程，提高工作效率”大讨论活动。分别对《体系管理手册》等进行制修订，以及27个公司级管理标准（非标文件）的综合评审。组织公司管理体系接受行业交叉评价，全面实现体系改进网上流转。

【对外交流与合作】 2013年，公司与韩国烟草人参公社（KT&G）交流烟草最新技术，并探讨全球控烟形势下的烟草业发展前景。参加国家局主办的中菲法律事务交流座谈会，与菲莫公司法律专家探讨企业法律风险防范工作。

与菲莫公司合作的联合品牌项目。6月底，与菲莫公司合作的联合品牌项目DUBLISS－NEXT正式启动，首批俄罗斯市场标准包装（84mm）的3个规格，乌克兰市场全系列5个规格开始转换，即在包装转换的同时吸味相应提升；11月底，塞尔维亚市场2个规格启动转换。11月，公司项目团队赴乌克兰的哈尔科夫卷烟厂考察，双方技术团队就DUBLISS－NEXT联合品牌产品及主要竞争品牌进行对比评吸并交换意见。11月，中菲合资公司在上海组织召开DUBLISS－NEXT联合品牌研讨会。

与STG公司开展雪茄合作项目。继2011年9月与全球第一大雪茄烟公司斯堪的纳维亚烟草公司（简称STG）就雪茄技术与品牌的合作签订框架协议后，2013年4月，STG公司Eersel工厂技术总监赴蒙城与雪茄烟生产部及雪茄烟研究所有关人员进行技术交流。5月，公司相关人员赴纱布茄衣制造工厂考察。12月，STG公司资深专家到蒙城雪茄烟生产部就下一步的“合作品牌”“贴牌生产”的工艺技术标准等方面进行技术培训。

境外市场拓展。中国台湾市场巩固发展态势，产品价位逐步拉升。东南亚市场拓展工作稳步推进，其中印尼市场完成二次供货，双方完善并签订品牌共享、商标许可以及经销协议，缅甸市场合作方完成三次订货。

【人事政工】 人事与劳资。2013年公司招聘143名新员工，考核提拔处级干部14人、晋升处级以下人员55人，3039人通过岗位考核实现岗位工资晋档。2013年自办专题培训班32个，组织员工参加各类培训1万余人次；共计开展技能鉴定581人次，其中290人获证。规范劳动用工管理，重新修订发布所属卷烟厂内设机构及部门职责及公司岗位说明书。

企业文化建设。开展“黄山梦”愿景教育活动，举办七场“梦想与奋斗”大型图片巡展。组织“黄山梦 我的梦”主题征文，举办“向上勇攀登 托起黄山梦”巡讲。推进“攀登者”文化建设，编印《一品服务手册》，组织“一品服务在岗位”竞赛活动。开展“文化营销大家谈”活动，评选优秀稿件22篇。

【特事要辑】 4月2日，公司召开“黄山”品牌“新双百工程”活动动员视频大会。全面部署“黄山”品牌“新双百工程”各项工作，力争通过三年左右的时间，实现零售价100元/条“黄山”产品销量达到100万箱。

7月2—3日，“黄山”品牌“焦甜香”品类构建研究项目鉴定会暨“焦甜香”品类研讨会在合肥召开，国家局副局长李克明参加会议。他指出，“黄山”品牌“焦甜香”品类表现出良好发展态势，体现实现品牌形象、品牌特色、品牌活力“三个提升”；下一步要努力实现市场持续拓展、客户持续维护、品牌持续创新“三个持续”。

8月5日，国家局副局长何泽华到安徽中烟调研。他强调，安徽中烟要聚集、聚气、聚势，实现美丽的“黄山梦”。

9月9—10日，国家局局长凌成兴到安徽烟草调研，副局长赵洪顺一同调研。①

所属生产厂

安徽中烟工业有限责任公司蚌埠卷烟厂

【概 况】 安徽中烟工业有限责任公司蚌埠卷烟厂最初是成立于1942年的东海卷烟厂，1964年更名为蚌埠卷烟厂。2005年3月，蚌埠卷烟厂与合肥卷烟厂、滁州卷烟厂同时取消独立法人资格，成为黄山卷烟总厂下属分厂。2006年5月，安徽中烟工业公司所属黄山卷烟总厂、芜湖卷烟厂、阜阳卷烟厂取消独立法人资格，实行资产、品牌、采购、销售“四统一”，蚌埠卷烟厂更名为安徽中烟工业公司蚌埠卷烟厂。2011年6月，更名改制为安徽中烟工业有限责任公司蚌埠卷烟厂。截至2013年底，卷烟厂占地面积10万平方米，主要设备有8000千克/小时制烟丝生产线1条、570千克/小时二氧化碳膨胀烟丝生产线1条；PROTOS1－8＋GDX2、PROTOS70＋GDX2、PROTOS70＋BO等卷接包联合机组19台（套）；装封箱机5台；滤棒发送机4套，年卷烟生产能力为400亿支（80万箱）。有在岗员工1319人。

2013年，卷烟厂获得“第九届全国设备管理优秀单位”“全国五一巾帼标兵岗”，连续十年获得“全国安康杯竞赛活动优胜企业”称号。

【卷烟生产】 2013年，卷烟厂生产卷烟350.25亿支（70.05万箱），其中，生产一类烟6亿支（1.20万箱）、二类烟0.15亿支（0.03万箱）、三类烟162.5亿支（32.5万箱）、四类烟174.8亿支（34.96万箱）、五类烟6.4亿支（1.28万箱）、福样促试0.4亿支（0.08万箱）。生产的卷烟均为“黄山”系列。

【基础管理】 深入推进TnPM设备管理体系建设，查找“六源”552件，整改平均落实率93.8%，编写单点课程242篇、自主维护基准书51份、各机型技能题库1430题。实施“PROTOS70维修技术标准可视化”项目。建立设备维修经验数据库，形成维修经验数据97条。全年开展科技项目3项、管理创新项目28项、技术创新项目11项、QC课题26项、小改小革80项，以及品质建设年专题项目和若干重点工作项目等共计200余项，征集职工合理化建议640余条。申报受理发明专利等20项，授权3项。

【信息化建设】 制定《蚌烟信息化三年初步规划》，完成“一号工程”（即烟草行业卷烟生产经营决策管理系统）硬件设备、软件系统功能升级。参与“一号工程”报废码数量过大的解决，初见成效。对卷烟厂内网平台进行改版，完成一卡通会议管理模块、安全标准化管理模块、综合测试台长度仪数采模块的软件开发、部署、及试运行工作。完成醇化库、片烟高架库、零配件库、辅料库、卷接包工段数采系统的服务器搬迁及虚拟化工作。

【技术改造】 2013年，完成卷烟厂易地搬迁技改项目的选址、申报工作，11月进入国家局审批流程。第一批雪茄烟Agio引进设备于3月投入使用；第二批的6台设备于7月份投入使用；并申报第三批设备。

雪茄专用设备国产化工作取得成效，卷烟厂与淮安天驰公司、常德烟机公司共同研发的茄衣成型机在11月通过中国烟机集团公司组织的验收，填补国内空白。卷烟厂区排污、清洁等环保项目建成竣工。

安徽中烟工业有限责任公司
蚌埠卷烟厂雪茄烟生产部

【概 况】 安徽中烟工业有限责任公司蚌埠卷烟厂雪茄

① 凌成兴局长指示精神详见安徽省烟草专卖局（公司）特事要辑。

烟生产部（以下简称“生产部”）最初为蒙城雪茄烟厂。2001年10月，经国家局批准，在原厂址重新组建雪茄烟生产部，隶属蚌埠卷烟厂管理，不具有法人资格。2011年7月，更名为安徽中烟工业有限责任公司蚌埠卷烟厂雪茄烟生产部。

2008年1月，安徽中烟工业有限责任公司成立雪茄烟研发中心；同年10月，雪茄烟销售纳入到公司营销中心统一运作。2009年3月，雪茄烟生产纳入公司平台统一调度。

生产部新厂区占地面积12万平方米，拥有1500千克/小时制茄芯线1条；以及荷兰AJIO公司进口卷制设备21台（套）（年生产能力为2000万支）和国产卷制及包装设备8台（套）。有在岗员工79人。

【雪茄烟生产】 2013年，生产部生产各类雪茄烟1.43亿支，同比增长39.73%；销售各类雪茄烟1.31亿支，同比增长20.62%。实现销售收入1.01亿元，同比增长50.79%。实现税利3783.2万元，同比增长62.9%。

2013年，生产部生产的雪茄烟有三个品牌15个产品规格，其中“王冠”品牌系列13个，“味美思”系列1个，“黄山松”系列1个。产品分为全叶卷雪茄和半叶卷雪茄两大类，其中全叶卷雪茄有“王冠（铝2支）”（150mm×17.8mm）、“王冠（塑2支）”（120mm×13mm）、“王冠（10支全叶卷）”（150mm×17.8mm）、“王冠（经典铝2支）”（150mm×17.8mm），半叶卷雪茄有“王冠（塑10支）”（130mm×15.3mm）、“王冠（20支）”（88mm×9.2mm）、“王冠（原味9号）”（88mm×9.2mm）、“王冠（原味9号塑嘴）”（110mm×9.2mm）、“王冠（原味3号）”（110mm×9.2mm）、“王冠（原味3号铁盒）”（110mm×9.2mm）、“王冠（奶香5支）”（80mm×8mm）、“王冠（奶香10支）”（80mm×8mm）、“王冠（5支）”（136mm×13.0mm）、“味美思（5支）”（120mm×8mm×12mm）、“黄山松（5支）”（110mm×9.2mm）。

安徽中烟工业有限责任公司芜湖卷烟厂

【概　况】 安徽中烟工业有限责任公司芜湖卷烟厂最初为成立于1949年11月的长江烟厂，1964年1月更名为国营芜湖卷烟厂。2006年5月，芜湖卷烟厂取消法人资格，更名为安徽中烟工业公司芜湖卷烟厂，2011年7月更名改制为安徽中烟工业有限责任公司芜湖卷烟厂。卷烟厂占地面积32万平方米，拥有6000千克/小时叶丝生产线2条、2000千克/小时梗丝生产线、3000千克/小时制丝线中试生产线、1500千克/小时白肋烟线各1条，以及13组PASSIM（ZJ19）卷接机组，4组PROTOS1－8卷接机组，13组GDX2（ZB45）包装机组，5组B1包装机组和1台异型包装设备、1台异型卷接设备，年卷烟生产能力为300亿支（60万箱）。共有在岗员工1121人。

2013年，卷烟厂被中华全国总工会和国家安全生产监督管理总局授予“2013年度全国‘安康杯’竞赛活动优胜企业”称号。

【卷烟生产】 2013年，卷烟厂生产卷烟307.40亿支（61.48万箱），其中，生产一类烟12.95亿支（2.59万箱）、二类烟0.09亿支（0.02万箱）、三类烟161.8亿支（32.36万箱）、四类烟93.10亿支（18.62万箱）、五类烟39.45亿支（7.89万箱）。生产的卷烟品牌为“黄山”“都宝”。

【基础管理】 正式启动精益管理项目，以A3报告为有效工具，实施并完成八个精益管理项目课题。员工全年报送有效建议近1000条，三条合理化建议获得安徽省重大合理化建议和技术改进成果。全年完成六西格玛项目15个，管理、技术创新项目34个，QC项目28个，其中1个六西格玛项目获得“中质协质量技术奖优秀六西格玛项目”称号。深入推进精益物流管理，原料库库容利用率由90.5%提升至93.6%，该项目在省内卷烟厂得到推广，相当于新增60万担的原料库容。在卷包和制丝车间开展“成本控制即时化”试点工作，全年节约成本费用约3000万元。

【信息化建设】 完成制丝线技改弱电总包项目各子系统，制丝总控信息系统，片烟库、成品烟丝库、香料房配套信息管理系统的建设等工作。完成综合安防项目的施工，室外弱电综合管沟项目的决算审计等工作。基本完成综合防雷项目所有SPD模块的安装工作，工程完成总量约95%。

技术改造。卷烟厂制丝线技改项目按年度计划有序推进，5月底新制丝生产线一次性完成过料测试和总控联动，6月2日正式恢复生产。12月底，完成技改主体工程验收及审计结算工作。

安徽中烟工业有限责任公司合肥卷烟厂

【概　况】 安徽中烟工业有限责任公司合肥卷烟厂最初为皖北军分区后勤卷烟厂，1949年随部队迁至合肥，后更名合肥卷烟厂。2005年3月，安徽中烟工业公司首次重组，合肥卷烟厂取消独立法人资格，与蚌埠卷烟厂、滁州卷烟厂并入黄山卷烟总厂。2006年5月，更名为安徽中烟工业公司合肥卷烟厂。2011年6月，更名改制为安徽中烟工业有限责任公司合肥卷烟厂。2012年12月，合肥卷烟厂完成易地技改搬迁工作。卷烟厂占地面积约34.8万平方米，拥有3500千克/小时叶片预处理线2条，总生产能力为7000千克/小时叶丝处理线3条，10000千克/小时混丝加香线1条，1000千克/小时梗丝线1条，M5、FX2高速机组3台（套），中速卷接包机组13台（套），年卷烟生产能力为250亿支（50万箱）。有在岗员工1068人。

【卷烟生产】 2013年，卷烟厂生产卷烟271.37亿支（54.27万箱），其中，生产一类烟67亿支（13.40万箱）、二类烟168.80亿支（33.76万箱）、三类烟24.63亿支（4.93万箱）、四类烟10.94亿支（2.19万箱）。生产的13个规格卷烟品牌均为“黄山”。

【基础管理】 确定以现场管理和班组建设为抓手，在“工艺特色、精益管理、创新驱动、队伍素质”四个方面实现新跨越。全年新增、修订制度标准183份，更新岗位说明书145份。制定全年现场管理与班组建设推进路线图，建立首个生产现场可视化管理手册及清单，成立“COME超级班组”自主管理团队，人均改善提案数量达到3.61件，初步形成闭环管理机制。

【技术创新】 2013年卷烟厂创新项目立项53个（管理创新22个、技术创新9个、QC课题22个），其中“制丝线辅联设备节电模式的设计与应用”项目获得全国烟草行业第24届优秀质量小组成果发布一等奖。在安徽中烟科技进步奖和技术创新奖评审中，“‘黄山’精品线制丝线工艺设计”项目获得技术创新奖一等奖。全年10件专利获受理，其中2件为发明专利，其他均为实用新型专利。

【信息化建设】 以MES系统建设为重点推进管理重组和优化提升，重点进行排产算法和应用界面的优化，开发完成辅助决策、设备看板管理、维修呼叫等模块，完成与能源管控系统、卷包数采系统的对接。

【技术改造】 “黄山”精品线项目三个主要单体工程（联合工房、动力中心及附属工程、生产指挥中心及后勤保障综合楼）通过合肥市建筑工程质量安全监督站验收。三组进口M5-FK超高速机组完成设备到货安装、调试验收。“黄山”精品线项目二期工程中的第一栋醇化库主体工程完成施工，管理用房完成验收并交付使用。

安徽中烟工业有限责任公司阜阳卷烟厂

【概　况】 安徽中烟工业有限责任公司阜阳卷烟厂最初是成立于1948年的人民烟厂。1979年10月更名为阜阳卷烟厂。2006年5月，安徽卷烟工业企业管理体制改革，实施二步重组，原阜阳卷烟厂更名为安徽中烟工业公司阜阳卷烟厂，取消法人资格。2011年6月，更名改制为安徽中烟工业有限责任公司阜阳卷烟厂。卷烟厂占地面积23.34万平方米，拥有1条5000千克/小时制丝生产线，卷接包设备24台（套），年卷烟生产能力为200亿支（40万箱）。有在岗员工856人。

【卷烟生产】 2013年，卷烟厂生产卷烟193.44亿支（38.69万箱），其中二类烟0.037亿支（0.007万箱）、三类烟56.48亿支（11.3万箱）、四类烟90.51亿支（18.1万箱）、五类烟46.42亿支（9.28万箱）。生产的卷烟品牌为“黄山”“红三环”“盛唐”，合作生产上海烟草集团的卷烟品牌“红双喜”。

【基础管理】 针对“质量、成本、效率、安全、队伍”等领域，深化卓越目标管控体系，形成一级目标38项、二级目标166项、三级目标54项。推进综合管理平台建设，持续优化完善标准体系，形成涵盖战略流程、经营流程、保障流程3个大类，生产制造等13个主要业务系统的平台架构体系，识别建立97项一二级过程、187个管理标准的企业管理标准体系。开展对标工作，13项创建全国优秀卷烟工厂指标全部达标。

【技术改造】 5月，完成投资金额205万元的厂区道路建设项目。10月，购置投资金额1500万元的2台切叶丝机、2台切梗丝机以及辅联设备；完成投资金额239万元的膨胀烟丝掺配改造项目（主要购置翻箱喂料机、储柜及辅联设备等）。11月，后勤服务设施建设项目以及烟叶醇化库建设项目通过公司总体竣工验收。

安徽中烟工业有限责任公司滁州卷烟厂

【概　况】 安徽中烟工业有限责任公司滁州卷烟厂最初是成立于1949年同生烟厂，后更名滁州卷烟厂。2006年5月，安徽卷烟工业企业改革，滁州卷烟厂更名为安徽中烟工业公司滁州卷烟厂。2011年6月，更名改制为安徽中烟工业有限责任公司滁州卷烟厂。卷烟厂占地面积12.2万平方米。拥有5000千克/小时制丝生产线1条、德国PROTOS70卷接机组1台（套）、英国PASSIM7K卷接机组1台（套）、ZJ17卷接机组1台（套）、ZJ19卷接机组2台（套）、ZJ19A/B/E卷接机组9台（套），意大利GDX1包装机组1台（套）、德国B1包装机组5台（套）、ZB45包装机组7台、ZB25包装机组1台（套）。年卷烟生产能力为200亿支（40万箱）。有在岗员工837人。

【卷烟生产】 2013年，卷烟厂生产卷烟184.61亿支（36.92万箱），其中，生产一类烟2.17亿支（0.43万箱）、二类烟1.13亿支（0.23万箱）、三类烟21.52亿支（4.30万箱）、四类烟139.60亿支（27.92万箱）、五类烟20.19亿支（4.04万箱）。生产的卷烟品牌为“黄山”“红三环”和“盛唐”。

【基础管理】 连续三年开展7S活动，创建五星级现场模范企业，坚持厂领导带班制度，全年形成日查通报212期，月考核通报16期；完成改善案例1620件，其中优秀改善案例200余件。推进管理创新、技术创新全过程管控，两类课题共立项67个。3项专利通过安徽中烟专家评审并取得国家知识产权局专利受理通知书，3项技术成果分获安徽省重大合理化建议项目和技术改进成果奖。在安徽中烟率先建立物流仓储费用对标体系，原辅材料调入执行率和准确率均为100%。2013年13项创建全国优秀卷烟工厂指标全部达标。

【技术改造】 2013年基建技改投资1.17亿元。制丝线技术改造项目于4月开工建设，12月初投入生产。截至年底，烟叶醇化库项目通过竣工验收并交付使用；装封箱机、卸盘机、滤棒成型机及残烟处理机安装结束并投入使用；异味处理系统和污水处理站设备安装结束并投入使用。

（撰稿：苏　畅；编辑：周　佳）

福建中烟工业有限责任公司

【概　况】　福建中烟工业有限责任公司最初为福建烟草工商分设后于2003年11月成立的福建中烟工业公司。2010年12月，经国家局、总公司批复同意更名改制为福建中烟工业有限责任公司，2011年7月8日正式挂牌成立。公司下辖龙岩、厦门烟草工业有限责任公司2家具有独立法人资格的卷烟生产企业，龙岩金叶复烤有限责任公司1家打叶复烤企业，福建金闽再造烟叶发展有限责任公司①1家烟草薄片生产企业，以及福建鑫叶投资管理集团有限公司1家多元化经营企业。2013年，公司本部下设19个部门。截至2013年底，公司拥有总资产269.72亿元，其中，固定资产69.3亿元、流动资产176.23亿元，资产负债率为40.71%。共有从业人员4015人，其中在岗员工3940人。

2013年，公司认真思考、谋划、实践行业“三大课题”，按照“通系引领、提升价值、突显低焦，全面推进‘七匹狼’上水平”的生产经营方针，坚持品牌发展主线，积极推进技术创新、营销创新和管理创新工作，“七匹狼”品牌销量突破200万箱、商业批发销售收入突破400亿元，企业生产经营保持平稳发展。

【领导机构】

董事会

董事长：汪世贵

董　事：李跃民　李仰佳　陈子强　马伶燕　朱湘海
郑捍东（职工董事）

监　事：郭香灼

班子成员

总经理、党组书记：李跃民

副总经理、党组成员：李仰佳（正厅级）（—2013.10）
（国烟党〔2013〕82号）

巡视员兼副总经理、党组成员：陈子强

纪检组长、党组成员：郭香灼

副总经理、党组成员：王建勇

副总经理、党组成员：王道宽

副总经理、党组成员：邱全胜

副巡视员：李长鲁

副巡视员：赖鞍山

【卷烟生产经营】　2013年，公司生产自有计划卷烟945亿支（189万箱），同比增长3%，其中，生产一类烟73.1亿支（14.62万箱），同比增长8.63%；二类烟170.65亿支（34.13万箱），同比增长10.37%；三类烟378.15亿支（75.63万箱），同比下降2.6%；四类烟294.45亿支（58.89万箱），同比增长13.74%；五类烟28.65亿支（5.73万箱），同比下降40.81%。在河南、河北、江西等三省合作生产卷烟135.1亿支（27.02万箱），同比增长17.21%。生产出口卷烟3.6亿支（0.72万箱），同比下降1.14%。

2013年内销卷烟实现销售（含合作生产）1059.45亿支（211.89万箱），同比增长2.8%，其中，一类烟70.95亿支（14.19万箱），同比增长4.48%；二类烟192.7亿支（38.54万箱），同比增长10.86%；三类烟479.1亿支（95.82万箱），同比下降0.9%；四类烟293.3亿支（58.66万箱），同比增长13.67%；五类烟23.4亿支（4.68万箱），同比下降50.54%。2013年出口卷烟3.8亿支（0.76万箱），同比增长10.78%。

2013年实现卷烟销售收入（不含合作生产和出口）241.25亿元，同比增长3.91%。实现税利185.83亿元，同比增长3.65%，其中利润26.08亿元，同比增长3.08%。三项费用率为9.83%。

2013年万元产值综合能耗为10.71千克标煤，万支卷烟综合能耗为2.91千克标煤。烟叶、滤棒、盘纸平均消耗分别为6.61千克/万支、2512支/万支、591米/万支。水、电平均消耗分别为0.07吨/万支、12.83千瓦时/万支。

【主要产品】　公司生产的卷烟品牌有“七匹狼”“金桥”“石狮”“土楼”等，许可生产的卷烟品牌有“万宝路”，其中“七匹狼”“金桥”被列为全国重点品牌。2013年，公司生产“七匹狼”1020.75亿支（204.15万箱），同比增长8.2%，其中，自有计划生产885.65亿支（177.13万箱），同比增长6.95%，合作生产135.1亿支（27.02万箱），同比增长17.21%；生产“金桥”（不含出口）19.9亿支（3.98万箱），同比下降32.25%；生产“万宝路”10.5亿支（2.1万箱），同比下降9.7%。

2013年“七匹狼”实现销售1005亿支（201万箱），同比增长6.68%，其中省内实现销售512.1亿支（102.42万箱），省外实现销售493.15亿支（98.63万箱）。实现“七匹狼”商业批发销售收入407.2亿元，同比增长8.2%。“金桥”国内实现销售19.8亿支（3.96万箱），同比下降32.48%，其中省内实现销售2.1亿支（0.42万箱），同比下降49.98%，省外实现销售17.7亿支（3.54万箱），同比下降29.6%。2013年“金桥”境外实现销售3.5亿支（0.7万箱），同比增长11.97%。

【品牌建设】　品牌发展思路。2013年，公司坚持把“七匹狼”上水平作为中心任务，加强品类构建研究，通过“做实‘通系列’，做强‘经典系列’，做大‘纯系列’”，全面推进“卷烟上水平”。坚持“大通仙”“通仙”等通系列高端引领，引领带动品牌发展上水平。着力培育“高三类到低一类”的经典系列产品，使之成为品牌发展的重要增长点。进一步突显低焦油优势，推进“纯系列”产品研发步伐，保持低焦油产品竞争优势。

市场培育。围绕“精耕细作”要求，按照“量随价走、

① 龙岩金叶复烤有限责任公司、福建金闽再造烟叶发展有限责任公司详见《工业企业》栏目“打叶复烤和薄片生产企业”分目。

保价优先”，“点多、面广、量少、勤送”的原则，“一地一策、一品一策”的营销工作方针，完善市场营销工作。细化全国各区域市场培育方案，实行新产品个性化推广策略。改进市场调研方法，密切关注市场动态，做好计划调整和货源调控，推动市场营销信息系统建设。成立专项营销小组，探索活动营销、商会营销、专属定制营销等方式，针对高端卷烟消费群体开展有针对性的产品宣传推介活动。全年省内市场销售538.3亿支（107.66万箱），同比增长2.54%；省外市场销售521.15亿支（104.23万箱），同比增长3.08%，其中万箱以上市场达到22个。

品牌文化建设。挖掘品牌文化，确定“享受自然的呼吸”与“追寻自由的梦想”品牌宣传主题。创新传播方式，应用二维码数字技术，建立与消费者直接互动平台。与网站、刊物及电台合作，构建网络营销平台，开展品牌立体宣传。

新产品开发。推进产品研发和维护模式创新，更加尊重市场真实需求，技术和营销通力协作，成立产品研发项目组，探索新模式。2013年开发“七匹狼（通仙3mg）”“七匹狼（君如意）”“七匹狼（通仙境）”“七匹狼（通仙纯）”“七匹狼（大富贵）”“七匹狼（行天下）”“七匹狼（纯翠）”“七匹狼（纯尚）”等新产品。

【原料保障】 *原料采购*。优化调减采购规模，2013年实际执行国内烟叶采购计划10.05万吨（201万担），同比减少0.4万吨（8万担），进口片烟采购计划1.1万吨，同比减少0.13万吨。推动散叶收购工作，2013年完成散叶收购5.99万吨（119.7万担）。完成原烟监督加工量10.06万吨（201.12万担），平均出片率为66%。

原料基地建设。完善原料基地单元工作制度，全面通过基地单元验收考评。全年新增云南保山西邑、云南大理甸川、云南曲靖德泽、贵州毕节沙土、贵州遵义丰乐、四川凉山下村、福建三明石壁、江西吉安寮塘、辽宁朝阳北票等九个国家局烟叶基地单元。截至2013年底，公司累计拥有23个基地单元，分布在全国8个省份、18个地市、20个县。全年签订合同量5.73万吨（114.52万担），占公司全年国内计划采购量的57%。

【辅料供应】 2013年实际采购烟用丝束1.23万吨，其中，国产丝束7450吨，进口丝束4800吨。采购卷烟纸4500吨，成型纸1800吨，国产滤棒2.13亿支。采购其他进口非专卖品烟用材料41吨。

【技术创新】 *福建中烟技术中心概况*。福建中烟技术中心成立于2006年。2011年1月，获得国家局行业级技术中心认定，同年11月，获得国家级技术中心认定，按非法人实体化运作，实行扁平化管理和开放式运行，下设13个职能部门。2013年8月，博士后科研工作站建站获批准设立，同年9月，福建中烟技术中心搬迁至厦门市集美区杏林湾科教园区。福建中烟技术中心有员工160人，其中，博士研究生学历6名，硕士研究生学历35名，1人被评为行业第二批学科带头人，10人被聘为福建中烟第一批专业带头人和技术专家。

创新体系建设。以“强化纵向系统研究，推进横向集成创新”为指导思路，制订《2013—2015年中长期技术发展规划》，确立纵向技术领域，设立横向技术主题，聚焦“七匹狼”品牌发展支撑能力。全面梳理公司技术创新情况，综合评价得分在行业靠前。完成“卷烟安全性平台建设专项”验收，得到厦门市财政300万元的资金支持。

产品技术体系。启动“七匹狼”品牌“通系列”“经典系列”和“纯系列”三大品类技术体系构建工作，围绕“舒适、绵柔”“轻松、低害”“满足、享受”的特征构建技术支撑体系，进一步提炼品类核心属性特征并开展针对性研究工作。

科研及成果。2013年共开展各类科技研究项目145项，推荐申报14个国家局项目工作，完成35个企业科技项目立项、30个项目验收工作。2013年申请专利293件，其中发明专利87件。截至2013年底，公司拥有授权专利452件，其中发明专利57件。2013年公司卷烟焦油含量加权平均值为10.26毫克/支，一、二类烟焦油含量加权平均值为10.82毫克/支。

对外交流与合作。加强与郑州烟草研究院的技术合作，以七匹狼品牌烟草工艺联合实验室为平台，开展“环境温湿度对制丝加工过程的影响研究”等课题试验研究与技术交流合作。继续通过与厦门大学合作的“烟草加工干燥”“烟支燃烧与减害”联合实验室平台，在烟草加工干燥、烟支燃烧、减害降焦领域开展合作研究。推进授权许可境外加工，3月，与马来西亚环球公司合作，完成首批境外加工卷烟1160万支（232箱），全年累计四批次加工生产“金桥”卷烟8400万支（1680箱）。

【多元化经营】 福建鑫叶投资管理集团有限公司成立于2009年12月，是福建中烟工业有限责任公司下辖的多元化经营企业，主要经营印刷包装业、酒店、房地产开发投资和管理等业务。截至2013年底，拥有总资产6.29亿元，其中，固定资产1.52亿元、流动资产1.98亿元，资产负债率为41.24%。拥有13家子公司，其中，全资子公司9家，分别是厦门鑫叶印务有限公司、厦门鑫叶包装材料有限公司、厦门鼓浪湾大酒店有限公司、厦门金桥实业有限公司、厦门鑫叶房地产开发有限公司、厦门悦宾贸易有限公司、福建通仙旅行社有限公司（2012年6月更名，之前是厦门金桥国际旅行社有限公司）、福建中烟置业有限责任公司、厦门鑫鹭物业服务有限公司；控股和参股子公司4家，分别是厦门五福印务有限公司、福建三华彩印有限公司、厦门富华兴印刷有限公司、石狮富兴包装材料有限公司。2013年，公司实现销售收入8.91亿元。实现税利2.68亿元，其中利润1.50亿元。

2013年，公司按照“狠抓基础、持续创新、稳中求进”的生产经营方针，深入开展对标工作，实现降本增效，全年节约成本费用1800余万元。加强工艺创新研究，成立产品研发组，烟标设计取得新突破。统一实施质量安全监控，各印包子公司全年烟用材料安全限量指标合格率均达到100%。推进安全标准化工作，落实安全管理要求，公司下属4家印包业子公司和2家酒店分别通过福建省安监局和厦门市旅游局安全生产标准化二级达标企业评审。

【管理创新】 管理体系建设。开展质量、环境、职业健康安全“三标一体”综合管理体系建设，完成主要业务流程成熟度评价，征集、评审并确定公司管理体系方针，开展环境评审和危险源标识、风险评价，编制流程清单及文件清单，编写综合管理体系文件并发布实施，顺利通过管理体系各项检查评价。

财务管理。首次全面开展会计信息质量检查，承接《烟草工业企业会计实务手册》编写工作。加强预算分析与控制，建立预算预警机制。合理筹措资金，实施资金监管系统，2013年节约财务费用3360万元。完善投资计划和项目过程管理，2013年完成投资9.2亿元，投资计划执行率达到94%。

信息化建设。持续推进核心业务信息系统建设，开展集团门户网站与协同办公平台等项目建设，实现与子公司在统一软件平台上协同工作。构建行业首家企业“云平台”，实现对硬件资源的统一监管、统一分配、统一部署。

档案管理。调整档案办公用房布局，配齐配备各项档案管理设施，建立健全统一标准的三级档案制度体系，制订《档案管理手册》。开展档案信息化专题调研，启动档案信息化项目。从制度建设、涉密人员、公文审核、规范文印和强化归档等“五道关口”，强化保密意识，落实保密责任，将保密管理、电子公文管理、文印管理和档案管理相衔接，建立涉密文件管理体系。公司档案室被福建省档案局评为“2008—2012年度档案整理质量先进单位”。

【人事政工】 队伍建设。按照国家局部署要求，调整全省卷烟工业系统内退政策。开展第一批专业带头人和技术专家“导师带徒”活动。成立教育培训中心，全年举办内部培训班95个，培训5436人。持续抓好职业技能鉴定工作，全年组织426人参加技能鉴定，鉴定获证各类技能人员236人，其中技师以上24人。

思想政治工作。抓好“三重一大”决策制度的贯彻落实，制订《监督管理实施细则》，进一步明确“三重一大”决策制度监督检查的内容、方式、重点以及各部门的工作责任。持续推进廉政风险防控体系和制度建设，拟订工作人员违纪违法行为处理规定。

【特事要辑】 2月23日，国家局局长姜成康考察福建烟草，肯定福建中烟取得的成绩，要求福建中烟要“坚定信心、攻坚克难、创新驱动、全面提升、务求实效”。

9月11—12日，新履职的国家局局长凌成兴在福建烟草调研，副局长赵洪顺一同调研。①

11月18日，国家局副局长杨培森在福建烟草调研。他要求福建烟草要“科学判断形势，增强攻坚意识，激发改革动力，凝聚发展合力”。

12月22日，“七匹狼”销量达到201.76万箱，商业批发销售收入达到406.4亿元，标志着福建中烟提前两年实现“532”“461”目标。

所属企业

龙岩烟草工业有限责任公司

【概　况】 龙岩烟草工业有限责任公司最初为创建于1951年的龙岩卷烟厂。2007年11月，改制更名为龙岩烟草工业有限责任公司，是福建中烟的全资子公司。下辖福建红狼实业有限责任公司、福建贝森蜂窝新型材料有限责任公司2家多元化企业。截至2013年底，公司拥有总资产101亿元，其中，固定资产27亿元、流动资产67亿元，资产负债率为36.16%。公司占地面积为35.48万平方米，年卷烟生产能力797亿支（159.4万箱）。拥有2条6000千克/小时的叶片生产线、1条3000千克/小时的叶丝生产小线，1条2000千克/小时的梗丝生产线，2条二氧化碳膨胀烟丝生产线，1条500千克/小时的叶丝试验线；有卷烟机33台（套）、包装机33台（套）。共有从业人员1861人，其中在岗员工1529人。

9月，公司被中国质量管理协会、中华全国总工会、中华全国妇女联合会、中国科学技术协会联合授予“2013年全国质量管理小组活动优秀企业”称号。

【领导成员】

总经理、党委副书记：廖材河
副总经理、党委书记：姜志强
副总经理、党委委员：林　郁
副总经理、党委委员：姜林忠
副总经理、党委委员：肖　建
副总经理、党委委员：熊淦源
党委副书记、纪委书记、工会主席：刘禄涛
副总经理、党委委员：张益兰
调研员：陈聪玉
调研员：胡国林
副调研员、党委委员：孔　跃

【卷烟生产经营】 2013年，公司生产卷烟（不含出口）497.50亿支（99.5万箱），同比增长3.9%，其中，生产一类烟65.90亿支（13.18万箱）、二类烟107.58亿支（21.52万箱）、三类烟135.63亿支（27.13万箱）、四类烟160.22亿支（32.04万箱）、五类烟28.16亿支（5.63万箱）。实现销售485.70亿支（97.14万箱），同比增长1.28%。

2013年实现卷烟销售收入127.48亿元，同比增长4.13%。实现税利103.84亿元，同比增长4.48%，其中利润12.28亿元，同比下降0.88%。单箱税利1.07万元，同比增长3.05%。

2013年万元产值综合能耗为10.27千克标煤，万支卷烟综合能耗为2.69千克标煤。烟叶、滤棒、盘纸平均消耗分别为6.86千克/万支、1950支/万支、598米/万支。水、电平均消耗分别为0.07吨/万支、9.97千瓦时/万支。

---

① 凌成兴局长指示精神详见福建省烟草专卖局（公司）特事要辑。

【主要产品】 2013年，公司生产的卷烟品牌有“七匹狼”“石狮”“妙香”等，许可生产的卷烟品牌有“万宝路”。“七匹狼”在产规格有22个，生产458.54亿支(91.71万箱)，同比增长7.57%。生产“石狮”27.87亿支(5.57万箱)。生产“妙香”3440万支（688箱），出口朝鲜。生产“万宝路”10.52亿支（2.10万箱）。

【企业管理】 管理创新。实施“卓越绩效1.0”管理模式，确立新的管理理念和管理平台。开展“精益生产、精细管理、精英团队、精睿文化”的“四精”工程，争创“一流卷烟工厂”，推进“生态体验型精品卷烟制造基地”建设。

质量管理。建立卷烟产品批次质量评价和追溯系统，及辅料质量异常反馈与解决信息系统，形成以信息化为载体的事前、事中、事后的全过程质量管理体系，构建精细化质量管理模型。

安全管理。公司通过安全生产标准化一级企业达标评审，连续25年实现“八个零、一个控制”的安全生产目标。全年共组织各类安全检查19次，查出隐患或存在问题304条，下发隐患整改通知单28份，隐患整改率达到100%。

【技术改造】 2013年，公司1140千克/小时二氧化碳膨胀烟丝生产线技改项目进入试生产阶段。一区生产线技术改造项目进入初步设计阶段。红坊片烟醇化库征地项目，完成立项报告。烟草物流中心项目进入龙岩市土地收储程序。

厦门烟草工业有限责任公司

【概　况】 厦门烟草工业有限责任公司最初为创建于1948年的厦门卷烟厂。2007年11月，改制更名为厦门烟草工业有限责任公司，成为福建中烟的全资子公司。截至2013年底，公司拥有总资产93.26亿元，其中，固定资产26.48亿元、流动资产59.51亿元，资产负债率为36.94%。公司占地面积为42万平方米，年卷烟生产能力600亿支（120万箱）。拥有2条制丝生产线，其中，一区生产线拥有6000千克/小时的叶丝生产线、1500千克/小时的梗丝生产线、570千克/小时的二氧化碳膨胀烟丝生产线各1条；二区生产线拥有6000千克/小时的叶丝生产线、2000千克/小时的梗丝生产线、500千克/小时的试验线各1条。共有35台（套）卷接机、42台（套）包装机。有员工1612人。

2013年，公司被中国设备管理协会授予“第九届全国设备管理优秀单位”称号；入选“年度厦门企业100强排行榜”和“年度厦门制造业企业十强排行榜”。

【领导成员】

总经理、党委副书记：林荣欣
党委书记、副总经理：吴志文
党委副书记、纪委书记、工会主席：朱一民
副总经理、党委委员：黄　宏
副总经理、党委委员：吴晓梅
副总经理、党委委员：邵　柱
副总经理、党委委员：方银水
副总经理、党委委员：温文坤
调研员：刘宗柳
调研员：林书玉

【卷烟生产经营】 2013年，公司生产卷烟（含出口）450.75亿支（90.15万箱），同比增长1.97%，其中，生产一类烟7.2亿支（1.44万箱）、二类烟63.05亿支（12.61万箱）、三类烟243.65亿支（48.73万箱）、四类烟133.1亿支（26.62万箱）、五类烟3.75亿支（0.75万箱）。生产出口烟3.25亿支（0.65万箱），同比下降1%。实现销售（含出口烟）446.8亿支（89.36万箱），同比增长1.15%，其中出口烟3.5亿支（0.7万箱），同比增长12%。2013年实现卷烟销售收入102.7亿元，同比增长3.86%。实现税利74.63亿元，同比增长3.04%，其中利润10.43亿元，同比增长4.08%。三项费用率为6.04%。

2013年万元产值综合能耗为12.72千克标煤，万支卷烟综合能耗为2.98千克标煤。烟叶、滤棒、盘纸平均消耗分别为6.72千克/万支、2096支/万支、592米/万支。水、电平均消耗分别为0.09吨/万支、8.28千瓦时/万支。

【主要产品】 2013年，公司生产的卷烟品牌有“七匹狼”“石狮”“金桥”。“七匹狼”在产规格有19个，全年产量为427.2亿支（85.44万箱），同比增长6.23%。生产“石狮”0.4亿支（0.08万箱）。生产“金桥”（含出口）23.15亿支(4.63万箱)，其中出口烟3.25亿支（0.65万箱）。

【企业管理】 战略管理。以构建低焦油产品制造技术体系为目标，完成五个子规划的战略调整工作，形成战略规划调整的模式和方法。构建“综合管理—职能管理—部门管理”三层级的管控模式，制定《战略管理流程》，形成系统化、结构化、职能化的战略管理机制。

管理创新。优化生产组织模式，实施“柔性三班两运转”。建立健全创新机制，搭建企业综合创新平台，构建具有厦烟特色的综合创新体系。引入精益管理理念，倡导“短、平、快”的“微创新”活动，营造“全员创新”的良好氛围。“白肋烟叶丝烘焙新技术研究与应用”项目获得中国烟草总公司科学技术进步奖三等奖，“‘金桥’品牌专用制丝生产线核心技术研究”等7个项目获得福建中烟科技进步奖。全年申报专利78项，其中，申报发明专利18项；获得专利授权45项，其中发明专利授权2项。

安全管理。以“行业安全标准化一级达标”为目标，以岗位达标为抓手，强化员工安全意识，落实岗位安全责任，抓好安全隐患整改，通过安全标准化一级达标评审。

创优对标。在13项全国卷烟工厂创优指标中，有11项达标；在16项全国卷烟工厂对标指标中，有11项指标高于行业卷烟工厂平均水平。

【技术改造】 以“全功能卷烟制造平台进一步完善，产品实现能力和产品保障能力持续提升”为目标，推进技术改造项目实施。举行东孚烟叶仓库三期工程项目动工仪式。糖香料调配中心建设等项目有序开展。

（撰稿：卢金德；编辑：周　佳）

江西中烟工业有限责任公司

【概　况】　江西中烟工业有限责任公司最初为江西烟草工商分设后于2004年10月成立的江西中烟工业公司。2007年12月，国家局、总公司批复同意江西中烟工业公司与所属南昌卷烟总厂合并重组为一个法人实体，企业名称为江西中烟工业公司。2009年10月，江西中烟工业公司更名改制为江西中烟工业有限责任公司。下辖江西中烟工业有限责任公司南昌卷烟厂、赣南卷烟厂、广丰卷烟厂、井冈山卷烟厂、兴国卷烟厂等5家不具有法人资格的卷烟生产厂。公司本部下设20个部门，其中井冈山卷烟厂技改项目建设指挥部于2013年11月成立，负责井冈山卷烟厂技改项目。截至2013年底，公司拥有总资产108.11亿元，其中，固定资产12.7亿元、流动资产77.76亿元，资产负债率为25.28%。有从业人员4703人，其中在岗员工4574人。

2013年，公司贯彻落实行业“更加规范、更富效率”工作任务，全力加快“金圣”品牌发展，突出抓好赣州卷烟厂技改、产品研发创新、强化基础管理、加强队伍建设等各项工作，“金圣”品牌实现较好发展，基础管理取得明显进步，技术创新得到扎实推进，队伍建设更加充满活力。

2013年，公司被江西省委、省政府授予“江西省第十三届文明单位”称号。

【领导机构】

董事会

董事长：王彦亭

董　事：郑　伟　王志彬　王迪汗　穆重林　黄翠萍　叶华英

监　事：任用镨

班子成员

总经理、党组书记：郑　伟

副总经理、党组成员：王志彬

纪检组长、党组成员：任用镨

副总经理、党组成员：王迪汗

副总经理、党组成员：雷樟泉

总会计师：罗丽珍（2013.1—）（国烟人〔2013〕41号）

副巡视员：张志勇

副巡视员：王洪宪（—2013.10）（国烟党〔2013〕79号）

【卷烟生产经营】　2013年，公司生产卷烟（含合作生产）639亿支（127.8万箱），同比增长6.68%，其中，生产一类烟30.09亿支（6.02万箱），同比增长5.32%；二类烟50.05亿支（10.01万箱），同比增长234.45%；三类烟304.77亿支（60.95万箱），同比增长4.09%；四类烟169.42亿支（33.88万箱），同比增长4.05%；五类烟84.67亿支（16.93万箱），同比下降15.20%。合作生产福建中烟等工业公司的品牌卷烟184.97亿支（36.99万箱），同比增长24.70%。

2013年累计实现销售621.59亿支（124.32万箱），同比增长3.78%，其中，一类烟30.27亿支（6.05万箱），同比增长5.70%；二类烟42.48亿支（8.50万箱），同比增长208.25%；三类烟299.44亿支（59.89万箱），同比增长2.21%；四类烟167.07亿支（33.41万箱），同比增长1.65%；五类烟82.34亿支（16.47万箱），同比下降17.0%。

2013年实现卷烟销售收入139.65亿元，同比增长11.14%。实现卷烟税利100.17亿元，同比增长11.92%，其中卷烟利润15.88亿元，同比增长5.75%。三项费用率为7.65%。

2013年万元产值综合能耗为16.08千克标煤，万支卷烟综合能耗为3.64千克标煤。烟叶、滤棒、盘纸平均消耗分别为7.11千克/万支、1773支/万支、613米/万支。水、电平均消耗分别为0.13吨/万支、8.04千瓦时/万支。

【主要产品】　2013年，公司生产的自有卷烟品牌有“金圣”“庐山”，全年生产30个规格；合作生产福建中烟、浙江中烟、云南中烟、广东中烟的卷烟品牌“七匹狼”“利群”“雄狮”“红塔山”和“双喜”，生产8个规格。“金圣”为全国性卷烟重点骨干品牌，有19个规格。全年生产“金圣”206.12亿支（41.22万箱），同比增长9.63%。“金圣”实现销售200.03亿支（40.01万箱），同比增长6.20%，其中，省内实现销售149.22亿支（29.84万箱），同比增长2.91%；省外实现销售50.81亿支（10.16万箱），同比增长17.22%。

【品牌建设】　2013年，公司以加快“金圣”品牌发展为核心，牢牢把握“四个不动摇”的工作策略，扩大市场规模、拓宽产品布局。省外成功培育山东、广东、江苏过万箱和浙江近万箱的“金圣”规模市场，河南、陕西、山西、湖南等一批新兴市场快速增长，形成30个超千箱、6个超2000箱的市级市场。省内有8个地市“金圣”销量同比增长，特别是赣州、九江、景德镇等重点市场增长稳定；区县基地建设成效明显，形成5个超8000箱、16个超5000箱的区县市场。

2013年，公司高度重视产品规格布局工作，针对省内外市场分类分批导入“金圣”规格，省内形成地市市场四大产品系列互补，省外1/3省级市场实现低中高规格搭配、2/3达到低中或低高规格搭配的产品布局。扎实做好“金圣（大赢家）”“金圣（鸳鸯喜）”“金圣（时代福）”“金圣（庐山）”等多款新品上市培育工作，健全新品上市工作机制。按照从紧、限量、定点投放的原则，抓好“金圣（智圣出山）”“金圣（原生工坊）”上市培育工作，其中，“金圣（智圣出山）”成为高端卷烟市场的优秀产品，提升“金圣”品牌形象。

【原辅材料保障】　原料保障。以“控总量、调结构”为原则，全年烟叶调拨计划合同约定量为4.06万吨（81.2万担），耗用原料4.62万吨（92.45万担），调拨入库原料4.98万吨（99.69万担），库存原料6.62万吨（132.47万担），其中上等烟叶库存量为3.18万吨（63.61万担），占总库存量的48.02%。截至2013年底，完成原烟调拨3.66万吨（73.20万担）。采购巴西烟叶653.4吨（13068担）、津巴布韦烟叶1470吨（29400担）。

2013年，与烟草商业企业合作，在“金圣”品牌原料核心产区新建2个国家局基地单元和2个省级基地单元，分别为云南曲靖宣威国家级单元、贵州铜仁石阡国家级单元，重庆武隆省级单元、贵州遵义务川省级单元。截至2013年底，累计建立国家局基地单元8个，省级基地单元5个。除2013年新建的基地单元外，其余6个已建国家局基地单元全部通过国家局评价验收，其中云南曲靖宣威基地单元在国家局评价验收中获评为优秀。

深入开展烟叶专业化分级散叶收购工作，分别在8家商业公司开展烟叶专业化分级散叶收购工作，散叶调拨量达到近1.97万吨（39.3万担），烟叶质量、纯度均有较大提升。

辅料采购。修订完善《烟用材料采购控制程序》等四项采购程序文件管理办法。完成卷烟纸、醋纤滤棒、酒精、丙二醇、卷烟纸钢印印刷油墨、卷烟机钢印、卷烟成型布带、卷烟用压敏胶带及切割器、烟用塑料袋、香精香料、吸丝带和吸风带、切丝机铜排链、除尘袋和过滤筒等15类物资的公开招标工作。全年通过公开招标、进口件转国产件、滤棒纸箱回收等方式降低采购成本约1260万元。全年采购烟用物资共计19.62亿元。

【体制改革】 2013年10月15日，国家局、总公司印发《关于合并设立赣州卷烟厂的批复》（国烟法〔2013〕381号），同意江西中烟工业有限责任公司撤销赣南卷烟厂、兴国卷烟厂，在此基础上合并设立赣州卷烟厂，作为不具有法人资格的卷烟生产点，实行内部核算和目标管理。

【技术创新】 江西中烟工业有限责任公司技术研发中心成立于2007年1月，是“江西省省级企业技术中心”“烟草行业认定企业技术中心”和“江西省本草烟用减害工程技术研究中心”省部级科技创新平台。占地面积约6600余平方米，有30余间专业实验室，拥有价值近9000万元的研发仪器设备。共有在岗员工71人，其中，博士3人、研究员1人、高级工程师5人。2013年9月公司获准设立企业博士后科研工作站。

以加快“金圣”品牌发展为核心，加快产品研发，推进本草研究，重点加强工艺、材料、原料研究。全年共开展项目研究82项，取得科技成果34项，其中，“金圣本草香品类香气特征分析及特征香原料的开发”项目通过国家局组织的专家鉴定。公司成立产品开发管理委员会，加强产品开发管理，推出“金圣（智圣出山）”“金圣（原生工坊）”“金圣（大吉品）”“金圣（大赢家）”等七款新品。加强本草减害技术研究，开发具有药草香特色的美拉德反应香原料，开展非挥发性甜香添加剂的研究，稳步推进本草香珠、烟草提取物、本草提取物、水合性保润剂、本草碳减害颗粒等方面的研究。加强新工艺、新材料、新技术的应用研究，其中本草沁润珠、美拉德反应香原料以及定长切丝、低透气度卷烟纸、染色成型纸、沁润珠滤棒等新技术、新材料、新工艺在产品研发中得到深入应用。继续加强产品降焦研究，“金圣”焦油加权平均值从2012年的11.47毫克/支下降到10.74毫克/支。

【技术改造】 2013年，公司启动多项技术改造。南昌卷烟厂总投资1190万元，实施卷包除尘系统改造项目；总投资1.17亿元，购置5组PROTOS卷接机组、1组高速成型机组、1台喂丝机和6台滤棒发射机等烟草专用机械设备，截至年底，所有设备均到厂并进行安装调试。广丰卷烟厂投资509万元，购置1台烘丝机、2台水分仪并更换1套加香装置；投资223万元，在下溪烟叶仓库安装自动灭火系统和综合防雷系统。赣州卷烟厂易地技术改造项目于10月24日实现联动试运行，11月18日挂牌，12月12日正式投料进行试生产。井冈山卷烟厂易地技术改造项目申请报告5月通过国家局专家组的论证，9月22日获国家局批准立项，11月20日举行奠基仪式，技改项目相关招标工作开始启动。

【管理创新】 质量管理。加强质量管理体系建设，在原有基础上全年共制修订569项企业标准，体系执行率比2012年提高3.78个百分点。建立由5项一级目标和52项二级目标组成的涵盖产品质量、服务质量、工作质量和经营性指标等多领域，以及覆盖公司、部门（工厂）、科室（车间）、员工等多层次的目标指标体系，并进一步细化形成608项下级目标。强化月度质量分析和通报工作，加强一、二级目标指标的数据收集与对比分析，产品质量内控目标实现率为100%，顾客投诉率降低0.25ppm，顾客满意度为85.7%，卷烟产品质量检验合格率保持100%。

贯标对标。完善对标指标体系，按照行业15项卷烟工厂对标指标，继续对照行业同规模卷烟工厂先进水平选取标杆开展对标，其中，南昌卷烟厂以行业18家60万~80万箱卷烟工厂前三位水平作为标杆指标开展对标，赣南、广丰、井冈山、兴国等4家卷烟厂以行业26家30万箱以下卷烟工厂前六位水平作为标杆指标开展对标。坚持对标通报制度，每季度组织各卷烟厂开展对标分析，并印发季度通报，针对落后指标督促分析整改。开展单项目、单品牌（规格）、单项费用对标工作，下达14个对标项目，督促各卷烟厂解决生产管理存在的突出问题。

内部管理监督。制订印发《“三重一大”事项决策实施办法（试行）》，进一步健全公司决策制度体系。继续做好专卖内部管理监督工作，就各直属单位关于废弃烟草专卖品管理和处置的制度、流程建设和执行情况，关于卷烟生产销售计划和码段管理的制度、流程建设和执行情况进行专题调研，并切实做好废弃烟草专卖品的处置工作。

【信息化建设】 3月，召开“十二五”信息化规划专家评审会，“十二五”信息化规划通过评审并于5月获国家局正式批复，8—9月在江西省烟草工业系统范围内开展信息化规划巡回宣贯工作。以赣州卷烟厂挂牌试产为目标，推动以赣州卷烟厂为试点的数字化工厂建设进程。正式启用全新的综合营销管理系统，顺利实施数据备份系统与全面预算管理系统主体功能模块。制定《计算机软件管理办法》与《无线网络管理暂行办法》两项信息化管理制度。

【人事政工】 人事工作。加强干部队伍建设，2013年提任正处级干部（含调研员）3人，新聘任科级干部20人，改善干部队伍结构。强化“三支人才”队伍建设，全面启动公司“三支人才”队伍的考评、调整和补充工作，选派8名中青年干部进行公司本部与各厂之间的“上挂下派”。加强专业技术人才的培养，开展专业技术资格评定和职务聘任工作，共认定中级专业技术资格26人，新聘任专业技术岗位三级师3人，通过高级专业技术资格评审推荐9人，最终6人获得认定。加强人才引进，全年引进硕士以上学历人员11人，大学本科毕业生35人。

劳资工作。进一步完善公司劳动用工管理制度体系，为公司有效执行各种劳动用工法律法规提供制度保障。进一步探索劳动用工新路径，形成一套有利于“理顺工作流程、健全成长通道、突出绩效导向”的劳动用工工作思路。进一步调整薪酬岗绩比例，建立新进员工“1+3”成长方式，构建更为科学、合理、有序的岗位绩效工资体系。进一步规范企业年金工作和公积金缴存工作。

【特事要辑】 1月30日，江西中烟工业有限责任公司召开2013年工作会议。

8月13日，江西省委副书记、省长鹿心社到江西中烟赣州卷烟厂技改项目现场开展调研。

11月18日，江西中烟工业有限责任公司赣州卷烟厂正式挂牌。

11月18—20日，国家局局长凌成兴到江西烟草调研，对江西烟草下一步工作做出重要指示，要求做到“一个认真落实，三个大力支持”。一个认真落实，就是落实《国务院关于支持赣南等原中央苏区振兴发展的若干意见》；三个大力支持，即：支持“金圣”品牌的发展，支持赣州卷烟厂、井冈山卷烟厂的技改，支持提升烟叶水平。江西省委常委、赣州市委书记史文清，副省长李贻煌，国家局副局长李克明一同调研。

所属生产厂

江西中烟工业有限责任公司南昌卷烟厂

【概　况】 江西中烟工业有限责任公司南昌卷烟厂始建于1950年。2005—2007年，经历两轮联合重组并经公司体制改革，企业名称变更三次：2005年底，由南昌卷烟厂、井冈山卷烟厂、兴国卷烟厂联合重组而成的南昌卷烟总厂正式挂牌成立；2006年底，南昌卷烟总厂与赣南卷烟厂、广丰卷烟厂重组为新的南昌卷烟总厂，企业由南昌卷烟总厂更名为南昌卷烟总厂本部（南昌卷烟厂），成为总厂的生产制造中心；2007年底，南昌卷烟总厂与江西中烟工业公司合二为一，南昌卷烟总厂本部（南昌卷烟厂）更名为江西中烟工业公司南昌卷烟厂，成为江西中烟五家生产点之一。2009年11月，企业更名为江西中烟工业有限责任公司南昌卷烟厂。

卷烟厂占地面积为28万平方米。拥有德国HAUNI公司生产的8000千克/小时的片烟线、5000千克/小时的制丝生产线和1500千克/小时的梗丝生产线各1条，5000千克/小时的HXD高温气流式叶丝干燥线1条，570千克/小时二氧化碳膨胀烟丝生产线1条，卷包机组20台（套），自动装封箱机7组，滤棒成型机6组，滤棒发射接收机6套。截至2013年底，卷烟厂是江西中烟所属最大的生产厂，年卷烟生产能力为385亿支（77万箱）。有在岗员工1419人。

2013年，卷烟厂被全国厂务公开协调小组评为“全国厂务公开民主管理示范单位”；被江西省人力资源和社会保障厅评为“江西省2012年度劳动保障诚信等级AAA级单位”。

【卷烟生产】 2013年，生产卷烟品牌为“金圣”“庐山”，合作生产广东中烟、云南中烟、浙江中烟的卷烟品牌“双喜”“红塔山”“利群”。全年生产卷烟385亿支（77万箱），其中，生产“金圣”206.62亿支（41.32万箱）、“庐山”46.23亿支（9.25万箱）。合作生产卷烟132.15亿支（26.43万箱）。

【技术创新】 推行以TnPM为基础的设备卓越绩效管理，卷包设备平均有效作业率比2012年提升3个百分点，制丝线千箱停机时间连续三年呈下降趋势。强化体系执行、管理对标，推行工艺控制“零容忍”考核，验证人工互锁有效性，增加产品自检频次，实行全员全时段日常纠编。开展高档卷烟定长切丝技术探索及运用、膨化烟丝结构改善、电子皮带秤计量管理和储后烟丝水分控制等活动，稳步提高卷烟制造水平。

【创新成果】 依托矩阵式课题组，全面拓展全员、全过程、全系统改善平台，涌现出多项创新成果。“研制新型CH烟库机五轮故障停机频次”获得行业第24届优秀质量管理小组成果一等奖，2项成果获得第15届江西省企业管理现代化创新成果一等奖，5项成果获得二等奖。全年共获得实用新型专利14项，发明专利2项。

【成本控制】 开展原辅料消耗测试，修订消耗定额标准，实行残烟、小盒、废丝束消耗日考核，实现原辅料消耗定额考核到岗。开展物资定额管理，控制单箱耗用量，消除采购价格对费用预算的影响。在定额标准进一步提高的情况下，全年辅料定额达标率超出定额标准7.9个百分点，比2012年提升6.1%；可比生产成本下降5160万元。零配件库存比2012年下降922万元。

江西中烟工业有限责任公司赣南卷烟厂

【概　况】 江西中烟工业有限责任公司赣南卷烟厂始建

于1969年。2006年，赣南卷烟厂更名为南昌卷烟总厂赣南卷烟厂。2007年，更名为江西中烟工业公司赣南卷烟厂。2009年，更名为江西中烟工业有限责任公司赣南卷烟厂。

卷烟厂占地面积为12万平方米。拥有制丝生产线1条，卷接机组11台（套）、德国FOCKE硬盒包装机组3台（套），天津ZB43A型硬盒包装机组7台（套），上海ZB45型硬盒包装机组2台（套），年卷烟生产能力为125亿支（25万箱）。有在岗员工857人。

【卷烟生产】 2013年，生产的卷烟品牌为“赣”“庐山”，合作生产福建中烟的卷烟品牌“七匹狼”。全年生产卷烟（含合作生产）118.5亿支（23.7万箱），其中“赣”3亿支（0.6万箱）、“庐山”69亿支（13.8万箱），合作生产卷烟46.5亿支（9.3万箱）。

【生产管理】 把TnPM管理与其他管理工作有效的结合起来，以现场改善为立足点，继续推进持续改善活动。全年组织开展56个工艺类文件评审以及标准体系文件评审，开展2次工艺类文件执行率专项检查、1次部门文件自查自纠活动、1次企业管理标准文件执行率专项检查，文件执行率均在97%以上。建立创优活动检查督导制度，13项创优指标中有10项达标。制定下发《2013年绩效考核方案》及《2013年度综合目标管理指标》，将目标层层分解到部门、岗位、个人，完善各部门、岗位、人员的工作职责、工作标准和考核要素。

【质量控制】 开展以“稳定产品质量，确保顺利对接”为主题的质量月活动，通过“比质量、树标杆、创先进”，引导全厂员工牢固树立“质量第一”的质量理念。公司技术中心抽检卷制包装加权得分97.87分，平均得分98.31分。国家局及省局抽检各4个样品，技术中心月度抽检34个样品，抽检合格率均达到100%。

江西中烟工业有限责任公司广丰卷烟厂

【概　况】 江西中烟工业有限责任公司广丰卷烟厂最初是成立于1988年的广丰烟丝厂。1991年8月，广丰烟丝厂更名为广丰卷烟厂并正式被批准为国家计划内地方卷烟厂。2006年，更名为南昌卷烟总厂广丰卷烟厂。2007年，更名为江西中烟工业公司广丰卷烟厂。2009年，更名为江西中烟工业有限责任公司广丰卷烟厂。

卷烟厂占地面积为14.66万平方米。拥有3000千克/小时的制丝线1条，卷接机组6台（套），ZB43型硬盒包装机组9台（套），年卷烟生产能力为100亿支（20万箱）。有在岗员工1225人。

【卷烟生产】 2013年，生产的卷烟品牌为“庐山”“赣”“月兔”。全年生产卷烟75亿支（15万箱），其中，生产四类烟23.83亿支（4.77万箱）、五类烟51.17亿支（10.23万箱）。

【质量管理】 2013年，卷烟厂以质量内控目标分解落实为重点，加强过程控制、工艺检查，改善创新标准管理机制，提升技术标准体系执行力，推行工艺管理“四级”机制，实行“可视化”管理，加强在制产品过程控制、工艺检查，14项质量内控目标完成率为100%，国家局和公司技术研发中心抽检合格率为100%。

【标准化管理】 截至2013年底，卷烟厂共制修订540项企业标准，完成企业标准汇编工作，其中管理标准和技术标准各3册，工作标准6册，初步建立起涵盖“三标一体”等各项专业管理的标准化综合管理平台。推进安全生产标准化建设工作，完善100余项安全生产标准。

【创新成果】 2013年卷烟厂获得国家专利局受理实用新型专利5项，获得专利授权1项。4个QC课题在公司发布会上获奖，其中2个获得三等奖，2个获得优秀奖。“六源治理”项目获得第11届全国TnPM年会三等奖，“以提高设备有效作业率为目标的快速处理故障技术平台建设”获得第二届全国设备管理创新“金点子”大赛三等奖。

江西中烟工业有限责任公司井冈山卷烟厂

【概　况】 江西中烟工业有限责任公司井冈山卷烟厂最初是成立于1982年的井冈山卷烟厂，1991年纳入国家计划内管理。2005年，井冈山卷烟厂更名为南昌卷烟总厂井冈山卷烟厂。2007年，更名为江西中烟工业公司井冈山卷烟厂。2009年，更名为江西中烟工业有限责任公司井冈山卷烟厂。

卷烟厂占地面积为6.67万平方米。拥有制丝线1条，卷接机组7台（套），硬盒包装机组6台（套），硬盒卷接包一体机3台（套），年卷烟生产能力为75亿支（15万箱）。有在岗员工416人。

2013年，卷烟厂被中华全国总工会授予“全国模范职工之家”称号；被全国厂务公开协调小组授予“全国厂务公开民主管理先进单位”称号；被中国设备管理协会授予“第九届全国设备管理优秀单位”称号。

【卷烟生产】 2013年，卷烟厂生产的卷烟品牌为“庐山”，合作生产浙江中烟的卷烟品牌“雄狮”。全年生产卷烟（含合作生产）49亿支（9.8万箱），其中，生产四类烟23.83亿支（4.77万箱），五类烟21.47亿支（4.29万箱）。

【质量管理】 进一步完善质量责任传导机制，不断提高工艺质量控制能力，全年内控质量目标完成率为100%，市场抽检合格率为100%，顾客投诉率为零。组织开展技术攻关和创新改善活动，物耗成本控制能力不断提升。

【对标管理】 借助“数据打假”活动契机，进一步规范优化统计报表管理，强化数据检查监控。继续以课题组和内部对标为平台，有序推进对标管理和创优工作，并将安全生产、现场管理、设备管理等纳入对标工作范畴，不断实现全员、全方位对标。

【创新成果】 2013年开展18个管理创新课题，成果获得第15届江西省企业管理现代化创新成果二等奖1项、三等奖3项，获得江西中烟2013年管理创新成果二等奖1项、三等奖1项。首次参加行业第二十四届优秀质量管理小组成果发布会，成果获得二等奖，实现历史性突破。全年获得国家专利局受理实用新型专利7项，获得实用新型专利授权8项。

江西中烟工业有限责任公司兴国卷烟厂

【概 况】 江西中烟工业有限责任公司兴国卷烟厂最初是成立于1991年的赣南卷烟厂兴国卷烟分厂。2005年，更名为南昌卷烟总厂兴国卷烟厂。2007年，更名为江西中烟工业公司兴国卷烟厂。2009年，更名为江西中烟工业有限责任公司兴国卷烟厂。2013年7月26日，兴国卷烟厂全面停产。原兴国卷烟厂改为赣州卷烟厂所属的留守处。

卷烟厂占地面积为7万余平方米。拥有制丝线1条，MK9-5型卷接机组5台（套），ZB43A型硬盒包装机组4台（套），意大利SASIB公司生产的6000型软盒包装机组4台（套），年卷烟生产能力为60亿支（12万箱）。有在岗员工350人。

2013年，卷烟厂被中华全国总工会授予“全国模范职工之家”称号。

【卷烟生产】 2013年，生产的卷烟品牌有“庐山”“南方”。全年生产卷烟11.53亿支（2.31万箱），均为五类烟。

【企业管理】 围绕卷烟厂对接赣州卷烟厂的中心任务，即坚定“两力争、一确保”的目标定位。“两力争”，即力争职工至少有1/3同志能胜任赣州卷烟厂主操、综合管理、专业技术等关键岗位，有2/3以上的同志在赣州卷烟厂能正常履职，全体员工能顺利实现平稳对接；力争彻底解决相关历史遗留问题，与赣州卷烟厂轻装对接。“一确保”，即确保在与赣州卷烟厂对接过程中，企业的人、财、物安全无损，特别是资产账实相符，坚决杜绝国有资产流失。延续企业“更观念、谋突破、求精益、保对接”四年发展战略规划。全厂和谐对接氛围浓厚、对接过程管理精细严实、企业基础管理稳中有升、职工队伍素质不断提升、全员营销力度得到强化，扎实有效地完成全年各项工作任务。

通过优化作业调度，注重关键节点管控，卷包设备有效作业率上升到84.77%，有力地促进生产制造水平的进一步提升。在16项卷烟工厂对标指标中，同比进步的有9项，获得江西中烟“2013年度生产经营目标考核三等奖”。进一步围绕“规范、执行、激励、提升”的CCIE管理体系框架，将CCIE管理体系内容整合融入企业标准化管理系统平台，打造具有企业特色的规范化管理体系。围绕赣州卷烟厂工艺设备组成和岗位设置的新要求开展培训工作，7人通过技师理论考试，16人晋级为高级工。

（撰稿：夏晨娣；编辑：周 佳）

山东中烟工业有限责任公司

【概 况】 山东中烟工业有限责任公司最初为山东烟草工商分设后于2004年2月成立的山东中烟工业公司。2009年9月，国家局、总公司批复同意山东中烟更名改制和建立董事会。2010年4月20日，山东中烟工业有限责任公司挂牌成立。下辖济南卷烟厂、青岛卷烟厂、青州卷烟厂、滕州卷烟厂等4家不具有法人资格的卷烟生产厂，将军烟草集团有限公司、颐中烟草（集团）有限公司、山东省烟草物资设备有限公司等3个全资子公司。公司本部设有17个部门和5个相对独立运行中心。截至2013年底，公司拥有总资产266.11亿元，其中，固定资产38.92亿元、流动资产175.29亿元，资产负债率为30.62%。共有从业人员5799人，其中在岗员工5736人。

2013年，公司全力实施“11369”工程（围绕零售价100元/条以上“泰山”卷烟年销量100万箱以上这一目标，始终坚持市场这一中心，在一到两年时间内，实现品牌由规模主导型向结构主导型、管理由职能控制型向主动服务型、队伍由踏实沉稳型向激情创业型的三个转型，破解品牌建设、结构提升、技术创新、原料保障、质量稳定、作风建设六大难题，继续加强市场营销、原料保障、技术保障、工艺质量保障、财务管理、内部监管、投资管理、人力资源、企业文化九大体系建设），推动各项工作再上新水平。

2013年，公司获得“山东省富民兴鲁劳动奖状”，以及“山东省职工职业道德建设标兵单位”称号，被山东省省直机关精神文明建设委员会授予“2013年度省直文明单位”称号。

【领导机构】

董事会
董事长：王彦亭
董 事：韩 林 朱怡聆 王众声 穆重林 黄翠萍 叶 逊
监 事：庞广瑞
班子成员
总经理、党组书记：韩 林
巡视员兼副总经理、党组成员：朱怡聆
副总经理、党组成员：王众声
纪检组长、党组成员：庞广瑞
副总经理、党组成员：刘青文
巡视员：蒲 强
副巡视员：张福廷（—2013.10）（国烟党〔2013〕81号）
副巡视员：徐长森
副巡视员：刘 伟
副巡视员：卜晓东

【卷烟生产经营】 2013年，公司生产内销卷烟（含合作生产）1397亿支（279.4万箱），同比增长1.82%，其中合作生产203.5亿支（40.7万箱）。生产一类烟69.14亿支（13.83万箱），同比增长3.16%；二类烟43.30亿支（8.66万箱），同比增长69.73%；三类烟969.34亿支（193.87万箱），同比增长9.08%；四类烟185.22亿支（37.04万箱），同比下降19.74%；五类烟130亿支（26万箱），同比下降18.75%。生产出口卷烟23.14亿支（4.63万箱），同比增长107.88%。

内销卷烟实现销售（含合作生产）1371.43亿支（274.29万箱），同比增长0.16%，其中合作生产201.5亿支（40.3万箱）。一类烟实现销售67.98亿支（13.6万箱），同比增长0.25%；二类烟43.03亿支（8.61万箱），同比增长70.13%；三类烟949.96亿支（189.99万箱），同比增长7.1%；四类烟184.21亿支（36.84万箱），同比下降19.86%；五类烟126.25亿支（25.25万箱），同比下降20.75%。出口卷烟实现销售21.97亿支（4.39万箱），同比增长110.19%。

2013年公司实现卷烟销售收入308.34亿元，同比增长6.27%。实现卷烟税利215.72亿元，同比增长5.91%，其中利润37.18亿元，同比增长12.35%。三项费用率为9.35%，同比下降0.33个百分点。

2013年万元产值综合能耗为13.02千克标煤，万支卷烟综合能耗为2.97千克标煤。烟叶、滤棒、盘纸平均消耗分别为6.67千克/万支、2090支/万支、595米/万支。水、电平均消耗分别为0.063吨/万支、9.13千瓦时/万支。

【主要产品】 2013年，公司生产卷烟品牌主要为“泰山”“将军”“哈德门”。全年“泰山”实现销售（不含出口）855.53亿支（171.11万箱），同比增长12.03%，其中省内实现销售691.65亿支（138.33万箱）；“泰山”出口实现销售21.97亿支（4.39万箱）。“将军”实现销售3.95亿支（0.79万箱），同比下降66.22%。“哈德门”实现销售310.18亿支（62.04万箱），同比下降20.23%。生产的雪茄烟品牌为“将军”，生产雪茄烟470.5万支，同比增长170.87%，雪茄烟实现销售473.94万支，同比增长174.93%。生产雪茄型卷烟2.47亿支（0.49万箱），同比增长16.28%；雪茄型卷烟实现销售2.45亿支（0.49万箱），同比增长19.40%。

全年合作生产湖北中烟、上海烟草集团、江苏中烟、湖南中烟、云南中烟的卷烟品牌“黄鹤楼”“红双喜”“南京”“白沙”“红塔山”等。

【品牌营销】 优化市场营销管理体系，开展高端客户品鉴等专项营销活动，完善大客户开发与维护模式。省内市场发挥全员营销机制作用，省外市场完善新产品引入机制，开展专项宣传，加快产品动销，促进协议落地。组织开展工商协同培训，全年培训“泰山”品牌零售客户6万余人次、客户经理7000余人次。丰富文化传播载体，“泰山”平安文化基地建设初具规模，传播“品‘泰山’、保平安”的文化理念。优化雪茄烟市场布局，完善产品品类，在2013首届海南雪茄文化旅游节（儋州）上获“最佳吸味奖”和“最完美奖”，成为国产中高档雪茄烟的代表。拓展国际市场，实现由合作品牌到自主品牌的转变，境外销售“泰山（TS）”21.97亿支，同比增长128%，增幅居全国第二位。

【原料保障】 2013年调拨烟叶11.075万吨（221.5万担），其中进口烟叶0.775万吨（15.5万担），同比增加0.47万吨（9.4万担）。烟叶结构持续提升，18个重点产区调拨烟叶6.51万吨（130.2万担），中部上等烟调拨比例达到58.4%，同比提高5.9个百分点。推进烟叶基地单元建设，国家局烟叶基地单元数量由15个增至21个，供给率由34%增至53%。特色优质和特色品种烟叶、“NC55”品种烟叶调拨量分别达到2.5万吨（50万担）、0.39万吨（7.7万担），同比分别增长44.9%、42.6%，精细化挑选数量8.2万吨（163.9万担）。

【辅料生产供应】 围绕提升烟用材料采购性价比，优化公开招标运作体系、质量及质量安全管控体系、供应商考核评价体系和即时供应体系，着力推进降本、增效、提质。全年降低烟用材料采购成本1257万元，公开招标比率、入库抽检合格率、供应及时率保持100%。系统改进、综合提升备品备件的采购供应效能，备品备件集中或协议采购比重、周转率分别达到73.9%和67%，寄售金额增加996万元。全年累计消化长期积压件价值1578万元，降低备品备件采购及设备大修成本1068万元，年末库存金额降至7260万元。

【多元化经营】 建立健全多元化投资管理体系及全面监管机制，经营管理工作综合评定位居行业第三位。清理整顿工作取得新突破，新清退企业4家，新收回欠款2.42亿元，剩余欠款采取保全措施。持续推进股权优化，完成山东省三名投资有限公司外方股权受让。

【技术创新】 *产品研发*。以“提质量、拉结构”为目标，以“小步快跑逐步追赶竞品”为原则，着力推进产品开发与维护升级，开发完成“泰山（大鸡）”等十款新产品，开发性改造两款产品，精准维护十款零售价100元/条以上产品。工商协同研发的传统品牌“泰山（大鸡）”上市1个月销量达到231箱，形成良好市场效应。深化产销研联合，突破工艺、材料、“三丝”、香精香料使用局限，产品开发成果有效落地。

山东中烟工业有限责任公司技术中心。山东中烟工业有限责任公司技术中心成立于2006年10月，2007年通过国家发展改革委、科技部、财政部、海关总署、国家税务总局五部委联合组织的国家认定企业技术中心的认定。有在岗员工147人，拥有博士研究生学历5人、硕士研究生学历19人，中级职称102人、高级职称24人。全年组织科技立项24项，鉴定验收11项，取得成果25项。完成国家局项目立项2项，申报专利31项。截至2013年底，累计拥有有效专利425项。完成感官KQI技术标准体系顶层设计，发布感官KQI技术标准12项。

【管理创新】 *管理体系建设*。继续深化目标管理，推进“管理创一流”活动，完善标准化工作。国家局公布的32项对标指标中，公司有16项指标优于行业平均水平。

财务管理。巩固完善财务管理体系，优化财务运行机

制，推进销售区域差旅费用包干工作，推行营销系统“模拟利润中心”运行，深入开展专项资产清查和税收风险评估自查，提高管控水平。

质量管理。加强过程加工控制，强化卷烟质量安全监督，各级卷烟成品质量抽检合格率100%，烟用材料检验合格率99.38%。全年获得省级以上优秀QC成果35项，其中，全国优秀奖4项，全国烟草行业二、三等奖各1项，山东省优秀奖29项。4家卷烟厂获得“山东省质量管理小组活动优秀企业”称号，1人获得“全国质量管理小组优秀推进者”称号，2人获得“山东省质量管理小组活动卓越领导者”称号，14人获得“山东省优秀质量管理工作者”称号。

设备管理。全年设备有效作业率为93.86%，青岛卷烟厂承办2013年全国烟草行业设备管理现场会，并以“六精”设备管理模式作大会交流。4家卷烟厂均被评为“山东省设备管理优秀单位”。

【对外交流与合作】 1月9日，韩国烟草人参公社中国总部社长权纯择一行到公司交流。3月14日，与环球烟叶公司、亚洲区晾晒烟集团相关代表三人就雪茄烟用晾晒烟原料座谈交流。10月29日，澳大利亚安姆科集团执行总裁兼首席执行官麦克文一行到公司座谈交流。11月26日，荷兰联一国际公司总裁彼得斯科一行到公司交流。

【特事要辑】 1月20日，山东烟草工业系统2013年工作会议在济南召开。公司党组书记、总经理韩林作题为《提质攻坚 转型跨越 实现“泰山”品牌发展新突破》的工作报告。

4月15—17日，公司举办“泰山杯”第一届卷烟商品营销职业技能竞赛。

6月6日，国家局副局长赵洪顺一行到济南卷烟厂调研。赵洪顺指出，山东中烟要抢抓机遇，在当前相对固化的卷烟市场格局中争取更大作为；要勇于创新，借助“泰山”品类构建的深厚基础在细分市场方面争取新突破；要坚持规范，加强自我监管、自我约束，确保企业持续健康发展。

7月1—3日，国家局局长凌成兴一行到山东烟草调研，国家局副局长何泽华一同调研。其间，山东省委书记姜异康，省长郭树清会见凌成兴。①

11月5—6日，2013年全国烟草行业设备管理现场会在山东青岛召开，国家局副局长李克明出席会议。李克明指出，青岛卷烟厂牢固树立精益管理理念，坚持目标引领，着力提升队伍素质，善于学习，追踪行业先进标杆，逐步构建起“六精”设备管理模式，内容丰富、真实管用、效果明显，值得认真总结借鉴。

所属生产厂

山东中烟工业有限责任公司济南卷烟厂

【概　况】 山东中烟工业有限责任公司济南卷烟厂最初是始建于1928年的东裕隆烟草公司。2006年，山东烟草工业实施管理体制调整后，取消济南卷烟厂的法人资格，成为山东中烟工业公司的所属卷烟生产厂。2010年，山东中烟工业有限责任公司成立，卷烟厂改制更名为山东中烟工业有限责任公司济南卷烟厂。卷烟厂具备生产烤烟型、混合型、雪茄型等多类型卷烟的技术能力，是全国四家雪茄烟加工基地之一。2013年，被中华全国总工会命名为“全国职工教育培训示范点”。

厂区占地面积74.29万平方米。拥有8000千克/小时、6000千克/小时、2000千克/小时叶丝生产线各1条，3000千克/小时梗丝生产线1条、1000千克/小时白肋烟处理线1条、800千克/小时二氧化碳膨胀烟丝生产线1条、200千克/小时辊压法薄片生产线1条，22条硬包生产线，7条PROTOS70－GDX1软包生产线。年卷烟生产能力625亿支（125万箱）。在岗员工1724人。

【卷烟生产】 2013年，主要生产“泰山”，另有少量“哈德门”“将军”。合作生产湖北中烟、云南中烟的卷烟品牌“黄鹤楼”“红金龙”“红塔山”。生产内销卷烟518.5亿支（103.70万箱），其中合作生产卷烟53.39亿支（10.68万箱）。生产出口卷烟19.65亿支（3.93万箱）。

【技术创新】 9月，卷烟厂引进第一组ZB48国产超高速包装机，与此前到厂的ZJ116超高速卷接机组进行对接、调试。12月3日，与中国烟草机械集团有限责任公司所属四家控股生产企业签订技术合作协议，在烟机工业企业和卷烟工业企业的技术合作历史上创造出两个“第一次”，即第一次实现“一对四”合作，第一次采用课题研究形式。

山东中烟工业有限责任公司雪茄烟制造中心

【概　况】 山东中烟工业有限责任公司雪茄烟制造中心（以下简称“中心”）最初为始建于1999年12月的将军烟草集团有限公司技术中心雪茄烟实验室。2004年5月，国家局正式批准将军烟草集团有限公司济南卷烟厂生产雪茄烟，济南卷烟厂成立雪茄烟生产工段。2008年12月，山东中烟工业公司济南雪茄烟制造中心正式成立。2010年，山东中烟工业公司更名改制为山东中烟工业有限责任公司后，山东中烟工业公司济南雪茄烟制造更名为山东中烟工业有限责任公司济南雪茄烟制造中心。2011年3月，山东中烟设立山东中烟工业有限责任公司雪茄烟制造中心筹备办公室。2012年5月，更名为山东中烟工业有限责任公司雪茄烟制造中心。

中心占地面积约8500平方米，在岗员工46人。拥有荷兰进口的机制全叶卷雪茄烟MIR－01卷烟机8台（套）、RSC－100烟支包装机1台（套）、T3/S3/DOW瓜片芯叶打叶机1台（套）。雪茄型卷烟生产设备有PROTOS70卷烟机2台（套）、GDX2包装机1台（套）和ZB42双十支包装机3台（套）。具备年产手工雪茄、机制雪茄1000万支、雪茄型卷烟2.5亿支（0.5万箱）的生产能力。

① 凌成兴局长指示精神详见山东省烟草专卖局（公司）特事要辑。

【雪茄烟生产与销售】 2013 年，生产雪茄型卷烟 2.47 亿支（0.49 万箱），销售 2.45 亿支（0.49 万箱），其中，生产“将军（100）”2543 万支，销售 2556 万支；生产“将军（潘萨）”19450 万支，销售 19468 万支；生产“将军（雪豹）”2675 万支，销售 2440 万支。

2013 年生产雪茄烟 470.5 万支，销售 473.94 万支，其中“将军（2 号）”未生产，销售 1.24 万支；生产“将军（大力神）”1.67 万支，销售 1.67 万支；生产“将军（战神）”2.03 万支，销售 1.99 万支；生产“将军（3G）”402.8 万支，销售 401.8 万支；生产“将军（黑 3G）”20 万支，销售 20.6 万支；生产“将军（巴哈马）”44 万支，销售 46.64 万支。

推进产品在全国范围销售，2013 年新开拓 13 个省 44 个地级市场。

【技术合作与交流】 6 月，与墨西哥图伦特公司签订《战略合作协议》。双方在产品研发、工艺技术、卷制技术、质量管理和原料供应保障等方面深入开展对外技术交流与合作。10 月，墨西哥图伦特公司专家来访，先后在石家庄、威海和济南召开三场技术交流会，并在雪茄烟制造车间组织为期一周的技术培训，对手工卷制员工进行系统培训。11 月 27 日至 12 月 29 日，中心安排技术人员到墨西哥图伦特公司开展为期一个月的雪茄烟技术交流与培训。

山东中烟工业有限责任公司青岛卷烟厂

【概　况】 山东中烟工业有限责任公司青岛卷烟厂最初是始建于 1919 年的大英烟草股份有限公司青岛办事处。2006 年 8 月，山东烟草工业实施管理体制调整，卷烟厂更名改制为山东中烟工业公司青岛卷烟厂。2010 年，山东中烟工业有限责任公司成立，卷烟厂改制更名为山东中烟工业有限责任公司青岛卷烟厂。

厂区占地面积 36.44 万平方米，拥有卷接包机组 36 台（套），9000 千克/小时叶丝生产线 1 条、5000 千克/小时叶丝生产线 1 条、3000 千克/小时叶丝生产线 1 条、3000 千克/小时梗丝生产线 1 条、1000 千克/小时白肋烟生产线 1 条、180 千克/小时薄片生产线 2 条、570 千克/小时二氧化碳膨胀烟丝生产线 1 条、500 千克/小时实验线 1 条。年卷烟生产能力 665 亿支（133 万箱）。有在岗员工 1521 人。

【卷烟生产】 2013 年，生产卷烟（含合作生产和出口）541.8 亿支（108.36 万箱），其中内销卷烟 538.5 亿支（107.7 万箱），出口卷烟 3.3 亿支（0.66 箱）。生产“泰山”282.65 亿支（56.53 万箱）、“哈德门”219.74 亿支（43.95 万箱）。合作生产上海烟草集团的品牌卷烟“红双喜”36 亿支（7.2 万箱）。

【“六精”设备管理】 按照“市场决定产品、产品决定工艺、工艺决定设备、设备决定人才、人才决定机制”思路，运用精益管理思想、原则和工具，构建起以“精确数据管理、精准状态预测、精心维护保养、精算成本控制、精实绩效管理、精干队伍建设”为主要内容的“六精”设备管理模式。11 月 5 日，2013 年全国烟草行业设备管理现场会在青岛卷烟厂召开，卷烟厂以“六精”设备管理经验为主题在大会上作经验介绍。11 月 22 日，在广州召开的全国烟草行业企业管理现场会上作经验介绍。

山东中烟工业有限责任公司青州卷烟厂

【概　况】 山东中烟工业有限责任公司青州卷烟厂最初是始建于 1948 年的华东野战军随军卷烟社。1998 年 8 月，山东烟草实施综合配套改革，划归颐中烟草（集团）有限公司管理。2006 年 8 月，山东烟草工业实施管理体制调整，卷烟厂更名改制为山东中烟工业公司青州卷烟厂。2010 年，山东中烟工业有限责任公司成立，卷烟厂改制更名为山东中烟工业有限责任公司青州卷烟厂。

厂区占地面积 37.86 万平方米，拥有 6000 千克/小时制丝生产线、570 千克/小时二氧化碳膨胀烟丝生产线各 1 条，200 千克/小时薄片生产线 3 条，卷接包联合机组 19 组。年卷烟生产能力 250 亿支（50 万箱）。有在岗员工 1182 人。

【卷烟生产】 2013 年，主要生产卷烟品牌为“泰山”“哈德门”，合作生产江苏中烟、湖南中烟的卷烟品牌“南京”“白沙”。生产卷烟 225.17 亿支（45.03 万箱），其中合作生产 101 亿支（20.2 万箱）。

【质量管理】 重点针对“泰山”品牌质量优化，加强质量管理设计，突出质量策划功能，开展一系列质量管理活动。以精益生产为抓手，以精细化管理为落脚点，完善质量防控措施，全面发挥质量检验把关功能，增强内控考核效用，提升过程质量管控能力，稳定提高产品质量，卷烟过程抽检优质品率同比增加 3.79 个百分点。年内注册 QC 小组 29 个，注册课题 42 个，完成课题 39 个，其中清泉 QC 小组“研发瑞龙烟支输入智能控制系统”QC 成果获得全国烟草行业一等奖，小组被评为“全国优秀质量管理小组”。

山东中烟工业有限责任公司滕州卷烟厂

【概　况】 山东中烟工业有限责任公司滕州卷烟厂始建于 1951 年 11 月。1998 年 8 月，山东烟草工业实施综合配套改革，滕州卷烟厂划归颐中烟草（集团）有限公司管理。2006 年，山东烟草工业实施管理体制调整，卷烟厂更名改制为山东中烟工业公司滕州卷烟厂。2010 年，山东中烟工业有限责任公司成立，卷烟厂更名改制为山东中烟工业有限责任公司滕州卷烟厂。

厂区占地面积 10.5 万平方米，有 5000 千克/小时制丝生产线 1 条、ZJ17 卷接机组和 ZB25 包装机组 8 台（套）、PROTOS70 卷接机组和 GDX2 包装机组 2 台（套）、自动装封箱机 2 组、码垛机 2 台、KDF2 滤棒成型机 5 组、滤棒发送机 2 套。年卷烟生产能力 150 亿支（30 万箱）。有在岗员工 616 人。

【卷烟生产】 2013年，主要生产卷烟品牌为“泰山”“哈德门”，合作生产云南中烟的卷烟品牌“红塔山”。生产卷烟115亿支（23万箱），其中合作生产10亿支（2万箱）。

【质量管理】 开展工艺研究和技术创新，建立重点规格的质量保障体系，加强过程质量控制。深化TnPM设备管理，实施“6源”查找与“6项”改善，2013年自主改善77项。加强QC活动和六西格玛管理，取得QC成果28项，获评山东省优秀质量管理小组7个，其中1个获评2013年度全国质量信得过班组，取得六西格玛成果15项，3项成果被评为中国质量协会质量技术奖优秀六西格玛项目。

将军烟草集团有限公司

【概　况】 将军烟草集团有限公司（以下简称“将军集团”）组建于1995年10月，是山东中烟的全资子公司，注册资本为12.62亿元。下辖济南包装材料分公司、德州分公司、临清分公司、临清纸业分公司、沂水分公司等5家分公司，将军经贸有限公司、山东鲁烟莱州印务有限公司、山东将军开元纸业有限公司、济南九州春天物业管理有限公司、山东泰山品牌文化传播有限公司、山东省烟草包装印刷有限公司等6家全资子公司，以及济南泉永印务有限公司、山东省三名投资有限公司、山东将军双辰房地产开发有限公司、将军控股有限公司等4家控股企业，并参股中国海洋大学生物工程开发有限公司、光大银行和交通银行3家公司。有烟草在岗员工418人。

2013年，将军集团（分公司纳入集团公司统一核算）及所属6家全资子公司与4家控股企业共实现主营业务收入20.25亿元，实现税利2.83亿元，其中利润1.26亿元。

颐中烟草（集团）有限公司

【概　况】 颐中烟草（集团）有限公司（以下简称“颐中集团”）组建于1994年，是山东中烟的全资子公司，注册资本为12.91亿元。以卷烟配套材料加工为主营业务，兼有生产经营和投资管理职能。下辖卷烟材料分公司、菏泽分公司、烟台分公司等3家分公司，青岛颐中国际大酒店有限公司、颐中（青岛）置业有限公司、颐中（青岛）实业有限公司、颐中（潍坊）实业有限公司、颐中（滕州）实业有限公司、颐中（青岛）烟草机械有限公司、青岛颐中房地产开发有限公司等7家全资子公司；青岛黎马敦包装有限公司、青岛嘉泽包装有限公司、烟台颐中包装有限公司、青州新华包装制品有限公司等4家参控股企业；青岛颐中物业管理有限公司、青岛德润嘉销售服务有限公司2家再投资企业。截至年底，公司拥有总资产32.17亿元，共有烟草在岗员工604人。

2013年，颐中集团实现营业收入21.52亿元。实现税利2.71亿元，其中利润1.41亿元。

（撰稿：秦日旭；编辑：吴中奇　李　昂）

河南中烟工业有限责任公司

【概　况】 河南中烟工业有限责任公司最初为河南烟草工商分设后于2003年10月成立的河南中烟工业公司。2009年8月，河南中烟工业公司改制更名为河南中烟工业有限责任公司。2011年8月，河南中烟工业有限责任公司揭牌。截至2013年底，公司下辖新郑、郑州、许昌、安阳、南阳、驻马店、漯河、洛阳卷烟厂等8家不具有法人资格的卷烟生产厂，河南卷烟工业烟草薄片有限公司①1个薄片生产企业。公司本部设有20个部门，2013年2月，公司企划部、整顿和规范市场经济秩序办公室分离单设，成立生产制造部，同时撤销生产管理部、装备部。公司拥有总资产318亿元，其中，固定资产37.52亿元、流动资产239.23亿元，资产负债率为32%。有在岗员工11234人。

2013年，公司认真贯彻落实党的十八大和十八届二中、三中全会精神，围绕在更高水平推进中原突破的中心任务，应对宏观经济形势变化，强化战略引领，全面成长进位，实现卷烟产销稳中求进、品牌培育快中求进、效益指标好中求进，继续保持良好发展态势，连续第十年受到河南省政府通报表彰。

【领导机构】

董事会

董事长：汪世贵

董　事：杨自业　杨志忠　吴明山　马伶燕　朱湘海　肖　洪（职工董事）

班子成员

总经理、党组书记：杨自业

副总经理、党组成员：杨志忠

副总经理、党组成员：吴明山

副总经理、党组成员：付顺卿

副总经理、党组成员：孙志强（2013.5—，国烟人〔2013〕192号）

副巡视员：许廷选

副巡视员：王志远

【卷烟生产经营】 2013年，公司生产卷烟（不含出口、含合作生产）1705亿支（341万箱），同比增长1.19%。其中，一类烟44.83亿支（8.97万箱），同比下降6.57%；二类烟105.11亿支（21.02万箱），同比下降4.55%；三类烟1173.30亿支（234.66万箱），同比增长19.46%；四类烟235.70亿支（47.14万箱），同比下降28.51%；五类烟146.06亿支（29.21万箱），同比下降32.07%。生产出口卷烟7.96亿支（1.59万箱），同比增长32.37%。合作生产

① 河南卷烟工业烟草薄片有限公司详见《工业企业》栏目“打叶复烤和薄片生产企业”分目。

湖北中烟等工业公司的品牌卷烟245亿支（49万箱），同比下降5.78%。

2013年卷烟实现销售（不含出口烟）1672.47亿支（334.49万箱），同比增长0.10%，其中，一类烟40.39亿支（8.08万箱），同比下降10.16%；二类烟102.62亿支（20.52万箱），同比下降4.82%；三类烟1143.86亿支（228.77万箱），同比增长17.67%；四类烟238.20亿支（47.64万箱），同比下降27.09%；五类烟147.39亿支（29.48万箱），同比下降32.79%。出口卷烟实现销售7.65亿支（1.53万箱），同比增长27.31%。

实现卷烟销售收入430.08亿元，同比增长8.8%。实现税利328.38亿元，同比增长9.2%，其中利润76.85亿元，同比增长17.96%。三项费用率为7.79%。

2013年万元产值综合能耗为11.54千克标煤，万支卷烟综合能耗为3.12千克标煤。烟叶、滤棒、盘纸平均消耗分别为6.8千克/万支、2086支/万支、591米/万支。水、电平均消耗分别为0.1吨/万支、7.95千瓦时/万支。

【主要产品】 2013年，公司生产的内销卷烟品牌主要有"黄金叶""红旗渠""散花"，出口卷烟品牌主要有"FARSTAR（发时达）""CRAZY HORSE（野马）""GOLDEN LEAF（黄金叶）""帝豪"等。新开发"黄金叶（百年浓香）""黄金叶（尚酷）"2个规格；停产"帝豪（风华）"1个规格。合作生产湖北中烟、福建中烟、云南中烟、上海烟草集团、浙江中烟、江苏中烟的"黄鹤楼""红金龙""七匹狼""云烟""红塔山""红双喜""利群""雄狮""南京"。

2013年生产"黄金叶"1005.32亿支（201.06万箱），同比增长30.66%；实现销售"黄金叶"965.85亿支（193.17万箱），同比增长27.62%，其中省内实现销售665.14亿支（133.03万箱）。生产"红旗渠"370.34亿支（74.07万箱），同比下降31.55%；实现销售"红旗渠"373.20亿支（74.64万箱），同比下降30.59%，其中省内实现销售212.40亿支（42.48万箱）。

2013年，公司主要向缅甸、菲律宾、越南、马来西亚、柬埔寨、澳大利亚、新加坡、巴拿马、智利、伯利兹、土耳其等国家和中国澳门地区销售"FARSTAR（发时达）""CRAZY HORSE（野马）""GOLDEN LEAF（黄金叶）""帝豪"等品牌卷烟，出口金额807.58万美元，同比增长55.72%。

【品牌建设】 *品牌运作*。按照"品牌要做大、规格要做精、价格要上扬"的要求，统筹"黄金叶"品牌高端、中高端和基础端规格的发展，持续提升品牌发展态势。高度重视"黄金叶（天叶）"的高端引领和市场运作，始终强化品牌调控、渠道沟通和终端维护，促进品牌形象持续提升，全年"黄金叶（天叶）""黄金叶（小天叶）"合计销量突破5亿支（1万箱），占全国同价区销量比重的5.79%。突出一、二类烟发展，尊重市场规律，强化主导规格，精心运作市场，整体实现稳中有升。突出百元价位卷烟的基础地位，2013年销售市场零售价在100元/条的卷烟866.35亿支（173.27万箱），居全国同价位卷烟销量第二位。

市场建设。把提升市场地位作为市场建设工作重点，加强规模市场、标杆市场和板块市场创建，省内基础市场地位更加牢固，省外市场布局进一步优化。"黄金叶"品牌销量取得新突破，全年省内销量5万箱以上地级市市场12个，其中10万箱以上4个，8万箱以上7个；省外万箱以上省级市场18个，同比增加4个，9万箱、6万箱、5万箱以上市场各1个。

终端建设。强化"在终端着力、靠终端发力"理念，努力打造具有河南中烟特色的工、商、零"三链一体"的营销价值链。推进"终端服务平台"建设，通过二维码信息化手段，加强终端维护，建立"拜访到位率"考核机制，强化销区人员关注终端、研究终端的意识。实施"一地一策、一品一策"，针对零售终端的上柜、摆放、促销、品吸等各环节，开展终端营销活动，全方位提升终端服务质量。

营销创新。强化营销机制创新，探索推进营销分中心建设，进一步发挥各卷烟厂在千日营销工作中的作用，逐步建立以市场为导向的扁平、高效组织机构。公司制定《关于省内市场千日营销改革试点的意见》《关于省内市场千日营销改革试点实施方案》，市场营销中心南阳分中心、驻马店分中心于2013年4月正式成立运行，分中心各项规章制度、组织业务流程等初步建立。完善激励机制，与上海复旦大学合作推进"品牌定位与营销模式"项目研究，加大一线决策权和资源倾斜力度，营销工作动力进一步增强，响应市场能力进一步提升。

产品开发。继续落实"丰富产品规格，完善产品体系，突出产品特色"的要求，制定产品研发"百日攻坚"工作计划，围绕"浓香品类"构建和提高"三感"（轻松感、舒适感、满足感），在产品维护上立足于改造提升，在产品开发上立足于求新求变。注重新品市场验证工作，科学组织开展渠道、终端消费者口味测试，准确分析目标消费群体对试验样品的反馈意见，精心完善在研产品的质量指标，有效形成产品的竞争优势和卖点，不断提升产品的市场针对性和研发成功率。全年开发推出"黄金叶"2款新品，提质改造2款产品，研究储备3款产品。

【原辅材料保障】 *原料保障*。公司继续提升优质烟叶产区调拨结构，重点原料储备明显增加。2013年新增国家局基地单元10个，总数达到24个，其中分布在云南、四川、福建、贵州等典型清香型烟叶产区9个，河南、湖南等典型浓香型烟叶产区8个，其他产区7个。建成许昌襄城县、平顶山郏县2个"黄金叶"浓香特色烟叶示范园，通过工商共建机制，整体推进基础设施、优化结构、散叶收购、特色优质烟叶开发等工作，园区建设取得明显成效。

物资保障。以"夯实基础、强化规范、创新管理、前瞻保供"为工作方针，开展突出前瞻保障的物资供应链管理研究。物资招标采购更加规范，将A、B类烟用材料划分为3个层次7个公开招标项目，实现卷烟材料招标采购100%全覆盖。创新采购模式，促进烟用物资资源在厂际间的优化配置和合理流动，变月度采购为双月、季度或半年，

组织各卷烟厂之间卷烟材料的调剂，材料库存资金占用得到有效控制。加强供应商的年度评价和考核，对出现问题的17家供应商发放整改通知书。

【技术创新】 持续加强与郑州烟草研究院、郑州大学、河南农业大学、郑州轻工业学院等科研院所的产学研合作，通过以机制推动、项目拉动整体来推进创新平台建设，建立规范化、常态化、稳定化的产学研创新合作机制。充分发挥原料工程实验中心、增香保润联合实验室、薄片标准研究室、香精香料研究所、博士后科研工作站等科研平台的创新引领作用，开展增香保润、减害降焦、特色原料、特色工艺等项目研究。全年参与制修订行业标准21项，取得鉴定成果3项，获得省部级科技成果3项，获得授权专利168项，获批牵头承担行业重大专项2项，参与承担行业重大专项3项。扎实推进在建项目，新郑和郑州卷烟厂联合易地技改项目、许昌卷烟厂易地技改项目进入安装调试阶段，新郑物流中心项目通过国家局审批。

*河南中烟工业有限责任公司技术中心。*河南中烟工业有限责任公司技术中心成立于2007年3月，为行业级技术中心。设有烟气超净、常规分析、理化分析、香精香料分析及卷烟物测等标准实验室，拥有先进大型仪器设备30余台（套），总价值4000余万元。截至2013年底，技术中心有员工101人，平均年龄38岁，其中博士（含在站博士后）5人，硕士38人；中、高级以上专业技术职称73人，其中高级职称11人；有1名国家局科技委员会委员、5名国家卷烟感观质量评吸委员会委员、1名标准化委员会委员、1名中国烟草品种审定委员会委员、2名国家烟叶等级质量检验委员会委员。2013年9月，技术中心通过中国合格评定国家认可委员会（CNAS）颁发的实验室认可证书。

【多元化经营】 2013年，公司以多元化企业的组织建设、制度建设、机制运行、竞争力和经营绩效等五个维度的指标为重点，对多元化经营管理、风险管控、企业法人治理结构、市场竞争能力等方面工作进行全面评价。深化公司投资管理体制改革，修改、完善《公司多元化投资管理体制改革方案》和《河南黄金叶投资管理有限公司章程》，完成投资管理公司企业名称预先核准工作，公司董事会通过《关于设立河南黄金叶投资管理有限公司的议案》，并形成决议。

【企业管理】 *管理创新。*2013年，公司优选、下达38项年度管理创新课题，进一步提升管理创新的方向和针对性。组织所属各单位上报公司的24项优秀管理创新课题进行发布交流，共评审出18个获奖项目。

*规范管理。*深入抓好工程投资、物资采购、宣传促销与办事公开民主管理，严格落实“应招尽招、真招实招”要求，公开招标项目数量比为92.57%，金额比为90.20%。

*财务审计。*从预算编制、审批、执行和考核等环节着手，加强重点费用管控，全年业务招待费同比下降40%，会议费同比下降32%，宣传促销费同比下降5%以上。简化审计流程，优化评价指标，全年开展工程项目预（结）审计415项、财务收支审计21项、经济责任审计8项，审减工程造价及合同金额1394万元。

*安全管理。*进一步加大安全生产标准化对标自查整改力度，公司所属9家单位全部通过由国家安全生产监督管理总局组织的安全生产标准化国家一级企业现场评审。组织开展“安全班组建设年”活动，在落实各生产厂主体责任以及部门主体责任的基础上，进一步分解和细化，落实班组责任和岗位责任，形成“岗位保班组、班组保部门、部门保全厂、各厂保公司”的金字塔型责任落实体系。所属9家单位全部获得省级以上“安康杯”竞赛优胜企业称号；公司本部获省直机关“安康杯”竞赛先进单位。

*资源存折管理。*深化公司内部改革新模式，在驻马店卷烟厂组织开展资源存折管理试点工作，探索破解公司一体化重组后的卷烟厂基层管理载体不够明确、资源配置不尽合理、运行效率有待提高等问题。通过邀请专家指导、座谈交流、研讨论证等方式，边研究、边实施、边总结、边完善，在现有管理模式基础上对资源存折的框架体系、内容设计、结果运用等方面进行研讨，制定工作指导意见和实施办法，为试点工作的开展奠定基础。

*物流管理。*按照“三提一降”（提高服务、提高效率、提高规范、降低成本）工作思路，以构建“两个体系”（组织体系、业务体系）为重点，以“试点引领”为手段，加快推进公司物流中心建设，制定《物流中心建设实施方案》，提出先整合厂内物流成立分中心、后以物流综合管控平台搭建推进公司金叶物流实体化运作的“两步走”建设思路，成立洛阳、安阳、驻马店卷烟厂物流分中心。

【职能调整】 按照公司管理体制改革总体要求，着力在优化体制、理顺关系、健全机制上下功夫。对生产、装备、整顿规范、采购管理等部门设置及职能进行调整；成立市场营销中心南阳、驻马店分中心；成立洛阳、安阳、驻马店卷烟厂物流分中心；健全市场营销中心、技术中心、原料部内设机构，理顺业务流程，提高实体化运作水平。成立品牌策划研究室、新型卷烟制品研究室、卷烟材料研究所和香精香料研究所，推进香精香料研究所实体化运作。

成立河南新一代卷烟工程中心，着力推进新一代卷烟研发、成果转化和学术交流。调整公司科学技术委员会专家成员，聘任郑州烟草研究院、河南农业大学3名专家担任技术中心专业室（所）主任，打造开放式创新合作平台。按照烟叶基地建设需要，理顺原料采购、监督打叶复烤、质检、基地建设等业务流程，充实一线业务人员，规范原料队伍管理考核工作。

【思想政治工作】 *学习党的十八大精神。*制定学习贯彻党的十八大精神集中培训方案，编辑整理从中央到地方、从国家局到公司各个层面的相关学习资料25篇共计13万余字，以领导带班、分级实施、分类教学的方式，举办六期专题培训班，每期5天，共计培训党员干部275人次，完成公司处级干部、机关党员和副科级以上干部轮训一遍的学习任务。学习期间，组织公司层面七次大会交流，编写38期学习简报，学员撰写心得体会435篇，整理编发心得汇编四册，计50余万字，收集意见和建议130余条。

党风廉政建设。围绕“三重一大”决策制度落实、整顿规范、办公用房、工作纪律和工作作风的转变等情况，开展专项检查、跟踪督查42次。围绕工作作风、采购与合同管理、重大工程项目建设、千日营销终端维护、办事公开民主管理、工作餐经营管理等内容，开展效能监察和专题调研37项，提出监察建议25条。围绕“改进作风年”活动要求，开展基层党委书记讲党课，组织观看《坚决反对腐败，建设廉洁政治》《把权力关进制度的笼子里》宣传教育片，编制印发《纪检监察前哨》，举办廉洁教育专题讲座等活动85次，组织廉政短信征集评选等各类廉政文化活动115次。以“坚决反对腐败，建设廉洁政治”为主题，确立10个研究课题，推动廉政风险防控融入业务工作，纳入管理流程。

【特事要辑】 4月10—12日，国家局副局长何泽华在河南烟草调研，强调要准确把握当前形势，持续抓好烟叶生产，切实抓实市场工作，共同做好“黄金叶”品牌培育，始终不渝抓好严格规范，努力保持河南烟草良好发展态势。

5月1—3日，中国烟草职工思想政治工作研究会、中国烟草企业文化建设协会会长张保振在河南烟草调研指导工作，强调企业要主动调整，稳定发展；品牌要保持态势，持续发展；文化要传承创新，积淀发展。

5月，由河南中烟技术中心牵头组织，中国烟草总公司职工进修学院和安阳卷烟厂联合申报的“PROFINET工业以太网智能故障诊断系统的研究”项目，通过河南省重点科技攻关项目评审。

7月10日，驻国家局纪检组组长高林在河南烟草调研指导工作，强调要持续抓好原料保障，抓活研发创新，打造过硬品质，打牢市场基础，不断推动“黄金叶”品牌向更高水平发展，为行业“卷烟上水平”和地方经济社会发展作出应有的贡献。

7月15日，国家局副局长赵洪顺在河南烟草调研指导工作，强调要认真落实凌成兴局长提出的“在坚持‘三不变、三稳定’前提下，思考、谋划、实践‘三大课题’，坚持一个制度、狠抓三件大事”的要求，切实增强责任感，做好河南烟草自己的事情。

7月18日，国家局总会计师张玉霞到河南中烟调研指导工作。

7月18—20日，国家局局长凌成兴在河南烟草调研。凌成兴强调，要发挥“两大优势”（人口大省的优势、科研人才的优势），重振“三个雄风”（河南烟草的雄风、专卖打假的雄风、班子建设的雄风），努力保持河南烟草兴旺发达的局面。河南省委书记郭庚茂，省长谢伏瞻分别会见凌成兴，双方就河南烟草改革发展交换意见。国家局副局长李克明一同调研。

8月6日，国家局局长凌成兴到河南中烟许昌卷烟厂考察调研，察看车间生产情况，详细了解“黄金叶”品牌成长发展和工厂生产经营情况，对“一号工程”的扎实推进提出期望。河南省副省长张维宁陪同调研。国家局副局长何泽华一同调研。

8月7—9日，驻国家局纪检组组长高林到河南烟草调研，指导群众路线教育实践活动开好头，起好步。

10月30日，驻国家局纪检组组长高林出席河南中烟党的群众路线教育实践活动专题民主生活会。

12月19日，河南烟草工商双方联合召开“黄金叶”品牌建设座谈会，推动河南浓香型烟叶和“黄金叶”品牌共同发展，推介“黄金叶（百年浓香）”新品卷烟，动员河南烟草上下为促进“豫烟”振兴作出新贡献。

所属生产厂

河南中烟工业有限责任公司新郑卷烟厂

【概　况】 河南中烟工业有限责任公司新郑卷烟厂最初为成立于1949年5月的新中烟厂。2009年8月，更名为河南中烟工业有限责任公司新郑卷烟厂。厂区占地面积60万平方米，拥有1条6400千克/小时制丝生产线、1条570千克/小时膨胀烟丝生产线、18台（套）卷包机组，年卷烟生产能力360亿支（72万箱）。截至年底，有从业人员1702人。2013年，卷烟厂被全国厂务公开协调小组授予“全国厂务公开民主管理工作先进单位”称号。

【卷烟生产】 2013年，主要生产“黄金叶”“红旗渠”品牌卷烟，合作生产湖北中烟的卷烟品牌“黄鹤楼”。全年生产卷烟（含合作生产）320亿支（64万箱），合作生产“黄鹤楼”8.2亿支（1.64万箱）。

【技术创新】 2013年获专利授权20项，其中发明专利3项；2项成果分别获得公司管理创新二、三等奖；1项成果获省科技进步奖三等奖；2项成果分别获得中国烟草总公司科技进步奖一、二等奖；1项成果获得省工信厅科技成果三等奖。探索开展设备状态监控工作，为设备预知性维修提供数据依据。参与中国烟草机械集团有限责任公司组织的“卷烟工厂设备状态监控”专题研究工作。

河南中烟工业有限责任公司郑州卷烟厂

【概　况】 河南中烟工业有限责任公司郑州卷烟厂最初为成立于1944年的利通烟草公司。2009年8月，更名为河南中烟工业有限责任公司郑州卷烟厂。厂区占地面积11.12万平方米，拥有1条6000千克/小时制丝生产线、17台（套）卷接机组、18台（套）包装机组，年卷烟生产能力340亿支（68万箱）。截至年底，有从业人员1112人。

【卷烟生产】 2013年，主要生产“黄金叶”“红旗渠”等品牌卷烟，生产的出口卷烟品牌有“GOLDEN LEAF（黄金叶）”。全年生产内销卷烟320亿支（64万箱），生产出口烟0.11亿支（0.02万箱）。

【管理创新】 构建“一章程四细则”（创新管理工作章程、管理创新成果评审细则、技术创新评审细则、质量管理小组活动管理办法、合理化建议管理实施细则）创新管理体系，全年获得专利授权45项，其中发明专利5项；2项管理创新成果分别获得省级一、二等奖；7项QC成果获得省级一等奖。

河南中烟工业有限责任公司许昌卷烟厂

【概　况】 河南中烟工业有限责任公司许昌卷烟厂（以下简称“卷烟厂”）最初为创建于1949年2月的许昌泰兴烟厂。2009年8月，更名为河南中烟工业有限责任公司许昌卷烟厂。厂区占地面积10.6万平方米，拥有1条8000千克/小时制丝生产线、20台（套）卷包机组，年卷烟生产能力400亿支（80万箱）。截至年底，有从业人员1510人。

【卷烟生产】 2013年，主要生产“黄金叶”“红旗渠”品牌卷烟，生产的出口卷烟品牌有“GOLDEN LEAF（黄金叶）”“帝豪”。全年生产内销卷烟300亿支（60万箱），生产出口烟0.91亿支（0.18万箱）。

【易地技改】 2013年，卷烟厂易地技改项目联合工房、动力中心、生产管理用房及地下车库三大主体土建基本完工，生产管理、后勤服务等公用配套设施建设到位，公用工程相关调试完成，工艺设备单机机械部分安装调试完成。2013年完成投资9.03亿元，累计完成投资14.11亿元，其中，烟机设备投资累计4.29亿元，项目总体进度完成90%。

【生产制造】 2013年各级市场抽检产品质量合格率100%。卷接和包装设备运行效率比2012年分别提升7.42、6.25个百分点。厂界噪声、烟草粉尘排放量等环保指标达标率为100%，清洁生产指标达“AAA”以上水平。

河南中烟工业有限责任公司安阳卷烟厂

【概　况】 河南中烟工业有限责任公司安阳卷烟厂最初为成立于1945年9月的民主烟厂。2009年8月，更名为河南中烟工业有限责任公司安阳卷烟厂。厂区占地面积25万平方米，拥有1条6000千克/小时制丝生产线、1条1000千克/小时白肋烟生产线、13台（套）卷包机组，年卷烟生产能力250亿支（50万箱）。截至年底，有从业人员1276人。2013年，被中华全国总工会授予“全国模范职工之家”称号。

【卷烟生产】 2013年，主要生产“黄金叶”“红旗渠”品牌卷烟，生产的出口卷烟品牌有“FARSTAR（发时达）”“CRAZY HORSE（野马）”“GOLDEN LEAF（黄金叶）”，合作生产福建中烟、云南中烟的卷烟品牌“七匹狼”“云烟”。2013年生产内销卷烟（含合作生产）220亿支（44万箱），生产出口烟6.45亿支（1.29万箱）。合作生产“七匹狼”63.46亿支（12.69万箱）、“云烟”42.46亿支（8.49万箱）。

【技术创新】 2013年有2个科技项目获河南中烟科学技术进步奖，1个科技项目获得2013年河南省工业和信息化科技成果三等奖，取得专利授权25项，开展工艺改进8项，4个成果被评为“全国质量技术奖优秀六西格玛项目”，16个QC成果获得省级以上奖项，其中获评“全国优秀质量管理小组”和“全国质量信得过班组”各1个。

【生产管理】 2013年无市场反馈质量问题，产品在国家局和河南中烟的统检、抽检中合格率均为100%。以课题为抓手，开展设备精益化管理研究，对设备预知性维修管理模式、精益开放型备件管理模式和能源管理进行有益探索。推进卷烟包装箱循环利用试点工作，节约生产成本，坚持绿色发展。MES项目和卷包数采升级改造项目通过终验，信息平台与生产制造对接不断深化，数字工厂架构基本形成。

河南中烟工业有限责任公司南阳卷烟厂

【概　况】 河南中烟工业有限责任公司南阳卷烟厂最初为成立于1950年7月的南阳公营烟厂。2009年8月，更名为河南中烟工业有限责任公司南阳卷烟厂。厂区占地面积17万平方米，拥有1条5000千克/小时制丝生产线、10台（套）卷包机组，年卷烟生产能力200亿支（40万箱）。截至年底，有从业人员1126人。

【卷烟生产】 2013年，主要生产“红旗渠”品牌卷烟，合作生产上海烟草集团的卷烟品牌“红双喜”。2013年生产卷烟（含合作生产）155亿支（31万箱），合作生产“红双喜”25.06亿支（5.01箱）。

【发展规划】 制定工厂“1136”发展规划，即一个愿景：建设魅力南烟家园；一个目标：创建一流卷烟工厂；三个着力：金叶制造、千日营销、易地搬迁；六个支撑：队伍、创新、管理、文化、环境、信息。

【管理创新】 围绕打造精美现场，将设备精深清洁和制度建设、管理活动、行为规范相结合，创新推行“三维五阶”设备保养模式，探索形成“隔离式”屏蔽、“全景式”清擦、“样板式”拆装、“跟踪式”服务等工作方法，固化设备精深清洁的标准和流程。“围绕核心职能 强化创新驱动 打造具有南烟特色的精益制造”项目研究在第六期行业卷烟工厂厂长培训会议上交流，项目的阶段性成果获公司管理创新评比第一名。

河南中烟工业有限责任公司驻马店卷烟厂

【概　况】 河南中烟工业有限责任公司驻马店卷烟厂最初为成立于1949年7月的公营利华烟厂。2009年8月，更名为河南中烟工业有限责任公司驻马店卷烟厂。厂区占地面积10.8万平方米，拥有1条5000千克/小时制丝生产线、7台（套）卷包机组，年卷烟生产能力140亿支（28万箱）。截至年底，有从业人员772人。

【卷烟生产】 2013年，主要生产“黄金叶”“红旗渠”

“散花”等品牌卷烟。全年生产卷烟110亿支（22万箱）。

【技术创新】 探索推进资源存折管理试点工作，倡导“花自己的钱办自己的事，既讲效果又讲节约”理念，调动员工自我管理经营的积极性，为机制创新积累经验。投资8000万元完成ZB45硬盒包装机安装调试和制丝生产线升级改造项目。全年获得实用新型专利授权33项，计算机软件著作权1项，河南省工信厅科技成果奖3项，发表科技论文30篇。

【人力资源管理】 开展“四师”评定工作，40人被评为金叶管理师、金叶工程师、金叶营销师和金叶操作工。创新开展“两个十分钟”（十分钟内部培训、十分钟现场测试）中层正职干部培训模式。

河南中烟工业有限责任公司漯河卷烟厂

【概　况】 河南中烟工业有限责任公司漯河卷烟厂最初为成立于1949年5月的漯河五一烟厂。2009年8月，更名为河南中烟工业有限责任公司漯河卷烟厂。厂区占地面积12.6万平方米，拥有1条5000千克/小时制丝生产线、10台（套）卷包机组，年卷烟生产能力200亿支（40万箱）。截至年底，有从业人员974人。

【卷烟生产】 2013年，主要生产“黄金叶”“红旗渠”“散花”等品牌卷烟，生产的出口卷烟品牌有“FARSTAR（发时达）”，合作生产浙江中烟的卷烟品牌“利群”“雄狮”。全年生产内销卷烟（含合作生产）150亿支（30万箱），生产出口烟0.07亿支（0.014万箱）。合作生产“利群”37.2亿支（7.44万箱）、“雄狮”9.3亿支（1.86万箱）。

【生产管理】 在河南中烟所属卷烟厂中率先实施TnPM管理模式试点，推进装备信息化与设备点检体系的有机融合，设备有效作业率达到94.71%。深入开展减少小停车次数劳动竞赛，推进质量、安全、设备、消耗、现场“五排查”活动，有效提升卷烟一次成品率，降低二次生产消耗，努力打造低消耗优势。

河南中烟工业有限责任公司洛阳卷烟厂

【概　况】 河南中烟工业有限责任公司洛阳卷烟厂始建于1981年。2009年8月，更名为河南中烟工业有限责任公司洛阳卷烟厂。厂区占地面积6.61万平方米，拥有1条4000千克/小时制丝生产线、10台（套）卷包机组，年卷烟生产能力200亿支（40万箱）。截至年底，有从业人员860人。2013年，被河南省总工会授予“河南省五一劳动奖状”。

【卷烟生产】 2013年，主要生产“黄金叶”“红旗渠”品牌卷烟，合作生产云南中烟、江苏中烟、湖北中烟的卷烟品牌“红塔山”“南京”“红金龙”。全年生产卷烟（含合作生产）130亿支（26万箱）。合作生产云南中烟的品牌卷烟“红塔山”37.52亿支（7.5万箱）、江苏中烟的品牌卷烟“南京”10亿支（2万箱）、湖北中烟的品牌卷烟“红金龙”11.8亿支（2.36万箱）。

【管理创新】 成立厂科技工作室，突出创新工作导向性原则，结合公司核心工作要求，科学确定创新立项。全年共申报管理创新项目29项，科技创新项目37项，其中厂级管理创新成果“以设备劣化预防为主线的可靠性维修管理”获得河南省企业联合会现代管理创新成果一等奖，“以适应柔性加工为导向的精细质量管控”和“基于关键工序优化的在线原料消耗管理”获得河南省企业联合会现代管理创新成果二等奖。

【队伍建设】 深入推进“素质提升年”活动，制定三年人才队伍建设实施方案。加强与河南科技大学等高校联合办学，通过技能鉴定、职称评定、技术职务聘任等措施，全面打通技术、技能、管理和营销四类人才成长通道。开展首席技术员工、首席工艺质检员评聘和机电工程师、安全工程师、营销师等技术职务聘任工作，对聘用的中级专业技术人员给予中层管理人员工资待遇。

（撰稿：张　宇；编辑：吴中奇 李　昂）

湖北中烟工业有限责任公司

【概　况】 湖北中烟工业有限责任公司最初为湖北烟草工商分设后于2004年1月18日成立的湖北中烟工业公司。2006年，湖北中烟工业公司与武汉烟草（集团）有限公司、武汉卷烟厂实行双向合署办公，重组整合为一个法人实体。2007年11月28日，湖北中烟工业公司正式更名改制为湖北中烟工业有限责任公司。公司下辖武汉卷烟厂、襄阳卷烟厂、三峡卷烟厂、广水卷烟厂、红安卷烟厂、恩施卷烟厂等6家不具有企业法人资格的卷烟生产厂，以及红金龙（集团）有限公司1家全资子公司。截至2013年底，公司拥有总资产421.39亿元，其中，固定资产30.01亿元、流动资产328.89亿元，资产负债率为51.75%。有在岗员工6348人，其中聘用人员386人。2013年，公司物资部、物资采购中心、物流中心合署为物资部（物资采购中心、物流中心），监察部和整顿办合署为监察部（整顿办），法律与改革部和董事会办公室合署为法律与改革部（董事会办公室），企业管理部和信息中心合署为企业管理部（信息中心），原部门名称保留，原有13个部室、4个中心整合为15个部门。

2013年，公司以党的十八大精神为引领，下大力气提升企业健康运行、规范发展、平安和谐水平，较好地实现烟叶采购质量、重点品牌销量、企业运行质量“三个稳中有升”，做到贯彻落实中央“八项规定”和国家局“九条要求”、党的群众路线教育实践活动、技术创新和工艺改进、基础管理工作、整顿规范和办事公开工作“五个扎实推进”，生产经营各项指标继续保持良好发展态势。

2013年，公司在中国企业联合会、中国企业家协会发布的“中国制造业500强”中居第89位。

【领导机构】

董事会

董事长：卢瑞刚

董　事：李晓兵　舒　明　彭明权　吴　俊　谢伯卿　吕有农（职工董事）

监　事：姚　萌

班子成员

总经理、党组书记：彭明权

副总经理、党组成员：吴　俊

副总经理、党组成员：谢伯卿

副总经理、党组成员：康永胜

副总经理、党组成员：彭传新

副总经理、党组成员：倪　华

纪检组长、党组成员：姚　萌

党组成员：聂广军

【卷烟生产经营】　2013年，公司生产卷烟（不含合作生产和出口）1378.50亿支（275.70万箱），其中生产一类烟484.35亿支（96.87万箱）、二类烟151亿支（30.20万箱）、三类烟153.80亿支（30.76万箱）、四类烟382.15亿支（76.73万箱）、五类烟205.75亿支（41.15万箱）。

公司与省外卷烟工业企业合作生产卷烟499.00亿支（99.80万箱），其中生产“红金龙”288.7亿支（57.74万箱），同比下降5.47%；“黄鹤楼”210.30亿支（42.06万箱），同比增长23.38%。生产出口卷烟19.55亿支（3.91万箱），同比增长120.59%。

2013年卷烟实现销售（含合作生产，不含出口）1809.60亿支（361.92万箱），同比增长0.38%。实现卷烟销售收入622.90亿元，同比增长8.55%。实现税利406.72亿元，同比增长9.85%，其中利润54.31亿元，同比增长9.34%。三项费用率为6.56%。

2013年万元产值综合能耗为6.88千克标煤，万支卷烟综合能耗为2.68千克标煤。烟叶、滤棒、盘纸平均消耗分别为6.42千克/万支、2258支/万支、579米/万支。水、电平均消耗分别为0.117吨/万支、7.98千瓦时/万支。

国际市场方面，2013年实现境外销售55.49亿支，同比增长27.9%；国际贸易进出口总额7987万美元，同比增长4.18%；下属统一联邦国际有限公司实现利润1138万美元，同比增长68%。

【主要产品】　2013年，公司生产的卷烟品牌主要有“黄鹤楼”“红金龙”。2013年生产“黄鹤楼”（含合作生产）832.10亿支（166.42万箱），同比增长17.19%。实现销售“黄鹤楼”784.70亿支（156.94万箱），同比增长14.44%，在省外32个省（区、市）中，有27个销量同比上升，销量过2万箱省（区、市）20个。“黄鹤楼”品牌主导规格“黄鹤楼（软蓝）”“黄鹤楼（金砂）”“黄鹤楼（硬红）”等前三名规格销量521.5亿支（104.30万箱），占品牌总销量比重为66.6%。

2013年生产“红金龙”（含合作生产）1032.40亿支（206.48万箱），同比下降6.93%。实现销售991.80亿支（198.36万箱），同比下降10.98%，其中省外销售494.75亿支（98.95万箱），同比下降13.42%。

2013年，公司生产雪茄烟0.96亿支，同比增长80.19%。雪茄实现销售1.01亿支，同比增长96.74%。

【品牌建设】　*发展思路*。2013年，公司按照“高端引领、中端突破、低端做实”思路，坚持“错位投放、选点控量、持续培育、规范责任”策略，以“良好的口碑”作为衡量品牌培育的第一标准，全面抓好促销量、控调出、调库存、抓备货、挺价格、稳增长等重点工作，较好地保持卷烟产销总体平衡，协调发展。

雪雅香品类构建。2013年，公司创新卷烟原料、香料及工艺技术，融合雪茄烟和烤烟的优势特征，形成兼具雪茄烟浓郁丰盈和烤烟纯净舒适的风味特色，构建出不同于雪茄型和烤烟型的现代经典中式雪茄品类——雪雅香。不同于古巴的传统经典西式雪茄，雪雅香是“现代、经典、中式”雪茄品类，在相对低温环境（约低于常规工艺20℃）下制造，在720℃的相对低温条件（约低于常规烤烟燃烧100℃）下燃烧，吸食感更醇和、长久。形成以咖啡色包装、拉链式造型、重组烟叶裹衣、焦豆香等为标志的感知体系，推出高档“雪之梦”、经典“雪之韵”、流行“雪之景”等系列产品。

减害降焦。低焦油卷烟（8毫克/支及以下）2013年商业销售671.9亿支（134.38万箱），同比增长5.05%，规模居全国第一位，其中“黄鹤楼”系列低焦油产品销售444.45亿支（88.89万箱），同比增长13.13%，排名全国单品牌第一位。

新品开发。卷烟产品方面，在800元/条、300元/条、150元/条等重点价位相继开发完成“黄鹤楼（天骄圣地）”等七个规格，细支卷烟新品销售18亿支（3.6万箱）。雪雅香系列销售8亿支（1.6万箱），手工雪茄销售8437万支，成为新的重要增长点。

网络营销。依托“新商盟”网上订货平台，2013年共开展互动网络营销活动352次、征集评比类活动132次、积分促销类活动113次，加强企业自有网站“楼上楼”建设，积极实施“佳节必有‘黄鹤楼’”“喜事必有‘黄鹤楼’”等主题网络互动活动，有效促进“黄鹤楼”品牌文化传播，扩大品牌影响力。

【原料保障】　*烟叶调拨*。按期完成年度烟叶采购计划，2013年，公司调拨国内烟叶17.15万吨（343.09万担），其中烤烟16.48万吨（329.58万担）、晾晒烟0.68万吨（13.51万担）。调拨进口成品片烟0.93万吨（18.69万担）。

烟叶质量管理。主动参与、深度介入烟叶生产、加工全过程管理，推进特色品种示范种植、专业化分级散叶收购、功能模块配方打叶等工作，加强原料质量规范管理和质量评

价，按期完成年度烟叶采购计划，烟叶等级合格率同比提高1.1个百分点。2013年，公司在全国11个省、20个基地单元全面开展“提高上部烟叶成熟度”工作，精细做好仓储、养护等工作，烟叶使用价值稳步提升。

基地单元建设。遵循“相互协调补充、彰显风格特色”原则，持续优化烟叶采购和基地单元布局，做实做细“第一车间”工作，烟叶供应能力、特色彰显水平和工业可用性均有明显提高。2013年，公司对基地单元进行整合，截至年底累计与烟草商业企业合作建设基地单元38个，基地烟叶供应量占年度调拨计划58.5%。

【技术创新】 科研专利。2013年，公司开展各类科研项目298项，申报专利437项，获授权专利349项，累计申报专利1884项，授权专利1282项，专利申报量和拥有量继续排名行业第一。

减害降焦新品研发。2013年实现22种天然香料提取应用，新研发八种功能型滤棒和八种优质重组烟叶，截至2013年底，累计完成857种天然香料、84种功能型滤棒和54种优质重组烟叶的技术储备。持续加大减害降焦、保润增香等技术研究应用力度，不断巩固强化淡雅香品类的“低焦低害、高香舒喉”特质，大力构建雪茄产品雪雅香新品类，产品技术优势得到持续增强。

新型卷烟研制。全面应用新材料、新技术、新工艺，相继开发出第二代碳加热、加热非燃烧低温、无烟气烟草制品等新型卷烟，已申报自主专利54项，形成一批新一代烟草制品储备。

技术中心建设。湖北中烟工业有限责任公司技术研发中心成立于2004年，内设产品开发部、技术标准部、国际产品部、原料研究部、基础技术部、办公室、知识产权部、质量安全部、质量控制检测分析中心等9个部门，有员工70余人。2013年，公司继续坚持走企业为主体、市场为导向、产学研相结合的技术创新道路，广泛向社会借智借力，与国内外40余家科研院所、高等院校建立技术协作关系，联合3200余名社会专家开展技术攻关，技术研发中心在行业年度评价中保持总分第一。全年共开展省部级科研项目28项，5个项目通过省部级鉴定；“烟用添加剂胶囊及其在卷烟滤棒中的应用”项目成果获得总公司技术发明奖二等奖，“打叶烟叶 烤烟质量均匀性评价”项目成果获得总公司第三届标准创新贡献奖三等奖，“黄鹤楼品牌原料功能模块打叶复烤技术研究及应用”项目成果荣获中国烟草总公司科学技术进步奖三等奖。

【多元化经营】 截至2013年底，公司多元化企业资产总额为20.81亿元，其中烟草行业投资额3.75亿元，实现销售收入9.52亿元，同比持平；利润总额1.80亿元，同比下降20.18%。以红金龙（集团）有限公司为多元化经营企业的归口管理单位，对全省烟草工业多元化经营企业进行系统管理，实行资产管理一体化、发展规划统一化、经营运作属地化、保值增值责任化。截至2013年底，公司存续多元化企业共计8家，均为烟草出资的独资企业，涉及烟草薄片、酒店管理、后勤服务、人力资源、仓储物流、包装印刷等行业。

【企业管理】 管理创新。2013年，公司以开展“管理创一流”活动为主线，全面推行精益管理，整合综合管理体系，切实加强贯标、对标和基层创优等基础管理工作，扎实开展管理创新实践活动，15项课题分别获得省级企业管理现代化创新成果一、二、三等奖。

节能降耗。加强预算管理和资产、资金监管，严控重点费用，规范会计核算，财务管理水平进一步提升，获得行业年度会计信息质量一等奖。加强投资计划管理，推进信息化工作，启动能源管理体系和环境管理体系建设，系统推进节能减排和清洁生产工作，全年工业增加值综合能耗、万支卷烟综合能耗同比分别下降13.4%和1.1%，提前两年完成国家发改委下达的“十二五”期间节能7000吨标煤的目标。

产品质量管理。完善质量安全技术标准体系，全面开展产品研发、工艺装备改进、小改小革等创新活动，产品质量稳步提升，在行业组织的市场质量抽检中，“黄鹤楼”品牌3个规格产品再次进入全国卷烟综合得分前十名，其中“黄鹤楼（软漫天游）”规格排名第一，“黄鹤楼（软珍）”规格连续五年排名前列。

【对外交流与合作】 2013年3月，参加在菲律宾举办的“亚洲烟草博览会”，提升和推广“RGD”和“黄鹤楼”品牌在全球烟草市场的品牌形象和影响力。8月，“RGD”在非洲刚果（金）有税市场上市。9月，“RGD”在菲律宾进入918家7－11连锁便利店。10月，陪同国家局代表团实地考察克罗地亚市场，国家局要求湖北中烟主导探索研究与克罗地亚TDR公司的战略合作。同期，“RGD”和“FIREDANCE”两个品牌5个规格进入墨西哥全国约1500家7－11店面销售。12月，首批湖北中烟小雪茄产品进入西班牙市场主流渠道（LOGISTA分销集团），并在零售终端成功上市。

【人事政工】 完成国家局“三重一大”干部工作专项检查，结合部门机构调整与职能整合，积极推进处级干部轮岗交流。开展湖北中烟专家库资质清理及新聘专家的入库工作，组织实施特有工种职业资格鉴定和通用工种职业资格鉴定。以“制度＋科技”为重点，建立网络信息平台，实现采购管理平台与公司现有各业务系统、廉政监督、行业内网、行业外网无缝对接。

【企业文化】 秉承“技术立企、文化兴企”的理念，以“思想力、行动力”为引领，以“名牌兴业回报社会”为宗旨，以“正规、高效、精炼、务实”为目标，大力倡导“自己的事情自己思考、自己的事情自己作主、自己的事情自己沟通、自己的事情自己负责”处事规则，践行“精心谋事、潜心干事、谨慎行事、坦荡处事”工作作风，全力打造“正直、宽容、远见、敬业”的团队品格，建设思行为主体的企业文化。

【特事要辑】 4月20—21日，国家局局长姜成康在恩施卷烟厂、黄鹤楼科技园、天鹅湖香料园调研，与湖北省委书记李鸿忠、省长王国生、省委副书记张昌尔共同见证雪雅香品类诞生。

7月17—18日，新履职的国家局局长凌成兴考察武汉卷烟厂、黄鹤楼科技园，副局长李克明一同调研。凌成兴指出，湖北烟草近年来创造“黄鹤楼”品牌十年间销量增长38.77倍，商业批发销售收入增长73倍这一奇迹。①

9月25—26日，国家局副局长赵洪顺在武汉出席中国烟草学会2013年学术年会并讲话。

10月11日，国家局总会计师张玉霞到湖北中烟考察。

11月19—20日，驻国家局纪检组组长高林到湖北中烟考察。

12月2日，国家局副局长何泽华到恩施卷烟厂检查安全生产工作。

12月23—26日，国家局局长凌成兴在湖北烟草调研，考察湖北中烟恩施卷烟厂和襄阳卷烟厂。

所属生产厂

湖北中烟工业有限责任公司武汉卷烟厂

【概　况】　湖北中烟工业有限责任公司武汉卷烟厂最初为创建于1916年的南洋兄弟烟草公司汉口分公司。1964年10月由汉口制造厂改名为汉口卷烟总厂。1968年更名为武汉卷烟厂。1995年，成为武汉烟草（集团）有限公司的核心企业。2008年，更名为湖北中烟工业有限责任公司武汉卷烟厂。卷烟厂占地面积80万平方米，拥有国产昆船及德国HAUNI制丝线；德国PROTOS卷接机组、意大利GD包装机、国产KDF2及德国HAUNI的KDF4成型机等卷接包设备35台（套），年卷烟生产能力675亿支（135万箱），在岗员工1527人。2013年，卷烟厂QC成果获得全国烟草行业第24届优秀QC小组成果发布会二等奖，卷烟厂获得“湖北省产业系统工会工作优胜单位”称号。

【卷烟生产】　2013年，卷烟厂主要生产“黄鹤楼”“红金龙”等品牌卷烟。全年生产卷烟555.75亿支（111.15万箱），其中，“黄鹤楼”475.65亿支（95.13万箱）、“红金龙”78.90亿支（15.78万箱）。

【技术改造】　2013年申报专利50项，其中发明专利3项，实用新型专利45项，设计专利2项。获得授权专利34项。完成设备改造30项，检修500余项，制丝车间设备故障停机率为0.14%，卷包车间设备有效作业率为91.18%，编制设备性能标准、制造标准、验收标准20余项。

【管理特色创新】　围绕创建“优秀卷烟工厂”主线，形成全员参与、全过程、全方位的“三全”目标管理工作机制。对照行业先进水平制订指标，通过目标引领提升能耗管理水平。建立目标指标库，包含244项指标。坚持“安全第一、预防为主、综合治理”，组织开展全员安全知识培训、消防技能比武和应急预案演练，深入推进安全生产标准化建设。实施防火、交通、施工等专项安全治理，开展安全理念征集和《安全文化手册》等编制工作。

湖北中烟工业有限责任公司襄阳卷烟厂

【概　况】　湖北中烟工业有限责任公司襄阳卷烟厂最初是始建于1944年的襄樊卷烟厂。2008年，襄樊卷烟厂更名为湖北中烟工业有限责任公司襄樊卷烟厂。2011年3月更名为湖北中烟工业有限责任公司襄阳卷烟厂。卷烟厂占地面积6.3万平方米，拥有1条6000千克/小时制丝生产线，14套PROTOS—GD机组，3台B1型包装机，5台ZB43型包装机（细支烟）等生产设备，年卷烟生产能力250亿支（50万箱）。共有在岗员工1213人。2013年，襄阳卷烟厂被湖北省委、湖北省政府联合授予“湖北省最佳文明单位”，被湖北省总工会授予湖北省“五一劳动奖状”，卷包车间生产班被中国质量协会、中华全国总工会、中华全国妇女联合会、中国科学技术协会联合授予“2013年全国质量信得过班组”。

【卷烟生产】　2013年，主要生产“红金龙”“黄鹤楼”等品牌卷烟，共生产卷烟300.35亿支（60.07万箱），其中“黄鹤楼”79.80亿支（15.96万箱）、“红金龙”212.4亿支（42.48万箱）。

【管理特色创新】　2013年，襄阳卷烟厂对企业管理进行了有效的改革创新，在申报的三项企业管理现代化成果中，“系统工程在企业技改项目中的应用”“班组卓越绩效管理模式的构建与实施”两项成果获得湖北省第25届企业管理现代化创新成果一等奖，“核心业务流程管理实践”成果获得三等奖。

湖北中烟工业有限责任公司三峡卷烟厂

【概　况】　湖北中烟工业有限责任公司三峡卷烟厂（湖北中烟工业有限责任公司三峡烟草有限公司）成立于1998年。卷烟厂占地面积29.8万平方米。下辖三峡卷烟厂雪茄烟分厂。有在岗员工750人。工厂拥有3000千克/小时的制丝生产线和以PASSIM、PROTOS、GDX1、GDX2为主的8台（套）先进卷接包生产设备和高级雪茄烟生产线，年卷烟生产能力150亿支（30万箱）。2013年，三峡卷烟厂获得由中华全国总工会授予的“全国模范职工之家”，中共湖北省委、湖北省政府联合授予的“湖北省最佳文明单位”，由湖北省总工会授予湖北省“五一劳动奖状”等荣誉称号。

【卷烟生产】　2013年，主要生产“红金龙”品牌卷烟，共生产卷烟、机制雪茄119.5亿支（23.9万箱），其中卷烟71.65亿支（14.33万箱），机制雪茄47.85亿支（9.57万箱）。

---

① 凌成兴局长指示精神详见湖北省烟草专卖局（公司）特事要辑。

【管理特色创新】 创建优秀卷烟工厂管理活动。按照“五化”体系要求，全面开展梳理与评价，实施综合管理体系评审。针对薄弱环节和重点指标，确定21个对标课题，促进生产任务安全优质高效完成。2013年生产效率同比增加74箱/天。制丝车间全面推行6S“现场红牌作战”、卷包车间严格看板管理、动力车间实施目视化管理，车间现场管理取得明显进步。

【安全文化建设】 2013年，工厂总结出“时钟”安全文化管理模式和“分分秒秒安全事，事事处处安全人”的安全文化核心理念，形成涵盖安全手册制作、安全屋建设等六个方面内容的安全文化体系。

湖北中烟工业有限责任公司三峡卷烟厂雪茄烟分厂

【概　况】 湖北中烟工业有限责任公司三峡卷烟厂雪茄烟分厂的最初为三峡卷烟厂与英美烟草公司高档雪茄烟技术合作项目，于1999年6月正式启动。随着企业并入武烟集团以及该雪茄烟项目的投产，2003年9月，武汉烟草（集团）有限公司设立雪茄烟分厂。2008年12月，更名为湖北中烟工业有限责任公司三峡卷烟厂雪茄烟分厂。厂区占地面积4093平方米，拥有高档雪茄烟卷制和包装设备123台（套），其中进口雪茄烟设备18台（套）。年手卷雪茄生产能力为2400万支、非叶卷（机制）雪茄25亿支。有在岗员工80人。

2013年生产的雪茄共有“红金龙”“三峡”“茂大”“顺百利”四个品牌16个规格，规格分别为机制雪茄“红金龙（硬红龙）”（7.7mm×84mm）、机制雪茄“红金龙（软福瑞）”（7.7mm×84mm）、机制雪茄“红金龙（硬楚风）”（7.7mm×84mm）、机制雪茄“红金龙（软明道）”（7.7mm×84mm）、机制雪茄“红金龙（硬望星空）”（7.7mm×84mm）；手卷雪茄“三峡（MX10）”（香型）（7.8mm×84mm）、手卷雪茄“三峡（MY10）”（香型）（7.8mm×84mm）；手卷雪茄“茂大（25支XLP）”（13.10mm×132mm）、手卷雪茄“茂大（25支LP）”（16.20mm×132mm）、手卷雪茄“茂大（5支XY）”（12.5mm×105mm）、手卷雪茄“茂大（世家）”（7.7mm×84mm）、手卷雪茄“茂大（盛世）”（7.8mm×84mm）；手卷雪茄“顺百利（10支LP）”（16.2mm×132 mm）、手卷雪茄“顺百利（2支装）”（16.2mm×132 mm）、手卷雪茄“顺百利（3支X）”（13.8mm×132mm）、手卷雪茄“顺百利（5支XY）”（12.5mm×105mm）。

2013年生产销售手卷雪茄烟1.05亿支，同比增长102.59%；机制雪茄（含卷烟线生产）47.5亿支，同比增长26.34%。实现销售收入10.4亿元，同比增长9.47%。实现税利3.75亿元，同比增长7.14%，其中利润1.39亿元，同比下降5%。产品销往全国26个省（市、自治区）的175个地市级市场。

2013年，工厂持续推进技术创新。材料创新方面，成功开发出仿真烟叶卷烟纸和咖啡色滤嘴丝束，并应用在两款产品上。原料创新方面，在海南古巴烟叶和恩施印尼烟叶的替代试验及生产应用上取得阶段性成果。工艺创新方面，完成行业首创的迷你雪茄烟支激光打孔技术和88mm×8.8mm烟支设备技术改造，木桶醇化工艺正式投入使用，手卷雪茄品质明显提升，在海南举行的首届中国雪茄文化节上，获得“最佳卷制奖”。

湖北中烟工业有限责任公司广水卷烟厂

【概　况】 湖北中烟工业有限责任公司广水卷烟厂始建于1970年。2004年取消法人资格后，更名为武汉烟草（集团）有限公司广水卷烟厂。2008年，更名为湖北中烟工业有限责任公司广水卷烟厂。卷烟厂占地面积50万平方米。拥有制丝设备以及卷接包设备8台（套），长城卷烟机4台，PROTOS卷烟机4台，ZB43包装机2台，BE包装机1台，ZB45包装机3台，年卷烟生产能力150亿支（30万箱）。共有从业人员975人，其中在岗员工415人。

【卷烟生产】 2013年，主要生产“黄鹤楼”“红金龙”等品牌卷烟，共生产卷烟82.30亿支（16.46万箱），其中“黄鹤楼”19.80亿支（3.96万箱）、“红金龙”62.50亿支（12.50万箱）。

【技术改造】 进行制丝、卷包车间技改扩容，在卷烟产品方面，完成“黄鹤楼（全家福）”的开发研究工作；在雪茄产品方面，对“黄鹤楼（雪之梦）”中式全叶手工雪茄进行研发，完成烟叶原料处理到雪茄烟包装整套工序。

湖北中烟工业有限责任公司红安卷烟厂

【概　况】 湖北中烟工业有限责任公司红安卷烟厂最初为成立于1981年12月的红安县知青卷烟厂，1987年更名为红安卷烟厂。2003年取消法人资格，更名为武汉烟草（集团）有限公司红安卷烟厂。2007年，更名为湖北中烟工业有限责任公司红安卷烟厂。卷烟厂占地面积24万平方米，拥有3000千克/小时制丝线、1500千克/小时梗丝线、1000千克/小时白肋烟处理线各1条；3台（套）PROTOS—GDX2、2台（套）长城—GDX1，1台（套）PASSIM—GDX2机组，两台（套）ZJ18－YB43中速卷接包机组，年卷烟生产能力150亿支（30万箱）。2013年，工厂被湖北省政府评为“2013年度全省安全生产红旗单位”，被湖北省安全生产监督管理局授予“湖北省安全文化建设示范企业”，卷包车间3号机组获得湖北省总工会授予的湖北省“工人先锋号”称号。

【卷烟生产】 2013年，主要生产“红金龙”品牌卷烟，共生产卷烟79.74亿支（15.95万箱），其中“RGD”17.9亿支（3.58万箱），生产出口烟丝57万吨。

【管理特色创新】 持续加强贯标、对标和创优工作，对标15项指标中12项同比提升，提升率80%。创优13项指标中11项同比提升，提升率为84.6%；生产、质量等管理创新小组，积极推动管理创新，《信访维稳“1+5”工作法的探索与实践》等三个项目，相继获得中烟公司管理创新二等奖、省级管理创新三等奖。

湖北中烟工业有限责任公司恩施卷烟厂

【概　况】　湖北中烟工业有限责任公司恩施卷烟厂于2006年经国家局批准成立，2009年1月8日建成投产试运行，2009年3月正式投产。卷烟厂占地面积16.8万平方米，拥有昆船6000千克/小时制丝线及长城、PASSIM、PROTOS卷接机组和FOCKE、B1、GDX1、GDX2包装机组等卷烟制造专用设备400台（套），年卷烟能力300亿支（60万箱）。有从业人员773人，其中在岗员工711人。2013年，被湖北省安全生产委员会授予“安全生产先进单位”称号，卷包车间被湖北省总工会授予湖北省“工人先锋号”称号。

【卷烟生产】　2013年，主要生产“红金龙”“黄鹤楼”等品牌卷烟，共计生产卷烟212.5亿支（42.5万箱），其中“黄鹤楼”1.6亿支（0.32万箱），“红金龙”210.9亿支（42.18万箱）。

（撰稿：黄　帅；编辑：李　昂）

湖南中烟工业有限责任公司

【概　况】　湖南中烟工业有限责任公司最初为湖南烟草工商分设后于2003年5月成立的湖南中烟工业公司。2006年10月，湖南中烟工业公司与所属长沙卷烟厂、常德卷烟厂合并重组为一个企业法人，取消长沙卷烟厂、常德卷烟厂法人资格；2007年11月，湖南中烟工业公司改制更名为湖南中烟工业有限责任公司。下辖长沙卷烟厂、常德卷烟厂、郴州卷烟厂、零陵卷烟厂、四平卷烟厂、吴忠卷烟厂等6个不具有法人资格的卷烟厂，控股湘西鹤盛原烟发展有限责任公司、常德芙蓉烟叶复烤有限责任公司、浏阳天福打叶复烤有限责任公司等3家具有独立法人资格的烟叶加工企业，以及湖南金叶烟草薄片有限责任公司①1家具有独立法人资格的烟草薄片加工企业，并持有河北白沙烟草有限责任公司50%的股权。截至2013年底，公司拥有总资产680.66亿元，其中，固定资产74.20亿元、流动资产497.70亿元，资产负债率为20.06%。共有从业人员13606人，其中在岗员工12059人。

2013年，公司坚持“讲大局、讲发展、讲自律”，坚持年初确定的目标任务、既定的工作举措、现在的岗位人员职责“三个不变”，认真整改审计中发现的问题，深入开展群众路线教育实践活动，通过开展员工调查问卷、“我创想、我快乐”未来设计创意大赛和兼职讲师集中备课，明确提出“13233”发展思路。聚焦品牌市场，全面完成年初确定的目标任务。

2013年，公司申报的“卷烟功能材料实验室”被国家局认定批准为“烟草行业卷烟功能材料重点实验室”。公司在中国企业联合会、中国企业家协会发布的“中国制造业企业500强”排行第60位。公司获得湖南省总工会授予的湖南省“五一劳动奖状”。

【领导机构】

董事会

董事长：卢瑞刚

董　事：周昌贡　卢　平　曾献兵　李晓兵　舒　明　熊丽萍（职工董事）

监　事：李曙光

班子成员

总经理、党组书记：周昌贡（—2013.9）（国烟人〔2013〕366号、国烟党〔2013〕72号）

副总经理、党组成员：卢　平（2013年9月起主持全面工作）（国烟人〔2013〕366号、国烟党〔2013〕72号）

副总经理、党组成员：曾献兵

纪检组长、党组成员：李曙光

副总经理、党组成员：杨智敏

副总经理、党组成员：刘　兴（2013.1—，之前任副巡视员）（国烟人〔2013〕2号、国烟党〔2013〕1号）

总工程师：刘建福

总会计师：郑则豪

副巡视员：白玉琦

副巡视员：涂清明

副巡视员：孔　敏

【卷烟生产经营】　2013年，公司生产卷烟（不含出口）1841.00亿支（368.20万箱），其中，生产一类烟818.62亿支（163.72万箱）、二类烟20.24亿支（4.05万箱）、三类烟408.90亿支（81.78万箱）、四类烟509.38亿支（101.88万箱）、五类烟83.86亿支（16.77万箱）。生产出口卷烟21.10亿支（4.22万箱）。

2013年卷烟实现销售（含合作生产）2356.35亿支（471.27万箱），其中，一类烟816.55亿支（163.31万箱）、二类烟19.95亿支（3.99万箱）、三类烟856.30亿支（171.26万箱）、四类烟580.05亿支（116.01万箱）、五类烟83.50亿支（16.70万箱）。

2013年在陕西、河北、山东、贵州等四个省合作生产卷烟556.25亿支（111.25万箱），同比增长6.2%，占全国定向整合总量的15.30%。合作生产卷烟实现销售555.65亿

① 湘西鹤盛原烟发展有限责任公司、常德芙蓉烟叶复烤有限责任公司、浏阳天福打叶复烤有限责任公司、湖南金叶烟草薄片有限责任公司详见《工业企业》栏目“打叶复烤和薄片生产企业”分目。

支（111.13万箱），其中，回购459.55亿支（91.91万箱），落地销售96.10亿支（19.22万箱）。

2013年实现销售收入768.93亿元，同比增长9.66%；出口实现4792.85万美元，同比增长8.89%。实现税利677.48亿元，同比增长10.13%，其中利润116.78亿元，同比增长8.53%。三项费用率为6.78%。

2013年万支卷烟综合能耗为3.52千克标煤，万元产值综合能耗为9.84千克标煤。烟叶、滤棒、盘纸平均消耗分别为6.68千克/万支、1678.99支/万支、608.51米/万支，水、电平均消耗分别为0.15吨/万支、7.92千瓦时/万支。

【主要产品】 内销卷烟。2013年，公司生产的内销卷烟品牌主要有“白沙”“芙蓉王”“芙蓉”和“相思鸟”。年内自产“白沙”953.55亿支（190.71万箱），合作生产“白沙”556亿支（111.20万箱），实现销售1474.05亿支（294.81万箱）；生产“芙蓉王”793.60亿支（158.72万箱），实现销售793.72亿支（158.74万箱）；生产“芙蓉”54.85亿支（10.97万箱），实现销售54.79亿支（10.96万箱）；生产“相思鸟”29亿支（5.80万箱），实现销售28.72亿支（5.74万箱）。

出口卷烟。出口卷烟有“利事（NISE）”“白沙”“芙蓉王”“银象（Silver Elephant）”“元帅（Marshal）”等五个品牌55个规格，分别由长沙、常德、零陵、郴州4家卷烟厂负责生产。2013年生产出口卷烟21.10亿支（4.22万箱），其中，出口“利事（NISE）”2.30亿支（0.46万箱），同比下降56.19%；出口“白沙”7.08亿支（1.42万箱），同比增长43.14%；出口“芙蓉王”10.02亿支（2.00万箱），同比增长26.28%；出口“元帅（Marshal）”0.60亿支（0.12万箱），同比下降62.5%；出口“银象（Silver Elephant）”0.70亿支（0.14万箱），同比下降84.44%。

新产品上市。2013年，公司加大内销与出口卷烟新品的开发上市工作，先后有“芙蓉王（硬天源）”“白沙（硬紫瑞）”和“白沙（硬黄金版）”3个卷烟新品上市，销售0.64亿支（0.13万箱）。并有“白沙（利事硬混国际6）”“白沙（利事硬混国际13）”“白沙（利事硬薄国际）”“白沙（利事混泰红）”“白沙（利事薄泰）”“白沙（利事软蓝康龙）”“白沙（和天下澳门专供国警）”“白沙（和天下澳门有税）”“芙蓉王（香港有税）彩警1”“芙蓉王（蓝香港有税）彩警1”“芙蓉王（软蓝香港免税彩警）”“芙蓉王（软蓝澳门有税）彩警2”“芙蓉王（钻石澳门有税）彩警1”“芙蓉王（软蓝印尼专供）”“芙蓉王（软蓝巴拿马专供）”“芙蓉王（荷兰专供）”“芙蓉王（软蓝英国专供）”等17个新规格出口。

【品牌营销】 加强品牌运作。加强战略规划，制订《湖南中烟品牌发展规划（2013—2020）》，首次提出“‘和天下’独立发展、构建三大品牌体系”的总体思路。加强新品运作，新上市“芙蓉王（6毫克天源）”“白沙（硬紫瑞）”2个低焦卷烟规格。加强策略研究，完成“和天下（软）”“芙蓉王”高价位新品的开发研制和面市策划。加强活动推广，提升品牌影响力。加强品牌诊断，为优化品牌发展策略提供参考。

优化市场布局。按照“立足可持续发展，聚焦结构提升主线”的市场发展思路，引入一类烟市场份额、一类烟比重、一类烟市场容量及总量规模份额等量化指标，完善市场评价体系，优化国内市场布局。广东、陕西、山西、河南、海南、深圳、广西等七个市场的支撑作用，湖南、吉林、宁夏、江西、青海、西藏等六个市场的资源利用效率，浙江、江苏、四川、安徽、重庆、河北等六个市场的贡献能力得到充分体现。

加强营销管理。抓好制度重建和流程重构两项重点工作，启动运转高效、简短实用的核心业务流程。加快信息系统建设，实现订单流、项目流、资金流、物资流四大数据流的网上流转。创新目标管理，绩效考核更加突出提升产品结构和品牌价值。

【巴拿马合作生产项目】 巴拿马合作生产项目组于2011年2月开始组建，由公司进出口部牵头，技术研发中心和长沙卷烟厂联合参与组建，2011年6月，与合作方德伦公司签订《湖南中烟工业有限责任公司与TAKE ROLL COMPANY LTD.，S. A. 合作协议书》，确定项目合作框架。2012年4月，巴拿马工厂正式进入商业生产。2012年10月，公司启动与浙江中烟工业有限责任公司“摩登”品牌卷烟在巴拿马工厂的委托加工合作。

2013年，公司进出口部加强巴拿马工厂与公司部门之间的协同，2013年生产销售“白沙（Marshal）” “白沙（Silver Elephant）”“白沙（NISE）”卷烟15.43亿支（3.09万箱），同比增长202.94%。委托加工生产浙江中烟工业有限责任公司“摩登”品牌卷烟2.15亿支（0.43万箱），启动巴拿马工厂项目第二阶段建设，推进工厂扩容和中南美洲平台搭建。截至年底，巴拿马工厂主要生产设备有PROTOS 70和GDX2烟机2台（套），员工78人，其中公司驻厂员工28人，合作方派出人员5人，本地员工40人，中方厂长易广。年卷烟生产能力20亿支（4万箱）。

【原料保障】 总量提高，质量稳定。2012年7月1日至2013年6月30日，调拨国内烟叶25.05万吨（500.91万担），进口烟叶2.31万吨（46.22万担），库存总量41.9万吨（838万担），库存水平超过32个月，均创历史新高。年度国检合格率稳定在64.50%以上，高于全国平均水平2.5%。全年烟叶仓损率0.99%，同比下降12.39%。

调拨结构提升，库存得到优化。调拨计划继续向三类以上品牌原料倾斜，2012年度云南烟叶调拨总量6.97万吨（139.48万担），云、贵、川、湘、渝等重点产区资源比重达到88%，落实2013年度云南调拨计划5.02万吨（100.46万担），同比提高0.2万吨（4万担），均创历史最高。以百日调拨竞赛为抓手，加强“等级结构”专项攻关，完成“上等烟比例同比增长5%，上部烟比例减少5%”的基本目标。落实以津巴布韦为主的非洲烟叶1.63万吨（32.6万担）、落实巴西烟叶0.68万吨（13.6万担）。开展库存烟叶测算分析，组织开展烟叶清仓盘库，为烟叶处理工作奠定基础。协同技术研发中心合理利用或处置库存资源，年度投料消耗不适用烟叶0.65万吨（13万担），让售处理给广东中烟、山东中烟等工业公司不适用烟叶0.6万吨（12万担），与云南、贵州等进出口公司探索开展烟叶置换。

*推进基地建设，扩大散叶规模。*落实基地单元规划，加强与烟草商业企业合作建设基地单元，年度新增14个国家局基地单元，启动20个省级单元建设，建成和在建的单元达到72个。单元化比例突破70%，云南等重点产区达到80%。协同产区优化烟叶生产结构，继续推广订单生产和散叶模式，年内收购散叶19.65万吨（393万担），调拨散叶16.75万吨（335万担），免精选数量进一步增加。依托巴西实体化公司平台，加强与环球烟叶公司、联一公司沟通，深化赞比亚烟叶技贸合作，并就坦桑尼亚烟叶评吸与采购达成共识；基本完成老挝烟叶检验检疫评估，加大对老挝烟叶开发力度。

【技术创新】 *技术研发中心概况。*湖南中烟工业有限责任公司技术研发中心原名湖南中烟工业公司技术中心，成立于2006年12月，2007年通过国家级企业技术中心复评，2010年6月更名为技术研发中心。下设综合管理办公室、知识产权与科技项目管理办公室、监察室等3个办公室，产品研究所、工艺研究所、烟叶研究所、烟草化学研究所、香精香料研究所等5个专业研究所，1个烟草质量监督检测站和1个博士后科研工作站。员工平均年龄41岁，有博士研究生学历20人，硕士研究生学历51人，在站博士后3人。2013年，以湖南中烟为第一完成单位，发表在中文核心期刊以上刊物、或在全国一级学术会议上交流论文6篇。

*科研成果。*2013年，完成“芙蓉王（硬天源）”“白沙（硬紫瑞）”“白沙（硬黄金版）”三个新品的研发，完成17个规格出口产品的研发。加强配方改革和工艺创新，上部烟叶使用比例提高2.17个百分点，薄片使用量增长18.1%。完成十个品种的特色香原料单体的评价与筛选，“芙蓉王”烟叶精选率为74.89%（以2012—2013年调拨年度纳入“芙蓉王”配方选叶的烟叶总量为准），超目标值4.89个百分点。全年完成生产技术专利成果推广应用104项，完成四平卷烟厂易地技改、零陵卷烟厂“芙蓉王”制丝线技改等项目主体工程，常德卷烟厂、郴州卷烟厂易地改造方案和复烤企业技改方案设计得到优化。

【企业管理】 提升体系受控水平，完善“三图合一（战略地图、流程地图、指标地图）”模式，改进目标管理体系，探索卓越绩效管理。编制精益管理方案，导入精益管理理念。整合、提炼“三图合一”成果，编制形成各部门能力发展手册。组织汇编41个案例成果，出版发行《管理密码——湖南中烟管理案例集（一）》。依据平衡计分卡，结合流程梳理，提取节点指标，构建公司目标指标库。根据管理需求与指标现状，分考核、监控和备用三类纳入年度目标责任书，以课题促工作落实。优化对标流程，配合行业体系交叉检查，跟踪课题落实。加强体系建设，分三类拟订内部质量体系评价细则，并纳入绩效考核。优化战略、综合计划、人资、信息化、行政、公共关系、纪检监察、安保等15个二级流程模块，初步搭建公司表单库。完善改进体系文件，公司层面整体标准制修订率51.5%。

【对外交流与合作】 3月2日，环球烟叶津巴布韦公司总裁Gary Wallace、销售经理Clint Robinson，亚洲区副总裁Simon Hinde一行就烟叶合作问题与公司原料采购中心负责人及相关人员进行交流。4月3日，老挝、马来西亚驻华大使馆公使衔参赞和菲律宾、泰国、越南驻华大使馆商务参赞考察零陵卷烟厂。11月12日，巴西CTA烟叶公司行政总裁伊瑞纽一行三人与原料采购中心、技术研发中心相关负责人进行烟叶业务合作交流。

【人事政工】 *党风廉政建设。*围绕学习领会党的十八大精神和开展党的群众路线教育实践活动，深化党风廉政教育；开展“三重一大”决策制度执行情况的自查自纠，整编、修订和完善相关规定；开展清理整改，坚持立查立改；以“三项业务”工作为重点，做实效能监察；改进调研工作，精简会议活动，简化公务接待，全年印发公文数量同比减少20%，招待费、会议费分别下降31.22%、34.42%。

*创意大赛。*为更好地体现“尊重民意、凝聚民智、问计于民”，公司在针对员工发放调查问卷的基础上，围绕“打造世界级品牌、塑造职业化团队、构建生态型系统”三大战略主题，策划组织“我创想，我快乐”公司未来设计创意大赛，鼓励公司员工提出公司未来发展的奇思妙想。大赛组委会共收到6262件创意（点子）作品，从中选出金奖作品29件，并按照“提问—改善—实施—评价”精益管理“四步曲”要求，推动征集创意的论证与实施。

【企业文化】 2013年，公司持续开展“管理创一流”群众性活动，提炼出“管理服务化、服务全员化”的服务理念，开展“向身边的标杆学习”倡议活动。组织企业文化建设培训，邀请中国管理创新研究院等单位的老师，主讲品牌、文化等专题。开展“十大阳光服务岗”“十大精彩服务瞬间”优秀集体和个人评比表彰。调整《湖南中烟报》的版面和内容，完善管理制度。制订公司年度文化活动实施方案，开展各类文体活动，推动公司文化发展繁荣。

【特事要辑】 4月10日，国家局副局长李克明考察国产超高速卷接包样机在长沙卷烟厂的运行情况。

7月15—16日，国家局局长凌成兴先后考察长沙卷烟厂和常德卷烟厂，强调湖南烟草工业要着力调整结构，进一步做强品牌、做精规格，利用三年时间，确保工商税利达到1000亿元；再利用三年时间，力争工业税利达到1000亿元。国家局副局长李克明一同调研。

8月6日，国家局副局长赵洪顺考察长沙卷烟厂。

8月28日，国家局局长凌成兴考察吴忠卷烟厂，指出吴忠卷烟厂的税利由2003年的4800万元增长到2013年的5.7亿元，产量增加到70亿支（14万箱），其发展改革，是跨省联合重组的先进典型，是烟草支持少数民族地区经济发展的先进典型，是湖南、宁夏两省、自治区共创同舟共济的先进典型。凌成兴表示，要持续、稳步支持吴忠卷烟厂实现产量逐步加、结构逐步提、效益逐步增，希望宁夏回族自治区政府给予烟草大力支持，促进宁夏地方经济和中国烟草共同发展。驻国家局纪检组组长高林陪同考察。

10月28日，公司党组召开党的群众路线教育实践活动专题民主生活会，国家局副局长赵洪顺出席会议。

12月4—6日，国家局副局长杨培森在湖南省省长助理袁建尧的陪同下，先后在公司、湘西自治州花垣县排碧乡十八洞村、永顺县泽家烟叶烘烤工场和湘西鹤盛原烟发展有限责任公司调研。

12月25日，驻国家局纪检组组长高林考察湖南中烟本部和长沙卷烟厂。

所属生产厂/企业

湖南中烟工业有限责任公司长沙卷烟厂

【概　况】　湖南中烟工业有限责任公司长沙卷烟厂始建于1947年。2006年10月，湖南烟草工业实施合并重组，长沙卷烟厂成为湖南中烟工业公司6个非法人卷烟厂之一，更名为湖南中烟工业公司长沙卷烟厂。2007年11月，随公司改制更名为湖南中烟工业有限责任公司长沙卷烟厂。卷烟厂主厂区占地面积32.77万平方米，拥有意大利产COMAS制丝线3条，国产、德国产卷接机40台，国产、德国及意大利产包装机42台，国产、德国产滤嘴成型机18台，年卷烟生产能力750亿支（150万箱）。有从业人员2360人，其中在岗员工2356人。

9月，长沙卷烟厂关心下一代工作委员会获得全国“五好基层关工委先进集体”称号，制造中心“白沙”QC小组和卷包车间包装技术室QC小组分别获得“湖南省优秀质量管理小组”称号，制丝车间联合工房乙轮班获得“湖南省优秀质量信得过班组”称号。12月，长沙卷烟厂制造中心“白沙”QC小组获得“全国优秀质量管理小组”称号。

【卷烟生产】　2013年，卷烟厂主要生产的卷烟品牌有“白沙”“利事”和“万宝路”3个。全年生产卷烟664亿支（132.80万箱），同比增加3.90%，其中，生产内销卷烟654.50亿支（130.90万箱），出口卷烟9.40亿支（1.90万箱）。生产“白沙”651.60亿支（130.32万箱），其中精品类“白沙”325.60亿支（65.12万箱）。加工“万宝路”10亿支（2万箱）。

【创新管理】　2013年，卷烟厂不断完善企业综合管理信息系统，推广应用个人工作平台。开发“管理监督”与“指标波动预警”功能，促进指标持续改进。完善《课题管理制度》，结合公司“管理创一流”活动要求，确定并实施22个对标课题。导入推广6S（整理、整顿、清理、清洁、素养、安全）管理活动，明确职责要求，通过部门自查、企业联合检查，发现问题，落实整改要求。

【工程项目建设】　2013年，卷烟厂开展投资和维护项目1135个，业务综合审减率4.93%。公司批复工厂年度投资（含半年度调整）金额6.73亿元，修理费8804.27万元。按计划推进技术中心建设项目，大托烟叶醇化库项目实现主体封顶，完成厂内技术改进立项申请48项，通过41项，成果评定32项。

【提升工艺过程控制精度】　2013年，卷烟厂以过程控制为重点，提升工艺过程控制精度。制丝整体工序的CPK（过程质量控制能力指数）达标率95.79%，卷包工序烟支与盒装缺陷率同比分别下降10%和19.3%。强化过程工艺检查监督，烟虫数较上年同期下降68%。推进工艺过程研究与改进，“白沙（精品）”自透纸等辅料工艺改进5次，申请修订技术标准9次。

湖南中烟工业有限责任公司常德卷烟厂

【概　况】　湖南中烟工业有限责任公司常德卷烟厂最初是成立于1951年1月的常德县公营新湘烟厂。1964年4月，更名为常德卷烟厂。2006年，湖南烟草工业实施合并重组，常德卷烟厂成为湖南中烟工业公司6个非法人卷烟厂之一，更名为湖南中烟工业公司常德卷烟厂。2007年11月，随公司改制更名为湖南中烟工业有限责任公司常德卷烟厂。卷烟厂占地面积150万平方米，拥有2条6000千克/小时和1条5000千克/小时的制丝线，卷接包设备39台（套），自动封箱机组12台，滤棒成型机组12台，滤棒发送机组7台，年卷烟生产能力为800亿支（160万箱）。有从业人员5528人，其中在岗员工4028人。

2013年，卷烟厂生产的“芙蓉王”品牌合格率100%，一、二级站及公司技术研发中心抽检合格率100%。工厂获得常德市“十佳学习型党组织工作示范点”荣誉称号。二车间包装主修工邓政权获得中华全国总工会授予的“全国五一劳动奖章”称号。

【卷烟生产】　2013年，生产卷烟720亿支（144万箱），同比增加49.10亿支（9.82万箱），增长7.32%，均为“芙蓉王”系列卷烟。生产出口“芙蓉王”系列卷烟10.02亿支（2.00万箱），同比增长26.28%。

【优化生产组织模式】　不断优化“三地制丝、三地卷包”生产组织模式，小数量规格卷烟实行跨月度集中生产，恢复中试线小线“芙蓉王（蓝）”生产，启动“芙蓉王”专线“芙蓉王（蓝）”调试，基本实现单元集中生产。推进TnPM（全面规范化生产维护）活动，实施3台卷包设备大修置换及辅助设备自动化改造，首次引进1台M5－X6高速机，装备保障能力进一步强化。深化MES（生产执行管理系统）应用，推进精益生产。年内日均产能6594箱/天，同比增加729箱/天。

【强化质量控制】　探索工艺质量管控模式调整，突出“分类管理、分级控制”。健全工艺预防管理，全年实现有效质量预警2次。强化工艺研究，对质量控制“短板”进行攻关。2013年，卷烟成品包装与卷制六西格玛水平达到4.73，同比上升0.15，过程质量问题市场投诉同比下降1起。

湖南中烟工业有限责任公司郴州卷烟厂

【概　况】　湖南中烟工业有限责任公司郴州卷烟厂最初是创建于1939年的华中卷烟厂。2004年，郴州卷烟厂与长沙卷烟厂实现联合重组，更名为长沙卷烟厂郴州卷烟分厂。2006年10月，成为湖南中烟工业公司6个非法人卷烟厂之一，更名为湖南中烟工业公司郴州卷烟厂。2007年11月，随公司改制更名为湖南中烟工业有限责任公司郴州卷烟厂。卷烟厂占地面积54.60万平方米，拥有国产5250千克/小时制丝线1条，卷接机组14台（套），包装机组14台（套）。年卷烟生产能力为283.50亿支（56.70万箱）。有从业人员1988人，其中在岗员工1988人。

在第11届全国TnPM大会中，卷烟厂获得2013年度全国TnPM大会金点子组织奖、优秀奖等4个奖项，“镀铝内衬纸固定折叠成型装置”获得国家实用新型专利授权。卷烟厂申报的“隧道式叶丝回潮机蒸汽排放装置”获得专利授权证书。

【卷烟生产】　2013年，卷烟厂开始生产出口卷烟。全年生产卷烟（不含出口）164.40亿支（32.88万箱），同比下降2.89%，其中，生产一类烟50.25亿支（10.05万箱），全部为“芙蓉王（硬）”，占总产量30.55%。生产三类烟7.75亿支（1.55万箱），分别为“白沙（硬香槟）”和“白沙（软香槟）”。生产四类烟53.50亿支（10.70万箱），分别为“白沙（盖）”和“白沙（软）”。生产五类烟52.9亿支（10.58万箱），分别为“相思鸟（软）”“芙蓉（黄）”和“芙蓉（红软）”。生产出口卷烟1.40亿支（0.28万箱），包括“银象（薄荷玻利维亚）”“元帅（薄荷中美）”“银象（薄荷中美）”。

【“五化”生产管理】　生产管理实行“五化”（生产管理模板化、设备管理参数化、过程控制精准化、分析问题数据化、解决问题现场化）管理模式。根据各品牌生产工艺要求，合理安排生产；针对各品牌的质量和特殊要求，构建各工序、各机型设备参数库；根据品牌生产流程，梳理生产线的质量职责和目标，并分解到机台、岗位；加强对原始数据的记录和积累，确保基础数据的真实性、准确性和及时性；生产线各层级管理人员深入现场，及时掌握一线状态。通过推广应用“五化”管理模式，工厂产品卷制和包装加权评分在99分以上，产品交货及时准确率始终保持100%。

【易地技改项目】　2013年，卷烟厂易地技改项目被列为湖南省重点建设项目和郴州市“一号工程”，取得备案批复、招标核准及建设用地批复。完成40.33万平方米项目建设用地审批和土地摘牌及相关权证办理、项目设计招标、项目设计完标、整体工艺设计等前期工作，及时向国家局专文呈报项目新增部分建设内容，为项目的启动实施打好基础。

【后备干部选拔与培养】　做实后备干部选拔培养工作，运用卷烟厂中层领导力素质模型创建PTR（绩效、综合测试、角色扮演）人才选拔模型，公开选拔中层副职后备人才，提高中层后备人才选拔精准度。采用ESC模型，分评价（Evaluate）、支持（Support）、挑战（Challenge）三大块培养后备干部。制定后备人才发展地图，明确领导力发展各阶段的能力提升目标和学习内容，帮助后备人才加速成长。

湖南中烟工业有限责任公司零陵卷烟厂

【概　况】　湖南中烟工业有限责任公司零陵卷烟厂始建于1976年，2004年与常德卷烟厂实现联合重组，更名为常德卷烟厂零陵卷烟分厂。2006年10月，成为湖南中烟工业公司6个非法人卷烟厂之一，更名为湖南中烟工业公司零陵卷烟厂。2007年11月，随公司改制更名为湖南中烟工业有限责任公司零陵卷烟厂。卷烟厂占地面积62万平方米，拥有5000千克/小时制丝线1条，卷接包设备14台（套），年卷烟生产能力250亿支（50万箱）。有从业人员1276人，其中在岗员工1276人。

2013年，卷烟厂围绕“工厂发展好、员工工作好、家庭生活好”发展目标，以承接“芙蓉王”转移生产为中心，以质量为核心，强化基础管理，提升全员素质，如期完成年初制定的各项目标任务。

【卷烟生产】　2013年，生产卷烟（含出口）158.80亿支（31.76万箱），同比减少59.80亿支（11.96万箱），下降27.36%。其中，生产内销卷烟158.5亿支（31.7万箱），包括一类烟“芙蓉王（硬）”33.35亿支（6.67万箱）；三类烟“白沙（精品）”26.68亿支（5.34万箱）、“白沙（新精品）”0.50亿支（0.10万箱）；四类烟“白沙（硬）”49.85亿支（9.97万箱）、“白沙（软）”28.15亿支（5.63箱）；五类烟“芙蓉（软红）”19.95亿支（3.99万箱）。生产出口卷烟0.30亿支（0.06万箱）。

【产品质量持续提升】　以输入生产高端产品“芙蓉王（硬）”为契机，抓“三重”、布“八防”、强化全面质量控制。加强工序质量检测，制丝工序及薄片抽检合格率100%；外部抽检合格率100%，质量事故投诉为零；卷制与包装得分加权平均值98.90分，获公司年度质量管理加分。卷烟成品焦油加权平均值为10.50毫克/支，为公司最稳定产品之一。顾客投诉产品质量事故及A类顾客投诉事件均为零次，连续三年保持全公司第一。

【设备管理】　完成卷接包设备均质化改造、制丝线设备拆除和工艺环境改造。建立完善“芙蓉王（硬）”生产的相关制度。各车间以TnPM体系理论为指导，开展形式多样的经验和心得交流会，实现“1+1>2”的功效。开展小改小革及“六源”清除活动，发现解决96个设备问题，按考核、监控及备用三大类进一步完善设备指标体系，总体指标数达到41个。开展课题攻关活动，成立课题小组，解决重难点问题，在车间成立课题小组，提高设备工艺保证能力及员工处理问题的能力。

湖南中烟工业有限责任公司四平卷烟厂

【概　况】 湖南中烟工业有限责任公司四平卷烟厂始建于1948年，2003年与常德卷烟厂实现联合重组，更名为常德卷烟厂四平卷烟分厂。2006年10月，成为湖南中烟工业公司6个非法人卷烟厂之一，更名为湖南中烟工业公司四平卷烟厂。2007年11月，随公司改制更名为湖南中烟工业有限责任公司四平卷烟厂。卷烟厂占地面积14.2平方米，拥有3000千克/小时制丝线1条，1000千克/小时制梗线1条，ZJ17－ZB45卷包联合机组5套，ZL21B成型机组2台（套），ZL26B成型机组2台（套），年卷烟生产能力为100亿支（20万箱）。有从业人员866人，其中在岗员工823人。

【卷烟生产】 2013年，生产卷烟80.00亿支（16.00万箱）。在产品牌和规格包括“白沙（精品二代）”“白沙（绿和）”“白沙（硬）”和新增生产的“白沙（硬黄金版）”“白沙（精品）”。

【实现管理再升级】 着力打造管理特色，实现企业管理再升级。科学设计目标管理体系，分解落实。优化目标管理数据库，梳理覆盖卷烟厂所有部门的目标管理数据库数据578项，初步完成“指标地图”的构建工作。建立目标的动态管理机制，保证部门目标设定的适宜性、合理性及可控性。注重目标的过程管理，进一步推进目标管理由结果控制向过程控制转变。

【技术攻关取得阶段性成果】 卷烟厂把制约质量提高的瓶颈式问题，列为厂级课题，组建跨部门技术攻关小组，解决技术难题。组织各部门自行申报趋势性质量问题，并组织集中立项评审、实施、效果验收和评比。各部门合作完成技术改进项目20项。建立质量改进项目新机制，技术攻关取得阶段性成果。

湖南中烟工业有限责任公司吴忠卷烟厂

【概　况】 湖南中烟工业有限责任公司吴忠卷烟厂始建于1970年。2004年，长沙卷烟厂兼并吴忠卷烟厂，成立长沙卷烟厂吴忠卷烟分厂。2006年10月，湖南烟草工业实施合并重组，吴忠卷烟厂成为湖南中烟工业公司6个非法人卷烟厂之一，更名为湖南中烟工业公司吴忠卷烟厂。2007年11月，随公司改制更名为湖南中烟工业有限责任公司吴忠卷烟厂。卷烟厂占地总面积7.10万平方米，拥有1500千克/小时制丝生产线1条，卷接包装设备5台（套），年卷烟生产能力为108.00亿支（21.60万箱）。有从业人员423人，其中在岗员工423人。

【卷烟生产】 2013年，生产卷烟75亿支（15万箱）。生产三类烟14亿支（2.80万箱），其中，“白沙（红和）”0.10亿支（0.02万箱），“白沙（精品）”13.90亿支（2.78万箱）；生产四类烟48.60亿支（9.72万箱），全部为“白沙（硬）”；生产五类烟12.40亿支（2.48万箱），全部为“芙蓉（黄）”。

【管理创新】 2013年，卷烟厂将原企业管理部拆分为生产与企业两个管理部，重新进行岗位职责设置与人员定置。同时，以“对标”和“企业管理创一流”群众性活动为抓手，推动工厂发展由资源驱动向能力驱动转型。开展卷烟工厂内控指标体系专题成果推广应用活动，初步建立考核类、监控类和备用类内控指标体系。成立攻关改进小组，推进与公司签订的五项课题和群众对标15项课题活动，同比指标提升率93.33%。推进QC、TnPM等管理工具应用，解决生产工作中的短板问题。全年发布QC成果17个，其中1个QC创新成果代表公司参加国家局QC活动成果发布获得三等奖。

湖南中烟投资管理有限公司

【概　况】 湖南中烟投资管理有限公司最初是湖南中烟工业有限责任公司投资管理部。2011年12月12日，根据《国家烟草专卖局 中国烟草总公司关于湖南省卷烟工业系统多元化投资管理体制改革的批复》（国烟法〔2011〕351号）文件，按照“归口管理、分级负责”的要求，成立湖南中烟投资管理有限公司，撤销公司投资管理部，建立以产权为纽带、实体化运作、专业化管理的多元化投资管理体制和现代企业制度，注册资金2亿元。截至2013年12月，有员工29人。具体负责公司多元化投资企业的分类管理，总经理陈东平，副总经理徐国平。

2013年，湖南中烟投资管理有限公司所属多元化企业16家，总投资额5.84亿元（不含本级）。15家所属多元化企业（不含兴业银行股份有限公司）实现营业收入31.22亿元，同比增长8.7%；实现利润总额7.1亿元，同比增长9.88%。其中，印刷产业完成营业收入19.24亿元，实现利润总额6.2亿元；辅料产业完成营业收入11.08亿元，实现利润总额0.82亿元。另外，兴业银行股份有限公司实现分红0.89亿元。多元化产业国有资本保值增值率达到120%。

不断健全法人治理结构，认真履行职责。充分把握所属多元化企业股权结构调整的契机，加强董事会建设，规范企业运作，组织所属多元化企业建立健全相关制度文件；及时收集所属多元化企业董事会相关会议资料并整理成册，加强痕迹化管理；积极探索如何加强委派（推荐）董事、监事的作为，使其能真正代表出资人意志。

2013年2月，开展多元化企业法人治理结构建设情况调查，对各多元化企业董事会、监事会、股东大会履行职责、内控制度运行等法人治理结构建设情况分析汇总，认真总结查找问题，撰写书面情况分析报告。贯彻落实《多元化经营企业管理办法》，认真履行内部程序，严格规范工作流程，从制订工作方案、履行内部程序、开展谈判磋商、积极报批与跟进等方面着手，稳步开展股权调整工作。一是妥善开展合作方股权的调整收购。二是完成员工持股置换工作。除5家企业因权限原因需等待国家局批复外，完成权限内的6家多元化企业（含2家物流企业）的股权调整工作。

（撰稿人：盛晓燕；编辑：李　昂）

广东中烟工业有限责任公司

【概　况】　广东中烟工业有限责任公司最初是成立于2003年的广东中烟工业公司。2007年，改制更名为广东中烟工业有限责任公司，是全国烟草行业首家建立董事会的省级工业公司。公司下设广东双喜投资管理有限公司①1家全资子公司，广州卷烟厂、梅州卷烟厂、韶关卷烟厂、湛江卷烟厂等4家不具有法人资格的卷烟生产厂，公司总部共有21个部门。截至2013年底，拥有总资产397.74亿元，其中，固定资产50.05亿元、流动资产288.17亿元，资产负债率为30.08%。共有从业人员5153人。

2013年，公司围绕“卷烟上水平工作走在行业前列、率先实现500万箱”的目标，以高端带动促进价值提升，切实提高发展质量和效益，推动企业持续健康发展。

2013年，公司被工业和信息化部评为“国家级两化深度融合示范企业”，被国家安监总局评为“全国安全文化建设示范企业”，被广东省委、省政府评为“广东省扶贫开发‘双到’工作优秀单位”。

【领导成员】②

董事会

董事长：卢瑞刚

董　事：李根基　李晓兵　舒　明　廖中浩　张穗强　王　全　陈仲良

王文祥（职工董事）

监　事：王国飞

班子成员

总经理、党组书记：李根基

巡视员兼副总经理、党组成员：廖中浩

总会计师、党组成员：张穗强

副总经理、党组成员：林孟昌

副总经理、党组成员：区广安

副总经理、党组成员：袁汉辉

纪检组长、党组成员：王国飞

党组成员：张赤兵

副巡视员：邵卫国

副巡视员：李显万

副巡视员：符　敏

【卷烟生产经营】　2013年，公司生产卷烟（含出口，不含合作生产）1196.8亿支（239.36万箱），同比增长1.51%，其中，生产一类烟59.1亿支（11.82万箱）、二类烟165.4亿支（33.09万箱）、三类烟849.5亿支（169.9万箱）、四类烟35.3亿支（7.06万箱）、五类烟87.6亿支（17.52万箱）。

2013年实现卷烟销售（含出口和合作生产）1615.4亿支（323.08万箱），同比增长0.60%，其中，一类烟58亿支（11.6万箱）、二类烟163.6亿支（32.72万箱）、三类烟1278.9亿支（255.78万箱）、四类烟35.1亿支（7.02万箱）、五类烟79.9亿支（15.98万箱）。出口卷烟2.8亿支（0.56万箱）。

2013年自产卷烟实现销售收入324.68亿元，同比增长5.50%。实现税利234.53亿元，同比增长4.57%，其中利润36.30亿元，同比增长7.19%。三项费用率为7.05%。

2013年万元产值综合能耗为7.20千克标煤，万支卷烟综合能耗为2.07千克标煤。烟叶、滤棒、盘纸年平均消耗分别为6.78千克/万支、2094支/万支、593米/万支。水、电平均消耗分别为0.082吨/万支、8.21千瓦时/万支。

【主要产品】　2013年，公司生产的内销卷烟有“双喜”“椰树”“羊城”“红玫”四个品牌33个规格。停产“双喜（满堂红）”“椰树（硬绿）”2个规格。新增“双喜（典藏五叶神）”“双喜（硬红逸品）”2个规格。

2013年生产“双喜”（不含合作生产，含出口）1071.1亿支（214.22万箱），同比增长2.60%。“双喜”实现销售1497.7亿支（299.5万箱），同比增长1.85%，其中省外销量664.8亿支（132.96万箱），同比增长2.26%。销量超过50亿支（10万箱）的省级市场增加到5个，其中湖南、广西销量分别为149.6亿支（29.92万箱）和112.9亿支（22.58万箱）。继续优化销售结构，2013年实现销售“双喜（硬经典1906）”145.3亿支（29.06万箱）、“双喜（硬金五叶神）”144亿支（28.8万箱）、“双喜（硬经典）”256.9亿支（51.38万箱）、“双喜（软经典）”219.5亿支（43.9万箱）。2013年新增卷烟规格“双喜（典藏五叶神）”和“双喜（硬红逸品）”销量为0.7亿支（0.14万箱）。

2013年合作生产“双喜”439.1亿支（87.8万箱），同比下降3.8亿支（0.76万箱）。其中与广西中烟柳州卷烟厂合作生产“双喜”274.5亿支（54.9万箱），与陕西中烟宝鸡卷烟厂合作生产“双喜”89.5亿支（17.9万箱），与江西中烟南昌卷烟厂合作生产“双喜”50.1亿支（10.02万箱），与深圳烟草工业有限责任公司合作生产“双喜”25亿支（5万箱）。

---

①　根据国家局、总公司关于《关于广东省卷烟工业系统多元化投资管理体制改革的批复》（国烟法〔2011〕337号），2011年7月，成立广东双喜投资管理有限公司，主要负责广东省卷烟工业系统多元化投资的统一经营、管理和监督。

②　廖中浩2012年11月起任巡视员兼副总经理、党组成员，之前为副总经理、党组成员，文号为国烟人〔2012〕374号、国烟党〔2012〕72号。袁汉辉2012年11月起任副总经理、党组成员，之前任党组成员，文号为国烟人〔2012〕374号。张赤兵2012年11月起任党组成员，文号为国烟党〔2012〕72号。

2013年生产“椰树”60.8亿支（12.16万箱）、“羊城”21.4亿支（4.28万箱）、“红玫”40.6亿支（8.12万箱）。

2013年境外实现销售74亿支（含境外工厂生产和出口），其中“双喜”境外实现销售15.2亿支。威尼顿公司销售卷烟56亿支，同比增长11.8%；销售收入同比增长15.26%，实现利润同比增长15.13%。澳门金叶卷烟厂销售卷烟15.22亿支，同比下降11.6%；销售收入同比增长8.16%，实现利润同比增长260.15%。

【品牌营销】 *市场拓展*。2013年，“双喜”省外市场拓展成绩突出，省外销量664.8亿支（132.96万箱），同比增长4.44%，省外比重达到43.3%，同比提高0.6个百分点。规模最大的三个市场分别是湖南、广西、江西，销量同比分别增长5.6%、5.7%和18.1%。省外万箱以上市场中，增幅最大的市场是北京、河北、湖北、江苏，分别增长48%、36%、22%和19%。全国地市级市场月均覆盖率达97.7%，同比保持上升，区县市场月均覆盖率95%，同比提升1.9个百分点。广东市场结构提高，广东市场“双喜”实现销售847.5亿支（169.5万箱），同比增长2.4%。

卷烟营销。结合社会流行趋势及产品特征，利用新媒体策划“双喜喜聚囍到福到”活动，以回家为题，将品牌内涵展现给春节回家过年的消费者，树立有社会责任感的大品牌形象。与广州市局（公司）共同策划、组织“双喜（珍藏）”的网订平台推广整合活动，增进零售客户对产品的了解，增强零售客户自发推荐产品的积极性，强化终端陈列工作。

产品改造。在中国澳门及国际市场，完成“吉利”产品改造，开展与英美烟草合作产品的试制工作，完成“双喜（普通）”和“双喜（经典）”滤棒长度的技术改造、“双喜（CTBAT）”叶组配方的技术研发，完成针对阿联酋市场的“双喜（普通）”叶组配方、香精香料配方、三纸一棒设计以及针对澳大利亚市场的“双喜（普通）”阻燃卷烟纸的技术改造工作，完成针对不同市场警语图案设计的技术改造。

【原料保障】 2013年，购进原料22.31万吨（446.23万担），其中国内烟叶19.89万吨（397.88万担），进口烤烟1.87万吨（37.44万担），薄片6.08万担，工业调剂片烟4.83万担，年度合同履约率约为100%。储备水平达到22.5个月。购进的国内烟叶区域结构、等级结构和部位结构合理，主料烟产区调拨比例达82.6%；国内烤烟上等烟叶采购比例约67.3%，比2011烟叶年度提高0.3个百分点。

截至2013年底，累计与烟草商业企业合作建立45个“双喜”品牌导向型基地单元，包括10个“特色优质烟叶合作项目区”，24个“整县推进现代烟草农业示范区”，以及11个工商共建单元，其中重庆彭水润溪基地单元在国家局考评中被评为优秀。

不断深化基地单元合作，科研项目合作的针对性更加明确，主要包括“基于‘双喜’品牌原料需求的基地单元品种试验与选定”“广东中烟复烤加工过程质量自动控制研究与应用”“应用微生物技术提高上部烟叶品质的研究”“适用于‘双喜’高端卷烟的郴州烟叶开发与研究”“基于‘双喜’品牌原料需求的湘西山地特色烟叶关键技术研究”等项目。

加强与复烤企业合作。新增贵州遵义、陕西咸阳2个配方打叶工作站。

【技术创新】 *广东中烟技术中心概况*。广东中烟技术中心成立于2005年，2008年被认定为国家级企业技术中心，下设11个研究所（2013年新成立新型产品研究所）和7个管理室。截至2013年底，广东中烟技术中心共有员工149人，其中博士研究生学历8人、硕士研究生学历65人，高级职称19人、中级职称96人。

2013年，技术中心在研科技项目共计150项，其中公司内部135项，国家局15项，内容涉及烟草农业、卷烟材料、减害技术、产品信息技术、烟草薄片、增香保润等多个研究领域。

产品开发。基本完成“双喜（鸿喜）”产品开发工作；在北京设立配方工作站；对新型品类中支烟及女士烟分别进行了中样试制及研发储备研究。

创新环境建设。完成《“双喜”品牌产品研发规划（2013—2015年）》，新设立新型产品研究所。启动科研人员的新型考核评价模式，包括岗位胜任素质评价与工作绩效评价。根据《广东中烟科技创新奖励办法》，全年评选出科技进步奖19项、优秀项目奖9项、专利奖104项、论文论著奖28项，涉及公司不同领域的技术创新活动。

工艺平台建设。2013年，技术中心完成制丝线“小流量、双滚筒式干燥”设计方案，迈出实现小流量特色加工、提升高端产品原料加工能力的第一步。开展功能性复合滤棒、加料滤棒、功能性新型沟槽滤棒及三元复合滤棒的技术研究，实现“双喜（经典1906）”卷烟复合滤棒的规模化自制生产，有效降低生产成本；开展品牌多点生产均质化工艺试验，完善产品工艺技术标准和质量体系建设，成功实现“双喜”三个规格在梅州卷烟厂的转移生产。

配套技术研发。研发出功能性再造烟叶GD-125，应用到“双喜（鸿喜）”的叶组配方中；开展清香型烟叶打叶复烤关键工序不同工艺参数对高端原料香气物质变化的影响研究；完成卷烟增香保润重大专项的相关研究工作，并通过国家局的检查评估，为进一步提高香精香料质量保障技术奠定基础。

产学研合作。全年产学研项目规模达104项，其中完成26项，在功能性卷烟材料、减害型再造烟叶、植物资源等领域产出一批科研成果。与江苏智思机械集团有限公司新建“烟草工艺与装备共建实验室”，提升外部资源的运用深度与广度。

科技成果应用。应用“‘双喜’品牌卷烟品质区域性差异分析研究与应用”研究成果，对“双喜”卷烟产品进行技术改造。应用“双喜—五叶神卷烟品牌专用功能性再造烟叶研发与应用”研究成果，构建适用于功能性再造烟叶

研发的非烟草植物纤维资源库，开发出完全拥有自主知识产权的功能性植物纤维再造烟叶 GRT001，形成集研发、应用及产业化于一体的完整体系，制定关于再造烟叶植物纤维原料采购、加工、工业化应用方面的具有品牌特色的规范和标准。截至 2013 年底，再造烟叶 GRT001 已应用在 41.2 万箱“双喜·五叶神”产品上，相关产品共实现销售额 78.2 亿元、税金 50.7 亿元、利润 6.1 亿元。

【管理创新】 体系建设。重点推进管理体系建设和体系融合工作，通过修订和完善产品设计开发及质量安全管理、生产组织及设备管理等基础管理的文件，优化工作流程，提高体系文件的有效性和适宜性。

开展一流质量管理体系建设情况自查，加大产品质量保障力度，2013 年顾客投诉率（含合作生产）同比下降 61%。进一步加大卷烟产品监督检验力度，省内及合作生产产品综合质量得分加权平均值为 89.59，卷制质量得分加权平均值为 99.15，总体质量状况良好。在质检机构建设方面，中心根据新实施的《检测和校准实验室能力认可准则》，及时修订体系文件，并向中国合格评定国家认可委员会提交实验室认可的申请。

财务管理。推进市场营销、技术、原料供应三大中心非法人实体全面预算管理体系建设工作。三大中心分别建立并发布预算组织架构，制订《全面预算管理细则》初稿。优化成本分析，完善生产成本分析模型，特别关注烟叶成本变动情况。通过建立测算模型，有效降低烟叶长途运输费用，节约运输费用约 350 万元。

信息化建设。完成 MES 系统的建设。总部生产指挥系统和 4 家卷烟厂的 MES 系统全部上线运行。开展决策支持系统建设。建立经济运行、营销、生产、采购、财务等多个分析主题，为公司管理决策提供更加全面的数据支撑。开展综合管理平台的建设工作。梳理工程投资、采购、宣传等项目管理流程，通过系统将流程全面固化。构建运输管理信息系统，提高物流运作水平。

【人力资源管理】 推进非法人独立实体建设，修订《营销中心劳资管理暂行办法》，增强市场营销、技术、原料供应三大中心活力。开展“双喜大讲堂”。建立起首支内训师队伍，聘任 80 名内训师，全年安排 17 名内训师授课。组织面授课程，全年开设 28 期面授课程，课时共 33.5 天，包括到各卷烟厂送教上门 16 天，累计参训 1119 人次，课程满意度 100%。开展网络培训，平台开设以来，总完成学时达到 13529.5 学时，人均完成学时 12.8 学时，考试通过率 94%。开展职业技能鉴定，全年开展工、农、商领域多层次技能鉴定 411 人，其中高级技师 6 人，鉴定站通过国家人力资源和社会保障部质量管理体系认证审核。

【境外企业管理】 制度建设。建立和完善国际市场拓展工作的相关管理办法和规定。进一步完善《广东中烟工业有限责任公司外派人员管理办法》，完善境外企业的财务管理工作。

服务保障。做好出口生产材料的年度计划及定价工作，及时出运各类生产所需的原辅材料和零配件。全年完成供应出口各类原辅材料、零备件等货物总值达到人民币 2.2 亿元，其中向柬埔寨威尼顿集团有限公司供应货物总值人民币 5457 万元，向金叶卷烟厂（澳门）有限公司供应货物总值人民币 1.64 亿元。

【对外交流合作】 推进“双喜”品牌的国际化进程，积极参与和推进中国烟草与英美烟草集团合作项目的各项工作，2013 年合资公司中烟英美烟草国际有限公司取得商务部颁发的企业境外投资证书，并于 8 月正式投入运营。9 月 17 日，中烟英美烟草国际有限公司与广东中烟会谈，双方在生产协议签订、“双喜”品牌发展计划制定、新产品开发以及下一步合作方式等方面达成共识。

5 月和 9 月，德国虹霓公司副总裁奔茨（Christopher Somm）和远东总裁米斯罗（Florian Mirus）两次到广州卷烟厂参观交流。

【特事要辑】 4 月 25 日，国家局副局长赵洪顺到广东中烟调研，充分肯定广东中烟多年来勇于承担发展大任，为打造行业大品牌所作出的不懈努力，强调当前要加强形势研究和判断，保持“双喜”品牌发展的良好状态。

8 月 28 日，由中国烟草与英美烟草双方旗下子公司共同投资在香港设立的公司——中烟英美烟草国际有限公司正式投入运营，在全球范围内拥有和管理“State Ex - press555（SE 555）”品牌卷烟，并将在中国以外市场拥有和管理“双喜”品牌卷烟。

9 月 12—13 日，国家局局长凌成兴、副局长赵洪顺到广东烟草调研，凌成兴对广东烟草改革发展给予“一个非常震撼，三个名列前茅”高度赞誉。他表示，参观广州卷烟厂感到非常震撼。三厂整合、易地技改后的广州卷烟厂，规模行业最大，呈现出规划设计好、烟机装备好、企业管理好、企业文化好等特点。广东烟草的重点品牌发展名列前茅，“双喜·红双喜”销售收入名列行业第二位；卷烟销量名列前茅，广东省销量（含深圳）名列行业第一位；税利总量名列前茅，工商税利（含深圳）名列行业第六位。凌成兴要求将“双喜”打造成全国最大的卷烟品牌，将广东市场打造成行业最大市场，将广东中烟打造成行业最大卷烟出口企业。①

9 月 13 日，中央政治局委员、广东省委书记胡春华，省委副书记、省长朱小丹在广东会见凌成兴，表示将大力推动广东烟草改革发展。

11 月 21 日，全国烟草行业企业管理现场会在广东召开，行业工商企业的 140 多名代表参加会议，国家局副局长李克明出席会议并指出广东中烟精益模式值得推广。

12 月 25 日，国家局副局长赵洪顺到广东市场调研，充分肯定“双喜”平稳发展态势，要求广东中烟坚定不移推进“双喜”品牌“551”战略。

① 凌成兴局长指示精神详见广东省烟草专卖局（公司）特事要辑。

所属生产厂

广东中烟工业有限责任公司广州卷烟厂

【概　况】　广东中烟工业有限责任公司广州卷烟厂位于荔湾区东沙开发区，由原广州卷烟二厂生产一部、生产二部和南海生产部合并而成，于2007年12月18日破土动工，2011年正式投产。工厂占地面积1047亩，截至2013年底，共有从业人员2182人。

【设备状况】　卷烟厂拥有2条制丝生产线（1条12000千克/小时、另1条8000千克/小时），并配套1条5000千克/小时梗丝线和2条1140千克/小时二氧化碳膨胀烟丝生产线；54组卷接包设备，包括3组超高速机组及10组中速卷包机组；并有配方库、辅料库、烟丝库、零配件库、成品库和滤棒库等六大高架库物流系统。年卷烟生产能力为1000亿支（200万箱）。

【卷烟生产】　2013年，主要生产“双喜”和“椰树”品牌卷烟。全年共生产卷烟659亿支（131.8万箱），同比增长0.83%，其中“双喜”621.05亿支（124.21万箱）、“椰树”37.95亿支（7.59万箱）。

【生产管理】　组织制丝车间、卷接包车间、动力车间和储运科编制了生产操作岗位的标准作业指导书，全年完成48份标准作业指导书的编制，其中37份在信息化平台上线。

广东中烟工业有限责任公司韶关卷烟厂

【概　况】　广东中烟工业有限责任公司韶关卷烟厂最初为成立于1950年6月1日的民生卷烟厂，1964年民生卷烟厂更名为韶关卷烟厂，2006年取消韶关卷烟厂法人资格，更名为广东卷烟总厂韶关卷烟厂，2006年更名为广东中烟工业公司韶关卷烟厂，2007年改制更名为广东中烟工业有限责任公司韶关卷烟厂。卷烟厂占地面积约15万平方米，截至2013年底，有从业人员760人。

【生产设备】　卷烟厂拥有4800千克/小时和3000千克/小时的制丝生产线各1条，拥有1500千克/小时的梗丝线1条，额定生产能力570千克/小时的二氧化碳膨胀烟丝生产线1条，卷接包机组15套（其中软包机组7套，硬包机组8套），卷烟厂年生产能力为301亿支（60.2万箱）。

【卷烟生产】　2013年，生产卷烟品牌全部为“双喜”系列。全年生产卷烟210亿支（42万箱），其中“双喜（硬经典）”66.23亿支（13.25万箱）、“双喜（软经典）”6.10亿支（1.22万箱）、“双喜（硬01）”11.62亿支（2.32万箱）、“双喜（软01）”18.05亿支（3.61万箱）、“双喜（软国际）”42.96亿支（8.59万箱）、“双喜（硬世纪经典）”3.86亿支（0.77万箱）、“双喜（硬蓝红玫王）”11.99亿支（2.40万箱）、“双喜（软蓝红玫王）”30.03亿支（6.01万箱）、“双喜（硬红玫王）”19.16亿支（3.83万箱）。

【生产管理】　清洁生产高效运行，卷烟厂年度清洁生产自评437分（总分450分），连续第六年达到国家“AAAA级”标准，行业排名第三。

广东中烟工业有限责任公司梅州卷烟厂

【概　况】　广东中烟工业有限责任公司梅州卷烟厂最初为成立于1939年的海源卷烟厂和复兴卷烟厂。1953年，海源卷烟厂和复兴卷烟厂联合后更名为海源复兴联营卷烟厂。1956年，与梅县烟丝联合制造厂合并，更名为梅县卷烟厂。1979年，梅县卷烟厂更名为梅州市卷烟厂。1987年，更名为广东梅州卷烟厂。2005年，取消企业法人资格，更名为广东卷烟总厂梅州卷烟厂。2007年，更名为广东中烟工业有限责任公司梅州卷烟厂。卷烟厂占地面积16.58万平方米，其中厂区占地面积11.12万平方米。截至2013年底，有从业人员743人。

【生产设备】　卷烟厂拥有1条5000千克/小时的制丝生产线，12台（套）卷接机组，12台（套）包装机组，5台（套）滤棒成型机组，3台（套）滤棒放射传送机，4台（套）装封箱机。

【卷烟生产】　2013年，生产的卷烟品牌有“双喜·五叶神”“五叶神”。全年生产卷烟187.76亿支（37.55万箱），其中生产“五叶神”2.76亿支（0.55万箱）、“双喜·五叶神”185亿支（37万箱）。

【生产管理】　13个QC小组取得优异成绩，分别获得中国质量协会发布最高奖项、总公司发布会一等奖、中烟公司发布一等奖、广东省第33次QC成果发布会金钻奖，11个专利申请均获得国家知识产权局受理。

广东中烟工业有限责任公司湛江卷烟厂

【概　况】　广东中烟工业有限责任公司湛江卷烟厂最初为成立于1978年8月的湛江卷烟厂，2005年取消湛江卷烟厂法人资格，更名为广东卷烟总厂湛江卷烟厂。2006年，更名为广东中烟工业公司湛江卷烟厂。2007年，更名为广东中烟工业有限责任公司湛江卷烟厂。卷烟厂占地面积约9.25万平方米。截至2013年底，共有从业人员627人。

【生产设备】　卷烟厂拥有4800千克/小时制丝生产线1条，600千克/小时梗丝线1条（经改造具备900千克/小时梗丝生产能力），美国进口的1500千克/小时白肋烟生产线1条，卷接包设备12台（套）和滤嘴成型机5组。年卷烟生产能力为226.8亿支（45.36万箱）。

【卷烟生产】　2013年，主要生产“双喜”“红玫”“椰树”“羊城”等品牌卷烟。全年生产卷烟140亿支（28万箱），其中“双喜”55.13亿支（11.03万箱）、“红玫”40.58亿支（8.12万箱）、“椰树”22.87亿支（4.57万箱）、“羊城”21.42亿支（4.28万箱）。

【生产管理】 将创优与对标、管理创一流活动、绩效考核相结合，做到“四位一体”，构建起8个维度、18个分类、55项指标的企业管理指标体系，形成5018个KPI、3198个CPI绩效考核指标库，创优工作实现达标。通过开展精益六西格玛管理着重解决生产过程遇到的重难点问题，并有四个项目获得全国质量技术奖优秀六西格玛奖。

（撰稿：郑泽敏；编辑：王东旭）

广西中烟工业有限责任公司

【概　况】 广西中烟工业有限责任公司最初为2003年广西烟草工商分设后成立的广西中烟工业公司。2008年9月26日，广西中烟工业公司完成公司制改造，更名为广西中烟工业有限责任公司。公司下设南宁、柳州2家不具有独立法人资格的卷烟厂，广西中烟天成投资管理有限责任公司、广西真龙实业有限责任公司、广西真龙物流有限责任公司3家全资子公司及广西真龙彩印包装有限公司、广西甲天下水松纸有限公司2家控股子公司。公司本部下设24个部门。截至2013年底，公司拥有总资产143.07亿元，其中，固定资产24.38亿元、流动资产98.85亿元，资产负债率为16.24%。共有从业人员3287人，其中在岗员工2939人。

【领导机构】

董事会

董事长：卢瑞刚

董　事：李晓兵　舒　明　张雨夏　刘湘源　覃　荣
　　　　廖中浩　张穗强　唐格莲（职工董事）

监　事：王　全

班子成员

总经理、党组书记：张雨夏

巡视员兼副总经理、纪检组长、党组成员：王　全（2013.1—，之前任纪检组长、副总经理、党组成员）（国烟人〔2013〕18号）

副总经理、党组成员：刘湘源

副总经理、党组成员：覃　荣

副总经理、党组成员：陈　峰

副总经理、党组成员：张赤兵

副总经理、党组成员：阮泽锋（2013.6—）（国烟人〔2013〕257号、国烟党〔2013〕50号）

总会计师：陈仲良

副巡视员：陆建南

副巡视员：邓志忠

【卷烟生产经营】 2013年，公司生产卷烟（不含出口）768.5亿支（153.7万箱），同比增长1.99%，其中合作生产卷烟424亿支（84.8万箱），同比增长8.16%。生产一类烟17.2亿支（3.44万箱），同比增长53.43%；二类烟115.76亿支（23.15万箱），同比增长32.30%；三类烟442.22亿支（88.45万箱），同比增长9.89%；四类烟134.96亿支（26.99万箱），同比下降19.05%；五类烟58.36亿支（11.67万箱），同比下降31.88%。生产出口卷烟100万支（20箱）。全年卷烟实现销售（不含出口）758.78亿支（151.76万箱），同比增长0.09%。实现出口卷烟100万支（20箱）。

实现卷烟销售收入187.69亿元，同比增长12.95%。实现卷烟税利144.17亿元，同比增长15.20%，其中利润27.11亿元，同比增长10.42%。三项费用率为6.04%。

2013年万元产值综合能耗为11.14千克标煤，万支卷烟综合能耗为2.83千克标煤。烟叶、滤棒、盘纸平均消耗分别为6.86千克/万支、2098支/万支、594米/万支。水、电平均消耗分别为0.094吨/万支、7.33千瓦时/万支。

【主要产品】 2013年，公司自主品牌为“真龙”“甲天下”两个品牌共27个规格。全年生产“真龙”系列卷烟264.68亿支（52.94万箱），同比增长22.41%；“真龙”系列卷烟实现销售263.83亿支（52.77万箱），同比增长20.9%，其中，自治区内实现销售206.67亿支（41.33万箱），自治区外实现销售56.86亿支（11.37万箱）。生产“甲天下”系列卷烟79.57亿支（15.91万箱），“甲天下”系列卷烟实现销售81.2亿支（16.24万箱），其中，自治区内实现销售77.93亿支（15.59万箱），自治区外实现销售3.27亿支（0.65万箱）。

全年合作生产江苏中烟、浙江中烟、广东中烟的卷烟品牌“南京”“利群”“大红鹰”“雄狮”“双喜”。生产424亿支（84.8万箱），其中二类烟92.5亿支（18.5万箱）、三类烟320.5亿支（64.1万箱）、四类烟11亿支（2.2万箱）。出口的卷烟品牌为“真龙”。

【品牌营销】 坚持走特色化、差异化的道路，从终端营销、媒体宣传、口碑传播等途径推进“真龙”品牌的形象塑造。

*创新营销方式。*举办“绝配女郎拍一拍”“龙天下+咖啡、天生是绝配”等主题活动，主动邀请消费者配合参与，拉近品牌与消费者的距离；运用微博、微信、微电影等营销方法同步推进，特别是新产品上市开展的微信扫码营销活动，为消费者数据库的建立和微营销奠定基础。

*精准营销。*以信息化为支撑搭建精准营销数据平台，实现“三通六维”（“三通”即通过数据信息平台机采、中心业务人员的定期采集、第三方公司协作监测等多渠道信息采集形式；“六维”即实现对商业销量、市场价格、商零库存、货源投放、客户需求、零售上柜率等“真龙”卷烟发展指标及状态指标等常规信息的持续跟进）。提升市场一线人员对市场发展态势的评估水平，为实施精准投放提供依

据。以“三精”（即精确信息、精细管理、精准投放）调控模式为核心，把精准营销作为培育真龙高端规格的主要手段，开创“323”客户管理营销模式（即每位市场人员要对“30户”高端经营户进行维护管理，以“30户”高端经营户为平台，开发和维护“20名”高价值消费者，同时针对乡镇市场搭建和维护“3个”政务购烟平台），将精准营销延伸到零售终端和消费者，进一步提升品牌培育能力。

市场布局。2013年，广西壮族自治区内“真龙”市场占有率进一步提高，8元/包以上“真龙”销量在同价位市场占有率超过22%，同比提高5个百分点，“真龙”销量千箱区县达到59个，同比增加25个。区外重点培育“真龙（巴马天成）”，至年底覆盖面达31个省（自治区、直辖市）、133个地级市。

国际市场开拓。8月，与中国免税品有限公司签约，“真龙”卷烟进入中国免税品市场，实现广西本土品牌卷烟出口“零”突破。

【技术改造】 2013年公司实施技术改造项目35项，其中续建项目30项，新启动实施项目5项。年内累计完成投资43407万元，重点工程项目包括：“南宁卷烟厂‘十二五’技术改造项目”，该项目的动力中心已投入使用，制丝工房完成主体施工，新制丝线在完成全线联动调试后，进行品牌配方烟叶的转产调试和测试；“柳州卷烟厂‘双喜’卷烟品牌专用生产线技术改造项目”，截至年底，完成征地12.84万平方米，初步设计方案获得国家局批复，并完成动力中心工程监理、工程施工及部分主机设备招标工作；购置公司仓储科技园及“四个中心”项目用地。

【原料保障】 *基地单元建设*。推进与烟草商业企业合作，加强烟叶基地单元建设，促进“原料供应基地化、烟叶品质特色化、生产方式现代化”三化的融合。全年新增云南大理洱源凤羽和重庆奉节太和2个国家局烟叶基地单元，截至年底，合建的国家局烟叶基地单元数量达到6个（原有4个国家局烟叶基地单元为广西贺州富川朝东、贵州黔南兴义猪场坪、云南文山丘北、云南曲靖罗平大水井），年调拨量1.495万吨（29.9万担），国家局基地单元烟叶供应率为48.2%，同比提高23.3%。投入科研经费1930万元，与科研院校联合开展“实用型‘散叶烘烤’技术体系研究”等15项科技课题攻关。与烟叶产区共同在烟叶基地单元推进GAP管理，强化“绿色、优质、生态、安全”理念，维护和保持植烟区生态特色；加大田间不适用鲜烟叶处理，优化烟叶结构；全面推行专业化分级、散叶收购先进生产方式，持续提升基地单元烟叶质量。

原料采购。优化配置烟叶产地和等级结构，全年采购自主品牌烤烟3.1万吨（62万担），其中云南烟叶1.59万吨（31.7万担）；上等烟叶调拨量2.01万吨（40.14万担），占调拨总量64.7%，同比增加4.2%，中部烟叶调拨量2.05万吨（40.97万担），占调拨总量的66.1%；采购进口烟叶0.15万吨（2.89万担），同比增加0.03万吨（0.53万担）。

仓储管理。继续推进仓储差异化、安全精细化管理，优化原料仓储布局，提升仓储信息化水平。加强原料养护过程质量跟踪，适时调整烟叶养护措施，年度烟叶总损耗率为4.08%，库存烟叶质量正常率为96.5%，库存烟叶质量持续提升。

【技术创新】 *技术中心概况*。广西中烟工业有限责任公司技术中心成立于2004年7月，2005年1月获广西壮族自治区级技术中心认证，2006年12月通过国家局行业级技术中心认定。2013年11月被认定为广西壮族自治区级研发中心。技术中心内设产品研究一所、产品研究二所、工艺标准与监督所、材料研究所、基础研究所、原料研究所、综合管理科和检测中心等“六所一科一中心”，检测中心通过中国合格评定国家认可委员会（CNAS）认证；5月，公司“广西中烟工业有限责任公司检测中心CNAS实验室能力建设”项目正式纳入由自治区工信委、自治区财政厅联合实施的广西2013年第一批企业技术改造项目计划，获得自治区财政资金扶持150万元，是自治区级研发中心、产学研合作及平台建设项目组获资金扶持最高的项目。企业博士后科研工作站设在技术中心，建立有中草药研究室、纳米技术应用研究室、增香保润研究室、减害降焦研究室、生物发酵研究室。截至2013年底，技术中心共有99人，拥有博士研究生学历8人、研究生研究生学历22人，大专以上人员比例96%，高级职称5人、中级职称43人，烟叶分级技师6人。

8月，公司与郑州烟草研究院联合组建“真龙品牌烟草工艺联合实验室”，并举行签约暨揭牌仪式。

项目研究。2013年，技术中心开展科技项目研究79项，承担和参与《卷烟主流烟气中氯乙烯的测定 气相色谱－质谱联用法》等九项行业标准制修订项目，“广西烟叶天然抗氧化剂角鲨烯的生态累积与减害研究”获得中国烟草总公司面上项目立项；组织实施“多孔玉米淀粉颗粒的研制、规模化生产及卷烟应用”等4个广西科学研究与技术开发计划项目。技术中心全年在EI、SCI等期刊发表科技论文34篇。

2013年公司申报专利42项，其中发明专利28项，实用新型专利14项。获得专利授权19项，包括“一种咖啡复合颗粒的制备方法及其在卷烟滤嘴中的应用的制备方法”等五项发明专利授权和“密集烤房烟叶挂烤箱专用上炕机”等14项实用新型专利授权。

产品研发。2013年，技术中心开发“真龙（龙天下）”“真龙（中国龙）”“真龙（起源）”“真龙（致青春）”“真龙（前程似锦）” “真龙（娇子8mg）”等新产品，完成“真龙（祥云）”“真龙（娇子）”“真龙（软娇子）”“甲天下（山水）”等产品的提质改造。

【质量保障】 完善质量保障体系，检测中心通过中国合格评定国家认可委员（CNAS）监督和扩项评审，认可能力扩展到卷烟、烟用香精香料、滤棒、烟叶等四个产品38个指标；制定和完善质量管理和检验标准，以检测质量参数标准偏差和产品质量优等品率为质量控制的方法和手段，不断提升产品质量管理水平。2013年卷烟成品一、二级站抽检合格率100%，卷烟成品监督抽检合格率100%。

【管理创新】 2013年，公司完善组织绩效指标和考核管理体系，建立企业目标识别系统逻辑框架，包含经济效益、品牌销量、结构提升、技术研发、市场拓展、成本费用控制、卓越队伍建设等七个模块，33项一级指标、237个二级指标，覆盖公司所有部门。运用标杆管理，按"公司主导、工厂、中心主体"的原则，公司32项一级对标指标中，同比进步的有15项，卷烟工厂各项创建指标数据持续向好。

2013年，公司开展信息系统全面梳理、诊断和加固工作，完成《计算机网络安全管理标准》等9份制度修订，新发布《信息安全管理制度》等14份标准并根据等级保护要求对应用系统进行定级。加强重点项目推进，开发、实施信息资源主数据管理和数据交换系统。2013年，"会议室集成控制系统的研制"课题在第七届"海洋王"杯全国QC成果发表赛上荣获一等奖。

【人事政工】 培训和技能鉴定。2013年，公司组织举办各类公司级培训班100余期，培训员工5500余人次，选送员工参加行业内、外举办的培训达1000余人次；南宁、柳州卷烟厂分别组织开展车间级员工培训47000余人次。全年组织开展四批次特有工种职业技能鉴定。其中，生产领域特有工种鉴定两批次，营销师（卷烟商品营销）职业资格鉴定两批次，合格率分别达到32.47%、40.68%。通过送外培训鉴定的方式，全年培养行业特有工种技师12名。

党风廉政建设。2013年，公司精简会议活动，简化公务接待，严格控制学习考察和交流活动，全面清查清理车辆配备和办公用房。全年"三公"经费总体支出下降46.16%，清理多占办公用房1385.95平方米，拍卖9辆超标车，停止员工教育培训中心安全改造等四个建设项目。开展会员卡专项清理，共有239名科级以上领导干部和65名关键岗位员工做出"零持有、零报告"承诺；加强领导干部私人证照管理，共有84名干部主动上交116本因私出国（境）证照；办结5件信访举报。

【特事要辑】 1月9日，广西壮族自治区常务副主席黄道伟到公司调研。

2月21日，广西壮族自治区副主席陈刚到公司调研。

4月27日，国家局副局长杨培森到公司调研，对公司的各项工作尤其是科技工作给予充分肯定，并对公司下一步发展作出指导。

9月1日，公司和柬埔寨的A.M.Y国际贸易公司就柬埔寨卷烟市场开发达成合作意向，公司向A.M.Y国际贸易公司输出"真龙"卷烟产品，A.M.Y国际贸易公司负责该产品在柬埔寨的销售，共同开发柬埔寨卷烟市场，实现合作共赢。

9月16—17日，国家局局长凌成兴、副局长赵洪顺到广西烟草调研。①

11月19日，广西壮族自治区常务副主席黄道伟到公司调研生产经营情况。

所属生产厂/企业

广西中烟工业有限责任公司南宁卷烟厂

【概　况】 广西中烟工业有限责任公司南宁卷烟厂最初为成立于1978年的广西壮族自治区南宁卷烟厂。2008年，企业更名为广西中烟工业有限责任公司南宁卷烟分厂。2011年7月，更名为广西中烟工业有限责任公司南宁卷烟厂。厂区占地面积13.71万平方米，拥有4500千克/小时、1000千克/小时的叶丝生产线各1条，1500千克/小时的梗丝生产线1条，卷接机组20台（套），包装机组21台（套），滤棒成型机8组，堆垛机10台，自动巡航小车6组，机械手2组。年卷烟生产能力为400亿支（80万箱）。有从业人员1253人，其中在岗员工1018人。

【卷烟生产】 2013年，生产的卷烟品牌有"真龙""甲天下""雄狮""利群"等，其中，合作生产浙江中烟的卷烟品牌"雄狮" "利群"。全年生产卷烟（含合作生产）384.25亿支（76.85万箱），同比增长2.07%，其中一类烟17.14亿支（3.43万箱）、二类烟83.53亿支（16.71万箱）、三类烟117.08亿支（23.42万箱）、四类烟110.2亿支（22.04万箱）、五类烟56.3亿支（11.26万箱）。

【管理创新】 加强对标创优中重难点问题的攻关和创新，创优工作总体得分实现同比"稳中有升"的目标，19项创优主要经济技术指标综合得分为88分，其中单箱滤棒消耗量、单箱可控制造费用、单箱化学需养量排放量、重点骨干品牌占总产量比重等指标实现进档加分。15项工厂对标指标全部达标，其中10项指标好于行业平均值，9项指标同比进步。

广西中烟工业有限责任公司柳州卷烟厂

【概　况】 广西中烟工业有限责任公司柳州卷烟厂最初为成立于1955年的广西壮族自治区柳州卷烟厂。2008年9月，更名为广西中烟工业有限责任公司柳州卷烟分厂。2011年7月，更名为广西中烟工业有限责任公司柳州卷烟厂。厂区占地面积约34.8万平方米，是全国首批工业旅游示范点，拥有6400千克/小时、4800千克/小时的叶丝生产线各1条，2000千克/小时的梗丝生产线1条，1140千克/小时二氧化碳膨胀烟丝生产线1条，高速卷包机组24台（套），滤棒成型机8组，成品库、辅料库、配方库堆垛机共10台。年卷烟生产能力为375亿支（75万箱）。有从业人员1044人，其中在岗员工931人。

【卷烟生产】 2013年，生产的卷烟品牌有"双喜""大红鹰""甲天下""利群""南京"等，其中，合作生产浙江中烟、江苏中烟的卷烟品牌"利群""南京"。全年生产

① 凌成兴局长指示精神详见广西壮族自治区烟草专卖局（公司）特事要辑。

卷烟（含合作生产）384.26亿支（76.85万箱），同比增长1.92％，其中一类烟0.07亿支（0.014万箱）、二类烟32.23亿支（6.45万箱）、三类烟325.15亿支（65.03万箱）、四类烟24.76亿支（4.95万箱）、五类烟2.05亿支（0.41万箱）。

【管理创新】 2013年对标创优持续推进，完成12项对标创优课题，13项创优指标中9项取得进步。15项对标指标12项取得进步，其中9项优于行业平均水平，其中"在岗职工实物劳动生产率"位居30万～80万箱工厂序列第一名。

广西中烟天成投资管理有限责任公司

【概　况】 根据国家局、总公司《关于广西卷烟工业系统多元化投资管理体制改革的批复》（国烟法〔2012〕164号），广西中烟天成投资管理有限责任公司（以下简称"公司"）于2012年5月成立。公司为广西中烟工业有限责任公司全资子公司，其下属多元化企业有广西真龙实业有限责任公司、北海永丰房地产有限公司、广西真龙彩印包装有限公司、广西甲天下水松纸有限公司、北海真龙国际大酒店有限责任公司、广西真龙天成物业服务有限责任公司、柳州真龙天成物业服务有限责任公司、广西真龙天瑞彩印包装有限公司、广西真龙空港包装有限责任公司等9家公司。主要经营范围是对印刷业、物流业、金融业、房地产业、商业服务业进行投资及管理、投资咨询、国内贸易等。

2013年，公司推进多元化企业实体化运作模式，着力整合存量资产，优化资源配置，将广西真龙彩印包装有限公司、广西真龙实业有限责任公司、广西甲天下水松纸有限公司、北海永丰房地产有限公司4家公司的股权划转到广西中烟天成投资管理有限责任公司，基本建立"广西中烟——天成投资—多元化企业"的资本纽带关系。2013年，公司所属多元化企业实现税利4.05亿元，其中利润3.16亿元。

（撰稿：周丽霞；编辑：王东旭）

川渝中烟工业有限责任公司

【概　况】 川渝中烟工业有限责任公司最初为成立于2003年8月的川渝中烟工业公司，是全国烟草行业首家跨省组建的工业公司。2011年6月，更名为川渝中烟工业有限责任公司。下辖四川、重庆烟草工业有限责任公司2家具有独立法人资格的全资子公司，成都、什邡、西昌、绵阳、重庆、涪陵、黔江分厂等7家不具有法人资格的卷烟生产厂，以及长城雪茄烟厂和四川三联卷烟材料有限公司。公司总部下设18个部门（2013年新设整顿规范办公室）。截至2013年底，公司拥有总资产333亿元，其中，固定资产57亿元、流动资产247亿元，资产负债率为33.9％。有从业人员11860人，其中在岗员工8779人。

【领导机构】

董事会

董事长：汪世贵

董　事：吴应禄　吴　宪　易从宽　马伶燕　朱湘海　樊宣刚（职工董事）

监　事：郭瑞银

班子成员

总经理、党组书记：吴应禄

巡视员兼副总经理、党组成员：吴　宪

副总经理、党组成员、重庆烟草工业有限责任公司党委书记、董事长：易从宽

副总经理、党组成员：崔建华

副总经理、党组成员：汤柱国

副总经理、党组成员：吴　钢

副总经理、党组成员：籍　涛

纪检组长、党组成员：郭瑞银

总会计师：程晓苏

副巡视员、工会主席：罗　维

副巡视员：赖成虎（—2013.8）

副巡视员：胡晓明

【卷烟生产经营】 2013年，公司生产卷烟（含合作生产）1569.5亿支（313.9万箱），同比增长2.6%，其中，生产一类烟123.8亿支（24.7万箱），同比增长13.7%；二类烟231.6亿支（46.3万箱），同比增长22.5%；三类烟828.5亿支（165.7万箱），同比增长4.1%；四类烟340.3亿支（68.1万箱），同比下降4.9%；五类烟45.3亿支（9.1万箱），同比下降41.8%。生产标准雪茄烟2.38亿支。合作生产卷烟430.0亿支（86万箱）。

2013年实现销售1560.9亿支（312.2万箱），同比增长0.5%，其中，一类烟121.2亿支（24.2万箱），同比增长9.9%；二类烟227.8亿支（45.6万箱），同比增长20.6%；三类烟828.4亿支（165.7万箱），同比增长4.2%；四类烟336.4亿支（67.3万箱），同比下降8.4%；五类烟47.1亿支（9.4万箱），同比下降49.8%。实现卷烟出口1678万支（336箱）。实现雪茄烟销量2.34亿支。

2013年卷烟及雪茄烟实现销售收入415.7亿元，同比增长6.7%。实现税利317.1亿元，同比增长10.5%，其中利润47.3亿元。三项费用率为8.06%。

2013年万元产值综合能耗为11.5千克标煤，万支卷烟综合能耗为3.1千克标煤。烟叶、滤棒、盘纸平均消耗分别为6.8千克/万支、2513支/万支、594米/万支。水、电年平均消耗分别为0.11吨/万支、8.7千瓦时/万支。

【主要产品】 2013年，公司主要生产的卷烟品牌有"娇子""龙凤呈祥""宏声""天下秀""五牛""山城""长城""狮牌"等八个品牌68个规格；主要生产的雪茄烟品牌有"长城""工字""狮""狮牌"等四个品牌54个规格。2013年合作生产云南中烟的品牌卷烟"红塔山"170

亿支（34 万箱）、“云烟”25 亿支（5 万箱），合作生产湖北中烟的品牌卷烟“黄鹤楼”85 亿支（17 万箱）、“红金龙”110 亿支（22 万箱）。

2013 年“娇子”实现销售 760.75 亿支（152.15 万箱），同比增长 9.9%。实现商业销售收入 363.9 亿，同比增长 11.8%。“娇子（传奇天子）”实现销售 1.22 亿支（0.24 万箱），同比增长 81.7%；“娇子（小天子）”实现销售 17 亿支（3.4 万箱），同比增长 29%，保持较高基数下的较快增长。低焦油产品方面，6 毫克/支及以下低焦油卷烟实现销售 42.5 亿支（8.5 万箱），同比增长 147%，“娇子（X 生肖）”“娇子（X 星座）”“娇子（X2013）”三款新品自 7 月上市后在全国布局，截至年底，已覆盖 12 个省级市场。

【雪茄烟营销】 2013 年，成立雪茄烟分营销中心，按照“聚焦标准雪茄，以发展中细支、超细支、螺旋卷等标准雪茄为突破口和战略支点，奠定中式雪茄发展基座；以打造‘长城（天子）’‘长城（传奇）’‘长城（秘制 132）’等手卷雪茄为重点，提升中式雪茄高端形象”的发展思路，创新推动雪茄营销水平的全面提升。销售标准雪茄 2.34 亿支，同比增长 38%。完成 10 余款雪茄新品的开发申报。加强市场宣传，开展雪茄专题培训会 140 余场，覆盖全国 28 个省（直辖市、自治区）。

【原辅材料保障】 2013 年，采购烟叶 10.03 万吨（200.5 万担），其中进口烟叶 1 万吨（20 万担），备投料 8.6 万吨（172 万担）（片烟）。国内优质烟叶和进口烟叶调拨量占年采购量 80% 以上。烟叶质量、调拨质量、打叶复烤质量均有所提升。成品入库质量合格率达 100%，实现分厂入库零投诉。烟叶储备量合理，库存可满足自有品牌 33.7 个月生产需要。雪茄原料库存高问题逐步得到解决，库存水平下降 2 个月。

*基地单元建设。*公司按照标准化、精细化、规范化的要求，着力优化布局，加速建立优质烟叶基地，不断提升优质原料保障水平。2013 年新增国家局基地单元 6 个，截至年底，已在全国 12 个省（市）与烟草商业企业合作建立 35 个基地单元，其中国家局单元 20 个，特色品种单元达到 18 个，基地规模达 60 余万亩，原料基地化供应率 75% 以上。

*物资供应。*2013 年采购烟用材料 65.7 亿元，采购备品备件 1.24 亿元。加强保障能力建设，全年物资及时供应率达到 100%，进货合格率达到 98%；报废率为 0.3‰，低于 1.2‰的控制指标。物资实行公开招标，公开招标率达到 93%，降低采购成本 4740 万元。“零库存”管理取得新进展，全年寄售采购额 3873 万元，占采购总额的 31%，同比增长 167%。

【技术创新】 *产品研发。*2013 年开发“娇子（龙涎香）”“娇子（X 生肖）”等 13 个新产品。持续推进减害降焦，产品的焦油量和危害性指数稳定下降，其中，盒标焦油量不超过 6 毫克/支的产品实现销售 42.5 亿支（8.5 万箱），列全国第 3 位。

*原料研究。*加快推广模块打叶，全年执行 55 万担，打叶复烤均质化水平得到有效提升。承担国家局项目“烤烟国标修订研究”凉山烟叶的工业验证工作，完成年度基地烟叶外观、理化、感官评价。

*工艺管理。*创新工艺参数和指标控制新模式，持续提升过程管控水平，“批内一致、批间稳定”的过程质量控制理念和方法不断优化完善。强化材料质量安全管理，修订和完善滤棒、烟用内衬纸等材料技术标准，达到行业包装设计和新材料安全卫生类要求。

*项目研究。*围绕减害降焦，推进科技重大专项和关键技术研究，特种卷烟纸降焦、新型卟啉类化合物替代复合生物制剂核心成分研究、具有保润和减害双重功效的滤嘴添加剂开发等方面取得较好成果。2013 年获得获中国烟草总公司科技进步奖三等奖、技术发明奖三等奖各 1 项，获得四川省科技进步奖二等奖 1 项。申报国家发明专利 41 项，获得专利授权 16 项，其中国际发明专利 3 项。

*创新平台。*拓宽创新平台，国家级博士后科研工作站正式挂牌运行。建立激励考核评价机制、竞争性产品研发机制、专家评审和课题评价制度。强化抓好人才的引进与培养，2013 年有 5 名博士研究生、2 名硕士研究生扩充到科研队伍。

【多元化经营】 完善多元化投资管理制度体系。编写《多元化投资资产管理制度》，修订《多元化经营企业管理规定》，细化、规范、优化工作流程。组织完成目标责任考评工作，调整考核指标四项，健全考核指标体系。协助企业化解难题和危机，完成减亏目标，帮助减亏近 400 万元。做好组建中维川渝地产有限公司以及与上海烟草集团成立滤棒合资公司的相关工作。

截至 2013 年底，公司下属多元化经营企业有 19 家，其中，全资企业 3 家，控股企业 5 家，参股企业 3 家，集体企业 2 家，二级投资企业 3 家。

2013 年多元化企业实现收入 4.81 亿元，实现税利 6575 万元，同比增长 63%，其中利润 2819 万元。

【信息化建设】 实施数据中心一期项目。编写元数据、主数据、数据交换、数据安全保障等标准规范，设计数据中心总体技术架构、总体数据模型，建立信息分析模型和信息共享机制，梳理出《元数据管理规范》《数据质量管理规范》《数据加工存储体系规范》和《数据分析应用规范》等系列文件。实施集团 MES 项目，完成公司总部、四川和重庆子公司、成都和重庆分厂 MES 项目终验工作。实施营销管理信息系统升级完善工作。实施综合管理信息系统，完成标准化制修订管理、目标管理、对标管理、流程管理四大模块的开发应用和项目终验工作。

【人事政工】 *干部人事管理。*制定下发《重要人事任免事项决策实施办法》，研究起草党组管理领导干部改任非领导职务、干部挂职锻炼等制度。组织完成十八大精神专题轮训（3 期）、现代企业经营管理高级研修班、干部自主选学和选送国家局学习等工作，全年培训党组管理干部560人次。

岗位绩效管理。完善总部岗位机构管理制度，制定下发《烟叶质量业务类岗位管理及聘任工作暂行办法》，起草公司《机构调整及职责管理办法》。完成总部绩效考核，编制总部《绩效管理指导手册》。推进所属企业“三定”工作，制定下发《关于完善所属企业“三定”工作的指导意见》，并组织4家直属单位形成“三定”初步意见和方案。

人才队伍建设。2013年完成214名高校毕业生招聘录用、岗前培训、实习锻炼等工作，新录用6名博士，引进1名博士进入公司博士后工作站从事财务管理研究工作。开展教育培训，加强“娇子网络学院”运行管理，2013年组织实施新进大学生岗前培训等公司级培训项目11项。完善专业技术资格评定工作体系，修订公司《专业技术资格评定工作规定》，制订农业系列中级专业技术资格、相关系列初级专业技术资格评定，以及专业技术资格评审委员会及专家库管理办法等制度。全面开展技能鉴定和竞赛工作，2013年完成11批次572人次特有工种鉴定，举办第二届卷烟商品营销职业技能竞赛。

【企业文化】 开展“娇子”精博服务品牌运行考核。组织制定所属单位服务品牌体系文件，在2012年服务品牌标准化文件体系基础上，组织编写四川、重庆工业公司及四川三联公司服务品牌标准化文件体系。细化总部服务标准，总部物流中心制订二级部门服务标准文件4个，部门岗位服务标准7个。

【特事要辑】 2月28日，“中国娇子天府榜样2012年度传媒大奖”在成都揭晓。

4月15—17日，国家局副局长何泽华到四川烟草调研，他要求大力推进现代烟草农业建设，积极培育“娇子”品牌，推动四川烟草工商持续稳定发展。

4月17—19日，国家局局长姜成康在重庆烟草调研时强调，清醒认识形势，明确工作重点，推动转型升级，提高队伍素质，把握“稳中求进”总基调，保持重庆烟草工商持续健康发展。调研期间，中共中央政治局委员、重庆市委书记孙政才会见姜成康一行。重庆市委常委吴政隆、副市长陈和平，国家局总会计师张玉霞一同调研。

4月18日，全国烟草行业首次雪茄烟营销工作座谈会在成都召开。四川省副省长、省烟草发展工作领导小组副组长刘捷出席会议，国家局副局长何泽华出席会议并讲话。

4月18日，由国内最大雪茄生产企业与全球最大雪茄制造商合作开发的“长城（揽胜2号精选）”“长城（揽胜2号经典）”在四川什邡发布，这是川渝中烟工业有限责任公司与帝国烟草集团阿塔迪斯公司首度合作开发的“长城”雪茄新品。

5月17日，川渝中烟工业有限责任公司召开会议，正式启动“实现伟大中国梦、建设美丽繁荣和谐四川”主题教育活动，提出建设优质烟叶基地，打造自主强势品牌，加快推进“两烟强省”战略，为中国梦四川篇章增添光彩。

9月25—26日，新履职的国家局局长凌成兴到四川烟草调研，副局长杨培森一同调研。①

9月28日，国家局局长凌成兴到重庆烟草调研，副局长杨培森一同调研。②

所属企业

四川烟草工业有限责任公司

【概　况】 四川烟草工业有限责任公司成立于2006年6月，下设四川烟草工业有限责任公司成都分厂、什邡分厂、西昌分厂、绵阳分厂等4个不具有法人资格的卷烟生产厂。公司下设15个职能部门（2013年新成立采购管理办公室）。截至2013年底，公司拥有总资产128.20亿元，其中，固定资产46.22亿元、流动资产72.54亿元，资产负债率为50.46%。有从业人员9511人。

2013年，公司获得继续保持“全国文明单位”称号，被四川省总工会授予四川省“五一劳动奖状”。

【领导机构】

董事会
董事长：邓　权（—2013.7）
董　事：刘　柳　姜　鸥　樊宣刚　陆　伟
　　　　张　洋　毛开跃（职工董事）
监事会
主　席：程晓苏
监　事：刘定刚　黄绍慧　陆孟先（职工监事）
　　　　杨　毅（职工监事）
班子成员
总经理、党委副书记：邓　权
副总经理、党委书记：陆　伟
副总经理、党委委员：冯跃进
副总经理、党委委员：张　静
副总经理、党委委员：徐太源
纪委书记、党委委员、工会主席：李长勋
总会计师：严志蓉
党委委员、成都分厂厂长：甘忠德
党委委员、什邡分厂厂长：黄若强
党委委员、西昌分厂厂长：周　冰
党委委员、绵阳分厂厂长：秦富炳

【卷烟生产经营】 2013年，公司生产卷烟970.9亿支（194.18万箱），其中，生产一类烟95.66亿支（19.13万箱）、二类烟188.2亿支（37.64万箱）、三类烟465.05亿支（93.01万箱）、四类烟192.42亿支（38.48万箱）、五类烟29.55亿支（5.91万箱）。实现税利187.86亿元，同比

① 凌成兴局长指示精神详见四川省烟草专卖局（公司）特事要辑。
② 凌成兴局长指示精神详见重庆市烟草专卖局（公司）特事要辑。

增长9.04%。

2013年万支卷烟综合能耗为2.59千克标煤，万元产值综合能耗为10.52千克标煤。烟叶、滤棒、盘纸平均消耗分别为6.87千克/万支、2091支/万支、592米/万支。水、电平均消耗分别为0.08吨/万支、8.18千瓦时/万支。

【技术改造】 推进技改项目建设，什邡分厂技改项目初设方案取得国家局批复，西昌分厂技改项目完成所有结算审计，烟叶储存西昌中心库项目通过国家局评审论证，成都分厂西侧预留地整体规划形成方案初形。

【创新管理】 推进六西格玛管理，公司本部和分厂共立项59个六西格玛管理项目，同比增加35个项目，公司本部部门实施项目达到100%；在原有黑带、绿带的基础上，新增黄带项目，并对黄带项目实行差异化的管控。开发公司管理类六西格玛绿带教材，组织内训师编写公司六西格玛黄带教材和优秀六西格玛案例集。公司五个项目获得“全国优秀六西格玛项目”称号。

推进QC小组活动。公司本部和各分厂继续稳步推进QC活动，公司1个QC小组被评为2013年全国优秀质量管理小组，7个QC小组被评为全省优秀QC小组；1个QC成果获得总公司优秀QC成果三等奖，在川渝公司的QC成果发布会上获得1个一等奖、5个二等奖、3个三等奖。获得国家专利授权28项。

【企业文化】 以“激情·精效”生产文化和生产制造行为规范体系为主体，多形式载体推进文化落地，有效汇聚全员智慧创作“精效风采”文化歌曲，创作“激情·精效”生产文化宣传教育动漫片释放文化效应。

四川烟草工业有限责任公司所属生产厂

四川烟草工业有限责任公司成都分厂

【概　况】 四川烟草工业有限责任公司成都分厂最初是成立于1952年的地方国营成都卷烟厂，2006年改制更名为四川烟草工业有限责任公司成都分厂。占地面积41万平方米，拥有卷接设备26组，包装设备28组，年卷烟生产能力为500亿支（100万箱）。拥有主业在岗员工1561人。

【卷烟生产】 2013年，生产卷烟340.15亿支（68.03万箱），其中生产“娇子”品牌299.4亿支（59.88万箱），同比增长0.84%，生产“五牛”和“天下秀”40.75亿支（8.15万箱）。

四川烟草工业有限责任公司什邡分厂

【概　况】 四川烟草工业有限责任公司什邡分厂始建于1918年，2006年改制更名为四川烟草工业有限责任公司什邡分厂。2007年，川渝中烟长城雪茄烟厂成立后，什邡分厂不再从事雪茄烟生产，专注于卷烟生产制造业务。厂区占地面积11万平方米，现有6000千克/小时制丝生产线和2000千克/小时的梗丝生产线各1条，卷包机组16台（套）等。有员工2400人。

【卷烟生产】 2013年，主要生产的卷烟品牌有“天下秀”“娇子”“黄鹤楼”“红金龙”等。生产卷烟（含合作生产）320.9亿支（64.18万箱），其中，生产一类烟55.77亿支（11.15万箱）、二类烟46.12亿支（9.22万箱）、三类烟137.68亿支（27.54万箱），四类烟76.92亿支（15.38万箱），五类烟4.4亿支（0.88万箱）。合作生产湖北中烟的品牌卷烟195亿支（39万箱）。

【设备管理】 在四川烟草工业有限责任公司年度综合考核中，各项指标均优于年初制定的目标，其中全牌号卷包质量平均得分98.6分，产品质量精品率为81.4%，全年制丝设备故障停机率0.44%，卷接包设备有效作业率95.01%。

四川烟草工业有限责任公司绵阳分厂

【概　况】 四川烟草工业有限责任公司绵阳卷烟厂最初为成立于1952年的绵阳卷烟厂，2004年5月，绵阳卷烟厂与成都卷烟厂实施联合重组，更名为成都卷烟厂绵阳分厂。2006年6月，成都卷烟厂与什邡卷烟厂实施联合重组，成立四川烟草工业有限责任公司，工厂名称变更为四川烟草工业有限责任公司绵阳分厂。

新工厂地处绵阳市西郊国家级高新技术开发区永兴镇，距市中心约12千米，新征建设用地面积300亩（含代征市政道路等土地约17亩）。项目总投资15亿余元（含烟草专卖设备）；新建联合工房、动力中心、片烟醇化库、生产指挥和后勤保障设施，总建筑面积8.97万平方米；设计年生产规模为150亿支（30万箱）。项目应用中式卷烟特色工艺，分组模块、柔性精细化加工技术，现场总线控制技术，绿色工房、节能减排技术，现代信息技术和现代物流技术等，配置1条4000千克/小时的制丝生产线，1500千克/小时的梗丝生产线，更新完善卷接包及配套辅助设备、公用工程设备、生产物流系统和全厂信息化管理系统。截至2013年底，有员工1494人，其中在岗人员803人。

【品牌生产】 2013年，卷烟厂生产的卷烟品牌有“天下秀”“五牛”“娇子”“红塔山”“利群”。生产卷烟155亿支（31万箱），其中，合作生产“红塔山”70.6亿支（14.12万箱）、“利群”35亿支（7万箱）。

【生产管理】 档案管理成为川渝中烟首家档案规范化管理省一级达标单位。生产设备设施技术研究，八项专利获得实用新型专利授权，实现“零”突破。两个六西格玛管理项目被评为2012年中国质量协会质量技术奖优秀六西格玛管理项目，“超越”QC小组被中国质量协会等评为“2013年全国优秀质量管理小组”。

四川烟草工业有限责任公司西昌分厂

【概　况】　四川烟草工业有限责任公司西昌分厂最初是成立于1985年的原西昌卷烟厂。2006年四川烟草工业有限责任公司成立，西昌卷烟厂更名为四川烟草工业有限责任公司西昌分厂，成为四川烟草工业有限责任公司的生产厂之一。占地面积20万平方米，拥有制丝线1条、包装机10台（套）、卷烟机10台（套）、联接装置10台（套），年卷烟生产能力150亿支（30万箱）。有从业人员658人。

【生产经营】　2013年，生产的卷烟品牌有“娇子”“天下秀”“五牛”。生产卷烟155亿支（31万箱），同比增长3.33%，其中，生产三类烟88.13亿支（17.63万箱）、四类烟62.43亿支（12.49万箱）、五类烟4.45亿支（0.89万箱）。

【技术改造】　2013年1月完成所有项目单项验收工作，全年主要开展项目资料收集整理并报送审计进行结算审计工作，计审计结算项目79项，总审定金额6.62亿元，于2013年12月全部完成。截至2013年底，实际完成投资支付8.67亿元。

重庆烟草工业有限责任公司

【概　况】　重庆烟草工业有限责任公司成立于1998年11月，下辖重庆烟草工业有限责任公司重庆分厂、涪陵分厂、黔江分厂等3家不具有法人资格的卷烟生产厂。公司本部下设13个部门。截至2013年底，公司拥有总资产85.5亿元，其中，固定资产11.8亿元、流动资产63.8亿元，资产负债率为51.2%。有在岗员工2636人。

【领导成员】

董事长、党委书记：易从宽
总经理、党委副书记：张建华
副总经理、党委委员：曾　俚
副总经理、党委委员：何昭全
副总经理、党委委员：时　红
纪委书记、党委委员、工会主席：刘　炼
副总经理、党委委员：程玉春
副调研员：李贤茂
副调研员：黄小卒
副调研员：熊康明
副调研员：罗康林
总会计师：程晓苏

【卷烟生产经营】　2013年，公司生产卷烟（含合作生产）571亿支（114.2万箱），同比增长3.6%，其中，生产一类烟28.15亿支（5.63万箱），同比增长27.6%；二类烟43.25亿支（8.65万箱），同比增长14%；三类烟356.35亿支（71.27万箱），同比增长7.7%；四类烟127.55亿支（25.51万箱），同比下降10%；五类烟15.7亿支（3.14万箱），同比下降15.3%。

品牌方面，生产“娇子（天子）”23.4亿支（4.68万箱），“娇子（龙凤呈祥）”279.75亿支（55.95万箱），“宏声”73.9亿支（14.78万箱）。合作生产云南中烟的品牌卷烟“红塔山”99.5亿支（19.9万箱）、“云烟”25亿支（5万箱）。

2013年实现卷烟销售571亿支（114.2万箱），同比增长4.1%，其中一类烟28.25亿支（5.65万箱）、二类烟41.5亿支（8.3万箱）、三类烟361.9亿支（72.38万箱）、四类烟123.2亿支（24.64万箱）、五类烟16.25亿支（3.25万箱）。“娇子（天子）”实现销售22.85亿支（4.57万箱），“娇子（龙凤呈祥）”实现销售269.65亿支（53.93万箱），“宏声”实现销售72.7亿支（14.54万箱）。

2013年实现销售收入149亿元，同比增长0.7%。实现税利114.3亿元，同比增长11.6%，其中利润21.1亿元，同比增长14.5%。三项费用率为5.93%。

2013年万支卷烟综合能耗为2.82千克标煤，万元产值综合能耗为10.75千克标煤。烟叶、滤棒、盘纸平均消耗分别为6.73千克/万支、2099支/万支、597米/万支。水、电平均消耗分别为0.12吨/万支、8.3千瓦时/万支。

【技术创新】　2013年，“一种带增温的烟草物料风送设备”等5项发明专利获得国家专利授权，发表3篇科技论文。3个QC小组被评为全国优秀QC小组，15个QC成果分别获得川渝公司及重庆市QC成果发布会的一、二、三等奖。

【技术改造】　2013年完成技改、基建投资5.6亿元。涪陵分厂易地技改工程完成主体厂房施工，黔江分厂易地技改项目获得国家局批复，公司片烟中心库选址已通过行业专家评审。

【多元化经营】　2013年，公司多元化企业宏声集团依托主业优势，保持平稳健康发展。全年实现销售收入16.5亿元，同比增长5.76%。实现税利2.8亿元，同比增长17.6%。

【企业管理】　继续升级内部管理，加大绩效管理推进力度，研究制定年度工作计划，构建绩效管理的目标体系、业务流程和工作系统，推进现行制度规定转换为标准化文件工作。开展对标贯标和创建优秀卷烟工厂活动，继续加强对物耗、成本、质量、效率、节能减排等重点指标的监控分析和专项攻关。开展“三项工作”自查整改，推进审计监督和招标管理，配合开展常规审计、专项审计和跟踪审计。

重庆烟草工业有限责任公司所属生产厂

重庆烟草工业有限责任公司重庆分厂

【概　况】　重庆烟草工业有限责任公司重庆分厂最初是成立于1938年的香港南洋兄弟烟草公司重庆制造厂，后更名为重庆卷烟厂。1998年11月改制更名为重庆烟草工业有限责任公司重庆分厂。厂区占地面积26.67万平方米，有4800千克/小时、2400千克/小时制丝生产线各1条，2000千克/小时梗丝生产线1条，2000千克/小时薄片生产线1条，1000千克/小时白肋烟生产线1条，卷包机组14台（套）等。年卷烟生产能力266亿支（53.2万箱）。有在岗员工919人。

【卷烟生产】 2013年，生产的卷烟品牌有“娇子”“宏声”“红塔山”“云烟”等。生产卷烟（含合作生产）206亿支（41.2万箱），其中，生产一类烟4.3亿支（0.86万箱）、二类烟5.75亿支（1.15万箱）、三类烟153.8亿支（30.76万箱）及四、五类烟42.15亿支（8.43万箱）。合作生产云南中烟的品牌卷烟124.5亿支（24.9万箱），其中“红塔山”99.5亿支（19.9万箱）、“云烟”25亿支（5万箱）。

重庆烟草工业有限责任公司涪陵分厂

【概　况】 重庆烟草工业有限责任公司涪陵分厂最初是成立于1964年的涪陵农机厂，1982年转产卷烟。1998年11月改制更名为重庆烟草工业有限责任公司涪陵分厂。厂区占地面积4.2万平方米，有4000千克/小时的制丝生产线1条，卷接包装机组12台（套）等。烟叶仓库面积3.79万平方米，储备烟叶近5万吨（100万担）。有在岗员工733人。

【卷烟生产】 2013年，生产的卷烟品牌有“娇子”“宏声”等。生产卷烟182.5亿支（36.5万箱），其中，生产一类烟23.3亿支（4.66万箱）、二类烟3.65亿支（0.73万箱）、三类烟61.7亿支（12.34万箱）及四、五类烟93.9亿支（18.78万箱）。

【易地技改】 涪陵分厂易地技术改造项目占地33.33万平方米，建筑面积12万平方米，设计产能200亿支（40万箱）。项目总投资15.7亿元，截至2013年底，完成主厂房施工建设，进入辅助用房及厂区绿化建设阶段。

重庆烟草工业有限责任公司黔江分厂

【概　况】 重庆烟草工业有限责任公司黔江分厂最初是成立于1975年的黔江卷烟厂，2004年11月改制更名为重庆烟草工业有限责任公司黔江分厂。厂区占地面积10万平方米，有5000千克/小时制丝生产线1条，卷包机组13台（套）等。有在岗员工782人。

【卷烟生产】 2013年，生产的卷烟品牌有“娇子”“宏声”等。生产卷烟182.5亿支（36.5万箱），其中，生产一类烟0.55亿支（0.11万箱）、二类烟33.9亿支（6.78万箱）、三类烟140.85亿支（28.17万箱）及四、五类烟7.25亿支（1.45万箱）。

【易地技改】 黔江分厂易地技术改造项目占地30.9万平方米，建筑面积11.9万平方米，年设计产能200亿支（40万箱）。项目总投资14.47亿元，计划于2018年10月建成投产。

川渝中烟工业有限责任公司长城雪茄烟厂

【概　况】 川渝中烟工业有限责任公司长城雪茄烟厂是全国烟草行业定点生产雪茄烟的四家生产点之一，成立于2007年9月4日。厂区占地面积约26.67万平方米，有1500千克/小时制丝生产线1条，3000千克/小时制片生产线1条，500千克/小时制梗丝生产线1条。卷烟机组10台，包装机组12台，进口设备70台，雪茄型卷烟生产能力为72.58亿支，机制雪茄的生产能力为3.78亿支（按两班制计算）。有员工1090人。

【主要产品】 2013年，工厂主要生产的产品有“长城”“狮牌”“工字”等三大系列产品。产品分为高、中、低三个档次，浓、中、淡三种风味，叶丝式、叶片式、叶束式三种茄芯类型。抓产品创特色，形成以“长城（天子）”“长城（传奇）”“长城（132）”“长城（经典）”“长城（盛世）”五大系列为高端手工雪茄代表，以“长城（骑士）”“长城（金南极）”“长城（迷你）”三大系列为机卷中端雪茄代表，以“狮牌”机制微型为卷烟型雪茄代表。截至2013年底，工厂产品销售覆盖全国30多个省（市、自治区），并出口欧洲、南美洲和东南亚国际市场。

【生产经营】 2013年，工厂标准雪茄持续发展，全年生产计划完成率100%，保证市场供应率100%。生产标准雪茄2.38亿支。标准雪茄实现销售2.34亿支，同比增长37.7%。实现销售收入1.87亿元，同比增长41.4%，继续保持标准雪茄产量、销量、收入、税利、结构在国内第一的领先优势。

【生产管理】 按照“中端起步、高端突破”的品牌发展路径和“做精手工雪茄，做强标准雪茄”的要求，坚持以市场为导向，以控制设计成本为重点，2013年累计完成48个新产品研发，推出三款中细支标准雪茄创新型特色产品，螺旋卷产品实现“零”的突破。研发出具有自主知识产权的薄片茄衣，完全替代进口产品，采购价格下降50%以上。全年申报专利11个，开展科研项目14项，9个项目通过验收评审并结题，2个专利获得实用新型专利授权，2个项目通过四川省科技成果鉴定。

【国际合作】 2013年雪茄国际合作工作及时调整工作重心，由重设备、产品的硬件合作转变为侧重于关键工艺技术、设备管理、质量控制的全面技术合作。全年相继开展围绕原料处理、研发技术、质量控制、现场管理等方面的专业技术培训，并初步建立起标准雪茄在线质量监控分析系统，产品质量稳步提升。

（撰稿：晏　钢；编辑：王东旭）

贵州中烟工业有限责任公司

【概　况】　贵州中烟工业有限责任公司最初为贵州烟草工商分设后于2003年7月成立的贵州中烟工业公司。2008年7月，国家局、总公司批复同意改制更名为贵州中烟工业有限责任公司。公司本部下设19个部门，下辖贵州中烟工业有限责任公司贵阳卷烟厂、遵义卷烟厂、毕节卷烟厂、贵定卷烟厂、铜仁卷烟厂等5家不具备法人资格的卷烟生产厂和兴义烟叶储运站。2013年，新成立贵州福贵投资管理有限公司。截至2013年底，公司拥有总资产213.72亿元，其中，固定资产41.00亿元、流动资产157.31亿元，资产负债率为32.03%。有从业人员9499人，其中在岗员工8173人。

2013年，贵州中烟全面贯彻落实全国烟草工作会议和经济运行会议精神，准确把握"稳中求进"的工作总基调，积极思考谋划"三大课题"，按照"努力建设更加规范、更富效率的中国烟草"的工作目标，紧紧围绕行业各项工作部署，激发创新活力，拓宽发展通道，夯实发展实力，推进科学发展，"贵烟上水平"取得新的进展。

2013年，贵州中烟被中国企业联合会、中国企业家协会评为"中国企业500强"，位居第349位；"中国制造业500强"，位居第178位。

【领导机构】

董事会

董事长：汪世贵

董　事：白云峰　徐东泰　方　静　马伶燕　朱湘海　李文刚（职工董事）

监　事：杨　东

班子成员

总经理、党组书记：白云峰

副总经理、党组成员：徐东泰

副总经理、党组成员：杨　东

副总经理、党组成员：方　静

纪检组长、党组成员：冯力勤

副巡视员：吴晓江

副巡视员：王礼昌

副巡视员：刘钟祥（2013.1—）（国烟人〔2013〕39号）

【卷烟生产经营】　2013年，公司生产卷烟（含合作生产，不含出口）1271亿支（254.2万箱），同比增长2.01%，其中，生产一类烟77.98亿支（15.60万箱）；二类烟161.13亿支（32.23万箱），含合作生产117.50亿支（23.50万箱）；三类烟578.44亿支（115.69万箱），含合作生产90亿支（18万箱）；四类烟371.58亿支（74.32万箱），含合作生产57.50亿支（11.50万箱）；五类烟81.87亿支（16.37万箱）。生产出口烟0.44亿支（0.088万箱）。

2013年实现卷烟销售（不含出口）1252.62亿支（250.52万箱），同比增长2.98%，其中，一类烟76.63亿支（15.33万箱）、二类烟160.13亿支（32.03万箱）、三类烟566.15亿支（113.23万箱）、四类烟367.84亿支（73.57万箱）、五类烟81.87亿支（16.37万箱）。出口卷烟0.44亿支（0.088万箱）。

2013年万元产值综合能耗为14.68千克标煤，万支卷烟综合能耗为3.90千克标煤。烟叶、滤棒、盘纸平均消耗分别为6.98千克/万支、2103支/万支、598米/万支。水、电平均消耗分别为0.14吨/万支、8.88千瓦时/万支。

2013年实现销售收入331.34亿元，同比增长11.96%。实现税利255.02亿元，同比增长14.84%，其中利润43.61亿元，同比增长6.99%。三项费用率为7.53%。

【主要产品】　2013年，公司继续推进"贵烟"品牌发展上水平。全年生产"贵烟""黄果树""遵义""桫椤"等四个自有品牌，合作生产浙江中烟、云南中烟、湖南中烟的卷烟品牌"利群""雄狮""红塔山""白沙"等。新产品"贵烟（国酒香玉液）""贵烟（黄金方新）"和新开发的"贵烟（小国酒香）"三个规格投放市场，新开发储备"贵烟（硬小国酒香）""贵烟（玉液2号）""贵烟（新贵）"三个规格。对"贵烟（5mg喜格）"进行改造。

2013年生产"贵烟"（不含出口）305.2亿支（61.04万箱），同比增长6.06%；"贵烟"实现销售301.28亿支（60.26万箱），同比增长8.19%，其中省外市场实现销售51.88亿支（10.38万箱）。生产出口"贵烟"863万支（172.60箱）。

全年合作生产卷烟265亿支（53万箱），其中，合作生产浙江中烟的品牌卷烟"利群""雄狮"175亿支（35万箱），合作生产云南中烟的品牌卷烟"红塔山"45亿支（9万箱），合作生产湖南中烟的品牌卷烟"白沙"45亿支（9万箱）。

【品牌营销】　*品牌建设*。2013年，公司有序推进"贵烟"品牌发展体系，构建"贵烟（国酒香）""贵烟（经典本香）""贵烟（时尚新贵）"三个体系。按照不同风格、不同种类、不同文化诉求形成类别清晰、定位明确、重点突出、市场互补的品牌发展格局，"贵烟（国酒香）"系列实现高端引领、特色带动；"贵烟（经典本香）"系列确保市场主体，扩张市场份额；"贵烟（时尚新贵）"系列充分细分市场，满足市场需求。"贵烟"品牌高端引领作用明显，结构提升较快，销量保持稳定增长，在全国重点品牌的排名稳中有升。

市场拓展。探索和实践营销手段策略创新，着力构建面向消费者的营销体系。从设立"突破市场""国酒香新型营销模式""建设战略联盟零售客户"等营销体制机制着手，逐渐形成以"拉动消费者"为目标的营销模式。并按照"高端国酒香稳价格、树形象，中端酒香产品打基础、求突破，下端10/包至15元/包价位稳基础、上规模"的品牌发展要求，以引导消费为核心工作，培育产品张力和可持续发展的能力，深入市场，实施"一品一策、一地一策"，推进营销方法的不断创新。除省内市场外，形成19个商业销量

超万箱的省级市场（其中超过7万箱的3个）、55个商业销量超4800箱的地市级市场（其中超过1万箱的14个）。

【原料保障】 2013年，公司坚持“严控结构、弱化数量、规范高效”的原料年度采购工作思路，全年共计完成国内烤烟采购10.05万吨（200.96万担），采购计划完成率100.98%（其中重点产区云南、四川、湖南、福建采购计划完成率113.73%），进口烟叶（片烟）5.43万担。全年采购上等烟比例47.04%、中等烟比例52.06%、下等烟比例0.9%，其中重点产区上等烟比例为54.39%，烟叶等级结构得到进一步优化。

2013年新增国家局基地单元4个，基地单元总数累计达18个，调拨总量为4.2万吨（84万担），烟叶基地单元建设如期完成并通过国家局组织的新单元验收及烟叶生产中期检查评估。

“国酒香烟叶酒窖醇化”项目转入配方批量醇化，醇化数量已超过1万担，烟叶储存养护新技术得到广泛使用。完成并通过公司审批立项的原料科研项目4个，其中通过公司申请作为国家局面上项目的原料科研项目2个。

【技术创新】 基础研究。组织完成行业重大专项“‘贵烟’品牌专用制丝线核心技术研究”项目评审工作。开展“贵烟（国酒香·50）”卷烟产品开发多项技术研究。创新开发和掌握酒香胶囊滤棒关键技术，为“贵烟（国酒香）”产品设计加工提供支撑。“烟叶特殊处理技术及设备研制”项目取得阶段性成果，参与国家局重大专项“中间香型烟叶风格特色评价与定位研究”项目研究，开展“分子囊包裹技术在卷烟调香中的应用”等项目研究。

2013年，公司在研科技项目57项，其中对外合作的项目27项。在研项目中，技术中心承担一项省级项目和四项国家局面上项目。

技术工艺研究。开展醋纤滤棒改丙纤加胶滤棒研究、产品风格特点差异化研究，加料加香试验。开展桶中桶熏蒸工艺在“贵烟（国酒香·玉液）”产品应用研究，“贵烟（国酒香）”专用滤棒材料调香技术研究和“贵烟（国酒香·玉液）”胶囊研究。使用成像数据技术等对烟支燃烧状态进行全方位分析研究。创新胶囊滴制工艺，通过胶皮组成和配比的特殊设计，使酒香胶囊既有一定的弹性又有一定的脆性。开创叶组与调香的复配技术，使卷烟在捏爆胶囊与不捏爆胶囊情况下均表现出丰富、圆润、绵长的香气特征。

产品研发。组织开展新品类“贵烟（国酒香）”开发，进行多个样品的试制，完成“贵烟（新贵）”“贵烟（国酒香·玉液1号）”“贵烟（国酒香·玉液2号）”“贵烟（小国酒香）”产品研发，完成“贵烟（国酒香·30）”贵定卷烟厂异地生产相关研发试验。完成有机生态烟试制样品研发工作，开展低焦油卷烟产品研发。

创新成果。2013年，公司完成对10个项目的科技成果鉴定。申报专利131项，其中发明专利48项；全年获得83项专利授权，其中发明专利3项。

【人事政工】 队伍管理。2013年，公司制定《干部交流管理办法》、修订《非领导职务选拔任用办法》。制定实施《科技人才引进培养指导意见》《科研课题及课题专家管理办法》《科技人才引进、培养和激励机制》。

教育培训工作。2013年，公司全面推行全员教育培训学分制；建立覆盖全体员工的网络学习平台，公司自主开发的《动力设备管理手册》和《卷烟包装与卷制质量缺陷防控图册》两部教材成功入选国家局行业统编教材。申报行业《烟机设备修理工（卷接）专业知识》和《卷烟产品过程质量取样检验培训教材（视频）》课程开发任务。全年组织各类培训班1031个，累计培训7万人次，外出培训1589人次。

职业技能鉴定。2013年组织13个批次职业技能鉴定，其中初、中、高级工252人获得证书，技师22人获得证书，高级技师7人获得证书。组织安排专业人员共计179人次参与省内外鉴定考评、竞赛执裁、质量督导和题库评审。组织实施工程和政工类中级专业技术资格评审，51人获工程师任职资格，11人获政工师任职资格；完成8人高级职称评审推荐工作。

党风廉政建设。强化中央“八项规定”、省委“十项禁令”、国家局“九条要求”的贯彻落实，2013年公司“三公”经费同比下降25.62%，会议数量同比下降34.78%，各类评比表彰同比减少20%，腾退办公用房777平方米。

【特事要辑】 1月23日，2013年贵州中烟工作会议在贵阳召开。

5月14—16日，国家局副局长赵洪顺到贵州烟草调研。赵洪顺强调，发展好贵州烟草，对贵州的社会经济发展意义重大，对行业承担社会责任，实现“两个至上”的行业共同价值观意义重大，并要求贵州烟草工商企业要乘势而上，有所作为，把握时机，持续创新，为贵州社会经济发展作出更大的贡献。

5月30日，国家局局长凌成兴、副局长杨培森与贵州省委书记、省人大常委会主任赵克志在贵阳会晤。凌成兴表示，国家局将全面推进实施“十二五”规划，进一步支持贵州“卷烟上水平”，帮助贵州调整结构、培育壮大品牌；进一步支持贵州发展烤烟，帮助烟农脱贫致富，改善烟区生产生活条件；进一步支持贵州教育事业发展，帮助贵州办好职业技术教育，继续为贵州经济社会发展贡献力量。

8月20—23日，国家局副局长何泽华到贵州调研烟叶抗旱救灾工作。何泽华要求工商两家要准确掌握灾情，加强技术服务，维护烟农利益，为烟叶产业持续发展奠定基础。同时，要搞好灾害救助，加强烟叶移栽期、旺长期及防灾减灾设施建设等抗旱工作研究，着力提升抗大旱、抗久旱的能力。

所属生产厂/企业

贵州中烟工业有限责任公司贵阳卷烟厂

【概　况】 贵州中烟工业有限责任公司贵阳卷烟厂最初

是始建于1940年的贵州烟草股份有限公司，1988年成立贵阳卷烟厂，2009年1月改制更名为贵州中烟工业有限责任公司贵阳卷烟厂。2010年11月，贵阳卷烟厂全面搬迁至经济技术开发区新厂区。新厂区占地面积为49.13万平方米，拥有2条600千克/小时制丝生产线（A、B线），1条3000千克/小时制丝生产线（C线），1条4000千克/小时梗丝生产线（F线），1条1140千克/小时二氧化碳膨胀烟丝生产线，1条500千克/小时实验制丝线，卷接包设备34台（套）。年卷烟生产能力为500亿支（100万箱）。截至2013年底，共有在岗员工3032人，其中总厂在岗员工2284人。

【卷烟生产】 2013年，主要生产“贵烟”和“黄果树”品牌卷烟。全年共生产卷烟563.44亿支（112.69万箱），同比增长0.39%，其中“贵烟”289.86亿支（57.97万箱），“黄果树”267.14亿支（53.42万箱）。

【质量管理】 持续完善“流程管理、工序控制”的工艺质量管控模式和“管理、控制、实现”工艺质量过程管控三级立体框架，严格执行防差错机制，落实质量首检责任制，产品质量持续高位运行。上半年、下半年公司工艺质量管理工作检查得分分别为96.99分、92.57分，均列公司第一；2013年工艺质量月度绩效评价综合得分为185.9分，位列公司第一。

【职工培训】 卷烟厂通过组织开展标准化培训课程题库开发，初步形成180个生产环节操作类岗位的标准化基础培训课程体系及配套题库，进一步完善工厂标准化培训课程体系。2013年，组织完成各类培训696项，培训人员共计3.27万人次，年度培训计划完成率为100%。

【党建工作】 2013年，卷烟厂党委在贵州省国资委系统企业党建考核中连续第四年获一等奖，是贵州烟草系统唯一获此殊荣的单位。一车间党总支获得省委、国资委颁发的“‘五好’基层党组织”称号；二车间综合党支部获得贵州省国资委颁发的“样板党支部”称号。

贵州中烟工业有限责任公司遵义卷烟厂

【概　况】 贵州中烟工业有限责任公司遵义卷烟厂始建于1978年，2009年1月改制更名为贵州中烟工业有限责任公司遵义卷烟厂。厂区占地面积21万平方米，拥有1条5000千克/小时制丝生产线和1条570千克/小时的二氧化碳膨胀烟丝生产线，卷接包设备19台（套）。年卷烟生产能力为300亿支（60万箱）。截至2013年底，共有从业人员1606人，其中在岗员工1482人。2013年，卷烟厂协理员卓先顺，获得由中央宣传部、中央文明办、解放军总政治部、全国总工会、共青团中央、全国妇联联合组织评选的“2013年全国道德模范提名奖”。

【卷烟生产】 2013年，主要生产“贵烟”和“黄果树”品牌卷烟。全年共生产卷烟274亿支（54.8万箱），同比增长1.11%，其中，“贵烟”15.35亿支（3.07万箱），“黄果树”165.85亿支（33.17万箱）。

【生产管理】 2013年，工厂启动精益管理工作，并以精益安全生产、精益TQM管理、精益生产组织、精益成本控制和精益TnPM管理五个模块为抓手，引入适合工厂发展的各种先进管理工具和方法，不断改进现场管理、设备管理、班组建设、6S管理、QC管理等。

在精益TnPM管理中，通过组织和建立设备维修SOON体系（Strategy，On-site-information，Organizing，Normalizing）管理体系以及进行SOON体系的培训等，制定出SOON体系框架和实施方案，并建立有关工作标准及管理标准。

贵州中烟工业有限责任公司毕节卷烟厂

【概　况】 贵州中烟工业有限责任公司毕节卷烟厂最初是始建于1974年的毕节地区卷烟厂。2005年，贵州卷烟工业进行整体整合，毕节卷烟厂取消法人资格，成为贵州中烟工业公司下属生产厂之一。2009年1月改制更名为贵州中烟工业有限责任公司毕节卷烟厂。厂区占地面积22万平方米，拥有4000千克/小时制丝线1条，570千克/小时二氧化碳膨胀烟丝生产线1条，卷接包设备14台（套），年卷烟生产能力为250亿支（50万箱）。截至年底，有在岗员工1250人。

【卷烟生产】 2013年，主要生产“黄果树（长征）”“遵义（软）”“黄果树（长征红星照耀）”“黄果树（蓝佳品）”，合作生产浙江中烟的品牌卷烟“利群（新版）”“利群（软蓝）和“雄狮（红老版）”。

全年生产卷烟219亿支（43.8万箱），同比增长2.34%。生产“黄果树（长征）”48.01亿支（9.6万箱），“遵义（软）”5.09亿支（1.02万箱）、“黄果树（长征红星照耀）”12.67亿支（2.53万箱）、“黄果树（蓝佳品）”16.98亿支（3.39万箱）、“利群（新版）”49亿支（9.8万箱）、“利群（软蓝）”29.75亿支（5.95万箱）、“雄狮（红老版）”57.5亿支（11.5万箱）。

【异地搬迁】 有效化解“同时技改同时搬迁与同时生产、复杂内部环境与安全稳定、传统工作方法与全新管控模式”三大突出矛盾，完成“技改主体工程项目建设、制丝设备的调试投产、卷包设备搬迁调试”等三大任务，产量、质量、安全等工作未受影响，各项指标显著提升，目标完成情况评分获得101.71分。

【企业文化】 制定《企业文化建设发展三年规划（2013—2015）》和《2013年企业文化建设工作计划》，进一步明确三年工作目标任务和年度工作任务。按照《贵州中烟工业有限责任公司VIS规范应用手册》和《贵州中烟企业文化“视听走廊”规范应用手册》的标准要求，以完善联合工房文化理念目视管理为重点，完成第二期企业文化视听走廊和VI视觉识别系统建设安装工程。

贵州中烟工业有限责任公司贵定卷烟厂

【概　况】 贵州中烟工业有限责任公司贵定卷烟厂最初是始建于1952年的贵州烟叶复烤厂，1983年6月更名为贵定卷烟厂，2009年1月改制更名为贵州中烟工业有限责任公司贵定卷烟厂。卷烟厂占地面积31.56万平方米，拥有3000千克/小时制丝生产线（含白肋烟处理线、闪蒸梗丝膨胀线）、SP31烟丝膨胀线各1条，卷接包设备10台（套），年卷烟生产能力为150亿支（30万箱）。截至2013年底，有在岗员工833人。

【卷烟生产】 2013年，主要生产“黄果树”“遵义”“贵烟”“白沙”等卷烟。全年生产卷烟150亿支（30万箱），同比增长6.76%，其中生产一类烟0.12亿支（0.024万箱）、三类烟77.24亿支（15.45万箱）、四类烟30.29亿支（6.06万箱）、五类烟42.34亿支（8.47万箱）。

【烟叶醇化库建设】 卷烟厂完成2.5万平方米烟叶醇化库内部验收工作，启动9.5万平方米烟叶醇化库配套工程现场施工，相继完成土建部分设计招标、监理招标、设计图及第三方审核等工作。

【烟叶仓储管理】 新仓库启用后，卷烟厂相继建立和优化17个烟叶仓储管理制度，开展新库烟叶储存养护试验研究和质量异常管控，严防烟叶霉变和虫害。2013年完成公司下达的32万担储备调入任务，全年生产调入烟叶15.56万担、烟梗3.85万担，调出烟叶2.66万担，投入生产烟叶17.86万担、烟梗4.2万担。

【基础管理】 2013年，卷烟厂首次实现年生产卷烟150亿支（30万箱），正式迈入行业30至80万箱卷烟生产规模的行列。实现“贵烟（国酒香30）”高端卷烟、专用滤棒等系列产品的规模生产，具备生产高端卷烟的能力，全年共生产“贵烟（国酒香30）”卷烟产品248.6箱，与公司技术中心一所、二所研究滤棒无线加香技术，现技术研究已基本成熟，将正式批量生产。11月26日，国家局投资委员会审议通过贵定卷烟厂易地技改项目，12月10日正式批准。汇编下发《贵定卷烟厂企业文化手册》，定烟子文化体系初步形成。

贵州中烟工业有限责任公司铜仁卷烟厂

【概　况】 贵州中烟工业有限责任公司铜仁卷烟厂最初是始建于1977年的铜仁县城关镇雪茄烟厂，1984年1月纳入国家计划内企业，更名为铜仁雪茄烟厂。2009年1月改制更名为贵州中烟工业有限责任公司铜仁卷烟厂。卷烟厂占地面积5万平方米，拥有3000千克/小时制丝生产线1条，卷接机组6台（套），包装机组7台（套）。截至2013年底，有在岗员工534人。

【卷烟生产】 2013年，生产“黄果树”“遵义”“桫椤”3个品牌。生产卷烟65亿支（13万箱），其中生产“黄果树（蓝佳品）”42.52亿支（8.5万箱）、“桫椤（红）”1.25亿支（0.25万箱）、“黄果树（软）02”10.4亿支（2.08万箱）、“遵义（软）”2.13亿支（0.43万箱）、“黄果树（长征）”8.65亿支（1.73万箱）。

【易地技改】 9月，国家局批准铜仁卷烟厂易地技术改造项目，项目总投资11.3亿元以内（不含烟草专用机械），按年产卷烟100亿支（20万箱）的生产规模进行规划设计。

【技术创新】 2013年，卷烟厂各部门共注册QC小组10个，完成QC课题15项，报公司科技项目5项，其中“烟支圆周在线监控系统的研发”项目获公司立项，“基于ASP.NET设备管理系统设计与实现”项目于2013年12月通过验收。全年完成效能监察课题11个、评选政研论文9篇、申报专利39项。

【优秀卷烟工厂创建】 在2013年国家局公布的13项创优基础数据中，铜仁卷烟厂同比全部提升，其中有10项指标达标，单箱制造费用从268.98元下降到242.02元，单箱管理费用从560.94元下降到512.71元，卷包设备有效作业率从88.36%上升到88.92%，三项指标基本达到同规模的行业平均值水平，卷烟产品质量监督检测市场抽检合格率等五项指标优于同规模的行业平均水平。

贵州中烟工业有限责任公司兴义烟叶储运站

【概　况】 兴义烟叶储运站（以下简称“储运站”）最初是贵州中烟工业有限责任公司兴义卷烟厂。2011年5月，国家局、总公司批复同意关闭兴义卷烟厂；7月，批复同意建设兴义烟叶醇化库项目；9月，贵州中烟工业有限责任公司兴义烟叶储运站正式挂牌成立，2009年和2011年，国家局两次批复同意报废原兴义卷烟厂专用烟草生产设备共181台（套）。储运站占地面积15.33万平方米，承担公司部分烟叶的储存、养护、保管及调运任务，是贵州中烟最大的烟叶储备库。截至2013年底，储运站有在岗职工269人。

【烟叶调运】 储运站全年完成箱装片烟调运出库4.8万担，调运入库288担，转库6.54万担，并配合公司原料供应部完成2013年黔西南州12.53万担初烤烟叶周转工作。

【教育培训】 兴义烟叶储运站采取储运站、学习管理部、班组三级管理培训模式，合理制订学习培训计划，建立借调、借用人员管理机制，逐步完成转岗安置。全年组织外出培训51期，参培人员140人次；站内自培40期，参培人员达2183人次；参加贵州中烟网络学习平台必修课及自选课程12367学时，获学分9884.5分，人均38.9分。2013年，借调52人参与贵州中烟原料部烟叶监打、收发工作。

贵州福贵投资管理有限公司

【概　况】 2013年，贵州中烟实施多元化投资体制改革工作。2月，国家局、总公司下发《关于贵州省卷烟工业系统多元化投资管理体制改革的批复》，同意将贵州黄果树企业有限公司更名为贵州福贵投资管理有限公司（以下简称“公司”）。公司作为贵州中烟工业有限责任公司的全资子公司，主要负责贵州省卷烟工业系统多元化企业及其股权的经营管理，撤销贵州中烟工业有限责任公司投资管理部，其多元化投资管理工作由公司负责。2013年10月16日，贵州中烟向福贵投资公司增资2000万元注册资本，并办理完成贵州福贵投资管理有限公司的工商登记手续，至此，贵州福贵投资管理有限公司正式挂牌成立。截至2013年底，公司拥有总资产1.18亿元，资产负债率为6%，行使贵州中烟多元化投资资产管理和经营职能。

2013年，完成多元化体制改革，公司组建“五部一室”（人力资源部、投资经营部、企业管理部、监察审计部、财务部、办公室）和所属8家企业的组织机构，包括贵州福贵投资管理有限公司房屋租赁分公司、贵州福贵投资管理有限公司台江矿泉水分公司2家分公司，贵州省遵义市银江劳务有限责任公司、贵州福贵文化传媒有限公司、贵州新贵物业管理有限公司3家子公司，控股企业贵阳黄果树纸业有限公司并参股贵州西牛王印务有限公司和贵州银行。

2013年，福贵投资公司实现主营收入2804万元，同比增长1%。实现净利润1069万元，同比增长5%。实现投资收益1120.63万元，同比增长31%。

（撰稿：高　雕；编辑：王东旭）

云南中烟工业有限责任公司

【概　况】　云南中烟工业有限责任公司最初为2003年10月云南烟草工商分设后成立的云南中烟工业公司。2004年1月1日，云南中烟工业公司举行挂牌仪式。2010年12月28日，国家局、总公司批复同意云南中烟工业公司更名改制为云南中烟工业有限责任公司。2011年1月27日，云南中烟工业有限责任公司挂牌成立。公司下辖红塔烟草（集团）有限责任公司和红云红河烟草（集团）有限责任公司，以及云南烟草科学研究院①、云南中烟物资（集团）有限责任公司、云南烟草教育培训中心、云南烟草国际有限公司、云南中烟特有职业（工种）职业技能鉴定站等5家直属单位，并控股云南烟草兴云投资股份有限公司、云南中维酒店管理有限责任公司等企业。公司总部内设19个部门。截至2013年底，公司拥有总资产2062.71亿元，其中，固定资产323.04亿元、流动资产1328.09亿元，资产负债率为24.14%。有从业人员23032人，其中在岗员工21845人。

2013年，按照“卷烟上水平”的战略任务和公司“5521”品牌发展目标，以改革创新为根本动力，以品牌发展、原料保障、科技创新、市场营销、基础管理、队伍建设为重要支撑，注重提升经济发展质量和效益，公司在卷烟产销总量、税利总额、一类烟产销量、全国市场覆盖率、国际市场销量等多项指标上均位居行业第一，延续成立以来的良好发展势头，经济效益实现“十连增”。

2013年，公司被中华全国总工会授予“全国五一劳动奖状”；被云南省政府评为“云南省2012年度‘爱心水窖’建设先进捐赠单位”；被云南省总工会评为2013年度“一活动一工程”先进单位。

【领导机构】

董事会

董事长：柳万东（—2013.12）（国烟党〔2013〕110号）

副董事长：王彦亭

董　事：朱绍明　姚庆艳　李穗明　李光林　穆重林　黄翠萍　许　泽（职工董事）

监　事：李新军

班子成员

总经理、党组书记：朱绍明

巡视员、纪检组长、党组成员：李新军

副总经理、党组成员：姚庆艳

副总经理、党组成员：李穗明

副总经理、党组成员：李天飞

副总经理、党组成员：顾　波

副总经理、党组成员：李光林

副总经理、党组成员：谢昆或

副总经理、党组成员：高兴智

副巡视员：许　泽

副巡视员：赵子敏

副巡视员：赵　勇（2013.6—）（国烟人〔2013〕239号）

副巡视员：陆　琪（2013.6—）（国烟人〔2013〕239号）

【卷烟生产经营】　2013年，公司生产卷烟4097.75亿支（819.55万箱），同比下降0.81%，其中，内销卷烟（含新疆、乌兰浩特卷烟厂，不含出口烟）4047.5亿支（809.5万箱），同比下降0.74%，其中，省内企业生产卷烟3787.75亿支（757.55万箱），同比下降1.39%。在内销卷烟产量中，生产一类烟1081.15亿支（216.23万箱），同比增长8.04%；二类烟45.55亿支（9.11万箱），同比增长2.77%；三类烟2120.8亿支（424.16万箱），同比下降5.25%；四类烟526.85亿支（105.37万箱），同比增长1.09%；五类烟273.2亿支（54.64万箱），同比增长0.03%。

实现工业销量4219.05亿支（843.81万箱），其中，内销卷烟销量为4168.6亿支（833.72万箱），同比增长5.74%，省内企业销量为3909.25亿支（781.85万箱），同比增长5.24%。

生产出口卷烟50.25亿支（10.05万箱），同比下降6.34%。卷烟境外销售总量为190.3亿支（38.06万箱），同比增长17.6%，其中，卷烟一般贸易出口50.45亿支（10.09万箱），同比下降6.84%。

2013年，按照合并报表统计，公司实现税利1308.2亿

① 云南烟草科学研究院详见《科研和教育机构》栏目。

元。卷烟企业（含新疆、乌兰浩特卷烟厂）实现税利1151.28亿元，同比增长12.42%，其中，省内卷烟企业实现税利1102.48亿元，同比增长12.53%。按照合并报表统计，实现利润245.46亿元，同比增长28.98%，其中，省内卷烟企业实现利润202.59亿元，同比增长28.83%。省内卷烟企业实现卷烟销售收入1287.85亿元，同比增长12.18%。三项费用率为7.61%。

公司万元产值综合能耗为9.26千克标煤，万支卷烟综合能耗3.03千克标煤。烟叶、滤棒、盘纸平均消耗分别为7.02千克/万支、2510支/万支、597米/万支。水、电平均消耗分别为0.066吨/万支、6.73千瓦时/万支。

【主要产品】 2013年，公司在产卷烟品牌有18个，其中，红云红河集团有“茶花”“钓鱼台”“福”“红河”“红山茶”“呼伦贝尔”“小熊猫”“雪莲”“云烟”“钓鱼台”10个，红塔集团有“阿诗玛”“宝石”“红梅”“红塔山”“XINXING（新兴）”“玉溪”“WEST（威斯）”“MARBLE（马宝）”8个品牌。

“玉溪”“云烟”“红塔山”“红河”四大卷烟品牌省内企业产量为3196.5亿支（639.30万箱），同比下降1.09%。与省外企业合作生产云产品牌卷烟1273.95亿支（254.79万箱），同比下降4.84%。全年云产品牌卷烟商业销量达5411.65亿支（1082.33万箱），同比增长3.06%。

【品牌建设】 落实“做大品牌、降低危害、提升价值”三大品牌发展战略，实施品牌结构调整与优化，推动品牌整合创新、提质降焦和规模扩张，重视发展高端卷烟和低焦油卷烟，提升品牌竞争力。

加快营销转型，从关注渠道“订单维护、客情强化”向关注消费“积极动销、塑造品牌”转型。深化工商协同营销，引导商业流通渠道全力支持云产卷烟稳份额、上结构、调状态、促新品、拉动销。依靠现代零售终端，开展上柜铺货、动销促进、客户回馈、形象展示、信息采集等品牌推广活动。策划组织新品上市推广和在线规格培育维护活动。

公司品牌发展主要特点呈现为“一个扩大、三个增长”：即云产品牌卷烟商业销量达5410亿支（1082万箱），市场份额扩大到21.65%；高端卷烟快速增长，商业销量达73.35亿支（14.67万箱），同比增长20.78%；重点品牌持续增长，“玉溪”“云烟”“红塔山”“红河”商业销量分别为725亿支（145万箱）、1705亿支（341万箱）、1490亿支（298万箱）和755亿支（151万箱），四大品牌集中度上升到86.5%；“玉溪（庄园）”“云烟（大重九）”高速增长，销量分别为2.21亿支（0.44万箱）、6.15亿支（1.23万箱）。

【企业管理】 管理体系建设。以“转变管控模式、构建创新机制、导入精益管理”为重点，推进目标体系、管理流程、绩效管理等管理体系建设。推进全面预算管理、贯标、对标、创优、精益管理等工作，提升基础管理水平。把对标工作作为“管理创一流”的重要抓手，发挥对标工作的目标引领作用，突出成本费用控制。将创优工作与内部管理工作、管理要素相融合，协同推进。结合转型发展需求，制定“省级公司领导业绩考核”方案、“云南中烟精益管理实施方案”等，启动“云南中烟企业管理体系建设”项目，召开质量管理体系建设交叉评价工作会。

审计整改。针对国家局、外部各项审计检查中发现的问题，成立审计整改工作领导小组，及时制定整改方案并逐条逐项进行整改。重点进行“五个狠抓”：狠抓违规配备车辆清理处置、狠抓违规高尔夫球场整顿处置、狠抓津贴补贴规范、狠抓办公用房清理腾退、狠抓“三项工作”公开招标，工程、物资、服务类公开招标采购金额占比提高至80.7%。完善内控制度，对企业银行账户及货币资金管理、审计中介使用管理制定规范办法。开展合同、工程及招投标审计，完成经济合同审核7354份，涉及合同金额222.76亿元；完成工程结算审核2014项，送审金额22.23亿元，审减1.27亿元；对1512项招标项目进行审计监督。实施专项审计，对公司所属企业开展企业货币资金保险费专项审计，了解所属企业及下属多元化企业银行开户、银行存贷款以及保险费用支付、索赔等情况；对国家局委托云南中烟全过程跟踪审计的19个工程项目执行情况进行专项检查。

创建“优秀卷烟工厂”。推进现代企业管理的理念、思想、方法和手段与卷烟工厂实际相结合，将“优秀卷烟工厂”创建与“管理创一流”活动、标准化、对标等工作融合，各卷烟厂均确定重点攻关指标和目标，并成立课题攻关项目组。推进群众性创新创效工作，召开云南烟草工业第十次QC成果发布会，评选出2012年度优秀QC成果，并推荐优秀成果参加行业优秀QC成果发布会，获得一等奖2个、二等奖1个。实施经济责任目标考核，将创优的要求融入卷烟集团经营目标中，把创优主要经济技术指标分解落实到基层工厂各项专业管理工作中。各卷烟厂初步建立四级对标指标管理体系，将目标和责任分解到岗位、细化到个人。开展“创优对标进班组”活动，搭建“评标”“对标”和“竞标”平台。重视创优、对标专题的课题成果推广，各卷烟厂开展创建活动评价分析，通过机制创新和管理模式创新，不断改善弱值指标。

内部监督。5月，公司与云南省局共同组织开展对“两红”集团废弃烟草专卖品处置管理专项检查，对存在的问题提出措施意见并及时督促整改。全年处置涉烟废弃卷烟纸、滤棒、丝束等废弃辅料2987.51吨；处置烟灰棒、烟梗、碎片、烟灰、烟末等废弃原料4186.97吨；废弃卷烟2172.5万支；清理、核查报废烟机设备227台（套），销毁报废烟机设备83台（套）；开展专卖内管自查15次。12月，公司下发《卷烟准运证申领使用管理办法》，理顺规范云南中烟各单位卷烟准运证的使用管理。

【技术创新】 改革科技创新体制，成立研发统一项目组，以云南烟草科学研究院和红塔集团、红云红河集团技术中心为主，组建云南中烟工业有限责任公司技术中心，实行非法人实体模式运作。截至年底，起草研发统一实施方案，完成云南中烟技术中心组织机构设置、运行机制构建、业务流程梳理、部门职责设计等一系列工作。根据《云南中烟工业有限责任公司关于组建云南中烟新材料科技有限公司的批复》（滇烟工投资〔2013〕152号），5月，成立云南中烟新材料科技有限公司，注册资本2980万元，其中，物资集团占总投资的50%，红塔集团和红云红河集团分别占总投资的25%。

统筹科技项目管理，审定39项新立项和41项延续科技计划项目。召开公司科技工作会议，评选出2012年、2013年度科技进步奖成果36项、29项。全年有6项成果获云南省科技进步奖，4项成果获得中国烟草总公司科学技术进步奖，获得授权专利252件，其中发明专利67件。

强化产品质量安全，由国家局抽检的7个牌号42个规格的107个样品包装及卷制质量检验、烟气分析检测和感官质量评吸合格率均为100%。云产卷烟产品包装卷制全年得100分的产品占65%以上。推进减害降焦工作，云产卷烟产品焦油量、烟碱、一氧化碳加权平均值分别为10.61毫克/支、1.02毫克/支、11.61毫克/支，同比分别下降6.7%、4.7%和9.1%；卷烟产品危害性指数为8.3，同比降低0.7。

夯实科技创新基础，围绕特色烟叶原料、卷烟增香保润、减害降焦、特色工艺等方向开展研究，加大再造烟叶产品和特色天然香原料产品研发力度；实施红塔集团大理卷烟厂就地技改项目新制丝生产线等多个技术改造项目；推进红塔集团和红云红河集团行业重点标准研究室工作，开展产品质量安全管理标准、工作标准、技术标准的预研究和制修订工作；成功申报国家自然科学基金项目，公司卷烟产品质量检测中心通过中国国家实验室认可委员会认可，实现检测数据国际互认。

【体制改革】 启动“两统一、两整合”（即在现行“一公司、两集团”管理体制不变的前提下，实施统一营销、研发业务，整合卷烟品牌、多元化经营业务的改革思路）改革工作，制订“两统一、两整合”实施方案。10月15日，实施方案在云南省政府第21次常务会议获原则同意；10月18日，国家局、总公司下发《关于云南中烟工业有限责任公司“两统一、两整合”工作的批复》（国烟法〔2013〕386号），批复同意云南中烟实施“两统一、两整合”工作。10月24日，国家局召开云南中烟“两统一、两整合”工作座谈会，国家局局长凌成兴、副局长赵洪顺出席会议并讲话。凌成兴强调全行业要对云南中烟“两统一、两整合”工作给予全力支持。截至年底，实现“三启动、两完善、一调整”：即先行启动国内市场营销统一工作、研发统一工作，初步启动品牌整合工作；修改完善国际市场营销统一、多元化业务整合方案；云南中烟的管控模式由战略管控型调整为经营管控型。

【多元化经营】 多元化经营概况。截至2013年底，云南中烟及所属各卷烟集团、各直属单位投资的、具有独立法人主体资格的、投资层级在二级及以下的、境内多元化项目共143个，项目累计投资总额为257.25亿元，同比增加15.96亿元。2013年投资主体从多元化项目实际分回的现金收益为3.74亿元，累计分回投资收益为110.88亿元，多元化项目整体投资收益回报率为43.10%。

2013年上报重大事项14项，其中，红塔集团8项，红云红河集团2项，兴云公司3项。对多元化企业开展经营管理评价自查工作，完成行业其他5个省及所属59个多元化企业的跨省交叉检查工作。云南中烟以总分89.60在各省级公司中排名第四。

云南烟草兴云投资股份有限公司。云南烟草兴云投资股份有限公司最初为成立于1993年1月的云南烟草集团兴云股份有限公司。1999年进行资产重组并更名为云南烟草兴云投资股份有限公司，注册资金5.5亿元。公司股东及股份比例分别为云南中烟占45.29%、云南省烟草公司占44.43%、红塔集团占6.85%、红云红河集团占3.43%。经营范围涉及房地产、物业管理、旅游酒店、高新技术产业、金融证券等行业。截至2013年底，拥有总资产41.46亿元，有从业人数1702人。

公司的投资项目有20个，投资总金额为16.28亿元，其中，全资2个，控股8个，参股10个。投资项目分为房地产、物业管理、酒店管理、股权投资项目四类。全年实现主营业务收入6.12亿元，实现利润总额1.16亿元，净利润9619万元。

云南中维酒店管理有限责任公司。云南中维酒店管理有限责任公司成立于2012年，是以“中维”冠名的中国烟草行业第一家酒店管理公司，注册资金1亿元。公司股东及股份比例分别为云南中烟占40%、中国烟草投资管理公司占20%、红塔集团占20%、红云红河集团占20%。公司作为行业酒店整合试点单位，对云南中烟全资或控股宾馆酒店进行整合，并提供运营指导。截至2013年底，下辖的全资或控股宾馆酒店共14家，分别是昆明翠湖宾馆、云南天恒大酒店、湖泉酒店、云南红塔大酒店、曲靖石林国际大酒店、昆明桂花大酒店、望湖宾馆、大理美登酒店、大理古榕会馆、楚雄雄宝酒店、云南金鹰大酒店、苏州天平大酒店、云南烟草科技园接待中心和吉庆大酒店，涵盖五星、四星、三星、二星和休闲度假型酒店。截至2013年底，拥有总资产近40亿元，从业人员近5000人。

2013年，公司加强内部管理体系建设，建立管理制度体系和管理标准体系“两个体系”，打造管理平台和营销平台“两个平台”，全面提升整体管理水平，构建具有烟草行业特点的宾馆酒店运营管理模式。探索先创品牌，在品牌框架下推进行业酒店整合的模式，抓好中维酒店品牌创建工作，完成由7本手册、45本配套文件组成的《中维酒店品牌建设指南（第一版）》。推进云南天恒大酒店、昆明桂花大酒店、云南红塔大酒店和曲靖石林国际大酒店等装修改造。建立中维公司信息交流平台，通报行业酒店工作动态。创办《维梦》年刊杂志，组织行业酒店开展学习交流。

2013年，公司13家酒店（烟草科技园除外）共实现经营收入5.57亿元，同比下降5%，其中，昆明翠湖宾馆实现净利润901.45万元。

【物资配套】 云南中烟物资（集团）有限责任公司。云南中烟物资（集团）有限责任公司最初为云南中烟物资配套公司，于2006年6月改制而成，是云南中烟的全资子公司，以经营管理云南省烟草工业系统卷烟材料、烟机设备和零配件、仓储运输为主。下辖云南烟草机械有限责任公司，控股云南云成印务有限公司、大理市古榕会馆旅游有限责任公司、云南卷烟材料厂大理三塔分厂等3家企业，参股云南铝加工厂、交通银行股份有限公司、中国太平洋保险（集团）股份有限公司等3家企业。2013年，大理市古榕会馆旅游有限责任公司进行增资扩股，公司由参股变为控股；完成对昆明市官渡区大宗物资有限责任公司、昆明中宇集装箱运输有限公司、北京云天酒店有限公司的清算退出工作。截至2013年底，公司拥有总资产36.29亿元，其中，固定资产1.14亿元、流动资产33.08亿元，资产负债率为44.62%。有员工324人，其中在岗员工127人。

全年实现主营业务收入123.33亿元，同比增长11.19%。实现利润1.97亿元，同比增长11.9%。

物资采购供应。加强丝束货源控制和计划管理，稳定丝束使用规格，保障丝束正常供给。发挥ERP信息系统的作用，确保烟用物资按需采购供应。配合完成云南中烟卷烟辅料质量安全评价体系构建工作。2013年，物资保障服务持续增强，顾客满意率为98.96%、投诉率为零。

出台卷烟材料、烟机零配件及非烟用物资的公开招标采购指导意见。推进公开招标采购工作，卷烟材料公开招标的品种、规格覆盖率为93.7%，金额比例为95.6%；香精香料招标采购实现突破，公开招标采购比例达35%；烟机零配件公开招标采购的范围扩大到所有机型的国产专用、通用零配件；非烟用物资公开招标比例突破80%。

改进物资供应商管理，实施卷烟材料供应商达标升级认证和年度烟机零配件供应商动态认证，发布合格供应商名录，减少供应商数量，优化供应商结构。建立健全供应商奖优汰劣的良性机制。

提升物资管理水平，对《云南中烟卷烟材料统计分析》的内容和结构进行优化。创新物资检查工作，制定《云南中烟物资管理（对标）检查方案》。

云南烟草机械有限责任公司。云南烟草机械有限责任公司是由云南中烟工业有限责任公司与中国烟草机械集团有限责任公司共同出资，在原云南烟草机械厂基础上，于2008年6月23日注册成立。截至2013年底，拥有总资产2.49亿元，其中，固定资产5071万元、流动资产1.87亿元，资产负债率为31.82%。有在岗员工332人。全年实现工业总产值3.99亿元，实现工业增加值9665万元，实现产品销售收入3.99亿元。实现税利4004万元，其中利润2505万元。

设备管理。继续推行设备价值管理体系和设备ABC分类管理办法，促进各卷烟企业建立设备关键功能台账，完善设备技术和管理标准。制定2013年云南中烟设备价值管理绩效评价方案，开展设备价值管理绩效评价，将传统经验型检查考核转变为工作量化分析和关联分析。全年设备完好率为100%，卷包设备有效作业率为92.7%，制丝设备故障停机率为0.31%。

【国际业务】 云南烟草国际有限公司。云南烟草国际有限公司（以下简称“公司”）成立于2006年12月14日，是云南中烟的全资子公司。主要经营卷烟、烟丝、烟草专用机械设备和零配件及其他烟用辅料出口；烟丝、丝束、烟草专用机械设备和零配件及其他辅料进口配套服务；烟草经济技术交流与合作等业务。下辖香港天成（太平洋）有限公司1家子公司。截至2013年底，公司拥有总资产15.47亿元。共有从业人员54人，其中派驻境外6人。

全年实现进出口总值2.35亿美元，同比增长8.11%。实现销售收入26.09亿元，同比增长9%。实现利润1.75亿元，同比增长2%。

境外卷烟生产销售。2013年，生产云产卷烟品牌的境外企业有香港红塔国际烟草有限公司、老挝寮中红塔好运烟草有限公司、越南升龙卷烟厂、缅甸果敢卷烟厂、缅甸环球卷烟厂、马其顿佩博卷烟厂、迪拜Intercontinental Tobacco、印尼Rock等，全年境外生产卷烟140.3亿支，同比增长27.2%。实现卷烟境外销售190.3亿支，同比增长17.6%，其中，卷烟一般贸易出口50.4亿支，同比下降6.8%；境外生产销售卷烟139.9亿支，同比增长30%。

卷烟境外销售向重点品牌和重点市场聚焦。加大品牌形象的宣传和推广力度，在纽约、洛杉矶等机场免税店启用新的云南中烟统一品牌视觉形象宣传系统，在韩国、新加坡等重点机场免税店陈列卷烟销售专柜。成立云南中烟国际市场营销统一工作小组，制订《国际市场营销统一工作方案》。全年“红河”“云烟”“红塔山”“玉溪”四大品牌境外总销量占云南中烟境外总销量的64%，销量分别为36.7亿支、29.9亿支、28亿支、22.3亿支，同比分别增长36%、66%、17%、6%。重点市场的集中度明显提升，其中东南亚市场、中东市场、中南美洲市场分别销售115.8亿支、30.4亿支、15.5亿支，同比分别增长35%、34%、17%，三大区域总销量占云南中烟境外总销量的85%。

国际市场管理与服务。推进重点境外生产企业技术升级改造。完善经销商分级管理模式，对60余家境外经销商开展资信调查；配合相关烟草专卖管理机构完成走私回流卷烟的调查工作。对2012年拓展国际市场专项资金使用情况进行检查。探索对重点市场零售终端的持续监测方法，实现对国际市场和经销商的有效监管。拓展国际市场的服务保障，探索出一条将境外生产企业的老旧设备进口回国进行大修后再出口的新路。加大对境外卷烟生产的支持力度，延迟出口烟丝、辅料的货款收取，建立“提前申报、分年管理、跨年核销”的业务操作方式。

国际合作。红塔集团与帝国烟草公司完成“WEST（威斯）”品牌许可生产合作协议的续约，并将双方合作提升为国家局与帝国烟草公司之间的全球性战略合作。加大与免税运营商DFS公司的合作力度，与其建立全球战略合作伙伴关系。

【信息化建设】 发布《信息化投资项目管理规定》，规范信息化投资行为。制定并发布云南中烟16类主数据的标准以及相应的运维管理制度，统一信息类主数据的编码规则、描述规则和关键属性。发布ERP、OA系统建设规范和包括数据、流程、门户等方面的综合集成标准。开展信息化项目研究，其中，“红塔集团最佳业务流程的研究及两化融合应用实践”项目获得云南中烟科技进步一等奖。由云南中烟承担的“移动互联应用安全行业标准”通过国家局评审。

适应云南中烟“两统一、两整合”改革，提供信息化支撑。开展ERP、BPC（全面预算管理系统）、综合营销管理系统、协同管理系统等信息系统的建设。截至2013年底，云南中烟本部ERP/BPC系统上线运行，“两红”集团及物资集团完成ERP及外围系统改造。以云南中烟本部协同办公系统为核心，对“两红”集团协同办公系统进行升级，打通各单位之间自上而下和自下而上的信息流和审批流。搭建以云南中烟本部为核心的三级主数据系统。通过综合集成管控平台，实现“两红”集团主干信息系统的纵向整合和云南中烟本部主要应用系统的横向集成。

【人事政工】 思想政治工作。通过开展党组中心组学习、组织专题讲座和交流研讨、举办培训班、发放学习读本、开辟学习专栏等方式，学习宣传贯彻党的十八届三中全会精神。建立干部职工思想分析制度，坚持党员干部谈心谈话制度、民主生活会制度和“三会一课”制度，推进党内生活的制度化、规范化和常态化。开展“改进作风年”活动、创先争优活动、“四群”教育、“跨越发展当先锋，机关党建走前头”等主题活动。2013年，公司获得“云南省委省直机关工委年度党建目标责任制考核优秀单位”称号。

群团建设。2013年，云南中烟工会组织“践行两个至上，争当云岭先锋”活动、开展系列调研工作、举办庆祝云南中烟成立10周年职工书画摄影作品征集活动等。公司工会被评为“全国市级工会财务先进单位”“2013年度云南省工会重点工作目标考核一等奖”。加强团建工作，开展共青团“创先争优”“青年文明号、青年岗位能手、青工创新创效”等活动，公司团工委获得“共青团云南省委年度重点工作考核优秀单位”称号。

队伍建设。完善领导班子结构，选拔调整48名领导干部；组织七期处级以上领导干部及后备干部到中国井冈山干部学院等地进行培训学习，选派4名厅级、处级干部到国家局党校学习。优化职工队伍结构，接收大学毕业生401人，引进博士后2人；安置退役士兵106人；评选出云南中烟第二批“科技领军人才”3人、“学科带头人”3人；推荐“行业科技领军人才”“云南省政府特殊津贴高技能人才”候选人5人，新农村建设工作队长和指导员4人；选拔云南中烟国际市场开拓人才60人。加强职称评定，76人取得初、中级职称，24人获高级职称；57人取得行业特有工种高级技师、技师资格；举办卷烟商品营销职业技能竞赛并参加行业卷烟商品营销职业技能竞赛，9人获得“云南中烟技术能手”称号，3人获得“全国烟草技术能手”称号。加强培训管理，全年举办各类培训班22期，培训学员1260人次，培训学时合计227天；首次组织举办工艺、原料技术人才专项培训班。

企业文化建设。启动云南中烟企业文化建设，推进云南中烟母文化宣贯，形成以“合力图强、和谐致远”企业精神为核心的“合和”文化体系。制定《企业文化建设规划》《企业文化理念体系》以及《企业文化建设考核实施办法》《员工行为规范建设实施意见》和《品牌文化建设实施意见》，开发内训配套教材、文化视频资料，举办企业文化内训师培训，初步形成“一个规划、一个体系、两个重点、一支队伍”的企业文化建设机制。

加强企业宣传工作，全年《云南中烟》杂志出刊7期，在《中国烟草》杂志发稿16篇，在《东方烟草报》发稿61篇。在国家局对全国17家工业公司网络工作考核中位列第三名。

【特事要辑】 1月7日，云南省常务副省长李江到红塔集团楚雄卷烟厂调研。

1月20日，云南中烟工业有限责任公司2013年工作会议在昆明召开。会议提出要抓住“解放思想、谋划战略、改革创新、打牢基础”四个工作重点，全面提升品牌建设水平，推动云南烟草工业科学发展、创新发展、跨越发展。

2月1日，2013年云南省烟草工作座谈会在昆明召开。云南省委书记秦光荣、省长李纪恒等领导出席会议，副省长丁绍祥主持座谈会。

3月4日，云南省政府与国家局在北京举行工作座谈会。国家局局长姜成康与云南省委书记秦光荣、省长李纪恒就云南烟草产业发展交换意见。国家局副局长李克明、杨培森、赵洪顺出席会议。

3月13日，国家局副局长何泽华到红河州烟草调研2013年行业物流工作现场会筹备情况。

5月3日，云南省副省长丁绍祥到红塔集团楚雄卷烟厂调研。

5月15日，云南省副省长丁绍祥到红塔集团调研。

5月21日，云南省常务副省长李江到红塔集团大理卷烟厂调研。

5月28日，云南省政府与国家局在昆明举行座谈会。新履职的国家局局长凌成兴，云南省委书记秦光荣、省长李纪恒出席会议。凌成兴指出，云南为烟草行业的发展作出突出贡献，国家局将全力以赴支持云南烟草发展，共同促进烟草行业的跨越发展。

5月28—30日，国家局局长凌成兴到云南中烟调研，先后考察红云红河集团昆明卷烟厂、红塔集团、红云红河集团红河卷烟厂，副局长杨培森一同调研。凌成兴指出，云南烟草工业是全国烟草行业的“龙头老大”，创造全国烟草行业“三个第一”：一是产量规模全国第一；二是销售收入全国第一；三是利税总量全国第一，并要求云南中烟要围绕行业“卷烟上水平”的总体要求，保持行业“领头羊”（即结构调整、科技创新、市场培育的“领头羊”），创造全球新纪录，为全国烟草行业再创辉煌、再立新功。云南省省长李纪恒、副省长丁绍祥等参与调研。

5月29日，国家局副局长何泽华到红塔集团大理卷烟厂就物流建设、系统管理、物流现场会准备情况进行调研。

5月30日，2013年云产卷烟大品牌培育座谈会在红河州弥勒县举行。国家局局长凌成兴，副局长何泽华、杨培森，云南省副省长丁绍祥出席会议。

6月6日，非洲马拉维共和国总统乔伊丝·班达参观红云红河集团昆明卷烟厂，云南省常务副省长李江陪同参观。

6月20日，国家局副局长杨培森到内蒙古昆明卷烟有限责任公司调研。

8月9—10日，国家局局长凌成兴率国家局党的群众路线教育实践活动调研组先后到红塔集团大理卷烟厂、红云红河集团昆明卷烟厂调研，并在昆明举行联系点座谈会，听取云南烟草工商企业对国家局党组教育实践活动的意见，检查部署云南烟草工商企业活动开展情况。凌成兴指出，要充分调动领导干部和广大群众两个积极性，着力打牢学习教育和查摆问题两个基础，切实抓住整改落实和建章立制两个关键，积极投身教育实践活动。云南省副省长丁绍祥参加调研。

8月17日，云南省副省长刘慧晏到红云红河集团红河卷烟厂调研。

8月31日，据中国企业联合会、中国企业家协会发布的2013中国企业500强榜单，红塔集团和红云红河集团分别以909.43亿元和747.77亿元的营业收入位列2013中国企业500强第132位和第156位。

10月10—11日，国家局局长凌成兴、副局长杨培森、内蒙古自治区政府副主席王波到乌兰浩特卷烟厂调研，凌成兴指出，乌兰浩特卷烟厂要坚持做到三点：一是坚定规划目标；二是持续增加产量；三是努力提高水平，提高单箱税利水平，提高品牌发展水平。

10月25日，云南中烟党组召开党的群众路线教育实践活动专题民主生活会。国家局局长凌成兴参加民主生活会并讲话。

11月5—6日，国家局局长凌成兴、总会计师张玉霞、新疆维吾尔自治区党委常委朱海仑到新疆卷烟厂易地技术改造项目现场调研。凌成兴强调，要着力推进新疆跨越式发展和长治久安两大战略部署，着力抓好易地技改项目工程扫尾、设备搬迁和整体调试以及同城物流建设，着力抓好卷烟结构提升，着力抓好“雪莲”品牌培育。

11月17日，2014年上半年云产卷烟产销衔接会在昆明召开。国家局副局长何泽华、云南省副省长丁绍祥出席会议并讲话。

11月18—19日，2013年全国烟草行业物流工作现场会在云南大理召开。

12月5日，国家局副局长赵洪顺到红云红河集团红河卷烟厂调研。

所属企业

红塔烟草（集团）有限责任公司

【概　况】 红塔烟草（集团）有限责任公司（以下简称“红塔集团”）最初是成立于1956年的玉溪卷烟厂，1995年改制更名为玉溪红塔烟草（集团）有限责任公司，2005年12月2日，更名为红塔烟草（集团）有限责任公司。截至2013年底，红塔集团以母分公司形式下辖云南省内玉溪卷烟厂、楚雄卷烟厂、大理卷烟厂、昭通卷烟厂等4家不具有法人资格的卷烟生产厂；控股红塔辽宁烟草有限责任公司、海南红塔卷烟有限责任公司、香港红塔国际烟草有限公司、老挝寮中红塔好运烟草有限公司；参股吉林烟草工业有限责任公司、中烟国际欧洲公司①；拥有云南红塔集团有限公司1个全资子公司。集团本部下设12个部门［2013年3月设立审计部、法律事务部（整顿办）］、5大中心。拥有总资产1135.84亿元，其中，固定资产185.64亿元、流动资产640.80亿元，资产负债率为27.16%。共有在岗员工9934人。

2013年，红塔集团在中国企业联合会、中国企业家协会发布的“2013中国企业500强”中以909.43亿元的营业收入位列132位，位列滇企之首，烟草行业第二位。玉溪卷烟厂被全国实施“文明交通文明行动计划”领导小组评为“全国文明交通示范单位”，被国家安全生产监督管理总局评为“全国企业应急救援知识竞赛优胜单位奖”。

【领导机构】

董事会

董事长：柳万东（—2013.12）（国烟党〔2013〕110号）

董　事：李穗明　李天飞　谢昆或　董翠珍　孙　玲　叶宗强

监事会

主席：曹　航

监事：施永超　文华玖　金　航　谢成明

经理层

总　裁：李穗明

副总裁：葛孚明　李剑波　王　勇　张建华　金亦斌　夏开元

财务总监：张　萌（—2013.3）（滇烟工人〔2013〕99号）

集团巡视员：张国良　蒋顺华

党委会

党委书记：李穗明

党委副书记、纪委书记：施永超

党委委员：柳万东（—2013.12）（国烟党〔2013〕110号）　曹　航　李德贤　吕子军　吕　坚　王敏慧　张学忠　陈俊松

工会主席：曹　航

【卷烟生产经营】 2013年，红塔集团境内外卷烟总产量（包括集团省内四厂内销与出口、合作生产、境外生产）2823亿支（564.6万箱）。

集团省内4个卷烟厂共生产卷烟1865.95亿支（373.19

① 红塔辽宁烟草有限责任公司、海南红塔卷烟有限责任公司、吉林烟草工业有限责任公司详见《工业企业》栏目“中国烟草实业发展中心”；香港红塔国际烟草有限公司、老挝寮中红塔好运烟草有限公司、中烟国际欧洲公司详见《工业企业》栏目“境外卷烟生产企业”分目。

万箱），同比下降1.87%。生产内销卷烟1836亿支（367.2万箱），同比下降1.71%，其中一类烟693.15亿支（138.63万箱），同比增长5.33%；二类烟6.8亿支（1.36万箱），同比下降16.05%；三类烟646.85亿支（129.37万箱），同比下降6.67%；四类烟315.95亿支（63.19万箱），同比下降3.75%；五类烟173.25亿支（34.65万箱），同比下降4.02%。生产出口烟29.95亿支（5.99万箱），同比下降10.86%。合作生产卷烟869.05亿支（173.81万箱），同比下降9.45%。

2013年红塔集团实现销售（含集团省内四厂内销与出口、合作方销售、回购销售、境外加工生产销售）2940.6亿支（588.12万箱），同比增长0.82%。省内四厂内销卷烟1934.7亿支（386.94万箱），同比增长5.81%，其中一类烟727.4亿支（145.48万箱），同比增长17.85%；二类烟5.9亿支（1.18万箱），同比下降38.38%；三类烟692亿支（138.4万箱），同比增长1.36%；四类烟331.7亿支（66.34万箱），同比下降1.12%；五类烟177.7亿支（35.54万箱），同比下降3.13%。出口卷烟30.1亿支（6.02万箱），同比下降11.99%。

2013年红塔集团本部及省内四厂实现销售收入649.49亿元，同比增长13.17%。实现税利557.94亿元，同比增长12.43%，其中利润87亿元。三项费用率为8.54%。

2013年万元产值综合能耗为8.36千克标煤，万支卷烟综合能耗为2.99千克标煤。烟叶、滤棒、盘纸平均消耗分别为6.22千克/万支、2506.64支/万支、603.52米/万支。水、电平均消耗分别为0.096吨/万支、6.6千瓦时/万支。

【主要产品】 2013年，红塔集团生产的卷烟品牌有“玉溪”“红塔山”“红梅”等9个品牌53个规格。全年生产“玉溪”品牌卷烟747.15亿支（149.43万箱），同比增长7.21%，其中合作生产32.3亿支（6.46万箱）；实现销售“玉溪”780.6亿支（156.12万箱），同比增长19.04%。生产“红塔山”品牌卷烟1449.6亿支（289.92万箱），同比下降8.64%，其中合作生产770.65亿支（154.13万箱）；实现销售“红塔山”1514.1亿支（302.82万箱），同比下降5.08%。“玉溪”一类烟销量在全国卷烟品牌一类烟销量中居第二位，“红塔山”销量在全国卷烟品牌销量中排名第三。

【品牌建设】 2013年，红塔集团加强品牌战略管理，整合优化品牌管理资源，成立品牌管理委员会，明确“玉溪”“红塔山”两大品牌的发展定位。深化精准营销，着力高端突破，“玉溪”品牌市场拓展取得新成效，形成1个4万箱、4个2万箱、27个1万箱的标杆省级市场。加快产品上市步伐，“红塔山（硬欣经典）”“玉溪（软弘毅）”“玉溪（软庄园）”先后上市。加大国际市场拓展力度，拓展重点品牌有税市场，对老挝寮中红塔好运公司、香港红塔国际公司实施技术改造。

【原料保障】 推进品牌导向型烟叶基地建设，全年基地烟叶采购量占计划总量的82.9%。重视烟叶品种纯度，集团与产区政府、商业公司协同，联合成立烤烟品种纯度工作领导小组和工作小组，“K326”“红花大金元”的品种纯度有效提升。提升有机烟科研及成果转化能力，有机烟叶采购增长，推进集团有机烟叶研究在行业内的引领作用。加强复烤生产管理，编制集团级标准《复烤生产管理办法》，制定《复烤生产运行情况及计划执行情况监督检查实施办法》，基本搭建所属4家卷烟生产厂复烤生产业务管理交流平台。

【技术创新】 技术中心概况。红塔集团技术中心成立于1997年，1998年被国家经贸委、国家海关总署、国家税务总局认定为“国家级企业技术中心”。2001年获批设立企业博士后科研工作站。2003年3月，技术中心质量监督检测站通过中国实验室国家认可委员会认可成为国家认可实验室，并于2008年再次通过中国合格评定国家认可委员会（CNAS）现场复评审。截至2013年底，中心有在岗员工185人，其中，高级职称18人，博士研究生学历9人（含在站博士后）。

研究成果。2013年，红塔集团科研项目获得上级部门和机关奖励共16项，其中，获得国家局2012年度科技进步二等奖1项，云南省2012年科技进步奖三等奖3项。获得授权专利73项，其中获得发明专利授权21项。年内发表科技论文20篇，其中发表在国内科技核心期刊14篇。参与制（修）订标准25项。

【多元化经营】 云南红塔集团有限公司是红塔集团的全资子公司，负责多元化经营管理，投资项目涉及能源、交通、金融、化工、酒店房地产、医药、建材机电、汽车等多个领域。

截至年底，云南红塔集团有限公司参与投资项目65个，总投资额196.29亿元，其中，金融证券行业投资项目16个，投资额89.60亿元；能源交通业投资项目5个，投资额51.85亿元；酒店房地产行业投资项目14个，投资额29.66亿元；烟草配套及材料行业投资项目18个，投资额13.74亿元；建材机电行业投资项目4个，投资额5.46亿元；其他行业投资项目8个，投资额5.98亿元。

2013年，云南红塔集团有限公司纳入统计的46家企业实现主营业务收入496亿元，实现税利149亿元。

【企业管理】 财务管理。实施ERP系统改造升级项目、资金监管系统项目、全面预算管理项目等。开展风险管理，诊断和识别财务风险控制点，采取相应控制措施。深化全面预算管理，继续推进行业“全面预算管理在卷烟工业企业的应用”课题研究。加强财务监管，配合国家审计署和国税总局开展经济责任审计和税务检查。

经济运行管理。加强战略研究分析，落实集团品牌发展战略。加强对标创优和节能减排管理，完善节能减排运行机制。探索建立卓越绩效模式，完善一级绩效管理标准及程序，开展管理成熟度评价，推广“管理创一流”活动成果。加强内部整顿规范，深化内部控制体系建设。实施精益管理，探索建立精益六西格玛管理体系。

【人事政工】 队伍建设。以培养高层次、高技能、高素质人才为重点，以提升员工素质和职业技能为核心，以绩效贡献为导向，在学科带头人、高层次、高技能人才培养和员工职业技能成长通道建设等方面取得进展。通过自查等办法，完善劳动用工制度，推进集团薪酬制度改革。落实教育培训工作，形成以各厂、中心培训工作体系为支撑，车间、科室具体实施为支撑点的三级教育培训体系。2013 年举办培训班 295 个，培训员工 1.34 万人次。

纪检监察。严格执行中央“八项规定”及相关制度规定，对各种违规情况进行监督检查。增强集团各级人员的廉洁从业意识，下发《关于 2013 年节日期间改进工作作风严格遵守廉洁从业规定的通知》《关于继续落实好八项规定坚决反对四风遵守各项纪律要求的通知》等。

红塔烟草（集团）有限责任公司所属生产厂

红塔烟草（集团）有限责任公司玉溪卷烟厂

【概　况】　红塔烟草（集团）有限责任公司玉溪卷烟厂最初为始建于 1956 年的玉溪卷烟厂。1995 年 9 月，玉溪红塔烟草（集团）有限责任公司组建，玉溪卷烟厂成为其核心成员企业。2007 年 7 月，玉溪卷烟厂取消法人资格，成为红塔集团下属生产厂。厂区占地面积 66.09 万平方米。截至 2013 年底，拥有打叶复烤线 4 条、制丝生产线 5 条、梗丝生产线 2 条、水法膨胀烟丝生产线 2 条、卷接包装机组 82 台（套）、滤棒成型设备 32 台。年卷烟生产能力 1250 亿支（250 万箱）。有在岗员工 2990 人。

2013 年，玉溪卷烟厂继续保持“全国文明单位”称号；被全国实施文明交通文明行动计划领导小组评为“全国文明交通示范单位”；被国家安全生产监督管理总局授予“全国企业应急救援知识竞赛优胜单位奖”。卷包一车间勇攀高峰 QC 小组被中国质量协会授予“全国优秀质量管理小组”称号。

【卷烟生产】　2013 年，生产的卷烟品牌有“玉溪”“红塔山”“红梅”“MARBLRE（马宝）”“XINXING（新兴）”“阿诗玛”等，代加工“WEST（威斯）”。全年生产卷烟 1027.88 亿支（205.58 万箱）[含出口烟 23.87 亿支（4.77 万箱）]，其中，生产一类烟 635.94 亿支（127.19 万箱）、二类烟 4.81 亿支（0.96 万箱）、三类烟 194.65 亿支（38.93 万箱）、四类烟 22.60 亿支（4.52 万箱）、五类烟 169.89 亿支（33.98 万箱）。

【绩效管理】　坚持以结果为导向，从提升工厂产品制造水平入手，建立以卓越绩效管理模式为主，三标体系内外审、管理评审、绩效评审、T3M 员工满意度测评、生产运行分析、安全稳定分析等为辅的“问题发现机制”。2013 年，在红塔集团绩效管理考核中，卷烟厂以 99.7 分名列第一。

【“卷烟工厂标准化建设”专题】　1 月，玉溪卷烟厂召开“卷烟工厂标准化建设”专题成果交流会，标志着国家局“卷烟工厂标准化建设”专题结题，并形成专题成果“卷烟工厂标准化建设实践”。专题围绕提升转型后工厂“产品制造水平”和“基础管理水平”两大目标，于 2011 年 4 月正式启动，由玉溪卷烟厂牵头，南京、蚌埠、滕州、驻马店、延安、延吉等 6 家卷烟厂共同参与。

【对标管理】　从对标指标分析入手，通过达成情况、提升情况、与标杆差距进行对比分析，瞄准标杆实施改进。15 项对标指标中，处于行业标杆值 1 项，同比提升 9 项。在红塔集团对标管理专项考核中，卷烟厂得分 97 分获得第一名。

红塔烟草（集团）有限责任公司楚雄卷烟厂

【概　况】　红塔烟草（集团）有限责任公司楚雄卷烟厂始建于 1974 年。1992 年 11 月，卷烟厂上划云南省烟草公司主管，实行大理州烟草专卖局（公司）、大理卷烟厂“三合一”管理体制。1998 年 10 月加入红塔集团，与红塔集团构成母子公司体制。2005 年 1 月，楚雄卷烟厂取消独立法人资格，成为红塔集团下属生产厂。2013 年 12 月，卷烟厂完成新一轮易地技改搬迁，新厂位于楚雄市彝海北路。厂区占地面积为 70.3 万平方米。截至 2013 年底，拥有现代化制丝线 1 条，12000 千克/小时打叶复烤生产线 1 条，卷接包装机组 27 台（套）。年卷烟生产能力 300 亿支（60 万箱）。共有在岗员工 1775 人。

【卷烟生产】　2013 年，生产的卷烟品牌有“玉溪”“红塔山”“红梅”等。全年生产卷烟 312.55 亿支（62.51 万箱），其中，生产“玉溪”56.9 亿支（11.38 万箱）、“红塔山”134.15 亿支（26.83 万箱）、“红梅”121.5 亿支（24.30 万箱）。

【基础管理】　2013 年，卷烟厂生产计划满足率 100%，设备有效作业率 94.75%，单箱成本为 3192.73 元，标准成本完成率为 96.71%，卷烟产品质量出厂抽检合格率 100%。落实安全生产责任制和“一岗双责”制度，深化安全标准化建设，实现“五无”安全目标。

【技术创新】　“‘红塔山’品牌专用制丝生产线核心技术研究”项目通过国家局验收，8 个项目获得专利授权，QC 项目“大力启运器的研制”获得全国烟草行业第 24 届优秀质量管理小组成果二等奖。

红塔烟草（集团）有限责任公司大理卷烟厂

【概　况】　红塔烟草（集团）有限责任公司大理卷烟厂最初为始建于 1950 年的苍山烟厂。后几经易名，1988 年 9 月，由下关雪茄烟厂更名为大理卷烟厂。1992 年 11 月，卷烟厂上划云南省烟草公司主管，实行大理州烟草专卖局（公司）、楚雄卷烟厂“三合一”管理体制。1995 年 7 月加入红塔集团，与红塔集团构成母子公司体制。2004 年 9 月，大理卷烟厂取消独立法人资格，成为红塔集团下属生产厂。

厂区占地面积为50万平方米。截至2013年底，拥有卷接包装机组15台（套），12000千克/小时打叶复烤生产线1条，8000千克/小时制丝线1条。年卷烟生产能力250亿支（50万箱）。有在岗员工1392人。

【卷烟生产】 2013年，生产的卷烟品牌有“玉溪”“红塔山”“红梅”等。全年生产卷烟224.1亿支（44.82万箱），其中，生产“玉溪”8.25亿支（1.65万箱）、“红塔山”147.1亿支（29.42万箱）、“红梅”68.75亿支（13.75万箱）。

【技术改造】 2013年，大理卷烟厂就地技术改造项目主要内容完成，新制丝生产线投入生产。截至年底，完成公用工程项目140个，配套其他烟草加工工艺设备项目23个，签约金额15.49亿元，公开招标率93.24%。

【六西格玛管理】 2013年，4人取得中国质量协会注册六西格玛黑带资格证书，5人取得上海质量管理科学研究院六西格玛黑带资格证书。“提高卷包设备有效作业率”“提高打叶复烤生产效率”“提高制丝叶片段西格玛水平”“降低‘红塔山（硬世纪）’卷包过程烟丝单箱消耗”等4个六西格玛项目在2012年全国质量技术奖励大会暨第十届全国六西格玛大会上受表彰。

红塔烟草（集团）有限责任公司昭通卷烟厂

【概　况】 红塔烟草（集团）有限责任公司昭通卷烟厂始建于1970年，2005年与红河卷烟厂合并重组为红河卷烟总厂，2007年5月依法改制更名为红河烟草（集团）有限责任公司昭通卷烟厂。2008年11月经国家局批准，与红塔集团实现重组整合，成为红塔集团下属生产厂。厂区占地面积69.53万平方米。截至2013年底，拥有12000千克/小时打叶复烤生产线1条、9000千克/小时制丝线1条，卷接机26台，包装机28台，滤棒成型机组20台（套）。年卷烟生产能力400亿支（80万箱）。有在岗员工2010人。

【卷烟生产】 2013年，生产的卷烟品牌有“玉溪”“红塔山”“红梅”等。全年生产卷烟301.45亿支（60.29万箱），其中，一类烟4.9亿支（0.98万箱）、二类烟0.5亿支（0.1万箱）、三类烟181.1亿支（36.22万箱）、四类烟112.1亿支（22.42万箱）、五类烟2.85亿支（0.57万箱）。

【生产管理】 拟定《昭通卷烟厂过程质量考核办法》，梳理完善新的市场反馈缺陷产品处理流程，做好在省外联营品牌的工艺质量监管。开展操作及工艺质量培训、QC活动、烟机操作维修职业技能竞赛以及加香加料、烘丝等专项技能竞赛，强化操作人员、设备维修人员“操作能力、维修能力”两个能力建设。

红云红河烟草（集团）有限责任公司

【概　况】 红云红河烟草（集团）有限责任公司（以下简称“红云红河集团”）成立于2008年11月8日，由原红云烟草（集团）有限责任公司和原红河烟草（集团）有限责任公司红河卷烟厂、新疆卷烟厂合并组建，下辖昆明卷烟厂、红河卷烟厂、曲靖卷烟厂、会泽卷烟厂、新疆卷烟厂、乌兰浩特卷烟厂等6家不具有法人资格的生产厂，控股山西昆明烟草有限责任公司、内蒙古昆明卷烟有限责任公司①。集团总部下设5中心、15部室（2013年1月，设立法律事务部，与经济运行部合署办公；6月，设立董事会工作办公室，与党政办公室合署办公）。截至2013年底，集团拥有总资产785.64亿元，其中，固定资产123.54亿元、流动资产586.52亿元，资产负债率为24.01%。有从业人员12035人，其中在岗员工11435人。

2013年，红云红河集团围绕“‘云烟’增量为重点、结构提升为主线、高端引领为关键、稳扩规模为支撑”的中心工作，以做优做强为目标、以提升能力为重点、以增强效能为关键，完成目标任务。

2013年，红云红河集团工会被中华全国总工会评为“全国模范职工之家”；红云红河集团被云南省委、省政府授予“云南省2012年度社会扶贫工作先进集体”称号。

【领导机构】

董事会

董事长：姚庆艳

董　事：武　怡　许力为　赵子敏　祁　燕　郭　曼　方　斌

监事会

主　席：田东明

监　事：陆　琪　魏琼仙　姜　磊　罗建华

经理层

总　裁：武　怡

副总裁：谷　宏　毕凤林　和国刚　李　恒　冯斌　王家寿　黄木忠（—2013.9）（红云红河烟董〔2013〕3号）

集团巡视员：俞瑞方（—2013.12）（滇烟工人〔2013〕471号）　马子肖（—2013.4）（滇烟工人〔2013〕136号）

副厅级：魏志刚

财务总监：周芳旭

董事会秘书：罗建华（2013.5—）（红云红河烟董〔2013〕2号）

总裁助理：王绍坤　刘根栓（—2013.8）（红云红河烟聘〔2013〕2号）

调研员：田福（—2013.7）（滇烟工人〔2013〕275号）　袁建华（—2013.9）（滇烟工人〔2013〕383号）　王绍坤　黄木忠（2013.9—）（滇烟工人〔2013〕84号）　周选松（2013.5—）（滇烟工人〔2013〕190号）

---

① 山西昆明烟草有限责任公司、内蒙古昆明卷烟有限责任公司具体内容详见《工业企业》栏目中中国烟草实业发展中心部分。

党委班子

党委书记：许力为

党委副书记、纪委书记：代　伟

党委委员、工会主席：田东明

党委委员：姚庆艳　武　怡　杨校平　谷　宏　马　珍
肖亚泽　白九重　胡　霈　陈景云　李建平

【卷烟生产经营】　2013年，红云红河集团共生产卷烟（含控股企业山昆、蒙昆产量，不含出口烟）2571.5亿支（514.3万箱），同比增长0.51%，其中生产一类烟393亿支（78.6万箱）、二类烟76.85亿支（15.37万箱）、三类烟1718.55亿支（343.71万箱）、四类烟262.75亿支（52.55万箱）、五类烟120.35亿支（24.07万箱）。实现销售（含控股企业山昆、蒙昆销量，不含出口烟）2588.05亿支（517.61万箱），同比增长5.37%，其中销售一类烟387.1亿支（77.42万箱）、二类烟78.25亿支（15.65万箱）、三类烟1738.15亿支（347.63万箱）、四类烟263.45亿支（52.69万箱）、五类烟121.1亿支（24.22万箱）。

2013年境外实现销售72.4亿支（14.48万箱），同比增长40%，其中境外加工销售52.1亿支（10.42万箱），同比增长64.6%；境内出口烟产销量均为20.3亿支（4.06万箱）。

2013年，红云红河集团与川渝中烟、河南中烟、红辽公司、海红公司合作生产卷烟79.95亿支（15.99万箱）。

2013年实现销售收入799.02亿元、同比增长11.42%，实现税利663亿元、同比增长12.82%，其中利润135.95亿元，同比增长20.67%。三项费用率为6.63%。

2013年万元产值综合能耗为9.24千克标煤，万支卷烟综合能耗为2.93千克标煤。烟叶、滤棒、盘纸平均消耗分别为7.19千克/万支、2131.88支/万支、593.87米/万支。水、电平均消耗分别为0.06吨/万支、8.34千瓦时/万支。

【品牌建设】　2013年，红云红河集团生产卷烟10个品牌、83个规格，品牌有“云烟”“红河”“小熊猫”“红山茶”“福”“茶花”“钓鱼台”“雪莲”“冬虫夏草”“大青山”，其中，核心品牌“云烟”“红河”为“中国驰名商标”“中国名牌产品”。

2013年销售“云烟”1705.3亿支（341.06万箱）、同比增长14.8%；商业批发销售额964.7亿元，同比增长16.2%。“云烟”产销规模、商业销售收入均列行业重点品牌第二位；在行业300万箱以上大品牌中，“云烟”增幅列第一位。销售三类烟以上“红河”488.1亿支（97.62万箱），同比有所减少，减量资源转化为“云烟”增量。

2013年销售高端卷烟38.65亿支（7.73万箱），同比增长16.2%；销售高价位卷烟16.8亿支（3.36万箱），同比增长50.2%，均高于行业平均增幅。“云烟（大重九）”销量为6.15亿支（1.23万箱），列行业千元价位单规格销量第3位。销售低焦卷烟220.25亿支（44.05万箱），同比增长64.15%，其中6毫克/支及以下销量为2.45亿支（0.49万箱），同比增长195.89%。

深化工商合作，加强市场走访，工作重心下移至重点县（区）公司和零售客户。完善属地营销考核体系，全年分中心总销量和一类烟销售分别占集团销量的31%、22.2%。创新营销手段，实施软文推广、微信、微电影等新型推广模式，开展“新商盟”宣传、终端团购、一桌式品鉴等实效性促销活动。2013年，组织市场促销1099场次、全国品牌培育专项活动2次。全年“云烟”在全国31个省级市场销量实现增长，其中9个增幅超过20%，万箱级地市级市场达99个，十万箱以上省级市场有8个。

重视开拓国际市场，3月，红云红河集团与缅甸福兴兄弟集团公司在缅甸仰光举办“云烟（WIN缅甸红）”卷烟新品上市推介促销会。4月，与纳米比亚东方烟草公司共同合作的海外市场拓展非洲项目投产。

【原料保障】　扩展基地单元，2013年申报四个国家局基地单元。巩固合作机制，与省内8个州（市）签订长期合作协议，建设90个基地单元。截至年底，红云红河集团共有98个基地单元，其中国家局基地单元23个。提高烟叶品质，在一个产区确定一个主栽品种、制定一套适宜技术、执行一套生产标准。全年国内采购烤烟22万吨（440万担），同比增加0.25万吨（5万担）；调入烟叶中，上等烟比例为75%；采购进口烟叶1.1万吨（22万担），其中津巴布韦烟叶0.30万吨（6.02万担）。优化资源配置，薄片使用量同比增加13%。

【技术创新】　加强新品开发，开发上市“云烟（大云）”“云烟（黄清甜香）”“云烟（红清甜香）”三个新品。研发“云烟（超细支清甜香）”“云烟（软印象烟庄）”“云烟（硬印象烟庄）”，丰富200~400元/条价位规格。推进减害降焦，“云烟（WIN）”盒标焦油量降至6毫克/支；“云烟”“红河”两大品牌焦油量加权平均值降至10.3毫克/支、10.1毫克/支，同比下降1.01毫克、1.47毫克；“云烟”危害性指数从8.8降至7.9，在行业重点品牌排名中从15位跃升至第三位，减害降焦取得重大突破。2013年在研国家局科研项目15项、云南中烟科研项目38项，牵头承担行业“中式卷烟消费体验感官评价方法”项目研究。全年获得中国烟草总公司科技进步三等奖2项，云南省科技进步二等奖1项、三等奖4项。获得授权专利105项，其中发明专利授权16项。自主开发电子烟感官评价方法，集团被国家局指定为行业新型卷烟研制重大专项研究主力单位。1月，集团申报行业“卷烟调香技术重点实验室”通过国家局专家评审，成为本次批准成立的9家行业重点实验室之一。

【企业管理】　基础管理。开展对标创优，2013年，红云红河集团各项对标指标均优于行业平均水平，其中2项居行业第二位、2项居行业第三位。所属6家卷烟生产厂创建“优秀卷烟工厂”全部达标。严格质量管理，全年市场投诉1个缺陷单位，万箱投诉率0.003、同比下降95%。在行业全年三次市场抽检中，红云红河集团9个规格综合质量、4个规格感官质量进入前十位，“云烟（大重九）”综合及感官得分居行业第一位。推进精益物流，提升精准到货率、降低货损率，以行业卷烟包装箱循环利用试点为契机，全年物流综合运行费用降低超过2000万元。

技改工程。12月，红云红河集团总部、云烟科技园、后勤保障设施工程项目通过竣工验收。昆明卷烟厂技改准备总体竣工验收，原生产厂房改建醇化库项目开展土建改造，确定打叶复烤易地技改地址。红河卷烟厂技改获批进入前期准备。曲靖卷烟厂加快技改收尾，打叶复烤易地技改和新建烟叶仓库项目获批准。会泽卷烟厂加紧设备采购。新疆卷烟厂完成设备带料调试。乌兰浩特卷烟厂完成主要项目招标工作。

财务审计。加强预算管控，强化费用控制和资金风险防范，开展流动资产专项清查。完成对红塔证券的增资扩股。规范资产租赁业务，按照“到期一项评估一项”进行续租。推进公开招标，强化审计监督和纪检监察。全年汇审经济合同3394项、审核工程结算774项，审减金额6482万元；公开招标637项、招标金额达43.2亿元，占计划项目和资金总额的92.5%和84.7%。落实整改事项，配合完成国家局经济责任延伸审计。全年完成审计整改134项。推进公务用车、办公用房、住房公积金和企业年金等自查清理和落实整改。

【信息化建设】 完成ERP及外围系统改造。建设MES系统，红云红河集团总部和红河卷烟厂通过验收，曲靖卷烟厂加紧开发，昆明卷烟厂一期验收通过并启动二期项目建设。推进财务信息化建设，PS项目管理模块和资金监管系统上线运行，完善ERP系统闭环流中的业务单元。

【多元化经营】 2013年，红云红河集团全资、控股的多元化企业共有10家，主要涉足酒店业、运输业等。创新酒店企业营销方式，推进云南天恒大酒店、苏州天平大酒店、曲靖石林国际大酒店3家酒店的安全设施专项改造及基础硬件设施维修改造，天恒酒店被评为全国“金鼎奖最佳商务酒店”，湖泉生态园通过国家4A级旅游景区省级评定。加强庆来学校培训基地建设，小考连续六年弥勒市第一，中考连续三年弥勒市第一。在行业多元化经营管理评价中，云南天恒大酒店、弥勒湖泉酒店2家酒店进入酒店企业前十名，红河投资房地产分公司列地产企业第七名。

2013年红云红河集团下辖的多元化企业共实现营业收入11.91亿元，实现利润1015万元。

【人事政工】 人才队伍建设。2013年调整聘任中级管理人员496人次，选拔集团部门正职、生产厂副职后备干部20人。录用240名大学毕业生。通过博士后工作站引入4名博士，与四川大学联合培养企业管理方向博士后。在技术中心率先开展专业技术岗位考核聘任，聘任首席工程师3人、项目专家4人、项目工程师10人；评审认定初、中、高级职称125人，1人被认定为云南中烟特色烟叶原料科技领军人才，184人通过特有工种职业资格鉴定。加大培训竞赛力度，建立红云红河集团制造培训基地，投入培训经费3031万元培训971次，培训员工3.47万人次。参加各种劳动竞赛、职业技能竞赛，3人获得“全国烟草技术能手”、2人获得“云南省技术状元”、6人获得“云南省技术能手”称号。集团被授予昆明市“名匠工作室”称号，昆明卷烟厂“创新”技师工作站被授予“云南省职工技师工作站”称号。

和谐建设。加强党建工作，打造党员责任区、党员先锋岗、特色青年团队和创新项目星光奖等党建品牌。严格执行党风廉政责任制，贯彻落实中央“八项规定”，加强重点环节的监督管理，搭建廉政风险防控基本框架。加强自有媒体建设，集团网站访问量累计突破1亿人次。积极参与社会公益事业，集团连续第六年获得“云南省社会扶贫先进集体”称号。

红云红河烟草（集团）有限责任公司所属生产厂

红云红河烟草（集团）有限责任公司昆明卷烟厂

【概　况】 红云红河烟草（集团）有限责任公司昆明卷烟厂始建于1922年，2004年9月，昆明卷烟厂联合重组春城卷烟厂，2005年11月与曲靖卷烟厂合并改制成立红云烟草（集团）有限责任公司后成为红云集团所属生产厂，2008年11月红云集团与红河集团红河卷烟厂、新疆卷烟厂重组整合，昆明卷烟厂成为红云红河集团所属生产厂，2011年3月，昆明卷烟厂生产厂区整体搬迁至昆明市北市区银河片区，厂区占地面积约194.4万平方米（其中新厂区占地面积约81万平方米）。截至2013年底，拥有12000千克/小时打叶复烤生产线2条，5000千克/小时制丝生产线3条，3000千克/小时制丝生产线1条，3000千克/小时梗丝生产线1条，卷接包装机组48台（套）等。年卷烟生产能力1250亿支（250万箱）。有在岗员工4295人。

【卷烟生产】 2013年，生产的卷烟品牌有“云烟”“红河”。全年生产卷烟（不含出口烟）705.9亿支（141.18万箱），其中，生产一类烟239.3亿支（47.86万箱）、三类烟466.55亿支（93.31万箱）。生产出口烟14.6亿支（2.92万箱）。

【生产管理】 开展17项管理专题，识别梳理565个业务类、367个操作类SOPS流程，《岗位作业手册》覆盖全厂，ISO 10012通过AAA级认证。完善《区域规划管理办法》《工具物品摆放管理办法》等9个规范性文件，6S现场管理检查覆盖率100%，全年现场问题同比减少38.2%。推进质量管控，国家局两次抽检有9个牌号规格包装与卷制得满分，全年产品质量市场零投诉。加强贯标对标，10项指标同比提升、14项达到行业平均水平，排名行业第六位，其中烘丝机出口水分偏差指标居行业第一位。推行TnPM设备管理，全年设备有效作业率卷接为95.03%、包装为93.51%。绘制《企业文化构架图》，推进行为文化建设。2013年，卷烟厂被云南省安全生产监督管理局授予“云南省安全文化建设示范企业”称号。

【技术改造】 推进新手工包烟作业区改造、烟包入库自动卸车翻转输送物流系统、烟叶醇化库改造等项目建设，完成投资1.04亿元。

红云红河烟草（集团）有限责任公司 红河卷烟厂

【概 况】 红云红河烟草（集团）有限责任公司红河卷烟厂始建于1985年，2004年8月与昭通卷烟厂合并重组为红河卷烟总厂，2005年12月新疆卷烟厂加盟红河卷烟总厂，2007年5月红河卷烟总厂改制为红河烟草（集团）有限责任公司后成为红河集团所属生产厂，2008年11月红河集团红河卷烟厂、新疆卷烟厂与红云集团重组整合，红河卷烟厂成为红云红河集团所属生产厂。厂区占地面积约40万平方米。截至2013年底，拥有8000千克/小时制丝生产线2条，卷接包装机组32台（套）。年卷烟生产能力750亿支（150万箱）。有在岗员工1132人。

【卷烟生产】 2013年，生产的卷烟品牌有“红河”“云烟”。全年生产卷烟（不含出口烟）518亿支（103.6万箱），其中一类烟5.9亿支（1.18万箱）、二类烟28.45亿支（5.69万箱）、三类烟386.1亿支（77.22万箱）、四类烟97.6亿支（19.52万箱）。生产出口卷烟0.45亿支（0.09万箱）。

【生产管理】 严格工艺质量，在2013年国家局抽检中，卷烟厂卷制包装平均分为99.91分。修订完善项目（课题）管理制度，以产品质量提升为重点新增项目（课题）40余项，验收评审77项。加强贯标对标，在国家局15项对标指标中，7项同比提升、10项达到行业平均水平，其中在岗职工人均劳动生产率居行业第一位。拓展设备轮保内容，卷包设备有效作业率同比提升8.27%。编制绩效管理三大类38项工厂级KPI指标，并分解形成105项部门级KPI指标和覆盖全员的岗位级KPI指标，引入SPC方法强化目标绩效的监测分析。全年组织各类培训345项，培训员工5300余人次。开展技术技能竞赛50余项，参与员工达7000余人次。

【技术改造】 易地技改项目于9月获国家局批复，截至年底，项目取得省级备案证书，初步完成设计任务书编制；申请新建陈烟仓库项目。

红云红河烟草（集团）有限责任公司 曲靖卷烟厂

【概 况】 红云红河烟草（集团）有限责任公司曲靖卷烟厂最初为始建于1966年的曲靖烟叶复烤厂，1975年更名为曲靖卷烟厂，2004年5月联合重组会泽卷烟厂，2005年6月联合重组乌兰浩特卷烟厂，2005年11月与昆明卷烟厂合并改制成立红云烟草（集团）有限责任公司后成为红云集团所属生产厂，2008年11月红云集团与红河集团红河卷烟厂、新疆卷烟厂重组整合，曲靖卷烟厂成为红云红河集团所属生产厂。厂区占地面积约121万平方米。截至2013年底，拥有6000千克/小时制丝生产线2条，3000千克/小时梗处理线1条，卷接包装机组35台（套）等。年卷烟生产能力725亿支（145万箱）。有在岗员工2680人。

【卷烟生产】 2013年，生产的卷烟品牌有“云烟”“红山茶”“红河”。全年生产卷烟（不含出口烟）561.95亿支（112.39万箱），其中一类烟124.75亿支（24.95万箱）、二类烟10.3亿支（2.06万箱）、三类烟340.75亿支（68.15万箱）、四类烟11.05亿支（2.21万箱）、五类烟75.15亿支（15.03万箱）。生产出口卷烟1.9亿支（0.38万箱）。

【生产管理】 加强贯标对标，在国家局15项对标指标中，13项同比提升，14项达到行业平均水平，居行业第四位，其中包装与卷制质量检验加权平均值居第一位。严格保修制度，全年卷接设备有效作业率94.22%、包装设备有效作业率90.3%。全年产品质量市场零投诉，国家局抽检五牌次，四牌次包装卷制为满分，一个牌号在两次抽检中质量综合得分进入行业前十名；省二级站抽检13牌次，12牌次包装卷制得分为满分。建设电工实验室。开展业务技能培训2173人次、综合素质培训6294人次。深化企业文化建设，举办“道德讲堂”，推进文化养老，成为集团“文化养老—老有所学示范基地”。

【技术改造】 加快就地技改收尾，制丝大部分主机及辅联设备验收转固，土建项目进入结算。打叶复烤易地技改及新建烟叶仓库项目于6月获国家局批复，签订《项目新征土地及配套设施建设协议书》，完成730亩土地征购、初步地质勘察和局部场地平整。

红云红河烟草（集团）有限责任公司 会泽卷烟厂

【概 况】 红云红河烟草（集团）有限责任公司会泽卷烟厂始建于1973年，2004年5月合并重组为曲靖卷烟厂会泽分厂，2005年11月成为红云集团所属生产厂，2008年11月红云集团与红河集团红河卷烟厂、新疆卷烟厂重组整合，会泽卷烟厂成为红云红河集团所属生产厂。厂区占地面积约26.67万平方米。截至2013年底，拥有5000千克/小时制丝生产线1条，卷接包装机组9台（套）。年卷烟生产能力175亿支（35万箱）。有在岗员工748人。

【卷烟生产】 2013年，生产的卷烟品牌有“红河”“云烟”等。全年生产卷烟（不含出口烟）115.65亿支（23.13万箱），其中一类烟5.55亿支（1.11万箱）、三类烟110.15亿支（22.03万箱）。生产出口卷烟3.3亿支（0.66万箱）。

【生产管理】 下发《“管理创一流”及“深入开展对

标、创建优秀卷烟工厂”活动实施方案》，推进项目课题式。制修定14个质量管理制度、48个企业标准，增加质量投诉离岗学习考核方式，全年产品质量市场零投诉。强化设备保养检查考核，全年设备有效作业率卷包为89.23%、成型设备为92.57%，制丝故障停机率0.37%。修订完善8S现场管理标准。

【技术改造】 完成联合工房、生产管理用房、职工食堂主体建设，安装钢网架、太空板屋面，35千伏外供电线路完工，项目累计完成签约投资7.8亿元、实际支付4.02亿元。

红云红河烟草（集团）有限责任公司 新疆卷烟厂

【概　况】 红云红河烟草（集团）有限责任公司新疆卷烟厂始建于1960年，1999年10月成为将军烟草（集团）有限责任公司所属生产厂，2005年12月与红河卷烟总厂合并重组更名为红河卷烟总厂新疆卷烟厂，2007年5月改制更名为红河集团新疆卷烟厂，2008年11月红河集团红河卷烟厂、新疆卷烟厂与红云集团重组整合，新疆卷烟厂成为红云红河集团所属生产厂。奎屯厂区占地面积约57.05万平方米，乌鲁木齐新厂区占地面积约56.67万平方米，有3000千克/小时制丝生产线1条，卷包机组12台（套）。年卷烟生产能力240亿支（48万箱）。有从业人员1070人，其中在岗员工775人。

【卷烟生产】 2013年，生产的卷烟品牌有“红河”“雪莲”“云烟”等。全年生产卷烟180亿支（36万箱），其中一类烟2.65亿支（0.53万箱）、三类烟100.7亿支（20.14万箱）、四类烟69.1亿支（13.82万箱）、五类烟7.5亿支（1.5万箱）。

【生产管理】 推进目标管理和文件优化，围绕行业创优细化形成四大类14小类共计279项内控指标体系。加强设备管理，卷包设备有效作业率88.87%。拓展人才成长通道，全年组织外出培训387人次、内部培训860人次。以“激情文化”为主线，开展全员企业文化培训4轮28场次。

【技术改造】 易地技改联合工房、动力中心、库房土建及装饰、机电安装、消防进入收尾，完成综合办公楼主体施工。制丝、卷包、动力设备完成调试和带料生产。后勤服务配套及保障设施项目主体结构基本完成。完成工商一体化物流配送中心总体规划。截至年底，签订技改项目合同140份，累计金额（含专卖设备）15.72亿元。

红云红河烟草（集团）有限责任公司 乌兰浩特卷烟厂

【概　况】 红云红河烟草（集团）有限责任公司乌兰浩特卷烟厂最初为始建于1981年的乌兰浩特市雪茄烟厂，1992年5月更名为乌兰浩特卷烟厂，2005年6月合并重组为曲靖卷烟厂乌兰浩特分厂，2005年11月成为红云集团所属生产厂，2008年11月红云集团与红河集团红河卷烟厂、新疆卷烟厂重组整合，乌兰浩特卷烟厂成为红云红河集团所属生产厂。厂区占地面积约47.68万平方米。截至2013年底，拥有3000千克/小时制丝生产线1条、卷接包装机组13台（套）。年卷烟生产能力240亿支（48万箱）。有从业人员934人，其中在岗员工629人。

【卷烟生产】 2013年，生产的卷烟品牌有“红河”“云烟”“红山茶”等。全年生产卷烟130亿支（26万箱），其中一类烟10.05亿支（2.01万箱）、三类烟69.7亿支（13.94万箱）、四类烟33.15亿支（6.63万箱）、五类烟17.15亿支（3.43万箱）。

【生产管理】 完成16项工艺改进项目，烟丝加香流量波动由36.86%降低到0.4%，单箱耗叶降低0.28千克。加强现场管理，承办行业“卷烟工厂现场管理专题”活动总结暨经验交流会，“6S管理规范”“班组建设规范”两项成果在行业推广应用。清洁生产综合评价为AAAA级。开展节能减排活动，节约资金400多万元。开展6S/6H管理，卷接包设备有效作业率94.22%，制丝设备停机率0.025%，动力设备停机率为零。推进安全生产标准化达标建设，实现安全生产“七个为零”目标，获得“自治区消防安全工作先进企业”称号。加强民主管理和厂务公开，获得“自治区厂务公开民主管理工作示范单位”称号。

【技术改造】 技改填平补齐项目和后勤保障中心建设项目改造方案获国家局批复，截至年底，完成项目规划及施工图设计，启动工程招标采购工作、联合工房改建。完成片烟库及辅料库4栋仓库基础施工。

（撰稿：王宏先　曹晓军　朱　懿；编辑：谢争艳）

陕西中烟工业有限责任公司

【概　况】 陕西中烟工业有限责任公司最初为陕西烟草工商分设后于2003年12月成立的陕西中烟工业公司。2009年9月，经国家局、总公司批复同意，依法更名改制为陕西中烟工业有限责任公司。公司下辖宝鸡卷烟厂、延安卷烟厂、汉中卷烟厂、澄城卷烟厂和旬阳卷烟厂等5家不具有法人资格的卷烟生产厂，以及具有独立法人资格的陕西中烟投资管理有限公司。公司本部下设19个部门，2013年，设立卷烟质量检测中心，与技术中心合署办公。截至2013年底，公司拥有总资产139.15亿元，其中，固定资产33.05亿元、流动资产91.85亿元，资产负债率为21%。有从业人员6563人，其中在岗员工5540人。

2013年，公司围绕全面提升规范和效率水平，推进

"卷烟上水平"各项工作，主要经济指标实现稳中有进，在实际产量比预期减少2万箱的情况下，基本实现既定的"321"目标（即"好猫"品牌销售30万箱，实现销售收入200亿元以上，自有品牌产销达100万箱左右）。

【领导机构】

董事会

董事长：王彦亭

董　事：陈　晖　曹兴浪　赵德学　穆重林　黄翠萍　王乃志

监　事：陈建利

班子成员

总经理、党组书记：陈　晖

副总经理、党组成员：曹兴浪

纪检组长、党组成员：陈建利

副总经理、党组成员：赵德学

副总经理、党组成员：任　立

总会计师：吴建玲

副巡视员：朱良同（—2013.8）（国烟党〔2013〕67号）

副巡视员：马文卷

副巡视员：李宝新

【卷烟生产经营】　2013年，公司生产卷烟899.5亿支（179.9万箱），同比增长2.27%，其中，一类烟11.61亿支（2.32万箱）、二类烟54.92亿支（10.98万箱）、三类烟458.46亿支（91.69万箱）、四类烟292.5亿支（58.5万箱）、五类烟82.02亿支（16.40万箱）。

2013年卷烟实现销售882.92亿支（176.58万箱），同比增长0.19%。实现销售收入192.95亿元，同比增长7.63%。实现税利137.39亿元，同比增长9.59%，其中利润24.20亿元，同比增长12.71%。三项费用率为7.35%。

2013年万支卷烟综合能耗为3.41千克标煤。烟叶、滤棒、盘纸平均消耗分别为6.75千克/万支、2058支/万支、591米/万支。水、电平均消耗分别为0.09吨/万支、6.96千瓦时/万支。

【主要产品】　2013年，公司生产的自有卷烟品牌有"好猫""猴王""延安"等3个品牌17个规格。新上市的产品有"好猫（好运来）"。全年生产重点品牌"好猫"160.17亿支（32.03万箱），同比增长31.03%；"好猫"实现销售158.81亿支（31.76万箱），实现销售收入51.77亿元，同比分别增长29.81%、27.5%，其中省外销量19.22亿支（3.84万箱）。合作生产浙江中烟、湖南中烟、广东中烟、云南中烟的卷烟品牌有"利群""雄狮""白沙""双喜""红塔山"等，全年合作生产卷烟399.5亿支（79.9万箱）。

【品牌建设】　突出"好猫"品牌发展核心，优先发展省内核心市场，拓展县级市场和环陕市场，省内市场重点由城市向县级市场覆盖，省外市场重点向环陕市场转移。强化品牌宣传，开展一系列品牌宣传促销和市场终端建设活动。拍摄"好猫（天赋）"专题宣传片；召开"好猫"品牌营销培训会、乡镇座谈会、上市品鉴会等共109场次，受众人数6143人次；开展"好猫（吉祥）"婚庆营销3258场次，实施集团采购450批次。突出终端建设，招聘195名终端维护人员，将驻外销售机构工作重心向市场终端转移。建立357家"好猫""一店一品"卷烟示范零售店。组织31批次4097名工商零重点客户代表赴宝鸡卷烟厂参加"好猫"品牌体验活动，提升重点客户对"好猫"品牌的忠诚度。

【原辅材料保障】　*原料保障*。抢抓烟叶调拨复烤进度，以"好猫"品牌需求为导向，以技术需求为依据，结合生产品牌的结构和烟叶库存情况，兼顾储运能力和周期，细化成品烟叶的分配方案，合理安排产区片烟调拨。截至6月底，调拨2012年度烟叶3.65万吨（73.05万担），合同履约率达100%。加强烟叶基地单元建设，新增云南省楚雄州元谋县、陕西省汉中市南郑县2个基地单元。2013年，基地烟叶调拨总量达到1.50万吨（29.9万担），平均收购等级合格率80%以上，上等烟比例达到67%。

辅料供应。修订完善《烟用材料采购管理程序》《烟用材料供应商管理程序》等管理标准。调整材料采购周期，严格库存控制指标，库存资金占用减少3200万元。烟用材料公开招标采购比例达到86.55%，节约资金4132.84万元。完善供应商管理基础资料，评审发布103家烟用材料合格供应商名录。规范烟机零配件招标采购行为，寄售招标品种由1.96万种扩大到2.3万种，寄售件招标采购金额超过采购总额的50%。盘活库房闲置配件，全系统厂际间调剂2种机型170种配件。

【技术创新】　*项目研究*。制定《关于贯彻落实"三个60%"的实施意见》《技术标准采用与实施办法》和《技术标准管理控制办法》。完成6毫克/支及以下低焦油卷烟的开发储备，"好猫（好运来）"成功上市。开展微生物菌种筛选、培养、功能性试验研究，"好猫（大秦岭）"叶组配方、微生物配方、香精香料配方基本定型。加大减害降焦技术研究，降低卷烟危害性指数，"好猫（吉祥）"10毫克/支焦油量储备产品基本完成。加强自主调香技术研究，建立香精香料板块。推进卷烟保润技术研究，完成10次优化组合实验和3次中试。对丙纤丝束、胶粘剂、滤棒改良剂进行系统研究，完成"猴王（软红）""延安（软）"丙纤滤棒的替代工作。召开"减少管板式烘丝机干头干尾量"技术交流现场会，开展"'好猫'品牌功能性模块及特征工艺技术研究""'好猫（天赋）'产品工艺优化及内在质量提升研究"。

技术改造。1月25日，公司技术中心科研用房项目主体封顶。汉中卷烟厂完成辅料自动输送连廊建设项目。宝鸡卷烟厂片烟醇化库建设项目进入初步设计审查阶段。澄城卷烟厂、旬阳卷烟厂整体技术改造项目获国家局批复，进入设计实施阶段。

【信息化建设】　1月1日，企业资源计划系统（ERP）一期上线运行。启动ERP项目二期建设，开展需求分析、基础培训和蓝图设计等工作。生产指挥系统（MES）项目完成调研，进入开发设计阶段。生产经营业务用房信息化项目、"两项工作"信息系统平台项目等竣工验收。完成档案管理信息系统、物流综合信息管控系统、公司基础数据管理平台等项目论证和立项。完成延安、汉中卷烟厂基础数据和集成交换平台以及分布式系统项目论证。

【管理创新】 全面预算管理。全面使用企业资源计划系统（ERP）编制年度预算，加强资金监管和重点费用控制。推进“审计整改年”活动，全年累计整改问题5项12个，整改率92%。开展预算管理评审试点活动，探索非法人经济责任审计，从关键节点入手，抓好工程投资、物资采购和宣传促销项目预算审计。

管理体系建设。改进综合管理体系，体系文件执行率96.7%，在行业质量体系交叉评价的17家省级工业公司中居第二位。建立公司目标管理体系，确定涵盖公司生产经营管理各个方面的207项指标，实现对公司年度目标完成情况的综合评价。

对标创优。调整优化公司层面的对标指标体系，完善工厂层面的对标指标体系。实行对标通报和分析制度，开展对标课题攻关、对标知识培训和对标工作交流，全系统共开展对标课题攻关项目102个。在“创建优秀卷烟工厂”中，所属宝鸡、延安、汉中、澄城、旬阳等5家卷烟厂全部达标，其中宝鸡卷烟厂达到一流卷烟工厂评价标准。全年卷接设备运行效率92.45%。

内部管理监督。推进公开招标，全年公开招标金额比例达90%。优化公司“两项工作”信息系统建设，依靠信息化手段建立“两项工作”常态化规范运行机制。推进办事公开民主管理工作，制定《办事公开考核制度》，开展厂务公开职代会星级创建活动，举办厂务公开民主管理工作现场经验交流会。

产品质量安全管理。完善质量安全标准，围绕卷烟生产原料、打叶复烤、烟用材料、香精香料及添加剂和生产过程安全卫生控制要素，发布由140余项标准组成的公司《产品质量安全标准体系表》。加大卷烟主流烟气、卷烟材料以及香精香料质量安全指标监测力度，抽检包装材料样品综合合格率达到100%。对卷烟纸、接装纸、内衬纸、水基胶、卷烟条与盒包装纸进行重点质量跟踪，整改国家局抽检发现的问题。

【对外交流与合作】 加强国际合作，重点推进与英美烟草公司二氧化碳膨胀烟丝产品供应合作项目，全年累计出口膨胀烟丝487.25吨，出口实现487.25万美元，陕西中烟正式进入跨国公司原料供应商系统。与南非太阳烟草有限公司签订合作协议，推动非洲市场的合作和开发，向南非出口设备，并派出技术人员赴南非安装调试，协助建厂。

【人事政工】 人事与劳资。修订完善全系统劳动用工规章制度12项，完成企业年金的规范整改。成立公司机关离退休干部党支部，并配备机关专职离退休管理员。完成公司内部讲师年度考核，晋升中级讲师15人，新聘任内部讲师47人。开展全系统高技能人才交流活动，2013年安排制丝、卷接、包装、电气等四个工种共8名技师到所属各卷烟厂开展为期3个月的技能交流。

党风廉政建设。精简会议文件，简化公务接待，全年业务招待费、会议费、涉外费分别同比下降31.15%、21.36%和26.72%，封存超标车辆19辆，腾退超标办公用房，规范公积金缴费基数和比例。落实“三重一大”集体决策制度，开展作风建设和专项治理，强化关键环节的日常监督管理。

企业文化。开展“心随‘好猫’记者走基层”系列采访活动，刊发系列专题文章。庆祝公司成立10周年，在全系统开展“奋进十年 我们见证”“十年路上”系列报道主题征文活动，开设“最美中烟人”专栏。优化公司外网版面，提升品牌形象。全系统开展以“智圆行方，规范有道”为主题的行业行为规范建设。丰富文化工程，倡导“快乐工作，幸福生活”新理念，开展“每天锻炼一小时”“每天读书一小时”活动。

【特事要辑】 1月23—24日，2013年陕西省烟草工业系统工作会议在西安召开。会议宣读陕西省政府表彰公司上缴税金过百亿元的通报。

3月15日，国家局副局长何泽华一行到陕西中烟汉中卷烟厂调研，查看卷烟厂生产组织、设备运行、工艺质量管控及现场管理等情况，并召开现场座谈会。

7月5日，陕西省烟草工业系统半年经济运行分析座谈会在西安召开。

7月18日，国家局副局长杨培森一行到陕西中烟调研。杨培森强调，要因地制宜促发展、科技支撑促发展、开拓创新促发展、深化改革促发展。思考新一轮改革发展的思路，不断深化改革，在合作加工、联合重组等方面总结新的经验，开展新的有益探索。

8月20—21日，国家局局长凌成兴、驻国家局纪检组组长高林一行到陕西烟草调研，并考察陕西中烟延安卷烟厂、宝鸡卷烟厂。凌成兴要求陕西烟草“弘扬延安精神，提高三个水平”，即提高“好猫”品牌竞争水平，提高澄城、旬阳卷烟厂技改水平、提高省产卷烟品牌营销水平。就提高“好猫”品牌的竞争水平，凌成兴指出要争取达到三个“60%”目标，即“好猫”品牌的销售收入和实现税利占陕西中烟的总量超过60%、省产卷烟的份额超过陕西中烟生产总量的60%、延安和宝鸡卷烟厂生产的卷烟超过陕西中烟产量的60%。其间，凌成兴会见陕西省委书记赵正永、省长娄勤俭，就陕西烟草改革发展交换意见。

11月14日，陕西省副省长李金柱一行到旬阳卷烟厂调研。

11月19—21日，2013年陕西省职工技能大赛（陕西中烟赛区）“好猫杯”岗位练兵技术比武在延安卷烟厂举行。

所属生产厂/企业

陕西中烟工业有限责任公司宝鸡卷烟厂

【概　况】 陕西中烟工业有限责任公司宝鸡卷烟厂最初为成立于1949年10月的新宝烟厂，1964年更名为宝鸡卷烟厂。2005 年，陕西卷烟总厂成立，取消宝鸡卷烟厂法人资格，更名为陕西卷烟总厂宝鸡分厂。2007 年 10 月，按照陕西烟草工业体制改革要求，更名为陕西中烟工业公司宝鸡卷烟厂。2009 年 11 月，陕西烟草工业完成公司制改造，卷烟厂更名为陕西中烟工业有限责任公司宝鸡卷烟厂。

厂区占地面积 36.33 万平方米。有在岗员工 1873 人。拥有 4800 千克/小时微波松散、气流烘丝线和切片松散、管板烘丝线各 1 条，2000 千克/小时梗丝加工线、570 千克/小时二氧化碳膨胀烟丝生产线各 1 条，200 千克/小时辊压法薄片丝加工线 2 条，1000 千克/小时试验线 1 条，1000 千克/小时生物烟实验线 1 条，以及卷接包设备 24 组。年卷烟生产能力为 500 亿支（100 万箱）。

2013 年，卷烟厂被全国职工职业道德建设指导协调小组授予“第十三届全国职工职业道德建设先进单位”称号，被全国厂务公开协调小组授予“全国厂务公开民主管理先进单位”称号。

【卷烟生产】 2013 年，主要生产的自有卷烟品牌为“好猫”“猴王”，合作生产广东中烟的卷烟品牌“双喜”。全年生产卷烟（含合作生产）361 亿支（72.2 万箱），其中，一类烟 11.49 亿支（2.3 万箱）、二类烟 0.7 亿支（0.14 万箱）、三类烟 223.34 亿支（44.67 万箱）、四类烟 125.43 亿支（25.08 万箱）。合作生产 89.5 亿支（17.9 万箱）。

【生产管理】 推进技术改造，12 月 16 日，生产指挥中心项目竣工。创建优秀卷烟工厂的主要经济技术指标中，单箱耗盘纸量、单箱耗滤棒量进入行业卷烟工厂前十名，卷烟厂在省内率先达到一流卷烟工厂评价标准。开展自主创新活动，全年获得国家发明专利 7 项。开展质量整顿提升活动，全年卷烟成品优等品率达到 99.34%，同比提高 1.75 个百分点。落实安全生产标准，通过国家安监总局安全生产标准化一级企业现场审核。发布“智胜之道”企业文化理念体系。

陕西中烟工业有限责任公司延安卷烟厂

【概　况】 陕西中烟工业有限责任公司延安卷烟厂始建于 1970 年，创业于南泥湾；1974 年搬迁至延安市李渠镇；1981 年 4 月搬迁扩建至延安市兰家坪；2006 年，工厂搬迁至位于延安市姚店镇的延安市经济技术开发区。建厂以来，历经三次易地搬迁和技术改造。

厂区占地面积 43.8 万平方米。有在岗员工 1033 人。拥有 5000 千克/小时的制丝线 1 条，8000 支/分钟 ZJ19 卷接机组 14 台（套）、400 包/分钟 ZB25/45 包装设备 14 组。年卷烟生产能力为 250 亿支（50 万箱）。

【卷烟生产】 2013 年，主要生产的卷烟品牌为“好猫”“延安”，合作生产云南中烟、湖南中烟的卷烟品牌“红塔山”“白沙”。全年生产卷烟 185 亿支（37 万箱），其中，一类烟 0.12 亿支（0.02 万箱）、二类烟 11.30 亿支（2.26 万箱）、三类烟 99.34 亿支（19.87 万箱）、四类烟 54.53 亿支（10.91 万箱）、五类烟 19.72 亿支（3.94 万箱）。合作生产 117.23 亿支（23.45 万箱）。

【生产管理】 加强综合管理体系建设，卷烟厂能源管理体系通过第三方认证，成为行业首家通过认证审核的单位。推进技术创新，卷包车间员工李宛洪创立的“设备快速改装法”在陕西省第二届职工科技节被评为“先进操作法”。开展企业文化建设，编制《2013—2015 年文化提升规划》，制订《延烟十项修炼——“文化理念进岗位”典型案例手册》《行业示范窗口单位建设标准及评价标准》（初稿）、《延安卷烟厂员工行为规范（BI）手册》等。

陕西中烟工业有限责任公司汉中卷烟厂

【概　况】 陕西中烟工业有限责任公司汉中卷烟厂最初是始建于 1975 年 8 月的南郑卷烟厂。厂区占地面积 40 余万平方米。有在岗员工 1183 人。拥有 1 条 6000 千克/小时制丝生产线，17 台（套）卷接包机组。年卷烟生产能力为 250 亿支（50 万箱）。2013 年，卷烟厂被中华全国总工会授予“全国‘安康杯’竞赛优胜企业”称号。

【卷烟生产】 2013 年，主要生产的卷烟品牌为“好猫”“猴王”，合作生产浙江中烟、湖南中烟的卷烟品牌“利群”“雄狮”“白沙”。全年生产卷烟（含合作生产）215.5 亿支（43.1 万箱），其中，二类烟 42.88 亿支（8.57 万箱）、三类烟 135.78 亿支（27.16 万箱）、四类烟 23.14 亿支（4.63 万箱）、五类烟 13.69 亿支（2.74 万箱）。合作生产 192.77 亿支（38.55 万箱）。

【生产管理】 加强技术改造，继续推进片烟醇化库建设、生产指挥中心及职工食堂建设、厂区南侧 25 亩土地购置、辅料自动输送连廊建设等多个项目。创建优秀卷烟工厂，加强课题管理，强化指标控制，优秀卷烟工厂 13 项经济技术指标全部达标。推进设备 TnPM 管理，6S 现场管理达到五星级标准。加强整顿规范，成立采购管理办公室。全年公开招标金额比例 92.26%。成立审计整改工作领导小组，开展“审计整改年”活动。

【质量管理】 在全厂范围开展“质量月”活动，完成 QC 成果 21 项。在陕西中烟工业系统第 26 届优秀 QC 成果发布会上获得一等奖 1 个、三等奖 2 个。卷烟厂被陕西省总工会、陕西省妇女联合会、陕西省科学技术协会、陕西省质量管理协会评为“2013 年度陕西省质量管理小组活动优秀企业”。

陕西中烟工业有限责任公司澄城卷烟厂

【概　况】 陕西中烟工业有限责任公司澄城卷烟厂始建于 1976 年。2004 年，澄城卷烟厂与江苏中烟工业公司徐州卷烟厂进行重组，更名为江苏中烟工业公司徐州卷烟厂澄城分厂。2007 年，调整划归陕西中烟工业公司管理，更名为陕西中烟工业公司澄城分厂。2009 年，陕西烟草工业完成公司制改造，澄城分厂更名为陕西中烟工业有限责任公司澄城卷烟厂。

厂区占地面积 15.2 万平方米。共有在岗员工 450 人。拥有 3000 千克/小时片烟制丝生产线 1 条、PROTOS 卷烟机组 3 组、GDX1 包装机组 3 组。年卷烟生产能力为 60 亿支（12 万箱）。

【卷烟生产】 2013 年，主要生产的卷烟品牌为“猴王”。全年生产卷烟 40 亿支（8 万箱）。

【生产管理】 推进工厂易地技术改造项目，项目于 3 月启动，9 月获国家局批复，12 月完成建设用地征取和设计单位招标。夯实管理基础，制订“思想文化建设、人才队伍建设、基础管理提升”三个三年规划。

陕西中烟工业有限责任公司旬阳卷烟厂

【概　况】 陕西中烟工业有限责任公司旬阳卷烟厂最初为始建于 1976 年的地方国营旬阳县卷烟厂，1984 年更名为陕西省旬阳雪茄烟厂，1992 年更名为旬阳卷烟厂，2004 年卷烟厂取消法人资格，更名为宝鸡卷烟厂旬阳分厂，2009 年，更名为陕西中烟工业有限责任公司旬阳卷烟厂。旬阳卷烟厂于 1999 年建成打叶复烤项目，2000 年合并旬阳县烟叶复烤厂，更名设立陕西旬阳烟叶复烤厂①，实行与旬阳卷烟厂“两块牌子，一套人员”的管理体制。

厂区占地面积 35.83 万平方米。有从业人员 723 人（含复烤厂）。拥有 2000 千克/小时制丝生产线、200 千克/小时薄片生产线、6000 千克/小时打叶复烤生产线各 1 条，在线卷接机组 8 套，包装机组 9 套。年卷烟生产能力为 143 亿支（28.6 万箱），烟叶复烤加工能力为 1.5 万吨（30 万担）。

【卷烟生产】 2013 年，主要生产的卷烟品牌为“延安”“猴王”。全年生产卷烟 98 亿支（19.6 万箱）。

【技术改造】 3 月，卷烟厂启动整体技改项目，并于 5 月初完成项目申报。11 月 29 日，国家局批复同意旬阳卷烟厂实施整体技改，依照年产卷烟 30 万箱、烟叶复烤加工 30 万担能力进行规划设计和原址扩建，项目总投资 14.5 亿元（不含烟草专用设备投资）。

【生产管理】 创建优秀卷烟工厂，推进设备精益化管理、6S 现场管理、节能减排和清洁生产，优秀卷烟工厂 13 项经济指标全部达标。开展 QC 活动，2 项 QC 成果在陕西中烟工业系统第 26 届优秀 QC 成果发布会上获得二、三等奖。推进企业文化建设，1 月 30 日，电子刊物《旬烟视线》月刊创刊。

陕西中烟投资管理有限公司

【概　况】 陕西中烟投资管理有限公司成立于 2012 年 10 月。公司经营范围涉及原辅料加工、滤棒成型、烟标印刷、纸箱生产、醋酸纤维丝素、房地产开发等。2013 年，投资 490 万元，设立陕西双维房地产开发有限责任公司，作为陕西中烟投资管理有限公司的全资子公司；7 月 24 日，陕西双维房地产开发有限责任公司成立。2013 年 12 月，总公司下发《关于陕西中烟工业有限责任公司所持部分股权出资人变更事项的批复》（中烟办〔2013〕221 号），同意陕西中烟将持有的陕西省卷烟材料厂、宝鸡猴王商贸有限责任公司、宁波大安化学工业有限公司、宁夏弘德包装材料有限公司、西安大洋房地产开发有限公司、陕西金叶科教集团股份有限公司、陕西金叶滤材有限责任公司等 7 家多元化公司股权出资人变更为陕西中烟投资管理有限公司，实现多元化企业经营归口管理。有从业人员 30 人，其中本部员工 6 人，外派多元化企业管理人员 24 人。截至 2013 年底，公司拥有总资产 8.3 亿元，其中，流动资产 3.4 亿元，资产负债率 9.37%。

【生产经营】 2013 年，公司所属的全资、控股、参股多元化经营企业实现营业收入 9.4 亿元，同比增长 3.88%。实利税利 0.55 亿元，其中利润 0.45 亿元。

制度建设。推进法人治理结构建设，把建立现代企业管理制度作为完善多元化企业法人治理结构的核心，构建投资公司管理制度体系。加强基础管理，建立重点工作督办机制、重点工作责任制。

【投资清理整顿】 对长期以来多元化投资的历史遗留问题进行全面清理整顿。对林凯置业有限公司进行彻底清算、挂牌转让股权，完成产权交易；对陕西烟草贸易有限公司、陕西懋馥酒业有限公司进行调查取证并形成处理意见，清算债权债务；启动对西安大洋房地产开发有限公司的清算工作；对陕西金叶上市公司历史遗留问题进行清查，完成股权变更工作。

（撰稿：张建华；编辑：谢争艳）

中国烟草实业发展中心

【概　况】 中国烟草实业发展中心（以下简称“中烟实业”）成立于 1999 年 1 月。下辖黑龙江烟草工业有限责任公司、红塔辽宁烟草有限责任公司、吉林烟草工业有限责任公司、甘肃烟草工业有限责任公司、内蒙古昆明卷烟有限责任公司、深圳烟草工业有限责任公司、山西昆明烟草有限责任公司、海南红塔卷烟有限责任公司 8 家卷烟工业企业和吉林烟草进出口有限责任公司。中烟实业总部设有 11 个部门。

---

① 陕西旬阳烟叶复烤厂见《工业企业》栏目“打叶复烤和薄片生产企业”分目。

截至2013年底，中烟实业所属8家卷烟工业企业拥有总资产500.78亿元，其中，固定资产100.18亿元、流动资产357.08亿元，资产负债率为27.77%。有从业人员15061人，其中在岗员工13618人。

【领导成员】

总经理、党组书记：张建军
副总经理、党组成员：李增林
副总经理、党组成员：赵　琦
副总经理、党组成员：刘　龙
纪检组长、党组成员：马保军
总会计师：汪利华
副巡视员：李立林
副巡视员：秦　燕
副巡视员：郁　毅

【卷烟生产经营】　2013年，中烟实业所属企业生产卷烟（含合作生产，不含出口）2330.35亿支（466.07万箱），同比增长3.45%，其中生产一类烟120.9亿支（24.18万箱），同比增长45.97%；二类烟374.65亿支（74.93万箱），同比增长24.98%；三类烟1287.35亿支（257.47万箱），同比增长1.93%；四类烟370.2亿支（74.04万箱），同比增长4.44%；五类烟177.25亿支（35.45万箱），同比下降29.85%。全年合作生产卷烟1159亿支（231.80万箱），同比增长9.78%。生产出口卷烟14.05亿支（2.81万箱），同比增长5.2%。

2013年实现卷烟销售（不含出口）2325.48亿支（465.10万箱），同比增长3.98%，其中，一类烟118.87亿支（23.77万箱），同比增长45.15%；二类烟373.14亿支（74.63万箱），同比增长25.96%；三类烟1285.49亿支（257.10万箱），同比增长2.66%；四类烟370.09亿支（74.02万箱），同比增长4.54%；五类烟177.89亿支（35.58万箱），同比下降29.49%。出口卷烟实现销售14.12亿支（2.82万箱），同比增长6.76%。

2013年实现销售收入709.10亿元，同比增长12.34%。实现税利455.02亿元，同比增长14.51%，其中利润74.43亿元，同比增长21.28%。三项费用率为7.19%。

2013年万元产值综合能耗为18.38千克标煤，万支卷烟综合能耗为4.01千克标煤。烟叶、滤棒、盘纸平均消耗分别为6.83千克/万支、2097.86支/万支、594.49米/万支。水、电平均消耗分别为0.09吨/万支、7.81千瓦时/万支。

【主要产品】　2013年，中烟实业所属企业主要生产“长白山”“兰州”“双喜（好日子）”“人民大会堂”“冬虫夏草”“云烟（苁蓉）”“椰王”“哈尔滨”等自有品牌，其中“长白山”和“兰州”被国家局列为全国重点品牌考核。合作生产云南中烟的卷烟品牌“红塔山”“云烟”等。

“长白山”卷烟。2013年“长白山”实现销售379.2亿支（75.84万箱），同比下降3.33%，其中，吉林省内市场销售116.45亿支（23.29万箱），同比下降19.01%。针对重点市场特别是省内市场出现销量下滑、结构下降、库存增加的局面，吉林烟草工业有限责任公司调整营销策略，提升卷烟品质，加强市场推广，调整货源供给，引入卷烟新品，市场状态逐步恢复。截至年底，“长白山”品牌覆盖全国31个省（自治区、直辖市）262个城市，年销量超过1万箱的省级重点市场达到13个，省外销售比重达到68.8%。

坚持低害低焦品牌发展方向，推出“长白山（红人参）”“长白山（悦）”卷烟新品，升级改造“长白山（软红）”“长白山（硬红）”“长白山（神韵）”等重点规格。“长白山”低焦油卷烟工艺技术研究与应用五项创新成果获得国家专利授权。

“兰州”卷烟。全年“兰州”共实现销售394.75亿支（78.95万箱），同比增长3.41%，其中，三类烟以上实现销量为229.3亿支（45.87万箱），同比增长27.07%。甘肃烟草工业有限责任公司加强产品结构提升，做好产品研发，推进“兰州”绵香品类构建和“减害降焦”深度研究。继续实施国家局增香保润重大专项“‘兰州’品牌卷烟功能性天然香料显效组分靶向分离研究”，“‘兰州’品牌卷烟新型香料功能板块的开发和应用”完成项目主体研究内容。新产品细支烟“兰州（桥）”获国家局批复生产。“兰州（硬盒精品）”“兰州（硬盒如意）”焦油量降至6毫克/支。

【原辅材料保障】　2013年采购烤烟10.13万吨（202.5万担）、晾晒烟0.43万吨（8.52万担）、进口烟叶0.63万吨（12.58万担）。开展烟叶基地单元建设，2013年工商合作建立烟叶基地单元3个，基地烟叶采购量共计0.7万吨（14万担）。截至年底，与烟草商业企业合建10个基地单元。全年采购醋纤丝束2.98万吨。

【减害降焦】　2013年，中烟实业所属企业卷烟实测焦油量加权平均值为10.13毫克/支，焦油量6毫克/支及以下卷烟产量为119.65亿支（23.93万箱），同比增长5.2倍。8毫克/支及以下卷烟产量为957.15亿支（191.43万箱），同比增长2.39%，其中，“兰州”品牌产量为394.75亿支（78.95万箱），同比增长10.93%，产量居全行业焦油量8毫克/支及以下卷烟第二位，“长白山”品牌产量354.9亿支（70.98万箱），同比下降9.52%，产量居全行业焦油量8毫克/支及以下卷烟第三位。

【技术改造】　推进海南红塔卷烟有限责任公司、哈尔滨卷烟厂、沈阳卷烟厂、天水卷烟厂易地技改项目建设。甘肃烟草工业有限责任公司的“兰州”品牌高档卷烟制造专线项目初步设计通过行业审查。山西昆明烟草有限责任公司易地技改项目通过国家局批复。

【企业管理】　财务审计。规范国有资产购置和处置，完善国有资产考核。完成行业流动资产专项清查和往来对账工作，各企业对各类流动资产进行全面清理、核对和查实，摸清家底，解决历史欠账等遗留问题。加强资金监管，完善资金账户审批备案制。落实国家局关于合作生产和拓展国际市场资金扶持政策，向所属企业注资3.6亿元。将预算执行情况纳入企业领导业绩考核，全年所属企业销售收入成本率为28.67%，同比下降1.16个百分点；业务招待费同比下降

24.05%，会议费下降47.46%，涉外费下降58%。

以审计信息化为载体、同级审计为支撑、经济责任审计和工程审计为重点，切实加强审计监督。全年开展各类审计项目854个，发现审计问题242个，涉及金额超过9亿元，查出违规金额920万元。

“管理创一流”活动。以贯标对标和创建优秀卷烟工厂为抓手，推进“管理创一流”活动，开展精益管理。长春、天水卷烟厂有13项指标达到行业平均水平。

董事会建设。2013年，股东会、董事会、监事会分别召开定期会议15次，形成会议决议216项，听取工作报告35项，运作更加顺畅。探索实行董事会议题预审汇报制度，全年召开预审汇报会14次，对200余项会议议题进行预审，将国家局的规范要求提前融入到董事会的决策管理，提升董事会决策效率和质量。

【信息化建设】 2013年，中烟实业所属8家企业均完成对“十二五”信息化发展规划的制订，并理清信息化发展战略，明确总体架构和建设模式。围绕提升精细化管理水平和精益制造能力，推进MES系统、全面预算管理系统、审计系统等重点项目的建设和验收。红塔辽宁烟草有限责任公司数据中心上线运行，成为中烟实业第一个数据中心。截至年底，所属企业共建成1个数据中心，3个MES系统。

【严格规范】 召开三次视频会，对规范采购进行专题部署。全年所属企业工程、物资、服务类采购公开招标金额比例分别为83.06%、84.6%、79.92%，同比分别提高7%、4%、4.3%；香精香料公开招标金额比例为36%，同比提高32%。推进专卖内管工作，加强对卷烟原辅材料和废弃烟草专卖品的监管，落实事前、事后报告制度，所属企业全年未发生违规处置废弃烟草专卖品的情况。收集整理专卖内管季度报告36份，及时与省局沟通，促进专卖内管工作向常态管理转变。组织所属企业30余人参加行业专卖信息系统对接和专卖证件管理数据拓展使用培训班。

【人事政工】 队伍建设。加强领导班子建设，坚持党组（党委）中心组学习制度，每季度组织一次中心组学习。规范干部选拔任用，印发《关于所属公司领导成员选拔任用工作实施办法（修订）》等文件。推进所属企业工程技术岗位设置及聘任工作，聘任83名中级、5名高级工程专业技术岗位人员，17名安全工程师。

思想政治工作。学习贯彻党的十八大和十八届三中全会精神，组织37名机关处级以上干部及52名企业领导参加国家局党校轮训。通过专家讲座、集体学习、座谈讨论、开辟宣传栏等方式，组织十八届三中全会精神的宣贯，认真学习习近平总书记系列讲话精神。开展“改进作风年”活动，以“形势大讨论”“岗位练兵”“制度在心”“我下基层”“请你监督”等五项主题活动为抓手，加强作风建设。

党风廉政建设。深化廉政体系建设，开展廉政风险防控和巡视工作，加强对“三重一大”等重要制度落实情况的监督检查。做好接访工作，2013年接待来访18批121人次，针对重访、集体访等突出问题，督促、协调企业予以妥善处理。坚持一年两次不稳定因素排查制度，所属企业发现不稳定因素37项。针对存在的矛盾和隐患，各企业明确责任部门和化解方法。

【境外办厂】 2013年，吉林烟草工业有限责任公司推动“走出去”发展战略取得新成效，公司在朝鲜企业共生产“长白山”卷烟101.29亿支（20.26万箱），同比增长23.47%；“长白山”卷烟实现销售90.55亿支（18.12万箱），同比增长12.86%。

【特事要辑】 1月8—9日，国家局副局长李克明到红塔辽宁烟草有限责任公司沈阳卷烟厂、营口卷烟厂调研。

1月13日，云南省副省长丁绍祥到山西昆明烟草有限责任公司调研。

2月28日，中烟实业在北京召开2013年总经理工作视频会，国家局副局长李克明出席会议并讲话。李克明强调，中烟实业的发展，一要适应新定位，坚持发展第一要务，保持税利持续稳定增长；二要明确新目标，把规范和效率落实到工作当中，切实转变工作作风；三要提升新优势，找准并发挥自己的比较优势，实现持续发展。

6月20日，国家局副局长杨培森到内蒙古昆明卷烟有限责任公司调研，提出研究管理体制、发展战略等10个问题。

7月3日，国家局副局长杨培森到山西昆明烟草有限责任公司调研。

7月14—15日，全国政协副主席、国家民委主任王正伟到吉林烟草工业有限责任公司延吉卷烟厂调研。

7月16日，国家局副局长赵洪顺、甘肃省副省长李荣灿到甘肃烟草工业有限责任公司调研。赵洪顺对甘肃烟草工业下一步工作提出“保持清醒，研判形势；抢抓机遇，优化结构；严格规范，强基固本；防范风险，保持健康发展”的要求。

8月28—29日，国家局局长凌成兴、驻国家局纪检组组长高林在甘肃烟草调研，其间，考察甘肃烟草工业有限责任公司兰州卷烟厂。

9月13日，国家局局长凌成兴、副局长赵洪顺到深圳烟草工业有限责任公司调研。

9月18日，国家局局长凌成兴、副局长赵洪顺到海南红塔卷烟有限责任公司调研。凌成兴指出，近年来，海南红塔发展较快，其跨省重组发展是一个突出亮点。易地技改项目规划起点高、预留空间大、建设速度快、企业管理好。

10月10—11日，国家局局长凌成兴、副局长杨培森到内蒙古烟草调研。其间，考察内蒙古昆明卷烟有限责任公司。①

① 凌成兴局长指示精神详见内蒙古自治区烟草专卖局（公司）特事要辑。

10月12—13日，国家局局长凌成兴、副局长杨培森到山西昆明烟草有限责任公司调研。凌成兴提出三点要求：一是要巩固卷烟销售网络示范、内部专卖管理监督示范、用工分配制度改革示范的三大成果；二是要发挥山西卷烟市场、“云烟”品牌、山昆公司历史悠久的三大优势；三是要支持山昆公司易地技改。

10月28—29日，国家局局长凌成兴、副局长杨培森在黑龙江烟草调研，其间，考察黑龙江烟草工业有限责任公司哈尔滨卷烟厂易地技改项目现场。

10月29日，甘肃省委书记、省人大常委会主任王三运，省委常委、常务副省长刘永富，省委常委、省委秘书长李建华，省人大常委会常务副主任陆武成，副省长冉万祥等考察甘肃烟草工业有限责任公司天水卷烟厂易地技术改造项目。

10月31日，国家局局长凌成兴、副局长赵洪顺在吉林烟草调研，其间，考察吉林烟草工业有限责任公司延吉卷烟厂、长春卷烟厂。

11月2—3日，国家局局长凌成兴、副局长赵洪顺，辽宁省常务副省长周忠轩在辽宁烟草调研，其间，考察红塔辽宁烟草有限责任公司沈阳卷烟厂。

11月6日，驻国家局纪检组组长高林到山西昆明烟草有限责任公司调研。

11月22日，国家局副局长李克明到深圳烟草工业有限责任公司调研。

12月4日，国家局副局长李克明到黑龙江烟草工业有限责任公司检查安全工作。

所属企业

黑龙江烟草工业有限责任公司

【概　况】 黑龙江烟草工业有限责任公司成立于2007年11月，下辖哈尔滨卷烟厂、海林卷烟厂、穆棱卷烟厂、绥化卷烟厂等4家卷烟生产厂。2009年，公司与湖北中烟工业有限责任公司进行跨省联合、整合重组。公司本部下设21个部门，占地面积为55.6万平方米。有5000千克/小时的制丝生产线1条，3000千克/小时的制丝生产线2条，1500千克/小时的梗丝生产线2条，以及卷接包设备37台（套），年卷烟生产能力为500亿支（100万箱）。截至2013年底，公司拥有总资产82.6亿元，其中，固定资产25.63亿元、流动资产52.16亿元，资产负债率为19.82%。有从业人员3749人，其中在岗员工3262人。

【领导机构】

董事会

董事长：张建军

董　事：李增林　李立林　吴　俊　彭传新　李　卫
　　　　王殿贵　王志军　吕德勋

监事会

主　席：姚　萌

监　事：严奉炎　袁展斌　戴建存　王世杰

班子成员

总经理、党组书记［兼黑龙江省烟草专卖局（公司）党组成员］：王殿贵

副总经理、党组成员：王志军

副总经理、党组成员：苗国盛

副总经理、党组成员：李　野

副总经理、党组成员：周长春

总会计师、党组成员：仇慧君（—2013.4）（中烟实〔2013〕48号）

总经济师、党组成员：连福昌

党组常务副书记：戴建存

纪检组长、党组成员、工会主席：吕德勋

【卷烟生产经营】 2013年，公司生产卷烟（含合作生产）439.5亿支（87.9万箱），同比增长0.57%；实现销售434.69亿支（86.94万箱），同比下降0.57%。合作生产湖北中烟、云南中烟的品牌卷烟275亿支（55万箱），其中，三类烟以上合作生产190亿支（38万箱）。

2013年实现销售收入97.48亿元，同比增长13.14%。实现税利73.65亿元，同比增长15.74%，其中利润12.31亿元，同比增长17.06%。三项费用率为7.69%。

2013年万支卷烟综合能耗为6.15千克标煤，烟叶、滤棒、盘纸平均消耗分别为6.76千克/万支、2389.17支/万支、593.07米/万支。

【主要产品】 2013年，公司生产的自有卷烟品牌有“林海灵芝”“哈尔滨”，合作生产湖北中烟、云南中烟的卷烟品牌“黄鹤楼”“红金龙”“红塔山”等。全年自有品牌卷烟销量为164.5亿支（32.9万箱）。

【品牌建设】 推进自有品牌品类构建，初步确立以烤烟型“哈尔滨”系列规格和混合型“林海灵芝”系列规格互为依托的品类构建格局。完成“哈尔滨”系列品牌架构，形成以“哈尔滨（软黄）”“哈尔滨（锦绣）”“哈尔滨（世纪）”“哈尔滨（硬红）”“哈尔滨（太阳岛）”等规格为依托，以“哈尔滨（喜临门）”“哈尔滨（禧龙）”“哈尔滨（金安）”为中坚，以“哈尔滨（龙烟祥和）”为代表的品牌架构，实现高、中、低端价位全覆盖。

实施“稳内拓外”，以“深挖省内根基市场，拓展省外重点市场，培育目标潜力市场，开发空白区域市场”为突破点，实施差异化营销策略。在山东省，自有品牌卷烟进入青岛、烟台、威海等沿海市场，实现山东市场从内地到沿海的战略转移；在广东省市场，自有品牌于两年内已扩展到6个地级市。

【企业管理】 质量管理。以建立“三三制（公司层面监督、管理、控制，工厂层面自检、互检、专检）”质量监督管理体系为抓手，实施“三强化三控制”质量管理（强化工艺指标监督，抓好过程控制；强化在线产品监督，抓好现场控制；强化重点过程及主要指标分析改进，抓好参数控制），提升产品质量控制水平。2013年，国家局一级站、省

公司二级站、公司三级站卷烟成品抽验合格率均为100%。

对标创优。推进“五个争创一流”竞赛活动，强化“两个建设”，实施“十二项重点攻关策略”，重点分析解决数据背后的管理问题。2013年，公司所属4家卷烟生产厂创优和对标达标率均达96%。

【技术创新】 项目研究。开展细支卷烟的设计探索，开发20元/包“哈尔滨（龙烟金安）”卷烟。完成“恩施富硒环保有机白肋烟生产实验及工业化应用研究”项目，并获得中烟实业科技进步三等奖。“烟用保润剂”项目获得国家发明专利授权。

技术改造。技术改造推进，其中，制丝车间实现带料试车；研发中心、后勤保障设施、生产辅房完成内部装修；综合库、原料周转库、肥料周转库、香精香料库、车库、倒班宿舍具备使用功能。2013年9月，启动二期片烟醇化库工程，并于10月完成桩基础工程。

内部管理监督。编写《黑龙江烟草工业有限责任公司工程管理制度汇编》，涵盖采购、施工、监管等各个重点环节，加大对技改工程项目监管。抓好审计监督，国家局委派的会计审计事务所进驻公司技改工程现场，进行全程跟踪审计。松北区人民检察院，公司纪检监察部、审计部、整顿办等部门全程参与技改项目建设招标，加强纪检监察监督。

黑龙江烟草工业有限责任公司所属生产厂

黑龙江烟草工业有限责任公司哈尔滨卷烟厂

【概　况】 黑龙江烟草工业有限责任公司哈尔滨卷烟厂最初为始建于1902年的葛万那烟庄，1952年更名为国营哈尔滨卷烟厂。2003年，以哈尔滨卷烟厂为主体，对绥化、海林、穆棱卷烟厂实施重组整合，成立哈尔滨卷烟总厂。2007年，哈尔滨卷烟总厂改制更名为黑龙江烟草工业有限责任公司，哈尔滨卷烟厂成为其所属卷烟生产厂之一。卷烟厂占地面积17.1万平方米，拥有制丝生产线3条、卷接包装机组18台（套）。年卷烟生产能力为320亿支（64万箱）。有从业人员1671人，其中在岗员工1210人。

【卷烟生产】 2013年，主要生产的卷烟品牌有“林海灵芝”“哈尔滨”，合作生产云南中烟、湖北中烟的卷烟品牌“红塔山”“红金龙”“黄鹤楼”等。生产卷烟226.05亿支（45.21万箱），其中合作生产154.93亿支（30.99万箱）。

【基础管理】 抓好企业文化建设，印发《企业文化理念体系》《职工行为公约》《企业文化故事案例集》，推动文化进部门、进车间、进班组，实现文化落地。开展精益生产，推动精品烟生产上水平，实施大机组、大工艺、大质量工作机制，推行“三查一改一限四保障”设备日常管理模式，提升制造水平。加强安全标准化体系建设，开展隐患排查和治理，完善安全基础设施，提升安全达标水平。开展对标创优活动，以效率为核心，以质量、消耗指标为重点，开展管理创新、技术改进和指标提升活动，提升管理水平。

黑龙江烟草工业有限责任公司海林卷烟厂

【概　况】 黑龙江烟草工业有限责任公司海林卷烟厂始建于1970年。2003年12月整合进哈尔滨卷烟总厂，更名为哈尔滨卷烟总厂海林分厂。2007年，哈尔滨卷烟总厂改制更名为黑龙江烟草工业有限责任公司，海林分厂成为其所属卷烟生产厂之一。卷烟厂占地面积19.2万平方米，拥有1条制丝生产线及1条白肋烟生产线，7台（套）卷烟机组，10台（套）包装机组。年卷烟生产能力为132.3亿支（26.46万箱）。有从业人员744人，其中在岗员工676人。

【卷烟生产】 2013年，主要生产的卷烟品牌有“林海灵芝”，合作生产湖北中烟的卷烟品牌“红金龙”等。生产卷烟85.3亿支（17.06万箱），其中，合作生产“红金龙”45.3亿支（9.06万箱）。

【生产管理】 组织多项劳动技能竞赛，共计三个月时间，400余人次参赛。加强创建红旗机台、红旗车间、红旗科室和学习型、安全型、清洁型、节约型、和谐型“五型班组”建设，提升劳动技能和工作效率。推进“可视化现场公示平台建设”，发现并整改现场检查中发现的问题。

黑龙江烟草工业有限责任公司穆棱卷烟厂

【概　况】 黑龙江烟草工业有限责任公司穆棱卷烟厂最初是始建于1977年的国营穆棱县雪茄烟厂，1983年经国务院批准纳入国家计划，1984年上划黑龙江省烟草公司，1992年更名为穆棱卷烟厂，2003年整合进哈尔滨卷烟总厂，更名为哈尔滨卷烟总厂穆棱分厂，2005年初归属中烟实业管理。2007年，哈尔滨卷烟总厂改制更名为黑龙江烟草工业有限责任公司，穆棱分厂成为其所属卷烟生产厂之一。卷烟厂占地面积14万平方米，拥有制丝生产线1条，卷接包装机组10台（套）。年卷烟生产能力75亿支（15万箱）。有从业人员658人，其中在岗员工478人。

【卷烟生产】 2013年，主要生产的卷烟品牌有“哈尔滨（软黄）”“哈尔滨（锦绣）”“林海灵芝（如意）”。生产卷烟65.31亿支（13.06万箱）。

【精细化管理】 以“两平、两降、两提高”为工作定位，以创建优秀卷烟厂为主线，推进精细化管理。对岗位职责进行系统归纳和优化，梳理岗位流程20项，完善各类规章制度30余项。加强安全生产，任命13名安全员。

【企业文化】 完善企业“精实”文化体系，制定印发企业文化理念手册，提炼“五精五实”的精实文化（五精，即精心、精准、精确、精细，精益求精；五实，即求实、务实、踏实、落实，实事求是）。举办企业文化知识竞赛等多种形式的活动，做好文化宣贯。

黑龙江烟草工业有限责任公司绥化卷烟厂

【概　况】　黑龙江烟草工业有限责任公司绥化卷烟厂始建于1970年，2003年整合进哈尔滨卷烟总厂，更名为哈尔滨卷烟总厂绥化分厂。2007年，哈尔滨卷烟总厂改制更名为黑龙江烟草工业有限责任公司，绥化分厂成为其所属卷烟生产厂之一。卷烟厂占地面积10.09万平方米。拥有制丝生产线1条，卷接包装机组12台（套），滤棒成型设备10台（套）。共有从业人员638人。

【卷烟生产】　2013年，主要生产的卷烟品牌有“哈尔滨（软黄）”“哈尔滨（世纪）”，合作生产湖北中烟的品牌卷烟“红金龙（软红九州腾龙）”。生产卷烟62.78亿支（12.56万箱）。

【生产管理】　开展质量月和质量文化宣传活动，以质量文化为主题，安排员工到大庆、齐齐哈尔、绥化、伊春、大兴安岭和北安等开展市场调研。推进成本管理、现场管理、设备管理，提升精细化管理水平。

红塔辽宁烟草有限责任公司

【概　况】　2003年12月，红塔辽宁烟草有限责任公司由中国烟草总公司辽宁省公司与红塔烟草（集团）有限责任公司实行股份制合作组建。红塔集团以货币出资，持股比例为51%；辽宁省公司以资产出资，持股比例为49%。2004年，根据国家局《关于调整兰州卷烟厂等8家卷烟工业企业管理体制的通知》要求，辽宁省公司所持股权划转至中烟实业。2005年，红塔集团增持股份，持股比例上升至52.17%，中烟实业持股比例为47.83%。下辖沈阳卷烟厂、营口卷烟厂。公司本部下设12个职能部门。占地面积为41.5万平方米，拥有6500千克/小时、6000千克/小时、1500千克/小时制丝生产线各1条，卷接包机组25台（套）。年卷烟生产能力为499.5亿支（99.9万箱）。截至2013年底，拥有总资产57.28亿元，其中，固定资产20.74亿元、流动资产31.78亿元，资产负债率为20.46%。共有在岗员工1461人。

2013年，公司被中国企业文化研究会评为“改革开放35周年企业文化竞争力优秀单位”。

【领导机构】

董事会

董事长：李穗明

副董事长：赵　琦

董　事：马保军　李剑波　蒋顺华　秦　燕
　　　　李德贤　宋玉强　罗　晶

监事会

主　席：汪利华

监　事：张　萌　朱学成　赵广伟　董丽艳

班子成员

总经理、党组书记：李德贤

副总经理、纪检组长、党组成员、工会主席：宋玉强

副总经理、党组成员：罗　晶

副总经理、党组成员：慈　东

副总经理、党组成员：张　峥

副总经理、党组成员：魏　利（2013.6—）（中烟实〔2013〕132号、中烟实党〔2013〕10号）

副总经理、党组成员：侯　伟（2013.6—）（中烟实〔2013〕132号、中烟实党〔2013〕10号）

总经理助理：王旭东

【卷烟生产经营】　2013年，公司生产卷烟（含合作生产）278.5亿支（55.7万箱），同比增长0.9%，其中生产三类以上卷烟235.9亿支（47.18万箱），同比增长3.2%。合作生产240亿支（48万箱），同比下降4.25%。生产“人民大会堂”46.8亿支（9.35万箱），同比增长40.3%。

2013年实现销售277亿支（55.4万箱），同比增长0.2%。实现销售收入73.65亿元，同比增长10.13%。实现税利51.38亿元，同比增长13.52%，其中利润4.75亿元，同比增长3.43%。三项费用率为10.1%。

2013年万元产值综合能耗为13.95千克标煤，万支卷烟综合能耗为3.89千克标煤。烟叶、滤棒、盘纸平均消耗分别为7.24千克/万支、1683.6支/万支、605.77米/万支。水、电平均消耗分别为0.1吨/万支、9.48千瓦时/万支。

【主要产品】　2013年，合作生产云南中烟的品牌卷烟240亿支（48万箱）［含“玉溪（人民大会堂）”］，其中，生产“红梅”系列43亿支（8.6万箱），“红塔山”系列155.5亿支（31.1万箱），“玉溪”系列41亿支（8.2万箱），产品结构明显提升。

【原料保障】　2013年，实际到货烟叶2.93万吨（58.67万担）（不含内部调剂），验收原料合格率为100%。优化库存结构，内部调剂烟叶0.37万吨（7.49万担）。

【技术改造】　加强公司总部改造项目建设，截至年底，完成招标代理机构选定、全过程跟踪审计单位确定和设计招标、初步设计编制等工作，并完成初步设计评审和相关招标工作。

【技术创新】　推进红塔集团技术中心东北分中心建设项目，完成各项设计工作及办理建设规划许可证等地方手续。2013年，“烟支储存器输送装置上的烟末收集装置”项目获得国家发明专利授权。

【企业管理】　贯标对标。制定《标准化管理办法》，将标准制定实施全过程规划分为10个主要控制环节。编写《工厂标准化活动指南》等八项工作指南。发布自有标准207个，识别外来标准335项。突出效率、实物消耗、成本和节能减排等关键指标，确定208项公司级目标和162项部门级目标，强化目标管理。

质量管理。注册QC课题36项，其中，“减少YF17通道烟支堵塞次数”获得全国烟草行业第24届优秀质量管理小组成果三等奖、中烟实业优秀QC成果发布一等奖。

【人事政工】 队伍建设。重新核定定岗定员，完善部门及岗位说明书，实施岗位再评价，完善竞争上岗制度。加强内训体系建设，组织培训420项，其中内训256项、外训164项，人均92学时。

企业文化。组织政研会研讨，探索实现文化建设落地的途径办法。召开公司文化建设、员工队伍建设研讨会议、特色班组文化建设研讨会暨打造学习型企业读书总结交流会。庆祝公司组建十周年，筹办重大事件推选、故事征文、大型图片展以及员工家庭摄影大赛、纪念公司组建十周年专题报告会等活动。

红塔辽宁烟草有限责任公司所属生产厂

红塔辽宁烟草有限责任公司沈阳卷烟厂

【概　况】 红塔辽宁烟草有限责任公司沈阳卷烟厂始建于1908年。2003年12月，红塔辽宁烟草有限责任公司成立，卷烟厂成为红塔辽宁下辖的卷烟厂。卷烟厂占地面积为29万平方米，有6500千克/小时、1500千克/小时制丝生产线各1条，卷接包装机组11台（套）。年卷烟生产能力为207.9亿支（41.58万箱）。有从业人员571人。

【卷烟生产】 2013年，主要生产“红塔山（硬恭贺新禧）”“红塔山（硬经典100）”“红塔山（软世纪）”“红塔山（软经典）”和“恭贺新禧（软）”。生产卷烟115亿支（23万箱）。

【易地技改】 截至年底，完成卷包和滤棒设备的搬迁、调试工作，通过“红塔山”“恭贺新禧”等7个牌号的卷烟产品工艺验证。

红塔辽宁烟草有限责任公司营口卷烟厂

【概　况】 红塔辽宁烟草有限责任公司营口卷烟厂始建于1909年。2003年12月，红塔辽宁烟草有限责任公司成立，卷烟厂成为红塔辽宁下辖的卷烟厂。卷烟厂占地面积为12万平方米，有6000千克/小时制丝生产线1条，卷接包装机组14台（套）。年卷烟生产能力为291.6亿支（58.32万箱）。有从业人员655人。

【卷烟生产】 2013年，主要生产“人民大会堂”“红塔山”和“红梅”等。生产卷烟163.5亿支（32.7万箱）。

【技术改造】 推进职工文化活动中心建设，截至年底，完成网架工程施工、活动中心场馆土建、配套管网工程、场馆室内装饰、弱电及运动配套设施的施工，并具备使用条件。

吉林烟草工业有限责任公司

【概　况】 吉林烟草工业有限责任公司成立于2006年12月，由中国烟草实业发展中心与红塔烟草（集团）有限责任公司共同组建。截至2013年底，中烟实业出资14.27亿元，占出资总额的50.6%；红塔集团出资13.93亿元，占出资总额的49.4%。下辖延吉卷烟厂、长春卷烟厂2家卷烟生产厂，朝鲜平壤白山烟草有限责任公司、朝鲜大同江烟草有限公司、朝鲜罗先新兴烟草会社①等3家境外卷烟生产企业，以及延边友利打叶复烤有限责任公司、延边长白山嘴棒有限公司、延吉长白山文化传媒有限公司。公司本部下设18个部门。公司拥有总资产124亿元，其中，固定资产26亿元、流动资产93亿元，资产负债率为50.50%。有从业人员3576人，其中在岗员工3293人。

【领导机构】

董事会②

董事长：张建军

副董事长：蒋顺华（—2013.1）

董　事：赵　琦（2013.1—）　刘　龙

孔庆峰（—2013.1）　夏开元（2013.1—）

袁国旺（2013.1—）　孙国伟　吕子军

金胜龙　姚　琛

监事会

主　席：曹　航

监　事：严奉炎　王春联　孙金昕　于　霞

班子成员

总经理、党组书记：孙国伟

常务副总经理、党组副书记：吕子军

副总经理、党组成员：金洪天

党组副书记、纪检组长：李凤元

副总经理、党组成员：吴　刚（2013.12—，之前任营销总监、党组成员）（中烟实〔2013〕334号）

副总经理、党组成员：李元实（2013.12—，之前任技术总监、党组成员）（中烟实〔2013〕334号）

【卷烟生产经营】 2013年，公司共生产内销卷烟（含合作生产，不含出口烟）485亿支（97万箱），同比增长4.3%，全部为三类以上卷烟。实现销售479.73亿支（95.95万箱），同比增长4.58%，其中，一类烟9.40亿支（1.88万箱）、二类烟22.3亿支（4.46万箱）、三类烟448.02亿支（89.60万箱）。省外实现销售362.05亿支（72.41万箱），同比增长75%。合作生产云南中烟、江苏中

---

① 朝鲜平壤白山烟草有限责任公司、朝鲜大同江烟草有限公司、朝鲜罗先新兴烟草会社详见《工业企业》栏目“境外卷烟生产企业”分目。

② 根据2012年吉林烟草工业有限责任公司第二次股东会议《关于第三届董事会组成人员的决议》，相关职务任期在2013年1月进行调整。

烟、湖北中烟的品牌卷烟100亿支（20万箱）。生产出口卷烟101.29亿支（20.26万箱），同比增长23.47%。出口卷烟实现销售90.55亿支（18.11万箱），同比增长12.86%。

2013年实现卷烟销售收入144亿元，同比增长5.31%。实现税利85.6亿元，同比增长7.02%，其中利润16亿元，同比增长28.72%。三项费用率为10.64%。

2013年万元产值综合能耗为14.34千克标煤，万支卷烟综合能耗为3.25千克标煤。烟叶、滤棒、盘纸平均消耗分别为6.87千克/万支、2090.39支/万支、591.80米/万支。水、电平均消耗分别为0.06吨/万支、7.19千瓦时/万支。

【主要产品】 2013年，公司生产的卷烟品牌为“长白山”“红塔山”“南京”和“黄鹤楼”。生产“长白山”品牌卷烟385亿支（77万箱），合作生产“红塔山”80亿支（16万箱）、“南京”15亿支（3万箱）、“黄鹤楼”5亿支（1万箱）。所属3家境外卷烟生产企业共生产“长白山”101.29亿支（20.26万箱），同比增长23.47%；实现销售“长白山”90.55亿支（18.12万箱），同比增长12.86%。

【品牌建设】 2013年，“长白山”品牌发展面临重点市场特别是省内市场出现销量下滑、结构下降、库存增加的困难局面，省内市场“长白山”实现销量同比下降。公司及时调整营销策略，以稳定“长白山”品牌市场状态为首要任务，提升卷烟品质，加强市场推广，调整货源供给，引入卷烟新品，下半年“长白山”卷烟存销比趋于合理，市场状态逐步恢复。

加强品牌培育，创新营销手段，坚持“一地一策”“一品一策”原则，建立工、商、零“三位一体”品牌培育体系。加强工商协同营销，全年举办“长白山”双低品牌营销推介会11场，培训人员700余人次。“长白山”品牌覆盖全国31个省（市、自治区）262个城市，销量5亿支（1万箱）以上的市场达到13个。

【原辅材料保障】 2013年，公司调入原烟4.6万吨（91.4万担），调入薄片2141吨。针对“长白山”品牌配方需要，签订进口烟叶合同0.36万吨（7.24万担）。推进烟叶基地单元建设，2013年新增3个基地单元。

完成对盒包装纸、条包装纸、卷烟纸、接装纸等多项烟用物资的公开招标工作，全年实际采购金额为18.40亿元。

【科技创新】 坚持低害低焦的品牌发展方向，在新产品研发、老产品提质、减害降焦等方面开展科技攻关和技术创新，先后推出“长白山（红人参）”和“长白山（悦）”卷烟新品，市场反应良好。对“长白山（软）”“长白山（硬红）”和“长白山（神韵）”等重点规格卷烟进行升级改造，有效解决低焦油卷烟香气弱、满足感不强、燃烧速度快的问题，使产品更好地满足消费者需求。深入实施“十二五”重大科技专项，开展“长白山”低焦油卷烟工艺技术研究和再造梗丝、再造烟叶的研究与应用，五项创新成果获得国家专利授权。

【多元化经营】 截至2013年底，公司下属多元化全资企业共3家，投资总额为6844万元，全年实现利润2115万元。

【企业管理】 以财务管理为核心，严格执行财务预算，强化资产和资金管控，控制成本费用，收入成本率同比下降0.1个百分点，三项费用率同比下降0.3个百分点，业务招待费同比下降5.1%。开展贯标对标和“优秀卷烟工厂”创建活动，延吉、长春卷烟厂达到行业优秀卷烟工厂标准。推进信息化建设，ERP系统正式上线运行，MES系统运行良好。抓好工程投资、物资采购、宣传促销规范管理，公开招标占比达到78%。

【技术改造】 推进公司“十二五”重点技术改造，截至年底，技术中心和营销中心建设项目完成主体框架封顶；仓储库房项目完成3栋烟叶仓库的基础施工；梗丝再造项目初步确定工艺布局方案，烟草专用设备购置计划获国家局批准；打叶复烤易地技术改造及配套设施建设项目获国家局批复并落实项目补贴资金。

吉林烟草工业有限责任公司所属生产厂

吉林烟草工业有限责任公司延吉卷烟厂

【概　况】 吉林烟草工业有限责任公司延吉卷烟厂始建于1975年。2006年12月，经国家局批准，延吉卷烟厂与长春卷烟厂实现重组，成立吉林烟草工业有限责任公司，卷烟厂成为公司下辖的卷烟生产厂。卷烟厂占地面积27万平方米，拥有8000千克/小时叶片处理线、6000千克/小时和3000千克/小时叶丝线、1500千克/小时梗丝线、1000千克/小时蒸汽介质烟丝膨胀线、500千克/小时微波梗颗粒线、400千克/小时辊压法薄片线各1条，卷接包装机组20台（套）。年卷烟生产能力325亿支（65万箱）。有从业人员2199人，其中在岗员工1507人。

2013年10月，卷烟厂被全国厂务公开协调小组授予“全国厂务公开民主管理先进单位”称号。

【卷烟生产】 2013年，主要生产“长白山”三类烟以上品牌卷烟，共有16个规格。生产卷烟291亿支（58.2万箱），同比增长4.3%。加工出口烟丝5866吨，同比增长2.1%。

【技术创新】 完成“锅炉烟气余热回收”项目，每年可为卷烟厂节约100万元。卷包车间依靠自身技术力量，完成GDX2提拔式卷烟包装设备改造项目，为企业节约资金1337万元。制丝车间设计完成“制丝车间烟包称重系统”项目，解决了生产高档烟时烟片造碎严重、浪费多、重量无法保证等难题。完成“降低长白山（软红）卷烟商标纸单耗”项目，每年可节约商标纸343万张、节约成本约106.4万元、设备效率同比提高3.7%，项目获得全国烟草行业第24届优秀质量管理小组成果三等奖。

吉林烟草工业有限责任公司长春卷烟厂

【概　况】　吉林烟草工业有限责任公司长春卷烟厂始建于1933年，1998年加入红塔集团。2006年12月，经国家局批准，长春卷烟厂与延吉卷烟厂实现重组，成立吉林烟草工业有限责任公司，卷烟厂成为公司下辖的卷烟生产厂。卷烟厂占地面积22.1万平方米，有制叶丝生产线1条、梗丝生产线1条，卷接包装机组17台（套），滤嘴成型机组6台，装封箱机组6台。年卷烟生产能力250亿支（50万箱）。有在岗员工1195人。

2013年4月，卷烟厂制丝车间香料配料班被吉林省总工会授予“吉林省工人先锋号”称号。11月，卷烟厂被吉林省总工会评为“吉林省厂务公开民主管理示范单位”。

【卷烟生产】　2013年，主要生产“长白山”“红塔山”品牌卷烟，合作生产江苏中烟、湖北中烟的品牌卷烟“南京”“黄鹤楼”。生产卷烟（含合作生产）194亿支（38.8万箱），同比增长4.3%。

【管理创新】　推进精细化管理，制订《“卷烟生产加工精细化”管理指南推广实施方案》，采用部门内部自行实施和跨部门组合实施方式，半年进行一次评估。完善“6+2S”管理制度和标准，量化评价考核措施，提升整改效果。

甘肃烟草工业有限责任公司

【概　况】　甘肃烟草工业有限责任公司最初是始建于1936年的兰州卷烟厂。2002年，兰州卷烟厂与原天水卷烟厂合并，形成“一厂两点”的运行管理模式。2005年1月划归中国烟草实业发展中心管理。2007年12月，兰州卷烟厂更名改制为甘肃烟草工业有限责任公司。2008年8月，公司与浙江中烟工业有限责任公司跨省联合，重组改制。2013年1月，国家局、总公司下发国烟法〔2013〕374号文件，甘肃烟草工业有限责任公司成立分支机构兰州卷烟厂，形成“一个公司、两个分支机构（兰州卷烟厂、天水卷烟厂）”的生产经营管理模式。截至年底，公司拥有总资产91.7亿元，其中，固定资产12.69亿元、流动资产71.21亿元，资产负债率为23.08%。有从业人员2487人，其中在岗员工1962人。

【领导成员】①

董事会

董事长：李增林

董　事：赵　琦　李立林　孟伟刚　许明忠　刘亚平　田　成　蔺翻红　张　婷（职工董事）（—2013.7）　张生俊（职工董事）（2013.7—）

监事会

主　席：陶建英

监　事：丁良朝（—2013.1）　朱家福　孙一秀（2013.1—）　魏世胜（职工监事）　仲文青（职工监事）

班子成员

总经理、党组书记：田　成

常务副总经理、党组成员：蔺翻红

副总经理、党组成员、调研员：司继红（2013.9—，之前任副总经理、党组成员）（中烟实党〔2013〕228号）

副总经理、党组成员：吴　兵

党组副书记、纪检组长、工会主席：张生俊（2013.2—，之前任党组副书记、纪检组长）

副总经理、党组成员：翟玉俊

副总经理、兰州卷烟厂党委书记、厂长（兼）：廖国太（2013.6—，之前任副总经理）（中烟实〔2013〕6号、中烟实党〔2013〕129号）

副总经理、党组成员：张　婷（2013年1月起由工会主席、党委委员改任党组成员，2013年8月起任副总经理）（中烟实党〔2013〕1号、中烟实〔2013〕181号）

副总经理、天水卷烟厂厂长：王乐平（2013.6—，之前任副总经理）（中烟实〔2013〕129号）

【机构调整】　2013年1月，国家局、总公司下发《关于兰州卷烟厂改设为甘肃烟草工业有限责任公司分支机构的批复》（国烟法〔2013〕374号），设立兰州卷烟厂。同月，公司机构进行调整，本部下设办公室（与公司党委工作部合并）、财务管理部（由财务部更名为财务管理部）、审计部（派驻办）、人力资源部、机关工会（由工会办公室更名为机关工会）、纪检监察部、安全管理部（由安全保卫部更名为安全管理部）、投资管理部（2013年新设，原技术改造办公室划归兰州卷烟厂管理）、信息中心（由信息管理部更名为信息中心）、整顿规范工作办公室、企业管理部（由企业管理办公室更名为企业管理部）和生产管理部（2013年新设，承担公司原生产制造中心部分职能）等12个职能部门，技术研发中心、市场营销中心、物资采购中心等3个中心。原生产制造中心生产管理部划归公司，其他部门划归兰州卷烟厂管理。兰州瑞丰实业有限公司和兰州兰烟汽车运输公司划归兰州卷烟厂管理。

【卷烟生产经营】　2013年，公司生产卷烟（含合作生产）470亿支（94万箱），同比增长6.82%，其中，生产一类烟49.69亿支（9.94万箱）、二类烟143.65亿支（28.73万箱）、三类烟106亿支（21.20万箱）、四类烟120.36亿

① 公司董事的任免是根据公司第三届第四次董事会议决议；公司监事的任免是根据公司第三届第三次董事会议决议；班子成员中，根据中烟实党〔2013〕1号文件，公司党委变更为公司党组，公司纪委变更为党组纪检组，并任命公司党组成员、纪检组长。

支（24.07万箱）、五类烟50.30亿支（10.06万箱）。合作生产卷烟70亿支（14万箱）。全年实现销售（含合作生产）470亿支（94万箱），同比增长6.82%。

2013年实现销售收入136.58亿元，同比增长21.96%。实现税利111.23亿元，同比增长22.51%，其中利润15.52亿元，同比增长29.98%。三项费用率为3.72%。

2013年万支卷烟综合能耗为3.54千克标煤。烟叶、滤棒、盘纸平均消耗分别为6.74千克/万支、2096支/万支、593米/万支。水、电平均消耗分别为0.09吨/万支、7.50千瓦时/万支。

【品牌营销】 2013年，公司紧紧围绕“价值引领”，不断提高“兰州”品牌的价值水平，重点推进一、二类卷烟销量提升，完善一、二类卷烟市场布局。全年三类以上卷烟销量为299.3亿支（59.86万箱），同比提高10.17个百分点；“兰州”三类以上销量为229.3亿支（45.86万箱），同比增长27.07%。市场稳步拓展，“兰州”品牌覆盖全国31个省（自治区、直辖市）273个地级市，县级市场覆盖率51.86%。“兰州”品牌省外销量162.5亿支（32.5万箱），占到总销量的41%。

【技术创新】 公司第二次作为项目牵头单位，承担国家局增香保润重大专项“‘兰州’品牌卷烟功能性天然香料显效组分靶向分离研究”项目。在行业2013年卷烟品类创新与发展交流会上，发布“兰州”品牌“绵香”品类。发展低焦油卷烟，“兰州”焦油量8毫克/支及以下、6毫克/支及以下销量分别为394.75亿支（78.95万箱）、92.5亿支（18.5万箱），分别居行业同类产品销量的第二位和第一位。“兰州”品牌危害性指数在国家局通报中连续第四年为全国最低。

【原料保障】 2013年调入国产烟叶3.45万吨（74万担），进口烟叶0.11万吨（2.24万担）。2013年，云南曲靖宣威务德基地单元纳入国家局规划的烟叶基地单元。截至年底，公司与烟草商业企业合作建设三个国家局基地单元，确保原料供应。

【企业管理】 控制成本费用支出，建立预算执行全过程监控机制，建设全面预算管理系统，2013年销售成本率同比降低1.19个百分点，三项费用率控制在3.71%。将管理体系建设、对标工作、“优秀卷烟工厂”创建活动与“管理创一流”相结合，推进企业管理。兰州、天水卷烟厂达到“优秀卷烟工厂”评价标准。加强安全生产标准化建设，以创建合格班组为载体，推进“岗位达标”和“专业达标”工作。

甘肃烟草工业有限责任公司所属生产厂

甘肃烟草工业有限责任公司兰州卷烟厂

【概　况】 甘肃烟草工业有限责任公司兰州卷烟厂始建于1936年。2007年，兰州卷烟厂改制更名为甘肃烟草工业有限责任公司。2013年1月，甘肃烟草工业有限责任公司完善公司体制，成立公司分支机构兰州卷烟厂。卷烟厂占地面积21.3万平方米。拥有4500千克/小时、4800千克/小时制丝生产线各1条，卷接包装机组18台（套）、自动装封箱机6台（套）。年卷烟生产能力525亿支（51万箱）。有在岗员工918人。

【卷烟生产】 2013年，主要生产“兰州”品牌系列卷烟，合作生产浙江中烟的品牌卷烟“利群”。生产卷烟319.75亿支（63.95万箱），其中，合作生产70亿支（14万箱）。

【建设“兰州”卷烟专用生产线】 2013年5月，国家局批复同意实施精品“兰州”卷烟专用生产线技术改造项目。截至年底，项目完成总体规划设计招标和建设用地移交，确定工艺方案和建筑布局方案，项目初步设计文件通过行业审查。

甘肃烟草工业有限责任公司天水卷烟厂

【概　况】 甘肃烟草工业有限责任公司天水卷烟厂始建于1970年。2002年，天水卷烟厂与兰州卷烟厂合并，形成“一厂两点”的运行管理模式。2007年，兰州卷烟厂更名改制为甘肃烟草工业有限责任公司，天水卷烟厂成为公司下辖的卷烟生产厂。卷烟厂占地面积105.58万平方米，有3000千克/小时制丝生产线1条、卷接包装机组10台（套）。年卷烟生产能力175亿支（35万箱）。有从业人员978人。

2013年，卷烟厂被甘肃省总工会授予甘肃省“五一劳动奖状”称号。

【卷烟生产】 2013年，主要生产“兰州（硬红）”“兰州（软黄）”“兰州（硬黄）”“兰州（硬蓝）”。生产卷烟150.25亿支（30.05万箱）。

【技术改造】 卷烟厂易地技术改造项目于5月开工建设，截至年底，累计完成投资6.2亿元，联合工房完成土建主体地坪垫层、墙体砌筑，网架安装施工完成结构及太空板安装，动力中心主体结构封顶，生产管理用房完成地上三层施工。

内蒙古昆明卷烟有限责任公司

【概　况】 内蒙古昆明卷烟有限责任公司于2003年10月10日挂牌，2004年6月30日正式注册成立。2004年11月，调整为中烟实业管理。注册资本为12.33亿元，中国烟草实业发展中心占49%股份、红云红河烟草（集团）有限责任公司占51%股份。公司下辖苁蓉物业有限责任公司、呼和浩特卷烟厂劳动服务中心（含纸箱厂）2个下属企业。本部下设16个职能部门。生产厂区占地面积17万平方米，有4800千克/小时制丝生产线1条，卷接包装机组13台（套）。截至2013年底，拥有总资产42.44亿元，其中，固定资产6.10亿元、流动资产35.29亿元，资产负债率为22.21%。有在岗员工1461人。

【领导机构】

董事会
董事长：李增林
副董事长：许力为
董　事：马保军　黄训良　李建平　夏家全　田凤霞
董事会秘书：魏　霞
监事会
主　席：毛加昌
监　事：刘玉祥　朱家福　张志春　高晓东
班子成员
总经理、党委副书记：李建平
副总经理、党委书记：夏家全
党委副书记、纪委书记、工会主席：田凤霞
副总经理：王　林（—2013.8）（中烟实〔2013〕178号）
副总经理、党委委员：蒋宗剑（2013.8—，副总经理任期自2013年8月起，党委委员任期自2013年12月起）（中烟实〔2013〕178号、中烟实党〔2013〕15号）
副总经理、党委委员：张耀中
副总经理、党委委员：赵秋蓉（2013.12—，之前任总工程师）（中烟实〔2013〕333号、中烟实党〔2013〕15号）
副总经理、党委委员：谷超今（2013.12—，之前任副调研员）（中烟实〔2013〕333号、中烟实党〔2013〕15号）
总会计师：倪乐峰（—2013.8）（中烟实〔2013〕178号）
调研员：王向荣（2013.12—，之前任副总经理、党委委员）（中烟实〔2013〕333号、中烟实党〔2013〕15号）
副调研员：魏　霞

【卷烟生产经营】　2013年，公司生产卷烟（含合作生产）202.5亿支（40.5万箱），同比增长3.85%，其中，生产一类烟3.27亿支（0.65万箱）、二类烟37.04亿支（7.41万箱）、三类烟109.99亿支（22万箱）、四类烟31.58亿支（6.32万箱）、五类烟20.61亿支（4.12万箱）。合作生产云南中烟的品牌卷烟179亿支（35.8万箱），其中，生产“云烟”系列110.41亿支（22.08万箱）、“红河”系列58.60亿支（11.72万箱）、“红塔山（硬经典100）”10亿支（2万箱）。

2013年实现销售211.48亿支（42.30万箱），同比增长15.89%，其中，一类烟3.25亿支（0.65万箱）、二类烟38.77亿支（7.75万箱）、三类烟115.61亿支（23.12万箱）、四类烟32.86亿支（6.57万箱）、五类烟21.01亿支（4.20万箱）。合作生产卷烟实现销售187.48亿支（37.50万箱）。

2013年实现卷烟销售收入52.25亿元，同比增长15.15%。实现税利40.14亿元，同比增长16.22%，其中利润6.54亿元，同比增长12.52%。三项费用率为6.34%。

2013年万元产值综合能耗为13.02千克标煤，万支卷烟综合能耗为3.44千克标煤。烟叶、滤棒、盘纸平均消耗分别为6.99千克/万支、2103.44支/万支、595.83米/万支。水、电平均消耗分别为0.10吨/万支、7千瓦时/万支。

【品牌建设】　2013年，公司在产的卷烟品牌为“冬虫夏草”“大青山”“云烟”“红塔山”“红河”等。

围绕公司品牌发展规划和目标，通过挖掘市场潜力、培育重点品牌、调整产品结构、加强终端建设、突出品牌培育和消费引导等，实现卷烟销售持续增长、企业效益稳步提升、重点品牌较快发展的目标。8月7日，围绕“冬虫夏草”品牌市场现状以及发展前景，召开品牌研讨会。公司重点品牌快速发展，全年销售“冬虫夏草”3亿支（0.6万箱），同比增长31.65%；销售“云烟（软苁蓉）”11.7亿支（2.34万箱），同比增长41.52%；销售“云烟（12mg苁蓉）”26.15亿支（5.23万箱），同比增长58.35%。

【原料保障】　调入0.25万吨（5万担）自有品牌原料（包括薄片）、约1.05万吨（21万担）联营加工品牌原料，调剂25吨（500担）进口原料。

【技术创新】　产品研发。对“冬虫夏草”“云烟（苁蓉）”系列卷烟开展细致化产品维护，保证两个主打产品质量稳定，且降低料组配方成本。研发“云烟（苁蓉）”等2个一类烟新品。完善“冬虫夏草”低焦高档卷烟开发，完成技术储备工作。2013年公司所有品牌卷烟焦油加权平均值为10.4毫克/支，同比下降0.3毫克/支。

项目研究。与红云红河集团、红塔集团技术中心以及相关科研院所合作开展科技项目技术活动，建设科技创新平台。全年完成科技项目成果2项，在研项目4项。

【多元化经营】　2013年，公司下辖的苁蓉物业有限责任公司、呼和浩特卷烟厂劳动服务中心（含纸箱厂）2个多元化企业实现利润232万元，同比减少79万元，其中，呼和浩特卷烟厂劳动服务中心实现利润2万元，劳动服务中心纸箱厂实现利润228万元，苁蓉物业有限责任公司实现利润2万元。

【企业管理】　对标创优。开展“创建优秀卷烟工厂”活动，11项指标达到国家局评价标准。对烟叶降耗、滤棒降耗、能源降耗等3个课题进行攻关，全年烟叶消耗同比下降1.49%，滤棒消耗同比下降0.21%，综合能耗同比下降24.89%。

精益管理。完善《6S管理公共区域考核制度》《6S管理生产区、库区考核制度》等制度，巩固、提升6S管理成果，提升现场管理水平。推进清洁生产，将节约能源、降低消耗、预防污染、改善环境战略贯穿于生产全过程。在国家局检查组的清洁生产评价抽查工作，达到AAA级标准。完成2013年旧烟箱循环利用目标任务，回收旧烟箱16.14万个。

质量管理。卷包电器QC小组的“降低KDF2丝束损耗”和技术研发中心探路者QC小组的“HPLC法测定烟用材辅料中甲醛方法优化”课题分别获得中烟实业二、三等奖。参加内蒙古质协QC成果发布会，卷包电器QC小组、卷包创新QC小组和技术研发中心探路者QC小组均获得一等奖，公司获得“内蒙古自治区质量管理小组活动优秀企业”称号。参加全国第35次质量管理小组代表会议，卷包电器QC小组获得“全国优秀质量管理小组”称号。

财务管理。提高预算管控能力，尤其加强对五项重点费用的控制，确保全年各项重点费用开支水平控制在规定范围内。实施全面预算管理信息化系统，10月实现试运行。规范会计核算，强化会计基础规范，提高会计基础工作水平。利用资金监管系统等手段，严格资金管理，确保资金安全。

【人事政工】 队伍建设。采取公开竞争方式选拔人才，公开招聘大学毕业生29人，接收复员退伍军人19人。全年培训员工达7829人次。培养特有工种技师6人。截至年底，公司取得通用职业和特有工种（职业）资格证人数1256人，其中通用职业一级10人，技师（二级）90人。

思想政治工作。各党支部、各部门组织开展学习贯彻党的十八大精神宣讲活动，围绕全面建成小康社会、行业改革与竞争态势、企业面临的内外部压力等内容开展学习教育。开展“改进作风年”活动，公司领导班子开展“我下基层”活动。

深圳烟草工业有限责任公司

【概　况】 深圳烟草工业有限责任公司最初为成立于1988年的深圳卷烟厂。2007年7月，国家局批复同意深圳卷烟厂改制更名为深圳烟草工业有限责任公司，中国烟草实业发展中心和广东中烟工业有限责任公司分别拥有70%和30%的股权。公司占地面积30万平方米，拥有制丝生产线、梗丝生产线各1条，卷接包装机组16台（套），年卷烟生产能力234亿支（46.8万箱）。截至2013年底，公司下设21个部门，拥有总资产50.8亿元，其中，固定资产8.58亿元、流动资产41.7亿元，资产负债率为12.4%。有从业人员610人，其中在岗员工551人。

【领导成员】

董事会

董事长：张建军

董　事[①]：李世胜（—2013.8）　廖中浩（2013.8—）
傅　鹏（—2013.1）　陈　焕（—2013.1）
刘　龙（2013.1—）　秦　燕（2013.1—）
姜秀平　温东奇　梁　强　宋士军　隋功成

监事会

主　席：奚铁峰

监　事：严奉炎　廖仲平　喻志刚

班子成员

总经理、党委书记：梁　强

副总经理、党委委员：宋士军

副总经理：曾培煜

副总经理、党委委员：王加深

党委副书记、纪委书记、工会主席：隋功成

【卷烟生产经营】 2013年，公司生产卷烟（含合作生产，不含出口烟）195.15亿支（39.03万箱），同比增长2.3%，其中，生产一类烟10.2亿支（2.04万箱）、二类烟48.95亿支（9.79万箱）、三类烟126.35亿支（25.27万箱）。实现销售（不含出口烟）179.7亿支（35.9万箱），同比增长0.8%。合作生产卷烟25亿支（5万箱）。生产出口烟13.7亿支（2.7万箱）。出口烟实现销售13.7亿支（2.7万箱）。

2013年实现卷烟销售收入58.1亿元，同比增长6.6%。实现税利46.7亿元，同比增长6.3%，其中利润9.0亿元，同比增长3.5%。三项费用率为4.39%。

2013年万元产值综合能耗为6.77千克标煤，万支卷烟综合能耗为2.04千克标煤。烟叶、滤棒、水平均消耗分别为6.88千克/万支、2010支/万支、605.8米/万支、0.06吨/万支。

【品牌建设】 2013年，公司在产的卷烟产品有“双喜（好日子）”以及出口烟“特美思”等，共计19个规格。

提升品牌结构，全年一、二类卷烟合计销量达50.2亿支（10.04万箱），同比增长26.73%，占内销卷烟的比重由2011年的22.37%提高到28.18%。依托CRM系统，了解市场实时信息，合理调配货源供应，主导规格“双喜（好日子）”基本保持顺价销售。落实外向型发展思路，推进自有品牌在中国香港去牌加工，全年加工卷烟1.55亿支（0.31万箱）。

【原料保障】 2013年采购国产烟叶1.35万吨（27万担），进口烟叶0.109万吨（2.18万担），烟草薄片309吨（6180担）。上等烟比例超过70%。截至年底，烟叶库存总量2万吨（40万担）。加强烟叶生产基地建设，2013年，公司获批在云南昆明建立第四个烟叶基地，基地化原料供应0.85万吨（17万担），烟叶基地化供应率68%。

【技术创新】 2013年，公司推出“双喜（硬珍品好日子）”新规格产品，并于下半年上市。开发设计3款细支烟，其中“双喜（祥和好日子）”获国家局批准生产。开展3毫克/支低焦油卷烟、特殊搀兑物卷烟等新领域的储备研究。承担国家局重大项目“5mg好日子开发”，并通过国家局科技司的阶段评估。牵头承担的“深度抽吸”标准研究项目通过国家局科技司、烟草标准化委员会的审定。全年获得专利授权9项，其中发明专利授权1项。

---

① 公司董事任免中，李世胜、廖中浩的任免是根据公司2013年第一次股东会暨第二届董事会第六次会议决议，其余有任免变化的董事是根据公司2012年第二次股东会暨第二届董事会第五次会议决议。

【企业管理】 对标创优。对标指标方面，在34项可比对标指标中，全员实物劳动生产率、管理费用占销售收入比重、万支卷烟综合能耗等3项达到行业先进水平，16项超过行业平均水平。创建“优秀卷烟工厂”，在13项行业创优指标中，有12项达标。

基础管理。制定“创一流管理体系”实施方案，通过内审、交叉审核、第三方监督审核，对照评价细则的条款要求开展自查，实现体系持续改进。落实安全生产责任制，设立安全合理化建议信箱，全年共检查发现和整改安全隐患46处。开展“企业安全文化征集倡议”活动，共征集理念35条，编制《深烟工业安全文化手册》。全年未发生一起重大安全责任事故，实现“7个为零”的目标。

财务管理。开展财务核算，抓好资金监管系统运行，严格执行国有资产管理相关制度，开展流动资产清查，配合税务部门开展税收风险管理自查工作。推进全面预算管理，每个月对预算执行情况进行统计分析，对业务接待、广告宣传等重点费用进行严格的管控，各项重点费用均有不同幅度的下降。

严格规范。通过办公协同网上公开信息236项，其中涉及工程投资、烟用物资、宣传促销项目的公开信息139项。组织召开两次职工代表大会。召开季度信息沟通协调会4次，收集职工代表意见20条。全年实施采购项目数308项，公开招标项目数239项，占总项目数的77.6%；实施采购金额8.73亿元，公开招标金额7.78亿元，占采购金额的89.1%。

【人事政工】 思想政治工作。贯彻落实中央“八项规定”和国家局党组“九条要求”，开展“改进作风年”活动。以“幸福深烟”为主题，举办主题辩论赛。

企业文化。公司把1个俱乐部、2份刊物作为企业文化建设的重要平台。好日子俱乐部下设书画、文艺、文学、体育、摄影5个分部，2013年，组织员工参加各种文体活动。办好《深烟风采》公司内部刊物、《优品生活》公司品牌文化宣传专刊，推动公司文化建设上水平，提升公司品牌影响力。

山西昆明烟草有限责任公司

【概　况】 山西昆明烟草有限责任公司最初是始建于1930年的太原卷烟厂。2003年7月，以太原卷烟厂为基础，山西省烟草公司和昆明卷烟厂共同出资组建山西昆明烟草有限责任公司。2004年11月，山西省烟草公司所持股份划转中国烟草实业发展中心，企业行政管理权限也随之上划。2005年11月，红云集团组建，承继原昆明卷烟厂股权。2008年11月，红云集团与红河集团合并组建红云红河集团，承继原红云集团股权。下辖云福物业管理有限公司。公司本部下设15个职能部门，其中技改工程项目管理办公室为2013年新设。占地面积为18.75万平方米，拥有5000千克/小时制丝生产线1条、1250千克/小时梗丝生产线1条、卷接包装机组14台（套）。年卷烟生产能力300亿支（60万箱）。截至年底，公司拥有总资产28.73亿元，其中，固定资产7.92亿元、流动资产20.18亿元，资产负债率11.93%。有从业人员1102人，其中在岗员工1013人。

【领导机构】

董事会

董事长：李增林

副董事长：许力为

董　事①：马保军　黄训良　陈景云　郭柱荣(—2013.12)　刘根栓（2013.12—）　李稚宏

监事会

主　席：毛家昌

监　事：朱家福　杨德江　杨耀荣　田　芳

班子成员

总经理、党委副书记：陈景云

副总经理、党委书记：郭柱荣（—2013.8）（中烟实〔2013〕177号）

副总经理、党委书记、纪委书记：刘根栓（2013年8月起任副总经理、党委书记，2013年12月起任纪委书记）（中烟实〔2013〕177号、中烟实党〔2013〕17号）

常务副总经理：刘建明党委委员、工会主席：李稚宏（2013.12—，之前任纪委书记、党委委员、工会主席）（中烟实〔2013〕17号）

副总经理：杨　帆（—2013.8）（中烟实〔2013〕177号）

总会计师：陈　东

副总经理：崔建刚（2013.8—）（中烟实〔2013〕177号）

副总经理：何小兵（2013.8—）（中烟实〔2013〕177号）

调研员、党委委员：付云祥（2013.8—，之前任副总经理、党委委员）（中烟实〔2013〕177号）

【卷烟生产经营】 2013年，生产卷烟（全部为合作生产）158.5亿支（31.7万箱），同比增长2.27%，其中，生产三类以上卷烟137.25亿支（27.45万箱）。实现销售156.22亿支（31.24万箱），同比增长0.57%。

2013年实现卷烟销售收入40.41亿元，同比增长10.56%。实现税利29.45亿元，同比增长16.89%，其中利润7.01亿元，同比增长41.08%。三项费用率为6.69%。

万元产值综合能耗为14.19千克标煤，万支卷烟综合能耗为3.72千克标煤。烟叶、滤棒、盘纸平均消耗分别为7.35千克/万支、2120.18支/万支、613米/万支。水、电平均消耗分别为0.11吨/万支、8.50千瓦时/万支。

【品牌建设】 2013年，公司主要生产“云烟”“红河”“红塔山”等三个品牌8个规格。全年生产“云烟”109.72亿支（21.94万箱），实现销售107.11亿支（21.42万箱）；

① 公司董事任免中，郭柱荣、刘根栓的任免根据公司第四届第六次董事会决议。

生产“红河”45.28亿支（9.06万箱），实现销售46.6亿支（9.32万箱）；生产“红塔山”2.5亿支（0.5万箱），实现销售2.5亿支（0.5万箱）。

坚持“规模结构效益型”品牌发展之路，围绕“44151”（即到2015年，公司产销规模达到40万箱，实现税利达到40亿元，单箱税利达到1万元，集团品牌山西市场份额达到50%以上，规划启动1项重点工程——易地技术改造工程）的“十二五”规划目标，抓好品牌培育。提升一、二、三类卷烟比重，三类以上卷烟销售比重达到86.69%。关注商业库存，合理安排市场投放，把片面追求税利增长转变到增加适销对路产品、满足消费者需求上来，营造品牌价值感。借助“低焦”品牌的发展契机，强化产品宣传，逐步提升上柜率，扩大市场知名度和影响力。

【技术创新】　加强新产品开发，申请研发“云烟（软福）”“紫气东来（1928）”。推进QC小组活动，全年获得“山西省2013年优秀质量管理小组活动成果奖”“2013年度山西省质量管理小组活动优秀企业”等称号。

【技术改造】　加快公司易地技改项目建设，新地块位于太原经济技术开发区，规划用地404.2亩，按年产200亿支（40万箱）规划设计，总建筑面积10.66万平方米，项目预计总投资15.93亿元（不含烟草专用机械购置费）。2013年4月，公司与太原经济开发区正式签订《入区企业项目协议书》；12月，项目获国家局立项批复。推进锅炉煤改气项目建设，项目总投资3750万元，截至年底，完成项目的施工图设计，取得规划许可证，并完成招标工作。

【信息化建设】　完成“烟用材料数字化仓储系统”“原料仓储管理系统”与ERP系统的整合，实现现场与业务管理的直接融合。推进财务信息化建设，实现财务业务一体化上线运行、全面预算管理系统上线运行，阶段性地完成会计核算、资金监管、预算管理“三融合”。

【企业管理】　生产管理。推进目标管理责任体系建设，初步搭建公司、部门、班组、岗位四个层级的目标指标体系。开展“质量优胜机台挂牌”“质量月”等活动，全年成品抽检盒装缺陷率7.51%，同比下降9.95个百分点；条装缺陷率2.02%，同比下降2.56个百分点。加强工艺技术研究，全年工艺参数符合率99.91%，同比提升0.33个百分点。试点运行卷烟包装箱循环利用，截至年底，从全省各商业公司回收并完成分拣卷烟包装箱20.68万个，分拣合格率为85.05%。

对标创优。通过开展目标任务分解、责任督促考核、重点课题攻关、行业交流学习等活动，在行业“创建优秀卷烟工厂”13项指标中，公司有10项达标，同比增加3项。在行业34项对标指标中，公司有23项指标同比优化，其中成本费用利润率、卷烟三项费用率分别同比降低40.47%、20.26%。

【党风廉政建设】　开展“党员干部率先学习讲党课”“学党史强信念，谈体会做表率”活动，领导干部以普通党员身份参加支部组织生活会背靠背接受职工民主评议。开展“明示与承诺”工作，签订廉洁承诺书222份。开展“重温入党誓词、佩戴党员徽章”上岗活动。

海南红塔卷烟有限责任公司

【概　况】　海南红塔卷烟有限责任公司最初为成立于1978年的琼山卷烟厂。1988年更名为海南省琼州卷烟厂。1990年改名为海南卷烟厂。2002年4月，中国烟草总公司海南省公司与红塔烟草（集团）有限责任公司实行股份制合作，组建海南红塔卷烟有限责任公司，海南省烟草公司持股51%，红塔集团持股49%。2003年7月，股份调整后，红塔集团持股比例为51%，海南省烟草公司持股比例为49%。2004年11月，海南省烟草公司所持49%股份划归中国烟草实业发展中心管理。下辖海南宝岛实业公司1个全资子公司。公司本部下设20个职能科室、1个全资子公司。公司占地面积27万平方米，拥有制丝生产线1条，卷接包装机组9台（套）、滤棒成型机4台（套）。年卷烟生产能力为170亿支（34万箱）。截至2013年底，公司拥有总资产23.24亿元，其中固定资产11.10亿元、流动资产12.14亿元，资产负债率为33.30%。有在岗员工598人。

2013年，公司将“十二五”规划目标由原来的“12918”调整为“12525”，即到2015年，实现卷烟单箱税利达1万元、生产规模125亿支（25万箱）、税利总额25亿元。

【领导机构】

董事会①

董事长：张建军

副董事长：蒋顺华（—2013.6）　郑中文（2013.6—，之前任董事）

董　事：刘　龙　秦　燕　朱明权　梁生龙　杜泽平

监事会

主　席：曹　航

监　事：严奉炎　赵强　林春雨　吴　锋

班子成员

总经理、党委副书记：郑中文

副总经理、党委书记：梁生龙

副总经理、党委委员：潘　明

副总经理、党委委员：杨明权（—2013.8）（中烟实党〔2013〕16号）

副总经理、党委委员：魏春辉（2013.9—）（中烟实〔2013〕213号、中烟实党〔2013〕13号）

副总经理、党委委员：罗海光（2013.9—）（中烟实〔2013〕213号、中烟实党

① 公司董事会成员的任免根据公司2013年6月第六届董事会第四次会议决议。

〔2013〕13号）

纪委书记、党委委员、工会主席：杜泽平

【卷烟生产经营】 2013年，生产卷烟（含合作生产）115亿支（23万箱），同比增长9.52%，其中，生产一类烟2.2亿支（0.44万箱）、二类烟3.45亿支（0.69万箱）、三类烟89.45亿支（17.89万箱）、四类烟12.2亿支（2.44万箱）、五类烟7.7亿支（1.54万箱）。合作生产云南中烟的品牌卷烟111.5亿支（22.3万箱）。

2013年实现销售113亿支（22.6万箱），同比增长5.96%，其中，一类烟1.78亿支（0.36万箱）、二类烟3.3亿支（0.66万箱）、三类烟87.77亿支（17.55万箱）、四类烟12.3亿支（2.46万箱）、五类烟7.85亿支（1.57万箱）。

2013年实现卷烟销售收入24.51亿元，同比增长15.94%。实现税利16.88亿元，同比增长19.21%，其中利润3.26亿元，同比增长23.48%。三项费用率为6.22%。

2013年万元产值综合能耗为18.07千克标煤，万支卷烟综合能耗为4.03千克标煤。烟叶、滤棒、盘纸、水平均消耗分别为7.22千克/万支、2099支/万支、593米/万支、0.04吨/万支。

【品牌建设】 2013年，公司生产的有“云烟”“玉溪”“红塔山”“恭贺新禧”“红梅”“椰王”等6个品牌10个规格。生产“红塔山”85.2亿支（17.04万箱），实现销售“红塔山”83.5亿支（16.7万箱）。生产自有品牌“椰王”3.5亿支（0.7万箱），同比增长17.92%；实现销售“椰王”3.35亿支（0.67万箱），同比增长11.67%。合作生产卷烟111.5亿支（22.3万箱）。

提升结构，2013年实现销售三类（含）以上卷烟92.85亿支（18.57万箱），同比增长13.72%；四、五类烟分别同比下降17.97%、21.5%。新品“玉溪（硬）”成功引入本地市场，全年销售1.6亿支（0.32万箱）。

【技术改造】 推进公司易地技改工程建设，项目总投资11.3亿元，2013年，项目单项验收基本完成，转入竣工验收阶段。截至年底，项目签订合同总金额9.89亿元，累计完成投资9.48亿元；全年支付2.26亿元，完成年度投资计划。52个项目通过验收，占总体项目的99%。

【企业管理】 生产管理。提升柔性化加工能力和生产效能，平均日产量同比增长9.52%，生产综合能耗同比下降3.10%，设备有效作业率同比提高2.43%，设备故障停机率同比降低23.62%。

6S管理。在生产、物流、设备维修等现场实施6S管理，通过开展目视管理、红牌作战、案例改善、亮点展示、星级考评等活动，激发员工的参与兴趣，形成全员参与的氛围。

安全生产。开展安全标准化建设，通过安全生产标准化二级达标企业评审。开展各类安全培训870人次，加强重点部位专项安全整治，实现全年无安全责任事故。

【人事政工】 队伍建设。完善劳动管理体系，建立员工岗位退出管理办法，推行CTC管理模式等举措，形成以制度管人的管理习惯。制定人才培养长期规划，建立人才培训体系，实行内培、外培、技能鉴定、内训师培养等方式。2013年，公司组织内外培训66期，培训员工4027人次；获得职业资格证12人，等级晋升16人；获得专业技术资格11人，其中高级1人、中级4人、初级6人，高级专业技术资格的取得实现公司人才培养的突破。公开招聘10名大学毕业生。

作风建设。在公司内部倡导“团结干事、用心干事”“没有任何借口”“把事情做到最好”的干事文化。抓好反腐倡廉，开展“改进作风年”教育活动，落实党风责任制，抓好“两项工作”和贯彻执行“三重一大”决策制度，确保中央“八项规定”及各项规范要求落实到位。

企业文化。制定《企业文化导向纲要》，总结提炼出“纳川托玉，和融共赢”的企业文化精神、“和谐、务实、创新、高效”的核心价值观。提出创建“高温高湿地区优秀卷烟加工中心”的奋斗目标，倡导“快乐工作，品质生活”，完善企业文化体系。

吉林烟草进出口有限责任公司

【概　况】 吉林烟草进出口有限责任公司成立于1999年10月，是经国家对外经济贸易合作部批准，由中国烟草进出口（集团）公司等出资创办的烟草进出口贸易类公司。2006年8月，国家局对中国烟草进出口（集团）公司成员企业管理体制进行调整，吉林烟草进出口有限责任公司成为中国烟草实业发展中心的全资子公司，注册资本1000万元。截至2013年底，公司总资产1.05亿元，有在岗员工17人。

【领导成员】

总经理：李维新

副总经理：厉　峰

副总经理：赵春光（2013.12—，之前任总经理助理）（中烟实〔2013〕313号）

【生产经营】 2013年，出口烟丝9172.04吨，同比增长9.69%；出口滤棒10.47亿支，同比增长0.06%；出口盘纸681.1吨，同比增长20.57%；出口丝束633.87吨，同比增长42.1%。其他烟用辅料出口实现897.08万美元，同比增长36.52%。全年累计出口实现4871万美元，同比增长10.45%。

【企业管理】 预算管理。严格执行中央“八项规定”和国家局党组“九条要求”，加强全面预算管理，控制重点费用。采用零基预算编制方法，分析每项费用支出的合理性，以费用标准和业务需要为依据，综合平衡编制费用预算，制定合理的预算开支标准。加强对会议费、业务招待费、涉外费、福利费等重点控制费用的预算监控力度，2013年，公司业务招待费同比下降36%，福利费同比下降37.84%，会议费同比下降28.57%。企业经营费用、管理费用均控制在预算之内。

目标管理。围绕公司对朝鲜出口中心工作，实行“以客户需求为导向的企业经营和管理模式”，在巩固精细化管理和“五册一体化”管理成果基础上，开展目标管理。印发《目标管理实施方案》，制定公司、部门、岗位三级目标体系，为向在朝卷烟生产厂提供“规范、快捷、高效”的出口贸易打下良好基础。

（撰稿：曹建平；编辑：谢争艳）

境外卷烟生产企业

威尼顿集团有限公司

【概　况】　威尼顿集团有限公司位于柬埔寨首都金边市，成立于1993年7月，由原广州卷烟一厂（现划归广东中烟工业有限责任公司）与亚细安国际有限公司共同出资组建，初始投资160万美元，其中原广州卷烟一厂占股份的60%，亚细安国际有限公司占40%。2003年，经过利润转增资本、股权内部转让及增资，公司投资总额为1327.2万美元，其中广东中烟工业有限责任公司占股份的80%，亚细安国际有限公司占20%。截至2013年底，公司总资产为5722.68万美元，其中，固定资产2287.20万美元、流动资产3325.98万美元，资产负债率为45.12%。厂区占地面积为6.8万平方米，拥有1000千克/小时制丝线1条、低速卷烟机11台、高速卷烟机3台、包装机11台、成型机2台，年卷烟生产能力57亿支。公司拥有员工746人，其中中方派员36人，当地雇员710人。

【领导机构】

董事会

董事长：廖中浩（广东中烟工业有限责任公司委派，2012.12—）

副董事长：黄　华（亚细安国际有限公司委派）

董　事：奚铁锋（广东中烟工业有限责任公司委派）

刘道新（广东中烟工业有限责任公司委派）

黄玉奎（亚细安国际有限公司委派）

经理层

总经理：刘道新（广东中烟工业有限责任公司）

副总经理：黄玉奎（亚细安国际有限公司）

【生产经营】　2013年，生产卷烟55.48亿支，同比增长4.34%。销售卷烟56.02亿支，同比增长11.79%。全年实现销售收入5302万美元，同比增长15.26%。实现净利润649.47万美元，同比增长15.13%。

【品牌战略与产品介绍】　2013年，威尼顿集团有限公司围绕“卷烟上水平”的行业基本方针和战略任务，坚定不移地走“大品牌大市场”道路，不断提升品牌结构。通过发掘品牌内涵，细分消费市场，进一步推动品牌发展。加强销售渠道的服务工作，及时有效解决各项销售渠道的难题。

公司生产的卷烟品牌有“利是”“吴哥”“皇冠”“金宝”和“椰树”等五个品牌。高档产品以“吴哥”为主，走柬埔寨的“国烟”路线，全年销量为0.40亿支。中档产品以“利是”为主，是公司重点投入的品牌，全年销量为17.29亿支；“椰树”作为中档市场的新力军，全年销量为6.03亿支。低档产品为“皇冠”“金宝”，两个系列产品全年销量分别为4.56亿支、27.74亿支。

金叶卷烟厂（澳门）有限公司

【概　况】　金叶卷烟厂（澳门）有限公司位于中国澳门特别行政区，成立于1992年，初始投资2476万港元，由原广州卷烟二厂（现划归广东中烟工业有限责任公司）、中国烟草总公司广东省公司、香港永发烟草有限公司、澳门南粤（集团）有限公司共同出资组建，分别占股份的27%、20%、28%、25%。1993年，香港永发烟草有限公司将14%的股份转让给金叶（香港）烟草国际有限公司，股东变为5家。2001年，香港永发烟草有限公司、澳门南粤（集团）有限公司收回投资，股权由金叶卷烟厂（澳门）有限公司收回。经过两次股东变更，金叶卷烟厂（澳门）有限公司股东为广东中烟工业有限责任公司、中国烟草总公司广东省公司、金叶（香港）烟草国际有限公司，投资总额为8501万港元，分别占股份的55%、26%、19%。截至2013年底，公司拥有总资产4亿港元，其中，固定资产2270.4万港元、流动资产3.72亿港元，资产负债率为17.11%。公司拥有4980平方米的厂房、200平方米的产品配送中心，有员工65人，其中广东中烟派员28人。拥有2台PROTOS卷接机和2台GD包装机。年卷烟生产能力为30亿支。

【领导机构】

董事会

董事长：廖中浩（广东中烟工业有限责任公司委派，2012.12—）

副董事长：陈焕平（中国烟草总公司广东省公司委派）

董　事：张穗强（广东中烟工业有限责任公司委派）

刘　华（金叶〈香港〉烟草国际有限公司委派）

李伟庆（广东中烟工业有限责任公司委派）

吴焕如（中国烟草总公司广东省公司委派）

经理层

总经理：袁　炜（广东中烟工业有限责任公司）

常务副总经理：朱业开（2013.6—，广东中烟工业有限责任公司）

副总经理：王爱健（广东中烟工业有限责任公司）

【生产经营】　2013年，公司生产卷烟15.23亿支，同比

注：《境外卷烟生产企业》分目所有企业均简称“公司”。

下降8.91%。销售卷烟15.22亿支，同比下降11.62%。主要市场为中国香港特区、中国澳门特区，以及越南、新加坡、南非、澳大利亚、巴拿马、秘鲁、韩国等国家。

2013年实现销售收入3.18亿港元，同比增长8.16%。实现利润6544万港元，同比增长260.15%。

【技术改造】 2013年，按合资公司“双喜”产品技术标准，金叶卷烟厂（澳门）有限公司组织了包括烟支滤棒改为25毫米、小包与条盒激光打码、条盒与烟箱动态贴标、条盒裸包装、新规格税票等一系列改造。

针对小包与条盒激光打码、条盒与烟箱动态贴标项目的技术改造在国内尚属首次，针对条盒裸包装技术改造，车间进行多种包装材料的多次测试，并配合对设备通道尺寸、烫斗温度等进行调整，在较短时间里完成技术测试和初步验收。

12月，完成第一批合资公司委托生产产品的发货，标志着受合资公司委托生产运作模式的正式启动和公司运营模式转变的初步实现。

【品牌战略与产品介绍】 2013年，金叶卷烟厂（澳门）有限公司为合资公司加工产品的目标定位已确定，但合资公司正式运营及品牌转移时机还不成熟。在此过程中，为保证“双喜”产品在现有市场的健康发展和平稳过渡，金叶卷烟厂（澳门）有限公司仍在允许的范围内，向原有市场供应“双喜”产品。对目标市场的投放以保证市场不断货、不缺货的原则，保持合理库存，适当控制“双喜”各单品的销量、市场投放数量及市场营销费用的投入。通过加强对市场的掌控力度，逐步实现现有“双喜”品牌国际市场业务向合资公司的转移。

公司通过具有针对性的市场销售手段，2013年总出口量比2012年下降12%，完成年度计划93%，实现“双喜”产品在各市场不脱销、不滞销的工作目标。

移交市场的同时，注重“双喜”品牌的经营。除了在港澳地区进行全年不间断的陈列，提高产品能见度外，还立项制作《“双喜”品牌手册》用以支持合资公司在其销售渠道中宣传“双喜”产品。

中烟国际欧洲有限公司

【概 况】 中烟国际欧洲有限公司的英文名称是S.C. CHINA TOBACCO INTERNATIONAL EUROPE COMPANY S.R.L.，简称CTIEC，位于罗马尼亚伊尔霍夫县（ILFOV）班德里蒙（PANDELIMON）（2013年公司总部完成搬迁），是中国烟草在欧盟的唯一生产基地，也是截至2013年底中国国有企业在罗马尼亚投资额最大的一个合资公司，经营范围主要是卷烟生产及销售。

1997年4月，由中国烟草总公司陕西省公司、原宝鸡卷烟厂（现划归陕西中烟工业有限责任公司）、中国烟草进出口（集团）公司（现为中国烟草国际有限公司）与西安丰佳科技实业发展有限公司（现为丰佳国际集团）共同出资注册成立罗马尼亚宝丰烟草公司，主要卷烟产品为“金丝猴（GOLDEN MONKEY）”和“双马（DOUBLE HORSE）”。2003年，中国烟草进出口总公司（现为中国烟草国际有限公司）退出，丰佳国际收购其股权后股份提高到50%。2007年8月，罗马尼亚宝丰烟草公司更名为中烟国际欧洲有限公司。2009年9月，公司完成第二轮变更的全部商业登记程序，注册资本为3000万美元，其中安徽中烟工业公司（现为安徽中烟工业有限责任公司）股权比例为60.5%，红塔烟草（集团）有限责任公司为25%，陕西中烟工业有限责任公司为12%，外方丰佳国际集团LEMNKING为2.5%。2012年，中烟国际欧洲有限公司根据股东会决定，接受第三轮投资，并于2012年9月中旬完成全部商业登记程序。股权结构组成中，中国烟草总股权比例达98.97%，其中安徽中烟工业有限责任公司61.41%，红塔烟草（集团）有限责任公司25.38%，陕西中烟工业有限责任公司12.18%。外方丰佳国际集团LEMNKING为1.03%。

公司下设一厂七部，即工厂、国际市场拓展部、境内销售部、财务部、综合管理部（法务部）、行政管理部、产品研发部，公司占地面积为3.9万平方米。截至2013年底，公司中方员工22人，罗方员工145人（其中工人102人）。公司拥有总资产4538万美元，其中固定资产1218万美元、流动资产3182万美元，资产负债率为32.53%。拥有3000千克/小时叶丝生产线1条，1000千克/小时梗丝生产线1条，1000千克/小时白肋烟处理线1条，800千克/小时香料烟处理线1条，高速卷包机组3台（套）。年卷烟生产能力35亿支。

公司今后五年的发展战略和思路是：通过目标集聚、错位经营，扎实推进自主“DUBLISS”品牌在罗马尼亚本土“根据地”市场的深耕细作，努力促使企业跻身本土市场寡头垄断竞争俱乐部；通过科学市场布局，合作实力雄厚客户，开发适销对路产品，严格产品落地销售，全力发展周边中东欧、独联体市场，并向中东、非洲市场逐步推进，以分享中东、非洲这一全球卷烟消费总量扩张的最大红利市场；在本土及周边市场实现快速发展的前提下，通过加强设备引进及整体技改，2016年着手实施工厂扩建或异地搬迁，全面提升企业制造能力和质量保证水平。以罗马尼亚本土市场稳步发展、中东欧及中东非洲市场快速拓展为基础，以相关股东方、合作方加工产品不断上量为保障，争取2018年实现年产销量近100亿支、实现利润800万美元，真正将CTIEC打造成中国烟草在欧洲及周边独联体国家、辐射中东非洲市场的生产销售基地。

【领导机构】

董事会

董事长：朱建华（安徽中烟工业有限责任公司委派）

常务副董事长：赵　辉（安徽中烟工业有限责任公司委派）

副董事长：王　勇［红塔烟草（集团）有限责任公司委派］

陈　晖（陕西中烟工业有限责任公司委派）
耿　健（丰佳国际集团委派）
董　事：熊　斌（中国烟草国际有限公司委派）
张　劲（安徽中烟工业有限责任公司委派）
王茂林（安徽中烟工业有限责任公司委派）
许永忠［红塔烟草（集团）有限责任公司委派］
监事会
主　席：赵西纯（陕西中烟工业有限责任公司委派）
监　事：张荣霞（安徽中烟工业有限责任公司委派）
尤　杰（丰佳国际集团委派）

经理层
总经理：赵冬清（安徽中烟工业有限责任公司）
副总经理：傅文忠（安徽中烟工业有限责任公司）
财务总监：王　斌［红塔烟草（集团）有限责任公司］

【生产经营】　2013年，公司生产卷烟13.71亿支，其中自有品牌4.78亿支，包括“金丝猴（GOLDEN MONKEY）”1.48亿支、“都宝（DUBAO）”0.12亿支、“都宝（D&B）”0.05亿支、“都宝（出口）”3.14亿支；委托加工“都宝（台湾/东南亚）”3.72亿支、“马宝（MARBLE）”2.08亿支、“BRASS”1.30亿支、“ASHIMA”0.06亿支。

2013年，自有品牌在罗马尼亚本土市场销售1.46亿支，其中销售“金丝猴（GOLDEN MONKEY）”1.23亿支、“都宝（DUBAO）”0.21亿支、“都宝（D&B）”0.02亿支。出口“都宝（D&B）”3.11亿支。

2013年实现销售收入6396万美元，上缴税金5100万美元，实现利润18万美元。

【品牌战略和产品介绍】　“都宝（DUBLISS）”品牌作为中国烟草海外市场拓展的首推品牌之一，其市场定位为中端、中高端价位，其中“都宝（DUBAO）”作为“都宝（DUBLISS）”系列的中低端子品牌，目标消费群体为中低收入消费者；“都宝（D&B）”作为“都宝（DUBLISS）”中端子品牌，目标消费群体为成熟的中等收入消费者；“都宝（DUBLISS）”作为中高端品牌，目标消费群体为忠诚度高的中高收入消费阶层，通过持续、稳步的品牌传播和事件营销，提升品牌档次和形象。“都宝（MONKEY）”作为本土低端过渡性品牌，目标消费群体为农村集镇的低收入消费阶层，通过“低价位、高品质、广结网”的销售策略，打造分销渠道，提升企业影响力；后期逐步向“都宝（DUBAO）”中低端产品过渡。

公司产品研发遵循“四大主导配方与432模块配方”基本原则，针对大客户需求产品设计定制化、小客户需求产品设计规范化的基本设计思路，研制开发并形成“都宝（D&B）”“都宝（DUBAO）”“都宝（MONKEY）”和“都宝（DUBLISS）”四种主导产品配方和根据客户要求进行“四个烤烟模块、三个白肋烟模块和两个香料烟模块”组合式的产品研发模式，2013年研制开发罗马尼亚境内11个规格产品、境外16个规格产品。

蒙古烟草有限责任公司

【概　况】　蒙古烟草有限责任公司位于蒙古国首都乌兰巴托市，成立于2001年。公司是由陕西中烟工业有限责任公司控股并与蒙古阿哈木德音呼其公司、蒙古新大陆公司、中国烟草总公司陕西省公司合资组建的卷烟加工贸易企业，注册资本137.7万美元，中方投资占51%，蒙方投资占49%。截至2013年底，公司拥有总资产1166.75万美元，其中固定资产389.76万美元、流动资产774.96万美元，资产负债率为20.73%。公司占地面积为6700平方米，有员工102人，其中中方管理技术人员10人。拥有卷接包设备4台（套）。年卷烟生产能力20亿支，占蒙古国38%卷烟市场份额，位居蒙古烟草行业第一位。

【领导机构】
董事会
董事长：任　立（陕西中烟工业有限责任公司委派）
副董事长：巴音孟赫（蒙古阿哈木德音呼其公司委派）
董　事：张国亮（陕西中烟工业有限责任公司委派）
胡喜怀（陕西中烟工业有限责任公司委派）
铁木真（蒙古阿哈木德音呼其公司委派）
李　斌（中国烟草总公司陕西省公司委派）
蔡万丰（蒙古新大陆有限公司委派）
监事会
主　席：策德布（蒙古阿哈木德音呼其公司委派）
监　事：朱军利（陕西中烟工业有限责任公司委派）
谭招生（中国烟草总公司陕西省公司委派）
经理层
总经理：李宝新（陕西中烟工业有限责任公司）
副总经理：巴音孟赫（蒙古阿哈木德音呼其公司）
冯中根（陕西中烟工业有限责任公司）
朝　鲁（蒙古阿哈木德音呼其公司）

【生产经营】　2013年，公司生产卷烟12.59亿支，同比下降9.36%，其中，生产主导品牌“红鹰”9.43亿支、重点品牌“都宝（DUBLISS）”0.1亿支。销售卷烟11.66亿支，同比下降20.46%，其中销售“红鹰”8.74亿支、“都宝（DUBLISS）”0.2亿支、“金叶丛”1.4亿支、“蒙古包”0.9亿支。公司产销量占蒙古卷烟市场份额的38%。

全年实现销售收入3898.64万美元。实现税利2906.47万美元，由于2013年蒙古市场经营环境恶劣，生产经营受到严重影响，全年亏损76.22万美元。

【品牌战略与产品介绍】　公司生产的卷烟品牌有“金叶丛”“蒙古包”“红鹰”“都宝（DUBLISS）”和“猴王”，其中，主导品牌“红鹰”市场销量连续多年居蒙古卷烟市场第一位。2013年，公司坚持“抓质量、稳渠道、保销量”的方针，内部加强生产组织管理，提高设备运行效率和卷烟产品质量，对外扎实推进卷烟销售，维护和重建卷烟销售网络，增加经销商数量，维持市场占有率。

开展品牌结构调整和提升，以现有产品为基础，不断加强品牌维护，在陕西中烟的支持下，先后三次对现有品牌的配方、包装等进行调整升级以适应不断变化的市场需求。加快产品研发步伐，中档卷烟品牌“金鹰”以及与安徽中烟合作品牌“DUBLISS（蓝）”于年内上市，销售2430万支。

平壤白山烟草有限责任公司

【概　况】　平壤白山烟草有限责任公司位于朝鲜平壤市龙城区，成立于2008年4月23日，公司是由吉林烟草工业有限公司与朝鲜烟草进出口商社合资组建的卷烟生产企业，投资总额为400万欧元，其中，中方以设备折价出资，股份占51%；朝方以土地、厂房等配套设施折价出资，股份占49%。截至2013年底，企业有总资产2552.48万美元，其中，固定资产640.63万美元、流动资产1911.85万美元，资产负债率为66.30%。公司占地面积4940平方米，有员工512人，其中中方人员33人。公司拥有8台MK9卷烟机组、5台MK95卷烟机组、7台ZB43A硬盒机组、5台SASIB软包机组、1台ZJ17卷接机组、1台ZB45硬盒机组。年卷烟年生产能力为100亿支。

【领导成员】

董事会

董事长：金洪天（吉林烟草工业有限责任公司委派）

副董事长：咸哲男（朝鲜烟草进出口商社委派）

董　事：朴光石（吉林烟草工业有限责任公司委派）

董明哲（朝鲜烟草进出口商社委派）

董秀吉（吉林烟草工业有限责任公司委派）

经理层

社　长：董明哲

副社长：董秀吉

财务负责人：姜龙范（吉林烟草工业有限责任公司）

技术总监：卜灿洙（吉林烟草工业有限责任公司）

【生产经营】　2013年，公司生产卷烟66.25亿支，同比增长10.62%；销售卷烟63亿支，同比增长4.42%。全年实现销售收入4805.83万美元，实现利润340.53万美元。

大同江烟草有限公司

【概　况】　大同江烟草有限公司位于朝鲜平壤市乐浪区，成立于2000年。公司是由吉林烟草工业有限责任公司与朝鲜双林贸易会社合资组建的卷烟生产企业，投资总额为120万美元，其中中方占51%，朝方占49%。截至2013年底，公司拥有总资产630.8万美元，其中固定资产110.17万美元、流动资产520.62万美元，资产负债率为62.92%。公司占地面积5100平方米，有员工120人，其中中方员工9人。公司拥有2台YJ14卷烟机组、3台MK95卷烟机组、3台ZB41硬盒机组、1台YB22软包机组。年卷烟生产能力为19亿支。

【领导成员】

董事会

董事长：金洪天（吉林烟草工业有限责任公司委派）

副董事长：吴永哲（朝鲜双林贸易会社委派）

董　事：朴光石（吉林烟草工业有限责任公司委派）

吴成焕（吉林烟草工业有限责任公司委派）

金顺玉（朝鲜双林贸易会社委派）

经理层

社　长：吴永哲

副社长：吴成焕

财务负责人：赵贞玉（吉林烟草工业有限责任公司）

【生产经营】　2013年，公司生产卷烟15.52亿支，同比增长41.25%；销售卷烟15.08亿支，同比增长47.77%。全年实现销售收入955.80万美元，实现利润70.80万美元。

罗先新兴烟草会社

【概　况】　罗先新兴烟草会社位于朝鲜罗先特别市，成立于2001年，是吉林烟草工业有限责任公司在朝鲜独资设立的卷烟生产企业，注册资本为305万美元。截至2013年底，公司拥有总资产887.37万美元，其中固定资产356.60万美元、流动资产530.77万美元，资产负债率为49.62%。公司占地面积8400平方米，有员工52人，其中中方员工18人。公司拥有1台PASSIM70卷烟机组、4台MK95卷烟机组、1台ZB43A硬盒包装机组、1台FK硬盒包装机组、3台SASIB软盒包装机组、2台YB22A软盒包装机组。年卷烟年生产能力20亿支。

【领导成员】　董事会成员全部由吉林烟草工业有限责任公司委派。

董事会

董事长：金洪天

董　事：朴光石　金明孙　徐世成　孙金昕

经理层

社　长：金明孙

财务负责人：金辰子（吉林烟草工业有限责任公司）

【生产经营】　2013年，罗先新兴烟草会社生产卷烟19.52亿支，同比增长74.86%；销售卷烟12.77亿支，同比增长28.26%。实现销售收入751.59万美元，实现利润23.98万美元。

老挝寮中红塔好运烟草有限公司

【概　况】　1992年，寮中好运烟草有限公司在老挝万象市成立。2008 年 7 月 28 日，经资产重组更名为老挝寮中红塔好运烟草有限公司，红塔集团占股份 61%，中国烟草总公司海南省公司占 30%，老挝因得·沙伯服装厂占股份 6%，老挝 D. D 建筑有限公司占股份 3%。2012 年 12 月在经过第十一届股东第九次会议、第十六届董事会第五次会议后，中国烟草总公司海南省公司将所占 30% 股份转让给红塔集团，红塔集团占股份 91%，沙湾万里进出口有限公司持股 6%，老挝道沙湾投资建筑集团有限公司持股 3%。截至 2013 年底，公司拥有总资产 5735.82 万美元，其中，固定资产 2477.22 万美元、流动资产 3258.60 万美元，资产负债率为 38.56 %。公司占地面积为 2 万平方米，有员工 387 人，其中中方员工 70 人。公司下设动力、复烤、制丝、卷接包 4 个车间，拥有梗叶混合制丝生产线 1 条、简易打叶线 1 条、卷包机组 4 台（套）、滤棒成型机 2 台。年卷烟生产能力为 40 亿支。

2013 年，公司围绕董事会既定的销售目标，积极拓展老挝国内有税市场，以优质、高效、低耗为指导，组织开展卷烟生产工作，同时为进一步加快原料加工基地精神，积极推进烟叶种植。新工厂建设项目稳步推进。

【领导机构】

董事会

董事长：王　勇［红塔烟草（集团）有限责任公司委派］

董　事：周应奎［红塔烟草（集团）有限责任公司委派］

张明强（沙湾万里进出口有限公司委派）

王　琦［2013. 9—，红塔烟草（集团）有限责任公司委派］

王　斌［2013. 9—，红塔烟草（集团）有限责任公司委派］

李　云［—2013. 9，中国烟草总公司海南省公司委派］

陈　剑［—2013. 9，红塔烟草（集团）有限责任公司委派］

经理层

总经理：周应奎

副总经理：马　旭［2012. 4—，红塔烟草（集团）有限责任公司］

胡云见［红塔烟草（集团）有限责任公司］

王　剑［红塔烟草（集团）有限责任公司］

许　政［—2012. 4，海南省烟草专卖局（公司）］

财务总监：刘　波［红塔烟草（集团）有限责任公司］

【生产经营】 2013 年，公司生产卷烟 37.19 亿支，同比增长 30.26%；销售卷烟 35.72 亿支，同比增长 30.12%。实现卷烟销售收入 5949.41 万美元，其中，内销烟实现销售收入 1544.43 万美元，出口烟实现销售收入 4404.98 万美元。全年利润总额 760 万美元，实现净利润 610.69 万美元。

【品牌与市场】 2013 年，公司主要生产“玉溪”“红塔山”“阿诗玛”“恭贺新禧”“红梅”等烤烟型卷烟和“GEM”“JONNEE”“琼花”等混合型卷烟。“GEM”“JONNEE”“琼花”在老挝有税市场销售，“玉溪”“红塔山”“阿诗玛”“恭贺新禧”品牌卷烟同时在老挝有税、免税市场及海外市场销售，“红塔山”主要出口到越南、柬埔寨、阿联酋、缅甸，“恭贺新禧”主要出口到柬埔寨市场，“红梅”主要出口到新加坡市场。

香港红塔国际烟草有限公司

【概　况】 1992 年，楚雄卷烟厂在香港创建控股企业雄伟（国际）烟草有限公司。1998 年，国家局批准将楚雄卷烟厂的资产划转给红塔集团，1998 年 12 月 9 日，雄伟（国际）烟草有限公司更名为香港红塔国际烟草有限责任公司，红塔集团控股 55%，仁恒国际投资有限公司持股 30%，云南烟草国际有限公司持股 15%。香港红塔公司是持有香港特别行政区香烟生产许可证的 3 家公司之一。

截至 2013 年底，公司拥有总资产 3.58 亿港元，其中，固定资产 9579 万港元、流动资产总额 2.63 亿港元，资产负债率为 37.7%。公司占地面积 7000 平方米，有 4 条卷接包生产线。公司有员工 80 余人，年卷烟生产能力为 40 亿支。

2013 年，公司继续充分利用香港贸易自由港及国际金融中心的优势和便利条件，担当好配合云南烟草拓展国际市场的重要角色，承担好云南烟草品牌从国内市场向海外目标市场本地化转移前过渡期的桥梁作用；按照董事会的部署，顺利实施各项技改任务，逐步将其打造成为云南中烟在境外的高端产品加工平台。

【领导名录】

董事会

董事长：李穗明［红塔烟草（集团）有限责任公司委派］

董　事：顾　波（云南中烟工业有限责任公司委派）

魏胜鹏（仁恒国际投资有限公司委派）

杨雪梅（云南烟草国际有限公司委派）

李　宁［红塔烟草（集团）有限责任公司委派］

经理层

总经理：李　宁

常务副总经理：朱海松［2013. 7—，红塔烟草（集团）有限责任公司］

副总经理：刘　敏（云南烟草国际有限公司）

总经理助理：杨卫红［红塔烟草（集团）有限责任公司］

许智雄（外聘）

【生产经营】 2013 年，公司生产卷烟 40.29 亿支，同比增长 11.61%；销售卷烟 40.26 亿支，同比增长 11.47%。

【品牌与市场】 2013 年，公司主要生产云南中烟品牌，包括红塔集团的“玉溪”“红塔山”“红梅”“阿诗玛”，红云红河集团的“云烟（紫）”“云烟（软珍）”等品牌。此外，生产混合型“ESTON”“STRAND”“BRASS”“SOBONG”等品牌卷烟。产品主要销往东南亚、中东、非洲、南美等地区。

缅甸掸邦第一特区果敢卷烟厂

【概　况】　缅甸掸邦第一特区果敢卷烟厂成立于1994年，位于缅甸联邦境内掸邦第一特区果敢昔娥寨。企业注册资本430万元，其中红云红河集团持有64%的股份，由云南中烟工业有限责任公司控股的天成（太平洋）有限公司持有18.5%的股份，缅甸掸邦第一特区政府持有17.5%的股份。厂区占地面积为1万平方米，有员工26人。截至2013年底，卷烟厂拥有总资产1165.75万元，其中固定资产39.65万元，流动资产1126.1万元，资产负债率为14.4%。拥有国产卷烟机2台（套）、YJ-14卷烟机1台（套）、70毫米小包机1台（套）、84毫米横包机1台（套）。年卷烟生产能力5亿支。

【领导机构】

董事会

董事长：李家权［—2013.7，红云红河烟草（集团）有限责任公司委派］

雷海涛［2013.7—，红云红河烟草（集团）有限责任公司委派］

董　事：王海涛［红云红河（集团）有限责任公司委派］

吴益昆［—2013.7，红云红河烟草（集团）有限责任公司委派］

罗志雄［2013.7—，红云红河烟草（集团）有限责任公司委派］

施文萃（—2013.7，云南中烟工业有限责任公司委派）

张　敏（2013.7—，云南中烟工业有限责任公司委派）

白所成（缅甸掸邦第一特区政府委派）

经理层

厂　长：吴益昆［—2013.1，红云红河烟草（集团）有限责任公司］

副厂长：罗志雄［2013年7月后主持工作，红云红河烟草（集团）有限责任公司］

副厂长：单庆恒［2013.7—，红云红河烟草（集团）有限责任公司］

【生产经营】　2013年，卷烟厂生产经营由红云红河集团委派的经营班子负责，全年生产“昔娥”牌卷烟2.7亿支，销售2.58亿支，实现销售收入1123.3万元，实现利润236.9万元。

【产品介绍】　2013年，卷烟厂生产的卷烟品牌为“昔娥”，主要规格是“昔娥（70mm无嘴软）”及“昔娥（84mm过滤嘴软）”，均为烤烟型卷烟。该品牌以质优价平的优势在缅甸果敢地区销售，消费人群逐年增加，并向周边及缅甸内地拓展，少量进入印度市场。

环球烟草有限责任公司

【概　况】　环球烟草有限责任公司，成立于2013年12月1日，所在地为阿联酋富查伊拉自由区。公司最初为环球烟草企业，成立于2012年，是由瓦达尼亚贸易有限责任公司全额控股的具有卷烟生产许可的自由区企业。2013年，浙江中烟工业有限责任公司与瓦达尼亚贸易有限责任公司共同对环球烟草进行增资并将环球烟草企业改组为环球烟草有限责任公司，作为双方合资经营的公司。

环球烟草有限责任公司总投资500万美元，其中瓦达尼亚贸易有限责任公司占股60%（厂房设备作价300万美元），浙江中烟占股40%（两套设备作价200万美元）。公司占地面积1万平方米，员工总数140人左右。主要设备有：中方投资的PROTOS70卷接机组、GDX2包装机组各2台（套）；瓦方投资的卷接包设备11台（套）。年卷烟生产能力为60亿支。截至2013年底，公司拥有总资产3920.36万元，其中，固定资产2939.63万元、流动资产980.73万元，资产负债率为23.34%。

环球烟草有限责任公司的发展战略是：以瓦达尼亚为基础，由浙江中烟牵头，行业兄弟单位参与，共同投资做好环球烟草二期易地技改工作，利用富查伊拉3号自由贸易区5万平方米土地进行新厂房建设，引进浙江中烟5000千克/小时制丝线，使其具备较全面的生产能力、一定的装备水平和生产规模、较现代的生产组织和管理水平，打造成行业在中东地区的生产平台。

【领导成员】

董事会

董事长：Badar Rashid Tahir Al Balooshi（2013.6—，瓦达尼亚贸易有限责任公司委派）

副董事长：洪树义（2013.6—，浙江中烟工业有限责任公司委派）

董　事：Arash Afsari（2013.6—，瓦达尼亚贸易有限责任公司委派）

M. A. K. Noordheen（2013.6—，瓦达尼亚贸易有限责任公司委派）

于永龙（2013.6—，浙江中烟工业有限责任公司委派）

经理层

总经理：M. A. K. Noordheen

副总经理：于永龙

Arash Afsari

生产技术总监：吴崇康（2013.6—，浙江中烟工业有限责任公司）

财务总监：徐元文（2013.6—，浙江中烟工业有限责任公司）

【生产经营】　自2013年12月1日投产到年底，生产卷烟0.64亿支，销售卷烟0.05亿支。实现卷烟销售收入3.25万美元。

【品牌战略与产品介绍】 环球烟草有限责任公司的品牌发展思路是：巩固中东市场，拓展非洲市场。生产的“MODERN”卷烟市场定位为中低端消费群体。2013年，根据伊朗市场需求研发的混合型“MODERN”卷烟，投放到伊朗市场。

（编 辑：王东旭）

烟草机械生产企业

烟机工业概况

2013年，全国烟草机械工业学习贯彻落实党的十八大和十八届三中全会精神，紧密围绕行业思考、谋划、实践“三大课题”的工作要求，进一步丰富完善烟机工业改革发展的工作思路，不断强化服务支撑保障的工作主线，着力推进烟机企业转型调整，较好履行行业技术装备部的职责与使命。

烟机技术水平进一步提升，烟机产品更加丰富。2013年6月，“超高速卷接包机组研制”重大专项引进技术国产化样机在上海通过国家局鉴定，国产卷接包设备由此实现从高速向超高速的跨越。开展对外技术合作，完成多项产品技术转化工作。构建国产烟机技术进步体系，启动分布式“大技术中心”建设。继续在行业内外开展技术合作，与红塔集团、贵州中烟、清华大学、上海交大、湖南大学等单位、科研院校建立合作关系。

转变服务保障模式，树立良好市场形象。在集团公司层面构建“大营销中心”。完成对全行业18家中烟工业公司和13家有打叶复烤企业的省级局（公司）的走访，初步摸清行业设备家底。将国产超高速卷接包机组推向市场，提升自身服务，得到用户好评。转变市场服务保障模式，提前深度介入工业企业技改项目，并进行全过程跟踪和反馈。2013年，烟机行业由以往坐等客户上门，“有什么卖什么”转变为积极主动上门服务，“客户需要什么就努力提供什么”的服务模式。

企业生产组织管理水平进一步提高。探索“大生产管理协调中心”建设思路和工作模式，加强对烟机行业的宏观指导，完成7组超高速卷接包成线设备的产销任务。研究集团公司“生产管理信息采集系统”建设模式，在常德烟机公司完成系统建设试点工作。探索革新生产组织模式，以适应多品种小批量的市场需求。落实行业“管理创一流”要求，推进企业流程优化和管理提升工作。规范企业采购行为，对控股生产企业的设备库存零件及现场零件进行抽查。

拓展烟草农业机械业务领域。2013年，首次深度介入烟草农业机械领域。探索并成功实践“达特公司商务集成、云南烟机公司生产制造”的农机项目运行模式。以“烟夹项目”为起点，拓展农业机械业务领域与保障范围。

进一步明确行业设备管理工作任务。组织召开行业设备管理现场会，交流推广山东中烟青岛卷烟厂“六精”设备管理方法，明确设备管理精益化是今后一段时期行业设备管理工作的中心任务。深化设备管理绩效评价工作，总体掌握行业主要生产设备运行数据。启动四个行业设备管理专题研究。启动行业设备管理信息系统建设。

完善烟机零配件和大修管理体系。推进零配件服务中心建设，基本完成与德国虹霓公司、意大利FOCKE公司、意大利G.D公司等3家主要进口零配件供应商的谈判，试运行进口零配件保税寄售采购模式。对零配件交易监管网进行升级改造，启动烟机零配件编码标准制订工作。完成“烟机大修、项修、改造信息管理系统”建设。

统筹推进烟机各类人才队伍建设。组织第四届烟机设备修理职业技能竞赛ZJ112卷接机组获奖选手、裁判员，在湖南常德召开行业征求意见座谈会。常德烟机公司成为行业卷接设备职业技能培训基地。与湖南大学合作举办技术人员高级研修班。全年有10套培训教材被评选为行业推广教材。

截至2013年底，全国烟草专用机械持证生产企业共有34家［原大树智能科技（南京）有限公司于2013年5月更名为南京大树智能科技股份有限公司］。

中国烟草机械集团有限责任公司

【概 况】 中国烟草机械集团有限责任公司（以下简称“集团公司”）组建于1999年，由中国烟草总公司、上海烟草集团和中国烟草总公司云南省公司、山东省公司、河南省公司共同出资组建，是烟草行业内第一家按现代企业制度框架组建的专业化集团公司。后经股权变更，集团公司由中国烟草总公司控股，上海烟草集团及云南中烟、山东中烟、河南中烟等4家工业公司参股。2008年，经中国烟草总公司批准（中烟办〔2008〕305号），集团公司新增湖南中烟、湖北中烟、江苏中烟、安徽中烟、广东中烟等5家股东。增资扩股后，中国烟草总公司股权比例占67%，上海烟草集团占5%，云南中烟、河南中烟、山东中烟、湖南中烟、湖北中烟、江苏中烟、安徽中烟、广东中烟分别占3.5%。集团公司是中国烟机工业核心企业，对全国烟草专用机械的生产经营担负一定的行业管理职能。2011年，中国烟草总公司对集团公司增加投资10亿元（中烟办〔2011〕178号），总公司所占股权比例增至74.69%，上海烟草集团股权比例占3.87%，云南中烟、河南中烟、山东中烟、湖南中烟、湖北中烟、江苏中烟、安徽中烟、广东中烟分别占2.68%。

集团公司下辖7家控股企业，包括上海烟草机械有限责任公司、常德烟草机械有限责任公司、许昌烟草机械有限责任公司、秦皇岛烟草机械有限责任公司等4家烟机生产企业，北京达特集成技术有限责任公司（2013年2月由北京达特烟草成套设备技术开发有限责任公司更名而来）、中烟烟机零配件采购服务中心有限责任公司2家专业公司，以及设在上海专门从事烟机产品开发的中烟机械技术中心有限责任公司。集团公司持有云南烟草机械有限责任公司30%的股份。集团公司本部下设8个部门。

截至2013年底，集团公司拥有总资产123.9亿元，其中固定资产15.81亿元、流动资产100.02亿元，资产负债率为34.76%。有从业人员4876人，其中在岗员工4479人。

【领导机构】

董事会①

董事长：王建法

副董事长：周永森

董　事：于明芳　曲　伟　顾　波　朱怡聆　杨志忠　郑则豪　吴　俊　俞惠梅　卢安宁　林孟昌　李捍红（职工董事）

财务负责人：宋春华（—2013.6）
沈云龙（2013.6—）

监事会

主　席：张书东

监　事：王玉麟　陈俊奎（职工监事）

班子成员

总经理、党组书记：王建法

副总经理、总会计师、党组成员：宋春华（部门正职级）（—2013.2）（国烟人〔2013〕67号）

副总经理、党组成员：于明芳

副总经理、党组成员：沈云龙

副总经理、党组成员：曲　伟

享受公司副职待遇：付　嘉　胡淼炯　郭冬青　张彦岭

副巡视员：凌卫民

副巡视员：赵美燕

副巡视员：廖默然

【生产经营】　2013年，集团公司生产卷接包设备、滤棒成型及辅联设备947台（含225套成套设备和343台单机），销售965台（含243套成套设备和315台单机）；生产制丝、打叶复烤及二氧化碳膨胀烟丝生产线设备1084台（含9条成线和311台单机），销售1243台（含8条成线和325台单机）。

2013年实现销售收入68.07亿元，同比增长21.9%。实现税利12.3亿元，同比增长11.71%，其中利润8.47亿元，同比增长6.55%。三项费用率为13.56%。

【产品介绍】　2013年，集团公司主要产品有：7000支/分钟、8000支/分钟、10000支/分钟、16000支/分钟卷接机组；400包/分钟软盒硬条包装机组、400包/分钟硬盒硬条包装机组、550包/分钟硬盒硬条包装机组、800包/分钟硬盒硬条包装机组；400米/分钟和600米/分钟纤维滤棒成型机组；卷烟储存输送系统；滤棒储存输送装置；制丝生产线；打叶复烤线、二氧化碳膨胀烟丝生产线等。

【技术创新】　重大科技专项。6月，“超高速卷接包机组研制”重大专项引进技术国产化样机在上海通过国家局鉴定，国产卷接包设备实现从高速向超高速的跨越。继续推进具有自主知识产权的超高速供丝机研制等8个超高速卷接包机组研制第二阶段科研项目研究。

技术交流与合作。深化对外技术合作，完成GDX6S（600包/分钟）软盒包装机组、DF10（1000米/分钟）滤棒成型机组、KDF4（600米/分钟）滤棒成型机组等引进产品技术转化工作。与德国HAUNI（虹霓）公司联合研发柔性叶片松散回潮系统并交付用户使用，同时启动M5卷烟机合作生产洽谈；与意大利MONTRADE公司开展复合滤棒成型机技术引进谈判；与意大利COMAS（科马斯）、GARBUIO（高必优）公司开展制丝关键设备技术合作；与美国PROCTOR（普劳克特）、MACTAVISH（马克塔维奇）公司开展打叶复烤设备合作生产；引进美国菲斯本公司高速预压打包设备；与荷兰、日本等多家公司进行光谱除杂设备、滤棒发射机等领域的技术交流与合作探讨。

跟踪卷烟品牌工艺技术发展趋势，通过联合研发等形式快速响应工业企业的个性化装备需求，在行业内开展技术合作。与红塔集团共同建立行业级卷烟工艺与重点设备联合实验室；与贵州省局（公司）建立战略合作关系，联合开展散烟处理工艺设备研发；与贵州中烟联合研发上部烟叶特殊处理工艺；4家控股生产企业与济南卷烟厂建立全面技术合作关系，就27项课题开展联合攻关；与湖北中烟联合开展特殊包装形式设备项目研究；与安徽中烟合作研制雪茄烟设备。

加强与科研院所的合作，与清华大学、上海交通大学、湖南大学等科研院校建立长期稳定的合作关系。

【“三大中心”建设】　“大技术中心”建设。启动分布式“大技术中心”建设，整合技术中心和控股生产企业的技术力量，下发《关于推进大技术中心建设的实施意见》，组织各分中心编制建设方案、产品发展规划、项目计划管理等，召开四个技术分中心成立会议暨第一次技术工作会，完成KDF4（600米/分钟）滤棒成型机组项目在异地协同统一设计平台上的试点运行。

“大营销中心”建设。整合各所属企业营销资源，在集团公司层面构建“大营销中心”。面向行业试行“整体营销、系统服务”的工作模式，年内完成全部18家中烟工业公司和13家有打叶复烤企业的省级局（公司）的走访工作。召开国产超高速卷接包机组用户协调会，强化安装调试现场管理，杭州、青岛卷烟厂高速、超高速设备安装调试工作有序推进。转变市场服务保障模式，尝试提前深度介入工业企业技改项目，在新郑州、许昌等卷烟厂技改和搬迁前期准备过程中，成立专项工作对接协调小组，对烟机设备的拆解防护、搬迁运输、组装、调试、售后服务等拟定进行全过程跟踪方案，建立保障服务机制。

“大生产管理协调中心”建设。探索“大生产管理协调中心”建设思路和工作模式，加强集团公司对所属企业生产的指导，完成7组超高速卷接包成线设备的产销任务。以常德烟草机械有限责任公司为试点，推进“生产数据采集

① 公司财务负责人的任免是根据2013年6月集团公司第四届董事会第三次会议决议。

分析系统”建设模式研究。

【企业管理】 规范管理。落实行业“管理创一流”要求，制订下发《中国烟草机械集团有限责任公司关于控股企业流程管理工作的指导意见》，推进企业流程优化和管理提升工作。制订下发集团公司《生产性物资采购管理办法》和《供应商管理办法》，严格规范企业采购行为。

质量管理。落实集团公司“精益化制造”要求，重点解决产品生产组织和质量控制方面存在的问题，制订下发11项产品改进计划并全部完成落实。对控股生产企业的设备库存零件及现场零件进行抽查，加强零配件产品质量控制。

【设备管理与服务保障】 行业设备管理。11月，在青岛组织召开行业设备管理现场会，交流推广青岛卷烟厂“六精”设备管理方法，明确设备管理精益化是今后一段时期行业设备管理工作的中心任务。深化设备管理绩效评价工作，总体掌握行业主要生产设备运行数据。启动四个行业设备管理专题研究，完成“卷烟工厂设备状态监控”专题研究初稿。启动行业设备管理信息系统建设。

发展烟草农机。探索并成功实践北京达特公司商务集成、云南烟机公司生产制造的“烟夹”项目运行模式，截至7月，改造烤房3.15万座，生产烟夹725万件、散叶分风板130万件、烟夹操作台2213台，提前完成年度目标。拓展农业机械业务领域与保障范围，确定烟草田间移栽机械作为下一步工作重点，完成“多功能履带式烟草种植作业车”研制项目的立项工作。

烟机零配件与大修管理。推进零配件采购服务中心建设，基本完成与虹霓、FOCKE、G.D等3家主要进口零配件供应商的《市场服务协议》谈判，试运行进口零配件保税寄售采购模式。起草《中国烟草总公司烟机零配件集中采购实施细则》《中国烟草总公司烟机零配件供应商管理办法》等制度文件，对升级改造零配件交易监管网进行前期准备，启动烟机零配件编码标准制订工作。完成烟机大修、项修、改造信息管理系统建设，并于年底试点运行。

【队伍建设】 推进面向行业的职业技能培训基地建设。在湖南常德召开行业第四届烟机设备修理职业技能竞赛ZJ112卷接机组获奖选手、裁判员征求意见座谈会。在行业第二期烟机设备修理技师职业资格培训中，常德烟草机械有限责任公司承担卷接技能操作鉴定前的培训工作，并成为试点鉴定单位。出台《专业技术资格评审工作手册》。与湖南大学合作举办技术人员高级研修班。全年有10套教材被评选为行业推广教材，行业招投标监督管理业务系列案例教学片完成拍摄。起草集团公司《先进集体和先进个人评选办法》，开展第一届先进集体和先进个人推荐评选工作。

【特事要辑】 6月3—4日，“超高速卷接包机组研制”重大专项引进技术样机鉴定会暨成果发布会在上海召开，标志着超高速卷接包机组研制重大专项第一阶段即引进技术消化吸收阶段的任务完成。国家局副局长李克明出席会议并讲话。

9月27日，2013年中烟机械集团理事会会议在北京召开。

11月5日，2013年全国烟草行业设备管理现场会在山东青岛召开。国家局副局长李克明出席会议并讲话。

所属企业①

上海烟草机械有限责任公司

【概　况】 上海烟草机械有限责任公司最初为始建于1952年的上海烟草公司机械厂。1959年更名为上海轻工业机械制造厂；1970年更名为上海烟草工业机械厂，是中国第一家烟草机械专业生产企业；1999年成为中烟机械集团公司控股企业；2002年改制更名为上海烟草机械有限责任公司。下辖上海鑫隆烟草机械厂、上海烟草机械新场铸造有限责任公司、上海中臣烟草机械配件有限责任公司、上海中臣烟草数控技术有限公司、上海英国莫林斯烟草机械零备件寄售站有限公司等5家企业。公司本部下设22个部门，其中，数字化制造基地为2013年6月成立。截至2013年底，拥有总资产29.98亿元，其中固定资产5.84亿元、流动资产21.8亿元，资产负债率为30.47%。有从业人员1146人，其中在岗员工1108人。

2013年，公司被上海市人民政府评为“2011—2012年度上海市文明单位”；被中国安全生产科学研究院评为“安全生产标准化（机械行业）一级达标企业”。

【领导机构】

董事会②

董事长：胡淼炯

副董事长：郭　宇

董　事：刘嘉陵（职工董事）　李　梅
刘国平（—2013.6）　王伟琦（2013.6—）
王志祥　傅锦弟

监　事：陈俊奎　倪莉萍　田　静

班子成员

总经理、党委副书记：胡淼炯

副总经理：陈　黎　杨　军　王国跃

总会计师兼财务负责人：吴可音

党委书记：王志祥

调研员兼纪委书记：倪莉萍（2013.10—，之前任调研员兼纪委书记、党委委员、工会主席）（沪烟机工字〔2013〕11号）

工会主席：韩　芸（2013.10—）（沪烟机工字〔2013〕11号）

党委委员：魏安忠　孙　莉

调研员：傅锦弟

---

① 中国烟草机械集团有限责任公司所属企业均简称“公司”。

② 公司董事的任免是根据公司第二十次股东会暨第四届董事会第九次会议决议。

副调研员、党委委员：夏士红（2013.7—，之前任副总经理、党委委员）（中烟机集人〔2013〕169号）　秦小鸣

【生产经营】　2013年，生产整机71套（284台），单机5台；销售整机70套（286台）。全年实现工业总产值16.56亿元，工业增加值6.94亿元，销售收入16.71亿元。实现税利1.51亿元，其中利润4887万元。三项费用率为18.64%。万元产值综合能耗为8.88千克标煤。

【产品介绍】　主要产品有ZB45型硬盒硬条包装机组、ZB25型软盒硬条包装机组、ZB47型硬盒硬条包装机组、ZB48型硬盒硬条包装机组及ZB28型软盒硬条包装机组，同时提供设备大修改造、零配件销售、设备数据采集和技术技能培训等服务。

【技术创新】　*新品研发*。6月，“超高速卷接包机组研制”重大专项引进技术国产化样机（ZJ116型卷接机组、ZB48型包装机组）在上海通过国家局组织的鉴定。10月，X6S 600包/分钟软包引进技术国产化样机（ZB28型包装机组）完成出厂验收。通过消化吸收，掌握核心技术和标准，攻克了大型箱体、薄板件、异形件等一批加工难题；ZB48型包装机组近75%的进口关键件实现国产化，并自主设计开发“一条一推”和“成像检测”等新功能。

产品改造提升。完成ZB47型包装机组辅机配置升级项目设计。完成全开式、平装式等新型包装设备项目研制。完成湖北中烟襄阳卷烟厂、河南中烟郑州卷烟厂等4组细支烟包装设备的改制，开展四川烟草工业有限责任公司成都卷烟厂、吉林烟草工业有限责任公司延吉卷烟厂细支烟包装设备等8组个性化产品的研制工作，以满足市场需求。

专利授权。全年申请发明专利4项，实用新型专利3项。获得实用新型专利授权7项。

【精益管理】　实行生产计划信息化执行管控，建立实时联动生产反馈体系，提高订单执行率，实现准时生产。开展车间可视化建设，实现数控机床联网，完善订单下达、车间派工等功能，促进精益生产。

【技术改造】　完成新建超高速包装机组重大专项技改项目的初期准备工作，实施西厂区拆除工程，桩基工程进入验收阶段，施工建设单位就位，开展厂房建设等。推进技改设备购置工作，重点、大型设备通过技术论证，完成招标与合同签订。

【特事要辑】　6月19日，国家局局长凌成兴、副局长何泽华到上海烟草机械有限责任公司考察。凌成兴指出，国产烟机研发和制造为烟草行业创造“三大辉煌”，在原始创新、集成创新、引进消化吸收再创新上作出重大贡献。国产烟机工业要再接再厉，为行业赶超国际先进水平作出新的贡献。

常德烟草机械有限责任公司

【概　况】　常德烟草机械有限责任公司最初为成立于1969年的常德电光机械厂，1999年完成公司制改造，更名为常德烟草机械有限责任公司，并成为中烟机械集团公司控股企业。下辖常德金叶机械有限责任公司、常德旺达工贸有限责任公司、常德烟机配件经销服务有限责任公司等3家企业。公司本部下设24个部门。截至2013年底，拥有总资产18.5亿元，其中固定资产3亿元、流动资产13.53亿元，资产负债率为13.45%。有从业人员1104人。

2013年，公司以突出“一个导向”（以市场为导向）、推进“两项工作”（办事公开民主管理，以及工程投资、物资采购和宣传促销）、抓好“三项建设”（“超高速、高速卷接机组技术改造及厂区扩建项目”建设、企业文化建设和职业化团队建设）、实施“四个加强”（加强技术创新、精益生产、用工分配制度改革、基础管理）为主要工作方针，重点开展“超高速、高速卷接机组技术改造及厂区扩建”“超高速卷接包机组研制重大专项卷接机组的研发”“ZJ116型超高速卷接机组转化设计”“新型8000支/分卷接机组的研发”等项目。

【领导机构】

董事会
董事长：周诗伟
董　事：吴熙亮　江海山　孟令军　刘存孝　秦继玉　郭宏斌
监事会
主　席：范　红
监　事：张孝堂　华建忠
班子成员
总经理、党委委员：周诗伟
党委书记：秦继玉
副总经理、党委委员：郭宏斌
副总经理：杨新安
副总经理、党委委员：鲁方霞
总会计师：熊卫国
纪委书记：高绪洲
党委委员：严重阳　向建平
工会主席：华建忠（—2013.5）（常工组字〔2013〕24号）
杨新安（2013.5—）（常工组字〔2013〕24号）

【生产经营】　2013年，公司生产烟草机械整机81套（162台），单机99台；销售烟草机械整机90套（180台），单机98台。实现工业总产值14.24亿元，工业增加值5.59亿元。实现销售收入14.33亿元，实现税利3.1亿元，其中利润2.2亿元。三项费用率为20.10%。万元产值综合能耗为17.1千克标煤。

【产品介绍】　主要产品包括ZJ17型卷接机组、ZJ112型卷接机组、ZJ116型卷接机组、YF13型卷烟储存输送系统、YF171A型滤棒储存输送装置、ZL26A型纤维滤棒成型机组、YF27A型滤棒气力输送系统、YF27B型滤棒气力输送系统、YF26A型滤棒接收装置、YF26B型滤棒接收装置、FY113型废烟支处理机、LOGA Ⅱ机改造；TH15A型手帕纸包装机组、TH20型手帕纸包装机组。

【技术创新】 ZJ116型超高速卷接机组样机于6月通过国家局组织的技术鉴定，完成超高速卷接机组研制重大专项的第一阶段工作。实施自主超高速卷接机组的前期研发工作，完成50%的设计工作。新型8000支/分钟卷接机组样机进入调试阶段。完成12000支/分钟超高速卷接机组研发项目的前期策划和可行性评审工作。茄衣成型机研发项目于11月通过集团公司验收，填补国内茄衣成型设备的空白。全年申请专利12项，其中发明专利7项；获得专利授权11项，其中发明专利授权3项。

【企业管理】 基础管理。修订完善12大类共52个管理标准。推进“创一流质量管理体系”建设，确立公司流程管理总图和二级流程清单。召开2013年企业转型发展研讨会暨第五次企业改革与发展战略研讨会，将会议形成的“产品战略和产品规划”等10个研讨成果作为企业需着重解决和处理的重点问题，纳入专项工作予以实施。

成本管理。开展招标工作，降低采购成本140万元；通过工艺定额和工种单价的重新核算，降低外协成本59.7万元；通过优化设计，降低成本192.15万元；对车间耗用工具、量具、刀具执行定额控制标准，节约资金80万元。全年累计降低成本471.85万元。

【技术改造与信息化建设】 全面开展“超高速、高速卷接机组技术改造及厂区扩建项目”工程建设，截至年底，累计完成投资3.67亿元。推进企业信息化建设，开展PDM系统升级，完成装配大修车间可视化信息系统建设。完成轴承仿真系统项目建设，升级电气设计、二维设计等工具软件。

【人事政工】 队伍建设。全年招聘生产操作类员工29人，引进硕士研究生13人、本科生8人。培养技师9人、高级技师3人。截至年底，技师以上高技能人才增至52人，其中高级技师9人。选拔8名后备中层管理人员和1名中层副职管理人员。

企业文化。制订发布《企业文化建设实施规划(2013—2015年)》，开展企业文化案例故事征集活动。开展服务品牌建设，通过《中国烟草》《东方烟草报》等媒体对各个特色服务品牌进行专题报道。以知识竞赛和质量意识大讨论活动为平台宣贯产品质量意识。开展安全月活动，加强安全教育。通过板报宣传、不文明现象拍照展示等形式，引导员工珍惜粮食、拒绝浪费。

【特事要辑】 7月16日，国家局局长凌成兴、副局长李克明在常德烟草机械有限责任公司考察，参观新落成的超高速卷接机组技术改造项目三号厂房。凌成兴询问国产ZJ116型超高速卷接机组的安装调试情况，对常德烟机大力促进技术进步取得的成绩表示肯定，并要求企业抓住行业发展的良好机遇，为行业“卷烟上水平”和国产烟机工业的发展作出更大贡献。

许昌烟草机械有限责任公司

【概　况】 许昌烟草机械有限责任公司最初为成立于1958年的地方国营许昌市农具机械厂，1987年更名为许昌烟草工业机械厂，1999年划归中国烟草机械集团有限责任公司，2002年更名改制为许昌烟草机械有限责任公司。下辖许昌富思特烟机配件有限公司1个全资子公司。公司本部下设23个部门（2013年2月，撤销原市场营销部，成立营销中心；9月，撤销原研究所，成立技术分中心）。截至年底，公司拥有总资产13.36亿元，其中固定资产1.37亿元、流动资产9.4亿元，资产负债率为31%。有从业人员1418人，其中在册在岗员工1126人。

2013年，公司被中华全国总工会授予“会员评议职工之家示范单位”称号；被河南省总工会、省安全生产监督管理局授予“河南省安康杯竞赛优胜单位”称号；被河南省政府授予“河南省2012年全民技能振兴工程先进单位”称号。富思特公司工会被河南省总工会授予“河南省模范职工小家”称号。

【领导机构】

董事会

董事长：张彦岭

董　事：李捍红　张维群　贾会志　董秀明　曹顺兴（—2013.1）（中烟机集党〔2013〕1号）
张松军　吴永胜（2013.5—）（股东会第十九次会议暨第四届董事会第五次会议决议）

监事会

主　席：范　红

监　事：李留木　魏万昌

班子成员

总经理、党委副书记：董秀明

副总经理：张松军　王向东

副总经理、党委委员：吴永胜

总会计师：赵志莉

党委书记：张彦岭

纪委书记、党委委员、工会主席：魏万昌

党委委员：张建民

调研员：曹顺兴(—2013.1)(中烟机集党〔2013〕1号)

副调研员、党委委员：张梅香

副调研员：刘学海　陈定玺

【生产经营】 2013年，生产烟机整机73套（158台），单机239台；销售烟机产品整机78套（171台），单机217台。实现工业总产值6.97亿元，工业增加值2.37亿元。实现销售收入6.64亿元，实现税利1.02亿元，其中利润6877万元。三项费用率为25.92%。万元产值综合能耗为19.1千克标煤。

【产品介绍】 2013年，公司产品有主要三大类。一是滤棒成型类产品：ZL26C型纤维滤棒成型机组，ZL27型滤棒成型机，ZL22D 型滤棒成型机，YL43 型复合滤棒成型机组，ZL41 型复合滤棒成型机组；二是辅联物流类产品：ZF12B 型卷烟储存输送系统，YF17 型卷烟储存输送装置，ZF25 型滤棒自动发射与接收装置，YF71 型盘纸自动更换机，YF611 型条盒储存输送系统，YF611A 型条盒输送系统，YF63 型盒包储存输送系统，YF172 型滤棒固化储存输送装置，FY114 型废烟处理机，FY36 型废烟处理机，FY115 型废烟支处理机，YP19 装封箱机，YJ36 滤棒装盒机；三是卷接类产品：ZJ19B、ZJ15、ZJ114 型卷接机组。

【技术创新】 10 月 23 日，YP19 装封箱机、FY36 废烟支处理机、YJ36 滤棒装盒机等新产品项目通过集团公司组织的鉴定验收。继续开展 ZL29 型纤维滤棒成型机组（AF－KDF4 转化）、ZL28 型纤维滤棒成型机组（DF10 转化）的技术攻关和装配调试。完成 ZJ19B 后身改造项目总体结构方案定型并通过技术结题。YF712/713 包装机组物料站大理的样机（两组）进行联机调试。完成 YF17A 卷烟储存输送装置的装配调试和内部验收。完成 YF72 卷接机组物料站项目在红云红河集团红河卷烟厂的验收。全年获得专利授权 7 项。

【企业管理】 *质量管理*。以项目管理方式推动实施“一流质量管理”体系建设、服务品牌规划等八个年度管理创新项目。逐步建立产品质量追溯机制，全面提升产品质量。

现场管理。实施 6S 管理，按照新厂区技改进度，提前开展新厂区现场管理工作，出台《新厂区现场管理实施方案》。

精益管理。结合 ZL26C 柔性线运行模式，明确新产品 ZL29 型纤维滤棒成型机组、ZL28 型纤维滤棒成型机组的装配顺序，提高库存周转率，同时积极推进电装独立工作。完善《精益生产项目管理办法》，推进实施 17 个精益生产项目，提高精细化生产管理水平。

【技术改造】 推进易地技改项目，截至年底，主要建筑主体工程完工，安装进口设备及公用设备，厂房进入室内装修、安装阶段。全年易地技改项目计划投资 2.49 亿元，完成投资 2.01 亿元，签订技改各类合同 78 项，合同金额总计 4.16 亿元。

【信息化建设】 资金监管系统上线运行。完成 ERP 二期项目的前期调研、技术沟通、需求交流等工作。建立物料清点配送与追踪系统。实施易地技改网络规划。搭建公司现场设备的运行维护信息管理平台。

【人事政工】 *队伍建设*。修订发布公司《职工职务认证办法》。升级人力资源管理系统，增加员工绩效考核、能力素质、在线学习平台模块。开展“比工时，比攻关”立功活动和“冲刺四季度，打赢攻坚战”劳动竞赛活动。开展高级技师技能鉴定，取得高级技师资格证书 18 人。

企业文化。开展“同人”服务品牌、服务文化理念体系认知检查活动。编辑《公司行为规范（草案）》专刊，发布《公司行为规范（试行）》，开展公司行为规范知识竞赛活动。开展厂歌征集活动，征集厂歌歌词 50 篇并进行评选。发布《公司视觉识别系统应用管理办法》并就系统应用情况进行检查。

【特事要辑】 7 月 19 日，国家局局长凌成兴到许昌烟草机械有限责任公司调研，了解当前烟机的国产化情况、引进先进技术试制的新产品情况等。

秦皇岛烟草机械有限责任公司

【概　况】 秦皇岛烟草机械有限责任公司最初为中国轻工业机械总公司秦皇岛轻工业机械厂，1989 年 4 月划归中国烟草总公司管理，更名为中国烟草总公司秦皇岛烟草工业机械厂，2002 年 3 月组建秦皇岛烟草机械有限责任公司。下辖秦皇岛弘和机械有限责任公司、秦皇岛金叶物流有限责任公司 2 家企业。公司本部下设 18 个部门（2013 年 4 月，原企业管理部与综合管理部合并组建综合管理部；同月，撤销仓储物流部）。截至 2013 年底，拥有总资产 13.83 亿元，其中固定资产 3.83 亿元、流动资产 8.94 亿元，资产负债率为 34.75%。有从业员工 1123 人。

【领导机构】

董事会

董事长：郭冬青

副董事长：凌卫民

董　事：范思齐　贺　健　齐　琳　赵德玉　付东平

监事会

主　席：侯燕霞（—2013.5）（秦烟机〔2013〕51 号）
　　　　杨　帆（2013.5—）（秦烟机〔2013〕51 号）

监　事：田　华　张世成

班子成员

总经理、党委副书记：郭冬青（2013.3—，之前任总经理）（中烟机集党〔2013〕5 号）

副总经理：邹金华　王小飞　周海涛（—2013.8）（中烟机集人〔2013〕190 号）

党委书记：赵德玉

党委副书记、纪委书记、工会主席：张世成

党委委员：王小飞(2013.4—)（中烟机集党〔2013〕5 号）
　　　　　范秀媛(2013.4—)（中烟机集党〔2013〕5 号）
　　　　　孙玉喜(—2013.4)（中烟机集党〔2013〕5 号）
　　　　　刘宝东(2013.4—)（中烟机集党〔2013〕5 号）

调研员：王力明（—2013.4，之前任调研员、党委委员）（中烟机集党〔2013〕5 号）
　　　　刘习申（—2013.1，之前任副总经理、调研员）（中烟机集人〔2013〕14 号）

副调研员：刘军民（—2013.4，之前任副调研员、党委委员）（中烟机集党〔2013〕5 号）

副调研员、党委委员：付东平

【生产经营】 2013 年，公司生产烟草机械整机 9 套（773 台），单机 311 台；销售烟草机械整机 8 套（918 台），单机 325 台。实现工业总产值 8.74 亿元，工业增加值 2.09

亿元。实现销售收入9.45亿元，实现税利1.42亿元，其中利润7950万元。三项费用率为20.83%。万元产值综合能耗为25.16千克标煤。

【产品介绍】 公司主要产品包括制丝产品、打叶复烤产品、二氧化碳膨胀烟丝产品。制丝产品：KLD滚筒式烘丝机（德国虹霓公司合作设备）、WF3205热风润叶机、TSV垂直切片机（德国虹霓公司合作设备）、TB松散回潮加料滚筒（德国虹霓公司合作设备）、HT回潮机（德国虹霓公司合作设备）、SJ291加香机、SJ1235A叶丝加料机、IB－F压梗机（德国虹霓公司合作设备）、SH3319A分段式烘丝机、WQ711A/WQ712A隧道式叶丝回潮机、SH35E/SH36E滚筒管板式烘丝机、FT6311机械式垂直分切机、SJ16D型加料机、WQ326A型滚筒式烟梗回潮机及配套电气控制系统等。打叶复烤产品：KG326型烟梗复烤机、KG278型叶片复烤机、MTZ21打叶器、WG2401型刮板喂料机、KG431D碎片干燥机、AW9451卧分卧式打叶机及配套电气控制系统等。二氧化碳膨胀烟丝产品：SP66型升华装置、SP26型浸渍装置、WQ396型滚筒式叶丝回潮机、SP27型浸渍装置、SP67型升华装置、WQ397型滚筒式叶丝回潮机及配套电气控制系统等。

【技术创新】 10月10—11日，“SH711A型塔式梗丝膨胀装置”“高速风分系统原理研究”“筒式烘丝机智能控制系统原理研究”等五个项目通过集团公司组织的新产品验收。11月29日，“SY232型压梗机国产化研制”“WF3214A型热风润叶机（ϕ2400×10000）”“加料加香回潮机的国产化研制”等6个项目通过公司组织的新产品结题。全年申请专利4项，获得专利授权8项。

【企业管理】 *基础管理。*开展创建“一流质量管理体系”和流程优化工作，制订公司《创建一流质量管理体系实施方案》；制订《流程优化工作实施方案》，成立流程优化工作推进委员会和办公室，对2012年首次流程检查出的问题进行整改落实，完成16个补充完善流程的讨论及编制。

修订出台《供应商管理考核办法》，逐步建立完善价格库制度。修订《部门绩效管理考核办法》，将部门绩效考核通过信息化平台进行固化，实现对考核数据的信息化数据分析。强化6S管理，制订《强力推进6S管理实施意见》《定置管理规定》，明确生产现场和办公室的定置定位图。完成企业管理标准的换版工作。公司通过“一级安全生产标准化企业”评审。

*QC活动。*2013年，公司“缩短贮罐的制作周期”“提高简单管段的设计速度”“缩短滚筒式烘丝机低温进料后的过渡过程”等3项成果获得河北省科技质量成果奖，实施3个项目的QC小组均获得“河北省优秀质量管理小组”称号。

【技术改造】 新征50亩建设用地，主要用于包装仓储物流建设。秦皇岛专家公寓项目工程完工，实际完成投资1931万元。联合工房及半成品库改扩建项目完成初步设计。

【信息化建设】 3月1日，OA管理系统正式上线运行。将OA管理系统与ERP系统结合，开发ERP单点登录功能、物料编码维护流程、库存信息实时数据查询功能、质量一次交验合格率查询功能；与网站系统结合，开发新闻审核推送功能；开发报表管理功能。加强信息安全建设，发布《信息安全管理制度》等，对VPN设备进行升级，对灾备机房存储设备进行扩容并增购实时备份设备，重新部署网站程序的安全架构。

【合作交流】 与德国虹霓公司就联合研发柔性松散回潮系统项目进行沟通协作。转化和消化美国马克塔维奇公司转让的打叶器和风分器图纸。与荷兰CE公司就风选除杂设备进行初步洽谈交流。与意大利科马斯公司就新型加料装置进行技术交流，并签署技术合作会议备忘录。与美国PROCTOR（普劳克特）公司合作，为华环国际烟草有限公司生产烟片复烤机、刮板喂料机和提升喂料机。

【人力资源管理】 制定《员工绩效考核管理办法》，修订完善《劳动规章制度汇编》，年内补充岗位说明书9个。全年举办内部培训班60期，参培员工共计2798人次。参加外部培训班48期，参培员工共计430人次。

【特事要辑】 12月30日，国家局局长凌成兴、副局长赵洪顺到秦皇岛烟草机械有限责任公司考察。凌成兴肯定公司工作成绩，认为主要体现为“一个重大突破，三个主体地位”，即在提升发展上取得重大突破；在行业内逐步确立烟草制丝装备制造、打叶复烤装备制造、烟丝膨胀装备制造的主体地位。强调下一步要树立缩小与国际烟机研发制造水平差距的雄心壮志，通过对标发现自身差距，攻克主体机型核心技术，研发要突破，机械要做精，注重“弯道加速”，实现跨越发展，瞄准先进标杆，赶超国际水平。

中烟机械技术中心有限责任公司

【概　况】 中烟机械技术中心有限责任公司（以下简称“技术中心”）成立于1999年。2012年11月，国家局批复同意技术中心成为中国烟草机械集团有限责任公司的全资子公司，上海、常德、许昌、秦皇岛烟草机械有限责任公司等4家烟机生产企业所持有的中烟机械技术中心的股权无偿划转给集团公司。主要职责是负责国产烟机研发与设计。公司本部下设8个部门（2013年3月，原信息工程研究室调整为信息与设备管理部；9月，撤销电控研究室，新增政治工作部，与综合管理部合署办公）。截至2013年底，拥有总资产2.92亿元，其中固定资产1亿元、流动资产1.89亿元，资产负债率为2.98%。有在岗员工82人。

2013年是实施转型发展战略的启始之年，公司以“夯实基础、着力创新、全面推进研发上水平”为主要任务，以重大专项为代表的产品研发工作和着力推进大技术中心建设工作为重点工作，深入开展转型调整。

【领导机构】

董事会①

董事长：王崇光（—2013.1）　王建法（2013.1—，之前任副董事长）

董　事：范思齐（—2013.1）　杜国锋（—2013.1）

董祥云（—2013.1）　张红代（—2013.1）

陈　黎（—2013.1）　鲁方霞（—2013.1）

王向东（—2013.1）　王小飞（—2013.1）

执行董事：曲　伟（2013.1—）

监　事：侯燕霞（—2013.1）　范　红（2013.1—）

班子成员

总经理：杜国锋

副总经理：韩　芸（—2013.6）（中烟机集人〔2013〕189号）

段书亭　周海涛（2013.8—）（中烟机集人〔2013〕190号）

副总经理（兼）：陈　黎（2013.11—）（中烟机集人〔2013〕238号）

鲁方霞（2013.11—）（中烟机集人〔2013〕238号）

王向东（2013.11—）（中烟机集人〔2013〕238号）

王小飞（2013.11—）（中烟机集人〔2013〕238号）

党总支书记：杜国锋（2013.5—）（中烟机集党〔2013〕6号）

党总支副书记：段书亭（2013.12—）（中烟机技总支〔2013〕70号）

党总支委员：李　彪（2013.12—）（中烟机技总支〔2013〕70号）　袁亚安（2013.12—）（中烟机技总支〔2013〕70号）

周国良（2013.12—）（中烟机技总支〔2013〕70号）

调研员：魏安忠（2013.5—，之前任调研员、党总支书记）（中烟机集党〔2013〕6号）

副调研员：龚美华（—2013.6）（中烟机集人〔2013〕189号）

【生产经营】　2013年，实现销售收入6234万元。实现利润1038万元。三项费用率为25.46%。

【技术创新】　超高速卷接包机组研制。6月3日，超高速卷接包机组研制重大专项16000支/分钟ZJ116型超高速卷接机组样机和800包/分钟ZB48型超高速包装机组样机通过国家局鉴定。机组样机的成功研制，填补国产超高速卷接包装设备的空白。

项目研究。全年承担18个科研项目，其中国家局科研项目14个、集团公司科研项目4个，16项由技术中心作为第一承担单位。申报22项专利，其中发明专利13项、软件著作权2项，全部获得受理。

大技术中心建设。在常德烟机公司、上海烟机公司、许昌烟机公司、秦皇岛烟机公司等各技术分中心初步建立大技术中心架构下的组织机构，分别为卷接设备技术分中心、包装设备技术分中心、成型物流设备技术分中心、制丝设备技术分中心。

【标准化工作】　1月，由技术中心负责起草的行业标准“烟草机械产品用标牌”由国家局发布实施。6月，由技术中心负责起草的国家标准“GB/T 29537－2013《80o非密封管螺纹》”由国家质量监督检验检疫总局发布实施。由技术中心作为主要完成单位的“烟草行业产品安全标准体系研究”项目获得总公司第三届标准创新贡献奖三等奖，这是技术中心首次获得该类奖项。完成烟机分标委换届工作，第六届烟机分标委由国家局批准成立；11月，召开第六届烟机分标委第一次工作会议，“烟草机械操作指示形象化符号”等3项行业标准通过审定。

【信息化建设】　完成异地协同设计平台项目PDM系统（Windchill8.0）建设的招投标，制订PDM系统建设实施方案及工作计划，截至年底，完成系统开发并进行功能测试。完成物流成型分中心的KDF4项目，进行试点应用验收。

北京达特集成技术有限责任公司

【概　况】　北京达特集成技术有限责任公司成立于1998年3月，原名北京达特膨胀烟丝成套设备工程有限责任公司。2002年10月，更名为北京达特烟草成套设备技术开发有限责任公司。2013年2月，更名为北京达特集成技术有限责任公司。公司由中国烟草机械集团有限责任公司、五洲工程设计有限公司、秦皇岛烟草机械有限责任公司共同投资组建，2013年11月，公司注册资本增至2000万元。公司集科、工、贸于一体，实施机、光、电、控一体化的成套设备工程，并承揽烟草工、商物流设计（咨询）与集成业务。公司本部下设10个部门。截至2013年底，拥有总资产5.21亿元，其中，固定资产497.06万元、流动资产5.155亿元，资产负债率为86.76%。有在岗员工90人。

2013年，公司在保证膨胀烟丝、电控、物流三项主业平稳发展的基础上，积极推进农机项目，加大物流由咨询向集成转型的力度。进一步加强基础管理，完善各项规章制度，较好地完成预期目标。

【领导机构】

董事会

董事长：凌卫民

副董事长：陈海英

董　事：金　波　郭冬青

监事会

主　席：杨　帆

① 根据2013年1月公司下发的《股东决定书》进行技术中心董事、监事的换届。

监　事：张国辉　刘习申

班子成员

总经理：于忠泉

副总经理、财务负责人：李建梅

党支部书记、副总经理、总工程师：尉培旭

组织委员：安会平

宣传委员：李文彪

工会主席：王小为

【生产经营】　2013 年，公司实现营业收入 4.4 亿元，同比增长 191.85%。实现税利 5134.68 万元，同比增长 45.39%，其中利润 4685 万元，同比增长 106.8%。

【技术创新】　2013 年，公司开展的科技开发项目共有 11 项，其中，与红云红河集团共同完成的“面向分组加工及订单生产的柔性制造系统”项目获得总公司 2013 年科学技术进步三等奖。年内申请发明专利 2 项、实用新型专利 5 项；获得发明专利授权 2 项，实用新型专利授权 3 项。

中烟烟机零配件采购服务中心有限责任公司

【概　况】　中烟烟机零配件采购服务中心有限责任公司最初为成立于 1995 年的北京特思达机电技术开发有限责任公司，最初由中国烟草机械集团有限责任公司控股，上海、常德、许昌、秦皇岛烟机公司共同出资组建。2012 年 9 月 26 日，北京特思达公司经转股、更名、增资、变更经营范围，由中国烟草机械集团有限责任公司独资组建并更名为中烟烟机零配件采购服务中心有限责任公司，担负行业烟机零配件集中采购管理与服务职责。公司本部下设 3 个部门（2013 年取消信息部）。截至 2013 年底，拥有总资产 2.34 亿元，其中固定资产 489 万元、流动资产 2.27 亿元，资产负债率为 5%。有从业人员 24 人。

【领导机构】

董事会

董事长：王建法

董　事：付　嘉　王　珩　刘嘉陵　王　诚

监　事：曲　伟　陈俊奎　周立铭（2013.12—）（根据 2013 年 12 月公司第一届董事会第二次会议决议）

班子成员

总经理：付　嘉

副总经理：王　珩　黄云海（2013.4—）（国烟人〔2013〕177 号）

【生产经营】　2013 年，实现销售收入 3.85 亿元。实现税利 1669 万元，其中利润 1244 万元。三项费用率为 2.54%。

【信息化建设】　开发进口专用烟机零配件交易系统，完成办公网络硬件环境基础设施建设。确定行业烟机零配件编码标准建设和统一工作的模式，在行业内开展烟机零配件编码管理情况调研。

云南烟草机械有限责任公司

【概　况】　云南烟草机械有限责任公司最初为成立于 1991 年的云南烟草机械厂。2008 年 3 月，国家局批复同意云南中烟工业公司以云南烟草机械厂优良资产出资（股份比例占 70%），中国烟草机械集团有限责任公司以现金方式出资（股份比例占 30%），在云南昆明组建云南烟草机械有限责任公司。2008 年 6 月，云南烟草机械有限责任公司正式注册成立。公司经营范围主要包括烟机修理、配套件加工、零配件销售及技术改造、烟用农业机械等。公司本部下设 16 个部门（2013 年 5 月，新设烟用农机产品开发部、烟用农机车间）。截至 2013 年底，拥有总资产 2.49 亿元，其中，固定资产 5071 万元、流动资产 1.87 亿元，资产负债率为 31.82%。有从业人员 332 人。

【领导机构】

董事会

董事长：张　俊

董　事：范思齐　毛　军　张　年　张　诚

监事会

主　席：董翠珍

监　事：陈俊奎　曹　阳

班子成员

总经理、党委副书记：张　年

副总经理、党委书记：杨建东

副总经理、党委委员：殷伟刚　王爱国

副总经理：李　富

纪委书记、党委委员、工会主席：李正旭

【生产经营】　2013 年，公司实现工业总产值 3.99 亿元，工业增加值 9665 万元，实现销售收入 3.99 亿元。实现税利 4004 万元，同比增长 31%，其中利润 2505 万元，同比增长 42.5%。三项费用率为 11.05%。万元产值综合能耗为 3.52 千克标煤。

【技术创新】　机组调试修理。完成红云红河集团昆明卷烟厂异型包装机组条盒玻璃纸切刀改造、烟包添入装置改造。为 GDX1 机组小花封签开发运行平稳性装置，完成装配并进入工业化负荷检验。对昆明卷烟厂 GDX2000 机型 5 号、6 号轮部组进行联合修理。完成 FOCKE700 机型商标车的修理。参与红塔集团玉溪卷烟厂 GDX500 机型升级改造，安排试制常用零配件 71 项。电气开发工作围绕 GDX2000 电气改造项目和 GDX500 大修筹备工作同时展开。开展高速、超高速包装机组零配件测绘开发工作。

烟草农用机械研究。承担烤烟用烟夹及分风板产品的研发，制订“扁针梳式烟夹”“圆针梳式烟夹”和“散叶分风板”3 项技术标准。获实用新型专利授权 3 项。改进装烟工作台，研发电子称重、机械称重 2 种装烟工作台。设计研发单桅杆式、伸缩式提升机等产品。以山地型烟苗移栽机为切入点，实施烟用农机技术攻关与创新，完成产品总体布局、关键件的选定设计。

【基础管理】　公司“三管理体系”通过中国质量协会年度监督审核。加强财务管理，对烟夹和分风板制造业务单独编制预算，汇总纳入公司整体预算，确保预算的完整性和可执行性；建设成本核算体系，构建农机业务财务管控模型。推进厂务公开、民主管理，修订《公司办事公开民主管理实施办法》，通过司务公开栏、ERP系统办事公开栏目，公开各类信息170余项，促进民主管理水平不断提升。

烟草专用机械持证生产企业名单

序号	企业名称	企业地址
1	上海烟草机械有限责任公司	上海市浦东新区云间路2555号
2	常德烟草机械有限责任公司	湖南省常德市武陵区长庚路中段
3	许昌烟草机械有限责任公司	河南省许昌市工农路南端
4	秦皇岛烟草机械有限责任公司	河北省秦皇岛市经济技术开发区龙海道67号
5	天津华一有限责任公司	天津市红桥区丁字沽三号路8号
6	昆明船舶设备集团有限公司	云南省昆明市人民东路3号
7	颐中（青岛）烟草机械有限公司	山东省青岛市崂山区株洲路177号7号楼
8	贵州平水机械有限责任公司	贵州省安顺市平坝县210信箱
9	北京长征高科技公司	北京市丰台区科兴路7号210室（园区）
10	张家口市通用机械有限责任公司	河北省张家口市桥西区新村南路14号
11	杭州萧山烟草机械设备有限公司	浙江省杭州市萧山区临浦镇通一村（后沈）
12	沈阳飞机工业（集团）有限公司	辽宁省沈阳市皇姑区陵北街1号
13	西安东风仪表厂	陕西省西安市东仪路
14	武汉船用机械有限责任公司	湖北省武汉市青山区武东街9号
15	昆明市风动新技术集团发展有限公司	云南省昆明市高新区科泰路
16	中船总第七研究所715研究所宜昌分部	湖北省宜昌市绿萝路43号
17	巩义市建设机械制造有限公司	河南省郑州市巩义市城东石灰务工业区
18	云南烟草机械有限责任公司	云南省昆明市高新技术开发区科医路43号
19	昆明烟机集团二机有限公司	云南省昆明市东郊金马寺
20	昆明烟机集团三机有限公司	云南省昆明市经济技术开发区信息产业基地15－#2号地块
21	宝应仁恒实业有限公司	江苏省扬州市宝应县苏中路北首
22	江苏恒森烟草机械有限公司	江苏省徐州市经济开发区杨山路99号
23	宁波轻工机械制造有限公司	浙江省宁波市镇海区骆驼工业区南一西路78号
24	江苏智思机械集团有限公司	江苏省武进市高新技术产业开发区凤鸣路18号
25	北京达特集成技术有限责任公司	北京市经济技术开发区地盛北街1号25号楼
26	东方机器制造（昆明）有限公司	云南省昆明市经济技术开发区牛街庄片区11－1号地
27	南京大树智能科技股份有限公司	江苏省南京市江宁区经济技术开发区挹淮街8号
28	机科发展科技股份有限公司	北京市海淀区首体南路2号
29	扬州市天宝自动化工程有限公司	江苏省扬州市宝应县柳堡镇仁里工业园区
30	合肥安大电子检测技术有限公司	安徽省合肥市长江西路669号高新技术开发区安大科技园电子楼
31	云南紫金科贸有限公司	云南省昆明市金星广场A幢3楼
32	上海兰宝坤大智能技术有限公司	上海市奉贤区金汇镇世永路228号
33	开封东方机械有限公司	河南省开封市通许县北工业园丽星路中段
34	深圳市格雷柏机械有限公司	深圳市福田区田安数码城创新科技广场B1710

注：2012年7月，深圳市格雷柏机械有限公司由如皋市恒昌烟草设备有限公司更名而来；2012年7月，北京信易发烟机技术开发中心歇业。

（撰稿：华　伟；编辑：谢争艳）

卷烟辅助材料生产企业

南通醋酸纤维有限公司

【概　况】　南通醋酸纤维有限公司（以下简称“南纤公司”）成立于1987年3月，由中国烟草总公司与美国塞拉尼斯公司合资经营，是集化工、化纤、热电为一体的大型工业企业。南纤公司占地面积79.35万平方米，总投资7.59亿美元，其中中方投资占69.32%，美方占30.68%。南纤公司主要产品为烟用二醋酸纤维丝束（简称醋纤丝束）及其配套原料二醋酸纤维素片（简称醋片），其中，醋纤丝束销售到全国近60家卷烟生产企业；醋片作为醋纤丝束的生产原料，除公司自用外，同时供应昆明和珠海两家醋酸纤维有限公司以及海外市场。截至2013年底，拥有总资产44.49亿元，其中，固定资产26.48亿元、流动资产14.43亿元，资产负债率为12.32%。有在岗员工824人。

2013年，南纤公司以科学发展观为引领，坚持“安全、绿色、创新、共赢”核心价值观，围绕“建设国际一流醋纤企业”目标，转变发展方式、突出创新驱动和文化引领。建立基于卓越绩效的管理模式，深入推进精益六西格玛管理，重点突出技术创新，全面加强队伍建设，提升组织的执行力、企业的竞争力和团队的文化力。醋纤丝束和醋片两大主产品的产量、主要质量指标以及企业实现利润均创历史最好水平，生产经营实现持续健康稳定发展。

2013年，南纤公司被江苏省政府授予“2012年江苏省质量奖”，成为首批获奖的三家企业之一；被江苏省质量技术监督局授予“江苏省AA级质量信用企业（2012年）”称号。

【领导机构】　南纤公司实行董事会领导下的总经理负责制，主要领导成员有：

董事长：刘敬如
副董事长：艾里奥特（Todd Elliot）（—2013.5）
副董事长：卢沛荣（Louis Eugene Purvis）（2013.5—）
总经理、党委书记：孙桂泉
副总经理、党委委员：杨占平
副总经理、党委委员：茅　俊
副总经理、党委委员：张　杰
副总经理、党委委员：江建军
副总经理：王文庭（Wen Wang）
副总经理：雷明思（Erik Lamers）
党委委员、工会主席：钟　朝（—2013.9）（国烟党〔2013〕76号）

【机构设置】　南纤公司下设安全环保部、质量管理部、办公室、人力资源部、财务部、账务部、供销部、设备项目部、技术部、市场服务部（2013年新设）等10个职能部门，制备回收生产部、醋片生产部、纺丝生产部、制浆丙酮生产部、热电生产部、动力生产部、机械维修部、电仪维修部、环保项目办公室等9个生产维修部门，另设党委（工会）办公室。受董事会委托管理醋纤丝束技术中心，技术中心下设技术及新产品研究室、客户技术支持及分析室、信息技术室、综合管理室等4个部门。

【生产经营】　2013年，生产丝束98109吨，同比增长27.2%；销售丝束96186吨，同比增长23.1%。生产醋片176480吨，同比增长25%；销售醋片76222吨，同比增长10.4%。全年实现利润21.83亿元，同比增长30%。

【辅料生产供应】　确保辅料生产供应，辅料主要为醋纤丝束油剂，用于醋纤丝束生产润滑、集束、防静电。醋纤丝束油剂以白油、乳化剂为主要原料，根据醋纤丝束的生产特点和要求配制。全年生产油剂2047吨，除自用外，还向昆明和珠海两家醋酸纤维有限公司销售油剂863吨。

【企业管理】　2013年，南纤依托精益管理、一体化管理体系，通过系统整合管理方法，建立以管理要素为中心，精益方法为手段，国际一流为目标，集“决策、精益运营、测量分析、改进创新”四大管理系统在内的卓越质量经营管理模式。创新性整合五大体系及卓越绩效管理的要求，以12个管理要素为主线，规范公司生产经营活动中各部门的职责要求，形成3个手册、12个程序文件、52个制度及工作文件的四级文件体系。

【技术创新】　南纤公司以创新推动质量和内涵发展，启动超高速纺/丝束集成技术研究，取得较大进展。科技减排成效显著，多效蒸发除磷技术研究取得成功，除磷效率优于国家要求环保排放标准；脱硫提效及降低烟尘携带研究取得阶段成果，项目实施后脱硫效率将提高到98.5%以上。纺丝生产部“蒸汽冷凝液余热综合利用”获得第四届全国职工优秀技术创新成果优秀奖。全年获得国家发明专利授权6项，实用新型专利授权4项。

【精益生产】　持续推进全员、全面、全过程精益生产工作，形成“全员参与、全员改进、全员创新”的改善氛围。全年员工提出合理化建议6342条，人均6.6条，实施率达到69.65%。开展QC小组活动，机械维修部“提高酸槽侧式搅拌器主轴密封的完好率”QC小组、制浆丙酮生产部“降低吸附床蒸汽消耗”QC小组、热电生产部“降低二氧化硫排放浓度异常频次”QC小组均获得“全国优秀QC小组”称号，热电生产部“降低给水泵耗电率”QC项目获得江苏省电力行业QC成果一等奖。

【工程建设】　1月，多品种浆粕产业化应用技术改造项目投产，项目年增产醋片1.5万吨，公司醋片生产能力提升至17.5万吨，在满足南纤、昆纤、珠纤丝束生产的同时，打开国际市场，销往英国、比利时。6月，项目通过国家局组织的72小时生产性能考核。

五期工程竣工验收工作全面展开，通过环保验收、消防验收、节能验收、职业卫生验收、规划验收、安全设施验收、绿化验收、档案验收和财务决算审计。

【品牌营销】 南纤公司聚焦行业“532”“461”重点品牌建设，加大对重点品牌的服务力度。依托“中华”专线，不断提升“中华”卷烟配套丝束的KDF4高速成型机质量稳定性；利用“利群”专线，高稳定性吸阻滤棒的研制及应用项目进展顺利，完成3.8/32000规格丝束优化、试验认证和定型工作；为“云烟”品牌匹配3.0/35000规格丝束，产品质量和适应性获得红云红河集团认可。全年丝束用户满意度、忠诚度分别达到91.85分和96.11分。

【节能减排】 重新修订《环境管理程序》《废弃物管理制度》等环保文件制度，促进环保工作的常态化、制度化；同时，实施热电锅炉除尘脱硝改造、三效蒸发除磷、蓄热式热力氧化炉等多个重点环保项目，进一步提升节能减排水平。全年节约标煤1.07万吨，节能率为2.29%。二氧化硫排放总量为219吨，仅占环评指标的10%；化学需氧量COD排放总量为344吨，占环评指标的52%。

【对标工作】 南纤公司将对标工作与战略规划、部门工作职责紧密结合，通过全面绩效管理体系，层层分解落实，扎实推进。2013年，在45个国际一流对标指标中，有37个指标达到或超过原定目标值，对标完成率82%，同比提升2个百分点，全员实物劳动生产率首次达到国际一流水平。结合内外部环境变化，公司对国际一流对标体系进行调整，提高其中6个指标的目标值，最终形成总计44个指标的新体系，将于2014年起实施。

【信息化建设】 南纤公司将信息化应用推广到新的生产、业务管理领域。PI（实时数据库）项目整合十余套生产控制系统，实现全公司生产数据的实时采集；CRM（客户关系管理）项目整合现有物流信息平台，梳理、优化醋片和油剂发货流程，统一数据入口，进一步丰富客户服务手段；PPMS（生产管理信息系统）项目实现全厂45个交接班在统一的平台上进行，按照“五定”原则制定生产和维修部门90条线路、22000条巡点检标准，有效提高巡点检质量。

【人力资源管理】 南纤公司针对五期工程后大生产、大系统的生产经营管理特点，按照“明确定位、清晰职责、从紧定编、高效运作”的原则，启动新一轮“定岗、定编、定员”工作，对200余个岗位进行职责梳理和调整。对21名中层管理人员进行期间综合考核，全面系统评价业务素质、职责履行、工作绩效、创新管理、员工满意等情况。8名中层管理人员调任新岗位，岗位交流率超过30%。

【企业文化】 南纤公司以“安全、绿色、创新、共赢”核心价值观为基石，形成新的企业文化体系，确立“片片真情创价值、丝丝入微求卓越”的企业使命，“成为全球领先的醋纤企业”的企业愿景，“务实、重责、聚智、争先”的企业精神；制定“八提倡八反对”的员工行为公约和“高、实、精、勤”的员工行为准则；推出新的企业标识和视觉识别规范。在文化建设方面，举办微电影比赛、组织微公益活动、搭建微分享平台，汇编《丝路心语》企业文化故事集。

【特事要辑】 1月30日，多品种浆粕产业化应用技术改造项目投产。项目年增产醋片1.5万吨，达产后，公司醋片年生产能力达到17.5万吨，在满足南纤、昆纤、珠纤三家公司丝束生产需求的同时，打开国际市场，销往英国、比利时。

7月10日，在江苏省质量工作会议上，南纤公司等三家企业荣获首届“江苏省政府质量奖”。该奖项由江苏省人民政府设立，主要授给实施卓越绩效管理、取得显著经济效益和社会效益的组织。

11月12日，南纤公司召开第六次技术创新大会。会议对21个技术创新成果、6个管理创新成果、3个合理化建议、10名创新型和技能型员工进行表彰。

11月30日，国家局局长凌成兴到南纤公司考察，肯定企业取得生产规模、装备能力、管理水平“三个全球领先”的好成绩，为行业实现无嘴卷烟到有嘴卷烟、丙纤滤棒到醋纤滤棒、依赖进口到自主生产为主“三个重大跨越”立了大功，希望继续坚持安全生产和科技创新“两个常抓不懈”。凌成兴同时针对企业安全生产工作，提出抓住“三个关键”、突出“四个重点”的要求。抓住“三个关键”就是要坚持安全第一、人命关天的发展理念；坚持队伍建设，落实岗位责任；狠抓隐患排查，狠抓隐患整治。突出“四个重点”就是突出做好醋纤丝束生产企业、烟叶和卷烟仓库、烟叶和卷烟的运输企业、行业一部分多元化投资重点企业的安全生产工作。

（撰稿：陈丹彤；编辑：王东旭）

珠海醋酸纤维有限公司

【概　况】 珠海醋酸纤维有限公司（以下简称“珠纤公司”）成立于1993年5月20日，由中国烟草总公司和美国塞拉尼斯公司合资兴建。珠纤公司占地面积约17万平方米，总投资8831万美元，其中中方投资比例占70%、美方占30%。珠纤公司专业生产烟用二醋酸纤维素丝束，年设计生产能力为3.2万吨。截至2013年底，拥有总资产9.02亿元，其中，固定资产1.36亿元、流动资产7.25亿元，资产负债率为20.85%。

2013年，珠纤公司按照“狠抓基础、搬迁扩建、创新驱动、追求卓越、争创国际一流醋纤企业”的总体工作目标，在安全管理、节能减排、增产增收、技术创新、文化建设等方面取得突出成绩。

【领导机构】 珠纤公司实行董事会领导下的总经理负责制，主要领导成员有：

董事长：刘敬如

副董事长：艾里奥特（Todd Elliot）（—2013.5）

副董事长：卢沛荣（Louis Eugene Purvis）（2013.5—）
总经理、党委书记：王 军
生产副总经理：查擎美（Charles Zha）
行政副总经理、党委委员：潘定益
工程副总经理、党委委员：刘 强（2013.1—，之前任维修与工程副总经理、党委委员）
财务副总经理：叶志全（Marcus Yip）
维修副总经理、纪委书记、工会主席、党委委员：赵树春（2013 年 1 月起任维修副总经理，5 月起任纪委书记）
总会计师、党委委员：武晓虹

【机构设置】 珠纤公司下设丝束生产部、公用工程部、电仪维修部、机械维修部、质量部、技术项目部（能源管理办公室）、安保部、企业管理部、营销部、账务部、财务部、信息化部、办公室、党委（工会）办公室等 14 个职能部门。

为推动搬迁扩建项目，珠纤公司于 2013 年 2 月正式成立搬迁扩建项目组。该项目组为建设期间的临时机构，下设综合计划组、工艺设备组、电仪信息组、安全管理组等 4 个专职工作小组，以及采购组、后勤组、法律审查组、监督审计组等 4 个兼职工作小组。

【生产经营】 2013 年，珠纤公司主要生产 2.7/35000（D0）、3.0/35000（A0）、3.0/35000（A3）、3.0/32000（C0）、3.0/32000（C1）、3.9/31000（G1）、3.9/31000（G0）七种规格醋酸丝束。全年生产醋纤丝束 3.61 万吨，同比增长 2.45%；销售醋纤丝束 3.58 万吨，同比增长 0.81%，产品销往全国 10 个省（市、自治区）。实现利润 3.69 亿元，同比增长 20.89%。

【质量管理】 优化浆液配置工艺，提高生产系统对多品种醋片的适应能力，各项质量指标达到历史最好水平，其中，丝束断头率为 0.089 个/吨，丝束线密度 CV 为 0.21，丝束合格率 99.48%。公司实验室正式获得中国合格评定国家认可委员会（CNAS）实验室认可证书（注册号 CNAS，L6121）。

强化"关键用户服务"战略，全面调整产品结构，全年低总旦丝束生产量占生产总量的 60%。加强用户服务，全年走访用户 107 厂次，深入烟厂举行交流会，增进与中烟投资公司和各级用户的共识。2013 年，顾客契合度为 90.3 分，全年无产品质量及服务方面的投诉。2014 年用户订货量超出公司产能 7%。

【技术创新】 完善日常创新机制。优化创新项目评审流程，修改年度评奖办法，实施创新绩效量化管理，增强创新激励。"7.3Y36500 丝束研发"等 38 个项目被评为创新项目。2013 年，员工提出合理化建议 1117 条，注册 QC 小组 17 个，参与员工 106 人次。公司"拓新一号"QC 小组被评为 2013 年度"广东省南粤之星银奖 QC 小组"，"卓越"QC 小组、"公用工程维修"QC 小组被评为 2013 年度"广东省优秀 QC 小组"。

水吸收丙酮工业化试验项目通过验收。验收鉴定委员会认为，该项目选题准确，应用价值显著，研究成果为国内首创，技术水平达到国际先进水平，具有推广价值。把工业化试验结果折算为年产丝束 3.5 万吨测算，全部应用水吸收法回收丙酮后，公司综合能耗可下降 21.2%。"更换烛型过滤器的方法及其实施该方法的系统"获得 2013 年国家发明专利授权。

【管理创新】 深化卓越绩效模式的开展，将卓越绩效模式推行到班组层面。建立《班组卓越绩效评价准则》，对班组卓越绩效成熟度进行评审，使卓越绩效模式深入基层。公司产品蝉联"广东省名牌产品"。

密切跟踪重油市场行情，全年批量锁定重油 1.9 万吨，重油采购成本较年度预算减少 1329 万元。严格执行各级预算，强化费用控制，全年可控费用 1581 万元，比预算节约 777 万元。固化内部流程，提高资金利用效率，全年利息收入 1522 万元，比预算增加 75 万元。

【节能减排】 强化"节能减排"战略，编制能源管理制度文件。提出"绿色低碳，创新节能"的能源方针，以创新项目促节能减排。2013 年节能 2174 吨标准煤，为广东省"十二五"节能减排当年任务量的 152%，吨丝束标煤消耗由 2012 年的 1.008 吨/吨降至 0.949 吨/吨。

【信息化建设】 完善绩效考核机制，完成人力资源信息系统绩效模块的上线运行。建立公司机密电子文档管理系统，加强电子文档的安全性，升级入侵检测系统。发挥 SAP 系统的作用，实现对各成本中心年度成本要素预算的控制，同时实现搬迁扩建项目的搬迁和扩建分账核算的功能。强化信息安全管理工作，完成对信息安全系统的全面梳理、全面诊断和全面加固工作。根据搬迁扩建项目的需求，完成和修改信息化规划。

【搬迁扩建】 抽调不同区域的专业人才组建搬迁扩建项目组，为项目建设提供有力支持。落实项目用地，明确搬迁补偿额度，推进《搬迁补偿协议》等重要协议的签署。编写了《项目可行性研究报告》《项目申请报告》《环境影响评价》《能源评估报告书》《安全预评价》《职业病危害预评价》《社会稳定评价》《地震安全评价》《水土保持方案》。打造行业"标杆工程"，制定九个方面的衡量指标。就细化、优化项目 14 项管理制度开展培训，加强项目管理措施的针对性、有效性和专业性。

（撰稿：蔡纯纯；编辑：王东旭）

昆明醋酸纤维有限公司

【概　况】 昆明醋酸纤维有限公司（以下简称"昆纤公司"）成立于 1993 年 5 月，由中国烟草总公司和美国塞拉尼斯公司共同投资兴建，占地面积 19 万平方米，总投资

9171.3 万美元，中方投资比例占 70%，美方占 30%。昆纤公司主要产品为烟用二醋酸纤维丝束，年生产能力为 3.5 万吨。截至 2013 年底，拥有总资产 10.08 亿元，其中，流动资产 8.47 亿元、固定资产 1.43 亿元，资产负债率 18.19%。有在岗员工 338 人。

2013 年，按照董事会的工作要求和总经理室确定的“坚持安全生产不动摇，强基础、严管理、抓对标、促创新、提素质、求实干、上水平”的工作方针，以安全生产为中心，以国际一流为标杆，以节能降耗为引领，持续推进技术和管理创新，不断深化企业文化建设，克服原材料价格上涨带来的不利因素，在利润不断增长的同时，多项指标达到了历史最好水平。

【领导机构】 昆纤公司实行董事会领导下的总经理负责制，主要领导成员有：

董事长：刘敬如
副董事长：艾里奥特（Todd Elliot）（—2013.8）
副董事长：卢沛荣（Louis Eugene Purvis）（2013.8—）
总经理：易瑰泽（Christi Eguiza）
副总经理、党委书记：温　明
总会计师、党委委员：陆晓红
副总经理：夏　吕
副总经理：艾德利（Detlev Alm）
副总经理：刘伦光（LK Liu）
党委委员、工会主席：杨　敏（—2013.5）（国烟党〔2013〕29 号）

【机构设置】 昆纤公司下设办公室、工会、物资供应部、市场和客户服务部、财务部、信息部、会计部、安全管理部、设备项目部、质量管理部、技术开发部、纺丝生产部、制备生产部、热动生产部、电仪维修部和机械维修部等 16 个部门。

【生产经营】 2013 年，昆纤公司生产丝束 35819 吨，同比增长 1.72%；销售丝束 36008 吨，同比增长 0.86%。实现利润 3.84 亿元，同比增长 17.4%。

【技术创新】 全年完成并投入使用 PI 实时数据库和 PI 系统重要创新项目；首个合同能源管理项目取得关键突破。公司获得实用新型专利授权 20 项，3 项发明专利申请受理公开。公司通过“昆明市知识产权试点企业”的中期验收；并获得“云南省创新型试点企业”称号，获得政府创新支助 60 万元。

【节能减排】 2013 年，昆纤公司先后完成 40 立方米无油变频空压机项目、塔釜液余热回收加热游泳池水项目、丝束循环水过滤器反冲洗排污水回收、回收 3 号汽轮机主轴疏水项目。通过这些项目的有效实施，全年吨丝束标煤耗仅 1.17 吨，吨丝束水耗同比减少 12.4 吨，全年综合能耗（以标煤计）同比下降 3240 吨，提前两年完成昆明市下达的“十二五”节能目标。

【客户服务】 2013 年，昆纤公司先后与中烟实业及下属 6 家企业、贵州中烟及下属 3 家企业、16 家客户单位的质量监督员、广西南宁卷烟厂、红塔集团大理卷烟厂等 100 余人次进行 5 次多层面的技术交流和培训；同时为了近距离了解客户的需求与意愿，服务人员深入丝束使用现场，全年实现客户访问 100 次。

【企业文化】 2013 年，借昆纤公司成立 20 周年契机，多角度、全方位发掘、提炼、升华 20 年来引领昆纤发展的正能量，通过“八个一”（一部记录片、一次演讲、一个摄影展、一本画册、一次征文、一本纪念文集、一个纪念会、一次文艺演出）系列纪念活动，丰富昆纤精神的内涵，彰显昆纤“安全为本、绿色为先、创新为魂、共赢和谐”的精神实质。

【特事要辑】 8 月 10 日，国家局局长凌成兴到昆纤公司考察调研生产经营及党的群众路线教育实践活动开展情况。凌成兴赞许昆纤公司的党建工作体现中美合资企业的特色，充分说明昆纤公司党委的领导作用好、党员的带头作用好、群众路线教育实践活动扎实到位，体现特色，真正实现“两促进、两不误”。

12 月 3 日，国家局副局长赵洪顺率安全检查组到昆纤公司检查指导安全生产工作。

（撰稿：李如音；编辑：王东旭）

其他卷烟辅助材料生产企业

企业名称	出资人（烟草企业）（全资、参股、控股）	总资产（万元）	总产值（万元）	总利润（万元）	主要经营项目
中烟摩迪（江门）纸业有限公司	中国烟草总公司参股	79309	38717	5784	主要经营卷烟纸、成型纸、其他用于烟草制造业的各种纸类制品的加工、生产和销售及其他特定用途纸，并提供与此相关的服务
张家口钻石工贸有限公司	张家口卷烟厂有限责任公司全资子公司	1708	3736	218	主要经营纸箱、水松纸、铝箔纸加工，卷烟零售、物业管理
石家庄钻石卷烟材料公司	河北白沙烟草有限责任公司全资子公司	1812	6352	95	主要生产水松纸、铝箔纸、薄片胶、纸箱，卷烟、日用百货零售

续表

企业名称	出资人（烟草企业）（全资、参股、控股）	总资产（万元）	总产值（万元）	总利润（万元）	主要经营项目
上海烟草包装印刷有限公司	上海烟草集团有限责任公司控股	156974	11624	18838	主要生产中高档卷烟商标及包装装潢印刷品、画册、样本等
上海白玉兰烟草材料有限公司	上海烟草集团有限责任公司控股	13835	16864	72	专业生产高档滤棒、纸箱
上海烟草集团太仓海烟烟草薄片有限公司	上海烟草集团有限责任公司控股	41251	13608	394	主要经营造纸法烟草薄片生产
南通烟滤嘴有限责任公司	江苏中烟工业有限责任公司全资子公司	93315	105884	15570	主要负责烟滤棒的加工、销售
蚌埠卷烟材料厂	隶属安徽中烟工业有限责任公司（集体企业）	41200	48800	695	主要经营纸箱、铝箔纸、接装纸、卡纸、滤棒等卷烟辅材
芜湖卷烟材料厂	隶属安徽中烟工业有限责任公司（集体企业）	27286	15873	234	主要经营纸箱、铝箔纸、接装纸、卡纸、滤棒等卷烟辅材
合肥烟草工贸总公司	隶属安徽中烟工业有限责任公司（集体企业）	7824	14040	3346	主要经营纸箱、铝箔纸、接装纸、卡纸、滤棒等卷烟辅材
阜阳卷烟材料厂	隶属安徽中烟工业有限责任公司（集体企业）	8288	7705	465	主要经营纸箱、铝箔纸、接装纸、卡纸、滤棒等卷烟辅材
滁州卷烟材料厂	隶属安徽中烟工业有限责任公司（集体企业）	21372	10101	106	主要经营纸箱、铝箔纸、接装纸、卡纸、滤棒等卷烟辅材
厦门鑫叶印务有限公司	福建鑫叶投资管理集团有限公司全资子公司	13723	22969	3255	主要经营卷烟商标
厦门五福印务有限公司	福建鑫叶投资管理集团有限公司参股	14283	21381	3630	主要经营卷烟商标
厦门鑫叶包装材料有限公司	福建鑫叶投资管理集团有限公司全资子公司	1500	14384	1492	主要经营铝箔复合纸、烟用框架纸、烟用接装纸（水松纸）、纸箱等的生产销售
福建三华彩印有限公司	福建鑫叶投资管理集团有限公司参股	21881	19568	6713	主要经营卷烟商标印制等，兼营装潢设计
山东鲁烟莱州印务有限公司	将军烟草集团有限公司全资子公司	22895	27224	3676	主要经营包装装潢印刷品印刷
山东将军开元纸业有限公司	将军烟草集团有限公司全资子公司	7848	6665	69	主要经营瓦楞纸、纸箱、铝箔纸、卡纸及包装制品生产、销售，包装装潢印刷

续表

企业名称	出资人（烟草企业）（全资、参股、控股）	总资产（万元）	总产值（万元）	总利润（万元）	主要经营项目
将军集团济南包装材料分公司	将军烟草集团有限公司直属	8148	12657	481	主要经营纸张、纸制品、塑料制品、卷烟包装材料的加工、销售，包装装潢印刷品印刷
济南泉永印务有限公司	将军烟草集团有限公司控股	17809	14273	1714	主要经营印制卷烟商标、包装箱（盒）及其他包装制品，本册制造
将军集团临清纸业分公司	将军烟草集团有限公司直属	4798	4008	221	主要经营包装装潢印刷品印刷，批发、零售纸张、纸制品，烟用辅助材料、烟用配件、机械零部件、机械设备及配件，房屋租赁
颐中烟草（集团）有限公司烟台分公司	颐中烟草（集团）有限公司直属	3294	688	-42	加工、制造、销售丝束成型助剂、添加剂、化工助剂
颐中（青岛）实业有限公司	颐中烟草（集团）有限公司全资子公司	23857	11270	47	主要经营铝箔纸、卷烟辅料及下脚料、包装物的制造、加工，香精香料的生产、销售
颐中（潍坊）实业有限公司	颐中烟草（集团）有限公司全资子公司	14566	9014	622	主要经营卷烟配套的原辅材料（烟草专卖品除外）的加工销售
颐中（滕州）实业有限公司	颐中烟草（集团）有限公司全资子公司	1452	1350	127	主要经营烟用滤棒、铝箔复合、乳胶、水松纸、薄片的加工
青岛黎马敦包装有限公司	颐中烟草（集团）有限公司参股	48649	68722	9212	主要经营包装制品的生产和销售
青岛嘉泽包装有限公司	颐中烟草（集团）有限公司参股	39355	55585	4341	主要经营烟用接装纸、内衬纸、拆封拉线、BOPP 薄膜、卡纸、烟标、礼品盒、过滤嘴及其他包装材料、胶粘剂（不含危险品）的生产、销售
烟台颐中包装有限公司	颐中烟草（集团）有限公司控股	2270	2901	70	主要经营纸箱、纸板、包装物料的制造和批发
青州新华包装制品有限公司	颐中烟草（集团）有限公司控股	9843	10896	229	主要经营卷烟商标、水松纸等卷烟辅料的生产
许昌永昌印务有限公司	河南中烟工业有限责任公司参股	23984	25614	4912	主要经营烟标装潢的印制
驻马店发时达工贸有限公司	河南中烟工业有限责任公司控股	8758	7186	47	主要经营滤棒加工、薄片加工、铝箔纸复合、水松纸印刷、纸箱、胶、BOPP、卡纸、主业物业服务等
广东汕头龙华印务有限公司	河南中烟工业有限责任公司控股	8134	3534	-375	主要经营烟标装潢的印制
河南金瑞香精香料有限公司	河南中烟工业有限责任公司控股	4927	4745	492	主要生产、销售烟用香精香料
河南金芒果印刷有限公司	河南中烟工业有限责任公司控股	16956	11685	1202	主要经营烟标装潢的印制

续表

企业名称	出资人（烟草企业）（全资、参股、控股）	总资产（万元）	总产值（万元）	总利润（万元）	主要经营项目
河南新郑金芒果实业总公司	隶属河南中烟工业有限责任公司管理（集体企业）	14509	21578	1554	主要经营滤棒、白卡纸、内衬纸、接装纸、黏合剂、纸箱等生产
许昌帝豪实业公司	隶属河南中烟工业有限责任公司管理（集体企业）	2009	16353	318	主要经营铝箔纸复合，以及水松纸、BOPP 薄膜、内衬纸、黏合剂、纸箱等生产
郑州黄金叶实业总公司	隶属河南中烟工业有限责任公司管理（集体企业）	35185	35307	3874	主要经营滤棒加工、包装装潢及其他印刷品印刷
安阳市红旗渠集团	隶属河南中烟工业有限责任公司管理（集体企业）	10622	24324	72	主要经营滤棒、白卡纸、内衬纸、水松纸、接装纸等生产
南阳卷烟厂双龙实业公司	隶属河南中烟工业有限责任公司管理（集体企业）	8976	13272	921	主要经营卷烟商标印刷，BOPP 薄膜、白卡纸、内衬纸、接装纸、黏合剂、纸箱等生产
洛阳烟草服务中心	隶属河南中烟工业有限责任公司管理（集体企业）	12583	11870	151	主要经营滤棒、包装装潢、白卡纸、内衬纸等生产
漯河沙河实业有限公司	隶属河南中烟工业有限责任公司管理（集体企业）	8285	11094	463	主要经营卷烟商标印刷，BOPP 薄膜、白卡纸、内衬纸、接装纸、纸箱等生产
红金龙（集团）有限公司	湖北中烟工业有限责任公司全资子公司	208089	95174	17999	主要经营瓦楞纸箱、材料回收加工、封口，金属结构件加工，销售百货、纺织品、五金交电、工艺美术品、土特品、家具、民用建材、文化用纸、印刷机械配件、烟机配件、食品添加剂、香精与香料，柜台出租，仓储服务、机械设备安装及租赁，土建、装饰、市政、园林工程、烟草行业管理咨询，IT 规划、培训服务，计算机硬件、运行维护，提供企业信息化项目实施、监理服务，建筑智能化工程设计施工
常德金鹏印务有限公司	湖南中烟投资管理有限公司参股	123432	180962	62001	主要经营卷烟商标生产
湖南九子龙印务有限公司	湖南中烟投资管理有限公司参股	4196	6315	261	主要经营卷烟商标生产
湖南永怡印刷包装有限公司	湖南中烟投资管理有限公司参股	4272	5119	-217	主要经营卷烟商标生产
常德芙蓉大亚化纤有限公司	湖南中烟投资管理有限公司控股	18065	32776	2366	主要经营滤棒生产
四平芙蓉纸品有限责任公司	湖南中烟投资管理有限公司全资子公司	3086	3370	254	主要经营水松纸、铝箔纸、框架纸、纸箱生产
常德市芙蓉实业发展有限责任公司	湖南中烟投资管理有限公司参股	32134	61212	4765	主要经营水松纸、铝箔纸、框架纸、纸箱生产经营
湖南永州九子龙经贸有限公司	湖南中烟投资管理有限公司全资子公司	1935	3085	-15	主要经营纸箱生产
湖南零陵金秋实业有限责任公司	湖南中烟投资管理有限公司全资子公司	1881	2828	-55	主要经营水松纸、铝箔纸、框架纸生产

续表

企业名称	出资人（烟草企业）（全资、参股、控股）	总资产（万元）	总产值（万元）	总利润（万元）	主要经营项目
湖南永安包装材料有限公司	湖南中烟投资管理有限公司控股	28255	35069	2206	主要经营卷烟纸、BOPP薄膜、纸箱生产
广西真龙彩印包装有限公司	广西中烟工业有限责任公司控股	60916	85739	26877	主要经营烟用接装纸的制版和印刷
广西真龙实业有限责任公司	广西中烟工业有限责任公司全资子公司	16764	18940	1295	主要经营烟用铝箔纸复合、销售，烟用盘纸、成型纸加工（分切）、销售，烟用丝束定向购进，滤棒生产，定向销售，金拉线、纸箱生产、销售，烟用薄膜分切、销售，精细化工类生产、销售
广西甲天下水松纸有限公司	广西中烟工业有限责任公司控股	6847	8535	2759	主要经营烟用接装纸的制造
广西真龙天瑞彩印包装	广西中烟工业有限责任公司全资子公司	10883	8945	737	主要经营烟用接装纸的制版印刷。2013年10月投产
四川三联卷烟材料有限公司	川渝中烟工业有限责任公司控股	31585	61012	3571	主要生产、经营卷烟滤棒及有关配套产品
陕西省卷烟材料厂	陕西中烟工业有限责任公司全资子公司	18160	9166	831	主要负责全省烟草工业系统部分滤棒和烟箱的生产经营
宁波大安化学工业有限公司	陕西中烟工业有限责任公司参股	97798	79375	14230	主要生产经营醋片
西安惠大化学有限公司	陕西中烟工业有限责任公司参股	48761	95280	14840	主要生产经营醋酸丝束
陕西金叶科教集团股份有限公司	陕西中烟工业有限责任公司参股	152880	63719	10831	主要经营包装装潢印刷品印刷，卷烟过滤材料生产销售，高新数字印刷技术及高新技术广告制作，高新技术产业、教育、文化产业、基础设施、房地产的投资、开发等
陕西金叶滤材有限公司	陕西中烟工业有限责任公司参股	322	0	-20	主要生产聚丙烯丝束
宝鸡好猫实业集团有限公司	陕西中烟工业有限责任公司参股	35746	23736	1828	主要生产经营卡纸、内衬纸、接装纸、烟箱、BOPP薄膜生产
宁夏弘德包装材料有限公司	陕西中烟工业有限责任公司参股	36410	0	0	主要生产经营盒皮印刷销售

（编辑：王东旭）

打叶复烤和薄片生产企业

打叶复烤企业

截至2013年底，全国烟草行业有打叶复烤企业34家（含8家工业企业复烤车间），生产点63个，打叶复烤生产线83条。按自然年度统计（2013年1月1日—12月31日），全国打叶复烤企业共加工烟叶273.49万吨（5469.84万担），同比增长5.69%，其中26家独立法人打叶复烤企业加工烟叶244.61万吨（4892.14万担）。全年实现加工费收入57.32亿元，平均吨烟加工费收入为4619.91元

注：《打叶复烤和薄片生产企业》栏目“××有限责任公司”和“××有限公司”简称“公司”。

（含价外费用），综合能耗平均值为177.75千克标煤/吨成品片烟。

截至2013年底，独立核算的打叶复烤企业资产总额为293.34亿元。

丹东辽东烟草发展有限责任公司

【概　况】 丹东辽东烟草发展有限责任公司位于辽宁省凤城市，成立于1996年7月9日，隶属于辽宁省烟草专卖局（公司）。公司占地面积7.05万平方米，拥有年储存烟叶30万担的物流中心1个，年打叶复烤3万吨（60万担）的现代化生产线1条。截至2013年底，公司拥有总资产1.75亿元，资产负债率12.61%。有从业人员630人。

【生产经营】 2013年，公司复烤加工烟叶3.03万吨（60.51万担），加工产出成品片烟1.98万吨（39.61万担）。实现加工收入9718万元。实现税利2705万元，同比增长97.59%，其中利润1154万元。

【基础管理】 2013年，公司各项主要生产质量指标均达到行业标准，其中大中片率最高达到91%、叶中含梗1.8%以下、梗中含叶1.0%以下、长梗率达到85%以上、包装完好率达到100%。

开展烟叶物流标准化运作，使烟叶从接收、仓储、投料到成品发运等各环节均有操作标准，实现公司与烟叶产区、卷烟工业企业之间的有效对接。2013年，客户满意度为98%。

延边友利打叶复烤有限责任公司

【概　况】 延边友利打叶复烤有限责任公司位于吉林省延吉市。公司成立于2003年9月，隶属于吉林烟草工业有限责任公司，注册资金6054万元，有整套打叶设备及叶片复烤设备，年复烤加工能力为3万吨（60万担）。公司拥有员工342人，其中本科、专科人员30人，各类专业技术人员15人。

【生产经营】 2013年，公司复烤加工烟叶1.83万吨（36.59万担），产出片烟1.11万吨（22.18万担），片烟产出率为60.62%。实现加工收入5361万元，实现税利2168万元，其中利润987万元。

黑龙江烟叶复烤有限公司

【概　况】 黑龙江烟叶复烤有限公司位于黑龙江省哈尔滨市，2012年6月经国家局、总公司批准重组整合成立，11月正式挂牌，是由中国烟草总公司黑龙江省公司、红塔集团、湖南中烟、湖北中烟、广东中烟等5家烟草工商企业投资经营的打叶复烤企业，隶属于黑龙江省烟草专卖局（公司）控股管理，实行董事会领导下的总经理负责制。下设勃利、绥化、林口复烤厂等3家复烤厂。公司拥有3条12000千克/小时的打叶复烤生产线，年加工能力13.5万吨（270万担）以上。截至2013年底，公司拥有总资产6.70亿元，其中，固定资产1.25亿元、流动资产5.21亿元，资产负债率为6.95%。有从业人员758人。

【生产经营】 2013年，公司复烤加工烟叶6.55万吨（131万担），产出成品片烟4.39万吨（87.77万担）。实现主营业务收入1.85亿元。上缴税金2944万元。

【技术改造】 2013年，公司根据国家局“十二五”期间对打叶复烤加工的重新布局和卷烟工业对配方打叶集中加工的需求，结合公司实际情况编写《“十二五”技改规划》。

华环国际烟草有限公司

【概　况】 华环国际烟草有限公司成立于1994年5月，隶属于安徽省烟草专卖局（公司），是由安徽省烟草公司蚌埠储运公司、上海烟草集团有限责任公司和安徽中烟工业有限责任公司共同投资建设、共同经营的现代化打叶复烤企业。公司下设华环加工中心和涡阳烟叶复烤厂，华环加工中心位于安徽省凤阳县门台工业园区，拥有2条打叶复烤生产线，其中1条9000千克/小时的打叶复烤生产线，年设计生产能力为2.25万吨（45万担）；1条12000千克/小时的打叶复烤生产线，年设计生产能力为3万吨（60万担）；涡阳烟叶复烤厂位于安徽省涡阳县，占地总面积19万平方米，拥有6000千克/小时打叶复烤生产线和年中转能力100万担烟叶的铁路专用线各1条。截至2013年底，公司拥有总资产12.69亿元，其中，固定资产5.34亿元、流动资产6.59亿元，资产负债率为12.17%。有从业人员405人。

【生产经营】 2013年，公司复烤加工烟叶9.26万吨（185.11万担），同比下降3.03%。加工产出成品片烟6.06万吨（121.22万担），同比下降3.36%。实现加工收入2.99亿元，同比下降4.77%。实现税利7794万元，同比下降33.38%，其中利润5063万元，同比下降23.37%。

【技术改造】 “高起点”推进易地技术改造，强化技改项目进度和质量，技改项目投产，成为全国烟草行业第一条与重点卷烟品牌相配套的打叶复烤生产线，全国复烤领域第一家实现中控室质量控制、实现在线配方库加工的生产线。

发挥新线设计功能和加工能力，在新线完成0.12万吨（2.4万担）烟叶加工任务，各项技术指标显著提升。以配套易地技改为目标，开展技改新线标准体系和定岗、定编制修订工作，加快技改新线信息化建设，技改项目配套研究取得明显成效。

【基础管理】 开展管理体系一体化整合完善，推行卓越绩效管理，加快与重点卷烟企业先进管理模式接轨。印发《精益管理实施方案》，系统推进6S管理。以标准研究室为平台，加快行业标准研制进度，《打叶复烤委托加工服务规范》正式发布，《复烤产品包装 内衬塑料袋》通过行业评审。2013年，公司获得安徽省质量奖。

福建武夷烟叶有限公司

【概　况】 福建武夷烟叶有限公司位于福建省邵武市，成立于2000年12月。有中国烟草总公司福建省公司、福建省烟草公司南平市公司、浙江中烟、上海烟草集团、江苏中烟、红塔集团、安徽中烟、山东中烟、川渝中烟等9家股东，隶属于福建省烟草专卖局（公司）。2013年，公司易地技改项目一期工程基本完成，厂址由熙春东路搬迁至邵武市经济开发区。截至2013年底，公司拥有总资产13.09亿元，占地面积35万平方米，年复烤加工能力为4.5万吨（90万担）。有员工228人。

【生产经营】 2013年，公司复烤加工烟叶3.50万吨（69.99万担），产出片烟2.51万吨（50.2万担）。实现销售收入1.28亿元，其中加工收入9305万元。实现税利2162万元，其中利润1930万元。

【技术改造】 2013年5月，12000千克/小时新生产线实现整机联动，并于8月16日投入试生产。截至2013年底，易地技改共完成投资1.56亿元，累计完成投资4.55亿元，占总投资额的70%。

福建省龙岩金叶复烤有限责任公司

【概　况】 福建省龙岩金叶复烤有限责任公司位于福建省永定县，2003年4月，由原龙岩卷烟厂打叶复烤分厂改制而来。公司是福建中烟的直属企业和原料精加工基地。截至2013年底，有福建中烟、龙岩烟草工业有限责任公司、厦门烟草工业有限责任公司、福建省烟草公司龙岩市公司、上海烟草集团、湖北中烟、广东中烟等7家股东。公司拥有总资产13.30亿元，其中，固定资产9.09亿元、流动资产2.06亿元，资产负债率为4.25%。有2条12000千克/小时打叶复烤生产线。共有员工397人，其中，具有本科学历以上的专业技术人员和管理人员180人，高级职称2人、中级职称21人。

【生产经营】 2013年，公司复烤加工烟叶5.85万吨（117万担）。实现营业收入1.96亿元。实现税利2818万元，其中利润8万元。

【技术创新】 公司建立“三级管控、三类防杂”杂物防控体系，覆盖生产各个工序和环节。全年生产旺季烤后杂物合格率为99.5%，同比提高9个百分点；成品杂物抽检合格率97.3%以上，高于行业95%的标准。全年获得6项实用新型专利和1项发明专利授权。

福建省三明金叶复烤有限公司

【概　况】 福建省三明金叶复烤有限公司位于福建省三明市，成立于1998年10月。有中国烟草总公司福建省公司、福建省烟草公司三明市公司、湖北中烟、上海烟草集团、江苏中烟、厦门烟草工业有限责任公司、贵州中烟、川渝中烟、红云红河集团、湖南中烟等10家股东，注册资本4.45亿元，隶属于福建省烟草专卖局（公司）管理。截至2013年底，公司占地面积7.47万平方米，拥有总资产5.00亿元，资产负债率为8.20%，有2条加工能力6000千克/小时的打叶复烤生产线以及在线配备加香加料机、自动喷洒机、烟叶精选台及配方柜等设备，可满足加香加料、烟叶精选、烟梗装箱与配方打叶等个性化要求，年复烤加工能力在4.5万吨（90万担）以上。有从业人员228人。

【生产经营】 2013年，公司复烤加工烟叶3.26万吨（65.14万担），产出成品片烟2.15万吨（43万担）。实现加工收入9008万元。实现税利2072万元，其中利润379万元。

江西赣南烟叶复烤有限责任公司

【概　况】 江西赣南烟叶复烤有限责任公司位于赣州市开发区香港工业园内，成立于2009年10月，隶属于中国烟草总公司江西省公司管理并控股。由中国烟草总公司江西省公司，江西省烟草公司赣州、抚州、吉安市公司，江西中烟，红塔集团，川渝中烟，山东中烟，湖南中烟，上海烟草集团，浙江中烟，广东中烟等12家烟草工商企业共同出资组建，注册资金7.8亿元。公司占地面积26.67万平方米，有1条12000千克/小时打叶复烤生产线，年复烤加工能力为3万吨（60万担）。截至2013年底，公司拥有总资产8.47亿元，其中，固定资产4亿元、流动资产4.45亿元，资产负债率为7.65%。有从业人员116人。

【生产经营】 2013年，公司复烤加工烟叶2.83万吨（56.52万担），产出片烟1.86万吨（37.28万担）。实现税利2064万元，其中利润1399万元。

【技术改造】 公司进行“减少烤机出口落地烟”“提高锅炉炉膛负压曲线控制的鲁棒性”“缩短水分检测反馈时间”等课题研究，在国家级期刊《机械制造与自动化》发表论文1篇。

【人事管理】 公司按照"小机关、大服务"的原则，进行机构和岗位设置改革，重新进行定员、定岗、定薪，把重点向生产一线倾斜，重新设置机构和岗位，精简14名机关人员充实到生产一线。进一步打通各类员工的晋升通道，对副工段长以上岗位人员重新进行评聘，聘任25人。

山东烟叶复烤有限公司

【概 况】 山东烟叶复烤有限公司成立于2011年1月，由中国烟草总公司山东省公司与上海烟草集团有限责任公司共同投资组建，位于山东省济南市，隶属于中国烟草总公司山东省公司。2012年，公司完成重组整合，根据《国家烟草专卖局 中国烟草总公司关于山东烟草复烤企业和薄片生产企业重组整合的批复》（国烟法〔2012〕26号），山东烟叶复烤有限公司吸收合并山东惠丰烟叶复烤有限公司并取消山东惠丰烟叶复烤有限公司法人资格，后者变更为山东烟叶复烤有限公司所属的非独立法人的复烤加工点；依法对山东中鲁烟叶有限公司进行清算；通过资产无偿划转方式，将山东瑞博斯烟草有限公司调整为山东烟叶复烤有限公司的全资子公司，山东烟叶复烤有限公司和山东瑞博斯烟草有限公司的经营范围不变。公司注册资本6.21亿元，其中中国烟草总公司山东省公司持股比例为91.27%，上海烟草集团有限责任公司持股比例为8.73%。公司设董事会、监事会和经理层，本部内设8个部门，下辖山东烟叶复烤有限公司诸城复烤厂、沂水复烤厂、潍坊复烤厂、临沂办事处和山东瑞博斯烟草有限公司1个全资子公司。公司拥有6条打叶复烤生产线和1条造纸法再造烟叶生产线，年复烤加工能力10.5万吨（210万担），年薄片生产能力5000吨。截至2013年底，公司拥有总资产9.99亿元，资产负债率为15.69%。有在岗员工651人。

【生产经营】 2013年，公司复烤加工烟叶11.93万吨（238.67万担），产出片烟7.78万吨（155.52万担），生产薄片0.45万吨（9.06万担）。全年实现营业总收入4.88亿元。实现税利9351万元，其中利润3532万元。

【技术改造】 2013年10月，中国烟草总公司下发《关于山东烟叶复烤有限公司诸城复烤厂仓储设施建设项目的批复》，同意诸城复烤厂仓储设施建设项目。11月，项目初步设计方案通过山东省公司组织的专家组评审。

2013年6月，山东烟叶复烤有限公司临沂复烤厂异地技术改造项目按程序报国家局审批。截至2013年底，在临沂经济技术开发区初步落实项目用地550亩，并签订土地意向合同。

【体制改革】 2013年，山东烟叶复烤有限公司逐步完成对原京鲁、申沂、惠丰三家公司的吸收合并，设立诸城、沂水、潍坊复烤厂三家非法人分支机构。截至2013年底，原京鲁、申沂、惠丰三家公司法人资格注销手续正在办理中；山东中鲁烟叶有限公司清算处于资产处置阶段，除房土地、房屋建筑物外，其他各项资产按法定程序处置。

天昌国际烟草有限公司

【概 况】 天昌国际烟草有限公司位于河南省许昌市。2011年9月，根据《国家烟草专卖局 中国烟草总公司关于河南省打叶复烤企业重组整合的批复》（国烟法〔2011〕48号），天昌国际烟草有限公司吸收合并三门峡金红烟草有限责任公司、宝丰金叶烟草有限责任公司、南阳金业烟草有限责任公司，重组整合为新的天昌国际烟草有限公司。取消三门峡金红烟草有限责任公司、宝丰金叶烟草有限责任公司、南阳金业烟草有限责任公司3家打叶复烤企业的法人资格，变更为天昌国际烟草有限公司所属的非独立法人资格的复烤加工生产点，分别是：天昌国际烟草有限公司三门峡复烤厂、天昌国际烟草有限公司宝丰复烤厂、天昌国际烟草有限公司南阳复烤厂。登记注册非独立法人资格的天昌国际烟草有限公司天昌复烤厂作为天昌国际烟草有限公司在许昌的复烤加工生产点。联合重组成立新的天昌国际烟草有限公司，隶属于河南省烟草专卖局（公司）管理。公司注册资本15.25亿元，有中国烟草总公司河南省公司、河南中烟、上海烟草集团、浙江中烟、湖北中烟、中国烟草河南进出口有限责任公司、江苏中烟、贵州中烟、红云红河集团、安徽中烟、川渝中烟、吉林烟草工业有限责任公司、红塔集团、天利国际经贸有限公司、广东中烟等15家股东。公司下辖天昌复烤厂、三门峡复烤厂、宝丰复烤厂、南阳复烤厂等4家打叶复烤生产厂，有6条打叶复烤生产线，年设计复烤加工能力为12万吨（240万担）。有在岗员工1017人。

【生产经营】 2013年，公司复烤加工烟叶16.16万吨（323.2万担），产出片烟10.6万吨（212万担）。实现加工经营收入6.43亿元。实现税利1.65亿元，其中利润9308万元。

湖北烟草金叶复烤有限责任公司

【概 况】 湖北烟草金叶复烤有限责任公司位于湖北省恩施州经济开发区。2009年12月，根据《国家烟草专卖局 中国烟草总公司关于湖北省公司打叶复烤企业体制改革的批复》（国烟法〔2009〕512号），恩施金叶有限责任公司、襄樊金叶有限责任公司重组整合为湖北烟草金叶复烤有限责任公司；湖北烟草金叶复烤有限责任公司是中国烟草总公司湖北省公司控股管理的子公司，公司下设非独立法人的湖北烟草金叶复烤有限责任公司恩施复烤厂、湖北烟草金叶复烤有限责任公司襄樊复烤厂。2010年1月，公司正式挂牌成立。公司有中国烟草总公司湖北省公司、湖北中烟、湖南中烟、浙江中烟、红云红河集团、红塔集团、山东中烟、川渝中烟、广西中烟、安徽中烟等10家股东，注册资本5.11亿元。下辖恩施复烤厂、襄阳复烤厂2个打叶复烤生产厂。截至2013年底，公司拥有总资产6.24亿元，资产负债率为14.13%。有2条12000千克/小时打叶复烤生产线，1条6000千克/小时打叶复烤生产线，年复烤加工能力为9万吨（180万担）。有从业人员491人。

【生产经营】 全年复烤加工烟叶11.16万吨（223.25万担），产出片烟7.18万吨（143.6万担）。实现加工收入3.05亿元。实现税利9905万元，其中利润4706万元。

【技术改造】 襄阳复烤厂易地技术改造项目于2013年3月获国家局批复同意，并完成项目初步设计及初步设计评审工作。恩施复烤厂仓储区建设项目于2013年9月经中国烟草总公司批复同意，进入项目初步设计阶段。

湖南烟叶复烤有限公司

【概　况】 湖南烟叶复烤有限公司位于湖南省郴州市，于2011年9月29日注册登记，同年10月正式运作，隶属于中国烟草总公司湖南省公司控股并管理。根据《国家烟草专卖局 中国烟草总公司关于湖南省公司打叶复烤企业体制改革的批复》（国烟法〔2011〕356号）文件，郴州天泰烟叶复烤有限责任公司、永州天顺烟叶复烤有限责任公司重组整合为湖南烟叶复烤有限责任公司，取消郴州天泰烟叶复烤有限责任公司、永州天顺烟叶复烤有限责任公司法人资格，变更为湖南烟叶复烤有限责任公司所属的非独立法人分支机构。公司有18家烟草工商企业股东，其中工业企业股东17家，注册资金1.80亿元。实行“一个法人，两点生产加工”的经营模式，下设郴州复烤厂、永州复烤厂2家打叶复烤生产厂。截至2013年底，公司拥有总资产19.32亿元。有在岗员工607人。

【生产经营】 全年复烤加工烟叶11.81万吨（236.2万担）。实现营业收入3.18亿元，同比增长5.69%。实现税利1.25亿元，同比增长9.29%，其中利润7346万元。

【技术创新】 围绕工艺改进、设备管理、节能减排等重点难点，开展技术创新项目8个、QC攻关13个，取得实用新型专利授权1项，获得省局（公司）科技进步三等奖1项、QC成果一等奖1项，在国内核心刊物发表论文3篇。其中“复烤烟梗循环处理技术及应用研究”被列为国家局重点科技创新项目。

【技术改造】 12月，郴州复烤厂易地技改新建的一条生产线烟草专用设备购置计划、初步设计方案获国家局批复，联合工房和锅炉房两大主体工程施工图设计、主机设备商务协议签订完成。永州复烤厂易地技改项目初步设计方案、土地摘牌、土地平整招标及相关报建手续办理等工作完成，土地整理12月16日开工。

常德芙蓉烟叶复烤有限责任公司

【概　况】 常德芙蓉烟叶复烤有限责任公司位于湖南省常德市武陵区，2005年11月注册成立，隶属于湖南中烟工业有限责任公司管理。由湖南中烟，湖南省烟草公司常德、张家界市公司共同出资组建，注册资本3721万元。公司占地面积1.7万平方米，有6000千克/小时打叶线2条（其中1条为租赁）、12000千克/小时复烤线1条、12000千克/小时打包设备线1条、12000千克/小时选叶生产线2条，年复烤加工能力3万吨（60万担）。截至2013年底，公司拥有总资产3.37亿元。有在岗员工158人。

9月，公司通过国家安全生产标准化二级达标评审，获得湖南省安监局、湖南省职业健康协会、常德市安监局等单位联合组成的评审小组授予的“国家安全生产标准化二级达标企业”称号。

【生产经营】 2013年，公司复烤加工烟叶3.86万吨（77.11万担），产出片烟2.54万吨（50.87万担）。实现销售收入1.1亿元。实现税利1.74亿元，其中利润1393万元。

【易地技改】 2013年3月，打叶标段施工单位进场施工。截至年底，公司易地技术改造项目土建主体工程基本完成。

湘西鹤盛原烟发展有限责任公司

【概　况】 湘西鹤盛原烟发展有限责任公司位于湖南省吉首市，成立于1999年，隶属于湖南中烟工业有限责任公司管理。由湖南中烟、湖南省烟草公司湘西土家族苗族自治州公司共同出资组建，注册资本9000万元。公司占地面积11.2万平方米，有12000千克/小时打叶线1条、9600千克/小时烤片线1条、3600千克/小时烤梗线1条、12000千克/小时真空回潮机1台、12000千克/小时打包线1条，年设计复烤加工能力为3万吨（60万担）。截至2013年底，公司拥有总资产2.63亿元。有在岗员工1104人。

【生产经营】 全年复烤加工烟叶4.31万吨（86.16万担），产出片烟2.80万吨（56万担）。销售片烟4.8万吨（96万担），实现销售收入1.5亿元。实现税利7575万元，其中利润4607万元。

【工艺研究】 全年完成“打叶复烤企业原烟收储”“湘西特色烟叶质量特性分析研究”。撰写科技论文4篇，其中2篇被《烟草科技》采用。在2013年湖南烟叶复烤专业委员会年度创新评审中，“打叶复烤原烟收储系统设计应用”

获得一等奖，“打叶复烤 Brabender 水分检测仪检测参数标定研究”以及“湘西特色烟叶质量特色分析”获得二等奖，“微波水分检测仪在原烟烟包含水率快速检测中的应用研究”获得三等奖。

浏阳天福打叶复烤有限责任公司

【概 况】 浏阳天福打叶复烤有限责任公司位于湖南省浏阳市，注册成立于2004年10月，隶属于湖南中烟工业有限责任公司。由湖南中烟，湖南省烟草公司长沙、衡阳市公司共同出资组建，注册资本1.6亿元。截至2013年底，公司拥有总资产3.07亿元。公司占地面积10.67万平方米。有12000千克/小时分类加工打叶复烤生产线1条，年复烤加工能力3万吨（60万担）。有员工1020人。

【生产经营】 2013年，公司与浙江中烟、安徽中烟、川渝中烟、红塔集团、吉林烟草工业公司签订原烟委托复烤加工合同。全年复烤加工烟叶4.61万吨（92.15万担），产出片烟2.99万吨（59.84万担）。实现加工收入1.46亿元。实现税利5916万元，其中利润3792万元。

【技术改造】 2013年，公司投资1799.8万元用于技术改造，包括新增1台燃气锅炉和1台处理能力为2000千克/小时烟梗破碎设备，改造新回潮机抽真空系统，将三级四泵式蒸汽喷射真空系统中的第三级蒸汽喷射真空泵改用水射流真空泵，蒸汽抽真空改为循环水抽真空。改造原煤锅炉，以减轻废弃烟梗处理难的问题，实现节约能耗。

广东梅州烟叶复烤有限公司

【概 况】 广东梅州烟叶复烤有限公司位于广东省梅州市，成立于1999年12月，隶属于中国烟草总公司广东省公司。2013年2月，国家局、总公司印发《关于广东省打叶复烤企业重组整合的批复》（国烟法〔2013〕55号），同意广东梅州烟叶复烤有限公司的股权结构进行调整，由中国烟草总公司广东省公司、广东中烟和深圳烟草工业有限责任公司共同投资组建。截至2013年底，公司总资产为1.55亿元，资产负债率为9.42%。公司占地面积5.71万平方米，拥有4万平方米的烟叶仓库，10000千克/小时的打叶复烤生产线，年加工能力为3万吨（60万担）。有员工193人，其中助理级以上职称45人，中级工以上79人。

【生产经营】 2013年，复烤加工烟叶2.78万吨（55.69万担），产出片烟1.76万吨（35.11万担）。实现营业总收入9554.67万元。实现税利1946万元，其中利润595万元。

【体制改革】 5月，公司进行股权结构调整，调整后公司各股东持股比例为：中国烟草总公司广东省公司持股62%，广东中烟工业有限责任公司持股33%，深圳烟草工业有限责任公司持股5%。

广东韶关烟叶复烤有限公司

【概 况】 广东韶关烟叶复烤有限公司位于广东省韶关市，成立于1992年，2003年改制为有限公司，由中国烟草总公司广东省公司、广东中烟工业有限责任公司和深圳烟草工业有限责任公司共同出资组建。2013年2月，国家局、总公司印发《关于广东省打叶复烤企业重组整合的批复》（国烟法〔2013〕55号），同意广东韶关烟叶复烤有限公司、广东南雄烟叶复烤有限公司进行重组整合，继续保留广东韶关烟叶复烤有限公司独立法人资格；同意对广东韶关烟叶复烤有限公司的股权结构进行调整，由中国烟草总公司广东省公司、广东中烟工业有限责任公司和深圳烟草工业有限责任公司共同投资组建。截至2013年底，公司拥有总资产1.35亿元，占地面积7万平方米，拥有1条12000千克/小时打叶复烤生产线，年复烤加工能力3万吨（60万担）。有员工185人。

【生产经营】 2013年，公司复烤加工烟叶3.02万吨（60.38万担），产出片烟1.96万吨（39.2万担）。实现营业收入1.02亿元，实现加工收入8734万元。实现税利2196万元，其中利润351万元。

【设备改造】 公司将预处理段1个配方柜改造成具有寻堆布料功能的配方柜，可以避免物料不均和减少由于多功能配方柜故障而导致的设备故障时间，提高设备使用效率；在除尘房加装高温预警及消防喷淋系统，通过对袋式除尘器内关键点的温度检测监控，实现火灾预警功能，并安装除尘器专用消防管道，可实现快速灭火。

【体制改革】 2013年，公司完成股权结构调整，原有股东8家中，韶关市公共资产管理中心、韶关市金叶公司和乐昌市金叶公司等5家地方股东全部退出，退出股份由中国烟草总公司广东省公司和广东中烟工业有限责任公司承接，深圳烟草工业有限责任公司投资额和股份比例不变。调整后，中国烟草总公司广东省公司持股68.51%，广东中烟工业有限公司持股26.66%，深圳烟草工业有限责任公司持股4.83%。

广西伊灵烟叶复烤有限责任公司

【概 况】 广西伊灵烟叶复烤有限责任公司位于广西南宁市武鸣县城兴武大道，是广西唯一的烟叶打叶复烤企业。公司最初为筹建于2000年的南宁依灵打叶复烤厂，2002年6月正式投产。2003年6月，中国烟草总公司广西区公司、南宁卷烟厂、柳州卷烟厂、百色市烟草公司、贺州市烟草公司等4个股东单位共同出资改制成立广西伊灵烟叶复烤有限责任公司，2007年10月新增河池市烟草公司、桂林市烟草公司两个股东单位，公司隶属于中国烟草总公司广西壮族自治区公司，注册资本为4.25亿元。截至2013年底，公司拥有总资产5.18亿元，经营业务范围包括烟叶打叶加工和纸箱加工，其中打叶复烤生产线（6000千克/小时）年加工能力为1.5万吨（30万担），采用三班制可达50万担。纸箱年生产能力可达300万只以上。

【生产经营】 2013年，公司复烤加工烟叶2.46万吨（49.14万担），同比增长17.56%。产出片烟1.59万吨（31.89万担）。纸箱加工产量308.15万个，产品交付合格率100%。全年实现销售收入9645万元。实现税利2247万元，其中利润630万元。

【企业管理】 2013年1月，公司通过企业质量/环境/职业健康安全管理体系第三方认证审核，获得ISO 9001质量体系认证证书和OHSAS18001职业健康安全管理体系认证证书，企业安全管理评定达到安全生产标准化二级水平。QC课题“微波水分仪保护装置的研制”获得全国优秀成果奖，3项QC课题获得广西区质量协会优秀QC奖。

四川烟叶复烤有限责任公司

【概　况】 四川烟叶复烤有限责任公司成立于2011年12月，由原四川三益烟草有限责任公司、四川三友打叶复烤有限公司、宜宾三原烟叶复烤有限责任公司3家公司整合而成。公司共有11家股东单位，其中卷烟工业企业股东9家（川渝中烟、湖北中烟、广东中烟、湖南中烟、浙江中烟、安徽中烟、山东中烟、上海烟草集团、中国烟草实业发展中心），四川省内烟草商业企业股东2家（中国烟草总公司四川省公司、中国烟草四川进出口有限责任公司）。公司由中国烟草总公司四川省公司控股管理。公司实行“一个法人、多点加工”的组织模式和现代企业股份制管理模式，下辖会理、德昌、会东、泸州、宜宾5个复烤厂，有6条打叶复烤生产线，具有13.5万吨（270万担）的年设计生产能力、17万吨（340万担）的年实际加工能力。有在岗员工635人。

【生产经营】 2013年，公司复烤加工烟叶16.23万吨（324.5万担），产出片烟10.2万吨（204万担）。实现主营业务收入4.69亿元。实现税利1.30亿元。

贵州烟叶复烤有限责任公司

【概　况】 贵州烟叶复烤有限责任公司位于贵州省贵阳市，成立于2010年1月12日，由中国烟草总公司贵州省公司、上海烟草集团、湖南中烟、江苏中烟、浙江中烟、广东中烟、贵州中烟、安徽中烟、湖北中烟、山东中烟、福建中烟、红塔集团、红云红河集团、河南中烟、广西中烟、陕西中烟、甘肃烟草工业有限责任公司、江西中烟、河北中烟等19家单位出资组建，注册资本30.77亿元，由中国烟草总公司贵州省公司控股管理。截至2013年底，公司拥有总资产34.80亿元，其中，固定资产20.86亿元，流动资产14.33亿元，资产负债率为2.6%，下辖贵阳复烤厂、遵义复烤厂、湄潭复烤厂、毕节复烤厂、铜仁复烤厂、黔南复烤厂、黔西南复烤厂等7家打叶复烤厂，有8条12000千克/小时打叶复烤生产线，其中，毕节复烤厂2条、其余6个复烤厂各1条，年复烤加工能力32万吨（640万担）。有从业人员1300人。

【生产经营】 2013年，复烤加工烟叶30.74万吨（614.74万担），工艺质量指标合格率为100%。产出片烟20.24万吨（404.73万担）。实现加工收入8.13亿元。实现税利2.66亿元，其中利润1.47亿元。

【技术改造】 2013年，遵义、湄潭、铜仁复烤厂技改项目获国家局批复，批复总投资16.57亿元。截至年底，完成总图布局和工艺路线方案优化，进入初步设计阶段。

【技术创新】 完成黔西南复烤厂“烟叶叶柄打叶技术推广应用”工艺设计；完成铜仁复烤厂“原烟收储管理系统”（国家局《打叶复烤企业原烟收储管理规范》行业标准预研项目试验点之一）项目设备测试验收。“基于散叶模式下的整包投料和分类加工技术研究”通过审定立项，完成前期工艺设计。制定“散叶烟叶切断试验方案”并开展试验。在遵义、湄潭复烤厂开展QC活动54次，发布QC成果40个。“热力站增加冷凝装置”“辅助工管理方式优化”“烟梗包装自动电子称量”分别获得省局（公司）QC成果一、二、三等奖。获得专利授权4项。

【企业管理】 加强预算管理，实现4100万元资金收益。建立标准成本管理工作体系，确定25个成本费用控制关键点、143个定额标准项目。开展工程项目全过程跟踪审计，审减工程投资467万元；开展基建维修预结算审计128项，审减金额277万元，审减率15.75%。推广实施烟草固废粉碎出厂。

云南省烟草烟叶公司

【概　况】 云南省烟草烟叶公司位于云南省昆明市，成立于1982年7月1日，是中国烟草总公司云南省公司的全资子公司。截至2013年底，公司拥有总资产28.98亿元，占地面积39.27万平方米，是集烟叶购进、加工、销售、仓储及技术研发为一体的国有中型企业，执行省储备烟叶计划，担负着云南省及国内各大卷烟工业企业的烟叶调拨任务。拥有1条12000千克/小时和2条6000千克/小时的打叶复烤生产线，年生产能力10万吨（200万担）。共有在岗员工529人。

【生产经营】 2013年，公司购进烟叶7.36万吨（147.14万担），复烤加工烟叶9.85万吨（196.95万担），产出片烟6.04万吨（120.88万担）。销售烟叶7.10万吨（141.99万担）。实现主营业务收入38.46亿元，其中销售烤烟收入37.43亿元，复烤加工收入1.03亿元。实现税利5.46亿元，其中利润2.87亿元。

云南烟叶复烤有限责任公司

【概　况】 云南烟叶复烤有限责任公司位于云南省昆明市，成立于2009年12月16日，由8家打叶复烤企业重组整合后组建，2010年1月1日正式运行。公司股东单位共18家，注册资本为40.72亿元，中国烟草总公司云南省公司股权比例为36.19%，公司实行董事会领导下的总经理负责制。公司下辖楚雄、文山、临沧、普洱、泸西、大理、师宗、宣威、陆良、保山等10家复烤厂10条打叶复烤生产线，分布在云南省7个州（市），年设计加工能力27万吨（540万担），2013年共为23家烟草行业客户及13家州（市）公司提供烟叶收储、复烤加工服务，公司10%的复烤烟叶产品进入国际复烤烟叶市场。有在岗员工1316人。

【生产经营】 2013年，公司复烤加工烟叶61.53万吨（1230.6万担），产出片烟40.41万吨（808.26万担）、烟梗16.42万吨（328.46万担）（包含长、短梗）、碎烟0.43万吨（8.62万担），综合出片率为65.68%、综合出梗率为26.69%、碎烟率为0.7%。复烤综合损耗平均为6.93%。实现税利12亿元，其中利润8.7亿元。

【技术创新】 2013年，公司在陆良复烤厂开发采用复烤加工废弃烟梗、烟末、烟灰作为主要燃料的生物质锅炉应用，在行业内取得重大突破，从源头上杜绝涉烟废弃物专卖内管的流向风险，降低硫化物的排放总量，最终实现烟叶复烤加工废弃物的清洁生产和有效利用。

全年申请专利6项，获得发明专利授权1项，实用新型专利授权4项。登记注册QC小组23个，提出合理化建议62条，开展QC课题数量32个，取得QC成果数量27个。公司QC小组人员普及率达到25.73%，创造经济效益322.68万元。

红河烟叶复烤有限公司

【概　况】 红河烟叶复烤有限公司位于云南省红河州弥勒市，成立于2003年8月8日，由云南省烟草公司红河州公司和红云红河烟草（集团）有限责任公司共同出资，由云南省烟草公司红河州公司控股，注册资本为2亿元。截至2013年底，公司拥有总资产9.22亿元，占地面积51.33万平方米，拥有2条12000千克/小时打叶复烤生产线，年复烤加工能力为10万吨（200万担）。有在册员工22人。

【生产经营】 2013年，公司复烤加工烟叶7.81万吨（156.16万担），产出片烟5.59万吨（111.80万担）。实现营业收入2.38亿元，其中复烤加工收入2.15亿元。实现税利1.61亿元，其中利润1.21亿元。

曲靖天福烟叶复烤有限责任公司

【概　况】 曲靖天福烟叶复烤有限责任公司位于云南省曲靖市，成立于2003年11月，由曲靖卷烟厂、曲靖市烟草专卖局（公司）共同出资组建。2008年，公司股权划转红云红河集团和云南中烟工业公司。公司注册资本2.46亿元，其中红云红河集团持有95%的股份，云南中烟持有5%的股份。占地面积约7.4万平方米，拥有12000千克/小时打叶复烤生产线2条，年复烤加工能力6万吨（120万担）。截至2013年底，公司拥有总资产3.62亿元，其中，固定资产7174万元，流动资产2.85亿元，资产负债率为10.06%。有在岗员工205人。

【生产经营】 2013年，公司复烤加工烟叶3.71万吨（74.21万担），产出片烟2.45万吨（48.91万担）。实现主营业务收入1.42亿元。实现税利6797万元，其中利润3438万元。

咸阳烟叶复烤有限责任公司

【概　况】 咸阳烟叶复烤有限责任公司位于陕西省咸阳市，始建于1978年。2003年划归咸阳市烟草专卖局（公司）管理，更名为咸阳烤烟复烤厂。2007年企业完成改制，注册资本9000万元。2008年增资扩股7000万元，注册资本达到1.6亿元。公司有中国烟草总公司陕西省公司，陕西中烟，四川烟草工业有限责任公司，湖南中烟，陕西省烟草公司咸阳、宝鸡、商洛、汉中、延安、安康市公司等10家股东，隶属于陕西省烟草专卖局（公司）。有员工143人。

【生产经营】 2013年，公司复烤加工烟叶2.91万吨（58.2万担），产出片烟1.93万吨（38.65万担）。实现加工收入8282万元。实现税利3865万元，其中利润1851万元。

【技术改造】 2013年，企业成立工艺技术中心，完成配方打叶工作站检测设备和技术人员的配备，开展“一企一策”工艺策划，组织实施精细化、均质化、标准化配方打叶，被江苏中烟评为优秀定点复烤加工企业。3月，工艺技术中心标准化实验室通过国家认可。12月，成立广东中烟配方打叶工作站；以新建原烟周转库和选叶备料车间为重点建设内容的局部技术改造项目正式开工建设。

陕西旬阳烟叶复烤厂

【概　况】　陕西旬阳烟叶复烤厂位于陕西省旬阳县城关镇，最初为始建于1989年的旬阳县烟叶复烤厂，隶属于陕西中烟工业有限责任公司管理。1992年，被国家局核定为定点生产厂。2000年，并入旬阳卷烟厂，更名为陕西旬阳烟叶复烤厂，注册资金200万元。厂区占地面积3.55万平方米，有1条6000千克/小时打叶复烤生产线，年复烤加工能力为1.5万吨（30万担）。有在册员工100人。

【生产经营】　全年复烤加工烟叶0.63万吨（12.61万担），产出片烟0.41万吨（8.29万担）。实现加工收入1723万元。上缴税金198万元。

【特事要辑】　11月13日，国家局、总公司下发《关于依法注销陕西旬阳烟叶复烤厂工商登记的批复》（国烟法〔2013〕420号），同意依法注销陕西旬阳烟叶复烤厂工商登记。

重庆烟叶复烤有限公司

【概　况】　2013年5月，国家局、总公司下发《关于重庆打叶复烤企业重组整合的批复》（国烟法〔2013〕185号），同意将重庆万兴烟叶有限责任公司、重庆金益烟草有限责任公司两家复烤企业重组整合为重庆烟叶复烤有限公司。取消重庆万兴烟叶有限责任公司、重庆金益烟草有限责任公司法人资格，变更为重庆烟叶复烤有限公司所属非独立法人分支机构，名称分别为：重庆烟叶复烤有限公司万州复烤厂，重庆烟叶复烤有限公司彭水复烤厂。重庆烟叶复烤有限公司经营范围为烟叶复烤加工。同意将中国烟草总公司重庆市公司、湖南中烟工业有限责任公司、江苏中烟工业有限责任公司、重庆烟草工业有限责任公司持有的重庆万兴烟叶有限责任公司、重庆金益烟草有限责任公司股权对应净资产全额转为对重庆烟叶复烤有限公司的投资，各股东股权比例如下：中国烟草总公司重庆市公司占65.08%；重庆烟草工业有限责任公司占16.32%；湖南中烟工业有限责任公司占9.46%；江苏中烟工业有限责任公司占9.14%。注册资本3.31亿元。

重庆烟叶复烤有限公司于2013年9月挂牌成立。公司设“一司两厂”，下设复烤公司彭水复烤厂、复烤公司万州复烤厂，有员工342人。复烤公司本部位于重庆巴南区，复烤公司彭水复烤厂位于彭水苗族土家族自治县，占地面积13.33万平方米，建筑面积约12万平方米，其中标准仓储面积4.8万平方米，烟叶整选场地0.88万平方米，拥有12000千克/小时打叶复烤生产线1条。复烤公司万州复烤厂位于万州区，公司占地面积8.24万平方米，仓库面积5.07万平方米，整选用地5675平方米。

【生产经营】　2013年，完成原烟委托加工7.83万吨（156.6万担），其中彭水厂加工4.31万吨（86.3万担），万州厂加工3.52万吨（70.31万担）。全年结算加工收入2.03亿元。实现税利5460万元，其中利润2240万元。

薄片生产企业

上海烟草集团太仓海烟烟草薄片有限公司

【概　况】　上海烟草集团太仓海烟烟草薄片有限公司成立于2004年1月，2007年7月开始试生产。公司由原上海烟草（集团）公司、广东省金叶烟草薄片技术开发有限公司共同出资组建，注册资金3.9亿元。公司占地面积14.85万平方米，年生产能力为1万吨造纸法烟草薄片。共有员工189人。

【生产经营】　2013年，公司生产薄片成品5693吨，其中为集团公司生产薄片产品3176吨（“红双喜”薄片2210吨，“前门”薄片966吨），为其他企业生产薄片产品2359吨。销售薄片5490吨。实现销售收入1.42亿元。实现税利1718万元，同比增长52.5%，其中利润394万元。

【技术创新】　2013年，基本完成“中华”薄片的技术研发工作，集成降低烟梗果胶、降低薄片CO、低浓打浆工艺、天然色素颜色调控、提取液净化等多项最新技术研究成果。完成“中华”薄片在卷烟配方中的替代应用试验工作，通过技术中心评吸认可。依据“中华”薄片在线大样生产的测试数据，与技术中心联合确定“中华”薄片的各项物理、化学和烟气指标，完成“中华”薄片系列技术标准的确认和编制。

全年收到职工改善提案850条，人均提案4.29条，采纳实施189条。开展实施科技项目11项，确立6个质量改进项目和12个QC项目，培养4名QC诊断师，申请专利5项，其中发明专利3项，在核心期刊发表学术论文4篇。公司坚持技术创新，持续推进“科技创新型企业”建设。

【技术改造】　完成工厂技术中心实验室建设项目设计方案的确认，取得集团公司项目初步设计批复，实施项目施工、监理招投标工作。原料及成品仓库项目竣工投产，仓储业务投入运营。数据采集与集成控制二期改造项目完成各子项控制方案设计和下位机程序编制工作。完成萃取段技术改造方案和设备选型工作，加快主厂房改扩建项目实施，为萃取段技术改造做好准备。

安徽中烟再造烟叶科技有限责任公司

【概　况】　安徽中烟再造烟叶科技有限责任公司位于安徽省蚌埠市高新区姜桥路1166号，成立于2011年4月8日，是安徽中烟工业有限责任公司的全资子公司，注册资本为1亿元人民币。公司占地面积13.33万平方米。2012年2月，公司正式开工建设，年底基本完成土建及设备安装；2013年7月进入带料调试阶段。公司年设计加工生产能力为1万吨/年。截至2013年底，公司拥有总资产4.24亿元，其中，固定资产3.59亿元、流动资产0.65亿元，资产负债率为13.43%。有在岗员工180人。

【生产经营】　截至2013年底，公司累计试生产加工薄片1802.3吨。

福建金闽再造烟叶发展有限公司

【概　况】　福建金闽再造烟叶发展有限公司位于福建省罗源县，创建于2003年3月，由福建中烟、厦门烟草工业有限责任公司、龙岩烟草工业有限责任公司共同投资1.3亿元成立，隶属于福建中烟管理。公司占地面积6.67万平方米，生产规模按年产1万吨烟草薄片规划，分两期实施，第一期5000吨烟草薄片生产线于2009年6月建成投产。截至2013年底，公司拥有总资产3.95亿元。有员工382人。

【生产经营】　全年生产烟草薄片9158吨；销售烟草薄片9188吨；实现销售收入2.68亿元，实现税利4479万元，其中利润2589万元。

【技术创新】　推动再造烟叶技术升级重大专项实施，围绕生产线工艺流程和设备，重点开展抄造段纸机、烘箱等55项技术改造，创下生产车速130米/分、日产35.1吨等多项历史最高纪录。承担并参与国家局“提高提取浓缩效率及质量的关键工艺技术研究”等4个科技项目，“再造烟叶生产线提取固液分离工艺装备研究与应用”被国家局列入2013年度科技立项项目。全年获得授权发明专利1项，实用新型专利1项。“七匹狼”专用再造烟叶生产线技术改造项目通过国家局立项审批。该项目年产1万吨、投资总额3.19亿元。

河南卷烟工业烟草薄片有限公司

【概　况】　河南卷烟工业烟草薄片有限公司位于河南省许昌县工业园区，成立于2006年7月，是河南中烟工业有限责任公司的全资子公司。截至2013年底，公司拥有总资产4.17亿元。有浸取罐、浓缩设备、幅宽2640毫米烟草薄片长网纸机、卧式螺旋沉降式离心机、高浓磨浆机、滚筒式薄片烘干机、预压式打包机等主要设备，年生产能力为1万吨造纸法烟草薄片。有在岗员工272人。

【生产经营】　全年生产造纸法烟草薄片9067吨，销售7626吨。实现销售收入2.27亿元。实现税利1.04亿元，其中利润7235万元。

【技术创新】　完成国家局标志性生产线初步设计任务，生产线技术升级改造工艺流程已经定型，委托完成项目初步设计和第三方审核工作。开展有针对性的立项研究，向国家局申报“再造烟叶标志线研制项目”，完成所有实验室研究及上线验证工作。完成河南中烟立项科研项目8项，部分成果直接在技改方案中得到转化应用。参与国家局再造烟叶技术升级重大专项研究工作，主持再造烟叶重大专项中“再造烟叶质量稳定性”等三个子项目，参与四个子项目研究工作，均通过国家局中期考核。研制开发1个清香型新产品，配合国家局开展再造烟叶添加剂安全性评估工作，主持“再造烟叶（造纸法）生产用白水细菌总数”等2个造纸法再造烟叶标准研究项目，参与2个标准项目的研究工作，完成6项实用新型和8项发明共14项新专利的申报工作。承担河南中烟5项科研项目并通过验收。

湖南金叶烟草薄片有限责任公司

【概　况】　湖南金叶烟草薄片有限责任公司位于湖南省祁东县，注册成立于2004年4月，是湖南中烟工业有限责任公司所属的具有法人资格的烟草薄片加工企业。公司由湖南中烟、广东省金叶烟草薄片技术开发有限公司共同出资组建，注册资本7250万元。截至2013年底，公司拥有总资产1.51亿元，占地面积11.05万平方米。有年产6000吨的造纸法烟草薄片生产线1条，年设计生产能力1万吨。有从业人员360人，其中在岗员工319人。

【生产经营】　2013年，公司生产薄片3801吨，销售薄片3832吨。实现销售收入1.07亿元。实现税利3363万元，其中利润1859万元。

【产品质量】　公司进一步加大对生产工艺、质量的跟踪检查、检测和考核力度，工艺控制得以稳定，产品质量稳中有升，薄片产品过程质量合格率88.62%，同比提高0.32%；成品抽检质量合格率100%，与上年持平；总合格率94.31%，同比提高0.16%；出库交付使用薄片的抽检合格率达到100%。“白沙（精品）”卷烟用RT－5薄片1924吨，占全年总产量的50.6%，产品结构进一步提升。单吨产品收入提高到2.8万元，同比增加2400元。

（编辑：王东旭）

科研和教育机构

科研机构

2013 年全国烟草行业主要科研机构名单（排名不分先后）：

中国烟草总公司郑州烟草研究院

中国烟草总公司合肥设计院

中国烟草科技信息中心

中国烟草标准化研究中心

国家烟草基因研究中心

中国烟草育种研究（南方）中心（云南省烟草农业科学研究院）

中国烟草东北农业试验站（中国烟草进出口烟叶检测站、中国烟草总公司黑龙江省公司牡丹江烟草科学研究所）

中国烟草东南农业试验站（福建省烟草专卖局烟草农业科学研究所）

中国烟草白肋烟试验站（湖北省烟草科学研究院）

中国烟草西南农业试验站（贵州省烟草科学研究院）

中国烟草中南农业试验站

云南烟草科学研究院

中国农业科学院烟草研究所［中国烟草总公司青州烟草研究所、中国烟草遗传育种研究（北方）中心］

国家烟草栽培生理生化研究基地

广东省烟草南雄科学研究所

江西省烟叶科学研究所

河南省烟草公司烟草研究所（河南省农业科学院烟草研究所）

山东烟草研究院

重庆烟草科学研究所

陕西省烟草研究所

安徽省烟草公司烟草研究所（安徽省农业科学院烟草研究所）

中国烟草总公司郑州烟草研究院

【概　况】　中国烟草总公司郑州烟草研究院（以下简称“郑州院”）位于河南省郑州市，始建于 1958 年，是国家局、总公司直属管理的烟草科学研究与开发机构。主要从事烟草栽培调制及贮保、烟草基因、卷烟加工工艺和卷烟配方、烟草化学、烟用香精香料、卷烟减害降焦、再造烟叶等方面的应用基础和共性技术研究，卷烟厂和烟叶复烤厂的工程设计、行业相关检测仪器的研制和开发等。学科范围覆盖从烟草基因到卷烟生产的全过程。郑州院是国际标准化组织烟草及烟草制品技术委员会（ISO/TC 126）国内技术归口单位。郑州院下设 4 个科研部门、3 个行业中心和 2 家多元化经营企业。2013 年，有在职员工 316 人，其中各类专业技术人员 267 人，包括中国工程院院士 1 人，享受国务院政府特殊津贴专家 8 人，烟草行业学科带头人 7 人，研究员 33 人，硕士研究生和博士研究生学历 167 人。

【领导成员】

院长、党组书记：闫亚明

副院长、党组成员：谢剑平

副院长、纪检组长、党组成员：赵继先

副院长、党组成员：张建勋

副院长、党组成员：罗登山

党组成员：胡清源

【科研项目与成果】　2013 年，郑州院有 7 项牵头承担项目、3 项参与承担项目获得中国烟草总公司奖励，其中，“卷烟主流烟气七种有害成分分析方法”项目获得总公司第三届标准创新贡献奖一等奖，“烟草行业产品安全标准体系研究”“烟草及烟草制品 多种农药残留量的测定”“烟用水基胶 挥发性与半挥发性成分限量”等 3 个项目获得总公司第三届标准创新贡献奖三等奖；“制作金黄色烟丝的加工工艺”项目获得总公司技术发明奖二等奖，“数字影像技术在烟草质量检验中的应用”获得总公司技术发明奖三等奖；“提高上部烟叶可用性及在‘大品牌’应用的技术研究”项目获得总公司科学技术进步奖三等奖。参与承担的“打叶烟叶 烤烟质量均匀性评价”“烟草行业绿色工房评价标准”2 个项目获得总公司标准创新贡献奖三等奖。

2013 年有 3 个项目通过省部级鉴定或验收，23 个项目通过院级验收，20 个项目通过标准化技术委员会审定。2013 年申报职务发明 161 项，其中发明专利 126 项；获得授权 92 项，其中发明专利 61 项。出版专著 4 本；发表、交流论文 154 篇，其中被《科学引文索引》《工程索引》收录 96 篇。

2013 年新立科研项目 83 项。获得一批行业科技重大专项项目、国家科技部项目和国家自然科学基金项目，项目经费支持同比增长 50%。在研科技项目进展良好，在国家局组织的检查评估中，牵头承担 13 项国家局项目，评估结果均为“优”。

【行业科技重大专项】　以郑州院为技术依托单位的几个行业科技重大专项进入后期阶段。“中式卷烟制丝生产线”重大专项建立中式卷烟制丝生产线创新效果评价体系，完成“基于造纸法再造烟叶特性的制丝工艺技术研究”等项目。“卷烟减害技术”重大专项在有害成分形成机理及降低技术方面形成一批科研成果。“卷烟增香保润”重大专项建立了烟草制品感官舒适性评价方法和烟草及烟草制品物理保润检测方法评价体系。积极参与“新型卷烟研制”重大专项前期工作，申报 7 项发明专利。

【合作与交流】　产学研结合。与河南省局、陕西省局签署战略合作协议；与中国农业科学院农业资源与农业区划研究所建立“生态环境与烟叶质量联合实验室”；与广西中烟共建“‘真龙’品牌特色工艺研究联合实验室”；与河南中烟合作成立“增香保润联合实验室”。

对外合作交流。全年派出 63 人次参加国际会议与交流。参加 CORESTA、ISO/TC126 各项活动，与韩国烟草人参公社举行第八届烟草科技联席会议，与英美烟草公司在吸烟与健康和化学分析领域、与美国明尼苏达大学在感官评价和保润技术领域深入开展合作，取得阶段性成果。

【科研团队建设】 2013 年，郑州院引进各类专业技术人员 14 人。29 人通过任职资格评审，高级、中级分别为 10 人和 16 人，助理工程师 3 人。全年录取硕士研究生 12 人，毕业硕士研究生 12 人。2013 年在读硕士研究生 36 人，联合培养博士研究生 4 人。全年组织 94 人次参加行业和院内组织的培训活动，举办培训班和培训活动 41 期。

【特事要辑】 7 月 18 日，国家局局长凌成兴、副局长李克明一行到郑州院调研考察。凌成兴指出，郑州院是行业的人才高地、研发高地和质检高地。下一步的工作，要充分发挥科研和人才优势，打造成烟草行业产、学、研的示范基地；要紧紧瞄准科学院的定位，与行业一线紧密结合，与市场经济紧密结合，有效借助各类科技资源，有效汲取行业优秀经验，大力创新机制，努力提升水平。

10 月 30 日，驻国家局纪检组组长高林到郑州院调研。他实地考察了院科研部门，对全院科研工作给予充分肯定，就群众路线教育实践活动和纪检监察工作提出要求。

中国烟草总公司合肥设计院

【概　况】 中国烟草总公司合肥设计院（以下简称“合肥设计院”）成立于 1990 年 6 月，是国家局直属管理的专业设计院。合肥设计院具有国家住房和城乡建设部批准的“轻纺行业（食品发酵烟草工程）专业甲级”和“建筑行业（建筑工程）乙级”“轻型钢结构工程设计专项乙级”设计资质，可从事资质证书许可范围内相应的建筑工程总承包业务以及项目管理和相关的技术与管理服务。2010 年是合肥设计院履行技术审查职责的“职能调整年”，根据国家局《关于中国烟草总公司合肥设计院职能调整的批复》（国烟人〔2009〕454 号），合肥设计院的主要职能由从事烟草行业大中型技术改造建设工程设计和服务，调整为受国家局、总公司委托，承担烟草行业固定资产投资工程项目的技术审查职责，负责组织行业固定资产重大投资工程项目总体规划、项目申请报告、初步设计文件、工程超支分析报告等技术审查以及对重大项目和课题的专家论证、评估。在完成国家局委托的工程项目技术审查任务的基础上，合肥设计院保留部分经营职能，利用技术优势，承接行业打叶复烤厂、烟用仓库设计和部分项目初步设计文件、施工图第三方审查及咨询工作。合肥设计院下设 6 个处室。截至 2013 年底，共有在职员工 56 人，其中，高级职称 18 人、中级职称 20 人，国家一级注册建筑师 1 人，国家一级注册结构师 5 人，注册机械设备及公用工程师 3 人，注册造价师 2 人，注册咨询师 5 人。

【领导成员】

院　长、党委书记：朱小平

副院长、党委委员：陆　敏

副院长、党委委员：葛　波（2013.4—）（国烟人〔2013〕127 号、国烟党〔2013〕36 号）

【技术审查工作】 2013 年完成国家局委托的工程技术审查项目 41 项。在完成的审查项目类型中，有卷烟厂技改项目 10 项，卷烟物流配送中心建设项目 12 项，经营业务用房建设项目 8 项，其他类型项目 11 项。经审查共核减投资额 12 亿元，上报项目总投资为 186 亿元。在进行技术审查工作的同时，合肥设计院积极拓展初步设计和施工图设计第三方审查工作，基本形成比较规范的项目评审报告格式和编写深度模版，全年完成 23 个项目的第三方审查工作。

【设计研究项目】 2013 年从事工程设计及技术服务项目 48 项，其中完成申请报告等待批复的有四川烟叶复烤有限责任公司下属的泸州、会东、会理、德昌复烤厂技改，贵州烟叶复烤有限责任公司下属的黔南和贵阳复烤厂技改，重庆复烤厂技改，广东梅州和韶关复烤厂技改，云南四家复烤厂技改等 24 个项目；已经批复正在等待设计方案招标或正在招标的有济南烟厂仓库、南京烟厂仓库、旬阳复烤厂技改等 6 个项目；已经中标或签订合同，进行初步设计和施工图设计的有郴州复烤厂技改、保定卷烟厂技改、涡阳复烤厂技改、大理卷烟厂技改、玉溪复烤厂技改等 18 个项目。新签定设计合同 15 项，洽谈待签合同 4 项。

【整顿规范工作】 合肥设计院以推进公开招标为重点，突出抓好“工程投资、物资采购、宣传促销”项目规范化管理。健全组织机构，对“三项工作”管理委员会、整顿办成员进行相应调整充实，新成立院采购办公室，做到分工明确，职责到位。进一步修订、补充、完善相关制度，强化制度保障，补充、完善及修订《合肥设计院关于发布实施〈合肥设计院“三项工作”管理委员会工作规则（修订）〉的通知》《关于印发〈中国烟草总公司合肥设计院采购管理实施办法〉的通知》《关于印发〈中国烟草总公司合肥设计院物资、工程和服务采购项目监督管理办法（试行）〉的通知》《合肥设计院关于发布〈中国烟草总公司合肥设计院供应商管理办法（试行）〉的通知》等 10 个规章制度。

中国烟草科技信息中心

【概　况】 中国烟草科技信息中心（以下简称“科技信息中心”）位于河南省郑州市，是国家局批准建立的行业信息机构，其前身为原国家轻工业部烟草工业科技情报站。1986 年 4 月，经总公司批准更名为全国烟草科技情报站，1989 年 3 月更名为全国烟草科技情报中心，1994 年更名为中国烟草科技信息中心。业务上由国家局科技司领导和指导，日常行政工作由郑州院管理。主要承担国内外烟草科技、经济等烟草类信息的搜集、研究、加工、报道、交流以及烟草行业信息资源建设工作；承担《烟草科技》期刊的编辑出版工作；承担软科学研究、情报调研、科技评估评价、科技政策研究、烟草知识产权研究、科技查新和信息咨询服务与创新体系建设咨询服务等工作；承担中国烟草科教网的建设、维护与对外服务，承担国家局科技业务管理系统开发与维护，承担郑州院信息化建设、管理与维护等工作。科技信息中心下设6个部门，郑州院信息化工作领导小组办公室设在科技信息中心。2013年，有员工29人，其中，高级职称13人、中级职称13人、初级职称2人，高级工1人。

【领导成员】

主　任：郑新章

副主任：程　彪

副主任：王　峙

【编辑出版】　2013年，编辑出版发行《烟草科技》12期，发表论文226篇，其中基金论文148篇。编辑出版工作取得重大突破，《烟草科技》期刊首次成为《工程索引》收录期刊，标志着期刊综合水平又上了新的台阶。期刊综合影响因子位居25种轻工业类期刊第一位，复合影响因子位居第二位，在技术研究类期刊中影响因子位居第1位。全年出版发行《烟草科技》7万余份，同比增长11.54%。在"中国知网"上《烟草科技》的机构用户数量首次突破4000个，达到4179个，全年论文下载量为6.55万篇次。

【信息资源建设】　继续加强烟草科技文献数据库、中国烟草科学技术数据库和中国烟草数字图书馆三大类数据库系统的信息资源建设。烟草科技文献数据库全年共增加国内外烟草科技论文、科技成果、专利、标准、生产经营信息等各类文献近2万篇（条），其中新增全文8500篇。资源总量近43万篇（条），全文27万余篇。中国烟草科学技术数据库系统收录数据量进一步提高，其中烟草知识产权平台全年新增国内外烟草专利文献1.1万余件，收录中国专利3.85万件、国外专利1.09万件、法律法规822条、商标2.11万件、著作权269件、烟草新品种830个，收录内容涵盖所有的烟草类知识产权。中国烟草数字图书馆新增烟草类专著10种，相关专业图书5000余册，数字图书总量2.3万种（烟草类1220余种）。

【中国烟草科教网和信息化建设】　中国烟草科教网作为行业科技类专业网站，是向行业提供烟草信息、信息资源服务和科技业务管理服务的重要平台。除上述三大类信息资源在平台上运行并提供服务外，还提供20余个栏目的各类信息。2013年，中国烟草科教网总体水平和服务能力明显提高，日访问量4600余人次；年访问量约170万余人次，同比提高41.6%。

在信息化建设、管理与运维等方面，完成系统完善、管理制度的制修订、安全管理、网络拓展、网站栏目设计、信息审核发布、运维管理以及信息化发展规划制定等多项工作，保证郑州院电子院务系统、对外网站（中英）的正常运行。

【科研项目、情报研究与科技评估评价】　2013年，承担国家局科技项目（含重大专项项目和面上项目）3项，国家局标准项目1项，院长基金项目4项，与工商企业产学研合作科技项目4项。"烟草科技项目后评价体系深化研究与应用"项目通过验收，"《烟草术语》系列国家标准修订"项目五个分标准全部通过专家评审。

完成新型烟草制品专利技术的统计分析和深化研究工作，以及其他专项情报研究工作，形成十余份专题研究分析报告。协助科技司完成多项专项科技工作：参与行业科技统计工作，完成数据汇总分析，撰写分析报告；参与完成2013年度总公司科学技术奖资料准备、网上填报、汇总分析、网上评审以及会议评审等筹备工作。

【科技咨询服务】　以《烟草科技》理事会为服务平台，对16家卷烟工业企业提供高质量的综合服务。完成对广东、湖北、浙江、上海、福建、山东、江西等7家卷烟工业企业的专项信息咨询服务工作。中国烟草科教网信息资源用户新增8家。此外，通过举办培训班等多种形式对工商企业提供科技计划项目立项、科技成果报奖、科技论文撰写、信息资源检索与有效利用等专题培训服务，促进科技人员素质和科研能力的提升。

【科技成果】　2013年，科技信息中心申请专利2项，获得授权专利1项；获得计算机软件著作权4项（含合作申请2项）；出版专著1部；发表学术论文10篇。

中国烟草标准化研究中心

【概　况】　中国烟草标准化研究中心（以下简称"标准化中心"）位于河南省郑州市，成立于1995年1月，是国家局批准建立的行业标准化、计量专业机构，隶属于郑州院，业务上受国家局科技司和郑州院领导，国家质量监督检验检疫总局、国家标准化管理委员会参与指导工作。主要职责是负责全国烟草标准化技术委员会的日常工作，专门从事烟草标准化的研究及推广，组织重大标准的制（修）订，为行业提供标准体系框架，引导行业科学地制（修）订标准、积极地采用国际标准；作为ISO/TC126烟草和烟草制品技术委员会在国内的技术归口单位，承担国际标准日常投票工作，为行业及时提供国际标准最新信息，组织专家对国际标准项目进行试验验证，积极开展我国烟草标准向国际标准上升的提案制定工作；负责烟草行业计量标准（基准）的建立、专用检测仪器的量值溯源以及标准物质的制定，负责行业计量体系和计量网络的建立；负责烟草行业卷烟条码的审查、备案工作。标准化中心下设4个部门。2013年，有员工21人，其中，研究员3人、高级工程师7人、工程师8人、助理工程师3人；博士研究生学历1人、硕士研究生学历12人、大学本科学历8人。

【领导成员】

主　任：范　黎

副主任：陈连芳

【产品质量安全工作】　2013 年，标准化中心全面参与“再造烟叶使用物质许可及安全性评估的研究”项目工作；参与完成总公司企业标准《再造烟叶许可使用物质名单》的编制工作；开展《产品质量安全标准体系表》的动态维护；牵头承担或启动三项总公司企业标准项目的研究。

【国际标准化工作】　牵头制定的第二项国际标准 ISO 3550－3“卷烟 端部掉落烟丝的测定 第三部分 振动法”进入技术规范（TS）投票阶段。截至 2013 年底，旨在应对 ISO/TC 92/SC1/WG 15“卷烟引燃倾向”研究的国家质检总局公益性行业科研专项“卷烟防火安全与引燃倾向方法的研究”向国家质检总局提交项目验收材料。与土耳其共同主持 2013 年度 ISO/TC126/SC2 的全体会议，参与 7 个工作组的活动。完成国际标准投票 18 项；组织开展 ISO/TR 19478“ISO 抽吸模式和加拿大深度抽吸参数 国际共同实验结果”的投票工作；组织并完成 40 余个文件近千页的翻译工作；继续收录 WTO、WHO、欧盟、中东等国际组织、国家、大企业的技术法规及规定。截至 2013 年底，共计收录技术法规 1259 条，标准 1314 项，有关烟草的 WTO/TBT 通报 207 条。

【工业标准化推进工作】　继续推进《卷烟》国标修订工作，对卷烟端部落丝量等相关要求着手制订修改单，并在全行业工商企业征求意见。开展 YC/T 198—2012《卷烟品牌合作生产质量保障规范》行业标准执行情况综合评价。依据 YC/T 199—2011《卷烟企业清洁生产评价准则》、YC/T 273—2008《卷烟包装设计要求》、YC/T 280—2008《烟草工业企业能源消耗》等标准及相关规定，完成 18 家省级工业公司及所属 95 家卷烟工厂 2012 年度清洁生产自评数据的网上填报工作，对部分企业进行现场调研、综合评价和结果分析。完成“卷烟制造过程标准体系 构成与要求”行业标准项目制定，通过卷烟分标委审定。主持“烟用三乙酸甘油酯纯度标准物质”行业标准项目研究，参与“烟用水基胶分析用苯系物混合溶液标准物质研制”行业标准项目研究。

【烟叶标准化生产推进工作】　参与 12 个省 19 个烟叶产区的烟叶标准化生产综合评价工作，配合国家局科技司对取得的主要成效和经验，以及存在的主要问题进行总结和分析。与湖北中烟联合建立烟叶标准样品重点标准研究室。与广西、陕西、四川省（区）局（公司）合作开展良好农业操作规范（GAP）、烟叶产品安全标准体系建设研究。主持开展《烟草行业农业标准体系》的修订工作。

【商业标准化推进工作】　发布 YC/T 479—2013《烟草商业企业标准体系 构成与要求》，为商业企业标准体系建设提供基本框架。开展“烟草商业企业标准化建设指南”行业标准项目研究。

【计量及其研究工作】　参加《烟草行业计量工作管理办法》专题调研和研讨。完成“卷烟和滤棒物理性能综合测试台检定装置”行业最高计量标准的建立。开展“常规分析用吸烟机技术条件对烟气捕集影响的研究”“体积流量调节法对吸阻标准件计量校准及大气压对其结果影响的研究”等五项行业计量类标准项目研究。依托拥有的七项行业最高计量标准检定相关计量器具 4100 余件。

【标准化委员会秘书处工作】　配合国家局科技司举办三期标准化培训。参与 2014 年度烟草行业国家及行业标准制修订项目专家评审会；承办卷烟分标委标准审定会 2 次，承办和协办烟用材料分标委标准审定会各 1 次，承办和协办企业分标委标准审定会各 1 次，承办农业分标委标准审定会 2 次，协办烟叶标样分标委标准审定会和标样审定会各 1 次，协办卷烟标样分标委标准和标样审定会 1 次，参与配合烟机、信息、物流分标委标准审定会各 1 次。

配合国家局科技司完成 2013 年标准项目合同审查、2014 年标准项目申报、答辩，审查 86 项标准项目（2013 年）合同，初审 247 项标准项目（2014 年）申请书。配合国家局、各分标委审定发布行业标准及计量检定规程 60 项、总公司企业标准 22 项，制作审定 2013 年度烟叶标准样品 160 套，其中烤烟 141 套、白肋烟 10 套、香料烟 9 套，发布卷烟感官标准样品 24 个、行业烟气分析标准样品 2 个。

配合国家局科技司完成标准项目清理工作，废止标准 11 项。协助开展《2014 年度烟草行业标准制修订项目申报指南》的编制工作。

【科技成果】　在《烟草科技》等核心期刊及其他科技期刊发表论文 12 篇；获得授权发明专利 2 项、实用新型专利 1 项，申报发明专利 5 项；正式发布或通过审定的标准及标准化科研项目 4 项；获得总公司标准创新贡献奖 2 项。

国家烟草基因研究中心

【概　况】　国家烟草基因研究中心（以下简称“基因研究中心”），位于河南省郑州市，成立于 2010 年 12 月，隶属于郑州院，业务上接受国家局科技司指导和管理。基因研究中心主要负责开展烟草基因组研究工作，整合利用行业内外科技资源，搭建具有公益性、基础性、战略性的烟草基因研究共享平台，在行业内长期发挥指导、推动、支撑和纽带作用，逐步建成国内一流、国际先进、行业共享的知识创新和人才培养基地。基因研究中心下设四个部门。2013 年，共有员工 23 人，其中博士研究生学历 14 人、硕士研究生学历 8 人、大学本科学历 1 人；具有海外留学经历 6 人。

【领导成员】

主　任：林福呈

【科研项目】　2013 年，基因研究中心承担各类科研项目 24 项，其中，国家自然科学基金项目 3 项，国家局重大专项项目 7 项、重点项目 1 项、标准项目 1 项、面上项目 1 项，郑州院科技项目 1 项、院长科技发展基金项目 7 项、横向合同项目3项。2项国家局重大专项项目通过院学委会验收，1项国家局标准项目通过全国烟草标准化技术委员会审定，1项郑州院科技项目通过院专家委员会验收，2项院长科技发展基金项目通过院学术委员会验收。

【核心研究平台建设】 基于Affymetrix 7G系统的烟草表达谱基因芯片平台各项科研工作有序推进，利用烟草覆瓦式（Tiling）基因芯片，研究源于祖先种S/T基因组基因分别在烟草祖先种及栽培种组织/器官中的表达模式和规律，构建“红花大金元”打顶期、中部叶成熟期基因表达谱，进一步完善利用基因芯片研究烟草功能基因的研究手段和技术体系。

持续升级烟草生物信息学平台，进一步完善高性能计算机运行与维护、数据库开发与维护、基因组数据分析、芯片数据分析、整合生物信息学分析等技术体系，充分发挥其作为烟草基因组计划重大专项的数据存储、管理、分析中心的重要作用。

进一步丰富由仪器单元、12种烟草代谢产物的测试分析方法单元和数据分析单元等三大单元构成的烟草代谢组学平台，通过利用低分子量化合物分析仪器、蛋白质代谢分析仪器及相关技术手段开展烟草代谢组学研究，探索烟草关键品质性状相关化学成分的合成、积累、转运及变化规律，有效推动烟草代谢组学研究的全面开展，为培育优质、低害的烟草新品种提供日趋完善的平台和技术支撑。

【战略合作及学术交流】 2013年，基因研究中心结合承担的烟草基因组计划重大专项科研任务，重点围绕三大研究平台建设，分别与中科院植物所、中科院大化所、博奥生物有限公司、北京诺禾致源公司达成战略合作意向，并开展实质性合作。全年组织部门学术活动47场，学术报告92场；参加包括第十届国际茄科植物生物学大会、第十届国际植物病理学大会在内的一系列国际性相关学术会议；邀请近20位国内外从事基因研究领域的专家、学者到基因研究中心作报告。

【科研成果】 2013年，基因研究中心共发表各类论文14篇，其中SCI论文4篇、国外期刊论文2篇、核心期刊论文2篇、国际会议宣读论文及墙报6篇。获得职务发明授权9项，其中发明专利2项、实用新型专利7项。获得计算机软件著作权1项。

【固定资产管理工作】 按照《郑州烟草研究院设备管理办法》和《郑州烟草研究院固定资产财务管理办法》的要求，基因研究中心对购置并验收完成的仪器设备、办公及实验家具进行全面查验，并逐一落实管理责任人，完成固定资产的统计清查工作。同时，分别对单价超过10万元、50万元的大型仪器设备制作《设备工作日志》《大型仪器设备操作规程》，从一定程度上消除设备操作事故隐患。

【实验室安全管理工作】 建立两级安全责任制度，形成“两级安全责任人日常管理、综合室定期巡查、中心领导不定期抽查”的安全管理体系。结合实验室的环境和安全要求，制作《实验室安全隐患排查表》。制作《安全检查记录》，将安全检查过程中发现的问题和隐患随时写入记录，提出整改措施。

中国烟草育种研究（南方）中心
（云南省烟草农业科学研究院）

【概　况】 云南省烟草农业科学研究院位于云南省昆明市，前身是成立于1955年的云南省烟草科学研究所，2009年3月更名为云南省烟草农业科学研究院，是云南省烟草专卖局（公司）直属科研机构；中国烟草育种研究（南方）中心（简称南方中心）成立于1995年，与云南省烟草农业科学研究院实行合署办公。2012年，南方中心由玉溪市搬迁至昆明市。围绕“以科技支撑服务云南烟叶生产重大科技需求和引领云南烟草科技创新、代表云南烟草科技高端为使命”发展目标，实施“研究一粒种子、集成一项技术、解读一片烟叶”攻关，在烟草育种、栽培、植保、烘烤、烟叶质量分析等方面，开展基础研究、应用研究和成果转化推广，特别在生物技术、品种选育、功能基因研究、种子繁育技术、节本增效栽培技术、烟叶安全性领域处于行业引领地位。拥有博士后科研工作站、烟草行业烟草生物技术育种重点实验室、云南省烟草农业工程技术中心、中美烟草分子育种联合实验室、烟草种质资源库和世界烟草品种园等创新平台。南方中心下设8个部门。2013年，有在职员工100人，其中正高级职称8人、副高级职称31人，博士研究生学历26人、硕士研究生学历43人，烟草行业学科带头人2人。

【领导成员】①

党委书记、院长、主任：顾华国
常务副院长：卢秀萍
副院长（副主任）：李永平
副院长：晋　艳
党委副书记：林　劼
副调研员：马文广（2013.6—，之前任党委委员）（云烟党〔2013〕30号）
副调研员：易　冕

【技术创新】 生物技术研究。成功克隆3个基因、精确锁定1个基因、有效利用3个基因、积极探索4个基因。克

① 科研机构中中国烟草育种研究（南方）中心（云南省烟草农业科学研究院）、中国烟草东北农业试验站（中国烟草进出口烟叶检测站、中国烟草总公司黑龙江省公司牡丹江烟草科学研究所）、中国烟草东南农业试验站（福建省烟草专卖局烟草农业科学研究所）、中国烟草白肋烟试验站（湖北省烟草科学研究院）、中国烟草西南农业试验站（贵州省烟草科学研究院）、中国农业科学院烟草研究所［中国烟草总公司青州烟草研究所、中国烟草遗传育种研究（北方）中心］、河南省烟草公司烟草研究所（河南省农业科学院烟草研究所）、安徽省烟草公司烟草研究所（安徽省农业科学院烟草研究所）等单位实行“两块牌子、一套机构”管理模式，其名称为中国烟草总公司和地方政府分别授予，领导成员职务按照当地省政府授予的名称规范。

隆烟草马铃薯Y病毒抗性基因，是烟草基因组计划重大专项启动以来，率先克隆的具有重要利用价值的功能基因；克隆镉转运基因、精确锁定烟草黑胫病抗性基因，是中国烟草基因组研究取得的原创性成果，具有完全自主的知识产权；有效利用抗黑胫病基因（Ph）改良“红花大金元”品种的黑胫病抗性、利用抗马铃薯Y病毒基因改良“云烟87”的抗性、利用烟草开花期调控基因加快育种进程，是烟草功能基因研究率先实现落地应用的重要突破；积极探索烟碱合成调控相关基因的克隆、烟草腋芽形成相关基因的克隆、烟草抗旱相关基因的克隆和烟草类黄酮相关基因的克隆，初步建成基因功能鉴定平台。

新品种选育。选育出4个新品种，烤烟品种“云烟110”和“PVH1452”、香料烟品种“云香2号”、白肋烟品种“云白4号”通过全国烟草品种审定。烤烟品种“PVH2254”通过全国烟草品种农业评审。

绿色生态烟叶研究。农药残留检测能力验证从28项提升到45项，完成覆盖云南省13个州市100个县3000余个烟样、土样、肥料和水样的检测分析，制定《根结线虫防治技术规程》和《性引诱剂使用技术规范》。

清香型特色优质烟叶开发研究。完成云南、福建、四川、贵州等省的86个县305个烟叶样品的风格评价，建立清香型烟叶风格特色香韵评价模型，探索清香型烤烟物质代谢特征和关键代谢途径，提出彰显烟叶清香型风格的关键技术。

【技术服务】　成立五个专家服务团，按农时、分地域、分环节开展巡回指导，在膜下小苗移栽、节水抗旱方面积极服务生产。派出9名科技人员驻点普洱、临沧、文山、德宏等地指导新烟区烟叶生产，重点开展丽江金沙江黄金河谷和德宏芒市津巴布韦特色优质烟叶开发，提出膜下小苗移栽和抗旱节水育苗集成措施，开展技术培训80余场次。成立西藏烟叶种植技术服务组，先后10余次20余人赴西藏开展播种、移栽、田间管理、烘烤等工作。服务13个州市38个县区13家工业企业79个基地单元，集成推广绿色生态烟叶生产技术，大力开展技术培训。全年累计派出50批220余人次专家开展生产科技培训，培训基层科技人员和烟农2.6万余人次，编撰《烤烟病虫情报》12期、《烤烟生产技术指导》6期、《烤烟烘烤情报》5期，发布膜下小苗移栽、节水抗旱、病虫害防治等科技指导意见30余条，编制发放科学栽培、绿色防控、密集烘烤等五种生产技术手册1万余本。

【科研成果】　获科技成果奖励9项，其中云南省政府科学技术进步奖二等奖1项，中国烟草总公司2013年度科学技术进步奖三等奖1项，云南省局（公司）科技进步奖7项。获授权专利24项，其中发明专利13项。制定发布实施标准5项，编辑出版专著2部，发表科研论文79篇。

【成果转化】　系统总结膜下小苗移栽技术的8大优势，明确温度调控、养分调控等技术关键，制订膜下小苗移栽8项关键措施；集成应用烤烟提质增效控肥关键技术，减肥量10%～20%；提出“红花大金元”品种烟叶烘烤5项技术要点和5个温湿度关键节点。

【国际合作与交流】　邀请中国科学院、中国农业科学院等专家开展讲座38场次。派遣2名科研骨干赴美国北卡州立大学开展烟草合作研究，派遣1人到津巴布韦开展技术交流。举办2013年中美烟草分子育种联合实验室学术交流。2篇论文入选2013年CORESTA大会并发表演讲。

【世界烟草品种园建设】　2013年，世界烟草品种园得到进一步提升完善。以生物技术创新为主题，以品种及种质资源展示为主线，以基因组计划和功能基因研究为重点，种植30个国家650个烟草品种和种质资源，集科研、示范、展示、科普、交流“五位一体”，建设“十区一馆两基地”。全年接待国内外50余个团3000余人次参观。

中国烟草东北农业试验站（中国烟草进出口烟叶检测站、中国烟草总公司黑龙江省公司牡丹江烟草科学研究所）

【概　况】　中国烟草东北农业试验站（以下简称“东北站”）位于黑龙江省牡丹江市，是经国家局批准，于1995年3月在黑龙江省烟草科学研究所的基础上建立。1998年6月1日，经国家局批准，依托东北站成立中国烟草进出口烟叶检测站。2008年1月，黑龙江省烟草科学研究所变更为中国烟草总公司黑龙江省公司牡丹江烟草科学研究所，隶属黑龙江省局（公司）。承担烤烟新品种选育、生物技术、烤烟生产配套栽培技术、烤烟生产配套机械、植物营养与肥料、病虫害防治技术、烘烤技术研究及全国进出口烟叶及其制品的转基因检测和监测工作。东北站下设6个科研业务科室和2个后勤管理服务科室。2013年，有员工27人，其中博士研究生学历4人、硕士研究生学历12人；研究员3人、副研究员及高级农艺师10人、中级职称6人。

【领导成员】

所　长：郭兆奎

党委书记：栾　双

调研员兼副所长、纪委书记：辛　钢（2013.3—，之前任副所长、纪委书记）（黑烟人〔2013〕84号）

副所长：刘德育

副所长：陈荣平

【技术创新】　2013年，东北站主持各类科研项目24项，其中国家局项目7项，黑龙江省科技厅项目1项，黑龙江省局（公司）项目16项。新立国家局项目1项，新立黑龙江省局（公司）科研项目4项。

育种研究。承担各类科研课题11项。安排种植试验材料共计607份，品系试验材料17份，株系材料41份，杂交圃材料60份，赤星病圃和角斑病圃安排种植鉴定材料各24份，PVY病圃种植抗性鉴定试验材料160余份。

栽培研究。以“龙江低危害烟叶开发与研究”等课题为基础，进行轮作、化肥减施、品种配套栽培、打顶留叶数、氮钾肥用量对烟叶焦油含量影响、物质代谢、种植密度、中间香型特色优质烟叶的生长发育模型等方面研究。

生物技术研究。全年有在研科研课题7项，其中主持的课题包括国家局重点项目1项，烟草基因组计划重大专项项目1项，烟草基因组计划重大专项协作项目2项。克隆2条与烟草PVY抗性相关的eIF4E基因，并进行基因过表达、干涉功能研究。成功构建以PVX和TVBMV弱毒株系为载体的TMV、CMV和PVY疫苗，对两种三联弱毒疫苗的抗病性进行鉴定，并完善弱毒疫苗的接种技术。

土壤肥料研究。开展“黑龙江省烤烟测土配方施肥系统的研究与开发”等两项课题和土壤养分含量化验，烟叶常规化学成分化验，烟株根、茎、叶相关化学成分等指标测定，分析黑龙江省植烟土壤养分状况，开展烤烟应用测土施肥软件确定施肥量验证田间试验。

植保研究。在研科研课题4项，鉴定出黑龙江省烟田病害种类30种，其中真菌病害14种，细菌病害3种，病毒病害7种，寄生性种子植物病害1种；发现烟草昆虫58种，鉴定烟田杂草23种。对主要病虫害进行专题研究。

烟田机械。完善了双垄高隙自走动力装备、辅助打顶机具设计和样机制造、喷药系统样机设计和制造、单垄高地系自走动力装备第二轮样机设计制造和烟草半自动移栽机第二轮样机设计制造、关键部件实验室模拟，并开展各类样机的田间试验。

【技术服务】 加强“优良品种服务平台”“预警防灾植保综合服务平台”“测土施肥技术服务平台”“优质特色烟叶栽培与烘烤技术平台”建设。2013年供应省内烤烟良种“龙江911”“龙江925”“龙江981”和“LJ237”共计203.5千克，其中，“龙江981”品种种植量占到48%，首次超过“龙江911”成为主栽品种。全年发布病虫害简报7期。完善烟草病虫害的远程诊断功能，对疑难病虫害进行快速鉴定。为烟叶产区化验3280个土壤样品，并逐地块提出施肥推荐方案。全年开展培训班20场，培训烟农、生产技术人员2200余人次。

基地单元建设方面，承担上海烟草集团、湖北中烟、川渝中烟、红云红河集团等工业企业基地单元的技术指导和服务工作。帮助产区建立基地单元档案，对基地单元建设材料进行重新梳理和改进，并参与牡丹江烟区等三个基地单元的验收工作。

【转基因检测】 2013年完成337份样品的转基因检测，其中进口烟叶检测样品157份，国内出口及种子、烟叶样品180份。

【科研成果】 2013年完成国家局组织的鉴定2项，黑龙江省科技厅鉴定1项，黑龙江省局（公司）科研项目鉴定2项。1项标准预研项目通过国家局审定，4项成果获得黑龙江省局（公司）科技进步奖。

中国烟草东南农业试验站（福建省烟草专卖局烟草农业科学研究所）

【概　况】 中国烟草东南农业试验站（以下简称“东南站”）于1995年5月在福建三明成立，2002年初迁到福州，与福建省烟草专卖局烟草农业科学研究所实行“一套班子，两块牌子”管理，隶属福建省局（公司）。2004年，全面完成东南站的异地搬迁工作，站址位于福州市，在福州市晋安区宦溪镇设科研基地，在龙岩、南平、三明等三个主产烟区设立省烟科所分所（烟叶生产技术中心）。全省烟草农业科研形成了以省烟科所（东南站）为龙头，龙岩、三明、南平三个分所（烟叶生产技术中心）和九个产烟县的烤烟生产技术试验推广站组成的科研试验网络。东南站下设6个研究室和福建省烟草病虫害预测预报及综合防治站。2013年，有员工13人，其中博士研究生学历2人、硕士研究生学历5人，研究员2人、高级农艺师5人、农艺师2人。

【领导成员】

所　长：陈顺辉

调研员：林桂华

【科研工作】 特色烤烟品种选育研究。继续开展国家局重点课题“福建清香型烤烟特色品种选育”研究，烤烟新品系“FJ312”于2013年6月通过全国烟草品种审定委员会农业评审。开展烟草基因组计划重大专项子课题“EMS突变体育种项目——‘翠碧1号’定向改良”田间选择留种工作。开展2013年度全国品种区试和福建省品种区试工作。做好“清香型特色优质烟叶开发”福建试点有关品种试验。

清香型烟叶生态基础和生产技术研究。参加全国特色优质烟叶开发重大专项研究。继续开展福建生态条件下品种、栽培措施与烟叶风格关系研究和提高福建植烟土壤质量及测土配方施肥技术研究。

无公害烟叶和有机烟叶开发研究。承担全国“低危害烟叶开发”项目和农业部公益性行业（农业）科研专项“烤烟增香减害关键技术集成与示范”的研究任务。继续开展“通仙”生态有机烟叶开发研究、植烟土壤和烟叶重金属控制技术试验、有机肥资源及其施用效应和安全性评估研究。

科学延长烟叶生育期的研究。主要从促进烟株早生快发、适施氮肥，保证烟叶的正常成熟落黄和加强根茎性病害综合防治，保证烟叶正常成熟采收等方面开展研究。

烟叶病虫害综合治理技术体系研究。开展烟草病虫害预测预报及综合防治工作，发布福建省病虫情报6期，及时指导烟区病虫害综合防治工作，并做好烟草病虫害防治技术培训工作。继续开展烟蚜茧蜂基地建设。开展烟草根茎病害生物防治研究。

密集式烤房升级研究。优化密集烤房通风方式。改进密集烤房排湿方式，进一步试验验证余热回收节能效果。继续开展密集烤房围护结构不同保温材料对比试验。

不同部位烟叶保香去杂密集烘烤技术研究。研究烟叶田间不同成熟档次的外观特征，确定烟叶工艺成熟的范围和烘烤技术。研究并细化烟叶烘烤关键温/湿度停留时间烘烤工艺。研究确定不同部位干筋期的最高干筋温度范围。

烟叶生产机械化研究。承担国家局重点项目“东南烟区烟叶生产机械化关键技术装备研究与开发”研究。与福建工程学院联合研发起垄、施肥、覆膜一体机，并进行样机田间试验。

【科技服务】 作为技术依托单位，东南站承担福建中烟、上海烟草集团等10家工业企业在福建烟区的烟叶基地单元的技术服务工作。从品种选择、技术方案制订、育苗、移栽、施肥、植保、田间管理、烘烤等生产技术环节开展技术指导、新技术培训，并进行相关技术试验研究。

【科研成果】 2013年，获得全国农牧渔业丰收奖农业技术推广成果二等奖1项，获得福建省局（公司）科技进步奖一等奖1项、二等奖1项、三等奖3项。烤烟新品系“FJ312”通过全国烟草品种审定委员会农业评审。获得发明专利授权1项。

中国烟草白肋烟试验站（湖北省烟草科学研究院）

【概　况】 中国烟草白肋烟试验站（湖北省烟草科学研究院）是全国唯一的白肋烟农业科研单位，其前身为成立于1986年的湖北省鄂西烟草科研所，1991年5月组建湖北省白肋烟研究所，1997年6月更名为湖北省烟草科研所；1997年7月，国家局决定在湖北省建立中国烟草白肋烟试验站（简称白肋烟站），并与湖北省烟草科研所合署办公，隶属湖北省局（公司）；2002年8月，白肋烟站由湖北省恩施市搬迁到武汉市；2013年7月更名为湖北省烟草科学研究院。承担全国白肋烟和湖北省烤烟及其他晾晒烟的农业技术等方面的科学研究，承担国家局、湖北省局（公司）下达的科研任务，承担湖北省烟叶和土壤样品的重点指标的化验检测任务，负责全国白肋烟和湖北省烟草良种繁殖、包衣加工、计划调拨与经营，负责湖北省烟叶生产新技术推广的咨询、培训等科技服务工作，指导湖北省烟区病虫害预测预报及综合防治和先进实用烟叶生产技术推广。白肋烟站下设4个研发中心、4个研发服务部门和2个综合管理部门。2013年，有员工34人，其中，研究员2人、副研究员2人、高级农艺师9人、中级技术职称12人；博士研究生学历6人、硕士研究生学历16人。

【领导成员】

副站长、副所长（主持工作）：林国平（—2013.2）（鄂烟人〔2013〕24号）

调研员兼副院长：李进平（2013.2—，之前任调研员兼副站长、副所长）（鄂烟人〔2013〕83号）

副院长：肖绪镇

总农艺师：杨春雷

副调研员：王昌军

【科研工作】 2013年，完成38个科研项目和示范推广任务，在品种选育、减害、生态调查与分析、烟草种子生产技术等方面的研究有新的突破。选育2个新品种通过全国农业评审，特别是湖北省第一个自育烤烟新品种“金神农1号”通过评审，标志着湖北烤烟育种实现“零”的突破。国家局重点项目“烟叶减害农业综合配套技术研究与应用”项目取得明显成效，开发的烟叶减害剂具有减害、稳产、提香的综合效益，而且无残留。湖北省局（公司）“‘清江源’、‘金神农’烟叶‘减害降焦’的农业关键技术研究与应用”重大专题稳步实施。“经济、高效烟草种子生产技术研究”项目通过省局组织的田间鉴评。“全国烟草有害生物调查研究”项目持续推进。分析检测能力不断增强，2013年引进电感耦合等离子体质谱仪，建立测定烟叶、土壤中重金属的分析检测方法，大大提高重金属分析检测效率。截至2013年底，白肋烟站基本具备烟草农业相关的全部检测能力。

【科研成果】 2013年，白肋烟站获得湖北省局（公司）科技进步奖一等奖1项，通过湖北省局（公司）鉴定成果5项。参与制定行业标准2项。获得专利授权25项，其中发明专利5项、实用新型专利20项。发表核心科技论文36篇，其中SCI论文3篇、EI论文2篇，4篇获得湖北省自然科学优秀论文三等奖，1篇获中国烟草学会优秀论文奖。出版《湖北省烟草生产技术培训教材》和《湖北省烟田杂草图鉴》学术专著2部。

【良种繁育】 完成湖北十堰、襄阳、宜昌、恩施及重庆奉节、万州等产区种子调拨任务，全年调拨烤烟、白肋烟、马里兰烟及均州毛把烟87.08万担。完成烤烟、白肋烟种子产量366.8千克，增长率为162%，种子质量100%达到行业质量标准。

【成果转化与科技服务】 2013年，在恩施、宜昌推广白肋烟站培育的低烟碱转化改良“鄂烟1号LC”“鄂烟3号LC”共3.3万亩，烟草特有亚胺TSNAs下降70%左右；开展4万亩减害剂的应用示范，据北京卷烟厂检测结果显示，白肋烟TSNAs含量降低14%～71%，马里兰烟TSNAs含量降低7%～43%。在襄阳和5个科技示范园区推广双行凹型垄保水栽培技术近万亩。研发的抽屉式烟夹装烟方式及配套烘烤工艺技术在四个产区304座密集烤房进行应用。

全年推广新品种种植面积占湖北省白肋烟总种植面积的41.28%。其中自主选育的烤烟新品种“金神农1号”在环神农架烟区推广种植2.4万亩，受到湖北中烟好评，被烟农及产区普遍认可。

2013年，针对育苗、移栽、病虫害防治、调制等技术，在烟叶产区进行技术培训10余次，技术指导40余次，受到产区烟农好评。

中国烟草西南农业试验站（贵州省烟草科学研究院）

【概　况】 中国烟草西南农业试验站（以下简称“西南站”）于1999年在贵阳成立，与贵州省烟草科学研究院合署办公，隶属贵州省局（公司）。西南站主要从事烟草农业科技知识创新，以应用研究为主，强化基础研究，引领贵州烟草农业发展。西南站总部在贵阳，在福泉、龙岗设有两个基地。西南站下设2个业务中心和7个管理后勤部门。2013年，有员工148人，其中科技人员88人；博士研究生学历21人、硕士研究生学历31人；高级职称42人、中级职称48人。

【领导成员】

党委书记、纪委书记：王秀龙
院　长、党委副书记：冯勇刚
副院长：陈　尧
副院长：潘文杰
副院长：任学良
副院长：谢永平（2013.9—）（黔烟人〔2013〕58号）
调研员：韩晓红（—2013.6）（黔烟人〔2013〕27号）
副调研员：常兆金
副调研员：龚顺禹

【技术创新】 2013年，开展各级各类科技项目63项，其中国家级项目2项，国家局重大专项项目2项，省部级项目27项，贵州省局（公司）项目25项，工业企业项目7项。新立科技项目25项，其中，国家自然基金项目2项，国家局烟草基因组计划重大专项项目1项、重点项目2项、技改项目1项，贵州省农业攻关项目1项，贵州省优秀青年科技人才选拔培养项目1项，贵州省自然科学基金项目5项，贵州省局（公司）项目12项。

【技术服务】 承担上海烟草集团、贵州中烟等九个重点工业企业52个基地单元技术依托工作，承担湄潭、石莲等16个国家局特色烟叶基地单元技术依托工作，通过联合开展特色品种筛选、制定生产技术方案、开展技术培训、新成果集成示范、实用生产技术推广等，促进基地单元烟叶质量提高。

【科研成果】 公开发表论文64篇，其中SCI期刊9篇，CORESTA、TSRC会议论文16篇，EI论文1篇，其他核心期刊54篇。获得专利授权36项，其中发明专利14项、实用新型专利22项。获得省部级科技进步三等奖1项、科技成果推广二等奖1项。制定行业标准1项、地方标准4项。

【合作交流】 赴美国北卡州立大学考察1批次，4人次分别赴美国、意大利参加TSRC、CORESTA大会学术交流。邀请美国北卡州立大学、南京农业大学、浙江大学、中国农业科学院、清华大学、华中农业大学、国家自然科学基金委员会的专家来西南站作学术报告。

中国烟草中南农业试验站

【概　况】 中国烟草中南农业试验站（以下简称“中南站”）位于湖南省长沙市，是国家局批准成立的5个烟草农业试验站之一，于1997年初开始筹建，2000年7月正式授牌成立。2007年，为优化整合烟草农业科技资源，构建湖南烟草农业科技创新平台，提高自主创新能力和烟叶原料有效供应水平，湖南省局（公司）、湖南中烟和湖南农业大学三方联合共建中南站。中南站本部设在湖南省局（公司），与湖南省局（公司）科技处合署办公，本部试验基地设在湖南农业大学，本部下设5个试验基地，各试验基地设5个部门。2013年9月，中南站成立学术委员会，学术委员会下设育种与基因、栽培与营养、植保与安全、烘烤与品质4个分会，为湖南烟草农业科技创新提供决策支撑。2013年，有人员48人，其中，高级职称36人、中级职称9人、初级职称3人，博士研究生学历15人、硕士研究生学历28人。

【领导成员】

站　长：赵松义
常务副站长：曾　中（—2013.2）（湘烟人〔2013〕25号）
常务副站长：彭曙光（2013.2—）（湘烟人〔2013〕34号）
副站长：周冀衡
副站长：朱列书
副站长：周劲波

【技术创新与服务】 湖南省局（公司）、湖南中烟、湖南农业大学3家中南站联建单位发挥各自优势，同时联合湖南大学、郑州大学、湖南师范大学、中国农科院烟草所、湖南省农科院、湖南省气象研究所等单位，以项目合作为纽带，按照“协作开展，以我为主”的思路共同开展课题研究，2013年主持或参与科技项目40项，其中国家局重大专项项目、重点项目15项，湖南省局（公司）和湖南中烟项目25项。

配合国家局重大专项的实施，做好湖南浓香型烟叶、湘西山地特色烟叶、低危害烟叶的研究开发等项目的结题工作，继续加强彰显浓香型特色优质烤烟品种筛选，建立以生物防治为主的湖南烟草病虫害绿色防控体系。烤烟育种工作取得较大突破，应用单倍体育种技术，成功构建烟草花药培养批量诱导DH群体的技术体系；应用航空育种技术，筛选出“YZ206 Mo－10－3－1”“YZ206 Mo－5－2－1”“YZ206 Mo－9－3”等10余个极有希望的优良稳定株系。截至2013年底，中南站自育烤烟品种“湘烟3号”在全国累计推广70万亩，自育烤烟品系“HN0508”通过全国农业评审；烟草病虫害生物防治综合技术得到大力推广，在湖南省烟区累计推广施用防治烟草青枯病XQ生防菌剂15万亩，累计推广施用植物源杀蚜剂6万亩，均取得良好效果。烤房新材料与烘烤新工艺技术稳步推进，新材料密集式烤房累计推广3.3万座。

【科研成果】 2013年，由中南站主持研究的“典型生态新区特色优质烟叶开发——湖南张家界植烟区”项目通过国家局组织的成果鉴定，成果整体处于国内领先水平。由中南站主持，历时5年完成的“新材料密集式烤房及配套烘烤工艺研究”项目获得中国烟草总公司2013年度科学技术进步奖三等奖。获得实用新型专利授权6项。在各类学术期刊发表科技论文28篇。

【交流合作】 截至2013年底，中南站与湖南中烟、上海烟草集团、广东中烟、河南中烟、安徽中烟、浙江中烟等多家工业公司达成技术合作协议，作为技术依托单位为相关卷烟工业企业在湖南的20个烟叶原料基地和湖南中烟在省外的5个烟叶原料基地提供技术服务。

云南烟草科学研究院

【概　况】 云南烟草科学研究院（以下简称“云南院”）成立于1998年，位于云南省昆明市高新技术开发区，隶属于云南中烟工业有限责任公司，是专门从事基础性、前瞻性、共性技术研究的综合科研机构。云南院按照《烟草行业中长期科技发展规划纲要（2006—2020年）》的总体要求，依靠科技创新，围绕云南中烟发展战略和中心工作、云南各卷烟企业（集团）的技术需求，组织基础研究和应用技术开发，实施重大科技项目的攻关，实现重点突破，解决云南烟草行业的主要共性技术。当前重点开展卷烟原料、减害降焦、烟用添加剂安全性评价、天然香料、烟草经济、吸烟与健康等领域探究和相关科学建设。云南院下设6个职能管理部门、5个研究中心，并代管云南中烟工业有限责任公司卷烟产品质量检测中心。

2013年，有在岗员工152人，其中博士研究生学历27人、硕士研究生学历50人，高级职称43人。1人享受国务院政府特殊津贴，5人享受云南省政府特殊津贴。1人为烟草行业减害降焦研究方向学科带头人，1人为云南中烟科技领军人才，2人为云南中烟学科带头人。拥有云南省突出贡献的优秀专业技术人才2人，云南省中青年学术和技术带头人4人，云南省技术创新人才8人，昆明市中青年学术、技术带头人6人。

【领导成员】

院长、党委副书记：李光斗
党委书记、副院长：程永照
党委副书记、纪委书记、工会主席：张嘉滨
副院长：缪明明
副院长：郭生云
副院长：段惠明
调研员：陈辉敏（—2013.10）（滇烟工人〔2013〕419号）

【科研成果】 2013年，云南院承担在研科技项目共计74项，其中，国家自然科学基金项目2项，云南省科技项目5项，总公司科技项目16项，云南中烟科技项目29项，横向科技项目22项。获得中国烟草总公司2013年度科学技术进步奖三等奖1项，云南中烟科技进步奖一等奖2项、二等奖2项、三等奖2项，技术发明二等奖1项、三等奖1项。全年有30项专利申请获受理，31项专利获得授权，其中发明专利21项。在《Analyst》《烟草科技》等SCI、EI刊源及国内核心期刊上发表学术论文72篇，其中被SCI、EI核心期刊收录24篇。承担完成的3项总公司企业标准获准发布。

【技术创新】 2013年，云南院首次成功申报国家自然科学基金项目；代管的云南中烟卷烟产品质量检测中心顺利通过中国国家实验室认可委员会认可，实现检测数据国际互认。院士（专家）工作站、博士后工作站、云南省烟草化学创新团队、天然香原料研究应用平台、卷烟原料重金属检测平台、卷烟原料物理检测平台、卷烟原料工艺试验平台、卷烟原料农残检测平台、造纸法再造烟叶工艺试验平台、造纸法再造烟叶理化检测平台建设持续推进。

【技术服务】 完成国家局下达的2013年行业烟草添加剂安全性集中评估相关测试任务，组织集中评估裂解测试组和体外毒理学测试组的工作会议。完成67个样品的热裂解测试，第3—7批共92个样品的Ames试验、MTT细胞毒性、体外微核试验检测、数据分析整理、报告撰写及添加剂自身安全性毒理学测试方案设计等工作。

承担云南中烟卷烟产品质量内控检测、卷烟烟气七项成分检测、卷烟材料质量安全性指标检测以及卷烟产品农残检测等检测任务。全年累计完成云南中烟七个品牌60余个规格461个卷烟产品的烟气化学成分检测；完成云南中烟所有卷烟牌号的主流烟气七种成分的分析；开展烟用香精香料禁限用成分、卷烟包装材料挥发性有机化合物、卷烟胶卫生安全指标等分析检测以及云南中烟八个品牌40个规格40种卷烟产品的农残指标检测。同时，为红云红河集团、红塔集团提供检测技术服务，为云南中烟物资集团新增烟用香精开展质量安全性指标符合性检测。

【交流合作】 本着“开放、流动、联合、竞争”的原则，加强与各大专院校、科研机构和制造企业的交流与合作，先后与北京大学、云南大学、昆明理工大学、云南财经大学、郑州烟草研究院、中国人民解放军军事医学科学院、中国科学院大连化学物理研究所、中国科学院昆明植物研究所、行业多家工业企业技术中心以及美国Arista实验室、加拿大Labstat实验室、法国施伟策—摩迪国际集团公司等高校、研究机构、企业开展学术交流和项目合作，搭建产学研科技创新平台，加大联合攻关力度，为科研人员多渠道、多途径的学术交流与合作创造条件。

中国农业科学院烟草研究所［中国烟草总公司青州烟草研究所、中国烟草遗传育种研究（北方）中心］

【概　况】 中国农业科学院烟草研究所始建于1958年，原址位于山东省青州市，1959年4月更名“山东省烟草研究所”，1987年经国家科委批准增挂“中国烟草总公司青州烟草研究所”牌子（简称青州所），2004年10月搬迁至青岛，受中国农业科学院、中国烟草总公司和山东省政府三重领导，主要开展烟草农业科学研究和成果转化工作。中国烟草遗传育种研究（北方）中心成立于1999年，为非独立法人科研事业机构，挂靠青州所。青州所下设5个职能部门、8个研究室（中心）及3个服务机构；有17个国内创新平台与1个中加国际共建平台挂靠青州所；青岛中烟种子有限责任公司、上海烟草集团有限责任公司原料研究一室、山东中烟工业有限责任公司原料研发中心、川渝中烟工业有限责任公司原料研发中心等科技成果转化平台也设在青州所。

2013年，青州所有在职员工203人，其中专业技术人员158人，高级职称72人，博士研究生学历、硕士研究生学历102人；享受国务院特殊津贴专家17人，农业部突出贡献专家3人，山东省突出贡献专家1人，“百千万人才工程”一二层次人选、农业部“神农计划”提名人选、中国农业科学院首批跨世纪学科带头人各1人，国家公益性行业（农业）科研专项首席科学家1人，烟草行业学科带头人2人，中国农业科学院二、三级岗位杰出人才5人，中组部联系专家1人，特聘长江学者1人，泰山学者1人。

【领导成员】

所　长：王元英

党委书记：管　辉

副所长：王树声

副所长：张忠锋

党委副书记、副所长：赖燕萍

【技术创新】 科技项目。全年新增立项31项，其中农业部财政专项5项，国家自然科学基金项目3项，国家局科技重大专项项目、科技重点项目4项，中国烟叶公司技改项目6项，山东省局重点科技项目4项，中国农业科学院基本科研业务费项目申报7项，国家重点实验室开放课题2项。

项目过程管理。修订《烟草所科研项目管理办法》，加强重点科研项目过程管理。截至年底，青州所承担的农业部行业公益性专项、国家“948”项目、国家“863”项目、国家自然科学基金等国家科技计划和烟草突变体库、特色优质烟叶开发等行业重大专项项目均通过项目下达单位开展的年度总结和考核评估。严格按合同要求，分不同阶段对项目进展情况进行调研、协调、督促，重点抓好项目的按时完成。全年申请国家局鉴定2项，山东省局鉴定3项。

科研成果。2013年，青州所获得省部级以上科技成果4项，其中，中华农业科技三等奖1项，中国烟草总公司2013年科学技术进步奖三等奖3项。发表论文122篇，其中SCI收录论文13篇，EI收录论文18篇，核心期刊论文81篇。获得专利授权32项，其中发明专利14项、实用新型专利18项。获得计算机软件著作权9项。

【技术服务】 打造服务产区新亮点。全程参与山东潍坊2013年全国烟叶收购暨现代烟草农业建设现场会的策划、筹备工作。完善片区管理制度，以“精益生产”管理理论为指导，加强考核评价和过程管理，在技术推广人员中推行使用作业指导书，实现工作的过程化管理和年度考核量化评价。同时，在贵州、山东、陕西等多个片区开展冬春生产技术集中大培训，并以片区为单元，加大青州所品种和自主知识产权产品的推广。

协同创新再上新台阶。与云南省烟草公司大理州公司策划共建新的研究试验平台。与甘肃省公司合作“特色优质烟叶开发”项目，与四川省烟草公司凉山州公司共同策划“原生态烟叶开发”课题。与云南省烟草公司保山市公司、福建省烟草公司三明市公司合作完成的科技项目分别获得中国烟草总公司2013年科学技术进步奖三等奖。

【学科、团队和人才培养】 烟草遗传育种、烟草功能基因组、烟草栽培与调制、烟草质量安全风险评估、烟草功能成分与综合利用研究等五个创新团队进入中国农业科学院科技创新工程。全年新招聘员工4人，其中博士研究生学历3人、硕士研究生学历1人，引进美国佐治亚大学复杂碳水化合物研究中心博士后、助理研究科学家1人，晋升正高级职称3人、副高级职称7人，新增博士生导师2人、硕士生导师1人。

【创新平台建设】 2013年，烟草病虫害监测与综合治理、烟草基因资源利用2个实验室被国家局正式批准认定为行业重点实验室。农业部烟草质量安全风险评估实验室（青岛）正式获批组建。截至2013年底，青州所形成覆盖基础研究、应用基础研究和技术集成推广于一体的创新平台体系。

【合作与交流】 与加拿大奎尔夫大学共建烟草病虫害监测与综合治理联合实验室，组织举办烟草病虫害防治国际研讨会，与中国科学院遗传与发育研究所联合组织承办“茄科基因组国际会议”，参加第45届国际食品法典农药残留委员会（CCPR）、CORESTA2013年农学与植物学联席会议等国际性学术会议。邀请美国康奈尔大学、普渡大学、佛罗里达大学，加拿大圭尔夫大学的11名专家来青州所讲学、交流洽谈。派出4批9人次赴美国康奈尔大学、英国洛萨试验站等国际知名大学、研究机构进行技术学习和考察交流。

国家烟草栽培生理生化研究基地

【概　况】 国家烟草栽培生理生化研究基地（以下简称“生理生化基地”）于1997年组建，位于河南省郑州市，为河南农业大学正处级单位，受国家局和河南农业大学双重领导，是从事烟草生产理论和技术创新研究，开展技术推广和服务，培养高层次人才的科学研究机构。在生理生化基地基础上，建设有烟草行业烟草栽培重点实验室。生理生化基地下设5个部门，并拥有烟草行业烟草栽培重点实验室和河南省烟叶技术研究与推广中心。此外，生理生化基地立足于整合全校与烟草专业相关科技资源，做强烟草学科，拥有烟草栽培生理、烟草遗传育种、烟草调制加工、烟草化学、烟草品质生态、烟草工艺和烟草生物技术等七个学术团队。

2013年，共有从事烟草专业教学和科研工作的教师70人，享受国务院政府特殊津贴专家1人，烟草行业学科带头人2人，河南省管优秀专家1人，河南省学术技术带头人2人，国家局科技委委员2人，校级教学名师3人，教授15人，副教授（含高级实验师）27人，博士生导师10人，硕士生导师18人。具有博士学位（含在读博士）的教师34人，占职工总数的69.4%。此外，在国内外、行业内外聘请名誉教授、兼职教授、兼职硕士生导师20余人。

【领导成员】

主　任：刘国顺

副主任：史宏志

【技术创新】　2013年申报的"水稻磷转运蛋白OsPT8参与低磷调控根系生长的机制研究"获得国家自然科学基金资助。承担国家局重大专项项目、重点项目、标准项目20余项，河南省教育厅项目6项。在各级各类学术期刊发表研究论文127篇，其中被SCI收录论文11篇，被EI收录论文29篇，国际会议宣读论文5篇，一级学报以上文章占到发表总数的40%。全年申请专利10项，获得授权专利10项。出版专著2部，组织编写《中国烟叶生产技术指南(2013)》。获中国烟草总公司2013年度科学技术进步奖三等奖1项。结合现代烟草农业建设和中国烟叶公司关于优化烟叶等级结构的工作要求，开展生物质燃料集中供热密集烘烤设备的研发和应用、优化结构中废弃烟叶的无害化处理和综合利用技术、高碳基土壤修复肥的研制与开发等产品和技术创新。

【成果转化】　*新型烘烤设备的研发与推广*。沼气辅助生物质供热烘烤烟叶技术设备以及甲醇基液体燃料烤房取得突破性进展，受到河南省局领导充分肯定，在河南省各大产区广泛推广。"清洁液体燃料烤房设计与应用"项目通过深圳市科技厅鉴定。自主研发的"热泵供热烤房"成功运行，效果良好。

新品种选育与推广。"豫烟10号"和"豫烟11号"烤烟新品种双双选育成功，通过河南省烤烟品种审评委员会和全国烟草品种审定委员会农业审定，2013年在河南烟区大面积示范，得到卷烟工业企业认可和欢迎。

烟田废弃物无害化处理技术推广与应用。完成利用田间不适用烟叶生产有机肥料的场地建设、废弃物收集、粉碎、初步处理物料堆放等工作。高温发酵设备研发基本成型，高温发酵生产工艺已成规范，在云南大理、贵州毕节等地区应用效果显著。

漂浮育苗新技术改进与优化。育苗大棚循环增氧技术、烟苗定向生根技术和自动杀菌除藻技术、草炭等不可再生资源基质替代技术等在江西、河南等地主要烟区推广应用效果显著。

烤烟优化灌溉技术与推广。"烤烟优化灌溉理论与技术的研究和应用"成果在全国主要烟区推广应用，对促进烟草优质稳产，充分发挥烟水工程的效益起到较大作用。主要推广技术包括冬前灌溉、水肥耦合、节水灌溉等。

【重点实验室建设】　2013年2月，根据行业重点实验室评估所提出的意见和学术委员会的意见，组织校内学术委员及相关教师就发展定位、研究方向、研究内容、运行机制等方面进行深入讨论，对烟草栽培重点实验室进行整改，凝练成三个主要研究方向，即烟草生长发育生物学、营养高效与栽培生理、生态与可持续耕作制度。进一步加强科研条件建设，主要建设生物化学与分子生物学、烟草化学与致香物质分析检测等三个分析检测和设施研究平台。

【学科建设与人才培养】　2013年12月，"烟草栽培学"被教育部列入国家级精品资源共享课立项项目名单。"烟草学"学科成功申报河南省重点学科点并获准建设，实现中国烟草学学科建设史上"零"的突破。继出版烟草专业一套10本"面向21世纪课程教材"、一套7本普通高等教育"十一五"国家级规划教材的基础上，一套9本的河南省"十二五"规划教材——《烟草科学与工程》系列教材顺利通过河南省教育厅组织的现场汇报、答辩和评审工作。

2013年新增烟草（现代烟草农业方向）专业（二本），制定教学计划。该专业方向首届本科生于2013年顺利完成招生任务，且生源充足。1名青年教师获得河南省高等学校青年骨干教师资助对象。

【服务行业】　作为技术依托单位，2013年承担中国烟叶公司14个特色烟基地单元的技术开发任务，还承担10余个工业企业基地单元开发工作。与河南中烟共建黄金叶原料工程技术实验室。分别与贵州省烟草公司毕节市公司，江西省烟草公司，河南省烟草公司南阳市公司、洛阳市公司、三门峡市公司等单位签订战略合作协议，在烟草科研、人才培养、社会服务等方面开展广泛合作。

【学术交流与国际合作】　加强与美国弗吉尼亚理工大学、肯塔基大学、美国北卡州立大学、英国莱斯特大学、美国孟山都生物技术公司的交流与联系。与美国弗吉尼亚理工大学签署合作谅解备忘录，选派2名研究生前往留学和从事科研合作。选派1名教师到英国莱斯特大学留学，选派3名教师到意大利参加2013年国际烟草科学合作组织农学与植病学组联席会议。在2013年中国烟草学会举办的年度优秀论文评选中，有3篇论文被评为优秀论文。

广东省烟草南雄科学研究所

【概　况】　广东省烟草南雄科学研究所（以下简称"南雄烟科所"）是广东省烟草商业系统唯一的科研机构，其前身是成立于1963年的广东南雄烟草试验站，1987年更名为"广东省南雄烟草研究所"，2002年更名为"广东省烟草南雄科学研究所"。2012年12月，广东省局（公司）成立广东烟草粤北烟叶生产技术中心，与南雄烟科所合署办公。南雄烟科所下设5个部门。南雄烟科所的主要工作职责是：围绕烟叶生产发展需求，开展烟草品种选育、栽培、调制、植保、现代烟草农业建设等科技项目的研究和成果转化工作；结合烟叶生产实际，组织开展烟叶生产先进适用技术的引进、吸收、消化和推广应用工作；负责广东省烟草良种繁育与病虫害预测预报工作；负责广东省烟叶产区烟叶质量评价、烟叶产品安全性指标的内控标准制定和检验工作；开展烟叶生产技术服务和相关技术培训工作；承担行业科研单位及广东省局（公司）安排布置的科研、试验示范项目，参与区域性科技项目研究，做好相关横向项目的协同攻关工作。

2013年，有在职员工33人，其中专业技术人员21人、高级农艺师4人，博士研究生学历1人、硕士研究生学历4人。

【领导成员】

所　长：邱妙文

副所长：陈永明

副所长：王　军

【技术创新】　2013年，南雄烟科所承担国家局科技项目5项，广东省局（公司）科技项目17项，相关中烟工业公司科技项目4项。按照各科技项目2013年度实施方案的要求，全面部署落实各科技项目试验示范研究工作，在浓香型特色优质烟叶开发、烤烟新品种选育、测土配方施肥、病虫害防治、现代烟草农业建设等方面取得一定的成果。

【技术服务】　参与广东省现代烟草农业建设工作。作为技术依托单位，参与广东省特色优质烟叶开发工作。在烟叶生产期间，派专业技术人员到产区进行技术培训与指导，派2名专职技术人员长驻梅州烟区和连州新区开展技术指导与服务工作。做好广东省烟草病虫害预测预报和全省烟叶生产安全性监测工作。协助广东省局（公司）烟叶管理处，做好广东省烟叶质量评价和烟叶生产水平评价工作。

【科研成果】　2013年，南雄烟科所获得中国烟草实业发展中心科技进步一等奖1项，广东省局（公司）科技进步一等奖1项、二等奖1项、三等奖1项，韶关市科技进步一等奖1项、三等奖1项。获得实用新型专利授权1项。在国内外学术刊物上发表论文7篇。

【成果转化】　南雄烟科所收集、整理近年来取得的最新科技成果，筛选出切合广东实际的烟叶生产实用新技术，加大烟叶生产新技术推广力度。2013年主要开展烤烟新品种“粤烟98”“掺红沙客土改良土壤技术”“‘前膜后草’覆盖技术”“烟夹烘烤技术”和“烟叶生产农机化新技术”等烟叶生产新技术示范推广工作。

【交流合作】　与华南农业大学、广东省农科院、广东省生态环境与土壤研究所等高等院校、科研院所建立良好的科研协作关系，同时联合广东省各烟叶产区公司、相关工业企业，以科技项目为载体，共同开展技术攻关研究与开发，产学研合作开展烟草科技创新工作。

江西省烟叶科学研究所

【概　况】　江西省烟叶科学研究所（以下简称“江西烟科所”）成立于1994年，是江西省烟草专卖局（公司）直属科研机构，位于江西省南昌市。建设之初，所址设在江西农业大学，2009年，江西省局（公司）将江西烟科所单设。江西烟科所是全省烟叶科学研究的龙头单位，负责烟草实用技术研发和相关基础研究，开展全省烟叶三级技术研发服务体系的组织、协调和指导工作，组织江西省烟叶科技协作，主持全省烟草病虫害预测预报工作，开展烟叶生产技术指导。

2013年，有在职员工14人，其中科研人员11人，包括高级农艺师2人、高级工程师1人、农艺师2人、博士研究生学历2人。

【领导成员】

所　长：何宽信

副所长：李立新

【科研工作】　2013年，有在研科技项目7项，其中中国烟叶公司技改项目1项，江西省局（公司）项目6项，研究内容涵盖浓香型特色优质烟叶开发、新品种筛选、密集烘烤工艺与节能降耗、烟草有害生物调查等方面。“江西省浓香型特色优质烟叶研究与开发”项目通过风格定位、生态基础、品种筛选、栽培措施、烘烤工艺等八个专题研究，基本明确江西烤烟风格特征，并在特色保障技术方面，就育苗、移栽、水肥管理、烘烤工艺等环节做进一步优化。“优质高抗新品种筛选及其配套技术研究”项目筛选出“13－2”和“13－4”等两个田间表现较好的自育品系，探索研究新品种“NC297”的大田生长特性与烘烤特性。“江西省烟田有害生物调查研究”项目通过大量的田间调查和样品分析，基本明确江西烟草黄瓜花叶病毒和烟草马铃薯Y病毒株系分别为“CMV－C”“PVYN”，烟草黑胫病菌生理小种为“1号生理小种”，为日后相关病害防治指明方向。“烤烟商品有机肥筛选评价与示范推广”项目开展不同种类商品有机肥肥料效应的对比研究。“密集烤房烘烤节能降耗试验与推广”项目开展密集烤房墙体内表面保温隔热研究和供热效率综合研究。“江西烟夹和散叶烘烤质量成因及配套技术研究”项目开展利用散叶分风板进行散叶装烟烘烤试验研究。“钼对烤烟生长品质的影响及钼肥合理施用方式研究”项目开展钼氮互作对烤烟产质量的影响试验，分析钼、氮与烟叶生长指标之间的关系，明确钼通过氮代谢影响烟草生长的机理。

【科技成果】　在《中国烟草学报》等核心学术期刊发表科技论文6篇，在江西省烟草经济共话烟叶学术交流会上有7篇论文获奖，其中，一等奖5篇，二、三等奖各1篇。申请专利2项，其中发明专利1项；获得专利授权4项，其中发明专利1项，实用新型专利3项。

【技术服务】 2013年，派员参与江西省烟叶生产技术培训8人次，受训人次500余人次，培训内容涉及烟叶栽培、烘烤、植保、试验技术等方面。对吉安安福重点实验站和赣州市公司技术中心建设进行现场指导，有效促进江西省烟叶三级体系建设。

【合作交流】 以科技项目为纽带，全面加强与工业企业、科研院所的横向联合。针对江西植烟土壤障碍修复问题，与南京农业大学合作承担“江西旱地紫色土植烟土壤改良与生物修复综合技术研究”项目；以保障和彰显广东中烟瑞金基地单元烟叶特色为目标，承担广东中烟“以成熟度为中心的瑞金特色优质烟叶生产技术研究与应用”项目。进一步推进与河南农业大学烟草学院深度合作，就在江西烟科所成立“河南农业大学烟草学科研工作站”达成初步意向。

河南省烟草公司烟草研究所（河南省农业科学院烟草研究所）

【概　况】 河南省烟草公司烟草研究所（河南省农业科学院烟草研究所），位于河南省许昌市，是全国最早建立的烟草研究机构之一。1979年归并河南省农业科学院，更名为河南农业科学院烟草研究所，2006年更名为河南省农业科学院烟草研究中心，2013年4月更名为河南省农业科学院烟草研究所。2008年，增挂河南省烟草公司烟草研究所（以下简称“河南烟草所”）牌子，业务上归属河南省农科院和河南省烟草专卖局（公司）管理。河南烟草所下设8个机构，河南省烟草病虫害预测预报网及综合防治站和河南省农科院烟草学重点实验室均挂靠在河南烟草所。

2013年，有在职员工55人，其中科技人员30人、熟练试验技工25人，研究员3人、副研究员9人、助理研究员12人，博士研究生学历5人、硕士研究生学历9人、大专以上学历16人。

【领导成员】

所长、主任：陈廷贵

党委书记：丁清池

副所长、副主任：李淑君

副所长、副主任：李耀宇

【技术成果】 2013年，河南烟草所承担农业部、总公司、河南省局（公司）等各级各类科技项目31项。“河南省烤烟生产综合标准体系研制与应用”获得河南省科技进步三等奖，“浓香型特色烤烟杂交种的选育”获得河南省局（公司）科技进步一等奖，“优异烤烟种质资源的鉴定及创新研究”获得河南省局（公司）科技进步三等奖。“河南浓香型优质烟叶原料保障体系研究”通过国家局成果鉴定。发布“中华”品牌河南浓香型烟叶基地单元烟叶生产技术标准10个。获得实用新型专利授权4项。

【技术创新】 开展抗病育种研究，在抗赤星病的资源“净叶黄”中获得抗黑胫病的材料。烤烟新品种“豫烟9号”进行配套技术的研究和推广，在豫西、豫西南地区表现出具有很强的抗旱和抗低温能力，2013年在洛阳地区种植3万余亩，取得较好的经济效益和社会效益。

通过有害生物普查项目，对河南省真菌性叶斑类病害进行鉴定和监测。开展“平原烟区以烟为主轮作模式与肥料运筹技术”研究，研究表明，烤烟轮作过程中，通过统筹施肥能够改变目前生产中轮作烟叶生长发育过剩，烟叶成熟落黄不好，烟叶不易烘烤，烤后烟叶质量差等问题。开展河南烟叶、土壤、灌溉水的检测工作，重点开展施肥对烟叶重金属含量的研究工作。

【技术服务】 2013年，继续与上海烟草集团、吉林烟草工业有限责任公司、浙江中烟、红云红河集团等卷烟工业企业以及河南省烟草公司平顶山、信阳、三门峡等市公司合作，在河南许昌、平顶山、漯河、三门峡、信阳等10个县（乡）建立优质烟示范基地，并通过现场培训、集中授课等多种形式开展技术服务。全年召开大小培训会233次，培训烟农4.18万余人，印发技术资料5.8万余份。基地技术服务工作受到各级领导和政府的普遍认可。

山东烟草研究院

【概　况】 山东烟草研究院始建于2011年，位于山东省济南市，隶属于山东省烟草专卖局（公司），主要从事烟草农业、卷烟营销、电子商务与现代物流、经济运行、现代企业管理、信息技术、造纸法再造烟叶技术等方面的研究开发。山东烟草研究院下设4个职能部门和4个研究中心。

2013年，有专职和兼职员工37人，其中享受国务院政府特殊津贴2人，烟草行业有突出贡献专家1人，高级职称7人，中级职称4人；博士研究生学历4人，硕士研究生学历13人。山东烟草研究院设有学部委员会，由39位国内外、行业内外的著名专家、学者和高级管理人员组成。

【领导成员】

院长、分党组书记：邓志坚（兼）

常务副院长、分党组成员：王兴利

副院长、分党组成员：许家来

分党组成员：孙迎春

分党组成员：胡安源（—2013.3）（鲁烟党〔2013〕25号）

【技术创新】 烟草全程机械化与标准体系研究成果显著，设计开发烟叶生产各个生产环节的烟草农机，其中整地、起垄、覆膜、移栽、田管、植保等7种机型具备批量生产应用条件。2013年获得授权专利28项。完成“家庭农场+合作社”新型烟叶生产组织模式建设，破解农业现代化从家庭承包经营转型到专业化经营、集团化经营和公司化经营的瓶颈障碍。首创“以财务管理为核心”的合作社信息管理系统，实现财务业务一体化，有效地促进合作社管理规范化、作业标准化和服务流程化。依托近红外光谱分析技术，构建行业首个烟叶品质快速检测分析平台，提升烟叶大规模快速检测能力与烟叶质量分析能力。以人工智能、自动化信息技术、物联网技术为依托，自主研发行业首套“高智能、全自动、可追溯”专分散收智能系统，填补行业在此业务领域的信息化空白。开展山东浓香低害特色优质烟叶研究，基本明确山东烟叶的香型及其分布区域。开展山东卷烟零售客户标准化服务模式研究。

【科技服务】 承担全国烟叶收购暨现代烟草农业现场会全程机械化、烟农专业合作社和信息化建设等三个方面的组织筹备工作。继续开展烟叶生产技术指导、技术培训工作，为进一步提升山东烟叶生产水平提供技术支撑。组织信息化投资项目论证工作，对山东省局（公司）全系统13个项目进行技术方案论证。

【科研成果】 2013年，山东烟草研究院承担56项科研开发项目，其中，国家局项目3项，山东省局（公司）项目33项。获得山东省局（公司）科技进步奖一等奖1项、二等奖1项、标准创新贡献奖4项、专利奖2项。获得授权专利35项，发表论文4篇。

【交流合作】 坚持“开门办院”方针，与山东大学、郑州烟草研究院、中国农业科学院烟草研究所等6个科研协作单位合作，从河南农业大学、山东大学聘任三名客座研究员，建立河南农业大学作物学博士后流动站山东烟草创新工作站和山东大学应用经济学博士后流动站山东烟草创新工作站。与中国农业科学院烟草研究所合作，接受6名科技人员在山东烟草研究院挂职工作。与美国布菲金种子公司开展种子技术合作，邀请专家进行技术考察，引进“K326PVY”等2个示范品种和6个试验烤烟品种。与山东中烟合作成立“泰山品牌再造烟叶联合实验室”，积极开展造纸法再造烟叶技术（薄片技术）的系统研发实验。与济南、潍坊、临沂3个市局（公司）签订战略合作伙伴关系协议。

重庆烟草科学研究所

【概　况】 重庆烟草科学研究所（以下简称“重庆烟科所”）成立于2011年6月9日，位于重庆市，由西南大学和重庆市局（公司）共同设立，属校企双方共建非法人处级单位，主要负责开展烟草科研、试验示范、烟叶生产技术培训与推广等工作，着力于提升全市烟叶科技水平和科研能力。重庆烟科所下设3个业务管理部门和6个科研部门。在巫山县、彭水县分别建立1个科技试验示范工作站。

2013年，有员工35人，其中博士研究生学历13人、硕士研究生学历14人，高级农艺师3人、研究员3人、副研究员9人。

【领导成员】

名誉所长：李加纳

所　长（兼）：谢会川（—2013.4）　（渝烟局人劳〔2013〕34号）

所　长：陈中玉（2013.4—）（渝烟局人劳〔2013〕54号）（重庆市局〈公司〉）

副所长：许安定［重庆市局（公司）］

副所长：戴秀梅（西南大学）

【技术创新】 *农机研发。*2013年创新研制的烟田深耕机进入中试阶段，完成对产品主要性能指标的测试和鉴定。

*土壤和营养研究。*对烟田土壤的研究表明，当前重庆PH值小于5的烟田比例已达到36.75%。开展营养平衡试验研究，引进有机肥发酵技术和日产量100吨的生产线1条。

*品种选育。*在武隆建立烤烟品种展示园，2013年种植试验品种29个。从青州所引进高抗根茎病害的“高四代”品系在重庆进行示范栽培。

*育苗技术研究。*对现有育苗技术进行改进和提升，对苗肥的配方进行优化。2013年新建10个封闭式育苗室，加强封闭式育苗试验示范研究。

*移栽技术研究。*从贵州引进井窖式移栽、小苗直栽技术，2013年共计推广47.72万亩，并结合烟区生产实际对2项技术进行优化改良。

*植保研究。*与中国农科院植保所、西北农林科技大学、西南大学、南京农业大学等院校进行深度合作，共同开展烟草根茎病害系统集中控制技术集成与示范应用研究，在重庆市建立示范研究基地190亩。在彭水、黔江、酉阳、奉节、巫山等区县实施专业化植保4.3万亩，为全面推广专业化植保起到引领和示范作用。

*烘烤技术研究。*加大“三段六步式”烘烤工艺的推广力度，开展挂杆、烟夹、散叶烘烤等不同装烟方式的对比试验，创造发明“无缝悬挂式”散叶烘烤方式。

*管理水平实现新提升。*运用信息化技术，建立健全以育苗工场监测、植保预警监控、烤房群（烘烤工场）远程监测、烟区气象监测等为主要内容的重庆市现代烟草农业建设监测体系。通过体系的正常运转，实现育苗季节494个工场化育苗大棚环境条件的记录和远程传输；发布烟田气候气象信息39期、育苗工场远程监控旬报6期；建立病虫害预警信息系统，发布病虫情报16期、植保通讯4期。

*平台建设迈出新步伐。*按照行业重点实验室的建设标准，以打造一流研发平台为目标，完成烟草科技大楼规划设计。为加快科学研究、田间试验示范、技术集成和人才培养培训窗口建设，启动彭水润溪试验站建设。

【技术服务】 按照烟叶技术队伍专业化的总体要求，结合烟叶生产节令，分阶段开展技术培训。全年组织开展壮苗技术培训860余人次，封闭式育苗培训120余人次，烟草施肥和植保培训150人次，“三段六步式”烘烤培训150人次。参加全国中间香型特色烟叶开发项目省际间交叉检查和观摩，加强与其他科研机构交流合作，承办全国中间香型特色优质烟叶开发项目2013年工作会大型学术会议。全年组织项目评审会、项目进展汇报会和项目总结会20次。

【科研成果】 2013 年重庆烟科所结题项目 17 项，在研项目 16 项。17 个结题项目中，通过鉴定的有 8 项。获得重庆市局（公司）科技奖励二等奖 1 项，三等奖 2 项，优秀奖 3 项。获得授权专利 19 项。公开发表 SCI 论文 3 篇、EI 论文 1 篇，在核心期刊上发表论文 11 篇。出版专著 1 部。

陕西省烟草研究所

【概　况】 陕西省烟草研究所（以下简称“陕西烟草所”）成立于 1992 年 8 月，位于陕西省西安市，隶属陕西省烟草专卖局（公司），实行事业单位企业管理。主要从事烟草育（引）种、栽培、植保、土壤肥料方向的课题研究，承担陕西省良种繁育种、种子加工，负责陕西省烟叶技术服务。陕西烟草所下设烟草试验站，位于陕西省泾阳县兴隆镇。陕西烟草所下设 5 个部门。2013 年，有在册员工 7 人，聘用人员 4 人，其中研究员 1 人、高级农艺师 4 人、农艺师 2 人。

【领导成员】

副所长：成巨龙

【技术创新】 *育种研究*。承担全国烤烟品种区域试验和生产示范试验陕西点的工作，编印《2013 年陕西省烤烟品种区域试验方案》《烤烟品种试验方法》《烤烟品种试验田间调查记载方法与标准》等技术资料，开展烤烟品种生产试验和特色品种的挖掘筛选工作。

栽培研究。开展“密度与氮用量互作对烤烟生长发育及产质量的影响”“井窖式移栽研究”“中间香型特色优质烟叶的生长发育模型研究”“硅肥对烤烟生长发育及品质特色的影响”“浓香型烤烟生长发育规律研究及指标系建立”“基于调节烟草根部土壤微环境的优化技术研究”“生物炭用量对土壤理化特性和烟叶品质的影响”“植烟土壤修复技术研究”等项目研究。

植保研究。2013 年有害生物调查范围覆盖全省植烟面积的 90% 以上。经过 3 年时间的调查研究，已明确陕西烟草有害生物发生和危害情况。2013 年在陕西省烟区育苗大棚推广黄板诱蚜技术，推广面积占总大棚育苗的 80% 以上，同时加强对烟田有害生物动态监测工作。

烘烤调制研究。开展“四段三温”分层烘烤工艺阶段的优化与推广、“四段三温”烘烤工艺在烟夹烘烤的烟叶质量与普通挂竿烘烤的比较、集中供热烘房相关配套技术等相关研究。开展天然气直燃技术在现有烤烟设备上的应用试验。开常压热水锅炉集中供热技术的应用测试工作。

【科技成果】 2013 年陕西烟草所发表论文 11 篇，编著专著 1 部，获得发明专利授权 1 项。

【技术服务】 2013 年，陕西烟草所为宝鸡、延安、汉中等市烤烟生产技术员培训各 1 次，培训人员 230 余人。完成“秦烟 96”和“秦烟 97”良种繁育任务，种质质量经过检测均符合国家一级良种标准。“催芽型”包衣种子在全省应用 14 万亩，省外推广 3.1 万亩。

安徽省烟草公司烟草研究所（安徽省农业科学院烟草研究所）

【概　况】 安徽省农业科学院烟草研究所成立于 1947 年。1962 年划归安徽省农业科学院管理，1992 年实行安徽省农业科学院、安徽省烟草专卖局（公司）双重领导，隶属关系不变，增挂“安徽省烟草公司烟草研究所”牌子（以下简称“安徽烟草所”）。2005 年 12 月，安徽烟草所从凤阳县回迁至合肥院部，2008 年安徽省农业科学院玉米研究中心挂靠该所。是全国成立较早的三个省级烟草研究所之一，是安徽省从事烟草农业科学研究的专业机构，长期承担着安徽省烟草育种、栽培、植保、测试分析、烘烤等方面的研究工作，以及烟叶生产技术和科技成果的推广应用工作，是安徽省烟叶生产的技术支撑和咨询平台。安徽烟草所设有烟草育种、栽培、植保、烘烤 4 个专业学科和测试分析中心、生物技术中心 2 个试验平台，拥有省内凤阳、合肥、宣城及海南省乐东县（南繁基地）4 个试验基地，保存烟草种质资源 800 余份。安徽烟草所下设 7 个机构。作为安徽省局（公司）的技术依托单位，设有安徽省烟叶土壤测试分析中心、安徽省烟草病虫害预测预报及综合防治中心，负责全省烟叶生产测土配方、烟草病虫害预测预报，以及安徽省烟草品种区域试验等工作。2013 年，有在职员工 76 人，其中专业技术人员 39 人，包括研究员 4 人、副研究员 12 人、助理研究员 23 人，博士研究生学历（含在读博士）14 人、硕士研究生学历 6 人。

【领导成员】

所　长：高正良

副所长、党委书记：陈洪俭

副所长：祖朝龙

【技术创新】 2013 年，安徽烟草所承担总公司、安徽省公司、四川省公司、广西区公司、安徽中烟、湖南中烟等单位的科研项目 20 项，在基础材料创制、应用基础研究、皖南特色烤烟品种选育、安徽省烟草有害生物调查研究等方面取得较好进展。

在基础材料创制与育种方面，育成的烤烟新品系“6517”通过全国烟草品种审定委员会的审定，定名为“安烟二号”；育成的烤烟新品系“6527”通过 2012、2013 两年的全国烤烟品种区域试验，提交 2014 年全国烤烟品种生产试验；选育出综合性状较好的烤烟新品系 11 个；引种试验筛选出对皖南烟区适应性较好的烤烟新品种 3 个；回交转育烤烟雄性不育系 16 个。在烟草有害生物调查研究方面，采用血清学和小 RNA 高通量测序技术对采自全省的 46 个病毒病样品进行了检测鉴定。在栽培方面，完成《安徽省皖南烟区生态安全健康与质量评价报告》，并在配套施肥技术上取得了重要进展。

【技术服务】 2013年，发布《安徽烟草病虫信息》简报9期，提供测土施肥配方4份。技术服务工作主要涉及安徽中烟、浙江中烟两家卷烟工业企业和安徽、四川两省七市烟草商业企业，作为技术依托单位参与特色烟单元和基地单元建设，参与技术服务人员有12人。在烤烟生产关键时节，组织相关专家就烤烟生产中的关键问题进行答疑解惑，对烟农进行采烤、分级培训，培训烟技员、烟农近2000人。

【科研成果】 2013年，在国家级、省级核心期刊上发表论文9篇，其中SCI论文4篇；申报国家发明专利3项、实用新型专利1项，获得授权发明专利1项、实用新型专利1项。

【学术交流与对外合作】 2013年，安徽烟草所参加国内学术交流活动40人次，邀请中国农业科学院烟草研究所、中国科技大学、丹东农科院烟草所等单位多位知名专家赴所进行学术交流。与江西省烟草公司赣州市公司达成合作共识，启动烟草杂交新组合、新品系联合鉴定试验。

（撰稿：高运谦；编辑：周　佳）

全国烟草行业国家级行业级技术中心、博士后科研工作站列表

国家级、行业级技术中心

名　称	成立时间	科研队伍状况	科研成果、专利	备　注
上海烟草集团有限责任公司技术中心	1995年	拥有硕士研究生以上学历92人；中级职称62人、高级职称21人	2013年，完成1项国家局科研项目，30项上海烟草集团有限责任公司科研项目。全年有1个项目获得中国烟草总公司2013年科学技术进步奖二等奖	国家认定企业技术中心
江苏中烟工业有限责任公司技术研发中心	2007年10月	拥有硕士研究生以上学历47人；中级职称41人、高级职称6人	2013年，完成5项国家局标准项目，13项江苏中烟工业有限责任公司科研项目。新增发明专利授权11项，实用新型专利授权18项，外观设计专利授权4项。在核心期刊发表论文12篇，在国际会议宣读论文1篇	原淮阴、徐州卷烟厂技术中心为行业认定企业技术中心，整合后未重新认定
湖北中烟工业有限责任公司技术研发中心	2004年	拥有员工70余人	2013年，开展省部级科研项目28项，5个项目通过省部级鉴定；“烟用添加剂胶囊及其在卷烟滤棒中的应用”项目获得中国烟草总公司2013年技术发明奖二等奖，“打叶烟叶 烤烟质量均匀性评价”项目获得中国烟草总公司第三届标准创新贡献奖三等奖，“黄鹤楼品牌原料功能模块打叶复烤技术研究及应用”项目获得中国烟草总公司2013年科学技术进步奖三等奖	国家认定企业技术中心
安徽中烟工业有限责任公司技术中心	2007年6月	拥有本科以上学历88人，其中硕士研究生学历35人、博士研究生学历10人；有中高级以上专业技术人员70人，有行业技术专家8人	2013年，开展科研项目127项，新申报并获得国家局批准重大专项立项2项，面上项目1项，参与重大专项2项、重点项目1项。获得省部级鉴定成果2项，其中获得中国烟草总公司2013年科学技术进步奖三等奖1项。新增专利授权42项，其中发明专利8项	行业认定企业技术中心
浙江中烟工业有限责任公司技术中心	2006年4月	拥有硕士研究生以上学历48人；高级职称11人、中级职称65人	2013年，发表科技论文26篇，其中核心期刊14篇。申请专利69项，其中发明专利45项；获得专利授权24项，其中发明专利15项。科研项目成果2个，创新改进成果26个	行业认定企业技术中心
福建中烟工业有限责任公司技术中心	2006年	拥有人员160人，其中博士研究生学历6人、硕士研究生学历35人；有高级职称31人、中级职称80人	2013年，完成科技成果验收37项	国家认定企业技术中心
江西中烟工业有限责任公司技术研发中心	2007年	拥有硕士研究生以上学历27人，中级职称27人、高级职称6人	2013年，完成国家局科技重点项目1项、烟草行业标准制修订项目4项、江西中烟工业有限责任公司科技项目16项、技术中心自立项目8项。全年通过国家局组织的专家鉴定有1个项目	行业认定企业技术中心
山东中烟工业有限责任公司技术中心	2006年10月	拥有博士研究生学历5人、硕士研究生学历19人；中级职称102人、高级职称24人	2013年，组织科技立项24项，鉴定验收11项，取得成果25项。组织完成国家局项目立项2项。申报专利31项，累计拥有有效专利425项。发表科技论文27篇	国家认定企业技术中心

续表

名　称	成立时间	科研队伍状况	科研成果、专利	备　注
河南中烟工业有限责任公司技术中心	2007年	拥有博士研究生学历（含在站博士后）5人、硕士研究生学历38人；中高级以上专业技术资格73人，其中高级职称11人	2013年，有科研项目立项83项，其中国家局立项4项；鉴定验收成果33项。获得河南省科技进步奖3项，获得河南省工信厅科技成果奖11项。获得授权专利168项，其中发明专利12项。制修订行业标准27项，其中8项已经发布，5项为牵头承担	行业认定企业技术中心
湖南中烟工业有限责任公司技术研发中心	2006年成立，2010年6月13日，更名为“技术研发中心”	拥有硕士研究生学历51人、博士研究生学历20人；中级职称108人、高级职称46人	2013年，主持制订行业标准10项，参与制订的行业标准40项；牵头或参与在国家局立项的科技项目4项。获得省部级科技奖励的科技项目6项。产生科技成果31项	国家认定企业技术中心
广东中烟工业有限责任公司技术中心	2005年	拥有硕士研究生以上学历65人；中级职称95人、高级职称19人	2013年，开展科研项目150项，其中公司内部135项，国家局15项，内容涉及烟草农业、卷烟材料、减害技术、产品信息技术、烟草薄片、增香保润等多个研究领域	国家认定企业技术中心
广西中烟工业有限责任公司技术中心	2004年	拥有硕士研究生以上学历30人；中级职称43人、高级职称5人	2013年，完成5项广西壮族自治区科研项目，21项广西中烟工业有限责任公司科研项目，主持承担制订的2项行业标准颁布实施，有22个项目获得省级公司奖励	行业认定企业技术中心
川渝中烟工业有限责任公司技术中心	2006年	拥有硕士研究生以上学历54人，中级职称54人、高级职称22人	2013年，完成5项国家局科研项目（含3个面上项目），6项云南中烟工业有限责任公司科研项目。全年1个项目获得中国烟草总公司2013年科学技术进步奖三等奖，1个项目获得中国烟草总公司2013年技术发明奖三等奖，1个项目获得四川省科技进步奖二等奖	行业认定企业技术中心
贵州中烟工业有限责任公司技术中心	1997年	拥有专职研发人员78人，其中硕士研究生以上学历35人，中级职称37人、高级职称7人	2013年，公司在研科技项目有57项，获得省级公司科技成果10项。共组织申报专利131项，其中发明专利48项；获得专利授权83项，其中发明专利3项	原黄果树烟草集团公司技术中心为行业认定企业技术中心，整合后未重新认定
红云红河烟草（集团）有限责任公司技术中心	2008年11月	拥有博士研究生学历10人、硕士研究生学历52人；有中高级技术职称101人	2013年，有33项科技项目进行结题评价验收，其中国家局1项、云南中烟19项、自立项目13项。获得奖项目共有27项，其中获得中国烟草总公司2013年科学技术进步奖三等奖4项；云南省政府科技进步奖二等奖1项、三等奖4项；云南中烟特等奖1项、一等奖4项、二等奖6项、三等奖7项。在SCI/EI期刊及核心期刊、各类国际国内学术交流会议、非核心期刊共计发表科技论文57篇。申请专利233项，获得授权专利105项	国家认定企业技术中心
红塔烟草（集团）有限责任公司技术中心	1996年12月	拥有博士研究生学历8人、硕士研究生学历67人；中高级技术职称94人	2013年，申报云南中烟公司科研项目15项，获得批准立项13项，其中重大专项4项；完成32个项目的鉴（评）定工作，其中中烟公司项目22项，集团项目10项，国家局项目2项；获奖项目共27项，其中获得中国烟草总公司2013年科学技术进步奖二等奖1项、云南省政府科技进步奖三等奖12项。获得云南中烟2012年优秀知识产权奖励68项，其中二等奖5项，三等奖5项；申报专利89项，获得专利授权61项。在SCI/EI期刊及中文核心期刊、国际学术交流会议共计发表科技论文20篇	国家认定企业技术中心

续表

名　称	成立时间	科研队伍状况	科研成果、专利	备　注
陕西中烟工业有限责任公司技术中心	2006 年	拥有硕士研究生以上学历 29 人，其中博士研究生学历 4 人；中级职称 36 人、高级职称 8 人	2013 年，完成 1 项国家局科研项目，14 项陕西中烟工业有限责任公司科研项目。全年有 14 个项目获省公司科技创新奖。2013 年，在《烟草科技》《中国烟草学报》等期刊发表论文 4 篇。2013 年，4 项发明专利和 6 项实用新型专利获授权；7 项专利申请获受理	
南通烟滤嘴有限责任公司技术研发中心	2001 年 9 月	拥有硕士研究生以上学历 19 人；中级职称 39 人、高级职称 3 人	2013 年，完成 1 项国家局科研项目，4 项江苏中烟工业有限责任公司科研项目。新增发明专利授权 6 项，实用新型专利授权 13 项。在核心期刊发表论文 1 篇	2013 年 12 月被江苏省认定为省级企业技术中心。
湖北省烟草公司恩施州公司烟叶生产技术中心	2007 年	拥有硕士研究生以上学历 11 人，其中博士研究生 1 人、在读博士 3 人；高级职称 2 人、中级职称 13 人	2013 年，完成 53 项专项研究或示范推广项目，其中国家局项目 3 项、省局项目 12 项。获得地市级以上科技成果 8 项，其中省部级科技成果 1 项；获得省公司科技进步奖 3 项。烟草秸秆生物有机肥申报农业部产品登记，自主筛选 13 株高效烟草秸秆降解菌和功能菌，3 株青枯病拮抗菌以及 20 余株耐硒、解硒菌。主持起草行业标准 1 项，获得实用新型专利授权 14 项，计算机软件著作权 2 项，申报发明专利 2 项。编写专著 1 部，在国内外核心刊物发表论文 20 余篇	行业认定企业技术中心
南通醋酸纤维有限公司技术中心	2007 年 1 月	拥有研发人员 40 人，其中博士研究生学历 12 人、硕士研究生学历 20 人；研究员职称 1 人、高级工程师职称 7 人、工程师职称 19 人、外籍专家 2 人	2013 年，在研国家局科研项目 2 项，江苏省科技项目 3 项。申请发明专利 9 项，其中 PCT 国际专利 6 项	行业认定企业技术中心

博士后科研工作站

序号	名　称	建站时间	建设成果
1	河南中烟工业有限责任公司博士后科研工作站	2008 年 5 月	先后招收进站博士 12 人，出站留用 1 人，累计有在站博士后 6 人（含基地 3 人）。主要涉及烟草化学基础研究、卷烟降焦减害、新型材料等方面。全年在研项目 4 项，其中省部级项目 2 项，申请本省二等资助 2 项，三等资助 1 项；发表论文 2 篇。连续 5 年被评为“河南省优秀博士后工作站”。合作流动站为郑州大学、河南大学博士后科研流动站
2	浙江中烟工业有限责任公司博士后科研工作站	2007 年 6 月	2013 年，有在站博士后 1 人。全年申请并受理发明专利 2 项，获得中国博士后科学基金面上一等资助 1 次
3	福建中烟工业有限责任公司博士后科研工作站	2013 年 8 月	成立博士后管理委员会，配套制定博士后工作运行管理方案及相关管理制度，着手招聘第一批博士后研究人员进站
4	湖南中烟工业有限责任公司博士后科研工作站	2006 年	2013 年，有 3 名在站博士后，主要从事“卷烟产品降焦减害”方向的科研工作，研究的科研课题分别为“卷烟燃烧影响因素与一氧化碳释放量的关系研究”“卷烟烟气中几种重金属的形态分析及截留技术探讨”和“燃烧过程中卷烟纸孔结构影响主流烟气一氧化碳释放量的研究”。向国家知识产权局申请专利 2 项，在科技期刊发表论文 3 篇，在相关学术会议上发表论文 3 篇。全年有 72 项专利获得授权，其中，发明专利 14 项，实用新型专利 53 项，外观设计专利 5 项

续表

序号	名 称	建站时间	建设成果
5	广东中烟工业有限责任公司博士后科研工作站	2006年5月	累计招收3名博士后研究人员，2013年，有在站博士后1人。在站期间共参与企业科技项目3项，申请专利共12项，SCI收录论文3篇，EI收录论文3篇，中国科技核心期刊收录论文6篇。合作流动站为华南理工大学博士后科研流动站
6	广西中烟工业有限责任公司博士后科研工作站	2004年1月	累计招收4名博士后研究人员，2013年，有在站博士后1人。主要涉及烟草化学基础研究、卷烟减害降焦、纳米技术在烟草中的应用等方面。研究项目共获得广西区科技厅项目基金资助3项，申请发明专利9项、实用新型专利3项。合作流动站为清华大学、复旦大学、北京师范大学博士后科研流动站
7	红塔烟草（集团）有限责任公司博士后科研工作站	2000年	2013年，有在站博士后1人。2013年，参与云南中烟科研项目1项，红塔烟草集团科研项目2项，撰写论文4篇，申报专利3项
8	红云红河烟草（集团）有限责任公司博士后科研工作站	2008年6月	2013年，有在站博士后12人。完成云南中烟科研项目3项、集团自立科技项目5项，参与国家局科技项目2项、云南中烟科研项目5项、集团自立科技项目3项。获中国烟草总公司2013年科学技术进步奖三等奖1项，云南省科技进步三等奖2项，云南中烟科技进步一等奖2项、二等奖2项，集团科技进步二等奖2项、三等奖4项。申请发明专利20项，其中获得授权5项。在SCI刊物发表论文3篇、中文核心期刊发表论文14篇
9	川渝中烟工业有限责任公司博士后科研工作站	2002年10月	2013年升级为国家级博士后科研工作站。自2007年建站以来，累计招收11名博士后研究人员，2013年在站3人。主要开展的研究领域：减害降焦、增香保润、生物技术、特色烟草品种选育、高档低害卷烟生产关键技术等方面。全年申请发明专利5项，在各类核心期刊上发表论文6篇

行业重点实验室

序号	名 称	所属单位	认定/批准部门
1	烟草行业烟草化学重点实验室	郑州烟草研究院	国家局
2	烟草行业烟草工艺重点实验室	郑州烟草研究院	国家局
3	烟草行业香料基础研究重点实验室	郑州烟草研究院	国家局
4	烟草行业卷烟烟气重点实验室	上海烟草集团有限责任公司	国家局
5	烟草行业烟草栽培重点实验室	河南农业大学	国家局
6	烟草行业卷烟功能材料重点实验室	湖南中烟工业有限责任公司	国家局
7	烟草行业卷烟调香技术重点实验室	红云红河烟草集团有限责任公司	国家局
8	烟草行业卷烟工艺与装备研究重点实验室	红塔烟草集团有限责任公司	国家局
9	烟草行业工业生物技术重点实验室	郑州轻工业学院	国家局
10	烟草行业烟草病虫害监测与综合治理重点实验室	青州烟草研究所	国家局
11	烟草行业烟草基因资源利用重点实验室	青州烟草研究所	国家局
12	烟草行业烟草生物技术育种重点实验室	云南省烟草农业科学研究院	国家局
13	烟草行业烟草分子遗传重点实验室	贵州省烟草科学研究院	国家局
14	烟草行业烟用植物应用研究重点实验室	湖北中烟工业有限责任公司	国家局
15	重组烟叶应用技术研究湖北省重点实验室	湖北中烟工业有限责任公司	湖北省科技厅
16	云南省烟草化学重点实验室	云南烟草科学研究院	云南省科技厅
17	卷烟减害降焦四川省重点实验室	川渝中烟工业有限责任公司	四川省科技厅
18	烟草化学安徽省重点实验室	安徽中烟工业有限责任公司	安徽省科技厅
19	植物资源化学与化工联合实验室	广东中烟工业有限责任公司	广东省科技厅

（编辑：周　佳）

教育机构

中国烟草总公司职工进修学院

【概　况】　中国烟草总公司职工进修学院（以下简称“进修学院”）前身是成立于1985年1月的河南省烟草工业学校；1992年11月，更名为中国烟草总公司郑州中等专业学校，由河南省烟草专卖局（公司）代管；2001年7月，更名为中国烟草总公司职工技术培训中心；2005年4月开始由国家烟草专卖局、中国烟草总公司直接管理；2009年11月，更名为中国烟草总公司职工进修学院。2011年1月，国家烟草专卖局职业技能鉴定指导中心职能和办公地点调整到学院，与学院合署办公。学院承担行业高层次高技能人才培训、远程培训、师资培训、培训师资库建设与管理、培训教材库建设与管理、职业技能竞赛、职业技能鉴定等工作，并为企业提供培训开发设计、培训评估、培训师资、培训教材、培训案例、培训信息资源、培训业务咨询、生产技术咨询及成人学历教育服务。进修学院下设5个行政管理部门、6个教学服务部门、2个后勤服务部门和3个职业技能鉴定部门。

2013年，进修学院有在册员工94人，其中硕士研究生学历33人、博士研究生学历（含博士后）8人；高级职称34人、中级职称30人；首席培训师3人、高级培训师7人、培训师4人及助理培训师3人。

【领导成员】

院长、党组书记：路鹏翔

副院长（兼）、党组成员：连　飞

副院长、党组成员：杨保吉

副院长、党组成员：刘学义

副院长、党组成员：李广才

纪检组长、党组成员：陈卫华

【教育培训】　2013年举办脱产培训班218期，培训2.37万人次，21.28万人・天；远程培训4.8万人，远程培训课件资源总量超过1242学时；合作开展专业学位硕士研究生教育，在读799人，获证156人。组织32本教材项目审定，其中，12本完成终审、4本完成初审、16本完成编写大纲审定。为行业提供27种共计15.32万册培训教材，其中，14种新出版或印刷试用，13种再版加印，实现培训教材与行业16个职业（岗位）技能鉴定工作的完善配套。完成企业信息师等7个通用工种和营销师等3个特有工种职业技能鉴定，鉴定4763人次，通过2278人。顺利通过行业直属单位2012年度教育培训工作及教育培训机构考核评价抽查复评。

【教研成果】　围绕培训工作重点、难点和存在的突出问题，开展课题研究，组织交流评审，在胜任素质模型的继续教育课程体系构建、岗位胜任能力的试验优化设计与数据挖掘专门人才培训课程体系构建、烟草物流师能力素质模型、3D数字烟厂制丝线项目及卷接包装项目建设、能力素质模型的卷烟设备人才培训体系研究等方面，形成并发布10项课题研究成果，多项成果获中国职协表彰，学院获得中国职协2013年度优秀科研单位奖、科研工作组织奖。

部分省级公司所属教育培训机构

名　称	成立时间	隶属单位	备　注
河北烟草工业职工教育培训中心	2011年	河北中烟工业有限责任公司	负责河北烟草工业系统教育培训工作的组织实施；教育培训师资的培训与管理，教材的开发；教育培训需求的分析与调查，教育培训的评估；教育培训师资库和教材库的建设；完成公司领导交办的其他工作
辽宁烟草教育培训中心	2009年	辽宁省烟草专卖局（公司）	负责辽宁省烟草系统内教育培训工作的组织实施；教育培训师资的培训与管理，教材的开发；教育培训需求的分析与调查，教育培训的评估；教育培训师资库和教材库的建设等工作
河南省烟草职工培训中心	2009年	河南省烟草专卖局（公司）	主要承担河南烟草专卖系统职工的培训任务
湖北省烟草专卖局教育培训中心	2009年	湖北省烟草专卖局（公司）	主要负责湖北烟草商业系统内教育培训工作的组织实施
广西烟草工业教育培训中心	2011年	广西中烟工业有限责任公司	主要负责公司培训项目的承办和教、学、研管理
贵州烟草商业教育培训中心	2012年	贵州省烟草专卖局（公司）	主要承担贵州省烟草商业系统教育培训组织实施、师资培训与管理、教材开发、教育培训需求分析与调查、教育培训的评估；教育培训师资库和教材库的建设
陕西省烟草职工培训中心	2011年	陕西省烟草专卖局（公司）	主要负责陕西烟草商业系统职工的各类专业技术培训工作

（撰稿：陈其海；编辑：周　佳）

文化建设

中国烟草博物馆

【概　况】　中国烟草博物馆位于上海市长阳路，于2004年7月15日开馆，总投资1.8亿元。博物馆总建筑面积为9617平方米，其中占地面积为5511平方米，展示面积约3500平方米。它是一家反映中国烟草发展历史、传承中国烟草文化的专业博物馆，是上海首个国家级行业博物馆，也是目前世界上规模最大的烟草博物馆。根据国家烟草专卖局的有关文件精神，中国烟草博物馆开馆后的日常管理纳入上海烟草集团有限责任公司统一管理。

中国烟草博物馆有烟草历程、烟草农业、烟草工业、烟草经贸、烟草管理、烟草文化、吸烟与控烟、新世纪等8个展馆，参观者可以通过大量珍贵的文物、文献、模型、场景、真人蜡像及照片、多媒体等形式，全面了解中国烟草的起源及各发展阶段的概况和特征，了解吸烟与控烟的发展历史及中国烟草行业在控烟与减害降焦等方面的情况。

【机构设置】　博物馆下设办公室、展览陈列部、征集保管部、后勤保障部等4个部门。

【参观交流】　2013年，在打造服务工作升级版中，博物馆努力践行“三多”“三心”“三个一样”的服务承诺。通过接待礼仪培训、讲解技巧培训和现场技术练兵等活动，提升博物馆的接待能力和兼职讲解员的服务水平。为了适应不同层次观众的参观需求，编写和完善不同版本的讲解词，开辟“未成年人指定参观路线”；要求讲解员在讲解中注重与观众的心理互动与情感交流，观众满意率达到99.58%。2013年，博物馆累计接待观众2.06万人次。

2013年，博物馆接待社会相关研究团体、学校及学者来馆查阅相关烟草发展史料共18批；为《中国烟草》《东方烟草报》等行业媒体和营销中心、技术中心及行业其他单位提供品牌发展史料58篇，为各类媒体提供博物馆对外宣传及烟草文化相关稿件45篇，提供图片365张。“5·18”世界博物馆日期间，博物馆参加杨浦区文化局举办的“唱响嘹亮国歌，传承红色记忆”主题联展。

【展馆调整与征集保管工作】　2013年，在展馆调整方面，为寻求陈列展示工作新突破，在不改变现有馆内建筑结构的前提下，博物馆以自主实施的最优节约方案，先后在历程馆、文化馆等47个展示板块实施二维码辅助陈展，得到技术专家的充分肯定。在陈列展品维护工作中，博物馆对一些有争议或过时的陈列内容进行局部调整；对展台投影仪、触摸屏和橱窗积灰等进行清洁、整固和修复，并增设反映烟草工人运动的主题场景，使其成为历程馆的一个新亮点。

在征集保管工作方面，博物馆在藏品总账数据信息管理中建立总账月度报表汇总发布制度，并集中对库房内的复制品、撤展品及暂存的无账物品进行彻底的筛选和清理。完成1200张参考品库位卡和4417条账卡物信息的核对及制作等工作。在对济南卷烟厂等工商企业开展的文物普查工作中，共收集到珍贵信息62条。在与复旦大学馆校共建活动中，指导学生完成旱烟袋藏品鉴赏图录的版式设计及馆藏旱烟袋描述127件、馆藏烟斗描述154件、烟缸描述1841件，描述文字总数达23万余字。配合上海市文物局做好20余件馆藏精品文物的摄影和文字研究等工作；完成引进博物馆温湿度自动监测装置的项目立项工作。

《中国烟草》杂志社有限公司

中国烟草杂志社成立于1998年8月，是国家烟草专卖局直属的事业单位，承担烟草行业的舆论宣传工作。2003年，《中国烟草》杂志实行“管办分离”，刊物明确由国家烟草专卖局主管，中国烟草杂志社主办。2013年4月，中国烟草杂志社完成转企改制，成为中国烟草总公司的全资子公司，并更名为《中国烟草》杂志社有限公司。

《中国烟草》杂志社有限公司的主要业务是编辑、出版、发行《中国烟草》（半月刊）、《新烟草》（旬刊），编辑、发放《中国烟草年鉴》，负责编辑《烟草企业文化》（月刊），制作管理中国烟草资讯网，以及开展相关广告业务等。公司以“坚持正确导向、服务烟草行业、探索改革思路、贴近职工生活”为办刊宗旨，坚持正确舆论导向，围绕中心，服务大局，坚持“三贴近”原则，全面、准确、及时、深入地宣传阐释国家局党组的方针任务和工作部署，组织采写专题报道和重要文章，充分发挥“喉舌、窗口、园地”作用，为行业改革发展营造良好舆论氛围。

2013年，《中国烟草》杂志社有限公司深入学习宣传贯彻党的十八大精神，认真贯彻全国烟草工作会议提出的基本方针和战略任务，围绕凌成兴局长提出的思考、谋划和实践“三大课题”和“坚持一个制度、狠抓三件大事”，编辑《烟草史话》，牢牢把握正确的舆论导向，积极发挥主流媒体“喉舌、窗口、园地”的作用，为建设更加规范、更富效率的中国烟草营造更加良好的舆论氛围，各项工作取得新的进步。

【《中国烟草》杂志】　围绕国家局党组的中心工作开展重点宣传报道。《中国烟草》杂志推出2013年全国烟草工作会议专题报道。围绕新目标、新定位、新任务，建设更加规范、更富效率的中国烟草，《中国烟草》杂志组织编辑记者，及时刊发一批有分量的言论和报道文章。

6月，公司组织力量宣传报道第九期行业直属单位和机关部门单位主要负责同志学习贯彻党的十八大精神专题培训班情况。重点报道国家局局长凌成兴强调的要在坚持“三不变”“三稳定”前提下，思考、谋划和实践“三大课题”，“坚持一个制度、狠抓三件大事”。此外，对行业纪检监察、政工、财务审计、科技、专卖、法规等重要会议在相关栏目进行及时、充分的报道。

7月，公司对全行业党的群众路线教育实践活动动员大会进行重点报道，专设摄像、摄影人员进行全程跟踪拍摄，并第一时间在《中国烟草》第14期“要闻”栏目中刊发会议情况。

履行宣传职责，展示行业形象。《中国烟草控制规划（2012—2015年）》出台后，为准确理解《规划》内容，《中国烟草》杂志策划制作“履约控烟 我国在努力”专题，邀请国家局办公室、经济研究所有关负责人进行解读，全面介绍中国烟草控制工作情况，在行业媒体平台发出正面声音。围绕现代烟草农业建设，在全国“两会”期间，公司继续与《农民日报》合作，策划编辑行业贯彻中央1号文件、烟农合作社富农添活力的专版。

*执行中央八项规定中关于新闻报道的有关规定。*继续深入开展“走基层、转作风、改文风”活动，公司一方面开设“记者走基层”栏目，记者深入老少边穷地区以及烟区田间地头，采写《陕甘行》《百色行》等报道；另一方面，编辑加强策划，在“专稿”“特稿”等栏目中推出《向记忆告别，为坚强喝彩》《接地气 重实际 有底气》等文章，通过挖掘“一线故事”，发现突出典型，使报道展现浓郁的“基层气息”。

《中国烟草》杂志的征订量达到5.2万份，同比增长6%，连续14年保持稳定增长。制作完成8本专刊，分别是《黄金时代黄金梦》《我为“中华”助力发展》《重九传奇》《黄鹤楼专刊》《利群专刊》《红云红河这5年》《群众路线专刊》《中式卷烟品类构建成果汇编》。

【《新烟草》杂志】 2013年，《新烟草》杂志与重点工业企业的宣传合作进入新阶段。山东中烟、湖南中烟、红云红河、安徽中烟、红塔辽宁等工业企业，将《新烟草》杂志作为重要的宣传平台，湖南中烟继续开展“白沙芙蓉王·经营我最棒”征文，红云红河集团开展“我眼中的云烟品牌”征文，山东中烟每期都安排固定版面进行宣传。4月，《新烟草》杂志组织全国20余位零售客户和通讯员走进湖南中烟，并作全程报道，对企业和品牌宣传起到良好的促进作用。《新烟草》杂志进一步提高零售客户参与办刊的力度，实现更加贴近零售客户，更好地服务零售客户。

创办面向烟农的现代烟草农业版，服务现代烟草农业建设。为贯彻落实国家局关于行业发展新定位的工作部署，支持老少边穷地区烟草经济发展，促进烟农收入增长，传播党和国家农业政策和惠农举措，服务烟农生产与生活，反映烟草行业在现代烟草农业建设方面取得的丰硕成果，成为连接烟草行业、各烟区地方政府、烟农之间的桥梁，为支持老少边穷地区经济社会发展，促进烟农收入增长发挥了积极作用。

自2013年7月1日开始，《新烟草》杂志刊期正式由原来的半月刊变更为旬刊。

2013年，《新烟草》杂志征订量达到9.1万份，同比增长75%。

【中国烟草资讯网（www.echinatobacco.com）】 2013年，中国烟草资讯网学习中央人民广播电台“经济之声”频道的做法，采取形式多样的编辑手法，丰富网站信息的深度和广度。资讯网加快推进网站改版和新媒体发展工作，制作可在《中国烟草》《新烟草》杂志上印刷的二维码，与方正电子公司合作制作《中国烟草》第500期电子杂志，在资讯网上增加视频报道，与方正、搜狐、正邦、苹果等软硬件技术公司联系调研新媒体产品，并形成初步报告。2013年，资讯网共发布各类信息近6700条，页面总浏览量为7800万次，点击总量为1.37亿次，日均点击量为63万次，日均页面浏览量为36万次，日均访问人数1.1万人。

【《中国烟草年鉴》】 2013年，完成《中国烟草年鉴2013》的编辑、出版工作。《中国烟草年鉴》收录2012年全国烟草行业发展的工作情况，设有领导讲话，大事记，行业概览，特别关注，国家烟草专卖局、中国烟草总公司机构，省级局（公司），工业企业，科研和教育机构，文化建设，经济统计，公益活动，文件选编，附录，索引共计14个栏目。

《中国烟草年鉴2013》调整《行业概览》栏目。新设“2012年行业改革发展关键词”分目，以核心词汇概括2012年行业工作的重要、要点，并配以相关文字阐述核心词汇。“2012年省级局（公司）亮点工作”“2012年中烟工业公司亮点工作”分目，以大事记的形式反映2012年各省级公司亮点。新增“特别关注”栏目，“学习贯彻党的十八大精神”分目，以综述的形式反映国家局、总公司以及行业各直属单位贯彻落实党的十八大精神情况。“中国烟草总公司成立30周年”分目，以总公司成立30周年为契机，围绕30年来改革发展情况，记录30年来全行业以及各省级公司改革发展取得的成绩。调整《科研（教育）机构》，更名为《科研和教育机构》；调整《文化》栏目，更名为《文化建设》，新增《中国烟草学报》内容，更加全面反映行业文化建设情况。

2013年，《中国烟草年鉴》组稿工作会议和审稿工作会议先后于3月和9月组织召开。共计完成200余万文字和200余幅图片的编校审工作。

【《烟草企业文化》】 2013年，《烟草企业文化》主要围绕落实中央“八项规定”、作风建设、“235”教育实践活动等思想政治和企业文化领域的核心议题进行深入报道。刊物突出经验交流和典型发掘，为行业企业文化建设搭建平台，充分发挥在行业思想政治建设中的引领作用。

【转企改制】 为贯彻落实中央关于非时政类报刊出版单位体制改革精神，积极稳妥做好中国烟草杂志社转企改制工作，2013年4月，国家局、总公司下发《国家烟草专卖局中国烟草总公司关于设立〈中国烟草〉杂志社有限公司的通知》（国烟法〔2013〕155号），决定由中国烟草总公司投资设立《中国烟草》杂志社有限公司，并设立董事会。6月19日，《中国烟草》杂志社有限公司召开第一届董事会第一次会议，会议审议通过《〈中国烟草〉杂志社有限公司董事会工作规则》，这标志着杂志社转企改制工作的完成。

【经营工作】 2013年，中烟广告公司作为全资子公司积极“走出去”，加大对金融银行领域、云计算及移动互联技术等金融及高科技行业的工作力度，开发兴业银行、华为技术等广告客户，主动参加行业相关展览会，在广告经营市场化、专业化、国际化方面作出有益尝试。市场部进一步开拓市场，协办单位增加6家，退出3家，总计协办单位89个。

行业网站

国家局、总公司网站分国家局内部网站（www. stma. tobacco. gov. cn，简称国家局内网）与烟草行业网站（www. tobacco. gov. cn，简称国家局外网）。国家局内网是国家局、总公司在行业骨干网上运行的内部办公网站，是烟草行业实现信息共享、提高工作效率的信息集成平台；国家局外网是国家局、总公司在互联网上的政府网站和行业门户网站，是烟草行业发布政务信息、服务社会公众、展示行业形象的重要窗口。

【新闻宣传】 2013年，国家局完成内网改版升级，进一步加强了网站备案管理和安全检查工作，为行业电子政务和网站宣传提供更好的平台。全年国家局内网访问量达315万人次，外网访问量达189万人次；发布烟草新闻、专题专栏等各类信息3万多条，其中77条政务信息被中央政府门户网站采用；编制网络信息摘要12期，每日网络舆情监测报告216期。

【政府信息公开】 2013年，国家局外网按照“信息公开、在线办事、公众参与”的总体要求，以满足群众查阅信息、办事服务需求为宗旨，及时发布工作动态、招投标信息、人事管理信息等内容。

2013年，国家局外网公开信息共计13091条，其中人事管理类信息9条、通知公告类信息1182条、资金与项目类信息1149条、业务类信息1455条、工作动态类信息9296条。全年在中央主要媒体、政府网站发稿、转载140余篇，内容主要涉及行业深化改革、经济运行、打假打私、烟叶生产、法治建设、企业管理、安全生产、现代烟草农业建设等方面。

《中国烟草学报》

《中国烟草学报》由中国烟草学会主办，主要刊登国内有关烟草工业、农业、经济等方面的学术论文、研究报告、研究简报，以及反映国内外烟草科研进展、学术动态的综述文章，面向国内外公开发行。刊物主编是袁行思。

2013年，《中国烟草学报》围绕“卷烟上水平”基本方针和战略任务，坚持鼓励原创，完成6期的编辑出版任务，刊载论文117篇，行业战略性课题和重大专项学术论文占《学报》总刊载量70%以上。继成为中国精品科技期刊、中国百种杰出学术期刊、中国科技核心期刊、中文核心期刊以及中国科学引文数据库（CSCD）、美国化学文摘（CA）收录期刊之后，2013年，《中国烟草学报》被世界三个著名检索工具之一——美国工程索引（Engineering Index，简称EI）收录，EI以收录工程技术领域文献全面且水平高为特点，从1992年开始收录中国期刊，中文科技期刊占收录总数5.5%。

为增强烟草行业学术论文的严谨性、规范性和科学性，提高论文可读性和编辑出版效率，在烟草标准化研究中心等单位支持下，联合行业主要科技期刊完成的烟草行业标准《学术论文撰写基本要求》标准化项目，于3月15日正式实施。

11月，2013年度《中国烟草学报》编委会会议在福建厦门召开。主编、副主编、编委以及部分作者代表参加会议。会议听取编辑部工作汇报及《学报》调查问卷结果分析，增补编委，针对《学报》如何缩短出版时滞提高效率，如何提高国际影响力，如何加强重点研究课题组（约）稿等议题进行讨论。

《烟草科技》

《烟草科技》是国家烟草专卖局主管、中国烟草总公司郑州烟草研究院主办、中国烟草科技信息中心编辑出版的综合性烟草科学研究和技术开发类学术刊物。创刊于1957年，刊名为《烟草科学通讯》，每年1卷4期，由中国烟草总公司郑州烟草研究院的前身——食品工业部烟草工业管理局烟草工业科学研究室创办，朱尊权任主编。1959年7月停刊。1971年复刊，刊名改为《烟草科技通讯》，一年一期，朱尊权任主编。1972年恢复为季刊。1980年，《烟草科技》亦由“内部刊物”成为“限国内发行”的正式出版物。1981年，刊物更名为《烟草科技》。1987年改为双月刊，2000年改为月刊。

《烟草科技》主要刊登烟草工业、农业及科技管理等方面的学术论文、研究报告、研究简报，以及反映国内外烟草科研进展、学术动态的综述等，国内外公开发行，是国家烟草专卖局指定的国际学术交流刊物。刊物主编为中国工程院院士、郑州烟草研究院副院长谢剑平。

2013年，出版发行12期，刊载各类学术论文226篇，其中，基金论文148篇，占总量的65.49%，同比增加23篇。印刷版实际发行量同比增长11.54%。在“中国知网”（www. cnki. net）上的机构用户达4179个，论文下载量达65500篇次，同比较大幅度增加。

期刊总体质量显著提高，编辑出版工作取得重大突破，首次成为美国《工程索引》（EI）收录期刊，在国际上的影响力明显提升。继续保持中文核心期刊、中国科技核心期刊和美国《化学文摘》（CA）、《烟草文摘》（TA）收录期刊地位。期刊综合影响因子位居国内25种轻工业类期刊第一位，复合影响因子居第二位，在技术研究类期刊中影响因子居第一位。

《烟草科技》进一步加强对烟草行业工商企业以及部分行业外单位的科技服务，举办多期科技论文写作培训，主动与行业工商企业联系，积极提供针对性更强的信息和技术咨询服务，新增《烟草科技》理事会副理事长单位3家。

行业主要报纸

【《东方烟草报》】 《东方烟草报》创刊于1992年，是面向烟草行业和全国公开发行的烟草主流媒体。《东方烟草报》每周一、二、三、四、五出版，包括正刊、《金周刊》和《山东视窗》《烟草专卖管理》《中国烟机》《中烟物流》《烟草人家》《爱晚亭》《现代烟草农业》《现代卷烟营销》《湖南中烟视窗》《红云红河视窗》等专刊、专版。2013年，《东方烟草报》发行量为19.7万份，覆盖全国县级以上党政机关，《金周刊》发行量为118.6万份。

2013年，《东方烟草报》围绕国家局、省局（公司）工作重点，严抓策划执行，推出“2012年行业工作述评”“记者走边疆”“工商分开十年”“转变作风”“控制烟叶生产规模”“关注控烟工作”“浙烟商业一体化管理”“行业专卖扎实推进三个体系建设”“聚焦超高速”“行业物流”等策划报道，取得较好的效果。

2013年完成十八届三中全会、中央经济工作会议等中央重大会议报道，以及行业学习贯彻情况和行业群众路线教育实践活动开展情况等报道，重大新闻报道实现与《人民日报》等中央媒体同步、接轨。按照党中央“八项规定”及有关指示，进一步规范国家局领导新闻报道，并在正报1版设立“要闻简报”“时政要览”等栏目，及时刊发党中央、国家重大事务和社会新闻，展现行业讲政治、顾大局、负责任的良好形象，凸显行业大报的大局意识和政治责任感。

《东方烟草报·金周刊》。2013年，《金周刊》进行版面优化调整，新设四个版面，可读性进一步增强。做好品牌专版，探索与工业企业合作新模式。更多的零售客户和客户经理等营销人员参与到“声音”“看点”“创富”“品牌”“心扉”等版面运作之中，《金周刊》影响力进一步扩大。

《东方烟草报·爱晚亭》。2013年，强化《爱晚亭》的专刊品牌观念，突出一个“活”字，一方面继续加强离退休人员通联队伍建设，培养出一批具有较高水平的通讯员队伍；另一方面突出栏目设置和编辑水平，寻找老同志感兴趣的话题，增强互动性，把《爱晚亭》打造成为行业离退休人员老有所学的交流平台、老有所为的展示舞台、老有所乐的精神园地。

《东方烟草报·烟草人家》。2009年初创刊。2013年，《烟草人家》在做好常规报道，保持其可读性强的同时，突出“家”的味道，努力寻找社会热点与职工生活的契合点，通过常规稿件和“勤俭节约”“数字生活”“孝”等四版联动策划的组织，不断增强贴近性、趣味性、故事性，传播健康文明的生活风尚。

《东方烟草报·山东视窗》。2005年5月正式创刊，由山东省烟草专卖局（公司）主办，《东方烟草报》社有限公司承办。2013年，《山东视窗》继续对版面和栏目进行创新，加大版面上的评论力度，并更加注重策划系统性，突出记者观察类报道比重，推出一系列专栏、专题、专版，尤其是《回望2012》《走基层 看变化》《追梦，在这片黄土地上》《非烟生态村建设》《农村市场开发》等系列报道，尝试新的写作方式和风格，报道更具深度，取得较好的宣传效果。

《东方烟草报·烟草专卖管理》。2011年创刊，由《东方烟草报》社有限公司主办，国家局专卖监督管理司协办，全年出版12期。2013年，将内管工作作为宣传报道的重中之重，紧紧围绕市场监管、打假打私、证件管理、队伍建设等重点工作组织报道，开设“强内管 促规范 上水平”专栏，组织“节日市场该咋管”“细织‘小网格’精耕大市场”“探路优秀地市级局创建”“深入推进卷烟打私工作”等专题策划，基本做到期期有策划、版版有亮点。开设理论版面，增加业务理论稿件刊发比例，搭建起专卖管理理论交流的平台。

《东方烟草报·中烟物流》。2006年创刊，由《东方烟草报》社有限公司主办，中烟商务物流有限责任公司协办。2013年，《中烟物流》专刊紧紧围绕“三个物流”建设、卷烟包装箱循环利用、行业工商企业物流工作推进会、行业物流现场会等行业物流中心工作组织策划报道，专刊质量显著提高。全年出版12期，出版总期数达92期。《中烟物流》专刊注重策划的连续性、整体性，强化栏目创新和图片、图表等元素应用，充分发挥新闻版面“班组长论坛”“工作笺扎”等常设栏目的作用，开设“创新展台”“科技前台”等新栏目，丰富基层单位和一线员工展示工作成果、交流工作方法、探讨共性问题的平台；刊发“卷烟包装箱循环利用”“三个物流建设”“供应链物流”“物联网建设”等理论探讨文章，为行业物流工作发展建言献策。注重突出报道一线工作，捕捉基层新闻点。在重要版面、重要位置突出刊发基层创新类的小故事，以及各种反映基层真实工作情况的图片组合，让报道更接地气，全面反映行业物流发展，传播正能量，成为展示行业物流良好形象的“窗口”。

《东方烟草报·中国烟机》。2004年创刊，由《东方烟草报》社有限公司主办，中烟机械集团公司协办。全年出版12期，围绕烟机企业转型调整、设备管理等重点工作，《中国烟机》专刊在一版开设“转型”栏目；突出报道烟机集团及各控股企业重点和亮点工作，理直气壮地宣传烟草行业的辉煌成就，推出“工业车间里的国产烟机”“聚焦超高速”“烟机企业的‘节约经’”“设备管理精益化”等八个专题，展示了行业烟机企业良好形象。关注读者需求，不断丰富版面设置。开设“烟机人”等新版面，先后推出“青春制造”“正在成长的力量”等专题报道，以图文并茂的形式，讲述烟机企业员工工作和生活中的真实故事，受到一线员工的欢迎和喜爱。

《东方烟草报·现代卷烟营销》。2010年创办，由《东方烟草报》社有限公司主办，中国卷烟销售公司协办。2013年，《现代卷烟营销》立足版面定位，着力改变专题策划浅、慢的问题，瞄准行业营销工作的前沿，努力提升策划的前瞻性。根据2013年全国卷烟营销网络建设会精神，现代卷烟营销要顺应时代发展，借鉴电商成功经验，提高现代终端建设的水平，推出“现代卷烟营销向电商学什么”选题，结合现代信息技术发展趋势，连续整版推出“大数据营销”系列选题，邀请行业营销战线干部职工展开讨论，取得了较好的宣传报道效果。

企业管理。2013年11月，报社搬迁新办公楼后，进行“三度”企业文化室设计方案招标工作，自主设计完善VI体系。围绕“产业化、集团化”发展，加速信息化建设步伐，成功发布数字报刊，试运行手机网等新媒体，完成新办公楼视频会议系统等信息化建设。

烟草行业部分报刊名录

报刊名称	报刊号/准印证号	创刊时间	刊　期	联系电话	主办单位
《中国烟草》	ISSN1008－9063 CN11－3831/D	1985年	半月刊	010－63605464	《中国烟草》杂志社有限公司
《新烟草》①	ISSN1008－5181 CN23－1526/TS	1986年	旬　刊	010－68535662	黑龙江省烟草公司、《中国烟草》杂志社有限公司
《烟机通讯》	豫内资［许昌］0005号	1995年	半月报	0374－3266661	中国烟草机械集团有限责任公司
《中国烟草学报》	ISSN1004－5708 CN11－2985/TS	1992年	双月刊	010－63605768	中国烟草学会
《烟草科技》	ISSN1002－0861 CN41－1137/TS	1957年	月　刊	0371－67672637	中国烟草总公司郑州烟草研究院
《东方烟草报》	CN37－0082	1992年	周五报	0531－88562706	《东方烟草报》社有限公司
《北京烟草》	京内资准字1999－L0006	1993年	季　刊	010－67009775	北京市局（公司）、北京烟草学会
《京烟》	内部资料性出版物京内资准字99－L0501	1993年	月　报	010－65762922－211	上海烟草集团北京卷烟厂
《天津烟草》	准印证第14038号	2000年6月	双月刊	022－23292109	天津市局（公司）、天津市烟草学会
《津烟》	内部资料准印证号：津11011	1994年10月	半月报	022－24727350	上海烟草集团有限责任公司天津卷烟厂
《河北烟草》	JL01－0160	1988年6月	双月刊	0311－88607991	河北省局（公司）、河北中烟、河北省烟草学会
《河北烟草报》	JL01－0312	2003年8月	半月报	0311－66006562	河北中烟、河北省局（公司）
《山西烟草》	山西省连续性内部资料准印证（99）第K224号	1987年3月	季　刊	0351－4153278	山西省局（公司）
《太原烟草》	山西省内部资料准印证第B122号	2008年11月	月　刊	0351－8399010	山西省太原市局（公司）
《大光》	山西省内部资料准印证〔2012〕B124号	1995年1月	月　刊	0351－4188236	山西昆明烟草有限责任公司
《内蒙古烟草》	15－088/C	1988年	双月刊	0471－4914960	内蒙古区局（公司）、内蒙古区烟草学会、内蒙古烟草职工思想政治工作研究会
《辽宁烟草》	辽宁省内部资料准印证第0022号	1990年	双月刊	024－31210678	辽宁省局（公司）、辽宁省烟草学会
《红辽烟草》	辽宁省内部资料准印证0151号	2005年1月	半月刊	024－22815777－1801	红塔辽宁烟草有限责任公司

① 2013年7月1日，《新烟草》杂志刊期正式由半月刊变更为旬刊。

续表

报刊名称	报刊号/准印证号	创刊时间	刊 期	联系电话	主办单位
《吉林烟草》	吉林省连续性内部资料出版物准印证编号：JN00－013	1994年	月 刊	0431－88401432	吉林省局（公司）
《烟草专卖导读》	吉林省连续性内部资料出版物准印证编号：JN02－033	2003年	月 报	0432－64606541	吉林省吉林市局（公司）
《松原烟草报》	吉林省内部数据性出版物20079007号	2006年	季 报	0438－2281402	吉林省松原市局（公司）
《白城烟草》	吉准印号200607009	2006年	月 报	0436－3351928	吉林省白城市局（公司）
《吉林烟草工业报》	吉林省连续性内部资料出版物准印证编号：JN03－025	2008年5月	半月报	0433－2858368	吉林烟草工业有限责任公司
《黑龙江烟草》	黑新出印字2300009号	1999年	旬 报	0451－82643781	黑龙江省局（公司）
《哈尔滨烟草》	黑新出印字2301026号	2002年	半月刊	0451－88620697	黑龙江哈尔滨市局（公司）
《黑龙江烟草工业报》	黑新出印第字2301039号	1988年11月	旬 报	0451－82521456－250	黑龙江烟草工业有限责任公司
《上海烟业》	上海市连续性内部资料准印证第0205号	1987年	季 刊	021－61669608	上海市烟草学会
《江苏烟草》	苏新出准印JS－S060号	2008年	月 报	025－86794543	江苏省局（公司）
《江苏烟草》	苏新出准印JS－S027号	2008年	双月刊	025－86794543	江苏省局（公司）
《江苏中烟》	苏新出准印JS－S318号	2007年1月	双月刊	025－58590363	江苏中烟
《江苏中烟报》	苏新出准印JS－S319	2007年1月	半月报	025－58590637	江苏中烟
《浙江烟草》	浙内部资料准印证第0039号	1987年4月	双月刊	0571－87032401	浙江省局（公司）、浙江中烟、浙江省烟草学会
《杭州烟草报—客户直通车》	浙企准字第A052号	2001年1月	月 报	0571－87227521	浙江省杭州市局（公司）
《宁波烟草》	浙内准字第B054号	2010年1月	双月报	0574－87993103	浙江省宁波市局（公司）
《绍兴烟草》	浙企准字第D－067号	2007年7月	月 报	0575－88655563	浙江省绍兴市局（公司）
《烟草客户之友》	浙企准字第G－059号	2006年10月	月 报	0579－2321583	浙江省金华市局（公司）
《浙江中烟报》	浙企准字S042号	2006年	月 报	0571－87075860	浙江中烟
《安徽烟草》	安徽省内部资料准印（综）00－2046	2001年1月	月 刊	0551－2285023	安徽省局（公司）、安徽省烟草学会
《亳州烟草报》	亳宣准字200303	2003年	月 报	0558－5128558	安徽省亳州市局（公司）
《蚌烟实报》	皖内部资料性图书BB－2010－009号	2010年	月 报	0552－4089163	安徽省蚌埠市局（公司）
《安徽中烟报》	安徽省内部资料准印证第01－020	2006年	半月报	0551－65392203	安徽中烟
《黄山世界》	安徽省内部资料准印证号：00－265	2009年	季 刊	0551－65368036	安徽中烟
《福建烟草》	闽内刊出版许可证第K097号	1987年	双月刊	0591－87069999	福建省局（公司）、福建中烟、福建省烟草学会
《海峡烟草》	闽内资准字K第173号	2003年6月	旬 报	0591－87069456	福建省局（公司）

续表

报刊名称	报刊号/准印证号	创刊时间	刊　期	联系电话	主办单位
《海峡烟草》（烟叶版）	闽内资准字 K 第 173 号	2005 年 5 月	月　报	0591－87069456	福建省局（公司）
《三明烟草》	闽内资准字 G 第 003 号	1992 年 1 月	双月刊	0598－8566611	福建省三明市局（公司）、三明市烟草学会
《龙岩烟草》	（岩）新出 2013 第 022 号	2007 年 10 月	月　报	0597－2999816	福建省龙岩市局（公司）
《永烟信息》	（明）新出〔2013〕内书第 263 号	2002 年 2 月	月　刊	0598－3739036	福建省三明市永安市局（分公司）
《延烟资讯》	（南）新出〔2008〕内书第 04 号	2008 年 1 月	月　报	0599－8876005	福建省南平市延平区局（分公司）
《福建中烟》	闽内资准字第 028 号	2011 年 5 月	半月报	0592－5836962	福建中烟
《龙烟人》	闽内部资料性出版许可证第 07014 号	1991 年	旬　报	0597－2776888	龙岩烟草工业有限责任公司
《厦门烟草》	厦新出〔1999〕内资第 16 号	1993 年	月　报	0592－6536171	厦门烟草工业有限责任公司
《江西烟草》	赣内资字第 122 号	1991 年 1 月	双月刊	0791－6535063	江西省局（公司）、江西中烟、江西省烟草学会
《诚信红绿灯》	赣内资第 G023 号	2009 年 6 月	月　报	0792－8130011	江西省九江市局（公司）
《赣南广播电视报·金叶专版》	CN36－0025/05－12	2006 年 12 月	月　报	0797－8229530	江西省赣州市局（公司）、赣南广播电视报
《景德镇日报·烟草专刊》	CN36－0012	2007 年 8 月	半月报	0798－6799000	江西省景德镇市局（公司）、景德镇日报社
《鹰潭广播电视报·金叶专版》	CN36－0025/08－12	2005 年 12 月	半月报	0701－6251388	江西省鹰潭市局（公司）、鹰潭市广播电视局
《金圣报》	赣内资字第 076 号	2004 年 6 月	月　报	0791－8358596	江西中烟
《广烟之窗》	赣内资字第 E004 号	1996 年 10 月	月　报	0793－6078818	江西中烟广丰卷烟厂
《山东烟草》	鲁连内资〔2007〕1263 号	2007 年	双月刊	0531－88525069	山东省局（公司）、山东中烟、山东省烟草学会
《菏泽烟草》	菏连内资〔2009〕51 号	2008 年	月　报	0530－5318211	山东省菏泽市局（公司）
《淄博烟草》	淄连内资〔2011〕270 号	2012 年	半月报	0533－2182099	山东省淄博市局（公司）
《山东中烟报》	鲁连内资第 00027 号	2007 年 11 月	半月报	0531－82599965	山东中烟
《零售商·泰山周刊》	CN37－0016	2008 年 5 月	周　刊	0531－82599963	山东中烟
《新晨报·泰山周刊》	CN37－0092	2008 年	周　刊	0531－58709710	山东中烟
《将军视窗》	济南市内部资料准印证第 004 号	1990 年 7 月	旬　报	0531－66776238	山东中烟济南卷烟厂、将军烟草集团有限公司
《星光》	山东省连续性内部资料出版物准印证第 0085 号	1997 年 7 月	月　报	0536－3239468	山东中烟青州卷烟厂
《青岛卷烟》	鲁连内资〔2013〕第 B0005 号	1991 年 9 月	季　报	0532－81921263	山东中烟青岛卷烟厂

续表

报刊名称	报刊号/准印证号	创刊时间	刊　期	联系电话	主办单位
《滕烟采风》	鲁 D：连内资〔2013〕第 031 号	1996 年 2 月	不定期	0632－5636956	山东中烟滕州卷烟厂
《中国烟草科学》	ISSN1007－5119 CN37－1277/S	1979 年	季　刊	0532－88703708	中国农业科学院烟草研究所、中国烟草总公司青州烟草研究所
《河南烟草》	内资［审省直连］00102 号	1996 年	季　刊	0371－65583125	河南省局（公司）、河南中烟、河南省烟草学会
《洛阳烟草》	河南省连续性内部资料［洛阳］0098 号	2009 年	半月报	0379－65921197	河南省洛阳市局（公司）
《南阳烟草通讯》	河南省连续性内资［南阳］049 号	2009 年	月　报	0377－63160072	河南省南阳市局（公司）
《焦作烟草》	河南省连续性内部资料［焦作市］0024 号	2006 年	双月报	0391－8381072	河南省焦作市局（公司）
《今日信烟》	豫内资准印证［信阳］0024 号	2004 年	月　报	0376－6557519	河南省信阳市局（公司）
《濮阳烟草》	河南省连续性内资［审濮连］00005 号	2011 年	双月报	0393－8115366	河南省濮阳市局（公司）
《安阳烟草》	豫内资审字〔2011〕00050 号	2011 年	季　刊	0372－5925168	河南省安阳市局（公司）
《黄金叶时空》	内资［省直］163 号	2006 年	半月报	0371－69192833	河南中烟
《新烟时空》	河南省连续性内部资料郑州［74 号］	2008 年	月　报	0371－62619537	河南中烟新郑卷烟厂
《许烟时讯》	内资［许昌］0006 号	1989 年	半月报	0374－3351543	河南中烟许昌卷烟厂
《安烟》	内部资料［审安阳连］00001 号	2010 年	月　报	0372－5089811	河南中烟安阳卷烟厂
《湖北烟草》	湖北省内部资料准印证第 2006/SG 号	1986 年	月　刊	027－83738388	湖北省局（公司）、湖北中烟、湖北省烟草学会
《鄂州烟草》	湖北省内部资料准印证第 2008/EZ 号	2003 年	半月报	0711－3870952	湖北省鄂州市烟草学会
《荆州文学·金叶》	JTR（2004）32 号	2007 年	双月刊	0716－8506861	湖北省荆州市局（公司）、荆州市作家协会
《十堰烟草》	2028/SY	2012 年	季　刊	0719－8675112	湖北省十堰市局（公司）、十堰市烟草学会
《黄鹤楼内刊》	鄂内资准印 1013/WH	1989 年	半月刊	027－68832900	湖北中烟
《湖南烟草》	湖南省内部资料刊型准印证号 0058	1986 年	双月刊	0731－85799277	湖南省局（公司）、湖南中烟、湖南省烟草学会
《株洲烟草》	株新出准字〔2011〕第 07 号	2005 年	月　刊	0731－28223986	湖南省株洲市烟草学会
《益阳烟草》	湘益新出〔2009〕011 号	2006 年	季　刊	0737－6184999	湖南省益阳市局（公司）、益阳市烟草学会
《娄烟之声》	湘 K0010	2007 年	双月刊	0738－8312687	湖南省娄底市局（公司）
《邵阳烟草服务直通车》	湘邵新出准字〔2009〕第 35 号	2009 年	季　刊	0739－5390975	湖南省邵阳市局（公司）
《先锋家园》	湘岳新出准字〔2011〕第 053 号	2011 年 3 月	季　刊	0730－8713331	湖南省岳阳市局（公司）、岳阳市烟草学会

续表

报刊名称	报刊号/准印证号	创刊时间	刊　期	联系电话	主办单位
《白沙》	湖南省报型内部资料准印证 A003 号	1989 年	半月报	0731－85559117	湖南中烟长沙卷烟厂
《常德烟厂报》	湖南省报型内部资料准印证：H002 号	1984 年	旬　报	0736－7299323	湖南中烟常德卷烟厂
《郴烟通讯》	湖南省报型资料准印证第 L003 号	1995 年	半月报	0735－2229904	湖南中烟郴州卷烟厂
《零烟通讯》	湖南省报型资料准印证第 M001 号	1986 年	半月报	0746－6668564	湖南中烟零陵卷烟厂
《广东烟草》	粤内登字 O 第 11606 号	2004 年 8 月	双月刊	020－38809775	广东省局（公司）、广东省烟草学会
《广东中烟报》	粤内登字 O 第 00034 号	2005 年 5 月	半月报	020－87013273	广东中烟
《广西烟草》	广西壮族自治区内部资料性出版物准印证第 2002647 号	1987 年	月　刊	0771－5851875	广西区局（公司）、广西中烟、广西烟草学会
《桂烟之友》	广西壮族自治区内部资料性出版物准印证第 2002592 号	2010 年	半月报	0771－5851875	广西区局（公司）
《柳州烟草》	广西壮族自治区内部资料性出版物准印证第 0002467 号	2007 年	月　报	0772－2802134	广西区柳州市局（公司）
《河池烟草》	广西壮族自治区内部资料性出版物准印证第 0001795 号	2003 年	月　报	0778－2284430	广西区河池市局（公司）
《来宾烟草》	广西壮族自治区内部资料性出版物准印证第 0006645 号	2006 年	双月报	0772－4228861	广西区来宾市局（公司）
《梧州烟草》	广西壮族自治区内部资料性出版物准印证第 0015098 号	2009 年	月　报	0774－3815167	广西区梧州市局（公司）、梧州市烟草学会
《百色烟草》	广西壮族自治区内部资料性出版物准印证第 0004415 号	2008 年	月　报	0776－2939400	广西区百色市局（公司）
《贵港烟草》	广西壮族自治区内部资料性出版物准印证第 0006050 号	2013 年	月　报	0775－5205378	广西区贵港市局（公司）
《广西中烟报》	广西壮族自治区内部资料性出版物准印证第 0018007 号	2003 年	半月报	0771－8098091	广西中烟
《海南烟草》	琼内准印字第 B005 号	2000 年 10 月	月　刊	0898－65806069	海南省局（公司）、海南省烟草学会
《长江烟草》	渝内字第 040 号	1992 年	旬　报	028－86519190	四川省局、重庆市局、川渝中烟
《重庆烟草》	渝内字第 349 号	1989 年	月　刊	023－67982697	重庆市局（公司）
《凉山烟草》	凉新出图 2008 第 54 号	2007 年	月　刊	0834－6120045	四川省凉山州局（公司）
《贵州烟草科学》	黔新出 2013 连续性内资准字第 187 号	1972 年	双月刊	0851－4116881	贵州省烟草科学研究所、贵州省烟草学会、贵州中烟工业技术中心
《贵阳烟草》	黔新出［报刊］2012 年连续性内资准字第 252 号	2005 年	季　刊	0851－5814816	贵州省贵阳市局（公司）
《遵义烟草》	黔新出 2013 年连续性内资字第 327 号	2002 年	双月刊	0852－8662861	贵州省遵义市局（公司）
《遵烟时讯》	黔新出 2013 连续性内资准字第 326 号	2004 年	月　刊	0852－8662861	贵州省遵义市局（公司）
《毕节烟草报》	黔新出〔2012〕内资准字 225 号	1987 年	旬　报	0857－8278816	贵州省毕节地区局（公司）

续表

报刊名称	报刊号/准印证号	创刊时间	刊　期	联系电话	主办单位
《贵烟报》	黔新出（报刊）2013年连续性内资字第SB20号	2005年	周　报	0851－6831628	贵州中烟、贵州省局（公司）
《贵烟之窗》	贵州省连续性内资第SB62号	2005年	月　刊	0851－8981053	贵州中烟贵阳卷烟厂
《遵烟一览》	贵州省（报刊）连续性内资字第ZYSB2号	2007年	月　刊	0852－8620941	贵州中烟遵义卷烟厂
《云南烟草》	云新出〔2009〕准印连字第A15025号	1987年	双月刊	0871－63129888	云南省局（公司）、云南省烟草学会
《大成》	云新出〔2013〕准印连字00286号	2010年2月	双月刊	0871—63129888	云南省局（公司）
《云南中烟》	云新出〔2011〕准印连字第00047号	2011年2月	双月刊	0871－65013597	云南中烟
《红云红河烟草》	云新出〔2013〕准印连字第Y00134号	2009年1月	旬　刊	0871－65869217	红云红河烟草集团
《今日红云红河》	云新出〔2013〕准印连字第Y00133号	2009年1月	月　刊	0871－65869217	红云红河烟草集团
《和谐昆烟》	云新出〔2012〕准印连字第Y00052号	1990年1月	双月刊	0871－65868868	红云红河烟草集团昆明卷烟厂
《红塔时报》	云新出〔2013〕准印连字第T00135号	1987年5月	半月报	0877－2968939	红塔烟草集团
《价　值》	玉图（报、刊）字2008169	2008年9月	季　刊	0877－2968089	红塔烟草集团玉溪卷烟厂
《红塔楚雄时讯》	云新出〔2013〕准印连字第T00017号	1983年	半月报	0878－3207293	红塔烟草集团楚雄卷烟厂
《红塔大理时讯》	云新出〔2013〕准印连字第T00067号	1984年	半月报	0872－2360191	红塔烟草集团大理卷烟厂
《红塔昭通时讯》	云新出〔2013〕准印连字第T00070号	1988年2月	半月报	0870－2130195	红塔烟草集团昭通卷烟厂
《烟草农业科学》	云新出〔2005〕250号	2005年	季　刊	0871－8310750	云南省烟草农业科学研究院、中国烟草育种研究（南方）中心
《陕西烟草》	陕新出内印字/第9617号	1990年	双月刊	029－85466252	陕西省局（公司）、陕西中烟、陕西省烟草学会
《咸阳烟草》	陕内资字0324号	2006年	半月刊	029－33369992	陕西省咸阳市局（公司）
《同心安康》	陕新出连内印字第0620号	2007年	双月刊	0915－3286490	陕西省安康市局（公司）
《陕西中烟报》	陕新出内印字第92089号	2006年	半月报	029－88453273	陕西中烟
《旬烟简讯》	SX06－0004	1987年	季　刊	0915－7201643	陕西中烟旬阳卷烟厂
《甘肃烟草》	甘新出连续性内部资料准印证（刊型）G01－0056	1992年12月	双月刊	0931－8858751	甘肃省局（公司）、甘肃省烟草学会
《烟　志》	甘出准46字总334号〔2010〕14号	2010年4月	季　刊	0932－8211569	甘肃省定西市局（公司）
《烟　语》	甘出准036字总341号2009－022号	2009年10月	季　刊	0939－8212481	甘肃省陇南市局（公司）

续表

报刊名称	报刊号/准印证号	创刊时间	刊　期	联系电话	主办单位
《青海烟草》	青内资 K－173 号	1986 年	双月刊	0971－6106090	青海省局（公司）、青海省烟草学会
《宁夏烟草》	宁新出管字〔2013〕第 0132 号	1991 年	季　刊	0951－5044368	宁夏区局（公司）、宁夏区烟草学会
《银川烟草》	银新出管字〔2013〕第 1325 号	2005 年 2 月	双月刊	0951－5077021	宁夏区银川市局（公司）
《银烟市场》	银新出管字〔2013〕第 1307 号	2003 年 1 月	月　报	0951－5077021	宁夏区银川市局（公司）
《石嘴山烟草》	石新出管字〔2013〕第 2022 号	2007 年 10 月	月　报	0952－2013123	宁夏区石嘴山市局（公司）
《吴忠烟草》	宁新出管字〔2013〕第 3009 号	2007 年 12 月	月　报	0953－2025012	宁夏区吴忠市局（公司）
《固原烟草》	固新出管字〔2010〕第 4014 号	2007 年 10 月	月　报	0954－2034379	宁夏区固原市局（公司）
《中卫烟草》	宁新出管字〔2013〕第 5003 号	2006 年 3 月	月　报	0955－7022907	宁夏区中卫市局（公司）
《新疆烟草》	新疆内部资料（报刊型） 准印证 0113 号	1988 年	双月刊	0991－4810977	新疆维吾尔自治区烟草学会
《深圳烟草》	粤内登字 B 第 11180 号	1986 年	双月刊	0755－82029719	深圳市局（公司）
《深烟风采》	〔2005〕粤印准字第 0334 号	2002 年 6 月	季　刊	0755－81788330	深圳烟草工业有限责任公司

行业各直属单位部分电视台名录

名称	组建时间	所属单位	特色介绍
红塔电视台	1986 年 7 月	红塔烟草（集团）有限责任公司	有《红塔新闻》等自办栏目
红云红河电视台	1994 年 6 月	红云红河烟草（集团）有限责任公司	有《红云红河播报》《印象记录》等自办栏目
真龙电视站	2007 年 5 月	广西中烟工业有限责任公司	有《新闻时迅》《榜样人生》《市场第一线》等自办栏目

2013 年烟草新书目

1. “清江源”现代烟草农业科技园区建设与实践/杨树，黄树立，谭志平，王昌军主编．—武汉：湖北科学技术出版社，2013

2. $NaHCO_3$ 胁迫对烟草幼苗的生理危害机制/张衷华编著．—哈尔滨：黑龙江教育出版社，2013

3. YC/T 177－2011《卷烟企业标准体系的构成及指南》实施指南/赵砚棠主编；国家烟草专卖局科技司、中国烟草标准化研究中心、山东中烟工业有限责任公司编．—北京：中国质检出版社、中国标准出版社，2013

4. 安徽中烟工业有限责任公司年鉴（2012—2013）/赵辉主编；安徽中烟工业有限责任公司编．—合肥：合肥工业大学出版社，2013

5. 大道于学：全 2 册/红云红河烟草（集团）有限责任公司会泽卷烟厂主编．—昆明：云南人民出版社，2013

6. 甘肃省烟草行业志·白银烟草志（2001—2010）/甘肃省烟草行业志编纂委员会，《白银烟草志》编纂委员会编．—兰州：甘肃文化出版社，2013

7. 甘肃省烟草行业志·定西烟草志（2001—2010）/甘肃省烟草行业志编纂委员会，《定西烟草志》编纂委员会编．—兰州：甘肃文化出版社，2013

8. 甘肃省烟草行业志·甘肃省烟草志（2004—2010）/甘肃省烟草行业志编纂委员会，《甘肃省烟草志》编纂委员会编．—兰州：甘肃文化出版社，2013

9. 甘肃省烟草行业志·金昌烟草志（2001—2010）/甘肃省烟草行业志编纂委员会，《金昌烟草志》编纂委员会编．—兰州：甘肃文化出版社，2013

10. 甘肃省烟草行业志·酒泉、嘉峪关烟草志（2001—2010）/甘肃省烟草行业志编纂委员会，《酒泉烟草志》编

纂委员会，《嘉峪关烟草志》编纂委员会编．—兰州：甘肃文化出版社，2013

11. 甘肃省烟草行业志·兰州烟草志（2001—2010）/甘肃省烟草行业志编纂委员会，《兰州烟草志》编纂委员会编．—兰州：甘肃文化出版社，2013

12. 甘肃省烟草行业志·陇南烟草志（2001—2010）/甘肃省烟草行业志编纂委员会，《陇南烟草志》编纂委员会编．—兰州：甘肃文化出版社，2013

13. 甘肃省烟草行业志·平凉烟草志（2001—2010）/甘肃省烟草行业志编纂委员会，《平凉烟草志》编纂委员会编．—兰州：甘肃文化出版社，2013

14. 甘肃省烟草行业志·天水烟草志（2001—2010）/甘肃省烟草行业志编纂委员会，《天水烟草志》编纂委员会编．—兰州：甘肃文化出版社，2013

15. 甘肃省烟草行业志·武威烟草志（2001—2010）/甘肃省烟草行业志编纂委员会，《武威烟草志》编纂委员会编．—兰州：甘肃文化出版社，2013

16. 甘肃省烟草行业志·张掖烟草志（2001—2010）/甘肃省烟草行业志编纂委员会，《张掖烟草志》编纂委员会编．—兰州：甘肃文化出版社，2013

17. 广西烤烟生产实用技术/韦建玉主编；广西中烟工业有限责任公司、广西烟草学会编写．—南宁：广西科学技术出版社，2013

18. 贵是一种态度：贵州中烟企业文化哲学思辨/白云峰主编．—北京：中国文联出版社，2013

19. 贵州烤烟有机生产体系研究与实践/潘文杰，李继新主编．—贵阳：贵州科技出版社，2013

20. 黑龙江烤烟营养与施肥技术/王鹏，张云贵，张吉立著．—北京：中国农业出版社，2013

21. 红塔集团年鉴（2013）/柳万东主编；红塔烟草（集团）有限责任公司编．—昆明：云南人民出版社，2013

22. 湖北省烟草生产技术培训教程/李进平主编；湖北省烟草科研所编．—武汉：湖北科学技术出版社，2013

23. 湖北省烟田杂草图鉴/李锡宏，李儒海主编；湖北省烟草科学研究院，湖北省农业科学院植保土肥研究所编著．—武汉：湖北科学技术出版社，2013

24. 湖南烟草工业年鉴（2011）/李志华主编；湖南中烟工业有限责任公司编．—长沙：湖南出版社，2013

25. 灰色系统理论在烟草质量评价中的应用/李东亮，冯广林，李刚著．—北京：中国水利水电出版社，2013

26. 基于 GIS 的曲靖烤烟生态——质量相似性区划研究/杨荣生主编；曲靖市烟草专卖局（公司）编．—昆明：云南科技出版社，2013

27. 激情与思想——新疆卷烟厂管理团队文化/葛秋江著．—北京：中国文化出版社，2013

28. 节能型低风速梗丝气流干燥设备研发及生产应用/彭桂新，姚光明主编．—郑州：河南科学技术出版社，2013

29. 卷烟调香体系构建：以云烟品牌为例/曾晓鹰，者为，王明锋主编．—成都：西南交通大学出版社，2013

30. 卷烟调香学/赵铭钦主编．—北京：中国农业出版社，2013

31. 卷烟商品营销职业技能鉴定考试全解（高级营销员）/徐剑，肖峰编著．—北京：清华大学出版社，2013

32. 卷烟生产过程创新专利精选/巢珍主编．—郑州：河南大学出版社，2013

33. 卷烟生产设备研究与工艺探索：黄金叶品牌卷烟生产的卷制工艺测试分析与改进对策/李松峰等著．—郑州：河南人民出版社，2013

34. 卷烟烟气化学/程传玲主编．—郑州：河南人民出版社，2013

35. 卷烟叶丝加料工艺/王兵，姚光明主编．—郑州：河南科学技术出版社，2013

36. 跨越：十年改革与发展纪实：新闻报道集萃/广东中烟编．—广州：南方日报出版社，2013

37. 丽江金沙江区域特色优质烟叶研究与开发/李佛琳，陈茂建，李成杰编著．—昆明：云南科技出版社，2013

38. 灵魂烙印：一个烟草人的文化思考与实践/王乃志著．—西安：陕西人民出版社，2013

39. 龙岩烟草工业有限责任公司发展史（2007—2011）/姜志强主编；龙岩烟草工业有限责任公司发展史编纂委员会编．—北京：方志出版社，2013

40. 绿色生态烟叶开发（2012—2013）/余云东主编；中国烟草总公司云南省公司编著．—北京：科学出版社，2013

41. 洛阳卷烟厂志（2003—2010）/安保华主编；洛阳卷烟厂志编纂委员会编．—郑州：中州古籍出版社，2013

42. 攀西现代烟草农业培训教程/夏明忠，赵益强，张文友编著．—北京：北京理工大学出版社，2013

43. 普洱生态烟叶 GAP 实施指南/杨跃主编；普洱市烟草专卖局（公司）编著．—昆明：云南科技出版社，2013

44. 山东省烟草专卖局 中国烟草总公司山东省公司年鉴（2011）/山东省烟草专卖局（公司）编．—北京：中华书局，2013

45. 提高烟草消费税政策研究/石坚，胡德伟主编．—北京：中国税务出版社，2013

46. 图说烟草病虫害防治关键技术/王凤龙，王刚主编．—北京：中国农业出版社，2013

47. 现代烟草农业/李迪秦主编．—长沙：湖南科学技术出版社，2013

48. 现代烟草农业机械/张汝坤，张拯研主编．—北京：中国农业出版社，2013

49. 现代烟草农业建设百问百答/中国烟草总公司重庆市公司编著．—重庆：重庆大学出版社，2013

50. 现代烟草农业生产组织模式研究：以四川省为例/税伟，鲁黎明等著．—北京：光明日报出版社，2013

51. 现代烟草循环农业研究（Study on Modern Tobacco Circular Agriculture）/陈素云著．—北京：中国农业出版社，2013

52. 行动创造未来——重庆烟草改革发展纪实/侯平主编；重庆烟草学会编．—重庆：重庆大学出版社，2013

53. 烟草病虫害无公害防治图谱/韦建玉主编．—南宁：广西科学技术出版社，2013

54. 烟草工业与人类健康/冯玉麟，徐治波主编．—成都：四川大学出版社，2013

55. 烟草科学技术成果选编（2009—2012）/金萍主编．—郑州：河南人民出版社，2013

56. 烟草科学研究与方法论/鲁黎明著．—北京：科学出版社，2013

57. 烟草控制——国际经验与中国战略/中共中央党校课题组编．—北京：中共中央党校出版社，2013

58. 烟草企业安全生产标准化建设指南/胡红春，刘言刚编著；《全国案例生产标准化培训教材》编委会编．—北京：气象出版社，2013

59. 烟草无公害生产实用技术/曾维爱等主编．—长沙：中南大学出版社，2013

60. 烟草相关专利信息研究（Study on Tobacco Related Patent Information）/曹建平著．—北京：中国时代经济出版社，2013

61. 烟草行业“依法行政、依法治企”普法案例评析/山东省烟草专卖局，中国烟草总公司山东省公司编．—济南：黄河出版社，2013

62. 烟草学专业英语/史宏志，杨惠娟主编．—郑州：河南人民出版社，2013

63. 烟草烟碱向降烟碱转化（Conversion of Nicotine to Nornicotine in Tobacco）/史宏志著．—北京：科学出版社，2013

64. 烟草育苗百问百答/谢会川，许安定主编．—重庆：西南师范大学出版社，2013

65. 烟草种植工、烟叶调制工、烟叶分级工基础知识/甄焕菊主编；《烟草种植工、烟叶调制工、烟叶分级工基础知识》编写组编．—北京：北京出版社，2013

66. 烟火撩人——香烟的历史（Cigarette：Histoire d'une Allumeuse）/（法）迪迪埃·努里松著；陈睿，李敏译．—北京：生活·读书·新知三联书店，2013

67. 烟机设备修理工（包装）专业知识/喻树洪主编；《烟机设备修理工（包装）专业知识》编写组编．—郑州：河南科学技术出版社，2013

68. 烟机设备修理工（打叶复烤）专业知识/付川星主编；《烟机设备修理工（打叶复烤）专业知识》编写组编．—郑州：河南科学技术出版社，2013

69. 烟机设备修理工（卷接）专业知识/邓光华主编；《烟机设备修理工（卷接）专业知识》编写组编．—郑州：河南科学技术出版社，2013

70. 烟机设备修理工（滤棒成型）专业知识/费翔主编；《烟机设备修理工（滤棒成型）专业知识》编写组编．—郑州：河南科学技术出版社，2013

71. 烟机设备修理工（制丝）专业知识（下册）/丁钺宗主编．—郑州：河南科学技术出版社，2013

72. 烟机设备修理工基础知识/王福金主编；《烟机设备修理工基础知识》编写组编．—北京：北京出版社，2013

73. 烟农专业合作社创新管理与优化提升研究/中国烟草总公司重庆市公司编著．—重庆：重庆大学出版社，2013

74. 烟农专业合作社建设百问百答/中国烟草总公司重庆市公司编著．—重庆：重庆大学出版社，2013

75. 烟水配套工程规划设计教程/刘增进，张利红，苏新宏主编．—郑州：黄河水利出版社，2013

76. 烟叶分级工专业知识/李锐主编；《烟叶分级工专业知识》编写组编．—北京：北京出版社，2013

77. 烟叶高效烘烤技术与管理/韦建玉，张大斌，王丰主编．—北京：中国农业出版社，2013

78. 烟叶回潮工专业知识/邓太平主编；《烟叶回潮工专业知识》编写组编．—郑州：河南科学技术出版社，2013

79. 烟叶生产成本与烟农增收路径研究/陈宝森著．—成都：西南财经大学出版社，2013

80. 烟叶有机栽培手册/张建华，张纪兵主编；红塔烟草（集团）有限责任公司，环境保护部南京环境科学研究所编著．—北京：中国环境出版社，2013

81. 优质抗病烤烟栽培技术/李淑君主编．—北京：化学工业出版社，2013

82. 优质烟草生产实用技术/康建峰主编．—北京：科学普及出版社，2013

83. 云南烤烟生产关键实用技术原理与实践/童荣昆主编；云南省烟草农业科学研究院编著．—北京：科学出版社，2013

84. 云南省新烟区与津巴布韦烟叶生产/卢秀萍主编；云南省烟草农业科学研究院编著．—北京：科学出版社，2013

85. 云南烟草年鉴（2011）/刘凯主编；云南省烟草专卖局，中国烟草总公司云南省公司编．—昆明：云南人民出版社，2013

86. 云南中烟年鉴（2013）/张峻主编．—昆明：云南民族出版社，2013

87. 政研论文集：湖南中烟政研论文集汇编/刘少云，熊波主编．—长沙：湖南科学技术出版社，2013

88. 中国老香烟牌子档案/冯懿有主编．—上海：上海文化出版社，2013

89. 中国烟草卷烟生产企业发展道路探索（Chinese Cigarette Manufacturers to Explore the Road of Development）：基于“三力”模型的管理模式与案例研究/王道宽主编．—上海：上海财经大学出版社，2013

90. 中国烟草年鉴（2013）/国家烟草专卖局编．—北京：中国科学技术出版社，2013

91. 中式卷烟特色工艺技术/罗登山主编．—郑州：河南科学技术出版社，2013

（编辑：王东旭）

经济统计

总表部分

全国烟草系统主要指标总表（2013 年）

指标名称	计量单位	2013 年	2012 年	2013 年比 2012 年（%）
工业总产值（现价）	亿元	8494.26	7769.53	9.33
卷烟产值	亿元	8122.19	7446.80	9.07
工业增加值（现价）	亿元	7239.18	6605.81	9.59
复烤烟叶产量	万吨	203.16	195.68	3.83
打叶复烤	万吨	24.60	25.75	-4.47
卷烟产量	万箱	5120.76	5032.16	1.76
一类卷烟［100 元（含）以上］	万箱	906.77	790.26	14.74
二类卷烟［70（含）~100 元］	万箱	455.31	389.78	16.81
三类卷烟［30（含）~70 元］	万箱	2362.97	2314.84	2.08
四类卷烟［16.5（含）~30 元］	万箱	1001.09	1050.90	-4.74
五类卷烟［16.5 元以下］	万箱	394.52	486.39	-18.89
9 毫克/支以上	万箱	4401.93	4368.95	0.75
6~8 毫克/支	万箱	639.69	632.67	1.11
6 毫克/支以下	万箱	79.14	30.54	159.10
烤烟型卷烟	万箱	5006.06	4918.37	1.78
混合型卷烟	万箱	85.90	89.63	-4.16
出口和供应出口	万箱	52.88	48.88	8.18
雪茄烟产量	万箱	0.96	0.72	34.01
二醋酸纤维丝束产量	吨	161717.03	147545.11	9.61
技术经济指标				
卷烟质量抽检合格率	%	99.95	99.96	-0.01
卷烟成品合格率	%	98.17	98.01	0.17
每万支卷烟耗用烟叶	千克	6.87	6.86	0.08
每万支卷烟耗用盘纸	米	596.99	597.91	-0.15
每万支滤嘴烟耗用滤棒	支	2490.90	2483.89	0.28
卷烟销售量	万箱	5049.61	4989.92	1.20
出口	万箱	49.60	47.87	3.62
卷烟期末库存量	万箱	483.06	403.52	19.71
工业	万箱	181.11	127.75	41.76
商业	万箱	301.96	275.76	9.50
能源消耗总量	万吨	173.07	167.16	3.54
万元产值耗能源（现价）	千克	20.38	21.51	-5.30

注：1. 在本表及本章其他的表格中，雪茄烟产量皆为手工雪茄烟的产量。
　　2. 卷烟销售量 = 商业系统外销售量 + 工业自销量 + 出口和供应出口。
资料来源：国家烟草专卖局烟草经济信息中心。

工业部分

全国烟草系统工业企业主要指标汇总表（2013 年）

指标名称	计量单位	总计		卷烟工业		复烤企业	
		2013 年	2012 年	2013 年	2012 年	2013 年	2012 年
卷烟产量	万箱	5120.76	5032.16	5120.76	5032.16		
软盒嘴烟	万箱	1592.30	1662.91	1592.30	1662.91		
硬盒嘴烟	万箱	3524.72	3365.80	3524.72	3365.80		
一类卷烟［100 元（含）以上］	万箱	906.77	790.26	906.77	790.26		
二类卷烟［70 元（含）~100 元］	万箱	455.31	389.78	455.31	389.78		
三类卷烟［30 元（含）~70 元］	万箱	2362.97	2314.84	2362.97	2314.84		
四类卷烟［16.5 元（含）~30 元］	万箱	1001.09	1050.90	1001.09	1050.90		
五类卷烟［16.5 元以下］	万箱	394.52	486.39	394.52	486.39		
9 毫克/支以上	万箱	4401.93	4368.95	4401.93	4368.95		
6~8 毫克/支	万箱	639.69	632.67	639.69	632.67		
6 毫克/支以下	万箱	79.14	30.54	79.14	30.54		
烤烟型卷烟产量	万箱	5006.06	4918.37	5006.06	4918.37		
混合型卷烟产量	万箱	85.90	89.63	85.90	89.63		
其他型卷烟产量	万箱	28.80	24.15	28.80	24.15		
供应出口和出口卷烟产量	万箱	52.88	48.88	52.88	48.88		
来牌或来料加工卷烟产量	万箱	0.37	0.29	0.37	0.29		
雪茄烟产量	万箱	0.96	0.72	0.96	0.72		
合作生产卷烟产量	万箱	725.72	695.23	725.72	695.23		
省外	万箱	725.72	695.23	725.72	695.23		
从生产者购进（指合作生产回购）	万箱	614.80	573.29	614.80	573.29		
省外	万箱	614.77	573.29	614.77	573.29		
工业企业卷烟销售量	万箱	5681.96	5568.21	5681.96	5568.21		
卷烟期末库存	万箱	181.11	127.75	181.11	127.75		
一类卷烟［100 元（含）以上］	万箱	32.23	26.23	32.23	26.23		
二类卷烟［70 元（含）~100 元］	万箱	18.40	10.16	18.40	10.16		
三类卷烟［30 元（含）~70 元］	万箱	90.77	68.93	90.77	68.93		
四类卷烟［16.5 元（含）~30 元］	万箱	25.77	14.74	25.77	14.74		
五类卷烟［16.5 元以下］	万箱	13.93	7.70	13.93	7.70		
供应出口和出口	万箱	4.17	2.44	4.17	2.44		
合作生产	万箱	93.05	86.23	93.05	86.23		
复烤烟叶产量	吨	2031713	1956817	246069	257550	1785644	1699267
打叶复烤	吨	2031713	1956817	246069	257550	1785644	1699267
烟叶期末库存	吨	4887940	4174864	4667636	4014779	220304	160085

续表

指标名称	计量单位	总计		卷烟工业		复烤企业	
		2013 年	2012 年	2013 年	2012 年	2013 年	2012 年
二醋酸纤维丝束产量	吨	161717	147545			161717	147545
丝束期末库存	吨	75433	70029	61750	58317	13683	11712
二醋酸纤维丝束	吨	73291	67210	59607	55498	13683	11712
卷烟质量抽检合格率	%	99.95	99.96	99.95	99.96		
卷烟成品合格率	%	98.17	98.01	98.17	98.01		
每万支卷烟耗烟叶	千克	6.87	6.86	6.87	6.86		
每万支卷烟耗盘纸	米	596.99	597.91	596.99	597.91		
每万支卷烟耗滤棒	支	2490.90	2483.89	2490.90	2483.89		
万元产值耗能源（按现价计算）	千克	20.38	21.51	11.31	11.13	272.55	312.82
万元产值生产耗能源（按现价计算）	千克	19.23	20.19	11.05	10.85	246.75	282.06

资料来源：国家烟草专卖局烟草经济信息中心。

总表及工业部分指标说明

【工业总产值（现价）】 指以货币表现的工业企业在报告期内生产的工业产品总量。它包括生产成品价值、对外加工费收入和自制半成品、在产品期末期初差额价值。它是计算增加值和劳动生产率及其他经济指标的依据。

工业总产值不包括：

（1）非本企业生产的工业产品价值；

（2）本企业非工业活动单位的非工业产品价值和收入；

（3）本企业工业生产过程中产生的废料（如锯末、切屑、矸石等）的出售价值。

【工业增加值（现价）】 指工业企业在报告期内以货币表现的工业生产活动的最终成果。该指标要通过计算求得，计算方法有两种，一种是生产法，一种是分配法。烟草系统工业企业一律采用生产法计算。计算公式为：

工业增加值（现价）=工业总产值（现价）－工业中间投入+本期应交增值税

【卷烟产量】 指产品质量符合《国颁标准》，经检验合格，并已包装入库的卷烟（包括雪茄型卷烟）成品。凡不符合《国颁标准》的卷烟，不论是否包装入库，均列入不合格品，不做产量统计。

【软盒嘴烟】 指小包软包玻璃纸、金拉线，硬条盒玻璃纸包装的滤嘴卷烟。

【硬盒嘴烟】 指小包硬盒翻盖玻璃纸、金拉线，硬条盒玻璃纸包装的滤嘴卷烟。

【调拨价格分类统计】 调拨价格：指卷烟生产企业通过卷烟交易市场与购货方签定的卷烟交易价格。

一类卷烟：每标准条（200 支）不含增值税调拨价格 100 元（含）以上；

二类卷烟：每标准条（200 支）不含增值税调拨价格 70 元（含）~100 元；

三类卷烟：每标准条（200 支）不含增值税调拨价格 30 元（含）~70 元；

四类卷烟：每标准条（200 支）不含增值税调拨价格 16.5 元（含）~30 元；

五类卷烟：每标准条（200 支）不含增值税调拨价格 16.5 元以下。

出口卷烟划分等级不含税价计算按国内同牌号卷烟或参照同等级卷烟计算。

【卷烟产量按盒标焦油量分组】 9 毫克/支以上，6 毫克/支~8 毫克/支，6 毫克/支以下，共划分为 3 档。

【卷烟产量按卷烟类型分类统计】 卷烟按烤烟型、混合型、其他型分别统计。

【供应出口和出口卷烟产量】 指工业企业生产用作供应出口和直接出口的卷烟产量。

【来牌或来料加工卷烟产量】 来牌加工卷烟：指国外（境外）卷烟牌号，其主要原料使用国内的，并在国内进行加工又销往国外的卷烟，其产量应统计在该指标内。来料加工卷烟：指凡从国外（境外）来料加工，且在境外销售的卷烟，其产量应统计在该指标内。

【雪茄烟产量】 指产品质量符合《部颁标准》，经检验合格入库的雪茄烟成品。凡不符合《部颁标准》的雪茄烟，不论是否包装入库，均列入不合格产品，不做产量统计。

【合作生产卷烟产量】 合作生产卷烟：指省内（外）工业企业之间的委托加工，委托方提供卷烟牌号和部分或全部原材料，且占用加工企业生产计划的卷烟，其产量一律由加工企业统计。

【从生产者购进（指合作生产回购）】 指报告期内工业企业直接从本省内（外）烟草系统工业企业购进的，且由系统内工业企业生产的符合产品质量要求或订货合同规定的技术要求的合作生产卷烟数量。

【工业企业卷烟销售量（额）】 指报告期内工业企业实际销售的由本企业生产（包括上期和本期生产）的符合质量要求或订货合同规定的技术条件的卷烟数量额，但不包括用订货者来料加工生产的卷烟数量（不包括次品烟数量〈额〉）。即对省内（外）烟草系统销售、供应出口与出口及其他项之和。

【卷烟期末库存、一、二、三、四、五类卷烟库存、滤嘴烟库存、供应出口库存、出口库存】 卷烟期末库存指报告期初或期末某一时点上，尚存在工业企业产成品仓库中，而暂未售出的产品实物数量（不包括次品烟数量）。包括订货者来料加工的产品，尚未拨出的实物量。其中：一、二、三、四、五类卷烟库存是指按不含增值税调拨价分类统计的卷烟库存数量；滤嘴烟库存是指库存总量中滤嘴烟的数量；供应出口库存是指暂未售给烟草进出口公司，尚存在工业企业产成品仓库中的实物数量；出口库存是指工业企业准备直接向国外出口的商品。

【复烤烟叶产量】 指烟叶经过复烤，产品质量符合《国颁标准》，经检验合格，并已包装入库的烟叶成品量。凡不符合《国颁标准》的复烤烟叶，不论是否包装入库均列入不合格品，不做产量统计。订货单位退回的本年内生产的不合格品量，应从产量中扣除。

【烟叶期末库存】 指工业企业报告期末烟叶库存总量，包括烤烟、晾烟、晒烟、进口烟叶。

【二醋酸纤维丝束产量】 指已包装入库的二醋酸纤维丝束成品。

【丝束期末库存】 指尚存在工业企业仓库中，而暂未售出的丝束数量。包括二醋酸纤维丝束和丙纤丝束。

【技术经济指标】

$$\text{卷烟质量抽检合格率（\%）}=\frac{\text{报告期抽检合格品次数（次）}}{\text{报告期抽检总次数（次）}}\times 100\%$$

$$\text{每万支滤嘴卷烟耗用嘴棒量（支）}=\frac{\text{报告期耗用嘴棒总量}\pm\text{期末期初在制品差异量（支）}}{\text{报告期卷烟产品产量（万支）}}$$

$$\text{每万支滤嘴卷烟耗用盘纸量(米)}=\frac{\text{报告期耗用盘纸总量}\pm\text{期末期初在制品差异量(米)}}{\text{报告期卷烟产品产量(万支)}}$$

$$\text{每万支滤嘴卷烟耗用烟叶(千克)}=\frac{\text{报告期车间实收烟叶投料量}\pm\text{期末期初在制品差异量(千克)}}{\text{报告期卷烟产品产量(万支)}}$$

$$\text{万元产值综合耗能源(千克)}=\frac{\text{报告期生产消耗能源总量(折标准煤)(千克)}}{\text{报告期工业总产值(当年价)(万元)}}$$

$$\text{卷烟成品合格率（\%）}=\frac{\text{报告期卷烟产品产量（万支）}}{\text{报告期卷烟产品产量（万支）}+\text{不合格品数量（万支）}}\times 100\%$$

【年末生产能力】 指在报告年末企业生产某种产品的全部设备的综合平衡能力，即企业生产某种产品的全部设备（包括主要生产设备、辅助生产设备、起重运输设备、动力设备及有关厂房和生产建筑等），在原材料、燃料、动力供应充分，劳动力配备合理，设备正常运转的条件下，可能达到的年生产能力。

其　他

2013 年卷烟品牌成交量统计表（全国）

序号	品牌	成交量（万支）	占总量比重（%）
1	双喜·红双喜	21299782.00	8.50
2	云烟	17138703.50	6.84
3	白沙	14711307.00	5.87
4	红塔山	14525957.00	5.80
5	黄山	11341361.40	4.53

续表

序号	品牌	成交量（万支）	占总量比重（%）
6	利群	10277254.00	4.10
7	红金龙	10213580.00	4.08
8	七匹狼	10070138.00	4.02
9	黄金叶	9663879.00	3.86
10	泰山	8561918.00	3.42
11	黄鹤楼	8066108.00	3.22
12	芙蓉王	7937455.00	3.17
13	娇子	7594225.00	3.03
14	南京	7509198.00	3.00
15	红河	7493292.50	2.99
16	玉溪	7296733.80	2.91
17	中华	6266924.00	2.50
18	黄果树	6139579.00	2.45
19	红梅	5509339.00	2.20
20	钻石	4837163.00	1.93
21	兰州	3949627.40	1.58
22	长白山	3820750.00	1.52
23	红旗渠	3727345.00	1.49
24	雄狮	3361862.00	1.34
25	哈德门	3097100.00	1.24
26	贵烟	2978071.00	1.19
27	苏烟	2888892.00	1.15
28	真龙	2633087.00	1.05
29	猴王	2403235.00	0.96
30	庐山	2252322.00	0.90
31	天下秀	2082283.00	0.83
32	金圣	2065101.00	0.82
33	中南海	1841090.00	0.73
34	好猫	1576306.00	0.63
35	哈尔滨	985125.00	0.39
36	延安	925459.00	0.37
37	红山茶	922425.00	0.37
38	散花	858540.00	0.34
39	大前门	825000.00	0.33

续表

序号	品牌	成交量（万支）	占总量比重（%）
40	甲天下	807821.00	0.32
41	宏声	729649.00	0.29
42	雪莲	665137.50	0.27
43	林海灵芝	659715.00	0.26
44	红三环	649573.00	0.26
45	遵义	613700.00	0.24
46	芙蓉	582078.00	0.23
47	椰树	557265.00	0.22
48	新石家庄	449527.00	0.18
49	大红鹰	438910.00	0.18
50	都宝	391554.00	0.16
51	红玫	390788.00	0.16
52	龙凤呈祥	389690.00	0.16
53	人民大会堂	369386.00	0.15
54	牡丹	362469.00	0.14
55	相思鸟	330375.00	0.13
56	红杉树	284955.00	0.11
57	石狮	235000.00	0.09
58	一品梅	230650.00	0.09
59	大青山	212750.00	0.08
60	羊城	204800.00	0.08
61	金桥	197615.00	0.08
62	赣	185767.00	0.07
63	五牛	166197.00	0.07
64	大丰收	154306.00	0.06
65	盛唐	128267.00	0.05
66	狮牌	112505.00	0.04
67	山城	55545.00	0.02
68	茶花	48635.00	0.02
69	北戴河	45473.00	0.02
70	将军	40837.00	0.02
71	黄金龙	35925.00	0.01
72	椰王	33600.00	0.01
73	华西村	32919.00	0.01

续表

序号	品牌	成交量（万支）	占总量比重（%）
74	恭贺新禧	31614.00	0.01
75	冬虫夏草	29275.00	0.01
76	熊猫	15965.00	0.01
77	桫椤	14000.00	0.01
78	月兔	9185.00	0.00
79	福	8100.00	0.00
80	威斯	5030.00	0.00
81	千禧南方	4370.00	0.00
82	恒大	2530.00	0.00
83	土楼	2519.00	0.00
84	孟菲斯	2041.00	0.00
85	呼伦贝尔	1873.00	0.00
86	钓鱼台	1488.00	0.00
87	江山	1000.00	0.00
88	长城（雪茄）	294.50	0.00
89	小熊猫	156.00	0.00

2013年全国卷烟交易成交量汇总表（全国）

序号	销方地区	交易量（万支）	占全国（%）	同比增减（万支）	交易金额（元）
1	云南省	46992102.80	18.75	2186721.00	149665110196.10
2	湖南省	22596163.00	9.02	-23525.00	88104431771.77
3	湖北省	18399938.00	7.34	158879.00	63393544785.91
4	广东省	16138621.00	6.44	187249.00	43304243908.76
5	河南省	14249764.00	5.69	106792.00	36336589534.55
6	浙江省	14078026.00	5.62	1282795.00	56468162833.76
7	安徽省	12510755.40	4.99	185383.40	29683478178.08
8	上海市	12109333.00	4.83	55464.00	91956210342.77
9	山东省	11699855.00	4.67	21691.00	24488117367.70
10	四川省	11130388.50	4.44	227084.90	28451220566.79
11	江苏省	11100920.00	4.43	428905.00	49298681481.27
12	福建省	10307657.00	4.11	379454.00	26639617380.18
13	贵州省	9745350.00	3.89	134906.00	24692445979.60
14	河北省	6297215.00	2.51	43782.50	11469161879.75

续表

序号	销方地区	交易量（万支）	占全国（%）	同比增减（万支）	交易金额（元）
15	陕西省	4905000.00	1.96	-124462.00	9207949836.21
16	江西省	4516745.00	1.80	7547.00	9309006976.68
17	甘肃省	3949627.40	1.58	85751.60	10298800618.75
18	吉林省	3820750.00	1.52	-250466.00	9851809164.35
19	广西壮族自治区	3440908.00	1.37	-223066.00	7367724958.49
20	辽宁省	2168000.00	0.87	-342000.00	5498582302.47
21	北京市	1891090.00	0.75	50000.00	4637879461.55
22	新疆维吾尔自治区	1749082.50	0.70	75203.50	3864812587.02
23	黑龙江省	1644840.00	0.66	-323125.00	1895492419.00
24	深圳市	1546285.00	0.62	45370.00	5159641202.50
25	山西省	1484825.00	0.59	75020.00	3917484343.65
26	内蒙古自治区	1219335.00	0.49	-967840.00	3704846864.70
27	海南省	680150.00	0.27	63520.00	1481946407.00
28	总公司	197615.00	0.08	-96250.00	378249695.65
合计		250570341.60	100.00	3450784.90	800525243045.02

2013年卷烟累计交易量前15名（三类以上）成交情况表（全国）

序号	品牌	协议总量（万箱）	交易量（万箱）	交易量同比增减（万箱）	交易量同比变动（±%）
1	双喜·红双喜	426.30	426.00	2.31	0.54
2	云烟	342.89	342.76	41.04	13.60
3	红塔山	290.52	290.52	-15.21	-4.98
4	利群	205.55	205.55	29.30	16.62
5	黄金叶	193.48	193.27	41.21	27.10
6	白沙	178.14	178.13	4.72	2.72
7	泰山	171.24	171.24	17.74	11.55
8	黄鹤楼	161.41	161.31	21.04	15.00
9	芙蓉王	158.75	158.75	20.42	14.77
10	娇子	153.35	151.86	16.68	12.34
11	玉溪	145.93	145.93	18.42	14.45
12	七匹狼	142.95	142.91	2.30	1.63
13	南京	136.52	136.52	10.94	8.71
14	黄山	128.60	128.59	7.08	5.83
15	中华	125.34	125.34	14.03	12.61

资料来源：中烟商务物流有限责任公司。

2013 年卷烟累计交易金额前 15 名品牌成交情况表（全国）

序号	品牌	协议总量（万箱）	交易金额（亿元）	金额同比增减（亿元）	金额同比变动（±%）
1	中华	125.34	794.16	91.59	13.04
2	云烟	342.89	625.42	82.58	15.21
3	双喜·红双喜	426.30	585.11	21.26	3.77
4	芙蓉王	158.75	542.99	65.01	13.60
5	利群	205.55	517.81	78.74	17.93
6	黄鹤楼	161.41	475.19	61.36	14.83
7	玉溪	145.93	454.54	60.10	15.24
8	白沙	294.23	351.26	8.58	2.50
9	红塔山	290.52	332.34	-20.29	-5.75
10	黄金叶	193.48	302.72	63.80	26.70
11	黄山	226.84	286.85	29.87	11.62
12	七匹狼	201.50	264.22	15.54	6.25
13	南京	150.18	263.90	25.61	10.75
14	娇子	153.35	240.46	30.31	14.42
15	苏烟	57.78	222.65	15.50	7.48

资料来源：中烟商务物流有限责任公司。

2013 年鼓励培育品牌成交情况表（全国）

序号	品牌	协议总量（万箱）	交易量（万箱）	交易量同比增减（万箱）	交易量同比变动（±%）	占总量比重（%）	占省际交易比重（%）	交易金额（亿元）
1	红金龙	204.61	204.27	-17.55	-7.91	4.08	51.13	157.79
2	红河	149.87	149.87	-18.91	-11.21	2.99	75.92	156.17
3	钻石	96.78	96.74	4.41	4.78	1.93	24.10	91.47
4	兰州	78.99	78.99	1.72	2.22	1.58	41.15	102.99
5	长白山	76.72	76.42	-4.98	-6.12	1.52	69.58	98.52
6	贵烟	59.58	59.56	3.83	6.88	1.19	17.19	141.59
7	真龙	52.67	52.66	8.98	20.57	1.05	21.67	66.28
8	金圣	41.33	41.30	3.64	9.67	0.82	25.95	64.07
9	中南海	36.82	36.82	0.00	0.00	0.73	69.85	45.21
10	好猫	31.53	31.53	7.22	29.73	0.63	12.23	51.64
11	都宝	7.83	7.83	-1.31	-14.36	0.16	99.29	3.51
12	金桥	3.95	3.95	-1.93	-32.75	0.08	89.39	3.78

（编辑：周　佳）

6月13日，河北中烟举行公司成立十周年升国旗仪式

河北中烟 李华欣 摄

9月17日，江苏中烟召开公司成立十周年纪念大会

江苏中烟 凌绍清 摄

4月15—17日，山东中烟举办“泰山杯”第一届卷烟商品营销职业技能竞赛

山东中烟 供稿

1月1日凌晨，河南中烟漯河卷烟厂参与“零点行动”的卷烟配送车辆奔赴市场一线

河南中烟漯河卷烟厂 潘广辉 摄

10月16日，云南华叶投资有限责任公司揭牌成立

云南中烟 邓全勇 摄

1月15日，“七匹狼”品牌烟草工艺联合实验室在郑州烟草研究院挂牌

郑州烟草研究院 张敬一 摄

8月7日，“百年浓香”河南浓香型烟叶品牌研讨会在河南许昌召开

河南省局 荆理 摄

6月7日，安徽马鞍山消费顾问参观“黄山”“焦甜香”皖南科技示范园

安徽中烟 供稿

3月19日，“泰山（绿孔府）”在山东中烟滕州卷烟厂卷包车间正式下线

山东中烟　供稿

7月2日，安徽中烟举办“黄山”“焦甜香”品类构建研究项目鉴定会

安徽中烟 供稿

11月23日，广西中烟举办“真龙（起源）”新品发布会及文化巡展

广西中烟　林薇 摄

3月28日，浙江中烟宁波卷烟厂邵坚铭技能大师工作室挂牌

浙江中烟宁波卷烟厂 邵小红 摄

安徽中烟合肥卷烟厂开展OPL（One Point Lesson）单点授课

安徽中烟合肥卷烟厂 供稿

7月，山东中烟开展“营改增”税收知识培训

山东中烟 供稿

8月12日，湖北烟草金叶复烤有限责任公司恩施复烤厂进行特有职业（工种）技能鉴定考试

湖北烟草金叶复烤有限责任公司 供稿

11月12日，贵州中烟贵阳卷烟厂举行技能比武

贵州中烟 供稿

3月29日，浙江大学继续教育学院昆明培训基地在云南烟草教育培训中心挂牌

云南省局 供稿

6月24日，郑州烟草研究院2013届硕士研究生庆祝毕业

郑州烟草研究院 张敬一 摄

建设中的哈尔滨卷烟厂“十一五”易地技改项目

黑龙江烟草工业有限责任公司 张丹 摄

6月29日，浙江中烟宁波卷烟厂“十二五”易地技术改造项目开工仪式在浙江奉化经济开发区举行

浙江中烟宁波卷烟厂 俞国富 摄

12月30日，山东中烟滕州卷烟厂易地技改项目生产管理用房单体工程顺利封顶

山东中烟 供稿

4月17日，河南中烟许昌卷烟厂易地技改项目首批部分设备进场安装

河南中烟许昌卷烟厂 万历 摄

10月，易地技术改造中的甘肃烟草工业有限责任公司天水卷烟厂

甘肃烟草工业有限责任公司 供稿

10月22日，郑州烟草研究院与英美烟草集团研发中心召开合作研究会议

郑州烟草研究院 张敬一 摄

6月21日，浙江中烟与阿联酋瓦达尼亚公司在浙江中烟举行签约仪式，合资设立环球烟草有限责任公司

浙江中烟 张健源 摄

6月7日，浙江中烟业务人员走访印尼雅加达卷烟市场

浙江中烟 供稿

7月16日，中烟英美烟草国际有限公司董事会成立

广东中烟 邱雷 摄

9月1日，广西中烟和柬埔寨A.M.Y国际贸易公司就柬埔寨卷烟市场开发达成合作意向

广西中烟 蒋军辉 摄

3月29日，阿根廷驻华大使访问云南中烟

云南中烟 供稿

3月10日，红云红河集团与缅甸福兴兄弟集团公司在缅甸仰光举办“WIN”卷烟新品上市推介促销会

红云红河集团 雷海涛 摄

6月6日，非洲马拉维共和国总统乔伊丝·班达（Joyce Banda）（前排左三）到红云红河集团昆明卷烟厂参观

红云红河集团 魏红文 摄

中烟摩迪
CHINA TOBACCO MAUDUIT
中国梦
技术创新　精益生产
中烟摩迪助力中式卷烟上水平
中烟摩迪（江门）纸业有限公司
CHINA TOBACCO MAUDUIT （JIANGMEN） PAPER INDUSTRY CO., LTD.
地址：广东省江门市蓬江区棠下镇堡棠路1号
No.1 Bao Tang road, Tang Xia Town, Peng Jiang District, Jiangmen City, Guangdong, China
电话TEL: +86 750 3626262
传真FAX: +86 750 3385228

JUNGHEINRICH
JUNGHEINRICH
Machines. Ideas. Solutions.

公益活动

7月22日，由国家局资助的母亲健康快车捐赠仪式在吉林省举行

国家局办公室 供稿

7月26日，国家局资助兴建的金叶生态基金永清台湾工业新城公益碳汇林在河北廊坊落成

国家局办公室 供稿

9月1日，国家局、总公司向援藏基金会捐款

国家局办公室 供稿

1月22日，河北邯郸市局（公司）举行“阳光·雁行”救助贫困零售户捐款仪式

河北邯郸市局 供稿

8月19日，辽宁抚顺市局（公司）将筹集的首批救灾物资运送到遭受洪灾的抚顺灾区

辽宁抚顺市局 供稿

4月22日，上海烟草集团领导带头为四川雅安地震灾区捐款

上海烟草集团 供稿

10月24日，江苏中烟开展“我们在你身边”关爱农民工子弟主题团日活动

江苏中烟 凌绍清 摄

10月24日，上海烟草集团等单位向陕西贫困地区学校捐赠8辆校车

陕西省局 供稿

8月15日，2013浙江中烟学子报告会暨助学金发放仪式在浙江杭州举行

浙江中烟 王雷 摄

4月19日，浙江嘉兴市局（公司）职工探望敬老院老人

浙江省嘉兴市局 供稿

10月11日，超强台风"菲特"突袭浙江，浙江余姚市局（公司）应急小分队用皮划艇为被困群众送去食品

浙江余姚市局 鲍银忠 摄

3月14日，安徽中烟阜阳卷烟厂青年志愿者参加义务植树活动

安徽中烟阜阳卷烟厂 刘士忠 摄

5月30日，安徽蚌埠市局（公司）举行"徽映爱心基金"成立仪式

安徽蚌埠市局 杨立杰 摄

2月4日，福建省局（公司）组织志愿者前往福州火车站为返乡农民工服务

福建省局 供稿

8月23日，龙岩烟草工业有限责任公司举行助学金发放仪式

龙岩烟草工业有限责任公司 余硕宁 摄

8月23日，受江西中烟资助的2013年度学生代表合影

江西中烟 傅鹣 摄

11月20日，江西中烟井冈山卷烟厂干部职工无偿献血

江西中烟井冈山卷烟厂 肖菁 摄

6月6日，山东中烟颐中集团组织义务献血活动

山东中烟 供稿

1月，广东中烟为广州1万多户特困家庭发放价值200万元的米、油、御寒被服等慰问品

广东中烟 李广阳 摄

3月2日，广西中烟南宁卷烟厂青年志愿者走进社区开展便民服务

广西中烟 石小磊 摄

4月29日，广西桂林市局（公司）志愿者服务队开展“情系芦山·奉献爱心”义卖活动

广西桂林市局 倖福杰 摄

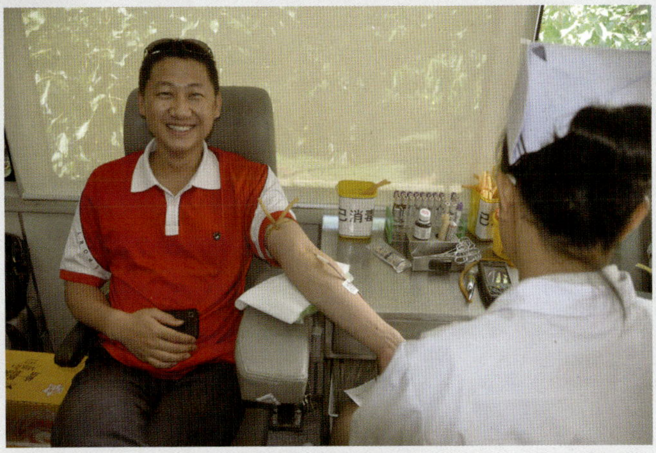

7月12日，海南海口市局（公司）组织员工义务献血

海南海口市局 秦文龙 摄

4月20日，四川雅安市局（公司）向芦山地震灾区派出抗震救灾志愿者服务队

四川雅安市局 供稿

11月22日，贵州遵义湄潭县局（分公司）“娄山情”志愿者慰问天城乡皂角桥明德小学留守儿童

贵州省局 供稿

8月4日，云南德宏陇川县局（分公司）全体员工参加清理南宛河活动

云南省局 李冠南 摄

3月5日，云南中烟向大理洱源地震灾区捐款600万元

云南中烟 供稿

3月22日，云南西双版纳勐腊县局（分公司）党支部自发捐助南腊中学贫困学生

云南省局 李春 摄

2月9日，西藏区局（公司）驻日喀则地区昂仁县多白乡工作队看望慰问农牧民

西藏区局 王晓勇 摄

5月8日，西藏区局（公司）、西藏拉萨市局（公司）干部职工为四川雅安地震灾区捐款

西藏区局 刘春玲 摄

9月27日，陕西西安市局（公司）在蓝田县松树沟村开展扶贫帮困活动

陕西西安市局 陈永慧 摄

7月24日，甘肃陇南市局(公司)领导慰问在甘肃漳县、岷县地震中受灾的卷烟零售客户

甘肃陇南市局 供稿

8月23日，甘肃白银市局（公司）志愿者服务队在白银区老年公寓开展敬老活动

甘肃白银市局 供稿

公益活动

2013年全国烟草行业公益活动概况

国家烟草专卖局、中国烟草总公司

2013年，国家局、总公司积极开展各项社会公益活动。

编制扶贫规划，配合水利部、教育部、国土资源部做好片区扶贫工作，编制《国家烟草专卖局滇桂黔石漠化片区区域发展与扶贫攻坚规划（2013—2015年）》《国家烟草专卖局滇西边境片区区域发展与扶贫攻坚规划（2013—2015年）》《国家烟草专卖局乌蒙山区区域发展与扶贫攻坚规划（2013—2015年）》。

实施重点扶贫，制定2013年扶贫工作方案，与竹山县、竹溪县两县扶贫办、挂职副县长制定2013帮扶计划，在两个贫困县拨付帮扶资金1000万元的基础上，又追加帮扶资金1000万元，同时在烟叶计划、水库援建上予以倾斜。2013年两县共实施国烟扶贫项目61个，其中竹山县36个，竹溪县25个，涉及两县271村，6万余人受益；对口支援兴国县，支持赣南原中央苏区的振兴发展，协助落实工信部定点扶贫和“燕山—太行山”片区的扶贫资金。

资助教育事业，向中国扶贫基金会捐款140万元，资助400名来自湖北竹山县、竹溪县的特困大学生，并在这两个县的高中各开办3个“金叶自强班”，资助300名品学兼优的特困高中生。向援助西藏发展基金会捐资500万元，用于在日喀则地区定日县、昂仁县、萨嘎县13所小学安装小型太阳能发电系统（小型光伏电站）；帮助日喀则地区5所中（小）学配备电脑教室，改善孩子们的学习环境，帮助孩子们开拓眼界、增加知识和信息量。

扶贫济困，向在中国妇女发展基金会设立的“金叶基金”捐款1000万元，用于实施“母亲水窖”“母亲健康快车”项目，以解决西部干旱缺水地区群众饮水困难和保护母亲健康；向中国法律援助基金会捐款300万元，用于捐助“1+1”中国法律志愿者行动，为西藏22个县和青海8个县的“1+1”中国法律志愿者提供支持。

资助环保事业，向中国绿化基金会捐款500万元，在北京、河北和黑龙江等省市植树，扶持贫困山区生态建设、促进降低城市PM2.5浓度，改善城市生态环境。

中国烟草实业发展中心

2013年，中国烟草实业发展中心所属企业捐款8794.66万元，用于各项社会公益活动。

红塔辽宁烟草有限责任公司：扶贫济困，向沈阳苏家屯区慈善总会捐款35万元；向盖州市慈善总会捐款12.3万元。其他捐款52.7万元。

吉林烟草工业有限责任公司：全年捐款3950万元，用于支持延边少数民族地区地方经济建设（边疆重点民生工程），发展革命老区的科技、文化、养老事业。

甘肃烟草工业有限责任公司：扶贫济困，向天水市慈善总会捐款1000万元；向“双联行动”项目捐款150万元。救助灾害，向甘肃省定西等6个市（州）地震和天水市洪灾害捐款1000万元。其他捐款14.57万元。

内蒙古昆明卷烟有限责任公司：扶贫济困，参加“博爱一日捐”活动，员工个人捐款3.19万元。资助教育事业，向呼和浩特市的3个区教育局捐款共900万元；向内蒙古工业大学捐款100万元。

山西昆明烟草有限责任公司：扶贫济困，向困难大学生捐款20万元；参加“慈善一日捐”活动，员工个人捐款2万元。资助教育事业，向太原市东岗小学捐赠图书300余册，并开展讲座；与东岗小学结对，定期为农民工子女服务。

海南红塔卷烟有限责任公司：扶贫济困，向海口市琼山区困难学生捐款8万元；员工个人向云龙镇困难学生捐款1.22万元。

北京市烟草专卖局（公司）

北京市烟草专卖局（公司）机关：资助社会福利和公共事业，连续第三年向中国法律援助基金会捐款100万元；向“平谷区幸福新娘讲堂”活动捐款23万元。资助教育事业，向北京财贸学院捐款30万元，用于建立北京烟草科技基金项目。

东城区烟草专卖局（公司）：扶贫济困，开展“博爱在京城”“扶贫助学”捐助活动，捐款0.78万元；慰问特困卷烟零售客户，并捐赠米、面、油等生活必需品；开展“温暖衣冬”活动，募集到20余件羽绒服、棉服等过冬衣物。

西城区烟草专卖局（公司）：扶贫济困，开展“一帮一”扶贫帮残活动，捐款0.39万元；开展“共产党员献爱心”活动，捐款0.93万元；开展“送温暖、献爱心暨爱在西城”募捐活动，捐款0.92万元。救助灾害，向雅安地震灾区捐款1.05万元。

朝阳区烟草专卖局（公司）：扶贫济困，开展“共产党员献爱心”捐助活动，捐款0.68万元；慰问特困卷烟零售客户，并捐赠米、面、油等生活必需品；团支部组织开展“温暖衣冬”主题捐赠活动，共捐赠羽绒服和棉衣20余件；向打工子弟学校捐赠1000余册图书。

海淀区烟草专卖局（公司）：扶贫济困，向困难卷烟零售客户等捐赠价值0.55万元的生活必需品。

丰台区烟草专卖局（公司）：扶贫济困，向特困卷烟零售客户子女发放助学金0.2万元；开展“温暖衣冬”活动，募集到 27 件羽绒服、棉服等过冬衣物。

石景山区烟草专卖局（公司）：扶贫济困，向困难党员、困难家庭和残疾人捐款 10 万元；向古城街道的低保户和残疾人群体捐赠价值 5 万元的御寒棉被；向西山机械厂困难党员家庭、残疾人群体捐款 2 万元，并捐赠 3 万元的助听器和拐杖等物品。

通州区烟草专卖局（公司）：扶贫济困，开展“共产党员献爱心”活动，捐款 0.3 万元；开展“牵手红十字 博爱在通州”活动，捐款 0.55 万元。

顺义区烟草专卖局（公司）：扶贫济困，向“一帮一”扶贫单位捐款 3 万元；开展“春风送温暖　慈善济万家”“共产党员献爱心”“温暖衣冬”捐助活动，捐款 1.45 万元。

延庆县烟草专卖局（公司）：扶贫济困，开展“共产党员献爱心”“博爱在京城”“春风送温暖 慈善济万家”“送温暖、献爱心”活动，捐款 0.72 万元。资助乡村建设，向延庆县延庆镇陶庄捐款 1.8 万元。救助灾害，向四川雅安地震灾区捐款 0.6 万元。

怀柔区烟草专卖局（公司）：扶贫济困，开展“共产党员献爱心”活动，款 0.31 万元。救助灾害，职工向四川雅安地震灾区捐款 4.41 万元。

大兴区烟草专卖局（公司）：扶贫济困，开展“温暖衣冬”捐赠活动，捐赠冬衣外套 32 件；开展“博爱在京城、博爱在大兴”募捐救助工作，向大兴区红十字会捐款 0.25 万元；开展“共产党员献爱心”活动，捐款 0.51 万元。

昌平区烟草专卖局（公司）：扶贫济困，向昌平区慈善协会捐款 0.22 万元；开展“春风送温暖 慈善济万家”“共产党员献爱心”活动，捐款 0.43 万元。

密云县烟草专卖局（公司）：扶贫济困，开展“共产党员献爱心”活动，捐款 0.44 万元；向密云县西田各庄镇河北庄村贫困户捐款 0.13 万元，并赠送牛奶等慰问品；向困难家庭子女赠送慰问品和爱心基金，共计 0.14 万元；向北京青少年基金会、市局团委捐助的爱心基金捐款 0.04 万元，并捐赠书籍；向贫困卷烟零售户赠送慰问品和慰问金，共计 0.24 万元。

门头沟区烟草专卖局（公司）：扶贫济困，参加“博爱在京城”“温暖衣冬”“送温暖、献爱心”“共产党员献爱心”“帮扶被盗零售户”活动，捐款 2.19 万元，并捐赠衣物 14 件；向门头沟区慈善总会捐款 5 万元。

房山区烟草专卖局（公司）：扶贫济困，开展“共产党员献爱心”等活动，捐款 0.92 万元；向十渡镇西石门、北石门村捐赠价值 1.95 万元的米、面、油等生活必需品。资助教育事业，向希望小学捐赠价值 0.2 万元的图书。

平谷区烟草专卖局（公司）：扶贫济困，开展“共产党员献爱心”“博爱在京城、博爱在平谷”“百局扶百户”“爱心献功臣”“向雅安地震灾区捐款”“国资委系统专项爱心捐款”“城乡统筹、文明先行”“温暖衣冬”等活动，捐款 3.46 万元，其中单位捐款 2.2 万元，职工捐款 1.26 万元，并捐赠棉衣 10 余件。

天津市烟草专卖局（公司）

2013 年，天津市烟草商业系统共捐款 28.89 万元，用于各项社会公益活动。

天津市烟草专卖局（公司）机关：扶贫济困，参加“双百共建工程”活动，向天津市蓟县东二营镇东三村捐款 20 万元。

静海县烟草专卖局、静海烟草有限公司：扶贫济困，向陈官屯镇三街村捐款 3 万元。

宁河县烟草专卖局、芦台烟草有限公司：扶贫济困，向宁河县残联捐款 0.72 万元；向兰庄村、岳秀村、棘坨村困难群众捐款 1.41 万元。

蓟县烟草专卖局、渔阳烟草有限公司：扶贫济困，参加“博爱一日捐”“爱心助残募捐”活动，捐款 1.76 万元。资助乡村建设，向西梁各庄村捐款 2 万元。

河北省烟草专卖局（公司）

2013 年，河北省烟草商业系统共捐款 644.78 万元，用于各项社会公益活动。

河北省烟草专卖局（公司）机关：扶贫济困，向困难卷烟零售客户捐款 3.77 万元，其中员工个人捐款 1.88 万元；向困难群众捐赠棉被 128 件。资助教育事业，向栗村小学捐款 18.3 万元。资助乡村建设，向博野县大墟村捐款 76.04 万元。

石家庄市烟草专卖局（公司）：扶贫济困，参加“职工博爱一日捐”活动，捐款 4.8 万元；向困难卷烟零售客户捐款 3.9 万元；向灵寿县老党员捐款 1 万元。资助教育事业，向友谊大街小学捐款 2 万元。资助乡村建设，向平山县帮扶村捐款 2 万元；向定点帮扶贫困村捐款 18.1 万元；向新乐市南累头村捐款 20 万元。

邯郸市烟草专卖局（公司）：扶贫济困，向魏县困难学生、曲周县困难群众捐款 0.48 万元。资助乡村建设，向鸡泽县的 16 个贫困村捐款 88.2 万元。

保定市烟草专卖局（公司）：扶贫济困，向困难卷烟零售客户捐款 20.52 万元；参加“职工互助一日捐”“博爱一日捐”活动，员工个人捐款 1 万元。资助教育事业，组织“金秋助学”等活动，捐款 5.16 万元。资助乡村建设，向定点帮扶村捐款 32 万元。

张家口市烟草专卖局（公司）：扶贫济困，员工个人向困难卷烟零售客户捐款 3.15 万元；向困难学生捐款 1.46 万元。资助教育事业，捐款 1.7 万元用于教师节慰问和教育培训。资助乡村建设，向蔚县等捐款 29.37 万元。资助文化事业，捐款 12.18 万元用于丰富县区人民业余文化生活；捐款 2 万元用于禁毒宣传。

承德市烟草专卖局（公司）：扶贫济困，员工个人向困难卷烟零售客户、红十字会、福利院等捐款16.07万元。资助乡村建设，向定点帮扶村捐款122万元。

唐山市烟草专卖局（公司）：扶贫济困，向困难卷烟零售客户捐款5.66万元；向困难群众、残疾人捐款1.3万元。资助乡村建设，向帮扶文明生态村镇、革命老区、后进村捐款18.4万元。

廊坊市烟草专卖局（公司）：扶贫济困，向困难卷烟零售客户捐款13.88万元，并捐赠电脑1台；参加“职工互助一日捐”活动，员工个人捐款2.46万元。资助乡村建设，向永清县商武庄村捐款1万元。

沧州市烟草专卖局（公司）：扶贫济困，向困难卷烟零售客户、困难群众捐款4.7万元，其中员工个人捐款3.28万元。资助乡村建设，向沧县南张庄子村、南皮县北杨庄村捐款15.59万元。资助文化事业，向科技文化卫生“三下乡”活动捐款3.5万元，并捐赠电脑8台。

衡水市烟草专卖局（公司）：扶贫济困，向困难卷烟零售客户捐款3.64万元，其中员工个人捐款1.65万元。资助乡村建设，向16个帮扶贫困村捐款34万元。

邢台市烟草专卖局（公司）：资助乡村建设，向内丘县3个帮扶村捐款20万元；向沙河、临城、新河等10个县的乡村建设捐款14.6万元。

秦皇岛市烟草专卖局（公司）：扶贫济困，向困难卷烟零售客户捐款6.65万元；向四川雅安地震灾区捐款2.2万元。资助乡村建设，向青龙县等帮扶村捐款12万元。

河北中烟工业有限责任公司

2013年，河北省烟草工业系统共捐款1466.28万元，用于各项社会公益活动。

河北中烟工业有限责任公司本部：扶贫济困，向见义勇为基金会捐款100万元。资助教育事业，向阜平县捐款834万元用于小学建设。资助乡村建设，向赞皇县捐款100万元用于村镇道路改造及附属设施建设。救助灾害，向云南省曲靖宣威、红河弥勒等五地各捐赠抗旱救灾款30万元，用于当地抗旱救灾。

张家口卷烟厂有限责任公司：扶贫济困，向尚义县程家村等地捐赠定点扶贫款30万元；参加“百家文明单位帮百村”活动，捐款15.08万元；向张北县工会镇盘城房村困难村民捐赠米、面等生活必需品及慰问金，共计7.2万元；参加“基层建设年”活动，捐款40万元；参加无偿献血活动。资助乡村建设，向“荒山绿化”项目捐款50万元，用于植树造林20亩。救助灾害，向四川雅安地震灾区捐款27.51万元。

河北白沙烟草有限责任公司：资助教育事业，向易县捐款20万元，并组织员工个人向易县七峪乡中心小学捐赠图书2300余册。资助乡村建设，向承德县捐款20万元，用于道路进行硬化；向高邑县捐款30万元，用于修筑环村道路；向阜平县、涞水县捐款20万元，用于改善乡村生活基础设施等。

山西省烟草专卖局（公司）

2013年，山西省烟草商业系统共捐款274.19万元，捐赠价值28.88万元物资，用于各项社会公益活动。

山西省烟草专卖局（公司）机关：扶贫济困，向定点扶贫单位捐款87.51万元；向扶贫点捐款8.34万元，并捐赠价值20.03万元的面、油等生活必需品；向山西建筑机械厂帮扶对象捐款0.9万元。

太原市烟草专卖局（公司）：扶贫济困，参加“慈善一日捐”活动，员工个人捐款5.34万元；参加“献血献爱心、血浓情更浓”活动，献血2.53万毫升。

大同市烟草专卖局（公司）：扶贫济困，向困难卷烟零售客户、弱势群体捐款1.76万元；捐赠价值0.43万元的棉衣、生活日用品等物资；开展“博爱一日捐”、赴社会福利院关爱孤寡老人等活动，共捐款2.08万元。

阳泉市烟草专卖局（公司）：扶贫济困，向定点扶贫单位捐款2.5万元。资助教育事业，向平定县妇女儿童教育工作委员会捐款0.1万元；向盂县路家村小学捐款0.3万元。

长治市烟草专卖局（公司）：扶贫济困，开展“博爱一日捐”“慈善一日捐”“送温暖、献爱心”等活动，捐款3.55万元；向困难卷烟零售客户和弱势群体捐赠价值0.12万元的米、面等物资；资助社区公共文化项目和特殊学校电脑等物资，共计0.17万元。资助乡村建设，向定点扶贫村捐款8.05万元。救助灾害，向当地遭受汛期自然灾害等地捐款4.35万元。其他捐款0.29万元。

晋城市烟草专卖局（公司）：扶贫济困，向对口帮扶村捐款10万元；参加“送温暖、献爱心”“博爱一日捐”等活动，员工个人捐款3万元；参加助残活动，捐款1万元，并捐赠价值1万元的米、面、油等生活必需品。资助教育事业，向社区中小学捐款1万元。

朔州市烟草专卖局（公司）：扶贫济困，向右玉县牛心乡丁村捐赠价值0.78万元的物品；向怀仁县亲和乡捐款5万元。

忻州市烟草专卖局（公司）：扶贫济困，参加“博爱一日捐”活动，捐款6.39万元，其中员工个人捐款1.39万元；向对口帮扶村五台县兴郑村捐款4万元，并捐赠10台电脑；向困难群众发放慰问金0.13万元，并捐赠价值0.39万元的米、面、油等生活必需品。资助文化事业，捐款9万元。

吕梁市烟草专卖局（公司）：扶贫济困，捐款5.5万元，并捐赠米、面、油等一批生活必需品。资助教育事业，捐款2.43万元，并捐赠价值0.66万余元的文具、图书等。资助乡村建设，捐款5.75万元。救助灾害，捐款

11.29万元。

晋中市烟草专卖局（公司）：扶贫济困，参加“慈善一日捐”“博爱一日捐”活动，捐款4.6万元。资助乡村建设，捐款16.4万元。资助教育事业，捐款13.8万元。

临汾市烟草专卖局（公司）：扶贫济困，向永和县南庄乡社里村捐款4.94万元。资助乡村建设，向县阁底乡石家湾村捐款9万元，用于修建蓄水池。

运城市烟草专卖局（公司）：扶贫济困，向运城市红十字会捐款0.59万元；向段家庄等村落捐款5万元。资助乡村建设，向王过村捐款14万元，用于新农村建设。资助教育事业，向夏县困难大学生捐款1.74万元。其他捐款6.06万元。

内蒙古自治区烟草专卖局（公司）

2013年，内蒙古自治区烟草商业系统积极开展各项社会公益活动。

内蒙古自治区烟草专卖局（公司）机关：扶贫济困，捐款227万元，其中用于国光村新农村建设192万元，用于五星村建设15万元，建设村防洪沟20万元。

呼和浩特市烟草专卖局（公司）：扶贫济困，捐款23.66万元。

呼伦贝尔市烟草专卖局（公司）：扶贫济困，参加“博爱一日捐”活动，员工个人捐款0.43万元。

兴安盟烟草专卖局（公司）：扶贫济困，投入扶贫帮困资金20万元；参加“博爱一日捐”“送温暖、献爱心”“一对一帮扶”等活动，捐款1.76万元。资助教育、文化事业，捐款14.45万元。

通辽市烟草专卖局（公司）：扶贫济困，定点帮扶和社会救援捐款45.83万元，其中员工个人捐款8万元，并捐赠衣物525件；开展“博爱一日捐”活动，员工个人捐款1.97万元；向困难大学生捐款1万元。资助乡村建设，捐款8.5万元。救助灾害，员工个人捐款1.78万元。

赤峰市烟草专卖局（公司）：扶贫济困，参加“博爱一日捐”活动，员工个人捐款5.28万元。资助文化事业，捐款17.43万元。

锡林郭勒盟烟草专卖局（公司）：扶贫济困，捐款13.47万元；向困难大学生、福利院孤儿捐款1.25万元。资助城市建设，捐款4.6万元。

二连浩特市烟草专卖局（公司）：扶贫济困，参加“博爱一日捐”活动，捐款0.24万元；向贫困牧民捐款4.4万元。救助灾害，捐款0.3万元。

乌兰察布市烟草专卖局（公司）：扶贫济困，拨付扶贫款30.28万元；参加“博爱一日捐”活动，捐款3.31万元。开展帮扶活动，捐款5.53万元。

包头市烟草专卖局（公司）：扶贫济困，捐款8万元；向儿童福利院捐赠玩具和图书。

鄂尔多斯市烟草专卖局（公司）：扶贫济困，向社区困难家庭捐款3.06万元；向鄂尔多斯市报社困难职工捐款4.91万元。资助教育事业，向当地中小学生捐赠价值0.2万元的科普图书。救助灾害，向四川雅安地震灾区捐款2.88万元。

巴彦淖尔市烟草专卖局（公司）：扶贫济困，捐款2.8万元，其中员工个人捐款1万元。资助乡村建设，捐款14万元。资助文化事业，捐款2.2万元。

乌海市烟草专卖局（公司）：扶贫济困，向困难群众捐款0.8万元；参加“博爱一日捐”活动，员工个人捐款0.76万元。救助灾害，捐款0.81万元。

阿拉善盟烟草专卖局（公司）：扶贫济困，捐款1.4万元；参加“博爱一日捐”“慈善一日捐”活动，捐款2.38万元；向困难群众捐款13万元。

辽宁省烟草专卖局（公司）

2013年，辽宁省烟草商业系统共捐款552.85万元，用于各项社会公益活动。

辽宁省烟草专卖局（公司）机关：扶贫济困，向阜新市彰武县福兴地镇捐款220万元，用于建设绿色生态种植养殖基地。

沈阳市烟草专卖局（公司）：扶贫济困，参加“送温暖、献爱心”活动，捐款并捐赠米、面、油等生活必需品，共计45.3万元；向法库县四家子乡后满洲屯村捐款22.65万元。资助残疾人事业，捐款1万元。

鞍山市烟草专卖局（公司）：扶贫济困，捐款4万元；向西平村困难群众捐赠价值0.93万元的米、面、油等生活必需品。资助乡村建设，捐款4万元。

抚顺市烟草专卖局（公司）：扶贫济困，参加“送温暖、献爱心”活动，员工个人捐款3.14万元；向困难卷烟零售客户等捐款并捐赠米、面、油等生活必需品，共计1.58万元。救助灾害，向抚顺特大洪灾的受灾群众捐款3.16万元，并捐赠衣物1800件。资助乡村建设，捐款15万元。

本溪市烟草专卖局（公司）：扶贫济困，参加“党员干部进万家”活动，向帮扶对象捐赠价值0.24万元的米、面、油等生活必需品；向双合村捐款5万元；向桓仁县特困户捐款2.5万元。资助教育事业，参加“工会助你上大学”活动，捐款0.4万元。

丹东市烟草专卖局（公司）：扶贫济困，向宽甸胜利村捐款5万元。资助乡村建设，向凤城市大堡蒙古族乡捐款5万元，用于修建道路。

锦州市烟草专卖局（公司）：扶贫济困，参加“送温暖、献爱心”活动，捐款1.77万元；向凌海市前才村困难群众捐款1.5万元。

营口市烟草专卖局（公司）：扶贫济困，参加“送温暖、献爱心”活动，员工个人捐款2.43万元；向盖州市卧龙泉镇娘娘庙村等地困难群众捐款2.2万元。资助教育事业，向营口市特殊教育学校捐款2万元。资助乡村建设，向盖州市卧龙泉镇娘娘庙村捐款10万元，用于开展河道清理和防护工作。

阜新市烟草专卖局（公司）：扶贫济困，参加“送温暖、献爱心”活动，捐款3.1万元；开展“慈善行、暖万家”活动，向阜新市养老院、福利院，以及部分困难家庭捐赠米、面、油等救助物资价值10万元。资助教育事业，向困难家庭的大学生捐款2万元。救助灾害，捐款50.54万元。

辽阳市烟草专卖局（公司）：扶贫济困，向市扶贫开发领导小组办公室捐款3万元；向市慈善总会捐款5万元；参加“送温暖、献爱心”活动，员工个人捐款2.44万元。救助灾害，员工个人向四川雅安地震灾区邮寄赈灾包裹，价值0.23万元。

朝阳市烟草专卖局（公司）：扶贫济困，参加“送温暖、献爱心”活动，捐款0.7万元；向朝阳、凌源等地特困群众捐款3.16万元。资助乡村建设，向喀左县、建平县、北票市捐款24万元，用于破损街道改造、村级公路建设。救助灾害，捐款58.59万元。

盘锦市烟草专卖局（公司）：扶贫济困，向困难群众捐款4.14万元，并捐赠米、面、油等生活必需品；参加“万名干部大走访，结对帮扶送温暖”活动，捐款5万元，其中员工个人捐款2万元。

葫芦岛市烟草专卖局（公司）：资助乡村建设，向建昌县头道营子乡陈家店村捐款6万元，修建漫水桥。资助老龄事业，向市老龄事业发展促进会捐款15万元。

丹东辽东烟草发展有限责任公司：扶贫济困，全年向凤城市凤泽社区困难群众捐款1.15万元。

吉林省烟草专卖局（公司）

2013年，吉林省烟草商业系统积极开展各项社会公益活动。

吉林省烟草专卖局（公司）机关：扶贫济困，参加“慈善救助双日捐”活动，单位和员工个人共捐款5.05万元。资助教育事业，向帮扶村学生捐款0.5万元，帮助其完成学业。资助乡村建设，捐款125万元用于帮扶村修建桥梁。

长春市烟草专卖局（公司）：扶贫济困，开展“三帮扶、送温暖”活动，捐款0.4万元；开展“君子兰志愿者”义务劳动活动。

吉林市烟草专卖局（公司）：扶贫济困，参加“慈善救助双日捐”活动，捐款5万元。资助乡村建设，向磐石市捐款4.44万元，用于新农村建设。

四平市烟草专卖局（公司）：扶贫济困，向四平市铁东区困难中、小学生捐款15万元；向四平市见义勇为基金会、志愿者基金会和困难党员捐款40万元。资助乡村建设，向帮扶村泥草房改造等项目捐款42万元。

辽源市烟草专卖局（公司）：扶贫济困，向慈善总会捐款5万元；向红十字会捐款0.2万元；参加“慈善救助双日捐”活动，捐款1.36万元。

通化市烟草专卖局（公司）：扶贫济困，参加“慈善救助双日捐”活动，捐款2.63万元，其中员工个人捐款0.74万元；向吉林柳河慈善总会捐款18.02万元；向困难卷烟零售客户捐款0.8万元。资助乡村建设，捐款4万元用于帮扶村新农村建设。救助灾害，开展“情系雅安、奉献爱心”及吉林松原地震灾区捐款活动，捐款3.75万元。

白城市烟草专卖局（公司）：扶贫济困，向市慈善总会、红十字会等慈善机构捐款94.50万元。

白山市烟草专卖局（公司）：扶贫济困，向东山村捐赠价值1万余元的面、油等生活必需品；向困难大学生捐款0.5万元；参加“慈善救助双日捐”活动，捐款2.13万元；开展各种其他帮扶、捐款活动，捐款2.39万元。

松原市烟草专卖局（公司）：扶贫济困，向新民村捐款5万元；向“圆梦在行动”活动捐款1.44万元；向其他社会福利机构捐款27.2万元。资助乡村建设，向长春岭镇黑岗村捐款3万元。资助文化事业，捐款2万元。救助灾害，向松原市查干花地震灾区捐款10万元；员工个人向松原市查干花地震灾区捐款6.19万元；向四川雅安地震灾区捐款2.57万元。

延边州烟草专卖局（公司）：扶贫济困，员工个人捐款8.26万元。

黑龙江省烟草专卖局（公司）

2013年，黑龙江省烟草商业系统共捐款167.66万元，用于各项社会公益活动。扶贫济困，捐款49.93万元，其中员工个人捐款32.69万元。资助乡村建设，捐款76.03万元。资助教育事业，捐款7.95万元，其中员工个人捐款1.65万元。救助灾害，捐款33.75万元，其中员工个人捐款22.7万元。

黑龙江省烟草专卖局（公司）机关：扶贫济困，向海伦市特困家庭捐赠价值2.3万元的生活必需品；向柳树街道生活困难居民捐赠米、面、油等生活必需品。资助教育事业，向海伦市特困家庭子女捐款6.3万元。资助乡村建设，向汤原县香兰镇双河村捐款40万元，用于完善烤烟园区的配套设施和村民文化、健身设施。救助灾害，员工个人捐款5.87万元。

哈尔滨市烟草专卖局（公司）：扶贫济困，参加“慈善一日捐”活动，捐款3.82万元。资助乡村建设，向木兰县吉兴乡和巴彦县丰乐乡捐款30万元，用于帮建村容村貌等。救助灾害，捐款6.86万元。

大庆市烟草专卖局（公司）：扶贫济困，向大庆市大同区烧伤男孩捐款1万元。

齐齐哈尔市烟草专卖局（公司）：扶贫济困，参加救助残疾人活动，员工个人捐款2.82万元。救助灾害，捐款1.2万元。

绥化市烟草专卖局（公司）：扶贫济困，开展“爱心永恒”和“情暖客户心”活动，捐款8.08万元；参加“扶贫一日捐”活动，捐款2.54万元。

牡丹江市烟草专卖局（公司）：扶贫济困，向困难群众捐款1万元；员工个人向牡丹江市爱心基金捐款2.3万元。资助乡村建设，向林口县莲花镇柳树村捐款0.7万元。

佳木斯市烟草专卖局（公司）：扶贫济困，参加“慈善一日捐”活动，向市慈善总会捐款0.77万元；参加“百步联百村”活动，捐款捐物共计10.96万元。资助教育事业，向佳木斯市儿童福利院学生捐款0.54万元。资助乡村建设，捐款5.33万元用于支援富锦市修筑巷道工程。救助灾害，向黑龙江、佳木斯洪涝灾害受灾居民捐款2.4万元。

鸡西市烟草专卖局（公司）：扶贫济困，参加“慈善一日捐”活动，向市慈善总会捐款0.85万元。

双鸭山市烟草专卖局（公司）：扶贫济困，参加“慈善一日捐”活动，捐款2.13万元；参加爱心助学活动，捐款1.11万元。

伊春市烟草专卖局（公司）：扶贫济困，参加“慈善一日捐”活动，向市红十字会捐款3.4万元。救助灾害，支援嘉荫县抗洪救灾，捐款捐物共计7.56万元。

七台河市烟草专卖局（公司）：扶贫济困，参加“慈善一日捐”活动，向市慈善总会捐款3.44万元。

鹤岗市烟草专卖局（公司）：救助灾害，捐款3.81万元，并捐赠衣物160余件。

黑河市烟草专卖局（公司）：扶贫济困，参加“博爱一日捐”及抗洪救灾捐款活动，捐款1.6万元。

绥芬河市烟草专卖局（公司）：扶贫济困，向绥兴社区特困户捐款1.36万元。

哈尔滨烟叶公司：救助灾害，支援富锦市、绥滨县、汤原县抗洪救灾，捐款6.05万元。

牡丹江烟叶公司：扶贫济困，向牡丹江市爱民区困难群众捐款1.57万元。

上海烟草集团有限责任公司

2013年，上海烟草集团有限责任公司捐款6096.4万元，用于各项社会公益活动。扶贫济困，向上海市老年基金会捐款800万元；向云南、四川、湘西等烟叶产区捐款790万元；向上海市慈善基金会捐款1000万元；向上海部分关医院捐款960万元。资助教育事业，向河南、陕西、重庆等烟叶产区学校捐赠价值375万元的“爱心校车”15辆。

上海市烟草专卖局黄浦分局（有限公司）：扶贫济困，向老年人日托所和阳光之家捐赠价值2.8万元的慰问品；向老年助餐点和阳光心园捐赠价值1.2万元的慰问品；向黄浦区红十字会捐款2.57万元。资助教育事业，向卢湾实验小学特困生捐款4万元。

上海市烟草专卖局静安分局（有限公司）：扶贫济困，开展“爱心一日捐”活动，捐款1.36万元；开展“结对帮困”活动，捐款3.87万元。

上海市烟草专卖局闸北分局（有限公司）：扶贫济困，参加“慈善联合捐”活动，捐款10万元；向结对社区困难学生捐款0.59万元。

上海市烟草专卖局普陀分局（有限公司）：扶贫济困，向帮扶辖区困难群众捐款2.7万元；开展“爱心一日捐”活动，员工个人捐款3.75万元。

上海市烟草专卖局长宁分局（有限公司）：扶贫济困，开展“帮困一日捐活动”，捐款0.94万元。

上海市烟草专卖局闵行分局（有限公司）：救助灾害，员工个人向四川雅安地震灾区捐款1.59万元。

上海市烟草专卖局宝山分局（有限公司）：扶贫济困，向困难卷烟零售客户子女捐款3.8万元；分别向庙行、高境、罗泾、顾村镇敬老院捐赠轮椅5辆。资助教育事业，向培智学校捐款8.4万元。救助灾害，向四川雅安地震灾区捐款1.27万元。

上海市烟草专卖局浦东分局（有限公司）：扶贫济困，向上海市慈善基金会浦东新区分会捐款10万元；开展“走千家、暖百户”党员“一对一”走访帮扶活动，向特困群众捐款2.25万元。

上海市烟草专卖局松江分局（有限公司）：扶贫济困，参加“蓝天下的至爱——慈善一日捐”活动，捐款1.64万元；参加“为了孩子感动未来”活动，捐款0.43万元；向松江区红十字会捐款1.5万元。

上海市烟草专卖局嘉定分局（有限公司）：扶贫济困，参加“蓝天下的至爱——慈善一日捐”活动，捐款2万元；向困难学生捐款0.4万元；向困难卷烟零售客户子女捐款1.6万元；向区精神卫生中心、嘉定镇残疾人联合会、新成路街道残疾人服务社等捐赠轮椅53辆。

上海市烟草专卖局奉贤分局（有限公司）：扶贫济困，向困难群众捐款0.75万元；参加“蓝天下的至爱——慈善一日捐”活动，捐款1.5万元。救助灾害，向四川雅安地震灾区捐款2.45万元。

上海市烟草专卖局金山分局（有限公司）：扶贫济困，参加“帮困一日捐”活动，捐款6.14万元；向区红十字会捐款5万元。

上海市烟草专卖局崇明分局（有限公司）：资助乡村建设，向建设镇三星村捐款3万元。

上海烟草集团有限责任公司上海卷烟厂：扶贫济困，向金山区亭林镇后岗村、驳岸村困难学生；向嘉兴街道金田居委孤寡老人捐款0.08万元。

上海烟草集团有限责任公司天津卷烟厂：资助教育事业，向天津蓟县农村贫困学校慈善助学项目捐款28.76万元，并捐赠电脑70台，价值3.24万元。

上海高扬国际烟草有限公司：救助灾害，向四川雅安地震灾区捐款3.49万元。

上海烟草包装印刷有限公司：资助教育事业，向贵州省湄潭地区申湄希望小学捐款3万元。

江苏省烟草专卖局（公司）

2013年，江苏省烟草商业系统积极开展各项社会公益活动。

南京市烟草专卖局（公司）：扶贫济困，开展“慈善一日捐”“送温暖、献爱心”等活动，捐款37.11万元，其中员工个人捐款19.21万元。资助教育事业，捐款1.59万元，其中员工个人捐款1.35万元。资助乡村建设，向高淳区东坝镇等捐款71万元，用于结对帮扶、文明共建和镇村建设。救助灾害，向高淳区双岗村捐款3万元，用于防汛抗旱。

苏州市烟草专卖局（公司）：扶贫济困，向登瀛村等捐款104万元。资助社会团体，捐款25万元。赞助教育、文化活动，捐款44.87万元。其他捐款13.05万元。

无锡市烟草专卖局（公司）：扶贫济困，向困难群众捐款3.7万元，并捐赠一批生活必需品；开展“慈善一日捐”活动，捐款46万元。资助乡村建设，捐款20.5万元用于支援新农村建设及所属社区环境改善。

常州市烟草专卖局（公司）：全年共捐款100万余元。

镇江市烟草专卖局（公司）：扶贫济困，参加“百村万户双结对”活动，企业捐款13.1万元，员工个人捐款5.9万元；向困难学生、农民子弟小学捐款5.2万元。资助社区建设，向高桥北社区捐款1万元。

南通市烟草专卖局（公司）：资助社区、乡村建设，向濠城社区建设捐款5万元；捐款30万元用于支持社会主义新农村建设。资助文化事业，组建“江海志愿者南通烟草志愿服务总队”，开展“讲文明、树新风”活动，服务队积极参加文明交通服务、义务植树、“315”服务等志愿活动，并开展法律法规咨询、卷烟鉴别服务等；成立“关心下一代工作委员会”，开展“六一”助学活动，开设“春蕾班”，先后资助100余名困难失学女童。

扬州市烟草专卖局（公司）：扶贫济困，向困难卷烟零售客户、困难家庭捐款1.08万元，并捐赠米、油等生活必需品；向儿童福利院、困难学生、结对帮扶的学校捐款4.15万元，并捐赠棉衣；向红十字会、慈善总会共捐款23万元。资助乡村建设，捐款16.4万元。

泰州市烟草专卖局（公司）：扶贫济困，开展“送温暖”活动，捐赠慰问金；向困难卷烟零售客户捐赠米、油、冬被等慰问品。资助乡村建设，捐款13.5万元用于姜堰区张甸镇梅网村的基础设施建设；捐款20万元资助兴化市竹泓镇竺陆张村村部建设。

盐城市烟草专卖局（公司）：扶贫济困，向陈良镇捐款20万元；向困难群众捐款32.8万元；向阜宁县委驻板湖镇帮扶工作队捐款4万元。

淮安市烟草专卖局（公司）：扶贫济困，向困难群众捐款17万元，并捐赠价值3.7万元的慰问品；向困难学生捐款3万元；向慈善总会捐款4万元。资助教育事业，向特殊教育学校捐款1万元；向留守儿童捐赠价值2万元的慰问品；向少年宫等捐款3.5万元。资助乡村建设，向渔沟、城东社区等捐款12万元。资助城市、体育事业，为城市建设捐款25万元；为城运会捐款9.5万元。

宿迁市烟草专卖局（公司）：扶贫济困，向困难学生、孤儿、留守儿童捐款5.78万元；向困难群众捐款3.2万元。资助乡村建设，捐款22万元。

徐州市烟草专卖局（公司）：扶贫济困，捐款47.83万元；向孤寡老人捐赠价值0.5万余元的粽子和食用油等物品。资助教育事业，向困难学生捐款1万元。

连云港市烟草专卖局（公司）：扶贫济困，向困难卷烟零售客户捐款并捐赠慰问品，共计12.2万元；开展“慈善一日捐”等活动，捐款1.8万元。资助教育事业，捐款6.1万元帮助特殊教育学校等购置学习物品；员工个人向灌南县管沟小学捐赠图书900册；向留守儿童捐款6.8万元。资助乡村建设，捐款20.5万元，开展新农村建设帮扶活动。资助文化事业，捐款7万元。

江苏中烟工业有限责任公司

2013年，江苏省烟草工业系统共捐款1225.94万元，用于各项社会公益活动。

江苏中烟工业有限责任公司本部：扶贫济困，向江苏省扶贫基金会捐款96万元。资助教育事业，向南京市第29中学捐款50万元；向南京理工大学教育发展基金会捐款60万元；向“春蕾工程”捐款29.2万元。资助乡村建设，向湖北省嘉鱼县捐款100万元。救助灾害，向云南楚雄、湖南永州和湘西各捐款50万元。

江苏中烟工业有限责任公司南京卷烟厂：扶贫济困，参加“阳光下的关爱”活动，捐款3万元。资助乡村建设，向南京市高淳县阳江镇捐款50万元、淳溪镇双进村捐款10万元；向南京市浦口区桥林镇茶棚工业园区捐款10万元。救助灾害，员工个人向四川雅安地震灾区捐款14.42万元。

江苏中烟工业有限责任公司徐州卷烟厂：扶贫济困，向王徐村捐款16万元；参加“爱心一日捐”活动，员工个人捐款3.85万元；向徐州市总工会捐款45万元；向徐州市妇女联合会捐款8万元。资助教育事业，向徐州市第一中学捐款40万元。

江苏中烟工业有限责任公司淮阴卷烟厂：扶贫济困，向联堡村捐款50万元；向淮安市红十字会捐款50万元；向见义勇为基金会捐款18万元。资助教育、体育事业，捐款520万元。

南通烟滤嘴有限责任公司：扶贫济困，参加“慈善一日捐”“爱心一日捐”等活动，捐款2.47万元。

浙江省烟草专卖局（公司）

2013年，浙江省烟草商业系共捐款6437万元，用于各项社会公益活动。

浙江省烟草专卖局（公司）机关：扶贫济困，向残疾人福利基金会捐款20万元；向见义勇为基金会捐款50万元。资助教育事业，向“浙江省精实公益基金”大学生资助项目捐款500万元；向青少年发展基金会捐款268万元；向四都小学捐款100万元。救助灾害，向宁波余姚遭受“菲特”台风地区捐款100万元；向浙江省财政厅抗震减旱工作捐款2500万元。

杭州市烟草专卖局（公司）：扶贫济困，开展“春风行动”等10个项目的社会公益活动，捐款223万元。

宁波市烟草专卖局（公司）：扶贫济困，向地方各级慈善总会等机构捐款149万元；向定向帮扶贫困单位捐款15万元。资助教育事业，向宁海县教育基金会等机构捐款10万元。

温州市烟草专卖局（公司）：扶贫济困，向慈善公益机构捐款342.9万元；向困难学生和弱势群体捐款8.6万元。资助社区、乡村建设，向贫困和结对村镇、农户捐款52.5万元，用于农村基础设施建设和结对帮扶活动；向社区、相关民生部门捐款32.1万元，用于社区建设。

嘉兴市烟草专卖局（公司）：扶贫济困，开展结对帮困活动，捐款9.6万元；参加无偿献血活动，献血8700毫升。资助教育事业，向特殊教育学校捐款2万元；开展“小雨点我们在一起”活动，以认领“微心愿”的形式慰问自闭症孤独症患儿。资助乡村建设，成立工作队帮扶西湖村等开展基层建设，捐款5万元。

湖州市烟草专卖局（公司）：扶贫济困，向湖州市红十字会等社会慈善团体捐款40万元；员工个人向困难群众捐款1.1万元。资助乡村、社区建设，向大洋村等贫困村捐款25万元，用于建立便民服务中心窗口等；向湖州市吴兴区马军巷社区等捐款3万元。

绍兴市烟草专卖局（公司）：扶贫济困，向困难群众捐款2.2万元；向市慈善总会捐款18万元；用于设立“精实慈善基金”。资助乡村建设，向大洋山村等捐款19.2万元，用于帮助农村基础设施建设。其他捐款90.89万元。

金华市烟草专卖局（公司）：扶贫济困，开展“慈善一日捐”活动，捐款20万元；职工参加无偿献血活动。资助乡村建设，向勤俭村城市文明共建捐款40万元；向周村、罗店镇大岭村等捐款9万余元，用于新农村建设；向联系社区捐款2.35万元，用于环境卫生整治。

衢州市烟草专卖局（公司）：扶贫济困，向市红十字会、慈善总会捐款25万元；向困难卷烟零售客户捐款3.45万元；向兰花热线捐款5万元。资助乡村建设，捐款34万元用于新农村建设帮扶活动。资助社区建设，向通荷社区、城站社区捐款1.55万元。

丽水市烟草专卖局（公司）：扶贫济困，向困难群众及困难卷烟零售客户捐款33.92万元；参加“慈善活动月”等活动，捐款8.55万元。资助教育事业，捐款35.63万元，用于慰问教师、亲情助学基金援助困难大学新生等。资助乡村、社区建设，捐款78.7万元。资助卫生、文化事业，捐款17.42万元。救助灾害，捐款30.76万元。其他捐款31.25万元。

台州市烟草专卖局（公司）：扶贫济困，向困难卷烟零售客户捐款7.6万余元；向三无老人、孤残儿童发放实物和现金5万元；向三门县敬老院捐款1.19万元；向困难群众捐款28万余元。资助教育事业，向困难中小学生发放助学金3.6万元；向临海市汇溪镇中心学校捐款0.5万元；向玉环青苹果益智园捐款0.26万元。

舟山市烟草专卖局（公司）：扶贫济困，向市、县两级慈善总会等捐款81.68万元；向市残疾人联合会捐款2万元；向嵊泗县红十字会捐款1.4万元；向南海伟星基金会捐款0.12万元；向扶贫结对户捐款1.8万元。资助社区建设，向舟山市马岙社区捐款3万元。

浙江中烟工业有限责任公司

2013年，浙江中烟工业有限责任公司共捐款2亿元，用于各项社会公益活动。

扶贫济困：向浙江省淳安县捐赠扶贫款70万元；向杭州市西湖区转塘街道捐款100万元；向浙江省文成县捐款70万元；向湖南省泸溪县等地捐款145万元；向云南省新平彝族傣族自治县等地捐款930万元；向四川省美姑县捐款60万元；向福建省南平市捐款50万元；向贵州省德江县等地捐款110万元；向山东省蒙阴县捐款30万元。

慈善活动：向杭州市上城区慈善总会捐款10万元；向杭州市慈善总会捐款4860万元；向湖北省嘉鱼县等慈善总会捐款240万元；向河南省陕县等慈善总会捐款195万元；向四川省叙永县等慈善总会捐款340万元；向湖南省永州市等慈善基金会捐款140万元；向贵州省毕节市慈善总会捐款80万元；向山东省平邑县慈善总会捐款30万元；向云南省陆良县等慈善总会捐款130万元；向安徽省宣城市慈善总会捐款20万元。

资助文化、教育事业：向宁波市武术协会捐款8万元；向杭州高新开发区（滨江）老年书画摄影协会捐款20万元；向宁波市大红鹰青少年科技英才奖励基金捐款5万元；向宁波市人民教育基金会捐款100万元；向中国检察官文学艺术联合会捐款95万元；向浙江大学教育基金会捐款1.2亿元；向杭州城市学研究会捐款90万元；向中国延安精神研究会捐款80万元；向杭州市关心下一代基金会捐款50万元。

安徽省烟草专卖局（公司）

2013年，安徽省烟草商业系统共捐款493.85万元，用于各项社会公益活动。

安徽省烟草专卖局（公司）机关：资助教育事业，向金寨县白塔畈乡金叶希望中学捐款15万元。资助乡村建设，向长丰县下塘镇捐款10万元。

合肥市烟草专卖局（公司）：扶贫济困，开展“亲情帮扶，徽映你我”活动，捐赠价值11.56万元的生活必需品；向困难卷烟零售客户捐款9.99万元；开展“慈善一日捐”活动，员工个人捐款3.22万元；参加无偿献血活动，献血4.83万毫升。资助教育事业，捐款7.6万元。资助社区、乡村建设，向荻港社区等7个结对社区捐款8.3万元；向散兵镇美好乡村捐款2.85万元。

淮北市烟草专卖局（公司）：扶贫济困，向市社会福利院孤儿捐赠价值1万元的生活必需品。

亳州市烟草专卖局（公司）：扶贫济困，向困难烟农、卷烟零售客户子女等捐款1.19万元。资助教育事业，参加“金秋助学”“春蕾10元捐”等活动，捐款1.6万元；向芦苗镇小学捐款10万元。支援乡村建设，向古井镇等捐款15.8万元，用于乡村建设。

宿州市烟草专卖局（公司）：扶贫济困，开展“博爱在江淮”活动，员工个人捐款1.23万元。资助教育事业，向泗县屏山第二小学捐赠图书400余册、电脑30台。资助乡村建设，向萧县大屯镇瓦房村、泗县丁湖镇吴圩村捐款1万元。

蚌埠市烟草专卖局（公司）：扶贫济困，员工个人向“徽映”爱心基金捐款8.03万元。其他捐款50万元。

阜阳市烟草专卖局（公司）：扶贫济困，帮扶困难群众、参加“送温暖”活动，捐款3.94万元；向患艾滋病患者捐款1万元。资助教育事业，参加“关心下一代”图书捐赠活动，捐赠图书2400册，价值3万元；开展“金秋助学行动”，捐款2万元。资助乡村建设，派出干部1人到太和县赵集乡草北村挂职；向草北村捐款3.2万元。

淮南市烟草专卖局（公司）：扶贫济困，向安徽省道德基金会捐款2万元；开展“情系雅安”爱心捐款活动，员工个人捐款2.33万元。资助农村建设，向上窑镇上窑村等捐款8.9万元，用于道路修建。

滁州市烟草专卖局（公司）：扶贫济困，参加“关爱留守儿童”“爱心助学”等活动，捐款31.6万元。资助卫生事业，向“生育关怀我尽力”等活动捐款1.58万元。资助乡村建设，捐款22.3万元。

六安市烟草专卖局（公司）：扶贫济困，捐款10.98万元。支援乡村建设，向金寨吴家店飞机场村等捐款29.2万元。

马鞍山市烟草专卖局（公司）：扶贫济困，开展“慈善一日捐”活动，捐款金额1.98万元。资助农村建设，捐款31.8万元。

芜湖市烟草专卖局（公司）：扶贫济困，开展“亲情帮扶”活动，捐款2.98万元；向困难卷烟零售客户捐款22.39万元；参加“文明传爱心，温暖你我他”等活动，捐款5.06万元。资助教育事业，捐款4.13万元。资助乡村建设，向津元村等捐款10.3万元。

宣城市烟草专卖局（公司）：扶贫济困，向困难卷烟零售客户等捐款2.05万元；向团市委捐款8.8万元。资助教育事业，向王直助教中心捐款、捐物共计5.04万元；开展“亲情帮扶，徽映你我”活动，捐款3万元。资助社区建设，向石板桥社区捐款1万元。资助文化建设，捐款9.8万元。

铜陵市烟草专卖局（公司）：扶贫济困，参加“慈善一日捐”活动，捐款2万元；向困难群众等捐款1.7万元。资助教育事业，向铜陵市特教学校捐款4万元。资助农村建设，向钟仓村捐款4万元。救助灾害，向四川雅安地震灾区捐款5万元。其他捐款3.5万元。

池州市烟草专卖局（公司）：扶贫济困，向涓桥敬老院捐款1万元；开展“送温暖、献爱心”活动，捐款2.49万元；向困难卷烟零售客户子女捐款3万元。资助教育事业，向特教儿童捐款1万元。

安庆市烟草专卖局（公司）：扶贫济困，向困难卷烟零售客户捐款3.78万元；向困难零售客户子女捐款3.12万元。资助教育事业，向茅岭民族村捐赠图书128册；向贫困地区小学生捐赠价值1万元的“爱心包裹”。

黄山市烟草专卖局（公司）：扶贫济困，向歙县桂林镇竦口村捐款3万元；参加无偿献血活动，献血7800毫升。资助教育事业，向祁门县柏溪乡白塔村和中心小学捐款5.9万元。其他捐款2.55万元。

华环国际烟草有限公司：资助教育事业，向门台中心小学捐款2万元。

安徽皖南烟叶有限责任公司：扶贫济困，捐款6万元用于修建黄渡乡敬老院。资助教育事业，向旌德县三溪镇小学等学校捐款5.73万元。资助乡村建设，向乔亭村、寒亭村、杨柳镇、周王镇等捐款25万元。

安徽中烟工业有限责任公司

2013年，安徽中烟工业有限责任公司共捐款1039.78万元，用于各项社会公益活动。

安徽中烟工业有限责任公司本部：扶贫济困，向扶贫开发办公室捐款90万元；向曲靖市等捐款590万元。资助教育事业，向安徽省青少年发展基金会捐款8万元。

安徽中烟工业有限责任公司蚌埠卷烟厂：扶贫济困，向市妇女联合会捐款6万元；向禹会区老年公益活动基金捐款10万元；向禹会区扶残事业基金捐款15万元；向蚌埠市捐款5万元；向蚌埠监狱捐款0.78万元。资助乡村建设，向怀远县捐款10万元。

安徽中烟工业有限责任公司芜湖卷烟厂：扶贫济困，向芜湖市慈善总会捐款 29.5 万元；向芜湖市爱心助学基金会捐款 10 万元；向芜湖市慈善基金会捐款 10 万元；向芜湖市牵手扶困助学基金会捐款 5 万元；向芜湖市弋江区慈善协会捐款 14 万元。资助教育事业，向芜湖市团委捐款 1.5 万元。资助卫生事业，捐款 30 万元。

安徽中烟工业有限责任公司合肥卷烟厂：扶贫济困，向庐江县慈善总会捐款 10 万元；向颍上县捐款 50 万元；向长丰县慈善总会捐款 10 万元。

安徽中烟工业有限责任公司阜阳卷烟厂：扶贫济困，向阜阳市直机关工委会捐款 0.5 万元；向阜阳市颍东区扶贫开发办公室捐款 15 万元。资助教育事业，向阜阳市关心下一代工作委员会捐款 15.5 万元；向阜阳市团委捐款 29 万元。

安徽中烟工业有限责任公司滁州卷烟厂：扶贫济困，向滁州市困难职工帮扶中心捐款 16 万元；向滁州市琅琊区捐款 5 万元；向滁州市见义勇为基金会捐款 12.5 万元。资助教育事业，向滁州市南谯区教育局捐款 2 万元；向滁州市南谯区团委捐款 4.5 万元；向滁州市南谯区教育局等捐款 10 万元；向滁州市慈善爱心助学协会捐款 10 万元。

福建省烟草专卖局（公司）

2013 年，福建省烟草商业系统共捐款 1.41 亿元，用于各项社会公益活动。

福建省烟草专卖局（公司）机关：扶贫济困，向宁化县中沙乡下沙畲族村等贫困村捐款 240 万元；向省扶贫基金会、扶贫开发协会捐款 100 万元；向见义勇为基金会捐款 30 万元。资助教育事业，向宦溪小学捐款 0.2 万元；向南平教育事业及基础设施建设捐款 1.2 亿元。资助卫生事业，向省立医院及省立金山医院捐款 120 万元；向全省文化科技卫生“三下乡”活动捐款 15 万元。资助文化事业，捐款 117 万元。资助乡村建设，向长汀、宁化、邵武烟叶产业发展项目捐款 660 万元。其他捐款 505 万元。

福州市烟草专卖局（公司）：扶贫济困，向困难卷烟零售客户、孤寡老人等捐款 11.9 万元。资助教育事业，向贫困中小学捐款 10.5 万元，帮助建立爱心图书室。资助乡村建设，捐款 9.8 万元用于社区建设及农村基础设施建设。其他捐款 12 万元。

厦门市烟草专卖局（公司）：扶贫济困，向困难卷烟零售客户捐款 4.2 万元；向结对帮扶对象捐款 2.7 万元。资助教育事业，向山区小学捐赠图书和资金共计 17.4 万元；向困难中小学生捐赠价值 1.9 万元的文具；捐赠“三角梅”青年志愿者加油站 10 万元；向华侨大学教育基金会捐款 100 万元。资助文化事业，捐款 7.24 万元。

宁德市烟草专卖局（公司）：扶贫济困，向困难卷烟零售客户等捐款 5.1 万元；向各类志愿服务活动捐款 5.46 万元；开展“金秋助学”活动，捐款 9.04 万元。资助教育事业，向宁德市实验小学等捐款 12.9 万元。资助文化、体育事业，捐款 9.32 万元。资助农村、社区建设，捐款 30.6 万元，帮助农村硬化道路等；向社区建设捐款 5.8 万元。

莆田市烟草专卖局（公司）：扶贫济困，向困难卷烟零售客户捐款 2.4 万元；向莆田市社会福利院捐款 15 万元；向困难大学生捐款 20 万元；参加“春蕾助学”计划，捐款 4 万元；向仙游县慈善总会捐款 2 万元。资助乡村建设，参加“三下乡”活动，捐款 2 万元；捐款 18 万元用于新农村建设。

泉州市烟草专卖局（公司）：扶贫济困，向贫困帮扶对象捐款 16.71 万元。资助教育文化事业，捐款 66.1 万元。资助乡村建设，向南安、安溪、永春等地捐款 66.7 万元。

漳州市烟草专卖局（公司）：扶贫济困，向困难群众及慈善总会等捐款 242.65 万元。资助教育事业，向云霄县捐款 60 万元；向秀峰中心小学少年宫等捐款 11 万元。资助文化事业，资助文明创建、平安创建、知识竞赛、青年创业、道德讲堂等活动捐款 25 万元。支援乡村建设，向挂钩扶贫村捐款 22 万元。

龙岩市烟草专卖局（公司）：扶贫济困，向困难卷烟零售客户等捐款 13 万元；向敬老院及孤寡老人捐款 4 万元。资助教育、文化、体育事业，向当地中、小学校捐款 27 万元；向市运会、桥牌类体育项目等捐款 13 万元。资助社区、乡村建设，捐款 149 万元。救助灾害，捐款 878 万元。

三明市烟草专卖局（公司）：扶贫济困，向“爱心助残”活动捐款 0.2 万元；向困难群众、烟农捐款 15.17 万元；向困难学生、农民工子女捐款 3.18 万元；向志愿服务基金会等社会福利机构捐款 2.79 万元。资助教育事业，向建宁县客坊乡严田小学捐款 10 万元；向包洋小学捐款 2 万元；参加“冷暖关爱工程”活动，捐款 3.1 万元；赞助特殊教育学校 0.2 万元。资助乡村建设，捐款 20.33 万元。资助文化事业，捐款 4 万元。救助灾害，捐款 105.01 万元。

南平市烟草专卖局（公司）：扶贫济困，向困难群众捐款 2.4 万元；员工个人向福利院捐款 0.3 万元；参加“慈善一日捐”活动，捐款 2.4 万元。资助文化、体育事业，捐款 7.5 万元。资助教育事业，捐款 5.3 万元。资助乡村建设，向松溪县祖墩乡严地村捐款 2 万元；捐款 2 万元，用于修缮农村老人活动场所。

中国烟草福建进出口有限责任公司：扶贫济困，向同安区洋厝埔村困难群众捐款 4.1 万元，并捐赠一批服装和运动鞋。资助教育事业，向同安区洋厝埔村艺力小学捐赠一批文体用品。资助社区建设，向厦门市嘉莲街道捐款 1 万元，用于慰问社区内残疾人等。

福建烟草海晟投资管理有限公司：扶贫济困，向厦门市同安区茌畲村困难群众捐款 0.9 万元，并捐赠价值 0.54 万元的慰问品。

福建省三明金叶复烤有限公司：扶贫济困，向省志愿服务基金会捐款0.9万元；向道路安全宣传经费捐款2万元；向市扶贫开发协会捐款2万元。资助教育事业，开展“扶贫帮困、捐资助学献爱心”活动，捐款0.56万元。资助社区建设，捐款9.65万元。

福建武夷烟叶有限公司：资助教育事业，向小学及幼儿园捐款0.15万元。资助社区建设，向邵武市福山桥工程项目捐款100万元；向行春社区等捐款1.8万元。资助文化建设，捐款6万元。

福建中烟工业有限责任公司

2013年，福建省烟草工业系统共捐款9445.23万元，用于各项社会公益活动。

福建中烟工业有限责任公司本部：资助教育事业，向集美大学博士点捐款100万元；向古田县松台小学捐款100万元；向有关学校教育教学活动捐款170万元。资助文化建设，向永定土楼博物馆建设捐款100万元。资助卫生事业，向永定县乡镇卫生院捐款50万元。救助灾害，向遭受自然灾害的部分烟叶生产基地捐款355万元；支持闽西老区灾后重建工作，捐款500万元。

厦门烟草工业有限责任公司：资助教育、文化、体育活动，捐款5600万元；向厦门市教育基金会捐款20万元；向老年基金会助老专项基金捐款29.5万元。

龙岩烟草工业有限责任公司：扶贫济困，向龙岩市慈善总会捐款230万元；向失独家庭捐款20万元。资助教育事业，捐款75万元。资助文化建设，向古田干部教育基地捐款2000万元。

福建龙岩金叶复烤有限公司：资助教育事业，向永定县坎市中心小学捐款3.98万元。资助文化建设，向永定县文体广电新闻出版局捐款5万元。

福建金闽再造烟叶发展有限公司：资助教育、文化事业，向困难学生捐款3万元；向老年活动中心捐款3万元。

江西省烟草专卖局（公司）

2013年，江西省烟草商业系统共捐款998万元，用于各项社会公益活动。扶贫济困，捐款60.5万元。资助教育事业，捐款18.8万元。资助乡村建设，捐款425.8万元。救助灾害，捐款427万元。

江西省烟草专卖局（公司）机关：扶贫济困，向困难群众捐款7万元；向乐安县南村乡努坪村捐款50万元。资助乡村建设，向安福县新农村建设捐款60万元。

南昌市烟草专卖局（公司）：扶困济贫，开展春节下乡走访100户困难群众和困难留守儿童家庭活动，捐款5万元。资助教育事业，员工个人向南昌县塔城乡芳湖村小学和进贤县三阳中心小学捐款1.74万元。资助乡村建设，向挂点帮扶贫困村捐款41.88万元用于新农村建设。

九江市烟草专卖局（公司）：扶贫济困，向德安八一村、共青城园林村等贫困村捐款17.6万元。资助乡村建设，向武宁坪源村等捐款24万元，用于新农村建设。全市员工个人捐款42.8万元，其中向四川雅安地震灾区捐款3.42万元。

上饶市烟草专卖局（公司）：扶贫济困，向困难群众捐款28万元；开展“金秋助学”活动，捐款1.82万元。资助乡村、社区建设，向广丰县洋口镇等捐款20万余元；向横峰县兴安社区等社区捐款4.5万余元。

抚州市烟草专卖局（公司）：扶贫济困，向余干县洪家嘴乡石岭村、婺源县秋口镇言坑村等困难群众捐款28万元；参与社区共建活动，向横峰县兴安社区、余干迎宾社区等捐款4.5万余元；开展“金秋助学”活动，向困难学生捐款1.82万元。资助乡村建设，支援广丰县洋口镇等新农村建设，捐款20万余元。

宜春市烟草专卖局（公司）：扶贫济困，开展“慈善一日捐”活动，员工个人捐款2.17万元；向樟树市对口扶贫点捐款12万元。资助社区建设，向崔家园社区等捐款4.4万元。资助乡村建设，向宜丰县芳溪镇庙前村等捐款3.78万元，用于水利建设等。救助灾害，向四川雅安地震灾区捐款1.68万元。

吉安市烟草专卖局（公司）：资助乡村建设，全年支援对口帮扶村修建公路、改善住房、修筑水坝等，捐款82.1万元。

赣州市烟草专卖局（公司）：扶贫济困，开展“慈善一日捐”活动，员工个人捐款1.09万元；开展“送政策、送温暖、送服务”活动，捐款1.2万元。资助乡村建设，向石城县小松镇罗源村捐款10万元，用于修复山田水陂及村部标准化改造。

景德镇市烟草专卖局（公司）：资助乡村建设，向桂花村等捐款25.86万元，用于新农村建设。

萍乡市烟草专卖局（公司）：扶贫济困，员工个人捐款1.23万元；向困难卷烟零售客户每人捐赠米、油等生活必需品。资助乡村建设，向莲花县埡坞村等和五陂下红旗分厂捐款40万元，用于开展生产建设。

新余市烟草专卖局（公司）：扶贫济困，向扶贫挂点村等捐款7.5万元，用于贫困村建设。资助教育事业，向困难学生和“助学爱心”协会捐款1.4万元。资助乡村建设，向高新技术产业开发区等捐款14.5万元，用于新农村建设。

鹰潭市烟草专卖局（公司）：扶贫济困，开展“慈善一日捐”活动，员工个人捐款0.5万元；向困难群众捐款0.7万元。资助乡村建设，向细叶村等捐款15.2万元。

江西中烟工业有限责任公司

2013年，江西省烟草工业系统共捐款1.12亿元，用于各项社会公益活动。扶贫济困，捐款1146.87万元。资助乡村建设，捐款1.005亿元。

江西中烟工业有限责任公司本部：扶贫济困，向困难群众捐款0.6万元。

江西中烟工业有限责任公司南昌卷烟厂：资助乡村建设，向赣南石城县龙岗乡绿水村新农村建设捐款8万元。

江西中烟工业有限责任公司赣南卷烟厂：资助乡村建设，向赣州市开发区捐款7万元，用于道路硬化、兴修水渠等。

江西中烟工业有限责任公司广丰卷烟厂：扶贫济困，开展“金秋助学”活动，捐款8万余元；开展“慈善一日捐”活动，捐款1.42万元。资助乡村建设，捐款12万元。

江西中烟工业有限责任公司井冈山卷烟厂：扶贫济困，开展“慈善一日捐”活动，捐款2万余元。资助乡村建设，捐款10万元。

江西中烟工业有限责任公司兴国卷烟厂：扶贫济困，向困难群众捐款1.55万元。资助乡村建设，向赣州市兴国县城岗乡捐款6万元。

山东省烟草专卖局（公司）

2013年，山东省烟草商业系统共捐款1.67亿元，用于各项社会公益活动。

山东省烟草专卖局（公司）机关：扶贫济困，向山东省慈善总会、山东省残疾人福利基金会等捐款2400万元；开展“慈心一日捐”活动，员工个人捐款3.6万元。资助教育事业，向济南市教育系统、山东财经大学捐款1600万元。资助乡村建设，向全省植烟生态村捐款2000万元；向平度市捐款2000万元用于新河水库建设；向诸城市捐款700万元用于新农村建设。

济南市烟草专卖局（公司）：扶贫济困，向贫困村捐款1059万元；开展“慈心一日捐”活动，捐款56.3万元；开展“人口关爱募捐”活动，捐款3.8万元；开展“爱心捐款”活动；向市残联捐款14.3万元；参加“泉水节”公益活动，捐款50万元。

青岛市烟草专卖局（公司）：扶贫济困，向困难卷烟零售客户捐款14万元；开展“慈心一日捐”“人口关爱基金”活动，捐款11万元。救助灾害，“11·22”青岛输油管道爆炸事件发生后，向受灾卷烟零售客户捐款1.8万元。

淄博市烟草专卖局（公司）：扶贫济困，参加“慈心一日捐”活动，捐款25万元；向困难卷烟零售客户和烟农捐款17.7万元。资助乡村建设，捐款666万元。

枣庄市烟草专卖局（公司）：扶贫济困，向“金叶阳光基金会”捐款30万元；向困难卷烟零售客户捐款4.6万元；开展“慈心一日捐”活动，捐款3.2万元；向枣庄市见义勇为基金会捐款30万元。资助乡村建设，捐款600万元帮扶非烟生态村建设。

东营市烟草专卖局（公司）：扶贫济困，捐款100万元设立困难帮扶基金；开展“慈心一日捐”活动，捐款10万元。资助乡村建设，开展第一书记挂职帮扶、党员干部联户帮困活动，全年投入帮扶资金286万元。

烟台市烟草专卖局（公司）：扶贫济困，开展“慈心一日捐”活动，捐款76.3万元，其中员工个人捐款28.8万元；参与“温暖烟台”慈善活动，捐款15万元；向困难卷烟零售客户捐款25万元；向见义勇为基金会捐款40万元。资助教育事业，开展“手拉手·一帮一”助学活动，员工个人捐款5.9万元；开展“助力寒门学子”活动，捐款20万元。资助乡村建设，向帮扶村捐款198万元用于修建基础设施建设；捐款450万元用于帮扶项目建设。

潍坊市烟草专卖局（公司）：扶贫济困，向市儿童福利院、昌乐县聋哑学校等捐款12.2万元；参加“慈心一日捐”活动，捐款181.8万元，其中员工个人捐款25.2万元。资助教育事业，向困难大学生和学校捐款29万元。资助乡村建设，向寿光市纪台镇尧店村等捐款239.4万元。资助环境保护，向昌乐县绿化委员会、中国志愿服务基金会捐款10.9万元，用于绿化造林、保护环境。

济宁市烟草专卖局（公司）：扶贫济困，向困难群众捐款63.5万元；向困难卷烟零售客户捐款18.4万元。资助乡村建设，捐款503万元，用于非烟生态村建设；向邹城市田黄镇杨家峪村等捐款6.2万元，用于荒山绿化治理。

泰安市烟草专卖局（公司）：扶贫济困，向困难卷烟零售客户捐款20.8万元。资助教育事业，向15名困难卷烟零售客户子女发放助学金4.5万元。资助乡村建设，捐款195万元用于开展生态村富民工程；选派第一书记驻村帮助工作。

威海市烟草专卖局（公司）：扶贫济困，开展“慈心一日捐”“冬送温暖”活动，捐款16.5万元。资助教育事业，向困难卷烟零售客户子女、困难农民工子女发放助学金18万元；出资1万元，帮助凤林学校设立一间希望图书室。资助乡村建设，向荣成市荫子镇前荫子夼村捐款64.9余万元。

日照市烟草专卖局（公司）：扶贫济困，捐款2.6万元，帮扶萃园社区、建国前老党员以及包联村困难群众；捐赠10万元建立“真情送暖”慈善基金，为52名困难卷烟零售户子女开展助学活动。资助乡村建设，向五莲石家高化村，莒县寨里河镇和五莲县汪湖镇共11个捐款21万元，用于修整村容村貌、道路建设及其他基础设施建设。

莱芜市烟草专卖局（公司）：扶贫济困，向社会慈善捐款250万元；开展“金叶助学”活动，向贫困学生捐款20万元；参加“慈心一日捐”活动，捐款1万元。资助乡村建设，向重点烟叶生态村和非烟生态村捐款218万元，用于修整村容村貌、道路建设及其他基础设施建设。

临沂市烟草专卖局（公司）：扶贫济困，向“绿叶”慈善基金捐款100万元。资助社区建设，向罗庄区荣华社区捐款10万元；向选派干部任职村和帮扶村捐款158万元；向重点烟叶生产生态村和非烟生态村捐款915.7万元。

德州市烟草专卖局（公司）：扶贫济困，捐款100万元设立“阳光手拉手”慈善基金；向当地养老院捐赠价值1.8万元过冬必需品。资助教育事业，向生态村所属小学、德州市特殊教育学校捐款1万元及图书200余册。资助乡村建设，捐款50万元用于基础设施建设。

聊城市烟草专卖局（公司）：扶贫济困，向困难卷烟零售客户捐款24万元。资助教育事业，开展“尚水行 圆梦助学”活动，捐款12万元。

滨州市烟草专卖局（公司）：扶贫济困，开展“情暖万家 关爱困难零售户”“慈心一日捐”活动，捐款34.9万元；向见义勇为基金会捐款20万元。资助教育事业，捐款8.3万元。资助乡村建设，向非烟生态村捐款111.5万元。

菏泽市烟草专卖局（公司）：扶贫济困，捐款154万元建立“情义”公益基金；参加“慈心一日捐”活动，捐款42.45万元。资助乡村建设，捐款890万元用于开展生态村富民工程；开展第一书记挂职帮扶、党员干部联户帮困活动，捐款173万元；向基层党建创新基金捐款100万元。

山东中烟工业有限责任公司

2013年，山东省烟草工业系统共捐款1175.46万元，用于各项社会公益活动。

山东中烟工业有限责任公司本部：扶贫济困，向山东省慈善总会捐款80万元；向潍坊市慈善总会捐款150万元；向德州市、临清市、沂水县慈善总会共捐款190万元。救助灾害，向遭受自然灾害的部分烟叶生产基地捐款830万元。

山东中烟工业有限责任公司济南卷烟厂：资助乡村建设，向岚峪村捐款30万元，用于农业产业结构调整。

山东中烟工业有限责任公司青岛卷烟厂：扶贫济困，参加“慈善一日捐”活动，员工个人捐款10.46万元；向青岛市残疾人福利基金会捐款10万元。

山东中烟工业有限责任公司青州卷烟厂：资助乡村建设，向西段村捐款10万元，用于修建蓄水池等。

山东中烟工业有限责任公司滕州卷烟厂：扶贫济困，参加“关爱女孩行动”活动，捐款5万元。资助乡村建设，向赵坡村捐款5万元，用于组织活动场所和计生服务阵地建设；向楼里村捐款5万元，用于帮扶该村文明幸福村创建。

河南省烟草专卖局（公司）

2013年，河南省烟草商业系统共捐款2673.27万元，用于各项社会公益活动。

河南省烟草专卖局（公司）机关：资助教育事业，向郑州市黄河路第三小学捐款1万元。资助乡村建设，向全省新型农村社区建设捐款2000万元；向“新农村建设送温暖”活动捐款7.3万元；向曹营村等捐款142万元。

郑州市烟草专卖局（公司）：扶贫济困，参加“快乐做慈善、爱心满绿城”“一帮一”活动，捐款1.94万元。

开封市烟草专卖局（公司）：扶贫济困，向困难卷烟零售客户、孤寡老人等捐款捐物共计3万元；参加“爱心家园”“温暖在身边”“手拉手关爱贫困留守儿童两日行”等活动，捐款4万元，并捐赠价值1.5万元的书籍和学习用品。资助教育事业，开展“爱心送考”活动，高考期间出动私家车90余辆，免费接送考生500余人次。资助乡村建设，为创建卫生城市和新农村建设捐款3万元。

洛阳市烟草专卖局（公司）：扶贫济困，开展“慈善一日捐”活动，捐款1.74万元。

平顶山市烟草专卖局（公司）：扶贫济困，开展“送温暖、献爱心”活动，捐款1.86万元，并捐赠衣物67件。资助教育事业，向鲁山县张官营镇第十三小学捐款0.4万元，并捐赠学习用具、食品、衣服等物品。

安阳市烟草专卖局（公司）：扶贫济困，开展“慈善救助一日捐”“为残疾人献爱心”“关爱老人”敬老暖心等活动，捐款2.09万元；开展“金秋爱心助学”活动，捐款15.8万元；向留守儿童、困难学生捐款1.8万元，并为留守儿童捐赠图书40册及学习用具。资助乡村建设，捐款26.2万元，用于开展新农村建设帮扶活动。

鹤壁市烟草专卖局（公司）：扶贫济困，向困难儿童、困难群众和福利院捐款捐物价值1.65万元。资助乡村建设，捐款15万元帮扶浚县善堂镇白毛管理区开展新农村建设。

新乡市烟草专卖局（公司）：扶贫济困，向新乡市慈善总会及各县（区）慈善协会等捐款7万元。资助教育事业，向新乡辉县市胡桥乡中心学校等捐款16.41万元。

焦作市烟草专卖局（公司）：扶贫济困，参加“爱心一日捐”“贫困母亲亲情救助”活动，捐款4.49万元。

濮阳市烟草专卖局（公司）：扶贫济困，成立困难卷烟零售客户专项基金，捐款35.65万元；向社区困难户捐款0.15万元。资助教育事业，开展助学捐款12万元。资助乡村建设，向贫困村整治村容村貌工程等捐款13.85万元。救助灾害，向四川雅安地震灾区捐款16.6万元。

许昌市烟草专卖局（公司）：扶贫济困，参加“关爱贫困母亲”活动捐款10万元；向许昌县椹涧乡方庄村困难群众捐赠价值0.5万元的慰问品；向许昌市妇联捐赠爱心棉衣300余件。资助乡村建设，捐款29.57万元，用于许昌县椹涧乡方庄村建设文化广场。

漯河市烟草专卖局（公司）：资助乡村建设，向舞阳县章化乡开展驻村捐款15万元。

三门峡市烟草专卖局（公司）：资助乡村建设，向卢氏县柳泉村捐款88万元，用于村委会建设等。

南阳市烟草专卖局（公司）：扶贫济困，向南阳市慈善总会捐款 3 万元。

商丘市烟草专卖局（公司）：扶贫济困，参加“冬令温暖”“金秋助学”等活动，捐款 1.55 万元；组织“商源·情缘”志愿者服务队到梁园区平台敬老院慰问。

信阳市烟草专卖局（公司）：扶贫济困，向信阳市残联、息县困难职工帮扶中心等捐款 6.09 万元。资助教育事业，向平桥区邢集镇周楼村学校、罗山县高店乡张河学校、罗山县楠杆镇樊湾学校捐款 3.67 万元。

周口市烟草专卖局（公司）：资助教育事业，向希望工程圆梦行动捐款 24 万元。资助乡村建设，向沈丘县周营乡黄孟营癌症村捐款 3 万元。

驻马店市烟草专卖局（公司）：扶贫济困，向市农机公司及困难群众分别捐赠价值 1.08 万和 3.44 万元物品。资助教育事业，向市第二小学和市第四中学分别捐赠价值 1.99 万元和 4.95 万元的教学设备。资助乡村建设，向对口扶贫村确山县任店镇黄店村和石滚河镇何大庙村等捐款 23 万元。

济源市烟草专卖局（公司）：扶贫济困，向王屋镇罗庄村捐款 10 万元。

天昌国际烟草有限公司：资助乡村建设，向许昌市慈善总会捐款 8 万元。

河南中烟工业有限责任公司

2013 年，河南省烟草工业系统共捐款 2835.35 万元，用于各项社会公益活动。

河南中烟工业有限责任公司本部：扶贫济困，向郑州慈善总会捐款 100 万元；向开封市捐款 1000 万元；向安阳市捐款 1000 万元；向河南省见义勇为基金会捐款 100 万元。资助教育事业，向困难大学生捐款 30 万元。资助乡村建设，向禹州韩城前屯村等捐款 52 万元，用于精神文明帮建和扶贫。

河南中烟工业有限责任公司新郑卷烟厂：资助教育事业，开展“金秋爱心助学”活动，捐款 2.2 万元。资助乡村建设，向新郑市新村镇水泉村捐款 2 万元。

河南中烟工业有限责任公司郑州卷烟厂：扶贫济困，开展“慈善日捐款”活动，捐款 1.61 万元。

河南中烟工业有限责任公司许昌卷烟厂：资助教育事业，捐款 300 万元用于改善许昌实验小学铁西校区教学环境；捐款 6 万元用于许昌市捐资助学。资助乡村建设，向许昌市襄城县王洛镇冢王村捐款 10 万元。

河南中烟工业有限责任公司安阳卷烟厂：资助教育事业，捐款 2.07 万元用于安阳市捐资助学。资助乡村建设，向安阳县都里镇三里湾村捐款 31 万元。

河南中烟工业有限责任公司南阳卷烟厂：资助乡村建设，向杨沟村捐款 60 万元。救助灾害，向四川雅安地震灾区捐款 2.75 万元。

河南中烟工业有限责任公司驻马店卷烟厂：资助乡村建设，向张楼村捐款 20 万元。

河南中烟工业有限责任公司漯河卷烟厂：扶贫济困，向漯河市慈善总会捐款 50 万元。资助文化事业，捐款 40 万元用于漯河市许慎文化园提升完善工程。

河南中烟工业有限责任公司洛阳卷烟厂：扶贫济困，开展“慈善一日捐”活动，捐款 4.72 万元。资助乡村建设，向洛阳市宜阳县高村乡丰涧村捐款 20 万元。

河南卷烟工业烟草薄片有限公司：扶贫济困，向许昌县五女店镇白雉村、许昌县椹涧乡军张村、许昌市社会福利院、许昌市特殊教育学校共捐赠 1 万余元的慰问品。

湖北省烟草专卖局（公司）

2013 年，湖北省烟草商业系统共捐款 1330.13 万元，用于各项社会公益活动。

湖北省烟草专卖局（公司）机关：扶贫济困，向湖北“616”扶贫工程点恩施来凤县捐款 150 万元；向三峡工程移民点捐款 50 万元。资助乡村建设，向郧县捐款 30 万元；向“万名干部进万村洁万家”（简称“三万”活动）驻点村捐款 5 万元。

武汉市烟草专卖局（公司）：扶贫济困，向“三万”活动点捐款 25 万元；向对口扶贫点捐款 27.7 万元；向武汉市慈善总会捐款 83 万元。

黄冈市烟草专卖局（公司）：资助乡村建设，向红安县七里坪镇古峰岭村捐款 35 万元；向“三万”活动驻点村浠水县丁司垱镇路庙铺村捐款 5 万元。

襄阳市烟草专卖局（公司）：扶贫济困，向“三万”活动点捐款 5 万元；向困难群众捐赠价值 1.19 万元的物资。资助乡村建设，向“双联双促”联系点捐款 41.94 万元；向对口联系社区捐款 1 万元。

荆州市烟草专卖局（公司）：扶贫济困，向松滋市、公安县、荆州区、江陵县困难村镇和“三万”活动点捐款 39 万元。资助教育、文化事业，向荆州中学、公安一中、监利广播“村村响”及安全教育图书项目捐款 7.47 万元。资助乡村建设，向松滋市、石首市、江陵县、监利县捐款 37.4 万元。资助社会公共和福利事业，捐款 10.3 万元。

十堰市烟草专卖局（公司）：扶贫济困，向“三万”活动点和困难烟农捐款 37.03 万元。资助乡村建设，向郧西神雾岭村捐款 10 万元。资助福利事业，捐款 3.2 万元。

孝感市烟草专卖局（公司）：扶贫济困，捐款 3.53 万元。资助乡村建设，捐款 30.55 万元。资助教育事业，捐款 2.7 万元。资助社会福利事业，捐款 8.19 万元。

恩施州烟草专卖局（公司）：扶贫济困，向咸丰县丁寨乡湾田村捐款 90 万元，用于基础设施建设。

宜昌市烟草专卖局（公司）：扶贫济困，捐款 104.8 万元。资助乡村建设，捐款24.2万元，用于新农村建设。资助社会事业，员工个人捐款12.95万元。

咸宁市烟草专卖局（公司）：扶贫济困，向咸安、通城、赤壁等地捐款101余元，为困难党员、空巢老人和留守儿童送关爱，帮助当地开展新农村建设。资助教育事业，捐款38万元，用于资助困难学生上大学。

随州市烟草专卖局（公司）：扶贫济困，向“三万”活动点和结对共建社区捐款42.3万元。资助教育事业，向随县博爱学校、曾都万店小学及困难学生捐款2.3万元。资助福利事业，捐款8万元。

黄石市烟草专卖局（公司）：扶贫济困，开展“慈善一日捐”活动，捐款2.04万元。救助灾害，向四川雅安地震灾区捐款2.45万元。

荆门市烟草专卖局（公司）：扶贫济困，向仙居乡福利院捐款5万元；向市妇联捐款2万元。资助教育事业，向钟祥市柴湖镇捐款2万元，用于贫困学生上大学。资助乡村建设，向东宝区、沙洋县、京山县、钟祥市村镇捐款87.8万元。

鄂州市烟草专卖局（公司）：扶贫济困，开展“送温暖献爱心”活动，向困难群众和困难卷烟零售客户捐款4.3万元；向市慈善总会捐款6万元，救治6名心脏病儿童。资助教育事业，开展“金秋助学”活动，捐款1.5万元。资助乡村建设，向结对帮扶点沼山镇夏咀村捐款2万元。

仙桃市烟草专卖局（公司）：扶贫济困，向“三万”活动点、困难乡镇和卷烟零售户捐款59.53万元。资助教育事业，开展“金秋助学”活动和“阳光家园”活动，捐款2.6万元。资助乡村建设，捐款43万元。资助社会公共和福利事业，捐款6.36万元。

天门市烟草专卖局（公司）：扶贫济困，捐款4.8万元。资助文化事业，捐款5万元。

潜江市烟草专卖局（公司）：扶贫济困，向“三万”活动点和“双联双促”活动点捐款13万元；向市红十字会捐款1万元；向市慈善总会捐款2万元。资助教育事业，向潜江中学捐款2万元。资助文化事业，向市群众艺术中心捐款1万元。

神农架林区烟草专卖局（公司）：扶贫济困，向“三万”活动点青峰村捐款1万元。资助社会事业，捐款1万元。

湖北中烟工业有限责任公司

2013年，湖北省烟草工业系统积极开展各项社会公益活动。

湖北中烟工业有限责任公司本部：扶贫济困，向十堰市竹山县、竹溪县各捐款200万元；向十堰市捐款200万元；向革命老区麻城县捐款200万元。资助教育事业，向湖北省教育厅捐款1000万元；向湖北省慈善总会慈善助学基金捐款100万元；向西藏山南地区捐款15万元。救助灾害，向四川雅安地震灾区捐赠赈灾物资22.06万元。

湖北中烟工业有限责任公司襄阳卷烟厂：扶贫济困，向襄阳市慈善总会捐款200万元。

湖北中烟工业有限责任公司三峡卷烟厂：资助教育事业，向五峰县民族高中捐款80万元。资助乡村建设，向五峰县捐款350万元，用于新城基础设施建设。

湖北中烟工业有限责任公司广水卷烟厂：扶贫济困，向广水市捐赠扶贫款300万元。资助城市建设，向广水市应急供水工程捐款500万元。

湖北中烟工业有限责任公司恩施卷烟厂：资助乡村建设，参与湖北省“616对口支援工程”，向利川市、咸丰县、鹤峰县“616对口支援工程”捐款200万元、150万元、80万元；向巴东县三峡移民工程捐款100万元。

湖南省烟草专卖局（公司）

2013年，湖南省烟草商业系统积极开展各项社会公益活动。

湖南省烟草专卖局（公司）机关：扶贫济困，向湘西永顺县捐款140万元；向湖南省贫困妇女儿童项目捐款100万元；向“金叶慈善医疗卡”救助项目捐款80万元；对口援藏捐款30万元；向志愿者服务基金会等捐款15万元；开展“慈善一日捐”活动，员工个人捐款5.01万元。资助教育事业，捐款63.81万元。资助乡村建设，向长沙宁乡县流沙河镇捐款20万元。资助文化事业，捐款45万元。救助灾害，向修梅镇抗旱救灾捐款25万元；员工个人为“向4·20雅安地震灾区献爱心”活动捐款8万余元。

长沙市烟草专卖局（公司）：扶贫济困，向“金叶慈善医疗卡”救助项目捐款85万元；向长沙市慈善总会捐款50万元；向困难党员和家庭捐款1.6万元；开展“结对认亲、排忧解难”主题活动，捐款7.3万余元。资助教育事业，开展“微益紫荆”活动，向双凫铺麦田学校捐赠图书271册；开展“文明星城·爱心助学”活动，向望城二中等学校捐款84万元。救助灾害，向四川雅安地震灾区捐款6.48万元。

岳阳市烟草专卖局（公司）：扶贫济困，向市第二福利院等捐款145万元；向“金叶慈善医疗卡”救助项目捐款85万元；向湖南省志愿者服务基金会捐款10万元；向岳阳市慈善总会捐款20万元。资助教育事业，开展“爱心助学”公益活动，捐款12万元；向东升小学等学校捐款23万元。资助乡村建设，向对口扶贫建设点捐款305万元，用于道路硬化、水利设施建设等。

湘潭市烟草专卖局（公司）：扶贫济困，捐款15.13万元；向“金叶慈善医疗卡”救助项目捐款85万元；向“见义勇为”奖励基金捐款0.5万元；向福利院捐款1万元。资助教育事业，捐款30.86万元。资助乡村建设，向泉湖村等捐款64.9万元。其他捐款30.95万元。

衡阳市烟草专卖局（公司）：扶贫济困，向“金叶慈善医疗卡”救助项目捐款85万元；向困难学生、孤儿捐款5万元。资助教育事业，向贫困小学捐赠桌椅50套、电脑20台、图书1087册。资助乡村建设，捐款271.36万元，用于修建公路等。

郴州市烟草专卖局（公司）：扶贫济困，向红十字会捐款6万元；向湖南志愿者服务基金会捐款10万元；向“金叶慈善医疗卡”救助项目捐款85万元。资助教育事业，向部分学校提供教育基金48万余元。资助乡村建设，资助社区、双联建设，捐款11.8万元；成立工作队帮扶永兴县安福村、宜章县上寮村等开展新农村建设，捐款49.5万元。

益阳市烟草专卖局（公司）：扶贫济困，向“金叶慈善医疗卡”救助项目捐款85万元；向困难群众捐款12万元；向省志愿服务基金会、中国红十字会等捐款13万元。资助教育、体育事业，向益阳市教育基金会捐款15万元；向益阳市体育总局等捐款24万元。资助农村、社区建设，向新桥和镇、桃江社区等捐款101万元。

娄底市烟草专卖局（公司）：扶贫济困，向“金叶慈善医疗卡”救助项目捐款85万元；开展救济贫困、扶助残疾人等活动，捐款183万元。资助教育事业，捐款6万元。其他捐款127万元。

邵阳市烟草专卖局（公司）：扶贫济困，向“金叶慈善医疗卡”救助项目捐款85万元；向“双联”联系村、社区困难群众捐款1.91万元。资助教育事业，捐款3.6万元为黄荆小学等购置学习物品。资助社区建设，捐款1万元支持邵东县福田社区综合治理网格化建设。

湘西州烟草专卖局（公司）：扶贫济困，向“金叶慈善医疗卡”救助项目捐款85万元；向困难群众等捐款16.4万元；向其他扶贫救困活动捐款8.61万元。资助教育事业，捐款65.73万元。资助环境保护事业，捐款23.15万元。资助社会公共设施建设，捐款20.49万元。

张家界市烟草专卖局（公司）：扶贫济困，向“金叶慈善医疗卡”救助项目捐款85万元；开展“慈善一日捐”活动，捐款3.99万元；开展“救助计生贫困母亲”活动，捐款6.88万元，并捐赠价值1.5万元的生活必需品；向困难群众等捐款1.29万元。资助乡村建设，向对口帮扶村捐款320万元。

怀化市烟草专卖局（公司）：扶贫济困，向“金叶慈善医疗卡”救助项目捐款85万元。资助教育事业，向怀化市三中“宏志班”、怀化市特殊学校、麻阳县托冲村小学等捐款5万元，用于购买各类图书3000册。资助乡村建设，向对口帮扶村捐款27万元。

永州市烟草专卖局（公司）：扶贫济困，向“金叶慈善医疗卡”救助项目捐款85万元；向困难群众捐款19.76万元。资助教育事业，向希望工程捐款7万元。资助乡村建设，向对口扶贫建设点捐款198.16万元，用于道路硬化、水利设施建设等。

湖南中烟工业有限责任公司

2013年，湖南省烟草工业系统共捐款3995.47万元，用于各项社会公益活动。扶贫济困，向郴州市慈善总会捐款1500万元；向张家界市慈善总会、永州市慈善总会等捐款102.77万元；向对口扶贫点苏家冲村等单位和个人捐款6.4万元。资助教育事业，向湖南省青少年发展基金会、云南省师宗县等捐款2265.8万元，并捐赠乒乓球桌2张、课桌椅50套，篮球架1套、桌椅40套等。资助乡村、社区建设，向四平市条子河村捐款20万元；向长沙市天心区捐款100.5万元。

湖南中烟工业有限责任公司本部：救助灾害，向郴州市慈善总会捐赠救灾款1500万元。资助教育事业，向湖南省青少年发展基金会捐款1300万元；向云南省师宗县等地捐款900万元，用于修建希望小学。资助慈善事业，向张家界市慈善总会捐款90万元。

湖南中烟工业有限责任公司长沙卷烟厂：资助教育事业，向长沙市学前教育协会捐款40万元；向长沙市雨花区王家冲小学捐款10万元。资助社区建设，向长沙市天心区捐款100万元。

湖南中烟工业有限责任公司常德卷烟厂：扶贫济困，向常德市苏家冲村捐款6.2万元；向家庭困难且品学兼优的学生及残疾儿童捐款10万元。资助教育事业，向常德市景家垭村小学捐款3万元。

湖南中烟工业有限责任公司郴州卷烟厂：扶贫济困，向郴州市下岗女职工捐赠价值0.2万元的慰问金及慰问品。资助教育事业，向桂阳县西水村小学捐赠价值2万元的学习用品及食品；向郴州市困难学生捐款0.8万元；向湖南永兴文洞小学捐赠价值1万元的学习用品及物品。

湖南中烟工业有限责任公司零陵卷烟厂：扶贫济困：向残疾人捐款5.52万元；向永州市慈善总会捐款2万元。

湖南中烟工业有限责任公司四平卷烟厂：资助乡村建设，向四平市条子河村捐款20万元。

湖南中烟工业有限责任公司吴忠卷烟厂：扶贫济困，捐款1.2万元。资助社区建设，向吴忠市胜利镇秦渠社区捐款0.5万元。资助社会团体，向吴忠市残联捐款4.05万元。

湖南中烟工业有限责任公司湘西鹤盛原烟发展有限责任公司：资助教育事业，向凤凰县木江坪镇中心小学捐赠乒乓球桌2张、课桌椅50套，图书、衣物、食品；向保靖县他者村小学捐赠篮球架1套、桌椅40套，文化体育用品数套。

广东省烟草专卖局（公司）

2013年，广东省烟草商业系统积极开展各项社会公益活动。

广东省烟草专卖局（公司）机关：扶贫济困，参加“救助贫困母亲”活动，捐款约3万元。

中山市烟草专卖局（有限责任公司）：扶贫济困，参加“慈善万人行”活动，单位捐款6万元，员工个人捐款3.37万元；向中山市南头镇困难党员等捐款0.79万元。资助乡村建设，向广东肇庆市怀集县多安村捐款31.97万元。

珠海市烟草专卖局（有限公司）：扶贫济困，向斗门区鳘鱼沙村捐款10万元。

东莞市烟草专卖局（有限公司）：扶贫济困，向东莞市企石镇旧围村捐款30万元，员工个人向该村困难群众捐款2.58万元；参加“扶贫济困日”活动，员工个人捐款5.83万元；参加“送温暖、献爱心”捐赠衣物活动，员工个人捐赠衣被219件。

佛山市烟草专卖局（有限责任公司）：扶贫济困，向佛山市慈善总会捐款13万元。资助乡村建设，向三水区乐平镇萧边村、黄塘村等捐款22.64万元。资助社会团体，捐款6.5万元。

肇庆市烟草专卖局（有限责任公司）：扶贫济困，捐款69.8万元。其他捐款1.5万元。

江门市烟草专卖局（有限公司）：扶贫济困，捐赠扶贫公益款29.9万元。

广东烟草开平市有限公司：扶贫济困，参加“扶贫双到”活动，捐款25万元；参加“慈善一日捐”等活动，捐款2.7万元。

茂名市烟草专卖局（有限责任公司）：扶贫济困，捐款50.3万元。其他捐款16.68万元。

汕头市烟草专卖局（有限责任公司）：扶贫济困，向孤寡老人捐款1.58万元；向困难群众捐款48.68万元。救助灾害，向汕头市潮南区“8·17”特大洪灾的灾后复产工作捐款61万元。

广东烟草汕头澄海有限公司：扶贫济困，向凤翔街道百二两村的村民捐款10万元，用于修缮房屋等；向汕头市澄海慈善总会捐款50万元。资助乡村建设，向隆都镇东山村等捐款28万元，用于村道修复。

潮州市烟草专卖局（有限责任公司）：扶贫济困，参加“扶贫济困日”活动，捐款2.67万元；向饶平县浮滨镇东里村等挂钩扶贫点捐款30.63万元，并向困难群众捐赠米、油等生活必需品。资助乡村建设，向饶平县黄冈镇大澳村新农村建设捐款10万元。救助灾害，向四川雅安地震灾区捐款1.04万元。

韶关市烟草专卖局（有限公司）：扶贫济困，参加“扶贫济困日”活动，捐款53.1万元；参加“扶贫双到”活动，捐款15.73万元。资助乡村建设，捐款3万元。资助卫生事业，捐款8.06万元。救助灾害，捐款5.76万元。

惠州市烟草专卖局（有限责任公司）：全年共捐款109.04万元。

南雄市烟草专卖局（有限公司）：扶贫济困，向南雄市黄坑镇园岭村捐款16.12万元。资助教育事业，捐款22.1万元。资助文化事业，捐款22.98万元。资助乡村建设，捐款5.5万元。

河源市烟草专卖局（有限责任公司）：扶贫济困，向困难群众捐款5万元；向市福利院老人及儿童捐赠价值1.2万余元的生活用品一批；参加“扶贫济困日”活动，捐款14万元。

清远市烟草专卖局（有限公司）：扶贫济困，捐赠扶贫帮扶资金73.8万元，用于连南县石坑崀村新建路灯和硬底化村路等基础设施建设。

梅州烟叶复烤有限公司：扶贫济困，向对口扶贫村捐款17.5万元。资助教育事业，向梅县东山中学捐款1万元。

广东中烟工业有限责任公司

2013年，广东省烟草工业系统共捐款3142万余元，用于各项社会公益活动。扶贫济困，参加“扶贫济困日”活动，捐款1000万元。资助教育事业，向广州美术学院教育发展基金会捐款90万元。救助灾害，向四川雅安地震灾区捐款600万元；资助汕头市等地灾后复产重建，捐款230万元；向云南、贵州、湖南、福建等地抗旱救灾工作捐款570万元。

广东中烟工业有限责任公司本部：资助乡村建设，向始兴马市镇堂阁村捐款60万元，用于基础设施建设。救助灾害，员工个人向四川雅安地震灾区捐款22.57万元；向云南、贵州、湖南、福建等地抗旱救灾工作捐款180万元。

广东中烟工业有限责任公司广州卷烟厂：扶贫济困，参加“广东扶贫济困日”活动，捐款10万元。救助灾害，向四川雅安地震灾区捐款19万余元。

广东中烟工业有限责任公司韶关卷烟厂：扶贫济困，捐款185万元用于扶贫开发工作；参加无偿献血活动，献血1.77万毫升。

广东中烟工业有限责任公司梅州卷烟厂：扶贫济困，向贫困儿童捐款5.05万元；参加无偿献血活动，献血1.58万毫升；向兴宁市石马镇马上村捐款74.57万元。

广东中烟工业有限责任公司湛江卷烟厂：扶贫济困，向遂溪县港门镇西坡村捐款80万元，用于困难群众的危房改造等工作；向困难群众捐赠米、面、油等生活必需品。

广西壮族自治区烟草专卖局（公司）

2013年，广西壮族自治区烟草商业系统共捐款382.98万元，用于各项社会公益活动。

广西壮族自治区烟草专卖局（公司）机关：资助教育

事业，向凌云县沙里乡中小学校捐赠价值40.4万元的电教设备一批。资助乡村建设，向“美丽广西、清洁乡村”活动捐款61.52万元；向定点帮扶村富川瑶族自治区石家乡黄竹村、龙湾村捐款29.8万元。

南宁市烟草专卖局（公司）：资助教育事业，参加“金秋助学”活动，捐款0.6万元；参加“一份爱心，点燃希望”关爱儿童活动，向保育院捐赠价值1.62万元的电脑3台。资助乡村建设，帮助马山县里当乡瑶族北屏村修建“爱心水窖”3座，捐款8万元。

柳州市烟草专卖局（公司）：资助乡村建设，向三江侗族自治县洋溪乡安马村“稻田养鱼”产业项目捐款8万元。

桂林市烟草专卖局（公司）：扶贫济困，向桂林市社会福利院捐赠价值5.17万元的电视机、录音机、儿童自行车等物品；员工个人向桂林市妇女联合会“母亲贴心邮包”活动捐款0.74万元。资助乡村建设，向灌阳县江塘村捐款2.56万元，用于该村饮水工程、建设小学篮球场和慰问困难群众；向桂林市象山区北芬村，灌阳县水车乡及马莲村、江塘村“美丽广西、清洁乡村”活动捐款8.32万元。救助灾害，向四川雅安地震灾区捐款6.23万元。

河池市烟草专卖局（公司）：扶贫济困，向对口扶贫点捐款58.04万元，用于道路、村委办公场所等公共基础设施建设。资助教育事业，向辖区11个县（市）中小学校捐款12.75万元，用于慰问困难老师和学生。资助乡村建设，向河池市“美丽广西、清洁乡村”活动捐款5.41万元。资助文化事业，向都安、大化两个瑶族自治县相关大型文化活动捐款9.31万元。

百色市烟草专卖局（公司）：扶贫济困，向全市困难卷烟零售客户捐款13万元。资助教育事业，向凌云县沙里中学、沙里中心学校捐赠价值5.76万元的电教设备一批。资助乡村建设，向靖西、田林、乐业、西林等县“美丽广西、清洁乡村”活动捐款15.49万元；向隆林各族自治县克长乡、隆或乡、岩茶乡捐款3.1万元，用于乡村公路维修。

钦州市烟草专卖局（公司）：扶贫济困，向钦州市困难大学生捐款5万元。救助灾害，员工个人向四川雅安地震灾区捐款2.41万元。

防城港市烟草专卖局（公司）：扶贫济困，员工个人向防城港市福利院捐款0.78万元。资助乡村建设，向上思县南屏乡“美丽广西、清洁乡村”活动捐款3.6万元。资助体育事业，向防城港市龙舟赛捐款1.2万元。

玉林市烟草专卖局（公司）：扶贫济困，向困难卷烟零售客户捐赠价值1.38万元的慰问品。

贵港市烟草专卖局（公司）：资助教育事业，向贵港市、桂平市部分中小学校捐款20万元，用于基础设施建设、采购教学设备等。救助灾害，向桂平市紫荆镇深水村受水灾困难群众捐赠价值1.62万元的慰问品。

梧州市烟草专卖局（公司）：资助教育事业，向梧州市部分中小学校困难学生捐款9万元，用于购置学习用品。资助乡村建设，向梧州市“美丽广西、清洁乡村”活动捐款6.1万元；向梧州市部分乡村捐款11万元，用于乡村基础设施建设。

贺州市烟草专卖局（公司）：资助教育事业，向贺州市建设路小学捐款3万元。资助乡村建设，向钟山县、昭平县、富川瑶族自治县乡镇捐款12.2万元，用于乡村基础设施建设。

来宾市烟草专卖局（公司）：扶贫济困，向武宣县桐岭镇仁汉村捐款7.62万元，用于公共设施建设和慰问困难大学生。

崇左市烟草专卖局（公司）：扶贫济困，向天等县上映乡上美村捐赠“母亲贴心邮包”43个，共计0.43万元。资助教育事业，向崇左市“希望工程，圆梦行动”一日捐活动捐款0.8万元。资助乡村建设，向天等县向都镇隆录村“美丽广西、清洁乡村”活动捐款0.4万元。救助灾害，员工个人向四川雅安地震灾区捐款0.62万元。

广西中烟工业有限责任公司

2013年，广西自治区烟草工业系统共捐款2046.8万元，用于各项社会公益活动。

扶贫济困，资助入围央视广西“最美乡村医生”李前锋，捐款7.2万元；向“八桂情爱心助残公益”“南宁慈善日”等活动捐款1.3万元；向农民工子女捐赠价值5万元的衣服。

资助教育事业，捐款500万元用于援建希望小学；向第八次“金秋助学”活动捐款100万元；新增“广西青年英才基金助学”项目，捐款50万元；捐款150万元用于修建学校；捐款166万元用于丘北县普克村小学建设；向中小学教师捐款11万元。

资助乡村建设，向“美丽广西 、清洁乡村”项目捐款41万元，用于修建道路、水渠及池塘等；向柳州市融安县浮石镇木瓜村捐款9.1万元，用于援建垃圾池、篮球场等；向南宁市马山县捐款24.2万元，用于修建大陆村排洪渠项目；分别向田林县、东兰县、隆林县、凌云县等县捐款330万元，用于支持贫困地区产业发展扶贫建设项目。

救助灾害，员工个人向四川雅安地震灾区捐款52.8万元。

其他项目，捐款600万元。

海南省烟草专卖局（公司）

2013年，海南省烟草商业系统共捐款409.46万元，其中员工个人捐款6.01万元，用于各项社会公益活动。

海南省烟草专卖局（公司）机关：资助乡村建设，向临高县博西村捐款38万元，用于水塔建设项目。

海口市烟草专卖局（公司）：扶贫济困，向临高县困难群众捐款0.2万元。资助教育事业，向海南青少年希望基金会捐款8万元。资助乡村建设，向定安县雷鸣镇山地村、文昌市文城镇青山村、翁田镇新村捐款4.47万元。

三亚市烟草专卖局（公司）：扶贫济困，向陵水县本号镇黎跃村、格择村捐赠价值1万元米、油等生活必需品。资助乡村建设，向保亭县保城镇番文村捐款8.3万元；向三亚市吉阳镇落笔洞捐赠价值3.98万元的物资。资助文化事业，捐款0.2万元。

琼海市烟草专卖局（公司）：扶贫济困，向万宁市龙滚镇和顺村等捐赠价值0.35万元的物资。资助教育事业，向屯昌县教育助学促进会、屯昌县南吕镇三岭村教师捐款0.3万元。资助乡村、社区建设，向屯昌县三岭村等捐款2.9万元；向万宁市捐款0.78万元，用于冬修水利；向万宁市光明社区等捐款0.7万元。

儋州市烟草专卖局（公司）：资助环境建设，向“绿化宝岛大行动义务植树百日活动”捐款0.6万元。其他项目，员工个人捐款6.01万元。

重庆市烟草专卖局（公司）

2013年，重庆市烟草商业系统共捐款6957万元，用于开展各项社会公益活动。

重庆市烟草专卖局（公司）机关：扶贫济困，联合重庆电视台新闻中心启动“温暖2013，我们在一起”大型公益行动，捐款12万元帮助困难家庭；开展“三诚慈善献大爱”专项行动，捐款306万元。资助教育事业，开展“爱的坚守”公益活动，捐款40万元帮助边远山区困难教师。

万州区烟草专卖局（分公司）：扶贫济困，向困难大学生、残疾困难户等捐款3万元；参加“三诚慈善献大爱”活动，捐款11.4万元；参加义务献血活动，献血量超过1万毫升。资助乡村建设，捐款82万元；向恒合土家族乡捐款20万元，用于防雹炮站建设。

黔江区烟草专卖局（分公司）：扶贫济困，开展“黔烟献大爱”活动，捐款1万元；向定点帮扶农户捐款5万元；向军烈属及伤残军人捐款1万元；向黔江区第二福利院捐款0.6万元；向困难学生、困难退休及在岗教师捐款5.5万元。资助教育事业，向黔江区鹅池镇南溪村小学捐款1.5万元；向黔江区特殊学校捐款1万元。救助灾害，向因死烟减产减收的烟农捐款250.95万元。

涪陵区烟草专卖局（分公司）：扶贫济困，向困难居民等捐款6万元。

渝中区烟草专卖局（分公司）：扶贫济困，向困难卷烟零售客户捐赠价值5万元的慰问品；参加“双拥慰问”活动，捐款0.5万元；向小泉福利院捐赠价值0.5万元的慰问品。资助教育事业，向南川区马嘴小学等捐款7万元。

大渡口区烟草专卖局（分公司）：扶贫济困，向“稻草人援助中心”捐款3万元，用于帮扶贫困人群；向区机关党工委捐款1.4万元。资助社区建设，向渝钢社区捐款3万元，用于修缮社区老化公共设施和慰问社区困难群众。

江北区烟草专卖局（分公司）：扶贫济困，向困难卷烟零售客户等捐款9.66万元；向重庆市慈善总会捐款4.38万元。

沙坪坝区烟草专卖局（分公司）：扶贫济困，向困难卷烟零售客户、孤寡老人、困难大学生等捐款12.77万元。

九龙坡区烟草专卖局（分公司）：扶贫济困，开展“慈善双日捐”活动，捐款1.21万元；向“道德风尚”基金捐款0.3万元；组织“大爱无疆，情满渝烟”活动，捐款4.32万元。资助乡村建设，向走马镇乐园村捐款2万元。

南岸区烟草专卖局（分公司）：扶贫济困，向地震灾区、困难群众捐赠资金、物品、药品等共计1.35万元。资助乡村、社区建设，向广阳镇塘坎村捐款6万元；向涂山镇腾龙社区居委会捐赠价值2.38万元的物资。

北碚区烟草专卖局（分公司）：扶贫济困，向留守儿童捐赠0.35万元的慰问品。资助卫生事业，向重庆癌症康复会捐款0.2万元。其他捐款1.99万元。

渝北区烟草专卖局（分公司）：资助乡村、社区建设，向渝北区龙兴镇和平村、高洞村捐款10万元；向龙山街道松牌路龙华社区捐款14万元。

巴南区烟草专卖局（分公司）：扶贫济困，开展“大爱无疆，情满渝烟”活动，捐款3.65万元。资助教育事业，向巴南区石滩中学捐款3万元，并捐赠5台电脑；向南湖小学捐款0.5万元，用于教学设备购置。资助乡村建设，向街跳石镇捐款3万元，用于基础设施建设。

长寿区烟草专卖局（分公司）：扶贫济困，向困难卷烟零售客户等捐款7.84万元。

江津区烟草专卖局（分公司）：扶贫济困，向困难卷烟零售客户捐赠价值1万元的慰问品。资助教育事业，向贾嗣小学校等捐款3万元。资助乡村建设，向江津区的贫困山区捐款10万元，用于新农村建设。

合川区烟草专卖局（分公司）：扶贫济困，向困难群众和学生捐款5.48万元；参加“三诚慈善献大爱”活动，捐款6.98万元。

永川区烟草专卖局（分公司）：扶贫济困，向重庆市残疾人福利基金会捐款1万元；向困难群众捐款4.3万元；向困难大学生捐款2万元。资助乡村建设，向重庆市永川区捐款3万元，用于道路修缮。资助文化事业，捐款0.5万元。

南川区烟草专卖局（分公司）：扶贫济困，向困难卷烟零售客户、烟叶客户捐赠价值2.07万元的慰问品；向南川区慈善总会捐款4.7万元。资助教育事业，向南川区合溪小学等捐款6.98万元。资助乡村建设，向南川区庆元乡捐款20万元。

綦江区烟草专卖局（分公司）：扶贫济困，向困难卷烟零售客户、对口帮扶的龙山村困难居民、杨家湾社区捐赠价值1.69万元的慰问品。资助教育、文化、公共事业，向古剑学校等捐款1.21万元。资助乡村建设，向龙山村捐款10万元，用于新农村建设。

潼南县烟草专卖局（分公司）：扶贫济困，向卧佛镇困难家庭捐款3.2万元；向潼南县慈善协会捐款5万元；向“道德风尚”基金捐款1万元。资助教育事业，向明镜小学捐款0.73万元。资助乡村建设，向潼南县卧佛镇捐款2万元。

铜梁县烟草专卖局（分公司）：扶贫济困，向困难卷烟零售客户捐赠价值0.82万元的慰问品；向困难党员、孤寡老人捐赠价值2.59万元的慰问品；向困难学生、留守儿童捐款1.29万元。资助教育事业，向铜梁中学等捐款2.6万元，用于购置书籍和文化活动用品。

大足区烟草专卖局（分公司）：扶贫济困，参加“支部手拉手”活动，捐款0.8万元；向孤寡老人捐款0.15万元。资助教育事业，参加“冬日阳光，温暖你我”活动，捐款0.34万元。资助体育事业，捐款0.8万元。

荣昌县烟草专卖局（分公司）：扶贫济困，向困难学生捐款6.9万元。资助教育事业，向荣昌特殊学校捐款1万元；向碧云镇小学捐款1.5万元。

璧山县烟草专卖局（分公司）：扶贫济困，向困难卷烟零售客户捐款0.62万元；开展“三诚慈善献大爱”活动，捐款4.31万元。资助乡村建设，向七塘镇、广普镇、健龙乡捐款7万元。资助文化事业，捐款2.3万元。

梁平县烟草专卖局（分公司）：资助教育事业，启动“圆贫困学生高中梦”活动，在县总工会的资料库中选出3名成绩优异、家庭条件困难高中学生，每月定期资助500元；开展“三诚慈善献大爱”活动，员工个人捐款5.89万元。

城口县烟草专卖局（分公司）：扶贫济困，向困难学生、困难卷烟零售客户等捐款3.75万元。资助乡村建设，向明通场镇建设捐款1万元；向鸡鸣乡捐款1.5万元。

丰都县烟草专卖局（分公司）：扶贫济困，向旋石沟村、武平镇山羊溪村捐款10万元；向市慈善总会捐款8.25万元。

垫江县烟草专卖局（分公司）：扶贫济困，向困难卷烟零售客户捐款2万元。资助文化、体育事业，捐款4.19万元。

武隆县烟草专卖局（分公司）：救助灾害，向遭受严重自然灾害的烟农捐款576.4万元。

忠县烟草专卖局（分公司）：扶贫济困，捐款7.4万元。资助乡村、社区建设，向石子乡捐款2万元；向红星居委会等捐款0.6万元。

开县烟草专卖局（分公司）：资助教育事业，向南雅镇中心小学等学校捐款2.51万元，用于购置办公设备；向困难学生捐款1.5万元。资助乡村、社区建设，向铁桥镇岳龙村捐款3万元；向九龙社区捐款2万元。

云阳县烟草专卖局（分公司）：扶贫济困，向困难卷烟零售客户捐款1万元；向困难党员捐款2万元，并捐赠价值2万元的物资；向重庆市道德模范黎玉兰捐款1万元。资助教育事业，向桑坪村小学捐赠价值5万元的物资；向社区老年大学捐款1万元。资助乡村建设，向堰坪乡中升村捐款2万元。其他捐款2万元。

奉节县烟草专卖局（分公司）：扶贫济困，向“道德风尚”基金捐款1万元。资助教育事业，向奉节县太和乡金子小学捐款15万元，用于建设塑胶运动场。

巫山县烟草专卖局（分公司）：扶贫济困、资助教育事业，捐款20万元。

巫溪县烟草专卖局（分公司）：扶贫济困，向困难烟农及卷烟零售客户捐赠价值3.5万元的慰问品；向文峰敬老院孤寡老人捐款1.1万元。资助教育事业，向鹅蛋小学、红星小学捐款16.9万元，用于购置学习物品。资助社区建设，帮扶先锋社区马莲溪小区开展“四城一奖”建设，捐款1.5万元。

石柱县烟草专卖局（分公司）：扶贫济困，向困难零售卷烟客户捐赠价值1万元慰问品；向困难及伤残烟农捐款5.34万元；向困难学生捐款1万元。资助教育事业，向六塘乡六塘村小学捐款1.1万元。资助乡村建设，向龙潭乡新农村乡捐款4万元；向新乐乡捐款40万元。

秀山县烟草专卖局（分公司）：扶贫济困，向困难学生捐款3万元。资助教育事业，向秀山高级中学等学校捐款2.8万元；向县特殊教育学校捐款0.2万元，用于购置学习物品。资助乡村建设，向龙池镇美翠村捐款2万元，用于修复因洪水损毁的皎白公路。资助卫生事业，向“五城同创”卫生整治活动捐款0.5万元。

酉阳县烟草专卖局（分公司）：扶贫济困，向困难卷烟零售客户等捐款捐物共计10万元。资助教育事业，向酉阳县楠木乡红星小学捐款4.3万元，用于修缮校舍、购置学习物品、学生生活用品等。

彭水县烟草专卖局（分公司）：扶贫济困，向困难学生、教师以及困难职工捐款10万元。

四川省烟草专卖局（公司）

2013年，四川省烟草商业系统共捐款7557万元，用于开展各项社会公益活动。扶贫济困，向当年考取大学的困难大学生捐款160万元；向特困生捐款173万元。资助乡村建设，捐款540万元用于新农村清洁能源开发和危房改造；捐款380万元用于民族地区水渠改造和医疗卫生基础设施建设。资助教育事业，向7所小学捐款127万元用于修建食堂。救助灾害，向四川雅安地震灾区捐款1300余万元。

成都市烟草专卖局（公司）：扶贫济困，参加“慈善一日捐”活动，向成都市慈善总会捐款6.8万元。资助教育事业，向温江区和盛小学捐款200万元。资助乡村、社区建设，向蒲江县大兴镇水口村捐款3万元；向新津县方兴镇花碑社区捐款1万元。资助文化事业，向科普惠农公益活动组委会捐款4.8万元。救助灾害，向四川雅安地震灾区捐款50万元。

自贡市烟草专卖局（公司）：扶贫济困，向困难群众等捐款4.2万元。资助教育、文化、卫生、体育事业，捐款36.31万元。其他捐款1万元。

攀枝花市烟草专卖局（公司）：扶贫济困，向对口帮扶地区捐款35.3万元。资助乡村建设，捐款75.7万元用于新农村建设。救助灾害，捐款424万元。

泸州市烟草专卖局（公司）：扶贫济困，向结对帮扶村捐款7万元；参加“送温暖、一日捐”活动，捐款3万元；向镇中小学校和特困学生捐款300万元；开展“栋梁工程捐资助学”活动，捐款1.2万元；向在校学生进行扶贫助学，捐款0.57万元。

德阳市烟草专卖局（公司）：扶贫济困，向四川雅安地震灾区老弱病残、留守儿童捐款2.6万元；向困难群众、党员捐款1万元。资助教育事业，捐款3.3万元。资助乡村建设，向“挂包帮”定向扶贫村（社）捐款77.65万元。救助灾害，向广汉“7·9”特大洪灾灾后重建工作捐款2万元。

绵阳市烟草专卖局（公司）：扶贫济困，向梓潼庙村困难群众捐款4万元；向新田村捐款3万元。资助教育事业，向花园实验小学捐款3万元。资助乡村、社区建设，向梓潼县全胜村等捐款13万元；向绵阳御营三社区等捐款4万元。救助灾害，员工个人向四川雅安地震灾区捐款11.5万余元。

广元市烟草专卖局（公司）：全年共捐款61万元。

遂宁市烟草专卖局（公司）：扶贫济困，向困难卷烟零售客户等捐款7.48万元；参加“慈善一日捐”活动，捐款1.98万元，员工个人捐款1.32万元。资助乡村建设，向红星村捐款13万元。救助灾害，向四川雅安地震灾区捐款3万元，员工个人捐款2.47万元；向遂宁暴雨特大灾害受灾地区捐款1万元。

内江市烟草专卖局（公司）：扶贫济困，向市中区龚家乡汪家洞村捐款4.8万元；向困难大学生捐款8万元。资助教育事业，向史家镇中心学校捐款0.5万元。资助文化事业，捐款2万元。

乐山市烟草专卖局（公司）：资助乡村建设，向对口帮扶乡镇（村）捐款41.2万元。资助教育事业，向犍为县青松小学捐款101.8万元。

南充市烟草专卖局（公司）：资助乡村建设，向灵宝宫村捐款100万元，用于修建敬老院；派干部1人到灵宝宫村挂职。

宜宾市烟草专卖局（公司）：扶贫济困，向“栋梁工程”公益活动捐款3万元；向困难群众捐款6.52万元，其中员工个人捐款3.52万元。资助教育事业，向太平乡中心学校等捐款100万元；向未成年心理健康教育中心捐款16万元。资助乡村建设，向筠连县捐款609.8万元。救助灾害，向四川雅安地震灾区捐款3万元。

广安市烟草专卖局（公司）：全年共捐款37.63万元。

达州市烟草专卖局（公司）：扶贫济困，捐款80余万元；向对口扶贫点捐款7万元；向困难大学生捐款0.5万元。救助灾害，捐款近180万元；员工个人向四川雅安地震灾区捐款10.48万元。

巴中市烟草专卖局（公司）：扶贫济困，向困难群众捐款33.8万元。救助灾害，员工个人向四川雅安地震灾区捐款3万余元。

雅安市烟草专卖局（公司）：扶贫济困，捐款6.16万元。资助教育事业，捐款4.99万元。资助乡村建设，捐款20.96万元。救助灾害，捐款67.89万元。

眉山市烟草专卖局（公司）：扶贫济困，向“金叶”敬老院捐款3万元；参加“慈善一日捐”“关爱母亲”活动，捐款0.88万元；向困难群众捐款2.6万元。资助乡村建设，向青神县河坝子等地捐款22万元。资助教育事业，捐款15万元。救助灾害，向四川雅安地震灾区捐款10.07万元。

资阳市烟草专卖局（公司）：扶贫济困，参加“幸福资阳行”“六送”等活动，捐赠价值3.5万元的慰问品；向困难大学、残疾人捐款7.61万元。资助乡村建设，向磨滩村等捐款7万元。救助灾害，向四川雅安地震灾区捐赠价值4.94万元救灾物资；向简阳灾后重建工作捐款0.2万元，员工个人捐款5.36万元；向安岳县遭受洪涝受灾地区和卷烟零售客户捐款4.7万元。

凉山州烟草专卖局（公司）：扶贫济困，向困难烟农、卷烟零售客户捐赠价值8.38万元的米、油等生活必需品；向瓦里觉乡村民捐赠价值3.36万元的衣、棉被、米等生活用品。资助教育事业，向凉山州民族中学捐款50万元，用于购买电教设备；向越西县瓦里觉中心校捐赠价值5万元的书包、校服等用品。资助乡村建设，捐款331.59万元。救助灾害，捐款2464.43万元，其中员工个人捐款20.28万元。

阿坝州烟草专卖局（公司）：资助乡村建设，向汶川县捐款204万元。资助教育事业，捐款120万元。其他捐款26万元。

甘孜州烟草专卖局（公司）：扶贫济困，向孤寡老人、困难党员等捐款5.51万元。资助教育事业，向康定县贡嘎山乡学校等捐款1.3万元，用于基础设施建设和购买校服。资助乡村建设，捐款35.44万元，开展新农村建设。

都江堰市烟草专卖局（公司）：资助社会团体，向老龄事业发展基金会等捐款30万元。

川渝中烟工业有限责任公司

2013年，公司共捐款2527.2万元，用于各项社会公益活动。

川渝中烟工业有限责任公司总部：扶贫济困，向四川叙永县捐款700万元；向四川叙永贫困学生捐款9.2万元。资助社会团体，向碧峰峡熊猫基地捐款100万元；捐赠认养三只大熊猫18万元。救助灾害，向四川雅安地震灾区捐款1046万元，其中员工个人捐款46万元。

四川烟草工业有限责任公司：扶贫济困，向西昌喜德县捐款150万元；向四川省金河磷矿救灾捐款20万元；向四川什邡市马祖村农业科技研发中心建设捐款30万元。资助教育事业，向四川越西县保石乡中心校捐款12万元。

重庆烟草工业有限责任公司：扶贫济困，向重庆市环卫工人捐款50万元；为残疾人肢体矫正康复捐款20万元；向母亲水窖建设捐款50万元；向重庆市政协爱心救助活动捐款20万元；向重庆市南岸区捐资助学70万元。资助教育事业，向重庆市"春蕾"圆梦行动捐款50万元；向重庆市珊瑚实验小学等学校捐款82万元；向重庆市涪陵区教委农村中小学教师培训捐款70万元；向巫山县教委助学捐款30万元。

贵州省烟草专卖局（公司）

2013年，贵州省烟草商业系统共捐款7850万元，用于各项社会公益活动。

贵州省烟草专卖局（公司）机关：扶贫济困，向中国检察官教育基金会捐款100万元；向省政协捐款8万元。资助教育事业，向贵定县新铺乡光明小学捐款20万元；向贵定县新铺乡光明小学、喇亚小学捐款2万元，用于购置文教用具。救助灾害，向四川雅安地震灾区捐款208.78万元。

贵阳市烟草专卖局（公司）：扶贫济困，向困难群众捐款5.35万元。资助教育事业，向息烽县九庄小学捐款0.15万元。资助卫生事业，捐款2.05万元。资助乡村建设，向开阳县捐款90万元，用于烟农烤房建设；向清镇市、开阳县、息烽县、修文县捐款4.37万元；向开阳县楠木渡镇新凤村等援建点（村）捐款800万元，用于实施基础设施配套等；派干部8人到挂帮村挂职。

遵义市烟草专卖局（公司）：扶贫济困，向困难卷烟零售客户等捐赠慰问品、现金，共10.13万元；向孤儿、残疾人等捐款0.62万元；向留守儿童捐赠价值1.14万元慰问品和现金。资助教育事业，向困难学生捐款0.65万元；向乡村学校捐赠价值4.84万元现金和书籍。资助卫生事业，捐款3.34万元。资助乡村建设，捐款808.91万元；派干部9人到挂帮村挂职。资助文化、体育、环保事业，捐款14.17万元。救助灾害，向四川雅安地震灾区捐款11万元。

安顺市烟草专卖局（公司）：全年共捐款44.97万元，其中员工个人捐款5万元。

六盘水市烟草专卖局（公司）：扶贫济困，向困难群众捐款2.28万元。资助乡村建设，捐款16.96万元；派干部1人到挂帮村挂职。

毕节市烟草专卖局（公司）：扶贫济困，向市慈善总会捐款1449.16万元。资助乡村建设，捐款19.8万元，用于新农村建设；向烟草扶贫新农村示范工程建设项目捐款400万元。

铜仁市烟草专卖局（公司）：扶贫济困，向工会爱心共助站捐款1.14万元，并捐赠衣物526件；向人口基金会捐款1.4万元。资助教育事业，向困难乡村学校捐款3万元。资助乡村建设，捐款36.44万元；向思南县、德江县行业对口产业捐款400万元。资助文化事业，捐款0.31万元。救助灾害，向遭受旱灾的群众捐款2.6万元。其他捐款0.3万元。

黔东南州烟草专卖局（公司）：扶贫济困，向困难群众捐款8.5万元。资助教育事业，向困难乡村学校捐款5.1万元。资助体育事业，捐款0.2万元。资助乡村建设，向行业对口产业捐赠扶贫资金400万元；派干部3人到挂帮村挂职。救助灾害，向遭受旱灾的群众捐款4.8万元。

黔南州烟草专卖局（公司）：扶贫济困，向困难群众捐款4.73万元。资助教育事业，向困难乡村学校捐赠价值0.06万元的学习用品。资助卫生事业，捐款1.81万元。资助乡村建设，捐款408.33万元；派干部1人到挂帮村挂职。资助体育事业，捐款5万元。救助灾害，向贵定县残联抗旱救灾工作捐款10万元；向贵定县云务镇抗旱救灾工作捐款0.15万元；员工个人向四川雅安地震灾区捐款3.27万元。

黔西南州烟草专卖局（公司）：扶贫济困，向困难群众捐款5.26万元；开展"慈善一日捐"活动，捐款2万元，其中员工个人捐款1.42万元。资助乡村建设，捐款1525.4万元。资助教育事业，向扶贫点困难乡村学校购置课桌48套。资助体育事业，捐款14.42万元。救助灾害，向四川雅安地震灾区捐款2.52万元。

贵州烟叶复烤有限责任公司：扶贫济困，向困难群众捐款4.1万元；向"幸福家庭·生育关怀·出生缺陷"救治基金捐款0.37万元。资助乡村建设，派干部2人到挂帮村挂职。救助灾害，向遭受灾害的群众捐款5.76万元。

贵州中烟工业有限责任公司

2013年，贵州省烟草工业系统共捐款7008.39万元，用于各项社会公益活动。

贵州中烟工业有限责任公司本部：扶贫济困，向六盘水市、黄平县捐款700万元；向思南县、安龙县红十字会捐款15万元；向困难群众捐款11.61万元。向赫章、纳雍慈善总会捐款1012万元；向望谟县贫困山区捐款3万元。资助乡村建设，向扶贫点捐款5000万元；向毕节市青场镇渔洞村等自然村捐款36.89万元；向纳雍县小羊场乡、贵定县猴场埔乡等乡镇捐款50万元；向毕节市七星关区鸭池镇岩头村三组捐款40万元。资助教育事业，向贵定县团委捐款2万元；向花溪区高坡小学捐款2万元。资助公共事业，向禁毒基金会捐款20万元。救助灾害，向四川雅安地震灾区捐款100万元；向遵义市汇川区捐款3万元。

贵州中烟工业有限责任公司贵阳卷烟厂：资助社区建设，向南明区中曹司社区捐款1万元。救助灾害，员工个人向四川雅安地震灾区捐款13.66万元。

贵州中烟工业有限责任公司贵定卷烟厂：扶贫济困，向贵定县一中困难学生捐款2.61万元。

云南省烟草专卖局（公司）

2013年，云南省烟草商业系统共捐款4823.2万元，用于各项社会公益活动。扶贫济困，向云南省海外交流协会捐款100万元；向云南老龄事业发展基金会捐款313.2万元；向麻栗坡县捐款350万元。资助教育事业，向“彩虹助学金”项目捐款500万元；分别向德宏州、楚雄州关心下一代工作委员会捐款5万元。资助乡村建设，向建水县捐款50万元；向“爱心水窖”项目捐款2500万元。资助文化事业，向施甸县捐款300万元，用于杨善洲事迹陈列室布展。救助灾害，向云南大理洱源地震灾区捐款400万元；向迪庆“8·31”地震灾区捐款300万元。

昆明市烟草专卖局（公司）：扶贫济困，捐款299万元。救助灾害，捐款2782万元。

大理州烟草专卖局（公司）：资助乡村建设，捐款150万元用于支持扶贫开发和新农村建设。资助教育事业，向弥渡东海大成希望小学捐赠价值3.6万元的图书及桌椅。救助灾害，员工个人向洱源地震灾区捐款22.592万元。

普洱市烟草专卖局（公司）：全年捐款135万元用于各项社会公益活动。

临沧市烟草专卖局（公司）：资助教育事业，捐款188万元。资助乡村建设，向耿马县勐撒镇丙令村捐款4.5万元。

云南中烟工业有限责任公司

云南中烟工业有限责任公司本部：2013年，共捐款7623万元用于各项社会公益活动。扶贫济困，向广南县捐款230万元，用于新农村扶贫建设；向楚雄州老年护理院建设项目捐款1000万元；向曲靖市农业农村发展扶贫专项基金捐款1000万元；向临沧市沧源县佤山幸福工程捐款340万元。救助灾害，向云南大理洱源地震灾区捐款350万元；向四川雅安地震灾区捐款300万元；向迪庆州地震灾区捐款300万元。资助教育事业，向景洪县第三小学捐款210万元。资助乡村建设，向云南省“爱心水窖”项目捐款2500万元；向大理州洱海保护治理龙湖湿地生态项目捐款1000万元。

红塔烟草（集团）有限责任公司：2013年，共捐款7000余万元用于各项社会公益活动。扶贫济困，向维西傈僳族自治县捐款350万元。资助教育事业，向贡山县捐款350万元；向玉溪师范学院捐款100万元设立“红塔奖学金”，资助困难大学生；向昭通小龙洞乡小米村小学捐款30万元；向昭通市特殊教育学校捐款5万元；向玉溪龙树小学捐款50万元；向玉溪元江哈尼族彝族傣族自治县园达镇中心小学捐款30万元；向玉溪峨山彝族自治县岔河乡文山小学捐款40万元；向玉溪新平彝族傣族自治县新化乡小学捐款30万元；向大理州民族中学“宏志班”捐款20万元；向玉溪通海县纳古中心小学捐款30万元；向玉溪澄江县白牛小学捐款30万元；向玉溪、楚雄、大理、昭通、临沧教育局捐款2000余万元。资助乡村建设，向玉溪共青团“希望水窖1+X”公益活动捐款9万元。资助文化事业，向玉溪国家非物质文化遗产传承保护展捐款15万元。救助灾害，向四川雅安地震灾区捐款300万元；向云南大理洱源地震灾区捐款150万元。

红云红河烟草（集团）有限责任公司：2013年，共捐款6469.24万元，用于各项社会公益活动。扶贫济困，向富宁县等县捐款1750万元；向香格里拉县援藏项目捐款100万元；向曲靖市社会公益项目捐款1000万元；向红河州社会公益项目捐款700万元；向云南省老龄事业发展工程捐款40万元；向昆明市慈善总会捐款50万元；向“感恩父母，关爱贫困老人”活动捐款50万元。资助教育事业，向云南大学等高等院校捐款1380万元；向云南省教育基金会“安全饮水”项目捐款30万元。资助乡村建设，向社会主义新农村社会公益项目捐款95万元；向会泽县新农村建设捐款12万元；向武定县插甸乡、结基林村捐款50万元。资助文化建设，捐款600万元。救助灾害，向四川雅安地震灾区捐款300万元；向云南大理洱源地震灾区捐款100万元。其他捐款212.24万元。

红云红河烟草（集团）有限责任公司昆明卷烟厂：2013年，共捐款199.89万元用于各项社会公益活动。扶贫济困，参加“三下乡”活动，向东川区拖布卡镇捐赠价值12万元的棉被；向困难残疾人捐款9.54万元；向爱心食堂、文化扶贫项目捐款20万元。资助教育事业，向云南省青少年发展基金会捐款17.27万元；向昆明市第八中学、第十中学和五华区红云小学捐款110万元；向五华区新萌学校捐款12万元。其他捐款19.08万元。

红云红河烟草（集团）有限责任公司红河卷烟厂：2013年，共捐款199.38万元用于各项社会公益活动。资助教育事业，向石屏一中捐款10万元；向红河州教育局设立的“红烟桃李奖”捐款20万元、“红烟园丁奖”捐款19.2万元；向弥勒市团委“爱心圆梦大学”活动捐款8万元；向“我为孩子捐本书”活动捐款7.48万元；向保平村大学生捐款2.7万元。资助乡村建设，向建水县甸尾村委会冲门小组提水泵站建设捐款8万元；向弥勒市竹园镇竹园村委会第一小组捐款5万元；向“希望水窖1+X”公益活动捐款3万元。资助文化体育事业，捐款27万元。其他捐款89万元。

红云红河烟草（集团）有限责任公司曲靖卷烟厂：2013年，共捐款130万元用于各项社会公益活动。扶贫济困，向曲靖市新农村扶贫建设项目捐款33万元；向曲靖市第一人民医院等捐赠医疗救助款10万元。资助教育事业，向曲靖市关心下一代工作委员会“中华魂”主题教育活动捐款9万元。资助文化体育事业，参加“爱在身边——传递爱心守护微笑”活动，捐款3万元；向曲靖市残疾人运动会捐款20万元。其他捐款55万元。

红云红河烟草（集团）有限责任公司会泽卷烟厂：2013年，共捐款250万元用于各项社会公益活动。扶贫济困，向会泽县金钟镇捐款14.6万元；向会泽县22家乡镇敬老院捐款14.7万元。资助教育事业，向金钟镇松山小学捐款0.7万元。资助乡村建设，向会泽县者海镇捐款40万元，用于道路修缮；向会泽县大井镇、娜姑镇水利建设捐款180万元。

红云红河烟草（集团）有限责任公司新疆卷烟厂：2013年，共捐款119.9万元用于各项社会公益活动。扶贫济困，向裕民县捐款77.9万元、向特克斯县捐款20.6万元；向奎屯市红十字会捐款4万元；向奎屯市福利院捐款2万元。资助教育事业，向奎屯各中小学捐赠价值4.95万元的防震减灾图书；向奎屯第一小学捐款1万元；向困难学生捐款1.47万元。资助文化事业，捐款5万元。其他捐款2.98万元。

红云红河烟草（集团）有限责任公司乌兰浩特卷烟厂：2013年，共捐款499.96万元用于各项社会公益活动。扶贫济困，向巴彦茫哈苏木大茫哈嘎查委员会捐款12.7万元；向对口扶贫点捐赠价值7.06万元的面粉；向“援助单身特困母亲行动”捐款25万元；参加“博爱一日捐”活动，捐款5万元；向困难青年捐款5万元；参加全国助残日活动，捐款5万元；向乌兰浩特老年公益事业捐款35万元。资助教育事业，向乌兰浩特市教育局捐款300万元；向兴安盟人民教育基金会捐款40万元；向兴安盟特殊教育学校捐款10万元。资助社区建设，向和平街社区捐款40.2万元。资助文化体育事业，捐款5万元。救助灾害，向四川雅安地震灾区捐款10万元。

西藏自治区烟草专卖局（公司）

2013年，西藏自治区烟草商业系统共捐款740余万元，用于各项社会公益活动。

西藏自治区烟草专卖局（公司）机关：扶贫济困，向“创先争优强基惠民”活动捐款563万元。其他捐款79万元。

日喀则地区烟草专卖局（公司）：扶贫济困，向日喀则福利院残疾儿童捐赠价值0.48万元的粮油、牛奶和文具。资助乡村建设，向边雄乡捐款60余万元，用于购买家电、修建洗澡室等。

山南地区烟草专卖局（公司）：资助乡村建设，向加查县捐款28.41万元，用于改善农牧民群众的生活、工作环境。

林芝地区烟草专卖局（公司）：扶贫济困，向察隅县察瓦龙乡格日村和布巴村捐款10万元；向林芝地区艺术团患病的斯郎扎巴捐款1万元。救助灾害，向四川雅安地震灾区捐款1.21万元。

陕西省烟草专卖局（公司）

2013年，陕西省烟草商业系统共捐款925.19万元，用于各项社会公益活动。

陕西省烟草专卖局（公司）机关：扶贫济困，向安康市旬阳县棕溪镇华峡村捐款23万元。资助乡村建设，向安康市汉滨区共进镇左家湾村捐款70万元，用于道路硬化建设。救助灾害，向四川雅安地震灾区捐款6.35万元；向延安特大洪涝灾害灾区捐款4.41万元。

西安市烟草专卖局（公司）：扶贫济困，开展“百人千户”亲情式服务，设立“丝路情”扶贫帮困基金，捐款50万元，帮扶困难卷烟零售客户。资助乡村建设，向蓝田县灞源村、松树沟村捐款41.7万元。

咸阳市烟草专卖局（公司）：资助教育事业，向困难大学新生捐款3.8万元；向农民工子女学校、聋哑学校捐赠价值3万元图书和学习用品。

宝鸡市烟草专卖局（公司）：扶贫济困，捐款7万余元。救助灾害，向延安灾区捐款6.15万元。

渭南市烟草专卖局（公司）：资助乡村建设，捐款50余万元。

铜川市烟草专卖局（公司）：扶贫济困、资助教育事业，捐款1.9万元。资助城市建设，向铜川市捐款3万元，用于支持城市“四创”工作。救助灾害，员工个人向延安特大洪涝灾害灾区捐款0.57万元。

商洛市烟草专卖局（公司）：扶贫济困，开展“两联一包”帮扶工作，捐款46.5万元。救助灾害，向洛南县、镇安县、商州县、柞水县捐款200万元。

汉中市烟草专卖局（公司）：扶贫济困，开展“两联一包”帮扶工作。资助乡村建设，帮助勉县阜川镇蒲家坝村、新铺镇陈家营村进行道路硬化等。

安康市烟草专卖局（公司）：扶贫济困，捐款2万元。资助教育事业，向金河口村小学捐赠价值10万元的电脑20台。资助文化事业，捐款2万元。救助灾害，员工个人向延安特大洪涝灾害灾区捐款2.7万元。

延安市烟草专卖局（公司）：资助教育事业，向宝塔区麻洞川中心小学捐款3万元，帮助配备电子备课室电脑，更换学生课桌凳。资助乡村建设，向包扶村捐款42.2万元，用于基础设施、村容村貌、改善生活、发展产业。救助灾害，向全市遭受持续强降雨灾害的烟农捐款247万元，用于生产自救。

榆林市烟草专卖局（公司）：扶贫济困，向特困户等捐款15.6万元。资助乡村建设，向靖边县东垦镇宋渠村捐款20万元，用于打深井；向米脂前中庄村捐款20万元，用于填平坝地。

陕西中烟工业有限责任公司

2013年，陕西省烟草工业系统共捐款629万元，用于各项社会公益活动。

陕西中烟工业有限责任公司本部：向云南临沧县等旱灾灾区捐款150万元。向西安市扶贫工程捐款20万元。资助社会团体，向陕西省延安精神研究会捐款7万元。

陕西中烟工业有限责任公司宝鸡卷烟厂：资助城市、乡村建设，向宝鸡市捐款36.8万元，用于绿化建设；向西贺家石村捐款20万元，用于修建大坝；向千阳县黄里村、庄科村各捐款10万元，用于环境建设。

陕西中烟工业有限责任公司延安卷烟厂：资助教育事业，向宝塔区姚店镇中心小学等捐款10万元。资助乡村建设，向延川县杨家塬村等捐款60万元。救助灾害，向宝塔区兰家坪村等灾后重建项目捐款20万元；向延安市救灾募办捐款40.2万元。

陕西中烟工业有限责任公司汉中卷烟厂：扶贫济困，向佛坪县十亩地镇联合村等捐款38余万元。资助城市建设，向汉中市捐款60万元，用于绿化建设。救助灾害，向延安灾区和南郑县“7·22”暴雨洪灾灾区捐款6.4万元。

陕西中烟工业有限责任公司澄城卷烟厂：资助乡村建设，向澄城县安里镇翟卓村等捐款40万元。

陕西中烟工业有限责任公司旬阳卷烟厂：扶贫济困，参加“两联一包”活动，向旬阳县华坪村捐款105万元。资助教育事业，向沙阳完全小学捐赠各类书籍567本；向旬阳县阳光学校捐赠儿童保暖用品41套。

甘肃省烟草专卖局（公司）

2013年，甘肃省烟草商业系统捐款2865.4万元，用于各项社会公益活动。

甘肃省烟草专卖局（公司）机关：扶贫济困，向困难群众捐赠价值9.2万元的物品；向祁岔村捐款150万元，用于危旧房屋改造和梯田改造；向见义勇为基金会等捐款434.4万元。资助教育事业，投入2.87万元向平凉市静宁县界石铺镇祁岔和魏湾两村两所小学各捐赠图书千册；投入26.5万元，向静宁县所属的学校捐赠《关爱工程·青少年科普教育系列丛书》3530套；向“双联”联系村两所小学学生捐赠130套书包、学习文具和价值6万余元的办公教学器材；向“双联”联系村新考录大学生捐款9.5万元；向“双联”联系村活动场所和两所小学捐款3.88万元，用于购置冬季取暖用煤。资助乡村建设，向祁岔村、魏湾村捐款1539.5万元，用于修建板桥、道路硬化等。救助灾害，向甘肃定西岷县地震灾区捐款1000万元，员工个人捐款5.41万元。

兰州市烟草专卖局（公司）：扶贫济困，捐款20.4万元。资助文化建设，捐款9万元。

天水市烟草专卖局（公司）：资助乡村建设，向“双联”联系村捐款88万元，用于基础设施建设。救助灾害，向天水特大暴雨灾害地区捐款104.56万元，其中员工个人捐款5.46万元。

定西市烟草专卖局（公司）：扶贫济困，向红十字会等社会公益组织捐款13.2万元。资助乡村建设，向雷岔村捐款25.3万元，用于自来水进村入户等项目。救助灾害，向甘肃定西岷县、漳县地震灾区捐款204.1万元，其中员工个人捐款4.1万元，并捐赠纯净水、方便面等物资。

酒泉市烟草专卖局（公司）：扶贫济困，向困难农户、困难卷烟零售客户捐款19.15万元；员工个人向白血病患儿捐款2.02万元。资助教育事业，捐款2.5万元。资助乡村建设，向瓜州县梁湖乡青山村等捐款52.4万元。资助文化事业，捐款1万元。救助灾害，员工个人向甘肃定西岷县、漳县地震灾区捐款1.42万元；向四川雅安地震灾区捐款2.01万元。

张掖市烟草专卖局（公司）：扶贫济困，向“双联”联系村留守妇女儿童捐赠130件棉衣。资助乡村建设，向“双联”联系村捐款50万元，用于大棚和养殖小区项目建设等。救助灾害，员工个人向甘肃定西岷县、漳县地震灾区捐款4.25万元。

武威市烟草专卖局（公司）：扶贫济困，向武威市儿童福利院捐款5万元。资助教育事业，向双联村新考取大学的学生捐款1万元；向“双联”联系村小学生捐赠爱心书包和爱心文具。资助乡村建设，捐款79.7万元。

庆阳市烟草专卖局（公司）：扶贫济困，捐款3.09万元，用于“双联”联系村改进民生。救助灾害，向遭受庆阳环县樊家川特大暴洪灾害灾区捐款2万元。资助教育事业，捐款23.5万元，用于“双联”联系村捐资助学。资助乡村建设，捐款68.01万元，用于“双联”联系村的基础设施建设等。

平凉市烟草专卖局（公司）：扶贫济困，向“双联”联系村困难群众捐款3.19万元，并捐赠价值9.49万元的生活用品，计算机、打印机等设备；捐款1.08万元为部分婴幼儿捐赠营养早餐。资助教育事业，帮扶华亭县安口镇城关小学开展教学。资助乡村建设，捐款21万元为崇信县木林乡崖窑村修建排洪渠；为华亭县安口镇安丰村安装路灯；为静宁县雷达乡安乐村整修村部、建设图书馆。

陇南市烟草专卖局（公司）：资助乡村建设，向文县铁楼藏族乡入贡村捐款5万元，帮扶其发展特色产业。救助灾害，捐款14万元，其中员工个人捐款9.2万余元。

白银市烟草专卖局（公司）：扶贫济困，捐款1万元，用于扶残助困。资助乡村建设，向"双联"联系村捐款65.67万元。资助环境保护事业，捐款2万元，用于植树造林。

金昌市烟草专卖局（公司）：扶贫济困，向困难群众捐款0.13万元；为"双联"联系村设立帮扶基金，捐款1.25万元；向"双联"联系村帮扶对象捐赠价值0.38万元的化肥；向患有尿毒症的父子捐款0.05万元。资助教育事业，向金昌市预青办捐赠《预防青少年违法犯罪知识读本》250册；向"关爱农民工子女志愿服务行动"结对帮扶点捐赠价值2万元的教学设备。资助乡村建设，向"双联"联系村捐款3.25万元；向"亮化美化环境"项目捐款0.5万元。资助社区建设，捐款0.2万元。资助文化事业，向全市乡镇文化站社区文化中心捐赠图书500册。救助灾害，向四川雅安地震灾区捐款0.9万元；向甘肃定西岷县、漳县地震灾区捐款0.95万元。

嘉峪关市烟草专卖局（公司）：扶贫济困，向困难群众等捐赠价值0.72万元的慰问金和米、面、油。资助教育事业，员工个人向"闫桂珍公益教育爱心助学协会"捐款0.42万元。救助灾害，员工个人向甘肃定西岷县、漳县地震灾区捐款0.78万元。

临夏州烟草专卖局（公司）：扶贫济困，捐款53.98万元。资助教育事业，向困难学生捐赠学习用品；开展"亲情服务"活动，捐款7万元。

甘南州烟草专卖局（公司）：扶贫济困，开展"双联共建、结对帮扶"帮扶活动，捐款26.08万元；向困难群众发放慰问金1.35万元。救助灾害，向甘肃定西岷县、漳县地震灾区捐款1.74万元；向甘肃定西岷县地震受灾严重的临潭县和卓尼县的受灾卷烟零售客户发放慰问金1.02万元；向舟曲"8·8"特大山洪泥石流受灾地区捐款2.2万元。

青海省烟草专卖局（公司）

2013年，青海省烟草商业系统共捐款302.51万元，用于各项社会公益活动。

青海省烟草专卖局（公司）机关：扶贫济困，向互助县五峰村捐款153万元；向平安县巴藏沟乡李家村捐款67万元。资助教育事业，向贾小庄小学和"青海烟草圆梦助学"活动共捐款65万元。

西宁市烟草专卖局（公司）：扶贫济困，向大通县"太阳村青海朔山儿童救助中心"捐赠价值0.29万元的生活、学习和文体用品。

海东地区烟草专卖局（公司）：扶贫济困、救助灾害，捐款3.41万元用于抗震救灾和"两节送温暖"等活动。

海西蒙古族自治州烟草专卖局（公司）：扶贫济困，安排3名残疾人就业；开展"博爱一日捐""爱心助残""送温暖"等活动，捐款1.51万元。

格尔木市烟草专卖局（公司）：资助教育事业和社区建设，向乌图美仁乡那陵格勒村、格尔木市特殊教育学校，以及爱巷社区捐款6万元。救助灾害，向四川雅安地震灾区捐款0.92万元。

海北州烟草专卖局（公司）：扶贫济困，捐款3.32万元。救助灾害，向四川雅安地震灾区捐款0.52万元。

海南州烟草专卖局（公司）：资助教育事业，参加"爱心助学"活动，向同德县幼儿园捐赠价值2万元的教学用具。救助灾害，向四川雅安地震灾区捐款1.2万元。

黄南州烟草专卖局（公司）：扶贫济困，参加"两节送温暖"活动，捐款0.17万元；向托叶玛乡文群村捐赠价值0.87万元的牛奶分离器30台；向河南县柯生乡捐赠价值0.1万元的电视接收天线。资助教育事业，向河南县托叶玛乡寄宿制小学捐赠2台电脑，1台多功能激光打印机。资助乡村建设，向河南县托叶玛乡文群村捐赠1台电脑。

果洛州烟草专卖局（公司）：扶贫济困，参加"两节送温暖"活动，捐款0.1万元。

宁夏回族自治区烟草专卖局（公司）

2013年，宁夏回族自治区烟草商业系统共捐款140余万元，用于开展各项社会公益活动。

宁夏回族自治区烟草专卖局（公司）机关：扶贫济困，向困难群众捐款1万元；向宁夏公安民警英烈基金会捐款20万元。资助乡村建设，向盐池县王乐井乡双疙瘩村捐款18.88万元。

银川市烟草专卖局（公司）：扶贫济困，向困难群众捐款1.3万元；向宁夏儿童福利院捐款1.2万元；向宁夏青少年发展基金会"希望工程"捐款3.9万元。资助教育事业，向闽宁镇中心小学捐款6.13万元。资助乡村建设，向永宁县闽宁镇玉海村捐款10万元，用于修缮主干道路。救助灾害，员工个人向四川雅安地震灾区捐款2.24万元。其他捐款8.52万元。

石嘴山市烟草专卖局（公司）：扶贫济困，向困难卷烟零售客户、困难群众捐款1.75万元。资助教育事业，向平罗县高庄中心小学捐款1万元，用于建设百米校园文化绿荫长廊。资助乡村建设，开展新农村建设帮扶活动，捐款3.5万元。

吴忠市烟草专卖局（公司）：扶贫济困，向困难卷烟零售客户、困难群众捐款6.9万元。资助文化、教育事业，捐款3.9万元。资助乡村建设，支持地方绿化、防沙治沙及农田水利建设，捐款9.9万元。

固原市烟草专卖局（公司）：扶贫济困，向定点帮扶村捐款6.23万元。资助教育事业，向“六盘学子圆梦”“金秋助学”“爱心同行、青春暖冬”等爱心项目捐款4.62万元。资助乡村建设，向泾源县白集村整村推进工程、官厅镇庙台村筑路工程捐款3.9万元。

中卫市烟草专卖局（公司）：扶贫济困，向“希望工程”捐款10万元。资助乡村建设，向中卫市永康镇景台村捐款1.7万元；向海原县蒿川乡韩套村捐款2万元；捐款6.4万元用于支持地方农田水利建设、植树绿化活动。

新疆维吾尔自治区烟草专卖局（公司）

2013年，新疆维吾尔自治区烟草商业系统共捐款218.35万元，用于各项社会公益活动。

新疆维吾尔自治区烟草专卖局（公司）机关：扶贫济困，向妇女儿童发展基金会捐款20万元；向宝地社区等社区困难群众捐款1.7万元。资助教育事业，向自治区地方性法规资料发行办公室等地捐赠价值4.9万元的书籍。资助乡村建设，向吉木乃县喀尔交乡捐款100万元。

乌鲁木齐市烟草专卖局（公司）：扶贫济困，向困难卷烟零售客户、见义勇为基金会捐赠慰问金、物品共计4.24万元。资助教育事业，向中小学生捐赠价值0.4万元的科普教育、防震减灾系列丛书。

昌吉州烟草专卖局（公司）：扶贫济困，参加“全国助残日”活动、向困难卷烟零售客户及扶贫对象捐款，共计4.37万元。资助乡村建设，向奇台县坎儿孜乡东坎儿孜村捐款3万元，用于购买办公电脑20台。

新疆维吾尔自治区烟草专卖局石河子市局、新疆烟草兵团石河子有限公司：扶贫济困，开展“爱心一元捐”活动，捐款0.15万元。资助教育事业，向优秀困难学生捐款4.23万元。

博尔塔拉州烟草专卖局（公司）：扶贫济困、资助教育事业，向博乐市小营盘镇乌图布拉格村、南城社区“身残意更坚 巧手绘明天”主题教育活动、四川博乐市第二幼儿园捐款15.23万元；向中小学生捐赠科普图书1000册。

伊犁州烟草专卖局（公司）：扶贫济困，向特克斯县等县捐款10.25万元。资助教育事业，向新源县义务教育学校标准化建设捐款0.6万元。资助乡村建设，向新源县捐款1.66万元。救助灾害，向霍城县捐赠防洪款0.4万元。

克拉玛依市烟草专卖局（公司）：资助教育事业，开展社会公益救助捐资助学活动，捐款0.11万元。

塔城地区烟草专卖局（公司）：扶贫济困，向托里县别拉什村捐款1万元。

阿勒泰地区烟草专卖局（公司）：扶贫济困，向帮扶点哈巴河县萨尔布拉克乡塔依什拜村捐款2万元。资助教育事业，向阿勒泰地区第二中学捐款0.1万元。资助乡村建设，向富蕴县库尔齐斯镇、福海县阿尔达乡干河子三村捐款0.52万元。

巴音郭楞州烟草专卖局（公司）：扶贫济困，向困难户捐款2.53万元。资助教育事业，向乡镇学校捐款0.3万元。资助乡村建设，向水利设施建设和防风固沙工程捐款0.92万元。

吐鲁番地区烟草专卖局（公司）：扶贫济困，向吐鲁番红十字会、困难卷烟零售客户、聋哑儿童捐款捐物共计2.29万元。资助乡村建设，向乡村饮水工程和社区建设捐款1.3万元。

哈密地区烟草专卖局（公司）：扶贫济困，向巴里坤县萨尔乔克乡苏吉东村、巴里坤县花园乡头道河村捐款捐物共计8.14万元。资助教育事业，向巴里坤县捐赠教育基金、哈密地区团委希望工程办公室捐款捐书共计0.4万元。救助灾害，向四川雅安地震灾区捐款3.59万元。

阿克苏地区烟草专卖局（公司）：扶贫济困，向柯坪县盖孜力乡、阿瓦提县乌鲁却勒镇克亚克库都克村及困难群众捐款4.41万元，并捐赠1台背投彩电及14桶食用油。

喀什地区烟草专卖局（公司）：扶贫济困，向困难卷烟零售客户和对口扶贫村特困群众捐款7.41万元。资助乡村建设，向塔什库尔干塔吉克自治县科克亚尔克尔克孜民族乡捐款10万元。

和田地区烟草专卖局（公司）：扶贫济困，向皮山县藏桂乡亚曼亚农场特困户捐赠价值0.3万元米、粉、油等生活必需品。资助教育事业，向皮山县藏桂乡亚曼亚农场困难大学生捐款1.4万元；向皮山县藏桂乡亚曼亚农场捐赠价值0.5万元的体育设备。

大连市烟草专卖局（公司）

2013年，大连市烟草商业系统共捐款212万元，用于各项社会公益活动。扶贫济困，捐款10.55万元。资助慈善团体，捐款201.45万元。

深圳市烟草专卖局（公司）

2013年，深圳市烟草商业系统共捐款313万元，用于各项社会公益活动。扶贫济困，开展“南粤幸福活动周”活动；参加“公益金百万行”活动。

（编辑：周　佳）

控烟履约

2013年国家制订的控烟履约相关文件及部分地方性法规简述

【国家相关文件及部门规章】 2013年，我国稳步推进各项控烟法律法规的制修定工作。7月，根据2012年工业和信息化部、卫生部、外交部、财政部、海关总署、工商总局、质检总局、烟草局等8部门联合编制的《中国烟草控制规划(2012—2015年)》，国家局办公室印发《关于印发贯彻落实〈中国烟草控制规划（2012—2015年）〉实施方案的通知》（国烟办新〔2013〕361号），明确深入开展控烟宣传教育，广泛禁止烟草广告、促销和赞助等7项重点工作。10月，海关总署、财政部、国家烟草专卖局联合发布《关于进一步加强海关罚没走私卷烟管理的通知》（署财发〔2013〕131号），规定依法罚没的走私卷烟一律实行销毁处理，海关罚没走私卷烟的销毁工作由海关组织实施，查扣地烟草专卖行政主管部门配合销毁。11月，国家局发布《关于调整异地携带卷烟管理有关事项的通知》（国烟法〔2013〕434号），明确异地携带卷烟的最高限量为每人次1万支（50条）等限制标准。12月，第十二届全国人民代表大会常务委员会第六次会议对《中华人民共和国烟草专卖法》作出修改。12月，中共中央办公厅、国务院办公厅印发《关于领导干部带头在公共场所禁烟有关事项的通知》，指出为进一步做好公共场所禁烟控烟工作，要求各级领导干部不得在学校、医院、体育场馆、公共文化场馆、公共交通工具等禁止吸烟的公共场所吸烟，各级党政机关公务活动中严禁吸烟，各级党政机关要建成无烟机关。12月，国家局印发《关于取消卷烟标识中驰名商标字样的通知》（国烟办综〔2013〕657号）。

【部分地方性法规】 2013年，部分省（市、自治区）颁布地方性法规、地方政府规章等，对公共场所禁止吸烟的主管部门及职责分工、禁止吸烟的场所、违法处罚措施等作出一系列规定。4月，兰州市第十五届人大常委会第十一次会议通过《兰州市公共场所控制吸烟条例》，自2014年1月1日起实施；6月，青岛市第十五届人民代表大会常务委员会第12次会议通过《青岛市控制吸烟条例》，自2013年9月1日起实施；10月，唐山市人民政府第五次常务会议通过《唐山市防止二手烟草烟雾危害管理办法》，自2014年5月1日起实施；11月，深圳市第五届人民代表大会常务委员会第二十五次会议通过修订后的《深圳经济特区控制吸烟条例》，自2014年3月1日起实施；12月，长春市政府第十一次常务会议审议通过《长春市防止烟草烟雾危害办法》，自2014年3月1日起实施。

2013年烟草行业控烟履约工作重点

【《规划》的解读与宣传】 《中国烟草控制规划(2012—2015年)》（简称《规划》）是中国烟草控制领域的第一份国家规划，是下一阶段烟草控制工作的行动纲领，对未来一段时期的控烟工作进行全面部署，对严格实行烟草专卖管理和许可证管理提出明确要求，对打击烟草制品非法贸易和加强行业内部管理做出统筹安排。2013年，国家局围绕《规划》提出的目标任务，制订《实施方案》并于7月向全行业发布，全面推进控烟工作。在行业报纸、杂志、网站等媒体设立专版、专刊、专栏，宣传解读《规划》。在各种会议及培训班上，宣讲《规划》内容10余次。

【深入开展控烟宣传教育】 开展劝阻青少年吸烟活动，2013年，国家局继续推行卷烟零售客户在柜台醒目位置摆放“禁止中小学生吸烟，不向未成年人售烟”警示牌这一政策，并将其作为专卖检查的一项重要内容进行抽查。

【广泛禁止烟草广告、促销和赞助】 2013年是国家“六五”普法的第三年，全国组织开展深化“法律六进”依法治国法制宣传教育主题活动、“12·4”全国法制宣传日系列宣传活动等多项普法活动，其中，普及烟草广告法律法规是行业“六五”普法和“法律六进”活动的重要内容。行业重视开展内部监督管理工作，全年公开招标比例显著提升，其中，包括宣传促销在内的服务类项目，公开招标金额110亿元，占比60.82%，同比提高9.87个百分点；在全行业实行“六禁一控”，包括严禁工商企业之间签署新的营销合作协议、严禁卷烟工业企业利用第三方开展卷烟市场宣传促销活动、严禁卷烟工业企业出资参与零售终端建设和利用零售门店开展排他性促销活动等，以及严格控制工商企业召开各种推介会、恳谈会、联谊会、座谈会等类似会议，以全面自查、重点抽查、滚动巡查、追踪复查等手段，对专项检查中发现的不规范问题进行整改，管控效果显著提升。

【不断强化卷烟包装标识健康危害警示】 按照《中华人民共和国境内卷烟包装标识的规定》以及《中国烟草总公司关于进一步加大卷烟包装警语标识力度的通知》的要求，我国各卷烟工业企业自2012年4月起执行卷烟包装标识新规定，加大警语字号，增强警语区背景色差，强化包装的警示作用。2013年4月，国家局成立工作组，检查各工业企业贯彻落实包装标识规定的情况，做好卷烟包装标识监督检查工作。开展卷烟包装标识符合性审核，对2013年卷烟市场抽查的372个市场流通环节的卷烟产品及90个境外卷烟产品进行标识符合性审核。跟踪境外卷烟包装标识最新进展，查阅内容包括已实施新规的国家和地区及即将实施新规的国家和地区。工作组深入全国20个省、市的卷烟工商业企业，对我国卷烟包装标识调整开展调研，内容包括对我国卷烟包装标识履约现状、今后我国包装标识履约发展规划等，以座谈、问卷调查等形式开展调研，并完成专题调研报告。12月，国家局办公室印发《关于取消卷烟包装标识中驰名商标字样的通知》（国烟办综〔2013〕657号），进一步规范卷烟包装标识。

【切实加强烟草税收、价格和收益管理】 2013年3月，国家局组织开展卷烟价格管理专项检查工作，并于中旬组织部分专家召开“行业品牌价格体系建设”课题研讨会议，对行业重点品牌价格体系的发展方向进行探讨并形成研究报告。协调做好价格相关工作，与国家发改委办公厅联合部署各烟叶产区省局对烟叶生产成本收益、价格情况及明年烟叶价格政策的调研。依法加强卷烟价格管理，组织开展以“天价烟”和“明码标价”为重点的专项检查，加强对高价位卷烟的市场价格监测，印发《关于严防“天价烟”问题反弹的紧急通知》，并完成《关于开展“天价烟”专项治理工作情况的报告》。全年先后印发《国家烟草专卖局关于下达2013年烟叶调拨基准价格的通知》（国烟计〔2013〕125号）、《国家烟草专卖局办公室关于开展2012年全国卷烟成本价格资料汇编工作有关事项的通知》（国烟办综〔2013〕276号）、《国家烟草专卖局办公室关于做好卷烟市场价格周报工作的通知》（国烟办综〔2013〕387号）等文件，进一步加强烟草价格管理。

【推进烟草制品成分管制工作】 在质检总局的指导下，国家局自2006年启动了烟草制品成分和释放物检测技术研究，组织检测部门对国内200余个卷烟品牌及规格中苯并［a］芘、一氧化碳等有害成分进行检测。2013年，国家局部署开展烟用材料、烟用香精香料等成分的市场监督抽查和专项检测工作，全年组织对62个品牌330个规格的卷烟、五大类1270个烟用材料产品进行市场监督抽查，对55个品牌210个规格卷烟产品的7种有害成分、九大类5492个产品的质量安全相关指标进行专项监测，对1072批次4.9万把烟叶样品的工商交接等级质量进行监督检查。各省级质检站加大对产品质量监督工作的力度。截至2013年底，国产卷烟部分有害成分释放量实现了逐年下降，2013年1月1日起，盒标焦油量高于11毫克/支的卷烟产品不得在境内市场销售。

降低烟草危害性、降低烟草致瘾性以及降低烟草的吸引力是《烟草控制框架公约》第9条、第10条烟草成分管制和披露的三个基本目标。2013年，国家局通过追踪履约进展动态、拓展履约检测能力、开展履约基础科学研究，加强烟草成分管制和披露工作。

追踪履约进展。加强分析缔约方大会、烟草成分管制指南起草工作组会议休会期间的技术文件；关注国际烟草管制发展动态，综合评估可能对我国产生的影响，提出亟需开展的研究；重视WHO向各个缔约国发出的关于履约若干问题的调查问卷，从调查问卷的用途、行业发展政策、相关法律法规等内容进行分析整理，提出初步反馈意见。

拓展履约检测能力。参与WHO TobLabNet烟草实验室网络会议和技术交流，参与烟草优先级清单的标准操作方法制定；加工并提供保润剂中三甘醇的共同实验卷烟样品；牵头制定烟丝保润剂GC－MS测定方法的标准操作方法，参与烟丝保润剂GC－FID测定方法的方法验证工作；牵头制定苯并芘GC－MS标准操作方法并参与方法验证工作，撰写并提出烟丝中氨－离子色谱标准操作方法。

开展履约基础科学研究。启动烟碱致瘾性项目、开展新型烟草制品的化学成分分析和体外毒性评价等履约相关基础科学研究。探索降低烟碱含量卷烟的制备技术，为致瘾性项目中大规模人群实验的开展提供技术保障。

【有效打击烟草制品非法贸易】 2013年1月10日，中国签署《消除烟草制品非法贸易议定书》（简称《议定书》）。《议定书》是继《烟草控制框架公约》（简称《公约》）之后烟草控制领域的第二份国际法律文书，同时也是《公约》框架下的第一份议定书，旨在执行《公约》第15条关于全面消除烟草制品非法贸易的规定。

各级烟草专卖管理部门着力构建“政府领导、部门联合、多方参与、密切协作”的打假打私体系，充分发挥与公安等部门联合打假长效机制作用，建立多警种协作关系，完善联席会议、信息交流、联合办案、联合执法、区域协作、表彰奖励等制度措施，保持严厉打击高压态势，深入开展打假打私工作。2013年，国家局联合海关总署、公安部建立打击走私烟草专卖品违法犯罪活动工作制度，为长效机制的建立奠定基础。2013年全国共查处案值5万元以上假烟案件2998起，破获国标网络案件890起，捣毁大型制假窝点154个，查获假烟15.5万件、走私烟3.7万件，收缴制假烟机433台，查获非法烟丝烟叶1.6万吨。公安、司法机关依法拘留7476人，追究刑事责任4960人。

【加快建设烟草监测监控信息系统】 完善烟草制品生产销售监测体系，有效监测烟草制品生产、销售行为。2013年，正式启动行业数据中心项目建设，开展数据传输通道公共化改造，推进卷烟生产经营决策管理系统时间同步锁定项目实施，实现“两打三扫”数据与统计数据完全并轨。全面开展卷烟生产经营决策管理系统数据库级数据下行服务，试点开展订单数据下行服务，数据资源开发应用效率和共享服务质量得到全面提升。

【履行《烟草控制框架公约》】 2013年，贯彻落实《中国烟草控制规划（2012—2015年）》是行业控烟履约的一项重要工作。国家局起草并发布《实施方案》，开展各类宣讲会议培训10余次。参加2013年6月举行的《公约》第6条实施指南工作组会议及10月举行的《公约》第17、18条工作组会议，认真准备谈判对案，参与议题磋商，完成谈判任务，维护国家利益。承办履约协调会，组织履约工作部际协调领导小组代表赴广州市局（公司）、广东中烟广州卷烟厂和湖南中烟长沙卷烟厂调研，增进各成员单位对烟草行业的理解。继续加强履约国际交流，举办履约相关议题研讨会。国家局会同外交部，完成对世界卫生组织公约秘书处起草的公约指标摘要草案的评估以及履约报告使用指南文件统计表草案的评估工作。完成公约秘书处要求提供的无烟烟草制品及电子烟管制材料的整理和上报工作。

中国烟草控烟履约工作回顾

【中国签署《烟草控制框架公约》】 《烟草控制框架公约》概况。1969年，世界卫生组织（World Health Organization，简称WHO）掀起全球控烟运动的浪潮，该组织下属的泛美卫生组织指导委员会、美洲区域委员会及欧洲区域委员会通过关于控制吸烟的决议，开始推动世界性的控烟工作。经过27年的探索，1996年5月，第49届世界卫生大会达成制定《烟草控制框架公约》（简称《公约》）的共识。在世界卫生组织主导下，先后召开6次政府间谈判机构会议，以及多次工作组会议。2003年5月21日，在第56届世界卫生大会上，《公约》获得通过，并于2005年2月生效。

2006年2月6日，《公约》首次缔约方大会在瑞士日内瓦召开。113个缔约方的代表就设立《公约》秘书处、帮助发展中国家共同实施烟草控制战略、监督和汇报履约情况以及探讨制定新的议定书等议题进行深入讨论。

2012年11月12日，在韩国首尔召开的世界卫生组织《公约》第五次缔约方大会上通过《消除烟草制品非法贸易议定书》。该议定书是《公约》框架下的第一份议定书，旨在执行《公约》第15条关于全面消除烟草制品非法贸易的规定。

《公约》及其议定书的目标是提供一个由各缔约方在国家、区域和全球各级实施烟草控制措施的框架，以便使烟草使用和接触烟草烟雾持续大幅度下降，从而保护当代和后代免受烟草消费和接触烟草烟雾对健康、社会、环境和经济造成的破坏性影响。

中国政府签署《公约》历程。自世界卫生组织正式开始《公约》制定工作以来，中国政府就派出由国家发展计划委员会、卫生部、外交部、国家经贸委、国家烟草专卖局等10余个部门组成的代表团，参与全部六轮谈判以及相关工作会议。2003年11月10日，中国常驻联合国代表王光亚大使在纽约联合国法律事务部代表中国政府签署《公约》。

2005年8月28日，第十届全国人大常委会第十七次会议通过关于批准《公约》的决议。2005年10月13日，国家发展改革委、卫生部、外交部、国家烟草专卖局等部门在北京举行“中国履行《烟草控制框架公约》启动仪式”。2006年1月9日，《公约》对中国生效。

《公约》在中国生效后，为从整体上统筹控烟履约工作和烟草行业发展，加强部门间协调配合，国务院于2007年4月批准成立“烟草控制框架公约履约工作部际协调领导小组”（简称部际协调领导小组），发展改革委为组长单位，卫生部和外交部为副组长单位，财政部、海关总署、工商总局、质检总局、国家烟草专卖局为成员单位。2008年国务院机构改革后，组长单位调整为工业和信息化部。

【中国政府制定《中国烟草控制规划（2012—2015年）》】 为进一步推动中国控烟履约工作，根据《公约》要求，部际协调领导小组研究制定《中国烟草控制规划（2012—2015年）》（简称《规划》），于2012年12月发布。《规划》第四部分依据《公约》规定的责任和义务，结合中国经济社会发展的现实条件和未来趋势，制定中国实现烟草控制目标的路线图，将全面推行公共场所禁烟、深入开展控烟宣传教育、广泛禁止烟草广告促销和赞助、不断强化卷烟包装标识健康危害警示、切实加强烟草税收、价格和收益管理、建立完善烟草制品成分管制和信息披露制度、有效打击烟草制品非法贸易、积极提供戒烟服务、加快建设烟草监测监控信息系统等确定为中国烟草控制的主要任务。

【完善控烟法律法规】 建国以来，尤其是1979年以来，中国不断完善对公共场所禁烟控烟的法律法规，公共场所禁烟控烟的实际状况得到改善。

1979年，经国务院批准，卫生部、财政部、农业部和轻工业部联合发出《关于宣传吸烟有害与控制吸烟的通知》，指出要采取一些必须的控制措施，表明了中国政府关于控烟的立场与态度，得到社会各界的支持和响应，成为新中国全面、认真展开控制吸烟工作的起点。随后，在1985年，中央爱国卫生运动委员会（简称爱卫会）、铁道部联合发出《关于禁止在旅客列车上随地吐痰、乱扔赃物和在不吸烟车厢内吸烟的规定》，以及在1987年4月1日，国务院发布《公共场所卫生管理条例》，提出有关“公共场所禁止吸烟”的内容，进一步加大公共场所禁烟控烟的力度。

1991年6月29日，第七届全国人大常委会第20次会议通过《中华人民共和国烟草专卖法》，其中第五条、第十八条、第十九条均列入控制吸烟的条款。1991年9月4日，第七届全国人大常委会第21次会议通过《中华人民共和国未成年人保护法》，其中第十条、第二十七条列入控制吸烟内容。1994年10月27日，第八届全国人大常委会第10次会议通过《中华人民共和国广告法》，第十八条规定：“禁止利用广播、电影、电视、报纸、期刊发布烟草广告。禁止在各类等候室、影剧院、会议厅堂、比赛场馆等公共场所设置烟草广告。烟草广告中必须标明‘吸烟有害健康’”。

2011年5月1日，卫生部新修订的《公共场所卫生管理条例实施细则》，增加“室内公共场所禁止吸烟”等规定，在28类公共场所禁烟。

截至2012年底，除上述提及的法律法规外，中国还颁布多项有关控制吸烟的法律、法规、条例、规章等。中国香港、澳门、台湾也颁布了控制吸烟的相关规定，很多省市颁布了有关在公共场所禁烟的地方性法规。

【开展控烟宣传教育活动】 1979年，经国务院批准，卫生部等部委发布《关于宣传吸烟有害与控制吸烟的通知》，建议在群众聚集的医院、会场、剧场、电影院、幼儿园、公共汽车等公共场所和通风不好的集体作业场所禁止吸烟。1985年爱卫会、铁道部发起禁止在旅客列车的不吸烟车厢吸烟。此后，1987年国务院《公共场所卫生管理条例》及卫生部1991年发布的《公共场所卫生管理条例实施细则》，1997年爱卫会、卫生部《关于在公共交通工具及其等候室禁止吸烟的规定》等条例相继出台，进一步加大对公共场所控烟意识的宣传力度。1990年2月，中国吸烟与健康协会成立，并建立31个省、市、自治区的控烟组织。1997年8月，第十届世界烟草或健康大会在北京举行，时任国家主席江泽民到会，并在讲话中阐明中国政府的立场。

政府机关、医院、学校深入开展创建“无烟单位”活动。1993年爱卫会、卫生部联合发出《关于开展“卫生部门包括卫生工作者反对吸烟"活动的通知》，主题是"卫生部门包括卫生工作者反对吸烟"。2002 年，中国吸烟与健康协会和中华医院管理学会联合在河南召开全国创无烟医院试点省市座谈会，推进无烟医院试点工作。2010 年，卫生部发出《关于 2011 年起全国医疗卫生系统全面禁烟的决定》，在各级卫生行政部门和全国医疗卫生机构实行全面禁烟。

1987 年，世界卫生组织确定 1988 年 4 月 7 日为"世界无烟日"，1989 年改为每年的 5 月 31 日。中国政府对此积极响应，结合每年"世界无烟日"的主题，采取多种形式，全方位加强吸烟危害健康的宣传。1988 年 2 月 29 日，全国爱国卫生运动委员会和卫生部发布《关于围绕世界无烟日积极开展劝阻吸烟活动的通知》。同年 3 月 16 日，中国烟草总公司发出通知，要求各省市区烟草公司和所属企业积极开展"世界无烟日"活动。

除"世界无烟日"活动外，中国政府倡导形式多样的控烟宣传教育活动。1996 年，全国爱卫会、卫生部、文化部、广电部、国家体委联合发出"关于开展无烟草文体活动的通知"，主题是"无烟草的文体活动"。2002 年，中国 11 个城市的 2 万余名吸烟者参加第五届国际戒烟竞赛，充分调动媒体和社会公众积极性。广泛深入开展中国烟草控制大众传播活动，相继成功举办"无烟奥运""无烟世博"，全力打造"无烟故宫"，明确要求卷烟零售客户在柜台的醒目位置张贴或摆放"禁止中小学生吸烟、不向未成年人售烟"的警示标识，严格限制烟草广告，严厉打击烟草制品非法贸易，"无烟环境"越来越深入人心。

【规范卷烟包装标识健康危害警示】 2005 年，《公约》在中国生效之前，国家局即下发《关于规范境内销售卷烟包装标识的规定》（国烟科〔2005〕612 号），提出在境内卷烟包装标识上不得使用"淡味""贡品""极品""中低焦油""低焦油"等用语。《公约》生效以后，2006 年 5 月，国家局成立"卷烟包装与标签专题工作组"，启动卷烟包装和标签履约研究工作。2007 年 2 月，国家局出台《关于卷烟新产品商标设计和宣传用语有关规定的通知》（国烟运〔2007〕105 号），进一步加强卷烟商标设计、包装及宣传用语的管理，对不符合标识规定的产品，要求限期整改甚至进行停止生产的处罚；同年 11 月，国家局和质检总局联合印发《中华人民共和国境内卷烟包装标识的规定》（国烟科〔2007〕511 号），就禁止使用误导性语言、规范印刷健康警语、警语区域所占面积不小于所在面的 30% 等多个方面对卷烟包装标识进行严格规定，该规定于 2009 年 1 月 1 日起实施，标志着中国卷烟包装标识的履约工作从研究转向实施阶段。

2008 年 4 月，国家局印发《关于境内卷烟包装标识规定中有关条文解释和审核要求的通知》（国烟办综〔2008〕132 号），进一步对卷烟包装标识作出明确规定。对新设计的包装，国家局组织进行集中审核。同年 9 月，国家工商总局下发《关于卷烟包装标识调整后商标执法工作中有关问题的通知》（工商标字〔2008〕204 号），履行《公约》规定，支持和配合全国卷烟包装标识的调整工作。

2011 年 8 月，总公司下发《中国烟草总公司关于进一步加大卷烟包装警语标识力度的通知》（中烟办〔2011〕141 号），决定自 2012 年 4 月 1 日起，境内生产和销售的卷烟一律采用新的卷烟包装标识。

【加大卷烟消费税征收力度】 自 1994 年新税制实施后中国对烟草产品开征消费税算起，卷烟消费税税率共经历 4 次调整。

一是 1994 年税制改革中，根据《中华人民共和国消费税暂行条例》及相应的实施细则，新增了消费税种，选择烟、酒及酒精、化妆品、成品油、贵重首饰及珠宝玉石等消费品征收消费税。明确每大箱（5 万支）卷烟销售价格（不含增值税）在 780 元（含进口烟）以上的，按照甲类卷烟税率征税，税率为 45%；每大箱销售价格在 780 元以下的，按乙类卷烟税率征税，税率为 40%。在生产环节征收。雪茄烟税率为 40%，烟丝税率为 30%。在实际执行中，财政部、国家税务总局又决定 1994 年 1 月 1 日起，对甲类卷烟暂减按 40% 征收消费税。

二是 1998 年 7 月 1 日起，根据《国务院关于调整烟叶和卷烟价格及税收政策的紧急通知》（国发明电〔1998〕7 号），取消各种形式的烟叶收购价外补贴，适当提高烟叶收购价格。降低烟叶收入的农业特产税税率，将烟叶收入的农业特产税税率由 31% 降为 20%，并按调整后烟叶收购价格计征。将卷烟消费税税率调整为：一类卷烟 50%，二、三类卷烟 40%，四、五类卷烟和雪茄烟 25%。进口卷烟的消费税税率调整为 50%。其中，一类卷烟指每箱卷烟销售价格（不含增值税）在 6410 元以上，二、三类卷烟指每大箱卷烟销售价格在 2137～6410 元之间，四、五类卷烟指每大箱卷烟销售价格在 2137 元以下。

三是 2001 年 6 月 1 日起，根据《财政部、国家税务总局关于调整烟类产品消费税政策的通知》（财税〔2001〕91 号）要求，中国对卷烟消费税的计税方法和税率进行第三次调整，实行从量定额和从价定率相结合的复合计税方法。在从量方面，对卷烟实际销售数量按照每大箱征收 150 元的定额税；在从价方面，依据卷烟的调拨价格或者核定价格进行征收。每条（200 支）价格（不含增值税）在 50 元以上的卷烟，消费税率调整为 45%；50 元以下的卷烟，消费税率调整为 30%。

四是 2009 年 5 月 1 日起，根据《财政部、国家税务总局关于调整烟产品消费税政策的通知》（财税〔2009〕84 号）文件精神，对烟草税率进行调整，重新核定生产环节各牌号卷烟消费税最低计税价格，在维持卷烟从量定额税率不变的同时，调整卷烟生产环节（含进口）消费税的从价税税率，将甲类卷烟（不含增值税每条调拨价格在 70 元以上）的消费税从价税率由原来的 45% 调整为 56%，乙类卷烟由 30% 调整至 36%，雪茄烟由 25% 调整为 36%。此外，在卷烟批发环节增加一道从价税，税率为 5%，按照批发卷烟的销售额（不含增值税）进行征收，且明确卷烟消费税在生产和批发两个环节征收后，批发企业在计算纳税时，不得扣除已含的生产环节消费税税款。

【烟草制品成分管制与信息披露】 20 世纪 80、90 年代，在卷烟包装上标注焦油量和烟气烟碱量，就已经成为中国烟草行业的“惯例”，并且每年都进行多次的严格检测、分析和通报。以卷烟焦油量标注为例，自 2009 年 1 月 1 日起，生产的盒标焦油量在 13 毫克/支以上的卷烟产品不得在境内市场销售；到 2011 年 1 月 1 日起，生产的盒标焦油量在 12 毫克/支以上不得在境内市场销售；到 2013 年 1 月 1 日起，生产的盒标焦油量在 11 毫克/支以上不得在境内市场销售。至 2013 年，全国卷烟焦油量加权平均值已由 20 世纪 80 年代初的 30 毫克/支降至 10.6 毫克/支。

国家局高度重视烟草制品成分管制与信息披露相关工作。2006 年 5 月，国家局成立“烟草成分检测、管制与披露专题工作组”，启动烟草成分管制和披露履约研究工作；8 月，印发《关于烟草行业中长期科技发展规划纲要（2006—2020）》（国烟科〔2006〕526 号），明确将卷烟减害降焦列入行业重大专项之一。

2008 年，国家局组织亚洲地区 20 余个国家和地区的 50 余家实验室开展共同实验，交流亚洲地区关于烟气分析和烟草成分控制方面的经验，增进亚洲地区烟草控制合作；召开烟草制品及烟气释放物成分检测技术研讨会，研究《公约》第 9 条、第 10 条关于烟草制品成分和烟气释放物控制与披露最新动态和烟草制品成分和烟气释放物检测方法及发展动态；首次参加世界卫生组织国际烟草实验室网络的有害成分检测分析共同实验，为烟草制品成分和烟气释放物检测、披露和控制做技术准备。

2009 年 4 月，国家局牵头成立“《烟草控制框架公约》烟草制品成分及烟气释放物检测、管制和披露”专题组，研究《公约》第 9 条、第 10 条烟草制品成分和烟气释放物检测、披露和管制实施指南草案的起草；参加世界卫生组织国际烟草实验室网络发起的烟草主流烟气中亚硝胺测定方法、烟草中烟碱测定方法的实验验证工作，提出多项修改意见并被采纳；出台《关于大力推进卷烟减害降焦努力提升技术创新水平的意见》，针对烟草成分及释放物的管制要求，提出降焦减害的政策和要求；研究确定卷烟危害性评价指数，采用卷烟主流烟气中七种代表性有害成分数据对卷烟进行危害性评价。

2011 年，完成烟草制品成分与释放物数据库系统，建立烟草及释放物成分信息管制与披露平台。

【消除烟草制品非法贸易】 严厉打击各种非法烟草贸易活动，既是加强烟草专卖管理的需要，也是履行《公约》的重要内容。2008 年，世界卫生组织开始进行《消除烟草制品非法贸易议定书》的谈判工作，中国政府高度重视，自始至终积极参与该谈判进程，发挥重要的建设性作用。2012 年 4 月，《议定书》谈判完成。

早在 2001 年 10 月，国家局与公安部联合印发《联合开展重点地区打击制售假冒伪劣卷烟、非法拼装倒卖烟机团伙专项行动的方案》，烟草、公安两部门正式联手，成立全国卷烟打假专项行动领导小组，开展卷烟打假专项行动，揭开“标本兼治”的打假序幕。重点省、自治区也都成立由公安、烟草、工商、监察、技监等部门主要领导参加的领导小组，开展卷烟打假工作。

中国批准《公约》后，对非法烟草贸易活动打击力度进一步加大。2004 年，最高人民法院、最高人民检察院也加入联合打假队伍，最高人民法院、最高人民检察院、公安部、国家局共同印发《关于建立烟草制品打假协作机制的意见》，构建起烟草、公、检、法联合行动的工作格局。

2005 年 8 月，国家局、公安部印发《打击制售假烟网络工作方案》，明确要在加大对假烟生产能力打击力度的同时，重点加强打击销售假烟网络工作。“打假破网”的提出，使卷烟打假进入新阶段。

2007 年，国家局、公安部印发《关于对制售假烟重大案件实行督办制度的若干规定》，实行制售假烟网络重大案件督办制度，将全国卷烟打假工作推向纵深阶段。

近年来，烟草部门进一步加强打假打私工作力度，与公安、司法、海关、工商、质检等部门密切配合，积极组织开展卷烟打假打私活动，有效净化烟草市场，取得显著的成效，形成多层次、全方位的卷烟打假格局。破获的大要案数量明显增加，2003 年，破获的涉烟违法案件中，案值超百万元的案件为 77 起，查获非法卷烟 53 万件、非法大型烟机 1348 台。到 2008 年，案值超百万元的案件达 658 起，查获非法卷烟 83 万件、非法大型烟机 447 台。非法烟草制品贸易得到有效遏制。

【卷烟质量的监督与管理】 中国烟草行业对卷烟产品质量的安全意识贯穿行业的整个发展历程。自 20 世纪 80 年代起，中国烟草行业就已对卷烟质量实行国家级、省级、厂级三级质量监督检验管理办法。1985 年，全国烟草质量检测站正式成立。1988 年成立全国烟草质量监督检验中心，中国烟草总公司下辖各个卷烟厂设立产品质量检测站，对卷烟产品质量进行严格把关。随着科学技术的不断进步，中国烟草行业的质量检测技术也日益升级，从烟叶生产源头抓起，对农药残留物、转基因原料以及卷烟包装中可挥发性有害成分进行管理监督，在卷烟生产销售的各个环节严格检测产品质量。

进入 20 世纪 90 年代，随着改革开放的不断深入，先进的产品质量管理理念贯穿烟草行业。1995 年，中国烟草标准化研究中心在郑州挂牌成立，中国烟草关于卷烟产品质量的各项生产、检测标准也逐步完善确立，卷烟产品自身的质量安全控制水平日益提升。1997 年正式实施的 GB5605—1996《卷烟》国标，提高了对卷烟质量的各项要求。

2013 年世界控烟履约进展情况

【《烟草控制框架公约》缔约方情况】 世界卫生组织《烟草控制框架公约》履约工作继续深入推进。2013 年，塔吉克斯坦加入《公约》。截至 2013 年底，《公约》缔约方总数为 177 个。美国、瑞士、阿根廷、古巴、摩洛哥、莫桑比克、萨尔瓦多、海地等八个国家已签署但尚未批准；印度尼西亚、津巴布韦、马拉维、摩纳哥、索马里、南苏丹、安道尔、多米尼加共和国和厄立特里亚等九个世界卫生组织成员国既未签署也未加入《公约》。

2003—2013 年年批准/加入《公约》的缔约方数量

单位：个

年　份	当年批准/加入《公约》的缔约方数量
2003 年	5
2004 年	44
2005 年	67
2006 年	26
2007 年	10
2008 年	10
2009 年	6
2010 年	3
2011 年	3
2012 年	2
2013 年	1

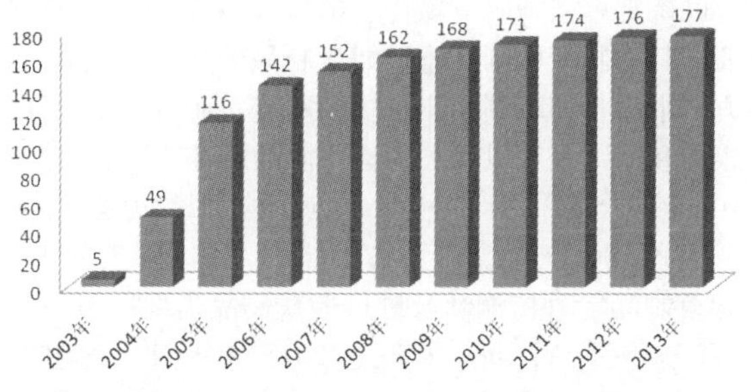

图1　各年度累计批准/加入《公约》的缔约方数量（单位：个）

【《消除烟草制品非法贸易议定书》签署和批准情况】　《消除烟草制品非法贸易议定书》作为《公约》框架下的第一份议定书，是继《公约》之后烟草控制领域的第二份国际法律文书，旨在落实《公约》第 15 条关于全面消除烟草制品非法贸易行为的规定。

《议定书》经 2012 年 11 月《公约》第五届缔约方大会通过，于 2013 年 1 月 10 日开放供签署。我国于 1 月 10 日签署，同日签署的还有法国、加蓬、利比亚、缅甸、尼加拉瓜、巴拿马、韩国、南非、叙利亚、土耳其和乌拉圭等 11 个国家。12 月 20 日，尼加拉瓜批准《议定书》，成为第一个批准《议定书》的国家。

《议定书》将在第 40 个缔约方批准后的第 90 天生效。生效后将有利于加强烟草供应链控制，促进国际司法合作，切实打击走私、非法生产和假冒等烟草制品非法贸易活动。

【价格税收】　2013 年 6 月，《公约》第 6 条“减少烟草需求的价格和税收措施”实施指南起草小组在日内瓦召开会议，参会方包括 39 个缔约方、1 个非缔约国家和 4 家非政府组织，对第五次缔约方大会拟定的实施指南草案达成一致。

据世卫组织统计，2012 年全球各缔约方卷烟平均税率（税收占最畅销卷烟品牌零售价格的百分比）约为 58.4%，其中高收入国家（48 个）卷烟平均税率约为 65.9%，中等收入国家（95 个）约为 53.1%，低收入国家（30 个）约为 50.3%。2012 年全球各缔约方最畅销卷烟品牌平均零售价格约为 3 美元。其中高收入国家约为 5.82 美元，中等收入国家约为 2.26 美元，低收入国家约为 1.65 美元。

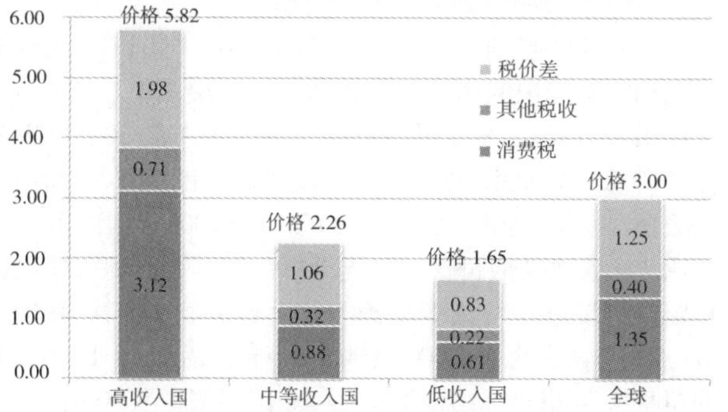

图 2　2012 年全球最畅销卷烟品牌平均零售价格和税收(单位：美元/盒)

2013 年，部分缔约方通过提高烟草制品税率、加征新税、变更计税依据等方式，增加烟草制品税收。澳大利亚将烟草消费税提高 12.5%，并计划在 2014—2016 年每年提高 12.5%。冈比亚于 2013 年实行新的烟草税收政策，卷烟从量税的基础由重量改为数量，导致卷烟税赋提高约 25%，并计划从 2014 年起征收 15% 的烟草从价税。菲律宾自 2013 年实施新烟草制品消费税，低价卷烟每盒征收 12 比索，高价卷烟为 25 比索，2014 年分别增至 17 比索和 27 比索，2015 年增至 21 比索和 28 比索，2016 年增至 25 比索和 29 比索。自 2017 年起将高、低价卷烟统一征收 30 比索，此后每年上调 4%。

一些缔约方直接调整烟草制品零售价格。法国在 15 个月内三次提高烟草制品价格，2012 年 10 月每盒卷烟价格上调 0.4 欧元，2013 年 7 月和 12 月分别上调 0.2 欧元，涨价后每盒卷烟均价接近 7 欧元。土库曼斯坦于 2013 年 12 月颁布法案，规定自 2014 年 12 月起，政府主管部门有权制定烟草制品的最低零售价格，并监管烟草制品的定价。

【防止接触烟草烟雾】　《公约》第八条要求在室内工作场所、公共交通工具和室内公共场所防止接触烟草烟雾，并建议在“适当时”将禁烟范围扩大到其他公共场所。截至 2013 年底，绝大多数缔约方实现在飞机、医疗场所和地面公共交通工具内完全禁烟，有 40 ~ 45 个缔约方要求在私人工作场所、餐厅、酒馆、酒吧或夜总会完全禁烟。布基纳法索、哥伦比亚、洪都拉斯和秘鲁等四个缔约方实现在飞机、医疗场所、地面公共交通工具、教育场所、政府机关、大学校园等 16 个场所内完全禁烟。

2013 年，韩国、俄罗斯、孟加拉国等缔约方在公共场所禁烟方面取得明显进展，无烟环境立法呈现三个特征：一是禁烟区域范围不断扩展。一些缔约方将禁烟区域扩大到室外场所。如韩国要求面积达到 150 平方米以上的餐厅、酒吧、网吧等公共场所全面禁止吸烟，政府办公室、儿童和青少年场所、公园以及停车场也禁止吸烟，吸烟区必须单独设一个完全隔离的空间。俄罗斯要求工作场所、医疗机构、居民楼楼道、公园等公共场所禁止吸烟，公共交通工具、距离机场、车站、码头等入口15米以内和通勤列车的平台上禁止吸烟。澳大利亚有三个州要求无烟区域覆盖室外餐饮区、未成年人集会、海滩以及操场。加拿大地方立法禁止在露台、操场和公园等室外公共场所吸烟。

二是对违法吸烟行为的处罚日趋严厉。韩国对于禁烟区域未贴出明确标识的店主处以罚款，第一次170万韩元（约合人民币1万元），第二次330万韩元，第三次500万韩元。对在禁烟区域吸烟的人处以10万韩元罚款。俄罗斯一般情况下违法吸烟罚款500至1500卢布（约合100至300元人民币），对在儿童活动场地吸烟罚款2000至3000卢布，情节恶劣甚至可能拘留；对没有履行禁烟义务的经营者，个人罚款30000至40000卢布，法人罚款60000至90000卢布。孟加拉国对违法吸烟的罚款从50塔卡（约合3.7元人民币）增加至300塔卡。

三是公共场所禁烟措施的实施面临实际困难。部分国家公共场所禁烟规定被适当放宽，如荷兰2011年要求酒馆内禁烟，随后宣布小酒馆不适用于禁烟规定。

【包装标识】 《公约》第11条“烟草制品的包装和标签”要求“每一缔约方应在本公约对该缔约方生效后三年内，根据其国家法律采取和实行有效措施”。2013年，使用警示图片的缔约方增加到64个，占缔约方总数的36%。爱尔兰要求自2013年1月1日起使用14组图片健康警语，占据卷烟包装正面面积的45%及背面面积的58%。斐济要求自2013年7月1日起，所有烟草制品包装必须包含图片健康警示信息。卷烟健康警语应覆盖包装正面面积的30%及包装背面的90%。孟加拉国要求图片警语至少覆盖包装正反面主要面积的50%，禁止使用误导性描述如“淡味”“柔和”或“低焦油”等。俄罗斯首次要求使用图片警语，2013年5月10日起要求12组图片警语占包装背面面积的50%，正面使用文字警语“吸烟致命”占据面积的30%。泰国要求自2013年10月起图片警语面积由55%提高到85%，十张警示图片轮换使用，卷烟包装顶部显示戒烟热线等戒烟信息。

在烟草素包装政策方面，澳大利亚《烟草素包装法案》实施后引发很大争议。乌克兰、洪都拉斯、多米尼加共和国、古巴和印尼等五个国家因澳大利亚素包装措施向世界贸易组织争端解决机构提起磋商。2013年12月，英国苏格兰地区制定对烟草制品实施素包装的时间表，计划将于2015年实施烟草制品素包装措施。

【广泛禁止烟草广告、促销和赞助】 《公约》第13条“烟草广告、促销和赞助”要求广泛禁止烟草广告、促销和赞助。全球至少有86个缔约方对烟草广告、促销和赞助实行广泛禁止，有39个缔约方对烟草广告、促销和赞助实施一些限制措施。

2013年，部分缔约方通过新的禁止或限制烟草制品广告、促销和赞助的法律法规。孟加拉国于2013年4月通过《烟草控制法修正案》，禁止在烟草销售点进行广告宣传，限制烟草企业有关“社会责任”的相关活动，要求电影中包含烟草使用的镜头须标注反烟信息。4月29日，英国苏格兰开始实施禁止在大型烟草零售网点展示烟草制品的禁令；对于较小的零售网点，展示禁令自2015年4月6日开始实施。马来西亚于6月规定，禁止卷烟零售商向消费者出售折扣烟草制品，禁止所有直接和间接的烟草产品促销活动，禁止任何团体（包括非政府组织）接受烟草公司直接或间接的赞助。俄罗斯于6月生效的《烟草控制法》禁止在售货亭和报刊亭出售卷烟；烟草零售网点不得将卷烟摆放上架，进行公开展示，只能提供相关价目表；禁止烟草公司举办抽奖活动或赞助演出；自2013年11月15日起全面禁止在纸质媒体和网络媒体发布烟草广告。巴基斯坦于12月发布规定禁止在印刷媒体、电影院或剧院、电视或广播上进行烟草及烟草制品广告宣传，新准则将于2014年5月31日起生效。

【打击烟草制品非法贸易】 《公约》第15条“烟草制品非法贸易”要求每一缔约方采取有效措施，消除烟草非法贸易。截至2013年底，84个缔约方存在打击烟草制品非法贸易方面的法律；69个缔约方提供扣押烟草制品的数据，17个缔约方提供走私烟草制品占全国烟草市场的百分比，比例最低为0.2%，最高为40%；85个缔约方要求烟草包装有标识以协助确定可在国内市场合法销售；79个缔约方要求采用许可证或其他制度控制或监管烟草制品的生产和销售；69个缔约方要求没收烟草制品非法贸易所得；36个缔约方存在实用的跟踪和追溯制度以保护销售并协助调查非法贸易。

2013年，蒙古、卢旺达、匈牙利等缔约方强化供应链控制，引入许可证制度。蒙古要求自2013年3月1日起，生产烟草制品、种植烟叶及进口烟草制品需要取得中央政府主管部门颁发的许可证。卢旺达2013年4月8日起生效的《烟草控制法》要求出于商业目的种植烟叶需要取得政府主管农业部门颁发的许可证，生产烟草和烟草制品应取得工业主管部门的授权，进口、出口和销售应取得贸易主管部门的事先授权。部分缔约方禁止互联网销售烟草制品。

【烟草种植替代】 2013年，《公约》第17条“对经济上切实可行的替代活动提供支持”及第18条“保护环境和人员健康”工作组召开替代生计方面的小组会议，就落实烟草种植经济上可持续替代生计重新拟定新的政策方案草案，并提交第六届缔约方大会审议。

2013年，孟加拉国、斯威士兰等缔约方将替代生计写入烟草控制法。孟加拉国于4月通过《烟草控制法修正案》，授权政府制定政策干预、限制烟草种植。斯威士兰要求为烟草种植者提供可行的替代生计，保护并提高其经济收益等。

【电子烟监管】 2013年，部分缔约方开始引入电子烟禁令。俄罗斯规定电子烟、含烟草成分的口香糖在禁售之列。苏里南、土库曼斯坦禁止销售电子烟。英国等缔约方计划将电子烟作为药品监管，其中，英国计划将于2016年把电子烟及其他含有尼古丁的烟草制品替代品，如烟碱贴片等，都归类为药品进行管理，电子烟等的生产和销售需要获得英国药品和医疗卫生制品管理局的授权。

（《2013年烟草行业控烟履约工作重点》《中国烟草控烟履约工作回顾》主要资料由国家局办公室、科技司供稿；《2013年世界控烟履约进展情况》据倪凌波、姜泓海、李保江《2013年世界控烟履约进展报告》摘编；编辑：谢争艳）

大事记

2013 年中国烟草大事记

1月 10 日，中国签署《消除烟草制品非法贸易议定书》，其核心是打击烟草走私、非法生产和假冒等违法犯罪行为。签署该《议定书》对中国进一步加强对烟草制品供应链各环节监管，推进中国烟草打假打私、加强国际合作、维护公众健康具有重要意义。

16 日，国家局公布全球第一套基于全基因组水平的高密度表达谱芯片，这是现有烟草基因芯片中探针密度最高、覆盖基因数最多的一款。

17—18 日，2013 年全国烟草工作会议在北京召开。工业和信息化部部长苗圩出席会议并讲话。国家局局长姜成康作工作报告，副局长何泽华作总结讲话，副局长李克明、杨培森、赵洪顺，驻国家局纪检组组长高林，中国烟草职工思想政治工作研究会、中国烟草企业文化建设协会会长张保振，中国烟草学会理事长张辉，国家局总会计师张玉霞出席会议。

23 日，2013 年烟草行业安全生产工作电视电话会议在北京召开，李克明出席会议并讲话。

2月 1 日，国家局印发《国家烟草专卖局关于进一步深入推进严格规范工作的意见》（国烟办〔2013〕51 号），要求切实抓好“六个严禁、一个严控”各项要求的落实，确保严格规范工作深入开展。

20—21 日，全国烟草行业整顿规范工作会议在北京召开。姜成康作重要批示，赵洪顺出席会议并讲话。

26—27 日，全国烟草行业纪检监察工作会议在北京召开。姜成康出席会议并讲话，何泽华、李克明、赵洪顺、张玉霞出席会议，高林作工作报告。

27—28 日，2013 年全国烟草行业财务审计工作会议在北京召开。何泽华出席会议并讲话，张玉霞作工作报告。

28 日至 3 月 1 日，全国特色优质烟叶开发工作暨烟叶生产技术研讨会在北京召开。何泽华出席会议并讲话。

3月 5 日，第一期全国烟草行业处级以上领导干部学习贯彻党的十八大精神专题培训班在北京举办。李克明出席会议并作动员讲话。

18 日，2013 年全国烟草专卖管理工作会议在北京召开。姜成康作重要批示，赵洪顺出席会议并讲话。

19—20 日，2013 年全国烟草行业法规体改工作会议在北京召开。赵洪顺出席会议并讲话。

20 日，总公司印发《中国烟草总公司关于印发烟草良好农业操作规范（GAP）的通知》（中烟办〔2013〕51 号）。

28 日，国家局与中国财贸轻纺烟草工会在北京举行第九次联席会议。姜成康、李克明出席会议并讲话。

28 日，2013 年全国烟草行业职业技能鉴定工作电视电话会议在北京召开。李克明出席会议并讲话。

28 日，国家局印发《国家烟草专卖局关于在全行业开展“改进作风年”活动的通知》（国烟人〔2013〕110 号），确定 2013 年在全行业开展以强化大局观念、增强能力素质、改进工作作风、密切联系群众、高效廉洁履职为主题的“改进作风年”活动。

28—29 日，2013 年全国烟草科技工作会议在北京召开。姜成康作重要批示，杨培森出席会议并讲话。

4月 8 日，国家局印发《国家烟草专卖局关于严格控制烟叶生产规模的紧急通知》（国烟办〔2013〕129 号），强调要严格控制烟叶生产规模，坚持 5000 万担烟叶收购红线不动摇。

16 日，2013 年烟草行业经济运行工作会议在北京召开。姜成康出席会议并讲话，李克明作工作报告。

18 日，2013 年全国烟草行业离退休干部工作会议在北京召开。姜成康作重要批示，李克明出席会议并作工作报告。

18 日，雪茄烟营销工作座谈会在四川成都召开，这是中国首次为加快国产雪茄烟发展而召开的专题会议。何泽华出席会议，并就加强雪茄烟营销工作提出四点要求。

22 日，中国烟草总公司与兴业银行股份有限公司签署《战略合作备忘录》。

23 日，2013 年全国烟草行业多元化投资管理工作会议在北京召开。杨培森出席会议并讲话。

5月 9 日，中共中央下发《关于凌成兴、姜成康同志职务任免的通知》（中委〔2013〕331 号）、《关于凌成兴、姜成康同志职务任免的通知》（中委〔2013〕332 号），凌成兴同志任国家烟草专卖局局长、党组书记；免去姜成康同志的国家烟草专卖局局长、党组书记职务。

9 日，中组部下发《凌成兴、姜成康同志职务任免》（组任字〔2013〕97 号）的通知，凌成兴同志任工业和信息化部党组成员；免去姜成康同志的工业和信息化部党组成员职务。

10 日，全国烟草行业 2013 年政治工作会议在北京召开。李克明出席会议并讲话。

10 日，国家局印发《国家烟草专卖局关于开展贯彻落实“三重一大”决策制度和改进工作作风密切联系群众八项规定实施办法情况检查的通知》（国烟监〔2013〕209 号）。

17 日，2013 年全国烟草行业信息化工作会议在北京召开。凌成兴作重要批示，杨培森出席会议并讲话。

24 日，国家局印发《国家烟草专卖局关于进一步加强商业企业卷烟经营专卖内管工作的意见》（国烟专〔2013〕221 号）。

28—30日，凌成兴在云南烟草调研①，杨培森一同调研。

30日至6月1日，凌成兴在贵州烟草调研，杨培森一同调研。

6月 3—4日，超高速卷接包机组研制重大专项引进技术样机鉴定会暨成果发布会在上海召开。李克明出席会议并讲话。

4日，国家局办公室印发《国家烟草专卖局办公室关于加强雪茄烟营销工作的意见》(国烟办综〔2013〕302号)。

6日，凌成兴、杨培森在北京会见古巴农业部部长古斯塔沃·罗德里格斯一行。

7日，凌成兴在北京烟草调研，赵洪顺一同调研。

14日，中组部下发干任字〔2013〕150号通知，凌成兴同志兼任中国烟草总公司总经理、法定代表人；姜成康同志不再兼任中国烟草总公司总经理、法定代表人。

14日，2013年全国烟草行业发展计划工作会议在北京召开。杨培森出席会议并讲话。

19日，凌成兴在上海烟草调研，何泽华一同调研。

20—21日，凌成兴在浙江烟草调研，何泽华一同调研。

21—22日，凌成兴在江苏烟草调研，何泽华一同调研。

24日，凌成兴主持召开局党组扩大会议，传达学习党的群众路线教育实践活动工作会议精神。何泽华、李克明、杨培森、高林、张玉霞出席会议。

24日，国家局办公室印发《国家局办公室关于开展2013年烟叶订单生产试点工作的通知》(国烟办综〔2013〕338号)，要求切实加强2013年烟叶订单生产试点工作，把订单生产作为提升烟叶有效供给能力的关键举措。

25日，国家局党组印发《中共国家烟草专卖局党组关于在全行业深入开展党的群众路线教育实践活动的实施意见》(国烟党〔2013〕55号)，要求在全行业深入开展党的群众路线教育实践活动。

7月 1—3日，凌成兴在山东烟草调研，何泽华一同调研。

4—5日，全国烟叶收购暨现代烟草农业建设现场会在山东诸城召开。凌成兴、何泽华出席会议并讲话。

5日，国家局印发《国家烟草专卖局关于进一步加强卷烟打扫码管理监督的通知》(国烟专〔2013〕281号)。

8日，全国烟草行业党的群众路线教育实践活动动员大会在北京召开。凌成兴主持会议并讲话。何泽华、李克明、杨培森、赵洪顺、高林、张辉、张玉霞出席会议。

9日，凌成兴在北京会见意大利G.D公司总经理保罗·克雷莫尼尼一行。

9日，凌成兴、李克明在北京会见菲莫国际公司总裁兼首席执行官谭崇博一行。

9日，凌成兴、杨培森在北京会见韩国烟草人参公社社长闵泳珍一行。

9日，国家局出台《贯彻落实〈中国烟草控制规划(2012—2015年)〉实施方案》，进一步推动中国控烟履约工作，保持行业持续健康发展。

9日，国家局党组印发《中共国家烟草专卖局党组关于调整巡视工作领导小组成员的通知》(国烟党〔2013〕63号)。

10日，烟草行业安全生产电视电话会议在北京召开。凌成兴作重要批示，李克明主持会议并讲话。

12日，凌成兴、李克明在北京会见英美烟草集团首席执行官杜兰特一行。

15—16日，凌成兴在湖南烟草调研，李克明一同调研。

17—18日，凌成兴在湖北烟草调研，李克明一同调研。

18—20日，凌成兴在河南烟草调研，李克明一同调研。

22日，凌成兴、李克明在北京会见日本烟草产业株式会社会长木村宏、社长小泉光臣一行。

24日，国家局党的群众路线教育实践活动领导小组办公室举办"加强领导干部廉洁自律扎实推进惩防体系建设"专题党课。凌成兴、何泽华、李克明、杨培森、赵洪顺、张玉霞参加学习，高林主讲。机关全体党员干部一同参加学习。

26日，凌成兴在天津烟草调研，赵洪顺一同调研。

29—30日，凌成兴在河北烟草调研，赵洪顺一同调研。

31日，国家局党组中心组(扩大)赴西柏坡参观学习，接受革命传统教育。凌成兴、何泽华、李克明、杨培森、赵洪顺、高林、张玉霞参加参观学习。

8月 1日，国家局印发《国家烟草专卖局关于印发烟草行业重点实验室管理办法的通知》(国烟科〔2013〕314号)。

2日，国家局党组理论学习中心组组织集中学习交流会，凌成兴主持会议并讲话。何泽华、李克明、杨培森、赵洪顺、高林出席会议。

10日，凌成兴在昆明醋酸纤维有限公司调研。

20—21日，凌成兴在陕西烟草调研，高林、张辉一同调研。

27日，驻国家局纪检组印发《关于加强中秋国庆期间廉洁自律工作的通知》(驻国烟纪〔2013〕17号)，明确"八个严禁"，要求全行业正风肃纪，坚决反对中秋节、国庆节公款送礼、公款吃喝和奢侈浪费等不正之风。

27—28日，凌成兴在宁夏烟草调研，高林一同调研。

28日，双维伊士曼纤维有限公司年产3万吨二醋酸纤维素丝束项目一期工程建设完成并生产出第一包丝束成品。

28—29日，凌成兴在甘肃烟草调研，高林一同调研。

29日，2013年烟草商业企业物流工作推进会在四川成都召开。

9月 2日，国家局党组召开会议，认真学习贯彻中央精神，安排部署行业有关工作。凌成兴出席会议并讲话，何泽华、李克明、杨培森、赵洪顺、高林、张玉霞出席会议。

9—10日，凌成兴在安徽烟草调研，赵洪顺一同调研。

11—12日，凌成兴在福建烟草调研，赵洪顺一同调研。

---

① 本栏目凌成兴局长考察具体内容详见《省级局(公司)》《工业企业》栏目各企业特事要辑。

12—13 日，凌成兴在广东烟草调研，赵洪顺一同调研。

13 日，凌成兴在深圳烟草调研，赵洪顺一同调研。

13 日，全国烟草行业党的群众路线教育实践活动电视电话会议在北京召开。李克明出席会议并讲话。

16—17 日，凌成兴在广西烟草调研，赵洪顺一同调研。

17 日，2013 年卷烟品类创新与发展交流会在湖北武汉召开。李克明出席会议并讲话。

18 日，凌成兴在海南烟草调研，赵洪顺一同调研。

23—24 日，2013 年全国卷烟营销网络建设现场会在陕西西安召开。何泽华出席会议并讲话。

25—26 日，凌成兴在四川烟草调研，杨培森一同调研。

26—27 日，凌成兴在西藏烟草调研，杨培森一同调研。

28 日，凌成兴在重庆烟草调研，杨培森一同调研。

29 日，国家局办公室印发《国家烟草专卖局办公室关于开展国家局专卖内部监督管理信息系统部署和对接实施工作的通知》（国烟办综〔2013〕530 号）。

29 日，国家局印发《国家烟草专卖局关于进一步加强烟草打私工作的通知》（国烟专〔2013〕375 号）。

10月 10—11 日，凌成兴在内蒙古烟草调研，杨培森一同调研。

12—13 日，凌成兴在山西烟草调研，杨培森一同调研。

17 日，国家局党组印发《中共国家烟草专卖局党组关于在行业开展廉政风险防控工作的实施意见（试行）》（国烟党〔2013〕78 号）。

17 日，国家局印发《国家烟草专卖局关于组建第三批专业领域重点标准研究室的通知》（国烟科〔2013〕385 号）。

19 日，全国烟草行业工会组织建设座谈会在江苏徐州举行。会议交流探讨目前行业工会组织建设的情况及问题，并对下一步工作提出要求。

23 日，国家局党组印发《中共国家烟草专卖局党组关于印发烟草行业新任职党员领导干部廉政谈话暂行办法的通知》（国烟党〔2013〕84 号）。

24 日，云南中烟工业有限责任公司“两统一、两整合”工作座谈会在北京召开。凌成兴、赵洪顺出席会议并讲话。何泽华、李克明、杨培森、高林、张玉霞出席会议。

24 日，行业经济运行工作座谈会在北京召开。凌成兴、何泽华、李克明出席会议并讲话。杨培森、赵洪顺、高林、张玉霞出席会议。

28 日，凌成兴、李克明在北京会见美国施伟策－摩迪国际集团董事长兼首席执行官维卢泰一行。

28 日，凌成兴、李克明在北京会见美国雷诺烟草公司总裁兼首席执行官迪伦一行。

28 日，凌成兴、李克明在北京会见帝国烟草集团首席执行官库珀一行。

28 日，凌成兴在北京会见安姆科集团执行总裁兼首席执行官麦克文一行。

28—29 日，凌成兴在黑龙江烟草调研，杨培森一同调研。

31 日，凌成兴在吉林烟草调研，赵洪顺一同调研。

11月 2—3 日，凌成兴在辽宁烟草调研，赵洪顺一同调研。

3 日，凌成兴在大连烟草调研，赵洪顺一同调研。

4 日，国家局、公安部在北京联合召开 2013 年全国卷烟打假工作会议。凌成兴主持会议并讲话，赵洪顺作工作报告。

4 日，凌成兴、杨培森在北京会见伊士曼化工公司首席营运执行官连胜一行。

5 日，2013 年全国烟草行业设备管理现场会在山东青岛召开。李克明出席会议并讲话。

5—6 日，凌成兴在新疆烟草调研，张玉霞一同调研。

7 日，凌成兴在青海烟草调研，张玉霞一同调研。

8 日，国家局印发《国家烟草专卖局关于全面推进烟草行业商业企业标准化工作的意见》（国烟科〔2013〕409 号），要求有效发挥标准化在商业企业市场营销、专卖管理、现代物流、基础管理等工作中的支撑作用。

14 日，2013 年全国烟叶工作座谈会在北京召开。凌成兴出席会议并讲话。何泽华作工作报告。

15 日，全国烟草行业党的群众路线教育实践活动电视电话会议在北京召开。李克明出席会议并讲话。

18—19 日，2013 年全国烟草行业物流工作现场会在云南大理召开。何泽华出席会议并讲话。

18—20 日，凌成兴在江西烟草调研，李克明一同调研。

21—22 日，2013 年全国烟草行业企业管理现场会在广东广州召开。李克明出席会议并讲话。

25 日，凌成兴、杨培森在北京会见美国瑞安公司董事长、总裁兼首席执行官博恩腾一行。

25 日，凌成兴、李克明在北京会见荷兰联一国际公司总裁兼首席执行官薛钧一行。

29 日，驻局纪检组印发《关于严禁公款购买印制寄送贺年卡等物品和严禁公款购买赠送烟花爆竹等年货节礼的通知》（驻国烟纪〔2013〕20 号）。

30 日，凌成兴在南通醋酸纤维有限公司调研。

12月 9 日，烟草行业贯彻落实全国组织工作会议精神电视电话会议在北京召开。凌成兴出席会议并讲话，何泽华主持会议。李克明宣读国家局党组《关于进一步加强行业直属单位领导班子建设的意见》，杨培森、赵洪顺、高林出席会议。

9 日，凌成兴、李克明在北京会见台湾新党主席郁慕明一行。

10 日，全国烟草行业贯彻落实《烟草企业采购管理规定》电视电话会议在北京召开。赵洪顺出席会议并讲话。

19 日，2013 年烟草行业拓展国际市场工作会议在北京召开。凌成兴主持会议并讲话，李克明作工作报告。

23—26 日，凌成兴在湖北烟草调研。

30 日，凌成兴在河北秦皇岛烟机公司、秦皇岛市局（公司）调研，赵洪顺一同调研。

（国家局办公室供稿；编辑：李　昂）

文件选编

综　合

中华人民共和国主席令

第八号

《全国人民代表大会常务委员会关于修改〈中华人民共和国海洋环境保护法〉等七部法律的决定》已由中华人民共和国第十二届全国人民代表大会常务委员会第六次会议于2013年12月28日通过，现予公布。

《全国人民代表大会常务委员会关于修改〈中华人民共和国海洋环境保护法〉等七部法律的决定》对《中华人民共和国海洋环境保护法》《中华人民共和国药品管理法》《中华人民共和国计量法》《中华人民共和国渔业法》《中华人民共和国海关法》《中华人民共和国烟草专卖法》所作的修改，自公布之日起施行；对《中华人民共和国公司法》所作的修改，自2014年3月1日起施行。

中华人民共和国主席　习近平
2013年12月28日

六、对《中华人民共和国烟草专卖法》作出修改

删去第八条中的“经全国或者省级烟草品种审定委员会审定批准后”。

国家烟草专卖局关于印发《国家烟草专卖局中国烟草总公司工作规则》的通知

（2013年6月4日　国烟办〔2013〕248号）

行业各直属单位，国家局、总公司机关各部门、各单位：

《国家烟草专卖局　中国烟草总公司工作规则》已经于2013年5月24日召开的国家局局长、总经理办公会议修订通过，现予印发。

国家烟草专卖局中国烟草总公司工作规则

（2013年5月24日局长、总经理办公会议通过）

第一章　总　则

一、根据《中华人民共和国烟草专卖法》《中华人民共和国烟草专卖法实施细则》（国务院令第223号）、《国务院工作规则》（国发〔2013〕16号）及《中国烟草总公司章程》（财建〔2007〕2号），制订本规则。

二、国家烟草专卖局、中国烟草总公司（以下简称国家局、总公司）工作的指导思想是，高举中国特色社会主义伟大旗帜，以邓小平理论、“三个代表”重要思想、科学发展观为指导，认真执行党的路线方针政策，全面履行法律法规及国务院赋予国家局、总公司的职能，维护国家利益、维护消费者利益，保证国家财政收入，适应市场需求，进一步提高行政管理和执法效能，组织协调生产经营活动，依法经营管理国有资产，增强服务意识、责任意识、法治意识、廉洁意识，努力建设更加规范、更富效率的领导机关。

三、国家局、总公司工作的准则是，实行科学民主决策，坚持依法行政、依法管理，推进政务公开和司务公开，健全监督制度，加强廉政建设。

第二章　国家局局长、总公司总经理和副局长及总会计师职责

四、国家局、总公司各级领导干部要模范遵守法律法规，认真履行职责，为民务实，严守纪律，勤勉廉洁。

五、国家局、总公司实行局长、总经理负责制，局长、总经理领导国家局、总公司的工作。国家局副局长协助局长工作，总会计师协助局长、副局长工作。

六、国家局局长、总公司总经理召集和主持国家局、总公司全体会议、局长、总经理办公会议和局长、总经理例会。国家局、总公司工作中的重大事项，必须经国家局、总公司全体会议或局长、总经理办公会议讨论决定。

七、国家局副局长及总会计师按分工负责处理分管工作；受国家局局长、总公司总经理委托，负责其他方面的工作或专项任务并可代表国家局、总公司进行外事活动。

八、国家局局长、总公司总经理出访期间，由局长、总经理委托一位副局长主持日常工作。

九、国家局、总公司机关各部门、各单位实行主要负责人负责制，由其领导本部门、本单位的工作。

国家局、总公司机关各部门、各单位要各司其职，各负其责，顾全大局，协调配合，切实维护团结统一、政令畅通，坚决贯彻落实国家局、总公司各项工作部署。

第三章　全面正确履行国家局、总公司职能

十、国家局、总公司要全面正确履行法律法规、国务院

及《中国烟草总公司章程》赋予的行业管理、市场监管、资产经营管理、组织生产经营活动等职能。烟草行业实行“统一领导、垂直管理、专卖专营”的管理体制。总公司依法对所属工商企业的国有资产行使出资人权利，经营和管理国有资产，承担保值增值责任。

十一、完善宏观调控体系，加强烟草行业发展趋势研判，科学确定调控目标和政策取向，主要运用经济手段并辅之以必要的行政手段引导和调控经济运行，促进烟草行业持续健康发展。

十二、依法严格卷烟市场监管，推进公平准入，完善监管体系，规范卷烟市场执法，维护全国卷烟市场的统一、公平、诚信、竞争、有序。

第四章 坚持依法行政和依法管理

十三、国家局、总公司及机关各部门、各单位要带头维护法律法规权威，建设法治机关。按照合法行政、合理行政、程序正当、高效便民、诚实守信、权责统一的要求，行使权力，履行职责，承担责任。

十四、国家局、总公司根据经济社会发展需要以及烟草产供销、农工商、内外贸的发展变化，适时起草与烟草行业有关的规范性文件，修改或废止不相适应的规范性文件，确保规范性文件质量。

十五、国家局、总公司机关各部门、各单位根据工作职责负责组织起草有关专业性的规范性文件草案，由法规部门负责审核并经国家局、总公司审定发布。法规部门负责组织起草综合性的规范性文件草案，经国家局、总公司审定后发布。行业规范性文件的解释及行政复议工作由法规部门承办。

十六、按照《中国烟草总公司章程》的规定，总公司依法经营管理国有资产，自主进行生产经营管理活动，保障总公司的合法权益，规范总公司的管理和运作。

十七、国家局机关各部门要严格行政执法，健全规则，规范程序，强化监督，做到有法必依、执法必严、违法必究，公正执法、文明执法，维护国家利益、维护消费者利益。

第五章 实行科学民主决策

十八、国家局、总公司及机关各部门、各单位要完善行政决策规则，把公众参与、专家论证、风险评估、合法性审查和集体讨论决定作为重大决策的必经程序，增强重大决策制订的透明度和公众参与度。

十九、研究贯彻党中央、国务院及工业和信息化部的重大决定、重要指示和重要会议精神，研究决定烟草行业的发展战略和规划、产业结构调整、年度计划、经济指标；资产重组、资本运作和专卖执法中的重要问题；行业重要体制改革和企业改革方案、重要政策法规以及重要会议的文件；重大投融资规划、行业内固定资产重大投资，国家局、总公司的基建、技改、对外经济技术合作、对外投资项目；行业科技教育发展规划和人才工作政策；跨行业及非烟产业的重要投资项目；年度财务预算和大额度资金使用方案，涉及重要项目安排使用资金的审定等，分别由国家局、总公司投资委员会、预算委员会、薪酬委员会或国家局、总公司全体会议、局长、总经理办公会议讨论决定。

二十、国家局、总公司机关各部门、各单位提请国家局、总公司研究决定的重大事项，都必须经过深入调查研究，要以法律法规和国务院及工业和信息化部、国家局、总公司总体工作部署或发展规划为依据，征求各方面意见，进行充分论证；涉及相关部门或单位的，要充分协商，在意见一致或基本一致的基础上，综合出明确的意见，对于不同意见，也要认真考虑，必要时可向国家局、总公司领导报告并提交会议讨论；涉及基层单位的，要事先征求意见。

二十一、国家局、总公司机关各部门、各单位和行业直属单位必须坚决贯彻落实国家局、总公司的决定，及时跟踪和反馈执行情况。国家局办公室要加强督促检查，确保政令落实。

第六章 推进政务公开和司务公开

二十二、国家局及机关各部门要深化政务公开，健全信息发布制度，完善各类公开办事制度，提高工作透明度。

二十三、总公司及机关各单位要深化司务公开，完善各类公开办事制度，自觉接受本单位干部职工监督。

二十四、凡法律及国家局、总公司规定需要公开的事项，均要通过网站、新闻发布会以及报纸、杂志等方式，依法、及时、全面、准确、具体地向社会公开。

第七章 健全监督制度

二十五、国家局、总公司要自觉接受国务院及工业和信息化部的监督，认真负责地报告工作。

二十六、国家局、总公司机关各部门、各单位要依照有关法律规定接受监督；同时要自觉接受监察、审计等部门的监督。对监督中发现的问题，要认真整改并向国家局、总公司报告。

二十七、国家局及机关各部门要严格执行行政复议法，法规部门要加强行政复议指导监督，纠正违法或不当的行政行为，依法及时化解行政争议。

二十八、国家局、总公司及机关各部门、各单位要接受社会公众和新闻舆论的监督，认真调查核实有关情况，及时依法处理和改进工作。重大问题要向社会公布处理结果。

二十九、国家局、总公司及机关各部门、各单位要重视信访工作，进一步完善信访制度，畅通和规范群众诉求表达、利益协调、权益保障渠道；国家局局长、总公司总经理、副局长、驻国家局纪检组长、总会计师及机关各部门、各单位负责人要亲自阅批重要的群众来信，督促解决重大信访问题。

三十、国家局、总公司及机关各部门、各单位要推行绩效管理制度和行政问责制度，加强对重大决策部署落实、部门职责履行、重点工作推进及自身建设等方面的考核评估，健全纠错制度，严格责任追究，提高机关公信力和执行力。

第八章 会议制度

三十一、国家局、总公司实行国家局、总公司全体会议、局长、总经理办公会议和局长、总经理例会制度。

三十二、国家局、总公司全体会议由局长总经理、副局长、驻国家局纪检组长、总会计师及机关各部门、各单位主要负责人组成，由局长总经理召集和主持。国家局、总公司全体会议的主要任务是：

（一）传达学习贯彻党中央、国务院及工业和信息化部重要会议、重要文件精神；

（二）讨论决定国家局、总公司工作中重大事项；

（三）部署国家局、总公司的重要工作。

三十三、局长、总经理办公会议由局长总经理、副局长、驻国家局纪检组长、总会计师及与会议内容有关的机关部门、单位负责人组成，由局长总经理召集和主持，也可由局长总经理委托副局长召集和主持。局长、总经理办公会议的主要任务是：

（一）讨论决定国家局、总公司工作中的重要事项；

（二）讨论重要规范性文件草案；

（三）通报和讨论其他重要事项。

局长、总经理办公会议根据工作需要召开。

三十四、局长、总经理例会由局长、总经理或局长、总经理委托的副局长召集和主持，国家局副局长、驻国家局纪检组长、总会计师出席，国家局办公室主任和有关部门、单位负责人列席会议。局长、总经理例会的主要内容是：

（一）通报上一周各自分管的主要工作进展情况及本周将要开展的工作打算；

（二）对近期工作进行安排和协调。

局长、总经理例会一般每周召开一次。会议议定事项由国家局办公室负责协调和督促检查。

三十五、提请国家局、总公司全体会议和局长、总经理办公会议讨论的议题，由国家局分管领导协调或审核后提出，报局长总经理确定。会议纪要由国家局办公室起草或审核，经局长总经理签发后印制。会务准备工作由国家局办公室负责，议题和文件于会前送达与会人员。

三十六、国家局副局长、驻国家局纪检组长、总会计师不能出席国家局、总公司全体会议的，向局长请假。国家局、总公司全体会议其他组成人员请假，由国家局办公室向局长报告。

三十七、国家局、总公司及机关各部门、各单位召开的会议，要减少数量，控制规模，严格审批。国家局、总公司机关各部门、各单位会议要尽可能采用电视电话会议形式召开。各类会议都要充分准备，提高效率和质量，重在解决问题。

第九章 公文审批

三十八、国家局、总公司机关各部门、各单位和行业各直属单位报送国家局、总公司审批的公文，须符合《党政机关公文处理工作条例》（中办发〔2012〕14号）的规定及《国家烟草专卖局中国烟草总公司机关公文处理工作办法》（国烟办文〔2012〕292号）的具体要求。除国家局局长、总公司总经理、副局长、驻国家局纪检组长交办的事项和必须直接报送的机密级事项外，一般不得直接向国家局局长、总公司总经理、副局长、驻国家局纪检组长个人报送公文。国家局、总公司机关各部门、各单位和行业各直属单位报送国家局、总公司的请示性公文，凡涉及其他部门职权的，必须与相关部门充分协商，由主办部门主要负责人与相关部门负责人会签或联合报国家局、总公司审批。部门之间有分歧的，主办部门主要负责人要主动协商；协商后仍不能取得一致意见的，主办部门要列明各方理据，提出办理建议，与相关部门负责人会签后报国家局、总公司决定。

三十九、国家局、总公司向党中央、国务院及工业和信息化部的请示、报告以及与有关部委的协商函件，须经分管副局长审核同意并报局长、总经理审批。

四十、上级领导机关来文，由国家局局长、总公司总经理和副局长、驻国家局纪检组长、总会计师传阅并对涉及分管事项提出批办意见。国务院各部委公文和省级地方党委、人民政府的函件，由国家局领导阅批。

四十一、行业各直属单位主送国家局、总公司的公文，由国家局办公室按照职能与分工送交机关有关部门、单位办理，重要公文报送国家局领导阅批。

四十二、以国家局名义发文，经国家局分管领导审核后由局长签发；以总公司名义发文，经分管领导审核后由总经理签发。以国家局办公室名义发文，由办公室主任签发；如有必要，由国家局分管领导签发或报局长签发。

凡法律、行政法规已作出明确规定的，一律不再制发文件。没有实质内容、可发可不发的文件简报，一律不发。

第十章 工作纪律

四十三、国家局、总公司各级领导干部要坚决贯彻执行党和国家的路线方针政策、国务院及工业和信息化部工作部署，严格遵守纪律，有令必行，有禁必止。

四十四、国家局、总公司各级领导干部必须坚决执行国家局、总公司的决定，如有不同意见可在国家局、总公司内部提出，在没有重新做出决定前，不得有任何与国家局、总公司决定相违背的言论和行为；代表国家局、总公司发表讲话或文章，个人发表涉及未经国家局、总公司研究决定的重大问题及事项的讲话或文章，事先须经国家局、总公司同意。

四十五、国家局、总公司各级领导干部要严格执行请销假制度。国家局副局长、驻国家局纪检组长、总会计师离京出访、出差和休假，要事先报告局长、总经理，由国家局办公室通报国家局其他领导。

国家局、总公司机关各部门、各单位主要负责人离京外出，须事先向国家局、总公司领导报告。

四十六、国家局、总公司机关各部门、各单位发布涉及国家局、总公司重要工作部署、行业改革和发展重要问题、与群众利益密切相关事项的信息，要经过严格审定，重大情况要及时向国家局、总公司报告。

四十七、国家局、总公司各级领导干部要严格遵守保密纪律和外事纪律，严禁泄漏国家秘密、工作秘密或者因履行职责掌握的行业敏感信息等，坚决维护国家的安全、荣誉和利益。

第十一章　廉政和作风建设

四十八、国家局、总公司及机关各部门、各单位要严格执行国家局党组《认真贯彻落实〈十八届中央政治局关于改进工作作风、密切联系群众的八项规定〉的实施办法》（国烟党〔2012〕102号）的各项规定，切实加强廉政建设和作风建设。

四十九、国家局、总公司及机关各部门、各单位要从严治政。对职权范围内的事项要按程序和时限积极负责地办理，对不符合规定的事项要坚持原则不得办理；对因推诿、拖延等官僚作风及失职、渎职造成影响和损失的，要追究责任；对越权办事、以权谋私等违规、违纪、违法行为，要严肃查处。

五十、国家局、总公司及机关各部门、各单位要严格执行财经纪律，艰苦奋斗、勤俭节约，坚决制止奢侈浪费，严格执行住房、办公用房、车辆配备等方面的规定，严格控制差旅、会议经费等一般性支出，切实降低行政成本，建设节约型机关。

严格控制因公出国（境）团组数量和规模。改革和规范公务接待工作，不得违反规定用公款送礼和宴请，不得接受下级单位的送礼和宴请。严格控制和规范国际会议、论坛、庆典、节会等活动。各类会议活动经费要全部纳入预算管理。

五十一、国家局、总公司各级领导干部要廉洁从政，严格执行领导干部重大事项报告制度，不得利用职权和职务影响为本人或特定关系人谋取不正当利益；加强对亲属和身边工作人员的教育和约束，决不允许搞特权。

五十二、国家局、总公司各级领导干部要做学习的表率，国家局、总公司及机关各部门、各单位要建设学习型机关。

五十三、国家局局长、总公司总经理、副局长、驻国家局纪检组长、总会计师要深入基层，调查研究，指导工作，注意研究和解决实际问题。

到基层考察调研，要轻车简从，减少陪同，简化接待，减轻基层单位负担；基层单位负责人不到机场、车站、码头及辖区分界处迎送。除工作需要外，不去名胜古迹、风景区参观。

五十四、国家局局长、总公司总经理、副局长、驻国家局纪检组长不为行业各直属单位会议活动等发贺信、贺电，不题词。国家局局长、总公司总经理、副局长、驻国家局纪检组长出席会议活动，到基层单位考察调研的新闻报道和外事活动安排，按有关规定办理。

五十五、国家局、总公司机关各部门、各单位适用本规则。

发展计划

中国烟草总公司关于加快推进烟草行业多元化企业法人治理结构建设的通知

（2013年11月1日　中烟办〔2013〕216号）

行业各直属单位，中国烟草实业发展中心：

为进一步深化烟草行业多元化投资管理体制改革，加快推进行业全资、控股多元化企业按照现代企业制度要求建立健全各司其职、有效制衡、高效运转的法人治理结构，现将有关要求通知如下：

一、进一步明确出资人职责，确保国有资产保值增值

（一）进一步理顺多元化企业产权关系

按照“归口管理、分级负责、实体运作、加强监管”的工作要求，进一步深入推进多元化投资管理体制改革。地市级公司、卷烟工厂不再从事多元化经营，多元化资产上划省级商业公司、工业公司统一经营管理。符合条件的省级商业公司、工业公司要进一步理顺多元化资产和管理关系，成立投资管理公司进行实体化运作。省级投资管理公司依法对所投资企业履行出资人职责，承担国有资产保值增值责任。未成立省级投资管理公司的省级公司多元化投资管理部门要切实履行归口管理职责，加强本级多元化企业管理，主要通过多元化企业董事会体现出资人意志，做到职责到位、监管到位、规范到位。

（二）明确法人治理结构建设目标要求

紧紧围绕烟草行业改革发展的目标任务，以国有资产保值增值为核心，以提升多元化企业管理水平为目标，以加强董事会建设为重点，分级负责、分层实施、分类管理，积极稳妥推进法人治理结构建设，确保出资人职责到位，提升多元化企业竞争实力。重点是加强省级投资管理公司法人治理结构建设，探索母子公司管理模式，积极从管理型向经营管理型转变。力争到“十二五”期末，行业所有全资、控股多元化企业都要按照现代企业制度的要求，建立起较为完善的法人治理结构，切实做到职责权限明晰、议事规则明确、治理机制规范、运行协调高效。

二、建立健全组织结构，切实做到权责明确、各司其职

（一）切实加强董事会建设

行业全资、控股多元化企业必须依法设立董事会。董事会对公司发展目标和重大经营活动作出决策，切实维护出资人权益。董事实行任期制，经委派或选举产生。因工作变动、离退休或出现其他不能有效履职情况，要及时更换董事人选。原则上董事长与总经理实行分设。

（二）建立健全监事制度

行业全资、控股的多元化企业必须依法设立监事会或监事。监事会或监事代表出资人对董事会、总经理以及公司业务活动、财务、管理等方面进行监督。监事会的监事由出资人委派或选举产生，其中必须包括公司职工代表。公司董事、高级管理人员不得兼任公司监事。对于仅设一名监事的企业，监事由出资人委派。

（三）优化经理层建设

总经理由董事会按程序聘任或者解聘。多元化企业经理层可以由主业调配，也可以与市场招聘相结合。对投资规模较大、市场化程度较高的多元化企业，在加强主业优秀干部配备的同时，积极面向市场选择职业经理人，形成能者上、平者让、庸者下的选人用人导向。

（四）切实发挥党组织的积极作用

积极探索企业党组织参与企业重大问题决策的程序和机制。不断完善党管干部原则与现代企业制度要求有机结合的途径和方法。努力发挥职工代表的民主管理作用，确保董事会、监事会中的职工代表有效行使权利。

三、努力完善治理机制，切实做到科学决策、有效制衡

（一）有效发挥董事会的决策和监管职能

董事会履行战略管理、投资管理、预算管理、薪酬管理、企业基本制度建设和监管等方面的职责。主要包括：决定企业发展战略和中长期发展规划；审议批准公司投资规划和年度投资计划、公司投资项目管理办法；审议批准公司年度财务预算方案、决算方案、利润分配方案和弥补亏损方案；审议通过经理层年度工作报告，检查高级管理人员对董事会决议的执行情况，对高级管理人员进行目标责任考核；决定聘任或者解聘公司总经理、副总经理等高级管理人员；审议批准公司内部薪酬分配方案和业绩奖励方案；审议批准公司基本管理制度等其他董事会应承担的职责。要确保国家局、总公司的各项规定和要求在企业得到贯彻执行。董事会职责所涉及的事项中，按照行业规定须报有关单位审批或备案的，要严格按照程序报批或备案。要重点抓好董事会对企业重大事项的决策权，规范决策程序，实行集体决策。发挥专门委员会的决策咨询和建议作用，不断提高董事会的科学决策水平。董事会对经理层行使监督权，检查经理层对董事会决议的执行情况，对经理层进行目标责任考核。

（二）切实保证监事（会）的独立监督职能

监事（会）作为企业监督机构对出资人负责。重点加强对董事会决策行为、董事会决议执行情况、企业基本制度执行情况、企业财务状况的监督，对董事会成员和总经理的任免、奖惩等事项提出建议。加强与审计、纪检、工会等机构的协调沟通，形成监管合力。

（三）充分发挥经理层的生产经营管理职能

经理层实行总经理负责制。总经理承担有关法律法规及企业章程规定和董事会所授予的职责，负责主持公司日常经营管理工作，组织实施董事会决议，向董事会报告工作。经理层实行总经理办公会制度，企业重大事项必须经过总经理办公会集体研究讨论。妥善处理董事会与经理层的关系。董事会一方面要对董事会决议执行情况和经理层职务行为进行监督，另一方面要确保经理层享有充分的生产经营自主权。经理层一方面要自主高效地执行董事会决议，组织企业生产经营活动，另一方面要自觉接受董事会的监督，为董事会及其专门委员会提供必要的工作支持，定期向董事会报告企业生产经营管理方面的情况。

四、着力加强制度管理，切实做到协调配合、有序运转

（一）明确和规范决策权限

严格按照《中华人民共和国公司法》规定及行业相关管理要求，结合企业实际情况，科学配置决策权力。一般要按照总经理办公会直接决定、总经理办公会研究提交董事会决定、董事会直接决定和董事会研究提交出资人或股东会决定等四个层次，明确划分决策权限。

（二）认真制订会议议事规则

要结合实际对董事会会议、总经理办公会和监事会会议等重要会议的参会范围、议事内容、表决程序、决议实施等各个方面和环节做出具体的规定。确保开好董事会会议。董事会召开会议的次数和时间，要满足董事会充分履行其各项职责的需要，确保需要董事会表决的重大事项不延误。非特殊原因，重大事项不得采取书面会签方式进行审议。要认真做好会前准备、会中记录、会后纪要以及会议决议的落实与执行工作。要对讨论事项的过程以及各方意见如实、全面记录。会议纪要、发言记录、授权委托书等相关资料要立卷存档、妥善保管备查。

（三）完善法人治理结构的各项制度

重点抓好董事会对多元化企业进行有效战略控制和经营监管的各项制度，特别是实行实体化运作的省级投资管理公司，要明确多元化企业董事会议事规则、决策程序等内容和具体要求，指导并要求多元化企业逐步建立健全发展战略、重大投融资、预算编制、财务审计、风险评估、经理班子考核奖惩等各类管理与监督的制度。

（四）加强对董事、监事和经理层的管理与考核

各单位要建立健全多元化企业董事、监事及高管人员等人选任职资格、产生程序（含委派、选举、选拔、聘任等）、履职要求、职责义务、考核考评、责任追究和解聘解

职等方面的制度，确保董事、监事和高管人员充分维护出资人权益。董事、监事和高管人员要定期向出资人报告工作和履职情况。出资人对董事、监事和高管人员实行问责制并进行定期考核。派出董事在就重大事项发表意见前，要向出资人报告。

五、加快推进法人治理结构建设，务求取得实效

（一）统一思想，提高认识

建立和完善多元化企业法人治理结构，是建立健全行业多元化国有资产管理体制的必然要求，是加强行业多元化投资监督管理的重要举措，是提升多元化企业管理水平的根本保障。推进多元化企业法人治理结构建设是当前行业多元化企业改革与发展的一项重点工作，涉及面广、政策性强，各单位要充分认识该项工作的重要意义，自觉树立治理观念，准确把握治理角色定位，积极探索治理机制和模式，认真扎实地抓好此项工作。

（二）分级负责，分类推进

各省级公司要针对不同类型多元化企业的行业类别、企业规模、股权结构、发展情况等方面的差异，积极探索适合不同企业特点的法人治理结构。各省级公司结合本单位实际情况，要提出贯彻落实的具体工作方案，指导所属多元化企业建立和完善法人治理结构。新设立的省级投资管理公司要按照本通知要求认真研究制订公司章程。多元化经营企业数量较多的省级公司，可选择1～2家基础较好的多元化企业作为试点。要以国有资产保值增值为目标，以经济效益和社会效益相统一为导向，积极探索、逐步形成与市场接轨、科学系统的管理体系，先行先试总结经验，以点带面稳步推进。

行业全资、控股多元化企业要按照本通知的要求，对公司章程、机构设置、制度建设、机制运行等方面的情况进行梳理和自查，研究制订工作方案并在报省级多元化投资管理机构批准后组织实施。工作方案要充分结合各企业实际情况，就机构设置、职责定位、工作规则、制度建设、重大事项范围和决策程序等方面作出具体规定，要明确法人治理结构建设工作的措施要求、进度安排、责任人以及考核办法。行业参股多元化企业参照本通知要求，积极推进企业法人治理结构建设工作。

（三）监督检查，务求实效

现有行业多元化企业的法人治理结构建设工作要在“十二五”时期内完成。新成立的多元化企业的法人治理结构要按照规定抓紧建立健全。总公司多元化投资管理部门将及时跟踪各省级公司工作开展情况，通过加强调查研究、组织培训交流、总结经验做法等方式，研究共性问题，不断提出完善意见。

总公司将多元化企业法人治理结构建设情况纳入行业多元化经营管理评价范围，细化指标，形成标准，加强评审。

省级公司要加强对本单位省级多元化投资管理公司和全资、控股多元化企业法人治理结构建设工作的监督和检查。省级多元化投资管理机构要切实履行归口管理职能，坚决贯彻落实总公司及省级公司要求，确保工作有效推进。

专卖管理

国家烟草专卖局关于进一步加强烟草打私工作的通知

（2013年9月29日　国烟专〔2013〕375号）

各省级局（公司）：

根据国务院关于在全国范围内组织开展大规模打击走私专项斗争和联合行动的决定，海关总署、工业和信息化部、公安部、全国打击走私综合治理办公室等12部局最近联合印发了《打击走私专项斗争和联合行动方案》（署缉发字〔2013〕213号，以下简称《方案》），将烟草专卖品走私活动列为打击重点，对开展打私专项斗争和联合行动进行了专题部署。各级局要积极配合地方人民政府和有关执法部门开展打击走私专项斗争和联合行动，深入贯彻落实《方案》要求，以此次全国范围大规模打击走私专项斗争和联合行动为契机，完善联合打私机制，解决突出问题，进一步推动烟草打私工作的深入开展，坚决遏制烟草专卖品走私活动，维护良好的卷烟市场秩序。现将有关事项通知如下：

一、建立和完善联合打私工作长效机制

各级局要以构建“政府领导、部门联合、多方参与、密切协作”的卷烟打假打私体系为目标，积极争取地方人民政府的领导和支持，建立健全与公安、工商、海关、边防等部门的联合打私长效机制，明确职能分工，落实工作责任，完善联席会议、联合办案、联合督办、案件移送等工作制度，实现部门间联合打击、整体联动的无缝衔接。

二、开展市场整治专项行动

要把这次打击走私专项斗争和联合行动与国家局前期部署的雪茄烟市场治理专项行动结合起来，全面开展市场整治专项行动。要认真做好市场调研摸底工作，加强信息监测，加大对娱乐服务类等重点业态零售客户和繁华街区的排查，全面掌握违法违规经营信息和线索，确定重点地

区。要强化与工商、公安等部门的协作配合，针对性开展市场清理整顿工作，组织集中打击和专项整治行动，切实规范卷烟零售市场秩序。要及时发现和解决突出问题，做好零售市场研究和监管效果评价，逐步建立卷烟市场监管长效机制。

三、集中力量突破一批重大案件

要加强与公安、海关、边防等执法部门的协作配合，以侦破大案要案为牵引，集中办案力量，集中时间和精力，全面加大对走私烟草专卖品违法犯罪活动的打击、查堵、治理力度，迅速、坚决、有力地查处一批案件，打掉一批团伙，端掉一批窝点，坚决遏制走私多发势头。要加强督导协调工作，对案值大、危害重、影响恶劣的大案要案实行联合督办，快查快审，依法严惩罪大恶极的走私犯罪分子；对盘根错节、猖狂作案的走私团伙，要深挖严打，一查到底。要统筹情报资源，强化案件经营，及时掌握走私新动向，强化情报和信息的先导、指引作用，做好案件信息传递、线索协查、联合执法等工作，形成各方密切配合、行动迅速快捷、技术支持有力的良好局面。

四、做好经费保障工作

《中国烟草控制规划（2012—2015 年）》（工信部联消费〔2012〕572 号）明确提出“对收缴的走私烟、假烟实施销毁，防止流入市场”的处理原则，各级局要及时向有关执法部门提供专业技术咨询和帮助，同时协助做好罚没走私烟草专卖品的鉴定、拍卖和销毁等处置工作。各省级局要结合本省（区、市）打私工作实际情况，抓紧制订《烟草打私经费开支管理办法（试行）》（国烟财〔2013〕71 号）的具体实施细则，为开展打击走私烟草专卖品工作提供必要的经费保障，确保打私工作的顺利开展。

五、其他事项

这次《方案》部署的打私专项斗争和联合行动从 7 月份开始，12 月底结束，分动员部署、全面打击治理和总结评估三个阶段。各级局要加强统筹协调，结合本地实际情况，制订具体实施方案，明确目标，量化任务，落实责任。要加大打私宣传力度，设立举报电话，拓宽情报信息来源渠道。对重大走私烟案件在新闻媒体上曝光，扩大社会影响，震慑违法犯罪分子。要强化信息报送，及时将打私专项斗争和联合行动情况向上一级主管部门汇报。重大行动、重大案件、重要成果、新闻信息随时上报。对案值 100 万元以上或涉案卷烟数量 200 万支以上的走私烟（含回流烟）案件，务必在立案 48 小时内报国家局。各省级局 12 月底前向国家局专卖司报送工作总结。

经济运行

国家烟草专卖局关于推进企业精益管理的意见

（2013 年 8 月 4 日　国烟运〔2013〕316 号）

各省级局（公司）、工业公司，中国烟草实业发展中心：

为有效破解行业“三大课题”，深入持续开展“管理创一流”活动，进一步夯实基础管理，不断提升企业管理水平，现就行业推进精益管理提出如下意见：

一、目的意义

全面推进精益管理是强化企业管理工作的重要部署，是建设具有国际竞争力的一流企业的现实需要，是行业推进管理创新，向管理要效益、向管理要方法、向管理要进步的重要举措，是破解行业“三大课题”的有效抓手，对转变行业发展方式，提高行业发展质量和效益具有非常重要的意义。近年来，行业通过增加卷烟产量和提升产品结构实现了快速发展，但依靠外延式发展的潜力和速度难以长期保持下去，企业存在着管理基础不扎实，重点费用控制任务艰巨，适应市场能力不强，运行效率不高等问题。精益管理是一种先进的管理理念，其本质是利用最小的资源创造最大的价值，达到效益最大化。精益管理落实到各项具体工作中主要体现在企业服务和效率水平持续提升，成本费用得到有效控制，投入产出比最大化，各项管理工作精益求精。从当前看，推进精益管理是改变传统管理理念和行为模式，优化资源配置，提升企业效益的有效手段；从长远看，是全面提升水平，挖掘行业发展潜力，转变行业发展方式，实现行业的可持续发展的迫切需要。因此，推进精益管理既有重要的现实意义，更有长远的战略意义。

二、总体要求和主要目标

（一）总体要求

持续推进“管理创一流”活动，把国际一流管理企业作为追赶的目标。导入精益管理理念，以消除各种浪费、优化资源配置、提升效率和效益为主要目标，以精益制造、精益烟叶生产、精益营销和精益物流为重点，扎实推进精益管理，构建精益管理工作长效机制，应用精益管理持续改善方法，将精益改善的理念和方法延伸至生产、经营、管理、服务等各个领域，实现以最少的投入创造最大的价值。

（二）通过 2—3 年努力，实现以下目标

1. 企业管理水平全面提升。追求零浪费、零缺陷、零事故、零差错、零故障、零延误、零投诉的目标，实现精益制造、精益烟叶生产、精益营销和精益物流。

2. 成本费用明显下降。工业企业成本费用利润率提升 10 个百分点以上，商业企业成本费用利润率提升 5 个百分点以上，生产成本占销售收入比重下降10个百分点以上。

3. 效率明显提升。优化和改善流程，消除25%以上的无价值流程，持续提升管理效率；设备综合效率（OEE）提升15个百分点以上，设备故障停机时间下降10%以上。

4. 质量明显提高。产品抽检合格率达到100%，客户满意度提升10%以上。

5. 库存水平合理。库存周转次数提高20%以上，卷烟存销比及原辅料库存保持在合理水平。

三、工作内容

（一）打牢精益管理基础

精益管理的实施要建立在扎实的管理基础之上，要继续抓好“建立健全有效的规章制度、清晰的岗位职责、健全的标准体系、顺畅的信息传递和严格的绩效管理”五项基础管理工作，扎实做好现场管理、质量管理体系、标准化工作、可视化管理、合理化建议和培育多技能人才等精益管理基础工作，为全面推进精益管理打下坚实基础。

（二）稳步推进精益管理

“精”就是少投入（包括人力、设备、场地等）、少消耗资源、少花费时间，“益”就是多产出经济效益，多创造价值。精益管理的核心是消除一切消耗了资源而不创造价值的浪费。要通过导入精益管理，改革传统的思维方式和原有的管理模式，推进精益转型，应用精益持续改善的方法和工具，全面消除生产经营管理过程中存在的时间、空间、人力、资源各种浪费，为企业创造更大效益，实现企业管理升级。

1. 正确识别价值流。要以客户为中心，从客户角度而不是从企业或职能部门角度来思考和精确定义活动价值，运用价值流程图等精益工具，对产品研发设计、原料供应、生产制造、营销配送等每个价值流进行系统分析，确定所有增值的步骤和目前不可避免的非增值步骤，找出企业存在的浪费活动，消除不必要的环节和程序。

2. 优化价值流程。要围绕价值流的顺畅流动，对保留下来的步骤进行优化组织，打破部门间的壁垒，按最佳顺序排列，运用标准作业、可视化管理、防差错、六西格玛等精益工具，创造无中断、无迂回、无等待、无返工、无废料的价值活动流，实现企业高效率运转。

3. 客户需求拉动价值流。要按照价值流的流动由客户需求拉动的原则，快速响应市场需求，工业企业要按订单组织卷烟生产，商业企业要按订单组织货源，准时提供客户需要的产品和服务，消除多余库存、积压、提供客户不需要的产品和服务等浪费。

4. 精益改善，追求零浪费。要持续开展系统化的改善活动，做到全员自觉参与，企业自主创新，集中精力消灭主要浪费，反复改善每个价值流及价值流里每个步骤流程，改善成果要固化到以质量体系为主的综合管理体系中去，逐步减少直至消除全部浪费。

（三）导入精益理念，抓好重点工作

全面导入精益理念，应用精益管理方法和工具，以实现精益制造、精益烟叶生产、精益营销、精益物流为重点，以点带面，带动精益管理在企业各项工作中的全面推行。以“质量零缺陷、过程零浪费、现场零无序”为追求目标，实施柔性化生产、精细化加工、精准化管控、消除生产管理过程中存在的过多工序与环节、等待、缺陷和差错、不必要的动作等浪费，全面提升产品制造水平，实现精益制造。围绕“减工、降本、提质、增效”，持续优化烟叶生产、收购、加工流程，运用先进适用技术，实现精良育种、精细耕作、科学采收烘烤，促进烟叶生产由数量效益型向质量效益型转变，突出烟叶品质特色化，不断提升烟叶质量水平，实现精益烟叶生产。围绕精确把握市场需求，突出品牌培育，提高服务水平，集约营销资源，消除一切不为品牌和服务增加价值的浪费活动，追求企业营销效益的最大化，实现精益营销。服务为先，需求驱动，依托信息系统，努力消除物流中设备设施空耗、库存过高、人员冗余等各种浪费现象，使物流服务快速、准时、准确满足客户需求，达到物流服务的低成本、高效率，实现精益物流。

四、组织实施

精益管理是一项持续、不断改进的系统工程。各单位要把推进精益管理作为“管理创一流”活动的重要载体，切实安排好、组织好精益管理工作。

（一）全员导入、精心组织

各单位要高度重视，充分认识推行精益管理的重要意义，坚持领导负责、全员参与的原则，建立起责任明确、分工协调、上下联动、层层落实的工作机制。要加强全员宣贯，开展全面培训，认真组织学习，全方位导入精益管理理念，营造良好氛围，充分调动员工的积极性、主动性和创造性，让广大员工积极投身到推进精益管理实践中。

（二）自主实施，注重实效

在推进精益管理的过程中，各单位要结合企业实际，本着以我为主、自主实施的原则，积极探索实践，不断创新管理手段和方法，突出实效性，打造自身管理特色。精益管理与贯标、对标、基层创建和管理创一流等管理工作是相辅相成、相互促进的，要注重融合应用，系统推进，以精益管理为抓手推动企业不断地持续改进，进一步提升企业的基础管理水平，向一流管理迈进。

（三）制订方案、系统推进

各单位要将推进精益管理纳入企业整体战略和年度重点工作，遵循“全面规划、突出重点、试点先行、分步实施”的工作方针，结合企业实际，制订切实可行的精益管理实施方案，明确阶段任务、具体目标和措施，高质量推进精益管理的导入实施。烟机、复烤、专卖等其他工作也要积极推进精益管理，参照执行。各单位的工作方案请于9月13日前用公文的方式报送国家局运行司。

烟草科技

国家烟草专卖局关于印发烟草行业重点实验室管理办法的通知

（2013 年 8 月 1 日　国烟科〔2013〕314 号）

行业各直属单位，中国烟草机械集团有限责任公司，中国烟草实业发展中心：

为深入贯彻落实《烟草行业中长期科技发展规划纲要（2006—2020 年）》（国烟科〔2006〕526 号），进一步健全完善烟草行业科技创新体系，规范和加强行业重点实验室的建设和运行管理，现将修订后的《烟草行业重点实验室管理办法》印发给你们，自印发之日起施行，2004 年 8 月 11 日印发的《烟草行业重点实验室建设与管理暂行办法》（国烟科〔2004〕536 号）、2008 年 9 月 8 日印发的《烟草行业重点实验室评估管理暂行规定》（国烟科〔2008〕481 号）同时废止。

烟草行业重点实验室管理办法

（2013 年 6 月 4 日　国烟办〔2013〕248 号）

第一章　总　则

第一条　为提高烟草行业自主创新能力，推动技术创新上水平，规范和加强烟草行业重点实验室（以下简称重点实验室）的建设和运行管理，依照《国家重点实验室建设与运行管理办法》（国科发基〔2008〕539 号）和《国家重点实验室评估规则》（国科发基〔2008〕731 号），制订本办法。

第二条　重点实验室是烟草行业技术创新体系的重要组成部分，是烟草行业组织高水平应用基础研究和关键共性技术研究、聚集和培养优秀科技人才、开展高水平学术交流、科研装备先进的重要基地。

第三条　重点实验室坚持"稳定支持、定期评估和动态调整"的原则。

第四条　重点实验室是依托企业、科研机构等建设的科研实体，实行人财物相对独立的管理机制和"开放、流动、联合、竞争"的运行机制。

第五条　中国烟草总公司设立专项经费，支持重点实验室的开放运行、科研仪器设备更新和自主创新研究。专项经费单独核算，专款专用。重点实验室专项经费管理办法另行发布。

依托单位是重点实验室经费投入的主体。鼓励重点实验室通过申请国家级、省部级和总公司等的科技计划项目以及其他合作研究项目等获得经费资助。

第六条　按照项目、平台、人才相结合的原则，烟草行业各级各类科技计划项目要优先委托具备条件的重点实验室承担。

第二章　职　责

第七条　国家烟草专卖局科技主管部门是重点实验室建设与运行的宏观管理部门，其主要职责是：

（一）宏观指导重点实验室的建设和运行。

（二）组织编制重点实验室总体规划和发展计划。

（三）组织重点实验室的申请、认定、评估与检查；向国家局提出重点实验室认定、调整和撤销的建议。

（四）指导和推动重点实验室学术交流与合作。

第八条　依托单位是重点实验室建设和运行管理的具体负责单位，其主要职责是：

（一）贯彻落实国家局有关重点实验室建设与管理的政策，支持重点实验室的建设和发展。

（二）依据本办法制订重点实验室管理细则，具体负责重点实验室建设和运行管理，提供经费及后勤保障等配套条件，协调解决重点实验室建设与运行中的相关问题。

（三）组织公开招聘并聘任重点实验室主任，聘任重点实验室学术委员会主任、副主任及委员，报国家局科技主管部门备案。

（四）根据学术委员会建议，提出重点实验室名称、研究方向、发展目标、组织结构等方面的重大调整意见，报国家局科技主管部门。

（五）对重点实验室进行年度考核，配合国家局科技主管部门做好评估和检查等工作。

第九条　重点实验室的主要任务和职责是：

（一）围绕烟草学科发展前沿和烟草行业发展的重大科技需求，开展烟草行业应用基础研究、关键共性技术研究、多学科交叉前沿技术研究等。

（二）承担烟草行业重大科研任务，在本研究领域保持国内领先并力争达到国际先进水平。

（三）聚集和培养优秀科技人才，为烟草行业发展引进、培养和输送高层次的学术领军人才和学科带头人。

（四）在有效保护知识产权的前提下，面向行业逐步开放实验室仪器设备、图书资料、软件以及研究工作等。

（五）开展高水平学术交流与合作。

第三章　认　定

第十条　根据烟草行业科技发展规划和技术创新需求，按照"成熟一个、认定一个"的原则认定重点实验室。

第十一条　申请认定重点实验室的研究实体须已运行 3 年以上并具备下列条件：

（一）符合烟草行业科技发展规划确定的重点建设方向，从事烟草应用基础研究和关键共性技术研究。

（二）实验室依托单位应是独立法人单位；联合共建

的，各依托单位均应为独立法人单位。

（三）科研实力强，在本专业领域具行业领先水平，取得一批标志性科研成果，有能力承担行业重大科研任务；有明确的近、中、远期研究目标，评估期限内（评估年度上溯3年内）科研项目总经费在1000万元以上、承担的省部级以上重大科研项目不少于2项。

（四）拥有结构合理的高水平研究团队。实验室固定人员不少于20人，本科以上学历人员的比例不低于90%，其中硕士学位以上人员比例不低于40%，高级职称人员比例不低于30%。

（五）具备良好的科研实验条件。科研仪器设备总值（原值）不低于2000万元并能统一管理，开放使用。

（六）已建立较为完善的管理办法和开放运行的规章制度，建立相对独立的财务管理制度和仪器设备管理规范。初步实行“开放、流动、联合、竞争”的运行机制，已成为烟草行业重要的开放型科学研究和技术服务平台，积极开展多种形式的行业内外、国内外科技交流与合作。

第十二条 重点实验室的申请和认定程序：

（一）申报单位应按照《烟草行业重点实验室评估指标体系》（附件1）、《烟草行业重点实验室评估指标体系说明》（附件2）的规定逐条进行严格而规范的自评、自查工作，在实验室建设与运行情况基本符合各项条件的基础上，按照《烟草行业重点实验室评审申请书》（附件3）、《烟草行业重点实验室评估指标数据表》（附件4）、《建立烟草行业重点实验室可行性论证报告编写提纲》（附件5）的格式与要求编制申报材料。

（二）申报单位的申报材料统一由各有关省级烟草专卖局（公司）、工业公司初审，初审合格后由省级烟草专卖局（公司）、工业公司向国家局科技主管部门申报。

（三）报送国家局科技主管部门的申报材料一式三份并附省级烟草专卖局（公司）、工业公司书面批准文件1份。

（四）国家局直属科研机构可以直接向国家局科技主管部门申报。

（五）国家局科技主管部门组织专家组对申报单位的申报材料进行论证并视情况组织现场考察。经综合专家组论证意见、现场考察结果以及各有关方面情况，确定申报单位评估成绩，评估合格的建议推荐国家局认定为“烟草行业重点实验室”。

第四章 运 行

第十三条 重点实验室实行依托单位领导下的主任负责制。

第十四条 重点实验室主任应是本领域高水平的学术带头人，具有较强的组织管理能力，一般不超过55周岁。

重点实验室主任每届任期原则上不超过3年，连任不超过4届，每年在实验室工作时间不少于8个月。

第十五条 重点实验室应建立学术委员会。学术委员会是重点实验室的学术指导机构，职责是审议重点实验室的发展规划、研究方向、年度工作计划和总结等，指导科研项目的立项与实施。

学术委员会会议每年至少召开一次，每次实到人数不应少于全部委员的2/3。

第十六条 学术委员会由国内外知名专家学者组成，人数不超过15人，其中依托单位人员不超过1/3。同一位专家学者不得同时担任3个以上重点实验室的学术委员会委员。

学术委员会每届任期3年，每次换届应更换1/3以上的委员。连续两次无故不出席学术委员会会议的委员应予以更换。

第十七条 重点实验室由固定人员和流动人员组成。固定人员包括研究人员、技术人员、科辅人员和管理人员，流动人员包括访问学者、博士后研究人员和客座研究员等。

重点实验室人员实行聘任制，由主任聘任。

第十八条 重点实验室应根据研究方向和研究内容设立若干创新团队，支持其持续深入地开展方向性研究，持续保持在本研究领域的领先地位，带动实验室研究水平的全面提升。

第十九条 重点实验室应围绕主要任务和研究方向设立自主研究课题，课题期限一般为1—3年。重点实验室应定期检查课题的执行情况并及时验收。课题的检查和验收坚持“鼓励创新、稳定支持、宽容失败”的原则。

第二十条 重点实验室应实行开放式管理体制，加大开放力度，努力建设成为本领域全行业公共研究平台。要通过建立访问学者制度和设立开放课题等多种形式，吸引国内外高水平研究人员进行合作研究、学术交流。鼓励实验室参与国际烟草科技合作计划并与国外有关单位联合共建研究机构。

按照“围绕目标、长期合作、择优支持”的原则设立开放课题，课题应由依托单位之外的单位和人员承担。

第二十一条 重点实验室应统筹科研仪器设备的管理和使用，保障科研仪器的高效运转和开放共享并按照国家局有关规定和要求实施数据共享。

第二十二条 重点实验室应当加强知识产权保护。在重点实验室完成的专著、论文、软件著作权、数据库等研究成果均应标注重点实验室名称。

第二十三条 重点实验室需要更名、变更主要研究方向或进行结构调整、重组的，须经实验室学术委员会论证后由依托单位向国家局科技主管部门提出书面申请，由国家局重新组织行业认定。

第五章 考核与评估

第二十四条 重点实验室应当在规定时间报告年度工作计划和总结，经依托单位、归口申请单位审核后报国家局科技主管部门备案。

第二十五条 依托单位对重点实验室实施年度考核，考核结果报国家局科技主管部门备案。年度考核的主要目的是了解重点实验室发展状况和存在的问题。

第二十六条 根据年度考核情况，国家局每年对部分重点实验室进行现场检查，查找、研究和解决重点实验室存在的问题。现场检查的内容主要包括：听取实验室主任工作报告、考察实验室、召开座谈会等。

第二十七条 国家局对重点实验室进行定期评估。3年为一个评估周期，具体评估工作由国家局科技主管部门组织评估专家组实施。

评估主要对重点实验室3年的整体运行状况进行综合评

价，指标包括：研究水平与贡献、基础条件与经费投入、队伍建设与人才培养、组织体制与运行机制等。

被评估重点实验室应提交《烟草行业重点实验室评审申请书》（附件3）、《烟草行业重点实验室评估指标数据表》（附件4）并提交评估期限内的年度工作报告。

评估专家组根据需要可对重点实验室进行现场评估。现场评估的主要目的是：全面了解和评价重点实验室的运行情况，检查与核实重点实验室取得的成绩，提出重点实验室存在的问题和改进方向。

第二十八条 国家局根据重点实验室定期评估成绩，结合年度考核情况，确定重点实验室评估结果。评估结果分为“优秀”“良好”“较差”三类。评估结果为“较差”的实验室，将不再列入烟草行业重点实验室序列。

第二十九条 连续两次定期评估结果为“优秀”的重点实验室可通过依托单位申请免参加一次评估，其结果视为“良好”；连续3次定期评估结果为“优秀”的实验室可申请免参加一次评估，其结果视为“优秀”。其他无正当理由不参加评估或中途退出评估的重点实验室，视为放弃烟草行业重点实验室资格，将不再列入烟草行业重点实验室序列。

第六章 附 则

第三十条 重点实验室统一命名为“烟草行业××重点实验室（依托单位）”，英文名称为“×× Key Laboratory of China Tobacco（依托单位英文名称）”。如：烟草行业烟草化学重点实验室（中国烟草总公司郑州烟草研究院），Tobacco Chemistry Key Laboratory of China Tobacco（Zhengzhou Tobacco Research Institute of CNTC）。

第三十一条 本办法由国家局负责解释。

第三十二条 本办法自印发之日起施行。2004年8月11日印发的《烟草行业重点实验室建设与管理暂行办法》（国烟科〔2004〕536号）、2008年9月8日印发的《烟草行业重点实验室评估管理暂行规定》（国烟科〔2008〕481号）同时废止。

附件：1. 烟草行业重点实验室评估指标体系（略）
2. 烟草行业重点实验室评估指标体系说明（略）
3. 烟草行业重点实验室评审申请书（略）
4. 烟草行业重点实验室评估指标数据表（略）
5. 建立烟草行业重点实验室可行性论证报告编写提纲（略）

人事政工

中共国家烟草专卖局党组关于印发国家局、总公司机关深入开展党的群众路线教育实践活动实施方案的通知

（2013年7月5日 国烟党〔2013〕57号）

国家局、总公司机关各部门、各单位：

现将《中共国家烟草专卖局党组关于国家局、总公司机关深入开展党的群众路线教育实践活动的实施方案》印发给你们，请认真贯彻落实。

中共国家烟草专卖局党组关于国家局总公司机关深入开展党的群众路线教育实践活动的实施方案

根据《中共中央关于在全党深入开展党的群众路线教育实践活动的意见》（中发〔2013〕4号）和中央党的群众路线教育实践活动工作会议的部署，按照《中共国家烟草专卖局党组关于在全行业深入开展党的群众路线教育实践活动的实施意见》（国烟党〔2013〕55号）的要求，结合国家局、总公司机关实际，现就开展党的群众路线教育实践活动制定如下实施方案。

一、充分认识开展党的群众路线教育实践活动重大意义

在全党深入开展以为民务实清廉为主要内容的党的群众路线教育实践活动，是党的十八大作出的战略部署，是以习近平同志为总书记的党中央坚持党要管党、从严治党，保持党的先进性和纯洁性、巩固党的执政基础和执政地位的重大决策；是顺应群众期盼，解决群众反映强烈的突出问题的必然要求；是实现党的十八大确定的奋斗目标，推进中国特色社会主义伟大事业的重大举措，是当前和今后一个时期烟草行业重大的政治任务。

全心全意为人民服务是党的根本宗旨，群众路线是党的生命线和根本工作路线。深入开展党的群众路线教育实践活动，对于教育引导广大党员尤其是党员领导干部牢固树立宗旨意识和马克思主义群众观点，贯彻党的群众路线，切实改进工作作风，始终赢得人民群众的信任和拥护，夯实党的执政基础，巩固党的执政地位，具有十分重大而深远的意义。按照中央的统一部署和要求，精心组织好国家局、总公司党

的群众路线教育实践活动，对于切实加强国家局、总公司各级党组织建设，提高党员队伍思想政治素质，切实改进作风方面存在的突出问题，确保党的路线方针政策和党中央、国务院重大决策部署在烟草行业贯彻落实，推进烟草行业持续健康发展具有十分重要的意义。总的来看，国家局、总公司机关党员干部贯彻落实党的群众路线情况是好的，在服务基层、联系群众、服务烟农、服务零售客户、服务广大员工等方面做了大量卓有成效的工作，机关党员干部转变职能、转变作风有了明显改进和增强。但是，也要看到在新的形势下，机关党员干部中也存在着不符合为民务实清廉要求的问题，形式主义、官僚主义、享乐主义和奢靡之风不同程度的存在，主要表现在：一是少数党员干部宗旨意识淡薄，群众观念不强，全心全意为人民服务意识树得不牢，有的事业心、责任感不强，考虑个人问题较多，不能正确对待自己，正确对待组织，计较名利、地位和待遇，精神状态不好，工作标准不高。二是有的工作作风不扎实，作风漂浮，满足于一般化的工作部署，会议多，文件多，调查研究不深入，指导工作不具体，抓落实力度不大，虽出差下去不少，但听汇报多，不能了解掌握真实情况，发现不了问题，提不出建设性意见。三是有的服务意识不强，在服务基层的态度上存在生、冷、硬的现象，说话口气大，下基层架子大。有的部门之间沟通协调不够，工作互相推诿扯皮，文件运转慢，办事拖拉，工作效率不高。四是有的浮躁浮夸，热衷于作表面文章。五是有的不能坚持发扬艰苦奋斗的作风，讲排场、摆阔气，大手大脚、铺张浪费、贪图享乐。六是有的法纪观念淡薄，在廉洁自律方面要求不够严格，甚至有的以权谋私、违法违纪，走向犯罪深渊。这些问题严重损害党在人民群众中的形象，严重损害党群干群关系，必须通过开展党的群众路线教育活动认真加以解决。在国家局、总公司深入开展党的群众路线教育实践活动，对于教育引导广大党员、干部牢固树立宗旨意识和马克思主义群众观点，自觉践行“国家利益至上、消费者利益至上”行业共同价值观，推动行业持续健康发展，具有十分重要的意义。我们一定要把思想认识统一到习近平总书记重要讲话和中央精神上来，切实增强贯彻群众路线、改进工作作风的自觉性和坚定性，以强烈的责任感和使命感抓好教育实践活动。

二、群众路线教育实践活动的指导思想和目标要求

（一）指导思想

国家局、总公司深入开展党的群众路线教育实践活动，要高举中国特色社会主义伟大旗帜，坚持以马克思列宁主义、毛泽东思想、邓小平理论、“三个代表”重要思想、科学发展观为指导，紧紧围绕保持党的先进性和纯洁性，以为民务实清廉为主要内容，以“235”教育实践活动为载体，以国家局党组、机关各部门各单位领导班子和处级以上党员领导干部为重点，切实加强全体党员干部马克思主义群众观点和党的群众路线教育，把贯彻落实中央八项规定和国家局党组“九条要求”作为切入点，坚决反对形式主义、官僚主义、享乐主义和奢靡之风，着力解决人民群众、广大员工反映强烈的突出问题，提高做好新形势下群众工作的能力，保持党同人民群众的血肉联系，发挥党密切联系群众的优势，为建设更加规范更富效率的中国烟草、推动行业持续健康发展提供坚强保证。

党的群众路线教育实践活动全过程，要贯穿“照镜子、正衣冠、洗洗澡、治治病”的总要求。“照镜子”，主要是学习和对照党章，对照廉政准则，对照改进作风要求，对照群众期盼，对照先进典型，查找宗旨意识、工作作风、廉洁自律方面的差距。“正衣冠”，主要是按照为民务实清廉的要求，严明党的纪律特别是政治纪律，敢于触及思想，正视矛盾和问题，从自己做起，从现在改起，端正行为，维护良好形象。“洗洗澡”，主要是以整风精神开展批评和自我批评，深入分析出现形式主义、官僚主义、享乐主义和奢靡之风的原因，坚持自我净化、自我完善、自我革新、自我提高，既要解决实际问题，更要解决思想问题。“治治病”，主要是坚持惩前毖后、治病救人方针，区别情况、对症下药，对作风方面存在问题的党员、干部进行教育提醒，对问题严重的进行查处，对与民争利、损害群众利益的不正之风和突出问题进行专项治理。

（二）目标要求

教育引导党员、干部树立群众观点，弘扬优良传统，解决突出问题，保持清廉本色，使党员、干部思想进一步提高、作风进一步转变，党群干群关系进一步密切，为民务实清廉形象进一步树立。要坚持围绕中心、服务大局，全面贯彻落实党的十八大提出的各项任务要求，把作风建设放在突出位置，以作风建设的新成效凝聚起推动行业改革发展的强大力量。

要落实为民务实清廉要求。为民，就是要坚持以人为本、人民至上，坚持立党为公、执政为民，坚持一切为了群众、一切依靠群众，从群众中来、到群众中去。一要始终把维护烟农利益放在心上。要使关心烟农、维护烟农利益成为行业的文化，植根于机关全体干部心中，成为指导行业基层工作一种自觉行为。二要始终把为零售客户提供优质服务作为流通企业根本任务。进一步提高服务水平，使各项决策和出台的政策措施更加符合“发展同向、工作同心、服务同步、利益同体”要求，实实在在为零售客户办实事、求实效。三要始终把调动全体员工积极性、主动性、创造性作为一切工作出发点。进一步转变作风，坚持工作要深入、办事要认真、自身要廉洁，坚决克服高高在上、养尊处优等脱离基层实际的现象，为一线职工创造更好的工作和生活环境，营造团结和谐的良好氛围。务实，就是要求真务实、真抓实干，发扬理论联系实际和密切联系群众之风，深入实际，深入基层，调查研究，扎扎实实帮助基层解决实际问题；清廉，就是要自觉遵守党章，严格执行廉政准则，主动接受监督，自觉净化朋友圈、社交圈，带头约束自己的行为，增强反腐倡廉和拒腐防变自觉性，严格规范权力行使，把权力关进制度的笼子。要厉行勤俭节约、反对铺张浪费，带头发扬艰苦奋斗之风，坚决反对一切消极腐败现象，切实做到干部清正、班子清廉、政治清明。

要着力解决突出问题。党的群众路线教育实践活动，要把反对“四风”贯穿始终，努力在解决作风不实、不正和行为不

廉上取得实效。一是坚决反对形式主义，就是要教育引导党员、干部力戒浮躁、力戒漂浮、力戒张扬，端正学风，改进文风会风，牢固树立大局意识、责任意识，敢于担当，勇于奉献，真正把心思用在干事业上，把功夫下到察实情、出实招、办实事、求实效上；二是坚决反对官僚主义，就是要教育引导党员、干部深入实际、深入基层、深入群众，接地气、通下情，坚持民主集中制，改进调查研究，虚心向群众学习，向基层学习，热心为基层和群众服务，诚心接受群众监督；三是坚决反对享乐主义，就是要教育引导党员、干部牢记“两个务必”，克己奉公，勤政廉政，保持昂扬向上、奋发有为的精神状态；四是坚决反对奢靡之风，就是要教育党员、干部坚守节约光荣、浪费可耻的思想观念，狠刹挥霍享乐和骄奢淫逸的不良风气，做到艰苦朴素、精打细算，勤俭办一切事情。

三、群众路线教育实践活动的基本原则

根据中央精神，结合烟草行业实际，国家局、总公司开展党的群众路线教育实践活动，要牢牢把握以下原则：

（一）坚持正面教育为主

要加强马克思主义群众观点和党的群众路线教育，加强党性党风党纪教育和道德品行教育，引导党员、干部坚定理想信念，增强公仆意识，讲党性、重品行、作表率，模范践行社会主义核心价值观，坚守共产党人精神追求，自觉践行“两个至上”（国家利益至上、消费者利益至上）行业共同价值观，努力做到“三个始终”（始终把维护烟农利益放在心上、始终把为零售客户提供优质服务作为流通企业根本任务、始终把调动全体员工积极性、主动性、创造性作为一切工作出发点），牢固树立“五种意识”（责任意识、忧患意识、公仆意识、民主意识、创新意识）。

（二）坚持开展批评与自我批评

开展积极健康的思想斗争，敢于揭短亮丑，崇尚真理、改正缺点、修正错误，真正让党员、干部思想受到教育、作风得到改进、行为更加规范。要把整风精神贯穿始终。自我批评，要真正触及问题、挖到思想深处，防止避重就轻；相互批评，要敢于指出问题、真诚帮助提高，防止好人主义。对作风方面存在问题的党员干部，要及时教育提醒，问题严重的要严肃查处。

（三）坚持讲求实效

要开门搞活动，让党员、干部和职工群众积极参与到活动中，请群众参与、让群众评判、受群众监督，努力在解决作风不实、不正和行为不廉上取得实效，在提高群众工作能力、密切党群干群关系、全心全意为人民服务上取得实效。

（四）坚持分类指导

要在解决问题上分类指导，根据本部门本单位实际情况，找准需要解决的突出问题，有什么问题就解决什么问题，什么问题突出就重点解决什么问题，提出适合本部门本单位特点的目标要求和办法措施。要在环节方法上分类指导，规定动作要扎实到位，自选动作要突出特色，把中央要求与烟草行业实际紧密结合起来，与本部门本单位职能结合起来，与党员干部思想工作实际结合起来，探索务实管用的具体载体。

（五）坚持领导带头

各级领导干部特别是主要领导要以身作则、率先垂范，带头学习、带头听取意见、带头谈心、带头开展批评和自我批评、带头进行整改，形成党组主要领导负总责、上级带下级、主要领导带班子成员、领导干部带一般干部，一级抓一级、层层抓落实的良好局面。

四、群众路线教育实践活动的方法步骤

按照中央统一部署和要求，在中央督导组的指导和帮助下，国家局、总公司党的群众路线教育实践活动从 2013 年 7 月上旬开始，2013 年底前基本结束，集中教育时间不少于 3 个月。参加人员为国家局、总公司机关全体党员干部，重点是司局级以上领导班子和处级以上党员领导干部；机关聘用人员中的党员，在聘用单位党组织参加活动。

国家局、总公司党的群众路线教育实践活动着力抓好以下 3 个环节：

（一）学习教育、听取意见

重点是搞好教育实践活动的学习宣传和思想教育，深入开展调查研究，广泛听取干部群众意见。

1. 搞好思想发动。

召开全国烟草行业党的群众路线教育实践活动动员大会，党组书记、局长，中国烟草总公司总经理凌成兴作动员报告，中央督导组组长王正福作重要讲话，进行思想发动和部署，充分调动广大党员干部参加教育实践活动的积极性。动员大会结束后，中央督导组对局党组成员进行民主测评。国家局、总公司机关各部门各单位按照国家局机关教育实践活动实施方案要求制定具体安排，联系实际进行再动员，把党员干部的思想统一到中央要求及局党组部署上来。

2. 学习培训。

以党支部为单位组织党员、干部认真学习中国特色社会主义理论体系，学习党章和党的十八大报告，学习习近平总书记一系列重要讲话精神，学习党的光辉历史和优良传统，认真学习研读《论群众路线——重要论述摘编》《党的群众路线教育实践活动学习文件选编》《厉行节约、反对浪费—重要论述摘编》三本学习材料和《领导干部从政道德启示录》，观看《领导干部从政道德警示录》影像资料，开展理想信念、党性党风党纪和道德品行教育，开展中国特色社会主义宣传教育，开展马克思主义群众观点和党的群众路线专题学习讨论。

党组中心组集中学习，参加人员扩大到机关副司级以上党员领导干部。

对机关党员干部集中培训，邀请有关专家作党的宗旨和优良传统、群众路线、作风建设辅导讲座，国家局领导作学习报告或讲党课。

以党支部为单位组织学习和交流，在集中学习、个人自学和参加培训的基础上，每个党员干部结合思想和工作实际，撰写学习体会，在支部大会上进行交流。司局级党员领导干部要带头作学习发言。国家局、总公司机关适时组织观看先进模范人物事迹影视片和召开教育实践活动交流会。

3. 听取意见。

采取召开座谈会、个别访谈、上门征求意见等多种形式

广泛听取党员干部群众对领导班子和领导干部的意见和建议，为对照检查、开展批评和解决问题打好基础。

（二）查摆问题、开展批评

重点是围绕落实为民务实清廉要求，通过群众提、自己找、上级点、互相帮，认真查摆形式主义、官僚主义、享乐主义和奢靡之风方面的问题，进行党性分析和自我剖析，开展批评和自我批评。

1. 要组织召开一次高质量的专题民主生活会。国家局党组成员要按照分工，结合党性分析，重点查找个人和班子在反对“四风”方面的突出问题，认真开展批评和自我批评。会前，要充分听取群众意见，党组主要负责同志要与班子成员逐一谈心，班子成员之间要相互谈心，班子及其成员都要对照为民务实清廉要求撰写对照检查材料。会上，主要负责同志要带头查摆问题，带头开展批评和自我批评，每个班子成员既要进行深刻的自我批评，又要进行诚恳的相互批评。机关各部门各单位领导干部专题民主生活会邀请非中共党员领导干部参加，国家局教育实践活动领导小组办公室派员参加。国家局党组成员要同分管部门的司局长谈话提出要求，帮助他们查找问题，撰写好对照检查材料，并对司局长的对照检查材料审核把关。

2. 开好专题组织生活会。机关各党支部要认真组织党员参加教育实践活动。每个党员都要参加所在党支部召开的专题组织生活会，针对存在问题，提出改进措施和办法。

（三）整改落实、建章立制

重点是针对作风方面存在的问题，提出解决对策，制定和落实整改方案；对一些突出问题，进行集中治理。要抓住重点问题，制定整改任务书、时间表，实行一把手负责制，并在一定范围内公示。注重从体制机制上解决问题，使贯彻党的群众路线成为党员、干部长期自觉的行动。

1. 制定整改任务书、时间表。

国家局党组及机关各部门各单位领导班子要针对学习教育、听取意见，查摆问题、开展批评阶段查找出来的问题，制定操作性强、切实有效的整改任务书、时间表。对查摆出来的突出问题和需要完善的制度，制定出整改落实的目标、任务和时限要求，明确分管领导、责任部门和具体措施。整改任务书、时间表制定后，以书面形式公布，接受党员和群众监督。

2. 集中解决突出问题。

重点抓好整改任务书、时间表的落实，切实解决查找出来的突出问题。解决问题要立足于行业改革发展实际和本部门本单位工作实际，防止形式主义和短期行为。当前，要紧扣为民务实清廉要求，严格落实中央“八项规定”和国家局“九条要求”，在反对形式主义方面，要对各类会议、文件、简报、节庆、评比表彰和达标活动进行认真清理，根据工作需要精简合并，集中治理文山会海，坚决取消一切没有实质内容、没有实际作用的会议、活动和文件。在反对官僚主义方面，对各级领导干部的勤政情况进行监督检查，坚决整治推诿扯皮、办事效率低下以及门难进、脸难看、事难办的问题。在反对享乐主义方面，要对领导班子和领导干部落实有关工作和生活待遇规定的情况进行专项检查，进一步规范和落实公务接待有关规定，严格检查住房、办公用房、车辆配备等方面的问题，不得超编制、超标准配备公务用车。在反对奢靡之风方面，加强费用预算管理，严格制定标准，严格控制“三公”经费支出，坚决制止铺张浪费行为。同时，要加强领导班子建设和严格教育管理干部，对存在一般性作风问题的干部，立足于教育提高，促进改进；对群众意见大、不能认真查摆问题、没有明显改进的干部，要进行组织调整。在活动中发现的重大违纪违法问题，纪检监察部门或有关方面要严肃查处。在落实整改任务中，要注重提高群众工作能力，提高调查研究、掌握实情的能力，提高科学决策、民主决策的能力，提高宣传组织群众、解决问题和化解矛盾的能力。

3. 加强制度建设。

要把制度建设贯穿始终，从改进工作作风，树立行业良好形象，推动行业科学发展的大局出发，切实加强制度建设。对贯彻党的群众路线已有制度进行梳理，经实践检验行之有效、群众认可的，要长期坚持，抓好落实；对不适应新形势新任务要求的，要抓紧修订完善。要研究制定新制度。从活动一开始，就要重视研究出台一些加强作风建设的具体制度和规定。注重总结实践中的好经验好做法，上升为制度规范。重点建立健全体现群众意愿的科学民主决策机制，健全干部作风状况考核评价机制，建立健全厉行节约、制止浪费制度，修订完善公务接待管理制度，严格规范企业负责人职务消费行为，建立健全公务支出、职务消费方面的审计制度等。要严格落实制度，坚持一手立规矩、定制度，一手抓整改、抓落实，强化制度执行力，用严明的制度、严格的执行、严密的监督，形成加强作风建设的长效机制。

4. 活动总结。

教育实践活动基本完成时，要组织对局党组以及机关各部门各单位开展教育实践活动情况的满意度进行测评，并根据测评情况进一步完善整改落实措施。召开总结大会，对机关开展教育活动情况进行总结，并向中央教育实践活动领导小组办公室及中央督导组报送书面总结报告；机关各部门各单位向国家局教育实践活动领导小组办公室报送本部门本单位开展教育实践活动情况的总结报告。

五、群众路线教育实践活动的组织领导

（一）落实领导责任

成立国家局教育实践活动领导小组，领导小组组长由党组书记、局长，中国烟草总公司总经理凌成兴担任，领导小组副组长由局党组成员副局长何泽华、李克明、杨培森、赵洪顺，纪检组长高林担任；领导小组下设办公室，内设行业综合协调材料组、机关综合协调材料组、联络组、宣传组，分工负责，协调合作。国家局党组成员分别与相关直属单位建立联系点，加强调研和具体指导。为加强行业第一批教育实践活动的领导，国家局向各直属单位派出8个督导组，进行巡回指导，加强督促检查。机关各部门各单位由领导班子负责组织实施教育实践活动，部门单位主要负责同志为第一责任人。党员领导干部要发挥表率作用，积极参加领导班子和所在支部的活动，形成上级带头、领导示范、上行下效的

生动局面。

（二）创新活动方式

既要认真落实中央统一部署，坚持教育实践活动的基本环节不能少、不变通，把“规定动作”做到位；又要结合机关各部门各单位的实际，突出行业“自选动作”特色，围绕行业改革发展的新目标新定位新任务，把认真思考、谋划、实践烟草行业改革的红利在哪里、发展的潜力在哪里、追赶的目标在哪里“三大课题”和“改进作风年”“235”教育作为行业党的群众路线教育活动的重要载体；把保证国家财政收入、支持老少边穷地区经济社会发展、促进烟农和零售客户增收，切实维护消费者利益作为检验教育实践活动成效的重要标准。坚持边学边改、边查边改、边整边改，确保教育实践活动取得扎扎实实成效。

（三）营造良好氛围

机关教育实践活动领导小组办公室要对各部门各单位的教育实践活动进行指导检查，及时了解开展情况，总结推广经验。要切实做好教育实践活动的宣传报道工作，充分发挥中国烟草杂志社、东方烟草报、国家局网站等行业媒体的作用，广泛宣传中央精神，充分反映教育实践活动的进展和成效，加强舆论宣传，注重舆论引导，为教育实践活动营造良好氛围。

（四）确保两不误、两促进

要正确处理开展教育实践活动与做好当前各项工作的关系，做到统筹兼顾，合理安排，有机结合，整体推进，把教育实践活动的成效体现到促进工作、解决突出问题上，用各项工作的实际成果来衡量和检验教育实践活动的成效。

机关各部门各单位要按照中央的要求和机关教育实践活动领导小组的具体部署，制定相应的工作方案，报教育实践活动领导小组办公室。

中共国家烟草专卖局党组关于进一步加强行业直属单位领导班子建设的意见

（2013 年 11 月 28 日　国烟党〔2013〕100 号）

行业各直属单位党组（党委）：

为深入学习贯彻党的十八大精神，认真贯彻落实全国组织工作会议精神，进一步提升行业直属单位领导班子建设水平，培养造就一支适应行业改革发展需要的高素质领导干部队伍，针对新形势下烟草行业改革发展的新目标、新定位、新任务，现就加强行业直属单位领导班子建设提出如下实施意见。

一、深化理论武装，全面加强领导班子思想政治建设

1. 要把坚定理想信念作为衡量好干部的首要标准。教育引导领导干部高举中国特色社会主义伟大旗帜，以邓小平理论、“三个代表”重要思想、科学发展观为指导，全面贯彻落实党的十八大和十八届三中全会精神，坚持党的基本理论、基本路线、基本纲领、基本经验、基本要求，不断增强道路自信、理论自信、制度自信。要切实加强领导班子和领导干部的党性修养、理想信念和作风建设，教育引导领导干部牢固树立正确的世界观、人生观、价值观，不断增强领导干部自我净化、自我完善、自我革新、自我提高的能力。坚持理论联系实际，提高运用马克思主义立场观点方法分析和解决问题的能力，紧密联系烟草行业改革发展实际，联系干部本人思想和工作实际，在锤炼辨别能力、政治定力、实践能力上下功夫。

2. 要把严格执行“八项规定”和坚决反对“四风”作为加强领导干部作风建设的突出重点。要改革会议公文制度，进一步减少会议文件，着力改进会风文风。健全严格的财务预算、核准和审计制度，着力控制“三公”经费支出和楼堂馆所建设。进一步完善选人用人专项检查和责任追究制度，着力纠正跑官要官等不正之风。规范并严格执行领导干部工作生活保障制度，不准多处占用住房和办公用房，不准超标准配备办公用房和生活用房，不准违规配备公车，不准违规配备秘书，不准超标准进行公务接待，严肃查处违反规定超标准享受待遇等问题。完善并严格执行领导干部亲属经商、担任公职和社会组织职务、出国定居等相关制度规定，防止领导干部利用公共权力或自身影响为亲属和其他特定关系人谋取私利，坚决反对特权思想和作风。要进一步增强执行中央“八项规定”和国家局“九条要求”的自觉性和坚定性，以踏石留印、抓铁有痕的精神解决存在的“四风”问题。要加强制度建设，从体制机制上堵塞滋生不正之风的漏洞，以改革的办法固化作风建设成果，实现作风建设的制度化、规范化、常态化。

3. 要把严守纪律作为领导干部的基本要求。严格遵守和执行党的纪律，是新形势下保持党的思想、组织、作风纯洁和领导干部清正廉洁，维护党的纯洁性的重要保证。要严格遵守政治纪律，坚持党性原则，提高政治敏锐性和政治鉴别力，在思想上、政治上、行动上自觉同以习近平同志为总书记的党中央保持高度一致，确保党的路线方针政策和中央决策部署在行业得到全面贯彻落实，真正做到认识上一致、政治上同心、思想上统一、行动上同步。要严格遵守组织人事纪律，认真贯彻执行领导干部选拔任用工作各项规定，严格执行干部选拔任用程序，严格规范选人用人行为，及时发现并严肃整治干部选拔任用方面的不正之风，匡正选人用人风气。严格贯彻执行民主集中制，深入推进办事公开、民主管理，坚持“三重一大”等重要决策事项集体研究决定，并在一定范围内公开，主动接受群众监督。要严格遵守生产

经营纪律，认真贯彻落实《国家烟草专卖局关于进一步深入推进严格规范工作的意见》，深入推进工程投资、物资采购、宣传促销规范管理，切实抓好“六个严禁、一个严控”各项要求的落实，确保严格规范工作深入开展。要严格遵守财经纪律，在行业内全面开展内部审计工作，规范会计核算，加强审计监督，防止各种违规违纪行为发生。要严格遵守廉政纪律，把严格廉洁自律作为思想政治建设的首要任务，自觉遵守廉政准则，严格执行廉洁自律各项规定，增强反腐倡廉和拒腐防变的自觉性和坚定性，从严治党、从严要求，牢固树立艰苦奋斗、勤俭节约思想，确保纪律建设、作风建设各项规定要求落到实处。

4. 要把加强教育培训作为提升领导干部素质的重要手段。按照建设马克思主义学习型服务型创新型执政党的总体要求，充分发挥党组中心组理论学习的龙头作用，扎实抓好学习型党组织创建活动。要进一步坚持和完善党组（党委）中心组学习制度，推进党组（党委）中心组学习制度化、规范化、常态化，不断增强领导班子的领导能力和决策水平。要突出加强领导干部的教育培训工作，切实发挥干部教育培训的重要功能，全面推进行业领导干部的理论武装、党性教育、能力培训和知识更新。计划三年内完成各直属单位正职领导干部党校培训工作。近五年没有参加过党校培训的各直属单位副职领导干部，要有计划地安排到国家局党校进行脱产培训。

二、深化人事制度改革，全面建设一支高素质领导干部队伍

1. 进一步改进完善干部考核工作。要坚持考核导向。考核评价干部要坚持德才兼备、以德为先，坚持注重实绩、群众公认，严格信念坚定、为民服务、勤政务实、敢于担当、清正廉洁好干部的“五条标准”。要突出考核重点。加强干部德的考核，重点考核坚定理想信念、遵守政治纪律、行为操守和廉洁自律情况；要强化作风考核，以为民务实清廉为重点，深入了解贯彻落实中央关于密切联系群众、改进工作作风要求的情况，了解是否存在形式主义、官僚主义、享乐主义和奢靡之风等问题，把贯彻落实中央“八项规定”和行业“九条要求”作为考核的重要内容。要完善考核体系。进一步增强干部考核工作的全面性、科学性、针对性和系统性，完善领导班子全面考核和领导干部年度考核制度，规范考核频次和内容，强化日常考核了解，提高对干部分析研判、识深识准的质量和水平。进一步完善通过民主生活会了解班子、了解干部的制度，进一步加强巡视和审计工作，重视群众来信来访，多渠道多层面了解干部。

2. 进一步健全干部选拔任用机制。充分发挥党组（党委）在干部选拔任用中的领导和把关作用。直属单位领导班子和领导干部调整工作方案，需经国家局党组讨论后方可实施；要高度重视干部初始提名、考察人选确定、干部提拔任用前的酝酿工作，实行“议”“决”分开。要切实改进民主推荐方式方法，增强民主推荐的科学性和准确性，以代表性、知情性和相关性为原则，合理确定民主推荐参与范围，强化党组（党委）、分管领导和人事部门在干部选拔任用中的权重和干部考察识别的责任，把党组的主导作用、民意的基础作用及人岗相适的要求有机统一，既要尊重民意，又不简单以票取人。要切实改进竞争性选拔干部的措施办法，坚持从实际出发，不能把竞争性选拔作为选拔干部的主要方式甚至唯一方式，本单位有符合资格条件人选且人选意见比较集中的，一般不实行竞争性选拔，不能硬性规定竞争性选拔的频次和比例。要加强对竞争性选拔干部的组织领导和纪律监督，确保程序步骤科学，考察把关严格，切实防止简单化和随意性。国家局党组将适时修订《省级局（公司）、工业公司领导干部选拔任用办法》。

3. 进一步加大干部交流力度。加强领导干部省际之间、工商之间、上下之间的交流。要根据领导班子整体建设需要，从有利于增强领导班子的整体功能、改善领导班子结构、加强廉政建设出发，对因工作需要交流的、需要通过交流锻炼提高领导能力的、在同一单位同一职位任职时间较长的、按照规定需要回避的及其他原因需要交流的领导干部，要有计划、有针对性地进行交流。要加大一把手的交流力度，在同一领导班子任正职满 5 年的，要有计划地进行交流，任职满 10 年的必须交流，新提拔担任省级局（公司）、工业公司正职领导干部，应当异地交流产生。在同一领导班子任副职满 5 年的，要有计划地进行交流，任职满 10 年的，必须交流。纪检组长应当异地任职。直属单位副职领导干部交流原则上把握有进有出、就近交流的原则。需进行任职回避或因工作需要确需交流的，可不受任职年限限制。直属单位正职领导干部年龄满 58 周岁、副职领导干部满 57 周岁，可不列入交流范围；干部本人自愿改任同级非领导职务的，可以不安排交流。无正当理由不服从组织交流决定的，就地免职或降职使用。

4. 进一步完善法人治理结构。要坚持社会主义市场经济改革方向，从有利于坚持烟草专卖制度、有利于提高烟草企业市场竞争能力着手，健全协调运转、有效制衡的公司法人治理结构。董事会要对公司重大事项履行决策职能，并加强对决策执行情况的监督。经理层要认真负责地执行董事会决议和公司的执行性事务，依法依规行使职权并向董事会报告工作。要进一步强化监事（会）对董事会、经理层行为合法化和合规性的监督。围绕提高规范化运作水平，积极推进工业公司董事长、总经理、党组（党委）书记交叉任职、监督制约的机制；加大商业公司法人治理结构的探索研究和推进力度。

三、强化政策观念，增强执行干部制度规定的严肃性

1. 严格领导干部职数配备。要严格按照国家局党组核定的职数配备领导干部，不准超职数、超机构规格提拔领导干部，不准违反规定擅自设置职务名称、提高干部的职级待遇。非领导职务的职数不超过核定的省级局（公司）、工业公司领导职数的三分之一。非领导职务重点解决符合干部任职条件且年龄比较大、资历比较老的同志。由领导职务改任同级非领导职务的不占职数。新提拔担任非领导职务的，不再兼任领导职务。行业已提拔担任巡视员现兼任领导职务

的，满58周岁时应免去兼任的领导职务。

2. 严肃领导干部破格提拔。行业各直属单位党组（党委）对破格提拔干部必须从严掌握，严格执行破格提拔干部的标准、程序和纪律，既不允许把破格提拔干部作为不遵循原则和规定的借口，更不允许借破格之名行谋私之实。提拔任职不满一年的，不得破格提拔，不得在任职年限上连续破格，不得越两级提拔。确需破格提拔的，须报上级组织人事部门批准。

3. 严格执行干部任职回避。领导干部任职回避的亲属关系为：夫妻关系、直系血亲关系、三代以内旁系血亲以及近姻亲关系。有上述关系的，不得在同一机关担任双方直接隶属于同一领导人员的职务或者有直接上下级领导关系的职务，也不得在其中一方担任领导职务的机关从事组织（人事）、纪检（监察）、审计、财务工作。党组（党委）及其组织人事部门讨论干部任免，涉及与会人员本人及其亲属的，本人必须回避，干部考察组成员在干部考察工作中涉及其亲属的，本人必须回避。

4. 严肃干部退休管理。严格执行干部退休制度。在省（区、市）人大、政协任常委以上职务的省级局（公司）、工业公司领导干部可在退出人大、政协后办理退休；在省（区、市）人大、政协任专门委员会副主任委员、政协委员、参事室参事或相当职务的，且从省级局（公司）、工业公司正职岗位退下来的领导干部，最多延长到63周岁办理退休；其他达到规定退休年龄的省级局（公司）、工业公司领导干部，应及时办理退休手续。干部退休由国家局领导或委托干部所在单位主要领导与退休干部谈话，并在一定范围内宣布，各直属单位应在接到国家局党组干部退休文件一个月内，办理完干部退休的相关手续，坚决防止擅自延迟干部退休问题的发生。

5. 严格干部兼职管理。省级局（公司）、工业公司领导干部在行业内或与行业有业务关联的企业兼职（任职）必须报经国家局批准，经批准在企业兼职的，不得在兼职企业领取薪酬、奖金、津贴等报酬，不得获取股权和其他额外利益。辞去公职或者退休后三年内的省级局（公司）、工业公司领导干部，不得到行业内或与行业有业务关联的企业兼职（任职），也不得从事与行业业务相关的营利性活动。辞去公职或者退休三年后，到行业内或与行业有业务关联的企业兼职（任职）的，应当严格审批，由干部本人向其原所在单位党组（党委）报告，由拟兼职（任职）企业出具兼职（任职）理由说明材料，所在单位党组（党委）按规定审批并报国家局人事司备案。

四、强化管理监督，促进领导干部为民务实清廉

1. 坚持开展干部提醒谈话。实行任前谈话制度，各直属单位主要领导调整后，国家局主要领导要与调整的干部进行谈话，各直属单位副职及非领导职务干部调整后，由国家局党组派人与调整的干部进行谈话，指出不足，明确要求，提出努力方向，坚持做到有提拔就有提醒、有任职就有告诫。

2. 加大专项函询和诫勉力度。要高度重视群众信访举报，对反映领导干部政治思想、道德品质、廉政勤政、选人用人等问题，要认真进行甄别，对性质不严重、线索不具体、暂时不宜查核的，要一律进行专项函询，干部本人要严肃认真、实事求是地作出书面说明。建立健全领导干部诫勉谈话制度，加大干部的日常管理监督力度，充分运用巡视和经济责任审计成果，及时发现领导干部个人倾向性、苗头性问题，采取谈话或者书面形式进行诫勉，督促改正，并加强跟踪了解，对没有改正或改正不明显的及时进行批评教育或组织处理。

3. 认真执行各项报告制度。落实重要情况报告制度。对重要工作落实情况，贯彻落实党的路线方针政策和行业重大决策部署中出现的新情况新问题，干部选拔任用、管理监督中的有关事项，群众举报、申诉、控告的重要情况，突发性重大事件以及其他按规定需要报告的重要问题，各直属单位党组（党委）应及时向国家局党组进行报告。认真贯彻落实《关于领导干部报告个人有关事项的规定》和《关于对配偶子女均已移居国（境）外的国家工作人员加强管理的暂行规定》，全面掌握领导干部个人有关事项，加强对报告材料的统计汇总及综合分析，并采取适当方式进行抽查核实。落实个人述职述廉制度。结合年度考核、领导班子述职述廉，领导干部定期对履行职责和廉洁从政等方面的情况作出说明，接受群众的评议和监督。对不严格执行上述制度、应报告而未报告以及对存在的突出问题不认真改正的，要进行诫勉谈话，情节严重的给予组织处理。

4. 强化权力运行制约和监督。坚持用制度管权管事管人，努力构建决策科学、执行坚决、监督有力的权力运行体系，重点加强和改进对主要领导行使权力的制约和监督。各级纪检组（纪委）要履行协助党组（党委）加强党风建设和组织协调反腐败工作的职责，加强对同级党组（党委）的监督，更好地发挥党内监督专门机构的作用。推动党的纪律检查工作双重领导体制具体化、程序化、制度化，强化上级纪检组（纪委）对下级纪检组（纪委）的领导。查办腐败案件以上级纪检组（纪委）领导为主，线索处置和案件查办在向同级党组（党委）报告的同时必须向上级纪检组（纪委）报告。纪检组组长（纪委书记）的提名和考察以国家局纪检组会同国家局人事司为主。改进行业巡视制度，健全民主监督、舆论监督机制，运用和规范互联网监督。

5. 强化责任追究机制。落实党风廉政建设责任制，强化问责，把党风廉政建设落实情况作为领导班子业绩考核、干部选拔任用和评选表彰的重要依据，对职责范围内领导不力、落实不到位的问题要严肃追究责任。要认真贯彻从严教育、从严管理、从严监督的要求，对干部违法违纪行为要严肃查处，做到发现一起，查处一起。对群众意见大、信访举报多的领导干部要及时认真调查处理。要加大干部管理监督力度，坚决纠正干部管理中的“宽”和“软”的现象，坚持原则，严格问责，对搞上有政策、下有对策，有令不行、有禁不止的，一经发现严肃处理。

整顿规范

国家烟草专卖局关于进一步深入推进严格规范工作的意见

（2013 年 2 月 1 日　国烟办〔2013〕51 号）

行业各直属单位，国家局、总公司机关各部门、各单位：

为深入贯彻落实 2013 年全国烟草工作会议精神，持续深入推进行业严格规范工作，现就 2013 年整顿规范工作提出如下意见：

一、指导思路和主要任务

2013 年，行业整顿规范工作的指导思路是：全面贯彻落实党的十八大精神，紧密联系行业改革发展和工作实际，坚持和完善烟草专卖体制，牢固树立严格规范是保持行业持续健康发展“生命线”的思想，紧紧围绕全面实现“卷烟上水平”战略任务这一中心，按照国家局“新目标、新定位和新任务”决策部署，深入推进办事公开、民主管理，在完善上下功夫，推进权力运行公开化、规范化，让干部职工监督权力，确保权力在阳光下运行；按照“踏石留印、抓铁有痕”的工作要求，以更加奋发有为的精神状态，紧紧扭住严格规范工作重点，狠抓各项制度规定落实，坚持不懈开展专项整顿，持续提升行业整体规范水平，建立更加良好的生产经营秩序，为建设更加规范、更富效率的中国烟草增加驱动力。

2013 年，行业整顿规范的主要任务是：以全面贯彻落实《烟草企业采购管理规定》（中烟办〔2012〕313 号，以下简称《采购管理规定》）为抓手，以“应招尽招、真招实招”为重点，进一步完善决策机制，严格工作程序，突出工作重点，加强公开透明，深入推进工程投资、物资采购和宣传促销规范管理；以规范卷烟生产经营秩序为主要任务，切实抓好“六个严禁、一个严控”各项要求的落实，进一步采取有力规范措施，把“三个坚决”（坚决刹住委托第三方开展宣传促销活动，坚决禁止违反规定送钱送物，坚决防止“天价烟”和卷烟过度包装问题出现反弹）落实到位；以健全机构、完善制度为重要保证，进一步加强整顿办队伍建设，落实专门机构，配备充实人员力量，确保严格规范工作深入开展。

二、主要目标和措施

（一）提高认识，认清新形势下持续深化“严格规范”的重大意义，真正做到思想统一、步调一致

全行业特别是各级领导干部必须从行业发展全局和战略高度，切实认清党的十八大精神对于行业严格规范方面提出的更高要求；切实认清新形势下行业解决“提高效率”“注重自律”两大课题新的外部环境、新的内涵和条件的新变化；切实认清“更加规范、更富效率”对于保持行业持续健康发展的重大意义；切实认清持续深化严格规范工作对于保护好、培育好行业持续健康发展“生命线”的极端重要性；切实认清行业整顿规范工作的长期性、艰巨性和复杂性，以对党和国家及行业高度负责的责任感和使命感，把严格规范各项工作放在更加突出位置，确保全行业整体水平得到新的提升。

（二）扭住抓手，全面贯彻落实《采购管理规定》，真正做到令行禁止、不留盲区

要从培训和宣传入手，使各级烟草企业准确掌握各项规定内容和程序要求。各级有关领导和工作人员严格执行规定，严格遵守程序。让广大干部职工了解新规定和有关程序、更好地参与民主管理监督；要从调整落实分工入手，引导决策、执行、监督、参与、考评等部门、机构尽快明确定位、各司其职、各负其责；要从梳理健全制度入手，按照新要求健全和完善议事规则和工作机制，确保无缝衔接；要从“两项工作”深度融合入手，落实行业采购管理权力的公开化、规范化，切实把“办事公开、民主管理”贯穿到工程投资物资采购宣传促销项目管理之中；要从强化责任和纪律管控入手，抓紧年初有利时机把《采购管理规定》全面贯彻落实到位，确保在全行业横向落实到边、纵向落实到底，不打折扣、不作变通、不讲条件、不留死角。

（三）突出重点，严格执行“三项工作”各项制度规定，真正做到“应招尽招、真招实招”

1. 进一步完善决策机制，强化集体决策作用，确保实现“应招尽招”。狠抓职责落实，根据《采购管理规定》，董事会、“三项工作”管委会必须按照国家局统一规定职能各司其职、找准位置。狠抓规则落实，根据决策机构的统一职责，明确议事规则，细化决策流程，切实发挥好集体决策在实现“应招尽招”中的管控作用，坚决杜绝个人或者少数人说了算、随意变通公开招标等现象发生。狠抓审核落实，根据《采购管理规定》，审核上不以项目金额论定采购方式，项目安排要最大限度地选择公开招标方式。采取非公开招标方式的，必须经过决策机构严格把关、集体决定并且记录备查，对作变通、走形式的，视为违规，一经查实要严肃追究相关责任人的责任。3 月底前，各直属单位要将本年度采购计划安排报送国家局整顿办备案。

2. 进一步严格工作程序，强化采购规程硬约束作用，确保“真招实招”。要严格执行行业统一的项目采购实施程序规定。行业直属单位可以细化、增加操作性，不允许违反法规定随意自由取舍、裁量折扣。要严格落实招标程序，不给“暗箱操作”“里外串通”“以权谋私”留下余地。要严格执行网上实施采购程序规定。对于尚未完成“三项工作”

信息系统建设的单位，必须在今年6月底前完成，全部实现“三项工作”网上运作，坚决执行“上一个环节没有通过不得进入下一个环节”的要求，使之成为规范权力的硬约束。

3. 进一步落实公开透明，强化重要步骤和关键节点公开、监督、反馈的系统化运行机制，确保实现办事公开民主管理、权力在阳光下运行。要严格执行国家局《烟草行业办事公开民主管理工作规范》（国烟办〔2012〕49号）要求，对于“三项工作”的决策、过程、结果、制度依据同步公开。通过充实公开目录，完善公开关键节点内容，明确公开范围和形式，推进办事公开制度化、机制化、规范化。要充分利用好内部网站、公示栏、职代会、座谈会等载体和形式，明确和规范广大干部职工知情、参与、表达、监督通道，规范畅通各种意见反馈途径，维护好、实现好职工“四权”，真正实现烟草企业的民主管理。要以信息化手段为支撑，加快“两项工作”信息化深度融合进程。对已完成“办事公开民主管理”专题网页的单位，要完善功能，实现“两项工作”信息平台的自动对接，确保“三项工作”项目运作关键环节的全程公开、及时公开。

4. 统筹兼顾，强化采购工作质量和能力，确保实现规范和效率的有机统一。要探索并完善如集中采购等方式，不断提升“应招尽招、真招实招”的质量和品质；要优化制度及其运行机制的设计执行，提供执行能力水平，为提高办事效率奠定坚实基础。

5. 严肃纪律，强化用制度管权管事管人，做到“把权力装进制度的笼子里”。今后，凡是未经董事会、管理委员会审核（或审议变更采购方式）的项目，凡是未按照规范规定程序运行的项目，凡是未上线运行的项目一律不得实施。各直属单位要对2013年拟实施的项目进行全面梳理，上半年对已实施项目的公开招标情况进行排查并将落实情况向国家局专题报告。各直属单位每个季度都要通报本级及所属单位项目“应招尽招、真招实招”实施情况，国家局还将对部分直属单位进行重点抽查。对于有令不行、有禁不止的行为，加大检查、追究力度，切实把问责制落到实处。

（四）明确任务，切实落实“六个严禁、一个严控”各项要求，真正做到“三个坚决”、标本兼治

紧紧围绕“坚决刹住委托第三方开展宣传促销活动，坚决禁止违反规定送钱送物，坚决防止‘天价烟’和卷烟过度包装问题出现反弹”要求，突出抓好三个环节：

一是落实整改要求。行业各直属单位要结合2012年重点检查，对去年自查和国家局检查发现提出的问题认真进行梳理，尽快制订“全面整改方案”，对照《国家烟草专卖局关于进一步严格规范工商企业卷烟经营行为的意见》（国烟办〔2012〕171号，以下简称171号文件）要求，及时进行彻底整改。整改落实情况，要在4月底前专文报国家局。

二是进行自查自纠。各直属单位要在落实整改的同时，重点针对今年有无涉及“六个严禁”“一个严控”方面的预算及其执行情况，组织专门力量对照171号文件逐项自查，发现问题立即彻底纠正。

三是深入监督复查。国家局将及时对于各单位深入整改和今年自查工作开展情况进行跟踪监督。下半年，将组成专门检查组对171号文件执行情况进行复查。

（五）提升能力，全面加强整顿办基础建设，做到专门机构落实到位、专职人员配备充实

为了适应建设更加规范更富效率中国烟草新目标要求，各直属单位要按照国家局“队伍建设要有新要求”和“进一步加强整顿办队伍建设”的部署，始终坚持“整顿办只能加强不能削弱”要求，年内突出抓好三个方面：

进一步加强整顿办机构建设。为了充分发挥好整顿办在管理监督方面的牵头、协调、综合、指导职能作用，各直属单位要按照行业统一要求单独设立整顿办机构。

进一步配备充实人员。要按照严格规范是保持行业持续健康发展“生命线”的要求，在人员配备上坚持高标准，切实把勤奋敬业、作风正派、综合素质好、工作能力强的干部选配到整顿办来，打造一支政治强、作风好、能干事的工作队伍。

进一步建立健全工作制度。要按照行业“新目标”“新定位”“新任务”要求，制订完善各级整顿办工作制度，做到涵盖全面职能、工作职责明确细化、运作机制规范高效、作风要求严格具体。

各直属单位二季度要将本单位整顿办队伍建设落实情况专题报国家局。

三、落实要求

（一）明确责任

构建逐级负责的责任传导机制。主要领导要亲自过问、全面负责，分管领导要明确责任、狠抓落实。整顿规范各牵头部门、协调部门、配合部门以及各相关业务实施部门，要各司其职、各尽其责，严格执行行业统一的制度规范中的实体规定和程序规定。各有关管理监督部门要按规范化、机制化的运作要求，主动介入，认真开展工作，充分履行职责。整顿办要切实发挥好牵头、协调、综合、指导作用。确保整顿规范工作形成合力、运作规范、机制顺畅、务实高效。

（二）真抓实干

各直属单位要紧紧围绕国家局持续推进严格规范工作部署制订具体落实的实施意见，针对贯彻落实《采购管理规定》制订专项实施方案，这两个文件请在3月底前报国家局。要严格按照本指导意见扎实推进各项工作落实，要对照工作任务，结合自身实际，逐级强化并落实责任措施，要定期召开整顿规范工作协调会议，分析问题，制定改进措施。要以狠抓制度落实为着力点，发现并培养典型，总结推广试点单位成果。要注重转变工作作风，求真务实，要带着问题潜心调研，注意发现新情况，研究新问题，拿出新方法，寻求新突破。各直属单位要按规定要求及时上报整顿规范工作统计，进一步提高信息报道水平，增进行业规范动态信息的借鉴与交流。要加强履责能力建设，加强业务培训、研究、交流，在严格执行制度规范前提下，切实提高工作效率，确保整顿规范工作扎实开展、取得新成效。

（三）探索创新

要强化管理监督创新。注重按照党的十八大精神和国家局有关要求指导培育典型，探索、总结整顿规范工作的有益模式和经验，注意发现在工作中出现的新情况、新要求。

（四）严肃纪律

要进一步完善整顿规范机制，不断健全整顿规范工作考核体系，构建完善符合行业实际的问责机制，探索整顿规范工作评价体系。要突出抓好《中华人民共和国招标投标法实施条例》（国务院令第613号）的贯彻落实，进一步严格规范各级领导干部特别是主要领导的权力行使，切实做到“四个严禁”：严禁上级领导机关干部和工作人员向下属单位打招呼、介绍关系，插手具体业务活动；严禁各级领导干部和工作人员以各种理由、形式规避公开招标，擅自决定项目实施；严禁具体工作人员疏于管理，把关不严，给违规行为开方便之门；严禁内外勾结，权钱交易，谋取非法利益，对于不经民主决策“个人说了算的”，应当公开招标擅自变更采购方式的，违反规定搞“虚假招标”“明招暗定”“互相串通围标串标”等违法违纪问题，必须问责追究，不搞下不为例，确保法纪的严肃性、权威性。在行业整顿规范方面，进一步构建好不敢违规的惩戒机制、不能违规的防范机制、不易违规的保障机制，打造阳光烟草，为行业实现持续健康发展提供坚实的基础保障。

烟叶生产

国家烟草专卖局关于进一步加强烟叶工作站建设的意见

（2013年6月14日　国烟办〔2013〕266号）

行业各直属单位：

根据《国家烟草专卖局关于加强烟叶基层建设的决定》（国烟办〔2006〕771号）和《国家烟草专卖局关于在全国烟草行业进一步深入开展创建优秀基层单位活动的意见》（国烟人〔2012〕170号）精神，按照“重心下移、着眼基层、突出服务、加强基础”的指导方针，为落实“原料保障上水平”战略任务，切实加强烟叶工作站（以下简称烟站）建设，努力做到完善功能设施，强化基础管理，提升队伍素质，提高工作水平，现提出如下意见。

一、提高认识，努力适应现代烟草农业发展新形势

烟站是烟叶工作的基层单位，是收购烟叶、指导生产、服务烟农等工作的直接承担者，是烟草工商企业联接烟农的桥梁，是行业面向社会的主要窗口。2005年以来，行业以现代烟草农业和优秀基层单位创建活动为契机，开展烟叶生产基础设施建设，推进烟叶生产科技进步、烟叶生产组织管理方式创新和烟叶资源配置方式改革；加快烟站新建和改扩建，以合同管理为主线，建立健全烟叶基础管理体系，贯彻烟叶收购等级质量管理办法，工作效率大幅提高。

近年来，随着社会经济快速发展，农村经济加快转型，优质原料供给压力持续加大，“卷烟上水平”战略任务对烟叶工作提出了更高的要求。目前烟站主要分布在经济不发达的乡镇，烟站基础设施建设尚未完成，部分烟站的职能定位不清、管理工作较薄弱、队伍素质有待提高，烟站建设的任务仍然十分繁重。

在新的形势下，全行业要从构建社会主义和谐社会，促进烟草行业持续健康发展的战略和全局高度，充分认识加强烟站建设的重要性，切实增强责任感和紧迫感，认真按照国家局的总体部署，巩固烟叶生产基础地位，努力推进烟站精益管理、精益生产、精益服务，适应和助推烟叶生产的转型升级。

二、加强规划，充分发挥烟站的功能作用

本着“因地制宜、科学规划、统一标准、分步实施”的原则，科学制订烟站建设规划和分年度实施计划，按照一个基地单元对应一个收购量5万担的烟站的要求，合理布局烟站与收购点（线），采取新建、撤并、改造等方式整合现有站点资源，要充分考虑工业企业需求、产区生态条件和社会经济发展等因素，改变以往一个乡镇设置一个烟站的传统模式，做到按需建设，充分利用现有场地设施，突出经济实用性，既要方便烟农，又要适当集中、便于管理，防止搭车乱建，要因地制宜，防止重复建设和奢侈浪费。

烟站建设要充分发挥基地单元的载体作用。各有关省级局要按照每个基地单元一站四线的基本要求，制订本省（区、市）烟站建设设计规范并配套烟站建设规范图，做到统一功能划分、统一流程管理、统一烟站设计建设标准并按照YC/T 309—2009《烟草行业视觉识别系统》统一建筑标识。基本做到每个烟站投资在1000万元左右，选址在交通便利、配套较好的集镇，占地面积10亩左右。要统筹协调计划项目，优先保证资金投入，加强建设过程管理，依法实施招投标制、建设监理制和合同管理制。

要注重将烟站建设为综合性烟叶工作站，使之不仅具备《中华人民共和国烟草专卖法》赋予的签订合同和收购烟叶两大基本职能，还要具备组织生产、供应物资、指导培训、技术服务、基础建设等任务，为转变服务方式，拓展服务领域，创新服务手段，提高服务质量和服务水平，进一步发挥

烟站的基础阵地作用。

三、完善设施，切实加强烟站的基础设施建设

烟站内部设施建设要按照“功能齐全、设施完善、标识统一、环境良好、管理科学、运行高效”的基本要求，规范基础设施建设，严格烟站功能分区，统一按收购、综合、生活三大功能区进行建设。

收购区须配套烟叶中转库、物资库、烟农休息室等，在烟叶打包、堆垛、装卸区域，要配备打包机、传送带、托盘/框篮、叉车等物流机械，引入精益物流概念进行工厂化现场管理，实现站内烟叶物流减工降本；同时要按专业化分级散叶收购的要求调整收购区功能布局，按每万担200平方米增设专业化分级场地，配套分级设施供专业分级服务队使用。

综合区要配套办公室、样品室、培训室、科普室等，配置信息化硬件设备，全面推行烟叶基础管理软件应用，实现烟站办公信息化、生产管理信息化、烟农服务信息化，逐步推行电子结算和电子支付，实现管理、业务、服务从省到站点全流程、全覆盖的信息化支撑。

生活区要配套职工公寓、厨房餐厅、文体活动室等，公寓人均建筑面积30平方米并配备空调、热水器等生活设备，改善烟站工作与生活条件，对早期建设功能没有达到要求的烟站，省级公司要分批整改完善。

四、加强管理，建立健全烟站的工作机制

站点按照基地单元规划整合后，烟站作为一级基层单位，在原料保障和现代烟草农业建设等方面，工作内容、幅度、难度发生了很大的变化。要按照“中心站＋收购点（线）”的机构设置，推行“1＋n”的岗位模式，即每个烟站配置1名站长并按照下辖收购点（线）数量相应配置副站长（点长），按1000亩烟田配备1名烟叶技术员。要进一步加大对标工作的导向作用，理顺以中心站为核心的管理脉络，实现烟站基础管理制度化、标准化、流程化，严格控制管理成本。

加强烟站定额管理和绩效管理，从国家局、省级局、地市级局、县级局到烟叶工作站，统一核心业务流程和关键性服务流程，明确工作要求和标准，按照生产周期、岗位特点，提炼关键业绩指标，制订考核评价方案，考核结果直接体现于薪酬分配、岗位评聘、评先评优等方面，充分发挥绩效考核的导向作用，确保技术落实、质量管理和烟农服务到位。

要以合同计划管理为主线，以烟叶质量管理为核心，严格执行《烟草良好农业操作规范（GAP）》（中烟叶〔2013〕51号）、《烟叶收购管理规范》（国烟办综〔2011〕367号）和《烟叶收购等级质量管理规定》（国烟办〔2009〕174号），理顺烟叶种植、收购、调拨各环节关系，落实收购等级质量责任制，规范烟站职工的职务行为，提高烟站的业务执行力和原料保障能力。

五、深化改革，不断增强烟站的发展活力

针对基层站点工作、生活环境相对艰苦，岗位吸引力不强、人才留不住等情况，各有关省级局要制订系列政策措施，深化企业劳动用工分配制度改革，在生活条件、薪酬待遇等方面，重点向烟叶基层一线倾斜。

要畅通员工发展通道，在烟站着力构建行政管理、专业技术、职业技能及先进模范等通道，为基层站一线员工发挥才能、干事创业搭建平台。在干部选拔方面，地市、县级公司烟叶部门负责人要有基层烟站工作经历，对于获得全国或行业技术能手称号的烟站人员，同等条件下优先选拔任用；在烟叶工作相关岗位的设置与聘任方面，要按照《国家烟草专卖局关于烟叶产区农业技术岗位设置及聘任工作的实施意见》（国烟人〔2011〕438号）及《国家烟草专卖局关于烟叶质量工作岗位设置及聘任工作的指导意见》（国烟人〔2013〕210号）执行；在职业技能方面，优先在符合条件的烟站一线人员中落实技师聘任；在地市级公司评先评优方面，优先考虑基层站员工和基层站（点）。

要实行保障和激励相结合的薪酬分配机制。在岗位工资的确定上，要综合考虑基层站（点）工作环境差、工作强度大和工作难度高的事实。烟站工作人员的绩效工资，要分线切块进行核算，要按略高于县级局（分公司）机关同级人员的标准进行核算。省级公司要在工资总额上向烟站倾斜，奖励烟叶质量目标完成好的烟站，调动基层烟站职工积极性。

要积极探索烟站与烟农合作社的良性互动和共同发展。烟农专业合作社是发展现代烟草农业的必然选择，烟站要按照“种植在户、服务在社”的要求，扎实推进综合服务型烟农专业合作社建设，促进烟叶生产服务社会化。要认真落实扶持措施，支持烟农专业合作社开展烟用物资配送和技术承包工作。烟站要选派优秀员工，推荐到烟农专业合作社参与管理工作，统一作业流程、统一作业标准、统一操作工序，提高先进适用技术落实到位率和标准化生产水平。要发挥烟农专业合作社对基础设施使用、管护的主体作用，明晰产权，量化到户，综合利用，发挥效益。

六、加强领导，全面推进烟站建设

要把烟站建设与创建优秀基层单位活动有机结合起来。创建优秀基层单位活动是行业全面贯彻和落实科学发展观，构建和谐烟草、责任烟草，全面提升企业管理水平和干部职工队伍素质的系统工程。通过深入开展烟站创优活动，逐步建立与对标贯标、绩效管理、专卖内管、现代烟草农业建设相适应的管理机制，构建“职责明确、流程顺畅、标准一致、工作高效、考核严格、改进持续”的烟站管理模式，切实将烟站建设成为一级基层单位，促进烟站基础管理水平、职工队伍素质和单位工作作风上新台阶。

要把烟叶工作站建设作为现代烟草农业建设的重要内容，作为烟叶产区地市级公司创优的主要工作。要明确各级领导干部在烟站建设工作中的责任，从烟站建设任务、工程进度、工作质量、资金使用等方面制订考核措施，确保烟站建设任务顺利完成。要将烟站建设任务纳入各产区年度考核范畴，制订烟站管理规范，统一工作标准和管理标准，努力把烟站建设成为“基础管理扎实、创新活力较强、管理民主科学、职业道德良好、劳动关系和谐、领导坚强有力”的基层单位。

（编辑：李　昂）

附　　录

香港烟草

2013 年中国香港特区烟草发展概况

【概　况】 中华人民共和国香港特别行政区位于内地东南沿海，地处珠江三角洲的西岸，面积 1104.4 平方千米，包括香港岛、九龙和新界及离岛。截至 2013 年底，香港特别行政区共有人口 722.1 万人。2013 年 11 月，政府统计处公布的《主题性住户统计调查第 53 号报告书》数据显示（调查于 2012 年 9 至 11 月间进行），香港 15 岁及以上人口每日吸食卷烟率为 10.7%，约 64.5 万人，为 30 余年以来最低；吸烟者每天平均吸食卷烟 13 支，较 2010 年的统计数字（13.4 支）略有下降。

【卷烟销售】 中国香港特区卷烟市场竞争激烈，主要有 4 家烟草公司，分别为：菲莫国际公司、英美烟草公司、日本烟草公司和南洋兄弟烟草股份有限公司。2013 年，中国香港特区卷烟市场的卷烟总销量为 24.61 亿支，其中菲莫国际占市场份额的 54%，英美烟草占 25%，日本烟草占 11%，南洋烟草占 7% 左右。

2013 年，中国香港特区卷烟市场上销量居前四位的品牌依次为菲莫国际的“万宝路（Marlboro）”、日本烟草的“沙龙（SALEM）”、英美烟草的“健牌（KENT）”和“波迈（Pall Mall）”，市场份额分别为 50.9%、9.0%、8.1%、5.0%。

中国香港特区海关部门的统计数据表明，2013 年 1—11 月，海关部门查获 3800 万支非法卷烟。

【卷烟生产】 *南洋兄弟烟草股份有限公司*。南洋兄弟烟草股份有限公司（以下简称“公司”）前身是由华侨简照南和简玉阶于 1905 年在香港成立的南洋兄弟烟草有限公司，是中国建立最早、历史最长的民族烟草企业。1909 年，公司推出“红双喜”牌卷烟，业务得到发展；1916 年，南洋兄弟在上海设立生产厂，随后在黄河、长江流域和华南沿海 13 个大中城市及新加坡等地相继设立分支机构；1918—1919 年间，南洋兄弟进行一系列的改革，将公司总部迁至上海，并向社会招股，改组后业务发展很快，由中国香港特区、上海再发展到广州、武汉、重庆等地；1951 年，南洋兄弟在内地的工厂实行公私合营，其香港分公司继续在香港经营，由在上海的总管理处控制和管理；1987 年，上海市政府把南洋兄弟的股权转让给上海实业有限公司［上海实业（集团）有限公司前身］；1995 年 1 月 1 日，南洋兄弟烟草股份有限公司在香港重新进行注册，南洋兄弟香港分公司的烟草业务让与“南洋烟草”。“南洋烟草”经过企业重组，1996 年 5 月，并入上海实业控股有限公司在香港联交所挂牌上市。1998 年底，搬迁到屯门，新厂面积达 44 万平方米。

2013 年，公司继续贯彻“控制规模、调整结构、稳定业绩、提升品牌”，做好新品开发、市场拓展和技术改造。全年产销量同比增长 3.5%。实现主营业务收入 29.11 亿港元，同比增长 7.6%；实现利润 8.32 亿港元，同比增长 18.5%。公司完成各项生产线及技术改造项目。不断加强市场销售策划工作，积极拓展海外市场，取得理想的销售成绩，“红双喜”的国际知名度不断增长。重点拓展美洲和欧洲等地区有税和免税市场，其中南美有税市场“红双喜（百年龙凤）”礼盒和硬盒于 2013 年 7 月上市。高附加值的品牌销售不断上升，新开发“红双喜（芬芳馥郁）”“红双喜（南国莞香）”“红双喜（花开富贵）”。在免税市场开发工艺独特的罐装产品“红双喜（俏佳人）”“红双喜（花好月圆）”。

香港红塔国际烟草有限公司。1992 年，楚雄卷烟厂在香港创建控股企业雄伟（国际）烟草有限公司。1998 年，国家局批准将楚雄卷烟厂的资产划转给红塔集团，同年 12 月 9 日，雄伟（国际）烟草有限公司更名为香港红塔国际烟草有限公司（以下简称“公司”），红塔集团控股 55%，仁恒国际投资有限公司持股 30%，云南烟草国际有限公司持股 15%。

2013 年，公司继续充分利用香港贸易自由港及国际金融中心的优势和便利条件，担当好配合云南烟草拓展国际市场的重要角色，发挥好云南烟草品牌从国内市场向海外目标市场本地化转移前过渡期的桥梁作用。按照董事会的部署，顺利实施各项技改任务，逐步将其打造成为云南中烟在境外的高端产品加工平台。

2013 年，公司生产卷烟 40.29 亿支，同比增长 11.61%；销售卷烟 40.26 亿支，同比增长 11.47%。公司主要生产云南中烟下属品牌，包括红塔集团的“玉溪”“红塔山”“红梅”“阿诗玛”，红云红河集团的“云烟（紫）”“云烟（软珍）”等品牌。此外，生产混合型“ESTON”“STRAND”“BRASS”“SOBONG”等品牌卷烟。产品主要销往东南亚、中东、非洲、南美等地区。

【卷烟销售网络】 中国香港特区的卷烟零售业态分为连锁便利店、报刊亭、杂货店、加油站、餐厅酒吧等。2013 年，香港有效卷烟销售网点有 4691 家，其中网点最多的连锁便利店是“7—11”，有 954 家；其次是 Circle K 便利店，有 332 家；报刊亭和杂货店等销售网点共计 3220 家。

【卷烟税收政策】 中国香港特区政府对进口卷烟征收高昂的税收。自 1990 年以来，每包卷烟的税率由 2 港元/包升至 38.12 港元/包，最近 3 年内烟草税收累计提高近 110%。进口雪茄烟的税率为 2455 港元/千克。截至 2013 年底，香港特区烟草税占卷烟零售价格的比例在 67% 左右。

【管控政策】 1982 年订立的《吸烟（公众卫生）条例》是香港特区最主要的控烟法例，最近一次修正为 2006 年 10 月 19 日。

自 2007 年 1 月 1 日起，中国香港特区开始实施室内禁烟，包括室内工作场所和公众场所，以及自动扶手电梯、公共泳池等部分户外场地。2009 年 7 月 1 日起，所有向 18 岁以上成人开放的酒吧、会所、夜总会、按摩院、麻将馆等室内娱乐场所禁止吸烟，随后香港公共交通设施也成为禁烟区。2009 年 9 月 1 日起，48 个设有顶盖的公共交通设施实施禁烟，《定额罚款条例》也于同日生效，在法定禁烟区吸烟的人员可面临 1500 港元罚款。

2009 年 2 月，烟草税上调 50%。2010 年 8 月 1 日起，限定所有香港市民及入境旅客不可携带免税烟草产品进入中国香港特区，年满 18 岁人员可以免税携带自用卷烟 19 支、雪茄 1 支。2011 年 2 月，每支卷烟税调高 0.5 港元，调整幅度为 41.5%，并按同等比例提高其他烟草产品税率。同时，继 1990 年电视、电台全面禁播烟草广告之后，作为卷烟主要销售渠道的中国香港特区各零售报摊，自 2009 年 11 月 1 日起禁止展示烟草广告。

澳门烟草

2013 年中国澳门特区烟草发展概况

【概　况】 中华人民共和国澳门特别行政区位于内地东南沿海，地处珠江三角洲的西岸，东临中国香港特区，面积为 32.8 平方千米。截至 2012 年底，澳门总人口为 58.2 万人，外来劳工约 20 万人。

【卷烟生产】 中国澳门特区产量最大的卷烟工业企业是金叶卷烟厂（澳门）有限公司。金叶卷烟厂（澳门）有限公司成立于 1992 年，初始投资 2476 万港元，由原广州卷烟二厂（现划归广东中烟工业有限责任公司）、中国烟草总公司广东省公司、香港永发烟草有限公司、澳门南粤（集团）有限公司共同出资组建，分别占股份的 27%、20%、28%、25%。1993 年，香港永发烟草有限公司将 14% 的股份转让给金叶（香港）烟草国际有限公司，股东变为 5 家。2001 年，香港永发烟草有限公司、澳门南粤（集团）有限公司收回投资，股权由金叶卷烟厂（澳门）有限公司收回。经过两次股东变更，公司股东为广东中烟工业有限责任公司、中国烟草总公司广东省公司、金叶（香港）烟草国际有限公司，总投资额 8501 万港元，分别占股份的 55%、26%、19%。

2013 年，公司生产卷烟 15.23 亿支，同比下降 8.91%。销售卷烟 15.22 亿支，同比下降 11.62%。主要市场为中国香港特区、中国澳门特区，以及越南、新加坡、南非、澳大利亚、巴拿马、秘鲁、韩国等国家。

全年实现销售收入 3.18 亿港元，同比增长 8.16%。实现利润 6544 万港元，同比增长 260.15%。

【卷烟税收政策】 中国澳门特区加强控烟力度，不断提高烟草产品税率。2009 年，每支卷烟的消费税由 0.05 澳门元上调至 0.2 澳门元，含烟叶的雪茄和小雪茄的消费税为每千克 280 澳门元，其他精加工的烟叶和烟叶代用制品的消费税为每千克 80 澳门元。

2012 年，特区政府再次审议通过增加烟草产品的消费税，每支卷烟的消费税由 0.2 澳门元上调至 0.5 澳门元，烟丝的消费税由每千克 80 澳门元调升至 200 澳门元；而雪茄的消费税由每千克 280 澳门元调升至 1442 澳门元。

中国澳门特区对进口卷烟征收从量税。每包卷烟进口关税为 10 澳门元。2012 年起每包卷烟增税约 4 澳门元。

【管控政策】 2011 年 4 月，中国澳门特区政府通过《预防及控制吸烟制度》（俗称《新控烟法》）并于 2012 年 1 月 1 日起实施，该制度禁止任何形式广告及促销，室内场所全面禁烟。该制度还规定，娱乐场在制度生效后的 1 年内，即 2013 年前，须按即将颁布的行政规定制定的标准设立吸烟区，面积不大于总博彩区的 50%，并要按规定每月提交吸烟区的空气质量检测报告。2012 年，特区政府发表公告，由 4 月 1 日起收紧自携烟草入境限制，包括卷烟、雪茄、小雪茄，其中卷烟由以往 200 支减至 100 支，即最多每日 5 包；含烟草的雪茄可携带数量为每人每日 10 支；含烟草的小雪茄为 50 支。截至 2012 年 10 月 31 日，督察人员共巡查 21 万多间场所，6979 人因违规吸烟收到罚单，其中 2335 名为游客。检控个案最多的违规场所分别是网吧、公园及游戏机中心，81.6% 的被罚者已缴付罚款。

台湾烟草

2013 年中国台湾地区烟草发展概况

【概　况】 中国台湾地区位于中国大陆东南沿海的大陆架上，面积为 3.6 万平方千米。截至 2013 年底，中国台湾地区总人口 2340 万人；吸烟人口约 360 万人，其中男性约 320 万人，女性约 40 万人。2013 年，卷烟市场销量约 348.23 亿支（69.65 万箱）。

【卷烟市场管理体制】 专卖专营阶段。中国台湾地区专卖事业起源于日本占领时期，1901 年 1 月，台湾总督府合并原台湾制药厂、台湾盐务局及台湾樟脑局，成立新的“台湾总督专卖局”，专卖品包括烟、酒和食盐、樟脑、鸦片、火柴、汽油、酒精、度量衡等 9 种。1945 年，“台湾行政长官公署”决定继续实施专卖制度，将“台湾总督专卖局”改为“台湾专卖局”，专卖品只限烟、酒、樟脑、火柴等 4 种。1946 年“台湾行政长官公署”颁布新的所谓的“台湾烟草专卖规则”及“施行细则”，条文中规定“专卖局”统一管理烟叶生产、收购，卷烟生产和销售，卷烟经营实行许可证制度。1947 年，“台湾行政长官公署”将“台湾专卖局”改组为“台湾烟酒公卖局”，并直接隶属于台湾当局。1951 年，通过修改组织章程，“公卖局”改为隶属“台湾当局财政厅”。1968 年，樟脑取消专卖，改为民营，专卖品仅限于烟、酒两种。“台湾烟酒公卖局”统一管理全岛的烟叶生产、收购，卷烟生产和销售。

“公卖局”为政企合一的机构，下设四个事业群，即：烟事业群、啤酒事业群、酒类（除啤酒外）事业群和流通事业群。“公卖局”及所属企事业机构从业人员近万人，其中酒类占大多数。“公卖局”每年向“财政部”上交约 500 亿新台币的公卖利益，其中烟业部分约 150 亿～200 亿新台币，约占财政预算的 1%。所谓公卖利益，是指公卖事业是政府垄断经营行业，对其产品的生产经营不再征税。“公卖局”对其所属企业的生产经营实行统一核算，统收统支。购买原材料款、生产经营中一切费用，从业人员工资等均列入成本。销售收入扣除成本，即公卖利益，全部上交财政。台湾卷烟厂不进行独立核算，没有法人资格，只是一个生产单位，没有原辅材料采购权和产品销售权，生产所需原辅材料由“公卖局”统一采购，再分配给工厂使用，其产品也由“公卖局”统一调拨，交流通事业群销售，并送货到各零售商店。卷烟厂如进行技术改造或需较大的项目投资，则由“公卖局”提出专项申请报“立法院”通过后，交“财政部”列专项开支。

市场开放阶段。1987 年，中国台湾地区向外国开放烟草市场，并颁布所谓的“台湾烟酒公卖局办理外国卷烟、葡萄酒、啤酒进口申请作业一般规定”。“规定”指出，进口卷烟由外国烟草公司在台的代理商经营，但岛产卷烟仍由公卖局负责和管理；进口卷烟须缴纳公卖利益，公卖利益按照每包 16.6 新台币的标准从量征收，由“公卖局”负责收取。中国台湾地区由此形成两大进口卷烟的经销商，即经营英美烟草公司卷烟的弘通公司和经营日本烟草公司卷烟的杰太公司；此外，还有其他公司的代理商。

取消专卖制度。在贸易自由化的背景下，中国台湾地区开始考虑开放烟酒产业，废除烟酒专卖。2000 年，颁布所谓的“台湾烟酒管理法”和“烟酒税法”，并于 2002 年 1 月 1 日起实行。这标志着在中国台湾地区实行近百年的专卖制度的废止，中国台湾地区烟酒公卖制度取消，公卖利益回归税制。

【卷烟市场概况】 1987 年前，中国台湾地区实行严格的烟酒专卖制度，地产“长寿”烤烟型卷烟一统天下，进口卷烟大多数通过走私渠道进入，数量不大。开放卷烟市场后，进口混合型卷烟迅速占领市场。2013 年，日本烟草公司、台湾烟酒股份有限公司、帝国烟草公司、英美烟草公司、菲莫国际公司等五大烟草公司占据中国台湾地区 97% 的市场份额，市场主流口味类型以混合型卷烟为主，且受法令影响，卷烟焦油含量逐渐向中、低发展。

【台湾烟酒股份有限公司】 2002 年 1 月 1 日，随着所谓的“台湾烟酒管理法”和“烟酒税法”的实施，烟酒专卖制度在台湾被废止，烟酒回归税制。同年 4 月 25 日，“立法会”批准通过“台湾烟酒股份有限公司条例”，并于 5 月 15 日对外公布；7 月 1 日，“台湾烟酒公卖局”正式更名改制为台湾烟酒股份有限公司（以下简称“公司”）。2003 年 1 月 11 日，台湾烟酒股份有限公司的股票开始在台湾股票交易所上市。

公司设有流通事业部、酒事业部、啤酒事业部、烟事业部、生技事业部、国际业务处、企划处、财务处、资讯处、法务处、行政处、安全卫生处、会计处、人力资源处、政风处、资产经营管理处、市场调查研究处等，其中烟事业部下辖台北烟厂、内浦烟厂、丰源卷烟研发制造工厂和林口印刷厂。2013 年，公司的卷烟品牌主要有“长寿（Long life）”“尊爵（GENTLE）”“新乐园（New Paradise）”“宝岛”“王牌”和“La Rose”等 6 个品牌，其中“尊爵（GENTLE）”市场份额为 15.3%，“长寿（Long life）”为 12.14%，“新乐园”为 1.67%，“宝岛”为 0.3%，“王牌”为 1.23%。

2013 年，公司配合市场需求，研究改良现有产品品质，以提升产品竞争力，并通过更新包装和多元化的销售措施，提高产品的市场份额。全年新开发“尊爵（SPACE 炫虹）”“长寿（天星 SKYLIFE）（10mg）”“长寿（天星 SKYLIFE）（7mg）”等 3 款产品。

公司 2013 年生产卷烟 176.6 亿支（35.32 万箱），销售卷烟 184.87 亿支（36.97 万箱），其中岛内销售 173.32 亿支（34.66 万箱），实现销售收入 435.33 亿新台币；岛外销售 11.55 亿支（2.31 万箱），实现销售收入 9.22 亿新台币。

台北烟厂。台北烟厂前身为成立于 1912 年 5 月的“台湾总督府专卖局”台北烟草工场，工场最初专门生产烟丝；1921 年，改为生产卷烟和雪茄；1922 年，更名为“台湾专卖局”台北烟草工厂；1947 年，随着台湾烟草烟酒公卖局的成立，更名为“台湾烟草烟酒公卖局”台北烟厂；1961 年，烟厂开始迁往新店市现址，1967 年完成搬迁；1988 年 7 月，台北烟厂与松山烟厂合并，产能大幅增加，年卷烟生产能力超过 90 万箱；2000 年 7 月 1 日，更改为台湾烟酒股份有限公司台北烟厂。台北烟厂主要业务为卷烟、滤棒生产，1987 年全面自动化控制后，产能大量提升。

内埔烟厂。内浦烟厂成立于 1986 年，位于屏东内浦工业区，占地约 19 万平方米，包括理切、卷包工场、桶烟仓库、桶材仓库、福利大楼等，其中主要厂房面积约 9.7 万平方米。烟厂主要业务有卷烟生产、原料加工、膨胀烟丝，以及辅导烟农种烟和核发许可证等。2013 年 12 月，工厂投资 1.46 亿新台币用于硬盒包装机更换。

丰源卷烟研发制造工厂。丰源卷烟研发制造工厂前身为成立于 1950 年 12 月的丰原烟工场，1964 年 12 月成为直属公卖局的丰原烟厂。1966 年，丰原烟厂迁址于丰原市中山路一号现址，1968 年新厂全部迁入，并陆续增添新设备、更新机器，扩建厂房仓库，正式成为一座较具规模的现代化工厂。2013 年，工厂投资 2.4 亿新台币购置卷烟机 2 套，投资 1.4 亿新台币用于包装机更换。

【卷烟品牌】 中国台湾地区卷烟市场成熟、开放，竞争激烈，单一品牌销量最大的是“柔和七星（Mevius）”。

中国台湾地区市场主要卷烟品牌

公司名称	卷烟品牌
日本烟草公司	柔和七星（Mevius）
	沙龙（Salem）
	MI－NE
台湾烟酒股份有限公司	长寿（Long life）
	尊爵（GENTLE）
	新乐园（New Paradise）
	宝岛
	王牌
	La Rose

续表

公司名称	卷烟品牌
帝国烟草公司	大卫·杜夫（Davidoff）
	威斯（West）
	BOSS
英美烟草公司	555
	登喜路（Dunhill）
	波迈（Pall Mall）
菲莫国际公司	百乐门（Parliament）
	蓝星（L&M）
	万宝路（Marlboro）
	维珍妮（Virginia Slims）

【卷烟价格结构】 中国台湾地区市场的品牌结构主要有四类：低档烟、中档烟、高档烟和超高档烟。低档烟是指每包零售价在50新台币以下的卷烟，主要品牌有“威斯（West）”“乐迪（L&D）”“新乐园（New Paradise）”；中档烟是指每包零售价位于51新台币~70新台币之间的卷烟，主要品牌有“蓝星（L&M）”“尊爵（GENTLE）”“长寿（Long life）”；高档烟是指每包零售价位于71新台币~79新台币之间的卷烟，主要品牌有“万宝路（Marlboro）”“柔和七星（Mevius）”“登喜路（Dunhill）”；超高档烟是指每包零售价在80新台币以上的卷烟，主要品牌有“大卫·杜夫（Davidoff）”和“MI－NE”。

中国台湾地区卷烟市场以零售价60新台币/包（折合人民币12.2元/包）为分水岭，以上和以下价位各约占市场份额的50%。

按中国台湾地区卷烟的税费征收情况，再加上卷烟成本和流通环节的利润，零售价每包40新台币以下的卷烟产品无法支持其成本和运作费用，存在非法贸易的可能，因此CVS系统只出售40新台币/包以上的卷烟。

【税收政策】 中国台湾地区对卷烟制品征收高额税收，以控制吸烟人数。各种税费征收情况如下：

1. 进口卷烟关税按到岸价的27%征收；
2. 卷烟税按每件（万支）5900新台币征收（含本地产卷烟）；
3. 营业税按完税价格的5%征收（含本地产卷烟）；
4. 健康税按每件（万支）10000新台币征收（含本地产卷烟）。

国际烟草

2013年世界烟草发展状况

2013年，在澳大利亚正式实施《烟草素包装法案》，俄罗斯通过烟草制品印制健康警示图片和公共场所全面禁烟法案，菲律宾开征烟草“罪恶税”，欧盟推进修订《烟草制品管制指令》等一系列控烟法律、政策和行动影响下，世界烟草发展环境发生深刻而重大的变化，烟草产业发展方式加快转变，烟草市场结构、企业结构、产品结构加速调整。面对烟草税负持续提高、控烟措施日趋强化、市场需求增长趋缓等严峻形势，各大跨国烟草公司通过推进并购整合、优化市场布局、调整产品结构、研发新型制品、控制成本费用、加强风险管理等战略性举措，整体上保持着较为稳健的发展态势，但增长速度有所回落。2013年，中国以外世界烤烟产量203.9万吨，同比增长3.5%；合法卷烟销量33800亿支（6760万箱），同比下降3.0%；烟草制品市场销售总额约6000亿美元，同比增长2.0%左右。

【烟叶生产】 全世界约有120余个国家和地区种植烟叶。2013年，中国以外世界烟叶生产总体保持增长态势，其中烤烟产量203.9万吨，同比增长3.5%；白肋烟产量64.8万吨，同比增长22.3%；香料烟产量24.8万吨，同比增长12.7%；晾晒烟产量11.9万吨，同比下降0.8%。从烤烟生产区域看，中北美和加勒比地区产量22.6万吨，同比下降3.0%，其中美国产量19.5万吨，同比下降4.4%；南美产量70.1万吨，同比增长0.6%，其中巴西产量60.5万吨，同比增长0.8%；欧洲和独联体国家产量12.9万吨，同比下降1.5%；非洲和中东地区产量37.3万吨，同比增长12.3%；亚太地区产量61.1万吨，同比增长5.7%。从白肋烟生产区域看，中北美和加勒比地区产量10.9万吨，同比下降0.9%，其中美国产量8.1万吨，同比下降5.8%；南美产量14.2万吨，同比增长3.6%，其中巴西产量9.5万吨，同比增长11.8%；欧洲和独联体国家产量4.2万吨，同比下降4.5%；非洲和中东地区产量25.5万吨，同比增长61.4%；亚太地区产量10.0万吨，同比增长23.5%。

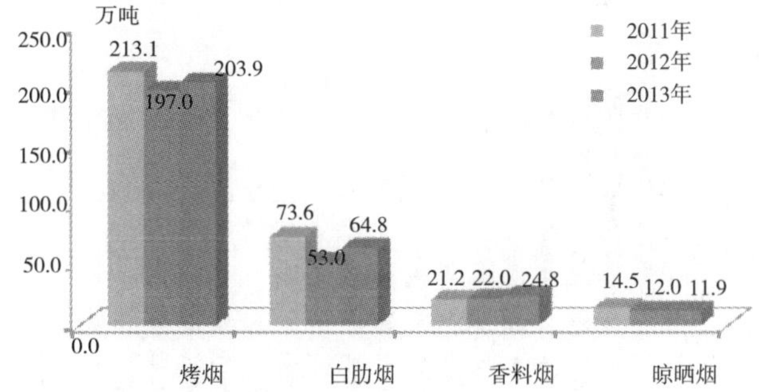

图1 世界烟叶产量增长情况（不含中国）

【卷烟制造】 卷烟是最主要的烟草制品，目前约占世界烟草制品总量的80%。2013年，中国以外世界合法卷烟销量为33800亿支（6760万箱），同比下降3.0%。有关机构估计2013年世界非法卷烟销量约为3900亿支（780万箱），占市场总销量的比重达10.3%。在合法卷烟销量中，东欧、中东和非洲销量为11850亿支（2370万箱），同比下降3.6%；亚洲销量（不含中国）11820亿支（2364万箱），与上年持平；欧盟销量4825亿支（965万箱），同比下降7.5%。从卷烟销量较大的国家和地区来看，俄罗斯制定实施了非常严厉的控烟措施，全面推行公共场所禁烟，严格约束烟草企业营销行为，明确要求烟草制品标签印制健康警示图片，导致卷烟销量明显下滑，全年销售3420亿支（684万箱），同比下降7.6%；印尼近年来卷烟销量持续增长，但2013年增速明显回落，全年销售3083亿支（616.6万箱），同比增长1.9%，增速回落6.3个百分点。美国延续多年持续下滑势头，全年卷烟销量2733亿支（546.6万箱），同比下降4.3%；日本卷烟销量近年来在波动中趋于下降，全年销售1926亿支（385.2万箱），同比下降2.0%；印度虽然是人口大国和烟草消费大国，但卷烟占全部烟草制品的比重仅为15%左右，全年卷烟销量约1170亿支（234万箱），同比略有增长；土耳其卷烟销量在2012年增长8.8%的基础上出现了回落，全年销售917亿支（183.4万箱），同比下降7.6%；韩国卷烟销量稳中有降，全年销量884亿支（176.8万箱），同比下降1.0%；菲律宾对卷烟开征“罪恶税”，卷烟价格大幅提高，卷烟销量大幅下滑，全年销售863亿支（172.6万箱），同比下降15.6%；乌克兰受严厉控烟措施的影响，全年销售751亿支（150.2万箱），同比下降10.0%。欧盟28个成员国卷烟市场整体呈现较快下滑态势，其中德国销售796亿支（159.2万箱），同比下降4.6%；意大利销售740亿支（148.0万箱），同比下降6.0%；西班牙销售477亿支（95.4万箱），同比下降10.8%；法国销售475亿支（95.0万箱），同比下降7.8%；波兰销售466亿支（93.2万箱），同比下降10.6%；英国销售380亿支（76.0万箱），同比下降7.3%。在其他一些有代表性的国家和地区中，埃及销售800亿支（160万箱），同比增长2.5%；阿根廷销售426亿支（85.2万箱），同比下降1.8%；墨西哥销售346亿支（69.2万箱），同比增长3.0%；阿尔及利亚销售310亿支（62万箱），同比增长47.6%。

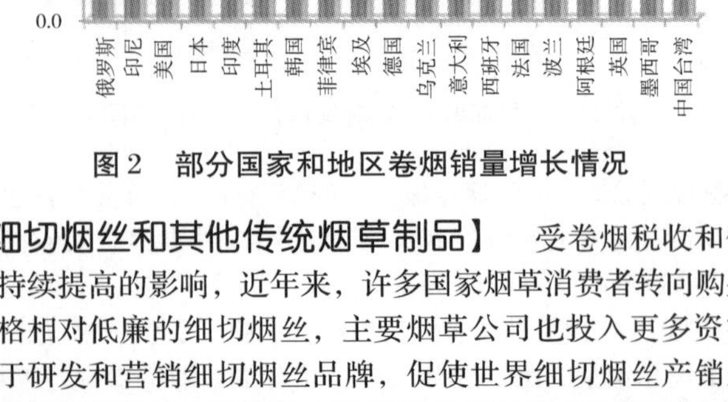

图2　部分国家和地区卷烟销量增长情况

【细切烟丝和其他传统烟草制品】　受卷烟税收和价格持续提高的影响，近年来，许多国家烟草消费者转向购买价格相对低廉的细切烟丝，主要烟草公司也投入更多资源用于研发和营销细切烟丝品牌，促使世界细切烟丝产销呈现持续增长势头。特别是在卷烟税负相对较高的发达国家，细切烟丝市场需求更为旺盛。

2013年，欧盟在卷烟销量下降7.5%的同时，细切烟丝销量增长0.2%，总量达1416亿支，其中西班牙细切烟丝销量108亿支，同比增长6.9%；法国细切烟丝销量139亿支，同比增长3.6%；德国细切烟丝销量416亿支，同比增长0.7%。此外，许多国家斗烟、嚼烟、鼻烟也呈现稳定增长态势。2013年，欧盟不包括卷烟、细切烟丝在内的其他烟草制品折算销量211亿支，同比增长0.1%；美国湿润鼻烟销量14.0亿听，同比增长4.0%。另据估算，2013年世界雪茄烟（仅包括手工雪茄和机制大雪茄）销量约250亿支，“比迪烟”（主要在印度、巴基斯坦等国）销量约1.1万亿支，总体保持稳定发展态势。

【新型烟草制品】　以加热不燃烧低温卷烟为主要代表的新型烟草制品以及电子烟，近年来在世界烟草市场上倍受关注，相关的新技术、新产品不断涌现。尽管在法律、政策、技术、市场上，新型烟草制品还存在广泛争议和很多不确定性，但主要跨国烟草公司无一例外都从战略和长远角度予以高度重视。低温卷烟尚处于研发创新阶段，暂时没有形成商业化批量生产，但菲莫国际、日本烟草、雷诺美国等烟草公司已成功研发储备几个低温卷烟产品。从电子烟市场看，近年来呈现快速增长之势，世界电子烟销售总额2010年为9.1亿美元，2011年为12.8亿美元，2012年为18.0亿美元，2013年超过25.0亿美元，年均增速高达40%左右，其中仅在美国市场，2013年电子烟销售总额已超过10亿美元，比2012年增长近一倍。

【主要烟草公司发展简述】　世界烟草市场处于寡头垄断格局，集中度很高，竞争非常激烈。绝大部分国家卷烟市场均被菲莫国际、英美烟草、日本烟草、帝国烟草等跨国烟草公司垄断，2013年四家跨国烟草公司合计卷烟销量23550亿支（4710万箱），占中国以外世界卷烟市场的份额达69.7%；其他中小型烟草公司合计卷烟销量10250亿支（2050万箱），占世界卷烟市场的份额为30.3%。烟叶市场主要被环球烟叶公司和联一国际公司垄断，两家公司烟叶经营规模占世界烟叶进出口贸易量的一半以上。

表1　2011—2013年四大跨国烟草公司及部分国际卷烟品牌销量情况

单位：万箱

企业或品牌	2011年	2012年	2013年
菲莫国际公司	1831	1854	1760
英美烟草公司	1410	1388	1352
日本烟草公司	1069	1107	1066
帝国烟草公司	604	585	532
万宝路（Marlboro）	835	836	805
云丝顿时（Wiston）	261	279	281
波迈（Pall Mall）	205	210	217
蓝星（L&M）	180	187	190
柔和七星（Mild Seven/Mevius）	161	172	158
健牌（Kent）	125	134	130
骆驼（Camel）	123	124	122

【四大跨国烟草公司】 菲莫国际公司（Philip Morris International Inc.）。世界第一大跨国烟草公司，总部设在美国纽约，营运中心设在瑞士洛桑，共有53家烟草制造厂，员工总数87000余人，2013年末的资产总额为381.7亿美元，产品销往180余个国家和地区。

表2 2013年菲莫国际公司在部分国家或地区卷烟销量、市场占有率及变化情况

国家或地区	卷烟销量（万箱）	市场占有率（%）	提高（百分点）
印　尼	222.6	36.1	+0.5
俄罗斯	176.0	26.1	-0.3
菲律宾	137.0	79.3	-11.4
日　本	106.0	26.7	-1.0
土耳其	90.4	45.5	-0.2
意大利	77.8	53.1	+0.1
阿根廷	64.8	75.6	+0.7
德　国	57.6	36.2	+0.4
乌克兰	51.0	33.5	+1.0
墨西哥	50.8	73.5	0
法　国	38.2	40.4	+0.6
韩　国	34.4	19.4	+0.2
波　兰	34.2	36.6	+0.2
西班牙	29.2	31.2	+0.7
加拿大	21.6	37.2	+0.3

2013年，菲莫国际为加强对烟叶原料的控制，与希腊政府签署协议约定在2013—2015年对希腊香料烟的采购量比前三年增加20%，与西班牙农业部签署协议约定2013年购买33%以上的西班牙烟叶并在未来两年持续增加采购量；为加强对新兴市场的控制，投资7.03亿美元购买墨西哥子公司20%的股份并实现对其100%控股，投资6.25亿美元购买阿联酋AITA公司49%的股份，投资1.74亿美元在印尼扩建两家卷烟厂；为加强对销售网络的控制，投资7.5亿美元购买俄罗斯最大的烟草分销商大都会公司（MeGAPolis）20%的股份；为加快进军新型烟草制品市场，与奥驰亚集团签署战略合作协议，共同推进风险改良烟草制品的商业化；为巩固提升在目标市场的占有率，继续聚集重点区域和重点品牌，持续加大市场拓展力度，不断推进产品创新、营销创新和管理创新。全年菲莫国际公司共销售卷烟8801.5亿支（1760.3万箱），同比下降5.1%。其中在亚洲市场销售3013亿支（602.6万箱），同比下降7.7%；在东欧、中东和非洲市场销售2964亿支（592.8万箱），同比下降2.4%；在欧盟市场销售1851亿支（370.2万箱），同比下降6.5%；在拉美和加拿大市场销售973亿支（194.6万箱），同比下降1.4%。在公司的重点品牌中，“万宝路（Marlboro）”销量2911亿支（582.2万箱），同比下降3.5%；“蓝星（L&M）”销量950亿支（190.0万箱），同比增长1.4%；“邦德街（Bond Street）”销量449亿支（89.8万箱），同比下降4.2%；“百乐门（Parliament）”销量447亿支（89.4万箱），同比增长2.9%。在卷烟销量下降的同时，公司其他烟草制品（OTP）在2013年增长4.9%，其中在欧盟市场销售215亿支，同比增长6.7%。全年实现销售收入800.3亿美元，同比增长3.4%；缴纳税金488.1亿美元，同比增长6.1%；实现利润137.7亿美元，同比下降2.7%。

英美烟草公司（British American Tobacco）。世界第二大跨国烟草公司，总部设在英国伦敦。公司创建于1902年，长期以来对世界烟草产业有着重要影响，其许多战略举动具有一定的“风向标”意义。公司在39个国家设有44家烟草制造厂，雇员总数超过57000人，2013年末资产总额419.6亿美元（按1美元=0.64英镑换算）。2013年，英美烟草继续加大对发展中国家卷烟市场投资力度，与缅甸IMU公司达成协议，计划陆续投资5000万美元合资建立一家卷烟厂；投资2300万欧元完成对罗马尼亚卷烟厂的扩建；由中国烟草总公司与英美烟草公司共同投资在香港设立的中烟英美烟草国际有限公司正式投入运营。同时，英美烟草全力开拓新型烟草制品和电子烟市场，继续支付2500万美元完成收购CN创新公司，在英国成功推出Vype品牌电子烟。全年销售卷烟6760亿支（1352万箱），同比下降2.7%；销售其他烟草制品270亿支，同比下降3.6%。从卷烟销售市场布局看，在亚太市场销售1970亿支（394万箱），同比增长4.8%；在美洲市场销售1340亿支（268万箱），同比下降5.6%；在西欧市场销售1190亿支（238万箱），同比下降7.8%；在东欧、中东和非洲市场销售2260亿支（452万箱），同比下降3.8%。四个“全球驱动品牌”销量2370亿支（474万箱），同比增长1.9%。其中“登喜路（Dunhill）”销量540亿支（108万箱），同比增长9.7%；“波迈（Pall Mall）”销量870亿支（174万箱），同比增长4.4%；“健牌（Kent）”销量650亿支（130万箱），同比下降2.9%；“好彩（Lucky Strike）”销量310亿支（62万箱），同比下降6.5%。从2014年起，公司将把“乐富门（Rothmans）”品牌增加为“全球驱动品牌”，该品牌2013年销量260亿支（52万箱），同比增长21.7%。虽然卷烟销量出现下降，但由于卷烟结构不断提高，全年公司实现销售收入720.9亿美元，同比增长0.7%；缴纳税金482.7亿美元，增长0.8%；实现利润86.3亿美元，同比增长2.9%。

表3 2013年英美烟草公司在主要目标市场占有率及变化情况

国家或地区	市场占有率（%）	提高（百分点）
委内瑞拉	92.3	+0.2
智　利	92.1	-0.5
南　非	82.0	-0.5

续表

国家或地区	市场占有率（%）	提高（百分点）
丹　麦	78.7	－1.0
巴　西	77.0	＋2.1
巴基斯坦	65.8	＋1.6
马来西亚	62.0	＋0.9
罗马尼亚	53.8	＋1.7
哥伦比亚	47.4	－0.2
孟加拉国	45.1	＋3.7
比利时	32.0	－0.4
越　南	30.1	＋1.0
瑞　典	28.2	＋0.3
阿根廷	27.1	＋0.7
波　兰	26.9	－1.5
荷　兰	26.4	－1.0
意大利	21.9	－0.6
俄罗斯	21.2	＋0.5
捷　克	20.8	＋0.1
土耳其	19.5	－1.6
乌克兰	17.4	＋0.8
韩　国	13.3	－0.1
日　本	11.8	－0.2
中国台湾	9.3	＋0.2
英国	8.2	＋0.1

日本烟草公司（Japan Tobacco Inc.）。自1999年收购雷诺烟草公司国际业务、2007年收购加莱赫烟草集团后，日本烟草公司一直保持世界第三大跨国烟草公司的地位，目前在70余个国家和地区设有烟草制品生产经营机构，烟草产品销往120余个国家和地区。2013年，共有烟草制品制造厂39家，其中卷烟厂31家，6家在日本，25家在日本境外；烟草业务雇员35440人，其中国内雇员11043人，境外雇员24397人。除烟草业务外，公司还经营药品、饮料和食品业务，2013年末资产总额（含非烟资产）为394.2亿美元（按1美元＝97.73日元换算）。为推进烟草业务扩张，2013年日本烟草继续推进并购整合，3月完成对埃及陨石水烟公司（Nakhla）的收购，12月宣布投资7.5亿美元购买俄罗斯大都会公司（MeGAPolis）20%的股份（菲莫国际同时购买了该公司20%的股份）；大力强化品牌建设和产品创新，在国际市场上全力巩固提升8个“全球旗舰品牌”的市场地位，在日本市场推出13个卷烟新产品，公司主打品牌“柔和七星（Mild Seven）”更名为“柔和七星（Mevius）”后正式投放市场；全力进军新型烟草制品领域，在日本市场推出了四款不同香味的“零度时尚（Zerostyle）”无烟气烟草制品，继续推进“普鲁木（Ploom）”尼古丁过滤产品研发并在日本、韩国、奥地利和意大利积极开展商业化运作。全年销售卷烟5329亿支（1065.8万箱），同比下降3.7%，但细切烟丝销量增长18.4%。在卷烟总销量中，国内市场销售1165亿支（233.0万箱），同比下降0.5%；国内市场占有率为60.5%，同比提高1.0个百分点。国际市场销售4164亿支（832.8万箱），同比下降4.6%，其中在独联体市场销售1852亿支（370.4万箱），同比下降6.2%；在西欧和南欧销售609亿支（121.8万箱），同比下降2.9%；在北欧和中欧销售504亿支（100.8万箱），同比增长1.0%；在其他国家和地区销售1198亿支（239.6万箱），下降5.3%。8个“全球旗舰品牌”国外销量2666亿支（533.2万箱），同比下降0.8%，其中“云丝顿（Winston）”销量1404亿支（280.8万箱），同比增长0.7%；“乐迪（L&D）”销量449亿支（89.8万箱），同比下降0.4%；“骆驼（Camel）”销量396亿支（79.2万箱），同比下降2.7%；“柔和七星（Mevius）”销量183亿支（36.6万箱），同比下降3.0%［包括日本市场在内，2013年“柔和七星”销量为790亿支（158万箱）］。全年烟草业务实现销售收入639.6亿美元，同比增长1.0%；缴纳税金465.9亿美元，同比下降0.5%；实现利润63.9亿美元，同比增长8.2%。非烟业务实现销售收入43.2亿美元，同比增长0.2%；实现利润1.7亿美元，同比下降15.7%。

表4　2013年日本烟草公司在主要目标市场占有率及变化情况

国家或地区	市场占有率（%）	提高（百分点）
日　本	60.5	＋1.0
爱尔兰	53.3	＋3.5
英　国	40.7	＋1.3
中国台湾	39.4	＋0.5
瑞　典	39.0	－0.2
哈萨克斯坦	38.4	－2.3
俄罗斯	36.3	－0.2
奥地利	32.3	＋0.4
土耳期	26.7	＋0.4
乌克兰	24.2	＋0.5
罗马尼亚	24.2	＋0.2
意大利	21.6	＋0.2
西班牙	21.5	＋0.7
马来西亚	20.2	＋0.2
法　国	20.1	＋2.7
瑞　士	16.2	＋0.8
加拿大	15.1	＋0.1

帝国烟草公司（Imperial Tobacco Group PLC）。帝国烟草公司总部设在英国的布里斯托尔，员工总数3.5万余人，设有46家烟草制造厂，2013年末资产总额443.6亿美元（按1美元＝0.64英镑换算），产品销往160余个国家和地

区。近年来，帝国烟草发展速度明显放缓，特别是卷烟销量持续下降。为克服困难、恢复重振，2013 年公司在继续实施全系列烟草制品发展战略的同时，对品牌和市场战略进行了重大调整，综合考虑增长潜力、盈利状况、竞争优势等因素，将品牌划分为“成长品牌”和“专业品牌”两大类，其中“成长品牌”包括“大卫·杜夫（Davidoff）”“金高卢（Gauloises Blondes）”“威斯（West）”等 10 个品牌，主要集中在卷烟产品上；“专业品牌”包括“时尚（Style）”“金弗吉尼亚（Golden Virginia）”“鼓牌（Drum）”等 11 个品牌，主要集中在细切烟丝、雪茄烟、鼻烟上。将目标市场划分为“成长市场”和“回升市场”，其中“成长市场”主要包括美国、俄罗斯、沙特、中国等，“回升市场”主要包括德国、西班牙、阿尔及利亚、斯洛文尼亚等。根据不同的品牌定位和市场定位，公司着力实施更加精细化的营销和管理。全年销售卷烟 2661 亿支（532.2 万箱），同比下降 9.0%；销售细切烟丝 455 亿支，同比增长 3.2%。包括雪茄烟、鼻烟等各种烟草制品在内，全年共销售 3168 亿支（633.6 万箱），同比下降 7.2%。其中“成长品牌”销售 1288 亿支（257.6 万箱），同比增长 2.8%；“成长市场”销售 1135 亿支（227.0 万箱），同比下降 6.5%；“回升市场”销售 2033 亿支（406.6 万箱），同比下降 7.6%。全年烟草业务实现销售收入 326.0 亿美元，同比下降 1.3%；缴纳税金 213.6 亿美元，同比下降 1.6%；实现利润 29.5 亿美元，同比增长 30.5%（调整后利润为 46.8 亿美元，增长 0.5%）。除烟草业务外，帝国烟草还经营物流业务，2013 年物流业务净收入 13.3 亿美元，同比下降 2.5%；实现利润 1.1 亿美元，同比下降 8.0%。

表 5 2013 年帝国烟草公司目标市场分布情况

国家或地区	卷烟销量（万箱）	占公司销量比重（%）	细切烟丝销量（万箱）	占公司销量比重（%）
英 国	31.4	5.9	12.6	13.8
德 国	44.8	8.4	19.8	21.8
西班牙	30.4	5.7	8.6	9.5
欧盟其他国家	94.4	17.7	42.8	47.0
美 洲	18.4	3.5	1.0	1.1
亚 太	44.8	8.4	3.8	4.2
东 欧	120.6	22.7	0.6	0.7
非洲和中东	139.0	26.1	0.4	0.4
免税市场	8.4	1.6	1.4	1.5
合 计	532.2	100.0	91.0	100.0

【部分区域性烟草公司】 奥驰亚集团（Altria Group）。奥驰亚集团曾经是世界第一大跨国烟草公司，但自 2008 年把菲莫国际公司分离出去后，其烟草业务集中在美国，是美国第一大烟草公司，下属菲莫美国公司、美国无烟气烟草公司和约翰·米德尔顿雪茄烟公司 3 家全资子公司从事烟草业务，同时还经营酒类和金融业务，2013 年雇员总数约 10000 人，包括非烟资产在内年末资产总额为 348.6 亿美元。2013 年，奥驰亚集团在巩固提升卷烟、雪茄烟业务的同时，全力推进无烟气烟草制品研发和商业化运作。全年销售卷烟 1293 亿支（258.6 万箱），同比下降 4.1%；其中销售“万宝路”品牌 1114 亿支（222.8 万箱），同比下降 4.3%；在美国卷烟市场的占有率为 50.6%，同比提高 0.3 个百分点。销售机制大雪茄 12.0 亿支，同比下降 3.2%；在美国机制大雪茄市场的占有率为 29.4%，同比降低 1.4 个百分点。销售无烟气烟草制品 7.9 亿听（盒），同比增长 3.2%；在美国无烟气烟草制品市场的占有率为 55.0%，同比降低 0.2 个百分点。全年烟草业务实现销售收入 236.5 亿美元，同比下降 1.1%；缴纳税金 67.8 亿美元，同比下降 4.5%；实现利润 80.8 亿美元，同比增长 12.7%。此外，2013 年奥驰亚集团还支付美国联邦政府和各州政府“大和解”费用、烟草管制费用和其他相关费用 44.0 亿美元。

印度烟草公司（ITC Limited）。印度第一大烟草公司，英美烟草公司占其 30.5% 的股份。公司创建于 1910 年，当时名称为印度帝国烟草公司，1970 年更名为印度烟草有限公司，1974 年更名为 I. T. C limited 公司。目前除经营烟草业务外，还经营食品、酒店、造纸等业务。2013 年，公司销售卷烟约 900 亿支（180 万箱），在印度卷烟市场的占有率接近 80%。全年烟草业务实现销售收入 44.4 亿美元（按 1 美元 = 58.5 印度卢比换算），同比增长 16.8%；缴纳产品税金 21.5 亿美元，同比增长 20.7%；实现利润 14.2 亿美元，同比增长 20.5%。

韩国烟草人参公社（KT&G）。韩国最大的烟草公司，原来是政府垄断的国有企业，韩国取消烟草专卖体制后，于 1987 年 4 月 1 日对其进行改制并逐步实行私有化。公司在俄罗斯、土耳其、伊朗设有卷烟厂或加工点，在中国、美国、印尼设有卷烟营销机构。雇员总数超过 4000 人，除经营烟草业务外，还经营人参、食品、地产等非烟业务。2013 年，销售卷烟 863.5 亿支（172.7 万箱），同比下降 13.9%，其中韩国市场销售 544 亿支（108.8 万箱），同比下降 1.6%；在韩国卷烟市场的占有率为 61.5%，同比降低 0.4 个百分点。境外市场销售（含出口和境外企业销售）319.5 亿支（63.9 万箱），同比下降 29.1%。全年烟草业务不含税销售收入为 21.3 亿美元（按 1 美元 = 1100 韩元换算），同比下降 4.8%；实现利润 8.4 亿美元，同比下降 5.1%。公司缴纳税金 38.5 亿美元。

印尼盐仓集团（PT. Gudang Garam Tbk.）。印尼领先的烟草公司，成立于 1958 年，主要生产三个系列的丁香烟（Kretek）产品，设有两家烟草制造厂，2012 年雇员总数为 43769 人，年末资产总额 42.9 亿美元（按 1 美元 = 9670 印尼卢比换算）。自 1979 年盐仓集团开发出机制丁香烟以来，一度保持着市场领导地位，但最近几年在菲莫国际等跨国公司的强大竞争压力下，市场份额有所降低。2012 年，盐仓集团共销售丁香烟 732 亿支（146.4 万箱），同比增长 7.8%；其中手工丁香烟116.5亿支（23.3万箱），同比增长7.3%；机制丁香烟615.5亿支（123.1万箱），同比增长6.7%；在印尼丁香烟市场的占有率为20.7%，虽然比2012年提高0.6个百分点，但比2003年降低12.3个百分点。全年实现销售收入52.9亿美元，同比增长7.1%；缴纳税金28.1亿美元，同比增长16.8%；实现利润6.0亿美元，同比下降16.4%。

雷诺美国公司（Reynolds American Inc.）。美国第二大烟草公司，英美烟草公司拥有其42%的股份，在新型烟草制品研发创新上具有较强的影响力和带动力，下属R.J.雷诺烟草公司、美国鼻烟公司、圣塔菲天然烟草公司、尼可维姆尼古丁替代品公司和雷诺电子烟公司，2013年雇员总数5200人，年末资产总额为165.0亿美元。全年销售卷烟642亿支（128.4万箱），同比下降6.8%，其中"骆驼（Camel）"品牌销量213亿支（42.6万箱），同比下降2.7%；"波迈（Pall Mall）"品牌销量220亿支（44.0万箱），同比下降14.8%。销售鼻烟4.6亿听（或盒），同比增长6.5%。全年实现销售收入119.7亿美元，同比下降2.2%；缴纳税金37.3亿美元，同比下降4.9%；实现利润31.3亿美元，同比增长41.5%。此外，2013年雷诺美国公司还支付美国联邦政府和各州政府"大和解"费用、烟草管制费用和其他相关费用17.2亿美元。

埃及东方烟草公司（Eastern Company S.A.E）。埃及目前唯一的卷烟制造商，在非洲、中东地区烟草市场具有较强影响力，雇员总数约1.4万人。2013年，公司虽然受埃及政治经济局势剧烈动荡的影响，但卷烟产量仍比上年增长6.5%，总量达820亿支（164万箱），其中代加工境外品牌卷烟230亿支（46万箱），同比增长15.0%。在埃及国内销售卷烟560亿支（112万箱），与上年持平；销售水烟1.6万吨，同比增长6.7%。全年不含税销售收入为25.7亿美元（按1美元=6.96埃及镑换算），同比增长5.7%；缴纳税金29.7亿美元，同比增长11.0%；实现净利润1.1亿美元，同比增长11.4%。

斯堪的纳维亚烟草集团（Scandinavian Tobacco Group）。世界最大的雪茄烟和斗烟生产企业，由原来的斯堪的纳维亚烟草公司和瑞典火柴公司（不包括美国雪茄烟业务）于2010年联合重组而成，总部设在丹麦哥本哈根，雇员总数约9500人，主要生产非卷烟类烟草制品，在20个国家设有33家烟草制品生产和经销公司，产品销往100余个国家和地区。2013年，公司收购两家美国的斗烟和雪茄烟零售企业，继续推进向美国非卷烟类烟草制品市场扩张。全年销售雪茄烟30余亿支，销售斗烟和细切烟丝5万余吨。2013年，实现销售收入10.83亿美元（按1美元=5.47丹麦克朗换算），同比下降2.6%；实现净利润1.05亿美元，同比下降7.34%。

【两大跨国烟叶公司】 环球烟叶公司（Universal Leaf Tobacco Company，Inc.）。世界第一大跨国烟叶公司，创建于1918年，总部位于美国弗吉尼亚州的里士满，在30余个国家和地区从事烟叶收购加工业务。近年来，环球烟叶公司控制了20%～30%的巴西烟叶、35%～45%的非洲烟叶以及20%～30%的北美烟叶，其主要客户是几大跨国烟草公司。由于各个跨国烟草公司在积极推进烟叶直接采购和实体化运作，导致与环球烟叶公司的交易量呈下降趋势。2013财政年度，环球烟叶公司实现销售收入24.6亿美元，同比增长0.8%；其中与菲莫国际的交易额为5.5亿美元，与帝国烟草的交易额为3.3亿美元，与日本烟草的交易额为2.0亿美元，同比分别下降9.8%、8.3%和4.8%。全年实现利润2.23亿美元，同比增长23.7%。年末资产总额23.0亿美元，同比增长1.7%。

联一国际公司（Alliance One International）。世界第二大跨国烟叶公司，由德孟公司和标准商业公司于2005年合并重组而成，总部位于美国北卡罗来纳州首府罗利，其烟叶收购加工业务分布在45个国家和地区。2013财政年度，公司共销售烟叶42.4万吨，同比下降2.7%；每千克烟叶价格5.1美元，同比增长5.4%；全年实现销售收入22.4亿美元，同比增长4.3%；实现利润（调整后）1.6亿美元，同比增长3.5%。年末资产总额19.1亿美元，同比下降1.9%。联一国际公司的烟叶销往90余个国家和地区。从2013年主要目标市场销售收入看，销往美国实现销售收入4.2亿美元，同比增长37.1%；销往中国3.1亿美元，同比增长66.4%；销往比利时1.9亿美元，同比增长26.1%；销往俄罗斯1.5亿美元，同比增长33.9%；销往印尼1.1亿美元，同比增长17.0%。

【世界烟草发展趋势分析】 加强烟草控制是世界各国不可逆转的大趋势。在未来时期，世界烟草发展面临许多可以预期和难以预期的风险挑战。从世界烟草发展的规律性趋势看，在未来一定时期内，尽管面临来自法律、政策、市场等方面的重重约束，但世界吸烟人口仍将继续增加，烟草市场刚性需求仍然强劲，烟草企业依靠创新驱动仍可实现持续发展。分析认为，2014年和今后一个时期，世界烟草将呈现以下主要发展趋势：

烟叶生产稳定增长。作为一种原料性农产品，烟叶生产始终受自然条件、市场需求、经济政策等多重因素的影响。综合考虑世界烟叶主产区的上述变量，环球烟叶公司预测2014年世界烤烟生产将保持小幅增长，生产总量（不含中国）将达214万吨，其中美国烤烟产量约22万吨，增长16%左右；巴西烤烟产量达61万吨，略有增长；非洲和中东烤烟产量有望超过40万吨；欧洲和独联体烤烟产量达13万吨左右。世界白肋烟产量将以30%的速度保持增长，总量将达73万吨左右，其中美国达9万吨左右，增长10%左右；巴西保持在8.5万吨左右。世界香料烟、晾晒烟生产大致保持稳定。

烟草制品结构深入调整。主要受公共场所禁止吸烟和卷烟税收与价格持续提高的影响，预计2014年世界卷烟市场销量继续下滑，下降幅度在2%～3%。在卷烟销量下降的同时，世界雪茄烟市场保持基本稳定，细切烟丝、斗烟等价格相对低廉的有烟气烟草制品和嚼烟、口含烟、鼻烟等无烟气烟草制品持续增长。尤其值得关注的是，各大烟草公司为在新型烟草制品市场抢占先机、赢得优势，将持续加大创新和投入力度。从近两年发展动态看，菲莫国际公司在意大利投资6.8亿美元建立低风险烟草产品工厂、英美烟草公司成立"下一代烟草制品"部门并积极研发营销电子烟产品、日本烟草公司着力推进“零度时尚（Zerostyle）”无烟气烟草制品和“普鲁木（Ploom）”尼古丁过滤产品的商业化运作、帝国烟草公司推进收购中国的电子烟企业、奥驰亚集团投资1.1亿美元收购在美国和以色列生产销售电子烟的绿色吸烟公司（Green Smoke，Inc.）。可以预见，未来时期新型烟草制品和电子烟将呈现加速增长趋势，并有可能促使烟草制品结构发生重大调整和革命性变化。

烟草产业链一体化整合持续推进。为巩固市场地位、提升竞争优势、拓展发展空间，主要跨国烟草公司将继续深入推进产业链一体化整合，重点集中在三个方面：一是深入推进全系列烟草制品发展战略，在继续发展卷烟产品的同时，全面加强雪茄烟、细切烟丝、斗烟、嚼烟、鼻烟等烟草制品业务，高度重视加热不燃烧低温卷烟和电子烟的技术研发和商业化运作；二是深入推进纵向整合，全面构建烟叶采购、辅料供应、产品制造、市场销售、物流配送各环节无缝联接、有机统一的组织运行体系，巩固提升全产业链整体竞争优势；三是深入推进横向重组，积极寻找潜在目标，加快推进向发展中国家扩张步伐，重点聚集新兴市场和电子烟，不失时机地推进企业并购和品牌并购。

烟草企业竞争合作日趋加强。在寡头垄断的市场格局下，无论在成熟市场还是在新兴市场，面对日趋紧缩的市场容量和增长空间，各个烟草公司为了尽可能提高其市场占有率和降低竞争成本，一方面将不遗余力地开展市场竞争，另一方面也会通过环境共造、渠道共用、平台共建、品牌共享等方式和途径，不断深化合资合作关系。与此同时，面对日趋严苛的法律约束和政府管制，各个烟草公司为争取相对公平合理的发展环境，将进一步加强沟通和协调，特别是在一些国家和地区出台极端化、非理性控烟措施时，有关烟草公司将会采取一些联合行动，共同维护作为合法市场主体的合法权益。

（注：菲莫国际公司财务报表年度是1月1日到12月31日。英美烟草公司财务报表年度是1月1日到12月31日。日本烟草公司财务报表年度是上年度4月1日到第二年3月31日，其国际烟草业务统计年度为1月1日到12月1日。帝国烟草公司财务报表年度是从上年度10月1日到第二年9月30日。环球烟叶公司和联一国际公司的会计年度为上一年度4月1日到第二年度的3月31日。）

（撰稿：李保江；编辑：王东旭）

先进人物名单

【烟草行业获“2013年全国五一劳动奖章”名单】

（中华全国总工会关于表彰全国五一劳动奖状、全国五一劳动奖章和全国工人先锋号的决定）（总工发〔2013〕21号）（2013年4月28日发布）

吴家伟　吉林省延边朝鲜族自治州烟草专卖局局长
杨春荣　黑龙江省烟草专卖局大庆市局局长
王　凯　上海烟草集团有限责任公司市场营销中心品牌部经理
李　青　江苏中烟工业有限责任公司淮阴卷烟厂品质处工程师
杜永利　山东日照市烟草有限公司东港区分公司工程师
董　梅（女）　山东省临沂市烟草专卖局局长
孟　瑾（女）　河南中烟工业有限责任公司安阳卷烟厂制丝车间技术员
张　军　河南中烟工业有限责任公司驻马店卷烟厂千日营销办公室主任
邓政权　湖南中烟工业有限责任公司常德卷烟厂二车间包装机维修工
谢乐机　广东中烟工业有限责任公司韶关卷烟厂副厂长
饶智华　广东中烟工业有限责任公司梅州卷烟厂副厂长
李迪愉　广东中烟工业有限责任公司广州卷烟厂卷包车间维修组组长
邓　权　四川烟草工业有限责任公司总经理、党委副书记
胡云成　红云红河烟草（集团）有限责任公司红河卷烟厂工人
王宝荣　陕西中烟工业有限责任公司宝鸡卷烟厂卷接设备修理工
周建义　甘肃省烟草公司平凉市公司静宁县营销部主任

【烟草行业获“全国优秀工会工作者”名单】

（中华全国总工会关于表彰全国企业工会工作红旗单位、全国优秀工会工作者标兵和全国模范职工之家、全国模范职工小家、全国优秀工会工作者的决定）（总工发〔2013〕27号）（2013年9月1日发布）

陆仁平　上海烟草集团有限责任公司上海烟草储运公司工会主席
鲁建新　河南中烟工业有限责任公司郑州卷烟厂工会主席、党委副书记
苏　展（回）　河南省烟草公司商丘市公司工会主席
秦小华(女)　广西中烟工业有限责任公司工会副主席
曹　萍(女)　四川烟草工业有限责任公司什邡分厂工会办公室主任
李树奎　陕西省烟草专卖局(公司）工会副主席

【破获“鹭岛一号”等3起特大涉烟网络案件有功人员名单】

（国家烟草专卖局对破获“鹭岛一号”等3起特大涉烟网络案件的表彰通报）（国烟专〔2013〕454号）（2013年12月12日发布）

福建厦门“鹭岛一号”特大跨国生产销售假烟案专案组（36人）：

张　卉　林茂新　张洪德　杜清森　沈　冬　阮坚圻
陈裕南　林　伟　黄端启　何卫明　林　炜　高扬捷
卢晓强　方智锋　赖成光　陈华侨　张　斌　陈清钳
王学宁　王海堤　林　倩　曾嘉贤　吴勇志　陈明耀
刘呈勇　汪小明　李建煌　吴　捷　黄德明　葛友书

陈其欣　于珍凤　吴伟旻　郑祥发　邱一帆　薛　潇

湖南邵阳“9·20”特大非法生产销售卷烟纸案专案组（22人）：

李晓葵　康正健　刘　皓　周铁军　夏立坤　谭学军
雷昱霆　毛文卫　宁向阳　周金奇　张映德　宾　波
幸　勤　粟　雷　王　韬　艾　军　罗　勇　石　玺
李忠国　刘建辉　谢正益　文本军

浙江温岭“4·9”特大拼装倒卖烟机案专案组（30人）：

丁仕辉　王月定　叶健龙　张　军　傅新建　马　良
应中华　刘　涛　陈正聪　陈广兴　张友康　陈玲荣
江志文　林　仁　陈昱乾　王　波　林玉玲　张华君
朱六顺　陆军华　谢　潇　陈冠旭　郑克哲　王　斌
金祖春　应建兵　朱福林　周　斌　陈兴富　徐巧琪

【2013年度“全国烟草技术能手”名单】（国家烟草专卖局关于授予2013年度烟草行业职业技能竞赛优秀选手全国烟草技术能手荣誉称号的决定）（国烟人〔2014〕33号）（2014年1月20日发布）

一、第十一届全国烟草行业职业技能竞赛暨第二届卷烟商品营销职业技能竞赛获奖选手名单

谢　鸿　广东省烟草专卖局（公司）
彭军辉　湖南省烟草专卖局（公司）
白　明　湖南省烟草专卖局（公司）
周　蓓　四川省烟草专卖局（公司）
李兰香　上海烟草集团有限责任公司
林珍冷　福建省烟草专卖局（公司）
宋　珊　山东省烟草专卖局（公司）
周国芳　山东省烟草专卖局（公司）
张　瑾　山西省烟草专卖局（公司）
吴　婧　四川省烟草专卖局（公司）
钟旖旎　广东省烟草专卖局（公司）
刘文辉　山东省烟草专卖局（公司）
匡媛媛　湖南省烟草专卖局（公司）
胡陈俊　上海烟草集团有限责任公司
刘　巍　北京市烟草专卖局（公司）
杨　阳　浙江中烟工业有限责任公司
刘　丽　山西省烟草专卖局（公司）
韦燕红　深圳市烟草专卖局（公司）
李晓燕　山东省烟草专卖局（公司）
刘小燕　山西省烟草专卖局（公司）
陈　萌　北京市烟草专卖局（公司）
荣方勇　湖南省烟草专卖局（公司）
范　蓉　上海烟草集团有限责任公司
戴　静　四川省烟草专卖局（公司）
陈寅彬　上海烟草集团有限责任公司
何超杰　广东省烟草专卖局（公司）
李钊文　广西壮族自治区烟草专卖局（公司）
黄燕玲　福建省烟草专卖局（公司）
周梦华　湖北省烟草专卖局（公司）
刘贝贝　河北省烟草专卖局（公司）

二、行业省级职业（岗位）技能竞赛获奖选手名单

（一）第一届天津市烟草专卖局（公司）卷烟商品营销职业技能竞赛

张维钧　天津市区第三烟草专卖局（公司）
张　羿　天津市区第一烟草专卖局（公司）
陈彩明　天津市静海县烟草专卖局（公司）

（二）第二届河北省烟草专卖局（公司）卷烟商品营销职业技能竞赛

邢杨乔　河北省邯郸市烟草专卖局（公司）
蒲迎文　河北省邯郸市烟草专卖局（公司）
李宏耀　河北省邯郸市烟草专卖局（公司）
李珊珊　河北省邯郸市烟草专卖局（公司）
张英华　河北省衡水市烟草专卖局（公司）

（三）第二届山西省烟草专卖局（公司）卷烟商品营销职业技能竞赛

毛秀霞　山西省运城市烟草专卖局（公司）
解　鑫　山西省大同市烟草专卖局（公司）
贾　晶　山西省运城市烟草专卖局（公司）

（四）第五届内蒙古自治区烟草专卖局（公司）职业技能竞赛暨第四届卷烟商品营销职业技能竞赛

马　兰　内蒙古自治区包头市烟草专卖局（公司）
高　倩　内蒙古自治区鄂尔多斯市烟草专卖局（公司）
石培霞　内蒙古自治区巴彦淖尔市烟草专卖局（公司）

（五）第二届辽宁省烟草专卖局（公司）卷烟商品营销职业技能竞赛

李　威　辽宁省营口市烟草专卖局（公司）
秦立全　辽宁省朝阳市烟草专卖局（公司）
安　乐　辽宁省阜新市烟草专卖局（公司）
刘　帅　辽宁省鞍山市烟草专卖局（公司）

（六）第二届上海烟草集团有限责任公司卷烟商品营销职业技能竞赛

陶伟寅　上海烟草集团宝山烟草糖酒有限公司
张　婷　上海烟草集团崇明烟草糖酒有限公司
乐　健　上海烟草集团有限责任公司营销中心

（七）“中华卫士杯”第三届上海市烟草专卖局烟草专卖管理岗位技能竞赛

徐少卿　上海市烟草专卖局杨浦分局
张海泉　上海市烟草专卖局青浦分局
吕晨峰　上海市烟草专卖局长宁分局
顾航吉　上海市烟草专卖局浦东新区分局

（八）第二届江苏省烟草专卖局（公司）卷烟商品营销职业技能竞赛

周　慧　江苏省南京市烟草专卖局（公司）
杨础伊　江苏省宿迁市烟草专卖局（公司）
陈小虎　江苏省扬州市烟草专卖局（公司）

（九）第二届江西省烟草专卖局（公司）卷烟商品营销职业技能竞赛

毕玉婷　江西省九江市烟草专卖局（公司）
徐港章　江西省九江市烟草专卖局（公司）
辛户茜　江西省宜春市烟草专卖局（公司）
李　芹　江西省宜春市烟草专卖局（公司）

（十）第二届山东省烟草专卖局（公司）卷烟商品营销职业技能竞赛

韩　鹰　山东省青岛市烟草专卖局（公司）
马晓瑄　山东省济宁市烟草专卖局（公司）
贾　玮　山东省青岛市烟草专卖局（公司）

（十一）第二届河南省烟草专卖局（公司）卷烟商品营销职业技能竞赛

朱　瑾　河南省三门峡市烟草专卖局（公司）
栾慧芳　河南省商丘市烟草专卖局（公司）
徐英杰　河南省许昌市烟草专卖局（公司）
常　琳　河南省焦作市烟草专卖局（公司）
魏诚志　河南省周口市烟草专卖局（公司）

（十二）第二届河南省烟草专卖局烟草专卖管理岗位技能竞赛

王　洋　河南省洛阳市烟草专卖局
聂慧磊　河南省商丘市烟草专卖局
张　捷　河南省开封市烟草专卖局
余　良　河南省信阳市烟草专卖局
孙　贤　河南省洛阳市烟草专卖局
周　明　河南省洛阳市烟草专卖局

（十三）第二届湖北省烟草专卖局（公司）卷烟商品营销职业技能竞赛

张　莹　湖北省武汉市烟草专卖局（公司）
刘敬佩　湖北省孝感市烟草专卖局（公司）
范　彧　湖北省武汉市烟草专卖局（公司）
喻　佳　湖北省孝感市烟草专卖局（公司）
陈　东　湖北省武汉市烟草专卖局（公司）

（十四）第四届广东省烟草专卖局（公司）卷烟商品营销职业技能竞赛

郑蕴琦　广东省佛山市烟草专卖局（公司）
陈　娜　广东省广州市烟草专卖局（公司）
李　超　广东省佛山市烟草专卖局（公司）
吴伟宁　广东省梅州市烟草专卖局（公司）
郑秀珊　广东省中山市烟草专卖局（公司）
魏　勤　广东省佛山市烟草专卖局（公司）
钟彩丽　广东省河源市烟草专卖局（公司）

（十五）第二届广西壮族自治区烟草专卖局（公司）职业技能竞赛暨第一届卷烟商品营销职业技能竞赛

李丹凤　广西壮族自治区南宁市烟草专卖局（公司）
郑琼艳　广西壮族自治区百色市烟草专卖局（公司）
廖海乐　广西壮族自治区玉林市烟草专卖局（公司）
罗婷婷　广西壮族自治区玉林市烟草专卖局（公司）
粟家辉　广西壮族自治区桂林市烟草专卖局（公司）
邓　楠　广西壮族自治区南宁市烟草专卖局（公司）
陶　玲　广西壮族自治区南宁市烟草专卖局（公司）

（十六）第三届四川省烟草专卖局（公司）卷烟商品营销职业技能竞赛

吴　婧　四川省宜宾市烟草专卖局（公司）
杜　春　四川省德阳市烟草专卖局（公司）

（十七）第二届贵州省烟草专卖局（公司）卷烟商品营销职业技能竞赛

陈　燕　贵州省遵义市烟草专卖局（公司）
卢建勇　贵州省黔南州烟草专卖局（公司）
宋普阳　贵州省贵阳市烟草专卖局（公司）
刘文竹　贵州省贵阳市烟草专卖局（公司）
向明凤　贵州省遵义市烟草专卖局（公司）

（十八）第三届云南省烟草专卖局烟草专卖管理岗位技能竞赛

赵　彤　云南省昆明市烟草专卖局
杨冬丽　云南省曲靖市烟草专卖局
秦　勇　云南省曲靖市烟草专卖局
周　强　云南省红河州烟草专卖局

（十九）第四届陕西省烟草专卖局（公司）职业技能竞赛暨第一届卷烟商品营销职业技能竞赛

宋　辉　陕西省汉中市烟草专卖局（公司）
邹艳平　陕西省西安市烟草专卖局（公司）
董晨曦　陕西省西安市烟草专卖局（公司）
戴向儒　陕西省西安市烟草专卖局（公司）

（二十）第五届陕西省烟草专卖局（公司）职业技能竞赛暨第二届烟草专卖管理岗位技能竞赛

问彦龙　陕西省铜川市烟草专卖局
马东辉　陕西省宝鸡市凤翔县烟草专卖局
惠　荣　陕西省西安市灞桥区烟草专卖局
崔三霞　陕西省西安市临潼区烟草专卖局

（二十一）第二届甘肃省烟草专卖局（公司）卷烟商品营销职业技能竞赛

王　都　甘肃省陇南市烟草专卖局（公司）
李芳芳　甘肃省庆阳市烟草专卖局（公司）
安维维　甘肃省武威市烟草专卖局（公司）
李文才　甘肃省酒泉市烟草专卖局（公司）
火兴举　甘肃省兰州市烟草专卖局（公司）

（二十二）第一届深圳市烟草专卖局（公司）卷烟商品营销职业技能竞赛

连　勇　深圳市烟草宝安公司
黄　颖　深圳市烟草宝安公司

（二十三）第二届中国烟草实业发展中心卷烟商品营销职业技能竞赛

王彦雄　甘肃烟草工业有限责任公司
刘学刚　甘肃烟草工业有限责任公司
刘忠林　吉林烟草工业有限责任公司
王　薇　黑龙江烟草工业有限责任公司
李　强　深圳烟草工业有限责任公司
刘　峰　深圳烟草工业有限责任公司
刘东阳　深圳烟草工业有限责任公司

（二十四）“利群杯”第二届浙江中烟工业有限责任公司卷烟商品营销职业技能竞赛

叶文华　浙江中烟工业有限责任公司市场营销部
夏　忻　浙江中烟工业有限责任公司市场营销部

（二十五）第一届山东中烟工业有限责任公司卷烟商品营销职业技能竞赛

金丰富　山东中烟工业有限责任公司青州卷烟厂
陈秀德　山东中烟工业有限责任公司青州卷烟厂
苏晓东　山东中烟工业有限责任公司济南卷烟厂
刘国勋　山东中烟工业有限责任公司青州卷烟厂

（二十六）第二届贵州中烟工业有限责任公司卷烟商品营销职业技能竞赛

李宇航　贵州中烟工业有限责任公司市场营销中心
温龙桃　贵州中烟工业有限责任公司市场营销中心

（二十七）第十二届云南中烟工业有限责任公司职业技能竞赛暨第三届卷烟商品营销职业技能竞赛

袁　林　红塔烟草（集团）有限责任公司市场营销中心
饶　杰　红塔烟草（集团）有限责任公司市场营销中心
李　怡　红云红河烟草（集团）有限责任公司

【2012 年度“烟草行业国际市场拓展奖”名单】（中国烟草总公司关于授予刘和忠等 16 名同志 2012 年度国际市场拓展奖的决定）（中烟办〔2013〕245 号）（2013 年 12 月 7 日发布）

刘和忠　中烟国际欧洲有限公司销售总监
李　成　中烟国际欧洲有限公司工厂副厂长
屈印龙　蒙古烟草有限责任公司卷烟机修理工
胡云见　老挝寮中红塔好运烟草有限公司副总经理
刘　敏　香港红塔国际烟草有限公司副总经理
邱莉芳　金叶卷烟厂（澳门）有限公司财务经理
伍仕钧　威尼顿集团有限公司财务经理
姚平章　威尼顿集团有限公司烟叶技术部经理
董秀吉　平壤白山烟草有限责任公司中方社长
姜龙范　平壤白山烟草有限责任公司财务总监
吴成焕　大同江烟草有限公司社长
金明孙　罗先新兴烟草会社社长
蔡　冰　天泽烟草有限责任公司副总经理
苗国生　中烟国际巴西有限公司副总经理
赵瑞平　迪拜瑞士达贸易有限责任公司总经理
金祥林　中国烟草日本株式会社总经理

（编辑：周　佳）

先进集体名单

【烟草行业获“2013 年全国五一劳动奖状”名单】（中华全国总工会关于表彰全国五一劳动奖状、全国五一劳动奖章和全国工人先锋号的决定）（总工发〔2013〕21 号）（2013 年 4 月 28 日发布）

中国烟草总公司云南省公司
江苏中烟工业有限责任公司徐州卷烟厂

【烟草行业获“2013 年全国工人先锋号”名单】（中华全国总工会关于表彰全国五一劳动奖状、全国五一劳动奖章和全国工人先锋号的决定）（总工发〔2013〕21 号）（2013 年 4 月 28 日发布）

安徽中烟工业有限责任公司蚌埠卷烟厂卷接包车间机电维修组
安徽省烟草公司宣城市公司卷烟配送中心
厦门烟草工业有限责任公司动力车间运行班
湖南省烟草公司岳阳市公司烟草配送中心
广东烟草河源市有限责任公司物流配送中心
广东烟草梅州市有限公司梅县分公司烟叶管理部
广东省揭阳市烟草专卖局专卖管理办公室
四川烟叶复烤有限责任公司德昌复烤厂

【烟草行业获评“全国模范职工之家”名单】（中华全国总工会关于表彰全国企业工会工作红旗单位、全国优秀工会工作者标兵和全国模范职工之家、全国模范职工小家、全国优秀工会工作者的决定）（总工发〔2013〕27 号）（2013 年 9 月 1 日发布）

河北省烟草公司衡水市公司工会委员会
河北省烟草公司邯郸市公司工会委员会
山西省烟草公司晋中市公司工会委员会
吉林省烟草公司白城市公司工会委员会
上海高扬国际烟草有限公司工会委员会
江苏中烟工业有限责任公司徐州卷烟厂工会委员会
浙江中烟工业有限责任公司宁波卷烟厂工会委员会
福建省泉州市烟草专卖局工会委员会
福建省莆田市烟草专卖局工会委员会
江西中烟工业有限责任公司兴国卷烟厂工会委员会
江西中烟工业有限责任公司井冈山卷烟厂工会委员会
中国烟草山东进出口有限责任公司工会委员会
河南省烟草公司平顶山市公司工会委员会
河南中烟工业有限责任公司安阳卷烟厂工会委员会
河南省烟草公司焦作市公司工会委员会
湖北中烟工业有限责任公司三峡卷烟厂工会委员会
湖南省烟草公司益阳市公司工会委员会
湘西鹤盛原烟发展有限责任公司工会委员会
重庆市烟草公司垫江县分公司工会委员会
贵州烟叶复烤有限责任公司毕节复烤厂工会委员会

红云红河烟草（集团）有限责任公司工会委员会

福建中烟工业有限责任公司机关工会委员会

【烟草行业获评“全国模范职工小家”名单】（中华全国总工会关于表彰全国企业工会工作红旗单位、全国优秀工会工作者标兵和全国模范职工之家、全国模范职工小家、全国优秀工会工作者的决定）（总工发〔2013〕27号）（2013年9月1日发布）

山西省烟草公司运城市盐湖区卷烟营销部工会分会

内蒙古昆明卷烟有限责任公司动力车间白塔锅炉工段工会小组

江苏省宿迁市泗洪县烟草专卖局双沟稽查中队工会小组

浙江省烟草公司嘉兴市公司分工会

安徽中烟工业有限责任公司阜阳卷烟厂离退办分工会

安徽省滁州市烟草专卖局政工科工会小组

福建省烟草公司漳州市公司卷烟营销中心工会小组

山东中烟工业有限责任公司青州卷烟厂制丝丙班工会小组

许昌烟草机械有限责任公司工会委员会装配分厂工会

河南省烟草公司漯河市公司工会委员会机关分会

广东烟草清远市有限公司佛冈县分公司客户经理工会小组

广东烟草揭阳市有限公司工会委员会揭东分会

广东烟草广州市有限公司越秀分公司工会分会

重庆烟草工业有限责任公司黔江分厂动力车间分工会

贵州省烟草公司毕节市七星关区分公司分工会林口烟叶站小组

云南省烟草公司昆明市石林分公司长湖烟站工会小组

四川烟草工业有限责任公司绵阳分厂卷包车间分工会

【烟草行业获“第四届全国职工优秀技术创新成果”优秀奖名单】（中华全国总工会、科学技术部、工业和信息化部、人力资源和社会保障部关于表彰奖励第四届全国职工优秀技术创新成果的决定）（总工发〔2013〕39号）（2013年12月17日发布）

推荐省（区、市）	项目名称	第一完成人	其他完成人	第一完成人所在单位
重庆	FY113型废烟支处理机剖切清理装置研发	马驿景	陈晋礼、潘世华、许春林、张纯超、袁廷文、麻海林	重庆烟草工业有限责任公司涪陵分厂

【2012年下半年烟草行业部督打假重大案件表彰名单】（国家烟草专卖局关于2012年下半年烟草打假重大案件和专项行动的表彰通报）（国烟专〔2013〕86号）（2013年3月14日发布）

北京市丰台区“7·31”跨省制售假烟网络案件

天津市“6·19”销售假烟部级督办网络案件

河北省保定市“7·31”特大运销假烟案件

河北省廊坊市“5·23”销售假冒卷烟网络案件

河北省石家庄市“4·6”生产并利用互联网销售假冒卷烟案件

河北省石家庄市“4·16”生产运输销售假烟网络案件

河北省唐山市“2·12”销售假冒伪劣卷烟网络案件

河北省唐山市“3·7”销售假冒伪劣卷烟网络案件

河北省邢台市“7·22”案件

内蒙古区呼和浩特市“11·11”销售假冒卷烟网络案件

辽宁省朝阳市“7·6”销售假烟网络案件

黑龙江省伊春市伊佳鹤“5·18”部督国标网络案件

黑龙江省齐齐哈尔市“8·7”部督国标网络案件

上海市浦东新区“7·11”制售假烟网络案件

江苏省连云港东海县局“3·7”销售假冒卷烟网络案件

江苏省连云港市局“7·17”销售假冒卷烟网络案件

江苏省南京浦口区局“6·17”销售假冒卷烟网络案件

江苏省宿迁宿豫区局“4·16”销售假冒卷烟网络案件

浙江省义乌市“9·23”销售假烟网络案件

福建省厦门市“10·27”生产、销售伪劣产品案件

福建省泉州市“2·1”林镇坤等人生产、销售伪劣产品案件

福建省漳州市“4·6”吴良玉等生产销售伪劣产品网络案件

福建省龙岩市武平县“6·22”非法经营案件

福建省三明市尤溪县“12·27”黄秋妹等人生产销售伪劣产品案件

江西省九江市“5·4”非法生产烟丝案件

江西省上饶市“6·15”非法制造烟草专卖品案件

江西省吉安市“6·7”非法制售烟丝网络案件

江西省赣州市“8·15”制售假烟网络案件

山东省济南市平阴县“11·10”杨庆江售假网络案件

山东省临沂市沂南县李冠军等非法经营烟草制品网络案件

山东省莱芜市“7·31”特大运销假烟网络案件

河南省周口市城区“5·25”制售假烟网络案件

湖北省黄冈市“9·8”贩售假烟网络案件

湖北省黄石市“12·5”特大走私假冒外国卷烟网络案件

湖北省黄石市“12·22”贩售假烟网络案件

湖南省张家界市“6·9”生产、销售伪劣产品网络案件

湖南省怀化市芷江县陈文辉等特大售假网络案件

四川省宜宾市“7·9”生产销售伪劣产品案件

贵州省安顺市“2·29”非法经营烟叶网络案件

贵州省黔西南州“4·4”非法经营卷烟及烟叶网络案件

【2013年上半年烟草行业部督打假重大案件表彰名单】（国家烟草专卖局关于2013年上半年烟草打假重大案件和专项行动的表彰通报）（国烟专〔2013〕384号）（2013年10月17日发布）

北京市公路分局“1·7”售假网络案件
北京市丰台区“1·24”售假网络案件
北京市东城、西城区“1·26”售假网络案件
天津市“1·15”销售假烟网络案件
河北省秦皇岛市“4·10”制售假烟网络案件
河北省保定市“1·24”销售假烟案件
河北省唐山市“1·5”销售假冒伪劣卷烟网络案件
河北省邯郸市“11·1”销售假烟网络案件
河北省邯郸市“10·13”销售假烟网络案件
河北省石家庄市“10·25”特大制售假烟网络案件
河北省邢台市“10·25”案件
辽宁省葫芦岛市“6·12”销售假烟网络案件
黑龙江省大庆市“1·25”部督国标网络案件
黑龙江省鸡西市“4·17”部督国标网络案件
上海市闵行区“12·19”运销假烟网络案件
上海市金山区“11·28”运销假烟网络案件
上海市徐汇区“1·10”运销假烟网络案件
上海市普陀区“12·26”运销假烟网络案件
浙江省义乌市“9·23”运销假烟网络案件
福建省福州市“12·18”假冒注册商标案件
福建省福州市“12·17”非法经营卷烟案件
福建省福州市薛祥增生产、销售伪劣产品案件
福建省厦门市“1·17”销售假冒伪劣卷烟案件
福建省泉州市安溪县“10·23”陈杰明等人生产、销售伪劣产品案件
福建省泉州市惠安县“1·14”许群通等人生产、销售伪劣产品案件
福建省漳州市“6·26”林树德等人制售假烟网络案件
福建省漳州市诏安县“12·24”制售假烟网络案件
福建省漳州市龙海县“1·7”运输销售假烟网络案件
河南省南阳市城区“8·15”制售假烟网络案件
河南省安阳市安阳县“3·3”制售假烟网络案件
大连市“2·18”跨省卷烟网络案件
湖北省随州市“10·20”特大运输假烟网络案件
湖南省常德市“11·22”制售假网络案件
广西壮族自治区玉林市“12·16”销售假冒卷烟网络案件
海南省海口市“10·13”互联网销售假烟案件
重庆市局/渝北区“11·13”销售假烟网络案件
甘肃省酒泉市“7·11”方木财等非法经营假冒卷烟案件

【2012年下半年烟草打假专项行动表彰名单】（国家烟草专卖局关于2012年下半年烟草打假重大案件和专项行动的表彰通报）（国烟专〔2013〕86号）（2013年3月14日发布）

北京市烟草专卖局、北京市交通执法总队集中整治涉烟物流场站专项行动
天津市“津冬2012”卷烟市场清理整顿专项行动
山西省“晋剑四号”清理整顿卷烟市场专项行动
内蒙古自治区“飓风四号”清理整顿卷烟市场专项行动
福建省漳州市2012年度“清剿”专项行动
江西省“金网6号”打击制售假烟网络专项行动
山东省青岛市集中整治礼品回收点违法经营卷烟行为专项行动
湖南省岳阳市打假破网和规范烟草市场“百日会战”专项行动
广东省2012年清理整顿卷烟市场专项行动
重庆市名烟名酒店和高档娱乐服务场所整治专项行动
贵州省贵阳市“黔锋一号”打击非法经营烟叶专项行动
青海省西宁市元旦春节期间卷烟市场清理整顿专项行动
新疆维吾尔自治区“亮剑III”专项卷烟市场清理整顿行动

【2013年上半年烟草打假专项行动表彰名单】（国家烟草专卖局关于2013年上半年烟草打假重大案件和专项行动的表彰通报）（国烟专〔2013〕384号）（2013年10月17日发布）

河北省“雷电一号”专项行动
山西省“晋剑五号”清理整顿卷烟市场专项行动
内蒙古自治区“飓风五号”清理整顿卷烟市场专项行动
辽宁省“两节”期间卷烟打假专项行动
吉林省打击卷烟非法运输非法销售专项行动
黑龙江省“龙啸三号”专项行动
上海市打击制售假冒卷烟“沪剑一号”专项行动
江苏省“冬季会战”专项行动
安徽省“金龙二号”烟草市场整治专项行动
山东省打击道路交通和物流环节涉烟违法犯罪活动专项行动
河南省“雷霆二号”卷烟打假专项行动
大连市卷烟打假打私“冬雷”专项行动
湖北省2013年卷烟集中经营场所和涉烟礼品回收店等重点自治区域专项清理整顿行动
湖南省清理整顿卷烟市场“春雷3号”专项行动
海南省琼海市烟草专卖局“3·15”“5·1”市场整顿专项行动
四川省全省烟草市场集中打假专项行动
云南省德宏州边境一线市场整治“利剑”专项行动
陕西省卷烟市场净化专项行动
甘肃省“陇剑1号”清理整顿卷烟市场专项行动
宁夏回族自治区“两打一查”市场治理专项行动
新疆维吾尔自治区“亮剑—IV”专项卷烟市场清理整顿行动

【破获“鹭岛一号”等3起特大涉烟网络案件有功单位名单】（国家烟草专卖局对破获“鹭岛一号”等三起特大涉烟网络案件的表彰通报）（国烟专〔2013〕454号）（2013年12月11日发布）

福建省厦门市公安局
福建省厦门市烟草专卖局
浙江省温岭市公安局
浙江省温岭市烟草专卖局
湖南省邵阳市公安局
湖南省邵阳市烟草专卖局

【全国烟草行业2012—2013年度会计信息质量先进单位名单】（中国烟草总公司关于表彰2012—2013年度烟草行业会计信息质量先进单位的通报）（中烟办〔2013〕246号）（2013年12月9日发布）

一等奖：湖北中烟工业有限责任公司

二等奖：福建中烟工业有限责任公司
中国烟草总公司陕西省公司

三等奖：贵州中烟工业有限责任公司
中国烟草总公司安徽省公司
中国烟草总公司北京市公司

【全国烟草行业第二十四届优秀质量管理小组成果发布会获奖名单】（中国烟草总公司关于表彰全国烟草行业第二十四届优秀质量管理小组成果的通报）（中烟办〔2013〕160号）（2013年8月1日发布）

一等奖小组及成果

单位名称	小组名称	成果名称
福建省龙岩市公司	探索者QC小组	便携式烟苗深栽器的研制
四川省泸州市公司	征途QC小组	缩短单日储配工作时间
浙江省温州市公司	精实QC小组	降低5#立式分拣线异常处理时间
江西省九江市永修县分公司	春笋QC小组	减少客户经理卷烟销售异动查询时间
南宁卷烟厂	智思QC小组	研制WPD型裙边提升机导向条快换装置
新郑卷烟厂	奇胜QC小组	探索条包烟外观在线校准新方法
梅州卷烟厂	雷鸣QC小组	新型可视化快速换油车的研制
玉溪卷烟厂	勇攀高峰QC小组	降低GDX500包装机五轮故障停机频次
南昌卷烟厂	卷包乙班QC小组	研制新型CH烟库补包装置电控系统
淮阴卷烟厂	绿盾QC小组	降低单箱化学需氧量排放量
合肥卷烟厂	风暴QC小组	制丝线辅联设备节电模式的设计与应用
贵阳卷烟厂	方正攻关QC小组	提高小盒成型方正度
昆明卷烟厂	名匠QC小组	新型加料喷嘴的研制
南通醋酸纤维有限责任公司	界外机修QC小组	降低烟气中SO_2排放浓度异常频次

二等奖小组及成果

单位名称	小组名称	成果名称
楚雄卷烟厂	机修QC小组	大力启运器的研制
湛江卷烟厂	卓越QC小组	GDX2硬盒包装机小包侧翼开胶检测装置的研制
南京卷烟厂	求实QC小组	减少制丝线生产用蒸汽单箱消耗量
毕节卷烟厂	跨越QC小组	研制制丝机刀门烟饼退料装置
济南卷烟厂	无极限QC小组	降低试样生产工时
安徽省池州市公司	度量衡QC小组	降低不可识别码比例
上海卷烟厂	彭丝冷热端QC小组	降低570生产线异味处理后废气臭气浓度
张家口卷烟厂有限责任公司	金刚钻QC小组	ZJ17卷接机组一次切割鼓轮清洁装置的研制
杭州卷烟厂	创新改进QC小组	复杂班次职工上下班班车的设计与实施
汉中卷烟厂	卷包车间PT维修QC小组	ZJ17卷接机组新型进刀装置的研制
井冈山卷烟厂	黑蚂蚁QC小组	YSG600型洗梗机水增温装置的研制
河北白沙烟草有限责任公司	机电一体QC小组	加料参数防差错系统的研制
武汉卷烟厂	激情号QC小组	提高嘴棒发射有效利用率
山东潍坊烟草有限公司	龙腾QC小组	提高烟叶成包效率
重庆烟草工业有限责任公司重庆分厂	探索QC小组	研究烘箱法测试烟叶含水率样品前处理方法
龙岩烟草工业有限责任公司	炫狼QC小组	研制RTS烟支缓存过载机械式保护装置
上海烟草储运公司	魔方QC小组	提高送“中华专线”原料RFID电子标签一次扫码成功率
宝鸡卷烟厂	智胜QC小组	降低干冰膨胀烟丝堵料次数
柳州卷烟厂	综合QC小组	研制旋风除尘卸料器移动式密封装置
深圳烟草工业有限责任公司	创辉QC小组	降低卷接包车间负压单位（万支）电耗

三等奖小组及成果

单位名称	小组名称	成果名称
青岛卷烟厂	儒风 QC 小组	降低白肋烟加里料滚筒粘炉烟
浙江省杭州市淳安县分公司	胖头鱼 QC 小组	提高月度现金流出预算执行准确率
江苏省徐州市公司	寻梦 QC 小组	降低林德叉车维保费用
厦门烟草工业有限责任公司	星火燎原 QC 小组	智能拉线检测器研制
长沙卷烟厂	包装技术 QC 小组	“白沙（和天下）”缺包检测系统的研制
江西省九江市瑞昌市分公司	润品 QC 小组	提升 5 级零售客户卷烟经营毛利率
山东济南烟草有限公司	精准创新 QC 小组	提高卷烟入库自动扫码识别率
贵州省遵义市务川县分公司	新技术研发 QC 小组	新型定量施肥器研发
营口卷烟厂	登峰 QC 小组	减少 YF17 通道烟支堵塞次数
阜阳卷烟厂	鹰眼 QC 小组	储丝柜自动点检系统开发与应用
湖南省长沙市浏阳市分公司	紫荆扬帆 QC 小组	降低密集烤房掉叶率
宁夏自治区银川市公司	发现号 QC 小组	提升部门绩效评价的认可度
山西省临汾市公司	行动者 QC 小组	降低 ASS－Waterfall 分拣线卷烟分拣破损率
四川省德阳市公司	非加和定律 QC 小组	信息终端易地运维自动化的探索
驻马店卷烟厂	甲班 QC 小组	降低批次出柜烟梗含水率标准偏差
广西自治区柳州市公司	探索终端 QC 小组	提高零售客户网上营销活动参与率
宁波卷烟厂	利群 QC 小组	HCF 烟支装盘机柔性填充控制装置的开发
绵阳卷烟厂	超越 QC 小组	研制 YP11 装封箱机缺条检测装置
恩施卷烟厂	开拓者 QC 小组	降低 GDX1 包装机组 CT 条包机故障停机率
云南省烟草烟叶公司	技术检测 QC 小组	缩短打叶复烤烟叶水分的检测时长
上海烟草集团杨浦烟草糖酒有限公司	乐服 QC 小组	降低直营终端 A 类客户流失率
天津市东丽区分公司	规范先锋 QC 小组	建立员工行为规范礼仪培训视频演练系统
吴忠卷烟厂	金驼 QC 小组	GDX2 烟库烟支排列错乱及倒装检测系统的开发
秦皇岛烟草机械有限责任公司	制丝 QC 小组	缩短滚筒式烘丝机低温进料后的过渡过程

【中国烟草总公司第三届标准创新贡献奖获奖项目名单】（中国烟草总公司关于公布第三届标准创新贡献奖获奖项目的决定）（中烟办〔2013〕175 号）（2013 年 9 月 3 日发布）

序号	项目名称	项目类别	获奖等级	主要完成单位	主要完成人	推荐单位
1	卷烟主流烟气 7 种有害成分分析方法（GB/T 21130—2007，GB/T 23228—2008，GB/T 23356—2009，YC/T 253—2008，YC/T 254—2008，YC/T 255—2008，YC/T 377—2010）	国家标准、行业标准	一等奖	中国烟草总公司郑州烟草研究院 湖南中烟工业有限责任公司 上海烟草集团有限责任公司 国家烟草质量监督检验中心	谢复炜、杜　文、姚　伟、夏巧玲、陈再根、王　昇、赵明月、曹继红、张怡春、金永明、王　芳、刘克建、刘惠民、庞永强、李　栋、周宛虹、钱晓春、吴　鸣、甘学文、冯　茜	中国烟草总公司郑州烟草研究院
2	烟草行业绿色工房评价标准（YC/T 396—2011）	行业标准	二等奖	国家烟草专卖局发展计划司 中国建筑设计研究院建筑节能与新能源工程中心 五洲工程设计研究院 机械工业第六设计研究院有限公司 云南省设计院 中国烟草总公司郑州烟草研究院 中国烟草总公司合肥设计院	黄　昂、郝　军、李春滨、丁　高、侯守恒、王　庆、廖柏华、张思荣、陆　敏、李　莹、马延平、郭一之、张天中、陈家东、陈慧斌	全国烟草标准化技术委员会工程建设分技术委员会

续表

序号	项目名称	项目类别	获奖等级	主要完成单位	主要完成人	推荐单位
3	烟草行业产品安全标准体系研究（YQ/Z 6—2011）	标准预研、总公司企标	三等奖	中国烟草标准化研究中心 中国烟草总公司郑州烟草研究院 云南烟草科学研究院 中烟机械技术中心有限责任公司 上海烟草集团有限责任公司	范 黎、李 栋、陈连芳、韩云辉、李青常、刘惠民、缪明明、徐庆涛、陈 宸、杨国涛	中国烟草总公司郑州烟草研究院
4	打叶烟叶 烤烟质量均匀性评价（YC/T 366—2010）	行业标准	三等奖	湖北中烟工业有限责任公司 中国烟草总公司郑州烟草研究院 云南省烟草烟叶公司 湖北烟草金叶复烤有限责任公司	何结望、吴风光、谢 豪、梁 伟、闫铁军、陈良元、矣跃平、向步良、李 琳、秦志强	湖北中烟工业有限责任公司
5	烟草及烟草制品 多种农药残留量的测定（YC/T 405.1～5—2011）	行业标准	三等奖	中国烟草总公司郑州烟草研究院 国家烟草质量监督检验中心 中国烟草标准化研究中心 红塔烟草（集团）有限责任公司 湖北中烟工业有限责任公司	胡 斌、边照阳、张洪非、唐纲岭、刘惠民、李 栋、陆舍铭、沈 军、王洪波、李 雪	中国烟草总公司郑州烟草研究院
6	烟用水基胶 挥发性与半挥发性成分限量（YQ 5—2011，YC/T 332—2010，YC/T 333—2010，YC/T 334—2010）	行业标准、总公司企标	三等奖	中国烟草标准化研究中心 湖南中烟工业有限责任公司 红云红河烟草（集团）有限责任公司上海烟草集团有限责任公司 国家烟草质量监督检验中心	陈连芳、韩云辉、吴名剑、詹建波、吴 达、戴云辉、唐纲岭、夏建军、刘丁伟、陈 宸	中国烟草总公司郑州烟草研究院

【中国烟草总公司2013年度科学技术进步奖获奖项目名单】（中国烟草总公司关于2013年度科学技术奖励决定）（中烟办〔2013〕274号）（2013年12月31日发布）

序号	项目名称	项目类别	获奖等级	完成单位	完成人	推荐单位
1	烟蚜茧蜂防治烟蚜技术研究与推广应用	科学研究与技术开发类	一等奖	中国烟草总公司云南省公司 云南省烟草公司玉溪市公司 云南省烟草公司大理州公司	高体仁、邓小刚、杨硕媛、朱 艰、余砚碧、张之璞、张立猛、林选知、刘春明、李永亮、欧阳进、王跃金、陆文林、亚 平、徐天养、张体坤、李学卫、罗 琳、张华明、孙军伟	云南省烟草专卖局（公司）
2	品牌导向的原料体系研究	科学研究与技术开发类	二等奖	上海烟草集团有限责任公司	郜 强、杨征宇、汤朝起、杨 凯、张 骏、瞿永生、任 伟、孙 平、沈 钢、程 森、杨 斌、盛 科、陈 勇、李 强、顾毓敏	上海烟草集团有限责任公司
3	以卷烟品牌为导向的打叶复烤特色工艺技术研究及应用	科学研究与技术开发类	二等奖	红塔烟草（集团）有限责任公司	李穗明、王晓辉、牟定荣、彭黎明、武 凯、谭国治、刘 强、戴永生、郑红艳、李伯恒、卢 杰、易 斌、王力武、王 毅、董 伟	云南中烟工业有限责任公司
4	自然透气接装纸通风的纸质复合滤嘴研究	科学研究与技术开发类	二等奖	湖南中烟工业有限责任公司 杭州科博纸业有限责任公司 浙江本科特水松纸有限公司 嘉兴长禾纸业有限公司 民丰特种纸股份有限公司	刘建福、金 勇、李 克、谭海风、王诗太、范红梅、傅见山、邓昌健、谭新良、刘金云、尹新强、方国琳、梅挺涛、刘 昕、方德彪	湖南中烟工业有限责任公司
5	山区烟农专业合作社建设研究与应用	科学研究与技术开发类	二等奖	中国烟草总公司贵州省公司 浙江大学中国农村发展研究院	陈卫东、李智勇、黄祖辉、陈风雷、李家俊、何 轶、田必文、焦 剑、郭红东、徐旭初、杨双剑、王 丰、王丹林	贵州省烟草专卖局（公司）
6	新材料密集式烤房及配套烘烤工艺研究	科学研究与技术开发类	三等奖	中国烟草中南农业试验站 湖南中烟工业有限责任公司 长沙瑞和新材料科技有限公司	赵松义、汪耀富、肖春生、邓学锋、蒋笃忠、李跃平、曾 中、易建华、周志成、裴晓东	湖南省烟草专卖局（公司）
7	选择性减害技术研究及产品应用	科学研究与技术开发类	三等奖	川渝中烟工业有限责任公司 中国科学技术大学	戴 亚、马扩彦、孙玉峰、卿三明、冯广林、刘少民、雍国平、汪长国、杨文敏、何书杰	川渝中烟工业有限责任公司

续表

序号	项目名称	项目类别	获奖等级	完成单位	完成人	推荐单位
8	降低"都宝"卷烟七种成分关键技术研究与应用	科学研究与技术开发类	三等奖	安徽中烟工业有限责任公司 中国科学技术大学 中国烟草总公司郑州烟草研究院	舒俊生、宁　敏、佘世科、葛少林、徐迎波、陈开波、张尚明、周　顺、汪　华、朱栋梁	安徽中烟工业有限责任公司
9	卷烟品牌导向的曲靖烟叶生产体系研究	科学研究与技术开发类	三等奖	云南省烟草公司曲靖市公司	解　燕、杨荣生、夏开宝、张拯研、殷寿安、刘加红、李祖红、王朝佐、王瑞宝、黄俊刚	云南省烟草专卖局(公司)
10	提高上部烟叶可用性及在"大品牌"应用的技术研究	科学研究与技术开发类	三等奖	中国烟草总公司郑州烟草研究院 中国烟叶公司	朱尊权、闫亚明、关博谦、尹启生、王　兵、蔡宪杰、马宇平、晋　艳、束茹欣、钟洪祥	中国烟草总公司郑州烟草研究院
11	黄鹤楼品牌原料功能模块打叶复烤技术研究及应用	科学研究与技术开发类	三等奖	湖北中烟工业有限责任公司	何结望、吴风光、王海明、闫铁军、李　琳、谢　豪、秦志强、王　林、黎　根、汪　健	湖北中烟工业有限责任公司
12	市场驱动型企业管控一体化及其信息化支撑关键技术研究与应用	科学研究与技术开发类	三等奖	浙江中烟工业有限责任公司	章志华、张思荣、汪欢文、陆海龙、王宏铝、陆海良、朱剑平、季　琦、姜学峰、吴　放	浙江中烟工业有限责任公司
13	面向分组加工及订单生产的柔性制造系统	科学研究与技术开发类	三等奖	红云红河烟草（集团）有限责任公司 北京达特集成技术有限责任公司	冯　斌、徐跃明、王　慧、尉培旭、葛　文、李立刚、翁瑞杰、杨晶津、周海滨、王　玉	云南中烟工业有限责任公司
14	造纸法再造烟叶成丝生产线研发与应用	科学研究与技术开发类	三等奖	浙江中烟工业有限责任公司 杭州利群环保纸业有限公司 昆明烟机集团二机有限公司	储国海、张云莲、黄　健、周　强、郭　飚、边腾飞、樊　虎、王展军、胡雅军、赵云峰	浙江中烟工业有限责任公司
15	卷烟叶组烟气有害成分释放量近红外预测技术研究	科学研究与技术开发类	三等奖	湖南中烟工业有限责任公司 湖南大学化学生物传感与计量学国家重点实验室	王志国、杜　文、陈增萍、刘　巍、胡念念、练文柳、庹苏行、曹继红、刘金云、代远刚	湖南中烟工业有限责任公司
16	四川优质白肋烟生产理论与技术研究与应用	科学研究与技术开发类	三等奖	四川省烟草公司达州市公司 河南农业大学 中国烟草总公司四川省公司 安徽中烟工业有限责任公司	史宏志、蒋启尧、周开绪、刘国顺、杨兴有、张定贵、靳冬梅、陈志华、吴纯奎、谢子发	四川省烟草专卖局(公司)
17	云南主要烟叶原料七项烟气成分释放量研究	科学研究与技术开发类	三等奖	云南烟草科学研究院 红云红河烟草（集团）有限责任公司 红塔烟草（集团）有限责任公司	缪明明、陈永宽、刘　巍、王　毅、徐若飞、张　霞、许　永、孔维松、崔柱文、徐安传	云南中烟工业有限责任公司
18	密集烘烤烟叶烤香技术及其精准烘烤工艺研究与应用	科学研究与技术开发类	三等奖	中国农业科学院烟草研究所	孙福山、王松峰、王爱华、马　欣、谢良文、谢已书、屈健康、程　森、赵延民、徐秀红	中国农业科学院烟草研究所
19	卷烟品牌导向的烟叶生产体系研究	科学研究与技术开发类	三等奖	福建省烟草公司三明市公司 中国农业科学院烟草研究所	刘添毅、陈德鑫、赖禄祥、张久权、黄一兰、张　瀛、刘新民、叶金儿、杨可辉、郭先锋	福建省烟草专卖局(公司)
20	云南植烟土壤养分环境变化及保育技术研究	科学研究与技术开发类	三等奖	云南省烟草农业科学研究院 西南大学 云南省烟草公司玉溪市公司 云南省烟草公司曲靖市公司 云南省烟草公司楚雄州公司	晋　艳、徐照丽、段玉琪、王树会、杨宇虹、黄建国、武仕强、董继翠、李军营、解　燕	云南省烟草专卖局(公司)
21	云烟品牌导向的打叶复烤技术体系研究	科学研究与技术开发类	三等奖	红云红河烟草（集团）有限责任公司	曾晓鹰、胡巍耀、徐安传、颜克亮、高　锐、朱东来、张天栋、冯洪涛、李　赓、王　超	云南中烟工业有限责任公司
22	保山特色优质烟叶质量安全控制技术研究与有机烟叶开发	科学研究与技术开发类	三等奖	云南省烟草公司保山市公司 中国农业科学院烟草研究所 红云红河烟草（集团）有限责任公司	何　伟、李义强、杨中义、王绍坤、王凤龙、孙艳萍、段燕平、杨金广、胡志明、王秀国	云南省烟草专卖局(公司)

【中国烟草总公司2013年度技术发明奖获奖项目名单】（中国烟草总公司关于2013年度科学技术奖励决定）（中烟办〔2013〕274号）（2013年12月31日发布）

序号	项目名称	获奖等级	完成人	推荐单位
1	烟用添加剂胶囊及其在卷烟滤棒中的应用	二等奖	宋旭艳、岳海波、蔡　冰、熊宏春、李　丹 龚跃法、熊国玺、陈文全	湖北中烟工业有限责任公司
2	制作金黄色烟丝的加工工艺	二等奖	姚光明、乔学义、李金学、王　兵、罗登山 朱效群、刘朝贤、饶　琳	中国烟草总公司郑州烟草研究院
3	数字影像技术在烟草质量检验中的应用	三等奖	胡清源、洪深求、董　浩、张　龙、夏营威 刘　锋	安徽省烟草专卖局（公司）
4	叶丝宽度快速测量仪的研发与应用	三等奖	赵维一、周学政、曾　建、温若愚、严　伟 邸成良	川渝中烟工业有限责任公司

（编辑：周　佳）

2013年行业获评高级专业技术资格人员名单

经中国烟草总公司各系列高级专业技术资格评审委员会评审通过，中国烟草总公司职称改革工作领导小组审定，中国烟草总公司印发《中国烟草总公司关于确认王刚等425人高级专业技术资格的通知》（中烟办〔2014〕29号），同意确认王刚等18人研究员资格，时间从2013年10月11日起算；周顺等8人副研究员资格，时间从2013年10月11日起算；胡雅军等129人高级工程师资格，时间从2013年10月18日起算；解莹莹等65人高级农艺师资格，时间从2013年9月4日起算；洪亮等74人高级经济师资格，时间从2013年8月29日起算；温玮等54人高级会计师资格，时间从2013年9月10日起算；张立新等55人高级政工师资格，时间从2013年9月26日起算。

经中国烟草总公司委托地方人社厅评审通过，中国烟草总公司职称改革工作领导小组审定，同意确认中国烟草总公司湖南省公司顾群峰、刘建玲高级讲师资格，时间从2011年12月31日起算；中国烟草总公司河南省公司梁辰高级审计师资格，时间从2012年10月8日起算，孙翠英、王伟峰、赵松峰、王海峰高级讲师资格，时间从2012年11月21日起算；中国烟草总公司山东省公司张晓森高级审计师资格，时间从2012年7月14日起算，陈玉亮、杜传乐、杜丰龙、付柏、宫恩平高级讲师资格，时间从2013年7月6日起算；中国烟草总公司江西省公司刘江燕高级审计师资格，时间从2012年12月1日起算；中国烟草总公司福建省公司邹新根高级审计师资格，时间从2011年12月28日起算；中国烟草总公司安徽省公司贾光伟高级审计师资格，时间从2011年12月8日起算；中国烟草总公司河北省公司秦振祥高级审计师资格，时间从2012年12月8日起算；中国烟草总公司陕西省公司成龙副研究馆员资格，时间从2012年11月28日起算；中国烟草总公司黑龙江省公司张彤研究馆员资格，时间从2013年10月22日起算；福建中烟工业有限责任公司丘伟旗高级审计师资格，时间从2013年12月5日起算；陕西中烟工业有限责任公司张军高级统计师资格，时间从2012年12月31日起算；中国烟草总公司职工进修学院闫洪洋高级讲师资格，时间从2012年11月16日起算。

【研究员名单】

王　刚　中国烟叶公司
储国海　浙江中烟工业有限责任公司
舒俊生　安徽中烟工业有限责任公司
刘志华　云南中烟工业有限责任公司
夭建华（女）　云南中烟工业有限责任公司
张艳玲（女）　中国烟草总公司郑州烟草研究院
姚光明　中国烟草总公司郑州烟草研究院
胡　军　中国烟草总公司郑州烟草研究院
杨　军　中国烟草总公司郑州烟草研究院
马文广　中国烟草总公司云南省公司
唐莉娜（女）　中国烟草总公司福建省公司
韦建玉（女）　广西中烟工业有限责任公司
王道宽　福建中烟工业有限责任公司
黄　龙　湖北中烟工业有限责任公司
吴　达　上海烟草集团有限责任公司
徐　坦　南通醋酸纤维有限公司
蔡继宝　江西中烟工业有限责任公司
孙剑萍（女）　中国烟草总公司黑龙江省公司

【副研究员名单】

周　顺　安徽中烟工业有限责任公司
黄海涛（女）　云南中烟工业有限责任公司
朱保昆　云南中烟工业有限责任公司
余晶晶（女）　中国烟草总公司郑州烟草研究院
刘　珊（女）　中国烟草总公司郑州烟草研究院
边照阳　中国烟草总公司郑州烟草研究院
杨树军　中国烟草总公司云南省公司
张谊寒　中国烟草总公司云南省公司

【高级工程师名单】

胡雅军　浙江中烟工业有限责任公司
蒋志才　浙江中烟工业有限责任公司
汪华文　浙江中烟工业有限责任公司
夏　琛　浙江中烟工业有限责任公司
杨　君　浙江中烟工业有限责任公司
张卫平（女）　浙江中烟工业有限责任公司
章　强　浙江中烟工业有限责任公司
金振训　浙江中烟工业有限责任公司
单美弟（女）　浙江中烟工业有限责任公司
章伟良　浙江中烟工业有限责任公司
汪　静（女）　中国烟草总公司北京市公司
朱海军　中国烟草总公司北京市公司
何景福　河南中烟工业有限责任公司
郝恒义　河南中烟工业有限责任公司
李文伟　河南中烟工业有限责任公司
张志刚　河南中烟工业有限责任公司
宁守庆　河南中烟工业有限责任公司
乔建军　河南中烟工业有限责任公司
李少平　河南中烟工业有限责任公司
张国平　河南中烟工业有限责任公司
王保会　河南中烟工业有限责任公司
许淑红（女）　河南中烟工业有限责任公司
李　诚　湖南中烟工业有限责任公司
谢国勇　湖南中烟工业有限责任公司
黄溢清　湖南中烟工业有限责任公司
练文柳（女）　湖南中烟工业有限责任公司
苏利霞（女）　湖南中烟工业有限责任公司
文建辉　湖南中烟工业有限责任公司
张尚明　安徽中烟工业有限责任公司
徐志强　安徽中烟工业有限责任公司
陈开波　安徽中烟工业有限责任公司
陈　鹏　安徽中烟工业有限责任公司
杨逸文　中国烟草总公司江苏省公司
付华森　中国烟草总公司湖北省公司
吴柏斌　中国烟草总公司湖南省公司
叶永生　中国烟草总公司安徽省公司
李来义　山东中烟工业有限责任公司
梁风功　山东中烟工业有限责任公司
成佳庆　山东中烟工业有限责任公司
魏玉磊　山东中烟工业有限责任公司
赵曰利　山东中烟工业有限责任公司
王　丽（女）　山东中烟工业有限责任公司
王海涛　河北中烟工业有限责任公司
冯文宁　河北中烟工业有限责任公司
王　涛　河北中烟工业有限责任公司
马　戎　河北中烟工业有限责任公司
李红京　河北中烟工业有限责任公司
张　军　河北中烟工业有限责任公司
王　冰（女）　中国烟草总公司郑州烟草研究院
彭　斌　中国烟草总公司郑州烟草研究院
杨春强　中国烟草总公司郑州烟草研究院
陈　欢（女）　中国烟草总公司郑州烟草研究院
刘　楠　中国烟草总公司郑州烟草研究院
庞永强　中国烟草总公司郑州烟草研究院
牛佳佳　中国烟草总公司郑州烟草研究院
冯伟华　中国烟草总公司郑州烟草研究院
桂俊杰　中国烟草总公司云南省公司
仇道霞（女）　中国烟草总公司山东省公司
苏红雪（女）　中国烟草总公司贵州省公司
陈　楠　中国烟草总公司浙江省公司
赵　亮　江苏中烟工业有限责任公司
于明荣　江苏中烟工业有限责任公司
甘学文　江苏中烟工业有限责任公司
金殿明　江苏中烟工业有限责任公司
刘尚友　江苏中烟工业有限责任公司
岳　嵚（女）　国家局机关
陶铁静　中国烟草机械集团有限责任公司
刘　钰　中国烟草机械集团有限责任公司
何霄峰　中国烟草机械集团有限责任公司
洪　杰　中国烟草机械集团有限责任公司
庞　敏（女）　中国烟草机械集团有限责任公司
马秀舫（女）　中国烟草机械集团有限责任公司
尚学彬　中国烟草总公司吉林省公司
黄朝章　福建中烟工业有限责任公司
曾　强　福建中烟工业有限责任公司
张　峰　福建中烟工业有限责任公司
徐建荣　福建中烟工业有限责任公司
廖材河　福建中烟工业有限责任公司
黄　宏　福建中烟工业有限责任公司
林德民　福建中烟工业有限责任公司
王永全　福建中烟工业有限责任公司
王　鹏　川渝中烟工业有限责任公司
赵维一　川渝中烟工业有限责任公司
李　力　川渝中烟工业有限责任公司
田春鹏　川渝中烟工业有限责任公司
谭奇忠　川渝中烟工业有限责任公司
何　忠　川渝中烟工业有限责任公司
程　华　湖北中烟工业有限责任公司
邓　勇　湖北中烟工业有限责任公司
杜云鹏　湖北中烟工业有限责任公司
马学兵　湖北中烟工业有限责任公司
俞忠民　湖北中烟工业有限责任公司
文　俊　广东中烟工业有限责任公司
黄宪忠　广东中烟工业有限责任公司
夏国聪　广东中烟工业有限责任公司
左伟桓　广东中烟工业有限责任公司
杨里华　广东中烟工业有限责任公司

周永森　上海烟草集团有限责任公司
周　铭　上海烟草集团有限责任公司
施全臻　上海烟草集团有限责任公司
李　多　上海烟草集团有限责任公司
张小利　上海烟草集团有限责任公司
刘汝强　上海烟草集团有限责任公司
周　敏　上海烟草集团有限责任公司
严新龙　上海烟草集团有限责任公司
池敬姬（女）　中国烟草实业发展中心
崔龙吉　中国烟草实业发展中心
金光泽　中国烟草实业发展中心
刘　驯　中国烟草实业发展中心
刘晓旭　中国烟草实业发展中心
宋岐国　中国烟草实业发展中心
习仲坚　贵州中烟工业有限责任公司
柏华松　贵州中烟工业有限责任公司
赵汉文　陕西中烟工业有限责任公司
柴建民　中国烟草总公司陕西省公司
张丕锐　昆明醋酸纤维有限公司
施　伟　南通醋酸纤维有限公司
姚　杰　南通醋酸纤维有限公司
李铁军　江西中烟工业有限责任公司
华　刚　江西中烟工业有限责任公司
董　伟　云南中烟工业有限责任公司
李智宇（女）　云南中烟工业有限责任公司
潘　文　云南中烟工业有限责任公司
戴永生　云南中烟工业有限责任公司
朱东来　云南中烟工业有限责任公司
何邦华　云南中烟工业有限责任公司
蒋举兴　云南中烟工业有限责任公司
杨　勇　云南中烟工业有限责任公司
唐　峻　云南中烟工业有限责任公司

【高级农艺师名单】

解莹莹（女）　浙江中烟工业有限责任公司
徐双红　湖南中烟工业有限责任公司
杨小年　湖南中烟工业有限责任公司
周世民　中国烟草总公司湖南省公司
周米良　中国烟草总公司湖南省公司
杨全柳　中国烟草总公司湖南省公司
秦剑波　中国烟草总公司湖南省公司
周孚美　中国烟草总公司湖南省公司
季学军　中国烟草总公司安徽省公司
李　谦　中国烟草总公司安徽省公司
贾虎虎　中国烟草总公司内蒙古自治区公司
汪代斌　中国烟草总公司重庆市公司
杨　超　中国烟草总公司重庆市公司
魏春阳　中国烟草总公司郑州烟草研究院
黄成江　中国烟草总公司云南省公司
吴建洲　中国烟草总公司云南省公司
杨中义　中国烟草总公司云南省公司
杨国先　中国烟草总公司云南省公司
张发明　中国烟草总公司云南省公司
付修廷　中国烟草总公司云南省公司
郭全伟　中国烟草总公司山东省公司
滕春富　中国烟草总公司山东省公司
韩志忠　中国烟草总公司山东省公司
李军民　中国烟草总公司山东省公司
陈秀斋　中国烟草总公司山东省公司
李彦东　中国烟草总公司山东省公司
裴　军　中国烟草总公司山东省公司
李乃会　中国烟草总公司山东省公司
任明波　中国烟草总公司山东省公司
郭金平　中国烟草总公司福建省公司
陈献勇　中国烟草总公司福建省公司
兰金隆　中国烟草总公司福建省公司
张　瀛　中国烟草总公司福建省公司
王丕强　中国烟草总公司新疆维吾尔自治区公司
潘广为　中国烟草总公司湖北省公司
王　勉　中国烟草总公司湖北省公司
李　娅（女）　中国烟草总公司湖北省公司
周　翔　中国烟草总公司湖北省公司
钱祖坤　中国烟草总公司湖北省公司
朱红根　中国烟草总公司江西省公司
袁　球　中国烟草总公司江西省公司
黎茶根　中国烟草总公司江西省公司
郭　亮　中国烟草总公司贵州省公司
董安玮　中国烟草总公司贵州省公司
顾怀胜　中国烟草总公司贵州省公司
于东海　中国烟草总公司吉林省公司
崔元浩　中国烟草总公司吉林省公司
刘朝科　川渝中烟工业有限责任公司
谢　豪　湖北中烟工业有限责任公司
郭明全　中国烟草总公司四川省公司
殷　英（女）　中国烟草总公司四川省公司
余祥文　中国烟草总公司四川省公司
张建慧（女）　中国烟草总公司四川省公司
徐明康　中国烟草总公司四川省公司
王德华　上海烟草集团有限责任公司
程玉渊　中国烟草总公司河南省公司
罗海燕（女）　中国烟草总公司广东省公司
王　军　中国烟草总公司广东省公司
党军政　中国烟草总公司陕西省公司
穆耀辉　中国烟草总公司陕西省公司
王春艳（女）　中国烟草总公司黑龙江省公司
元　野　中国烟草总公司黑龙江省公司
马　欣　中国烟草总公司辽宁省公司
王晋军　中国烟草总公司辽宁省公司
张克勤　中国烟草总公司广西壮族自治区公司

【高级经济师名单】

洪　亮　浙江中烟工业有限责任公司
华　平　中国烟草总公司北京市公司
邵　萍（女）　中国烟草总公司北京市公司
韦红泉（女）　中国烟草总公司北京市公司
刘金福　河南中烟工业有限责任公司
齐建华　河南中烟工业有限责任公司
李宪亭　河南中烟工业有限责任公司
杨培欣　河南中烟工业有限责任公司
李金广　安徽中烟工业有限责任公司
叶为全　安徽中烟工业有限责任公司
范　宁　中国烟草总公司江苏省公司
张建华（女）　中国烟草总公司江苏省公司
张忠文　中国烟草总公司江苏省公司
唐剑放　中国烟草总公司湖北省公司
伍艳芳（女）　中国烟草总公司湖南省公司
阳关云　中国烟草总公司湖南省公司
沈　辉　中国烟草总公司湖南省公司
吴　波　中国烟草总公司湖南省公司
覃敏良　中国烟草总公司广西壮族自治区公司
鹿　军　中国烟草总公司安徽省公司
时玉玲（女）　中国烟草总公司安徽省公司
朱祖斌　中国烟草总公司安徽省公司
潘丽晶（女）　中国烟草总公司安徽省公司
方晓梅（女）　中国烟草总公司安徽省公司
丁志娟（女）　山东中烟工业有限责任公司
刘玉祥　中国烟草总公司内蒙古自治区公司
吕永祥　云南中烟工业有限责任公司
杨津昆　云南中烟工业有限责任公司
杨雪梅（女）　云南中烟工业有限责任公司
狄东昇　河北中烟工业有限责任公司
马立志　河北中烟工业有限责任公司
马　静（女）　中国烟草总公司云南省公司
张国强　中国烟草总公司天津市公司
张　森　中国烟草总公司山东省公司
曹明华　中国烟草总公司山东省公司
厉　伟（女）　中国烟草总公司山东省公司
贺连军　中国烟草总公司山东省公司
董　梅（女）　中国烟草总公司山东省公司
崔志民　中国烟草总公司山东省公司
刘洪涛　中国烟草总公司山东省公司
孙德育　中国烟草总公司山东省公司
林　伟　中国烟草总公司福建省公司
左荣华（女）　中国烟草总公司江西省公司
张国梁　中国烟草总公司辽宁省公司
张雨夏　广西中烟工业有限责任公司
张国宾　国家局机关
翟　旭（女）　中国双维投资公司
秦小鸣　中国烟草机械集团有限责任公司
罗建萍（女）　中国烟草总公司吉林省公司
李长鲁　福建中烟工业有限责任公司
盛佩青（女）　福建中烟工业有限责任公司
李定晓　中国烟草总公司浙江省公司
刘　毅　中国烟草总公司四川省公司
李根基　广东中烟工业有限责任公司
单国荣　上海烟草集团有限责任公司
曹建平　上海烟草集团有限责任公司
许为平　上海烟草集团有限责任公司
朱永征　上海烟草集团有限责任公司
杨宇熙　中国烟草总公司河南省公司
李广良　中国烟草总公司河南省公司
李晓海　中国烟草总公司河南省公司
陈保军　中国烟草总公司河南省公司
罗明海　中国烟草总公司河北省公司
张玉良　中国烟草实业发展中心
高延迪　中国烟草实业发展中心
穆　忠　中国烟草实业发展中心
赵建武　中国烟草实业发展中心
刘荣贵　中国烟草总公司山西省公司
王云彪　中国烟草总公司陕西省公司
张　萍（女）　中国烟草总公司陕西省公司
罗宏斌　中国烟草总公司陕西省公司
王开盛　中国烟草总公司陕西省公司
孙育新　中国烟草总公司黑龙江省公司
潘进勇　中国烟草总公司黑龙江省公司

【高级会计师名单】

温　玮（女）　中国烟草总公司北京市公司
李　科　中国烟草总公司北京市公司
李元凤（女）　湖南中烟工业有限责任公司
周　鑫　湖南中烟工业有限责任公司
罗小寒（女）　湖南中烟工业有限责任公司
郭延军　中国烟草总公司江苏省公司
吴建刚　中国烟草总公司湖北省公司
高　艳（女）　中国烟草总公司湖北省公司
陈　婵（女）　中国烟草总公司湖南省公司
曾　勇　中国烟草总公司湖南省公司
刘东升　中国烟草总公司湖南省公司
戴家豹　中国烟草总公司安徽省公司
赵俊伦　中国烟草总公司安徽省公司
王　勇　山东中烟工业有限责任公司
高洪波　山东中烟工业有限责任公司
马宏亮　山东中烟工业有限责任公司
徐正波　山东中烟工业有限责任公司
王　敏（女）　山东中烟工业有限责任公司
刘桂山　山东中烟工业有限责任公司
高长胜　山东中烟工业有限责任公司
徐建军　中国烟草总公司内蒙古自治区公司
宋燕冰（女）　中国烟草总公司内蒙古自治区公司

王 静（女） 云南中烟工业有限责任公司
赵训慧（女） 中国烟草总公司重庆市公司
黄五九 中国烟草总公司重庆市公司
沈晓佶 南通醋酸纤维有限公司
张 莉（女） 中国烟草总公司山东省公司
王 琰（女） 中国烟草总公司山东省公司
邹新根 中国烟草总公司福建省公司
董莉莉（女） 中国烟草总公司辽宁省公司
王 珏（女） 中国烟草总公司辽宁省公司
景 黎（女） 中国烟草总公司黑龙江省公司
李 丹（女） 中国烟草投资管理公司
徐 翔（女） 国家局机关
程铭辉 中国烟草机械集团有限责任公司
吴锦霞（女） 福建中烟工业有限责任公司
汪景宇（女） 中国烟草总公司浙江省公司
曹丽萍（女） 中国烟草总公司浙江省公司
姜盛伟 川渝中烟工业有限责任公司
廖 建 川渝中烟工业有限责任公司
杨 毅 川渝中烟工业有限责任公司
蓝 天（女） 川渝中烟工业有限责任公司
李函逊 湖北中烟工业有限责任公司
翟 娟（女） 湖北中烟工业有限责任公司
易鸿雁（女） 中国烟草总公司四川省公司
宋 伟 广东中烟工业有限责任公司
谭 东 广东中烟工业有限责任公司
魏 骅（女） 上海烟草集团有限责任公司
张丽萍（女） 上海烟草集团有限责任公司
杨 蓉（女） 中国烟草总公司陕西省公司
刘俊兰（女） 中国烟草总公司陕西省公司
万善军 中国烟草总公司陕西省公司
席国辉 江西中烟工业有限责任公司
张 军 江西中烟工业有限责任公司

【高级政工师名单】

张立新（女） 浙江中烟工业有限责任公司
杨 萍（女） 河南中烟工业有限责任公司
王晓慧（女） 河南中烟工业有限责任公司
尹翡翡（女） 安徽中烟工业有限责任公司
刘 城 中国烟草总公司江苏省公司
刘存建 中国烟草总公司湖南省公司
黄光辉 山东中烟工业有限责任公司
刘 珊（女） 山东中烟工业有限责任公司
王洪碧 云南中烟工业有限责任公司
冉幕寿 中国烟草总公司重庆市公司
任用镨 江西中烟工业有限责任公司
涂胜峰 中国烟草总公司山东省公司
苗 健 中国烟草总公司山东省公司
孙玉祥 中国烟草总公司山东省公司
于良忠 中国烟草总公司山东省公司
王春山 中国烟草总公司山东省公司
刘太良 中国烟草总公司山东省公司
王 杰 中国烟草总公司山东省公司
张志强 中国烟草总公司山东省公司
罗万达 中国烟草总公司福建省公司
黄珍美 福建中烟工业有限责任公司
罗建春（女） 福建中烟工业有限责任公司
徐素珍（女） 中国烟草总公司江西省公司
孙晓莹（女） 国家局机关
林 海 国家局机关
倪莉萍（女） 中国烟草机械集团有限责任公司
徐 智 中国烟草总公司吉林省公司
刘 夫 中国烟草总公司吉林省公司
朴昌利 中国烟草总公司吉林省公司
张建华 中国烟草总公司吉林省公司
许新红（女） 中国烟草总公司浙江省公司
徐盛达 中国烟草总公司浙江省公司
刘洪山 川渝中烟工业有限责任公司
刘广英（女） 广东中烟工业有限责任公司
李和生 广东中烟工业有限责任公司
孙宇光 上海烟草集团有限责任公司
陆仁平 上海烟草集团有限责任公司
杨伟康 上海烟草集团有限责任公司
张品新 上海烟草集团有限责任公司
黄 欣（女） 中国烟草总公司河北省公司
董英华 中国烟草总公司河北省公司
姚 琛 中国烟草实业发展中心
白龙潭 中国烟草实业发展中心
郜立国 中国烟草实业发展中心
姜卫东 中国烟草总公司大连市公司
李成家 中国烟草总公司大连市公司
李胜强 中国烟草总公司大连市公司
李光荣 中国烟草总公司宁夏回族自治区公司
牛忠丽（女） 中国烟草总公司山西省公司
周伟兵 中国烟草总公司广东省公司
邓湘军 中国烟草总公司广东省公司
孔令坤 中国烟草总公司黑龙江省公司
赵士民 中国烟草总公司黑龙江省公司
郝维新 中国烟草总公司四川省公司
陶忠玉 中国烟草总公司四川省公司

【委托地方人社厅评审通过名单】

顾群峰 高级讲师 中国烟草总公司湖南省公司
刘建玲 高级讲师 中国烟草总公司湖南省公司
孙翠英 高级讲师 中国烟草总公司河南省公司
王伟峰 高级讲师 中国烟草总公司河南省公司
赵松峰 高级讲师 中国烟草总公司河南省公司
王海峰 高级讲师 中国烟草总公司河南省公司
梁 辰 高级审计师 中国烟草总公司河南省公司
张晓森 高级审计师 中国烟草总公司山东省公司
陈玉亮 高级讲师 中国烟草总公司山东省公司

杜传乐　高级讲师　中国烟草总公司山东省公司
杜丰龙　高级讲师　中国烟草总公司山东省公司
付　柏　高级讲师　中国烟草总公司山东省公司
宫恩平　高级讲师　中国烟草总公司山东省公司
刘江燕　高级审计师　中国烟草总公司江西省公司
邹新根　高级审计师　中国烟草总公司福建省公司
贾光伟　高级审计师　中国烟草总公司安徽省公司
秦振祥　高级审计师　中国烟草总公司河北省公司
成　龙　副研究馆员　中国烟草总公司陕西省公司
张　彤　研究馆员　中国烟草总公司黑龙江省公司
丘伟旗　高级审计师　福建中烟工业有限责任公司
张　军　高级统计师　陕西中烟工业有限责任公司
闫洪洋　高级讲师　中国烟草总公司职工进修学院

2013年行业获得的授权专利名单

2013年全国烟草行业发明专利授权一览表

序号	专利名称	专利号	专利权人	发明/设计人	授权公告日
1	全二维超高压高效液相色谱分离系统	CN201010256470.6	中国烟草总公司郑州烟草研究院	丁　丽、谢复炜、王　昇、郭吉兆、颜权平、余晶晶、刘绍锋、张晓兵	2013.02.13
2	一种咖啡酊中生物碱的测定方法	CN201110002936.4	中国烟草总公司郑州烟草研究院	丁　丽、谢复炜、夏巧玲、王洪波、郭军伟、张晓兵	2013.02.13
3	基于细胞电子传感器的烟气冷凝物细胞毒性测定方法	CN201110108837.4	中国烟草总公司郑州烟草研究院	陈　欢、庞永强、姜兴益、胡清源、唐纲岭、陈再根、李中皓、张洪非、李　雪、刘　楠	2013.02.13
4	三重一步法RT-PCR同时检测烟草上三种病毒的方法	CN201110198507.9	中国烟草总公司郑州烟草研究院	杨　军、张俊祺、罗朝鹏、王　燃、李　锋、金立锋、宋纪真、林福呈、翟　妞、周会娜	2013.02.13
5	一种评价卷烟滤嘴过滤性能的模拟装置	CN200910065339.9	中国烟草总公司郑州烟草研究院	常纪恒、贾伟萍、金跃平、王宏生、王　兵、常慧英、林玉红	2013.03.20
6	一种合欢提取液及其应用	CN200910227273.9	中国烟草总公司郑州烟草研究院	尹启生、金光辉、杨　军、宋纪真、金立锋、李　锋、王信民、罗朝鹏、薛超群	2013.03.20
7	一种烟用丙纤丝束及滤棒中苯及苯系物含量的测定方法	CN201010157098.3	中国烟草总公司郑州烟草研究院	唐纲岭、陈再根、边照阳、李中皓、张洪非、李　雪、姜兴益、陈　欢、刘　楠、侯宏卫、胡清源	2013.03.20
8	烟草加压干燥处理装置	CN201110306520.1	中国烟草总公司郑州烟草研究院	鲁端峰、李　斌、张合明、金跃平、刘朝贤、王　兵	2013.03.20
9	一种分散物料气流干燥的方法与装置	CN200910172522.9	中国烟草总公司郑州烟草研究院	朱文魁、陈良元、李　斌、张彩云	2013.04.17
10	含有烟草成分的爽口片	CN201010192124.6	中国烟草总公司郑州烟草研究院	张建勋、郭学科、宗永立、屈　展、何保江、李　鹏、马　骥、卢斌斌、刘俊辉、杨春强	2013.04.17
11	一种无烟气烟草制品添加剂及其制备方法和应用	CN201010192165.5	中国烟草总公司郑州烟草研究院	屈　展、郭学科、张建勋、宗永立、李　鹏、何保江、马　骥、孙世豪、刘俊辉、卢斌斌	2013.04.17
12	金属络合材料及其制备方法和在卷烟中的应用	CN201010542254.8	中国烟草总公司郑州烟草研究院	聂　聪、孙学辉、王宜鹏、杨　松、赵　乐、彭　斌、刘惠民、谢剑平	2013.04.17
13	雪茄烟吸阻测定方法	CN201110108836.X	中国烟草总公司郑州烟草研究院	陈　欢、庞永强、姜兴益、陈再根、唐纲岭、周德成、闪红光	2013.04.17
14	一种基于分片切丝的片烟制丝工艺	CN201110198840.X	中国烟草总公司郑州烟草研究院	陈良元、朱文魁、李善莲、席年生、刘朝贤	2013.04.17
15	普鲁兰多糖添加剂及其在卷烟中的应用	CN201110275656.0	中国烟草总公司郑州烟草研究院	何保江、胡　勇、卢红兵、宗永立、屈　展、董顺德、李　鹏、马　骥、霍现宽、张文娟	2013.04.17

续表

序号	专利名称	专利号	专利权人	发明/设计人	授权公告日
16	烟草专用透气度流量盘检定用固定装置	CN201110458135.9	中国烟草总公司郑州烟草研究院	苗　芊、赵　航、张　勍、杨荣超、范　黎、陈连芳、马　明、蒋锦锋、陈　燕、苗向阳	2013.04.17
17	一种液相色谱－串联质谱法检测卷烟滤嘴中四种主要芳香胺的方法	CN201210070391.5	中国烟草总公司郑州烟草研究院	余晶晶、王　昇、蔡君兰、彭　斌、张晓兵、谢复炜、王宜鹏、杨　松	2013.04.17
18	一种通过卷烟加工提高烟叶原料使用价值的方法	CN201110137231.3	中国烟草总公司郑州烟草研究院	姚光明、申玉军、乔学义、王　兵、邓国栋、张玉海、刘晓萍	2013.04.24
19	一种含有咖啡的袋装口含型烟草制品	CN201010219886.0	中国烟草总公司郑州烟草研究院	宗永立、谢剑平、李　鹏、张　杰、孙世豪、宋瑜冰、钱发成、王月侠、彭书海	2013.05.08
20	一种基于烟草花叶病毒模板的纳米金材料的制备方法	CN201010545984.3	中国烟草总公司郑州烟草研究院	刘　楠、姜兴益、李中皓、张洪非、侯宏卫、唐纲岭、陈再根、陈　欢、李　雪、胡清源	2013.05.08
21	测定肝微粒体中NNK代谢物的液质联用方法	CN201110319620.8	中国烟草总公司郑州烟草研究院	张建勋、王　娟、卢斌斌、王　昇、赵贝贝、宗永立、李　鹏、孙世豪	2013.05.08
22	一种基于烟叶力学特性差异的打叶复烤新工艺	CN201110362709.2	中国烟草总公司郑州烟草研究院	张玉海、刘　斌、刘朝贤、席建平、邓国栋、王　兵、陈良元、易　浩、毛伟俊、魏新亮、张　辉、吴文强	2013.05.08
23	含有罗汉果的中式无烟气烟草制品	CN201110305730.9	中国烟草总公司郑州烟草研究院	李　鹏、霍现宽、何保江、宋瑜冰、毛　健、宗永立、谢剑平	2013.05.08
24	用于袋装口含型无烟气烟草制品制备的生产线	CN201110306519.9	中国烟草总公司郑州烟草研究院	谢剑平、孙世豪、宗永立、李　鹏、霍现宽、宋瑜冰、何保江	2013.05.08
25	添加沙棘制剂的爽口片型无烟气烟草制品	CN201110305732.8	中国烟草总公司郑州烟草研究院	张建勋、宗永立、何保江、屈　展、杜　彬、李　鹏、马　骥、霍现宽、张文娟、陈芝飞	2013.05.08
26	巧克力型无烟气烟草制品	CN201110305850.9	中国烟草总公司郑州烟草研究院	何保江、屈　展、戴建国、王宏伟、马贵平、李　鹏、马　骥、霍现宽、张文娟	2013.05.08
27	用于降低卷烟主流烟气中烟草特有亚硝胺的添加剂及其应用	CN201010541332.2	中国烟草总公司郑州烟草研究院	刘克建、张晓兵、王洪波、彭　斌、赵晓东、王　冰、郭吉兆	2013.07.10
28	一种烟草物料在加工设备内停留时间分布的测定方法	CN201010510265.8	中国烟草总公司郑州烟草研究院	堵劲松、刘　栋、李华杰、罗登炎、朱文魁、张　炜、李善莲、王　兵、常明彬、刘朝贤	2013.07.10
29	一种气相色谱－串联质谱检测卷烟主流烟气中芳香胺的方法	CN201110198836.3	中国烟草总公司郑州烟草研究院	余晶晶、王　昇、夏巧玲、谢复炜、张晓兵、刘惠民	2013.07.10
30	一种卷烟烟丝混合均匀度的测定方法	CN201110319952.6	中国烟草总公司郑州烟草研究院	堵劲松、刘　栋、徐大勇、邓国栋、李善莲、李华杰、罗登炎、孟庆华、卢新万、刘泽春、陈　孚、刘朝贤	2013.07.10
31	一种检测烟草中有机磷农药残留量的方法	CN201010158559.9	中国烟草总公司郑州烟草研究院	胡　斌、杨　静、严会会、王洪波、郭军伟、蔡君兰、张晓兵、谢复炜、刘惠民	2013.08.14
32	一种烟用添加剂中环己基氨基磺酸钠含量的测定方法	CN201010158956.6	中国烟草总公司郑州烟草研究院	唐纲岭、张洪非、陈再根、胡清源、李中皓、边照阳、刘　楠、陈　欢、李　雪、姜兴益、侯宏卫、刘　彤	2013.08.14

续表

序号	专利名称	专利号	专利权人	发明/设计人	授权公告日
33	一种检测枣酊中酸枣仁皂苷和当药黄酮素含量的方法	CN201010158560.1	中国烟草总公司郑州烟草研究院	胡　斌、王　昇、郭吉兆、王洪波、郭军伟、蔡君兰、张晓兵、谢复炜、刘惠民	2013.08.14
34	一种稳定滚筒式烘丝机排潮量的控制方法及装置	CN201110002938.3	中国烟草总公司郑州烟草研究院	姚光明、乔学义、徐大勇、陈　孚、刘朝贤	2013.08.14
35	烟草秸秆废弃物与煤共转化催化气化的方法	CN201110067029.8	中国烟草总公司郑州烟草研究院	朱文魁、李　斌、陈良元、刘朝贤、陈　孚	2013.08.14
36	适用于卷烟全烟气染毒方式下有害成分添加的染毒试验装置	CN201110002928.X	中国烟草总公司郑州烟草研究院	尚平平、李　翔、彭　斌、聂　聪、刘惠民	2013.08.14
37	一种抑制侧流烟气中氮氧化物和烟草生物碱再生成亚硝胺的试剂及其制备方法和应用	CN201110025688.5	中国烟草总公司郑州烟草研究院	刘克建、王宜鹏、赵　乐、王　冰、赵晓东、余晶晶	2013.08.14
38	一种基于内标法的烟草用添加剂热裂解产物定量方法	CN201210102416.5	中国烟草总公司郑州烟草研究院	宋瑜冰、李炎强、宗永立、李　鹏、卢斌斌、孙世豪、杨春强、蒋成勇	2013.08.14
39	适用于黄瓜花叶病毒不同亚组株系基因组的通用引物及扩增方法	CN201210396685.7	中国烟草总公司郑州烟草研究院	罗朝鹏、杨　军、王　燃、李　锋、魏春阳、金立锋、金大伟、周小龙、林福呈	2013.08.14
40	一种液相色谱－串联质谱法检测卷烟主流烟气中10种芳香胺类化合物的方法	CN201210070388.3	中国烟草总公司郑州烟草研究院	余晶晶、王　昇、赵　阁、秦亚琼、丁　丽、刘克建、谢复炜、张晓兵	2013.09.04
41	一种聚醋酸乙烯酯吸附树脂在卷烟上的应用	CN201210086659.4	中国烟草总公司郑州烟草研究院	杨　松、张晓兵、聂　聪、孙学辉、王宜鹏、赵　乐、颜权平、刘惠民	2013.09.04
42	同时测定烟草中钾钙镁的方法	CN201010547686.8	中国烟草总公司郑州烟草研究院	王　颖、张　威、李　雪、张仕祥、唐纲岭、陈再根、胡清源、邢　军	2013.09.18
43	可调节大气环境压力的实验舱系统	CN201110458132.5	中国烟草总公司郑州烟草研究院	杨荣超、赵　航、苗　芊、张　勍、范　黎、陈连芳、马　明、赵　冰、常　诚、曾　波	2013.09.18
44	一种卷烟烟气体外细胞毒性测试方法	CN201210089227.9	中国烟草总公司郑州烟草研究院	李　翔、聂　聪、尚平平、孙学辉、杨　松、王宜鹏、刘惠民	2013.09.18
45	一种适用于烟碱及其代谢物分离的毛细管电色谱测定方法	CN201210548355.5	中国烟草总公司郑州烟草研究院	刘绍锋、刘惠民、谢复炜、张晓兵	2013.10.16
46	一种配方烟丝掺配后各加工或输送设备混合能力的测定方法	CN201110319953.0	中国烟草总公司郑州烟草研究院	邓国栋、刘　栋、堵劲松、李善莲、徐大勇、李华杰、江家森、张玉海、张鼎方、陈越立、洪伟龄、刘晓萍、王　兵	2013.10.30
47	一种配方烟丝中丁子香酚含量的测定方法	CN201110362708.8	中国烟草总公司郑州烟草研究院	张洪非、程　倩、刘　楠、边照阳、唐纲岭、陈再根、侯宏卫、姜兴益、李中皓、李　雪、陈　欢、庞永强、胡清源	2013.11.20
48	一种片烟原料成丝结构的测定和表征方法	CN201210089214.1	中国烟草总公司郑州烟草研究院	朱文魁、余　娜、堵劲松、徐大勇、徐德龙、陈良元、王　兵	2013.11.20
49	一种用于测定新鲜烟叶中挥发、半挥发次生代谢物的方法	CN201210015656.1	中国烟草总公司郑州烟草研究院	王晓瑜、张　丽、秦亚琼、谢复炜、杨　军、刘惠民、夏巧玲、刘克建、贾云祯	2013.12.11

续表

序号	专利名称	专利号	专利权人	发明/设计人	授权公告日
50	一种聚甲基丙烯酸甲酯互通多孔材料的制备方法及其应用	CN201210086598.1	中国烟草总公司郑州烟草研究院	杨 松、张晓兵、孙学辉、王宜鹏、赵 乐、颜权平、聂 聪、谢复炜、刘惠民	2013.12.11
51	用于生物质水分等温吸附脱附检测装置	CN201210267723.9	中国烟草总公司郑州烟草研究院	李 斌、秦国鑫、魏步健、舒芳誉、堵劲松、王宏生、王 兵	2013.12.11
52	测定卷烟机剔除梗签物中含烟丝量的仪器	CN201110168642.9	中国烟草总公司郑州烟草研究院、广东中烟工业有限责任公司	李 斌、孔 臻、冯志斌、金跃平、曾 静、王 兵、江 威、官卫东、刘栋、刘民昌、解晓翠、刘朝贤	2013.05.08
53	一种检测胶基型无烟气烟草制品中烟碱释放行为的方法	CN201110364437.X	中国烟草总公司郑州烟草研究院、郑州嘉德机电科技有限公司	张建勋、张文娟、李 鹏、曾 波、慎龙舞、宗永立、黄卫东	2013.09.18
54	烟草胶基制品中烟碱生物利用度的体外模拟检测方法	CN201110364439.9	中国烟草总公司郑州烟草研究院、郑州嘉德机电科技有限公司	张文娟、李 鹏、张建勋、慎龙舞、曾 波、宗永立、黄卫东	2013.10.16
55	一种基于造纸法再造烟叶加工特性的单独制丝工艺与设备	CN201110119368.6	中国烟草总公司郑州烟草研究院、郑州轻工业学院、河南中烟工业有限责任公司	姚光明、李 晓、徐大勇、孟庆华、乔学义、张道林、张俊岭、张彩云	2013.09.04
56	能同时降低卷烟有害成分的复合卷烟滤棒的制备方法	CN201010583635.0	河北中烟工业有限责任公司、河北大学、北京中技惠民科技发展有限公司	霍晓辉、彭建新、郝建辉、胡秀峰、周绍箕、李占臣、王宝地、胡丽丽、韦丽红、路 达	2013.07.24
57	烤烟施肥配方	CN201110208177.7	内蒙古自治区烟草公司赤峰市公司	李义春、宝建民、梁洪波	2013.05.15
58	一种烟叶的吸湿解湿性能的测试方法	CN201110072742.1	上海烟草集团有限责任公司	陈超英、宗国强、吴 达、刘百战	2013.01.16
59	可理顺烟梗的喂料装置	CN201110083240.9	昆明船舶设备集团有限公司、上海烟草集团有限责任公司	张 勇、徐源宏、朱才生、丁 丁、陆 凌、赵 银、黄照友、吴永昆、李兴蕊	2013.03.20
60	一种烟草加料工艺	CN201010188230.7	上海烟草集团有限责任公司	张小利、叶鸿宇、范学忠、孟庆乃、单书江、王永强	2013.04.10
61	不同香型烟叶中特征香型物质的超临界提取方法	CN201010563298.9	上海烟草集团有限责任公司	孙文粱、张浩博、刘百战	2013.04.10
62	评价卷烟滤嘴吸附剂吸附性能的方法及测试系统	CN201010522354.4	上海烟草集团有限责任公司	郑赛晶、王雯娟、刘百战、吴 达	2013.04.10
63	气相色谱-反气相色谱联用分析装置	CN201110089316.9	上海烟草集团有限责任公司	刘百战、王雯娟、郑赛晶、吴 达	2013.04.10
64	GDX2 包装机小盒商标纸胶水缸对称轮调整工装	CN201110371473.9	上海烟草集团有限责任公司	徐乐群、洪 强、刘庆伟、刘汝强、孙梦迪、朱来成	2013.04.10
65	检测烟用接装纸耐磨擦性能的方法	CN201110312682.6	上海烟草集团有限责任公司	沈世豪、傅靖刚	2013.04.10
66	一种优质烟叶烟气粒相物中中性香味成分的制备方法及其应用	CN201210040332.3	上海烟草集团有限责任公司	顾文博、杨 菁、谢雯燕、杨 斌	2013.04.10
67	一种微生物固态发酵法制备烟梗纤维素的方法	CN201110116236.8	上海烟草集团有限责任公司、江南大学	许赣荣、汤朝起、胡慧东、于兴伟、盛 科	2013.04.24
68	一种烟梗理顺设备	CN201110083341.6	昆明船舶设备集团有限公司、上海烟草集团有限责任公司	张 勇、徐源宏、朱才生、盛 科、陆 凌、黄照友、吴永昆、李兴蕊	2013.05.01
69	烟块螺旋输送回潮松散机	CN201110083306.4	昆明船舶设备集团有限公司、上海烟草集团有限责任公司	盛 科、李 攀、徐源宏、李新云、张 滨、张晴川、杨金雄、赵华现、赵 银、宁惠琼	2013.05.01

续表

序号	专利名称	专利号	专利权人	发明/设计人	授权公告日
70	低强度条件下烟叶的松散回潮方法	CN200910054962.4	上海烟草集团有限责任公司、昆明船舶设备集团有限公司	郜　强、李　涛、张　敏、徐源宏、吴兴强、李益友、张　滨	2013.05.15
71	具有隐蔽易撕口包装纸盒粘搭口的模切方法	CN201110224674.6	上海烟草集团有限责任公司、上海烟草包装印刷有限公司	朱海鸥、季　良	2013.06.19
72	一种分离纯化烟草中两种致香前体物的方法	CN201010617666.3	上海烟草集团有限责任公司	孙文梁、高　伟	2013.06.26
73	一种卷烟主流烟气中碱性香味成分的分离方法和应用	CN201210245849.6	上海烟草集团有限责任公司	顾文博、牛海霞、郑赛晶、刘百战	2013.06.26
74	一种卷烟主流烟气中弱酸性香味成分的分离方法和应用	CN201210043052.8	上海烟草集团有限责任公司	吴　达、陈五红、顾文博、王　申	2013.08.21
75	卷烟气相燃烧产物的分析方法及分析系统	CN201110193135.0	上海烟草集团有限责任公司	王　晔、刘百战、郑赛晶	2013.09.11
76	一种回收有机废气中有机溶剂的方法	CN201110424881.6	上海同济科蓝环保设备工程有限公司、上海烟草包装印刷有限公司	孙　宇、陈　伟、丁　琦、潘荣幸、范建伟、冉猷强、丁　玲、王　赟、江晓庆、杨隽晔、薛斌杰、陈　晟、王海楠、颜湘波	2013.09.18
77	一种卷烟主流烟气中4种烟草特有氮亚硝胺TSNAs的测定方法	CN201210166674.X	上海烟草集团有限责任公司、安捷伦科技（中国）有限公司	顾文博、吴　达、陆怡峰、周宛虹、林华清、余翀天	2013.11.06
78	卷烟主流烟气气溶胶的粒径分级采集方法	CN201110236822.6	上海烟草集团有限责任公司	郑赛晶、刘百战、陈　敏、王　亮	2013.11.20
79	双检测器气相色谱仪	CN201210045434.4	上海烟草集团有限责任公司	吴　达、李　钢、刘百战	2013.11.20
80	一种用于4D影院的集中控制系统	CN201210152789.3	上海烟草集团有限责任公司、上海恒润数码影像科技有限公司	章　刁、陈　灏、刘　军、杜红锋、谭宜昌	2013.12.25
81	用于香料厨房的送料系统和送料控制方法	CN201110186429.0	上海烟草集团有限责任公司、上海烟草集团北京卷烟厂	曲志刚、齐伟城、刘文忠、冯朝辉、张　岩、王燕庆、郑　巍、于瀛涛、任　军、崔庆育	2013.12.25
82	卷烟分拣线和打码系统互锁报警系统	CN201110323041.0	江苏省烟草公司南通市公司	季　帅、苏永泉	2013.07.03
83	一种烟丝混合均匀性的评价方法	CN201110339610.0	江苏中烟工业有限责任公司	张　映、郝喜良、朱成文、张兰晓、赵国梁	2013.07.10
84	柔扁枝衣酸乙酯的合成方法及其用途	CN201110222144.8	江苏中烟工业有限责任公司	朱龙杰、庄亚东、朱怀远、张　映、万　敏、熊晓敏、刘献军	2013.08.07
85	一种烟用红毛丹增香保润剂的制备方法	CN201110450420.6	江苏中烟工业有限责任公司	万　敏、曹　毅、庄亚东、朱怀远、张　媛、熊晓敏、郑晓云、王珂清、潘高伟、韩开冬、谢寄清、张　莉	2013.09.11
86	一种测定卷烟主流烟气中丁香酚含量的方法	CN201210314753.0	江苏中烟工业有限责任公司	廖惠云、庄亚东、李朝建、王柯清、张　媛、张　映、熊晓敏	2013.09.25
87	一种用于卷烟烟气刺激性成分评价的口腔模拟器及方法	CN201010589208.3	江苏中烟工业有限责任公司	庄亚东、朱怀远、熊晓敏、曹　毅、张　媛	2013.10.16

续表

序号	专利名称	专利号	专利权人	发明/设计人	授权公告日
88	一种测定辊压法再造烟叶利用率的方法	CN201210000178.7	江苏中烟工业有限责任公司	张兰晓、蒋宇阳、熊晓敏、郝喜良、李建英、朱成文	2013.11.06
89	一种 GC/MS 联用检测卷烟主流烟气中氨基甲酸乙酯含量的方法	CN201210292261.6	江苏中烟工业有限责任公司	朱怀远、庄亚东、刘献军、张 媛、张 映、熊晓敏、沈晓晨	2013.11.06
90	一种玉米粒保润增香剂的制备方法及其应用	CN201210470442.3	江苏中烟工业有限责任公司	万 敏、王珂清、庄亚东、刘献军、沈晓晨、朱怀远、曹 毅、韩开冬、张 媛、尤晓娟、潘高伟、郑晓云、谢寄清	2013.11.06
91	一种 GC/MS 联用检测卷烟侧流烟气中氨基甲酸乙酯含量的方法	CN201210292231.5	江苏中烟工业有限责任公司	朱怀远、庄亚东、刘献军、张 媛、张 映、熊晓敏、沈晓晨	2013.11.13
92	一种 LC－MS/MS 联用检测卷烟侧流烟气中氨基甲酸乙酯含量的方法	CN201210291457.3	江苏中烟工业有限责任公司	朱怀远、庄亚东、张 媛、刘献军、张 映、熊晓敏、朱 莹、沈晓晨	2013.11.13
93	一种在线测定烟丝填充值的方法	CN201210000176.8	江苏中烟工业有限责任公司	郝喜良、卢 俊、刘英杰、张兰晓、邢 睿、朱 玮、陈 悦	2013.12.25
94	一种烟支综合测试台	CN200910153692.2	浙江中烟工业有限责任公司	储国海、蒋志才、张云莲、朱 强、熊月宏、胡小虎	2013.03.20
95	采用造纸法再造烟叶成丝制造卷烟的方法及其设备	CN201010575046.8	浙江中烟工业有限责任公司	边腾飞、黄 健、王展军、赵云锋、樊 虎、储国海、张云莲	2013.03.20
96	一种卷烟成品入库抽检方法和系统	CN201110022383.9	浙江中烟工业有限责任公司	王毓敏、章 强、郭妙贞、潘佰林、乐 欢、张思荣、胡雅军	2013.03.20
97	一种具有主会场控制模块的视频会议系统	CN201110144538.6	浙江中烟工业有限责任公司	章志华、吴 放、沈颖颖	2013.04.03
98	藻类植物多糖及其制备方法和在卷烟中的应用	CN201110333024.5	浙江中烟工业有限责任公司	杨 君、黄芳芳、孙培龙	2013.04.10
99	一种评价中草药对 DNA 氧化损伤保护作用的方法	CN200810121851.6	浙江中烟工业有限责任公司	储国海、周国俊、黄芳芳、陈红君、卢建忠	2013.04.17
100	香料烟片烟与烤烟片烟的烟叶组合物及卷烟	CN201110236649.X	浙江中烟工业有限责任公司	刘建设、储国海、徐清泉、吴继忠、夏 琛、程昌合、吴 键、廖 付、李 奇、张立立、慕继瑞	2013.04.17
101	高效液相色谱测定香精香料中邻氨基苯甲酸肉桂酯的方法	CN201110140884.7	浙江中烟工业有限责任公司	蒋 健、周国俊、高 阳、肖卫强	2013.05.15
102	卷烟滤棒中薄荷醇的测定方法	CN201110197167.8	浙江中烟工业有限责任公司	张卫平、陆明华、王雨凝、朱书秀、夏 骏、张云莲	2013.05.15
103	植物精油及其制备方法和在卷烟中的应用	CN201110333407.2	浙江中烟工业有限责任公司	杨 君、储国海、张安强、彭永健	2013.06.26
104	数字化整托盘卷烟入库方法	CN201110274239.4	浙江中烟工业有限责任公司	王正敏、梁启荣、尚 伟、王毅君、郁 钢、高扬华、盛佳绮、叶 斌	2013.07.03
105	数字化卷烟转储作业方法	CN201110274240.7	浙江中烟工业有限责任公司	高扬华、梁启荣、陆海良、王正敏、郁 钢、尚 伟、盛佳绮、叶 斌	2013.07.03
106	海洋藻类多糖及其制备方法和在卷烟中的应用	CN201110333123.3	浙江中烟工业有限责任公司	杨 君、储国海、邵 平	2013.08.21
107	天然植物精油及其制备方法和在卷烟中的应用	CN201110335096.3	浙江中烟工业有限责任公司	杨 君、储国海、舒 明、蒋 健	2013.08.21

续表

序号	专利名称	专利号	专利权人	发明/设计人	授权公告日
108	植物多糖及其制备方法和在卷烟中的应用	CN201110333125.2	浙江中烟工业有限责任公司	杨　君、储国海、蒋　健、舒　明	2013.08.21
109	吴茱萸、佛手柑或山矾精油及其制备方法和在卷烟中的应用	CN201110335098.2	浙江中烟工业有限责任公司	杨　君、黄芳芳、柏明娥	2013.08.21
110	一种 WIN2 控制系统的卷烟设备数据采集系统	CN201110105227.9	浙江中烟工业有限责任公司	朱立明、王　琪	2013.09.04
111	海洋藻类植物多糖及其制备方法和在卷烟中的应用	CN201110332968.0	浙江中烟工业有限责任公司	杨　君、储国海、邵　平、叶超凡	2013.09.25
112	基于可信计算的多级安全互联平台及其处理流程	CN201110250370.7	浙江中烟工业有限责任公司	章志华、李健俊、张思荣、虞文进、季　琦、蒋一翔、姜学峰、黄卫忠、黎　勇、汪欢文、刘　鹏、钱　杰	2013.11.06
113	一种实时动态监控滤棒发送机与卷烟机的连接关系的连接控制系统	CN201210129642.2	浙江中烟工业有限责任公司	朱立明、张思荣、黄卫忠、王　琪、范礼锋、胡雅军	2013.11.20
114	一种视频会议上用的人名标示牌	CN201210116441.9	浙江中烟工业有限责任公司	吴　放、沈颖颖、章志华、汪欢文、吕文政、姚　广、张　珣	2013.12.04
115	一种卷烟条盒或商标纸的定样取样刀装置	CN201110414178.7	浙江中烟工业有限责任公司	林建南、张　艳、洪梨梨	2013.12.11
116	采用 CFO 装置测定 CMF 压降的方法及该模型的建立方法	CN201110414341.X	浙江中烟工业有限责任公司	蒋志才、苏中地、赵　航、丁　雪、方　婷、黄　华、韩　彬、张　勍、苗　芊、杨荣超、尹招琴、朱　强	2013.12.11
117	一种改善毛烟吸味质量的处理料	CN200810160111.3	安徽中烟工业有限责任公司	纵　坤、徐云进、徐华军、尚智慧、郭新枫、李　凌、章存勇、夏　虹	2013.02.13
118	一种改善白毛烟吸味质量的处理料	CN200810160112.8	安徽中烟工业有限责任公司	纵　坤、徐云进、徐华军、尚智慧、郭新枫、李　凌、章存勇、夏　虹	2013.02.13
119	自混料多路出料储柜编组	CN200910116044.X	安徽中烟工业有限责任公司	周锦龙、徐云进、赵　强、夏　虹、纵　坤、王俊松、徐华军、李　凌、郭新枫、李诗平	2013.02.13
120	一种改善糊毛烟吸味质量的处理料	CN200810160110.9	安徽中烟工业有限责任公司	徐云进、纵　坤、尚智慧、郭新枫、李　凌、夏　虹、章存勇	2013.02.20
121	一种改善柳烟品质的料液及制备方法	CN200910116171.X	安徽中烟工业有限责任公司	李诗平、徐云进、章存勇、李　凌、郭新枫、赵　强	2013.02.20
122	一种卷烟烟气气相化学成分在线分析装置	CN201110058558.1	安徽中烟工业有限责任公司、中国科学技术大学	胡永华、潘　洋、王程辉、徐迎波、王　健	2013.03.27
123	一种卷烟配方的设计方法	CN200910116521.2	安徽中烟工业有限责任公司	郭新枫、赵　强、李诗平、尚智慧、夏　虹、章存勇、纵　坤	2013.08.14
124	白肋烟烘焙实验辅助装置及实验方法	CN201110135559.1	安徽中烟工业有限责任公司	张尚明、舒俊生、陈　闯、程雷平、方　鼎、查　勇、鲍　穗	2013.12.25
125	一种天然植物香味成分的低温提取装置及流程	CN200910111996.2	福建中烟工业有限责任公司	林　凯、鹿洪亮、马鹏飞、蓝洪桥、柯文林、庄志雄、陈小明	2013.03.06
126	烟叶装箱密度偏差压力检测方法及其检测装置	CN201110225769.X	福建省龙岩金叶复烤有限责任公司	陈秋荣、张良斌、张　伟、苏汉明、李新锋、王锦金	2013.03.27
127	一种香精香料提取和微胶囊制备一体化的工艺和设备	CN200910112650.4	安徽中烟工业有限责任公司	蓝洪桥、刘加增、陈笃建、苏明亮、张　峰、鹿洪亮	2013.04.17
128	一种异型香烟盒的包装方法	CN201010119034.4	安徽中烟工业有限责任公司	李桂珍、郑　琳、余玉梅	2013.06.19

续表

序号	专利名称	专利号	专利权人	发明/设计人	授权公告日
129	一种新型的稠浆法多功能有机环保薄片地膜的制作方法	CN201010213943.4	安徽中烟工业有限责任公司	林　凯、肖瑞云、马鹏飞、鹿洪亮	2013.06.19
130	造纸法再造烟叶高浓有机污水处理工艺	CN201110458469.6	福建金闽再造烟叶发展有限公司、黄申元	黄申元、陈昭毅、郑　彬、施建在、林书玉、谢文南	2013.07.17
131	引入近红外光谱技术的烟草异物剔除装置及其剔除方法	CN200910112100.2	福建中烟工业有限责任公司	张　峰、江家森、刘泽春、李跃锋、李华杰、洪祖灿	2013.08.07
132	一种新型的辊压法多功能有机环保薄片地膜的制作方法	CN201010213944.9	福建中烟工业有限责任公司	林　凯、肖瑞云、马鹏飞、鹿洪亮	2013.08.07
133	一种新型的造纸法多功能有机环保薄片地膜的制作方法	CN201010213941.5	福建中烟工业有限责任公司	林　凯、肖瑞云、马鹏飞、鹿洪亮、张永安	2013.09.04
134	一种选择性降低卷烟主流烟气中亚硝胺的方法	CN201310018979.0	福州大学、福建中烟工业有限责任公司	邓其馨、魏明灯、黄朝章、叶仲力、张建平、吴清辉、苏明亮、白雪平、谢　卫、许寒春	2013.12.04
135	品牌卷烟柔性制丝分组加工工艺	CN200910111415.5	龙岩烟草工业有限责任公司	林荣欣、陈庆平、李跃峰、苏汉民、江家森、刘志平、徐巧花、张　伟、陈河祥、李晓刚	2013.12.15
136	一种用于卷烟机的盘纸拼接方法	CN201010278256.0	龙岩烟草工业有限责任公司	蒋景强	2013.01.02
137	一种提高制丝工艺批次过程能力的方法	CN201010288919.7	龙岩烟草工业有限责任公司	黄　华、邱龙英、邱崇伟、钟文焱、江家森、林苗俏、陈妍珣、陈满金、何善君、曹　琦、张　炜、邹　甫、林天勤、吴永生	2013.04.03
138	一种提高制丝工艺参数控制效果的方法	CN201010268597.X	龙岩烟草工业有限责任公司	何善君、曹　琦、林苗俏、邱崇伟、钟文焱、陈妍珣、陈满金、林天勤、江家森、张　炜、李晓刚	2013.04.24
139	一种提高烘丝工序过程能力的方法	CN201010268584.2	龙岩烟草工业有限责任公司	邱龙英、江家森、邱崇伟、钟文焱、何善君、林天勤、林苗俏、曹　琦、陈满金、张　炜、陈妍珣、吴永生	2013.04.24
140	加香/加料系统计量精度的校准方法与装置	CN201010227367.9	龙岩烟草工业有限责任公司	江　泉、陈满金、饶　伟、谢培宽、刘喜利、张益兰	2013.05.01
141	扫描检测头检测精度的校验方法与系统、计算处理装置	CN201010240079.7	龙岩烟草工业有限责任公司	邓春宁、吴雯华、蒋景强、陈文钦、张益兰、赖大斌	2013.06.26
142	检测卷烟机内搓板工作状态的装置以及方法	CN201110308068.2	龙岩烟草工业有限责任公司	蒋景强、雷振宇、邓春宁、洪　雷、陈祥荣、黄夏妮、江长松	2013.06.26
143	一种提高烟丝含水率稳定性的控制方法	CN201010286090.7	龙岩烟草工业有限责任公司	林天勤、陈满金、陈妍珣、钟文焱、吴永生、林苗俏、何善君、曹　琦、江家森、张　炜、邱崇伟	2013.08.21
144	扫描检测头调试系统及方法	CN201010294012.1	龙岩烟草工业有限责任公司	邓春宁、吴雯华、蒋景强、陈文钦、熊淦源、张益兰、赖大斌	2013.10.09
145	一种烟草加料机工艺热风循环装置及其控制方法	CN201010616321.6	厦门烟草工业有限责任公司	吴玉生、杨文营、吴国忠、王永全	2013.06.26
146	一种带电子标签的烟用移动料罐及其操作方法	CN201010618400.0	厦门烟草工业有限责任公司	吴玉生、周跃飞	2013.10.30
147	一种密集烤房烟叶烘烤时间精确控制的方法	CN201110210996.5	江西省烟草公司赣州市公司	许　威、肖先仪、胡义强、赖伟华	2013.07.24
148	测定卷烟中中药材添加剂主要活性成份丹皮酚的方法	CN201010182241.4	江西中烟工业有限责任公司	廖　堃、蔡继宝、周会舜、张文惠、李福龙	2013.04.17

续表

序号	专利名称	专利号	专利权人	发明/设计人	授权公告日
149	测定体液中尼古丁的新型间接抑制免疫分析法	CN201010183989.6	江西中烟工业有限责任公司	蔡继宝、唐萍萍、邓　宇、苏庆德	2013.07.10
150	一种新型带清吹功能的排潮风管冷凝水排放装置	CN201110137116.6	江西中烟工业有限责任公司南昌卷烟厂	张胜健、华　刚、熊海鹰、李　强、刘　震、徐永华、晏建华	2013.04.10
151	一种用于卷烟机节电控制装置	CN201210035666.1	江西中烟工业有限责任公司南昌卷烟厂	张胜健、李铁军、鲍景峰、秦晓敏、胡青云、万能龙	2013.10.02
152	一种砖混结构气流下降式密集烤房	CN201110194642.6	江西省烟叶科学研究所	何宽信、李立新、谢帮金、朱红根、许　威、郭　伟	2013.03.20
153	简易烟草专用AM真菌菌肥生产工艺	CN201210098257.6	中国烟草总公司山东省公司、青岛农业大学	刘　新、赵方贵、刘广富	2013.12.25
154	烤烟三段六步式普通烤房烘烤工艺	CN201110406301.0	中国农业科学院烟草研究所、陕西省烟草公司安康市公司、中国烟草总公司山东省公司	王传义、奚柏龙、洪翰炉、蒲秀平、徐秀红、王兴利、许家来、赵　鹏、肖头杰、刘传锋、季学军、任　杰、刘　伟	2013.04.10
155	烤烟密集式烤房精准烘烤工艺	CN201110065168.7	中国农业科学院烟草研究所、中国烟草总公司山东省公司	王传义、王兴利、徐秀红、孙迎春、季学军、黄巍巍、张　国、薛　琳、张本强、孙　帅、谭效磊	2013.03.27
156	一种烤烟烘烤特性判定方法	CN201110065170.4	中国农业科学院烟草研究所、中国烟草总公司山东省公司	徐秀红、王传义、许家来、刘传锋、许立峰、任　杰、谭效磊	2013.05.01
157	烟草限根直播育苗盘及育苗方法	CN201110422528.4	山东临沂烟草有限公司	刘文涛、裴　军、王玉军、王文杰、魏代福、赵　兵、张彦东、梁夫才、宋学文	2013.06.19
158	顶端修饰过渡金属的碳空心管材料及其制备方法和应用	CN201110002999.X	山东中烟工业有限责任公司	于宏晓、赵曰利、徐海涛、马　强	2013.09.25
159	利用KDF4成型机组生产滤棒的工艺	CN201110044364.6	山东中烟工业有限责任公司	刘　杰、朱战营、窦　峰、王坤明、韩　勇、曹建华、厉昌坤、闫　鲁、郑金和、赵曰利	2013.10.23
160	烟草制丝对顶柜进柜状态检测方法	CN201110202949.6	山东中烟工业有限责任公司	孙钦兰、程林峰、吕建国、李　军、刘朝省	2013.12.11
161	卷接机组的圆刀清洁装置	CN201110264386.3	山东中烟工业有限责任公司	姜冬子、闫　鲁、王伟、郭红广、丁长生、赵　衡、赵砚棠、刘宝平	2013.12.11
162	一种配方库辊道输送机信息核对方法	CN201210074942.5	山东中烟工业有限责任公司	段三青、程林峰、韩　勇、尹旭梅、孟科峰	2013.01.23
163	一种多孔氮化硼、其制备方法和在卷烟滤嘴中的应用	CN201210164830.9	山东中烟工业有限责任公司	于宏晓、赵砚棠、姜福东、徐立强、李广达、陈　超	2013.01.23
164	一种插分机	CN201010551187.6	山东中烟工业有限责任公司青岛卷烟厂	王培仁、杨金雄、孟庆华、姜占古、董志刚、周兆庄、丁雪枫、董　军、孙　琳、崔　健	2013.01.23
165	一种烟叶醇化方法	CN201110118651.7	河南中烟工业有限责任公司	张月华、郜海民、张志刚、许淑红、任旭东、高永法、张爱忠、侯青松、刘继峰、陈　琳、张永涛、陈　洁、刘金晓	2013.01.30
166	水洗滤芯机	CN201110118279.X	河南中烟工业有限责任公司	李震宇、刘绪超、左体勇、张明杰、王守强、鲍旭东、吴伟强	2013.03.13
167	一种排链拆装工具	CN201110211391.8	河南中烟工业有限责任公司	楚新权、刘华平	2013.06.26
168	新型振动输送机摇杆	CN200910172552.X	河南中烟工业有限责任公司	王建伟、刘华平	2013.07.31
169	一种提高新产烟梗质量的方法	CN201110118604.2	河南中烟工业有限责任公司	郜海民、张志刚、许淑红、任旭东、熊安言、张爱忠、侯青松、张月华、高永法、陈　琳、高永亮、张永涛、陈　洁、刘金晓	2013.07.31

续表

序号	专利名称	专利号	专利权人	发明/设计人	授权公告日
170	柔性卷烟输送装置	CN201110173220.0	河南中烟工业有限责任公司	吴志强、马少军、粟勇伟、付 保、许 强、柏世绣、陈宗峰、张红旗、乔建军	2013.10.23
171	卷接机组控胶辊	CN201110173231.9	河南中烟工业有限责任公司	粟勇伟、马少军、吴志强、乔建军、王宇希、韩 冰	2013.11.27
172	一种控制货叉运动精度的方法	CN201010572773.9	河南中烟工业有限责任公司	郭 越、付永民、吕建华、李朝阳、郭海全	2013.11.27
173	KDF2滤棒成型机生产卷烟滤棒改进工艺	CN201110292096.X	河南中烟工业有限责任公司	朱若东、佟军民、尚 科、丁学松、裴 勇、黄新望	2013.12.11
174	卷接机组搓板	CN201110173237.6	河南中烟工业有限责任公司	粟勇伟、吴志强、许 强、付 保	2013.12.11
175	收集余热和凝结水的锅炉补水系统	CN201210095082.3	河南中烟工业有限责任公司	王正伟、胡俊华、刘鹏翔、郭利民、徐晓光、何宝兵、石 峰、胡银强	2013.05.08
176	一种S形条烟提升机自动剔除拾取装置	CN201210209325.1	河南中烟工业有限责任公司	贺立新、张楠、冯文哲、周雪军、高永亮	2013.07.10
177	一种烟叶中氨释放量的测定方法	CN201110329170.0	河南中烟工业有限责任公司	马宇平、宋金勇、郝 辉、李国政、田海英、周 浩	2013.09.25
178	新型大缸处引纸工具	CN201110004668.X	河南卷烟工业烟草薄片有限公司	袁 锋、孙 宇、于国东、俎立东、黄柳森、张利涛	2013.07.10
179	一种钵苗移栽机联动洒水机构	CN201210053527.1	河南强豫农业技术装备有限公司、河南省烟草公司郑州市公司	马俊卫、刘剑君、杜新武、姬江涛、贺智涛、李玉柱、高 吭、马汉伟、张 冕、常 宽	2013.07.10
180	一种降低卷烟烟气中苯酚类物质的方法	CN201210039343.X	河南省科学院同位素研究所有限责任公司、天昌国际烟草有限公司	陈云堂、吕晓华、郭东权、张建伟、袁红星、范家霖、杜阅光、王娟娟、杨保安、李 湘、张志坚、田占军、刘江豫、徐世臻、蔡 恒	2013.01.23
181	一种降低卷烟主流烟气中氢氰酸的方法	CN201210039916.9	河南省科学院同位素研究所有限责任公司、天昌国际烟草有限公司	陈云堂、吕晓华、郭东权、杨保安、蔡 恒、范家霖、袁红星、杜阅光、王娟娟、张建伟、李湘、张志坚、田占军、刘江豫、徐世臻	2013.07.10
182	一种降低卷烟烟气焦油中多环芳烃含量的方法	CN201210039917.3	河南省科学院同位素研究所有限责任公司、天昌国际烟草有限公司	范家霖、杜阅光、王娟娟、王广山、张建伟、陈云堂、袁红星、吕晓华、杨保安、郭东权、李 湘	2013.08.21
183	一种降低卷烟主流烟气中一氧化碳含量的方法	CN201210039342.5	河南省科学院同位素研究所有限责任公司、天昌国际烟草有限公司	陈云堂、郭东权、张志坚、范家霖、蔡 恒、袁红星、吕晓华、杜阅光、王娟娟、张建伟、杨保安、李 湘、刘江豫、田占军、徐世臻	2013.08.21
184	一种降低卷烟主流烟气中氨的方法	CN201210041550.9	河南省科学院同位素研究所有限责任公司、天昌国际烟草有限公司	范家霖、郭东权、李 湘、王广山、陈云堂、吕晓华、袁红星、杜阅光、王娟娟、张建伟、杨保安	2013.09.04
185	一种降低卷烟主流烟气中巴豆醛的方法	CN201210039344.4	河南省科学院同位素研究所有限责任公司、天昌国际烟草有限公司	陈云堂、郭东权、刘江豫、袁红星、范家霖、吕晓华、杜阅光、王娟娟、张建伟、杨保安、李 湘、张志坚、徐世臻、田占军、蔡 恒	2013.10.16
186	一种降低烟草中吡虫啉和啶虫脒残留的方法	CN201210039345.9	河南省科学院同位素研究所有限责任公司、天昌国际烟草有限公司	陈云堂、王娟娟、田占军、徐世臻、范家霖、袁红星、吕晓华、杜阅光、郭东权、张建伟、杨保安、李 湘、张志坚、蔡 恒、刘江豫	2013.12.25
187	烟叶均衡投料系统	CN201110150175.7	天昌国际烟草有限公司	袁红星、杜阅光、丁红伟、张国红、贾 涛、韩喜庆、傅红军	2013.08.21

续表

序号	专利名称	专利号	专利权人	发明/设计人	授权公告日
188	一种人工草炭及其制造、使用方法	CN200910165445.4	郑州大学、天昌国际烟草有限公司	朱大恒、袁红星、席　宇、杜阅光、郭灵燕、高　明、张志坚、朱润琪	2013.01.02
189	一种生物有机肥发酵菌种的制备方法	CN201010538124.7	中国烟草总公司湖北省公司	高　勇、陈家任、杨　树、祖秉桥、李锡宏	2013.01.23
190	一种烟叶烘烤方法	CN200910063418.6	湖北省烟草公司襄阳市公司	王学龙、郭　利、张　华、李　娅、曹祥练	2013.01.23
191	一种白肋烟的处理方法及其在卷烟中的应用	CN201010552489.5	湖北中烟工业有限责任公司	刘　鑫、齐　伟、张耀华、李　超、陈　一、熊　斌	2013.01.23
192	一种造纸法烟草薄片的烟草原料打浆工艺	CN200810197536.1	湖北中烟工业有限责任公司	刘良才、孙德平、唐向兵、姚元军、胡德武	2013.03.13
193	一种白肋烟丝的前处理方法及其在卷烟制品中的应用	CN201010552482.3	湖北中烟工业有限责任公司	熊　斌、张耀华、齐　伟、刘　鑫	2013.04.24
194	能稳定降低卷烟气相自由基的番茄红素乳化液及其应用	CN201010198783.0	湖北中烟工业有限责任公司	刘　鑫、殷发强、朱　威、何佳文、熊国玺、赵同林	2013.05.01
195	防治烟草叶部病害的蝇蛆几丁低聚糖制剂及其应用	CN200810237440.3	湖北中烟工业有限责任公司	毕庆文、王豹祥、王小平、周兴苗、汪　健、李　琳、杨林波、章新军	2013.05.15
196	判断陈化烟叶品质的碘值吸光度测定法	CN201010235282.5	湖北中烟工业有限责任公司	李　琳、何结望、吴风光、冀志霞、闫铁军、谢　豪、刘　洋、陈守文	2013.05.15
197	一种食甲醇芽孢杆菌及其烟用升麻浸膏的制备方法和应用	CN201210114009.6	湖北中烟工业有限责任公司	罗诚浩、魏　敏、宋旭艳、陈义坤、李　冉	2013.05.22
198	一种催化调节美拉德反应生产烟用香料的方法	CN200810197616.7	湖北中烟工业有限责任公司	张敦铁、喻世涛、彤　霖	2013.05.22
199	烟草用高效固氮菌肥及其生产方法	CN201010198613.2	湖北中烟工业有限责任公司	吴风光、王豹祥、邱立友、汪　健、王　林、王海明、黎　跟、李　琳	2013.05.22
200	在烟草制丝加工工艺中进行酶处理改善烟叶质量的方法	CN200810047409.3	湖北中烟工业有限责任公司	魏　敏、罗诚浩、刘剑峰、胡　璇	2013.05.22
201	烟叶逆向悬浮加料机	CN200910272276.4	湖北中烟工业有限责任公司	江振声、熊　斌、邓勇、杜荣杰、张风光、王志强、郑　飞、杨华强	2013.05.22
202	保温筒和蒸汽薄板筒合用的二级式烘丝机	CN200910272275.X	湖北中烟工业有限责任公司	江振声、熊　斌、邓　勇、杜荣杰、张风光、王志强、林　敏、郑　飞、罗　民、杨华强	2013.06.19
203	废烟处理线在线烟丝与丝束纤维分离装置	CN201010235286.3	湖北中烟工业有限责任公司	王声扬、姚　俊、胡业伟、方　敏、付春荣、樊　勇、叶　娟	2013.08.14
204	条盒烟包六面烫熨整形机	CN201110408990.9	湖北中烟工业有限责任公司	王东山、肖　毅	2013.08.28
205	一种食甲醇芽孢杆菌及其烟用咖啡浸膏的制备方法和应用	CN201210114008.1	湖北中烟工业有限责任公司	魏　敏、罗诚浩、宋旭艳、李　冉、潘　曦	2013.09.11
206	烟箱输送线流量自动调节及暂存装置	CN201010235261.3	湖北中烟工业有限责任公司	王声扬、程思军、姚　俊、胡业伟、江志凌、俞忠民	2013.10.09
207	用于生态烟叶种植的专用基肥	CN201010198773.7	湖北中烟工业有限责任公司	王　林、吴风光、汪　健、王豹祥、袁家富、王海明、黎　根、何结望、谢　豪、闫铁军	2013.11.06

续表

序号	专利名称	专利号	专利权人	发明/设计人	授权公告日
208	烟用添加剂滴丸的改进型包裹材料	CN201010573777.9	湖北中烟工业有限责任公司	宋旭艳、刘华臣、岳海波	2013.11.13
209	烟叶、葫芦巴、甜椒、西红柿复合发酵香料及其在重组烟叶中的应用	CN201210324866.9	湖北中烟工业有限责任公司	罗诚浩、魏　敏、陈义坤、宋旭艳、李　冉	2013.11.13
210	一种降低卷烟焦油含量的薄片及其生产方法	CN201210016287.8	湖北中烟工业有限责任公司	吴宏伟、陈明军、吴成刚、叶文锋、尚　军	2013.11.13
211	兼具报警功能的储柜扶料清扫装置	CN201010598073.7	湖北中烟工业有限责任公司	杨华强、王志强、邓　勇、宋建华、霍建松	2013.12.04
212	一种食甲醇芽孢杆菌及其烟用谷壳浸膏的制备方法和应用	CN201210113763.8	湖北中烟工业有限责任公司	魏　敏、罗诚浩、宋旭艳、李　冉、刘华臣	2013.12.04
213	一种雪茄烟叶种植的施肥方法	CN201210442776.X	湖北中烟工业有限责任公司	王　林、吴凤光、唐大鹏、黎妍妍、李　琳、谭绍安	2013.12.04
214	单头转移卷烟包装纸的制作方法	CN200910061988.1	湖北中烟工业有限责任公司	刘纪纲、雷祖坤	2013.12.18
215	用于储柜的可变角度松丝辊机构	CN201010598075.6	湖北中烟工业有限责任公司	杨华强、王志强、霍建松、宋建华、黎伟雄	2013.12.18
216	一种食甲醇芽孢杆菌及其烟用当归浸膏制备方法和应用	CN201210113762.3	湖北中烟工业有限责任公司	陈义坤、魏　敏、罗诚浩、宋旭艳、李　冉、柯炜昌	2013.12.25
217	一种降低刺激的发酵烟叶提取物的制备方法及其在重组烟叶中的应用	CN201210324789.7	湖北中烟工业有限责任公司	魏　敏、陈义坤、罗诚浩、李　冉、宋旭艳	2013.01.02
218	一种烟用樱桃提取物的制备方法及其在卷烟中的应用	CN201110243899.6	湖北中烟工业有限责任公司	刘　鑫、司　辉、程炳发	2013.04.24
219	一种食甲醇芽孢杆菌及其烟用酸枣仁浸膏的制备方法和应用	CN201210113761.9	湖北中烟工业有限责任公司	魏　敏、罗诚浩、宋旭艳、陈义坤、岳海波	2013.06.05
220	一种烟机切纸轮和靠拢鼓轮间隙调整装置	CN201010230117.0	湖北中烟工业有限责任公司襄阳卷烟厂	胡祥胜、郭子国、刘　理	2013.05.22
221	一种清凉甜味剂和制备方法及其在烟草中的应用	CN201010124496.5	湖北中烟工业有限责任公司、武汉市黄鹤楼科技园有限公司	岳海波、宋旭艳、蔡　冰、李　丹、龚跃法、罗诚浩	2013.10.09
222	改善造纸法薄片抄造基片湿强度和柔软性的方法	CN201010174160.X	湖北中烟工业有限责任公司、湖北新业烟草薄片开发有限公司	孙德平、唐向兵、刘良才、胡德武、姚元军、王亮、石淑兰、胡惠仁、温洋兵	2013.01.23
223	广金钱草在造纸法薄片中的应用	CN201010235319.4	湖北中烟工业有限责任公司、湖北新业烟草薄片开发有限公司	孙德平、姚元军、王学文、王凤兰、王　亮、刘志昌、万　超	2013.03.27
224	提高造纸法薄片感观纯净度的回水控制方法	CN201010174168.6	湖北中烟工业有限责任公司、湖北新业烟草薄片开发有限公司	孙德平、王学文、王凤兰、姚元军、刘志昌、王　亮	2013.08.21
225	一种专用于改善重组烟叶外观的颜色调节剂及其制备方法	CN201210017811.3	湖北中烟工业有限责任公司、任丘市龙华化工科技有限公司	孙德平、耿罗申、姚元军、王凤兰、刘　璐、刘艳子	2013.05.22
226	卷烟燃烧锥气相温度测量装置及燃烧锥气相温度测量方法	CN200910062710.6	湖北中烟工业有限责任公司、武汉大学	李会荣、陈祖刚、刘　义、吴琼水、陈义坤、郑厚清	2013.12.11
227	一种机包烟草涂布雪茄茄衣的制备方法	CN201110392599.4	湖北中烟工业有限责任公司、武汉淡雅香科技发展股份有限公司	孙德平、王凤兰、毛　耀、唐向兵、姚元军、王　磊、张爱明、刘志昌、刘　平、王　亮	2013.02.13

续表

序号	专利名称	专利号	专利权人	发明/设计人	授权公告日
228	一种烟草薄片卷烟纸的生产方法	CN201110201058.9	湖北中烟工业有限责任公司、武汉淡雅香科技发展股份有限公司	毛　耀、王凤兰、程占刚、叶明樵、王　磊、姚元军、王　亮、刘志昌	2013.02.27
229	一种天然苹果香精及其制备方法	CN201110365359.5	湖北中烟工业有限责任公司、武汉黄鹤楼香精香料有限公司	陈　胜、齐富友、李　星	2013.03.13
230	一种发酵型烟用复合浸膏的制备方法	CN201110122455.7	湖北中烟工业有限责任公司、武汉市黄鹤楼科技园有限公司	周　湘、黄　龙、庞登红、喻世涛、王　萍	2013.03.27
231	牛蒡子预脱脂后超临界萃取法提取挥发油的方法及应用	CN200910063798.3	湖北中烟工业有限责任公司、武汉市黄鹤楼科技园有限公司	黄　龙、彤　霖、吴　昭	2013.03.27
232	一种烟用混合酊剂和制备方法以及在烟草香精中的应用	CN200910062788.8	湖北中烟工业有限责任公司、武汉市黄鹤楼科技园有限公司	刘　鑫、赵国豪、周　湘	2013.03.27
233	一种用于造纸法再造烟叶的加料香精	CN200910063849.2	湖北中烟工业有限责任公司、武汉市黄鹤楼科技园有限公司	马舒翼、程书锋、赵同林、董世良、赵国豪、潘婷婷	2013.04.17
234	一种补充豆香香韵的烟用加香香精	CN200910272311.2	湖北中烟工业有限责任公司、武汉市黄鹤楼科技园有限公司	潘婷婷、吴　昭、王　娜	2013.04.17
235	一种滋身养气功能的保健胶囊及其制备方法	CN200910272649.8	湖北中烟工业有限责任公司、武汉市黄鹤楼科技园有限公司	董世良、邱　俊、吕　品、齐富友	2013.04.17
236	一种清凉解渴的保健饮料	CN201010124453.7	湖北中烟工业有限责任公司、武汉市黄鹤楼科技园有限公司	张　磊、陈　胜、谭　烨	2013.04.17
237	一种具有滋养功效的口服液及其制备方法	CN201010124476.8	湖北中烟工业有限责任公司、武汉市黄鹤楼科技园有限公司	谭　烨、邱　俊、吕　品	2013.04.24
238	红景天提取物及其作为烟草制品添加剂的用途	CN200910062791.X	湖北中烟工业有限责任公司、武汉市黄鹤楼科技园有限公司	谭　烨、吕　品、潘婷婷	2013.04.24
239	一种连香叶烟用香料的制备方法	CN201110262388.9	湖北中烟工业有限责任公司、武汉市黄鹤楼科技园有限公司	喻世涛、熊国玺、朱　巍	2013.04.24
240	一种补充豆香香韵的烟用加料香精	CN200910272312.7	湖北中烟工业有限责任公司、武汉市黄鹤楼科技园有限公司	潘婷婷、王　娜、谭　烨	2013.04.24
241	造纸法烟草薄片的烟草原料制浆段打浆工艺	CN200910272583.2	湖北中烟工业有限责任公司、武汉市黄鹤楼科技园有限公司	孙德平、胡惠仁、唐向兵、刘良才、石淑兰、徐建峰、胡德武	2013.05.15
242	凤尾叶挥发油作为卷烟感官保润剂的应用	CN200910273418.9	湖北中烟工业有限责任公司、武汉市黄鹤楼科技园有限公司	郭国宁、蔡　冰、岳海波、李　丹、王承明	2013.05.15
243	烟用饼肥快速发酵的方法	CN200910273419.3	湖北中烟工业有限责任公司、武汉市黄鹤楼科技园有限公司	王　林、汪　健、王海明、黎　根、王豹祥、闫铁军、谢　豪、吴凤光、何结望	2013.05.22
244	一种结晶法制备香精香料的方法	CN201010124479.1	湖北中烟工业有限责任公司、武汉市黄鹤楼科技园有限公司	张敦铁、彤　霖、王　萍	2013.06.05
245	一种烟草中烟碱的快速检测方法	CN201110256317.8	湖北中烟工业有限责任公司、武汉市黄鹤楼科技园有限公司	喻世涛、黄　龙、程书锋、朱　巍	2013.06.05
246	一种薰衣草中药浴足粉的制备方法	CN201110047890.8	湖北中烟工业有限责任公司、武汉市黄鹤楼科技园有限公司	黄晓伟、朱　巍、黄　龙、王　珊、李　星、马舒翼	2013.07.17
247	一种制备芸香烟用香精香料的方法	CN201110104825.4	湖北中烟工业有限责任公司、武汉市黄鹤楼科技园有限公司	张敦铁、彤　霖、王　萍	2013.09.11
248	葛缕子和干姜复合提取物及其作为烟草制品添加剂的用途	CN201110104865.9	湖北中烟工业有限责任公司、武汉市黄鹤楼科技园有限公司	谭　烨、朱　巍、黄　龙、吕　品、陈　胜	2013.09.11
249	一种改善中草药提取物对卷烟口感影响的表香香精	CN201110047902.7	湖北中烟工业有限责任公司、武汉市黄鹤楼科技园有限公司	潘婷婷、黄　龙、谭　烨	2013.10.09

续表

序号	专利名称	专利号	专利权人	发明/设计人	授权公告日
250	带烟味的抽吸气溶胶的制备方法	CN200910273522.8	湖北中烟工业有限责任公司、武汉市黄鹤楼科技园有限公司	程　华、熊　斌、张耀华、陈国平、李　超、陈　一、程炳发	2013.11.06
251	白肋烟烟叶的调制方法	CN201010200773.6	湖北中烟工业有限责任公司、武汉市黄鹤楼科技园有限公司	熊　斌、司　辉、张环宇、庞　哲、程炳发、张耀华、陈　一、覃艳东	2013.11.06
252	烟用花香香韵香精	CN201210292424.0	湖北中烟工业有限责任公司、武汉市黄鹤楼科技园有限公司	潘婷婷、程　华、周红审	2013.11.13
253	一种复配植物源农药及其制备方法	CN201210044702.0	湖北中烟工业有限责任公司、武汉市黄鹤楼科技园有限公司	潘家华、蹇顺华	2013.11.13
254	一种发酵型水果烟用香料的制备方法	CN201110076757.5	湖北中烟工业有限责任公司、武汉市黄鹤楼科技园有限公司	吕　品、齐富友、谭　烨	2013.12.04
255	将天然固体香精香料用于造纸法烟草薄片的方法	CN201010598097.2	湖北中烟工业有限责任公司、武汉市黄鹤楼科技园有限公司	刘　鑫、熊　斌、张耀华、齐　伟	2013.12.11
256	一种清香型特色烟用香料及其在卷烟中的应用	CN201110068354.6	湖北中烟工业有限责任公司、武汉市黄鹤楼科技园有限公司	黄　龙、朱　巍、谭　烨、彤　霖、邵兴伟、吴　昭	2013.12.18
257	一种用果胶酶制备烟用草莓浸膏的方法	CN201110134140.4	湖北中烟工业有限责任公司、武汉市黄鹤楼科技园有限公司	庞登红、董爱君、黄　龙	2013.12.25
258	一种发酵型烟用玫瑰花提取物及其制备方法	CN201010288828.3	湖北中烟工业有限责任公司、武汉市黄鹤楼科技园有限公司	庞登红、熊国玺、王　娜	2013.12.25
259	一种玫瑰花中药浴足粉的制备方法	CN201110047888.0	湖北中烟工业有限责任公司、武汉市黄鹤楼科技园有限公司	黄晓伟、朱　巍、黄　龙、王　珊、李　星、马舒翼	2013.12.25
260	聚丙烯丝束滤棒中苯系物含量的测定方法及专用萃取仪	CN201010573779.8	湖北中烟工业有限责任公司、武汉市黄鹤楼科技园有限公司	程占刚、叶明樵、王建新	2013.01.23
261	发酵型烟用神农香菊精油的制备方法	CN201210208765.5	湖北中烟工业有限责任公司、武汉市黄鹤楼科技园有限公司	王　娜、司　辉、庞登红	2013.01.23
262	一种烟用玫瑰精油的提取工艺	CN201110174491.8	湖北中烟工业有限责任公司、武汉市黄鹤楼科技园有限公司	黄晓伟、黄　龙、朱　巍、李　星、王　萍、王　珊、彤　霖、高中洪	2013.03.27
263	沙枣提取物及其在造纸法薄片中的应用	CN200910272582.8	湖北中烟工业有限责任公司、武汉市黄鹤楼科技园有限公司、湖北新业烟草薄片开发有限公司	姚元军、孙德平、姜兴涛、王学文、王　亮、刘志昌、王凤兰	2013.04.10
264	烟草薄片原料萃取液的综合除杂新工艺及除杂系统	CN200910063930.0	湖北中烟工业有限责任公司、宜春远大生物工程有限公司	孙德平、孙海辉、王学文、王凤兰、廖英俊、姚元军、刘志昌	2013.07.24
265	一种高效的烟草花粉离体液体培养的方法	CN201110200353.2	湖北省烟草科研所	蔡长春、林国平、王　毅、曹景林、张俊杰、祖秉桥	2013.08.14
266	一种烟草种子渗透调节自动控制系统及其使用方法	CN201110190774.1	湖北省烟草科研所	李宗平、蔡广辉、杨春雷、张俊杰、徐世平、王文明、郭宇龙、陈茂胜、彭　灏	2013.03.20
267	一种用于烟草花粉的高效诱变方法	CN201110200354.7	湖北省烟草科研所	蔡长春、林国平、曹景林、王　毅、杨　树、张俊杰	2013.06.12
268	一种烟草人工授粉针拨药取粉杂交授粉方法	CN201110155136.6	湖北省烟草科研所	李宗平、李进平、郭宇龙、徐世平、王文明、张俊杰、陈茂胜、彭　灏	2013.09.11
269	解磷恶臭假单胞菌 L13 及其发酵工艺	CN201110047420.1	湖北省烟草科研所、华中农业大学、武汉瑞阳生物科技有限公司	陈守文、王昌军、信　健、冀志霞、李进平、祖秉桥、祁高富、马　昕、杨　树、李建平	2013.12.25
270	一种密集烤烟房用换热器陶瓷材料及其制备方法	CN201110139597.4	湖北省烟叶公司、武汉理工大学	熊　吉、程金树、袁红涛、汤李缨、梅东海、陆　平、程　曦	2013.01.09

续表

序号	专利名称	专利号	专利权人	发明/设计人	授权公告日
271	一种密集烤房用无机非金属材料高温粘结剂及其制备方法	CN201110139599.3	湖北省烟叶公司、武汉理工大学	熊　吉、程金树、袁红涛、汤李缨、梅东海、陆　平、程　曦	2013.02.13
272	一种烟叶漂浮育苗方法	CN201210280406.0	恩施土家族苗族自治州烟草物资供应公司	张　健、向明参、徐登奎、彭治恩、关吉宴	2013.08.14
273	降低造纸法烟草薄片中木质素含量的方法	CN201110037859.6	武汉淡雅香科技发展股份有限公司	孙德平、刘志昌、王学文、毛　耀、唐向兵、姚元军、王凤兰、王　亮、谢益民、王　磊、万　超	2013.01.23
274	烟草废水污泥活化及其再利用方法	CN201010562368.9	武汉淡雅香科技发展股份有限公司	姚元军、王云祥、吴四和、胡丽军、王凤兰、刘志昌、万　超	2013.10.30
275	烟草废水污泥提取生物碱的方法	CN201010562356.6	武汉淡雅香科技发展股份有限公司	唐向兵、王云祥、胡丽军、吴四和、王凤兰、刘志昌、万　超	2013.06.05
276	一种注芯香烟	CN201210061222.5	武汉黄鹤楼新材料科技开发有限公司	刘祥谋、王庆九、胡　蓓	2013.12.11
277	紫云英根瘤菌高密度发酵工艺	CN201110047474.8	华中农业大学、湖北省烟草科研所、武汉瑞阳生物科技有限公司	陈守文、王昌军、信　健、马　昕、冀志霞、李进平、祁高富、祖秉桥、杨　树、李建平	2013.10.30
278	一种以空气源热泵为热源的烟草烤房	CN200910044468.X	湖南省烟草公司长沙市公司、湖南省浏阳市择明热工器材有限公司	汤世国	2013.06.05
279	利用废弃皮毛生产氨基酸烟草专用叶面肥的方法	CN201210249058.0	湖南省烟草公司郴州市公司、曾维爱、鲁耀雄	郑雄志、周志成、曾维爱、鲁耀雄、龙世平、李宏光、黄艳宁、崔新卫、许清孝、黄长永、彭福元、余金龙、李晓燕、刘永能、范海珊	2013.12.11
280	二氯喹啉酸在烟叶和植烟土壤中的残留检测方法	CN201210420474.2	湖南省烟草公司郴州市公司、曾维爱、欧晓明	郑雄志、赵松义、周清明、周志成、李宏光、欧晓明、曾维爱、黄艳宁、蔡志敏、张路由、王志德、李丽娟	2013.01.30
281	烤房金属设备环保除锈处理液	CN201210201308.3	湖南省烟草公司永州市公司	袁　芳、高春洋、肖小波、刘正日	2013.01.30
282	一种烤烟栽培用烟梗地膜的制备方法	CN201210562260.9	湖南省烟草公司永州市公司	蒋笃忠	2013.04.10
283	卷烟烟气气溶胶测试装置	CN201110073562.5	湖南中烟工业有限责任公司	王诗太、金　勇、李　克、范红梅、谭海风、郭紫明、尹新强、钱晓春、谢国勇、赵立红、刘　琦、郭小义、陈　潜、秦亮生	2013.04.10
284	钛酸三薄荷一乙酯及其制备和应用方法	CN201110151818.X	湖南中烟工业有限责任公司	任建新、穆小丽、罗　嘉、银董红、杜　文	2013.04.17
285	一种卷烟过滤嘴芯安装笔	CN201110265963.0	湖南中烟工业有限责任公司	郭小义、金　勇、赵立红、陈　潜、李　克、范红梅、谭海风、王诗太、刘　琦	2013.05.22
286	一种烟用香料及其制备方法	CN201010600441.7	湖南中烟工业有限责任公司	赵国玲、杨华武、卢红兵、钟科军	2013.07.03
287	一种弱极性卷烟纸质滤材及其制备和应用方法	CN201110149439.7	湖南中烟工业有限责任公司	刘建福、金　勇、李　克、谭海风、谭新良、刘金云、王诗太、范红梅、姚　舜	2013.08.14
288	缓解吸烟所致呼吸道损害的烟用复方中药添加剂及其在卷烟上的应用	CN201010161086.8	湖南中烟工业有限责任公司	谭新良、桂　卉、杨华武、蔡光先、黎艳玲、罗杰英、黄江波	2013.08.14
289	一种氧化紫罗兰酮合成氧代紫罗兰酮的方法	CN201110123283.5	湖南中烟工业有限责任公司	杨华武、唐瑞仁、黎艳玲、陈　雄、赵　瑜、苏利霞、银董红、刘建福	2013.10.23

续表

序号	专利名称	专利号	专利权人	发明/设计人	授权公告日
290	一种阻燃剂涂料的应用方法，及阻燃卷烟接装纸、卷烟	CN201110222224.3	湖南中烟工业有限责任公司	丁时超、尹大锋、曹继红、钱晓春、谭新良、银董红、郭紫明	2013.10.23
291	一种植物内生菌生物转化葡萄干提取物及其制备和在烟草加香中的应用	CN201110342923.1	湖南中烟工业有限责任公司	赵国玲、杨华武、刘佳佳、卢红兵	2013.11.27
292	一种降低卷烟主流烟气中亚硝胺含量的烟草薄片及其制备和应用方法	CN201110343225.3	湖南中烟工业有限责任公司	秦亮生、银董红、黎成勇、金　勇、刘建福	2013.11.27
293	一种具有降低主流烟气中苯酚含量作用添加剂及其制备和应用方法	CN201210461912.X	湖南中烟工业有限责任公司	秦亮生、银董红、杜　文、刘建福	2013.12.18
294	一类邻羟基酮类化合物的锌配合物的应用	CN201010556979.2	湖南中烟工业有限责任公司	黎艳玲、杨华武、邓昌健、陈　雄、傅见山、赵　瑜、朱卓越、苏利霞、卢红兵	2013.12.18
295	基于气相色谱－质谱分析的共流出峰解析及谱库检索方法	CN201210012650.9	湖南中烟工业有限责任公司	卢红兵、孔　波、杨华武、庹苏行、赵　瑜、谭新良、钟科军	2013.01.09
296	基于气相色谱－质谱分析数据的三维信息对比分析方法	CN201210012649.6	湖南中烟工业有限责任公司	孔　波、杨华武、卢红兵、庹苏行、赵　瑜、谭新良、钟科军	2013.06.26
297	滚筒气吸式烟草包衣种子排种器	CN201110301839.5	湖南农业大学、中国烟草中南农业试验站	谢方平、刘剑锋、胡日升、孙松林	2013.04.24
298	一种用于钵苗移栽的自动取苗机构	CN200910044207.8	湖南农业大学、中国烟草中南农业试验站	孙松林、谢方平、蒋　蘋、周志成、李军政、石　峰、肖明涛、惠东志、肖卫宾、王金葵、邓向春	2013.08.07
299	一种烟草耐冷性的苗期鉴定方法	CN201210073660.3	中国烟草中南农业试验站	胡日生、曾　中、史端甫、刘　志、杨全柳、戴杏华、贺利雄、朱列书	2013.04.03
300	一种供热系统无机非金属复合材料及其制备方法	CN201110314255.1	中国烟草中南农业试验站、邓学锋	肖春生、邓学锋、邓满成、汪耀富、肖汉乾、胡日生、危寿松、邓世雄	2013.06.12
301	一种纳米功能涂料	CN201110313922.4	中国烟草中南农业试验站、邓学锋	肖春生、邓世雄、陆中山、肖汉乾、罗井清、胡日生、邓学锋	2013.07.17
302	一种复合除硫除硝助燃剂	CN201110317928.9	中国烟草中南农业试验站、邓学锋	肖春生、邓学锋、汪耀富、陆中山、肖汉乾、曾　中、邓世雄、何　阳	2013.07.17
303	一种烟苗垄高自适应自动导向移栽机	CN201110127936.7	湖南农业大学、中国烟草中南农业试验站、长沙市劲牛机械有限公司	孙松林、李军政、肖明涛、谢方平、蒋　蘋、胡日生、钟尚文、吴　畏	2013.07.24
304	一种以烟草为原料制备角鲨烯的方法	CN201110058487.5	中国烟草总公司广东省公司、华南农业大学	陈泽鹏、江定心、罗福命、李茂军、陈伟明、王　军、张丹丹、万树青	2013.04.24
305	多功能造纸用瓜尔胶衍生物及其制备方法与应用	CN201110325120.5	华南理工大学、广东省金叶烟草薄片技术开发有限公司、中国烟草总公司广东省公司	万小芳、李友明、陈伟明、杨祖荫	2013.04.24
306	利用烟料废弃物用造纸法制备烟草薄片的方法	CN201110263666.2	华南理工大学、广东省金叶烟草薄片技术开发有限公司、中国烟草总公司广东省公司	雷利荣、李友明、陈伟明、吕永华	2013.01.23
307	角鲨烯与茶多酚组合物及其在卷烟中的应用	CN201010529711.X	华南农业大学、中国烟草总公司广东省公司	陈泽鹏、江定心、万树青、王　军、李文才、陈华勇	2013.01.30

续表

序号	专利名称	专利号	专利权人	发明/设计人	授权公告日
308	电子标签货柜及采用该电子标签货柜的异型烟分拣方法	CN201110030048.3	广东烟草云浮市有限责任公司	黄焱隆、潘广文、刘栋球、李俐文、黎民泽、陈少武	2013.12.04
309	角鲨烯与β－胡萝卜素的组合物及其在卷烟中的应用	CN201010578167.8	华南农业大学、中国烟草总公司广东省公司	江定心、陈泽鹏、万树青	2013.01.30
310	用于烟丝掺配的多级风选机	CN201010527240.9	广东中烟工业有限责任公司	江　威	2013.01.30
311	一种苹果香韵型烟用香精及其制备方法和应用	CN200910040925.8	广东中烟工业有限责任公司	饶国华	2013.01.30
312	适用于中等焦油浓度卷烟侧流烟气气溶胶的采集及检测方法	CN200910194209.5	广东中烟工业有限责任公司	沈光林、孔浩辉	2013.02.13
313	一种卷烟滤棒的降焦增香方法及应用	CN201010297374.6	广东中烟工业有限责任公司	饶国华	2013.04.10
314	一种快速同时测定烟草中16种无机阴离子和有机酸的方法	CN201010577905.7	广东中烟工业有限责任公司	胡　静、赵瑞峰、施文庄、李　峰、周　瑢、韩　冰	2013.04.10
315	分段式烘丝机	CN201010186272.7	广东中烟工业有限责任公司	江　威	2013.04.10
316	一种卷烟主流烟气的分析方法	CN200910170547.5	广东中烟工业有限责任公司	孔浩辉、陈翠玲、鲁　虹	2013.04.10
317	烟梗提取液的美拉德反应工艺	CN201110194764.5	广东中烟工业有限责任公司	李旭华、孔浩辉、周　瑢、卓浩廉、陈翠玲、伍锦鸣	2013.04.10
318	一种海带多糖及其制备方法和应用	CN201110321909.3	广东中烟工业有限责任公司	陈森林、沈光林、卓浩廉、汪军霞、金保锋、伍锦鸣、崔　春、赵谋明、卢茳虹	2013.05.01
319	一种海带多糖及其提取方法和应用	CN201110321910.6	广东中烟工业有限责任公司	陈森林、沈光林、卓浩廉、汪军霞、金保锋、伍锦鸣、崔　春、赵谋明、卢茳虹	2013.05.01
320	一种紫菜多糖及其制备方法和应用	CN201110321923.3	广东中烟工业有限责任公司	陈森林、沈光林、卓浩廉、汪军霞、金保锋、伍锦鸣、崔　春、赵谋明、卢茳虹	2013.05.01
321	一种检测卷烟滤棒中三乙酸甘油酯的方法	CN201010512571.5	广东中烟工业有限责任公司	孔浩辉、陈翠玲	2013.05.15
322	一种烟用接装纸疏唇性能测试评价方法	CN201110062685.9	广东中烟工业有限责任公司	黄　菲、董　浩、刘　锋、容秀英、荆　熠、马丽娜、周明珠、邢　军、郭伟雄、李晓辉、陈缨红、周德成、胡清源、王锦平	2013.05.22
323	一种新型香烟软包装结构	CN201110368883.8	广东中烟工业有限责任公司	叶为民	2013.06.12
324	一种适用于连续、分段取样储样的色谱瓶	CN201110154908.4	广东中烟工业有限责任公司	孔浩辉	2013.07.03
325	一种烟草内源性香料及其制备方法和应用	CN201110048805.X	广东中烟工业有限责任公司	李旭华、卓浩廉、伍锦鸣、林　翔、郭　文、刘丽芬、李　仙、孔祥勇、张　勃	2013.07.17
326	一种测定烟草中自由水含量的方法	CN201110048801.1	广东中烟工业有限责任公司	李旭华、卓浩廉、伍锦鸣、张晓兵、彭　斌、赵　乐、王　冰	2013.08.07
327	烟梗提取液的处理工艺	CN201110194762.6	广东中烟工业有限责任公司	李旭华、卓浩廉、孔浩辉、周　瑢、程志颖、伍锦鸣	2013.08.21

续表

序号	专利名称	专利号	专利权人	发明/设计人	授权公告日
328	一种海带多糖乙醇提取液的制备方法及其应用	CN201110321907.4	广东中烟工业有限责任公司	陈森林、沈光林、卓浩廉、汪军霞、金保锋、伍锦鸣、崔　春、赵谋明、卢茳虹	2013.08.21
329	一种多吃味型香烟的制备方法	CN201010613348.X	广东中烟工业有限责任公司	饶国华、赵瑞峰、刘　熙	2013.09.11
330	一种酿热物的制备方法及制得的酿热物	CN201010248056.0	广东中烟工业有限责任公司	陈建军、李旭华、文　俊、王　维、叶为民	2013.10.09
331	一种烟草添加剂及其应用	CN201010577662.7	广东中烟工业有限责任公司	张优茂、李旭华、方细玲	2013.11.27
332	色谱瓶清洗装置	CN201110321876.2	广东中烟工业有限责任公司	郭伟雄	2013.11.27
333	一种卷烟质量控制方法	CN201010019222.X	广东中烟工业有限责任公司	赵瑞峰、邵干辉、卓浩廉、陈越立、饶国华	2013.12.18
334	一种植物及植物制品中水溶性氮含量的测定方法	CN201110460149.4	广东中烟工业有限责任公司	孔浩辉、程志颖	2013.03.20
335	海藻纤维在卷烟滤棒中的应用	CN201110454833.1	广东中烟工业有限责任公司	刘　丹、黄宪忠	2013.04.03
336	卷烟机钢印油墨传动设备	CN201110194714.7	广东中烟工业有限责任公司	何善勇、江　威、徐培刚、廖郁东、刘焕明	2013.04.10
337	一株微生物菌株及其应用	CN201110158974.9	广西中烟工业有限责任公司	龙章德、黄泰松、韦建玉、白　森、邹克兴、胡亚杰、蔡联合、金亚波、张纪利	2013.07.31
338	一种能降低卷烟烟气中挥发性羰基化合物含量的烟用滤棒及其制备方法	CN201210279442.5	广西中烟工业有限责任公司	冯守爱、黄泰松、邹克兴、孟冬玲、范　忠、韦　康、周　俊、李志华、黄江锋、白家峰	2013.12.04
339	一种葡萄浸膏及其制备方法和在卷烟加香中的应用	CN200810073707.X	广西中烟工业有限责任公司	黄天辉、黄泰松、邹克兴、周浦檀、周　俊、黄世杰、宁振兴、徐雪芹	2013.12.25
340	一种卷烟减害添加剂及其制备方法	CN201110241463.3	广西中烟工业有限责任公司	吴　彦、黄泰松、邹克兴、白家峰	2013.12.25
341	一种咖啡淀粉复合颗粒的制备方法及其在卷烟滤嘴中的应用	CN201310236336.3	广西中烟工业有限责任公司	张雨夏、周　俊	2013.01.30
342	一种烤房烘烤工艺	CN201110292599.7	四川省烟草公司泸州市公司	罗定棋、李清沛、管安伟、张永辉、谢　强、雷　晓、潘旦利、王　毅、何余勇、谢云波	2013.01.30
343	用于密集式烤房的烟叶烘烤方法	CN201110390164.6	四川省烟草公司宜宾市公司	杨懿德、向金友、张吉亚、谢　冰、杨笑瑒、陈建新、王光合、夏　军、苏云松	2013.01.30
344	射干挥发油提取方法及射干挥发油在卷烟中的应用	CN201010252348.1	川渝中烟工业有限责任公司	宋光富、戴　亚、李东亮、薛　芳、汪长国	2013.01.30
345	五碳或六碳单糖－（E）－3－（呋喃－2－基）丙烯酸单酯类化合物及其制备方法和用途	CN201010524869.8	川渝中烟工业有限责任公司	戴　亚、沈　怡、马扩彦、周　容	2013.01.30
346	五碳或六碳单糖－L－孟氧基乙酸单酯类化合物及其制备方法和用途	CN201010524908.4	川渝中烟工业有限责任公司	戴　亚、沈　怡、马扩彦、周　容	2013.02.13
347	五碳或六碳单糖－L－孟氧基乙酸双酯类化合物及其制备方法和用途	CN201010525097.X	川渝中烟工业有限责任公司	戴　亚、沈　怡、马扩彦、周　容	2013.03.20

续表

序号	专利名称	专利号	专利权人	发明/设计人	授权公告日
348	五碳或六碳单糖－（E）－3－（呋喃－2－基）丙烯酸双酯类化合物及其制备方法和用途	CN201010525098.4	川渝中烟工业有限责任公司	戴　亚、沈　怡、马扩彦、周　容	2013.03.20
349	烤烟产区综合评价方法	CN200810046386.4	川渝中烟工业有限责任公司	李东亮、戴　亚、许自成	2013.03.20
350	应用蒸汽爆破与酶处理技术改善烟梗质量的工艺实现方法	CN201010252392.2	川渝中烟工业有限责任公司	李东亮、戴　亚、李　刚、刘元法、吴　艳、周学政	2013.04.03
351	一种评价滤嘴添加剂吸附烟气中挥发性、半挥发性有机化合物效果的方法	CN201110067561.X	川渝中烟工业有限责任公司	朱立军、孙玉峰、戴　亚、李　力、马扩彦、施丰成	2013.05.22
352	一种评价滤嘴添加剂吸附烟气中酚类化合物效果的方法	CN201110067645.3	川渝中烟工业有限责任公司	孙玉峰、朱立军、戴　亚、马扩彦、李　力、薛　芳	2013.08.14
353	一种雪茄烟叶的调制方法	CN201110148858.9	川渝中烟工业有限责任公司	戴　亚、汪长国、李　宁、曾代龙、贾玉红、吴　艳、寇明钰	2013.08.14
354	射干浸膏提取方法及射干浸膏在卷烟中的应用	CN201010252361.7	川渝中烟工业有限责任公司	宋光富、戴　亚、李东亮、薛　芳、汪长国	2013.09.04
355	应用蒸汽爆破与微波辐射技术改善烟梗品质的工艺实现方法	CN201010252427.2	川渝中烟工业有限责任公司	李东亮、戴　亚、李　刚、宋光富、刘元法、周学政	2013.09.04
356	烟梗纳米化处理制备卷烟吸附材料的方法及应用	CN201110067262.6	川渝中烟工业有限责任公司	冯广林、黄　馨、李　刚、李东亮、曾　建、宋光富、戴　亚	2013.11.20
357	烟草中甾醇的测定方法	CN201010524711.0	川渝中烟工业有限责任公司	薛　芳、宋光富、戴　亚、李东亮、施丰成、朱立军	2013.12.11
358	一种纤维素复合微球及其制备方法	CN201210070945.1	川渝中烟工业有限责任公司	戴　亚、马　明、谭兰兰、李　峰、周金平	2013.03.06
359	一种利用大豆纤维制备卷烟双纤维混合滤嘴的方法	CN201210155525.3	川渝中烟工业有限责任公司	李东亮、李　刚、冯广林、黄　馨、宋光富、刘元法	2013.03.06
360	一种利用数学联合模型引导提高卷烟通风率的方法	CN201210115914.3	四川烟草工业有限责任公司成都分厂	莫远烈	2013.03.13
361	烟用聚丙烯丝束滤棒中铵离子含量的测定方法	CN201010544933.9	重庆烟草工业有限责任公司	黎洪利、何　蓉、文　鹏、朱立军、蔡　利、戴迎雪	2013.03.27
362	一种测定卷烟主流烟气气相中硫化氢的方法	CN201110054625.2	重庆烟草工业有限责任公司	黎洪利、何　蓉、文　鹏、朱立军、赵朋贤、戴迎雪	2013.03.27
363	烟用聚丙烯丝束滤棒成型水性胶中氨含量的测定方法	CN201010116233.X	重庆烟草工业有限责任公司	何　蓉、文　鹏、黎洪利、戴迎雪、朱立军、王　鹏、彭　忠、兰中于	2013.03.27
364	检测卷烟滤棒加香量添加精度的方法	CN201010042062.0	重庆烟草工业有限责任公司	兰中于、何　蓉、朱立军、彭　忠、齐延鹏、文　鹏	2013.05.01
365	一种铜显色法间接测卷烟主流烟气气相中硫化氢的测定方法	CN201110054656.8	重庆烟草工业有限责任公司	黎洪利、何　蓉、文　鹏、朱立军、戴迎雪、赵朋贤	2013.06.12
366	一种带增温的烟草物料风送设备	CN201010504073.6	重庆烟草工业有限责任公司	丁康钟、何　蓉、谭奇忠、黄　治、刘　华、齐延鹏、周苗苗	2013.08.07
367	内嵌螺旋纸的香烟滤棒制造装置	CN201110196163.8	四川三联卷烟材料有限公司	韩　勇、邓　永、杨本刚、郑　杰、张仁港	2013.04.10

续表

序号	专利名称	专利号	专利权人	发明/设计人	授权公告日
368	一种螺旋滤棒	CN201110135613.2	四川三联卷烟材料有限公司	韩 勇、费 翔、邓 永、刘 锴、尹 嵩	2013.06.05
369	中空型滤棒的生产装置	CN201110135615.1	四川三联卷烟材料有限公司	韩 勇、邓 永、费 翔、杨本刚、柏炎炜	2013.08.21
370	笑脸香烟滤棒的生产装置	CN201110195799.0	四川三联卷烟材料有限公司	韩 勇、邓 永、费 翔、杨本刚、陈耀宁	2013.11.27
371	烟草杂交制种方法	CN201110023476.3	贵州大学、贵州省烟草公司安顺市公司	刘仁祥、徐 铭、黄 莺、代 飞、聂 琼、韩孝六、徐如宏、朱 俊	2013.08.21
372	烤烟地膜井窖式小苗移栽方法	CN201110203197.5	贵州省烟草公司铜仁地区公司	田劲松、龙鹏臻、唐茂兴、罗会斌、鲁庭军、龙勇（大）、龙勇（小）、李万扬、石元兵、龙树明、龙树刚、田 军、艾永峰、徐兴强、周兴华、刘 杰	2013.08.14
373	利用余热进行回潮的初烤烟叶烤房及其使用方法	CN201110299186.1	贵州毕节地区烟草公司威宁县分公司	马本宁、罗贞宝、翟 欣、陈 雪、杨双剑、代昌明、董安玮、吴道华、熊 晶、马兴义、马敏伦、苏明信、杨显志、罗富松、张荣春、马建光、李鹏志、马树群、夏海乾	2013.10.16
374	高效液相色谱测定主流烟气中七种有害酚各自含量的方法	CN200810100686.6	贵州中烟工业有限责任公司、贵州大学	彭黔荣、杨 敏、张 婕、刘钟祥、朱红波、蔡元青、赖东辉	2013.01.23
375	一种降低卷烟危害的烟用添加剂及其制备与应用	CN201110250997.2	贵州中烟工业有限责任公司	刘 剑、叶 冲、赵 杨、韩 伟、毛寒冰、邹西梅	2013.01.23
376	一种烟用添加剂及其制备与应用	CN201010619499.6	贵州中烟工业有限责任公司	刘 剑、聂长春、叶 冲、赵 杨、韩 伟	2013.03.20
377	一种免施基肥的烤烟施肥方法	CN201110366505.6	贵州省烟草科学研究所	夏海乾、孟 琳、石俊雄、商胜华、王茂胜、汪汉成、王晶君、张 恒	2013.03.20
378	烤烟漂浮育苗苗床水分控制的方法	CN200910102853.5	贵州省烟草科学研究所	潘文杰、薛小平、陈 伟、陈 杰、雷 波、姜超英、任 竹、李红勋、陈 懿	2013.05.01
379	一垄双行烤烟错位栽培的方法	CN200910102852.0	贵州省烟草科学研究所	潘文杰、陈 懿、雷 波、任 竹、李红勋、陈 杰、陈 伟、姜超英、薛小平	2013.08.14
380	一种烟株留种的方法	CN201210105096.9	贵州省烟草科学研究所	罗正友、杨春光、王仁刚、王 轶、任学良	2013.08.21
381	菜籽饼的快速熟化方法	CN200910102414.4	贵州省烟草科学研究所	石俊雄、黄建国	2013.09.04
382	烟苗免墒膜下滴灌移栽方法	CN201210105130.2	贵州省烟草科学研究所	丁福章、曹廷茂、雷 波、袁有波、潘文杰	2013.10.02
383	提高烟叶钾离子含量的烤烟种质培育方法	CN201110323874.7	贵州省烟草科学研究所	赵杰宏、王 轶、韩 洁	2013.10.09
384	包埋脱落酸的壳聚糖纳米粒子及其制备方法	CN201110000856.5	贵州省烟草科学研究所	陈兴江、商胜华、邱雪柏、蔡刘体、耿召良	2013.10.09
385	具有高香气，杂气轻，口感好的烟草杂交制种方法	CN201210149443.8	贵州省烟草科学研究所	王 轶、杨春元、任学良、王仁刚、曾吉凡、谢升东、王志红、史跃伟	2013.12.11
386	包埋甲霜灵的方法	CN201110415735.7	贵州省烟草科学研究所	陈兴江、王晶君、耿召良、蔡刘体、陆 宁、商胜华、曹 毅	2013.12.11
387	测定烟草中咖啡酸含量的方法	CN201210257078.2	贵州省烟草科学研究所	任 竹、赵会纳、雷 波、丁福章、张 捷、潘文杰、罗宝昌	2013.04.24

续表

序号	专利名称	专利号	专利权人	发明/设计人	授权公告日
388	烤烟、牧草免耕轮作的方法	CN201110123559. X	贵州省烟草科学研究所	邹　焱、谢已书、陈　伟、卢贤仁	2013. 05. 08
389	一种烟草种子发芽床及其制备方法	CN201210241149. X	贵州省烟草科学研究所	李振华、陈　尧、刘一灵、龙明锦、陈丽莉	2013. 04. 03
390	一种烟叶碎叶烘干方法及其装置	CN200910084780. 1	贵州梵净山烟叶复烤有限责任公司	陈吉辉、徐继华、王显阳、杜显维、余尽尧、唐　宏	2013. 11. 06
391	一种红花大金元品种烟叶的烘烤工艺	CN201110006577. X	云南省烟草公司昆明市公司、云南烟草科学研究院	韩智强、夭建华、李跃平、陈树林、简　彬、任一鹏、姚国友、余加龙	2013. 04. 03
392	一种漂浮育苗小棚繁育饲养烟蚜茧蜂的方法	CN201110221751. 2	云南省烟草公司保山市公司	何　伟、杨中义、张发明、段燕平、李永亮、胡志明、李映相、蒋天曙、张　军、孙志浦、于永靖、戴永平	2013. 10. 23
393	利用新鲜烟株废弃物制取香蕉果树专用有机肥的方法	CN201210112506. 2	云南省烟草公司楚雄州公司、昆明东燃科技开发有限公司	张映翠、徐燕玲、徐贵元、段应泽、胡平国、胡　伟、胡小东、许建明、金绍顺、杨家雄	2013. 12. 11
394	密集式烤房姬菇烘烤方法	CN201110337239. 4	云南省烟草公司大理州公司	苏家恩、杨　程、徐发华、米建华、张聪辉、蒋自立、王德勋	2013. 02. 20
395	一种利用封闭式环境培育烟苗的方法	CN201210240881. 5	云南省烟草公司大理州公司	单沛祥、樊在斗、段凤云、徐发华、王德勋、王新中、杨　程、米建华、苏家恩、赵国明	2013. 03. 06
396	一种山沙型烟草蔬菜漂浮育苗组合基质	CN201210140067. 6	云南省烟草公司红河州公司	李如伟、兰绍华、朱　敏	2013. 03. 20
397	豌豆蚜繁殖烟蚜茧蜂的方法	CN201110202244. 4	云南省烟草公司曲靖市公司	曾　嵘、张拯研、吴　伟、林选知、浦　勇、吴　剑、殷寿安、刘　芳、冯晓忠、朱　元、任　翔、王　惠	2013. 06. 05
398	多功能自动化一体化籽种装盘播种机	CN201010550519. 9	云南省烟草公司曲靖市公司、云南模三机械有限责任公司	杨荣生、夏开宝、张拯研、殷寿安、解　燕、刘加红、黄夸克、张　斌、王德盛、宋　宁、山乔昆、刘祖友、王贵荣、王志孝、张石强、段一泉	2013. 10. 16
399	一种滚筒式烟梗连续微波膨胀设备	CN201110138821. 8	云南昆船瑞升烟草加工新技术有限责任公司、昆明理工大学	许琨敏、彭金辉、苏四清、郭胜惠、管　仲、周俊文、龚康军、梁贵安、高国灿、高志芬	2013. 01. 09
400	一种旋转动密封式防微波泄漏装置	CN201110138820. 3	云南昆船瑞升烟草加工新技术有限责任公司、昆明理工大学	苏四清、周俊文、高国灿、郭胜惠、管　仲、梁贵安、龚康军	2013. 11. 06
401	獐牙菜苷药物制剂及其在防治烟草花叶病毒病中的应用	CN201210115576. 3	云南省农业科学院生物技术与种质资源研究所、云南省烟草农业科学研究院、云南民族大学	张仲凯、莫笑晗、陈永对、董家红、李干鹏、胡　剑、余　清、张廷金	2013. 01. 16
402	龙胆苦苷药物制剂及其在防治烟草花叶病毒病中的应用	CN201210115564. 0	云南省农业科学院生物技术与种质资源研究所、云南省烟草农业科学研究院、云南民族大学	张仲凯、莫笑晗、陈永对、董家红、李干鹏、李婷婷、余　清、张廷金	2013. 02. 27
403	利用湿润－漂浮育苗方式生产菌根烟苗的方法	CN201110110708. 9	云南省烟草农业科学研究、西南大学	杨宇虹、晋　艳、段玉琪、邢　睿、黄建国、袁　玲、梁永江、丁　伟	2013. 03. 20
404	一种气流交替运行式烤烟密集型烤房烘烤工艺	CN201010569349. 9	云南省烟草农业科学研究院	崔国民、黄　维、赵高坤、卢秀萍、邓建华、李向阳	2013. 03. 20
405	一种能使烤烟品种 KRK26 提高烘烤质量的烟叶烘烤工艺	CN201010569574. 2	云南省烟草农业科学研究院	崔国民、黄　维、赵高坤、卢秀萍、邓建华、李向阳	2013. 04. 17

续表

序号	专利名称	专利号	专利权人	发明/设计人	授权公告日
406	一种导致烟草青枯病的茄科雷尔氏菌高纯培养物制备和保存方法	CN201110112228.6	云南省烟草农业科学研究院	方敦煌、晋　艳、宋春满、胡　坚、秦西云、余　清	2013.06.19
407	一种荧光假单胞菌制剂及其应用	CN201110330782.1	云南省烟草农业科学研究院	夏振远、雷丽萍、吴玉萍、莫笑晗	2013.06.19
408	一种烟叶原色腊叶标本的制作方法	CN201110209776.0	云南省烟草农业科学研究院	方敦煌、莫笑晗、晋　艳、宋春满、秦西云、余　清	2013.07.31
409	一种测定烤烟烟叶采收成熟度的方法	CN201110069396.1	云南省烟草农业科学研究院	张树堂、杨宇虹、晋　艳	2013.07.31
410	一种二氢黄酮类化合物及其应用	CN201110225453.0	云南省烟草农业科学研究院	吴玉萍、夏振远、孔光辉、雷丽萍、逄　涛、赵立红	2013.08.21
411	利用 RGP－3 特异性分子标记快速鉴别 11 个烟草种质的方法	CN201110388304.6	云南省烟草农业科学研究院	李文正、陈　璇、黄夸克、刘　勇、陈学军、王丙武、张家瑞、邵　岩	2013.09.11
412	一种烟叶标本处理液及烤后烟叶标本批量制作与保存方法	CN201110223302.1	云南省烟草农业科学研究院	逄　涛、邓建华、卢秀萍、文大荣	2013.09.11
413	紧凑型同时蒸馏萃取装置	CN201010251251.9	云南省烟草农业科学研究院	宋春满、方敦煌、卢秀萍、晋　艳、邓建华、逄　涛、李向阳、师君丽	2013.11.20
414	密集烤烟叠层紧凑优化型节能烤房	CN201010133776.2	云南省烟草农业科学研究院、云南航天烘烤设备制造有限公司、云南宏金叶科技开发有限公司	飞　鸿、普怀玉、李　颖、杜绍民	2013.03.20
415	一种磁粉防伪烟草丸化种子及其检测方法	CN201110294738.X	云南省烟草农业科学研究院、浙江大学、玉溪中烟种子有限责任公司	李永平、胡　晋、马文广、关亚静、郑昀晔	2013.12.25
416	一种新型烟草种子发芽床的制备方法	CN201110444516.1	云南省烟草农业科学研究院、浙江大学、玉溪中烟种子有限责任公司	马文广、胡　晋、崔华威、李永平、关亚静、郑昀晔、牛永志、宋碧清	2013.04.10
417	烟草水分检测标准样品的制作及烘箱校准方法	CN201010137362.7	云南省烟草烟叶公司	王跃武、袁仕信、寸树标、刘　芳、段红芳、张嘉玺、李宇婷、古丽卿、高子然、卓泳旭、李　丽	2013.01.02
418	一种烤烟 GC/MS 指纹图谱的建立方法及应用	CN201110365633.9	云南省烟草烟叶公司	矣跃平、袁仕信、何云燕、刘　磊、尹晓东、曹林海、涂书新、何结望、阎铁军、李　琳	2013.01.02
419	诺丽果提取物及其应用	CN201210180000.5	云南烟草科学研究院	徐世涛、阴耕云、魏　杰、韩智强、刘劲芸、张虹娟、陆廷伟	2013.02.20
420	一种测定卷烟纸中碳酸钙含量的方法	CN201110307713.9	云南省烟草质量监督检测站	彭丽娟、李　苓、张　燕、李素华、王淑华	2013.04.03
421	烟草原料真空加料机的料液雾化装置	CN201010102386.9	云南烟草科学研究院	廖　臻、王　岚、徐世涛、蒋次清、陈永宽、刘　巍、杨　帅、冯　文、芮晓东	2013.04.17
422	一种香料烟型造纸法再造烟叶的生产方法	CN201010615984.6	云南烟草科学研究院	邱　晔、王　建	2013.05.08
423	一种实验室用打叶装置	CN201110021686.9	云南烟草科学研究院	张　强、王浩雅、简　彬、李红武、石凤学、和智君、王理珉、孙　力、任一鹏、董高峰、田丽梅、蔡　伟、向　明	2013.05.22
424	筛选外源添加剂对卷烟特殊烟气成分含量影响因子的方法	CN201110046341.9	云南烟草科学研究院	魏玉玲、李雪梅、刘　巍、徐济仓、倪　勇、杨叶昆、缪恩铭、缪明明	2013.05.29
425	烟草真空回潮加料装置	CN201010101657.9	云南烟草科学研究院	缪恩铭、金永灿、孔维松、贺　兵、耿永勤、李雪梅	2013.05.29

续表

序号	专利名称	专利号	专利权人	发明/设计人	授权公告日
426	沙棘在卷烟制备中的应用及应用方法	CN201010170959.1	云南烟草科学研究院	刘志华、刘春波、孙志勇、陈永宽、缪明明	2013.05.29
427	一种烟草中的酚类化合物及其制备方法和应用	CN201010291823.6	云南烟草科学研究院	杨光宇、陈永宽、缪明明、吴玲芬、李学森	2013.05.29
428	一种五味子所含木脂素类化合物及其制备方法和应用	CN201010291754.9	云南烟草科学研究院	杨光宇、陈永宽、刘　巍、贺　兵、王　岚、肖伟烈、孙汉董	2013.07.10
429	一种联苯环辛烯木脂素及其制备方法和应用	CN201010604811.4	云南烟草科学研究院	杨光宇、孔维松、崔柱文、陈永宽、刘　巍、肖伟烈、孙汉董	2013.07.17
430	烟草根茎所含苯并呋喃丙素类化合物及其制备方法和应用	CN201110232131.9	云南烟草科学研究院	陈章玉、李天飞、杨光宇、陈永宽、缪明明、谭建林	2013.09.04
431	一种用于低引燃倾向卷烟纸的阻燃涂料	CN201110279680.1	云南烟草科学研究院	何沛、缪明明、刘志华、向能军、王笛、王昆淼、刘春波	2013.09.04
432	一种防治烟草花叶病毒的精油制剂及其应用	CN201110429845.9	云南烟草科学研究院	韩智强、高则睿、卢　敏、姚　雷、徐　云、李忠环、彭　云、高福宏、詹莜国	2013.09.04
433	一种烟草自动控温加料装置	CN201110249075.X	云南烟草科学研究院	蔡　伟、何智君、董高峰、张天剑、任一鹏、田丽梅、向　明、樊　喆	2013.09.04
434	一种能自动升降烟支的装置	CN201210006056.9	云南烟草科学研究院	王浩雅、张　强、王理珉、石凤学、孙　力、李红武、任一鹏、蔡　伟、和智君、张天剑、田丽梅	2013.10.16
435	一种烟梗丝状成型加工工艺	CN201210091671.4	云南烟草科学研究院	李红武、张　强、孙　力、卢　伟、王理珉、郭生云	2013.10.30
436	一种烟草所含的多酚类化合物及其制备方法和应用	CN201110144554.5	云南烟草科学研究院	杨光宇、陈永宽、缪明明、陈章玉、李学森、吴玲芬	2013.10.16
437	一种香料烟的木脂素类化合物、制备方法及其应用	CN201210122758.3	云南烟草科学研究院	陈永宽、赵　伟、段沅杏、王　岚、杨光宇、刘　巍、缪明明	2013.11.13
438	一种微胶囊玫瑰精油及其在烟草中的应用	CN201210363601.X	云南烟草科学研究院	张虹娟、刘劲芸、黄致和、魏　杰、徐世涛、阴耕云、冯　文	2013.12.04
439	一种快速筛选和制备香料的方法	CN201210239109.1	云南烟草科学研究院	杨叶昆、李雪梅、米其利、夭建华、魏玉玲、徐济仓、陈建华	2013.12.04
440	一种实验室动态抄片生产造纸法再造烟叶的方法	CN201210060444.5	云南烟草科学研究院	刘　晶、王　建、邱　晔、向海英、徐若飞、李　晋、李庆华	2013.12.04
441	闭式五面筛滚烟梗分选机	CN201110285997.6	云南烟叶复烤有限责任公司 师宗复烤厂、 国营云南机器三厂烟机配件分厂	陈延宁、李建林、田宏、彭马留、王韩辉、姚水平	2013.03.13
442	滤棒成型机导丝喇叭咀	CN201210225185.7	云南玉溪卷烟厂滤嘴棒分厂、 红塔烟草（集团）有限责任公司	向能军、牟定荣、孟昭宇、龚为民、陈宝荣、许云春、陈洪林、钱　宇、奚保华、代培明	2013.04.03
443	一种反应型烟用香料的制备方法	CN201110371446.1	云南瑞升烟草技术（集团） 有限公司 红塔烟草（集团）有限责任公司	端李祥、白晓莉、李成斌、吴长伟、张　勃、毕　薇	2013.01.02
444	一种卷烟包装机上的折叠压板装置	CN201210045209.0	红塔烟草（集团）有限责任公司	李存华、袁云德、祁跃东	2013.04.17
445	利用测针球心坐标精密测量空间曲面上点和空间曲面的方法	CN200810170512.7	红塔烟草（集团）有限责任公司	李存华	2013.06.05

续表

序号	专利名称	专利号	专利权人	发明/设计人	授权公告日
446	一种鱼藤酮、拟除虫菊酯与辛硫磷混配的农药制剂	CN200710130539.9	红塔烟草（集团）有限责任公司	牟定荣、杨明权、赵云川、陈永福、王保兴、杨叶昆、侯　英、杨　燕、邹　悦	2013.06.05
447	一种烟草特有亚硝胺检测方法	CN201010501810.7	红塔烟草（集团）有限责任公司	张凤梅、杨　柳、汤建国、吴亿勤、孟昭宇	2013.06.19
448	物质热解行为的热分析仪和流动载气－单液滴微萃取联用装置及其使用方法	CN201010503697.6	红塔烟草（集团）有限责任公司	杨　柳、杨　继、吴亿勤、孟昭宇、朱文辉、高　韬	2013.09.04
449	一种香料烟增强烟用香精、制备方法及应用	CN201210475467.2	红塔烟草（集团）有限责任公司	侯　春、李海涛	2013.09.04
450	一株淀粉酶高产菌株及其改善低次等烟品质的方法	CN201110435707.1	红塔烟草（集团）有限责任公司	王　毅、魏云林、马永凯、唐兴宏、林连兵、季秀玲、刘　敏	2013.10.16
451	一种膨胀梗条的处理工艺	CN201210018730.5	红塔烟草（集团）有限责任公司	牟定荣、王　毅、邹　泉、赵云川、陈　冉、彭国岗、杨光涛	2013.11.20
452	一种烟叶分切打叶复烤方法	CN201010516753.X	红塔烟草（集团）有限责任公司	李穗明、张建华、武　凯、牟定荣、葛孚明、王力武、刘　强、王晓辉、谢昆或、段黎跃、谭国治、邹　泉、易　斌、鲁永祥	2013.11.27
453	热重分析仪与剑桥滤片—吸收瓶联用装置及捕集逸出气体的方法	CN201110344613.3	红塔烟草（集团）有限责任公司	杨　柳、卢　岚、吴亿勤、伊奥尔、孟昭宇	2013.12.25
454	一种玫瑰型烟用香精、制备方法及应用	CN201210475391.3	红塔烟草（集团）有限责任公司	洪　鎏、冒德寿、王　凯	2013.12.25
455	一种微胶囊保润剂的制备及其在卷烟中的应用	CN201010155422.8	红塔烟草（集团）有限责任公司、华芳烟用香料有限公司	刘　强、李智宇、侯　春、黄　艳、赵世兴、王学娟、崔海滨	2013.05.08
456	通过提高复烤片烟水份来缩短烟叶自然陈化时间的方法	CN201010202929.4	红塔烟草（集团）有限责任公司、云南烟草科学研究院	唐兴宏、王　毅、夭建华、马永凯、彭彦华、简　彬、任一鹏	2013.11.20
457	一种通过环境温湿度来缩短烟叶自然陈化时间的方法	CN201010202896.3	红塔烟草（集团）有限责任公司、云南烟草科学研究院	唐兴宏、王　毅、夭建华、马永凯、彭彦华、简　彬、任一鹏	2013.03.27
458	利用图像分析法测定烟梗长梗率的方法	CN201110196819.6	红塔烟草（集团）有限责任公司、中国烟草总公司郑州烟草研究院	武　凯、徐大勇、王晓辉、堵劲松、牟定荣、刘　强、邓国栋、张建华、陈良元、郑红艳、李忠寿、谭国治、段黎跃	2013.04.17
459	适用于图像分析法测定烟梗长梗率的设备	CN201110196543.1	红塔烟草（集团）有限责任公司、中国烟草总公司郑州烟草研究院	武　凯、徐大勇、王晓辉、堵劲松、牟定荣、刘　强、邓国栋、张建华、陈良元、郑红艳、李忠寿、谭国治、段黎跃	2013.02.13
460	垂直切片机切片控制方法	CN200910094801.8	红塔烟草（集团）有限责任公司大理卷烟厂	赵钟涛、李剑冰、李锐洪、张利国、杨瑞佳	2013.02.13
461	一种消除金属外饰影响烟支水分密度测量的方法	CN201110222827.3	中国电子科技集团公司第四十一研究所、红塔烟草（集团）有限责任公司	王晓辉、孙宏杰、段黎跃、耿守本、李雯琦、朱立军、郭宇飞	2013.02.13
462	一种改善梗丝吸味品质的两级酶处理方法	CN201210099495.9	红云红河烟草（集团）有限责任公司	陈　兴、何邦华、申晓锋、巩效伟、段焰青、华一崑、向成明、朱　勇、钱启福、李水荣、周沅桢、陈　文、庄　嘉	2013.01.02
463	一种蚕丝蛋白复合嘴棒及其制备方法	CN201110086685.2	红云红河烟草（集团）有限责任公司	蒋举兴、王明锋、段焰青、廖头根、夏建军、何　靓、王素绢、陈江红、杨丽萍	2013.02.13

续表

序号	专利名称	专利号	专利权人	发明/设计人	授权公告日
464	一种大豆纤维蛋白复合嘴棒及其制备方法	CN201110086688.6	红云红河烟草（集团）有限责任公司	蒋举兴、朱保昆、李先毅、黄立斌、王文元、王素绢、陈江红、杨丽萍	2013.02.13
465	一种烟用香料浸膏及其制备方法和应用	CN201110043015.2	红云红河烟草（集团）有限责任公司	段焰青、者 为、杨金奎、叶 灵、张克勤、汤丹瑜、廖头根	2013.02.13
466	一种烟叶生化添加剂及其制备方法和应用	CN201110042983.1	红云红河烟草（集团）有限责任公司	段焰青、者 为、王明锋、杨金奎、朱保昆、蒋举兴、张克勤	2013.02.13
467	一种烟草加香方法	CN201110208137.2	红云红河烟草（集团）有限责任公司	王明锋、者 为、刘 亚、朱保昆、李先毅、何 靓	2013.02.13
468	改善梗丝品质的加工方法	CN201210065439.3	红云红河烟草（集团）有限责任公司	冯 斌、曾晓鹰、胡巍耀、向成明、华一崑、颜克亮、张志明	2013.02.13
469	一种改良云烟97烤烟品种的方法	CN201110387720.4	红云红河烟草（集团）有限责任公司	李 辉、谢志强、冯洪涛、李滟芳、田孟玉、马 骥、周桂园、李 慧、余贺龙、刘晓波	2013.03.20
470	一种改良NC102烤烟品种的方法	CN201110388641.5	红云红河烟草（集团）有限责任公司	冯洪涛、余贺龙、周桂园、田孟玉、李 慧、李 辉、谢志强、李滟芳、刘晓波、马 骥	2013.04.03
471	一种改良中烟100烤烟品种的方法	CN201110387818.X	红云红河烟草（集团）有限责任公司	李滟芳、李 辉、田孟玉、李 慧、周桂园、宫玉鹏、李响丽	2013.04.03
472	一种改良云烟87烤烟品种的方法	CN201110388642.X	红云红河烟草（集团）有限责任公司	李 辉、李 慧、马 骥、李滟芳、冯洪涛、周桂园、余贺龙、谢志强、刘晓波、田孟玉	2013.04.03
473	一种快速鉴别棉铃虫和烟青虫的分子生物学方法	CN201010609429.2	红云红河烟草（集团）有限责任公司	段焰青、李青青、者 为、王明锋、叶 灵、王 坚、杨丽萍、王文元	2013.04.03
474	一种烟草加料方法	CN201110207771.4	红云红河烟草（集团）有限责任公司	曾晓鹰、王明锋、者 为、朱保昆、何 靓、李先毅	2013.04.03
475	一种提升烟用香料使用效果的烟草加料方法	CN201110207713.1	红云红河烟草（集团）有限责任公司	朱保昆、廖头根、李先毅、王明锋、者 为、何 靓	2013.05.01
476	一种改良K326烤烟品种的方法	CN201110387997.7	红云红河烟草（集团）有限责任公司	田孟玉、周桂园、谢志强、马 骥、余贺龙、李 辉、冯洪涛、刘晓波、李 慧、李滟芳	2013.05.01
477	一种改良云烟85烤烟品种的方法	CN201110388366.7	红云红河烟草（集团）有限责任公司	冯洪涛、李 辉、李 慧、李滟芳、刘晓波、周桂园、谢志强、余贺龙、马 骥、田孟玉	2013.05.01
478	一种用废烟叶制备的香料浸膏及其制备方法和应用	CN201110043362.5	红云红河烟草（集团）有限责任公司	段焰青、张克勤、者 为、叶 灵、夏建军、杨金奎、王文元	2013.05.01
479	一种烟草及烟草制品中游离烟碱的测定方法	CN201110087148.X	红云红河烟草（集团）有限责任公司	廖头根、者 为、王明锋、李先毅、段焰青、何 靓、王 坚	2013.05.01
480	一种提升低等级烟叶原料品质的方法	CN201110164210.0	红云红河烟草（集团）有限责任公司	武 怡、曾晓鹰、胡巍耀、颜克亮、李庆华	2013.05.01
481	一种提升短烟梗可用性的方法	CN201210099606.6	红云红河烟草（集团）有限责任公司	何邦华、巩效伟、向成明、申晓锋、陈 兴、钱启福、华一崑、朱 勇、李水荣、周沅桢、庄 嘉	2013.05.15
482	一种利用葡萄酒提升烟梗品质的方法	CN201110208260.4	红云红河烟草（集团）有限责任公司	朱保昆、廖头根、何 靓、李先毅、黄立斌、刘 亚	2013.06.19
483	一种应用甘草提升烟梗品质的方法	CN201110208736.4	红云红河烟草（集团）有限责任公司	者 为、王明锋、朱保昆、李先毅、廖头根、黄立斌	2013.08.14
484	一种玛卡保健普洱茶膏的制备方法	CN201210041227.1	红云红河烟草（集团）有限责任公司	曾晓鹰、张天栋、胡巍耀、李 赓、朱东来、颜克亮、陈 兴、汪显国	2013.08.14
485	一种测定烟用水基胶中氨含量的方法	CN201110168337.X	红云红河烟草（集团）有限责任公司	范多青、王庆华、史小波、李响丽、郭丽娟、杨艳萍、叶 灵	2013.08.21
486	一种具有密封效果的香烟包装盒	CN201110348383.8	红云红河烟草（集团）有限责任公司	曾晓鹰、詹建波、李 赓、余 耀、丁海燕、余振华、余 江、郭 珺	2013.10.23

续表

序号	专利名称	专利号	专利权人	发明/设计人	授权公告日
487	一种掺配迷迭香的烟草烘烤调香方法	CN201110370553.2	红云红河烟草（集团）有限责任公司	王绍坤、常寿荣、徐　洁、王　超、杨应明、罗华元、李　觅、董石飞、朱海滨、张　静、李　伟、饶　智、陈　初、李东节	2013.11.27
488	一种能提高卷烟抽吸品质的滤棒成形纸及其制备方法	CN201110182609.1	红云红河烟草（集团）有限责任公司	曾晓鹰、詹建波、余振华、李　赓、冯洪涛、杨　青	2013.11.27
489	带有轴芯的减害降焦烟支	CN201010561606.4	云南瑞升烟草技术（集团）有限公司	付　宇	2013.04.03
490	利用近红外光谱检测造纸法再造烟叶厚度的方法	CN201110371448.0	云南瑞升烟草技术（集团）有限公司	张云龙、卫　青、刘维涓、张小江、罗平安	2014.01.15
491	多菌种复合发酵制备水香薷烟用香料的方法	CN201010584576.9	云南瑞升烟草技术（集团）有限公司	刘煜宇、李　仙、郑　琳、王松峰、端李祥、尹开云、吴长伟	2013.04.03
492	一种应用于烟草制品处理的无异味高纯二甲醚的制备方法及设备	CN201010584434.2	云南瑞升烟草技术（集团）有限公司	李　军、王保兴、段安凌、陈　婉、李金华	2013.07.03
493	一种滤嘴用天然过滤材料及其制备方法	CN201010584588.1	云南瑞升烟草技术（集团）有限公司	温光和、尧珍玉、沈靖轩、马　涛、倪　军、张毅立	2013.08.21
494	一种轻型无土栽培基质材料的制备方法	CN201010603651.1	云南瑞升烟草技术（集团）有限公司	刘春晖、李　军、王保兴、李　敏、付　宇、杨彦明、夏　非、陈　婉	2013.08.21
495	一种保润增香添加剂及其制备方法	CN200710066340.4	云南瑞升烟草技术（集团）有限公司	蒋美红、番绍军、念小魁、包崇彦、弓新国、端李祥、王松峰、张晓龙	2013.08.21
496	烟用香荚兰香料的制备方法	CN201010584532.6	云南瑞升烟草技术（集团）有限公司	刘丽芬、孔祥勇、杨丽华、林　瑜、念小魁、张　勃、邹　宇、李国盛	2013.08.21
497	一种含再生植物蛋白纤维的特种纸及其制备方法	CN201110025700.2	云南瑞升烟草技术（集团）有限公司	倪　军、罗丽莉、沈靖轩、尧珍玉、马　涛、温光和	2013.08.21
498	一种烟用线状功能型纤维材料的制备方法及应用	CN201110183849.3	云南瑞升烟草技术（集团）有限公司	刘维涓、周红光、华一崑、车　靖	2013.08.21
499	一种滤材及其在卷烟中的应用	CN201110183855.9	云南瑞升烟草技术（集团）有限公司	温光和、陈　婉、杨伟祖、沈靖轩、马　涛、尧珍玉、倪　军、罗丽莉、张毅立	2013.08.21
500	一种烟草精油的制备方法	CN201110371445.7	云南瑞升烟草技术（集团）有限公司	刘煜宇、包秀萍、王松峰、郑　琳、普兴伟	2013.08.21
501	一种含聚酯纤维的卷烟滤嘴用纸质滤材及其制备方法	CN201110183860.X	云南瑞升烟草技术（集团）有限公司	马　涛、张毅立、金保锋、杨伟祖、沈靖轩、尧珍玉、温光和、倪　军、罗丽莉、肖维毅、陈　婉	2013.08.21
502	一种烟草提取物颗粒的制备方法	CN201110183851.0	云南瑞升烟草技术（集团）有限公司	容　辉、刘维涓、陈岭峰、周　瑾、李永福、吉松毅	2013.09.25
503	一种利用休止细胞渥堆发酵烟梗制备烟用香料的方法	CN201110371447.6	云南瑞升烟草技术（集团）有限公司	张　勃、李　仙、端李祥、毕　薇、吴长伟、刘煜宇、郑　琳	2013.12.18
504	一种无异味高纯二甲醚的制备方法	CN200910095059.2	云南瑞升烟草技术（集团）有限公司、云南德雄化工有限公司	王保兴、杨　荣、李　军、杨伟祖、陈　婉、李吉昌、王春礼、刘　德	2013.03.27
505	一种再造烟叶烟梗预处理工艺	CN201110365721.9	云南中烟昆船瑞升科技有限公司	关　平、余红涛、刘维涓、陈岭峰、刘建平、李文昱、金　申	2013.03.27
506	天然气加热循环气流烟叶烘烤室	CN201110364908.7	陕西省烟草公司延安市公司	王进录、刘治清、刘海伦、刘建福、高怀智、袁　智	2013.08.07
507	一种信息化烤烟育苗温室	CN201110364909.1	陕西省烟草公司延安市公司	王进录、刘治清、刘海伦、刘建福、高怀智、袁　智	2013.01.02

续表

序号	专利名称	专利号	专利权人	发明/设计人	授权公告日
508	烟丝加香均匀性在线快速检测仪	CN201010148309.7	陕西中烟工业有限责任公司	雷东锋、孙胜兵、王宗英	2013.01.23
509	含水率平行移动稳定环形烘丝机参数的方法	CN201110171266.9	陕西中烟工业有限责任公司	程　斌、赵汉文、张　军、李　娜	2013.04.24
510	采用赋香复合微生物制剂的无添加剂卷烟生产工艺	CN201110369724.X	西北农林科技大学、陕西中烟工业有限责任公司	吕　欣、赵德学、王　颖、胡喜怀、郭志刚、张晓妮、张　岗、陈宝成、牟含军	2013.01.09
511	一种用于烤烟快速增香的微生物菌株及烟叶发酵的应用	CN201110369807.9	西北农林科技大学、陕西中烟工业有限责任公司	吕　欣、赵德学、王　颖、胡喜怀、郭志刚、张晓妮、张　岗、陈宝成、牟含军	2013.10.16
512	一组卷烟赋香菌株及复配的微生物制剂及其应用	CN201110369808.3	西北农林科技大学、陕西中烟工业有限责任公司	吕　欣、赵德学、王　颖、胡喜怀、郭志刚、张晓妮、张　岗、陈宝成、牟含军	2013.05.08
513	一种同步检测多种烟草病毒的引物组和试剂盒	CN201010232748.6	陕西省烟草研究所、西北农林科技大学	成巨龙、吴云锋	2013.08.28
514	采用反转录环介导等温扩增技术检测烟草病毒的方法	CN201110205107.6	陕西省烟草研究所、西北农林科技大学	成巨龙、赵　磊、胡翠华、郝兴安、满建云、吴云锋	2013.12.04
515	烟用保润剂	CN201010142981.5	黑龙江烟草工业有限责任公司	安　毅	2013.01.16
516	一种沉香薄片香丝及其制备方法	CN201110373869.7	吉林烟草工业有限责任公司	李元实、王瑞停、盛鸿利、朴永革、崔龙吉、崔成哲、金　哲、黄树永、黄　飞	2013.01.23
517	一种烟草薄片及其制备方法	CN201110339942.9	吉林烟草工业有限责任公司	李元实、王瑞停、熊　伟、于海顺、崔成哲、陈永森、刘友杰	2013.06.26
518	防漏尘的振槽搭接结构	CN201110041644.1	深圳烟草工业有限责任公司	李东生、段宁东、廖可舒	2013.07.31
519	一种金樱子提取物的制备方法及其在卷烟中的应用及卷烟	CN201110183393.0	深圳烟草工业有限责任公司、深圳波顿香料有限公司	叶晓青、余汉谋、姜兴涛、肖海鸥、李庆廷	2013.09.11
520	烟草条制造方法和空气槽	CN200910057687.1	中烟机械技术中心有限责任公司	吴　磊、杜国锋	2013.10.09
521	一种用于薄膜间歇进给的高速放卷装置及控制方法	CN201210207551.6	常德烟草机械有限责任公司	杨远宏、金登权、陈文华	2013.03.20
522	一种烟支位置信号生成与质量检测剔除方法	CN201110195683.7	常德烟草机械有限责任公司	文德明、张永刚、饶　永	2013.06.12
523	一种面巾纸枕式包装机连续套袋包装的装置及其方法	CN201210207547.X	常德烟草机械有限责任公司	陈　勇、金登权、祝智斌、陈文华	2013.08.28
524	分段式低温滚筒叶丝干燥设备	CN200910074997.4	秦皇岛烟草机械有限责任公司	刘习申、罗登山、李　彪、陈良元、饶　琳、王小飞、刘军民、席年生、孙贤军、杨大泉、黄泰松、朱效群、李世勇、温若愚、钟科军、裴志明、武占云、杨玉波、张海军、谭新良、易文波、喻光荣、欧阳谨、刘晓东、胡尚礼、田　旭、周勃生、谢伟强、李　江、许绍迅、张建勋、宋伟民、赵维一、曾　海	2013.01.09
525	风动式旋转风刀清扫装置	CN201110136597.9	秦皇岛烟草机械有限责任公司	张玉和、孙　瑜、孙　革、李桂华、张　璐、王金良、任　谦、孔令禄	2013.04.24
526	新型低强度烟包松散回潮装置	CN201110128067.X	秦皇岛烟草机械有限责任公司	张玉和、陶铁静、裴志明、高玉梅、王计国、饶　琳、胡尚礼、高　文	2013.10.09

续表

序号	专利名称	专利号	专利权人	发明/设计人	授权公告日
527	一种烟丝浸渍工艺与设备	CN200910090868.4	北京达特烟草成套设备技术开发有限责任公司	凌卫民、李建梅、王文祥	2013.11.27
528	多孔板流量计	CN201110344567.7	南通醋酸纤维有限公司	杨占平、周鹏晨、高春红、黄建新、陆书明、褚红娟、赵从涛	2013.07.24
529	一种纤维素浆粕及其生产方法	CN201010148798.6	南通醋酸纤维有限公司、安徽雪龙纤维科技股份有限公司	马晓龙、彭为骏、张　杰、吴保杰、谢文琦、季守信	2013.04.03
530	降低卷烟烟气中一氧化碳量的添加剂及制备方法和用途	CN201110344868.X	南通大学、南通醋酸纤维有限公司	缪建文、宋国华、曹建华、陈　昀、于　涛、顾海兵、张文超	2013.04.24
531	减压汽提式精馏回收稀丙酮水溶液中丙酮的方法	CN201110006970.9	华南理工大学、珠海醋酸纤维有限公司	江燕斌、廉　磊、高前进、查擎美、刘　强、黄毅松	2013.06.19
532	烟用纸芯滤棒及其制造方法	CN201010238170.5	南通烟滤嘴有限责任公司	林　建、盛培秀、唐荣成、刘　文、刘群华、陈雪峰、李杰辉、孟澎涛、赵　涛	2013.05.29
533	滤棒沟槽成型机	CN201110344565.8	南通烟滤嘴有限责任公司	徐　兢、陈海兵、杜互助、杨　天、夏风春、倪　敏、谢雪峰、张润新、陈德秋	2013.06.05
534	含花纹沟槽纤维素纸的烟滤嘴及其制备方法	CN201110091822.1	南通烟滤嘴有限责任公司	林　建、盛培秀、唐荣成	2013.07.31
535	含烟草颗粒的滤棒及其制备方法	CN201010241592.8	南通烟滤嘴有限责任公司	林　建、盛培秀、唐荣成、孙庆杰、高　鑫、朱亚峰、周成喜	2013.07.31
536	滤棒成型机刀片夹套	CN201110230520.8	南通烟滤嘴有限责任公司	倪　敏、夏风春、徐思民	2013.07.31
537	丝束移垛输送系统	CN201110091824.0	南通烟滤嘴有限责任公司	杨　天、谢一飞	2013.10.16
538	一种利用镁剂脱硫废渣制备阻燃塑料的方法	CN201110192858.9	苏州科技学院、南通醋酸纤维有限公司	董延茂、江建军、郭叶书、曹建华、汤　涛、邹　建、赵　丹	2013.02.27
539	一种含有类水滑石的大分子型阻燃剂的制备方法	CN201010616154.5	苏州科技学院、南通醋酸纤维有限公司	江建军、郭叶书、曹建华、汤　涛、邹　建、董延茂、赵　丹	2013.04.24
540	一种压出卷烟纸塑料卷芯的推压机构	CN201010534034.0	中烟摩迪（江门）纸业有限公司	马金栋	2013.02.13
541	一种零头片烟的均配回烤方法及其应用	CN201110115945.4	华环国际烟草有限公司	徐其敏、赵　权、陈　清、潘红源	2013.02.13
542	一种烟叶的质量检测方法及其应用	CN201110115956.2	华环国际烟草有限公司	陈　清、徐其敏、张　扬、尹　旭、张家明	2013.02.27
543	一种阻燃抑烟型烟梗粉基木塑复合材料及其制备方法	CN201110355179.9	华环国际烟草有限公司	王　辉、李有桂、张培智、徐其敏、张道俊、樊盛年、吴祚友	2013.08.07
544	烟草及烟草制品中20种农药残留的GC－MS/MS测定方法	CN201210394617.7	国家烟草质量监督检验中心	胡清源、陈晓水、唐纲岭、侯宏卫、边照阳、杨　飞、张洪非	2013.11.20
545	香精香料中四种禁用成分含量的测定方法	CN201210492421.1	国家烟草质量监督检验中心	张洪非、唐纲岭、边照阳、陈再根、刘　洋、杨　飞、刘　楠、刘珊珊、李中皓、姜兴益、孙莹莹、邢　军、胡清源	2013.11.20
546	烟用卷烟烟丝中四种色素含量的测定方法	CN201210492584.X	国家烟草质量监督检验中心	张洪非、唐纲岭、边照阳、刘　洋、刘　楠、杨　飞、姜兴益、刘珊珊、孙莹莹、邢　军、胡清源	2013.11.20
547	烟草及烟草制品中三种苯氧羧酸类农药残留量的测定方法	CN201210394577.6	国家烟草质量监督检验中心	杨　飞、唐纲岭、边照阳、范子彦、李中皓、张洪非、李　雪、庞永强、胡清源	2013.12.18

2013 年全国烟草行业实用新型专利授权情况表

单位名称	数　量	单位名称	数　量
中国烟草总公司郑州烟草研究院	28	中国烟草总公司湖北省公司	67
中国烟草总公司北京市公司	3	湖北中烟工业有限责任公司	277
中国烟草总公司天津市公司	1	中国烟草总公司湖南省公司	51
中国烟草总公司河北省公司	11	湖南中烟工业有限责任公司	57
河北中烟工业有限责任公司	24	中国烟草总公司广东省公司	5
中国烟草总公司山西省公司	2	广东中烟工业有限责任公司	71
中国烟草总公司内蒙古自治区公司	21	中国烟草总公司广西壮族自治区公司	2
上海烟草集团有限责任公司	51	广西中烟工业有限责任公司	14
中国烟草总公司江苏省公司	7	中国烟草总公司重庆市公司	50
江苏中烟工业有限责任公司	83	中国烟草总公司四川省公司	19
中国烟草总公司浙江省公司	18	川渝中烟工业有限责任公司	69
浙江中烟工业有限责任公司	101	中国烟草总公司贵州省公司	69
中国烟草总公司安徽省公司	13	贵州中烟工业有限责任公司	80
安徽中烟工业有限责任公司	66	中国烟草总公司云南省公司	51
中国烟草总公司福建省公司	13	云南中烟工业有限责任公司	11
福建中烟工业有限责任公司	174	红塔烟草（集团）有限责任公司	40
中国烟草总公司江西省公司	17	红云红河烟草（集团）有限责任公司	34
江西中烟工业有限责任公司	41	中国烟草总公司陕西省公司	13
中国烟草总公司山东省公司	86	陕西中烟工业有限责任公司	4
山东中烟工业有限责任公司	70	中国烟草总公司深圳市公司	1
中国烟草总公司河南省公司	14	中国烟草实业发展中心	15
河南中烟工业有限责任公司	381	中国烟草机械集团有限责任公司	36
昆明醋酸纤维有限公司	25	牡丹江卷烟材料厂有限责任公司	5
南通醋酸纤维有限公司	3	安徽安泰新型包装材料有限公司	1
珠海醋酸纤维有限公司	1	焦作市卷烟材料有限公司	4
国家烟草质量监督检验中心	3	深圳劲嘉彩印集团股份有限公司	1
云南瑞升烟草技术（集团）有限公司	4	总　计	2308

2013 年全国烟草行业外观设计专利授权情况表

单位名称	数　量	单位名称	数　量
中国烟草总公司内蒙古自治区公司	1	湖北中烟工业有限责任公司	14
上海烟草集团有限责任公司	2	中国烟草总公司湖南省公司	2
江苏中烟工业有限责任公司	5	湖南中烟工业有限责任公司	5
中国烟草总公司浙江省公司	3	广东中烟工业有限责任公司	13
浙江中烟工业有限责任公司	3	川渝中烟工业有限责任公司	7
中国烟草总公司安徽省公司	1	中国烟草总公司贵州省公司	1
安徽中烟工业有限责任公司	5	中国烟草总公司云南省公司	1
福建中烟工业有限责任公司	15	红塔烟草（集团）有限责任公司	37
中国烟草总公司江西省公司	2	红云红河烟草（集团）有限责任公司	68
江西中烟工业有限责任公司	1	中国烟草总公司陕西省公司	1
中国烟草总公司山东省公司	7	中国烟草实业发展中心	1
河南中烟工业有限责任公司	3	中国烟草机械集团有限责任公司	3
中国烟草总公司湖北省公司	1	总　计	202

（编辑：周　佳）

2013 年在产卷烟、雪茄烟品牌（规格）名录①

2013 年在产卷烟品牌（规格）名录

河北中烟工业有限责任公司

品牌	规格	焦油量	备注	规格	焦油量	备注
钻石	钻石（软景泰）	8mg/支	一类烟、烤烟型	钻石（硬中国红）	8mg/支	二类烟、烤烟型
	钻石（硬锦绣）	8mg/支	一类烟、烤烟型	钻石（金玉兰）	11mg/支	二类烟、烤烟型
	钻石（时尚景泰）	6mg/支	一类烟、烤烟型	钻石（金石）	11mg/支	二类烟、烤烟型
	钻石（硬蓝 10 支 120mm）	8mg/支	一类烟、烤烟型	钻石（红石 2 代）	11mg/支	三类烟、烤烟型
	钻石（软珍品）	11mg/支	一类烟、烤烟型	钻石（软如意）	11mg/支	三类烟、烤烟型
	钻石（硬珍品）	11mg/支	一类烟、烤烟型	钻石（软红如意）	11mg/支	三类烟、烤烟型
	钻石（硬红 120）	8mg/支	一类烟、烤烟型	钻石（硬玫瑰紫）	11mg/支	三类烟、烤烟型
	钻石（本香）	8mg/支	一类烟、烤烟型	钻石（硬玫瑰 8mg）	8mg/支	三类烟、烤烟型
	钻石（避暑山庄）	8mg/支	一类烟、烤烟型	钻石（硬红）	11mg/支	三类烟、烤烟型
	钻石（软中国红）	8mg/支	一类烟、烤烟型	钻石（硬蓝新一代）	8mg/支	三类烟、烤烟型
	钻石（烟波致爽）	10mg/支	一类烟、烤烟型 2013 年新产品	钻石（绿石 2 代）	11mg/支	三类烟、烤烟型
	钻石（扁蓝时尚）	6mg/支	一类烟、烤烟型 2013 年新产品	钻石（银玉兰）	11mg/支	三类烟、烤烟型
	钻石（吉祥）	5mg/支	一类烟、烤烟型	钻石（喜庆）	8mg/支	三类烟、烤烟型 2013 年新产品
	钻石（红时尚）	8mg/支	二类烟、烤烟型	钻石（硬蓝）	11mg/支	四类烟、烤烟型
	钻石（时尚）	6mg/支	二类烟、烤烟型	钻石（软红）	11mg/支	四类烟、烤烟型
	钻石（84mm 时尚）	8mg/支	二类烟、烤烟型	钻石（硬特醇）	11mg/支	四类烟、烤烟型
新石家庄	新石家庄（软）	11mg/支	五类烟、烤烟型			
北戴河	北戴河（软）	11mg/支	五类烟、烤烟型			

上海烟草集团有限责任公司

品牌	规格	焦油量	备注	规格	焦油量	备注
熊猫	熊猫（5 盒礼盒出口）	12mg/支	烤烟型、出口烟	熊猫（硬时代版）	11mg/支	一类烟、烤烟型
中华	中华（大中华）	8mg/支	一类烟、烤烟型	中华（硬 10mg12 支）	10mg/支	一类烟、烤烟型
	中华（软）	11mg/支	一类烟、烤烟型	中华（硬 10mg5 支）	10mg/支	一类烟、烤烟型
	中华（硬）	11mg/支	一类烟、烤烟型	中华（5000）	10mg/支	一类烟、烤烟型
	中华（硬 10mg）	10mg/支	一类烟、烤烟型	中华（全开式）	11mg/支	一类烟、烤烟型
红双喜	红双喜（硬晶派）	11mg/支	一类烟、烤烟型	红双喜（硬）	11mg/支	三类烟、烤烟型
	红双喜（硬江山珍品）	11mg/支	二类烟、烤烟型	红双喜（硬 8mg）	8mg/支	三类烟、烤烟型
	红双喜（硬精品）	10mg/支	二类烟、烤烟型	红双喜（硬百顺）	11mg/支	三类烟、烤烟型
	红双喜（硬尚派）	5mg/支	二类烟、烤烟型	红双喜（硬江山精品）	11mg/支	三类烟、烤烟型
	红双喜（硬星派）	5mg/支	二类烟、烤烟型	红双喜（硬上海）	11mg/支	三类烟、烤烟型
	红双喜（硬津门恒大）	8mg/支	二类烟、烤烟型 2013 年新产品	红双喜（硬特）	10mg/支	三类烟、烤烟型
	红双喜（硬晶喜）	11mg/支	二类烟、烤烟型 2013 年新产品	红双喜（软 8mg）	8mg/支	三类烟、烤烟型

① 除特别说明外，收录品牌均为境内企业生产的企业自有品牌。

续表

品牌	规格	焦油量	备注	规格	焦油量	备注
红双喜	红双喜（硬荷派）	5mg/支	二类烟、烤烟型 2013 年新产品			
孟菲斯	孟菲斯（硬红）	11mg/支	三类烟、烤烟型	孟菲斯（硬蓝）	9mg/支	三类烟、烤烟型
牡丹	牡丹（软）	10mg/支	四类烟、烤烟型			
中南海	中南海（3mg）	3mg/支	一类烟、混合型	中南海（硬酷爽风尚）	8mg/支	二类烟、混合型
	中南海（领越）	6mg/支	一类烟、混合型	中南海（5mg）	5mg/支	三类烟、混合型
	中南海（软精品）	10mg/支	一类烟、烤烟型	中南海（5mg 细支）	5mg/支	三类烟、混合型
	中南海（硬 1mg）	1mg/支	一类烟、混合型	中南海（金 8mg）	8mg/支	三类烟、混合型
	中南海（硬 94mm 浪漫风情）	5mg/支	一类烟、混合型	中南海（软蓝色时光）	6mg/支	三类烟、混合型
	中南海（祥和壹叁贰）	10mg/支	一类烟、烤烟型 2013 年新产品	中南海（8mg）	8mg/支	四类烟、混合型
	中南海（特高）	11mg/支	二类烟、烤烟型	中南海（10mg）	10mg/支	四类烟、混合型
	中南海（蓝色风尚）	5mg/支	二类烟、混合型	中南海（浓味）	11mg/支	五类烟、混合型 2013 年新产品
江山	江山（硬一统）	10mg/支	一类烟、烤烟型			
恒大	恒大（全开式烟魁）	10mg/支	一类烟、烤烟型			
大前门	大前门（软）	11mg/支	五类烟、烤烟型	大前门（硬）	9mg/支	五类烟、烤烟型

江苏中烟工业有限责任公司

品牌	规格	焦油量	备注	规格	焦油量	备注
苏烟	苏烟（五星红杉树）	11mg/支	一类烟、烤烟型	苏烟（新星）	11mg/支	一类烟、烤烟型
	苏烟（天星）	11mg/支	一类烟、烤烟型	苏烟（金砂 C）	11mg/支	烤烟型、出口烟
	苏烟（吉祥）	11mg/支	一类烟、烤烟型	苏烟（金砂 2）	11mg/支	一类烟、烤烟型
	苏烟（软金砂）	11mg/支	一类烟、烤烟型	苏烟（瑞星）	10mg/支	一类烟、烤烟型 2013 年新产品
	苏烟（七星）	11mg/支	一类烟、烤烟型	苏烟（沉香）	6mg/支	一类烟、烤烟型 2013 年新产品
南京	南京（九五）	11mg/支	一类烟、烤烟型	南京（硬林）	11mg/支	二类烟、烤烟型
	南京（硬珍品）	11mg/支	一类烟、烤烟型	南京（炫赫门）	8mg/支	二类烟、烤烟型
	南京（喜庆）	11mg/支	一类烟、烤烟型	南京（佳品）	11mg/支	二类烟、烤烟型
	南京（十二钗烤烟）	6mg/支	一类烟、烤烟型	南京（金砂）	11mg/支	二类烟、烤烟型
	南京（壹品）	8mg/支	一类烟、烤烟型	南京（红华西）	11mg/支	二类烟、烤烟型
	南京（十二钗薄荷）	6mg/支	一类烟、烤烟型	南京（紫树）	11mg/支	三类烟、烤烟型
	南京（84mm 金陵十二钗）	8mg/支	一类烟、烤烟型	南京（红一品）	8mg/支	三类烟、烤烟型
	南京（臻品）	11mg/支	一类烟、烤烟型	南京（红）	11mg/支	三类烟、烤烟型
	南京（精品）	11mg/支	一类烟、烤烟型	南京（绿梦都）	8mg/支	三类烟、烤烟型
	南京（喜庆出口）	11mg/支	烤烟型、出口烟	南京（紫晶）	8mg/支	三类烟、烤烟型
	南京（精品出口）	11mg/支	烤烟型、出口烟	南京（红 C）	11mg/支	烤烟型、出口烟 2013 年新产品
	南京（雨花石）	5mg/支	一类烟、烤烟型 2013 年新产品	南京（绿）	8mg/支	四类烟、烤烟型
	南京（硬金星）	11mg/支	二类烟、烤烟型			
红杉树	红杉树（森 C）	11mg/支	烤烟型、出口烟	红杉树（硬新）	10mg/支	四类烟、烤烟型
	红杉树（木）	10mg/支	四类烟、烤烟型	红杉树（软红）	10mg/支	五类烟、烤烟型

续表

品牌	规格	焦油量	备注	规格	焦油量	备注
一品梅	一品梅（淡黄）	10mg/支	四类烟、烤烟型			
华西村	华西村（经典）	11mg/支	一类烟、烤烟型	华西村（UV）	10mg/支	五类烟、烤烟型
	华西村（软）	10mg/支	五类烟、烤烟型			
大丰收	大丰收（软）	11mg/支	五类烟、烤烟型、国家局共有品牌	大丰收（硬）	11mg/支	五类烟、烤烟型、国家局共有品牌

浙江中烟工业有限责任公司

品牌	规格	焦油量	备注	规格	焦油量	备注
利群	利群（休闲）	11mg/支	一类烟、烤烟型	利群（软5mg）	5mg/支	一类烟、烤烟型 2013年新产品 （包装改造）
	利群（阳光）	8mg/支	一类烟、烤烟型	利群（软金色阳光）	8mg/支	一类烟、烤烟型 2013年新产品
	利群（软长嘴）	11mg/支	一类烟、烤烟型	利群（金色阳光）	8mg/支	一类烟、烤烟型 2013年新产品
	利群（神州）	8mg/支	一类烟、烤烟型 2013年新产品 （包装改造）	利群（软蓝）	11mg/支	二类烟、烤烟型
	利群（硬）	10mg/支	一类烟、烤烟型	利群（老版）	11mg/支	二类烟、烤烟型
	利群（长嘴）	11mg/支	一类烟、烤烟型	利群（新版）	11mg/支	二类烟、烤烟型
	利群（软红长嘴）	11mg/支	一类烟、烤烟型	利群（软老版）	6mg/支	二类烟、烤烟型
	利群（8mg长嘴）	8mg/支	一类烟、烤烟型	利群（8mg新版）	8mg/支	二类烟、烤烟型
	利群（逍遥）	6mg/支	一类烟、烤烟型	利群（蓝天）	11mg/支	二类烟、烤烟型
	利群（环球阳光）	8mg/支	一类烟、烤烟型 2013年新产品			
大红鹰	大红鹰（软新品）	8mg/支	三类烟、烤烟型	大红鹰（软蓝）	8mg/支	三类烟、烤烟型
雄狮	雄狮（红老版）	8mg/支	四类烟、烤烟型	雄狮（红）	8mg/支	五类烟、烤烟型
	雄狮（新）	8mg/支	四类烟、烤烟型	雄狮（薄荷）	8mg/支	五类烟、外香型
	雄狮（硬）	8mg/支	四类烟、烤烟型			
大丰收	大丰收（硬）	11mg/支	五类烟、烤烟型、国家局共有品牌			

安徽中烟工业有限责任公司

品牌	规格	焦油量	备注	规格	焦油量	备注
黄山	黄山（天都）	8mg/支	一类烟、烤烟型	黄山（中国画）	10mg/支	二类烟、烤烟型 2013年新产品
	黄山（智者010）	8mg/支	一类烟、烤烟型	黄山（新锐一品）	8mg/支	二类烟、烤烟型
	黄山（新视界）	10mg/支	一类烟、烤烟型	黄山（红皖烟）	11mg/支	二类烟、烤烟型
	黄山（经典皖烟）	11mg/支	一类烟、烤烟型	黄山（锦绣）	10mg/支	二类烟、烤烟型
	黄山（新概念）	10mg/支	一类烟、烤烟型	黄山（硬锦绣）	10mg/支	二类烟、烤烟型
	黄山（硬新概念）	6mg/支	一类烟、烤烟型	黄山（新制皖烟）	11mg/支	二类烟、烤烟型
	黄山（大红方印）	10mg/支	一类烟、烤烟型	黄山（中国松）	11mg/支	三类烟、烤烟型
	黄山（红方印）	10mg/支	一类烟、烤烟型	黄山（大壹品）	8mg/支	三类烟、烤烟型
	黄山（小红方印）	10mg/支	一类烟、烤烟型	黄山（硬）	11mg/支	三类烟、烤烟型
	黄山（小红方印6mg）	6mg/支	一类烟、烤烟型 2013年新产品	黄山（嘉宾迎客松）	8mg/支	三类烟、烤烟型
	黄山（软红）	10mg/支	一类烟、烤烟型	黄山（贵宾迎客松）	8mg/支	三类烟、烤烟型

续表

品牌	规格	焦油量	备注	规格	焦油量	备注
黄山	黄山（国宾迎客松）	11mg/支	一类烟、烤烟型	黄山（金纯和）	11mg/支	三类烟、烤烟型
	黄山（万象）	10mg/支	一类烟、烤烟型	黄山（软一品）	10mg/支	三类烟、烤烟型
	黄山（金皖烟）	11mg/支	一类烟、烤烟型	黄山（硬中国风）	8mg/支	三类烟、烤烟型
	黄山（软金皖）	10mg/支	一类烟、烤烟型	黄山（中国风）	11mg/支	三类烟、烤烟型
	黄山（喜庆红方印）	10mg/支	一类烟、烤烟型 2013年新产品	黄山（硬一品）	10mg/支	四类烟、烤烟型
都宝	都宝（5mg台湾）	5mg/支	混合型、出口烟	都宝（6号台湾）	6mg/支	混合型、出口烟 2013年新产品
	都宝（3mg台湾）	3mg/支	混合型、出口烟	都宝（台湾3mg）	3mg/支	混合型、出口烟 2013年新产品
	都宝（时尚银台湾）	7mg/支	混合型、出口烟	都宝（台湾5mg）	5mg/支	混合型、出口烟 2013年新产品
	都宝（台湾6号）	6mg/支	混合型、出口烟	都宝（吉祥）	6mg/支	三类烟、混合型 2013年新产品
	都宝（台湾9号）	8mg/支	混合型、出口烟	都宝（纯正9号）	8mg/支	四类烟、混合型
	都宝（台湾8mg）	8mg/支	混合型、出口烟 2013年新产品	都宝（硬红新）	8mg/支	四类烟、混合型
	都宝（4号台湾）	4mg/支	混合型、出口烟 2013年新产品	都宝（新）	8mg/支	五类烟、混合型
红三环	红三环（红）	10mg/支	四类烟、烤烟型	红三环（软黄）	8mg/支	五类烟、烤烟型
	红三环（渡江）	8mg/支	五类烟、烤烟型			
盛唐	盛唐（金）	10mg/支	四类烟、烤烟型	盛唐（吉祥）	8mg/支	五类烟、烤烟型

福建中烟工业有限责任公司

品牌	规格	焦油量	备注	规格	焦油量	备注
七匹狼	七匹狼（圣典）	11mg/支	一类烟、烤烟型	七匹狼（新圣典）	11mg/支	一类烟、烤烟型 2013年新产品
	七匹狼（雅典）	11mg/支	一类烟、烤烟型	七匹狼（通仙3mg）	3mg/支	一类烟、烤烟型 2013年新产品
	七匹狼（通仙300）	10mg/支	一类烟、烤烟型	七匹狼（鸿运）	8mg/支	二类烟、烤烟型
	七匹狼（尚品）	11mg/支	一类烟、烤烟型	七匹狼（通泰）	11mg/支	二类烟、烤烟型
	七匹狼（16支纯香）	5mg/支	一类烟、烤烟型	七匹狼（纯雅）	6mg/支	二类烟、烤烟型
	七匹狼（纯香）	5mg/支	一类烟、烤烟型	七匹狼（红）	11mg/支	二类烟、烤烟型
	七匹狼（大通仙）	10mg/支	一类烟、烤烟型	七匹狼（纯境）	5mg/支	二类烟、烤烟型
	七匹狼（通仙）	10mg/支	一类烟、烤烟型	七匹狼（软红）	10mg/支	二类烟、烤烟型
	七匹狼（16支通仙）	10mg/支	一类烟、烤烟型	七匹狼（鸿福）	10mg/支	三类烟、烤烟型
	七匹狼（小通仙）	10mg/支	一类烟、烤烟型	七匹狼（豪运）	10mg/支	三类烟、烤烟型
	七匹狼（厦门）	11mg/支	一类烟、烤烟型	七匹狼（白）	10mg/支	三类烟、烤烟型
	七匹狼（通运）	10mg/支	一类烟、烤烟型	七匹狼（金）	11mg/支	三类烟、烤烟型
	七匹狼（16支通运）	10mg/支	一类烟、烤烟型	七匹狼（蓝）	8mg/支	三类烟、烤烟型
	七匹狼（通福）	11mg/支	一类烟、烤烟型	七匹狼（豪迈）	8mg/支	三类烟、烤烟型
	七匹狼（纯典）	5mg/支	一类烟、烤烟型	七匹狼（君如意）	10mg/支	三类烟、烤烟型 2013年新产品
	七匹狼（软灰）	11mg/支	一类烟、烤烟型	七匹狼（古田）	10mg/支	四类烟、烤烟型
	七匹狼（16支通泰）	11mg/支	一类烟、烤烟型	七匹狼（豪情）	10mg/支	四类烟、烤烟型

续表

品牌	规格	焦油量	备注	规格	焦油量	备注
妙香	妙香	12mg/支	烤烟型、出口烟 2013年新产品			
石狮	石狮（软富健）	10mg/支	五类烟、烤烟型			
金桥	金桥（硬）	7mg/支	三类烟、混合型	金桥（Avolon94）	7mg/支	混合型、出口烟 2013年新产品
	金桥（英伦奶香）	6mg/支	三类烟、混合型	金桥（台湾97）	5mg/支	混合型、出口烟 2013年新产品
	金桥（软混）	10mg/支	三类烟、混合型	金桥（台湾94）	5mg/支	混合型、出口烟 2013年新产品
	金桥（竹）	6mg/支	混合型、出口烟 2013年新产品	金桥（通运）	7mg/支	混合型、出口烟 2013年新产品
	金桥（台湾84）	7mg/支	混合型、出口烟 2013年新产品			
土楼	土楼（神韵）	10mg/支	一类烟、烤烟型			
万宝路	万宝路（软金）	8mg/支	一类烟、混合型、 来牌加工	万宝路（软白）	8mg/支	二类烟、混合型、 来牌加工
	万宝路（软红）	11mg/支	二类烟、混合型、 来牌加工			

江西中烟工业有限责任公司

品牌	规格	焦油量	备注	规格	焦油量	备注
金圣	金圣（典藏本草香）	11mg/支	一类烟、烤烟型	金圣（硬行云）	8mg/支	二类烟、烤烟型
	金圣（典藏花开富贵）	10mg/支	一类烟、烤烟型	金圣（硬天逸）	8mg/支	二类烟、烤烟型
	金圣（软天成）	6mg/支	一类烟、烤烟型	金圣（硬红）	8mg/支	三类烟、烤烟型
	金圣（智圣出山）	10mg/支	一类烟、烤烟型 2013年新产品	金圣（硬）	11mg/支	三类烟、烤烟型
	金圣（盛世典藏）	11mg/支	一类烟、烤烟型	金圣（软红）	11mg/支	三类烟、烤烟型
	金圣（硬典藏）	11mg/支	一类烟、烤烟型	金圣（庐山）	8mg/支	三类烟、烤烟型 2013年新产品
	金圣（吉品）	11mg/支	一类烟、烤烟型	金圣（井冈山圣地）	8mg/支	三类烟、烤烟型
	金圣（硬天成）	7mg/支	一类烟、烤烟型	金圣（硬时代祥和）	11mg/支	三类烟、烤烟型
	金圣（硬）	8mg/支	二类烟、烤烟型	金圣（软）	11mg/支	三类烟、烤烟型
	金圣（大赢家）	10mg/支	二类烟、烤烟型 2013年新产品	金圣（时代福）	10mg/支	三类烟、烤烟型 2013年新产品
	金圣（硬时代）	8mg/支	二类烟、烤烟型	金圣（鸳鸯喜）	10mg/支	三类烟、烤烟型 2013年新产品
	金圣（赣）	11mg/支	二类烟、烤烟型			
庐山	庐山（黄精品）	11mg/支	四类烟、烤烟型	庐山（新）	10mg/支	五类烟、烤烟型
	庐山（精品）	11mg/支	四类烟、烤烟型	庐山（硬）	11mg/支	五类烟、烤烟型
	庐山（银）	11mg/支	四类烟、烤烟型	庐山（软）	10mg/支	五类烟、烤烟型
	庐山（好运）	11mg/支	四类烟、烤烟型			
赣	赣（佳品）	11mg/支	四类烟、烤烟型 2013年新产品	赣（蓝）	10mg/支	四类烟、烤烟型 2013年新产品
月兔	月兔（硬）	10mg/支	五类烟、考烟型			
南方	南方（千禧）	10mg/支	五类烟、烤烟型			

山东中烟工业有限责任公司

品牌	规格	焦油量	备注	规格	焦油量	备注
泰山	泰山（拂光）	11mg/支	一类烟、烤烟型	泰山（6mg）	6mg/支	二类烟、混合型
	泰山（红秀）	8mg/支	一类烟、烤烟型	泰山（青秀）	8mg/支	二类烟、烤烟型
	泰山（普照）	10mg/支	一类烟、烤烟型	泰山（硬功勋）	11mg/支	二类烟、烤烟型
	泰山（儒风）	11mg/支	一类烟、烤烟型	泰山（锦秀）	8mg/支	二类烟、烤烟型
	泰山（领秀）	10mg/支	一类烟、烤烟型	泰山（大鸡）	10mg/支	二类烟、烤烟型 2013年新产品
	泰山（双马）	8mg/支	一类烟、混合型	泰山（绿孔府）	8mg/支	二类烟、烤烟型 2013年新产品
	泰山（天秀）	8mg/支	一类烟、烤烟型	泰山（东方）	11mg/支	三类烟、烤烟型
	泰山（硬神秀）	11mg/支	一类烟、烤烟型	泰山（华贵）	11mg/支	三类烟、烤烟型
	泰山（望岳）	8mg/支	一类烟、烤烟型	泰山（8mg）	8mg/支	三类烟、混合型
	泰山（八喜）	8mg/支	一类烟、烤烟型	泰山（宏图）	11mg/支	三类烟、烤烟型
	泰山（新品）	11mg/支	一类烟、烤烟型	泰山（红将军）	11mg/支	三类烟、烤烟型
	泰山（将军）	11mg/支	一类烟、烤烟型	泰山（硬红八喜）	8mg/支	三类烟、烤烟型
	泰山（乐章）	5mg/支	一类烟、烤烟型	泰山（祥秀）	8mg/支	三类烟、烤烟型
	泰山（拂光细支）	6mg/支	一类烟、烤烟型	泰山（沂蒙）	11mg/支	三类烟、烤烟型
	泰山（好客）	10mg/支	一类烟、烤烟型	泰山（白将军）	11mg/支	三类烟、烤烟型
	泰山（颜悦）	6mg/支	一类烟、烤烟型 2013年新产品	泰山（平安）	6mg/支	三类烟、烤烟型
	泰山（心悦）	6mg/支	二类烟、烤烟型	泰山（红将）	11mg/支	三类烟、烤烟型 2013年新产品
	泰山（新东方）	8mg/支	二类烟、烤烟型			
将军	将军（雪豹）	10mg/支	二类烟、雪茄型	将军（尚勇）	11mg/支	三类烟、烤烟型
	将军（100）	10mg/支	二类烟、雪茄型	将军（潘萨）	11mg/支	三类烟、雪茄型
哈德门	哈德门（纯香）	11mg/支	四类烟、烤烟型	哈德门（软）	11mg/支	五类烟、烤烟型
	哈德门（精品）	11mg/支	四类烟、烤烟型			

河南中烟工业有限责任公司

品牌	规格	焦油量	备注	规格	焦油量	备注
黄金叶	黄金叶（天叶）	11mg/支	一类烟、烤烟型	黄金叶（黄金眼）	10mg/支	二类烟、烤烟型
	黄金叶（小天叶）	10mg/支	一类烟、烤烟型	黄金叶（硬禧满堂）	10mg/支	二类烟、烤烟型
	黄金叶（上河图）	10mg/支	一类烟、烤烟型	黄金叶（软福满堂）	8mg/支	二类烟、烤烟型
	黄金叶（茗仕之风）	11mg/支	一类烟、烤烟型	黄金叶（硬福满堂）	10mg/支	二类烟、烤烟型
	黄金叶（流金岁月）	10mg/支	一类烟、烤烟型	黄金叶（红南阳）	10mg/支	二类烟、烤烟型
	黄金叶（软大金圆）	11mg/支	一类烟、烤烟型	黄金叶（龙门）	10mg/支	二类烟、烤烟型
	黄金叶（软红大金圆）	10mg/支	一类烟、烤烟型	黄金叶（硬金红）	10mg/支	二类烟、烤烟型
	黄金叶（软盛世金典）	11mg/支	一类烟、烤烟型	黄金叶（尚酷）	8mg/支	二类烟、烤烟型 2013年新产品
	黄金叶（天香）	6mg/支	一类烟、烤烟型	黄金叶（硬帝豪）	11mg/支	三类烟、烤烟型
	黄金叶（红旗渠）	10mg/支	一类烟、烤烟型	黄金叶（硬红旗渠）	10mg/支	三类烟、烤烟型
	黄金叶（金如意）	10mg/支	一类烟、烤烟型	黄金叶（世纪之星）	11mg/支	三类烟、烤烟型
	黄金叶（硬大金圆双十支）	11mg/支	一类烟、烤烟型	黄金叶（金满堂）	10mg/支	三类烟、烤烟型
	黄金叶（百年浓香）	8mg/支	一类烟、烤烟型 2013年新产品			

续表

品牌	规格	焦油量	备注	规格	焦油量	备注
红旗渠	红旗渠（天行健）	11mg/支	三类烟、烤烟型	红旗渠（银河之光）	10mg/支	四类烟、烤烟型
	红旗渠（新开元）	11mg/支	三类烟、烤烟型	红旗渠（软红）	11mg/支	五类烟、烤烟型
	红旗渠（软银河之光）	10mg/支	四类烟、烤烟型			
散花	散花（软蓝）	11mg/支	五类烟、烤烟型			

湖北中烟工业有限责任公司

品牌	规格	焦油量	备注	规格	焦油量	备注
黄鹤楼	黄鹤楼（软1916）	10mg/支	一类烟、烤烟型	黄鹤楼（硬心兰）	6mg/支	一类烟、烤烟型
	黄鹤楼（硬1916）	10mg/支	一类烟、烤烟型	黄鹤楼（软红）	8mg/支	一类烟、烤烟型
	黄鹤楼（硬为了谁）	6mg/支	一类烟、烤烟型	黄鹤楼（硬祝福）	10mg/支	一类烟、烤烟型 2013年新产品
	黄鹤楼（硬红景天）	6mg/支	一类烟、烤烟型	黄鹤楼（硬雪香）	10mg/支	一类烟、雪茄型 2013年新产品
	黄鹤楼（硬品道）	7mg/支	一类烟、烤烟型	黄鹤楼（硬嘉禧缘）	10mg/支	一类烟、烤烟型 2013年新产品
	黄鹤楼（软漫天游）	10mg/支	一类烟、烤烟型	黄鹤楼（软红珍品）	10mg/支	一类烟、烤烟型 2013年新产品
	黄鹤楼（硬漫天游）	8mg/支	一类烟、烤烟型	黄鹤楼（软红论道）	6mg/支	一类烟、烤烟型 2013年新产品
	黄鹤楼（硬梯杷）	6mg/支	一类烟、烤烟型	黄鹤楼（软紫金）	5mg/支	一类烟、烤烟型 2013年新产品
	黄鹤楼（软论道）	8mg/支	一类烟、烤烟型	黄鹤楼（硬同心）	10mg/支	一类烟、烤烟型 2013年新产品
	黄鹤楼（软珍品）	8mg/支	一类烟、烤烟型	黄鹤楼（硬天下胜景）	8mg/支	一类烟、烤烟型 2013年新产品
	黄鹤楼（硬论道）	8mg/支	一类烟、烤烟型	黄鹤楼（硬天骄圣地）	10mg/支	一类烟、烤烟型 2013年新产品
	黄鹤楼（硬珍品）	8mg/支	一类烟、烤烟型	黄鹤楼（硬全家福）	10mg/支	一类烟、烤烟型 2013年新产品
	黄鹤楼（软满天星）	8mg/支	一类烟、烤烟型	黄鹤楼（硬金带）	10mg/支	一类烟、烤烟型 2013年新产品
	黄鹤楼（硬满天星）	8mg/支	一类烟、烤烟型	黄鹤楼（硬感恩）	6mg/支	一类烟、烤烟型 2013年新产品
	黄鹤楼（硬大彩）	6mg/支	一类烟、烤烟型	黄鹤楼（硬好运）	11mg/支	一类烟、烤烟型 2013年新产品
	黄鹤楼（硬雅韵）	8mg/支	一类烟、烤烟型	黄鹤楼（硬问道）	6mg/支	一类烟、烤烟型 2013年新产品
	黄鹤楼（硬鸿运）	10mg/支	一类烟、烤烟型	黄鹤楼（软金砂）	6mg/支	二类烟、烤烟型
	黄鹤楼（软雅韵）	6mg/支	一类烟、烤烟型	黄鹤楼（天下名楼）	8mg/支	二类烟、烤烟型
	黄鹤楼（软蓝）	11mg/支	一类烟、烤烟型	黄鹤楼（软鸿运）	11mg/支	二类烟、烤烟型
	黄鹤楼（软天香）	6mg/支	一类烟、烤烟型	黄鹤楼（硬金砂）	8mg/支	二类烟、烤烟型
	黄鹤楼（硬春秋）	10mg/支	一类烟、烤烟型	黄鹤楼（硬雪之景）	11mg/支	二类烟、雪茄型 2013年新产品
	黄鹤楼（硬雅香）	11mg/支	一类烟、烤烟型	黄鹤楼（软雪之景）	11mg/支	二类烟、雪茄型 2013年新产品
	黄鹤楼（硬红）	8mg/支	一类烟、烤烟型	黄鹤楼（硬万年红）	10mg/支	二类烟、烤烟型 2013年新产品

续表

品牌	规格	焦油量	备注	规格	焦油量	备注
红金龙	红金龙（晓楼）	9mg/支	二类烟、烤烟型	红金龙（晓信天游）	10mg/支	三类烟、烤烟型
	红金龙（硬晓楼）	9mg/支	二类烟、烤烟型	红金龙（软双龙）	10mg/支	四类烟、烤烟型 2013 年新产品
	红金龙（硬晓楼金）	10mg/支	二类烟、烤烟型 2013 年新产品	红金龙（软红九州腾龙）	10mg/支	四类烟、烤烟型
	红金龙（硬火之舞）	10mg/支	三类烟、烤烟型	红金龙（硬红）	10mg/支	四类烟、烤烟型
	红金龙（硬红火之舞）	11mg/支	三类烟、烤烟型	红金龙（软九州腾龙）	10mg/支	四类烟、烤烟型
	红金龙（软精品）	11mg/支	三类烟、烤烟型	红金龙（软蓝九州腾龙）	10mg/支	四类烟、烤烟型
	红金龙（硬红精品）	8mg/支	三类烟、烤烟型	红金龙（硬虹之彩）	9mg/支	四类烟、烤烟型
	红金龙（硬祥龙）	9mg/支	三类烟、烤烟型	红金龙（硬九州腾龙）	10mg/支	四类烟、烤烟型
	红金龙（硬神州腾龙）	10mg/支	三类烟、烤烟型	红金龙（小楚风）	10mg/支	四类烟、烤烟型 2013 年新产品
	红金龙（硬南洋）	10mg/支	三类烟、烤烟型	红金龙（软金蝶）	8mg/支	五类烟、烤烟型
	红金龙（硬佳品）	9mg/支	三类烟、烤烟型 2013 年新产品	红金龙（软长城）	8mg/支	五类烟、烤烟型
	红金龙（硬黄佳品）	9mg/支	三类烟、烤烟型	红金龙（软虹之彩）	9mg/支	五类烟、烤烟型
	红金龙（硬晓楼银）	8mg/支	三类烟、烤烟型 2013 年新产品	红金龙（硬喜）	9mg/支	五类烟、烤烟型
红双喜（武汉）	红双喜（硬）	9mg/支	五类烟、烤烟型			
黄金龙	黄金龙（硬）	9mg/支	五类烟、烤烟型			

湖南中烟工业有限责任公司

品牌	规格	焦油量	备注	规格	焦油量	备注
芙蓉王	芙蓉王（钻石）	8mg/支	一类烟、烤烟型	芙蓉王（蓝）	10mg/支	一类烟、烤烟型
	芙蓉王（软蓝）	8mg/支	一类烟、烤烟型	芙蓉王（软黄）	8mg/支	一类烟、烤烟型
	芙蓉王（蔚蓝星空）	8mg/支	一类烟、烤烟型	芙蓉王（硬）	11mg/支	一类烟、烤烟型
	芙蓉王（软金）	8mg/支	一类烟、烤烟型	芙蓉王（硬天源）	6mg/支	一类烟、烤烟型 2013 年新产品
白沙	白沙（和天下）	11mg/支	一类烟、烤烟型	白沙（红和）	6mg/支	三类烟、烤烟型
	白沙（和钻石）	11mg/支	一类烟、烤烟型	白沙（精品二代）	10mg/支	三类烟、烤烟型
	白沙（珍品）	11mg/支	一类烟、烤烟型	白沙（软精品）	11mg/支	三类烟、烤烟型
	白沙（硬紫瑞）	6mg/支	二类烟、烤烟型 2013 年新产品	白沙（8mg 绿和）	8mg/支	三类烟、烤烟型
	白沙（硬蓝尚品）	11mg/支	二类烟、烤烟型	白沙（精品）	8mg/支	三类烟、烤烟型
	白沙（硬白尚品）	8mg/支	二类烟、烤烟型	白沙（绿和）	10mg/支	三类烟、烤烟型
	白沙（硬红尚品）	11mg/支	二类烟、烤烟型	白沙（新精品）	11mg/支	三类烟、烤烟型
	白沙（硬百鹤呈祥）	11mg/支	二类烟、烤烟型	白沙（硬香槟）	11mg/支	三类烟、烤烟型
	白沙（硬金典）	11mg/支	二类烟、烤烟型 2013 年 6 月停产	白沙（8mg 精品）	8mg/支	三类烟、烤烟型
	白沙（硬黄金版）	10mg/支	二类烟、烤烟型 2013 年新产品	白沙（软）	10mg/支	四类烟、烤烟型
	白沙（软香槟）	11mg/支	三类烟、烤烟型	白沙（硬）	10mg/支	四类烟、烤烟型
	白沙（银世界）	11mg/支	三类烟、烤烟型			
芙蓉	芙蓉（软红）	11mg/支	五类烟、烤烟型	芙蓉（黄）	10mg/支	五类烟、烤烟型
相思鸟	相思鸟（软）	11mg/支	五类烟、烤烟型			

广东中烟工业有限责任公司

品牌	规格	焦油量	备注	规格	焦油量	备注
双喜	双喜（典藏逸品）	8mg/支	一类烟、烤烟型	双喜（硬金五叶神）	11mg/支	二类烟、烤烟型
	双喜（硬逸品）	8mg/支	一类烟、烤烟型	双喜（硬银五叶神）	11mg/支	二类烟、烤烟型
	双喜（硬世纪经典）	10mg/支	一类烟、烤烟型	双喜（软蓝红玫王）	8mg/支	二类烟、烤烟型
	双喜（盛世）	6mg/支	一类烟、烤烟型	双喜（软珍品好日子）	11mg/支	二类烟、烤烟型
	双喜（珍藏）	8mg/支	一类烟、烤烟型	双喜（满堂红）	10mg/支	三类烟、烤烟型
	双喜（典藏五叶神）	5mg/支	一类烟、烤烟型	双喜（硬经典）	11mg/支	三类烟、烤烟型
	双喜（硬红逸品）	8mg/支	一类烟、烤烟型	双喜（软经典）	11mg/支	三类烟、烤烟型
	双喜（软金1906）	8mg/支	一类烟、烤烟型	双喜（硬）	11mg/支	三类烟、烤烟型
	双喜（软红五叶神）	11mg/支	一类烟、烤烟型	双喜（软）	11mg/支	三类烟、烤烟型
	双喜（硬红五叶神）	11mg/支	一类烟、烤烟型	双喜（硬01）	11mg/支	三类烟、烤烟型
	双喜（硬绿五叶神）	11mg/支	一类烟、烤烟型	双喜（软01）	11mg/支	三类烟、烤烟型
	双喜（硬蓝红玫王）	8mg/支	一类烟、烤烟型	双喜（硬国际）	11mg/支	三类烟、烤烟型
	双喜（硬盛世好日子）	11mg/支	一类烟、烤烟型	双喜（软国际）	11mg/支	三类烟、烤烟型
	双喜（硬金樽好日子）	11mg/支	一类烟、烤烟型	双喜（硬红玫王）	8mg/支	三类烟、烤烟型
	双喜（软锦绣好日子）	10mg/支	一类烟、烤烟型	双喜（硬精品好日子）	11mg/支	三类烟、烤烟型
	双喜（软卓越好日子）	8mg/支	一类烟、烤烟型	双喜（硬吉祥好日子）	11mg/支	三类烟、烤烟型
	双喜（硬经典1906）	10mg/支	二类烟、烤烟型	双喜（软如意好日子）	11mg/支	三类烟、烤烟型
	双喜（传奇）	8mg/支	二类烟、烤烟型	双喜（硬阳光好日子）	8mg/支	三类烟、烤烟型
红玫	红玫（硬金）	11mg/支	四类烟、烤烟型	红玫（软）	11mg/支	五类烟、烤烟型
椰树	椰树（硬）	11mg/支	四类烟、烤烟型	椰树（软）	11mg/支	五类烟、烤烟型
羊城	羊城（硬红）	11mg/支	四类烟、混合型	羊城（软白）	11mg/支	五类烟、混合型
	羊城（软红）	11mg/支	五类烟、混合型			

广西中烟工业有限责任公司

品牌	规格	焦油量	备注	规格	焦油量	备注
真龙	真龙（巴马天成）	6mg/支	一类烟、烤烟型	真龙（馨云）	8mg/支	二类烟、烤烟型
	真龙（金韵）	11mg/支	一类烟、烤烟型	真龙（前程似锦）	10mg/支	二类烟、烤烟型 2013年新产品
	真龙（巴马天和）	11mg/支	一类烟、烤烟型	真龙（致青春）	8mg/支	二类烟、烤烟型 2013年新产品
	真龙（神韵）	11mg/支	一类烟、烤烟型	真龙（祥云）	11mg/支	二类烟、烤烟型
	真龙（海韵）	11mg/支	一类烟、烤烟型	真龙（清云）	6mg/支	二类烟、烤烟型
	真龙（佳韵）	11mg/支	一类烟、烤烟型	真龙（福禄寿喜）	11mg/支	三类烟、烤烟型
	真龙（一带山河）	11mg/支	一类烟、烤烟型	真龙（珍品）	11mg/支	三类烟、烤烟型
	真龙（鸿韵）	11mg/支	一类烟、烤烟型	真龙（天翔）	11mg/支	三类烟、烤烟型
	真龙（中国龙）	8mg/支	一类烟、烤烟型 2013年新产品	真龙（甲天下）	8mg/支	三类烟、烤烟型
	真龙（龙天下）	11mg/支	一类烟、烤烟型 2013年新产品	真龙（软娇子）	11mg/支	三类烟、烤烟型
	真龙（起源）	11mg/支	一类烟、烤烟型 2013年新产品	真龙（娇子）	11mg/支	四类烟、烤烟型
	真龙（轩云）	11mg/支	二类烟、烤烟型	真龙（娇子8mg）	8mg/支	四类烟、烤烟型 2013年新产品

续表

品牌	规格	焦油量	备注	规格	焦油量	备注
甲天下	甲天下（富）	11mg/支	四类烟、烤烟型	甲天下（山水）	10mg/支	五类烟、烤烟型
	甲天下（红）	11mg/支	四类烟、烤烟型			

川渝中烟工业有限责任公司

品牌	规格	焦油量	备注	规格	焦油量	备注
娇子	娇子（传奇天子）	10mg/支	一类烟、烤烟型	娇子（硬绿逸品）	8mg/支	二类烟、烤烟型
	娇子（硬功夫）	10mg/支	一类烟、烤烟型	娇子（蓝）	11mg/支	二类烟、烤烟型
	娇子（硬龙凤珍品）	11mg/支	一类烟、烤烟型	娇子（红）	11mg/支	二类烟、烤烟型
	娇子（硬黄天子）	8mg/支	一类烟、烤烟型	娇子（X2）	5mg/支	二类烟、烤烟型
	娇子（硬正黄天子）	8mg/支	一类烟、烤烟型	娇子（硬龙凤呈祥）	11mg/支	二类烟、烤烟型
	娇子（硬功夫7）	7mg/支	一类烟、烤烟型	娇子（硬龙凤经典）	11mg/支	二类烟、烤烟型
	娇子（国宝）	11mg/支	一类烟、烤烟型	娇子（红新概念）	10mg/支	二类烟、烤烟型 2013年新产品
	娇子（锦绣）	11mg/支	一类烟、烤烟型	娇子（X星座）	6mg/支	二类烟、烤烟型 2013年新产品
	娇子（X金桂）	6mg/支	一类烟、烤烟型	娇子（金沙神韵）	10mg/支	二类烟、烤烟型 2013年新产品
	娇子（X玫瑰）	6mg/支	一类烟、烤烟型	娇子（软金沙神韵）	10mg/支	二类烟、烤烟型 2013年新产品
	娇子（精品）	10mg/支	一类烟、烤烟型	娇子（X2013）	7mg/支	二类烟、烤烟型 2013年新产品
	娇子（红天之娇子）	10mg/支	一类烟、烤烟型	娇子（软红）	10mg/支	二类烟、烤烟型 2013年新产品
	娇子（黄天之娇子）	10mg/支	一类烟、烤烟型	娇子（软阳光）	11mg/支	三类烟、烤烟型
	娇子（天之娇子）	8mg/支	一类烟、烤烟型	娇子（新概念）	8mg/支	三类烟、烤烟型
	娇子（软黄天子）	11mg/支	一类烟、烤烟型	娇子（时代阳光）	11mg/支	三类烟、烤烟型
	娇子（软金天娇）	10mg/支	一类烟、烤烟型 2013年新产品	娇子（X）	6mg/支	三类烟、烤烟型
	娇子（软传奇天子）	8mg/支	一类烟、烤烟型 2013年新产品	娇子（硬龙凤喜庆）	11mg/支	三类烟、烤烟型
	娇子（红传奇天子）	10mg/支	一类烟、烤烟型 2013年新产品	娇子（软龙凤魅力朝）	11mg/支	三类烟、烤烟型
	娇子（盛世天娇）	10mg/支	一类烟、烤烟型 2013年新产品	娇子（软龙凤呈祥）	11mg/支	三类烟、烤烟型
	娇子（软红天之娇子）	10mg/支	一类烟、烤烟型 2013年新产品	娇子（绿时代阳光）	11mg/支	三类烟、烤烟型
	娇子（蓝天之娇子）	10mg/支	一类烟、烤烟型 2013年新产品	娇子（硬龙凤喜庆新）	11mg/支	三类烟、烤烟型
	娇子（软蓝天之娇子）	10mg/支	一类烟、烤烟型 2013年新产品	娇子（硬阳光100）	11mg/支	三类烟、烤烟型
	娇子（X生肖）	6mg/支	一类烟、烤烟型 2013年新产品	娇子（硬龙凤世纪朝）	11mg/支	三类烟、烤烟型
	娇子（硬红逸品）	8mg/支	二类烟、烤烟型	娇子（硬阳光新）	11mg/支	三类烟、烤烟型

续表

品牌	规格	焦油量	备注	规格	焦油量	备注
天下秀	天下秀（金）	11mg/支	四类烟、烤烟型	天下秀（红）	10mg/支	五类烟、烤烟型
	天下秀（红名品）	9mg/支	四类烟、烤烟型	天下秀（软红）	10mg/支	五类烟、烤烟型
	天下秀（佳品）	11mg/支	四类烟、烤烟型			
五牛	五牛（硬金）	11mg/支	五类烟、烤烟型	五牛（硬绿新）	10mg/支	五类烟、烤烟型
	五牛（绿）	10mg/支	五类烟、烤烟型			
龙凤呈祥	龙凤呈祥（佳品）	11mg/支	四类烟、烤烟型			
宏声	宏声（精品）	11mg/支	四类烟、烤烟型	宏声（软）	11mg/支	五类烟、烤烟型
	宏声（硬特）	11mg/支	四类烟、烤烟型	宏声（硬）	11mg/支	五类烟、烤烟型
	宏声（软特）	11mg/支	五类烟、烤烟型			
山城	山城（软蓝）	11mg/支	五类烟、烤烟型			

贵州中烟工业有限责任公司

品牌	规格	焦油量	备注	规格	焦油量	备注
贵烟	贵烟（盛世）	11mg/支	一类烟、烤烟型	贵烟（小国酒香）	9mg/支	一类烟、烤烟型 2013年新产品
	贵烟（扁盒印第安火种）	11mg/支	一类烟、烤烟型	贵烟（国酒香玉液）	9mg/支	一类烟、烤烟型 2013年新产品
	贵烟（福天下）	10mg/支	一类烟、烤烟型	贵烟（国酒香5）	10mg/支	一类烟、烤烟型 2013年新产品
	贵烟（福）	11mg/支	一类烟、烤烟型	贵烟（国酒香30）	10mg/支	一类烟、烤烟型 2013年新产品
	贵烟（软高遵）	11mg/支	一类烟、烤烟型	贵烟（喜）	11mg/支	二类烟、烤烟型
	贵烟（硬高遵）	11mg/支	一类烟、烤烟型	贵烟（好彩）	11mg/支	二类烟、烤烟型
	贵烟（蓝色的爱）	11mg/支	一类烟、烤烟型	贵烟（硬黄精品）	11mg/支	三类烟、烤烟型
	贵烟（5mg喜格）	5mg/支	一类烟、烤烟型	贵烟（软多彩）	11mg/支	三类烟、烤烟型
	贵烟（黄金方）	10mg/支	一类烟、烤烟型	贵烟（多彩）	10mg/支	三类烟、烤烟型
黄果树	黄果树（佳遵）	11mg/支	三类烟、烤烟型	黄果树（长征）	10mg/支	四类烟、烤烟型
	黄果树（长征红星照耀）	11mg/支	三类烟、烤烟型	黄果树（佳品）	10mg/支	四类烟、烤烟型
	黄果树（长征1935）	11mg/支	三类烟、烤烟型	黄果树（软）	11mg/支	五类烟、烤烟型
	黄果树（蓝佳品）	10mg/支	三类烟、烤烟型			
遵义	遵义（软）	11mg/支	五类烟、烤烟型			
桫椤	桫椤（红）	11mg/支	五类烟、烤烟型			

云南中烟工业有限责任公司

品牌	规格	焦油量	备注	规格	焦油量	备注
玉溪	玉溪（硬庄园16支）	8mg/支	一类烟、烤烟型	玉溪（软尚善）	8mg/支	一类烟、烤烟型
	玉溪（硬出口）	10mg/支	一类烟、烤烟型	玉溪（软）	11mg/支	一类烟、烤烟型
	玉溪（软境界）	10mg/支	一类烟、烤烟型	玉溪（硬）	10mg/支	一类烟、烤烟型
	玉溪（软弘毅力）	8mg/支	一类烟、烤烟型	玉溪（8090）	8mg/支	一类烟、烤烟型
	玉溪（硬大成）	8mg/支	一类烟、烤烟型	玉溪（硬金出口）	11mg/支	烤烟型、出口烟
	玉溪（硬和谐）	10mg/支	一类烟、烤烟型	玉溪（软小庄园）	8mg/支	一类烟、烤烟型 2013年新产品
	玉溪（软和谐）	8mg/支	一类烟、烤烟型			

续表

品牌	规格	焦油量	备注	规格	焦油量	备注
红塔山	红塔山（硬大经典）	10mg/支	一类烟、烤烟型	红塔山（软经典1956）	11mg/支	三类烟、烤烟型
	红塔山（大师）	8mg/支	一类烟、烤烟型 2013年新产品	红塔山（硬世纪）	8mg/支	三类烟、烤烟型
	红塔山（硬经典150）	8mg/支	二类烟、烤烟型	红塔山（软世纪）	8mg/支	三类烟、烤烟型
	红塔山（硬欣经典）	10mg/支	三类烟、烤烟型	红塔山（硬国际100）	7mg/支	三类烟、烤烟型
	红塔山（软经典100）	8mg/支	三类烟、烤烟型	红塔山（硬金出口）	10mg/支	烤烟型、出口烟
	红塔山（硬经典100）	11mg/支	三类烟、烤烟型	红塔山（软出口）	11mg/支	烤烟型、出口烟
	红塔山（恭贺新禧）	10mg/支	二类烟、烤烟型	红塔山（硬出口）	11mg/支	烤烟型、出口烟
	红塔山（硬新势力）	11mg/支	三类烟、烤烟型	红塔山（台湾版）	7mg/支	混合型、出口烟
	红塔山（硬新）	8mg/支	三类烟、烤烟型	红塔山（台湾版）	10mg/支	混合型、出口烟
	红塔山（软新）	8mg/支	三类烟、烤烟型	红塔山 （硬国际100台湾版）	7mg/支	混合型、出口烟
	红塔山（硬经典1956）	11mg/支	三类烟、烤烟型			
恭贺新禧	恭贺新禧（硬）	11mg/支	三类烟、烤烟型	恭贺新禧（软）	11mg/支	三类烟、烤烟型
阿诗玛	阿诗玛（84mm）	13mg/支	混合型、出口烟	阿诗玛（硬金）	10mg/支	烤烟型、出口烟
	阿诗玛（94mm）	8mg/支	混合型、出口烟			
红梅	红梅（硬春）	11mg/支	四类烟、烤烟型	红梅（硬黄）	11mg/支	四类烟、烤烟型
	红梅（硬蓝春）	11mg/支	四类烟、烤烟型	红梅（软顺）	10mg/支	五类烟、烤烟型
	红梅（硬虹）	11mg/支	四类烟、烤烟型	红梅（软白）	10mg/支	五类烟、烤烟型
	红梅（软黄）	11mg/支	四类烟、烤烟型			
MARBLRE （马宝）	MARBLRE （GOLD）	10mg/支	混合型、出口烟	MARBLRE （FULL FLAVOR）	12mg/支	混合型、出口烟
PLAZA （天堂）	PLAZA	13mg/支	混合型、出口烟			
XINXING （新兴）	XINXING（84mm）	12mg/支	混合型、出口烟	XINXING（94mm）	12mg/支	混合型、出口烟
WEST （威斯）	威斯（硬经典）	11mg/支	许可生产	威斯（软珍享）	8mg/支	许可生产
云烟	云烟（9+1大重九）	8mg/支	一类烟、烤烟型	云烟（软芙蓉）	8mg/支	二类烟、烤烟型
	云烟（软大重九）	8mg/支	一类烟、烤烟型	云烟（紫）	11mg/支	三类烟、烤烟型
	云烟（软礼印象）	10mg/支	一类烟、烤烟型	云烟（软紫）	8mg/支	三类烟、烤烟型
	云烟（5mg印象）	5mg/支	一类烟、烤烟型	云烟（软如意）	8mg/支	三类烟、烤烟型
	云烟（软珍品）	11mg/支	一类烟、烤烟型	云烟（双龙）	10mg/支	三类烟、烤烟型
	云烟（软印象）	8mg/支	一类烟、烤烟型	云烟（红）	10mg/支	三类烟、烤烟型
	云烟（印象）	10mg/支	一类烟、烤烟型	云烟（福）	10mg/支	三类烟、烤烟型
	云烟（94mm印象）	10mg/支	一类烟、烤烟型	云烟（印象出口）	10mg/支	烤烟型、出口烟
	云烟（软金雪莲）	10mg/支	一类烟、烤烟型	云烟（印象出口MAC）	10mg/支	烤烟型、出口烟
	云烟（红印象）	8mg/支	一类烟、烤烟型	云烟（紫出口）	11mg/支	烤烟型、出口烟
	云烟（清甜香）	8mg/支	一类烟、烤烟型	云烟（紫出口AO）	11mg/支	烤烟型、出口烟
	云烟（WIN）	6mg/支	一类烟、烤烟型	云烟（8mg软如意出口）	8mg/支	烤烟型、出口烟
	云烟（小熊猫）	10mg/支	一类烟、烤烟型	云烟（朱砂红出口）	11mg/支	烤烟型、出口烟
	云烟（软小熊猫）	10mg/支	一类烟、烤烟型	云烟（朱砂红出口HK）	12mg/支	烤烟型、出口烟
	云烟（绿呼伦贝尔）	11mg/支	一类烟、烤烟型	云烟（软珍品出口）	11mg/支	烤烟型、出口烟

续表

品牌	规格	焦油量	备注	规格	焦油量	备注
云烟	云烟（软珍品 zj）	11mg/支	一类烟、烤烟型	云烟（软珍品出口 MAC）	12mg/支	烤烟型、出口烟
	云烟（呼伦贝尔 6mg）	6mg/支	一类烟、烤烟型 2013年新产品	云烟 （印象出口 HK 免税版）	10mg/支	烤烟型、出口烟 2013年新产品
	云烟（金呼伦贝尔）	10mg/支	一类烟、烤烟型 2013年新产品	云烟（印象出口 TW）	10mg/支	烤烟型、出口烟 2013年新产品
	云烟（黄清甜香）	6mg/支	一类烟、烤烟型 2013年新产品	云烟（印象出口 HK）	10mg/支	烤烟型、出口烟 2013年新产品
	云烟（大云）	8mg/支	一类烟、烤烟型 2013年新产品	云烟（紫出口 AU）	11mg/支	烤烟型、出口烟 2013年新产品
	云烟（红清甜香）	8mg/支	一类烟、烤烟型 2013年新产品	云烟（紫出口 PA）	11mg/支	烤烟型、出口烟 2013年新产品
	云烟（大紫）	8mg/支	二类烟、烤烟型	云烟（紫出口 PE）	11mg/支	烤烟型、出口烟 2013年新产品
	云烟（12mg 苁蓉）	11mg/支	二类烟、烤烟型	云烟（红出口）	10mg/支	烤烟型、出口烟
红河	红河（道）	10mg/支	一类烟、烤烟型	红河（小熊猫世纪风）	10mg/支	三类烟、烤烟型
	红河（硬 V8）	10mg/支	一类烟、烤烟型	红河（硬）	11mg/支	三类烟、烤烟型
	红河（硬 99）	8mg/支	二类烟、烤烟型	红河（硬甲）	11mg/支	三类烟、烤烟型
	红河（软 99）	8mg/支	二类烟、烤烟型	红河（软甲）	11mg/支	四类烟、烤烟型
	红河（硬 88）	11mg/支	三类烟、烤烟型	红河（硬乙）	11mg/支	四类烟、烤烟型
	红河（软 88）	11mg/支	三类烟、烤烟型	红河（软乙）	11mg/支	四类烟、烤烟型
	红河（硬 66）	10mg/支	三类烟、烤烟型	红河（硬 88 出口）	11mg/支	烤烟型、出口烟
	红河（小熊猫清和风）	10mg/支	三类烟、烤烟型			
小熊猫	小熊猫（精品出口）	10mg/支	烤烟型、出口烟	小熊猫 （精品出口 HK 免税版）	10mg/支	烤烟型、出口烟
	小熊猫（精品出口 HK）	10mg/支	烤烟型、出口烟	小熊猫（软珍品出口）	10mg/支	烤烟型、出口烟
	小熊猫（精品出口 MAC）	10mg/支	烤烟型、出口烟	小熊猫（新精品出口 AU）	10mg/支	烤烟型、出口烟 2013年新产品
红山茶	红山茶（软）	11mg/支	五类烟、烤烟型			
福	福（软精品）	10mg/支	一类烟、烤烟型			
茶花	茶花（94mm）	8mg/支	三类烟、烤烟型			
雪莲	雪莲（软蓝）	10mg/支	一类烟、烤烟型	雪莲（蓝精品）	11mg/支	三类烟、烤烟型
	雪莲（红精品）	11mg/支	一类烟、烤烟型	雪莲（红新品）	10mg/支	五类烟、烤烟型
	雪莲（岁月）	8mg/支	一类烟、烤烟型 2013年新产品			
钓鱼台	钓鱼台（硬景泰蓝 94mm）	6mg/支	一类烟、烤烟型	钓鱼台 （黄景泰蓝出口 MAC）	8mg/支	烤烟型、出口烟
	钓鱼台（黄景泰蓝出口）	8mg/支	烤烟型、出口烟	钓鱼台 （黄景泰蓝出口 TW）	8mg/支	烤烟型、出口烟 2013年新产品
	钓鱼台 （黄景泰蓝出口 HK）	8mg/支	烤烟型、出口烟			

陕西中烟工业有限责任公司

品牌	规格	焦油量	备注	规格	焦油量	备注
好猫	好猫（天赋）	8mg/支	一类烟、烤烟型	好猫（软神韵）	11mg/支	二类烟、烤烟型
	好猫（非常）	10mg/支	一类烟、烤烟型	好猫（炫蓝）	11mg/支	二类烟、烤烟型
	好猫（盛世）	10mg/支	一类烟、烤烟型	好猫（金延安）	11mg/支	二类烟、烤烟型

续表

品牌	规格	焦油量	备注	规格	焦油量	备注
好猫	好猫（如意）	8mg/支	一类烟、烤烟型	好猫（好运来）	10mg/支	二类烟、烤烟型 2013 年新产品
	好猫（吉祥）	11mg/支	一类烟、烤烟型	好猫（步步高）	11mg/支	三类烟、烤烟型
	好猫（富贵）	8mg/支	一类烟、烤烟型	好猫（猴王磨砂）	11mg/支	三类烟、烤烟型
猴王	猴王（金）	11mg/支	四类烟、烤烟型	猴王（软蓝）	11mg/支	五类烟、烤烟型
	猴王（软红）	11mg/支	四类烟、烤烟型	猴王（软紫）	11mg/支	五类烟、烤烟型
延安	延安（红色记忆）	10mg/支	一类烟、烤烟型	延安（硬红）	10mg/支	五类烟、烤烟型
	延安（软）	10mg/支	四类烟、烤烟型			

中国烟草实业发展中心

黑龙江烟草工业有限责任公司

品牌	规格	焦油量	备注	规格	焦油量	备注
林海灵芝	林海灵芝（印象）	8mg/支	三类烟、烤烟型	林海灵芝（蓝色经典）	8mg/支	四类烟、混合型
	林海灵芝（8mg）	8mg/支	三类烟、混合型	林海灵芝（如意）	9mg/支	四类烟、烤烟型
	林海灵芝（硬白）	8mg/支	四类烟、混合型	林海灵芝（软白）	8mg/支	五类烟、混合型
哈尔滨	哈尔滨（禧龙）	10mg/支	一类烟、烤烟型	哈尔滨（囍临门）	8mg/支	三类烟、烤烟型
	哈尔滨（龙烟祥和）	10mg/支	一类烟、烤烟型	哈尔滨（世纪）	8mg/支	四类烟、烤烟型
	哈尔滨（龙烟金安）	10mg/支	一类烟、烤烟型 2013 年新产品	哈尔滨（软黄）	10mg/支	五类烟、烤烟型
	哈尔滨（太阳岛）	8mg/支	三类烟、烤烟型			

红塔辽宁烟草有限责任公司

品牌	规格	焦油量	备注	规格	焦油量	备注
玉溪	玉溪（人民大会堂盛世典藏）	8mg/支	一类烟、烤烟型	玉溪（硬）	10mg/支	一类烟、烤烟型
	玉溪（软红人民大会堂）	11mg/支	一类烟、烤烟型	玉溪（人民大会堂本香）	8mg/支	一类烟、烤烟型
人民大会堂	人民大会堂（御廷□香）	6mg/支	一类烟、烤烟型	人民大会堂（硬红出口）	11mg/支	二类烟、烤烟型
	人民大会堂（软红出口）	11mg/支	一类烟、烤烟型	人民大会堂（国典 1959）	11mg/支	二类烟、烤烟型
	人民大会堂（硬红）	11mg/支	二类烟、烤烟型	人民大会堂（红星）	8mg/支	二类烟、烤烟型
红塔山	红塔山（硬恭贺新禧）	10mg/支	三类烟、烤烟型	红塔山（软经典）	11mg/支	三类烟、烤烟型
	红塔山（硬经典 100）	11mg/支	三类烟、烤烟型	红塔山（软世纪）	8mg/支	三类烟、烤烟型
红梅	红梅（软顺）	10mg/支	三类烟、烤烟型	红梅（软黄）	11mg/支	三类烟、烤烟型
恭贺新禧	恭贺新禧（软）	10mg/支	三类烟、烤烟型			
云烟	云烟（紫）	11mg/支	三类烟、烤烟型			

吉林烟草工业有限责任公司

品牌	规格	焦油量	备注	规格	焦油量	备注
长白山	长白山（香魁）	6mg/支	一类烟、烤烟型	长白山（鸿运）	8mg/支	二类烟、烤烟型
	长白山（高山流水）	1mg/支	一类烟、烤烟型	长白山（金人参）	10mg/支	二类烟、烤烟型
	长白山（德容天下）	3mg/支	一类烟、烤烟型	长白山（8mg）	8mg/支	二类烟、烤烟型
	长白山（原味）	8mg/支	一类烟、烤烟型	长白山（人参）	8mg/支	二类烟、烤烟型
	长白山（5mg）	5mg/支	一类烟、烤烟型	长白山（硬红）	8mg/支	三类烟、烤烟型
	长白山（硬神韵）	5mg/支	一类烟、烤烟型	长白山（软红）	8mg/支	三类烟、烤烟型

续表

品牌	规格	焦油量	备注	规格	焦油量	备注
长白山	长白山（神韵）	5mg/支	一类烟、烤烟型	长白山（银品）	8mg/支	三类烟、烤烟型
	长白山（天韵）	6mg/支	一类烟、烤烟型	长白山（红人参）	10mg/支	三类烟、烤烟型 2013年新产品
	长白山（揽胜）	8mg/支	一类烟、烤烟型	长白山（悦）	10mg/支	三类烟、烤烟型 2013年新产品
	长白山（炫）	6mg/支	二类烟、烤烟型			

甘肃烟草工业有限责任公司

品牌	规格	焦油量	备注	规格	焦油量	备注
兰州	兰州（硬经典）	8mg/支	一类烟、烤烟型	兰州（硬珍品）	8mg/支	二类烟、烤烟型
	兰州（硬吉祥）	8mg/支	一类烟、烤烟型	兰州（硬如意）	8mg/支	三类烟、烤烟型
	兰州（16支吉祥）	8mg/支	一类烟、烤烟型	兰州（硬精品）	6mg/支	三类烟、烤烟型
	兰州（丝绸之路）	8mg/支	一类烟、烤烟型	兰州（软黄）	8mg/支	四类烟、烤烟型
	兰州（硬飞天）	8mg/支	一类烟、烤烟型	兰州（硬蓝）	8mg/支	四类烟、烤烟型
	兰州（软飞天）	6mg/支	一类烟、烤烟型	兰州（硬黄）	8mg/支	四类烟、烤烟型
	兰州（软珍品）	8mg/支	一类烟、烤烟型	兰州（硬红）	8mg/支	五类烟、烤烟型

内蒙古昆明卷烟有限责任公司

品牌	规格	焦油量	备注	规格	焦油量	备注
冬虫夏草	冬虫夏草	11mg/支	一类烟、烤烟型			
云烟	云烟（软苁蓉）	8mg/支	二类烟、烤烟型	云烟（12mg苁蓉）	11mg/支	二类烟、烤烟型
大青山	大青山（红）	10mg/支	五类烟、烤烟型	大青山（软）	10mg/支	五类烟、烤烟型
云烟	云烟（软珍品）	11mg/支	一类烟、烤烟型	云烟（紫）	11mg/支	三类烟、烤烟型
	云烟（大紫）	8mg/支	二类烟、烤烟型	云烟（红）	10mg/支	三类烟、烤烟型
红河	红河（硬甲）	11mg/支	三类烟、烤烟型	红河（软甲）	11mg/支	四类烟、烤烟型
红塔山	红塔山（硬经典100）	11mg/支	三类烟、烤烟型			

深圳烟草工业有限责任公司

品牌	规格	焦油量	备注	规格	焦油量	备注
双喜	双喜（硬盛世好日子）	10mg/支	一类烟、烤烟型	双喜（硬精品好日子）	11mg/支	三类烟、烤烟型
	双喜（软卓越好日子）	8mg/支	一类烟、烤烟型	双喜（硬阳光好日子）	10mg/支	三类烟、烤烟型
	双喜（硬金樽好日子）	11mg/支	一类烟、烤烟型	双喜（硬祥和好日子）	8mg/支	三类烟、烤烟型
	双喜（软锦绣好日子）	8mg/支	一类烟、烤烟型	双喜（硬吉祥好日子）	11mg/支	三类烟、烤烟型
	双喜（硬珍品好日子）	10mg/支	一类烟、烤烟型 2013年新产品	双喜（软如意好日子）	10mg/支	三类烟、烤烟型
	双喜（软珍品好日子）	11mg/支	二类烟、烤烟型			

山西昆明卷烟有限责任公司

品牌	规格	焦油量	备注	规格	焦油量	备注
云烟	云烟（软珍）	11mg/支	一类烟，烤烟型	云烟（紫）	11mg/支	三类烟、烤烟型
	云烟（大紫）	8mg/支	二类烟，烤烟型	云烟（红）	10mg/支	三类烟、烤烟型
	云烟（福）	10mg/支	三类烟，烤烟型			
红河	红河（硬66）	10mg/支	三类烟，烤烟型	红河（软甲）	11mg/支	四类烟、烤烟型
	红河（硬）	11mg/支	三类烟，烤烟型			

续表

品牌	规格	焦油量	备注	规格	焦油量	备注
红塔山	红塔山（硬经典100）	11mg/支	三类烟，烤烟型			

海南红塔卷烟有限责任公司

品牌	规格	焦油量	备注	规格	焦油量	备注
云烟	云烟（紫）	11mg/支	三类烟、烤烟型			
玉溪	玉溪（硬）	10mg/支	一类烟、烤烟型 2013年新产品			
红塔山	红塔山（硬恭贺新禧）	10mg/支	二类烟、烤烟型	红塔山（硬经典100）	11mg/支	三类烟、烤烟型
	红塔山（软经典）	11mg/支	三类烟、烤烟型	红塔山（硬经典）	11mg/支	三类烟、烤烟型
恭贺新禧	恭贺新禧（软）	10mg/支	三类烟、烤烟型			
红梅	红梅（软黄）	11mg/支	四类烟、烤烟型	红梅（软顺）	10mg/支	五类烟、烤烟型
椰王	椰王（硬金）	10mg/支	一类烟、烤烟型	椰王	11mg/支	二类烟、烤烟型

2013年在产雪茄烟品牌（规格）名录①

安徽中烟工业有限责任公司

品牌	品名	风格特征	尺寸规格	包装规格	类别
黄山松	黄山松（5支）	中度浓味	110mm×9.2mm	5支装硬盒	半叶卷手工雪茄
味美思	味美思（5支）	中度浓味	120mm×8mm×12mm（方支）	5支装硬盒	半叶卷手工雪茄
王冠	王冠（20支）	中度浓味	88mm×9.2mm	20支装硬盒	半叶卷手工雪茄
	王冠（5支）	中度浓味	136mm×13.0mm	5支装塑盒	半叶卷手工雪茄
	王冠（塑10支）	中度浓味	130mm×15.3mm	10支装塑盒	半叶卷手工雪茄
	王冠（原味9号）	中度浓味	88mm×9.2mm	10支装硬盒	半叶卷手工雪茄
	王冠（原味9号塑嘴）	中度浓味	110mm×9.2mm	5支装硬盒	半叶卷手工雪茄
	王冠（原味3号）	中度浓味	110mm×9.2mm	5支装硬盒	半叶卷手工雪茄
	王冠（原味3号铁盒）	中度浓味	110mm×9.2mm	10支装铁盒	半叶卷手工雪茄
	王冠（奶香5支）	香味雪茄	80mm×8mm	5支装硬盒	半叶卷手工雪茄
	王冠（奶香10支）	香味雪茄	80mm×8mm	10支装铁盒	半叶卷手工雪茄
	王冠（塑2支全叶卷）	中度浓味	120mm×13mm	2支装硬盒	全叶卷手工雪茄
	王冠（铝2支全叶卷）	中度浓味	150mm×17.8mm	2支装硬盒	全叶卷手工雪茄
	王冠（10支全叶卷）	中度浓味	150mm×17.8mm	10支装木盒	全叶卷手工雪茄
	王冠（经典铝2支）	中度浓味	150mm×17.8mm	2支装硬盒	全叶卷手工雪茄

山东中烟工业有限责任公司

品牌	品名	风格特征	尺寸规格	包装规格	类别
将军	将军2号	中式	150mm×18mm	12支装礼品木盒	手工雪茄
	将军（大力神）	中式	150mm×18mm	5支装纸盒礼品装	手工雪茄
	将军（战神）	中式	120mm×18mm	5支装纸盒礼品装	手工雪茄
	将军（巴哈马）	中式	90mm×8mm	10支装纸盒	手工雪茄
	将军（3G）	中式	100mm×9mm	10支装铁盒	机制雪茄
	将军（黑3G）	中式	71mm×8.5mm	10支装铁盒	机制雪茄

① 安徽中烟、湖北中烟、山东中烟雪茄烟尺寸规格为“长度×直径”；川渝中烟雪茄烟尺寸规格为“长度×周长”。

湖北中烟工业有限责任公司

品牌	品名	风格特征	尺寸规格	包装规格	类别
三峡	三峡（MX10）	香型	84mm×7.8mm	10支装硬盒	手工雪茄
	三峡（MY10）	香型	84mm×7.8mm	10支装硬盒	手工雪茄
顺百利	顺百利（10支LP）	原味	132mm×16.2mm	10支装木盒	手工雪茄
	顺百利（3支X）	原味	132mm×13.8mm	3支装硬盒	手工雪茄
	顺百利（5支XY）	原味	105mm×12.5mm	5支装纸盒	手工雪茄
	顺百利（2支）	原味	132mm×16.2mm	2支装纸盒	手工雪茄
茂大	茂大（25支XLP）	原味	132mm×13.10mm	25支装木盒	手工雪茄
	茂大（5支XY）	原味	105mm×12.5mm	5支装纸盒	手工雪茄
	茂大（25支LP）	原味	132mm×16.2mm	25支装硬盒	手工雪茄
	茂大（世家）	原味	84mm×7.7mm	10支装硬盒	手工雪茄
	茂大（盛世）	原味	84mm×7.8mm	10支装硬盒	手工雪茄
红金龙	红金龙（硬红龙）	中式	84mm×7.7mm	20支装硬盒	雪茄型
	红金龙（软明道）	中式	84mm×7.7mm	20支装纸盒	雪茄型
	红金龙（软福瑞）	中式	84mm×7.7mm	20支装纸盒	雪茄型
	红金龙（硬楚风）	中式	84mm×7.7mm	20支装硬盒	雪茄型
	红金龙（硬望星空）	中式	84mm×7.7mm	20支装硬盒	雪茄型

川渝中烟工业有限责任公司

品牌	品名	风格特征	尺寸规格	包装规格	类别
长城	长城（导师2号）	原味、温和	130mm×53.4mm	25支装木盒	手工雪茄
	长城（2号）	原味、温和	130mm×53.4mm	5支装纸盒	手工雪茄
	长城（3号）	原味、温和、中等浓郁	150mm×50mm	5支装纸盒	手工雪茄
	长城（经典2号）	原味、中等浓郁	130mm×53.4mm	5支装纸盒	手工雪茄
	长城（经典3号）	原味、中等浓郁	150mm×50mm	5支装纸盒	手工雪茄
	长城（3支传奇1号）	原味回甜、温和	105mm×72mm	3支装木盒	手工雪茄
	长城（5支传奇1号）	原味回甜、温和	105mm×72mm	5支装木盒	手工雪茄
	长城（10支132秘制）	原味回甜、温和	110mm×47mm	10支装木盒	手工雪茄
	长城（20支132秘制）	原味回甜、温和	110mm×47mm	20支装木盒	手工雪茄
	长城（盛世3号）	中等浓郁、饱满、回甜	140mm×58mm	10支装纸盒	手工雪茄
	长城（盛世6号）	原味、温和、中等浓郁	110mm×45mm	5支装纸盒	手工雪茄
	长城（盛世5号）	中等浓郁	150mm×56mm	2支装纸盒	手工雪茄
	长城（揽胜2号精选）	原味、中等浓郁	130mm×53.4mm	10支装纸盒	手工雪茄、2013年新产品
	长城（揽胜2号经典）	原味、中等浓郁	130mm×53.4mm	10支装纸盒	手工雪茄、2013年新产品
	长城（汇通天下2号）	原味、中等浓郁	152mm×60mm	10支装木盒	手工雪茄、2013年新产品
	长城（传奇3号）	原味、中等浓郁	178mm×58.7mm	5支装木盒	手工雪茄、2013年新产品
	长城（导师3号）	原味、中等浓郁	142mm×52.3mm	10支装木盒	手工雪茄、2013年新产品
	长城（大号铝管5支）	奶油香味、温和	160mm×55mm	5支装纸盒	机制雪茄
	长城（骑士2号）	桂香味、温和	100mm×34mm	10支装纸盒	机制雪茄
	长城（骑士3号）	香草味、温和	100mm×35mm	10支装纸盒	机制雪茄
	长城（骑士国际原味1号）	原味、温和	100mm×35mm	5支装纸盒	机制雪茄

续表

品牌	品名	风格特征	尺寸规格	包装规格	类别
长城	长城（骑士国际香草1号）	香草味、温和	100mm×35mm	5支装纸盒	机制雪茄
	长城（骑士国际原味2号）	原味、温和	100mm×35mm	10支装纸盒	机制雪茄
	长城（骑士国际香草2号）	香草味、温和	100mm×35mm	10支装纸盒	机制雪茄
	长城（金南极）	水蜜桃味、温和	120mm×34mm（带木嘴）	5支装纸盒	机制雪茄
	长城（金南极苹果）	苹果味、温和	120mm×34mm（带塑料嘴）	5支装纸盒	机制雪茄
	长城（金南极葡萄）	葡萄味、温和	120mm×34mm（带塑料嘴）	5支装纸盒	机制雪茄
	长城（迷你原味）	原味、温和	95mm×26mm	10支装铁盒	机制雪茄
	长城（迷你咖啡）	淡味、咖啡味	75mm×26mm	10支装铁盒	机制雪茄
	长城（迷你香草）	淡味、香草味	75mm×26mm	10支装铁盒	机制雪茄
	长城（迷你甜橙）	淡味、甜橙味	75mm×25.5mm	10支装铁盒	机制雪茄
	长城（迷你樱桃）	淡味、樱桃味	75mm×25.5mm	10支装铁盒	机制雪茄
	长城（迷你甜干邑）	淡味、甜干邑味	75mm×25.5mm	10支装铁盒	机制雪茄
	长城（50支迷你樱桃）	淡味、樱桃味	75mm×25.5mm	50支装纸盒	机制雪茄
	长城（迷你国际原味1号）	原味、温和	75mm×26mm	10支装铁盒	机制雪茄
	长城（迷你国际香草1号）	淡味、香草味	75mm×26mm	10支装铁盒	机制雪茄
	长城（骑士1号原味）	原味	99mm×28.6mm	10支装纸盒	机制雪茄、2013年新产品
	长城（骑士4号原味）	原味	95mm×31.4mm	10支装纸盒	机制雪茄、2013年新产品
	长城（迷你极光）	原味	66mm×22.6mm	16支装铁盒	机制雪茄、2013年新产品
	长城（132）	雪茄原味	84mm×24.4mm	20支装硬盒	机制雪茄
狮牌	狮牌（5支小号）	原味、中等浓郁	112mm×31mm	5支装纸盒	机制雪茄
	狮牌（谜你1号）	淡味、咖啡香草味	98mm×25.5mm（带嘴）	10支装纸盒	机制雪茄
	狮牌（微型）	香草咖啡味	84mm×24.2mm	20支装硬盒	机制雪茄
	狮牌（草莓）	草莓味	84mm×24.2mm	20支软盒	机制雪茄
	狮牌（特香）	烟草特香味	84mm×24.2mm	20支装硬盒	机制雪茄
	狮牌（原味新版）	坚果味	84mm×24.4mm	20支装硬盒	机制雪茄
	狮牌（雄风）	原味	84mm×24.4mm	20支装硬盒	机制雪茄、2013年新产品
	狮牌（10支完美时光）	奶茶味、温和	84mm×24.6mm	10支装硬盒	机制雪茄、2013年新产品
	狮牌（谜你3号）	奶香草味	84mm×24.5mm	20支装硬盒	机制雪茄
工字	工字（红）	奶香草味	84mm×34mm	10支装硬盒	机制雪茄、2013年新产品
	工字（1号）	奶香草味	84mm×34mm	10支装纸盒	机制雪茄、2013年新产品

（编辑：李　昂）

索　引

索引使用说明

一、本索引采用关键词索引法编制。本卷中有实质检索意义的内容均予以标引，以供检索使用。

二、本索引基本上是按汉语拼音音序排列。具体排列规律如下：以数字开头的标目，排在最前面；以英文字母打头的标目，列于其次；汉字标目则按首字的音序、音调依次排列，首字相同时则以第二个字排序，并依次类推。

三、索引标目后的数字，表示检索内容所在本卷的正文页码，如果一个关键词在同一页中出现多次，页码只标一次。

索 引

国家局机关、行业各直属单位审稿人员名单

沈云龙　中国烟草机械集团有限公司副总经理、党组成员
刘　龙　中国烟草实业发展中心副总经理、党组成员
胡清源　中国烟草总公司郑州烟草研究院党组成员
葛　波　中国烟草总公司合肥设计院副院长、党委委员
杨保吉　中国烟草总公司职工进修学院副院长、党组成员
臧卫东　北京市烟草专卖局（公司）副巡视员
徐小波　天津市烟草专卖局（公司）副局长、党组成员
俞关勇　河北省烟草专卖局（公司）副总经理、党组成员
张亚林　山西省烟草专卖局（公司）副总经理、党组成员
乌力吉　内蒙古自治区烟草专卖局（公司）副总经理、党组成员
陈　彤　辽宁省烟草专卖局（公司）副总经理、党组成员
宋亚强　吉林省烟草专卖局（公司）局长、总经理、党组书记
李捍红　黑龙江省烟草专卖局（公司）纪检组长、党组成员
唐　煦　中国烟草博物馆常务副馆长，上海烟草集团有限责任公司副总经理、党组成员
朱亚涛　江苏省烟草专卖局（公司）纪检组长、党组成员
邱　萍　浙江省烟草专卖局（公司）局长、总经理、党组书记
董建江　安徽省烟草专卖局（公司）副总经理、党组成员
卢金来　福建省烟草专卖局（公司）局长、总经理、党组书记
顾厚武　江西省烟草专卖局（公司）副总经理、党组成员
张克强　山东省烟草专卖局（公司）纪检组长、党组成员
徐德全　河南省烟草专卖局（公司）副总经理、党组成员
杨　树　湖北省烟草专卖局（公司）副总经理、党组成员
李民灯　湖南省烟草专卖局（公司）副总经理、党组成员
周伟兵　广东省烟草专卖局（公司）纪检组长、党组成员
霍文义　广西壮族自治区烟草专卖局（公司）副总经理、党组成员
徐丽芬　海南省烟草专卖局（公司）总会计师
李　江　重庆市烟草专卖局（公司）副总经理、党组成员
麻世强　四川省烟草专卖局（公司）副总经理、党组成员
赵建忠　贵州省烟草专卖局（公司）副巡视员

邓小刚　云南省烟草专卖局（公司）副总经理、党组成员
乔建民　西藏自治区烟草专卖局（公司）副总经理、党委委员、工会主席
吉应城　陕西省烟草专卖局（公司）纪检组长、党组成员
杨　洪　甘肃省烟草专卖局（公司）副总经理、党组成员
张超凡　青海省烟草专卖局（公司）副局长、党组成员
罗增平　宁夏回族自治区烟草专卖局（公司）副总经理、党组成员
孙　勇　新疆维吾尔自治区烟草专卖局（公司）副总经理、党组成员
王卫东　大连市烟草专卖局（公司）局长、总经理、党组书记
洪美宣　深圳市烟草专卖局（公司）纪检组长、党组成员
李金祥　河北中烟工业有限责任公司副总经理、党组成员
宣晓泉　江苏中烟工业有限责任公司副总经理、党组成员
杨柳军　浙江中烟工业有限责任公司副总经理、党组成员
赵　辉　安徽中烟工业有限责任公司副总经理、党组成员
陈子强　福建中烟工业有限责任公司巡视员
任用镨　江西中烟工业有限责任公司纪检组长、党组成员
王众声　山东中烟工业有限责任公司副总经理、党组成员
付顺卿　河南中烟工业有限责任公司副总经理、党组成员
谢伯卿　湖北中烟工业有限责任公司副总经理、党组成员
刘　兴　湖南中烟工业有限责任公司副总经理、党组成员
区广安　广东中烟工业有限责任公司副总经理、党组成员
王　全　广西中烟工业有限责任公司巡视员兼副总经理、纪检组长、党组成员
汤柱国　川渝中烟工业有限责任公司副总经理、党组成员
冯力勤　贵州中烟工业有限责任公司纪检组长、党组成员
朱绍明　云南中烟工业有限责任公司总经理、党组书记
曹兴浪　陕西中烟工业有限责任公司副总经理、党组成员
韩振武　南通醋酸纤维有限公司党委委员、工会主席
潘定益　珠海醋酸纤维有限公司行政副总经理、党委委员
温　明　昆明醋酸纤维有限公司副总经理、党委书记

国家局机关、行业各直属单位主要撰稿人员名单

高运谦　国家局科技司
华　伟　中国烟草机械集团有限责任公司
曹建平　中国烟草实业发展中心
张敬一　中国烟草总公司郑州烟草研究院
邵　军　中国烟草总公司合肥设计院
陈其海　中国烟草总公司职工进修学院
王智誉　北京市烟草专卖局（公司）
高栓龙　天津市烟草专卖局（公司）
苏维民　河北省烟草专卖局（公司）
赵　钰　山西省烟草专卖局（公司）
关晓勇　内蒙古自治区烟草专卖局（公司）
周明飞　辽宁省烟草专卖局（公司）
王兴谦　吉林省烟草专卖局（公司）
吴　畏　黑龙江省烟草专卖局（公司）
李　燕　上海烟草集团有限责任公司
张　华　江苏省烟草专卖局（公司）
黄　凯　浙江省烟草专卖局（公司）
李　胜　安徽省烟草专卖局（公司）
傅积恩　福建省烟草专卖局（公司）
王　萱　江西省烟草专卖局（公司）
徐文峰　山东省烟草专卖局（公司）
蔡世龙　山东省烟草专卖局（公司）
常树达　河南省烟草专卖局（公司）
李菲菲　湖北省烟草专卖局（公司）
张　仕　湖南省烟草专卖局（公司）
张　慧　广东省烟草专卖局（公司）
黄祥进　广西壮族自治区烟草专卖局（公司）
孙　云　海南省烟草专卖局（公司）
张永坤　重庆市烟草专卖局（公司）
张羽翔　四川省烟草专卖局（公司）
刘　平　贵州省烟草专卖局（公司）
曾永春　云南省烟草专卖局（公司）
王佳敏　西藏自治区烟草专卖局（公司）
王　玉　陕西省烟草专卖局（公司）
毕耜栋　甘肃省烟草专卖局（公司）
葛建宝　青海省烟草专卖局（公司）
潘　亮　宁夏回族自治区烟草专卖局（公司）
韩　敏　新疆维吾尔自治区烟草专卖局（公司）
贾效伟　大连市烟草专卖局（公司）
陈洁莹　深圳市烟草专卖局（公司）
张　彬　河北中烟工业有限责任公司
王宏武　江苏中烟工业有限责任公司
孙　琦　浙江中烟工业有限责任公司
苏　畅　安徽中烟工业有限责任公司
卢金德　福建中烟工业有限责任公司
夏晨娣　江西中烟工业有限责任公司
秦日旭　山东中烟工业有限责任公司
张　宇　河南中烟工业有限责任公司
黄　帅　湖北中烟工业有限责任公司
盛晓燕　湖南中烟工业有限责任公司
郑泽敏　广东中烟工业有限责任公司
周丽霞　广西中烟工业有限责任公司
晏　钢　川渝中烟工业有限责任公司
高　雕　贵州中烟工业有限责任公司
王宏先　云南中烟工业有限责任公司
曹晓军　云南中烟工业有限责任公司
朱　懿　云南中烟工业有限责任公司
张建华　陕西中烟工业有限责任公司
陈丹彤　南通醋酸纤维有限公司
万　顷　珠海醋酸纤维有限公司
李如音　昆明醋酸纤维有限公司

国家局、总公司机关各部门、各单位提供资料人员名单

张　政　国家局办公室（外事司）
王春波　国家局办公室（外事司）
郑素平　国家局办公室（外事司）
朱　槿　国家局办公室（外事司）
谭海滨　发展计划司
刘艳华　专卖监督管理司
郑月兰　经济运行司
汪　洋　政策法规与体制改革司
艾　栋　财务管理与监督司（审计司）
傅健鸥　人事司
马　超　机关党委
王金育　离退休干部办公室
崔　瑞　纪检组、监察局
田　雷　中国烟叶公司
邵　卫　中国卷烟销售公司
沈启超　中国投资管理有限公司
王浩擎　中国烟草国际有限公司
张　宇　中烟商务物流有限责任公司
徐　瑾　中国双维投资有限公司
高　斌　国家局党校
耿春磊　烟草经济研究所
唐　敏　《中国烟草》杂志社有限公司
黄　慧　烟草经济信息中心
桑运良　烟草经济信息中心
刘新华　中国烟草学会
高雨竹　董事会工作办公室

图书在版编目（CIP）数据

中国烟草年鉴. 2014/国家烟草专卖局编.
—北京：中国经济出版社，2014. 12
ISBN 978－7－5136－3886－9
Ⅰ. ①中… Ⅱ. ①国… Ⅲ. ①烟草工业－中国－2014－年鉴 Ⅳ. ①F426. 89－54
中国版本图书馆CIP数据核字（2015）第168861号

中国烟草年鉴（2014）

责任编辑：李祥柱　郑　潇
封面设计：吉天虹
彩插设计：华　眉　许双慧　李西屹　卢　旋　张盛楠　王雨婷
出版发行：中国经济出版社（100037·北京市西城区百万庄北街3号）
网　　址：www.economyph.com
电　　话：（010）64471681　64471949
经　　销：各地新华书店
承　　印：北京画中画印刷有限公司
开　　本：889mm × 1194 mm　1/16
插页印张：4.75　　字　　数：3000千字
版　　次：2014年12月第1版　　印　　张：43.25
书　　号：ISBN 978－7－5136－3886－9　　印　　次：2014年12月第1次印刷
广告经营许可证：京西工商广字第8179号　　定　　价：350.00元

中国烟草年鉴 2014

CHINA T

YEAR